兴县志

（1989—2016）

上册

兴县志编纂委员会　编

方志出版社
Publishing House of Local Records

图书在版编目（CIP）数据

兴县志．1989—2016 / 兴县志编纂委员会编．—北京：方志出版社，2023.12

ISBN 978-7-5144-4728-6

Ⅰ．①兴… Ⅱ．①兴… Ⅲ．①兴县－地方志－1989-2016 Ⅳ．①K292.54

中国版本图书馆 CIP 数据核字 (2021) 第 010875 号

责任编辑：刘　珊
责任校对：张玉霞
责任印制：梅中英
出 版 者：方志出版社
地　　址：北京市朝阳区潘家园东里 9 号（国家方志馆 4 层）
邮　　编：100021
网　　址：http://www.zgfzcb.cn
发　　行：方志出版社图书营销中心（010-67110500）
印　　刷：山西天天广告印刷服务有限公司
开　　本：889 毫米 ×1194 毫米 1/16
印　　张：106.5
字　　数：1917 千字
版　　次：2023 年 12 月第 1 版
印　　次：2023 年 12 月第 1 次印刷
定　　价：698.00 元（上下册）

兴县志

段云

以史为鉴
修志循道

林英志
2023.10.15.

我是解放战争出生在兴县蔡家崖晋绥军区司令部，兴县就是我的家。

贺晓明

2023.10.20

兴县兴县
欣欣向荣

边子正

二〇二三.十一.三.

《兴县志（1989—2016）》编纂委员会

2003年9月调整后的兴县史志编纂委员会

主　　任：李月勤
副 主 任：刘泽峰　刘文海　郝继平　吴晓东　史建春
委　　员：邱虎翼　白文毅　李义祥　任杰平　白连厚　白海泉
　　　　　高海清　刘引明　王双平　贾虎信　阎锦秀　牛寨中
办公室主任：牛寨中（兼）

2010年史志编纂委员会

主　　任：郭　颖
副 主 任：梁志锋　郝继平　白永厚
委　　员：史建春　刘五娥　史小军　王永济　高海清　刘支军
办公室主任：刘支军（兼）

2017年8月兴县地方志编纂委员会

顾　　问：梁志锋

主　　任：刘世庆

副 主 任：白鹏昊　史小军　宋兴丽　刘继锋　赵　瑞　裴文杰
刘支军

（注：刘继锋调离后，先后由副县长杨红梅和县委常委、宣传部长刘平则分管县志工作）

委　　员：温小勇　张　景　尹宝玉　刘建军　孙利军　张建华
孙莉评　张富唐　刘利荣　王乃平　张贵堂　田晓羽
康贵仲　王双平　李　茂　刘建平　王宏旺　孙小健
张星星　张玉平　贺相平　王憨迎　王慧平　史怀勇
张双迎　张建兵　白卫利　马　云　张　欣　薛建伟
白小荣　张建平　王亚荣　王　宇　王佼平　田宝玉
贺利忠　白旭平　范永斌　牛亚平　王和平　田左玉
刘淑连　白　磊　栗建平　刘来迎　刘羽唐　白永兵
贾秀杰　张志华　王智盛　冯明亮　白利忠　霍记平
崔文忠　王志辉　张贵生　白永军　朱建林　孙　轶
闫利民

【委员会办公室设在县档案史志馆，主任刘支军（兼）】

2020 年兴县地方志编纂委员会

2022 年兴县地方志编纂委员会

《兴县志（1989—2016）》编纂班子成员

主　　编： 贾佩珍　牛寨中　刘支军　牛亚平

副 主 编： 刘贵全　闫巨莲　孙玉青　贾俊义

特约总纂： 王奋勤

编辑人员： 王秀珍　王芳芳　王惠玲　牛小兵　白　山　白仕宝
白凤珍　白利芳　刘芳(大)　刘芳(小)　刘喜栋　刘玲平
张巨轮　张丽（《方言·谣谚》）　张改英　张建芳　张聪明
连文琴　赵继宏　高亚平　高丽宏　高俊丽　郭兴连
康　哲　裴彩琴　裴鹤连　樊秋平　刘　丹

兴县地图制图单位： 中国测绘科学研究院　吕梁市规划和自然资源局

秀美兴县

县城中心广场　　牛亚平摄于2016年6月

东风购物大厦　　牛亚平摄于2016年7月

县城新貌

牛亚平摄于2016年6月

县城夜景

牛亚平摄于2015年7月

蔚汾公园全景

蔚汾公园一角　　牛亚平摄于2019年4月

王会平摄于2019年6月

蔚汾河喷泉　　牛亚平摄于2015年3月

南山公园 牛亚平摄于2021年12月

县城西部一角 牛亚平摄2020年2月

孟家坪乡李家坪村谷子种植基地　　王奋勤摄于2013年9月

孟家坪乡李家坪村大明绿豆种植基地　　王奋勤摄于2013年9月

孟家坪乡李家坪村大豆种植基地　　王奋勤摄于2014年8月

交申楼乡马铃薯种植基地　　县农委供图/摄于2010年9月

罗峪口镇罗峪口村在黄河滩建造的蔬菜水果（草莓）大棚　王奋勤摄于2012年10月

蔡家崖农业科技发展有限公司连栋智能温室外景　王奋勤摄于2010年1月

固贤乡大棚栽培的羊肚菌　　牛亚平摄于2016年9月

罗峪口镇生态经济林即景　　王奋勤摄于2006年9月

罗峪口镇红枣收获季节　　王奋勤摄于2012年10月

高家村镇巡检司村民拾枣　　牛亚平摄于2019年10月

东会乡大坪头村养牛业　　牛亚平摄于2023年9月

山西省国资委扶持建立的康宁镇安家庄养驴场　　牛亚平摄于2019年9月

康宁镇新庄兴茂种养专业合作社养猪场　　牛亚平摄于2019年8月

孟家坪养鸡场　　牛亚平摄于2021年10月

交楼申乡万锦禽业自动化养鸡场　　王奋勤摄于2012年9月

蔡家会镇“山花烂漫”农业综合开发有限公司杂粮加工厂内景　　　牛亚平摄于2019年9月

山花烂漫农业综合开发有限公司杂粮产品展示　　　牛亚平摄于2019年9月

清泉醋业有限公司外貌　　牛亚平摄于2015年8月

三星油脂有限公司外貌　　牛亚平摄于2017年2月

兴县蔡家崖电子商务公共服务中心外貌　　牛亚平摄于2017年1月

观澜酒店外貌　　牛亚平摄于2017年6月

牲畜（牛）交易市场　　王会平摄于2017年9月

西山晋兴能源有限公司　　牛亚平摄于2012年1月

西山晋兴能源有限公司1500万吨矿井井下机械化采煤即景　　牛亚平摄于2020年6月

西山晋兴能源有限公司运煤专线——岢岚至兴县瓦塘铁路及运煤列车 牛亚平摄于2009年10月

兴县220千伏变电站（瓦塘） 牛亚平摄于2023年3月

中铝华润有限公司年产50万吨电解铝厂全貌　　牛亚平摄于2018年8月

中铝华润有限公司生产车间　　牛亚平摄于2018年6月

山西华兴铝业有限公司300万吨氧华铝厂全貌　　牛亚平摄于2016年8月

金龙工贸公司（水泥厂）全貌　　牛亚平摄于2022年11月

山西（华电）锦兴能源有限公司肖家洼800万吨煤矿外貌　　高虎虎摄于2023年11月

交通兴县

蔡家崖号客运列车通车仪式　　牛亚平摄于2018年6月

蔡家崖列车站台　　牛亚平摄于2019年6月

列车行驶在蔡家崖特大铁路桥上　　牛亚平摄于2019年6月

沿黄公路　　雷保儿摄于2022年7月

兴县高速公路（岢临高速兴县段）县城东口　　牛亚平摄于2015年9月

西纵高速公路兴县段即景　　雷保儿摄于2014年9月

和谐兴县

居民在县城大操场观看戏剧演出　　牛亚平摄于2021年11月

县城大操场举行的元宵节秧歌表演　　牛亚平摄于2013年2月

蔚汾镇李家湾村民布置的转九曲场景　　牛亚平摄于2021年11月

蔚汾镇乔家沟移民安置区　　　　　　　　　　　　牛亚平摄于2020年6月

瓦塘镇龙耳会移民村　　　　　　　　　　　　牛亚平摄于2020年6月

魏家滩移民新村　　　　　　　　　　　　高虎虎摄于2022年11月

友兰中学校

120师学校外貌

牛亚平摄于2018年7月

牛亚平摄于2015年9月

新建的兴县人民医院外貌　　牛亚平摄于2020年7月

新建的兴县人民医院内景　　牛亚平摄于2020年7月

晋绥边区革命纪念馆外貌　　牛亚平摄于2017年6月

晋绥军区司令部旧址　　牛亚平摄于2017年6月

修复后的中共中央晋绥分局北坡旧址　　牛亚平摄于2018年7月

“四八”烈士纪念馆全貌　　牛亚平摄于2017年1月

晋绥解放区烈士陵园新区全貌　　王会平摄于2017年7月

郭喜波画作

王玉棠画作

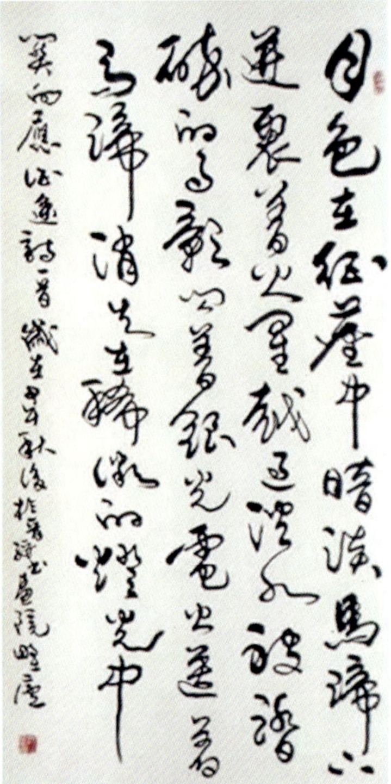

野世捷书法作品

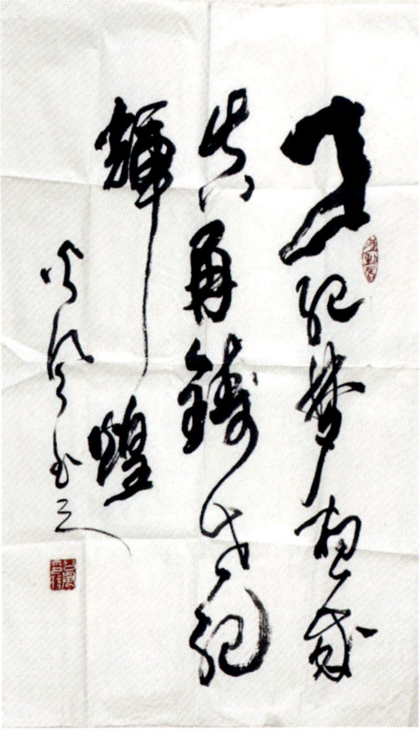

任安国书法作品

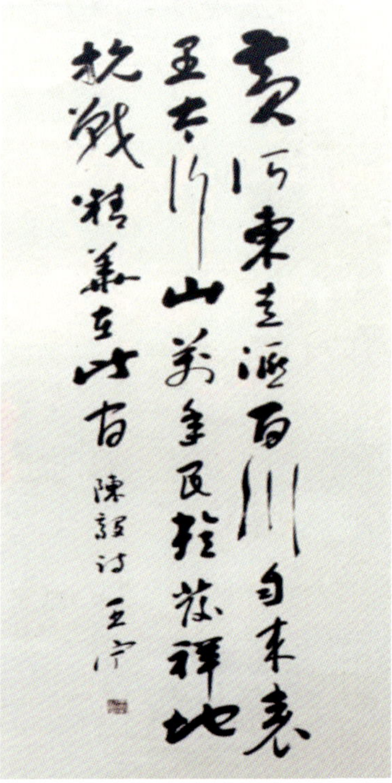

王宁书法作品

王利平《秋山含万金》

野世捷绘画《边区冬暖》

徐秀珍剪纸作品《八骏图》

《兴县志（1989—2016）》部分编纂人员合影

第一排左起：王奋勤　牛寨中　刘支军　刘　慧　刘平则　贾佩珍　刘喜栋　牛亚平
第二排左起：孙玉青　裴彩琴　白利芳　刘振频　白仕保　张巨龙　刘贵全　王惠玲　张改英　王秀珍　闫巨莲
第三排左起：樊秋平　白凤珍　高亚平　张建芳　王芳芳　张聪明　赵继宏　高俊丽　刘　丹　刘芳(小)　连文琴
刘芳(大)

序　一

经过全体编纂人员数年艰辛努力，续编《兴县志（1989—2016）》即将付梓，这是全县人民政治生活中的一件大事，也是全县文化事业的一项崭新成果，值得祝贺。

兴县革命历史悠久，红色文化厚重，早在土地革命战争时期，在陕北神府县党组织的影响下，兴县就产生了党的秘密组织。1937年11月，中共晋西北区党委派遣刘国秀、李正亭、鱼得江3名同志到兴县开展党的工作；八路军一二〇师政治部派刘亚峤（亚球）、薛少卿等13人作为抗日救亡工作队到达兴县，协助建党。在这样的情况下，中共兴县委员会秘密建立，领导全县人民积极配合八路军一二〇师、山西牺牲救国同盟会、第二战区战地总动员委员会、中共中央晋绥分局、晋绥边区行署、山西新军等掀起轰轰烈烈的抗日救亡运动，从全民动员捐钱、捐粮、捐物，到号召青年民兵参军参战，投身反侵略、反"扫荡"斗争，直至驱除敌寇，取得抗战胜利。解放战争时期，中共兴县县委率先发动群众开展土地改革，积极组织干部开赴新区，组织民兵远征队随军北上、西进，有力支援了全国解放。

党的十一届三中全会以来，特别是1989年以来，兴县人民在党的领导下，坚持以马克思列宁主义、毛泽东思想、邓小平理论、"三个代表"重要思想、科学发展观、习近平新时代中国特色社会主义思想为指引，持续发扬艰苦奋斗的光荣传统，坚定不移走中国特色社会主义道路，坚持以经济建设为中心，以改革开放为先导，守正创新，与时俱进，取得了经济建设和社会发展的巨大成效，现代农业不断向产业化、品牌化、规模化迈进；现代工业实现重大突破，构建起以煤、铝、气为特色的现代新型产业框架；文旅融合迈出坚实步伐，县域经济体量不断壮大，综合实力持续增强，1989年至2022

年，地区生产总值由1.44亿元增加到219.5亿元，财政总收入由2087.6万元增长到104.5亿元，一般预算收入由709万元增长到30亿元，农村居民人均可支配收入由241元增加到7817元，城镇居民人均可支配收入由1806元增加到28468元；交通、城建、旅游等事业日新月异，教科文卫事业和民主法治建设稳步推进，人民安居乐业，社会和谐稳定。特别是作为延续数十年的国家级贫困县，在2017年习近平总书记视察兴县后，全县上下牢记嘱托，感恩奋进，咬定目标，尽锐出战，全力攻坚深度贫困，2019年实现整县脱贫摘帽，2020年79406名贫困人口全部脱贫，与全国同步建成小康社会。

续编《兴县志》上起1989年，下讫2016年，一些章节在遵循志书原则的基础上，突破上、下限，补录了晋绥时期成长起来的部分人物，也涵盖了兴县2017年至2019年的重大事件及经济社会发展概况，所有这些构成了续编《兴县志》的主体内容，这是兴县干部群众近三十年艰苦奋斗、顽强拼搏的缩影，是兴县发展历史的真实写照。今天，能看到这样一部大家精心打造的志书，深感欣慰。

县志编纂，功在当代，利在千秋。殷切期望同志们在工作中运用好这本志书，从中得到启示、借鉴和激励，为推动兴县经济社会各项事业实现高质量发展做出应有贡献。

续编《兴县志》在编纂过程中，得到了山西省和吕梁市地方志专家、学者以及所有编志参与者的热情关注和鼎力支持，在此一并表示衷心感谢！

吕梁市政协副主席、兴县县委书记 乔雲

二〇二三年八月

序 二

兴县地处黄河流域中游腹地，位于山西省西北部、吕梁市北端，是山西省面积最大的县。虽地处偏僻，却历史悠久、源远流长，5000年前境内就有人类生息繁衍；人杰地灵、名人辈出，清代有敢于犯颜直谏的直臣廉吏孙嘉淦，擅长治河治水的两河总督康基田，近代有创作《九九艳阳天》的著名作曲家高如星，晋绥开明士绅刘少白、牛友兰；红色底蕴深厚，抗日战争和解放战争时期，是著名的晋绥边区（解放区）首府所在地，是八路军一二〇师的主战场之一，是革命圣地延安的屏障和门户，创造过那个时代的辉煌。

郡有志犹国有史。编史修志是我们中华民族的优良传统，兴县修志有史可考始于明万历年间，至1937年共有8个版本，现存6个版本，是极为宝贵的历史文化遗产。新中国成立后，县委县政府于1982年续修县志，历经十余年寒暑，终于1993年出版发行，是新中国成立后的第一部县志。

时光荏苒，从1990年到现在又过去三十多年了。三十年间，在上级党委、政府的正确领导下，历届县委、县政府团结带领全县人民万众一心、拼搏实干，攻坚克难、砥砺前行，全县经济社会有了翻天覆地的变化。今日之兴县，经济发展突飞猛进，产业结构日益完善，城市建设日新月异，农村面貌焕然一新，交通改善堪称空前，发展成果泽被百姓，往昔山区小县城旧貌换新颜，成为镶嵌在黄河东岸的一颗璀璨明珠。

我生长在刘胡兰故乡文水，2021年有幸来到晋绥首府兴县工作，转眼已近三载，对兴县的感情与日俱增。青山常入梦，锦绣总牵情，我热爱这里风光秀丽的河山、悠久灿烂的文化，更热爱这里勤劳智慧的人民。工作中，每欲定一策、举一事，常恐与县情有违，特别是要探索历史轨迹时，更苦无翔实资料。

新编《兴县志（1989—2016）》，续前志体制，体例规范，全书190余万字，以翔实可靠史料记述新世纪前后约三十年全县各行业发生的巨大变化，既有宏观鸟瞰，一县概况，尽收眼底；又有微观透视，沧桑变化，了然志中。特别是此新编县志，修成于全面贯彻党的二十大精神的开局之年，意义更为深远，必将起到承前启后、继往开来的作用。

基于此，谨对《兴县志（1989—2016）》的付梓出版致以热烈祝贺；也对给予志书编纂热情关心和鼎力支持的省、市史志专家及县内编纂人员表示衷心的感谢；也愿全县人民知史明志、牢记使命，更加热爱家乡，奋力建设家乡，谱写兴县美好未来的壮丽诗篇！

兴县县委副书记、政府县长

二〇二三年九月

凡 例

一、本志以马克思列宁主义、毛泽东思想、邓小平理论、“三个代表”重要思想、科学发展观、习近平新时代中国特色社会主义思想为指导，坚持辩证唯物主义和历史唯物主义的立场、观点和方法，重点记述兴县在经济、社会和改革开放各方面取得的成就，力求做到科学性、思想性和资料性相统一。

二、本志记述范围为2016年底兴县行政区域。

三、本志上限为1989年，下限至2016年12月。为保持事物完整性衔接，政区、文化、人物、附录等部分内容突破上、下限。

四、本志采用横排竖写格式，以事分类，以时为序。采用述、记、志、传、图、表等体裁和方式，以志为主。“概述”冠首，“大事记”列其后，其中，“大事记”以编年体为主，为保持事件的完整性，有些条目采用记事本末体记述。

五、本志层次结构为编、章、节、目，共34编，编下设序；共151章，章下分节，设513节，节下设目若干。

六、本志采用现代语体文记述，执行2013年国务院颁布的《通用规范汉字表》。

七、本志纪年，1949年9月底以前采用历史纪年，括注公元纪年；中华人民共和国成立后采用公元纪年。

八、为保持人口数据精确，历年统计人口数以人为单位，未用“万”作单位。

九、本志所用地名，以民政部门审核通过的地名为准，古地名以当时称谓为主，同时括注今地名。

十、本志“人物”部分，分为“兴县人物传略”和“兴县人物名录”两部分，“兴县人物传略”坚持“生不立传”原则，收录人物包括1949年中华人民共和国成立前参军或参加革命工作的老英雄、老干部(含大校副师级及以上军衔军官，副处级以上党政干部）；1949 年 10 月后参加工作的县处级及以上干部，全国人大代表；著名作家、艺术家，史志、科技和教育工作者。录入“兴县人物名录”者为 1989 年—2016 年出席全国党代会代表、全国人民代表大会代表，全国劳动模范和先进工作者荣誉名录；出席山西省党代会代表、山西省人民代表大会代表和山西省劳动模范、先进工作者名录;兴县籍正厅级及以上干部、大校及大校以上军官、正高职称专业技术人员名表；获“晋绥儿女支持老区教育奖”优秀教师名录。

十一、本志资料主要来源于兴县档案史志馆存档案和统计部门资料，部分数据采用兴县人民政府工作报告及政府工作总结；部分专业数据来源于各主管部门、专业部门提供的总结、汇报等资料；部分资料来源于 2016 年前公开出版发行的晋绥史料、人物传记、人物纪念专集、部门专业志、文史资料、文化艺术资料和网站宣传资料;部分资料源于媒体报道及实际采访,除必要外,均不注明出处。

十二、本志数字用法、标点符号用法分别采用国家标准《出版物上数字用法》（GB/ T 15835—2011）、《标点符号用法》（GB/ T 15834—2011），计量单位采用国家技术监督局 1993 年 12 月发布的《量和单位》系列国家标准。考虑到社会使用习惯，全书中亩不统一换算。

总目录

目 录

第三编 人 口

第四编 城乡建设与环境保护

第五编 交 通

第六编 邮政 电信

第七编 改革与经济概貌

第八编 农牧业

第九编 林 业

第十编 水利水保

第十一编 脱贫攻坚

第十二编 工 业

第十三编　煤　炭

第十四编 商贸服务业

第十五编 财政 税务

第十六编 金 融

第十七编 经济管理

概　述

一

兴县地处黄河中游，位于山西省西北部、吕梁山脉北部西侧、西北黄土高原，东邻吕梁市岚县、忻州市岢岚县，南连吕梁市临县、方山县，北倚忻州市保德县，西隔黄河与陕西省神木县相望。全县土地总面积3168平方公里（折合475.2万亩），是山西省面积最大的县。全县人均土地18.5亩（按2016年末全县户籍人数计），高于全国人均土地面积和山西省人均土地面积。县城东距省会太原市278公里（到太原市东客站），南距吕梁市人民政府所在地离石区139公里。

民国29年（1940年），兴县建立抗日民主政府，隶属晋西北行署第一专署。民国38年（1949年）9月，兴县专区成立，辖兴县、临县、离石、方山、岚县、偏关、神池、五寨、河曲、保德、岢岚11个县，专署驻兴县。1952年，兴县专区并入忻县专区。1958年，兴县改隶晋北专区。1961年复隶忻县专区。1971年，兴县划归吕梁专区。2004年，吕梁撤地设市，兴县隶属吕梁市管辖。

1988年，全县辖7镇、17乡、467个村民委员会、1个居民委员会、822个自然村。2001年5月，撤并乡（镇）后，全县共有7个镇（蔚汾镇、魏家滩镇、瓦塘镇、康宁镇、高家村镇、罗峪口镇、蔡家会镇）、10个乡（交楼申乡、恶虎滩乡、东会乡、固贤乡、奥家湾乡、蔡家崖乡、贺家会乡、孟家坪乡、赵家坪乡、圪达上乡），有375个建制村、6个街道居民委员会、822个自然村。2016年，全县建制村375个，自然村减少至725个。

1989年末，全县总人口229522人，人口自然增长率为8.67‰。2016年，全县总人口257345人（其中乡村人口173731人，占总人口的67.5%），比1989年末人口增长12.12%。人口自然增长率为7.62‰，比1989年下降1.05‰。

二

兴县位于晋西北丘陵地区，地势整体东高西低。最高处为东部白龙山，主峰海拔 2275 米；最低处位于西南黄河东岸的圪达上乡大峪口村前坪，海拔为 725 米。境内群山逶迤，丘陵棋布，沟壑纵横；由东北至东南、西南三面环山，西临黄河，中有诸多谷槽。境内有大小山丘 3300 多座，沟壑 3900 多条，河流 74 道。主要山峰有白龙山、黑茶山、大坪头山、二青山、紫金山（大度山）、石楼山、双双山、石堠山等。其中白龙山位于县境东部，与岚县接壤，主峰 2275 米，为县境诸山之冠；黑茶山位于东会乡与固贤乡交界处，东北部与白龙山相连，呈东北—西南走向，主峰海拔 2203.8 米。

兴县气候属温带大陆性季风气候。年均气温 8℃，1 月均温 -9℃，7 月均温 24℃，霜冻期为 9 月下旬至次年 4 月中旬，无霜期 150 ~ 180 天，年均降水量 500 毫米。由于地形、气候、土壤、植被等多种因素的综合作用，兴县形成山地系列、河谷沟坪地系列和广泛分布于全县各地的黄土丘陵系列等多种多样的土地资源类型，为农、林、牧各业的发展提供了宝贵的物质条件。2016 年末，全县总耕地面积增至 126.3 万亩，其中基本农田面积达到 82.7 万亩（包括水地、滩地、坝地、梯田），占总耕地面积的 65.48%；农村人均耕地面积为 7.3 亩，农村人均基本农田面积 4.8 亩。

全县主要农作物有高粱、玉米、谷子、糜黍、小麦、莜麦、胡麻、黄芥、薯类、豆类等。主要土特产品有大明绿豆、小米、糯米（软黄米）、黄豆、豇豆、红芸豆、红小豆、大粒葵花、食用油（包括胡麻油、黄芥油、芝麻油）、黄河滩枣、乌枣（也称马牙枣，由红枣加工而成）等。2016 年，经农业部谷物品质化验鉴定，以小米、大明绿豆、肾形黄豆、红小豆、大白豇豆和小白豇豆为代表的“兴县杂粮”普遍具有高蛋白，富含铁、钙、锌、硒元素和氨基酸的特点。同年，兴县“山花烂漫”牌小杂粮在第十四届中国国际粮油产品及设备技术展示交易会上获金奖。

兴县境内自然资源十分丰富，矿产资源储量大、品种多。已探明的矿种有煤、铝土矿、铁矿、硅、煤层气、石墨等 23 种，其中煤、铝尤为突出，属优质矿种。全县储煤总面积约 2000 平方公里，煤炭总储量 461.54 亿吨，已探明储量 99 亿吨（埋藏 1000 米以内 71 亿吨）。煤层气，以赵家坪乡为中心的内外环状结构，控制面积 908 平方公里，属优质储气结构，预测资源储量 502

亿立方米。铝土矿资源分布于河东煤田东部边缘第三成矿带，埋深500米以内面积约254平方公里，预测资源储量6亿吨，现已查明含铝土矿面积183平方公里，探明储量2.79亿吨。石灰岩，分布于县境东部木崖头、恶虎滩、黑茶山一带，出露面积274平方公里，预测储量1000亿吨以上。花岗岩主要分布于交楼申、东会、木崖头、固贤和大度山一带，其中交楼申乡境内已探明储量约80亿立方米。此外，还有较为丰富的非金属黏土矿、高铝黏土矿和膨润土资源。

兴县系相对富水区，境内主要河流有黄河、岚漪河、蔚汾河、南川河、岚尾河等，均为常流河，属黄河水系。自然地表水和地下浅层水总量为2.37亿立方米，相对集中于岚漪河川魏家滩至裴家川口一带和蔚汾河川奥家湾至高家村一带，为发展工农业生产提供了有利条件。

境内有各类植物101科、384属，已查清的种类有477种，其中菌类植物9科9属14种，蕨类植物6科6属8种，裸子植物3科3属6种，被子植物83科366属449种。东部为温带阔叶、针叶灌丛草地带，分布植物以油松、侧柏、辽东栎、紫椴、刺五加、核桃等东亚、东北区系植物较多；中部则以豆科、禾本科农作物和狗尾草、蒿草等植物为主。

2016年，全县林地总面积为287.81万亩，其中，天然林面积110.76万亩，约占全县土地总面积的23%；人工营造防护林、用材林100.63万亩，经济林76.42万亩，全县森林覆盖率达到60.62%，比1988年森林覆盖率34.3%提高26.32%。

境内动物有两栖类、爬行类、鸟类和哺乳类4个类别，25目、55科、125种。其中，鸟类最多，以海拔1200 ~ 1300米的东部和中西部地带为界，形成明显的2个野生动物分区。内有国家一级保护动物褐马鸡、黑鹳、金雕。有中国和日本共同保护动物绿翅鸭、白头鹞、灰背隼、燕隼、鹌鹑、大杜鹃、长耳鸮、短耳鸮、燕雀、北灰鹟、家燕等13种。东南部黑茶山区，林间有褐马鸡、金钱豹、原麝、山狍等珍贵动物出没。西部以狐兔鼠类、雀类、野鸽等小动物较多见，其中鸟类有太平鸟、云雀、大鸨、灰鹤、沙百灵、凤头百灵鸟、石鸡、褐马鸡、白冠长尾雉、绿啄木鸟、三道眉、岩鸽、黄眉柳莺等；哺乳类有岩松鼠、中华鼢鼠、草兔、狼、狐、狗獾、金钱豹、猫豹子、原麝、青鼬等。金钱豹和原麝为国家二类保护动物。此外，饲养动物主要有哺乳类的牛、驴、骡子、猪、羊、狗、猫、兔等，并有驯养鹿、马鹿；家禽主要有鸡、鸭、鹅、鸽等。

三

2001—2016 年，全县粮油总产量由 1882 万千克增加到 1.16 亿千克，增长 5.16 倍；全县新栽植核桃、红枣等经济林 31.77 万亩（其中核桃林 26.1 万亩、红枣及其他水果林 5.67 万亩），干鲜水果产量由 2000 年的 460 万千克增加到 1837 万千克，林业产值由 2000 年的 1047 万元增加到 5377 万元，分别比 2000 年增长 2.99 倍和 4.14 倍。其间，全县大畜饲养量由 2.4 万头增加到 3.22 万头，增长 34.17%；羊饲养量由 25.12 万只增加到 49.61 万只，增长 97.49%；生猪饲养量由 2.74 万头增加到 7.96 万头，增长 1.91 倍；蛋鸡饲养量由 29.77 万羽增加到 79.39 万羽，增长 1.67 倍。全年畜肉产量由 403 万千克增加到 982 万千克，增长 1.44 倍；蛋、奶年产量由 100.4 万千克增加到 622 万千克，增长 5.2 倍。全县农林牧副（渔）总产值由 1.34 亿元增加到 6.19 亿元，增长 3.62 倍，为农村脱贫奠定了坚实基础。

“十一五”期间，中共兴县县委、县人民政府把发展小杂粮生产作为农民脱贫致富的一大主导产业，以发展龙头加工企业，推动杂粮种植向规模化、市场化发展。全县年均种植小杂粮面积 65 万亩，年均杂粮产量 6065 万千克。“十二五”期间，全县杂粮年均种植面积扩大到 76.3 万亩，年均杂粮产量增加到 9857.3 万千克，比“十一五”年均产量增长 62.5%。2016 年，县财政补助 882 万元，为种植户统一提供种子和肥料，全力推进小杂粮基地县建设。全县小杂粮种植面积达到 76 万亩，涉及 7 个乡（镇）89 个村 6120 户农户，含建档立卡贫困户 3858 户，户均收入 2500 元左右。

2006 年开始，全县中小民营企业产业结构实行大幅调整，涌现出一批现代化农产品加工省、市龙头企业。其中，杂粮加工企业以山花烂漫农业综合开发公司、黄河农业综合开发有限公司、晋绥农林综合开发有限公司和晋绥黄河湾农业开发公司为主，年加工杂粮总能力达到9.26万吨，年均销售收入2.71亿元、利税4338万元。食品加工方面，清泉醋业公司2006—2016年，年产销陈醋由8000吨增加到4.45万吨，产量增长4.6倍；销售收入由1800万元增加到6689万元，增长2.7倍；税金由170万元增加到660万元，增长2.9倍。三星油脂公司年产亚麻油（胡麻油）、色拉油等食油1.2万吨，芥末精油150吨，2016年销售收入5400余万元。蔡家会镇晋绥农林综合开发有限公司和罗峪口镇万锋天然枣业开发有限公司，2016年加工生产红枣系列产品（滩枣、贡枣、紫晶枣、脆枣、烤枣、乌枣等）5600吨，实现销售收入5600余万元。

从1986年至2016年，兴县农村扶贫开发分四个阶段进行。其中，在“八七”扶贫攻坚阶段（1994—2000年），全县18个乡（镇）361个建制村的15.79万人（约占全县农业人口的70%）被纳入“八七”扶贫计划。到2000年末，全县农业基础条件和公共基础设施条件得到充分改善：基本农田面积增加到72.18万亩，比1993年增长86.08%；新增经济林面积49.32万亩（1989年至2001年新增经济林面积累计数），比1993年末增长1.44倍；农林牧副业总产值达到2.63亿元，比1993年的1.43亿元增长83.92%；农民年人均纯收入达795元，比1993年的449元增长77.1%；有11.5万人解决了温饱问题，占“八七”扶贫攻坚计划人口15.79万人的72.83%。在扶贫开发阶段（2001—2010年），各级投入财政扶贫资金38642.87万元，实施了整村推进、以工代赈、农村路网改造、社会帮扶以及移民搬迁等扶贫项目，扶持发展种养加项目128个，特别是实施群众参与式整村推进项目，惠及302个建制村4200户13.25万人。

在全面扶贫攻坚阶段（2011—2016年），各级累计投入财政扶贫资金3.86亿元，在484个村实施了片区开发、整村推进、易地搬迁、金融扶贫、光伏扶贫、企业扶贫、干部包村扶贫、中央彩票公益金扶贫等项目，全县农民人均纯收入由2000年末的795元增加到4006元，增长4倍多；贫困人口由2001年初的22.73万人减少至4.62万人，累计减少18.11万人，减少79.67%，为彻底脱贫摘帽奠定了坚实基础。

2011—2013年，山西省扶贫开发领导组分A、B、C、D四个考核档次对全省重点贫困县扶贫工作进行综合考核，兴县连年被评为B级，受到全省通报表彰；县扶贫办连续被授予全省扶贫工作先进单位荣誉称号。2015年度，在山西省人民政府组织的全省36个C类县（指国家扶贫开发重点县及全国集中连片特困县）扶贫攻坚和经济发展等五个方面综合考核评价中，兴县居全省第三名，受到通报表彰。在2016年1月召开的吕梁市脱贫攻坚大会上，吕梁市委、市政府要求兴县2019年实现贫困县摘帽目标。

四

在2006年6月召开的中共兴县第十四届党代会上，县委借助全省“两区”开发的强劲东风，响亮提出“全力培育煤、电、铝、化、材五大主导产业，突出抓好大项目、大城建、大交通、大教育、大环境五大战略重点”的“五五”兴县发展战略。根据这个战略，全县相继引进一批大型企业和项目，推进以煤、铝、电、气为主的新型工业的快速崛起。

2006年7月，山西省第一个规模最大的循环经济示范基地——兴县煤电铝化材一体化基地建设被山西省委、省政府列入全省“两区”开发规划。时任山西省委书记张宝顺批示：“兴县发展煤电铝化材条件很好，大有前景，应按国家大型重点工业综合基地的标准，搞好兴县产业发展规划，扎实推进。”根据规划，兴县循环经济示范基地的总规模是：年产3000万吨煤、100万吨氧化铝、30万吨电解铝、1475兆瓦发电机组、300万吨水泥、20万吨铝材的一体化循环经济项目。项目概算投资362亿元。在此背景下，兴县敞开大门引资招商，山西焦煤、中国铝业、中国华电、华润集团、冀中能源、山西国际电力、中联煤层气公司、中澳公司、豫能集团、联盛能源、华盛燃气公司等大型企业相继进驻兴县，实施大规模煤、铝、电、气产业开发。

至2016年7月，华兴铝业有限公司氧化铝产量累计达到280.49万吨，累计实现销售收入53亿元、累计缴税3.51亿元、累计利润4.87亿元。12月末，全县新建6座煤矿累计生产原煤1.54亿吨，累计加工、销售商品煤1.38亿吨，累计销售收入639.38亿元，累计缴税131亿多元。

同年，兴县日产天然气达到20万立方米。华盛燃气公司共建成时产6万立方米门站 2 座、供热专用调压站 12 座（包括华兴铝厂）、区域调压柜（箱）53 个，铺设高中低压输气管道 40 公里，安装、改造城区集中供热锅炉 29 台，管网覆盖城区主要街道，燃气用户累计达到 8563 户（含商业用户 63 户），供热总面积达到 32 万平方米。

五

1990 年以来，全县涌现出一批乡镇企业、民营企业和个体工商户，推动了商贸经济的繁荣与发展。1991—1995 年，全县乡镇企业、民营企业、个体户年均 2627 户，年均从业 9200 人，年均产值 2.37 亿元，年均营业额 1.84 亿元，年均缴税额 522 万元。

2000—2002 年，全县中小民营企业和个体工商户年均产值 6.45 亿元，年均销售额 5.85 亿元，年均缴税 960.3 万元。2006 年开始，全县中小民营企业产业结构实行大幅调整，涌现出一批现代化农产品加工省、市龙头企业，煤炭洗选加工企业和宾馆、餐饮等服务型企业。2016 年，全县中小民营企业和个体工商户从业人员增至 1.65 万人，总产值达 11.62 亿元，营业收入 10.51 亿元，上缴税金 4670 万元，创历史新高。

六

1989—2016 年，兴县经济经历三个发展阶段。

第一阶段为 1989—2000 年，为稳定发展阶段。这一阶段，全县地区生产总值由 1989 年的 10361 万元增加到 2000 年的 23750 万元，增长 129.23%；财政总收入由 1989 年的 767 万元增长到 2000 年的 1796 万元，增长 134.16%；一般预算收入由 1989 年的 709 万元增长到 2000 年的 1148 万元，增长 61.92%；工业总产值由 1989 年的 4831 万元增长到 6413 万元，增长 32.75%；粮油总产量由 1989 年的 4747.3 万千克增加到 2000 年的 9335 万千克，增长 96.64%；农林牧副业总产值由 1989 年的 3210 万元增加到 2000 年的 26304

万元，增长 7.19 倍；农民年人均纯收入由 1989 年的 241 元增加到 2000 年的 795 元，增长 2.3 倍；城镇居民年人均可支配收入由 1989 年的 1806 元增加到 2000 年的 6765 元，增长 2.75 倍。

第二阶段为 2001—2005 年，为稳步提升阶段。2005 年末，全县地区生产总值达到 6.1 亿元，比“九五”末（2000 年）增长 1.57 倍；财政总收入达到 7586 万元，比“九五”末（2000 年）增长 3.22 倍；一般预算收入达到 3024 万元，比“九五”末（2000 年）增长 1.63 倍；工业总产值达到 12.83 亿元，比“九五”末（2000 年）增长 19.01 倍；粮油总产量达到 10232 万千克，比“九五”末（2000 年）增长 9.27%；农林牧副（渔）业总产值达到 23241 万元，比“九五”末（2000 年）减少 11.79%；社会消费品零售总额达到 2.05 亿元，比“九五”末（2000 年）的 7485 万元增长 1.74 倍；农民人均年纯收入达到 1050 元，比“九五”末（2000 年）增长 32.1%；城镇居民人均可支配收入达到 6713 元，比“九五”末（2000 年）6765 元减少 0.77%。

第三阶段为 2006—2016 年，为经济快速发展阶段。从“十一五”（2006 年）开始，中共兴县县委、县人民政府依托本县煤铝资源优势，实行招商引资，建设新型煤铝产业基地，推动县域经济实现快速发展。到“十二五”末（2015 年），全县地区生产总值达到 58.72 亿元，比“十五”末（2005 年）净增加 52.62 亿元，增长 8.63 倍；财政总收入达到 21.99 亿元，比“十五”末（2005 年）净增加 21.23 亿元，增长 27.99 倍；一般预算收入增加到 63290 万元，比“十五”末（2005 年）增长 19.93 倍；工业总产值达到 101.19 亿元，规模以上工业增加值达到 41.77 亿元，分别比“十五”末（2005 年）增长 6.89 倍和 13.5 倍；农林牧副（渔）业总产值达到 6.72 亿元，比“十五”末（2005 年）增长 1.9 倍；社会消费品零售总额增加到 13.8 亿元，比“十五”末（2005 年）增长 5.73 倍；农民人均年纯收入增加到 3982 元，城镇居民人均可支配收入增加到 18067 元，分别比“十五”末（2005 年）增长 2.79 倍和 1.69 倍。

2016 年末，全县地区生产总值达到 60.45 亿元，比上年增长 2.95%；财政总收入达到 18.73 亿元，同比下降 14.84%；一般预算收入 71191 万元，同比增长 12.48%；工业总产值达到 107.57 亿元，同比增长 6.31%；粮油总产量达到

11592 万千克，同比增长 18.65%；农林牧副（渔）业总产值达到 6.19 亿元，同比下降 7.89%；社会消费品零售总额达到 14.75 亿元，同比增长 6.88%；农民人均年纯收入达到 4006 元，城镇居民人均可支配收入增加到 19061 元，分别比上年增长 0.6% 和 5.5%。

七

1989—2016 年，兴县道路交通基础设施建设累计投资 228.25 亿元，共建设项目 22 个，交通状况得到根本改善。其中，铁路建设方面，2009 年 6 月，由西山晋兴能源有限公司投资 11.8 亿元配套建设的运煤专线——岢瓦铁路（一期工程岢岚至兴县魏家滩段 49 公里）通车运营；2012 年 10 月，该专线开通客运；2014 年 12 月 30 日，全长 164.26 公里的太兴（太原—兴县）铁路建成通车（货运）；2014 年 12 月 30 日，国铁一级重载双线电气化铁路——晋豫鲁铁路（兴县瓦塘至山东日照港）建成通车（货运），年设计运力 2 亿吨。这些交通大动脉的打通既为兴县煤、铝等资源开发奠定了坚实基础，也为人们的出行创造了十分便捷的条件。此外，在建的还有全长 110 公里、概算投资 118 亿元的兴县（瓦塘）—保德铁路。公路建设方面，2014 年 10 月，岢（岚）—临（县）高速投运；在建的还有静乐丰润至兴县黑峪口的静兴高速公路。境内普通公路状况也得到充分改善，其中两条省道（忻黑线兴县段和岢大线兴县段）通过县境，新修的沿黄公路，沟通黄河沿岸的村镇。到 2016 年末，全县通车总里程达到 2085 公里，分别比“十五”末期（2005 年）总里程 369 公里增长 4.65 倍，比“十一五”末期（2010 年）总里程 478.7 公里增长 3.4 倍；全县客运汽车增至 139 辆，年客运量 53.1 万人，分别比 1989 年增长 11.6 倍和 6.7 倍；货运汽车增至 1532 辆，年货运量达到 154 万吨，分别比 1989 年增长 2.4 倍和 8.6 倍。

“十一五”（2006—2010 年）期间，全县通过实施“大城建”战略，城乡基础建设与环境建设得到明显改善。其中，县城建设方面，在县城旧区控制性详细规划和环卫专项规划的编制工作的基础上，先后制定出台《城乡环境卫生工作管理办法》等一系列规章制度，组建城市管理综合执法大队（执法局）

和环卫管理中心，进一步理顺了城市管理的工作机制；累计投资 14.26 亿元，相继完成了“坝路一体”（环城公路）工程、蔚汾大厦、中心广场、文化活动中心、东风购物大厦、供销商厦建设，实施了晋绥解放区烈士陵园改造、体育场与职工俱乐部改造、城区主街道改造、排洪排水系统改造、县城供水管网改造、县城至高速东口连接线拓宽改造和城区水冲公厕改造，完成了第二水厂，蔚汾河大桥，新区河坝，新区 1#、2# 大桥，河北片 1# 至 8# 道路工程，连城大道（长 4.2 公里、宽 38 米），城区污水处理厂和垃圾无害化处理厂（一、二期）等建设工程，城区整体环境得到改善。

推进安居工程建设。1992—2016 年，城区共建设经济适用房、廉租房、公租房、保障房、拆迁安置房、商品房 7462 套 60.1 万平方米，安置居民 7384 户。城镇居民人均居住面积达到 31 平方米。2000—2016 年，全县累计投入扶贫专项资金 20555 万元，建设移民新村 97 个、移民安置房 4434 套（含购买 562 套），实施易地搬迁 399 个自然村 5252 户 22458 人（其中集中安置 4434 户 18665 人），累计改造农村危旧房 4170 户（孔），一大批生活于偏僻、贫困、落后山村的农民居住条件、生活环境及出行条件得到根本性改善。

大力治理城区生活污染，强制取缔 110 座营业性燃煤炉灶，改用柴油、液化石油气、电等清洁能源；新建 21 座燃气供热站，建立污水处理厂，城区空气质量明显优化，2015 年城区二级以上天数达到 312 天，2016 年，城区二级以上天数 258 天。2011 年开始实施城区集中供气和供热工程，到 2016 年末，共建每门每小时 6 万立方米天然气液化供气站 2 座（瓦塘和县城各 1 座），铺设中低压管道 60 公里，燃气用户累计达 2.88 万户，其中学校、医院及工商业用户 132 户，居民天然气用户 4500 户，集中供热用户 24162 户（含机关、学校、医院、商业门店和居民住宅）。累计建成区域集中专用调压供热站 21 个，城区集中供热用户 24162 户，供热总面积达 280.26 万平方米。

大力推进城乡绿化、亮化工程，1989—2016 年，全县累计完成人工造林 177.05 万亩，加上天然林面积 110.76 万亩，林木总面积达 287.81 万亩，森林覆盖率达到 60.57%，比 1988 年林木覆盖率提高 26.27%。坚持推进城区通道绿化工程，扩展绿化面积，完成南山生态公园绿化一期至三期工程、晋绥森林公园一期绿化工程，累计栽植油松、侧柏等景观树 62.69 万株，城区建成区新增绿地 154 万平方米，绿化覆盖率达 32.6%。城区垃圾无害化处理率达 100%。实施蔚汾河城区段清淤蓄水和河道景观工程、蔚汾湿地公园（面积 31 万平方米，设有健身、亲水体验、游览、康养等功能区）等建设项目，城区环境面貌得到明显改善。

推进新农村建设。按照中央关于新农村建设“20字”方针，突出中心镇建设，在大项目集聚区瓦塘—魏家滩之间规划建设一个可容纳 5 万人，集居民住宅、职工生活区为一体的工业小镇，在蔡家崖、康宁、高家村、奥家湾、恶虎滩等乡（镇）建设 5 个可容纳 1 万 ~ 2 万人的中心镇。已重点实施蔚汾镇东关村、高家村镇赵家川口村、奥家湾乡姚儿湾村、恶虎滩乡沟门前村等 15 个示范村和试点村建设工作。同时狠抓基础设施建设。1989—2016 年，累计投资 13532.36 万元，建设农村饮水安全工程 1333 处，累计受益自然村 822 个（另有 394 个自然村系修复、提质）47.75 万人；累计投资 26058 万元，通过实施“以工代赈”“蔚汾河农田水利建设”“农田灌溉末级渠系配套建设”“黄河提水工程”“明通沟、天古崖水库除险加固”和水土流失治理等项目，建成河坝、淤地坝 421 座、9.13 万米，新增基本农田 56.18 万亩（其中水地达到 6.06 万亩、梯田 40.53 万亩、坝地滩地 9.59 万亩），基本农田总面积累计达到 82.7 万亩，占到总耕地面积 126 万亩的 65.6%。通过实施农电网改造和农电网升级改造，惠及 10 个乡 510 个自然村 5.69 万户，全县 725 个自然村实现村村通电。

至 2016 年末，全县有 375 个建制村安装程控电话，实现街巷硬化，327 个建制村建成加工房、洗理室和便民连锁店，562 个自然村安装路灯，375 个建制村建立卫生室、诊所，530 个自然村 1.86 万户安装网络，167 个建制村建有文化科技活动室，372 个建制村建起“农家书屋”，160 个建制村建有体育健身活动场所，广播电视“村村通”覆盖全县 375 个建制村、725 个自然村 2.6 万户。

积极开展市容市貌、户外广告、乱搭乱建“三项整治”，努力创建省级卫生城。2011 年，围绕创建省级卫生城目标，城建环卫部门在城区共设置垃圾桶 1485 个，清理垃圾 195 万吨，增设 1050 名保洁员；新建和改造城区水冲公厕 59 座；规划、设置销售市场 20 处；拆除残垣断壁、违章建筑 9.2 万平方米；统一装饰临街主要建筑立面40万平方米；新建和改造城区主街道11公里，并增设交通配套设施。通过整顿，城区街容市貌、环境卫生和交通秩序都得到明显改善。年底，经山西省爱卫会专家组验收，兴县获“省级卫生城市”荣誉称号。2013年，环境卫生整治工作延伸至农村，通过开展群众性爱国卫生运动，于同年底通过了山西省爱卫会专家组对兴县“省级卫生城市”的复审验收。至2016年底，全县17个乡（镇）累计完成户厕改造9087座，兴县被授予“2016—2018周期省级卫生县城”称号。

八

1989—2016年，全县教育、卫生和社会保障事业得到新发展。

学前教育普及率大幅提高。2016年末，全县有独立幼儿园29所，其中乡镇中心幼儿园16所（乡镇政府所在地），6周岁幼儿入园（班）率达到100%，比1989年提高24%。

小学教育质量稳步提升，至2016年末，随着生源的客观减少和学校布局的调整，小学校数由1989年的763所缩减为59所，在校学生由1989年的33127人缩减为12391人，减少62.6%，但学龄儿童入学率、巩固率及毕业考试合格率均达100%，小学升学（初中）率为99.1%。

中学教育质量跨上新的台阶。2016年末，全县初中共15所，在校生8600人，全县参加中考2393人，中专、幼师、高中、职业高中共录取1527人，中考升学率达63.8 %。同年，全县有高中3所，比1989年增加2所；在校生4358人，比1989年增加3408人；当年参加高考1751人，达线（本科二批B类以上）人数由1989年的61人增加到376人，达线率23.9%。1989—2016年，全县累计有3221名考生达到大学本科二批B类以上院校录取分数线；累计被全国大中专院校录取9429人（含4个年份中专录取数）。

从1989—2016年末，县职业中学累计举办各类教学班90多个，培养（训）各类专业技术人才8756人。电视大学共招收学员2641人，通过举办在职干部大学本、专科函授和电视大学教学，有2618名学员通过国家组织的正规考试，获得大学本、专科毕业证书。

教育基础建设方面，累计投资5.9亿元，重点完成11项建设。其中，建成占地260亩、20轨制的友兰中学（一期工程）；建成农村寄宿制小学校15所，维修农村校舍12所4000平方米；完成农村远程教育和城区校园网络工程建设，覆盖149所中小学校，并成立小学、初中学科网络中心教研组9个，初步形成资源共享的网络教研工作格局；完成“120师学校”、新区幼儿园、8所乡镇中心幼儿园、“友兰中学”二期续建工程和城区第二实验幼儿园改造工程。2005年10月，兴县通过山西省人民政府教育督导室评估验收，成为“普及九年制义务教育县”。

2016年末，全县共有国家集体医疗卫生机构23个，其中县级5个，乡级17个，街道办卫生院1个，共设床位419张。县乡共有医疗技术人员749人；全县共有村卫生所380所，乡村医生466人。

2006—2016年，全县医疗卫生基础建设方面累计投资4.15亿元，完成县医院门诊主楼建设及配套设备购置工程，完成17个乡镇卫生院改扩建工程（包括配套设备），启动概算投资4.1亿元的县人民医院迁建项目和两个中心卫生院的改扩建项目。

全县社会保障体系建设从20世纪90年代初启动，到2016年末，形成更加成熟和完善的运行体系。其中，企业职工养老保险于1991年启动，1997年覆盖城镇各企业。2012—2016年，年均参加职工养老保险11891人，年均征缴养老基金5084万元，年均发放企业职工养老金8596万元。机关事业单位养老保险于2009年启动，2014年10月实现全覆盖，至2016年末，参保人数达到9726人。

城乡（镇）居民养老保险，于2011年全面启动，2016年末，全县城乡（镇）居民参加养老保险16.44万人，全年征缴养老保险金额5750万元，有4.26万人领取养老保险金4525万元。

城镇职工基本医疗保险于1997年试行，2007年全面启动。2016年末，全县参加城镇职工基本医疗保险人数达3.08万人，征缴4700万元。

新型农村合作医疗保险（简称新农合）于2008年全面启动实施，当年参加新型农村合作医疗保险19.03万人，医疗补偿总额达到1522万元。2016年，全县参加新农合农民22.16万人，参合率达到91%。县合作医疗管理中心共补偿医疗费1.04亿元。

城镇居民和农村居民最低生活保障水平得到提高。2016年兴县民政局为城镇低保户6283人发放保障金2789.65万元，人均4440元，比2002年人均保障金增长9倍多；农村居民年人均保障金1740元，比2005年人均保障金增长251倍。

1989—2016年（部分年份），兴县民政局累计救助全县城乡（镇）低收入户、“五保户”、贫困大学生、残疾人等特困群体36.53万人，累计发放救助金额4.02亿元，其中供养“五保”老人8799人次，支付供养费1603.82万元。

九

加强法制宣传教育，不断增强全县干部群众的法制观念，推进依法行政，全力建设平安兴县。1989—2016年，全县开展“一五”至“七五”普法教育，累计培训县乡机关党员干部、企业职工、农村“两委”干部、大学生“村官”和后备干部3.9万人次，参加法律知识考试9500人次；组织开展“法律六进”（进机关、进乡村、进单位、进企业、进社区、进学校）活动，“5·9”法律援助宣传日、“6·26”禁毒宣传日、“12·4”全国宪法宣传日等活动，散发法律宣传资料31.2万份（册），解答群众法律咨询7450人次，受教育12万人次。县公安局深入开展“禁毒”、扫“六害”（卖淫嫖娼、制作贩卖传播淫秽物品、拐卖妇女儿童、私种吸食贩运毒品、聚众赌博、利用封建迷信骗财害人）和“打团扫恶”（打击团伙犯罪、扫除恶势力）等专项斗争，严厉打击各种刑事犯罪活动。

1989—2016年，全县各类刑事案件立案6685起，共破获4504起，累计打掉犯罪团伙55个，抓获犯罪嫌疑人370余人，追回赃款35万元，挽回经济损失60余万元，解救被拐妇女28人；查处一批涉毒案，惩处涉毒人员千余人，并实施了强制戒毒；打击村霸、矿霸、路霸、市霸、街霸118人次；累计破获、查处治安案件 1.21 万起，惩处违法人员 2.15 万人，其中警告 1142 人、罚款 1.55 万人、刑事和行政拘留 4881 人。

十

兴县境内有众多革命历史旧址，其中有晋西北行政公署（包括晋绥边区行政公署）旧址，120 师、晋西北军区及晋绥军区司令部旧址，中共晋西区委旧址，中共中央晋绥分局旧址，晋西北临时参议会旧址，晋绥军区政治部、后勤部、卫生部旧址，晋绥边区高等法院和边区公安总局旧址，兴县农民银行、西北农民银行旧址，洪涛印刷厂旧址，新西北报社、抗战日报与晋绥日报社、晋西大众报社（包括《晋绥大众报》）、人民时代社、人民画报社旧址，吕梁文化教育出版社旧址，晋西区委党校、晋绥分局党校旧址，抗日军政大学第七分校、晋西抗战学院、晋西师范学校、晋绥边区新民主主义教育实验学校、晋绥边区青年干部学校、鲁迅艺术学院晋西北分院、晋西北军区卫生学校（包括晋绥军区卫生学校）旧址，白求恩国际和平医院第六分院旧址，战斗剧社、七月剧社、和平剧社旧址，中共中央资料保管委员会旧址，中共中央领导人路居、晋绥边区党政军领导旧居，晋绥军区工业部第一厂、第五厂、第六厂旧址等。主要革命历史文物有县档案史志馆保存的 1939—1948 年晋绥边区根据地党政军民纸质文物档案资料 130 册。

兴县主要旅游景点有晋绥边区革命纪念馆、晋绥解放区烈士陵园（包括凤凰山烈士陵园新区）、“四八”烈士纪念馆和北坡中共中央晋绥分局旧址等。风光旅游景点有黄河风光、黑茶山风光、“两山一洞”（石楼山、石堠山、仙人洞）、胡家沟明代砖塔等。

2000—2016 年，全县累计投资 2.19 亿元，建设晋绥边区革命纪念馆（新馆）、晋绥解放区烈士陵园凤凰山新区、北坡中共中央晋绥分局旧址修复工程和“四八”烈士纪念馆（新馆）等文物旅游项目 5 个；文物旅游事业进一步发展，全县累计接待国内游客 521.76 万人次。

十一

经过 28 年（1989 年到 2016 年）奋斗，兴县经济社会呈现出前所未有的巨大变化，进入一个经济快速崛起、社会各项基础事业蓬勃发展、人民生活不断改善的新阶段。但由于兴县基础较差，起步较晚，整体发展距时代的要求还存在很大差距。

2017 年 6 月 21 日，中共中央总书记、国家主席、中央军委主席习近平莅晋考察，第一站就到革命老区兴县晋绥边区革命纪念馆，向晋绥边区革命烈士敬献花篮，瞻仰了晋绥边区革命纪念馆，参观了晋绥边区政府、晋绥军区司令部旧址，并在晋绥军区司令部旧址院内与当年在晋绥边区参加对敌斗争的老战士、老同志代表亲切交谈，合影留念。

中共兴县县委、县人民政府深入学习贯彻习近平总书记视察山西重要讲话和指示，坚持以习近平新时代中国特色社会主义思想为指导，认真贯彻落实中共山西省委、中共吕梁市委各项安排部署，推动全县经济社会发展不断取得新进展，实现新跨越。

在今后工作中，兴县将大力实施转型跨越战略、扩大开放战略、城乡融合发展战略、民生提质战略、生态优先战略、依法治县战略等“六大战略”，全力打造最具竞争力的铝镁新材料产业基地、全省知名小杂粮生产基地、煤炭清洁高效利用基地、清洁能源产销基地、黄河板块旅游目的地、辐射晋陕蒙的区域物流集散地“六大基地”，努力建设富强兴县、开放兴县、宜居兴县、绿色兴县、平安兴县、幸福兴县。

2021 年是建党 100 周年，也是第十四个五年规划的开局之年。兴县将紧紧围绕“八个聚焦”，突出抓好“八个着力”：聚焦构建现代产业体系，着力抓好铝镁新材料产业基地等“六大基地”建设，实施总投资 143 亿元的 25 个产业转型项目，以项目促转型，以转型促发展，特别是围绕打造最具竞争力的铝镁新材料产业基地，全力推进包头一禾 10 万吨铝合金杆延伸 5 万吨合金铝导项目、上海正岸 5 万吨铸造铝合金及配套铸件项目、河北亚泰电力公司 8 万吨铝电力金具及其配套项目达产达效；积极推进苏州元泰有色金属和永棋车料有限公司（台资）10 万吨铝焊丝项目、芜湖德盛镁 5 万吨汽车轻量化铝镁合金部件项目尽快开工；积极推动阳煤集团与中铝集团合作，争取中润公司二期 50 万吨电解铝项目尽快开工建设。聚焦增强转型发展动力，着力深化改革创新。围绕铝镁新材料、红色旅游、绿色农业等重点领域开展大招商，引进一批大企业、好项目，把兴县经济技术开发区建设成为全省一流开发区。聚焦加快农业农村现代化，着力推进乡村振兴。健全防贫返贫监测预警和动态帮扶机制，巩固拓展脱贫攻坚成果；推进乡村产业振兴、人才振兴、组织振兴和乡村环境整治，牢牢守住粮食安全底线，着力提升农村公共服务；持续深化农业农村改革，缩小城乡发展差距，推动乡村全面振兴。聚焦提升城市品质，着力推进大县城建设。加快县城新区开发，实施城市更新行动，推进城市风貌塑造工程、路网畅通工程、老旧小区改造工程、公厕改造提升工程、绿地建设工程、广场建设、蔚汾河河道综合整治工程、海绵城市建设工程、智慧城市建设工程等工程，加快建设宜居宜业宜游的特色县城。聚焦建设美丽兴县，着力加强生态治理修复。年内完成生态造林 10.3 万亩，完成水土保持综合治理 11.1 万亩；对静兴高速、北山公路、瓦裴线三条通道实施绿化增彩。聚焦创造高品质生活，着力补齐民生短板。加强与山西省内高水平医院和医联体合作，推动县人民医院高质量发展；深化县、乡（镇）医疗卫生机构一体化改革，逐步提升乡（镇）基本医疗卫生服务能力；实施义务教育布局优化工程，加快中学向县城集聚、小学向乡（镇）以上集中，进一步优化资源配置，切实提高办学质量；健全完善社会保障体系，进一步提高低保和特困人员供养标准，推动医疗、养老保险全覆盖；不断改善交通基础条件，启动一批城乡交通建设项目，确实改善群众出行条件。聚焦建设平安兴县，着力加强社会治安综合治理，建设更高水平的平安兴县。聚焦全面从严治党，着力建强干部队伍。

大事记

1989 年

3 月下旬，兴县农业化肥投入大于往年。据 3 月 27 日统计，调往各乡（镇）化肥 1.21 万吨，全县农户每人平均达到 50 千克，比 1988 年同期人均化肥量提高 30%。

3 月 29 日，兴县实行承旧启新的干部人事制度改革。采取县委考察推荐、听取县人民政府意见和本人就职演说、由人大常委会投票通过的方式来决定干部的任免。

4 月 3 日，中共兴县县委、县人民政府在稳定土地政策的基础上，进一步完善土地承包管理制度，通过土地有偿使用制度、土地合理流动制度和土地等级管理制度的建立健全，逐步推行了土地适度规模经营，已有 11 个乡（镇）200 个村委招标抵押承包 20 万亩，有偿转让涉及 2500 余户，面积 3 万余亩，避免了土地的荒芜和粗放经营。

4 月 15 日，中共兴县县委在 4 个乡（镇）选拔 13 名乡（镇）机关干部到农村担任支部书记。这 13 人都在乡（镇）担任过农业技术员、农机管理员和文化站辅导员职务。

5 月 15 日，兴县 84 个党政单位带头推销国库券，共购买 5.9 万元，超额完成地区下达国库券购买任务。

5 月 31 日，为消除腐败、疏通党内外群众监督渠道，县委在县直单位和乡（镇）聘请了 250 名党风监督员，将各级党政机关干部和党员置于群众的监督之中。

6 月 15 日，中共兴县县委召开县直机关党员干部大会，传达学习贯彻邓小平接见首都戒严部队干部时的重要讲话。

6 月 28 日，中共兴县县委表彰在开展“树新风，争先锋，做贡献，从我身上看形象”争先创优活动中涌现出的 10 个红旗党支部、54 个先进党支部、33 个先进党小组、92 名优秀党员和 25 名优秀党员干部。

7 月 18 日，中共兴县县委作出为开明士绅牛友兰平反昭雪的决定。

7 月 22 日，兴县县城遭受特大暴雨，城关镇西关村和南沟门前村严重受灾，其中南沟门前村死亡 26 人（男女各 13 人），损毁窑洞 38 间（孔），55 户居民财产被洪水冲走，全村直接财产损失 133.1 万元。

7 月 24 日，中共吕梁地委书记刘泽民到兴县实地察看南沟门前村的灾情，并慰问了受灾户，看望了受伤住院灾民。

8 月 10 日，“7・22 洪灾”后，县直机关单位干部职工 6889 人参加捐款活动，共捐款 3.89 万元，其中，兴县籍四川离休老干部刘日增在探亲期间目睹灾情，主动捐款表达了对家乡人民的关爱之情。

8 月 20 日晚，兴县康宁镇安家庄、曹家坡、刘家庄村遭受冰雹袭击，受灾面约 1.5 万亩。

9 月 20 日晚，兴县小善乡、康宁镇、固贤乡等 7 个乡（镇）遭受冰雹袭击。冰雹持续半小时，仅小善、康宁、固贤 3 个乡（镇）受灾面积达 7.26 万亩，涉及 50 个村委。

9 月 28 日，中共吕梁地委、吕梁行署在离石举办“晋绥革命根据地老同志书画展”。该活动从 5 月开始，晋绥边区革命纪念馆先后向全国各地发出 230 余封邀请信，共收到全国 17 个省、市、自治区的 89 名老同志的参展作品 140 余幅，其中全国人大常委会副委员长廖汉生，中央顾问委员会常委康世恩，中央顾问委员会常委、第六届中国人民政治协商会议全国委员会原副主席程子华，第七届全国人大常务委员郁文，第七届中国人民政治协商会议全国委员会常务委员钟师统，中共山西省委书记李立功及中科院原副院长、第十二届中顾委委员张稼夫，中顾委委员张邦英等专门为这次展览寄赠了书法作品；这次展出的还有贺龙、关向应、续范亭、林枫、周士第等革命老前辈题字的碑拓，晋绥著名版画家李少言赠送了 50 余幅晋绥时期创作的珍贵版画，专辟展厅展出。

10 月 4—5 日，中共兴县县委召开扩大会议，学习中共中央总书记、国家主席、中央军委主席江泽民在庆祝中华人民共和国成立 40 周年大会上的讲话。

10 月 13 日，太原市客运公司客车从兴县开往太原途中在白家滩翻入沟中，造成 3 人死亡、4 人重伤、13 人轻伤的交通事故。

12 月 26—28 日，由山西省计划委员会牵头组织国家、省地专家 24 人组成《山西省兴县国土综合开发整治规划》评审委员会，由中国工程院院士、中国人民大学教授刘再兴任主任委员；北京大学教授魏心镇，沈阳铝镁设计院高工王恩孚，山西省地矿局副总工、教授级高工刘凯，山西省计委研究所所长、副研究员徐恕德，北京师范大学副教授冯嘉苹5人任副主任委员。评审委员会对兴县国土规划办公室研究编制的《山西省兴县国土综合开发整治规划》及其相关的5项成果给予高度的评价，认为在全国县域国土规划中居领先地位。

是年，兴县出现历史上罕见的“灾连灾”现象，继严重的春旱、夏旱之后，7月又遭受特大暴雨袭击，自然灾害给全县工农业生产及人民生命财产造成严重损失。全县24个乡（镇）普遍受灾，全年造成粮食减产4400万千克，油料减产800万千克，特大暴雨、洪水造成的直接经济损失达5690万元。

1990年

2月2日，中共兴县县委抽调32名科级干部、96名青年干部，组成第五批农村工作队，进驻24个乡（镇）的49个贫困村，与村民同吃同住同劳动，宣传党在农村的各项经济政策，推广科技兴农知识。

2月24日，中共兴县县委、县人民政府召开县乡机关作风整顿动员大会，县级机关党支部书记、副局长以上领导和乡（镇）主要负责人参加了动员大会。

3月7日，中共兴县县委决定在全县农村开展“红旗党支部”夺标竞赛活动，竞赛包括班子建设、计划生育、社会治安、粮油及经济收入指标等方面的内容。全县435个农村党支部积极参加了竞赛活动。

5月3日，中国科协和山西省科协第五届扶贫团，在中共吕梁地委、吕梁行署领导权定福、王文学、姚新章及有关部门负责人陪同下抵达兴县开展扶贫工作。

5月22日，中共山西省委书记李立功在吕梁地委、行署领导权定福、王文学陪同下莅临兴县考察调研。

6月14—19日，政协兴县召开第三届委员会第一次全体会议，听取并审议了副主席方治安、副主席张森所作的工作报告；选举高秀中为政协兴县第三届委员会常务委员会主席，贾维桢为政协兴县第三届委员会常务委员会名誉主席，刘银厚、方治安、张森、刘幼怀4人为政协兴县第三届委员会常务委员会副主席。

6月16—19日，兴县第十届人民代表大会第一次会议在县城举行。出席会议的代表176人。会议先后听取并审议了兴县人民政府代县长郝百曜、计划委员会主任高玉堂、财政局局长王贵荣、县人大常委会副主任韩子春、法院院长宋贵桂和检察院检察长刘维政所作的工作报告，并通过以上各项报告的决议。会议采用差额选举、无记名投票方式，选举郝保家为县人大常委会主任，白勇、刘仪昌、祁中兴、韩子春4人为县人大常委会副主任；选举郝百曜为兴县人民政府县长，李天定、张帆尔、陈绍歧、裴张拴4人为县人民政府副县长；宋贵桂为县人民法院院长、刘维政为县人民检察院检察长。

6月24—26日，中国共产党兴县第十次代表大会在县城召开，出席大会的正式代表共350人，列席87人。大会听取和审议通过县委书记杜俊奇代表中共兴县第九届委员会所作的工作报告和纪委书记刘迎科代表中共兴县纪律检查委员会所作的工作报告。会议选举产生中国共产党兴县第十届委员会委员20人，候补委员5人和中国共产党兴县纪律检查委员会委员10人。中国共产党兴县第十届委员会第一次全体会议以无记名投票方式，差额选举产生第十届常务委员会委员8人：杜俊奇、郝百曜、白双劳、郭亮泽、刘迎科、成红丑、宋海耀、弓寨明；杜俊奇当选县委书记，郝百曜、白双劳、郭亮泽当选县委副书记。同日，中国共产党兴县纪律检查委员会第一次全体会议以无记名投票方式，差额选举产生纪律检查委员会常务委员7人：刘迎科、王喜明、贺有拴、李文命、高云峁、康旺举、裴初生；刘迎科当选县纪律检查委员会书记，王喜明、贺有拴当选县纪律检查委员会副书记。

7月1日，中共兴县县委作出《关于进一步治理开发小流域，大搞农田水利基本建设的决定》。

7月19—20日，山西省文物局局长贾立业、山西省委宣传部韦川东、山西省党史研究室赵晋、山西省建设厅王士忠等一行来晋绥边区革命纪念馆考察，并召开扩建论证会。

7月，兴县开展第四次人口普查（年末全县户籍总人口245166人）。

8月16日，原中央纪律检查委员会书记、中共中央顾问委员会委员李昌参观晋绥边区革命纪念馆并题词。

是日，晋绥文艺工作者王易风（原吕梁剧社和晋绥文联影剧队成员，曾任山西省戏剧工作研究室主持工作副主任）和董新良（原七月剧社成员，山西省戏剧工作研究室主任）等访问晋绥边区革命纪念馆。

8月中旬，由康荣惠任主编，刘继珍、裴惠兵任副主编完成的《山西省兴县国土综合开发整治规划》《山西省兴县国土资源》两书由中国计划出版社出版发行。中央顾问委员会常务副主任、国务院原副总理薄一波、全国人大常委会副委员长廖汉生分别为两书的出版题词："坚持合理开发尽快脱贫致富""发扬老区光荣传统开发整治兴县国土"。《人民日报》、《山西日报》、《山西经济报》、山西电视台均予报道。

9月6日，兴县纪委恢复和继续向32个单位派驻纪检组。

10月17日，中共吕梁地委、吕梁行署在兴县召开农田水利基本建设流动现场会，王文学书记代表地委、行署把流动红旗交给兴县，以示鼓励。

11月14日，中共山西省委副书记卢功勋莅临兴县，参观晋绥边区革命纪念馆。

11月28日，中共兴县纪委书记刘迎科出席全国纪委系统表彰会，受到中央纪委表彰。

是年，兴县县委、县政府成立城市总体规划领导组，新编制《兴县县域城镇体系规划》，城区拟逐步向西拓展。兴县粮油产量首次突破1亿千克。

1991年

1月29日，中共兴县县委制定印发《关于在全县农村逐步实行"两田制"的意见（试行稿）》，要求各乡（镇）按照"群众自愿，先点后面，逐步推行"的办法和"农者有其田，耕者有其田，强者多其田"的原则，普遍实行"两田制"（口粮田和责任田）。

2月，中共兴县县委授予城关镇东关村、奥家湾乡廿里铺村、杨家坡乡水江头村、罗峪口镇李家梁村等10个支部"红旗党支部"称号。宣传文化部门将"红旗党支部"的事迹编印成书，利用快板、评书、顺口溜、晋剧清唱等多种形式广为宣传。

3月15日，中共吕梁地委书记王文学视察兴县蔡家崖乡张家圪埚（方言，读 tuō）村和城关镇南通村，就如何搞好兴县经济发展与县五大班子和有关部门领导举行座谈。

3月28—29日，中共山西省委书记王茂林视察兴县康宁镇刘家庄村、曹家坡村小流域治理工程，城关镇东关村东风铁厂、东关村和后发达村的农田基本建设工程，对兴县保证“八五”期间筹集农建资金、实现人均2亩高标准基本农田所采取的十种办法和五个挂钩形式给予高度评价。

5月17—18日，中共吕梁地委、吕梁行署在兴县召开全区县委书记和地直有关部门负责人会议，研究进一步改进干部工作作风的意见。

6月6日，20时30分至21时，兴县部分乡村遭受雹、雨的严重袭击。据统计，全县有5个乡（镇）66个自然村严重受灾，受雹灾面积3.8万亩，冲毁淤地坝749条，冲毁河坝50余米，冲漫水地1000亩、坝地3000亩，损坏、冲走粮食2500多千克、山药1500千克、衣物60余件。

6月28日，兴县人民政府核定位于东会乡庄上村北的“四八”烈士纪念馆为兴县第二批县级重点烈士纪念建筑保护单位。

7月20日，中共兴县县委、县政府召开县直党政机关、企事业单位党支部书记以上的领导干部会议，号召全县党员干部和职工为支援南方救灾抗灾开展募捐活动。全县共捐款1.3万余元，捐赠粮票1780斤。

7月23—27日，中共兴县县委召开全县农村改革流动现场会。县委书记杜俊奇作了题为《以解放思想为先导，加大改革分量，大力发展农村社会生产力》的报告。

7月以来，兴县一直处于高温少雨状态，除木崖头、魏家滩两乡（镇）旱情较轻外，其余22个乡（镇）80%以上的农作物旱情严重，固贤、康宁、小善、罗峪口、赵家坪、蔡家会、圪达(垯)上等7个乡（镇）大部分农作物已近枯死；全县农作物受旱面积达72.5万亩，占播种面积82.03万亩的88.4%。

8月，全县765名学生参加高考，大学本科达线44人，全区排队由上年倒数第一上升到正数第二。

8月12—14日，吕梁地区党纪案件检查经验交流暨教育工作会议在兴县蔡家崖召开，参加会议的有地区纪委领导及全区13个县的纪委书记等80人。

5—9月，先后来访参观晋绥边区革命纪念馆的晋绥老干部和人员有刘佑东（原晋绥军区司令部警卫团政委）夫妇，原晋绥“七月剧社”老文艺工作者文蔚等20多人，张稼夫（原中共中央晋绥分局副书记、代书记）子女张燕生、张未戕、张梦瑞、张钢等。

10月4日，航天工业部第一研究院和第二研究院为兴县赠送两套价值8万余元的电视卫星地面接收站设备，并派技术人员进行安装调试。

10月22—24日，中共第十三次全国代表大会纪律检查委员会委员，中共山西省委常委、省纪委书记冯芝茂在吕梁地委领导李鹏、宋秉文陪同下，先后视察了兴县杨家坡乡水江头村经济林、蔡家崖乡胡家沟村和城关镇西关村的农田基本建设工程，东关村和乔家沟村办铁厂，国营铁厂、国营水泥厂等，并深入奥家湾乡曲家沟村走访部分村民，了解群众生产生活状况。

11月5—6日，中共山西省委副书记、省长王森浩深入兴县部分农村、工厂进行考察，鼓励集体经济和工副业搞得比较好的村继续坚持贯彻党在农村的各项方针政策，稳定以家庭联产承包为主的责任制，不断完善统分结合的双层经营体制，逐步壮大集体经济实力。

是年，兴县县政府推出《深化农村改革实施方案》，制定了农村改革“二十条政策”，其中包括关于“四荒和小流域有偿拍卖使用权”的政策，并将土地承包期延长至30年到50年不变。

1992年

1月16日，中共兴县县委制定印发《关于开展乡（镇）机关社会主义思想教育的实施意见》。

1月，《山西省兴县国土综合开发整治规划》编审人员康荣惠、刘继珍、裴惠兵、刘仪昌、苏高文、杜俊奇被中共吕梁地委、吕梁行署授予一等奖（软科学）。

3月15日，中共兴县县委召开党员干部大会，传达贯彻中共中央（1992）2号文件《邓小平在武昌、深圳、珠海、上海等地的谈话重点》（简称“南方谈话”）。

5月17—20日，中共兴县县委组织县直机关青年后备干部125人在蔡家崖党校进行集中培训，培训期间，重点学习了邓小平南方谈话。

7月2—3日，山西省文物局副局长高可率计财处、文物处人员考察指导晋绥边区革命纪念馆工作，并召开座谈会，具体研究该馆的维修问题。

10月上旬，兴县有11个机关、企业和500余户农民集资近百万元，合股开发小流域，共上马开发工程40余处。《吕梁日报》为此发表了题为“勇于改革、敢于探索”的短评。

10月12日，中共兴县县委召开县直副科级以上干部会议，部署学习贯彻党的十四大精神。

5—10月，先后来访及参观晋绥边区革命纪念馆的晋绥老干部及子女有牛荫西及侄子女牛力生、赵若江、赵瑜江、牛铁航、甘惜分及夫人。

11月4日，兴县第十届人民代表大会第四次会议召开，会议选举高秀中等4人为出席山西省第八届人民代表大会代表。

12月15日，中共兴县县委、县人民政府在全县开展“重视老年工作领导者功勋奖和老有所为先进集体创新奖”的评选活动。共评选推荐出席吕梁地区功勋奖4人、创新奖5人；评选出县功勋奖32人、创新奖29人，并给予表彰。

12月，兴县县委党校分期分批对全县城乡9660名党员进行了社会主义特色理论、市场经济理论的培训。

是年，兴县晋剧团演出的《葡萄架下的梦》，参加吕梁地区戏剧大奖赛，获得多项大奖。

1993年

3月13—14日，中共山西省委书记王茂林，省委常委、宣传部长崔光祖等一行10人，在吕梁地委副书记李鹏等陪同下，深入兴县调查研究拍卖四荒、机构改革、国企改革、农村工作等问题，并看望了正在兴县拍摄《毛泽东——山西十八日行》的太原电视台剧组人员。

3月，山西省政府颁发给东风铁厂厂长刘候油“乡镇企业家”奖牌。中共吕梁地委、吕梁行署授予兴县城关镇东关村“产值2000万元村”的铜牌奖。

4月，《山西省兴县国土综合开发整治规划》编审人员获山西省科学技术委员会软科学二等奖。

5月26日至6月11日，晋绥老干部李正亭、赵辉、贺志华、冯如秀先后参观了晋绥边区革命纪念馆。

7月2—7日，中共中央政治局候补委员、中央书记处书记温家宝在山西省和吕梁地委领导陪同下，在吕梁山区县进了为期6天的考察。温家宝在兴县考察期间，听取了基层干部群众意见，了解了中央和国务院关于农村政策的贯彻落实情况和当前农村改革与发展中出现的新情况、新问题。

7月15日，兴县老区建设促进会成立。宋海耀、郝保家任名誉会长，孙守谦任会长。

7月，山西省、吕梁地区及兴县领导陪同外国专家亲临西关村南沟门前实地考察，决定由世界银行贷款治理蔚汾河流域。

8月10日，以伏格乐为团长的世界银行“黄土高原水保项目”预评估团莅临兴县，对蔚汾河项目区的前期准备工作进行详细考察。

12月28日，中共兴县县委、县人民政府领导召开民主生活会，各位领导在会上对照“五个主义”（主观主义、官僚主义、形式主义、好人主义、个人主义），进行了批评与自我批评。

1994年

1月14日，中共兴县县委、县人民政府制定鼓励农民治理小流域的十四条优惠政策。

2月4日《人民日报》报道（节录）——江泽民总书记视察慰问兴县。

新华社太原2月3日电（新华社记者李仁虎、山西日报记者李东喜）……1月29日至2月3日，江泽民总书记在中央军委委员、总后勤部部长傅全有，山西省委书记胡富国、代省长孙文盛，北京军区司令员李来柱的陪同下，先后考察了忻州、吕梁、运城、临汾、太原、晋中地区，访农家，看学校，进工矿，到军营，看望农民、工人、解放军指战员、公安干警、武警官兵和学校师生，看望革命老区、贫困地区的群众，看望在基层工作的干部……

29日，江泽民不顾严寒和旅途疲劳直奔革命老区兴县蔡家崖，参观了晋绥革命纪念馆，看望了抗战时期的老英雄、老革命和烈士家属，向他们亲切慰问，并合影留念。他语重心长地对在场的干部、群众说，人民共和国的江山是革命老一辈打下的，饮水思源，党和政府惦念着他们。要永远继承先烈遗志，弘扬老区人民的革命奉献精神，艰苦奋斗，振兴吕梁……

3月19日，航天工业部副部长鲍克明到兴县，参观晋绥边区革命纪念馆。

4月中旬，中共兴县县委、县人民政府举行《兴县志》《中共兴县组织史资料（第一卷）》首发式。

6月上旬，在江泽民总书记关怀下，蔡家崖乡人畜吃水工程开工建设；下旬，店临线兴县县城至下会段公路改建工程开工建设。

6月17日，中共兴县县委、县人民政府领导召开廉洁自律民主生活会，针对自身存在的群众反映强烈的问题制定整改措施。15名县委、县政府领导均按规定标准补交了上半年陪客就餐费；县直有关部门领导补交陪客饭费5399元，并清理住宅电话转自费252部。

6月底，县财贸企业引深以国有民营为主要形式的经营机制改革，供销、粮食、商业三大系统的66户企业182个实体全部实行租赁承包，年收承包费142.3万元，分流职工1129名，这一改制遏制了部分企业持续亏损局面。

7月底，兴县共成立27个治安警区，其中农村警区24个、城区警区2个、工业警区1个，共配备警员75人。

5—10月，先后来访参观晋绥边区革命纪念馆的晋绥老干部及子女有苏青夫妇、何俭朝（原晋绥分局宣传部部长、《晋绥日报》社社长周文之子）、白尚武、屈健（国家水利部副部级干部）、温国朴。

1995年

1月5日上午，兴县五套班子领导，县直有关部门负责人、各乡（镇）书记、乡（镇）长赴罗峪口镇参加罗峪口至东豆宇村公路通车剪彩仪式。下午，在罗峪口镇召开全县义务修路和村级组织建设现场会。

1月10—15日，吕梁地区责任制考评组在兴县对县委、县政府1994年工作进行了全面考核。

3月9日，中共兴县县委、县人民政府召开财政改革会议，建立起新的乡（镇）财政体制。

是日，兴县—临县班车在兴县贺家沟翻车，吕梁行署副专员郝有亮，兴县县委书记杜俊奇、县长郭亮泽等领导前往医院看望受伤人员。

3月17日，店临线烧炭山发生翻车事故，兴县县委书记杜俊奇、县长郭亮泽带领有关部门赶赴现场组织抢救。吕梁行署副专员郝有亮及吕梁地区公安处领导到兴县听取了事故情况汇报，并到医院看望伤员。

3月18日，中共中央总书记、国家主席、中央军委主席江泽民给兴县蔡家崖乡的干部群众回信，希望大家发扬党的优良传统和作风，为振兴吕梁，实现老区繁荣昌盛而奋斗。

3月22日，兴县蔚汾河流域水土保持世界银行扶贫开发项目举行开工典礼。

3月，兴县人民政府研究决定建立和推行国家公务员制度。

4月29日，兴县邮政局乡邮员贾光留出席全国劳模大会。

5月12日，兴县清理整顿土地隐形市场动员大会在工会会场召开。

5月18日，中共山西省委副书记郑社奎带领省直有关单位负责人，深入兴县田间地头、厂矿企业及修路建桥现场进行调查研究，并参观了晋绥边区革命纪念馆。

6月19日，吕梁行署副专员郝有亮在兴县考察工作。

6月30日，吕梁军分区在兴县蔡家崖召开纪念抗日战争胜利五十周年大会，县长郭亮泽出席会议并讲话。

7月8日，吕梁行署副专员郭玉玺在兴县考察考务工作。

7月15日，山西省副省长王文学在兴县考察灾情。

7月27日，国务院贫困地区经济开发领导小组专职副组长兼办公室主任杨钟在兴县视察工作。

4—7月，晋绥老干部及子女冯如秀、薛增光、杨秀山（中将，中顾委委员）、林炎志、罗川、西戎（《吕梁英雄传》作者之一，山西省作家协会名誉主席）等相继来访，参观了晋绥边区革命纪念馆。

8月26日，城关镇郭家峁村至奥家湾乡车家庄公路拓宽工程开始全面拆迁。

8月下旬，中共兴县县委根据农村党建调查，确定45个后进村党支部，并制定“以解决热点、难点为突破口，全面整顿农村后进党支部”的工作思路和3年整顿农村后进党支部工作规划。

8月，兴县世行贷款扶贫开发项目通过评估并超前启动。

9月1日，中共吕梁地委、吕梁人大常委会、吕梁行署、吕梁军分区在晋绥边区革命纪念馆召开以“缅怀先烈业绩、艰苦创业、振兴吕梁”为主题的纪念抗日战争胜利50周年座谈会，部分参加过抗日战争的老战士、老英雄、老干部、老民兵代表受邀参加座谈会。

9月11—13日，原晋绥老干部子女林炎志、罗川一行14人到兴县看望老区人民。他们深入蔡家崖、黑峪口等村和水泥厂、发电厂、兴县中学等企事业单位，缅怀前辈业绩，了解老区改革开放以来发生的新变化。

9月，兴县人民政府召开解决原纸厂职工安置问题会议。会议议定纸厂划归县工商行政管理局（简称工商局）管理，原纸厂职工全部调入工商局安排，工资待遇与工商局人员同等对待。

10月15日，中共山西省委副书记、省长孙文盛在兴县视察工作，为店临线改建工程题词"大路通天"，为晋绥边区革命纪念馆题词"缅怀革命先烈业绩，振奋兴业强国豪情"。

10月28日，中共兴县县委、县人民政府制定机关、事业单位、农村社会养老保险实施方案。

10月，兴县人民政府决定由县广播电视局设立兴县广播电视台。

11月5日，兴县黑峪口"少白希望小学"落成剪彩，中共第十四届中央委员，中国航天工业总公司党组书记、总经理兼国家航天局局长、党组书记，国家载人航天工程副总指挥刘纪原，刘少白先生的后人刘易成、刘乃成，中共山西省委副书记郑社奎及省地有关部门和兴县五套班子领导参加了剪彩仪式。

11月22日，山西省政协主席郭裕怀在兴县视察工作。

11月25日，店临线车家庄至下会段公路改建工程举行竣工典礼。

11月26日，全县召开义务修路再动员大会。

12月4日，兴县召开党代会，选举杜俊奇、贾光留为出席山西省第七次党代会代表。

12月15日，吕梁行署副专员牛力考察兴县水泥厂熟料粉尘治理工程。

1996年

1月3日，政协第八届全国委员会委员、航天部宣平参观了晋绥边区革命纪念馆。

1月13日，北京市海淀区中关村第一小学与兴县恶虎滩寄宿学校结对手拉手联谊，中共兴县县委副书记宋海耀、县人民政府副县长贺继光及教育局的有关领导参加了结对仪式。

是日，第六届全国人大代表（补选）、第七届全国人大代表，蔡家崖乡副乡长李春林因车祸抢救无效身亡。县人民政府副县长任世平代表县委、县政府慰问了遇难者家属。

1月17日，山西省人大常委会副主任孟立正带领慰问团一行13人，在中共吕梁地委领导张陆绪等陪同下，慰问了兴县杨家坪村、刘家壕村20户特困户。

1月22—24日，中共中央组织部原老干部局局长孟凡臣，在中共山西省委组织部和中共吕梁地委委员、组织部长岳培民陪同下，走访慰问兴县老红军、老党员和老干部。

2月3日，吕梁行署副专员郝有亮、地区工会副主任梁志金慰问兴县部分困难企业职工。

2月7日，兴县引进的德国西门子公司总容量为4000门二级光缆程控长途传输线路全线开通。

3月13日，山西省儿童医院和共青团山西省委希望工程办公室一行10人在兴县进行社会调查，并为蔡家崖希望小学学生进行义诊。

3月18日，山西省人民政府办公厅研究室副主任李劲民一行3人受省长孙文盛委托，在兴县进行扶贫调查。

3月26日，中国人民银行山西省分行领导在康宁镇现场办公，和中共兴县县委、县人民政府及康宁镇负责人共同商讨了康宁扶贫攻坚大计。

3月29日，兴县人民武装部收归军队建制交接仪式在县政府五楼会议室举行。兴县人民武装部从1996年4月1日起归中国人民解放军山西省人民武装部。

4月1日，中共兴县县委书记杜俊奇，县人民政府县长郭亮泽，县委副书记白双劳、张帆尔，副县长高玉堂、任世平等领导考察过境公路和蔡青线改建工程。

4月4日，山西省能源开发公司煤层气开发公司和美国CBM公司联合开发的山西河东煤层气工程在兴县田家沟打井测试成功。

4月8日，兴县各界纪念“四八”烈士殉难五十周年大会在东会乡庄上村

“四八”烈士纪念馆举行。中共吕梁地委、吕梁行署主要领导李盘盛、周振义、樊吉厚、郝有亮及地直有关部门领导，临县县委领导、兴县五套班子领导参加了纪念活动。

是日，吕梁4648广播电台综合转播台在兴县黑茶山开播。参加“四八”烈士纪念会的地、县领导视察该转播台。

4月17日，山西省政协副主席赵凤翔在兴县东会乡调研指导工作，并和兴县县委、县政府领导共同商讨东会乡扶贫攻坚大计。

4月24日，中共兴县县委、县人民政府召开联席会议，传达贯彻吕梁地委召开的经济工作汇报会、乡镇企业工作会、义务修路动员会、纪检工作会、宣传工作会、教育工作会和计生工作会精神。

4月28日，山西省供销社主任刘俊贤在兴县蔡家崖乡了解包点扶贫及春耕备耕情况。

5月15日，晋绥边区革命纪念馆为贺龙元帅塑汉白玉石雕像一尊顺利竣工。该塑像为解放战争时期骑马的贺龙，像高3.22米，像座高1.9米，基座分五层台阶，高73厘米。1997年7月，中共中央政治局常委、中央军委副主席刘华清为贺龙元帅汉白玉塑像题字：贺龙元帅。

5月25日下午，兴县裴家川口乡17个村遭受一场罕见冰雹袭击，砸死羊100余只，1.07万亩春播作物和2287亩经济林受灾。

5月30日，吕梁地区电业局电力技术人员应邀到兴县，就11万伏输变电引电工程和与岚县并网供电应急工程，深入胡家沟、张家圪埚、枣峁梁、发电厂等地进行了实地考察。

6月1日，中国科技国际信托投资公司总裁张钢，晋绥儿女支持老区教育协会会长罗川等一行12人，看望了兴县蔡家崖、北坡、黑峪口小学的师生，并把价值2万元的礼品和现金赠送给教师和少年儿童。晋绥儿女在北京成立了支持老区教育基金会，每年出资10万元，用来奖励150名安心老区工作20年以上的优秀教师。

6月17日，中共兴县县委副书记、县人民政府党组书记李海玉，副县长白文毅、邓俊峰，计委主任康荣惠赴京参加首届中国农工贸一体化县洽谈会。其间看望了在战争年代曾在兴县生活战斗过的部分老同志薛明、廖汉生、赵辉、侯获等，同时看望国家计委、交通部有关部门的负责人以及在总参、总后工作的部分兴县籍人士，受到了中共第十四届中央委员，中国航天工业总公司党组书记、总经理兼国家航天局局长、党组书记，国家载人航天工程副总指挥刘纪原和国家计划委员会副主任、党组成员马凯的接见。

6月24日，吕梁行署副专员郝有亮看望山西省委驻兴县工作队成员，并走访慰问了兴县部分老干部、老党员。

6月30日，吕梁行署交通局在兴县黑峪口村召开党员联户扶贫活动现场会。山西省交通厅、吕梁地委领导，地直有关部门和县委、县政府领导参加会议。

7月3日，兴县人民政府办公会研究决定，全县24个乡（镇）的统计员归县统计局直接领导和管理。

7月23日，晚10时23分至11时34分，兴县境内突降暴雨，降水量达120毫米以上，导致山洪暴发，河水陡涨，纵贯县城及8个乡（镇）的蔚汾河流量高达1440米³/秒，洪暴冲毁河坝2.27万米，涌入城区，蔚汾东路以南大部分居民住房进水、被淹，全城水、电、通信设施全部中断；县城及18个乡（镇）遭受洪灾袭击，有8182间房屋倒塌或裂缝，17人死亡，15.47万人受灾，直接经济损失2.61亿元。

7月24日，中共山西省委、省政府来电慰问兴县“7·23”洪灾受灾群众；省地直接拨款800万元支援兴县救灾；驻地部队在洪灾发生的当天晚上就派出一批指战员帮助灾民抗洪抢险，并及时调来拉水车，为县城4万居民昼夜定点送水。

7月25日，中共山西省委副书记郑社奎、副省长王文学率领省财政厅、民政厅、水利厅等有关单位赶赴兴县灾区，与先期到达的中共吕梁地委、行署领导及有关单位负责人召开紧急会议，安排布置抢险救灾工作。

9月3—4日，由中共山西省委常委、组织部长支树平，山西省副省长兼太原市委书记纪馨芳，山西省政协副主席秦国栋和省委办公厅、省财政厅等部门领导组成的省五大班子慰问团，在中共吕梁地委书记姚新章，地委委员、秘书长樊吉厚陪同下，深入兴县重灾区曲家沟村、王家崖村、城关镇、县水厂等地检查和指导抗洪救灾工作，慰问受灾群众。

1997 年

1 月 16—19 日，中共山西省委副书记、省长孙文盛在吕梁视察工作期间，慰问了兴县蔡家崖村的老八路、老党员和“五保户”，考察了蔡家崖乡胡家沟万亩综合治理工程，参观了晋绥边区革命纪念馆。

1 月 30—31 日，山西省人民政府副省长薛军率省直有关部门领导深入兴县蔡家崖乡就江泽民总书记关心的人畜吃水工程进行调查研究，参观了晋绥边区革命纪念馆，并题词“晋绥光辉照千秋”。

3 月 8—10 日，中共兴县县委召开工作会议，提出 1997 年经济发展目标：国内生产总值达到 3.65 亿元，乡及乡以上工业总产值达到 3.73 亿元，粮油总产量达到 1.05 亿千克，财政收入达到 2182 万元，农民人均纯收入 880 元。该年底实际完成情况为：国内生产总值 2.88 亿元，比上年减少 17.7%; 乡及乡以上工业总产值达到 3.65 亿元，比上年增长 10.61%；粮油总产量 4614 万千克，比上年减少 19.73%；财政收入达到 2033 万元，比上年增长 3.8%；农民人均纯收入 725 元，比上年减少 8.46%。

4 月 6 日，国防科学技术工业委员会主任曹刚川参观了晋绥边区革命纪念馆。

5 月 26—27 日，中国科协党组书记、副主席张玉台一行深入兴县考察科技扶贫情况。

6 月 6 日，《兴县“三把火”得民心》的消息在《山西日报》发表后，山西省长孙文盛亲自给兴县县委书记刘光彦、县长李海玉写信，对兴县“三把火”之后的工作提出更高、更明确的要求。

6 月，兴县共产党员、义务教育先进个人王香旦出资 30 万元拟建的教学楼（建筑面积 500 平方米）在西关村举行开工典礼，这是他继 1994 年出资 70 万元兴建祥诞中学后增添的一座教学楼。

7 月，原晋绥军区 358 旅旅长黄新廷为纪念晋绥革命根据地创建 60 周年，在北京为晋绥边区革命纪念馆题词“吕梁烽火青山云，难忘晋绥众乡亲，血汗浇铸根据地，奋战联结南北中，功垂青史六十载，祖国腾飞再登程。”

8 月 18 日，山西省人大常委会原副主任李玉明参观了晋绥边区革命纪念馆。

是日，中共兴县县委召开“讲学习、讲政治、讲正气”动员大会，部署在全县机关干部中开展“三讲”活动。

9月，中共兴县县委、县人民政府制定印发《关于加快企业产权制度改革的实施意见》。

7—9月，续范亭侄女续爱红，晋绥老干部李象耕（兴县籍）、白尚武（兴县籍，时任四川省人大常委会副主任）、胡正及晋绥干部后代纪晓军（纪希晨之子）、段晓兴兄妹（段云子女）先后参观了晋绥边区革命纪念馆，段云子女为纪念馆捐赠《段云书法作品选》和现金1万元。

10月22日，中共兴县县委、县人民政府制定印发《关于进一步深化供销合作社改革的实施意见》。

11月19—20日，兴县第十一届人民代表大会第六次会议召开。会议选举弓寨明、白喜平、贾泽平3人为兴县出席山西省第九届人民代表大会代表。

11月20日，县人民政府决定回收旧招待所等12宗国有土地使用权。

11月，兴县县级行政机关进行公务员过渡考试。

12月18日，中共兴县县委、县人民政府制定《关于进一步扩大对外开放若干优惠政策规定》。

是年，兴县11万伏输变电引电工程与岚县并网供电应急工程开工建设；全县共筹集资金1000万元，新建、扩建和维修标准化校舍109所，“三配套”率由上年的79%提高到81%，规范化标准校舍由269所增至305所。

1998年

2月，兴县已有12户县属企业完成不同形式的改制。

3月27日，纪念毛泽东《在晋绥干部会议上的讲话》和《对〈晋绥日报〉编辑人员的谈话》发表50周年座谈会在兴县蔡家崖晋绥边区革命纪念馆举行。原《晋绥日报》社干部朱光耀、秦洪彦、祝福训等率省地12家新闻单位记者参加座谈会。

5月13—15日，山西省政府副省长、省政府党组成员范堆相一行9人深入兴县，围绕“四荒”拍卖与治理、扶贫攻坚、生态农业等问题进行调研，并参观晋绥边区革命纪念馆。

5月，县级党的各部委机关和人大、政协、群众团体干部进行国家公务员制度管理工作过渡考试。

6月27日，“四八”烈士子女王兴（王若飞之子），秦钢、秦吉玛（秦邦宪之子、之女），叶小梅（叶挺孙女），邓北生（邓发之子）等与中共中央党史研究室研究员李海文一行参观晋绥边区革命纪念馆。

6月30日—7月2日，中国共产党兴县第十二次代表大会在县城召开，出席大会的正式代表共300人，列席代表147人。大会听取和审议通过县委书记刘光彦代表中共兴县第十一届委员会所作的工作报告和纪委书记李溢涛代表中共兴县纪律检查委员会所作的工作报告。会议选举产生中国共产党兴县第十二届委员会委员21人、候补委员5人和中国共产党兴县纪律检查委员会委员15人。中国共产党兴县第十二届委员会第一次全体会议以无记名投票方式，差额选举产生刘光彦、李海玉、白双劳、宋海耀、李溢涛、成红丑、刘学良、刘明则、史建春、刘五娥（女）、郝继平为中共兴县第十二届常务委员会委员（11人），刘光彦当选县委书记，李海玉、白双劳、宋海耀当选县委副书记。同日，中国共产党兴县纪律检查委员会第一次全体会议以无记名投票方式，差额选举产生纪律检查委员会常务委员7人：李溢涛、王平、任定兴、白永、白秋明、白云、刘来迎；李溢涛当选县纪律检查委员会书记，王平、任定兴、白永当选县纪律检查委员会副书记。

7月12日，15时至13日凌晨4时，兴县三次降暴雨，时间长达7个多小时，暴雨中心雨量达140毫米以上。特大暴雨引发山洪暴发，河水陡涨，纵贯县城及8个乡(镇)的蔚汾河流量高达1000米^3/秒；暴雨共冲毁房屋530间，造成2人失踪、1人死亡；12个机关、107户商店、58所学校遭受洪水袭击，78万亩粮田受灾，4.7万亩农田和7890米河坝被毁，交通、供电、供水、通信等基础设施严重毁坏。据调查统计，此次灾情造成直接经济损失1.89亿元，受灾人口达8万余人。

7月23日，山西省民政厅领导和吕梁行署领导解金亭、王初颂等，带领民政、城建、公路、邮电、水利等部门领导，到兴县指挥生产自救。地区民政、交通部门各拨出专款20万元，用于重灾户的生活救助和道路抢修。

7月25—29日，政协兴县第五届委员会第一次全体会议在县城工会会场举行。中共吕梁地委副书记李盘盛，政协吕梁地区工委副主席张弦到会，李盘盛代表中共吕梁地委、行署、政协吕梁地区工委向大会表示热烈的祝贺并致辞。中共兴县县委书记刘光彦与会并讲话，县政协副主席李秀枝代表政协第四届常委会作工作报告，副主席孙明中作提案工作报告。会议选举产生政协兴县第五届常务委员会组成人员：常务委员共17人，邱虎翼当选常务委员会主席，李秀枝、康荣惠、孙明中、李反林4人当选常务委员副主席，王永春、李信兴2人当选常务委员名誉副主席；尚永红当选常务委员秘书长，白斌瑜、王金平2人当选常务委员副秘书长。

7月28—31日，兴县第十二届人民代表大会第一次会议在县城举行。出席会议的代表172人，会议先后听取并审议了县人民政府县长李海玉、县计划委员会主任康荣惠、县财政局局长王贵荣、县人大常委会副主任康挨勤、县人民法院院长吕春光和县人民检察院检察长薛晓云所作的工作报告，并通过以上各项报告的决议。会议以差额选举、无记名投票方式，选举阎润考任兴县第十二届人大常委会主任，康挨勤、宋贵桂、闫巨德、王桂儿（女）4人任兴县第十二届人大常委会副主任；李海玉任兴县人民政府县长，白文毅、任世平、吴晓东、白永厚、李勇（科技）、史瑞龙（挂职）6人任县人民政府副县长，吕春光任县人民法院院长，薛晓云任县人民检察院检察长。

8月6日，山西省政府副省长、省政府党组成员王昕在吕梁行署副专员郭玉玺等领导陪同下，在兴县视察文教卫生工作，并参观了晋绥边区革命纪念馆。

9月15日，中共山西省委副书记、省长孙文盛率省财政厅、民政厅以及省委驻兴县扶贫单位负责人，深入兴县杨家坡乡、白家沟乡、肖家洼乡调研兴县扶贫攻坚工作进展情况。

是日，原中共中央晋绥分局警卫排长王贵国访问、参观了晋绥边区革命纪念馆。

9月25日，吕梁地区生态农业暨农田水利基本建设动员大会在兴县召开。全区13个县市分管农业的副书记、副县长，水利局长、农机局长、扶贫办主任及地区农建指挥部各成员单位负责人共计100余人参加。大会召开期间，与会人员参观了兴县高家村镇大路梁和恶虎滩乡农建工程，并听取了县委书记刘光彦经验介绍。行署副专员解金亭就全区生态农业及秋冬农田水利基本建设进行了具体安排。

10月28日，由山西省委副书记、省长孙文盛题写校名的中银希望中学在兴县肖家洼乡肖家洼中学落成。

10月29日，兴（县）—神（木）黄河大桥开工典礼在神木县盘塘村举行。兴神黄河大桥位于兴县黑峪口村和神木县盘塘村之间，大桥设计为连续钢构型桥梁，桥长833.9米，投资概算3780万元，建设工期2年。

是年，在中共山西省委召开的扶贫攻坚四级书记会议上，中共兴县县委、县人民政府受到中共山西省委、山西省政府表彰，奖励吉普车1辆、推土机1台。全县46名农、林、畜牧专业技术人员分别与农户和工作单位签订了技术承包合同，通过承包新品种培育、新技术推广示范及病虫害防治等，促进农、林、牧的发展。

1999年

3月4—5日，中共兴县县委工作会议召开，700余人参加会议。会议确定全县1999年经济工作总体奋斗目标是：国内生产总值达到2.85亿元，财政总收入2250万元，农民人均纯收入860元（年底完成情况：国内生产总值达到2亿元，财政总收入1777万元，农民人均纯收入736元，分别比上年减少26.9%、减少18%和减少5.52%）。

3月9日，兴县会计局给56个行政事业单位统一委派会计人员。

3月23日，中国科协专家团抵达兴县，为县农业部门和部分基层单位的100余名技术人员传授科技知识。

3月27日，中共兴县县委书记刘光彦带领县计划委员会、水利水保局、城乡建设局、扶贫办等8个单位负责人，深入蔡家崖乡蔡家崖村就加快该村两个文明建设进程进行现场办公。

4月21日，兴县沿黄公路工程前期勘测工作结束。该项工程上起瓦塘切入岢大线，下顺岚漪河、黄河经裴家川口、黑峪口、罗峪口、大峪口等村与临县相接。沿线共需修建大中桥梁19座（现有大桥3座），占地近1000亩，需迁移枣树

2 万株。

9 月 17 日，中国科协组织 9 名专家到兴县开展科技扶贫活动，被兴县人民政府聘为科技顾问。

9 月 30 日，中共兴县县委、县人民政府召开农田水利基本建设动员大会，共 100 余人参加。会议明确全县农建的目标任务是：建设以机修梯田为主的基本农田，力争全年基本农田达到 4.6 万亩，水保初治面积达到 15.3 万亩；新解决 4000 人的吃水困难；新完成节水喷灌 1000 亩、山地微灌 5500 亩。

3—9 月，晋绥老干部刘籍甫、李支明（忻州籍）、魏进德（兴县籍，青海省第六届人大常委会副主任）、牛荫德（兴县籍，曾任辽宁省冶金工业厅副厅长）、吕光智（四川籍）先后访问参观了晋绥边区革命纪念馆。

10 月 31 日，中共中央政治局常委、国家副主席、中央军委副主席胡锦涛在中共第十五届中央委员、中共山西省委书记田成平和中共第十五届中央候补委员、代省长刘振华陪同下，莅临兴县调查抗灾救灾、扶贫攻坚和农村基层组织建设情况，并参观了晋绥边区革命纪念馆，和兴县部分老八路、老党员、老干部座谈并合影留念。

11 月 18—20 日，中共山西省委副书记郑社奎带领省直有关单位领导深入兴县恶虎滩乡石楼河流域综合治理工程和城关镇北山重点工程进行实地考察。

11 月 30 日，国务院扶贫开发领导小组副组长、政协第十届全国委员会常委、原中共山西省委书记胡富国率领国务院扶贫办有关负责人，在山西省副省长范堆相，中共吕梁地委副书记、吕梁行署常务副专员郭海亮等领导陪同下在兴县视察指导工作。

12 月 10 日，兴县黑茶山“四八”烈士殉难处纪念亭竣工。

12 月 28 日，兴县县委召开全县反腐败案件公处大会，对全县影响较大的 13 起干部违纪违法案件进行了公处。公处涉及副科以上领导干部 5 案 7 人，农村党员干部 5 案 6 人，一般干部 3 案 3 人，涉及违纪金额 139.98 万元。

是年，兴县遭受了历史上罕见的全局性特大干旱，全县粮油总产量仅为 1528 万千克，是 1989 以来最高年产量的 13.7%，农民人均年纯收入为 736 元，比上年减少 5.5%。

2000 年

2 月 25 日，中共兴县县委工作会议召开，确定本年度奋斗目标是：国内生产总值 2.8 亿元，财政总收入 2000 万元，农民纯收入 950 元。该年末实际完成情况为：国内生产总值 2.38 亿元，比 1998 年减少 13.14%；财政总收入 1796 万元，比 1998 年减少 16.7 %；农民年人均纯收入 795 元，比 1998 年增长 2.1%。

2 月 29 日，兴县召开县级领导班子、领导干部“三讲”教育动员会。

4 月 26 日，兴县政府采购管理委员会成立。

4—5 月，晋绥老干部康成俊（兴县籍）、李智盛（原国务院能源办公室副主任）、康明玉（兴县籍，曾任成都市文联副主席、党组副书记）参观了晋绥边区革命纪念馆。

6 月 8 日，工商银行兴县支行正式关门停业，进入机构撤并阶段。撤并涉及 1 个支行营业部，4 个储蓄所。合并网点后，精减代办员 24 人，分流职工 51 人。

6 月 16 日，兴县召开第五次人口普查动员会。据年末普查统计，全县户籍总人口 265760 人。

6 月 26 日，中共兴县县委、县人民政府在公安会议室召开全县政法工作会议。

7 月 6 日，中共兴县县委、县人民政府召开全县县乡机关作风纪律整顿大会，200 多人出席会议。县委常委、组织部长刘学良对全县县乡机关作风纪律整顿工作进行了全面安排部署。

11 月 23 日，全区红枣科技示范园区建设和红枣干制技术现场会在兴县召开。

12 月 17 日，吕梁地委、行署领导和兴县部分党政干部赴神木县盘塘村（今属马镇）参加兴神黄河大桥竣工通车仪式。

2001 年

3 月上旬，兴县人民政府根据省地撤并乡（镇）方案的要求和兴县实际，提出调整行政区划实施意见。这次撤并 7 个乡（镇），合并保留 7 个镇 10 个乡，撤并数约占原有乡（镇）总数的 29.2%。

3 月 22—23 日，兴县县直机关学习“三个代表”重要思想骨干培训班开学，150 余名科级领导和理论骨干参加培训。

4 月 9 日开始，兴县四大班子党员领导干部分别深入所包乡（镇），开展实践“三个代表”下乡调研活动。

4月26日，兴县县城坝路一体工程开工建设。该工程西起城区西关大桥北端，东至城东郭家峁村，与省道忻黑线接轨，全长3600米，工程设计为：路基宽12米，沥青碎石路面净宽9米，人行道用彩色混凝土预制块铺装，新筑2米×20米石拱桥一座，并在路巷设置排洪、排污渠涵，临河一侧为防洪大坝。工程概算总投资1200万元。

4月30日，兴县各级干部1000余人广泛开展“进农家、访民意、办实事”活动。

4月，中共兴县县委、县人民政府对社会和群众关注的重要事项、重大项目、重要支出实行“会审制”“联签制”“民评制”三项制度，并把县计生委、蔡家崖乡政府、奥家湾乡二十里铺村作为试点。全县实行“三项制度”的县直单位共95个、乡（镇）17个、村委375个。

5月18日，吕梁地区实践“三个代表”先进个人巡回报告团在兴县举行事迹报告会，县直机关、厂矿、企事业单位干部、职工1500余人参加了报告会。

5月30—31日，中共第十五届中央委员、山西省委书记田成平在兴县高家村镇红枣示范园区、赵家川口村和奥家湾乡二十里铺村调研扶贫开发工作。

6月4日，山西省政府副省长、省政府党组成员王昕一行6人在兴县调研普及九年义务教育、中小学危房改造、学校布局结构调整及教师队伍建设情况。

6月14日，中共第十四届、第十五届中央候补委员，中共山西省委副书记刘泽民深入兴县察看旱情。

6月19日，中共吕梁地委下乡办在兴县召开地直机关定点扶贫下乡工作队现场会。

6月21日，中共吕梁地委委员、宣传部长朱锦平和宣传部副部长郑景昉等到扶贫点蔡家崖村慰问老党员，并与县、乡、村三级干部座谈，共同商讨老区经济发展大计。

6月24日，吕梁日报社全体党员到蔡家崖乡胡家沟村慰问老党员、老干部，并与县、乡、村三级领导共商扶贫大计。同时，吕梁日报社驻胡家沟扶贫组邀请县人民医院各科主治大夫到村开展义诊活动。

7月18日，兴县蔡家崖11万伏输变电工程正式接火。

8月23日，兴县顺利完成撤并乡（镇）后新建乡镇人大、政府选举工作。这项工作历时2个月，涉及全县5个新建乡（镇），总人口138668人，登记选民73494人，参加投票选民70554人，参选率96%。5个乡（镇）应选代表293人，经选举实际产生代表293人。新建乡（镇）全部如期召开了本乡（镇）第一届人民代表大会第一次会议，选举产生新的乡（镇）机关领导人员，审议了各项工作报告，通过各项工作决议。5个新建乡（镇）共依法选举产生乡人大主席5名，副主席1名，乡（镇）长5名，副乡（镇）长11名。

9月10日，中共兴县县委召开教育工作暨“普九”（普及九年制义务教育）攻坚动员大会。会议决定从2001年起，县委、县政府每年拿出5万元，设立优秀教师特别奖，用于奖励在教学第一线做出特别贡献的优秀教师和先进教育工作者。其间，20位民营企业家为教育捐资4.4万元。

9月28日，中共吕梁地委学习江泽民总书记“七一”重要讲话，宣讲团成员、地委讲师团团长李树恩在兴县作专场辅导报告。

10月8日，兴县县委理论学习中心组成员集中学习传达了中国共产党第十五届中央委员会第六次全体会议通过的《中共中央关于加强和改进党的作风建设的决定》。

11月29日，国家文物局局长张文彬一行4人，深入兴县就文物保护和开发工作进行调研，并参观蔡家崖晋绥边区革命纪念馆，题词“弘扬晋绥革命精神，振兴吕梁地区经济”。

12月24日，中共兴县县委召开全县村级“三个代表”重要思想学习教育工作会议。

是年，全县所有乡村集体企业进行改制，改制企业达118个，共组建股份制企业39个，拍卖、出售、承包企业79个，盘活存量资产1.18亿元。

2002年

1月15日，中共兴县县委召开农村“三个代表”学教活动现场会。

1月16日，兴县举行反腐败案件公处大会。公处涉及副科以上领导干部5人、农村党员干部2人，其中4人受到开除党籍处分、3人受到党内警告处分。

3月24日，兴县召开退耕还林工程动员大会。

3月26日，兴县县直党政机构改革领导组调配县直单位领导班子，先后调整配备68名正科级领导干部和136名副科级领导干部。

3月28日，由中央文明办投资100万元，省、地、县配套资金100万元的兴县宣传文化活动中心开工建设。该中心占地面积为840平方米（长42米、宽20米），主体建筑面积2400平方米，中心按三层双面楼设计。

3月29日，兴县组织实施“六大工程”（特色种植工程、“菜篮子”工程、畜种改良工程、生态经济林建设工程、龙头企业带动工程、兴水治旱工程），调整农业结构。

是日，兴县人民政府发文，正式实施城镇居民最低生活保障制度。

3月下旬，兴县县直党政机构改革结束。县直党政机构设置30个，其中县委机构8个，政府机构22个；人大、政协机构分别为4个、3个；群团组织机构7个；成建制转为经济实体的5个。

6月5日，省道忻（州）黑（峪口）线新建二级公路开工仪式在兴县蔡家崖村举行。

6月16日，晋绥老干部屈健、庄静、郝秉兴、方彦、张茅、李广林、李雪梅、桑一伟及子女共15人，由北京启程到达兴县，参加“晋绥老干部吕梁行”活动。17日，在中共吕梁地委书记郭海亮，地委委员、组织部长刘建明，兴县县委书记李月勤、县长刘泽峰等领导的陪同下，老干部们到达蔡家崖，走访农民，寻找旧居，与老房东共叙离别50多年的思念之情，然后到他们当年工作和生活过的北坡村、石岭则村、蔡家会村、孙家庄村走访。

6月18日上午，中共吕梁地委、吕梁行署领导，兴县县级领导和晋绥老干部在县政府二楼中间会议室举行座谈会，在听取兴县县委、县政府的工作汇报后，老干部们对老区经济建设提出了宝贵的意见和建议，表示要在各方面给予兴县大力支持。

9月14—17日，中共吕梁地委驻兴县扶贫工作队组织扶贫工作大检查、大观摩活动，共有28名在兴县包村定点的地直机关扶贫工作组组长参加了活动，检查观摩了28个定点扶贫村的扶贫工作情况。

12月6日，吕梁地区2003年文化、科技、卫生“三下乡”活动启动仪式在蔡家崖乡举行。

2003年

1月1日，兴县城镇职工医疗保险制度正式启动。

2月13日，西山煤电股份有限公司与兴县县政府签订联合开发西川煤电铝项目意向书，项目估算总投资161亿元。初步规划建设80万吨氧化铝、40万吨电解铝、20万吨铝制材铝厂一座；4×30万千瓦发电厂一座；2×500万吨煤矿2座；58.6公里岢瓦地方铁路及其他配套项目。

2月27日，中共兴县县委召开三级干部会议，确定2003年主要经济增长指标，即国内生产总值达到3.5亿元，财政收入达到2950万元，农民人均纯收入达到750元。该年末实际完成情况为：国内生产总值达到4.31亿元，同比增长35.5%；财政收入达到3489万元，同比增长27.9%；农民人均纯收入达到838元，同比增长35.6%，3项主要目标均超额完成年初计划。

3月5日，中共兴县县委召开全县千名干部进村入户宣讲十六大精神动员大会。

4月1日，中共兴县县委中心组全体成员在蔡家崖晋绥边区革命纪念馆集中学习讨论了胡锦涛总书记在西柏坡纪念馆参观时的重要讲话。

中共吕梁地委宣传部和《吕梁日报》社在晋绥边区革命纪念馆举行毛泽东路居蔡家崖发表两篇重要讲话55周年纪念活动，地委宣传部长朱锦平、副部长武元辉，《吕梁日报》社领导杜志、白玉生、杨绍武、阎东海与兴县县委书记李月勤、县长刘泽峰、宣传部长史建春等参加了纪念活动。

4月22—23日，兴县成立全县“非典”防治工作领导组，加强对疫情防治工作的组织领导，专题研究和安排部署全县的防治工作和防控措施，分解落实各项防疫措施。

4月30日，中共兴县县委发出通知，号召全县共产党员在防治“非典”斗争中充分发挥先锋模范作用，夺取防治“非典”工作的全面胜利。

5月10日，西山煤电股份有限公司与兴县政府签订阳坪煤矿和斜沟煤矿资产收购协议书，并拟首先恢复这两座旧矿生产，在此基础上新建1500万吨的煤炭生产能力，一期工程估算投资22亿元。

5月14日，兴县积极贯彻中共中央政治局常委、国务院总理温家宝指示精神，建立严密的县、乡、村、户四级“非典”防护网，实行“十户联防”制。

5月27—29日，中共吕梁地委书记郭海亮在兴县调研，就“非典”防治、农民增收问题作出重要指示。

6月11日，中共兴县县委召开新闻舆论宣传工作会议。各乡（镇）党委书记，县直机关、企事业单位负责人，宣传系统股级以上干部、基层业余通讯员参加了会议。

7月26—28日，中国共产党兴县第十三次代表大会在县城召开。大会应到代表300人，实到代表296人，列席代表138人。大会听取和审议通过县委书记李月勤代表中共兴县第十二届委员会所作的工作报告和纪委书记薛凤奎代表中共兴县纪律检查委员会所作的工作报告。会议选举产生中国共产党兴县第十三届委员会委员25人、候补委员4人和中国共产党兴县纪律检查委员会委员15人。中国共产党兴县第十三届委员会第一次全体会议以无记名投票方式，差额选举产生中共兴县第十三届常务委员会委员11人：李月勤、刘泽峰、李溢涛、刘文海、郝继平、薛凤奎、李义祥、史建春、刘五娥（女）、李玉林、秦国孝；李月勤当选县委书记，刘泽峰、李溢涛、刘文海、郝继平4人当选县委副书记。同日，中国共产党兴县纪律检查委员会第一次全体会议以无记名投票方式，差额选举产生纪律检查委员会常务委员7人：薛凤奎、赵慧生、胡利荣、史建明、刘子渊、吕三狗、刘来迎；薛凤奎当选县纪律检查委员会书记，赵慧生、史建明当选县纪律检查委员会副书记。

8月14—18日，政协兴县第六届委员会第一次全体会议在县城工会会场举行。政协吕梁地区工作委员会党组书记郝有亮到会祝贺并讲话。中共兴县县委书记李月勤与会并讲话，县政协副主席孙明中代表政协第五届常委会作工作报告，副主席李秀枝作提案工作报告。会议选举产生政协兴县第六届常务委员会组成人员：常务委员共31人，白文毅当选政协兴县第六届常务委员会主席，李秀枝、康荣惠、孙明中、李反林4人当选政协兴县第六届常务委员会副主席，王永春、李信兴2人当选政协兴县第六届常务委员会名誉副主席；尚永红当选政协兴县第六届常务委员会秘书长，王金平当选政协兴县第六届常务委员会副秘书长。

8月16—19日，兴县第十三届人民代表大会第一次会议在县城举行。出席会议的代表172人，会议听取并审议了县长刘泽峰所作的政府工作报告，听取和审议了县发展计划局局长王处儿，副县长、财政局局长白连厚，县人大会常委会主任邱虎翼，县人民法院代院长梁明敏和县人民检察院代检察长王太明所作的工作报告，并通过以上各项报告的决议。会议以差额选举、无记名投票的方式，选举邱虎翼为兴县第十三届人大常委会主任，闫巨德、王桂儿、高俊增、高掩前、王处儿5人为副主任；选举刘泽峰任兴县人民政府县长，吴晓东、白永厚、刘开门、贺毅、康旺举、白连厚6人任县人民政府副县长，梁明敏任县人民法院院长、王太明任县人民检察院检察长。

8月5日，西山煤电股份有限公司在兴县注册成立山西西山晋兴能源开发有限责任公司，标志着兴县煤炭开发项目进入实质性运作阶段。

9月19日，全县婚姻登记工作统一由县民政局婚姻股办理。

10月22日，西山晋兴能源开发有限公司100余名施工人员携带生产机具进驻兴县魏家滩，正式拉开阳坪煤矿和斜沟煤矿矿井扩建工程序幕。

10月24日，中共山西省委书记、山西省人大常委会主任田成平莅临兴县就农村脱贫致富工作进行调研。

10月30日，中共吕梁地委、吕梁行署召集地直15个经济管理部门负责人在兴县召开座谈会，就落实山西省委书记田成平讲话精神，加快兴县稳定脱贫步伐进行了专题研究。

忻黑线兴县明通沟至黑峪口新建二级公路通车剪彩仪式在兴县乔家沟举行。新建的二级公路东起兴县明通沟，西至省界兴县黑峪口村，与晋陕相连的兴神公路黄河大桥相接，全长41.07公里，是山西省三纵八横公路网规划中第三横的终点段。该路设计采用二级公路标准，路基宽度为8.5米和12米，路面设计为沥青混凝土。

12月19日，全省宣传思想战线和吕梁地区、兴县干部群众代表近百人在蔡家崖晋绥边区革命纪念馆，召开纪念毛泽东《在晋绥干部会议上的讲话》和《对晋绥日报编辑人员的谈话》发表55周年座谈会。

12月22日，山西省委召开座谈会，纪念著名爱国民主人士、社会活动家、优秀共产党员刘少白120周年诞辰。田成平等省领导出席座谈会。

12月底，蔚汾河流域世界银行贷款项目竣工。该项目自1995年3月开工以来，累计完成总投资9800万元，完成水保治理面积24万亩，项目区受益9个乡（镇）、174个村、8.3万人。

2004年

4月2—3日，中共第十六届中央候补委员、中共山西省委副书记、省长张宝顺及随行人员深入兴县调研扶贫开发、雁门关生态畜牧经济区建设和增加农民收入等问题。

4月，由台胞王永庆先生捐资建设的蔡家会、恶虎滩、蔚汾镇千城村、固贤乡吴城村、奥家湾乡车家庄5所明德小学相继开工。

6月12—14日，兴县第十三届人民代表大会第二次会议召开。会议选举26人为兴县出席吕梁市第一届人民代表大会代表。

8月2日，兴县县政府同意以招商引资的形式成立兴县鑫源汽车出租有限公司。

9月16日，兴县四大班子领导，县直各单位、各乡（镇）负责人及刘建明的生前好友赴离石参加刘建明遗体告别仪式。

11月4日，兴县举办科级后备干部培训班。参加培训的干部共196人，培训内容有中国共产党第十六届中央委员会第三次全体会议审议通过的《中共中央关于完善社会主义市场经济体制若干问题的决定》、“三个代表”重要思想、中国共产党第十六届中央委员会第四次全体会议通过的《中共中央关于加强党的执政能力建设的决定》、精神文明建设、法律法规基础知识、行政许可法、合同法、人事制度、县域经济、农村经济、科学发展观、人才工作、基层党组织建设、党风廉政建设、中国革命史及县情16部分。

11月10日，兴县奥家湾乡曲家沟村建成一座占地面积达3万平方米的鸿运高铝耐火材料厂，成为全县第一座集规模型、效益型、科技型、环保型于一体的出口创汇新型工业企业。

11月21日，中共吕梁市委书记郭海亮，市委常委、市委秘书长刘明勇深入兴县罗峪口镇李家梁村调研农村党建工作。

11月24日，中共兴县县委、县人民政府作出关于学习宣传优秀党员领导干部刘建明先进事迹的安排意见。

12月30日，山西副省长宋北杉一行在兴县调研红色旅游开发情况。

2005年

2月3日，兴县召开保持共产党员先进性教育活动动员大会。

2月28日，中共兴县县委决定各乡（镇）设立政协联络组。

4月27日，全县宣传思想工作会议召开，各乡（镇）党委书记、县直各机关企事业单位负责人、宣传系统股级以上干部参加了会议。

7月19日，中共山西省委副书记、代省长于幼军在兴县进行加快贫困山区发展调研。

8月16日，中共山西省委副书记、省纪委书记金银焕，山西省委常委、山西省公安厅厅长、厅党委书记杨安和，副省长宋北杉等在兴县慰问老八路。

8月21日，由中共山西省委宣传部、山西省文联、山西省科技厅、山西省农业厅、山西省文化厅、山西省广播电视局、山西省卫生厅、山西省新闻出版局等8部门举办，由中共吕梁市委宣传部、兴县县委承办的晋绥老区行——全省文化、科技、卫生“三下乡”活动启动仪式在兴县县城举行。省新闻出版局给兴县捐赠价值5万元图书。

8月—9月，晋绥边区革命纪念馆参加了吕梁市纪念抗日战争胜利60周年系列活动：协助拍摄了22集电视连续剧《吕梁英雄传》；承办了“山西省纪念抗日战争胜利60周年太行吕梁颂专场演唱会”，晋绥老同志子女代表、抗日老战士代表、各县（市、区）领导、市直单位负责人以及各界群众代表4000余人观看了演出；协助举办了吕梁市纪念抗日战争胜利60周年书法美术作品展，配合吕梁市委召开了吕梁市纪念抗日战争胜利60周年座谈会。

10月22—27日，山西省政府教育督导室组织的“普九”评估验收组到达兴县，通过听汇报、查资料、深入有关部门和5个乡（镇）15所中小学实地调查，全县顺利通过“普九”验收。

10月24日，中共第十六届中央候补委员、中共中央党史研究室主任李景田一行莅临兴县调研。

10月28日，兴县城区开始实现全天供水。

12月20日，由西山晋兴能源有限公司投资建设的岢瓦铁路重新开工建设（该工程曾于1991年由县政府立项，后因资金不到位被迫停工）。

12月，中华文学基金会为兴县31所学校捐建“育才图书室”，共捐赠图书5.5万余册。

2006年

1月21日，兴县人民政府研究同意山西国际电力集团有限公司在兴县魏家滩建设220千伏输变电站。

2月16日，兴县沿黄公路黑峪口至大峪口段开工建设。

3月6日，兴县采取措施落实“两免一补”政策（指国家全面免除义务教育阶段小学和初中学生的学杂费，对农村义务教育阶段学生免费提供教科书，对农村家庭经济困难寄宿生补助生活费的一项资助政策），共免除40619名中小学生学杂费。

4月7日，吕梁市隆重纪念“四八”烈士殉难60周年大会在兴县东会乡庄上村“四八”烈士纪念馆举行，吕梁市和兴县领导以及“四八”烈士子女王兴、秦铁、叶正大和晋绥儿女刘易成、牛铁航等参加了纪念大会，并分别向烈士敬献了花篮，在“四八”烈士纪念馆区共同栽植纪念树，以慰英灵。“四八”烈士之子女还向庄上村小学师生捐赠了部分教学用品。

5月1日，兴县县城蔚汾大桥建设工程开工，同年10月1日竣工。

5月，晋绥边区革命纪念馆征集到原晋绥造纸厂部分造纸工具，包括造纸厂粉碎石碾一对、石臼一个、接纸槽一个。这些造纸工具生动体现了晋绥军民在抗战岁月自力更生、艰苦奋斗的革命精神。

5月3日，林枫女儿林梅梅、林双双、林星玉携亲属重返故地，参观了晋绥边区革命纪念馆和原中共中央晋绥分局所在地蔡家崖乡北坡村。

5月31日，中共吕梁市委常委、纪委书记王琦一行深入扶贫点兴县奥家湾乡曲家沟小学进行慰问，与曲家沟村小朋友共庆“六一”儿童节。

6月20日，兴县制定“大教育”规划：调整学校布局，投资2289万元将原有的24所乡办初中撤并为8所，全部达四轨制以上，对被撤并的中学校址进行维修，改扩建为完全寄宿制小学；启动兴县中学新校区筹建工作，计划投资3000万元，新建一所20轨制以上的标准化高中，年内完成前期准备工作；启动“名师工程”，县政府每年拿出10万元奖励做出突出贡献的名教师；加强职业教育，狠抓农民实用技术培训和劳动力转移培训。

6月28—30日，中国共产党兴县第十四次代表大会在县城召开。应到代表300人，实到代表293，列席代表118人。大会听取和审议通过县委书记郭颖代表中共兴县第十三届委员会所作的《全力培育五大主导产业，突出抓好五大战略重点，为实现稳定脱贫和加快小康建设步伐而努力奋斗》的工作报告，听取和审议通过纪委书记任杰平代表中共兴县纪律检查委员会所作的《认真履行职责，加大防治力度，不断开创我县党风廉政建设和反腐败工作新局面》的工作报告。会议选举产生中国共产党兴县第十四届委员会委员29人、候补委员5人，中国共产党兴县纪律检查委员会委员19人。6月30日，中国共产党兴县第十四届委员会第一次全体会议以无记名投票方式，差额选举产生中共兴县第十四届常务委员会委员10人：郭颖、孙善文、郝继平、梁志锋、任杰平、雷跃锋、李玉林、白鹏昊、徐国平、成林；郭颖当选县委书记，孙善文、郝继平当选县委副书记。同日，中国共产党兴县纪律检查委员会第一次全体会议以无记名投票方式，差额选举产生纪律检查委员会常务委员7人：任杰平、赵慧生、史建明、胡利荣、刘子渊、吕三狗、李双权；任杰平当选纪律检查委员会书记，赵慧生、史建明当选纪律检查委员会副书记。

8月14—15日，秦晋两省第40届畜疫联防会在兴县召开。

8月20日，兴县县政府召开全县煤炭安全生产及打击私挖滥采工作会议。

8月24日，南开大学5名学生在兴县蔡家会中学进行为期两周的支援贫困山区教育及暑期实践活动。

9月6—10日，由兴县部分乡（镇）、村干部、村民代表及县直机关部门领导组成的大项目考察组共计80人，在县委书记郭颖、县委副书记郝继平等率领下，行程2000余公里，先后在晋陕两地的古交、交城、河津、延安、榆林等地参观和学习考察。

9月26日，兴县县委宣传部在晋绥边区纪念馆会议室（接待室）召开纪念林枫100周年诞辰座谈会，参会人员有县委常委、宣传部长雷跃峰，县党史研究室原主任樊润德，县政协、档案史志馆、文联、新闻办、电视台负责人，北坡村老房东白蝉儿、贺迎多及部分老党员、老干部、群众代表。

9月28日，兴县人民政府与中国铝业股份有限公司签订投资协议，中国铝业股份有限公司拟在兴县瓦塘镇龙儿会村建设200万吨铝业综合项目（其中一期年产80万吨氧化铝）。

11月7日，吕梁市文物旅游局全体人员深入兴县晋绥边区革命纪念馆督促检查红色旅游建设。市旅游局领导对晋绥边区革命纪念馆红色旅游景区建设的选址、建设规划、设计和拆迁占地等进行了实地调研，并与纪念馆领导班子成员对加快红色旅游建设进行了座谈。

11月9日，德国复兴银行检查团到兴县就中德项目深入圪达上乡圪达上村、蔡家会镇采地峁村检查验收。

11月16日，山西省勘察设计院一行5人到晋绥边区革命纪念馆勘察新馆建设地形，进行设计规划。

11月23日，总装备部领导在兴县驻兴部队领导陪同下参观了晋绥边区革命纪念馆。

11月27日，中央电视台十套节目导演白玉山与阳泉市艺术研究室总编导王伟到兴县晋绥边区革命纪念馆拍摄大型电视文献专题片《问鼎山城》（又名《中共第一城》）。

12月15日，吕梁市文物旅游局领导与兴县县委书记、县长及土地管理局、城乡建设局、卫生局、蔡家崖乡政府、文物旅游局、晋绥边区革命纪念馆等领导在蔡家崖乡政府会议室就晋绥边区革命纪念馆新馆的建设、选址、拆迁占地、方案选优等事宜进行座谈。

12月末，兴县全年累计完成投资544万元，建成人畜饮水解困工程34处，解决了36个自然村、1.31万人、1395头大畜的饮水困难。

是年，中共兴县县委制定全县社会主义新农村建设意见，确立5个示范村、

20个试点村、100个治理村，启动了新农村建设涉及的三个专业性规划编制工作。

2007 年

1月5日，山西省公安厅、山西省质量技术监督局、山西省供销合作社联合社、山西省国有资产监督管理委员会、山西省邮政管理局、中华人民共和国太原海关等6个单位的34名扶贫队员分别进驻兴县康宁镇、蔡家崖乡、奥家湾乡、恶虎滩乡、魏家滩镇进行定点扶贫。

1月13日，晋绥边区革命纪念馆在山西省文物局长会议上被评为“2006年度博物馆展示服务先进单位”。

1月17日，兴县党政联席会议研究决定，启动县城蔡家崖新区开发建设工作。2月15日，县人民政府制定印发《兴县县城蔡家崖新区开发建设用地和房屋拆迁补偿安置实施办法》。同年12月18日，山西省国土资源厅批复兴县县城新区建设用地指标51.6公顷（折合774亩）。

3月13日，兴县对16户100立方米以下冶炼高炉采取断电、吊销营业执照等措施实行关停。

3月28日，吕梁市副市长李秀锋在兴县就排污企业的关停取缔和环保攻坚中存在问题进行调研。

吕梁市北片四县2007年高考备考研讨会在兴县中学举行。参加会议的有北片四县高中学校的负责人和部分教师代表80余人。吕梁市教育局局长刘香泽出席会议。

3月，晋绥老干部张平化之子张自为夫妇和原晋绥边区平剧院演员郝月长先后到兴县参观晋绥边区革命纪念馆。

4月2日，山西省著名教育专家、教育科学研究院副院长贺斌（教授）在兴县为600名教师讲授“新课程中辅助性教学资源促进学生自主学习自我评价的研究”。

4月3日，以20世纪50年代全国劳动模范贾宝执之名命名的吕梁市宝执农民学校在兴县魏家滩镇白家沟挂牌成立。

4月10日，兴县召开县域城镇体系规划评审会。参会的有山西省建设厅、太原市规划局、太原市规划院、吕梁市国土资源局、吕梁市发展和改革委员会、吕梁市交通局等有关部门领导和专家40多人。评审专家认为兴县县域城镇体系规划基础资料翔实，指导思想明确，符合兴县实际，具有科学性、前瞻性和实用性。

4月14日，吕梁市政府领导带领各县、市长，区长和市财政局、市建设局、市交通局、市煤炭局、市林业局、山西省公路局吕梁分局等单位领导在兴县督促检查造林工程。

4月16日，全县春季共取缔非法（储）煤场215户，拆除选煤架179座，拆除转移地磅91个，环保执法取得阶段性效果。

4月24日，中国国际工程咨询公司5名专家在兴县考察循环经济综合基地。

4月27日，解放军某部队医院的医疗专家团在兴县开展医疗义诊活动，共接诊病人100多例，受到称赞。

5月12日，山西省人民政府参事杨勇在围绕“两区”开发产业项目、扶贫工作和科普惠农行动计划，先后在兴县蔡家崖乡蔡家崖村、石岭则村，高家村镇黑峪口村调研，吕梁市领导李月勤、范引禄等陪同。

5月16—18日，兴县第十四届人民代表大会第一次会议在县城举行。出席会议的代表172人，会议先后听取并审议了政府工作报告，发展和改革局局长王双平、财政局局长高海清、县人大常委会副主任张信、县人民法院代院长梁致敏和县人民检察院代检察长林毅所作的工作报告，并通过以上各项报告的决议。会议以差额选举、无记名投票方式，选举史建春任兴县第十四届人大常委会主任，张信、王处儿、贾虎信、王左英4人任兴县第十四届人大常委会副主任；选举孙善文为兴县人民政府县长，白永厚、刘开门、贺毅、康旺举、白连厚5人为兴县人民政府副县长，梁致敏为县人民法院院长，林毅为县人民检察院检察长。

5月16日，山西省水利厅水土保持局何建华专家在兴县就编制《兴县1×300兆瓦+2×600兆瓦电厂水土保持方案》进行调研，并提出了指导性意见。

5月17日，孟家坪乡山头村党支部书记樊鹏程代表本村受北京老红军杨德千捐助的8名学生及家属赴京，把“捐资助学，情系山里娃”两面锦旗送给杨德千老人（老人资助标准是小学生每人每年100元，初中生每人每年300元，高中生每人每年500元，大学生每人每年1000元）。

5 月 22 日，中共山西省委书记张宝顺在兴县就铝业综合开发项目、郑家塔 220 千伏输变电站建设工程、岢瓦铁路天古崖隧道建设工程、西山晋兴能源公司斜沟煤矿改扩建工程、岢瓦铁路黄家沟火车站建设工程、赵家坪乡桑湾沿黄公路建设工程等项工作进行专题调研。

兴县与西山煤电集团所属西山技校举行校企合作启动仪式，近 700 人参加了启动仪式与岗位应聘，其中有 500 余人符合招聘标准。这次“校企合作”，促进兴县劳动力输出由粗放型向技能型转变，解决了部分农村剩余劳动力的就业问题。

6 月初，兴县东会乡退耕还林工程区杏树林发生食叶性虫害，虫害面积 2300 亩，发生区内有虫株率达到 95% 以上。

6 月 2 日，清华大学和晋绥儿女支持老区教育协会向兴县无偿赠送远程教育设备和教育资源，同时建立起以卫星传输为主的清华大学教育扶贫远程教育站点。

6 月 9 日，国家发展和改革委员会批复山西离柳矿区兴县区总体规划方案，对山西兴县循环经济综合示范基地建设具有重要意义。

6 月 16 日，曾任中共第十五届中央委员、第十届全国人大常委会委员、中央中央党史研究室主任、中共党史学会会长的孙英在兴县晋绥边区革命纪念馆、晋绥解放区烈士陵园调研。

6 月 19 日，晋绥老干部，国务院能源办公室原副主任、中央财经领导小组办公室原主任李智盛莅临兴县参观晋绥边区革命纪念馆，走访了当年生活和工作过的曹家坡村、黑峪口村。

6 月 20—21 日，吕梁市政协副主席曹牛率领第三产业经济发展调研组一行 9 人，在兴县调研第三产业经济发展状况。

6 月 28 日，“吕梁市共产党员革命传统教育基地”揭牌仪式在晋绥边区革命纪念馆广场举行。全市及兴县机关党员 600 余人参加了这次活动。

7 月 5 日，中央电视台军事频道《中国将帅录》拍摄组在晋绥边区革命纪念馆拍摄贺龙、周士第的资料。

7 月 6 日，山西省爱国卫生委员会在兴县督查环境卫生工作，对晋绥边区革命纪念馆卫生工作给予充分肯定。

7月10日，曾任中共第十三届、十四届、十五届中央政治局委员，时任第十届全国人大常委会副委员长的李铁映偕夫人秦新华莅临兴县“四八”烈士纪念馆，参加秦邦宪一百周年诞辰活动暨题词碑落成仪式，并同当地群众亲切交谈，询问他们生产生活情况，向贫困村民和“四八”希望小学捐赠一批生活与学习用品。随同李铁映莅临兴县的还有“四八”烈士部分亲属。

7月10日，吕梁市纪检委组织市政府督查室、市环境保护局、吕梁日报社、吕梁电视台等单位在兴县进行环保攻坚督查。

7月13日，山西省焦炭集团公司50人在晋绥边区革命纪念馆参观学习，并举行新党员入党宣誓仪式。

7月16日，山西省设计院一行20余人，就蔡家崖申报历史文化名村工作进行实地考察、调研、测量和规划，并在晋绥边区革命纪念馆参观学习和征集有关红色景点的历史人物、事件等资料。

7月22日下午，“水利部咨询专家瓦塘龙儿会实地考察论证中国铝业氧化铝项目水土保持方案专家组”一行15人到兴县考察。在县人民政府副县长白永厚及瓦塘镇党委书记陪同下，该专家组一行还参观了晋绥边区革命纪念馆。

7月22日18时40分许，兴县魏家滩镇马圐圙煤矿所在区域突降暴雨，30分钟内降水量达45毫米，造成主河道下面采空区塌陷，洪水灌入矿井工作面，致11名矿工（包括2名入井通知撤离的人员）身亡。

8月上旬，吕梁市教育局组织的“送专家下县”暑期培训活动在兴县举行。参加培训的有各乡(镇)中心校、县直各中小学校、民办学校的专任教师270余人。

8月12日，晋绥边区革命纪念馆新馆建设拆迁工作全面展开。

9月2日，晋绥儿女支持老区教育协会（由林枫、张稼夫、罗毅等晋绥领导人的后代在北京发起，经山西省委、省人民政府批准于1996年成立）2007年颁奖仪式在兴县举行。参加这次颁奖仪式的有晋绥儿女支持老区教育协会理事长李立功（原山西省委书记）、山西省文物局副局长高可，罗川（晋绥老干部罗毅之子）、刘海涛（晋绥老干部刘墉如之女）、姚普明（晋绥老干部姚喆之子）。颁奖仪式上，兴县、临县、方山、河曲、神池等13个县（区）65名教师受到奖励（各奖励人民币1000元、荣誉证书一册，并赠《晋绥情》《林枫传略》等书各一册）。

9月11日，上海胸科医院专家一行数人到兴县义诊，先后在康宁镇刘家庄村和蔚汾镇乔家沟村向接受义诊的群众赠送部分药品，随行的上海东方卫视记者进行了跟踪采访。

9月16日，在吕梁国际宾馆举办的“吕梁市首届地方风味菜肴交流大赛”上，兴县“压头肉”获金奖，兴县特色菜“小炒肉”和“扁食冒汤”获铜奖。

山西省老龄委组织的“迎奥运，三晋万里行”老年人骑游活动协会一行，在兴县参观晋绥边区革命纪念馆，宣传奥运，接受爱国主义教育。

9月21日，中共吕梁市委常委、吕梁市政府党组成员吕改莲出席兴县农村信用合作联社创立大会暨第一届社员代表大会第一次会议。

9月24日，中共第十六届、第十七届中央委员，中共山西省委副书记、代理省长孟学农在兴县调研。在座谈会上，孟学农代省长希望吕梁在今后的发展中着力创优“四个环境”（思想环境、行政环境、社会环境、生态环境），“打好四个攻坚战”（结构调整攻坚战、节能减排攻坚战、扶贫解困攻坚战、改善民生攻坚战）。

9月25日至10月12日，全县境内出现罕见的持续降雨天气，由于阴雨连绵，造成农作物晚熟，红枣裂果霉变，葵花腐烂，部分谷物、豆类霉变发芽，给农业生产造成严重损失。据统计，全县17个乡（镇）的73.43万亩农田、21.4万亩枣园严重受灾；同时倒塌房屋2394间、损毁房屋2976间，死亡3人，紧急转移8984人，受灾面涉及22.4万人。全县直接经济损失2.16亿元，农业人均减收892元。

10月15—16日，晋绥老一辈革命家后代黎瑛、肖霜、谭联娜、钱力军、周春英、韩伟、罗旭江、晏小江、张鲁元等11人到兴县考察。

10月18日，创建平安兴县综合治理验收工作组在兴县进行创建机关平安督查验收工作，并参观了晋绥边区革命纪念馆。

10月26日，兴县召开十七大精神干部培训会，兴县参加中共第十七次代表大会代表杨博究报告了大会盛况及十七大精神。

11 月 29 日，沿黄公路一期工程兴县段如期竣工。沿黄公路兴县段北起瓦塘镇后北会村，南至圪达上乡大峪口村，全长 93 公里，纵跨 5 个乡（镇）20 个行政村 55 个自然村，涵盖 6 万余人；设计等级为山陵重丘区二级，预算总投资 1.72 亿元。

12 月末，兴县落实“两免一补”政策，年内共为全县 2.65 万名小学生、1.59 万名初中学生和 6598 名高中在校生全部免除学杂费计 689 万元；共为寄宿制学校 2670 名家庭贫困生发放了 65 万元的生活补助。

是年，兴县境内炼焦炉全部取缔，结束炼焦历史。

2008 年

2 月 22 日，30 名农民工向县劳动保障局反映兴县某合金厂拖欠工资 42965 元。县劳动监察大队多次深入调查核实，首次利用《中华人民共和国劳动合同法》为农民工讨薪 4 万余元。

2 月 24 日，兴县召开第一次污染源普查培训会，全县 17 个乡（镇）的统计员和部分县直相关单位负责人共 40 余人参加。

3 月 2 日，兴县修编的《山西省兴县资源环保型循环经济综合示范基地规划》经山西省人民政府第三次常务会议研究通过，成为指导兴县经济社会健康快速发展的蓝图。

3 月 3 日，山西省委统战部副部长、省工商联党组书记马天荣在兴县调研“光彩事业两区行”活动。

3 月 5 日，兴县启动新型农村合作医疗保险。

3 月 10 日，根据中共中央宣传部、财政部、文化部、国家文物局《关于全国博物馆、纪念馆免费开放的通知》和全国有关会议精神，晋绥边区革命纪念馆实行对外免费开放。

3 月 24 日，山西中南部铁路出海通道建设规划经山西省人民政府批准。山西中南部出海通道西起兴县瓦塘镇龙耳会村，东至山东省日照港，是山西省和国家的重大基础性、战略性工程，建成后将有效缓解山西省铁路运力紧张局面，增强晋煤外运能力，保障国家能源安全，推动吕梁等革命老区的开发建设，促进区域协调发展。

3月26日，山西省委统战部、山西省工商联组织的光彩事业“两区行”活动一行40余人来到晋绥边区革命纪念馆，缅怀革命先辈的丰功伟绩，接受革命传统教育。同日，全省30位民营企业家捐资500万元，在兴县设立“光彩助学基金”。

4月1日，《晋绥风云人物》一书出版发行。该书由晋绥解放区烈士陵园王波、李迎选（原廖汉生秘书、军史专家）历时三年编著而成，全书共3册100余万字，内容包括630余名曾经在晋绥边区工作、战斗过的老一辈革命家，具有较高收藏和研究价值。

4月2日，兴县召开资源型循环经济综合开发示范基地建设动员大会。

4月8日，兴县投资7000余万元建设连城大道。连城大道东起旧城西关大桥，西至新区1号大桥，全长4公里，宽38米，按一级公路设计。

兴县举办“四八”烈士遇难六十二周年纪念活动。

4月16日，兴县农村中小学现代远程教育工程竣工并投入使用。

4月19日，吕梁市“百场廉政戏覆盖到全市”演出小分队在晋绥边区革命纪念馆小广场进行演出。兴县县委常委、纪委书记任杰平与当地数百名群众一同冒雨观看了演出。演出结束，参加活动的广大党员干部和演职人员70余人参观晋绥边区革命纪念馆，接受革命传统教育。

4月21日，由中国将军书画院援建的“吕梁山将军希望小学”在兴县蔡家崖乡五龙堂村破土动工。学校总投资440万元，建筑面积1336平方米。

4月26日，中共兴县县委、县人民政府在太原迎泽宾馆西楼召开振兴兴县太原座谈会。曾在兴县工作、担任过厅级以上职务的领导，兴县籍现任和曾任副厅级以上职务的领导，兴县籍现任处级职务的领导和县委、县政府主要领导共100余人参加了会议。

5月16日，经国家发展和改革委员会核准批复（3月20日）的中国铝业股份有限公司兴县80万吨氧化铝项目在瓦塘镇举行开工奠基仪式。

5月29日，由山西省供销合作社联合社出资修建的兴县恶虎滩乡供销希望学校举行落成剪彩仪式。

5月30日，兴县社会各界向汶川地震灾区捐款19.6万元。

7月1日，兴县开通“一元钱”公交车。

7月15日，中共山西省委常委、副省长李小鹏在中共吕梁市委、市政府主要领导陪同下莅临兴县调研，并参观晋绥边区革命纪念馆和晋绥解放区烈士陵园，慰问了老红军和老八路代表。

7月22日，山西省人大常委会、省人民政府、政协山西省常委会领导在中共吕梁市委、吕梁市人大常委会、吕梁市人民政府、政协吕梁市常委会主要领导陪同下，就兴县80万吨氧化铝项目建设和斜沟井田1500万吨矿井及配套选煤厂建设情况进行调研。

8月14日，兴县公开招聘65名大学本科毕业生到农村任教，充实农村中学教师队伍。

8月20日，兴县出资10万元重奖高考学子。

9月12日，兴县县委召开由各乡（镇）书记和县直有关单位领导参加的兴县抗日战争人口死亡和财产损失调研大会，并对70多名参会人员进行了业务培训。

9月25日，兴县传统生铁冶炼企业被依法取缔。

10月3日，岢瓦铁路一期工程（岢岚至兴县魏家滩镇）49公里全线竣工。该项目概算投资12亿元，按国铁Ⅱ级电气化单线铁路设计，运量设计2010年达到1800万吨/年，最终可达到2300万吨/年，每日可开两列对开客车。

10月30—31日，中共山西省委副书记、代省长王君，副省长牛仁亮，省政府秘书长王清宪，省发展和改革委员会、省交通厅、省环境保护局、省扶贫办公室等有关部门领导，在吕梁市、县领导陪同下深入兴县资源环保型循环经济综合开发示范基地调研，并瞻仰了晋绥解放区烈士陵园，参观了晋绥边区革命纪念馆。

11月7日，兴县对政策性关闭煤矿采取切断电源、加封上锁、收缴火工品等关停措施，并派出59个县直单位轮流值守、双人双岗、24小时全天候监守，防止关闭矿井擅自复产。

2009年

3月13日，中国华电集团公司和华电煤业集团专家在兴县资源环保型循环经济综合开发示范基地调研煤化工项目。

4 月 29 日，中共兴县县委书记郭颖参加了全省农村党风廉政建设矛盾突出村经验交流座谈会并发言。

5 月 6 日，在全国第三次文物普查中，兴县文物普查队累计巡查文物点 178 处，其中新发现 140 处。复查 38 处。

5 月 14 日，武警山西总队吕梁市支队“培育当代革命军人核心价值观教育基地”揭牌仪式在晋绥边区革命纪念馆举行。

4—5 月，贺龙元帅之女贺黎明、大将粟裕之子粟戎生在晋绥边区革命纪念馆参观学习。

6 月 1—3 日，兴县第十四届人民代表大会第三次会议召开。会议选举兴县出席吕梁市第二届人民代表大会代表 26 人。

6 月 4 日，山西国际电力集团有限公司与山西晋兴能源有限公司共同投资 2.38 亿元建设的山西省第一座 220 千伏数字化变电站——兴县郑家塔 220 千伏变电站投入运营，从根本上缓解了吕梁北部工业园区一批龙头企业用电紧张局面。

7 月 6 日，兴县岢瓦铁路首个运煤专列从兴县瓦塘镇火车站出发，运往五寨，开启兴县火车运煤的历史。

7 月 26 日，北京科技大学天津学院师生一行 22 人到兴县晋绥边区革命纪念馆参观学习。

7 月 30—31 日，《一二〇师在兴县》和《红色黑茶山》两部大型文献纪录片开机仪式在兴县晋绥边区革命纪念馆举行。

8 月 8 日，山西省扶贫办公室主要领导在兴县赵家坪乡桑湾村就节水灌溉工程进行调研，随后在晋绥边区革命纪念馆接受革命传统教育。

9 月 9 日，晋绥边区革命纪念馆举行吕梁荧屏大舞台“百首爱国歌曲万人唱”专题片拍摄活动。

9 月 27 日，兴县第一届“晋绥杯”篮球友谊赛在蔚汾镇下李家湾村开赛。

10 月 10 日，由中国华电集团投资注册的山西锦兴能源有限公司肖家洼煤矿（产能 800 万吨）正式奠基开工。

10 月 10—11 日，中共山西省委常委、山西省军区司令员在兴县调研人武部建设情况。

10月21日，北京军区某部副部长吕登高莅临兴县，并出席蔡家会镇“八一希望小学”开工奠基仪式。

10月26日，山西省副省长刘维佳带领省水利厅副厅长郭正义等有关人员深入兴县考察黄河水利用工程。

12月18日，山西国兴煤层气输配有限公司（由山西国际电力集团有限公司联合中国香港石油有限公司、兴县华盛燃气有限责任公司共同投资成立）承建的总投资10亿元的山西临原（临县—兴县—保德—原平）煤层气利用工程项目举行开工典礼。

2010年

1月1日，分布在兴县城区的28座公厕全部免费开放。

1月12日，吕梁市部分山西省人大代表就兴县“五个全覆盖”（2009年1月11日，山西省第十一届人民代表大会第二次会议上，省委副书记、省长王君在《政府工作报告》中提出，要用两年时间实现“五个全覆盖”即具备条件的建制村通水泥路和油路全覆盖、中小学校舍安全改造全覆盖、县乡村三级卫生服务体系特别是村级卫生室全覆盖、村通广播电视全覆盖、农村安全饮水全覆盖）工程和山西省人民政府惠民“十件实事”（2004年2月12日，代省长张宝顺在山西省人大十届二次会议上代表省政府向山西民众承诺兑现十件实事：下决心解决拖欠农民工工资问题，历史拖欠解决80%，从2004年起不再发生新的拖欠；加大扶贫攻坚力度，再解决50万贫困人口的温饱问题，扶贫移民搬迁5万人；解决农村100万人的饮水困难；加强农村基础设施建设，完成村村通水泥路、柏油路1万公里，实现80%的行政村通电话；加快农村中小学危房改造、改建和新建校舍140万平方米；新建中低价位、中小户型住房450万平方米，缓解中低收入群众的住房困难；完成11个疾控机构、11个传染病医院、11个紧急援救中心的建设，增强应对突发公共卫生事件的能力，建立社会救助制度，使城乡特困群众和受灾群众的基本生活得到保障，社会救助包括切实帮助困难家庭解决就医看病、子女上学等实际困难，搞好农村特困群众大病医疗救助试点特别是重点优抚对象大病医疗补助，确保农村“五保户”的供养资金等；新增城镇就业岗位28万个，安置下岗失业人员14万人；进一步改善城市人居环境，全省城市绿化覆盖率平均提高1个百分点；11个重点城市环境空气质量二级以上的天数增长20%以上。）

是日，兴县召开侦破“12·20”重特大凶杀案（2009年12月20日发生于奥家湾乡车家庄村）庆功表彰大会，发放40万元奖金，重奖侦破“12·20”重特大凶杀案参战有功的集体和公安干警。

1月13日，中共兴县县委、县人民政府邀请驻兴大项目负责人，项目推进的乡（镇）、职能部门领导召开联谊座谈会，共商发展大计。

1月21日，吕梁市委常委、组织部长、市委学习实践活动领导小组副组长、办公室主任牛社威深入兴县，就第三批学习实践活动、基层党建等事项进行调研。

3月5日，吕梁市委常委、纪委书记张效彪出席了兴县2009年度党风廉政建设责任制考核汇报反馈会，并就兴县新区开发等工作进行调研。

4月30日，兴县人大代表、政协委员为青海省玉树地震灾区捐款3.65万元。

5月6日，中共吕梁市委副书记、市长张九萍和市政府秘书长李月勤率市纪委、市城乡建设局、市环境保护局等部门领导在兴县视察县城污水处理工程建设进展。

5月14—16日，兴县举办晋秦蒙“煤销杯”乒乓球邀请赛，来自山西、陕西、内蒙古三省区26支代表队参赛。太原市庄则栋乒乓球俱乐部代表队获得冠军，吕梁市乒乓球代表队、兴县赵家川口煤焦管理站代表队分别获亚军和季军。另有张羽中、李楠等6名选手被评为明星队成员。

5月20日，兴县非物质文化遗产申报工作结束。兴县民俗剪纸被立为省级非物质文化遗产；李家湾道情被立为市级非物质文化遗产。

5月24日，在纪念毛泽东《在延安文艺座谈会上的讲话》发表60周年之际，由山西省作协周振义、张不代、周宗奇等20余名老作家组成沿黄作家采风团，在山西省黄河沿线的4市19县进行采风，其中在兴县参观了晋绥边区革命纪念馆、工业园区等。

5月25日，中共吕梁市委副书记、市长张九萍，中共兴县县委书记郭颖，山西国际电力集团有限公司董事长、党委书记兼总经理常小刚共同赴京与中国铝业股份有限公司总裁罗建川就三方推动中国铝业公司与山西国际电力集团有限公司在兴县基地煤电铝产业的全面合作进行商谈，并达成共识。

6月18日，原晋绥军区参谋长陈漫远之女陈南竹来晋绥边区革命纪念馆参观。

6月24日，吕梁市村村通水泥（油）路全覆盖工程建设现场推进会在兴县召开。

兴县12座矿井参与煤矿企业兼并重组整合，整合后形成4座矿井，分别由山西华润联盛能源投资有限公司、山西金地煤焦有限公司整合。

6月27日，由山西省禁毒委员会组织开展的“三晋黄河行”大型禁毒宣传活动在兴县体育场举行现场宣传大会。省、市禁毒委员会，省禁毒宣传大使、宣传员、志愿者，山西电视台、山西日报社等媒体记者及兴县干部群众2000余人参加了活动。

7月1日，兴县九龙湾2号大桥因桥台下沉，引发桥面塌陷。事故发生后，公路部门经过35天日夜奋战，于8月5日修复通车。

7月中旬，兴县家电下乡服务网络成效显著，已备案家电下乡企业19户，销售家电4308台，销售金额864万元，其中已补贴3739台，补贴率达87%。

7月19日，由英特尔公司与各国政府及教育机构合作进行的“英特尔求知计划”项目走进兴县，在兴县蔚汾镇后发达小学举行第二届培训会。此次活动主题为“求知映红笑脸”，由山西省青少年科技活动中心和兴县科协组织主办，为期一周，同时还为学生捐赠了40套服装和30套文化用具。

7月24日，根据《兴县二轮村级组织活动场所建设实施方案》，全县计划新建村级组织活动场所70个，改扩建141个。到7月24日，有51个已封顶、19个正在筑建主体，改扩建71个。

7月末，兴县1800余户城镇低收入住房困难家庭享受到政府住房租金补贴。

8月27日，中共兴县县委副书记、县长梁志锋带领县有关部门和乡（镇）主要负责人赴离石区参观考察核桃经济林建设。9月29日，召开全县发展核桃经济林动员大会。

9月13日，中共吕梁市委副书记、市长张九萍带领市四大班子领导及市直有关部门负责人、各县市区委书记、县市区长等百余人在兴县观摩“343”（集中3年时间、重点推进486个、总投资3013亿元的项目建设）重点工程建设项目。

9月底，兴县实现行政村通水泥路（油路）全覆盖目标。

兴县全面铺开革命遗址普查工作。

10月20日，兴县组织2010年度科级干部理论素质任职资格考试暨干部学业能力测验，共有1113名干部参加了考试。

10月25日，兴县电视台举办了“盲人说书”专场文艺演出，为申报非物质文化遗产做了大量收集整理工作。

11月中旬，兴县四大班子领导、县有关部门负责人及各乡（镇）党委书记、乡（镇）长40余人，对本县核桃林精品园区建设工程进行了督查、观摩和验收。

11月，晋绥边区革命纪念馆新馆落成。

12月，兴县广播电视台“村村通”建设工程圆满完成上级下达任务，彻底解决17个乡（镇）253个村1万余户山区居民看电视难问题。兴县广播电视台被中共中央宣传部、文化部、广播电视总局、新闻出版总署评为全国广播电视“村村通”工作先进集体。

是年，兴县进行了第六次人口普查，全县年末户籍总人口312581人。

2011年

2月17日，中共吕梁市委领导带领市发展和改革委员会、市煤炭工业局、市国土资源局、市扶贫开发办公室等单位负责人在兴县调研经济社会发展情况。有关领导在山西锦兴能源公司肖家洼煤矿工地调研时，要求兴县在做大做强煤炭产业的同时，用战略的眼光思考研究后续产业、替代产业的培育，加快转型发展步伐。

2月23—24日，中共兴县县委书记郭颖，县委副书记、县长梁志锋带领县四大班子领导、各乡（镇）书记和部分县直单位负责人共70余人，赴长治市平顺县、武乡县学习考察创建国家卫生县城的做法和经验。

3月3日，兴县召开“三项整治”活动动员大会。

3月7日，兴县实行城区单位挂牌清洁街巷路段市容卫生制度，在“全民卫生日”（每周星期五）的下午，全县干部职工到挂牌责任点开展义务清洁活动。

3月8日，中共山西省委常委、省纪委书记李兆前在中共吕梁市委领导陪同下，在兴县晋绥边区革命纪念馆和兴县资源环保型循环经济综合开发示范基地调研。

3月中旬，兴县结合“三项整治”和环境卫生要求，采取三项举措整治城区燃煤炉灶：县政府、兴县中学、广播电视台、水泉街4个分片集中供热小区，实行集中供热；对燃煤炉灶进行改造升级；强制取缔营业性燃煤炉灶。

兴县北山森林公园建设项目启动。该项目占地1万余亩，2011年开始实施一期工程，拟投资3000万元，计划绿化1741亩。

3月22日，兴县城区燃气及集中供热工程全面启动，工程由山西国兴煤层气输配有限公司承建，总投资3.1亿元，建设规模5亿立方米/年。

4月5日《人民日报》报道（节录）——温家宝总理在兴县考察。

4月2日至4日，中共中央政治局常委、国务院总理温家宝来到吕梁山区的岚县、兴县和临县，深入田间地头察看墒情，走进农户家中问农事、访民情，到学校、卫生院和农贸市场了解民生，召开座谈会听取意见和建议。吕梁是著名的革命老区和贫困山区，温家宝一直十分牵挂着这里的发展。这是上世纪90年代以来他第三次到这里考察……3日上午，温家宝来到位于黄河岸边的兴县高家村镇张家湾村旁的枣林。只见黄河岸边的河滩地上，万亩枣林连成一片片，蔚为壮观，一些村民正在给枣树剪枝。温家宝走进枣林，从村民手中拿过长长的剪刀，一连剪了3个枝条。当地干部告诉总理，红枣收入已占到当地农民人均纯收入的89%。温家宝说，在山西，许多农产品都可以成长为大产业，土豆可以，红枣、核桃也可以。下一步要提高质量，切实把特色产业做大做强。

4月5日，中共吕梁市委宣传部和中共兴县县委、县人民政府在东会乡庄上村举行“四八”烈士殉难65周年祭扫活动。吕梁市委常委、市委宣传部长吕改莲，市人大常委会副主任徐德，市政协副主席曹牛，“四八”烈士子女及兴县干部群众100余人参加了活动。

4月，中共兴县县委、县人民政府在位于黑茶山西南麓的东会乡寨上村西凤凰岭征地120亩，开工建设晋绥解放区烈士陵园新区。该工程概算投资400

余万元。

5月10日，兴县农村街巷硬化全覆盖工程普查工作全面启动。

5月11日，兴县首次举办吕梁市中青年门球大赛。

6月16—18日，中国共产党兴县第十五次代表大会在县城召开。出席大会的正式代表共301人，实到代表295人，列席代表112人。大会听取和审议通过县委书记郭颖代表中共兴县第十四届委员会所作的《坚持“五五兴县”战略，加快转型跨越发展，为圆满完成全县“十二五”规划而努力奋斗》的工作报告，听取和审议通过纪委书记杜侯平代表中共兴县纪律检查委员会所作的《深入推进党风廉政建设和反腐败工作，为加快实施“五五兴县战略”提供坚强保证》的工作报告。会议选举产生中国共产党兴县第十五届委员会委员28人、候补委员6人和中国共产党兴县纪律检查委员会委员12人。6月18日，中国共产党兴县第十五届委员会第一次全体会议以无记名投票方式，差额选举产生中共兴县第十五届常务委员会委员9人：郭颖、梁志锋、王恩泽、郝继平、白连厚、成林、杜侯平、崔雷廷、程晓春；郭颖当选县委书记，梁志锋、王恩泽2人当选县委副书记。同日，中国共产党兴县纪律检查委员会第一次全体会议以无记名投票方式，差额选举产生纪律检查委员会常务委员5人：杜侯平、胡利荣、吕继兵、张富唐、王建珍；杜侯平当选纪律检查委员会书记，胡利荣当选纪律检查委员会副书记。

6月17日，中共山西省委组织部庆祝建党90周年党日活动在兴县晋绥边区革命纪念馆举行。

6月22—24日，兴县第十五届人民代表大会第一次会议在县城举行。出席会议的代表168人。会议听取并审议了县长梁志锋所作的政府工作报告，审查了兴县国民经济和社会发展第十二个五年规划纲要；听取并审议了发展和改革局局长王双平、财政局局长高海清、县人大常委会主任史建春、县人民法院代院长杨文胜和县人民检察院代检察长白林平所作的工作报告，并通过以上各项报告的决议。会议以差额选举、无记名投票方式，选举史建春任兴县第十五届人大常委会主任，白永厚、贺毅、王处儿、贾虎信、王左英（女）5人任兴县第十五届人大常委会副主任；选举梁志锋任兴县人民政府县长，白鹏昊、刘保平、高海清、史小军、王海涛5人任兴县人民政府副县长，杨文胜任县人民法院院长，白林平为县人民检察院检察长。

6月24日，山西省旅游局机关一行50余人在晋绥边区革命纪念馆参观学习。

6月22日，兴县温欣热力有限公司在吕梁市工商局登记注册，办公室设在兴县。兴县集中供热工程开始启动。

7月1日，中共兴县县委组织部、县委宣传部、县档案史志馆联合举办《辉煌历史》——兴县纪念建党90周年大型图片展。该展览在县政府北大门两侧展出，共25块展板，展出历史照片300余幅，从不同角度展示了兴县90年来的发展变化。

7月8日，吕梁市检察院“廉政教育基地暨革命传统教育基地”揭牌仪式在晋绥边区革命纪念馆新馆举行。

7月，晋绥边区革命纪念馆组织馆内人员和晋绥史学工作者赴北京、延安、丹东、沈阳、河北等地革命纪念馆，参观学习纪念馆主体建设及内外装饰风格。

8月，兴县友兰中学正式投入使用。学校位于城西张家圪埚村，占地260亩，总投资2.6亿元，为纪念兴县中学创始人、著名晋绥士绅牛友兰先生，特将这所学校命名为“山西省兴县友兰中学”。

10月10日，中共兴县县委常委、宣传部长白连厚，副县长王海涛率兴县广播电视台采编人员在神木县考察学习广播电视工作。

11月，蔚汾河城区蓄水美化工程开工建设，于2013年11月竣工，累计完成河道疏浚近2公里。

11月10日，兴县积极筹措资金，开展孤儿基本生活保障救助工作，对全县18周岁以下、因父母双亡或一方亡故，另一方由于离家出走、患精神病等造成事实上无人抚养的“准孤儿”实施生活救助，每人每月发放救助金320元。共为全县103名符合条件者发放救助金39.55万元。

11月21日，晋绥边区革命纪念馆新馆开馆仪式在蔡家崖举行，新馆位于纪念馆旧址西南侧，项目总投资1826万余元，占地26亩，展览面积6300余平方米，从即日起实行免费开放。

12月，经山西省爱卫会专家组验收，兴县获“省级卫生城市”荣誉称号。

同年，兴县人民政府对昌盛镁业有限公司依法实施关闭。

2012 年

1 月 18 日，兴县召开党外知识分子联谊会成立大会暨第一次会员大会。会议审议通过《兴县党外知识分子联谊会章程》，选举产生兴县党外知识分子联谊会第一届理事会，刘开门当选第一届理事会会长。

3 月 26 日至 4 月 1 日，山西省公安厅农村工作队一行 15 人和岢岚县晋绥烈士家属一行 30 余人在兴县参观晋绥边区革命纪念馆，接受革命传统教育。

5 月 4 日，山西省人大常委会文物保护法执法检查组在兴县检查指导工作，并参观了晋绥边区革命纪念馆。

5 月，吕梁市第四届（锦兴杯）乒乓球比赛在兴县举行。

8 月，兴县开始对全县城乡居民用电户表进行高标准全覆盖改造，推广插卡电表，结束人工抄表历史。

9 月 12 日，兴县召开党建研究会成立暨第一届理事会。大会以举手表决方式通过《兴县党建研究会章程（草案）》，邀请郭颖、梁志锋、王恩泽、杜侯平分别担任名誉会长、副会长，选举产生兴县党建研究会第一届理事会理事、常务理事及党建研究会第一届理事会会长、常务副会长、秘书长、副秘书长。

10 月 15 日，兴县华盛燃气有限公司在工商行政管理局登记成立。

11 月 8 日，山西中南铁路通道蔚汾河特大桥举行合拢仪式。大桥全长 1500.45 米，高 102 米，是山西境内最高的铁路桥，也是中南铁路通道的重难点工程。

11 月 19 日，中央党校教授蔡志强应邀为兴县四大班子领导及 400 余名干部作学习党的十八大精神专题讲座。

11 月 26 日，兴县召开资源环保型循环经济产业园项目第一次技术交流对接会。根据兴县循环经济产业基地规划内容，华润集团与中铝公司拟共同投资建设“兴县循环经济产业园区”。园区总体以煤矿为基础、电力为中枢、电解铝为最终产品，加上其他配合产业，共同形成一体化循环系统，实现经济效益最大化。园区新建各项目达产后，可形成煤炭产能 1500 万吨 / 年及配套洗煤、配煤能力；低热值燃煤发电 200 万千瓦时 / 年；日产 5000 吨水泥熟料；铝土矿产能450万吨/年，氧化铝产能200万吨/年，电解铝产能100万吨/年。

是年，兴县贯彻落实《国家中长期教育改革和发展规划纲要(2010—2020年)》，启动实施农村义务教育学生营养改善计划。每生每天补助3元（供给1盒牛奶、2个鸡蛋，上午课间活动食用），每年按200天发放，以提高农村学生健康水平。

2013年

4月22日，兴县召开县级领导干部党的群众路线教育实践活动征求意见会，听取党代表、人大代表、政协委员对搞好党的群众路线教育实践活动和县委常委会作风建设的意见、建议。

5月5日，兴县召开扶贫开发建档立卡工作启动培训会暨2014年扶贫重点工作推进会。

5月8日，兴县召开第十五届人大常委会第十四次会议。会议审议并通过《兴县县域城镇体系规划》报告、兴县人民政府《关于提请审议兴县盛兴公路投资管理有限公司暂借县财政资金建设工业大道工程的报告》、《兴县人民检察院关于提请任命检查员的报告》。

8月18—22日，兴县教育体育局特邀中国教科院专家组对兴县1300名中小学校长、教师（包括部分幼教）和管理人员进行培训。

8月19日，电影《密战黑茶山》开机仪式在兴县“四八”烈士纪念馆举行。

9月5日，中共第十八届中央委员、国家工商行政管理总局党组书记、局长张茅，在山西省副省长张建欣，中共吕梁市委书记高卫东，副市长成锡锋，市委常委、副市长秦怀金陪同下莅临兴县调研。

9月13日，由中共吕梁市委书记高卫东带领的全市“8＋2”（大力发展核桃、红枣、杂粮、畜牧、蔬菜、马铃薯、林下中药材、食用菌八大产业，抓好市场建设和龙头企业建设两个关键环节）农业产业化工作观摩团对兴县“8＋2”农业产业进行观摩。

10月10日，山西省林业厅造林局局长黄守孝在兴县调研吕梁山生态脆弱区林业生态建设工程及造林绿化工作。

10月11日，由晋、豫、鲁3省10余家地市级党报20余名记者组团就兴县境内中南铁路建设情况及社会经济发展状况进行联合采访。

10 月 15 日，中共山西省委党校在兴县举办分类送学专题讲座。省委党校经济部副主任、副教授刘兆征，省委党校公共管理教研部副主任王俊海为全县县乡（镇）干部分别作“资源型经济转型与综改试验区改革对策”和“新型城镇化与县域经济发展”的专题讲座。

10 月 31 日，山西省和吕梁市检查组在兴县检查县级公立医院综合改革试点工作。

11 月 12 日，吕梁市重点工程项目建设现场会在兴县举行。中共吕梁市委书记高卫东，吕梁市人大常委会主任刘明勇等出席会议并讲话；与会人员参观了兴县锦兴能源煤电一体化项目、华兴铝业氧化铝项目、兴县工业大道和连城大道建设情况。

11 月 18 日，兴县举办计划生育干部业务培训，邀请山西省人口计划生育委员会发展规划与信息处杨慧敏、卫小兵等业内专家，为全县 100 余名计划生育干部作专题讲座。

11 月 27 日，晋绥边区革命纪念馆、晋绥解放区烈士陵园、“四八”烈士纪念馆、档案史志馆分别被命名为吕梁市首批爱国主义教育基地。

12 月 12 日，兴县正式启动客运出租车市场秩序百日整治专项行动。

12 月 21 日，王若飞后人王强在兴县人民政府副县长史小军陪同下，参观了晋绥边区革命纪念馆、木兰岗村和“四八”烈士纪念馆，并向“四八”烈士敬献了花篮。

12 月 22—25 日，“四八”烈士纪念馆展陈初设方案评审会在北京兴中创国际展示公司举行，甲方代表白永胜、齐贤德（中国航天博物馆馆长，特约）、秦长庚（特约，曾参加全国数十家纪念馆、博物馆布展设计）、韩京京（特约）等，乙方代表周素琴（兴中创国际展示公司项目经理）等参加了会议。与会人员观看了“四八”烈士纪念馆新馆展陈方案电子演示，提出各部分修改和补充完善意见（此前，“四八”烈士纪念馆展陈方案全部交由中共中央党史研究室第一研究部副主任李蓉审核把关）。

12 月 27 日，兴县三晋文化研究会成立，史建春当选研究会会长，郝继平、白连厚、王海涛、刘引明、高秀卿为名誉会长。

12月，兴县通过“省级卫生城市”复审验收。

是年，晋绥边区革命纪念馆人员参加了国家旅游局组织的第八届海峡两岸台北旅游展览会。

2014年

3月4日，中共兴县县委召开党的群众路线教育实践活动动员大会。

3月7日，兴县召开纪念“三八”国际劳动妇女节104周年暨兴县巾帼志愿者协会成立大会。

3月11日，2014年农村“领头雁”暨大学生“村官”培训班开班。

3月18—19日，中共吕梁市委副书记、代市长董岩深入兴县蔡家崖村调研指导第二批党的群众路线教育实践活动。

4月2日，吕梁市在兴县召开学习毛泽东《对〈晋绥日报〉编辑人员的谈话》座谈会。山西省第七届人大常委会副主任李玉明，中共吕梁市委常委、宣传部长吕改莲，市委党校常务副校长郭长风以及晋绥儿女代表马小鸣、段晓飞等出席会议。来自全市宣传理论战线的10多人先后发言，回顾晋绥历史，畅谈了弘扬晋绥精神和践行群众路线的感受。

4月8日，在“四八”烈士殉难68周年之际，电影《密战黑茶山》首映式在离石永宁国际影城举行。

4月10日，中国发展研究基金会秘书长卢迈就“山村幼儿园计划”项目在兴县蔚汾镇程家沟幼儿园、实验幼儿园、西关幼儿园和蔡家崖乡张家圪埚幼儿园开展调研。

4月17日，中共山西省委常委、宣传部部长胡苏平在兴县调研“访民生、知民情、解民事”。

5月15—16日，国家林业局驻北京专员办和山西省林业厅资源处领导检查兴县2014年保护发展森林资源目标责任制建立和执行情况。

6月18日，吕梁山七县特色优势产业发展推进会在兴县举行，山西省副省长郭迎光出席会议，山西省发展和改革委员会等相关部门领导及中共吕梁市委副书记雷建国等参加会议。兴县县长就本县基本情况、产业扶贫情况及存在问题作了汇报。

6月19日，兴县选派百名正科级干部到重点村兼任“第一书记”。

7月1日，晋绥儿女与兴县老区学童见面会在北京中央人民广播电台举行。中央人民广播电台党组成员、机关党委书记陈福生，中央台音乐节目中心主任毛才桃、贺龙之女贺晓明及在京的部分晋绥子女参加了活动。兴县人民政府副县长史小军出席见面会。中央人民广播电台16名年轻党员和入党积极分子与孩子们结对帮扶，赠送他们图书、明信片等礼物，参会人员还参观了中央人民广播电台及电台史展览。

8月19日，山西省“送学下乡”兴县专题讲座在文化活动中心三楼会议室举行。中共山西省委党校经济学教研部副主任、副教授刘兆征，公共管理部副教授丰存斌为兴县四大班子领导、科级以上干部和大学生“村官”500余人作了专题报告。

9月3日，在中国人民抗日战争胜利暨世界反法西斯战争胜利69周年纪念日到来之际，兴县在晋绥边区革命纪念馆举办“勿忘国耻，圆梦中华”爱国主义教育集体宣誓及签名活动。

9月4日，第十一届、十二届全国人民代表大会代表，山西省监察厅副厅长刘蓉华带领山西省和吕梁市相关部门负责人就中南部铁路吕梁段配套设施建设情况在兴县进行专项督查。

10月16日，岢临高速正式通车。岢临高速公路全长125公里，兴县境内64公里，按双向四车道高速公路标准建设，设计时速为80公里。

10月21日，由20多位“晋绥儿女”发起的山西省晋绥文化教育发展基金会在兴县召开理事会第一次会议，并举行挂牌仪式。贺龙、林枫等晋绥老一辈革命家后人贺晓明、林炎志等理事会成员出席会议，并为基金会成立揭牌。中共吕梁市委副书记、市长董岩参加了会议。

11月4日，兴县召开大走访、大化解活动推进会。县委常委、组织部部长刘晓春在会上通报了大走访、大化解专项活动进展情况，县委常委、纪委书记杜侯平就干部作风、纪律问题发表讲话，县公安局政委任飙就打黑除恶工作作了安排。

11 月 5 日，为编辑《毛泽东山西工作文稿》，中央文献研究室（其中有第一编研部张民、李振）、中央文献出版社在山西省委党史研究室第五研究处处长苗长青、吕梁市政府分管领导的陪同下到兴县进行资料征集、考证和调研工作。

11 月 19 日，中共吕梁市委常委、组织部部长郑中夏在兴县恶虎滩乡、蔡家崖乡调研农村“两委”换届工作推进情况。

11 月 25 日，中共吕梁市委副书记雷建国在兴县蔡家崖乡农业开发示范基地、山花烂漫农业综合开发有限公司及清泉醋业有限公司调研。

5—11 月，晋绥边区革命纪念馆组织有关人员先后赴山东烟台市和安徽六安市参加东部地区红色旅游景点讲解员、导游员培训。

12 月 5 日，中国延安干部学院教学科研部主任赵耀宏一行 20 人，在兴县晋绥边区革命纪念馆实地考察红色历史与革命文化。

12 月 12 日，兴县召开全县学习和贯彻落实习近平总书记系列重要讲话精神动员大会。

12 月 24 日，田东照女儿田潇鸿一行为兴县关向应图书馆和友兰中学赠送了《田东照全集》。

12 月 25 日，全县学习讨论落实活动专题研讨班结业。中共兴县县委书记、县长梁志锋出席并作总结讲话，县委副书记王恩泽主持会议。研讨班学习期间，县委常委、组织部长刘晓春作专题辅导报告，延安干部学院教学科研部党建教研室副教授孙翠玉作《学习贯彻十八届四中全会精神体会》的专题报告，延安干部学院教学科研部党建教研室副教授薛琳作《习近平同志中国梦的重要论述》的专题报告，山西省委党校党建教研部副主任、副教授崔建周作《扎实开展学习讨论落实活动，全面推进反腐倡廉建设》的专题辅导。参加培训人员集体观看了廉政警示教育片《警钟长鸣》。

12 月 31 日，兴县召开第三次全国经济普查入户登记动员会暨 2013 年统计年报会议。

2015 年

1 月 23 日，中共山西省委常委、组织部部长盛茂林一行在中共吕梁市委书记高卫东，吕梁市委常委、组织部部长郑中夏和兴县县委书记、县长梁志锋陪同下在蔡家崖村进行调研。盛茂林慰问了村民温补民家，详细了解了他家生产生活情况，并就村民反映的饮水安全、住房困难等问题进行了亲切交谈。在蔡家崖乡政府会议室，盛茂林仔细查看了相关文件资料，重点询问了蔡家崖乡村“两委”换届情况。

是月，兴县被山西省扶贫办评为2014年度扶贫开发工作考核先进单位和扶贫开发建档立卡工作先进县（全省排名第一），受到通报表彰。

2月5日，中共吕梁市委副书记、市长董岩一行在兴县慰问部分困难群众。在蔚汾镇郭家峁村慰问了重灾户王三孩和低保户杨寨则；在东关村走访慰问了89岁的老八路安侯明和困难职工高志勇。

3月22日，120师学校开工奠基仪式在兴县蔡家崖新区举行。120师军政人物后代贺邦靖，吕梁市副市长成锡锋，兴县县委书记、县长梁志锋等出席了开工奠基仪式。

3月24日，中共第十七届中央候补委员，中共第十八届中央委员，中共山西省委书记、省人大常委会主任王儒林一行深入兴县蔡家崖看望群众，并就群众所关心的蔡家崖村吃水问题解决情况进行调研。

吕梁市政府督察组一行就兴县经济运行情况进行专项督查。在督查会上，兴县有关领导就兴县1—2月经济运行情况、重点项目投资完成情况、固定资产投资任务落实情况、工业经济运行情况、环境保护约束性指标完成情况及现阶段存在主要问题作了详细汇报。

3月，中联煤层气开发有限责任公司经过一年的勘探开发，宣告兴县首次成功开发出煤层气。

4月1日，中共吕梁市委副书记雷建国带领吕梁市农业委员会、市扶贫开发服务中心、市林业局、市水利局、市畜牧局等相关单位负责人在蔡家崖村调研扶贫开发工作。

4月2日，吕梁军分区在兴县晋绥解放区烈士陵园新区（东会乡寨上村凤凰山陵园）举行“晋绥散葬烈士遗骸安葬、清明祭扫暨为陵园捐款植树”活动，社会各界600余人参加了活动。

5月10日，兴县在文化活动中心举行课程改革与教学报告会。山西省教育科学研究院原副院长、省基础教育研究中心原副主任、省职业教育研究中心原主任贺斌，山西省课堂教学改革副理事长、临汾市临开一中校长刘红学，德育报社原副社长、山西通宝育杰学校副校长周海平3名教育专家被聘为兴县教育发展专家指导委员会专家。

5月12日，兴县首次电子商务培训会议在太平洋宾馆多功能厅举行。吕梁市商务局、山西省商务信息中心领导出席会议。会议宣读了《王儒林书记在吕梁调研扶贫开发工作时的讲话》和《山西省商务厅实施“电子商务育才工程”的通知》。

5月14日，兴县第十五届人民代表大会常务委员会第二十次会议在人大会议室召开。会议审议并表决通过《关于设立“全民清洁日”的决定（草案）》；决定接受梁志锋辞去兴县人民政府县长职务的请求，任命刘世庆为兴县人民政府代理县长，补选刘世庆为吕梁市第二届人民代表大会代表。

5月15日，兴县召开学习讨论落实活动总结暨“六权治本”推进会（山西省确立的“依法确定权力、科学配置权力、制度约束权力、阳光行使权力、合力监督权力、严惩滥用权力的工作思路，旨在为实现全省廉洁发展、转型发展、创新发展、绿色发展、安全发展、统筹发展保驾护航）。会上，中共兴县县委书记梁志锋对学习讨论落实活动进行了总结，并对推进“六权治本”进行安排部署。

5月26日，兴县召开“三严三实”（2014年3月9日，习近平总书记在参加第十二届全国人民代表大会第二次会议安徽代表团审议时指出，各级领导干部都要树立和发扬好的作风，既严以修身、严以用权、严以律己，又谋事要实、创业要实、做人要实）专题教育活动动员大会，对全县专题教育活动进行了安排部署。

5月29日，中共吕梁市委书记高卫东率市农业、民政、扶贫、农业产业化办公室、城乡环境整治办公室等有关部门和单位负责人，在兴县调研城乡环境整治、扶贫攻坚、电商平台建设和红色旅游等工作。

6月2日，兴县召开“以群众举报乡村干部腐败为切入点，集中解决群众信访诉求问题”专项治理暨农村集体“三资”（指集体资金、集体资产和集体资源）专项清理整治工作会议。

6月3—23日，中共吕梁市委副书记、市长董岩带领市农业委员会、扶贫开发服务中心、农业产业化办公室、城乡环境整治办公室等部门负责人在兴县调研城乡环境整治、扶贫开发、铁路战略装车点肖家洼集运站和蔡家崖集运站建设等工作。

6月30日，山西锦兴能源有限公司2×350兆瓦低热值煤电厂项目以及晋兴能源有限责任公司2×350兆瓦低热值煤电厂项目“五通一平”（建筑中的前期准备工作，一般包括：通给水、通电、通路、通信、通排水、平整土地）开工仪式在兴县锦兴能源有限公司电厂项目建设工地举行。

7月3日，吕梁市城乡环境整治百日攻坚专项活动现场推进会在兴县召开。

7月22—23日，中共吕梁市委书记高卫东一行在兴县调研华电集团锦兴能源有限公司肖家洼煤矿、电厂及集运站建设、环境整治百日攻坚、扶贫攻坚和红色旅游开发等项目。

6—7月，神府革命纪念馆人员、晋绥老领导李井泉之女李力清和解放军第四军医大学部分人员先后在晋绥边区革命纪念馆参观学习。

8月5日，在纪念抗日战争胜利70周年之际，山西省老干部艺术团在兴县蔡家崖革命纪念馆广场前进行慰问演出。全县机关干部、各乡（镇）主要领导及当地群众1000余人观看了演出。

8月29日，兴县举办系列活动纪念中国人民抗日战争暨世界反法西斯战争胜利70周年。系列纪念活动包括“二十里铺战斗”纪念碑揭碑仪式、收迁20位烈士遗骸和120师学校落成暨开学典礼活动。120师军政干部后代和晋绥儿女代表60余人专程从各地赶到兴县参加了活动。

9月22日，吕梁市人大常委会主任刘明勇偕同驻吕梁市的山西省人大代表到兴县进行专题调研，实地察看了山西华兴铝业有限公司、蔡家崖北坡村中共中央晋绥分局旧址历史风貌修复工程和120师学校。

9月29日，兴县在赵家坪乡黄家洼村召开叶面营养防控枣裂果新技术推广现场观摩会。

10月，苏宁云商和国务院扶贫开发领导小组办公室在北京签署全国农村电商扶贫战略合作框架协议，协议惠及兴县在内的全国104个贫困区县。

11月8日，在第16个记者节来临之际，吕梁市记者协会组织全市新闻工作者在兴县举行“重温谈话，继往开来”主题纪念活动，并表彰了优秀新闻工作者。

12月7—8日，兴县第十五届人民代表大会第六次会议召开。大会选举兴县出席吕梁市第三届人民代表大会代表26人。

12月17日，吕梁市道德模范先进事迹巡讲团走进兴县，夏占海、杨婷、赵水考等3位道德模范为全县党员干部作了事迹报告。

12月23日，兴县人民政府与山西焦煤金土地农业开发公司在兴县太平洋会议中心举行光伏发电站项目合作框架协议签约仪式。山西焦煤集团副董事长、党委常委曹晨明和兴县县委副书记、政府县长刘世庆出席签约仪式并分别讲话。曹晨明表示，该项目是贯彻落实中央扶贫工作会议精神、推进山西省委百企千村产业扶贫开发的重大工程，加快光伏发电项目落地和实施进度，对促进农民增收、推进兴县区域经济发展具有重要意义。刘世庆讲话表示，县政府将全力支持和配合山西焦煤集团公司工作，切实推进产业扶贫开发进程。

兴县人民政府、山西焦煤金土地农业开发公司与兴县红土地农业开发公司举行合作协议签约仪式。

2016年

1月7日，兴县召开地质灾害避灾移民搬迁工作推进会。

1月9—10日，中共吕梁市委副书记、市长王立伟深入扶贫联系点——兴县康宁镇花子村，就脱贫攻坚、建档立卡“回头看”等重点工作进行调研。

1月19日，吕梁市人民政府副市长、中共汾阳市委书记李建国在山西华兴铝业有限公司进行调研。

2月，兴县人民医院迁建项目开工建设。

是月，兴县在山西省人民政府组织的2015年度全不处36个C类县综合考核评价（指扶贫攻坚、经济发展、基本生产生活条件、公共服务和生态建设、投入与管理及党的建设和组织领导五个方面）中位居全省第三名，受到通报表扬。

3月5日，兴县邀请北京江山多娇规划院院长、国家旅游局AAAAA级景区评审专家、AAAA级景区评审组组长，北京大学、中国人民大学、中央党校特聘教授原群为兴县四大班子领导和县直机关干部职工1000余人作“发展旅游产业，实现富民强县”的专题讲座。

3月11日，兴县蔡家崖煤炭储运铁路专用线发往江西贵溪站的首列运煤专列启动，标志着山西省中南铁路吕梁第一个煤炭集运铁路专用线——兴县蔡家崖煤炭集运铁路专用线开通运营。

3月15—16日，中共中央组织部人才局副巡视员郭先魁带领调研组就推动人才向基层和艰苦地区流动等问题在兴县人才交流服务中心、120师学校和亚龙电子商贸服务中心调研。

3月18日，兴县全面启动南外环路改造工程。南外环路与218、313省道衔接，道路全长1739米。项目总投资1100余万元。

3月21—22日，兴县2016年农村“领头雁”第一批培训及开班仪式在县文化活动中心会议室举行。中共吕梁市委党校副校长、副教授白营科和中共县委常委、组织部长刘晓春分别为学员授课。

4月6日，由山西省晋绥文化教育发展基金会，吕梁军分区，中共兴县县委、县人民政府主办的“四八”烈士殉难七十周年公祭活动在兴县“四八”烈士纪念馆广场举行。山西省军区政委，北京新四军研究会会长陈昊苏，山西省晋绥文化教育发展基金会理事长林炎志，山西省民政厅副巡视员李德孝，吕梁市委常委、军分区政委、司令员，“四八”烈士亲属代表及兴县党政领导参加了公祭活动。

4月12日，华兴铝业氧化铝二期工程暨吕梁百万吨轻合金基地建设推进会在兴县瓦塘镇华兴铝业厂区举行。中共山西省委常委、副省长付建华，山西省人大常委会副主任、中共吕梁市委书记高卫东，中国铝业有限公司董事长、党组书记葛红林，华润（集团）有限公司副董事长、总经理罗熹等出席会议。山西省发展和改革委员会、山西省经济和信息化委员会、山西省财政厅、山西省国土资源厅、山西省环境保护厅、山西省人民政府金融工作办公室、国家能源局山西监管办公室、晋能电力集团有限公司、中国银行山西分行、中国铝业股份有限公司、华润集团有限公司有关方面负责人参加了会议。

5月11—12日，中共吕梁市委副书记、市长王立伟，市政府党组成员、市政府秘书长梁斌一行深入康宁镇花子村就棚户区改造、两山绿化等工作进行调研。

5月16日，吕梁市棚户区改造现场推进会在兴县召开。自4月以来，兴县启动易地扶贫搬迁安置点、张家圪埚棚户区改造、蔚汾镇棚户区改造及忻黑线城区段拓宽改造项目，受到市领导好评。

5月19—20日，中共吕梁市委书记王清宪带领市农业、扶贫、财政等部门负责人在兴县调研。

5月21日，国家交通运输部党组成员、副部长何建中在中共吕梁市委副书记、市长王立伟，山西省交通运输厅党组书记、厅长李正印等陪同下，在兴县调研交通扶贫工作。

5月31日，由山西省晋绥文化教育发展基金会等单位主办的“为了孩子的明天”助学捐赠仪式在兴县120师学校举行。山西省晋绥文化教育发展基金会理事长林炎志，副理事长兼秘书长段晓飞、马小鸣，中共吕梁市委副书记、市长王立伟等出席了助学捐赠仪式。

5月27日至6月2日，山西工商学院“大学生思想政治教育基地”揭牌仪式、山西武警总队“爱国主义参观见习教育基地”揭牌仪式在晋绥边区革命纪念馆举行。

6月3—5日，中国共产党兴县第十六次代表大会在县城召开，大会听取和审议通过县委书记梁志锋代表中共兴县第十五届委员会所作的工作报告和纪委书记石磊代表兴县纪律检查委员会所作的工作报告。会议选举产生中国共产党兴县第十六届委员会委员31人、候补委员7人和中共兴县纪律检查委员会委员14人。6月5日，中国共产党兴县第十六届委员会第一次全体会议以无记名投票方式，差额选举产生中共兴县第十六届常委会委员10人：梁志锋、刘世庆、高鹏、刘晓春、刘云、石磊、张新春、刘平则、宋兴丽、冷树义；梁志锋当选县委书记，刘世庆、高鹏2人当选县委副书记。同日，中共兴县纪律检查委员会第一次全体会议以无记名投票方式，差额选举产生兴县纪律检查委员会常务委员7人：石磊、张富唐、王建珍、陈晓龙、贺剑锋、刘晓军、孙钺飞；石磊当选纪律检查委员会书记，张富唐、王建珍当选纪律检查委员会副书记。

6月8日，兴县召开千名干部挂牌包扶万户贫困户精准脱贫动员大会。

6月14日，中共吕梁市委第一巡察组组长刘保平一行6人进驻兴县开展巡察工作，在文化活动中心召开巡视工作动员会。

6月14—15日，山西省副省长郭迎光带领省直有关部门负责人深入兴县调研防汛工作和新一轮退耕还林工作。

6月15日，中共兴县县委召开打赢“三大战役”，切实维护社会治安动员大会。会议传达了中共中央、公安部、山西省委有关批示，安排部署在全县开展以扫黑除恶、铲除黄赌毒、推进治爆缉枪为主要内容的“三大战役”。

6月16—19日，政协兴县第九届委员会第一次全体会议召开，会议选举产生政协兴县第九届常务委员会组成人员：史小军当选常务委员会主席，刘开门、刘喜忠、白崇智、高卫东4人当选常务委员会副主席，张景当选常务委员会秘书长，常务委员30人。

6月18—20日，兴县第十六届人民代表大会第一次会议在县城举行。出席会议的代表172人，会议听取并审议了县长刘世庆所作的政府工作报告，审查了兴县国民经济和社会发展第十三个五年规划纲要；听取并审议了发展和改革局局长王双平、财政局局长宋兴丽、人大常委会主任白鹏昊、县人民法院代院长薛少烈和县人民检察院代检察长杨文胜所作的工作报告，并通过以上各项报告的决议。会议以差额选举、无记名投票的方式，选举白鹏昊任兴县第十六届县人大常委会主任，王左英、白连厚、白继红、李全权4人任兴县第十六届人大常委会副主任；选举刘世庆任兴县人民政府县长，刘保平、杨红梅、李永胜、张新春、高海清、刘继锋（挂职）6人任兴县人民政府副县长，薛少烈任县人民法院院长，杨文胜任县人民检察院检察长。

6月29日，中共吕梁市委副书记、市长王立伟在兴县调研合作造林、购买式造林、退耕还林等生态建设工作。

8月4日，中铁交通投资集团与兴县、岚县人民政府在吕梁宾馆举行静（乐）兴（县）高速连接线合作签约仪式，标志着静（乐）兴（县）高速公路进入实质性推进阶段。

8 月 27—28 日，山西省粮食局副局长马珩带队的中国粮企山西行考察团一行在兴县进行调研考察，为山西粮食产销衔接会做前期准备，以助推兴县小杂粮走向更加广阔的市场。

10月，由西安电影制片厂会同兴县文化局组织拍摄了电影《谷子熟了》（故事片）。该影片以脱贫攻坚为线索，通过讲述吕梁山兴县一位农村青年发家致富后带领乡亲们实现农业产业化、走上共同富裕道路的励志故事，充分体现了中共兴县县委、县人民政府各项政策对带动农业产业化发展、促进群众增收脱贫的重要性。

11 月 4 日至 6 日，第十四届中国国际粮油产品及设备技术展示交易会在江西省南昌市举行，兴县山花烂漫农业综合开发有限公司的“山花烂漫”牌小杂粮获得粮油产品类金奖。

11 月 8 日，电视连续剧《孙嘉淦》剧本论证会暨筹拍签约仪式在兴县观澜国际酒店举行。该仪式由吕梁市文化旅游局、中共兴县县委、兴县人民政府主办。

11 月 15 日，吕梁市在兴县召开铝基地工业园区配套供电项目开工协调会，市发展和改革委员会、市经济和信息化局、市国土资源局、市住房和城乡建设局、市环境保护局等部门领导及相关县（市、区）分管领导参加了会议。

12 月 26 日，县北山公路工程开工奠基仪式在蔡家崖乡五龙堂村举行。该公路东起奥家湾村，西至蔡家崖村，全长 16.41 公里，规划设计为二级公路。

12 月，兴县被授予“2016—2018 周期省级卫生县城”称号。

第一编

政　区

兴县位于黄河中游、山西省西北部、吕梁山脉北部西侧、西北黄土高原，东邻忻州市岢岚县、吕梁市岚县；南连吕梁市方山县、临县；西临黄河，与陕西省神木县隔河相望；北与忻州市保德县接壤。地理坐标北纬38° 5'40"~38° 43'50"、东经110° 33'00"~111° 28'55"。全县土地总面积3168平方公里，是山西省面积最大的县。

兴县历史悠久，境域建制多变。至北齐天保七年（556年），境域始置蔚汾县。之后，县名先后改为临泉县（608年）、临津县（624年）、合河县（627年）、蔚汾县（1085年）、兴州（1218年）、合河县（1261年）、兴州（1262年）。至明洪武二年（1369年），兴州改称兴县，县名确定。从民国26年（1937年）开始，兴县先后隶属于山西省第二战区行政公署第四专署、山西省第二游击区行署、晋西北行政公署。民国32年（1943年）7月至民国38年（1949年）9月，兴县先后隶属晋西北行署第一专署、晋绥边区行署第一专署、晋绥边区行署（直辖县）、晋绥边区行署第一专署、晋西北行政公署、五寨中心专署（1948年）、兴县专员公署（1949年9月成立、驻兴县）。1952—1961年，兴县先后隶属忻县专员公署、晋北专员公署、忻县专员公署。1971年，兴县改隶吕梁专员公署。2004年6月，兴县隶属吕梁市人民政府管辖。

县城位于蔚汾镇，居县境中部，面积4.5平方公里；东距省会太原278公里（东客站），南距吕梁市政府驻地离石区139公里。至2016年末，县政府辖17个乡镇（7镇10乡）、375个村委会、725个自然村。

第一章 建置 区划

第一节 位置 境域

位 置

兴县为山西省吕梁市辖县，位于黄河中游、山西省西北部，吕梁山脉北部西侧、吕梁市北端；东邻忻州市岢岚县和吕梁市岚县，南连吕梁市方山县、临县，西隔黄河与陕西省榆林市神木县相望，北倚忻州市保德县。地理坐标北纬 38° 5'40"~38° 43'50"、东经 110° 33'00"~111° 28'55"。

县城位于蔚汾镇，居县境中部、蔚汾河南北两岸，是全县政治、经济、文化和交通中心。其中旧城区面积 4.5 平方公里。

为改善旧城区居住拥挤状况，2007 年 1 月 17 日，由兴县党政联席会议研究决定，按照《兴县县域城镇体系规划》，正式启动蔡家崖新城区建设工作。新城区规划范围：河南片，东至蔡家崖乡张家圪埚（方言，读 tu ō ）村与蔚汾镇南通村交接处，西至蔡家崖村大桥，南以两山分水岭为界；河北片，东至蔡家崖乡五龙堂村与蔚汾镇李家湾交接处，西至蔡家崖乡胡家沟村与蔡家崖村交接处（蔡家崖大桥）；规划期为 2006—2020 年，规划人口约 4.5 万人。新城区规划建设总用地约 4.5 平方公里，人均建设用地约 100 平方米。

兴县县城（以汽车客运中心为起点）西距黄河东岸 25 公里，北距保德县城 120 公里，东距岢岚县城 70 公里、岚县县城 72 公里，南距方山、临县城区分别为 119 公里和 89 公里，距吕梁市人民政府驻地离石区 139 公里。县城东距省会太原市（东客站）278 公里，距首都北京 678 公里。

境 域

兴县属晋西北丘陵地区，地势整体东北高西南低；境内群山逶迤，丘陵棋布，沟壑纵横。县境从东北到东南、西南三面环山，西临黄河，中有诸多谷槽。境内大小山丘3300多座，沟壑3900余条，河流74道。兴县境域呈不规则的三角形，东西横距73公里，南北纵距82公里，土地总面积3168平方公里（折合475.2万亩），是山西省面积最大的县。

第二节　建置沿革

兴县地处黄河中游东畔。远在新石器时代仰韶文化（前5000—前3000年）、龙山文化（前2500—前2000年）时期，县域就有人类繁衍生息。春秋时（前770—前476），县域隶属晋国。战国时（前475—前221年），县域隶属赵国。秦时（前221—前206年），县域隶属雁门郡。西汉时（前206—公元8年），县域先后隶属汾阳县（今岚县古城村）太原郡（见《元和郡县志》卷十四）、娄烦县雁门郡。三国、西晋时（220—317年），境域隶属羌胡。东晋时（317—420年），境域先后隶属前赵、后赵、前燕、前秦、后燕。南北朝时（420—589年），境域隶属北魏。

北齐天保七年（556年），境域始置蔚汾县（治在今高家村镇碧村，原名白家崖），以县境有蔚汾河故名，隶属神武郡。隋开皇三年（583年），蔚汾县隶属石州（今吕梁市离石区）。隋大业四年（608年），蔚汾县改为临泉县，隶属娄烦郡（治在今静乐县，见《隋书·地理志》）。唐武德四年（621年），临泉县改为临津县，隶属东会州（治在今岚县岚城，见《新唐书·地理志》）。唐武德六年至武德七年（623—624年），东会州改名岚州，临津县隶属岚州。

唐贞观元年（627年），临津县改为合河县（治在今高家村镇碧村，见《元和郡县志》卷十四），隶属娄烦郡。北宋元丰八年（1085年），合河县城因濒河地窄，东迁五十里于蔚汾水之上游川谷宽坦处（现城址），隶属岚州。金兴定二年（1218年），晋阳公郭文振“以此方濒河，地重民繁”，改合河县为兴州（见《洪武太原志》），隶属河东北路。南宋景定二年（1261年），南北两路宣慰使司改兴州为合河县，隶属太原亲管；翌年（1262年），合河县复改兴州，隶属山西道。元大德九年（1305年）至明洪武元年（1368年），兴州隶属冀宁道。

明洪武二年（1369年），兴州改为兴县，隶属太原府，县名自此确定。明洪武七年（1374年）十月至洪武九年（1376年），兴县隶属太原府岢岚州。清雍正二年（1724年）起，兴县隶属保德州。清雍正八年（1730年），兴县复隶太原府。辛亥革命后，撤销州府制，兴县隶属冀宁道。民国元年（1912年），兴县隶属山西省政府。民国3年（1914年），兴县隶属冀宁道。民国13年（1924年）裁道后，兴县归山西省政府直辖。

民国26年（1937年），兴县隶属山西省第二战区行政公署第四专署。民国29年（1940年）1月15日，兴县建立抗日民主政权，隶属山西省第二游击区行署。同年2月，晋西北行政公署成立，兴县为晋西北行政公署直属县。民国32年（1943年）7月，兴县隶属晋西北行署第一专署。同年11月，晋西北行政公署改称晋绥边区行政公署，兴县隶属晋绥边区行署第一专署。民国33年（1944年）8月，晋绥边区行署撤销第一分区专署，兴县为晋绥边区行署直辖县。民国34年（1945年）2月恢复第一专署，兴县隶属晋绥边区行署第一专署。民国38年（1949年）2月，撤销晋绥行署，成立晋西北行署，兴县改隶晋西北行署。同年6月，撤销晋西北行署，成立五寨中心专署，兴县隶属五寨中心专署。同年9月1日，山西省人民政府成立，设立兴县专员公署（驻兴县），兴县隶属兴县专员公署。

1952年6月，撤销兴县专署，兴县划归忻县专员公署管辖。1958年12月，忻县、雁北专署合并为晋北专员公署，兴县隶属晋北专员公署。1961年9月，撤销晋北专员公署，分置忻县、雁北专署，兴县隶属忻县专员公署。1971年，兴县改隶吕梁专员公署。2004年6月，吕梁撤地建市，兴县隶属吕梁市管辖。

第三节　行政区划调整

1953年6月，全县取消建制村，实行区、乡制，划分为6个区86个乡。1956年3月，全县撤区并乡，划为1个镇49个乡。1958年12月，全县实行人民公社化，设24个人民公社。1984年8月，人民公社制改行乡（镇）村制，全县设7镇17乡，辖467个村民委员会、1个居民委员会、822个自然村。

2001年4月，全县乡镇机构改革，24个乡镇撤并为17个乡镇（7镇10乡，其中，原关家崖、肖家洼乡并入城关镇，更名为蔚汾镇；原木崖头、白家沟乡并入魏家滩镇；原裴家川口乡并入瓦塘镇；原杨家坡乡并入蔡家崖乡；原小善乡并入孟家坪乡）,6个街道居民委员会并入蔚汾镇。至2016年末，全县17个乡镇共辖375个村民委员会、725个自然村、6个街道居民委员会。

2001—2016年12月兴县行政区划一览表

表1-1-3-1 单位：个

乡（镇）	所辖村民委员会、社区居委会数	所辖村民委员会、社区居委会
蔚汾镇	48	东关片（8个）：东关、乔家沟、后发达、原家坪、郭家峁、枣林、紫沟梁、雅儿旺 西关片（13个）：西关、圪洞、河儿上、土贞、南通、上李家湾、下李家湾、长乐、石盘头、千城、公义、阴塔、北康家沟 关家崖片（12个）：关家崖、东坡、程家沟、秦家圪塄、贺家圪台、麦地山、孙家梁、孟家沟、兴业、刘家圪台、宋家塔、艾雨头 肖家洼片（15个）：肖家洼、贺家坪、树林、杨塔、墕头、杏花咀、南康家沟、孔家沟、双胜、下王家墕、官庄、赤涧、饮马会、松石、龙尾峁
	6	街道居委会：水泉湾居委会、东城居委会、西城居委会、通惠居委会、兴盛湾居委会、西滩坪居委会
魏家滩镇	29	魏家滩、黄家沟、店上、斜沟、西磁窑沟、葛家里、马蒲滩、高家崖、麻墕塔、水油塔、石佛则、九元坪、薛家沟、范家疃、白家沟、西沟、天洼、尹家峁、王家畔、木崖头、杨家山、高家峁、程家墕、李家墕、郝家沟、庙子井、白家塔、苏家里、西坡
瓦塘镇	24	瓦塘、郑家塔、刘家峁、杨家塔、赵家塔、武家塔、兴汉、王家峁、沙沟庙、后石门、前石门、后北会、前北会、张家洼、裴家川口、裴家湾、任家湾、姚家会、裴家津、圪针龙（仑）、前彰和墕、后彰和墕、柳叶村、后南会
高家村镇	25	高家村、西坪、北西洼、苏家塔、西吉、赵家川口、桑娥、石阴村、吕家湾、冯家庄、张家湾、任家湾、碧村、王家塔、巡检司、黑峪口、寨滩、唐家吉、高家沟、岭西、东峁、沙墕、花园沟、宋家山、中庄
罗峪口镇	13	罗峪口、王家山、李家梁、大坪墕、王家洼、东豆宇、官道吉、张家坪、史家山、崖头吉、尚里、武家庄、芦子坡

续表 1-1-3-1

乡（镇）	所辖村民委员会、社区居委会数	所辖村民委员会、社区居委会
康宁镇	31	康宁、张家崖、丰世沟、乔子头、苇子沟、刘家曲、王家会、曹家坡、安家庄、舍窠塌、前沟、刘家庄、阎罗坪、麻子塔、赵家沟、前红月、后红月、寺坡底、油房沟、胡家庄、樊家湾、阁老湾、花子、新庄、穆家塌、鹿家岔、任家塔、乌门、薛家沟、刘魏家沟、王家圪台
蔡家会镇	14	蔡家会、柳林、沈家里、唐堂宇、圪台上、谷渠、庄头、团厂、坡上、冯乐村、狮子洼、采地峁、孙家畔、苏家峁
蔡家崖乡	33	蔡家崖、北坡、石岭则、石楞则、旭谷、张家梁、胡家沟、五龙堂、大坪头、张家圪埚、池家梁、贺家沟、张家岔、北查沟、马福郎、碾子、木兰岗、杨家坡、南沟、李家山、温家寨、弓家山、杨家坪、胡家山、白家梁、白家山、魏家岔、田家沟、沙壕、张家沟、任家塔、水江头、刘家壕
奥家湾乡	24	奥家湾、孙家庄、吕家庄、奥家坪、交口、姚儿湾、廿里铺、石槽沟、斜唐山、车家庄、曲家沟、炭烟沟、王家崖、张家塔、孙家沟、孙家窑、樊家圪埚、石畔、峁底、阳塔、李家塔、郭家圪台、郝家山、杏树塔
恶虎滩乡	15	恶虎滩、下会、刘家湾、安乐沟、沟门前、石楼圪台、庄儿上、王家沟、康家沟、李家庄、明通沟、白崖沟、阳会崖、郭家圪埚、新窑上
交楼申乡	24	交楼申、宜宜沟、安沟、陈家圪台、新舍窠、奥家滩、马家窑、郝家湾、孙家崖、张家岔、王家庄、阳湾则、冯家沟、大坪上、新盛村、白家坪、白家寨、木窑、向阳村、张家圪台、雷家沟、井沟渠、康家庄、马家梁
固贤乡	17	固贤、甄家庄、吴城、炕火沟、杨家圪台、永顺、郑家岔、弓家沟、闫家沟、王家沟、尧儿上、进德、贾家沟、曲亭、田家会、福胜、井子
东会乡	17	东会、西会、寨上、鱼湾、东南村、阳崖、庄上、姚家沟、段家湾、小坪头、贺家湾、向阳坪、王家坡、上滩沟、安南沟、兴盛湾、大兴安
赵家坪乡	11	赵家坪、宋家塔、佐子坪、西塌、武家峁、大里上、康家塔、闫家塔、毛儿沟、吴儿申、白家峁
孟家坪乡	22	孟家坪、王家塔、胡家塔、成家山、李家坪、麻塌条、横城、山头、张家塌、扒棱（塄）上、姚家塔、侯家沟、小善、小善畔、大善、阳塔、白家塌、有仁、元沟、石家吉、水泉塔、兴华

续表 1-1-3-1

乡（镇）	所辖村民委员会、社区居委会数	所辖村民委员会、社区居委会
贺家会乡	17	贺家会、圪楼（塄）上、岔上、紫方头、贺家沟、殿峁上、东吴家沟、北角上、谷地宇、冯家峁、马圈沟、碱滩坪、安月、枣林坡、寨洼、东地村、西吴家沟
圪达上乡（也称圪垯上乡，下同）	11	圪达（垯）上、杨角角、洛家角、佛堂、芦山墕、牛家川、大峪口、白家山、河上、募强、马家山
合计	村民委员会 375 个，社区居委会 6 个（蔚汾镇）	

第四节　区域勘界

兴县毗邻保德县、岢岚县、岚县、方山县、临县、神木县、府谷县 7 个县。1997 年，吕梁地区勘界工作领导组下发《关于在全区开展县、乡两级行政区域界线勘定工作的通知》，兴县成立领导小组，并开展工作。1999 年，勘定县级区域界限 7 条，设界桩 15 个，县域边界线总长 375.7 公里。至此，兴县行政区域界线全部勘定。2002 年，国务院颁布《行政区域界线管理条例》后，开展县界联合检查。到 2016 年，县界双边未有争议。

县境边界村庄。至 2016 年末，自黄河沿岸的瓦塘镇牛家洼起，按逆时针方向，有瓦塘镇的牛家洼、后北会、前北会、圪针龙、后南会、裴家津、裴家湾、裴家川口、后彰和墕 、前彰和墕村，高家村镇的寨滩、中庄、黑峪口、碧村、张家湾、任家湾、王家塔、巡检司村，赵家坪乡的桑湾、黄家洼村，罗峪口镇的滩头、刘家梁、牛家塔、李家梁、罗峪口、后沟、蔺家峁、东豆宇、前元上村，圪达（垯）上乡的牛家川、李家畔、芦山墕、大峪口村，河上、高家山、瓦窑坪、马家山村，蔡家会镇的圪台上、谷渠、水磨村，贺家会乡的紫方头（西月、庄月）、岔上、冯家峁、碱滩坪、青春里村，孟家坪乡的刘家墕村，康宁镇的程家沟、薛家沟、乌门村，固贤乡的赵家沟、兴临沟村，东会乡的寨上、鱼湾、马家沟、孙家坪、贺家湾、东南村、石林沟、小木沟、大木沟、南岔、大兴安村，交楼申乡的张家圪台、安沟、马家梁、麻地沟、张家岔、雷家沟村，恶虎滩乡的红胜村（红柳树圪洞）、新窑上、李家庄、下会、石楼圪台（东沟）、麻火沟、大树岔村，魏家滩镇的王家畔、大井上、南梁、北梁、南河沟、吕家沟、青草沟、武德、葛家里、马家沟、前墕、贝塔、九元坪村，瓦塘镇的刘家峁（刘家圪埚）、郑家塔、瓦塘、张家洼、盘谷等村。其中，西北角的后北会是兴县、保德、神木三县交界处；东北角的青草沟是兴县和岢岚县交界处；东南角的孙家坪是兴县、方山、临县三县的交界处；西南角的大峪口是兴县、临县、陕西省神木县的交界处。县境东西横宽 73 公里，南北纵长 82 公里。总面积 3168 平方公里，折合 475.2 万亩，土地面积居山西省各县之首。

第二章 县 城

第一节 城 区

旧城区

兴县城区位于蔚汾河中下游南北两山之间，蔚汾河从东向西顺流而下，兴县城区沿蔚汾河而建，主城区位于蔚汾河北岸，由东向西分别是：后发达、郭家峁、水磨滩、水泉湾、东关、西关、石盘头、李家湾。城区蔚汾河南岸由东向西分别是：雅儿旺、原家坪、南瓦窑、南沟门前、西滩坪、河儿上、圪洞村。主城区北面有五条沟梁，由东向西分别是枣峁梁、杨玉春沟（寺塔梁）、枣沟、紫沟、福胜沟。河北岸从东至西，为居民主要居住区，也是县直机关单位聚集区，是县城的政治、文化和商业活动中心。

2006年至2016年，县城共完成基础设施建设投资3.54亿元，相继完成环城公路建设、南山生态园建设、忻黑公路城区段改造、中心广场建设、体育场改造、蔚汾大桥和西关大桥扩建等一批项目，城市基础设施水平有了明显提高，市容市貌得到改观，城市品位进一步提升，县城建成区面积达到4.5平方公里，城区道路总长度5.2公里，道路铺装面积16.5平方公里；城市桥梁3座，总长度0.3公里；城区主街道有路灯、绿化树、垃圾箱，居民区主干道的路面也均有路灯和垃圾点；在主街道涂刷交通标志线，安装7处交通指挥信号灯和视频监控系统。城区还规划停车场2处，架设跨越忻黑线的钢结构人行天桥1座；有公交汽车线路1条，运营总里程1公里，公交运营车辆12辆，年客运量11万人次；有出租车295辆，每万人拥有40辆，年客运量8.4万人次。

新城区

2007 年 1 月 17 日，兴县党政联席会议研究决定，按照《兴县县域城镇体系规划》，正式启动蔡家崖新城区建设工作。新城区规划结构简称“一心、一廊、三片”：“一心”，即公共服务中心，位于河北片，主要配套建设广场、文化活动场所，有一所医院、一所初中、一所小学；“一廊”即蔚汾河景观走廊，主要绿化、美化蔚汾河沿岸景观带，形成景观走廊；“三片”即河东片、河南片、河北片，总面积 4.5 平方公里。其中，河南片主要建设一所初中、一所小学；河东片主要建设一所高中、一所小学（原各片规划建设的区域锅炉房均被集中供暖取代）。规划范围：河南片，东至蔡家崖乡张家圪埚村与蔚汾镇南通村交接处，西至蔡家崖村大桥，南以两山分水岭为界；河北片，东至蔡家崖乡五龙堂村与蔚汾镇李家湾交接处，西至蔡家崖乡胡家沟村与蔡家崖村交接处（蔡家崖大桥）。规划期为 2006—2020 年，规划人口约 4.5 万人。新城区规划建设总用地约 4.5 平方公里，人均建设用地约 100 平方米。至 2016 年末，河北片已建有 120 师学校、兴县人民医院，“森源华府”住宅小区、“阳光上城”住宅小区、“观澜国际”住宅小区等；河南片已建有兴县政务中心、兴县老年大学和蔚汾公园，蔚汾河沿岸景观走廊初步形成；河东片建有友兰中学（高中）和“福临嘉园”住宅小区等。

第二节　主要街道

1989 年，兴县城区蔚汾河以北主要街道有滨河北路、南大街、中大街、文化街和新华街 5 条。其中滨河北路、南大街、中大街、文化街接近平行，为东西走向；新华街为南北走向，从紫沟段口一直延伸至益民桥头北，与 4 条东西向街相连。

文化街（文化路）

文化街位于城区北面，当时的新华书店、关向应图书馆、文化馆、兴县中学、广播电视局、电影院、大礼堂、兽医院、县人民检察院、县人民法院、县公安局、县司法局均坐落在文化街；现文化街更名为文化路。

中大街（人民东西路）

中大街东起杨玉春沟南口，经电业局北侧、县级机关招待所（晋绥宾馆）北侧、百货大楼、旧邮电局、服务公司（二宿舍）、粮食局、民政局等机关延伸至西关口，与文化街交叉，曾被更名为城中路，现紫石街以东被命名为人民东路，紫石街以西被命名为人民西路。

南大街（建设东西路、晋绥东西路）

南大街东起大莹梁原交警大队，向西经林业局、农业局、东关中学、工商银行兴县支行（后改建为文泉小学）、原农机公司、原工商行政管理局、县政府前门(北门)、宣传文化活动中心、经贸局大楼、蔚汾大楼、原城镇中学延伸至西关口。随着县城街道的建设以及街道名称的统一规范，南大街自紫石街以东曾被命名为建设东路，现被命名为晋绥东路；自紫石街以西曾被命名为建设西路，现被命名为晋绥西路。

环城公路（蔚汾北路）

1996年7月，县城遭遇百年不遇的罕见洪灾后，在蔚汾河北岸改造和新建一条坝路一体化的环城公路。该公路东起蔚汾镇郭家峁村(郭家峁村与后发达村大桥西侧)，沿蔚汾河北岸向西延伸至西关大桥北侧，路面长3467米，现被命名为蔚汾北路。

忻黑线城区段（蔚汾南路）

城区蔚汾河南岸原忻黑线段改名为蔚汾南路。

新华街（紫石街）

原新华街(北起紫沟口，南至益民桥北)现更名为紫石街。

连城大道（蔚汾北路）

连城大道东起县城旧区西关大桥与环城公路衔接，沿蔚汾河北岸顺河而下，经石盘头、李家湾村，西接新区五龙堂村东的1#大桥，与新区40米宽的主街道连通，全长4.6公里，宽38米，按一级公路标准设计施工，双向6车道，路中隔离带宽2米。连城大道市政基础设施建设包括路侧绿化、道路照明、综合管线地沟、给排水等，总投资8000万元，是一条高标准、高品质的城市景观大道和快速通道，连城大道现更名为蔚汾北路。

第三节　公共基础设施

中小学校及幼儿园

1989 年至 2016 年末，城区（包括新区）共有中小学校 24 所，其中小学有 9 所：实验小学、东关小学、第二实验小学、城镇小学（2011 年 9 月，城镇中学迁走，原校址改建为城镇小学）、西关小学、北关小学、新建小学、南沟门前小学、文泉小学（民办公助）；有初中学校 9 所：城镇中学（1989—2011 年 8 月，2011 年 9 月，城镇中学迁入兴县中学，并撤销“城镇中学”）、兴县初级中学（2011 年 9 月，原城镇中学迁入原兴县中学高中，改名为兴县初级中学）、东关中学、祥诞中学、实验中学、晋绥中学、城东中学、育才学校、120 师学校；有高中学校（含职业中学）6 所：兴县中学（1989 年至 2011 年 8 月，9 月该校迁入新建的友兰中学）、友兰中学（2011 年 9 月—2016 年末）、第二高中（民办公助）、第三高中（民办公助）、第四高中（民办公助）、职业中学（参见第二十七编“教育 科技 体育”第一章“教育”部分）。

有县直机关幼儿园、财贸幼儿园、工交幼儿园及育红幼托所（私人创办）。

医药机构

有兴县人民医院、兴县中医院、兴县城镇卫生院、卫生防疫站、妇幼保健站；有兴县仁爱医院、利民医院 2 座民营医院；有康泰药店（包括 12 个分部）、同仁康等大型药店。

文化体育设施

有职工俱乐部、人民大礼堂（21 世纪初拆除）、电影院（21 世纪初拆除）、体育场、东关大舞台、人民舞台、老干部活动中心、新华书店（前身为晋绥新华书店）、关向应图书馆。有体育社团 10 个，部分社区安装有健身器材，全县广电“村村通”实现全覆盖，城区基本普及数字电视。

文物旅游景点

有晋绥解放区烈士陵园、晋绥边区革命纪念馆（位于蔡家崖新区）、南山生态文化公园、蔚汾公园。其中，南山生态文化公园面积 1780 亩，园林绿地面积 560 亩（公共绿地 258 亩），城市绿化覆盖率达到 10.48%。

供水设施

有自来水厂 1 座，铺设干线水管 5.1 公里，生产能力 3333 吨 / 日，年工业用水 6.4 万吨，生活用水 4.7 万吨，自来水普及率 92%。

供电设施

拥有 110 千伏以上变电站（所）1 座，主变压器 5 台，总容量 11 兆伏安，高压输电线路 5 条，总长度 42 公里，用电负荷 40 千瓦，是华北电网公司确定的 8 个重点吕梁电网之一，综合电压合格率 90%，供电可靠率 95%。

供气和供热设施

2008 年，兴县华盛燃气有限公司成立。2011 年，开始实施全县天然气供气工程和集中供热工程。至 2016 年底，共建成每门每小时供气 6 万立方米天然气液化供气站 2 座（县城和瓦塘各 1 座），铺设中低压管道 60 公里，燃气用户累计达到 2.88 万户，其中学校、医院和工商企业用户 132 户，居民用户 4500 户，燃气供热用户 2.42 万户。累计建成区域集中供热专用调压供热站 21 个，城区集中供热用户达到 2.42 万户（包括机关、学校、医院、商业门店和居民住宅），供热总面积 280.26 万平方米。

第四节　购物商场与贸易市场

县城主要购物商场有东风购物大厦（包括负一层东风超市）、百货商店、县供销购物商场、亚龙商贸有限公司（含购物超市）、客都超市（位于东城国际小区）等。主要贸易市场有中大街西段封闭式集贸市场，中街副食、水产、蔬菜、食品集贸市场（百货商店东侧），东街副食、蔬菜、餐饮等集贸市场（原纸厂院内），解决了沿街乱摆摊点问题。

第三章 乡镇概况

第一节 各镇概况

蔚汾镇

地理位置 蔚汾镇位于县境中部，由东北至东、南、西、北分别与奥家湾乡、交楼申乡、固贤乡、康宁镇、蔡家崖乡和魏家滩镇比邻，总面积317.2平方公里，为中共兴县县委、兴县人民政府及县直机关单位所在地。

建制与领导机构沿革 民国29年（1940年）1月，兴县抗日民主政府成立后废除原有编村制，全县重新划为8个区、75个建制村。同年8月，全县调整为6个区、61个建制村、3个行政街。境域之水磨滩、公义村、贺家圪台、东坡、树林5个建制村和东关、西关、南关3个街公所属一区。民国31年（1942年）7月，增设兴县市政府（驻城关，直属于县抗日民主政府），辖东关、西关、南关3个行政街。

中华人民共和国建立后，境域先后属第一区和第二区。1953年6月取消建制村，实行区乡制，全县划为6个区86个乡，境域内城关镇和后发达、公义村、贺家圪台、东坡、树林、肖家洼、李家湾、饮马会乡分属第一区、第二区和第四区。1954年7月，城关镇归县人民政府直管。1956年3月，撤区并乡，全县划为1个镇49个乡。境域内设有城关镇、李家湾乡、贺家圪台乡、树林乡、饮马会乡。1958年8月，小乡并大乡，境域内撤销李家湾、树林、饮马会3个乡，新设肖家洼乡。同年12月，兴县实行人民公社化，境域内设城关人民公社（公社机关驻县城）、肖家洼人民公社、关家崖人民公社。1984年8月，人民公社制改为乡（镇）村制，城关人民公社改建为城关镇，肖家洼人民公社改建为肖家洼乡，关家崖人民公社改建为关家崖乡。2001年

4 月调整乡镇行政区划，原关家崖乡、肖家洼乡、原街道居委会并入城关镇，并更名为蔚汾镇，全镇面积增至 317.2 平方公里，镇人民政府驻地在县城新华街。

境域所属各乡、镇（人民公社）自设立以来均设有党政领导机构。1988 年 7 月设立镇人大联络组，后改设为镇人大主席团。2005 年 5 月又设立镇政协联络组，逐步完善了镇级的党委、人大、政府、政协组织领导机构。

辖区概况　2011 年末，辖区总人口 7 万人（男性占 51%，女性占 49%），其中城镇 3.01 万人，城镇化率 43%，均为汉族。全年人口出生率 5.3‰，人口死亡率 3‰，人口自然增长率 5.6‰，人口密度为 220.7 人 / 平方公里。2012 年，蔚汾镇下辖 4 大片、48 个建制村、36 个自然村、6 个街道居委会。

2016 年末，辖区户籍人口 44695 人，其中城镇人口 20560 人，城镇化率 46%。人口出生率 5.8‰，死亡率 2.8‰，自然增长率 5.8‰。另有流动人口 46863 人，人口密度为 289 人 / 平方公里。

蔚汾镇域地貌属于黄土高原山地类型，地势呈东北高西南低，地貌分区特征明显，大部分处于侵蚀堆积地形的丘陵河谷区，小部分处于剥蚀构造地形的土石山区；最高海拔 1500 米，最低海拔 900 米，相对高差 600 米。境域属温带大陆性季风气候，多年平均气温 8.3℃，7 月平均气温 23.3℃，无霜期年平均 175 天；年平均降水量 600 毫米，年均风速 2.5 米 / 秒。

境内最大河流为蔚汾河，从东至西流经乔家沟、后发达、雅儿旺、原家坪、水磨滩、南沟门前、南通、李家湾等村，流长 9 公里，河川面积 12 平方公里，年均径流量 0.2 亿立方米，年均输沙量约 300 万吨。

境内已探明地下矿藏有煤、煤层气、铝土矿、石灰岩、铁矿、黏土矿、紫砂陶土等。已开发的煤矿位于关家崖、程家沟、肖家洼等村，矿区总面积 6.16 平方公里，地质储量 0.82 亿吨。其他自然资源有浅水层地下水资源流量约为每日 3846 立方米，主要分布在蔚汾河乔家沟以下段，年利用 1000 万立方米。另有森林资源 1.32 万亩、牧草资源 6800 亩、核桃等干鲜果林 8200 亩，主要分布在兴业、阳塔、松石、龙尾峁等村。

经济发展　2006 年以来，蔚汾镇按照兴县县委、县人民政府“五五兴县”

战略，结合“保增长、保民生、保稳定”的要求，狠抓经济建设，全镇综合经济实力明显增强，群众生活水平显著提高。

农牧业发展。2011 年，全镇耕地面积 9.94 万亩，人均 2.4 亩；粮油总产量 1146.79 万千克，蔬菜种植面积 7800 亩，总产 39.2 万千克，种植业总产值达到 1.88 亿元。全镇羊饲养量 1.08 万只（其中年末存栏 5978 只）；生猪饲养量 6472 头（其中年末存栏 2836 头）；牛饲养量 1466 头（其中年末存栏 728 头）；家禽饲养量 3.63 万羽（其中上市家禽 1.25 万羽）。生产肉类 41.5 吨，鸡蛋 687 吨，畜牧业总产值 126 万元。累计造林 2.78 万亩（其中防护林 1.94 万亩，经济林 0.84 万亩，农民住宅四旁树木 9.84 万株），活立木蓄积量 1.87 万立方米；水果种植 1.45 万亩，产量 3.64 亿千克，林业总产值 68.03 万元，农林牧总产值 1.9 亿元。

2016 年，全镇粮油总产量 1115.16 万千克，种植业总产值 1.68 亿元。畜牧养殖方面，牛饲养量 528 头（其中年末存栏 200 头）；羊饲养量 1.71 万只（其中年末存栏 8560 只）；猪饲养量 4614 头（其中年末存栏 1982 头）；家禽饲养量 4.79 万羽（其中年末存栏 1.35 万羽），畜牧业总产值 146 万元。林业方面，累计造林 3.22 万亩（其中防护林 1.96 万亩，核桃等经济林 9400 亩），四旁植树 9.89 万株，水果产量 3.69 亿千克，林业总产值 9072.39 万元。全镇农林牧业总产值达到 2.6 亿元（其中，农牧业产值 1.69 亿元，林业产值 9072.39 元）。

工商业发展。2011 年，全镇有各类工业企业 12 户，从业人员 1336 人。其中规模以上工业企业 7 户（煤炭企业 3 户），工业总产值达到 3.2 亿元，比上年增加 21%，实现工业增加值 1.8 亿元，比上年增加 12%；有商业网点 1586 个、职工 3700 人，社会商品销售总额 7.7 亿元，比上年增加 28%；城乡集市贸易成交额 1.7 亿元，比上年增加 23%。全镇财政总收入 1.53 亿元，比上年增加 19%。其中地方财政收入 1.25 亿元，比上年增加 14%。2016 年，全镇有商业服务网点 1634 个，从业 1.15 万人，全年商业总收入 7.2 亿元，人均增收 4.1 万元。

基础事业发展　2011 年，公路交通运输方面，境内有乡村公路 49.8 公里，48 个建制村、36 个自然村通车，通车率分别为 100% 和 92%；有货运汽车 780 辆，年货运总量9356万吨；有客运汽车58辆、1220座位，年客运量21.2万人次；有邮政网点12个，投递点52个，乡村通邮率89%；有电信企业1家，服务网点8个，电话交换机总容量6587门，固定电话用户6232户，电话用户普及率46%；有移动电话用户4.88万户，移动电话普及率为88%；光缆线路总长达2.2公里，主干电缆达148对，宽带接入用户8268户。有普通高中3所，在校生425人，专任教师32人；有初中8所，在校学生6315人，专任教师529人，初中适龄人口入学率100%；有小学12所，在校学生1.19万人，专任教师670人，小学适龄儿童入学率100%，小升初升学率100%，九年义务教育履盖率100%；有幼儿园（所）7所，在园幼儿1428人，专任教师84人。有各级各类医疗卫生机构96个，其中卫生院6所，病床180张，固定资产总值1380万元；有专业卫生人员127人（执业医师24人，执业助理医师32人，注册护士32人）。农村安全饮用水普及率80%，农村卫生厕所普及率42%，参加新型农村合作医疗保险3.62万人，参合率95%。

2016年末，全镇有普通高中2所，在校学生2400人；有初中6所，在校学生4526人；有小学24所，在校学生10750人，小学适龄儿童入学率99%；有幼儿园44所，在园幼儿2280人；共有教职工1524人。有各类医疗卫生机构96个，其中公立卫生机构6个，有住院床位180张；有村卫生所90所；有专业卫生人员139人。参加新型农村合作医疗保险4.13万人，参合率95%。有文化艺术团体9个，会员842人，各类艺术表演团体5个，演职人员234人，年演出389场次；有电影放映单位8个，年放映389场次；有文化专业户21户、文化馆（站）23个，有农家书屋47个，藏书10万余册；文化体育从业人员共1863人，其中事业单位从业986人。

魏家滩镇

地理位置　魏家滩镇位于兴县北部，东与忻州市岢岚县温泉乡交界，东南与蔚汾镇关家崖村和奥家湾乡交界，南至西南与蔡家崖乡杨家坡交界，西与瓦塘镇交界，由西北至东北分别与忻州市保德县西梁、赵家墕、尚家塔、雷家峁等村交界，国土面积253.5平方公里。镇政府驻地魏家滩村，南距县城40公里，西南距离蔡家崖火车站45公里。

建制与领导机构沿革 民国29年（1940年），兴县抗日民主政府成立，废除编村建制，县下设8个区（区下设建制村），魏家滩为五区区机关驻地。1950年，全县划分为6个区，魏家滩、木崖头等22个建制村属五区（驻地瓦塘）所辖。1953年，全县实行区、乡建制，全县划分为6区86乡，境域魏家滩、木崖头等22个建制村属五区所辖。1956年，全县撤区划乡，魏家滩为全县50个乡之一。1958年12月，全县撤销乡建制，实行政社合一的人民公社，境域魏家滩乡改建为魏家滩人民公社，木崖头改建为木崖头人民公社（初名天岚人民公社，同年底撤销；1962年复建木崖头人民公社），白家沟改建为白家沟人民公社（初名吕梁先锋人民公社，同年底撤销；1959年复建白家沟人民公社）。1984年8月，全县人民公社改为乡（镇）村制，全县设置7镇17乡，境域魏家滩人民公社改建为魏家滩镇，木崖头公社改为木崖头乡，原白家沟公社改为白家沟乡。2001年全县撤乡并镇，原木崖头、白家沟两乡整体并入魏家滩镇。

境域所属各乡、镇（人民公社）自设立以来均设有党政领导机构。1988年7月设立魏家滩镇（包括木崖头乡、白家沟乡）人大联络组（后改设为镇人大主席团）。2005年5月又设立魏家滩镇政协联络组，逐步完善了镇级党委、人大、政府、政协组织领导机构。

辖区概况 2001年4月，全县撤并乡镇，原木崖头乡和白家沟乡并入魏家滩镇。至2012年末，魏家滩镇下辖29个建制村、69个自然村。2016年，全镇共有6103户、户籍人口22757人（其中城镇常住人口1310人），全部为汉族，人口密度为每平方公里90人。

魏家滩镇属典型的黄土高原地貌区域，地势东高西低，地貌类型分为河川宽谷区、低中山区、低山丘陵区。域内主河流岚漪河从青草沟入境，由东向西，流经本镇木崖头、斜沟、魏家滩、马蒲滩、高家崖、九元坪、薛家沟等15个村庄，后经瓦塘镇注入黄河，境内全长18公里，流域面积215.9平方公里，河川年平均径流量为3.5亿立方米；河道两侧为河川宽谷区，最宽处约1500米，多由河漫滩和二级阶地组成，地势平坦宽阔；东南部为低中山区，由石炭系、二叠系砂页岩及含煤地层组成，地表多被黄土覆盖，山脊线不明显，坡及沟谷底部基岩裸露，常有泉水，风化煤层、铝土矿出露；其余地带为低山丘陵区，海拔为725~1200米，切割深度200米左右，这一丘陵低山区的山顶多为塬峁或棒槌状，山梁呈波浪式，山脊不明显，沟谷呈“V”形，十分发育，平面上呈树枝状，地形支离破碎，构成典型的黄土高原地貌。

全镇属温带大陆性季风气候，年平均气温8.5℃，无霜期174天左右。年平均降水量501.2毫米。区内云量较少，晴天日数多，空气干燥，日照百分率高。

魏家滩镇地下矿产资源丰富，主要有煤、铁、铝、石灰岩、白云岩、硅石等。煤主要分布在斜沟、范家疃、马蒲滩、高家峁、苏家吉村一带，煤田面积约12.08平方公里，储量2.14亿吨；铝矿分布于范家疃、西坡村一带，矿田面积约35平方公里，储量1390.96万吨；石灰岩分布于木崖头，矿田面积10平方公里，储量12.33亿吨；铁分布于魏家滩村带，矿区面积0.4平方公里，储量21.84万吨。丰富的矿产资源为魏家滩镇经济发展奠定了坚实基础。

魏家滩镇水资源较为丰富，且水质好，经有关部门测量，辖区地表水多年平均径流量为2240万立方米，可利用率为1300万立方米/年；地下水资源为1825万立方米/年，可利用量为1800万立方米/年，地下、地上两部分可利用水量共3100万立方米/年（不包括入境水和深层岩溶水）。作为地上水主要来源的天古崖水库，建成于1976年，是一座以防洪兼灌溉为一体的中型水库，控制流域面积1879平方公里，设计总库容2409万立方米，防洪库容2309万立方米；设计灌溉面积2万亩。2006年和2012年，对该水库分别进行了除险加固和应急除险加固工程。天古崖水库的建成为镇区农业和工业用水提供了保障。

魏家滩自然植被覆盖较好，草地资源丰富，面积较大。灌木林面积分布在水源涵养林周围及土石山区耕地和居民点边缘，主要种类有油松、侧柏、紫椴、刺五加、核桃、木楸等，全镇天然草地面积12.3万亩。境内野生动物较多，其中有金钱豹、褐马鸡（国家一级保护动物）、黑鹳、金雕、云豹等国家重点保护动物。

全镇有耕地11.26万亩，人均5亩，可利用草地0.26万亩，林地4.5万亩。

经济发展　农林牧产业发展。全镇农作物以玉米、谷子、黄豆、马铃薯为主。

2011 年，全镇粮油总产量 600 万千克（其中油料产量 50 万千克），人均 288.7 千克，蔬菜产量 500 万千克，种植业总产值 3429 万元，比上年增加 7%。畜牧业方面，牛饲养量 1109 头（其中年末存栏 509 头）；生猪饲养量 6200 万头（其中年末存栏 2000 头）；羊饲养量 2.23 万只（其中年末存栏 7800 只），销售山羊板皮 3000 张；家禽饲养量 2.6 万羽（其中上市 8000 羽）。年产肉类 20 万千克、禽蛋 1.2 万千克，畜牧业总产值 1200 万元。林业方面，累计造林 1.6 万亩，其中防护林 1.1 万亩、经济林 0.42 万亩，农民住宅四旁树木 2 万株，活立木蓄积量 30 万立方米；水果种植面积 0.12 万亩，主要有苹果树、梨树、桃树、枣树等，干鲜水果年均产量 10 万千克，全年农林牧总产值 4655 万元。

2016 年，全镇粮油总产量 700 万千克（其中油料 150 万千克）。农民人均年纯收入 2950 元。

工商业发展。魏家滩镇是全县重要工业生产基地，2003 年，西山煤电集团晋兴能源有限公司入驻斜沟煤矿后，以魏家滩镇为中心全力建设煤炭等循环产业链。2016 年，全镇规模以上工业企业 11 家、职工 3600 人，实现工业增加值 2.3 亿元，比上年增加 9%。其中晋兴能源有限公司有职工 3000 余人，总产值达到 5.2 亿元，实现工业增加值 1.2 亿元，比上年增加 10%，年销售收入 10 亿元以上。

魏家滩镇历来为兴县农副产品交流的主要集散地，每月设 9 天集市日。此外，农历正月十五、二月初十、七月初五、十月初十为传统古会。每逢古会和集市日，全镇客商云集，物品丰富，一派繁荣景象。2016 年末，全镇共有商业网点 230 个，从业 500 人，社会商品销售总额达 1.1 亿元，城乡集市贸易成交额 0.5 亿元，年递增 15%。

基础事业发展　至 2016 年末，魏家滩镇有初中 1 所，在校生 210 人，专任教师 19 人，小升初升学率 100%，九年义务教育覆盖率达 100%；有小学 6 所，在校生 825 人，专任教师 82 人，小学适龄儿童入学率 98.9%；有幼儿园 1 所，在园幼儿 260 人，专任教师 10 人。有各类医疗卫生机构 36 个，其中镇卫生院 1 所（公共卫生机构床位 25 张，固定资产总值 800 万元），社区和村卫生所 35 所；有专业医疗卫生人员 72 人（其中职业医师 13 人，助理医师 18 人，护士 12 人），平均每千人拥有卫生技术人员 3 人。参加新型农村合作医疗保险 2.15 万人，参合率 96%。共建村级人畜供水站 67 个，自来水入户率达 95%，安全饮水普及率 90%。

全镇有邮政所 1 所，有电话 653 部；有文化艺术团体 4 个，会员 60 人；有俱乐部 3 所，文化专业户 5 户，文化馆（站）12 个，公共图书馆（室）29 个，建筑面积 1500 平方米，藏书 6 万余册；有羽毛球、乒乓球，KTV 等娱乐实施，文化行业从业人员 320 人。

瓦塘镇

地理位置　瓦塘镇位于县境西北，东与魏家滩为邻，北与忻州市保德县接壤，东南与蔡家崖乡相连，南面与高家村镇相接，西北与陕西省神木县隔河相望，总面积 167.3 平方公里。

建制与领导机构沿革　中华人民共和国建立初，兴县实行区村制，境域属第五区。1953 年 6 月，实行区乡建制，设瓦塘乡，属第五区管辖。1956 年 3 月，全县撤区设乡，瓦塘乡直属县政府领导。1958 年 12 月，全县实行人民公社制，瓦塘乡改建为瓦塘人民公社。1984 年 8 月，人民公社改为乡（镇）村建制，瓦塘人民公社改建为瓦塘镇。

境域所属各乡、镇（人民公社）自设立以来均设有党委、政府领导机构。1988 年 7 月，增设人大联络组（1990 年改为镇人大主席团）。2005 年 5 月，瓦塘镇设置政协联络组（2014 年 7 月后撤销乡镇政协联络组），形成党委、人大、政府、政协四位一体的镇领导体制。

辖区概况　1989 年，瓦塘镇下辖 18 个建制村、33 个自然村。2001 年 4 月，在全县撤乡并镇中，裴家川口乡并入瓦塘镇。至 2012 年末，瓦塘镇下辖 24 个建制村、47 个自然村。2016 年底，全镇户籍人口 20294 人（其中男性 10842 人，女性 9452 人），以汉族为主，占 99.98%；少数民族 5 人，占 0.02%。人口密度为 121 人 / 平方公里。镇政府驻瓦塘村，距离县城 31.6 公里。

瓦塘镇地处黄河东畔、县境西北部、岚漪河下游，地面相对宽广，地势东高西低，沟谷密布。绿色植被 78%、河谷 14%、岩砾土 8%。境内属温带大陆性季风气候，平均气温 8.9℃，0℃以上持续期 260 天，植物生长期约

120~135 天，无霜期平均 155 天，最短 133 天，最长达 177 天。年平均降水量 500 毫米。

境内西临黄河，从牛家洼村至前彰和墕村，流经前后北会、圪针龙、前后南会、裴家川口等村，境内长 21 公里。境内最大的河流为岚漪河，属黄河支流，从魏家滩镇入境，流经境内刘家峁、郑家塔、瓦塘、王家峁、前后石门、姚家会、任家湾、裴家湾、裴家川口等村（在裴家川口村西入黄河），长 18 公里，流域面积 15.4 平方公里，年均流量 1.2 立方米 / 秒。河网密度 34%，径流总量 9600 立方米，年排涝量 3.55 万立方米。全镇共有耕地 5.85 万亩，林地面积 1.65 万亩。

经济发展 农林牧产业发展。瓦塘镇农村经济以种植业和养殖业为主。2006 年以来，镇党委、政府围绕“五五兴县”发展规划，狠抓产业结构调整和新农村建设两个重点，攻坚克难，科学发展，各项经济指标持续递增。2011 年，全镇粮油总产量 707.9 万千克，种植业产值 4584 万元。畜牧养殖方面，生猪饲养量 2073 头（其中年末存栏 200 头）；羊饲养量 1.21 万只（其中年末存栏 6200 只），销售山羊板皮 2000 余张；牛驴饲养量 1187 头（其中年末存栏 580 头）；家禽饲养量 9700 羽（其中上市家禽 4500 羽），畜牧业总产值 1146 万元。林果业方面，累计造林 5000 亩，以枣树和紫穗槐为主，其中经济林 2000 亩，防护林 3000 亩；农民四旁绿化以榆树和杨树为主，栽植 9 万余株，退耕还林补植补造 2976 亩，活木蓄积量 387 万立方米；干鲜水果种植面积 1.05 万亩，其中枣树面积 1 万亩，苹果、核桃、杏子、葡萄等 500 亩，年产干鲜水果 224.5 万千克（不含红枣产量），林果业产值 270 万元。全年农林牧业总产值达到 6000 万元，农民人均纯收入 2700 多元。

工商业发展。境内岚漪河流域是全县重要的工业园区，初步形成以铝、电为主的工业体系。其中，山西华兴铝业有限公司于 2010 年 7 月在兴县注册成立，注册资本为人民币 6.1 亿元。山西华兴铝业有限公司是中国铝业股份有限公司和中国铝业香港有限公司合资组建的氧化铝生产企业。项目占地通过国土资源部审批，共占用瓦塘镇土地 215.2 公顷（折合 3228 亩，在国土资源部预审批复的 219.26 公顷范围内）。项目属于流程性大型企业，主要包括原料系统、溶出系统、沉降系统、蒸发系统、焙烧系统等。项目于2011年5月开工建设，项目建设规模为100万吨氧化铝，投资约50亿元，建设内容为年产132万吨铝土矿的地采矿山、2×50万吨的氧化铝生产线、3×220吨/时高温高压锅炉、2×25兆瓦汽轮机的自备热电站，产品为一级冶金级砂状氧化铝。2013年10月，项目建成投产，年工业总产值约30亿元，税金约为5亿元。2014年10月实现达标达产。2015年7月，二期100万吨氧化铝项目开工建设，2016年4月建成投产，是国内首条百万吨级一水硬铝石氧化铝生产线。经过一、二期建设，山西华兴已经形成180万吨冶金级氧化铝产能。

2011年末，全镇共有商业网点88个，从业人员128人，全年社会商品销售总额达2.2亿元，比上年增加2.5%。

2016年，全镇共有商业网点230个，从业人员500人，年销售总额达到2.2亿元，同比增长2.5%；城乡集市贸易成交额3300万元，同比增长2.2%。

社会基础事业发展　1989年以来，全镇基础设施建设方面取得突出成效是：全省首座数字化变电站落户瓦塘镇。由山西国际电力集团有限责任公司与西山晋兴能源有限责任公司合资兴建的山西省首座220千伏数字化变电站建于瓦塘镇郑家塔村，于2009年5月26日投入运营。220千伏数字化变电站是一次变电技术的革命，它实现了一次设备智能化，二次设备网络化，运行状态数字化，系统运行的准确性、稳定性和可靠性均得到显著提高，填补了山西电网史上的一项空白。全站设计220千伏、110千伏、35千伏三个电压等级。220千伏一回进线由临县220千伏变电站供给；110千伏九回出线分别供阳坪站两回、魏家滩站一回、西山矿区站两回、蔡家崖站一回、华油站两回、奥家湾站一回；35千伏带四组电容器，可提供无功补偿2880万乏。该数字化变电站的建成投运不仅满足了西川工业园区的巨大用电需求，也为全镇工农业生产提供了可靠的电力保障。

道路交通状况进一步改善。2011年末，整修完善裴杨线、沿黄线、岢大线，拓宽改造村级路18公里，硬化63公里，户户通硬化72公里。瓦日铁路于2014年12月30日建成通车。该铁路西起兴县瓦塘镇，东至山东省日照港，横贯晋豫鲁三省，全长1260公里，该铁路设计运输能力每年2亿吨，是连接中国东西部的重要煤炭资源运输通道，也是世界上第一条按 30 吨重载铁路标准建设的铁路。到 2016 年底，兴县瓦塘火车站（位于瓦塘镇赵家塔村附近）有发线 5 条，正线 3 条（Ⅰ道、Ⅱ道、Ⅲ道），站线 2 条（4 道、5 道），预留接轨线 1 条，安全线 1 条，大机停留线 1 条，车间线路 2 条，全长 3088.5 米，占地约 3989 平方米。该站距蔡家崖车站 29.62 公里，距魏瓦联络线的魏家滩火车站 11.8 公里。在建的兴保（兴县至保德）铁路也于此站接轨。此外，筹建中的神木至兴县瓦塘铁路、府谷（银子湾）至兴县（瓦塘）铁路专用线均在瓦塘车站接入山西中南部铁路通道。

村镇基础设施进一步完善。2011 年底，全镇有初中 1 所，在校生 138 人，教师 22 人；有小学 5 所，在校生 388 人，教师 35 名，小学适龄儿童入学率 100%，五年制义务教育覆盖率 100%；有幼儿园 1 所，在园儿童 40 名，教师 3 人。有卫生院和村医疗室（所）28 个，病床 50 张，专业卫生人员 50 人（其中执业医师 10 人，注册护士 12 人），参加新型农村合作医疗保险 1.64 万人，参合率 98.44%。2016 年，全镇参加农村养老保险人数 18239 人，参保率 87.7%。至 2016 年，全镇砌筑防渗渠 90 公里、河坝 8 公里，铺设灌溉管道 500 米；硬化镇区主要街道，安装路灯 15 盏；建自来水塔 28 座，铺设干线水管 32 公里，日供饮用水 150 吨，居民自来水普及率 55.2%；实施沼气“一池三改”工程，新建户厕 185 座，农村卫生厕所普及率达 85.6%。全镇设有邮政、电信服务网点 2 个，全年投递国内函件 3000 余件，国内异地特快专递信件 4500 件；安装固定电话 440 部，拥有移动电话 1.18 万部，移动电话普及率 56%，宽带接入用户 150 户；2006 年 6 月完成广播电视“村村通”工程，2010 年开通大村电视卫星直播，电视覆盖率 85%；有文化艺术团体 7 个，会员 50 人，农家书屋 26 个，藏书 12 万册。

高家村镇

地理位置　高家村镇位于县境西部，地处黄河中游东畔、蔚汾河下游，东与蔡家崖乡接壤，南与赵家坪乡相邻，西隔黄河与陕西省神木县垒沟、盘塘等村为邻，北与瓦塘镇交界。辖区东西长 10 公里，南北最大距离 12.24 公里，总面积 122.4 平方公里。镇政府驻地高家村，距县城 15 公里，距蔡家崖火车站5公里，境内有313省道（忻黑公路）和沿黄公路贯通东西南北。

建制与领导机构沿革　民国29年（1940年）初，抗日民主政权成立后，全县分为8个区，高家村镇域属第二区，区机关驻黑峪口村。中华人民共和国成立后，兴县实行区村制，境域属第二区，区机关先后驻北坡、高家村。1953年6月，实行区乡制，设高家村乡，属兴县第二区。1956年3月，全县撤区划乡，高家村乡属县委、县人委领导。1958年12月，全县实行人民公社（社队制），高家村乡改为高家村人民公社。1984年8月，全县人民公社制改为乡（镇）村制，高家村人民公社改建为高家村镇。境域所属乡、镇（人民公社）自设立以来均设有党委、政府领导机构。1988年7月，高家村镇设立人大联络组（1990年改为镇人大主席团）。2005年5月，该镇设置政协联络组至2014年。

辖区概况　至2011年12月，高家村镇下辖25个建制村35个自然村，总人口17520（男性9020人，女性8500人），另有流动人口10020人，全部为汉族。当年人口出生率5.3‰，人口死亡率3‰，人口自然增长率5.63‰。

2016年末，全镇户籍人口14571人，其中常住人口7500人，另有流动人口11480人，人口密度为每平方公里213人。

高家村镇属黄土丘陵低山地貌区域，地势东高西低。底部为三迭系中、下统砂页岩，表面被第四系黄土覆盖，谷底两侧砂页岩出露。境内丘陵山顶多为塬峁状或棒槌状，山梁呈波浪式，沟谷呈“V”形，平面上呈树枝状，地形支离破碎。全境属温带大陆性季风气候，年平均气温为9.9℃，无霜期平均为185天；年均降水量为570毫米，年平均风速2.4米/秒。

境内河流总长度45.5公里，河网密度0.372公里/平方公里，年径流总量202.1亿立方米，境内最大的河流为黄河，北自寨滩村入境，南到巡检司村出境，全长18公里，最大流量达1.95万立方米/秒；其最大支流为蔚汾河，从东至西，在张家湾村汇入黄河，长13.7公里，流域面积273平方公里，年均流量42立方米/秒，另有南川河和两条时令河（迷虎沟和小善沟河），总长13.8公里，年均径流量597万立方米。

地下水为松散岩类孔隙水含水岩系，沟底出水量每日10立方米，是山梁村庄人畜饮用水水源；第三系上新统孔隙潜水含水岩组岩性为浅红色黏土、亚黏土夹钙质结构及砂砾石，分布在河谷两侧，厚达3~30米，多以沟底泉水出露，此类泉水有14处，泉涌量为每日10~85立方米。90%以上的浅层水符合灌溉标准。

境内土壤主要包括黄绵土、栗褐土、红黏土、新积土、潮土等。黄绵土为黄土母质上直接受人为影响和熟化的土壤，是区域分布最广、面积最大的农业土壤；潮土主要分布在蔚汾河、南川河两岸的河谷阶地上。

21世纪以来，经过实施退耕还林，境内林草地植被状况有所恢复，主要分为三大植被群落：是以阔叶林为主的木本植物群落，有山杨、青杨、柞树和白桦、山桃、山杏等；草灌植物群落，主要有沙棘、黄刺梅、山桃、山杏、柠条等与草类伴生；草甸植物群落，主要分布于黄河、蔚汾河、南川河的沟谷地带。此外，境内还有野生动物42种。

经济发展　21世纪以来，高家村镇狠抓产业结构调整，不断扩大小杂粮和经济林种植面积，经济效益稳步提升。

农林牧产业发展。2011年，全镇粮油总产量259.6万千克（其中油料2.5万千克），种植业产值2000万元。畜牧业方面，生猪饲养量2700头（其中年末存栏1000头）；羊饲养量1.55万只（其中年末存栏7500只）；家禽饲养量2.3万羽（其中上市家禽8000羽）。年生产肉类、禽蛋1万千克，畜牧业总产值500万元。林业方面，累计造林5000亩，其中营造红枣、核桃经济林4000亩，防护林100亩，活立木蓄积量3700立方米；水果种植面积1000亩，产量10万千克。全年农林牧业总产值达到2500万元。

工商业发展。2011年末，全镇共有商业网点35个，职工58人，社会商品销售总额达1.2亿元；城乡集市贸易成交额0.6亿元；有煤炭储售运输企业3家，从业人员258人，年储售煤1500万吨；全镇财政总收入182万元，比上年增加19%，其中地方财政收入123万元，比上年增加14%。年末仅农村信用合作社各类存款余额3.1亿元，比上年增加17%。

社会基础事业发展　2011年末，省道忻黑路过境，辖区内长15公里；县级公路——沿黄公路一条，境内总长6公里；镇村道路总长度5公里，全部为水泥路面；拥有客运车辆2辆，年客运量4.3万人次；有出租车14辆，年客运量 1 万人次；有货运汽车 180 辆，年货运量 1432 万吨。有人畜饮水工程 27 处，解决 1354 户生产生活用水；建自来水塔 24 座，铺设干线水管 30 公里，生产能力 126 吨 / 日，农村安全饮用水普及率 79%，居民自来水普及率 46.7%。全镇有小学 6 所，在校生 340 人，专任教师 47 人，小学适龄儿童入学率 100%；有幼儿园 1 所，在园幼儿 16 人，专任教师 2 人。有镇级卫生院 1 所，村级卫生站 25 个，病床 60 张，固定资产总值 0.6 万元，专业卫生人员 25 人，平均每千人拥有卫生技术人员 2 人；参加新型农村合作医疗保险 1.3 万人，参合率 90%。农村卫生厕所普及率 38%。有邮政投递点 1 个，乡村通邮率 100%；有电话交换机总容量 2100 门，固定电话用户 700 户，移动电话用户 1 万户，移动电话普及率为 80%，宽带用户 300 户。有文化艺术团体 5 个，会员 17 人，演职人员 11 人；有文化专业户 14 户，文化活动站 6 个，电影放映单位 1 个，年放映 105 场次；有农村书屋 25 个，建筑面积 675 平方米，藏书 10 万册；“村村通”广播电视覆盖全部建制村，地面卫星电视用户 2844 户，其中数字电视用户占 96%，电视信号覆盖率 95%。

康宁镇

地理位置　康宁镇位于县境南部南川河中游，东与固贤乡、西与孟家坪乡接壤，南出乌门与临县白文镇相邻，北与蔡家崖乡交界，东北面同蔚汾镇相连，总面积 191.7 平方公里。镇人民政府驻地康宁村，距兴县县城 27 公里，距山西中南铁路兴县站（位于康宁镇安家庄）7 公里。

建制与领导机构沿革　民国 29 年（1940 年）初建立共产党领导的抗日民主政权，全县废除编村建制，分为 8 个区，境域属第三区，区机关驻高崖湾村。

中华人民共和国建立初，全县实行区村建制，境域属第三区，区政府驻康宁村。1956 年 3 月，全县撤区划乡，设立康宁乡。1958 年 12 月，全县实行人民公社化，康宁乡改建为康宁人民公社。1984 年 8 月，人民公社（社队）制改为乡（镇）村制，康宁人民公社改建为康宁镇。

境域所属乡、镇（人民公社）自设立以来均设有党委、政府领导机构。1988 年 7 月设立康宁镇人大联络组（后改设为人大主席团）。2005 年 5 月设立康宁镇政协联络组，逐步完善了镇级党委、人大、政府、政协组织领导机构。

辖区概况　至 2011 年 12 月，康宁镇下辖 31 个建制村、48 个自然村，总人口 23553 人（男性 13200 人，女性 10353 人），其中农业人口 21003 人；城镇常住人口 2385 人，城镇化率 10%。另有流动人口 2000 多人。总人口中有回族、彝族 5 人，其余为汉族。人口出生率 9‰，人口死亡率 7‰，人口自然增长率 2‰。2016 年，辖区户籍人口 20545 人，人口密度为 107 人 / 平方公里。

康宁镇地处黄土丘陵地貌单元，地势南高北低，地貌类型为河川宽谷区，主要山峰有鹞子墕山（位于北）、乌门山（位于南），最高海拔 1080 米，最低海拔 920 米，平均海拔 1000 米。

境内属温带大陆性季风气候。多年平均气温 8.3℃，7 月平均气温 23.3℃；年平均无霜期 175 天，最长达 180 天，最短为 160 天；年平均降水量 600 毫米，降雨集中在每年 7 月至 9 月，8 月最多；境内风向以东风为多，约占风向总率的 35%，西北风次之，约占风向总率的 25%，年均风速 2.5 米 / 秒。

境内河道属南川河流域，南川河发源于黑茶山北麓，流经境内新庄、康宁、刘家庄、曹家坡、刘家曲等村，至高家村镇石阴村汇入蔚汾河，长 63 公里，流域面积 15.7 平方公里，年均流量 4.5 立方米 / 秒，年最大排涝量 0.6 亿立方米。有阁老湾水库，控制流域面积 169 平方公里，总库容 1061 万立方米，防洪库容 831 万立方米，设计灌溉面积 1.5 万亩，设计年供水量 800 万立方米。1991 年实施除险加固工程，以保证蓄水灌溉和防洪。

境内已探明地下自然资源有浅水层地下水资源，流量约为每日 2483 立方米，主要分布在寺坡底村下游，年利用 0.09 亿立方米；有森林资源 320 亩、牧草资源 2800 亩、核桃等干鲜果林 1.02 万亩，主要分布在乌门、任家塔、胡家庄、油房沟、新庄、花子、安家庄等村。共有耕地 9.03 万亩，人均 3.8 亩。

经济发展　农林牧产业发展。2011 年，全镇粮油总产量 893 万千克，另种植蔬菜 300 亩，产量 155 万千克，种植业总产值达到 3195 万元。养殖业方面，生猪饲养量 3 万头，羊饲养量 2 万多只，牛饲养量 1.24 万头，家禽饲养量 16 万羽（上市家禽 6 万羽），畜牧业产值 1310 万元。林业方面，累计造林 3.2 万亩，其中防护林 2 万亩，经济林 1.2 万亩，农民住宅四旁树木 2.7 万株，活立木蓄积量1.5万立方米，林业产值60万元。全镇农林牧业总产值4565万元。2012年末，全镇粮食总产量1119万千克，同比增长13%，农业生产总值1722万元；畜牧业总收入提高到1700万元，同比增长3%。

工商业发展。工业方面，随着铁路、煤运专线、高速公路的建设，全镇新建大型洗煤厂6座，初步形成以煤焦、运输为主的工业体系。2012年，全镇工业总产值提高到4500万元，同比增长900%；国民生产总值提高到4022万元，同比增长17%。商业方面，2011年末，全镇共有商业网点74个，从业105人，已逐渐成为南川一带重要的交易市场和商品集散地。全镇集市贸易成交额达到6906万元，比上年增长2.4%。2012年全镇第三产业（商业、服务业）总收入提高到340万元，同比增长3%；劳务总收入提高到1035万元，同比增长222%；农民人均纯收入提高到1650元，同比增长83%。

社会基础事业发展　1989年以来，康宁镇通过实施以工代赈扶贫项目，农业基础建设取得突出成效。1995年末，全镇被省计委确定为以工代赈农业综合开发项目区，总投资450万元，完成新庄、刘家庄、曹家坡3处改河造地工程，建成阁老湾水库8400米配套灌渠；恢复深井5口，配套提水设备5套，新增水浇地6000亩；大搞人修、机修梯田，新增高标准梯田1.2万亩；完成15条流域治理工程，建成骨干坝15座，治理流域面积22平方公里，新造沟坝地400亩，全镇人均占有基本农田达到2亩；营林灌木林2.3万亩、种草1万亩；拍卖“四荒”2000亩，治理面积达到1500亩；建成干鲜水果林基地1万亩（乌门山5000亩仁用杏基地、花子村2000亩酥梨基地、油房沟1000亩苹果基地、安家庄1000亩核桃基地和刘家曲1000亩红枣基地）；建成7个百头养牛场、养猪场；建成精淀粉加工厂1座、大型砖厂1座。

至2011年末，全镇有人畜吃水工程20处，农村安全饮水普及率100%；有10千伏及以上变电站（所）1座，主变压器4台，总容量34兆伏安，高压输电线路5条，总长度75公里，供电可靠率70%；有邮政网点1个，投递点44个，乡村通邮率100%；有电信服务网点1个，电话装机容量120门，固定电话用户5806户，电话用户普及率达到84%；有移动电话用户3万多户，移动电话普及率为92%，宽带接入用户3800户；新建公共垃圾点5处，公厕

2个；有镇文化站1个，驻地丰世沟村；广播电视“村村通”直播卫星工程覆盖全部建制村，有线电视用户达到1200多户，电视覆盖率100%；有体育场地5处，全部安装了健身器材。康宁镇（党委）被山西省委组织部评为“山西省村级组织活动场所建设先进乡镇党委”。

2016年末，全镇有初中2所，在校生510人，专任教师63人，初中适龄入学率98%，九年义务教育覆盖率100%；有小学3所，在校生800多人，专任教师120人，小学适龄儿童入学率100%；有幼儿园1所，在园幼儿56人，专任教师2人。有各级医疗卫生机构17个，其中，镇卫生院1所，病床20张，固定资产总值500万元；村卫生所16个。有专业卫生人员26人（执业医师2人，执业助理医师7人，注册护士3人）；参加新型农村合作医疗保险1.97万人，参合率96%；新增村通公路50公里，实现村村通机动车。

罗峪口镇

地理位置　罗峪口镇位于县境西南部黄河东岸，东北与赵家坪乡为邻，东南与贺家会乡接壤，南与蔡家会镇相邻，西南与圪达上乡相邻，西靠黄河，与神木县沙峁头、采林等村隔河为邻。辖区东西最大距离21公里，南北最大距离25.5公里，总面积198平方公里，镇人民政府驻地罗峪口村，距县城50公里，距蔡家崖火车站50公里。

建制与领导机构沿革　民国29年（1940年）初，抗日民主政权建立后，全县分为8个区，境域属第六区，区机关驻罗峪口村。1953年6月，全县实行区、乡建制，境域属第六区，区机关驻蔡家会。1956年3月，全县撤区划乡，境域所设罗峪口乡、张家坪乡由县委、县人委直辖。1958年12月，全县实行人民公社化，成立罗峪口人民公社，公社机关驻罗峪口村。1984年8月，人民公社（社队）制改为乡（镇）村制，罗峪口人民公社改建为罗峪口镇。

境域所属乡、镇（人民公社）自设立以来均设有党委和政府领导机构。1988年7月设立罗峪口镇人大联络组（后改设为人大主席团）。2005年5月，罗峪口镇又设立政协联络组。逐步完善了镇级党委、人大、政府、政协组织领导机构。

辖区概况　2011年12月，罗峪口镇下辖13个建制村、55个自然村，辖区总人口为6934人，人口出生率11.05‰，人口死亡率5.36‰，人口自然增长率5.61‰。2016年，全镇辖区户籍人口9243人，全部为汉族。人口密度为每平方公里47人。

罗峪口镇位于黄河中游丘陵河谷地带，属于温带大陆性季风气候，年平均气温为12℃，无霜期为185~195天；年平均降水量为400~450毫米，降水多集中在7—9月，约占全年降水量的70%。全年光照充足，气候温和，土壤主要为砂壤土，易发生旱灾。

全镇河流总长度67.6公里，河网密度0.35公里/平方公里。年径流总量170亿立方米，年最大排涝量230亿立方米。黄河，从本辖区李家梁村王化滩入境，经罗峪口村，至东豆宇村（前元上）出境，长约24公里，流域面积198平方公里。境内河道还有黄河支流张家坪河与东豆宇河等，长24.5公里，流域面积105平方公里，年均径流量1.5立方米。

境内已探明地下矿产资源有煤、天然气、砂岩等。其中煤储量11亿吨，天然气储量1.6亿吨，砂岩1亿多吨。其他自然资源有林地6.7万亩，分散于全镇13个建制村，其中红枣林3.5万亩，主要分布于罗峪口、李家梁、东豆宇、史家山、张家坪等沿黄河村庄。全镇所产红枣，富含糖分和维生素等，色泽乌红，核小肉细，颗粒大，品质上乘，享誉省内外，已被列入吕梁市红枣产业化发展规划，并建立罗峪口镇示范园区。近年通过实施红枣矮化密植丰产技术，红枣产量大幅度提高。

经济发展 农林牧产业发展。罗峪口镇经济以第一产业为主。全镇有耕地面积4.41万亩，人均6.35亩。2011年，全镇粮油总产量423.3万千克（其中谷子103.8万千克、玉米182.5万千克、其他小杂粮及油料137万千克），人均610千克；蔬菜种植面积190亩，产量11.9万千克。生猪饲养量3332头（其中年末存栏1220头）；羊饲养量2.38万只（其中年末存栏9587只），收购山羊板皮3500张；牛饲养量2060头（其中年末存栏976头）；家禽饲养量1.75万羽（其中上市家禽3200羽）；新建鱼塘2座，面积约150亩，以养殖黄河鲤鱼为主，存鱼200万尾。全年生产肉类340吨、禽蛋307.6吨，畜牧业总产值820万元，占农业总产值的38.6%。林果业方面，累计造林1.37万亩，其中防护林 1.12 万亩，经济林 0.25 万亩，农民住宅四旁树木 4.12 万株，活立木蓄积量 0.75 万立方米。全镇水果种植面积 0.03 万亩，产量 8.5 万千克（其中苹果 6 万千克，梨 1.6 万千克）；年末农林牧副（渔）业总产值达到 3758 万元，比上年增长 10.6%。

工商业发展。罗峪口镇为西南重镇和沿黄河两岸物资集散地之一，每年举行古会两次，农历每月逢二、七日有小集市，吸引周边商客贸易。2011 年末，全镇已形成饮食批发服务业一条街，共有大小商业网点 32 个，从业人员 75 人；全年社会商品销售总额达 8500 万元，比上年增加 3.1%；城乡集市贸易成交额 2605 万元；年底，全镇农村经济总收入达到 2115 万余元，农民人均纯收入达到 2084 元。

社会基础事业发展　2011 年，全镇有初中 1 所，在校学生 364 人，专任教师 26 人；有小学 5 所，在校学生 285 人，教师 57 人，适龄儿童入学率 99.9%，九年制义务教育覆盖率 100%；有幼儿园 1 所，在园幼儿 35 人，教师 4 人。

2016 年，全镇实施引黄灌溉工程项目，新建黄河石坝 1000 余米，造地 500 亩，新增水浇地近 4000 亩，增加坝地 200 多亩；新建占地 70 余亩的日光蔬菜大棚（折合标准大棚 50 座），新增核桃、红枣经济林 5200 亩，建设红枣加工厂 1 座。

交通运输方面，有省级公路。沿黄旅游公路，经过本镇 3 个建制村，长 20 公里；有县道曹罗线，经本镇 6 个建制村直达罗峪口；境内乡村公路长度达到 159 公里，有 13 个建制村、38 个自然村通车，通车率分别为 100%、85%。由罗峪口村通往全镇 30 多个自然村的道路已硬化，通达全镇村庄的 60%，通往农户的水泥路已经完成 1850 户，占全镇的 64%。另设有黄河渡口，已形成由公路、水路运输构成的交通运输网络，全镇年客运总量 3.2 万人次，货运总量 1.8 万吨。

辖区拥有 10 千伏及以上变电站（所）1 座，主变压器 4 台，是兴县电网公司确定的重点电网之一，综合电压合格率 96.7%，供电可靠率 98.4%。

全镇有医疗卫生机构 14 个，其中，卫生院 2 所，病床 46 张，固定资产总值 480 万元；有村级卫生室 12 所，有专业卫生人员 18 人（其中执业医师

2人，执业助理医师5人，注册护士2人），平均每千人拥有卫生技术人员2.4人。参加新型农村合作医疗保险6234人，参合率89.8%；农民养老保险参保率达到90%以上，安全饮水普及率100%。

有邮政网点1个，投递路线单程总长度82公里，投递点13个，乡村通邮率99.2%；有电信企业1家，服务网点1个，电话交换机总容量1000门，固定电话用户462户，电话用户普及率达到54%；有移动电话用户1241户，移动电话普及率为75%；光缆线路总长达16公里，主干电缆达87公里，互联网端口总数1425个，宽带接入用户79户。

建成文化广场1处，新建集住房和商铺为一体的示范小区，包括住宅26套，临街商铺36间；新建公厕2座，垃圾池14个，新建垃圾填埋场1处，粉刷墙壁4000平方米，村庄绿化栽植柏树2000余株，安装改造路灯30余盏，新建排水设施1500余米，建护坡2600米；改造大戏台1座，建有文化馆（站）5个，公共图书馆（室）2个，各建制村建起农家书屋，统一配备图书柜、投影仪等，藏书4500册，有电影放映机1台、放映员1人；每年元宵节期间，组织开展“舞龙、舞狮、扭秧歌、放焰火、转九曲”等传统文化娱乐活动，每年农历四月初五和八月初五举办传统古会，举行现代文艺演出活动；全镇35%的村建有体育场地，安装了健身器材，为村民开展体育健身活动创造了有利条件。

蔡家会镇

地理位置　蔡家会镇位于县境西南端，东与贺家会乡相邻，南与临县高家塔、雷家碛乡交界，西与兴县圪达上乡接壤，北与罗峪口镇域相连。东西距离21公里，南北距离8.4公里，总面积175.3平方公里。镇政府驻蔡家会建制村，北距蔡家崖火车站75公里，距离县城75公里。

建制与领导机构沿革　民国29年（1940年）1月，抗日民主政府成立，全县划分为8个区，蔡家会为第八区，区机关驻蔡家会村。8月，全县调整为6个区，蔡家会改为第六区，区机关驻蔡家会村。中华人民共和国成立后，实行区村制，蔡家会为第六区，区机关驻蔡家会村。1956年3月，全县撤区划乡，蔡家会乡隶属于县委、县人委领导。1958年12月，全县实行人民公社化，蔡家会乡改建为蔡家会人民公社。1973 年 3 月，蔡家会人民公社划归临县，1976 年 1 月复归兴县。1984 年 8 月，全县人民公社改为乡（镇）村制，蔡家会人民公社改建为蔡家会镇。

境域所属乡、镇（人民公社）自设立以来均设有党委和政府领导机构，1988 年 7 月设立蔡家会镇人大联络组（后改设为人大主席团）。2005 年 5 月设立蔡家会镇政协联络组，逐步完善了镇级的党委、人大、政府、政协组织领导机构。

辖区概况　至2016年12月，蔡家会镇下辖14个村民委员会、41个自然村，户籍人口10128人，其中常住人口3450人，全部为汉族；另有流动人口3120人。全镇人口密度为每平方公里 76 人。

蔡家会镇属典型的黄土丘陵区，地势东高西低。主要山峰有大度山，主峰海拔1889米，为全镇最高点。全镇属温带大陆性季风气候，年平均气温8℃，年平均降水量为 450 毫米，集中在 7—9 月三个月；无霜期 170 天，最长 182 天，最短 130 天；东风为主导风，西风次之，平均风速 2.4 米 / 秒。境内山则沟和卢山沟 2 条河流，总长 40 公里，分别经过罗峪口镇的西南和圪达上乡中部注入黄河，流域面积 65 平方公里；主要支流有谷渠沟河、河子坪沟河等，长 25 公里，流域面积 90.5 平方公里；全镇河网密度 1.2 公里 / 平方公里，年排涝量 0.01 亿立方米。

境内虽已探明地下矿藏有天然气、煤、黑土、铁矿等，但因埋藏甚深，尚未开采。1992 年末，有森林资源 5.02 万亩（其中红枣林 4100 亩，水果林 2500 亩），可利用草地 8.55 万亩；有耕地面积 10.3 万亩，人均 10.2 亩（以 2016 年末户籍人口计）。

经济发展　农林牧产业发展。2011 年，全镇粮食作物以豇豆、绿豆、高粱、玉米、谷子为主，粮油总产量 724.64 万千克（其中油料 3.64 万千克），人均 600 千克，马铃薯 2100 多吨；种植业总产值达到 3522 万元，比上年增加 15%。生猪饲养量 2000 头（其中年末存栏 500 余头）；羊饲养量 7200 多只，收购山羊板皮 560 多张；牛饲养量为 665 头（其中年末存栏 290 头）；家禽饲养量为 7600 多羽（其中上市家禽 2100 多羽）。全年生产肉类 26 吨，禽蛋

15吨，畜牧业总产值560万元，农牧业总产值达到4082万元。

2011年，全镇共有商业销售点121个，从业243人；商品销售总额达728万元，城乡集市贸易成交额4100万元。

社会基础事业发展　至2016年，全镇累计完成枣蔡、蔡开两线45公里铺油改造，完成14个建制村通水泥路63公里，同时新修硬化蔡家会村过境公路1.5公里，架设桥涵2座，新修通村公路3条、25公里，所有镇村主干道路硬化，方便了群众出行。

全镇拥有10千伏及以上变电站（所）1座，主变压器4台，高压输电线路1条，总长度150公里，综合电压合格率93.5%；14个建制村农网改造全部完成，供电得到保障；全镇人畜饮水基本解决，其中5个建制村靠引水解决供水，农村安全饮用水普及率100%。

全镇有初中1所，在校生180人，专任教师16人，初中适龄人口入学率93.5%；有小学5所，其中寄宿制学校两所（明德小学、德馨小学），在校生243人，专任教师32人，小学适龄儿童入学率99.2%，九年义务教育覆盖率达100%；有幼儿园3所，在园幼儿156人，专任教师15人。有各级各类医疗卫生机构15个，其中公立卫生院1所，床位20张，固定资产总值650万元；有村卫生所14个，有专业卫生人员15人（执业医师8人，执业助理医师3人，注册护士4人）；参加新型农村合作医疗保险9476人，参合率93%；农村卫生厕所普及率85%。

有邮政投递点1个，投递路线单程总长度150公里，乡村通邮率100%；有电信服务点2个，网通服务点1个，电话交换机总容量1150门，固定电话用户720户，移动电话用户7000户，移动电话普及率为80%；光缆线路总长达125公里，主干电缆达100公里，互联网宽带用户200户；有流动电影放映单位1个，年放映200场次，观众达4000人次；有文化站1个，农家书屋14个，藏书3.5万册；有农村数字电视用户1210户，电视综合覆盖率85%。

第二节 各乡概况

蔡家崖乡

地理位置 蔡家崖乡位于县城西7.5公里蔚汾河南、北岸，北面和瓦塘镇、魏家滩镇交界，东与蔚汾镇连接，西与高家村镇相邻。东西相距10公里，南北最大距离16.7公里，总面积270.2平方公里。

建制与领导机构沿革 民国29年（1940年）初，抗日民主政权成立后，全县分为8个区，境域属第二区，区机关驻黑峪口村。中华人民共和国建立初，全县实行区村制，境域属兴县第二区，区机关驻北坡村。1953年6月，全县实行区、乡建制，境域设立蔡家崖乡，隶属于兴县第二区。1956年3月，全县撤区划乡，蔡家崖乡直属于县委、县人委，乡机关驻蔡家崖村。1958年12月，全县实行人民公社化，境域属高家村人民公社。1961年9月，设立蔡家崖人民公社，公社机关驻蔡家崖村。1984年8月，全县人民公社改为乡（镇）村制，蔡家崖人民公社改建为蔡家崖乡。

境域所属乡（人民公社）自设立以来均设有党委、政府领导机构。1988年7月设立蔡家崖乡人大联络组（后改设为人大主席团）。2005年5月设立蔡家崖乡政协联络组，逐步完善了乡级党委、人大、政府、政协组织领导机构，乡人民政府驻蔡家崖村。

辖区概况 2001年5月，在全县撤乡并镇，杨家坡乡并入蔡家崖乡，年末，蔡家崖乡下辖33个建制村、61个自然村。

至2016年末，辖区户籍人口2.55万人（其中常住人口1.55万人），另有流动人口1.02万人，人口密度为每平方公里95人。乡政府所在地蔡家崖村，地处国道忻黑线和省道岢大线的交会点，距县城7.5公里，距兴县汽车站8公里，距蔡家崖（火车）站2.5公里。

抗日战争和解放战争时期，晋西北军区（包括晋绥军区）司令部长期驻守在蔡家崖村，中共中央晋绥分局驻设于蔡家崖村西2里的北坡村。贺龙、林枫、李井泉、续范亭、周士第等在此战斗和生活多年。毛泽东、周恩来、刘少奇、朱德、任弼时、习仲勋等老一辈无产级革命家曾在此进行过重要革命实践活动。

蔡家崖乡属温带大陆性季风气候，年平均气温 8.9℃,7 月平均气温 23.2℃。年平均无霜期 154 天，年均降水量 483 毫米。

境内河流总长度40.93公里，河网密度10.41公里/平方公里，径流总量2.12亿立方米，年排涝量 1.48 亿立方米，境内河道属蔚汾河流域，境内长 7.21 公里，流域面积 1.44 平方公里。

境内已探明地下矿藏有铝土矿、煤炭等。已经开发的铝土矿，覆盖于白家梁等 6 个村，矿区面积 27.4 平方公里，其他自然资源有浅水层地下水资源流量约为 3.2 亿立方米，主要分布在境内北部地区，年利用 0.02 亿立方米；有森林资源 1.88 万亩，牧草资源 0.13 万亩；有红枣、核桃等干鲜水果林 1.73 万亩，主要分布在杨家坡、水江头村、沙壕村、任家塔村、田家沟村。

经济发展 农林牧产业发展。境内地势相对平坦，发展农业条件较为优越。全乡有耕地 7.71 万亩，人均 3 亩多，是全县小杂粮生产基地之一。2011 年，全乡农业总产值达到 8037 万元。

2016 年，全乡粮油总产量 4500 万千克，年产蔬菜 130 万千克，种植业总产值达到 11021 万元。投入扶贫资金 1000 万元，建成生猪养殖场 42 个、养鸡场 3 个。生猪饲养量 8674 头（其中年末存栏 2760 头）；羊饲养量 1.87 万只（年末存栏 6400 只）；牛饲养量 1220 头（其中年末存栏 358 头）；家禽饲养量 2.09 万羽。全年生产肉类 2468 吨、禽蛋 16.89 吨，畜牧业总产值 5627 万元。累计造林 2.65 万亩，其中防护林 6637 亩，经济林 1.99 万亩（其中红枣、核桃等经济林种植面积 1.73 万亩，水果种植面积 2598 亩），农民住宅四旁树木 11.67 万株，林木覆盖率 2.76%；活立木蓄积量 0.98 万立方米，水果产量 423 吨（主要品种有苹果、梨、桃子）。全年农林牧业总产值 1.68 亿元，农民年人均纯收入达到 3746 元。

工商贸发展。2016 年，形成兴鑫洗煤厂、远大洗煤厂、利民洗煤厂等以洗煤为主的工业体系，规模以上工业企业 3 户，从业人员 102 人，实现销售收入 4.6 亿元。围绕蔡家崖 AAAA 级景区建设项目的实施，完成蔡家崖村“红色旅游一条街”改造工程，共有商业网点102个，从业人员达到186人，年贸易成交额达500余万元。

社会基础事业发展　2016年底，太兴铁路、中南（兴县瓦塘—山东日照）铁路、蔡家崖煤炭集运铁路专线和集运站、沙壕运矿专线先后建成通车，并设有蔡家崖站；313省道张家圪埚至县城段升级改造、218省道蔡家崖至魏家滩段一级公路升级改造全面完成，连城大道开通，交通出行更为方便、快捷。全乡33个建制村完成农网改造，村民用电得到保障。

境内有普通高中1所，即友兰中学，是全县唯一一所实行封闭管理的20轨制现代化中学，在校生2568人，专任教师149人；有职业中学1所，在校生512人，专任教师47人；有九年一贯制学校1所（120师学校），在校生2245人，专任教师147人，适龄儿童入学率100%；有幼儿园7所（私立2所），在园儿童721人，专任教师78人。有医疗卫生机构34个（其中卫生院2所，固定资产总值232万元；村卫生所32个），专业卫生人员42人，其中执业医师2人，执业助理医师36人，注册护士4人；参加新型农村合作医疗保险24342人，参合率96%；农村安全饮水普及率100%，农村卫生厕所普及率达48%。

有邮政投递点34个，乡村通邮率100%；有电信、移动服务网点3个，电话交换机总容量1600门，固定电话用户206户，移动电话用户1.2万多户，移动电话普及率81.6%，宽带用户达600户；有文化站1个（北坡村），建筑面积1600平方米，设有公共图书室3个，藏书5万余册；有线电视用户1200户，电视综合覆盖率85.3%。

文物旅游业方面，境内有国家级重点文物保护单位。晋绥边区政府（晋西北行政公署）及晋绥军区司令部旧址，有位列全国百个红色旅游经典景区之一的晋绥边区革命纪念馆，有第三批全国爱国主义教育示范基地（晋绥边区革命纪念馆），有第二批100处国家级抗战纪念设施、遗址；有省级文物保护单位3处，即晋绥边区政府（晋西北行政公署）及晋绥军区司令部旧址，中共中央晋绥分局旧址（位于北坡村，2006年7月公布），胡家沟明代砖塔。

奥家湾乡

地理位置　奥家湾乡位于县城东面，东与交楼申乡、东南与恶虎滩乡接壤，南、西与蔚汾镇相邻，北与魏家滩镇交界。辖区东西最大距离 11.1 公里，南北最大距离 31 公里，总面积 140.2 平方公里。乡政府驻奥家湾村，距离县客运中心（长途汽车站）4 公里。

建制与领导机构沿革　民国 29 年（1940 年）初，抗日民主政权建立后，全县废除编村建制，分为 8 个区，境域属一区，区机关驻交口村（1950 年 4 月迁至二十里铺村）。1956 年 3 月，全县撤区划乡，境域设二十里铺乡、孙家庄乡。1958 年 9 月，孙家庄乡并入二十里铺乡，同时，二十里铺乡更名为晋华人民公社，12 月撤销。1959 年 3 月，境域设二十里铺人民公社，辖孙家庄、吕家庄、交口、车家庄、樊家圪埚、芦子沟、李家塔、二十里铺、郭家圪台等 9 个村民委员会。1961 年 7 月，二十里铺人民公社所属 9 个村民委员会更名为 9 个生产大队。1965 年 9 月，二十里铺人民公社更名为奥家湾人民公社。1978 年 5 月，奥家湾人民公社辖 27 个生产大队。1984 年 8 月，奥家湾人民公社更名为奥家湾乡，乡政府驻奥家湾村。

境域所属各乡（人民公社）自设立以来均设有党委、政府领导机构。1988 年 7 月设立奥家湾乡人大联络组（后改设为人大主席团）。2005 年 5 月设立奥家湾乡政协联络组，逐步完善了乡级党委、人大、政府、政协组织领导机构。

辖区概况　至 2016 年末，奥家湾乡辖 24 个村民委员会、32 个自然村，户籍人口 18054 人，人口密度为每平方公里 129 人。

奥家湾乡地处典型的黄土高原丘陵河谷地貌单元，村庄主要分布在蔚汾河流域两岸，地势狭窄。蔚汾河从奥家坪入境，境内长 10 公里，流域面积 120.2 平方公里，年最大排涝量 1.8 亿立方米。

全乡属温带大陆性季风气候，年平均气温 8.1℃，7 月平均气温 23.2℃，年平均无霜期 174 天；年平均降水量 625 毫米。

境内已查明主要矿产资源为煤、铝、石灰岩，其中煤主要分布在车家庄村、曲家沟村、王家崖村、峁底村、石畔村、李家塔村、炭烟沟等村，矿区面积 32.6 平方公里；铝土矿主要分布在曲家沟、车家庄、孙家沟、樊家圪埚等村；石灰岩主要分布在奥家湾、廿里铺、交口、奥家坪等村。此外，还有森林资源 3112 亩、牧草资源 1205 亩、核桃等干鲜水果林 1020 亩，主要分布在奥家坪、交口、吕家庄、孙家庄、张家塔、樊家圪埚、任家塔、郝家山、郭家圪台、杏树塔、唐吉吉、阳塔、李家塔和芦子沟等村。

经济发展　农林牧产业发展。农村改革以来，全乡通过落实政策，调整农业产业结构，发展多种经营，农民经济收入稳步提高。2011 年全乡小杂粮种植面积 873 亩，油料种植面积 2000 亩，粮油总产量 350.7 万千克，农业生产总值达到 1.38 亿元。2016 年底，全乡耕地面积 5.4 万亩，人均 3 亩，粮油总产量达到 5480 万千克。

乡镇民营企业发展。1989 年至 2003 年，奥家湾乡乡企发展比较突出。境内有煤矿 8 座、铝土矿洞 143 个、石灰炉 75 座、土焦炉 31 座、土烧铝矿炉 78 座、砖厂 5 座、水泥厂 2 座、炼铁厂 9 座、倒烟炉 65 座、石料厂 17 座、瓷窑 42 座，还有车家庄国营煤矿、国营水泥厂、国营发电厂、国营硅铁厂等多家国企，带动了饮食业、住宿、批零门市和车辆修配等服务业的兴起，各业从业人员达到 1.26 万人，成为兴县税源最大的乡，被县政府批准为乡镇企业发展园区。但是，随着国家环保产业政策的全面实施，绝大部分乡村企业均被取缔。经过环保革命的“阵痛”后，乡内又培育起一批科技含量大、符合国家环保产业政策的现代化企业，形成以峁底煤矿、中国铝业、兴鑫石灰厂、玉龙石料有限公司、林兴水泥厂、聚鑫水泥厂等企业为主，以煤、铝、石料、水泥为主要产业的工业体系。2011 年，全乡工业生产总值达 18 亿元。2016 年，规模以上工业企业 14 家，职工 245 人。

多年来，该乡累计投资 100 多万元，建有商业网点 63 个，安置就业人员 168 人，每年可增加经济收入 200 余万元。2016 年，全乡社会商品销售总额达 560 万元，城乡集市贸易成交额 300 万元。

社会基础事业发展　境内有岢临高速公路出入口；有 313 省道忻黑公路过境，拥有客运汽车 5 辆，85 座位，年客运量 5.4 万人次；实现村村通水泥路，有 24 个建制村、28 个自然村通车，通车率分别为 100%、87.5%。

2016 年，全乡有初中学校 1 所，在校生 450 人，专任教师 35 人；有小学 10 所，在校学生 1012 人，专任教师 60 人，小学适龄儿童入学率 100%；

有幼儿园5所，在园幼儿510人，专任教师14人。全乡有医疗卫生机构24个（其中乡卫生院1所，病床25张，固定资产总值123万元；村卫生所23个），有专业卫生人员26人（执业医师6人，执业助理医师2人，注册护士8人）。

有车家庄农村信用合作社、车家庄邮政储蓄所和二十里铺邮政储蓄所，全乡存款余额共2030万元，人均储蓄2216元；有邮政网点24个，乡村通邮率100%；有电信服务网点3个，固定电话1223户，电话用户普及率达到42%；移动电话用户4385户，移动电话普及率达到85.2%，宽带接入户615户；有文化站1所，有农家书屋24个，藏书6.24万册；有农村流动放映车一辆，年放映200场次，文化从业人员30人；有体育活动场地3处，24%的村安装了健身器材；有线电视用户2542户，其中数字电视用户853户，电视覆盖率100%。

2011年至2016年，全乡新修垃圾池18个，新增保洁车26辆，清理建筑、生活垃圾2800余吨；绿化通道5公里，植树2400余株，环境卫生状况有较大改善；农村安全饮水普及率达99%，农村卫生厕所普及率达35%。

恶虎滩乡

地理位置　恶虎滩乡位于县境东部，从北至东、至东南，分别与忻州市岢岚县和吕梁市岚县相邻，从西南至西北，分别与交楼申乡、奥家湾乡、魏家滩镇接壤。辖区东西最大距离13公里，南北最大距离8.3公里，总面积108.4平方公里。

建制与领导机构沿革　民国29年（1940年）初，抗日民主政权建立后，全县分为8个区，境域属第一区，区机关驻交口村（1950年4月迁至二十里铺村）。中华人民共和国成立后，境域属第一区。1953年6月实行区乡制，境域内设立石楼圪台、沟门前、明通沟、新窑上4乡。1956年3月，全县撤区划乡，境域划属沟门前乡，乡机关驻沟门前村。1958年12月，全县实行人民公社化，境域属由岚县划来的界河口人民公社，公社机关驻界河口村。1961年7月，界河口人民公社所属岚县划来的村庄复归岚县后，改称恶虎滩人民公社，公社机关驻恶虎滩村。1984年8月，全县公社改为乡（镇）村制，恶虎滩人民公社改建为恶虎滩乡。

境域所属各乡（人民公社）自设立以来均设有党委和政府领导机构。

1988年7月设立恶虎滩乡人大联络组（后改设为人大主席团）。2005年5月设立恶虎滩乡政协联络组，逐步完善了乡级党委、人大、政府、政协组织领导机构。乡人民政府驻恶虎滩村。

辖区概况　至2016年末，恶虎滩乡下辖15个建制村、26个自然村，户籍人口5457人（男性2783人，女性2674人），全部为汉族。该年全乡人口出生率8.3‰，人口自然增长率4.2‰。另有流动人口1301人，人口密度为62人/平方公里。

恶虎滩乡属温带大陆性季风气候，为温凉轻度干旱区，年平均气温为6.8℃，无霜期一般为150~160天；年平均冻结日数150天左右，东部山区最厚冻层可达130厘米。降水分布由东向西递减，年平均降水量650毫米，年平均相对湿度较大，5月份最小为41%，8月份最大为69%，东部林区降水和蒸发量基本相等。境内河道属蔚汾河流域，从下会村入境，经刘家湾、沟门前、恶虎滩、白崖沟、明通沟村，至阳会崖村出境，长13公里，多年年均流量7560万立方米，多年年均输沙量1179万吨，年最大排涝量1.8亿立方米。

境内有明通沟水库（东方红水库），位于明通沟村蔚汾河上游。1971年10月建成，控制流域面积290平方公里。于2009年完成除险加固工程，总库容（也即防洪库容）954万立方米，兴利库容419万立方米，设计灌溉面积3.5万亩，设计年供水量228万立方米。

境内已探明地下矿藏有石灰石、白云岩、辉绿岩等。石灰岩主要分布在白崖沟、明通沟、阳会崖一带，为西南缓倾斜（5°~10°）的单斜构造，主要由寒武至奥陶系一套碳酸盐岩石组成，共五层，总厚度大于130米，出露面积50平方公里，矿石远景储量在200亿吨以上，易采储量也在2亿吨以上。白云岩主要分布在恶虎滩周围，面积达20平方公里，矿层稳定，为海相沉积矿床，产出平缓，总厚度约90米，远景储量为6亿吨。其他自然资源有浅水层地表水资源，流量约为6210万立方米，主要分布在明通沟、安乐沟、石楼圪台、庄儿上等村。有森林资源79.9公顷（折合1199亩）、牧草资源2.28万亩，有丰富的野生动、植物资源，其中野生动物有国家一级保护动物褐马鸡及各种野鸡。

经济发展　恶虎滩乡有耕地面积2.68万亩，人均4.9亩（以2016年户籍人口计）。2010年以后，全乡围绕“新型化、特色化、产业化”的思路，积极调整产业结构，突出种植业和养殖业，农村经济发展呈现新局面。2011年，全乡粮油总产量186.9万千克（粮食152.6万千克，油料34.3万千克），农业总产值达到0.51亿元。

全乡工业主要是建筑材料加工业，有鑫石源石材有限公司（位于沟门前村，包括附属加工分厂9个）和金龙水泥厂（位于阳会崖村）。2011年，工业总产值达到1000万元，比2010年增加7%。

2016年，全乡粮油总产量158.84万千克，香菇大棚种植基地年产香菇5万千克，种植业产值4202.6万元。生猪饲养量1180头（其中年末存栏320头）；羊饲养量9868只（其中年末存栏3920只）；牛饲养量406头（其中年末存栏203头）；家禽饲养量3500羽，畜牧业总产值3580万元，全乡农牧业总产值7782.6万元。累计造林1.99万亩，其中防护林1.98万亩，经济林113亩，农民住宅四旁树木13.5万株，活立木蓄积量31万立方米，常青树苗圃种植近300亩。

全乡有商业网点21个，从业人员21人，社会商品销售总额达78万元，比上年增加12%。

社会基础事业发展　2016年，全乡乡村公路长度50公里，有15个建制村、26个自然村全部通车。拥有货运汽车32辆，合计768吨位，全年货运量1084万吨，货运周转量320万吨/公里；有客运汽车3辆，客运量9.8万人次，客运周转量0.1万人/公里。新建阳会崖、石楼圪台3.1兆瓦光伏电站，受益600户、1875人；还投资190万元，解决了刘家湾、王家沟等4个村吃水用水困难。全乡有小学7所，在校生369人，专任教师32人，小学适龄儿童入学率为100%。有乡级卫生院1所、村级卫生站15个，病床10张，专业卫生人员22人（其中执业医师1人，执业助理医师5人，注册护士2人），平均每千人拥有卫生技术人员3.1人。参加新型农村合作医疗保险6310人，参合率94%；参加社会养老保险3130人；农村安全饮用水普及率100%，完成改厕764户，农村卫生厕所普及率65%；建设垃圾池、垃圾箱108个，购置清洁车2辆，绿化景观路570米，环境卫生状况进一步改善。

有邮政网点1个，投递路线单程总长度50公里，投递点1个，乡村通邮率100%；有电信企业1家，服务网点1个，有移动电话4086部，移动电话普及率为70%；光缆线路总长达56公里，主干电缆达48公里，互联网端口总数200个，宽带接入用户312户；有电影放映单位1个，年放映350场次；有文化馆站1个，农村书屋（室）15个，藏书9万余册；实现广播电视“村村通”，电视覆盖率达95%以上；建设体育场地6处，新建明通沟、白崖沟、庄儿上、下会村便民广场和老年活动中心，40%的村安装了健身器材，利于村民开展文体健身活动。

交楼申乡

地理位置　交楼申乡位于县境东南部，东与岚县接壤，南与东会乡相邻，西南与固贤乡相连，西与蔚汾镇、奥家湾乡毗邻，北与恶虎滩乡为邻。辖区东西最大距离18.9公里，南北最大距离20.7公里，总面积173.3平方公里。

建制与领导机构沿革　民国29年（1940年）初，抗日民主政权建立后，全县分为8个区，境域属四区，区公所驻冯家沟村；8月，区公所迁官庄村。中华人民共和国建立初，全县实行区村制，境域属第四区。1953年6月，设立交楼申乡，驻交楼申村，隶属于兴县第四区。1956年4月，撤销区建制，交楼申乡直属兴县县委、县人委领导。1958年12月，全县实行人民公社化，交楼申乡改建为交楼申人民公社。1984年8月，交楼申人民公社改建为交楼申乡。

境域所属乡（人民公社）自设立以来均设有党委和政府领导机构；1988年7月设立乡人大联络组（后改设为人大主席团）。2005年5月又设立乡政协联络组，逐步完善了乡级党委、人大、政府、政协组织领导机构。

辖区概况　至2011年末，交楼申乡下辖24个建制村、26个自然村，总人口10352人（男性5648人，女性4704人），其中城镇常住人口193人，城镇化率1.86%。总人口中，汉族占99.9%；少数民族（彝族）7人，占0.1%。人口出生率6‰，人口死亡率3‰，人口自然增长率3‰。

2016年底，全乡总户数3153户，总人口10344人（含流动人口），人口密度约每平方公里60人。

全乡地处黄土高原地貌单元，地势东高西低，最高处白龙山主峰海拔2275米，沟谷密布，属温凉轻度干旱区，年平均气温为6.8℃，无霜期一般为150~160天（安沟等村仅130天左右）。降水分布由东向西递减，年平均降水量650毫米。年平均相对湿度较大，5月份最小为41%，8月份最大为69%。境内最大河流为岚尾河（后改名交楼申河），发源于白龙山西南，由东向西再折向北，流经安沟、向阳、奥家滩、郝家沟、阳湾则、交楼申、冯家沟、新盛、白家坪、新舍窠等村，在奥家湾乡交口村西汇入蔚汾河，属蔚汾河支流，河流长40.5公里，流域面积244平方公里，年径流总量为324万立方米，年最大排涝量243万立方米，年均流量3.1立方米/秒。

境内已查明的主要矿藏有硅石、铁矿、花岗岩等。已探明的硅石矿点为阳湾则白瓷山石英脉矿点，储量为23.4万吨；铁矿位于常梁沟，主要成分是褐铁矿；花岗岩主要分布在雷家沟、孙家崖、王家庄、康家庄及张家圪台一带，已开发矿区面积约213亩，年产石材荒料约15万吨。

2016年，第三次森林调查，全乡共有林地13.28万亩（包括累计造林4.3万亩），牧草地0.2万余亩，主要分布在马家梁、安沟、木尧、张家岔、麻地沟、康家庄、张家圪台、向阳、井沟渠、奥家滩等村。林区野生动、植物种类较多，其中褐马鸡被列为国家一级保护动物。

经济发展　2006年以来，全乡紧紧围绕中共兴县县委、县人民政府“五五兴县”战略，以“抓党建、打基础、促林牧、创特色”为工作思路，在狠抓农牧业发展的同时，通过招商引资，创建了花岗岩、石英矿采掘、加工等一批新型工业企业，带动了运输和商贸服务业的快速发展。

农林牧业发展。实施退耕还林（草）后，全乡耕地面积减至3.27万亩，人均3.4亩（以2016年户籍人口计）。由于气候寒凉，农作物以玉米、谷子、豆类、莜麦、油料、马铃薯为主。2011年，全乡粮油总产量168.66万千克（其中油料产量23.23万千克），另外所产马铃薯可折粮79.34万千克。畜牧业方面，全乡有规模较大的养鸡场1个，有井沟渠、陈家圪台200头规模养殖基地和雷家沟村千只绒山羊改良圈养基地。生猪年末存栏488头；羊饲养量2.66万只（其中年末存栏8623只），收购山羊板皮4000余张；牛饲养量1709头

（其中年末存栏 730 头）；家禽饲养量 3.83 万羽。全年生产肉类 247.7 吨，禽蛋 14.3 吨。

至 2016 年，累计造林 4.3 万亩（其中防护林 4.2 万亩，经济林 1000 亩，农民住宅四旁树木 3.1 万株），活立木蓄积量 1200 万立方米，育苗 1200 亩，林木覆盖率 51.1%。全年农林牧业总产值达到 3123.2 万元（其中种植业产值 1372.4 万元，畜牧业产值 1210.8 万元，林业产值 540 余万元）。此外，全乡完成 24 个村委，28 个村民小组，2935 户，10352 人的集体林权制度改革任务。

工商业发展。2005 年，通过引资，在雷家沟、王家庄建立花岗岩石材加工点 11 个，从业人员达 1200 余人，年产值 1200 余万元。2011 年末，全乡共有商业网点 32 个，从业 43 人，社会商品销售总额达 320 万元。

正在开发的马家梁金铜矿、宜宜沟石英矿，具有良好发展前景，其中石英矿已投产，2012 年产矿 1.5 万吨，产值 85 万元。

基础事业发展　2011 年，全乡有县乡公路 1 条，总长 25 公里，乡村公路长度 45.5 公里，24 个建制村、26 个自然村全部通车；有客运汽车 5 辆、92 座位，年客运量 3.2 万人次。有幼儿园 1 所，在园幼儿 68 人，专任教师 4 人；有小学 7 所，在校生 350 人，专任教师 36 人，小学适龄儿童入学率 99.5%，小升初升学率 100%，九年义务教育覆盖率达 100%。有邮政网点 1 个，投递路线单程总长度约 35 公里，投递点 24 个，乡村通邮率 100%；有电信企业 1 家，服务网点 1 个，电话交换机总容量 300 门，固定电话用户 68 户，移动电话用户 2000 余户，移动电话普及率为 91.2%；光缆线路总长达 112 公里，主干电缆达 54 公里，宽带接入用户 106 户。有文化站 1 个，农家书屋 24 个，藏书 2.5 万余册，文化行业从业人员 26 人，有流动电影放映单位 1 个，年放映 200 余场次。

2016 年末，全乡参加新型农村合作医疗保险 7602 人，参合率 94.3%。安全饮用水普及率 97.8%，新建农村卫生厕所 300 座，普及率 51%。

东会乡

地理位置　东会乡位于县境东南部，东与吕梁市岚县王狮乡相连，东南与方山县马坊镇为邻，西南与临县白文镇接壤，西和西北与固贤乡隔黑茶山相连，北与交楼申乡相接。辖区东西最大距离 18.9 公里，南北最大距离 20.7 公里，总面积 172.3 平方公里。

建制与领导机构沿革　民国 29 年（1940 年）初，建立抗日民主新政权后，全县废除编村建制，分为 8 个区，境域属四区，区公所驻固贤。1958 年 8 月，全县划 29 个乡镇，设东会乡，乡政府驻东会村。同年 12 月，全县实行人民公社（社队制），东会乡改建为东会人民公社。1984 年 8 月，人民公社改为乡（镇）村制，东会人民公社改为东会乡。

境域所属乡（人民公社）自设立以来均设有党委、政府领导机构。1988 年 7 月，东会乡设立人大联络组（后改设为人大主席团）。2005 年 5 月设立乡政协联络组，逐步完善了乡级党委、人大、政府、政协组织领导机构。

辖区概况　2011 年末，东会乡辖 17 个建制村、29 个自然村，总人口 9052 人（其中男性 4948 人，女性 4104 人），全部为汉族；当年人口出生率 6‰，人口死亡率 3‰，人口自然增长率 3‰。2016 年，全乡共辖 17 个建制村、29 个自然村，总户数 2781 户，户籍人口 8797 人，人口密度为每平方公里 51 人。

东会乡地处黑茶山南麓、最高点为黑茶山峰，海拔 2203.8 米。地势东北高西南低，沟谷密布，为东山温凉轻度干旱气候区。区内次生森林，灌木和牧草覆盖率达 85% 以上，水土流失轻微。土壤多为山地棕壤和山地灰褐土类。年平均温度为 6℃，1 月份平均气温低于 -11℃，最热的 7 月份气温小于 28℃，无霜期一般为 150~160 天，年平均冻结日数 150 天左右。降水分布由东向西递减，年均降水量在 650 毫米以上；年平均相对湿度较大，5 月份最小为 41%，8 月份最大为 69%；东部林区降水和蒸发量基本相等，优于黄河沿岸和县境中部地区，加之地面植被较好，贮水能力较强，干旱年较少。区域的不利气候因素主要是热量较欠缺，在农作物生长旺盛的 7—8 月，常出现连续阴雨天气，容易导致农作物霉烂或遭受冻灾。

东会乡位于湫水河流域，湫水河发源于东会乡大兴安和小坪头山脚下，经段家湾、姚家沟、庄上、上滩沟、东会、西会、寨上等村入阳坡水库，经临县县川到碛口注入黄河，属黄河一级支流。境内流域面积 172.3 平方公里，境内流长 26 公里，多年年均径流量 1910 万立方米，径流深 78.6 毫米。其发源地属于天然次生森林区，植被较好，林草覆盖率高，泥沙流失较少。

境内已查明的主要矿藏有硅石、铁矿、大理石、白云母等。已探明的硅石矿点为贺家湾二青山石英脉矿点，储量约30万吨；铁矿位于店则上，主要成分是褐铁矿，矿石含铁30%~40%；大理石分布在贺家湾、东南村、王家坡、庄上及上滩沟一带；白云母矿属于伟晶岩型矿床，主要分布在东部变质岩地区，已发现的矿点（矿化点）分布于小坪头、段家湾、阳崖上、贺家湾等村。其中以段家湾北部伟晶岩脉较为集中，属伟晶岩的大量贯入带，最密集处，每平方公里可达几十条。但经北京地质学院、218地质队、215地质队评价，除小坪头矿点通过地表工程求得白云母矿储量仅63吨外，其他矿化点均无工业价值。

东会乡有森林面积15万亩，牧草地0.5万余亩，主要分布在大坪头、小坪头、兴盛湾、段家湾、姚家沟、安沟、东南村、向阳坪、阳崖、鱼湾等村。

林区野生动植物种类繁多，动物有国家一级保护动物褐马鸡，有狍子、麝、野猪、金钱豹等；植物类有丰富的山桃树、山杏树，有中药材柴胡、黄芩、苍术、大黄、甘草、百合、玉竹、党参、猪苓、蒲公英、木瓜等。

经济发展　农林牧产业发展。2011年，东会乡有耕地3.27万亩，人均3.7亩。粮食作物以玉米、谷子、豆类、莜麦、马铃薯为主，粮油总产量248万千克（其中油料23.23万千克），人均239千克。种植业产值达到2583.2万元。畜牧业方面，生猪饲养量1883头（其中年末存栏488头）；羊饲养量2.66万只（其中年末存栏8623只），收购山羊板皮4000余张；牛饲养量1709头（其中年末存栏730头）；家禽饲养量3.83万羽。年生产肉类247.7吨，禽蛋14.3吨，畜牧业总产值1210.8万元。林业方面，有林地面积19.3万亩，其中森林面积15万亩，累计营造防护林4.2万亩、经济林0.1万亩，四旁树木3.1万株，活立木蓄积量1200万立方米，林木覆盖率74.66%；育苗1500亩，年产值700余万元。林地盛产野生木耳、银盘蘑菇、猴头菇、羊肚菌、桦树茸等纯天然食用菌类，农闲时村民进山采摘，除自家食用外，也零星销售。2011年，全乡农林牧副业总产值达4494万元。2011年全乡有商业网点22个，从业33人；社会商品销售总额220万元。

社会基础事业发展　2011年末，全乡有幼儿园1所，在园幼儿68人，专任教师4人；有小学7所，在校生350人，专任教师36人，小学适龄儿童入学率99.5%，小升初升学率100%，九年义务教育覆盖率达100%。有各级各类医疗卫生机构12个，其中乡卫生院1所，病床10张，固定资产总值200万元；村卫生所9所，个人诊所2所，有专业卫生人员10人（其中执业医师3人，执业助理医师1人，注册护士2人）。参加新型农村合作医疗保险8455人，参合率87%。农村安全饮用水普及率97.8%，农村卫生厕所普及率51%。

至2016年末，全乡有县乡级公路1条，总长25公里，乡村公路长度45.5公里，有10个建制村、29个自然村全部通车；有邮政网点1个，投递点24个，乡村通邮率100%；有电信服务网点1个，固定电话用户68户，有移动电话用户2000余户，移动电话普及率为91.2%；光缆线路总长达112公里，宽带用户106户；有流动电影放映单位1个，年放映200余场次；有文化站1个，农家书屋24个，藏书2.5万余册，文化从业人员26人。

固贤乡

地理位置　固贤乡位于县境东南，黑茶山北部，东连交楼申乡、东会乡，北靠蔚汾镇，西依康宁镇，南界临县。东西长18公里，南北距离9.5公里，总面积169.4平方公里，乡政府驻固贤村，北距县城（县客运中心）41公里，距离最近省道岢大线12.5公里。

建制与领导机构沿革　民国29年（1940年）兴县建立抗日民主新政权，县政府废除编村建制，全县划分为8个区，固贤属七区所辖，区政府驻吴城，后全县又调整为6个区，境域属四区，区公所设于固贤村。1958年9月，固贤建立战斗人民公社，成立5个生产大队、14个生产队，当年12月撤销。1959年3月，重建固贤公社。1966年，固贤公社划分为15个生产大队、59个生产队（1978年并为13个生产大队、60个生产队）。1984年8月，全县人民公社改为乡（镇）村制，固贤公社改建为固贤乡。1985年，固贤乡划分为26个村民委员会，有33个自然村。

境域所属乡（人民公社）自设立以来均设有党委、政府领导机构.1988年7月设立乡人大联络组（后改设为人大主席团）。2005年5月设立乡政协联络组，逐步完善了乡级党委、人大、政府、政协组织领导机构。

辖区概况 1991年，全乡总户数2472户、11749人（男性6630人，女性5119人），其中有回族、苗族7人，其余为汉族。另有流动人口1034人。人口密度为每平方公里75.5人。2016年，全乡辖17个建制村、29个自然村，户籍人口10842人，人口密度每平方公里64人。

固贤乡地处强烈切割黄土丘陵低山地貌单元，地势东高西低，地貌类型属中低山丘陵区，丘陵山顶多为土塬峁状或棒槌状，山梁呈波浪式，山脊不明显；地势呈梯形，平面上呈树枝状，地形支离破碎，构成典型的黄土高原地貌。全乡属温带大陆性季风气候，冬季漫长寒冷少雪，春季干旱风大，夏季短暂多雨，秋季凉爽晴朗。1月平均气温为–9.4℃，7月平均气温为23.2℃；无霜期年均为185天，最短130天；年均降水量为570毫米，降雨集中在每年7—9月。

境内河流总长度49公里，河网密度0.29公里／平方公里，境内有4条时令河，流域类型为丘陵沟壑区，从固贤乡南面新舍窠—弓家沟一带，中东面甄家庄—固贤一带，经花子村注入阎老湾水库；北面井子—进德一带，注入南川河流。平时流量不大，甚至干涸，汛期洪水猛泻，流域面积78平方公里，河流年平均径流量为0.22亿立方米，最大年径流量为1.43亿立方米。

土壤主要包括黄绵土、栗褐土。黄绵土广泛分布于本区丘陵低山的梁峁沟壑上，黄绵土母质上直接受人为影响和熟化的土壤，占本区土壤总面积的87.1%，是本区分布最广、面积最大的农业土壤，全剖面碳酸钙含量多在10%左右，呈丝状或点状沉积于土体中下部，有机质含量多在1%以下，全氮0.11%、全磷0.05%。栗褐土是发育在富含石灰的黄土母质的地带性土壤，结构层次不明显，耕作层疏松多孔，水土流失比较严重，养分含量较低，全剖面盐碱反映强烈，酸碱度7~8，有机质含量1.1%~0.21%，全氮0.13%~0.02%，全磷0.05%~0.07%。

境内植被经几代开垦，破坏较为严重。2001年以后，经过实施退耕还林，林草地植被状况有所恢复，主要分为三大植被群落：木本植物群落，以阔叶林为主，植被有山杨、青杨、柞树和白桦，生长于黑茶山林内；草灌植物群落，主要有沙棘、黄刺梅、山桃、山杏、柠条、胡枝子、虎榛子和山荆子等丛林与铁杆蒿等草类伴生；草甸植物群落，主要分布于南川河沟谷地带，包括青蒿、三棱草、艾蒿、苜蓿、野菊花、猪毛草等喜湿植物。境内拥有原始森林，分布于黑茶山北部，林内有野生动、植物132种，其中有国家一级保护动物褐马鸡、麝等各类动物13种。2016年第三次森林调查表明，境内林木总面积13万亩（包括累计造林2.68万亩），林木覆盖率51.16%。

境内已查明主要矿产为煤，分布于南窑一带。南窑煤矿初建于1958年，1964年转为社办矿。2009年3月，煤矿资源整合后，由河北冀中能源公司邯郸矿务局金地煤焦有限公司经营，其井田总面积5.64平方公里，可采储量5469万吨。

经济发展　固贤乡为气候偏凉型农业乡，国民经济结构中农业比重大，工业、商业、建筑业和交通运输业比重较少。2006年以后，全乡坚持以科学发展观统领全局，以调整产业结构和转变经济发展方式为主线，着力打造经济强乡。

农林牧产业发展。1998年，全乡耕地面积5.91万亩，农业总产值达到2546万元。2000年，全乡粮油总产量451.2万千克（包括马铃薯折合粮食），人均381千克。2005年全乡农村经济总收入1901万元，其中，第一产业收入1177.4万元（种植业收入472.6万元，牧业收入639.8万元，林业收入65万元），第二产业收入621万元，第三产业收入102.6万元。

2016年末，全乡牛饲养量1950头（其中年末存栏828头）；羊饲养量1.68万只（其中年末存栏6622只）；生猪饲养量3170头（其中年末存栏1140头）；家禽饲养量933羽（其中上市150羽），产蛋1100千克。年末，全乡农村经济总收入达到33651万元，农民人均年纯收入由2011年的1828元增至2426元，增长32.7%。

林业方面，从2002年起实施退耕还林（草）工程，至2016年末，累计完成退耕还林（草）面积2.68万亩，其中防护林2.32万亩，栽植果树、梨树、苹果、桃树等经济林面积3560亩，水果年产量42吨，活立木蓄积量1.2万立方米。

交通运输业方面，至2016年底，全乡拥有汽车113辆、三轮车等农用车300余辆，日均发客运车辆6辆，年客运量达3.5万人次。

商业方面，至2016年末，全乡共有商业网点16个，从业33人。

社会基础事业发展　道路交通建设方面，累计投入2000万元，完成村通水泥路70公里，2008年17个建制村道路全部水泥硬化，完成所有村委“户户通”水泥路目标任务。2012年末，花子—固贤运煤专线全线开通。2016年末，全乡有县乡公路1条，总长度41公里，乡村公路总长89公里，有17个建制村、12个自然村通车率分别为100%、98%。

2003—2016年，全乡完成11个村委的扶贫开发重点村推进工程，完成以甄家庄为中心的3000亩土地整理开发项目和1000亩农业技改土地堆肥项目，建成新农村4个，完成危房改造485户；完成农村电网改造2457户，建成总长度375公里的乡境高压线路，综合电压合格率91%、供电可靠率100%。

2011年，全乡有小学5所，在校生278人，专任教师54人，小学适龄儿童入学率100%；有幼儿园1所，在园幼儿23人，专任教师2人。

2016年，有乡级卫生院和村级医疗服务所17个，病床12张，专业卫生人员14人（其中执业医师2人，执业助理医师2人，注册护士2人），参加新型农村合作医疗保险1.13万人，参合率95%；新建自来水塔11座，铺设干线水管40公里，供水能力135吨／日，居民自来水普及率47.8%，农村安全饮水普及率100%。

2016年，全乡有电影放映单位1个，年放映85场；有文化活动站、室10个，有农家书屋11个，藏书4.4万册；有邮政网点1个、投递点29个，乡村通邮率100%；有电信服务网点1个，固定电话用户303户，移动电话用户5487户，普及率68%，有宽带用户396户；有健身体育活动场地10处，60%村委安装了健身器材；26个村实现广电“村村通”全覆盖，地面卫星电视用户2163户（95%为数字电视用户），电视信号覆盖率达90%。

孟家坪乡

境域位置　孟家坪乡位于县境南部，东接康宁镇，南接贺家会乡，西接赵家坪乡，西北接高家村镇，北接蔡家崖乡。辖区东西最大距离28公里，南北最大距离40公里，总面积215.8平方公里。

建制与领导机构沿革　民国29年（1940年）初，抗日民主政权建立后，全县分为8个区，境域属第四区，区机关驻冯家沟村。中华人民共和国成立后，实行区村制，境域属第三区，区机关驻康宁村。1953年6月实行区、乡建制，设立孟家坪乡，乡政府机关驻孟家坪村，属兴县第三区。1956年3月，全县撤区划乡，孟家坪乡直属于县委、县政府。1958年12月，全县实行人民公社化，1959年4月，境域设立孟家坪人民公社、小善人民公社。1984年8月，全县人民公社改为乡（镇）村制，孟家坪人民公社改建为孟家坪乡，小善人民公社改建为小善乡。2001年5月，在撤乡并镇中，小善乡并入孟家坪乡。

境域所属各乡（人民公社）自设立以来均设有党委和政府领导机构。1988年7月设立乡人大联络组（后改设为人大主席团）。2005年5月设立乡政协联络组，逐步完善乡级党委、人大、政府、政协组织领导机构。乡政府驻孟家坪村。

辖区概况　2016年末，全乡下辖22个建制村、65个自然村，总耕地面积5.29万亩，户籍人口13031人（男性7271人，女性5760人），劳动力1375个，全部为汉族。当年人口出生率6.42‰，人口自然增长率5.91‰。另有外来流动人口865人，人口密度为每平方公里64人。

孟家坪乡的地貌是强烈切割黄土丘陵低山区，土壤类型主要有粗骨土、红黏土、黄绵土等。境内原属森林草原灌丛植被区，经历代开荒和砍伐，植被遭破坏。中华人民共和国成立后，经过连年种草造林，林草总面积覆盖率逐年提高。

孟家坪乡属于温带大陆性季风气候，气候温和，光热丰富，雨量充沛，年均气温8.1℃，年均降水量为625毫米，无霜期174天。境内河道属时令河，其中小善沟河，在孟家坪乡境内长40.5公里，流域面积155平方公里，径流总量790万立方米，年最大排涝量1.6亿立方米。

经济发展　农林牧产业发展。孟家坪乡以农业为主，主要粮食作物有谷子、高粱、玉米、荞麦、黍子、黄豆、绿豆、豇豆等，油料作物有芝麻、黄芥、葵花子、花生、蓖麻等。

2016年，全乡粮油总产量1160万千克，人均890千克，种植业总产值为4753万元。畜牧养殖方面，生猪饲养量2726头（其中年末存栏982头）；羊饲养量2.48万只（其中年末存栏6868只）；牛饲养量917头（其中年末存栏218头）；家禽饲养量1.49万羽。年生产肉类4900万千克，禽蛋5400万千克，畜牧业总产值1664万元。

林业方面，全乡累计造林6.7万亩，其中防护林2.1万亩，经济林4.6万亩，农民住宅四旁树木3000株，林木覆盖率20.7%；红枣、核桃、苹果等干鲜果产量230万千克，产值552万元，农林牧总产值6969万元。

全乡有商业网点12个，从业人员32人。社会商品销售总额达400万元，城乡集市贸易成交额200万元。

社会基础事业发展　2006年以来，孟家坪乡积极贯彻“以蓄为主、小型为主、群众自办为主”的方针，先后兴建麻墕条水库、山头水库、阴家沟水库、任家吉坝等中小型坝9座，较好地解决了浇地用水，发挥了防旱排洪的功能。

2011年末，全乡有幼儿园1所，在园幼儿23人，专任教师2人；小学3所，在校生273人，专任教师34人，小学适龄儿童入学率100%；初中1所，在校生133人，专任教师33人，初中适龄人口入学率100%，小升初升学率100%，九年义务教育覆盖率达100%。有邮政网点1个，乡村通邮率100%；有电信服务网点3个，固定电话用户58户，移动电话用户6987户，移动电话普及率为51.1%；宽带接入用户61户。有文化站1个，建筑面积462平方米，有公共图书室（农家书屋）23个，建筑面积690平方米，藏书3680册，年放映电影300场次。

2016年，全乡有县乡级公路1条，总长20公里，境内乡村公路长度94公里，有22个建制村、65个自然村全部通车。

赵家坪乡

地理位置　赵家坪乡位于县境西南部丘陵地带，东接孟家坪乡，南连贺家会乡，西靠罗峪口镇，西北濒临黄河，与神木县采林、刘家湾等村隔河相望，东北与本县高家村镇相连。全境东西最大距离20公里，南北最大距离7.33公里，总面积146.7平方公里。

建制与领导机构沿革　民国29年（1940年）初，抗日民主政权建立后，全县分为8个区，境域属第六区，区机关驻罗峪口。中华人民共和国成立后实行区村制，境域属第六区（区机关驻蔡家会，后改属第二区）。1953年6月，全县实行区乡制，境域设立武家峁乡，乡机关驻武家峁村。1956年4月，全县撤区划乡，武家峁乡直属县委、县人委领导。1958年9月，武家峁乡改为赵家坪乡，乡机关驻赵家坪村。同年12月，全县实行人民公社化，境域属蔡家会人民公社。1961年9月，境域设立赵家坪人民公社，公社机关驻赵家坪村。1984年8月，全县人民公社改为乡（镇）村制，赵家坪人民公社改建为赵家坪乡。

境域所属各乡（人民公社）自设立以来均设有党委和政府领导机构；1988年7月设立赵家坪乡人大联络组（1990年又改设为乡人大主席团）；2005年5月又设立赵家坪乡政协联络组（2014年撤销）。2016年5月，乡党委、乡人大、乡政府分别设立。乡机关驻后赵家坪村。

辖区概况　至2011年12月，赵家坪乡下辖11个建制村、49个自然村，辖区总人口7625人（男性3907人，女性3718人），其中城镇常住人口162人，城镇化率2.1%；当年人口出生率10‰，人口死亡率5‰，人口自然增长率5‰。2016年末，辖11个建制村、49个自然村，户籍人口7763人，人口密度每平方公里53人。

赵家坪乡属于低山丘陵区，辖区内多数山为黄土梁峁丘陵，山顶多为塬峁状或棒槌状，山梁呈波浪式，沟谷呈“V”形，地形支离破碎，构成典型的黄土高原地貌。土壤类型主要有粗骨土、红黏土，黄绵土等。其中粗骨土零星分布于坡度较陡、水分状况较差和水土流失极为严重的低山丘陵沟壑区。

赵家坪乡地势东高西低，境内赵家坪河为时令河，全长29公里，属黄河支流水系，由东向西从宋家塔途经佐子坪、赵家坪、大里上、闫家塔等村，至罗峪口注入黄河，每年春季河床干涸，汛期洪水猛泻，流域面积157平方公里，河流年均径流量为0.122亿立方米，年输沙总量为17.8万立方米。

赵家坪乡属温带大陆性季风气候，年均气温10.2℃，年均日照时数为2852小时，年均太阳总辐射135千卡/平方厘米。

境域地表水极其缺乏，地下水资源也属贫水区，人均水量全县最低，耕地亩均水量基本为零。中华人民共和国成立后，中共兴县县委、县人民政府积极贯彻上级“以蓄为主、小型为主、群众自办为主”的方针，兴建王家塔水库1座，为群众的生产生活提供了较大方便。

赵家坪乡地下矿藏储量较大，具有开发潜力的首推煤层气。1959年，在赵家坪施工的“兴赵水1号”钻孔至201.88米（远未及富气部位）处开始冒水、冒气，点燃后喷射火焰2米多高（后封堵），喷气量73立方米/昼夜，经取气化验，内含甲烷与氢气95.6%、水1%、二氧化碳0.2%、一氧化碳1.1%。煤气层位是三迭系二马营组粉砂质泥岩。20世纪80年代，通过航测照相发现一个以赵家坪乡为核心的环状构造，为内外两层环，控制面积达908平方公里，属良好的储气构造。2014年春，中联煤层气开发有限责任公司入驻赵家坪乡，勘探试采，已在武家峁、佐子坪、赵家坪、大里上、西塌、宋家塔等村试采钻井12口，开发出大量煤层气，预测资源储量502亿立方米。已在佐子坪村设立兴县集气站。

境内已查明的其他矿产还有金属矿2种、能源矿产1种。地面裸露的大部分为用于建材和陶瓷行业的沙砾岩和高岭土（俗称羊肝石），目前尚未开采。

境内原属森林草原灌丛植被区，草被分布在海拔较低地方，主要有刺槐、柠条等丛林与狗尾草、黄背草、甘草、蒲公英、土麻黄、小根蒜、白羊草等伴生。

其他自然资源有红枣、核桃等干鲜水果林9000亩，分布在宋家塔、西塌、武家峁、赵家坪、毛儿沟等11个建制村。

经济发展　农林牧产业发展。赵家坪乡共有耕地4.96万亩，人均6.4亩（以2016年户籍人口计）。2011年，全乡粮食总产量545.4万千克、油料545.19万千克，另产薯类1210吨，种植业总产值1080.65万元。全乡生猪饲养量3.22万头（其中年末存栏700头）；羊饲养量6050只。（其中年末存栏2750只），收购山羊板皮1515张；牛饲养量3209头（其中年末存栏1978头）；家禽饲养量6.48万羽（其中上市家禽1.24万羽）；禽蛋产量5330万千克，畜牧业总产值335万元。全年农牧业总产值达1415.65万元，财政总收入150万元，各类存款金额1000万元。

至2016年末，全乡完成退耕还林1.2万亩，累计造林6180亩（其中防护林5180亩，经济林1000亩），农民住宅四旁植树1.21万株，活立木蓄积量0.93万立方米；全乡拥有新老枣树6000亩，红枣产量125万千克，产值225万元。

农产品加工业方面，主要有传统陈醋酿造和红枣加工两大项。2016年加工业年产值1000万元。有商业网点1个，个体户2人，全年社会商品销售总额达350万元。

社会基础事业发展　2011年，全乡有客运汽车3辆，51个座位，日均发2趟客车，年客运量5万人次；拥有货运汽车120辆，年货运量250万吨。2016年末，全乡有县乡二级路32公里，境内乡村公路全长69公里，11个建制村和49个自然村通车率分别为100%、98%。

2016年，全乡有小学1所（吴儿申村），在校学生7人，专任教师1人，适龄儿童入学率达100%。参加新型农村合作医疗保险6000人，参合率为85%。全乡安全饮水普及率达到85%，农村卫生厕所普及率达到30%；有邮政网点1个，投递点11个，乡村通邮率达到100%；有电信服务网点1个，固定电话用户165户，有手机移动通信电话用户5380人，手机用户普及率达75%；光缆总长20公里，宽带用户30户。广播电视“村村通”直播卫星工程覆盖全部建制村；有文化站1所，农家书屋11个，藏书2200余册；有3处体育健身场地安装了健身器材。

贺家会乡

地理位置　贺家会乡地处兴县西南，该乡东接孟家坪乡，北连赵家坪乡，西依罗峪口、蔡家会两镇，南与临县接壤。国土面积191平方公里。乡政府机关驻贺家会村，距县城45公里，距最近的省道30公里。

建制与领导机构沿革　民国29年（1940年），抗日民主政权建立后，全县划分为8个区，境域属三区康宁所辖。中华人民共和国建立后，实行区村制，境域属第三区，区机关驻康宁村。1956年3月，全县撤区划乡，贺家会乡直属县委、县人委管辖。1958年12月，全县实行人民公社化，贺家会乡改建为贺家会人民公社。1984年8月，全县人民公社改为乡（镇）村建制，贺家会人民公社改为贺家会乡，下辖18个建制村。2011年12月，全县第九届村民委员会换届选举后，大军地建制村并入贺家会建制村，成为其下属自然村。

境域所属各乡、镇（人民公社）自设立以来均设有党委和政府领导机构。1988年7月设立贺家会乡人大联络组（后改设为人大主席团）。2005年5月设立贺家会乡政协联络组，完善了乡级党委、人大、政府、政协组织领导机构。

辖区概况　1990年，贺家会乡总人口7957人，农村劳动力2474个。2011年末，全乡总人口9160人，其中城镇常住人口1340人，城镇化率14.6%。

2016年12月，全乡下辖17个村民委员会、35个自然村，户籍人口7482人（其中城镇常住人口5100人，城镇化率68.2%）；当年人口出生率1‰，人口自然增长率1‰。另有流动人口2000多人，人口密度为每平方公里50人。

贺家会乡属典型的黄土丘陵沟壑区，梁峁起伏，沟壑众多；整体地势东南高西北低，属于典型的紫金山火成岩构造的低中山区。境内紫金山东西走向，主峰海拔1822米，地表植被发育较好，灌木茂密，沟中栎树、桦树较多，人工油松林布满山野。受特殊地理位置的影响，贺家会乡年均气温9℃，年均降雨量为450~500毫米，无霜期170天，全年气候特征为春季多风少雨，夏季炎热干燥，秋季凉爽多雨，冬季严寒少雪。

境内河道主要为紫罗河流域，也称张家坪河流域，紫罗河发源于紫金山北紫方头村委西月村，至罗峪口注入黄河，全长36.5公里，流域面积237.15平方公里，河道纵坡11.7%，上游有三条支沟，河床为岩石，比较稳定。流域上部黄土覆盖属低山丘陵区，地形支离破碎，构成典型的黄土高原地貌。年平均降水量450毫米，年平均蒸发量2090.8毫米，是降水量的4.65倍，河流年均输沙量249万吨。

地下矿藏主要有煤、铝、铜、铁、膨润土等，主要分布在岔上山脉至紫金山山脉以北一带，因矿藏埋藏深，储量不明，尚未开发。

经济发展　贺家会乡是典型的纯农业区，21世纪以来，全乡依靠发展种植、养殖、加工等传统农业，经济稳步提升。

农林牧产业发展。2011年底，全乡耕地面积4.92万亩，粮油总产量

426.9万千克（其中油料43.2万千克），种植业产值达到1627万元。畜牧养殖业方面，共有养牛场2个，年末存栏40头；小型规模养猪（100头以上）22户，生猪饲养量2298头（其中年末存栏948头）；有专业合作社规模养羊3户，养羊1.68万只（其中年末存栏7657只），收购山羊皮612张；小型规模养殖蛋鸡（1000只以上）12户，家禽4.18万羽。（其中上市家禽5200羽），年产禽蛋30.76万千克、肉类26万千克，畜牧业总产值1290万元，农牧业总产值达到2917万元。

2016年全乡小杂粮种植5.44万亩，油料作物面积3495亩，粮油总产量818万千克（其中油料60.26万千克）；种植中药材3300亩，种植业总产值3646万元；畜牧养殖方面，有猪场3个，饲养1000头，年总收入60万元；有养牛场2个，存栏40头；有养鸡场4个，饲养1万只，收入17.5万元，畜牧业总收入90万元。

林业方面，从2002—2016年，通过实施退耕还林还草项目和片区开发项目，累计造林5.24万亩，其中防护林3.08万亩，经济林2.16万亩，四旁栽植油松、侧柏、刺槐、杨柳树等6.09万株，林木覆盖率18.3%，活立木蓄积量118.8万立方米。2016年，全乡林业产值303万元，农林牧业总产值达到4039万元。

工商业发展。全乡已形成各类商业网点64个，从业人员168人，2011年商业收入200余万元，集市贸易成交额1374万元；2012年至2016年，年均集市贸易成交额2516万元。

社会基础事业发展　狠抓农田水利基本建设与小流域治理。至2016年底，全乡31个村共有机修地1.7万亩；通过治理小流域，建成大型骨干淤地坝10座、中型淤地坝25座，小型淤地坝38座，增加沟坝地1200亩，受益10个建制村、5710人，基本上实现旱涝保收。新建饮水工程3处，有16个建制村30个自然村、2000户7000人吃上自来水，农村安全饮用水普及率100%。累计完成高、低压供电线路改造159公里，完成农网改造2432户，村民生产、生活用电得到保障；改造农村危房100余间，受益农户65户70人；新建户厕500个，移民搬迁31户（包括地质灾害搬迁8户）。

社会化养老保障和其他服务事业进一步发展，2016年，全乡设有农民养老保险所，各建制村配备农保代办员17人，负责登记、征缴、发放等各项事宜。全乡参保3694人，达到100%，共为1259名60周岁以上的农村居民发放养老保险金128.4万元。

2011年底，全乡有初中1所，在校生130人，专任教师20人；有小学5所，6个教学点，14个教学班，在校生272人，专任教师60人；有幼儿园5所，在园儿童68人，专任教师3人，小学适龄儿童入学率100%。2013年9月，贺家会中学并入孟家坪中学。2016年，全乡有小学3所，在校学生64名。

2016年，全乡有医疗机构18个，其中乡卫生院1所，固定资产总值183万元；村卫生室17个（建制村各1个），乡村医生、卫生员25人；参加新型农村合作医疗保险8545人，参合率100%。

有邮政服务网点1个，投递点33个，乡村通邮率100%；有电信服务网点1个，固定电话用户200户，固定电话用户普及率达到1%；有移动电话6540部，移动电话普及率为73%；光缆光纤线路总长达30公里，宽带接入用户30户；新建乡综合文化站1座，有公共图书室10个，藏书1.5万册；新建设体育场3处，24%的村安装了健身器材。

圪达上乡

地理位置　圪达（垯）上乡地处县境西南端黄河东畔丘陵河谷地带，东依蔡家会镇，南界临县，西北紧靠黄河，与陕西神木县万镇隔河相望，北靠罗峪口镇。辖区东西最大距离15.5公里，南北最大距离10公里，总面积155.3平方公里。乡人民政府驻圪达（垯）上村，距县城80公里。

建制与领导机构沿革　民国29年（1940年）初，兴县抗日民主县政府废除编村建制，全县设8个区，圪达上属八区蔡家会辖内的建制村。同年8月，全县划为6个区，境域编入六区，区机关设在蔡家会，境域属六区的佛堂、募强2个建制村。1950年4月，境域属六区的佛堂、募强、大峪口3个建制村。1953年6月，全县实行区、乡建制，全县共划6区86乡，境域属六区的佛堂、大峪口、募强3个乡。1956年3月，全县撤区划乡，划为1镇49乡，境域属佛堂、募强2个乡。1958年9月，全县划为29个乡（镇），境域名樊家圪垯乡。不久撤销乡建制，实行人民公社，樊家圪垯乡改为建设人民公社。同年12月，全县划为14个公社，境域改属蔡家会人民公社。1959年3月，境域改称大峪口人民公社。1965年9月，大峪口人民公社改为樊家圪垯人民公社。1967年，樊家圪垯人民公社改称圪达（垯）上人民公社。1973年3月，圪达上人民公社划归临县，1976年1月复归兴县。1984年8月，全县人民公社改为乡（镇）制，圪达上公社改称圪达上乡。

境域所属各乡（人民公社）自设立以来均设有党委、政府领导机构。1988年7月设立圪达上乡人大联络组（后改设为人大主席团）。2005年5月又设立圪达上乡政协联络组，逐步完善了乡级党委、人大、政府、政协组织领导机构。

辖区概况　2016年末，圪达上乡辖11个村民委员会、42个自然村。户籍人口7874人（男性4252人，女性3622人），其中常住人口2541人，全部为汉族；全年人口出生率3.8‰，人口自然增长率1.8‰。人口密度为每平方公里16人。

圪达上乡属黄土梁峁丘陵地区，山顶多为塬峁状或棒槌状，地形支离破碎，构成典型的黄土高原地貌。土壤属粗骨土、红黏土、黄绵土等，属于温带大陆性季风气候，年均气温8.1℃，7月份平均气温为23.2℃，无霜期174天；年均降水量为625毫米。

境内西临黄河，从牛家川村至大峪口，长15公里。境内河道主要属芦山沟河流域。芦山沟河发源于蔡家会镇水磨村，流经境内圪达上村、大峪口村注入黄河，河道全长33公里，河流年均流量903.4万立方米/秒，流域面积32平方公里。大峪口村前坪为全县最低处，海拔725米。境域有森林资源3.5万亩，其中红枣林1.73万亩；总耕地面积5.25万亩，人均6.7亩（按2016年户籍总人口计）；可利用草地面积0.1万亩。

经济发展　2016年，全乡粮油总产量362万千克，牛饲养量158头，羊饲养量9200只，生猪饲养量36头，家禽饲养量6902羽。农牧业总产值为3990万元（其中畜牧业总产值190万元）。全乡累计营造防护林1000亩、红枣经济林1.73万亩，农民住宅及四旁植树1.1万株，活立木蓄积量2.8万立方米。

有商业网点6个，从业12人。

社会基础事业发展　2016年末，圪达上乡有县乡公路1条，总长度80公里；有乡村公路64公里，11个建制村、42个自然村全部通车。有小学3所，在校生61人，教职工44人，小学适龄儿童入学率100%。九年义务教育覆盖率达100%；有幼儿园1所，在园幼儿8人，专任教师2人。有医疗卫生机构12个，其中乡卫生院1所，专业卫生人员8人（其中执业医师2人，执业助理医师2人，注册护士1人）；村卫生室11个，乡村医生11名；参加新型农村合作医疗保险7400人，参合率85%。农村安全饮用水普及率100%。有邮政服务网点1个，投递点11个，乡村通邮率100%；有电信服务网点1个，固定电话用户35户，移动电话用户2010户，移动电话普及率为92%；光缆线路总长42公里，宽带接入用户90户；有文化站1所、农家书屋11个，藏书2780册；有农村电影放映队1个，年放映132场次；28%的村安装了健身器材。

第四章 村 庄

1989年，全县设7镇17乡，辖467个村民委员会。2001年4月，撤并乡镇后，设7镇10乡，辖375个村民委员会。2016年末，全县设村民委员会375个，其中部分村庄在历史与经济社会发展方面颇具特色。

第一节 历史文化名村及文物旅游景点村

蔡家崖村

蔡家崖乡蔡家崖村，全村共278户856人，耕地面积2608亩（均为2016年数据）。2014年初，全村有建档立卡贫困人口119户389人，至2015年末，全村经济发展以种植、养殖业和服务业为主，其中种植业除农作物外，还累计发展核桃、杏树、桃树等经济林1000余亩（3万余株），119户389名建档立卡贫困人口全部退出贫困。2016年末，全村经济总收入522.76万元，农民人均年纯收入6107元。

蔡家崖村是著名的晋绥革命老区。民国29年（1940年）2月初，晋西北行政公署成立（沿用山西省第二游击区行政公署名义。次年8月1日正式改称晋西北行政公署）。晋西北行署机关成立之初设在蔡家崖牛家宅院（东院）办公。东院东南面为大门，北面拱券石窑洞3孔、暗窑1孔，分别是行署主任续范亭、副主任牛荫冠、新军政委罗贵波的旧居。民国32年（1943年）11月8日，晋西北行政公署改为晋绥边区行政公署（驻高家村镇赵家川口村）。

民国30年（1941年）9月，晋西北军区司令部暨120师师部迁驻蔡家崖村，住于牛家宅院西侧的花园院。花园院坐北朝南，为四合院布局，占地面积7400平方米（包括东院）。其正北有窑洞6孔，西有会议室，东有暗窑1孔。

抗日战争和解放战争时期，贺龙、林枫、吕正操、李井泉、周士第等晋绥边区党政军领导（关向应因患病赴延安休养治疗）在此战斗和生活多年；毛泽东、周恩来、刘少奇、朱德、任弼时、习仲勋等老一辈无产级革命家曾在此居住并进行过重要革命实践活动。

1962 年，晋绥边区革命纪念馆在蔡家崖村晋西北行政公署和晋绥军区司令部旧址创建，主陈列馆（包括毛主席在蔡家崖革命实践活动展览）位于东院，是一座全面反映晋绥边区党政军民革命斗争史的综合性纪念馆。晋西北行政公署及晋绥军区机关旧址于 1965 年被公布为第一批山西省文物保护单位；晋绥边区政府（晋西北行政公署）及军区司令部旧址于 1996 年 11 月被国务院公布为第四批全国重点文物保护单位。2005 年 11 月，晋绥边区革命纪念馆被中共中央宣传部公布为第三批全国爱国主义教育示范基地。同年，中共中央办公厅、国务院办公厅印发《2004—2010 年全国红色旅游发展规划纲要》，晋绥边区革命纪念馆被列入全国一百个红色旅游经典景区名录。2015 年 8 月，晋绥边区革命纪念馆被列入国务院公布的第二批 100 处国家级抗战纪念设施、遗址名录。

2011 年 11 月，晋绥边区革命纪念馆新馆落成，占地面积 1.67 万平方米，主体建筑面积 2974 平方米，展陈面积 6300 平方米，正式对外免费开放，推动了蔡家崖村红色旅游业的发展。

2016 年，围绕蔡家崖国家 AAAA 级旅游景区建设项目的实施，蔡家崖村完成“红色旅游一条街”改造工程，新增商业网点 25 个。从 1989 年到 2016 年末，蔡家崖村累计接待参观游客 400.58 万人次。

北坡村

民国 30 年（1941 年），晋西区党委驻设于北坡村，后因日军“扫荡”，区党委驻地几经变更。民国 31 年（1942 年）8 月，中共中央晋绥分局正式成立，于民国 32 年（1943 年）春由高家村迁驻北坡村。其间，晋西大众报社也曾迁驻北坡村。晋绥分局北坡旧址共 4 院，均坐北朝南，依山而建，占地面积 3 万平方米。2006 年 7 月，北坡晋绥分局旧址被公布为吕梁市级文物保护单位。2012 年 12 月，兴县人民政府投资 8073 万元，对北坡晋绥分局旧址历史风貌进行修复。2016 年工程竣工，共完成新建和修缮建筑面积 6800 平方米。工程包括广场、平台、院落 4200 平方米（5 个大院、12 个小院），村街步道 1500 平方米，环山路 525 平方米，停车场 2450 平方米。2016 年 6 月，中共中央晋绥分局北坡旧址被公布为山西省第五批文物保护单位。2013 年至 2016 年，该景点累计接待游客 6.34 万人次。

李家湾村

民国 29 年（1940 年）1 月中旬，晋西北军政委员会在静乐县娄烦镇成立（滕代远主持），贺龙任书记，关向应任副书记。4 月初，晋西北军政委员会领导、120 师司令部移驻兴县李家湾村（现属蔚汾镇）。同年 11 月 7 日，晋西北军区在李家湾成立。民国 30 年（1941 年）7 月 26 日，抗日军政大学第七分校在李家湾召开成立大会暨第一期开学典礼。

2006 年 7 月，李家湾革命旧址被公布为吕梁市级文物保护单位。

李家湾也是一个富有优秀传统文化的村庄，其道情戏和秧歌有着较早的历史。据《清·兴县志》记载："每逢节日良辰，城内四关及周村皆兴鼓乐、秧歌……道情鼓乐兼唱并舞，通三日，笙歌震天动地……"此后，李家湾道情不断传承、吸收黄河沿岸民间歌舞内容，逐渐形成新的独特的表演风格，成为晋西北地区道情艺术的代表，并被列为山西省和吕梁市"非物质文化遗产保护项目"。

碧 村

碧村位于高家村镇黄河东岸。北齐天保七年（556 年），兴县境域始置蔚汾县，县治设于碧村。至宋元丰八年（1085 年），合河县城因濒河地窄，东迁五十里于蔚汾水之上游川谷宽坦处（现址），复改名蔚汾县，后几经变更，至明洪武二年（1369 年）始改定为兴县。

民国 29 年（1940 年）4 月，120 师卫生部在碧村创办医训队。同年 11 月，晋西北军区卫生部在碧村成立，不久，军区卫生部和 120 师医训队迁驻陕西省神府县贺家川村。民国 30 年（1941 年）4 月，120 师医训队改建为晋西北军区卫生学校（驻神府县贺家川村），次年 8 月改称晋绥军区卫生学校。民国 35 年（1946 年）9 月，晋绥军区卫生学校返回兴县，分驻于碧村、任家湾村。同时，晋绥军区卫生部将直属医疗三所（由贺家川手术医院改建）迁驻兴县碧村作为卫校教学医院。同年冬，直属医疗三所先后扩建为国际和平医院第六分院（祁开仁为院长，晋希哲兼任医务主任）和白求恩国际和平医院第六分院（也称和平医院）。抗战和解放战争期间，在碧村驻设过的机构还有晋西北行署（1941 年 8 月移驻）、晋西区党委（1942 年 3 月迁驻）、晋绥边区公安总局、边区高等法院，新民主主义教育实验学校和洪涛印刷厂等。

高家村

民国 29 年（1940 年）5 月，晋西区党委移驻高家村（后在敌“扫荡”期间，驻地多次变更）。民国 33 年（1944 年）春，《抗战日报》（1940 年 9 月 18 日在石楞则村创办，毛泽东主席题写报头。同年冬，因日军“扫荡”，报社数度转移，不久迁驻神府县杨家沟村。1942 年 8 月，改为中共中央晋绥分局机关报）由河西神府县杨家沟迁驻兴县高家村。民国 35 年（1946 年）7 月 1 日，《抗战日报》改为《晋绥日报》。报社旧址占地面积 600 平方米，现存石窑洞 9 孔。历任社长为廖井丹、周文、郝德青、常芝青（1948 年接任郝德青），报社总编辑赵石宾、常芝青，副总编辑熊复均在该村工作生活多年。抗战和解放战争期间，在高家村驻设过的还有吕梁文化教育出版社（1940 年 9 月在此成立，1946 年春迁驻）、晋绥大众报社（1946 年迁驻）、《人民时代》、《人民画报》（1946 年 1 月）、七月剧社（1942 年春迁驻）、晋西文联、晋西师范学校、抗战学院（1941 年春移驻）、晋绥图书馆（1946 年 1 月移驻）等单位。2016 年 6 月，高家村晋绥日报社旧址被公布为第五批省级文物保护单位。

杨家坡

民国 29 年（1940 年）5 月 1 日，洪涛印刷厂初建于兴县石楞则村（今蔡家崖乡），主要印刷“西北农民银行”钞币，出于保密需要，厂名以山西省雁北洪涛山命名。同年 7 月至民国 34 年（1945 年）8 月，洪涛印刷厂先后迁驻陕北神府县路家南坬村和贾家沟村。民国 34 年（1945 年）9 月，洪涛印刷厂由陕北神府县贾家沟村迁至兴县杨家坡村（现属蔡家崖乡）。现存旧址建筑坐北朝南，占地面积 1409 平方米。民国 30 年（1941 年）冬，晋西师范学校也在此驻设。

赵家坪村

赵家坪村具有光荣革命历史。民国22年（1933年）冬，赵家坪村王玉枝，以贩麻皮生意作掩护，西渡黄河，在陕西省神木县高家塔村经共产党员高区旺介绍入党。次年，王玉枝受中共神木县委派遣回到赵家坪村发展党员，首批加入共产党的有赵补树、赵果清、赵黑小等。民国24年（1935年）5月，中共赵家坪党支部诞生，王玉枝任党支部书记，该支部隶属于中共神木县委特支领导。

李家梁村

位于黄河岸边的罗峪口镇。民国25年（1936年）3月31日晚，红28军军长刘志丹、政委宋任穷、参谋长唐延杰、红三团团长王兆相在天台山下的山坡村村民乔生永院子召开渡河突击队和艄公动员会，下达了东征渡河、歼灭阎锡山河防之敌的命令。之后，当地30多名船工用船（此前，时任神府特委负责后勤保障工作的王道三组织当地群众造木船5艘）将红军战士渡到黄河对岸，建立滩头阵地；大部分红军从采林出发，渡河后在东岸兴县李家梁村登岸，攻克敌碉堡，随后直捣罗峪口，全歼国民党守敌1个营，敌营长梁宏元被击毙。4月2日，红三团留在罗峪口村维持秩序。红28军将士北上横扫黑峪口河防之敌，转而折向南面的康宁、临县白文镇，红28军与徐海东率领的红15军团在白文镇会合，次日晨转至方山县圪洞地区，执行中央军委关于消灭晋西之敌的命令。

为纪念红28军东征渡河，中共兴县县委、县人民政府特在罗峪口镇李家梁村设立“红军东征登岸处”纪念碑，碑文记述了红军东征背景及渡河经过。

曹家坡村

民国25年（1936年）3月30日，东征红军第15军团（军团长徐海东、军团政委程子华）经由太原、娄烦、岚县转至兴县境内，其中军团直属手枪团由界河口北上，进逼黄河岸边的保德县，控制黄河渡口，掩护红28军渡河；并将此前作战伤兵400余人和缴获、筹集的物资运回神府革命根据地。

次日上午，红15军团主力前卫团在曹家坡村与国民党军阎锡山派遣增援兴县河防的晋军207旅温玉如部遭遇。经过一天激战，207旅大部被歼，温玉如率残部120余人逃到临县城内。4月5日，红15军团与红28军在临县白文镇胜利会师，次日转至方山县圪洞地区。

石楞则村

民国29年（1940年）春，晋西区委党校成立，7月在石楞则村（今属蔡家崖乡）举行首期党员培训。同年5月1日，洪涛印刷厂创建于石楞则村，民国31年（1942年）10月24日改称晋绥边区洪涛印刷厂。民国29年（1940年）9月18日，晋西区党委机关报《抗战日报》在此创办。反“扫荡”期间，该报社迁驻神府县杨家沟，后迁驻兴县高家村。

石岭则村

民国28年（1939年）12月，晋西南“七月剧团”到兴县后驻设于石岭则村（今属蔡家崖乡）；次年4月，决死四纵队前线剧社、塞北宣传队、民革剧社均在此并入七月剧团（1942年改为七月剧社）。战斗剧社也曾在这里驻设。民国29年（1940年）10月26日，《晋西大众报》在石岭则村创办（1945年改名《晋绥大众报》）。民国30年（1941年）9月，晋西北军区政治部等机关均驻设于石岭则村。民国31年（1942年），晋西区党委移驻石岭则村。

赵家川口村

抗战期间，部分晋绥边区机关驻设于赵家川口村（今属高家村镇）。其中有晋西北高等法院（1942年11月在赵家川口成立，次年改称晋绥边区高等法院）、晋绥边区行署（1943年11月）、晋绥军区卫生部、晋绥军区卫生学校、晋西北新华书店（1942年冬由神府县盘塘村迁来，后改为晋绥新华书店，抗战胜利后迁驻县城）等。

张家圪埚村

民国29年（1940年）2月，晋西区党委由临县移驻兴县张家圪埚村（今蔡家崖乡）牛王庙。1941年9月，新组建的晋西北民运干部学校移驻张家圪埚村。1946年晋绥分局党校恢复后驻设张家圪埚村。其间，晋绥军区供给部、军区特务团等机构也曾驻设于张家圪埚村。

马蒲滩村

民国31年（1942年）4月14日，抗日军政大学第七分校附设的“陆军中学”

在魏家滩举行成立暨首期开学典礼，共招收学员600多人，驻设于马蒲滩村（今属魏家滩镇），次年3月中旬，“陆军中学”随抗大第七分校迁离兴县西进陇东。民国34年（1945年）秋，晋绥军区后方医院驻设于马蒲滩村。之后该医院与碧村白求恩国际和平医院第六分院合并，部分驻马蒲滩村（以休养为主）。民国38年（1949年）春，碧村白求恩国际和平医院第六分院撤走后，驻设马蒲滩村的白求恩国际和平医院第六分院恢复晋绥军区后方医院名称，并分设三个所：一所（重外科）驻马蒲滩村；二所（轻外科）驻高家崖（今属魏家滩镇）；三所（普外科）驻西瓷窑沟（今属魏家滩镇）。同年冬晋绥军区后方医院撤离兴县南下。

小善、大善村

民国30年（1941年）2月至10月，敌“扫荡”时，晋西北军区司令部、政治部、供给部迁驻小善村，政治部、供给部等驻设于大善村和小善畔村（今属孟家坪乡）。

冯家庄村

民国29年（1940年）至民国30年（1941年），晋西区党委及领导人林枫等驻设于冯家庄村（今属高家村镇）。抗战期间，晋绥公安局等单位也驻设于冯家庄村。

郑家塔村

民国31年（1942年）3月，抗日军政大学第七分校迁驻于郑家塔村（总部设于此，今属瓦塘镇）及周边的马蒲滩村（今属魏家滩镇）、高家崖村（今属魏家滩镇）、裴家川口村（今属瓦塘镇）、裴家湾（今属瓦塘镇）等村。次年3月中旬，副校长喻楚杰率抗大第七分校及附设“陆军中学”千余人撤离兴县西进陕甘和陇东。

刘家曲村

民国36年（1947年）春，中共中央办公厅秘书处处长曾三率中央材料保管委员会及档案资料由延安转移至兴县刘家曲村（今属康宁镇），民国37年（1948年）4月，曾三率中央材料保管委员会及整理后的64箱档案离开刘家曲村，赴河北省建屏县（1958年并入平山县）西柏坡。

五龙堂村

民国29年(1940年)2月,晋西北军政干部学校在五龙堂村(今属蔡家崖乡)成立,招收学员150余人。同年5月,晋西北军政干部学校改称晋西抗战学院(校部设在兴县城西关郭家沟),主要培训县、区和学校干部,学员毕业后全部回原单位工作。学院下设行政、教育、民运3个队,学员每期160余人。至民国30年(1941年)9月,晋西抗战学院改为晋西师范学校(时移驻高家村)。晋西抗战学院先后培训各级干部360余人,时为晋西北最高学府。民国35年(1946年),重组建的晋西抗日青年干部学校驻设五龙堂村。解放战争时期,晋绥军区后勤部(供给部)也驻设于五龙堂村。

胡家沟村

民国29年(1940年)5月,晋西抗日青年干部学校在胡家沟(今属蔡家崖乡)成立。民国31年(1942年),晋西抗日青年干部学校并入晋西北军政干部学校。抗战和解放战争期间,晋绥军区司令部政治部和人民剧社(组建于1948年秋)、七月剧社、平剧社曾驻设于胡家沟村。

木兰岗村

民国29年(1940年)3月15日,晋西北公安总局在木兰岗村(今属蔡家崖乡)成立。民国37年(1948年)冬,晋绥边区人民剧社迁驻木兰岗村,次年夏撤走南下。

西坪村

民国30年(1941年)8月,晋西北临时参议会在西坪村(今属高家村镇)成立,民国38年(1949年)5月撤销。晋西文联、七月剧社(1946年1月移驻)等机构也曾驻设该村。

姚家会村

民国31年(1942年)春,晋西师范学校移驻姚家会村(今属瓦塘镇)。

张家湾村

民国31年(1942年)10月19日,鲁迅艺术学院晋西北分院在张家湾村成立。

任家湾

民国30年(1941年)秋,晋西大众报社迁驻任家湾村(今属高家村镇)。

次年4月至9月，时任中共中央政治局委员、中央书记处总书记的张闻天率延安农村调查团在兴县碧村、任家湾、黑峪口、中庄、高家村、西坪、赵家川口等14个村进行调查研究，写成《兴县二区十四个村的土地问题研究》。其间，张闻天居住于任家湾村。民国35年（1946年）9月，晋绥军区卫生学校返回兴县后分驻于碧村和任家湾村。

黑峪口村

高家村镇黑峪口村是黄河古渡，兴于明代，在最繁盛的时候，人口达到2000多人。黑峪口被辟为渡口后，南来北往的商客络绎不绝，天天有长船往来运送货物。逢到赶集的日子，码头船帆云集，商铺、饭馆、车马旅店林立；街道人流如潮，摩肩接踵……

黑峪口不仅以物资流通而闻名远近，而且因为兴学办学而名垂后世。早在民国8年（1919年），这里就成立了晋西北第一所国民女子学校。在20世纪二三十年代，黑峪口村在外读书的就有20余人。

黑峪口是早期共产党员、著名士绅刘少白的家乡 。民国25年（1936）4月2日，东征渡河的红28军战士部分留守罗峪口，部分北上横扫黑峪口河防之敌，转而折向南，一路所向披靡。

抗战期间，黑峪口成为沟通晋绥边区与陕甘宁边区往来和储运战略物资的重要渡口，曾为陕甘宁边区运送粮食、布匹、药品等战略物资和生活必需品，护送八路军和党员干部过往，为打破国民党反动派对陕甘宁边区的经济封锁，保卫延安党中央，保卫陕甘宁边区发挥了巨大作用。其间，这里还曾驻设兴县农民银行、晋西北农民银行、晋绥分局党校、七月剧社等机构。

庄上村

民国35年（1946年）4月8日，在庄上村北、黑茶山南麓发生空难，王若飞（时任中共第七届中央委员、中共中央南方局副书记、政协会议中共代表）、秦邦宪（时任中共第七届中央委员，解放日报社社长、政协宪草审议委员会中共委员）、叶挺（原新四军军长，获释后受命参加国共整军谈判）、邓发（时任中央职工委员会书记、解放区职工代表，世界工联理事会理事、执委会候补执行委员；参加世界职工代表大会归来）、黄齐生（贵州教育家，爱国民主人士，代表延安各界慰问“较场口事件”受伤人士归来）等17人遇难（史称“四八”烈士）。1965年5月24日，“四八”烈士殉难处（飞机撞山处）被山西省政府公布为第一批“省级文物重点保护单位”。20世纪80年代初，县民政局在庄上村建立“四八”烈士纪念馆，为坐北朝南的砖木结构四合院仿古建筑，建筑面积300余平方米。正北5间房为展厅，设有王若飞等烈士灵位、遇难经过、烈士生平事迹简介及党和国家领导人题词、挽联。展厅两侧另有两块烈士遇难经历及生平简介石碑（均为1946年县政府所刻制，原陈放于寨上村“四八”烈士祠）。2004年12月，兴县“四八”烈士纪念馆被列入中共中央办公厅、国务院办公厅《2004—2010年全国红色旅游发展规划纲要》的红色旅游经典景区。2009年12月，该馆被山西省委、省政府命名为“山西省爱国主义教育示范基地”。

2010年10月，“四八”烈士纪念馆新馆（位于旧馆北面）落成。新馆由主馆和副馆两个展馆组成，总建筑面积5055平方米，总展陈面积5780平方米。其中，主馆坐北向南，展陈面积3680平方米。一层为序厅和“四八”烈士空难事件展厅，展示了“四八”空难事件发生的背景、遇难经历、晋绥边区善后搜寻烈士遗体遗物、举国沉痛悼念英烈等内容；二层为烈士生平及历史功勋展厅，馆内陈列着遇难烈士王若飞、秦邦宪、叶挺、邓发、黄齐生烈士生前革命活动史料和图片等；副馆为航空展馆，位于新馆与旧馆东部，坐东向西，展陈面积2100平方米，展陈与失事飞机同一机型的C–47运输机及航空航天科技知识。

景区还配套建设停车场、洗手间，共6000平方米，登山步行道5公里、旅游公路10公里，周边绿化2万平方米。2013年11月，“四八”烈士纪念馆被中共吕梁市委命名为吕梁市首批“爱国主义教育基地”。至2016年末，庄上村“四八”烈士纪念馆累计接待游客34.84万人。

寨上村

寨上村位于黑茶山西南麓、东会乡政府西侧5公里，距兴县县城60公里。2016年，全村423户、1180人，其中劳动力397人；耕地面积2800亩、林地面积4950亩；年人均纯收入5216元，实现整村脱贫。

2011 年，中共兴县县委、县人民政府在寨上村西凤凰岭下新建晋绥解放区烈士陵园新区，占地面积 300 亩，整体建筑坐北面南，由四大部分组成：自下而上，第一部分为“军号亭”，亭台之上陈放一支铜质仿真军号；第二部分为高大巍峨的汉白玉牌坊，上刻原晋绥老干部段云横书“浩气长存”四个大字，两侧书“黑茶山永铸烈士丰碑，湫水河长歌英雄伟绩”；第三部分为陵园中心，建有纪念塔，上面镌刻毛泽东题写的“晋绥解放区烈士塔”和晋绥领导人贺龙、李井泉、林枫、武新宇的题词，纪念塔北面是用黑色大理石建造的弧形“烈士英名墙”，东西长 36 米，上面镌刻着 1949 位烈士姓名、籍贯、所在部队番号和牺牲时间；第四部分为烈士公墓、汉白玉碑群及 3 组战斗群雕（共长 40 米），至 2016 年，陵园新区共收葬 595 位晋绥烈士遗骨。整个陵园庄严肃穆，气势恢宏，是一方凭吊英烈、启迪后人的圣地。

第二节　经济与社会发展特色村

东关村

蔚汾镇东关村，全村有 958 户、3644 人人，2800 亩耕地（均为 2008 年数据）。1989 年以来，东关村党支部一班人针对本村人多地少的客观情况，努力解放思想，发展多种经营模式，形成了适宜群众增收脱贫的产业格局。养殖业与林果业并驾齐驱。1992 年至 1993 年，全村年均存栏大畜 35 头、生猪 343 头、羊 92 只、肉鸡 2613 羽；经济林面积达到 300 亩，年产苹果、梨 3.2 万千克。1997 年，全村笼养鸡存栏达到 2 万羽，年创收 5 万元。2005 年至 2006 年，全村从事养牛、养猪、养鸡专业养殖户共 9 户，年创产值 32 万元。村办工业蓬勃兴起。1992 年，全村有铁厂 2 座、焦化厂 3 座、水泥厂 1 座、铸造车间 1 个、耐火材料车间 3 个，年产生铁 1.2 万吨、焦炭 2 万吨。大力发展商贸、运输服务业，拓宽村民增收途径。2002 年，全村有 53 户从事商业经销和餐饮业，年营业额达到 370 万元，年利税达到 97 万元。2003 年，全村有 55 户从事商业经销和餐饮业，年营业额达到 156 万元，实现利税 85.5 万元。该年，村委筹资 5600 多万元，先后建成东风购物大厦和占地 1.2 万平方米的客运中心。其中东风大厦建筑面积 1.8 万平方米，建成商铺 250 个，村集体年均收取租赁费 600 万元；客运中心于 2008 年 4 月投运，村集体年均收入 50 万元。2006 年，全村有 367 人从事商贸服务业，其中东风购物大厦商业经销 260 人，旅馆、沐浴、餐饮业 16 户，年均销售额 1 亿元，社会总产值 2.5 亿元；村民年人均纯收入 4500 元，其中，集体经济年人均可支配收入 150 元。2002 年至 2005 年，全村交通运输业年均营业额 173 万元，年均利税 45 万元。2002 年至 2005 年，全村修配业年均营业额 12 万元，年均利税 5.8 万元。

东关村在发展经济的同时，十分重视村民的社会福利事业。1992 年创办村敬老院，至 2014 年，共赡养“五保”老人 12 人。1993 年，该村给全村 16 名优待对象（老八路、解放战争时期复退军人、现役军人）每人 2500 元优待金。1990 年至 2014 年，该村 4 次为 400 多户贫困户发放白面 387 袋（9675 千克）、现金 3000 元。2000 年以前，该村对烈军属、复退军人不能参加劳动者每年定补 3200 元。从 1990 年起，该村对 65 岁以上村民每月补助由 10 元提高到 15 元；对 65 岁以上担任过生产队长（含副队长）、村委主任（含副主任）、村党支部书记（含副书记）职务者，分别根据任职年限（分 5~10 年、10~20 年）给予每月 20 元至 65 元不同档次的补助。

西关村

蔚汾镇西关村，全村有 1385 户、人口 4365 人，劳力 2100 人，有耕地 3442 亩（均为 2014 年数据）。到 2014 年末，该村年人均纯收入达到 5267 元，比 1993 年年人均纯收入 2000 元增长 1.6 倍。

西关村经济发展的特色体现在两个方面：坚持农牧业同步发展，不断增强经济活力。该村虽然人均耕地仅 1 亩左右，但从 1993 年至 2014 年，年均粮油产量 54.36 万千克、蔬菜产量 82.5 万千克；到 2014 年，全村经济林总面积达到 1200 亩，年产水果 10.6 万千克。1990 年至 1993 年，全村有笼养鸡养殖 3 户，年均存栏蛋鸡 6000 羽，年均增收 50 万元；2014 年，全村笼养鸡场增至 5 个，存栏蛋鸡 6000 羽，年创收 70 万元。坚持工商业同步发展，不断拓宽收入来源。1993 年，全村有民办工业企业 8 户，从业 905 人，占到劳力总数的 62%；年总产值 2040 万元，创收 242.5 万元。其中制砖厂年产机砖1240万块，实现利税12万元；有建筑工程队10户，从业200人（含工程师和工程技术人员117人），年创利税100余万元。1995年，西关村有村办铁厂3座，年产生铁2万吨、焦炭1.5万吨，年创利税13.5万元；1994年至1995年，村办建筑工程队完成三项建筑施工任务，建筑总面积7265平方米，创产值610万元。1993年，全村共有商业网点100户，营业额500万元，年创收400余万元。2000年后，全县生铁、煤焦等产业被取缔，但制砖、建筑施工和商贸服务业仍然成为西关村群众增收脱贫的坚强支撑。到2014年末，全村商贸服务业主（门店）增加到291户（其中商业经销门店230户、宾馆酒店21户、餐饮业20户，陈醋、豆腐、油坊、粉坊等食品加工业20户），从业人员扩大到1000余人，全年经济总收入达到2382万元，人均增收2.38万元。

从改革开放开始至1993年，西关村集体每年筹集一定的资金用于烈军属、复退军人、因公伤残人员、“五保户”、退居二线老干部、困难户、60岁以上村民补助和村干部、民办教师工资。

1989年7月22日，西关村委南沟门前遭受特大暴雨洪灾袭击，死亡26人，冲毁、淹没房屋窑洞151间（孔），冲走牲畜50头，冲走粮食4.35万千克，冲走家电、家具3195件（台、辆），直接经济损失135万元。灾后，省、地、县及镇村领导立即赶赴现场，开展抗洪救灾工作。

其中吕梁地区民政局拨发慰问款3200元，兴县县政府帮助重灾家庭32户132人解决了安葬费、粮食、灶具、衣被和医疗费3万余元；西关村委党员干部捐款5880元，全县机关企事业单位及兄弟村委共捐款14.18万元，及时发放灾民。

狮子洼村

蔡家会镇狮子洼村地处兴县西南、黄河东畔，全村224户、595人，占有耕地2700亩，其中红枣和其他果木经济林920亩。

狮子洼村历史悠久，其始祖蔡守贵、蔡守威兄弟（籍河南省上蔡县），于明洪武年间避乱逃荒落脚狮子洼村，事农为生。在五六百年的漫长发展中，蔡氏秉承耕读传家、尊儒重教、崇贤尚善的优良传统文化和美德，勤劳苦干，创业兴家，不断走向昌盛。进入改革开放的新时代，全村干部群众艰苦奋斗，脱贫攻坚，经济社会得到新的发展。2016年，全村农民人均纯收入突破3260元，贫困人口由2014年的83户209人减少到2户4人，贫困发生率由36.8%下降为0.67%，全村整体告别贫困。村党支部连续12年（2004—2016年）被评为吕梁市“五星红旗支部”。重视文化教育是全村的优良传统。从抗日战争到2016年，全村先后走出研究生和大专毕业生52人（其中研究生12人，本、专科学历40人），其中县处以上干部29人、科级干部23人；另有成功企业家7人。

20世纪30年代，村民蔡海胜、蔡江青等民间艺人组建起狮子洼道情剧团，演出剧目有《小放牛》《蛤蟆娃》等。1958年，由村人蔡海胜、蔡江青等在原道情班基础上组建了狮子洼晋剧团。每年正月村里男女老少闹红火，或扭秧歌，或唱晋剧、唱道情。此外，该村每年春节、元宵节期间都要举办“灯油盛会”，亦即“人口平安大会”，男女老少扭秧歌、唱大戏、转九曲，期望一年风调雨顺、人畜平安。

第三节　部分村庄经济与社会发展综合情况

2016年，全县17个乡镇辖375个建制村。现根据统计资料汇总了其中6个乡镇88个村的人口、耕地基本情况，农民人均年纯收入情况，社会保障情况，经商与劳务输出情况，1989年至2016年考取大专和中专、技工学校情况，这些具体情况直观地反映了全县部分村庄的发展面貌。

2016 年兴县部分建制村综合情况统计表

表 1-4-3-1

乡镇	建制村	2016 年基本情况					1989—2016 年			2016 年	
		人口（人）	耕地面积（亩）	年人均纯收入（元）	村民各种机械、车辆数（台/辆）	享受合作医疗、养老、五保供养人数（人）	考取大专院校人数（人）	中专、技工、职业中学人数（人）	参加农技护工培训数（人）	本县从事工商人数（人）	县外务工人数（人）
魏家滩镇	魏家滩	2588	2446	4286	212	2155	28	46	12	21	488
	程家塬	380	2700	2167	30	57	3	10	8	5	154
	白家沟	991	4855	4514	23	279	13	12	19	6	318
	高家崖	1666	5469	2913	15	372	10	80	8	10	310
	薛家沟	335	1100	4198	23	89	12	8	5	6	158
	王家畔	1295	8600	4287	74	379	85	98	35	58	424
	白家塔	921	5108		920	13	37	5	40	4	189
	木崖头	1188	5600	3780	13	345	65	12	4	3	240
	黄家沟	739	1745	5549	20	148	25	50	6	5	180
	西瓷窑沟	872	6276	3250	21	98	27	19	6	7	510
	范家疃	856	2137	2615	30	79	25	18	5	23	262
瓦塘镇	瓦塘	2100	3505	3750	103	1769	60	43	13	45	560
	王家峁	1300	3032	3800	15	1203	25	45	15	30	150
	前石门	860	3072	3630	38	771	30	28	7	50	350
	后石门	1270	4258	3650	26	1181	31	18	8	41	360
	裴家津	530	2808	3680	23	494	32	26	7		190
	后北会	620	2809	3620	5	460	25	20	4	2	218
	张家洼	300	1681	3680	6	260	4	6	5		43
	后南会	560	3546	3560	5	450	5	6	6	3	83
	郑家塔	1890	4604	3630	33	1425	29	22	13	32	280
	圪针龙	500	2398	3630	2	443	16	6	5	3	205
	杨家塔	606	4453	3520	2	542	11	20	3		280
	刘家峁	568	1973	3650	18	479	6	7	8	1	175
	赵家塔	1000	3589	3980	28	927	6	5	6	13	295
	武家塔	840	1975	3960	7	716	21		6		290
	前彰和塬	580	1590	3360	6	487	15	7	6	16	150

续表 1-4-3-1

乡镇	建制村	2016年基本情况					1989—2016年			2016年	
		人口（人）	耕地面积（亩）	年人均纯收入（元）	村民各种机械、车辆数（台/辆）	享受合作医疗、养老、五保供养人数（人）	考取大专院校人数（人）	中专、技工、职业中学人数（人）	参加农技护工培训数（人）	本县从事工商人数（人）	县外务工人数（人）
瓦塘镇	柳叶村	1100	6354	3350	6	857	20	6	9		180
	姚家会	765	2135	3360	15	714	20	10	8	40	180
	裴家湾	633	1435	3450	5	566	38	53	4	5	310
	任家湾	556	1312	3260	7	435	6	4	3	15	120
	兴 汉	579	4515	5300	12	548	1	6	4	2	80
	沙沟庙	545	1529	4260	35	499	16	18	9	18	295
	裴家川口	1068	2674	3350	25	764	62	75	9	81	205
	后彰和墕	845	3499	3350	16	707	32	33	11	5	310
	康 宁	2157	4875	2900	110	174	48	35		15	1000
康宁镇	刘家曲	856	3295	2900	35	71	35	21		8	400
	苇子沟	287	1855	2960	15	16	15	9		3	150
	王家会	634	2140	2960	15	45	11	13		15	300
	曹家坡	1461	3935	3050	80	82	15	21		11	600
	舍家墕	457	1860	2980	25	40	11	8		2	260
	安家庄	1060	3035	2900	75	68	20	11		2	500
	前 沟	690	2380	2985	40	22	10	5		1	260
	刘家庄	1683	4670	2850	60	133	11	12		3	540
	胡家庄	961	3070	2860	28	21	5	9		3	480
	油房沟	606	2140	2890	10	39	3	2		1	300
	寺坡底	512	2430	2980	11	48	3	3		2	310
	花 子	1692	4025	3100	78	92	16	9		4	700
	新 庄	1374	3460	2680	50	22	9	2		3	500
	穆家墕	383	1440	2900	6	15	2	1		1	150
	鹿家岔	518	2310	3010	19	16	9	7		3	300
	任家塔	805	2190	2850	21	16	11	2		4	480
	乌 门	192	1330	2910	5	21	2	1		2	80
	薛家沟	422	2330	2900	6	13	4	3			200

续表 1-4-3-1

乡镇	建制村	2016年基本情况					1989—2016年			2016年	
		人口（人）	耕地面积（亩）	年人均纯收入（元）	村民各种机械、车辆数（台/辆）	享受合作医疗、养老、五保供养人数（人）	考取大专院校人数（人）	中专、技工、职业中学人数（人）	参加农技护工培训数（人）	本县从事工商人数（人）	县外务工人数（人）
康宁镇	刘魏家沟	532	2860	2900	7	20	3	2		2	260
	王家圪台	685	3040	2900	11	27	4	5		3	300
高家村镇	高家村	2024	6525	3000	20	1379	65	35	18	60	580
	西 坪	1129	4454	3000	18	1000	30	20	10	20	260
	赵家川口	1928	9015	3000	30	1495	58	30	17	65	480
	张家湾	1088	2423	3000	12	864	28	18	12	40	270
	冯家庄	628	5161	3000	5	432	21	10	6	28	160
	碧 村	911	2941	3000	9	746	22	13	9	35	210
	黑峪口	824	4170	3000	12	709	20	12	8	30	160
圪达上乡	圪达上	1108	4833	3880	53	998	36	52	8	23	302
	杨角角	452	4297	3962	36	412	25	41	4	12	181
	洛家角	803	5491	3850	42	722	28	38	6	8	253
	牛家川	436	3093	4200	39	396	24	32	4	13	112
	佛 堂	513	3928	3960	35	461	32	39	4	8	152
	芦山墕	912	4108	4010	68	826	53	58	6	11	289
	大峪口	708	2422	3900	20	643	21	52	4	16	146
	白家山	826	3753	3950	38	746	28	46	6	12	208
	河 上	523	3271	3860	20	475	22	38	4	9	123
	募 强	1150	5596	3890	32	1038	36	62	8	11	312
	马家山	738	4171	3920	26	668	32	46	6	10	192
固贤乡	固 贤	2282	4620	3280	375	2282	50	350	400	15	200
	甄家庄	1620	4500	4800	40	1620	85	150	32	20	370
	吴 城	1239	4795	4365	8	1239	16	22	21	5	436
	郑家岔	137	1260	6700	13	131		2	11		78

第二编

自然环境

兴县境内地层发育较齐全，从太古宇至元古宇、显生宇都有分布、出露。其中，太古宇包括界河口群；元古宇包括古元古界、中元古界、新元古界，有野鸡山群、黑茶山群；显生宇包括古生界、中生界和新生界，其中古生界有寒武系、奥陶系、古炭系、二叠系；中生界有三叠系；新生界有第三系和第四系。

县境地貌分为中低山区、低中山区、黄土丘陵区和河川宽谷区；东部为剥蚀溶蚀构造地形的土石山区，占全县总面积的36%，西部为侵蚀堆积地形的丘陵河谷区，约占全县总面积的6.3%。

县境有山丘3300多座，主要山峰有白龙山、黑茶山、大坪头山、二青山、紫金山（主峰大度山）、双双山、石楼山、石堠山8座。有河流74道，主要河流有黄河、岚漪河、蔚汾河、南川河、湫水河、岚尾河（后改为交楼申河）6条。

兴县属北温带大陆性季风气候，四季分明。因地势东高西低，全县气温水平分布由西向东递减，形成东部寒凉，西部热暖的明显气候差异。总的特点是：气候温和，热量丰富，光照充足，降水较少，且在时空分配上极不平衡。降水特点为夏、秋季雨水高度集中，9月份有时出现连阴雨天气。全县多年年均气温8摄氏度，年均降水量500毫米左右。

兴县土地总面积3168平方公里，折合475.2万亩，人均18.5亩。其中耕地面积126.3万亩（2016年），农村人均耕地约7.3亩（以2016年全县农村户籍人口173731人计），高于全国、全省和吕梁市相邻县水平。全县地表水和地下浅层水资源总量2.11亿立方米，人均941立方米，占全国人均水平（2012年统计全国人均水资源占有量为2100立方米）的44.8%，是全省、全市人均水平的1.8倍。

县境探明的矿产资源有20多种，其中煤炭储量461.54亿吨，煤层气预测储量502亿立方米；铝土矿资源分布于河东煤田东部边缘第三成矿带，埋深500米以内面积254平方公里，预测资源储量6亿吨，已查明含铝土矿面积143.91平方公里，储量3.54亿吨；白云岩矿区面积30平方公里，储量数20亿吨；花岗岩、大理岩、石英岩储量约80亿立方米，石灰岩预测储量1000亿吨以上；陶瓷黏土、砖瓦黏土分布县境各处。

县境林草总面积228.96万亩，其中天然林草面积157.1万亩，人工林草面积71.86万亩。主要动物资源有4个类别25目55科125种，并有褐马鸡、黑鹳、金雕等国家一级保护动物，有金钱豹和原麝等国家二类保护动物。

县境主要自然灾害有干旱、暴雨、洪涝、雹灾及低温冷害等。

第一章 地质 地貌

第一节 地 质

地 层

兴县境内地层发育较为齐全，从太古宇至元古宇、显生宇均有出露。

太古宇 界河口岩群——1959年至1962年，由北京地质学院山西实习大队命名。命名地点在山西岚县界河口，代表性剖面位于界河口—小蛇头（今属岚县）、阳湾子（兴县交楼申乡）—贺家湾（兴县东会乡）。《中国地层典》根据《山西省区域地质志》和山西省地质矿产局区调队地层清理小组最新意见，对“界河口岩群”的定义为：“吕梁山中北段早前寒武系下部的群级岩石地层单位，由夕线二云片岩、白云片岩、变粒岩夹石墨大理岩及少量石英岩、斜长角闪岩所组成的组合复杂、厚度较大的中高级变质岩系，包括成层有序的圆子坪组、阳坪上组、贺家湾组以及成层无序的奥家滩岩组、黑崖寨岩组和长数山岩组，其下未见底。”

圆子坪组：分布于东会乡境，主要由含石榴斜长角闪岩夹石英片岩、含石榴透闪片麻岩构成，厚120米，其下因片麻岩侵入而未见底，原岩相当泥灰岩夹砂岩。

阳坪上组：分布于东会乡境，下部以薄板状长石石英岩、灰白色—杂色含石墨大理岩夹条带状黑云透辉变粒岩、透闪透辉变粒岩及石英岩为主。上部以黑云变粒岩夹灰白色大理岩及薄层透闪石大理岩为主，共厚800米。其下与阳坪上组呈整合接触，原岩相当石灰岩、钙质石英岩和石英砂岩。

贺家湾组：分布于东会乡境。其下与阳坪上组呈整合接触，以本组底部夕线二云片岩的底面为界。它是一套片岩和变粒岩为主的岩石组合，上部以富铝片岩（含石榴夕线二云片岩）为主夹黑云变粒岩；下部以含石榴石夕线石二云片岩夹含石榴石透辉符山石石英岩为主，部分地段为含石榴石二云石英片岩及绿泥白云石片岩，总厚度大于500米。这套片岩条带构造发育，条带主要由粉砂质—泥质组成，常有小冲刷面，经变质而成变粒岩—夕线二云片岩。这种沉积，有可能是浊流成因，但其中不时出现大理岩又像滨海—浅水环境的产物。

奥家滩岩组：分布于交楼申至东会以东一带，层位不确定。主要由白云母石英片岩、二云片岩、黑云变粒岩组成，夹少量大理岩和石英岩，常产出于各类片麻岩之间，厚度5190米。

黑崖寨组：分布于恶虎滩至牛家坪一带，层位不确定，以斜长角闪岩为主，夹石英岩、长石石英岩和大理岩，常产于片麻岩之间，与其他岩组的关系不清，厚度2490米。

长数山岩组：层位不确定，主要由含石墨粗品大理岩、蛇纹大理岩及橄榄大理岩组成，偶夹变粒岩、斜长角闪岩或夕线片岩。长数山岩组常有工业石棉矿床产出，有的岩组显示石墨矿化和夕线石矿化，但尚未见到工业矿体。

元古宇　包含古元古界、中元古界、新元古界。野鸡山群——北京地质学院山西队于1959年至1961年创名，山西省地质局区调队1972年发布，命名剖面位于山西省岚县岚城镇坪儿上村，参考剖面位于兴县刘家圪台，该群分布于北起山西省宁武县芦草沟，向南经岚县野鸡山，直到离石县马头山，呈南窄北宽的狭长带状，出露面积约550平方公里。分别为3个组（青杨树湾组、白龙山组、程道沟组）。其中，青杨树湾组为一套长石石英岩为主的变碎屑沉积岩，底部有不稳定的变粒岩，上部夹有千枚岩。根据沉积旋回分为2个亚组：下亚组以底部变砾岩、含砾石英岩—长石石英岩—石英岩—变粉砂岩—千枚岩为一个沉积旋回；上亚组由变砾岩—长石石英岩—千枚岩或变粉砂岩组成一个沉积旋回。近顶部可有变基性火山岩，底部可见残积变质赤铁矿和沙金，厚约2930米。白龙山组，以变玄武岩为主，夹少量千枚岩、长石石英岩，局部夹变流纹岩和薄层大理岩。变玄武岩保留有完好的气孔和杏仁构造，组厚约1635米。程道沟组，以条带状黑云千枚岩为主，其次为钙

质石英岩、钙质黑云石英岩和含黑云石英岩。小韵律层沉积构造发育。组厚约 870 米。该群遭受低绿片岩相区域低温动力变质作用及一次区域性褶皱变形作用，形成了区域复向斜构造。青杨树湾组的原岩为沉积砾岩、石英砂岩类、粉砂岩和泥质岩，属海陆过渡相；白龙山组原岩以玄武岩为主，夹粉砂岩、页岩、碳酸盐岩，属水下凹地火山喷发环境；程道沟组原岩以粉砂岩、页岩为主，韵律构造特别发育，属泄湖相沉积环境。该群复向斜东翼不整合在赤坚岭杂岩之上，西翼不整合在界河口群之上。

黑茶山群——1967 年至 1971 年，山西省地质局区调队将黑茶山石英岩命名为黑茶山群，时代划在古元古代（1972 年，山西区调队发布）。该群仅出露于兴县黑茶山区，面积小于 20 平方公里，原岩主要为长石石英砂岩，其次为含砾长石石英砂岩、沉积砾岩等，厚度大于 1080 米。1989 年，山西地矿局根据山西省地质局区调队意见，将该群自下而上分为 6 层。其中第一层为变砾岩夹绢云石英岩，厚约 40 米；第二层为变砾岩，厚约 6 米；第三层为含砾长石石英岩，厚约 96 米；第四层为变砾岩，厚约 12 米；第五层为含砾长石石英岩，厚约 44 米；第六层为长石石英岩，厚约 882 米。该群原岩主要为长石石英砂岩，其次为含砾长石石英砂岩、沉积砾岩等。其上被寒武系底部“霍山砂岩”不整合覆盖，与下伏太古宇界河口群呈不整合接触。

显生宇　分古生界、中生界和新生界。其中古生界有寒武系、奥陶系、石炭系、二叠系；中生界有三叠系；新生界有第三系和第四系。

县境寒武系地层分布于恶虎滩至岚县界河口一带，发育有中统和上统，多为海相沉积。中统徐庄组，为暗紫色砾岩、石英砂岩、页岩、钙质粉砾岩以及鲕状灰岩和泥质灰岩，厚度 30~39 米；张夏组，为浅灰色和鲕状灰岩、致密结晶灰岩和藻灰岩，岩性标志明显，底部与下伏馒头组整合接触；顶部与上覆崮山组为连续沉积，总厚度在 690~806 米之间。本组包括 3 个三叶化石带，时代为中寒武世张夏期。该组分布遍及整个华北地台，岩性相当稳定，鲕状灰岩为其明显特征。在晋西北等地区也夹有页岩和竹叶状灰岩。

县境奥陶系地层分布于固贤、车家庄、魏家滩以东一带，出露下统和中统，为一套海相碳酸盐岩沉积。其下统冶里组，由厚层灰岩、泥质灰岩组成，夹竹叶状灰岩及黄绿色页岩，其与下伏上寒武统凤山组之间界线不易区分，一般以含三叶虫的竹叶状灰岩夹泥质灰岩的出现与下伏凤山组顶部含三叶虫等薄层灰岩夹黏土质灰岩相区分；顶部以上覆亮甲山组底部豹皮泥质白云质灰岩的出现为分界标志，上下均为假整合接触。

其中统分马家沟组和峰峰组。马家沟组，主要由厚层块状灰岩、豹皮状灰岩、白云质灰岩夹白云岩、泥质灰岩、底部夹角砾状白云质灰岩、白云岩组成，该组岩性稳定，分布广泛，山西大部分区域均有分布（兴县分布于奥家湾以北至保德以南地区）。峰峰组，分上、下两段，下段为角砾状灰岩、泥灰岩、白云质灰岩、含石膏假品白云质灰岩；上段以厚层灰岩为主，下部夹白云质灰岩，上部夹角砾状灰岩。底部以角砾状灰岩的出现与下伏马家沟组区分。该组主要见于华北地台中部山西（兴县木崖头、贺家圪台）、河北（井陉）、安徽（萧县）、河南（博爱）、陕西（韩城、富平）等区域。岩性稳定，但厚度变化较大，薄者仅有数米，厚者可达222米（兴县贺家圪台一带出露厚度57~68.54米）。

县境石炭系地层分布于马蒲滩、贺家圪台及二十里铺一带，发育有中统和上统，多为海相和海陆交互相沉积。其中中统本溪组，由页岩、砂岩夹薄层海相灰岩组成，或夹薄煤层。底部大多有一段含铁紫色页岩，常形成鸡窝状不规则的铁矿层和铝土页岩、铝土矿层。在命名剖面上，下部为厚15米的紫色页岩夹铝土矿层；中部为黄色砂岩、砂质页岩夹页岩、薄煤层，厚71.6米；上部为黄色页岩，细砂岩夹铝土页岩，含有一层石灰岩，厚约60米。本溪组属早石炭世晚期至中石炭世早期。该组岩性较稳定，所夹灰岩均为薄层状或透镜体，深灰至黑色，多含泥质；所含煤层，极少可采。本组底部铁矿和铝土页岩，前者称“山西式铁矿”，后者常形成重要铝土矿，储量丰富，矿质优良。本组地层厚度变化较大，晋西北厚30~40米，太原厚40~50米，晋东南不超过30米。本组与上覆太原组一般为整合接触。上统太原组，为海陆交互相含煤沉积，由砂岩、叶岩、炭质页岩、煤层及石灰岩组成，自下而上可分为两段：第一段底部为灰白、灰黄色的粗粒石英杂砂岩，向上依次为砂质黏土岩、页岩、煤层（13号煤）、长石石英杂砂岩、粉砂岩和泥岩等。

其中 13 号煤煤质较好，煤层厚度为 3.8~19.2 米，本段平均厚度为 59.2 米。第二段下部为灰黄、灰白色的中细粒石英砂岩，局部含有砾石，厚度超过 10 米；中部为深灰色的砂质黏土岩，炭质泥岩和细砂岩，夹 1、2 层煤线；上部为细砂岩和砂质泥岩互层。本段平均厚度为 60.7 米。

太原组与下伏本溪组在绝大部分地区为整合接触，与上覆地层山西组一般为假整合接触。

县境二叠系地层分布于白家沟、城关（今蔚汾镇）、贺家圪台、固贤一带，发育有下统、中统和上统。

其中下统有山西组，清宣统三十三年（1907 年）命名，时称山西系，包括山西晚古生代含煤地层和其上红色砂岩层，整合于寒武系—奥陶系之上，上覆地层不明。广义的山西系大致相当于现今的本溪组、太原组、山西组、石盒子组和石千峰组之和。民国 11 年（1922 年），李四光把山西系范围缩小，认为山西系的时代不会早于中石炭世，也不会晚于晚二叠系。1955 年，根据有关专家意见，山西系改称山西统。1957 年，山西统改称山西组。《中国地层典》表明：山西组只代表原山西系的上部（自北岔沟砂岩之底至骆驼脖子砂岩之底）。该组地层特征主要由陆相沉积砂岩、页岩、黏土岩组成，分为上下两段：上段北岔沟段，自北岔沟砂岩的底界起，上至 3 号煤层顶的舌形贝页岩止，为一套灰白色粗粒石英杂砂岩夹岩屑长石石英杂砂岩与细碎屑岩的互层，其间夹几个主要煤层；下段下石村段，下自舌形贝页岩顶面的长石石英杂砂岩，上至骆驼脖子砂岩之底，主要为细碎屑岩与煤层的互层，其中 2 号煤为主要可采煤层之一，其顶板有一层夹菱铁质泥岩的透镜体，即铁磨沟灰岩下石村灰岩。此组与下伏太原组及上覆石盒子组均呈整合接触，在太原西山发育最好，一般厚 50~70 米。

中统有下石盒子组，民国 11 年（1922 年）命名，命名剖面位于太原东山陈家峪石盒子沟。本组为一套砂岩、页岩、煤和含锰铁质河流相碎屑岩，其范围从“骆驼脖子砂岩”（骆驼脖子杂砂岩）开始，至“桃花页岩”之顶，厚 79~170 米。

上统共 3 组。上石盒子组：民国 11 年（1922 年）命名，命名剖面位于太原市东山陈家峪石盒子沟。本组为一套杂色砂岩、泥岩、燧石层夹少量薄煤层和泥灰岩，包括3个岩段：第一岩段以灰黄、黄绿色岩层为主，含铁锰质岩，一般有5个沉积韵律；第二岩段以黄绿色长石杂砂岩、石英杂砂岩为主，夹杂色砂质泥岩、页岩、铝土质页岩，构成5个沉积韵律，底界砂岩厚层状含砾砂岩；第三岩段含较多的杂色、紫色或蓝紫色泥岩、砂岩和燧石层，大致构成6个沉积韵律，与下伏下石盒子组为整合接触，局部假整合接触。本组代表华北陆块陆源碎屑沉积。孙家沟组；1955年命名，剖面位于山西省宁武县孙家沟。本组在太原一带为紫红色、灰紫色的泥岩，夹两层中细粒肉红色、紫红色长石砂岩，下部泥岩中夹几条蓝灰色泥灰岩条带，上、中部泥岩中含钙质结核，厚81.5米。本组与上覆刘家沟组及下伏上石盒子组均为整合接触。泥灰岩（通称淡水灰岩）和石膏是本组较重要的标志层。石千峰群：民国11年至13年（1922—1924）命名，时名石千峰系，剖面位于太原市西山石千峰关头村一带。1959年，中国科学院山西地层队和刘鸿允等专家据脊椎动物化石将此杂色层独立划为“中二叠统二马营群”，石千峰群之上界才被明确在二马营组底部之“灰白带绿红色的细砂岩”层底面，同时对宁武盆地出露完全的“石千峰系”自下而上划分为孙家沟组、刘家沟组及和尚沟组，时代属早三叠世。1963年，李星学专家综合当时的化石资料，将“石千峰系”时代归属于晚二叠世晚期。《中国地层典》根据石千峰群具有的鲜红色干旱盆地河湖相沉积岩石特征，保留了石千峰群名称。该岩群以鲜红色泥岩和长石砂岩为主，包括二叠纪乐平世孙家沟组、三叠纪刘家沟组及和尚沟组，与下伏上石盒子组为整合或假整合接触，与上覆二马营组为整合接触。

县境中生代时期形成的地层仅有三叠系，分布于县城以西、黄河以东地带，发育有下统和中统。其中下统分2组：刘家沟组，1959年，由中国科学院山西地层队命名，命名剖面位于山西省宁武县化北屯乡刘家沟，参考剖面在山西省交城县裴家山。刘家沟组岩性以一套灰红、灰紫红、浅紫红、紫红色中薄层细粒长石砂岩为主，夹不稳定的紫红色粉砂岩、砂质页岩、砾岩、灰白色石英砂岩、及灰、灰绿色长石砂岩、页岩等，含钙质“砂球”和磁铁矿条带。底部以灰红色薄层细粒长石砂岩，与下伏上二叠统孙家沟组的紫红色泥岩呈整合接触，与上覆和尚沟组亦为整合接触，厚600.2米。该组属于干热气候下的内陆河流相沉积，广泛分布于山西、陕西、内蒙古、河北等地区。在山西宁武—静乐及兴县—保德一带，砂岩粒度较粗，以中粒、中粗粒长石砂岩为主；在吉县、安泽、沁县一带砂岩粒度变细，以细粒长石砂岩、粉砂岩为主，夹泥岩、页岩。刘家沟组厚度变化较大，一般在250~630米，由东向西、由北向南逐渐变薄。和尚沟组：1959年命名，命名剖面位于山西省宁武县东寨乡孙家沟。20世纪70年代中期，山西区测队和中国地质科学院华北地质研究所根据所发现的肋木植物群，将和尚沟组划归早三叠世。该组以紫红、砖红色砂质泥岩、泥岩为主，夹有灰紫色、紫红色中厚层、中薄层细粒长石砂岩、薄板状粉砂岩等，局部夹有灰绿色长石砂岩，灰绿、灰色页岩，砂质页岩薄层或透镜体；泥岩含钙质结核及灰绿色粉砂岩、泥岩条带和团块。底部为含小钙质结核的砂质泥岩。与下伏刘家沟组及上覆二马营组均呈整合接触，厚248.2米。和尚沟组为干热气候下的内陆河流相沉积，泥岩条带具虫迹，砂岩具交错层理、波状沙纹层理及平行层理。主要分布于鄂尔多斯盆地及周边地区，沉积稳定，中部较薄，向南北两侧增厚，粒度由下至上逐渐变细。

中统分2组。二马营组：1959年，由中国科学院山西地层队及专家命名，命名剖面位于山西省宁武县二马营南梁山。其时代为中三叠世早期。该组由灰绿色、黄绿色、灰白色长石砂岩与紫红色、暗紫色砂质泥岩组成下粗上细完整的沉积旋回。可分为两段。下段为灰绿、黄绿浅灰绿色厚层至中薄层中细粒长石砂岩夹灰绿色页岩、紫红色泥岩、砂质泥岩薄层及灰紫色砾岩透镜体；上段为浅灰绿色、灰、灰白、浅肉红色厚层，中厚层中细粒长石砂岩与紫红色砂质泥岩互层或泥岩夹砂岩。底部以厚层灰绿色长石砂岩与下伏和尚沟组呈整合接触，局部存在短暂间断；与上覆铜川组呈整合接触。厚550米。该组为半干热、半温湿气候下的内陆河流相沉积，广泛分布于鄂尔多斯盆地及周边地区，岩性基本稳定，但砂岩及泥岩单层变化较大。铜川组：1965年，由中国地质科学院地质所命名，命名剖面位于陕西省铜川漆水河金锁关。该组分上、下两段。下段岩性较粗，以灰绿、黄绿、肉红色块状砂岩为主，其上部夹有灰绿色、灰黑色页岩及粉砂质泥岩；上段岩性较细，主要为一套灰绿、灰黑、肉红色中、薄层细砂岩，泥质粉砂岩与灰绿、灰黑色页岩互层，上部至顶部夹有多层油页岩，成为该层的重要标志。其底界置于紫红色碎屑岩的结束和巨厚层多向斜层理的砂岩出现处，与下伏二马营组及上覆永坪组均呈整合接触，厚596米。该组含化石30多种。铜川组为温暖、潮湿气候下内陆河湖相沉积，广泛分布于鄂尔多斯盆地及边缘地区。

县境新生界新近系（从古至今有中新统、上新统，更新统，全新统；中国原称老第三系、新第三系）地层分布于河流、沟谷内，多为红土堆积和河流相、洪积相沉积，底部为砾石层和砂层，上部为褐色、绿色和桔红色黏土层，厚度18~45米。新近系发育有中新统和上新统，为浅棕红色砂泥岩沉积，主要是氧化条件下的浅湖相—河湖相。其中中新统（晚期）地层分上、下两段。下段岩性主要为砂砾石与粉质黏土互层，该段底部的砂砾层厚1~3米，分布广泛，常含有较丰富的地下水；上段岩性主要为浅棕红—棕黄色黄土状，粉质黏土，顶部多见植物根孔大孔隙。本段代表地层有保德组，上部为棕红色黏土与棕黄色钙质结核互层。民国16年（1927年），国际地质学界将这第三纪红色黏土夹钙质层命名为“保德红土”，因地层中包含有三趾马化石，古生物学家也称保德红土为“三趾马动物化石红土层”；中部棕黄和浅棕红色黏土、灰白和棕黄色泥灰岩、灰岩及少量粉砂岩、砂岩、粗砂岩透镜体；底部砂砾石层，其不整合覆盖于前新生代地层之上，与上覆上新统静乐组呈假整合接触。本组广泛分布于山西省北部和中部地区，保德地区最为发育。上新统（晚期）的静乐组，以主要由棕红色—黄棕色含钙质结核粉砂质黏土、黏土组成，夹少量含红黏土砾石层、砂层及姜石层，俗称“三趾马红黏土”，厚度一般在20~60米，岩性稳定，广泛分布于山西和陕北部分地区。上新统角度不整合覆盖于下伏地层之上，平均厚度为22.7米。

县境新生界第四系地层广泛分布于黄土塬、梁峁及沟谷两侧和近代河谷中，发育有中更新统、晚更新统（也称上更新统）和全新统。

华北的“第四系”中更新统是一套土状堆积物，其下部为橙黄、桔红色砾砂质黏土夹连续的古土壤层及钙质结核；上部为亚黏土、亚砂土，具有垂直节理和孔隙。中更新统为洞穴沉积、红土堆积、黄土堆积、湖泊沉积和河流阶地沉积。其中黄土堆积以山西午城黄土和离石黄土为代表。午城黄土为黄红色，主要由黄土、古土壤及钙核层间互成层，厚40~50米。离石黄土为淡棕红色，分上、下两部，其中含厚4~6米的红色古土壤为划分地层的区域性标志层，本层黄土由十余层黄土—古土壤相互叠覆组成。

华北“第四系”中的晚更新统（也称上更新统）主要为河湖相沉积和黄土堆积，分布极广，是黄土梁顶部与河谷两侧松散堆积的主体，一般为灰黄色粉砂土、亚砂土。黄土堆积以晋陕黄土高原的马兰黄土为代表，以黄灰色黄土为特征，一般厚度小于10米，最厚可达百米，是干燥条件下的风成沉积，分布于甘、陕、晋黄土高原。马兰黄土不整合覆盖在较老地层之上，为质地松软的灰黄色粉砂土，垂直节理发育，不含红色条带状土壤层，是黄土风力堆积的佐证。

“第四系”全新统主要为河流冲积砂砾层和次生黄土，主要分布于一级阶地和河漫滩处，下部为砾石和砾土，上部为粉砂土，厚度小于15米。

构 造

境内出露地层总体上表现为向西倾斜的单斜结构，西部简单而东部复杂，从清水河起到离石附近寒武系、奥陶系、石炭系、二叠系及以上地层，一般沿走向较稳定地由北向南延展，向西缓缓插入黄河之下，为平缓褶曲构造。

河东南北向褶皱带　主要由一系列南北走向，平缓开阔的小型褶皱组成，展布范围遍及全境，在东部地区比较普遍和集中，但规模小，两翼岩层倾角较缓，多在5°左右，个别达11°~15°，延伸一般为几公里，最长20公里，宽1~2公里，共发育有17个大小不等的背向斜构造。其中窑上至杨家坡背向斜，走向近南北向，倾角10度左右，长20余公里，宽1公里；冯家庄至小善背向斜，走向170°~350°，倾角3°~24°，长3公里左右；贺家会至蔡家会背向斜，由7个背向斜组成，走向10°~190°，倾角3°~4°，长3~10公里；蔡家会以西至黄河沿岸背向斜，由6个背向斜组成，走向近南北向，长6~10公里。

北东向褶皱带　展布于奥家滩至黑茶山等广大地区，为县境的主体构造。大致沿北东30°方向延展，斜穿全境，从古生界到中生界都卷入这一构造体系。东会至奥家滩复背斜主要发育于界河口群中，由一系列雁行式褶皱排列而成；

赤坚岭至东马坊雁行式褶皱带发育于吕梁山群中，分布有长门沟背斜和麻峪沟背斜，长度一般为10~12公里，宽2公里，多为同斜倒转褶皱，轴面均为北西倾斜，向南东倒转成雁行式排列；白龙山至张家圪台复向斜发育于野鸡山和黑茶山群中。野鸡山群为一复向斜构造，长40公里，宽1~2公里；黑茶山群为一倒转向斜，长10余公里，均向南东倒转，轴面倾向北西；店子上至郝家湾逆断层长3~5公里，断面倾向北西或南东，倾角60° ~70°。阳坡至井子村、圆子坪和刘家湾逆断层，长数十公里，倾向北西或南东，倾角60° ~70°。

恶虎滩帚状构造　主要分布于芦芽山的西坡、二十里铺、交楼申、官庄和中寨等地，南北长30公里，东西宽40公里，整体为扫帚状，由一系列褶皱和断裂组成。雷家沟向斜、马家窑背斜和下会至大涧向斜，由近东西向逐渐转向北东向，微向南或南东突出，西侧撒开，向北东方向逐渐收敛。中寨背斜，掘来洼向斜开阔而平缓，两翼倾角只有几度，微偏北、向东逐渐消失。

龙泉弧形褶皱带　由孟家洼至贺家圪台背斜、郝家沟至马家塔向斜组成。其褶皱轴均呈弧形向西突出，为开阔的背向斜构造，两翼倾角10° 左右，长10余公里、宽1公里。另有县城与关家崖之间地带及温泉弧形逆断层亦属该褶皱带之中。

岩浆岩

县境内岩浆活动较为频繁，从超基性到碱性，由侵入到喷出均有，尤以侵入岩为主。其活动时代可分为太古代、元古代和中生代3期。

太古代五台期岩浆岩　分布于县境东部和东南部。大坪头村北，张家湾至东会东侧及二青山一带以变质流纹斑岩、变质超基性岩和花岗岩为主，呈岩株与岩脉状产出，构成太古代五台期岩浆岩活动分布规律全貌，具有条带状磁铁矿化现象。

元古代吕梁期岩浆岩　分布于县境东部及东南部前震旦系地层中。变质基性火山岩是白龙山组的主要岩石，含有较多沉积岩夹层，为一套海相多次喷发的基性火山岩。基性岩脉发育广泛，多呈岩墙或岩脉状产出，有变辉绿岩和辉绿岩两种。

中生代燕山期岩浆岩　分布于县境紫金山、大度山一带，为山西省三大

碱性杂岩体之一（已载入大中专地质院校教科书），具有良好的分异现象和明显的环带结构。境内仅有二长岩、霓辉正长岩。该岩浆具多期性，前期侵入阶段有二长岩、霓辉正长岩和花岗状霞石正长岩类，后期为火山喷发阶段，形成粗面质火山角砾岩和响岩质火山角砾岩，外带形成一般较早。

第二节 地 貌

兴县属晋西北丘陵地区，地势地貌特点为东北高西南低，群山逶迤，丘陵棋布，沟壑纵横。其中从东北至东南、西南三面环山，西临黄河，中有诸多谷槽，大小山丘3300多座，沟壑3900余条。

剥蚀溶蚀构造土石中山区地貌

剥蚀溶蚀构造地形土石山区地貌　分布于县境东部，面积为124万亩，占全县总面积的26.1%；西部为侵蚀堆积地形的丘陵河谷区，面积为298.8万亩，占全县总面积的62.9%；河川宽谷面积15.5万亩，占总面积的3.3%。

剥蚀构造变质岩中山区地貌　分布于高唐山、大坪头山和黑茶山等地，呈东北—东—东南走向，海拔高度为1500~2203米，沟谷切割深度大于500米，由变质岩、火成岩类组成。山顶浑圆，微微起伏，山坡呈外凸形，坡角一般在15° 以上。地表植被发育、蓄水保水能力较强。

剥蚀、溶蚀构造石灰岩中低山区地貌　分布于县境东北部的高王寨、香炉山、望儿山等地，大致呈南北向延伸。海拔1300~1680米，最高处的台子梁顶峰为1833.9米，相对切割深度300~380米，由寒武系奥陶系石灰岩、白云质灰岩和白云岩组成。山顶有尖顶和圆顶，山脊线呈锯齿状。双双山、石楼山、石堠（猴）山即位于这一中低山地带，该地带石灰岩山坡及陡崖处溶洞发育高低不一，大小悬殊。最大的溶洞叫仙人洞，位于交楼申乡境，深500米，高3~5米，口窄内宽，洞中大小支洞层层相套，难以计数。基岩被黄土覆盖地带约占60%，裸露地表的约占40%。无论降雨或变质岩区及河道的清水，均由此渗漏转为深层岩溶水，表面呈现干枯景象。

砂页岩构造剥蚀及火成岩构造剥蚀低中山区地貌

砂页岩构造剥蚀低中山区地貌 位于白家沟至固贤南北一线，由石炭系、二叠系砂岩及含煤地层组成。岩层走向近南北并向西倾斜，倾角 8°~10°、海拔 1000~1350 米，最高处为 1389.4 米；在固贤北部，切割深度 300~380 米，山顶圆，山坡较缓，地表多被黄土覆盖，山线不明显，山梁走向近南北，沟坡及沟谷部基岩裸露，沟底常有清泉水；沟里多有风化煤层、铝土矿出露。

紫金山火成岩构造剥蚀低中山区地貌 分布在县境西南部，区内最高峰为大度山，东西走向，海拔 1822.7 米，主要由燕山期碱性火成岩类组成。在新构造运动中，此区大幅上升，形成突出地形，水系呈放射状，地表植被发育，灌木茂密。

强烈切割黄土丘陵低山区地貌

即黄河沿岸至瓦塘、高家村、孟家坪、蔡家会一线的黄土梁峁丘陵地区地貌。底部为三叠系中、下统砂页岩，表面被第四系黄土覆盖，谷底两侧砂页岩出露；海拔为 725~1200 米，切割深度 200 米左右。这一带丘陵山区的山顶多为塬峁状或棒槌状，山梁呈波浪式，平面呈树枝状，地形支离破碎，构成典型的黄土高原地貌。

河川宽谷区地貌

位于岚漪河和蔚汾河及支流南川河、岚尾河和湫水河等河道两侧的宽谷区地貌，最宽处约 1500 米，最窄处 500~600 米，由多河漫滩和二级阶地组成。其中一级阶地前缘高出河床 3~5 米，二级阶地前缘高出河床 10~15 米。岚漪河川和蔚汾河川地势平坦宽阔，平均海拔 900~1000 米。境内岚漪河川长约 35 公里，宽 0.5~1.5 公里，坪地 3 万余亩；蔚汾河川长约 55 公里，宽约 1.3 公里，坪地 2.5 万亩。

第二章 山峰 河流

第一节 山 峰

兴县属晋西北丘陵地区，地势整体东北高西南低；县境从东北至东南、西南三面环山，西临黄河，中有诸多谷槽，境内大小山丘3300多座，沟壑3900余条，主要山峰有8座。

白龙山

白龙山，原名大万山，因山上建有白龙庙而易名。白龙山呈东北—西南走向，长约40公里，其东北段位于岚县境内，西南段位于兴县境内。位于县境最东之白龙山，高峻巍峨，森林茂密，主峰海拔2275米，为县内最高点。

黑茶山

古称合查山，位于吕梁山脉中北部、兴县县城东南60公里的东会乡与固贤乡交界处，呈东北—西南走向，东西长约16公里，南北宽约6公里，主峰海拔2203.8米。其山势雄奇峻伟，松柏苍翠，春夏之季常被阴云遮蔽，迷雾笼罩；冬雪覆盖时，银装素裹，分外妖娆。林间百鸟争鸣，褐马鸡、金钱豹、麝、山狍等珍贵动物常出没其间。

大坪头山

又名杆树墕山，位于东会乡大坪头村，东与岚县接壤，呈东西走向，长13.5公里，南北宽10公里，主峰海拔2167米。

二青山

位于东会乡东面，与岚县接壤，呈南北走向，主峰海拔1993米。

石楼山

位于县境东部的恶虎滩乡忻黑公路北面，又名通天山，矗立于群山环抱之中，突起于群峰之上，远看像天外奇楼突兀而至，呈东北—西南走向，主峰海拔 1774 米。传说有巢氏执政后，迁都于北方圣地石楼山，当时有巢氏命人在山上挖了一个洞，他就居住在山洞里处理政务，所以后人把石楼山称作有巢氏的皇都。

石堠山

位于恶虎滩乡明通沟水库及忻黑公路以南，四周为原始森林，主峰海拔 1657 米。石堠山山势奇险，遗迹甚多，既是古代佛教圣地，又是历史屯兵之所、关隘要地；山腰间存有元大德年间（1297—1307 年）修建的道观遗址，庙里石碑刻着“大元国冀宁道岚州”的字样；峰顶的崖壁上，有两层石头修筑的房屋，为堠山寺遗迹。乾隆《兴县志》描述石堠山：“其巅怪石攒簇，曰莲花峰。峰西有石高数十丈，形如斥堠（斥堠，古代瞭望敌情的堡垒），曰石堠峰。”

大度山

位于蔡家会镇与贺家会乡之间，为紫金山火成岩构造剥蚀低中山区最高峰，呈东—西走向，主峰大度山海拔 1822.7 米，主要由燕山期碱性火成岩类组成，顶圆状，坡缓，一般为 20° ~40° 。

双双山

在奥家湾、恶虎滩两乡和魏家滩镇木崖头之间，因山体双峰对峙，中有一壑，又名双山壑，西北—东南走向，主峰海拔 1756 米。

第二节　河 流

境内河流 74 道，主要河流有 6 条。较大的时令河有 20 多条，总长 520 多公里，平时流量少，汛期洪水猛泻，年均径流量 9650 万立方米。

黄 河

北自瓦塘镇牛家洼村入境，流经县域西边瓦塘、高家村、赵家坪、罗峪口、圪达上等 6 个乡（镇）的 33 个村庄。南到圪达上乡大峪口村出境，境内全长 82 公里。据陕西吴堡水文站兴县测量点实测记载，最大流量达 1.95 万立方米 / 秒，最小流量为 60 立方米 / 秒，多年年均径流量 293 亿立方米。

岚漪河

发源于岚县河口乡上游（忻州市岢岚县鹿计岭西侧），由南向北，流经岚县河口村（河口乡政府驻地），到达岢岚县黄道川村，与上游马跑泉村河流汇合，由东向西，经东风水库和高家湾、牛家庄、田家湾等村，出岢岚县城（漪汾镇）及温泉乡，至兴县魏家滩镇青草沟村入境，流经魏家滩镇、瓦塘镇的29个自然村，至瓦塘镇裴家川口入黄河，属黄河一级支流。干流全长120公里，其中兴县境内流长36公里；多年年均径流量0.69亿立方米，多年年均输沙量1170万吨，输沙模数为5440吨/平方公里；干流有天古崖水库，总库容2409万立方米。

蔚汾河

发源于岚县野鸡山西北部（南面另一源头在岚县大蛇头乡草子寨、水沟子村），由岚县界河口入兴县，流经恶虎滩、奥家湾、城区（蔚汾镇）、蔡家崖和高家村5个乡镇的35个自然村，由高家村镇张家湾村入黄河，属黄河一级支流。蔚汾河全长81.8公里，流域面积1478平方公里，其中兴县境内河流长55公里，流域面积1274平方公里；主要支流有岚尾河、南川河，多年平均年径流量0.76亿立方米，径流深51.2毫米，多年平均输沙量1179万吨，输沙模数为7920吨/平方公里。据1967年实测，最大洪峰流量1840立方米/秒。河流冬季结冰，从本年12月至下年2月。上游干流建有明通沟水库，总库容954万立方米。

湫水河

发源于白龙山西麓、黑茶山东南面的东会乡大坪头山脚，流经该乡段家湾、姚家沟、庄上、上滩沟、东会、西会、寨上等村，汇入阳坡水库后经临县川流至碛口入黄河，属黄河一级支流。兴县境内流长26公里，多年平均径流量1910万立方米，径流深78.6毫米，流域面积246平方公里。

南川河

发源于黑茶山西北部固贤乡兴临沟、郑家岔、弓角底、井子及康宁镇任家塔、红月等上游村庄，分别在康宁镇花子村、康宁（丰世沟）、刘家庄村进行汇合，后经康宁镇曹家坡、刘家曲村及孟家坪乡坡底、大善村和高家村镇冯家庄、赵家川口村汇入蔚汾河，属于黄河二级支流。境内总长 56.3 公里，流域面积 15.7 平方公里。康宁镇建有阁老湾水库，总库容 1061 万立方米。

岚尾河

位于县境东部的交楼申乡，发源于白龙山西麓，先由东向西，经安沟、张家圪台、向阳村到达奥家滩村，转而由南向北，经白家寨、郝家湾、阳湾则、交楼申（与发源于县境东部，流经交楼申乡张家岔、康家庄、王家庄、孙家崖、雷家沟等上游村庄的另一支流汇合）、冯家沟、马家窑、新盛、白家坪、新社窠等村流入蔚汾河，属黄河二级支流。该河流最大长度 40.5 公里，年均流量 3.1 立方米 / 秒，年均径流总量 324 万立方米（2019 年后，岚尾河流改名交楼申河）。

兴县较大时令河概况表

表 2-2-2-1

项目／沟名	水系	沟长（公里）	流域面积（平方公里）	流域类型区	年径流		年输沙	
					模数（万立方米 / 平方公里）	总量（万立方米）	模数（万立方米 / 平方公里）	总量（万立方米）
小善沟	黄河	40.5	155	丘陵沟壑	5.1	790	7500	116.3
罗峪口沟	黄河	36.5	248	丘陵沟壑	5.1	1265	7500	186.3
赵家坪沟	黄河	29.0	157	丘陵沟壑	5.1	800	7500	117.8
迷虎沟	黄河	28.5	117	丘陵沟壑	5.1	597	7500	87.8
南门沟	黄河	14.5	34	丘陵沟壑	5.1	123	7500	25.5
白家沟	黄河	20.5	42	丘陵沟壑	5.1	214	7500	31.5
谷秃雨沟	岚漪河	20.0	53	丘陵沟壑	5.1	270	7500	39.8
杨家坡沟	岚漪河	17.5	57	丘陵沟壑	5.1	291	7500	42.8
岚尾沟	蔚汾河	40.5	244	土石山区	8.0	324	7500	67.2
油房沟	蔚汾河	31.0	85	土石山区	7.3	620	3000	51.0
马尾沟	蔚汾河	26.0	95	土石山区	6.36	599	6000	57.0
花子沟	蔚汾河	23.0	132	土石山区	6.3	832	6000	79.2
太平沟	蔚汾河	21.5	75.0	土石山区	6.3	472	6000	45.0
础河沟	蔚汾河	18.0	54.0	丘陵沟壑	5.1	273	7500	40.5
雁子沟	蔚汾河	18.0	42.0	丘陵沟壑	5.1	214	7500	31.5
南玉沟	蔚汾河	16.5	44.0	土石山区	7.3	224	7500	21.2

续表 2-2-2-1

项目 沟名	水系	沟长（公里）	流域面积（平方公里）	流域类型区	年径流		年输沙	
					模数（万立方米/平方公里）	总量（万立方米）	模数（万立方米/平方公里）	总量（万立方米）
北查沟	蔚汾河	16.0	31.0	丘陵沟壑	5.1	158	3000	23.3
石楼沟	蔚汾河	13.5	31.0	土石山区	8.0	272	7500	10.2
刘家庄沟	蔚汾河	13.0	30.0	丘陵沟壑	5.1	184	3000	27.0
康家沟	蔚汾河	12.5	34.0	土石山区	8.0	240	7500	9.0
李家湾沟	蔚汾河	10.8	30.0	丘陵沟壑	5.1	173	7500	25.5
曲家沟	蔚汾河	10.6	14.0	丘陵沟壑	5.1	97	7500	14.3
鹿家岔沟	蔚汾河	103.0	22.0	丘陵沟壑	5.1	112	4800	16.5
石槽沟	蔚汾河	10.2	24.0	土石山区	7.3	175.2	7500	11.5
千城沟	蔚汾河	10.0	27.0	丘陵沟壑	5.1	138	7500	20.2

第三章 气候 物候

第一节 气 候

气候特征

兴县属温带大陆性季风气候，四季分明。春季干旱多风少雨，夏季炎热多雨，秋季凉爽，冬季寒冷干燥少雪。因地势东高西低，形成东部寒凉，西部热暖的明显气候差异，总的特点为气候温和、热量丰富、光照充足、降水较少，且在时空分配上极不平衡。降水特点为夏、秋季降水高度集中。多年年平均气温 8℃，多年年平均降水量 483.2 毫米。

气候区划

兴县东高西低，气温水平分布由西向东递减，等温线为南北走向。根据农业气候资源和气候条件，参考各地的地形地貌、海拔高度、降水量、农作物的分布特点及农林牧生产分布情况，全县可分为三个不同的气候区域。

东部寒冷半干旱区　该区包括东部恶虎滩、交楼申、东会、固贤 4 个乡，海拔 1000~1800 米，无霜期 160 天左右，最暖月（7 月）平均气温 21℃ ~22℃，最冷月（1 月）平均气温零下 12℃ ~ 零下 11℃，年均降水量 510~580 毫米。本区地势较高，气候寒冷，热量不足，生长期短，以种植早熟的玉米、谷子、豆类和耐寒的莜麦、马铃薯为主。

中部温和半轻旱区　该区包括蔚汾镇、康宁镇、蔡家崖乡、奥家湾乡、孟家坪乡、贺家会乡 6 个乡镇。海拔为 900~1200 米，无霜期 176 天左右，最暖月（7 月）平均气温 23℃ ~24℃，最冷月（1 月）平均气温零下 11℃ ~ 零下 10℃，年均降水量在 500 毫米上下。因降水量年际变化大，经常有旱情发生。农作物以高粱、谷子、玉米、豆类等杂粮和马铃薯为主。

西南部沿黄河带温暖半干旱区　该区包括圪达上、蔡家会、罗峪口、赵家坪、瓦塘、魏家滩、高家村7个乡镇，海拔670~900米，无霜期186天左右，最暖月（7月）平均气温24℃~25℃，最冷月（1月）平均气温零下10℃~零下9℃，年降水量在480毫米上下。以种植西瓜、蔬菜、棉花、红薯、花生、芝麻、谷子、玉米、马铃薯、豆类杂粮为主；同时，红枣种植、加工业已形成规模，成为沿黄一带人民经济来源之一。

气候要素

日照　年日照时数。兴县全年日照时数2293.5~2940.4小时，平均2501.2小时，1957年最多为2940.4小时，2014年最少为2293.5小时。作物生长盛期的6—8月，平均日照时数为8.6小时。日照相当充足，且与高温多雨相结合，为农作物光合作用提供了大量的能源，光能利用潜力很大。

季日照时数。春季（3—5月）平均总日照时数为686.2小时，占年日照时数的27.4%；夏季（6—8月）平均日照时数为684.3小时，占年日照时数的27.4%；秋季（9—11月）平均日照时数为604.4小时，占年日照时数的24.2%；冬季（12—2月）平均日照时数为526.3小时，占年日照时数的21%。平均日照时数最多月份为5、6月，分别为253.7小时和239.9小时；日照时数12月最少，平均173.4小时。

日照百分率。兴县日照百分率53%~66%，平均为59%。在月季分布上以冬季最高，春季降水较冬季偏多，故日照百分率呈下降趋势；夏季降水剧增，多阴雨天气，出现最低值。

兴县历年月平均日照时数、百分率表

表2-3-1-1　　单位：小时、%

月份	日照时数	日照百分率	月份	日照时数	日照百分率
1	178.2	65	8	216.3	55
2	174.7	64	9	209.1	59
3	204.7	59.7	10	205.4	64
4	227.8	56	11	189.9	64
5	253.7	60	12	173.4	64
6	239.9	61	全年平均	2501.2	60
7	228.1	54			

辐射　兴县年均太阳总辐射量为133.7千卡/平方厘米。其中春季（3—5月）辐射量为39.9千卡/平方厘米，占年均太阳总辐射量29.89%；夏季（6—8月）为44.3千卡/平方厘米，占33.1%，6月为最大值16千卡/平方厘米；秋季（9—11月）为28.1千卡/平方厘米，占21.0%；冬季（12月至次年2月）为21.3千卡/平方厘米，占15.9%；年均日照时数为2501.2小时。其中5—9月（大秋作物生长期）为1147.1小时，占全年日照时数的45.9%，最大值出现在5月份，为253.7小时；最小值出现在12月，为173.4小时，年均太阳总辐射量由东向西递减。东部寒冷半干旱林、牧区为120.4千卡/平方厘米，中部温和半轻旱秋粮区133.7千卡/平方厘米，西南部沿黄温暖半干旱粮食、枣林区140千卡/平方厘米。

气温　兴县气温分布由西向东递减。1955—2016年的气象资料统计，年均气温值为9.1℃。最低为零下29.3℃（出现在1958年1月16日）。年均最高7月份平均为23.8℃，年均最低1月份平均为零下8.2℃，极端最高月平均气温26.1℃（出现在2006年7月），极端最低月平均气温零下12.5℃（出现在1993年1月）。一日中最高温度一般出现在14—16时，最低温度出现在5—7时。历年各月平均最高温度为15.4℃，最低为2.9℃，日平均气温稳定通过0℃、5℃、10℃，有效积温分别为3779.0℃、3597.8℃和3225.3℃。大于0℃、5℃、10℃有效积温最多年份分别为4039.1℃、3880.4℃、3506.5℃。由于气候原因，东西两地初日和终日相差25天左右。东部山区耕作时间相应缩短20多天，差一个多节气。

历年月平均气温：1月，−8.2℃；2月，−3.4℃；3月，3.4℃；4月，11.5℃；5月，17.9℃；6月，22.1℃；7月，23.8℃；8月，21.6℃；9月，16.4℃；10月，9.5℃；11月，1.2℃；12月，−6.1℃。年均9.1℃。

兴县初终日期和积温表

表 2-3-1-2　　单位：℃、天

稳定通过 0.0℃		稳定通过 5.0℃		稳定通过 10.0 ℃	
初日	终日	初日	终日	初日	终日
3 月 12 日	11 月 11 日	4 月 4 日	10 月 26 日	4 月 22 日	6 月 10 日
积温		积温		积温	
3779.0		3597.8		3225.3	
初终间日数		初终间日数		初终间日数	
248		206		168	

地温　兴县年平均地面温度为 11.7℃，地面温度的月季分布与气温相一致，即 7 月最热，全县平均为 27.8℃；1 月份最冷，全县平均为零下 7.2℃。极端最高地面温度出现在 1963 年 8 月 3 日，为 70.5℃；地面极端最低温度出现在 1958 年 1 月 15 日，为零下 35.5℃。历年各月平均最高温度为 30.6℃，最低为 0.4℃。5~40 厘米不同深度地温年平均接近 11.0℃左右，10 厘米冻土初期平均为 11 月 29 日，最早 11 月 14 日，最晚 12 月 18 日。解冻期在次年 2 月 27 日，最早 2 月 8 日，最晚 3 月 24 日。最大冻土深度 131 厘米，出现在 1984 年 2 月 17 日。

兴县历年各月平均地温：1 月，–7.2 ℃；2 月，–1.7 ℃；3 月，5.9 ℃；4 月，14.9 ℃；5 月，22 ℃；6 月，26.5 ℃；7 月，27.8 ℃；8 月，24.9 ℃；9 月，19.3 ℃；10 月，11.2 ℃；11 月，2.1 ℃；12 月，–5.6 ℃。全年平均地温 11.7℃。

霜期　无霜期　全县初霜日在 10 月 4 日，终霜日 4 月 12 日，霜期约 190 日。无霜期的长短直接决定本年度的种植布局和品种的选育。年均无霜期日数为 176 天。一般气温 4 月上旬稳定回升至 0℃以上，从 10 月中下旬开始降至 0℃或 0℃以下。东部（北、南）寒冷半干燥区 4 个乡（镇）无霜期 160 天左右，中部轻旱区无霜期 176 天左右，西南部沿黄带温暖半干旱区无霜期 186 天左右。

降水　年降水量分布。兴县处于中纬度大陆性季风气候区域，一年中仅夏季受到海洋性暖湿气流影响，成为多雨季节，且雨季的时间较短；大部分时间在干燥大陆性气团的控制之下，气候干燥，雨雪稀少。历年降水量平均为483.2毫米，主要集中在7—9月份，这3个月占全年降水量的61.9%。降水量年际变化较大，最多雨年（1964）曾达844.6毫米，而最少雨年（1999）仅有189.4毫米。1967年8月份月降水量曾多达349.3毫米，为该年总降水量的42.6%，一日最大降水量147.1毫米，出现在1989年7月22日。10分钟最大降水量23.0毫米，出现在1989年8月15日05：49。历年最长连续降水日数：1967年11月20—29日，历时11天。历年最长无降水连续日数：1970年11月29日到1971年2月18日，历时82天。全年均降水日数为84.5天。

1955—2010年兴县月平均降水量：1月，4.1毫米；2月，5.5毫米；3月，12.2毫米；4月，25毫米；5月，35.2毫米；6月，53.8毫米；7月，112.3毫米；8月，118.4毫米；9月，68.6毫米；10月，31.8毫米；11月，12.2毫米；12月，4.1毫米，年合计降水量483.2毫米。

四季雨量分布。全县一年降水量分配极不均匀，季节变化非常明显。按季节分配，春季（3—5月）平均降水量为72.4毫米，约占全年降水量的15.0%；夏季（6—8月）平均降水量为284.5毫米，约占全年降水量的58.9%；秋季（9—11月）平均降水量为112.6毫米，约占全年降水量的23.3%；冬季（12—2月）平均降水量为13.7毫米，约占全年降水量的2.8%。受东西地形影响，降水由东向西递减。东西部年降水量相差80毫米左右。

蒸发　全县年平均蒸发量为2090.8毫米。由于太阳辐射和全年各月变化以及季风环流的影响，蒸发量具有明显的季节特征，加之全县大部分地区植被覆盖率较低，土层裸露，以春末夏初5、6月蒸发量最大，分别为338.2毫米和352.9毫米；冬季12、1月蒸发量最小，分别为39.1毫米和38.3毫米。1989—2016年，各月平均蒸发量：1月,38.3毫米；2月，60.8毫米；3月，134.7毫米；4月，242.4毫米；5月，338.2毫米；6月，352.9毫米；7月，278.5毫米；8月，224.7毫米；9月，171.9毫米；10月，136.8毫米；11月，72.4毫米；12月，39.1毫米，全年平均蒸发量2090.7毫米。

湿度　周围环境空气中的含水量决定相对湿度大小，即空气越干燥，湿度越小，反之空气中的水汽越多，湿度越大。全县除东南部山地林区植被覆盖率较高，其余乡镇都比较差，所以决定湿度的大小与降水多少息息相关。全

县年平均相对湿度为55%。在月季分布上，相对湿度具有明显的季节特征。全县以雨季7、8、9、10月份相对湿度最大，分别为63%、69%、65%、60%，其余月份都接近或低于平均值。

1955—2016年兴县各月平均相对湿度：1月，54%；2月51%；3月，47%；4月，43%；5月，41%；6月，47%；7月，63%；8月，69%；9月，65%；10月，60%；11月，57%；12月，56%。全年平均相对湿度55%。

风　兴县主导风向为东风，年平均风速为2.4米/秒，春季最大，6月份以后平均风速逐渐减小。风速日变化明显，在晴好天气更为突出，10时以前风速较小，11时后随着地面开始吸热增温，乱流加强，风速显著增大；15—16时，风速达到最大，然后开始逐渐减小；夜间，地面热辐射冷却后，近地层出现逆温现象，不易发生乱流。一日之中，风速最小值一般出现在24时至次日凌晨6时。最大风速25.2米/秒，风向西北偏西，出现在2011年7月7日。全年大风日数春季占50%，夏季占33%，秋季占8%，冬季占9%。受季风影响明显，年内主导风向是东风，冬季盛行西北风，夏季盛行偏南风。

1989—2016年各月平均风速：1月，2.4米/秒；2月，2.6米/秒；3月，2.5米/秒；4月，2.7米/秒；5月，2.7米/秒；6月，2.6米/秒；7月，2米/秒；8月，2米/秒；9月，2.2米/秒；10月，2.4米/秒；11月，2.5米/秒；12月，2.5米/秒。全年平均风速2.4米/秒。

气压　受气流和地形地势的影响，境内海拔高度落差在800~1000米左右，导致各地气压也有所差异，冬季受冷高压的控制，气压较高，夏季受副热带高压的影响，气压较低。历年气压平均值为901.3百帕。

1989—2016年兴县各月气压平均值：1月，907.6百帕；2月，904.9百帕；3月，902.2百帕；4月，899.2百帕；5月，897百帕；6月，894.1百帕；7月，892.5百帕；8月，895.8百帕；9月，901.3百帕；10月，905.7百帕；11月，907.7百帕；12月，907.6百帕。全年气压平均901.3百帕。

云量　云是大气中的水蒸气液化成小冰晶混合组成的可见体，按云高、云状统计，县境内的高云、中云、低云分别以密卷云、高层云、淡积云居多。云量随季节、降水变化成数也发生变化。

1989—2016 年兴县各月总云量平均总成数：1 月，2.8 成；2 月 3.6 成；3 月，4.6 成；4 月，5.2 成；5 月，5.0 成；6 月，5.1 成；7 月，5.6 成；8 月，5.4 成；9 月，4.7 成；10 月，3.6 成；11 月，3.1 成；12 月，2.7 成。年均 4.3 成。

雾　在水汽充足、微风及大气稳定的情况下，相对湿度达到 10% 时，空气中的水汽便会凝结成小水滴悬浮于空中，多发生在晚春初冬季节，夏秋季偶有发生。

1989—2016 年兴县各月雾出现的平均日数及最多日数表

表 2-3-1-3　　单位：天

月份	1	2	3	4	5	6	7	8	9	10	11	12	全年平均
平均	0.2	0.1	0.2	0.0	0.0	0.0	0.0	0.0	0.0	0.0	0.1	0.1	0.8
最多	4	1	1	0	0	0	0	1	1	1	2	1	5

雷暴　雷暴由积雨云发展旺盛，云的上部有冰晶，使云中产生电荷，形成一个电位差发生放电。兴县多发于夏季，春秋季节也有发生，常伴有降水，冰雹、大风、暴雨等自然灾害。全年雷暴初日平均在 4 月 22 日，最早在 3 月 22 日，最晚在 6 月 2 日。雷暴终日平均在 10 月 4 日，最早在 9 月 7 日，最晚在 11 月 8 日。

第二节　物 候

物候是自然界植物和动物的季节性现象同环境的周期性变化之间相互关系的科学，主要通过观测记录一年中植物的生长荣枯，动物的迁徙繁殖和环境的变化，进而了解气候的变化规律及其对动植物的影响。兴县东高西低，物候也有一定地域性差异，东部山区比中部县城晚 5~12 天，而中部县城又比西部沿黄地区晚 4~10 天，东、西部地区农事活动相差一个节气还多，形成春季西部沿黄地区花红柳绿，东部山区依然草木萧条的景象。以下数据皆取值于城区范围。

兴县木本植物各生育期出现的平均日期表

表 2-3-2-1 单位：日 / 月

植物名称	萌动期	出芽期	展叶期	开花期	飞絮	叶变色	落叶期
小叶杨	28/3	15/4	18/4	25/4	7/5	1/10	15/10
旱柳	6/4	10/4	20/4	28/4	10/5	10/10	25/10

小叶杨萌动期平均为 3 月 28 日，出芽期平均为 4 月 15 日，展叶期为 4 月 15 日至 5 月 2 日，中期从开花到种子成熟期为 4 月 8 日至 5 月 3 日，后期果实成熟期到种子脱落期为 5 月 7 日到 6 月 5 日，叶变色期到落叶期为 10 月 4 日至 11 月 5 日。

旱柳的萌动期平均为 4 月 6 日，出芽期为 4 月 10 日，展叶期为 4 月 15 日至 4 月 30 日，中期从开花期到种子成熟期为 4 月 12 日到 5 月 13 日，后期果实成熟期到种子脱落期为 5 月 9 日至 5 月 28 日，叶变色期到落叶期为 10 月 11 日至 11 月 17 日。

兴县草本植物各生育期出现的平均日期表

表 2-3-2-2 单位：日 / 月

植物名称	萌芽期	展叶期	开花期	种子成熟期	叶变色	死亡期
蒲公英	10/4	20/4	5/5	28/5	25/9	25/10
苍耳	6/5	20/5	15/7	10/9	20/9	15/10

蒲公英萌芽期到展叶期为 4 月 1 日至 4 月 18 日，中期从开花到果实成熟期为 5 月 2 日至 8 月 28 日，果实脱落期为 5 月 28 至 6 月 23 日，后期黄枯期为 9 月 25 日至 10 月 28 日。苍耳的萌芽期到展叶期为 5 月 2 日至 5 月 30 日，中期从开花到果实成熟期为 7 月 15 日至 8 月 28 日，果实脱落期为 9 月 8 日，后期黄枯期为 9 月 18 日至 10 月 20 日。

兴县候鸟青蛙平均始鸣、终鸣期表

表 2-3-2-3

布谷鸟		大杜鹃		大雁		青蛙	
始鸣	终鸣	始鸣	终鸣	始鸣	终鸣	始鸣	终鸣
4 月 20 日	6 月 20 日	5 月 17 日	7 月 18 日	3 月 18 日	9 月 29 日	4 月 30 日	10 月 15 日

兴县河流、土壤封冻、解冻期表

表 2-3-2-4

水面	土壤表面		河流封冻		河流解冻	
结冰	开始冻结	解冻	开始冻结	完全冻结	开始解冻	完全解冻
11 月 14 日	11 月 3 日	3 月 7 日	11 月 17 日	12 月 10 日	2 月 22 日	3 月 24 日

2001—2016 年兴县雷、霜、雪起止日期及间隔日数表

表 2-3-2-5　　单位：日／月、天

年度	初雷	终雷	初终日数	初霜	终霜	初终日数	初雪	终雪	初终日数
2001	8/6	8/10	123	12/10	11/4	182	8/11	9/4	153
2002	20/4	4/9	138	5/11	5/3	121	24/11	4/3	101
2003	29/4	22/9	147	21/10	19/3	150	22/10	18/4	179
2004	22/3	30/10	224	10/1	3/4	85	8/1	4/3	57
2005	4/5	7/9	127	1/10	23/3	175	24/11	14/3	111
2006	3/5	2/11	184	14/10	1/3	139	30/12	12/4	104
2007	15/4	27/10	196	22/10	16/4	177	27/11	4/3	98
2008	8/5	6/9	122	14/10	12/5	212	1/12	24/2	86
2009	10/4	3/10	177	10/10	22/3	164	22/10	12/3	142
2010	3/5	9/9	130	17/10	13/4	179	10/11	12/4	154
2011	8/5	5/9	121	3/10	4/4	184	25/12	6/4	103
2012	23/4	19/9	150	24/10	20/3	149	29/11	12/4	136
2013	21/5	7/10	140	22/10	6/4	167	3/11	19/4	168
2014				15/10	9/3	146	26/11	8/3	103
2015				13/10	6/3	145	23/11	3/3	101
2016				10/10	28/2	142	6/11	9/3	125

注：2014 年取消初、终雷的观测项目，故缺

兴县城区 4—10 月各节气之间气候条件简表

表 2-3-2-6

月份／项目	4	5	6	7	8	9	10
节气名称	清明、谷雨	立夏、小满	芒种、夏至	小暑、大暑	立秋、处暑	白露、秋分	寒露、霜降
月平均气温（℃）	11.5	17.9	22.1	23.8	21.6	16.4	9.5

续表 2-3-2-6

项目＼月份	4	5	6	7	8	9	10
月平均降水（毫米）	24.3	39.8	61.6	106.1	106.0	62.4	28.0
月平均日照时数	227.8	201.7	239.9	228.1	216.3	209.1	205.4
月平均地面温度（℃）	14.9	22.0	26.5	27.8	24.9	19.3	11.2
10 厘米地温（℃）	12.1	19.1	23.9	25.7	24.1	18.4	11.5

兴县主要农作物播种与生长对应节气简表

表 2-3-2-7

项目＼月份	4	5	6	7	8	9	10
对应节气名称	清明、谷雨	立夏、小满	芒种、夏至	小暑、大暑	立秋、处暑	白露、秋分	寒露、霜降
月平均气温（℃）	11.5	17.9	22.1	23.8	21.6	16.4	9.5
玉米	整地、播种（25 日）	出苗(20 日)、七叶（28 日）	拔节(20 日)	抽穗(20 日)	扬花(10 日)、灌浆(25 日)	成熟（28 日）	收获
高粱	整地	播种(5 日)、出苗（30 日）	七叶(18 日)、拔节（30 日）	抽穗（30 日）	灌浆(15 日)、扬花（20 日）	成熟（20 日）	收获
谷子	整地	播种(5 日)、出苗（15 日）	拔节（15 日）	抽穗（20 日）	扬花（15 日）	成熟（25 日）	收获
马铃薯	整地	播种(1 日)、出苗（25 日）			开花（15 日）	成熟（30 日）	收获
豆类	整地	播种(15 日)、出苗（30 日）			开花（20 日）	成熟（25 日）	收获
农业气候特点	气温回升较快，地温稳定通过 10℃，作物种子可以发芽，播种期降水在 64.1 毫米左右，占全年总降水量的 13.8%，容易形成春旱；倒春寒常年发生，对幼苗影响较大						

附：农事谚语

青草露芽翻阳地，清茬送粪整理地。

桃花满枝种玉米，布谷鸣叫催种谷。

玉米叶黄为初秋，河水结冰在小雪。

雷打惊蛰前，高山好种田。

三月雨，贵如油；四月雨，好动锄。

春雨贵如油，点滴勿白流。

谷雨前后，种瓜点豆。

谷雨断霜，春耕大忙。

处暑里的雨，粮瓮里的米。

处暑不出头，割的喂了牛。

白露下南瓜，秋分割圪梁。

立了秋，挂锄钩。

秋分糜黍割不得，寒露谷子等不得。

过了寒露不起葱，十苗就有九苗空。

立冬不起菜，一定要受害。

一场秋雨一场寒，十场秋雨穿上棉。

第四章 土壤 植被

第一节 土 壤

据1985年兴县农业技术站土壤普查，境内土壤面积442.8万亩，占总土地面积的93.2%，共分8个土类、9个亚类、24个土属、39个土种。

棕 壤

分1个亚类、1个土属、1个土种。主要分布在海拔1900米以上的黑茶山、白龙山林草灌地带，占土壤总面积的5.5%。棕壤表层有0~2厘米的枯枝落叶，呈棕色，腐殖质层为团粒结构，心底土层为碎块状，土深在30厘米以下，淋溶淀积现象不明显，土壤呈微酸性至中性反应，全剖面（取深1.5米内土样化验，以下同）酸碱度7~7.5，有机质含量5%~12%，全氮0.09%，全磷0.05%。

褐 土

分1个亚类、3个土属、4个土种。主要分布在海拔1500~2000米的山区，占土壤面积的3.6%。褐土的腐殖质化作用较低，黏化作用不明显，母质为各种岩石风化物，土层较薄，质地较粗。土壤中好气微生物较旺盛，腐殖质层多在5厘米左右，心底土层为碎块状结构，淋溶现象不明显，土体中有不同程度的盐酸反应，酸碱度在7.5~7.8，有机质含量13.08%~1.24%，全氮0.52%~0.07%，全磷6.3%~2.1%。

栗褐土

分1个亚类、11个土属、19个土种。主要分布在海拔1500米以下地区，占土壤总面积的24.65%。栗褐土是发育在富含石灰的黄土母质的地带性土壤，结构层次不明显，耕作层疏松多孔，心底土层以下大多为紧实的块状结构，植被稀疏，水土流失严重，养分含量较低，全剖面盐酸反映强烈，酸碱度 7~8，有机质含量 1.10%~0.21%，全氮 0.13%~0.02%，全磷 0.05%~0.07%。

粗骨土

分 1 个亚类、3 个土属、3 个土种。主要零星分布于坡度较陡、植被不良、水分状况较差和水土流失极为严重的低山丘陵沟壑区，占土壤总面积的 5.03%。粗骨土保留了原母岩的特性，表层有 1 厘米左右的枯枝落叶，全剖面质地为轻壤砂壤，结构为碎块状，土体稍润，盐酸反应强烈，通体有数量不等的岩石碎块，酸碱度为 8.2，有机质含量 1.1%~1.23%，全氮 0.05%~0.06%，全磷 0.05%。

黄绵土

分 1 个亚类、2 个土属、2 个土种。广泛分布于丘陵地区的梁峁沟壑，耕作历史悠久，为黄土母质上直接受人为影响和熟化的土壤，占土壤面积的 59.73%，是兴县分布最广，面积最大的农业土壤。黄绵土以土层深厚、土性较绵、土体干燥为基本特点，颜色以灰棕色为主，呈屑粒状，心底土层为碎块或块状结构，质地以轻壤为主，粉砂含量多在 60% 以上，全剖面碳酸钙含量多在 10% 左右，呈丝状或点状沉积于土体中下部；全氮 0.11%，全磷 0.05%。

红黏土

分 1 个亚类、1 个土属、2 个土种。主要分布于罗峪口、贺家会、康宁、肖家洼、杨家坡和白家沟等地侵蚀严重的沟坡及黄土剥蚀净光的沟壑地区，占总土壤面积的 0.39%。红黏土发育于黄土沉积物底部，是上部黄土冲刷后，裸露地表形成的。它的形态特征是表层有 5 厘米左右的风化层，呈碎片或黏粒状结构，盐酸反应极微弱，质地为重壤黏土，心底土层颜色暗红，结构呈碎块状，棱角明显，呈酸碱反应。土体中有丰富的钙结核，呈块状，土体坚硬致密，固、气、液三相比例失调，有机质含量 0.61%，全氮 0.04%，全磷 0.04%。

新积土

分 1 个亚类、1 个土属、1 个土种。主要分布于黄河二级阶地，占土壤总面积的 0.2%。新积土母质系洪积—冲积物，土体松散，质地粗糙，通体为砂壤。土体浅灰褐棕色，松散，多为单粒—碎块状结构；保水保肥性差，养份含量较低，酸碱度为 8；有机质含量 0.16%，全氮 0.014%，全磷 0.05%。

潮 土

分 2 个亚类、2 个土属、7 个土种。主要分布于蔚汾河、岚漪河、南川河两岸的河谷阶地上，占土壤面积的 0.9%。潮土成土母质为河流洪积、冲积物，其特征是地下水位小于 4 米，受生物气候影响较小，酸碱度为 8.1，有机质含量 0.36%，全氮 0.03%，全磷 0.06%。

兴县土壤养分状况表

表 2-4-1-1 单位：%、ppm

项目／养分	全县土壤		自然土		耕种土	
	含量范围	加权平均	含量范围	加权平均	含量范围	加权平均
有机质	0.17~13.08	0.75	0.17~13.08	1.66	0.17~3.16	0.50
全 氮	0.13~0.524	0.052	0.013~0.524	0.106	0.013~0.117	0.088
全 磷	0.082~0.307	0.132	0.103~0.188	0.127	0.082~0.307	0.135
速效磷	1.1~26.2	4.73	1.5~1.78	3.90	1.1~26.2	4.93
速效钾	48~432	108.3	48~334	121.6	48~434.0	105.03

第二节 植 被

1989 年，兴县林草总面积达 228.96 万亩（含未利用荒草地），占全县土地总面积的 48.2%。其中天然林草面积为 157.1 万亩，人工林草面积为 71.86 万亩，分别占林草总面积的 68.6% 和 31.4%。根据土壤成因主要分三大植被群落。

木本植物群落

主要分布在海拔 1300 米以上的东山地区，面积 45 万亩，占全县土地面积的 9.5%。以针叶林和阔叶林两类为主，植被有油松、侧柏、山杨、青杨、柞树和白桦等。许多林间草地上生长着山桃、山杏、沙棘、黄刺梅、铁杆蒿和野蔷薇等。

草灌植物群落

主要分布在海拔 1200~1400 米的中低山和低山丘陵区沟坡上，面积 56.3 万亩，占全县土地面积的 11.9%。有沙棘、黄刺梅、山桃、山杏、刺槐、柠条、虎榛子、胡枝子和山荆子等丛林与狗尾草、黄背草、蒲公英、土麻黄、败酱草、茵陈蒿、小根蒜、白羊草、铁杆蒿等草类伴生。草被分布在海拔较低的地方，主要生长着甘草、狗尾草、败酱草、小根蒜、蒲公英、土麻黄和蒿类等。

草甸植物群落

主要分布在河谷地带，面积 87.4 万亩，占全县国土面积的 18.4%，生长着青蒿、三棱草、艾蒿、沙打旺、草木樨、苜蓿、野菊花、猪毛菜等喜湿植物。至 2010 年底，植被总覆盖率达到 48.6%。

第五章 自然资源

第一节 土地资源

1985 年后，随着人口和工矿用地的不断增加，全县人均占有土地资源面积逐年减少。2000 年，经国家、省、地三级领导和专家验收确认：兴县总面积 475.2 万亩，人均面积 17.88 亩；其中总耕地总面积为 126 万亩（其中 15° ~25° 和 25° 以上的坡耕地面积为 94.89 万亩），按当年总人口 26.58 万人计，每人平均耕地 4.74 亩。

到 2010 年末，全县总面积 475.2 万亩，总人口增为 31.26 万人，人均面积为 15.2 亩，比 2000 年减少 2.68 亩；总耕地面积为 116.95 万亩，人均耕地面积 3.74 亩，比 2000 年减少 1 亩。

2012 年末，全县总人口 26.01 万人，总面积 475.2 万亩，人均面积 18.3 亩。其中，农用地 278.26 万亩（耕地 117 万亩，人均 4.5 亩；园地 14.28 万亩，林地 122.79 万亩，其他农用地、牧草地 24.19 万亩），建设用地 10.64 万亩。

2014 年末，全县总人口 26.18 万人，总面积 475.2 万亩，人均 18.2 亩；其中，农用地 407.77 万亩（耕地 116.57 万亩，人均 4.5 亩；园地 14.22 万亩，林地 122.62 万亩，草地 154.36 万亩），城镇、工矿、交通及水利建设用地 20.36 万亩，其他土地 46.67 万亩。

2016 年末，全县总人口 25.74 万人，总面积 475.2 万亩，人均 18.5 亩；其中，农用地 407.56 万亩（耕地 126.3 万亩，人均 4.9 亩；园地 14.21 万亩，林地 122.59 万亩，草地 144.46 万亩），城镇、工矿、交通及水利建设用地 20.55 万亩，其他土地 47.09 万亩。

第二节 水资源

水资源总量

兴县水资源包括地表水、地下水，水资源主要集中于岚漪河川和蔚汾河川。1989 年，境内地表和地下浅层水资源总量为 2.11 亿立方米 / 年（扣除重复量，年可利用量为 18860 万立方米）。同口径相比占山西省总量的 1.5%，占吕梁地区总量的 15.3%；全县人均 919 立方米，是全省人均水平的 1.77 倍、全区人均水平的 1.8 倍，占 2012 年全国人均水资源量 2100 立方米的 44.8%。

地表水

主要由境内黄河、蔚汾河、岚漪河、南川河、岚尾河、湫水河等河流和恶虎滩乡明通沟水库、康宁镇阁老湾水库、魏家滩镇天古崖水库水系组成，总流向由东向西，均属黄河支流。黄河在境内流长 82 公里，多年年均过境客水量（径流量）为 293 亿立方米；岚漪河境内流长 35 公里，流域面积 373 平方公里，多年平均径流量为 0.69 亿立方米；蔚汾河境内流长 55 公里，流域面积 1274 平方公里，多年年均径流量为 2160 万立方米；南川河流长 56.3 公里，年均流量 4.5 立方米 / 秒；湫水河境内流长 26 公里，流域面积 246 平方公里，多年平均径流量 1910 万立方米；岚尾河流长 40.5 公里，年均径流总量 324 万立方米；3 座水库总库容为 4424 万立方米（其中天古崖水库 2409 万立方米、明通沟水库 954 万立方米、阁老湾水库 1061 万立方米）。

河川径流的主要补给源是大气降水，亦有部分小泉小溪汇入。1967 年为丰水年，最大径流量为 4.68 亿立方米；1984 年为枯水年，最小径流量为 0.524 亿立方米，多年平均径流量为 1.642 亿立方米。一年中，汛期各河流水量占全年径流量的 60%，输沙量 90%~99% 均集中于此。由于东部林草覆盖较好，水土流失轻微；而中西部地带表土裸露，一般沟道地表侵蚀模数达 1.1 万吨 / 平方公里。

地下水

兴县地下水主要源于变质岩、火成岩裂隙含水岩系，碳水盐岩溶含水岩系，碎屑岩类裂隙含水岩系及松散岩类孔隙水含水岩系 4 个含水岩系。其中，变质岩裂隙含水岩系分布在高唐山、黑茶山一带，太古界、元古界岩层构造裂隙和风化裂隙发育，裂隙深度 40~60 米，利于雨水渗入，在沟底以泉水形式溢出地表，泉涌量 10~100 立方米 / 日；火成岩裂隙含水岩系分布于西南部的大度山，岩层中裂隙发育利于降水补给，浅层泉水流量多数在 30~40 立方米 / 日，较深层约 200 立方米 / 日，215 地质队在紫金山南麓施工的 S10 号钻孔，自流水量 99.39 立方米 / 日。

碳水盐岩溶含水岩系分布在县城东北、东部、东南部的木崖头—奥家湾—固贤一线，补给水来源于大气降水和地表水沿灰岩河谷裂隙带垂直渗漏，也有一部分为天桥泉和柳林泉的补给，含水岩层中裂隙、溶洞发育，径流通畅，近期内所钻深井日出水量最高达 4730 吨。

碎屑岩类裂隙含水岩系三叠系中统裂隙潜水含水岩组，主要分布在南川至西南一带，砂岩裂隙较发育，利于大气降水补给，使贫水岩组中呈现不少富水段。高家村至迷虎沟段水位深埋 5.45 米，涌水量 82 立方米 / 日；南川河马家沟段，河谷上部孔隙水补给，泉涌量 86.4 立方米 / 日；小善河孟家坪段横城 53 号、52 号泉涌量为 55.7 立方米 / 日和 44 立方米 / 日；贺家会、蔡家会一带抽查的 8 处泉水中有 5 处泉涌量大于 10 立方米 / 日。三叠系下统二叠系石千峰组砂岩裂隙含水岩组分布于县城至蔡家崖南北一线，含水层为砂质泥岩夹细砂岩，富水性很弱，有 5 处泉涌水量小于 10 立方米 / 日。二叠系裂隙水含水岩组，分布在固贤—白家沟南北一线，含水层为砂岩，泉涌量为 10~100 立方米 / 日。石灰岩系层间裂隙含水岩组，分布在魏家滩、关家崖、车家庄、固贤一带，砂岩层厚 5~15 米，为中等富水的弱承压水。魏家滩镇斜沟村附近已开的 23 号钻孔，深度 98.24 米，因水层补给源为岚漪河水，故其水位高出地表 3.2 米，自流量 86.4 立方米 / 日；贺家圪台煤矿排水量 150~180 立方米 / 日，但浅层裂隙泉流量小于 10 立方米 / 日；山西电力设计院和兴县打井队在二叠系承压含水层的褶皱地带乔家沟和县铁厂钻成的 3 口供水井深度 60~80 米，水头超出地表 1.3 米，单井出水量 800~1500 立方米 / 日。

松散岩类孔隙水含水岩系之第四系全新统河谷冲积层孔隙潜水含水岩组，

分布在岚漪河、蔚汾河和湫水河的河谷地带，含水层由砂和砂砾石组成；岚漪河魏家滩以下河段，含水层厚2~20米，单井出水量675.4立方米/日；蔚汾河乔家沟以下河段，主要由河水及侧向裂隙水补给，涌水量1268立方米/日，单井出水量409立方米/日；乔家沟以上河段的恶虎滩46号井涌水量120立方米/日；南川河康宁至王家圪垌河段，含水层为砂砾石夹亚砂土，涌水量1560立方米/日；蔚汾河奥家湾至明通沟段，裂隙和溶洞发育，含水层透水，因而水量贫乏。第四系中、上更新统孔隙潜水含水岩组，以中、上更新统黄土及黄土状亚砂土、亚黏土为主，多以披盖式覆于基岩之上，沟底出水量10立方米/日，是中、西部许多山梁顶上村庄的人畜饮用水水源，史家山村94号井日涌水量仅6.9立方米。第三系上新统孔隙潜水含水岩组，岩性为浅红色黏土、亚黏土夹钙质结构及砂砾石分布在河谷两侧，厚3~30米，多以沟底泉水出露，此类泉水有35处，占全县泉水116处的30%，泉涌量10~100立方米/日；此外，含水层以红土为主，夹很薄砂砾石层时，水量微弱。如西吉村40号泉，流量为6.9立方米/日；小善河和南川河上游的一些区域属此类型，天旱年份泉干井枯，境内浅层地下水总量1.133立方米/年；可开采总量为2.713立方米/秒，全年可开采0.856亿立方米，占地下水总量的75.6%。

水资源开发利用及质量评价

水资源开发利用　兴县地表水在保证率为75%时，可利用量为1.03亿立方米/年；地下水可利用量为0.86亿立方米/年，地上、地下合为1.886亿立方米/年（不含入境水和300米以下深层水）。

2010年，兴县各业年总用水量为2381万立方米，占水资源可利用量的12.6%；尚未利用的水量有1.65亿立方米，占可利用水资源总量的87.4%。

在各业可总用水量中，工业用水为399万立方米，占各业用水总量的16.8%；农业灌溉用水为1534万立方米，占64.4%；城镇生活和农村人畜生活用水448万立方米，占各业用水总量的18.8%。总体上看，境内水资源虽丰富，但利用率不高。

水资源质量评价　地表水：2008年6月，忻州市水文水资源勘测分局在受托编制《兴县水资源综合规划报告》中指出，兴县“全县地表水水化学类型以重碳酸盐钙质水为主，属于低矿化度碳酸盐钙、钠型弱酸性水，并含有一定数量的钾离子和镁离子。总硬度的分布与矿化度的分布总趋势相同，全县地表水水体以低矿化度和低硬度为主，属软水和极软水。”按照国家水质评价标准，蔚汾河源头至兴县城关的53.8公里河段，污染较轻，水质较好，能用于养鱼和灌溉；县城至张家湾的28公里内，河段由于生活污水和工业废水的倾倒，致氨氮超标率为100%，化学耗氧量超标率为50%，已不符合国家饮用、渔业、灌溉和环境三级标准；岚漪河水上游排污较少，从岢岚县东川河口至兴县裴家川口的80.6公里河段取样化验，其水质达国家地面水二级标准。湫水河，评价河长122公里，从源头至下游67公里，评价结果为II类水质。水库水质：天古崖、阎老湾水库总体水质尚可，符合III类水质标准。

地下水水质：兴县境内地下水化学类型以重碳酸盐类水为主，但城区至蔡家崖河段的浅层孔隙水属硫酸盐类水，矿化度大于1000毫克/升，总硬度大于25，属高矿化度数硬水；1989年前，地下水氨氮、总硬度、硫酸盐单项污染指数均高达5.82，属严重污染的四级水，污染物质主要是化肥厂等工业废水。20世纪90年代末，化肥厂倒闭后减轻了工业废水污染，水质提高为二级水。

魏家滩附近的岚漪河段由于上游煤矿废水的倾入，该河段地下水属较高矿化度硬水；进入21世纪，斜沟煤矿废水污染量大幅度增加，严重影响水质。除此之外，境内90%以上的浅层水属合格水。经水文地质一队在109个深层裂隙水样点取样化验，水质差的仅有9个点，占8.2%；除煤矿排出的水外，其他均符合灌溉用水标准；工业用水取样，71.7%的水为好水和较好水。

第三节 矿产资源

据山西省地矿局区域地质调查队提供的《山西省兴县区域地质矿产报告》，至1985年底，境内初步探明有矿产23种，矿产地72处，其中大型矿床5处、中型矿床12处、小型矿床2处、矿点及矿化点53处，煤铝资源最为丰厚。

根据县境地层从老到新及所含矿种呈南北向条带状展布的特点，全县由东至西划为4条成矿带。第一条在县城东部，北起恶虎滩，经交楼申乡到东会乡，面积483平方公里，出露太古界和元古界变质岩系，有金、银、铁、铜、硅石、白云母、石墨、大理石及花岗石石英岩等；第二条在县城东部，北起木崖头，中经二十里铺、恶虎滩，南至东会及西北边兰马、王家塌一带，面积589平方公里，出露下古生界寒武系、奥陶系的石灰岩、白云岩地层，含有水泥和尼龙原料熔剂灰岩、石灰岩、白云岩、硅石等；第三条在县境中部北起魏家滩，经关家崖、城区、肖家洼、固贤至南部的永顺、木瓜一带，面积183平方公里，出露上古生界石炭系，下二叠系之煤系，地层为煤、铝、铁、黏土、煤层气、建筑石材等矿产富集带；第四条在县境中、西部，为第三带以西至黄河的广大地区，面积1913平方公里，出露上古生代、中生代地层，含有煤层气，紫砂陶土、膨润土、建筑石材等。

已查明的矿产资源有煤、铝土矿、煤层气、石灰岩、白云岩、大理岩、石英、砖瓦黏土、石墨、钾长石、陶瓷黏土、金矿、铜矿、铁矿、白云母、辉绿岩、花岗岩、紫砂陶土、膨润土、铁矾土、镍矿、镓等20多种。

主要矿产资源

煤炭　兴县矿区位于河东煤田北中部，全县储煤面积2000平方公里，约占全县总面积的63%，其中埋深1000米以内的煤系底层面积约455平方公里，主要分布在兴县蔚汾河以北大部分地区以及蔚汾河以南偏东部地区。埋藏深度东浅西深，煤层坡度东陡西缓，准确储量面积478.23平方公里；资源总量为461.54亿吨，远景储量为367.55亿吨。1983—1985年，山西省地矿局215队作河东煤田远景调查时，在县境钻孔31个，求得总储量为93.99亿吨，主要有气煤、弱黏煤、长焰煤等，多属低变质气煤，可用作燃料、发电和炼焦配煤。

境内含煤岩系地层出露面积183平方公里，厚约275.6米，煤层主要贮存于石炭系上统太原组和山西组中，共含煤17层，煤层总厚约23.8米，含煤系数为8.64%。其中太原组地层厚98.36米，含煤3~9层，煤层厚15.98米，含煤系数16.25%；山西组地层厚68.78米，含煤3~11层，煤层厚7.84米，含煤系数为11.4%。较厚的可采煤层有5层。其中，14号煤层，位于太原组下部扒楼沟灰岩之上，煤层结构简单，厚度0.3~3.51米，在县城至程家墕一带增厚，平均2.33米，为可采区；13号煤层（俗称丈八煤），位于14号之上桥头砂岩或关家崖灰岩之下，煤层厚5.26~15.77米，平均厚度12.75米，最厚处在贝塔、高家峁、程家墕、麦地山、雅儿旺、李家塔、松石村和赤涧，平面上呈“S”状，厚度为13~16米，较薄处在蔡家崖至曹家坡一带，厚度在6米以下，属本县主要开采煤层；8号煤层，位于山西组底部北查沟砂岩之上，厚0.35~8.75米，平均3.52米。其中，雅儿旺至郝家山，紫家里至高家峁和程家墕两带为高厚度区，煤层厚6~8米；6号煤层，位于山西组中部，厚0.3~2.39米，平均1.19米，可采区北部在贝塔、斜沟至曹家峁、高家洼之间；南部在尹家墕、胡家山、关家崖到杏花咀、双胜村之间；4号煤层，位于山西组上部，厚0.53~3.4米，其间夹矸厚0.08~0.57米，将煤层分为2~4个单层，可采区在北起斜沟、贝塔，南到松石村、饮马会之间。

据省地矿局二一五队对县境31个钻孔及3个县营煤矿的煤样分析，多属低变质气煤。

煤层气　兴县煤层气资源主要分布于县境西南赵家坪一带。1959年，省地质部门在赵家坪施工“兴赵水1”钻孔至201.88米处（远未及富气部位），开始冒水、冒气，点燃后火焰达两米多高，喷气量73立方米/昼夜。经取气化验，内含甲烷与氢气95.6%，水1%、二氧化碳0.2%，一氧化碳1.1%。煤气层位是三叠系二马营组粉砂质泥岩。据省地矿局215队与陕西8队共同研究，境内具备形成中型气田的先决条件。首先，具有丰厚的成气物质基础，境内煤系地层，煤化作用处于低—中级变质阶段，煤种从气煤到肥煤、焦煤。煤的有机质含量65.56%~69.42%。炭质岩层中的分散有机炭含量为7.53%~10.50%，有机质类型以Ⅲ型干酪根为主。其次，具有良好的储气构造。再者，有良好的煤成气显示。

20世纪80年代，地质部门通过航测，发现以赵家坪乡为核心的环状构造，为内外两层环，控制面积达908平方公里，属优良储气构造。预测资源储量502亿立方米，远景储量超过2000亿立方米。

2014年春，中联煤层气开发有限责任公司入驻赵家坪村勘探试采，已在武家峁、佐子坪、赵家坪、大里上、西塬、宋家塔等村试采钻井12口，开发出大量煤层气，并在佐子坪村设立兴县集气站。

铝土矿　县境铝土矿普查始于1958年，由山西省地质厅燃料队综合普查，编撰《兴县、保德、河曲一带地质普查报告》；1967年至1983年，省地矿局区调队、215队、216队及省冶金勘探公司7队对兴县马圐圙、贺家圪台、关家崖、孙家沟、马家塔、范家疃、苏家吉、黄辉头、艾雨头等处铝土矿进行了四次详查。2000—2006年，经山西省第三地质勘察院对兴县铝土矿资源再次详查，基本探明铝土矿在全县的分布及储量。

矿区分布及储量。全县铝土矿资源沿河东煤田东部边缘、第三成矿带中广泛分布，埋深500米以浅面积约254平方公里，预测资源储量6亿吨；埋深200米以浅约150平方公里，预测资源储量2.5亿吨。已查明含铝土矿面积183平方公里，探明储量2.79亿吨。分布区域为，北起姚子峁，中经苏家吉、黄辉头、贺家圪台、孙家沟，南到木瓜一带，长50公里，宽1.25~7.5公里。分魏家滩、城区、史家吉3个成矿区。其中，魏家滩成矿区面积35平方公里；县城成矿区（包括白家沟、郝家沟一线和黄辉头、郝家沟—艾雨头、贺家圪台、关家崖、孙家沟5个小矿区），面积135平方公里，史家吉成矿区，由樊家圪埚到木瓜一带，面积60平方公里。

矿层特征。兴县铝土矿赋存于石炭系中统本溪组铁铝岩段下部山西式铁矿层位之上，地层在县境中部出露，厚度为5.6~34米，由东向西逐渐变厚，而含矿岩段的沉积厚度为5~13.5米，总趋势由北向南变薄，倾角平缓（5°～15°），连续性好。矿体呈层状、似层状、透镜状产出，产状和地层基本一致，底板为山西式铁矿和铁铝混合体（铁质黏土岩），顶板为致密状铝土矿（硬质耐火黏土），局部为黏土岩和黏土页岩。

矿石特征及成分。兴县铝土矿矿石呈深灰色或灰色，致密坚硬。主要矿物成分为一水硬铝石，呈微晶板状、粒状、集晶鳞片状，含量一般为50%~90%；次要矿物有高岭石和赤铁矿、褐铁矿，微量矿有金红石、黄铁矿、锐钛矿、电气石、锆英石、重晶石、绿帘石、三水铝石及钪、镓等伴生元素。

其中，三氧化二铝含量51.1%~65%，三氧化二铁含量6.3%~19.65%，铝硅比值界于5.8~11.5。根据各矿区铝土矿化验，县城成矿区属高铝、中—高铁、低硅型铝土矿区；魏家滩矿区属中铝、高铁、低硅矿区。此外，铝土矿兼含铁矾土矿。境内铝土矿质量好且伴生镓、钪、钛等稀有元素，品位居全省之首。（注：部分数据摘自2007年7月《山西兴县资源型经济综合开发示范基地规划》）

白云岩 兴县白云岩赋存于寒武系凤山组和奥陶系下统冶里组和亮甲山组中，为海相沉积矿床，产出平缓，矿层稳定，厚度大。矿区主要分布在恶虎滩、阳会崖、沟门前一带（木崖头、东会亦有出露），矿区面积达30平方公里，总厚度约90米，远景储量20亿吨。

根据化验，符合工业指标的层位是：奥陶系下统上部白云岩矿层，厚10.5米，矿石中氧化镁含量20.59%，氧化钙含量29.36%，二氧化硅含量2.24%，三氧化二铁含量1.1%，三氧化二铝含量2.22%，五氧化二磷含量0.04%；奥陶系下统中部白云岩矿层，厚20.5米，灰白色，含氧化镁20.5%、氧化钙29.63%、二氧化硅3.53%、三氧化二铁0.51%、三氧化二铝1.4%、五氧化二磷0.06%；寒武系上统凤山组中上部白云岩矿层，厚62米，含氧化镁18.59%~20.65%、氧化钙28.35%~31.77%、二氧化硅1.4%~5%、三氧化二铁0.3%~1.06%、三氧化二铝0.72%~2.54%、五氧化二磷0.04%~0.11%。

硅石 兴县拥有储量可观的硅石资源，储量约500万吨。其中符合工业要求的硅石矿床有脉石英型、沉积硅质砂岩型和变质石英岩型。

脉石英型硅石：矿石呈白色，质地较纯，分布于恶虎滩、交楼申、东会三个乡的太古界界河口群地层中，脉体宽度约20米，长数十米至百米。其中，交楼申白瓷山石英脉矿点，矿体长200米，宽15米，延深30米，储量约23.4万吨。其化学成分为：二氧化硅96.5%~98.02%、三氧化二铝0.24%~0.28%、三氧化二铁0.1%~0.7%、氧化钙0.1%~0.9%、氧化镁0.14%、烧失量0.02%。

沉积硅质砂岩型硅石：呈白色或浅灰色，层厚约20米，层位稳定，产状平缓，质量较好。主要分布于恶虎滩、交楼申、东会三乡的下古生界寒武系中统底部石英砂岩中。

变质石英岩型硅石：由硅质岩石变质而成，分布于恶虎滩、交楼申、东会三乡的太古界界河口群地层中。

石灰岩 县境石灰岩资源十分丰富，主要分布于县境东部，北起木崖头，中经二十里铺、恶虎滩，南至黑茶山、东会一带，出露面积约 274 平方公里，为西南缓倾（5° ~10° ）的单斜构造，主要由寒武系—奥陶系—碳酸盐岩层组成，共 5 层，总厚度大于 130 米，预测储量达 1000 亿吨以上，易采诸量在 10 亿吨以上，年开采量不足 10 万吨。石灰岩矿物含量为：氧化钙 50%~54.7%，氧化镁 0.6%~3.82%，三氧化二铝 0.57%~1%，二氧化硅 1.16%~3.8%，三氧化二铁 0.12%~0.5%，烧失量约 42%。

花岗岩、大理岩 20 世纪 80 年代，经省地质部门和有关部门踏勘，兴县拥有丰富的饰面石材资源。其中花岗岩类有黑云母斜长片麻岩、斜长角闪岩、黑云母变粒岩、含榴斜长角闪岩、浅粒岩、黑云母钾长片麻岩及辉绿岩等，分布于交楼申乡和东会乡境；在大度山一带还有二长岩和倪霞二长岩等花岗岩饰面石材。大理岩类石材有石墨透闪岩、透辉石大理岩、条带状大理岩和石英岩，主要分布于交楼申乡和东会乡；还有致密状灰岩、豹皮状灰岩、白云质灰岩、白云岩、竹叶状灰岩和竹叶状白云岩等，分布于木崖头和固贤一带；此外，石英砂岩、长石石英砂岩、长石砂岩等饰面石材在县境分布广泛，尚待进一步勘探。

2007 年 5 月开始，兴县鑫石源有限公司在交楼申乡境内进行矿石试采，取得成功。初步探明交楼申乡境内花岗岩储量约 80 亿立方米。该公司年开采花岗岩荒料能力已达 2 万立方米，开发的花岗岩有“茶山松绿”“茶山灰麻”“茶山粉麻”“茶山石榴红”“茶山石中石”5 个品种。经检测，境内花岗岩硬度为 8 莫氏度，抗压 50 千克 / 平方厘米。

辉绿岩 县境辉绿岩主要分布于恶虎滩和交楼申乡的石后坪、阳崖上、裴家圪台、旋草凹、王家庄、马家梁一带，有数条辉绿岩、辉长辉绿岩脉，宽数米至数十米，长 3 公里至 20 公里。

黏土矿 包括高铝耐火黏土、硬质耐火黏土、页岩型高岭耐火黏土和木栉黏土矿等，赋存于铝土矿层位之上或夹于铝土矿层中；此外，有煤层出露的地方一般都有黏土矿层。

高铝黏土矿：凡黏土矿中三氧化二铝含量大于60%、三氧化二铁含量小于3%即为高铝黏土矿。贺家圪台矿区黏土矿三氧化二铝含量60%~78.05%；铝硅比为23∶1~40∶1；三氧化二铁含量1%~3%，多数达一级品要求，矿体厚度为1~1.5米，储量约10万吨。

硬质耐火黏土：赋存于本溪组下段（铁铝岩段）上部，主要成分为高岭石，其次为一水硬铝石，魏家滩所产铝土矿可达硬质耐火黏土的工业要求。

本溪组上段底部的耐火黏土：贺家圪台矿区有厚1~2米的矿层，即属此种耐火黏土。

页岩型高岭石黏土矿：本溪组至下石盒子组地层中均含有此类型黏土矿。

木节黏土矿：为煤层风化、有机质流失后残留的灰分物质，为烧制粗瓷器的原料。

红色黏土 产于新生代第三系上统地层中，厚度一般在20米左右。县境除恶虎滩、交楼申和东会三乡外，其余乡、镇都有红色黏土分布。

石墨 兴县石墨矿赋存于太古界界河口群地层中，分布在东部变质岩区，东会乡店子上至交楼申乡奥家滩一带资源分布较为集中，矿体呈层状、透镜状，矿体规模长数十米至数百米，矿层厚数米至数十米。矿体以晶质石墨为主，以片径大为特征，属于较好的矿石类型，可分为三个类型。

第一种，全晶质中细粒石墨片麻岩矿石。主要成分为：斜长石40%~50%、石墨20%~30%、石英20%~50%，石墨呈鳞片状晶体，直径0.2~1毫米。

第二种，显晶质石墨大理岩矿石。主要成分：方解石70%~80%、石墨15%~20%，此外还含少量褐铁矿。

第三种，隐晶质脉状石墨矿石。几乎全部由石墨构成，石墨呈隐晶质集合体，其中也含有石英小颗粒，一般厚2~3厘米，长数米，夹于石墨片岩和石墨片麻岩中。

1960年，山西省地质厅218队对东会乡店子上石墨矿区普查后，编写《山西省兴县店子上石墨矿区普查报告》。矿区位于黑茶山东南脚下的东会乡店子上村北。矿区出露地层为太古界界河口群奥家滩组底部；其岩性主要为云母片岩、变粒岩、石墨片麻岩及含石墨大理岩、透闪石等，石墨产于石墨片岩、石墨片麻岩中，在大理岩或其他岩层中虽有分布，但含量较低。

矿床特征。石墨矿在该区内主要有4个矿体。第一矿体在矿区西部的大理岩与片麻岩之间，大理岩附近分布有角闪岩，出露长度262米，矿体长约300米，平均厚度4.4米。第二矿体在矿区中段南部石墨片麻岩中，出露长度50米，厚度14米，走向近东西向。第三矿体在第二矿体北部，夹于石墨片麻岩中，出露长度250米，厚度4米。第四矿体在矿区东北部的石墨片麻岩与辉长辉绿岩间，呈北东方向展布，出露长度50米，平均厚度2米。

矿石特征与品位。石墨矿石为灰色、黑色，石墨含量少时矿物颜色较浅。其中，晶质石墨呈灰色，金刚光泽，质软而染手，片径1~3毫米；非晶质石墨呈灰黑色，土状光泽。按照石墨在矿层中的形状，可分为片状晶质石墨、纤维状石墨、块状非晶质石墨3种。成分以石英、斜长石、石墨为主；其次还含有褐铁矿、方解石、云母、绿泥石等，固定碳含量6%~15%，多为表外矿。一般晶质石墨较非晶质石墨品位高。

山西地质局218队在店子上矿区曾求得储量124.43万吨（其中C级储量19.02万吨，D级储量105.41万吨）。

其他矿产资源

铁矿 县境内探明的成矿点有两种类型，即山西式铁矿和表生硫化物铁帽型铁矿。其中，山西式铁矿，赋存于石炭系中统本溪组底部，奥陶系中统峰峰组顶部侵蚀面上，矿层顶板为铁质黏土或铝土矿，底板为石灰岩或泥质白云岩。矿体呈透镜状、扁豆状、团块状，多为不规则蜂窝状。境内矿体分布零星，连续性差，矿层一般厚度1.5米。矿石物质为褐铁矿、针铁矿、赤铁矿、脉石矿物等，结构为块状、皮壳状、炉渣状等，矿石铁含量一般为35%~45%，二氧化硅含量3.46%~17.38%，硫含量0.05%~0.18%，磷含量0.1%~0.34%。山西式铁矿在县境分布与铝土矿分布大体一致，展布面积183平方公里，矿点25处，总储量约130万吨；根据化验结果，县境山西式铁矿以中部艾雨头至车家庄成矿区和北部魏家滩成矿区品位较好，矿石含铁35%~45%。但因规模小，分布零星，工业意义不大。

表生硫化物铁帽型铁矿，系指埋藏于太古界界河口群断裂破碎带内、由硫化物变质岩石风化后铁质在裂隙发育形成的褐铁矿矿脉，构成表生铁帽型褐铁矿，此类矿仅见于东会乡的店子上和交楼申乡的常梁沟2处，矿石多呈块状、网格状、蜂窝状构造，主要成分是褐铁矿，矿石含铁32%~50%。

铜、金矿　兴县尚未找到可供工业利用的矿床，仅在东山地区发现有矿化现象。经取样分析，交楼申乡娘娘庙沟矿化点含铜0.33%，含金0.54~1.62克／吨，个别样品高达3.9克／吨，并含银220克／吨；铜水沟矿化点含铜小于0.3%，含金0.51~3.07克／吨；东会乡店子上和交楼申乡常梁沟金矿化属破碎带蚀变岩型，含金量为0.25~4.52克／吨，为金矿成矿远景地段。

镍矿　县境季河沟三号脉经探槽取样，化验分析，镍含量0.56%~0.98%，铜含量0.1% ~0.15%。矿化厚度1米左右，局部地段已形成镍矿矿体。

镓　县境铝土矿中普遍含有元素镓，且含量达到工业指标要求，全县镓储量约1850.07吨。

白云母　县境白云母矿属于伟晶岩型矿床，主要分布于东部变质岩地区。已发现的矿化点有东会乡小坪头、段家湾、阳崖上、贺家湾等处，其中段家湾北部伟晶岩脉较为集中。经北京地质学院和218、215地质勘探队分析，小坪头矿点可求得白云母储量63吨，其他矿点无工业价值。

铁矾土　即含铁较高的铝土矿或黏土，可用作生产水泥配料。县境铁矾土主要赋存于铝土矿层的上、下部，储量为铝土矿的三分之一。

紫砂陶土　埋藏于上古生界二叠系上统石千峰组和三叠系下统和尚沟组的紫红色粉砂质泥岩中，分布区域为蔡家崖乡王家山、胡家沟、贺家沟和蔚汾镇紫沟梁村、南沟门前村。是陶瓷工业的优质原料。

膨润土　是一种以含蒙脱石类矿物质为主的黏土，可用于工业铸造、冶金、纺织、陶瓷、橡胶、塑料等行业。兴县膨润土主要分布在贺家会乡英雄坪一带。经取样测验，为钙基膨润土类型，内含优质活性白土（用于石油、化工脱色），且含矿层展布规模巨大。

第四节　生物资源

植物资源

县境有野生植物101科384属，已查清的有477种，其中豆科、菊科、蔷薇科、禾本科、毛茛科是植物群体的主要部分（参见本编第四章第二节“植被”部分）。

动物资源

县境内动物有两栖类、爬行类、鸟类和哺乳类4个类别25目55科125种，其中鸟类最多。以海拔1200~1300米的东部和中西部地带为界，形成两个野生动物分区。内有国家一级保护动物褐马鸡、黑鹳、金雕。中、日共同保护动物绿翅鸭、白头鹞、灰背隼、燕隼、鹌鹑、大杜鹃、长耳鸮、短耳鸮、燕雀、北灰鹟、家燕等13种。1989—2003年，豹、狼、狐狸等野生动物近乎绝迹，喜鹊、乌鸦、红嘴鹰、麻雀等都成为少见禽类，环境污染严重威胁着生物的生存发育。

第六章 自然灾害

第一节 旱 灾

干旱在兴县出现频繁，危害面广，是影响全县农业生产最大的自然灾害。造成农作物受旱的原因主要是降水量少且降水时间与农作物需水期错位，致使土壤含水量不足，作物缺乏足够的水分供给，植株体内水分平衡遭到破坏，轻则影响作物正常生长，重则枯萎死亡。影响农作物的干旱主要是春、伏、秋三旱。春旱是指3—5月雨量偏少，底墒差，干土层不断加厚，不能满足作物需水要求而形成春旱。根据兴县农事季节和作物生长情况，春播时期的干旱指标定为：一是4月中旬无一场10毫米降水，并持续到5月上中旬；二是4月中旬或下旬虽有一场等于或大于10毫米降水，但5月降水少于10毫米，符合上述一条者为严重春旱。

伏旱也叫“卡脖旱”。夏至后20至30天，进入伏天，大致在7月中旬至8月中旬。这是一年最热的时期，也是各种秋作物生长大量需水的时期，高粱、玉米、谷子正在抽穗，如果三伏天缺雨或长期无雨，就形成“伏旱”。伏旱指标规定为：伏前无一场降水量大于25毫米的透雨，伏内总降水量小于30毫米。伏旱发生机率是三年一旱。最严重的三伏里有两伏旱，可造成粮食大减产。

秋旱发生在第三季（9月），即在蒙古高压控制下，久晴少雨，出现的旱象。每年9月份降水小于50毫米、连旱日数大于20天为秋旱，平均7年发生一次。

如果一年内有两个季度出现干旱，或者有一个季度出现干旱而全年降水量小于400毫米，则评定为全年干旱；如果伏旱和秋旱连续出现即为重旱年。兴县干旱年平均5年左右一遇，其危害程度由东北向西北、西南，由低到高逐渐加重。特别是黄河沿岸的圪达上、蔡家会等6个乡镇，干旱危害最重。

1989—2016年，全县有12年出现较严重的旱情。其中，1989年全县遭受严重旱情。1月至5月末，总降水量46.8毫米，比历年平均值少37.2毫米；6月至7月中旬的40多天，全县滴雨未降；7月23日至8月10日，又出现持续高温、干旱，造成农作物大面积干枯死亡。该年严重干旱造成24个乡镇80.7万亩农田（约占播种面积的96%）受灾，粮田成灾面积65万亩，其中绝收和减产八成以上的有22万亩，减产三至八成的达43万亩；油料成灾面积15.7万亩，其中减产三至八成的有13.7万亩，减产八成以上的有2万亩。

1991年夏季6、7、8月份，月降水量分别为71.7毫米、59.5毫米、44.2毫米，加之春季底墒不好，造成春季缺苗，夏季高温少雨，形成严重干旱，全年农作物受灾面积52.5万亩，农作物成灾面积45万亩，绝收面积4.5万亩，直接经济损失1200万元，受灾人口8.5万人，成灾人口8万人。

1992年春季（1—4月），降水较少，墒情不好，造成1.38万亩未能入种，8.1万亩未能出苗；全年受灾面积82.5万亩，成灾面积75万亩，绝收面积12万亩，直接经济损失1800万元。全县受灾人口18.7万人，成灾人口15万人。

1994年春季，降水较少，墒情不好，严重影响春播，致使农作物出苗率低，受灾面积90万亩，成灾面积82.5万亩，绝收面积18万亩，直接经济损失2100万元。全县受灾人口18.5万人，成灾人口15.5万人。

1995年春季，降水较少，墒情不好，严重影响春播，致使农作物出苗率低，受灾面积70.5万亩，绝收面积10.5万亩，直接经济损失500万元。全县受灾人口2.05万人，成灾人口1.9万人。

1997年，全县年降水量为347.5毫米，比历史同期值少153.7毫米，形成旱灾。农作物受灾面积72.6万亩，成灾面积68.1万亩，绝收面积16.5万亩，直接经济损失3000万元。全县受灾人口1.85万人，成灾人口1.8万人。

1999年，全县年均降水量为371.1毫米，比历史同期值少130.1毫米，春季（1—4月）降水极少，早春土壤墒情较差，导致春播不能正常进行，强播后出苗率极低。6月，全月降水总量仅为8.0毫米，作物晒死很多，7月降水不均，仅11日一次有效降水为90毫米，且8月、10月降水总量都低于历史平均值，加之蒸发偏多，全县旱情严重，造成5.47万人饮水困难，农作物受灾面积109.5万亩，成灾面积96万亩，绝收面积43.5万亩，直接经济损失5700万元。受灾人口23万人，成灾人口2.15万人。

2001年，全县年降水量为372.4毫米，比历史同期值少128.8毫米，5月份降水总量仅为2.4毫米，是有史以来同期最低值，西南部分乡镇颗粒无收。全县农作物受灾面积52.5万亩，成灾面积48万亩，绝收面积10.5万亩，直接经济损失3500万元，受灾人口10.5万人，成灾人口8.5万人。

2002年，全县年降水量为359.6毫米，比历史同期值少141.6毫米，造成土地干燥，作物难以下种，全县农作物受灾面积46.5万亩，成灾面积42万亩，绝收面积4.5万亩，直接经济损失3560万元，受灾人口6.7万人，成灾人口6万人。

2003年，全县大部分乡（镇）出现干旱，农作物受灾面积72万亩，成灾面积63万亩，绝收面积12万亩，直接经济损失4800万元。受灾人口11.7万人，成灾人口10万人，西南部分乡（镇）颗粒无收。

2006年，全县降水量为291.4毫米，比历史同期值偏少175.7毫米，干旱造成6.95万人口饮水困难，农作物受灾面积94.11万亩，成灾面积73.54万亩，绝收面积41万亩，直接经济损失1.8亿元。

2010年10月28日至12月24日，全县连续57天无降水，为历史罕见，干燥的空气导致流感频发，给人民群众的生活造成不利影响。

第二节　洪涝灾

一日内大于等于50毫米的降水量称为暴雨。暴雨来势猛，强度大，往往造成山洪暴发，河水猛涨。轻者水土严重流失，重者堤坝决口，农田淤没，村镇被毁，给人民生命财产带来严重损失，具有很大的破坏性。县境内暴雨多集中在7—8月，占全年暴雨日数的85%。

1989年7月22日，全县遭受暴雨袭击，日降水量达147.1毫米，降水之多，强度之大，属历史罕见。这次暴雨灾害涉及23个乡（镇）、375个村委、

22433户，直接受灾人口达87211人，灾害造成23个乡（镇）286间民房垮塌、1288间民房变为危房；暴雨淹没农田1.17万亩，冲毁农田10.08万亩，冲毁经济林790亩；冲走大畜20头、猪羊330只，毁坏牲畜棚圈135间；损毁饮水工程9处、机电灌站27处、水井152眼、防渗渠道2975米、黄河滩堤坝300米、河坝55处3384米、中小型淤地坝102座；造成塌方191处，损毁路基407.6公里、路面185处、桥梁14座、涵洞88孔、护岸2867米，导致23个乡（镇）交通中断；损毁电线杆22根，中断输电线路15条，损毁电话线杆、广播线杆415根，造成12条通信线路和24个乡（镇）广播中断；冲毁炼焦炉53座、加工铝矾土炉18座，冲走铝土矿2830吨、（乡镇）煤矿存煤5300余吨、瓷砖3000余块。此次暴雨洪灾造成直接经济损失5690.75万元。特别是城区南沟门前村上游洪水冲毁水库堤坝，致使下游沟口房屋垮塌38间，55户居民财产被洪水冲走，26人丧生。

1991年，6月6日20时30分至21时，兴县5个乡（镇）66个自然村遭受雹灾、暴雨严重袭击，被冲毁堤坝749条，损毁水地、坝地4000亩，损毁粮食2500千克、土豆1500千克，受灾面积3.8万亩。

1992年8月2日至4日，县境中部、东北部遭暴雨袭击，受灾10个乡（镇）101个自然村，造成4人亡故；暴雨洪灾共损毁房屋368孔（间），冲毁河坝、淤地坝、小谷坊267座，损毁水井30眼、基本农田6191亩、防渗渠890米，损毁县乡公路2.5万米、大小涵洞186道2230米，砌体与护岸32处2.16万立方米，冲毁斜沟煤矿井下巷道700米，冲走存煤5000余吨，直接经济损失达640万元。

1995年8月31日至9月9日，县境出现10天的连阴雨形成涝灾，大部分乡（镇）或农作物霉烂，或红枣裂果腐烂，部分乡（镇）绝收，部分乡（镇）收成不到四成。

1996年7月23日，县境遭遇百年不遇的特大暴雨袭击，雨量达120毫米，蔚汾河上游形成特大洪水，流量达1440立方米/秒，洪暴冲毁河坝2.27万米，涌入城区，蔚汾东路以南大部分居民住房进水，全城水、电、通信设施全部中断，城区240多个机关单位、医院、学校、企业、商店和1600多户居民受灾，全县有18个乡（镇）、300多个村庄、15.47万人遭受不同程度损失，农作物受灾面积37.5万亩，房屋倒塌、裂缝8182间，死亡大畜880头，因灾死亡17人，直接经济损失达到2.61亿元。

1998年7月12日15时至13日凌晨，全县普降暴雨7个多小时，中心雨量达140毫米以上。持续性大暴雨引发山洪暴发，纵贯县城东西8个乡（镇）的蔚汾河流量达1000立方米/秒，119个机关、商户和58所学校遭受洪灾侵袭，死亡、失踪3人；农作物受灾面积达78万亩，房屋倒塌、损毁2427孔（间），大畜死亡465头，直接经济损失1.89亿元。

2006年9月26日至10月6日，全县出现11天连阴雨天气，农作物和红枣遭受巨大损失，大部分红枣裂果发霉腐烂，接近绝收。

2007年7月22日下午，魏家滩马圐圙煤矿所在区域突降暴雨，30分钟内降水量达45毫米，造成主河道下面采空区塌陷，洪水灌入矿井工作面，致使井下11名矿工身亡（其中2人系入井通知工人撤出时遇难）。

同年9月25日至10月12日，兴县境内出现罕见持续降雨天气，较长时间的阴雨连绵，造成农作物晚熟、红枣裂果霉变、向日葵腐烂，部分谷物、豆类霉变发芽等不良情况，全县17个乡（镇）倒塌、损毁房屋5370孔（间），死亡3人，紧急转移8984人；73.43万亩农田、21.4万亩枣园严重减产，受灾面涉及22.4万人，农业人均减收892元，全县直接经济损失2.16亿元。

2013年7月9日和17日，孟家坪乡、高家村镇、赵家坪乡、贺家会乡、罗峪口镇遭受严重暴雨洪涝灾害，降水量达到32毫米，5个乡（镇）受灾人口1.27万人，受灾农田1.25万亩，还有部分道路、桥梁严重受损，直接经济损失达1200万元。

2015年8月1日20时至8月2日7时，固贤、东会、圪达上、康宁、罗峪口、高家村、蔡家会、赵家坪、孟家坪、贺家会等10个乡（镇）普降大到暴雨，造成全县2万余人受灾，因灾转移安置83人；倒塌房屋168间；农作物受灾3万余亩，其中枣树受灾9500亩；乡村公路损毁80公里，土坝损毁64座，直接经济损失3500万元。

2016年7月8日早4时至次日9时，蔡家会镇遭受中到大暴雨袭击，累积雨量超过141.2毫米，此次暴雨造成村民窑洞垮塌15处，裂缝30余孔，围墙垮塌30余米，公路损毁506米，堤坝损毁12处，桥梁损毁1座，14个行政村均出现不同程度的山体滑坡，农田受灾6912亩，受灾478户、1960余人，直接经济损失300余万元。

第三节　冰雹灾害

县境冰雹多降在4—9月，6月出现最多，冰雹一般发生在中午12时以后，15—18时最多。县境产生冰雹灾害的路径由西向东共5条。第一条，从瓦塘镇起源经白家沟到恶虎滩乡一带；第二条，由裴家川口侵入，经高家村、蔡家崖到奥家湾一带；第三条，由小善侵入，经肖家洼到交楼申一带；第四条，由罗峪口镇侵入，经赵家坪、孟家坪到固贤一带；第五条，由圪达上乡侵入，经蔡家会镇到贺家会乡一带。该区植被覆盖差，增温散热较快，易形成辐合上升气流，形成冰雹。

1989—2016年，县境遭遇的较为严重的冰雹灾害有5次。其中，1990年6月27日、7月10日、8月9日，兴县遭遇3次雹灾，交楼申、固贤、瓦塘、肖家洼等12个乡（镇）的140个自然村、9714户、4.89万人严重受损，农作物成灾面积14.74万亩，其中绝收和重灾面积8.05万亩，粮油减产1130万千克，直接经济损失249万元。

2014年7月1日和8月18日，瓦塘镇、高家村镇、蔡家崖乡、圪达上乡、交楼申乡、罗峪口镇遭受严重冰雹袭击，2.15万口人受灾，3人遭雷击身亡，农作物受灾面积达4.58万亩，成灾面积达3.71万亩，绝收面积达1.7万亩。受灾面积中，经济林面积占40%，直接经济损失达2830万元。

2016年7月3日凌晨，奥家湾乡、恶虎滩乡、交楼申乡、东会乡、魏家滩镇部分村庄受到冰雹及暴雨袭击，冰雹直径大约1厘米，持续时间约10分钟，灾情涉及上述乡（镇）的21个自然村，农作物受灾面积9530亩，受灾人口5193人，直接经济损失630万元。

第四节 霜冻与低温冷害

霜冻是春秋季节近地面气温骤然降低,作物遭受冻害或死亡的严寒现象。发生霜冻的主要原因，一种是因冷空气侵袭造成降温而形成霜冻，叫平流霜冻；另一种是寒冷、晴朗、无风（或微风）的夜间或早晨由于地面辐射使气温降低到零度以下而形成霜冻，叫辐射霜冻。常见的是受平流、辐射两种作用综合影响而形成的，又叫平流辐射霜冻或综合霜冻，这种霜冻降温剧烈，对农作物危害最大。

霜冻出现的日期：初霜是东北部早，西南部晚，终霜则相反，西南早，东北晚。初终霜冻出现的日期不仅因地区不同而有差异，就是同一地区的不同年份，出现日期也不一样。无霜期年平均为 191 天，最长达 226 天，最短为 131 天。地面最低温度小于等于零度的初霜冻出现在 9 月 30 日以前，终霜冻出现在 5 月 5 日以后。县境霜冻危害程度为：初霜冻东北部重，终霜冻西南暖区较重。

低温冷害：2011 年 10 月 30 日至 31 日，县境连降两天大雪，降雪量达 26.6 毫米，雪深 16 厘米，是有史以来最大的一场雪，造成交通瘫痪，公路堵车达 5 天，给交通运输造成经济损失。全县受灾人口 1.08 万人，成灾人口 9400 人，农作物受灾面积 1.56 万亩，成灾面积 1.5 万亩，直接经济损失 75 万元。

第五节 地质灾害

兴县地质灾害的类型主要有滑坡、崩塌、泥石流、地面塌陷、地裂缝、地面沉降等，这些灾害在各乡（镇）都不同程度发生。

主要地质灾害

滑坡 1989 年以来，县境较大的滑坡有交楼申乡张家岔村山体滑坡和蔚汾镇马塔沟村山体滑坡 2 次。1989 年 7 月 22 日，交楼申乡张家岔村发生严重山体滑坡，摧毁房屋 39 孔（间），掩埋粮食 5000 余千克，涉及村民 12 户。

灾害发生后，省、地、县各级领导赶赴该村，指挥救灾工作，并调拨17410元，救助12户灾民重建家园。

2012年夏，连绵阴雨导致蔚汾镇马塔沟村滑坡。马塔沟位于东关村阳玉春后沟，滑坡体主要由粉质黏土、砂岩等组成。此次灾害共损毁房屋12间，房屋裂缝36间，直接经济损失400余万元。灾情发生后，县委、县政府立即组织各职能部门从人力、物力等方面支持和帮助灾民克服困难，重建新家园。

地面塌陷和地裂缝　此类地质灾害发生在煤铝采矿区，重点为蔚汾镇的季家梁、麦地山、关家崖等村，奥家湾乡的峁底、孙家沟村和魏家滩镇的斜沟、范家疃等村。由于地下层大面积采空后，破坏原先的相互支撑，采空面发生冒顶，岩层相继下沉，引起断层和裂缝，形成裂缝带，最后造成地面塌陷和地裂缝，严重影响到人民群众的生产生活甚至生命安全。

地质灾害勘测与预防

2005年9月，县政府与县科技局分别出台《关于加强建设工程地震安全性评价和抗震设防要求管理的规定》《关于做好建设工程地震安全性评价和抗震设防要求管理的工作安排》，在全县范围内清理检查自2002年以来的各类建设工程项目的抗震设防要求审批情况。同年11月，检查组对育才学校因擅自确定抗震设防要求处以并执行5000元罚款；其间，地震办对地税局、财政局新建办公楼、住宅楼建设工程项目的申请发文批复，这是地震办成立以来第一次以规范性文件对建设单位的申请发文批复，标志着地震等地质灾害预防工作逐步走上程序化、规范化道路。

2006年至2011年，地震办组织人员对全县范围内各类建设工程开展抗震设防要求专项大检查，共检查各类建设工程50余起，收缴罚款13万余元；参加县教育布局调整专题会议，对所建寄宿制中、小学的抗震设防提出明确要求；参加福临嘉苑小区建设抗震设防评审会；参与发展改革局牵头的相关建设项目；参加对兴县中央投资的农村项目专项稽查工作；对全县境内加油站抗震设防检查，对擅自确定设防标准的业主处罚，并责令按规定整改；参与兴县城镇体系规划评审会；根据省市要求，积极采集并按要求准确上报地震应急基础数据，对拒不履行地震行政处罚决定的鸿运加油站移送县法院并成功强制执行；编制《兴县地震应急预案》，以兴政发文件印发全县；对地震办自1998年成立以来的文件、资料整理、建档，进一步提高管理水平；按照市局要求的防震减灾“三网一员”建设工作，全县17个乡（镇）都确定一名防震减灾助理员和两个地震宏观信息点，每个行政村（居委会）都确定一名地震灾情速报员；配合山西省地震局地震工程勘察研究院，为山西美锦公司的甲醇化工厂进行场地地震安全性评价的实地勘察工作；在全国防灾减灾日及唐山、汶川地震纪念日，组织举办5次防震减灾系列宣传活动，发放抗震减灾宣传资料3.9万份、书籍2500册，举办防震科普讲座2场，解答群众咨询480人次，特别是在2010年2月、7月，针对兴县个别人传播地震谣言的情况，在电视台播放地震预报科普知识讲座，回击谣言，安定人心。

2011年，县财政投入经费50余万元，聘用山西省第三勘测院，对全县地质灾害进行了历时7个月的实地勘测，确定全县地质灾害防患点342处，涉及易发生泥石流6处、滑坡42处、崩塌27处，不稳定斜坡280处，在勘测的基础上，建立县、乡、村三级日常地质灾害监察网络。2014年，实现对地质灾害的精准监测，精准入库，除对原有地质灾害隐患点重新排查外，新增地质灾害防患点13处，到2016年末，全县共设立地质灾害防患点355处。

汛期地质灾害是危及人民生命财产和社会经济发展的重要隐患。2014年，兴县成立“地质灾害防治领导组”，县政府每年以文件转发县国土局编制的《兴县年度汛期地质灾害防治方案》和《兴县突发性地质灾害应急预案》，建立汛期地质灾害值班值守应急制度，每年进行汛期地质灾害防治培训及应急演练，增强全县应对地质灾害的应急能力。在汛期来临前，县局在全县范围发放“地质灾害防灾明白卡”“地质灾害避险明白卡”，使人民群众了解地质灾害，增强防灾意识，以减少、减轻灾害损失。

第三编

人　口

1989 年末，全县总人口 229552 人。2000 年和 2010 年全县人口普查时，总人口分别为 265760 人和 312581 人。2016 年末，全县总人口 257345 人，比 1989 年增长 12.11%。从总体看，1989—2009 年间，各级党政组织坚持宣传、贯彻国家和省、地委关于实行优生优育法规政策，城乡居民特别是机关、企事业单位干部职工响应国家号召，努力转变传统生育观念，少生优生逐步成为城乡居民的自觉行动，全县人口出生率明显下降，人口自然增长减缓。1989—2009 年末，全县人口出生率由 19.67 ‰下降到 13.84‰，下降 5.83‰；人口自然增长率由 8.67‰下降到 7.01‰，下降 1.66‰。2010—2016 年，全县人口出生率由 10.79‰上升到 11.64‰，人口自然增长率由 5.04‰上升为 7.62‰。

1989—2016 年，人口的城乡比重、文化结构也发生了较大改变。1989 年，全县城镇人口 18712 人，农村人口 210840 人，分别占总人口的 8.15% 和 91.85%。2016 年，全县总人口 257345 人，其中城镇人口 137292 人、农村人口 120053 人，分别占全县总人口的 53.35% 和 46.65%。

经过 20 年发展，全县人口文化素质普遍提高。至 2010 年底，全县具有研究生学位的有 188 人，具有大专文化学历的 2450 人，具有大专及大专以上学历的人数占到当年总人口的 0.84%；具有高中、中专学历的 6.86 万人，占到总人口的 22%。受过小学、初中文化教育的有 23.61 万人，占到总人口的 75.5%；经验收，兴县已实现基本无文盲县。

第一章　人口规模

第一节　人口总量

1990 年，《山西省计划生育条例》颁布实施后，计划生育逐渐成为人们的自觉行为，尤其是城镇及机关干部，多数育龄夫妇转变传统生育观念，追求优生优育，因而人口出生率及人口自然增长率整体呈下降趋势。1989 年全县总人口为 229552 人，出生人口 4516 人，死亡 2526 人，净增 1990 人，人口自然增长率 8.67‰；2016 年全县总人口 257345 人，出生人口 2996 人，出生率 11.64‰；死亡 1036 人，净增 1960 人，自然增长率 7.62‰。该年与 1989 年相比，人口出生率下降 8.03‰，人口自然增长率下降 1.05‰。

1989—2016 年度兴县人口自然增长统计表

表 3-1-1-1　　单位：人

年份	人口总量	净增人口	人口出生率（‰）	人口自然增长率（‰）
1989	229552	1990	19.67	8.67
1990	245166	1477	17.32	6.03
1991	248613	3105	17.37	12.49
1992	251622	2667	15.85	10.6
1993	253759	2213	13.86	8.72
1994	251591	2228	13.65	8.86
1995	253942	2452	14.69	9.66
1996	258942	2615	14.72	10.1
1997	259732	1489	10.55	5.73
1998	260228	2225	14.12	8.55
1999	261293	2603	14.74	9.96
2000	265760	2219	14.07	8.35

续表 3-1-1-1

年份	人口总量	净增人口	人口出生率（‰）	人口自然增长率（‰）
2001	267720	2399	14.82	8.96
2002	265772	2314	14.51	8.71
2003	271365	2255	14.44	8.31
2004	275164	2240	14.14	8.14
2005	273168	2134	13.87	7.81
2006	271359	1823	13.26	6.72
2007	301313	1910	13.25	6.34
2008	276937	2032	16.27	7.34
2009	278622	1954	13.84	7.01
2010	312581	1576	10.79	5.04
2011	253091	1662	15.71	6.57
2012	260129	1232	12.9	4.74
2013	261662	1542	12.82	5.89
2014	261750	1800	14.54	6.88
2015	263243	1763	12.98	6.70
2016	257345	1960	11.64	7.62

第二节　人口分布

城乡分布

1989 年，全县总人口 229552 人，其中城镇人口 18712 人，乡村人口 210840 人，分别占到总人口的 8.15% 和 91.85%。2016 年，全县总人口 257345 人，其中城镇人口 137292 人，农村人口 120053 人，分别占到总人口的 53.3% 和 46.7%；城镇人口占比由 1989 年的 8.15% 提升到 53.3%。

1989—2016年部分年份兴县城镇人口占比变化简表

表3-1-2-1　　单位：人

年份	户籍总人口数	其中			
		城镇人数	占总人数百分比（%）	农村人数	占总人数百分比（%）
1989	229552	18712	8.15	210840	91.85
1990	245166	19173	7.8	225993	92.2
1991	248613	19601	7.9	229012	92.1
1992	251622	19548	7.8	232074	92.2
1993	253759	19991	7.9	233768	92.1
1995	253942	17942	7.1	236000	92.9
1996	258942	21951	8.5	236991	91.5
1997	259732	22275	8.6	237457	91.4
1998	260228	22628	8.7	237600	91.3
1999	261293	23382	9	237911	91
2004	275164	47735	17.3	227429	82.7
2005	273168	36168	13.2	237000	86.8
2006	271359	54744	20.17	216615	79.83
2007	301313	57313	19.02	244000	80.98
2008	276937	108825	39.3	168112	60.7
2009	278622	117499	42.2	161123	57.8
2010	312581	112743	36.1	199838	83.9
2011	253091	85241	33.7	167850	66.3
2012	260129	91291	35	168838	65
2013	261662	97467	37.3	164195	62.7
2014	261750	103572	39.6	158178	60.4
2015	263243	100559	38.2	162684	61.8
2016	257345	137292	53.3	120053	46.7

地域分布

1989年，全县人口密度（未包括外来流动人口）每平方公里72.46人；1990年，全县人口密度（未包括外来流动人口）每平方公里77.39人；1992年，全县人口密度（未包括外来流动人口）每平方公里79.43人；1994年，全县人口密度（未包括外来流动人口）每平方公里79.42人；1996年，全县人口密度（未包括外来流动人口）每平方公里81.74人；1998年，全县人口密度（未包括外来流动人口）每平方公里82.14人。

2000年，全县总人口265760人，人口密度（未包括外来流动人口）每平方公里83.9人。其中，人口密度每平方公里百人以上的乡（镇）有城关镇（254.28人）、关家崖乡（137.47人）、魏家滩镇（139.39人）、瓦塘镇（111.33人）、裴家川口乡（122.35人）、康宁镇（102.38人）、高家村镇（126.07人）、奥家湾乡（116.04人），其余乡镇人口密度每平方公里均在百人以下。

2001年3月机构改革中，部分乡镇实行撤并，人口密度发生明显变化。其中，原城关镇更名为蔚汾镇，同时将人口较稀疏的关家崖乡和肖家洼乡整体并入该镇，人口密度为每平方公里291.56人，较1988年减少222人；原人口稀疏的木崖头乡和白家沟乡整体并入魏家滩镇，魏家滩镇人口密度由1988年的每平方公里150人下降为93.7人，减少57人；原杨家坡乡整体并入蔡家崖乡，蔡家崖乡人口密度由1988年的每平方公里168人降为123.9人，减少44人；原裴家川口乡整体并入瓦塘镇后，瓦塘镇人口密度由1988年每平方公里93人上升为109人；原小善乡整体并入孟家坪乡后，孟家坪乡人口密度由1988年每平方公里46人上升为103人。2003年，全县总人口271365人，平均每平方公里86人。

2003年兴县各乡镇人口分布表

表3-1-2-2

乡　镇	户籍人口（人）	土地面积（平方公里）	人口密度（人/平方公里）
蔚汾镇	64319	317.2	203
瓦塘镇	18313	167.3	110
魏家滩镇	23752	253.5	94
康宁镇	19976	191.7	104
高家村镇	14806	122.4	121
蔡家会镇	11496	175.3	66
罗峪口镇	9223	198	47
蔡家崖乡	20656	270.2	77
奥家湾乡	17750	140.2	127

续表 3-1-2-2

乡 镇	户籍人口（人）	土地面积（平方公里）	人口密度（人/平方公里）
恶虎滩乡	6972	108.4	64
交楼申乡	9375	173.3	54
东会乡	8102	172.3	47
固贤乡	10380	169.4	61
赵家坪乡	7007	146.7	48
孟家坪乡	12769	215.8	59
贺家会乡	8404	191	44
圪达上乡	8065	155.3	52
总计	271365	3168	86

2004 年，全县总人口 275164 人，人口密度平均每平方公里 87 人；2006 年全县总人口 271359 人，人口密度平均每平方公里 86 人；2007 年，全县总人口 301313 人，人口密度平均每平方公里为 95 人；2008 年，全县总人口 276937 人，人口密度平均每平方公里 87 人；2010 年，全县总人口 312581 人，人口密度平均每平方公里 99 人；2012 年，全县总人口 260129 人，人口密度平均每平方公里 82 人；2014 年，全县总人口 261750 人，人口密度平均每平方公里 83 人。2016 年，全县总人口 257345 人，常住人口加上外来流动人口总数为 30.26 万人，人口密度平均每平方公里 96 人。其中人口密度最大的为蔚汾镇，为每平方公里 289 人（含外来流动人口）；密度最小的是圪达上乡，为每平方公里 16 人。

2016 年兴县各乡镇人口及密度表

表 3-1-2-3

乡镇	户籍人口（人）	常住人口（人）	土地面积（平方公里）	人口密度（人/平方公里）
蔚汾镇	44695	91558（含流动人口）	317.2	289
瓦塘镇	20294	20294	167.3	121
魏家滩镇	22757	22757	253.5	90
康宁镇	20545	20545	191.7	107
高家村镇	14571	18980（含流动人口）	122.4	155
蔡家会镇	10128	6570（含流动人口）	175.3	38

续表 3-1-2-3

乡镇	户籍人口（人）	常住人口（人）	土地面积（平方公里）	人口密度（人/平方公里）
罗峪口镇	9243	9243	198	47
蔡家崖乡	25468	25700（含流动人口）	270.2	95
奥家湾乡	18054	18054	140.2	129
恶虎滩乡	5457	9238（含流动人口）	108.4	85
交楼申乡	10344	6335	173.3	37
东会乡	8797	8797	172.3	51
固贤乡	10842	10842	169.4	64
赵家坪乡	7763	7763	146.7	53
孟家坪乡	13031	13896	215.8	64
贺家会乡	7482	9482	191	50
圪达上乡	7874	2541	155.3	16
总计	257345	302595	3168	96

注：表中各乡镇户籍人口数为兴县统计局统计资料；人口密度按常住人口、外来流动人口总数计算

第二章　人口构成

第一节　自然构成

民　族

兴县居民以汉族为主。1990年，全县总人口245166人，其中少数民族18人，汉族245148人，汉族占全县总人口的99.99%。2000年，全县总人口265760人，少数民族仅155人，汉族265605人，汉族占全县总人口的99.94%。2003年，全县总人口为271365人，其中少数民族123人，汉族271242人，汉族占全县总人口的99.96%。2010年全县总人口为312581人，其中少数民族141人，汉族312440人，汉族占全县总人口的99.95%。

2016年，兴县总人口257345人，其中少数民族共129人（蒙古族24人、回族4人、藏族9人、苗族4人、彝族5人、壮族3人、布依族4人、朝鲜族2人、满族28人、白族5人、土家族27人、哈尼族3人、傣族1人、黎族2人、仡佬族4人、锡伯族4人），少数民族人口占总人口的0.05%；汉族人口占99.95%。

性　别

1989年至2009年，全县男性一直多于女性。到2010年，男性152068人，女性160513人，女性多于男性；2012年，男性126839人，女性133290人，女性多于男性。2011年至2016年，男性人数均多于女性人数（2012年除外）。

1989—2016 年部分年份兴县男女比例变化统计表

表 3-2-1-1　　单位：人

年份	女性	男性	女性与男性比例	年　份	女 性	男 性	女性与男性比例
1989	105466	124086	100∶117.66	2006	128554	142805	100∶111.09
1991	115872	132741	100∶114.56	2008	133496	143441	100∶107.45
1993	117596	136163	100∶115.79	2010	160513	152068	100∶94.74
1996	120657	138285	100∶114.61	2011	121484	131607	100∶108.33
1998	121962	138266	100∶113.37	2012	133290	126839	100∶95.16
2000	128079	137681	100∶107.5	2014	124980	136770	100∶109.43
2003	129819	141546	100∶109.03	2016	122818	134527	100∶109.53

年龄结构

1990 年，全县人口普查，总人数为 245166 人。其中 0 ~ 14 岁 78453 人，占总人口的 32%；15 ~ 64 岁 132390 人，占总人口的 54%；65 岁以上 34323 人，占总人口的 14%。2000 年人口普查，全县总人口为 265760 人，其中 0 ~ 14 岁 75210 人，占总人口的 28.3%；15 ~ 64 岁 145371 人，占总人口的 54.7%；65 岁以上 45179 人，占总人口的 17%。同 1990 年人口普查相比，0 ~ 14 岁人口下降 4.1%；15 ~ 64 岁人口的增长 9.8%；65 岁及以上人口增长 31.6%。

2003 年，全县总人口 271365 人，其中 0 ~ 17 岁 67841 人，占总人口的 25%；18 ~ 35 岁 75304 人，占总人口的 27.75%；36 ~ 60 岁 80134 人，占总人口的 29.53%；60 岁以上 48086 人，占总人口的 17.72%。

2010 年，全县总人口为 312581 人，其中 0 ~ 17 岁 85022 人，占总人口的 27.2%；18 ~ 35 岁 96275 人，占总人口的 30.8%；36 ~ 60 岁 80959 人，占总人口的 25.9%；60 岁以上 50325 人，占总人口的 16.1%。

2016 年，全县人口为 257345 人，0 ~ 17 岁 67682 人，约占总人口的 26.3%；18 岁 ~ 60 岁 144885 人，占总人口的 56.3 %；60 岁以上 44778 人，占总人口的 17.4%。

第二节　文化构成

1989 年，全县总人口 229552 人中，有研究生学位的 138 人，大学本、专科学历的 786 人，具有高等文化程度的仅占总人口的 0.4%；具有高中文化（含中专）程度的有 12168 人，占总人口的 5.3%；具有初中、小学文化程度的共 211780 人（不含 5 ~ 11 岁已入园入学幼儿），占总人口的 92.26%；文盲、半文盲 4680 人，占总人口的 2.04%。

经过 20 年发展，全县人口文化素质普遍提高。至 2010 年底，全县总人口 312581 人，其中具有研究生学位的有 188 人，具有大学本、专科学历的 2450 人，大专及大专以上学历的人数占到当年总人口的 0.84%；具有高中、中专学历的 68622 人，占到总人口的 22%。大专学历人数和高中、中专学历人数在总人口中的占比分别比 1989 年提高 0.44% 和 16.7%。受过小学、初中文化教育的有 236122 人，占到总人口的 75.5%；综合起来，全县近 98% 的人口都具有不同层次的文化水平。经省、地验收，兴县已实现基本无文盲县。

第三节　职业构成

1989 年，全县总人口 229552 人，其中从事农、林、牧、渔、水利业 68143 人，占总人口的 29.69%；从事工业（含矿业、电力、制造、煤气、自来水生产及供应）的 3387人，占总人口的 1.48%；国家机关、党政群团 1561 人，占总人口的 0.68%；从事交通运输、邮电通信业的 256 人，占总人口的 0.11%；从事商业、饮食业、物资供应及仓储业 2023 人，占总人口的 0.88%；从事卫生体育和社会福利事业的 643 人，占总人口的 0.28%；从事住宅、公用事业管理和居民服务业的 67 人，占总人口的 0.03%；从事教育和文化艺术的 2948 人，占总人口的 1.28%；从事金融保险业 350 人，占总人口的 0.15%。

2010 年，全县总人口为 312581 人，其中从事农、林、牧、渔、水利业 10.15 万人，占全县总人口的 32.47%；从事工业（含矿业、电力、制造、煤气、自来水生产及供应）的7398人，占总人口的2.37%；国家机关、群众团体工作人员5080人，占从业总人数的1.63%；从事交通运输、邮电通信业388人，占总人口的0.12%；从事卫生和社会福利事业1540人，占总人口的0.49%；从事教育文化广电事业3980人，占总人口的1.27%；从事金融保险、商业服务等第三产业3898人，占总人口的1.25%。

2016年，全县总人口257345人，其中从事第一产业的45934人，占全县总人口的17.85%；从事第二产业的43762人，占全县总人口的17%；从事第三产业的77336人，占全县总人口的30.05%。

第四节　婚姻构成

1989—2004年，婚姻登记由县民政局统一管理，委托各乡（镇）政府办理。申请婚姻登记的男女双方，由所在单位、村委会或居委会出具介绍信，审查合格后，即可办理结婚登记。2004年，婚姻股成立，实行以县集中统一登记，电脑统一程序办理，打印婚姻证书。2010年8月，婚姻登记办理程序升级，实行全省联网，解决了重婚问题。

2004—2016年兴县婚姻登记情况表

表3-2-4-1　　单位：对

年份	结婚对数	离婚对数	年份	结婚对数	离婚对数
2004	907	54	2011	3412	117
2005	987	31	2012	4023	176
2006	1046	33	2013	4221	219
2007	1502	53	2014	3451	247
2008	2588	69	2015	4050	321
2009	3160	73	2016	2924	347
2010	3737	88			

第三章 人口变动

第一节 自然变动

1989年末，全县户籍总人口229552人，当年出生4516人，出生率19.67‰；当年死亡2526人，死亡率11‰；当年净增人口1990人，人口自然增长率为8.67‰。

2016年末，全县户籍总人口为257345人，全年出生2996人，出生率为11.64‰；当年死亡1036人，死亡率为4.03‰；当年净增人口1960人，自然增长率为7.62‰。

1989—2016年全县户籍人口自然变动情况统计表

表3-3-1-1 单位：人

年份	年末户籍总人数	当年出生数	出生率(‰)	当年死亡数	死亡率(‰)	净增人口	自然增长率(‰)
1989	229552	4516	19.67	2526	11.0	1990	8.67
1990	245166	4245	17.32	2768	11.29	1477	6.03
1991	248613	4318	17.37	1213	4.88	3105	12.49
1992	251622	3988	15.85	1321	5.25	2667	10.6
1993	253759	3517	13.86	1304	5.14	2213	8.72
1994	251591	3435	13.65	1207	4.8	2228	8.86
1995	253942	3729	14.69	1277	5.03	2452	9.66
1996	258942	3811	14.72	1196	4.62	2615	10.1
1997	259732	2740	10.55	1251	4.82	1489	5.73
1998	260228	3675	14.12	1450	5.57	2225	8.55
1999	261293	3851	14.74	1248	4.78	2603	9.96
2000	265760	3739	14.07	1520	5.72	2219	8.35
2001	267720	3968	14.82	1569	5.86	2399	8.96

续表 3-3-1-1

年份	年末户籍总人数	当年出生数	出生率（‰）	当年死亡数	死亡率（‰）	净增人口	自然增长率（‰）
2002	265772	3856	14.51	1542	5.8	2314	8.71
2003	271365	3583	13.20	1328	4.89	2255	8.31
2004	275164	3891	14.14	1651	6.0	2240	8.14
2005	273168	3789	13.87	1655	6.06	2134	7.81
2006	271359	3598	13.26	1775	6.54	1823	6.72
2007	301313	3992	13.25	2082	6.91	1910	6.34
2008	276937	4505	16.27	2473	8.93	2032	7.34
2009	278622	3855	13.84	1901	6.82	1954	7.01
2010	312581	3373	10.79	1797	5.75	1576	5.04
2011	253091	3206	12.67	1544	6.1	1662	6.57
2012	260129	3356	12.9	2124	8.17	1232	4.74
2013	261662	3354	12.82	1812	6.38	1542	5.89
2014	261750	3807	14.54	2007	7.67	1800	6.88
2015	263243	3416	12.98	1653	6.28	1763	6.70
2016	257345	2996	11.64	1036	4.03	1960	7.62

第二节　机械变动

1989 年至 2010 年，全县共迁出人口 7690 人，其中迁往省外 3280 人；共迁入人口 8460 人，其中省外迁入 4280 人。

第三节　流动人口

2010 年，兴县同内蒙古自治区鄂尔多斯市、陕西省神木县、广东省高州市、湖北省钟祥市等 26 个县市以及吕梁 12 个县市签订 40 份流动人口双向协作管理协议、780 份管理协议书，发出催办通知书 89 份，查验证 124 人，形成流动人口“一盘棋”管理新格局。

劳务输出

兴县人口流动主要为县内向县外迁出、县外向县内迁入、县内各乡（镇）间流动 3 种形式。20 世纪 90 年代后，农村剩余劳动力大量涌向县外，主要从事粮油运销、室内装潢、建筑施工、铁艺加工等行业。1995 年，全县向县外输出劳动力 150 人，转移消化农村劳动力 2680 人。1997 年，全县输出劳动力 918 人。1998 年兴县向县外输出 910 人，1999 年向县外输出 315 人（城镇）。2000 年，全县向县外输出 21188 人，其中城关镇输出 713 人，肖家洼乡输出 1220 人，关家崖乡输出 743 人，魏家滩镇输出 626 人，木崖头乡输出 548 人，白家沟乡输出 858 人，瓦塘镇输出 1057 人，裴家川口乡输出 947 人，康宁镇输出 934 人，高家村镇输出 2099 人，罗峪口镇输出 436 人，蔡家会镇输出 791 人，交楼申乡输出 773 人，恶虎滩乡输出 403 人，东会乡输出 646 人， 固贤乡输出 776 人，奥家湾乡输出 1120 人，蔡家崖乡输出 1714 人，杨家坡乡输出 1795 人，贺家会乡输出 507 人，孟家坪乡输出 586 人，小善乡输出 1070 人，赵家坪乡输出 595 人，圪达上乡输出 231 人。

2001—2007 年，兴县向县外输出农村劳动力 2100 人。2009 年向县外劳务输出 2600 人。2010 年，全县引导自发性转移就业，全年输出 67424 人，其中蔚汾镇输出 3543 人，魏家滩镇输出 8727 人，瓦塘镇输出 5300 人，康宁镇输出 5968 人，高家村镇输出 3299 人，罗峪口镇输出 2983 人，蔡家会镇输出 2010 人，交楼申乡输出 2498 人，恶虎滩乡输出 710 人，东会乡输出 2406 人，固贤乡输出 3085 人，奥家湾乡输出 4517 人，蔡家崖乡输出 10312 人，贺家会乡输出 2561 人，孟家坪乡输出 3986 人，赵家坪乡输出 3688 人，圪达上乡输出 1831 人。在上述劳务输出人员中，跨省流动 19838 人，省内流动 21388 人；转移农村劳动力 5683 人。

劳务输入

县外经商、务工人员也陆续进入兴县，主要从事缝纫、服务、餐饮、建筑等行业。1997 年，由县外流入兴县暂住人口 406 人，由公安局办理暂住证，办证率达 100%。2000 年，由县外向县内输入（外来打工者）1.32 万人。2003 年县外流入兴县暂住人口 1200 人，办理暂住证 1200 人，办证率达 100%。2010 年县外流入兴县暂住 1837 户 4928 人，办理暂住证 4928 人，办证率达 100%。

第四章 人口管理服务

第一节 组织机构

机构与队伍

兴县计划生育委员会 成立于1981年6月，是全县最早的科级计划生育专业管理机构。1989年计划生育委员会（简称计生委），为正科级建制的行政事业单位。1995年始，计生委有办公用房7间180平方米，固定资产约30万元。

1998年8月，计生委实有行政人员15人、事业人员46人。设主任1人、副主任2人，领导班子成员平均年龄44岁，均为大专以上文化程度。内设机构有办公室、服务站、统计股、财务股、机关计划生育办公室、流动人口计划生育管理办公室、宣传股、技术股、药具站、法规股、审计股共13个股、室、站。下属机构有24个乡（镇）股级计划生育办公室和计划生育服务站。

至2000年底，计生委人员增至63人，其中正式32人、临时工2人、合同制24人、聘用制5人；设主任1人、副主任2人、纪检组组长1人、工会主席1人；内设办公室、统计股、宣教股、财务股、审计股、计生协会(三结合办)、流动办、机关计生办、信访法规股、技术股，各股设股长1人，办公室设正副主任各1人。办公用房增至20间600平方米，固定资产增至110万元。

人口和计划生育局 2003年4月，县计划生育委员会变更为兴县人口与计划生育委员会。

2004年5月，兴县人口与计划生育委员会变更为兴县人口和计划生育局。内设办公室、计财股、宣教法规股、县直机关计划生育办公室、流动人口计划生育办公室。

2010年，县人口和计划生育局核定编制10人，设主任1名、副主任2名。下设计划生育服务站，为股级单位，核定编制15人，实有15人。

卫生与计划生育局 2015年12月，县人口和计划生育局与县卫生局合并为兴县卫生与计划生育局，为科级行政单位。2016年，县卫生与计划生育局核定编制20人，实有28人。设局长1名、副局长4名、纪检组组长1名。

计划生育服务站 兴县计划生育服务站始建于1984年7月，初名计划生育指导站。设站长1人，有职工7人，其中正式2人，集体3人，聘用2人。1990年，计划生育服务站购买大楼，投入使用，总面积800平方米。设有宣教组、避孕药具组、技术服务组、后勤财务组，服务功能齐全。1995年，全站职工增至30人（男5人、女25人），其中正式14人，集体5人，聘用制2人，合同制9人；设站长1人、副站长2人。1997年，兴县计划生育服务站设站长1人、副站长2人，有X光机、红外线治疗仪、B超机等设备，固定资产达13.3万元(不含住房)。

至2000年，兴县计划生育服务站人员增至36人，设办公室、药具站(1995年成立)、B超室、手术室、门诊、药房；新开设乳腺诊断、红外线治疗等业务。

基层计生服务所和计生专干 1980年，县计生委从各乡（镇）卫生院抽调并经统一考试择优聘用24人，担任各乡（镇）计划生育助理员。2000年底，全县24个乡（镇）均设计生服务所，设所长1人，计生办公室专职主任1人。各行政村均设计划生育服务室，并配备服务员，大村2人，小村1人。2001年，县计生委为全县24个乡（镇）（2002年起为17个）配备1名公职计划生育办公室主任和专干，为各行政村配备510名村级计划生育主任，在乡(镇)党委、政府领导下开展工作。

制度与措施

加强领导 县委、县政府每年对各乡（镇）、县直各单位负责人明确任务和工作要求。2005年，全县农村计划生育模范家庭289户455人。

2004年10月，山西省人口与计划生育督调队在兴县检查后，对兴县人口与计划生育工作提出要求，限期整改有关问题。整改期间，县委、县政府组织5次专项督查，对工作整改不力的8个乡（镇）主要领导进行诫勉谈话，对整改工作突出的4个乡（镇）领导予以奖励。鼓励主要领导要提高意识，真正在观念上转变，各级部门、计生干部要下沉基层，为群众宣讲，为育龄妇女提供生殖健康服务。

增加经费投入　1989年至2003年，县财政每年按全县人均3.5元标准下拨计划生育经费。2004年，在应拨款95万元基础上追加20万元。2005年，计生专项经费达到119万元，保证了工作之需。

组织下乡巡查和计生流动服务队　为推进农村计划生育服务工作，全县每年抽调县医院各科主治大夫、主任医生，组成多支计生工作巡查服务队，分赴全县各乡（镇）、村，检查指导工作，并为群众提供义务诊疗服务。

第二节　宣传服务

1989年，为把生育技术指导工作一抓到底，抓出成效，首先抓了宣传教育工作，把立足点放在了观念的转变上。春季印发了宣传资料单行本1000本，每本内有宣传标语30多条，发至各级领导干部手中，让他们起带头作用。计生委资助2000元同县文化局配合组织了计划生育文艺宣传队，坚持常年巡回基层演出，兴办了计划生育一条街，以县政府大门口东西一条街为主要阵地，办专题板报、专栏，集中宣传。还配合广播站办好专题节目广播，每周3次，指导站自编绘画图片展览，开展幻灯片、电影巡回基层，进行宣传活动，全年共出板报宣传专栏120期，自编张贴悬挂标语250多条，印发各种宣传资料5万余份，宣传省地计生工作会议精神，引导教育广大干部群众从观念上逐步实现了“五个转变”（即从人口的国内意识转向全球意识；从经济的总量意识转向经济的人均意识；从早婚早育、多子多福转向晚婚晚育、优生优育的婚育观念，从人多力量大转向综合平衡协调发展的意识），提高了实行计划生育的自觉性。

1990 年 5—6 月，开展了为期一周的为育龄夫妇送温暖活动，成立了领导组，组织了 596 人的城乡送温暖服务队，在县城闹市和乡（镇）集市开展咨询活动，咨询人数达 1 万余人次；举办了专题广播，散发传单 4500 份，为 500 名育龄夫妇送药上门，增强了实行计划生育的自觉性；在全县城乡进行了为期 20 天的“我说人口宣传周”活动，教育党员干部带头说人口，带头优生优育，全县以各乡（镇）所在地为中心，开展一条街宣传活动，共举办黑板报 64 期，刷写标语 175 条，咨询服务受教育人数达 7000 余人次，670 个党支部分别召开了计划生育座谈会，900 余名党员带头进行了计生情况自我介绍。

1993 年，县计生委制定了四项规范化管理措施，建立全县育龄妇女生育信息库，实行科学管理；四项管理方案的实施，推动计生工作迈上了新台阶。

1996 年，县服务站通过强化管理，提高服务质量和技术水平，取得了明显的社会效益，连续三年通过省里验收，被评为“一星级文明服务站”和“全省计生先进单位”。全年为 24 个服务所投资 15 万元用于器械装备，在房屋面积，人员配备、器械装备上已全面达到省地要求，具备了宣传教育、药具发放、技术服务和培训等多项服务功能。

县电视台开办了计划生育专题系列节目，全年开办一次讲学活动，向乡村发放宣传品 10 种 8 万余份。乡（镇）人口学校每季开办一次讲学活动，乡（镇）、村均订有《山西人口报》，办有黑板报，每 20 户配备一个计生宣传资料袋。

1999 年，根据省计生委“双进万”活动方案的要求，出台了“婚育新婚进万家”和“优质服务进万村”活动实施意见，成立了由县计生委主任任组长，副主任任副组长的“双进万”活动领导组，本着确立试点、以点带面、典型引路、整体推进、突出服务的原则，于 4 月份，确定了计生基础好的 7 个乡（镇）

为全县试点，又将肖家洼乡确定为全县“双进万”活动试点，派出了由县服务站技术骨干副站长带领的宣传、统计、法律咨询等服务人员参与的优质服务小组，深入该乡开展了为期一个月的“双进万”活动。优质服务小组携带B超机、避孕药具、药品和优生优育宣传资料，直接进村上门服务，为育龄妇女查病、治病，提供生殖保健咨询和避孕药具，深得群众好评。7月份，在全县24个乡(镇)开展了以宣传新条例、优生优育、生殖保健知识和进行“三查两补一治疗”活动为主要内容的计划生育优质服务月活动。计生委出动30余人深入各乡(镇)指导该项活动。这次活动县、乡、村三级专干650余人参加，刷写宣传标语500余条，印发宣传资料10万余份，泥刷公示栏120块，出动宣传车5辆，为育龄妇女查病9500余人，发放避孕药具和药品。9月份，组织全县500人参加了考试，合格率达90%以上。“双进万”活动的开展，为今后的计划生育工作奠定了良好的基础。

2010年，坚持“三为主”方针，狠抓孕前型管理与服务，实现了计划生育工作的经常化、制度化。结合《计划生育技术服务管理条例》和《人口与计划生育法》的贯彻落实，出台了《县、乡已婚育龄妇女孕前型管理考核办法》和《乡镇计划生育服务中心及其工作人员岗位职责和管理考核办法》，农村和县级机关全年组织进行了两次普查，普查率达100%。县、乡普查共提供咨询服务1.2万余人次，发放宣传资料2.6万余份。在全面推进“双进万”活动中，更注重了宣传手段的创新，增强了宣传教育的感染力和渗透力。利用元宵节、“4·18”法制宣传日、“5·29”计生协会会员日和“9·25”纪念日等重大节日，组织队伍走上街头，散发传单，提供咨询，讲解政策、免费发放避孕药具，通过电视专栏、板报、标语、橱窗、文艺节目等形式，开展大型宣传咨询服务活动。全年县电视台《人口与家庭》专题栏目共播放8期16次。还组织全县27支代表队81人参加了《中华人民共和国人口与计划生育法》及相关政策法规知识竞赛，同时到地市参加计生文艺节目调演。在开展计划生育优质技术服务中，利用流动服务车抽调技术骨干，深入乡村送医、送药、送知识，全年共深入11个乡（镇）的85个村庄和17个县级机关单位进行了技术服务，发放优生优育、生殖保健和避孕节育宣传资料2万余份。

2013年，全县共送科普读物4.5万余份，培训计生家庭4700余户，提供老年健康咨询2160人次。为1980余人次的流动人口提供了免费技术服务，帮扶留守儿童10人次。

2016年，在公路沿线书写计划生育宣传标语180条，制作了“全面两孩”政策解读版面，发放宣传手册1万余份，为群众义诊300余人，接待群众咨询700余人次，宣传入户率达89%，群众对全面两孩人口计生政策的知晓率达到90%以上。

2000年，实施“五个一”工程（即唱了一台国策戏，由县电视台举办了《人口与家庭》栏目，为县级机关已婚育龄妇女普遍免费进行了一次全程健康检查，开办了一个人口与计划生育宣传橱窗，发行一套宣传资料），推进了“双进万”活动向纵深发展，受到社会各界的普遍赞誉，促进了计划生育工作的深入发展。

第三节 人口增长

1989年，全县人口出生率为19.67‰，自然增长率8.67‰。1990年，全县人口出生率17.32‰，自然增长率6.03‰。1996年，全县人口出生率为14.72‰。全年净增人口2615人，人口自然增长率10.1‰。

1999年，全县人口出生率为14.74‰，多孩率为5.48%，净增人口2603人，人口自然增长率9.96‰。

2000年，全县以全面实现“三为主”为目标，突出了基层基础建设和优质服务两大主题，取得了较好成绩。全年人口出生率为14.07‰，多孩率为3.37‰。当年净增人口2219人，人口自然增长率8.35‰。

2002年，全县人口出生率14.51‰，自然增长率为8.71‰。

2006—2010 年，全县人口出生率年均 13.48‰，自然增长率年均 6.49‰。人口和计划生育知识普及率达 92% 以上。

2013 年，为 652 对育龄已婚夫妻进行了孕前优生健康检查。

2016 年 1 月 1 日，国家放开“全面两孩”，兴县制定出台《全面两孩政策实施方案》。综合看，2011 年至 2016 年，全县年均人口出生率 13.43‰，年均人口自然增长率 6.40‰。

第五章 姓氏 家谱

第一节 姓氏综述

1989年，全县户籍总人口为229552人，居民姓氏共242姓。其中：王、刘、白3姓计76854人，占总人数33.48%。人口最多的王姓为27580人，占总人数的12.02%；1万人以上有李、张、康、高4姓，计58620人，占总人数的25.54%。

8000~9999人的有孙姓，6000~7999人的有赵姓，4000~5999人的有杨、吕、马、任、贺、郭、田7姓；2000~3999人有尹、贾、樊、胡、裴、牛、温7姓；1000~1999人有关、陈、史、杜、武、乔、阎、奥8姓。

周、郑、冯、卫、韩、朱、秦、曹、沈、许、严、姜、谢、苏、余、卜、董、阮、霍、解、石、程、靳、翟、边、訾、辛、粟、鹿、陶、窦、葛、范、苗、袁、薛、雷、郝、安、常、齐、孟、黄、姚、成、宋、屈、梁、强、梅、徐、蔡、丁、崔、邢、甄、段、焦、弓、侯、尚、关、延、原、栗65姓，每姓平均100人。

每姓均在100人以下的有褚、蒋、尤、何、孔、金、戚、邹、云、潘、彭、韦、方、柳、唐、倪、罗、毕、于、傅、伍、元、顾、平、穆、萧、邵、汪、祁、臧、藏、谈、茅、庞、纪、项、祝、蓝、娄、江、童、颜、林、钟、丘、夏、万、卢、裘、邓、郁、单、左、吉、龚、陆、荀、惠、车、郗、班、宫、宁、栾、戎、符、叶、司、索、阴、党、申、桑、冀、艾、向、耿、文、寇、蔚、廖、聂、曾、丰、相、晋、呼、岳、帅、亢、佘、续、曲、廷、邱、付、折、智、肖、野、未、布、兰、郇、柔、油、乃、喻、鲁、俞、毛、戴、杭、洪、钮、封、芮、谷、龙、薄、池、潭、步、广、巩、伯、年、敖、长、院、片、降、绒、路、陕、君、部、代、观、读、七、允、紫、沿、廉、呼延等 146 姓，2847 人，仅占全县总人数的 1.24%。

第二节　姓氏分布

1989 年，全县居民姓氏分布沿袭祖上旧居村落。一个村某姓在 200 人以上者，有尹氏，集中居住魏家滩、高家崖 、木崖头、郝家沟等村，计 2848 人；贾氏，集中居住白家沟、王家里、王家畔、马家湾、南梁上、大井上等村，计 3863 人；樊氏，集中居住圪达上、樊家沟、樊家峁等村，计 2020 人；胡氏，集中居住胡家沟、胡家塔、油坊沟等村，计 3531 人；裴氏，集中居住裴家川口、裴家津、裴家湾、瓦塘等村，计 3671 人；牛氏，集中居住蔡家崖、北坡、韩家吉等村，计 3757 人；温氏，集中居住蔡家崖、温家寨等村，计 2054 人；杨氏，集中居住杨家坡、杨家坪等村，计 4771 人；吕氏，集中居住马蒲滩、河子坪、圪台上、庄头、白家塔等村，计 4235 人；马氏，集中居住罗峪口、马家山、马家沟、城关、史家山、李家洼等村，计 5916 人；任氏，集中居住黑峪口、中庄、任家里、任家塔等村，计 5779 人；贺氏，集中居住贺家圪台、贺家会、募强等村，计 5091 人；郭氏，集中居住郭家沟、彰和墕等村，计 4401 人；田氏，集中居住马蒲滩、田家沟、田家圪台、贝塔等村，计 4059 人；赵氏，集中居住赵家塔、赵家川口、俄家角等村，计 7611 人；孙氏，集中居住城关、瓦塘、蔡家会等村，计 8491 人；高氏，集中居住高家崖、高家山、木崖头、高家峁等村，计 13994 人；康氏，集中居住城关、瓦塘、魏家滩、蔡家会等村，计 11281 人；张氏，集中居住张家湾、木兰岗、康宁等村，计 18903 人；李氏，集中居住李家湾、石岭子等村，计 14442 人；白氏，集中居住高家村、郑家塔、白家梁等村，计 22050 人；刘氏，集中居住于黑峪口、北会、庙井、刘家圪台等村，计 25430 人；王氏，集中居住猫儿沟、城关、杜家墕等村，计 27580 人。

以上 23 姓共 205778 人，占全县总人口 229552 人的 89.64%。20 世纪 90 年代始，农村人口开始向县城移居。进入 21 世纪，农村居民大量涌入县城居住，农村人口骤减。在乡人口按姓氏集中居住村落不复存在，就连吕、田二姓集中居住的大村马蒲滩村也整村移入多姓居住的移民新村，其余各村青壮年劳动力多数外出务工，农村只留60岁以上的高龄老人坚守旧居。

第三节 家 谱

旧时，县境内民间家族就有编纂和存藏家谱的习俗，但经过战争时期和“文化大革命”时期，大部分家谱已失传。改革开放后，由于县域经济社会发展，人民生活水平显著提高，人们寻根追祖，续修新修家谱逐步盛行起来。至2016年，县内新修续修家谱、族谱20余部，主要有乔家沟村《孙氏族谱》、任家塔村《刘氏家谱》、高家村《白氏续谱》、城内《康氏家谱》、裴家湾村《裴氏族群家族》、杨家坡村《杨氏族谱》、庄头村《吕氏家谱》、罗峪口村《马氏家谱》、蔡家会镇狮子洼村《蔡氏族谱》、兴县《奥氏族谱》（续修，分上、下册）等。

第四编

城乡建设与环境保护

1989—2016年，随着县域经济的不断发展和建设投资的逐年增加，全县城乡基础设施得到充分改善。

县城（旧城区）先后完成街道改造、硬化2万余米，修筑坝路一体工程1700米，新建护城河堤2840米，新建城市雨水管网、污水管道1.66万米；新建和改造蔚汾大桥、西关大桥、政务中心大桥等，车辆、行人通行更加便捷；县城街道安装路灯2887盏、霓虹灯箱53组，比1989年增长29倍。

城区供水、供气、供热设施逐步完善，条件进一步优化。其中新建水厂2座，铺设和改造完善了城区自来水供水管网系统，全年供水量由1990年的26.94万吨增至70万吨，供水覆盖率达90%，水质达标率99%。

2011年，全县天然气供气工程和集中供热工程启动。到2016年底，建成供气能力每门每小时6万立方米的天然气液化站2座，中低压管道60公里；建成区域集中供热专用调压供热站21个，城区居民燃气用户达到2.88万户，其中工商企业供气用户132户，居民供气用户4500户，集中供热用户24162户（包括机关、学校、医院、商业门店和居民住宅），供热总面积达到280.26万平方米。

城乡居民住房条件得到较大改善。1992—2016年，城区新建居民住宅楼房7462套（包括单位住宅、经济适用房、公租房、廉租房、商品房），建筑总面积60.1万平方米，安置住户7384户，城镇居民人均住宅面积达23平方米。2000—2016年，农村累计完成投资19155万元（含基础建设费），新建移民新村97个，建设移民安置房4434套（含回购商品房562套）、18.51万平方米，实施易地搬迁399个村、5252户、22458人，其中集中安置4434户、18665人。完成农村困难群众危房改造4170户，农村人均住宅面积增至33平方米。

新、旧城区环境面貌明显改善。2001—2016年，城建部门相继购置、修筑一批环卫清洁机械和基础设施，加大街道保洁力度；先后建成总长1564米的蔚汾河清淤蓄水景观工程、南山生态文化公园和晋绥森林公园，栽植人行道树、景观树62.69万株，县城建成区新增绿地面积154万平方米，绿化覆盖率达到32.6%。

蔡家崖新区建设进程加快，到2016年末，新区已建成友兰中学、120师学校和新区幼儿园，在建的还有县政务中心大楼、老年大学、蔚汾湿地公园、蔚汾河景观走廊、县人民医院（县医院迁建）大楼、县公安局大楼等。

全县治理环境污染从20世纪90年代开始，到2008年，全部取缔土焦炉、铝矾土加工导焰窑、土法生产石灰窑、炼铁炉、金属镁生产等污染企业，城区空气质量二级以上天数达139天，空气优良率达到30.2%。2010年至2014年，新建县城污水处理厂和生活垃圾综合处理厂，日处理污水1.5万吨、生活垃圾200吨。到2016年末，全县28户重点工业企业和排水企业主要污染物实现达标排放，城区二级以上天数为258天，空气优良率提高到71%。

第一章　城乡建设

第一节　管理机构

城乡建设管理局

其前身为城乡建设环境保护局，1989年11月，环保局分设后，城乡建设环境保护局改称城乡建设管理局（简称城建局），为科级建制的行政事业单位。1998年8月，城建局实有行政人员15人，事业人员170人。内设机构有办公室、财务室、工会、纪检组共4个。设局长1人、副局长2人。

住房保障和城乡建设管理局

2010年3月，兴县城乡建设管理局改称兴县住房保障和城乡建设管理局（简称住建局）。内设办公室、规划站、质监站、安全站、供水管理中心、污水管理中心、垃圾管理中心、市容办、市政管理办、经管站、房屋交易管理中心、设计室、路灯管理所、招标办、节水办、施工股、审批股17个股室。2016年底，县住建局有在职职工172人（其中党员42人），内设2个股室（办公室、行政审批股），设局长1人，副局长2人。

2016年末，县住建局辖事业单位有

兴县供水管理中心　2011年12月成立，前身为兴县自来水公司，股级自收自支事业单位，核定编制40人，实有35人，主要负责城区企业、单位及居民生产、生活用水的生产和供应。

计划节约用水管理办公室　2011年12月成立，股级自收自支事业单位，核定编制17人，实有6人，主要负责城区机关单位、企业及居民生产、生活用水管理和节约用水宣传、节水设施推广等工作。

房地产开发管理中心　2011年12月成立，前身为兴县房地产开发公司，股级自收自支事业单位，核定编制20人，实有15人，主要负责承揽在3万平方米以下建筑群的综合开发、经济适用房建设出售、公产房管理等工作。

兴县市容环境卫生管理办公室　1993年3月成立，股级自收自支事业单位，核定编制10人，实有6人，主要负责对城区市容和环境卫生的监督、检查、协调、指导等工作。

房地产交易管理所　1996年成立，股级自收自支事业单位，核定编制9人，实有8人，主要负责县内各类公房及私有房屋的产权登记、转移、租赁等管理。

兴县建筑设计室　1989年成立，股级自收自支事业单位，核定编制12人，实有8人，主要承担工业与民用建筑工程的设计工作。

村镇建设管理站　1989年成立，股级自收自支事业单位，核定编制5人，实有4人，主要负责村镇建设管理工作。

城乡建设规划管理站　1998年成立，股级自收自支事业单位，核定编制12人，实有8人，主要负责全县城乡建设规划管理工作。

县城污水处理管理中心　2011年9月成立，为股级全额事业单位，核定编制2人，实有8人，主要负责监管污水厂的运营以及污水管网维护工作。

建设工程招标投标管理所　2015年1月成立，股级自收自支事业单位，核定编制5人，实有4人，主要受理工程项目报建，负责审查和监督项目招投标相关工作。

建筑工程质量监督站　1988年8月成立，股级自收自支事业单位。核定编制12人，实有11人，主要负责对县内所有在建工程质量的监督，办理建筑工程备案、竣工手续等工作。

建筑工程安全管理站　2000年10月成立，股级自收自支事业单位，核定编制5人，实有5人，主要负责对县内所有在建工程进行安全监督。

兴县测绘队　2000年10月成立，股级自收自支事业单位，核定编制4人，实有2人，主要负责全县范围内房产测绘工作。

房屋安全鉴定所　1998年成立，股级自收自支事业单位，核定编制5人，实有2人，主要负责对全县房屋安全使用中存在的不安全隐患和因素提供检测、鉴定。

路灯管理所　1998年成立，股级自收自支事业单位，核定编制8人，实有7人，主要负责城区街道与小区照明设施的安装、维护与管理。

市政管理所　1989年成立，前身为市政公司，股级自收自支事业单位，核定编制22人，实有18人，主要负责为城区生产、生活提供市政工程设施，并进行管理和维护工作。

建筑经济管理站　1996年4月成立，股级自收自支事业单位，核定编制5人，实有3人，主要负责测算和发布本地区建筑材料指导价（参考价），管理年度建筑安装市政工程价款结算。

垃圾处理管理中心　2014年8月成立，股级自收自支事业单位，核定编制11人，实有9人，主要负责监督生活垃圾处理厂运营工作。

华盛燃气有限责任公司

2008年10月成立，为北京华盛新能投资有限公司的全资子公司，是兴县人民政府授权的县域内唯一从事天然气（煤层气）供应的专业公司和“气化兴县”企业主体，有职工60余人。

供热公司

供热公司于2011年4月14日成立，为全民所有制企业，该年共有员工4人，设经理1人。主要负责城区集中供热管理和设施建设工作。

温欣热力有限公司于2011年6月22日成立，为兴县供热有限公司的全资子公司，企业性质为全民所有制，共有员工52人，设经理1人、副经理2人。主要负责集中供热设施建设、运营和维护工作。

第二节　市政建设

规划编制与管理

城区规划编制　1990年初，中共兴县县委、县政府成立城市总体规划领导组，按照高起点、高标准、高水平的要求，广泛搜集基础资料，精心编制兴县城区总体发展规划。到年底，经省、地主管部门、有关领导和专家进行规划、勘察、设计、考察、论证、审定，新编制的《兴县县域城镇体系规划》获山西省建设厅审核通过，被列入山西省计委基本建设项目。同时对城区南大街改建完成详细规划，并编入建设部编印的《发展中的城镇建设》大型画册。在此基础上，邀请太原工业大学的专家和技术人员到兴县实地考察，完成城区防洪规划设计任务书的编制工作，报送省、地主管部门申请立项。

《兴县县域城镇体系规划》的制定，全面贯彻科学发展的理念，坚持以建设小康兴县、和谐兴县为总体目标，以积极有序推进城镇化进程、加快社会主义新农村建设为原则，引导和控制县域城镇体系与乡村居民点合理布局，内容包括经济与社会发展、城镇与乡村开发、基础设施与社会服务设施布局、生态环境与历史文化遗产保护、远期发展思路与近期建设规划诸多方面，是立足兴县资源、生态、地形以及经济社会发展现状的创新构想，是实现全县人力资源优化配置、空间开发合理进行、生态环境协调发展的科学选择。

按照《兴县县域城镇体系规划》，老城区拟逐步向西拓展，以适应经济社会的发展。新区规划范围：东至张家圪埚村与南通村交接处，西至蔡家崖旧桥，南北分别以南山和北山分水岭为界。规划期限为2006—2020年。其中近期为2006—2010年，远期为2011—2020年；规划人口约4.5万人。新区规划建设总用地约4.5平方公里，人均建设用地约100平方米。新区规划结构为“一心、一廊、三片”，“一心”就是公共服务中心，“一廊”就是蔚汾河景观走廊，“三片”就是河东片、河南片和河北片。其中河东片用地约1.1平方公里，河南片用地约1.05平方公里，河北片用地约2.35平方公里。新旧城区由连城大道连接。连城大道按一级道路标准沿蔚汾河北岸建设，宽23米，长4.6公里，东起旧西关大桥，西至五龙堂村东；“三片区”由3座大桥、2座中桥连通；新区主街道分四级，主干道宽36米，次干道宽30米，环城路21米，其他支路14米；行政中心位于河北片，配套建设广场、文化活动场所、医院、初中、小学和区域锅炉房；河南片建初中、小学各1所、区域锅炉房1处；河东片建高中、小学各1所，区域锅炉房1处。

2007年1月17日，经兴县党政联席会议研究决定，正式启动县城蔡家崖新区开发建设工作。2月15日，县政府常务会会议专题研究新区开发工作，并正式出台《兴县县城蔡家崖新区开发建设用地和房屋拆迁补偿安置实施办法》。同年12月18日，山西省国土厅批复兴县县城新区建设用地指标51.6公顷。兴县县城新区开发建设的规划审批、用地审批等前期工作已全部依法完成。新区引水工程，连城大道，占地270亩的友兰（高级）中学，刘家沟、柳叶沟600余套安置房等已完成规划设计。2010年至2014年，完成了县城旧区控制性详细规划编制和《集中供热专项规划》编制工作。

旧城区规划实施　1990年4月起，县城乡建设管理局（简称城建局）采取各种形式宣传贯彻《中华人民共和国城市规划法》（简称《城市规划法》），并以《城市规划法》和《兴县县城总体建设规划》为依据，严把基本建设项目的审批放线关。当年，城区新开6项工程全部履行“两证一书”（即建设用地规划许可证、建设工程规划许可证、选址意见书）审批手续，完善审批制度，使《城市规划法》落到实处。同时，政府批准成立“兴县城市管理监察队”，负责《城市规划法》的具体实施。

1992年，县城市管理监察队共发放“两证一书”34份，规划用地面积5.63万平方米。对已开工的19项工程严格控制规划红线；村管站发放村镇建设许可证51份，规划用地面积87.33万平方米。城市管理监察队共拆除违章建筑37起，强行停止违章建筑14座，依法申请强行拆除2座，保证了《城市规划法》的贯彻实施。

是年4月1日，是《城市规划法》颁布两周年纪念日，县城建局组织有关单位组织18人参加宣传队，在县城和各镇巡回宣传，共印发《城市规划法》《山西省实施〈城市规划法〉办法》和国务院《城市房屋拆除条例》布告600份、传单5000份，张贴各种标语43条，录制宣传磁带3盘，以增强全民城市规划意识。

1993—1995年，县城建局发放“两证一书”55份，规划用地面积12.18万平方米，拆除市容性违章建筑1996处，拆迁、搬迁11户，调解纠纷45起，责令停工110起，拆除违章建筑80起（处）。

1996—2000年，根据《城市规划法》，县城建局依法拆除违章建筑168户

1344平方米，查处建筑纠纷36件。6大建制镇拆除违章建筑58户，面积870平方米，刹住了乱修滥建风。取缔占道经营水果批发摊点78个，清理主街道违规广告、标语、牌匾、字号、橱窗及乱搭挂摊点258处，装饰、粉刷、美化主街建筑立面6600平方米。规范建筑市场管理，发放“两证一书”13份，规划用地面积9900平方米。

2001—2005年，县城建局共发放“两证一书”97份，规划用地面积6.26万平方米，清除违规及影响市容的各类建筑228处，更新橱窗及广告300余户，装饰临街建筑立面1.78万平方米。从2003年起，县城建局严格履行建设程序，对县城临街建筑实行县长审批制度，确保规划的严肃性和法律的权威性。经吕梁地区（市）建设局考核，兴县建设工程的报建率、质量监督合格率、工程监理率、招标投标率、验收合格率均达到100%，安全事故发生率降为零，兴县在全区综合排名由第11位上升至第7位。

2007年，县建设局建设工程“两证一书”和竣工规划认可证发放率、规划项目公示率、重大项目审查率均达到100%；建设工程安全监督备案率、施工企业职工人身保险办理率和“三类人员”、特种作业人员持证上岗率均达到100%；执法人员年度法律考试合格率、违章查处结案率等均达到100%。是年，县建设局先后完成县域城镇体系规划和县城总体规划（修编）的编制工作、县城蔡家崖新区（河北片）控制性详细规划、蔡家崖乡历史文化名村保护规划编制工作，完成蔡家崖乡总体规划、贺家会乡总体规划编制工作，完成5个新农村试点村的规划评审、报批工作和全县21个新农村重点推进村的建设规划工作等。

2010年，全县工程监管率、工程质量和安全监督覆盖率、工程验收合格率均达到100%，应招标工程的招标投标率达100%。建设工程“两证一书”和竣工规划认可证发放率、规划项目公示率、重大项目审查率等均达100%。

新区开发　新区开发一期工程占地2368亩（其中水地菜地2147亩，梯田及旱坪地129亩），涉及胡家沟、五龙堂、张家圪埚3个村委1224户4630口人，1224户共领取用地补偿金和保本付息金2334.78万元，领款率100%。至2016年末，新区已建成友兰中学、120师学校、新区幼儿园等项目，开工建设的还有政务中心、老年大学、兴县人民医院（迁建）、蔚汾（湿地）公园、县档案史志馆大楼（迁建）、县公安局大楼、蔚汾河清淤蓄水和河道景观等工程项目。

市政建设

街道、桥梁与照明　街道硬化。1990年修整、硬化破损路面4610米。1995年5月至6月，修补主街道和路基铺油罩面17处308米。2010年完成西关大桥拓宽改造工程、县城体育场硬化改造工程和新建二、三段街道硬化工程。2011年，城区晋绥路实施改扩建工程，改扩建长度1674米，行车道宽12米，两侧路侧带宽5米。2014年4月至9月，完成总长1973米的县城人民东西路、紫石街、文化路3条街改造工程。2015年完成县城杨玉春沟道路改造项目。2016年新建和改造城市道路11.5公里，人均城市道路面积达到13.75平方米。

桥梁建设。兴县城以蔚汾河北岸为县城主城区，河南岸有南瓦窑、南沟门前等居民段。主城区南北两岸通行靠西关大桥（西部）、蔚汾大桥（中部）和石堂会大桥（东部）、后发达大桥（东部）。其中，西关大桥，位于城区环城路西端，桥南与忻黑路连接，最初建成于1976年。2005年，县政府对西关大桥更新改造，新做两侧栏杆170米，安装路灯16盏，补修忻黑线护岸140米，更新后大桥长85米，宽24米，桥面车行道宽18米，两侧人行道各宽3米，更新后的西关大桥更加亮丽、牢固、壮观。2010年，在县城旧西关大桥原址新建西关大桥。大桥上部结构为5孔预应力混凝土箱梁，桥长96米，桥面车行道净宽18米，两侧人行道各宽3米，下部采用柱式墩、柱式台、钻孔灌注桩基础。大桥荷载等级采用公路工程设计，设计洪水频率为1/100（高速公路和一级公路标准）。

蔚汾大桥，位于城区紫石街南端，由原益民桥改建，是连接蔚汾北路和蔚汾南路的主要通道，也是连接城北和城南的主要通道，桥身全长89米、宽24米，建成于2006年。大桥结构采用五跨现浇钢筋混凝土箱梁和预应力混凝土箱组合结构，两边跨为14米现浇变截面钢筋混凝土箱梁，梁高1.2米，翼缘悬臂长1.15米，中间三跨为3×20米预应力混凝土连续箱梁，下部结构为柱式墩、柱式台、钻孔灌注柱基础。桥面车行道宽18米，两侧人行道各宽3米，设计洪水频率为1/100，地震基本烈度为VI度。桥栏采用汉白玉雕饰栏杆，图案花纹精美，路灯为多头装饰华灯，整座大桥简约大方，造型别致。该大桥的建成改善了主城区车流、物流、人流拥挤状况，加快了蔚汾河两岸开发建设步伐。后发达大桥，位于后发达村蔚汾北路最东端，是后发达村连接原家坪村的主干路线，也是县城车辆东出的主要通道之一。该大桥建成于1998年，采用4孔20米连续无铰拱。桥面行车道采用沥青混凝土浇筑，平均宽度9米；人行道板为钢筋混凝土板，宽度1.5米；路缘石为素混凝土浇筑，宽度0.25米，桥梁两侧设置简易防护栏杆。后在旧桥基础上，拆除旧横梁，在其凹槽内现浇钢筋混凝土横梁，长14米；人行道改造后宽为2.5米，每20米布置一根不锈钢单臂悬灯柱，共设路灯12盏。

街道照明。1989年，城区共有路灯98盏。1996—2000年，新添并修复路灯110盏，新增霓虹灯箱46组，在南大街安装彩色灯箱90盏，在城区中心广场新建灯塔1座。2005年，县财政拨专款60余万元,组织临街单位及门店安装霓红灯13处，更换陈旧广告牌31块。2010年，完成环城路东段路灯维修改造工程，增设和更换旧城区部分路灯，其功能更加完善。2016年末，城区各街道、中心广场、居民小区及高速公路东口至蔚汾北路、南路及连城大道，共安装路灯2887盏（包括中华灯180盏）、霓虹灯箱53组，城区街道亮化程度显著提高。

排水、防汛设施　县城街道东高西低，每逢暴雨来临之时，各沟岔路段溪流不断，泥泞难行。1990年，县城建局新筑排洪渠道325米，彻底解决了枣峁梁、水泉湾片汛期排洪问题，改善了雨天道路泥泞的状况。1992年，县城建局在汛期组织人力共清挖下水井134个，疏通明沟、下水道、排洪渠8条，抢修排洪洞塌顶2处，整个洞基120米，修缮路面塌坑3处，确保全县安全渡过汛期。1994年，县城建局向地区和省有关部门争取回福胜沟防洪一期工程投资100万元，对福胜沟实施综合性治理。汛期清运排洪洞口淤泥和垃圾4300立方米，河道清除土方2.7万余立方米，修缮落水井140个，疏通排水渠和暗沟11条。1995年，县城建局重点治理城北5条沟（泥塔沟、郭家沟、紫沟、枣沟、杨玉春沟），完成砌筑涵洞310米、明渠35米，路面硬化1550平方米，加固维修排洪洞150米，加高加固河堤260米。同时新修西关口排洪洞300余米，在城北的4条沟新建拦洪积泥井7个，蔚汾河道清障动土石方2万余立方米，沟道清障290余立方米，清挖、疏通排水管道2700余米，确保城区安全渡过汛期。

1996年，县城建局仍以治理城北5条沟为重点，修筑排洪洞332米；结合过境公路建设，新筑河堤202米；蔚汾河道清障、清运垃圾、土石方约2000余立方米，沟道清障500立方米，并制定《城区防汛预案》。该年7月23日夜，城区及上游遭受百年不遇的特大暴雨洪灾，蔚汾河洪水从县城东部越过简易堤坝，涌入主城区，造成巨大损失。洪灾发生后，县城建局编制《城区防洪专题规划》，在蔚汾河北岸实施坝路一体工程，开挖坝基1700米，砌筑3400余立方米；疏通下水道3500余米，修复洪灾毁坏的排洪洞3处，城区排洪排水系统恢复正常。

2000年，县城建局制定详细的《城区防洪预案》和《城区防汛工作方案》并照章行动，抢险救灾物资全部到位，排除紫沟等3处重大险情，疏通城区下水道500米；进入汛期，全系统实行昼夜值班制，做到雨前有预报，雨中有抢险物资和队伍，雨后立即维修加固。1996至2000年，县城建局争取上级投资660万元，新筑护城河堤2840米，新筑排洪洞（渠）1930米，新筑大型拦洪积泥井8座，硬化主街、人行道、小巷路面1.35万平方米。2001至2005年，县城建局严格落实《城区防洪预案》和《城区防汛工作方案》，做到雨前、雨中、雨后带头履行职责，确保安全渡汛，连续五年无洪灾事故发生。2016年，城区新建和改造城市雨水管网1.02万米，新建城市污水管网6.4公里。

供水设施　兴县县城旧区4.5平方公里的范围内，地表水为零，但地下水质较好，长期以来地下水一直为县城居民的生活用水。1990年，县供水管理中心铺设管道2600米，新安水表155块，发展自来水用户135户，全年完成供水26.94万吨。

1992年，县城建局争取到省、地自来水工程投资145万元，至年底完成泵房新建工程，铺设输水管道3000余米，铺设DN300配水管2700余米，安装各种管道配件300余件，动土方4000余立方米，砌筑阀门、消防井等10余座。

安装居民供水管道1700余米，全年总产水量达到40.1万吨，比上年增加10.1万吨。1994年，县城建局在原有深井、输水管道铺设的基础上对水厂设施进行了改造、配套和完善，全年供水总量达到52.8万吨。同时为4个居民区新铺设各类口径配水管道4320米，增加供水2000余人。维修主干配水管40余处，维修用户支管道80多处，有效保障了城区供水。

1995年，城建局完成供水59.34万吨，供水总量比上年增加8%，为福胜沟、乔郭家沟等居民区段安装各类口径的配水管道约3100米，发展用户320户，供水人口增加990人。维修主干配水管20多处，维修用户支管道60余处。

1996年“7·23”洪灾后，县城供水系统遭受严重破坏，供水一度中断。县城建局对乔家沟深井、输配水管网、水厂机电、水泵蓄水池等设施进行抢修，到10月底，城区供水系统全部恢复正常供水。

1996年至2000年，县城建局增设城区各类供水管道9880米，扩大供水用户1680户。

2000年，县城建局（自来水公司）开工建设城区二期供水工程，在城东大塄梁新建水厂1座，内设1000立方米清水池3座，日供水5500立方米；新铺设水源井到清水池DN300输水管2.3公里。2001年，县城建局自来水公司改造城区中街管道200余米，改造杨玉春沟供水管道300余米，年供水总量达63万吨，水质达到国家饮用水卫生二级标准，城镇供水普及率提高到65%。

2005—2012年，全县总投资2400万元，在蔚汾镇五龙堂村新建第二水厂，建设4个蓄水池，总容积4000立方米，全年供水70万吨；完成县城供水管网改造13公里，整合水资源井1眼，实现城区自来水每日供水的目标。到2012年末，县供水管理中心（2011年12月成立，前身为自来水公司）水源井达到5口，在县城以东约3公里的乔家沟、原家坪一带，井深分别在700米至770米以上。水源井水通过深井潜水泵提升，由输水管网送入清水池，再通过重力流供水方式和加压泵送入高区配水管网方式直供城区。县城供水范围东至乔家沟，西至蔡家崖村，南至南沟门前，北至紫沟梁，供水管网总计达45公里，供水面积15平方公里。

2016年，县供水管理中心完成总投资3960万元，实施县城供水改造工程，共更新改造旧供水主管网1.42万米，城区供水条件进一步改善，供水普及率达98%，覆盖率达90%，水质达标率99%。

供气设施 县城燃气建设于2011年4月开工，同年11月投产运行。至2016年底，建成供气能力每门每小时6万立方米的供气站2座、专用高压调压站（山西华兴铝业有限公司、山西中铝华润有限公司专用）2座、中低压管道铺设60余公里，管网覆盖新、旧城区及部分乡（镇），供气用户累计发展到2.88万余户，其中工商业用户132户（工业用户有华兴铝业有限公司、中铝华润有限公司；公用事业和商业用户有医院、学校、宾馆、酒店等130户），居民供气用户4500户，集中供热用户24162户（包括机关、学校、医院、商业门店和居民住宅）。

供热设施 20世纪80年代末至90年代，各机关、学校、办公区、家属住宅区及私人住宅均靠自建燃煤锅炉供暖，加重城区空气污染。

2011年6月，县供热有限公司和县温欣热力有限公司相继成立，启动全县集中供热工程。至2016年底，共建成区域集中供热站21个（政府站、城镇站、兴县中学站、友兰中学站、城东站、城西站、县人民医院站、北湾国际小区站、杨玉春沟小区站、金帝花园小区站、120师学校站、福临嘉苑小区站、西滩坪站、污水处理厂站、阳光上城站、东关中学站、森源华府站、司法局站、琳珑苑站、太平洋A区站、太平洋BC区站），城区居民集中供热用户累计达到24162户，供热总面积达到280.26万平方米。

公用、商用建筑与居民住房建设 20世纪80年代末至90年代中期，县城文化街兴建蔚汾镇办公楼、新华书店商住楼、县供销商住楼、兴县中学住宅与教学楼、县人民法院办公楼、县邮电局办公和宿舍楼、兴县文化局商住楼、兴县公安局办公楼、兴县药材公司商住楼等10多幢4至6层小高楼；路两侧兴建和改建的有县国税局办公楼、县税务局宿舍楼、县人民银行办公和宿舍楼、县工商银行办公和宿舍楼、县烟草公司办公楼、县地税局办公楼、晋绥大酒店、蔚汾大厦、县电业局办公和宿舍楼、卫生局办公楼、立新交电楼等近20幢大楼。1992年以后，随着城区人口的不断增加，住房日趋紧张，为此，中共兴县县委、县人民政府加快商品房开发建设步伐。到2004年底，城区共新建住宅1739套，建筑总面积18.09万平方米，安置居民2200户。城镇居民人均住宅面积达到22.95平方米，缓解了城区住房紧张局面。其间，还新建县人民检察院办公楼、县人民医院门诊楼、教育体育局办公楼、县电力公司办公楼、县农行办公楼、东关中学教学楼、县第三中学教学楼、文泉小学教学楼、东风购物大厦等公用、商用楼。全城楼房建筑新颖别致、各具特色，营造了优美的城市环境。2005—2016年，城区新建经济适用房、廉租房、公租房、棚户区改造安置房、商品房5723套，建筑总面积42.01万平方米，安置居民5184户。

1992—2016年部分年份兴县城区新建居民住宅简表

表4-1-2-1

<table>
<tr><th>年份</th><th>新建住房说明</th><th>套数（套）</th><th>建筑面积（万平方米）</th><th>安置住户（户）</th></tr>
<tr><td>1992</td><td>商品房4处、委托建房10处</td><td>167</td><td rowspan="8">18.09（共1739套）</td><td rowspan="8">2200</td></tr>
<tr><td>1994</td><td>商品房开发</td><td>16</td></tr>
<tr><td>1995</td><td>四层单元楼+委托代建</td><td>166</td></tr>
<tr><td>1996</td><td>东关1、2号集资住宅楼</td><td>40</td></tr>
<tr><td>1998</td><td>新建经济适用房</td><td>300</td></tr>
<tr><td rowspan="2">2000—2004</td><td>西崖湾经济适用房</td><td>120</td></tr>
<tr><td>税务、人行、工商银行宿舍楼，中心广场安置楼、乡企中心商住楼、实验小学住宅楼、电力公司住宅楼、农行宿舍楼</td><td>930</td></tr>
<tr><td>2005</td><td>安居工程、商品房（同泰苑小区、东街小区）</td><td>750</td><td rowspan="5">28.68（共建2773套）</td><td rowspan="5">2560</td></tr>
<tr><td rowspan="2">2006—2008</td><td>商品房、经济适用房、廉租房</td><td>300</td></tr>
<tr><td>草架坪片区住宅、福临嘉苑住宅区（旧化肥厂）、水磨滩住宅小区、财政局职工住宅小区</td><td>1200</td></tr>
<tr><td>2009</td><td>城西福临嘉苑廉租房</td><td>93</td></tr>
<tr><td>2010</td><td>棚户区改造安置房、商品房，县供销、书店、鞋厂、兴中、文化局、供销公司、清泉公司、药材公司商住楼，蔚汾苑小区、教体局住宅小区、东关中学商住楼</td><td>430</td></tr>
<tr><td>2012</td><td>龙兴花园廉租房</td><td>700</td><td rowspan="6">13.33（共建2950套）</td><td rowspan="6">2624</td></tr>
<tr><td rowspan="2">2013</td><td>棚户区改造、商品房开发</td><td>1000</td></tr>
<tr><td>城区公租房</td><td>150</td></tr>
<tr><td>2014</td><td>城西公租房（石盘头）</td><td>200</td></tr>
<tr><td>2015</td><td>城西公租房</td><td>200</td></tr>
<tr><td>2016</td><td>新建保障住房</td><td>700</td></tr>
</table>

从2016年开始，城区居民住房建设的重心转向棚户区改造。按照县城居民棚户区改造总体规划，该项任务分三期完成。

一期——蔚汾南路棚户区改造工程　该工程于2016年3月启动。改造范围为县城蔚汾南路（忻黑线）两侧的棚户区，东起后发达大桥，西至218省道三岔口，全长9公里，包含5个安置小区的规划建设和2条道路基础设施改造配套工程。改造涉及蔚汾镇和蔡家崖乡2个乡（镇）、8个村、620户、2200余人，拆迁面积9.2万平方米，实际安置规模为1286户、13.33万平方米。

二期——环城路至西关大桥改造安置项目　改造范围为东起后发达大桥，西至西关大桥，环城公路北侧的棚户区，包括工商局、地税局以东片区，水利局片区、西关大桥片区，该工程涉及800户、拆迁面积12万平方米，计划安置2100户、30万平方米。

三期——兴县城中村片区改造安置项目　包括旧汽车站片区、蔚汾镇圪洞片区、石盘头片区，项目涉及改造1300户，拆迁面积19万平方米，计划安置2700户、38万平方米。

蔚汾南路黄河大酒店东片区安置点位于圪洞村蔚汾南路以北，规划蔚汾河慢行路以南，西关大桥以西。项目总占地面积2.57万平方米，总建筑面积10.01万平方米，其中住宅面积7.1万平方米，涉及拆迁391户数、5.31万平方米。安置户数632户、2212口人，小区容积率2.92，建筑密度24.3%，绿地率35.1%。

蔚汾南路张家圪埚村片区安置点位于张家圪埚村蔚汾南路以北。项目总占地面积9608平方米，总建筑面积2400平方米，涉及拆迁25户、7033.91平方米。安置户数30户。小区容积率0.13，建筑密度13.7%，绿地率35.2%。

蔚汾南路南通片区安置点位于南通村蔚汾南路以南。项目总占地面积1.76万平方米，总建筑面积3.18万平方米，其中住宅面积2.08万平方米；涉及拆迁72户、1.17万平方米，拆迁商业面积500平方米。安置户数228户。小区容积率1.45，配套相应幼儿园、地下车库、地上车位等设施。

蔚汾南路西关片区安置点位于圪洞村蔚汾南路以南，项目总占地面积3.77万平方米，总建筑面积5.68万平方米，其中住宅面积3.05万平方米；涉及拆迁99户、3691平方米，拆迁商业面积1.22万平方米。安置户数324户；小区容积率1.51，规划商业面积2.63万平方米，设有地下车库、地上车位等设施。

蔚汾南路南沟门前片区安置点位于西关大桥蔚汾南路以南，项目总占地面积1.28万平方米，总建筑面积1.34万平方米。其中住宅8640平方米，沿街底商4738平方米；涉及拆迁33户、420平方米，拆迁商业面积3378平方米，安置户数72户；小区建筑密度18.5%，绿地率30.2%。随着棚户区改造工程的实施，城区居民的居住条件与环境将更加优化与舒适。

园林建设与绿化　20世纪80年代末至90年代初，兴县县委、县人民政府和城建局将园林绿化列入城市建设的重要议事日程。1990年春夏季，城区绿化实行目标管理，以成活率为标准考核，并采取大坑、带根、浇水、换新土、及时浇水的办法，大大提升城区道旁植树成活率，同时坚持每年补植、修剪，城区绿化覆盖率逐年提升。到2004年，共栽植行道树1442株，成活率达到98.2%；新建街心花园18个。

2005—2016年，绿化连城大道、忻黑线及岢大线城区段、岢临高速公路兴县东出入通道6048米，栽植、补植新疆杨、国槐、垂柳、塔松、云杉、侧柏等景观树45.39万株，绿化面积78.77万平方米，摆设花箱150套，种花50万株。

2013—2016年，全县共完成园林建设投资1.27亿元，实施了南山生态文化公园、晋绥森林公园、蔡家崖北山采摘观光园和城区造林绿化等工程。

南山生态文化公园。位于县城南山，原有石窑、魁星庙、极乐寺、烽火台等历史人文景观。实施该项工程就是在原有景观的基础上，把生态建设和现代景观相结合，建成一个融亭台楼阁、园林艺术、休闲娱乐为一体的绿色生态文化景点，以丰富城区群众的精神文化生活，提高城市品位。2002年，聘请山西省规划设计院专家完成南山绿化总体规划和详细规划。该项目规划分两期进行。一期工程于2002年启动，架通输电线路，建成小型蓄水池一座，安装提水浇灌设备；建成仿古亭3个，修通1.8公里上山公路，1.8公里人行道，上山公路已实现铺油硬化；完成退耕整地1200亩，植树造林350亩（折合23.33万平方米），栽植塔松、桧柏、侧柏、核桃等树种2.3万株；发展草坪2万平方米，周围种植各类观赏性花草20余种。

2013—2016年，继续推进南山生态文化公园建设，共栽植景观树3.16万株，绿化、美化、香化1280平方米，改造、维修上山道路1520米，新建大理石台阶500米；安装LED灯450座、太阳能路灯160盏、星星灯1万盏；建休闲健身广场2860平方米，安装健身器材50套。累计完成投资310余万元。

晋绥森林公园。完成一、二、三期工程，共栽植油松、侧柏15万株，绿化130万平方米（1961亩）。县城公园、绿地面积累计达到154万平方米以上，建成区绿化覆盖率达到32.6%。

蔡家崖北山采摘观光园。栽植景观树535株，铺设草坪、草砖6400平方米，建设仿古长城墙142米，硬化道路400米。

城区荒山造林工程。栽植各种树木16.2万株，绿化面积213万平方米（折合3200亩）。

蔚汾河城区蓄水美化工程　蔚汾河城区蓄水美化工程为便民、环保和景观工程。该工程总投资1.08亿元，建设总长度1564.4米，东至蔚汾大桥上游170米处，西至西关大桥下游282米处，建设内容包括清淤工程、橡胶坝蓄水工程、排洪排污箱涵工程、拦沙坝工程、喷泉工程、灯饰工程。2011年11月开工建设，2013年11月竣工，累计完成河道疏浚1.89公里，清运淤泥、河卵石23.89万立方米，建成南北箱涵3065.88米，硬化河床库区10.21万平方米；建泵房4个，建筑面积225平方米；建深井泵站一座，铺设自来水管3.6公里；建成拦沙坝一座，可拦泥2万立方米；安装橡胶坝4座、液压闸门3个、1600千伏安箱式变压器1台、自动升降音乐喷泉1座（包括喷头903个，水泵110台，LED水下灯1160盏，水下动力机组10台，数控阀266个，自动控制柜12个），总功率1197.12千瓦，最高水柱为50米。

环境卫生管理

街道清洁　1990年，城区环卫队实行按段划片包干承包责任制，并辅以联合监督、工资浮动考核办法，共整修、粉刷公厕38座，新筑垃圾池25个，维修19个；粉刷沿街墙面14处，书写各类标语40多幅；清倒陈旧垃圾4500立方米，清淘公厕42座；纠正市容性违章730余起；拆除清理违章建筑和临时摊点158处，在城区闹市区段增设安全防护栏，初步改善城区脏、乱状况。1994

年，全县响应省政府号召，开展“市容环境卫生管理年”活动，成立市容卫生管理办公室，并配备专职管理人员，为城市建设走上全方位管理和服务提供前提条件。国庆节前后，对城区各主街道的门牌、字号、广告等进行清理整顿。

1995年，县城主街道改为全日清扫保洁，全年垃圾清运总量达3.6万余立方米；清理淤泥、积雪7200余立方米，清淘公厕3700余立方米，得到吕梁地区爱国卫生创“三优”检查团的好评。

1996年“7·23”洪灾后，全县干部群众开展“抗洪救灾百日大会战”，共清洗、粉刷主街两侧32个单位、254个门店、211户居民的墙面6953平方米，清理淤泥8000余立方米，清运垃圾2.1万余立方米，清淘公厕2400余立方米；新增垃圾清运车1辆、清运箱9个、吸粪车1辆、果皮箱54个，城区环卫设施恢复正常。

2000年，依法拆除违章建筑168户、1344平方米，查处建筑纠纷36件、面积1400平方米。其中，6大建制镇拆除违章建筑58户、面积870平方米，刹住了乱修滥建风。同时，取缔占道经营水果批发摊点78个，清理主街道违规广告、标语、牌匾、字号、橱窗及乱搭挂摊点258处，装饰、粉刷、美化主街建筑立面6600平方米。

当年底，县政府筹资48万元，新购铲车1辆、吸粪车2辆，东风140、北京130自卸车3辆，街道保洁车18辆，增设街道全封闭垃圾箱、果皮箱63个，新修、维修公厕18座、垃圾池38个，城区垃圾做到了日产日清，全日保洁。

2001年至2005年，城建部门开展城区秩序大整治，共拆除、清理主街道两侧有碍市容市貌的各类临时建筑228起，更新橱窗、广告300余户，督促250余户临街门店装饰更新门面、橱窗，刷新临街建筑立面1.78万平方米（其中瓷砖贴面4600平方米），清理各种生活垃圾8600余立方米。其间，维修城区主街道公厕22座，并向社会公开拍卖经营权，城区卫生状况大为改观。

2010年3月，县住房保障和城乡建设管理局（简称住建局）在城区建立新的环卫运行管理机制，增添集装清运环卫车2辆、洒水车一辆、垃圾桶300个，增大保洁范围，提高保洁标准，做到垃圾日产日清、主街道每日4次除尘洒水。是年，成立城市管理行政综合执法大队，对城区主街道、重点地段环境进行综合整治，市容市貌得到极大改观。

2011年，全县开展“三项整治”工作，县政府颁发《兴县建筑垃圾管理办法》，规定凡建设施工单位和个人在开工前必须申报登记、办理建筑垃圾准运证，并按照指定路线和地点，运输和倾倒建筑垃圾，建筑垃圾“围城”现象从此得到有效遏制。

2013年，兴县城市建设投资开发有限责任公司承建总投资为6758.27万元（其中县自筹4094.6万元，申请国家环保资金1750万元）的县城生活垃圾综合处理工程，建设地点位于县城西南规划区边界6公里的蔡家崖乡马子村北798米处，垃圾处理规模达到200吨/天，填埋场总库容达110万立方米。其中，一期工程于2014年10月建成并投入运营，对改善城区人民生活环境、提高城市品位发挥了重要作用；二期工程项目总投资约1000万元，主要收运处理兴县城区、蔚汾镇、蔡家崖乡、高家村镇、康宁镇和孟家坪乡5个乡（镇）的生活垃圾。到2016年末，共清除、处理城区生活垃圾10.77万吨，城区街道保洁面积达到54万平方米。2015年，全面整治饮食市场、果蔬市场、修理加工市场50余处，加强重点建筑施工现场的管理，严厉查处建筑垃圾运输过程中遗撒、泄漏等污染道路行为。同时，成立城市美化亮化工队，粉刷城区（高速东口至蔡家崖纪念馆）的河坝、桥梁、建筑外立面约23万平方米。

污水处理　2010年10月，在蔡家崖乡北坡村东南约400米处建成总投资7758.97万元的污水处理一期工程，该工程采用A2O工艺，主要处理兴县城区产生的生活污水，日处理生活污水0.75万吨（全部工程竣工后日可处理生活污水1.5万吨）。

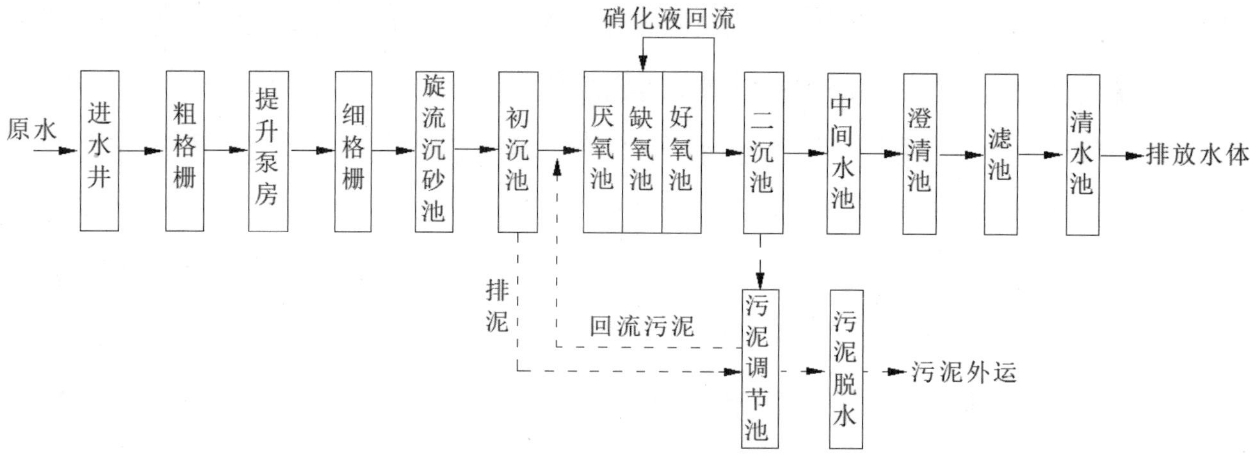

兴县污水处理厂工艺流程示意图

该年，设立县城污水处理管理中心，负责监管污水厂的运营以及污水管网维护。2011年6月1日起，污水厂由山西猗顿工程设计有限公司托管运行，到2016年底，该污水厂共处理污水1065.31万吨。

公厕建设　2001年至2016年底，县城共新建、改造高标准水冲环保公厕65座，聘用管理人员58人，每个公厕安排3名管理人员，实行了全天保洁。

第三节　村镇建设

村镇建设规划

1989年，全县有24个乡镇（7镇17乡）、468个村民委员会、822个自然村。2003年机构改革后，撤并为7镇10乡，375个村民委员会、725个自然村。

20世纪90年代初，全县各乡（镇）村掀起盖新房、建小楼热潮，但由于缺乏统一规划，出现乱占滥建现象。1994年，县城建局与各乡（镇）土地管理员配合，对村镇建设实行有效管理。村管站与水利局有关人员配合完成乔家沟等村供水工程的初步设计，与交通局配合完成县城过境公路的设计工作。1995年，严格控制乡村的乱修滥建之风，完成了康宁镇综合开发规划。1996年，各村管站人员学习《村庄和集镇建设管理条例》《建制镇规划建设管理办法》等法规、条例和业务技术知识，提高业务技术水平，完成了康宁、瓦塘、魏家滩、高家村、罗峪口、蔡家会6大建制镇的总体规划。

进入21世纪，城乡规划走上规范化道路。2003年，落实村镇建设管理人员编制，在一、二类乡（镇）配备专职或兼职村镇建设助理员，经过培训取得执业上岗资格，引领村镇建设管理走上规范化之路。在规划管理实施过程中，始终坚持“规划一张图、审批一支笔、管理一把尺、建设一盘棋”的原则，严格履行建设程序，特别是对县城临街建筑实行县长审批制度，确保规划的严肃性和法律的权威性。2005年，把小城镇建设作为重点，完成以魏家滩镇为主的西川工业园区的规划评审和报批工作；完成蔡家崖历史文化名村保护规划和县城消防专业规划；完成全县农村寄宿制学校的10处规划设计工作，为村镇建设打下了坚实基础。

2007—2016年，完成村庄整治、新农村建设规划36个，乡镇总体编制规划6个，推广新农村建设设计、施工、验收标准，推广新农村房屋建设抗震节能措施，完成农村困难群众危旧房改造4170户，农村人均住宅面积达33平方米。

农村住房建设

2000—2016年，全县农村结合扶贫移民及工矿用地移民，累计完成投资1.92亿元，新建移民村97个，建移民安置房4434套（含回购商品房562套）、18.51万平方米；实施易地搬迁399个村（含自然村）、5252户、22458人；同时为农村贫困户改造危房4170户（孔、间），一大批贫困农民居住条件得到改善。

2000—2016年兴县农村移民房建设、安置及危房改造统计表

表4-1-3-1

年份＼项目	新建移民村数（个）	建移民房套数（套）	实施异地搬迁村数（个）	安置		农村危房改造户数（孔）
				户数（户）	人口（人）	
2000	74	1532	32	950	3900	—
2003			12	270	1000	—
2004			16	312	1500	—
2006	21	1618	24	495	2000	100
2007			16	321	1500	100
2008			19	357	1500	100
2009			12	344	1700	110

续表4-1-3-1

项目 年份	新建移民村数（个）	建移民房套数（套）	实施异地搬迁村数（个）	安置		农村危房改造户数（孔）
				户数（户）	人口（人）	
2010	—	322	2	101	471	100
2011	—		4	99	522	400
2012	—		2	265	1000	500
2013	—		4	54	403	800
2014	—		8	92	318	800
2015	—		248	516	2015	760
2016	2	建400套 购562套		1076	4629	400
合计	97	4434（含购房562套）	399	5252（集中安置4434户，18665人；分散安置818户3793人）	22458	4170

其他基础设施建设

至2016年末，全县375个建制村全通公路；安装路灯村347个；落实“便民五件实事”村327个；实现通电话村369个；建有卫生室、诊所村375个；建有老人照料中心17个；建有文化活动室167个，建有体育健身场所160个。725个自然村中全部实现通电，通自来水村708个，建有小学和幼儿园村584个，硬化街、巷村577个，开通网络村530个，全部实现广播电视“村村通”。

1989—2016年部分年份全县农村基础设施建设情况统计表

表4-1-3-2

年份 项目	1989	1994—1999	2000	2001—2005	2006—2010	2011—2015	2016
累计通公路村（个）	529	560	630	—	372	375	375
街路硬化村（个）	—	—	—	—	306	271	—
累计通电村（个）	529	725（全部通电）	全部通电	全部通电	全部通电	全部通电	全部通电
累计通自来水村（个）	—	480	225	463	544	347	708
建小学校、幼儿园数（所）	—	305	—	48	115	66	50
便民五件实事村（个）	—	—	—	—	57	270	—

续表4-1-3-2

年份 项目	1989	1994—1999	2000	2001—2005	2006—2010	2011—2015	2016
安装路灯村（个）	—	562	562	—	67（新增）	347	—
累计通电话村（个）	—	111	251	182	368个村5.5万户	376	360
老年人照料中心村（个）	—	—	—	—	—	7	10
有诊所、卫生室村（个）	—	—	—	—	457	48	376
通网络村（个）	—	—	—	—	361个村3152户、学校149所	361村3152户149所学校	新增169个行政村15433户
实现广电村村通数（个）	—	—	—	165（自然村）	614个自然村10268户	新增6000户	新增169个行政村2682户
有文化室、健身场所村（个）	—	—	—	—	135	96	96

第四节　建设管理

资质管理

2004年，中华人民共和国建设部出台《建筑施工企业安全生产许可证管理规定》和《建筑施工安全生产许可证管理规定实施意见》，山西省建设厅制定《山西省建筑施工企业安全生产许可证管理规定实施意见》，规定取得企业法人营业执照和建筑业企业资质证书的建筑施工企业，均应当按照规定申请安全生产许可证，兴县严格按照省建设厅要求，开展企业安全生产申报受理工作和安全资质管理工作，并形成制度。2004—2016年，落实资质管理，取得企业法人营业执照和建筑业企业资质证书的建筑施工企业安全生产申报受理3份，审查批准3份。

建设工程管理

1990年4月1日起，兴县城乡建设管理局以《中华人民共和国城市规划法》和《兴县县城总体建设规划》为依据，严把基本建设项目的审批放线关。凡新开工程全部履行“建设用地规划许可证”“建设工程规划许可证”和“选址意见书”（以下简称“两证一书”）审批手续，完善审批制度。是年，成立兴县城市管理监察队，负责《中华人民共和国城市规划法》（简称《城市规划法》）的具体实施。

1992年，共发放“两证一书”34份，规划用地面积5.63万平方米。对开工的19项工程严格控制规划红线；村管站发放村镇建设许可证51份，规划用地面积87.33万平方米。

1993—1995年，发放“两证一书”55份，规划用地面积12.18万平方米。1996—2000年，发放“两证一书”13份，规划用地面积9900平方米。2001—2005年，发放“两证一书”97份，规划用地面积6.26万平方米。

2007—2016年，发放建设工程“两证一书”661份，规划用地面积869.2万平方米。“两证一书”发放率、竣工规划认可证发放率、规划项目公示率和重大项目审查率均达到100%。

质量监督管理

1990年初，兴县城管监察大队成立，全年查处各种违章200余人次，拆除违章建筑12处30余间。

1992年，根据有关规定和山西省建设厅安排，对县内施工企业全部实行安全生产资格证管理。当年，城管监察大队共拆除违章建筑37起，强行停止违章建筑14起，依法申请强行拆除2起。

1993—1995年，拆除市容性违章1996处，拆迁搬迁11户，调解纠纷45起，责令停工110起，拆除违章建筑80起（处）。

1996年，城建管理转向“建管并重，强化管理”上来，首先利用元宵节和4月1日《城市规划法》颁布6周年纪念日，大力宣传《城市规划法》《山西省实施〈城市规划法〉办法》《城建监察暂行办法》和《山西省建筑市场管理条例》等法规、条例和办法，提高全民的法律意识。同时与人大、宣传、监委、计委组成建筑市场联合执法大检查领导组，对1995年以来全县20项新开、续建、竣工工程集中大检查，对发现问题，依据有关法规、条例分别给予罚款处理，并补办有关手续。对本年5项新开工程全部招标投标，规范了建筑市场的管理。

从2003年起，严格履行建设程序，对县城临街建筑实行县长审批制度，确保规划的严肃性和法律的权威性。经吕梁地区建设局考核，兴县建设工程的报建率、质量监督合格率、工程监理率、招标投标率、验收合格率均达到100%。安全事故发生率降为零。全区综合排名由第11位上升至第7位。其间还完成魏家滩小城镇总体规划的批复和蔡家崖历史文化名村保护规划的前期工作。

2005年，县城拆迁改造和建设开创新局面，中心广场、广场安置楼、东风购物大厦、县供销商住楼等一批已投入使用的工程和县医院门诊楼改造工程、东风小区、同泰苑小区等于年底竣工并投入使用的工程的报建率、质监合格率、工程监理率、招标投标率、工程竣工验收合格率均达到100%，安全事故发生率降为零。

2007年，建设工程安全监督备案率、施工企业职工人身保险办理率和“三类人员”、特种作业人员持证上岗率、执法人员年度法律考试合格率均达100%，违章查处结案率等均达100%。

2010年，工程监管率、工程质量和安全监督覆盖率均达100%。

2016年，工程质量监督覆盖率、竣工验收合格率、住宅工程分户验收率、超限高层建筑工程抗震设防审查率、施工图审查备案率均达到100%。

房产管理

房产交易管理　1990年，县房地产交易所成立，加强了房产交易管理，理顺了房产交易秩序。1992—2001年，共办理房屋交易手续687户，交易总额1448.46万元，颁发所有权证书1542户（册），面积32.09万平方米，收取交易费29.11万元。

2002—2016年，共办理房屋交易手续5942户，交易总额90318万元，颁发所有权证书6242户（册），面积44.6万平方米，收取交易费248.8万元。

房地产管理　1992年，经县人民政府批准，制定提高公产房租、逐步取消住房供给制的改革方案，从6月1日起实施，全年收回房租费1.1万元。

廉租住房补贴于2009年12月实施，根据省政府《关于规范和加强政策性住房供应管理的通知（晋政办发〔2009〕31号）》文件精神，凡在城区范围内居住的低收入无房户均属补贴范围；发放以户审核，按人补贴，按照每人每月90元的标准发放。

2009—2016年，全县累计享受租金补贴8804户、13722人，共发放廉租住房补贴金额1408.93万元。

第二章 环境保护

第一节 管理机构

城乡环境保护工作领导小组办公室

1988年5月，兴县县委、县政府在城乡建设环境保护局设立城乡环境保护工作领导小组办公室，为最初的环境保护工作机构。1989年10月，兴县城乡环境保护局成立，为科级建制的行政事业单位，下设办公室、财务室、环境监理收费所、环境监测站4个机构，核定编制25人（其中自收自支事业编制10人），标志着兴县环境保护事业起步。

环境保护局

2002年，全县机构改革，县环保局与县城建局合署办公。2004年，恢复环保局正科级机构建制。到2016年，县环保局共有干部职工57人，其中公务员5人、事业干部3人、机关工人及自收自支事业人员49人。设局长1人、副局长2人；内设综合办公室、环境监察大队、行政审批股，大气、水、土壤污染防治股，政策法规股、环境信息中心、机动车尾气污染防治中心、生态辐射股、宣传教育中心9个股室，与省市机构设置对应。

环境监测站

1992年成立，为公益性事业单位，隶属于兴县环保局，业务上受山西省环境监测中心站和吕梁市环境监测站技术指导，具有独立的建制，为独立法人单位，并独立对外开展业务活动。全站有在编人员34人，另聘用长期合同工3人。监测站内设站长办公室、综合质控室、水分析室、大气分析室、现场监测室、应急监测室。单位成立以来一直租赁民房（面积405平方米）开展工作，现拥有原子吸收、离子色谱、紫外分光光度计、可见分光光度计等大型仪器74台，固定资产价值200余万元。该监测站已具备水和废水、空气和废气、噪声、振动和气象四大类30个参数60个项目的监测能力。2014年，该监测站11人取得环境监测实验室上岗证书，3人获得内审员证；同年8月至12月，该监测站先后取得山西省环保厅颁发的环境监测能力认定证书和山西省质量技术监督局颁发的计量认证资质证书。

第二节　环境监测与环境质量

环境监测

2006年之前，兴县没有相应的环境监测设备和专业技术人员，因此，环境质量状况只停留在定性分析的层面，无法做到科学、准确。从2006年开始，按照国家和省、市要求，县环境保护局建立城区大气环境质量自动监测系统。自动监测系统包括中心站1座、子站2座，分别设在县政府和兴县中学楼顶。空气质量自动监测系统主要采用紫外法二氧化硫分析仪、化学发光法氮氧化物分析仪、可吸入颗粒物分析仪等设备对城区大气二氧化硫（SO_2）、氮氧化物、可吸入颗粒物（PM_{10}）实时监测，并将每天空气平均浓度及质量数据上传吕梁市环境监测站自动监控平台。大气自动监测系统建成投运后，环保工作者第一次采用先进的科学仪器和技术设备，真正进入科学化、数据化、信息化时代，结束了兴县大气环境质量只能定性分析的落后历史。

2007年，开始对乔家沟、河校、原家坪3个县城集中式饮用水水源地实行水质监测分析。2009年，在蔚汾河碧村、岚漪河裴家川口设立2个出境断面水质监测点位，每月取样河流水质进行监测。2013年，投入资金200余万元，购置监测仪器、设备48台（套），配备照相机、摄像机、便携式水质和大气快速测定仪、电脑、打印机、传真机等现场监察取证和打印、传输设备。25名环境监察人员通过省、市环境监察三级标准化建设考核，全部取得上岗资格；环境监测站取得省质量技术监督局计量资格认定证书和省环境监测总站环境监测能力认定证书，可开展大气、水、噪声等36项主要污染物环境监测工作。同年，环保局编制《兴县乡镇集中供水水源地保护技术报告》，对16个乡镇（蔚汾镇除外）饮用水源地实行有效保护。

2013年，县环保局制定《全县突发环境事故应急预案和重污染天气应急预案》（2016年修订），以应对突发环境事件的发生。同年，加强对重点企业监管，山西华兴铝业有限公司、华电锦兴能源有限公司、西山晋兴能源有限公司、县城污水处理厂等重点企业按要求安装了污染物排放在线监控设施，环保局实现对污染物排放情况的实时监测，并与省市监控平台联网。

2015年12月，在已有二氧化硫、PM_{10}、氮氧化物在线监测设备的基础上，新增加$PM_{2.5}$、臭氧、一氧化碳三项大气污染物监测设备，空气质量监测项目增加为6项，大气质量监测更加准确。

2016年，县政府印发《关于印发兴县网格化环境监管工作方案的通知》，按照“属地管理、分级负责、无缝对接、全面覆盖、责任到人”的原则，在全县各乡（镇）、行政村建立“横向到边、纵向到底”的县、乡（镇）和村的三级环境监管网格体系，实现对全县环境的严格监管。

环境质量

大气环境质量　2007—2016年，对兴县城区的大气环境质量进行了4次监测，结果表明2015年以后，城区大气质量明显好转，空气优良率由之前的30%提升到70%以上。

2007—2016年部分年份兴县城区大气环境质量情况表

表4-2-2-1

年份	城区空气质量天数	空气优良率	PM_{10}、$PM_{2.5}$排放
2007	二级以上134天	29.86%	—
2008	二级以上139天	30.2%	—
2015	二级以上312天	85.5%	年均排放浓度比上年下降75%
2016	二级以上258 天	71%	年均排放浓度达到考核指标要求

水环境质量　1989年前，兴县地下水氨氮、总硬度、硫酸盐单项污染指数均高达5.82，属严重污染的四级水。

1989年后，按照国家水质评价标准，蔚汾河源头至兴县城关的53.8公里河段，污染较轻，水质较好，能用于养鱼和灌溉；县城至张家湾的28公里内，河段由于生活污水和工业废水（主要是化肥厂等工业废水）的倾倒，致氨氮超标率为100%，化学耗氧量超标率为50%，已不符合国家饮用、渔业、灌溉和环境三级标准；20世纪90年代末，化肥厂倒闭后减轻了工业废水污染，蔚汾河下游（县城西关以下）水质提高为二级水标准。

兴县北部岚漪河水上游排污较少，从岢岚县东川河口至兴县裴家川口的80.6公里河段取样化验，其水质达国家地面水二级标准。

2008年6月，忻州市水文水资源勘测分局在受托编制《兴县水资源综合规划报告》时对兴县地表水水质、水库水质和地下水水质现状评价是：主要河流水质——岚漪河，评价河段长37.5公里，该河段水质较好，评价结果符合III类水标准。蔚汾河，评价河长81.8公里，从源头至奥家湾，河长48.2公里，该段水质较好，符合水质II类标准；奥家湾河段，河长33.6公里，该河段接受了兴县县城废污水的排入，河水受到严重污染，评价结果为V类水质，氨氮超标8.55倍。汛期流量较大时水质较好，符合Ⅲ类水质标准；湫水河，评价河长122公里，从源头至下游67公里，评价结果为Ⅱ类水质。

水库水质——天古崖、阁老湾水库总体水质尚可，符合Ⅲ类水质标准。

地下水水质——蔚汾河界河口段河道基流背景值，评价结果为Ⅲ类水质。湫水河河谷上游阳坡水库河道基流背景值，评价结果为Ⅲ类水质。山丘区孔隙裂隙地下水分布于全县各地，富水性较差，总体水质较好，大部分为II~III类水质，适合各种用途用水。

从2011年开始，国家每月对入河水质重点监测考核。在蔚汾河碧村、岚漪河裴家川口设两个出境断面水质监控点，由市环境监测站每月定时采样监测，并将监测结果上报省环保厅和国家环保部。2015年，兴县对原家坪、河校、乔家沟3个县城集中式饮用水水源地水质常规监测2次，水质全分析1次。监测结果表明，县城集中式饮用水水源地水质达标率100%。同年开始，省环境监测站开始对兴县水源地水质直接采样，进行监测。2016年，兴县自来水水质监测由吕梁市住房和城乡建设局委托国家城市供水水质监测网太原监测站定期进行监测，并出具检测报告，兴县自来水水质指标符合《生活饮用水卫生标准》（GB5749-2006）。

噪声环境质量 20世纪90年代前，县域噪声污染源极少，噪声环境质量良好。之后，随着民营企业发展，固定的噪声污染源逐渐增多，由于企业没有采取封闭厂房、基础减振等措施，噪声污染相对严重，对周围居民生产生活产生一定的影响。2012年，县环保局对县城旧城区和规划新城区环境噪声污染状况布点监测。经监测，新旧城区昼间除313省道部分区域运输车辆鸣笛偶发性噪声超标外，未出现其他超标区域。

主要污染物

工业污染物 首先是冶炼废渣、煤矿矸石、中煤、粉煤灰、燃煤锅炉炉渣及矿山尾矿等固体废物的倾倒造成污染。多年以来，兴县固体废物没有得到规范化处理处置，工业企业就近将工业固废倾倒在企业周边沟道及河道两侧，城区生活垃圾也全部就近倾倒在蔚汾镇乔家沟村井子沟，以填沟造地方式填埋处理。2010年以前，因工业废渣产生量巨大，无法全部综合利用。电厂、铁厂、炼焦炉被全部关停后，大量粉煤灰、水冲废渣被居民利用作为住宅房顶保温层，冶炼废渣、炉渣全部用于制作免烧砖等建筑材料，这才减少了很大一部分工业固体废物。

其次是工业炉、窑废气与烟雾的排放造成污染。20世纪90年代开始，城关镇东关村、西关村，郭家峁村、乔家沟村以及奥家湾乡车家庄村、二十里铺等村掀起建土焦炉、小炼铁炉、铝矾土矿加工竖窑、石灰炉热潮，据不完全统计，当时全县土焦炉达到500座、石灰炉300余座、炼铁小高炉43座、铝钒土竖窑70余座。这类土小企业的大量出现，造成烟尘笼罩、炉渣遍地、尘土飞扬的严重环境污染。

此外，工业废水排放也是主要的污染源之一。20世纪90年代后，由于民营经济发展壮大，大量炼焦户熄焦废水、针织厂漂染废水、化肥厂含氨废水及城区生活污水含磷、氮、挥发酚、悬浮物等废水排入蔚汾河道，水质逐渐恶化。据1997年吕梁市环保局取样监测，蔚汾河流水质为地表水劣V类水质标准，为严重污染。

生活污染物　主要是民用燃煤炉、灶烟雾排放和生活污水倾倒，造成环境污染，尤其是居民冬季用燃煤炉供暖，家家烟囱冒烟，造成“黑云”笼罩天空的严重污染局面。

农业污染物　农业面源污染主要是畜禽养殖业对土壤、水体造成的土地、河流水质污染，传统农业生产中，畜禽粪便作为最广泛的有机肥料被全部综合利用。但随着农村生产生活方式的转变、劳动力结构的变化，畜禽粪肥的使用量比过去减少，不仅形成大量畜禽粪便资源的浪费，而且也造成农业面源污染，占到农业源污染的80%以上。其次是种植业中使用化肥、农药造成的土壤污染。据统计，2007—2016年，全县农村年均施用化肥1668万千克、农药和化学除草剂5.8万千克，造成的污染是非常广泛和持久的。

交通污染物　主要是车辆运输中的抛撒、泄漏以及噪音、尘土给空气、河流、水源造成的污染。2016年，全县共有各种燃油机动车3061辆，加上每年10万辆次过境车辆，造成严重的污染。

第三节　环境治理

污染治理

工业污染治理　20世纪90年代之前，县内除煤矿、水泥厂、电厂、针织厂、国营铁厂、化肥厂等国有、集体企业外，民营经济没有发展，尽管企业生产方式和环保设施比较落后，但由于企业产能不大，分布比较零散，污染物排放量相对较少。90年代初，伴随着铁冶炼业和建筑业的兴起，全县掀起焦炭、石灰生产以及烧制铝土矿热潮，给环境造成明显污染。从1993年起，遵照县委、县政府关于治理环境污染的决策，全县打响取缔土焦炉、铝矾矿加工导焰窑、石灰炉等攻坚战役。

取缔土焦炉、石灰炉：2002—2003年，全县取缔50座268支土焦炉。为保障炼铁小高炉原料供应，又相继引进改良焦和仿“三佳”焦炉。2005年，按照国家和省、市焦化产业发展政策，全县取缔敞开式改良焦炉33户、36支，炸毁焦炉烟囱25支。2007年，取缔、关闭仿“三佳”焦炉31户392支，至此，境内焦炉全被取缔，结束兴县炼焦历史。2007—2008年，县内土法生产石灰窑全部被取缔，同时取缔石料厂、小洗煤厂、非法储售煤场225户。

2009年，兴县兴鑫工业工贸公司引进环保型石灰煅烧立窑，对其烟气集中收集处理，排烟管道安装消烟除尘脱硫设施，环境污染得到极大减轻，成为第一座符合国家环保政策要求的石灰生产企业。2013年，兴县朴玉实业有限公司建设回转窑石灰生产线，采用往窑内喷煤粉燃烧方式煅烧石灰石，窑尾部安装消烟除尘设施，环境污染程度明显降低。

取缔铝土矿加工导焰窑：2007—2008年，全县146户168座铝土加工导焰窑被全部取缔。

取缔金属镁生产企业：2011年，县政府对兴县昌盛镁业有限公司年产3万吨金属镁生产线实施依法关闭。

取缔炼铁炉：2002—2003年，全县取缔最原始的8立方米、13立方米炼铁高炉43座，发展50立方米以上炼铁炉，后又改为发展105立方米炼铁高炉。2007年取缔16户100立方米以下铁炉。到2008年，对全县仅存的8座105立方米炼铁高炉也实施强制取缔，结束炼铁历史。

2002—2008年关闭、取缔上述排污企业后，全县累计削减二氧化硫排放量6309吨，减少烟尘排放量8650吨。城区二级以上天数达139天。

工业固废污染治理：2009—2016年，被关停的电厂、铁厂、炼焦炉原积存的30万吨粉煤灰、300余万吨冶炼废渣全部得到综合利用，一部分用作居民房屋顶保温层，一部分用于制作免烧砖等建筑材料。全县10多户内燃砖厂每年综合利用矸石、中煤200余万吨；全县2户免烧砖企业全年综合利用炉渣、冶炼废渣300余万吨。

2011年开始，县环保局要求所有产生固体废物企业对所产生的固体废物综合利用，同时配套建设固废暂存场，固废暂存场必须采取“三防措施”（防渗漏、防流失、防扬散），底部设拦渣坝、拦矸坝，两侧设导洪渠，固废堆存采用黄土分层覆土、碾轧，到限定堆高后要通过覆土垫地、植树种草等落实生态治理目标。截至2016年底，全县6座煤矿、煤炭洗选企业都按要求规范建设煤矸石暂存场，对不能综合利用的矸石、中煤等全部填埋处理。

集中整治企业违规排放废水：2012年，县人民政府印发《兴县绿色生态工程三大重点任务攻坚行动实施方案的通知》，主要为净空、净水、减排三大环境污染治理任务，对涉及大气、水体、重点污染项目企业集中专项整治。要求所有产生、排放生产废水的企业，必须严格按照环评规定，实行废水闭路循环或达标排放。对河道沿岸工业废渣全部实行安全处置，对重点排污企业实行规范化整治，杜绝了偷排、超标超量排放。

开展环境专项整治行动：2012—2015年，由环保、发改、经信、住建、商务、农委等部门负责人组成的环境整治领导组，对全县区域、行业、流域性环境污染问题进行全面排查整治，重点整治了各类储煤场、洗煤厂、水泥厂、沙场、公路沿线石料厂、搅拌站、建筑施工场地、物料堆放场所及运输车辆，共出动执法车辆142次、执法人员386人次，检查企业48户，查处环境违法案件16件，罚款310万元，征收排污费673.65万元。其中，关闭了聚鑫水泥有限公司（原兴县国营水泥厂），对8户在建项目的审批手续和环保设施进行了规范完善。

2016年10月，针对冬季大气污染严重问题，县人民政府发出《关于开展治超治污治危环境综合整治专项行动的通知》，各环保执法部门开展联合执法行动8次，出动执法人员120人次，检查企业14户，暂扣驾驶证32本、机动车12辆，下达整改决定12项。该年共受理环境信访案件12件，案件查处率100%，结案率达到100%。完成排污费征收入库980万元，对环境违法行业处罚金800万元。年末，全县28户重点工业企业全部实现主要污染物达标排放，其中23户企业通过全面达标监测评估，领取排污许可证投入正常生产；全县24户排水企业有19户企业实现废水“零排放”，有5户企业按照规定建成废水处理设施，废水实现达标排放；全县6户煤矿企业、华兴铝业公司、22户煤炭洗选加工企业全部建成生产、生活废水处理设施，每年可完成化学需氧量（COD）减排任务400余吨、完成氨氮削减任务50吨左右，处理后的废水全部回收用于再生产或洒水、绿化，废水处理率达到95%以上，废水重复利用率提高到90%以上。煤炭开采企业全部建成固废暂存堆放场，通过固体废物综合利用、填沟造地等方式最大限度实现固体废物的资源化、无害化、减量化。

生活污染治理 生活污染主要是居民秋冬季燃煤取暖、做饭形成的煤烟型大气污染和垃圾、污水造成的环境污染。2011年，兴县开始实施城区天然气供气和集中供热工程建设，燃煤炉灶开始减少。2014年，县人民政府审议通过《城区燃煤锅炉集中整治实施方案》，成立燃煤炉灶集中整治工作领导组，由县政府牵头，环保、住建、公安、监察、执法局、工商、供热公司、华盛燃气公司等单位领导为成员，整治重点是彻底取缔城区燃煤锅炉。要求集中供热管网覆盖范围内的锅炉用户，必须全部使用集中供热。对天然气管网覆盖范围内，暂不能实行集中供热的燃煤锅炉，由使用单位自行改造为天然气锅炉，由县财政对天然气入网费全额补助，对锅炉购置费给予财政补助（补助标准为锅炉购置费的三分之一）；对暂不能实现清洁能源替代的燃煤锅炉，须安装消烟除尘脱硫装置，由锅炉使用单位自行安装，由政府验收后予以补助（1吨以上、2吨以下锅炉县财政补助3.5万元，2吨以上、4吨以下锅炉补助6万元，4吨以上锅炉补助10万元）。

划定禁燃区，以清洁焦和清净型煤替代原煤。2014年，县政府划定禁燃区范围：北至文化街、县医院、寺塔梁、大墕梁，东至郭家峁村、原家坪村，南至南沟门前，西至圪洞村、石盘头村。明确禁燃区在2014年底前停止使用高污染燃料燃烧设施，全部实现气、电等清洁能源替代；禁燃区内禁止新建、改建、扩建高污染燃料锅炉、炉窑、炉灶等燃烧设施。同时开展清洁焦和清净型煤替代原煤散烧专项行动，从太原调运洁净型煤3800余吨，分发城区各燃煤炉灶使用单位和蔚汾镇、蔡家崖乡居民使用。

通过集中整治，全年削减二氧化硫排放量1160吨，削减烟尘排放量1330吨、二氧化硫及氮氧化物排放量1522.5吨，减少炉渣7000余吨。2015年末，全县二级以上天数达到312天，空气优良率达到85.5%，均创历史最好纪录。

至2016年末，城区共建成集中供热站21个，安装天然气锅炉59台361吨，总供热面积达到280.26万平方米，城区天然气入户2.88万户（包括供气、供热用户）。城区二级以上天数达到258天，空气优良率保持71%。

新建污水处理厂，降低生活污染。2010年10月，县人民政府投资7758.97

万元，由县城市基础设施建设投资开发有限公司在蔡家崖乡北坡村建成占地60亩、日处理生活污水1.5万吨的县城污水处理厂，城区污水经该厂全部处理后，出水水质达到《城镇污水处理厂污染物排放标准》（GB18918-2002）一级A标准，满足农业浇灌水质标准。环保局在污水处理厂排水出口安装在线监测仪器，与省、市联网，将排水口监测数据实时上传到吕梁市、山西省环境监控中心，成为兴县第一台高科技的在线监控设备。2011年6月，县住建局委托山西猗顿工程设计有限公司对污水处理厂运营管理。2016年，县城污水处理厂运行220天，共处理生活污水128.45万吨，处置污泥量415.9吨，日均进水量5839吨；化学需氧量出口平均浓度28.2毫克/升，全年削减335.5吨；氨氮出口平均浓度3.74毫克/升，全年削减50.1吨。完成华兴铝业公司、锦兴能源公司肖家洼煤矿、华润联盛关家崖煤业公司、车家庄煤业公司、峁底煤业公司、金地煤业公司生活污水处理站建设工程，全部投入运行，完成化学需氧量减排任务418.6吨，完成氨氮削减任务49.6吨。

开展集中行动，整治违规排放废水。2014年，由县政法委牵头开展全县严厉打击环境污染违法犯罪“百日会战”专项行动，共开展联合执法检查、突击检查、暗访8次，出动执法人员68人次，对排放倾倒、私设暗管，或利用渗井、渗坑、裂隙、溶洞等排放、倾倒、处置放射性废物，含传染病病原体的废物，有毒物质，偷排放、超标排放以及在线监控设备数据造假等10类严重环境违法行为予以严厉打击，对存在环境违法行为、尚不构成环境污染犯罪的6起环境违法问题立案进行了查处。2016年，县政府下发《关于印发兴县水污染防治2016年行动计划的通知》，对全县加油站地下油罐进行双层罐、防渗池改造和治理，杜绝了加油站地下水污染。

新建生活垃圾综合处理厂，科学治理生活污染。2014年，县政府投资4900多万元，在蔡家崖乡北查沟村建设生活垃圾综合处理厂，于当年10月投入试运行。该厂设计日处理城区生活垃圾200吨，对不可利用垃圾填埋处理，其中填埋库区总容量110万立方米，采取防渗漏措施，配套建设有日处理50立方米的渗滤废水综合处理装置一套，废水处理后用于绿化和洒水抑尘。

2016年，针对全县农村生活垃圾处理处置不科学、不规范的问题，县住建局和环卫局组织分别在县域东南部、西南部、北部、中部建设4个垃圾填埋场，配套14个垃圾中转站、16个渣土场。4个垃圾填埋场建设项目总投资2.6亿元，建成后覆盖全县17个乡（镇）的农村生活垃圾处理。

农业面源污染防治　2014年，国务院颁布施行《畜禽养殖污染防治条例》，对畜禽、水产养殖的布局选址、环评审批、污染防治配套设施建设和畜禽粪便、尿液等废弃物的处理方式、利用途径等做出明确规定。2015年，由县环保局、县农委开始对全县规模化畜禽养殖企业提出分步配套污染防治设施工作计划，逐步提高畜禽粪污的资源化利用水平，要求蛋鸡养殖数量在10000只以上、生猪存栏500头以上的养殖户配套建设封闭的粪污收集、贮存设施，发酵后全部回用于农田生产。当年完成5户规模化养殖场（小区）粪污处理设施。2016年，全县完成12户规模化养殖场（小区）粪污处理设施建设任务。

噪声污染防治　2012年，县环保局在针对城区噪声环境状况，编制《兴县城市区域声环境功能区划分技术报告》，功能规划区面积6.65平方公里，共划分一类、二类、三类三个噪声功能区和部分交通干线功能区。其中，连城大道以北、旧城区西崖湾、福胜沟、乔郭家沟、文体街以北及紫沟段、枣沟段、寺塔梁、龙兴花园一带及福临嘉苑以西、以南划分为一类区；城区主要街道、商业、机关混合区划分为二类区域，包括文体街、人民路、紫石街、蔚汾路、晋绥路及两侧居民小区；规划工业区和业已形成的工业集中地带划分为三类区。城区没有划分三类噪声功能区。交通干线功能区主要为313省道及城区主街道、城市通行重点路段。交警大队在主城区、居民区设置“禁鸣”标志，减少噪音污染。

排污收费

2014年，县环保局实现排污费征收入库685.91万元，比上年增加481.3万元，增长2.35倍。2015年第一季度已实现排污费征收入库312.49万元（其中清理欠费132.98万元），缴纳行政罚款110万元，全年排污费征收入库达到800万元。

第五编

交　通

1989年后，国家和地方政府加大交通设施建设投资，交通运输事业得到快速发展。2001—2016年，全县共完成公路建设投资5.96亿元，建成通畅、通达工程53条193公里。其中，对总长133.5公里的忻黑线和岢大线先后进行多次路基、路面改造，全程实现晴雨通车；改造县道6条30公里、乡道3条30公里，硬化1650公里。到2016年末，全县公路通车里程达到2085公里，其中西纵高速（岢临高速）公路建成通车。

铁路交通运输方面，2009年6月，全长48公里的岢瓦铁路一期工程岢岚至兴县魏家滩段建成通车；2010年10月，西山晋兴能源有限公司对该铁路进行了“开行万吨列车扩能改造”；2013年4月，肖家洼至瓦塘煤矿铁路专用线建成投运；2014年12月30日，兴县瓦塘到山东日照港的山西中南铁路（又称晋豫鲁铁路）建成通车；同日，太原到兴县铁路建成通车；2016年3月，兴县瓦塘到蔡家崖煤炭集运铁路专用线建成投运；5月，兴县直通河南省鹤壁煤炭物流园的铁路煤炭集运专线开工建设。

公路客运方面，1989年，兴县有客运车11辆，年运送旅客6.9万人；到2016年末，全县拥有客车139辆，年运送旅客53.1万人。其中，营运出租车达到180辆，营运公交车13辆。

至2016年，兴县道路运输业实现了从公路运输的单一结构向以铁路运输为主的多元化运输结构的新跨越。全县有货运经营户505户、货运企业51家，有货运汽车874辆，年货运量增至154万吨，货物周转量1.7万吨/公里。

第一章 交通设施

第一节 公 路

高速公路

西纵高速公路，北起朔州市右玉县，南至山西省运城市芮城县，全长753公里，涉及吕梁市境内的兴县、方山、临县、离石、柳林、中阳、交口7个县（区）。西纵高速公路兴县段，是山西省高速公路网规划中的重要组成部分，该项目于2010年开工建设，2016年建成通车。工程估算投资85.41亿元，设计时速80公里/小时，按双向4车道高速公路标准建设，为县境第一条高速公路，对改善晋西北地区的区位劣势和交通状况，推进晋绥老区经济发展具有重要意义。西纵高速兴县段全长64公里，主要工程包括大中桥32座，隧道11座。县境起点在恶虎滩乡大树岔村境内与岢岚段相接，途经恶虎滩乡、奥家湾乡、蔚汾镇、康宁镇、固贤乡等5个乡（镇）的36个村，终点经康宁镇乌门村与临县段相接；设兴县东互通（乔家沟）、兴县南互通（康宁），预留兴县西互通（土贞）。

省管公路

省道忻州—黑峪口（S313）兴县段 忻州—黑峪口公路兴县段，自K164+700界河口镇处进入兴县境内继续西行，经奥家湾乡、蔚汾镇、蔡家崖乡、高家村镇，讫于K215+900黑峪口村的黄河岸边。境内全线长51.2公里，其中在K198+015至K200+813路段与岢大线K84+54至K87+203重复里程2.67公里。1996年划为省级公路以后，当年由沿线各县政府投资700万元，山西省公路局吕梁分局补助209万元，完成会里至兴县城路段的沥青路面工程。1997

年，完成兴县县城至车家庄沥青路面改造工程。1998—1999年，完成K193至K200路段的路基拓宽和路面配套工程。2000—2003年，对忻黑线K174+500至K218+100按照山丘二级路标准进行技术改造。2004年5月，对忻黑线静乐界至兴县明通沟段按照山丘二级公路标准进行技术改造，2005年10月竣工。至2016年12月，忻州—黑峪口公路兴县境内有二级公路51.2公里，全部为沥青混凝土路面；晴雨通车里程51.2公里，可绿化里程115公里，已有40公里达到国家公路绿化标准。沿途有中小桥梁26座1045米（其中大桥3座、中型桥梁7座719.2米、小型桥梁16座）、涵洞120道。全年日平均汽车交通量4980辆次。

省道218兴县段　岢岚—大武公路（S218）简称为岢大公路或岢大线。1996年，山西省公路网调整普查中，该线是由兴县魏家滩镇青草沟公路全线和兴县城至大武段连接而成的一条新省级干线公路，起自岢岚县城，由魏家滩镇青草沟村进入兴县境内，途经魏家滩镇11个村、瓦塘镇3个村，蔡家崖乡5个村、康宁镇10个村进入临县，境内全长82.3公里，是兴县通往吕梁市的主要公路。

该线各段原由不同等级公路连接而成。1996年，完成兴县境内K85+770至K87+883路段沥青路面配套工程，路况得到改善；1997年5月开始，按照山丘区三级公路标准，完成魏家滩至蔡家崖路段技术改造；1998年，新建岢大线鹞则墕隧道；2002年，省道忻黑线改建，对与岢大线的重复路段K84+54K至87+203按照二级路标准进行了改造；2004年，对岢大线K39+200至K84+540段按照山丘三级公路标准进行了技术改造；2005—2006年，对K85+450至K122+000按照山丘二级公路标准进行了技术改造；2007年，因岢瓦铁路占线，对岢大线K39+670至K40+000及K54+100至K54+400两段按照二级公路标准进行技术改移改造；2012年，因中南铁路占线对岢大线K39+500至K39+700按照二级公路标准进行技术改移改造；2014年8月，对岢大线K102+000至K121+500段路面按照二级公路标准进行技术改造，2014年10月完工。2015年全年日均汽车交通量2895辆次。

至2016年12月，县境内岢大线有二级公路34.3公里，三级公路45.34公里，共79.64公里，全部为沥青混凝土路面，晴雨通车。沿线有中型桥梁1座

94米、小型桥梁35座630米、隧道1处260米、涵洞244道。

县管公路

至2016年末，全县共有县道11条，总里程388.56公里，其中二级公路为118.18公里、四级公路为270.38公里。

枣林坡—圪达上公路　简称枣圪公路或枣圪线，起自贺家会乡枣林坡村，与曹罗线K32+000处衔接，途经西吴家沟村、沙盆湾村、庄头村、杨坪上、蔡家会、碾坪会等村，终于圪达上村，全长30.3公里。2005年由吕梁市国债项目投资进行改造，其中蔡家会—圪达上9.8公里等处公路进行改造，每公里补助30万元，对全线路面铺油，当年10月底完工，达四级公路标准，晴雨通车。已绿化里程17.4公里，沿途有中、小桥7座165.8米，有涵洞70道。该线是兴县西部的农副产品、红枣外运的主要公路，可通往临县、陕西佳县白云山风景旅游区。2014年，该线纳入集中连片县乡公路改造项目，完成对路基路面30.3公里的改造。

萝卜塔—罗峪口公路　简称萝罗公路或萝罗线，全线长28.06公里，原是一条从萝卜塔到赵家坪乡的乡村公路，全长21公里。2005年由吕梁市国债项目投资对该公路进行路基、路面改造，每公里投资30万元，铺设沥青路面；2009年，从赵家坪乡萝卜塔村到罗峪口公路，调整为县道，该线起自萝卜塔村，经赵家坪乡、罗峪口镇6个村，吕梁市交通局每公里投资25万元，新建为四级公路，全线铺油总投资1260万元，沿途有小桥3座65米，已绿化10公里。

交口—西会公路　简称交西公路或交西线，全长56.54公里，该公路起自奥家湾乡的交口村，与忻黑线相接，途经奥家湾乡、交楼申乡、东会乡20多个村庄。2005年由吕梁市交通局投资补助，进行铺油工程，总投资985万元，已绿化50公里，并实现全程养护，为四级公路。该线路是兴县境内一条大循环公路，可以通往黑茶山林区、“四·八”烈士纪念馆、岚县、方山、临县等地。2013年全县路网改造纳入安保工程，完成对路基路面42公里的改造。

狮子洼—张家坪公路　简称狮张公路或狮张线，起自蔡家会镇的狮子洼村，途经冯乐村、赖峁上村、苏家峁村、进善村，终于罗峪口镇张家坪村，全长17.81公里。2005年6月完成路基工程，并铺设低级材料改善路面；2009

年4月，吕梁市交通局每公里投资25万元，由县交通局铺装水泥混凝土路面，同年11月底竣工，为四级公路，晴雨通车17.81公里；2009年底调整为县级公路，全线有小桥3座89米、涵洞2道，该条线路两端连接枣圪线和曹罗线。

沿黄旅游公路　简称沿黄公路或沿黄线，兴县境内82公里，北起瓦塘镇后北会村，与保德县冯家川衔接，途经瓦塘镇、高家村镇、赵家坪乡、罗峪口镇、圪达上乡55个建制村，与临县第八堡乡衔接。2005年沿黄公路被列入吕梁市重点工程项目，全线按山岭丘区二级公路标准建设，概算投资1.72亿元。2006年2月开工，2009年全线竣工通车。工程动用土石方925万立方米，铺装沥青混凝土路面70万平方米，筑防护工程36.5万立方米、桥梁50座、涵洞470道，受益人口6万余人。

沿黄公路连接省道忻黑线、县道曹罗线，与省道岢大线遥相呼应。是兴县交通“十一五”发展规划的西部纵向公路。该项目的实施对完善全省公路路网、构筑跨市、跨省、沿黄经济带，实现跨区域经济要素整合，促进区域经济协调发展，均产生积极影响。

曹家坡—罗峪口公路　简称曹罗公路或曹罗线，起自康宁镇曹家坡村，途经孟家坪乡、贺家会乡、罗峪口镇14个村，全线长89.68公里（原曹罗线里程54.99公里，新修延伸34.69公里）。2007年，利用世行贷款项目对曹家坡至罗峪口路段进行路面改造，完成部分路基和全线路面铺油工程；2009年村通油路建设中，每公里投资25万元，实施曹罗公路延伸工程—连接岢大线和沿黄公路。2009年底由吕梁市交通局调整为县级公路。2013年在集中连片县乡公路改造项目中纳入安保工程，并改造路基路面60公里。

辉回山—白文公路　简称辉白线或辉白公路，辉回山位于兴县东会乡与方山县交界处，全长16.88公里，四级公路，沥青路面。晴雨通车，养护里程16.88公里，沿途经兴县东会乡的刘家圪台村、东南村、贺家湾村、向阳坪村、西会村、寨上村和临县阳坡水库到达白文镇。1984年，乡通公路建设中，该公路按四级标准修通；2004年，依靠以工代赈、县乡村三级投资及农民义务投工投劳等方式，进行过沥青路面工程改造，沿线建有小桥1座30米、涵洞5道，已绿化5公里，晴雨通车。2009年村通油路建设中，上级部门每公里投资25万元，对辉回山至西会路段进行改造，改造后路基宽4.5～6.5米，沥青路面宽度3.5米，有小桥1座8米、涵洞12道，达到四级公路标准。该公路是兴县公路路网规划“三纵三横六贯通”中的一条通往方山、岚县方向的出县公路，此路修通后交通量逐年上升。

白家沟—裴家川口　简称白裴线或白裴公路，起自魏家滩镇白家沟村，途经苏家里、西山角村、蔡家崖乡魏家岔、杨家坡、杨家坪、碾子村，高家村镇宋家山村、花园村，瓦塘镇柳叶村、铁炉塔村、前彰和墕村、后彰和墕村、讫于裴家川口村，全线长38.17公里。该条线原由杨家坪至白家沟公路和杨家坪至裴家川口公路合并而成，含中小桥10座145.5米，涵洞67道；1990年由吕梁地区交通局安排交通建设补助资金进行改造，线路与岢大线衔接，达到四级公路标准；2009年，完成该线路面铺油改造，实现晴雨通车，已绿化16.93公里，并调整为县级公路。

兴县城—圪洞线　简称兴圪线或兴圪公路，该线起自奥家湾乡奥家湾村，途经车家庄村进入蔚汾镇乔家沟村、后发达村、河儿上村，与忻黑线连接，全线长10.92公里，为二级公路，沿途有大桥1座102米、涵洞24道，已绿化里程10.92公里，养护里程为20.92公里，晴雨通车。

固贤—花子公路　简称固花公路或固花线，是固贤乡通往康宁镇和县城的唯一道路。线路起自固贤乡固贤村，途经固贤乡甄家庄村，进入康宁镇新庄村，终于该镇花子村，全线长为13.57公里。20世纪80年代初铺设次高级沥青油路面，沿途建有中小桥3座78米、涵洞18道；该线路路基宽6.5米，路面宽4.5米，达四级公路标准，于1985年底通车。2008年，交通局对该线路再次进行路基改造，并与省道岢大公路连接。2010年4月，金地煤业有限公司总投资4亿元，对固花线运煤公路实施改造工程（康宁镇花子村至固贤乡金地煤业运煤场地），与省道店临线贯通，设计标准为10公里二级运煤专线。2011年5月，该公路改造工程竣工通车。

安家庄—康家沟公路　简称安康公路或安康线，起自康宁镇安家庄村，途经前沟、墕头、赵家沟，终于蔚汾镇康家沟村，全线长为11.69公里。2010年4月开工建设，总投资12.5亿元。运煤道路采用二级公路标准，沥青混凝土路面；路面宽8.5米，路基宽10米；道路全线共有涵洞17座，涵长共计305.29米，按山岭重丘区二级公路设计。该工程由锦兴能源有限公司肖家洼煤矿投资修建，于2012年底建成通车。

乡（镇）公路

至2016年末，全县乡（镇）公路58条，总里程626.05公里（一级公路8.15公里、二级公路21.77公里、三级公路21.79公里，四级公路524.9公里，无等级公路49.44公里）。其中跨乡（镇）公路有25条：

连城大道　简称连城公路或连城线，全线长8.15公里，起点位于县城西关，止点位于蔡家崖村，于1997年开工建设，按一级公路标准设计，双车道沥青混凝土路面，已绿化里程8.15公里。

蔡家会—开化公路　简称蔡开线。起自蔡家会镇蔡家会村，途经该镇河则坪村，与临县开化相接，全线长5.7公里，1998年后为乡镇公路；2005年由吕梁市投资新建小桥2座28米，涵洞4道，达四级公路标准，沥青路面，晴雨通车，是西南地区通往临县的公路。

贺家会—杨家庄公路　起自贺家会乡贺家会村，途经殿峁上村、谷地宇村、冯家峁村、碱滩坪村，止于临县白文镇杨家庄村，全线长11.51公里，四级公路。2008年，县交通局通过铺设沥青和低级粒料，改善路面14公里，沿途有小桥2座21米，涵洞42道，已绿化10公里。

白龙山—张家圪台公路　起自白龙山，到交楼申乡张家圪台村，全长7.41公里。1998年调整为乡（镇）公路，沿途有涵洞8道；2000年，由乡政府组织沿线群众义务投工投劳进行路面改造，铺装砂砾；2009年，全线铺装沥青路面，达到公路四级标准，这是兴县通往白龙山风景旅游区的旅游公路。

关家崖—木崖头公路　起自蔚汾镇关家崖村，途经刘家圪台村，艾雨头村，杨家沟村，大井村，北梁上村，终于魏家滩镇木崖头村，全线长29.48公里，其中三级公路7.24公里，四级公路22.24公里，沿途有中桥1座44米，小桥2座48米，晴雨通车。

桥子头—井子公路　起自康宁镇桥子头村，途经该镇寺坡底、胡家庄及固贤乡进德等村，到达固贤乡井子村，全线长36.62公里，沿途有中小桥2座

56.6米；2009年铺设水泥混凝土路面，达四级公路标准，晴雨通车，已绿化里程0.85公里。

西月—圪塄上公路　起自贺家会乡西月村，途经贺家会乡紫方头村，到达该乡圪塄（塄）上村，全线长5.67公里，2009年铺设水泥混凝土路面，达四级公路标准，晴雨通车。

北查沟—下王家墕公路　起自蔡家崖乡北查沟，讫于蔚汾镇下王家墕村，全线长7公里，2009年铺设水泥混凝土路面，达四级公路标准，晴雨通车。

大里上—永胜公路　起自赵家坪乡大里上村，讫于罗峪口镇永胜村，简称大永公路或大永线，全线长14.92公里；2009年铺设水泥混凝土路面，晴雨通车，达四级公路标准。

新庄—王家沟公路　该线起自康宁镇新庄村，终于固贤乡王家沟村，全线长11.71公里，2009年铺设混凝土路面，达四级公路标准，晴雨通车。

原家坪—李家塔公路　起自蔚汾镇原家坪村，途经枣树村、阳塔村、到达奥家湾乡李家塔村。全长10.62公里，2009年铺设混凝土路面，四级公路标准，晴雨通车。

张家坪—冯家峁公路　起自罗峪口镇张家坪村，讫于贺家会乡冯家峁村，全线长5.38公里，2009年铺设水泥混凝土路面，四级公路标准，晴雨通车。

关家崖—孙家庄公路　简称关孙公路或关孙线，起自蔚汾镇关家崖村，讫于奥家湾乡孙家庄，全线长2.2公里，四级公路标准，2010年铺设水泥混凝土路面。

雅儿旺—杏树塔公路　起自蔚汾镇雅儿旺村，讫于奥家湾乡杏树塔村，全线长10.27公里，四级公路，2010年铺设混凝土路面，晴雨通车。

柳叶—高家村公路　简称柳高公路，起自瓦塘镇柳叶村，途经东峁村、周家洼村到达高家村。全线长4.25公里，四级公路标准，2010年铺设水泥混凝土路面，晴雨通车。

巡检司—蔡家崖公路　起自高家村镇巡检司村，讫于蔡家崖乡蔡家崖村，全线长26.03公里，四级公路，2010年铺设水泥混凝土路面23.95公里。沿途有中小桥2座68米。

前沟—肖家洼公路　简称前肖公路或前肖线，起自康宁镇前沟村，讫于蔚汾镇肖家洼村，全线长11.69公里，四级公路，2011年铺设沥青混凝土路面晴雨通车，沿途有小桥1座30米。

任家湾—圪针龙公路　起点位于高家村镇任家湾村，止点位于瓦塘镇圪针龙村，简称任圪线，全长10.46公里。四级公路，水泥混凝土路面。

李家坪—冯家峁公路　起点位于贺家会乡冯家峁村，止点位于孟家坪乡李家坪村，简称李冯线，全长10.75公里，四级水泥混凝土路面。

任家塔—苏家里公路　起点位于蔡家崖乡任家塔村，简称任苏线，全长11公里。止点位于魏家滩镇苏家里村，四级水泥混凝土路面。

沈家里—彩地峁公路　起点位于蔡家会镇沈家里村，止点位于贺家会乡彩地峁村，简称沈彩线，全长17.21公里，四级水泥混凝土路面。

赵家川口—大善公路　起点位于高家村镇赵家川口村，止点位于孟家坪乡大善村，简称赵大线，全长14.7公里，二级沥青混凝土路面。

高北梁—韩家沟公路　起点位于孟家坪乡高北梁，止点位于康宁镇韩家沟村，简称高韩线，全长13.43公里，四级水泥混凝土路面。

关木线—马蒲滩公路　起点位于关木线，止点位于魏家滩镇马蒲滩村，简称关马线，全长13.24公里，四级水泥混凝土路面。

曹罗线—巡检司公路　起点位于曹罗线，止点位于高家村镇巡检司村，简称曹巡线，全长11.27公里。四级水泥混凝土路面。

各乡镇境内非跨乡（镇）公路共33条。其中，蔚汾镇2条：河儿上—赤涧公路，全线长22.6公里，2009年铺设水泥混凝土路面，达四级公路标准，晴雨通车，已绿化里程6公里；泥沟塔—千城村公路，全长13.77公里，四级水泥混凝土路面。魏家滩镇有1条：天洼—尹家峁公路，全长5.78公里，四级水泥混凝土路面。瓦塘镇有3条：瓦塘—裴家川口公路，全长14.55公里，三级沥青混凝土路面；沿黄线—刘家峁公路，全长11.51公里，四级水泥混凝土路面；工业大道—瓦塘镇兴汉公路，全长7.07公里，二级沥青混凝土路面。高家村镇有3条：高家村—岭西公路，全长7.42公里，四级水泥混凝土路面；中庄—忻黑线公路，全长3.75公里，四级公路，水泥混凝土路面；赵家川口—

桑娥公路，全长4.62公里，四级水泥混凝土路面。罗峪口镇有2条：曹罗线—崖头吉公路，全长4.4公里，2009年铺水泥混凝土路面，达四级公路标准；罗峪口—常申条公路，全长13.94公里，四级水泥混凝土路面。康宁镇有1条：刘家庄—后红月公路，全长10.03公里，四级水泥混凝土路面。

蔡家崖乡有1条：碾子—水江头公路，全长6.16公里，四级水泥混凝土路面。恶虎滩乡有3条：大树岔—恶虎滩公路，全长14.97公里，低级路面，晴通雨阻；阳会崖—新窑上公路，全长13.89公里，四级水泥混凝土路面；白崖沟—李家庄公路，全长9.15公里，四级水泥混凝土路面。孟家坪乡有2条：小善—横城公路，全长10公里；1984年6月至2009年，地区交通局和县交通局累计投资125.4万元，对该线路面铺装沥青，沿途有小桥4座82米，路基宽度6.5米。侯家山—山头公路，全长9.11公里，双车道四级公路，沥青混凝土路面。交楼申乡有1条：交楼申村—马家梁公路，全线长15.3公里，沿途涵洞30道，2009年铺装沥青路面，晴雨通车。圪达上乡有6条：白家山—大峪口公路，全线长8.06公里，2009年铺装水泥混凝土路面，达四级公路标准，晴雨通车；佛堂村—牛家川公路，全线长8.17公里，2009年进行路面改造，铺装水泥混凝土路面，达四级公路标准；圪达上村—白家山公路，全线长8.39公里，2009年铺装混凝土路面，达四级公路标准；圪达上村—佛堂村公路，全线长12.33公里，经2000年和2008年两次改造，铺设水泥混凝土路面，达四级公路标准，晴雨通车；上庄村—河上村公路，全长12.05公里，四级水泥混凝土路面；圪达上村—瓦窑坪公路，全长9.48公里，四级水泥混凝土路面。贺家会乡有3条：东地村—西吴家沟公路，全长5.06公里，四级水泥混凝土路面；曹罗线—大军地村公路，全线长4.12公里，2009年新铺混凝土路面，达四级公路标准；贺家会村—岔儿上公路，全线长8.33公里，2009年铺设水泥混凝土路面，达四级公路，晴雨通车。东会乡有3条：段家湾—姚家沟公路，全线长8.7公里，2009年完成路面铺油，达四级公路标准；西会村—阳崖村公路，全线长6.12公里，2010年铺设水泥混凝土路面3.55公里，改造为四级公路，晴通雨阻；寨上村—鱼湾村公路，全线长5.96公里，四级公路，低级路面。固贤乡有1条：甄家庄村—郑家岔村公路，全长12.63公里，四级水泥混凝土路面。奥家湾乡有1条：车家庄村—樊家圪埚公路，全长7.96公里，四级水泥混凝土路面。

村级公路

1992年至1999年，经过全民义务修路，村级公路达到300多公里。至2009年末，县境内原有和新增的村道共有213条850.4公里。其中水泥混凝土路面和简易铺装（沥青）仅105公里，晴雨通车里程166.7公里。至2016年底，兴县村级公路264条，总里程937.21公里。

第二节　桥涵　隧垭

公路桥梁

省道桥梁　共有60座（大桥3座，中桥7座，小桥50座），其中1989年前建成的省道中小桥有26座，总长460.32米。包括胡家沟桥（建于1972年，桥梁总长45米）、斜沟2#桥（建于1975年，桥梁总长19.5米）、马蒲滩桥（建于1975年，桥梁总长28.5米）、石佛子桥（建于1975年，桥梁总长29米；2010年进行拱桥大修）、九原坪桥（建于1975年，桥梁总长25.5米）、薛家沟桥（建于1975年，桥梁总长6米）、刘家峁桥（建于1975年，桥梁总长13.5米）、郑家塔桥（建于1975年，桥梁总长16米）、任家塔桥（建于1975年，桥梁总长32米）、刘家壕桥（建于1975年，桥梁总长6.1米）、杨家坪1#桥（建于1975年，桥梁总长18米）、杨家坪2#桥（建于1975年，桥梁总长31.8米，2012年进行桥梁大修）、旭谷桥（建于1987年，桥梁总长14米）、贺家沟1#桥、2#桥（均建于1972年，1#桥梁总长25米，2#桥梁总长22.4米）、北查沟1#桥、曹家坡桥（建于1972年，桥梁总长13.6米）、梁家沟1#桥、2#桥、3#桥（建于1987年，桥梁总长分别为20.5米、40.42米、26.5米），鹿家岔1#桥、2#桥、3#桥（1#桥建于1961年，桥梁总长21.5米；2#桥建于1986年，桥梁总长8米；3#桥建于1972年，桥梁总长14.5米），任家塔小桥（建于1972年，桥梁总长8.3米）、乌门2#桥（建于1972年，桥梁总长13米）、高家村1#桥（建于1970年，桥梁总长20.62米）。

1989—2016年建成（包括改建）的省道桥梁有34座：

黄家沟1#桥，建于1994年，桥梁总长8米。

奥家坪桥，建于1987年，桥梁总长62.48米，跨径总长42.3米，单孔跨径13米。2008年对桥拱进行大修，主桥结构由其他拱桥、重力式墩组合而成。

康宁桥，建于1991年，总长93.8米，2013年进行桥面改建。

恶虎滩桥，建于1994年，桥梁总长12米，主桥结构主桥结构由整体现浇板、重力式墩组合而成。

白崖沟桥，建于1994年，桥梁总长24米。

阳会崖1#桥，建于1994年，桥梁总长49.47米。

阳会崖2#桥，建于1994年，桥梁总长27.2米。

木崖头桥，建于2000年，桥梁总长20.5米。

九龙湾1#大桥，修建于2003年，桥梁总长131.04米，跨径总长120米，单孔最大跨径20米；主桥构造由空心板梁、重力式墩组合而成。

九龙湾2#大桥，建于2003年，桥梁总长131.04米，跨径总长120米，单孔最大跨径120米；主桥构造由空心板梁、重力式墩组合而成。

奥家湾桥，建于2003年，桥梁总长52.64米；2008年进行桥面铺装改建，主桥结构由其他拱桥、重力式墩组合而成。

雅儿旺桥，建于2003年，桥梁总长46.4米；2015年进行改建，主桥结构由整体现浇板、重力式墩组合而成。

圪洞桥，建于2003年，桥梁总长46.4米，主桥结构由整体现浇板、重力式墩组合而成。

曲家沟桥，建于2003年，桥梁总长35.47米。

原家坪桥，建于2003年，桥梁总长13米，2015年进行改建。

寨则沟桥，建于2003年，桥梁总长13米。

南通桥，建于2003年，桥梁总长15米，2008年进行改建。

蔡家崖2#桥，建于2003年，总长14.6米，2014年进行改建。

蔡家崖大桥，于2003年修建，总长145米，跨径总长140米，单孔最大跨径20米；2014年对桥面大修，主桥构造由空心板梁，双柱式墩组合而成。

寨底桥，建于2003年，桥梁总长7.3米。

高家村2#桥，建于2003年，桥梁总长7.3米。

赵家川口1#桥、2#桥，均建于2003年，1#桥桥梁总长19.96米；2#桥桥梁总长24.91米。

北查沟2#桥，建于2005年，桥梁总长30.43米。

刘家庄桥，建于2005年，桥梁总长16.9米。

交口桥，建于1988年，桥梁总长58.5米。2007年进行桥面铺装改建，主桥结构由整体现浇板、重力式墩组合而成。

石楼河桥，建于1984年，桥梁总长24米，2008年改建桥梁。

薛家塔桥，建于1996年，桥梁总长19米，2008年改建桥拱。

斜沟1#桥，2008年进行桥面大修，桥梁总长8米。

杨塔上桥，桥梁总长22.3米，2008年进行改造。

乌门1#桥，建于1972年，桥梁总长8.6米；2012年改建桥拱。

黄家沟2#桥，桥梁总长11.5米，2014年进行桥梁大修。

石楞则桥，初建于1975年，桥梁总长18米，2014年进行改造。

洪福寺桥，桥梁总长11米，2014年进行桥梁大修。

县管公路桥梁　1989年至2016年12月底，县境内共有县管公路桥梁107座，含县道公路桥梁67座，乡（镇）公路桥梁25座，村公路桥梁15座。其中新建改建桥梁88座3030米（小桥54座1005米，中桥30座1500米，大桥4座525米）。

迷糊沟中桥，位于县道沿黄旅游公路K25+629处，2007年8月建成，10月投入使用，为1孔30米石拱桥，桥梁总长71.85米，桥面净宽7米，设计荷载公路Ⅱ级，桥梁下部结构为重力式桥台，2015年改造完工，投资240万元，通车与宣泄能力正常，桥况良好。

桑湾桥，位于县道沿黄旅游公路K41+359处，跨越孟良沟桥，2006年11月建成投入使用，系1孔10米石拱桥，桥总长度26米，桥面净宽7米，护栏设计荷载公路Ⅱ级，下部结构为主力式桥台，基石水泥砂浆基础，通车与宣泄能力正常，桥况良好。

罗峪口桥，位于县道K56+989处，2006年底建成投入使用，系1孔30米石拱桥，桥梁总长55米，桥面净宽7米，人行道2×0.75米，设栏杆，设计荷载公路Ⅱ级，桥下部结构重力式桥台，抗震等级至6度。至2016年初，通车与宣泄能力正常，桥况良好。

东豆宇桥，位于县道沿黄旅游公路K63+850处，2007年底建成投入使用，系1孔13米石拱桥，桥梁总长31米，桥面净宽7米，人行道2×0.75米，设计荷载公路Ⅱ级，桥下部结构重力式桥台基础。至2016年初，通车与宣泄能力正常，桥况良好。

中原上桥，位于县道沿黄旅游公路K66+046处，2007年底建成投入使用，系2孔13米石拱桥，桥梁总长46米，桥面净宽7米，人行道2×0.75米，设计荷载公路Ⅱ级，桥下部结构重力式桥台。至2016年初，通车与宣泄能力正常，桥况良好。

李家湾桥，位于县道沿黄旅游公路K71+921处，2007年底建成投入使用，系1孔13米石拱桥，桥梁总长30米，桥面净宽7米，人行道2×0.75米，设计荷载公路Ⅱ级，桥下部结构重力式墩台。至2016年初，通车与宣泄能力正常，桥况良好。

芦山堳桥，位于县道沿黄旅游公路K89+389处，2007年底建成投入使用，系4孔11米石拱桥，跨径总长44米，桥身长50米，桥面净宽8米，人行道2×0.75米，设计荷载公路Ⅱ级，桥下部结构为轻型桥台。至2016年初，通车与宣泄能力正常，桥况良好。

大峪口1号桥，位于县道沿黄旅游公路K91+728处，2007年底建成投入使用，系2孔8米石拱桥，跨径总长16米，桥身长19米，桥面净宽8米，人行道2×0.75米，设计荷载公路Ⅱ级，桥下部结构为轻型桥台。至2016年初，通车与宣泄能力正常，桥况良好。

大峪口2号桥，位于县道沿黄旅游公路K91+918处，2007年底建成通车，系2孔8米石拱桥，跨径总长16米，桥身长19米，桥面净宽7米，人行道2×0.75米，设计荷载公路Ⅱ级，桥下部结构为轻型桥台；截至2016年初，通车与宣泄能力正常，桥况良好。

成家山桥，位于县道罗赵线K1+054处，1984年建成通车，于2007年9月改造完工通车；系1孔10米石拱桥，跨径总长10米，桥梁长度14米，桥面净宽6米，桥面全宽7.5米，人行道2×0.75米，设计荷载公路Ⅱ级，桥梁下部结构为重力式桥台。至2016年初，通车与宣泄能力正常，桥况良好。

王家峁桥，位于县道罗赵线K8+205处，1984年建成通车，于2007年9月改造完工通车。系1孔5米石拱桥，跨径总长5米，桥梁长度12米，桥面净宽6.5米，桥面全宽8米，人行道2×0.75米，设计荷载公路Ⅱ级，桥梁下部结构为重力式桥台。至2016年初，通车与宣泄能力正常，桥况良好。

曹家坡桥，位于县道曹罗线K0+145处，1987年建成通车，于2007年8月改造完工通车（改造桥面、人行道及附属工程）。系3孔13米石拱桥，跨径总长39米，桥梁长度39米，桥面净宽7米，人行道2×0.75米，设计荷载公路Ⅱ级，桥梁下部结构为重力式桥墩台。至2016年初，通车与宣泄能力正常，桥况良好。

横城1号桥，位于县道曹罗线K4+700处，1987年建成通车，2007年改造桥面、人行道及附属工程；系1孔6米石拱桥，跨径总长6米，桥梁全长15米，桥面净宽7米，人行道2×0.75米，设计荷载公路Ⅱ级，桥梁下部结构为重力式桥台。至2016年初，通车与宣泄能力正常，桥况良好。

横城2号桥，位于县道曹罗线K5+014处，1987年建成通车，2007年改造桥面、人行道及附属工程，系1孔20米石拱桥，跨径总长20米，桥梁全长32米，桥面净宽7米，人行道2×0.75米，设计荷载公路Ⅱ级，桥梁下部结构为重力式桥台。至2016年初，通车与宣泄能力正常，桥况良好。

尧儿上村1号桥，位于县道曹罗线K15+095处，1987年建成通车，2007年改造桥面、人行道及附属工程，系1孔6米石拱桥，跨径总长6米，桥梁全长19米，桥面净宽6.5米，设计荷载公路Ⅱ级，桥梁下部结构为重力式桥台。至2016年初，通车与宣泄能力正常，桥况良好。

尧儿上村2号桥，位于县道曹罗线K15+686处，1987年建成通车，2007年改造桥面、人行道及附属工程，系1孔10米石拱桥，跨径总长10米，桥梁全长26米，桥面净宽7米，设计荷载公路Ⅱ级，桥梁下部结构为重力式桥台。至

2016年初，通车与宣泄能力正常，桥况良好。

贺家沟桥，位于县道曹罗线K23+748处，1987年建成通车，2007年改造桥面、人行道及附属工程，系1孔6米石拱桥，跨径总长6米，桥梁全长19米，桥面净宽7米，设计荷载为公路Ⅱ级，桥梁下部结构为重力式桥台。至2016年初，通车与宣泄能力正常，桥况良好。

罗寺桥，位于县道曹罗线K35+138处，1987年建成通车，2007年改造桥面、人行道及附属工程，系1孔16米石拱桥，跨径总长16米，桥梁全长23米，桥面净宽7米，设计荷载公路Ⅱ级，桥梁下部结构为重力式桥台。至2016年初，桥况良好。

武家庄桥，位于县道曹罗线K38+482处，1987年建成通车，2007年改造桥面、人行道及附属工程，系1孔6米石拱桥，跨径总长6米，桥梁全长17米，桥面净宽6米，设计荷载公路Ⅱ级，桥梁下部结构为重力式桥台。至2016年初，桥况良好。

王家坪桥，位于县道曹罗线K42+258处，1987年建成通车，2007年改造桥面、人行道及附属工程，系1孔5米石拱桥，跨径总长5米，桥梁全长12米，桥面净宽6.5米，设计荷载公路Ⅱ级，桥梁下部结构为重力式桥台。至2016年初，桥况良好。

乌龙寨桥，位于县道枣林坡至圪达上公路K0+075处，1998年1月建成通车，2007年10月至2012年7月进行2次改造。系2孔32米石拱桥，跨径总长32米，桥梁全长39.8米，桥面净宽7米，设计荷载汽车-20级，桥梁下部为重力式桥台。至2016年初，通车与宣泄能力正常，桥况良好。

交口桥，位于县道交口至交楼申公路K5+031处，1985年建成通车， 2012年7月完成改造，系7孔56米石拱桥，跨径总长56米，桥梁全长62.6米，桥面净宽7米，设计荷载汽车-20级，桥梁下部为重力式桥台。至2016年初，通车能力与宣泄能力正常，桥况良好。

花子桥，位于固贤至花子公路，桥梁中心桩号K0+140，2011年建成，桥梁总长60米，跨径总长60米，系3孔20米板桥，上部为预应力钢筋混凝土箱型梁结构，桥面总宽8.5米，净宽7.5米，设计荷载公路II级；桥梁下部为重力式桥台，通车与宣泄能力正常，桥况良好。

杨家坪2#桥，位于白家沟至裴家川口村公路K24+239处，2013年全县路网改造工程中完成改造，桥梁总长40米，系2孔32米石拱桥，桥面全宽7.5米，桥面净宽6米，桥梁下部为重力式桥台，通车与宣泄能力正常，桥况良好。

黑北沟中桥，位于沿黄旅游公路k71+839处，2013年建成，2014年7月通车。系3孔20米板桥，上部为预应力钢筋混凝土箱型梁结构，桥梁全长68米，跨径总长60米，设计荷载为公路II级，桥梁下部结构为重力式桥台，通车与宣泄能力正常，桥况良好。

乡镇公路桥　兴华桥，位于乡道横兴线K20+513处，1987年建成通车，2004至2005年完成改造，系1孔13米石拱桥，跨径总长13米，桥梁全长25米，桥面净宽5米，设计荷载公路Ⅱ级，桥梁下部结构为重力式桥台，通车与宣泄能力正常，桥况良好。

瓦塘大桥，位于岢大线至瓦塘K0+253处，系8孔20米石拱桥，桥面净宽7米，桥梁总长202.6米，跨径总长160米，设计荷载公路Ⅱ级，2005年建成通车，下部结构为重力式桥墩台，通车与宣泄能力正常，桥况良好。

张家坪桥，位于县道狮张公路K23+800处，系4孔10米钢筋混凝土板桥，桥全宽为7.5米，全桥长45米，设计荷载公路四级，下部结构为重力式桥墩台，2009年10月建成通车。至2016年，通车与宣泄能力正常，桥况良好。

裴家川口桥，位于沿黄旅游公路K22+000处，于2009年10月建成通车，系6孔20米钢筋混凝土板桥，桥全宽为11米，桥长120米，设防撞墙，设计荷载公路Ⅱ级，下部结构为轻型桥台，通车与宣泄能力正常，桥况良好。

北会村桥，位于沿黄旅游公路K2+000处，于2008年11月建成通车，系3孔8米钢筋混凝土桥，桥长33米，宽7.5米，人行道2×0.75米，设防撞墙，设计荷载公路Ⅱ级，下部结构为重力式桥墩台。至2016年通车与宣泄能力正常，桥况良好。

圪针龙桥，位于县道沿黄旅游公路K8+000处，于2008年4月开工，2008年11月完工通车，系1孔8米钢筋混凝土桥，桥长10米，宽7.5米，设计荷载公路Ⅱ级，下部结构为重力式桥墩台，通车与宣泄能力正常，桥况良好。

前彰和墕村桥，位于县道沿黄旅游公路20公里处，2008年11月建成通车，系1孔20米石拱桥，桥梁跨径总长20米，全桥长45米，桥宽7.5米，设计荷载公路Ⅱ级，下部结构为重力式桥墩台，通车与宣泄能力正常，桥况良好。

候家沟桥，位于乡道横小线5公里处，于2009年10月建成通车，系2孔10米钢筋混凝土桥，桥长23米，宽7.5米，设计荷载公路Ⅱ级，下部结构为重力式桥墩台。2012年6月投资79万元改造，通车与宣泄能力正常，桥况良好。

蔚汾大桥，于2006年11月建成通车，系4孔20米钢筋混凝土桥，跨径20米，全桥长80米，桥宽24米，人行道2×1.5米，设计荷载公路Ⅱ级，下部结构为重力式桥墩台。至2016年，该桥通车与宣泄能力正常，桥况良好。

连城大桥，于2008年11月建成通车，系1孔8米钢筋混凝土桥，桥长11米，桥宽40米，人行道2×1.5米，设计荷载公路Ⅰ级，下部结构为重力式桥墩台。至2016年，大桥通车与宣泄能力正常，桥况良好。

公路隧垭　涵洞

隧垭　至2016年，兴县境内有隧道2处，第一处为鹞子墕隧道，位于岢大公路的鹞子墕山头，取名鹞子墕隧道，也称利民隧道。隧道总长260米，高9米，隧道内行车道宽度7米，洞壁顶为水泥混凝土，无照明、通风、监控、消防等设施，通车状况良好；第二处为苏家里隧道，位于华兴铝业运矿公路苏家里村公路段，2012年开工建设，2013年1月贯通，隧道全长700米，由兴县铝业运矿公路建设项目管理部承建。

至2016年底，兴县境内共有垭口3处，其中坡上垭口，位于枣圪线K28+200坡上村的K1+100处，长60米，宽7米，深20米，土质为黏土，2008年建成。横城山垭口，位于曹家坡至罗峪口公路K2+800至K3+200处的横城山上，长400米，宽8米，深40米，土质为红黏土。珍珠峁垭口，位于珍珠峁曹家坡至罗峪口公路K20+700至K20+824处，长124米，宽11.1米，深20米，土质为黄土。

涵洞　至2016年底，兴县境内有各种涵洞486道。

2016年兴县县管公路桥涵明细表

表5-1-2-1

路线编号	路线名称	桥梁								涵洞（道）
		合计		分类						
				大桥		中桥		小桥		
		座	米	座	米	座	米	座	米	
合计		107	3337.45	6	595.6	35	1559.45	66	1182.4	418
X464141123	曹家坡—罗峪口	9	202.0	2	71.0	7	131.0	—	—	285
X465141123	枣林坡—圪达上线	7	165.8	—	—	2	71.8	5	94.0	60
X473141123	兴县城—圪洞线	4	159.1	1	102.0	—	—	3	57.1	23
X476141123	萝卜塔岔—罗峪口	3	65.0	—	—	1	39.0	2	26.0	—
X477141123	交口—西会线	2	80.2	—	—	1	62.2	1	18.0	—
X481141123	辉回山—白文	2	24.0	—	—	—	—	2	24.0	—
X498141123	沿黄旅游公路	18	884.75	2	220.0	9	500.25	7	164.5	—
X515141123	白家沟—裴家川口	13	236.5	—	—	1	40.0	12	196.5	—
X516141123	狮子洼—张家坪线	3	114.0	—	—	2	86.0	1	28.0	14
X517141123	花子—固贤	5	147.0	—	—	2	92.0	3	55.0	10
X519141123	前沟—肖家洼线	1	30.0	—	—	—	—	1	30.0	3
Y005141123	艾雨头—关家崖线	6	111.0	—	—	1	44.0	5	67.0	—
Y006141123	关家崖—木崖头线	3	92.0	—	—	1	44.0	2	48.0	2
Y008141123	黑峪口—赵家川口线	1	20.3	—	—	—	—	1	20.3	—
Y011141123	河儿上—赤涧线	1	12.0	—	—	—	—	1	12.0	—
Y012141123	小善—横城线	4	82.0	—	—	1	45.0	3	37.0	—
Y016141123	乔子头—井子村	2	56.6	—	—	1	38.6	1	18.0	—
Y017141123	侯家沟—山头线	2	50.0	—	—	—	—	2	50.0	—
Y031141123	蔡家会—开化界线	2	28.0	—	—	—	—	2	28.0	5

续表5-1-2-1

路线编号	路线名称	桥梁								涵洞（道）
		合计		分类						
				大桥		中桥		小桥		
		座	米	座	米	座	米	座	米	
Y060141123	雅儿旺—杏树塔线	1	7.0	—	—	—	—	1	7.0	1
Y062141123	巡检司—蔡家崖线	2	68.0	—	—	1	48.0	1	20.0	1
Y065141123	连城大道	1	8.0	—	—	—	—	1	8.0	4
C025141123	车家庄—樊家圪埚线	1	30.0	—	—	—	—	1	30.0	—
C053141123	川口—石阴村线	1	85.0	—	—	1	85.0	—	—	—
C068141123	石楞则—石岭则线	1	60.00	—	—	1	60.0	—	—	—
C070141123	任家塔—张家沟线	1	8.00	—	—	—	—	1	8.00	—
C209141123	新庄—穆家墕线	1	30.00	—	—	—	—	1	30.00	—
C310141123	罗罗线—宋家塔线	1	15.00	—	—	—	—	1	15.00	—
C314141123	孟家坪—福善线	1	20.00	—	—	—	—	1	20.00	2
C315141123	麻墕条—武明	1	25.00	—	—	1	25.0	—	—	4
C357141123	冯家圪台—水泉塔线	1	25.0	—	—	—	—	1	25.0	4
C370141123	蔡家崖—北坡上线	1	104.0	—	—	1	104.0	—	—	—
C371141123	花子村线	1	43.6	—	—	1	43.6	—	—	—
C373141123	甄家庄线	1	18.0	—	—	—	—	1	18.0	—
C403141123	裴家川口—瓦塘线	1	202.6	1	202.6	—	—	—	—	—
C408141123	任家塔—苏家里	2	28.0	—	—	—	—	2	28.0	—

另有涵洞68道：张家坪—王家山线（编号C319141123）1道、岢大线—杜家墕（编号C334141123）4道、忻黑线—苏家塔线（编号C336141123）1道、马子—北下线（编号C341141123）3道、史家山—日新线（编号C358141123）4道、舍窠墕—北下线（编号C342141123）1道、萝罗线—寨

峁上线（编号C359141123）1道、李家坪—冯家峁（编号Y018141123）2道、交楼申—马家梁线（编号Y030141123）40道、兴华—水泉塔线（编号Y032141123）5道、关家崖—孙家庄线（编号Y033141123）2道、北查沟—下王家塥线（编号Y056141123）1道、王家塔—白草沟线（编号C270141123）1道、同善村口—同善线（编号C271141123）1道、崖上—孔龙塥（编号C284141123）1道。

第三节　铁　路

岢瓦铁路

起点为山西省忻州市岢岚站，终点为兴县瓦塘站（一期工程至兴县魏家滩站），线路位于吕梁山脉背斜芦芽山西翼，鄂尔多斯台地东缘的低、中山区，主要沿岚漪河谷一级阶地及部分河漫滩进行。岢瓦铁路是斜沟煤矿改扩建项目的配套工程之一，是山西省重点工程，该铁路专用线自北同蒲铁路宁（武）岢（岚）国铁支线的岢岚站接轨，向西经阳坪、吕家沟、魏家滩，至终点瓦塘，线路全长56.66公里，其中一期工程岢岚至魏家滩线路长49.16公里。

岢瓦铁路于2005年12月开工建设，2009年6月18日建成通车。为提升运能，西山晋兴能源有限公司于2010年10月对岢瓦线进行了“开行万吨列车扩能改造”，铁路等级为国铁Ⅱ级；单线，电力、内燃牵引，到发线有效长1050米，牵引质量5000吨。经济运量：近期，上行1800万吨、下行50万吨，客车2对；远期，上行1900万吨、下行70万吨，客车2对。

2012年10月23日，该铁路开通从岢岚开往魏家滩的客用列车，开启兴县交通发展史上新的一页。

山西中南部铁路（晋豫鲁铁路）

2008年10月，经国家发展改革委批准，山西中南部铁路通道正式纳入国家中长期铁路网规划。2009年12月22日，山西中南部铁路通道开工建设。项目总投资998亿元。

该铁路以兴县瓦塘镇为起点，途经山西省、河南省、山东省12市，终点为山东省日照港，线路全长1260公里，其中山西省境内579公里（吕梁境内221公里），涉及22个城镇，设有13个车站。该铁路等级为国铁I级、双线电气化、轴重30吨，远景运输能力为货运2亿吨/年，设计时速120公里/小时，设计货运能力2亿吨/年，定位煤炭运输通道，兼顾少量客运。

山西中南部铁路是世界上一次建成里程最长的重载铁路，也是国家能源运输的一条大通道。该铁路兴县境内长60.12公里，起点站为瓦塘站，途经蔡家崖站（原兴县北站）、兴县站，进入临县境内。该项目兴县段于2010年4月开工，2014年12月30日全线建成通车。

太兴铁路

位于山西省中西部地区，起点为太原北编组站的汾河站，线路经过太原市万柏林区和尖草坪区、阳曲县、古交市、娄烦县和吕梁市岚县、兴县，抵达临县境内，终点为山西中南部铁路通道的白文站。太兴铁路正线全长164.26公里，投资估算87亿元。在线路规划的正线中，改造太岚线51.7公里，新建镇城底至白文铁路112.56公里。正线从镇城底引出，沿汾河西岸走行，到岚县县城西南（设岚县站），随后通过长达16.78公里的二青山隧道进入兴县东会乡寨上村（预设黑茶山互通），再沿湫水河南侧到临县白文镇，接入中南部铁路通道的白文站，经中南铁路白文站北行到达兴县北站（蔡家崖）。

太兴铁路是山西境内的一条以煤炭运输为主，兼顾货运为辅的区域性干线铁路，铁路等级为国铁Ⅰ级，单线电气化铁路（预留双线条件）。铁路类型为全封闭、全立交，全部控制出入的铁路标准。规划年货运输送能力4000万吨，初期年货运能力为3800万吨。2014年12月30日，太兴铁路全线（货运）通车。

蔡家崖煤炭集运铁路专用线

该项目由山西国际物流有限公司控股，投资主体为兴县新鑫盛源有限责任公司。蔡家崖煤炭集运铁路专用线自兴县北站瓦塘端右侧引出后，通过环线疏解跨越中南铁路，终于兴县站（蔡家崖），并和兴县北站并设装车站。线路长度8公里，其中路基总长2.25公里，约占28.1%，桥梁5座总长1.2公里，约占15.3%；隧道7座总长4.5公里，约占56.6%，桥隧比71.9%。该项目概算投资6.5亿元，其中兴县北客站投资约1.5亿元，专用线投资约为4亿元，储装运系统投资约为1亿元。该项目是集煤炭储、装、运为一体的综合物流基地，拥有智能化的快速装车系统、大容量的煤炭仓储场区、高效率的煤炭洗、选、配中心，设计年运输能力为600万～1000万吨，2016年3月投入运营。

山西锦兴能源有限公司肖家洼煤矿铁路专用线

该项目起点为山西中南铁路兴县瓦塘端，终点位于山西锦兴能源有限公司肖家洼煤矿，线路全长16.7公里，概算投资12.81亿元，设计年发运能力近期为680万吨、远期为980万吨。项目于2012年12月28日举行开工典礼。全线为电气化铁路，其中桥梁14座，隧道9座，约占全线线路总长的72%，主要工程有装车站1座，其中桥梁14座，长度4749.74米，隧道9座，7134.05米，桥隧比71.05%。至2016年底，铁路专用线项目完成隧道9座，桥梁14座，292.79横延长米涵洞全部完成，T梁392片全部预制、架设完成，桥面附属工程全部完成。全线23.33公里轨道、7组道岔、一组交叉渡线亦已完工，“四电”工程完成98%，护轮轨铺设及补砟等工程正在进行（注：2017年3月底，该线路完成中验，4月初开通运营）。

豫能兴鹤铁路联运有限公司兴县铁路煤炭集运专用线

该项目位于兴县境内，紧邻313和218省道，西距黄河大桥17公里，是陕煤和晋西北部煤炭通过中南铁路外运最具优势的集运站。专用线在兴县站接轨中南铁路，直通河南省鹤壁煤炭物流园。该项目于2016年5月27日开工，总投资约15.89亿元，项目设计近期发运能力600万吨/年，远期发运能力可达2000万吨/年（项目预定2017年11月投运）。

附：兴县籍交通工程专家牛晋平简介

1998年8月至2002年5月，牛晋平在中铁三局六处工作，负责内昆线(内江—昆明)管段施工，该施工地区位于云南省昭通地区寿山县境内的崇山峻岭之中，围岩属于Ⅱ－Ⅳ类，地质条件特别复杂。工程于1998年8月开工，于2001年9月顺利完成。共建成长3496米的“毛家坡”大隧道和长3308米的“龙洞湾”大隧道2座，建成长28米、宽1～6米的盖板箱涵1座。其中“毛家坡”

大隧道和“龙洞湾”大隧道获铁道部“优质工程”，盖板箱涵工程获铁道部“样板工程”荣誉称号。

2002年5月至2005年6月，牛晋平在北京五维地下工程有限责任公司任项目总工程师。先后负责北京高井热力管网工程（电厂出口—金安桥）管段（全长2736米，其中隧道440米）、北京长安复线热力管线工程（复兴门—大华路）管段（全长5.2公里）的施工。2005年7月至2009年3月，牛晋平在中国建筑一局（集团）有限公司任项目总工程师，负责北京地铁四号线1标段工程的施工。其中公司“公益西桥站，公益西桥站—角门西站区间工程”被评为2009年度市政基础设施竣工长城杯金质奖工程，于2011年1月受到北京市政工程行业协会表彰。他本人于2008年10月被北京市科学技术协会授予“第十八届北京优秀青年工程师”称号；2011年1月被北京市政工程行业协会评为2010年度北京市优秀市政项目经理；地铁四号线1标段工程于2011年8月获北京市建设工程优秀项目管理成果三等奖。

2009年3月至2013年8月，牛晋平任中建交通建设集团有限公司哈尔滨分公司总经理兼地铁项目经理，负责公司在哈尔滨市及周边区域的交通建设工程（哈尔滨地铁、哈尔滨水生态项目、哈尔滨市政道路等）实施。其中哈尔滨市地铁1号线农科院站工程于2012年12月被哈尔滨市建设工程质量监督管理协会授予“结构丁香杯”荣誉牌匾。

2013年8月至2014年9月，牛晋平担任中建交通建设集团有限公司佛山市南海区新型交通系统试验段工程施工项目经理。该工程线路全长13.11公里（其中地下线3.68公里），共设车站13座（其中地下站4座）。

2015年7月至2016年，牛晋平担任中建山东投资有限公司总经理助理兼副总工。先后完成“荣乌国家高速公路潍坊至日照联络线潍城至日照段第二合同段”（标段线路长42.7公里，合同额16.9亿元）、“济南到青岛高速铁路工程11标”（标段线路长度34.54公里，合同额40亿元）、“滨莱高速公路淄博西至莱芜段改扩建工程施工第一标段”（标段线路长43.38公里，合同额31亿元）等工程。

第二章　交通运输

第一节　公路运输

客 运

1989—1992年，兴县年均客运车辆13辆，部分属于个体经营，年客运量8万人次。1998年，全县客运车辆增至37辆，年客运量增至14.1万人次。

2001年，吕梁顺达运业有限公司兴县分公司组建，有客运车辆13辆，全县年客运量达15.7万人次。2005年10月，山西汽运集团忻州汽车运输有限公司兴县分公司组建，有客运车辆12辆。全县客运公司增至2个（吕梁顺达运业有限公司兴县分公司和山西汽运集团忻州汽车运输有限公司兴县分公司），客运车辆增至55辆（含个体户经营30辆），全县年客运量达39.6万人次。

2006年12月底，兴县客运中心竣工投运。客运中心车站配备先进的智能化办公设施（安检、报班、售票、检票、三品安检、结算等）、全方位安全视频监控系统、中心广播系统、消防系统以及先进的安全检测仪器等设施。车站共有干部职工30人，职能科室及部门有办公室、财务室、后勤科、总控室、安全调度室、治安保卫科、行包托运。2007年，全县有营业性载客汽车89辆，1790个座位，4条跨省线路，33条县内线路，全年完成客运量39.6万人，旅客周转量4420万人/公里。2008年，兴县客车增加到108辆，座位增加到2310个，跨省线路增加到35条，县内线路增加到38条，全年完成客运量46.6万人，旅客周转量4510万人/公里。

2016年，全县共有长途营运线路15条，有客运车辆139辆3463座（其中大型客车39辆1563座、中型客车100辆1900座），日发客车82个班次（其中发往北京、鄂尔多斯市、包头市、神木县、太原、大同、原平市、保德县、离石区客车共40个班次），年运输旅客53.1万人次。

1989—2016年部分年份兴县客运信息表

表5-2-1-1

年 份	客运经营户（户）	客车数量（辆）	大 型		中 型		小 型		年客运量（万人）	年旅客周转量（万人/公里）	每日旅客发运量（人）
			辆	客座（座）	辆	客座（座）	辆	客座（座）			
1989	—	11	—	—	—	—	—	—	6.9	—	—
1992	—	15	—	—	—	—	—	—	9.1	—	—
1998	—	37	—	—	—	—	—	—	14.1	—	—
2001	—	13 (顺达公司)	—	—	—	—	—	—	15.7 (顺达公司)	—	—
2005	31	69	7	244	48	917	14	198	39.6	2950	1000
2006	48	81	9	327	54	1036	18	261	37.1	3035	1300
2007	44	89	15	508	56	1019	18	263	39.6	4420	1350
2008	45	108	20	714	64	1228	24	368	46.6	4510	1450
2009	42	110	23	837	68	1292	19	274	50.2	5100	1500
2010	42	110	23	837	68	1292	19	274	51	5200	1500
2011	7	124	27	1033	89	1603	8	119	51.6	—	1840
2012	2	154	37	1460	117	2223	—	—	53.7	5300	2113
2013	2	143	39	1558	104	1926	—	—	53.1	5300	2086
2014	2	154	39	1563	115	2185	—	—	53.7	5300	2109
2015	2	139	39	1563	100	1900	—	—	53.1	5300	2112
2016	2	139	39	1563	100	1900	—	—	53.1	5300	2112

2016年兴县客运中心进站营运车辆共34辆，其中兴县—北京2辆，座位总数98个；兴县—太原19辆，座位总数724个；兴县—鄂尔多斯市1辆，座位总数47座；兴县—包头市1辆，座位总数49座；兴县—神木县3辆，座位总数座位87个；兴县—大同市2辆，座位总数90座；兴县—原平市1辆，座位总数30座；兴县—保德县1辆，座位总数35座；兴县—离石区4辆，座位总数157个。

2005—2016年兴县农村客运信息表

表5-2-1-2

时间	通车率（%）	通车里程（公里）	客运站点（个）	班线数（条）	乡镇数（个）	车辆数（辆）	座位数（个）
2005	70.84	970	3	21	17	48	917
2006	85.9	1120	29	28	17	54	1036
2007	90.1	1207	41	33	17	56	1019
2008	91.2	1321	67	38	17	64	1228
2009	94.1	1717	71	40	17	68	1292
2010	94.1	1799	74	40	17	68	1292
2011	95.4	1799	99	45	17	89	1603
2012	95.4	1843	102	48	17	117	2223
2013	95.4	1843	102	48	17	104	1926
2014	95.4	1843	102	48	17	115	2185
2015	95.4	1799	100	46	17	100	1900
2016	95.4	1799	100	42	17	100	1900

货 运

1989年，兴县货运以煤炭运输为大头，县政府组建煤运公司车队。当年，全县有货运汽车256辆，拖拉机520辆，三轮车10辆，年货运量16万吨，货运周转量2320吨/公里。至1995年，年货运量增至29万吨，货运周转量提升至3169吨/公里，分别比1989年增长81.3%和36.6%。

1997年，由于市场的调节，货运车辆由原来的小吨位逐渐转向大吨位，挂车、牵引车大量增加，而且个体和联营等运输业不断发展壮大，年货运量和货运周转量大幅增长。到2011年，兴县营业性运输车已增加到535辆，年货运量增至83万吨，货物周转量4940吨/公里。至2016年，全县有货运车辆874辆，其中大重型货车710辆，载重1.56万吨。年货运量达到154万吨，货运周转量达到1.7万吨/公里。年货运量、货运周转量分别比1989年增长8.6倍和6.3倍。

1989—2016年兴县公路货物运输情况表

表5-2-1-3

年份	汽车（辆）	拖拉机（辆）	三轮车（辆）	货运量（万吨）	货运周转量（吨/公里）
1989	256	520	10	16	2320
1990	267	621	24	23	2629
1991	267	621	24	23	2629
1992	267	713	24	25	2750
1993	279	745	26	26	2876
1994	291	749	31	27	2970
1995	298	811	67	29	3169
1996	311	845	197	32	3558
1997	378	901	284	38	4246
1998	412	935	342	42	4630
1999	452	967	424	46	5099
2000	398	991	527	51	5704
2001	398	432	562	30	2510
2002	190	430	558	66	5800
2003	195	432	668	25	2179
2004	181	440	538	76	5420
2005	181	—	—	99	7300
2006	105	—	—	21	1680
2007	193	—	—	30	3311
2008	204	—	—	31	3500
2009	198	—	—	33.7	3345
2010	474	—	—	83	9163
2011	535	—	—	83	9163
2012	854	—	—	151	14345
2013	785	—	—	154	1373
2014	793	—	—	145	14362
2015	885	—	—	130	16012
2016	874	—	—	154	17008

第二节　铁路运输

2011年9月至2013年7月，兴县煤炭运销公司驻岢岚煤焦发运站总发运量约300万吨，是兴县和岢岚县重点保护和扶持的企业。

2012年10月23日至2016年末，山西晋兴能源斜沟煤矿铁路专用线共发运兴县原煤6500万吨。

2014年12月30日,山西中南铁路运煤通道全线贯通。2015年1月至2016年末，中南铁路运煤通道累计发运兴县原煤3600万吨。

2016年3月11日，蔡家崖煤炭集运铁路专用线投入运营，至年末，共发运兴县原煤720万吨。

第三节　水　运

航道、码头、渡口

兴县地处吕梁市西北部，境内多系季节性河流，平时多系干河，雨季洪水流量较大。全县较大的河流只有黄河、蔚汾河、岚漪河、南川河、湫水河，除黄河外均不具备通航条件。

兴县的内河运输主要指黄河段的水路航运，黄河自保德县与兴县交界处的冯家川进入兴县境内，经兴县的前北会、南会、裴家津、裴家川口、黑峪口、巡检司、桑湾、黄家洼、罗峪口、东豆宇、牛家川、大峪口村后进入临县境内，流长93公里，平水期水面宽400～600米，水深3～6米，流速1.8米/秒。黄河流经区域为黄土高原，区内梁峁起伏，沟壑纵横，树木稀少，地质疏松，水土流失严重。每逢雨季山洪暴发，雨水夹杂大量流沙流入黄河，河道经常摆动，变化无常。

兴县与陕西省的神木县隔水相望，属于秦晋友好的两县，黄河航运事业历史悠久，黄河沿岸人民靠摆渡相互沟通。罗峪口、大峪口和黑峪口村民间商船在20世纪80年代还频繁往返，成为水旱码头和水陆联运的交通枢纽。

黄河兴县航道属于黄河中游，航道属于自然航道，未进行过整治和开发，按国家标准划定为B级航区，小型船舶常年通航。全年枯水期为3个月，汛期3个月，凌期3个月。2000年以后，公路建设事业快速发展，特别是兴神黄河大桥的建成通车，直接沟通兴县和神木县的交通，水运大大减少。另一方面，黄河上游天桥电站的修建截断了兴县与其他省份之间的航道。

兴县的航道原先都是自然停靠，过去有南会、裴家川口、黑峪口、巡检司、罗峪口、大峪口等古渡9处，是当时物资运输的水旱码头。民国29年（1940年）抗日民主政权建立后，沿河码头、渡口成为晋绥边区通往陕甘宁边区的重要枢纽。1989年，兴县境内裴家川口乡裴家津村、高家村镇的黑峪口村和中庄村，圪达（垯）上乡牛家川村均有一艘货运船。

兴县的渡口早先为历史渡口，其中有前北会、黑峪口、牛家川、大峪口、裴家川口、罗峪口6个渡口。1988年以后，经县政府批准的渡口有裴家川口渡口、张家湾渡口、黄家洼渡口、李家畔渡口（圪达上乡）、罗峪口渡口、牛家川渡口、大峪口渡口等7个渡口。

兴神黄河大桥建成通车后，县政府于2001年撤销黑峪口、张家湾、李家畔3个渡口。2003年，县政府批准设置的渡口有大峪口、牛家川、罗峪口、裴家川口、后南会、前北会。县政府批准设置的渡口，除牛家川渡口有2艘木质渡船外，其他渡口均为1艘渡船。随着公路交通的发展，长途水运逐渐消失。渡口船舶也逐渐被取缔。

水运事业

1990年，全县渡口船、长途运输船共有15艘，处于水路运输事业发展的顶峰时期，各渡口全年客运量为10万人次，年货运量为0.8万吨。营运船全部由个体经营，资金投入较小。

2010年，新建了牛家川、黄家洼、罗峪口3个渡口，机动船增至26艘，年货运量增加到160万吨。但受兴神黄河大桥建成通车和沿黄公路的修建，水运事业逐渐被取代。

港监管理与航道管理

1988年，兴县成立港航监督站，沿黄各乡（镇）渡口码头船舶全部纳入正常化管理。为确保水上交通运输安全无事故，根据《中华人民共和国内河交通安全管理条例》《中华人民共和国安全生产法》和有关规章制度，港航监督站订立各种责任制，水上交通责任制实行行政“一把手”负第一位责任、分管领导负主要责任、其他领导负连带责任的责任制，同时实行水上交通安全一票否决制。每年，要求各级责任人层层签订责任书，即港监站（今名海事处）与交通局领导签责任书，海事处长与分片包点人员签责任书，乡（镇）船舶管理员与船舶所有人及经营者签责任书，渡口管理人与经营人签责任书。

渡口实行“五定”（即定渡口、定渡船、定渡工、定管理、定管理人员）管理制度。每季度必须召开安全例会，分析解决生产经营中存在的问题。海事管理人员实行定期与不定期现场巡查制度，实行集庙会、“五一”“十一”黄金旅游周的看守值班制度，通过现场巡查，发现隐患，及时纠正，以确保水上安全。每年开展水上交通安全宣传教育活动，利用广播、电视、板报、传单等大力宣传国家有关水上交通安全的法律、法规和规章制度，做到家喻户晓，人人皆知。开展“安全生产月”“百日安全竞赛”“突发事件应急救援”和超载船、“三无”船等违章专项整治活动。为防止重特大事故发生，兴县交通运输局和神木县交通运输局历年开展水上交通安全联检活动，两县分管局长、海事处长现场办公，探索安全管理的长效机制。至2016年，两县共开展23次联检例会。

多年来坚持对航道实行严格管理：禁止在航道内设置固定网具和挖河捕捞网具，不得种植水生物；禁止向航道倾倒砂石和废弃物；未经海事机关批准，不得擅自打捞或拆除通航水域内的沉船或沉物；对影响航行安全和有潜在危险的沉浸物、漂浮物，其所有人或者经营人应当在主管机关限定的时间内打捞清除；设置禁航区，凡进行水上水下施工以及其他有碍交通的活动，必须事先经海事机关批准并发布航行警告或者航行通告；禁止在航道挖砂、吸砂、架设拦河钢绳等。通过严格管护，兴县水运连续24年无事故。

第四节 重点运输企业

客运企业

兴县汽车运输公司　是兴县交通局所属的国有县营交通运输企业，也是兴县最早的客运企业。1989年底，该公司有职工87人，内设有财务室、办公室、车队、后勤管理、调度室、维修、保管等部门。1989年，公司营业收入92万元，盈利4万元，年末拥有固定资产原值53万元。1990年，客运和货运体制分离，该公司变为货运企业。

兴县客运中心　位于城东大塄梁，2005年5月开工建设，占地1300平方米，总投资1500万元，建筑面积4200平方米（其中候车大楼面积756平方米），停车场8000余平方米，设有100个停车位和15个发车位；商业楼建筑面积1440平方米；另配建厕所、锅炉房、茶炉房等附属设施。

2006年12月底，客运中心竣工投运。配备有先进的智能化办公设施、全方位安全视频监控系统、中心广播系统、消防系统以及先进的安全检测仪器等设施。客运中心及车站共有干部职工30人，职能科室有办公室、财务室、后勤科、总控室、安全调度室、治安保卫科、行包托运。

吕梁顺达运业有限公司兴县分公司（运输车队）　于2001年组建，有客运车辆13辆，全县年客运量15.7万人次。

山西汽运集团忻州汽车运输有限公司兴县分公司　于2005年10月组建，有客运车辆12辆。

2010年开始，兴县大部分客车加入山西并州高速快客集团吕梁地区顺达运业有限公司下设的兴县分公司，成立运输车队，客运车增至34辆，有5名管理人员进行管理。

货运企业

兴县汽车运输公司　1990年公司营业总收入为89.9万元，创利润2.5万元，年末拥有固定资产原值100.4万元。1991年买回10辆解放牌141大货车。1998

年5月企业实行改制，改为股份制公司。由于经营状况不佳，2001年底，企业卖掉所有旧车，停业倒闭。

山西煤炭运销集团兴县有限公司　成立于1984年9月，注册资金33万元。1992年由山西省煤炭运销总公司接管，属吕梁煤运分公司直管，公司名称为：山西省煤炭运销总公司吕梁分公司兴县公司。2009年9月，由省总公司重新验资注册为：山西煤炭运销集团吕梁兴县有限公司，注册资金550万元，2013年3月增资为2000万元。该公司有职工89人，其中领导班子4人，中层干部19人。公司设综合部、党群部、人力资源部、财务结算部、市场营销部、资源采购部、企管部、安全保卫部、纪检监察室、工会办公室、公务车管理办公室。

2011年，该公司采取措施，对全县范围内合法煤矿和洗（储）煤厂，实行驻矿（厂、场）开票，统一销售、监管。到6月底，全部派驻洗（储）煤厂，形成1个验票点（木崖头验票点）、14个驻矿（厂、场）服务点（即金地煤业有限公司、华邦能源有限公司、天益煤炭洗选有限公司、兴鑫洗选有限责任公司、华润车家庄煤业有限公司、华润峁底煤业有限公司、东鑫煤炭洗选有限公司、欣鑫煤业有限公司、精益煤炭洗选有限公司、兴盛洗煤有限责任公司、亚军能源有限责任公司、鸿祥洗选有限公司、西山晋兴能源有限责任公司、启航煤焦有限责任公司）的服务和监管格局。实行统一监管和服务，阻断了非法煤炭生产销售渠道，对保护兴县煤炭资源，防止税费流失，促进兴县煤炭经营管理健康有序发展均起到了积极作用。

兴县煤运公司　自1984年成立以来，县煤运公司一直实行铁路煤炭发运的单一经营模式，铁路车皮计划对公司的经营效益具有诸多限制。为进一步发展壮大，2004年开始，公司对兴县地方煤矿的公路煤炭销售进行管理。2007年3月，煤运公司对煤矿管理费和服务费的收取也被取消。为维持企业的生存和发展，经与岢岚县相关部门多次协调，该公司取得原发运站周边土地的使用权，对发运站进行了改扩建。2009—2012年，公司累计铁路发运原煤165.68万吨，年均发运41.42万吨。同时依据2007年8月山西省政府第94次常务会议纪要及2010年吕政办发文件精神，从2010年4月起，对县内公路煤炭销售实施驻矿（厂）管理、统一经销。2010—2014年，该公司累计公路发运煤炭

2516.32万吨，年均发运503.26万吨。2014年11月30日，煤炭运销实行市场化经营模式。兴县煤运公司结束公路煤炭统一经销管理。

1999—2016年兴县煤运公司主要经济指标完成情况统计表

表5-2-4-1

<table>
<tr><th>年 份</th><th>营业收入（万元）</th><th>利 润（万元）</th><th>煤炭年发运量（万吨）</th><th>发运方式</th><th>缴纳税费（万元）</th></tr>
<tr><td>1999—2001</td><td>1985.6</td><td>521.4</td><td>7.7（年均）</td><td>铁路</td><td>—</td></tr>
<tr><td>2002—2005</td><td>7870.3</td><td>45.6</td><td>11.63（年均）</td><td>铁路</td><td>—</td></tr>
<tr><td>2006</td><td>4517.2</td><td>23.8</td><td>14.9</td><td>铁路</td><td>—</td></tr>
<tr><td>2007</td><td>5524.2</td><td>170.7</td><td>17.22</td><td>铁路</td><td>—</td></tr>
<tr><td>2008</td><td>8631</td><td>101.9</td><td>19.2</td><td>铁路</td><td>—</td></tr>
<tr><td rowspan="2">2009</td><td rowspan="2">6452.7（资源采购量65.9万吨）</td><td>1563</td><td>11.5</td><td>铁路</td><td rowspan="2">728.3</td></tr>
<tr><td>200.8</td><td>—</td><td>公路</td></tr>
<tr><td rowspan="2">2010</td><td rowspan="2">57672.4（含资源采购量198万吨）</td><td rowspan="2">1685.3</td><td>33.3</td><td>铁路</td><td rowspan="2">1325</td></tr>
<tr><td>258.6</td><td>公路</td></tr>
<tr><td rowspan="2">2011</td><td rowspan="2">150623.6（含资源采购量328万吨）</td><td rowspan="2">2873.3</td><td>61.88</td><td>铁路</td><td rowspan="2">3264.29</td></tr>
<tr><td>221.72</td><td>公路</td></tr>
<tr><td rowspan="2">2012</td><td rowspan="2">171316.6</td><td rowspan="2">1.4</td><td>59</td><td>铁路</td><td rowspan="2">2749.5</td></tr>
<tr><td>354</td><td>公路</td></tr>
<tr><td>2013</td><td>194340.7</td><td>148.9</td><td>523.2</td><td>公路</td><td>396.7</td></tr>
<tr><td>2014</td><td>327236.3</td><td>412.3</td><td>1158.8</td><td>公路</td><td>1516.1</td></tr>
<tr><td>2015</td><td>33073.9</td><td>9.9</td><td>117.3</td><td>公路</td><td>151.1</td></tr>
<tr><td>2016</td><td>34161.7</td><td>-512</td><td>100.2</td><td>公路</td><td>112.4</td></tr>
</table>

第三章 交通管理

第一节 建设管理

兴县交通局于2004年成立兴县公路工程质监站，购置部分设备，全面负责兴县境内公路建设工程质量和监督管理。

兴县重点公路工程的施工严格执行公路建设的项目法人制、招投标制、合同管理制、工程监理制的“四项”基本制度，通过招投标的方式择优施工队伍。

在工程质量方面严格执行政府监督、企业自检、社会监理、法人负责制的四项管理措施和“资金、生产、效益、安全、时间、质量”6项要求，以保证工程质量和安全。强化法制管理，县交通局成立法制办公室，常年聘请法律顾问和法院执行庭法官，解决施工中遇到的各种矛盾和纠纷问题，以保证工程的顺利实施。强化公路建设质量监督，为各施工队派驻专职技术指导和工程监理人员，做到有机构、有设备、有质量抽查记录和质检资料。强化安全生产管理，健全安全生产责任制，落实安全管理机构、人员、经费、措施。因此，1989年至2016年，兴县在公路施工中未发生重大伤亡责任事故。

在公路建设方面，严格执行《中华人民共和国公路管理条例》，禁止在公路上及公路用地上建筑设施和种植作物，禁止利用边沟灌溉或者排放污水。在水上交通安全方面，组织有关工作人员学习法律知识和业务知识，举办法律知识讲座，培训交通执法人员；组织有关工作人员和海事运管人员散发宣传单，出动宣传车，利用广播、电视进行广泛宣传。

第二节 养护管理

省管公路养护

境内313和218两条省道由兴县公路段负责养护。1990年公路段下设有城关道班、二十里铺道班、明通沟道班、沟门前道班、贺家沟道班、曹家坡道班、康宁道班、任家塔道班，合计68人，养护公路里程69.6公里。该年10月，兴县好路率达到79%，养护综合值达到74.7%，其中砂路好路率50%，油路好路率达到100%。1992年，完成以道班为单位的公路养护承包责任制，各道班做到任务承包、经费承包、文明建设承包。2003年，在公路养护中，共填补缺口2087立方米，铺装砂路41公里，维护大路梁便道8公里，清理边沟12.04万平方米，疏通涵洞16道，养护好路率75.4%，综合值72.6；年均好路率71.3%，综合值70.5。2006年，公路段管养的忻黑线、岢大线134公里干线公路，平均好路率达90.22%。2016年，公路段养护的313省道、218省道，全长130.8公里（除去重复路段），全年共补坑槽1.2万平方米，疏通边沟56公里，修补边沟300米，新建钢筋混凝土防护栏400米，新建排水沟400米，修补急流槽2处、清扫路面63公里。岢大线K109+800处增设涵洞1道、整修边坡4500米、灌缝3.4万米、疏通涵洞8道、安装替换标志78套。投资124万元，完成路面加铺1.01万平方米（K84至K121.5、K164.7至K215.9）；投资110万元，修复水毁路段。

县乡公路养护

1989年，全县配备有公路管理员24名，实行县乡公路分级养护和分级管理。其中，县级公路全长388.56公里，平均每2公里配备1名工人进行常年养护，全年养护时间不少于10个月；乡级公路626.05公里，采用分段包干的办法；村级公路采用季节性养护办法，主体为乡政府、村委，县交通局配合技术指导，并适当给予资金补助。

1999年，由于停止征收车工建勤费，公路养护经费缺乏保障。

2001年，县交通局成立公路养护股，为内设机构，员工10人，设股长1人，副股长2人，养护队长7人，全面负责县级公路和乡（镇）级公路养护。主要靠上级部门下拨的养护经费（养护每公里补助1000～2000元）实行县道县养、乡道乡养、村道村养，农村公路养护采取由乡（镇）政府组织沿线干部群众投工投劳、予以补助的办法具体实施。

2005年，利用国债投资修建兴县至赵家坪乡、东会乡37公里重点项目，沿线群众义务投工投劳。

2006年沿黄公路开工，利用省、市、县三级投资补助的办法；蔡圪线、曹罗线利用开行贷款进行路面工程改造。该年全县成立养路队9个，有养护人员80人，养护县级公路93.3公里，年未好路率达80%。

其他线路为季节性养护，小修保养投资60万元，共完成填坑槽料1100立方米，处理翻浆27处、塌方1.52万立方米，修复水毁工程27处，年未好路率达78%。

2007年，全县成立养路队12个，有养护人员98人。全年共养护县级公路147.61公里，共处理塌方5万立方米，修补涵洞25道、护岸380米，修补危桥3座，好路率达到80%。

2008年，组织养护队22个，养护人员160名，对县道进行多次大规模的集中养护。同年成立农村公路管理所、乡镇农村公路管理站，与养护中心管养分离，形成自上而下责权分明的农村公路养护管理体系。该年，共清理公路塌方3万余立方米，修补沥青路面2万平方米，修补桥涵7处；投入养护小修保养资金150万元，共养护县道7条241.27公里，全年好路率达75%。

2009年，设立兴县农村公路养护管理所，负责农村公路管理养护有关事宜。该年，完成对迷糊沟大桥、交口大桥、乌龙寨大桥、狮子洼1号大桥、牛家川小桥等5座危桥的改造；清理公路塌方2.86万余立方米，修补坑槽1.63万平方米；新修筑排水沟3896米、护坡1035米，安装铁丝网护栏1.05万立方米、防护工程2.21万立方米；修建和补修小桥涵13处，完成道路绿化60余公里，共栽种各类树木4万余株；新增公路标志牌469块。全年养护241.27公里，好路率达75%以上。

2010年，全县组织养护队10个、养护人员160名，对所辖县道9条394.11

公里、乡道478.16公里及村通水泥（油）路850.41公里进行了多次大规模集中养护。

2012年，投入养护资金68万元，对当年完成的农村公路86个建制村655.6公里村村通公路增设650块标志牌，增配洒水车2台、轧道机4台、大型推土机1台、空压机2台、三轮车2台、沥青洒布机2台、小车4部、搅拌机2台、摊铺机1台；按照保养里程，配备养护人员，签订养护合同，实行日常养护巡查制度，做到管养到位；建成罗峪口至赵家坪、曹家坡至罗峪口、枣林坡至圪达上养护示范区；针对农村公路弯道多、塌方多，沿路交叉道口让行标志、示警桩缺损等现象，农村公路养护管理所为全县近700公里村村通公路增设640块标志牌。

2013年，县交通局重点对罗赵线、交西线实施“精品路”创建工程，从路面、路肩、排水、边坡方面入手，打造出2条路肩平整坚实、线形顺直清晰，无犬齿状，路肩草修剪整齐，水沟线性顺直，排水畅通，沟底无杂草、淤泥的高品位公路。

至2016年底，全县共有县、乡（镇）、村级公路总里程1917.68公里。其中县道11条，养护里程为388.56公里；乡道55条，养护里程为591.91公里；村道养护里程937.21公里。设道班11个，管理人员25人，养路队员281人；设养路站17个，管理人员35人，养路队员641人。

第三节 路政管理

县道、乡道路政工作由兴县交通局负责，乡道、村道路政由各乡（镇）人民政府负责，交通局路政大队配合协助具体监督管理。

2003年，县交通局成立路政执法大队，依据《中华人民共和国公路法》《中华人民共和国公路管理条例》等法律法规开展路政工作。全年路政车上路巡查264天，巡查车次660辆次，发放宣传资料2万余份，共查处路政案件12起，拆除临时建筑43处、208平方米，清除道路堆积物483处、2364平方米，追缴公路损坏补偿费、路产赔偿款3.9万余元。年末，313省道优良路率70%，218省道优良路率83.3%。

2004年8月，兴县交通局成立治超大队，配合其他执法部门在省道两条干线开展流动治超。

2005年，县治超大队在高家村镇和康宁镇路段、路口设置超限检测点，对超载车辆实行卸货、限吨位通行，共治理超限运输车辆60余台次，卸载货物1500吨，及时消除了超载车辆的不安全隐患。

2008年，共出动路政巡逻车辆277余台次，出动路政宣传车辆22台次，印发路政宣传材料7.2万份，设置宣传标牌8块。共拆除违章建筑67处、4460平方米，拆除非交通标志标牌607块，清理路障413处。

2010年9月，兴县县政府成立治理非法超限超载车辆工作领导组，接管治超工作，形成规范和长效的治理机制。

2005—2010年，县交通局路政执法大队共查处各类路障事件300多起，收取公路赔偿金60万元。

2013年，县交通局路政执法大队上路巡查2000人次，查处路政案件5件；严格控制公路两侧建筑红线3件，共收取路产赔补偿费74万元；公路沿线设施保持率98%；路政案件发现率97%，查处率93%；建筑外红线控制率100%，公路沿线设施保持率98%，过村镇路段完成率98%。

第四节　运政管理

出租车管理

兴县出租车行业起步较晚，鑫源出租公司成立于2004年，首批上市福莱尔小轿车20辆。2006年又新增小轿车30辆，2012年客流量增大，鑫源出租公司又新增20辆捷达小轿车，出租车总数达到70辆。2012年,成立安达出租公司，首批50辆捷达小轿车投入运营。2014年,安达出租公司新增30辆小轿车。到2016年末，全县出租车辆规模达到180辆。

管理措施：依照《巡游出租车经营服务管理规定》，对全县出租车行业进行管理。

设施及运营区域、时间：县城设置出租车充电桩5座，出租车运营以服务客人出行需要为目的，或在城区，或到乡村，没有固定线路，且24小时待客。

公交车管理

聚鑫公交公司成立于2016年，首批营运车辆13辆，不久又新增10辆新能源纯电动公交车，城区营运车辆达到23辆。

城区公交车线路只有郭家峁村—五龙堂村一条，从东至西共设站点17个；配套建设公交车充电桩7座、车辆维护车间1个。运营时间：夏季6:00—21:00，冬季6:30—20:30。

对公交车的管理，主要依据《城市公共汽车客运管理条例》，加强对公交运营企业的监督检查，督促企业不断加强内部管理。

驾驶员培训与管理

2006年4月，兴县成立第一所驾校——福安汽车驾驶员培训学校，为私营学校，校址在蔚汾镇圪洞村，驾校占地面积2200平方米，建筑面积6万平方米。其中有理论教室60平方米、维护排故教室30平方米、学员宿舍120平方米、食堂60平方米，租用汽车训练场2万平方米，有停车场1800平方米，批准训练道路长度2万平方米，有教练车20部。有职工31人，其中教员22人（理论教员2人，操作教员20人）、管理人员4人，后勤人员5人。员工中有中级职称1人、初级职称20人，大专以上2人、中专以上15人。

2010年12月，兴县成立第二所驾校——宏恩汽车驾驶员培训学校（民办），属县交通运输局管理所主管，校址在蔡家崖乡石楞则村。驾校教练场地总面积5.97万平方米，道路长度1160米，大车训练长度3000米，小车训练长度3000米，科目设置33个。有桑塔纳轿车2辆、大型货车10辆，作为教练用车。

兴县驾驶员培训始终坚持理论与实际相结合的原则。教学内容分为理论课和实践课两部分。经过反复训练，学员熟练操作并顺利完成各科目后，培训即结束（培训时间以学员熟练操作、独立完成各科目为限）。获取驾驶证的考试由吕梁市交通警察部门另行组织。

2011—2015年，兴县经吕梁市机动车培训主管部门认证的驾驶员培训机构有3家，即福安驾校、宏恩驾校、腾达驾校。经过严格的培训、考核、审查，共培养（驾驶）学员15490人，其中11938人经吕梁地区考试领取驾驶证，占到结业学员总数的77%。

2008—2016年兴县各驾校结业学员及考试领取驾驶证统计表

表5-3-4-1 单位：人

年份	福安驾校		宏恩驾校		腾达驾校	
	结业学员	考试后领照数	结业学员	考试后领照数	结业学员	考试后领照数
2008	1521	1400	—	—	—	—
2009	1763	1523	—	—	—	—
2010	2100	1800	—	—	—	—
2011	1986	1845	—	—	—	—
2012	1498	1200	694	313	—	—
2013	—	—	878	358	—	—
2014	—	—	1080	412	650	630
2015	—	—	789	501	680	640
2016	—	—	1058	576	800	740
合计	8868	7768	4499	2160	2130	2010

第五节　规费征收管理

1989年，兴县交通局征收拖拉机、农用三轮车养路费11万元，1994年征收19.36万元，1995年征收34.63万元。2005年末，兴县征收养路费112.03万元，占吕梁市下达征收任务的112%；征收运管费27万元，占年初计划22万元的122.73%；征收客运附加费51万元，占年初地区下达任务50万元的102%；征收公路补偿费20万元，完成吕梁市交通局年初下达的征收任务。2005—2008年，兴县征收拖拉机养路费402.03万元、运输管理费453.1万元、客运附加费312万元、公路补偿费132.7万元，共征收各种规费1299.83万元。到2008年底，国家出台“费改税”政策。2009年1月起，正式取消两费征收（客运车辆管理费、客车站车建设费）。兴县运输管理所转变为纯粹的管理部门，单位名称更换为“兴县道路运输管理所”，担负全县道路运输管理职能，属独立核算科室。

第六节 管理机构

兴县公路管理段

兴县公路管理段是山西省公路局吕梁分局设立在兴县负责境内国、省干线公路养护管理的事业单位，其前身是1953年初成立的兴县公路站。1987年，改称兴县公路管理段。1989年，兴县公路管理段有工人、干部117人，机关管理人员15人、道班养护人员73人、机械班11人等，养护干线公路69.6公里，其中油路38公里，砂路31.6公里。兴县公路管理段内设四股一室，下设8个道班，机械班、工程石料班各1个。

1992年，兴县公路管理段养护着69.6公里的干线公路，其中油路43公里，砂路26.6公里。2003年，兴县公路段共有在职干部、职工111人，担负着忻黑线、岢大线两条省道全长134公里的养护任务。其中二级路37公里，三级路43公里，无等级公路54公里。有超龄油路35公里，占油路总里程75公里的47%，砂砾路59公里，占总里程的44%，为全区之首。

至2016年12月，县公路管理段设段长1人、党支部书记1人、副段长3人，设办公室、生产经营股、财务股、路政大队、后勤中心、养护中心、工程机械队等职能机构；下设9个道班（康宁道班、二十里铺道班、蔚汾镇（城区）道班、西坪道班、贺家沟道班、任家塔道班、木崖头道班、洪福寺道班、杨家坪道班），担负忻黑线、岢大线134公里省道干线公路的养护管理工作。

兴县交通运输局

是县人民政府交通运输行业的主管部门。1998年8月，实有行政、事业人员116人，设局长1人，副局长3人。内设办公室、路政股、道路养护股、运输管理所、养路费征费所、工程机械施工队等9个股（所、室）。2003年12月，兴县交通局共有干部、职工113人，路政所改为路政大队。2004年成立工程质量监督站。各乡镇配备兼职交通管理员17人。9月成立治理超限超载大队，简称治超大队；设立养护中心；运输管理所更名为道路运输管理所。2008年，实行费改税，停征拖拉机养路费，征费所撤销。设农村公路管理所、乡镇公路管理站。2011年9月，县交通局更名为交通运输局，内设办公室、财务股、公路工程股、道路股、质监站、公路养护中心、农村公路管理所、安全站和档案室，人员93人。下设路政大队、地方海事处、运管所。

2016年，县交通局核定行政编制10人、全额3人，实有干部、职工140人。设局长1人，副科级4人（含纪检组组长1人、总会计师1人、工会主席1人）。内设有办公室、工程建设、道路测量设计、养护、路政、海事、道路运输等科室。下设农村公路建设项目管理部、财务股等11个股室（站、所）。

道路运输管理所 是兴县交通局下属单位。2009年1月起，兴县运输管理所转变为纯粹的管理部门，单位名称更换为“兴县道路运输管理所”，担负全县道路运输管理职能，属独立核算科室。

城市客运管理办公室 建于2010年3月，其主要职能是监督和管理县城公交、出租车等交通工具。

兴县地方海事处 2003年5月由兴县交通局港监所改建。负责全县黄河水运船舶的安全管理，对船舶、船员进行审验发证管理，日常水上运输的超载超员检查，并征收船舶管理费。

交通局路政大队 宣传贯彻《中华人民共和国公路法》《中华人民共和国公路管理条例》《公路管理条例实施细则》等路政法规，对公路环境进行综合治理。依法处理损坏路产、路权案件，维护路产路权。

交通局安全领导小组办公室 组长由局长担任，副组长由各分管领导组成，成员由局内各股、站、所主要负责人参加，对全县的公路建设、水上安全、防火防盗、道路运输、车辆行驶安全等方面进行管理。

交通局征费站 2002年9月，兴县交通局成立征费站，负责全县拖拉机养路费征收管理工作，从2005年至2008年共完成征收任务402.03万元。2009年全国实行“费改税”，交通局征费站停止征费，并撤销机构。

第六编

邮政　电信

1989—2016 年，随着国民经济的发展与信息技术的进步，兴县邮政、通信业得到快速发展。

邮政方面，保持了省会太原—离石—兴县县城邮运路线；县内邮运路线由 1989 年的 9 条自行车和摩托车邮运路线发展到 2016 年的 17 条汽车邮运路线。2016 年末，全县邮政完成业务总量 2910.66 万元，完成业务收入 2337.5 万元，分别比 1990 年邮政业务总量（94.6 万元）和邮政业务收入（68.73 万元）增长 29.8 倍和 33 倍。

电信方面，1989 年实现了全县电话自动化。1994 年，全县 11 条长途电话线路全部进入全国直拨网。1995 年全县开通光缆，程控电话装机容量达到 4800 门。1996 年，全县 24 个乡（镇）进入长途直拨网。2000 年，全县交换机容量达到 10976 门，固定电话用户累计达到 7381 户；移动电话超过 2000 门，24 个乡（镇）154 个建制村实现通电话。

至 2016 年末，驻设县境的电信运营商有中国电信集团公司兴县电信分公司、中国联合网络通信有限公司兴县分公司（也称新联通）和中国移动通信集团山西有限公司兴县分公司（简称兴县移动分公司）。全县通信设施由模拟蜂窝系统发展到现代最新式的 TD-LTE4G 高速网络。全县运行的移动 G、C 两网基站 139 个，直放站 78 个；移动客户达 15.97 万户，宽带客户达 1.54 万户，覆盖 17 个乡（镇）169 个建制村。

第一章　邮　政

第一节　机　构

兴县邮政局初建于民国 19 年（1930 年）。1950 年电话局成立，邮政局与电话局合并为兴县邮电局。1982 年 12 月，兴县邮电局归吕梁地区邮电局直管，为正科级建制的企业单位。1989 年，兴县邮电局设 1 个支局、13 个邮电所，设局长 1 名、副局长 2 名，支局长 1 名、邮电所长 13 名。全县邮电局（所）增为 25 处，其中自办 14 处，代办 11 处。

1998 年 8 月，县邮电局实有干部职工 127 人，设局长 1 人、副局长 2 人。内设机构有综合办公室（财务组、物资供应组）、业务管理部、设备运输部、报务组、市机组、话务组、传输组、营业组、电力组、收费组、储蓄组和乡邮组。下属机构有新建东路支局、康宁邮电支局、蔡家会邮电支局、魏家滩邮电支局、东会邮电所、高家村邮电所、恶虎滩邮电所、贺家会邮电所、车家庄邮电所、二十里铺邮电所、罗峪口邮电所、黑峪口邮电所、固贤邮电所。

1998 年 10 月，邮电分营，县邮电局拆分为兴县邮政局和兴县电信局两个机构。初成立的兴县邮政局，设 1 个支局（即新建东路支局，2008 年改为水泉湾支局）、13 个邮政所，共有合同工 65 人。2001 年，兴县邮政局下设的交楼申、固贤、高家村、罗峪口 4 个邮政所撤销。2005 年，增设兴县城西支局，共有 2 个支局、9 个邮政所。

2011 年 4 月，县邮政局有在岗职工 135 人，其中合同工 38 人、劳务合同工 97 人（内退 13 人，退休 40 人）。邮政局下设办公室、市场部、储汇部、安保部、投递中心。有 7 个储蓄网点（其中农村网点 3 个）、12 个农村邮政所。

2015 年 4 月，县邮政局更名为中国邮政集团公司山西省兴县分公司（简称兴县邮政分公司）。2016 年，兴县邮政分公司共有 2 个邮政支公司、9 个邮政所和 6 个邮政代办所（即孟家坪邮政代办所、固贤邮政代办所、高家村邮政代办所、蔡家崖邮政代办所、赵家坪邮政代办所、圪达上邮政代办所，均成立于 2016 年）。至同年 11 月，兴县邮政分公司共有在岗职工 122 人，均系合同工和劳务合同工（另有内退退休 48 人）。

第二节　邮　路

县外邮运路线

共 1 条：省城太原—离石—兴县邮局。

县内邮运（城乡投递）路线

共 9 条，其中有兴县城至交楼申、黑峪口、白家沟、肖家洼赤涧的自行车邮路 4 条，兴县城至东会、罗峪口、魏家滩、交楼申、黑峪口的摩托车邮路 5 条。

投递道段

1989—1992 年，城市投递道段只有 2 条，1993 年增加 2 条。

2000 年，乡村投递道段（在本乡镇投递的道段）共 25 条，其中包括魏家滩 2 条、瓦塘 2 条、高家村 2 条、罗峪口 2 条、蔡家会 2 条、贺家会 3 条、东会 2 条、康宁 2 条、固贤 2 条、交楼申 2 条、恶虎滩 2 条、廿里铺 2 条。

1989 年初，全县步班邮路 2698 公里，内有农村邮路 1644 公里。总长度中机动邮运 486 公里，占 18%；非机动邮运 2212 公里（步班 351 公里），占 82%。1998 年，增设县邮政局至恶虎滩汽车邮路 1 条。2003 年 1 月，县城—魏家滩变为汽车邮路。2014 年，县城—圪达上和县城—罗峪口 2 条摩托车邮路合并为汽车邮路，全县邮路里程为 2100 公里。2016 年，邮运车辆由 1989 年的 28 辆发展到 2016 年的 36 辆，全县汽车邮运路线发展到 17 条；邮路长度达到 2812 公里。县内干线邮路 5 条，实现了一频次进口邮件当日进口当日到达全县的 17 个乡（镇），缩短了邮件转运时间。

第三节 邮政业务

1990年，兴县邮政共完成业务总量94.6万元，完成业务收入68.73万元。

2014年10月底，兴县邮政完成业务总量2014.26万元，完成业务收入1643.2万元。在所完成邮政业务总量中，储蓄收入1542.17万元、报刊收入85.05万元、集邮收入114.54万元、分销收入34.15万元、电子商务收入105.04万元、保险收入100.73万元、函件收入32.58万元。

2016年，完成邮政业务总量2910.66万元、业务收入2337.5万元，企业利润达1327.7万元。在所完成邮政业务总量中，代理金融收入2252.25万元、函件业务收入84.08万元、报刊业务收入111.24万元、集邮业务收入91.33万元、储蓄收入和保险收入共371.76万元。

1990—2016年兴县部分年份完成邮政业务情况统计表

表6-1-3-1 单位：万元

项目 年份	完成业务总量	其中		完成业务收入	其中	
		中央国有完成	地方国有完成		中央国有完成	地方国有完成
1990	94.6	81.43	13.17	68.73	57.87	10.86
1991	108.17	93.13	15.04	91	77.62	13.38
1994	220.56	190.08	30.48	228.9	194.5	34.4
1995	267.09	235.7	31.39	287.28	247.4	39.88
1996	375.6	333.13	42.47	373.14	318.81	54.33
1997	526.45	489.56	36.89	594.84	539.39	55.45
1998	172.04	160	12.04	210.92	191.3	19.62
1999	265.8	241.05	24.75	335.6	304.32	31.28
2000	343.71	316.18	27.53	411.28	373.24	38.04
2001	385	353.35	31.65	401	365	36
2004	791	735.63	55.37	724.07	655.86	68.21
2005	1030	955.74	74.26	1015.22	923.85	91.37
2006	923.4	848.5	74.9	819.3	745.97	73.33
2007	1230	1143.9	86.1	1214.22	1103.73	110.49

续表6-1-3-1

年份 \ 项目	完成业务总量	其中		完成业务收入	其中	
		中央国有完成	地方国有完成		中央国有完成	地方国有完成
2009	973.5	894.55	78.95	881.7	802.17	79.53
2010	1320	1212.42	107.58	1324.02	1204.95	119.07
2011	1540	1325	215	1414.14	1084.95	329.19
2012	1690	1435	255	1501.2	1253.15	248.05
2013	1822	1716	106	1546.32	1431.11	115.21
2014	2014.26	1855	159.26	1643.2	1514.2	129
2015	2415.26	1986.5	428.76	1743.2	1521.6	221.6
2016	2910.66	2459.66	451	2337.5	2100.5	237

信 函

信函业务主要有平常信函、明信片、挂号信函、保价信函、商业信函、印刷品等6种。1989年，全县出口3200件，进口1.2万件；2016年出口4100件，进口1.89万件，分别比1989年增长28.1%和57.5%。

1989—2016年兴县邮政局邮递函件量统计表

表6-1-3-2　　单位：万件

年份	出 口	进 口	年份	出口	进口
1989	0.32	1.2	2003	0.42	1.56
1990	0.34	1.25	2004	0.46	1.57
1991	0.37	1.3	2005	0.45	1.64
1992	0.38	1.35	2006	0.42	1.68
1993	0.41	1.4	2007	0.41	1.65
1994	0.4	1.45	2008	0.4	1.69
1995	0.42	1.42	2009	0.43	1.72
1996	0.45	1.46	2010	0.42	1.75
1997	0.43	1.48	2011	0.44	1.79
1998	0.42	1.47	2012	0.42	1.8
1999	0.43	1.5	2013	0.41	1.85
2000	0.44	1.52	2014	0.40	1.87
2001	0.45	1.51	2015	0.43	1.84
2002	0.43	1.54	2016	0.41	1.89

包 裹

1989 年，全县包裹出口 9600 件，进口 18130 件，转口 5430 件。2016 年，全县包裹出口 3.6 万件，进口 8.41 万件，转口 25230 件，分别比 1989 年增长 2.75 倍、3.64 倍和 3.65 倍。

1989—2016 年兴县邮政局邮递包裹总量统计表

表 6-1-3-3　　单位：件

年份	出口	进口	转口	年份	出口	进口	转口
1989	9600	18130	5430	2003	19360	22500	6750
1990	9760	18420	5520	2004	24610	22300	6690
1991	10740	18260	5470	2005	24930	22750	6825
1992	12300	18330	5510	2006	25490	23400	7020
1993	12200	18480	5540	2007	25970	25600	7680
1994	12950	18590	5580	2008	26100	26800	8040
1995	12490	18740	5620	2009	26520	27400	8220
1996	13520	18610	5580	2010	27340	28560	8570
1997	13740	18980	5690	2011	29630	34620	10380
1998	15640	18730	5620	2012	30010	42700	12810
1999	16160	18850	5660	2013	31400	53630	16080
2000	16430	19200	5760	2014	33470	66540	19960
2001	16820	21000	6300	2015	34120	76800	23040
2002	17370	21800	6540	2016	36000	84100	25230

机要件

机要业务是指党政军机关的信件寄递和机要通信，是保证党和国家政令畅通的服务功能，也是从中央到地方各级党政部门自身运转所必需的通信业务。1989 年，全县机要函件出口 380 件，进口 1520 件；2016 年机要函件出口 520 件，进口 1840 件，分别比 1989 年增长 36.8% 和 21.1%。

1989—2016 年兴县邮政局邮寄机要函件统计表

表 6-1-3-4　　单位：件

年 份	出 口	进 口	年 份	出口	进 口
1989	380	1520	2003	415	1660
1990	385	1560	2004	430	1720
1991	360	1440	2005	425	1700
1992	350	1400	2006	440	1760
1993	370	1480	2007	460	1840
1994	340	1360	2008	420	1680
1995	365	1460	2009	450	1800
1996	370	1480	2010	420	1680
1997	330	1320	2011	410	1640
1998	380	1520	2012	520	1850
1999	390	1560	2013	490	1960
2000	420	1680	2014	510	1920
2001	410	1640	2015	500	1800
2002	430	1720	2016	520	1840

报刊征订与发行

1989 年，全县报刊期发 2390 份，其中党报党刊期发 1689 份；2016 年，全县报刊期发份数增至 8519 份，其中党报党刊期发增至 5654 份，分别比 1989 年增长了 2.56 倍和 235%。

1989—2016 年兴县邮政局报刊发行情况统计表

表 6-1-3-5　　单位：份

年 份	报刊期发份数	其中党报党刊订阅数	其他订阅数	年 份	报刊期发份数	其中党报党刊订阅数	其他订阅数
1989	2390	1689	701	1996	3019	2089	930
1990	2566	1780	786	1997	3106	2161	945
1991	2581	1791	790	1998	3231	2279	952
1992	2701	1892	809	1999	3797	2815	982
1993	2891	1992	899	2000	3808	2896	912
1994	2902	2001	901	2001	3969	2988	981
1995	2931	2019	912	2002	4023	3011	1012

续表6-1-3-5

年 份	报刊期发份数	其中党报党刊订阅数	其他订阅数	年 份	报刊期发份数	其中党报党刊订阅数	其他订阅数
2003	4154	3152	1002	2010	5486	3895	1591
2004	4354	3256	1098	2011	5572	3923	1649
2005	4508	3356	1152	2012	5852	4113	1739
2006	4740	3498	1242	2013	6366	4433	1933
2007	4981	3586	1395	2014	6640	4596	2044
2008	5080	3645	1435	2015	7529	4985	2544
2009	5245	3756	1489	2016	8519	5654	2865

集 邮

集邮业务是邮政企业为满足集邮爱好者的需要，经营邮票及其制作品和集邮工具的一项业务。2010 年，全县完成集邮收入 45 万元。2014 年 8 月 22 日，兴县邮政局与县委宣传部在蔡家崖携手举办《邓小平同志诞辰 110 周年》纪念邮票首发式、《红色圣地——蔡家崖》纪念邮册发行式暨“红色集邮展览”开幕式。2016 年 7 月，兴县邮政分公司集邮协会成立，全县集邮爱好者 760 人，邮政局全年集邮业务收入 91.33 万元，同比下降 60.41%。

电子商务

2015 年 12 月 11 日，兴县电子商务协会成立。兴县作为山西省首批电子商务进农村综合示范县，在蔡家崖村建起电子商务产业园区，大力发展农村电商。

为突出电商扶贫网店的带动效应，全县按照“一企带多站、一站带多店、一店带一村”的运营模式，依托县供销、亚龙商贸、清泉醋业、立新交电 4 户企业，通过改扩建和加盟的方式，已有“山花烂漫”等 66 个农特产品加工、销售企业服务站点投入运营，初步形成网货下乡、农产品进城的双向营销体系。

2016 年，兴县电子商务公共服务中心成立，并与阿里巴巴、京东商城、淘宝、苏宁易购等几大国内知名电商建立战略合作关系，园区初步形成企业办公、仓储配送、产品展示、孵化培训、生活服务五大功能区域，入驻企业 16 家。2016 年建成村邮乐站 42 个，有效带动渠道业务的发展。该年全县电子商务交易额突破 1 亿元，从业人员达 2000 余人，辐射带动农户 4200 余户（含贫困户 1000 余户）。

第二章 电信

第一节 机构沿革

中国电信集团公司兴县电信分公司

1998 年，邮政、电信实行分营，企业性质的中国电信成立。1999 年，吕梁移动通讯分公司兴县营业部组建成立，主要经营国际移动通信业务及与业务相关的系统集成、漫游结算、技术开发、国际互联网接入业务、IP 电话等信息业务。同年，中国联通公司吕梁分公司兴县营业部成立，主要经营移动通信和无线寻呼业务。

2000 年，中国电信兴县分公司成立（后改名兴县电信局），由吕梁移动通讯分公司兴县移动营业部和中国联合通信有限公司吕梁公司兴县营业部两块组成。

2009 年 3 月 16 日，中国电信集团公司兴县电信分公司成立，驻设于城区环城路锦绣苑一楼。至 2016 年末，中国电信集团公司兴县电信分公司设经理 1 人。

中国联合网络通信有限公司兴县分公司（又称“新联通”）

1999 年兴县电信局分营，分别设立吕梁移动通讯分公司兴县营业部和中国联通公司吕梁公司兴县营业部。2002 年，兴县电信局（由中国电信兴县分公司改建）划归吕梁地区管理，更名为中国网通集团公司兴县通信分公司。

2005 年 9 月 1 日，“中国联通有限公司”与“联通新世纪”合并。2006 年，中国网通集团公司兴县通信分公司（由中国联合通信有限公司兴县营业部改建）更名为中国网通有限公司兴县分公司。

2008 年初，中国网通有限公司兴县分公司，驻设于县城新建西路 48 号，主要经营国际、国内长途通信、无线寻呼、互联网、IP 电话、相关技术开发、服务培训、手机及配件销售和维修等业务。同年 10 月，中国联合网络通信有限公司兴县分公司成立。至 2016 年，中国联合网络通信有限公司兴县分公司有员工 47 人，年营业收入 1938 万元、利润 1687 万元、税金 251 万元；下设城南、东城、车家庄、新城、蔡家崖和康宁 6 个营业厅。

中国移动通信集团公司山西有限公司兴县分公司

1999 年，兴县电信实行分营，成立吕梁移动通讯分公司兴县营业部。2004 年成立中国移动通信集团山西有限公司兴县分公司。

1999 年实行分营后，吕梁移动通讯分公司兴县营业部设于原邮电局四楼，办公场所仅有 554 平方米，营业部共有员工 7 人，其中经理 1 人、基站维护 1 人、核算员 1 人、市场人员 2 人、营业员 2 人。

2000 年 4 月，吕梁移动通讯分公司兴县营业部成为中国移动通信集团公司的下属单位。2004 年，中国移动通信集团山西有限公司兴县分公司（简称兴县移动分公司）正式成立。2006 年至 2007 年，兴县移动分公司在蔚汾镇南沟门前购置一栋三层办公楼：面积 999 平方米。一层为办公附属，二层为主营业厅，三层为办公区，主要经营移动语音、数据、宽带、IP 电话和多媒体业务。公司内设综合办公室、市场中心、营业厅。年末，移动分公司员工增加到 32 人，其中经理 1 人、综合办公室 5 人、市场中心 8 人、营业厅 18 人。

2013 年，兴县移动分公司发展为 4 个部门（综合部、市场中心、集团客户中心、网络中心）、44 个营业厅（自办营业厅 2 个、社会渠道营业厅 42 个），公司员工增加到 60 人，其中经理 1 人、副经理 1 人；综合部主任 1 人、员工 4 人；市场中心主任 1 人、员工 10 人；集团客户中心主任 1 人、员工 9 人；网络中心主任 1 人、员工 7 人；营业厅经理 1 人、副经理 1 人、值班经理 4 人、营业员 19 人。至 2016 年，机构设置和人员编制未做变更。

第二节　电信业务

固定通信业务

1989 年初，全县有长途电路 13 路，其中载波 5 路，载波电话终端机 20 部，会议电话终端机 11 部，会议电话汇接机 1 部；杆路总长度 1839.6 杆公里。基本满足了县内与全国各地的通信联系。全年长话去话 4.6 万次，来话 4.47 万次，长途会议电话 57 次，长话费收入 11.76 万元。

城内共有电交换机容量 500 门，实占容量 300 门；有电话机 391 部（政府机构的 110 部除外），杆路长 11.2 公里，电缆皮长 11.5 公里，其中地下电缆皮长 3 公里，电缆心线 385 对公里，架空明线 15.5 公里。

农村电话交换机 19 处，总容量 880 门；共安装 HJZ81II 型 1000 门纵横制自动交换机，实现电话自动化。农村电话机 220 部，已通话乡（镇）24 个、自然村 153 个。该年，全县有报话业务网点 76 个、电报电路 3 条，电报总件数 15 万件，年底接入 250 门自动电报网。

1994 年，全县 11 条长途电话线路全部进入全国直拨网，距县城 10 公里的农话进入县城自动电话网。

1995 年，兴县开通光缆，程控电话装机容量达 4800 门。1996 年，全县新增程控电话 5000 门，其中农村发展 500 门。

1996—2000 年，全县实施“28598”通信建设工程，即：建设 2 条光缆（瓦塘—中心局—康宁—贺家会光缆和瓦塘—裴家川口 10.6 千兆光缆），新建城区 8 个接入网点（总容量达到 2048 线），完成 5 条干线线路配套工程，新建 9 个自动点或用户单元（装机容量达 1792 门），改扩建 8 个点的电源工程。到 2000 年末，全县新增程控电话 5000 余门，交换机容量已达 10976 门，出局主干电缆达 8057 对，全县固定电话用户累计达到 7381 户，电话普及率达 28%；24 个乡（镇）全部实现通信自动化，农话达 500 余门，通话建制村发展到 154 个，全年电话业务收入累计完成 1850 万元。

2001 年末，国内长途通话累计完成 117 万次，国际长途通话累计完成

1016 次。2002 年程控电话装机容量达到 1.26 万门，电话用户累计发展到 1.54 万户。2003 年，全县电话普及率达到每百人 5.81 部；国际互联网用户不断扩大；网通无线市话业务（小灵通）顺利开通，有效通话范围上至车家庄下至蔡家崖，与移动、联通共同服务广大用户。

2005 年，全县固定电话用户达 1.04 万户，普及率达 16 部 / 百人；无线市话（小灵通）发展到 2500 部、5918 户。

2010 年末，国内长途通话累计完成 186 万次，国际长途通话累计完成 2608 次。2016 年全县通信收入完成 900 万元，比 1990 年增长 11.5 倍。

移动通信业务

1996 年，康宁、魏家滩两个邮电支局新增 150 兆无线寻呼和 900 兆移动电话，进入长途直拨网。

1999 年，吕梁移动分公司兴县营业部基础收入 56 万元，用户 554 户，全部为 GSM 电话使用用户。

2000 年末，全县移动电话超过 2000 门，24 个乡（镇）的 154 个建制村实现通话。2002 年，全县移动用户累计达 6000 户。

2010 年 4 月 20 日起，兴县行政审批大厅正式与兴县移动分公司联合开通了中国移动便民缴费业务。

2013 年末，全县移动电话用户累计净增 2236 户，有线宽带业务累计净增 589 户；全年完成综合业务收入 347.33 万元，其中移动业务收入 141.14 万元，固网业务收入 106.19 万元。

2016 年，全县现网运行的移动 G、C 两网基站 139 个，直放站 78 个；移动客户累计达 12.23 万户（其中通信用户 11.51 万户），全年完成通信服务收入 8901 万元。

网络通信（宽带）业务

兴县移动分公司除提供基本话音业务外，还提供数据、传真、IP 电话、无线上网、宽带接入、视讯通信、移动办公、信息点播、彩铃、彩信、手机证券、手机网上商城、网上购机商城等多种增值业务。

2013 年，终端合约发展 2698 户，宽带用户数 12979 户，其中融合套餐用户 12583 户（融合固话用户到达数 3521 户，融合宽带用户到达数 2339 户，融合 2G 手机用户到达数 3691 户，融合 3G 手机用户到达数 64 户，手机出账用户 2968 户）。该年，全县网络通信主营收入 2152 万元，通信服务收入 2017 万元，固网收入完成 826 万元。

2016 年 12 月底，全县宽带端口达到 1.8 万个、25119 线，宽带客户到达数为 15433 户（其中净增户数 2367 户），覆盖 17 个乡（镇）的 169 个建制村 15433 户；全网套餐客户达 3.19 万户，全年运营收入完成 502 万元。

通信总量

1991 年，全县完成通信总量 85.4 万元，较上年增长 18.63%。1995 年，全县完成通信总量 214.32 万元（其中中央国营完成 182.93 万元，地方国营完成 31.39 万元），较上年增长 3%。

1998 年末，全县有 8 个乡（镇）开通农话自动交换，架设农村中继光缆 83 皮长公里；全年完成电信业务总量 530.52 万元（其中中央国有完成 484.42 万元，地方国有完成 46.1 万元），同比增长 47.67%；全年完成电信业务收入 418.09 万元（其中中央国有完成 366.56 万元，地方国有完成 51.53 万元），同比增长 11.4%。1999 年末，全县完成电信业务总量 472.46 万元(剔除移动，其中中央国有完成 408.22 万元，地方国有完成 64.24 万元)；完成电信业务收入 464.7 万元（其中中央国有完成 399.69 万元，地方国有完成 65.01 万元），同比增长 32%。

2000 年，全县完成通信业务总量 598 万元，同比增长 26.37%；完成通信业务收入 539 万元，占地区计划的 103.6%，同比增长 20%。2001 年，全县完成通信业务收入 727.57 万元，占地区公司计划的 115.2%, 同比增长 36%。2005 年，全县完成通信业务收入 1294 万元，占吕梁市下达计划的 95.8%，同比增长 16.27%。2006 年 11 月末，全县完成通信业务收入 1583.2 万元，超过吕梁市下达年度计划（1503 万元）的 5.3%。

2010 年 11 月末，全县电信运营收入达到 5988 万元，创本县历史最高纪录。2013 年，全县通信运营收入 7118.19 万元，其中固网收入 2949.19 万元，移动通信服务收入 2017 万元，网络通信（宽带）运营收入 2152 万元。

2916 年末，全县通信运营收入 10303 万元，其中固网通信收入 900 万元，移动通信服务收入 8901 万元，网络通信（宽带）运营收入 502 万元。

第三节　移动基站建设

2000—2001 年，兴县移动基站只有南山站（G 网）。2002—2004 年，新建 G、C 两网基站 4 个（南山、石岭则、奥家湾、二站）。2005—2009 年，新建 G 网基站 21 个（瓦塘、石佛则、店上、杨家坪、木崖头、孟家坪、贺家会、曹家坡、北查沟、任家塔、花子、刘家庄、武家塔、池家梁、阳会崖、沟门前、西坪、碧村、秦家圪棱、蔡家会、罗峪口）。2010—2012 年，新建 C 网基站 9 个（枣林坡、宋家塔、横城、张家坪、李家坪、庄头、胡家塔、白崖沟、牛家山）。2013 年后新建 C 网基站 23 个（乌门、墕头、新庄、南康家沟、峁底、固贤、薛家沟、圪达上、庄头、姚家沟、甄家庄、杨塔沟、赵家川口、彰和墕、圪垯坡、马福罗、尧儿湾、刘家墕、康宁、柳叶沟、寨上、乔家沟、第二高中）。到 2016 年末，全县共有移动 G、C 两网基站 139 个、直放站 78 个。

2000—2016 年兴县移动分公司新建基站、宏站明细表

表 6-2-3-1

序号	站　　点	序号	站　　点	序号	站　　点
1	兴县县局	13	裴家川口	25	峁底
2	蔡家会	14	兴县营业部	26	斜沟
3	蔡家崖	15	石佛子	27	巡检司
4	曹家坡	16	魏家滩	28	紫沟梁
5	车家庄	17	赵家坪	29	东吴家沟
6	高家村	18	奥家湾	30	佐则坪
7	关家崖	19	北查沟	31	圪达上
8	贺家会	20	恶虎滩	32	弓家沟
9	黑峪口	21	后发达	33	海尔专卖店
10	康宁	22	麦地山	34	河校（城东）
11	罗峪口	23	赵家川口	35	黄河大酒店
12	孟家坪	24	甄家庄	36	交楼申

续表 6-2-3-1

序号	站　点	序号	站　点	序号	站　点
37	北山	69	张家沟	101	姚家沟
38	瓦塘镇	70	赵家塔	102	寺坡底
39	东会	71	兴县联通公司	103	安泰花园
40	井沟渠	72	花园沟村	104	任家湾
41	康家庄	73	苏家里	105	石楞子
42	梁家庄	74	尧儿湾	106	刘家庄
43	张家坪	75	碱滩坪	107	马家湾
44	张家圪台	76	刘家圪台	108	木兰岗
45	芦山墕	77	阳会崖	109	牛家山
46	木崖头	78	东会（二）	110	农业局
47	前彰和焉	79	兴华	111	千城
48	小善	80	安沟	112	兴业村
49	肖家洼	81	大兴安	113	土真村
50	薛家沟	82	段家湾	114	杏花咀
51	杨家坡	83	郭马梁（沟庄头）	115	孟家山头
52	枣林坡	84	河儿上	116	县人民医院
53	大善	85	胡家塔	117	陈家圪台
54	固贤	86	晋绥宾馆（一）	118	庄上
55	鹿家岔	87	李家坪	119	马家山
56	麻洼	88	李家塔	120	王家沟
57	南窑煤矿	89	刘家壕	121	西坡
58	李家山	90	吕家沟	122	宜宜沟
59	疙瘩坡	91	麻子塔	123	任家塔
60	后红月	92	沙壕	124	炭烟沟
61	康家沟	93	水泉塔	125	晋绥宾馆（二）
62	任家塔（二）	94	孙家窑	126	刘家湾
63	石楼圪台	95	魏家滩火车站	127	马则寨
64	王家洼	96	乌门	128	邮政楼
65	魏家岔	97	武家塔	129	福临嘉苑（一）
66	西墕	98	西山煤矿	130	王家崖
67	兴县移动楼	99	兴汉	131	田家棱
68	枣林	100	杨家坪	132	闫家塔

续表 6-2-3-1

序号	站 点	序号	站 点	序号	站 点
133	杨家塔	136	福临嘉苑（二）	139	横城村
134	“四八”烈士纪念馆	137	福临嘉苑（三）		
135	元沟	138	水油塔		

2006—2016 年兴县新建直放站一览表

表 6-2-3-2

序号	站点	序号	站点
01	奥家湾乡贺龙池远端直放站	25	蔚汾镇杨塔远端直放站
02	蔡家崖乡薛家塔远端直放站	26	固贤乡抗火沟远端直放站
03	孟家坪乡麻壖条远端直放站	27	康宁镇赵家沟远端直放站
04	罗峪口镇王化滩远端直放站	28	孟家坪乡成家山远端直放站
05	康宁镇闫家沟远端直放站	29	交楼申乡雷家沟远端直放站
06	罗峪口镇刘家梁远端直放站	30	蔚汾镇龙尾峁远端直放站
07	孟家坪乡王家塔远端直放站	31	康宁镇刘魏家沟远端直放站
08	蔚汾镇肖家洼黄河洗煤厂远端直放站	32	罗峪口镇东豆宇远端直放站
09	蔡家崖乡田家沟远端直放站	33	蔚汾镇康家卯远端直放站
10	孟家坪乡扒棱上远端直放站	34	圪达上乡墓强远端直放站
11	蔚汾镇赤涧远端直放站	35	魏家滩镇王家畔远端直放站
12	蔚汾镇松石远端直放站	36	奥家湾乡郝家山远端直放站
13	孟家坪乡张家壖远端直放站	37	蔡家会镇团厂远端直放站
14	蔡家崖乡水江头远端直放站	38	蔡家崖乡白家山远端直放站
15	罗峪口镇大坪壖远端直放站	39	贺家会乡安月远端直放站
16	孟家坪乡白草沟远端直放站	40	东会乡阳崖上远端直放站
17	高家村镇高家沟远端直放站	41	魏家滩镇耐火材料二厂远端直放站
18	固贤乡吴城远端直放站	42	高家村镇寨滩远端直放站
19	蔚汾镇孔家沟远端直放站	43	蔡家会镇谷渠远端直放站
20	蔚汾镇树林远端直放站	44	蔚汾镇刘家圪台远端直放站
21	贺家会乡东吴家沟远端直放站	45	蔚汾镇孙家梁远端直放站
22	奥家湾乡郭家圪垌远端直放站	46	蔚汾镇五谷丰远端直放站
23	交楼申乡孙家崖远端直放站	47	魏家滩镇耐火材料一厂远端直放站
24	罗峪口镇滩头远端直放站	48	瓦塘镇裴家津远端直放站

续表 6-2-3-2

序号	站点	序号	站点
49	魏家滩镇郝家沟远端直放站	64	蔡家崖乡温家寨远端直放站
50	魏家滩镇耐火材料三厂远端直放站	65	康宁镇乔子头远端直放站
51	东会乡王家坡远端直放站	66	贺家会乡谷地宇远端直放站
52	恶虎滩乡李家庄远端直放站	67	蔡家崖乡杨家坪远端直放站
53	康宁镇前红月远端直放站	68	瓦塘镇后南会远端直放站
54	东会乡兴盛湾远端直放站	69	瓦塘镇前北会远端直放站
55	蔡家会镇庄头远端直放站	70	蔡家崖乡白家梁远端直放站
56	交楼申乡马家梁远端直放站	71	康宁镇舍窠墕远端直放站
57	贺家会乡寨子沟远端直放站	72	固贤乡曲亭远端直放站
58	高家村镇王家塔远端直放站	73	高家村镇唐家吉远端直放站
59	赵家坪乡黄家洼远端直放站	74	罗峪口镇李家梁远端直放站
60	蔚汾镇杏树塔远端直放站	75	康宁镇薛家沟远端直放站
61	蔚汾镇孟家沟远端直放站	76	康宁镇前沟远端直放站
62	蔚汾镇马家墕远端直放站	77	交楼申乡交楼申石料厂远端直放站
63	蔚汾镇东坡煤矿远端直放站	78	康宁镇利民隧道远端直放站

第七编

改革与经济概貌

1989—2016年，是全县改革开放的重要时期。其中，农村经济体制改革继续巩固完善以“家庭联产承包责任制”为主的统分结合、双层经营体制，进一步推行和规范土地租赁经营，延长土地承包期，调动农民种田积极性；拍卖“四荒”（荒山、荒沟、荒滩、荒坡），拍卖集体林地使用权、治理权，鼓励农民投资治理水土流失，促进农业生产和生态发展；发展乡镇企业和农村股份合作制企业，提升农村经济水平；落实中央和省、地政策，进一步减轻农民负担。

2005年前，国营、集体工业和商贸企业通过实行“经理负责制”和“承包经营”等改革，经济效益进一步提升。2006—2016年，通过招商引资，整合资源，重组企业，工业发展形成新的生机和活力，原煤和氧化铝年产能分别提升到2690万吨和230万吨。

2002—2016年，通过县乡党政机构改革，县直党政机构由改革前的76个缩减为32个，乡（镇）由改革前的24个合并为7镇10乡，辖375个建制村。县直机构和乡镇机构正、副科级干部更加年轻化、知识化。

1989—2016年，县域经济经过稳定增长、稳步提升和快速发展三个不同阶段，收到明显成效。到2016年末，全县地区生产总值达60.45亿元，财政总收入达18.73亿元，一般预算收入7.12亿元，中小民营企业总产值达到11.62亿元，农林牧副业总产值达到6.19亿元，农民年人均纯收入和城镇居民人均可支配收入稳定增长，人民生活得到显著改善。

第一章　体制改革

第一节　经济体制改革

农村经济体制改革

农村实行以家庭联产承包为基础、统分结合的双层经营体制　党的十一届三中全会后，全县农村普遍实行以农民家庭承包经营责任制（即农民以家庭为单位，向集体经济组织承包土地等生产资料和生产任务）为主，统分结合、双层经营的农业经济体制，取消了农业生产指令性计划，释放了农村生产力，增强了农民自主经营的积极性。1991 年 2 月，中共兴县县委印发《关于在全县农村逐步实行“两田制”的意见》，要求各乡（镇）遵照“群众自愿、先点后面、逐步推行”的原则，把集体耕地划分为“口粮田”和“责任田”，按人口和劳力落实到农户，实现“农民人人有口粮田、劳力个个有责任田”（承担缴售公粮任务）的新的农业生产经营格局。1992 年开始，全县党员干部通过学习邓小平南方谈话精神，进一步解放思想，转变观念，继续巩固、完善和深化农村经济体制改革——延长土地承包期。至 1993 年末，全县共完成 230 个自然村、26.7 万亩耕地的第二轮承包，期限为 30 年。至 1996 年，县国土局共为全县 365 个建制村、698 个自然村户村民颁发土地使用证 3.21 万册。至 2000 年末，全县 24 个乡（镇）土地稳权发证 494 个建制村、729 个自然村 5.21 万户，面积达 122.4 万亩，占总耕地面积的 97%。

农民承包、购买治理“四荒”　为加快全县生态治理步伐，从 20 世纪 80 年代中后期开始，中共兴县县委、县人民政府在积极推行农民家庭承包生产责任制的同时，大力鼓励农民承包治理“四荒”（荒山、荒坡、荒滩、荒沟，也称“小流域”）。1990 年末，全县累计承包治理“四荒”的农户达 13741

户，次年新增“四荒”承包治理户1万户，累计达23741户，占农户总数的44.3%。1992年开始，吕梁地区率先实施“有偿出让荒山荒坡及小流域使用权”。兴县人民政府出台《关于拍卖“四荒”使用权，加速小流域治理的意见》，该意见按照“谁购买、谁治理、谁受益”的原则，将“四荒”一次性拍卖给农民，期限50至100年，鼓励农民购买治理“四荒”。至1993年末，全县有2806户农民承买“四荒”2240条（处），总面积达到21.6万亩，收回拍卖金41.85万元。1994年末，县土地管理局累计为购买户颁发“四荒”证9666册，总面积增至32万亩。到1996年，全县拍卖“四荒”面积累计达到170万亩，完成初治35万亩。1998年新增拍卖面积3.6万亩，累计拍卖面积达到173.6万亩。2000—2016年末，新增拍卖“四荒”11.02万亩，累计拍卖面积达到184.62万亩，完成初治面积45.75万亩（包括项目工程综合治理面积）。

深化林权改革　2008年，全县开展集体林权制度改革，制定并下发《兴县集体林权制度改革实施方案》《兴县集体林牧制度改革检查验收方案》等文件，成立全县林改工作领导小组，设立县林改办，组建乡（镇）林改小组17个、村级林改组404个，设立专门办公地点，开展林改工作。全县林改任务173.46万亩（集体林地面积215.29万亩，扣除不纳入林改面积3.72万亩，暂不纳入林改争议面积10.01万亩，自然保护区18.9万亩，国有林场经营的集体林地9.2万亩），参与林改43937户、17.52万人。至2011年底，集体林权制度改革完成林改任务173.46万亩，家庭承包率达96.65%，共发放林权证1.76万余份，发证总面积达到165.72万亩。

发展乡镇企业、股份企业和专业合作社　兴县乡镇企业、民营股份制企业和专业合作社是伴随着农村经济体制改革发展起来的。1989年末，全县有乡镇企业和民营股份制企业1005户，从业1413人，总产值4360万元，营业收入2858万元，缴税46.94万元。1993年，全县乡镇企业、民营股份制企业总数为2732户，从业人员增至1.3万人，年总产值2.17亿元，年营业收入1.9亿元，年利税总额达2468万元。1999年，全县乡镇企业、民营股份制企业总数为2781户，从业人员8920人，总产值增到5.75亿元，营业收入增至4.5

亿元，缴税 751 万元。

2000 年，中共兴县县委、县人民政府制定印发《大力发展乡镇企业的实施意见》，一批生铁、煤焦冶炼，铝土矿、石材采掘加工，农畜产品养殖加工企业和专业合作社蓬勃兴起，全县乡镇企业总户数 1894 户，从业 1.05 万人，实现总产值 5.59 亿元、营业收入 4.46 亿元，缴税 731.6 万元，占到该年财政总收入的 40.8%。2009 年开始，全县 200 余户乡镇企业，以加工、销售农副产品为主导产业，从业 8000 余人，实现总产值 4.51 亿元、营业收入 3.73 亿元，缴税 2185 万元。

2016 年，全县农村股份制企业、中小民营企业、专业合作社共有 1325 户，从业人员增至 1.65 万人，全年实现总产值 11.62 亿元，销售（营业）收入 10.51 亿元，缴税 4670 万元，整体呈现持续、稳定的发展态势。

落实政策，减轻农民负担　1992 年，中共兴县县委、县人民政府落实中央和省地相关政策、条例，取消农村摊派项目 24 个，进一步减轻农民负担。1993 年，全县农民人均负担 15.3 元，比上年度减少 0.6 个百分点。1997 年，全县农业减负 500 万元。1999 年，全县 24 个乡（镇）落实减负政策，农民负担总额比上年减少 59.18 万元，人均减少近 2 元。2003 年 6 月，国家全面开展农村税费改革，全县取消乡统筹费、农村教育集资费、农业特产税、屠宰税 4 项。2005 年，国家全部取消农业税，全县农业减负 2870 万元，农民人均减负 68.5 元。

工业企业经营体制改革

转换经营机制　1989 年，县属国有工业企业实行自主经营、自负盈亏的经营管理改革，各企业内部普遍实行计件工资制、“三定一奖”（定岗、定员、定额，超额完成任务受奖）等多种形式的经济责任制。1990 年，对新招职工实行劳动合同制度。1994 年，县属各企业开始实行“三项制度”（劳动人事制度、工资分配制度、劳动保险制度）改革，各企业全部实行全员劳动合同制、岗位技能工资和养老保险。

1994—1997 年，全县工业企业改革以转换经营机制为重点，14 户企业分别实行内部承包、股份制和租赁经营，取得一定成效。其中，1997 年 12 月，兴县人民政府对国有企业实施公司化改制，将兴县发电厂确定为核心企业，与华兴铁合金厂、车家庄国营煤矿和兴县社队铁合金厂联合组建成兴县电冶（集团）有限公司，原兴县发电厂更名为兴县电冶（集团）有限公司发电分公司，原华兴铁合金厂和兴县社队铁合金厂合并更名为兴县电冶（集团）有限公司冶金分公司。

1998 年，新组建的兴县电冶（集团）有限公司发电分公司年发电量达到 9215 万千瓦时，比上年增长 17.3%；硅铁产量达到 3852 吨，同比增长 1.6 倍；利税总额达到 250 万元，同比增长 70%，为县域经济发展做出了重要贡献。

1999 年，兴县从临县三交接入电源，兴县电冶（集团）有限公司发电分公司不再承担兴县供电任务，转为企业自用电源，主要供给电冶（集团）冶金分公司（华兴铁合金厂）冶炼硅铁用电。由于冶炼生产不稳定，发电分公司无法稳定生产，多次出现爆管停机事故。

2004 年 9 月，兴县人民政府向吕梁市人民政府申请对兴县电冶（集团）有限公司实施改制。11 月 9 日，吕梁市政府办公厅发文批准兴县电冶（集团）有限公司改制方案。2005 年 7 月，兴县电冶（集团）有限公司 1024 名干部职工被解除劳动合同。11 月 9 日，山西地方电力股份有限公司吕梁分公司与山西地方电力股份有限公司投资公司及兴县镁业有限公司决定以 4200 万元联合收购兴县电冶（集团）有限公司。但到 12 月 22 日，兴县镁业有限公司和山西地方电力股份有限公司投资公司相继宣布解除合作购买兴县电冶（集团）有限公司约定，致兴县电冶（集团）有限公司的改制工作搁浅。到 2013 年底，兴县电冶（集团）有限公司所属发电分公司厂房设备全都闲置、废弃。至此，兴县原发电厂结束长达 67 年的发电历史。

1994—1997 年，兴县国营铁厂、机械厂、陶瓷厂停产关闭，该 3 户企业共占地面积 102 亩，固定资产 279 万元，有职工 595 人，企业关闭后，职工领取生活补贴后全部下岗。

1998 年，兴县化肥厂由租赁经营改为股份合作经营，斜沟国营煤矿实行租赁经营，该 2 户企业改制后生产转入正规。

到 2000 年，县属工业企业出现不同程度的效益滑坡现象，有的已处于停产关闭状态。县工业局针对所辖企业无法维持自身生存的情况，采取一厂一策的办法实施企业改制。其中，对针织厂、国营水泥厂、电冶集团有限公司、化肥厂 4 户企业实行破产改制。

2003 年，县针织厂破产倒闭，全体职工身份置换，终止劳动合同，企业对职工养老保险金等一次性清算，土地资产已通过县人民法院公开拍卖，所得资金全部用于职工身份置换（原厂区经县政府回购后已建成东关中学校）。

同年，位于奥家湾乡车家庄村的县国营水泥厂实行“一退两置换”改制，即国有股份退出，民资参股，对职工身份、资产权益进行置换，改制后的企业与原职工终止并解除劳动合同，置换金、养老金等都与职工进行一次性清算。改制后厂区土地、资产归民资参股者个人所有。改制后的企业名称变更为兴县鑫盛水泥有限公司。

2005 年，县化肥厂破产倒闭，对全体职工进行身份置换，终止、解除劳动合同，与职工一次性清算置换金、养老保险金等，企业原有土地、资产通过兴县人民法院公开拍卖，所得资金全部用于职工身份置换和偿还债务。

到 2007 年末，全县县营工业企业全部停产关闭或破产改制。2016 年 12 月，各破产关闭企业共派驻留守人员 18 人，负责处理善后事宜。

整合资源，重组企业　从 2001 年开始，中共兴县县委、县人民政府依据县境矿产资源优势，通过实施整合资源、招商引资等举措，组建了新的企业，为全县工业创造了新的生机和活力，开启了工业发展新纪元。

到 2016 年末，新组建的 6 户煤炭企业有晋兴能源有限公司（2003 年 8 月入驻开工）、山西华电锦兴能源有限公司（2009 年 10 月入驻开工）、山西金地煤业固贤南窑煤业有限公司（2009 年 10 月入驻开工）、华润联盛关家崖煤业有限公司、华润联盛峁底煤业有限公司、华润联盛车家庄煤业有限公司（华润联盛 3 家煤业公司分别于 2009 年 8—10 月入驻开工），全部建成投产，总投资约 109.7 亿元，总产能达到 2970 万吨 / 年，比整合前 13 座煤矿产能增长 11.8 倍。

新组建的 2 户氧化铝和电解铝生产企业是山西华兴铝业有限公司和山西中铝华润有限公司。其中，山西华兴铝业有限公司于 2011 年 5 月入驻兴县，建设年产 100 万吨氧化铝项目（含年产 132 万吨地采矿山项目），概算投资 40.01 亿元。2013 年 10 月，该公司百万吨氧化铝项目建成投运 50 万吨氧化铝生产线，次年项目全部达产。2015 年 7 月，该公司二期 100 万吨氧化铝生产线也投产运营。

山西中铝华润有限公司于 2016 年 4 月入驻兴县，建设吕梁轻合金科技循环产业基地一期年产 50 万吨电解铝项目。

上述 8 户新组建企业入驻兴县开发建设，成为兴县财政收入的重要来源，推动了县域经济的快速崛起。

商业企业经营体制改革

1989 年前，全县商业企业实行第一轮承包经营责任制，即全员风险抵押竞争承包制。其中百货公司、交电公司、糖酒公司、综合商场、饮食服务公司和副食加工厂实行“包死基数、确保上交、超收多留、欠收自补”的改制措施；食品公司实行“亏损包干、定额补贴、超额不补、减亏全留”的改制措施，合同期为 3 年；实行内部承包的企业，根据企业承包原则，人员实行优化组合。

这次改革，通过引进竞争机制和风险机制，初步实现了企业所有权和经营权的分离，激发了全体员工的经营责任意识，增强了企业活力。其中，引进竞争机制，打破了企业干部的“委任制”和“终身制”，通过竞标和论证答辩，领导职工相结合，采取打分的办法，扩大透明度，民主选定承包人，使大批管理人才脱颖而出。引进风险机制，实行全员抵押承包。其中百货、交电、糖酒 3 个公司经理抵押 2500 元，副经理每人抵押 1500 元，一般管理干部每人抵押 700 元，职工每人抵押 200 元；其他企业经理抵押 1500 元，副经理每人抵押 1000 元，一般管理干部每人抵押 500 元，职工每人抵押 200 元，全系统共收回抵押金 8.8 万元。同时引进法律机制，对各单位的承包合同全部进行法律公证，以法律保障了经营改革的顺利进行。

1992 年，根据中共中央 2 号文件、山西省政府办公厅 80 号文件和山西省财政厅《关于商业企业改革试点意见》的精神，全县国有商业开始实行经营、价格、分配、用工“四放开”经营体制。除国家计划管理和专营专卖商品外，其余商品均由企业自主经营；在价格上，除关系国计民生的国家计划和指令性计划的专营专卖商品外，其余商品价格全部放开，由企业根据价格规律和市场供求情况自行定价，不受差律限制；工资分配坚持国家、企业、个人三者兼顾原则，同工效挂钩，计劳计酬，倾斜经营第一线；企业用工打破干部与职工、固定工与临时工界限，推行全民劳动合同制和干部聘任制，优化组合，竞争上岗，择优录用。

1993 年，国有商业贯彻落实国务院《转换商业企业经营机制条例》，对商业全系统实行经济体制改革。方式之一为门店柜组承包。即以柜组定人员、定商品、定资金回收，实行利润大包干；方式之二为内部租赁，即门店、柜组由内部职工自行组合、自筹资金、自主经营、自负盈亏、包缴税费；方式之三为门店对外出租；方式之四为流动销售，即内部职工自选商品，流动销售。这 4 种方式实施一年后，各企业门店各项收入超计划、超上年，结束了长期亏损局面。

1995—1996 年，根据国家政策的调整，全县国有商业企业实行“国有民营”的经营体制。同年，百货大楼率先在全系统实行柜组组合承包经营责任制。2002 年，县商业局更名为商业总公司，下辖有综合批零公司、第三产业实业公司、永茂商场、工业品贸易大楼、糖酒副食贸易中心、五交化公司、副食品产销公司、肉联厂、副食品综合商场、合作总店、酒类流通执法队。

至 2016 年，国有商业系统针对企业实际情况，分别采取股份制改造、国有民营、整体出租、先售后出租、先售后股份制改造及长期出租等方式，稳步推行产权制度改革。

流通体制改革

供销企业经营体制改革　1993 年初，供销系统所有零售门店推行集有民营、租赁承包，分流职工、内部退休等改制措施。集体经营转型为个体分组经营，淡化农资供应、农副产品购销主渠道职能。

承包经营。1994 年，财贸系统 192 个门店实行“国有民营”和职工内部承包经营，企业与职工签订“承包经营合同”，承包期间坚持企业所有制性质不变、隶属关系不变、债权债务关系不变、职工身份不变的原则。这次改革给全系统带来良好经营效益，受到全体职工赞同，因而一直坚持至2016年。

整合资源，发展深加工。供销系统企业在改革中积极整合资源，发展农产品深加工，相继筹建中药材加工、粮食精加工、红枣深加工等一批企业，创建“山花烂漫”“蔡家崖”“孙嘉淦”“山丹花”“黑茶山”等晋西北特色品牌，推进农副产品商品化，拓宽企业生存发展之路。城关供销合作社通过整合资源，建立“农民—直供中心—农芯乐”新的产、供、销一条龙供销体系。

外贸公司体制改制　2003年2月，外贸公司经过公司全体人员多次讨论，研究制定了企业改制实施方案。总体目标是在分流人员的基础上，重新组建股份制公司。改制分两步进行：第一步分流人员，具体办法是：企业离退休人员按照兴政经〔2002〕7号文件“改制”部分第九条办法执行。一次性向社会保险事业所缴纳5年的养老保险金，剩余部分用8年时间分期缴足。从支付5年费用之日起，所有离退休人员的工资由县劳动保险事业所发放。通过政府协调，劳动保险机构认可，企业缴费的办法是，将离退休人员一次性从企业分离出去；不入股的职工全部置换国有职工身份，即按职工上半年平均工资收入的3倍发给一次性安置费，领取一次性安置费的职工与原企业关系终止；不同意置换身份者，由企业委托再就业中心托管，按有关规定发给一定的生活费，直到达到法定退休年龄时办理退休手续；对于1986年10月1日以后参加工作的在职人员，全部解除劳动关系，给予一次性经济补偿，并办理“山西省再就业优惠证”后，自谋职业。第二步是组建新的股份制公司。1986年9月30日以前参加工作的全民所有制身份的公司职工，通过自愿入股成为股东（每股100元，每人不少于50股）。

企业工资制度改革

1991年，根据吕梁地区指示，行政、事业单位人员的工资由人事部门管理；企业用工及人员工资均由劳动部门统一管理。1992年，根据吕梁地区工改办文件精神，对全县5270名企业职工调整工资标准，进行3%的奖励晋级；对部分挂钩企业实行正常升级制；对全县27个国营企业4033名职工、17个集体企业1237名职工提高地区差，增资额为16337万元，人均增资3.1元。

1993 年，全县实行劳动人事制度改革，工人实行合同制。企业根据需要招工、减员。企业遵循增人不增资、减人不减资的原则，采取计件、计时、包干岗位工资等分配办法，对挂钩企业采取总挂总提和复合挂钩办法，推动企业发展。

1995 年，《中华人民共和国劳动法》实施后，县人民政府出台《全面推进劳动合同制的工作方案》。到 1995 年底，全县 120 户企事业单位实行劳动合同制，有 2200 名职工签订劳动合同书。全县实行工资挂钩办法和工资包干制度的企业达到 85%，65% 的全民企业实行岗位技能工资制。到 2016 年，全县各类企业全部实行全员劳动合同制。

第二节　政治体制改革

县直党政机构改革

2002 年党政机构改革　2002 年，全县实行党政机构改革，根据中共吕梁地委、行署的安排，制定出台兴县县、乡（镇）党政机构改革“三定”工作实施方案及县直机关、乡镇人员分流实施意见，机构改革工作有序展开。

机构设置：改革前，县直科级及以上单位共 76 个，根据中共兴县县委、县人民政府《关于县直党政机构改革的实施意见》，改革后县直党政机构设定为 30 个，其中县委机构 8 个、政府机构 22 个。人大、政协机关及群团组织 9 个；保持现状的事业单位 12 个；成建制转为事业性质的单位 10 个；成建制转为经济实体的 5 个。

改革后的党政机构共 30 个，其中县委机构 8 个：兴县县委办公室、县纪律检查委员会、县委组织部、县委宣传部、县委政法委员会、县委统战部、县委老干部局、科委；政府机构 22 个：兴县人民政府办公室、县发展和计划局、县经济贸易局、县监察委员会（与纪律检查委员会合署办公，不计入政府机构个数）、县民政局、县财政局、县人事局、县劳动和社会保障局、县国土资源局、县城乡建设局、县农业局、县卫生局、县教育体育局、县科学技术局、县计划生育局、县公安局、县司法局、县交通局、县水利局、县林业局、县文化广电新闻出版局、县审计局、县统计局。

领导职数：机构改革前，县直单位共有领导干部357人。机构改革后，核定正副科级职数为234人，实际安排正副科级干部206人，有151人未安排职务（改革中因超过规定年龄提前离岗的正科、副科80人，另有71名副科干部因考核成绩居后），在新配备的县直党政机关领导干部中，正职平均年龄由改革前的46.8岁降低为45.5岁；副职平均年龄由改革前的44.6岁降低为41.8岁。大学文化程度的占16.6%，比改革前提高2.1%。大专文化程度的占72.9%，比改革前提高5.4%。

人员录用：机构、职数、编制及领导班子确定后，通过考试与竞争上岗的办法，录用县直机关一般公务员151人。

2003—2016年党政机构改革　县委序列机构变革：2005年，单设县委、县人民政府信访局，受中共兴县县委、县人民政府双重领导，科级建制，归县委序列，至2016年，核定编制13人，设局长1人、副局长2人。

政府序列机构改革：2004年，县环境保护局（2002年机构改革时并入城乡建设局）恢复单设，为科级建制，2016年核定编制5人（全额行政），设局长1人、副局长4人（含纪检组组长）。

2006年，县经济贸易局变更为县经济局，2009年变更为县经济和信息化局，职能同前，主要管理全县17户规模以上工业企业。

2010年1月，原属吕梁市派出机构的“市食品药品监督管理局兴县分局”划归属地管理，并入县卫生局。

2012年，新成立的兴县园林局，属县政府下设全额事业单位，核定编制5人，设局长、副局长各1名。

2015年12月，县卫生局、人口和计划生育局合并为兴县卫生和计划生育局，核定编制20人，实有28人，设局长1名、副局长5名（含纪检组组长1人），承担全县医疗卫生机构和食品、药品安全监督管理工作。

乡（镇）机构改革

机构　1989年，全县共有乡（镇）24个（7镇、17乡），辖468个村民委员会、1个城区居民委员会、822个自然村。2001年4月，全县重新调整乡（镇）

行政区划，原肖家洼乡和关家崖乡并入城关镇，更名为蔚汾镇；原木崖头乡和白家沟乡并入魏家滩镇；原裴家川口乡并入瓦塘镇；原杨家坡乡并入蔡家崖乡；原小善乡并入并入孟家坪乡。撤并后全县包括蔚汾镇、瓦塘镇、魏家滩镇、高家村镇、康宁镇、蔡家会镇、罗峪口镇7个镇和蔡家崖、奥家湾、恶虎滩、交楼申、固贤、东会、贺家会、孟家坪、赵家坪、圪达上10个乡，行政村合并为375个。

乡镇领导职数　机构改革前，共有乡（镇）领导干部270人，改革后核定科级职数为205个，实际安排正副科级干部187人［因超过规定年龄的69名正副科级干部提前离岗，14名乡（镇）书记、乡（镇）长待岗安排］。在新选配的乡（镇）班子中，党政正职平均年龄由改革前的40.6岁降低为39岁，人大主席平均年龄为42.7岁，比改革前降低7.1岁；乡（镇）副职平均年龄为37.5岁，比改革前降低1.1岁；大学文化程度的占16.6%，比改革前提高4.8%，大专文化程度的占69.8%，比改革前提高12.7%。撤并乡（镇）后，在核定人员编制的基础上，通过考试和竞争上岗的办法，录用乡（镇）机关公务员106人，乡（镇）事业单位确定占编335人。

第二章 经济发展概貌

第一节 县域经济发展综述

1989—2016年，兴县经济大体经历三个发展阶段。

第一阶段，1989—2000年，属稳定增长阶段。2000年末，全县地区生产总值由1989年末的10361万元增加到23750万元，增长129.23%；财政总收入由1989年的767万元（不含上级拨款1129万元）增加到1796万元，增长134.16%；一般预算收入由1989年的709万元增加到1148万元，增长61.92%；工业总产值由1989年的4831万元增长到6413万元，增长32.75%；粮油总产量由1989年的4747.3万千克增加到9335万千克，增长96.64%；农林牧副业总产值由1989年的3210万元增加到2.63亿元，增长7.19倍；农民年人均纯收入由1989年的241元增长到795元，增长2.3倍；城镇居民人均可支配收入由1989年的1806元增加到6765元，增长2.75倍。

第二阶段，2001—2005年，为稳健提升阶段。2005年末，全县地区生产总值增长到6.1亿元，比2000年的23750万元增长1.57倍；县财政总收入增长到7586万元，比2000年末1796万元增长3.22倍；一般预算收入增加到3024万元，比2000年末的1148万元增长1.63倍；工业总产值增加到12.83亿元，比2000年末的6413万元增长19倍；粮油总产量增加到1.02亿千克，比2000年末的9335万千克增长9.27%；农林牧副（渔）总产值达到2.32亿元，比2000年末的2.63亿元减少11.79%；农民年人均纯收入增加到1050元，城镇居民人均可支配收入达到6713元，分别比2000年末增长32.1%和减少0.77%。

第三阶段，2006—2016年为快速发展阶段。从“十一五”开始，中共兴县县委、县人民政府依托兴县煤铝资源优势，实行招商引资，建设新型煤、铝产业基地，经济呈现跨越式发展。到 2016 年末，全县地区生产总值增加到 60.45 亿元，比 2005 年末的 6.1 亿元增长 8.91 倍；财政总收入达到 18.73 亿元，比 2005 年的 7586 万元增长 23.69 倍；一般预算收入为 7.12 亿元，比 2005 年的 3024 万元增长 22.55 倍；工业总产值达到 107.57 亿元，比 2005 年的 12.83 亿元增长 7.38 倍；粮油总产量达到 1.16 亿千克，比 2005 年的 1.02 亿千克增长 13.73%；农林牧副(渔)业总产值达到 6.19 亿元,比 2005 年的 2.32 亿元增长 1.67 倍；农民年人均纯收入为 4006 元，比 2005 年的 1050 元增长 2.82 倍；城镇居民人均可支配收入增加到 19061 元，比 2005 年的 6713 元增长 1.84 倍。

1989—2016 年兴县县域经济发展主要指标完成情况统计表（一）

表 7-2-1-1

年份	地区生产总值（万元）	同比增长（%）	财政总收入（万元）	同比增长（%）	一般预算收入（万元）	同比增长（%）	工业（万元）		乡镇企业产值（万元）
							总产值	规模以上工业增加值	
1989	10361	—	767	24.7	709	—	4831	—	4360
1990	18049	74.2	864	12.7	767	8.2	9019	—	4704
1991	14681	−18.7	925	7.1	925	20.6	11461	—	7119
1992	17990	22.54	1085	17.3	893	−3.5	10588	—	12539
1993	26630	48.03	1641	51.2	958	7.3	11454	4014	21700
1994	29003	8.9	1816	10.7	1062	10.9	12624	4600	33400
1995	32976	13.7	2212	21.8	1324	24.7	13860	6280	43700
1996	35000	6.1	1959	−11.5	1049	−20.8	31120	14100	44390
1997	28800	−17.7	2033	3.8	1218	16.1	36500	16420	58485
1998	27400	−4.9	2157	6.1	1357	11.4	36200	16290	42123
1999	20030	−25	1777	−17.6	1143	−15.8	4490	2020	45000
2000	23750	18.6	1796	1.1	1148	0.44	6413	2858	55900
2001	19600	−17.5	2061	14.8	1320	15	9486	4228	60995
2002	31780	62.1	2728	32.4	1158	−12.3	5076	4636	73000
2003	43092	35.6	3489	27.9	1562	34.9	9511	4270	92510
2004	41712	−3.2	4926	41.2	1952	25	79460	9092	125840
2005	61000	46.2	7586	54	3024	54.9	128300	28800	162000

续表 7-2-1-1

年份	地区生产总值（万元）	同比增长（%）	财政总收入（万元）	同比增长（%）	一般预算收入（万元）	同比增长（%）	工业（万元）		乡镇企业产值（万元）
							总产值	规模以上工业增加值	
2006	88124	44.5	11734	54.7	4022	33	38140	15682	195300
2007	106728	21.1	15306	30.4	5767	43.4	48500	20023	—
2008	140725	31.9	26313	71.9	10743	86.3	129334	52352	—
2009	261995	86.2	35816	36.1	14766	37.5	163752	80400	45100
2010	367055	40.1	66001	84.3	18061	22.3	522199	257700	230000
2011	544837	48.4	171858	160.4	49735	175.4	827664	445304	—
2012	677071	24.3	252788	47.1	73275	47.3	1159166	598502	—
2013	637058	–5.9	270500	7	80158	9.4	1015400	499888	—
2014	622860	–2.2	218494	–19.2	80211	0.07	1037500	467384	—
2015	587197	–5.7	219935	0.66	63290	–21.1	1011900	417708	115000
2016	604451	2.9	187287	–14.8	71191	12.5	1075700	442599	116200

注：1989 年—1995 年财政总收入不包括上级下拨的补助资金，其中 1989 年拨 1128.9 万元、1990 年拨 1352.9 万元、1991 年拨 1492.7 万元、1992 年拨 1512.7 万元、1993 年拨 1822.6 万元、1994 年拨 2452.7 万元、1995 年拨 3083 万元

1989—2016 年兴县县域经济发展主要指标完成情况统计表（二）

表 7-2-1-2

年份	粮油总产量（万千克）	园林水果产量（万千克）	农林牧副（渔）业总产值（万元）	其　中（万元）				农村经济总收入（万元）
				种植业产值	畜牧养殖业产值	林业产值	副（渔）业产值	
1989	4747.3	1.5	3210	1973	595	336	306	8095
1990	10441	361	12030	9032	2250	689	59	10457
1991	5821	292	9081	5064	2511	994	512	11294
1992	7685	230	10578	6464	2457	1123	534	15997
1993	11032	1095	14315	10190	2214	1281	630	24801
1994	11155	465	14700	10840	2676	1184	—	25600
1995	4742	993	11542	6560	2762	1687	533	14420

续表 7-2-1-2

年份	粮油总产量（万千克）	园林水果产量（万千克）	农林牧副（渔）业总产值（万元）	其中（万元）				农村经济总收入（万元）
				种植业产值	畜牧养殖业产值	林业产值	副（渔）业产值	
1996	5748	328	36517	26898	5568	1738	2313	22520
1997	4614	800	16800	10700	3443	1820	837	36517
1998	6296	740	15500	9488	3674	1650	688	23247
1999	1528	342	9983	4753	3919	1311	—	—
2000	9335	460	26304	18490	5290	1047	1477	—
2001	1882	3600	13371	6320		6074	977	—
2002	5738	3200	21498	12380	6690	2323	105	—
2003	7920	2500	26956	19020	4940	2736	260	—
2004	9302	5073	31776	23700	6350	1416	310	—
2005	10232	3127	23241	14260	8020	657	304	—
2006	3470	1412	23920	12197	10274	1212	237	—
2007	6111	371	35804	18927	13496	3027	354	14840
2008	8655	931	38142	24751	10258	2792	341	—
2009	8800	989	52802	23804	18318	10136	544	—
2010	11396	1601	59778	35913	10370	12825	670	230000
2011	10516	2299	65884	41542	15509	7983	850	—
2012	13059	2077	68056	41168	16722	9264	902	—
2013	13350	1876	76316	45480	19146	10616	1074	—
2014	12960	1748	80849	49134	20675	9763	1277	—
2015	9770	2662	67163	31831	20648	13406	1278	—
2016	11592	1837	61879	36074	18936	5377	1492	

第二节　经济结构

产业结构

20世纪后期，由于县内工业经济基础薄弱，效益低下，农业在地方生产总值中的比重较大，成为支撑地方经济的主体。进入21世纪，伴随着引资开发和新型工业的兴起，全县经济结构发生重大变化，第二产业逐步取代第一产业在国内生产总值中的主体地位，结构趋于合理。2005 年，第二产业在地方生产总值中的占比由 1989 年的 22.8% 增至 52%；2016 年，第二产业在地方生产总值的占比增至 72.2%，成为县域经济的主体。而第一产业的占比由 1989 年的 50.8% 下降至 5.4%。

1989—2016 年部分年份兴县产业结构变化表

表 7-2-2-1

年份	地区生产总值（万元）	其中					
		第一产业（万元）	占 GDP 百分比（%）	第二产业（万元）	占 GDP 百分比（%）	第三产业（万元）	占 GDP 百分比（%）
1989	10361	5266	50.8	2359.1	22.8	2736	26.4
1991	14681	6251	42.6	5228	35.6	3202	21.8
1992	17990	7020	39	7524	41.8	3446	19.2
2000	23750	13538	57	6412	27	3800	16
2001	19600	5880	30	9016	46	4704	24
2002	31780	18115	57	8581	27	5084	16
2005	61000	14030	23	31720	52	15250	25
2006	88124	14000	15.9	40000	45.4	34124	38.7
2007	106728	22751	21.3	46936	44	37041	34.7
2008	140725	21270	15.1	76894	54.7	42561	30.2
2010	367055	40936	11.1	276948	75.5	49171	13.4
2013	637058	45766	7.2	528324	83	62968	9.9
2014	622860	44521	7.2	460454	73.9	117885	18.9
2015	587197	37293	6.4	426207	72.6	123697	21
2016	604451	32790	5.4	436044	72.2	135617	22.4

所有制结构

1989—2016 年，全县企业所有制结构的突出变化体现在全民所有制企业数量逐步退缩，民营、私营股份制企业迅猛崛起。1989 年，全县有全民所有制企业 33 户（分支机构 90 户）、集体所有制企业 74 户（分支机构 160 户）；乡镇企业和私营、联营等民营企业共 1005 户，从业 1413 人；个体工商户 1195 户、从业 2707 人。

截至 1992 年，全县国营、集体企业有 107 户，乡镇企业、民营企业及个体工商户增加到2510户，从业人员增加到8181人。到1994年，全民所有制企业76户、集体所有制企业139户，乡镇企业、私营民营企业发展到2907户；个体工商户增加到2477户、从业6342人。

到2000年末，全县全民所有制企业有76户，集体所有制企业有139户；乡镇企业、民营企业缩减到1894户，从业人员增加到10531人，乡镇、民营企业总产值达到5.59亿元，销售（营业）收入达到4.46亿元，缴税731.6万元；个体工商户增加到1910户，从业人数达6531人，销售额达3.76亿元，缴税663万元。

2001—2010年末，县针织厂、水泥厂、电冶集团公司、化肥厂、陶瓷厂、机械厂、铁厂7户国营企业相继停业、改制、关闭（国营水泥厂改制为民营企业），而全县乡镇、民营企业2005年末则增至2909户，从业人员增加到2.55万人，总产值由2000年的5.59亿元增至16.2亿元（2005年末），增长1.9倍；税金由2000年末的731.6万元增至3850万元（2005年末），增长4.3倍；乡镇、民营企业2005年缴纳税额占到同年财政总收入的50.8%。到2010年，乡镇企业、民营企业总产值达到23亿元，销售收入达到19.9亿元，税金1.12亿元。

2006—2015年，全县通过整合资源，引资开发，重组企业，企业所有制格局发生新的变化。到2016年末，全县工业企业中，全民所有制企业有2户（晋兴能源公司与华兴铝业）；国有商业和集体所有制企业除产权外，基本实现民营化经营；而私营、民营中小企业、专业合作社、股份制企业户（不含个体工商户）缩减为1325户，从业人员人数达到1.65万人；实现总产值11.62亿元，全年销售收入10.51亿元，缴税4670万元，占当年财政总收入的2.5%。这表明，随着大型煤铝企业的入驻开发，中小民营企业经济在县域经济中退居次要位置。

第三节　人民生活

收入大幅增长

1989—2016年，全县农民人均年纯收入由241元增加到4006元，城镇居民年人均可支配收入由1806元增加到1.91万元，分别增长15.6倍和9.6倍。2016年末，城乡居民在全民所有制企业和机关、事业单位工作的人数由1989年的1.09万人增加到2.99万人；在集体所有制企业和民营企业工作的人数由1989年的1627人，增加到1.16万人，增长6倍多。全民所有制企业年人均工资额由1989年的1284元增加到2016年的6.52万元，增长近50倍；机关事业单位人员年均工资由1989年的1284元增至5.2万元，增长近40倍；集体企业职工年人均工资额由1989年的870元增加到2016年的2.43万元，增长27倍；民营企业人员年人均工资额由2007年的1.69万元增加到2016年的7.74万元，增长3.6倍。

2016年末，全县城乡居民储蓄存款余额比1989年增长275倍。

1989—2016年兴县城乡居民收入情况统计表

表7-2-3-1

时间		农民年人均纯收入（元）	城镇居民年人均可支配收入（元）	城乡居民储蓄存款余额（万元）
“七五”时期	1989年	241	1806	2790
	1990年	351	911	3620
“八五”时期	1991年	268	625	5480
	1992年	364	738	10250
	1993年	449	1077	13910
	1994年	636	1572	15260
	1995年	537	1755	19600
“九五”时期	1996年	792	2045	24270
	1997年	725	2212	28940
	1998年	779	2181	31290
	1999年	736	4560	33630
	2000年	795	6765	35990

续表 7-2-3-1

时　间		农民年人均纯收入（元）	城镇居民年人均可支配收入（元）	城乡居民储蓄存款余额（万元）
“十五”时期	2001 年	288	3637	50680
	2002 年	618	4760	71360
	2003 年	838	5261	92770
	2004 年	957	6035	100190
	2005 年	1050	6713	109430
“十一五”时期	2006 年	1157	7805	139200
	2007 年	1168	8819	147830
	2008 年	1582	9688	155540
	2009 年	1740	10290	246690
	2010 年	2050	11115	337850
“十二五”时期	2011 年	2455	12544	451290
	2012 年	3028	14540	581180
	2013 年	3230	15936	565000
	2014 年	3546	16997	583550
	2015 年	3982	18067	653130
“十三五”时期	2016 年	4006	19061	769830

居民消费、购买力大幅提升

1989 年末，全县社会消费品零售总额为 7705 万元。1990—1995 年，全县年均社会消费品零售总额 6369 万元。1996—2000 年，全县年均社会消费品零售总额 6206 万元。2001—2005 年，全县年均社会消费品零售总额 9431 万元。

2006—2010 年，全县年均社会消费品零售总额 46976 万元。2011—2016 年末，全县年均社会消费品零售总额 12.29 亿元，比 2001—2005 年全县年均社会消费品零售总额增长 12 倍。

全县城乡居民消费购买力的提升突出反映在食品消费和家庭耐用品消费档次不断提高、大宗商品拥有量逐年增多等方面。

食物消费方面，品种增多，档次提升，营养更加丰富全面。1989 年，全县销售粮食 1328 万千克（主要为城镇居民购买），销售肉类 135 万千克，销售鸡蛋、牛奶 79 万千克、干鲜水果 1.5 万千克。2016 年，全县年均销售粮食（加工品）1604 万千克、肉类 982 万千克、蛋奶 622 万千克、蔬菜 4031 万千克、干鲜水果 1869 万千克。

1991—1995 年，全县电视机、洗衣机、冰箱、摩托车等高档耐用品年均销售量 2700 件（台）；城镇居民年均百户拥有家用电器 300 件、自行车 164 辆、新式家具 330 件。1996—2005 年末，全县累计销售上述高档耐用品 3.68 万件（台）；城镇居民年均百户拥有家用电器 414 件、新式家具（组合式）232 套（件）、摩托车 27 辆（2003—2005 年）、电话机 142 部（2002—2005 年）。2006—2010 年，全县年均销售高档耐用品 3200 件（台）；城镇居民年均百户拥有家用电器 348 件、摩托车 46 辆、新式家具 134 套（件）、电话机 228 部、家用汽车 4 辆。2011—2016 年，全县年均销售高档耐用品 4356 件（台）；城镇居民年均百户拥有家用电器 471 件，摩托车、电动车 62 辆，新式家具 280 套（件），电话机 215 部，家用汽车 23 辆。

家庭耐用品及大宗商品拥有量不断增加。2000 年，全县居民有大型农机具 152 台（辆）、小型农机具 3148 台（辆）、家用小汽车 677 辆、客车和载重汽车 1292 辆，装载机、推土机、挖掘机 341 台（辆）。2016 年，全县居民有大中型农机具 1348 台（辆）、小型农机具 2187 台（辆）、家用小汽车 5334 辆、客车和载重汽车 1671 辆。

1989—2016 年兴县城乡居民消费情况统计表

表 7-2-3-2

年份	主要食物购买量（万千克）				城镇居民家庭耐用品百户购买量					
	粮食	肉类	蛋奶	干鲜水果	家用电器（件）	自行车（辆）	摩托车（辆）	新式家具（件）	电话（台）	家用汽车（辆）
1989	1328	135	79	1.5	137	96	—	290	—	—
1990	1116	87	49	361	—	—	—	312	—	—
1991	1171	35.6	0.3	292	160	164	—	385	—	—
1992	1219	85.6	1.1	230	240	162	—	418	—	—
1993	1247	356	110	248	278	164	—	426	—	—
1994	1192	359	106	465	376	164	—	384	—	—
1995	1119	366	114	993	449	164	10	421	—	—

续表 7-2-3-2

年份	主要食物购买量（万千克）				城镇居民家庭耐用品百户购买量					
	粮食	肉类	蛋奶	干鲜水果	家用电器（件）	自行车（辆）	摩托车（辆）	新式家具（件）	电话（台）	家用汽车（辆）
1996	1369	369	125	328	362	164	4	462	—	—
1997	1389	294	36	800	392	142	—	518	—	2
1998	1411	380	79	740	394	154	—	504	—	2
1999	1458	324	56	342	408	154	—	508	—	2
2000	1459	425	128	460	538	148	—	64	2	2
2001	1467	403	100	3600	540	152	—	552	—	—
2002	1364	738	144	3200	433	132	—	28 套	104	3
2003	1012	312	90	2500	454	—	19	26	108	6
2004	1432	335	233	5073	308	—	24	48	154	6
2005	1085	457	362	627	312	—	38	75	200	6
2006	1265	425	436	1412	358	—	42	92	216	2
2007	1324	425	866	733	390	—	54	121	214	4
2008	2514	381	133	1427	330	—	42	132	226	6
2009	2714	812	507	1332	328	—	44	154	230	4
2010	2604	820	879	1601	334	—	46	173	252	2
2011	4767	761	682	2710	434	—	44	196	272	2
2012	2108	1120	1040	2077	438	—	44	234	282	2
2013	2120	1130	990	1730	—	—	62	252	—	—
2014	2133	1140	993	1757	485	—	68	264	356	16
2015	1572	970	602	2662	—	—	73	346	—	—
2016	1604	982	622	1869	526	—	82	385	382	23

1989—2016 年兴县城乡居民大宗商品拥有量统计表

表 7-2-3-3

年份	累计家用小汽车（辆）	累计农机具（台）		农业机械总动力（万千瓦特）	客车、载重汽车（辆）	装载机、推土机、挖掘机（辆）
		大中型	小型			
1989	—	684（农机局审检台数）		—	—	—
1999	—	850（农机局审检台数）		—	—	—
2000	677	152	3148	15307.4	1292	341
2001	—	101	543	11395.3	140	166

续表 7-2-3-3

年份	累计家用小汽车（辆）	累计农机具（台）		农业机械总动力（万千瓦特）	客车、载重汽车（辆）	装载机、推土机、挖掘机（辆）
		大中型	小型			
2002	—	119	519	11406.2	141	169
2003	—	36	516	116.1	146	169
2004	—	440	538	11901	181	98
2005	—	101	3732	11974.3	180	—
2007	—	109	402	12056.7	721	—
2008	216	109	3722	12274.9	867	—
2009	—	237	3757	11976.6	867	—
2010	866	新增 235 台（累计 1032 台）	3941	12606.7	474	—
2011	1026	252	4312	13120	535	—
2012	1370	262	4307	13545	854	—
2013	3415	276	4412	14039.5	1682	—
2014	3656	297	4472	14525	798	—
2015	4265	316	4540	15171	885	—
2016	5334	1348	2187	15200	1671	—

商品住宅方面：1992—2016 年末，城区共建设经济适用房、廉租房、公租房、商品房 7462 套，总面积 60.1 万平方米，累计安置居民 7384 户。此外，2000—2016 年，农村共建移民安置房 4434 套（包括政府回购部分商品房）、18.51 万平方米，集中安置农村易地移民户 4434 户、1.87 万人。

城乡住户调查

1989—1995 年，县统计局组织对部分农村住户和城镇住户多次择年调查，比较客观地反映了全县城乡居民改革开放以来的生活变化。其中，1989 年调查农村住户 60 户 318 人，年人均食物消费：粗粮 362 千克、肉类 2.7 千克、禽蛋 0.9 千克、蔬菜 30 千克、植物油 1.8 千克；家庭耐用品拥有量：黑白电视机 10 台，每 6 户均 1 台；彩电 3 台，每 20 户均 1 台；收录机 45 台，户均不到 1 台；手表 123 只，每 3 人均 1 只；缝纫机 68 架，户均 1 架；自行车 63 辆，户均 1 辆。同年调查城镇住户 50 户 203 人，年人均食物消费：粗粮 38.3 千克、细粮（白面、大米）104.4 千克、肉类 7.2 千克、禽蛋 3.6 千克、奶类 7 千克、蔬菜 112 千克、植物油 4.4 千克、其他副食品 17.3 千克、干鲜水果 21.7 千克。居住情况：人均 6 平方米以下 22 户 52 人、人均 6 平方米以上 78 户 150 人。家庭耐用品拥有量：黑白电视机 46 台、彩电 42 台，户均接近 2 台；收录机、音响 20 台、每 5 户均 2 台；手表 290 只，人均 1 只多；洗衣机 54 台，户均 1 台；自行车 128 辆，户均 2 辆多；家具 290 件，户均近 6 件。1992 年调查 60 户 304 人，年人均食物消费：粗粮 236 千克、肉类 1.6 千克、禽蛋 0.8 千克、蔬菜 51 千克、植物油 1.9 千克、其他副食品 2.2 千克、干鲜水果 2.4 千克。家庭耐用品拥有量：黑白电视机 48 台、彩电 5 台，两样户均不到 1 台；收录机 37 台，每 2 户均 1 台；手表 142 只，每 2 人还均不到 1 只；缝纫机 78 架，户均 1 架有余；自行车 100 辆，每 3 人均 1 辆；有衣柜等木器家具 197 件，户均 3 件多。同年调查城镇住户 50 户 192 人，年人均食物消费：粗粮 15.8 千克、细粮 146 千克、肉类 11.5 千克、禽蛋 7.8 千克、植物油 4.1 千克、其他副食品 17.6 千克。居住：单元式住宅或新建平板房 13 户 49 人，居住公房 31 户，其他住宅 37 户 141 人，租赁居住 2 户 7 人；家庭拥有黑白电视机、彩电 104 台，户均 2 台；缝纫机、音响 102 件（架），户均 2 件（架）；洗衣机 80 台，每 2 户拥有 3 台；自行车 162 辆，户均 3 辆。家具 342 件，户均近 7 件。进入 21 世纪以来，绝大部分居民饮食结构和居住条件明显改善，大部分家庭拥有新式家具和彩电、冰箱、洗衣机等日用电器和摩托、电动车等交通工具，生活质量普遍提升。2016 年，城镇居民每百户拥有家用电器 526 件、摩托车 82 辆、新式家具 385 件、电话机 382 台、家用汽车 23 辆。

第八编

农 牧 业

1989 年，兴县总耕地面积 83.21 万亩，其中基本农田 26.5 万亩，占总耕地面积的 31.85%。到 2016 年末，全县总耕地面积增加到 126.3 万亩，其中基本农田累计达 82.69 万亩，占总耕地面积的 65.47%, 农业总耕地面积比 1989 年增长 51.79%。

根据县境不同海拔高度、地貌类型、气候特征、水文条件和林草植被等自然生态条件，全县划为东山畜牧养殖马铃薯产业带、中部核桃林小杂粮产业带、西部沿黄红枣经济林产业带 3 个生态农业区。从 20 世纪 90 年代开始，全县围绕推进“8+2”特色农业产业化进程，不断调整完善农业产业结构，形成以谷子、大豆为主的杂粮种植产业，以红枣、核桃为主的干鲜果经济林产业，以肉牛、绒山羊、生猪、蛋鸡养殖为主的畜禽养殖业三大优势产业板块和以龙头企业为依托的农产品加工销售业，引领传统农业实现规模化跨越式发展。

1989—2016 年，全县农作物播种面积由 82.21 万亩增加到 126.3 万亩，增长 53.6%；粮食总产量由 4747.3 万千克增加到 1.16 亿千克，增长 144.4%。经济作物播种面积由 17.34 万亩增加到 31.3 万亩，增长 80.5 %；蔬菜产量由 1990 年的 165 万千克增加到 4013 万千克（含食用菌产量），增长 23.3 倍。

经济林面积由 6.8 万亩增加到 76.42 万亩，增长 10 倍多；干鲜水果产量由 1.5 万千克增加到 1869 万千克，增长 1245 倍。

全县畜牧养殖业实现了由传统户养散养方式向规模化舍饲圈养（工厂化养殖）方式的转变。2016 年末，全县绒山羊、生猪、蛋鸡饲养量分别比 1989 年增长 62%、117.5%、151.8%；肉类和蛋、奶总产量分别比 1989 年增长 6.3 倍和 6.9 倍。全县农牧业产值达到 5.5 亿元，比 1989 年增长 20.4 倍。

从 20 世纪 90 年代中期开始，中共兴县县委、县人民政府按照山西省和吕梁地区（市）关于特色农业产业化发展要求，积极探索、推进“8+2”特色农业产业化发展模式，狠抓小杂粮产业和名优农产品市场开拓。2016 年，全县农产品加工企业发展到 22 个（其中列入省级农业产业化龙头企业 5 个、市级农业产业化龙头企业 3 个），带动了杂粮种植；精心打造了“兴县小米”“兴县大明绿豆”“兴县肾形黄豆”“兴县大白、小白豇豆”“兴县红小豆”为代表的兴县杂粮，2016 年 11 月上旬，兴县小杂粮喜获第十四届中国国际粮油产品及设备技术展示交易会（在南昌市召开）金奖。

1989—2016 年，全县大中型拖拉机及机引农具由 684 台发展到 1348 台（辆），小型拖拉机等农机发展到 2187 台（辆），农业机械总动力达 1.52 亿千瓦。全县累计机械作业面积达到 58 万亩，比 1989 年全县农机作业面积 4 万亩增长 13.5 倍。

第一章 生产条件

第一节 农业区划

1990年，县政府依照全县海拔高度、地貌类型、气候特征、水文条件、林草植被和人口密度等自然生态条件与社会经济条件，将全县划分为东山畜牧养殖和马铃薯产业带、中部核桃林和小杂粮产业带、西部沿黄红枣经济林产业带3个生态农业区。至2016年，兴县以“一县一业”杂粮基地县项目为载体，基本形成东山地区以绒山羊养殖和马铃薯种植为主的种养板块，中部地区以谷子、大豆、核桃、蛋鸡、生猪为主的混合型产业板块，西部沿黄地区以红枣、豇豆、谷子为主的红枣林和杂粮板块。

东山畜牧养殖、马铃薯产业区

位于县境东部，北至魏家滩镇的王家畔、木崖头、窑子峁、青草沟一带，南连恶虎滩乡、交楼申乡，固贤乡、东会乡，区内山岭纵横、高低悬殊，海拔一般为800～1500米；温差较大，气候凉爽，晚秋有霜冻现象；因受地貌制约，有一部分阴坡土地瘠薄、丘陵起伏、交通不便，是粮棉低产区，歉年粮食不能自给，属

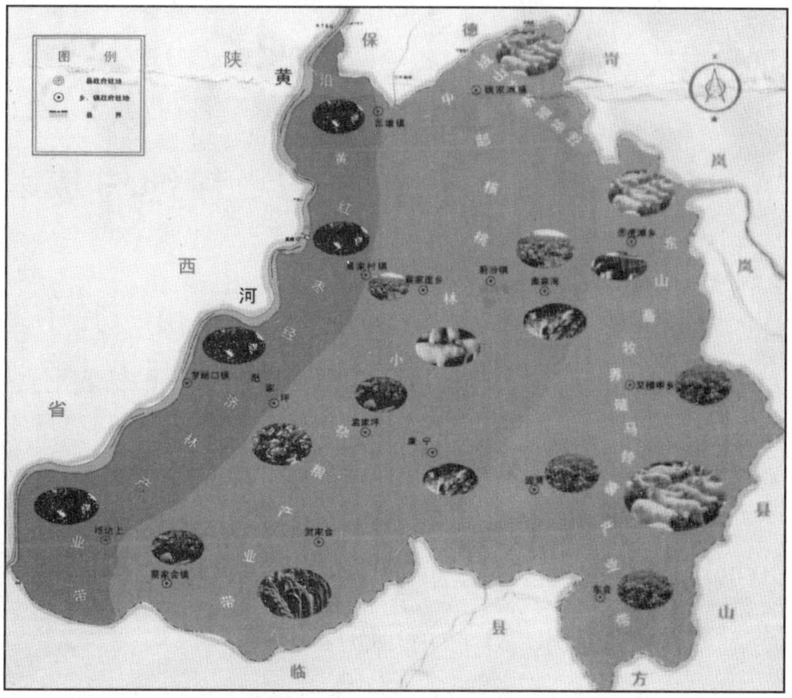
兴县特色农业分布示意图

农业生产较落后的地区，但矿产资源丰富是该区有利条件。规划该区在提高现有耕地生产率、保证粮食自给的前提下，利用荒山、荒坡和林草地积极实施退耕还林还牧，发展林牧生产，逐步建成全县的林业基地和牛、羊养殖基地。1990—2016年，该区交通运输和林牧养殖条件大有改观，户户养殖已成趋势。

中部核桃林、小杂粮产业区

该区域包括县境中部的蔚汾镇、奥家湾乡、蔡家崖乡、高家村镇、康宁镇、蔡家会镇、孟家坪乡、贺家会乡及北部的魏家滩镇、瓦塘镇部分村庄，区内地势平坦、海拔较低、光热资源充足、土壤肥沃、灌溉便利、农业耕作精细，交通便利，规划为全县杂粮、油料和水果生产基地。其中，蔡家会镇以豇豆等杂粮为主，康宁镇、固贤乡以胡麻、黄芥等油料作物为主，魏家滩镇以种植软黍子（糯米）、黄豆、豇豆为主。

西部沿黄红枣经济林产业区

该区包括县境西部黄河沿岸的瓦塘镇、高家村镇、罗峪口镇、赵家坪乡、圪达上乡所辖的44个村庄，因地处黄河沿岸，土地沙化严重，粮食产量低而不稳，但光、热资源充足，年均气温12℃～13℃，高于全县平均值，规划为以红枣林和牧、渔生产区，重点发展红枣、畜牧养殖和淡水鱼养殖产业，走农、工、商一体发展之路。

第二节　耕地与基本农田

1989年，全县共有耕地83.21万亩，其中基本农田面积26.5万亩（梯田18.82万亩，滩地、坝地7.68万亩）；基本农田占总耕地面积的31.85%，农业人均耕地3.95亩，农业人均基本农田1.3亩。

1990年开始，全县结合建坝扎沟、治理水土流失等工程措施的实施，同步展开基本农田建设。至1994年末，全县基本农田面积累计达到41.26万亩，占总耕地面积80.21万亩的51.44%。

1995年，全县农田建设高潮迭起，共铺开农建工程512处，上阵劳力6.2

万余人，动用推土机等大型机械133台。1997年，全县铺开农建工程375处，上阵劳力6.74万人，动用推土机、机动车等大型机械790台（辆），大畜2560头。至1999年末，全县基本农田累计达到69.94万亩，其中累计梯田面积57.96万亩、滩坝地11.98万亩。

至2016年末，全县累计新建、续建中型坝、骨干坝25座，小坝794座，淤地坝851座，谷坊303个。基本农田面积累计达到82.7万亩（其中梯田面积累计达到65.41万亩，坝地、滩地面积累计达17.29万亩），占到总耕地面积126.3万亩的65.5%；比1989年增长2.1倍；农业人均基本农田面积6.9亩，比1989年农业人均基本农田面积1.3亩增长4.3倍。

1989—2016年兴县基本农田建设面积统计表

表8-1-2-1

年 份	总耕地面积（万亩）	其中基本农田建设面积（亩）				基本农田面积占总耕地面积百分比（%）
		累计基本农田面积	其中累计梯田面积	内含机修梯田面积	累计滩坝地面积	
1989	83.21	265000	188200	—	76800	31.85
1990	82.51	297683	219344	—	78339	36.08
1991	81.63	331726	250218	—	81508	40.64
1992	80.78	360425	275682	1990	84743	44.62
1993	83.52	387925	301382	3988	86543	46.45
1994	80.21	412617	322474	9505	90143	51.44
1995	74.9	465018	368782	30133	96236	62.09
1996	107.32	518940	421314	74133	97626	48.36
1997	85.76	583540	484314	122133	99226	68.04
1998	76.2	659540	541514	147333	118026	86.55
1999	90.31	699440	579614	174333	119826	77.44
2000	108.4	721751	596125	179673	125626	66.59
2001	100.02	737904	605095	188643	132809	73.78
2002	98.82	741479	607920	191468	133559	75.04
2003	95.54	746589	610020	193568	136569	78.15
2004	93.8	749809	610900	194448	138909	79.94
2005	94.97	765316	612477	196025	152839	80.58
2006	102.06	769366	614277	197825	155089	75.39

续表8-1-2-1

年份	总耕地面积（万亩）	其中基本农田建设面积（亩）				基本农田面积占总耕地面积百分比（%）
		累计基本农田面积	其中累计梯田面积	内含机修梯田面积	累计滩坝地面积	
2007	100.74	774886	615817	199365	159069	76.92
2008	117.87	778636	617167	200715	161469	66.06
2009	143.23	784236	618167	201715	166069	54.75
2010	133.04	785796	618977	202525	166819	59.07
2011	134.13	787734	619903	203451	167831	58.73
2012	133.03	801734	632403	215951	169331	60.27
2013	128.74	815984	646653	230201	169331	63.38
2014	131.99	823484	654153	237701	169331	62.39
2015	129.78	826484	654153	237701	172331	63.69
2016	126.3	826934	654153	237701	172781	65.47

第三节　农田灌溉设施

水　库

1989年，全县有中小型水库6座，其中中型水库2座、小（1）型水库3座、小（2）型水库1座，年蓄水1951万立方米，灌溉农田2.9万亩。到2016年，因蔚汾镇千城水库、康宁镇寺坡底水库、恶虎滩乡石楼河水库3座小型水库淤积变为耕地，全县水库减为3座。

天古崖水库　位于魏家滩镇岚漪河东槽咀村附近，建成于1976年10月，为浆砌石重力拱坝，是一座以防洪为主兼顾灌溉任务的中型水库。水库坝高58米，总库容2409万立方米，防洪库容2309万立方米，控制流域面积1879平方公里，设计年供水量785万立方米，设计灌溉面积2万亩。2006年和2012年对该库进行应急除险加固。

明通沟水库　1971年10月建成投运，位于县境东部恶虎滩乡明通沟村，属蔚汾河中游小（1）型水库。水库坝高26.5米，总库容954万立方米，兴利库容419万立方米，防洪库容954万立方米，控制流域面积290平方公里，设计年供水量228万立方米，灌溉面积3.5万亩。于2009年进行除险加固。

阁老湾水库 1982年建成，位于南川河中游的康宁镇阁老湾村，该水库总库容1061万立方米，防洪库容831万立方米，是以防洪、灌溉为主的中型水库，控制流域面积169平方公里，设计年供水量800万立方米、灌溉面积1.5万亩。1991年实施除险加固工程。1992年成立管委会。1995年列入中型水库管理。

灌溉设施

兴县农田灌溉设施主要由自流灌溉设施和机井灌溉设施和集雨灌溉设施和专业灌溉服务四部分组成。

自流灌溉设施 1989年，兴县有中小型水库6座，其中中型水库2座、小（1）型水库3座、小（2）型水库1座，年蓄水1951万立方米，灌溉农田2.9万亩。到2016年，全县水库减为3座。

县境北部岚漪河南北两岸田园，以上游天古崖中型水库为主要水源，实施自流灌溉，该水库设计年供水量785万立方米。设计灌溉面积2万亩。县境中部蔚汾河两岸田园，主要以上游恶虎滩乡明通沟小型水库供给水源，实施自流灌溉。该水库设计年供水量228万立方米，设计灌溉面积3.5万亩。1992年在蔚汾河沿岸增加自流灌溉区6个，新建（高家村）自流防渗水渠、修复蔚汾河灌区总干及北干渠道总长33.4公里，1993年初，全县有自流灌区103处，挖泉截流29处，自流灌溉总面积达2.69万亩。县境南部主要以康宁镇阁老湾中型水库供给水源，实施自流灌溉。该水库设计年供水量800万立方米，灌溉面积1.5万亩。1990—1992年，投资321万元，新建阁老湾水库灌区渠首工程14公里，使灌区6070亩水浇地保浇。1994年，延伸阁老湾灌区渠道2500米，新增和恢复水地1600亩。1998—1999年，全县增加自流灌溉区4个。2002—2006年，全县增加自流灌溉区2个。到2016年末，全县实有自流灌溉面积3.71万亩。

机井灌溉设施 1990—1992年，全县增补、恢复机电灌站57处。至1993年末，全县共有机电灌站219处，装机242套3681千瓦；新筑塘坝54处，打井1孔，修筑、修复防渗水渠114.3公里，累计灌溉面积达到4.99万亩。

1994—1995年，全县完成打井及配套工程4处，新建机电灌站2处，新修、恢复蔚汾河灌区总干渠、水渠10.8公里，灌溉面积累计达到5.19万亩。

1998—1999年，全县打井1眼，新增机电灌站2处，累计灌溉面积达到5.66万亩。

2008—2012年，全县共有小型泵站灌区168处，机井83眼，输水管道和防渗渠长41.42公里，累计机电灌溉面积达到8.51万亩。

2013年，投资8.98亿元，实施中部引黄（河）水工程兴县县域供水工程，县境总干隧洞长60.2公里，工程包括97.7公里供水管线、3座调蓄水库、5座地下地面泵站、100座排水井、98座排气井，30座检修、分水、减压井，3个取水口，总供水量4630万立方米。同年，完成省级投资1600万元，建设灌溉深井40眼。

2012年至2013年，实施总投资46万元的农田灌溉末级渠系配套工程，共建设末级渠系16.5公里，新增和改善灌溉面积3900亩，累计灌溉面积达到9.39万亩。

2015—2016年，完成总投资190万元，在濒临黄河的高家村镇巡检司村新建泵站工程1处，打水井1眼，修防渗水渠2000米，全县灌溉面积累计达到14.84万亩（其中自流灌溉农田面积3.71万亩）。

集雨灌溉设施　1997—2016年，地处兴县西南的孟家坪、贺家会、圪达上、蔡家会、赵家坪、罗峪口6个乡（镇）的部分村庄打旱井4766眼，新增集雨微灌农田面积8171亩。

专业队抗旱灌溉服务　2008年开始，县农机中心每年春季组织技术员和农机具50多台（套），赴重点乡（镇）抗旱，年均机浇面积2.5万亩。2016年，农机抗旱保苗服务队机灌总面积8.07万亩，比2008年的2.5万亩增长2.2倍。

第四节　劳动力

1989年，全县有乡村劳动力69931人，其中男性43863人、女性26068人，分别占到总劳力的62.7%和37.3%。1990—1992年，全县年均乡村劳力74143人，其中男性45598人、女性28545人，分别占总劳力的61.5%和38.5%。1993—1994年，全县年均劳动力81359人，其中男性49304人、女性32055人，分别占总劳力的60.6%和39.4%。1995—1996年，全县年均劳力84088人，其中男性50201人、女性33887人，分别占59.7%和40.3%。1997—1998年，全县年均劳力84436人，其中男性51084人、女性33352人，分别占总劳力的60.5%和39.5%。1999—2000年，全县年均劳力87808人，其中男性50929人、女性36879人，分别占总劳力的58%和42%。2010年，全县农村总劳力92397人，男性54514 人、女性37883人，分别占总劳力的59%和41%。2016年，全县农村总劳动力167032人，其中男性101556人、女性65476人，分别占总劳动力的60.8%和39.2%。

第五节 牧坡牧草

兴县牧坡草地面积广阔，资源丰富。据20世纪80年代末普查，全县有牧坡草地60多万亩，占全县总面积的12.64%；年可载畜量50.68万只羊；牧草主要分布在魏家滩、恶虎滩、交楼申、东会、固贤、康宁6个乡（镇）和沿黄河滩。

除天然牧草外，人工种植牧草也是畜禽饲草的组成部分。主要牧草品种有紫花苜蓿、沙打旺、黄花、柠条花等。1989—2016年，全县实施牧坡改良29.83万亩，1989—2011年，全县人工种草31.13万亩。

第二章 种植业

第一节 农作物种植

种植品种

粮食作物 县境种植的主要粮食作物有21种。其中，禾谷类8种：小麦、谷子、高粱、玉米、莜麦、荞麦、糜子、黍子；豆类有10种：黄豆、黑豆、绿豆、豇豆、豌豆、小豆、红豆、扁豆、蚕豆、刀豆；薯类有红薯和马铃薯（俗名山药蛋）2种。

经济作物 境内种植的经济作物共有油料、蔬菜、水果、中药材等4大类60多个品种。

油料作物。主要油料作物有芝麻（分黑、白、黄3种）、黄芥、胡麻、向日葵、花生（分大花生、小花生2种）、油菜及蓖麻等10余种。

蔬菜。主要蔬菜有白萝卜、胡萝卜、红萝卜、水萝卜、甜菜、黄瓜、苦瓜、茄子、西红柿、白菜、油菜、豆角、苤兰、芹菜、菠菜、韭菜、长山药、芫荽、辣椒、葱、蒜、冬瓜、南瓜、西葫芦等20多种。

水果。种植的主要水果有西瓜、甜瓜、草莓、葡萄、杏、桃、梨、苹果、李子、海棠果等10余种。

中药材。兴县人工种植的中药材主要品种有党参、黄芪、甘草、大黄、冬花、板蓝根、大青叶、菊花、枸杞、知母、红花、益母草、柴胡、远志、沙参、芍药等16种。

种植面积与产量

1989年，全县农作物播种面积83.21万亩，其中粮食作物面积65.87万亩，产量3506万千克；经济作物面积17.34万亩，油料产量1241.3万千克，干鲜水果产量1.5万千克。

2016年，全县农作物播种面积126.3万亩，其中粮食作物95万亩，产量10450万千克（其中谷物产量7361万千克，豆类产量2068.6万千克，薯类产量1020.4万千克）；经济作物31.3万亩，油料、蔬菜、水果产量分别为1142万千克、3982万千克、1869万千克，食用菌30.72万千克。

1989—2016年兴县农作物种植面积与产量统计表

表8-2-1-1

年份	农作物播种面积（万亩）			产　量（万千克）				
	合计	粮食作物	经济作物	粮食	油料	蔬菜	食用菌	干鲜水果
1989	83.21	65.87	17.34	3506	1241.3		—	1.5
1990	82.51	67.12	15.39	8840	1601	165	—	361
1991	81.63	64.89	16.74	4522	1299	258	—	292
1992	80.78	62.26	18.52	6353	1332	150	—	230
1993	83.52	63.96	19.56	9434	1598	172	—	1095
1994	80.21	58.31	21.92	9729	1426	260	—	465
1995	74.9	56.61	18.29	4305	437	268	—	993
1996	107.32	82.5	24.82	3653	2095	310	—	328
1997	85.76	55.8	29.96	4106	508	364	—	800
1998	76.2	57.4	18.8	5418	878	740	—	740
1999	90.31	67.55	22.76	1339	189	344	0.1	342
2000	108.4	84	24.4	7766	1569	363	0.5	460
2001	100.02	84	16.02	1599	283	430	0.42	3600
2002	98.82	69.06	29.76	4393	1345	645	0.5	3200
2003	95.54	66.09	29.45	6516	1404	876	0.3	2500
2004	93.8	67.11	26.69	8018	1284	1960	—	5073
2005	94.97	68.21	26.76	8090	2142	2500	—	3127
2006	102.06	72.32	29.74	2880	590	243	—	1412
2007	100.74	67.11	33.63	5444	667	357	—	733
2008	117.87	74	43.87	6055	2600	2500	—	1427
2009	143.23	103	40.23	7300	1500	344	—	1332
2010	133.04	92	41.04	8646	2750	242	—	1601
2011	134.13	88	46.13	8716	1800	1150	3.5	2710

续表8-2-1-1

年份	农作物播种面积（万亩）			产　量（万千克）				
	合计	粮食作物	经济作物	粮食	油料	蔬菜	食用菌	干鲜水果
2012	133.03	89	44.03	10200	2859	5000	5.7	2077
2013	128.74	88	40.74	10500	2850	5200	6.6	1876
2014	131.99	95	36.99	11170	1790	5420	4.22	1757
2015	129.78	95	34.78	8700	1070	3458	24.8	2662
2016	126.3	95	31.3	10450	1142	3982	30.72	1869

第二节　良种繁育

1989年，农业部门派73人赴海南省东方县、临水县、禾东县及山西省永济县、忻州地区农科所等地进行两杂制种、育种，联合育出高粱、玉米晋杂9号两个新品种，此外还派16人赴山西省芮城县承包土地450亩进行育种，产优种8万千克。至此，兴县引进高粱、玉米制种技术，两杂种子在全县普遍推广。

在马铃薯育种方面，县科委和交楼申科研组选择本地红山药做母本，“南爵”山药做父本，用人工杂交的办法选育成功。所育杂交品种具有抗晚疫病、黑茎病，抗退化和早熟等优点。通过对比试验，上述杂交品种亩产达到2070千克，适宜大面积推广。两杂交种子和葵花种子除满足兴县需求外，还销往吕梁地区其他8个县和忻州地区。

2010年，全县共建立10个农业科技示范基地（其中玉米示范种植基地2个、马铃薯示范种植基地1个、大明绿豆示范种植基地2个），开展新品种、新技术引进和试验示范，取得明显成效。其中，瓦塘镇刘家峁村示范基地种植玉米“双惠二号”，单产达700千克，亩增产14.8%；种植大豆“中黄35号”，单产达240千克，亩增产50%；种植蓖麻“淄蓖5号”，单产300千克，亩增产66.7%；种植谷子“张杂5号”，单产达510千克，亩增产64.5%，均创历史最高纪录，发挥了示范带动效应。

兴县种植业主导优良品种以玉米、谷子、大豆、杂豆、马铃薯为主，近年通过实施测土配方施肥和玉米“一增四改”（农业部提出的玉米种植新技术，“一增”即合理增加玉米种植密度，“四改”即改种耐密型高产品种，改套种为平播，改粗放施肥为配方施肥，改人工种植为机械化作业）等新技术，共选定10个主导品种、15项技术，进行大面积推广。

第三节　良种推广

粮食作物优种

冬小麦　1990年前，兴县冬小麦主要推广“晋麦1号”“晋麦5号”“晋麦8号”“晋麦13号”等优种。20世纪90年代后大力推广“农大139”“北京10号”“北京6号”“晋中520”“东方红1号”“梧农3号”“太谷49”“华北187”“红皮老麦”等共13种。

春小麦　1990年前，兴县春小麦主要推广“晋春2号”“京红5号”“晋春3号”“墨叶”“墨波”“墨宅”等，20世纪90年代后推广“甘麦8号”“内蒙3号”“白欧柔”“小红皮”“玉兰麦”“施春2号”等共12种。

谷子　1990年前，兴县主要推广的良种有“晋谷10号”“选农3号”“里支谷”“承农2号”“晋谷4号”“晋谷1号”“白石炮”“延谷2号”“晋谷3号”“五安谷”“浑源谷”“繁峙谷”“灵丘谷”等，20世纪90年代后推广“黄支谷”“达谷”“一窝蛇”“红羊角”“内蒙八斗”“马鞭谷”“红旗1号”“沁州黄”“问地红”“东方亮”“一穗传”“晋谷21号”“龙爪谷”“黄熟谷”“红熟谷”“白熟谷”“钻头熟谷”“虎口红”“穿刺红谷”“五川谷”“张谷25号”等共34种。

2000—2010年，主要推广“沁州黄谷21号”“晋谷29号”“气死风”“日本132千斤谷”“晋谷10号”等优质品种。1995年，以罗峪口镇、东会乡为中心的优质谷子生产基地，大力推广种植“晋谷21号”2.27万亩，产品以高于市价0.2元回收，受到群众称赞。

高粱　1990年前，兴县推广的高粱主干优良品种有“晋杂2号”“晋杂4号”“晋杂5号”“晋杂6号”“晋杂7号”“遗杂10号”“黄软高粱”“白软高粱”“高杆高粱”等；20世纪90年代后，主要推广“牛心锤”“三尺三”“晋粮5号”“忻州52号”“7384”“香高粱”“本地红”“小黑高粱”“白软高粱”等，共18种。

玉米 1990年前，兴县推广的耐旱品种有“丹玉6号”“中单2号”“五灰白”“五灰黄”“忻黄单45”“雅尔42”“晋阳早单2号”“晋单12号”“忻黄单40号”“忻黄单17号”“晋阳早单4号”“中杂44”等；20世纪90年代后，主要推广“维尔156”“晋单5号”“晋单3号”“白单4号”“金皇后”“白马牙”“小玉米”“小黄玉米”“二黄皮”“红小玉米”“农大88”“双惠二号”“金03”“白330”“莫17”“埃及205”“唐四平头”“意大利黑白米”“白软甜玉米”“黄软甜玉米”等30余种。2009年，玉米新品种“农大88号”亩产达600~700千克。2010年，“玉米双惠二号”单产700千克，亩增产14.8%。

大麦 主要推广“春大麦”、“青稞”（露仁子）、“啤酒花大麦”3种，全县仅有零星种植。

莜麦 兴县东北部高寒冷凉地区宜种莜麦的乡村有魏家滩镇的王家畔、贺家梁村，恶虎滩乡各村、交楼申乡各村和东会乡各村。主要推广良种有“小465”“578”“五寨3分3”“大莜麦”“小莜麦”“重穗莜麦”等6种。1990年前，兴县东部山区大面积种植莜麦。之后，因产量低，效益差，全县莜麦种植面积逐渐减少。

荞麦 荞麦喜欢凉爽气候，兴县山区有零星种植。丘陵地区麦收后种荞麦产量高、效益好，药用价值较高。兴县推广荞麦良种有“大棱荞麦”“小棱荞麦”“苦荞子”等3种。

糜子 糜子加工去皮后叫黄米。1989年以后，兴县推广糜子良种有“红糜子”“黑糜子”“小青糜”“一点红”“小黄糜”“小红糜”“糜笤帚”等7种，因产量低，该作物种植面积逐年减少。

黍子 黍子加工去皮后叫软米（糯米）。1989年以后，兴县推广的黍子良种有“黄黍子”“白黍子”“黑黍子”“红黍子”“大灰洲”“金软黍”等6种。

大豆（黄豆） 1989—2016年，兴县主要推广的大豆良种有“晋豆1号”“拧脖子”“辽宁4号”“大黄豆”“白大黑豆”“绿大黑豆”“花大黑豆”“大黑豆”“羊眼大豆”“红皮大豆”“小白大豆”“7105”“绿黑豆”“小黄豆”“灰老婆”“鸡脖子”等16种。

绿豆 1989—2016年，兴县推广的绿豆良种有“小绿豆”“大明绿豆”“晋选2号绿豆”。其中，“大明绿豆”为兴县名优特产，远销省内外及东南亚各个国家和地区。“晋选2号绿豆”在全县种植面积较大，产量较高，效益良好。

小豆 1989年以后，兴县推广的小豆良种有“赤小豆”“黄小豆”“粘豆”“白芸豆”“花小豆”“黑小豆”“英国红芸豆”等7种。其中，“英国红芸豆”经兴县东山地区试种，较本地红芸豆可增产近3倍，价格平均高出0.2元左右，是兴县红芸豆更新换代的理想良种。1995年，全县共播种红芸豆1.02万亩，东会、交楼申、恶虎滩等乡均建立红芸豆百亩示范种植片。

豇豆 1989年以后，兴县推广的豇豆良种有“五寨豇豆”“红豇豆”“白豇豆”“花豇豆”4种。

红豆 1989年以后，兴县推广的红豆良种有“花红豆”“黑红豆”“紫红豆”“白红豆”“菜豆”等5种。

豌豆、扁豆、蚕豆 1989年以后，全县推广的豌豆良种有“春箭石”“黑绿豌豆”“花豌豆”3种；推广的扁豆良种有“黑扁豆”“花扁豆”2种；推广的蚕豆良种有菜豆、刀豆2种。

经济作物良种

油料作物 兴县油料作物包括胡麻、向日葵、蓖麻、油菜、黄芥、花生、芝麻7大类。1989—2016年，全县推广的胡麻良种有“兴县胡麻”“晋亚2号”“蒙亚6号”“多籽胡麻”4种，推广的向日葵良种有“兴县三道眉”“北葵”“墨葵”“大粒葵花”4种。1995年，全县推广的优种“三道眉”葵花种植面积达13.2万亩，总产量1403万千克，创收3000万元；推广的蓖麻良种有“塔穗蓖麻”“无刺蓖麻（和尚头）”“淄蓖5号”“红粒蓖麻”“黑粒蓖麻”5种；推广的油菜类良种有“奥罗油菜”“朱达斯油菜”2种；推广的黄芥良种有“兴县黄芥”“三壕黄芥”2种；推广的花生良种有“兴县大花生”“兴县小花生”“伏花生”“鲁花9号”4种。其中，高家村镇1995年种植的“鲁花9号”是农技推广中心从山东引进的出口优质花生良种，该镇示范种植50亩，效益良好。次年，全县建立1000亩“鲁花9号”生产基地，对种植多年已退化的陕西大花生予以更新换代。推广的芝麻类良种有“白芝麻”“黑芝麻”“黄芝麻”“驻芝2号”4种。

蔬菜　1989—2016年，兴县种植的蔬菜有甘蓝（茴子白）、苤蓝、萝卜、西红柿、茄子、甜椒、辣椒、西葫芦、黄瓜、窝瓜、韭菜、大葱、大蒜、架豆、大白菜、菠菜16大类。其中，推广的甘蓝良种有“京丰1号”“秋丰”“晚丰”“庆丰”“中甘11”5种，苤蓝良种有“张家口苤蓝”“大同苤蓝”2种，萝卜类良种有“心里美（露八分）”“粉白尖”“水萝卜”“鞭杆红”“齐头黄”“兴县蔓菁”6种，推广的西红柿良种有“特瑞皮克”“海红2号”“特选28”“特选105”“新选34”5种，推广的茄子良种有“九叶茄”“紫圆茄”“大红袍”“同丰37”“猪嘴”5种，推广的架豆类良种有“五月鲜”“七寸莲”“满架莲”3种；推广的大白菜良种有“太原二青”“晋菜三号”“抱头白”“直腿白”4种；推广的瓜类良种有“兴县西葫芦”“一窝猴”“早青一代”“阿太一代”“长春密刺（黄瓜）”“北京大刺瓜（黄瓜）”“苦瓜（黄瓜”）“兴县南瓜”“兴县北瓜”“兴县冬瓜”“丝瓜”“猪瓜（饲料瓜）”“禾瓜”13种。推广的辣椒良种有“青椒851”“青椒854”“中椒四号”“兴县辣椒”“北京八寸红”“金针”“牛角”“尖椒22”8种；推广的韭菜良种有“兴县韭菜”“山韭菜”“马莲韭”3种；推荐的葱、蒜良种有“紫皮葱头”“黄皮葱头”“高脚白”和兴县红葱、白皮蒜、紫皮蒜、山小蒜7种。此外，还推广了“尖叶菠菜”“内饲五号甜菜”“圆叶菠菜”“铁芋”“青芹菜”“小茴香”“香菜（芫荽）”“莴苣”“玉青”“青麻叶”“河头旱”等蔬菜良种11种。

薯类　1989年后，推广的马铃薯良种有“晋薯1号”“晋薯3号”“交薯16号”“东北白”“沙杂15号”“同薯2号”“5849混”“虎头”“紫花白”“洋葱白”“克新6号”“里外黄”“圆叶青”“五台白”“南爵”“胜利2号”“静石4号”“22季1号”等18种；推广的甘薯良种有“胜利1号”“徐薯18号”“红星王1号”“红星王2号”等。

水果：1989—2016年，重点推广了“早花”“中青1号”“核桃皮西瓜”“304”“灯笼红”“郑杂5号”“郑杂9号”“新红宝”“金钟冠龙”“无籽西瓜”等西瓜良种，“运密1号”“白沙密2号”“圣女（台湾）”“处留香（洋香瓜）”“新疆安甜3号网信甜瓜”“雪丽甜瓜”等甜瓜良种和“巨峰”等葡萄优良品种。

第四节　农田管理

耕作制度

20世纪50年代前，兴县耕作工具落后，水、肥短缺，土地利用系数低，一直沿用以秋杂粮为主的一年一熟传统耕作制度。种小麦仅为调节茬口、增肥地力，种植量少，产量低。进入21世纪后，兴县中部地区和沿黄河岸边的水地逐步变为一年二、三熟，城关、蔡家崖、魏家滩、瓦塘等乡（镇）有少数菜地为四熟。此后，实行产业、种植结构调整，耕作制度日趋合理。

轮作倒茬　根据气候特征和土地肥力情况，兴县普遍实行轮作倒茬。20世纪80年代末，水地主要以小麦与谷子、大麦与胡萝卜、马铃薯与白菜倒茬。丘陵地以大秋作物与小秋作物倒茬；夏粮、秋粮与马铃薯倒茬。除水地、坪地外，多数一年一作。随着农业科技的发展，轮作倒茬作物逐年增多，节省了耕地，增加了收入。

间作套种　即立体种植，传统方法是高低秆作物混种、套种，兴县当地称“寄籽”。如黄豆、黑豆与黄芥间作，豇豆与大豆间作，谷子与高粱间作，小麦与谷子间作，棉花与芝麻间作，向日葵与红豆（产籽红豆）间作，马铃薯地带小豆，谷子地带高粱，小豆地边畔种蓖麻，山地小麦带麻子或黄豆、谷子。

县农业技术推广站指导蔚汾镇、蔡家崖乡、奥家湾乡、恶虎滩乡实行套种，涌现出亩产超千斤村委30多个，成为全县典型。他们结合外地经验，把套种归纳为“二五畦”“五五畦”（如玉米或高粱高秆作物与低秆作物套种，二尺种玉米，五尺种小麦，或玉米、小麦各五尺）等方式向全县推广。

高粱、玉米间作黄豆，小麦套种玉米，玉米套种豆类、马铃薯等。间作、套种能充分利用土地和光照，形成田间生态系统良性循环。

栽培技术

自古以来，兴县农民就重视田间栽培管理，农谚称："秋翻一亩地，多产百斤粮，要想好捉苗，必先翻好地""耕地深一寸，抵上一茬粪""一深二细三均匀，打碎坷垃耙耱平""麦种深、谷种浅、糜黍盖住半个脸"。农民在长期实践中总结、形成4种播种方法：一是耧播，多用于糜谷、高粱；二是撒播，即将种子撒于地面后耕翻入土，多用于豆类、麻子、黍子、黄芥等作物种植，但糜、谷、黍、黄芥必须先翻好地、耙耱平，不能深种；三是点播，跟犁点籽入土，多用于马铃薯、红豆、豇豆、黄豆等作物播种；四是坑种，即先在地上挖坑，将粪撒入坑内与土拌匀，再将种子或切好的薯类块茎放入盖好土，其优点是出土早、出苗好、产量高。中耕有"头锄破苗、二锄深、三锄挖通要搜根，过垄苗匀草要净，培土上印摇不动"的要领。小苗4～5片叶时即行小锄间苗；6～7片叶时定苗；7～8片叶时追肥、培土和浇水（有条件的），后期再作浅锄，以扶持被狂风暴雨吹倒之苗，有益于高产。

进入21世纪后，全县普遍实行合理密植。玉米亩留苗2400株，密度增加1倍以上。山地玉米亩留苗5000～6000株。水地高粱亩留苗1万株，旱地亩留苗7500株，苗增1倍以上。

肥料施用

传统施肥　兴县传统农家肥有人粪尿、垫厩土、炕土、沤肥等。肥料泡制力求精细，达到黑、烂、臭标准。施肥方法有三：一为撒肥，耕地前将肥料（包括化肥）撒在地面翻耕入土；二为坑施肥，即种植时跟犁沟撒肥入土；三为条施肥，即整地开沟后，顺沟施肥、下种。

1989年，全县平均亩施肥25千克，并普及于山庄窝铺，施用方法也逐步改进，肥效不断提高。水地、坪地、高产地亩施量达28千克左右。1991年，全县亩均施用化肥（以氮肥、磷肥为主）34.4千克，但由于遭受严重旱灾，粮食、油料产量分别比上年减产49%、38%。1993年，全县亩均施用化肥25.6千克，由于4.6万亩谷子、玉米等粮食作物遭受严重雹灾减产，绝收面积达1.4万亩，粮油总产7624.3万千克。

科学施肥 进入21世纪，全县农村开展了科学施肥试验，先搞示范点，后在面上推广。2000年，全县创建50个技术示范点和精品开发基地，其中恶虎滩和蔡家崖乡采用配方施肥、植物生产调节剂以及生物菌肥等多项综合配套技术，获得玉米亩产600千克，谷子亩产400千克的好收成。农业部门在恶虎滩乡刘家湾村、交楼申乡马家窑村、城关镇的河儿上等村实施“沃土工程”示范点，推广配方施肥、平衡施肥、化肥深施及施用菌肥、微肥、激素等科学技术，丰产效益十分明显。

2009年，全县继续深入开展测土配方施肥工程。此项工程围绕“测土、配方、配肥、施肥、指导”5个环节开展。是年，根据不同区域的土壤类型和植物种植特点，布置玉米、马铃薯“3414”田间肥效试验（2006年农业部印发的《测土配方施肥技术规范（修订稿）》中推荐的应用较为广泛的肥料效应田间试验完全方案，其中“3”指氮磷钾3个因素，“4”指4个水平，“14”指14个处理方法）20个，配方校正试验42个，建立测土配方施肥数据库1个，完成农户测土配方施肥准确度评价调查100户，设立农户施肥长期观察点50个（包括5个国家级监测点），制定配方并发放施肥建议卡5万份，在全县推广测土配方施肥面积达到40万亩，其中玉米15万亩、向日葵5万亩、马铃薯10万亩、其他10万亩；共投入各类农用资金6000多万元，施用化肥2.1万吨，其中碳氨1.5万吨、磷肥0.3万吨、二胺0.2万吨、尿素0.1万吨；铺地膜80吨，施用农药15吨、农家肥4000万担。项目区肥料利用率提高3.6个百分点，亩增效34.2元，总增效1368万元。2010年，全县按照年度测土配方施肥项目实施方案，推广测土配方施肥面积45万亩，建立示范村122个，实施190个村，制作发放施肥建议卡2万份，完成10个田间肥效小区“3414”完全试验和10个配方校正试验，完成600个土壤样品采集、养分数据检测，实施测土配方施肥1.02万亩，秸秆还田1043亩，施用商品有机肥3485亩，全年施用化肥2.1万吨、农药15吨、农家肥4000万担，铺用地膜80吨。2011年，按照整村、整乡（镇）、整建制推进测土配方的总体要求，着力推进测土配方施肥普及行动，建立瓦塘、魏家滩、蔚汾、康宁、罗峪口、蔡家会6个镇配肥站点，向农民提供数字化、智能化的配肥供肥服务，指导农民科学施用掺混式配方肥，收到良好效果。2012年，推广测土配方施肥面积80万亩，其中马铃薯15万亩、玉米20万亩、谷子15万亩、豆类29万亩、蔬菜1万亩，推广应用配方肥 5000吨；针对性地为2个万亩示范区、15个村级示范片、300亩蔬菜开展测土配方施肥个性化服务。2013—2016年，全县年均施用配方肥5000吨、化肥1.95万吨、农药8.5吨、农家肥3650万担，铺地膜82.5吨。

第五节　植物保护

病虫害防治

1989—2016年，兴县防治病虫害，以物理、生物、化学各项措施综合应用为主。其中，防治小麦条锈、秆锈、黄矮病、果粉病等病害，主要采用人工拔除中心病株，或用伏矾酸、乐果喷洒病株；防治玉米常见的黑粉病（黑霉病）等病害，主要采用轮作倒茬、更换优种、撒毒土和农药拌种等方法；防治高粱黑穗病，主要采取倒茬换种，或用萎锈灵、防穗铵拌种等方法；防治马铃薯退化病、晚疫病和坏腐病等病害主，主要采取调换优种（从冷凉地调种）、药剂拌种、拔除病株、小健薯整播晚播留种及高温沤制有机肥料等方法；防治瓜类、豆类、谷物、马铃薯等作物病害，主要采用喷撒“乐果”“1605”“666”“敌百虫”等药剂灭杀病害。农村普遍施用氟化乐果，敌杀死、速灭杀丁、多灭灵拌种霜、除草醚、王气硝基苯、磷氨乳油、久效灵等20余种杀虫灭草灭菌剂，有16种属高效低毒低残留农药，防治病虫害成效明显。其中，1995年全县累计进行病、虫、草、鼠害综合防治62.35万亩，灭鼠9.9万只，挽回粮食损失917吨。

地膜覆盖

兴县地膜覆盖经历了由小田试验到大面积推广，由覆盖棉花、瓜菜到覆盖玉米等粮食作物的过程。1989年，全县地膜覆盖面积达9860亩，为1986年881.5亩的11.19倍，增加收入200余万元，其中瓜菜亩收入达500多元。进入21世纪，地膜覆盖发展到小弓棚、大弓棚、日光节能温室等科技新模式。2000年，全县地膜覆盖推广面积达8.5万亩。2016年，县政府出资100万元予以补助，激励了广大菜农新建大棚的积极性。魏家滩、高家村、蔚汾镇、蔡家会、瓦塘、蔡家崖、孟家坪等乡（镇）共建成日光节能温室230座，其中蔚汾镇、蔡家崖乡建成移动大棚30座。

第三章　畜牧养殖业

第一节　养殖品种

畜、禽养殖

1989—2016年，全县畜牧养殖种类以肉牛、生猪、绒山羊和蛋鸡为主，大畜中兼有极少量驴、马、骡，小畜中还有极少量家兔饲养。

1989—2016年兴县主要畜禽饲养量统计表

表8-3-1-1　　单位：万头、万只

年份	大畜	羊	生猪	兔	蛋鸡	年份	大畜	羊	生猪	兔	蛋鸡
1989	4.09	30.61	3.66	—	31.53	2004	2.26	11.15	3.15	—	—
1990	2.8	20.98	1.73	—	—	2005	3.98	34.78	3.9	—	46.66
1991	2.81	21.4	1.8	—	—	2006	3.28	37	8.05	0.19	47.8
1992	2.72	19.13	2.02	—	—	2007	1.87	24.27	3.02	0.05	—
1993	2.76	—	2.1	—	—	2008	3.4	42.36	6.57	—	57.93
1994	3.68	32.5	5.17	—	37.08	2009	2.9	36.53	7.37	0.19	72.93
1995	3.83	30.27	5.17	—	33.78	2010	2.9	36.87	7.43	0.19	68.93
1996	3.04	32.04	4.94	0.41	24.03	2011	3.56	36.49	7.08	0.02	60.99
1999	2.55	23.24	2.15	—	—	2012	2.89	41.82	8.44	—	71.12
2000	2.66	34.5	4.7	0.32	34.56	2013	4.19	47.28	9.26	—	76.9
2001	2.4	25.12	2.74	—	29.77	2014	4.15	47.32	9.32	—	76.94
2002	2.71	36.22	5.98	0.39	31.26	2015	3.98	47.78	9.44	—	71.74
2003	2.16	9.37	2.65	—	—	2016	3.22	49.61	7.96	—	79.39

注：表中饲养量为当年出栏数加年末存栏数

蜜蜂养殖

1989—2014年，兴县累计养蜂22779箱。其中，1989—2000年末累计养殖

9480箱，2001—2010年养殖12910箱，2011—2014年养殖389箱。 蜂蜜总产量45 万千克，总收入约1343万元。

第二节　饲草饲料与饲养方式

饲草饲料

兴县大畜饲草，夏秋两季以青草为主，如芦苇草、山榆叶、白茅草、野苜蓿（俗称黄贝）为上等野草，高秆草必须切碎饲喂。大畜使役期还加饲麦麸、玉米、黑豆、黄豆等饲料。猪的饲料以作物粉碎的秸秆、红薯蔓、花生皮、树叶、苦菜等为主，有条件者加饲粉渣、豆腐渣；催肥期间还加饲玉米、红薯、马铃薯等饲料。羊以放牧为主，春冬季饲喂，则以麦秸、谷秆、糜黍秆、玉米秆、豆角皮为主，同时加饲黑豆或黄豆等饲料。鸡的传统饲料是粮食和农产品加工残渣，除麦麸、糜谷糠和粮食外，还饲喂棉子饼、豆饼、花生饼、芝麻饼等各种油糟饼（加工植物油后产生的糟渣）。

饲养方式

传统散放养殖　兴县传统养殖大、小家畜及家禽，均以散养放养为主，尤其牛、羊等多为散放牧养。自20世纪80年代农村实行生产责任制后，出现不少养羊、羊猪、养鸡专业户。其中，1989年，全县涌现出各类养殖专业户390户。养殖规模的扩大催生了新的养殖模式——规模化舍饲养殖。

规模化舍饲养殖　20世纪90年代，县委、县政府鼓励发展规模养殖，印发《关于加快发展畜牧业的决定》，制定了一系列优惠措施：各乡（镇）对规模养殖户和加工户无偿或低偿提供场地，以适应规模化养殖和畜产品加工企业对场地的需要；对宜牧山坡、草地拍卖或租赁，期限30年至50年；鼓励群众种草养畜，并在3年内免征农林特产税；在资金上保证畜牧业的专项资金及时足额到位，并在农发基金中切出一定数量的资金用于畜牧养殖实用技术的推广，不断推进全县畜牧业由传统的一家一户散养型向舍饲为主的规模化、集约化方向转变。

由1994年末，全县规模养殖户增至1292户，其中养牛5头以上的有109

户，养羊200只以上的有35户。奥家湾乡吕家庄村农民吕怀义购买“四荒”（荒山、荒坡、荒沟、荒滩）500亩，创办家庭养殖场，养牛50头、羊50只，年收入7万余元；木崖头乡王家畔村民张候鸡一家养羊380只，年增收4.3万余元。

1996年，根据山西省和吕梁地区关于大力发展畜牧业的会议精神，全县积极参与畜牧业“两高一优”（高产、优质、高效）开发工程和“丰收计划”活动，坚持整体推进、重点突破的方针，重点抓了以“三养”（养牛、养羊、养猪）工程为主的基地建设：在木崖头、恶虎滩、交楼申、东会、固贤等东山5乡建立绒山羊养殖基地；在县川中部和西川各乡镇建立生猪养殖基地：在贺家会等7个乡（镇）建立养牛基地，给全县养殖业起了示范作用。至年底，全县建立百头猪场2个、50头猪场4个，有规模养殖户80户；有养羊专业村7个，专业户发展到30户，连同普通养殖户共有488户。木崖头乡在绒山羊养殖典型王家畔村的带动下，全乡出现村村办羊场、家家养绒山羊的良好局面。

2000年，重点扶持区域性家庭养殖、秸秆微氨化养殖，扶持优质饲料的生产，加快全县牛、羊草食家畜的发展。

2002年，全县新增各类养殖户120户，建设示范养殖场2个、示范养殖基地2个，推动畜牧业向区域化、专业化和产业化方向发展。

2005年，县畜牧局出台解决林牧矛盾、实现生态与畜牧协调发展的优惠政策，引导养畜户购买“四荒”和小流域，大面积种草，新建饲养圈舍，坚持半舍饲半放牧相结合的方式，稳步推行规模养殖。该年全县规模养殖户发展到1340户，涌现出蔡家崖乡池家梁养猪村、交楼申乡雷家沟养羊村、蔚汾镇南瓦窑养鸡专业村、吉宏养殖加工有限公司、草畜良种繁育基地等规模化舍饲养殖典型，形成以交楼申、恶虎滩、东会、固贤、贺家会、孟家坪、赵家坪、魏家滩、瓦塘、康宁10个乡（镇）为主的肉羊和绒山羊舍饲、半舍饲养殖小区，全县规模化舍饲养殖经济效益、生态效益、科技含量和无公害程度都得到明显提高，畜禽存栏量不断增大。

2010年，按照山西省和吕梁市关于养殖小区项目建设标准和要求，全县建成标准化养殖小区8个。其中，绒山羊养殖小区6个，即赵家坪乡黄家洼红旗养殖合作社标准化绒山羊养殖小区、蔚汾镇南寨则村标准化养羊合作社绒山羊养殖小区、康宁镇王家会村标准化绒山羊养殖小区、奥家湾乡峁底村长城养殖合作社标准化绒山羊养殖小区、康宁镇花子村恒祥合作社标准化绒山羊养殖小区、蔡家会镇大渡山农牧专业合作社绒山羊养殖场等，这些养殖小区饲养圈舍面积均达1500平方米以上，绒山羊年存栏在300只以上；生猪标准化养殖小区1个，即康宁镇前红月村红星合作社生猪标准化养殖小区，生猪年存栏在400头以上；标准化蛋鸡养殖小区1个，即兴康农牧合作社养鸡场，年存栏蛋鸡3万只以上。

该年，兴县县委、县政府选择生产基础好、养殖规模较大的12户舍饲圈养大户予以大力扶持。首先与县联社协调小额贷款，为圈养大户解决发展资金100万元；其次，组织养殖大户参加省、市、县举办的各类养殖技术培训，赠送养殖技术书籍，促进了舍饲养殖业的进一步发展。

“公司+农户”联合养殖　2012年开始，随着养殖规模的不断扩大，部分乡（镇）或养殖区实行“公司+农户”联合养殖模式，即由一个公司统一提供仔畜、饲料、防疫药品等公共服务，然后分散到若干农户具体养殖；公司统一回收养殖户成品，并负责加工销售。这种模式体现了公司与农户各司其职，共同赢利的特点。

2015年，由昌兴农牧发展有限公司和黑茶山林牧专业合作社引进湖羊2000只，在全县推广“1264”（1个养殖户，饲养20只基础母羊，年出栏60只育肥羔羊，可增加纯收入4万元）湖羊养殖模式。

2016年，新大象农牧集团以6万头种猪生产基地为载体，按照“公司+农户”的发展模式，通过实施“五统一、三支持”（公司统一提供仔猪、统一提供饲料、统一提供药品、统一制订防疫程序、统一回收；仔猪价格支持、饲料价格支持、回收价格支持）的优质服务，向全县提供优良种猪1.2万头，全县生猪饲养量达到3.5万头，年产值达3500万元。

第三节　部分养殖企业简介

兴县高效生态养羊繁育示范基地

位于魏家滩镇白家沟村，创建于2002年7月，为股份制养殖企业。该企业于2006年至2007年投资654万元进行扩建，2008年投产，绒山羊和波尔山羊等优种羊饲养量增至5000只，每年向社会提供优种羊3000只，带动1630户农户致富。

黑茶山肉羊养殖场

位于东会乡鱼湾村，创建于2009年，由黑茶山林牧专业合作社（股份制）经营，有养殖圈舍30间1520平方米。每年繁育优种肉羊1000只，带动养殖户100余户。

2011年，该养殖场共出栏肉羊1000只，产值达到120万元，实现销售收入100万元、利润30万元，缴税7.5万元。

兴茂种养殖专业合作社生猪养殖场

位于康宁镇新庄村，创建于2016年3月，当年存栏能繁母猪530头，出栏2200多头，实行销售收入700余万元。

新大象农牧发展有限公司种猪繁育基地

创建于2014年8月，位于康宁镇曹家坡特色农业园区，是专业化、现代化种猪养殖繁育基地，年向社会提供优良种猪1.2万头、商品猪3.5万余头，年均产值3500万元，同时带动周边村庄800户农民种植玉米，年可引导农民创收3000余万元。

万锦禽业专业合作社

位于交楼申乡奥家滩村，创建于2012年，占地面积40亩，有养殖圈舍6100平方米（包括饲料库与加工房），为兴县蛋鸡养殖规模最大企业。2016年，该合作社共养殖蛋鸡5万只，产销鲜蛋770吨，实现销售收入540万元。

第四节 肉、蛋、奶及绒毛产量

畜禽养殖是全县广大农民增收的重要源泉。1989年，全县肉类总产135万千克，鸡蛋总产79万千克。

1993年，全县肉类总产266万千克，蛋、奶总产109.75万千克。

2016年末，全县肉类总产达982万千克，比1989年增长6.27倍；蛋、奶总产达622万千克，比1989年增长6.87倍。

1989—2016年兴县肉、蛋、奶及绒毛产量统计表

表8-3-4-1 单位：万千克

年份	肉类产量	鸡蛋产量	奶类产量	绒毛产量	年份	肉类产量	鸡蛋产量	奶类产量	绒毛产量
1989	135	79	—	12.82	2004	335	223	10.2	14.8
1991	35.6	0.3	—	—	2005	457	330	32.3	23.4
1992	85.6	1.1	—	—	2006	553	371	64.5	24.3
1993	266	103	6.75	—	2007	425	801.4	64.3	—
1994	359	106	4.2	3.67	2008	422	371	10.4	36.7
1995	366	110.8	3	2.01	2009	812	431	75.6	38.7
1996	369	120	5.1	4.7	2010	820	510	369.3	40
1998	380	78.8	—	—	2011	761.3	641	54	38.9
1999	324	54.5	1.3	—	2012	1120	971	68.5	39.5
2000	425	125	3	4.8	2013	1130	973.5	16.5	39.8
2001	403	97.3	3.1	14.81	2014	1140	976	17.2	40.5
2002	738	137	7.2	18.6	2015	970	571	30.8	41.3
2003	312	90.3	—	—	2016	982	591	31	41.6

第五节 品种改良

1989年春季，县畜牧局66名专业科技人员深入交楼申、康宁、东会、固贤、贺家会5个乡（镇）12个村进行绒山羊改良、快速养猪、笼养鸡、尿素饲喂牛、羊等各项先进饲养技术的培训与传授，累计培训绒山羊改良、快速养

猪、尿素喂牛羊（育肥）等农民技术员620人次，讲述技术材料和口头传授3000人次，印发专题技术资料2000份，并为390户养殖专业户提供无偿技术咨询服务。本次共完成黄牛改良2510头、绒山羊改良1.25万只。

1999年，县畜牧局采取抓点带面、引入优种与改良土种相结合的办法，继续抓绒山羊改良与黄牛改良。其中，绒山羊改良结合秸秆养殖的实施，在县东山地区和西南片的11个乡（镇）设立35个绒山羊改良示范点，确定75户绒山羊改良示范户，带动开展绒山羊改良工作，全年完成绒山羊改良4.25万只。

同年，县畜牧局改良站在东会、固贤、康宁、贺家会乡（镇）设立4个冷输中心，建立4个黄牛改良示范点，完成黄牛改良3740头（冷输中心完成1100头）。

2002年，县畜牧局全年改良黄牛3750头、绒山羊3.09万只。2004—2008年，全县累计完成黄牛改良2.02万头，其中冷配7682头；累计完成绒山羊改良16.4万只，胚胎移植纯繁波尔山羊45只，引进优质绒山羊4082只；改良瘦肉型猪3.74万头，引进杜洛克、长白等优质种猪372头；推广优质雏鸡66.1万只，进一步提高了全县畜禽良种覆盖率。

2009年，吕梁市和兴县畜牧部门为康宁镇花子村养殖场、蔚汾镇寨子沟养殖场、康宁镇红月村养殖场、奥家湾乡峁底村养殖场、康宁镇王家会羊场、赵家坪乡黄家洼羊场6个养殖小区引进6只陕北白绒山羊种公羊，促进良种繁育，规模和档次达到省级标准。2010年，全县引进优质绒山羊1.2万只、种猪3700头、种鸡3万羽，完成黄牛冷配改良1.2万头，初步实现畜禽品种良种化。

2015年，进一步完善县乡黄牛改良网络，全年培训黄牛改良技术人员12名，完成黄牛冷配3590头。

第六节　畜牧管理

市场管理

1993年，县畜牧局组建兽医卫生监督检验所（与动物检疫站一套人马、两个机构），负责监督检查畜、禽及其产品。共查处违章案件15起。

1994年，县畜牧局兽医卫生监督检验所对全县饲料生产厂制定标准化饲料配方，对原料和配合饲料抽样检验，杜绝了伪劣饲料产品销售。全年检查20次，查处违章案件9起。

1995年，县兽医卫生监督检验所核发14家兽药经营许可证，没收伪劣兽药共计标价4000元。

1996年，县畜牧局出动宣传车24辆次，大力宣传畜牧兽医有关法规，发放宣传材料4000份，举办广播讲座12次。

1997年，县兽医卫生监督检验所对全县经营兽药和添加剂的饲料厂、个体户检查验收，没收个别经营户非法经营的疫苗，净化了兽药市场。

2000年，县畜牧局加大依法治牧力度，大力宣传贯彻《中华人民共和国动物检疫法》《山西省动物防疫条例》，出动宣传车20次，印发传单3000份。

2001—2005年，县畜牧服务中心每年出动宣传车20多辆次，宣传贯彻落实《饲料和饲料添加剂管理条例》《乳品质量安全管理条例》，对全县饲料经营户和奶牛养殖户进行相关法律知识宣传。重点开展了“三无”饲料和问题乳粉的清查清缴工作，共查处、销毁问题乳粉250千克。

2006—2016年，县动物卫生监督检验所每年组织执法人员督查饲料、兽药经营门市和奶牛养殖户，建立健全各项档案和相关记录，并与经营户和养殖户签订质量安全承诺书。

动物检疫

1985年，县动物检疫站成立，开始对全县牛、羊、猪、鸡等畜禽动物进行市场检疫和产地检疫。对所屠宰的生猪查验产地检疫证，无证必补检。

1989年，全县共设立定点屠宰点24个（乡镇所在地），每个屠宰点配备检疫人员2～3人，随宰随检，有宰必检。全年共检疫活畜禽5.3万头（只），检出、处理病畜禽670头（只）；检验肉类215.2吨，检出、处理病畜肉6.11吨；检疫消毒毛、骨、蹄、肉5吨，皮张3000张。

1999年，县动物检疫站累计出动车辆80辆次，播放广播录音及电视专辑20余场次，散发动物防疫宣传单3000余份。全年完成活畜禽检疫4.79万头

（只），其中产地检疫2.59万头（只），分别超任务的19%和30%；完成肉类检疫35万千克，超额完成任务2.5倍；实现检疫收入2.1万元，超任务5%。

2002年，县动物检疫站完成动物检疫6.1万头（只）、肉品检疫100吨。2003年，县动物检疫站检疫大畜3100头、中畜7350头（只）、鸡3.01万只，牛、羊皮1.24万张，羊毛22.5吨、肉类6280吨。

2005年，县动物检疫站装备了10个中心站，配备了工作器械和冷链设施。新建的兴神黄河大桥监督检查站也投入使用，全年为过往车辆消毒5600车次，完成出入境检疫6.3万头（只），累计检疫产地畜禽18.2万头（只），其中规模场检疫8.4万头（只），检疫率达到85%；散养户检疫率达到47%以上，肉品检疫2350吨，皮张、绒毛检疫22.1吨，保障了出入境畜禽及其产品的安全。

2006年，动物检疫站完成产地畜禽检疫21.2万头（只），检疫率达65.3%；完成肉品检疫2523吨，皮张、绒毛检疫172吨；完成出入境检疫17.5万头（只），消毒过往载畜车辆5689车次。

2008年，动物检疫站完成产地畜禽检疫22.13万头（只），检疫率达75%；完成肉品检疫2534吨，皮张、绒毛检疫184吨；完成畜禽出入境检疫18.6万头（只），过往载畜车辆消毒6846车次。

2010—2016年，县畜牧局强化检疫监督，严防疫情传播，对出栏动物到场到户实施产地检疫，养殖场（户）产地检疫率达85%；对屠宰场严格执行台账登记和承诺公示制度，凡入场动物均严格查验其检疫合格证明，屠宰检疫率达100%；严肃查处屠宰、转卖、加工、经营、运输病害动物及动物产品的违法活动，实现全年无病害动物入境和有害产品出现的目标。

疫病防治

每年春、秋两季是畜禽重要防疫期，县畜牧部门组织力量对全县的畜禽进行防疫注射，并通过普查和治疗，减少畜禽疫病的发生和蔓延。其中，1989年，全年注射猪瘟疫苗2.97万头次，注射密度96%；注射鸡新城疫苗21万只（份），防疫密度达60%；注射羊三联苗2.61万份，畜禽体内外驱虫3.5万头（只）。

1990—1996年春秋两季，县畜牧局组织防疫队伍深入各乡（镇），宣讲防疫有关政策法规和指示，宣传防疫措施并给畜禽注射疫苗，确保畜牧业健康发展。

1999年，全县累计注射猪瘟疫苗4.81万头，防疫密度达92%；注射鸡新城疫Ⅰ系苗18.43万只，防疫密度为54%；进行猪肺疫免疫3762头、猪丹毒免疫769头、仔猪副伤寒免疫4539头、羊痘免疫4800只；注射布病疫苗2.09万只（头），巴氏杆菌疫苗9691头；采用高效、广谱的虫克星进行畜禽体内外驱虫，累计达18.35万头（只），猪程序化免疫1892头，鸡程序化免疫1.8万只。该年，全县未出现布病和巴氏杆菌病。

2000年，全县畜禽免疫中，共注射羊2.6万只、牛8000头、猪3.15万头。同年发生猪口蹄疫，共扑杀病猪44头，并作深埋和消毒处理。

2002年，全年完成猪瘟疫苗注射53278头，完成任务的95.2%；鸡瘟疫苗注射20.15万只，完成任务的95.6%；牛疫苗注射3.64万头次、猪疫苗注射5.67万头次、羊疫苗注射26.09万只次，全部完成年度防疫任务。另外完成布病疫苗注射羊3.02万只、牛1246头，完成任务的90.6%和92%。2005年，县畜牧服务中心保质保量完成了春、秋两季常规性防疫和突发性免疫工作。其中，春季完成口蹄疫苗注射牛1.01万头、羊1.02万只、猪1.67万头，免疫密度达到100%；猪瘟免疫1.63万头，免疫密度达97%；鸡新城疫免疫11.23万只，免疫密度达到95%；猪肺疫、丹毒免疫1.43万头，仔猪副伤寒免疫4231头，羊痘免疫1.52万只；消灭毒源11.23万平方米，耳标佩戴率达到85%。秋防完成口蹄疫牛免疫注射2.63万头、羊免疫注射17.65万只、猪免疫4.12万头，免疫密度都达到100%；鸡新城疫免疫24.99万只，免疫密度达到95%；猪三联免疫密度达到95%，消毒圈舍25万平方米。2006年，全县禽流感免疫、口蹄疫免疫均达到100%，猪瘟免疫率95.2%，鸡新城疫免疫率96.4%，羊布病免疫率80%。

2010年，县、乡两级畜禽防疫责任人带领防疫人员按照“村不漏户、户不漏畜、畜不漏针”的防疫要求，逐村、逐户进行畜禽免疫。全年完成口蹄疫免疫牛4.4万头、羊49.4万只、猪6.36万头，免疫密度均达到100%；猪瘟、蓝耳病各免疫3.19万头，其密度均达到100%；耳标佩戴率达87%；禽流感、鸡新城疫免疫各61.56万只，免疫密度均达到100%。

2015年，全县禽流感、鸡新城疫免疫各73.75万只；口蹄疫免疫牛5.37万头、羊67.51万只；猪口蹄疫、蓝耳病、猪瘟各免疫8.17万头，免疫密度均达100%，免疫抗体合格率达88.7%，耳标佩戴率达85.3%。

2016年，狠抓重大动物疫病防控，全县禽流感、鸡新城疫免疫各72.76万只；口蹄疫免疫牛5.37万头、羊68.52万只；猪口蹄疫、蓝耳病、猪瘟各免疫8.79万头，免疫密度均达100%，免疫抗体合格率达到88.6%，耳标佩戴率达到85.9%。

技术服务

20世纪80年代始，兴县畜牧业得到长足发展，各类先进的饲养技术不断推广应用。1989年，全县开始推广笼养鸡、快速养猪技术和黄牛冷配技术，同时推广配合饲料。全年培训快速养猪、绒山羊改良、尿素喂牛、羊等农民技术员620人，印发专题宣传资料2000份。1995年，畜牧局科技人员下乡指导养殖技术，共培训技术员2500人次，发放技术资料3000余份。

1999年，县畜牧局采取以站承包、责任到人和职、绩、酬挂钩的办法。县畜牧局领导带技术员深入乡村技术承包点140余人次，联系53个点，涉及150户，共举办各类型技术培训班80余期次，印发技术资料与传单5000余份（册），培训农民5000余人次。全县绝大多数规模养殖户、重点养殖户普遍掌握3~4项畜牧养殖实用技术。

2004—2008年，畜牧服务中心（2002年3月由畜牧局改建）累计培养和推行饲草料青贮、氨化试点村34个，黄牛改良试点村47个，开展分区域、分层次、分专业的技术培训36次，累计培训6000余人次，并且实行县、乡两级技术人员技术服务承包责任制。

至2016年底，全县农村畜牧科技人员增加至8000余人；有养殖专业村53个、民营畜牧企业5户，规模养殖户达到1500余户；有绒山羊标准化养殖小区12个、生猪标准化养殖小区3个。

第四章 “8+2”特色农业产业化发展

农业产业化发展，是以市场为导向，以龙头组织为依托，以经济效益为中心，以系列服务为手段的综合发展。从20世纪90年代中期开始，全县按照山西省和吕梁地区（市）关于特色农业产业化发展要求，积极探索构建“8+2”特色农业产业化（大力发展以杂粮、核桃、红枣、食用菌、林下中药材、马铃薯、设施蔬菜、畜牧养殖为主的八大产业，狠抓农产品加工龙头企业与品牌市场两个关键环节）发展模式。

第一节 杂粮产业

杂粮种植基地建设

杂粮种植示范片区建设　谷子高产示范片区建设工程：2011年主要创建1.13万亩高产示范片区，涉及魏家滩镇、蔡家崖乡、孟家坪乡3个乡镇、23个村，1400户。其中，在魏家滩镇九元坪村建立谷子百亩攻关示范片；在孟家坪乡李家坪村和胡家塔村建立谷子千亩核心示范片。在谷子万亩核心示范片区，每亩产量达430千克，比上年提高5%；千亩核心示范片区，每亩产量469千克，比上年提高15%；在谷子百亩攻关片，每亩产量为510千克，比上年提高25%。2013年，全县共创建谷子高产示范片区面积1.16万亩，涉及蔡家会、贺家会、孟家坪3个乡镇19个村1236户；该万亩谷子片区内，谷子亩产291千克，比邻近非示范区每亩增产51千克；增产60万千克，总增收420万元。在蔡家会镇唐堂宇村建设1个谷子百亩攻关片，亩产谷子345千克。在孟家坪乡李家坪村创建1个谷子千亩核心示范片，谷子亩产312千克。2014年，在赵家坪乡、贺家会乡、蔡家会镇和孟家坪乡创建2个万亩谷子高产示范区。

其中，在赵家坪乡西塌村建设谷子百亩攻关片，单产比上年提高10%以上；在西塌村、温家塌村和武家岇村创建一个谷子千亩核心示范片，单产比上年提高8%以上；在贺家会乡创建晋谷21号示范园区2000亩，在孟家坪乡创建200亩绿色谷子示范园区。

肾形大豆示范种植园区：2014年，主要在瓦塘镇、魏家滩镇创建肾形大豆示范园区3000亩；在赵家坪乡、贺家会乡创建2.5万亩杂豆生产基地。

玉米及莜麦等杂粮生产基地：2014年，主要在东会乡、交楼申乡创建1万亩莜麦生产基地。

2016年，全县粮食作物播种面积达95万亩，其中在贺家会乡、孟家坪乡、蔡家会镇等10个乡镇创建面积达5.9万亩的谷子规模化种植示范区，带动了周边区域的增产。

在上述杂粮种植基地，县财政划拨专项资金1000多万元，对杂粮产业进行了帮扶激励，共为种植户提供优种1.95万千克，提供有机肥、复合肥264万千克，畜力播种耧151台（套）。全县谷子万亩高产示范片区谷子单产水平比上年提高5%以上。

农业科技标准化示范工程　2011年，全县共建立1个综合试验示范基地和10个试验示范基地。综合试验示范基地在蔚汾镇公义村，试验面积42亩，试验作物4种21个品种（玉米10个、蓖麻3个、谷子4个、马铃薯4个），其中玉米亩产量650千克，张杂谷亩产360千克、晋谷系列亩产310千克。10个试验示范基地涉及玉米、谷子、大豆、马铃薯、绿豆五大主导产业，分布在全县8个乡镇。2013年，全县共建立2个试验示范基地和1个农业科技标准化示范展示区。2个试验示范基地分别为孟家坪乡山头村大豆示范种植基地、贺家会乡安月村玉米示范种植基地，每个示范基地面积100亩；1个农业科技标准化示范展示区为康宁镇花子村农业科技标准化示范展示区，面积50亩，主要展示玉米品种12个、谷子品种9个、大豆品种7个。在此试验示范基地内，玉米亩产达到650千克；张杂谷亩产达到360千克，晋谷系列亩产达到350千克；绿豆亩产达到120千克，大豆亩产达到140千克。

杂粮基地综合生产能力建设工程　测土配方施肥工程：2011年，按照整村、整乡（镇）、整建制推进测土配方的总体要求，全县建立了瓦塘镇、魏家滩镇、蔚汾镇、康宁镇、罗峪口镇、蔡家会镇6个镇配肥站点，向农民提供数字化、智能化的配肥供肥服务，指导农民科学施用掺混式配方肥。全年完成测土配方施肥面积23万亩，测土配方施肥示范村达到100个。2013年，全县完成测土配方技术推广任务67万亩，占年任务的100%。其中，粮食作物64万亩、红枣2万亩、设施蔬菜1万亩。全县完成配方肥应用面积50万亩，占年任务的近2倍。

中低产田改造工程：利用土地出让金在固贤乡甄家庄村实施5000亩中低产田改造项目。改造中主要采取里切外垫、平整地面，使用抗旱保水剂、增施有机肥、秸秆还田、测土配方施肥等农业综合措施，提高地力。同时，在孟家坪乡3个村完成5000亩口粮田改造任务。2013年，沿黄5个乡镇（圪达上乡、罗峪口镇，赵家坪乡、高家村镇、瓦塘镇）被规划为“林粮板块”，以种植豇豆、谷子、红枣为主。中部8个乡镇（魏家滩镇、蔡家崖乡、蔚汾镇、奥家湾乡、孟家坪乡、贺家会乡、蔡家会镇、康宁镇）规划为以发展谷子、大豆、核桃产业和蛋鸡、生猪养殖业为主的“混合型板块”。该年，全县完成中低产田改造2.87万亩（其中赵家坪乡6个村完成1.15万亩，东会乡2个村完成8000亩，蔡家会镇1个村完成9200亩），占任务的108%。另外实施秸秆还田面积2885亩。

播种面积与产量效益

2009年，全县农作物播种面积143.23万亩，其中粮食作物面积103万亩，经济作物面积40.23万亩。粮食产量7300万千克，油料产量1500万千克，蔬菜产量344万千克。

2011年，全县农作物播种面积134.13万亩，其中粮食作物面积88万亩，油料作物面积46.13万亩。在粮食作物面积中，玉米22万亩、谷子15万亩、大豆23万亩、杂豆8万亩，马铃薯15万亩，其他杂粮面积5万亩。全年累计投入各类农用资金4700余万元，其中财政投入800余万元、农贷资金1000万元、农民自筹2900万元；施用化肥2.1吨，地膜70吨，农家肥3000万担，农药10吨。粮油总产1.05亿千克（粮食总产8716万千克、油料1800万千克），蔬菜产量

1153.5万千克（含食用菌3.5万千克）。

2012年，全县农作物播种面积133.03万亩，其中粮食作物播种面积89万亩，粮食产量1.02亿千克；经济作物播种面积44.03万亩，油料产量2859万千克，蔬菜产量5005.7万千克（含食用菌产量5.7万千克）。

2013年，全县农作物播种面积128.74万亩，其中粮食作物播种面积88万亩，粮食产量1.05亿千克；经济作物面积40.74万亩，油料产量2850万千克，蔬菜产量5206.6万千克（含食用菌6.6万千克）。全县施用化肥2.1万吨、地膜115吨、农药7吨、农家肥3800万担。

2014年，全县农作物播种面积131.99万亩。其中，粮食作物播种面积95万亩（其中玉米21万亩，谷子18万亩，大豆、杂豆33万亩），经济作物播种面积36.99万亩。全年施用化肥1.8万吨、地膜50吨、农家肥3500万担、农药10吨。全年粮食产量1.12亿千克（玉米3500万千克、杂粮7670万千克），油料产量1790万千克，蔬菜产量5424.22万千克（含食用菌2.22万千克）。其中，杂粮基地和示范园区谷子亩产达到300千克以上。

2015年，全县农作物播种面积129.78万亩，其中粮食作物播种面积95万亩，经济作物播种面积34.78万亩。粮食产量8700万千克，油料产量1070万千克，蔬菜产量3482.8万千克（含食用菌24.8万千克）。

2016年，全县农作物播种面积126.3万亩，其中粮食作物播种面积95万亩（其中玉米21万亩、谷子18万亩、大豆22万亩、杂豆9万亩），经济作物播种面积31.3万亩；粮食产量1.05亿千克，油料产量1142万千克，蔬菜产量4012.72万千克（含食用菌30.72万千克）。

第二节　马铃薯产业

2013年，东山四乡（恶虎滩乡、交楼申乡、固贤乡、东会乡）被规划为全县“种养板块”，以发展马铃薯产业和绒山羊养殖业。其中，在东会乡姚家沟、王家坡、向阳坪等5个村建立了2500亩马铃薯一级种薯基地，种植品种为“克新1号”“冀张薯8号”。其中，马铃薯“克新1号”亩产达到1650千克，增产效果很明显。该年，全县马铃薯种植面积15.8万亩。产量达到1.36亿千克，产值4.9亿元。

2014年，在东会乡姚家沟、庄上村建立3000亩脱毒马铃薯一级种薯繁育基地，推广品种为“冀张薯8号”，同时推广起垄覆膜栽培技术。在交楼申乡和恶虎滩乡建立马铃薯生产基地3万亩。全县马铃薯播种总面积达到15万亩，2年后可全部实现更新换代，亩产量达2000千克以上，成为东山地区的农业支柱产业。

2016年，全县马铃薯播种面积达到16万亩。

第三节 设施蔬菜产业

1990年至1995年，全县设施蔬菜年均产量212.2万千克。1996年至2000年，全县设施蔬菜年均产量增至424.8万千克。2001年至2010年，全县设施蔬菜年均产量增至1009.7万千克。2011年，县政府拿出100万元蔬菜大棚建设补助资金，提高了菜农新建大棚的积极性，魏家滩、罗峪口等乡镇新建日光节能温室136个、大棚32个；全年完成蔬菜播种面积2.3万亩（其中设施蔬菜470亩），总产量达到1150万千克，总产值约1380万元。2012年，全县蔬菜产量增至5000万千克。

2013年，为完成吕梁市政府下达兴县的800亩消灭空棚任务，县政府采取了两项措施，一是完善产前种苗服务，全县共育苗120万株，保证了设施蔬菜大棚建起后的苗木供应。二是由县政府出资对设施蔬菜实行了保险，有效减低了农户种植蔬菜大棚的风险。该年全县蔬菜产量5200万千克，实现产值1.8亿元。

2014年，在康宁镇安家庄、花子村、新庄村和高家村镇高家村新建设施蔬菜92亩（大棚90亩、温室2亩），由亚龙农业综合开发有限公司育苗40万株，发放全县设施蔬菜基地农户，解决了新建设施蔬菜基地所需苗木问题。全县全年蔬菜产量达到5420万千克。

2015年，全县蔬菜产量达到3458万千克。

2016年，政府出资100万元，扶持魏家滩镇、高家村镇、蔚汾镇、蔡家崖乡、蔡家会镇、瓦塘镇、孟家坪乡等乡镇建设日光节能温室230座；在蔡家崖村新建总面积达8755平方米的连栋智能温室2座，培育优质蔬菜种苗60万株，满足了全县设施蔬菜种苗需求；试验示范新品种、新技术18项；建设总面积达4302平方米的高标准采摘、观光日光温室5座，种植新奇特水果、蔬菜。全县蔬菜产量达到3982万千克。

第四节　食用菌产业

2011年，亚龙农业科技发展公司在蔡家崖村占地110亩，发展食用菌棚50座，年生产菌棒200万棒，供应全县栽培。当年全县食用菌产量为3.5万千克。2012年，全县食用菌产量增至5.7万千克。

2013年，县政府把有多年食用菌种植经验和技术的恶虎滩乡作为发展食用菌产业的试点乡镇。在其示范带动下，全县已建成标准化日光大棚6座，占地面积6600平方米，主要进行香菇、平菇、鸡腿菇等食用菌栽培。全县鲜菇产量达到6.6万千克，产值60余万元，年纯收入30余万元。经过精美包装后的食用菌产品，进一步丰富了县农产品市场。

2014年，在蔡家崖乡蔡家崖村、张家岔村利用闲置窑洞发展食用菌栽培示范户12户，全县食用菌产量4.22万千克。2015年，全县食用菌产量增至24.8万千克，比上年增长近5倍。

2016年，县政府出资100万元，在蔡家崖乡、恶虎滩乡、交楼申乡、奥家湾乡、蔚汾镇、东会乡、固贤乡等乡镇新建出菇棚230座，发展食用菌（香菇）500万棒，由金土地农业科技发展有限公司负责技术指导及产品回收，共带动农户2283户（贫困户542户），全县食用菌产量达到30.72万千克，比上年增长23.9%。

第五节 林下中药材产业

为巩固全县退耕还林成果，2013年，东会乡、奥家湾乡、贺家会乡、赵家坪乡、蔡家会镇等乡镇在红枣、核桃林地种植中药材4000亩，全县中药材面积累计达到5000余亩。为推进这一产业的发展，全县对中药材种植户进行培训17期次，受训550人；同时发展农民专业合作社9个，中药材经纪人10人。

2014年，全县发展中药材种植1300亩。其中，在蔡家崖村发展板蓝根种植200亩，聘请专家在品种选育、栽培技术方面进行了培训和具体指导，与企业签订了产品回收合同，种植户户均收入达2000元。在赵家坪乡、蔡家会镇、贺家会乡种植板蓝根1100亩，为全县大面积发展中药材产业起到了示范作用。2016年，贺家会乡、蔡家会镇、交楼申乡中药材种植发展到3800亩。

第六节 畜牧养殖业

畜禽饲养量

1989—1999年，全县年均大畜饲养量2.57万头、年均羊饲养量19.11万只、年均生猪饲养量2.61万头、年均蛋鸡饲养量11.49万羽。

2000—2005年，全县年均大畜饲养量2.7万头、年均羊饲养量15.11万只、年均生猪饲养量3.85万头、年均蛋鸡饲养量23.71万羽。

2006—2010年，全县年均大畜饲养量2.87万头，年均羊饲养量35.41万只，年均生猪饲养量6.49万头、年均蛋鸡饲养量49.52万羽。

2011年，按照“示范引导、择优扶持、科学实施”的原则，县农委在康宁镇建立了1个养殖示范基地，并确定贺家会乡碱滩坪村，蔡家崖乡田家沟村、池家梁村，康宁镇鹿家岔村，魏家滩镇王家畔村5个“一村一品”养殖专业示范村；同时，根据地理优势，将东会乡、交楼申乡、固贤乡、恶虎滩乡、孟家坪乡、贺家会乡、赵家坪乡、圪达上乡、蔡家会镇共9个乡镇划分为全县绒山羊发展重点区，全年引进优质绒山羊5000余只，有效提高了养殖经济效益。该年全县实施“千园万场”规模健康养殖工程，共完成投资700余万元（占项目总投资的77.8%），新建标准化养殖小区8个（其中绒山羊养殖小区5个、生猪养殖小区2个、蛋鸡养殖小区1个），圈舍面积达到1500平方米。其中，绒山羊养殖小区，羊存栏300余只；生猪养殖小区，猪存栏400余头；蛋鸡养殖小区，蛋鸡存栏3万余只。位于交楼申乡孙家崖村的昌盛种养生态专业合作社完成投资700余万元（占总投资的35%），新建生猪养殖场，建成猪舍2500平方米，饲料加工厂1座及配套生活区和办公设施。项目全部建成后，养猪场建筑面积2万余平方米，年养殖规模可达5万头。2011年，全县牛存栏2.74万头、出栏8231头；猪存栏3.66万头，出栏3.42万头；羊存栏25.25万只，出栏11.24万只；鸡存栏36.62万只，出栏24.37万只。

2012年，全县大畜饲养量2.89万头、羊饲养量41.82万只、生猪饲养量8.44万头、蛋鸡饲养量71.12万只。

2013年，全县完成投资2000余万元，新建各类规模养殖小区11个。涌现出聚鑫养殖专业合作社、鸿运种养专业合作社、龙山种植养殖专业合作社、业民养殖专业合作社、香润种养专业合作社、晋绥养殖专业合作社等一批规模较大的养殖小区（场），带动了全县的规模健康养殖业。全年大畜存栏2.94万头、出栏1.25万头；生猪存栏4.53万头，出栏4.73万头；羊存栏30.42万只，出栏16.86万只；鸡存栏40.46万只，出栏36.44万只。

2014年，全县完成投资1000余万元，新建各类规模养殖小区10个。为16个养殖专业合作社配备23台打捆揉草机，新建7个人工配种点，引进优质湖羊500只。由市县两级政府配套投资1500万元、总投资6000万元的新大象农牧集团仔猪繁育基地项目（位于康宁镇曹家坡兴县特色农业园区）已完成“三通一平”工作。全县全年牛存栏2.87万头，出栏1.28万头；生猪存栏4.61万头，出栏4.71万头；羊存栏30.45万只，出栏16.87万只；鸡存栏40.46万只，出栏36.48万只。

2015年，全县大畜饲养量3.98万头、羊饲养量47.78万只、生猪饲养量9.44万头、蛋鸡饲养量71.74万只。

2016年，依托雁门关生态畜牧经济区建设、退耕还草、规模健康养殖等项目的实施，全县建设高标准草地9000亩，为养殖企业调购纯种杜泊种公羊94只（每30只湖羊母羊配1只纯种杜泊种公羊），帮扶300户贫困户发展肉羊养殖（扶持每户养殖杂交一代母羊或绒山羊能繁母羊10只）；改良黄牛4112头。全县全年牛存栏2.46万头、出栏7586头；生猪存栏4.13万头、出栏3.84万头；羊存栏31.96万只、出栏17.65万只；鸡存栏40.52万只、出栏38.87万只。

畜禽产品产量与畜牧业产值

1989年至2000年，全县年均肉类产量274.52万千克、鸡蛋产量77.85万千克、牛奶产量2.34万千克、绒毛产量2.8万千克，年均畜牧业产值3113.25万元。2001年至2010年，全县年均肉类产量527.7万千克、鸡蛋产量336.2万千克、牛奶产量63.69万千克、绒毛产量21.13万千克，年均畜牧业产值8871.6万元。

2011年，全县肉类总产761.3万千克，鸡蛋总产641万千克，奶类总产54万千克，绒毛总产38.9万千克，畜牧业总产值1.55亿元。全县农民人均畜牧业产值923元。

2012年，全县肉类总产1120万千克、鸡蛋产量971万千克、奶类总产68.5万千克、绒毛总产39.5万千克。畜牧业总产值1.67亿元，全县农民人均畜牧业产值989元。

2013年，全县肉类总产1130万千克、鸡蛋总产973.5万千克、奶类总产16.5万千克，绒毛总产39.8万千克。畜牧业总产值1.92亿元，农民人均畜牧业产值1169元。

2014年，肉类总产1140万千克，禽蛋总产976万千克，奶类总产17.2万千克，绒毛总产40.5万千克。畜牧业总产值2.07亿元，农民人均畜牧业产值1309元。

2015年，肉类总产970万千克、鸡蛋总产571万千克、奶类总产30.8万千克、绒毛总产41.3万千克。畜牧业总产值2.07亿元，农民人均畜牧业产值1272元。

2016年，肉类总产982万千克，禽蛋总产591万千克，奶类总产31万千克，绒毛总产41.6万千克。畜牧业总产值1.89亿元，农民人均畜牧业产值1574元。

第七节　干鲜水果业

1990年至2000年，全县年均干鲜水果产量555万千克。2001年至2010年，全县年均干鲜水果产量2280.4万千克。

2011年，全县完成水果“双增工程”2000亩，其中新发展1000亩，改造中低产果园1000亩。全县6.8万亩果园，共收获果品2299万千克，新增经济林收入746万元。

2012年，全县干鲜水果产量达2077万千克。2013年，全县实施水果“双增工程”1900亩，其中新发展果园400亩，改造中低产果园1500亩。全县6.84万亩果园干鲜水果产量1876万千克。

2014年，全县实施水果“双增工程”1900亩，其中新发展果园700亩，改造中低产果园1000亩，全县干鲜水果产量达1757万千克。

2015年，全县干鲜水果产量2662万千克。

2016年，完成水果“双增工程”720亩，其中新发展果园200亩，改造中低产果园520亩，全年干鲜水果总产量1869万千克。

第八节　农产品加工龙头企业的培育

2011年，对全县列入市级“513”工程（按照省、市、县三级总体规划，分层次推进和重点扶持的原则，在现有农业产业化国家级及省级龙头企业中选择50个企业，作为省级梯队重点培育；选择100个有一定规模、发展前景好、带动力较强的农产品加工龙头企业，作为市级梯队进行培育和指导；选择300个成长性好的农产品加工龙头企业，作为县级梯队进行培育和指导）的清泉醋业有限公司、黄河农业综合开发有限公司和盛源绿色枣业有限公司3个龙头企业予以重点扶持，该3户企业共投入建设资金2000多万元。

2013年，利用山西省农业厅项目扶持资金和采取贷款贴息、以奖代补、减免税费等措施，重点扶持了列入吕梁市级“513”工程的山花烂漫农业综合开发有限公司、清泉醋业有限公司、黄河农业综合开发有限公司、三星油脂有限公司等龙头加工企业。共投入建设资金5000余万元，年销售收入增至2.23亿元，占任务1亿元的223%。其中，山花烂漫农业综合开发有限公司扩建工程完成投资2132万元，占到总投资的62%，总建筑面积达到3400平方米，主车间引进国内日加工50吨小米成套设备，进入生产阶段；并已通过产品QS认证。清泉醋业有限公司投资5370万元，在兴县特色农业园区（位于康宁镇曹家坡村）新建年产4万吨陈醋生产流水线，并已投产运营。

2014年，利用上级投资扶持山花烂漫农业综合开发有限公司和清泉醋业有限公司等加工龙头企业，带动全县杂粮基地的发展，年加工转化小杂粮5万余吨。在这些龙头加工企业的带动下，全县谷子、豇豆、大豆等小杂粮加工转化率达到50%以上，推动了全县杂粮基地的更大发展。该年，县财政投入专项扶持资金300万元，龙头企业共投入建设资金1.2亿元，年销售收入增至2.11亿元，占任务的211%。

2016年，全县农产品加工企业发展到22个，其中省级农业产业化龙头企业5个，市级农业产业化龙头企业3个，资产总额达到2.73亿元，带动杂粮种植8.36万亩、农户4万多户（其中与1.28万户签订订单合同）。全年红枣、杂粮、陈醋、食油等农产品销售收入增至2.58亿元，占任务2.2亿元的117.3%。

第九节 优质品牌创建与市场开拓

综 述

独特的地理气候环境赋予兴县杂粮以独特优良的品质。1993年，兴县大明绿豆在山西省农业博览会上荣获优秀奖。1996年，兴县软米（糯米）在山西省优质小杂粮畜产品评销会上获铜奖。2000年，兴县肾形大豆和兴县大明绿豆均获中国农业博览会金奖，2002年，兴县肾形大豆获“山西省名优产品”称号。

2016年，经农业部谷物品质化验鉴定，以兴县小米、兴县大明绿豆、兴县肾形黄豆（大豆）、兴县红小豆、兴县大白豇豆和小白豇豆为代表的“

兴县杂粮”普遍具有高蛋白，富含铁、钙、锌、硒元素和氨基酸的特点。同年，兴县小杂粮在第十四届中国国际粮油产品及设备技术展示交易会上荣获金奖。

名优农副产品

兴县小米　根据中国农科院测定，兴县小米品质的独特之处在于总氨基酸、胱氨酸、组氨酸含量高于市场普通小米平均含量10%以上，锌元素每千克含量高达30.1毫克（普通小米为20毫克），高出普通小米50%。由于锌元素能参与人体18种酶的合成，并可激活80余种酶，促进维生素A的代谢，因而具有增强人体免疫功能、保护视力、改善味觉和增进食欲等作用。

兴县软米　由兴县传统种植的黄黍子加工碾造而成，米粒呈浅黄色，较小米粒大而圆，属糯性食物，其磨成的面粉拌水蒸熟，切片，放热油内煎炸，即成油炸糕。兴县软米富含蛋白质、氨基酸，1996年在山西省优质小杂粮畜产品评销会上获铜奖。

兴县肾形大豆　又名黄豆，状似鸡肾，因此，俗称鸡腰子黄豆。该豆含多种维生素和很高的蛋白质、脂肪，是制作豆腐、豆皮、腐竹、酱油的最佳原料，科学鉴定表明，兴县肾形黄豆脂肪含量17.91%，蛋白质含量46.2%，出腐竹率46.5%，2000年获中国农业博览会金奖，2002年获“山西省名优产品”称号。

兴县肾形大豆（黄豆）

大明绿豆 兴县大明绿豆，质地纯正，呈圆柱状、墨绿色，味甘，性寒凉。科学鉴定，其含脂肪19.8%、蛋白质40.1%，并含多种人体必需的氨基酸，具有降火提神、清心健脑、润肺消暑、利尿消肿作用。1993年，在山西省农业博览会上获优秀奖，2000年在全国农业博览会上获金奖。

亚麻籽（胡麻籽）油　由兴县胡麻压榨加工而成，胡麻籽含油量达56%，其加工成的油脂，属于品性优良的营养保健食品。据科学鉴定，亚麻籽粗蛋白、脂肪、总糖含量之和达84%，蛋白质中氨基酸种类齐全，人体必需氨基酸含量5.16%；亚麻籽油中，人体必需脂肪酸a–亚麻酸含量为53%～57%，这种脂肪酸在人体内可转化为鱼油活性成分——二十五碳烯酸和二十二碳六烯酸；a–亚麻酸为不饱和脂肪酸欧米伽–3系列，是膳食中欧米伽–3的良好来源。欧米伽–3具有降低胆固醇、抑制内源性胆固醇合成，抗肿瘤、抗血黏、抗血栓、降血脂、扩张血管、营养脑细胞的作用；亚麻籽油还含有具有强效清除自由基、抗氧化作用的维生素E和具有降血脂、抗动脉硬化作用的类黄酮，含有钾和锌等矿物元素。

芝麻油　由兴县芝麻提炼加工而成，因香味浓郁，俗称香油，为传统调味佳品。兴县芝麻含油量约52%，芝麻油含饱和脂肪酸——油酸40%，含不饱和脂肪酸——亚油酸46%；具有促进胆固醇代谢，清除血管壁沉积，软化血管，防治动脉硬化的作用。

兴县柏籽羊肉　东山地区多养殖山羊，因经常放牧或饲喂侧柏树叶、树籽，故所产羊肉肥嫩细腻，带有柏子馨香，故称“柏籽羊肉”，是多年来享誉省内外市场的地方风味佳品。

兴县陈醋　兴县陈醋以高粱为主料，以谷糠、麸皮为辅料，经制曲、蒸料、发酵、菌化、过淋、抽冰等生产工艺后形成。传统陈醋加工多以百姓自行加工酿造为主。21世纪以来，由家庭小作坊生产陈醋起家的清泉醋业有限公司，陈醋产业实现规模化、市场化，到2016年末，该公司陈醋年产量达到4.45万吨，销售收入达到6689万元，年缴税660万元，其陈醋产品销售市场拓展到山西、陕西、内蒙古、甘肃、青海等省、区100多个市县。

兴县粉条　多以土豆淀粉为原料加工而成，经过加工、熟化和晾晒的粉条呈条状或线状，色白，易于存放、运输，也易于烹煮食用，是城乡居民日常制作餐食（烩菜）的主料之一。

兴县红枣系列产品　红枣加工是兴县沿黄枣区枣农的一项传统产业。2000年前，全县红枣加工时间集中于深秋红枣收获后，加工产品以乌枣（熏枣）为主，而且以户外加工为主。2000年后，随着市场需求的变化，红枣加工由枣农自主加工转向企业化加工，由户外季节性加工转向室内专业化、机械化、常年加工；加工产品也由单一的乌枣转向品种多样化，有乌枣、滩枣、酒枣、贡枣、紫晶枣、脆枣、宫枣、烤枣、枣汁等。

龙头加工企业品牌创建与市场开拓

黄河农业综合开发有限公司　成立于2000年，位于蔡家崖乡张家圪埚村，占地面积7.8亩，建筑面积3610平方米，系从事农业综合开发的民营企业。公司主要经营杂粮加工、销售，经过扩建，公司年加工规模达3160万千克。其中，加工小麦2160万千克，谷子、豆类200万千克。产品有分级精装小米、豇豆、绿豆、荞麦、面粉及副产品麸皮等，年均销售收入7588万元、利税824万元。2010年后，公司迁驻康宁特色农业园区。

山花烂漫农业综合有限公司　成立于2008年，厂址位于蔡家会镇。2011年，公司投资350万元进行扩建，总建筑面积达到3400平方米。该公司拥有国内较为先进的日产50吨小米成套设备，其中免淘洗加工工艺及设备获国家发明专利，分级砻谷、二次吸壳、二次去石、糙小米整理、小米电脑色选机和多机轻碾等工艺，代表国内成套碾米工艺及设备的先进水平。2014年12月，山花烂漫农业综合有限公司完成二期扩建工程，杂粮、磨面、擀豆面成套设备安装并投入生产。2015年，该公司投资600万元扩建小杂粮仓储库，以满足加工需求。山花烂漫农业综合有限公司主要产品有山花烂漫牌“晋谷香”小米和“蔡家会”豆面。

2005年，山花烂漫牌“晋谷香”小米和“蔡家会”豆面被山西省农产品品牌营销协会授予“山西省十佳品牌产品”。2008年，公司取得“山西省质量信誉等级AA级企业”称号，产品通过国际质量体系认证，获“山西省名牌产品”称号。2009—2010年，该公司山花烂漫牌“晋谷香”小米通过标准质量体系认证及标准的环境管理体系认证，并经中国绿色食品发展中心审核，被认定为绿色食品A级产品，取得“山西省著名商标证书”。2013年11月，山花烂漫牌“晋谷香”小米获得产品QS认证，公司被评为省级农业产业化重点龙头企业。2014年，山花烂漫牌“晋谷香”小米获得绿色产品认证，公司被认定为市级“513”工程骨干龙头企业。2015年，山花烂漫牌“晋谷香”小米在“我最喜爱的山西食品品牌”网上推选活动中获消费者投票第一名。2016年，“山花烂漫”牌小杂粮获第十四届中国国际粮油产品及设备技术展示交易会金奖。

为扩大产品销售市场，该公司先后开设“山花烂漫”特色农产品专卖店3个、代销点60个、淘宝网店20个，自建山花烂漫商城1个、绿色连锁店3个、手机微店10个，产品销往晋、陕、蒙、京、津、冀、鲁等地。2015年，公司实现销售额3500万元，其中网上订单销售400多万元、线下门店销售额2100多万元、批发市场销售1000多万元。

山花烂漫农业综合有限公司在产业发展中，采取“公司＋合作社＋农户”的形式，与企业周边1516户农民签订绿色谷子种植合同，年订单种植绿色谷子1.54万亩；吸收当地合同制农户1016户、合作制农户470户加入合作社，户均年增收5400元。2016年，该公司建设有机谷子和大明绿豆种植基地1913亩，成为年购销、加工特色小杂粮600万千克的省级农业产业化龙头企业。

晋绥农林综合开发有限公司　成立于2008年7月，位于蔡家会镇柳林村，省级农业产业化龙头企业，从事杂粮与红枣加工。2016年，加工小米1000万千克，实现销售收入5334万元、利税485万元。

三星油脂有限公司　成立于2004年9月，是山西省农业产业化龙头企业、山西省守合同重信用企业，公司注册资金1168万元，从业人员48人。主要生产精炼油、调和油、色拉油、芥末精油等食用植物油，拥有“老油坊”“晋绥”商标（“晋绥”为山西省著名商标），产品畅销山西、山东、辽宁、天津等4省市，并于2011年获得出口许可。

2007—2016年，该公司年均加工生产胡麻油和芥末精油527.2万千克，年均销售收入3971万元。其中，2014年，该公司在康宁农业园区规划建设年加工消化3万吨油料、年产5万吨饲料项目，总投资1.34亿元。新厂区规划占地面积107亩，建筑面积1.87万平方米，设计生产车间1.1万平方米；一期工程年加工油料2万吨项目于当年建成投产，年产食用植物油6000吨、芥末精油100吨、菜粕1.2万吨。2015年，该公司二期工程建成投产，年加工消化3万吨油料、年产5万吨饲料，并配套扩建仓库4000平方米，仓容量5500吨。2016年，该公司加工胡麻、黄芥等原料2000万千克，生产胡麻油800万千克、芥末精油10万千克、菜粕120万千克，销售收入达1亿多元。

2016年，三星油脂有限公司采取“公司＋农户＋基地”模式，与东会乡、固贤乡、康宁镇的26个行政村2800多户农户签订1.5万亩黄芥、胡麻的种植合同，并为种植农户每亩免费提供化肥50千克、种子1.5千克，带动200余户贫困户户均收入达6000余元。

白云圣宝食品有限公司　成立于2003年，位于蔡家会镇狮子洼村，原名宝峰枣业有限公司，是一家专业加工滩枣、空心脆枣、香酥枣、乌枣等产品的民营企业。2006年，公司投资1996万元进行扩建改造，厂房面积达到2675平方米，引进韩国全自动烘干机3套、烤炉4座、高温渗糖罐和蒸汽锅炉各1台，2007年3月投产运营，当年加工红枣100万千克，销售收入750万元，利税100万元。同年被吕梁市农业产业化领导组确定为“市级龙头企业”。

丰达源食品有限公司　成立于2003年，位于瓦塘镇裴家川口村，占地面积10亩，有厂房1000平方米，烘干房7间，烤炉6座，糖枣生产流水线1条，是加工生产无核贡枣、滩枣、乌枣和空心脆枣等产品的股份制民营企业。2006年，公司投资1998万元扩产改造，建成烘干炉11座，蒸汽烤房2间，购置蒸汽锅炉、夹层锅、自动去核机、高温渗糖罐等设备。2007年，该公司加工鲜枣100万千克，实现销售收入1500万元、利税400万元。

晋绥盛源枣业有限公司　成立于2008年3月，位于罗峪口镇东豆宇村，民营股份制企业，主要加工生产香酥脆枣、紫晶枣、宫枣、烤枣、枣泥、枣茶、枣汁、枣醋等系列产品，至2009年末，累计加工红枣系列产品2200万千克，销售收入1930万元。

清泉醋业有限公司　该公司是在小作坊式生产基础上发展壮大的现代醋业生产企业，也是全县唯一的规范化生产、规模化经营的食醋企业。该公司原建于县城文化街，拥有职工40多人。2006年8月，该公司投资1358万元进行扩产改造，2007年9月投产。2008年至2010年，公司年均加工转化高粱、小杂粮及麸皮、谷糠等农副产品5160吨，年均生产陈醋系列产品6000吨、销售收入1300万元、缴税303.5万元、利润300余万元。2011年，公司投资5370万元再次扩建，陈醋年产能增加到4万吨，员工增加到200余人。该公司主要产品有“清泉”“晋绥”牌老陈醋、风味醋、苦荞醋、红枣醋饮等5大系列80多个产品，其中有3个产品通过国家农业部绿色食品认证。2005年，“清泉”陈醋被山西省农产品品牌营销协会授予山西省“十佳品牌”称号，2008年，清泉醋业有限公司获“山西省质量信誉等级AA级企业”称号，“清泉”陈醋通过国际质量体系认证，获“山西省名牌产品”称号。2009年，清泉醋业有限公司被认定为山西省农业综合开发产业化省级龙头企业。质量的提升为产品赢得了广阔的市场。“清泉”陈醋系列产品不仅畅销山西、陕西、内蒙古、甘肃、宁夏等省、市、自治区100多个市县，而且在京东、天猫、淘宝网站设有“清泉”陈醋专卖店，年均销售陈醋2万吨。2011—2016年，清泉醋业公司年均加工原料893.3万千克、生产陈醋4470万千克、销售收入5283万元、缴税505万元。2009年，公司总经理白清泉当选吕梁市第二届人民代表大会代表。

第五章 农牧业综合效益

第一节 农牧业总产值

1989—2016年，全县农牧业总产值从2568万元上升到5.5亿元，增长20.42倍。

1989—2016年全县农牧业（种植养殖业）综合经济效益概览表

表8-5-1-1　　单位：万元

年份	农牧业产值	其中		年份	农牧业产值	其中	
		种植业产值	畜牧养殖业产值			种植业产值	畜牧养殖业产值
1989	2568	1973	595	2003	23960	19020	4940
1990	11282	9032	2250	2004	30050	23700	6350
1991	7575	5064	2511	2005	22280	14260	8020
1992	8921	6464	2457	2006	22471	12197	10274
1993	12404	10190	2214	2007	32423	18927	13496
1994	13516	10840	2676	2008	35009	24751	10258
1995	9322	6560	2762	2009	42122	23804	18318
1996	32466	26898	5568	2010	46283	35913	10370
1997	14143	10700	3443	2011	57051	41542	15509
1998	13162	9488	3674	2012	57890	41168	16722
1999	8672	4753	3919	2013	64626	45480	19146
2000	23780	18490	5290	2014	69809	49134	20675
2001	6320	6320		2015	52479	31831	20648
2002	19070	12380	6690	2016	55010	36074	18936

注：表内数据不包含林果业产值

第二节　部分年份农村经济总收入

1989年，全县农村经济总收入8095万元，其中农牧业（第一产业）收入占到61%。1992年，农村经济总收入达到15997万元，其中农牧业收入占到47.8%。2010年，农村经济总收入增加到23亿元，其中农牧业收入占到28.4%。

第六章　农机管理

第一节　农机队伍

1989年，全县有拖拉机驾驶员702人，经审核，合格率为95.7%。全年培训各类农机技术人员1260人，其中新训160人，分别占年计划的126%和160%，均领到驾驶证。1999年，全县新培训驾驶员60人，复训290人，均予以发证。2009年，全县培训驾驶员300人。2010年，兴县成立农机专业合作社2个，发展农机大户5户，培训各类农机技术员160余人，审验驾驶员52人，新考驾驶员139人。2016年，培训农机人员779人次，其中农机管理人员17人次，农机技术人员97人次，农机监理人员665人次。

第二节　机械作业

农机拥有量

1989年，全县有拖拉机等大型农机具684台（农机局审检台数）。1999年，县农机局审检拖拉机850台。至2000年，全县共有小型手扶拖拉机3148台，农业机械总动力为15397.4万千瓦。

2001—2005年，全县有大中型拖拉机(包括机引农具）797台，小型拖拉机增加到3732台，农业机械总动力为11974.3万千瓦。

2006—2010年，全县大中型拖拉机及机引农具增加235台，累计达到1032台；小型拖拉机等农机达到3941台，农业机械总动力为12606.7万千瓦。

2011—2016年，全县大中型拖拉机及机引农具增加316台，累计达到1348

台；小型拖拉机等农机累计达到2187台，农业机械总动力达到15200万千瓦。

机械作业量

1989年，全县机耕面积3.21万亩，机挖丰产沟3608亩，机铺膜1560亩，秸秆还田2000亩，机修梯田622亩，占应修任务的120%。累计机械作业面积4万亩。

1999年，全县机耕、机耙面积增加到13.6万亩，机播面积10.18万亩，机铺面积1.6万亩，秸秆还田1.8万亩，累计机械作业面积达到27.18万亩。特别在农业遭遇严重干旱的情况下，机械作业贯穿于抗旱救灾、生产自救的全过程。

进入21世纪，全县农机装备总量稳步增长，农机总动力达到13万千瓦；机械化作业水平稳步提高，机耕、机播面积完成25万亩。

2008年，县农机局结合学习科学发展观活动，成立农机春耕服务队8个，组织各乡（镇）农机管理人员和扶贫人员30余人次，进村入户，深入田间地头，开展农机技术咨询服务，帮助指导农机驾驶操作人员保养、检修农机具450台，当年完成机耕、机播面积11.9万亩，机械化秸秆还田8万亩，机械化化肥深施面积18万亩。2008年开始，农机局在春季组织农机技术员，组成农机抗旱保苗服务队，携带农机具50多台（套），分赴重点乡（镇）抗旱第一线指导抗旱，完成机浇面积2.5万亩。

2010年，县农机局依托全县农机大户、种植大户，投入资金100多万元，购置各类农机具30台（套），作业面积3万亩，创收20万元。推动本县农业机械化事业的发展。

2016年，全县累计机械作业面积58万亩，其中机耕面积32.6万亩，机播面积25.4万亩，分别占全县农作物播种面积的26%和20%。

第三节　宣传执法

1989年，兴县大型农机站负责对全县农机技术人员培训和农机具的供应、修理、审检，对驾驶员和农技人员进行安全教育，并组织执法队路检、路查。全年应审拖拉机驾驶员702人，实审671人，合格率为95.7%；应检机车721台，实检机车684台，合格率为94.8%；全年散发农机宣传资料4000余份，县内未发生农机伤亡事故。

1999年，县农机局审检拖拉机850台，合格率达98%；审检拖拉机驾驶员1200余人，合格率达96%。

2008—2010年，结合打击“黑车非驾”活动，全县开展农机安全生产治理专项行动，加大拖拉机道路交通安全监管执法力度，严厉打击拖拉机违法载人及无牌无证驾驶等违法行为，全年共路查、路检1000人次，共查处无证拖拉机100多辆、无证驾驶100多人、违法载人100多起。发放安全宣传资料9250份，与驾驶员签订安全保证书360份，杜绝了重特大农机生产事故的发生。县农机局实行普法宣传和执法相结合，组织监理员和协管员学习有关政策法律法规，并利用广播电视和标语、资料、宣传车在全县开展广泛宣传。

第四节　技术推广

1997—1999年，全县累计完成机旱作业面积1.5万亩，其中高标准示范田0.7万亩，辐射推广0.8万亩，涉及4个乡（镇）、11个村、1个农场，总投资107万元。

21世纪以来，农机新机具、新技术推广快速发展。其中2008年，完成新技术作业面积2万亩，推广各类新机具52台（件）。2009年，利用购机补贴政策拉动作用，调动农民群众和涉农企业购置使用先进适用的农业机械，共推玉米精少量播种机2台、薯类播种机3台、收获机2台、微耕机17台、化肥深施机4台、铺膜机3台、秸秆还田机3台、秸秆饲草切碎机5台、揉搓机2台、铡草切碎机16台、脱粒机械8台，深受农民群众欢迎。交楼申乡马铃薯种植基地推广马铃薯生产机耕、机播、中耕、培土、施肥、收获环节全程机械作业300亩，取得较好的经济社会效益，为农业机械化发展起到示范带头作用。

2010年，兴县全面推进玉米机械化保护性耕作项目和深松项目的建设，膛机保有量不断增长，机耕、机种、机收综合作业率比重增加，农业机械逐渐成为农业生产中的重要生产力。通过这两个项目的实施、推广，实现了粮食增产、人工节省的目标。

第七章 管理机构

第一节 农业局

1989年，农业局负责全县农业工作，为正科级建制的行政事业单位。至1998年8月，实有行政人员8人，事业人员53人；设局长1人，副局长3人；另有农艺师8人，助理农艺师12人。内设机构有办公室、财务室。下属股站级机构有农业技术推广站、种子管理站、蚕种场、国营原种场、蚕桑果树站、植物保护检疫站、农业广播电视学校。

第二节 畜牧局（畜牧服务中心）—畜牧兽医局

1989年，兴县畜牧局为正科级建制的行政事业单位。至1998年8月，实有行政人员7人，事业人员34人，设局长1人，副局长2人。内设机构有办公室、财务室、防治站、改良站、动检站、监督站，共2室4站。下属机构有兽医院、种子场、饲料加工厂、24个乡（镇）基层兽医站。

2002年3月，畜牧局改建为畜牧服务中心，将24个乡（镇）撤并为17个乡（镇），基层兽医站也精简为17个。

2009年，畜牧服务中心与兽医院合并，组成兴县畜牧兽医局，负责全县畜牧业管理工作。

2010年，兴县畜牧兽医局与兴县农业局合并为兴县农业委员会。

第三节　农业委员会

2010年，兴县农业局和兴县畜牧兽医局合并为兴县农业委员会，统一管理全县农牧业工作，为县政府直属科级行政机构。根据农业委员会基本职能，设置相应行政内设机构4个：办公室、畜牧兽医股、农业综合执法股、行政审批科。

下属事业机构14个，均为股级建制。有农业技术推广站、植物保护检疫站、农业区划办公室、农业环境保护工作站、土壤肥料监测站、经济作物工作站、农业广播电视学校、种子管理站、农田水利机械队、农业原种场、动物检疫站、动物疫病预防控制中心、家畜改良站、种羊场。另设置基层下属单位共34个（核定财政拨款事业编制36人，其中管理人员编制8人，专业技术人员28人）。

2016年末，农业委员会核定行政编制19人、全额编制173人，实有189人。设主任1名、副主任5名（含纪检组组长）。

第四节　农机局（农机服务中心）

1989年，农机工作由县农机局负责。机构改革中，农机局改建为县农机服务中心，是全县农机管理的唯一机构，为科级建制的全额事业单位。2016年，核定编制全额20人，实有18人，设主任1名、副主任2名。

第九编

林　　业

中华人民共和国成立初，全县森林总面积约 12.7 万亩，至 1980 年初增至 26 万亩，其中红枣等经济林 4.1 万亩。

1989—2016 年，全县累计完成人工造林 177.05 万亩，其中营造生态防护林、用材林 100.63 万亩，人工栽植红枣、核桃及苹果、梨、杏等经济林 76.42 万亩（主要分布于黄河沿岸乡镇）。至 2016 年末，全县累计林木总面积 287.81 万亩（其中天然林面积 110.76 万亩），森林覆盖率达 60.57%。

1989—2016 年，全县累计栽植行道树、公园景观树 62.69 万株，绿化忻黑公路城区段和环城公路、连城大道 1.5 万米；新建南山生态文化公园和晋绥森林公园，绿化 130.13 万平方米（折合 2311 亩），县城建成区新增绿地 154 万平方米，绿化覆盖率达到 32.6%。

2008 年，全县开展集体林权制度改革工作。至 2016 年底，共完成集体林权改革 173.46 万亩，颁发林权证 3.06 万份（册），发证总面积 165.72 万亩，占林改面积的 95.5%。

1989—2016 年，全县林木管护总面积 287.81 万亩。累计建立标准化林木管护站 12 个，配备专兼职护林员 575 人；成立全县消防专业队（60 人），各乡（镇）和林场建立 30 ~ 50 人森林灭火队伍；每年高风险时期在重要路口、地段设卡检查，预防了森林火灾及林木虫害的发生与蔓延。

第一章 森林资源

第一节 林地面积与分布

兴县森林基本分为二类：一类为天然林，面积约110.76万亩，树种有油松、白皮松、落叶松等针叶树，有加拿大杨、北京杨、钻天杨、榆、柳、辽东栎等阔叶树，分布在恶虎滩、交楼申、固贤、东会、大度山、双双山等林区。另一类为人工营造的防护林、用材林和经济林。1988年末，全县实有人工营造林面积52.1万亩（其中经济林面积6.8万亩），加上天然林面积110.76万亩，全县共有林地162.86万亩，森林覆盖率为34.27%。

1989—2016年，全县人工营造的防护林、用材林、经济林总面积177.05万亩，主要分布于西部沿黄乡(镇)、干线公路、城区、工矿企业区、旅游景区、乡村居民区与村镇绿化区，为水源涵养林、水土保持林、农田防护林、护路林、环境保护林。至2016年末，兴县林木总面积287.81万亩，其中天然林110.76万亩，人工累计营造防护林、用材林100.63万亩，经济林76.42万亩（其中红枣林面积23.25万亩、核桃林面积45.88万亩、其他水果经济林面积7.29万亩）。全县森林覆盖率达到60.57%，比1988年森林覆盖率34.27%提高26.3%。

第二节 林种分布

天然林

兴县天然林主要分布在交楼申、东会、恶虎滩、固贤、奥家湾、蔚汾、魏家滩等乡镇境内，树种有油松、柏、落叶松、云杉、栎类、山杨、槐、山丁子、山梨、山桃、山杏、山楂、山核桃、以及醋柳、柠条、黄刺玫、胡枝子、野生山楂、木瓜等灌木。

人工用材林 薪炭林

兴县营造的成片人工林，主要有大度山、双双山、刘家壕、鹞子墕沟等地。除大度山、双双山以油松为主外，其他大部是杨、柳、榆、槐、椿等树。以柠条为主的薪炭林主要分布在西南片的蔡家会、贺家会、罗峪口、赵家坪、孟家坪、康宁等乡（镇），是兴县的柠条基地。

经济林

干果类经济林主要是红枣、酸枣、核桃、文冠果（木瓜）等。其中，红枣和酸枣树分布在沿黄河畔的瓦塘、高家村、孟家坪、罗峪口、赵家坪、圪达上等乡（镇）；核桃林重点分布在孟家坪、康宁、蔡家崖等乡（镇）；水果树木主要有苹果树、梨树、海棠树、海红树、杏树、李树、桃树、葡萄等品种，主要分布于蔚汾镇西关、程家沟底、树林、杨塔上等村，蔡家崖乡五龙堂、胡家沟、杨家坡村及奥家湾乡车家庄等村。杏树在全县各乡（镇）均有分布，约 25 万株。其中，野生杏树（山杏树）主要分布于东山地区的恶虎滩、交楼申、固贤、东会 4 个乡，与天然灌木林混交；野生文冠果（木瓜）主要分布在奥家湾及双双山一带。

第二章 植树造林

第一节 人工造林

1989—2016年，全县共完成造林任务177.05万亩，其中营造生态防护林、用材林100.63万亩，经济林76.42万亩（红枣林23.25万亩、核桃林45.88万亩、其他水果林7.29万亩），封山育林138.68万亩。

1989—2016年兴县部分年份人工造林情况统计表

表9-2-1-1　　单位：万亩

年 份	造 林 总面积	其 中		经 济 林		
		生态防护 及用材林	经济林 面 积	红枣林	核桃林	水果林
合计	177.05	100.63	76.42	23.25	45.88	7.29
1989	6.9	2.4	4.5	2	1.5	1
1991	15.4	6.61	8.79	4	3.5	1.29
1992	18.44	18.44	—	—	—	—
1993	9.46	2.56	6.9	1.08	5.82	—
1994	10.76	3.3	7.46	4.1	2.36	1
1995	6.85	2.45	4.4	2.4	2	—
1996	5	—	5	3	2	—
1997	4	—	4	2		2
1998	14.2	10.6	3.6	—	2.6	1
2000—2001	21.82	17.15	4.67	1.67	3	—
2002—2005	8.1	6.7	1.4	—	1.4	—
2006	8.8	5.3	3.5	—	3.5	—
2007	6.5	—	6.5	3	2.5	1
2008—2011	1.89	1.89	—	—	—	—

续表 9-2-1-1

年 份	造 林 总面积	其 中		经 济 林		
		生态防护 及用材林	经济林 面 积	红枣林	核桃林	水果林
2012	9.87	4.5	5.37	—	5.37	—
2014	10.78	4.95	5.83	—	5.83	—
2015—2016	18.28	13.78	4.5	—	4.5	—

第二节 重点工程

天然林保护工程

全县天然林保护工程于 2001 年启动，至 2016 年末共实施 2 期，管护总面积 287.81 万亩（其中，天然林 110.76 万亩，人工营造防护林、用材林和经济林 177.05 万亩），森林覆盖率达 60.62%。2011 年投资 300 万元，完成中幼林抚育 2.5 万亩。2008 年春季、2012 年和 2014 年 3 次购置大型高压喷雾器 136 台、农药 3 吨，组织 35 支护林专业队，有效预防了林木虫害的蔓延。

退耕还林工程

兴县首轮退耕还林于 2002 年开始实施，2006 年结束，共完成退耕地还林 12.6 万亩，其中以油松、柠条、杏树、刺槐为主的生态林 12 万亩，以红枣为主的经济林 0.6 万亩，分布在全县 17 个乡 (镇)、280 个建制村。第二轮退耕还林于 2014 年开始，至 2016 年末，共完成造林 1 万亩。其中，以核桃为主经济 0.3 万亩，以油松为主的生态 0.7 万亩，涉及 3 个乡（镇）、25 个建制村。巩固退耕还林成果工程从 2008 年开始实施，至 2016 年底，共完成造林任务 19.59 万亩。其中，完成核桃经济林 7.95 万亩，完成薪炭林 2.61 万亩，补植补造 8.18 万亩，封山育林 0.85 万亩。实施两轮退耕还林工程，全县林地增加 13.6 万亩，水土流失得到有效控制，减少泥沙流失 1.5 万吨 / 平方公里，对治理黄河、防治风沙、净化空气、减少噪音、减少自然灾害、保障农业稳产高产发挥了重要作用。

城区道路绿化

1989—2012 年，全县累计栽植行道树、景观树 17.3 万株；绿化忻黑公路城区段和环城公路、连城大道 1.5 万米；2013—2016 年，累计完成投资 1.27 亿元，新建南山生态文化公园和晋绥森林公园，栽植油松、侧柏等景观树 45.39 万株，绿化 130.13 万平方米（折合 2311 亩）；县城建成区新增绿地 154 万平方米，绿化覆盖率达到 32.6%。

第三章 经济效益

1990年，全县干鲜水果产量361万千克，林业产值689万元。2016年，全县干鲜水果产量达1869万千克，比1990年增长4.2倍；全县林业产值5377万元，比1990年林业产值增长6.8倍。

1990—2016年兴县干鲜水果产量与林业产值统计表

表9-3-1-1

年 份	干鲜水果产量（万千克）	林业产值（万元）	年 份	干鲜水果产量（万千克）	林业产值（万元）
1990	361	689	2004	5073	1416
1991	292	994	2005	3127	657
1992	230	1123	2006	1412	1212
1993	1095	1281	2007	371	3027
1994	465	1184	2008	931	2792
1995	993	1687	2009	989	10136
1996	328	1738	2010	1601	12825
1997	800	1820	2011	2299	7983
1998	740	1650	2012	2077	9264
1999	342	1311	2013	1876	10616
2000	460	1047	2014	1757（坚果9万千克）	9763
2001	3600	6074	2015	2662	13406
2002	3200	2323	2016	1869（坚果32万千克）	5377
2003	2500	2736			

第四章 林地权属

第一节 林权改革

2008年，兴县开展集体林权制度改革，印发《县集体林权制度改革实施方案》《检查验收方案》等文件，成立全县林权改革工作领导小组及办公室，组建乡（镇）林改小组17个，开展林改工作。全县林改任务173.46万亩（集体林地面积215.29万亩，其中扣除不纳入林改面积3.72万亩、暂不纳入林改争议面积10.01万亩、自然保护区18.9万亩、国有林场经营的集体林地9.2万亩）。至2016年底，全县参与林改4.39万户17.52万人，完成集体林权制度改革165.65万亩，家庭承包率达96.65%。

第二节 林权证

2005年3月7日至9日，兴县印发县政府林权登记发证工作方案，后抽调县林业局、乡（镇）分管副职、乡（镇）林业员、村委会计等百余人组成林权登记发证队伍。2006—2016年末，全县共发放林权证3.06万份（册），发证总面积165.65万亩，占到林改面积173.46万亩的95.5%。

第五章　森林管护

第一节　护林组织

1993 年，沟门前木材检查站更名为交口木材检查站。

2000—2010 年，全县共修建标准林木管护站 4 个，分别是大度山林场沙蓬洼管护站、恶虎滩林场阳会崖管护站、康家沟管护站、双双山造林专业队管护站；在康宁镇乌门山、恶虎滩乡下会村、贺家会乡枣林坡村分别设置大型天保工程标志门 3 个，设管护责任牌 152 块。

2010 年，全县成立 60 人的森林消防专业队，由县人武部直接领导，并由县森林防护指挥部副总指挥（武装部部长）兼任消防专业队队长。各乡（镇）、林场成立 30~50 人的森林灭火队伍。

2012 年 5 月，交口木材检查站纳入县财政全额预算，解决了职工的工资问题。同年，新建标准林木管护站 8 个：恶虎滩林场石楼圪台管护站、李家庄管护站、新窑上管护站、大度山林场东地村管护站、双双山管护站、东会乡张家湾管护站、交楼申乡井沟渠管护站、康宁镇任家塔管护站；新建和维修管护站 6 个（恶虎滩林场张家洼管护站、阳会崖管护站、康家沟管护站、大度山林场沙蓬洼管护站、西月管护站、水磨川管护站），设置管护责任牌 320 块，在省道和县级主要干线公路沿线设立国家宣传碑 80 块。2013 年，为全县护林员统一配备着装 230 套。2016 年又为管护人员购置统一着装，每人一套制服和防火服。

第二节 消防装备

到2016年底，县林业局防火物资储备有风力灭火机66台、灭火弹300多箱、铁锹500多把、三号灭火工具200把、组合灭火工具30台、割灌机10台，高压细水雾灭火机、防毒口罩100个，移动蓄水池2个。至2016年，兴县未发生大的森林火灾。

第三节 林木管护

管护面积

全县天然林资源保护工程（二期）森林管护总面积287.81万亩，其中，国有林管护面积15.64万亩（2010年以前纳入中央财政森林生态效益补偿的国家级公益林面积5.34万亩、一般管护面积10.30万亩）、集体管护面积272.17万亩（国家级公益林15.16万亩，地方公益林257.01万亩）。2013年，全县国家级公益林面积由15.16万亩增至25.27万亩（国有5.34万亩，集体19.93万亩）。

管护措施

全县森林管护划分为14个管护责任区，林业局与各管护区责任人签订了管护合同；全县共聘用专（兼）职护林员575名，其中国有林场专职护林员37名，兼职护林员538名。

中幼林抚育　2011—2016年，全县共完成中幼林抚育2.5万亩，其中，2011年任务7000亩（恶虎滩林场4000亩，大度山林场3000亩），2012年任务8000亩（两个县属国有林场各抚育4000亩），2016年任务1万亩（恶虎滩林场3000亩，大度山林场2000亩，东会乡大坪头5000亩），共完成抚育投资300万元。

护林防火　兴县森林防火工作实行以防为主、责任到人、重点监控、及时扑救的办法。每年在“清明”“五一”“白龙山庙会”等特殊时节，在进山入口设卡把关，严禁火种入山；其次，强化森林防火宣传，增强全民防火意识。

林木病虫害防治　2008年春季，兴县暴发红枣虫害，县林业局采购20台高压喷雾器和100台小型喷雾器集中防治，有效控制了病虫害蔓延。

2012年，县政府成立松材线虫病和美国白娥防控领导组，领导全县进行病虫害防治。

2014年春季，兴县暴发红枣虫害，全县组织35支防治专业队集中防治，县林业局采购16台大型喷雾器和3吨农药，集中进行喷洒，控制了病虫害蔓延。

违法案件查处

1991年，林业局林政管理站成立，由县护林防火指挥部统一领导，严厉打击查处偷砍滥伐、毁林开荒等破坏森林违法行动，全年共查处偷砍滥伐71起，罚款1.16万元，查处毁林开荒1495亩，罚款6229元。

管护投入

2011—2016年，全县林木管护共投资5789.33万元，其中集体地方公益林管护费3997.38万元、国家公益林管护费1330.76万元、国有地方公益林管护费309万元、国家级公益林管护费152.19万元。

第六章 管理机构

第一节 行政管理机构

林业局

2010年，兴县林业局行政编制10人，其中局长1名、副局长2名、纪检组组长1名、总工程师1名。2016年末，县林业局核定行政编制10人，全额49人、差额23人；实有137人，设局长1人，副局长4人（包括纪检组组长、总工程师各1名）。

乡镇林业站

1990年，乡镇林业工作站实有26人。1991年，新招聘林业技术员24人，在全县24个乡（镇）建立林业站。

林政管理站

1991年成立，为林业局内设股级机构，工作上由县护林防火指挥部统一领导。2016年，林政管理站改为林权管理服务中心，编制3人，实有人员1名，设主任1名（副科级）。

第二节 直属管理机构

大度山林场

1992年，批复成立大度山林场，有职工18人。

蔚汾河自然保护区管理中心

2002年，县林业局蔚汾河自然保护区管理中心成立，为副科级建制。2016年，该中心核定全额编制5人，实有3人，设主任1人。

公安局森林派出所

2008 年，县公安局森林派出所成立，为县公安分局直属副科建制事业单位。2016 年末，该所核定编制 9 人，设主任、副主任各 1 名。

林权管理服务中心

前身为林业局林政管理站，2016 年林政管理站改建为兴县林权管理服务中心。2016 年，该中心核定全额财政编制 3 人（其中副科级 1 名，人员内部调整解决），实有 1 人，设主任 1 人。

第十编

水利水保

1989—2016年，兴县农田水利建设的主要成效是：累计投资1.35亿元，修复、新建人畜饮水解困工程1333处，累计解决了822个自然村（另有394个自然村系修复、提质）的47.75万人及4.29万头大畜饮水困难；累计建设（含修复）大中小型河坝、淤地坝421座9.13万米，谷坊1368个，新增滩坝地9.6万亩，保护基本农田4.62万亩；累计实施河道疏浚、清障134.3万立方米，疏浚河道127公里；对天古崖水库、明通沟水库、阎老湾水库进行了应急除险加固，3座水库防洪总库容达到4094万立方米，设计年供水总量为1813万立方米，灌溉总面积增至7万亩；2013年开工建设黄河引水工程，兴县配套投资8.98亿元，年总供水量达到4630万立方米；累计打机井127眼，建设机电灌站169处，修筑排洪渠道、防渗渠、农田灌溉末级渠系配套工程27.2公里（包括输水管道），新增农田灌溉面积6.96万亩，灌溉总面积达到14.84万亩；相继实施系列农建工程、黄土高原淤地坝项目、沟坝地综合治理工程、蔚汾河流域水保综合治理项目、湫水河流域水保综合治理项目、黄河水保生态项目、水保造林工程、巩固退耕还林成果水保项目、中央财政预算内资金水土保持项目、雁门关生态畜牧水土保持配套项目和国家坡耕地水土流失治理等工程项目，累计治理水土流失面积413.84万亩；累计新增基本农田56.2万亩，全县基本农田面积累计达到82.7万亩（其中梯田65.41万亩，滩坝地17.29万亩）；累计完成水保造林177.05万亩（其中营造生态防护林及用材林100.63万亩、经济林76.42万亩），人工种草31.13万亩。

第一章 水利建设

第一节 水 库

县内水库，兴建于20世纪60—70年代。1989年，全县有中小型水库6座，其中中型水库2座、小（一）型水库3座、小（二）型水库1座，年蓄水1951万立方米，灌溉农田2.9万亩。到2016年，因蔚汾镇千城水库、康宁镇寺坡底水库、恶虎滩乡石楼河水库3座小型水库库区淤积变为耕地，全县实有水库3座。

天古崖水库

位于兴县魏家滩镇岚漪河石槽咀村附近，建成于1976年，控制流域面积1897平方公里，占全流域面积的86.2%，设计总库容2409万立方米，兴利库容1031万立方米，防洪库容2309万立方米，设计灌溉面积2万亩，是一座以防洪为主兼顾灌溉任务的中型水库。2006年对该水库除险加固，2012年进行应急除险加固。枢纽设计洪水标准为100年一遇，校核洪水标准为1000年一遇。水库枢纽工程由浆砌重力拱坝、左右浆砌石副坝、泄洪洞、灌溉发电放水管和溢洪道等建筑物组成。设计洪水位1027.3米，校核洪水位1030.94米，正常蓄水位1019米，汛限水位1014米。大坝为浆砌石重力拱坝、左右浆砌石副坝，坝高程1031.5米，最大坝高69.5米，坝顶宽6米，坝顶长206米。溢洪道位于大坝右岸基岩上，为河岸开敞式溢洪道，堰顶高程为1019米，溢洪道长100米、宽45米，采用挑流消能，最大泄洪3163立方米/秒。泄洪洞为钢筋混凝土，断面为边长4.5米的正方形，洞长62米。进口底高程979.23米，出口底高程979米，闸门为弧形钢闸门，设计最大泄量492立方米/秒。灌溉洞位于左坝肩，直径为1米，钢筋混凝结构，进口高度为996米，设计最大泄量 2.5 立方米／秒。

阁老湾水库

位于南川河中游的康宁镇阁老湾村附近，1976 年动工兴建，1982 年建成，总投资 410 万元。其中，国家拨款 245 万元，投工 8996 万个，完成土石混凝土 120 万立方米，是一座以防洪为主、兼顾灌溉任务的中型水库。水库由大坝、泄洪洞、溢洪道、灌溉放水涵管四部分组成。大坝为水力冲填均质土坝，坝底高程 1068.7 米，坝顶高程 1097.7 米，坝高 29 米，底宽 166.9 米，坝顶长 683 米，坝顶宽 5.5 米，上游坝坡在 1082.7 米和 1089.7 米高程段为干砌料石护坡，1089.7 米以上为石护坡，下游护坡未加防护，只在坡脚、马道、坡面设有纵横浆砌石排水沟网，主坝隔水墙用水泥砂浆砌石砌筑，附坝隔水墙用黏土回填。溢洪道位于大坝右坝头，为开敞式溢洪道，最大泄量 480 立方米／秒。泄洪洞位于主坝右侧，由竖井、洞身、挑流组成，洞身为直径 3 米的钢筋混凝土压力洞，进口高程 1073.7 米，出口高程 1072.64 米，洞长 106 米，最大泄量 90.4 立方米／秒，闸门为平板闸门，设检修闸门与工作闸门，启闭机为 QPQ 双吊点式，启闭力为 50 吨。灌溉放水涵管位于主坝右侧泄洪洞右侧顶部，出口由直径 1 米的阀门控制，进口高程 1079.3 米，出口高程 1078.6 米。

该水库控制流域面积 169 平方公里，水库总库容 1061 万立方米，兴利库容 338 万立方米，防洪库容 831 万立方米，设计灌溉面积 1.5 万亩，设计年供水量 800 万立方米。建库以来一直未蓄水调洪，沿河筑有砌石坝 15.5 公里。1991 年实施除险加固工程，1992 年成立管委会，1995 年列入中型水库管理。

明通沟水库

位于县境东部恶虎滩乡明通沟村，属蔚汾河中游小（1）型水库，于 1971 年 10 月竣工投运，控制流域面积 290 平方公里。

2009 年，完成明通沟水库除险加固工程。加固后，大坝坝顶长 244 米、宽 4 米，最大坝高 28.4 米，坝顶路面采用泥结石路面，上游坝坡采用干砌石护坡。在高程 264.2 米、257 米处，分别设有 1.5 米和 1 米宽的马道；下游坝坡在高程 264.2 米处马道中及下游坝坡与左岸山体交会处，设有浆砌石排水沟；二马道以下至下游坝脚间设有高 5 米的排水棱体。设计防洪标准为 30 年一遇。

溢洪道位于大坝右岸基岩上，河岸开敞式正槽宽顶堰，最大泄洪量1093.4立方米/秒。泄洪灌溉洞位于大坝左侧基岩上，为直径3米、长110米的钢筋砼压力洞；泄洪灌溉洞进口处设有钢筋混凝土进水塔，进口底高程257.16米，出口底高程256.14米，最大泄洪量90.4立方米/秒。

该水库总库容954万立方米，兴利库容419万立方米，防洪库容954万立方米，设计灌溉面积3.5万亩，设计年供水量228万立方米。

第二节　饮水工程

兴县冬季干旱少雨，夏季雨水充沛，秋雨多于春雨，年平均降水量480毫米，多年平均水面蒸发量900 ~ 1300毫米，蒸发能力较强，干旱指数3.0~2.0（蒸发能力与降水量之比），属半干旱地区。因“十年九旱”，多数村庄存在不同程度的人畜吃水困难。1989—2016年，全县累计完成投资13532.36万元，建设饮水工程1333处，先后解决了822个自然村（另有394个自然村系修复、提质）的人畜饮水困难。

1989—2016年部分年份兴县实施人畜饮水解困工程统计表

表10-1-2-1

年份	投资额（万元）	受益自然村数（个）	工程处数（处）	其中			受益人口（人）	解决大畜饮水困难头数（头）	自来水入户村（个）
				提水	引水	蓄水			
1989	28.16	17	17	—	—	—	4365	668	—
1990—1993		82	82	—	—		22305	3329	—
1994—1995	326.2（其中国投300万元）	35	35	16	4	4	19100	1240	5（含蔡家崖乡人畜饮水工程25个村）
1996	—	27（新建）	27	—	—	—	7640	1380	—
		31（修复）	30	—	—	—	40616	4584	8
1997	322	22	22	—	—	—	22153	587	—
1998—1999	430	145	144	—	—	—	51615	5747	72
2000	1183. 5	97	92	65	19	8	39435	4692	90
2001	277	23	21	9	9	3	15952	1398	16
2002	461.8	36	35	18	11	6	12425	1275	28

续表 10-1-2-1

年份	投资额（万元）	受益自然村数（个）	工程处数（处）	其中			受益人口（人）	解决大畜饮水困难头数（头）	自来水入户村（个）
				提水	引水	蓄水			
2003	517	40	40	24	11	5	16000	1571	33
2004	401	27	24	11	11	2	13500	1138	22
2005	418	30	30	16	13	1	12400	834	20
2006	672.5	36	34	19	8	7	13055	1395	27
2007	727.2	51	45	28	11	6	21789	1833	39
2008	841	41	39	28	4	7	21402	2000	32
2009	1459	96	82	65	17	—	29971	2747	90
2010	2031	198	219	182	24	13	44870	2449	198
2011	466	26	41	29	12	—	2041	192	26
2012	507	37	37	25	12	—	10370	270	37
2013	423	21	50	34	16	—	7000	636	21
2014	1252	40	129	110	19	—	12285	1039	40
2015	419（含提质增效投资）	20	20	16	4	—	4354	411	20
2016	370	27	27	24	3	—	8624	706	27
合计	13532.36	1205	1322	—	—	—	453267	42121	851（含部分修复饮水设施自然村）

第三节　引水工程

山西大水网中部引黄兴县县域供水工程，是山西省“十二五”规划大水网建设中的一项重点工程。工程干线自保德县天桥水电站库区取水，向 4 市 16 个县供水。工程设计取水量 23.55 立方米／秒，扬程 198 米，输水工程总干线长 199.08 公里。输水隧洞在魏家滩镇姚子峁村进入兴县境内，途经魏家滩镇、蔚汾镇、奥家湾乡、固贤乡，最后从固贤乡的常家墕村出境，总干隧洞长 60.2 公里。2012 年 12 月完成县域供水工程规划报告的编制工作。该工程主要包括 97.7 公里供水压力管线（其中 3.2 公里长穿管涵洞）、3 座调蓄水库、

2座地下泵站、3座地面泵站、2座调节池、100座排水井、98座排气井、12座检修井、12座分水井、6座减压井，总供水量4630万立方米。兴县配套供水工程共设3个取水口：第一个位于岚漪河流域魏家滩镇木崖头村附近的天古崖取水口，向岚漪河供水区供水，年供水量1878万立方米；第二个位于蔚汾河流域奥家湾乡奥家湾村取水口，向蔚汾河供水区供水，年供水量为1776万立方米；第三个位于南川河流域固贤乡进德村取水口，向固贤、康宁供水区供水，年供水量为976万立方米。兴县配套供水工程总投资8.98亿元，工程于2013年开工建设，计划于2018年底竣工。

第四节 基本农田建设

1989年末，全县基本农田面积26.5万亩（内含水地5.16万亩），其中梯田18.82万亩，滩坝地7.68万亩。

1990—2016年末，全县结合建坝扎沟、治理水土流失等工程措施的实施，同步展开基本农田建设。新建、续建大中小型骨干坝、淤地坝421座，河坝9.13万米，谷坊1368个，新增基本农田56.2万亩（其中梯田46.6万亩，坝地、滩地面积9.6万亩。基本农田面积累计达到82.7万亩（内含水地7.6万亩），占到总耕地面积126.3万亩的65.48%。

其中，1990年至1994年，全县共建成基本农田14.76万亩（含梯田13.43万亩，滩坝地1.33万亩）。1995—1997年，全县先后铺开农建工程887处，累计上阵劳力12.94万余人，上阵推土机等大型机械923台（辆），新建基本农田17.1万亩，其中梯田16.18万亩、滩坝地0.92万亩。1998—1999年，新增基本农田面积11.59万亩（其中梯田9.53万亩，滩坝地2.06万亩）。2000—2016年，新增基本农田面积12.75万亩，其中梯田7.45万亩、坝地5.3万亩。

第二章　防汛　抗旱

第一节　防　汛

河道治理

为控制、防御洪水侵袭，兴县通过清障、拓宽、疏通、护岸等办法，展开河道治理工作。1989—1995 年，对蔚汾河、岚漪河两大主流河道清淤，年均清障 2.3 万立方米。1997 年，吸取“7·23”洪灾（1996 年 7 月 23 日，兴县发生历史上罕见的特大洪灾，雨量达 120 毫米，蔚汾河流量达 1440 立方米/秒，洪暴冲毁河坝 2.27 万米，18 个乡镇同时受灾，数千亩滩地水地被毁，直接经济损失达到 2.6 亿元）教训，提早整治洪灾隐患。春季，针对 1996 年洪水造成的郝家山等 5 座骨干坝水毁泄洪洞等隐患问题，实施加固工程；对蔚汾河二十里铺至拜塔墕段河道设障严重问题专门治理，严厉打击河道弃渣、堆放垃圾行为。水利工程技术人员对全县范围内的河道详细勘察论证，划定黄河、岚漪河、蔚汾河、湫水河 4 条河道内 15 个乡（镇）105 个村 2.35 万亩耕地和 9 个企业的河道工程保护范围，加强河道工程的维护管理。1999—2001 年，年均清理河道垃圾淤泥 4 万立方米，确保行洪畅通。2004 年，全县动用大型机械 35 台进行河道清障，清渣清淤 40 余万立方米。2006—2008 年，编制完成《蔚汾河流域规划》《岚漪河流域规划》《兴县蔚汾河城区段河道综合治理规划》《兴县岚漪河河道综合治理规划》，为河道治理提供具体方法、措施。

2009 年，水利局对岚漪河魏家滩段、蔚汾河城区段的河道内弃渣、垃圾、淤泥进行清理。2011—2013 年，水利局对蔚汾河城区段投入重资，实施清淤、治污、蓄水、美化工程，城区段河道得到历史性的改观。其中，编制完成《蔚汾河兴县县城段河道治理工程初步设计》《岚漪河兴县瓦塘段河道治理工程初步设计》；在县城上下段河道疏浚 6.45 公里，修筑排水涵洞 12 座，完成防护工程 2.9 公里。

2015 年，水利局完成投资 380 余万元，采取先规划后施工的办法，进行河道治理。其中，在蔚汾河河道投入挖掘机、装载机、自卸车等大型机械，共清运生活垃圾 27.6 万立方米，疏浚河道 15 公里，动土石方 38.6 万立方米。

2016 年，完成总投资 2340 万元，启动岚漪河河道治理工程，主要治理岚漪河兴县段大石沟至姚家会段，长 4.22 公里，实施该工程保护了沿河 4 个村 3000 亩耕地，同时提升了西川工业园区防洪保安水平。

防洪堤坝

兴县在黄河、岚漪河、蔚汾河及沟道建有多条护地、护路、护城、护村河坝，历年对水毁河坝复修补修，以增强防洪能力。1991 年至 1994 年，新建黄河护岸坝、修补修复水毁河坝 1.48 万米，新增、恢复滩地 420 亩，保护滩地 3200 亩。1997 年，对岚漪河、蔚汾河 1996 年特大洪水冲毁的河坝实施修复，成立专项工程指挥部，10 名技术骨干专职把关，负责施工，共完成河坝修复 1.49 万米，其中修复城区河坝 2900 米。1998—2001 年，新建和修复水毁河坝 1.42 万米。

2002—2003 年，完成总投资 480 万元，在碧村实施改河造地工程，工程以建筑拦河坝和拓宽河道泄洪洞为主体，设计标准为百年一遇，洪峰流量为 2026 立方米 / 秒。具体包括：泄洪洞 156 米，挡水主坝 4731 立方米，修筑河坝 1578 米，造地 1000 亩。

2004 年，在罗峪口镇李家梁、刘家梁村修筑黄河堤坝 1500 米。2007—2009 年，新修补修河坝 1.45 万米。

2010 年，为保障县城的防洪安全，汛前完成对奥家湾乡雁子沟流域坝系工程的 6 座淤地坝（枣树焉 1# 坝、枣树焉 2# 坝、郝家山 1# 坝、郝家山 2# 坝、斗子峁坝、斧刃峁坝）实施除险加固工程，完成总投资 239 万元，新修河坝 5400 米。2012 年至 2013 年底，投资 2918 万元，新建、加高和加固堤坝 7.54 公里，保护了县城、蔚汾镇、奥家湾乡、蔡家崖乡 16 个自然村 4 万亩耕地。

2016 年，在蔡家崖乡水江头村新修护村河坝 89 米。

排水排洪渠道

兴县过境忻黑公路、岢大公路、右芮高速段，多条乡村公路两侧、附近和诸多村庄、厂矿、城区基础设施周围均建有大量的排洪渠道、涵洞，对排泄、防洪起到重要作用。其中，1990 年至 1992 年，全县新挖、新筑、修复排洪渠、防渗渠 31 公里，其中新建阎老湾水库库区渠首工程 14 公里，共恢复滩地、水地 1.14 万亩。1993—1994 年，全县新挖、修复排洪渠 17.15 公里，恢复水地 1500 亩。1995 年至 2010 年，全县累计完成排洪渠 128.55 公里（含部分清淤工程）。2013 年，修筑排洪渠 1.63 公里（以上不包括末级渠系配套工程）。

第二节　抗 旱

由于地形和气候因素，兴县冬季干旱少雪、春季干旱多风，夏季、秋季雨水充沛，属半干旱地区，民间流传“十年九旱”的俗语。因此灌溉抗旱是全县保障农业种植效益的主要措施之一。兴县实施灌溉抗旱的主要形式有 4 种：利用上游水库蓄水，通过整修渠系进行自流灌溉；通过建设机井、泵站进行提水灌溉；建造一批旱井，平时集聚雨水，用雨水实施微灌，保证了抗旱需要；建立专业服务队，进行抗旱浇灌服务。

自流灌溉

1989 年，兴县有中小型水库 6 座，其中中型水库 2 座、小（1）型水库 3 座、小（2）型水库 1 座，年蓄水 1951 万立方米，灌溉农田 2.9 万亩。到 2016 年，因蔚汾镇千城水库、康宁镇寺坡底水库 、恶虎滩乡石楼河水库 3 座小型水库库区淤积变为耕地，全县水库减为 3 座。

县境北部岚漪河南北两岸田园，以上游天古崖中型水库为主要水源，实施自流灌溉，该水库防洪库容 2309 万立方米，设计灌溉面积 2 万亩，设计年供水量 785 万立方米。

县境中部蔚汾河两岸田园，主要以上游恶虎滩乡明通沟小型水库供给水源，实施自流灌溉。该水库防洪库容 954 万立方米，设计灌溉面积 3.5 万亩，设计年供水量 228 万立方米。1992 年，在蔚汾河沿岸增加自流灌溉区 6 个，新建（高家村）自流防渗水渠、修复蔚汾河灌区总干及北干渠道总长33.4公里，1993年初，全县有自流灌区103处，挖泉截流29处，自流灌溉总面积达2.69万亩。

县境南部主要以康宁镇阎老湾中型水库供给水源，实施自流灌溉。该水库设计年供水量800万立方米，灌溉面积1.5万亩。1990—1992年，投资321万元，新建阎老湾水库灌区渠首工程14公里，使灌区6070亩水浇地保浇。1994年，延伸阎老湾灌区渠道2500米，完成打井配套工程，新增和恢复水地1600亩。

1998—1999年，全县增加自流灌溉区4个。2002—2006年，全县增加自流灌溉区2个。到2016年末，全县实有自流灌溉面积3.71万亩。

机井灌溉

1990—1999年，全县共有机电灌站223处，打井6眼，修筑、修复防渗水渠125.1公里，累计灌溉面积达到5.66万亩。2008—2012年，全县共有小型泵站灌区168处，机井83眼，输水管道和防渗渠长41.42公里，累计机电灌溉面积达到8.51万亩。

2012年至2013年，实施总投资46万元的农田灌溉末级渠系配套工程，共建设末级渠系16.5公里；投资8.98亿元，实施中部引黄（河）水工程兴县县域供水工程，县境总干隧洞长60.2公里，3个取水口，总供水量4630万立方米；完成省级投资1600万元，建设灌溉深井40眼。机井灌溉面积累计达到9.39万亩。2015—2016年，完成总投资190万元，在高家村镇巡检司村新建泵站工程1处，打水井1眼，修防渗水渠2000米，全县灌溉面积累计达到14.84万亩（其中自流灌溉面积3.71万亩）。

集雨灌溉

1997—2016年，地处兴县西南的孟家坪、贺家会、圪达上、蔡家会、赵家坪、罗峪口6个乡（镇）的部分村庄打旱井4766眼，新增集雨微灌农田面积8171亩。

专业队抗旱灌溉服务

2008年开始，县农机中心每年春季组织技术员和农机具50多台（套），赴重点乡（镇）抗旱，年均机浇面积2.5万亩。2016年，农机抗旱保苗服务队机灌总面积8.07万亩，比2008年的2.5万亩增长2.2倍。

第三章　水土保持

第一节　水土流失状况

水土流失包括土地表层侵蚀和水土损失，一般特指水力侵蚀现象。兴县地处晋西北黄土高原、吕梁山脉西麓，梁峁起伏，沟壑纵横，地形支离破碎，耕地主要分布在中西部的黄土丘陵沟壑地区。全县多年平均降水量480毫米，且年降水量极不均匀，暴雨在年内高度集中于7月8月，占年降水量的40%以上。主要河流岚漪河、蔚汾河及支流南川河，年径流总量为12951万立方米，属于黄河泥沙的主要产区之一，每年有大量的泥沙流失。境内沟壑密度为3.83公里／平方公里，坡陡沟深，植被较差，土壤松散，抗冲能力较弱，极易形成垂直侵蚀、面蚀、沟蚀、崩塌、滑坡。20世纪60—70年代，由于大量开荒种地和私挖滥采、偷砍滥伐，加剧水土流失。全县流失面积达366万亩，占总面积77%，其中坡度在15°以上有244万亩，占总面积51.4%，水力侵蚀模数平均为1400吨／平方公里。

据裴家川口、碧村及相邻水文站资料推算，1956—2000年，全县年均侵蚀泥沙2122万吨，年平均侵蚀模数6844吨／平方公里。据实测资料，仅蔚汾河流域年均输沙量882.57万吨，相当于每年地表剥蚀土层平均厚度达7.8毫米，年均径流量4816万立方米，相当于每年损失降雨55.4毫米，等于年降雨量的11%。每年坡耕地流失全氮1000吨，相当于损失碳铵5884吨。严重的水土流失使土壤肥力下降，理化性质变坏，耕作层土壤变瘠薄，导致农作物减产。

第二节 水土流失治理

兴县历来把治理水土流失作为建设基本农田和促进农业发展的措施之一。主要的治理措施有工程治理、生态治理、小流域治理和生物工程项目综合治理等，共完成治理面积413.84万亩。

工程治理

通过建设中小型坝、骨干坝及淤地坝，封扎流域沟口，淤土造地、淤滩垫地，达到防止水土流失，增加基本农田的目标。从1990年至2016年，全县共建有大中小型河坝、淤地坝421座9.13万米，谷坊1368个；累计治理水土流失面积48.85万亩，控制流域面积231.5平方公里（折合34.73万亩）；通过治理，累计新增基本农田56.2万亩（其中梯田46.6万亩，滩坝地9.6万亩）。至2016年末，全县基本农田面积累计达82.7万亩（1989年末基本农田面积26.5万亩，加上1990年至2016年新增56.2万亩）。

生态治理

水土保持生态治理，以水保造林和种草为主。1989年到1998年末，全县累计完成水保造林91.01万亩，其中乔灌木林46.36万亩，经济林44.65万亩；2000年到2016年，全县累计完成水保造林86.04万亩，其中乔灌木林54.27万亩，经济林31.77万亩。到2016年底，全县累计完成水保造林177.05万亩，其中乔灌木林100.63万亩、经济林76.42万亩；累计人工种草及牧坡改良31.13万亩、封禁治理138.68万亩。

农户承包、购买治理小流域

小流域治理是水土保持的重要措施之一。1991年，落实小流域承包户8978户，承包小流域223条，完成治理面积9.03万亩。1992—1994年，全县共拍卖小流域（包括“四荒”）2341条（处），拍卖面积达44.83万亩（其中1994年32万亩），购买流域农户达3588户，为365个建制村购买户颁发“四荒”使用证面积35万亩，占总购买户的73%；3年完成初治面积20.82万亩。1995年，全县流域治理进入高峰期，集体治山与群众治沟联结在一起，实现沟坡兼治的有机结合，当年完成隔坡水平沟整地6.6万亩，实现耕地与荒地统一规划，连片治理，加快水土流失治理的步伐。1991年至1995年共完成初治面积36.45万亩。

2000—2003年，全县共拍卖“四荒”6.99万亩，其中2003年铺开以闸沟打坝为主的小流域治理工程53处，完成淤地坝40座，完成治理面积32.5万亩。2004—2009年，全县共拍卖“四荒”3.95万亩。2010—2015年，全县共拍卖“四荒”805万亩，完成投资3110万元，实施贺家会流域坝系工程、蔡家会镇唐宇村庙沟流域沟坝治理工程和圪达上乡羊角角小流域综合治理等工程，完成初治面积11.96万亩。

2016年，实施赵家川口小流域治理工程，项目总投资429万元，涉及高家村镇黑峪口、赵家川口、唐家吉、桑娥4个建制村，完成综合治理面积1.29万亩，其中新建基本农田0.01万亩，栽植水保林0.27万亩、经济林0.23万亩，封禁治理0.78万亩，修建田间道路5公里；涌现出贺家会乡的安月村柳沟峁流域治理、寨子沟流域治理、东会乡东南村石排则洼流域治理、蔡家崖乡宋家沟流域治理等较好的典型。

实施水保项目综合治理

蔚汾河流域水土保持综合治理项目　该项目是世界银行贷款治理中国西北黄土高原的山西、陕西、甘肃、内蒙古四省（区）9条流域中的一个子项目。经过前期准备工作，于1994年进入实施阶段。至2002年，累计完成总投资9703.12万元（其中直接费用6112万元，占总投资的63%），其中向世界银行贷款685万美元，折合人民币5959.47万元，占总投资的61%(贷款年利率为4%，还贷期为20年）；国内配套资金3743.65万元（其中中央、省、地、县四级配套3065.39万元，占国内配套资金的82%），占总投资的39%。为实施本项目，县、乡（镇）、村三级都建立项目领导机构。县项目领导组下设项目办公室为常设专职机构，负责项目设计、制定年度计划、培训乡一级施工骨干、保证物资种苗供应、进行小流域治理实施规划、检查指导施工进度和质量、进行工程验收等。项目区包括交楼申、恶虎滩、奥家湾、关家崖、城关、肖家洼、蔡家崖、高家村8个乡（镇）152个村2.1万户8.25万人，

总面积869.1平方公里，其中水土水失面积632.39平方公里，占总面积的72.76%。项目实施中，工程措施和生物措施配套，梁峁沟坡综合治理，基本上形成缓坡梯田、陡坡挖水平沟栽植经济林、荒坡整地营造乔木林、沟底闸沟打坝淤地的全面治理格局。实施该项目共完成流域治理总面积30.01万亩，占水土流失面积的31.64%，其中新修梯田7.63万亩，打淤地坝12条，新增坝地750亩，营造水果林3.37万亩，干果园1.35万亩，乔木、灌木林16.14万亩，人工种草1.44万亩，新建中心苗圃1处，面积150亩。通过项目实施，项目区土地利用率由69.28%提高到80%以上，林果草覆盖度由30.37%提高到47.48%，基本农田由10.94万亩增加到18.65万亩，增长0.7倍；粮食产量、干鲜果产量、农民收入都得到明显提高，项目区水土流失治理度达到53.72%。治理效益好的典型工程有赵家川口村综合治理工程、高家村综合治理工程、后木兰冈村果园建设、胡家沟综合治理万亩片工程、张家圪埚村综合治理工程、河儿上千亩综合治理工程、贺家圪台村梯田工程、羊好峁沟小流域治理工程、廿里铺万亩综合治理工程、阳会崖村综合治理工程、明通沟综合治理工程、恶虎滩村梯田工程、安乐沟小流域综合治理工程、下会村综合治理工程等。

湫水河流域水土保持综合治理项目　该项目是国家级重点流域治理项目，覆盖东会等10个乡（镇）的20条流域，总面积381平方公里，水土流失面积360平方公里，治理分5年完成。治理要求突出经济效益，实现山水田林路统一规划，工程、生物、耕作措施统筹安排。1998年开始实施，一期工程（1998—2002年）完成投资2245.88万元，完成各类措施总面积211.29平方公里，其中营造乔木林9.1万亩、灌木林12.67万亩、经济林4.4万亩，完成种草2.14万亩。二期工程（2003年至2007年），完成治理措施面积115.55平方公里，其中机修梯田662亩，新建坝地3039亩，营造乔、灌木林7.75万亩，经济林1.01万亩，种草4110亩，封山育林7.79万亩，投入国补资金743万元。项目区综合治理度由14.9%上升到73.6%，林草总面积占到宜林面积的80%以上，水土流失基本得到控制，生态环境得到很大改善。项目实施中涌现出蔡家会镇河子坪流域、芦山沟流域、贺家会乡西月流域、安月流域、寨子沟

流域治理等成功典型。

中央财政预算内专项资金水保项目治理 2001年，投入国补资金140万元，实施蔚汾镇千城流域、圪达上乡马家山流域综合治理工程及康宁镇康宁村、瓦塘镇瓦塘村河坝工程，完成综合治理面积16.66平方公里，其中建成基本农田614亩，植树造林8715亩，种草60亩，封山禁牧1.55万亩，筑成谷坊9座、河坝334米，项目区水土流失面积治理由基期的12%上升到72%。

雁门关生态畜牧水利配套项目 该项目实施时间为2002—2005年，涉及贺家会、东会、蔡家崖、康宁、恶虎滩和蔚汾镇7个乡（镇）的11个村委，共完成投资265.4万元，建成淤地排水工程1处、改河造地工程2处、水源井和提水蓄水工程15处、提水灌溉工程1处，解决2818头牛、猪和1.14万只羊的饮水，并为2.57万亩饲草料地提供灌溉用水。

实施国家坡耕地水土流失综合治理试点项目 2011—2014年，兴县在康宁、固贤、贺家会3个乡（镇）9个村实施水土流失综合治理，共建成水平梯田3.25万亩，完成国补投资3000万元。

第四章 水利管理

第一节 法规宣传教育

1989年1月，《中华人民共和国水法》颁布实施，兴县利用广播、标语、传单等手段广泛宣传。

1995年，制定兴县实施《山西省实施〈中华人民共和国水土保持法〉办法》细则。1996—1999年，每年利用农历七月古会时机集中宣传，出动宣传车到街道、工矿区及乡（镇），通过散发传单、张贴标语、发放手册、播放电视专题片等形式进行宣传，并将每年的9月定为《中华人民共和国水土保持法》宣传活动月，强化全县干部群众水土保持意识。2001年，在《中华人民共和国水土保持法》颁布10周年之际，水利局展开宣传活动，散发宣传材料1万余份。2004年“中国水日”期间，县办电视节目连续播放《人·水·法》专题片。2012年，电视新闻媒体滚动播放节水宣传专题片，使“管理、节约、保护”的用水理念深入人心。

第二节 水资源管理

兴县水资源极为贫乏，2004年人均水资源量为599立方米，亩均水资源量为167立方米。仅为全国人均2700立方米水资源量的22.18%。因此，兴县水行政主管部门除加强水法宣传，增强全县干部群众用水法制观念和水危机意识外，重点加强水资源监测管理，加大水污染防治力度，严格河道执法、水土保持执法和水资源、水工程管理执法，使水资源开发利用与治理保护逐步走上法治轨道。

征收水资源费和水土流失补偿、治理费，促进节约用水

1991—2016年，全县共征收水资源费5003.2万元，征收水土流失补偿费和治理费1807.1万元。

1991—2016年部分年份兴县征收水资源费和水土流失补偿费、治理费简表

表10-4-2-1 单位：万元

年份	征收水资源费	征收水土流失补偿费、治理费	年份	征收水资源费	征收水土流失补偿费、治理费
1991	5.4	—	2004	10	—
1992	4.81	—	2005—2006	6	12
1993—1994	5.43	—	2010	1834	400
1995	8.94	2.1	2011	324	430
1996	4.52	2.5	2012—2013	510	285
1997	3.4	5	2016	2270	633
1998	3.5	6.5	合计	5003.2	1807.1
1999	10.5	22.5			
2003	2.7	8.5			

水利执法

县水利局首先根据现状调查，绘制《兴县取水现状图》，编写《兴县水资源开发利用现状分析报告》，并在全县推行取水许可制度，对重点企业发放取水许可证。1993年，成立水政监察大队，规范取水用水管理，查处破坏、倒贩水利设施案件3起。1996年，水政监察大队向13户向河道违法倾倒废渣的工矿企业处以罚款0.5万元。1997年，在水政监察大队设立水资源管理水政监察、防汛管理水政监察、水工程管理水政监察、水土保持水政监察4个中队，水政监察人员持证上岗，依法管理。对不缴纳水保两费的31户企业依法移送法院强制执行；立案查处国营铁厂、东风铁厂、廿里铺铁厂、宝山铁厂等7户企业违法弃渣弃土造成水土流失的行为。1998年，水政监察大队立案先后查处了一批涉水违法案件，其中有后发达砖厂等7户违反水土保持法的案件、白崖沟铁厂等38户企业违反水土保持法的案件，忻黑公路、宏星铁厂、寨子沟焦化厂等单位乱倒矿渣、违法取水及施工后不及时恢复植被的

违法案件；立案查处了10户违反水土保持法造成严重水土流失且拒不缴纳补偿治理费的私营企业，调整充实水资源管理委员会，吸收公检法机关参加水资源管理委员会的工作，开展对城区洗浴单位、建筑施工单位的水资源费征收。2006—2010年，重点监督和查处了晋兴能源有限公司等单位施工破坏植被造成水土流失案件。2011年，对晋兴能源有限公司斜沟煤矿、锦兴能源有限公司肖家洼煤矿等大型用水企业安装远程监控系统，对6个洗煤厂安装计时器，实行计量收费，促使其节约用水。

第三节　山区矿区饮水管理

兴县矿区主要集中于车家庄、关家崖、斜沟、肖家洼等地，因采掘煤、铝矿，造成地下水位下降、居民和单位饮水出现困难。对此，水利局要求各矿自备深井，解决单位自身的饮水问题，同时附带解决部分村民的吃水问题。关家崖矿区最为严重，该矿于1991年打深井1口，修蓄水池1座，并配套设施，供关家崖、东坡上、秦家圪塄3村居民饮水。后因洪灾中水井被废，矿区单位及群众又出现远距离拉水的情况。2004年，在实施人畜解困工程中，从车家庄集中供水工程（1996年至2000年实施）水源地河校深井，通过三级提水，彻底解决了该矿区居民的饮水问题，形成车家庄、关家崖一个水源地供水、10个村（集中连片）吃水的大网。该工程一直由县水利局直管，以抵押承包的方式承包经营，承包商负责设备运行、配套设施及维护，自主经营，自负盈亏。2004年，以物价部门核准的1.8元／吨收取水费，矿区居民水费基本由驻矿单位承担。斜沟矿区和肖家洼矿区均打深井解决自身吃水问题，水政部门纳入水资源进行管理，水费由居民自付。

第四节　农田灌溉管理

兴县实施灌溉抗旱的主要形式有4种：利用上游水库蓄水，通过整修渠系进行自流灌溉；通过建设机井、泵站进行提水灌溉；建造一批旱井，平时集聚雨水，用雨水实施微灌，保证抗旱需要；建立专业服务队，进行抗旱浇灌服务。1989 年至 2016 年末，全县自流灌溉和机电机井灌溉总面积 14.84 万亩（其中自流灌溉面积 3.71 万亩）。

1997—2016年，地处兴县西南的孟家坪、贺家会、圪达上、蔡家会、赵家坪、罗峪口6个乡（镇）的部分村庄打旱井4766眼，新增集雨微灌农田面积8171亩。2008 年开始，县农机中心每年春季组织技术人员和农机具 50 多台（套），组成县抗旱服务队，在干旱时，分赴重点乡（镇）、村，帮助农户检修灌溉设备，同时提供灌溉技术服务，年均机浇面积 2.5 万亩。2016 年，农机抗旱保苗服务队机灌总面积 8.07 万亩，占到总耕地面积的 6.39 %，比 2008 年的 2.5 万亩增长 2.2 倍。

第五节　管理机构

行政机构

县水利局属兴县人民政府行政职能局，1989 年兴县水利水保局设局长 1 人，副局长 2 人，内设机构有办公室、财务室、防汛抗旱指挥部办公室，共有 11 人。2009 年，兴县水利水保局改称兴县水利局。

2016 年末，兴县水利局核定行政编制 11 人，全额事业编制 98 人，实有 101 人；设局长 1 人，副局长 4 人（包括纪检组组长），内设机构有办公室、防汛抗旱指挥部办公室。

事业机构

1989 年，兴县水利水保局设有水保站、水利站、明通沟水库管委会、天古崖水库管委会、农田基本建设指挥部办公室等事业单位，有全额事业人员 51 人。2016 年，县水利局下辖事业单位 13 个，全额事业人员 82 人，自收自支事业人员 16 人。

阁老湾水库管委会　1992 年增设，编制 4 人，实有 2 人。

水政监察大队　1993 年增设，编制 10 人，实有 6 人。

水土保持监督站　1994 年增设，编制 6 人，实有 7 人。

河道管理站 1994 年增设，有在编事业人员 4 人。

水资源管理委员会办公室 1995 年增设，编制 11 人，实有 9 人。

兴县移民办公室（水工程工作办公室） 2007 年增设，编制 4 人，实有 3 人。2012 年，改称水工程工作办公室，人员不变。

水资源征费稽查大队 2008 年增设，为全额事业副科级建制，设副科级职数 1 名，与水资源管理委员会办公室合署。

天古崖水库维护队 2011 年增设，为自收自支事业单位，编制 20 人，实有 16 人。

渔政监督管理站 2012 年增设，编制 4 人，实有 3 人。

第十一编

脱贫攻坚

从1986—2016年，兴县扶贫攻坚大致分为三个时期。

第一个时期为1986—1993年，由传统的救济式扶贫转为开发式扶贫。这一时期上级共为兴县投放各类扶贫资金969万元，扶持18个乡（镇）发展干鲜果园1.99万亩；扶持3404户发展养殖业，户均增收650元；扶持385户发展农副产品加工业，户均增收4500元；扶持新办和改造原有企业51个，新增产值312.7万元、利润50万元，安排劳力就业986人；扶持发展麦地山焦化厂、东风二铁厂、蔚汾铁厂等一批乡镇企业。

第二个时期为1994—2000年，为实施“八七”扶贫攻坚计划（1994年4月国务院发出关于印发《国家八七扶贫攻坚计划》的通知。这个计划即：力争在20世纪内最后7年，集中力量，基本解决目前全国农村8000万贫困人口的温饱问题）时期。兴县18个乡（镇）361个行政村的15.79万人（约占全县农业人口的70%）被纳入“八七”扶贫计划。到2000年末，全县农业基础条件和公共基础设施条件得到充分改善。全县347个村、11.36万人畜的饮水困难，725个自然村的通电问题和630个村的通路问题均得到解决；农林牧副业总产值达到2.63亿元，比1993年的1.43亿元增长83.92%；农民年人均纯收入达795元，比1993年的449元增长77.1%；有11.5万人解决了温饱问题，占“八七扶贫攻坚”计划人口15.79万人的72.83%。

第三时期为2001—2016年，这一时期的第一阶段以2001年6月《中国农村扶贫开发纲要（2001—2010年）》颁布实施为标志，以加强贫困乡村基础设施建设、改善贫困地区基本生产生活条件和生态环境、解决少数贫困人口温饱问题为重点，全县22.73万人农业人口被确定为国家重点扶贫对象。其间，各级累计投入扶贫资金43887.27万元（其中财政扶贫资金41662万元，中德合作扶贫项目1778.05万元，省地市及企业扶贫队447.22万元），实施了整村推进（17106万元）、以工代赈、农村路网改造（24556万元）、社会帮扶（中德项目1778.05万元、省地扶贫队及企业扶贫447.22万元）等扶贫项目，特别是实施群众参与式整村推进项目，惠及302个行政村、4200户、13.25万人。

第二阶段从2011年开始，至2016年，为全面扶贫攻坚阶段。这一阶段各级累计投入各类扶贫资金10.98亿元（其中，财政扶贫资金51173万元，银行累计发放小额信用等扶贫贷款32111万元，企业自筹26500万元），实施了片区开发（484 个村，5558 万元）、整村推进（9008.6 万元）、易地搬迁（19154.78 万元）、金融贷款扶贫（2014 年农户小额信用 7532 万元、企业贷款 8145 万元；2015 年至 2016 年，省扶贫办下达兴县发放贷款任务，实际共发放农户 1287 户小额贷款 6433.93 万元；发放贫困户 1 亿元——贷款入企分红）、光伏扶贫（1200 万元）、产业扶贫（财政补助 2964 万元、企业自筹 2.65 亿元）、中央彩票公益金扶贫（1810 万元）、教育助学扶贫（4996.65 万元）、社保兜底扶贫（6481 万元）等项目。至 2016 年，全县农民人均纯收入由 2000 年末的 795 元增加到 4006 元，增长 4 倍多；贫困人口由 2001 年初的 22.73 万人减少至 4.62 万人，累计减少 18.11 万人，减少 79.67%。为彻底脱贫摘帽奠定了坚实基础。

从 2011 年进入新一轮扶贫攻坚以来，山西省和吕梁市多次发文通报表彰了兴县扶贫攻坚工作。2011—2013 年，山西省扶贫开发领导组分 A、B、C、D 四个考核档次对全省重点贫困县扶贫工作进行综合考核，兴县连年被评为 B 级，受到全省通报表彰；县扶贫办连续被授予全省扶贫工作先进单位荣誉称号。2015 年度，在山西省人民政府组织的全省 36 个 C 类县（指国家扶贫开发重点县及全国集中连片特困县）扶贫攻坚和经济发展等五个方面综合考核评价中，兴县位居全省第三名，受到通报表彰。

第一章　贫困状况综述

总起来看，兴县自然条件差，贫困人口多，贫困程度深，从1985年起，兴县(农民人均纯收入为261元)即被山西省政府列为山老边贫县。1986年，国家首次把1985年农民人均纯收入低于300元的县确定为贫困县，列入扶持范围。兴县被确定为国家扶贫开发工作重点县（国定贫困县），且位列山西省国定贫困县之首。

1989年，兴县农民人均纯收入为241元。1992年，兴县农民人均纯收入为364元。1994年，国家第二次明确重点扶持的贫困县标准是1992年农民人均纯收入低于400元的县，兴县在列。

1995年，兴县农民人均纯收入达到537元，全县24个乡（镇）25.39万人口中有18个乡（镇）的15.79万人被纳入国家“八七”扶贫攻坚计划中。到1998年，全县有8个乡（镇）的189个村整体达标，攻坚区有10.4万人越过温饱线。1999年，全县遭受历史罕见特大旱灾，多数农民出现返贫现象，全县贫困人口由1998年底的5.4万人上升到16.04万人。至2000年底，按照“八七攻坚”标准（农民人均年纯收入1000元，人均占有粮食300千克），全县新解决温饱10280户42143口人；恢复温饱18156户72880人，全县共有12个乡镇214个村越过温饱线。同年全县农民人均纯收入达到795元，贫困人口有21.7万人。

2001年，全县农民人均纯收入仅288元，有贫困人口22.73万人，其中未解决温饱21.43万人。兴县被认定为山西省35个国定贫困县之首。

到2009年,全县农民人均纯收入达到1740元,贫困人口减少到12.13万人。2010年，全县农民人均纯收入为2050元（山西省定贫困县标准为1550元），有贫困人口10.28万人，比2001年减少12.45万人，贫困发生率为32.88%。

2011年，全县农民人均纯收入2455元（国家确定贫困标准为2300元），有贫困人口14.28万人，贫困发生率为56.4%。在2011年开始的国家新一轮十年扶贫开发中，兴县被国务院确定为吕梁山集中连片特困县。2012年，全县农民人均纯收入3028元（国家确定贫困标准为2300元），有贫困人口12.66万人，贫困发生率为48.67%。2013年，全县农民人均纯收入3230元（国家确定贫困标准为2736元），有贫困人口10.76万人，贫困发生率为41%。2014年，全县农民人均纯收入3546元（国家确定贫困标准为2800元），有建档立卡贫困村297个、贫困户32246户、贫困人口10.4万人，经核实最终确定贫困户为28901户80068人，贫困发生率为30.59%。2015年，全县农民人均纯收入3982元（国家确定贫困标准为2800元），该年底，全县有建档立卡贫困村280个、贫困人口55281人，贫困发生率为21%。

2016年，全县农民人均纯收入4006元（国家确定贫困标准为2952元），年底，全县有建档立卡贫困村240个、贫困人口46163人，贫困发生率为17.94%。

第二章 扶贫运行机制

第一节 机构设置

领导机构

县扶贫开发领导组 1986年8月，中共兴县县委、县人民政府成立扶贫领导组，办公室设在多种经营办（兴县人民政府多种经营领导组办公室）。1989年7月，县扶贫领导组办公室调整为县经济开发办公室，为正科级建制的行政单位。1991年8月，为加强扶贫经济开发工作，调整兴县扶贫领导组人员，调整后的机构为兴县扶贫经济开发领导组，下设经济开发办公室。1994年2月，兴县扶贫经济开发领导组更名为兴县扶贫开发领导组，县经济开发办相应更名为“兴县扶贫开发领导组办公室”（简称兴县扶贫办）。2012年9月，成立兴县扶贫开发攻坚领导组，办公室设在县扶贫办。2016年2月，成立兴县脱贫攻坚领导组，办公室设在县扶贫办。

1991年8月至2016年12月，县扶贫开发领导组第一组长由县委书记担任，县长任组长，县委副书记任常务副组长，各常委、副县长任副组长，由县委副书记兼任领导组办公室主任，县政府分管农业副县长和扶贫中心主任为领导组办公室副主任。

县扶贫开发领导组下设“项目资金服务”“政策指导”等6个工作组。县委对全县脱贫攻坚领导责任逐项逐人分解落实，将六大工程、十大产业、三支队伍建设等责任分解落实到各县级领导、县直各单位，确保任务措施量化细化；同时成立产业扶贫、生态扶贫、易地扶贫搬迁、护工护理培训就业等13个重点专项工作领导组，分别由兴县县委、县人民政府分管领导任组长。

全面落实脱贫攻坚责任，县脱贫攻坚领导小组与各乡（镇）书记、乡（镇）

长为主签；26 名县级领导与 17 个乡（镇）、169 个驻村工作队、297 个贫困村为副签；明确乡（镇）脱贫主要责任人是联系乡（镇）的县级领导、乡（镇）书记、乡(镇)长；贫困村脱贫的主要责任人是驻村工作队长、第一书记、乡(镇)包村干部；贫困户脱贫的主要责任人是第一书记、乡（镇）包村、包户干部，脱贫责任精准到人。

1989—2016 年兴县历任扶贫攻坚开发领导组组长名录

表 11-1-1-1

任职时间	扶贫攻坚开发领导组组长	备注
1991—1996	郝百曜	县委副书记、县长
1996—1997.4	杜俊奇	县委书记
1997.5—2006.8	刘光彦、李月勤	县委书记
2006.8—2012.9	郭颖	县委书记
2012.9—2016.12	梁志锋（第一组长）	县委书记
	刘世庆（组长）	县委副书记、县长

县扶贫开发领导组办公室　前身为兴县经济开发办公室，1994 年 2 月，县经济开发办更名为兴县扶贫开发领导组办公室（简称兴县扶贫办）。2002 年 2 月，县直党政机构改革时，扶贫开发办公室更名为经济开发扶贫服务中心，为县政府直属科级事业单位(挂扶贫开发办公室的牌子)。2011 年 12 月，兴县扶贫开发领导组办公室被确定为县农业委员会所属正科级建制事业单位，经费形式财政拨款，核定全额事业编制 13 人，设主任 1 人、副主任 2 人。2016 年 6 月，兴县扶贫服务中心事业编制由 13 人增加为 20 人、差额事业编制 3 人。至 2016 年 12 月，实有在职人员 17 人(其中在编人员 15 人)。下辖单位 3 个。

实施机构

兴县扶贫服务队　前身为 1996 年 12 月成立的兴县扶贫开发公司，为扶贫开发办公室下属全民所有企业单位，具体承办实施攻坚乡镇温饱工程建设以及其他扶贫开发项目；兴县扶贫开发公司改制为兴县扶贫服务队后，为扶贫办下属自收自支事业单位，承担全县贫困村土地开发、人畜吃水工程及世行贷款部分项目的实施。

兴县扶贫开发投资有限公司　2016 年 3 月注资成立，为国有独资企业，主要承担省、市扶贫开发投资公司，国家开发银行，农发行及本县有关易地扶贫搬迁、光伏扶贫、金融扶贫、扶贫后续产业发展等各项扶贫开发投融资业务，并负责实施易地搬迁集中安置点建设和光伏扶贫村级电站建设任务。

第二节 保障机制

加强基层组织建设

全县以乡（镇）换届为契机，选拔“三类人员”40人进入乡（镇）党政班子；培训村“两委”主干、大学生村官、第一书记1000余人次；县财政投入800余万元，新建村级活动场所57个，维修13个；研究制定《村级集体经济收益“破零”攻坚工程的实施意见》，将村“两委”主干年平均待遇由3000元提高到6200元以上。

强化项目实施领导与监管

全县推行整村推进群众参与式扶贫模式后，县人民政府成立由分管副县长任组长、各涉农部门领导为成员的全县整村推进参与式扶贫项目领导组，并在县扶贫办设立常设办事机构。在项目涉及乡（镇）成立由乡（镇）主要领导任组长、相关干部和项目村主要干部为成员的乡（镇）级整村推进项目领导组，并确定专管副职，配备2名以上专职工作人员。在各项目村成立由“两委”主要成员和村民代表组成的村级规划实施小组，制定整村推进项目的规划和实施管理办法，分解职责，健全并实行县领导包乡（镇）、乡（镇）领导包村、村干部包项目责任制和县、乡、村三级干部包户责任制，形成各级各部门齐抓共管项目实施的良好局面。

同时，在项目实施中，组建县、乡（镇）、村7支监测检查队伍：由兴县县委、县人民政府督查室和县委办公室、县政府办公室组建的整村推进项目督查组，常年对项目各方面的情况督促检查；由县项目领导组协调相关专家、涉农部门负责人及项目乡村成立的项目论证队伍，对项目规划程序与具体项目实行专项督查；由县扶贫部门吸收乡（镇）、村干部和部分村民代表组成议标、采购队伍，由扶贫部门（牵头）、城建部门和各涉农部门专业技术人员组成的项目质量监理队伍，由县、乡（镇）、村三级项目领导组确定的项目统计与资料信息队伍，由项目所在乡（镇）牵头、项目村村民推选村民代表组成的项目建设民主评议队伍，由审计部门（牵头）吸收财政、扶贫、计划、纪检监察人员组成的项目资金审计队伍，都分别履行各自职责，全方位、全过程监督检查项目的实施。

2004年，实施整村推进项目4个村，规划种养项目覆盖80%以上农户。根据实际，在4个村安排由财政扶贫资金资助的种草养畜项目和由农业局国债资金资助的沼气建设项目。另外，还在各村安排基础产业培育、道路建设、教育培训等方面的项目。由财政扶贫资金资助的发展香菇产业，农民自筹资金创建的石料厂以及由交通局和台商资助的乡村道路、校舍建设、农田基本建设等，夯实了项目村的基础，增强了群众自我发展、滚动发展的能力。

在实施移民搬迁项目中，严格落实政策，加强领导，规范程序。

一、根据客观条件，确定易地搬迁对象。对地处偏远、地理环境恶劣、基础设施和公用事业建设滞后，本地缺少可开发利用资源，人口在300人以下、实际居住人口不足一半的贫困村，在农户自愿前提下均确定为易地搬迁对象。

二、逐级申请，获批后组织实施。凡符合扶贫搬迁条件并被确定为搬迁对象的村，在召开村民大会，征得80%以上村民（户主）同意后，由村民委员会向所在乡（镇）政府提出书面申请，并填写农户搬迁申请表，户主签名盖章后报所在乡（镇）政府审查；乡（镇）政府根据村委会的申请，经审查核实，在落实迁入新址和安置方式后，上报县扶贫办公室；县扶贫办公室在实地考察、走访群众的基础上，呈请县扶贫领导组研究，同意后将迁出迁入计划表、基础设施建设规划表等资料上报县人民政府，经批准后实施。

乡（镇）政府是易地扶贫搬迁项目的组织实施单位，也是项目责任主体，各乡（镇）由专人负责，建立健全项目公示、搬迁对象识别、分类补助、工程进展报告等制度；县人民政府与项目乡（镇）签订责任书。

搬迁户安置方法，采用建设移民新村集中安置、小村并入乡（镇）中心村和农户自主分散迁移等办法搬迁安置。

移民房建设实行统一规划、自主建设。若自主建设有困难，需要统一施工的，必须经村民大会研究同意，并实行项目法人制、招标投标制、建设监理制，吸收移民代表参与监理，确保工程质量和完工时间。所有移民扶贫工程要做到第一年开工建设，年底70%以上新房主体完工，第二年80%以上移民户入住，第三年工程扫尾。

三、移民搬迁项目实行公示制度。项目补助资金实行公开发放、直补到户，自觉接受财政、审计等部门对移民扶贫资金的管理和监督检查，自觉接受社会和群众监督；项目申报、工程预算和决算、搬迁补助人口及补助标准、搬迁地点等重要内容均实行全程公示。

四、加强档案管理、检查和验收。移民过程中制定的工作方案、规划报告、设计说明书、监理记录、竣工报告、竣工图纸、验收报告等都须认真整理，装订成册，和原始资料一并存档备案。由县扶贫开发领导组组织相关单位对移民扶贫项目工程全面检查验收。

五、建立移民激励机制。全县扶贫移民迁出户可连续3年享受扶贫贷款；迁出户在迁入村上学的学生免交3年学费；迁入中心集镇和大村的农户在宅基地的审批、收费等方面与当地居民同等对待。

加强扶贫项目资金监管

在项目实施中，动员各部门和群众筹集项目实施资金，并组织各级各部门多次召开项目投资与项目建设协调会议，对项目实施的各类财政扶贫资金、以工代赈资金、信贷资金、捐赠资金和农民自筹资金集中统筹安排。同时制定《财政扶贫资金管理办法》《财政扶贫资金报账制管理办法》《扶贫、农业开发项目招投标和集中采购实施办法》及村级《财务公开制度》等一系列规章制度，在项目建设中严格执行招标制、采购制、报账制、公示制和民主评议制度，以保证项目资金运行安全。

1996—2008年，全县用于移民工程的捆绑资金达473万元，其中学校及卫生设施建设资金125万元，水利部门人畜饮水投资136万元，其他212万元（含沼气建设80万元）。

对贫困村、贫困户实行建档立卡管理制

1986年，兴县因上年全县农民人均纯收入不达300元（1985年，全县农民人均纯收入为261元），被确定为国家级贫困县。2011年，按照国家新确定的农民人均年纯收入为2300元的贫困标准，兴县有贫困人口14.28万人，被确定为吕梁山连片特困县之一。

2014年5月后，全县范围内开展建档立卡贫困村、贫困户识别工作。通过“民主评议、公开公示”的办法，共识别出贫困村297个（其中有五类革命老区村53个），占全县建制村数的79.2%；识别出贫困户28901户，贫困人口80068人（贫困户及贫困人口为经审核最终确认数），占全县农业人口的31.58%。2015年11月23日，召开兴县建档立卡“回头看”工作动员暨培训会议，按照农民人均年纯收入2800元以下的贫困标准，当年末，全县贫困人口为55281人（以人均纯收入2800元计算，除去当年退出贫困人口），贫困发生率为21%。2016年末，全县建档立卡贫困户为16836户46163人，贫困发生率为17.9%，贫困人口占当年农业人口的26.6%。

强化对帮扶干部的管理考核

中共兴县县委、县人民政府印发《兴县农村第一书记任期年度考核方案》《县直单位包保帮扶贫困村、县直单位干部包保帮扶贫困户考核暂行办法》，将第一书记、帮扶单位、包户干部帮扶考核结果与单位和干部个人年度考核挂钩。县财政为第一书记每人每年安排1.3万元的工作经费，任职期间与乡（镇）工作人员享受同等待遇，每人每月给予200元的乡（镇）补贴，随固定工资发放。包户干部进村入户期间发生的住宿、交通、伙食等费用，由派出单位按照差旅补贴有关规定给予报销。为每个乡（镇）安排30万元、每个贫困村安排5万～8万元的产业发展资金，共安排1937万元。

强化扶贫政策宣传

主要依托兴县广播电台、电视台、兴县新闻网等媒介，大力宣传习近平总书记系列讲话精神，宣传国家扶贫政策知识和涉农惠农系列政策，播放山西省和吕梁市脱贫攻坚会议精神，宣传兴县脱贫攻坚目标任务及重点工作落实情况。2016年4月5日，编印《扶贫政策一览》和《扶贫帮扶手册》等资料，向基层群众发放政策明白卡3万份、脱贫攻坚政策书籍和各种宣传脱贫资料4.5万册（份）。

第三章 项目实施

第一节 1994年前扶贫项目实施概况

1986年，国家第一次确定贫困县标准（1985年农民人均纯收入低于300元的县列入国家扶持范围），兴县被列入国家重点扶持的贫困县范围。从1986年开始到1993年，国家给兴县下拨各类扶贫资金969万元。其中，投放种养加产业272.6万元，扶持18个乡（镇）发展干鲜果园1.99万亩；扶持3404户购买牛等大畜1809头、羊2.59万只、猪1296头、鸡3130只，养殖业增收226万元，户均收入664元；扶持385户（覆盖人口1743人）发展农副产品加工业，新办或改造农副产品加工作坊276处，增收124万元，户均收入3221元，人均收入711元。投放扶贫资金501.4万元，新办扶贫企业24个，改造原有企业8个，其中有乡村小煤矿13个（设计年生产能力约100万吨），小水泥厂、小铁厂、焦化厂、铝矾土冶炼企业7个，其他加工业企业12个，新增产值312.7万元，利润50万元，安排986个劳力就业，覆盖3302口人。投放土地开发中心农建项目20万元，用于果树开发；投放乡（镇）企业建设项目120万元，用于麦地山焦化厂、曲家沟铁厂、宏达铁厂、东风二铁厂、蔚汾铁厂等建设。另外，发放专项扶贫贴息贷款35万元，扶助县大型农机站买大型轮式拖拉机3台，扶助土地开发公司购买推土机10台，以加强机耕和农田基本建设。

第二节 “八七”扶贫攻坚项目实施概况

1994年，国家颁布实施《国家八七扶贫攻坚计划（1994—2000年）》，并重新调整国家重点扶持贫困县的标准（1992 年农民人均年纯收入低于 400 元的县），兴县被国务院列为国家重点扶持贫困县。全县 24 个乡（镇）、24 万人口中，有 18 个乡（镇）、361 个村委在档贫困人口 15.79 万人（约占农业人口的 68%）被纳入国家“八七”扶贫攻坚计划，其中攻坚区内有 255 个村，5.47 万口人饮水存在严重困难；有 150 个自然村不通电，有 361 个村委不通电话，有 167 个村不通机动车，医疗、就学条件十分低下。

到 2000 年末，通过实施“八七”扶贫攻坚计划，全县农业基础条件进一步增强。其中，基本农田面积增加到 72.18 万亩，比 1993 年末增长 86.05%；新增经济林面积 49.32 万亩（其中攻坚区累计达到 23 万亩，人均 1.54 亩），比 1993 年末增长 1.44 倍。农业生产得到新的发展：2000 年，全县粮油总产量达 9335 万千克（比 1993 年末粮油总产量减少 15.38%），其中粮食产量为 7763.3 万千克，人均 309 千克（攻坚区内人均粮食为 357 千克）；大畜饲养量达到 2.66 万头（攻坚区为 22835 头，户均 0.61 头），比 1993 年减少 3.62%；羊饲养量达到 34.5 万只（其中攻坚区为 23.74 万只，人均 1.58 只），比 1992 年增长 78.76%；生猪饲养量达到 4.7 万头（其中攻坚区为 3.14 万头，户均 0.84 头），比 1993 年增长 1.24 倍；农林牧副业总产值达到 2.63 亿元，比 1993 年 1.43 亿元增长 83.92%；农民年人均纯收入达 795 元（攻坚区农民人均纯收入达 805 元），比 1993 年 449 元增长 77.1%。全县有 28436 户 11.5 万人（其中攻坚区 23336 户 93510 人）解决温饱问题，贫困人口减少 1.76 万人。

同时，农村供水、供电、通路、通信、教育、卫生等公共基础设施条件也得到较大改善：全县 347 个村、11.36 万人、1.4 万头大畜的饮水困难得到解决（其中，攻坚区解决 298 个村、8.5 万人、1.2 万头大畜的饮水困难）；架设输电线路 2465 公里，解决 725 个自然村的通电问题（其中攻坚区架设输电线路 1750 公里，解决 566 个自然村的通电问题）；新修通村公路 2171 公里，解决了 630 个自然村的通路问题（其中攻坚区新修 1650 公里，解决 496 个村的通路难问题）；解决了 140 个村的通电话难问题（其中攻坚区通电话村达到 111 个）；新建扩建标准化校舍 206 所（其中攻坚区为 149 所），农村学校基本实现“一无两有”（校校无危房，班班有教室，学生人人有课桌椅）标准，全县儿童入学率达到98%；新建农村甲级卫生所67个（其中攻坚区43个），基本解决农民就医难的问题。

第三节 2001—2010年扶贫开发项目实施

扶持发展种植、养殖和加工业

畜牧养殖是兴县的一大传统产业，也是广大农民脱贫致富的一条重要途径。到2000年末，兴县依托雁门关生态畜牧经济区的区位优势，大力发展规模健康养殖，大力推广草畜配套、生态循环、品种改良等技术，集中打造特色肉羊、优质商品猪、肉牛和肉鸡、蛋鸡四大养殖基地。全县大畜饲养量达到2.66万头、羊饲养量达到34.5万只、生猪饲养量达到4.7万头，家禽饲养量达到34.56万只，畜牧养殖业总产值5290万元。

2001—2010年，各级投入财政扶贫资金38642.87万元，扶持发展种养加项目128个，新增经济林面积16.07万亩；修筑河坝1200米，淤土垫地2800亩、新增基本农田面积3.94万亩；新建设施蔬菜大棚155座；扶持养牛764头、养羊1.92万只、养猪8120头、养鸡3.5万羽。到2010年，全县大畜饲养量增加到2.9万头、羊饲养量增加到36.87万只、生猪饲养量增加到7.43万头、蛋鸡肉鸡饲养量增加到68.93万羽，畜牧养殖业产值增加到1.6亿元，分别比2000年末增长9.02%、6.87%、58.09%、99.45%和202.46%。

实施整村推进项目

2004年，兴县开始实施群众参与式整村推进扶贫开发模式。

资金投入 2004—2010年，全县实施整村推进项目，共投入项目资金17106万元，其中使用中央财政扶贫资金10843万元，地方配套资金400万元，部门整合资金5463万元，其他资金400万元。

项目总体效益 这一时期的整村推进项目以加强村级基础设施建设为主，共实施项目265个，惠及302个村、4200户、13.25万人（含贫困户2750户3.31万人）。其中，在农田水利方面，新修河坝1.16万米，防渗渠1.74万米，淤地垫地1460亩，新增基本农田1.65万亩（水地9000亩），建饮水工程419处，建蓄水池25座、灌溉工程3处，惠及443村13.1万人。在养殖方面，扶持养牛1150头、养羊5020只、养猪9816头、养鱼1.2万尾。在加工业方面，扶持新建红枣烘干房500余座，农副产品加工企业达300户。在生态建设方面，扶持栽植核桃林2630亩、果树2400亩，造林23.5万亩。在种植业方面，扶持建设蔬菜大棚447座，扶持种植中药材500亩。在基础设施建设方面，改建公路348公里，硬化村庄、田间道路116公里；扶持新建小学校3所、村卫生室11个，购医疗设备25套，建沼气池300座。依托县职业中学，培训各种实用技术3.61万人次，转移农村劳动力5557人。

以工代赈和农村路网改造项目

2001—2015年，兴县利用国家批拨的以工代赈资金7656.39万元，实施基本农田、小型水利、人畜饮水工程、小流域治理、草场和乡村道路建设等6大项目，新修河坝1.06万米（其中黄河坝1580米），筑淤地坝19座，修防渗渠1.1万米，新增水地5100亩、滩地1.3万亩，保护耕地5620亩；新建日光节能温室200座；营造核桃等经济林3300亩，用材林、防护林2.72万亩，种草1.87万亩，控制水土流失14平方公里；新建饮水工程30处，铺设输水管道22.9万米；新修县、乡村公路132公里。上述项目惠及17个乡（镇）458个村的21余万人口。

社会帮扶

中德合作扶贫项目　中德合作扶贫项目（PAPS）是由德国政府通过德国复兴银行（KFW）无偿援助建设的一个国际合作农业外资扶贫项目。项目建设的总体目标是：通过在项目区建设基本农田、发展经济林、建设蓄水旱井和农村道路等措施，从根本上改善项目区群众的生产和生活条件，帮助贫困农户建立起稳定的经济收入来源，从而增收脱贫。该项目于2002年正式启动，项目措施部分在2007年底结束，2008年后主要进行经济林措施的后续抚育及完善报账。

2010年10月15日，兴县中德合作扶贫项目通过德方验收。该项目实施完成的工程措施共投资1778.05万元（不含额外的补植资金），其中德方支付1425.64万元，中方配套352.41万元。项目区涉及高家村、蔡家崖、康宁、孟家坪、赵家坪、蔡家会、圪达上、罗峪口8个乡（镇）的38个建制村，覆盖受益农户1.2万户，受益人口4.5万人。其中，经济林建设共投资623.28万元，累计完成20776亩，占赠款协议规划2.5万亩的83.1%，比规划减少17%，减少的原因主要是2005年对已实施的前两年村级发展规划措施整改完善而造成的实施延误，使得原规划四年的措施数量只实施完成三年的措施，6000户受益农户户均拥有95株经济林（27株/亩）；机修梯田共投入419.46万元，累计完成5051亩，占赠款协议规划6000亩的84.2%，约2000户农户受益，户均拥有2.5亩；旱井工程共投资454.07万元，共建设旱井2118眼，数量占赠款协议规划3000眼的70.6%，1900户受益农户大多每户拥有1眼作为辅助灌溉设施的旱井；道路工程共投资281.24万元，占赠款协议规划数量（390万元）的72.1%；共建田间道路和通村道路128公里，项目受益覆盖19个村。

中直和省、地（市）机关干部驻村扶贫　2000年以后，省、地（市）党政机关每年抽调机关干部组成扶贫工作队，进驻农村，包村扶贫，为兴县扶贫开发做出了积极贡献。

其中，2000—2003年，山西省交通厅及所属26个单位48人组成扶贫工作队，进驻兴县高家村镇，包扶20个贫困村。其间，累计投资50万元，建设水利工程20处，解决8000人、2万头牲畜饮水困难；修筑河坝、水渠3000米，新增水地2000亩；调运机械新修乡村公路18.5公里；新建、改建学校24所、1.4万平方米，配套课桌凳、电脑2.4万件（套），改善了1000多名学生就学条件，救助特困学生2000余人，受到了当地干部群众称赞，《吕梁日报》及吕梁电视台曾进行多次宣传报道。

2001—2003年末，吕梁地委宣传部扶贫队进驻蔡家崖乡蔡家崖村扶贫，累计投资79.8万元（含贴息贷），修河坝280米，保护水地200亩；打井1孔，修防渗渠3000米；为学校安装供暖设施，配备课桌凳100套；栽植核桃经济林150亩；建立村文化室、科技阅览室，安装有线电视小片网，举办了文化、科技、卫生“三下乡”活动。

2001—2004年，吕梁市财政局12名扶贫队员进驻蔡家崖乡池家梁村扶贫，累计投资17万元，为贫困户新建猪舍60间。2001年，该村养殖肥猪500头，次年增加到900头，养殖户人均增收1300元。2003—2004年，该村累计出售生猪9500头，纯收入260万元，养殖户年（户）均增收2.4万元。其间，吕梁市人民检察院扶贫队进驻蔚汾镇郭家圪台村扶贫，累计投资40万元，新修通村公路1500米。吕梁市劳动局扶贫队进驻孟家坪乡山头村扶贫，累计投资20万元，新修通村公路6.5公里，建淤地坝3座，造地100余亩。中国银行离石分行3名队员进驻圪垯上乡圪垯上村扶贫，累计投资9.5万元，加固淤地坝2条150米，修水渠500米，修通村公路2.5公里；为学校购置电脑1套，救助60户特困群众白面400袋、毛毯108条、现金3000元。吕梁地区供销社扶贫队进驻蔚汾镇南通村扶贫，投入2万元，为全村户户安装自来水，新增水地100亩，扶持养殖獭兔500只，发展中药材种植100亩。

2003—2004年，吕梁市纪检委扶贫队3名队员进驻奥家湾乡曲家沟村扶贫，指导鸿运耐火材料厂改进生产工艺，解决了本村小学校3000平方米冬季供暖问题，解决了村委拖欠民办教师工资4万元问题。

2004—2006年，吕梁市财政局扶贫队12名队员在蔚汾镇乔家沟村、雅儿旺村扶贫，累计投资98.92万元，为雅儿旺村新建小学校1所，配套桌凳400套、电脑10台、学生校服378套；扶持发展乔家沟村养牛46头、羊26只、鸡1万只；修河坝856米、淤地坝70米，垫地60亩；硬化乔家沟村街1916米、铺油230米，修筑排洪渠涵2250米；帮助乔家沟村新建饭店、旅店、商店、修理厂、加工坊11个，解决就业80人；组建村建筑工程队、运输队6支，拓宽贫困户增收途径；慰问救助乔家沟村特困户20户（白面、衣被、现金）。

2002—2003年，山西省质量技术监督局扶贫工作队进驻兴县东会乡东会村扶贫，新建香菇大棚28座，发展种植户84户，栽培香菇总量达到26万袋。

2009年5月11日，国家统计局山西调查队总队长杨润广带领扶贫队员为扶贫点——兴县高家村镇赵家川口小学捐赠电脑35台、电脑桌35套、课桌120套、学习用具120套，总价值约12万元。

县直机关干部驻村扶贫　1998年，全县100个单位356名机关干部实行驻村扶贫，累计投入资金3000万元，铺开农建工程403处，建设基本农田7.6万亩（其中新修梯田4万亩），栽植枣树4.39万亩，发展养羊40万只，通过帮扶，2.92万人退出贫困。

2001—2010年，县直机关共有442支工作队、568人驻村扶贫，其中有29名县级领导与122名机关干部担任贫困村第一书记，共包扶651个贫困村，累计投资9626万元，完成22个重点推进村建设，栽植核桃2.27万亩，建成规模养殖小区12个，建成日光节能温室113座、农业试验示范基地10个，发展农业专业合作社37个；帮助22个村新建学校、村级卫生室、便民服务店和文化科技活动室；帮助22个村实现自来水入户，帮助425户村民实现沼气入户，帮助6个村建起村民健身活动广场。

第四节　2011—2016年扶贫攻坚项目实施

整村推进项目

“十二五”期间（2011—2015年），全县实施整村推进项目82个，累计投入9008.6万元（其中财政扶贫资金4000万元），项目惠及17个乡（镇）82个建制村1.84万户5.56万人（其中贫困户7056户2.4万人）。这一时期实施整村推进项目以发展产业为主。共修筑河坝1000米，垫地344亩；扶持新建牛圈1040平方米，购牛60头；建羊舍1.74万平方米，购羊1.44万只；建猪场4000平方米，购种仔猪1.66万头；扶持建设红枣加工合作社1个，年加工25万千克；栽核桃3.89万亩，改良红枣林5100亩、杏树473亩、柏树1100株，建苗木基地1200亩；建设改造施蔬菜大棚、温室117座；修建村庄、田间道路72公里。

以工代赈和农村路网改造项目

2016年，实施农村路网改造、以工代赈路桥建设工程及贫困地区道路建设项目31个，共投资1.69亿元，完成道路建设192.8公里，新建板桥8座，建制村通公路总里程达1983.6公里。其中，县道11条412.4公里、乡道50条634公里、村道264条937.2公里。完成贫困户C级、D级危房改造400户。宽带覆盖17个乡（镇）所在地及169个建制村、1.54万户；建设村级卫生室375个。

片区开发项目

2010年，中共兴县县委、县人民政府制定印发《关于加快核桃产业化发展的意见》，要求把核桃经济林发展作为全县扶贫富民的一大特色主导产业，从2011年开始至2015年，全县连续4年以片区开发的形式实施集中连片核桃经济林建设项目，共栽植核桃经济林6.25万亩。“十二五”期间，全县累计投入财政扶贫资金5558万元，实施片区扶贫开发项目，共修筑田间道路110.73公里，修筑蓄水池11个；扶持龙头企业1户，进行设备提档升级、购置包装线及食品认证；培训核桃实用技术2.42万人。项目惠及孟家坪乡、贺家会乡、蔡家崖乡、魏家滩镇、瓦塘镇5个乡（镇）52个建制村1.19万户农户3.85万人（其中贫困人口4280户1.48万人）。同时，苗木统一使用国家标准一级、二级优质苗，品种以“中林1号”“中林3号”为主，全部通过统一招标采购，保证了苗木的数量和质量。根据项目扶持到村到户的办法，每亩拨付管护抚育费50元。项目达产后，按亩产140千克、每千克20元价计算，每年可实现收入1.75亿元，项目区人均可增收4500多元。

产业扶贫项目

2016年，全县共投入财政专项扶贫资金7935.5万元（其中中央和省级财政下拨5526.7万元，比上年增长14.67%；市、县财政预算安排专项资金2408.8万元，比上年净增738.54万元），其中首批安排光伏扶贫2100万元、贫困村产业发展1937万元、省级帮扶项目250万元、旅游扶贫150万元、教育扶贫助学101万元、新型农民职业培训和就业培训100万元。通过这部分专项扶贫资金的支持，全县重点发展小杂粮、经济林、光伏产业、食用菌、畜牧养殖、设施蔬菜、农产品加工、乡村旅游、电子商务及家政服务培训等“十大富民产业”。

小杂粮产业　“十一五”期间，中共兴县县委、县人民政府把发展小杂粮生产作为农民脱贫致富的一大主导产业，以发展龙头加工企业，推动杂粮种植向规模化、市场化发展。全县年均种植小杂粮面积65万亩，年均杂粮产量6065万千克。“十二五”期间，全县杂粮年均种植面积扩大到76.3万亩，年均杂粮产量增加到9857.3万千克，比“十一五”年均产量增长62.5%。2016年，县财政补助882万元，为种植户统一提供种子和肥料，全力推进小杂粮基地县建设。全县小杂粮种植面积达到76万亩，涉及7个乡（镇）89

个村6120户农户，含建档立卡贫困户3858户，户均收入2500元左右。

2008—2016年兴县杂粮种植面积与产量统计表

表11-3-4-1

年份	播种面积（万亩）	其中（万亩）			杂粮产量（万千克）
		谷 子	豆 类	高粱、黍麦类	
2008	67.64	—	18.39	—	6054.7
2009	73.61	15.74	25.47	7.32	7300
2010	73	16.49	24.13	7.08	8645.5
2011	91	12.69	23.15	8	8716.4
2012	72.4	12.1	23.27	0.56	10200
2013	71.9	12.3	22.22	6.71	10500
2014	72.49	13.22	21.83	6.88	11170
2015	73.37	19.24	21.82	17.14	8700
2016	75.98	17.13	21.27	4.94	10450

经济林产业 “八五”（1991年至1995年）以来，中共兴县县委、县人民政府始终把发展以核桃、红枣为主的经济林作为农民脱贫致富的一大举措，至2016年，全县经济林总面积达到76.42万亩，其中红枣林面积达到23.25万亩、核桃林面积达到45.88万亩，其他水果林面积7.29万亩。

光伏产业 资产收益光伏扶贫项目是国务院扶贫办2015年推出的精准扶贫十项工程措施之一。兴县从2015年起实施该项目，山西省扶贫办公室共下达兴县光伏扶贫资金700万元，规划建设联村电站1个，装机规模1000千瓦，补助500万元；规划建设村级电站2个，装机规模400千瓦，补助200万元，并提前下达2016年度光伏扶贫资金500万元，扶持10个贫困村以整村推进的方式实施光伏扶贫项目。该年，蔡家崖乡蔡家崖村作为光伏扶贫试点村，于5月先期规划建设100千瓦光伏电站项目，7月建成并接入电网；8月由县扶贫办公室启动二期续建200千瓦光伏电站项目，该项目以公开招投标的形式确定项目施工方，10月建成接入电网，共完成财政扶贫资金255万元。

2016年，山西省发展改革委和山西省扶贫办下达兴县村级光伏电站建设指标1.15万千瓦（其中2015年指标300千瓦、2016年新增指标1.12万千瓦）。

同年7月，在委托晋能集团勘察设计的基础上，县扶贫开发投资有限公司对第一期实施的康宁镇花子村450千瓦光伏电站、蔚汾镇后发达村1300千瓦光伏电站、蔚汾镇下李家湾850千瓦光伏电站、高家村镇赵家川口600千瓦光伏电站、奥家湾乡1000千瓦5个村级光伏电站4200千瓦项目招标。9月1日开标，确定项目由晋能清洁能源光伏工程有限责任公司、河北冀电电力工程设计咨询有限公司、山西美华电气有限公司联合施工，项目建设费用共3414.62万元。年底，康宁镇花子村450千瓦光伏电站、蔚汾镇后发达村1300千瓦光伏电站、奥家湾乡交口村1000千瓦光伏电站项目的主体工程全部完工，计划于次年3月底完成并网。在建工程蔚汾镇下李家湾村850千瓦光伏电站、高家村镇赵家川口600千瓦光伏电站已开工，计划于2017年5月底完工并完成并网工作，两项光伏电站建设项目共投入财政扶贫资金2905万元。

2016年11月，县扶贫开发投资有限公司通过招标，确定调整后的恶虎滩乡石楼圪台村1950千瓦光伏电站、阳会崖村1220千瓦光伏电站、高家村镇巡检司400千瓦光伏电站、蔚汾镇公义村2130千瓦光伏电站、阴塔村300千瓦光伏电站和罗峪口镇王家洼村1000千瓦光伏电站等6个村级光伏电站项目由晋能清洁能源光伏工程有限责任公司、山西正和热电工程有限公司、山西美华电气有限公司联合施工，项目建设费用共5588.94万元。年底完成场平工作，次年5月竣工并完成并网工作。

至2016年末，蔡家崖村300千瓦光伏电站投入运营；康宁镇花子村450千瓦光伏电站、蔚汾镇后发达村1300千瓦光伏电站、奥家湾乡交口村1000千瓦光伏电站基本建成，装机容量合计2750千瓦。经测算，2016年建设的1.15万千瓦光伏电站项目建成后，发电量达1380万千瓦时，收益1239.6万元，用于贫困人口收益的资金为648万元，可使2300户贫困户年均增收约3000元。

食用菌产业　2011年以来，兴县涌现出以亚龙农业科技发展公司为代表的食用菌生产加工企业，该公司在蔡家崖村占地110亩，发展菌棚50座，年均生产菌棒200万棒，供应全县栽培。至2016年，全县共生产香菇等食用菌23.5万千克，保证了市场供应。同年，河南华亿食用菌有限公司入驻兴县，依托金土地农业科技发展有限公司、祥云食用菌专业合作社发展食用菌产业，累计新建出菇棚320座，生产菌棒500万棒，带动贫困人口1788人脱贫。

畜牧养殖业　畜牧养殖是兴县广大农民脱贫致富的一条重要途径。到“十二五”末（2015年），全县大畜饲养量增加到3.98万头，羊饲养量47.78万只，生猪饲养量增加到9.44万头，蛋肉鸡饲养量增加到71.74万羽，畜牧养殖业产值增加到1.97亿元，与“十五”末（2005年）相比，大畜饲养量持平，羊饲养量增长37.38%，生猪饲养量增长1.42倍，蛋鸡、肉鸡饲养量增长53.75%，畜牧养殖业产值增加1.46倍。

2016年，全县养殖业再上新台阶：建成6万头商品仔猪生产基地1个、养殖园区3个、养殖小区25个，退耕还草9000余亩，改良肉牛4100头，帮助300户贫困户购买种羊3000只、建圈舍1.5万平方米。全年羊饲养量增加到49.61万只，猪饲养量保持在7.96万头左右，鸡饲养量增加到79.39万羽，畜牧业产值1.89亿元；肉类总产982万千克，禽蛋总产591万千克，奶类总产31万千克，畜牧养殖可带动农民人均增收300余元。

设施蔬菜产业　2015年末，全县设施蔬菜有2000亩。2016年，重点扶持建设蔡家崖乡和瓦塘镇设施蔬菜基地，为种植户提供优质蔬菜苗60万株；在东会乡建成1000亩的原种脱毒种薯基地，带动8个乡（镇）、24个村、1213户农户户均增收1000元。

乡村旅游产业　2016年，启动兴县旅游总体规划和两个4A级景区的规划编制和项目招标工作；完成“四八”烈士纪念馆主馆布展和副馆建设工程；建设旅游扶贫试点村3个，按整村推进模式运作，主体工程已全部竣工。

农产品加工产业　按照园区引领、示范带动的模式，全县进一步发展壮大康宁和蔡家崖两个农业园区，重点扶持黄河农业综合开发有限公司、山花烂漫农业综合开发有限公司、晋绥（兴县）红土地农业开发有限公司、清泉醋业有限公司等一批龙头企业做大做强，加快发展农产品加工业。第一，采用“公司＋基地＋农户”的模式，发展订单农业、保险农业，带动杂粮种植8.36万亩，发展订单种植农户1.28万余户，其中带动约5000农户户均增收6000元；第二，引进青岛辉煌酒业有限公司与兴县盛源枣业有限公司开发红枣酒（产品已研制成功），已开工建设厂房；第三，新注册“孙嘉淦”商标，并开发出酒、杂粮等系列产品。2016年末，全县农产品加工企业已发展到22户，其中省级农业产业化龙头企业5户，市级农业产业化龙头企业3户，资产总额2.73亿元，年加工杂粮2.82万吨、陈醋4.45万吨、植物油8100吨、红枣5000吨，销售收入达3.98亿元。

电子商务业　2016年末，县级电子商务公共服务中心投入运营，入驻电商企业12户，实现传统产业转型升级16户；建设村级服务站点100个（贫困村61个）；组织开展电商孵化培训14期3600人次；年销售额达7200余万元。

生态扶贫工程　2016年，全县栽植生态林6.6万亩，城区可视范围山体1.6万亩绿化工程完成预整地5100亩。实施乡（镇）“三个一”工程（绿化一个村庄、一条路，建成一片林），共绿化村庄4个、道路93公里、荒山5300亩。已成立扶贫攻坚造林专业合作社56家，入社成员1482人，吸收贫困劳力956人；共配备林业管护人员995人，其中贫困人口787人；组建经济林管护专业队51支、队员1135名，其中贫困人口695人。

社会综合扶贫

小额信用贷款扶贫　2011年以来，通过协调信用联社、邮政储蓄银行等金融部门，为农户提供小额贷款，扶持发展产业。累计发放到户贷款7532万元，贴息180万元；企业贷款8145万元，贴息153.14万元。主要用于扶持特色龙头企业和贫困农户发展种、养、加等农业产业。2014年，兴县金融扶贫工作领导组成立，与中国邮政储蓄银行兴县支行签订合作协议，开设风险补偿金专户，并存入500万元财政扶贫风险补偿金，按照风险补偿金的8倍以上放大贷款额度，2015年，山西省扶贫办下达兴县发放贷款任务4610万元，重点用于发展种植、养殖等优势产业，全县各银行累计发放贷款4926万元，其中农户贷款4446万元、企业富民贷款480万元。至2016年，全县共发放小额信贷6433.93万元，涉及农户1287户，其中贫困户473户。

另外，采用“贫困户贷款＋带资入企＋保底收益”的模式扶持贫困户，落实贷款资金1亿元，建档立卡贫困户贷款后入股到扶贫企业，获取6%的入股保底收益。采用这种模式，贷款入股贫困户每户每年可分红3000元。）

家政服务培训　“十三五”期间（2016—2020年），规划培训护理护工和家政服务人员5000人，重点培养护工、月嫂，实现就业3000人，其中贫困户达到60%以上，可带动2000个家庭脱贫。2016年已培训894人，其中贫困人口268人；实现就业358人，其中贫困人口63人。就业学员月工资平均为2500元，63名就业的贫困劳力可带动200余名贫困人口人均增收2200余元。

企业扶贫　2008年，晋兴能源有限公司为企业所在地魏家滩村和斜沟村投入60万元，用于村镇建设；华润联盛车家庄煤矿累计投入38万元，资助雅儿旺村和车家庄村兴建党员、村民活动室，硬化村街；金地煤业有限公司固贤南窑煤矿为甄家庄村投资20万元，用于新农村建设。

2013年8月，兴县启动“百企千村产业扶贫”工程。2015年末，从事杂粮、红枣、陈醋、食用油、蔬菜等产业的8户县属民营企业，以“公司+专业合作组织+基地+农户”的形式实施扶贫，订单式原料基地发展到2万余亩，惠及全县10个乡（镇）127个村7936户26783人。

2015年12月，在兴县投资创业的山西焦煤集团金土地农业开发有限公司与兴县人民政府签约投资2.5亿元的光伏项目合作框架协议，并与三星油脂有限公司、山西清泉醋业有限公司、兴县红土地农业开发有限公司、太平洋建设集团吕梁兴洋德云建设有限公司合作投资。

2016年，全县10户重点民营企业结对帮扶10个贫困村的165户贫困户。其中清泉醋业有限公司、山花烂漫农业综合开发有限公司、三星油脂有限公司、黄河农业综合开发有限公司等企业调剂和增加工作岗位150个，安置贫困劳力150人。

中央彩票公益金扶贫　该项目于2014年11月启动。首批实施项目主要围绕康宁农业园区和贺家会、孟家坪绿色有机谷子基地和核桃产业基地建设，配套建设田间路15.46公里，村组路2.17公里。

2015年10月，孟家坪段5.43公里、贺家会段10.03公里田间道路工程全部竣工并通过县级验收。该项目总投资810.1万元（使用中央彩票公益金800万元）。实施该项目惠及康宁镇、孟家坪乡、贺家会乡3个乡（镇）7个建制村的1814户5563人（其中贫困人口733户2591人）。

2015年11月，实施中央彩票公益金第二批田间道路工程，2016年10月底竣工，共建设田间路 11 公里、村组路 11 公里，修筑河坝 276 米，该项目总投资 1000 万元，项目惠及蔚汾镇、魏家滩镇、康宁镇、固贤乡 4 个乡（镇）8 个村 3474 户 11337 人（其中贫困户 1070 户 3412 人）。

扶贫助学工程　2011—2016年，全县共发放教育扶贫资助金4996.65万元（不包括减免贫困家庭学生费用），资助贫困大学生1163人、贫困高中生1100人（含职业高中）、建档立卡贫困家庭中小学生 28354 人次。其中 2012 年，资助贫困大学生 60 人（包括奖励高考一本、二本达线生）、高中生 40 人。2014 年，资助 310 名高考达线生 658 万元；通过实施“雨露计划”，资助贫困高职生、中专生 375 人，共 56.25 万元。2015 年共投入教育扶贫助学资金 1348.2 万元，资助贫困大学生 256 人，高中、中职生 218 人，建档立卡贫困家庭中小学生 13582 人次。

2016 年实施“加多宝·学子情”助学活动，共投入教育扶贫助学金额 1616.2 万元，资助考入二本及以上大学的贫困学生 537 人（对高考达一本线的学生每人资助 6000 元，对高考达二本线的学生每人资助 2000 元，贫困家庭学生每人资助 5000 元）；资助兴县籍统招（包括定向）高中生、且就读于县内高中的建档立卡贫困家庭学生 467 人，每年补助除生活费以外的全部费用；资助建档立卡贫困家庭学生 14772 人次，发放资助金 1318 万元。此外，2014 年至 2015 年，协调金融单位，共为 6488 名贫困家庭大学生办理了助学贷款。

社会保障兜底扶贫　2016 年，全县贫困人口新农合门诊统筹补偿封顶线提高到 300 元，预算增加支出 500 万元；住院补偿封顶线提高到 20 万元；大病保险封顶线提高到 40 万元；农村“五保户”医疗费用在 1 万元内的实行免费治疗；增加对 24 类重大疾病患者的补偿。其中，对农村“五保”对象患者实行免费治疗；对农村低保对象患者，补助额提高到 90%。贫困人口参合费用个人自付 30%，其余由政府全部承担，减免了“五保”对象参合费用（政府全额承担）；贫困人口新农合县级补偿比例提高到 80%；救助农村“两癌”妇女 65 人，协调太原爱儿眼科医院免费检查妇女 8000 余人、治疗 600 余人。

发放农村低保资金 5800 余万元、农村低保对象中高龄老年人生活补贴

128 万元、农村低保对象中 60 岁以上的失能老年人生活补贴 76 万元、农村低保对象中残疾人生活补贴 107 万元。对全县 16281 户 30270 名农村低保对象的家庭经济状况进行核查，救助农村大病困难群众 678 人 204 万元；实施临时救助 236 人次 93 万元；发放重度残疾人护理补贴 73 万元；分散供养孤儿 126 人；由中国人寿保险、中国人民健康保险承接建档立卡贫困人口大病医疗与意外伤害保险，参保 4.52 万人，每人保险金 38 元，共 171.76 万元，其中财政扶贫资金补贴 171.63 万元，占到建档立卡贫困人口大病医疗与意外伤害保险金额的 99.92%。

县直机关干部驻村扶贫　2011—2012 年，县直机关 86 支扶贫工作队 163 名队员包扶 319 个贫困村，实施项目 330 个，组织劳务输出 9822 人次；有 87 个村完成机修梯田 1000 亩，栽核桃经济林 2500 亩；帮扶 53 个新农村建设重点村，建成蔬菜大棚 107 座、300 亩；为 48 个村安装太阳能路灯，实现亮化；资助 30 个村建起米面加工、红白事务厅、洗理室、商店等便民服务设施。

2016 年，全县启动“千名干部挂牌包扶万户贫困户”活动，县乡村全体干部及企业管理人员 5000 余人与 22460 户贫困户结对。其中，县级干部人均帮扶 10 户，科级干部人均帮扶 8 户，其他干部人均帮扶 6 户。

贫困户脱贫后，包扶工作转入巩固脱贫成果、推进小康建设阶段。

第五节　移民搬迁项目实施

1996 年，山西省在全国率先开展移民扶贫。2000 年，以前为试点阶段，从 2003 年起，全省移民扶贫进入深化提高阶段，并提出了“群众自愿，整体搬迁，人口适度集聚，有土安置为主”的原则，制定了统一规划、分段实施、逐步推进的移民扶贫战略。以后在这个基础上作了适当调整。

兴县是全省 35 个国家重点贫困县之一。至 20 世纪末，全县“四无村”（无水、无公路、不通电、无学校村）和 100 人以下自然村涉及 17 个乡（镇）242 个自然村 42945 人。其中，缺水村 190 个 33416 人，不通公路村 147 个 24377 人，未建校村 121 个 21600 人，未通电村 39 个 3329 人。实施扶贫移民，让这部分农民走出大山，尽快摆脱贫困，走向共同富裕，是各级党政部门的重要工作。

兴县大规模移民搬迁工作于2000年启动，至2016年，累计投入各项扶贫资金19154.78万元，建设移民新村97个、移民房4434套（18.51万平方米，包括采购商品房562套），实施易地搬迁399个村（包括自然村）、5252户、22458人，其中集中安置4434户18665人、分散安置818户3793人。

2016年开始，全县扶贫移民主要对象是居住在深山、石山、高寒、荒漠化、地方病多发等生存环境差，不具备基本发展条件以及生态环境脆弱地区的，限制或禁止开发地区的，自愿搬迁的农村建档立卡贫困户。

2000—2016年兴县移民搬迁项目实施情况统计表

表11-3-5-1

<table>
<tr><th rowspan="2">年份</th><th rowspan="2">建移民村（个）</th><th rowspan="2">建移民安置房数（套）</th><th colspan="3">实施易地搬迁</th><th rowspan="2">安置方式</th><th rowspan="2">完成投资（含基础建设）（万元）</th></tr>
<tr><th>村数（个）</th><th>户数（户）</th><th>人口（人）</th></tr>
<tr><td>合计</td><td>97</td><td>共建4434套（其中购商品房562套）</td><td>399</td><td>5252</td><td>22458</td><td>集中安置4434户18665人，分散安置818户3793人</td><td>19154.78</td></tr>
<tr><td>2000</td><td rowspan="3">74</td><td>950</td><td>32</td><td>950</td><td>3900</td><td>集中安置</td><td>600</td></tr>
<tr><td>2003</td><td>270</td><td>12</td><td>270</td><td>1000</td><td>集中安置</td><td>300</td></tr>
<tr><td>2004</td><td>312</td><td>16</td><td>312</td><td>1500</td><td>集中安置</td><td>450</td></tr>
<tr><td>2006</td><td rowspan="5">21</td><td rowspan="8">1618</td><td>24</td><td>495</td><td>2000</td><td>集中安置</td><td>760</td></tr>
<tr><td>2007</td><td>16</td><td>321</td><td>1500</td><td>集中安置</td><td>610</td></tr>
<tr><td>2008</td><td>19</td><td>357</td><td>1500</td><td>集中安置</td><td>630</td></tr>
<tr><td>2009</td><td>12</td><td>344</td><td>1700</td><td>集中安置</td><td>698</td></tr>
<tr><td>2010</td><td>2</td><td>101</td><td>471</td><td>集中安置</td><td>296.14</td></tr>
<tr><td>2011</td><td rowspan="3">—</td><td>4</td><td>99</td><td>522</td><td>集中安置</td><td>200</td></tr>
<tr><td>2012</td><td>2</td><td>265</td><td>1000</td><td>集中安置</td><td rowspan="4">1276.64</td></tr>
<tr><td>2013</td><td>4</td><td>54</td><td>403</td><td>分散安置</td></tr>
<tr><td>2014</td><td>—</td><td rowspan="2">322</td><td>8</td><td>92</td><td>318</td><td>集中安置75户267人，分散安置17户51人</td></tr>
<tr><td>2015</td><td>—</td><td>248</td><td>516</td><td>2015</td><td>集中安置25户73人，分散安置491户1942人</td></tr>
<tr><td rowspan="2">2016</td><td>2</td><td>400</td><td>—</td><td>138</td><td>429</td><td>集中安置（次年入住）</td><td rowspan="2">13334</td></tr>
<tr><td>—</td><td>购商品房562套</td><td>—</td><td>938</td><td>4200</td><td>集中安置682户2803人，分散安置256户1397人</td></tr>
</table>

第四章　扶贫资金

第一节　专项扶贫资金

2004—2015年，全县共整合各类财政资金2.21亿元。根据山西省、吕梁市脱贫攻坚领导小组和山西省扶贫办、山西省财政厅、山西省发改委、山西省审计厅结转结余财政专项扶贫资金使用有关要求，全县2015年以前财政扶贫资金全部落实到项目并完成拨付清零。

2016年，中央和省级财政下达兴县的专项扶贫资金5526.07万元，吕梁市、兴县财政预算安排专项扶贫资金2408.8万元，分别比2015年增长14.7%、44.2%。其中，上级下达兴县的财政扶贫资金已安排5146.06万元（其中光伏扶贫2100万元、旅游扶贫150万元、老区贫困村省级帮扶项目250万元、贫困村产业发展资金1937万元、教育扶贫贫困大学生资助101万元、千村万人就业培训40万元、新型职业农民培育60万元、2014年易地扶贫搬迁基础设施配套4万元、保险扶贫171.63万元、企业产业扶贫贷款贴息及到户贷款贴息89.22万元、特色农业特惠补贴74.36万元、电商扶贫试点补助8万元），用于建档立卡贫困户的资金达4088万元，占下达资金的79.44%。

第二节　小额信用贷款

2011年以来，通过协调信用联社、邮政储蓄银行等金融部门，为农户提供小额贷款，扶持发展产业。累计发放到户贷款7532万元，贴息180万元；企业贷款8145万元，贴息153.14万元。主要用于扶持特色龙头企业和贫困农户发展种、养、加等农业产业。2014年，兴县金融扶贫工作领导组成立，与中国邮政储蓄银行兴县支行签订合作协议，开设风险补偿金专户，并存入500万元财政扶贫风险补偿金，按照风险补偿金的8倍以上放大贷款额度，2015年，山西省扶贫办下达兴县发放贷款任务4610万元，重点用于发展种植、养殖等优势产业，全县各银行累计发放贷款4926万元，其中农户贷款4446万元、企业富民贷款480万元。至2016年，全县共发放小额信贷6433.93万元，涉及农户1287户，其中贫困户473户。

另外，采用“贫困户贷款+带资入企+保底收益”的模式扶持贫困户，落实贷款资金1亿元，建档立卡贫困户贷款后入股到扶贫企业，获取6%的入股保底收益。采用这种模式，贷款入股贫困户每户每年可分红3000元。

第十二编

工　　业

1989—2000年，县营传统工业总体发展较好。2000年末，全县工业总产值6413万元，乡镇企业总产值5.59亿元，增加值1.4亿元。

从2003年开始，山西焦煤集团、中国铝业公司、中国华电集团、华润集团、冀中能源等大型企业相继入驻兴县，开工建设一批循环经济大项目，为兴县工业注入了新的生机和活力。

2006年6月，中共山西省委、省人民政府决定在资源条件优越、适宜建设大型循环经济基地的兴县实施区域性综合开发。2008年7月11日，山西省人民政府以文件发布《山西兴县资源环保型循环经济综合开发示范基地规划》。

至2016年末，各大驻兴企业在岚漪河循环经济综合开发示范基地累计投资450亿元，建成年产300万吨氧化铝厂、150万吨电解铝厂、20万吨铝镁合金及铝合金制品厂、2000兆瓦煤电一体化燃煤发电、总产能达2690万吨的6座煤矿及配套洗选煤厂（详见第十三编“煤炭”部分）等项目。全县工业总产值达到107.57亿元，规模以上工业增加值达到44.26亿元，分别比2005年增长7.38倍和14.37倍；全县地区生产总值上升到60.45亿元，比2005年的6.1亿元增长8.9倍；工商税费总额（国税、地税及基金等非税收入）达到18.79亿元，比2005年的6096万元增长29.82倍；县财政总收入达到18.73亿元，一般预算收入达到7.12亿元，分别比2005年末增长23.69倍和22.54倍。

1989—2016年，全县乡镇、民营工业企业（2006年统称中小企业）得到较大发展。到2016年末，全县民营中小企业、股份制企业、专业合作社共1325个，从业人员增至1.65万人，分别比1989年增长31.8%和10.68倍；实现总产值11.62亿元、营业收入10.51亿元、缴税4670万元，分别比1989年增长26.65倍、366.78倍和98.5倍，整体呈现稳定、快速发展态势。

第一章 电力

第一节 发电企业

电 厂

民国35年（1946年）7月，晋绥军区后勤工业部（兵工部）在兴县城关镇后发达村建成一座小型火力发电厂，称第六厂，为军工机构，此为兴县发电用电之始。该厂初期发电容量为68千瓦。中华人民共和国成立后，经2期扩建，该厂发电总容量增至6000千瓦。

20世纪70年代，兴县发电厂作为网外孤立小火电厂，不仅承担着兴县工农业生产和居民生活用电的供给任务，而且担负着为岚县化肥厂等周边县企业生产用电的供给任务。1978年4月，兴县发电厂被山西省“革命委员会”命名为“大庆式企业”。1979年1月，兴县发电厂被水利电力部授予“全国电力工业大庆式企业”称号。1982年，兴县发电厂被山西省电力工业局命名为“全省小火电示范企业”。

1985年7月，兴县人民政府投资1046万元，实施发电厂第3期扩建工程（2×6000千瓦机组），至1991年7月，第2台6000千瓦发电机组也安装投产，发电总容量增至2.1万千瓦。

1984—1995年，兴县发电厂连续11年获得“山西省小火电厂际竞赛优胜单位”称号。1994年，兴县发电厂被山西省人民政府命名为“省级先进单位”。1997年12月至次年，兴县发电厂与华兴铁合金厂、车家庄国营煤矿和兴县社队铁合金厂联合组建成兴县电冶（集团）有限公司，是集发电和煤、硅产业为一体的国有控股企业。兴县发电厂更名为兴县电冶（集团）有限公司发电分公司。改制后的电冶（集团）有限公司发电分公司共有员工722人。

1999年，兴县从临县三交接入电源，兴县电冶（集团）有限公司发电分公司供电大幅减少，成为电冶（集团）公司自用电源，供给电冶（集团）冶金分公司冶炼硅铁用电。

2000年12月27日，兴县电冶（集团）有限公司发电分公司被列全县未达标关停企业名单。2004年11月，经吕梁市人民政府批准，兴县电冶（集团）有限公司实行改制。

2005年7月，兴县电冶（集团）有限公司1024名干部职工全部被解除劳动合同。11月9日，山西地方电力股份有限公司吕梁分公司与山西地方电力股份有限公司投资公司及山西兴县镁业有限公司决定联合收购兴县电冶（集团）有限公司。但是，12月22日，兴县镁业有限公司和山西地方电力股份有限公司投资公司相继宣布解除合作购买兴县电冶（集团）有限公司约定，致电冶（集团）有限公司的改制工作搁浅，公司倒闭。至此，兴县结束发电历史。

热电站

华兴铝业有限公司自备热电站　2013年6月25日，华兴铝业自备热电站首台3号锅炉点火成功。第二台、第三台锅炉分别于7月20日和8月10日点火发电。该自备热电站2×25兆瓦的2台汽轮机组于2013年9月接入山西地方电力有限公司电网分公司郑家塔220千伏变电站，由东、西母线提供110千伏双回路中铝1号线、2号线供电，当年发电量相当于公司年用电量。

华电锦兴低热值煤自备电厂　华电锦兴2×350兆瓦低热值煤自备电厂位于蔚汾镇肖家洼华电锦兴800万吨矿井所在地，项目于2016年开工建设，项目概算投资36.11亿元。

第二节　发电量及经济效益

1989年，兴县发电厂年发电4480万千瓦时，利润105.01万元，缴税20.6万元。1997年，兴县发电厂效益出现滑坡，缴税106.14万元，利润亏损33.27万元。1998年末，改制后的电冶（集团）有限公司发电分公司共发电

7649万千瓦时，利税总额194.2万元（包括冶金分公司硅铁利税）。2003年末，电冶（集团）有限公司发电分公司共发电7432万千瓦时，利税总额185万元（包括冶金分公司硅铁利税）。

1989—2003年兴县发电厂（含电冶集团公司发电分公司）经营情况统计表

表12-1-2-1

年份	职工数（人）	年发电量（万千瓦时）	利润（万元）	缴税（万元）
1989	333	4480	105.01	20.6
1990	471	5886	170.9	28.7
1991	477	7623	180.01	39.5
1992	508	9364	221.16	45.47
1993	543	10000	144.02	55.7
1994	578	9591	25	139
1995	590	8994	40	125
1996	610	8700	20	138
1997	722	7855	-33.27	106.14
1998	987	7649	194.2（含硅铁利税）	
1999	991	7725	198.6(含硅铁利税）	
2000	994	7827	217.5(含硅铁利税）	
2001	1027	9730	301.7（含硅铁利税）	
2002	1021	8022	261.4（含硅铁利税）	
2003	1024	7432	185（含硅铁利税）	

第三节　电网建设

变电站

到2016年底，兴县电网共有220千伏变电站1座，110千伏变电站8座（其中公用变电站2座，用户自备变电站6座），35千伏变电站15座（其中公用变电站7座，用户自备变电站8座），还有1座正在建设中的500千伏输变电站。

500千伏变电站　兴县500千伏输变电站位于临县白文镇郝家坡村西南侧

1.5 公里处，占地面积 4.88 万平方米。工程于 2012 年开工，该输变电站输电线路从吕梁 500 千伏变电站出线到兴县 500 千伏变电站，1 回 135 公里，2 回 136 公里，其中同杆架设 82 公里，1 回单回路全长 53 公里，2 回单回路全长 54 公里。该变电站 2 台主变，容量 100 万千伏安，2 回 500 千伏出线，5 回 220 千伏出线，2 组 2×60+1×60 兆乏（MVar）35 千伏电容器，2 台 120 兆乏（MVar）的高压电抗器，输送容量 240 万千伏安 ~600 万千伏安。

220 千伏变电站　全县仅有位于瓦塘镇郑家塔村的 220 千伏变电站。该变电站一期于 2009 年 5 月 26 日建成投入运行，建设规模为 1 台主变，容量 15 万千伏安、220 千伏进线 1 回，110 千伏出线 9 回，35 千伏出线 1 回，220 千伏、110 千伏为双线接线；35 千伏为单母接线，其中 1 回 220 千伏进线由临县岐道 220 千伏变电站出线，到郑家塔 220 千伏变电站，线路全长 97 公里；9 回 110 千伏线路、35 千伏电容器 4 组，容量 7200 千乏。

220 千伏变电站二期工程于 2012 年 12 月建成投入运行。建设规模为 2 台主变，容量 15 万千伏安、220 千伏进线 1 回，110 千伏出线 11 回，35 千伏出线 1 回，220 千伏、110 千伏为双线接线、35 千伏为单母分段接线；1 回 220 千伏进线由临县岐道 220 千伏站出线，11 回 110 千伏线路、35 千伏电容器 8 组，容量 7200 千乏；210 千伏出线共有 11 条。该变电站承担全县工农业生产、居民生活及岢岚—阳坪铁路牵引站的用电供电任务。到 2013 年底，220 千伏变电站最大供电负荷 16.8 万千瓦。

郑家塔 220 千伏变电站的建成投运，实现了兴县 220 千伏电网零的突破，成为兴县电力“空中高速”通道，标志着全县电网从小机组、低电压、小电网发展到大机组、高电压、大电网，电网供电更加合理，成为兴县电力工业发展史上的重大转折。

110 千伏变电站　位于蔡家崖村，第一期工程于 1997 年开始建设，2001 年 7 月投入运行。建设规模为主变 1 台，容量 3.15 万千伏安，110 千伏进线 1 回，35 千伏出线间隔 8 回，投运 5 回；10 千伏出线 7 回，10 千伏电容器 1 台，容量 3600 千乏，供电最大负荷为 3.05 万千瓦；35 千伏出线 5 条，10 千伏出线 7 条。供电范围主要是孟家坪乡小善、高家村镇、蔡家崖乡、魏家滩镇白家沟、蔚汾镇肖家洼以及县城西部地区。2006年，增加一回35千伏出线（蔡魏线）。2009年，郑家塔220千伏变电站投运后，蔡魏线退出运行，从220千伏变电站重新出线。第二期工程于2009年8月竣工投运，共有主变2台，总容量7.15万千伏安，110千伏进线2回、35千伏出线间隔8回（已投运6回）、10千伏出线间隔10回、10千伏电容器2台，总容量9600千乏。110千伏母线为单母分段接线、35千伏母线为单母分段接线，10千伏母线为单母分段接线。主要为城关、郑家塔、花子、张家坪35千伏变电站提供电源。2011年，增加6回10千伏出线间隔。2012年，新投蔡关35千伏线路。到2016年底，蔡家崖110千伏变电站共有容量3.15万千伏安主变1台、容量4万千伏安，主变1台，110千伏进线2回、110千伏出线1回，35千伏出线间隔8回，10千伏出线间隔15回，10千伏电容器2台，总容量9600千乏，最大供电负荷4.88万千瓦。

奥家湾110千伏变电站：2010年8月12日投运，是兴县首座110千伏变电站综合自动化无人值班变电站。建设规模为主变2台，容量4万千伏安，110千伏进线1回、35千伏出线间隔8回（已投4回），10千伏出线间隔10回、10千伏电容器4组，高、中、低三侧母线均为单母分段接线，最大供电负荷为3.9万千瓦。10千伏出线主要承担奥家湾乡、恶虎滩乡、交楼申乡工农业生产及居民生活用电供给任务。2012年，新投运奥程35千伏线路和奥峁35千伏线路，该变电站建成投运后，结束单电源供电历史，全县电网结构明显改善。

樊家湾110千伏变电站：位于康宁镇樊家湾村，2014年9月28日投运。总容量为2×4万千伏安，共有110千伏进线2回、出线4回，35千伏出线10回，主要担负着孟家坪乡以南村庄工农业生产和居民生活用电供给任务，是兴县第二座110千伏变电站自动化变电站。

用户110千伏变电站：至2016年，全县共有用户110千伏变电站5座，总容量76万千伏安。

2009 年 5 月—2013 年 9 月兴县用户 110 千伏变电站统计表

表 12-1-3-1　　单位 ：千伏安 / 台

名　称	所在地	始投主变		最高主变		始投时间
		容量	台数	容量	台数	
华油压气站 110 千伏变电站	奥家湾乡奥家湾村	100000	2	100000	2	2009 年 10 月 7 日
魏家滩 110 千伏牵引变电站	魏家滩镇魏家滩村	20000	2	20000	2	2009 年 6 月 17 日
斜沟矿 110 千伏变电站	魏家滩镇斜沟村	100000	2	100000	2	2009 年 5 月 26 日
肖家洼 110 千伏变电站	蔚汾镇肖家洼村	80000	2	80000	2	2012 年 12 月 1 日
华兴铝业 110 千伏变电站	瓦塘镇瓦塘村	80000	2	80000	2	2013 年 9 月 1 日

35 千伏变电站　郑家塔 35 千伏变电站：1979 年 10 月建成投入运行，供电负荷为 1100 千瓦。2003 年 11 月，改造后规模为主变 1 台，容量 2000 千伏安，35 千伏进线 1 回，10 千伏出线 5 回，10 千伏电容器 1 台 300 千乏，供电负荷为 1400 千瓦，为综合自动化变电站。2005 年，对郑家塔 35 千伏变电站进行增容改造，改造后供电负荷为 3000 千瓦。2007 年，新增 35 千伏兴郑进线 1 回。2010 年 8 月，因中南铁路在兴县开工建设，用电需求进一步增大，对该变电站再次进行增容改造，改造后有 2 台变压器，1 台容量 6300 千伏安，1 台容量 4000 千伏安，新增 1 条 10 千伏铁路施工专线，供电负荷为 6000 千瓦。2011 年，对该站升级改造，年底投入运行，供电负荷为 7000 千瓦。2013 年，新增 35 千伏郑水出线、10 千伏水务出线、10 千伏石灰出线。至年底，郑家塔 35 千伏变电站共有主变 2 台，容量 6300 千伏安，2 回 35 千伏进线，1 回 35 千伏出线，35 千伏母线为单线分段接线，10 千伏出线投运 11 回，备用 1 回，10 千伏母线为单母分段接线，10 千伏电容器为 2 组 900 千伏，供电负荷最高达 1.03 万千瓦。

花子 35 千伏变电站：1981 年建成投入运行，供电负荷为 700 千瓦。2003 年 11 月对该变电站全面改造，改造规模为主变 1 台，容量 2000 千伏安，35 千伏进线 1 回，10 千伏出线 5 回，10 千伏电容器 1 台 300 千乏，供电负荷 1200 千瓦，改造后成为综合自动化变电站。2009 年，该站再次进行增容改造后有主变 2 台，容量 4000 千伏安，增加 10 千伏出线 2 回。2010 年，增加 1 回 35 千伏出线及 1 回 35 千伏 PT。

随着兴县高速公路和铁路的开工建设和肖家洼煤矿建成投运，花子 35 千伏变电站供电负荷猛增。2011 年，对该站进行增容改造，改造后有主变 2 台，容量 6300 千伏安，电容器增容为 900 千伏安，增加 2 回 10 千伏铁路建设专线。2014 年，樊家湾 110 千伏变电站建成投运后，花子 35 千伏变电站退出运行。

胡家沟 35 千伏变电站：1985 年至 1987 年 8 月，扩建胡家沟 35 千伏变电站，建设规模为主变 1 台，容量 1800 千伏安，35 千伏进线 1 回，出线 2 回，10 千伏出线 5 回，最大负荷为 1600 千瓦。主要承担蔡家崖乡、高家村镇、白家沟乡和肖家洼乡生产生活供电任务。2001 年蔡家崖，110 千伏变电站建成投运，胡家沟 35 千伏变电站退出。

张家坪 35 千伏变电站：1989 年 1 月建成投入运行，供电负荷为 400 千瓦，主要承担贺家会乡、蔡家会镇、罗峪口镇工农业生产及居民生活用电的供电任务。2002—2008 年底，对该站全面改造，改造后有主变 2 台，容量 4000 千伏安，1 回 35 千伏进线，1 回 35 千伏出线备用，35 千伏母线为单母不分段接线，8 回 10 千伏出线，实投 4 回，10 千伏母线为单母分段接线，4 组 300 千乏电容器，最大供电负荷为 1800 千瓦。改造后成为综合自动化变电站。

城关 35 千伏变电站：2001 年建成投运，位于蔚汾镇郭家峁村。建站初期，最大供电负荷为 3800 千瓦。2003 年 12 月，城关 35 千伏变电站改造为综合自动化变电站，新建总容量 6300 千伏安，主变 2 台，35 千伏进线 2 回，10 千伏出线 10 回，最大供电负荷为 8000 千瓦。主要承担兴县县城东部地区、关家崖片、奥家湾乡及肖家洼片工农业生产及居民生活用电的供电任务。2011—2013 年，该变电站进行两次增容改造，至 2013 年底，共有主变 2 台，容量 8000 千伏安，35 千伏进线 2 回，35 千伏母线为单母不分段接线；10 千伏出线 10 回，10 千伏母线为单母分段接线；2 组 1200 千乏的 10 千伏电容器，最大供电负荷为 1.25 万千瓦。

廿里铺 35 千伏变电站：于 2001 年 8 月建成投入运行，最大负荷为 2000

千瓦。主要承担交楼申乡、恶虎滩乡和奥家湾乡生产生活用电供电任务。2004年增容改造，最大负荷为7500千瓦。2008年，新增2条35千伏出线；10千伏昌盛线和林兴线停运，将10千伏交楼申线和恶虎滩线分为两条线路（交楼申线和恶虎滩线）。2010年，奥家湾110千伏变电站建成投运后，廿里铺35千伏变电站退出运行。

蔡家会35千伏变电站：2012年5月正式投入运行，始投规模为主变1台，容量4000千伏安，35千伏进线1回，10千伏出线间隔5回，电容器1组600千乏，最大供电负荷950千瓦。主要承担蔡家会镇、圪垯上乡居民生产生活用电供电任务。

用户35千伏变电站：至2016年，全县共有用户35千伏自备变电站8座。

2008年6月至2013年9月兴县用户35千伏自备变电站统计表

表12-1-3-2　　单位：千伏安／台

名　称	所在地	始投主变		最高主变		始投时间	备　注
		容量	台数	容量	台数		
金地煤业35千伏变电站	固贤乡南窑	12600	2	16000	2	2010年9月9日	2012年11月增容
程家沟35千伏变电站	蔚汾镇程家沟村	5000	1	20000	2	2010年9月18日	2013年2月投新站
林兴35千伏变电站	奥家湾乡姚儿湾村	8000	1	8000	1	2008年6月1日	
华兴铝业35千伏变电站	瓦塘镇瓦塘村	12500	1	12500	1	2011年7月18日	2013年9月退出运行
峁底煤业35千伏变电站	奥家湾乡峁底村	5000	1	16000	2	2012年12月1日	2013年2月投新站
关家崖35千伏变电站	蔚汾镇关家崖村	5000	1	16000	2	2012年6月1日	2013年2月投新站
水务35千伏变电站	裴家川口	1600	1	1600	1	2013年9月4日	
昌盛镁业35千伏变电站	恶虎滩乡恶虎滩村	6300	1	6300	1	2008年11月1日	2011年10月退出运行

输电线路

1997年，兴县建成从临县三交变电站到兴县蔡家崖变电站第一条110千伏线路，实现并网供电，结束兴县54年孤立电网供电历史。至2016年底，全县共有220千伏输电线路1条，总长97公里；有110千伏线路11条，总长 282.43 公里；35 千伏输电线路 18 条，总长 258.65 公里；10 千伏配电线路 46 条，总长 1384.79 公里。

220 千伏输电线路　临郑线，于 2009 年 5 月 26 日建成投入运行，线路由临县岐道 220 千伏变电站出线，到兴县郑家塔 220 千伏变电站，全长 97 公里，属山西晋能电力集团电网公司管辖。

110 千伏输电线路（公用 110 千伏输电线路）　北蔡线：始建于 1997 年，2001 年 7 月投入运行，线路由临县城北 110 千伏变电站到兴县蔡家崖 110 千伏变电站，线路全长 60.09 公里。

兴蔡线：始建于 2007 年 12 月，2009 年 7 月投入运行，线路由兴县郑家塔 220 千伏变电站到兴县蔡家崖 110 千伏变电站，全长 20.8 公里。

兴奥线：始建于 2008 年，2010 年 9 月投入运行，线路由兴县郑家塔 220 千伏变电站到奥家湾 110 千伏变电站，全长 31.2 公里。

110 千伏输电线路（用户 110 千伏输电线路）　兴阳 I 回：2010 年投入运行，线路由兴县郑家塔 220 千伏变电站到阳坪铁路牵引站，全长 35.18 公里，导线采用 LGJ–150 钢芯铝绞线。

兴阳 II 回：2010 年投入运行，线路由兴县郑家塔 220 千伏变电站到阳坪铁路牵引站，全长 35.2 公里。

兴魏线：2010 年投入运行，线路由兴县郑家塔 220 千伏变电站到魏家滩牵引站，全长 8 公里。

中铝线：2012 年投入运行，线路由兴县郑家塔 220 千伏变电站到华兴铝业有限公司，全长 5 公里。

兴华 I 回 ：2010 年投入运行，线路由兴县郑家塔 220 千伏变电站到兴县压气站，全长 30.6 公里。

兴华 II 回：2010 年投入运行，线路由兴县郑家塔 220 千伏变电站到兴县压气站，全长 30.66 公里。

蔡肖线：2012 年投入运行，线路由兴县蔡家崖 110 千伏变电站到肖家洼煤矿，全长 12.5 公里。

奥肖线：2012 年投入运行，线路由兴县奥家湾 110 千伏变电站到肖家洼煤矿，全长 13.2 公里。

35 千伏线路（公用 35 千伏线路）　蔡郑线：35 千伏蔡郑线从蔡家崖 110 千伏变电站到郑家塔 35 千伏变电站，该线路于 1979 年建成投入运行，总投资 849 万元。主供电源由蔡家崖 110 千伏变电站 3319 间隔出线供电，线路全长 22.5 公里，供电负荷 9500 千瓦。

蔡花线：35 千伏蔡花线从蔡家崖 110 千伏变电站到花子 35 千伏变电站，该线路于 1981 年建成投入运行，总投资 419 万元，主供电源由蔡家崖 110 千伏变电站 3314 间隔出线供电，线路全长 23.4 公里，供电负荷 1.03 万千瓦。

蔡张线：35 千伏蔡张线从蔡家崖 110 千伏变电站到张家坪 35 千伏变电站，该线路于 1989 年建成投入运行，总投资 855 万元，主供电源由蔡家崖 110 千伏变电站 3313 间隔出线供电，线路全长 34.2 公里，供电负荷 1340 千瓦。

蔡城线：35 千伏蔡城线从蔡家崖 110 千伏变电站到城关 35 千伏变电站，该线路 1980 年投入运行，总投资 330 万元，主供电源由蔡家崖 110 千伏变电站 3316 间隔出线供电，本线路全长 8.5 公里，供电负荷 1.11 万千瓦。

奥城线：35 千伏奥城线从奥家湾 110 千伏变电站到城关 35 千伏变电站，该线路于 2001 年投入运行，2013 年全线改造，总投资 340 万元，主供电源由奥家湾 110 千伏变电站 3803 间隔出线供电，线路全长 10.49 公里，供电负荷 1.52 万千瓦。

张蔡线：35 千伏张蔡线从张家坪 35 千伏变电站到蔡家会 35 千伏变电站，该线路于 2011 年投入运行，总投资 560 万元，主供电源由张家坪 35 千伏变电站 3064 间隔出线供电，线路全长 14.1 公里，供电负荷 651 千瓦。

郑兴线：35 千伏郑兴线从郑家塔 35 千伏变电站到兴县（郑家塔）220 千伏变电站，2007 年投运，郑家塔 35 千伏变电站和兴县（郑家塔）220 千伏变电站 2 站可互供电源。总投资 65 万元，线路全长 1.38 公里，供电负荷 8600 千瓦。

花东线：35 千伏花东线从康宁（花子）110 千伏变电站到东会变电站，线路全长 23.7 公里，总投资 1262 万元。该线路正在建设中。

35 千伏线路（用户 35 千伏线路）　奥瑞线：35 千伏奥瑞线从奥家湾 110 千伏变电站到瑞兴镁厂专线，线路全长 13.4 公里，总投资 536 万元，尚未投入运行。

奥程线：35 千伏奥程线从奥家湾 110 千伏变电站到程家沟，该线路于 2012 年建成投入运行，总投资 436 万元，主供电源由奥家湾 110 千伏变电站 3811 间隔出线供电，线路全长 10.9 公里，供电负荷 4710 千瓦。

奥昌线：35 千伏奥昌线从奥家湾 110 千伏变电站到昌盛镁业专线，该线路 2008 年建成投入运行，总投资 444 万元。线路全长 11.1 公里，2010 年停止运行。

奥南线：35 千伏奥南线从奥家湾 110 千伏变电站到南窑煤矿专线，该线路于 2011 年建成投运，总投资 848 万元，主供电源由奥家湾 110 千伏变电站 3808 间隔出线供电。线路全长 21.2 公里，供电负荷 6810 千瓦。

奥林线：35 千伏奥林线从奥家湾 110 千伏变电站到林兴水泥厂专线，该线路于 2010 年建成投入运行，总投资 87.2 万元，主供电源由奥家湾 110 千伏变电站 3807 间隔出线供电。线路全长 2.18 公里，供电负荷 6180 千瓦。

奥峁线：35 千伏奥峁线从奥家湾 110 千伏变电站到峁底煤矿专线，该线路于 2012 年建成投运，总投资 372 万元，主供电源由奥家湾 110 千伏变电站 3806 间隔出线供电。线路全长 9.3 公里，供电负荷 3820 千瓦。

蔡关线：35 千伏蔡关线从蔡家崖 110 千伏变电站到关家崖煤矿专线，该线路于 2012 年建成投运，总投资 468 万元，主供电源由蔡家崖 110 千伏变电站 3318 间隔出线供电。线路全长 11.7 公里，供电负荷 5310 千瓦。

郑水线：35 千伏郑水线从郑家塔 35 千伏变电站到水务公司专线，该线路于 2013 年建成投运，总投资 636 万元，主供电源由郑家塔 35 千伏变电站 3606 间隔出线供电。线路全长 15.9 公里，供电负荷 1800 千瓦。

花金线：35 千伏花金线从花子 35 千伏变电站到南窑煤矿专线，该线路于 2010 年建成投运，总投资 504 万元，主供电源由花子 35 千伏变电站 3054 间隔出线供电。线路全长 12.6 公里，供电负荷 5600 千瓦。

蔡峁线：35 千伏蔡峁线从蔡家崖 110 千伏变电站到峁底煤矿专线，该线路于 2012 年建成投运，总投资 484 万元，主供电源由蔡家崖 110 千伏变电站 3315 间隔出线供电。线路全长 12.1 公里，供电负荷 3200 千瓦。

10千伏线路　至2016年，全县共有10千伏线路35条，总长度399.15公里。

1973—2013年兴县10千伏线路统计表

表12-1-3-3　　单位：公里

出厂站	线路名称	开关编号	主干线		建设年限	
			型号	长度	始	终
蔡家崖	城北	5719	LGJ120	6.29	2002	2002
	城西	5718	LGJ120	6.5	2002	2002
	肖家洼	5715	LGJ95	25.8	1973	2013
	城南	5717	LGJ70	6.39	2003	2003
	北查沟	5714	LJ120、95	14.28	1981	2013
	白家沟	5721	LGJ150、120、95	23.67	1974	2012
	高家村	5724	LGJ150、95	23.89	1973	2010
	小善	5725	LGJ95	12.32	1973	2010
	新城Ⅰ	5724	LGJ50	2.12	2007	2007
	城北Ⅱ	5720	LGJ120	10.71	2005	2005
城关	城Ⅰ	5028	LGJ120	1.71	2002	2002
	城Ⅱ	5030	LGJ120	2.24	2002	2002
	东风	5031	LGJ120	2.91	1992	2012
	水泥	5024	LGJ120	4.85	2002	2002
	车煤	5023	LGJ120	4.74	2002	2002
	关家崖	5027	LGJ120、95	18.03	1991	2013
	李家塔	5033	LGJ120	15.27	1981	2013
	关煤	5025	LGJ120	5.66	1992	2002
奥家湾	部队	5508	LGJ120	1.12	1968	2010
	奥家湾	5513	LGJ120	5.84	1968	2010
	乡企	5514	LGJ120	7.01	1968	2010
	交楼申	5516	LGJ150	14.25	1973	2002
	北沟渠	5507	LGJ150	2.84	2010	2010
	宏兴	5509	LGJ150	3.24	2010	2010
	恶虎滩	5506	LGJ150	19.57	1973	2010

续表 12-1-3-3

出厂站	线路名称	开关编号	主干线		建设年限	
			型号	长度	始	终
郑家塔	斜煤	5506	LGJ120	12.32	1982	2012
	木崖头	5607	LGJ95	25.15	1981	2013
	西沟	5603	LGJ120	10.3	1982	2012
	裴家川口	5613	LGJ150	15	1979	2013
	北会	5612	LGJ150	12.57	2011	2011
	杨家坪	5617	LGJ120	14.36	1981	2013
花子	东会	5055	LGJ120、95	26.72	1983	2003
	康宁	5053	LGJ120、95	13.97	1982	2012
	固贤	5057	LGJ120	10	1983	2011
	孟家坪	5054	LGJ120、95	17.51	1985	2012

农网改造

从 1989—2016 年，全县对农网 10 千伏线路进行多次改造，累计完成投资 9119.02 万元。其中，1989—1997 年，全县农网改造共完成投资 332.1 万元，新建 10 千伏线路 246 公里，新增通电村 227 个村；2001—2003 年，完成投资 4195.54 万元，新建 10 千伏线路 266.06 公里，农网低压 0.4 千伏工程改造 510 个自然村，受益 37168 户。2004 年，兴县农网一、二期改造工程全部结束，所有农村全部通电，通电率达 100%。

2009 年 4 月，兴县第二轮农网改造完善工程全面开始，到 2010 年 7 月结束，共完成投资 4790 万元，新建和改造 10 千伏线路 435 公里，低压改造 47 个自然村，整改 18 个台区，受益 844 户。

2010—2013 年，实施农网改造升级工程，共投资 1.38 万元，改造 35 千伏变电站 2 个，新建 35 千伏线路和改造 10 千伏线路 754.51 公里，新建和改造台区 326 个，受益 18882 户。

1997—2013 年部分年份兴县通电情况统计表

表 12-1-3-4　　单位：个、%

年份	乡镇总数	已通电数	占乡镇百分率	建制村总数	已通电数	占建制村百分率
1997	24	24	100	420	395	94
2004	17	17	100	468	468	100
2005	17	17	100	468	468	100
2006	17	17	100	468	468	100
2007	17	17	100	468	468	100
2008	17	17	100	468	469	100
2009	17	17	100	372	372	100
2010	17	17	100	372	372	100
2011	17	17	100	372	372	100
2012	17	17	100	257	257	100
2013	17	17	100	257	257	100

第四节　电力管理

发电管理机构

经济委员会——经济局　1989 年 1 月，县经济委员会（简称经委），为县政府管理全县工业系统的组织机构，系正科级建制的行政单位。1998 年 12 月，经委实有行政人员 25 人，设主任 1 人，副主任 3 人，内设办公室、生产技术股、安教股、统计股、财务审计股 5 个股（室）。2000 年县经委改为县经济贸易局（简称经贸局），职能同前；2006 年县经贸局改为县经济局，职能同前。

工业局——经济和信息化局　兴县工业局是县人民政府的一个工作部门，职能是贯彻执行国家、省、市经济与信息化工作的法律、法规和方针、政策，提出全县新型工业化发展战略和政策，制定并组织实施全县工业、信息产业的行业规划和产业政策，提出优化产业布局、结构的政策建议，拟定行业技术规范和标准，指导行业质量管理工作。

2002 年机构改革中，县工业局改为经济局，职能同前。2009 年，在政府机构改革中，县经济局变为兴县经济和信息化局（简称经信局），承担原经济局全部职责。

2016年12月，经信局编制为13人。其中，局长1名，副局长2名，总经济师1名。内设综合办公室、经济运行与综合服务股、经济贸易股、信息化推进股。经信局管理的规模以上工业企业有17个（其中国有企业2个，私营企业15个），有山西华兴铝业有限公司、吕梁市金龙工贸有限公司、华盛燃气有限责任公司、清泉醋业有限公司和晋绥农林综合开发有限公司（另有煤炭采掘与洗选企业12个，见第十三编“煤炭”）。

供电、用电管理机构

供电营业所　兴县供用电管理始于1963年。当年春，兴县发电厂在厂内抽调7名电气工人在城关设立供电营业所，负责全县电费收缴和供用电线路维护工作，是兴县最早的管电机构。

电业局——电力公司　1986年，兴县电业局划归兴县经济委员会管辖。1992年4月2日，经兴县人民政府批准，兴县供电公司成立，与兴县电业局并存，实为一套机构、两块牌子。1997年12月，山西省人民政府下发文件，将兴县电业局划归山西省地方电力公司，隶属山西省地方电力公司吕梁分公司管辖，公司经理、副经理由吕梁分公司直接聘任。2001年3月16日，山西省地方电力公司发文，兴县电业局更名为兴县电力公司（同时撤销兴县供电公司），隶属山西省地方电力公司吕梁分公司管辖。2002年12月，兴县电力公司隶属于山西国际电力集团有限公司吕梁分公司管辖。

2008年8月，山西地方电力股份有限公司成立，系山西国际电力集团有限公司控股企业。兴县电力公司改属山西地方电力股份有限公司直接管辖。

山西地方电力股份有限公司兴县分公司——山西地方电力有限公司兴县分公司　2008年10月10日，根据山西地方电力股份有限公司统一系统标设、统一所属公司称谓的有关要求，兴县电力公司更名为山西地方电力股份有限公司兴县分公司，直属山西地方电力股份有限公司管辖，分公司经理由山西国际电力集团有限公司聘任，副经理由山西地方电力股份有限公司聘任。2011年6月17日，山西地方电力股份有限公司成为山西省通宝能源股份有限公司的全资子公司，改称山西地方电力有限公司，兴县分公司仍直属山西地方电力有限公司管辖，并改称山西地方电力有限公司兴县分公司。

至2016年末，山西地方电力有限公司兴县分公司内设机构有综合管理部、生产技术部、市场营销部、安全监察部、财务部、网改办、调度信息中心、数据采集中心、客户服务中心、培训中心，派出机构有19个，即城区供电所、蔚汾供电所、蔡家崖供电所、奥家湾供电所、康宁供电所、贺家会供电所、孟家坪供电所、蔡家会供电所、郑家塔供电所、蔡家崖110千伏变电站、奥家湾110千伏变电站、樊家湾110千伏变电站、东会35千伏变电站、郑家塔35千伏变电站、蔡家会35千伏变电站、张家坪35千伏变电站、计量修试室、线路抢修一班、线路抢修二班；下属单位1个（兴能电力实业有限公司），驻县机构有郑家塔220千伏变电站。

调度室　1985年，县电业局生技股成立调度室，增设通信总机，录音电话，各变电站也有专线电话，调度室执行全县电力居民用电及商业、农业拉闸限电统一调配管理，部分专线及工业大用户用电仍由发电厂直接负责调配。1997年，全县用电调度管理统一归属电业局生技股调度室管辖。2000年2月25日，根据山西省地方电力公司吕梁分公司规定，兴县公司设立专门调度室，负责全县电力供应调度，调度范围涉及全县110千伏以下各35千伏及10千伏电网的运行。各变电站值班员服从县调度指挥。调度值班员受调度主任直接领导。调度员根据县公司经理或分管副经理的指令，向各变电站发布调度命令。

2010年3月9日，根据山西地方电力股份有限公司下发《县级供电公司内部机构设置方案》。兴县分公司设立调度信息中心。

兴县调度信息中心根据上级下达的生产任务、电力负荷、设备检修计划及新、改、扩建工程等情况，编制兴县调度计划。调度范围除110千伏变电站的110千伏母线、35千伏母线、10千伏母线以上的设备、线路检修计划统一由国网吕梁供电公司电力调度控制中心（简称地调）批准进行调度外，其余均由县调批准执行。

县调度自动化系统于2009年11月投入试运行，机房内装修采用先进的铝塑板，地面铺有防静电地板，配有两路交流电源，自动化系统主站电源采用东方电子信息产业股份有限公司生产的DF8900型系统，可直接对变电站实行“四遥”（遥控、遥测、遥信、遥脉），主站系统可以在交流停电48小时以内正常工作，调度模拟屏可以显示全县主接线图。通信能够提供稳定通道。

调度自动化系统的应用，除实现调度与各变电站的实时通信外，还能通过WEB服务器把各变电站的电力信息发布到指定局域网或者互联网上。由于采用横向物理隔离，纵向专网专用，因而不必担心外界对电力设施的网络攻击。

供电所　山西地方电力有限公司兴县分公司共下设9个供电所，负责全县供电管理。

城区供电所：位于县城新建西路，于2006年设立城东营业厅、城西营业厅；2009年，合并城东、城西营业厅，成立城区供电营业所。主要负责城区范围内0.4千伏线路的抄表、核算、收费、运行维护以及业扩报装等业务，辖区范围内共有用电户1.7万户，低压台区65台。2016年底，城区供电所共有职工26人，所长1人。

蔚汾供电所：位于县城东二公里处的郭家峁村，于2002年改称蔚汾供电营业所，主要负责蔚汾镇范围内0.4千伏线路的抄表、核算、收费、运行维护以及业扩报装等业务，辖区范围内共有用电户7000户，低压台区61台。2016年底，蔚汾供电所共有职工12人，所长1人。

奥家湾供电所：位于县城东十公里处的廿里铺村，于2002年改称奥家湾供电营业所，主要负责恶虎滩乡、奥家湾乡、交楼申乡范围内0.4千伏线路的抄表、核算、收费、运行维护以及业扩报装等业务，辖区内共有用电户5500户，低压台区130台。2016年底，奥家湾供电所共有职工20人，设所长1人。

郑家塔供电所：位于瓦塘镇郑家塔村，2003年改称郑家塔供电营业所，负责瓦塘镇、魏家滩镇范围内0.4千伏线路的抄表、核算、收费、运行维护以及业扩报装等业务，辖区范围内有用电户6055户，低压台区160台。2016年底，郑家塔供电所有职工16人，所长1人。

康宁供电所：位于县城南端康宁镇康宁村，于2003年改称康宁供电营业所，主要负责康宁镇、固贤乡、东会乡范围内 0.4 千伏线路的抄表、核算、收费、运行维护以及业扩报装等业务，辖区范围内共有用电户 7300 户，低压台区 160 台。2013 年底，康宁供电所共有职工 21 人，所长 1 人。

孟家坪供电所：位于县城西南孟家坪乡孟家坪村，于 2003 年改称孟家坪供电营业所，主要负责孟家坪乡、赵家坪乡范围内 0.4 千伏线路的抄表、核算、收费、运行维护以及业扩报装等业务，辖区范围内共有用电户 4600 户，低压台区 120 台。2016 年底，孟家坪供电所共有职工 12 人，所长 1 人。

贺家会供电所：位于县境西南贺家会村，于 2003 年改称贺家会供电营业所，主要负责贺家会乡、罗峪口镇范围内 0.4 千伏线路的抄表、核算、收费、运行维护以及业扩报装等业务，辖区范围内共有用电户 3720 户，低压台区 107 台。2016 年底，贺家会供电所共有职工 7 人，所长 1 人。

蔡家会供电所：位于县境西南蔡家会镇，于 2003 年改称蔡家会供电营业所，主要负责蔡家会镇、圪垯上乡范围内 0.4 千伏线路的抄表、核算、收费、运行维护以及业扩报装等业务，辖区范围内共有用电户 4900 户，低压台区 86 台。2016 年底，蔡家会供电所共有职工 9 人，所长 1 人。

蔡家崖供电所：位于城西南通村，于 2003 年改称蔡家崖供电营业所，主要负责蔡家崖乡、高家村镇范围内 0.4 千伏线路的抄表、核算、收费、运行维护以及业扩报装等业务，辖区范围内共有用电户 9400 户，低压台区 137 台。2016 年底，蔡家会供电所共有职工 23 人，所长 1 人。

城乡用电管理

居民用电管理　1994 年，全县市政生活用电 442 万千瓦时，占总用电量的 7.08%；农村用电总量 673.24 万千瓦时，占全县总用电量的 10.8%。1997 年，全县年用电量 7931 万千瓦时，其中市政生活用电 290 万千瓦时，占全县总用电量的 3.66%；农村用电 2352 万千瓦时，占全县总用电量的 29.7%。1998 年，兴县与太原电网并网，农村通电村增加，供电情况有所改善。该年全县总用电量 5385.82 万千瓦时，其中市政生活用电 287.08 万千瓦时，占全县总用电量的 5.33%；农村用电 1518 万千瓦时，占全县总用电量的 28.2%。1999 年，全县总用电量 6779.54 万千瓦时，其中市政生活用电 345.36 万千瓦时，

占全县总用电量的 5.09%；农村用电 2717.53 万千瓦时，占全县总用电量的 40.1%。2000 年，全县总用电量 5675.81 万千瓦时，其中市政生活用电 371.15 万千瓦时，占全县总用电量的 6.54%；农村用电 1585.62 万千瓦时，占全县总用电量的 27.9%。

至 2002 年末，全县年用电总量增至 6988.9 万千瓦时，其中市政生活用电 416.6 万千瓦时，约占总用电量的 6%；农村用电 2146.97 万千瓦时，占总用电量的 30.7%。2007 年末，全县用电总量增至 1.7 亿千瓦时，其中市政生活用电 1084.58 万千瓦时，占总用电量的 6.4%；农村用电 5277.73 万千瓦时，占总用电量的 31%。2009 年末，全县用电总量增至 22040 万千瓦时，其中市政生活用电 3544.84 万千瓦时，占全县总用电量的 16.08%；农村用电 3389.16 万千瓦时，占总用电量的 15.4%。2010 年末，全县用电总量增至 5.1 亿千瓦时，其中市政生活用电 4295.44 万千瓦时，占全县总用电量的 8.4%；农村用电 5711 万千瓦时，占总用电量的 11.2%。2011 年末，全县用电总量增至 74945 万千瓦时，其中市政生活用电 5312.87 万千瓦时，占全县总用电量的 7.09%；农村用电 1.54 亿千瓦时，占总用电量的 20.6%。2012 年末，全县用电总量增至 88809 万千瓦时，其中市政生活用电 6428.06 万千瓦时，占全县总用电量的 7.24%；农村用电 30174 万千瓦时，占总用电量的 34%。2013 年末，全县用电总量增至 14.06 亿千瓦时，其中市政生活用电 6600 万千瓦时，占全县总用电量的 4.7%；农村用电 7.19 亿千瓦时，占总用电量的 51.1%。

农村用电管理　1995 年 12 月，成立农电总站，农电管理从用电股划归农电总站管理，设会计、出纳、收费、电能计量等岗位。负责全县 682 个自然村和乡办企业的电营业管理和线路维护工作。2003 年，引进改进型的核算和收费管理软件（仅在城区用户推广）。同年，将 5 个电管联站改为 8 个供电营业所。新成立的供电营业所归口农电总站管理。

1994—2016年兴县农村用电情况统计表

表12-1-4-1　　单位：万人、万千瓦时、千瓦时

年份	全县农业人口	农村用电总量	农业人均用电	年份	全县农业人口	农村用电总量	农业人均用电
1994	23.38	673.24	28.8	2006	21.66	4760.95	219.8
1995	23.6	2114	89.58	2007	24.4	5277.73	216.3
1996	23.7	2446	103.2	2008	21.07	4632.97	219.9
1997	23.75	2352	99.03	2009	20.97	3389.16	161.6
1998	23.76	1518	63.9	2010	19.98	5711	285.8
1999	23.79	2717.53	114.2	2011	19.6	15400	784.8
2000	24.24	1585.62	65.4	2012	19.12	30174	1578.1
2001	24.42	1913.73	78.4	2013	18.65	71900	3857.6
2002	23.85	2146.97	90.0	2014	18.22	71104	3902.5
2003	24.73	2717.53	109.9	2015	17.77	83463	4696.9
2004	22.74	4050.4	178.1	2016	17.37	94984	5468.3
2005	23.7	4900.51	206.8				

工业用电管理　1994年，全县工业年用电5130万千瓦时，占全县总用电量6245.24万千瓦时的82.1%；2013年，全县工业年用电6.21亿千瓦时，占全县总用电量140600万千瓦时的44.2%，比1994年增长11.1倍。2016年，全县工业年用电9.08亿千瓦时，比1994年增长16.7倍。

1994—2016年兴县工业用电情况简表

表12-1-4-2　　单位：万千瓦时

年份	工业用电量	备注	年份	工业用电量	备注
1994	5130	占全县总用电量的82.1%	2005	8373.29	占全县总用电量的63.1%
1997	5289	占全县总用电量的66.7%	2006	7036.41	占全县总用电量的59.6%
1998	3580.74	占全县总用电量的66.5%	2007	10637.69	占全县总用电量的62.6%
1999	3716.65	占全县总用电量的54.8%	2008	12594.3	占全县总用电量的73.1%
2000	3719.04	占全县总用电量的65.2%	2009	15106	占全县总用电量的68.5%
2001	4160.77	占全县总用电量的68.5%	2010	40993.56	占全县总用电量的80.4%
2002	4425.33	占全县总用电量的63.3%	2011	54232.09	占全县总用电量的72.4%
2003	5414.31	占全县总用电量的66.6%	2012	52206.94	占全县总用电量的58.8%
2004	6605. 39	占全县总用电量的62%	2013	62100	占全县总用电量的44.2%

续表 12-1-4-2

年份	工业用电量	备 注	年份	工业用电量	备 注
2014	68505.81	占全县总用电量的 49.1%	2016	90800	占全县总用电量的 48.9%
2015	79132.27	占全县总用电量的 48.7%			

用电服务　1999年，电业局引进电费收费系统软件，电费核算系统投入运行，结束手工核算的历史。2004年，兴县电力公司在城区设立第一个营业收费大厅，统一城区居民电费的收缴核算。

2006年，兴县用电客户服务中心成立，“96598”服务热线电话投入使用。同年11月，兴县所有电力用户，实现微机统一核算收费。

2007年9月，全县电费核算系统第三次升级，同时撤销农电总站和用电股，成立市场营销部，农电总站所辖8个供电所归市场营销部管辖，市场营销部全面负责全县工农业用电的营业管理工作。

同年，兴县电力公司发布供电服务“十不准”（不准违反规定停电、无故拖延送电；不准自立收费项目、擅自更改收费标准；不准为客户指定设计、施工、供货单位；不准对客户投诉、咨询推诿塞责；不准为亲友用电谋取私利；不准对外泄露客户的商业秘密；不准收受客户礼品、礼金、有价证券；不准接受客户组织的宴请、旅游和娱乐活动；不准工作时间饮酒；不准利用工作之便谋取其他不正当利益）和“十项承诺”（城市地区供电可靠率不低于99.9%，居民客户端电压合格率96%；农村地区供电可靠率和居民客户端电压合格率，经国家电网公司核定后，由各省、自治区、直辖市电力公司公布承诺指标；提供24小时电力故障报修服务，供电抢修人员到达现场的时间：城区范围45分钟、农村地区90分钟、特殊边远地区2小时；供电设施计划检修停电，提前7天向社会公告；对欠电费客户依法采取停电措施，提前7天送达停电通知书，费用结清后24小时内恢复供电；严格执行价格主管部门制定的电价和收费政策，及时在供电营业场所和网站公开电价、收费标准和服务程序；供电方案答复期限，规定居民客户不超过3个工作日，低压电力客户不超过7个工作日，高压单电源客户不超过15个工作日，高压双电源客户不超过30个工作日；装表接电期限，规定受电工程检验合格并办结相关手续后，居民客户 3 个工作日内送电，非居民客户 5 个工作日内送电；受理客户计费电能表校验申请后，5 个工作日内出具检测结果；客户提出抄表数据异常后，7 个工作日内核实并答复；当电力供应不足，不能保证连续供电时，严格按照政府批准的有序用电方案实施错避峰、停限电。供电服务热线“96598” 24 小时受理业务咨询、信息查询、服务投诉和电力故障报修；受理客户投诉后，1 个工作日内联系客户，7 个工作日内答复处理意见）。

2009—2011 年，兴县分公司投资购进 9 部电力抢修车和部分抢修设备，用于农村供电所抢修。

2012 年 7 月，为更好地适应新的电力营销业务应用系统的使用，规范各类工作，山西地方电力有限公司统一颁发《抄表段编码管理办法》《电费核算管理规定》《电力营销业务应用系统登录工号管理办法》，并对《营业收费管理办法》重新修订。同年 10 月，兴县分公司建成用电信息采集与管理系统，该系统具有电力用户用电信息自动采集处理和实时监控、计量异常监测、电能质量监测、用电分析管理、相关信息发布、分布式能源监控、智能用电设备的信息交互等功能。

2013 年 5 月，客户呼叫支持系统上线试运行，进一步规范“96598”的使用，完善电力营销业务应用系统的“96598”功能，方便广大居民用户完成电费查询、投诉举报、报修等事宜。同年，购置自助缴费终端 3 台、无线缴费终端 35 台，方便了城乡居民缴费。同年 11 月，城区供电营业所城东营业厅和城西营业厅装设电费自助缴费终端和电费自助查询终端，部分乡（镇）开始使用无线收费终端进行电费结算。12 月，电力营销业务应用系统各项业务全部投入使用。全县累计完成 1.32 万户用户表改造任务，其中县城 7800 户用电户实现卡表用电，农村 5400 户用电户实现远程抄表。

2013 年，兴县分公司投资 322 万元，配套电力设施建设工作，新增 40 台配电变压器，容量 4000 千伏安，10 千伏线路 20 公里，做好“井深”“井位”确定工作。

电价管理　1988 年 9 月至 2016 年，兴县售电价格根据上级指示多次调整。部分年份工农业生产和居民生活用电价格调整见下表。

1989—1993 年末兴县执行的工农业生产用电电价调整表

表 12-1-4-3　　单位：元 / 千度

用电分类	原电价	新电价
城乡照明	15.5	15.5
农副加工	79	109
农副排灌	79	79
非工业用电	110	140
工业用电	110	140
化肥用电	62.5	82.5
电炉冶炼	79	140

1994 年兴县执行的电网电价表

表 12-1-4-4

电价类别		电度电价（元 / 千瓦时）			基本电价	
		不满 1 千伏	1 ～ 10 千伏	35 千伏及以上	最大需量（元 / 千瓦时 · 日）	变压器容量（元 / 千伏安 · 日）
居民生产电价		0.220	0.210	0.210	—	—
非居民照明电价		0.326	0.315	0.315	—	—
非普通工业电价		0.283	0.276	0.266	—	—
大工业电价		—	0.203	0.193	13.50	9.00
大工业	合成氨	—	0.176	0.113	13.50	9.00
	硅铁	—	0.176	0.167	13.50	9.00
	电石	—	0.183	0.173	13.50	9.00
农业生产电价		0.231	0.223	0.211	—	—
贫困县排灌电价		0.087	0.085	0.082	—	—

2000 年兴县执行的山西省电网销售电价表

表 12-1-4-5

电价类别	电度电价（元 / 千瓦时）				基本电价	
	不满 1 千伏	1 ～ 10 千伏	35 千伏及以上	110 千伏及以上	最大需量（元 / 千瓦 / 月）	变压器容量（元 / 千伏安 / 月）
居民生活电价	0.389	0.379	—	—	—	—
非居民照明电价	0.437	0.427	0.427	—	—	—
商业电价	0.567	0.557	0.557	—	—	—
非工业电价、普通工业电价	0.384	0.374	0.364	—	—	—
大工业电价	—	0.275	0.260	0.250	21	14
其中：电解烧碱、合成氨、电炉黄磷	—	0.264	0.249	0.239	21	14
中小化肥	—	0.225	0.210	0.200	21	14
农业生产电价	0.311	0.301	0.291	—	—	—
贫困县农业排灌	0.140	0.135	0.130	—	—	—

2006 年兴县执行的山西省电网销售电价

表 12-1-4-6

电价类别	电度电价（元 / 千瓦时）					基本电价	
	不满 1 千伏	1 ～ 10 千伏	35 千伏	110 千伏	220 千伏及以上	最大需量（元 / 千瓦 / 月）	变压器容量（元/千伏安/月）
居民生活电价	0.467	0.457	—	—	—	—	—
非居民照明电价	0.630	0.620	0.620	—	—	—	—
商业电价	0.760	0.750	0.750	—	—	—	—
非工业电价、普通工业电价	0.526	0.516	0.506	—	—	—	—
其中：中小化肥	0.404	0.394	0.384	—	—	—	—
大工业电价	—	0.379	0.364	0.354	0.349	33.00	22.00
中小化肥	—	0.293	0.278	0.268	0.263	27.00	18.00
农业生产电价	0.357	0.347	0.337	—	—	—	—
贫困县农业排灌	0.206	0.201	0.196	—	—	—	—

2008 年兴县执行的山西省电网销售电价

表 12-1-4-7

电价类别		电度电价（元 / 千瓦时）					基本电价	
		不满 1 千伏	1 ～ 10 千伏	35 千伏	110 千伏	220 千伏及以上	最大需量（元 / 千瓦 / 月）	变压器容量（元 / 千伏安 / 月）
居民生活用电		0.467	0.457	—	—	—	—	—
一般工商业用电		0.650	0.635	0.625	—	—	—	—
其中：中、小化肥		0.404	0.394	0.384	—	—	—	—
大工业电价		—	0.406	0.391	0.381	0.376	37.50	25.00
其中	电解烧碱、合成氨、电炉黄磷	—	0.393	0.378	0.368	0.363	37.50	25.00
	电石	—	0.383	0.368	0.358	0.353	37.50	25.00
	中、小化肥	—	0.293	0.278	0.268	0.263	27.00	18.00
农业生产用电		0.357	0.347	0.337	—	—	—	—
贫困县农业排灌用电		0.206	0.201	0.196	—	—	—	—

2011 年兴县执行的山西省电网销售电价

表 12-1-4-8

电价类别		电度电价（元 / 千瓦时）				
		不满 1 千伏	1 ～ 10 千伏	35 千伏	110 千伏	220 千伏及以上
居民生活用电		0.4770	0.670	0.4670	—	—
一般工商业用电		0.7481	0.7281	0.7221	0.7131	—
其中：中、小化肥		0.5071	0.4871	0.4811	0.4721	—
农业生产用电		0.4595	0.4445	0.4385	0.4295	—
其中	贫困县农业排灌用电	0.3085	0.2985	0.2945	0.2885	—
	提黄灌溉用电（万亩以上特定泵站）	0.07				

第二章　化肥生产

第一节　生产企业

兴县化肥厂创建于20世纪60年代末期，1970年9月正式投产，厂址位于城西西滩坪，占地面积60亩，是山西省计划委员会批准建设的生产合成氨和碳酸氢铵的一座国营化肥厂，年设计生产合成氨3000吨、碳酸氢铵1.2万吨；经多年技术改造，产能提升到合成氨7000吨、碳酸氢铵2.8万吨，基本满足了全县需要。

1990—1998年，该厂员工由347人增加到423人。2000年12月27日，化肥厂因被列“全县未达标关停企业名单”停产关闭，进入破产程序。2002年6月，兴县人民法院宣告兴县化肥厂破产，并组建了破产清算组进行资产清算。至2006年末，企业全员进行了身份置换，终止、解除了劳动合同。企业对全体职工的置换金、养老保险金进行了一次性清算。企业土地及资产通过兴县人民法院进行公开拍卖，所得资金全部用于职工身份置换和偿还债务（原厂区拍卖后开发了房地产）。

第二节　产量与效益

1989—1993年，兴县国营化肥厂年均生产化肥（碳酸氢铵）2.44万吨，年均利税2.34万元（1993年亏损98万元）。1994年，该厂筹集资金79万元（其中职工集资29万元），完成技术改造，当年10—12月生产化肥（碳酸氢铵）1.5万吨，回收资金31万元。1995年，碳酸氢铵产量2.4万吨，实现了扭亏增盈，利税总额达到267万元。1996—1998年，该厂碳酸氢铵年均产量1.83万吨，累计亏损85万元。

第三章　金属冶炼业

第一节　生铁冶炼

1989—1998 年，全县有 8 立方米以上生铁冶炼炉 41 座，其中 100 立方米炼铁炉 1 座；生铁总产量 34.81 万吨，年均产量 3.48 万吨。

2000—2004 年，全县炼铁企业由 8 个增至 19 个，铁炉容积扩增至 1080 立方米。2003 年，全县生铁产量达到 40 万吨。2007 年，全县生铁产量达 57 万吨，创历史最高记录。

其中，创办于 1985 年的东风冶金有限公司，系东关村集体企业，拥有职工 115 人。公司生产炉型由起始的 8 立方米 1 座扩展到 18 立方米和 30 立方米以上 6 座。至 1990 年末，该公司累计产生铁 1.58 万吨，创产值 404.7 万元。其中，1990 年生铁产量 5536 吨，创产值 157.3 万元，实现利润 62 万元，缴税 14 万元。2004 年，该公司被评为“2004 年度民营企业纳税先进户”，与兴盛铁厂和元源冶炼有限公司均受到中共兴县县委、县人民政府表彰奖励。2005 年开始，因执行环保产业政策，全县首先取缔 100 立方米以下铁炉 19 座。到 2008 年末，县内所有炼铁炉全被取缔，生铁冶炼业至此终结。

第二节　铁合金（硅铁）冶炼

20 世纪 80 年代，全县铁合金冶炼企业仅有华兴铁合金厂和乡镇局所属铁合金厂——兴县硅铁厂。兴县硅铁厂，创建于 1978 年，厂址位于奥家湾乡车家庄村，属县乡镇企业管理局直属企业，有职工 84 人。1986 年 7 月，该厂外聘技术员，提高了生产技术，生产经营效益明显提高。1988 年，生产硅铁 1123 吨，实现利税 129 万元。1989 年至 1990 年，共产 75# 硅铁 830 吨，缴税 9.98 万元。

华兴铁合金厂建于 1988 年，占地 5.62 万平方米。至 1997 年末，华兴铁合金厂职工由 1989 年的 123 人增至 182 人，拥有固定资产 6394 万元，其中有矿热硅铁炉 3 台（2×3200 千伏安，1×6000 千伏安），总容量 1.24 万千伏安。2000 年，电冶集团公司筹资约 700 万元扩建冶金分公司 1 万千伏安矿热硅铁炉，硅铁总冶炼能力提升到 1.64 万千伏安。

1997 年末，华兴铁合金厂与乡镇局所属硅铁厂合并为电冶集团有限公司冶炼分公司。

2004 年 6 月，电冶集团公司停业改制，至 2005 年 7 月，冶金分公司 182 名职工身份全部置换，与企业解除劳动关系。

1989—2003 年兴县硅铁产量及部分年份效益简表

表 12-3-2-1　　单位：吨、万元

年 份	硅铁产量	利税总额	年 份	硅铁产量	利税总额
1989	1963.2	53.12	1996	4239.3	76.6
1990	2787.5	61.6	1997	4327.5	72.1
1991	4271.4	73.4	1998	4564	见发电分公司利税部分
1992	4328.7	77.2	1999	4627	见发电分公司利税部分
1993	4613.2	85.8	2000	4996	见发电分公司利税部分
1994	4775.3	89.7	2001—2003	16631	见发电分公司利税部分
1995	4628.9	82.6			

第三节　镁冶炼

2004 年 3 月，山西同翔镁业在兴县建立昌盛镁业有限公司，驻恶虎滩乡恶虎滩村，投资建设镁业基地。2005 年 8 月，昌盛镁业有限公司总投资 5000 万元、年产 1 万吨镁锭的项目建成投产。至 2008 年 10 月，该公司通过投资 1.47 亿元配套环保设施和技术改造，镁锭产能增加到 2 万吨。从 2005 年投产至 2011 年，该公司累计生产（冶炼）镁锭 7.84 万吨，总产值 19.8 亿元，累计缴税 7988 万元。

第四章 机械制造与轻工制造

第一节 机械制造业

兴县机械厂，始建于1952年，位于城关镇东关村，占地面积17.7亩，其中厂房建筑面积2700平方米，固定资产55万元，主要生产加工各种铁制农用工具和日常用品，1988年前，该厂有职工125人，1989—1992年有职工138人。1992—1995年，该厂主要生产加工8立方米炼铁炉配件，年产值82万元，创利14万元。1996—1998年，该厂生产“晋驰牌”农用三轮车及部分汽车配件。1999—2009年，该厂机工车间、钳工车间、铸工车间全部承包给职工经营。2009年末，企业停产，职工全部下岗。2015年，机械厂厂房拆除，改造成兴县东瑞鑫综合停车厂；132名职工退休78人，留守4人，其余下岗。

第二节 轻工制造业

制鞋业

兴县鞋厂拥有职工100余人,从事制鞋业。1989年,鞋厂生产布鞋11万双、皮鞋6000双,产值50万元,利税达到4万元。产品畅销晋、陕、豫三省20余县市。1992年后,由于竞争能力弱小等因素,企业开始衰落,1998年停产关闭。

塑料制品业

1989—1992年，兴县塑料厂累计实现产值500万元。1993年以后，因外部竞争加剧、产品滞销等因素，塑料厂难以为继，于1998年8月停产关闭。

印刷业

综述 20世纪50年代末期，承担全县印刷业务的是《兴县小报》印刷厂，有印刷机 1 套、手摇裁纸机 1 台及各种型号的铅字，后年购进铸字机 1 台，主要印刷《兴县小报》、会议文件、单据、账本等，先后隶属县委宣传部、县二轻局管辖。1989—2000 年，兴县印刷厂年均产值 30 余万元，利润 4 万余元。2002 年，该印刷厂停产关闭。

20 世纪 90 年代以后，兴县相继涌现出民新印刷厂、蓝盾图文广告、利达印刷部、东海快印部、天天广告文化传媒有限公司等一批个体印刷实体门店，营业总面积达 600 平方米。

1990—2000 年，全县营业性文印、喷绘、刻字等企业有 11 户，年营业收入 110 万元。2006—2010 年，全县文印、喷绘、刻字等企业年均营业额 17 万元。2011—2015 年，全县文印、喷绘、刻字等企业年均营业额 70 万元。至 2016 年末，全县文印、雕刻及喷绘企业增至 54 户，年营业额增加到 2650 万元。

部分企业简介　《兴县小报》印刷厂：成立于 1958 年，位于县城东街，有印刷机 1 套、手摇裁纸机 1 台及各种型号的铅字，1970 年购进铸字机 1 台，职工由初期的 10 余人增至 20 余人，主要印刷《兴县小报》、会议文件、单据、账本等，属县委宣传部管辖。1977 年，该印刷厂划归县二轻局管辖。1989—2000 年，兴县印刷厂年均产值 30 余万元，利润 4 万余元。2002 年，该企业因业务量萎缩难以为继，停产关闭。

民新印刷厂：创建于 1984 年，主营印刷业务，营业面积 40 平方米，有固定员工 3 人。主要设施有胶印机 4 台。1984—2005 年，年均营业额 10 万元，年均缴税 5000 元。2006—2016 年，该厂年均营业额 38 万元，年均缴税 1.87 万元。

蓝盾图文广告：位于晋绥东路，创办于 1994 年，营业面积 120 平方米，固定员工 4 人。主要设施有电脑 16 台、大型打印机 2 台、复印机 7 台、喷绘机 2 台、印刷机 2 台、条幅机 2 台、绘图仪 3 台、刻章机 1 台、裁刀 1 台。2006—2016 年，该实体店年均营业额 15 万元，年均缴税 1.2 万元。

云清写印部：位于晋绥东路（晋绥大酒店一楼），创建于 2000 年，营业面积 30 平方米，固定员工 2 人。主要设施有电脑 3 台、打印机 3 台、复印机 1 台。2005 年营业额 6 万元，缴税 4200 元。2006—2009 年，年均营业额 11 万元，年均缴税7500元。2010—2016年，年均营业额14.86万元，年均缴税8570元。

创为写印部：位于晋绥东路，创办于2007年，营业面积30平方米，主要设施有电脑5台、喷绘机、复印机、胶装机各1台。2007—2011年，年均营业额12.6万元，年均缴税1万元。2012—2016年，年均营业额14.6万元，年均缴税7600元。

东海快印部：2003年创办，位于晋绥东路，主营广告、印刷、喷绘，营业面积50平方米，固定员工3人；主要设施有喷绘机、写真机、条幅机、刻字机、复印机、打印机等。2004—2010年，该实体店累计营业额150万元，累计缴税7.5万元。2011—2016年，该实体店营业额累计46.7万元，累计缴税11.6万元，年均1.93万元。

利达印刷部：创建于1994年，主要经营打印、复印、印刷、装订业务，固定员工3人，营业面积100平方米，主要设施有印刷机、复印机、写真机、条幅机、电脑等。2000—2009年，该实体店年均营业额17万元，年均缴税8200元。2010—2016年，该实体店年均营业额41.4万元，年均缴税2.7万元。

东风电脑写印部：2001年创建，位于晋绥东路。主要经营打印、复印、印刷、装订业务，共有员工4人。2001—2010年，年均营业额2万元。2011—2016年，年均营业额20万元、缴税1万余元。

天天广告文化传媒有限公司：创建于2010年12月，设有一部、二部，分别位于晋绥西路和东路。该公司主要经营数字印刷出版物、包装、装潢和其他印刷服务；策划、设计、制作及代理发布广告文化传媒信息；文化产品的创意、设计、采集、制作与销售；室内形象设计与装饰；古籍整理、地方史志编研服务；承办会务及庆典展览展示和相关文化交流、传播、展演服务。公司拥有大型喷绘机、写真机、印刷机、复印机、电脑等设施，有固定员工19人。2011—2016年，年均营业额205万元，年均缴税9.08万元。

第五章 建材产业

第一节 水泥产业

综 述

1989—2016年，兴县水泥生产大体分为两个时期。1989—2007年为低产时期，全县仅有国营水泥厂（位于奥家湾乡车家庄村）和斜沟水泥厂（魏家滩村委承包）生产325号和425号矿渣硅酸盐水泥，年均产量3.12万吨，年均利税96.73万元。2000年，县国营水泥厂（车家庄）企业通过技术改造，产能由不足1万吨提升到2万吨。2002年，新建的林兴水泥厂（位于奥家湾乡尧儿湾村），也属于低产能企业。林兴水泥厂与改制后的民营股份制水泥厂水泥年产量均不抵过去。

2009—2016年，为产量大幅增长时期。2009年9月，由金龙工贸公司（位于奥家湾乡阳会崖村）改建的年产60万吨水泥厂投产，水泥产能比第一时期产能增长19倍；全县共产水泥169.4万吨（缺2010年产量），年均产量24.2万吨，比前一时期年均产量增长6.76倍；年均利税393.3万元，比前一时期增长3.07倍。

1989—2016年部分年份兴县水泥生产情况统计表

表12-5-1-1　　单位：万吨、万元

年份	水泥产量	利 税	年份	水泥产量	利 税
1989	3	82.41	1994	4.02	186
1990	3.01	91.21	1995	3.36	160.72
1991	3.37	102.7	1996	3.45	83.9
1992	3.5	29.47	1997	2.8	61.9
1993	4.01	282.8	1998	2.65	57

续表 12-5-1-1

年份	水泥产量	利 税	年份	水泥产量	利 税
1999	2.7	53.9	2012	32.2	523.25
2000	2.71	33	2013	34	552.5
2007	2	32.5	2014	16.6	269.75
2009	30	487.5	2015	22.7	368.88
2011	21	341.25	2016	12.9	210

重点生产企业

国营水泥厂　坐落于奥家湾乡车家庄村，占地30亩，1970年投产运营，有立窑2座，主要生产国标水泥，年设计生产325号、425号矿渣硅酸盐水泥7000吨。后经技术改造，产能提升到2万吨以上。1989年，该厂有职工220人。

1990年，该厂实行第一轮承包，通过推行优化组合、竞争上岗、工资与绩效挂钩等改革措施，企业增添新的活力。该年企业职工增至251人，产量3万吨，实现利税91.21万元。1994年，水泥厂进入全省先进企业行列，被评为“地级文明单位”。2002年，企业改制为民营股份企业，并更名为鑫盛水泥有限公司。

吕梁金龙工贸有限公司　2009年9月，吕梁金龙工贸公司在原铁厂建设年产水泥60万吨的粉磨站。2012年3月5日，获水泥产品生产许可证。2016年，公司有职工275人，主要生产设备有325号水泥烘干机1台、3.2×13米高细管磨机2台、ZXZG辊压机1台，年产水泥30万吨，实现利税487.5万元。

第二节　饰面石材产业

兴县饰面石材（大理石、花岗岩）产业兴起于2006年。该年初，兴县黑茶山石材有限公司和兴县鑫石源有限公司所承载的总投资为7166.4万元的“兴县花岗岩荒料开采与板材生产线项目”被列为山西省“两区开发”项目。2007年7月，项目建成投产，并建成板材加工厂6座，年加工板材10万平方米。2008年，两公司共开采、加工“茶山松绿”“茶山灰麻”等饰面板材14万平方米，实现销售收入840万元，实现利税470.4万元。2012年，两公司新增加工厂3座，职工总数达到500人。至2016年末，县内从事花岗岩荒料开采及板材深加工企业有15户，年开采花岗岩荒料1.65万立方米，加工板材65.6万平方米，累计实现销售收入3936万元，利税2204万元。

第三节　砖瓦 石灰 石料

综 述

兴县境内的砖瓦、石灰、石料（碎石子）生产均由民营、个体工商业主承担，产品主要供县内各类建筑使用，是伴随建筑业的发展而形成的一项传统产业。2007—2009年，全县220余户砖厂、石灰窑、石料（石子）场等建材生产企业因环境污染，全被取缔。至2016年末，全县符合环保要求的砖厂、石灰、石料生产企业共46户，年产砖2亿块、石灰150万吨、石子和石沙630万立方米，实现销售收入6.84亿元、利税1.23万元。

青、红砖生产

1989年，全县红砖、青砖产量3639万块。1991年，红砖、青砖产量8276万块。1992年，红砖、青砖产量4623万块。2005年，全县新建10座内燃砖厂，年产红砖8500万块。2007—2009年，全县取缔砖厂74座。至2016年末，全县符合环保的砖厂有12座，年产砖2亿块，销售收入6000余万元。

石灰生产

1989—1990年，全县年均生产石灰8万吨。1991年，全县年均产石灰10.15万吨。2007—2009年，全县石灰窑等建材生产企业因环境污染，全被取缔。2009年，兴鑫工业工贸有限公司率先建立环保型石灰煅烧立窑，并安装消烟除尘设施，成为符合环保要求的石灰生产企业。2013年，朴玉实业有限公司新建回转窑石灰生产线，安装消烟除尘设施，实现环保型生产。2000—2016年，全县年均石灰产量达150万吨。

石子、石沙生产

主要为建筑提供水沙（水洗河沙，与水泥配用）、土沙（与石灰配用）。1989—1990 年，全县年均生产石子、石沙 184 万立方米。1991 年，全县年均产石子、石沙 420 万立方米。2000—2016 年，随着商品住宅和农村移民搬迁房及道路、桥梁等工程的大力推进，石子及河沙市场需求量大幅增加，全县年均石子、河沙产量达到 630 万立方米。

第六章　铝 业

第一节　氧化铝生产

氧化铝生产企业

2010 年 7 月，山西华兴铝业有限公司在兴县注册成立，主要依托中国铝业股份有限公司筹资建设兴县氧化铝项目，属国有中央企业，全民所有制，注册资本为人民币 6.1 亿元。经营范围为铝土矿开采及销售、氧化铝冶炼及产品销售、矿山开采和氧化铝冶炼相关的机械设备制造与工程技术服务。项目位于瓦塘镇龙耳会村。控股股东为包头交通投资集团有限公司，参股股东有中国铝业香港有限公司等。

氧化铝项目是兴县资源型循环经济综合开发示范基地建设“煤电铝化材”的重要内容之一。该项目估算投资 45 亿元，包括年产 132 万吨铝土矿的地采矿山、2×50 万吨氧化铝生产线、3×240 吨 / 时高温高压锅炉、2×25 兆瓦汽轮发电机自备热电站，产品为一级品冶金级砂状氧化铝。项目于 2011 年 5 月开工建设。项目占地通过国土资源部审批，共占用瓦塘镇土地 215.2 公顷（折合 3228 亩；在国土部预审批复的 219.26 公顷范围内）。项目属于流程性大型企业，主要包括原料系统、溶出系统、沉降系统、蒸发系统、焙烧系统等。2013 年 10 月投产运行一条 50 万吨生产线，2014 年 10 月百万吨产能全部达产。2015 年 4 月 12 日，二期 100 万吨氧化铝项目建成投产。

2014 年 8 月，中国铝业香港有限公司出资收购山西华兴铝业有限公司 40% 股权，山西华兴铝业有限公司变更为合资企业。2015 年 12 月，深圳华润元大资产管理有限公司收购山西华兴铝业有限公司 50% 股权，中国铝业股份有限公司占有山西华兴铝业有限公司 10% 股权。2016 年，山西华兴铝业有限公司设有 5 个机关部、室，5 个生产运营单位，有在岗职工 768 人。

产量与效益

2013 年 10 月，山西华兴铝业有限公司第一条 50 万吨氧化铝生产线建成投产。至年末，共产氧化铝 3.2 万吨，实现产值 1.67 亿元，实现销售收入 4761 万元、利润 603 万元，缴税 1585 万元。2014 年 10 月，山西华兴铝业有限公司 100 万吨氧化铝全部达产，当年产量达到 67 万吨，产值 15.4 亿元、销售收入 14.2 亿元、利润 1.01 亿元，缴税 7960 万元。

2015 年 4 月，山西华兴铝业有限公司二期 100 万吨氧化铝竣工投产，全年总产量达到 119.62 万吨，产值 23.4 亿元，实现销售收入 24 亿元、利润 3.35 亿元，缴税 1.7 亿元。至 2016 年 7 月末，该公司氧化铝产量累计达到 280.49 万吨，累计实现销售收入 53 亿元、利润 4.87 亿元，累计缴税 3.51 亿元；人均劳动生产率达到 1721 吨 / 年·人。

具有成本优势的砂状氧化铝已形成较强的市场竞争力，该项目建成投产，使兴县丰富的铝矿资源转化为经济优势，对推动县域经济整体迈上新台阶具有重要意义。

第二节 电解铝生产

吕梁（兴县）轻合金科技一期 50 万吨 / 年电解铝项目，由山西中铝华润有限公司承载建设。

山西中铝华润有限公司是中国铝业股份有限公司和华润煤业（集团）有限公司合资组建的煤电铝一体化企业。山西中铝华润有限公司首期注册资本为 2 亿元。2015 年 11 月 19 日，该公司正式挂牌成立。公司成立以来，中共吕梁市委、吕梁市人民政府予以高度重视和鼎力支持，多次召开协调会，现场办公，帮助落实电解铝项目用地、局域电网建设、过渡期电价等外部重大条件，有力推进了项目前期工作。

至 2016 年上半年，山西中铝华润有限公司电解铝一期 50 万吨已经在山西省发改委备案，并获取 2×660 兆瓦自备电厂“路条”，明确过渡期电价，该项目计划于 2018 年 6 月建成投产。

第七章　加工业

第一节　食品加工业

粮油加工

计划经济时期的粮油加工　2000年前，全县机关企事业单位工作人员及城镇居民（非农户口）的口粮定额供应靠县粮油加工厂收购、加工，然后通过各粮站及粮油门店供应。其中，1989年至1992年，年均收购加工粮食1562万千克、油料62.2万千克，年均加工销售（供应）面粉252万千克、植物油52.13万千克。

现代粮油加工　2000年以后，随着市场需求的变化，全县涌现出一批专业化粮油加工企业，通过收购粮食、油籽进行加工，然后推向市场销售，企业在赚取加工收益的同时，满足市场需求。其中，2001—2009年，全县年均加工小米、面粉（白面和豆面）、豆类等杂粮产品2400万千克，年均销售收入1.13万元。2012年和2015年、2016年，全县年均加工杂粮2880万千克，年均销售收入1.83亿元。

植物油加工方面，以三星油脂公司加工为主，2007—2016年，年均加工生产胡麻油和芥末精油527.2万千克，年均销售收入3971万元。

副食品加工

红枣加工　红枣加工是兴县沿黄枣区枣农的一项传统产业。2000年前，全县红枣加工时间集中于深秋红枣收获后，加工产品以乌枣（熏枣）为主，而且以户外加工为主。1991—1992年，全县共加工、销售乌枣257.4万千克，实现销售收入605万元。1993—1997年，全县年均加工乌枣331.5万千克，年均销售收入832万元。2000年后，随着市场需求的变化，红枣加工由枣农自主加工转向企业化加工，由户外季节性加工转向室内专业化、机械化、常年加工；加工产品也由单一的乌枣转向品种多样化，有贡枣、紫晶枣、空心脆枣、滩枣、酒枣等。在此转变过程中，涌现出一批专业加工企业，生产规模、产品质量及经济效益不断提升。2001年至2016年，全县年均加工红枣系列产品328.2万千克，年均销售收入2619万元。

陈醋加工　2000年前，兴县陈醋加工尚处于家庭小作坊式生产，产量很少。从2001年开始，兴县陈醋加工走上企业化、规模化发展之路。2006年末，全县陈醋产销量达到3600吨，产值220万元，销售收入779.4万元，实现利税181.82万元。2007年，全县生产陈醋系列产品6000吨，实现销售收入1300万元、利税603.5万余元。2011—2016年，全县年均生产陈醋4.47万吨，年均销售收入5283万元、利税1234万元。

第二节　服装加工业

兴县针织厂，始建于1962年，位于县城东关，占地面积20亩。主要加工各种纺织品内衣。1988年加工销售288万件，1989年加工销售290.57万件，1990年加工销售247.32万件。1992年，企业停产。2003年，该厂破产关闭，职工全员身份进行置换，终止解除了劳动合同；职工置换金、养老保险金一次性清算，土地及资产通过兴县人民法院进行公开拍卖，所得资金全部用于职工身份置换。原厂址经县政府回购，改建为东关中学校。

第八章　乡镇、民营工业企业

第一节　发展综述

1976 年 10 月，中央作出《关于大力发展社队企业若干问题的决定》后，兴县成立了社队企业管理局，并掀起以发展种植、养殖、加工为主要内容的社队企业热潮。1984 年，社队企业管理局改名为乡镇企业管理局。

1989 年，全县有乡镇企业、民营股份制企业 1005 个、从业人员 1413 人，年均生产生铁 3.23 万吨，实现总产值 4360 万元、营业收入 2858 万元、缴税 46.94 万元。1990 年，全县乡镇企业、民营股份制企业总数达到 2208 个，从业人员增至 5795 人，年均产生铁 3.23 万吨。实现总产值 4704 万元、营业收入 3559 万元、缴税 58.37 万元。

1991 年，全县乡镇企业总数增至 2360 个，从业 6443 人，共产生铁、硅铁 1.17 万吨、焦炭 12.58 万吨（详见第十三编“煤炭”第三章“煤炭加工与销售”部分）、加工铝矾土矿 4.43 万吨、石英石 0.8 万吨、石灰 4.25 万吨、青红砖 3653 万块，加工乌枣 1100 吨、粮油 1.74 万吨，实现总产值 7119.32 万元、总收入 5364.78 万元、利润 780 万元，缴税 338.82 万元。1992 年，全县乡镇企业达到 2510 个，从业 8181 人，全年产生铁、硅铁 3.68 万吨、焦炭 17 万吨（详见第十三编“煤炭”第三章“煤炭加工与销售”部分），加工铝矾土矿 3.31 万吨、石英石 1 万吨，烧制石灰 5.9 万吨、青红砖 4623 万块，加工乌枣 1500 吨、粮油 1.78 万吨，实现总产值 1.25 亿元，营业收入 9220 万元，实现利润 1047.38 万元，缴税 386 万元。

1993—1994 年，全县乡镇企业年均 2820 个，年均生产生铁、硅铁 3.23 万吨、焦炭 15.78 万吨；年均产值 2.76 亿元、营业收入 2.22 亿元，年均缴税 541 万元。

1995 年，全县乡镇企业重点发展采掘、冶炼、铝钒土加工、建材等传统产业，实现总产值 4.37 亿元、营业收入 3.3 亿元，缴税 801 万元。

1999 年，全县乡镇企业总数为 2781 个，从业人员 8920 人，其中有生铁冶炼企业 8 个，实现总产值 5.75 亿元、营业收入 4.5 亿元，缴税 751 万元。

2000 年，中共兴县县委、县人民政府出台《大力发展乡镇企业的实施意见》后，全县铁厂及相关联的炼焦、矿产等规模以上乡镇企业得到新的发展，全县乡镇企业、民营企业有 1894 户，从业人员 1.05 万人（其中小铁厂铁炉发展到 20 多座，铁炉总容积达到 1698 立方米），年总产值达到 5.59 亿元，营业收入达 4.46 亿元，缴税 731.6 万元，占到当年县财政总收入的 40.7%。2002 年，全县从事工业生产的乡镇企业、民营企业有 132 个，占到工业企业总数的 93%。全年完成生产总值 7.3 亿元，缴税 1189 万元。2005 年，全县乡镇企业、民营企业户数增至 2909 个，从业人员增至 2.55 万人，总产值增至 16.2 亿元，营业收入增至 13.39 亿元，税金增至 3850 万元，占到当年财政总收入的 50.8%。2006 年，全县乡镇企业和民营股份制企业总产值增加到 19.53 亿元，营业收入 14.77 亿元，缴税 2422 万元。之后，在全县工业经济转型发展中，县属民营中小企业及时调整产业结构，把发展的立足点由冶炼转向农副产品加工和服务业，开辟了自身发展的新天地。2008 年，全县民营股份制企业和专业合作社 75 个，从业人数 1054 人。该年三星油脂有限公司年产 5000 吨黄豆色拉油项目、丰达源食品有限公司年加工 1200 吨乌枣和空心无核糖枣扩建项目、晋绥枣业有限公司扩产项目以及清泉醋业有限公司年产 500 吨陈醋等扩建项目均投入生产，全年实现营业收入 9400 万元。

2009—2010 年，全县年均乡镇企业和中小民营企业（2010 年乡镇企业统称中小民营企业）593 个，年均总产值 13.75 亿元、营业收入 11.82 亿元，年均缴税 6693 万元。

2015 年，黄河农业综合开发公司、清泉醋业公司、三星油脂公司和亚龙农业科技发展公司等 30 余个中小民营企业，通过发展加工和服务业，拓宽了企业发展空间，提升了经营效益。

至 2016 年，全县民营中小微企业、股份制企业、专业合作社共 1325 个，从业人员增加到1.65万人。全年共产水泥12.9万吨、花岗岩荒料3.6万立方米、板材65.6万平方米，加工粮油3.63万吨、食醋等副食品4.95万吨、肉类1.57万吨，加工乌枣等系列产品5000吨，实现总产值11.62亿元、营业收入10.51亿元（其中建材企业62个完成5.18亿元，食品加工销售企业14个完成5.33亿元）、缴税4670万元，整体呈现稳定、快速的发展态势。

第二节　乡镇、民营工业企业分布

生铁冶炼企业

20世纪90年代初，全县约有15个乡镇企业、民营企业从事生铁冶炼。1989—1994年，全县年均生铁产量3.23万吨。1997年，全县生铁产量增至22万吨。2000年，全县生铁冶炼企业由之前的8个增至19个（民营18个），全县铁炉增至20座，铁炉总容积由之前的100多立方米扩增至1698立方米。2003年末，全县生铁总产量增至40万吨。由于冶炼产业的扩规造成严重环境污染。从2005年起，全县19座8立方米生铁冶炼炉均被取缔。至2008年，所有生铁冶炼设施全被取缔。

在此期间，东关村集体兴办的东风铁厂，堪称全县骨干乡镇企业，主要冶炼铸造生铁。生产炉型由起始的8立方米小炉扩展到18立方米、30立方米以上6座，最高年产生铁达到3万吨以上，年创产值1800余万元、纳税200余万元；所产生铁因被省市质检部门鉴定为“优质产品”而畅销省内外各大铸造企业。董事长、总经理刘候油被中共山西省委、山西省人民政府和中共吕梁地委、吕梁行署命名为“优秀农民企业家”、劳动模范，被山西省劳动竞赛委员会授予“五一劳动奖章”。

建筑材料生产加工企业

2016年，全县从事建材生产加工的中小民营企业共有63个。其中，生产经营水泥2个，共产425 #水泥12.9万吨，实现销售收入6708万元、利税209.6万元；从事花岗岩荒料开采和板材加工的企业有15个，共开采花岗岩荒料3.6万立方米，加工饰面板材65.6万平方米，销售收入3936万元，利税2204

万元；从事青红砖、石灰、石子生产企业有46个，2016年销售收入4.06亿元。

农畜产品加工企业

2000年以来，全县从事农产品（包括林果及其他肉食、副食产品）加工及畜牧养殖的民营中小企业共14个。2016年，共加工生产小米、豆类、面粉2.82万吨，食用植物油8100吨，陈醋4.45万吨，加工滩枣、紫晶枣、脆枣、乌枣等系列产品5000吨，生产肉类9820吨、鸡蛋5910吨，累计实现销售收入5.33亿元。

此外，尚有25户中小民营企业分布在煤炭行业，从事煤炭洗选加工（详见第十三编“煤炭”第三章“煤炭加工与销售”部分）。

部分乡镇、民营工业企业简介

金龙工贸有限公司　建于1987年，位于恶虎滩乡阳会崖村，初期经营农机配件和冶炼生铁等。2008年，该企业遵照国家政策实行关停。2009年9月，在公司原厂址上建设年产水泥60万吨的粉磨站。2012年3月5日，获水泥产品生产许可证。2012年6月，通过ISO9001：2008质量体系认证。2016年，公司有职工275人，产水泥12.9万吨，实现销售收入6708万元，利税209.6万元。

鑫石源石材有限公司　创建于2007年，位于恶虎滩乡沟门前村，有员工500余人。该公司主要从事花岗岩石材荒料开采和饰面板材加工销售业务，公司拥有大型龙门切割机23台，主要经营品种有“兴县红”“皇啡麻”“皇室啡”等，至2012年，公司有板材加工分厂9座，累计加工生产板材100万平方米、实现销售收入1500万元，创利税150万元。2016年，公司开采荒料2万立方米，加工板材20万平方米，实现销售收入300万元、利税30万元。

金源通石材有限公司　创建于2000年，位于恶虎滩乡沟门前村，主要从事花岗岩荒料开采和饰面板材加工生产与销售。公司拥有独立开采矿山2座，有板材加工圆盘锯10台，年产板材20万平方米。产品销往全国20多个省市和台湾、香港地区，部分产品销往韩国。2016年，公司开采荒料2万立方米，加工板材20万平方米，实现销售收入320万元、利税51万元。

吕梁兴洋德云建设有限公司　是太平洋建设集团于2012年2月在兴县登

记注册的全资子公司，注册资金 2 亿元。其经营范围是太平洋集团公司承揽的铁路、道路、隧道和桥梁工程建筑施工及房地产开发、市政工程、园林绿化工程等。该公司入驻兴县以来，和当地党委、政府精诚合作，相继完成了工业大道（瓦塘至蔡家崖段）和友兰中学二期续建工程和部分太平洋 · 观澜国际等工程项目。

第九章　安全生产

第一节　管理机构

1989—2002 年，全县安全生产工作由劳动部门负责。

2003 年，县人民政府设立安全生产监督管理局（简称安监局），与煤炭工业局合署办公，全县安全生产管理职能正式由县劳动局移交县安监局。同时，安全生产工作开始由行政管理向执法监管转变。煤炭、经贸、公安、交通、建筑、消防、质量技术监督等部门按照各自管辖范围和职责，负责本行业和所属企业的安全生产监管工作。政府统一领导，部门依法监管，群众监督参与的安全生产监管体系逐步建立完善。

2007 年 4 月，兴县安监局与煤炭工业局分设，安监局开始独立运行，其他部门涉及安全生产监管的职责仍然由有关单位履行。

2014 年 12 月，县安监局被明确为县人民政府工作部门和行政执法机构。内设机构有办公室（综合协调和财务股）、人事股、综合股、非煤矿山股、危化股、相关行业股、职业安全健康股。下属事业单位有应急救援指挥中心（副科级）、安全培训中心（正股级）。核定安监局行政人员编制 5 人，其中局长 1 人、副局长 2 人、总工程师 1 人、纪检组组长 1 人；核定应急救援指挥中心事业编制 5 人，安全培训中心事业编制 4 人。

第二节　安全生产监管

安全监管的行业和领域

2016 年末，全县共有各类生产经营单位 7524 个（规模以上企业 1839 个，个体工商户4360户，农民专业合作社1325个）。其中重点监管的单位有1833个：非煤矿山企业20个(包括地下开采陶瓷土1个、耐火土1个、铝土矿2个、赤泥库1座，露天开采石灰岩4个、辉绿岩开采2个、砖瓦黏土开采9个）、危险化学品经营企业36个（其中加油站32个，气体充装站4个）、烟花爆竹批发企业1个、冶金工贸生产企业4个、民爆经营单位1个、道路交通运输企业17个、建筑施工企业14个、燃气生产经营单位15个（其中正常生产企业6个）、消防重点单位36个、其他各类生产经营企业和单位1689个。

非煤企业安全生产监管

2006—2016年，县安监局以重点行业领域隐患排查治理和安全生产专项整治为主线，以强化直接监管和综合监管相结合，着力整顿规范生产经营秩序，努力控制一般事故，完全遏制较大以上事故，坚决杜绝重特大事故发生，促进全县安全生产形势持续好转。

开展安全宣传、教育和培训工作　2007年，县安监局举办3期建筑行业安全培训，培训建筑施工企业项目经理200余人，经考试合格，发放培训证书；培训加油站、烟花爆竹等行业经营人员3批100余人次，培训民用爆炸物品行业90人次，累计培训各类人员2000余人次。

2009年，县安监局共组织教育培训100次，共培训各类安全管理人员300余名。其中，对重点行业，组织全员培训11次，共培训人员137人次，散发宣传资料2万份；利用广播、电视、标语、横幅、板报、专栏等形式，对安全生产工作和专项整治工作进行全方位、多角度、多领域的宣传报道，营造全民参与、全社会关心安全生产的浓厚氛围。

2010年，县安监局组织开展宣传活动30余次，悬挂条幅60余条，张贴标语400余条，发放宣传资料3.5万份，受教育人数5.04万余人次，培训企业各类人员400余人次。

安全培训方面，2006—2010年，县安监局共培训企业法人（主要负责人）、安全管理员、特种作业人员、安全副矿长、技术副矿长2736人次；累计培训一线从业人员3040人次。安监执法人员参加业务知识和执法监管培训30次，累计受训82人次，其中13名执法人员考取省安监局颁发的安监执法证，做到人人持证上岗。

2011—2016 年，县安监局开展宣传教育活动 15 次，发放宣传书籍 2500 余册、宣传材料 1.2 万余份。

打击私开滥采和非法经营　1989—2016 年，全县填埋炸毁私开铝土矿点 120 个，没收非法矿产品 120 吨，扣押设备 83 台（件），罚款 30 万元，关闭 4 户无证加油站。

县交警队查纠各类交通违法行为 1.55 万起，批评教育 5423 起，交通违法录入 1.01 万起。其中，查处超速车辆 6372 起、客运车超员 63 起、疲劳驾驶 149 起、酒后驾驶 47 起；查扣“两无”车辆 226 辆、报废车 12 辆、滞留驾驶证 289 本、假牌假证及挪套牌 58 副，行政拘留 28 人，抓获交通肇事逃逸 3 人。

隐患排查治理　2007 年，县安监局对重点行业和领域进行安全生产隐患排查，发现并查处涉爆刑事案件 9 起、治安案件 15 起；对辖区内 16 座火工品专用库进行整改和重建，配备视频监控系统，落实“四防”（人防、物防、技防、犬防）措施，实行“五双”制度（双人保管、双人收发、双人领取、双账、双锁）；对 51 个重点单位、79 个人员密集场所进行隐患排查，发现并整改隐患 52 条；对辖区内 139 公里省道按股室包段的形式进行排查，涉及沿线村庄 65 个，查处、治理隐患 16 处；对 22 个在建工程进行 3 次安全隐患大检查，发现并治理隐患 63 条；对其他非煤矿山企业，查处并治理隐患 125 条。

2008 年，全县突出重点，开展安全隐患排查治理和安全生产百日督查专项行动。其中，关停取缔三种企业 18 个，处理处罚 7 个，对有关企业下达《责令整改指令书》41 份；对道路交通行业重点治理道路和桥梁隐患，查出隐患 l7 条，已分别处理处置；检查人员密集场所 21 处，发现并整改隐患 35 条；水利部门对所管理的 3 座中型水库排查治理，其中 2 座实施除险加固，1 座开闸放水，安全渡汛；对 9 个在建重点工程全面督促检查，发现并整改隐患 36 条。此外，对电力、烟草、轻工、货易四大行业摸底排查，整改隐患 19 条。

2009 年，组织对全县 1190 个企业进行排查和分类整治，共排查出各类安全隐患 825 条，下达执法文书 274 份。其中，因安全问题关闭一类企业 179 个；

对41个二类企业进行停业整顿（原属二类的233个企业已完善证件，转化为三类企业）。

2010年，组织安监、交通、城建、消防、交警等部门累计检查60余次，检查生产经营单位400余个，排查整治安全隐患400余条，下达执法文书100余份，查处违法经营、建设行为60余起，纠正各类交通违法行为3.51万起，提升了各行业（领域）的安全水平。

2011—2016年，对全县直管行业共排查安全隐患1123条，其中非煤矿山373条、危险化学品及烟花爆竹588条、相关行业162条，整改1123条。在具体整改过程中，安监局各股室和各企业均设置隐患排查治理台账，实行动态管理和跟踪整改，对重大安全隐患实行挂牌督办。同时督促企业更新和完善安全设施，提升安全水平。

开展专项整治行动　2000—2009年，县公安局开展民爆物品专项整治行动，查获、收缴一批炸药、雷管、导火索。在碧村、魏家滩、黑峪口、康宁、恶虎滩设立安全检查站，多警种轮流在岗，严防危险物品流入流出。在县城主要街道、案件多发地区进行全天候巡逻，还借用4只搜爆犬和两台涉爆仪对5个重点涉爆乡（镇）开展地毯式搜查，并将收缴的雷管、炸药、导火索集中销毁。

2010年，开展"安全生产年"活动及深化专项整治活动，县政府与乡（镇）和部门签订33份安全生产责任状，所有乡（镇）、有关部门向县政府做出安全承诺，主要负责人年终就安全生产工作进行述职，强化了政府及部门的安全监管责任；264个生产经营单位向县政府做出安全承诺：加大安全投入，改进设施设备，加强人员培训、现场管理和隐患排查。全县17个乡（镇）均成立安监站，每站设副科级站长1名（兼职），工作人员3名（兼职），促进安监站运行正常化。在开展"打非"专项行动中，共检查企业145个，查处违法行为18条，停产整顿企业2个，关闭取缔交通运输经营35个。2011—2016年，开展安全生产专项检查，年均检查12次，累计下达执法文书600余份，生产经营秩序更加规范。

非煤矿山整治　2006—2015年，全县开展非煤矿山专项整治活动。启动申办“安全生产许可证”工作，对2006年6月30日前未办理“采矿许可证”的有关企业，按要求准备资料，进入申办程序。至2015年，全县37个非煤矿山企业、31个危化企业、1个烟花爆竹企业、7个相关行业企业全部完成安全标准化创建任务，达标率100%。其中，重点监督的9个改扩建非煤矿山企业和2个新建相关企业均履行安全“三同时”手续。

职业卫生安全监管

2000—2015年，县安监局加强职业卫生安全监管工作，共完成工作场所职业危害申报45起，完成工作场所职业危害现状评价52户次，每年督促相关企业对职业病危害人员进行健康体检并建立职业健康监护档案。至2015年，重点职业卫生企业累计进行在岗职工体检2444人次。

应急管理体系建设

2011年，安监局应急管理领导机构成立，编制安全生产应急管理预案，建立安全生产应急抢险救援队（兼职），直管全部编制企业安全生产应急预案，与消防大队签定救护协议，备足应急物资。至2016年共组织进行安全应急演练10次。

第十章　管理机构

第一节　县属工业企业管理机构沿革

1989年1月，县经济委员会（简称经委），为县政府管理全县工业系统的正科级建制的行政单位。1998年12月，经委实有行政人员25人，设主任1人，副主任3人，内设办公室、生产技术股、安教股、统计股、财务审计股5个股（室）。

2000年，兴县经济委员会改为兴县经济贸易局，职能同前。2006年，经济贸易局改为兴县经济局，职能同前。2009年，兴县经济局改为兴县经济和信息化局（简称经信局），承担原县经济局的全部职能。

兴县经济和信息化局是县人民政府的工作部门，主要职能是贯彻执行国家、省、市经济和信息化工作的法律、法规、规章和方针、政策，提出全县新型工业化发展战略和政策，制定并组织实施全县工业、信息产业的行业规划和产业政策，提出优化产业布局、结构的政策建议，拟定行业技术规范和标准，指导行业质量管理工作。

2016年12月，经信局编制为13人。其中，局长1名、副局长2名、总经济师1名。内设综合办公室、经济运行与综合服务股、经济贸易股、信息化推进股。经信局管理的规模以上工业企业共17个（其中国有企业2个，私营企业15个），有山西华兴铝业有限公司、吕梁市金龙工贸有限公司、兴县华盛燃气有限责任公司、山西清泉醋业有限公司、晋绥农林综合开发有限公司（另有晋兴能源有限责任公司等12个煤炭开采、洗选加工企业，详见第十三编“煤炭”部分）。

第二节　乡镇、民营工业企业管理机构沿革

1984 年前，全县各公社或队办企业统称社队企业，由兴县社队企业管理局管辖。1984 年，废止人民公社制，实行乡（镇）村制，人民公社改称乡（镇）。兴县社队企业管理局相应改称兴县乡镇企业管理局，为科级单位，设局长 1 人、副局长 2 人。全县除国有、集体所有制企业外，由乡（镇）、农村或农民举办的企业均称为乡镇企业。

2001 年，兴县乡镇企业管理局改为兴县乡镇企业服务中心，为科级事业单位，共 29 人。设主任 1 名、副主任 2 名。2004 年，兴县乡镇企业服务中心改为兴县民营经济发展局，为科级行政机构，有干部职工 29 人；设局长 1 名、副局长 2 名。2006 年，兴县民营经济发展局改为兴县中小企业局，承担对全县社办、队办各类农、工、商、林、牧等中小型企业的指导、管理与发展职责。原乡镇企业统称为中小企业。兴县中小企业局内设办公室、人事教育科、发展计划科、经营指导科、科技质量科、财务审计科 6 个科室；设局长 1 名、副局长 2 名。2016 年末，核定全县中小企业局全额编制 30 人，实有 27 名，设局长 1 名、副局长 2 名。

第三节　二轻工业企业管理机构沿革

1989—2002 年 6 月，兴县轻工业生产由二轻工业局（简称二轻局）管辖。2002 年 7 月体制改革中，兴县二轻工业局更名为兴县手工业联合社，是正科级建制的事业单位，其主要职能是对下属企业进行行业管理、规划和综合平衡，监督管理下属企业的生产经营活动，任命考核下属企业的厂长、经理，代表县政府管理省、地、联社资金的使用，负责企业资产管理。设局长 1 人、副局长 2 人。内设办公室、财务室、生产组、技改组 4 个股室。

1990—1998 年，下属企业经济效益改善，单位业务量增加，工作人员增加到 12 人。后因企业亏损停产、业务减少及工作人员退休、调动等原因，至

2016年末，手工业联社实有工作人员3人，单位主要职能变为服务企业、职工，落实省、市、县各项政策、法规。手工业联合社所属企业有制鞋厂、塑料厂、印刷厂等，到2016年，二轻工业企业全部停业关闭。

第十三编

煤　　炭

20 世纪 80 年代，兴县煤炭开采业呈现产权结构多元化、矿井布局多极化的态势。1989 年末，全县煤矿发展到 22 座，由于采用传统的火工爆破开采，生产效率很低，煤炭年总产能 100 多万吨。

1991 年开始，中共兴县县委、县人民政府根据“关小上大、联合改造、优化结构、提升产能”的基本策略，对原有煤矿进行压缩、改造。到 2005 年，全县煤矿总数减少到 14 座（其中基建矿井 3 座），批准井田面积 17.43 平方公里，煤炭年总产能提升到 150 余万吨。

兴县煤炭产业的根本性转机出现于“十五”时期。2005 年 6 月，《国务院关于促进煤炭工业健康发展的若干意见》（国发〔2005〕18 号）和《山西省人民政府关于推进煤炭企业资源整合有偿使用的意见（试行）》（晋政发〔2005〕20 号）相继印发，中共兴县县委、县人民政府根据国务院和省政府文件精神，以推进煤炭资源整合为契机，积极引进大型煤炭企业集团，建设高标准现代化矿井和大型煤炭生产基地，扩张煤炭生产规模。至 2009 年，全县煤矿整合重组为 6 座。到 2015 年 3 月，这 6 座新型矿井全部投产，并采用现代化煤炭综合开采和加工工艺，原煤年总产能增至 2690 万吨，比 2005 年产能 150 万吨增长 16.93 倍。

随着岢瓦铁路和山西中南铁路（瓦塘—山东省日照港）的建成投运，兴县煤炭运输能力大增，销售效益显著提升。至 2016 年末，全县累计生产原煤 1.54 亿吨（各矿从投产之日至 2016 年 12 月）、加工销售商品煤 1.38 亿吨、实现销售收入 639.38 亿元、缴税 131.05 亿元。

第一章 煤 矿

第一节 资源整合前的部分煤矿简介

关家崖国营煤矿

1960 年建井，1962 年投产，井田面积 2.95 平方公里，批准开采 8 号、13 号煤层，设计生产能力 15 万吨 / 年；井田采用斜井开拓，炮采放顶煤采煤法，采用悬移支架支护顶板，全部垮落法管理顶板。2003 年，该矿扩建后产能提升到 21 万吨 / 年，有员工 218 人。

车家庄国营煤矿

建于 1957 年，1958 年投产，批准开采 8 号、13 号煤层，井田面积 3.12 平方公里，开采方式为混合开拓，采煤方法走向长壁式炮采落煤。2005 年扩建改造后，产能由原来年产 10 万吨提升到年产 21 万吨。有员工 265 人。

斜沟国营煤矿

1999 年 4 月注册成立，有员工 200 余人。井田面积 88.64 平方公里，开采方式为混合开拓，采煤走向长壁式炮采落煤方式；2005 年扩建后设计产能提到 30 万吨。

程家沟煤矿

为股份制煤矿，于 1992 年开工建设，为基建矿井；批准开采 13 号煤层，井田面积 0.97 平方公里，设计年生产规模 9 万吨，矿井开拓方式为斜井方式，炮采落煤，但仅试产一段时间，未正式投产。

东坡煤矿

为蔚汾镇东坡村办煤矿，1985 年建井，次年投产；批准开采 13 号煤层，井田面积 1 万平方公里，矿井开拓方式为斜井开拓，共布置主井、斜井 2 个井筒；

采煤方式为炮采放顶落煤方式，设计年生产能力6万吨。

峁底煤矿

1993年建井，未投产。2004年开始改扩建，批准开采8号、13号煤层，井田面积1.49平方公里，设计年生产能力15万吨，开拓方式为综合开拓，主、副井为斜井，风井为立井；通风方式为中央并列式抽风。

王家崖煤矿

1986年建井，1990年投产，井田面积5.87平方公里，批准开采8号、13号煤层，设计年生产能力15万吨，开拓方式为斜井开拓，采煤方式为高档普采放顶煤，工作面悬移支架支护，顶板管理为全部垮落法，矿车输送到井底车场，由绞车串车提升到地面。

兴杭隆煤业公司

原为奥家湾乡车家庄村办煤矿（又称南窑煤矿），1979年建井，1981年投产；井田面积1.85平方公里，批准开采13号煤层，1996年车家庄南窑煤矿和曲家沟煤矿联营改造后改名为兴杭隆煤业有限公司，设计年生产能力21万吨，采用斜井开拓，走向长壁式采煤，高档放顶煤，工作面刮板机运输，大巷皮带机运输，绞车提升，中央并列抽出式通风。

乔家沟煤矿

为蔚汾镇乔家沟村办煤矿，1984年建井，1989年投产。批准开采8号、13号煤层，井田面积0.77平方公里，设计年产能12万吨；开拓方式为斜井开拓，采煤方法为短壁式炮采落煤，通风方式为中央并列式。

麦地山煤业有限公司

为蔚汾镇麦地山村办集体煤矿，1985年建井，1990年投产，井田面积0.61平方公里，批准开采13号煤层，设计年产能6万吨；井田采用斜井开拓，布置混合提升斜井和回风斜井2个井筒。井下采用炮采放顶煤采煤法和全部垮落法管理顶板。

刘家梁煤矿有限公司

为蔚汾镇刘家梁村办煤矿，1992年建井，直到2007年投产，井田面积0.81平方公里，批准开采8号、13号煤层，年设计生产能力为9万吨。采用斜井开拓，共布置主井、副井、回风井3个井筒；矿井开采8号煤层，采用高档普采采煤法、全部垮落法管理顶板。

马圐圙煤矿

位于魏家滩镇马圐圙村，为村办煤矿。1999年1月建成投产，有员工20余人，井田面积0.56平方公里，批准开采13号煤，采煤方法为长壁式炮采落煤，设计年产能6万吨。

裕乐煤业有限公司（白家梁煤矿）

为蔚汾镇白家梁村办煤矿，1985年建井，次年投产，井田面积0.51平方公里，批准开采13号煤层，设计年生产能力6万吨。该矿井采用立井、斜井混合开拓方式，布置主立井、副斜井和回风斜井3个井筒，井下采用短壁式炮采放顶煤采煤法、全部垮落法管理顶板。

格罗博煤业有限公司

位于固贤乡兰马村、永顺村、苏家沟村附近，井田面积5.64平方公里，批准开采8号、13号煤层，设计年生产能力3万吨。开拓为斜井、竖井混合模式。

第二节 整合重组后的煤企与矿井

西山晋兴能源有限公司斜沟煤矿

2003年3月，西山晋兴能源有限责任公司签订收购斜沟煤矿和阳坪煤矿协议。整合后的斜沟矿井井田面积88.64平方公里，批准主采8号、13号煤层，两煤层分采分运。其中，8号煤层结构简单，平均厚度为4.87米；13号煤层平均厚度为13.88米。井田煤质为低—中灰、低硫—中硫、低磷、中—高发热量的中等黏结性气煤，是良好的环保型民用及动力用煤，精煤产品是炼焦配煤的优质原料。该井田地质构造简单，总体走向为近南北、倾向西的单斜构造，水文地质条件较简单，矿井初期确定为低瓦斯矿井。该矿井设计服务年限为75.2年，行政区划大部分隶属魏家滩镇。

至2006年末，晋兴能源有限公司在完成对斜沟矿原井下设施全面改造的基础上，开工建设总投资45亿元、年产1500万吨的新矿井。新矿井选址于斜沟原矿井西侧的黄家沟村石吉塔沟口。新矿井采用全斜井开拓方案。井下采掘引进“年产千万吨大采高智能采煤机”，在国内率先开展煤炭综采成套装备智能系统开发与示范应用，采煤机具有自动智能截割、滚筒高度精确智能调节、数据快速处理、精确控制、可靠传输和关键部件故障预警等功能。主运输采用胶带式运输机，辅助运输采用无轨胶轮车。

晋兴能源有限公司1500万吨矿井项目是西山煤电集团公司10座矿井中生产能力最大的一座矿井，也是国家“十一五”规划重点建设的10个千万吨级矿井之一，承担着国家科技支撑计划“年产千万吨级矿井综采工作面生产系统关键技术与开采示范”项目研究任务，被山西省人民政府列为重点工程。

2009年，晋兴能源有限公司斜沟煤矿1500万吨矿井建成投产，并配套建成选煤厂。产品有精煤、洗混煤、洗混中块、末煤，主要用作炼焦配煤、动力用煤和气化用煤。至2016年末，晋兴能源有限公司共有员工3800多人。

2005—2016年，该公司原煤总产量1.14亿吨，累计加工销售1.02亿吨，累计实现销售收入422.78亿元，累计缴税105.44亿元。

山西锦兴能源有限公司肖家洼800万吨煤矿

山西锦兴能源有限公司是中国华电集团公司（2002年底国家电力体制改革时组建的五家全国性国有独资发电企业集团之一，属国资委统管的中央企业）所属全资子公司及华电煤业集团控股的公司，也是由华电煤业集团、山西唐融投资管理有限公司、山西都宝新能源集团有限公司3家股东单位发起成立的特大型煤电一体化企业。山西锦兴能源有限公司肖家洼煤矿成立于2009年，该项目经山西省人民政府及山西省发展和改革委员会审查，取得企业投资项目备案证。

2013年，由国家发展和改革委员会发改能源核准，山西锦兴能源有限公司肖家洼煤矿建设项目（矿井）位于蔚汾镇肖家洼（2001年前系乡政府驻地）村康家沟境内，井田面积60.34平方公里，煤炭资源储量11.82亿吨。矿井开拓方式为斜井开拓，首期工程设计生产能力800万吨/年；配套建成800万吨/年洗煤厂、1500万吨/年装车站及16.7公里铁路专用线（肖家洼—中南铁路瓦塘端，近期年发运量为680万吨）。

山西锦兴能源有限公司肖家洼 800 万吨矿井工程于 2009 年 10 月开工建设，2012 年 12 月竣工，完成总投资 48 亿元，2014 年投产。该矿井工作面采煤方法为走向长壁采煤法，放顶煤采全高采煤工艺。矿井布置 6 个综采、综掘工作面（1 个综采放顶煤工作面、1 个综采一次采全高工作面、4 个综掘工作面）。综放工作面引进德国产电牵引采煤机，综采工作面采用上海创立 MG500/1180-WD 型电牵引采煤机。2015 年，该公司年产原煤 1147.61 万吨，至 2016 年末，山西锦兴能源有限公司肖家洼煤矿累计生产原煤（包括工程煤）3239 万吨，加工销售商品煤 2883 万吨，累计实现销售收入 178.75 亿元，累计缴税 19.99 亿元。

山西金地煤业有限公司固贤南窑煤矿

山西金地煤业有限公司隶属河北冀中能源，于 2009 年 9 月与格罗博固贤南窑煤矿（时由格罗博购买经营）签订收购开发协议，将该矿并购整合为冀中能源山西金地煤业有限责任公司固贤南窑煤矿，井田面积 1.68 平方公里（2011 年 3 月山西省国土资源厅批复调整后面积）。10 月，山西省国土资源厅为该公司颁发了采矿许可证，批准开采 13 号煤层，年生产规模为 60 万吨。2010 年 10 月，山西省煤矿资源整合重组领导组办公室发文，批准金地煤业有限公司固贤南窑煤矿年生产能力增加到 90 万吨，并新增开采 8 号煤层，井田面积扩展至 5.94 平方公里。2011 年 3 月，山西省国土资源厅发文批准变更，并换发了采矿许可证。

根据山西省煤炭工业厅的批复，金地煤业公司固贤南窑煤矿采用斜井和立井混合开拓方式，采煤方法用综采工艺和全部垮落法管理顶板，主要建设项目为主斜井、副立井和回风立井等主体工程，机修车间、风机房、中央变电所、中央水泵房等辅助工程和 300 万吨 / 年洗选煤设施。至 2013 年 9 月，山西金地煤业有限公司固贤南窑煤矿共完成投资 4.93 亿元，通过煤炭工业厅联合试运转验收，2014 年 9 月转为生产矿井。

至 2016 年末，金地煤业有限公司固贤南窑煤矿共产原煤 376 万吨，加工销售商品煤 346 万吨，实现销售收入 21.45 亿元，累计缴税 31256 万元。

山西华润联盛关家崖煤业有限公司

2009 年 9 月，山西华润联盛关家崖煤业有限公司与原关家崖煤矿、刘家梁煤矿、麦地山煤矿和裕乐煤矿（白家梁煤矿）签订并购矿井、建设年产 120 万吨原煤的协议。同年，山西省国土资源厅为该公司颁发采矿许可证，批准开采 8 号、13 号煤层，矿区面积 6.97 平方公里。公司累计完成投资 7.06 亿元，于 2015 年 9 月投产。2012 年 7 月至 2016 年末，公司累计生产原煤 168.86 万吨（含工程煤）、加工销售商品煤 164.96 万吨，实现销售收入 2.58 亿元，累计缴税 5921.12 万元。

山西华润联盛峁底煤业有限公司

2009 年 8 月，山西华润联盛能源投资公司签订并购协议，兼并原乔家沟煤矿、兴杭隆煤业（车家庄南窑煤矿）、冠盛煤业、王家崖煤业，组建山西华润联盛峁底煤业有限公司。公司新矿井位于城东南 7 公里的奥家湾乡峁底村，煤田总面积 5.51 平方公里，保有储量 5750 万吨，可采储量 3342 万吨，设计生产能力 90 万吨。项目于 2011 年 2 月开始兴建，累计完成投资 3.97 亿元。2014 年 3 月，公司新矿井进入联合试运转阶段，2015 年 5 月竣工并通过验收，7 月获得安全生产许可证，9 月投运。至 2016 年末，华润联盛峁底煤业有限公司共生产原煤 90 万吨，加工销售商品煤 81 万吨，销售收入 5.02 亿元，累计缴税 10205 万元。

山西华润联盛车家庄煤业有限公司

2009 年 9 月，山西华润联盛能源投资公司签约兼并原程家沟煤矿、车家庄煤矿、东坡煤业公司，组建山西华润联盛车家庄煤业有限公司。公司新矿井位于城东北 3.5 公里的蔚汾镇程家沟村，井田面积 6.49 平方公里，批准开采 6 号、13 号煤层，批准矿井生产能力 90 万吨 / 年。此后，该公司累计完成投资 3.97 万元。2015 年 3 月，经山西省煤炭工业厅批复竣工验收，华润联盛车家庄煤业有限公司基建矿转为生产矿井。2015 年 3 月至 2016 年末，该公司累计生产原煤 158 万吨，加工销售商品煤 142 万吨，实现销售收入 8.8 亿元，缴税 8826 万元。

第二章 煤炭生产

第一节 采 掘

传统采掘

1989—2002 年，全县煤炭采掘沿用传统模式，即依靠火工爆破工作面，垮落式顶板管理；依靠人工装载、三轮车或绞车牵引、输送，并辅以斜井方式向纵深推进。这种传统生产方式技术落后，劳动生产效率低、安全隐患多，在 21 世纪初基本淘汰。

现代化采掘工艺

2003 年起，新组建的煤企全部采用机械化切割煤层、综采综放、机械破碎、带式输送原煤、斜井式向纵深推进的现代化生产技术，大大提升了劳动生产效率。

西山晋兴能源有限公司作为率先入驻兴县的大型煤企，在矿井建设中，开展煤炭综采成套装备智能系统开发与示范应用，引进“年产千万吨大采高智能采煤机”，其主要采掘设备有 2 台 MGTY500 / 1200—3.3D 电牵引大功率采煤机和配套刮板输送机，为山西焦煤功率最大、技术最先进的采煤机，采高 2.5 ~ 5 米，截深 0.85 米，具有自动智能截割，滚筒高度精确智能调节，数据快速处理、精确控制和可靠传输，关键部件故障预警等先进功能；井下掘进设备有 1 台进口 MB670 掘锚机（奥钢联进口），为省内最先进的综采设备，掘锚一次完成，减轻井下工人劳动强度，提高了工效；有 8 台掘进机（其中 EBZ—230 掘进机 4 台、EBZ—200 掘进机 2 台、EBZ—160 掘进机和 EBJ—120TP 掘进机各 1 台）。井下掘进支护采用锚杆、锚索、钢带、金属网联合支护。其中采掘 8 号和 6 号煤，采用一次采高的采煤方法；采掘 13 号煤，采用放顶煤法开采，顶板全采用一次垮落法来管理。

井下主运输采用胶带式运输机，辅助运输采用无轨胶轮车。

该公司采用新设备后，产能大幅提升，2009年1月形成生产系统，当年原煤产能达到500万吨，2010年达到1000万吨，2011年达到1500万吨，成为兴县煤炭开采史上的首座千万吨级矿井，也成为国家“十一五”规划重点建设的10个“千万吨级矿井”之一。

山西锦兴能源有限公司肖家洼矿井工作面，采用放顶煤采全高采煤工艺。矿井布置1个综采放顶煤工作面、1个综采一次采全高工作面、4个综掘工作面。综放工作面采用德国久益JOY7LS5B型电牵引采煤机，综采工作面采用上海创立MG500/1180-WD型电牵引采煤机。

2015年，该公司年产原煤1147.61万吨，成为集团公司第二个千万吨级矿井。

兴县金地煤业固贤南窑矿井，采用走向长壁后退式综采放顶煤采煤法和综合机械化掘进技术，年产量达到375.75万吨。

第二节　矿井运输与提升

20世纪90年代，全县矿井中的提升设备使用55千瓦绞车、80千瓦双滚筒绞车。

2000年后，各矿提升设备大有改进，均采用皮带机输送或罐笼提升。其中胶带运输提升矿井9座、单钩串车提升矿井2座、罐笼提升矿井3座，满足矿井上下运输要求。

2005年后，新组建的6座煤矿引进新的技术设备，提升、运输系统发生新的变化。井下大巷运输，均采用胶带输运机运输，运输顺槽采用刮板输运机运输；辅助运输均采用调度绞车牵引矿车运输。

晋兴能源斜沟矿井田划分为两个水平上下山开采，采用分煤组布置大巷方式。原煤运输采用带式输送机连续运输方式运输。启动方式为变频软启动，具有过电压、过电流、欠电压、缺相、变频器过载、变频器过热、电机过载、输出接地、输出短路等保护功能（各部皮带机均安装打滑、堆煤、拉线、跑偏、温度、烟雾、超温自动洒水、纵撕、张紧力下降保护等）和语音通信系统。

山西锦兴能源肖家洼煤矿井下运输采用胶带运输机，辅助提升采用防爆无轨胶轮车。主斜井带式输送机运输能力3500吨/时。副斜井、井下大巷辅助运输采用防爆无轨胶轮车运输。

华润联盛车家庄煤业公司主井筒铺设轨道，配置提升绞车；主斜井带式输送机采用Y系列电机配调速型液力偶合器驱动方式；副斜井采用单钩串车提升，担负全矿井矸石提升、大件运送、材料设备下放等辅助提升任务。该矿井运煤系统工艺流程为：工作面→刮板输送机→破碎机→转载机→工作面运输顺槽→一采区运输下山→运输大巷→井底煤仓→主斜井→地面；工作面所需材料、小型设备运输，采用一吨矿车，由地面→副斜井→井底车场→一采区轨道下山→轨道顺槽→工作面。工作面所需液压支架等大型设备运输，采用专用平板车，由地面→副斜井→井底车场→轨道大巷→采区轨道下山→轨道顺槽→工作面。掘进工作面出煤经掘进输送机运至采区胶带输送机上，汇入回采出煤煤流。工作面辅助运输采用无极绳绞车牵引矿车运输。

华润联盛关家崖煤业公司矿井运输采用带式输送机，运量800吨/时，开采8—2号煤层，井下辅助运输采用调度绞车牵引1吨系列矿车运输；开采13号煤层时采用无极绳连续牵引1吨系列矿车运输。共配备各类型矿车150余辆。

华润联盛峁底煤业公司新建主斜井采用胶带输送机承担运煤任务，设备为一条带宽B = 1000米的钢丝绳芯带式输送机，输送距离576.5米，提升高度178米，倾角18度。驱动方式采用头部单滚筒电机液粘软起动装置驱动。新建副斜井采用提升绞车运输方式，担负大件、矸石运送及材料下放等辅助提升任务。

兴县金地煤业主斜井采用带宽1米胶带输送机提升，辅助提升采用双钩提升，提升容器为1吨矿车单层单车标准罐笼。

第三节 井下通风 排水 照明 供电

通风

中央边界机械抽出式通风 兼并重组前的各矿井，井下通风方式普遍为中央边界机械抽出式通风。主斜井或立井进风，回风斜井回风，采掘工作面、水泵房、机电硐室实行独立通风，其他硐室均采用扩散通风。通风设备有主扇、备用主扇，功率为55千瓦。掘进工作面采用局部通风机通风，功率为5.5千瓦；矿井通风设施还有风门、风桥、调节风窗。通风系统为新鲜风流：主斜井（副立井）→井底车场→运输大巷（轨道大巷）→工作面运输顺槽→回采工作面；乏风：回采工作面→工作面回风顺槽→回风大巷→回风立井→地面。

双风机配置、机械式抽出、分区式通风 2006年后，整合重组后的矿井，主要采用更加先进完善的分区式通风系统。

晋兴能源有限公司斜沟矿井采用抽出式通风，分区式通风。由6个进风井和3个回风井形成3个相对独立的通风系统。矿井总进风量为3984立方毫米/分，总回风量为40051立方毫米/分。其中石吉塔沟回风斜井装备FBCDZ—№34型轴流式通风机2台，总回风量为16040立方毫米/分，负压为2820帕，担负着11采区、12采区的回风任务；石吉塔沟回风立井装备FBCDZ—№34型主要通风机2台，总回风量为1685立方米/分，负压为2410帕，担负着21采区、13采区及二水平北翼三条大巷的回风任务；斜沟回风井装备FBCDZ—№22型主要通风机2台，总回风量为7826立方米/分，负压为1620帕，担负着15采区的回风任务。各采区为“两进一回”通风布局，局部通风机全部实现“双风机、双专供自动切换”。

华润联盛车家庄煤业公司矿井采用主斜井、副斜井进风，立井回风模式，通风方式为机械抽出式通风。新鲜风流从主斜井、副斜井进入，经过井底车场、轨道大巷（运输大巷）、一采区轨道下山，进入工作面运输顺槽，工作面采用“U”形通风；乏风从工作面回风顺槽、一采区回风下山、总回风巷经过回风立井排至地面。回风立井选用矿用防爆对旋轴流式通风机2台（1台备用），配套 YBF—10 型防爆变频电动机，担负矿井回风任务，安设梯子间，作为矿井的另外一个安全出口。

华润联盛关家崖煤业公司矿井采用中央分列式通风系统，通风方式为机械抽出式。主斜井、副斜井进风，回风斜井回风。矿井总风量 86 立方米 / 秒，通风容易时负压 1141.8 帕，通风困难时负压 1351.5 帕，属小阻力、易通风矿井。

锦兴能源公司肖家洼煤矿矿井通风方式采用机械抽出式通风方法、中央分列式通风系统。主斜井、副斜井、进风斜井进风，回风斜井回风。回风斜井井口安装矿用防爆对旋轴流式通风机 2 台（1 台备用），电机功率 2×450 千瓦，主通风机采用双回路供电。

排 水

矿井兼并重组后，各矿井按照环保要求，摒弃落后的排水方式，矿井废水经净化处理后送至地面沉淀池，净化处理后入清水池，由管网静压至井下各消防、洒水用水点。生活污水采用水处理器处理达标后，部分排放于矿井附近的荒沟或用于农田灌溉。

晋兴能源斜沟煤矿井充水因素主要为上覆砂岩裂隙水、大气降水、地表裂隙水、小窑及本矿采空积水和带压区域奥灰水。井下设有 2 个主水泵房（一水平主水泵房和二水平主水泵房）、3 个采区水泵房（12 采区 1#、2# 水泵房及 13 采区水泵房）和 1 个强排水泵（二水平强排水泵房）。一水平主水泵房内安装 7 台耐磨离心泵，通过 3 趟排水管将井下污水沿回风斜井直接排至地面污水处理厂；二水平主水泵房内安装 5 台耐磨离心泵，通过 4 趟排水管将二水平污水排至一水平主水泵房水仓。井下各采掘工作面排水点按正常涌水量的两倍配备两台排水泵（一用一备），将涌水通过 Φ159 的排水管排至辅运或集中皮带内的排水沟，流入采区水仓或中央水仓。二水平强排水泵房安装 2 台强排水泵，泵的排水能力为 1400 立方米 / 时，通过 2 趟管路沿回风立井排至地面污水厂。

华电锦兴能源公司肖家洼煤矿井下排水系统：水泵房内安装水泵 3 台（一台备用、一台检修），双回路供电，流量 275 立方米 / 时，扬程 460 米，电机功率 630 千瓦，电压等级 10 千伏。主排水管路采用 2 趟无缝钢管，沿主斜井井筒敷设至地面。

兴县金地煤业公司固贤南窑矿井开采8号、13号煤层，由主排水泵将井下涌水通过沿副立井敷设的排水管路排至地面矿井水处理站，经净化处理后，达到要求，全部用于井下洒水。同时在工业场地建生活污水处理站，处理后的生活污水部分用于场区绿化、地面降尘，其余部分用于该矿黄泥灌浆补充水，所有矿井水、生活污水概不向外排放。

照 明

2000年后，各煤矿井底车场及其附近、机电硐室、主要巷道的交叉点，采区车场、集中运输机巷道以及综合机械化采煤工作面均有足够的照明。井下照明电压为127千伏，选用矿用防爆节能泛光灯，固定敷设的照明电缆采用矿用阻燃橡套电缆，照明干支线电缆采用隔爆接线盒连接。照明干线电缆沿巷道顶板挂设，照明灯沿巷道顶板吊挂安装，灯具间距不大于10米，并按三相均衡连接。

2009年后，井下选用KS—8M型全封闭免维护新型矿灯。各矿均使用自动稳压矿灯充电架，矿工每日下班后根据矿灯电量储存情况充电。现在矿工使用的头灯中还装置甚高频无线电发讯器，除作照明用外还可兼作无线发讯机用，可对井下人员进行寻迹救护、危险警戒、违章报警等。

供 电

1989年，全县矿井全部接入高压电源，矿井生产采用电力绞车提升，通风为机械通风。2003年以后，全县新建二十里铺35千伏变电站、蔡家崖35千伏变电站、花子35千伏变电站、郑家塔35千伏变电站、110千伏变电站，保证了各矿区正常供电。

2005年以后，各矿区均备有双回路电路，地面供电电压等级分别为：10千伏 、380千伏、220千伏 。井下供电电源等级分别为660千伏、127千伏。各矿井下660千伏供电系统与127千伏供电系统都建立漏电保护系统。380千伏供电系统通过地面配电室隔离装置后，由DW80-350馈电开关和JV82型检漏继电器实现漏电保护进入井下主水泵房；127千伏供电系统全部采用煤电钻综合保护装置和信号照明综合保护装置供电，保护井下安装有电器设备的所有硐室，各分路工作面配电点及所有3台以上电器设备的地点全部装设局部接地极。井下所有接地的设备均通过接地用的连接导线直接与接地母线或橡套电缆的接地芯线相连接。接地母线与连接在一起的所有电缆的接地部分，均通过各接地导线同各局部接地极连接，最后汇集到主水仓的主接地极，构成一个全矿井的总的接地网络。

电动机选用矿用低压磁力启动器控制，开关腔内装设有熔断器，作为电动机的短路（过流）保护。掘进工作面和回采工作面均实现风电、瓦斯电闭锁，生产生活用电均满足设计要求。

晋兴能源有限公司斜沟矿井供电配备有2座变电站，分别是110千伏变电站和风井35千伏变电站。110千伏变电站双回路电源来自郑家塔220千伏变电站不同母线段，35千伏变电站双回路电源取自斜沟矿井110千伏变电站不同母线段，配有3台5万千伏安变压器（两用一备），分列方式运行。35千伏变电站供给风井用电，10千伏供给站内10千伏配电室，110千伏变电站的10千伏配电室向井下5个变电所（分别是8号煤采区变电所、11采区1号、2号变电所，12采区1号、15采区1号变电所）、地面4个重要机房（分别是1号主井、2号主井驱动机房，20吨锅炉房、地面10千伏开闭所）供电。风井35千伏变电站双回路电源取自110千伏变电站，配有2台2.5万千伏安变压器，分列式运行。进线35千伏母线采用双母线接线方式，二次侧绕组为10千伏，供站内10千伏配电室；35千伏变电站的10千伏配电室向井下2个变电所（分别是13号煤主变电所、21采区变电所）、4个地面重要机房（石吉塔沟回风立井、回风斜井通风机房、地面压风机房、强排系统地面配电室）供电。该矿井下无人值守与防越级跳闸系统已覆盖10个变电所，可将井下电气设备参数、运行参数、电量信息、故障信息及故障录波等相关工况数据发送到地面集控中心，同时也可以收集地面集控中心发出的遥控分、合闸和信号复归等命令，实现高压开关的遥控、遥测、遥信等功能。

兴县金地煤业固贤南窑煤矿利用原有10千伏变电所供电，一回引自康宁花子35千伏变电站，一回引自蔡家崖110千伏变电站。矿井采用35千伏电压等级，双回电源分别为奥家湾110千伏变电站35千伏线路和花子35千伏变电站的35千伏线路。

华润联盛车家庄煤业公司，供电网架主要由兴县—奥家湾、临县—蔡家崖、岚县—蔡家崖110千伏输变电设施等组成，矿井周边有城关35千伏变电站，奥家湾、蔡家崖110千伏变电站，兴县220千伏变电站。矿井两回35千伏电源分别引自奥家湾110/35/10千伏变电站和关家崖35/110千伏变电站，满足安全供电需求。

华润联盛峁底煤业公司矿井采用双回路供电，地面建有35千伏变电所1座，选用2台10千伏安和8000千伏安变压器；井下供电采用双回路10千伏高压入井，入井安装电缆，经副斜井井筒敷设至井下中央变电所。中央变电所内安装4台干式变压器，23台矿用隔爆低压开关，17台矿用隔爆型高压真空配电开关和矿用隔爆型选择性漏电保护装置。

第三章 煤炭加工与销售

第一节 煤炭加工

炼 焦

20世纪80年代，全县有土焦炉30余座，年产土焦8万余吨，主要供给县化肥厂及县内铁厂使用。1991年以后，关家崖煤矿建成第一、第二、第三焦化厂，年产焦炭5万余吨。1993年，全县兴起“炼铁热”，焦炭一时供不应求，土焦炉迅速发展。到1997年，全县土焦炉达100余座，年产焦炭22万吨。2003年，全县改良焦炉增至100座，年产焦炭40万吨。2004年，全县改良焦炉增加46支，焦炭年产量增至80万吨。2000—2004年，全县年均焦炭产量42.6万吨。2005年以后，全市开展环保攻坚战，兴县共关闭土焦炉31座392支。2008年，全县炼焦生产全被取缔，炼焦产业从此结束。

洗煤、选煤

概述　2006年以后，随着全县原煤产能和产量的大幅提升，一批民营中小企业投资兴办洗选煤厂，至2016年末，全县共兴办以重介洗选工艺为主的原煤加工洗选厂28座，从业人员达到1000多人（未包括斜沟煤矿、肖家洼煤矿、固贤南窑煤矿洗选煤厂人数及正同能源有限公司洗煤厂人数），年洗选加工总能力达到7150万吨。主要洗选工艺为重介法和跳汰法，其中18座企业为重介洗选，10座企业为跳汰洗选法。洗选后的精煤产品均为动力煤，主要销往长治、临汾等地，作炼焦配煤用。2009年，斜沟煤矿铁路专用线投入营运，肖家洼煤矿铁路专用线亦随之开通营运，两矿均建有配套洗选煤厂，所产煤炭经洗选加工后全部外销；独立洗煤厂仅靠华润联盛关家崖煤业公司、华润联盛车家庄煤业公司和华润联盛峁底煤业公司供应原煤，原料紧缺，时洗时停，效益欠佳。

部分洗选煤企业简介　斜沟煤矿1500万吨矿井配套选煤厂：位于魏家滩镇石吉塔主斜井与岢瓦铁路专线快速装车站中部，原煤处理能力为1500万吨/年，与矿井生产能力相配套。设有准备车间、洗煤车间、运销车间、煤质车间、矸石运输车间等生产车间，有职工548人。选煤厂于2010年2月实现一次性带煤调试成功并投产运营，主要洗选矿产8号和13号原煤，均为中灰气煤，主要产品有气精煤和5300大卡洗混煤。气精煤主要供给焦化企业，大卡洗混煤销往电厂、水泥厂。厂内主要洗选设备从美国、德国、澳大利亚等国进口，其他辅助洗选设备均采用国内知名厂家产品，全厂实现综合自动化集中控制。投产以来，生产系统运行可靠，产品质量稳定，合格率达100%，“兴优1号”产品成为港口知名品牌。该厂荣获“行业级质量标准化选煤厂”“山西省煤炭科技创新双十佳综合利用企业”“山西省安全文化建设示范企业”等称号。

华电锦兴能源肖家洼煤业有限公司矿井配套选煤厂：设计规模为1000万吨/年，项目总投资4.98亿元，分2期建设，一期为块煤洗选系统，于2013年底建成投产，主要产品为块精煤、混煤等。二期为末煤洗选系统，于2014年10月底进行试运转。主要产品为洗精煤、洗混煤等。该选煤厂2014—2016年共洗选原煤2883万吨。

山西金地煤业有限公司固贤南窑煤矿洗选煤厂：设计年洗选能力300万吨，至2016年末，共洗选加工销售商品煤346万吨。

东鑫煤炭洗选公司：创建于2008年3月，位于蔚汾镇寨子沟，为东鑫煤业集团集团下属公司，是一座年设计洗选能力120万吨的重介洗选煤企业，2011年产值2亿多元，创利税1000万元。

东鑫能源有限公司：创建于2012年3月，位于蔚汾镇寨子沟，为东鑫煤业集团下属公司，拥有国内先进生产设备，采用预脱泥、不分级、重介旋流分选，煤泥直接浮选、尾煤浓缩压滤等联合工艺流程，年洗选能力达到360万吨，2013年实现销售收入6亿元、利税5000万元。

欣鑫煤业有限公司：创建于2011年，位于蔚汾镇程家沟村，有员工71人，拥有固定资产总值2520万元，为年洗选煤180万吨的洗选煤企业，年均销售收入 9100 万元、税金 156 万元。

欣泉煤业有限公司：创建于 2015 年，位于康宁镇前沟村，为东鑫煤业集团公司投资兴建，年洗选能力 90 万吨，至 2016 年末，该公司有员工 65 人，实现销售收入 1.06 亿元，缴税 148.5 万元。

兴县重点洗选煤企业概况表

表 13-3-1-1

序号	洗选煤厂名称	所在地	运行状态	从业人数（人）	产品类别	洗选能力（万吨/年）	主要洗选工艺
1	东鑫煤炭洗选有限公司	蔚汾镇寨子沟	运营	70	动力煤	120	重介
2	东鑫能源有限公司	蔚汾镇寨子沟	运营	50	动力煤	360	重介
3	金龙能源有限公司	蔚汾镇郭家峁	运营	52	动力煤	120	跳汰
4	聚鑫工贸有限公司	蔚汾镇郭家峁	运营	60	动力煤	240	重介
5	欣鑫煤业有限公司	蔚汾镇程家沟	运营	50	动力煤	180	重介
6	精益煤炭洗选有限公司	蔚汾镇乔家沟	运营	31	动力煤	120	跳汰
7	黄河煤炭储运有限公司	蔚汾镇龙尾峁	运营	42	动力煤	120	跳汰
8	远大煤业有限公司	蔡家崖圪埮坡村	运营	44	动力煤	180	重介
9	欣泉煤业有限公司	康宁镇前沟村	运营	36	动力煤	90	跳汰
10	凯利通工贸有限公司	康家镇刘家庄仓罗沟	运营	45	动力煤	240	重介
11	起航能源有限责任公司	康宁镇寨沟	运营	40	动力煤	120	重介
12	华邦能源有限责任公司	康宁镇刘家庄村	运营	65	动力煤	300	重介
13	东风实业有限公司	康宁镇墕头村	运营	50	动力煤	240	重介
14	万润达能源有限公司	康宁镇鹿家岔村	运营	52	动力煤	240	重介
15	正同能源有限公司	康宁镇麻子塔村	运营	—	动力煤	180	重介
16	泰和盛实业有限公司	康宁镇安康路	运营	35	动力煤	90	跳汰
17	星航煤炭科技开发有限公司	固贤乡固贤村	运营	40	动力煤	120	跳汰
18	中投国能资源开发有限公司	固贤乡固贤村	运营	48	动力煤	90	跳汰
19	炜星能源有限责任公司	固贤乡固贤村	运营	28	动力煤	120	跳汰
20	鸿祥选煤有限公司	瓦塘镇刘家峁村	运营	20	动力煤	180	重介
21	亚军能源有限责任公司	魏家滩镇石佛村	运营	21	动力煤	120	重介
22	金益川能源有限公司	魏家滩镇高家崖	运营	68	动力煤	240	重介
23	嘉源煤业有限公司	奥家湾乡石畔村	运营	68	动力煤	300	重介
24	泽源煤业有限公司	奥家湾乡奥家湾村喝水沟	运营	28	动力煤	120	跳汰
25	远航煤业有限公司	蔡家崖乡北查沟村	运营	30	动力煤	120	跳汰

续表 13-3-1-1

序号	洗选煤厂名称	所在地	运行状态	从业人数（人）	产品类别	洗选能力（万吨/年）	主要洗选工艺
26	晋兴能源有限公司斜沟煤矿	魏家滩镇斜沟	运营	—	动力煤	1500	重介
27	锦兴能源公司肖家洼煤矿	蔚汾镇肖家洼村	运营	—	动力煤	1000	重介
28	金地煤业公司固贤南窑煤矿	固贤乡南窑村	运营	—	动力煤	300	重介

第二节　煤炭销售

资源整合前的煤炭销售

20 世纪 80 年代初，煤炭运销公司成立后，兴县县政府在岢岚火车站建立煤炭转运站，转运站修筑煤台一座，储存量为 3 万吨。

1984 年，全县煤炭外销量只有 3 万吨，1985 年增至 7 万吨。1985 年 6 月，为解决上站煤运力不足的问题，成立煤运公司汽车队。当年 8 月，由公司担保向银行贷款，购置 10 辆三菱大卡车，后又购置新解放 141、苏联卡玛斯大卡车各 2 辆。煤运车队主要承担关家崖国营煤矿、车家庄国营煤矿、乔家沟煤矿、车家庄南煤矿煤炭调运岢岚煤台的运输任务。1986 年，全县煤炭外销量增到 19 万吨。

1989—2005 年，兴县煤炭销售统一由县煤炭运销公司管理。兴县煤炭运销公司严格执行山西省人民政府“五统一”（即统一计划，统一价格，统一货单，统一结算，统一调度）管理决定，凡县境内煤炭企业、储售煤场通过公路运销的原煤、块炭、洗精煤，按照省政府有关规定严格收取煤价 1.5% 的管理费。煤运公司以县政府确定的挂牌价格确定最低保护价，以保护价为基础确定公路经销费用，实行公路运销“双向合同”管理。凡县内四证（安全生产许可证、矿长证、矿长资格证、采矿证）齐全的煤炭生产企业结合各自用户的用量，与县煤炭运销公司签订供煤合同，同时根据用户自己选定厂矿与县煤炭运销公司签订购销合同。县内煤炭流向主要是东三省、山东和河北省的热电厂，外销煤炭实行运销“双向管理”。即煤运公司与煤炭生产企业签订产销合同，而后与省外用煤单位签订用煤合同。其间，每年煤炭外销产量为 20 万吨，1995 年达到 32 万吨。但由于赊销严重，1000 余万吨煤炭货款难以讨回，煤炭运销公司因此陷入困境。

2004 年，煤运公司在天津港口设办事处，煤炭由岢岚火车站发送到天津港口，经由港口销转销到广东、浙江、湖北、日照电厂以及苏、沪、闽等地。2005 年，煤运公司在京唐港、秦皇岛设立办事处。其销售渠道是岢岚火车站运煤炭至京唐港和秦皇岛，分别销售给驻港的燃料公司和驻岛的内蒙达拉特旗盛通易公司，由此转销天津、北京及长江以南省市。同时，煤运公司把着眼点放在公路省内运销上，成立公路煤炭运销稽查队，并在高家村成立由职工投资入股的昌晋储售煤场，建起自己的资源基地。该年，煤运公司共外销煤炭 118.7 万吨，其中山西省内公路运销煤炭量 103.7 万吨，山西省外铁路运销达 15 万吨，实现销售收入 5105 万元，同比增长 58%。

资源整合后的加工、销售

资源整合后，全县煤炭（包括原煤和精煤）销售由各生产企业自行解决。至 2016 年末，新组建的 6 座煤矿（从投产之日起）共生产原煤 15387.86 万吨，累计加工销售 13816.96 万吨，累计实现销售收入 639.38 亿元，累计缴税 131.05 亿元。

2006—2016 年兴县新组建的 6 座煤矿煤炭产量及加工销售统计表

表 13-3-2-1　　单位：万吨、亿元

年　份	煤企名称	原煤产量	加工销售量	销售收入	累计缴税
2006—2016	晋兴能源公司斜沟矿	11356	10200	422.78	105.44
2015—2016	华电锦兴公司肖家洼矿	3239	2883	178.75	19.99
2014.10—2016.12	金地煤业固贤南窑煤矿	376	346	21.45	3.13
2015.9—2016.12	华润联盛关家崖煤矿	168.86（含工程煤）	164.96	2.58	0.59
	华润联盛峁底煤矿	90	81	5.02	1.02
2015.3—2016.12	华润联盛车家庄煤矿	158	142	8.8	0.88
合计	—	15387.86	13816.96	639.38	131.05

第四章　安全生产

第一节　管理机构

煤炭工业局

为县政府直属科级单位，2016年核定行政编制5人，全额编制2人，实有7人，设局长1人、副局长4人（含纪检组组长）。

煤炭稽查队

1995年10月，兴县煤炭稽查队成立，成员单位由煤炭、地税、工商、交警、财政等部门组成，主要职能是对全县的各类煤炭生产企业和经营企业产、运、销方面进行稽查，并对出省煤焦管理站和煤焦销售营业站所销售、运输、价格、结算、收费、财务等经济活动进行稽查监督。基金的日常检查由地税机关负责，重点检查由地税稽查局负责。地税机关检查内容包括检查基金缴纳人、代缴代扣义务人的账簿、记账凭证、报表和有关资料。

历年煤矿重大安全事故：1990年4月19月，关家崖国营煤矿井下二水平工作面发生大火，3万平方米的井下工作面被迫封闭。2002年7月23日下午4时许，兴县突降暴雨，黄辉头煤矿发生洪水灌井事故，井下17名工人，12人升井，5人死亡。2007年7月22日，马圐圙煤矿因突降暴雨，洪水通过采空塌陷区，溃涌入矿井工作面，致使井下9名工人及入井通知撤离的2名工人死亡。2008年12月29日晚8时，车家庄国营煤矿21名工人入井拆除遗留设备，打开一条封闭巷道（此前已通风一天），造成4人有害气体中毒昏倒，经送医院抢救无效死亡，其余人员均安全出井。

从2007年至2016年，生产安全事故起数和死亡人数均严格控制在指标范围内，连续10年未发生较大以上生产安全事故。

矿山救护组织

驻离石区的吕梁军事化矿山救护大队，距兴县县城140公里，有二级公路相通，并与县内各煤矿有救护协议。因此，各矿未设专职救护队，但设有矿山辅助救护队，各矿人数不等。矿内均配有氧气呼吸器、氧气呼吸器检测仪、苏生器、自救器、瓦斯检定器、一氧化碳检定器、氧气充填泵、急救包等救护设备。各矿井在与兴县人民医院签订救护协议的基础上，均建有地面及井下保健急救站，建筑面积均超过40平方米，井下急救站设在等候室。急救站配备有急诊抢救室，装备有复苏器械、麻醉机、抗休克裤、充气止血带等急救器材和急救药品。保健急救站平时为职工做一般保健治疗、职业病检查和防治，事故突发时做急救工作，并负责将事故中重症者及时送往医院抢救。

此外，各矿广泛开展矿工自救知识的宣传教育活动。内容包括瓦斯、煤尘爆炸自救互救，火灾自救互救，冒顶事故自救互救和井下透水事故自救方法等，提高井下职工遇事故自救、互救能力。

矿井安全管理机构

各矿设有矿级、职能科室、生产区队三级安全管理机构。其中矿级安全管理机构包括矿长、副矿长、技术科长、安监科科长；职能科室安全管理机构包括生产技术科、安监科、地测科、调度室；生产区队设置有采煤工区、掘进工区、机电工区、运输工区、通防工区、巷修工区安全管理。

安全管理人员及职责：矿长为矿井安全第一责任人，负责全矿井安全管理工作；总工程师负责“一通三防”（通风，防火、防瓦斯、防煤尘）技术业务管理工作，对防止“一通三防”事故负技术责任；副矿长负责各自业务范围内的“一通三防”等安全工作，对分管业务范围内防止“一通三防”等安全事故负责；安监科科长负责“一通三防”等安全工作的技术和管理措施的监督检查，对防止“一通三防”等安全事故负监督责任。

安全管理职能部门职责：煤矿其他职能部门的负责人负责本职范围内的安全工作及“一通三防”工作，对各部门范围内防止“一通三防”事故负责；采掘等各工区长负责本区责任范围内的安全工作及“一通三防”工作。

矿井安全管理机构人员配备：矿长1人，副矿长4人，总工程师1人，副总工程师 2 ~ 3 人，安监科长 1 人，工作人员 10 ~ 15 人，调度室主任 1 人，生产技术科长 1 人，通风科长 1 人，地测科长 1 人，机电科长 1 人，采煤、掘进、机电、通防、安监、运输、巷修工区区长各 1 人。以上人员还承担安全管理制度的实施和监督。

第二节　安全措施

安全定员

县内各煤矿矿井全部实现安全定员制。安全定员包括 10 个类别，固定人数为 120 人。其中，矿井通风、测风、瓦斯、粉尘、有害气体检测人员，一、二、三、四班各 3 人，在籍系数 1.45；防尘、防爆、隔爆工程设施操作、维护专职人员，一、二、三、四班各 2 人，在籍系数 1.45；全装备和仪器仪表专职保管、维护、使用发放人员，一、二、三班各 2 人，四班 1 人，在籍系数 1.45；集中安全监测监控（安全监测监控系统巡视、维护）人员，一、二、三班各 2 人，四班 1 人，在籍系数 1.45；井下消防材料库（硐室）管理专职人员，一、二、三班各 2 人，四班 1 人，在籍系数 1.45；矿井消防工程，一、二、三班各 2 人，四班 1 人，在籍系数 1.45；黄泥灌浆站人员，一、二、三班各 2 人，四班 1 人，在籍系数 1.45；井下急救站专职医护人员，一、二、三班各 2 人，四班 1 人，在籍系数 1.45。

安全培训与检查

煤炭企业整合前，全行业每年进行全员培训 2 次，培训 1000 余人；同时不间断地选派有关人员外出培训，共培训新工人 300 余人；培训安全管理、特工人员 400 余人次；每年开展 3 次大规模安全隐患执法大检查，查处并落实整改隐患 212 条，下达执法文书 238 份，受理并落实举报案件 4 起，投入治理资金 900 万元。

2004 年，煤炭企业重组后，各矿将安全知识培训与实际操作技能培训融为一体。班前会要对特殊工种的上岗情况进行排查，确保上岗人数符合国家规定要求。安全科负责全矿的安全培训工作及计划的编制，对各单位特种作业人员、新工人等从业人员的培训负管理责任。综合科每月负责对各队全员安全培训情况进行监督、检查，并将检查结果进行讲评通报；对“每日一题”“每周一课”“每月一考”的开展情况，全员安全培训初、中、高级工的考核认定及“三违”人员的培训进行监督、检查；统筹安排特种作业人员，保证每班现场持证上岗人数符合国家规定。各矿所有从业人员必须按国家规定持证上岗，未经安全培训或培训考核不合格的干部不准指挥生产，未经安全培训或培训考核不合格的工人不准上岗操作。

2009年后，整合后的6座矿井均建有安全培训中心，对管理人员、特种作业人员分别委托有资质的安全培训单位来完成培训。受培训人员分为A类安全管理人员：主要指企业法人、矿长、安全副矿长、机电副矿长、生产副矿长、通风副矿长、总工程师、通风副总工程师、机电副总工程师、地测副总工程师等，全部在山西省煤炭职工培训中心参加培训。B类安全管理人员指煤矿各科室、区、队负责人，安全科工作人员等。C类安全管理人员包括煤矿井下生产班组负责人和瓦斯检查工、安全检查工、主提升司机、井下电钳工、井下爆破工、采煤机司机、主提升司机等特种作业人员。规定B类、C类人员必须在吕梁市煤炭职工培训中心参加培训，经考试合格后方可上岗。

煤矿主要负责人和安全生产管理人必须按国家有关规定，经过专门的安全培训，并经安监部考核合格，取得安全资格证书后方可任职。新上岗的工人必须进行强制性安全培训，保证其具备本岗位安全操作、自救互救以及应急处置所需的知识和技能后方能上岗。特种作业人员的安全技术培训内容，包括煤矿井下电气作业、爆破作业、煤矿安全监测监控作业、煤矿瓦斯检查作业、煤矿安全检查作业、煤矿提升机操作作业、煤矿采煤机操作作业、煤矿瓦斯抽采作业、煤矿防突作业、煤矿探放水作业等。矿山救护队员培训与训练，按AQ1008—2007要求进行。

安全检测

县内煤矿均为低瓦斯矿井。20世纪80年代末至90年代，煤矿安全监测使用瓦斯监测器，由各矿专职瓦斯监测员每天下井检测。2000年以后，瓦斯监测系统逐渐发展和完备。

2004 年至 2005 年，全县营运矿井都安装 KJ70 型、KJ78 型、KJ90 型瓦斯监控系统。瓦斯监控中心工作人员通过 24 小时不间断的终端监测，发现异常情况迅速下达指令，及时处置。

2006 年，所有矿井瓦斯监控系统实现了矿、县、市、省四级联网运行、共同监测。

晋兴能源公司斜沟煤矿矿井，建设 2 座井下移动瓦斯抽采泵站，其中在 12 采区的 18205 工作面和 18209 工作面安装瓦斯抽放泵 5 台。2015 年在 18205 工作面装备移动瓦斯抽采系统，进行裂隙带抽采。抽采工况流量为 218 立方米 / 分，抽采浓度为 3.9% 左右，抽采瓦斯量为 8.52 立方米 / 分，抽采 42.5%。

2006 年，华润联盛峁底煤矿、金地煤业固贤南窑矿井安设 KJ76N 型、KJ70 型矿井安全监控系统，后进行升级改造，实现了对矿井环境及设备运行情况的实时监控。

2012 年，华润联盛关家崖煤矿安装 KJ95N 型矿井安全生产监控系统。

2014 年以后，县煤炭局投资 500 万元，对所有监控系统进行了升级更新。

第十四编

商贸服务业

1984年，供销合作商业企业从国营商业分离出来，转为集体合作商业企业。同年，国营和供销合作商业192个门店实行“国有民营”和职工内部承包经营。

1989年末，全县社会商品零售总额达到7705万元，其中国营商业完成5785万元，集体商业完成1920万元，分别占到全县零售总额的75.1%和24.9%。1992—1993年，根据国务院《转换商业企业经营机制条例》和山西省财贸办《关于商业企业改革试点意见》精神，全县国有商业开始实行经营、价格、分配、用工“四放开”经营体制。各企业经济收入超计划增长，结束了亏损局面。1998年，全县私营企业和个体经济呈异军突起之势，全年社会消费品零售总额达到3770万元，其中国营商业和集体商业完成零售额2600万元，私营商业（含个体户）完成零售额1170万元，分别占全县社会消费品零售总额的69%和31%。2014—2016年，全县年均社会消费品零售总额增至13.98亿元，其中县（城镇）年均完成10.34亿元，县以下（乡村）完成3.64亿元。

1989—2010年，兴县外贸公司累计销售（出口）铝矾土熟矿及绿豆、乌枣、活兔等土特产品8.73万吨，销售收入1.48亿元，创汇1825.82万美元。

2010—2016年，全县7个乡镇（不含蔚汾镇）集贸市场年均集贸成交额4828万元，其余9个农村集贸市场年均集贸成交额2747万元。2016年，城区（蔚汾镇）集贸市场贸易额达到7.2亿元。

第一章　商　业

第一节　经济成分

国营商业

百货公司　1989年,县百货公司设业务、财统2个组和办公室，经营商品分纺织品、针织品、大百货、小百货、文化用品5个批发部；在县城共设有百货大楼、批零门市、贸易中心、百货第二和第三门市5个零售门店，是全县最大的国有企业，担负着全县人民生活用品需求保障工作。1992—1997年，该公司以计划经济为主导,坚持多种经营模式,发挥国营商品流通主渠道作用。1998—2000年，随着市场经济体制的转变，公司职工全员分流，享受国家优惠政策走向市场。2004年，百货公司所属各门店及百货第二、第三门市人员合并于工业品贸易大楼。

工业品贸易大楼　前身是百货大楼，坐落于县城紫石街，由百货公司管辖，当时为兴县最大的零售商场。1989年实行国有经营，主营业务分设文具、日杂、副食、交电、棉布、塑料、小百货、鞋帽、大百货、大针织、小针织、高档棉布、成衣、综合等14个柜组和1个早晚门市部，经营商品8000余种，年购进500万元，销售665万元，利润25万元。1990—1992年，公司沿袭计划经济体制，经营出现困境。1993年，该公司实行“四放开”经营机制，后逐步深入到改革产权制度，所有柜台面向职工租赁承包，职工实行全员承包制。公司实现所有权和经营权的分离——由国有民营、公有民营、股份经营、合作经营、混合经营等民营形式演变成为“自主经营、自负盈亏、自担风险、自我发展”的民营经济实体。1996年，百货大楼更名为工业品贸易大楼。2004年，百货公司所属各门店及百货第二、第三门市人员全部合并于工业品贸易大楼。2016年末，工业品贸易大楼共有职工188人，其中退休职工109人、下岗职工79人。

第三产业实业公司　前身为饮食服务公司。1988年，饮食服务公司坐落于蔚汾镇晋绥西路车马店院内，占地1500平方米，下属经营机构有国营二宿舍、国营照相馆、理发店、国营澡堂、信托公司、永茂综合商场；主营业务有餐饮、住宿等服务项目，共有职工142人。当年购进300万元，销售285万元，利润6.5万元。

2002年，饮食服务公司更名为第三产业实业公司，因不适应市场需求，公司业务逐渐萎缩，于2003年停业。2004年，该公司按照“转变身份，经济补偿、续接社保”的办法，与42名职工签订合同，解除劳动关系（仅代管档案），一次性为职工缴纳养老金及工龄补偿费。至2016年，第三产业实业公司有职工100人（含退休职工70人）。

永茂商场　坐落于晋绥西路，有门市6间。1989—1998年，永茂商场以国有经营为主，主营大小百货、五金交电、大小针织、烟酒副食等项目。2000年，商场门店面向职工租赁承包，所收承包费用于企业日常维护支出。至2016年，该商场共有职工39人，其中退休职工13人、下岗职工26人。

糖酒副食贸易中心　前身是糖酒公司，坐落于县城东面水泉湾段，占地789平方米；下属零售门店4个、批发部2个，主营糖、烟、酒、调味品、食盐、干果、小食品等批发，兼营农副产品。1989年，糖酒副食贸易中心有职工66人，完成销售额800万元，实现利润20万元。1991—1992年，糖酒副食贸易中心实行国有经营。1993年，糖酒副食贸易中心经营陷入困境，开始实行职工承包经营。1994年停业。至2016年，糖酒副食贸易中心有职工65人，其中退休职工33人、下岗职工32人。

合作总店　坐落于蔚汾镇城中街原商业局院内，为商业总公司直属企业，经济独立核算，下辖2个销售点：一个位于蔚汾镇城中街，经营有合作饭店、土产日杂门市、副食门市，营业面积238平方米；另一个位于蔚汾镇紫石街，营业面积118平方米。1994年进行改革，所有门店面向职工承包经营，企业与承包职工签订“四不变”（企业所有制性质、隶属关系、债权债务关系及职工身份均不变）协议。

五交化公司 坐落于蔚汾镇城中街，占地1000平方米。1989年，该公司共有职工269人，主营五金、交电、化工产品的批零业务，兼营纺织品、百货、烟酒、食品、饮料、日杂用品等零售和农副产品购销；下属五交化商店、交电知青门市部、五交化大楼3个经营门店。当年，五交化公司购进380万元，完成销售560万元，实现利润9.2万元。1992—1997年，该公司实行国有经营，1999年公司关门停业。

2004年，该公司按照“转变身份、经济补偿、续接社保”的办法，与24名职工签订合同，解除劳动关系（仅代管档案），一次性为职工35人缴纳养老金，为解除劳动关系的24人发放工龄补偿费。2016年，该公司共有职工245人，其中退休职工57人。

副食品产销公司 前身为副食品加工厂，坐落于蔚汾镇文化街。公司设财会、生产2个组，厂内生产饼干、糕点、月饼、水果糖、小食品、豆腐、醋、酱等。有一处副食品加工车间，占地面积8000平方米。1989年，公司有职工52人（其中男职工24人，女职工28人），固定资产总值24万元，年产值55万元。

1990—1995年，公司实行国有经营。1996年，公司推行转产承包，大部分职工下岗。1999年，公司停产关门，与20名职工签订合同解除劳动关系（仅代管档案），同时一次性为27名职工缴纳养老金及工龄补偿费。2016年，公司共有职工32人，均为退休职工。

食品公司（肉联厂） 兴县食品公司坐落于蔚汾镇晋绥西路，占地面积1.66万平方米，共有职工233人。公司主要经营猪肉、牛肉、羊肉、禽、蛋的收购、加工、销售及水产品的调拨、销售。公司下设中型冷库（2座）、罐头厂、屠宰厂、饲养场、制冷车间、修理车间、肉食零售门市、水产品批发店和蛋库等经营门店，在乡（镇）设有9个食品购销站，在南街设有肉蛋零售门市部及农副产品收购组。其中罐头厂曾生产过红烧牛肉、狗肉等肉类罐头和糖水梨等水果罐头，销往全国各地。1988年后因经营不善，停产关闭。屠宰厂日宰生猪200余头，除供应全县居民肉食需求外，另向大同、太原、吕梁、孝义等周边地区批发销售，拥有固定资产124万元。1993年，食品公司推行国有民营经营管理体制，公司对各场站、门市实行利润包干，与职工签订承包经营合同。

1998年，兴县食品公司改称肉联厂。肉联厂响应国家号召，严厉打击私屠私宰行为，规范肉食品市场。根据县政府安排，由商业局牵头，会同公安、工商、动检部门成立畜禽定点屠宰执法监督大队，对全县范围内的私屠乱宰行为进行了严厉打击、查处，责令个体屠宰户将拟屠宰禽畜集中食品公司屠宰厂进行统一检疫，定点屠宰，其时，全县日均屠宰生猪300余头、羊（主要是褪毛羊）300余只。经过严格的检疫检验，优质的肉品远销全国各地，特别是褪毛羊肉远销广东一带。2001年，因食品公司没有统购统销的经营职能，各食品站相继倒闭。

副食品综合商场　前身是糖酒二门市，坐落于蔚汾镇晋绥东路99号，占地200平方米，有门市5间，主要经营调味品、烟、酒、盐、干果、副食品等。1988年，糖酒二门市实行国有经营，由糖酒公司管辖，有职工9人，年销售120万元，实现利润14万元。

1991年，糖酒二门市更名为副食品综合商场，成为独立核算单位，共有职工15人（其中退休职工6人）。同年，副食品综合商场转换经营机制，所有门市、店面由内部职工（9人）承包经营，综合商场拿出部分资金作为流动资金使用，帮扶每位承包职工。自此综合商场成为“自主组合、自主经营、自负盈亏”的民营经济组织，这一经营管理制度一直延续到2016年。

集体商业

县供销合作社联合社　原名兴县产销合作社，成立于1937年底。1950年，在产销合作社基础上建立兴县供销合作社联合社。1984年，全国供销合作总社从国营商业中分离出来，属集体所有制合作经济组织。1988年，兴县供销合作社联合社下辖生产资料公司、土产日杂公司、副食果品公司、综合贸易公司、采购供应公司、24个基层（每乡镇1个）供销社、31个分销店、164个代销店；有职工719人，固定资金325万元，流动资金355.5万元，其中社员股金87.3万元。当年完成商品销售额2062万元，占全县商品零售总额的30%，被评为山西省供销系统红旗单位。

2003年，县供销合作社联合社筹资重建城关供销大楼，2004年10月投入运营，在文化街建设商铺1座，向社会租赁，改称“亚龙超市”。

2007—2012年，县供销合作社联合社建成便民店59个、配送中心1个。2013年，县供销合作社联合社成立兴县农资配送中心和8个乡（镇）级农资供销社。

2015年，县供销合作社联合社在城关供销院内新建商铺43间，营业面积2050平方米，由系统职工租赁经营。

盐业专营公司　前身为兴县副食果品公司，公司坐落于杨玉春沟口段，1994年5月改为兴县盐业专营公司，系县供销合作社联合社直属企业。至2016年末，盐业专营公司共有职工30人。

兴贸大楼　1993年新建，为县供销合作社联合社直属企业，经营面积2040平方米。主要经营服装、布匹，经营模式为员工承包。

魏家滩中心社　1989年，魏家滩中心社成立，有职工73人，门市、收购站共37个。1991年，该中心社因运行规范，管理严格，效益良好，被省供销社评为“先进单位”，1992年，该中心被省供销社评为“财会组”先进单位。

东风购物大厦　2004年由蔚汾镇东关村委筹资兴建，总投资4200万元，位于城区中心地段，占地面积3000平方米，建筑面积1.8万平方米，共6层。大厦内设大型超市1个（地下一层），另有商业铺位250多个（地上一至五层），其中一层主要经营家电、文化用品、金银首饰、化妆品等，二层、三层、四层主要经营服装鞋帽，五层为办公场所。购物大厦共有经营业主250户，从业人员400余人，年总营业额1亿多元。

私营商业

1989年，全县有私营商业企业和个体工商户1195户，从业人员1294人。1990年，全县有私营商业企业和个体工商户2510户（其中城区414户），从业8181人。1992年，全县有私营商业企业和个体工商户2223户，从业4824人。1993年，全县有私营商业企业和个体工商户1859户（其中商业1225户、饮食业 270 户、各类服务业 245 户）。1994 年，全县有私营商业企业和个体工商户 2477 户，从业 6342 人。1998 年，全县有私营商业企业和个体工商户 1650 户，从业人员 5225 人。2000 年，全县有私营商业企业和个体工商户 1910 户，从业 6531 人。2002 年，全县有私营商业企业和个体工商户 925 户（当年工商局注销停业个体工商户 500 户）。

2005 年，全县有私营商业企业和个体工商户 2909 户（其中食品生产流通门店、个体餐馆、小作坊、保健品专营店 706 户），从业 2.55 万人。2007 年，全县有私营商业企业和个体工商户 1125 户。2008 年，全县有私营商业企业和个体工商户 2178 户。

2010 年，全县有私营商业企业和个体工商户 2294 户（其中食品经销 297 户，从业 973 人）。2012 年，全县有私营商业企业和个体工商户 7800 户（其中食品生产经销及餐饮店 1685 户）。2013 年，全县有私营商业企业和个体工商户 2522 户。

2014—2016 年末，全县私营商业企业和个体工商户 4360 户（其中食品生产、流通、餐饮服务 1390 户），从业 1.4 万人。其中 2016 年，城区商业经销门店达到 1634 户，从业 1.15 万人。

第二节　商品购销

收购

农畜（副）产品收购　1989 年，县供销合作社联合社农畜（副）产品收购总值 1746 万元。1990—1991 年，农畜（副）产品收购总值 8659 万元。1992 年，农畜（副）产品收购总值 1253 万元，其中收购粮食 4488.3 万千克、油料 248.7 万千克，收购肉牛 578 头、生猪 15667 头、羊 33653 只、鸡 18514 只、鲜蛋 1.6 万千克、绒毛 5700 千克、水果 133.8 万千克。

中药材收购　1989—1992 年，县供销合作社联合社（包括基层供销社）共收购野生中药材 195 万千克。

废旧物品收购　1990—2000 年，全县基层供销社及城内设废旧物品收购点

37个，累计收购废旧物品总值1850万元。2001—2016年，基层供销社累计收购废旧物品总值7280万元，年均收购455万元。

销　售

日用百货及食品类销售　1989年，全县社会消费品零售总额为7705万元。按经济成分，国营商业企业完成生活日用品购进3864万元，销售5785万元，利润72.6万元（其中，综合批零公司购进900万元，销售1072万元，实现利润17.15万元；糖酒副食贸易中心销售800万元；五交化公司销售560万元；工业品贸易大楼销售665万元）；集体商业企业——县供销合作社联合社完成生活资料购进196.23万元，完成销售1920万元，利润47.6万元。

2016年，全县社会消费品零售总额14.75亿元。按销售单位所在地分：县（城镇）完成零售10.85亿元，县以下（乡村）完成零售3.9亿元；按消费形态分：商业零售11.43亿元，餐饮业完成3.32亿元。

1989—2016年部分年份兴县社会消费品零售额统计表

表14-1-2-1　　单位：万元

年　份	消费品零售总额	其中，按销售单位经济成分			按销售单位所在地分	
		国营商业完成	集体商业完成	私营商业完成	县（城镇）完成	县以下（乡村）完成
1989	7705	5785	1920	—	—	—
1991—1992	6670（年均）	3767（年均）	1352（年均）	1551（年均）	—	—
1993	6024	3424	1624	976	—	—
1994—1995	6090（年均）	2604（年均）	1500（年均）	1986（年均）	—	—
1998	3770	2600	1170	—	—	—
2000	7485	3458	4027	—	—	—
2005	20500	7110	13390	—	—	—
2008	32100	批发完成6210万元，商品零售完成21887万元，住宿和餐饮业完成3565万元，其他完成438万元				
2009	70789	—	—	—	37495	33294
2010	80062	—	—	—	55639	24423
2011	91807	—	—	—	67123	24684
2012	105578	—	—	—	85405	20173
2013	120465	—	—	—	93131	27334
2014	133957	—	—	—	99464	34493

续表 14-1-2-1

<table>
<tr><th rowspan="2">年　份</th><th rowspan="2">消费品
零售总额</th><th colspan="3">其中，按销售单位经济成分</th><th colspan="2">按销售单位所在地分</th></tr>
<tr><th>国营商业
完成</th><th>集体商业
完成</th><th>私营商业
完成</th><th>县（城镇）
完成</th><th>县以下（乡
村）完成</th></tr>
<tr><td>2015</td><td>137976</td><td>—</td><td>—</td><td>—</td><td>102300</td><td>35676</td></tr>
<tr><td>2016</td><td>147496</td><td colspan="3">其中商业零售 114300 万元，餐饮业完成 33196 万元</td><td>108500</td><td>38996</td></tr>
</table>

专营、专卖机构销售　烟草销售：县烟草专卖局成立于1983年。2015—2016年，全县烟草销售总额4.24亿元，年均销售额2.12亿元。

石油销售：1989—2016年，县石油公司共销售汽油4.22万吨、柴油15.08万吨。其中，2000—2010年，销售汽油、柴油2.09万吨。

网络销售　2015年，亚龙农业科技发展有限公司在蔡家崖村投资建成亚龙公共电商服务中心，下设商品部、招采部、外销部、配送部、财务部等7个部门，开创了兴县网络销售新渠道。该服务中心作为商务部“万村千乡市场工程”承载企业和兴县电子商务进农村综合示范企业，聘用北京高级电商专家张玉强和吕梁市电商扶贫协会会长范怀生指导协助电商服务中心运营，建有独立电商平台——“亚龙乐生活网上商城”，并在苏宁易购、飞牛网、京东商城、淘宝、阿里巴巴等各大网购平台开设“兴县农产品特色馆”，形成消费品下乡与农产品进城一体化、线上网店与线下实体店一体化的电商运营模式，为农民增收闯出一条致富新路。2016年，该服务中心网络销售兴县土特产品，累计收入1亿多元。

第三节　管理机构

商业局（商业总公司）

兴县商业局，成立于1956年，曾与县供销合作社几度合分。1984年，供销合作社与国营商业分离，转变为集体合作商业。商业局为县政府管理全县国营商业企业的科级行政机构。1989年，商业局设局长1名、副局长2名。

2002年，县商业局更名为企业性质的商业总公司，公司统辖综合批零公司、合作总店、第三产业实业公司、永茂商场、工业品贸易大楼、糖酒副食贸易中心、五交化公司、副食品产销公司、肉联厂、副食品综合商场的经营活动。2016年，商业总公司共有干部职工400余人、经营面积3万余平方米，设公司经理1人、副经理2人。

供销合作社联合社

成立于1937年底，原名兴县产销合作社。1950年正式改称兴县供销合作社联合社，主管全县供销合作社，属国营商业企业。

1984年，全国供销合作总社从国营商业中分离出来，属集体所有制合作经济组织。兴县供销合作社联合社由国营商业转变为集体合作企业后，下设办公室、财务科、统计审计科、政工科、基层科、业务科。下辖生产资料公司、土产日杂公司、副食果品公司、综合贸易公司、采购供应公司5个公司，24个基层（每乡镇1个）供销社、31个分销店、164个代销店；有职工719人，固定资金325万元，流动资金355.5万元，其中社员股金87.3万元。1989年，供销合作社联合社共有干部职工719名，设主任1名、副主任2名。辖直属公司5个，基层供销社24个，分销、代购店164个。1999—2001年，供销合作社联合社将128万余元资产抵缴了全体职工社会劳动保险。2003年，县供销合作社联合社725名职工全员整体参加社会养老保险。从1997年7月至2003年6月，供销合作社联合社退休人员和遗属共补领退休金、养老金180余万元。至2016年末，供销合作社联合社有全额编制16人，实有22人（含自理6人），其中正科级1名，副科级2名。

工商行政管理局

1989年，工商行政管理局内设办公室、企业股、市场股、合同股、经济检查股、个体股、人事教育股7个股室，下设集市贸易所、车辆所以及城关、车家庄、黑峪口、魏家滩、瓦塘、康宁、罗峪口、蔡家会共10个基层工商所。全局有在职干部职工83人。1991年，工商行政管理局人员增加到94人。1996年，城关工商所分为城关上和城关下2个管理所，成立了石油检查室、粮油检查室。1997年，黑峪口工商所迁至蔡家崖乡，改名兴县工商局蔡家崖工商所。1998年，兴县消费者协会成立，增设兴县工商行政管理局稽查大队（两年后撤销），城关工商所原上、下2所合并为城关所。

1998年7月16日，山西省工商行政管理局接管兴县工商行政管理局时，全局有在岗人员147人。至2001年6月11日，兴县工商行政管理局实有在岗人员132人，另有离退休人员52人。2002年，兴县工商行政管理局核定编制92人（其中公务员73人、工勤人员7人、离退休人员4人、消费者协会全额事业编制5人、自收自支事业编制3人），实有在职人员88人。核定兴县工商行政管理局内设和下辖机构16个，其中内设机构8个（办公室、人事股、财务股、注册股、经济检查股、市场股、法治股、纪检监察室），下设基层工商所8个［蔚汾工商所、城区工商所（原集贸所）、奥家湾工商所、瓦塘工商所、罗峪口工商所、蔡家会工商所、蔡家崖工商所、康宁工商所］；实有机构19个（增加个体劳动者协会办公室、消费者协会办公室、民营企业协会办公室）。

至2008年，部分机构发生变更。内设机构增加消防保卫股、企业监管股、信息中心；康宁工商所并入蔡家崖工商所，罗峪口、蔡家会工商所并入贺家会工商所，奥家湾工商所改名为二十里铺工商所。在职人员增至90人。

食品药品监督管理局

2005年1月，吕梁市药品监督管理局兴县分局组建为“吕梁市食品药品监督管理局兴县分局”，其工作职能增加了对食品、保健品、化妆品安全管理的综合监督、组织协调和依法组织开展对相关重大事故查处的职能。机构属吕梁市食品药品监督管理局派出机构，正科级建制，内设办公室、药品综合监管股和食品综合监管股。

2010年1月，吕梁市食品药品监督管理局兴县分局由垂直管理变为属地管理，并入兴县卫生局，实行一个机构，两块牌子。在卫生局的组织、指导下开展工作。原来药监局人员并入卫生局。

2011年7月，食品药品监督管理与卫生局分离，单设食品药品监督管理局，除原有职能外，增加餐饮、保健食品、化妆品监管职能。内设办公室、食品综合股、药品股，加挂食品安全委员会办公室牌子，人员编制9人，实有人员21人（其中局长1人、公务员4人、临时工2人、工勤人员1人。另包括划到卫生局的卫生监督所5人、教育系统借调的3人、担任大学生村官的5人)。2012年底，食品药品监督管理局办公楼改迁至蔚汾大厦九楼，面积400平方米。

2014年4月，食品药品监督管理局职能调整，县食品药品监督管理负责全县食品生产加工、流通、消费和保健食品、化妆品、药品、医疗器械监管职能，负责全县食品综合协调和查处重大食品安全事故职能。下属事业单位有食品药品稽查大队(副科建制)、县综合检验检测中心(政府直属事业单位)和9个基层食品药品监督管理站(为食品药品监督管理局派出机构，同时加挂县食品安全委员会办公室牌子)等机构。该年，县食品药品监督管理局核定行政编制12人、事业编制105人，工勤人员1人。实有87人，其中行政人员6人、基层站配置人员56人、稽查队13人、药品不良反应监测中心3人、食品综合检验检测中心8人、工勤人员1人。同年配置375个行政村食品药品协管员。2015年，县食品药品监督管理局办公面积增加为800多平方米。

盐业专营公司

前身为副食果品公司，坐落于杨玉春沟口段，1994年5月改为盐业专营公司，系县供销合作联合社直属企业。至2016年末，盐业专营公司共有职工30人。

烟草专卖局

1983年成立，至2016年，有职工37人，其中正式职工18人，聘用合同工19人。设局长、副局长、副经理各1人，内设机构有办公室、党建股、专卖股、内管股、客服股。

酒类流通执法队

2000年成立，原隶属于县商业局，坐落于蔚汾镇紫石街原糖酒公司二楼，有员工14人，其中酒类稽查队有专职工作人员6人。酒类稽查队对全县1200余户酒类批发零售商户进行监督、稽查和管理，负责发放酒类批发证、零售许可证，查处假冒伪劣商品，维护消费者合法权益，保证全县人民的用酒质量安全。同时组织从业人员业务培训100期，每期1200人。2008年，酒类流通执法队与定点屠宰厂合作，成立定点屠宰执法大队，负责全县畜禽屠宰肉品质检验。

酒类流通执法队成立后，累计出动车辆800余次、人员500余次，下发整改通知书426份、立案调查33起，查处重大销售假酒案3起，查扣问题白酒422箱、散装白酒500千克，集中销毁伪劣白酒6000余瓶，维护了酒类市场秩序。

2002年，县商业局改为兴县商业总公司，职能同前。酒类流通执法队隶属于县商业总公司。2015年，定点屠宰由农委畜牧中心管理，酒类流通执法队不再承担屠宰与肉食管理职能。

石油公司

兴县石油公司创建于1971年。至1989年，石油公司有员工32人，设经理1人，副经理2人；下设加油站1个。到2016年，公司有在职员工78人，设经理1人、副经理2人；下设加油站8个，分别为中国石化销售有限公司（简称中石化公司）山西吕梁兴县东晖加油站、中石化公司山西吕梁兴县永昌加油站、中石化公司山西吕梁兴县第二加油站、中石化公司山西吕梁兴县城关加油站、中石化公司山西吕梁兴县第三加油站、中石化公司山西吕梁兴县晋绥加油站、中石化公司山西吕梁兴县贤宁加油站、中石化公司山西吕梁兴县魏家滩加油站。

第二章　粮油流通

第一节　粮油收购

1992年，兴县结束粮油统购统销政策。依据“管住上游，放开下游，管住大家，放活零星”的原则，在订购任务未完成前，严禁任何单位和个人插手农村粮食收购和从事粮食批发。

县人民政府为保护农民利益，鼓励农民种粮积极性，要求按保护价收购。放开玉米价格后，不再按保护价收购。除国家订购任务外的余粮，改为市场收购，价格由市场确定。全县的国有粮食收购企业，改为独立核算、自我发展、自负盈亏的经济实体，积极参与市场经营，不再承担行政管理职能。

第二节　粮油供销

1989—1992年，全县城镇人口粮油按计划供应。县城内实行“一证三票”（一证是非农业人口“购粮凭证”，三票是全国粮票、山西省粮票、军用粮票）办法供应粮油。全县非农业人口按工种、职业核定月供粮油数量、品种和供应比例，购粮凭证按户发放。居民持购粮证到相应粮站买粮。对驻兴部队、武警部队，每月凭证、凭军用粮票，按计划、比例供应；对于迁移、服役、服刑的非农业人口以及大、中专学生，凭有效证件（如调令、入伍证明、入学通知书等）在粮食部门办理粮食关系迁移证，随本人户口按“粮户同行”的原则在异地落户，凭粮食关系供应粮食；对投亲的非农业人口凭转移证迁移粮食关系；对流动人口实行凭粮票购买粮食；饭店、单位餐厅、招待所等用餐一律凭粮票购买。

全国粮票可在全国范围内流通。居民持全国粮票可到各个国营粮店按当地粮食品种和粗细粮供应比例购买成品粮和食油，也可在市场、商店购买粮食制成品。山西省粮票由省政府统一印制，只能在省内流通；军用粮票只限于军队内部使用。1993年，停止使用城镇居民粮油供应证、全国粮票和山西省粮票，仅保留军供物资的供应。自此，粮食系统企业推向市场，内部职工自谋出路、自主择业。

1994年开始，全县粮油实行市场化供应。1995—2000年，全县年均销售粮食（面粉、小米、豆类等，下同）1136万千克、植物油57万千克。2001—2010年，全县年均销售粮食1678万千克、植物油64万千克。2011—2016年末，全县共有粮油加工企业22户，年均销售商品粮食2384万千克、植物油554万千克。

第三节　粮油储运

仓储管理　1989年前，全县建有粮站20个，总仓容量达1911.5万千克，粮食局建成中心化验室，开展低氧、低剂量保粮，使用机械通风、塑料布密闭、间歇熏蒸等方法科学储粮。2000年，在农害防治和仓储管理上，兴县被山西省人民政府授予“仓储管理先进县”荣誉称号。

粮油调运　余缺调剂：1989—1992年，全县人口扣除公粮、种子、饲料后，每人月均口粮14.5千克，不足部分由国家补足。品种调剂：1989年，兴县从外省调购部分兴县不易种植和产量较低的粮食，主要是大米和小麦面粉，保证了全县大米和小麦面粉的供应。2008年，全县启动“放心粮油”工程建设，科学管理粮油储存和调运，提升粮油产品质量。进入市场经济后的粮油调运，完全依靠市场调节，由销售企业或门店自行决策，自主调购。

第四节　管理机构

1989年，县粮食局内设机构有办公室、人教股、计供股、储用股、会计股；

下设20个乡、镇粮站（20座仓库）。机构改革中，粮食局改为兴县粮食管理服务中心，为县人民政府直属科级事业单位。2016年，粮食管理服务中心核定全额编制30人，实有21人，设局长1人，副局长2人。

第三章　饮食服务

第一节　饮食业

食品加工销售

兴县的食品加工，除具有一定规模的杂粮、植物油和食醋加工企业，还有为数众多的豆腐坊、粉坊、油坊、醋坊、月饼糕点作坊、豆芽作坊、卤肉作坊、面条作坊等个体食品加工小作坊，这些小作坊虽然规模不大，但却承担着城镇居民日常食品的供应。

1993 年，全县有食品加工、经销个体门店 342 户。2000 年，全县有食品生产、经销个体门店 297 户。2005 年，全县有食品生产企业、个体经营门店、食品小作坊及保健品专营店等 361 户。

2010 年，全县有食品生产企业、个体经营门店、食品小作坊及保健品专营店等 297 户，从业 973 人。2011 年，全县有食品生产企业、个体经营门店、小作坊等 295 户。2012 年，全县有食品生产企业、个体经营门店、小作坊等 1685 户。

2014—2016 年，全县豆腐坊、粉坊、油坊、醋坊及糕点、月饼、卤肉等食品加工小作坊和食品经营门店增加到 1168 户（其中有较大型生产企业 19 户、食品流通企业 648 家，豆腐坊、粉坊、醋坊、油坊等食品加工小作坊 337 户），从业 1089 人。

餐饮业

综述　兴县餐饮业，除部分寄宿制中小学食堂外，主要分为两部分：一部分为大中型饭店（包括宾馆、酒店）餐饮，另一部分为特色小吃店餐饮。1989 年，全县饮食业销售额 1038 万元。1990 年，全县饮食业零售额下降到 754 万元。

1991—1995年，全县餐饮业从业户数在270户左右，累计完成零售额232万元，年均零售额46.4万元。

2005年，全县有酒店、饭店128户，其中中型餐馆25户、个体小餐馆和食品经营摊点72户、集体食堂（包括工地食堂）31户。

2011年，全县餐饮服务单位增加到295户。其中，中小型餐馆96户，小吃店和街头餐饮摊点162户，学校食堂37户。2014年，全县餐饮服务单位增加到316户，其中中型餐饮24家、小型餐饮242户、学校与工地食堂50户，食品与餐饮零售总额1.09亿元。

2016年，全县餐饮服务单位增加到940户，其中中型餐饮24家、餐饮小店515户（城区435户）、学校及工地食堂50家，小作坊351家。

特色美食　兴县餐饮店以经营地方特色菜肴为主，多年来形成的特色菜肴主要有以下品种。

红烧肉：为宴席经典菜肴“八大碗”之一。精选3厘米厚的五花肉，经过洗肉，清水浸泡6~8小时把肉内的血浸泡洗净。再经过清水锅沸煮3~5分钟捞在由16种中草药和调料配置的卤锅内沸煮10分钟，捞出后蘸蜂蜜，进油锅烧至肉皮浅红色出油锅，进清水锅中煮3~5分钟，再进卤锅浸肉10分钟看见肉皮起泡捞出，凉肉4小时后切片上碗，肉皮朝下，上锅蒸1小时出锅，再翻碗把肉皮朝上蘸醋即可食用。此肉吃时油而不腻，入口即化，是中老年喜爱的美味佳肴。

粉鸡肉：为宴席经典菜肴“八大碗”之二。整鸡切块，约2厘米大，每千克肉加4个鸡蛋、粉面、花椒、大茴香、胡椒、料酒和盐，搅拌后进油锅，用中火炸至金黄色出锅、上碗，放葱姜辣椒丝、蒜片，调料水，再蒸半小时出锅即可食用。

小酥肉：为宴席经典菜肴“八大碗”之三。精选2厘米厚的五花肉，去皮切条3厘米长，约筷子粗，每千克肉加鸡蛋4个、粉面、花椒、大茴香、料酒和盐适量，搅拌后下油锅，用中火炸至金黄色出锅、装碗，加葱、姜、蒜和调料水，上笼蒸半小时出锅，即可食用。

红烧肘子：为宴席经典菜肴“八大碗”之四。精选猪的前后腿肉，先用清水洗净后把猪腿肉内加各种调料捆绑好，清水浸泡1天，后放入特制中药调料汤卤锅，用中火煮10分钟出锅，蘸蜂蜜后再进油锅炸至浅红色捞出，进清水锅把浮油煮洗干净，再进卤锅浸泡20分钟，待肉皮起泡即出锅。出锅后将肉切1.5厘米小块(不能把皮切通)，猪皮朝下，加葱、姜、辣椒丝、蒜片及少许卤汤，上笼蒸1小时出锅，翻碗，猪皮朝上，蘸醋即可食用。

四喜丸子：为宴席经典菜肴“八大碗”之五。由精选的五花肉去皮，切小块，用刀剁成肉末，每千克肉加鸡蛋4个、粉面、花椒、大茴、料酒和盐适量搅拌，用手捏成核桃大小肉丸，进油锅用中火炸至金黄色出锅，装碗，加葱、姜、蒜和少许调料汤，上笼蒸半小时出锅，即可食用。

葡干肉：为宴席经典菜肴“八大碗”之六。做法和红烧肉基本一样，因葡干肉不用调料，是甜食，清水锅煮10分钟，出锅蘸蜂蜜，再放进油锅烧至浅红色出锅，再进清水锅浸泡20分钟，见肉皮起泡即出锅。凉4小时切片装碗，肉皮朝下，放红糖葡干，上笼蒸40分钟出笼，翻碗，肉皮朝上即可。

红烧排骨：为宴席经典菜肴“八大碗”之七。精选猪肋骨肉，剁3厘米大小，清水洗净，再浸泡4小时后捞出，每千克排骨加2个鸡蛋，盐、花椒面、大料面、粉面、料酒适量，进油锅中火炸至金黄色出锅装碗，加葱、姜丝、蒜片和调料汤，上笼蒸1小时出笼，即可食用。

炖羊肉：为宴席经典菜肴“八大碗”之八。精选好山羊肉，切一寸见方肉块，先入清水锅中煮3~5分钟后换水，加辣椒、葱、蒜、姜、花椒、盐、料酒及少许辣面，加水漫过肉面，大火炖5分钟，改小火炖20分钟，听见有吱吱声时拿老陈醋和葱蒜炝锅，再炖1~2分钟即可出锅。

中小餐饮店特色菜肴　火锅、砂锅：以红烧肉、肉丸子、酥肉、小炒肉、羊肉、豆腐、粉条、青菜为主，加热后烩制而成，是秋冬季节的流行菜肴。

压头肉：主要原料为猪头肉和猪皮、猪蹄，洗刮净后经卤煮，然后去除浮油，汤肉自然冷却后形成，为四季通用冷食。2007年9月，在吕梁首届地方风味菜肴大赛中，兴县压头肉获金奖。

金丝烙饼：兴县金丝烙饼以上好白面和黄油为原料。制作时，将面粉倒入盆内，加入少量的精盐和少许花椒面，倒入适量的温开水，用棍顺一个方向搅动。面和好后，擀成长方形薄片，抹上由黄油、葱末、花椒面、食盐等拌成的馅料，对折，切丝，收拢两边，盘成饼状，擀薄；分别在饼上和饼铛（鏊子）上刷油，再放置于饼铛（鏊子）上。烙饼时，火要大小适宜，烙两分钟后翻过饼来，再刷上油烙两分钟。以后反复地翻刷两三次，烙至饼两面均呈金黄色时取出，抖成细丝，放入盘中即可。金丝烙饼皮极薄，层次均匀，丝细绵长，宜于热吃。兴县金丝烙饼以其色泽金黄、酥香不腻、香鲜可口而闻名秦晋。

油糕：原料为兴县糯米（俗称软米，米粒浅黄色，较一般米粒大而圆，含有丰富的蛋白质和氨基酸，由传统种植的黄黍子脱皮加工而成）磨成的面粉。糯米面粉加水拌成颗粒状后蒸熟，趁热揉搓，然后摊开抹上枣泥，卷成圆柱状，切成小圆片，然后用植物油炸至金黄色即成。兴县油糕外观色泽金黄，闻之香气四溢，食之酥软可口，是过节、庆典和待客的首选食品。1996 年，该食品在全省优质小杂粮畜产品评销会上获铜奖。

酒米：兴县酒米主要食材是软小米（糯米）和红枣。制作酒米，首先要提前几天把软小米用温水浸泡，并放在较热的地方发酵；然后把发酵好的软米和红枣放置于笼屉（底层要铺纱布），入蒸锅，蒸的时候必须随时注意火候，大火蒸半小时左右即可出锅。正宗的兴县酒米，香软可口，是老少喜爱的食品之一。

夹肉饼：俗称“蛤蟆含蛋”，为卤猪头肉切碎，加点蒜末，夹在白面烧饼中间，即包即食。

冒汤：主要食材为细粉条、饺子和特制的臊子。制作冒汤时，把细粉条和包好的水饺一并放入锅中，细粉条和饺子上浮后即可捞出，加上青红丝、海带丝、葱花、芫荽、臊子和适量的汤即可。兴县冒汤咸麻酸辣，鲜香可口，是远近闻名的风味小吃。

羊杂割：以羊骨熬汤，将洗净的羊头、内脏切成小片、细丝放汤内，加羊油辣子、花椒粉、味精等作料煮熟而成，味道鲜美，营养丰富，为大众喜爱的小吃，尤以冬季食用味道更佳。

豆面抿尖：将豆面加水后用铁匙搅拌成软团状，然后放置在抿尖床上（抿尖床须搭在滚沸的锅沿上），用抿拐把豆面挤压到沸水锅里煮熟，用笊篱捞在碗里，加山药条与各种调料食用。豆面抿尖汤加黄米捞饭，一起食用别具风味。

蒸莜面：20 世纪 90 年代前，兴县东山的恶虎滩、交楼申、固贤、东会等乡多种植莜麦，蒸莜面也自然成为人们的主食。具体做法是：把莜面（莜麦炒过后磨成粉）加开水和成团，然后用光石板推成一指高的空心卷（俗称栲栳），立于笼屉蒸熟即可蘸调汤食用；也可擀成薄片切条，或搓成细条，蒸熟食用。调汤以羊肉或猪肉制作更佳，营养丰富，味道鲜美。

啦叨叨：啦叨叨由荞面、白面团洗去面筋后面糊放于碟内蒸制而成，调料配有辣椒、蒜泥、香油、陈醋等，食用时放在碟上，用小刀划成菱形，放上调料。该小吃为冷食，一年四季皆可食用，以夏季食用最佳。

黄煎：俗称摊黄儿，是一种由黄米面做的煎饼。黄米面加适量的玉米面，发酵后用苏打粉中和，放入少许绵白糖，用温水调制成糊状，然后放在鏊子上焙成金黄色后直接食用，中间薄，周围厚。黄煎松软、绵甜，口感甚好。

第二节　服务业

旅 店

国营、集体旅馆　1990—1995 年，全县有旅馆 26 家，其中国营旅馆仅有县级机关招待所（后改名晋绥宾馆），集体旅馆仅有服务公司旅馆（第二旅社）。

1998 年，全县共有旅馆 38 家，其中国营、集体旅馆仅 2 家。

2000 年，全县旅馆 42 家，其中国营、集体旅馆 2 家。

2005 年 12 月，县级机关招待所实行改制，向社会公开承包，转为民营，重新装修后环境设施得到明显改善，并改名“晋绥大酒店”。自此，全县国营、集体经营旅馆全部关闭，代之而起的是一批新建的私营旅馆。

私营旅馆　1990—1995 年，全县有私营旅馆 24 家，占全县旅馆总数的 92.3%。之后，随着县域经济的整体发展，全县旅馆住宿业得到较快发展，而且主要是私营旅馆迅速兴起，无论住宿设施条件、床位数量，还是管理与服务标准，都优于过去，因而保持强大竞争力。1998 年，全县有私营旅馆共 36 家，占全县旅馆总数的 94.7%。2000 年，全县私营旅馆增加到 40 家，占全县旅馆总数的 95.2%。

到 2016 年末，全县旅馆总量增加到 164 家，全部为私营；其中达到三星级以上较高档次的宾馆有太平洋·观澜酒店、兴县商务宾馆、黄河大酒店、晋绥大酒店、鑫裕宾馆、华宇宾馆等，接待条件落后的状况得到明显改善和改观。

星兴商务大酒店：建于 2005 年，原名兴县商务大酒店，是集餐饮、住宿为一体的商旅风格的现代化酒店。酒店坐落于县城南山下、蔚汾河畔，依山傍水，337 国道紧临其旁，交通便利，景色宜人。酒店曾多次接待国家和省级领导。2010 年后，兴县商务酒店投资 1000 余万元，重新装修，简约舒适，环保健康，为大家提供宜商宜居的酒店贴心服务。为继承和发扬革命老区的红色精神，酒店改名“星兴”。星兴酒店总面积 7000 多平方米。3~6 楼为客房。星兴酒店拥有商务标准间 32 间，麻将套房 5 间，山景套房 2 间。客房为顾客提供 24 小时“零秒”热水、叫醒、送餐、早餐、行李寄存、无线网络等服务，让顾客更舒心，更安心，更健康。星兴酒店餐饮包间位于 2 楼，共有 12 间 16 张餐台。有可容纳近 60 人小宴会厅 1 个、可容纳 500 人左右的大型宴会厅 2 个。酒店菜品以地方特色菜品为主，兼顾川菜、湘菜、粤菜及海鲜等菜品。

黄河大酒店：坐落于兴县县域以西 1 公里外，地理位置优越，交通便利，是兴县最大的综合型大酒店。酒店主体建筑为五层，总面积 9000 平方米，是集商务、会议、餐饮、客房、娱乐、洗浴等功能为一体的综合型商务酒店，也是县级定点接待单位。酒店有员工 100 余人，实行全电子自动化管理，为顾客提供叫醒、留言、叫车、全天候送餐、无线联网等服务。酒店客房宽敞明亮、温馨舒适；设钟点房、标准房、豪华套房和总统套房 60 间，配备国内、国际长途电话和数字电视、电脑；并配有可容纳 300 人就餐的大厅和豪华餐饮包间 10 间。该酒店餐饮以高档的粤菜、川菜、湘菜、雁北菜、精典本地菜为主。生态餐厅格调高雅，汇聚各地高档美食。此外，该酒店还设有洗浴中心、桑拿中心、干湿蒸房和独立沐浴房等，服务周到，设施齐全。

华宇大酒店：始建于2000年，位于县城晋绥西路，2008年增设贵宾楼，2016年重新装修。该酒店是按三星级标准设计建设的集住宿、餐饮为一体的综合型酒店，共有客房54间，包含单人间、标准间、棋牌间、商务套房；酒店设有可容纳100余人就餐的餐厅；配有中央空调、闭路电视、免费无线联网、24小时热水等服务设施；酒店交通便利，距离汽车站2公里、火车站7公里；酒店有独立停车场，停车位30个。

太平洋·观澜酒店：2013年10月建成投运，总面积5673平方米，建筑总面积2522平方米，系五星级酒店，为兴县重点接待宾馆之一。该酒店位于旧城、新城之间，北依青山，绿荫环绕；南临蔚汾河，静谧而祥和；西侧与新建的行政办公区、居民生活区、中央商业区、教育文化区和贸易批发市场相邻，配套建有健身广场、音乐喷泉、凉亭木椅、晨练场所、停车场等设施。

照相 摄像

1989—2000年，兴县城内有照相馆2个，一个为开设多年的国营照相馆，一个为私营照相馆。2003年后，增加私营照相馆2家，总数达到4家，并一直延续至2016年。兴县晨光照像馆，创建于20世纪90年代，有员工4人，主要设备有日产彩色扩印机、虎丘牌彩色放大机、照相机等，为兴县创办较早的民营照相馆，年均缴税1440元。2000年，该馆迁址于晋绥东路。2005—2016年，年营业额增至12万元以上，年均税额5000余元。

兴县摄像业务兴起于2000年后，至2016年，共有2家，主要承担婚礼及小团体出游等活动摄像业务。

理发 沐浴

1989—2000年，全县洗浴、理发、美容店共有85家，年均营业收入136万元；至2016年末，洗浴、理发及美容店达到120家，年营业收入达到330万元。

娱乐服务业

1990年，全县娱乐业较为活跃，有歌厅、舞厅55个，录像放映厅23个；1996年，歌舞厅、录像放映厅减少到29个；1998年，歌舞厅增加到66个；2000年后，通过整顿，录像放映厅及电子游戏厅全部关闭；歌舞厅缩减到15

个；2008 年减少为 13 个。至 2016 年，城区歌舞厅、棋牌馆达到 220 个，全年营业收入 1430 万元。

第三节　管理机构

吕梁市食品药品监督管理局兴县分局（兴县卫生局食品安全委员会办公室）

1989—2004 年，全县公共卫生（包括饮水、食品和职业卫生）管理，以县卫生局牵头，会同防疫、工商、公安、城建、爱委会、县人民医院及中医院等机构联合管理。

2005 年 1 月，吕梁市食品药品监督管理局兴县分局（简称兴县食药监分局）成立，其工作职能增加了对食品、保健品、化妆品安全管理的综合监督、组织协调和依法开展对相关重大事故查处的职能。机构属吕梁市食品药品监督管理局派出机构，正科级建制，内设办公室、药品综合监管股和食品综合监管股。兴县食药监分局核定行政编制 12 名、事业编制 105 名，工勤人员 1 名。实有人员 87 名（其中行政人员 6 名，基层站配置人员 56 人，稽查队 13 人，药品不良反应监测中心 3 人，食品综合检验检测中心 8 人，工勤人员 1 名），并配置 375 个行政村食品药品协管员。

2010 年 1 月，兴县食药监分局由垂直管理变为属地管理，并入兴县卫生局，实行一个机构，两块牌子，在卫生局的组织、指导下开展工作，原来药监局人员并入卫生局。内设办公室，食品综合股，药品股，加挂食品安全委员会办公室牌子，人员编制 9 人，实有人员 21 名（其中局长 1 名，一般公务员 4 名；临时工 2 名、工勤人员 1 名）。2012 年底，卫生局食品安全委员会办公楼改迁至蔚汾大厦九楼，经改扩建，面积达到 800 平方米。2014 年 4 月，县卫生局食品安全委员会办公室职能调整，负责全县食品生产加工、流通、消费、保健食品、化妆品、药品、医疗器械监管职能，查处重大食品安全事故。内设行政股室 4 个：办公室（加挂行政审批科）、食品综合股、药品综合股、保健食品化妆品股。下属事业单位包括药品不良反应监测中心（股级事业单位）、食品药品稽查大队（副科建制）、县综合检验检测中心（政府直属事业单位）及9个基层食品药品监督管理站，为食品药品监督管理局派出机构。同时加挂县食品安全委员会办公室牌子。

食品、药品卫生监督检验所

成立于1997年，驻设于县人民医院和中医院，主要配合各职能部门检查，开展食品卫生消毒检测工作。至2010年底，全县共有县级监督机构6个，食品卫生监督员18人，其中专职6人，兼职12人；乡（镇）监督机构25个，监督人员50人（均为兼职）。

第四章　集贸市场

第一节　城区集贸市场

1990年，兴县城区集贸市场有3处，即县城中街西段、东段（菜市街）和原纸厂院内，年贸易成交额1500万元。1993年，城区贸易成交额1415万元。1994年，城区贸易成交额4174万元，比上年增长1.95倍。

2016年，城区交易市场增加2处，即原食品公司拆迁区和蔚汾镇原家坪村口，其中蔚汾镇原家坪村口“装饰城”，主要销售建材、装饰材料；原食品公司（后改为肉联厂）拆迁区，以销售蔬菜、肉食、水产、小米、面粉、豆类、干鲜水果及其它副食产品为主，全年城区贸易额达到7.2亿元。

第二节　农村集贸市场

农村集贸市场大都设于乡（镇）政府所在地，共17个。除蔚汾镇（城区）外，较大的集贸市场有7个。

魏家滩集贸市场　从业500余人，2010—2011年，累计销售额2.07亿元；集市贸易日为农历每月逢三、六、九日。2010—2011年，该市场累计集贸成交额9348万元。2012—2016年，年均集贸成交额5263万元。

瓦塘集贸市场　从业128人，集贸日为农历每月逢二、五、八日，古会日（物资交易大会）为每年农历三月十五和农历七月二十五（每次三天）。2010—2011年，年均集贸交易成交额3529万元。2012—2016年，年均集贸交易成交额7488万元。

康宁集贸市场　古会日为每年农历四月十八、农历七月初八。2010—2011

年，康宁集贸市场累计交易成交额1.37亿元，年均集贸成交额6850万元。2012—2016年，年均集贸成交额7319万元。

罗峪口集贸市场　从业75人，集贸日为农历每月逢二、七日，古会日为每年农历四月初五和农历八月初五。2010—2011年，年均集贸交易成交额2548万元。2012—2016年，年均集贸成交额3462万元。

蔡家会集贸市场　从业243人，集贸日为农历每月逢一、六日。古会日为每年农历四月十六、十七、十八；农历七月初六、初七、初八；农历十二月二十六、二十七、二十八（其中蔡家会村从2011年起，将每年农历三月二十定为源瑞山庙会日）。2010—2011年，蔡家会集贸市场累计交易成交额1519万元，年均759.5万元。2012—2016年，年集贸市场交易额4998万元，年均集贸成交额999.6万元。

贺家会集贸市场　有从业人员168人，集贸日为农历每月逢三、八日，古会日为每年农历二月十五、农历六月初三和农历九月二十五。2010—2011年，贺家会集贸市场年均集贸交易成交额1374万元。2012—2016年，该集贸市场年均集贸成交额2516万元。

高家村镇集贸市场　设黑峪口集贸市场和赵家川口集贸市场，从业人员58人。2010—2011年，两处集贸市场累计成交额1.17亿元。2012—2016年，两处集贸市场累计成交额3.16亿元，年均集贸成交额6320万元。

其余9个乡集贸市场从业453人，2010—2016年年均集贸交易额2747万元。

第三节　超市 连锁店

2016年末，全县约有超市86户。其中，城区（东至原家坪、后发达村，西至西滩坪、阳光上城）有45户，乡（镇）村分布41户（蔚汾镇1户、蔡家崖乡3户、孟家坪乡2户、罗峪口镇1户、奥家湾乡3户、康宁镇4户、瓦塘镇8户、魏家滩镇9户、固贤乡1户，另有亚龙商贸有限公司乡村分店9户）。

亚龙超市　创建于2004年，位于县城晋绥东路晋绥大酒店旁，为个体工商户经营，主营烟酒副食、日用百货、文化用品、蔬菜、水果、熟食、化妆品、针织品。至2016年末，亚龙商贸发展有限公司相继发展乡村亚龙连锁分店9个，年销售额达到1000万元。

客都超市 建于2014年11月，位于蔚汾镇郭家峁村东城国际小区，为个体工商户经营，经营烟酒副食品、肉食水产、粮油果蔬、副食品加工、五金交电、图书音像、日常生活用品等，年均销售额450万元。

东风超市 位于东风购物大厦负一层，为蔚汾镇东关村委集体所有，于2005年10月开业，营业面积1500平方米，有员工24人。该超市从开业至2016年末由南方商人承包，年承包费由20万元增至60万元，主营家电、日用品、烟酒副食品、生熟肉品、粮油、蔬菜等，年均销售额380万元。

连锁店 2010年7月末，兴县实施“万村千乡市场工程”，建成2个城区配送中心，发展17户乡（镇）级连锁店、93户村级连锁店，1—6月货物流量总值达1000万元，已形成以城区店为龙头、乡（镇）级店为骨干、村级店为基础的集生活消费品、农资销售、农副产品收购为一体的三级流通网络。

第五章 烟草专卖

第一节 机 构

兴县烟草专卖局（营销部）成立于1983年，是由原糖酒副食品公司分设出来的专卖局，位于县城东关水泉湾，建有面积1900多平方米的办公楼，是集烟草专卖管理与卷烟营销于一体的政企合一的单位，受上级行业主管部门和兴县人民政府的双重领导。2016年，县烟草专卖局（营销部）共有在职职工37人，其中正式职工18人，聘用合同工19人，设局长1人，副局长、副经理各1人；内设机构有办公室、党建股、专卖股、内管股、客服股。

第二节 经营情况

2004年，县烟草专卖局销售卷烟2324箱，销售额1763.4万元，利税总额7.76万元。2016年，共销售卷烟7997.03箱，销售额2.06亿元，利税总额2587.48万元（其中上缴税额1168万元），卷烟销量和销售额分别比2004年增长2.44倍和10.7倍，利税总额比2004年增长332.44倍。

2004—2016年兴县卷烟销售简表

表14-5-2-1　　单位：箱、万元

年份	销售量	销售额	利税	年份	销售量	销售额	利税
2004	2323.56	1763.4	7.76	2011	9335.44	18142.02	2372.68
2005	6644.89	5801.36	255.26	2012	9646.66	21812.01	3554.31
2006	6706.68	6892.17	303.26	2013	8653.85	20150.38	2756.53
2007	6788.4	7884.77	346.93	2014	9032.81	22304.19	3318.06
2009	7938.09	11511.79	1808.16	2015	9157.03	24242.64	3661.91
2010	9251.35	15698.25	2185.07	2016	7997.03	20638.06	2587.48

第三节　打击非法卷烟经销

2009 年至 2016 年，县烟草专卖局与工商行政管理局协助司法部门共查获非法卷烟经销案件 773 起，涉案卷烟 509 万支，案值 880.64 万元。其中破获“1 · 04 国标”假烟网络案和“2 · 24 国标”假烟案件，抓获涉案人员 20 人（涉及福建、广东、河南、内蒙古、山东、山西 6 个省和自治区）刑拘 7 人，判刑 4 人，涉案金额达 559.4 万元。2014 年，查处各类涉烟违法案件 77 起，查扣卷烟 20.58 万支，涉案金额 45.89 万元；2015 年，查处各类涉烟违法案件 69 起，查扣卷烟 88.77 万支，涉案金额 51.94 万元；2016 年，共查处各类涉烟违法案件 64 起，查扣非法卷烟 86.06 万支，案值 165.76 万元 .

第六章　对外贸易

第一节　贸易业务

县外贸公司是兴县唯一的对外贸易业务机构，主要出口产品有7大类50余种。第一类为土产干果，共6种，有乌枣、家桃仁、苦杏仁、白瓜子、甜杏仁、山桃仁；第二类为粮油食品，共7种，有大明绿豆、红小豆、蓖麻子、蚕豆、豌豆、芸豆、小麻子；第三类为禽畜动物及皮毛，共30多种，有活家兔、山鸡、石鸡、野猪、狍羊及骆驼皮、牛皮、马皮、驴皮、骡皮、羊皮、猪皮、狗皮、猫皮、兔皮、狼皮、驼毛、牛毛、羊毛、马鬃、马尾、猪鬃、鸡毛、猪肠衣、羊肠衣等，其中猪羊肠衣产品比较出名，曾在1977年兰州召开的全国肠衣、猪鬃技术经验交流现场会上荣获第二名；第四类为毛发，有头发、发渣；第五类为纺织原料，有柞蚕茧、桑蚕茧2种；第六类为矿产，有铝矾土熟矿、云母矿2种；第七类为中药材，有槐米、大黄、土龙骨、柴胡、地骨皮、野玫瑰、赤芍等8种。

1989—2010年，兴县主要出口商品有大明绿豆、乌枣、铝矾土矿、活家兔和猪、羊肠衣5种。其中大明绿豆为大宗出口商品之一，颗粒均匀饱满、色泽鲜亮，在日本、德国很受欢迎。由兴县红枣加工而成的乌枣，色泽乌红发亮，皱纹均匀明显，核小、颗粒大、无鼓泡、无破头、无焦烟味、无虫蛀、无杂质、无污染，大小和含水量都符合标准，主要销往东南亚国家和地区。煅烧出口铝矾土矿，始于1983年，铝矾土矿在兴县加工煅烧成熟矿后由汽车运输至忻州、五寨、原平火车站，然后经由铁路外运到达天津口岸出口，为免检产品。

1989—2010年，兴县外贸公司累计收购、加工商品总值6692.12万元，累计销售（出口）各种土特产品8.73亿吨，累计销售（出口）收入达1.48亿元，为国家创外汇1825.82万美元。

1989—2010年兴县销售（出口）商品创收创汇统计表

表14-6-1-1

<table>
<tr><th>年 份</th><th>收购总值（万元）</th><th>主要销售（出口）产品</th><th>销售（出口）数量（吨）</th><th>销售收入（万元）</th><th>实现利税（万元）</th><th>创汇（万美元）</th></tr>
<tr><td>1989</td><td>535.3</td><td>铝矾土矿、绿豆、乌枣</td><td>1736</td><td>630</td><td>3.5</td><td>100</td></tr>
<tr><td>1990</td><td>553.6</td><td>铝矾土熟矿、大明绿豆、乌枣</td><td>1737</td><td>700.2</td><td>7</td><td>100</td></tr>
<tr><td>1991</td><td>416.36</td><td>大明绿豆、乌枣、铝矾土熟矿</td><td>12305</td><td>4960</td><td>10.98</td><td>700</td></tr>
<tr><td>1992</td><td>411.36</td><td>铝矾土熟矿、大明绿豆</td><td>1280</td><td>515.89</td><td>5.17</td><td>73</td></tr>
<tr><td>1993</td><td>467</td><td>铝矾土熟矿、绿豆、乌枣</td><td>1417</td><td>570.5</td><td>4.02</td><td>4.34</td></tr>
<tr><td>1994</td><td>540</td><td>铝矾土矿、乌枣、大明绿豆</td><td>10000863</td><td>751</td><td>6</td><td>6.48</td></tr>
<tr><td>1995</td><td>248</td><td>大明绿豆、乌枣</td><td>1280903</td><td>364</td><td></td><td>52</td></tr>
<tr><td>2000</td><td>403</td><td>大明绿豆</td><td>1390</td><td>560</td><td></td><td>80</td></tr>
<tr><td rowspan="2">2001</td><td>1722</td><td>大明绿豆</td><td>8610</td><td>3444</td><td rowspan="2"></td><td rowspan="2">600</td></tr>
<tr><td>399</td><td>铝矾土矿</td><td>22180</td><td>776</td></tr>
<tr><td rowspan="3">2010</td><td>560</td><td>大明绿豆</td><td>1420</td><td>703</td><td rowspan="3"></td><td rowspan="3">110</td></tr>
<tr><td>37.5</td><td>活兔</td><td>9.38</td><td>70.4</td></tr>
<tr><td>399</td><td>铝矾土矿</td><td>22180</td><td>776</td></tr>
</table>

第二节　管理机构

1989年，县外贸公司为局级公司，前身为县对外经济贸易局（简称外贸局），挂两块牌子，外贸局为正科级建制的行政单位，外贸公司为正科级建制的企业单位，二者合署办公。独立经营外贸业务。1990年，外贸公司有职工23名（其中合同工、临时工4名），经营工矿、粮油、土畜三大类商品，担负着为省、地各专业公司组织出口货源，为国家换取外汇的任务。

1991—1992年，县外贸公司隶属吕梁地区进出口公司管辖，为吕梁地区进出口公司兴县分公司。

1992 年 12 月，外贸公司归兴县人民政府管辖，根据县人民政府制定的对外开放的各项优惠政策，外贸公司向外推销本县各类优质土特产品，以吸引外商，引进外资，扩大对外开放。

1998 年 12 月，兴县外贸局有行政、事业职工 60 人；设局长 1 人、副局长 3 人，领导班子成员平均年龄 37 岁，其中大专以上文化程度 2 人，高中文化程度 2 人。内设机构有办公室、财务室、矾土股、粮油股 4 个股（室），下属单位有铝矾土加工厂。

2004 年起，兴县外贸局、外贸公司处于停业关闭状态，只留 3 名看护人员。

2016 年末，兴县外贸局有在册人员 32 人（不含退休职工），设局长 1 人，副局长 2 人，内设机构：办公室、财务室共 2 个股（室）。

第十五编

财政　税务

1989—2016 年，兴县财政经济经历了两个发展阶段。

其中，1989—2006 年，为兴县财政收入稳定增长阶段。1989 年全县财政总收入完成 767 万元（未包括上级为兴县下拨补助款 1128.9 万元），占预算（计划）608.4 万元的 126.1%；一般预算收入（地方财政收入）完成 709 万元，占预算（计划）608.4 万元的 116.5%。2006 年末，全县财政总收入达到 11734 万元，比 1989 年财政总收入增长 14.3 倍；一般预算收入完成 4022 万元，比 1989 年增长 4.7 倍。

2007—2016 年，为财政收入快速增长阶段。2007 年，全县财政总收入完成 1.53 亿元，一般公共预算收入 5767 万元。2016 年，全县财政总收入增长到 18.73 亿元，一般公共预算收入增长到 7.12 亿元，分别比 2007 年财政总收入和一般预算收入增长 11.24 倍和 11.35 倍。县级基本财力保障能力明显提升。

2000 年起，全县改革财政管理体制，对各乡（镇）、各部门和单位实行年初编制、审核支出预算制度；实行政府集中采购和招标采购、国库集中支付制度，实行乡（镇）财县管乡（镇）用制度。

税务方面，1989—1993 年（税改前），兴县税务局共组织各项税收 4087.9 万元，年均 817.58 万元。1994—2016 年，实行税制改革后，兴县地方税务局和国家税务局共组织各项税费收入 171.36 亿元，年均 7.45 亿元，比改革前年均税收增长 90.1 倍。

第一章 财 政

第一节 财政体制改革

编制支出预算

2004年，财政部门进一步强化部门预算管理，按照“以收定支、量入为出、零基预算”的原则，要求各部门年初编制支出预算，提高部门预算透明度。当年，部门预算在5个单位进行试点。2005年试点单位扩大到15个。2006年全县所有一级预算单位和部分二级预算单位实行了部门预算编制，做到了定员定额标准，统一了部门预算编制口径，实现预算编制电子化，建立了相应的项目库，严格支出监管，强化了预算约束。2007年，在认真测算、反复研讨的基础上，县财政局出台了《部门预算编制方案》。各部门、单位严格按照政策规定、定额标准及财力许可等要求，兼顾可操作性，据实编制了预算，完善了财政预算编制模式，并安装了e财软件。

实行政府集中采购和招标采购制度

2001年，兴县试行政府集中采购部分物资，集中采购范围包括水利物资购置，部分单位的车辆、设备设施购置等。对达到一定采购规模的，实行公开招标采购的办法，规范了资金使用程序，提高了财政资金使用效益。当年政府集中采购金额达105万元。2002年4月，兴县政府采购中心成立，具体负责政府采购工作。

2005年，稳步推进政府集中采购工作，为雁门关生态畜牧经济区种草项目采购紫花苜蓿草籽1.05万千克、种羊3323只、树苗33万株，金额19万元；为城建局采购翻斗车2台、装载机1台，金额25万元；为发展和改革局以工代赈项目采购水泥1500吨，金额16.2万元。

2007年，兴县人民政府采购监督管理委员会成立，委员会办公室设在财政局（简称采购办），为正科级建制，主要职责是监管政府集中采购，形成了政府采购与监管分离的管理方式。

2008年，开展治理政府采购领域商业贿赂工作，从采购招标到集中采购实行全程监管。当年政府集中采购31批次，采购规模781万元，节约资金79.6万元，节约率为10.19%。

2009—2016年，政府集中采购货物和服务类限额由3万元提高到10万余元，工程类限额由30万元降到10万元，实行公开招标采购限额提到80万元。其中，2015年完成政府集中采购资金8652.96万元，占采购预算资金9551.16万元的90.6%，节约率为9.4%。

2009年，县政府采购监督管理委员会编制印发《2009—2010年政府集中采购目录及采购限额标准》。规定货物类、服务类采购金额达3万元，工程类金额达30万元的，必须实行政府集中采购；货物类、服务类采购总值达10万元，工程类采购总值达50万元的，均须实行公开招标采购，此举使采购程序更加规范。

2013年，采购办制定、印发《政府集中采购目录及采购限额标准》，规定货物和服务类采购规模达5万元、工程类采购规模达30万元的，均须实行政府集中采购；货物和服务类采购规模达30万元，工程类采购规模达50万元的，则必须采用公开招标方式采购。

2014年，财政局转发《山西省财政厅关于转发〈财政部 中国民用航空局关于加强公务机票购买管理有关事项的通知〉的通知》。同年8月，县财政局印发《2014年政府集中采购目录及采购限额标准》，规定货物和服务类采购规模达10万元、工程类采购规模达50万元的均实行政府集中采购；货物、服务类和工程类采购总值达50万元者均须实行公开招标采购。

2015年，财政局转发《吕梁市财政局关于转发〈山西省财政厅关于精减优化政府采购审批管理流程的通知〉的通知》，并附政府集中采购方式变动申批表，政府集中采购由审批制变为备案制，明确了采购人主体责任；转发了《山西省财政厅关于印发规范政府采购行为管理办法的通知》和《吕梁市财政局关于转发〈财政部关于做好政府采购信息公开工作的通知〉的通知》，进一步规范了政府集中采购程序。全年完成政府集中采购资金 8652.96 万元，占采购预算资金 9551.16 万元的 90.6%。

2016 年，《兴县 2016—2017 年度集中采购目录及采购限额标准》规定，货物类、服务类和工程类采购规模达 10 万元者均实行政府集中采购，采购规模达 80 万元者须实行公开招标采购。

实行乡（镇）财县管制度

乡（镇）财县管，是适应社会主义市场经济需要，为巩固农村税费改革成果，进一步完善财政管理体制而构建的公共财政框架。2007 年 12 月，兴县财政局积极推进乡（镇）财县管改革，根据《兴县乡财县管改革实施方案》，兴县乡（镇）财管理中心及所属驻乡（镇）核算组成立，为乡（镇）财县管乡（镇）用的具体实施单位。

驻乡（镇）会计核算组，是乡（镇）财管理中心的派出机构，其职责是负责审核乡（镇）预算单位提出的年度收支预算建议计划，汇总部门预算，编制本级政府年度预算草案，并上报县财政局乡财管理中心；负责乡（镇）财政票据发放、核销和监管，督促非税收入收缴，审核预算单位分月用款计划，并汇总上报；负责发放国家对农民的各项扶持资金（包括扶贫、优抚、粮食补贴、退耕还林等资金），并建立健全相关档案；负责审核、汇总乡（镇）部门决算，编制本级财政决算，代理乡（镇）预算单位会计核算；定期编制报送各类会计报表；审核预算单位原始凭证的合法合规性；办理各项收支业务结算事项，严格按款项用途支付资金；做好会计资料收集、整理、归档、保管工作，年度终了及时向预算单位移交；负责乡（镇）核算组承担的其他工作和上级财政部门交办的其他财政财务工作。

实行乡（镇）财县管后，乡（镇）预算单位保持资金所有权、使用权和财务审批权不变；编报本单位预算收支建议计划；组织本单位负责的财政性资金收入，按规定缴入乡（镇）会计核算组开设的“结算专户”；管理本单位领用的财政票据，并根据年度预算向驻乡（镇）会计核算组提出单位分月用款计划；到驻乡（镇）会计核算组办理财务手续；与驻乡（镇）会计核算组共同编制单位年度财务决算。

实行乡（镇）财县管后，各乡（镇）原有账户全部取消，然后由各乡（镇）会计核算组统一开设“结算专户”“工资专户”“支出专户”“村级资金专户”。其中,“结算专户”,用于核算县财政拨付的除工资以外的所有资金和往来款项，包括专项资金、各项周转资金、行政事业性收费、其他收入、上级补助乡（镇）的各项收入及县财政调度资金、乡（镇）借款等。“工资专户”用于核算发放乡（镇）在职人员、离退休人员工资和民政定补款等，该账户资金不准交叉使用，只能用于工资和民政定补款的发放。年底如有余额，结转下年或转入“支出专户”。“支出专户”，用于核算公务费和一般性支出，该账户不得接收除“结算专户”拨款以外的一切收入。乡（镇）预算单位根据会计核算组反馈的资金情况，提出用款计划，经乡（镇）领导核签后报会计核算组安排支出，属政府采购项目的，必须报县政府采购办统一办理采购手续，会计核算组才能拨付资金。“村级资金专户”用于核算预算安排的村级补助资金、乡管村用的集体收入、其他收入等村级资金，该账户资金不能交叉使用，余额结转下年继续使用。

实行乡（镇）财县管后，乡（镇）预算单位必须设立固定资产登记账册，建立固定资产台账，详细记录本单位固定资产的来源、权属、增加或减少情况；定期或不定期对固定资产进行清查盘点、保证账账相符、账实相符，严禁存在账外资产和公物私用。年度终了，应当进行全面清查盘点，并根据规定，向财政、国有资产管理部门编制和报送固定资产变动情况表和分析说明；对盘亏情况报财政部门批复后，按规定进行账务处理；同时要盘活存量资产，提高资产使用效益，乡（镇）闲置资产由县财政部门统一调配使用。

实行乡（镇）财县管后，乡（镇）财政财务管理主要包括五项内容。

共编预算。县财政局按有关政策，结合财力实际，兼顾需要与可能，确定预算安排顺序和重点，制定乡（镇）财政预算安排的指导意见。乡财管理中心要根据县财政部门的具体指导意见，按照统一的定额标准、编制口径和部门预算编制的程序，编制预算上报计划。县财政对乡（镇）财政的预算审查综合平衡后，报县人民代表大会审查通过后，下达各乡（镇）执行。

账户统管。乡财管理中心，全面代理乡（镇）总预算会计业务，负责乡（镇）财务报账审核事宜。总会计具体负责本乡（镇）预算内外财政资金的核算、现金调度、年度收支预决算的编制和报送，组织本级预算执行，并做好预测和分析，具体管理结算专户、工资专户。核算会计负责乡（镇）各预算单位的财务收支和各会计事项，具体管理“支出专户”“村级资金专户”，并协助总会计管理“工资专户”。

集中核算。乡（镇）会计核算组具体负责乡（镇）财务核算工作，乡（镇）及其所属单位的会计业务，统一由乡（镇）会计核算组实行核算，各单位设报账员，负责单位有关原始凭证的收集、整理、初审，可设置备查账簿登记各项事项，不得在金融部门开设银行账户。

采购统办。为强化乡（镇）财政支出管理，规范乡（镇）政府采购行为，实行乡（镇）财县管乡（镇）用改革后，乡（镇）的采购属采购目录范围内的、价值在规定数额以上的大宗项目一律由县政府采购办集中采购。

票据统管。乡（镇）使用的行政事业性收费等票据，其管理权属县财政局，严格实行“限额领用、票款同行、以票管收、定期缴销”的制度，严禁坐收坐支，严禁转移和隐匿各项收入。

实行国库集中收付制度

2001年开始，县财政实行国库集中收付制度。要求一级预算单位全部实行国库集中支付，工资、扶贫资金、教育专项资金及种粮直补资金等全部纳入国库集中支付；公教人员工资一律实行专户管理，统一发放；对全县各类行政性收费、罚没收入实行“票款分离、收缴罚缴分离”的收支两条线管理模式，实行统一票据管理，全年核销各类票据2050本。

第二节 财政收入

总收入

1989—2016年，兴县财政收入经历了两个发展阶段。

其中，1989—2006年，为财政收入稳定增长阶段。1989年全县财政总收入完成 767 万元，一般预算收入完成 709 万元。2006 年末，全县财政收入首次突破亿元大关，达到 11734 万元，比 1989 年增长 14.3 倍；一般预算收入完成 4022 万元，比 1989 年增长 4.7 倍。

2007—2016 年，为财政总收入快速增长阶段。2007 年，全县财政总收入完成 1.53 亿元，一般预算收入完成 5767 万元。2016 年，全县财政总收入完成 18.73 亿元，一般预算收入完成 7.12 亿元。分别比 2007 年增长 11.24 倍和 11.35 倍。县级基本财力保障能力明显提升，财政增收与经济增长呈现良性互动发展态势。

1989—2016 年兴县财政收入构成统计表

表 15-1-2-1

年份	财政总收入（万元）	比上年增长（%）	其中		分系统完成情况		
			中央省市收入（万元）	一般预算收入（万元）	国税完成（万元）	地税完成（万元）	财政系统完成（万元）
1989	767	24.7	58	709	560（国地税分设前）		207
1990	864	12.7	96.7	767	623（国地税分设前）		241
1991	925	7.1		925	706.3（国地税分设前）		218.9
1992	1085	17.3	192	893	814（国地税分设前）		271
1993	1641	51.2	683	958	1174.6（国地税分设前）		466.4
1994	1816	10.7	754	1062	1069	649	98
1995	2212	21.8	888	1324	1285	692	235
1996	1959	-11.5	910	1049	1013	582	364
1997	2033	3.8	815	1218	1040	555	438
1998	2157	6.1	800	1357	1089	697	371
1999	1777	-17.6	634	1143	866	592	319
2000	1796	1.1	648	1148	993	627	176
2001	2061	14.8	741	1320	1186	729	146
2002	2728	32.4	1570	1158	1240	1009	479
2003	3489	27.9	1927	1562	1424	1346	719
2004	4926	41.2	2974	1952	2415	1708	803
2005	7586	54	4562	3024	4057	1891	1638
2006	11734	54.7	7712	4022	7750	2175	1809
2007	15306	30.4	9539	5767	10200	3458	1648

续表 15-1-2-1

年份	财政总收入（万元）	比上年增长（%）	其中		分系统完成情况		
			中央省市收入（万元）	一般预算收入（万元）	国税完成（万元）	地税完成（万元）	财政系统完成（万元）
2008	26313	71.9	15570	10743	14771	7026	4516
2009	35816	36.1	21050	14766	19023	10560	6233
2010	66001	84.3	47940	18061	39592	25022	1387
2011	171858	160.4	122123	49735	97282	65124	9452
2012	252788	47.1	179513	73275	133458	103927	15403
2013	270500	7	190342	80158	121354	134107	15039
2014	218494	−19.2	138283	80211	111112	89722	17660
2015	219935	0.66	156645	63290	120350	90283	9302
2016	187287	−14.8	116096	71191	101787	67330	18170

注：上表中 1989—1995 年“财政总收入”未包含上级下拨补助资金：1989 年 1128.9 万元，1990 年 1352.9 万元，1991 年 1492.7 万元，1992 年 1512.7 万元，1993 年 1822.6 万元，1994 年 2452.7 万元，1995 年 3083 万元。“分系统完成”中为税务局征收工商税，未包括 1989—1993 年征收农牧业税 210 万元

预算收入

1989 年，财政总预算收入 608.4 万元，实际完成 767 万元，占预算的 126.1%；一般预算收入完成 709 万元，占预算 608.4 万元的 116.5%。

2006 年，财政总预算收入 8979 万元，实际完成 11734 万元，占预算的 130.7%；一般预算收入完成 4022 万元，占预算 3033 万元的 132.6%。2016 年，财政总预算收入 22.2 亿元，实际完成 187287 万元，占预算的 84.4%；一般预算收入完成 71191 万元，占预算 6.63 亿元的 107.4%。

1989—2016 年兴县财政预算收入与实际完成情况统计表

表 15-1-2-2　　单位：万元、%

项目 / 年份	财政总收入			一般预算收入		
	预 算	完 成	完成预算	预 算	完 成	完成预算
1989	608.4	767	126.1	608.4	709	116.5
1990	739.7	864	116.8	739.9	767	103.7
1991	925	925	100	620	925	149.2

续表 15-1-2-2

项目 年份	财政总收入			一般预算收入		
	预 算	完 成	完成预算	预 算	完 成	完成预算
1992	1119.4	1085	96.9	732	893	122
1993	1145.2	1641	143.3	864	958	110.9
1994	1746.8	1816	104	1063	1062	99.9
1995	2083	2212	106.2	1150	1324	115.1
1996	2320	1959	84.4	1374	1049	76.4
1997	1987	2033	102.3	1163	1218	104.7
1998	2120	2157	101.8	1306	1357	103.9
1999	2268	1777	78.4	1414	1143	80.8
2000	1816	1796	98.9	1168	1148	98.3
2001	1946	2061	105.9	1215	1320	108.6
2002	2300	2728	118.6	1900	1158	61
2003	3010	3489	115.9	1295	1562	120.6
2004	4068	4926	121.1	1698	1952	115
2005	6002	7586	126.4	2132	3024	141.8
2006	8979	11734	130.7	3033	4022	132.6
2007	15120	15306	101.2	4780	5767	120.7
2008	19914	26313	132.1	7129	10743	150.7
2009	26430	35816	135.5	9334	14766	158.2
2010	55000	66001	120	18430	18061	98
2011	100000	171858	171.9	26000	49735	191.3
2012	230000	252788	109.9	64700	73275	113.3
2013	267500	270500	101.1	96000	80158	83.5
2014	274500	218494	79.6	96800	80211	82.9
2015	221600	219935	99.3	62699	63290	100.9
2016	222000	187287	84.4	66300	71191	107.4

第三节 财政支出

总支出

1989—2011年，兴县财政年总支出由1858.3万元增加到16.16亿元，增长86倍。其中经济建设（农业、工商业等）年支出由229.1万元增加到3256万元，增长13.2倍；基础建设（包括城市基础设施维护、环保、林业、水利、气象和交通运输）年支出由229.1万元增加到3.68亿元，增长159.6倍；公共安全（公安、检察、法院等司法部门）年支出由80.6万元增加到7144万元，增长87.6倍，教育、科技、文化、卫生年支出由675.3万元增加到5.01亿元，增长73.2倍；优抚、社保年支出由176.2万元增加到1.09亿元，增长60.9倍；公共服务支出由2006年的5419万元增加到1.72亿元，增长2.17倍。

到2016年，县财政基础建设年支出达到6.82亿元，比1989年增长296.7倍；教育、科技、文化、医疗卫生年支出达到6.54亿元，比1989年增长95.9倍；优抚、社会保障年支出额达到3.7亿元，比1989年增长209倍。这表明只有经济的快速发展和大幅增长，才能实现社会的全面进步。

1989—2016年兴县财政支出分类情况简表

表15-1-3-1 单位：万元

年份	总支出额	其中						
		经济建设	基础建设	公共安全	教科文卫	优抚社保	公共服务	其他
1989	1858.3	229.1	229.1	80.6	675.3	176.2	—	468
1990	2154	276	160.2	133.5	815.4	189.7	—	579.2
1991	2329.9	326	187.7	145.6	844.6	260.6	—	565.4
1992	2874.3	344.1	214.5	183.7	1086.5	274.6	—	770.9
1993	3333.6	365.2	235.4	208	1184.9	254.8	—	1085.3
1994	3332.2	424.9	244.8	217	1367.8	245.2	—	833.5
1995	4151	595	292	292	1652	321	—	999
1996	4990	468	503	1216	1391	852	—	560
1997	5624	298	336	364	2224	328	—	2074
1998	6918	379	429	348	2203	688	—	2871

续表 15-1-3-1

年份	总支出额	其中						
		经济建设	基础建设	公共安全	教科文卫	优抚社保	公共服务	其他
1999	6982	317	461	377	2413	914	—	2500
2000	7931	440	499	423	2663	838	—	3068
2001	11900	939	768	605	3942	1192	—	4454
2002	13600	621	817	679	5238	1365	—	4880
2003	16900	1503	569	829	6128	1841	—	6030
2004	21700	796	4362	890	7257	1707	—	6688
2005	26200	1552	3359	1202	9588	5548	—	4951
2006	35300	957	7540	1681	11205	4210	5419	4288
2007	42300	598	10200	2271	13742	4941	8661	1887
2008	56000	1534	13100	3058	20333	5832	11600	543
2009	73482	6575	14700	4239	23279	7607	11300	5782
2010	94400	2152	31200	4239	33279	7607	14000	1923
2011	161600	3256	36800	7144	50100	10900	17200	36200
2012	170276	—	32000	6676	115900	15700	—	—
2013	208000	—	96700	—	72100	17900	—	21300
2014	184400	—	68100	6629	71700	19500	14700	3771
2015	209800	—	60000	—	75800	21400	—	52600
2016	205100	—	68200	—	65400	37000	—	34500

预算支出与决算支出

1989—1991 年，县财政预算支出分别为 2074.4 万元、2321 万元、2339.2 万元，决算支出分别占预算支出的 89.6%、92.8%、99.6%，均未超出预算。

1992—1999 年，决算支出均超过预算支出。其中，1992 年，预算支出 2655.5 万元，决算支出 2874.3 万元，超预算 8.2%；1993 年，预算支出 3080.4 万元，决算支出 3333.6 万元，超预算 8.2%；1994 年，预算支出 3160.6 万元，决算支出 3332.2 万元，超预算 5.4%；1995 年，预算支出 3747 万元，决算支出 4151 万元，超预算 10.8%；1996 年，预算支出 4236.7 万元，决算支出 4990 万元，超预算 17.8%；1997 年，预算支出 4545 万元，决算支出 5624 万元，超预算 23.7%；1998 年，预算支出 6468 万元，决算支出 6918 万元，超预算 7%；1999 年，预算支出 4656 万元，决算支出 6982 万元，超预算 50%。

2000—2003 年，预算支出分别为 1.03 亿元、1.45 亿元、1.36 亿元、1.98 亿元，决算支出分别为 7931 万元、1.19 亿元、1.36 亿元、1.69 亿元，分别占预算的 77%、82.1%、100%、85.4%，均未超出预算。

2004 年，预算支出 1.08 亿元，决算支出 2.17 亿元，超预算 100.9%；2005 年，预算支出 3.41 亿元，决算支出 2.62 亿元，占预算的 76.8%；2006 年，预算支出 1.57 亿元，决算支出 3.53 亿元，超预算 124.8%。

2007 年，预算支出 5.81 亿元，决算支出 4.23 亿元，占预算的 72.8%；2008 年，预算支出 7.73 亿元，决算支出 5.6 亿元，占预算的 72.5%；2009 年，预算支出 9.77 亿元，决算支出 7.35 亿元，占预算的 75.2%；2010 年，预算支出 12.47 亿元，决算支出 9.44 亿元，占预算的 75.7%；2011 年，预算支出 16.57 亿元，决算支出 16.16 亿元，占预算的 97.5%；2012 年，预算支出 19.66 亿元，决算支出 17.03 亿元，占预算的 86.6%；2013 年，预算支出 22.4 亿元，决算支出 20.8 亿元，占预算的 92.9%；2014 年，预算支出 19.78 亿元，决算支出 18.44 亿元，占预算的 93.2%；2015 年，预算支出 15.2 亿元，决算支出 20.98 亿元，超预算 38.03%；2016 年，预算支出 21.13 亿元，决算支出 20.51 亿元，占预算的 97.1%。

预算外支出

1989—2016 年，县财政决算支出累计有 11 年超出预算，其中 1992 年，超预算支出 218.8 万元，占当年财政总收入的 20.2%；1993 年超预算支出 253.2 万元，占当年财政总收入的 15.4%；1994 年超预算支出 171.6 万元，占当年财政总收入的 9.5%；1995 年超预算支出 404 万元，占当年财政总收入的 18.3%；1996 年超预算支出 753.3 万元，占当年财政总收入的 38.5%；1997 年超预算支出 1079 万元，占当年财政总收入的 53.1%；1998 年超预算支出 450 万元，占当年财政总收入的 20.9%；1999 年超预算支出 2326 万元，占当年财政总收入的 130.9%；2004 年，超预算支出 10900 万元，占当年财政总收入的 221.3%；2006 年，超预算支出 19600 万元，占当年财政总收入的 167.04%；2015 年，超预算支出 5.78 亿元，占当年财政总收入的 26.3%。

第四节 财政监管

会计管理

实行会计统一委派制度 1994年，为进一步提高会计从业人员的业务素质，县财政局聘请专家对全县行政事业单位、村级会计进行了专题培训和业务培训。

1998年，实行会计委派制度，财政局对县直各独立核算单位会计员实行统一调派、委派，单位不再拥有财会人员调派权；对工商企业统一派驻了财务总监。同年12月，兴县会计管理局成立，对县直行政事业单位会计实行了人事、经费直接管理，同时精简26个核算单位，精简合并后会计核算单位变为56个。

1999年，全县择优录用57名会计，委派到县直57个单位，委派会计人权、事权归会计局统一管理。

2001年，加强委派会计人员的后续教育管理工作，组织会计人员进行了两次业务培训，提高了委派会计人员的专业水平；严格执行会计例会制度，上半年召开会计例会53次，累计参会人数达639人次；对485名会计人员的会计证进行了年检；组织116人参加了专业技术资格考试，其中中级102人、初级14人，并有20人报考注册会计师；由县人大抽调财政、审计业务骨干对16户重点单位进行了"一法一例"检查，保证了会计信息的真实、准确，提高了会计运行质量。

成立会计核算中心 2002年机构改革中，撤销会计局，成立会计核算中心，各单位会计业务归会计核算中心承办。

2007年，会计核算中心分别举办了乡财政预算、核算会计培训和教育系统专职会计培训，参训人数达150余人；对所有行政事业单位会计进行了继续教育培训，参训人数达325人；组织11人参加了注册会计师考试，36人参加了会计专业技术资格考试（合格6人），89人参加了会计电算化考试（合格75人）；对全县会计从业人员进行了清理和注册登记；组织562人参加了全国财政法规知识竞赛，财政干部参赛率达100%。

2009—2012年，会计核算中心组织所有行政事业单位会计进行了继续教育培训，先后举办农村会计培训、会计继续教育培训、国库集中支付退账、乡（镇）财政干部培训和会计软件培训9期，参训1000多人次，提高了县乡（镇）财会人员业务能力。

2014年，会计核算中心举办了县乡（镇）财会人员培训，组织了会计从业资格考试。2015年，会计核算中心分期对县直预算单位财务规范与实务操作人员和乡（镇）财政干部进行集中培训，参训人数达到150余人；分2期对500余名农村财会人员进行了培训。

2016年8月29日至9月1日，财政局、会计核算中心组织基层财务人员和分管财务负责人在省财政厅培训中心进行了集中培训。11月4日—9日，分2期对500余名农村财会人员进行了培训。

预决算管理

科学编制预算　多年来，县财政一直遵循的预算编制原则是：服从国家财政的集中统一领导，保证完成上级下达的收支任务；以国民经济和社会发展计划为基础依据，参照上年度收支情况适当安排预算；量入为出，略有结余，保持收支平衡。预算编制程序，一般采取先自下而上、后自上而下相结合的方法，即先由各预算单位(包括乡镇财政)向县财政部门报回本单位的收支计划数，然后县财政根据上级下达的年度收支计划，参照各预算单位报回的收支计划和上年度收支情况,编制县级财政预算草案,经县人民政府讨论通过后,提请县人民代表大会审查批准，最后将批准的预算数下达各预算单位。对预算支出，按照保证重点、照顾一般、最大限度发挥资金效益的原则，首先保证固定性支出，即各预算单位工作正常运转所需的经费(公用部分和个人部分)，然后考虑一般公共服务支出、教育支出、科学技术支出、社会保障和就业支出、卫生健康支出、节能环保支出、城乡社区支出、农林水支出等专项支出及其他支出。对乡（镇），首先确定管理体制，或定收定支，或收支包干，或定额补助，然后根据其上报预算表和历年收支情况核定基数，再确定上缴比例或补助数额。2004年，兴县部门预算在5个单位进行试点。2006年，全县所有一级预算单位和部分二级预算单位实行了部门预算编制，强化了预算约束。2007 年，财政局出台了《部门预算编制方案》，各部门、各单位严格按照政策规定、定额标准及财力许可等要求，据实编制了单位部门预算，完善了财政预算编制模式，并安装了 e 财软件。

完善决算审核　（一）审查各预算单位的部门决算收支报表，包括收入支出总表，支出明细表、资产负债表和基本数字表，单位的预算收入根据权责发生制以财政部门“指标下达数”为核算基准进行审核，支出以实际发生额为基准核算。

（二）编制第一类收支决算表，包括收支决算总表，反映县财政总预算和决算收入、支出与结余情况。其中的“预算数”为经市财政核定批准的报县人大批复的县财政年度预算指标；“地方调整预算数”为县财政根据本县财力情况和实际需要进行科目调剂、动用预备费和上年结余，调入其他资金等安排后的调整预算数；“决算数”为县财政总预算会计总账中全年实际支出累计数；本年收入支出合计线以后，填列的是本年上级补助、分成上缴和县财政的其他结算事项以及滚存结余和净结余。编制支出明细表，需清楚地说明预算支出的用途。编制预算收入支出和结转下年使用调整表，主要反映本县财政预算支出在结构上的调整（包括科目调剂、动用预备费，动用上年结余和上年结转本年等项目）是否合理，是否按照国家政策规定办事。编制年终资产负债表，必须反映县财政上年和本年年终决算时资金的分布和运用结果，其中期初数就是上年决算本表期末数，期末数是本年已结转的总账户的余款数额。编制政府债务余额情况表，反映县政府的年终总体债务情况。

（三）编制第二类基本数字情况表。主要反映全县各行政、事业单位的机构、财政供养人员、学生人数的各项情况。

（四）编制第三类附表，即乡镇人员信息表、其他相关指标表等。

县财政决算表编成后，报县人民政府审查，经县长签字，县人民政府盖章后，逐级上报。报审期间，由县财政部门受县人民政府委托向县人民代表大会作上年度财政决算和下年度财政预算报告，经大会审查批准后，方为本县人民政府财政年度的正式决算，并经政府网站公开。

政府集中采购管理

2007年，兴县政府采购监督管理委员会成立，委员会办公室（简称采购办）设在财政局，为正科级建制，主要职责是监管政府集中采购，形成政府采购与监管分离的管理方式。2008年，开展治理政府采购领域商业贿赂工作，从采购招标到集中采购实行全程监管。

2009—2016年，政府集中采购货物和服务类限额由3万元提高到10万余元，工程类限额由30万元降到10万元，实行公开招标采购限额提到80万元。

2009年，财政局向全县印发了《2009—2010年政府集中采购目录及采购限额标准》。规定货物类、服务类采购金额达3万元，工程类金额达30万元的，必须实行政府集中采购；货物类、服务类采购总值达10万元，工程类采购总值达50万元的，均须实行公开招标采购，这一举措使采购程序更加规范。

2013年，财政局制定、印发的《政府集中采购目录及采购限额标准》规定：货物和服务类采购规模达5万元、工程类采购规模达30万元的，均须实行政府集中采购；货物和服务类采购规模达30万元，工程类采购规模达50万元的，则必须采用公开招标方式采购。

2014年，财政局转发了《山西省财政厅关于转发〈财政部 中国民用航空局关于加强公务机票购买管理有关事项的通知〉的通知》。同年8月，财政局印发了《2014年政府集中采购目录及采购限额标准》，规定货物和服务类采购规模达10万元、工程类采购规模达50万元的均实行政府集中采购；货物、服务类和工程类采购总值达50万元者均须实行公开招标采购。2015年，县财政局转发了《吕梁市财政局关于转发〈山西省财政厅关于精减优化政府采购审批管理流程的通知〉的通知》，并附政府集中采购方式变动申批表，政府集中采购由审批制变为备案制，明确了采购人主体责任；转发了《山西省财政厅关于印发规范政府采购行为管理办法的通知》和《吕梁市财政局关于转发〈财政部关于做好政府采购信息公开工作的通知〉的通知》，进一步规范了政府集中采购程序。

2016年，县财政局印发《兴县2016—2017年度集中采购目录及采购限额标准》的通知，规定货物类、服务类和工程类采购规模达10万元者均实行政府集中采购，采购规模达 80 万元者须实行公开招标采购。

农业财政管理

1986—2000 年，农业财政管理主要是对财政支农周转金的管理。兴县严格执行《山西省财政厅关于财政支农周转金使用管理办法》，做到在预算内安排、预算外管理，以借货形式有偿使用，到期回收周转使用。周转金发放的对象是实行独立经济核算的乡镇企业、农村合作经济组织、国营农林牧渔企事业单位以及专业户和有偿还能力的贫困户等，周转金支持的项目必须是自然资源较好、投资较少、见效较快、直接经济效益明显的项目。财政支农周转金主要帮助解决短期和中期周转的困难。

2003—2016 年，财政支农资金严格报账制管理，增加报账项目和单位，继续实行“部门申报、财政审核、款项到户”的管理办法，提高了支农资金使用效益。

2003 年，开展农村税费改革工作。当年国家即投入税改转移支付补助 1488 万元，取消乡统筹；当年全县农民实际承担农业税及附加 365.3 万元，亩均税额 5.47 元，人均税额 16.61 元，比 1997—2001 年农民实际年均承担税费 81.74 元减少 65.13 元。

2004 年，取消农业特产税，2005 年取消农业税；以后国家逐年加大兴县税改转移支付投入力度，到 2008 年增加到 3069 万元。

2005 年，强化农业资金管理，建立项目立项、施工、验收、拨款等事前、事中、事后全方位监督制度。严格核查各类支出，加大资金追踪问效、效绩评价和责任追究力度；制定加强退耕还林资金管理和粮食直补工作的管理办法，细化了管理程序，使粮食资金管理规范运行。

2007 年，强化粮食直补工作的督查力度，对 17 个乡（镇）426 个自然村 4.49 万农户的种粮面积进行了逐村逐户核实统计，核定全县承包土地面积 87.46 万亩，实际播种面积 84 万亩。完成信息录入工作，实现了种粮直补台账式信息管理。

同年，对乡（镇）预算单位专项资金实行按工程进度办理资金拨付手续进行追踪反馈，督促单位按项目实施要求，建立健全项目实施过程中的各项图表、文字或影像资料，项目完成后及时向县财政部门报送专项资金支出决算或使用效果的书面报告，并接受财政、审计部门的检查和监督，确保专款专用，发挥效益。推行粮食直补、教育“两免一补”资金公示制，建立公正、公开、公平、规范的专项资金分配新机制；坚持项目申报审批程序，推行标准文本申报制度，实行市场化运作、工程化管理、标准化验收，保证项目质量；项目资金报账制更加精细化，资金拨付由主管部门提出申请，财政按进度直接将资金拨付项目施工单位或项目户。

2008年，加大粮食直补工作的监管力度，对种粮农民全面实行信息化管理。建立项目库并出台管理办法，全年入库项目262个，其中经济项目250个，农业项目12个。2010年，筹资6391.6万元，及时足额拨付粮食直补资金。继续落实“家电下乡”“汽车摩托车下乡”以及“汽车、家电以旧换新”等消费政策，推进实施“万村千乡市场工程”“放心粮油工程”等惠民工程，促进了消费增长。

2012年，财政局整合支农资金，建立资金管理长效机制，严格支农、社保、教育、基建等专项资金专户管理，确保各类资金专款专用，安全高效。2015年，财政局强化对重点项目、重点工程等方面的资金使用监管和对社会关注热点资金的专项检查与跟踪问效，对近年来财政安排的17个项目支出（包括专项转移支付资金）进行了2次绩效评价，评价金额5.27亿元，促进了单位预算绩效管理。

2016年，改革财政涉农资金管理使用机制。统筹整合使用各级财政安排用于农业生产发展和农村基础设施建设等方面的资金，其中包括中央层面的财政专项扶贫资金、农田水利设施建设和水土保持补助资金、现代农业生产发展资金、农业技术推广与服务补助资金、林业补助资金、农业综合开发补助资金、农村综合改革转移支付，新增建设用地、土地有偿使用费安排的高标准基本农田建设补助资金，农村环境连片整治示范资金、车辆购置税、一般公路建设项目资金（支持农村公路部分）、农村危房改造补助资金、中央专项彩票公益金支持扶贫资金、产粮大县奖励资金、生猪（牛羊）调出大县奖励资金（省级统筹部分）、农业资源及生态保护补助资金（对农民的直接补贴除外）、服务业发展专项资金（支持新农村现代流通服务网络工程部分）、江河湖库水系综合整治资金、全国山洪灾害防治经费、旅游发展基金以及中央预算内投资用于“三农”建设部分（不包括重大引调水工程、重点水源工程、江河湖泊治理骨干重大工程、跨界河流开发治理工程、新建大型灌区、大中型灌区续建配套和节水改造、大中型病险水库水闸除险加固、生态建设方面的支出）的资金。当年，全县统筹整合涉农资金2.23亿元，其中，中央财政专项资金876.73万元、省级专项资金1.97亿元、市级专项资金1049.8万元、县级专项资金671.08万元。

企业财政管理

1988年，兴县国营企业根据国家深化经济管理体制改革的精神及转换经营机制的精神，按照“包死基数，确保上交，超收多留，欠收不补”的原则，全部实行多种形式的承包经营责任制，并在运行中不断加以完善。

2000年前的企业固定资产管理。1990年，财政局组织专门力量，对全县国有资产进行了认真细致的调查核实，基本摸清全县49户国营企业（工业15户、交通1户、商业6户、粮食25户、农机1户、电影1户）国有资产底子，总额为5671.1万元。1991年，全县国有企业资产总额为5243.2万元。1993年，全县国有企业资产总额达5123万元。1994年，国有资产总额为6654万元，其中工业部门5785万元，供销企业261万元，物资企业38万元，交通部门4万元，商业、粮贸、金融部门515万元，农林水及其他部门32万元，文化部门19万元。

2000年后对重点企业实行封闭管理。2001年，县人民政府对重点工业企业实行“封闭管理、统一开户、统一收费”的办法。2002年，对民营铁厂、煤矿及4户国有企业的税收实行“年初核定、按月考核、当月公布”，对107户纳税对象开展了收入结构调查，为制定合理的税收计划奠定了基础；加强对焦炭行业纳税管理，抽调专人对全县47座焦化厂、109座改良焦炉和179座土焦炉进行详细的摸底调查。2003年，对全县实行封闭管理的27户企业的收费标准额度重新予以评估、核实，规范了收费行为。2004年，对重点企业实行了监控制度，对民营铁厂、煤矿的税收实行“核定任务、按月考核、当月公布”的办法。6月，逐户核实企业纳税，对拖欠税费的铁厂、煤矿采取限电和不予办理复产手续等办法，强化了企业纳税意识，加快了入库步伐。2005年，财政局机关领导和企业股人员深入各封闭企业，调查生产经营状况，督促及时上缴封闭管理费，杜绝其他收费部门进入封闭企业乱收费行为，为企业营造了良好的发展空间。

扶持新建企业，努力培植可持续财源。2003年9月9日，兴县西川工业园区成立。2005年，吕梁市人民政府批复兴县西川工业园区为市级工业园区，开展“煤电铝化材”一体化项目建设。2005年，山西晋兴能源公司煤炭项目开工。2008年，华兴铝业有限公司80万吨氧化铝项目开工。至2016年末，在兴县工业园区，相继建成并投产的项目有晋兴能源有限公司斜沟煤矿、锦兴能源有限公司肖家洼煤矿、金地煤业有限公司固贤南窑煤矿、华润联盛关家崖煤矿、华润联盛峁底煤矿、华润联盛车家庄煤矿和华兴铝业公司200万吨氧化铝项目。2006—2016年，全县累计生产原煤1.54亿吨、氧化铝280.49万吨，累计加工（洗、选）和销售商品煤1.38亿吨，销售氧化铝280.49万吨，实现销售收入692.38亿元、缴税134.56亿元。

国有资产管理

1992年，县财政局成立国资办。1996年，参与全县工业企业产权制度改革，对改制企业进行了清产核资。

2001—2003年，国资办抓住撤乡并（镇）的契机，对乡（镇）的国有资产进行了全面、彻底的清查，在县级单位也开始了资产登记。另外，还参与了针织厂、化肥厂等企业的破产清查工作。通过清产，对企业占地依法拍卖，所得资金一次性清算了原有职工养老金和身份置换金。其间，组织参与了电冶集团同外地企业合资的资产评估工作，参与了晋绥宾馆租赁承包前的清产核资工作，防止了国有资产的流失、浪费；相继收回石油公司油库用地、电影院用地、食品公司用地、供销社用地、废旧物资公司用地等共1.44万平方米，进行了公开拍卖。

2006—2010年，全县共回收工业用地等国有土地128.05亩，收回土地出让金1493.56万元。

2007 年 4—5 月，县财政局对全县 109 个行政事业单位的国有资产进行了认真细致的登记，共核定行政事业单位国有资产 1.21 亿元，经过反复核实，建立了资产信息台账，完成了全县国有资产清查工作。

同年，兴县人民政府制定印发《兴县行政单位国有资产管理办法》《兴县事业单位国有资产管理办法》《兴县行政事业单位国有资产处置的实施意见》，对资产占有单位国有资产变动情况进行严格监管，实行年度资产清查报表制度，掌握了国有资产增减变动情况，防止了国有资产流失；对上级部门无偿调拨的固定资产及有关单位和社会团体捐赠的固定资产履行严格的入账手续，杜绝了国有资产滞留账外情况的发生，控制了国有资产损失浪费现象。

2010 年，开展行政事业单位国有资产管理信息系统实施工作；组织县级行政事业单位资产管理人员开展“行政事业单位资产管理信息系统”软件操作培训。

2015 年，根据《兴县党政机关公务用车制度改革实施方案》，兴县党政机关公务用车进行改革。至当年 12 月 30 日，全县党政机关公务用车涉改单位（乡镇）公务用车共计 283 辆（2015 年已报废注销车辆 30 辆），实有 253 辆。其中含老旧车 30 辆、超标车 72 辆。全县公务用车涉改单位（乡镇）封存前已保留车辆 113 辆。全县公务用车涉改单位（乡镇）应封存车辆 140 辆，实封存车辆 140 辆。按照实施方案，全县应保留公务用车 191 辆［其中，允许以适当集中形式实物保障的车辆 36 辆，机要通信、应急用车 28 辆；接待、调研等其他用车 3 辆，特种专业技术用车 4 辆，执法执勤用车 120 辆（中央核定的 12 个执法执勤部门之外执法用车 25 辆］，封存前已保留 113 辆，按编制还需保留调配 78 辆，实际调配 67 辆，编制内空缺 11 辆。涉改单位实际保留、调配 180 辆（含超标车 60 辆，老旧车 3 辆）。

2016 年，开展对全县 207 个行政事业单位国有资产清查工作。其中行政单位 65 个、事业单位 140 个、自收自支单位 2 个。通过对单位基本情况清理、账务清理、财产清查，达到了账账相符、账证相符，确保了单位账务的完整、准确和真实。至同年 12 月 31 日，全县资产合计 13.94 亿元，其中固定资产 4.97 亿元。固定资产盘盈 374.99 万元。固定资产损失 6213.12 万元，其中盘亏 1805.57 万元，毁损 2376.97 万元，待报废 937.92 万元。贪污、盗窃、诈骗损失 1.75 万元，其他原因造成的损失 2028.83 万元。

2011—2016 年，全县回收拍卖工业用地 3789.3 亩，商贸服务业用地 200.7 亩，住宅用地 889 亩，铁路用地 854.7 亩，公共设施用地 13.5 亩，共收回土地出让金 7.24 亿元。

乡（镇）财政管理

1994 年 1 月起，根据上级要求，全县成立了 24 个乡（镇）级财政所，乡（镇）财政所开始对本乡（镇）财政收支进行独立预算、决算管理。县财政给乡财政下放了较多的财权，管理办法为“定收定支，收支挂钩，超收分成，支出下拨，结余留用，超支不补”。

2001 年，结合撤并乡（镇），对 24 个乡（镇）财产财务进行了全面清理，成立了乡级会计核算中心，采取“集中管理、统一开户、分户核算”的办法，对乡（镇）财务开支执行“会审制”“联签制”和“民评制”；对财政所原有的人员进行大调整，财政所长和其他人员重新分工，各尽其才，极大地调动了乡（镇）财政人员的工作积极性，使乡（镇）级财务逐步走上了规范发展之路。

2007 年 12 月后，兴县财政局积极推进乡（镇）财县管改革，县乡（镇）财管理中心及所属驻乡（镇）核算组成立，具体实施乡（镇）财政管理。

预算外资金管理

1989 年，兴县预算外资金管理开始纳入正轨，全县专户储存单位 53 个，年末专户储存余额 42 万元，有效地控制了消费基金的过快增长，资金流向趋于合理。

1991 年，重点抓自筹基建资金的审核工作，规定凡用预算外资金基建的，必须由财政部门审查资金来源，凡符合规定使用、但未经财政部门审查批准而自筹基建的，均按违反财经纪律论处。

1992 年开始，兴县对预算外资金的管理原则是：贯彻宏观调控、微观搞活的方针，统一领导，综合平衡，合理使用；严格执行国家规定的收入项目，不擅自增加收入项目、扩大收入范围、提高收费标准或提留比例；坚持预算外资金支出先收后支、量入为出、自求平衡、略有结余的原则。做到预算外资金年度收支有计划，执行有检查，资金有核算，使用有监督，事后有决算。

1998年，兴县预算外资金管理局成立，隶属财政局。2001年，预算外资金管理局设立收费大厅，标志着兴县预算外资金收支脱钩、收缴分离的收支两条线正式启动。2002年，机构改革时，撤销预算外资金管理局，保留收费大厅。2005年，收费中心成立，属副科级单位，归口财政局。收费中心加强收支两条线管理，清理了银行账户，取消了单位收入过渡户，按照"票款分离，集中收缴"的原则，加强了票据管理，坚持专人专柜保管、专人领用及核销的制度，严格执行"部门开票、中心收缴、财政统管"的原则，将所有收费纳入收费大厅。当年，财政局严格按照上级财政部门的要求，继续落实"收支两条线"管理规定，预算外资金管理专户储存成效显著。至6月底，财政专户收入340.1万元，专储率和专储户达100%。

乡级预算外资金也按单位建立了收费档案，严格实行了票款分离。凡在县城发生的行政性收费和预算外资金收缴，都到收费大厅交纳，并严格执行单位开收款通知、财政开收费票据、银行收款的管理办法。票据管理做到了专人保管、专账登记、专人领用、定期核销；建立了检查监督制度。2002年，财政局组织专人开展预算外资金专项检查，查处了不按规定专户储存、坐收坐支和违规收费，擅自使用自制票据收费私设小金库行为和乱收费现象，查出违纪金额23万元，处罚金额1.5万元。为做到预算内外资金统筹使用，扭转资金管理混乱、私设小金库、坐收坐支、账外有账等问题，财政局要求各预算单位预算外资金实行"单位收取、财政专储、政府调控"的管理办法；单位支取预算外资金，必须先做出用款计划，经审核方可拨付。

2002年，县人民政府制定印发了《关于加强预算外资金管理的实施意见》，对各收费单位预算外资金的收取使用提出了规范、系统的管理意见，量化完善了调控细则，适当提高了政府调控比例，将上年调控25%的比例提高到30%；严格票据管理，严格执行票据领用核销制度，共核销收费票据1200本，罚没票据1402本；对78个单位的预算外资金活动情况进行重点检查，并严格票款分离、收支两条线管理。2007年，全面实施政府收支分类改革，实现科目顺利转换；强化非税收入管理改革，改变了非税收入多头征收，分散管理的格局，建立了新的收缴管理机制，保证了资金及时足额入库；取消各执收执罚单位的收入过渡户，防止私设小金库和坐收坐支；清理非税收入项目、标准，防止乱收费行为；清理收费票据，全年清理核销2006年以来的各种收费票据1651本，2008年核销票据1610本。2010年，加强非税收入征管，确保收入及时入库。

财政监督

专项检查　2001年初，财政工作人员对24个乡（镇）财政所上年预算外资金专储情况进行了全面检查；5月，对县级单位的预算外资金专储和票据使用情况进行了专项检查。

2002年，对78个单位的预算外资金活动情况进行了重点检查，并严格了票款分离、收支两条线管理。

2003年，对县乡财务进行了全面检查，并会同审计局进行了机构变动后各单位的财务审计工作，会同林业局、纪委等部门进行了退耕还林粮款兑现检查。

2004年，财政局组织对民政低保资金进行了全面检查，分组对乡（镇）核算中心运行情况进行了检查，组织了2003年度票据年检及收支两条线检查，对农村税费改革和转移支付资金拨付及使用情况的检查，组织了对2002—2003年退耕还林总体情况及粮款兑现情况的检查验收。全年共派出检查组23组，参检人员92人次；检查涉及单位138个，查出违纪金额21万元。其中坐支截留财政收入1万元、未按规定实行专储7万元、挤占挪用财政资金1万元、应配未配专项资金5万元、偷漏财政收入7万元。检查结束后，各类违纪资金均得到纠正落实，财经纪律更规范。

2006年，兴县财政局制定印发《关于开展治理商业贿赂专项工作的实施方案》和《关于开展治理政府采购领域商业贿赂各项工作的实施方案》。要求财政监督做到“五强化”（强化机关各项管理制度执行情况的监督检查，强化业务审核、审批程序及资金拨付情况的监督检查；强化资金支出的监督检查；强化财政法规和会计制度的监督检查；强化整改力度，完善内部监督制约机制，提高执行财经制度的自觉性）。

2007 年，财政局制定印发《兴县财政局机关工作制度汇编》，共 9 大类 85 项制度，做到以制度管人，靠制度约束，用制度办事。

2009 年，对粮食直补和退耕还林补贴资金进行专项检查。

2011 年，开展乡（镇）卫生院财务大检查，对财政专户进行了彻底清理规范，并开展小金库专项治理“回头看”工作，编印《兴县财政局工作运行规程》《兴县财政局工作手册》，规范了权力运行。

财税大检查　1990—2013 年，全县共组织财税大检查 25 次，累计检查单位 1942 个次（含乡镇），累计查缴违纪金额 457.74 万元，追缴、补征税款 52.63 万元，收缴入库 92.5 万元，罚款 14.18 万元。

1990—2013 年部分年份兴县财税检查统计表

表 15-1-4-1　　单位：次、个、万元

年 份	检查次数	检查单位数	查缴违纪金额	备 注
1990	2	452	22.52	罚款 2.72 万元
1991	2	452	15.1	追缴偷漏税、欠税 15.1 万元
1994	3	403	258.69	收缴入库 92.5 万元
1998	3	320	78.43	补征税款 16.53 万元，罚款 11.46 万元
2004	1	138	21	民政低保资金，农村税费改革、退耕还林和转移支付资金检查，共追缴违纪金额 21 万元
2005	2	30	62	预算外资金检查
2006	1	17		乡镇预决算检查
2007	2	30		非税收入专项检查及“一法一例”执法检查
2008	3	13（乡镇）		上年度乡镇预决算检查、中小学校舍建设资金检查
2011	4	6 个乡镇、75 个单位		执行会计法规检查
2013	2	6 个乡镇		预算执行检查

第五节　管理机构

兴县财政局

兴县财政局为县人民政府直属正科级建制。1989 年 6 月，财政局内设机

构有工交企业股、商业企业股、农业税务股和农业财务股。1991 年 3 月，增设监察股、会计事务所和“三查”办公室。1992 年 1 月，增设行政事业财务股和国有资产管理股。1994 年 10 月，根据上级精神，农税股归属县地方税务局，原财政局 25 名乡财政助理员和 4 名农税干部随机构变更到地方税务局工作。从 1994 年 1 月 1 日起，根据上级指示要求，兴县健全了乡 (镇) 一级财政预算管理机构，乡 (镇) 财政所开始对本乡 (镇) 财政收支进行独立的预算、决算管理。至 1995 年底，县财政局下设股室有办公室、预算股、工交企业股、商业企业股、农业财务股、行政事业财务股、综合股、监察股、国有资产管理股、“三查”办公室、吕梁地区信托投资公司代办处、会计事务所、会计函授站，并下辖乡 (镇) 财政所 24 个。至 2002 年底，县财政局下设股室有办公室、预算股、农财股、行财股、综合股、国资企业股、会计监察股。2005 年，收费中心成立，副科级建制，隶属财政局。

2007 年，采购办公室成立，正科级建制。同年 3 月成立国库股，同年 12 月成立乡财管理中心。2008 年成立社保股、经建股。

2010 年 4 月，财政局设置行政机构 10 个：办公室、预算综合股、国库股、乡财管理中心、行政政法股、农财股、经建股、社保股、国资企业股、会计监察股，全局行政编制 12 名。其中局长 1 名、副局长 3 名、纪检组组长 1 名、总会计师 1 名。2011 年，财政局成立教科文股、投资评审中心，2013 年成立信息中心，2015 年成立农业综合开发中心。

2016 年，县财政局核定行政编制 12 人，全额 41 人，实有 43 人，其中局长 1 人、副局长 3 人、纪检组组长及总会记师各 1 人。内设机构有办公室、预算股、国库股、乡财综合股、行财股、社保股、教科文股、农财股、经建股、国资企业股、会计监察股、信息中心（与党办合署办公）等 14 个科室。下设 17 个乡（镇）财政所，共有人员 17 人。

乡 (镇) 级财政所 (乡级会计核算中心)

1994 年 1 月起，根据上级要求，全县成立了 24 个乡 (镇) 级财政所，乡 (镇) 财政所开始对本乡 (镇) 财政收支进行独立预算、决算管理。

2001 年，结合撤并乡镇，对 24 个乡（镇）财产财务进行了全面清理，成立了乡级会计核算中心，采取“集中管理、统一开户、分户核算”的办法，对乡（镇）财务开支执行“会审制”“联签制”和“民评制”。

县级会计核算中心

2002年，组建县级会计核算中心，统一处理纳入核算中心的93个县直核算单位的会计业务，为县财政直属副科级事业单位，核定编制5人。2016年末，县级会计核算中心实有人员6人，设主任1人。

县政府采购中心

为财政局直属副科级事业单位，核定编制5人。2016年末，实有人员6人，设主任1人。

预算外收费中心

2011年12月成立，为财政局直属副科级事业单位，编制3人。2016年实有3人，设主任1名。

县乡财管理中心与驻乡（镇）核算组

2011年12月，兴县乡财管理中心成立，为县财政局正股级全额事业单位，编制4人。在乡（镇）设立17个乡财管理中心驻乡（镇）核算组，为乡（镇）财管理中心的派出机构，人员由财政局统一调配，一般每组2~3人（组长1人，会计1~2人），原则上由各乡镇财经中心从事财政工作人员组成。乡财管理中心驻乡（镇）核算组人员由县财政局管理。

第二章 税务

第一节 税务体制改革

1989—1994 年 6 月，全县税收由兴县税务局负责。

1994 年，全国实行分税制财政管理体制，省及省以下税务机构分设为国家税务局和地方税务局两个系统。同年 7 月，兴县税务局分设为兴县国税局和兴县地税局。

划归国税征收的税种包括增值税、消费税、车辆购置税、出口产品退税、进口产品增值税与消费税、储蓄存款利息所得个人所得税、中央企业所得税、中央与地方企事业单位组成的联营和股份制企业所得税、证券交易税、地方与外资银行及金融企业所得税、个体工商户和集贸市场缴纳的增值税与消费税等。

划归地税征收的税种包括营业税（至 2016 年 5 月起改为增值税）、地方企业所得税、个人所得税、资源税、城镇土地使用税、固定资产投资方向调节税、城市维护建设税、房产税、车船使用牌照税、城市房地产税、车船使用税、印花税、屠宰税和农（牧）业税（含农业特产税，2006 年 1 月取消）、耕地占用税、契税、土地增值税。

2009 年 1 月 1 日起，全国推行增值税转型改革，由生产型增值税转为国际上通用的消费型增值税。

2016 年 5 月 1 日起，全面推行营改增试点，原由地税征收的营业税全部改征增值税，并由国税局负责征收。

第二节　税种　税率

流转税类

营业税　营业税共设置交通运输业、建筑业、金融保险业、邮电通信业、文化体育业、娱乐业、服务业、转让无形资产、销售不动产9个税目，由地税局征收。税额执行标准：交通运输业为3%、建筑业为3%、金融保险业为5%、邮电通信业为3%、文化体育业为3%、娱乐业为5%~20%、服务业为5%、转让无形资产为5%、销售不动产为5%。兴县自1994年1月起征收营业税。

土地增值税　土地增值税现行实行四级超率累进税率：增值额未超过扣除项目金额50%的部分，税率为30%；增值额超过扣除项目金额50%、未超过扣除项目金额100%的部分，税率为40%；增值额超过扣除项目金额100%、未超过扣除项目金额200%的部分，税率为40%；增值额超过扣除项目金额200%的部分，税率为60%。兴县于1994年1月1日起征收土地增值税。

所得税类

企业所得税　兴县于1994年开征企业所得税，由兴县地税局征收。企业所得税实行25%的比例税率。自2008年1月1日起，原享受低税率优惠政策的企业，在新税法施行后5年内逐步过渡到法定税率。其中享受企业所得税15%税率的企业，2008年按18%税率执行，2009年按20%税率执行，2010年按22%税率执行，2011年按24%税率执行，2012年按25%税率执行。

个人所得税　由地税局征收。税额现行执行标准为：工资、薪金所得适用3%~45%的超额累进税率；个体工商户的生产经营所得和对企事业单位的承包经营、承租经营所得适用5%~35%的超额累进税率；稿酬所得适用20%的比例税率，并按应纳税额减征30%；劳务报酬所得适用20%的比例税率，对应纳税所得额超过20000元至50000元的部分，按应纳税额加征五成，超过50000元的部分，加征十成；特许权使用费所得，利息、股息、红利所得，财产租赁所得，财产转让所得，偶然所得和经国务院财政部门确定征税的其他所得适用20%的比例税率。从2001年1月1日起，对个人出租住房取得的所得暂减按 10% 的税率。

修改后的个人所得税法自 2006 年 1 月 1 日起施行，工资薪金所得扣除标准提高至 1600 元；2007 年 12 月修改个人所得税，工资薪金所得扣除标准自 2008 年 3 月 1 日起提高到 2000 元；2011 年 6 月修改个人所得税，工资薪金所得扣除标准提高到 3500 元，自 2011 年 9 月 1 日起施行。

财产及行为税类

房产税 初为县税务局征收，改革后由地税局征收。房产税现行税率依照房产余值计算缴纳的，年税率为 1.2%；依照房产租金收入计算缴纳的，税率为 12%。

车船税 于 2007 年起由地税局征收。根据山西省车船税税目税额表，载客汽车中大型客车（包括电车）每辆 480 元、中型客车每辆 420 元、小型客车每辆 360 元、微型客车每辆 180 元；载货汽车（包括半挂、牵引车、挂车）按自重每吨 80 元；三轮汽车、低速货车按自重每吨 50 元；摩托车每辆 40 元；专项作业车、轮式专用机械按自重每吨 56 元。船舶中净吨位 200 吨（含）以下每吨 3 元、净吨位 201 吨至 2000（含）吨每吨 4 元、净吨位 2001 吨至 10000（含）吨每吨 5 元、净吨位 10001 吨（含）以上每吨 6 元（拖船和非机动驳船分别按船舶税额的 50% 计算）。

印花税 该税种自 1988 年 10 月起由地税局征收。现行税额现行执行标准见下表。

1989—2016 年兴县印花税税额执行标准表

表 15-2-2-1

税 目	范 围	税 率	纳税义务人	说 明
购销合同	包括供应、预购、采购、购销结合及协作、调剂、补偿、易货等合同	按购销金额万分之三贴花	立合同人	
加工承揽合同	包括加工、定作、修缮、修理、印刷、广告、测绘、测试等合同	按加工或承揽收入万分之五贴花	立合同人	
建设工程勘察设计合同	包括勘察、设计合同	按收取费用万分之五贴花	立合同人	
建筑安装工程承包合同	包括建筑、安装工程承包合同	按承包金额万分之三贴花	立合同人	

续表 15-2-2-1

税　目	范　围	税　率	纳税义务人	说　明
财产租赁合同	包括租赁房屋、船舶、飞机、机动车辆、机械、器具、设备等	按租赁金额千分之一贴花。税额不足一元的按一元贴花	立合同人	
货物运输合同	包括民用航空、铁路运输、海上运输、内河运输、公路运输和联运合同	按运输费用万分之五贴花	立合同人	单据作为合同使用的，按合同贴花
仓储保管合同	包括仓储、保管合同	按仓储保管费用千分之一贴花	立合同人	仓单或栈单作为合同使用的，按合同贴花
借款合同	银行及其他金融组织和借款人（不包括银行同业拆借）所签订的借款合同	按借款金额万分之零点五贴花	立合同人	单据作为合同使用的，按合同贴花
财产保险合同	包括财产、责任、保证、信用等保险合同	按投保金额万分之零点三贴花	立合同人	单据作为合同使用的，按合同贴花
产权转移书据	包括财产所有权和版权、商标专用权、专利权、专有技术使用权等转移书据	按所载金额万分之五贴花	立据人	
营业账簿	生产经营用账册	记载资金的账簿，按固定资产原值与自有流动资金总额万分之五贴花。其他账簿按件贴花五元	立账簿人	
权利许可证照	包括政府部门发给的房屋产权证、工商营业执照、商标注册证、专利证、土地使用证	按件贴花五元	领受人	

特定目的税类

城市维护建设税由地税局征收。税额现行执行标准：纳税人所在地在市区的，税率为7%；纳税人所在地在县城、镇的，税率为5%；纳税人所在地不在市区、县城或镇的，税率为1%。

资源税类

资源税　原由县税务局征收，改革后由县地税局征收。资源税税率现行执行标准：原油8~10元/吨、天然气2~5元/千立方米、煤炭0.3~5元/吨或者立方米、其他非金属矿原矿2~30元/吨、黑色金属矿原矿4~30元/吨、有色金属矿原矿10~60元/吨、盐2~10元/吨。

城镇土地使用税　于1994年开征。初由兴县税务局征收，改革后由县地税局征收。兴县城镇土地使用税现行税率执行标准（每平方米年税额）为：县城、建制镇、工矿区分为三个等级，一等4.5~12元，二等2.4~6元，三等0.9~3元。贫困县城镇土地使用税税额可以适当降低，但降低额不得超过前款规定最低税额的30%。兴县城镇土地使用税现行税率执行标准（每平方米年税额）为：县城、建制镇、工矿区分为三个等级，一等8元，二等5元，三等2元（不计算减免）。

其他税类

农业税　于2006年起免征。

耕地占用税　由县地税局征收。耕地占用税税额现行执行定额税率，兴县为每平方米12元。

契税　由地税局征收。契税现行采用3%~5%幅度比例税率，根据《山西省契税实施办法》规定，山西省契税适用税率为4%。

农业特产（烟叶）税　由县地税局征收。烟叶税实行比例税率，全国统一税率为20%。

自2000年3月起，国家停征部分税种：固定资产投资方向调节税、农业税和农业特产税（2006年1月停征）、车船使用税和车船使用牌照税（2007年停征）、城市房地产税（外商投资企业、外国企业和组织以及外籍个人，依照《中华人民共和国房产税暂行条例》缴纳房产税）（2009年停征）。

第三节　税 收

1989—1993年（税改前）税务收入

兴县税务局共组织各项税收4087.91万元，其中工商税收3877.9万元，农牧业税210万元。

1994—2016年（税改后）税务收入

地税收入：兴县地方税务局共组织各项税费收入919269万元。其中税收收入609811万元，非税（基金）收入309458万元。

1994—2016 年兴县地税系统税费收入统计表

表 15-2-3-1　　单位：万元

年份	税收收入	规费和基金等非税收入	税费总收入	年份	税收收入	规费和基金等非税收入	税费总收入
1994	649	23	672	2006	2175	499	2674
1995	692	80	772	2007	3458	4007	7465
1996	582	55	637	2008	7026	6320	13346
1997	555	91	646	2009	10560	11062	21622
1998	697	88	785	2010	25022	17381	42403
1999	592	53	645	2011	65124	42716	107840
2000	627	38	665	2012	103927	52497	156424
2001	729	54	783	2013	134107	68374	202481
2002	1009	66	1075	2014	89722	72148	161870
2003	1346	68	1414	2015	90283	14839	105122
2004	1708	107	1815	2016	67330	18744	86074
2005	1891	148	2039	合计	609811	309458	919269

注：规费和基金收入为非税收入，包括教育费附加、地方教育费附加、文化建设事业费、价格调控基金、水资源补偿费、林业建设基金、河道工程管理费、残疾人就业保障金、工会经费、公路建设养护基金、煤炭可持续发展基金收入、民兵预备役统筹费、税务罚设收入。详见下表。

1994—2006 年兴县分税种、规费收入情况统计表

表 15-2-3-2　　单位：万元

项目＼年份	1994	1995	1997	1998	1999	2000	2001	2002	2003	2004	2005	2006
税收收入合计	649	692	555	697	592	627	729	1009	1346	1708	1891	2175
营业税	129	159	161	183	211	221	275	363	391	504	503	897
企业所得税	95	144	19	66	10	11	34	5	11	52	205	22
个人所得税	36	72	146	172	197	221	243	361	496	472	400	230
资源税	107	89	23	28	10	14	38	26	115	327	515	737
城市维护建设税	32	26	21	29	22	19	32	37	38	84	153	206
房产税	22	28	21	32	25	23	29	42	39	36	22	18
印花税	4	4	2	3	2	2	3	3	3	11	14	17

续表 15-2-3-2

项目＼年份	1994	1995	1997	1998	1999	2000	2001	2002	2003	2004	2005	2006
土地使用税	17	12	10	13	12	10	7	6	9	8	21	10
车船税	8	9	6	5	4	3	2	3	—	—	—	1
土地增值税	—	—	6	—	6	—	—	—	—	—	—	—
耕地占用税	8	15	4	3	2	—	1	1	3	3	52	30
契税	4	4	5	4	7	5	7	6	8	10	5	7
农业税	67	31	32	67	10	47		82	204	200	—	—
农业特产税	42	74	83	61	59	36	56	71	29	—	—	—
屠宰税	1	7	9	7	4	2	1	1	—	1	1	—
固定资产投资方向调节税	77	18	7	24	11	13	1	2	—	—	—	—
非税收入合计	23	80	91	88	53	38	54	66	68	107	148	499
教育费附加	5	4	26	26	20	14	23	30	24	35	82	164
价格调控基金	9	6	9	9	7	7	10	11	12	15	32	47
水资源补偿费	9	70	45	42	19	10	10	10	12	25	17	56
林业建设基金	—	—	11	11	5	7	7	7	7	7	7	7
河道工程管理费	—	—	—	—	2	—	4	5	6	15	6	11
残疾人就业保障金	—	—	—	—	—	—	—	3	7	10	4	8
工会经费	—	—	—	—	—	—	—	—	—	—	—	33
公路建设养护基金	—	—	—	—	—	—	—	—	—	—	—	173

2007—2016 年兴县分税种、规费收入情况统计表

表 15-2-3-3　　单位：万元

项目＼年份	2007	2008	2009	2010	2011	2012	2013	2014	2015	2016
税费收入总计	7500	13400	21600	42400	107800	156400	203500	105100	86100	—
营业税	1042	2341	3374	6542	14088	13887	17444	15020	13580	8138
企业所得税	880	1006	2143	11001	32183	62912	90973	34689	6927	6500
个人所得税	237	811	1297	2507	6129	8143	5204	6274	5744	5464
资源税	905	1724	1843	2533	5916	7273	8139	13592	50302	35162
城市维护建设税	250	575	939	1386	4446	5586	6892	5993	5728	—
房产税	47	87	152	122	170	304	563	1693	2220	1396
印花税	16	136	229	265	592	1257	959	1259	804	933

续表 15-2-3-3

项目 \ 年份	2007	2008	2009	2010	2011	2012	2013	2014	2015	2016
土地使用税	33	185	315	288	852	1478	1960	3214	3637	2944
车船税	2	25	72	118	225	195	228	260	249	255
土地增值税	—	—	—	—	30	52	7	86	109	135
耕地占用税	33	47	195	242	453	2825	1016	5240	672	654
契税	13	89	1	18	40	15	722	2402	311	568
非税收入合计	4007	6320	11062	17381	42716	52497	68374	72148	14839	18744
教育费附加	171	465	651	941	3082	3936	4513	3579	3505	3156
地方教育费附加	—	—	—	—	1819	2326	2593	2400	2337	2070
文化建设事业费	—	—	1	1	1	1	1	—	—	—
价格调控基金	67	106	1120	170	502	621	503	884	125	3
水资源补偿费	260	381	1351	1701	491	118	—	—		—
林业建设基金	7	12	13	—	—	—	—	—	—	—
河道工程管理费	25	31	176	235	604	700	1342	329	50	214
残疾人就业保障金	9	10	47	28	78	52	54	228	235	636
工会经费	42	106	106	184	320	450	500	517	451	718
煤炭可持续发展基金收入	3300	5200	8600	13100	31800	35500	50000	54700	10	—
公路建设养护基金	163	—	—	832	702	—	—	—	—	173
民兵预备役统筹费	—	—	—	201	400	622	—	—	—	—
税务罚没收入	—	7	22	8	5	159	14	3	6	2

注：此表缺1996年税收收入明细和非税收入明细

国税收入：1994—2016年，兴县国家税务局共组织各种税收794356万元。

1994—2016年兴县国税局历年税收统计表

表 15-2-3-4　　单位：万元

年 份	税 收	年 份	税 收	年 份	税 收	年 份	税 收
1994	1069	2000	993	2006	7750	2012	133458
1995	1285	2001	1186	2007	10200	2013	121354
1996	1013	2002	1240	2008	14771	2014	111112
1997	1040	2003	1424	2009	19023	2015	120350
1998	1089	2004	2415	2010	39592	2016	101787
1999	866	2005	4057	2011	97282	合 计	794356

第四节　税收征管

征管制度及征管模式

征管制度包括《中华人民共和国税收征收管理暂行条例》《中华人民共和国税收征收管理法》《中华人民共和国税收征收管理法实施细则》《纳税服务工作规范（试行）》等制度。

1994年，兴县地方税务局组建以后，实行“纳税申报、税务代理、税务稽查”三位一体的税收征管模式。1996年后实行的征管模式为“以纳税申报和优化服务为基础，以计算机网络为依托，集中服务，重点稽查，强化管理”征管模式。这种模式以纳税人自觉申报纳税为基础，通过税务机关和中介组织的双层服务，使得所有纳税人都能够实现自选申报；通过计算机对纳税申报的集约化处理、分析，找出未申报或中止申报的纳税人进行催报催缴，同时将异常申报加以筛选，监控纳税人按期申报；再通过稽查，纠正并处罚不真实的纳税申报，引导纳税人如实申报纳税。

征管措施

纳税申报　兴县地税局从明确税务机关和税务人员不得代纳税人填写申报表、代纳税人计算应纳税款，不得提前介入纳税申报开始，狠抓纳税人的自行申报工作。同时，依托省、地税务局征管系统，逐步建立健全基于纳税申报的各项管理规范，如催报催缴、加收滞纳金、核定征收、简易申报、延期申报、征管文书等管理制度。随着税收信息化建设的不断推进和优化服务工作的迅速发展，除纳税人上门直接申报外，银行网点申报、电子申报、邮寄申报、网上申报等多元化申报纳税方式在实际工作中也广泛推行，基本上形成了纳税人主动上门申报纳税和利用计算机进行网上申报的征管格局。

税务登记　税务机关对税务登记的管理工作，一般称作管户管理，它是整个税收征收管理工作的首要环节，也是税务机关控管税源的重要手段。1994年，兴县地方税务局组建以后，按照税收征管法及其实施细则和国家税务总局《税务登记管理办法》的有关规定，一直是“管住户、管好户”，依法加强对税务登记的各项管理。近年来，地税局全面深入清查漏管户，建立健全管户档案、纳税底册和征管台账等，夯实征管基础，提高征管质量，为“收好税”奠定了比较扎实的税源管理基础。2004 年 2 月至 2016 年底，全县正常税务登记户数 1016 户。

税款征收及其方式　兴县地税局税款征收分情况采取不同方式，对账簿、凭证、会计等核算制度比较健全，能够以实核算生产经营情况、正确计算应纳税款的纳税人，采取查账征收方式；对不能完整、准确提供纳税资料的纳税人，采取核定征收方式。

纳税期限　纳税期限有两种形式：一种是按期纳税，即以纳税人发生纳税义务的一定时间作为纳税期限；另一种是按次纳税，即以纳税人发生纳税义务的次数作为纳税期限。

发票管理　2004 年，全省地税系统统一了发票分类代码和发票号码，进一步规范和加强了发票的统一管理，便于发票的识别和查询。2006 年 3 月，启用锯齿剪贴式发票，有效解决虚开、违规代开、大头小尾发票等问题。2006 年 8 月，使用新版公路、内河货物运输业统一发票。2007 年 1 月，使用新版不动产销售和建筑业统一发票。2007 年 3 月，推行饮食业定额刮奖发票。2008 年 6 月 1 日，全省进行发票换版，按行业划分为十大类 40 余种发票。2011 年 1 月 1 日起，全国统一使用新版普通发票，将发票简并为通用机打发票、通用手工发票和通用定额发票三大类，实现了从“以票控税”向“信息管税”的转变。发票管理，依据 1993 年 12 月，经国务院批准，财政部、国家税务总局分别制定发布的《中华人民共和国发票管理办法》及其实施细则和 2010 年 12 月 8 日国务院第 136 次常务会议通过修订后的发票管理办法。发票种类及使用范围：2012 年 1 月 1 日起统一使用吕梁地税系统的新版普通发票（分通用机打发票、通用手工发票和通用定额发票三大类）。同时，暂时保留的全国统一发票票种有“发票换票证”“公路、内河货物运输统一发票”“建筑业统一发票”“销售不动产统一发票”“航空运输电子客票行程单”五种；暂时保留的山西省管理发票有通用发票无法涵盖的各类门票、机打车辆通行费发票、经营性医疗机构各种发票、机打山西省汽车客票、公路内河客运补充客票、统一收款收据、特种收款收据。

兴县各行业使用发票规格对照表

表 15-2-4-1

<table>
<tr><th colspan="2">行　业</th><th>票　种</th></tr>
<tr><td rowspan="6">交通运输业</td><td>公路、内河货物运输</td><td>公路、内河货物运输统一发票（自开、代开）</td></tr>
<tr><td>地方铁路、自备铁路货物运输</td><td>通用机打平推式发票 210 毫米 ×139.7 毫米</td></tr>
<tr><td>国际海运</td><td>通用机打平推式发票 241 毫米 ×177.8 毫米</td></tr>
<tr><td>管道运输</td><td>通用机打平推式发票 190 毫米 ×101.6 毫米</td></tr>
<tr><td>装卸搬运</td><td>通用机打平推式发票 190 毫米 ×101.6 毫米</td></tr>
<tr><td>公共交通</td><td>通用机打平推式发票 190 毫米 ×101.6 毫米</td></tr>
<tr><td rowspan="3">金融保险业</td><td>金融业务</td><td>通用机打平推式发票 190 毫米 ×101.6 毫米</td></tr>
<tr><td>人身保险业务</td><td>通用机打平推式发票 210 毫米 ×297 毫米或 241 毫米 ×177.8 毫米</td></tr>
<tr><td>财产保险业务</td><td>通用机打平推式发票 241 毫米 ×177.8 毫米</td></tr>
<tr><td colspan="2">邮电通信业</td><td>通用机打平推式发票 190 毫米 ×101.6 毫米</td></tr>
<tr><td colspan="2">文化体育业</td><td>通用机打平推式发票 190 毫米 ×101.6 毫米</td></tr>
<tr><td colspan="2">娱乐业</td><td>通用机打平推式发票 190 毫米 ×101.6 毫米或通用机打卷式发票</td></tr>
<tr><td rowspan="5">服务业</td><td>代理业—银行代收费</td><td>通用机打平推式发票 210 毫米 ×139.7 毫米</td></tr>
<tr><td>代理业—保险代理</td><td>通用机打平推式发票 210 毫米 ×139.7 毫米</td></tr>
<tr><td>代理业—国际货运代理、国际货运业船舶代理、报关代理</td><td>通用机打平推式发票 241 毫米 ×177.8 毫米</td></tr>
<tr><td>代理业 -- 其他代理</td><td>通用机打平推式发票 190 毫米 ×101.6 毫米</td></tr>
<tr><td>旅店业、饮食业、其他服务业</td><td>通用机打平推式发票 190 毫米 ×101.6 毫米或通用机打卷式发票</td></tr>
<tr><td colspan="2">旅游业、仓储业、租赁业、广告业、租赁业、计算机服务和软件服务</td><td>通用机打平推式发票 190 毫米 ×101.6 毫米</td></tr>
<tr><td colspan="2">物业管理、拍卖业、典当业</td><td>通用机打平推式发票 241 毫米 ×177.8 毫米</td></tr>
<tr><td colspan="2" rowspan="3">医疗机构</td><td>山西省医疗单位门诊医疗收费发票</td></tr>
<tr><td>山西省医疗单位住院收费发票</td></tr>
<tr><td>山西省医疗单位医药费统一发票（医保专用）</td></tr>
<tr><td colspan="2">转让无形资产</td><td>通用机打平推式发票 190 毫米 ×101.6 毫米</td></tr>
<tr><td colspan="2">建筑业</td><td>建筑业统一发票 241 毫米 ×177 毫米</td></tr>
<tr><td colspan="2">销售不动产</td><td>销售不动产统一发票 241 毫米 ×177 毫米</td></tr>
<tr><td colspan="2">税务机关统一代开票</td><td>通用机打平推式发票 210 毫米 ×139.7 毫米</td></tr>
</table>

信息化建设　兴县税收信息化发展历程划分为五个阶段：第一阶段是起步和计算机单机应用阶段（1994—1995年）。在这一阶段，地税信息化经历了从无到有的过程，也可以说是信息化的萌芽阶段。在应用方面，以单机应用为主，计算机主要用于办公文字处理和会统报表等报表的统计、报送，税收征管主要还是手工方式。

第二阶段是稳步发展和局域网应用阶段（1996—2000年）。这一阶段的主要标志是局域网建设应用初具规模，征管软件应用较为普及。到2000年底，在计算机硬件装备上，有PC服务器、局域网；在信息政策上逐步制定了一些规章制度和管理办法。

第三个阶段是快速发展和广域网应用阶段（2001—2005年）。这一阶段的主要标志是“吕梁地税征管信息系统”的全面推广应用和四级广域网的建成使用。2001年实现了县级集中处理，2005年又实现了全省集中处理。这一阶段，信息化基础建设有了长足发展，信息技术队伍初具规模，税收信息化建设规章制度逐步完善。

第四阶段是全面推广应用各类软件及系统阶段（2005—2010年）。“十一五”期间，推广应用新版征管软件、网上申报软件、煤炭可持续发展基金软件；建立视频会议网络、税库银联网和征管电子档案，信息化建设基本完成。

第五阶段是信息化全面提升阶段（2011—2015年）。“十二五”期间，发票管理方式创新和改进，机打发票和网络发票逐步推开，网络发票也在建筑业和房地产业率先试点。金税三期系统顺利上线运行，规费网上申报和电子缴费功能开通。

优化纳税服务　1996年国家税务总局提出“纳税服务”理念以后，从最初的“文明征税，礼貌待人，微笑服务，作风建设”，到2001年新《征管法》中对“纳税服务”概念的进一步明确，再到2005年《纳税服务工作规范》的出台，“纳税服务”的内涵不断深化，外延不断拓展。

2010年，兴县地税局牢固树立“大税收、大服务”工作理念，建立管户电子地图，强化管户动态控管；推行个体工商户电子定税和银行批量扣税，营造公开、透明的税收征纳环境；深化税源控管，公平企业税负；规范征管信息采集，减轻纳税人资料报送负担，不断提升征管信息准确率和真实性。

2011 年，吕梁地税系统 13 个县市区局成立纳税服务中心，为纳税人提供全面、专业、现代化的纳税服务，市县两级同步成立纳税人学校，为纳税人提供全面、主动、及时的涉税知识培训。

2012 年，县地税局贯彻落实《山西省地方税务局纳税服务工作规范》，大力发挥“纳税服务中心”的作用，强化纳税服务工作的组织实施、监督考核、宣传辅导等，纳税服务机制逐步专业化。“共性服务向上集中、个性服务向下延伸”的纳税服务模式不断优化。

2013 年，进一步加强标准化办税服务厅建设，配置排队叫号机、查询机、自助办税、双屏显示和电子显示屏等设备，将办税区域划分为咨询辅导区、办税服务区、自助办税区、等候休息区四个区域。做到标准统一、标识齐全、设施完善，为纳税人提供了便利、快捷的办税环境。

2014 年，积极推行《全国县级税务机关纳税服务规范》，进一步规范行政审批，扎实开展“便民办税春风行动”，大力推广“免填单”服务，取消进户执法的 13 个项目和涉税的 18 种文书报表，有效减轻了纳税人负担。

2015 年，继续落实“免填单”服务，合理选取“免填单”服务项目，明确了具体操作流程，扎实推进“同城通办”工作，地税办税人员进驻国税窗口收缴附加税，纳税人和基层人员反映良好。

2016 年，持续推进纳税服务规范、便民办税春风行动和“营改增”、水资源税从价计征、金税三期版本升级相关的一系列纳税服务工作。全部依申请的涉税工作全城通办，部分涉税工作全省通办，大部分涉税事项免填单，并通过预约、延时、上门等个性化服务方式，为纳税人节省了办税时间。

税务稽查 税务稽查重在查实、惩处和打击各种偷、逃、抗、骗税行为，维护国家利益，净化税收环境。税务检查方式采取实地检查、调取账簿资料、询问、查询存款账户或者储蓄存款、异地协查等方法。其中查账方法按照审查方法分为审阅法和核对法，按照审查的详细程度分为详查法和抽查法，按照查账顺序分为顺查法和逆查法。检查程序分选案、检查、审理、执行4个步骤。

第五节　税务机构

兴县税务局

1984年4月，税务局由财政局分设出来，下设办公室、计会股、税政股、监交股，下设城关税务所（辖城关、关家崖、肖家洼3个乡镇）、魏家滩税务所（辖魏家滩、木崖头、瓦塘、裴家川口4个乡镇）、黑峪口税务所（辖高家村、蔡家崖、杨家坡、小善4个乡镇）、康宁税务所（辖康宁、东会、固贤、孟家坪4个乡镇）、罗峪口税务所（辖罗峪口、赵家坪2个乡镇）、蔡家会税务所（辖蔡家会、圪达上、贺家会3个乡镇）。新成立车家庄税务所，辖奥家湾乡、恶虎滩乡、交楼申乡。1986年，兴县税务局增设征管股，监交股改为国营企业所得税股；撤销黑峪口税务所，改建蔡家崖税务所；新建瓦塘税务所，辖原属魏家滩税务所的瓦塘镇、裴家川口乡和黑峪口税务所的杨家坡乡。

1987年，兴县税务局增设人事教育股、监察审计股。1989年，由城关税务所分出企业税务所，管辖全县工商企业；成立县检察院驻兴县税务局检察室。1990年成立税务稽查队。1992年1月，税政股、国营企业所得税股、征管股合并为税政管理股；成立发票管理所、车辆建筑管理所。1993年，税务局机构设置为5股、1室、1队、1组、12所。

兴县国家税务局

1994年5月5日，根据山西省人民政府关于组建国税、地税两套税务机构的通知，原兴县税务局拆分组建为兴县国家税务局和兴县地方税务局。

同年8月1日，兴县国家税务局举行挂牌仪式，启用新印章，机构组建完毕。

1995年3月28日，根据吕梁地区国家税务局《关于兴县国家税务局机构设置领导职数的批复》精神，兴县国家税务局内设机构共7个股室，即办公室、人事教育股、监察室、税政股、征收管理股、计划会计股、所得税管理股；派驻机构1个，即兴县人民检察院驻兴县国家税务局检查室；派出机构8个，即城镇税务所、城关税务所、集贸税务所、魏家滩税务所、康宁税务所、蔡家会税务所、车家庄税务所、瓦塘税务所。直属行政机构 1 个，即国税局稽查分局（副科级建制）。

1996 年 4 月 25 日，根据吕梁地区国家税务局文件批复，增设蔡家崖税务所。

1997 年 5 月 21 日，根据吕梁地区国家税务局文件精神，兴县国家税务局成立康宁中心税务所、魏家滩中心税务所、车家庄中心税务所、蔡家会中心税务所，原有税务所撤销。

1997 年 6 月 4 日，根据吕梁地区国家税务局《关于兴县国家税务局征管改革有关机构设置、领导职数的批复》（40 号文件）精神，设立兴县国家税务局征收分局，为副科级建制，内设稽查所 1 个。

1998 年 6 月 26 日，根据吕梁地区国家税务局《关于印发兴县国家税务局职能配置、内设机构和人员编制方案的通知》精神，兴县国家税务局内设机构 6 个，即办公室、税收政策管理股、征收管理股、计划会计股、人教股、监察室；设国税分局 2 个，即国税征收分局、国税稽查分局，均为副科级建制。

1999 年 12 月 7 日，根据山西省国家税务局《关于变更全省国税系统税务稽查机构名称的通知》，兴县国家税务局稽查分局更名为兴县国家税务局稽查局，职能同前，于 2000 年 1 月 1 日起正式挂牌。

2001 年 5 月 22 日，根据吕梁地区国家税务局关于印发《兴县国家税务局职能配置、机构设置和人员编制方案》的通知精神，兴县国家税务局内设行政机构有办公室、征管税收股、计划会计股、人事教育股、监察室；直属机构有稽查局（副科级建制）；内设机构有综合管理股、稽查股、审理执行股，均为正股级；有事业单位 2 个，即信息中心、票证管理所；设派出机构 5 个，即征收分局（副科级建制）、康宁中心税务所、魏家滩中心税务所、车家庄中心税务所、蔡家会中心税务所。

2005 年 6 月 23 日，根据《山西省国家税务局关于吕梁市国家税务局及其所属县（市、区）国家税务局规范机构设置明确职责分工实施方案的批复》精神，兴县国家税务局内设行政机构 7 个、直属机构 1 个，事业单位 1 个。

2008 年 12 月 9 日，根据《山西省国家税务局关于吕梁市国家税务局系统规范稽查机构设置明确职责分工的批复》，兴县国家税务局稽查局级别为副科级，内设机构为综合股、综合选案股、检查股、案件审理股、案件执行股，级别均为副股级。2010 年 8 月 26 日，根据吕梁国税局通知，兴县国家税务局设置 9 个内设机构、1 个直属机构和 1 个事业单位。

2015 年 10 月，根据《吕梁市国家税务局系统规范稽查机构设置实施方案》的通知精神，兴县国家税务局稽查局保留建制，职能转换，负责实施所属辖区内纳税人的纳税评估工作。其原稽查职能由市局稽查机构统一负责。

兴县地方税务局

1994 年 7 月 1 日，根据国家分税制财政管理体制改革精神，兴县税务局分设为兴县国家税务局（简称兴县国税局）和兴县地方税务局（简称兴县地税局）。1994 年 7 月 13 日，兴县地税局挂牌成立。10 月 23 日，31 名财政农税征收人员划拨到地税。地税局主要职能为从事地方税收工作，实行上级税务机关和当地党委政府双重领导，以上级税务机关垂直领导为主。机关设置办公室、计会股、税政征管股、农税股、稽查队、税检室，城区设集贸组、煤炭组、车建组，农村按乡（镇）设 24 个税务所。1995 年，兴县地税局设城区税务所、车辆税务所，撤销车建组、煤炭组。同年，经上级批准，兴县地税局党组、纪检组、稽查分局（副科级建制）成立。机关内设 5 股 1 室，分别为办公室、人事监审股、计会股、税政股、征管股、农税股，农村设 24 个税务所。

1997 年 1 月，适应征管改革需要，地税局成立办税服务厅，机关增设税务检查室。1997 年 7 月，机关内设机构农税股更名为农业税征收管理分局。城内设 5 所 1 厅（城区一所、集贸所、城区二所、城关所、车辆税务所、办税服务厅）；农村设 7 个中心税务所（奥家湾税务所、魏家滩税务所、蔡家崖税务所、蔡家会税务所、康宁税务所、关家崖税务所、罗峪口税务所），全局共有工作人员 78 人。

1998 年 5 月，地税局稽查分局更名为稽查局（副科级规格不变）。1999 年，成立地税征收分局，下设办税服务厅。2001 年 12 月，全省地税系统机构改革，兴县地税局内设机构 4 股 2 室（正股级建制，即人教股、征管股、计会股、税政股，办公室、监察室）、3个直属机构（稽查局、征收分局和农业税征收管理分局，稽查局、征收分局均为副科级建制，农业税征收管理分局为股级建制）、8个派出机构（奥家湾税务所、魏家滩税务所、蔡家崖税务所、康宁税务所、罗峪口税务所、城关税务所、关家崖税务所、蔡家会税务所）。

2002年1月，征收管理职能分开，征收分局成为以征收为主的窗口单位，原城关税务所拆分为管理一、二分局，分别负责城关范围内集体和个体税收的管理。2005年3月，管理一、二分局更名为第一、第二税务所，管户实行分组管理。2006年，征收分局更名为直属一分局，农业税征收管理分局更名为直属二分局。2008年3月，第一税务所、第二税务所升格为副科级税务所。2009年，直属二分局升格为副科级建制。2013年，设立纳税评估所。

第十六编

金　　融

1989年，兴县境内的银行机构有中国人民银行兴县支行、中国工商银行兴县支行、中国农业银行兴县支行、中国建设银行兴县支行、农村信用合作社联合社、城市信用社。1996—2013年，中国农业发展银行吕梁地区分行兴县客户服务组、中国邮政储蓄银行兴县蔚汾镇支行(2013年9月升格为中国邮政储蓄银行兴县支行)、吕梁兴县鑫隆小额贷款公司、兴县银丰小额贷款公司、兴县汇泽村镇银行、兴县全民农村资金互助社、中国银行兴县支行相继成立。至2016年，县境内金融机构有中国人民银行兴县支行、中国银行业监督管理委员会吕梁银监分局兴县办事处(简称吕梁银监分局兴县监管办事处)、农业银行兴县支行、工商银行兴县支行、建设银行兴县支行、中国银行兴县支行、中国邮政储蓄银行兴县支行、兴县农村信用合作联社、中国农业发展银行吕梁市分行兴县客户服务组、兴县汇泽村镇银行等银行业金融机构和中国人民保险公司兴县支公司、中国人寿保险股份有限公司兴县支公司、中国人寿财产保险股份有限公司兴县支公司、兴县全民农村资金互助社和兴县鑫隆、银丰小额贷款公司等非银行金融机构。

1989—2016年，全县各金融机构累计发放贷款363.59亿元，其中工业贷款46.22亿元，涉农贷款249.37亿元，商业贷款2872万元，城建和住房按揭贷款5.31亿元。保险机构累计收入保费5.75亿元，累计支付赔偿1.14亿元。

2016年，全县金融机构年末存款余额76.98亿元，比1989年末存款余额5723万元增长133.5倍。

第一章 银 行

第一节 机 构

中国人民银行兴县支行

中国人民银行兴县支行成立于民国37年（1948年）12月1日。1964年组建的兴县农业银行，不久并入中国人民银行兴县支行。1984年成立的中国工商银行兴县支行，与中国人民银行兴县支行一套人员合署办公。1985年5月，中国工商银行兴县支行与中国人民银行兴县支行分设。中国人民银行兴县支行专门行使中央银行职能。

1989年，中国人民银行兴县支行有员工22人，其中支行长1人、副支行长2人；内设机构有办公室、金管部、业务部、调查统计部。2008年，中国人民银行兴县支行有员工18人，其中支行长1人、副支行长2人，内设机构合并为综合办公室，综合业务部，金融管理部，直到2016年未变。

中国银行业监督管理委员会吕 梁银监分局兴县办事处

2004年1月，兴县银监办与中国人民银行兴县支行分设。4月1日，“中国银行业监督管理委员会吕梁银监分局驻兴县监管组”成立。4月26日，山西银监局发文，吕梁银监分局驻兴县监管组改称中国银行业监督管理委员会吕梁银监分局兴县办事处（简称吕梁银监分局兴县监管办事处）。根据吕梁银监分局授权，兴县监管办事处主要负责辖内银行业金融机构的监管，重点是农村中小金融机构的现场检查和非现场监管；完成银监分局交办的其他工作任务。2016年末，吕梁银监分局兴县监管办事处共有员工3人，办公地址设在中国人民银行兴县支行办公楼。

中国工商银行兴县支行

中国工商银行兴县支行成立于1984年。1985年5月，中国工商银行兴县支行与中国人民银行兴县支行分设，其职能为管理工商企业的资金运转和对企业的监督。主要业务是办理城镇储蓄，吸收工商企业、机关团体等单位的存款；统一管理工商企业流动资金，对开户单位实行现金管理和工资基金监督；办理工商企业流动资金贷款，办理企业技术部门改造贷款和房地产贷款；开展委托代理、租赁、咨询等信托业务；办理转账和现金结算；受理人民银行委托的其他工作。1989年，中国工商银行兴县支行内设信贷、计划、储蓄、会计、出纳、人事、保卫和办公室8个股室，下辖西街、东街、南街、水泉湾、专柜5个储蓄所，共有干部职工56人。

2000年6月，工商银行兴县支行关停，损失贷款4000余万元，其余存贷业务交由农行管理；人员按照调农行、调地区工行、调工商银行各县支行、买断工龄4个渠道进行分流，辞退原代办员和临时工。

2011年10月，工商银行兴县支行重新筹建，租赁中国人民银行兴县支行办公楼作为营业用房，租赁面积560平方米，地址蔚汾镇水泉湾156号。2012年3月26日，工商银行兴县支行筹建完毕开始试营业，4月11日，正式开业，全称为中国工商银行股份有限公司兴县支行（简称工商银行兴县支行），有行长1人、副行长1人、员工5人，另有临时工3人。2016年，工商银行兴县支行内设机构有营业部和客户部，共有员工16人。

中国农业银行兴县支行

兴县农业银行组建于1964年，不久并入人民银行兴县支行。1979年，兴县农业银行与中国人民银行兴县支行分设，改称农业银行兴县支行，担负农村金融事业的组织管理和业务经营，内设7个股室，下设城关、车家庄、魏家滩、蔡家会、康宁、罗峪口6个营业所，并管理24个农村信用合作社。

1989年，中国农业银行兴县支行内设机构有计划会计股、业务股、农业信贷股、企业信贷股、信合股、办公室，基层营业所增至12个，全行职工84人，其中县支行57人、基层营业所27人。这一时期农行的职能具有显著的行政色彩，既是国家专业银行，又是农村信用社金融组织的管理银行。

农行对于农村信用社的管理，按照“组织上的群众性，管理上的民主性，经营上的灵活性”三项原则，统筹资金调配，支持农业生产，促进农村经济改革。主要经办农口企事单位存款业务、城乡居民储蓄存款业务、农村生产组织贷款业务、农户生产生活存量贷款业务，国家对农村农田水利设备、农业机械化配套投资资金的监督拨付以及农村供销社、食品站（所）存贷款业务。

1996 年底，农业发展银行兴县信贷组分设，县内扶贫贷款、粮食企业存贷款等业务交由农业发展银行兴县信贷组接管经营。

同时，农村信用社与农业银行兴县支行彻底脱钩，农业银行兴县支行不再承担对信用社的管理职能，内设的信合股撤销，农村信用社财务、人事管理都交由县信用联社独立管理。

2000 年 6 月，工商银行兴县支行撤销，全部业务和营业网点交由农行兴县支行接收，同时接收部分工商银行兴县支行员工。1997—2002 年，农业银行兴县支行相继撤并 11 个设在农村的营业所，营业网点全部设在县城。

2003 年，农业银行兴县支行干部职工增至 93 人，内设办公室、信贷部、客户部、计划财务部、安全保卫部、营业部。下设风险资产经营部、城关营业所、水泉湾营业所、东街营业所、南街分理处、新建储蓄所。

2007 年 7 月，中国农业银行股份有限公司挂牌成立，农业银行兴县支行改为中国农业银行股份有限公司兴县支行（简称农业银行兴县支行）。

2009 年 8 月底，农业银行兴县支行实行机构人事改革，内设机构有综合管理部、财会运营部、三农 / 客户部、综合办公室；下设营业网点分别是支行营业部、城关营业所、南街分理处、西关分理处。至 2016 年末，农业银行兴县支行共有员工 76 人，其中支行机关 22 人、网点机构分布 54 人。

中国建设银行兴县支行

中国建设银行兴县支行（简称建设银行兴县支行）成立于 1980 年 10 月，原名中国人民建设银行兴县支行，最初内设办公室、业务室、财务室，工作人员 5 人。主要管理财政资金、办理基本建设拨款并实施监督。1987 年 7 月，建设银行兴县支行开办现金业务以后，其职责由单一的管理财政资金、办理基本建设拨款并实施监督的机关逐步转变发展为以经营中长期投资业务为主的兼具财政性、金融性业务的多功能专业银行。1989 年，建设银行兴县支行有职工 17 人，经办基建拨款、贷款和更新改造拨款、贷款等业务。1993 年 11 月以后，建设银行兴县支行遵照商业银行法经营运作，主要管理基本建设支出预算、审批基本建设财务计划和决算、制定基本建设财务管理制度，办理基本建设拨款和贷款、大型技术改造专项贷款、基本建设存款、基本建设单位的财务结算（主要包括工程价款的结算和贷款结算）等业务，并开办信托业务，代办有关投资的拨款和贷款业务。

1999 年，为适应股份制改革的需要，建设银行兴县支行被定为撤销机构，于 1999 年 9 月 15 日停止对外营业。

2011 年 12 月，经中国建设银行股份有限公司山西省分行审批，报银监局批准，中国建设银行股份有限公司兴县支行取得金融许可证，于 2012 年 1 月 11 日正式对外营业。

2016 年末，建设银行兴县支行有正式员工 14 人，有支行营业部 1 个营业网点。

中国银行兴县支行

中国银行股份有限公司兴县支行（简称中国银行兴县支行）成立于 2013 年 3 月 19 日，办公地址租赁兴县蔚汾镇水泉湾 50 号。初期内设机构有公司金融部、个人金融部、营业部，有员工 12 人。主要办理人民币存款、贷款、结算业务，外币存款、外币贷款、外汇汇款、外币兑换、国际结算、结售汇等业务，为个人和公司客户提供全面和优质的金融服务。2016 年，中国银行兴县支行有员工 17 人，其中正式合同工 13 人，外包员工 4 人，内设机构有业务部、个人客户部、公司客户部和支行营业部 1 个营业网点。

中国邮政储蓄银行兴县支行

兴县邮政储蓄业务最初由兴县邮政局代理，1989 以后不断发展壮大。至 2016 年末，兴县邮政局开办的储蓄代理网点共 6 个。

2008 年 7 月，中国邮政储蓄银行兴县蔚汾镇支行正式挂牌成立，人员从兴县邮政局分出。2013 年 9 月，中国邮政储蓄银行兴县蔚汾镇支行升格为中国邮政储蓄银行股份有限公司兴县支行（简称邮储银行兴县支行），设综合管理部、三农金融部、公司业务部3个部室，下辖1个二级支行。兴县魏家滩支行，位于魏家滩镇魏家滩村，主要开办个人储蓄存款、电子银行和代理业务，负责魏家滩矿区、周边乡（镇）的“三农”金融服务。原有的6个邮政储蓄网点仍由兴县邮政局代理。

邮政储蓄银行兴县支行办公楼位于兴县晋绥东路水泉湾段，共3层。2016年末，邮储银行兴县支行共有员工41人。内设机构3个：三农部、业务部、综合管理部。主要开办个人储蓄存款、个人贷款、对公存款、公司贷款、电子银行业务和中间业务。

农村信用合作联社

兴县农村信用合作社，最早成立于1950年11月（位于瓦塘），当时实行与农业银行“统一领导、一套人员、两块牌子、两个印章、分别核算”的办法进行联营管理。到1955年，全县80个乡都成立了农村信用社。1962年，全县农村信用社合并为24个。1984年8月，兴县农村信用合作社联合社（简称农村信用合作联社）成立，行政上归农行管理。1988年6月，兴县城市信用社成立。

1989年，兴县农村信用合作社联合社下设1个营业部、2个储蓄所，共有基层信用社24个、分社1个，分布在24个乡（镇）；共有职工158人。1990年，兴县农村信用合作社联合社迁址于西滩坪新建大楼，信用合作社联合社营业部开始对外营业。1991年，兴县信用合作社联合社所辖基层信用社增加至30个，1992年，基层信用社撤并为26个。

1996年底，农村信用合作社联合社与农业银行脱离了行政隶属关系。信用合作社联合社下设营业部1个、信用社27个、分社1个、储蓄所4个；共有职工230人。1999年，县信用合作社联合社理事长、主任、监事长分任制正式实施。2000年，原城市信用社归口农村信用合作社联合社管理。

2004年，深化农村信用社改革工作全面启动。2005年9月，兴县信用合作社联合社完成票据发行计划，获得央行专用票据认购资金3103万元，顺利进入改革入口。其中，共置换不良贷款2017万元，消化历年亏损挂账1086万元。

2007年9月21日，召开兴县农村信用合作社联合社创立大会暨第一届社员代表大会、第一届理事会、第一届监事会，审议通过了各项管理制度，选举产生了理事会、监事会成员及理事长、监事长，聘任了经营层管理人员。

2008 年 1 月 26 日，兴县农村信用合作社联合社完成统一法人组建，并正式挂牌开业。信用合作社联合社下设营业部 1 个、信用社 22 个、分社 4 个、储蓄所 6 个；共有职工 202 人。同年 6 月，3103 万元央行票据全额兑付到账。

2010 年 4 月，兴县农村信用合作社联合社实现了全省数据大集中，同时将各储蓄所管理权限收归县信用合作社联合社统一管理。至 2010 年 12 月末，兴县信用合作社联合社历年亏损挂账 1086 万元全部化解消化，甩掉了多来年沉重的亏损帽子，实现了全面盈余。

2015 年 9 月，兴县信用合作社联合社消化全部账面资格股，规范投资股，全部处理历年挂账；撤并裴家川口、杨家坡、斜沟、南城街储蓄所 4 个营业网点，招聘劳务派遣员工 39 人。

2016 年 6 月，启动农村信用合作社改制工作。7 月，兴县信用合作社联合社召开第二届社员代表第二次会议，通过相关改制事宜。同年 12 月，吕梁银监分局发文，同意筹建兴县农村商业银行股份有限公司。

中国农业发展银行吕梁市分行兴县客户服务组

1996 年 12 月 3 日，中国农业发展银行吕梁地区分行成立，随后在全区范围内成立了 5 个支行（业务全部自营）及 5 个信贷组（业务部分自营），中国农业发展银行吕梁分行兴县信贷组于 12 月 28 日成立。

1997 年，兴县信贷组业务由全面代理转入基本自营。1998 年 5 月，国务院对农发行的业务范围进行调整，兴县信贷组业务职能调整为全面实施收购资金运行管理，仅办理粮棉油收储业务。

2001 年 9 月，按照农发行山西省分行《关于设立信贷组有关问题的通知》精神，兴县信贷组全部派驻了信贷人员，实现信贷业务自营，会计出纳业务委托代理。2004 年 12 月，根据农发行总行《关于取消我行无机构县信贷委托代理业务的意见》要求，撤销兴县信贷组，按无机构县（市、区）实现信贷业务全部自营，吕梁市分行向兴县派出客户经理和信贷人员，会计出纳业务实行柜台委托代理。2006 年起，根据农发行总行统一安排，兴县等 8 个无机构县按照吕梁市分行派驻客户服务组模式进行管理。

兴县汇泽村镇银行

兴县汇泽村镇银行有限责任公司是由鄂尔多斯银行发起，于2010年11月在兴县正式成立的新型农村金融机构，具有独立法人资格，是山西省吕梁市第一家村镇银行。兴县汇泽村镇银行有限责任公司注册资金5000万元，其中鄂尔多斯银行出资2550万元，占股51%，为控股股东，其余2家企业法人和13名自然人共同出资2450万元，占股49%，为一般股东。经营范围为吸收公众存款，发放短期、中期、长期贷款；办理国内结算、票据承兑贴现，发行金融债券；代理发行、代理兑付、承销政府债券，买卖政府债券、金融债券；从事同业拆借，买卖、代理买卖外汇；从事银行卡业务，提供信用证服务及担保；代理收、付款项及代理保险业务；提供保管箱服务及经中国银行业监督管理机构批准的其他业务。至2016年末，兴县汇泽村镇银行有限责任公司共有编内合同制员工76人，外聘4名高级管理人员。内部设立办公室、计划财务部、科技信息部、个人金融业务部、信贷管理部、内控合规和资产风险管理部、清贷中心7个职能部门；对外设立总行营业部、西关支行、魏家滩支行3个营业网点，安装3台自助存取款机。

第二节 业务

存款业务

概述　银行存款主要包括个人存款、单位存款和财政性存款。人民银行兴县支行依照《中华人民共和国商业银行法》和国务院颁布的《储蓄管理条例》（1993年3月1日施行），遵循“存款自愿，取款自由，存款有息，为储户保密”的原则，对县境储蓄存款进行管理。1989—2016年，全县金融机构各项存款余额由5723.2万元增加至769830万元，增长133.5倍。

2000—2016 年兴县金融机构部分年份存款总额统计表

表 16-1-2-1　　　　单位：万元、%

项目/年份	年末存款余额	比年初净增加	增长率	其中		
				城乡（镇）居民储蓄余额	比年初净增加	增长率
1989	5723.2	—	—	2789.5	—	—
1990	6623.3	900.1	15.7	3620.3	830.8	29.8
1991	13268.9	6645.6	100.3	8627.2	5006.9	138.3
1992	13822.1	553.2	4.2	10555.7	1928.5	22.4
1993	14508	685.9	5	11898	1342.3	12.7
1994	16994	2486	17.1	14810	2912	24.5
1995	22476	5482	32.3	19745.5	4935.5	33.3
2000	37927	—	—	11737	—	—
2001	48847	10920	28.8	14669	2932	25
2002	56355	7508	15.4	17093	2424	16.5
2003	70354	13999	24.8	21754	4661	27.3
2004	86345	15991	22.7	26591	4837	22.2
2005	101354	15009	17.4	30013	3422	12.9
2006	134185	32831	32.4	102185	72172	240.5
2007	168043	33858	25.2	122885	20700	20.3
2008	242431	74388	44.3	22812	–100073	–81.4
2009	292609	50178	20.7	26928	4116	18
2010	337850	45241	15.5	33653	6725	25
2011	451294	113444	33.6	43154	9501	28.2
2012	581179	129885	28.8	50731	7577	17.6
2013	564988	–16191	–2.8	52300	1569	3.1
2014	583547	18559	3.3	52035	–265	–0.5
2015	653126	69579	11.9	54683	2648	5.1
2016	769830	116704	17.9	85375	30692	56.1

注：表中 2000—2005 年、2008—2015 年城乡居民储蓄存款数为邮政储蓄银行兴县支行数据，2006—2007 年城乡居民储蓄存款额分别包含邮政储蓄银行兴县支行 40278 万元和 50716 万元

分机构存款 农业银行兴县支行存款：1989—2016年，农业银行兴县支行各项存款由2431.8万元增加到178465万元，增长72.4倍。

1989—2016年部分年份农行兴县支行存款总额统计表

表16-1-2-2

单位：万元、%

年份	年末存款余额	比年初净增加	增长率	年份	年末存款余额	比年初净增加	增长率
1989	2431.8	656	36.9	2007	66804	11368	20.5
1992	6815.8	4384	180.3	2008	108075	41271	61.8
1993	7052.6	236.8	3.5	2009	110763	2688	2.5
2000	16632	—	—	2010	106287	−4476	−4
2001	20430	3798	22.8	2011	144730	38443	36.2
2002	22682	2252	11	2012	195108	50378	34.8
2003	26964	4281	18.9	2013	139842	−55266	−28.3
2004	34013	7050	26.2	2014	138559	−1283	−0.9
2005	39623	5609	16.5	2015	155694	17135	12.4
2006	55436	15813	39.9	2016	178465	22771	14.6

1989年末存款余额中含城乡（镇）储蓄余额788.5万元，比年初净增235.5万元，增长41.8%。1992年末存款余额中含城乡（镇）储蓄余额1393万元，比年初净增594.5万元，增长74.5%。1993年末存款余额中含城乡（镇）储蓄余额1709万元，比年初净增316万元，增长22.7%。2003年末存款余额中含城乡（镇）储蓄余额19825.6万元，比年初净增2712.7万元，增长15.9%。2004年末存款余额中含城乡（镇）储蓄余额24590.6万元，比年初净增4765万元，增长24%。2005年末存款余额中含城乡（镇）储蓄余额27297.6万元，比年初净增2707万元，增长11%。2006年末存款余额中含城乡（镇）储蓄余额32622.2万元，比年初净增5324.6万元，增长19.5%。2007年末存款余额中含城乡（镇）储蓄余额33939万元，比年初净增1316.8万元，增长4%。

兴县农村信用合作社联合社存款：1989—2016年，县农村信用合作社联合社各项存款余额由2633万元增加到284741万元，增长107.1倍。

1989—2016 年部分年份兴县农村信用合作社联合社存款统计表

表 16-1-2-3　　　　单位：万元、%

年 份	年末存款余额	比年初净增加	增长率	备　注
1989	2633	532	25.3	年初存款余额为 2101 万元
1990	3126	493	18.7	
1991	3743	617	19.7	
1992	4039	296	7.9	
1993	4181	142	3.5	
1994	4811	630	15.1	
1995	5636	825	17.2	
1996	6577	941	16.7	
1997—2000	8805.2（年均）	—	—	
2001—2005	21643.8（年均）	—	—	
2008	69959	—	—	其中个人存款 45451 万元
2012	200900	—	—	此为第一季度余额
2015	224993	—	—	
2016	284741	59748	26.6	

工商银行兴县支行存款：1989 年，工行银行兴县支行各项存款余额达 2317 万元，较年初增长 720 万元；其中城镇储蓄存款余额达到 1597 万元，较年初增长 158.6 万元。1994 年，工商银行兴县支行各项存款余额为 5301.8 万元，其中储蓄存款余额 4643.2 万元，占全年储蓄余额的 87.6%。1996 年，工商银行兴县支行各项存款余额达到 7954 万元，比年初净增 1426 万元，增长 21.8%。

2012 年，工商银行兴县支行重新恢复设立后，到 2016 年末，各项存款余额达到 4.24 亿元。

建设银行兴县支行存款：1989 年，建设银行兴县支行一般性存款余额为 513 万元，其中居民储蓄存款 193 万元，比年初 73 万元净增 120 万元，并在全区建行系统首次达到百万元专柜储蓄。

1995 年，建设银行兴县支行一般性存款余额为 574 万元。1996 年，建设银行兴县支行一般性存款余额为 3057 万元，比年初 2483 万元净增 574 万元，增长 23.1%。其中储蓄存款余额为 360 万元，比年初 1821 万元新增 539 万元，增长 29.6%。

2012 年，建设银行兴县支行恢复设立后，至 2016 年底，各项存款余额达到 3.8 亿元。

邮政储蓄银行兴县支行存款：2000—2016 年，兴县邮政储蓄余额由 11737 万元增长至 178882 万元，增长 14.2 倍。

2000—2016 年邮政储蓄银行兴县支行历年存款余额统计表

表 16-1-2-4 单位：万元

年 份	余 额	其中		年 份	余 额	其中	
		个人存款	单位存款			个人存款	单位存款
2000	11737	11737	—	2009	81882	26928	54954
2001	14669	14669	—	2010	106219	33653	72566
2002	17093	17093	—	2011	135893	43154	92739
2003	21754	21754	—	2012	154009	50731	103278
2004	26591	26591	—	2013	156674	52300	104374
2005	30013	30013	—	2014	156138	52035	104103
2006	40278	40278	—	2015	163714	54683	109031
2007	50716	50716	—	2016	178882	54139	124743
2008	64397	22812	41585				

中国银行兴县支行存款：2014 年，中国银行兴县支行存款余额为 12672 万元。2015 年，该行存款余额 13552 万元。2016 年末，该行存款余额 14359 万元，比年初净增加 807 万元；其中城乡居民储蓄存款余额 4903 万元。

兴县汇泽村镇银行存款：2011 年，兴县汇泽村镇银行投入运营，当年各项存款余额 13313 万元。2012 年，兴县汇泽村镇银行各项存款余额 36959 万元，同比增长 1.78 倍。2013 年，兴县汇泽村镇银行各项存款余额达 40708 万元，同比增长 10.14%。2014 年，兴县汇泽村镇银行各项存款余额为 29869 万元，同比减少 26.6%。2015 年，兴县汇泽村镇银行各项存款余额为 31407 万元，同比增长 5.2%。2016 年末，兴县汇泽村镇银行各项存款余额为 38161 万元，同比增长 21.5%；其中城乡居民储蓄存款余额 26333.02 万元。

贷款业务

概况　1989年，全县金融机构各项贷款累计发放5540万元（其中工商银行兴县支行发放3368万元、建设银行兴县支行发放570万元、兴县农村信用合作社发放1602万元），累计收回2900.5万元。

2016年，全县金融机构累计发放各项贷款273.4亿元（其中工商银行兴县支行发放6.27亿元、农业银行兴县支行发放15.9亿元、兴县农发行发放4.7亿元、中国银行兴县支行发放3415万元、邮政储蓄银行兴县支行发放2695.5万元、兴县农村信用合作社联合社发放1938万元、兴县汇泽村镇银行发放245.73亿元）。比1989年贷款额净增加272.85亿元，增长近492.5倍。

1989—2016年兴县金融机构贷款余额统计表

表16-1-2-5　　单位：万元、%

年份	累计发放贷款	比年初净增加	备注
1989	5540	—	内含工业贷款1375万元。累计回收贷款294万元（建行兴县支行回收数）
1990	4747	-793	
1991	2042	-2685	
1992	8135	6093	内含工业贷款122万元，农业贷款5700万元。累计回收贷款5600万元（人行兴县支行回收数）
1993	2662	-5473	
1994	6902.5	4240.5	内含工业贷款2827万元，农业贷款2514万元，商业贷款1470万元
1995	2818	-4084.5	全部为农业贷款
1996	9755.2	6937.2	内含工业贷款3177万元，农业贷款3103万元，商业贷款1402万元。累计回收贷款4043.4万元
1997	3329	-6426.2	
1998	3362	33	
1999	3821	459	
2000	5829	2008	
2001	6134	305	
2002	6521	387	
2003	15092	8571	
2004	16368	1276	内含农业贷款1300万元。累计回收贷款350万元
2005	11604	-4764	农业银行兴县支行回收贷款4717万元，净压不良贷款120万元

续表 16-1-2-5

年 份	累计发放贷款	比年初净增加	备 注
2006	15047	3443	
2007	16727	1680	
2008	20842	4115	内含工业贷款 263.9 万元，农业贷款 20363.5 万元。
2009	24497	3655	内含农业贷款 290 万元
2010	51358	26861	内含农户小额贷款 360 万元
2011	35833.2	-15524.8	内含华兴铝业公司贷款 23500 万元
2012	41225.2	5392	内含华兴铝业贷款 26500 万元
2013—2014	316244.8	275019.6	内含锦兴能源公司肖家洼煤矿贷款 15 亿元，兴县循环经济综合示范基地水源工程贷款 5400 万元，2014 年蔚汾河排洪箱涵工程贷款 2700 万元
2015	265428.1	50816.7	内含华兴铝业公司贷款 9 亿元
2016	2734004.5	2468576.4	内含工业贷款 15.9 亿元，涉农工程贷款 2457256 万元，住宅按揭贷款 3415 万元，棚户区改造、城建工程贷款 4.7 亿元

注：表中不包括 2000—2016 年中国人民银行兴县支行为农村信用合作社、兴县汇泽村镇银行等金融单位发放的支农和扶贫再贷款额，有关人民银行兴县支行发放支农及扶贫再贷款事宜在本章第三节“信贷支持”另行记述

分机构投放贷款　人民银行兴县支行投放贷款：1990 年，人民银行县兴支行累计发放短贷 2840 万元、老少边穷专项贷款 125 万元。1992 年，人民银行县兴支行累计发放专项贷款 122 万元，支持 10 个煤矿、化肥、焦化等生产项目；累计发放短期贷 5700 万元，累计收回 5600 万元。

工商银行兴县支行投放贷款：1989 年，工商银行兴县支行各项贷款余额为 3368 万元，其中工业贷款余额为 1087 万元，商业贷款余额为 2116 万元，技改贷款余额为 165 万元，支持了全县工商业的发展。1994 年，工商银行兴县支行各项贷款余额为 4388.5 万元，其中工业贷款余额为 2733 万元，商业贷款余额 1470 万元，技改贷款余额为 94 万元。1996 年，工商银行兴县支行贷款额 5151 万元，控制在核定规模内，其中工业贷款余额 3177 万元，比年初增加 323 万元，商业贷款余额 1402 万元，比年初增加了 8 万元，清收利息 371 万元，回收率达 54.2%。2016 年底，工商银行兴县支行各项贷款余额达

到 6.27 亿元，较好地支持了兴县经济的发展。

建设银行投放贷款：1989 年，建设银行兴县支行累计发放贷款 570 万元，其中更新改造贷款 150 万元、委托贷款 208 万元，累计回收贷款 294 万元，超额完成了全年回收任务。1996 年，建设银行兴县支行累计发放各类贷款 988.2 万元，其中信贷资金贷款发放 928.2 万元；累计回收各类贷款 973.4 万元，其中信贷资金贷款回收 933.4 万元。2016 年底，建设银行兴县支行各项贷款余额达到 2.42 亿元（非当年投放贷款），为兴县经济的发展做出了应有的贡献。

农业银行兴县支行投放贷款：1989 年以来，农业银行兴县支行牢记“面向三农、服务城乡”的使命，担当县域金融服务生力军，累计向农村集体组织和农户投放生产生活贷款、专项扶贫贷款 8.72 亿元，帮扶近 1.7 万户农户走上脱贫致富道路。

2000 年，农业银行兴县支行政策性剥离“两呆”贷款 2344.7 万元。2003 年末，农行兴县支行各项贷款余额为 8175 万元。清收不良贷款 994 万元，占任务比 100%。

2004 年末，农业银行兴县支行各项贷款余额 7488 万元，清收不良贷款 350 万元，完成全年计划任务的 102%，盘活不良贷款 55 万元，不良贷款保全 1280 万元，占任务的 147%。

2005 年末，农业银行兴县支行累计发放贷款 4104 万元，全部为存单质押贷款；累计收回 4717 万元。全年不良贷款净压 120 万元，完成市分行全年任务 120 万元的 100%。不良贷款清收 212 万元，完成市分行全年任务 420 万元的 50%。不良贷款保全 1216 万元，完成市分行全年任务 1210 万元的 100.5%。

2006 年末，农业银行兴县支行各项贷款余额 6016 万元，比年初下降 550 万元。全年不良贷款净压 214 万元，完成市分行全年任务 70 万元的 327%。全年不良贷款货币清收 380 万元，完成市分行全年任务 380 万元的 100%。其中清收表外利息 159 万元，占全年任务 122 万元的 86%。全年不良贷款保全 1100 万元，完成市分行全年任务 1060 万元的 100%。

2008 年，农业银行兴县支行政策性剥离不良贷款 5751.6 万元。

2009 年，农业银行兴县支行加大支持“三农”力度，当年发放农户贷款 290 万元，发放住房按揭贷款 1980 万元。

2010 年，农业银行兴县支行发放惠农卡 5600 张，当年发放农户小额贷款 396 万元。

2011 年，营销中铝山西华兴铝业有限公司的项目贷款，获批 5 亿元授信，当年农业银行兴县支行出贷 2.35 亿元；2012 年 6 月该行出贷 2.65 亿元。

2014 年，农业银行兴县支行为山西锦兴能源有限公司逐步出贷 15 亿元，进一步夯实了信贷规模基础。

2016 年，农业银行兴县支行累计发放各类贷款 15.9 亿元，盈利能力和市场竞争力得到进一步提升。

农业发展银行兴县客户服务组投放贷款：2012 年底，农发行兴县客户服务组贷款余额为 3870 万元。2013 年，农发行兴县客户服务组为兴县工业基地水资源综合开发利用一期工程项目投放贷款额 5400 万元。2014 年，农发行兴县客户服务组为兴县蔚汾河清淤蓄水北岸排污排洪箱涵扩建工程项目投放贷款额 2700 万元。2016 年，农发行兴县客户服务组共为兴县建设项目发放贷款 4.7 亿元，其中，为兴县蔚汾南路棚户区改造建设（一期）工程投放贷款 1.8 亿元，为城西蔚汾南路棚户区改造配套工程投放贷款 2.2 亿元，为忻黑线兴县城区段（西关桥至后发达大桥）道路拓宽改造项目投放贷款 7000 万元。

中国银行兴县支行投放贷款：2013 年，中国银行兴县支行为山西华兴铝业有限公司授信额为 15 亿元。2015 年，中国银行兴县支行为山西华兴铝业有限公司授信额为 9 亿元，以此支持中国铝业兴县氧化铝项目建设。2016 年底，中国银行兴县支行贷款余额 3415 万元，其中个人住房贷款余额 2821 万元，信用卡应收账款余额 563 万元。

邮政储蓄银行兴县支行投放贷款：2011 年，邮储银行兴县支行共发放贷款 12333.2 万元。2012 年，邮储银行兴县支行共发放贷款 10855.2 万元。2013 年，邮储银行兴县支行共发放贷款 4598.8 万元。2014 年，邮储银行兴县支行共发放贷款 3546 万元。2015 年，邮储银行兴县支行共发放贷款 3026.1 万元。2016 年，邮储银行兴县支行共发放贷款 2695.5 万元，6 年来该行累计发放贷款 3.71 亿元。

兴县农村信用合作社联合社投放贷款：1989 年，兴县农村信用合作社联合社各项贷款余额 1602 万元。

2016 年，兴县农村信用合作社联合社全年投放小额信用贷款，免抵押、免担保贷款，产业扶贫贷款共 1938 万元，累计扶持农户 865 户（含建档立卡贫困户 452 户），累计清理不良贷款 3.03 亿元。

1989—2016 年部分年份兴县农村信用合作社联合社投放贷款统计表

表 16-1-2-6　　　　单位：万元

年份	年末贷款余额	备注	年份	年末贷款余额	备注
1989	1602	较上年增长 6.8%	2001	6134	较上年增长 5.2%
1990	1782	较上年增长 11.2%	2002	6521	较上年增长 6.3%
1991	2042	较上年增长 14.6%	2003	6917	较上年增长 6.1%
1992	2313	较上年增长 13.3%	2004	8880	较上年增长 28.4%
1993	2662	较上年增长 15.1%	2005	7500	较上年减少 15.5%
1994	2514	较上年减少 5.6%	2006	9031	较上年增长 20.4%
1995	2818	较上年增长 12.1%	2007	16727	较上年增长 85.2%
1996	3103	较上年增长 10.1%，其中农业贷款 2509 万元	2008	20842	较上年增长 24.6%
1997	3329	较上年增长 7.3%	2009	22209	较上年增长 6.6%
1998	3362	较上年增长 1%	2010	50962	较上年增长 129.5%
1999	3821	较上年增长 13.7%	2015	172402	较上年增长 2.4 倍
2000	5829	较上年增长 52.6%	2016	1938	小额信用贷款及免担保产业扶贫贷款

兴县汇泽村镇银行投放贷款：2016 年末，兴县汇泽村镇银行累计发放涉农贷款 245.73 亿元，已成为兴县支持“三农”发展的重要力量。

结算业务

银行存款账户　银行存款账户分为基本存款账户、一般存款账户、临时存款账户和专用存款账户。其中，基本存款账户是指企业办理日常转账结算和现金收付的账户。

至 2016 年末，全县银行共开设基本账户 3074 户、一般账户 556 户、临时账户 63 户、专用账户 210 户、信用卡 16163 张（其中中国银行兴县支行发卡 2051 张，工商银行兴县支行发卡 4371 张，农业银行兴县支行发卡 712 张，建设银行兴县支行发卡 6327 张，邮政储蓄银行兴县支行发卡 2702 张），用于结算。

2016 年末兴县各金融机构银行账户开户情况统计表

表 16-1-2-7　　单位：个

金融机构	基本账户	一般账户	临时账户	专用账户
中国银行兴县支行	81	35	3	4
工商银行兴县支行	462	97	8	10
农业银行兴县支行	726	83	5	103
建设银行兴县支行	560	119	13	26
邮政银行兴县支行	53	12	0	7
农村信用合作联社	1030	128	20	46
汇泽村镇银行	162	82	14	14
合计	3074	556	63	210

商业汇票、贴现与再贴现　兴县票据业务主要发生在 20 世纪 90 年代后期，当时煤、焦、铁市场发展迅速，对资金需求和周转速度提出更高要求，人民银行向企业界宣传票据业务的功能后，商业汇票签发、贴现业务和人民银行再贴现业务迅猛发展。之后，金融机构的票据业务达到 10 亿元以上，人民银行再贴现余额达到 2 亿多元。票据市场通过票据的签发承兑、贴现、转贴现和再贴现等业务，把企业、商业银行、中央银行有机地联系在一起，从而有效传导货币政策。

第三节　银行管理

货币发行管理

货币发行就是将发行基金调入业务库。中国人民银行兴县支行设有发行基金保管库（简称发行库），保管发行基金。发行基金是尚未发行的人民币，它不是流通中的货币。各商业银行则设有业务库，是为办理日常现金收付而设立的。人民银行兴县支行核定现金库存限额。现金超过库存限额的部分，应交存发行库；当业务库存现金不足以满足需要时，就得从中国人民银行兴县支行的发行库调入现金。货币发行管理是调节货币流通，稳定货币，为国民经济发展服务的。所有经办现金业务的商业银行，均应按人民银行货币发行管理的要求提出报告和提供数据资料。发行基金调拨是组织货币投放的准备工作，是发行库与发行库之间发行基金的转移。发行基金调拨实行“适当集中，合理摆布，灵活调拨”的方针，原则上采取逐级负责的办法。

1989—1998 年人民银行兴县支行发行库基金调拨情况简表

表 16-1-3-1　　单位：万元

年 份	收　入		付　出		余 额
	由他行调入	业务库交存	业务库提取	移送销毁	
1989	2338.2	455.1	2347.8	—	349.1
1990	1617.8	1135.5	2651.5	—	450.9
1991	1441.7	1228.77	2766.47	—	372.2
1992	1557	1311.7	2938.3	—	302.6
1993	7099.6	778.8	7754.8	9.3	416.9
1994	9257.1	3701.4	11597.7	199.6	1578.1
1995	9233.2	4372.9	13582.3	202	1399.9
1996	11269.3	6244.47	16560.87	—	2352.8
1997	16437.5	5970.9	22600	—	2161.2
1998	15340.3	11021.01	25080.41	—	3442.1

人民银行兴县支行发行库于 2001 年撤销，当年投放货币量达到 4.8 亿元。此后，货币供应由各金融机构直接向中国人民银行吕梁市中心支行发行库办理。

现金管理

1988 年 10 月起，人民银行兴县支行依据《中华人民共和国现金管理暂行条例》，对县境内金融单位实行现金管理。

调拨资金　1990 年，人民银行兴县支行累计调运现金 18 次，金额 1611.8 万元，现金收支相抵净投放 1516 万元，较上年少投放 376.7 万元，降低 20%。1992 年，人民银行兴县支行累计现金收入 13429.3 万元、支出 19820.7 万元，收支相抵净投放货币 6391.4 万元，较上年多投放 3694.4 万元，增长

166.1%。1994 年 1—11 月，人民银行兴县支行净投放现金 7756.4 万元，比上年同期多投放 1455.7 万元，增长了 86.97%。1995 年 1-11 月，人民银行兴县支行净投放现金 8641.5 万元，较上年同期增加 885.1 万元，增长 15.6%。2007 年，全县累计现金收入 80099 万元，累计现金支出 511289 万元，较上年同期多支出 111132 万元。收支相抵，累计净投放现金 41187 万元。

1997 年，根据上级银行发布的《关于大额现金支付管理的通知》精神，人民银行兴县支行对提取大额现金储户进行限制。

2000 年 5 月 1 日起，人民银行兴县支行实施国务院颁布的《中华人民共和国现金管理条例》，积极贯彻国家“控制货币、稳定金融”的方针，加强货币的集中统一管理，保持了辖内货币稳定，对促进辖内经济发展发挥了积极作用。

2007 年 1 月 1 日，《中华人民共和国反洗钱法》施行，法律规定金融机构、特定非金融机构数额达到一定标准、缺乏明显经济和合法目的的异常交易应当及时向反洗钱行政主管部门报告，作为发现和追查违法犯罪行为的线索。2010 以来，人民银行兴县支行建立了反洗钱金融联席会议制度，根据《中华人民共和国反洗钱法》《金融机构反洗钱规定》和《人民币大额和可疑支付交易管理办法》等规定开展反洗钱工作，落实专人专岗制度，及时检查并上报了各类监测报表。

反假货币　刑法专门规定了涉嫌假币犯罪的各类罪名，依靠法律手段是打击假币犯罪的主要手段之一。中国人民银行兴县支行不断加强反假人民币力度，多次组织辖内金融机构举办反假人民币宣传周、宣传月活动，通过宣传反假人民币知识、印发反假人民币宣传资料和现场演示、培训等多种方法，提高广大人民群众的反假人民币意识和能力。2010 年 4 月 5 日，中国人民银行兴县支行与兴县公安局建立了反假人民币联席会议制度，共同打击制、售、贩、用假人民币行为。至 2016 年末，人行兴县支行共收缴假币 21940 元。

残损币回收及销毁　兴县的残损人民币，经辖内各银行根据《中国人民银行残缺污损人民币兑换办法》兑换回收后，上缴到人民银行兴县支行。人民银行兴县支行统一上缴吕梁市中心支行发行库，由山西省人民银行发行部门统一安排，到保定造纸厂化纸浆或机械粉碎。

金银管理

1983 年 6 月 15 日，国务院发布《中华人民共和国金银管理条例》。12 月 18 日，中国人民银行发布《金银管理暂行条例实施细则》。1984 年 2 月 1 日，中国人民银行、海关总署联合发布《对金银进出国境的管理方法》，共同确立金银管理法律制度的基本内容。

中国人民银行是我国管理金银的主管机关。中国人民银行兴县支行按照统一管理、统购统配的原则，行使金银管理职权，统一管理和检查县境金银市场，保护公民个人持有合法所得的金银，禁止金银作为货币流通。

20 世纪 80 年代前，中国人民银行兴县支行负责收兑金锭、银锭、银圆等。20 世纪 90 年代以后，没有发生收兑业务。兴县因无金银加工和工业用金银，没有发生配售业务。

2001 年 11 月 1 日，国家改革黄金制品零售管理审批制，取消黄金制品零售业务许可证管理制度，实行核准制。黄金零售市场基本放开。

信贷支持

中国人民银行兴县支行根据国家货币、信贷政策，通过运用再贷款、再贴现、差别存款准备金率等货币政策工具和窗口指导，引导辖内各金融机构贯彻落实国家宏观调控政策，调整现金投放和信贷结构。1985 年，中国人民银行兴县支行执行“统一计划、划分资金、实贷实存、相互融通”的信贷资金管理体制。1989 年，中国人民银行兴县支行对现金计划实行“以块为主，条块结合”的管理办法。1990 年，执行中国人民银行总行制定的“控制总量、调整结构、保证重点、压缩一般、适时调节、提高效益”的货币信贷政策方针。1992 年，中国人民银行兴县支行执行“控制总量、调整结构、强化管理、盘活存量、提高效益”的货币信贷方针。1995 年起，中国人民银行兴县支行执行“适度从紧”的货币、信贷政策，以抑制通货膨胀为中心，控制信用总量，优化贷款结构，提高信贷资产质量。1998 年，人民银行兴县支行通过严格执行国家的主要货币、信贷政策，促进了辖内经济的稳步发展。

自 1996 年全国农村信用社与中国农业银行脱离行政隶属关系后，农业银行不再向农村信用社提供支持资金。为解决涉农信贷需求与农村信用合作社资金不足的突出矛盾，支持涉农信贷投放，引导信用合作社增加农户贷款，促进和改善农村金融服务，经国务院批准，人民银行兴县支行于1999年开始为全县农村信用合作社等金融单位办理支农再贷款和扶贫再贷款业务。

2000年，人民银行兴县支行累计为兴县16个农村信用合作社办理支农再贷款1200万元，支持兴县2736户农民通过贷款发展农业生产。

2001年，人民银行兴县支行为全县19个农村信用社办理支农再贷款1700万元，支持4145户农民发展生产。

2002年，人民银行兴县支行为全县22个农村信用合作社累计发放支农再贷款2100万元（其中累计收回300万元），支持农村信用合作社发放小额农户信用贷款2438万元，扶持发展种植、养殖和农副产品加工业。

2003年，人民银行兴县支行为全县22个农村信用合作社累计发放支农再贷款1900万元，支持信用社发放小额农户信用贷款1798万元、农户联保贷款1399万元，扶持农户发展种植、养殖和加工业。

2005年，人民银行兴县支行为农村信用合作社累计发放支农再贷款1700万元，当年收回1300万元。

2006年，人民银行兴县支行为全县18个农村信用社共发放支农再贷款2000万元，支持信用社投向化肥636.1万元、种子15.69万元、养殖665.8万元、大棚蔬菜14.6万元、养殖业860.4万元、农村运输业143万元、治理荒坡荒山植树造林71.6万元、农副产品收购加工467万元。

2010年，中国人民银行兴县支行围绕全县发展实际，制定了支持产业转型发展、促进经济结构调整的具体信贷支持办法，与政府部门、金融机构和企业联动，共同搭建政、银、企合作平台，引导金融机构向上级银行争取政策支持和贷款项目，加大金融机构贷款投放力度，促进信贷投放总量适度增长。

2011—2015年底，中国人民银行兴县支行为兴县汇泽村镇银行累计发放支农再贷款4.45亿元。2016年，中国人民银行兴县支行为兴县汇泽村镇银行和兴县农村信用合作联社共发放扶贫再贷款1.15亿元，增强了地方法人金融机构扶贫资金实力。

2000—2016年，人民银行兴县支行累计为全县金融单位发放支农再贷款和扶贫再贷款6.77亿元，增强了基层金融服务单位的涉农贷款能力。

金融监管

2004年，兴县银监办设立以来，在吕梁银监分局的授权和领导下，依法负责对兴县银行业金融机构及其活动开展监管工作，主要是开展对辖内银行业金融机构进行监管约谈，对全县农村中小金融机构进行非现场监管，配合吕梁银监分局开展现场检查，跟踪、监测、研判辖区银行业运行情况，做好法人机构监管评级工作，统计银行机构有关数据和信息，及时向上级报告有可能影响当地银行业稳健运行的重大事项，同时承办吕梁银监分局交办的其他事项。

严格的金融监管，营造了良好的金融环境，促进了全县金融事业的稳健发展。2004年至2016年末，全县新增金融机构9户（其中银行5户），新增员工217人。2016年末，全县金融机构（银行）各项存款余额达78.98亿元，其中2004年后新增银行机构存款余额31.79亿元，占全县存款余额的40.3%；全县金融机构贷款余额56.6亿元，其中2004年后新增银行机构贷款余额5.2亿元，占全部贷款余额的26.86%。

征信管理

兴县征信管理由人民银行兴县支行金融管理部负责，主要职能是：对全县征信接入机构、征信市场实行监督管理，组织落实征信法律法规及规章制度，组织拟订征信合规与信息安全管理制度和内控制度的实施细则；负责个人信用报告的日常查询，受理征信业务投诉；负责机构信用代码证发放、信息变更、补办以及收费上划等工作；承办征信知识的宣传教育与培训，推动社会信用体系建设；依据2005年出台实施的《个人信用信息基础数据库管理暂行办法》、2013年出台实施的《征信业管理条例》《金融信用信息基础数据库个人信用报告查询业务规程》，做好征信档案资料的整理、归档与管理。2013年至2016年，为了解核实个人和企业征信情况，人民银行兴县支行金融管理部累计查询个人信用档案资料1.74万笔，查询企业信用档案资料411笔。

第二章 保险及其他非银行金融机构

第一节 保险机构

中国人民财产保险股份有限公司兴县支公司(中国人民保险公司兴县支公司)

1985年9月1日，中国人民保险公司兴县支公司成立，有干部、职工6人。1989年底，中国人民保险公司兴县支公司内设部门经理室、办公室、财务室、运工险科、人险科、农险科，员工增至9人。开办险种有企业财产险、运输工具险和人身意外险三大类。

1996年7月，保险行业进行改制，产、寿险分业经营。中国人寿保险公司兴县支公司与中国人民保险公司兴县支公司分设。中国人民保险公司兴县支公司更名为中保财产保险公司兴县支公司，内设部门经理室、财务室、综合部、车险部、企财险部，公司编制9人，其中经理、副经理各1人。1999年1月18日，中保财产保险有限公司继承人保品牌，更名为中国人民保险公司兴县支公司。公司内设机构有办公室、财务室、营业厅、理赔部。至2016年未发生变化。

中国人寿保险股份有限公司兴县支公司

1996年7月，单设中国人寿保险公司兴县支公司，经营以人的身体或寿命为保险标的的保险业务。1999年1月，因集团改制，中国人寿保险公司兴县支公司更名为中国人寿保险股份有限公司兴县支公司，共有职员10人，营销人员100余人。设有个险业务部、团险业务部、中介代理部、客户服务部、综合部。至2016年未变化。

中国人寿财产保险股份有限公司兴县支公司

2008年7月，中国人寿财产保险公司兴县支公司成立，营业地点为兴县城区环城东路，营业面积196平方米，公司内设办公室、互动部、营销部、客户服务中心，共有员工8人。业务岗位有承保岗、互动岗、农险岗、理赔岗。经营范围包括财产损失保险、责任保险、信用保险、保证保险、短期健康保险、意外伤害保险及上述业务的再保险业务，国家法律、法规允许的保险资金运用业务和经中国保监会批准的其他业务。至2016年未变。

第二节　保险业务

中国人民财产保险股份有限公司兴县支公司保险业务

开办险种　中国人民财产保险股份有限公司兴县支公司经营的险种分为财产保险和责任意外保险、农业保险三大类。1985年9月1日，中国人民保险公司兴县支公司成立后，财产保险开办险种有企业财产、运输工具2项。翌年，增加保险业务，开办企业财产、家庭财产、机动车辆、货运、农业等5项保险。1989年，新增商业统筹保险。1995年，又增加各类责任险、各类附加保险等20余种。其间，人身保险险种只开办短期人身保险。1996年，保险体制实行改革，财产保险和人寿保险分设。实行分业经营管理。

财产保险：是以财产及与其有关利益作为保险标的的保险或以造成财产经济损失的损害赔偿责任作为保险标的的保险。主要有机动车辆保险、企业财产保险、家庭财产保险、建筑工程一切险、煤矿企业财产保险。

责任意外保险：是以人的生命为保险标的的保险，全部为一年期。主要险种有道路客运承运人责任保险、医疗责任保险、雇主责任保险、校（园）方责任保险、学生幼儿意外伤害保险、团体人身意外伤害保险、建筑施工人员团体意外伤害保险。

农业保险：中国人民财产保险股份有限公司兴县支公司办理的农业保险业务包括玉米种植保险和马铃薯种植保险。

玉米种植保险。玉米种植在保险期限内，由于干旱、暴雨、洪水（政府决定的行蓄洪除外）、内涝、风灾、旱灾、雹灾、冻灾造成玉米损失，且损失率达到30%（含）以上的，保险公司负责赔偿。

马铃薯种植保险。马铃薯种植在保险期限内，由于暴雨、洪水、内涝、风灾、雹灾造成马铃薯损失，且损失率达到20%（含）以上的，保险公司负责赔偿。

保费收缴和保险理赔　1989—2016年，中国人民财产保险股份有限公司兴县支公司共计收缴保费金额18147万元，共计赔付金额9015万元。其中，1996年7月23日，兴县遭遇特大洪灾侵袭，中财保公司兴县支公司共计赔付金额320万元，为兴县企业生产和家庭安定起到了保驾护航作用。2015年，兴县玉米遭受严重旱灾，中财保公司兴县支公司赔付全县农业险金额340万元。

1989—2016年中财保兴县支公司经营情况统计表

表16-2-2-1　　单位：万元

年 份	保费收入	直接赔款	年 份	保费收入	直接赔款
1989	140	51	2004	506	200
1990	160	43	2005	560	210
1991	165	80	2006	521	270
1992	170	40	2007	751	340
1993	176	60	2008	752	350
1994	186	80	2009	862	450
1995	180	70	2010	1125	650
1996	201	320	2011	1534	720
1997	230	100	2012	1973	695
1998	294	90	2013	1587	1074
1999	306	180	2014	1798	876
2000	356	160	2015	1186	728
2001	403	200	2016	1108	608
2002	455	180	合计	18147	9015
2003	462	190			

中国人寿保险股份有限公司兴县支公司保险业务

开办险种　1996年，财产、人寿保险分设后，中国人寿保险股份有限公司兴县支公司主要经营各类人寿保险，包括办理新单承保、续期缴费、理赔、生存金领取、退保等各项变更业务及各类保险业务咨询，并代办财产险。人寿保险险种由过去单一的短期简易人身保险发展到子女教育婚嫁金保险、福寿安康保险、养老还本保险、学生平安保险、团体人身意外伤害保险、个人养老保险、“88”福利保险、独生子女两全保险、重大疾病定期保险等10多种险种。1999—2010年，新开“99”鸿福终身保险、安居定期保险、附加补偿金保险、附加残疾保险、附加意外伤害保险、“99”鸿福两全保险、国寿家庭幸福保险、国寿少儿保险、附加住院医疗补贴金保险、中寿金色夕阳养老金保险、国寿旅客意外伤害保险、国寿团体定期寿险、国寿医疗急救保险、国寿团体终身寿险、国寿视力康复保险等50余种。根据社会经济的发展和保险业务的经营实践，险种可随时停办和开办。

保费收缴和保险理赔　1997—2016年，中国人寿保险股份有限公司兴县支公司共计收缴保费金额34192万元，共计赔付金额300万元。

1997—2016年人寿保险兴县支公司经营情况表

表16-2-2-2　　单位：万元

年份	保费收入	直接赔款	年份	保费收入	直接赔款
1997	870	7	2008	1795	15
1998	790	8	2009	2235	28
1999	890	12	2010	2659	37
2000	950	13	2011	2427	28
2001	1035	9	2012	2349	16
2002	1285	10	2013	2408	11
2003	1395	11	2014	2603	8
2004	1495	22	2015	2164	7
2005	1538	15	2016	1635	12
2006	1776	13	合计	34192	300
2007	1893	18			

中国人寿财产保险股份有限公司兴县支公司保险业务

开办险种　2008年7月成立的中国人寿财产保险股份有限公司兴县支公司，经营的险种分为财产保险和责任意外保险、农业保险三大类。

财产保险：是以财产及有关利益作为保险标的的保险或以造成财产经济损失的损害赔偿责任作为保险标的的保险。常见险种主要有机动车辆保险、企业财产保险、家庭财产保险、建筑工程一切险、煤矿企业财产保险等。

责任意外保险：是以被保险人依法应当对第三人承担的损害赔偿责任为标的而成立的保险合同。常见险种有道路客运承运人责任保险、医疗责任保险、雇主责任保险、校（园）方责任保险、特定职业责任保险、人身意外保险等。

农业保险：农业保险是在农民收益和农业经济处于不确定状态下为农业生产者分散风险、降低损失而设立的险种。农业保险分为政策性农业保险和商业性农业保险，保险标的为农作物。保险期限从被保险作物出苗或移栽成活时起，至作物收获期开始时终止。必须是第二轮承包土地或享受粮食直补的土地，保险的自然灾害包括暴雨、洪水、内涝、风灾、雹灾、旱灾、冰冻（霜冻及障碍性低温冷害）。该公司办理的农业保险业务包括玉米种植保险、马铃薯种植保险、能繁母猪保险、育肥猪保险。

保费收缴和保险理赔 2008—2016年，人寿财产保险公司兴县支公司共收缴保费金额5108.21万元，共处理理赔案4239余件，赔付金额2088.67万元。

2008—2016年人寿财产保险公司兴县支公司经营情况表

表16-2-2-3 单位：万元

年 份	保费收入	直接赔款	年 份	保费收入	直接赔款
2008	77.76	5.52	2013	648.16	344.22
2009	226.79	37.21	2014	879.85	243.97
2010	350.45	145.98	2015	987.69	441.87
2011	353.55	170.56	2016	1089.55	524.08
2012	494.41	175.26	合计	5108.21	2088.67

第三节 农村资金互助社

兴县蔚汾镇全民农村资金互助社由15位自然人和一户小企业发起，经中国银行业监督管理委员会吕梁监管分局2011年10月26日批准成立，注册资本金800万元，营业场所位于兴县蔚汾镇水泉湾段蔚汾新天地，属新型的农村中小型金融机构，2011年11月1日正式挂牌营业。至2016年末，该互助社从业人员由开业之初的7人发展到21人。社员发展到1300余人。

该社经营业务范围是：办理社员存款、贷款和结算业务；买卖政府债券和金融债券；办理同业存放和代理业务；向其他银行业金融机构融入资金（符合审慎要求）及经银行业监督管理机构批准的其他业务。至2016年末，存款总计5948.14万元（其中定期5849.97万元、活期98.17万元），累计发放涉农贷款144户，贷款金额合计6225.2万元，支持了427户社员的生产发展所需，促进了蔚汾镇“三农”经济的发展。

第四节　小额贷款公司

兴县鑫隆小额贷款有限公司

兴县鑫隆小额贷款有限公司由11人共同出资2000万元，于2008年11月成立，共有员工15人，其中董事长1人、总经理1人、会计1人、出纳1人、信贷员11人。该公司经营范围为国家规定的小额贷款业务。公司自成立以来，从不同层次支持和解决农村中小企业和家庭经济发展资金困难，截至2016年末，该公司累计为30户发放贷款1985万元。

兴县银丰小额贷款有限公司

兴县银丰小额贷款有限公司由9位自然人股东出资2000万元，于2009年成立。该公司主要经营符合国家规定的小额贷款业务。2009—2016年，该公司累计为近1000户“三农”企业和小微企业发放贷款4000万元，累计实现利税100余万元。

第十七编

经济管理

1989—2016 年，县计划委员会根据中央经济工作会议精神及山西省、吕梁地区（市）要求，按照中共兴县县委、县人民政府关于兴县经济和社会发展思路，结合“七五”时期（1986—1990 年）全县经济社会主要指标完成情况，编制了“八五”时期（1991—1995 年）至“十三五”时期（2016—2020 年）全县主要经济社会发展计划，分别提交兴县人民代表大会或人大常委会讨论通过后执行。

工商行政管理局、质量技术监督局和食品药品监督管理机构积极履行职能，共同强化市场监督管理，整顿市场秩序，查处伪劣商品、取缔违法经营，进一步规范了各类经营行为，保障了食品和医药卫生用品的安全。

土地资源部门强化执法监察，累计查处土地违法案件 2130 件，拆除违法占地 867 亩，补缴占地补偿费 212.17 万元，恢复耕地 1041 亩，收回罚款 2325 万元。

县审计局和农村经济管理服务机构不断强化职能，坚持开展财政预算执行审计、机关企事业单位财务审计、专项资金审计、领导干部经济责任审计，发现问题，严肃查处，对规范全县财务管理、遏制腐败、提高财政资金效率、减轻农民负担起到了重要作用。

第一章　计划管理

第一节　主要经济目标计划与执行

1989—2016年，县计划委员会根据中央有关经济工作会议精神，省、地（市）要求和县委、县政府关于经济和社会发展思路，每年编制国民经济和社会发展计划，提交县人民代表大会或人大常委会通过后执行。

1986—1990年（“七五”时期）经济社会发展主要指标完成概况

1990年，全县社会总产值完成1.58亿元，占计划15854万元的99.66%，比“六五”末（1985年）增长47.2%；地区生产总值完成18049万元，占计划1.09亿元的166%，比1985年地区生产总值8554万元增长111%；财政总收入完成864万元，占计划795万元的108.7%，比1985年财政收入405万元增长113.3%；粮油总产量完成10441万千克，占计划6390万千克的163.4%，比1985年粮油总产量6263.4万千克增长66.7%；实现农林牧副业总产值1.2亿元，占计划3291万元的365.5%，比1985年的农林牧副业总产值4633万元增长1.6倍；工业总产值完成9019万元，占计划5228万元的172.5%，比1985年工业总产值2563万元增长2.52倍；乡镇企业实现总产值4704万元，占计划4211万元的111.7%，比1985年乡镇企业总产值3902万元增长20.6%。社会消费品零售总额达到6474万元，占计划7710万元的84%，比1985年社会消费品零售总额5078万元增长27.5%；农民人均年纯收入达到351元，占计划319元的110%，比1985年农民人均年纯收入232元增长51.3%；人口出生率17.32‰，比计划减少0.2‰；人口自然增长率6.02‰，比计划11.5‰减少5.48‰。

1991—1995年（“八五”时期）主要经济目标计划与完成概况

1995年，全县地区生产总值完成32976万元，占计划的191.2%，比1990

年增长82.7%；财政总收入完成2212万元，占计划的147.2%，比1990增长1.56倍；一般预算收入完成1324万元，占计划的109.4%，比1990年增长72.6%；工业总产值实现13860万元，占计划的154%，比1990年增长53.7%；农林牧副业总产值完成11542万元，占计划的153.9%，比1990年下降4.06%；乡镇企业总产值完成43667万元，占计划的79.4%，比1990年增长8.28倍；社会消费品零售总额完成5789万元，占计划的60.9%，比1990年下降10.6%；社会固定资产投资总额3210万元，占计划的214%；农民人均年纯收入达到537元，占计划的95%，比1990年增长53%；城镇居民人均可支配收入达到1755元，占计划的100.3%,比1990年增长92.7%。

1991—1995年（“八五”时期）兴县主要经济目标计划与完成情况统计表

表17-1-1-1

分类	主要计划项目	单位	计划数（1995年末）	完成数（1995年末）	完成计划的（%）	比“七五”末（1990年）增长（%）
综合经济	地区生产总值	万元	17250	32976	191.2	82.7
	财政总收入	万元	1503	2212	147.2	156
	一般预算收入	万元	1210	1324	109.4	72.6
	工业总产值	万元	9000	13860	154	53.7
	农林牧副业总产值	万元	7500	11542	153.9	–4.06
	乡镇企业总产值	万元	55000	43667	79.4	828.3
	社会消费品零售总额	万元	9500	5789	60.9	–10.6
	社会固定资产投资总额	万元	1500	3210	214	—
	农民年人均纯收入	元	565	537	95	53
	城镇居民人均可支配收入	元	1750	1755	100.3	92.7
农牧业	粮油总产量	万千克	13000	4742	36.5	–54.6
	大畜存栏	万头	3.5	3.83	109.4	36.8
	羊存栏	万只	29	30.27	104.4	44.3
	猪存栏	万头	2.5	5.17	206.8	198.8
	鸡存栏	万只	50	33.78	67.6	7.1倍
	肉禽蛋奶总产量	万千克	350	479.8	137.1	1237（与1991年比较）
工业	原煤产量	万吨	70	67.4	96.3	19.9

续表17-1-1-1

分类	主要计划项目	单位	计划数（1995年末）	完成数（1995年末）	完成计划的（%）	比“七五”末（1990年）增长（%）
工业	发电量	万度	10700	8994	84.1	52.8
	生铁产量	万吨	8	4.08	51	193.5
	水泥产量	万吨	5	3.36	67.2	12
	合成氨（碳铵）	万吨	0.5	0.57	114	–77.5

“九五”（1996—2000年）主要经济目标计划与执行

2000年末，全县地区生产总值完成23750万元，占计划的36%，比1995年下降28%；财政总收入完成1796万元，占计划的98.9%，比1995年下降18.8%；一般预算收入1148万元，占计划的98.3%，比1995年下降13.3%；农林牧副(渔)业总产值完成2.63亿元，为计划的274.1%，比1995年增长1.28倍；工业总产值完成6413万元，占计划的19.4%，比1995年下降53.7；社会消费品零售额完成7485万元，占计划的99.8%，比1995年增长29.3%。

1996—2000年（“九五”时期）兴县主要经济目标计划与完成统计表

表17-1-1-2

分类	主要计划项目	单位	计划数（2000年末）	完成数（2000年末）	完成计划的（%）	比“八五”末（1995年）增长（%）
综合经济	地区生产总值	万元	66000	23750	36	–28
	财政总收入	万元	1816	1796	98.9	–18.8
	一般预算收入	万元	1168	1148	98.3	–13.3
	粮油总产量	万千克	12000	9335	77.8	96.9
	农林牧副业总产值	万元	9596	26304	274.1	127.9
	工业总产值	万元	33000	6413	19.4	–53.7
	乡镇企业总产值	亿元	10	5.59	55.9	28
	社会消费品零售总额	万元	7500	7485	99.8	29.3
	农民年人均纯收入	元	1200	795	66.3	48.1
	城镇居民人均可支配收入	元	2460	6765	275	285.5
农林牧业	基本农田面积	万亩	77	72.18	93.7	50.1
	粮食油料总产量	万千克	12000	9335	77.8	96.9
	大畜存栏（饲养量）	万头	6	2.66	44.3	–30.6

续表17-1-1-2

分类	主要计划项目	单位	计划数（2000年末）	完成数（2000年末）	完成计划的（%）	比“八五”末（1995年）增长（%）
农林牧业	羊存栏（饲养量）	万只	30	34.5	115	13.97
	猪存栏（饲养量）	万头	4	4.7	117.5	-9.1
	经济林面积	万亩	40	46.98	117.5	69.9
	干鲜水果产量	万千克	500	460	92	-53.7

“十五”（2001—2005年）主要经济计划与完成概况

2005年末，全县地区生产总值完成6.1亿元，占计划的114.7%，比2000年增长156.8%；财政总收入完成7586万元，占计划的167.2%，比2000年增长3.2倍；一般预算收入完成3024万元，占计划的141.8%，比2000年增长1.63倍；粮油总产量1.02亿千克，占计划的85.3%，比2000年增长9.6%；农林牧副总产值完成2.32亿元，占计划的58.8%，比2000年减少11.65%；工业总产值完成12.83亿元，为计划的356.7%，比2000年农林牧副总产值增长19倍；社会消费品零售总额2.05亿元，为计划的180%，比2000年末社会消费品零售总额增长1.74倍。

2001—2005年（“十五”时期）兴县主要经济目标计划与完成情况统计表

表17-1-1-3

分类	主要计划项目	单位	计划数（2005年末）	完成数（2005年末）	完成计划的（%）	比“九五”末（2000年）增长（%）
综合经济	地区生产总值	万元	53199	61000	114.7	156.8
	财政总收入	万元	4538	7586	167.2	322.4
	一般预算收入	万元	2132	3024	141.8	163.4
	农林牧副业总产值	万元	39546	23241	58.8	-11.65
	工业总产值	万元	35965	128300	356.7	19倍
	规模以上工业增加值	万元	14046	28800	205	6.28倍
	乡镇企业总产值	万元	82522	162000	196.3	189.8
	社会消费品零售总额	万元	11387	20500	180	173.9
	社会固定资产投资总额	万元	5343	45000	842.2	14.8倍
	农民年人均纯收入	元	2261	1050	46.4	32.1
	城镇居民人均可支配收入	元	4710	6713	142.5	-0.77

续表17-1-1-3

分类	主要计划项目	单位	计划数（2005年末）	完成数（2005年末）	完成计划的（%）	比“九五”末（2000年）增长（%）
农林牧业	粮油总产量	万千克	12000	10232	85.3	9.6
	大畜存栏	万头	2（累计）	3.98	199	49.6
	羊存栏	万只	10（累计）	34.78	347.8	0.81
	猪存栏	万头	3	3.9	130	-17.02
	肉、蛋、奶产量	万千克	600	819.3	136.55	48.2
主要工业品产量	原煤	万吨	70	62.17	88.81	98.6
	水泥	万吨	4.2	3.3	78.6	-62.5
	煤炭运销量	万吨	35	31	88.6	6.8倍

注：因电冶集团公司关闭，焦炉及铁炉均被拆除，故发电量、硅铁、焦炭、生铁等产量计划略

“十一五”（2006—2010年）主要经济计划完成概况

第十一个五年规划以科学发展观统领全局，以培育煤、电、铝、化、材五大主导产业，抓好大项目、大城建、大交通、大教育、大环境五大发展战略为重点，全面加快扶贫开发和社会主义新农村建设步伐，着力构建经济繁荣、人民富裕、社会和谐、环境友好的新兴县。规划主要目标完成情况：2010年，全县地区生产总值完成36.71亿元，完成计划的183.55%，比2005年增长5倍；财政总收入完成6.6亿元，一般预算收入完成1.81亿元，分别完成计划的188.6%、80.1%，分别比2005年增长7.7倍和5倍；工业总产值完成52.22亿元，完成计划的53.2%，比2005年增长307%；规模以上工业增加值完成25.77亿元，完成计划的322%，比2005年增长7.94倍；粮油总产量完成1.14亿千克，完成计划的114%，比2005年增长11.8%；全社会固定资产投资总额完成24.23亿元，为计划的524.5%，比2005年增长4.38倍；社会消费品零售总额实现8.01亿元，完成计划的240%，比2005年增长2.91倍；农民年人均纯收入达到2050元，城镇居民人均可支配收入达到11115元，分别比2005年增长95.2%和65.6%。

2006—2010年（“十一五”时期）兴县主要经济目标计划与完成统计表

表17-1-1-4

分类	主要计划项目	单位	计划数（2010年末）	完成数（2010年末）	完成计划的（%）	比“十五”末（2005年）增长
综合经济	地区生产总值	亿元	20	36.71	183.55	5倍
	财政总收入	亿元	3.5	6.6	188.6	7.7倍
	一般预算收入	亿元	2.26	1.81	80.1	5倍
	工业总产值	亿元	98.08	52.22	53.2	3.07倍
	规模以上工业增加值	亿元	8	25.77	322	7.94倍
	社会消费品零售总额	亿元	3.36	8.01	240	2.91倍
	社会固定资产投资总额	亿元	4.62	24.23	524.5	4.38倍
农林牧业	粮油总产量	亿千克	1	1.14	114	11.8%
	农林牧副业总产值	亿元	5.61	5.98	106.6	157.8%
	红枣林总面积	万亩	30	23	76.7	15倍
	森林覆盖率	%	20	11.1	55.5	—
	绒山羊养殖	万只	60	36.87	61.5	6倍
民生	农民年人均纯收入	元	1600	2050	128	95.2%
	城镇居民人均可支配收入	元	14200	11115	78.3	65.6%
	农村居民人均住房面积	平方米	25	30	120	—
	城镇居民人均住房面积	平方米	30	23	76.7	—
社保	城镇基本社会保障覆盖率	%	80	92	115	—
	新型农村合作医疗覆盖率	%	90	95	106	—
城建	公共文化馆、室图书藏书量	万册/万人	2	2.01	100	—
	城区绿化覆盖率	%	25	13.5	54	—
	城区集中供热普及率	%	30	50	166.7	—
	城镇化率	%	30	32	106.7	—

“十二五”主要经济计划完成概况

“十二五”计划的编制以转型发展为主线，以跨越发展为目标，更加注重资源型经济发展的质量和效益，注重安全生产和社会稳定，注重保障和改善民生，注重生态环境保护和城乡统筹协调发展。

计划主要目标完成情况：2015年，全县地区生产总值达到58.72亿元，完成计划的29.4%，较2010年的3671亿元增长60%；财政总收入完成21.99亿元，完成计划的44%,较2010年的6.6亿元增长增长2.3倍；一般预算收入完成6.33亿元，比2010年的1.81亿元增长2.5倍；固定资产投资完成82.87亿元，占计划的99.96 %，较2010年的26亿元增长2.4倍。

2011—2015年（“十二五”时期）兴县主要经济计划目标完成情况统计表

表17-1-1-5

分类	主要计划项目	单位	计划数（2015年末）	完成数（2015年末）	完成计划的（%）	比“十一五”末（2010年）增长（%）
综合经济	地区生产总值	亿元	200	58.72	29.4	60
	财政总收入	亿元	50	21.99	44	233.2
	一般预算收入	亿元	—	6.33	—	249.7
	粮油总产量	万千克	11500	9770	85	-14.3
	农林牧副总产值	亿元	—	6.72	—	12.4
	工业总产值	亿元	—	101.19	—	93.78
	规模以上工业增加值	亿元	—	41.77	—	62.1
	社会消费品零售总额	亿元	—	13.8	—	72.3
	社会固定资产投资总额	亿元	82.9	82.87	99.96	242
	农民年人均纯收入	元	6000	3982	66.4	94.2
	城镇居民人均可支配收入	元	20000	18067	90.3	62.6
社会保障	农村合作医疗参合率	%	89	98	100	—
	城乡居民基本养老保险覆盖率	%	95	86	91	—
城建环保	县城建成区绿化覆盖率	%	20	25	125	—
	空气二级以上天数	天	300	312	104	—
	城区污水、垃圾无害化处理率	%	80	98	123	—

2016—2020年（“十三五”时期）主要经济计划与2016年完成概况

“十三五”主要经济计划目标：到2020年末，地区生产总值达到110亿元，公共财政预算收入完成10亿元，社会固定资产投资额达到500亿元；农民人均年纯收入达到7200元，农村6.2万名贫困人口全部脱贫；城镇居民人均可支配收入达到2.7万元；经济林总面积达到60万亩，食用菌生产规模达到2000万棒，肉牛饲养量达到5万头，羊饲养量达到50万只，猪饲养量达到10万头，蛋鸡饲养量达到100万只；煤炭总产能达到4000万吨，氧化铝产能达到300万吨，电解铝产能达到100万吨，光伏发电量达到5.1万千瓦，液化煤层气产能达到1.5亿立方米/年，电子商务网上销售额达20亿元。

2016年主要经济计划目标完成情况：2016年，完成地区生产总值60.45亿元，为年计划的97.1%，同比增长3%；一般预算收入完成7.12亿元，为计划的107.4%，同比增长12.5%；社会固定资产投资完成65.99亿元，为计划的68%，同比下降20.4%；社会消费品零售总额达到14.75亿元，为计划的102.8%，同比增长6.9%；农民人均年纯收入4006元，为计划的89%，与上年基本持平；城镇居民人均可支配收入19061元，为计划的98.6%，同比增长5.5%；农村1.3万人退出贫困，完成全年脱贫计划。从2001年至2016年末，全县农村通过扶贫，累计有22.65万人退出贫困（其中，2011—2016年累计有9.62万人退出贫困）。

2016年全县主要经济目标计划与完成情况统计表

表17-1-1-6

项目		单位	计划数	完成数	完成计划的（%）	同比增长（%）
地区生产总值		亿元	62.24	60.45	97.1	2.95
一般预算收入		亿元	6.63	7.12	107.4	12.5
固定资产投资总额		亿元	97	65.99	68	–20.4
社会消费品零售总额		亿元	14.35	14.75	102.8	6.9
农民年人均纯收入		元	4500	4006	89	0.6
城镇居民人均可支配收入		元	19332	19061	98.6	5.5
农业农村	农村脱贫人数	万人	1.3	1.3	100	—
	栽植经济林	万亩	10（核桃）	4.5	45	–22.8（比2014年）
	食用菌栽培规模	万棒	500	500	100	—
	羊饲养量	万只	10	49.61	496.1	3.83
	生猪饲养量	万头	2	7.96	398	–15.7
	饮水工程	处	40	38	95	—
	危房改造	户	400	400	100	—
	移民安置	人	4200	4200	100	—

续表17-1-1-6

项 目		单位	计划数	完成数	完成计划的（%）	同比增长（%）
产业	光伏发电量	万千瓦时	1.15	1.15	100	—
	液化气产能	亿立方米	1.5亿立方米/年	0.72	48	—
	电子商务网上销售额	亿元	1	1	100	—

第二节 物价管理

改革开放以来，市场扩大，多数商品价格已经放开，国家直接管理的价格比重越来越小。根据国家“既要稳定物价，又要振兴经济”的要求，改革前所沿用的“以行政手段管理物价”的方式已经难以适应改革的要求，所以物价管理部门干部从“五个转变”（思想方法上由管型向管理服务型转变；思维方式上从微观管理转向宏观调控；工作方法上由原来的申价、报价、定价转变到给企业提供信息、协调管理和监督检查上来；工作作风上转变为开拓创新、团结奋进、高效有序；物价工作的重心转移到既稳定物价、又振兴经济的轨道上）做起，推进兴县经济建设健康发展。

物价监督检查

1979年，县物价局成立，设物价检查所，会同总工会联合组成职工物价监督站，下设专职和兼职物价监督员382人。在节日或调价时组织物价大检查。1988年共查获违反物价管理案件300余起，罚没款13万元。

1992年，县物价局深入企业，调研化肥、水泥、焦炭、生铁等产品的生产成本和销售状况，根据企业经济效益和市场供求情况，适当提高了产品销售价格、自来水价格和旅馆客房收费标准。

1993年4月初，“五号病”流行，兴县板蓝根冲剂价格暴涨几倍，县物价局分组派员到各药店跟踪检查，严肃处理，遏制了乱涨价行为。

行政事业收费管理

1992年，物价局对医疗、学校、邮电等部门进行重点检查，共清理整顿各类收费项目1000余个，清查非法收费额20余万元，废止乱收费18项；向100

多个单位审核发放收费许可证，制定了《行政事业性收费办法》以及《关于对全县行政事业性和经营性垄断行业收费实行年审制度的实施办法》。至年底，全县80%以上的收费单位受到年审；检查152个单位，处理价格违法行为和案件15起，查出违纪金额2万余元，有效遏制了乱收费行为。1993年，物价局对全县131个收费单位进行了收费年度审核，根据有关规定共取消16个乱收费文件，废止了土地登记费、农村宅基地超占费、宅基地有偿使用费、房屋所有权登记费、中小学校借读费等40项收费项目；检查医院、邮电、公安、交警、土地、工商、环保、城建、电业、学校等行政事业收费单位180个，其中收费单位的检查率占100%，共查出违法金额10万余元（80%为超标准收费）。

1994年，物价局共检查208个单位，其中工商企业87个、行政事业单位98个、垄断行业23个，清理整顿14类145项收费项目，发现存在违纪问题单位101个，清查出违纪金额12万余元，对存在问题单位分别予以经济处罚、账务纠正、清退违纪金额等处理，共清退非法收费10万余元，核发收费许可证131本。

1996年，物价局共换发收费许可证80余本，对全县所有行政事业收费单位进行了审查。年末，全县社会商品零售价格指数波动在97.7~111.6，平均涨幅为4.3%，比省下达的目标低5.7个百分点。

1998—2000年，物价局注重“菜篮子”“米袋子”等居民生活必须品的价格监管，取消不合理收费项目55项，降低超标准收费6项，减轻社会经济负担165万元。

2006—2010年，物价局将收费管理从县城延伸到乡（镇），对理发、照相、旅馆、修理、客运等20余项经营服务收费实行立档建制，规范管理。将重点行业的收费依据、收费标准、收费办法打印成册，分发所涉企业和个人，全部实行明码标价，形成多层次、全方位的监督体系。

第三节　管理机构

兴县计划委员会（兴县发展和改革局）

县计划委员会简称县计委，1953年成立。1957年与县经委、财委合并称兴县计划经济委员会。1961年6月，县计委、经委、财委合并成立县计划经济委员会，履行原县计委、经委、财委的所有行政管理职能，为综合经济管理部门。2002年3月，全县党政机构改革，撤销县计划经济贸易委员会，组建县发展计划局。

2005年1月机构改革中，县发展计划局改组为发展和改革局（简称发改局），为县人民政府经济社会发展和改革的宏观调控部门。县发展和改革局内设机构5个，分别是办公室、综合规划股、农业开发股、物价股、行政审批股。所属事业单位有兴县工程技术咨询中心。发改局作为全县宏观经济运行、项目投资建设主管部门和综合改革牵头部门，主要承担规划计划工作、行政审批工作、项目申报审核工作、招投标执法监督工作、固定资产投资工作、价格管理工作、综合改革工作和政府投资项目服务管理等方面的工作。该年发展和改革局核定行政编制16人、事业编制6人，其中领导职数7人（局长、纪检书记、总经济师、系统党委专职书记各1人，副局长3人）。

兴县物价局（发改局物价管理股）

2002年，县直党政机构改革后，物价局并入县发展和改革局，设物价股，承担原物价局职能。

第二章　统计普查调查与执法

第一节　统计普查及统计调查

工业普查

1986年，在第二次全国工业普查中，县统计局对全县1985年工业企业基本情况、工业技术装备状况、工业内部结构状况和工业经济效益状况等进行了普查。

1996年，在第三次全国工业普查中，县统计局对全部工业企业，特别是国有企业、乡镇企业和外商投资企业1995年工业生产经营基本情况（包括生产、销售、库存和成本、费用、价格、盈利等情况）、资产负债状况、生产能力利用及技术装备等状况进行了普查。

基本单位普查

1997年，县统计局组织对1996年末全县所有法人单位、产业单位的经济类型、从业人员、企业规模、营业状态等基本属性和主要标识进行了普查。2002年，县统计局对2001年末全县法人单位和产业单位的地域分布、行业分布、登记注册类型、规模结构及生产要素的配置等进行了第二次普查。

经济普查

2004年12月至2005年9月，县统计局对全县从事第二产业、第三产业的全部法人单位的单位标志、从业人员、财务收支、资产状况、主要生产经营活动、生产能力、主要原材料、能源消耗、科技开发及投入状况进行了第一次普查。

2008年12月至2009年9月，统计局对全县从事第二产业和第三产业的全部法人单位、产业活动单位和个体经营户的基本属性、从业人员、财务状况、生产经营情况、生产能力、能源消耗、科技活动等情况进行了第二次普查。

2013年12月至2014年9月，统计局对全县从事第二产业和第三产业的全部法人单位、产业活动单位和个体经营户的基本属性、从业人员、财务状况、生产经营情况、生产能力、能源消耗、科技活动等情况进行了第三次普查。

农业普查

1997年，县统计局对全县1996年12月31前的农业生产经营单位的数量、规模、结构、农业用地，各生产经营单位的分布使用情况，农业生产性固定资产投资情况，农村劳动力数量、年龄结构、从事的行业和流动情况，乡镇企业和所有乡（镇）的基本情况等内容进行了普查。

2007年，县统计局对全县农户、农业生产经营单位、农业技术人员、生产经营情况、乡（镇）村委会及社区环境情况、土地利用情况、农业和农村固定资产投资情况、农村劳动力就业及流动情况、农民生活质量等情况进行了第二次普查。

2016年12月31日，县统计局对全县农户、农业生产经营单位、农业技术人员、生产经营情况、乡（镇）村委会及社区环境情况、土地利用情况、农业和农村固定资产投资情况、农村劳动力就业及流动情况、农民生活质量等情况进行了第三次普查。

人口普查与人口抽样调查

1990年，全县通过搞试点、户口整顿、宣传发动、选调和培训人员、调查摸底、入户登记、复查补漏、检查验收、质量抽查等方法，完成了全国第四次人口普查工作。2000年，完成了全国第五次人口普查工作。2010年完成了全国第六次人口普查工作。

全国1%人口抽样调查，又称人口小普查，通常是在两次人口普查中间年份（一般为逢5的年份）进行。兴县统计局分别在1987年、1995年、2005年和2015年进行过四次全国1%人口抽样调查。

全国人口变动情况抽样调查，又称1‰人口抽样调查。兴县统计局从1983年开始，在不进行人口普查和1%人口抽样调查的年份，进行人口变动情况抽样调查，以此获得年度全县总人口数据及结构变动数据。

第二节　统计服务与信息化建设

1986年起，兴县统计局开始利用计算机对全县工业、劳动工资、固定资产投资、农村住户调查等统计年报资料进行输入汇总工作。2011年，企业数据通过一套表联网直报平台直接报送国家统计局，提高了统计数据的质量。

1989—2016年，县统计局逐年编印《兴县国民经济统计资料》和统计部门统一制定的各类报表（包括农业、工业、投资、财贸、劳资、能源、国民经济核算、建筑业、房地产业、服务业等综合报表），按旬、月、季、年报方式上报国家统计局。同时，根据统计数据，编印了《兴县统计年鉴》、城乡属性代码、基本单位名录库等资料，为中共兴县县委、县人民政府和社会各界提供服务。

第三节　统计执法检查

县统计局根据《中华人民共和国统计法》《中华人民共和国统计法实施细则》以及国家统一规定的统计制度、统计方法和统计纪律，组织开展统计执法检查，并帮助各有关部门建立基层统计原始凭证制度，按月、季、年调查核实，以保证统计数据基本反映国民经济发展进程。每年12月4日宪法宣传日，兴县统计局都会开展以《中华人民共和国统计法》《全国第二次经济普查条例》等法律法规知识为内容的宣传活动。

第四节　管理机构

县统计局为正科级建制的行政事业单位，其主要职能是在县政府领导下，会同有关部门组织重大国情、国力普查；组织协调和指导全县的社会经济调查，管理和负责全县统计报表工作。2016年末，统计局核定行政编制7人，事业编制5人，实有18人；设局长1人、副局长4人（含统计师及纪检组组长各1人），内设办公室、农业股、财贸股等机构。

第三章　工商管理

第一节　登记注册与商标管理

登记注册管理

1994年1月，县工商行政管理局完成9户私营企业的年检和2040户个体工商户的贴花验照工作，处理各种违章户45户，取缔无证经营户25户。1996—1997年，工商行政管理局共查处违反企业登记管理法规案件32起，罚款1.7万元。

2002年6月，县工行政管理商局原个体股与企业股合并为注册登记股，负责全县国有、集体企业及个体私营企业的注册管理工作。该年，在取缔无证经营专项整治活动中，共检查个体户925户，取缔无证经营97户，处罚违章经营150户，为13户煤炭企业核发了营业执照。2003年，县工行政管理商局共取缔流动个体经营户67户。

2004年，县工商行政管理局顺利完成254户企业档案的整理、扫描工作，企业年检率达95%以上；清理两年未参加年检企业35户，配合基层工商所注销名存实亡的个体工商户500户。2005年，县工行政管理商局办理企业注销登记38户。

2006年，县工商行政管理局录入企业档案256户，查处逾期年检企业12户，收缴罚没款2万余元；公告注销企业和未参加年检企业85户。

2007年，县工商行政管理局采取分期分类别的办法对230户企业进行年检，参加年检企业214户（其中完成年检企业190户），企业年检率达到93%；有个体工商户1126户，完成个体户贴花验照1103户，年检率达到98%。

2009年，县工商行政管理局年检企业214户，年检率达100%。

2011年5月，全县共注册登记有限责任公司218户、集体企业41户、农户专业合作社194户、个人独资企业532户、个体工商户2606户。

2013年，全县共有在册企业384户，其中新登记各类企业65户、变更登记企业21户；有在册农民专业合作社503户（其中新登记农民专业合作社96户）；有在册个体户2522户（其中新登记个体工商户210户）。至5月底，年检各类企业362户，年检率达到94.3%；年检验照个体工商户2324户，个体工商户验照率达到92.15%。

2016年，全县共注册登记市场主体7626户，其中新设立市场主体1476户（含内资企业421户、农民专业合作社253户、个体工商户802户）。

商标管理

为保护商标专用权不受侵犯，保证商品质量，县工商行政管理局对商标和产品质量严格鉴别检查。1989年，共撤销不符合批发条件的、挂靠县采购供应公司和商业局下属单位的12个批发网点。次年，查处“三无”“无注册商标”和掺杂商品94种，总值86212元。

1994年，县工商行政管理局组织企业法定代表人和经营骨干进行《中华人民共和国反不正当竞争法》《中华人民共和国消费者权益保护法》《中华人民共和国公司法》《中华人民共和国商标法》的培训，全年共培训3期177人次。1998年，县工商行政管理局引导企业利用广告来宣传企业的形象和产品形象，提高其知名度和市场竞争力，对已注册的2个商标监督检查，依法保护了商标专用权。

2002—2003年，县工商行政管理局共查处违法商标案件3起、假冒注册商标案1起，罚款2.8万元，办理商标注册2件。

2005年，在打击侵犯“中国石油”注册商标专用权行为活动中，县工商行政管理局共组织检查加油站20户，立案查处8起，罚款1万元，培育注册商标3起。在“商标宣传月”活动中，深入基层散发传单800余份。在保护注册商标专用权执法活动中，共查处各类商标案件40起，罚款6万元。

2006—2007年，县工商行政管理局实施名牌战略，深入企业、乡村开展《中华人民共和国商标法》《中华人民共和国广告法》的宣传，引导私营企业走“品牌发展”之路。其中办理注册商标2件，查处各类商标违法案件62

起，罚款6.7万元；查处个别酒店经营假冒汾酒（系列）的侵犯注册商标专用权行为，查获假酒40件、标值1万元。

2009年，工商行政管理局为6户企业申请吕梁市知名商标，帮助4户企业准备申报山西省著名商标的认定材料。

2010年，全县共有注册商标37件（其中被国家商标局核准注册商标19件、受理待审理商标10件）。

2010—2011年，县工商行政管理局累计出动执法人员440人次，检查经营户1596户次，收缴违法侵权印刷品4400多份，查处商标侵权案件11起，案值10.24万元，罚款4.7万元。

1993—2010年兴县注册商标统计表

表17-3-1-1

注册时间	商标注册人	商标名称
1993.3.1	兴县地方国营针织厂	香泉
2003.7.21	兴县清泉醋厂	白清泉
2006.1.7	山西兴县绿色农产品开发有限公司	寨子沟
2008.8.14	兴县林业水泥有限公司	兴瑞林＋图案
2008.11.14	兴县吉宏养殖加工有限公司	石猴山
2009.2.7	兴县黄河综合农业开发有限公司	吕粮
2009.6.21	兴县三星油脂有限公司	晋绥＋图形
2009.6.14	山西清泉醋业有限公司	晋绥
2010.4.7	裴茂林	碟百合
2010.1.7	李永生	李氏福泰顺羊杂割
2010.3.28	王杰	鼓楼羊老大
2010.5.14	刘军迎	咪些
2010.9.21	兴县秀明红枣调味门市	百媚娇
2010.9.21	裴茂林	碟莎
2010.9.21	山西吕梁金龙工贸有限公司	景隆
2002.2.7	吕梁金龙工贸有限公司	吕梁山
2005.5.28	山西兴县鑫盛水泥有限公司	汾水
2006.12.21	高志清	ALIAKUS
2008.6.14	寇晋明	马牙

续表17-3-1-1

注册时间	商标注册人	商标名称
2008.11.14	山西兴县绿色农产品有限公司	蔡家崖
2009.1.14	白海云	兴香缘
2009.4.14	贺尔军	山花烂漫
2009.7.28	兴县丰润物产有限公司	小善红
2009.11.14	王杰	骏原羊汤馆
2010.3.28	兴县蔡家会豆面门市	大度山
2010.3.28	兴县山花烂漫农业综合开发有限公司	蔡家会村
2010.3.28	兴县神农种羊专业合作社	神农垣
2010.9.21	白变婵	裕佰川
2010.9.21	兴县老陈醋专业合作社	清源＋图案
2010.9.21	兴县鑫源绿色红枣开发专业社	鑫畅源

第二节　市场管理与经济监督检查

1989年，县工商行政管理局根据中共中央、国务院1988年10月作出的关于清理整顿公司的决定精神，在组织企业法定代表人培训和印发宣传材料的基础上，组织市场检查26次，检查各类企业587户（其中国营企业47户、集体企业75户、个体户465户），补收工商管理费2.48万元；查处违章违法案件20起，涉及5个企业30人、案件总值86.8万元，对违章情节较轻的154户企业给予批评教育，对6户企业给予停业整顿，对情节较重的124户企业给予罚款处理，共收缴罚没款3.76万元。同时拆除违章设施245处，冻结账户56家，更换个体证54户。

1990—1991年，县工商行政管理局共组织检查国营、集体、企业经营单位74次，个体户484户，除补收税费9.8万元外，共立案查处各类违章违法案件84起，涉案总值91.5万元，其中涉及汽油29.14吨、卷烟619条；查获过期变质商品42种，假冒白酒238箱、香烟54条。收缴罚没款4.49万元。1996年，县工商行政管理局整顿成品油市场，维护了石油公司的合法经营。整顿烟花爆竹市场，累计出动执法车470辆次、执法人员560人次，检查烟花爆竹经营户125

户，查获假冒伪劣商品10大类、80多个品种，涉违法物资总值60万元，查处违法违章案件53起，收缴罚没款3万余元。整顿医药市场，依法取缔非法医药经营户71户，查扣伪劣药品8.5万元。整顿文化市场，取缔电子厅23户、不合格歌舞厅15户、录像厅6户，查获盗版录像带215盘。整顿、规范屠宰市场，共取缔非法屠宰点22个。

2002年，工商行政管理局清理整顿了全县石油、烟草、医药、电力、电信、建筑、保险等8大类市场，查处各类违章违法案件8起，涉案总值90万元，罚款6万元。

2003年，县工商行政管理局开展农资市场整顿，检查农资、农产品经营户320户，查扣劣质农资310千克（瓶），罚款2.5万元。检查建筑、烟草、摩托车销售等门店41户，查处违章违法案件96起，扣留封存假冒劣质商品2000余件、假冒白酒360件，罚款30.2万元。取缔无证煤场1个，查处无照加油站（点）25个，罚款3万元。

2004年，工商行政管理局开展查处无照经营、违规经营，打击虚假伪劣品和违规广告经营执法行动，共查处各类违法违规案件（包括立案）154起（件），其中食品案18起，查扣劣质和不合格奶粉361袋、过期小食品420种；无证（照）经营案67起，案值32万元，收缴罚款16万元；非法经营成品油案（涉17户）和氧气、乙炔气案9起（涉8户），非法经营汽车、农机配件8起（涉39户），收缴罚款2500元；经销假劣农资案件14起，涉案金额4万元；违法广告、图书经营案10起（查扣违规图书4000余册），共处罚金22.25万元；开展依法严厉打击非法煤矿专项活动，立案查封和吊销12户非法生产煤矿营业执照，收缴罚没款20余万元；立案查处非法冶炼企业16户，收缴罚没款9万余元。

2005—2007年，县工商行政管理局开展“红盾护农”行动，累计出动执法车辆186辆次、执法人员328人次，印发各种宣传材料4000份，发布农资警示21次，检查各类经营户345户，共查处各类违法违规案件629起（其中查扣劣质喷雾器46件、劣质碳铵48吨、劣质农药3件、假冒种子32吨、违法经营食品案228起），涉案总值203万元，共罚款402万元（含补缴规费）。

2008—2009年，县工商行政管理局开展“千人百日打假特别行动”，累计出动车辆290辆次、人员1450人次，检查各类经营户2178户次，查处各类经济违法违规案件699起，收缴罚没款234.3万元。

其中查处无照经营55户，查处非法冶炼企业6户，取缔非法煤场7户，收缴各类规费5.52万元、罚没款20万元；查获假冒伪劣商品10大类70个品种，案值26万元，集中销毁标价5万元的假冒伪劣商品；查处非法经营石油、药品、烟草户73户，查扣石油30吨、药品120余种，标价15万元，收缴罚款4万元；查获违法经营种子500千克，过期农药300千克、化肥178吨，取缔和查处非法经营户32户，打击了坑农害农违法行为，保护了农民利益；集中检查全县歌舞厅，依法取缔不符合规定、非法经营户9户，责令补办手续4户，查获违法经营激光视盘、录像、录音带200盘。

2010年，县工商行政管理局出动执法人员964人次、执法车辆196辆次，累计检查各类经营户3968户，发放宣传材料1800余份，共查处各类经济违法违规案件381起，下发违章违法警示通知书130份、责令改正通知书65份；受理涉农投诉2起，查办农资案件11起，案值6.2万元，罚款3.05万元；查缴劣质食品120千克、劣质白酒400瓶、劣质饮料2000瓶；查处“黑网吧”5户，共罚款115万元。

2011年，县工商行政管理局加大市场整治力度，出动执法人员277人次，检查经营户3844户次，印发宣传材料4000余份，签订“门前三包”责任书2300份，清运垃圾29吨，取缔无照经营85户，清除市场“牛皮癣”200多处，进一步规范了市场秩序。

2013年，县工商行政管理局检查各类经营户1943户，查处各类经济违法违章案件138件，下发改正通知书165份，取缔无证经营13户，规范经营户136户；取缔非法储煤场23户，拆除地磅21台，悬挂合法公示牌26块，印发宣传材料6800余份，共罚款79万元。

2016年，县工商和技术监督管理局共查处各类违法案件86件（其中投诉举报案件47件），收缴罚没款23.51万元，结案率100%。

第三节　合同管理

1989年，县工商行政管理局共检查企业45户，检查经济合同2870份，解决合同纠纷35件（争议金额33.4万元），全年签订经济合同39份、金额103.99万元。

1991—1996年，县工商行政管理局规范企业经济合同，共检查合同1000份、金额10307.3万元，签订合同10份、金额410.99万元。印发合同示范文本700份。

2002年，县工商行政管理局严打合同欺诈行为，共出动执法车80辆次、执法人员146人次，检查各类企业100余户、合同金额280万元。2003年，全县签订建筑合同3份、标的200万元。2004年，县工商行政管理局查处合同违法案件27起、案值3.9万元，罚款8000元；检查建筑合同5份，查处违法合同2件，为国家和当事人挽回经济损失8万余元。

2006年，县工商行政管理局推行合同示范文本3种310份，评选“重合同、守信用”企业6户。2007年，县工商行政管理局检查各类企业45户、合同90份（金额30万元），收缴罚没款7.6万元。2008年，县工商行政管理局发展省级“守合同、重信用”企业2户，市级“守合同、重信用”企业5户。2009年，县工商行政管理局发展“守合同、重信用”企业6户，推荐其中3户参加省级“守合同、重信用”企业评选。

第四节　广告管理

1989年，全县广告经营（兼营）单位共有县广播电视台和县邮电局2户。县工商行政管理局经常对广告经营单位进行检查监督，并引导单位负责人及专管人员学习国务院发布的《广告管理条例》(1987年10月26日)，以提高广告经营单位对广告社会作用的认识，先后拆除户外违章广告牌5块，清理户外违章张贴广告200余份。

1998年，县工商行政管理局对2户广告经营单位进行检查，换发了经营许可证；对城区实行划分路段（街道），统一设置广告牌匾；对新发布广告内容，实行事前审查制，广告管理更加规范化、制度化。全年查处虚假、违法广告案件4起，查扣、销毁虚假广告和内容低俗的行医广告30条，捣毁非法制作、张贴户外广告窝点2处，没收印刷工具2套。

2000—2002年，县工商行政管理局登记户外广告经营户18户，查处广告违法案8起，罚款1.4万元。2003—2005年，县工商行政管理局共办理广告登记证87户，出动执法车48辆次、执法人员121人次，查处违法广告经营13户、违法广告案件38起，罚款4万元。

2006—2009年，县工商行政管理局广告经营登记备案139户，监测各类广告153条；查处违法广告（含非法发布户外广告）108户（条），罚款6.1万元；拆除不规范户外广告5块。

第五节　信用体系建设

2004年是县工商行政管理局诚信建设推进年，县人民政府成立信用建设领导组，领导组办公室设在工商行政管理局。全年通过开展“企业打假维权”“百城万店无假货”和“守合同、重信用”等活动，建立企业信用风险防范机制、信用信息申报机制和信用企业自我约束机制，不断推进企业信用体系建设。

2008年3月，工商行政管理局成立信息中心，搭建起信息网络平台，收集整理工商业务信息和企业信用信息，建立企业信用数据库，并适时向社会公开。

2010年，全县市场诚信体系全面建立。县工商行政管理局共走访企业36户、个体户180户，征集意见16条，并协调有关部门为企业解决实际困难18件，为22户企业提出建议40余条。同时，培养、发展市级“守合同、重信用”企业6户，推荐其中3户参加了省级“守合同、重信用”企业评选。

第六节　管理机构

工商行政管理局

1989年，工商行政管理局内设办公室、企业股、市场股、合同股、经济检查股、个体股、人事教育股7个股室，下设集市贸易所、车辆所以及城关、车家庄、里峪口、魏家滩、瓦塘、康宁、罗峪口、察家会10个基层工商所。全局在职干部职工83人。1991年，全局人员增加到94人。1996年，城关工商所分为城关上和城关下2个管理片（所），成立了石油检查室、粮油检查室。1997年，黑峪口工商所迁至蔡家崖乡，改名兴县工商行政管理局蔡家崖工商所。1998年，兴县消费者协会成立，机关增设兴县工商行政管理局稽查大队（两年后撤销），城关工商所原上、下2所合并为城关所。同年，国务院决定对省以下工商系统实行省垂直管理。当年7月16日，山西省工商行政管理局接管兴县工商行政管理局时，全局有在岗人员147人。

山西省工商行政管理局接管后经过清理整顿，至2001年6月11日，兴县工商行政管理局实有在岗人员132人，另有离退休人员52人。2002年，兴县工商行政管理局核定编制92人，其中公务员73人、工勤人员7人、离退休人员4人、消费者协会全额事业编制5人、自收自支事业编制3人；实有在职人员88人。核定兴县工商行政管理局内设和下辖机构16个，其中内设机构8个（办公室、人事股、财务股、注册股、经济检查股、市场股、法治股、纪检监察室），下设8个基层工商所：蔚汾工商所、城区工商所（原集贸所）、奥家湾工商所、瓦塘工商所、罗峪口工商所、蔡家会工商所、蔡家崖工商所、康宁工商所）；实有机构19个（增加个体劳动者协会办公室、消费者协会办公室、民营企业协会办公室）。2005—2008年，部分机构发生变更，内设机构增加消防保卫股、企业监管股、信息中心；康宁工商所并入蔡家崖工商所，罗峪口、蔡家会工商所并入贺家会工商所，奥家湾工商所改名二十里铺工商所。县工商行政管理局在职人员增至90人。

工商和技术监督管理局

2015年11月，兴县工商行政管理局与兴县质量技术监督局合并为兴县工商和技术监督管理局。2016年末，兴县工商和技术监督管理局核定行政编制83人，设局长1人、副局长11人（含纪检组组长）。

个体劳动者协会

1982年成立，由个体工商业劳动者团体组成，代表个体劳动者的合法权益，为县工商行政管理局指导下的群众性组织。工商行政管理局内设个体劳动者协会办公室，为全额拨款事业单位，核定编制1人，负责协会日常工作。

消费者协会

1998年3月，经兴县人民政府批准，兴县消费者协会挂牌成立，其主要任务是依据《中华人民共和国消费者权益保护法》的规定，对商品和服务进行社会监督，保护消费者合法权益，反映消费者正当要求。

第四章　质量技术监督

第一节　计量管理

国务院规定的计量测试分55类、111种。兴县可开展的计量检测项目有台秤、案秤、地中衡天平、血压表、氧气表、水表、外径千分尺、燃油加油机、瓦斯计、光干涉甲烷测定器和催化燃烧式甲烷测定器。建立上述各项社会公用计量标准，对全县贸易结算、工业计量、安全防护、环境检测、医疗卫生、人民生活具有重要意义。为把好全县经济建设和社会发展中的计量关，确保计量器具的准确性和可靠性，县标准计量局通过对全县计量器具的全面调查摸底，建立了计量器具使用台账、档案，定期监督检查，实行动态管理。

1989年，县标准计量局组织了全县政府机关公文、统计报表、新闻宣传、厂矿企业、商业批零等单位推行法定计量单位培训班。1990年，县标准计量局对使用法定计量单位的各类单位的使用情况进行了全面监督检查，全县推行法定计量单位工作达到预期目标。

1993年，计量测试站为加强计量器具的监督管理，对全县强检计量器具发放“强检计量器具使用许可证”，保障全县计量单位制的统一和量值的准确可靠。1994年，县标准计量局在全县集贸市场依法取缔杆秤。1998年，计量测试站对全县所有公用电话计费器强制检定，合格的发放“合格证”和“强检计量器具使用许可证”。

2002年，兴县技术监督局开展《定量包装商品的生产企业计量保证能力评价规范》工作，县水泥厂通过验收；开展加油站计量合格确认，全县有19户加油站获准确认；开展“双信”活动，对全县评选出的11个单位发放“物价计量信得过单位”牌匾。

2008年，兴县技术监督局开展“四个走进”（诚信计量进市场、健康计量进医院、光明计量进眼镜店、服务计量进社区乡镇）主题活动，全面推进兴县各项民生计量工作的开展，加强《集贸市场计量监督管理办法》《眼镜制配计量监督管理办法》等法律法规的宣传，在集贸市场显著位置张贴“计量友情提示”，公布市场主办者和质监部门的投诉举报电话，对公平秤实施免费检定，提高了百姓对民生计量的关注度，营造全社会关注民生计量、重视民生计量的良好氛围，实现“四个百分之百”（专项行动100%覆盖全县所有集贸市场、100%覆盖全县所有医疗单位、100%覆盖全县所有眼镜店、100%覆盖全县所有社区乡镇）的目标。

2010年，兴县技术监督局配置光干涉甲烷测定器检定装置和催化燃烧或甲烷测定器检定装置，结束了矿用瓦斯计送外地检定的历史，以计量器具的准确性和可靠性保障煤矿安全生产。

第二节　标准化管理

1990年，全县标准化验收合格企业有6户（水泥厂、电厂、针织厂、陶瓷厂、化肥厂、铁厂），其中三级企业3户，四级企业1户，其余为地方标准和企业标准；企业共有产品30种，其中执行标准的25种，不执行标准的5种，标准覆盖率83.3%；乡镇企业共有产品75种，其中执行标准的64种，不执行标准的11种，标准覆盖率85.3%。1993年，兴县产品和商品质量监督检验站完成全县企业产品标准全部备案任务，指导9户企业建立以技术标准为主的标准化体系，对32户个体生产企业进行标准化审查验收，组织3次大型市场食品标签标准大检查，共查处不执行标准的经销单位和个体摊点100余个。

2000年，兴县通过省级标准化验收，被山西省人民政府授予“消灭无标生产县”的牌匾。

2002年，兴县质量技术监督局购置最新版本的国家标准目录汇编，建起标准化服务档案和企业产品标准登记台账，对采标工作调查摸底，组织标准宣传会3次。同年，兴县质量技术监督局制订《鸡腰（肾状）大豆生产技术规程》《小尾寒羊饲养和疾病预防》两项山西省地方标准，培养示范种植户、养殖点，推行标准化作业，培育具有地方特色的、符合山西省地方标准的农产品。

2004年，兴县质量技术监督局引进香菇种植新技术，采用棚包棚技术，成为符合地方标准的特色产品。

2005年，兴县质量技术监督局多方搜集资料，聘请专业技术人员、食用菌栽培专家研究论证，初步制定出《黑茶山春栽袋料香菇的生产标准及技术要求》，印制成册，发放到种植户手中。通过宣传、引导，恶虎滩乡食用菌生产初步形成产、供、销一条龙的公司加农户模式，推出的符合质量技术标准要求的产品有鲜香菇和包装产品森林特产、花菇、山珍银盘、野山珍5个品种，到年底，全县共有登记备案的标准化产品20个。

第三节 代码办理

1989年，根据国务院批转的国家技术监督局10个部门下发的《关于建立企业、事业单位和社会团体统一代码标识制度的报告》精神，全县建立组织机构代码制度。1993年，兴县质量技术监督局代码室成立，开展全县部分单位的赋码登记、发证工作。同年代码在银行、税务、统计等部门开始应用。1994年，全县党政机关、企事业单位、社会团体及其下属机构统一实施组织机构代码证书，全年共为200多个单位办理代码申领手续。1997年，国务院进一步推行组织机构代码制度，明确国家技术监督局负责全国组织机构代码工作。1998年，兴县质量技术监督局代码室正式更名为兴县质量技术监督局代码办，全面负责本县的代码赋码、年检、换证、管理工作。1999年，在税务登记换证工作中，全县全面使用组织机构代码证书。2000年，组织机构代码管理系统由DOS版改为WINDOWS版，数据传递改为网络传递，实现网上赋码、网上查看，提高了代码数据质量。2002年2月1日开始实施《山西省组织机构代码管理办法》，在工商、税务、民政、工会登记业务，银行开户、信贷业务、统计年报中均使用代码证书。2006年，开启电子档案扫描工作。2015年，随着国家“三证合一”的推行，代码证完成它的使命。

第四节　质量监督

产品质量监督

1989年以来，兴县产品和商品监督检验站对全县碳酸饮料、汽油、柴油、预制构件产品、普通烧结砖、小麦粉、食醋、酱油、大米、食用植物油、乳制品、农资、汽车配件、皮鞋、化妆品等产（商）品进行日常监督抽查，共检查门店、摊点235个，检查商品18类24种1.08万件。根据监督抽查中发现的突出问题，督促受检企业对不合格产品、商品进行整改；对问题比较严重的按照有关法律法规进行处罚，共处罚单位38个，共没收不合格商品1350件，罚款5000元。

1992年，国家和山西省主要针对煤焦、生铁、饮料、建材等产品实行统一监督检查。该年，全县成立由标准计量、工商、公安、农业、卫生、供销等15个单位组成的打假领导组，领导组办公室设在兴县标准计量局，负责全县打假工作，同时配合上级部门统一监督检验。

1993年2月，《中华人民共和国产品质量法》正式颁布，打假工作有了法律保证。县标准计量局开展以整顿医药、石油、生产资料和食品饮料4大市场为重点的打假活动。在“两节”和七月古会期间集中力量分头出动，对城关镇、魏家滩镇、康宁镇、蔡家会镇等集镇进行两次大规模打假活动，将查获的假冒伪劣商品进行了集中销毁。

1994年，县标准计量局制定《打假举报奖励办法》，调动群众揭发举报制假、售假行为，形成“假冒伪劣人人喊打”的氛围。1995年，在农业、工商、公安等部门配合下，标准计量局开展了农资专项打假活动，重点查处了全县种子、农药、化肥、农膜、农机及其零配件经营中存在的售假行为，查获假冒、不符合国家标准、无生产许可证、涉嫌质量问题和不符合国家强制性标准的农资2万余元。

1998年，县标准计量局开展打假保名牌、打假保农业、打假保节日、打假保安全、打假保健康的“一打五保”活动，进行4次打假战役；同时开展对陕西土炼油的查禁打击工作，围堵从陕西贩运入境的土炼油车，并对全县加油站销售的油品全部实行抽样检验。

2003年，县标准计量局采取日常监督检查与突击检查相结合、专项打假和综合治理相结合的方式，集中开展防“非典”用品、白酒、食品、农资、建材、特种设备、棉花、成品油、矿用设备、危险化学品等10大类商品专项打假战役，严厉打击“黑心棉”、“吊白块”、“地条钢”、土炼油、土锅炉、劣质弹簧床垫、劣质卫生纸品、劣质电线电缆、劣质装饰材料、假冒矿用设备等10余种危害人民健康安全的假冒伪劣商品。

2005—2009年，县标准计量局重点开展了食品（包括儿童食品）、农资、建材、文化用品、烟花爆竹等销售领域的专项打假行动，为全县人民营造了良好的购物消费环境。

2011年，开展打击假冒伪劣商品专项行动，检查县城和乡镇个体工商户468户，受理并查处假冒伪劣商品申诉和举报4件，没收假冒伪劣及变质商品200余件。

食品质量安全监管

2003—2004年，开展了以酒、肉、蔬菜、奶制品、豆制品、水产品等七个品种为重点的食品安全专项整治工作，开展了3次食品专项打假集中行动，全力推进食品放心工程。

2006年，对全县所有使用食品添加剂的食品的生产企业备案登记；按照国家质量技术监督局提出的食品生产加工小作坊专项整治的九条措施，对全县生产加工食品小作坊进行了专项整治。

2007年，吸收发展和改革局、卫生局、工商行政管理局、科技局、公安局、监委、农业局、商务局、国税局、地税局、新闻办等单位，成立兴县产品质量和食品安全领导小组，办公室设在县质量技术监督局，由一名县委常委担任组长，重点开展对儿童食品的专项检查与整治活动。

2008年，县质量技术监督局制定食品安全监管责任制，全县实行划区域监管，确定区域责任人，明确区域监管职责，建立食品加工企业（含小作坊）台账，进一步强化食品源头把关意识。

2009年，县质量技术监督局帮助清泉醋厂、三星油脂厂、清清香桶装水取得食品生产许可证。建立健全食品加工店监管档案，督促有营业执照和卫生许可证的小作坊建立原辅材料进货台账，对食品生产企业及小作坊加工过程中使用的添加剂登记备案，并将生产经营承诺内容制成版面，悬挂上墙，接受社会监督。

2010年，按照《中华人民共和国食品安全法》严格要求所有取证企业全面落实生产企业16项主体责任，组织食品添加剂使用单位进行业务培训，指导企业合理、合法使用食品添加剂，确保食品生产加工环节质量安全。

2011年，共出动检查人员412人次，检查食品经营户1606户次，处理食品违法案件86件，退市不符合食品安全标准食品184千克。其中，检查校园周边经营户165户，取缔无照经营3户；检查食用盐经营户110户；检查猪肉经营户100户（包括定点屠宰场及超市），让群众吃上了“放心肉”；开展打击食品添加剂行动，检查食品经营户296户，取缔无照经营小食品店和摊点8户，规范经营36户；检查农资经营21户查处农资违法案件8起。

特种设备安全管理

2002年，特种设备安全监察职能由劳动部门划归质监部门，兴县质量技术监督局向全县锅炉生产、销售使用单位（个人）转发吕梁市质量监督局《关于治理和整顿我区锅炉市场的通知》，将特种设备纳入监管范围，对锅炉司炉人员实行持证上岗制，并组织司炉人员进行技能培训。

2005年，县质量技术监督局在全县开展取缔“土锅炉”工作摸底调查。2006年，县质量技术监督局聘请17位乡（镇）干部担任安全协理员，形成县、乡（镇）两级安全监察网络，配合市局开展设备检测工作，做到应检必检。2008年，县质量技术监督局坚持“安全第一、预防为主”的方针，紧紧围绕特种设备“两个重点、三个关键”（重点行业、重点场所，关键企业、关键部门、关键岗位）落实各项责任。制定《特种设备安全应急预案》，县政府召开全县特种设备安全专项整治工作会议，与全县17名乡（镇）长签订特种设备安全生产责任书，对全县所有特种设备使用单位排查摸底、登记造册、建档立案，全县共查出锅炉105台，电梯12台（5台在用）、气瓶充装站3户，起重机械4台，检查发现全县特种设备在使用过程中普遍存在无有效证件、许可证过期、未登记备案、未经安全检验、没有运行记录、操作人员无资质证等问题。整治期间，县质量技术监督局对无证和超期未检的单位责令其停止使用，限期整改；对证书超期的液化气充装站予以查封；对全县94名司炉操作管理人员举行集中培训。同年，县质量技术监督局开展“土锅炉”专项整治，对全县17个乡（镇）排查出的153台“土锅炉”予以查封，并逐步取缔。

2010年，县质量技术监督局成立特种设备安全生产专项整治领导组，继续深入开展特种设备安全生产专项整治工作。2011年，县质量技术监督局对全县气瓶充装单位开展了“百日安全生产大检查”活动。发现隐患，及时整改，排除隐患。2012年，县质量技术监督局开展电梯应急实操演练活动，对电梯操作人员举行了全员培训；对全县使用的“土锅炉”全部予以置换。2014年，县政府拨专款对全县液化气瓶进行置换，保证气瓶安全使用，保障人民群众生命财产安全。

2016年，工商和质量监督局加强对特种设备的建档管理，共排查特种设备1145台、压力管道39千米。其中电梯206台、锅炉52台、起重设备566台、压力容器321台。共检查特种设备使用单位32户、设备248台，下达特种设备安全监察指令17份，发现并消除安全隐患17处。

第五节　管理机构

兴县质量技术监督局的前身是成立于1973年的兴县计量所，为县科学技术委员会的下属机构。1987年6月，兴县计量所升格为兴县标准计量局，下设计量测试站、产品和商品监督检验站和办公室。1996年7月，兴县标准计量局更名为兴县技术监督局。1998年管理体制改革，实行省以下技术监督部门垂直管理，兴县技术监督局变更为山西省兴县质量技术监督局，撤销计量测试站、产品和商品监督检验站，内设机构有办公室、监督股、业务股、稽查队、代码办和检验测试所；行政编制12人，事业编制15人。编外人员4人。山西省兴县质量技术监督局共有干部职工31人。2014年，山西省质量技术监督管理体制调整，兴县质量技术监督局又回归地方政府管理。2015年11月，兴县质量技术监督局与兴县工商行政管理局合并为兴县工商和技术监督管理局，承担合并前两个单位的所有职能。2016年末，兴县工商和技术监督管理局核定行政编制83人，设局长1人、副局长11人（含纪检组组长）。

第五章 土地资源管理

第一节 土地资源调查

第一次土地调查

1996年，兴县完成第一次土地调查（也称土地详查）和基本农田划定工作。在普查中，执行全国农业区划委员会的行业标准，地类分类标准以各行业为准，将全部土地分为八大类，分别为耕地、林地、园地、草地、工业用地、交通用地、水域、未利用地。根据第一次调查，全县辖区面积474.91万亩，其中耕地124.84万亩，占比26.29%；园地2.82万亩，占比0.59%；林地114.51万亩，占比24.11%；牧草地2.44万亩，占比0.51%；居民点及工矿用地8.53万亩，占比1.8%；交通用地1.31万亩，占比0.28%；水域7.94万亩，占比1.67%；未利用地212.52万亩，占比44.75%。

第二次土地调查

2008年，根据国务院《关于开展全国第二次土地调查的通知》，兴县开展第二次土地调查。此次土地调查前，已按国家关于土地分类标准，对所有土地重新进行分类，因此土地分类标准的划分更规范；此次土地调查时运用航天航空遥感技术、GSP技术和数字化、网络化技术，能够及时快速地判读、计算，并且对数据处理方式全部实行数字化与信息化，因此，调查技术手段更先进；此次土地调查完成后，国土资源的管理和利用方式发生重大改变，对土地调查数据实行实时动态管理；采用坐标不同，第二次调查是计算曲面面积，所以与第一次调查图斑面积计算上存在较大差异；此次调查内容增加了基本农田面积调查、坡耕地调查、城镇地籍类调查、土地利用数据库建设、地籍信息系统建设等项内容，比第一次土地调查任务更丰富，更全面，对今后科学化、信息化管理国土资源，具有十分重要的意义。至2010年10月，全县第二次土地调查工作结束。调查成果显示，全县辖区面积474.91万亩。其中，耕地116.95万亩，占比24.63%；园地14.29万亩，占比3%；林地122.8万亩，占比25.86%；牧草地155万亩，占比32.64%；居民点及工矿用地9.08万亩，占比1.91%；交通用地2.48万亩，占比0.52%；水域7.43万亩，占比1.57%；未利用地47.36万亩，占比9.87%。

第一次与第二次国土调查土地利用现状面积对比表

表17-5-1-1　　单位：万亩

地　类	一调面积	二调面积	增减量
耕地	124.84	116.95	−7.89
种植园用地	2.82	14.29	+11.47
林地	114.51	122.8	+8.29
牧草地	2.44	155	+152.56
居民点及工矿用地	8.53	9.08	+0.55
交通运输用地（农村道路除外）	1.31	2.48	+1.17
水域	7.94	7.43	−0.51
未利用地	212.52	46.88	−165.64

第二节　土地开发利用规划

兴县土地综合整治开发规划

1989年前，兴县土地规划办公室在实地调查、勘测，取得大量基础资料的基础上整理编写出《山西兴县国土资源》和《山西兴县国土综合开发整治规划》。1989年12月，由山西省计划委员会牵头，组织省地专家24人组成评审委员会，由中国工程院院士、中国人民大学教授刘再兴任评审会主任委员，由北京大学教授魏心镇，沈阳铝镁设计院高工王恩孚，山西省地矿局副总工、教授级高工刘凯，山西省设计研究所所长、副研究员徐恕德，北京师范大学副教授冯嘉苹5人任副主任委员。12月26—28日，评审会对《山西兴县国土综合开发整治规划》及其相关的5项成果进行了评审，与会专家认为该规划及相关成果在全国县域国土规划中居领先地位。1990年8月，《山西兴县国土综合开发整治规划》和《山西兴县国土资源》两书由中国计划出版社出版。中央顾问委员会常务副主任、国务院原副总理薄一波，时任第七届全国人大常委会副委员长的廖汉生分别为两书题词。1992年1月和1993年4月，《山西兴县国土综合开发整治规划》一书的编审人员康荣惠、刘继珍、裴惠兵、刘仪昌、苏高文、杜俊奇分别获中共吕梁地委、吕梁行署授予的软科学一等奖和山西省科学技术委员会授予的软科学二等奖。

1997年10月开始，兴县土地管理局按照吕梁地区1997—2010年土地利用总体规划修编的主要指标，结合《兴县国民经济和社会发展“九五”计划和2010年远景目标纲要》精神，着手编制全县县级、乡镇级土地利用总体规划，于2000年4月经山西省人民政府验收批复，兴县人民政府发文予以实施。本次土地利用总体规划以1996年为基期年，2000年为阶段年，2010年为目标年，跨度15年。

县级基本农田保护区规划

到规划期末（2010年），全县耕地保有量不得低于115万亩，基本农田保有量保护面积不得少于52.02万亩，新增耕地不少于1.95万亩。2006年修编后的规划对耕地保有量和基本农田保护面积均作了调整，到规划期末（2020年），耕地保有量不少于117.86万亩，基本农田保护面积不少于97.05万亩，新增建设用地规模控制在43.8万亩以内。

城区建设规划用地控制

随着国民经济和社会发展的需要，2006年对这本轮规划第一次修编，基期年为2006年，目标年为2020年，修编后的规划于2012年经山西省人民政府验收批准实施。修编后的城区建设用地规模控制在43.8万亩以内；规划期限为2006—2020年，规划城区人口4.5万人。

新区规划建设总用地约4.5平方公里，折合6750亩（450万平方米），人均建设用地约100平方米。新区规划结构为“一心、一廊、三片”。“一心”即公共服务中心；“一廊”即蔚汾河景观走廊；“三片”即河东片、河南片和河北片。其中河东片用地约1.1平方公里（折合1650亩），河南片用地约

1.05平方公里（1575亩），河北片用地约2.35平方公里（3525亩）。

调整、修改土地利用总体规划

1999年，山西省和吕梁地区重新下达退耕还林指标后，给上年6月已结束的土地利用总体规划修编工作带来新的修改任务。县土地管理局采取集中时间、集中人力，先县级、后乡（镇）级分步操作的办法，用两个多月时间完成规划修改任务。12月初，县级规划通过省级验收，出了技术成果。乡（镇）级规划也经吕梁地区土地管理局验收出了技术成果。

第三节　地籍管理

宅基地证书发放

1988—1994年，土地管理局开始对全县农村宅基地大面积发证，由土地管理部门组织人员，在申报、调查、权属审定的基础上共发放宅基地证53251本。

集体建设用地使用证发放

1995年后，宅基地证取消，变为集体建设用地使用证。1995—2016年，县土地管理局（包括由土地管理局改建的国土资源局）共发放集体建设用地使用证24623本。

国有土地使用证发放

1990—2016年末，县国土资源局对全县国有土地进行申报，经调查、权属审定，共发放国有土地建设用地使用证1405本。

日常地籍变更

自1997年以来，在第一次土地调查的基础上，县土地管理局每年开展一次土地变更调查，对每年变化的土地，从权属、地类、数量、利用情况等方面调查统计，并对地籍台账及时更新，以提供准确完整的土地利用数据。

“四荒”流域证的发放

1992年以来，吕梁地区率先开展“四荒”拍卖工作，将这些长年未能利用的“四荒”地拍卖给个人，期限30年至50年，由个人对所购买“四荒”

地进行治理，本着“谁治理、谁受益”的原则，鼓励“四荒”使用者扎坝淤地、栽树种草。至1995年末，全县共拍卖“四荒”43万亩，发放“四荒”使用证9666本（户）。2000—2016年，全县共拍卖“四荒”11.02万亩，发放“四荒”使用证2476本（户）。

农村土地证的发放

1982年以来，全国土地实行家庭承包责任制，集体土地分给农户耕种，自主经营，也称农村土地第一轮承包。家庭承包责任制的实行极大地调动了农户的生产积极性，发展了生产力，提高了土地生产力。1994—1999年，县政府在土地第二轮承包时，共为全县365个建制村、729个自然村5210户农民颁发土地证32052本，总面积78.07万亩，以法律形式明确了农民对土地的使用期限（30—50年），稳定了农业生产。全县土地稳权发证率达到农户的95%、发证面积占总耕地面积的96%以上。

建立地籍台账与数据库

1999年5月，县土地管理局专门责成1名副局长负责建立土地台账工作，以地籍股牵头，组成8名业务技术骨干，反复核实评查资料76件，查阅图件176份，制作表报近9000份。通过5个多月奋战，完成建立地籍台账的任务。该台账以1991—1992年全县国土面积474.91万亩为基础数据，按规定分类，从自然村、建制村到乡（镇）的国土资源、资产分层次科学上账，上账图斑52777个，受到山西省土地管理局高度评价。全县土地资源、资产第一次达到底清数明，为土地管理提供了科学依据。

建志四个数据资料库。1999年，县土地管理局投入资金近10万元，用近3个月时间，完成土地权属证书年检数据资料库、地籍台账数据资料库、地籍变更数据资料库（包括1996—1999年的地籍变更数据资料和变更情况），基本农田保护区调整、补充和划定数据资料库的微机输入，以软盘汇总上报。

第四节　基准地价及更新

基准地价，即土地价格，也称城市基准地价，是指在城镇规划区范围内，由县人民政府公布的国有土地使用权的平均价格，体现城镇土地利用过程中的经济收益，是征收土地税费的客观依据。

1994年，兴县按照《城镇土地定级规程》和《城镇土地估价规程》的要求，完成城区土地基准地价定级评估工作，经省地验收合格，兴县人民政府批准公布实施。

1998年新的《中华人民共和国土地管理法》及其配套法规发布实施，土地使用制度改革力度进一步加大，以土地收益为目的的土地出让、转让、出租、抵押、入股联营等市场行为进一步增多。为强化土地资产市场化，规范交易管理，防止国有资产流失，根据《城镇土地估价规程》要求的标准，1999年，县土地管理局对城区范围内（东至郭家峁，西至圪洞村，南北以两山为界）共计11.64平方公里范围内的土地进行定级和基准地价更新，并通过省地验收。其主要成果有兴县城镇土地定级，基准地价更新技术报告和工作报告，兴县城区土地基准地价图，兴县城区基准地价和单元基准地价。

第五节　不动产登记

1989—1990年，全县728个自然村，完成不动产登记等3项工作的村达604个，占到总数的83%；重新绘制权属界线图418张，占到应绘数的81%，编写协议书1391份，占到应编写数的88.6%，野外复查建制村418个，占到总数的81%，复查面积3803亩，签订土地面积手续418个建制村，完成任务的81%，到12月底，基本农田保护区的划定、详查补课和初始登记的外业工作均全部完成。

2015年11月，兴县不动产登记中心挂牌成立，主要负责全县不动产登记工作，研究制定不动产统一登记的实施方案，建立不动产统一登记制度，制定不动产权属争议的调处政策，推进不动产统一登记信息基础平台建设；承办其他不动产登记的事务性工作。

第六节　耕地保护与土地开发

坚守耕地红线

自《中华人民共和国土地管理法》实施以来，耕地保护一直是土地管理工作的重中之重。1996年，吕梁地区对兴县下达耕地保有量115万亩，基本农田保有量52.02万亩，并且明确规定只能增加不能减少。兴县人民政府依据第一次土地调查的数据，下发文件，明确各乡（镇）政府耕地保有量指标和基本农田保护指标，并与乡（镇）政府签订耕地保护责任状。在每年日常地籍变更的基础上，对各乡（镇）耕地数量和基本农田保护面积核实，确保责任落实。至2016年末，全县通过实施一系列基本农田建设和生态治理措施，新增基本农田56.2万亩，其中梯田46.6万亩（含水浇地7.6万亩）、坝地滩地9.6万亩，基本农田面积由1989年的26.5万亩增加到82.7万亩；耕地面积由1989年的83.21万亩增加到132万亩（2009—2016年年均耕地面积），多年来耕地占补相抵，增加48.8万亩。

调整和划定基本农田保护区

1996年，县土地管理局在全县基本农田保护区划定的基础上再作调整、补充、划定。1999年初，吕梁地区土地管理局下达兴县耕地保护面积为121.8万亩。年终核定，全县耕地保有面积为124.76万亩，超过保护面积2.96万亩，实现保护面积有增无减。到2016年，全县17个乡镇基本农田保护区9276个，保护面积66.43万亩，其中基本农田56.2万亩，其中梯田46.6万亩（含水浇地7.6万亩），滩地坝地9.6万亩。

开展耕地保护宣传

国土部门每年利用“6·25”全国土地日、“4·22”地球日、“12·4”法制宣传日等节日，通过发放国土宣传资料、悬挂宣传标语和利用电视台宣传等形式，宣传耕地保护，进一步增强人们学法守法意识和保护耕地意识。

土地开发整理

为确保耕地保有量红线，各乡（镇）开展土地开发整理项目。1989—

2016年，全县共开发整理土地52.34万亩，其中新造地27.34万亩。

第七节　市场管理与执法监察

用地审批

农村宅基地审批　1987年《中华人民共和国土地管理法》颁布后，兴县严格执行山西省人民政府规定的标准，即人均耕地在0.067公顷（折合约1亩）以下的，每户住宅用地不得超过133平方米；人均耕地在0.067公顷以上的，平川地区建住宅的，每户用地不得超过200平方米，在山坡地区建住宅的，可适当放宽，但每户最多不得超过266平方米。农村宅基地的审批程序是：由本人提出申请，经村委同意和乡镇审核，报县人民政府批准。

村民建房用地在审批上实行“四统一五不批”（统一学习《中华人民共和国土地管理法》、统一审查用地类别、统一测量用地面积、统一办理审批手续；没有建筑地址或地址不详的不批，占地类别不详的不批，没有乡（镇）、村、土地管理员盖章签字的不批，超面积的不批，不交土地费用的不批）。各乡（镇）指标从严掌握，当年指标当年使用，过期作废；建房面积每户只批准2~3分；对造地多的村庄和个人优先办理审批手续，建房指标也可适当放宽；村民建房占地一律实行有偿使用；批准后占而不用的一律由所在乡（镇）人民政府责令建房户限期退出所占土地，及时核销建房用地审批手续。

集体建设用地审批　1989年，全县共批准集体建设占地面积为327.3亩，占指标的96.8%，其中耕地81.1亩，占指标的92%，三项指标均未突破地区指标，节约土地15亩，共征收耕地占用税13万元。在所批准集体建设用地中，含国家单位5个，占地面积8.1亩，其中耕地2.9亩、非耕地5.2亩；集体单位1个，占地面积3亩，其中耕地0.3亩、非耕地2.7亩；建房村民1260户，占地面积316.2亩，其中耕地77.9亩、非耕地238.3亩。

1990年，全县共批准集体建设用地面积312.8亩（其中耕地面积123.8亩），分别占指标的82.1%、95.4%、25.4%。3项建设用地指标均未突破地区指标数。所批准集体建设用地中，含国家单位9个，占地面积16.8亩，其中耕地12.3亩（其中2.5亩因公路建设拆迁等原因，地区土地管理局同意增加指标）、非耕地4.2亩；乡镇集体2个，占地面积25亩，其中耕地6.5亩、非耕地18.5亩；建房村民1234户，占地面积271亩，其中耕地105亩、非耕地166亩。

1992年，全县批准集体建设用地面积104.3亩（其中耕地面积85.2亩），3项建设用地共节约土地81亩（其中耕地71亩）。所批准集体建设用地中，含国家单位5个，占地面积8亩（其中耕地4.5亩）；乡村集体单位3个，占地面积18.3亩（其中耕地2.7亩）；建房村民826户，占地面积180亩（其中耕地78亩）。是年，全县9个乡（镇）169个村委实行宅基地有偿使用16352户、16817宗地，面积4129.28亩，收回宅基地有偿使用费15.4万元，宅基地有偿使用率达95%以上。共颁发集体土地建设使用证16817个，国有土地使用证54个，集体土地使用证240个，乡村企事业建设用地使用证145个，均超过地区下达的任务指标。

1999年，县土地管理局共颁发各种土地使用证2629个，其中国有土地使用证262个、集体土地使用证2367个。在集体土地使用证中有7个乡（镇）中的27个自然村为1916户农民颁发土地延包证1916个。到年底，全县24个乡（镇）累计发证面积为78.07万亩，发证率达95%。

2005年，县国土资源局共颁发国有土地使用证160个，发证面积60亩，累计发证率达90%；颁发集体土地使用证307个，面积20亩。

2006年，国土资源局共颁发国有土地使用证120个，发证率达90%；颁发集体土地使用证380个，发放率达90%。

2007年，县国土资源局颁发国有土地使用证133个，占应颁发总数的95%；颁发集体土地使用证187个，占应颁发总数的96%。

2008年，县国土资源局完成建设用地报批项目5个，报批用地面积440亩。全年出让土地5宗，面积61.2亩，收缴土地出让金91万元，经营性土地实现市场化。该年共完成土地登记发证210个，其中国有土地使用权登记60宗，集体建设用地使用权登记150宗。

国有闲置土地处置与经营性用地招拍挂

1997年，兴县人民政府回收城区范围内原划拨的12宗7775平方米国有闲置土地（旧招待所区域、药材公司东侧院内、城关镇政府门口、城镇中学西侧、原纸厂院、副食综合门市东侧、长虹美食楼以北、杨玉春沟口、文化馆门外等），并全部实行有偿出让使用。

2001年4月，土地管理局以70.5万元的价格成功拍卖杨玉春沟口一宗400平方米土地，打响兴县经营性用地招拍挂工作的第一炮。同年回收原石油公司油库用地、原驻军部队用地、原电影院用地、原食品公司宿舍用地、原县供销用地及棉麻废旧物资公司用地7宗1.44万平方米，对部分用地重新开发。

2006—2010年，县国土资源局共拍卖工业用地面积47.66亩、住宅用地面积80.39亩，共收回土地出让金1493.56万元；

20011—2016年，县国土资源局共拍卖工业用地3789.3亩、商服用地200.7亩、住宅用地889亩、铁路用地854.7亩、公共设施用地13.5亩，共收回土地出让金7.24亿元。

土地权属证书年检

1999年，根据国土资源部和省、地要求，县土地管理局设立土地证书年检办公室，组建7个年检专业组，印刷公告500份，宣传资料1万份，表报7种4万份；购置各类技术工具100余件；集中6个月时间，完成对县城建成区、车家庄独立工矿区和城关、高家村、魏家滩、瓦塘、康宁、罗峪口、蔡家会7个建制镇的土地权属证书年检任务。总计年检6786户，其中国家单位292户、集体单位56户、个人6438户。同年，县土地管理局对建成区及乡（镇）所在地进行建设用地使用证及宅基地证书年检，对土地使用者在权属、面积、用途等使用现状进行年度检查，共年检国有土地1253宗，集体土地8696宗。

执法监察

1989年，县土地管理局在执法监察中，共查处违法占地案件130起，收回罚款18371元，补缴占耕地补偿费11.5万余元，拆除18户房窑36间（孔），退出土地3.5亩。

1990年，县土地管理局共查处违法建房村民83户，处理60户，其余23户已由高家村镇政府起诉县人民法院。其中拆除、填平房屋地基壕沟34间（孔），收回土地3.41亩，罚款12640元，补缴土地使用费6700元。该年受理省地批转案件2件，处理1件。

1992年，县土地管理局查处全县违法建房741户，查处率达100%。解决各种类型的土地纠纷304件。

1993年，兴县人民法院土地法庭成立，机构设在县土地管理局，法院为土地法庭配备1名庭长、1名审判员，土地管理局为土地法庭配备2名工作人员，对土地违法案件实行快查快审，提高了查处效率。至1995年，县土地管理局共查处各类违法占地366起、土地隐形交易案23起，共收缴罚款131万元，对违法占地起到极大的震慑作用。

1996年，兴县人民政府专门召开县长办公会议，制定印发《兴县人民政府清理整顿土地隐形市场交易的实施方案》，至1998年，县土地管理局共查处违法占地案件57起（含重点案件14起），收缴罚款1376万元。其中查处了原化肥厂占用划拨土地给职工集资修建商品房等部门隐形交易，共收缴土地出让金200余万元；查处了城关镇乔家沟村、奥家湾乡车家庄村、瓦塘镇郑家塔等村村民违法占地行为，拆除非法建筑630平方米，收缴罚款85万元。

1999年，县土地管理局组织巡回检查26次，查出隐漏土地违法案件181起，涉及13个乡（镇）、25个建制村、30个自然村，已处理178起，结案率98%，收回罚款28万元。

2001年，县土地管理局查处各类土地违法占地案件35起，收缴罚款10万余元，查封临街房屋9间，解决各类土地权属纠纷30起，应诉案4起。2003年，兴县人民政府印发《兴县人民政府关于整顿规范土地市场秩序的实施方案》，成立以县人民政府常务副县长为组长的治理整顿领导组，对全县范围内的违法用地、土地非法交易进行治理整顿。共查处加油站、铁厂、昌盛镁业、焦化厂、铝钒炉、临时选煤厂等各类非法占地139宗，总占地面积1201亩（其中耕地面积396亩）。对以上违法占地行为，国土资源局分别不同情况予以处理：对不符合环保的焦炉、铝钒炉全部拆除；对不符合县产业结构布局且有相关城建、环保、成品油经营许可手续的加油站罚款处理；对不符合产业政策的企业及临时选煤厂坚决予以制止、取缔。本次共拆除违法建筑500多平方米，恢复耕地710余亩，收缴罚款167万元，撤销2名村干部职务，遏制了违法占地势头。

2005年，县国土资源执法监察大队成立，为县国土资源局下属事业单位，股级建制，执法监察大队长享受副科级待遇，主要职责是检查国土资源法律法规执行情况，查处违法案件。2006年，县国土资源局全年查处各类土地违法案件59起，拆除违法建筑5宗120平方米，收缴罚款188.18万余元，解决土地纠纷5起，办理诉讼案件2起。

2007年，县国土资源局发挥县、乡（镇）、村三级联动的土地执法监察网络作用，开展“土地执法百日行动”活动。土地执法队、国土所实行每周巡查、每月清理，全年共查处各类土地违法行为75起，现场制止17起，涉及面积15亩，对2起较大的土地违法案进行了严厉惩处。

2014年，县国土资源局根据土地卫片执法检查和例行督察，共发现全县违法违规用地123宗，总面积3692亩（其中耕地面积1451亩），均予立案查处，追缴罚款1431万元，没收面积79平方米，拆除面积36万平方米，并对相关责任人给予党政纪处分。

2015年，县国土资源局立案查处了土地卫片执法检查中发现的违法违规用地59宗，总面积324亩(其中耕地面积132亩)，共收缴罚款70.8万元，没收面积2.84万平方米，拆除面积18.42万平方米，对所涉及的相关责任人给予党政纪处分。

2016年，县国土资源局立案查处了土地卫片执法检查中发现的违法违规用地82块（宗），总面积977亩（其中耕地424亩），共没收违法占地面积18.76万平方米，拆除复耕10块图斑共44.8亩，收缴罚款211万元，有关部门对3块违法图斑所涉及的相关责任人给予党政纪处分。

第八节 管理机构

土地管理局

兴县土地管理局（前身为县土地办）成立于1986年，正科级建制，配有1名局长，2名副局长。同年，建立健全全县三级土地管理机构。县土地管理局增为15人，招聘24名乡（镇）专职土地管理员，全县乡（镇）级土地管理机构共有140人。

1996年，土地管理系统实行省以下垂直管理，隶属于各乡（镇）的土地管理员编制到县土地管理局，直接管理。土地管理局内设办公室、用地股、地籍股、监察股、账务股5个股室。

1997年，兴县土地管理局又增设1名副局长、1名纪检组组长。每个乡（镇）有专职土地管理员（工资人事隶属于乡镇政府，行政上由乡镇政府领导，业务由土地管理局指导）。

国土资源局

2002年，兴县土地管理局和兴县地质矿产局合并为兴县国土资源局，人员编制132人，实有人员117人；内设股室有办公室、财务股、用地股、地籍股、监察股、地质储量勘测股、矿管股等股室。2003年，全省县级国土资源局实行省管，县国土资源局副科级以上人员由吕梁市国土资源局党组任命，县国土资源局人员只出不进，所有人员工资仍由兴县财政核发。

至2016年底，兴县国土资源局有下属事业单位9个，即国土资源交易中心、土地收购储备中心、土地开发中心、土地交易所、地价评估所、国土资源执法监察大队、国土资源管理所、不动产登记中心、地质灾害防治中心。

第六章　矿产资源管理

第一节　矿产资源利用现状

兴县境内已开发利用和有一定勘探程度的矿产资源主要有煤、铝土矿、石灰岩、白云岩、大理岩、石英、砖瓦黏土、煤层气等。

煤和煤层气的开发利用

煤炭为兴县主要矿产，县内有煤矿6座。其中，西山晋兴能源有限公司斜沟煤矿，位于县城北部，划定矿区面积88.64平方公里，保有资源储量19.91亿吨，生产能力为1500万吨／年；华润联盛关家崖煤业有限公司、华润联盛车家庄煤业有限公司和华润联盛岇底煤业有限公司3座煤矿均位于县城东部的蔚汾河南北岸，矿区总面积18.97平方公里，资源储量25435万吨，关家崖煤业公司年生产能力120万吨，其余2座煤矿年产能均为90万吨；锦兴能源公司肖家洼煤矿，位于县城南侧，井田面积60.34平方公里，资源储量11.82亿吨，生产能力为800万吨/年；兴县金地煤业有限公司固贤南窑煤矿，位于兴县南部偏东，矿区面积5.64平方公里，资源储量7345万吨，年生产能力90万吨。

另外，国家发改委于2010年批复的离柳矿区总体规划，将兴县境内埋深在1500米以内的其他煤田划分为兴县井田、肖家洼井田、固贤井田3个井田和一个后备区。煤质均属中—低磷、硫，中灰分气肥煤，热值高，为优质动力煤，主要销往山西省外。

县内煤层气尚处于勘探阶段，初步探测资源储量达502亿立方米。2016年，在县内进行煤层气勘探的企业有中联煤层气、中澳煤层气、中石油煤层气等公司。

铝土矿的开发利用

兴县铝土矿储量在全省占有重要地位，品位较好，三氧化二铝含量为51%~65%，铝硅比为5.81~11.52，矿体产状与地层产状一致，倾角平缓（3°~15°），连续性好，矿体厚度较稳定，易于开采，是兴县的主要优势矿种。从北到南分布在县境东部，埋深500米以内面积约254平方公里，预测储量6亿吨。已查明含铝土矿面积143.91平方公里，探明铝土矿储量3.54亿吨。其中，奥家湾铝土矿区、黄辉头铝土矿区、苏家吉铝土矿区属中国铝业股份有限公司申请的探矿区，矿区面积35.46平方公里，查明储量6235.45万吨；贺家圪台铝土矿区、杨家沟铝土矿区由山西省国土资源厅预留给山西鲁能晋北铝业有限公司，矿区面积70.05平方公里，查明储量7021.31万吨；后发达铝土矿区、范家疃铝土矿区属于价款地质勘查项目，矿区面积38.4平方公里，查明储量2.31亿吨。2006年以来后，在兴县大规模开发铝矿的企业有中国铝业集团有限公司和中国电力投资集团公司等。

其他矿产资源利用现状

石灰岩　县境内石灰岩矿层主要分布在东部，矿石远景储量在1000亿吨以上，易采能用储量也在10亿吨以上，矿层出露广泛，开采技术要求低。至2016年，全县有碎石场19个，总生产能力150万吨／年。

白云岩　县境内的白云岩主要分布在县境东部的恶虎滩一带，矿石远景储量约10亿吨，矿区面积30平方公里，矿层稳定，出露范围大，易于开采。有采矿点3个，总生产能力13万吨／年。

大理岩　县境内的大理岩主要分布在县境东部的交楼申、恶虎滩一带，矿石分布零散，已探明储量80亿立方米。有采矿点3个，总生产能力3万吨／年。

石英　主要分布在东会乡和交楼申乡一带，储量达500万吨，有1个采矿点。因储量较少，难以大规模开发利用。

砖瓦黏土　境内均有分布，至2016年，全县有砖厂12个，年产砖2亿块左右，主要用于兴县建筑。随着社会经济发展，利用规模将会扩大。

第二节　地质环境管理

地质灾害

兴县地质灾害的类型主要有滑坡、崩塌、泥石流、地面塌陷、地裂缝、地面沉降等，这些地质灾害在各乡（镇）都有不同程度发生。据统计，历年来全县地面塌陷、地裂缝、滑坡等地质灾害已造成经济损失1300余万元。

马塔沟山体滑坡　马塔沟位于蔚汾镇东关村阳玉春沟掌，滑坡体主要由粉质黏土、砂岩等组成，滑坡面大部分为松散层和基岩接触面。2012年，连绵阴雨导致马塔沟滑坡，损毁房屋12间，房屋裂缝36间，直接经济损失400余万元。

地面塌陷和地裂缝　此类地质灾害主要分布在煤铝采矿区，重点为蔚汾镇关家崖、季家梁、麦地山等村，奥家湾乡的峁底、孙家沟等村，魏家滩镇的斜沟、范家疃等村。由于地下层大面积采空，破坏了原先的相互平衡、相互支撑，采空面发生冒顶，岩层相继下沉，引起断层和裂缝，形成裂缝带，最后造成地面塌陷和地裂缝，严重影响到人民群众的生产生活甚至生命安全。

地质灾害预防　地质灾害尤其是汛期地质灾害是危及人民生命财产和社会经济发展的重要隐患，做好汛期地质灾害预防工作，是减少地质灾害损失、保护人民生命财产安全的重要措施，是一项光荣而艰巨的任务。2011年，兴县投入经费50余万元，聘用山西省第三勘测院对全县地质灾害防患点进行了7个月的实地勘测，确定县内地质灾害防患点342个（处）。2014年，组织复查，地质灾害防患点增至355个（处），涉及泥石流6处、滑坡42处、崩塌24处、不稳定斜坡280处、地面塌陷3处。在此基础上建立县、乡（镇）、村三级日常地质灾害监察网络，对这些灾害隐患点展开预警监测。该年，成立兴县地质灾害防治领导组，由县人民政府副县长任组长，国土资源局局长任副组长，县政府每年以政府文件全文转发县国土资源局编制的《兴县年度汛期地质灾害防治方案》《兴县突发性地质灾害应急预案》，建立汛期地质灾害值班值守应急制度，每年进行汛期地质灾害防治培训及应急演练，增强全县地质灾害应急能力。

第三节　管理机构

兴县地质矿产局，成立于1989年，科级建制，内设办公室、煤炭股、非煤股等股室，设局长1人、副局长2人。2002年，地质矿产局和兴县土地管理局合并为兴县国土资源局，承担矿产资源管理职能。全局编制132人，实有人员117人；内设办公室、财务股、用地股、地籍股、监察股、地质储量勘测股、矿管股等股室。2003年，全省县级国土资源局实行省管，县国土资源局副科级以上人员由吕梁地区国土资源局党组任命，国土资源局人员只出不进，但所有人员工资仍由兴县财政核发。至2016年底，兴县国土资源局有下属事业单位9个：国土资源交易中心、土地收购储备中心、土地开发中心、土地交易所、地价评估所、国土资源执法监察大队、国土资源管理所、不动产登记中心、地质灾害防治中心。

第七章　食品药品监督管理

第一节　药品监督管理

1989年，县卫生局承担药品监督管理职能，依法对个体药店和县药材公司进行管理，不符合规定者一律不许开业。全年共查处个体药贩5人，查处伪劣药品6种、标值3500元，没收非法收入1500余元。通过检查，兴县人民医院保留了“省先进药剂科”和“信得过单位”称号，受到表彰。

1990年，县卫生局对药品从业人员进行为期一周的培训，统一按山西省卫生厅教材授课。培训结束，由吕梁地区统一组织、统一命题、统一考试、统一阅卷。全县参加考试61人，其中中药43人、西药6人、中西药12人；及格47人，不及格14人，及格率77.04%，凡及格者均发放了药工人员证。全县24个乡（镇）467个村委有乡村卫生所341个，已聘乡（镇）药品检查员29人。全县有社会药品经营批发单位1个、零售单位4个，卫生系统药品经营全民单位9个、集体单位18个。全年对医疗单位大检查3次，共查处伪劣药品5种、标值2580元。

1993—1994年，县卫生局会同工商、公安、检察、计量等部门开展医药市场“打假”行动，严厉打击非法行医，取缔无证经营。此次行动共检查诊所、药店114个，查处伪劣药品116种、标值1.86万元，罚款3.86万元；取缔集体单位药店3个，限期关闭诊所、医药门店15个。与此同时，对县以下药品检查员、报告员作了调整审核登记，强化了全县药品监督管理，净化了医药市场。

1995年5—6月，县政府组织卫生、医药、公安、工商、检察等部门，分2次对全县医药市场进行了以“打假”为重点的整顿检查工作。共查诊所、药店174个，查处、没收伪劣中西药品190种、标值7062.4万元，罚款4.5万元。

之后，卫生、医药、工商等部门为合法经营单位统一颁发了《药品经营许可证》和《行医许可证》。

1996年，县医药整顿办公室对全县城乡524个药品经营单位进行了检查，取缔非法经营单位35户（其中自行取缔8户），查获各类违规药品190种、标值7776元（其中西药133种、标值5012元，中药57种83.61千克、标值2763元），罚款2.91万元；对符合规定的集体医疗单位统一进行注册登记和发证，规范了医药市场秩序。

1997年，兴县药品监督检查所成立，配备4名专业人员负责药品监督执法工作。各乡（镇）卫生院设立专职药品检查员，负责所属范围内的药品监督检查。在地处县境交通要道的奥家湾乡车家庄村、康宁镇康宁村、魏家滩镇魏家滩村分别设立药品检查点，由所在乡（镇）卫生院负责对辖区流动药品进行监督检查。全年在医药市场整顿中，共抽检城乡106个医药经营单位的中西药品122份，检验合格率达98%；共查处、没收伪劣中西药品109种，罚款4.2万元；取缔非法经营单位2个，取缔无证经营户71户。同时组织全县314名药工人员进行了业务知识考试，及格率达68%；为符合条件的182人颁发了药工证，完善了药工人员持证上岗制度。

1998年上半年，兴县药品监督检查所共抽检124个药品经营单位的中西药100份，查处、没收伪劣中西药品214种，查处非法案件10起，共罚款7823元，取缔无证经营户28户，保障了群众安全用药。

2000年，兴县药品监督检查所共抽检城乡130多个药品经营使用单位的中西药品298种，药品合格率达91%；年内共清理取缔无证照或证照不全的药品批发企业12个、药品零售企业108个，取缔非法私人诊所4个；查扣、没收过期和伪劣药品110种、标值1.68万元，罚款6400元；降低药品定价161种，降低药价总额7万元。组织全县县、乡（镇）、村三级医疗机构187名药工人员进行了业务知识考试，及格率达100%。

2002年4月，吕梁药品监督管理局兴县分局（简称兴县药监分局）成立，担负起全县药品和医疗器械生产、流通、使用的监督管理权。

2003年，兴县药监分局共监管县人民医院集中招标采购医药品金额70万元，占总金额的95%，通过集中采购，让利于患者4.1万元。同时，查处无证经营药品医疗器械等案件127起（其中万元以上大案9起）。

2010年1月，吕梁市食品药品监督管理局兴县分局（2005年1月由兴县药监分局改建）改为属地管理，并入兴县卫生局。同年，县卫生局加大了对医疗安全的监督检查力度，共检查医疗单位270个，警告122家，取缔非法行医机构、诊所21个，查处非法行医人员15人、非法聘用卫技人员15人；没收药品器械标值1万余元，累计罚款3万余元，净化了全县医药市场。

2011年，兴县卫生局、疾控中心和食品药品监督管理局（2011年7月从卫生局分离出来，变为单设机构）以医德医风、院务公开、规范服务、合理用药、临床检验、院内感染消毒、不良业绩记录制度、传染病防控等为重点，对全县35家医疗机构进行监督（其中县直医院4家，民营医院2家，乡镇卫生院18家，个体诊所11家），监督覆盖率达到100%，并全部建立了基础档案。开展打击非法行医及非法药店专项行动，先后出动执法人员117人次，对城区17家诊所进行拉网式巡查，取缔4户关闭不彻底的“黑药店”“黑诊所”，没收药品6件，查封牙科机和化验检验设备5台，罚款9500元；对使用非卫生技术人员、消毒管理及医疗废物处理不规范的22家医疗单位进行了警告处理。通过普查，对全县四大公共卫生场所实行了分级量化管理。

2012年，兴县卫生局、疾控中心和食品药品监督管理局，以医德医风、院务公开、规范服务、合理用药、临床检验、院内感染消毒、不良业绩记录制度、传染病防控等为重点，对全县35家医疗机构开展了综合监督检查，监督覆盖率达到100%，并全部建立了基础档案。出动执法人员125人次，取缔“黑诊所”4户，打击游医9次（件），没收药品9件。在各乡（镇）建立17个卫生监督协管室，聘请40名基层卫生院人员为卫生监督协管员，聘请所有村医为卫生监督协管信息员，统一制作了工作制度和服务流程，推动了基层卫生监督协管工作的规范运作。采取5项措施，专项整治农村药材、药械市场，取缔无证经营、超范围经营药械行为，规范了药品经销，营造了群众用药安全环境。

2013年，加强卫生执法监督和行政服务。食品药品监督管理局共出动执法人员1023人次，检查涉药单位255户次，其中立案1起、结案1起；没收各类药品19件，罚没款金额6000元；取缔“黑诊所”4户，打击游医9次；对全县35家医疗机构进行了普遍监督，监督覆盖率达到100%，并全部建立了基础档案；对违规使用非卫生技术人员、消毒管理及医疗废物处理不规范企业22家进行了警告处理。该年，县食品药品监督管理局建立药品电子监管平台，完成355家涉管企业、41家（37家企业、4家医疗机构）药品执法单位、22家保健食品、药品和化妆品企业（6家化妆品、2家保健食品、14家药品经营企业）的数据入录，并举办了行政人员和操作人员业务培训。

同年，兴县药品不良反应监测中心成立，核定事业编制4名。该机构成立后，以“加大监测范围，提高报告质量”为目标，发动各涉药、涉械机构认识开展药品、药械不良反应监测的意义，普及药品药械不良反应知识，扩大药品药械不良反应监测范围，全县的药品药械不良反应监测网点延伸到社区卫生服务站和乡(镇)卫生院。至年底,全县共报告药品不良反应280件，医疗器械不良反应37件。

2014—2016年，全县药品和医疗器械使用单位发展到436家，其中县级医疗机构4家、乡（镇）卫生院17家、村卫生所375家，个体诊所40家。食品药品监督局对药品、药械经营企业日常监督检查每年不少于3次，覆盖面达到100%。全年发生药品不良反应147例、医疗器械不良事件9起。在医疗市场监管执法方面，共出动执法人员321人次，对全县35家医疗机构实行普遍监督，并全部建立了基础档案；对使用非卫生技术人员、消毒管理及医疗废物处理不规范企业40户进行了警告处理；对县人民医院临床用血监督2次，并与其签订临床用血安全责任书；对个别民营医院放射诊疗防护工作存在的严重问题及时下达监督意见书，并通报卫生局；取缔“黑诊所”9户，打击游医4次，没收药品24件，罚款1.85万元，并对个别村医参与“黑药店”“黑诊所”活动者移交卫生局处理。

此外，各乡（镇）建立了23个卫生监督协管室，聘请61名基层卫生院人员为卫生监督协管员。

第二节 食品卫生监督管理

1989年起，遵照山西省人大和省政府颁布的《山西省城乡集市贸易食品卫生管理规定》《山西省食品卫生监督行政处罚办法（试行）》和《山西省食品卫生监督员工作程序》3个地方法规，县政府责成卫生局牵头，会同商业局、二轻局、县供销、县工商行政管理局组成联合工作组，进行食品卫生监督管理。规定凡从业者必须领取《食品卫生许可证》；所经营入口食品，必须经卫生防疫部门审查合格方可销售；凡从事食品加工生产和销售的从业人员，每年须进行两次体检，患有传染性疾病者不得从事食品经营；所有宾馆、饭店、食堂、个体餐饮摊点必须做到食品生熟隔离、餐具消毒、防蝇防尘、安全卫生。

1997年，县防疫站协同县人大常委会开展了食品卫生执法大检查，销毁过期食品160余千克，没收劣质罐头、饮料600多瓶。

1998年，县卫生、防疫部门开展城区卫生监督检查，共没收、销毁变质食品1360千克，处罚违反《中华人民共和国食品卫生法》经营户41户；对78个旅店、理发店、浴池、歌舞厅等公共场所实行定期监测和整改。

2000年，县卫生局对全县城乡297户食品经销单位进行了监督检查，对城区从事食品经销的537名从业人员进行了体检，对食品经销单位的监督检查覆盖率达到了92%。通过检查，对22户卫生不合格经销单位进行了处罚，其中警告15户，限期整改7户；共没收超期变质食品150千克，处罚没款1200元，重新核发卫生许可证297个、健康证537份。

2005年1月，兴县药监分局改建为吕梁市食品药品监督管理局兴县分局（简称兴县食品药品监督分局），增加了对全县食品、保健品、化妆品的监督管理职能。经调查，该年全县有食品生产、经销企业212户，有大小餐馆250个。其中，酒店饭店128家，个体餐馆、食品摊点72家，集体食堂27家，工地食堂、小作坊23家；有保健食品专营店3家、经营保健食品的药店44家、化妆品专营店7家、美容机构（院）3家。

2009—2010年，兴县食品药品监督分局针对罗峪口镇29名民工因食用变质猪头肉发生群体食物中毒事件，对全县餐饮单位开展以食品卫生、公共场所卫生、传染病防治为主的集中整顿治理。共出动执法车70辆次、执法人员420人次、监督检查城乡食品经销单位297户（城区215户、乡镇82户）、从业人员582人，监督覆盖率达92%；下达监督意见书152份、行政处罚（警告）20户，处罚卫生不合格经营户22户（其中警告15户、限期整改7户），没收超期变质食品150千克，罚款1200元；对全县143户餐饮单位和17户学校食堂实行了分级量化管理，并加强了实时实地监管，进行餐饮消毒效果监测2600份，发放卫生许可证196份；体检从业人员973人，核发健康证938人；取缔违规经营门店38个，重新办证218户；监测各类公共场所经营6户，发放卫生许可证5户；对全部从业人员进行了卫生知识培训，培训合格率为100%；采样监测生活饮用水24份，合格20份，合格率为83%；规范了食品添加剂的使用和城乡红白事务聚餐的申报，并联合工商部门对地沟油和一次性不合格卫生筷进行了联合检查。

加强监督队伍建设，全县共建立县级食品卫生监督机构6个、食品卫生监督员18人（其中专职6人、兼职12人），乡（镇）监督机构25个、监督人员50人（均为兼职）。

2011年，全县共有餐饮服务单位295家，其中中型餐馆1家、小型餐馆95家、小吃店137家、学校食堂37家、街头小餐饮25家。在食品安全监督方面，以打击非法食品添加剂和假冒伪劣食品为重点，开展了食品安全百日专项整治行动：共检查食品经营户1000余户（次），查处食品安全案件52起（件），案值2.25万元；查扣各类假冒伪劣食品20余千克，取缔无照经营户61户，罚款13.4万余元；对4家重点单位15个批次的挂面、21个批次的乳制品进行了针对性抽样检验；责令企业停止使用2种备案信息不明的食品添加剂。

打击私屠滥宰和白酒制假售假，共检查猪肉销售摊点200余户次，没收白条肉80余斤，没收、查扣各种假酒、无票酒品86箱；全面推行“酒类流通随附单”可溯源制度，加大对制售假冒伪劣酒类商品行为的打击力度。

整顿校园周边食品门店、摊点，督促189户餐饮经营者购置了电子消毒柜、自检设备，完善了“三防设施”（防鼠、防蝇、防尘设施）；为874名餐饮从业人员办理了健康证明。对全县344户餐饮业，57家食品经营户实行了量化分级管理。在生活饮用水卫生监督方面，对县自来水公司累计监督检查5次，培训从业人员10人，并对该公司全部（14名）从业人员进行了健康体检，100%完成水源防护及饮水消毒；对全县16所学校进行全面监督，全部建立传染病报告制度。

2012年，县纪检委食品安全责任监督工作领导组成立，并下设食品安全责任监督办公室，制定印发了《兴县食品安全监督责任追究暂行办法》《关于开展食品安全责任监督工作的实施意见》等相关文件，明确了各相关部门及监管执法人员的责任，对食品安全监管实现无缝隙、无盲区、全覆盖、全过程监管。全年由食品安全监督办公室牵头，会同县卫生局和县食品药品监督管理局开展联合检查8次，出动执法人员4987人次，检查食品生产经营单位1027家次、餐饮单位（包括学校、幼儿园食堂）658户次，体检从业人员454人（未发现“五病”人员）；立案查处65户，取缔无证经营91户，规范办理证照35户，检查整改92户。生活饮用水卫生监督方面，已完成市政供水单位的检验消毒设施建设及疾控中心实验室装备采购及安装调试，检验人员落实到位，资质认证顺利通过，卫生监督的快速检测设备已投入使用，水源保护区划分标志已更新，5个农村集中供水点已采取投放消毒片的方式进行消毒。

开展食品安全宣传教育活动。全年举办餐饮类从业人员食品安全专业知识培训3期，培训企业负责人和质量管理人员650人次。

完善农村食品安全监管体系，建立农村食品安全“一专三员”（在17个乡镇明确17名食品安全专干、聘用信息员、联络员、协管员）1125名监管队伍。从4月开始，由县食品安全监督办公室牵头食安委各成员单位，在县电视台开设食品安全宣传专栏（每月2期），在各监管门店（监管户）公布投诉举报电话，设立监督举报台，公示监管执法人员基本信息和电话号码，鼓励社会公众参与食品安全监督。

建立食品安全责任追究体制。在吕梁市纪检委明察暗访后，县纪检委食品安全责任监督办公室根据反馈意见，主动出击，对负有监管责任的6个单位进行了责任倒查，有10名工作人员受到了党纪政纪处分（其中行政警告1人、行政记过1人、党内警告7人、党内严重警告1人，涉及副科以上领导职务的6人）。

2013年，食品药品监督管理局出动执法车210辆次、执法人员1668人次，共检查餐饮服务单位360家，机关事业单位、学校及托幼机构食堂57家，下发监督意见书180份、责令改正书110份，新办餐饮服务许可证60户；与全县20户餐饮食品早夜市业主签订餐饮卫生承诺书，对不符合经营规范的业主下达了限期整改意见书；对经营保健食品企业要求做到专柜专放、专人管理、专账登记；对全县4大公共卫生场所经营性企业（如住宿业、理发美容业、公共浴室）实行分级量化管理，全部建档建库管理（公共场所企业建库121户、学校卫生建库16户、职业卫生建库6户，饮用水卫生建库1户），建库率、监管率均达到100%；培训从业人员2次454人，体检从业人员454人（未发现传染病人员使用情况）。对5个农村集中供水点采取投放消毒片的方式进行消毒。

2013—2014年，县食品药品监督管理局职能调整，增加对全县食品生产加工、流通、消费和保健食品、化妆品监管职能，负责查处重大食品安全事故。其间，建立全县餐饮企业（中小型餐饮、学校食堂、工地食堂316户，食品生产企业17户，生产加工小作坊663家，食品流通企业505家，保健食品经营单位27家）电子监管系统，组织餐饮服务单位从业人员健康体检 1089人，对不符合上岗要求的7人，及时通知餐饮单位调离工作岗位；在各乡（镇）建立17个卫生监督协管室，聘请40名基层卫生院人员为卫生监督协管员，进一步加强了基层卫生监督。

2016年，县食品药品监督管理局共出动执法人员1376人次，开展县级农产品监督抽查238批次（其中畜禽类13批次、蛋类9批次、淀粉类13批次、蔬菜类165批次、豆类8批次、水果类30批次）；开展食品生产、流通和餐饮环节快速检验检测35批次（中高考期间食品安全快检17批次）；受理查处各类食品违法案件7宗（食品6宗，药品1宗），结案6宗，涉案货值3.89万元，罚没金额2.1万元，发出责令整改通知书521份，核发食品流通许可证421个，核发食品生产加工小作坊和餐饮服务小作坊证件246个；抽检辖区内桶装饮用水生产企业8户，未发现不合格产品；培训62户经营类公共场所（其中住宿业40户、理发美容业21户、公共浴室1户）从业人员2次354人，体检从业人员354人，未发现传染病人员使用情况。

该年，全县纳入监管的食品生产加工和餐饮服务类企业达到1390户（家）。其中，食品生产企业19户、食品生产加工小作坊（非餐饮类）247户、餐饮企业425家（学校食堂43家，建筑工地食堂7家，中型餐饮24家、餐饮类食品生产加工小作坊351家）、食品流通企业648家、保健食品经营单位（包括专营、兼营）51家。

第三节　监督管理机构

兴县卫生局

1989—2004年12月，兴县卫生局承担对全县食品、餐饮业的监督管理职能。2010年1月，机构改革中，吕梁市食品药品监督管理局兴县分局由垂直管理变为属地管理，并入兴县卫生局，实行一个机构，两块牌子，在卫生局的组织、指导下开展工作。原来药监局人员并入卫生局。2011年7月，兴县食品药品监督管理与卫生局分离，变为单设机构。

吕梁地区食品药品监督管理局兴县分局

2005年1月，吕梁市药品监督管理局兴县分局新组建为“吕梁市食品药品监督管理局兴县分局”，其工作职能增加了对食品、保健品、化妆品安全管理的综合监督、组织协调和依法组织开展对相关重大事故查处的职能。机构属吕梁市食品药品监督管理局派出机构，正科级建制，内设办公室、药品综合监管股和食品综合监管股。

2010年1月，机构改革中，吕梁市食品药品监督管理局兴县分局由垂直管理变为属地管理，并入兴县卫生局，实行一个机构，两块牌子。在卫生局的组织、指导下开展工作。原来药监局人员并入卫生局。

兴县食品药品监督管理局

2011年7月，兴县食品药品监督管理与卫生局分离，单设兴县食品药品监督管理局，除原有职能外，增加餐饮、保健食品、化妆品监管职能，内设办公室、食品综合股、药品股，加挂食品安全委员会办公室牌子，人员编制9人，实有人员21人（其中局长1人、公务员4人、临时工2人、工勤人员1人，另包括划到卫生局的卫生监督所5人、教育系统借调的3人、担任大学生村官的5人）。2012年底，兴县食品药品监督管理局办公楼改迁至蔚汾大厦九楼，面积400平方米。

2014年4月，兴县食品药品监督管理局职能调整，县食品药品监督管理负责全县食品生产加工、流通、消费和保健食品、化妆品、药品、医疗器械监管职能，负责全县食品综合协调和查处重大食品安全事故职能，内设行政股室4个：办公室（加挂行政审批科）、食品综合股、药品综合股、保健食品化妆品股。下属事业单位有药品不良反应监测中心（股级事业单位）、食品药品稽查大队（副科建制）、县综合检验检测中心（政府直属事业单位）和9个基层食品药品监督管理站（为食品药品监督管理局派出机构，同时加挂县食品安全委员会办公室牌子）。该年，县食品药品监督管理局核定行政编制12名、事业编制105名，工勤人员1名。实有人员87名，其中行政人员6名、基层站配置人员56人、稽查队13人、药品不良反应监测中心3人、食品综合检验检测中心8人、工勤人员1人。同年，县食品药品监督管理局为全县375个建制村配置食品药品协管员。2015年，县食品药品监督管理局在办公楼周围扩修加盖彩钢房，办公面积增加为800多平方米。

第八章　农村经营管理

第一节　管理机构

农村经济管理局

前身为兴县农工部经营管理科，1984年与农工部分离独立办公，改建为兴县农村经济经济管理局（简称农经局）。1989年，县农经局主要职能是管理与审计农村财务，内设审计股、合同股、会计股、办公室3股1室，县乡（镇）农经工作人员共29人。《中华人民共和国农村土地承包法》等法规颁布后，农经局主要职能是农村土地承包与流转管理、农村“三资”（集体资金、资产、资源）管理、农民负担监管与筹资筹劳管理。

农村经济管理服务中心

2016年末，县农经局改建为县农村经济管理服务中心，属县农委下设科级事业机构，核定全额事业编制34人，实有34人，设主任1人、副主任2人。

第二节　农村财务管理

1997年初，县农经局对全县17个乡（镇）的380个村全面进行财务整顿和审计，并实行“五统一”（统一任免会计、统一集中办公、统一账前审核、统一公布账务、统一考核奖惩）模式规范管理农村财务；投资25万元，为各乡（镇）配备办公场所、会计档案柜及办公设施，推动集中办公工作顺利开展。年底，全县有10个乡（镇）试行“村账乡管”集中办公模式，在账前审核中，县农经局共拒报单据980张，涉及金额26万元，杜绝不合理开支和乱收费。该年全县非生产性支出较上年210万元减少103万元，减少45.7%。1998年

6月，中共兴县县委制定《关于在全县进一步实行村务公开制度的实施方案》，全县实行“两议五公开”乡村达90%以上。1999年12月，全县全部实现“村账乡管”集中办公模式。

2003年，适应农村税费改革对财务信息化管理要求，部署实施农村财务电算化工作。7月，魏家滩镇首家实施农村财务管理电算化。到2004年，全县13个乡（镇）252个村实施农村财务管理信息化，记账结账村达92.6%。2005年7月，奥家湾乡在全县首家实施会计委托代理。11月，全县14个乡（镇）273个村全部实施会计委托代理制。

2010年9月，根据吕梁市纪委、市农廉办分别下发的《关于加强农村集体资金资产资源监督管理工作的实施意见》《阳光农廉网建设工作方案》，全县运用信息化手段规范理财程序。从2011年起，县农经局实现对农村集体“三资”的实时查询、实时分析和及时监督。

第三节　土地合同管理

1997年，县农经局开展农村集体经济承包合同普查，结合农经审计和专项检查，共规范和完善各业承包合同53份，帮助村集体清回合同欠款250余万元，清回企业合同上缴款35万元。

2001年至2002年，农经局开展土地流转调查，建立健全土地流转合同签订、鉴证、登记、备案制度；对土地流转规模较大的3个村进行了土地流转典型调查，签订规范土地流转合同370份，涉及土地面积924亩。2002年9月，农经局根据县人民政府下发的《关于做好土地延包扫尾工作的通知》，继续落实土地延包任务。至2003年，完成尾留的9个乡（镇）23个村的土地延包工作，并建立了完善的合同管理。

2009年，全县土地流转面积4.36万亩。2010—2016年末，全县累计签订土地流转合同1.27万份，面积 7.14万亩。

第四节　农民负担监督管理

1997年，全县各乡（镇）村开展农民负担预算，减轻农民负担500万元。1998年，交楼申乡率先落实中央关于减轻农民负担的政策规定；至1999年，全县17个乡（镇）落实减负政策，农民负担总额较上年降低59.18万元。2003年6月，全县开展农村税费改革试点工作，拟分两年逐步取消农民劳动积累工和义务工，全面调整农业税征收面积、产量、税率和农业税附加比例等；改革村提留，以农业税附加方式征收。同年12月，全县取消乡统筹费、农村教育集资费、屠宰税和农业特产税。2005年，国家取消农业税征收，农民种地缴税历史至此结束。

2011年，为确保农民的知情权，全县涉农补贴资金、对象、标准、金额等信息全部实行公示制。

第五节　农村项目管理

2006年，《中华人民共和国农民专业合作社法》颁布，县农经局组织示范合作社开展项目申报，扶持合作社发展。2010—2011年，全县整合各类资金1.21亿元（财政投入资金2812万元），共实施项目303个，扶持282个村进行公益事业建设，带动全县农民持续稳定增收。其中，17户专业合作社争取省、市扶持资金54.4万元；113个专业合作社获得县财政以奖代补扶持。

第九章　审计监督

第一节　财政财务审计

财政预算执行审计

1989—1995年，县审计局主要对各乡（镇）财政所进行审计。

1996—1998年，县审计局开展了预算外资金审计。

1996—2016年，兴县审计局开展的财政审计主要有县级（包括本级预算单位）预算执行情况审计和乡（镇）级财政决算审计，其中县级预算执行情况每年审计一次。在1998—2011年的财政审计中，共查出违规金额6347万元，管理不规范问题金额45397万元，对查出的问题按有关规定分别进行了相应处理。通过审计，规范了财政预算管理，提高了财政资金使用效益。

行政事业财务审计

1989—1994年，审计局对全县行政事业单位实行定期审计。

1993—2002年，审计局对计量局、矿管局、交通局、县人民医院、邮电局、乡镇局、人武部、盐业公司、县总工会、交警队、粮食局、工商行政管理局、林业局、煤炭局、城乡建设局（包括下属单位）等行政事业单位进行了财务审计。

1998—2008年，审计局在对全县36个行政事业单位审计中，共查出违规金额1439万元，对查出的问题按有关规定分别作出相应处理。通过审计，规范了行政事业单位财务管理，提高了财政资金使用效益。

2004—2016年，审计局主要对全县教育系统所属单位的财务收支进行了审计。

第二节　专项资金审计

1989—2000年，审计局专项资金审计主要涉及教育系统普教经费、世行贷款、公路建设养护资金、医业行业专项资金、农业专项资金、水利专项资金、扶贫资金、预算外资金、全县流动资金、煤炭专项基金、林业建设基金、粮食企业商品流通费、机修梯田资金和集资办学资金等。

2001—2016年，审计局专项资金审计主要涉及扶贫、农业、林业、水利、国土、环保、防治“非典”、农村街巷硬化全覆盖工程、建制村街道亮化工程、中小学校舍安居工程、社会保险基金、养老保险基金、煤炭可持续发展基金、土地开发整理专项资金、矿业权收入、矿产资源补偿费、土地出让收支、耕地保护情况、水资源费征收管理使用、农村饮水安全建设资金、城市居民最低生活保障资金、福彩公益金、义务教育阶段“两免一补”资金、现代远程教育资金、价格调节基金拨付使用、救灾专项资金的管理使用等。其中，2006—2011年，审计局对89个单位专项资金审计中共查出违规问题金额54万元，管理不规范问题金额2164万元。通过审计，规范了全县专项资金管理，提高了专项资金使用效益。

第三节　企业审计

工商企业审计

1989—2005年，审计局对商业企业、煤炭企业、工交企业、粮食系统（包括基层粮站或粮管所）、煤炭运销企业和供销系统等进行了审计，共查出违规问题金额1490万元，管理不规范问题金额1702万元，对查出的问题按有关规定分别作出相应处理。

金融机构审计

1989—1999年，审计局对工商银行兴县支行、人民银行兴县支行、建设银行兴县支行、农业银行兴县支行、中保财产保险有限公司兴县支公司和基层信用社财务收支进行了审计。2000—2016年，审计局对兴县农村信用合作社联合社资产负债损益情况进行了审计。其中，1998—2008年对16个单位资产负债损益审计中，共查出违规问题金额477万元，管理不规范问题金额188万元，对查出的问题按规定分别作出相应处理。

第四节　领导干部经济责任审计

1994—1996年，审计局对8名离任厂长、矿长进行了经济责任审计。

2002—2016年，审计局对全县100多名科级领导干部（乡、镇长和行政事业单位科级领导）进行了经济责任审计。其中，2008—2011年，对17名科级领导经济责任审计中，共查出违规金额17.41万元，管理不规范问题金额633万元，对查出的问题均作出相应处理。

第五节　管理机构

兴县审计局是县政府主管审计工作的正科级建制行政单位。1998年8月，审计局内设机构有办公室、企业股、行政事业股、综合股、中审股、交通企业股（原下属单位审计事务所于1998年撤销）。

2002年9月，审计局内设机构有综合办公室、行政事业审计股、经贸审计股、经济责任审计股；行政编制12人。2002年3月至2012年9月，审计局设纪检组组长1名。2002年11月至2012年9月，审计局设总审计师1名。2011年4月，审计局内设机构有综合办公室、财政审计股、经济审计股、经济责任审计股、发展计划审计股。

2016年12月，审计局核定行政编制12人，实有20人，其中设正科（局长）1人、副科4人（副局长2人、纪检组组长1人、总审计师1人）。

兴县志

（1989—2016）

下册

兴县志编纂委员会　编

方志出版社
Publishing House of Local Records

总目录

目 录

第十八编　中国共产党兴县地方组织

第十九编 地方政权

第二十编 地方人民政治协商会议

第二十一编 军 事

第二十二编 社会团体

第二十三编　检察　审判

第二十四编　公安　司法行政

第二十五编　民　政

第二十六编 人力资源和社会保障

第二十七编　教育 科技 体育

第二十八编　医疗 卫生

第二十九编 文化 广播 影视

第三十编 文物 旅游

第三十一编 史志 档案

第三十二编 民俗 宗教

第三十三编 方言 谣谚

第三十四编 人 物

第十八编

中国共产党兴县地方组织

中国共产党兴县组织领导机构由中国共产党兴县代表大会、中国共产党兴县委员会和中国共产党兴县纪律检查委员会组成。

1989—2016年，召开中国共产党兴县第十次至第十六次代表大会，选举产生第十届至第十六届兴县县委和县纪委。

其间，中共兴县委员会通过制定和实施政治体制改革的重大决策，各乡镇、各部门、各单位实现转变职能、理顺关系、精兵简政、提高效率的目的，建立起适应社会主义市场经济的行政管理体制；通过制定和实施加强党的建设的系列决策，全县党员干部的综合素质进一步提高，一批政治素质良好、文化程度较高的年轻干部进入各级领导班子，建立起一支高素质的党政干部队伍；通过落实党纪党风教育，严肃查处案件，形成惩治腐败的高压态势，党风廉政建设取得阶段性成果；通过制定和实施推进兴县经济与社会发展的一系列战略决策，引导全县党员、干部和群众同心同德，努力奋斗，不断实现经济和社会的新跨越、新发展。

第一章　组织机构

第一节　中共兴县委员会

领导机构

中共兴县县委　由书记、副书记、常委组成，每届任期5年。任期内，全面贯彻执行党的路线、方针、政策，宣传和执行党中央，上级党委、政府的决议、决定，执行县党代会、县委全委会、县委常委会的决议和决定；负责全县党的建设工作，指导和推进全县思想建设、作风建设与组织建设；负责全县政治、经济、文化、社会各项工作，研究和组织制定全县发展思路和发展战略；按照干部管理权限，依照程序选拔、任免、监督干部；负责全县党风廉政建设和反腐败斗争。在党代表大会闭会期间，定期向上级党的委员会报告工作。

中共兴县县委办公室　简称县委办，是协助县委领导处理县委日常工作的综合性机构，为正科级建制的行政单位。1989年，县委办内设内务股、资料股、机要室，实有行政人员13人。1998年，兴县县委办内设信息股、资料股、内务股。2002年，党政机构改革后，县委机要保密局、信访局、政策研究室、督查室并入县委办成为内设机构，行政编制14人。2016年，县委办内设信息资料科、督查室、下乡办、内务科、机要保密局；行政编制20人，实有27人。

兴县第九届至第十六届县委书记、副书记，县委常委名录

表18-1-1-1

届　别	职　务	姓　名	性别	籍　贯	任职时间
第九届（1987.4—1990.6）	常委、书记	冯其福	男	山西省临县	1987.4—1988.6
	常委、副书记、书记	苏高文	男	山西省平定县	1987.4—1989.12
	常委、副书记、书记	杜俊奇	男	山西省五台县	1987.4—1990.6
	副书记	曹金初	男	江苏省无锡市	1987.4—1990.4
	副书记	郝百曜	男	山西省临县	1990.4—1990.6
	副书记	郭亮泽	男	山西省岚县	1990.4—1990.6
	副书记	白双劳	男	山西省五台县	1990.4—1990.6
	常委	曹金初	男	江苏省无锡市	1987.4—1990.4
	常委	白双劳	男	山西省五台县	1987.4—1990.6
	常委	白　勇	男	山西省兴县	1987.4—1990.4
	常委	刘迎科	男	山西省兴县	1987.4—1990.6
	常委	李天定	男	山西省沁水县	1987.4—1990.4
	常委	成红丑	男	山西省兴县	1987.4—1990.6
	常委	郝百曜	男	山西省临县	1990.4—1990.6
	常委	郭亮泽	男	山西省岚县	1990.4—1990.6
	常委	宋海耀	男	山西省交口县	1990.4—1990.6
	常委	弓寨明	男	山西省兴县	1990.4—1990.6
第十届（1990.6—1993.6）	书记	杜俊奇	男	山西省五台县	1990.6—1993.6
	副书记	郝百曜	男	山西省临县	1990.6—1993.5
	副书记	白双劳	男	山西省五台县	1990.6—1993.6
	副书记	郭亮泽	男	山西省岚县	1990.6—1993.6
	副书记	张帆尔	男	山西省兴县	1993.3—1993.6
	常委	杜俊奇	男	山西省五台县	1990.6—1993.6
	常委	郝百曜	男	山西省临县	1990.6—1993.5
	常委	白双劳	男	山西省五台县	1990.6—1993.6
	常委	郭亮泽	男	山西省岚县	1990.6—1993.6
	常委	刘迎科	男	山西省兴县	1990.6—1993.6
	常委	成红丑	男	山西省兴县	1990.6—1993.6
	常委	宋海耀	男	山西省交口县	1990.6—1993.6
	常委	弓寨明	男	山西省兴县	1990.6—1993.6
	常委	张帆尔	男	山西省兴县	1993.3—1993.6

续表18-1-1-1

届　别	职 务	姓　名	性别	籍　贯	任职时间
第十一届（1993.6—1998.6）	书记	杜俊奇	男	山西省五台县	1993.6—1997.1
	书记	刘光彦	男	山西省方山县	1997.1—1998.6
	副书记	郭亮泽	男	山西省岚县	1993.6—1996.5
	副书记	白双劳	男	山西省五台县	1993.6—1998.6
	副书记	张帆尔	男	山西省兴县	1993.6—1998.6
	副书记	宋海耀	男	山西省交口县	1993.6—1998.6
	副书记	李海玉	男	山西省方山县	1996.5—1998.6
	常委	杜俊奇	男	山西省五台县	1993.6—1997.1
	常委	郭亮泽	男	山西省岚县	1993.6—1996.5
	常委	白双劳	男	山西省五台县	1993.6—1998.6
	常委	张帆尔	男	山西省兴县	1993.6—1998.6
	常委	宋海耀	男	山西省交口县	1993.6—1998.6
	常委	弓寨明	男	山西省兴县	1993.6—1998.6
	常委	刘志军	男	山西省柳林县	1993.6—1998.6
	常委	成红丑	男	山西省兴县	1993.6—1998.6
	常委	刘学良	男	山西省临县	1993.6—1998.6
	常委	刘明则	男	山西省兴县	1993.6—1998.6
	常委	史建春	男	山西省兴县	1993.6—1998.6
	常委	刘五娥	女	山西省兴县	1995.8—1998.6
	常委	吴晓东	男	山西省保德县	1995.8—1998.6
	常委	李海玉	男	山西省方山县	1996.5—1998.6
	常委	刘光彦	男	山西省方山县	1997.1—1998.6
第十二届（1998.7—2003.7）	书记	刘光彦	男	山西省方山县	1998.7—2000.12
	书记	李月勤	男	山西省方山县	2000.12—2003.7
	副书记	李海玉	男	山西省方山县	1998.7—2001.2
	副书记	白双劳	男	山西省五台县	1998.7—2001.12
	副书记	宋海耀	男	山西省交口县	1998.7—2002.7
	副书记	刘泽峰	男	山西省临县	2001.2—2003.7
	副书记	刘文海	男	山西省临县	2001.12—2003.7
	副书记	李溢涛	男	山西省孝义市	2001.12—2003.7
	副书记	郝继平	男	山西省兴县	2001.12—2003.7
	常委	刘光彦	男	山西省方山县	1998.7—2000.12

续表18-1-1-1

届　别	职 务	姓　名	性别	籍　贯	任职时间
第十二届（1998.7—2003.7）	常委	李海玉	男	山西省方山县	1998.7—2001.2
	常委	白双劳	男	山西省五台县	1998.7—2001.12
	常委	宋海耀	男	山西省交口县	1998.7—2002.7
	常委	李溢涛	男	山西省孝义市	1998.7—2003.7
	常委	成红丑	男	山西省兴县	1998.7—1999.12
	常委	刘学良	男	山西省临县	1998.7—2002.1
	常委	刘明则	男	山西省兴县	1998.7—2003.6
	常委	史建春	男	山西省兴县	1998.7—2003.7
	常委	刘五娥	女	山西省兴县	1998.7—2003.7
	常委	郝继平	男	山西省兴县	1998.7—2003.7
	常委	张耀民	男	山西省石楼县	1999.12—2003.2
	常委	秦国孝	男	山西省长治市	2003.2—2003.7
	常委	李玉林	男	山西省岚县	2003.6—2003.7
	常委	李义祥	男	山西省交城县	2001.12—2003.7
	常委	薛凤奎	男	山西省离石市	2001.12—2003.7
第十三届（2003.7—2006.6）	书记	李月勤	男	山西省方山县	2003.7—2006.6
	副书记	刘泽峰	男	山西省临县	2003.7—2006.6
	副书记	李溢涛	男	山西省孝义市	2003.7—2003.9
	副书记	刘文海	男	山西省临县	2003.7—2006.6
	副书记	郝继平	男	山西省兴县	2003.7—2006.6
	副书记	吴晓东	男	山西省保德县	2003.9—2006.6
	常委	李月勤	男	山西省方山县	2003.7—2006.6
	常委	刘泽峰	男	山西省临县	2003.7—2006.6
	常委	李溢涛	男	山西省孝义市	2003.7—2003.9
	常委	刘文海	男	山西省临县	2003.7—2006.6
	常委	郝继平	男	山西省兴县	2003.7—2006.6
	常委	薛凤奎	男	山西省离石市	2003.7—2006.6
	常委	李义祥	男	山西省交城县	2003.7—2006.6
	常委	史建春	男	山西省兴县	2003.7—2003.9
	常委	刘五娥	女	山西省兴县	2003.7—2006.6
	常委	李玉林	男	山西省岚县	2003.7—2006.6
	常委	秦国孝	男	山西省长治市	2003.7—2004.5

续表18-1-1-1

届　别	职 务	姓　名	性别	籍　贯	任职时间
第十三届（2003.7—2006.6）	常委	吴晓东	男	山西省保德县	2003.9—2006.6
	常委	任杰平	男	山西省方山县	2003.9—2006.6
	常委	徐国平	男		2004.5—2006.6
第十四届（2006.6—2011.6）	书记	郭　颖	男	山西省平遥县	2006.6—2011.6
	副书记	孙善文	男	山西省临县	2006.6—2009.11
	副书记	郝继平	男	山西省兴县	2006.6—2011.6
	副书记	梁志锋	男	山西省离石市	2009.11—2011.6
	常委	郭　颖	男	山西省平遥县	2006.6—2011.6
	常委常委	孙善文	男	山西省临县	2006.6—2009.11
	常委	郝继平	男	山西省兴县	2006.6—2011.6
	常委	梁志锋	男	山西省离石市	2006.6—2011.6
	常委	任杰平	男	山西省方山县	2006.6—2011.6
	常委	雷跃锋	男	山西省方山县	2006.6—2011.6
	常委	李玉林	男	山西省岚县	2006.6—2011.2
	常委	白鹏昊	男	山西省兴县	2006.6—2011.6
	常委	成　林	男	山西省离石市	2006.6—2011.6
	常委	徐国平	男	—	2006.6—2011.6
	常委	程晓春	男	山西省河曲县	2011.3—2011.6
第十五届（2011.6—2016.6）	书记	郭　颖	男	山西省平遥县	2011.6—2014.5
	书记	梁志锋	男	山西省离石市	2014.8—2016.6
	副书记	梁志锋	男	山西省离石市	2011.6—2014.8
	副书记	王恩泽	男	山西省中阳县	2011.6—2016.4
	副书记	刘世庆	男	山西省柳林县	2015.5—2016.6
	副书记	高　鹏	男	山西省柳林县	2016.4—2016.6
	常委	郭　颖	男	山西省平遥县	2011.6-2014.5
	常委	梁志锋	男	山西省离石市	2011.6—2016.6
	常委	王恩泽	男	山西省中阳县	2011.6—2016.4
	常委	郝继平	男	山西省兴县	2011.6—2015.3
	常委	白连厚	男	山西省兴县	2011.6—2016.6
	常委	成　林	男	山西省离石市	2011.6—2016.6
	常委	杜侯平	男	山西省岚县	2011.6—2015.10
	常委	崔雷廷	男	山西省河津县	2011.6—2016.6

续表18-1-1-1

届　别	职 务	姓　名	性别	籍　贯	任职时间
第十五届（2011.6—2016.6）	常委	程晓春	男	山西省河曲县	2011.6—2013.10
	常委	刘晓春	男	山西省临县	2013.10—2016.6
	常委	石　磊	男	山西省灵石县	2015.10—2016.6
	常委	张新春	男	山西省石楼县	2016.4—2016.6
	常委	刘　云	男	山西省柳林县	2016.5—2016.6
	常委	刘平则	男	山西省兴县	2016.5—2016.6
	常委	宋兴丽	女	山西省兴县	2016.5—2016.6
第十六届（2016.6—）	书记	梁志锋	男	山西省离石市	2016.6—
	副书记	刘世庆	男	山西省柳林县	2016.6—
	副书记	高　鹏	男	山西省柳林县	2016.6—
	常委	梁志锋	男	山西省离石市	2016.6—
	常委	刘世庆	男	山西省柳林县	2016.6—
	常委	高　鹏	男	山西省柳林县	2016.6—
	常委	刘晓春	男	山西省临县	2016.6—
	常委	刘　云	男	山西省柳林县	2016.6—
	常委	石　磊	男	山西省灵石县	2016.6—
	常委	张新春	男	山西省石楼县	2016.6—
	常委	刘平则	男	山西省兴县	2016.6—
	常委	宋兴丽	女	山西省兴县	2016.6—
	常委	冷树义	男	内蒙古自治区突泉县	2016.6—

兴县县委挂职干部名录

表18-1-1-2

姓　名	性别	所任职务	任职时间
赵治安	男	兴县县委副书记	2009.3—2011.5
管化冰	男	兴县县委副书记	2014.3.10—2015.4
		孟家坪乡党委第一书记	2014.4—2016.4
白小丹	男	兴县县委常委、副书记	2016.5—2017.6

工作部门

1989年末，县委工作机构有县委办公室、组织部、宣传部、统战部、政法委员会、农工部、直属机关党委、县信访局、县老干部局、县委党校、党史研究室、县委通讯组、政策研究室、机要科、对台办，共15个部门。1991年，县委成立保密局（与机要科合署办公）、县委督促检查室、社会治安综合治理办公室（与政法委合署办公）、责任制办公室、精神文明建设指导办公室（原称“五讲四美三热爱”办公室），均属于正科级建制。1996年6月，县委通讯组更名为中共兴县县委新闻办公室。1997年9月，下乡办由临时机构成为常设机构，为正科级建制。

2002年3月，兴县党政机构改革，县委设纪律检查委员会和7个工作部门，即纪律检查委员会（与监察委员会合署办公）、县委办公室（机要保密局、信访局、政研室、县委督查室并为内设机构）、组织部（直属党委与其合署办公，责任制办并入内设机构）、宣传部（精神文明办公室并入宣传部为内设机构，挂精神文明办公室的牌子）、统战部（内设机构为对台办、宗教局）、政法委员会（社会治安综合治理委员会办公室与其合署办公）、机构编制委员会办公室（列入县委序列，属县委、县政府的工作机构）、老干部局（由组织部管理）。撤销农工部（农村工作领导小组办公室与农业局一个机构、两块牌子，不再保留县委农村工作委员会、县政府农业委员会牌子）。

2016年，县委巡察工作领导组办公室成立，为正科级建制。

2016年末，县委设纪律检查委员会及8个工作部门（县委办公室、县委组织部、县委宣传部、县委统一战线工作部、县委老干部局、机构编制委员会办公室、县委政法委员会、县委巡察工作领导组办公室）。

第二节　乡（镇）党委

1989年，兴县设城关镇、高家村镇、康宁镇、魏家滩镇、瓦塘镇、罗峪口镇、蔡家会镇、蔡家崖乡、奥家湾乡、关家崖乡、肖家洼乡、恶虎滩乡、交楼申乡、固贤乡、东会乡、贺家会乡、孟家坪乡、赵家坪乡、杨家坡乡、白家沟乡、木崖头乡、裴家川口乡、小善乡、圪达（垯）上乡，共有24个乡（镇）党委，各乡（镇）党委由党委书记1人、党委副书记3~4人、委员7~11人组成。

1997年2月，兴县进行乡（镇）党政机构改革，将全县24个乡（镇）划分为3个类型。一类乡（镇）为城关镇；二类乡（镇）有高家村镇、瓦塘镇、蔡家会镇、康宁镇、魏家滩镇、蔡家崖乡、奥家湾乡、固贤乡；三类乡（镇）有交楼申乡、恶虎滩乡、东会乡、杨家坡乡、白家沟乡、木崖头乡、贺家会乡、小善乡、关家崖乡、肖家洼乡、孟家坪乡、裴家川口乡、罗峪口镇、赵家坪乡、圪达（垯）上乡。一、二类乡（镇）党委委员设7~9人，三类乡（镇）党委委员设5~7人。

2001年，兴县乡(镇）撤并，全县设蔚汾镇（原城关镇）、高家村镇、康宁镇、魏家滩镇、瓦塘镇、罗峪口镇、蔡家会镇、蔡家崖乡、奥家湾乡、恶虎滩乡、交楼申乡、固贤乡、东会乡、贺家会乡、孟家坪乡、赵家坪乡、圪达（垯）上乡17个乡（镇）党委，并划分为三个类型，一类乡（镇）为蔚汾镇；二类乡（镇）有魏家滩镇、康宁镇、瓦塘镇、奥家湾乡、蔡家崖乡；三类乡（镇）有高家村镇、罗峪口镇、蔡家会镇、交楼申乡、恶虎滩乡、东会乡、固贤乡、贺家会乡、孟家坪乡、赵家坪乡、圪达（垯）上乡。各乡（镇）党委设党委书记1人、党委副书记3~4人、委员7~11人。

第二章　党员代表大会

第一节　党员代表

中国共产党兴县第十次代表大会代表

出席中共兴县第十次代表大会的正式代表共350人。其中，领导干部代表193人，占代表总数的55.14%；各类专业技术人员代表53人，占代表总数的15.14%；工人、农民代表65人，占代表总数的18.57%；其他战线的代表35人，占代表总数的10%；解放军、武警部队官兵代表4人，占代表总数的1.14%。在正式代表中，妇女代表50人，占代表总数的14.29%；离退休干部代表5人，占代表总数的1.43%；抗日战争时期老党员代表和解放战争时期老党员代表7人，占代表总数的2%。在正式代表中，年龄在45岁以下的209人，占代表总数的59.7%。在正式代表中，大专以上文化程度的代表44人，占代表总数的12.6%；中专（高中）文化程度的123人，占代表总数的35.1%；初中文化程度的101人，占代表总数的28.9%。另有特邀代表10人，列席代表87人。

中国共产党兴县第十一次代表大会代表

出席中共兴县第十一次代表大会的正式代表共300人。其中，各级干部代表109人，占代表总数的36.33%；各类专业技术人员代表75人，占代表总数的25%；解放军、武警部队代表5人，占代表总数的1.67%；离退休干部代表2人，占代表总数的0.67%。在正式代表中，年龄在45岁以下的186人，占代表总数的62%。在正式代表中，大专以上文化程度的代表70人，占代表总数的23.33%；高中以上、大专以下文化程度的156人，占代表总数的52%。另有特邀代表16人，列席代表117人。

中国共产党兴县第十二次代表大会代表

出席中共兴县第十二次代表大会的正式代表共300人。其中，各级领导干部代表177人，占代表总数的59%；各类专业技术人员代表60人，占代表总数的20%；各条战线先进模范人物代表58人，占代表总数的19.33%；离退休干部代表2人，占代表总数的0.67%；解放军、武警部队代表3人，占代表总数的1%。在正式代表中，妇女代表43人，占代表总数的14.33%。在正式代表中，年龄在45岁以下的178人，占代表总数的59.33%。在正式代表中，大专以上文化程度的代表115人，占代表总数的38.33%；高中以上、大专以下文化程度的93人，占代表总数的31%。另有列席代表147人。

中国共产党兴县第十三次代表大会代表

出席中共兴县第十三次代表大会的正式代表共300人。其中，各级领导干部代表168人，占代表总数的56%；专业技术人员代表60人，占代表总数的20%；各条战线先进模范人物代表69人，占代表总数的23%；解放军、武警部队代表3人，占代表总数的1%。正式代表中，妇女代表36人，占代表总数的12%。正式代表中，45岁以下中青年代表187人，占代表总数的62.33%。正式代表中，高中以上文化程度的代表182人，占代表总数的60.67%。

中国共产党兴县第十四次代表大会代表

出席中共兴县第十四次代表大会的正式代表共300人。其中，各级领导干部代表168人，占代表总数的56%；专业技术人员代表63人，占代表总数的21%；各条战线先进模范人物代表66人，占代表总数的22%；解放军、武警部队代表3人，占代表总数的1%。正式代表中，妇女代表41人，占代表总数的13.67%。正式代表中，45岁以下中青年代表214名，占代表总数的71.33%。

中国共产党兴县第十五次代表大会代表

出席中共兴县第十五次代表大会的正式代表共301人。其中，各级领导干部代表179人(含离退休干部代表3人)，占代表总数的59.47%；专业技术人员代表61人，占代表总数的20.27%；各条战线先进模范人物代表58人，占代表总数的19.27%；解放军、武警部队代表3人，占代表总数的1%。正式代表中，妇女代表 47人，占代表总数的15.62%。

中国共产党兴县第十六次代表大会代表

出席中共兴县第十六次代表大会的正式代表297人。其中，各级领导干部代表169人，占代表总数的56.9%；专业技术人员代表63人，占代表总数的21.21%；各条战线先进模范人物代表60人，占代表总数的20.2%；离退休干部代表3人，占代表总数的1.01%；解放军、武警部队代表2人，占代表总数的0.67%。正式代表中，妇女代表46人，占代表总数的15.49%。

第二节　党员代表大会

中国共产党兴县第十次代表大会

1990年6月24—26日，中国共产党兴县第十次代表大会在县城召开，出席大会的正式代表共350人，列席87人。大会听取和审议通过县委书记杜俊奇代表中共兴县第九届委员会所作的《加强领导，团结奋进，依靠群众，稳定发展》的工作报告，听取和审议通过纪委书记刘迎科代表中共兴县纪律检查委员会所作的《惩治腐败，从严治党，保证治理整顿和深化改革的顺利进行》的工作报告。讨论通过《关于加强党同人民群众联系的决议》。会议选举产生中国共产党兴县第十届委员会委员20人、候补委员5人和中国共产党兴县纪律检查委员会委员10人。

6月25日，中国共产党兴县第十届委员会第一次全体会议以无记名投票的方式，差额选举产生兴县第十届常务委员会委员8人：杜俊奇、郝百曜、白双劳、郭亮泽、刘迎科、成红丑、宋海耀、弓寨明，杜俊奇为县委书记，郝百曜、白双劳、郭亮泽为县委副书记。同日，中国共产党兴县纪律检查委员会第一次全体会议以无记名投票的方式，差额选举产生纪律检查委员会常务委员7人:刘迎科、王喜明、贺有拴、李文命、高云峁、康旺举、裴初生，刘迎科为县纪律检查委员会书记，王喜明、贺有拴为县纪律检查委员会副书记。

中国共产党兴县第十一次代表大会

1993年6月23—25日，中国共产党兴县第十一次代表大会在县城召开。出席大会应到代表300人，实到296人，列席代表117人。大会听取和审议通过县委书记杜俊奇代表中共兴县第十届委员会所作的《深化改革，加快发展，为实现稳定脱贫达小康的宏伟目标而努力奋斗》的工作报告，听取和审议通过纪委书记刘志军代表中共兴县纪律检查委员会所作的《加强党风建设，坚决惩治腐败，为维护政治稳定促进经济发展服务》的工作报告。会议选举产生中国共产党兴县第十一届委员会委员21人、候补委员4人，中国共产党兴县纪律检查委员会委员13人。

6月25日，中国共产党兴县第十一届委员会第一次全体会议以无记名投票的方式，差额选举产生兴县第十一届常务委员会委员11人：杜俊奇、郭亮泽、白双劳、张帆尔、宋海耀、弓寨明、刘志军、成红丑、刘学良、刘明则、史建春，杜俊奇为县委书记，郭亮泽、白双劳、张帆尔、宋海耀为县委副书记。同日，中国共产党兴县纪律检查委员会第一次全体会议以无记名投票的方式，差额选举产生纪律检查委员会常务委员9人：刘志军、张双买、康旺举、王平、奥引前、任定兴、白秋明、白永、刘建国，刘志军为县纪律检查委员会书记，张双买、康旺举、王平为县纪律检查委员会副书记。

中国共产党兴县第十二次代表大会

1998年6月30日—7月2日，中国共产党兴县第十二次代表大会在县城召开，出席大会的正式代表共300人，列席代表147人。大会听取和审议通过县委书记刘光彦代表中共兴县第十一届委员会所作的《高举邓小平理论伟大旗帜，把稳定脱贫的兴县带入二十一世纪》的工作报告，听取和审议通过纪委书记李溢涛代表中共兴县纪律检查委员会所作的《以党的十五大精神为指导，加大工作力度，深入开展反腐败斗争》的工作报告。会议选举产生中国共产党兴县第十二届委员会委员21人、候补委员5人和中国共产党兴县纪律检查委员会委员15人。

7月2日，中国共产党兴县第十二届委员会第一次全体会议以无记名投票的方式，差额选举产生中共兴县第十二届常务委员会委员11人:刘光彦、李海玉、白双劳、宋海耀、李溢涛、成红丑、刘学良、刘明则、史建春、刘五娥（女）、郝继平，刘光彦为县委书记，李海玉、白双劳、宋海耀为县委副书记。同日，中国共产党兴县纪律检查委员会第一次全体会议以无记名投票的方式，差额选举产生纪律检查委员会常务委员7人：李溢涛、王平、任定兴、白永、白秋明、白云、刘来迎，李溢涛为县纪律检查委员会书记，王平、任定兴、白永为县纪委副书记。

中国共产党兴县第十三次代表大会

2003年7月26—28日，中国共产党兴县第十三次代表大会在县城召开。大会应到代表300人，实到代表296人，列席代表138人。大会听取和审议通过县委书记李月勤代表中共兴县第十二届委员会所作的《认真贯彻“三个代表”重要思想，精心打造“绿色板块”发展强县，奋力开创我县稳定脱贫和小康建设新局面》的工作报告，听取和审议通过纪委书记薛凤奎代表中共兴县纪律检查委员会所作的工作报告。会议选举产生中国共产党兴县第十三届委员会委员25人、候补委员4人和中国共产党兴县纪律检查委员会委员15人。

7月28日，中国共产党兴县第十三届委员会第一次全体会议以无记名投票的方式，差额选举产生中共兴县第十三届常务委员会委员11人:李月勤、刘泽峰、李溢涛、刘文海、郝继平、薛凤奎、李义祥、史建春、刘五娥（女）、李玉林、秦国孝，李月勤为县委书记，刘泽峰、李溢涛、刘文海、郝继平为县委副书记。同日，中国共产党兴县纪律检查委员会第一次全体会议以无记名投票的方式，差额选举产生纪律检查委员会常务委员7人：薛凤奎、赵慧生、史建明、胡利荣、刘子渊、吕三狗、刘来迎，薛凤奎为县纪律检查委员会书记，赵慧生、史建明为县纪律检查委员会副书记。

中国共产党兴县第十四次代表大会

2006年6月28—30日，中国共产党兴县第十四次代表大会在县城召开。应到代表300人，实到代表293，列席代表118人。大会听取和审议通过县委书记郭颖代表中共兴县第十三届委员会所作的《全力培育五大主导产业，突出抓好五大战略重点，为实现稳定脱贫和加快小康建设步伐而努力奋斗》的工作报告，听取和审议通过纪委书记任杰平代表中共兴县纪律检查委员会所作的《认真履行职责，加大防治力度，不断开创我县党风廉政建设和反腐败工作新局面》的工作报告。会议选举产生中国共产党兴县第十四届委员会委员29人、候补委员5人，中国共产党兴县纪律检查委员会委员19人。

6月30日，中国共产党兴县第十四届委员会第一次全体会议以无记名投票的方式，差额选举产生中共兴县第十四届常务委员会委员10人：郭颖、孙善文、郝继平、梁志锋、任杰平、雷跃锋、李玉林、白鹏昊、徐国平、成林，郭颖为县委书记，孙善文、郝继平为县委副书记。同日，中国共产党兴县纪律检查委员会第一次全体会议以无记名投票的方式，差额选举产生纪律检查委员会常务委员7人：任杰平、赵慧生、史建明、胡利荣、刘子渊、吕三狗、李双权，任杰平为县纪律检查委员会书记，赵慧生、史建明为县纪律检查委员会副书记。

中国共产党兴县第十五次代表大会

2011年6月16—18日，中国共产党兴县第十五次代表大会在县城召开。出席大会的正式代表共301人，实到代表295人，列席代表112人。大会听取和审议通过县委书记郭颖代表中共兴县第十四届委员会所作的工作报告，听取和审议通过纪委书记杜侯平代表中共兴县纪律检查委员会所作的工作报告。会议选举产生中国共产党兴县第十五届委员会委员28人、候补委员6人和中国共产党兴县纪律检查委员会委员12人。

6月18日，中国共产党兴县第十五届委员会第一次全体会议以无记名投票的方式，差额选举产生中共兴县第十五届常务委员会委员9人：郭颖、梁志锋、王恩泽、郝继平、白连厚、成林、杜侯平、崔雷廷、程晓春，郭颖为县委书记，梁志锋、王恩泽为县委副书记。同日，中国共产党兴县纪律检查委员会第一次全体会议以无记名投票的方式，差额选举产生纪律检查委员会常务委员5人：杜侯平、胡利荣、吕继兵、张富唐、王建珍，杜侯平为县纪律检查委员会书记，胡利荣为县纪律检查委员会副书记。

中国共产党兴县第十六次代表大会

2016年6月3—5日，中国共产党兴县第十六次代表大会在县城召开，大会应到代表297名，实到代表289名。大会听取和审议通过县委副书记梁志锋代表中共兴县第十五届委员会所作的工作报告。听取和审议通过纪委书记石磊代表中共兴县纪律检查委员会所作的工作报告。会议选举产生中国共产党兴县第十六届委员会委员31人、候补委员7人和中国共产党兴县纪律检查委员会委员14人。

6月5日，中国共产党兴县第十六届委员会第一次全体会议以无记名投票的方式差额选举产生中共兴县第十六届常务委员会委员10人：梁志锋、刘世庆、高鹏、刘晓春、刘云、石磊、张新春、刘平则、宋兴丽、冷树义，梁志锋为县委书记，刘世庆、高鹏为县委副书记。同日，中国共产党兴县纪律检查委员会第一次全体会议以无记名投票的方式差额选举产生纪律检查委员会常务委员7人:石磊、张富唐、王建珍、陈晓龙、贺剑锋、刘晓军、孙钺飞，石磊为县纪律检查委员会书记，张富唐、王建珍为县纪律检查委员会副书记。

第三节　党　员

1989年，兴县有党员9357人。其中，25岁以下的党员221人，占党员总数的2.36%；中专以上文化程度的党员674人，占党员总数的7.2%。

1990年，县委组织部将偏远山区、后进支部和生产一线人员作为发展党员的重点对象，建立发展党员预审制度和组织谈话制度，进行入党前培训，开展思想教育和革命传统教育，形成全面发展与重点发展相结合、平时培养与集中培训相结合、压担子交任务与专人“传帮带”相结合的党员发展机制。全年发展党员229人，其中农村党员150人，占发展党员数的65.5%。

1991年，全县新发展党员428人。其中，25岁以下的党员82人，占发展党员数的19.16%；妇女党员38人，占发展党员数的8.88%；中专以上文化程度的党员30人，占发展党员数的7.01%。

1992年，县委组织部严格遵循“坚持标准、保证质量、改善结构、慎重发展”的方针，以党员老化点、薄弱点、空白点，企业生产一线以及农村为重点，狠抓发展党员工作。全年共发展党员215人，其中农村党员121人，生产一线工人党员55人。

1993年，全县发展党员重点放在妇女党员少、年轻党员少的支部，全年发展党员242人。其中，妇女党员30人，占到新发展党员的12.4%；农村党员113人，占新发展党员的46.69%；35岁以下年轻党员182人，占新发展党员数的75.21%。

1994年，全年新发展党员247人。其中，妇女党员27人，占新发展党员的10.93%；35岁以下党员199人，占新发展党员的80.57%；高中学历党员65人，占新发展党员的26.32%；农民党员136人，占新发展党员的55.06%；生产一线工人党员179人，占新发展党员的72.47%，党员结构趋向合理。

1998年，全县共发展党员302人。其中，农民党员203人，工人党员34人，分别占全年发展党员数的67.2%和11.3%。发展妇女党员66人，占全年发展党员数的21.9%，该年全县党员总数为10536人。

1999年，全县共发展党员255人。其中，发展农民党员165人、工人党员40人、妇女党员56人。

2000—2003年，全县共发展党员128人。至2003年末，全县党员总数为10919人。

2004—2010年，全县发展党员915人。

至2016年底，全县党员总数为11834人。其中，高中、中专以上学历党员5865人，占党员总数的49.56%。

第三章　纪检 监察

第一节　机 构

兴县纪检（监察）工作机构

1989年，分设兴县纪律检查委员会（简称纪委）和兴县监察局，纪委内设机构共有5个：办公室、信访室、检查室、案件审理室、宣传教育室，均为副科级建制，有工作人员15人；兴县监察局内设办公室、监察室、审理室、信访室和举报中心，有工作人员17人。

1990年9月，兴县政府成立纠正行业不正之风办公室（简称纠风办），设在县监察局，纠风办主任由县监察局局长兼任。

1993年5月，撤销兴县监察局，成立兴县监察委员会。兴县纪律检查委员会与兴县监察委员会合署办公，实行一个机构、两块牌子、两种职能的体制。共设办公室、信访室（加挂举报中心牌子）、纪检监察一室、纪检监察二室、审理室、宣传教育室、执法监督室、党风廉政监督室8个工作机构，共有工作人员35人。

2002年3月，党政机构改革方案确定兴县纪委监委机构缩减为6个：办公室（教育室并入办公室）、信访室、纪检监察室（纪检监察一室和纪检监察二室合并组建）、审理室、执法监察室与纠风办（二室合并）、党风廉政监督室；编制单列，行政编制为14名，实有工作人员28人。

2006年11月，兴县纪委监委设立行政效能监察室，人员内部调剂解决，工作机构增加为7个。

2008年3月，兴县监委撤销，同时成立兴县监察局。兴县纪委与兴县监察局合署办公。2010年7月，兴县纪委监察局增加1个内设机构:农村党风廉政建设室，工作机构增加为8个。2011年12月，全县事业单位清理规范，兴县纪委（监察局）直属事业单位（副科级建制）共保留3个:信息网络中心、举报中心、行政效能投诉中心。2012年12月，兴县纪委(监察局)成立案件监督管理室，副科级建制，工作机构增加为9个。

2015年11月，县纪委监察局机关内设机构调整，合并党风廉政监督室、执法监察室与纠风办、行政效能监察室，设立党风政风监督室（加挂纠风办牌子）；撤销农村党风廉政建设室；增设第2~4纪检监察室，达到了县纪委机构设置和人员配置上大幅向监督执纪职能科室倾斜的目标。兴县纪委监察局内设机构仍为9个，即办公室、第一纪检监察室、党风政风监督室、信访室、案件审理室、案件监督管理室、第二纪检监察室、第三纪检监察室、第四纪检监察室；直属事业单位3个:行政效能投诉中心、信息网络中心、举报中心。共有行政编制20人、事业编制17人。

2016年底，监察体制改革试点工作开展前，兴县纪委监察局工作机构设置情况保持不变，实有工作人员31人。

兴县纪检（监察）机关派出机构

1989年，兴县纪委在县公安局、教育局、粮食局和经委4个单位设有派出纪检组。

1991年1月，兴县纪委在县交通局、卫生局、电业局、商业局、外贸局、工商行政管理局、物资局、县供销、计生委等9个单位增设了派出纪检组，县纪委派出纪检组数量增至13个。1991年2月，兴县监察局在县教育局、交通局、县供销、公安局、外贸局、工商行政管理局、卫生局、商业局、粮食局、电业局10个单位设立了派驻监察机构（监察室），任命了监察室主任。

1998年1月，兴县纪委向县财政局、煤炭局、审计局、农机局、乡镇局、林业局、农业局、水利局、土地局、广播电视局、城建局、计委、劳动局、环保局、人事局、交警队、检察院共17个县直单位派出纪检组、监察室，县纪委派出机构增至30个。

2016年底，县纪委在全县共有派出纪检组25个（因机构改革中调整合并等原因导致数量减少）。

1989—2016年中共兴县纪律检查委员会历任书记名录

表18-3-1-1

职　务	姓名	性别	籍 贯	任职时间
纪律检查委员会书记	刘迎科	男	山西省兴县	1987.4—1993.6
	刘志军	男	山西省柳林县	1993.6—1998.6
	李溢涛	男	山西省孝义市	1998.7—2001.12
	薛凤奎	男	山西省离石市	2001.12—2006.6
	任杰平	男	山西省方山县	2006.6—2011.6
	杜侯平	男	山西省岚县	2011.6—2015.10
	石　磊	男	山西省灵石县	2015.10—

第二节　党风廉政建设

1989年，根据中纪委年度《党的纪检工作要点》精神，县纪委从狠抓制度建设入手，协助县委出台《关于健全制度、促进党风建设的意见》《关于一九八九年党风工作实绩考核标准》，并组织两次专项检查和通报，全县24个乡（镇）和84个局级单位都结合实际建立健全本部门的廉政制度。根据中央关于“严格执行党的纪律，建立和健全党内监督制度和人民监督制度，使各级领导干部得到有效的监督”的方针，县纪委特制定了《关于对党员干部加强党内纪律监督的规定》。

1990年，县纪委根据中央、省、地文件精神，结合兴县实际，推进党风廉政制度建设，把党风工作以责任制形式进行规范，协助县委出台《关于开展党风廉政工作的意见》《关于一九九〇年党风工作责任制考核意见》，其中将特别强调公开制度、对全县24个乡（镇）和96个县直单位进行两次专项检查，推动全县各单位继续健全廉政制度。

1991—1992年，县纪委协助县委制定年度《党风工作责任制考核意见》，把党风工作分解为制度建设、案件查处、党纪教育、党内监督4个方面14个项目，以百分制形式对全县党组织进行考核；开展了以清房、纠正行业不正之风、查处违纪案件为主的廉政教育活动，对掌管人财物的38个单位建立“两公开、一监督”(公开办事程序、公开办事结果、接受群众监督)办事制度。

1993年，县纪委组织县直各单位和各乡（镇）开展全局观念教育、组织纪律教育、职业道德教育、党纪政纪教育等活动，对全县607名换届选举干部进行了党风党纪和勤政廉政专题培训。

1994—1995年，县纪委以“一报一刊”（《监督时报》《正气》月刊）为主阵地，全面开展党员教育。

1996年，县纪委通过强化对基层单位开展民主生活会建立个人廉政档案、建立办事公开制度的监督，加强党风廉政建设；严格落实县委出台的《来客接待制度》《婚丧事宜申报制度》和《用车制度》3个规定。

1997年7月，中共兴县县委、县人民政府出台《关于贯彻省委反对奢侈浪费规定的实施意见》，县纪委根据该实施意见，在全县清查出15部违规小汽车，全部没收，并给予单位负责人党纪政纪处分；同时委托拍卖公司拍卖处理，拍卖资金用于支付职工工资，清偿债务和发展生产。

1999年，县纪委结合广泛开展的“三讲”教育活动，组织领导干部开展廉洁自律专题民主生活会及自查自纠活动。

2000年，县纪委协助县委在全县继续广泛开展“三讲”教育活动，督促领导干部对照廉洁自律规定，自查自纠，认真整改。

2001年，县纪委协助县委在全县开展“三个代表”重要思想学习教育活动和领导干部廉洁自律专题民主生活会自查自纠活动，增强廉洁从政和防腐拒变能力。

2003年，县纪委加强廉政档案建设，充实和完善副科以上领导干部廉政档案500余卷，发挥其监督作用；落实领导干部不准接受和赠送现金、有价证券等规定；加强通信工具、车辆配备管理，对违反规定用公款报销个人住宅电话和个人移动电话费用的5人进行严肃处理，追回话费9980元；对工商行政管理局等6个部门和单位的民主生活会进行指导。

2004年，县纪委采取措施强化全县领导干部党风廉政建设责任制，加强监督考核，对工作不力的6名科级领导进行了责任追究。

2006年，县纪委对党风廉政建设责任制及任务进行分解，重点督促各级领导干部落实好以职务消费公示为重点的“新三项制度”（2005年，吕梁市在推行“会审”“联签”“民评”三项制度的基础上进一步推行了以职务消费公示、公款报销公开、公务接待限额为内容的“新三项制度”）。

2007年，县纪委组织举办一次村、支“两委”廉政教育培训，开展一次十佳勤廉支书评选活动和十佳勤廉纪检干部评选活动，纪检系统干部每人写一篇反腐倡廉调研报告，开展一次作风纪律大整顿，并通过两起损害人民群众切身利益和信访责任追究典型案例，举办一次纪检工程观摩会。同年5月，县纪委开展廉政文化进校园活动，邀请乡（镇）纪委书记每月到各中心校讲授廉政教育课，对学生进行反腐倡廉教育。

2008年3月，县纪委积极推进农村党风廉政（简称农廉）建设“135”工程（强化1个核心：进一步强化基层党组织和农村党支部的核心领导作用；设立3个服务中心：便民利民服务中心、矛盾纠纷排查调处中心、财务运行监督中心；做到5个延伸：纪检组织延伸到支部、监督评议延伸到项目、述职述廉延伸到村官、和谐构建延伸到家庭、矛盾排查调处延伸到村组），要求党委各部门高度重视农廉工作，把农廉“135”工程切实抓在手上；要求组织部门注重培养和配备高素质的支部纪检员，并督促其发挥表率作用；要求宣传文化部门加大对“135”工程的宣传力度，出台“和谐创建”进家庭的具体方案；要求县农村基层党风廉政建设领导组成员单位充分发挥职能作用，切实解决农民群众反映强烈的突出问题，加大涉农案件的查处力度。

2013年，兴县纪委贯彻落实中央关于党风廉政建设“两个责任”（十八届三中全会明确提出，落实党风廉政建设责任制，党委负主体责任，纪委负监督责任）的指示，坚持党委主体责任和纪委监督责任互为支撑，一体推进。积极开展“转职能、转方式、转作风”工作，聚焦党风廉政建设和反腐败斗争中心任务，集中履行监督、执纪、问责三大主要职责和作风建设、惩治腐败、预防腐败三大主要任务；积极推进机关内设机构调整工作，清理规范议事协调机构工作，把纪检机构不该参与的工作交给主管部门，从职能不相关的议事协调机构中彻底退出，不再分管纪检监察业务以外的工作。至2014年12月底，纪委监察局牵头或参与的议事协调机构由103个精简为12个。

2014年，兴县纪委协助县委开展党的群众路线教育实践活动，认真贯彻习近平总书记系列讲话精神，坚决反对形式主义、官僚主义、享乐主义和奢靡之风，出台一系列制度，解决人民群众反映强烈的突出问题，提高全县党员干部做好新形势下群众工作的能力。

2015年，兴县纪委协助县委组织全县党员干部深入开展“三严三实”专题教育，深刻反思剖析，认真解决问题，深入落实“八项规定”（2012年12月4日，中共中央政治局审议通过的《关于改进工作作风、密切联系群众的八项规定》，简称“八项规定”）。主要内容包括：要改进调查研究，到基层调研要深入了解真实情况，总结经验、研究问题、解决困难、指导工作，向群众学习、向实践学习，多同群众座谈，多同干部谈心，多商量讨论，多解剖典型，多到困难和矛盾集中、群众意见多的地方去，切忌走过场、搞形式主义；要轻车简从、减少陪同、简化接待，不张贴悬挂标语横幅，不安排群众迎送，不铺设迎宾地毯，不摆放花草，不安排宴请。要精简会议活动，切实改进会风，严格控制以中央名义召开的各类全国性会议和举行的重大活动，不开泛泛部署工作和提要求的会，未经中央批准一律不出席各类剪彩、奠基活动和庆祝会、纪念会、表彰会、博览会、研讨会及各类论坛；提高会议实效，开短会、讲短话，力戒空话、套话。要精简文件简报，切实改进文风，没有实质内容、可发可不发的文件、简报一律不发。要规范出访活动，从外交工作大局需要出发合理安排出访活动，严格控制出访随行人员，严格按照规定乘坐交通工具，一般不安排中资机构、华侨华人、留学生代表等到机场迎送。要改进警卫工作，坚持有利于联系群众的原则，减少交通管制，一般情况下不得封路、不清场闭馆。要改进新闻报道，中央政治局同志出席会议和活动应根据工作需要、新闻价值、社会效果决定是否报道，进一步压缩报道的数量、字数、时长。要严格文稿发表，除中央统一安排外，个人不公开出版著作、讲话单行本，不发贺信、贺电，不题词、题字。要厉行勤俭节约，严格遵守廉洁从政有关规定，严格执行住房、车辆配备等有关工作和生活待遇的规定）精神。11月底，县纪委对机关内设机构进行调整，机构设置和人员配置向监督执纪职能科室倾斜，纪检监察室由1个调整为4个，纪检监察工作形式由集中式整治向“常态化”监督转变。

2016年，兴县纪委协助县委组织全县广大党员干部强化党章、党规和党纪学习教育，保持正风反腐高压态势，纠治“四风”（形式主义、官僚主义、享乐主义和奢靡之风），落实中央“八项规定”精神。

第三节　违纪案件查处

1989—2016年，县纪委共查处全县党员干部违纪案件3500件，处分党员干部3763 人，其中副科级及以上党员领导干部133人。

1989—2016年部分年份全县查处违纪案件情况表

表18-3-3-1

年份	查处违纪案件数（件）	处分党员干部违纪人数（人）		备注
		合计	其中副科级及以上党员干部数	
1989	24	24	—	
1990	25	31	6	开除党籍6人
1991	280	276	—	
1992	159	159	—	
1993	199	199	—	
1994	41	32	3	大要案8件，经济案件16件
1995	145	146	7	大要案12件
1996	134	138	8	大要案14件，万元以上经济案件6件
1997	108	108	7	大要案13件，万元以上经济案件6件
1998	347	353	11	大要案14件，万元以上经济案件3件
1999	160	169	—	大要案35件
2000	95	97	7	大要案9件
2001	87	89	8	大要案10件，涉及违纪金额22.52万元，挽回经济损失4.11万元
2003	74	84	—	大要案15件，涉及违纪金额20万元，挽回经济损失7.5万元
2004	116	119	—	大要案12件，涉及违纪金额14.67万元，挽回经济损失3.92万元
2005	97	100	—	
2006	67	75	—	

续表18-3-3-1

年份	查处违纪案件数（件）	处分党员干部违纪人数（人）		备注
		合计	其中副科级以上党员干部数	
2007	112	113	—	
2008	113	127	—	
2009	105	128	—	
2010	101	102	—	
2011	83	116	—	
2012	146	169	—	
2013	127	160	—	
2014	197	227	39	
2015	235	270	37	
2016	123	152	—	

第四节　纠正各种不正之风

1992年，县纪委清理1989年以来违法违纪贷款143.9万元，并通过自查自纠全部收回；查出用公款支付应属自付学费金额2500元（学生2人），并全部清退。

1990—1993年，县纪委在全县范围内重点清理党政干部违法违纪建私房、用公款超标准装修住房问题，共清退多占公房113户116间4280平方米，经济处罚42人，收缴各类罚款26.8万余元，有5名副科级以上干部受到纪律处分。

1993年，县纪委张榜公布县城各中小学校收费情况1990年查房以后干部建私房、集资建房情况以及金融部门个人贷款5000元以上的贷款户情况，接收群众监督。

1994年，县纠风办组织力量对全县120个行政事业性收费单位进行4次大检查，共查处乱收费金额50余万元。检查中发现7个单位违反规定，行政性收费和罚没收入未执行收支两条线，涉及金额22万余元，县纠风办分别采取上缴财政、退赔、罚款等措施予以处理；对清理出的“无偿占用”企业财物20.14万元（其中占用财物折款19.14万元，占用资金8309元，占用赞助费1700元），均予清退处理。针对清理出的2名干部公款出境旅游问题，出台了《关于用公款出境旅游的几条规定》，强化了出国、出境管理。对清理出的各类违法占地（非农业用地782亩）户，在罚款的同时补办了用地审批手续，对个别不符合条件的占地户限令恢复耕地（其中，罚款16.77万元，恢复耕地23亩）。制定《狠刹吃喝风和借婚丧事宜敛财之风的规定》，县五套班子和县直各大口领导共补交饭费1300元。县纠风办与县经委、煤炭、矿管、监委等部门密切配合，整顿私开滥挖小煤窑歪风，对54户违规业主进行了严肃处理，其中封闭小煤窑29座，罚款处理小煤窑业主19户。整顿医药市场，累计检查全县113个医药卫生单位，查出伪劣药品标值1.7万元，发现无证经营的医药卫生单位54个，取缔不符合要求的医药经营摊点29个，罚款3.9万元，限期整改农村卫生所25个。

1995年，县纠风办组织人员检查全县公路设立的检查站和检查点，取消4个私设流动检查点，涉及金额3200余元。组织土地、法院等部门立案查处各种土地案529件。对全县中小学乱收费、强行推销辅导资料和办收费补习班等问题进行全面清理，共清理乱收费2.85万元，清退1.1万元。联合物价局对农村实行电价上墙进行监督检查，防止供电单位擅抬电价。会同审计局对1993年以来的各项农业投入进行检查审计，审查单位110个，涉及金额3435.5万元，发现各种违纪违法金额81万元。清退党政机关及其工作人员拖欠占用企业款物7.24万元。

1996年，县纠风办对全县公路干线的“三乱”（乱设站卡、乱收费、乱罚款）情况开展检查，对检查中发现的个别执勤人员警容风纪不整、无牌证上路执勤、交通局运输管理站上路检查不开正式票据等问题进行了整顿。对县城各中小学乱收费情况进行了为期12天的检查，清退城镇中学超标准收费2.8万元、实验小学擅自收取电费和取暖费3.7万元、实验中学超标准收费1.2万元。对减轻农民负担情况进行了监督检查，涉及金额8.27万元。

1997年，县纪委贯彻落实中纪委制止奢侈浪费中央八项规定，以狠刹“两风”（公款吃喝玩乐风、大操大办风）、清理规范通信工具、全面清理超标小汽车等5个方面专项工作为重点，在全县开展民主生活会和自查自纠活动。

1998年，县纪委重点整治全县违规增加农民负担、公路“三乱”和中小学乱收费问题。其中，监察检查全县24个乡（镇）、496个村委，共查出违纪金额43万元，取消涉农不合理负担项目6个，涉及金额72万元，减轻农民负担160万余元；全年上路检查23次，基本实现公路无“三乱”的目标；对乱收费现象比较严重的城镇中学和第二实验小学分别给予4万元和2.8万元的罚款处理。

1999年，县纪委加大纠风治乱工作力度，对支农资金使用等问题进行专项治理。全年监察检查全县24个乡（镇）以及项目办和扶贫办等12个县直单位，共查出违纪金额459万元，对涉案的24名党员干部，分别给予党纪和政纪处理。

2001年，县纪委和纠风办专项治理医药购销中的不正之风，共接待群众举报33次，取缔非法药品生产经营户1户，销毁伪劣、过期药品标值1.17万元。

同年，县纪委、纠风办以“村务公开”为主要手段，大力推行“三项制度”，减轻农民负担。出台《关于实现我县所有公路无“三乱”的通知》，清理整顿公路乱收费站点，确定保留全县唯一的交口木材检查站。对全县所有公路进行明查暗访，纠正了交口木材检查站脏乱差等工作作风问题。规范中小学校收费行为，全年查处学校违规收费金额9095元，及时制止违规收费金额1.71万元，共减轻学生负担2.62万元。

县纪委、纠风办聘请人大、政协机关工作人员、离退休老干部和群众代表等18人组成评议组，聘请57名行风评议员、监督员，对6个方面15项内容进行评议，解决热点、难点问题18项。

2001年，县纪委、纠风办对国债资金管理使用进行执法监察，查处违纪案件4案4人，违纪金额3.46万元。对涉案4人给予开除党籍处分1人，并移送司法机关；党内严重警告处分1人、警告处分2人。追回违法所得1.14万元。

同年，县纪委、纠风办配合有关部门共同行动，取缔蔚汾镇4个村26户168座土焦炉，对完成治理任务的3户企业进行达标验收，被取缔企业进行覆土还田175亩。配合工商行政管理等部门，对市场经济秩序进行整顿和规范，清查各类商品总价值71.7万元，查处伪劣商品标值14.3万元，罚款18.39万元。配合相关部门依法关闭非法矿井14处，对21座矿井依法审查，推行准销牌票管理制，杜绝了重大事故发生。对土地隐形市场进行了监察检查，共查处违法案件35案35人，罚款10万余元，查封临街房屋9间，解决各种土地权属纠纷30起，回收200平方米空闲国有土地，完成国土收益13万元，处分党员干部8人。配合撤乡并镇工作，清理各乡（镇）财产物资和财务，并督促进行封存冻结、财务审计、移接交等工作，对撤并乡镇期间支出较大和未按规定时间移接交的乡（镇）领导进行诫勉谈话，通报批评。

2003年，治理教育乱收费问题，责令东关中学退还学生违规收费1.6万元。纠正医药购销中的不正之风，监管县人民医院集中招标采购药品金额70万元，占总金额的95%，通过集中采购，让利于患者4.1万元；查处无证经营药品医疗器械等案件127起，其中万元以上的大案9起。治理公路“三乱”现象，全年共上路检查13次，取消村民自设的乱收费点1个，并对个别上路执勤人员不文明行为进行了纠正查处。引深政务公开，选择县直8个重点单位的重大项目支出、收费等，在县政府大门两侧设置的政务公开栏中进行集中公示。

2004年，继续治理教育乱收费，以推行“一费制”（在严格核定现行义务教育阶段的杂费含基本杂费、信息技术教育费、冬季取暖费和课本费的基础上，由学校一次性统一向学生收取费用）为重点，对个别学校收费项目多、设置“小金库”、收费票据不规范等现象进行了监督检查，责令东关中学4名教师退还学生补课费7200元。继续纠正医药购销中的不正之风，共查处万元以上案件3件，罚款15.7万元，没收假劣药品309种，标值5.6万元。继续加大力度治理公路“三乱”，全年上路检查16次。进一步引深政务公开工作，选择县直15个科级重点单位的重大项目资金支出，收费项目等内容，在县政府大门两侧设置的政务公开栏中进行集中公示。深入开展民主评议行风工作，参评部门和行业达到40个以上，民主评议行风代表达到600多人，通过新闻媒体开办了《行风热线》专题栏目，有关部门领导与群众直接对话，受理投诉，倾听意见。

2007年，县纪委继续治理教育乱收费，对全县“两免一补”政策的落实情况进行了监督检查，共减轻学生负担50万元。大力纠正医药购销中的不正之风，全县药品实行集中招标采购总额50万元，让利患者 5 万余元；查处假冒伪劣药品和医疗器械 6 件，标值 7 万余元。继续监督种粮农民直补等惠农政策的落实，减轻农民负担150万元。加大力度治理公路“三乱”，没收违规收费金额4.67万元，对 4 名涉贿违规人员给予了政纪处分。

第四章　组织工作

第一节　机 构

1989年，中共兴县县委组织部内设办公室、干部科、组织科、电教中心，实有行政人员13人。设部长1人、副部长3人，部长为县委常委。2002年机构改革中，直属党委与县委组织部合署办公，责任制办并入县委组织部；组织部内设机构为办公室、干部组、组织组、教育组、考核组5个科室，定编14人。

2016年，县委组织部下设:下派办、党员电化教育中心2个副科级事业单位，人才办、党代表联络办、干部档案管理办3个股级单位。内设10个职能股室:办公室、干部科、干部监督科、干部教育科、组织一科、组织二科、组织三科、考核办、县直属党委办、研究室。领导班子成员4人，其中，常务副部长1人、副部长2人、部务委员1人。有干部职工32人。其中，公务员14人，全额事业人员18人。

1986—2016年中共兴县县委组织部历任部长一览表

表18-4-1-1

职务	姓名	性别	籍贯	任职时间
组织部部长	白双劳	男	山西省五台县	1986.5—1990.4
	宋海耀	男	山西省交口县	1990.4—1993.6
	刘学良	男	山西省临县	1993.6—2002.1
	李义祥	男	山西省交城县	2002.1—2006.6
	梁志锋	男	山西省离石市	2006.6—2011.3
	程晓春	男	山西省河曲县	2011.3—2013.10
	刘晓春	男	山西省临县	2013.10—2016.12（至2019年）

第二节 组织建设

党组织建设

1989年，兴县有县级党组党委6个，党委25个、党总支部24个、党支部666个。县委贯彻中央、省地精神，对12个乡（镇）24个农村三类、四类后进党支部实施整顿。1990年，县委全面铺开整顿农村后进党支部工作，对24个乡（镇）的67个后进村进行蹲点整顿。

1991年2月，中共兴县县委出台《关于加强村级组织建设的实施意见》，提出提高农村干部待遇。1991年起，农村干部补贴在原有基础上提高30%。同年5月，县委从农村优秀支部书记和村委主任中选拔5~10名优秀干部到乡（镇）担任副乡（镇）长，任职一律实行聘用制，聘期为3年。到年底，全县有26个基层党委、23个党总支、666个党支部。其中，农村党支部435个，党员5812人。

1992年，县委对农村干部实行养老保险。1993年，中共兴县县委推行“两议五公开”（“两议”指村级代表议事会、党员代表议事会，“五公开”指政务公开、财务公开、宅基地审批公开、计划生育公开、农民负担公开）制度，进一步增强了农村干部群众的法治观念和民主管理意识，密切了党群干群关系。

1994年，中共兴县县委出台《三年整顿后进村工作规划》和《关于整顿农村后进党支部的实施方案》，从县直机关抽调干部组成工作组，进驻45个后进村，开展集中整顿。同年12月，全县召开党建工作会议。

1995年，中共兴县县委作出《关于创建党建工作先进县的决定》，号召各级党组织开展“争创先进党委、红旗党支部，争当优秀共产党员和优秀党务工作者”的活动。年底，全县农村支部中，涌现出红旗支部12个、先进支部18个。1996年，县委采取“乡乡照镜子，村村过筛子”的办法进行集中整顿，农村基层党组织整体状况明显改善。

1997年底，通过整顿，全县45个后进村全部转化，其中涌现出红旗支部

2个、先进支部17个。同年，按照“班子不散，队伍不垮，活动不停”的要求，县委集中整顿改制后软弱涣散的企业党组织，进一步完善了各企业的党组织设置，成立了电冶集团公司和化肥厂等11个党支部。

1998年，为加强县直机关党的建设，县委改设十大系统党委（原来按系统设党总支），分别是党群系统党委、政府办系统党委、计委系统党委、农业系统党委、经委系统党委、财贸系统党委、宣传系统党委、政法系统党委、教育系统党委、卫生系统党委。年底，全县有县级党组党委6个，系统和乡镇党委36个、党总支37个、支部668个。

1999年，中共兴县县委对全县456个农村党支部进行了强化整顿，调整部分工作不力的支部成员。

2000年，中共兴县县委出台了《关于加强和改进机关党建工作的实施意见》，进一步加强了全县党的建设。同年，为引深“三讲”教育，实现“三讲”教育经常化、制度化，县委出台了《关于在县乡党政机关开展作风纪律整顿的意见》。

2001年，经过撤乡并镇，全县有17个乡（镇）党委、742个自然村、376个建制村。

2003年，全面实施《关于进一步规范农村“两委”工作的实施意见》，帮助指导村委健全落实“两委”（支部委员会和村民委员会）联席会议、党员议事会等各项制度，完成农村党支部换届选举工作；在各乡（镇）普遍建立党建办公室，重点建设了一批标准较高的乡（镇）党校和农村党员活动室，选派18名农村支部书记和农村后备干部到地区农干院参加培训。

落实《关于进一步加强和改进机关党建工作的意见》，对县直机关党委、县直9大系统党委和党（总）支部的隶属关系及职责作进一步明确，理顺关系；指导督促党支部换届36人，对13个党支部进行了补选，新建党支部14个，调整不规范党支部6个。

企业党建方面，在全县6户非公有制企业中建立了党支部，5户企业中派驻了党建指导员，帮助和指导企业开展党建工作；建立“联企帮困”档案，把“联企帮困”纳入党建目标责任制。

2004年，以“三个一百工程”（创建100个“五好”农村党支部、培养100个“两委”工作规范示范村、建设100个农村党员活动室）为载体，深入开展农村党组织县乡村三级联创活动。年底，建成“五好”（领导班子好、党员干部队伍好、工作机制好、小康建设业绩好、群众反映好）乡（镇）党委2个、“五好”农村党支部118个，共培养100个农村“两委”工作规范化示范村，有121个农村党员活动室达到标准化配置；整顿38个矛盾问题突出村，依法撤换不称职、群众意见大的“两委”班子成员64人，对432名农村党支部书记进行了集中培训，选派80名素质较高的农村党支部书记参加了市农干院组织的轮训。建立了县、乡两级党委党建工作例会制度，开展了创建“四型”（学习型、文明型、服务型、创新型）机关和“五好”党支部活动。

加强企业党建工作，组织2次专项督查，在全县7户非公有制企业中建立了党支部，9户企业中派驻了党建指导员。

2005年4月，县委办公室印发《关于对农村党支部实行星级目标管理的实施方案》，农村党支部管理更加科学化、规范化。

2007年，县委推行“两定两评一考核”(“两定”即为每名党员定岗位、定职责，每名党员认岗认责后与党支部签订《岗位目标责任书》；“两评”就是召开村民代表大会和民主测评会，对每名党员进行评议，作出评价；“一考核”，即村党支部综合考核，根据考核结果，对党员实行分类管理）制度。对优秀党员，村党支部进行表彰奖励，报乡（镇）党委备案；对合格党员，指出其在工作中存在的缺陷和不足，明确努力方向和目标；对落后党员，帮助其认真分析存在问题的原因，安排专人帮助，并限期一年内整改，整改情况每半年由支部向乡党委汇报一次。经考核，整改成效明显的可转化为合格党员；效果不明显，经教育仍认识不到位的，按有关规定进行组织处理。

2008年，兴县县委落实“四项机制”（配合协调机制、厉行节约机制、监督约束机制、资金管理机制），确保村级组织活动场所建设顺利实施。

2010—2011年，组织部在全县基层党组织和党员中深入开展“创先争优”（创建先进基层党组织、争当优秀共产党员）活动及学习型党组织活动，有2个镇党委（瓦塘镇党委和蔚汾镇党委）被吕梁市命名为“五好”乡（

镇）党委，受到表彰：有36个农村党支部被吕梁市命名为“五星级”农村党支部，受到表彰；有57个农村党支部被中共兴县县委命名为“四星级”农村党支部，受到表彰。

2012年，县委投资1500万元，为全县341个农村党支部补充配备了软硬件设施；对371个远程教育终端站点管理人员进行了培训；对42个村的站点进行了故障排查和维修；全县共建标准化活动场所89个。每个乡（镇）培养1个村级组织活动场所建设典型示范村。

2014年，为加强农村党建工作，县委选派100名县直机关正科级干部到重点村兼任“第一书记”。

2016年末，全县共有28个基层党委（乡镇党委17个、县直系统党委10个、县非公党工委1个）、15个党总支、571个党支部。17个乡（镇）党委中，有“五好”乡（镇）党委2个；360个农村党支部中有“五星级”党支部37个、“四星级”党支部61个。

非公经济党组织建设

1989年，全县共注册非公经济组织1534户（其中正常运行的202户），有党员133名。共组建非公经济党组织36个，覆盖正常运行非公企业177户，覆盖率达88%。

1994年12月，县委为了贯彻落实党的十四届四中全会通过的《中共中央关于加强党的建设几个重大问题的决定》精神，探索新形势下如何加强企业党建工作问题，召开全县工商企业党建工作座谈会，全县非公经济党组织也参加了座谈。座谈会上各个党支部对企业党组织的现状、工作情况、存在问题及在新形势下加强企业党建工作的思路与对策作了汇报。

2004年，为了加强非公有制企业党建工作，兴县坚持属地管理的原则，采取独立设置的办法，在全县7户非公有制企业建立了党支部，为9户企业派驻了党建指导员，帮助企业开展党建工作。至2016年末，全县共注册各类社会组织62个（其中，社会团体48个、民办非公有制企业14个），共组建单独党支部、联合党支部、临时联合党支部20个，覆盖59个社会组织，党组织覆盖率95%。

党员干部教育

1989年，县委对全县党员进行了坚持四项基本原则、反对资产阶级自由化教育、基本国情教育和改革10年形势教育；国庆节后，以江泽民总书记在国庆40周年大会上的讲话为内容，对全县党员干部进行了3期集中培训。

1990年，全县党员干部开展了以学习《马克思主义哲学》、坚持四项基本原则、反对资产阶级自由化和国内外形势为主要内容的培训，举办了理论骨干培训班，集中培训134人。继续开展党员干部学历培训，由脱产进修逐步转向在职函授学习，参加各种自费、函授学习的753人。

1991年，县委组织部主要采取4种形式加强党员教育。上党课，从理论上提高。年初统一时间和教材，抽调专人讲授国际形势、党的现行政策、党风党纪；“七一”期间，各机关单位党支部邀请老干部、老党员进行革命传统教育。树立典型，使党员学有榜样。全县评选出10个农村红旗党支部，整理印发了典型材料，组织党员学习宣传。全年组织乡（镇）领导、农村干部和党员7043人，进行了深化农村改革教育和法制教育等培训。开展干部学历培训工作，全县脱产进修53人，参加各种自学、函授学习的党员干部753人。

1992年，中国共产党第十四次代表大会召开以后，县委分期分批举行了中国特色社会主义理论和社会主义市场经济理论培训，共培训党员9660人。1993年，县委对607名科级干部进行为期一周的“社会主义市场经济理论”轮训。1994年，根据中共吕梁地委开展“学习年”活动的安排，全县党员干部特别是领导干部掀起学习中国特色社会主义理论、学习社会主义市场经济理论、学习法律法规和现代领导科学的热潮。

1996年，中共兴县县委印发《兴县1996—2000年干部教育规划》，在全县党员干部中深入开展“三讲”教育活动。县委组织部牵头，会同农工部、科委、科协等单位，抽调18名机关骨干分赴全县24个乡（镇），利用农闲季节，对农村基层干部和农民党员进行了党性、党风、党纪和政策法规培训，至1999年，累计受训1200余人次。

2002年1月6日，组织县级机关副科级及以上干部256人（包括副科岗位上曾任正科实职或享受正职待遇的副科级干部41人、担任副科级实职和享受副科级待遇的215人），举办了以马克思主义哲学、党的基本理论和中国特色社会主义理论为主的综合理论知识考试（共设9个考场，每个考场30人）。2003年，积极开展“学习型支部”的创建活动，全年县直各系统党委组织集中学习9次，各党支部理论和业务学习29次。2004年，县委及乡（镇）党委中心组举行集中学习102场次，举办学习讲座90场次，召开县级领导班子及乡（镇）党委、县直单位领导班子民主生活会88场次。

2008年4月2日，在兴县资源型经济综合开发示范基地建设动员大会暨县委工作会议上，组织部对全县科级干部及项目区“两委”主干进行集中培训。3月7—14日，对全县629名农村党支部书记和村委主任举行了集中培训。

2011年4月1—13日，县委组织部以党的十七大精神、《中国共产党章程》、社会主义新农村建设、村务管理、实用技术、家电下乡、农村医保及法律法规等为主要内容，对全县424名农村支部书记和村委主任举行了3期集中轮训。

2012年3月，县委组织部对换届后农村党支部书记、村委会主任和大学生村官720人进行为期3天的培训；5月中旬组织376名45岁以下、高中以上文化程度、致富能力较强的党员或村级后备干部作为致富带头人进行了集中培训。

2013年3月24日，县委组织部与县委党校，组织全县300名入党积极分子、495名农村“两委”主干、208名大学生村官，分5期进行培训，每期集中学习《中国共产党章程》3天。培训结束后，为参训学员发放结业证，并存入本人档案。

2014年3月11—28日，县委组织部培训全县农村“两委”主干、大学生村官2期（每期培训3天），参训学员700余人；各乡（镇）自行组织培训“两委”班子成员3320人，实现了“领头雁”培训全覆盖。

2015年3月10—20日，县委组织部培训农村换届后“两委”主干2期，邀请纪委、农经中心、农委、民政局、信访局、司法局等职能部门业务骨干分别为培训班学员授课，每期3天，共参加培训657人。

2016年3月，县委组织部对全县307名驻村第一书记，657名支、村“两委”主干和85名大学生村官举行了为期3天的“领头雁”培训。

第三节　干部管理

管理制度

1989年3月，中共兴县县委出台《关于干部管理的暂行规定》，对选拔干部、任免干部、任免干部谈话、干部调配、干部编制等6个方面作出24条规定，进一步理顺了干部管理关系，全县干部管理工作更加科学化、制度化、程序化。

1993年，县委组织部制定了《关于干部考察、任免程序的若干规定》，以县委文件印发全县，推动干部管理工作走向民主化、制度化、规范化和科学化。

1997年2月，县委印发了《关于干部选拔任用的程序及规定》；4月，印发了《中共兴县县委常委会工作规则》，就县委工作职责、县常务会议议事规则、县委决策程序、办事规则、请示报告办理规程、来信来访办理程序、会议办理程序、接待工作规程、请假程序、工作责任制规程、特殊情况处置规程等方面作出64条规定，健全了县委常委会集体领导制度，提高了县委常委会工作效率。

1998年3月，为进一步加强干部管理，县委常委会议相继通过《中共兴县县委关于贯彻执行民主集中制原则，充分发挥领导班子作用的几条规定》《中共兴县县委关于鼓励机关青年干部到乡镇工作的意见》《中共兴县县委关于明确县直机关系统党委领导体制和工作职责的通知》，县委组织部严格执行县管干部请销假制度，并用电话抽查、下乡（镇）查看等办法，检查领导在岗情况。

2003年，县委对县级领导班子换届后新提名的有关乡（镇）和单位的正职人选首次实行县委全委会无记名投票表决，扩大了党内民主。严格实施《科级后备干部选拔培养管理办法》，全县选出后备干部196名。落实吕梁地委《关于弘扬艰苦奋斗精神，加强干部作风建设决定》精神，对作风不实的8个单位的23名责任人进行通报批评。

2004年，县委对全县33个重要岗位的正职人选实行全委会票决制。重新修订制定了《关于县管干部选拔任用程序及规定》等管理任用制度，选拔196名科级后备干部，并选派后备干部到农村任职，进行实践锻炼。

2006年7月，县委常委会议研究同意《选聘制村干部管理办法》，切实加强了对选聘制村干部的管理和使用工作。

2007年11月，为了推进学习型机关的创建，县委根据《党政领导干部选拔任用工作条例》，出台了《关于实行科级干部理论素质任职资格考试制度的意见》，该意见从指导思想、基本原则、参加考试人员、考试内容、考试办法、考试结果的运用、组织领导等7个方面作了安排。

2012年，按照中央关于对农村干部“一定三有”政策（一定：给村党支部书记定权责、立规范；三有即指村党支部书记工作有合理待遇、干好有发展前途、退岗有一定保障），县委为2865名农村“两委”离任主干发放了189.4万元的生活补助；为509名村干部落实了岗位报酬(按每人每年3000元标准)，共计150多万元；为410名农村“两委”主干缴纳养老保险补助(标准为每人每年380元)；为18名连续五年被评为五星级农村党支部书记落实了事业人员工资待遇；为216名中华民人共和国成立前农村老党员发放最高4050元、最低3070元的生活补助。

2015年，根据全省“三个一批”（甄别处理一批不廉洁乱作为干部，调整退出一批不作为不胜任干部，掌握使用一批敢担当善作为的好干部）工作安排部署，县委组织部制定了《关于做好“三个一批”工作的实施细则》，将县人事局、县农委等15个单位作为重点审查单位，将魏家滩镇和经信局为试点单位，将乡（镇）党委书记、乡（镇）长和乡（镇）纪委书记选拔任用工作作为实施“三个一批”的切入点，建立干部选拔任用工作全程纪实制度和干部“带病提拔”问题倒查机制。同年，县委组织部制定了《关于加强全县股级干部管理工作的暂行规定》。

干部任免

1991年，在加强领导班子建设中，全县重点抓乡（镇）领导班子建设。

全年共调整副科级以上领导干部157人，其中，乡（镇）调整领导干部61人，充实了43人。调整干部严格坚持“四化”（革命化、年轻化、知识化、专业化）标准，注重干部工作实绩，在调整后的24个乡（镇）的48名党委书记和乡（镇）长中，中专以上文化程度的38人，48岁以下的40人，平均年龄37.8岁。注重培养选拔妇女干部，确定3名妇女干部为副县级后备干部，并为乡（镇）选派了一名女党委书记和女乡长。同年11月，县委印发《关于公开选拔计委主任、电业局长的通知》。

1998年，全县提拔正职23人、副职150人，平调正科23人、副科17人，基本配齐乡（镇）职数；明确了综治副书记，选送25名机关青年干部下乡（镇）任职。1999年，全县共调整干部121人。其中，县直机关平职交流正科9人、副科2人；提拔正科4人、副科7人。乡级换届共有科级职数256个，实际配备244人，其中平职交流57人、提拔正科14人、提拔副科15人。2002年，全县公开选拔17名科级干部。

2005年，创新干部考察任用机制，全县调整配备领导班子，注重从后备干部队伍中选拔。对表现突出、群众认可的56名乡（镇）后备干部和6名县直单位后备干部，经过民主测评、组织考察、任前公示等环节，选拔到乡（镇）领导班子中，优化了领导班子结构。在新提拔的62名科级干部中，30岁以下的19人，占30.7%；30~35岁35人，占56.5%。大专以上学历44人，占新提拔干部的71%。妇女干部9人，占新提拔干部的14.5%。2006年，县委对17个乡（镇）的51名科级干部调整，其中提拔重用10名乡（镇）长担任乡（镇）党委书记，从乡（镇）副职中提拔17名乡（镇）长。乡（镇）换届中免职的乡（镇）党委书记调整到县直机关担任“一把手”，通过公开选拔方式选拔4名年轻干部充实到团县委班子。2007年，县委共调整226人次。其中提拔19人，平调72人，对17个乡（镇）的副职进行了调整与补充。2008年，县委共调整173人次。在提拔的55人中，有20名35岁以下的乡（镇）副科级领导干部是通过县委资格审查、笔试、面试、组织考察、酝酿协商、任前公示等步骤从全县公开选拔提升的。2009年，县委共调整县直单位干部123人，其中提拔59人。2011年，县委共调整干部278人次，其中提拔61人、平调99人，按照省市关于公安局部分股所升格的相关精神，提拔公安局部分股所长56人。在县乡换届过程中，共调整、补充县人大和政协工委班子8人。其中，提拔5人，交流3人；按照乡（镇）机构改革的相关要求，对全县17个乡（镇）的科级领导班子结构进行了调整。2012年，县委共调整干部94人次，其中提拔31人，平调62人。

2015年，根据中央、山西省和吕梁市整治超职数配备干部精神，县委组织部会同县编办对全县科级单位编制、职数情况进行全面清查，彻底比对出科级职数超配情况、空缺情况和兼职情况，做到分门别类、底清数明。该年，县委共调整干部198人，其中提拔73人、平调114人、免职11人。同年，县委组织部制定公务员职务与职级并行工作实施（试行）方案和流程图，成立摸底、核查、审核小组，县委组织部和县人社局协作配合，完成全县1200多名公务员和参公人员的摸底工作，初步确定符合条件的共279人，其中科员享受副科非领导职务237人、副科享受正科非领导职务9人、正科享受副处非领导职务31人、副处享受正处非领导职务2人，将符合条件人员上报吕梁市委组织部、吕梁市人社局备案。坚持公务员队伍梯次配备、规范管理，年内党群系统新录用公务员5名，其中3名为乡（镇）公务员，2名为县直机关公务员；另吕梁市委分配兴县2名选调生，安排在乡（镇）工作。全面更新公务员信息库，完成2014年前9名录用公务员的登记报批，3名为2013年从大学生村官中公开选拔的乡（镇）副职，6名为2009年考录漏登的人员。

2016年，县委共调整科级干部209人，其中提任117人、平调92人。经过新一轮的调整，兴县初步形成年龄梯次、性别党派、知识结构协调互补的人事格局。乡（镇）领导班子成员167人，其中妇女干部15人（包括乡长1人），占班子成员总数的9%；从年龄结构看，30~40岁87人，占班子成员总数的52.1%；41~45岁62人，占班子成员总数的37.1%；从政治面貌看，党员占班子成员总数的97%，党外人士5人，占班子成员总数的3%；从文化结构看，大专及以上学历163人，占班子成员总数的97.6%。新提拔乡（镇）事业人员22人，占班子成员总数的13.2%；新提拔现任大学生村官、曾任大学生村官（现为公务员）18人，占班子成员总数的10.8%。

县直单位领导干部有354人，其中妇女干部41人，占领导干部总数的11.6%；党外人士39人，占领导干部总数的11%。从年龄结构看，30~40岁46人，占总数的13%；41~45岁73人，占总数的20.6%；46~50岁150人，占总数的42.4%。从文化结构看，研究生学历4人，占总数的1.1%；大学本专科学历286人，占总数的80.8%。

县级领导干部27人。其中，妇女干部3人，占总数的11.1%；党外人士4人，占总数的14.8%。从年龄结构看，35~40岁3人，占总数的11.1%；41~45岁6人，占总数的22.2%；46~50岁7人，占总数的25.9%；51岁以上11人，占总数的40.7%。从文化结构看，大学本、专科学历23人，占总数的85.2%；研究生学历4人，占总数的14.8%。

人才工作

1989年，县委组织部贯彻《人事部、中共中央组织部关于国家行政机关补充工作人员实行考试办法的通知》精神，全面推行国家公务员考试录用制度。1990年，县委组织部改变传统用人观念，突破选拔干部旧框框，将群众举荐的4名有事业心、年富力强的村党支部书记、村主任提拔到副乡级领导岗位。1991年，县委坚持“政治上一视同仁，工作上放手使用，生活上关心照顾”的原则，将2名成绩突出的知识分子选为副县级后备干部。2004年，兴县人才工作领导组及办公室成立，并起草了《关于实施人才强县战略的意见（征求意见稿）》，开展了人才资源调查，建立了兴县人才信息库。2005年10月，县委常委会议专项研究人才工作，通过了《关于加强全县人才工作的实施意见》。2006年以后，兴县共选派大学生村官323人，已有116人考录为公务员、事业人员和企业工作人员。

2010年，为加快实施人才强县战略，县委组织部制定了《兴县2010—2020年人才发展实施意见》，要求从培养人才、吸引人才、用好人才、服务人才4个方面加强党政人才、企业经营管理人才、专业技术人才、高技能人才、农村实用人才和社会工作人才队伍建设。具体目标是：到2015年，全县人才总量达到1万人；到2020年，全县人才总量达到1.55万人，国民平均受教育年限达到9.7年，大专以上学历所占比例达到30%，人力资本投资占GDP比例达到4%。具体做法是：坚持长期引进人才策略，重点引进高层次和紧缺人才；创新选人用人机制，促使优秀人才脱颖而出；创新人才工作机制，优化人才发展创业环境；加强党对人才工作的领导，开创人才工作新局面。

2012年，县委组织部加强大学生村官培养工作。要求大学生村官乡（镇）、驻村开展工作，实行每日签到制度，并在县委组织部村官办汇总考核。组织71名大学生村官在乡（镇）成立了10个大学生村干部党支部配合管理；鼓励村官通过规定程序担任村“两委”班子成员，207名大学生村官中，201人进入“两委”班子，12人当选支部书记，6人当选为村委会主任，3人为“一肩挑”；鼓励和支持大学生村官发挥自身优势，利用专业知识创业。分别在东会乡寨上村建立育苗基地，在罗峪口镇罗峪口村建立了草莓种植基地，帮助和引导大学生村官创业富民。

第五章　宣传工作

第一节　机　构

县委宣传部

1989—1992年，中共兴县县委宣传部（简称县委宣传部）设部长1名（占县委编制），副部长3名。内设机构有办公室、宣传组、党员教育组、理论教育组、“五讲四美三热爱”办公室；实有人员12人。2002年，县直党政机关机构改革，宣传部内设综合办公室，党教、理教组，宣传组，精神文明办公室4个机构，行政编制8人，其中部长（占县委领导班子编制），宣传系统党委专职副书记1人（正科级），副部长5人。2016年，县委宣传部内设4个科室：办公室、宣传科、文明办、理论教育科；核定行政编制9人、全额事业3人，实有人数14人。领导设正科级1人（党委专职副书记）、副科级5人（副部长）。

1984—2016年中共兴县县委宣传部历任部长名表

表18-5-1-1

姓 名	性 别	籍 贯	任职时间
杜俊奇	男	山西省五台县	1984.1—1986.11
白　勇	男	山西省兴县	1986.12—1987.10
弓寨明	男	山西省兴县	1987.10—1998.6
史建春	男	山西省兴县	1998.7—2003.9
任杰平	男	山西省方山县	2003.9—2006.6
雷跃锋	男	山西省方山县	2006.6—2011.6
白连厚	男	山西省兴县	2011.6—2016.6
刘平则	男	山西省兴县	2016.6—

新闻宣传机构

1989—2016年，兴县专业新闻宣传机构由县委新闻办公室（原县委通讯组改建）、县广播电台、电视台构成。

中共兴县县委新闻办公室　原名中共兴县县委通讯组，1997年更名为兴县县委新闻办公室，设主任1人，副主任2人，为科级事业单位，编制6人。2016年，县委新闻办公室核定全额事业编制为6人，实有8人，其中主任1人、副主任2人。

兴县人民广播电台　兴县人民广播电台（2000瓦中波台，92兆赫）于1992年1月成立，1995年9月开机转播，为兴县广播局、广播电视服务中心所属股级单位。1996年4月，兴县人民广播电台变更为调频102兆赫，并开机播出。2006年因机器故障停播，2008年8月恢复播出。

兴县电视台　兴县电视台成立于1992年12月，并开始试播，为兴县广播局（后改为广播电视服务中心）所属股级单位。

兴县广播电视台　2010年，兴县广播电视服务中心、兴县电视台和兴县人民广播电台合并为兴县广播电视台，建制为政府直属科级事业单位，核定全额编制62人，设台长1人、总编1人（均为正科级），副台长2人。2016年，兴县广播电视台核定全额事业编制62人，实有人员82人（含自理人员16人），设正科级2人（台长、总编辑）、副科级2人（副台长）。

兴县精神文明办公室

1989年3月，县委决定成立兴县精神文明建设指导中心。中心主任由县委常委、宣传部部长白勇兼任，副主任由副县长阎润考兼任。指导中心下设办公室，办公室设在宣传部。

1990年，县精神文明建设指导中心，更名为县精神文明建设指导委员会，下设办公室（原“五讲四美三热爱”办公室变更为兴县精神文明建设指导委员会办公室），为副科级事业单位，编制3人，设主任1人，一直至2002年。

第二节　理论教育

县委中心学习组集中学习

1989年，县委中心组成员集中学习了社会主义初级阶段理论，党的十三届三中、四中全会精神，关于反对资产阶级自由化等内容。1990年，县委中心组成员集中学习了《马克思主义哲学选编》等。1992年，县委中心组成员集中学习了邓小平理论和邓小平南方谈话要点。8月，宣传部邀请吕梁地委党校校长杨志超为中心组成员进行了专题辅导。1996年，县委中心组组成人员集中学习《邓小平文选》、中共十四届六中全会精神和社会主义精神文明建设理论等内容，中共吕梁地委宣传部副部长郑景昉、理论科李俊有和吴新元参加，并做了专题辅导。

1997年8月18日，县委中心组成员参加在工会会场举行的全县机关干部“三讲”教育活动动员大会，部署在全县机关干部中开展“三讲”学习教育活动。

1999年5月27日，宣传部聘请吕梁地委讲师团副团长冯成林给县委中心组成员就“三讲”作了专题辅导。8月，县委中心组成员在工会会场参加了全县干部理论培训会。

2000年2月29日，县委在工会会场召开全县“三讲”动员大会，县委中心组成员及县、乡（镇）副科级以上领导干部500余人参加会议。

2000年3月1日，县委在五楼会议室召开“三讲”教育学习阶段动员会，“三讲”对象及县直6部门负责人参加了会议。县委书记刘光彦作主报告。3月21日，聘请地委宣传部理论科科长李俊有就领导干部为什么要讲政治，为县委中心组成员作了辅导报告。

2001年，县委在全县开展“三个代表”重要思想学习教育活动。5月18日，县委中心组成员参加了在工会会场举行的全区“三个代表”先进个人事迹巡回报告会。5月21日，县委中心组成员参加了在水利局召开的“三个代表”学习教育活动现场会。

2002—2003年，县委中心组成员以学习党的十六大精神、《中共中央关于完善社会主义市场经济体制若干问题的决定》、胡锦涛“七一”讲话等为重点，集中学习9次。

2004年，县委中心组成员以学习中共中央《关于促进农民增加收入若干政策的意见》《干部选拔任用条例》《中国共产党党内监督条例》《中国共产党纪律处分条例》《中共中央关于加强党的执政能力建设的决定》党的十六届四中全会学习内容光盘（专家授课关于《不断提高驾驭社会主义市场经济的能力》和牛玉儒先进事迹）为重点，集中学习7次。

2005年，县委中心组成员以学习党的十六届三中、四中全会精神、《中共中央关于加强党的执政能力建设的决定》、《保持共产党员先进性教育》读本及《胡锦涛在省部级领导干部提高构建社会主义和谐社会能力专题研讨班的重要讲话》为重点，集中学习6次。

2006年，县委中心组成员以学习党的十六届五中全会精神和《中共中央、国务院关于推进社会主义新农村建设的若干意见》为重点，集中学习6次。

2007年，县委中心组成员以学习邓小平理论、“三个代表”重要思想、科学发展观、构建社会主义和谐社会重大战略思想和党的十七大精神为重点，集中学习7次，同时穿插学习了山西省第九次党代会和吕梁市党代会精神及法律知识。

2008年，县委中心组成员以学习党的十七大报告、中纪委十七届二次会议精神、党的基本理论、科学发展观为重点，集中学习6次。

2009年，县委中心组成员以学习党的十七大精神，十七届三中、四中全会精神，社会主义核心价值体系和科学发展观为重点，集中学习6次。其间，聘请山西省委党校教授张路、吕梁市委讲师团团长闫巨海分别为中心组成员和全县科级干部作辅导报告。

2010年，全县理论教育工作以创先争优、建设学习型党组织和“榆林大发展、吕梁怎么办”三项活动为重点，县委中心组成员集中学习6次，并撰写调研报告19篇。

2011年，县委中心组成员以学习党的十七届五中、六中全会精神，中央和山西省、吕梁市“十二五”规划，山西省第十次党代会精神为重点，集中学习6次。聘请吕梁市委讲师团团长闫巨海、清华大学教授周培玉、山西财经大学教授张富春和赵俊康先后为中心组成员和全县科级干部作辅导报告。中心组成员在学习中共撰写调研报告38篇。

2012年，县委中心组成员以学习党的十七届六中全会精神、党的十八大报告、党章修正案、党的十八届一中全会精神、胡锦涛在庆祝中国共产党成立90周年大会上的讲话精神、《党政领导干部任用工作条例》、《中国共产党党内监督条例》、山西省“十二五”规划、山西省“两会”精神为重点，集中学习8次。其间聘请中央党校教授蔡志强为中心组成员和全县科级干部作辅导报告一次。

2013年，县委中心组以学习全国党的群众路线教育实践活动大会精神，习近平在十八届中央纪委二次全会上的讲话，关于厉行勤俭节约、反对铺张浪费的重要批示，在全国组织工作会议上的讲话，关于“党要管党、从严治党”系列讲话，王岐山在十八届中央纪委第二次全会上的工作报告，中央政治局关于改进工作作风、密切联系群众的中央八项规定，全国两会精神，十八届三中全会精神等内容为重点，集中学习12次，并结合学习了山西省委办公厅、省政府办公厅关于贯彻中央八项规定、改进工作作风的3个文件（《关于改进工作作风、搞好调查研究的实施办法》《关于改进工作作风、规范新闻报道的实施意见》《关于改进工作作风，精简会议活动和文件简报的实施意见》）精神。聘请吕梁市委党校教授张建荣、吕梁市委讲师团团长闫巨海分别为中心组成员和全县党员干部作了专题报告。

2014年，围绕开展党的群众路线教育实践活动，县委中心组以学习十八届三中全会精神，毛泽东、邓小平、江泽民、胡锦涛关于群众路线重要性的论述，《党政领导干部选拔任用条例》和习近平在河北省阜平县、河南省兰考县等地调研群众路线学习教育实践活动和扶贫开发工作时的讲话，习近平在中央党校建校80周年庆祝大会暨春季开学典礼上的讲话，习近平在全国群众路线教育实践活动总结大会上的讲话等内容为重点，组织集中学习26次。同时穿插学习了《人民日报》关于不断扩大群众路线教育实践活动成果的4篇社论，观看了影片《苏联亡党亡国二十年祭》，聘请延安干部学院教授刘文翔、中央党校教授刘炳香先后为中心组成员和全县干部作了十八届四中全会精神专题报告。

2015年，县委中心组以学习党的十八届五中全会精神，《习近平谈治国理政》（第一卷）、《中国共产党章程》和《中国共产党纪律处分条例》，毛泽东在蔡家崖发表的《在晋绥干部会议上的讲话》和《对〈晋绥日报〉编辑人员的谈话》两篇著作及中纪委第五次会议精神为重点，组织集中学习12次。同时，结合学习山西省纪委、吕梁市纪委第五次会议精神，集中观看了《作风建设永远在路上》《四个全面：继往开来的重大战略布局》等电视片。

2016年，县委中心组以“两学一做”学习教育活动为主，组织集中学习12次。

1999—2016年，县委中心组成员在理论学习中，结合实际工作，开展调查研究，共撰写调研报告231篇，其中在《山西日报》和《吕梁日报》刊发73篇。

县、乡（镇）机关党员干部理论学习教育

1990年，县委宣传部组织全县一般党员干部主要学习了《马克思主义哲学纲要》一书。4月，组织全县70名乡（镇）分管宣传工作的副书记和县乡理论骨干进行一周培训；5月，各乡（镇）和县直各系统组织了理论学习培训；9月，县委宣传部召开全县学哲学理论研讨会，各部门负责人及40余名论文作者参加研讨会，有11篇论文获奖。

1992年，县委在党校举办后备干部理论培训，受训40多人。同年8月，县委宣传部邀请吕梁地委党校校长杨志超为兴县机关干部做了关于学习邓小平理论、邓小平南方谈话专题辅导。

1997年8月18日，县委中心组成员参加在工会会场举行的全县机关干部“三讲”教育活动动员大会，部署在全县机关干部中开展“三讲”学习教育活动。

1998年，县委宣传部在工会会场举办学习邓小平建设有中国特色社会主义理论培训，受训党员干部300多人。

2000年2月29日至3月初，县委先后在工会会场召开全县“三讲”动员大会，县委中心组成员及县、乡（镇）副科级以上领导干部500余人参加了会议；在五楼会议室召开“三讲”教育学习阶段动员会，“三讲”对象及县直6

部门负责人参加了会议，县委书记刘光彦作了主报告；印发了《关于在县级四大班子及六部门中深入开展“三讲”教育的具体实施意见》。

2002年，全县召开学习贯彻十六大精神报告会，聘请吕梁市委宣传部副部长杜平原、新闻科科长刘云为参会人员作了专题辅导。

2003年，围绕学习宣传十六大精神及“三个代表”重要思想，县委组织2次“千人进村入户”大规模的学习宣传活动。2004年，围绕学习邓小平理论、“三个代表”重要思想，党的十六届三中、四中全会精神，《中国共产党纪律处分条例》《中国共产党党内监督条例》《中华人民共和国宪法》《中华人民共和国行政许可法》等法律知识，宣传部会同组织部、党校组织培训农村“两委”班子成员、科级后备干部435人次。

2005年，宣传部会同组织部、纪委组织全县副科级以上领导干部开展了保持共产党员先进性教育暨党风廉政建设思想教育学习活动。

2006年，中央农村政策研究室姚剑亭、国情与发展研究所贾文光等领导和专家为兴县县乡（镇）机关干部作形势政策报告。

2007—2009年，全县党员干部开展了学习宣传贯彻党的十七大精神活动。聘请中央党校哲学部教授邱耕田和山西省委党校行政学院经济系教授宋建国分别为县级机关党员干部作“落实科学发展观与低代价发展”和“深刻领会科学发展观”的专题报告；邀请省委党校教授张路、吕梁市委讲师团团长闫巨海为全县科级干部分别作“解放思想、科学发展”和“金融危机下的中国经济”专题报告。

2011年，县委邀请吕梁市委讲师团团长闫巨海，清华大学教授周培玉，山西财经大学教授张富春、赵俊康为全县科级以上领导干部分别作了题为“深入贯彻落实党的十七届五中全会精神”“战略与领导力”和“转型跨越发展”的专题讲座。

2012年，县委邀请中央党校教授蔡志强和吕梁市直工委书记、宣讲团团长贾誉为全县副科级以上干部作学习党的十八大精神专题辅导。

2013年，县委邀请吕梁市委党校教授张建荣、市委宣讲团团长闫巨海对学习贯彻党的十八届三中全会精神作专题辅导。

2014年，县委邀请延安干部学院教授刘文翔、中央党校教授刘炳香为全县干部作党的十八届四中全会精神专题讲座。

2015—2016年，宣传部会同组织部、纪委组织全县机关党员干部开展了学习“三严三实”专题教育活动和“两学一做”学习教育活动。

第三节　宣传报道

形势政策宣传

1990年，宣传部开展坚持四项基本原则、反对资产阶级自由化、深化改革成果、贯彻党的十三届六中全会精神形势政策宣传教育。建立568人的县、乡（镇）、村形势报告员队伍；编印《形势教育学习资料》1000册，分发至各基层党支部；组织24个乡（镇）党校和23个县直机关分校进行党员干部培训，累计受训1.13万人次；会同县委党校组织专职理论教师分赴各乡（镇）、各厂矿、各学校巡回宣讲报告40次，共培训农村党员9850人；在春节和县两会期间，举办“兴县改革十年成就展”，展出版面、板报520期次；广播开设专题，播发稿件115件。

2002—2005年，宣传部编印、散发宣传资料5万余份，制作宣传标语200余条（幅）。2007年11—12月，宣传部组织全县科级干部、乡镇报告员和宣传理论骨干1000余人，经培训后组成宣讲队，分赴农村、机关、社区、学校494个区域，宣讲党的十七大精神，进行形势政策教育。

2009—2011年，宣传部共编印宣传信息、简报（含“三项整治”工作）260余期1.35万份。

2016年，全县抽调部分领导干部和理论骨干组成18个宣讲组，经培训后分赴全县各乡（镇）、机关、村委，宣传党的十八届六中全会精神和省、市党代会精神，进行形势政策教育。

新闻宣传

报刊和网络新闻报道　1989—1995年，兴县新闻宣传以学习贯彻江泽民讲话和邓小平南方谈话精神，推进工业改制、深化农村改革，促进农业综合发展、流域治理和加强党的基层组织建设等为重点，展开对外宣传。其间由媒体记者、县委通讯组和基层通讯员在《吕梁报》发稿220件，其中头版头条9件。

1996—2001年，媒体记者、县委通讯组和基层通讯员在《吕梁报》《吕梁日报》（1997年由《吕梁报》改建）刊发新闻264件（其中发头版头条24件），刊发专版4期（1997年兴县县委工作会内容、“翻天覆地20年—兴县专版”、兴县红枣产业发展、兴县农村信用联社经营成效），并在《黄河报》《山西老区报》各发专版1期。

2002—2003年，媒体记者、县委通讯组和基层通讯员围绕深入开展农村学教活动、公路建设、扶贫工作、退耕还林、煤铝开发、抗击“非典”、下岗职工再就业等工作，在《吕梁日报》及《山西日报》《山西经济报》发稿216件，其中《吕梁日报》头版头条8件。

2004年4月，县委出台的《关于进一步加强新闻舆论宣传工作的意见》。至2005年末，新闻宣传围绕学习贯彻胡锦涛“七一”讲话精神，全县开展党员干部先进性教育、落实科学发展观、推进特色农业发展、扶贫、反腐倡廉、纪念抗战胜利60周年、繁荣群众文化等重点内容展开报道，记者、新闻办及基层通讯员在省地党报发稿222余件，其中《山西日报》《山西老区经济开发报》等省级报刊发表57件；在《吕梁日报》发165件，其中头版头条8件；有2件分别获得中国报业协会党报分会2004年度新闻通讯一等奖、中国城市党报2005年度新闻二等奖（新闻办），有4件分别获得吕梁2005年度新闻二等奖和三等奖（电视台二等奖1件、三等奖2件，新闻办三等奖1件）。

2006年，新闻宣传以开展先进性教育活动，贯彻落实科学发展观，实施“五五兴县”（全力培育煤、电、铝、化、材五大主导产业，突出抓好大项目、大城建、大交通、大教育、大环境五大战略）战略，推进兴县循环经济综合开发示范基地建设，发展特色农业、生态畜牧，建设新农村，治理超载，强化安全生产等内容为重点，记者、新闻办及基层通讯员共发稿163件，其中，在省及省以上报刊发稿18件，在《吕梁日报》发稿145件（其中头版头条9件）。

2007年10月21日，《光明日报》第9版刊发新闻办编撰的《昔日晋绥边区首府，今朝新型产业基地——山西兴县资源型经济综合开发示范基地建设展示》一文，全面报道了兴县矿产资源优势、基地规划和项目建设情况。同年11月14日，《人民日报》记者胡健采访县委领导及兴县循环经济基地后，在《人民日报》头版头条刊发《山西吕梁探索欠发达地区又好又快发展途径——走循环经济之路》）。

2008年，记者、新闻办及基层通讯员共发稿140件，其中在省级和省级以上报刊发稿45件（含专版3期），在《吕梁日报》发稿95件（其中头版头条5件）。

2009年，记者、县新闻办及基层通讯员在各级新闻报刊发稿344件，其中国家级报刊发稿36件、省级报刊发稿58件、《吕梁日报》发稿250余件。

2010年，记者、县新闻办及基层通讯员在吕梁市级以上报刊共发稿160件，其中省级以上报刊刊发22件、《吕梁日报》发稿138件。

2011年，记者、县新闻办及基层通讯员在各级报刊发稿338件，其中国家级报刊38件，省级报刊发稿70件，《吕梁日报》230件。

2012年8月，县委新闻办与新华社合作开办新华网兴县频道，成为一个新的新闻平台。该年围绕学习宣传贯彻党的十八大精神和重点工程建设，记者、县新闻办及基层通讯员全年共发稿488件，其中新华网等中央级媒体采用8件，省级报刊采用20件，《吕梁日报》刊发460件。

2013年，新闻宣传以大项目建设、扶贫工作、创建卫生城市和改进工作作风为重点，记者、县新闻办及基层通讯员共发稿755件，其中在国家级报刊发稿12件，在《山西日报》《山西经济日报》《山西法制报》等省级报刊发稿10件，在《吕梁日报》发稿263件，在网络媒体发稿470件。

2014年10月，新闻办与黄河新闻网合作，开通兴县新闻网，成为兴县县委、县政府第一个官方新闻网站。12月，县委新闻办与新华社合作开办新华社兴县政务客户端。媒体记者、县新闻办及基层通讯员围绕党的群众路线教育实践活动、学习宣传党的十八届四中全会精神以及兴县大项目建设、扶贫工作等重点内容，共发稿1311件，其中在中央级媒体发稿21件、新华网兴县频道发表600余件，在《山西日报》《山西经济日报》发稿160件，在《吕梁日报》发稿530余件。

2015年，媒体记者、县新闻办及基层通讯员围绕学习宣传贯彻党的十八届五中全会精神、兴县环境卫生整治和抗战胜利70周年纪念活动进行宣传报道，共发稿427件。其中，在国家级刊物发稿23件，在新华网兴县频道发表316件，在《山西日报》《山西经济日报》等省级报刊发表8件，在《吕梁日报》发稿80件。

2016年1月，县新闻办创新工作机制，开通兴县新闻网官方微信公众号。同年10月与吕梁电视台合作开通掌上吕梁“聚焦兴县”客户端，形成了“一网一微两端”（兴县新闻网、兴县新闻网官方微信公众号、新华社兴县频道客户端、掌上吕梁“聚焦兴县”客户端）多媒体新闻宣传平台。该年，媒体记者、县新闻办及基层通讯员围绕学习贯彻党的十八届六中全会精神，山西省、吕梁市党代会精神，扶贫攻坚，环境卫生整治，“两学一做”，脱贫攻坚等重点工作开展宣传报道，在各级报刊、网站发稿165件，其中在国家级网站发表60件，在《山西日报》发5件，在《吕梁日报》发稿100件（其中头版头条8件）。

广播、电视新闻宣传　1995—1997年，县广播电视台、电台共制作、播出兴县专题新闻300余期，其中被山西电视台和吕梁电视台采用20期。制作、播出《告别贫困的最后宣战》《一户一条沟，小康不发愁》《种得绿荫富万民》《今日兴县》《辉煌五十年》《脱贫致富领头人》等电视专题片100余部。

1998年，县电视台共播发新闻335条，专题片4部，其中被山西电视台采用1条、吕梁电视台等采用20条。

2003年，县电视台共播发新闻稿2193条，其中被吕梁电视台采用242条。

2004年，县电视台、电台全年共播发新闻690条、专题片32部，其中被吕梁电视台采用25条、专题片4部。

2005年，县电视台、电台全年播出新闻912条，其中被吕梁电视台采用125条。

2008年，县电视台全年共播发电视新闻785条，其中被中央电视台采用1

条、山西电视台采用5条、吕梁电视台采用163条；制作、播放电视专题片153部。

2009年，县广播电台播出新闻951条；电视台共播出新闻991条，其中被中央电视台采用1条、省电视台《山西新闻》采用6条、吕梁电视台采用148条；制作、播放各类专题片57部，县广播电台（调频台）全年播放新闻951条。

2010年，县广播电视台播出新闻1770条（县电视台播出新闻965条，电台播出805条），其中被中央电视台采用5条、山西电视台采用4条、吕梁电视台采用57条；制作、播出电视专题片73期；制作完成全面反映兴县政治、经济、资源、环境的宣传片《魅力兴县》，并在黄河电视台播出。

2011年，县广播电视台全年播出新闻953条，其中被省电视台采用5条，吕梁电视台、电台采用177条。

2012年，县广播电视台共播出新闻1080条。其中，被山西电视台采用12条；吕梁电视台、电台采用235条；制作、播放专题片50部。此外，县电视台还开展兴县名村、骄子访谈工作，全年采访兴县名村35个，制作播放30期；采访兴县骄子（走出黄土地的兴县人）28人，播放20期。

2013年，县广播电视台播出新闻825条，其中，被山西电视台采用15条，吕梁电视台、电台采用125条；播放各类主题片38部。

2014年，县广播电视台围绕全县学习宣传贯彻党的十八届四中全会精神，开展党的群众路线教育实践活动以及大项目建设和扶贫工作等重点内容开展宣传报道，全年共播出新闻1080条，其中被山西电视台采用33条，吕梁市电视台采用107条；播放各类专题片48期。

2015年，县广播电视台围绕全县学习宣传贯彻党的十八届五中全会精神、环境卫生整治、抗战胜利70周年纪念活动等重点内容开展宣传报道，全年共播出新闻971条，其中被中央电视台采用2条，山西电视台采用19条，吕梁电视台采用116条；同时开设《我的抗战》《乡镇书记、局长访谈录》《大家谈》《曝光台》《城乡环境整治百日攻坚人物访谈》《面面观》等栏目，共播出355期。

2016年，县广播电视台围绕全县学习贯彻党的十八届六中全会精神、山西省和吕梁市党代会精神以及兴县县乡换届、扶贫攻坚、环境卫生整治、“两学一做”、脱贫攻坚等重点开展宣传报道，共播出新闻986条，其中被山西电视台采用16条，吕梁电视台采用96条。

第四节　社会主义精神文明建设

思想道德教育

爱国主义教育和革命优良传统教育活动　晋绥边区革命纪念馆、晋绥解放区烈士陵园、“四八”烈士纪念馆是山西省、吕梁市命名的“爱国主义教育基地”，为全县开展爱国主义教育和革命传统教育创造了十分有利的条件。1989年开始，县委、县政府每年都在3大教育基地组织开展系列教育活动。

1990年，全县组织学习当代吕梁英雄事迹报告会2场，受教育1700人次。同年3月至4月，宣传部、团县委、教育局在青少年中广泛开展“学雷锋，学赖宁，讲传统，比贡献”活动，邀请原县人大常委会主任孙守谦、副主任王万象、老干部白应荷等为县城和蔡家崖2200多名中小学校师生作了革命传统教育报告。

2009年，晋绥边区革命纪念馆、晋绥解放区烈士陵园、“四八”烈士纪念馆共接待参观人员10万人次，其中兴县党员、干部、学生、群众参加教育活动6万人次。

2012年，山西省和吕梁市及兴县各部门、机关单位在晋绥边区革命纪念馆累计举行党的纯洁性教育活动447批次，受教育2万余人次。

2014年4月，县四大班子领导、各乡（镇）党委成员、县直九大系统党委成员及200余名预备党员、入党积极分子，在晋绥解放区烈士陵园开展“继承先烈遗志，弘扬晋绥精神”主题纪念活动。9月3日，宣传部、组织部在晋绥边区革命纪念馆开展了“勿忘国耻、圆梦中国”主题教育。9月30日（首个烈士纪念日），县委在晋绥解放区烈士陵园（东会乡寨上村西凤凰山陵园新区）举办了纪念革命烈士活动，县四大班子领导成员，各乡（镇）党委书记、乡（镇）长，县直各单位负责人和社会各界人士踊跃参加了活动，接受了爱国主义和革命传统教育。

2016年，在清明节、“七一”期间，县四大班子领导、县直各单位负责人参加了在“四八”烈士纪念馆、凤凰山烈士陵园举行的缅怀革命先烈主题纪念祭扫活动。

职业道德和社会公德教育　2002年，宣传部牵头召集组织部、文明办、县直九大系统党委、人事局、共青团兴县县委、教育局、经济贸易局、政法委员会、农业局、广播电视服务中心、县委新闻办公室等单位负责人召开会议，安排学习《公民道德建设实施纲要》活动。

2009年，宣传部牵头组织开展全国“双百”（100位为新中国成立作出突出贡献的英雄模范人物，100位新中国成立以来感动中国人物）人物评选活动，全县以17个乡（镇）、9大系统为单位，共设投票点26个，全县3万余人参加了投票评选，圆满完成了吕梁市委宣传部下达的“双百”人物评选工作。

同年，在全市开展的“吕梁市首届道德模范”评选活动中，县委宣传部推荐的弓侯连等8人荣获“吕梁市首届道德模范”称号；推荐的刘志成荣获第二届“吕梁道德模范”“诚实守信模范”称号。

2010年，县电视台开设《道德风采栏目》，突出宣传了全县8位道德模范事迹；组织第三届山西道德模范投票工作，干部群众在报刊及网上投票5000余份。

2012年，县委宣传部牵头开展首届“文明兴县人”评选表彰活动，全县81人荣获“首届文明兴县人”荣誉称号，受到中共兴县县委、县人民政府表彰。其中闫平平等18人获“勤劳致富模范”称号；弓侯连等10人获“孝老爱亲模范”称号；白再清等12人获“助人为乐模范”称号；王慧娟等35人获“敬业奉献模范”称号；刘志成等3人获“诚实守信模范”称号；贺俊斌等3人获“见义勇为模范”称号。

2013年，兴县首届文明兴县人张伟及拾金不昧的出租车司机任云多获“首届最美吕梁人”提名奖。

2014年，进一步规范“道德讲堂”建设，以“我身边的好人好事”和优秀传统文化为主题，全年举办道德讲座2次。启动“善行义举榜”工作，确定1所学校、1个机关、1个企业、1个社区为“善行义举榜”试点。积极开展吕梁市第三届道德模范推荐、报名工作，推选兴县王明亮等4人参加评选。此外，县电视台还开辟了“破除陈规陋习、倡导文明新风”文明公约宣传活动。同年12月，在吕梁市第三届道德模范评选活动中，兴县推选的王明亮（罗峪口镇张家坪村卫生所医生）、王利荣（联翔广告文化传媒有限公司经理）、康丽（交楼申乡中心校教师）3人获道德模范称号。

2015年，全县广泛开展“破除陈规陋习、倡导文明新风”系列活动，县委宣传部、县文广新局抽调专人上街义务宣传，张贴宣传横幅20余幅，发放宣传单3000余份，对婚丧嫁娶大操大办、铺张浪费、乱摆乱放、占道经营、乱倒垃圾、乱停车辆、违反交规等不良现象进行专项整治，取缔算命、打卦摊点12个。

2016年，兴县志愿者协会共注册28个团队814人，其中巾帼志愿者、青年志愿者、顺风车志愿者等协会组织集中活动80余次，主要参加了环境卫生整治、文明出行、教育资助、义务植树、扶贫济困、关爱孤寡老人和留守儿童等多方面的社会事业，受到各界广泛好评。

未成年人思想道德教育　2007年，中共兴县县委召开“未成年人思想道德教育研讨会”，并制定了《兴县未成年人思想道德建设实施意见》，县文明办会同县教育局、县委新闻办公室、电视台拍摄未成年人系列教育电视片在全县广泛播放。

2009年，县委召集文明委成员单位召开文化环境整治工作专题会议，县委办公室下发《关于进一步净化社会文化环境，促进未成年人健康成长的实施意见》，对校园周边环境、网吧、图书报刊市场进行了专项整治，为提高未成年人思想道德素质，促进未成年人健康成长创造了良好社会环境。2012年，全县部分中小学校组织开展了青少年“感恩社会、感恩父母、感恩学校”教育活动。2014年，全县重点中小学校开展了社会主义核心价值观教育和革命传统教育活动。

文明单位、文明村（镇）和文明社区创建

国家级文明单位创建　1989—2016年，全县共建成“国家级文明单位”1

个：晋绥边区革命纪念馆（2003年命名）。

省级文明村镇、文明单位创建　1999—2013年度，兴县共建成“省级文明村（镇）”和“省级文明单位、文明和谐单位11个：工商银行兴县支行（1999年）、兴县实验小学（1999年）、康宁税务所（2000年）、二十里铺村（2001年）、地方税务局（2008—2009年度；2010—2011年度；2012—2013年度）、烟草专卖局（2008—2009年度）、工商行政管理局（2008—2009年度）、晋绥边区革命纪念馆（文明和谐景区，2010—2011年度；2012—2013年度）、国家税务局（2000—2001年度获“省级青年文明号”荣誉；2010—2011年度获“省级文明单位”称号；2012—2013年度获“省级文明单位”称号）、地方电力股份有限公司兴县分公司（2010—2011年度；2012—2013年度）、吕梁交通运输执法局兴县分局（2010—2011年度；2012—2013年度）。

建成“军民共建和谐单位”1对：解放军驻兴某部和奥家湾乡二十里铺村（2008—2009年度）。

地（市）级文明村镇、文明单位创建　1989—2013年部分年份，中共吕梁地委（2004年改为中共吕梁市委）宣传部、吕梁市精神文明建设指导委员会命名兴县“地（市）级文明单位和文明村镇”43个。其中，1989年命名的（首批）文明单位有发电厂、针织厂、税务局，文明村镇有蔡家崖乡张家圪埚村。1990年命名（第二批）的文明单位有财政局、国营水泥厂、邮电局、职业中学，文明村镇有城关镇东关村、罗峪口镇王家山村、奥家湾乡二十里铺村。1994年命名（第五批）的文明单位有电业局、东风冶金公司、国营铁厂，文明村镇有城关镇。1995年命名（第六批）的文明单位有中国人民银行兴县支行、中国建设银行兴县支行、兴县交通征费稽查所、县级机关招待所、国营车家庄煤矿。1996年命名的地级文明单位有兴县煤运公司、华兴铁合金厂；地级文明村镇有交楼申乡安沟村。

2008—2009年度命名的市级文明和谐单位有气象局、国税局、地方电力公司兴县分公司、地税局直属第一分局、财政局、水利水保局、公安消防大队、共青团兴县县委；文明和谐村有奥家湾乡曲家沟村、蔚汾镇李家湾村。

2010—2013年度命名的市级文明和谐单位有水利局、气象局、财政局、民政局、公安消防大队、“四八”烈士纪念馆、行政审批服务中心、人民检察院、人民法院、县委宣传部、中国移动通信集团山西有限公司兴县分公司；市级文明和谐村（镇）有蔚汾镇李家湾村、奥家湾乡二十里铺村。

县级文明村镇、文明单位创建　1990年，县文明办组织对已建成的739个县级文明村镇、文明单位进行了整顿，确定64个文明村镇和文明单位为先进典型。同年新发展县级文明村镇、文明单位72个。1998年3月，县委印发《关于继续创建文明县城和文明村镇的安排意见》，明确提出创造文明县城和村镇的任务要求、保障措施。在县城实施创建一条文明街、一条文明路、一所文明学校、一个文明单位、一个文明商店的“五个一”工程。2000—2013年，县国税局所属5个基层税务所、乡镇企业管理局、县技术质量监督局、县人民检察院、县统计局、县开发办、县街道办事处、县石油公司、县药监局、吕梁移动公司兴县分公司、兴县通信分公司、县政府办公室、县行政审批中心、县总工会、县卫生局、妇联、民政局、公安局、运管所、“四八”烈士纪念馆、水利局、县人民医院、煤运公司、移动公司、人民法院、信访局、人民检察院、城关信用社、新华书店、气象局、公安消防大队、文化广电新闻出版局、县委组织部、魏家滩林场、孟家坪乡派出所、瓦塘镇、蔚汾镇等单位被命名为县级文明单位；蔡家会镇狮子洼村，蔚汾镇西关村、兴盛湾小区、下李家湾村，奥家湾乡二十里铺村，孟家坪乡孟家坪村、胡家沟村、小善畔村、麻墕条村，魏家滩镇薛家沟村、天洼村、马蒲滩村，交楼申乡张家圪台村，罗峪口镇罗峪口村，赵家坪乡赵家坪村、西墕村、武家峁村，贺家会乡贺家会村、贺家沟村、谷地宇等村被命名为县级文明村。至2016年末，全县共建成县级文明村镇、文明单位854个。

“文明诚信示范店”创建　2007年，在全县商贸行业开展评选“文明诚信示范店”活动，中国移动公司兴县分公司、中国石化公司兴县分公司及中国人寿保险兴县营销服务部被吕梁市委命名为“文明诚信示范店”，受到表彰。

文明城镇建设　1990年，县精神文明建设指导中心办公室会同各有关部门共拆除违章建筑100余处，清理卫生死角30多处；组织一支50人的治安巡逻队，初步扭转了城区“脏、乱、差”的落后局面。1996年7月下旬，全县遭遇百年不遇的特大暴雨洪灾侵袭，县城公共设施严重损毁，街道、居民区到处是污水、垃圾、淤泥。鉴此，县委、县政府组织各机关、单位清挖下水道，清倒垃圾、淤泥，硬化街巷，刷洗门面，安放垃圾箱，拆除违章建筑等，大抓灾后城区环境整治。1997年，全县开展以“文明之春”为主题的第九个爱国卫生运动，爱卫会共组织县直机关干部和城区群众2000多人，清理垃圾死角，清倒垃圾700余立方米；城建部门疏通下水管道800余米，硬化人行街道3200平方米，拆除各种乱建乱搭3400平方米，清淘、维修了城区公厕，通过环境卫生综合整治，城区街道面貌焕然一新。

1998年，根据中央文明委通知精神，全县广泛开展第十个“爱国卫生月”活动和城市“创三优”（优美环境、优良秩序、优质服务）活动。县精神文明建设指导委员会领导组召开县直党委书记和相关职能部门负责人会议，研究部署城市“创三优”活动。其中，城建、工商、卫生、防疫、爱卫会、市容办等单位以实现城区主街道硬化、净化、绿化、亮化、美化为目标，累计新植、补栽道旁树660株，增设霓虹灯具20组，硬化路面2500平方米；与城区80个单位、500户个体工商户签订了门前卫生清洁合同，主街道实现垃圾日产日清，全天保洁；组织近千名机关干部进行卫生大清理，清倒积雪、垃圾600余立方米；环保部门对机动车辆尾气、中小企业排污等影响公众健康的严重环境污染进行依法管理，取缔110户。

1999年，全县开展了“九九文明之春”和“第十一个爱国卫生月”活动。其中，县爱卫会会同有关部门对城区46所公厕进行了泥墙、抹顶、粉刷、撒灰、清淘，改变了不卫生状况；整顿了62处文化娱乐、商场等公共场所卫生，树立了文明窗口新形象；改良城区户厕4000余户，城区环境优良率达45%。

2002年，县城坝路一体工程——环城路竣工，忻黑公路主体工程通车，来往货车全部撤出主城区，城区环境优良率上升至80%。

2005—2009年，县城组建了由卫生、工商、公安、城建、交警、文化等部门组成的综合执法大队，共同行动，整治县城秩序。县卫生局充分利用宣传车、悬挂宣传横幅标语、编印宣传简报等多种形式，开展“城乡环境卫生清洁工程”宣传教育活动；与城乡建设等相关职能部门积极协作，开展以整治县城及城乡接合部“脏、乱、差”现象为重点的“城乡环境卫生清洁”工程；县爱卫会全面落实“门前三包”责任制，形成了主管部门、专业清扫队伍与沿街单位管理相结合的管理体制；规范马路市场，整治市场秩序，对城区的早夜市和瓜果摊点等进行了统一规划,限定了经营范围和时间,制定了卫生保洁制度，做到游商归市、街商归店；加强对“六小”（小餐饮、小美发店、小旅店、小网吧、小歌厅、小洗浴）门店的管理，使各小门店基本达到行业卫生标准要求。

2010年，在全县城乡环境卫生大整治活动中，卫生、城建、公安、交警、工商、环保等相关部门抽调50人，加强了城市管理综合执法大队力量，配备了执法交通工具，开展了全天执法巡查活动；购置垃圾清运车3辆、垃圾桶300个，完善了环卫设施；在城区主街道新建环保公共厕所10座，新增了数十名环卫工人和厕所管理员；形成主管部门、执法大队、专业清扫队伍与沿街单位管理相结合的管理体制，保证了“门前三包”责任制的落实；交警大队严厉打击无牌无照机动车辆上街行驶，对驶入城区的大货车、客运车、农用车等大型车辆实行限时管制，在城区主要入口处设置了隔离桩与限高杆，在城区中心广场、十字路口设置了交通指挥岗；全民上阵，集中清理了沿街广告牌匾，清除了“牛皮癣”小广告，在南山公园、主街道和环城路两侧、庭院社区等进行了补栽绿化，促进了城区环境的净化、绿化和美化。

2011—2016年，全县以创建省级卫生县城为目标，开展文明县城创建工作。先后召开全县创建省级卫生县城动员大会，制定出台了创建省级卫生县城实施方案；成立了领导组，明确了各单位、科股室及包干责任区责任人及具体任务，各机关单位掀起环境卫生整治热潮。2011年，全县累计出动人员2000余人次，清理居民区、小街小巷和城乡接合部卫生死角，共清倒垃圾1000余吨；清理小广告1000余条，清洗外墙576平方米，粉刷房屋183间；投放溴敌隆灭鼠剂、杀蝇饵剂、杀虫饵剂等1.79万袋（瓶），有效杀灭了“四害”幼虫。通过近一年的环境卫生大整治，城区整体环境面貌明显变亮、变净、变优。年底，经山西省爱卫会专家组验收，兴县获“省级卫生城市”荣誉称号。

2013年，县卫生局、爱卫会以巩固“省级卫生城市”创建成果为重点，组织全县各成员部门开展形式多样的爱国卫生活动，大力创建卫生乡（镇）、卫生村，12月，全县顺利通过了山西省爱卫会专家组对兴县“省级卫生城市”的复审验收。2015年，全县继续开展以改善城乡环境面貌为目标的“城乡环境整治百日攻坚”活动。县卫计局、爱卫会大抓以改善人居环境为目标的农村改厕工作，至2016年底，全县17个乡（镇）累计完成户厕改造9087座，兴县被授予“2016—2018周期省级卫生县城”称号。

第六章　政法工作

第一节　机　构

1989年，中共兴县县委政法委员会（简称政法委）为正科级建制的行政单位，内设有办公室、案件检查室。设书记1名，副书记2名。实有行政人员12人。1991年，成立兴县社会治安综合治理委员会（简称综治委）及办公室（简称综治办），与政法委合署办公。1993年，县政法委书记由县委常委兼任。

1994年起，全县矛盾纠纷排查调处工作领导组、流动人口管理工作领导组、刑释解教人员安置帮教领导组、预防青少年违法犯罪工作领导组、铁路护路宣传领导组、学校治安综合治理领导组、企业地方共建安全社区领导组、县直单位治安综合治理领导组相继成立。

2002年，县直党政机构改革，县综治委与政法委合署办公。内设办公室、案件检查室、矛盾纠纷排查调处办公室，行政编制8人。其中书记1名（占县委领导班子编制）、副书记（正科实职）3名、综治办主任1名（由一名副书记兼任），政法系统专职党委副书记1名。

2005年8月，县委常委会议同意全县村级经济条件较好的建制村配备村级治保主任。同时成立股级建制的事业单位——兴县矛盾纠纷排查调处办公室（简称矛排办），督促指导全县的矛盾纠纷排查调处工作。

2012年，兴县社会治安综合治理委员会（办公室）更名为兴县社会管理综合治理委员会（办公室）。至年底，县综治委设立11个专项工作组，即社会矛盾大调解专项组、实有人口专项组、特殊人群专项组、“两新组织”（新经济组织和新社会组织）专项组、社会治安专项组、预防青少年违法犯罪专项组、校园及周边环境治理专项组、护路护线联防专项组、民生项目和网格化建设专项组、法律政策专项组、责任查究专项组，各专项组办公室分别设在政府办、人大法工委、公安局、司法局、综治办、团县委、教育局、矛排办，负责各专项组的日常工作。

2014年，兴县社会管理综合治理委员会（办公室）恢复为兴县社会治安综合治理委员会（办公室），有成员单位38个。

2016年，由于工作需要，成立兴县社会服务管理指导中心，为政法委所属股级全额事业单位，核定事业编制10人。

1989—2016年中共兴县政法委员会历任书记名表

表18-6-1-1

姓　名	性　别	籍　贯	任职时间
李天定	男	山西省沁水县	1986.12—1991.1
白云霄	男	山西省兴县	1991.1—1993.6
刘明则	男	山西省兴县	1993.6—2003.6
李玉林	男	山西省岚县	2003.6—2011.2
郝继平	男	山西省兴县	2011.6—2015.3
刘　云	男	山西省柳林县	2016.5—

第二节　干警管理

1989年，政法委组织学习中共中央文件和《人民日报》有关社论及文章，召开公安局局长、检察院检察长、法院院长、司法局局长和政法战线全体党员、干警大会，强调政法队伍要坚定正确的政治立场，明辨是非。

1991年，兴县整顿执法队伍领导组成立，制订《关于整顿全县执法队伍的实施方案》。1992年，全县政法系统各单位广泛开展爱民、便民、廉洁执法活动。1994年，政法系统各单位建立完善党委、党组议事制度。

1995年，全县政法系统落实中央政法委“三条禁令”（绝对禁止政法干警接受案件当事人请吃喝，送钱物；绝对禁止政法干部对告状求助群众采取冷漠、生硬、蛮横、推诿的官老爷态度；绝对禁止政法干部发生打人、骂人、刑讯逼供等违法违纪行为），加强作风建设。同年，县委、县政法委制订《关于在全县开展执法大检查和案件评查活动的实施意见》，成立案件检查、评查领导组。1996年，政法委组织全系统开展理想、宗旨、世界观、人生观和价值观教育，增强干警为民服务、秉公执法、反腐倡廉意识。1997年5月，中共兴县县委为贯彻落实山西省委提出的“从严治警”和“加强充实，教育提高，整顿纯洁”十二字政法队伍建设方针，切实加强党对政法工作的领导，印发了《关于加强党委政法委员会和全县政法队伍建设的决定》。1998年，政法委在全系统开展集中整训，着力解决干警队伍中有法不依、打击不力、越权办案、违纪违法、以权谋私、挪用私分各种罚款、耍特权、逞威风、乱抓乱关、纪律松弛、效率低下等问题。1999年，政法委在全系统开展“争创人民满意的政法干警（单位）”活动，涌现出先进集体3个、先进个人7名。2000年，政法委引深学创活动，在全系统开展“三讲”教育。

2001年，政法委开展清理整顿政法队伍活动。公安局、法院开展“三项教育”（全心全意为人民服务的宗旨教育，实事求是的思想路线教育，严格、公正、文明执法的法制教育）活动，对末位干警进行分离培训。

2002年，政法委设置举报箱、公开举报电话，对执行禁止性规定实行重点监督；检察院对自侦案件实行一案一访回访制度，法院实行审限跟踪和案件评查制度，着力解决办案不公、久拖不决、久审不执的问题。2003年，政法委开展“公正执法树形象”集中教育活动。其中，检察院坚持教育与管理并重，开展岗位“学、练、赛”活动，对成绩不合格者实行评优评先一票否决。公安局贯彻落实公安部“五条禁令”（严禁干警违反枪支管理使用规定、严禁干警携带枪支饮酒、严禁干警酒后驾驶机动车、严禁干警在工作时间饮酒、严禁干警参与赌博），重点查处涉酒、涉枪、涉赌等问题。

2004年2月，中共兴县县委印发了《关于进一步加强政法队伍建设的意见》，进一步加强党对政法工作的领导，全面提升政法队伍综合素质，全县政法系统开展“以任长霞为楷模，公正执法树形象”的学习践行活动；落实执法责任制和错案追究制，对7起执法不公、执法不廉的违纪案件当事人给予相应处分。

2005—2007年，政法系统开展先进性教育活动和“以任长霞为楷模，公正执法树形象”学习践行活动，评选出公正执法标兵单位5个、杰出政法干警10人；开展以“转变作风、狠抓落实、提升效能、优化环境”为主题的机关作风建设年活动，集中解决政法队伍在纪律作风方面存在的突出问题。2009年，政法委在全系统开展第二批深入学习实践科学发展观活动，评选出兴县人民满意干警10人。

2010—2014年，政法委在全系统举办“反腐倡廉警示教育”专题讲座，开展以“发扬传统、坚定信念、执法为民”为主题的教育实践活动、政法干警核心价值观教育活动和以为民、务实、清廉为主题的群众路线教育实践活动，针对性地解决执法司法活动中存在的突出问题；同时开展“一村（社区）一警”联系走访活动，排查出全县治安乱点7个、治安突出问题5个，在此基础上集中开展普法宣传8次，调解村民矛盾纠纷71起，解决村民困难218次。

2015—2016年，政法委针对本系统在党的群众路线教育实践活动中查摆出来的问题，开展执法司法领域突出问题专项整治。特别是结合“两学一做”和“把纪律挺在前面”专题教育活动，大力加强基层综治规范化建设，明确要求乡（镇）综合治理办公室主任由分管副书记兼任，另设专职副主任1名，专职干事1名。对重新选聘的150名网格长进行了巡回培训。

第三节　社会治安综合治理

矛盾纠纷调处化解

1999年，兴县矛盾纠纷调处开始建立长效机制，注重从源头解决问题。首先，开展了矛盾纠纷排查处置工作，形成排查制度、报告制度、重点整治制度、归口办理制度、领导包案制度和挂牌督办制度、责任追究制度、排查调处考核制度等7项制度，对排查出的各类影响稳定的隐患问题，按照边排查、边处置的要求，全部落实到责任单位和责任领导。其次，在各乡（镇）设立以综治副职为主任的矛盾纠纷排查调处中心，坚持每半月排查一次，全县每月排查一次，对难点、热点问题集中排查，对重大矛盾重点排查。至

2003年，全县共排查出矛盾纠纷58起，解决54起；排查出治安混乱村、社区5个，派出工作组进行限期整治。

2004年，全县共排查调处各种矛盾纠纷618起，其中排查出涉法上访案件22起，分别落实到相关责任人，限时予以处理。

2005—2007年，矛盾纠纷排查调处中心坚持“小事不出村、中事不出乡（镇）、大事不出县”的原则和矛盾纠纷排查“零报告”制度，狠抓农村矛盾纠纷调解工作，3年共排查调处矛盾纠纷433起，调处解决423起，调处成功率达97.7%。2008年，矛盾纠纷排查调处中心以“百县千乡双排查”活动为载体，在全县深入开展“两个排查”（排查调处矛盾纠纷、排查整治治安混乱地区和突出治安问题）活动。至2011年，矛盾纠纷排查调处中心和全县各级调解组织共排查和受理矛盾纠纷849起，调处、化解826起，调解成功率达97.3%。其间，人民法院共受理民商事案件394件，审结374件，成功调解211件（其中通过调解撤诉116件），调处成功率达53.6%。

2012年，矛盾纠纷排查调处中心共排查登记历年上访案件42起，通过走访群众8436户，征求到合理意见和建议123条，化解各种矛盾纠纷106起，整治治安乱点12个，帮教失足青年22人。

2013—2015年，政法委矛盾纠纷排查调处中心以“六大领域”（征地拆迁、村矿矛盾、劳动关系、环境保护、交通事故、医患关系）为重点，在全县50个重点村委、社区和企业分别建立调委会、调解室和调解员队伍。3年共开展矛盾纠纷排查活动334次，受理矛盾纠纷715件，成功调解609件，调解成功率达85.2%。通过调处化解矛盾纠纷，预防民事转刑事8件19人，防止了1起村民斗殴事件。

2016年，政法委制定《兴县矛盾纠纷大调解工作体系实施意见》，在综治办成立矛盾纠纷调处办公室，在县卫计局、人社局和交警大队等单位设立专业调解委员会，聘请专业人民调解员11人，有效化解了行业内的矛盾纠纷，全年共排查调处矛盾纠纷185起。

治安综合治理（详见第二十四编《公安　司法行政》第一章第六节“治安管理”部分。）

平安创建

2003年，根据山西省开展的“三打三防三创（打击敌对势力和敌对分子的破坏活动、打击严重刑事犯罪、打击经济犯罪，防高危人群犯罪、防恶性案件和治安灾害事故、防群体性事件，创建安全文明社区、创建安全文明村镇、创建安全文明单位）、建设平安三晋”活动总体部署，兴县政法委牵头开展了“平安兴县”“平安乡镇”“平安单位”“平安村”“平安家庭”和“平安校园”等一系列创建活动。

2006年3月，兴县县委常委会议同意政法委起草的《关于开展创建平安兴县活动的实施意见》，并印发全县各乡（镇）、县直单位、各村，召开创建平安兴县再动员大会。2007年5月，为贯彻落实中央和省委关于平安建设部署，引深平安兴县建设工作，兴县县委、县政府联合印发了《关于进一步引深全县平安建设的意见》，命名表彰了平安建设工作中成绩突出的“平安创建先进乡（镇）”5个、“平安创建先进单位”10个。2008年，全县开展“平安家庭”“平安社区”“平安村”“平安乡镇”“平安单位”“平安企业”“平安校园”“平安医院”“平安交通”“平安县”十大平安建设活动，基层“平安”的覆盖面进一步扩大。

2009—2013年，按照平安建设的“八无”标准（无危害国家安全的重大案件、事件，无重大影响社会稳定的群体性矛盾纠纷，无重大刑事案件和重大治安问题，无重大治安灾害事故，无重大安全生产事故，无重大环境污染事故，无重大食品、药品等危害人身安全的事故，无其他重大危害公共安全和社会秩序的案件），开展以“平安乡镇”“平安村”“平安单位”“平安企业”“平安社区”“平安校园”为重点的平安建设，努力积“小”安为“大”安，实现全县平安。

2016年，县综治委制定《关于开展“平安村”“平安小区”“平安学校”和“平安企业”评选活动的通知》，在全县范围内开展首届“百姓心中的平安乡镇、平安村、平安小区、平安企业、平安学校”推荐评选活动。评选奥家湾乡、蔚汾镇、康宁镇为“2016年度社会治安综合治理工作先进乡镇”、财政局等10个单位为“2016年度社会治安综合治理工作先进单位”、高家村镇巡检司村等16个村为“2016年度平安创建示范村”、蔚汾苑小区等3个小区为“2016年度平安创建示范小区”、蔡家崖乡中心校等5所学校为“2016年度平安创建示范学校”、山西锦兴能源有限公司3家企业被评为“2016年度平安创建示范企业”。

第七章　统一战线工作

第一节　机　构

兴县县委统一战线工作部（简称县委统战部）是县委工作机关，正科级建制，对外加挂兴县民族宗教事务局牌子。1989年，统战部实有行政人员4人，设部长1人、副部长2人。2002年，县直党政机构改革后，统战部内设机构有综合办公室、对台办、民族宗教事务管理局，行政编制6人，其中，部长1人、副部长1人。同年，各乡（镇）设副科级统战员，全县共17名统战员。2016年，统战部内设机构有民族宗教事务股、侨务办、综合办公室，核定行政编制8人，全额事业编制3人；实有人员9人。领导班子设部长1名（县委常委，不占统战部编制）、正科级1人、副科级4人（其中副部长3人）。

2016年，县委统一战线工作领导小组成立，由县委书记任组长。同年，在全县17个乡（镇）党委设置统战委员17人，366个农村党支部设置统战委员366人，22个非公经济党组织设置统战委员22人，共405人。

1989—2016年中共兴县县委统一战线工作部历任部长一览表

表18-7-1-1

姓　名	性　别	籍　贯	任职时间
刘银厚	男	山西省兴县	1988.7—1993.7
李秀枝	女	山西省兴县	1993.7—2006.12
尹亮旭	男	山西省兴县	2007.5—2011.6
成　林	男	山西省离石市	2011.6—2016.6
宋兴丽	女	山西省兴县	2016.6—

第二节　统战工作

加强党对统一战线的领导

1994年3月，县委为了全面贯彻落实全国全省统战工作会议精神，正确认识和把握新形势下统战工作的发展变化，牢固树立统战工作为社会主义市场经济服务的观念，印发了《关于加强统战工作的意见》，要求在全县党内外深入开展党的统一战线理论政策的宣传教育，努力强化统战意识；要求党校把统战理论纳入培训课程，由统战专干讲授；统战部和县政协要定期组织各界人士发扬自我教育的优良传统，认真贯彻落实好民族宗教政策；要认真贯彻党的知识分子政策，选拔、推荐、使用一批政治表现好、熟悉业务、积极肯干、密切联系群众的党外知识分子担任各级、各部门的领导职务，以利发挥他们的聪明才智。

1997年6月，兴县召开县委常委会议，传达全区统战工作会议精神，确定由1名副县长联系统战工作，同时要求县党政主要领导要同党外人士交朋友，年内由组织部、统战部共同组织举办一期非党干部培训班；给统战部增配1名副部长，给乡（镇）设置统战委员。2001年，县委召开专题统战工作会议，就如何落实吕梁地委统战工作会议精神，制定具体意见：坚持、完善和发展共产党领导的政治协商制度，县委、县政府在重要工作决策之前要征求政协各界人士的建议和意见；县委每半年召开一次各界人士座谈会和情况通报会，政府职能部门和司法机关要选聘党外代表人士担任特约监察员、检察员、审计员和教育督导员；加强民族宗教工作，切实解决县宗教事务必要的办公经费和活动经费；重视党外干部的培养选拔工作；加强和改善党对统一战线工作的领导，县委中心组每年安排3次集中学习关于统战理论方面的内容，县委宣传部要确定一名副部长负责协调全县统战工作，加大统一战线刊物订阅工作，加强对基层统战员的管理和培训，做到每年集中培训一次。

2014年，建立县委组织部、统战部党外干部工作联席会议制度。

团结和任用党外优秀人士

2013年1月，县党外知识分子联谊会成立大会暨第一次会员代表大会召开。会议听取和审议《兴县党外知识分子联谊会章程》和《兴县党外知识分子联谊会选举办法（草案）》，选举产生兴县党外知识分子联谊会会长、常务副会长、副会长、秘书长。刘开门当选为兴县党外知识分子联谊会会长。同年，县委统战部以党外知识分子联谊会为平台，举办党外代表人士培训班2期。统战系统围绕党的十八大、十八届三中全会精神等内容，组织学习16次，培训重点党外代表人士80余人次。

2012—2013年，全县有党外干部26人，其中有副地（厅）级5人、县处级4人、科级17人。

2016年，在吕梁市换届中，兴县出席吕梁市人大代表共22人，其中有党外人士9人，占全县出席市人大代表总数的40.9%；兴县担任吕梁市政协委员10人，其中有党外人士6人，占担任市政协委员总数的60%。在兴县县、乡（镇）换届中，县人大代表共172人，其中有党外人士64人，占人大代表总数的37.2%（其中常委7人）；县政协委员共150人，其中有党外人士90人，占政协委员总数的60%（30名政协常委中有党外人士20名）。年末，兴县县委统战部向全县各乡（镇）党委、县委各部委印发《兴县科级党外干部考核管理办法》，安排党外科级干部在年底进行述职述廉工作，完善《党外干部培养选拔工作联席会议制度》，编印、出版《筑梦同心圆》文集，展示了兴县党外人士的精神风貌。

非公有制经济人士工作

2012年，县委统战部组织兴县部分民营企业负责人，赴柳林联盛集团、中阳钢铁有限公司、离石大土河煤焦集团等当地龙头企业，就民营企业如何转型跨越发展进行调研。

2014年，兴县建立特色农业产业园区，清泉醋业有限公司、黄河农业综合开发有限公司、三星油脂有限公司等一批非公有制企业入驻园区，安排当地劳动力360余人就业。亚龙农业科技有限公司建立兴县最大的蔬菜种植基地，安排劳动力135人，解决了城区居民吃菜难问题。民营企业家高花处牵头，组建宋家沟农业专业合作社，绿化荒山、荒沟，建成集农、林、牧、旅游业为一体的生态园。民营企业山花烂漫农业开发有限公司牵头建立公司加农户的产、供、销一体化合作模式，年种植谷物2万余亩，年加工销售精品杂粮3000万千克。

2016年，统战部组织全县非公有制经济人士开展理想信念教育活动，聘请县政协副主席刘开门为民营企业家作“做好诚实守信代言人”专题讲座。县电视台开辟了《民营企业家访谈》栏目，全方位展示了全县优秀民营企业家精神风采。

扶贫济困

2012年，县委统战部开展“同心”工程送温暖活动，组织兴县“同心”新村投资方为东会乡庄上小学（“四八”小学）捐款1万元。同年6月，县委统战部、兴县光彩事业促进会特邀吕梁市凤凰体检中心30余名专家为全县259名“三老”（老红军、老八路、中华人民共和国成立前老党员）人员进行了健康体检，并为“三老”人员赠送消暑凉被；为19名大学录取的贫困“三老”人员后代和特困生每人提供3000元助学金。2014年至2015年，县委统战部、兴县光彩事业促进会为全县259名“三老”人员赠送保暖被259块、白面518袋、胡麻油1295千克（包括特困户）；慰问农村108户贫困户和“三老”人员，每人500元；组织非公有制经济人士为23名贫困家庭学子捐赠助学金15.6万元。

第八章　党校工作

第一节　机 构

1989年，中共兴县县委党校（简称县委党校）校长由县委书记兼任，设常务副校长1人、副校长1~2人，内设机构有办公室、教务室、财务室，有教职工10人。2000年后，县委党校校长由县委常务副书记兼任，设常务副校长1人、副校长1~2人，至2008年底再未变更。2010年，县委党校领导班子成员4人，有教职工31人（高级职称1人、中级职称8人、初级职称22人），其中专职理论教师18人。

2016年，县委党校为参公事业单位，内设机构有综合办公室和业务股，核定全额事业编制32人，实有28人。核定正科级1人、副科级3人。内设机构有综合办公室、业务股，主要负责全县党员干部的培训教育工作。县委党校驻设于蔡家崖村。

第二节　党员干部培训

1989—1996年，县委党校围绕邓小平理论、农村经济政策、股份制经济基础理论、社会主义市场经济基础理论以及党规党法等学习内容，共举办党员干部培训40期5400多人次。其中，1991年，全县大抓党员干部教育，县委党校统一时间、统一内容、统一教材，对乡村2300余名党员干部进行了党纪和农村政策教育。其间，各乡（镇）镇党校为累计培训党员5.03万人次。

1993年11月，县委党校围绕社会主义市场经济理论、党在农村的政策和法律知识、治安条例和村民委员会组织法等内容，突出“三个教育”（小康建设教育、市场经济理论教育、密切联系群众教育），坚持“三个结合”（培训与解决农村存在的矛盾问题相结合、培训同健全完善农村各项管理制度相结合、培训同制定小康建设规划相结合）原则，集中培训乡（镇）副书记、副乡（镇）长、农村工作队队长、县直机关党（总）支书记等理论骨干。

其间，各乡（镇）党校围绕上述内容，培训农村党员干部4期，每期培训5~6天。

1994年，县委开展“学习年”活动，要求广大党员干部重点学习中国特色社会主义理论、社会主义市场经济理论和法律法规。县委党校全年组织副科级以上党员领导干部集中培训5期，共受训1021人次。24个乡（镇）党校和县直机关分校举办培训144期次，累计培训党员干部4300人次。

1997年8月，县委常委会议研究决定，由县委副书记组织有关部门，根据《中国共产党党校工作暂行条例》，研究制定党校工作“九五”规划、教学科研改革方案、规章制度和督促检查制度，党校工作走上科学化、规范化管理轨道。

2010—2012年，县委党校以中国共产党第十七次代表大会文件、农村实用技术、新党章、“八荣八耻”（坚持以热爱祖国为荣、以危害祖国为耻，以服务人民为荣、以背离人民为耻，以崇尚科学为荣、以愚昧无知为耻，以辛勤劳动为荣、以好逸恶劳为耻，以团结互助为荣、以损人利己为耻，以诚实守信为荣、以见利忘义为耻，以遵纪守法为荣、以违法乱纪为耻，以艰苦奋斗为荣、以骄奢淫逸为耻）等内容为重点，组织全县17个乡（镇）举办党员干部短期培训班，培训乡（镇）全体干部和所辖各村支书、村委主任及部分副职。

2013年3月，县委组织部会同县委党校，举办培训5期（每期3天），共培训1003人，其中入党积极分子300人、农村“两委”主干495人、大学生村官208人。培训结束后，县委党校为所有参训学员发放结业证书，存入本人档案。

2014—2016年，每年年初，县委党校在县文化活动中心举办4期培训，每次约360人，累计培训各乡（镇）党委书记、组织员、宣传员，“第一书记”、村“两委”“主干”、大学生村官1400余人次；举办县处级干部和科级干部培训10期，共培训党员干部和预备党员、入党积极分子3500人次。培训期间，邀请延安干部学院、中共山西省委党校教授、国家旅游局专家就干部理论教育和兴县经济发展分别作了专题报告。

此外，选派党校教师15人次，实行“送教下乡”到乡（镇）和县直机关宣讲党的十八大、十九大精神，累计宣讲30余场。

第三节　函授教育和远程教育

函授（学历）教育

省委党校函授（学历）教育　1989年，中共山西省委党校举办大专学历函授教育，兴县共招收学员96人，毕业87人。1993—1995年，山西省委党校举办大专学历函授教育，兴县招收学员369人，经考试，全部准予毕业。2007—2008年，山西省委党校举办大学专科、本科函授教育。其中本科设置行政管理专业，专科设置经济管理专业。2年内开设19门课，均为考试课。教师配备、教学安排均由省委党校负责。共招收兴县学员70多人，学员修业期满经考试成绩合格，全部准予毕业，被授予山西省委党校毕业证书，同时享受国民教育相应学历有关待遇。

中央党校函授（学历）教育　1991—1994年，中共中央党校累计招收（兴县）大学专科函授学员3人、本科函授学员67人，经考试，全部准予毕业。

远程教育　2007年，县委党校建设远程教育县级平台。2008—2010年，建设电信模式终端站点158个、卫星模式终端站点213个，分布在全县17个乡（镇）、352个建制村，配备371台电视机和机顶盒、213个卫星接收器，能够接收、播放、存储、回放各级播出平台传送的节目，全县实现远程教育全覆盖。

2012年10月底，县委党校邀请中共吕梁市委组织部领导和吕梁市委党校教师骨干对兴县371个村的村主干、终端站点负责人和乡（镇）站点管理员共800余人，分6片进行了为期15天的集中轮训，全程播放了全国党员干部现代远程教育骨干人员培训班音像教材，印发相关材料、专家讲座材料1000余份。

2016年，全县远程教育系统进行了改版升级。

第九章　信访工作

第一节　机 构

1989年，兴县信访办公室改称信访局，由县委直属职能室变更为县人民政府专管信访工作的直属职能局，正科级建制，有行政人员5人。2002年，县直党政机构改革，信访局并入县委办公室，成为其内设机构（股级），其职能保持不变。2005年8月，信访局再次单设，全称为中共兴县县委、兴县人民政府信访局，接受县委和县政府的双重领导，隶属于县委序列，有行政人员4人。

2010年8月，兴县信访工作领导组及办公室成立，办公室设在信访局。同时组建社会群众工作部（与信访局一个机构、两块牌子）和信访接待中心（编制3人），抽调县司法局律师和法律工作者2人、县纪检委干部2人、公安局干警10人常驻信访接待中心联合办公；在县人民法院、人民检察院等8个信访量比较大的政府职能机关成立信访接待室，配齐信访工作人员，每单位1~3人（兼职）。在17个乡（镇）成立社会群众工作办公室，下设矛盾排查调处中心和信访服务中心（信访接待办公室）等5个中心，由一名乡（镇）分管信访工作的副书记兼任信访接待室主任，每乡（镇）从事信访工作的人员达到3~5人；每建制村都设有矛盾排查调处小组，由3人组成。

2011年，兴县社会工作联络中心成立，为副科级事业单位，与兴县信访局合署办公，为一个机构、两块牌子，占兴县文化活动中心10间办公室和二层信访大厅。内设办公室、接访大厅、社情民意通道热线3个股室，核定全额事业编制5人，实有5人，其中副科级领导1人。

2016年，兴县信访局行政编制13人，实有13人。信访接待中心和社会工作联络中心全额事业编制8人，实有8人（不含临时借调人员）。

第二节　信访接待处理

1989年，兴县信访局成立，制定来信来访登记、信访接待、受理和办理上级信访案件等制度。1991年，中共兴县县委制定《县委、政府主要领导干部实行接待群众来访制度》，县委、县政府领导在县城集中接待群众来信来访的同时，实行定人、定点、定时间接待农村群众。该年共接待农村来访群众234人次，解决187人的来访问题。1996年，兴县信访局依据国家《信访条例》和《山西省信访条例》规定，补充完善信访登记、接待、处置等制度，明确县直机关主要领导是信访第一责任人，信访工作走上了依法依规依序的轨道。

1999年，兴县信访工作主要是解决知识分子政策落实问题、历史遗留问题、冤假错案问题、清房问题以及群众来信来访的土地承包、果园承包、村务公开等问题，信访事项不复杂，群众诉求简单，信访量较少。信访局全年受理群众来信26件，接待群众上访1435人次。其中，90%的案件得到妥善处理，特别解决了4户老上访户的问题。

2003年，信访局全年受理群众来信38件，接待群众来访2461人次。其中，98%的来信反映问题由有关单位及时进行了处理；立查信访案件23件，结案率达98%。2004年，信访局全年接待群众来访4012人次，其中个人访42人次，集体访130批3972人次。全年立查信访案件27件，结案率达99%。2007年，针对部分群众越级上访问题，县委先后建立包案领导责任制、领导信访接待日制度、县级领导“下访”信访案件制度，全年信访率明显下降。

2010年，实行县级领导包案化解信访积案制，全年结案92件，结案率75.4%。其中，化解13件职工群体及个体信访事项，启动信访救助金303.55万元，化解1起命案事故、1起落实劳动待遇事项；对31名领导干部进行问责，处分科级干部6人（其中撤职2人、行政记过1人、严重警告3人），处分一般干部6人（其中留党察看1人、严重警告5人），处分村干部19人，分别给予警告、严重警告、留党察看处分；对5个乡（镇）党委书记和2个县直单位主要领导进行了约谈。

2011年，信访局共处理解决上访案件2582件。其中，党政领导班子成员接待群众来访452人次，处理办结67件；信访局处理吕梁市社会工作联络中心转来案件2937件，当年办结2515件，办结率85.6%。

2012年，信访局处理解决上访事件491件。其中，党政领导班子成员接待群众来访2633人次，处理信访事项317件；处理上级领导交办的信访案件174件，全部结案上报。此外，县社会工作联络中心共接到群众来电及短信反映情况案件378件，当年办结376件，办结率99.5%。

2013年，信访局处理解决上访265件。其中，领导接待群众来访2267人次，处理信访事项192件；处理省、市交办的上访事件73件，全部办结上报，结案率100%。此外，社会工作联络中心接到群众来电及短信反映情况案件362件，当年办结342件，办结率94.5%。

2014年，实行县级领导包案化解制，按照“诉求合理的解决问题到位，诉求无理的思想教育到位，生活困难的帮扶救助到位，行为违法的依法处理到位”的基本原则，通过调解、协调、听证等多种方式，对所交办案件252件全部办结上报，息诉罢访率达80%。社会工作联络中心收到吕梁市转来案件1638件，当年办结1083件，办结率66.1%。对15名科级干部进行问责，其中诫勉谈话4人，党内警告、严重警告9人。

2015年，全县开展信访积案集中化解专项攻坚活动和集中解决群众信访诉求专项治理活动，全部办结上级交办的66件信访案件，办结吕梁市社会工作联络中心转来案件1967件，占全部转来信访案件2027件的97%。

2016年，信访局共接待处理上访事件1370件，其中处理上级交办信访案件15件；办结吕梁市社会工作联络中心转来案件1243件，占到转来案件的85.8%；接待处理来县上访112件1432人次。

第十章　老干部工作

第一节　机　构

1989年，中共兴县县委老干部局（简称老干局），内设机构有办公室、财务科和活动室，有行政人员4人。2002年，县直党政机关机构改革时，设置兴县老干部局，为县委部门管理的正科级行政机构，由组织部具体管理，内设机构有办公室和离退休股，行政编制为5人。2016年，老干局内设机构有办公室、老干部活动中心，核定行政编制7人，全额事业编制4人，实有13人；核定领导职数正科级（局长）1人、副科级（副局长）2人。

第二节　离退休及待遇

离退休

1989年，兴县有离休老干部354人。1989—2016年，老干局为1949年10月1日前参加工作的81名干部办理离休手续，为3456名到退休年龄的干部办理退休手续。

待　遇

政治待遇　1991年，根据中央、山西省委和吕梁地委的有关政策，县委基本落实老干部政治待遇和生活待遇。在县财政极为困难的情况下，拨专款组织120余名老干部外出参观；为21名生活不能自理的老干部发放了护理费；组织全县50余名老干部参加全国医疗保健知识大赛；邀请部分离退休老干部参加了历届县党代会、人代会、政协会和其他重要会议；定期向老干部传达中央、省、地、县的重要文件精神，组织老干部视察观摩了工农业生产和县内的重点工程；为每位离休干部订阅《山西老年》期刊，为退休干部订阅《老友报》期刊。

1996年1月，县委印发《关于进一步加强老干部工作的意见》，要求各级党政组织加强老干部队伍建设，从思想上、政治上关心爱护老干部；要求组织老干部学习《邓小平文选》一卷至三卷，学习党的十四届三中、四中、五中全会决定和有关文件精神；要求按规定组织老干部阅览文件、听重要报告、参加一些重要会议和重要政治活动，使他们了解国内外大事和兴县的政治经济社会发展情况，特别要围绕县域经济工作重点，充分发挥老干部的参谋作用。

2002年，县委、县人民政府特聘6名离退休老干部担任兴县党风廉政特邀监督员，并颁发了聘任书和监督证。

2011年，县老干局为爱好写作阅读的离退休老干部征订《中国老年》《党史文汇》《半月谈》等期刊。2013年，县老干局为副县（处）级以上离退休老干部每人征订1份《吕梁日报》。

2010—2016年，县委、县人民政府分批组织老干部423人，参观了蔡家崖晋绥边区革命纪念馆、山西华兴铝业有限公司、“四八”烈士纪念馆、吕梁飞机场、汾阳杏花村酒厂和延安红色革命根据地。

生活待遇　1996年1月，县委印发《关于进一步加强老干部工作的意见》，保证了老干部生活待遇的落实、离退休费的按时定额发放，特别是保证了企业离休干部离休费的正常发放；同时研究决定，在1945年9月2日前参加工作的企业离休老干部的离休费，从1996年1月1日起纳入财政预算，由老干局代发；从1996年1月1日起，离休干部的包干基数在原先的基础上，每人每年增加100元。解决了离休老干部药费包干标准偏低问题；1992年以来从行政单位离休的9名老干部的2.8万元建房补助费在春节前一次性解决。

1997年8月，县委常委会议专门研究解决老干部两费拖欠问题：决定由财政筹措40万元，一次性解决离休老干部理顺工资补发拖欠问题；在解决上半年老干部包干医药费13万元到位的基础上，再由财政拨款10万元解决离退休老干部的医药费拖欠问题；由财政拨款1.2万元，对1945年9月2日以前参加工作的62名企业离休干部套改为行政工资；按照政策规定，对1945年9月2日以后、1949年9月30日以前参加工作的50名企业离休干部的工资，从1997年8月1日起全部转归财政负担，原拖欠工资及待遇留原企业负责清理。

2000年6月，县委常委会议决定：从2000年1月起，离休干部的乘车费标准由5元、10元、20元分别提高到15元、20元、30元；发给解放战争时期参加革命工作的离休干部护理费（标准为每人每月100元）；优先发放离休干部的工资；由老干部局组织推选20名老干部代表，定期召开老干部代表座谈会，征求意见。

2002年4月，县委专题会议研究决定补发2001年离休老干部剩余25%的增资，开办老干部阅览室，定期走访、慰问老干部。

2010年，全县离休干部医疗费发放人均达到7000元以上。2011年12月，118名企业离休干部的离休费、医药费全部归县委老干部局管理，由县财政支付。

2014年起，老干局每年为所有离退休人员免费体检一次；对遭遇天灾人祸、长期患病卧床、生活困难的老干部给予重点救助；重大节日期间，领导带头走访、探望老干部。2016年，全县离休老干部护理费增至每人每月1100元。

第三节　活动设施建设

1989年，老干部局新建办公楼，占地面积312平方米，建筑面积800平方米，主体建筑为三层。内设老干部活动中心，有棋牌室、象棋室、乒乓球室、阅览室、扑克室、会议室。同年，创立老年戏迷协会，主要组织老干部表演晋剧，参加人数由10多人增至30余人。

2010年，老干局在福临嘉苑购得一套商品房，建筑面积90平方米，改造成老干部活动室，并于2016年通过省老干部局验收，内设阅览室、象棋室、麻将室、扑克室，室外设50平方米乒乓球场、一个标准门球场，为西滩坪区居住的老干部提供了休闲娱乐场所。

2015年，老干部局为城东区老干部租赁水泉湾老干部活动室和新华街老干部活动室。2016年，兴县老年大学开工建设。

第十一章　重大决策

第一节　关于加强党的建设的战略决策

坚持反腐倡廉，从严治党治政

1990年，为了贯彻落实中共十三届六中全会《中共中央关于加强党和人民群众联系的决定》，中共兴县县委制定清房、整顿执法队伍、纠正行业不正之风和反对用公款吃喝、制止乱收费等反腐败举措。

1997年，县委开展了制止奢侈浪费、狠刹“两风”、清理规范通信工具、全面清理超标小汽车等方面专项工作，对没收清查出的15部违规小汽车，给予单位负责人党纪政纪处分，并委托拍卖公司拍卖处理（拍卖资金用于支付所欠职工工资，清偿债务和发展生产）。同时制定印发《关于开展社会主义精神文明建设的实施意见》《关于加强农业和农村工作的实施意见》《整顿农村后进支部的实施意见》《关于从严治党，从严治政的若干决定》。

1999年12月和2002年1月，县委召开2次反腐败案件处理大会，先后处理10多起干部违法违纪案，涉及金额139.98万元；处分党员干部23人（包括副科级以上领导干部12人），其中开除党籍4人。

开展“三讲”和“三个代表”学习教育活动

2000年2月，中共兴县县委成立“三讲”教育领导组，从2月29日至4月26日，在县级四套班子成员及县纪委、组织部、宣传部、人民法院、人民检察院、公安局领导班子中(含党组成员党委委员)开展“三讲”集中教育活动，教育活动分思想发动、学习提高阶段，自我剖析、听取意见阶段，交流思想、开展批评与自我批评阶段和认真整改、巩固成果四个阶段进行，并把学习提高、开门整风、开展批评和自我批评、边整边改贯穿于“三讲”教育全过程，解决了城乡脏乱差问题、城区供水难问题和企业突出问题。6月，全县开展学习贯彻江泽民“三个代表”重要思想教育活动，县委宣传部、组织部先后印发《关于加强精神文明建设的决定》《关于加强干部理论学习教育的决定》《关于加强和改进舆论宣传工作的意见》《关于进一步加强干部监督管理的暂行规定》等文件。

2001年3月，县委安排用两年左右的时间，在县直各单位、各乡（镇）、农村领导班子和基层干部中分两批开展“三个代表”重要思想学习教育活动。首批在乡（镇）和县直机关进行，时间从3月20日开始，到6月20日基本结束。有108个县直部门和17个乡（镇）的3666名党员干部参加了“三个代表”重要思想学习教育活动，其中县直部门班子成员388人，一般工作人员2480人；乡（镇）副科级以上干部252人，一般工作人员546人。学习内容是《农村干部学习“三个代表”重要思想文件汇编》《邓小平理论通俗读本》《农村政策简明读本》《农村基层干部读本》。

第二批学习教育活动在村级和各级部门驻乡（镇）单位中进行。从2001年10月20日开始，至2002年1月29日前基本结束。学习内容以全国学教办编印的《学习“三个代表”重要思想—村干部必读》和吕梁地委学教办编写的《农村“三个代表”教育辅导读本》为教材，重点学习《中国共产党章程》、毛泽东《为人民服务》、邓小平《保持艰苦奋斗的传统》、江泽民《在庆祝中国共产党成立八十周年大会上的讲话》和中国共产党第十五届中央委员会第六次全体会议通过的《中共中央关于加强和改进党的作风建设的决定》。通过学习教育活动，全县调整农村经济结构、增加农民收入取得新进展，减轻农民负担见到新成效；基层干部思想作风和工作作风有明显改进，广大干部抓经济、谋发展的思想，学科技、求创新的意识，为民搞服务、办实事的自觉性和责任心进一步增强，精神文明建设和民主法治建设进一步加强；基层组织建设再上新水平，城市环境实现大改观。

2002年8月，全县开展了“创新环境，加快发展”大讨论。中共兴县县委、县人民政府制定了开展“大讨论”八条原则：依程序认真操作，创造性地开展大讨论活动；借鉴“三讲”集中教育、“三个代表”学习教育活动的成功做法，在求真务实上下更大功夫；坚持查摆问题对事不对人，在“大讨论”活动中着重解决人的思想作风问题；各级领导和重点部门要起模范带头作用；在软硬环境创新上下真功夫，特别要注重软环境创新；领导精力集中，责任明确，动员群众参与大讨论；充分认识自然资源丰富的同时，努力挖掘全县最稀缺的资源；注意解决突出问题，建立长效机制。

开展党的先进性教育活动

2005年，按照中共中央和中共山西省委、中共吕梁市委安排部署，县委决定从1月开始，用一年半左右时间，在全县党员中开展以“三个代表”重要思想为主要内容的保持共产党员先进性教育活动。全县先进性教育活动分3批进行，要求党员干部参与先进性教育面达到100%，要求各级党组织坚持把学习教育、加强领导、督促检查、高标准严要求贯穿始终，并按照“规定动作不走样，自选动作有特色”的要求创造性地开展先进性教育活动。通过开展先进性教育活动，全县党员的党性意识和整体素质明显提高，党组织的凝聚力和战斗力明显增强，党群、干群关系明显改善，各项工作得以顺利开展。

2008年11月，为深入贯彻落实党的十七大和十七届三中全会精神，中共兴县县委决定开展为期100天的“继续解放思想，推进科学发展”大讨论活动，印发了《关于紧紧围绕转型发展、安全发展、和谐发展，深入开展“继续解放思想、推进科学发展”大讨论活动的实施方案》。该实施方案以解放思想为先导，以科学发展观为统领，着力克服制约转型发展、安全发展、和谐发展的思想障碍和机制障碍，破解影响全县发展的矛盾和难题，力求在思想上实现新突破，在行动上迈出新步伐，在完善机制上取得新进展，在干部作风上实现新转变。

2010年7月，围绕迎接中国共产党成立90周年和党的十八大召开，中共兴县县委决定在全县各级党组织和党员干部中深入开展以创建先进基层党组织、争当优秀共产党员为主要内容的创先争优活动。

2012年2—6月，中共兴县县委在全县副科级以上党员领导干部中开展保持党的纯洁性学习教育活动。活动分集中学习、传统教育、典型激励、问题查摆、整改落实五个阶段进行。3月1日至12月底，全县开展了“大排查、大接访、大化解”活动，营造了稳定和谐的社会环境。

开展党的群众路线教育实践活动，落实中央八项规定，密切党群干群关系

2012年12月4日，十八届中共中央政治局会议审议通过《十八届中央政治局关于改进工作作风、密切联系群众的八项规定》。中央八项规定是党的十八大之后制定的第一部重要党内法规，也是改进工作作风的一个切入点。规定要求：要改进调查研究，到基层调研要深入了解真实情况，总结经验、研究问题、解决困难、指导工作，向群众学习、向实践学习，多同群众座谈，多同干部谈心，多商量讨论，多解剖典型，多到困难和矛盾集中、群众意见多的地方去，切忌走过场、搞形式主义；要轻车简从、减少陪同、简化接待，不张贴悬挂标语横幅，不安排群众迎送，不铺设迎宾地毯，不摆放花草，不安排宴请。要精简会议活动，切实改进会风，严格控制以中央名义召开的各类全国性会议和举行的重大活动，不开泛泛部署工作和提要求的会，未经中央批准一律不出席各类剪彩、奠基活动和庆祝会、纪念会、表彰会、博览会、研讨会及各类论坛；提高会议实效，开短会、讲短话，力戒空话、套话。要精简文件简报，切实改进文风，没有实质内容、可发可不发的文件、简报一律不发。要规范出访活动，从外交工作大局需要出发合理安排出访活动，严格控制出访随行人员，严格按照规定乘坐交通工具，一般不安排中资机构、华侨华人、留学生代表等到机场迎送。要改进警卫工作，坚持有利于联系群众的原则，减少交通管制，一般情况下不得封路、不清场闭馆。要改进新闻报道，中央政治局同志出席会议和活动应根据工作需要、新闻价值、社会效果决定是否报道，进一步压缩报道的数量、字数、时长。要严格文稿发表，除中央统一安排外，个人不公开出版著作、讲话单行本，不发贺信、贺电，不题词、题字。要厉行勤俭节约，严格遵守廉洁从政有关规定，严格执行住房、车辆配备等有关工作和生活待遇的规定。

2013年至2014年9月，全县开展党的群众路线教育实践活动。县委印发了《深入开展党的群众路线教育实践活动实施方案》，要求县四大班子、县直机关及其直属企事业单位、乡（镇）和农村、非公有制经济组织、社会组织和其他基层组织的党员干部都参加这次教育实践活动，每个单位开展教育实践活动的时间不少于3个月。

党的群众路线教育实践活动采取统一部署、梯次展开、压茬进行的办法，每个层次相隔时间大体为两周左右。实践教育活动分学习教育、听取意见，查摆问题、开展批评，整改落实、建章立制三个步骤进行。县委要求各单位在活动中坚持落实中央八项规定，做到“照镜子、正衣冠、洗洗澡、治治病”，着力解决领导班子和领导干部工作作风方面存在的突出问题，解决关系群众切身利益的实际问题，强化宗旨意识和服务意识，解决联系服务群众“最后一公里”问题，进而使党员干部思想进一步提高，作风进一步转变，党群干群关系进一步密切，为民务实清廉形象更加鲜明，基层基础进一步夯实。

开展“三严三实”专题教育与专项整治活动

2014年12月，中共兴县县委、县人民政府决定集中6个月时间（至2015年5月），在全县开展“聚焦民生、转变作风、服务群众”主题实践活动。要求各级领导干部在这次主题实践活动中努力转变工作作风，坚持问题导向，聚焦基本民生，集中解决一批群众最关心、最直接、最现实的利益问题，探索为民服务、为民办事的长效机制，净化政治生态，实现弊革风清、重塑兴县形象的目标。

2015年12月，中共兴县县委、县人民政府印发了《兴县深化“三严三实”专题教育专项整治基层干部不作为、乱作为等损害群众利益问题的实施方案》，方案明确指出，“三严三实”专题教育与专项整治工作，主要整治各乡（镇）和县直各单位及其下设的站、办、所、股等窗口单位干部中存在的不作为、乱作为、贪腐谋私、执法不公等错误。

2016年6月，县委印发《中共兴县县委巡查工作实施办法（试行）》和《关于建立县级巡查制度的实施意见》，推动全面从严治党向基层延伸。

第二节　关于推进政治体制改革的重大决策

乡镇党政机构改革

2001年，根据省、地有关机构改革文件及会议精神，结合兴县乡（镇）实际情况，中共兴县县委、县人民政府从指导思想、改革原则、乡（镇）类别、机构设置、人员编制和领导职数等方面制定了兴县乡（镇）党政机构改革实施方案。按照规定，兴县设置乡（镇）17个，乡（镇）类别以人口为依据（3万人以上为一类乡镇，1.5万人至3万人为二类乡镇，1.5万人以下为三类乡镇）划分。其中一类乡（镇）1个，即蔚汾镇，设置4~5个综合性办事机构；二类乡（镇）5个，即魏家滩镇、康宁镇、瓦塘镇、奥家湾乡、蔡家崖乡，设置3~4个综合性办事机构；三类乡（镇）11个，即高家村镇、罗峪口镇、蔡家会镇、交楼申乡、恶虎滩乡、东会乡、固贤乡、贺家会乡、孟家坪乡、赵家坪乡、圪达（垯）上乡，设置1~2个综合性办事机构。乡（镇）党政机关行政编制共387人，在此编制中，由县编委预留14个编制（每乡镇预留两个），用于以后的余缺调整。

县直党政机构改革

2002年，根据《中共吕梁地委、吕梁行政公署关于县市党政机构改革的实施意见》《中共吕梁地委、吕梁行政公署关于印发〈兴县县级党政机构改革方案〉的通知》等文件及全区县、乡党政机构改革工作会议精神，结合兴县实际情况，县委、县政府从指导思想及原则，机构设置、调整、名称及规格，人员编制、科级领导职数及配备，竞争上岗，人员分流，组织领导等6个方面提出了县直党政机构改革实施意见，并根据实施意见制定出“三定”（定职能，定内设机构，定岗位、编制、人员）工作实施方案。根据地区批准的机构改革方案，县直党政机构设置30个（其中县委机构8个，政府机构22个）；人大、政协机关及群团组织设置14个，其中人大机构4个，政协机构3个，群团组织7个；成建制转为事业性质的单位10个；成建制转为经济实体的5个。县级机关核定行政编制369人，其中县委机关占20%，县政府机关占70%，其他机关占10%。各部门、各单位通过“三定”工作，达到转变职能、理顺关系、精兵简政、提高效率的目的，建立起适应社会主义市场经济的行政管理体制和高素质的党政干部队伍。

第三节　关于推进兴县经济与社会发展的战略决策

深化农村改革

1990年，中共兴县县委印发《深化农村改革的实施方案》，要求从七个方面深化农村改革：完善双层经营，壮大集体经济；建立农业基金制度，增强农业发展后劲；完善土地承包经营，加强等级管理；完善果园管理，发展林果产业；完善乡村企业经营，加强财务管理制度；加强水利设施管理，完善劳动积累制度；建立乡村合作经济组织，开展社会化服务。这一实施方案指明了深化农村改革的方向，规范了深化农村改革的行为，完善了相关制度，完全符合农民意愿，是指导全县深化农村改革的纲领性文件。

1990年，杜俊奇书记代表县委提出了实现“两个稳定”的发展思路，即“农民稳定脱贫、财政稳定脱补”，解决农民和干部吃饭问题。

1991年1月，中共兴县县委制定印发《关于在全县农村逐步实行“两田制”的意见》（简称《意见》）。当时全县农村虽然普遍实行了不同形式的土地承包制度和管理办法，但由于土地的分配形式和使用情况不相一致，暴露出诸多问题：有的地方土地变动频繁，影响群众对土地的投入；有的难以完成各种提留，影响了干群关系；有的出现无偿使用土地，没有经济责任等。根据兴县土地承包的现实状况和存在问题，县委特制定在农村逐步实行“两田制”（口粮田和责任田）的办法。《意见》指出，实行“两田制”，要按照“群众自愿，先点后面，逐步推行”的办法，要坚持“农者有其田，耕者有其田，强者多其田”的原则。承包方法是，把全部耕地面积等级一次核准，划分为口粮田和责任田。口粮田要保证正常年景每人每年的基本口粮，凡是有农村户口的村民平均每人一份。口粮田应交农业税和土地管理费等。

责任田一般是按劳力分配，凡有耕作能力的劳力每人一份。责任田承担承包费和粮油实物性的合同订购任务，每年的承包费应根据土地等级和集体提留、粮油负担基数而定，不得随意提高承包费，年初一次交清。合同订购任务在征购期间兑现，承包费和合同订购任务不能兑现者不得继续承包责任田。

实行“两田制”，就是要在承包的基础上，保持土地承包的相对稳定。凡耕地较少，耕地主要是口粮田的村，其部分承包田由少数劳力承包者可实行招标承包的办法，但承包期不得少于三年，坚决杜绝一年一包的办法。因人口增减，土地确需调整时，也要大稳定小调整，至少每隔三年至五年方可小调整一次。调整土地时实行“动账不动地”的办法，人口增减由自家的责任田和口粮田内“两田互转”，增人则增口粮田，减责任田，使一部分责任田变为口粮田，责任田的负担也相应地改为口粮田的负担；减人则减口粮田，增责任田，使一部分口粮田变为责任田，口粮田的负担也相应地改为责任田的负担。两田的互转只是在账面上调整和负担上改变，而经营权始终不能改变。“两田互转”制度调节了人口变动对土地再分配的压力，农户的经营积极性得到提高。个人之间要互相调整兑换土地的，可以在自愿协商的基础上实行“明调”和“暗调”。两田的转包或转让必须有利于集中、连片、提高土地利用率，利于逐步实行规模经营。

1991年，县委就深化农村改革又明确提出抓住“一条主线”（完善统分结合、双层经营机制）、突出“三个重点”（发展壮大集体经济、健全社会化服务体系、开拓和培育农产品市场）、加强“五项配套制度建设”（土地承包管理制度、农业发展基金制度、农村财务管理制度、基层干部管理制度、村民规范化管理制度）的农村改革和发展思路，并大胆实施、积极实践。

1993年9月，中共兴县县委、县人民政府为适应农村市场经济发展的需要，进一步稳定土地使用权属，最大限度地调动农民种地养地的积极性，促进农村综合开发，特制定印发了《关于农村实行土地租赁经营的实施意见》。该意见包括土地租赁经营的基本原则、土地租赁经营的实施程序及办法等。该年全县85%的村实行了土地承包和租赁经营。

鼓励农户购买治理小流域

1991年3月，根据山西省政府《关于户包治理小流域的几项政策规定》和省地有关小流域治理和农田基本建设的补充规定，中共兴县县委、县人民政府制定印发《关于重申鼓励扶持户包治理小流域的若干政策规定》。该规定包括：流域面积较小的支毛沟可承包到户，或先租赁、后治理，谁治理、谁受益，使用权允许依法继承、转让，长期不变；流域面积较大的支沟实行统一规划，集中治理、集中承包或租赁到户，也可联户治理，股份经营，50年不变；对原定国家承包合同治理期限不明、四至不清、互相争地争树和联户承包互相扯皮等问题，要按有关政策妥善解决，尽快完善；对那些不执行原定承包合同，包而不治和不按合同期限完成治理，浪费土地资源的要酌情予以罚款或缴纳土地资源补偿费，同时集体有权收回，重新发包，限期治理；因承包面积过大，超过自身治理开发能力的，可将一部分未治理的面积转让他人承包或有偿转让他人经营，否则集体有权收回未治理面积，另行承包，限期治理；农民在小流域内新建的农田，长期归农民使用，从受益之年起，7年内免交农业税，20年内不提留、不征购；农民在小流域内经治理改造提高标准的农田，10年内不加提留、不加征购、不加农业税；农民以小流域为依托兴办的养殖企业免税5年，加工企业免所得税5年；允许国家机关、企事业单位同农民联合治理开发小流域；鼓励科技人员以技术入股的形式在小流域内与农民联办开发项目；允许农民在自己承包的小流域内造地建房，但需由村委统一规划，乡（镇）批准；农村建房占地，除按规定缴纳费用外，每占一分耕地，在小流域内先修三分耕地，否则一律不准批给宅基地；对小流域治理积极性大，效益明显的可优先资助扶贫贷款等支农款项，鼓励其发展；对那些哄抢、盗窃、破坏小流域治理成果或工程设施，侵犯承包户合法权益的行为，要严肃查处，通报全县；对小流域治理成效突出者，要大力表彰，记功嘉奖；各乡（镇）在不违背中央、省、地政策原则的前提下，可制定适合当地实际的户包小流域治理规定。根据以上优惠措施，全县两年内拍卖“四荒”面积22.5万亩，拍卖小流域1382条（处）。两年后，县委、县政府召开联席会议，研究制定了鼓励农民购买治理小流域的更多优惠政策。

加快特色农业产业化进程，打赢脱贫攻坚战

1992年1月21日，中共兴县县委印发《中共兴县县委关于贯彻党的十三届八中全会和省委六届二次全体（扩大）会议精神，进一步加强农业和农村工作的实施意见》，提出推进全县农业发展的具体策略：深化改革，稳定和完善家庭联产承包责任制和双层经营体制；加强生态农业建设，搞好农业综合开发；加强扶贫工作，尽快实现稳定脱贫目标。生态农业是农、林、牧、副、渔各业综合起来的大农业，又是农业生产、加工、销售综合起来的、适应市场经济发展的现代农业。建设生态农业，就是要因地制宜，抓好特色优质农产品的开发，推进特色农业产业化发展。从这一时期开始，县委、县政府按照山西省和吕梁地区（市）关于特色农业产业化发展要求，积极探索和构建“8＋2特色农业”（大力发展以杂粮、核桃、红枣、食用菌、林下中药材、马铃薯、设施蔬菜、畜牧养殖为主的八大产业，狠抓农产品加工龙头企业和品牌市场两个关键环节）产业化发展模式。其中，根据兴县实际，把发展小杂粮生产作为农民脱贫致富的一大主导产业，以发展龙头加工企业，推动杂粮种植向规模化、产业化发展。1997年，年初的兴县县委工作会议上刘光彦书记代表县委提出“五结合”发展战略，即：革命传统与时代精神相结合，重塑老区形象；艰苦奋斗与更新观念相结合，振奋干群精神；从严治党与综合治理相结合，整治社会风气；深化改革与强化管理相结合，搞活工商企业；温饱工程与产业扶贫相结合，加快脱贫攻坚步伐。2001—2016年，随着全县特色农业产业化进程的加快，农业综合效益大幅提升。种植业方面，粮油总产量由1882万千克增加到1.16亿千克，增长5.16倍。其中“十一五”（2006—2010年）期间，全县年均种植小杂粮面积65万亩，年均杂粮产量6065万千克；“十二五”期间（2011—2015年），全县年均杂粮产量增加到9857.3万千克，比“十一五”年均杂粮产量增长62.5%。2016年，县财政补助882万元，为种植户统一提供种子和肥料，全力推进小杂粮基地县建设，全县小杂粮种植面积达到76万亩，涉及7个乡（镇）89个村6120户农户，含建档立卡贫困户3858户，户均收入2500元左右。

畜牧养殖业方面，大畜饲养量由2.4万头增加到3.22万头，增长34.17%；羊饲养量由25.12万只增加到49.61万只，增长97.49%；生猪饲养量由2.74万头增加到7.96万头，增长1.91倍；蛋鸡饲养量由29.77万羽增加到79.39万羽，增长1.67倍。畜肉产量由403万千克增加到982万千克，增长1.44倍；蛋、奶年产量由100.4万千克增加到622万千克，增长5.2倍。

经济林方面，2010年9月，中共兴县县委、县人民政府印发《关于加快核桃产业化发展的意见》，指出加快核桃产业化发展是兴县实现农业转型，促进农业增效、农民增收和改善生态环境，推进社会主义新农村建设的重要举措，要求全县创办14个集中连片核桃林生产基地，打造50个核桃林精品园区。至2016年末，全县核桃、红枣等经济林累计达到76.42万亩（其中核桃林45.88万亩、红枣林23.25万亩，其他水果林7.29万亩），干鲜水果产量由2000年的460万千克增加到1837万千克，林业产值由2000年的1047万元增加到5377万元，分别比2000年增长2.99倍和4.14倍。

2001—2016年，全县农林牧副（渔）总产值由1.34亿元增加到6.19亿元，增长3.62倍，为农村脱贫奠定了坚实基础。

特色农产品加工生产方面，2006—2016年，清泉醋业有限公司陈醋年产量由8000吨增加到4.45万吨，增长4.56倍；销售收入由1800万元增加到6689万元，增长2.72倍；税金由170万元增加到660万元，增长2.88倍。三星油脂公司年产亚麻油（胡麻油）、色拉油等食用油1.2万吨、芥末精油150吨，2016年销售收入5400余万元。蔡家会镇晋绥农林综合开发有限公司和罗峪口镇万锋天然枣业开发有限公司，2016年加工生产红枣系列产品（滩枣、贡枣、紫晶枣、脆枣、烤枣、乌枣等）5600吨，实现销售收入5600余万元。

从1994年至2016年，兴县农村扶贫开发大致经历“八七”扶贫攻坚（1994—2000年）、扶贫开发（2001—2010年）、扶贫攻坚（2011—2016年）三个阶段。其中在“八七”扶贫攻坚阶段，全县农业基础条件和公共基础设施条件得到充分改善，农林牧副业总产值由1993年的1.43亿元增加到2000年的2.63亿元，增长83.92%；农民年人均纯收入由1993年的449元增加到2000年的795元，增长77.1%；有11.5万人解决了温饱问题，占“八七”扶贫攻坚计划人口15.79万人的72.83%。在2001—2010年的扶贫开发阶段，各级投入财政扶贫资金38642.87万元，扶持发展种养加项目128个，实施了整村推进、以工代赈、农村路网改造、社会帮扶以及移民搬迁等扶贫项目，惠及302个建制村、4200户、13.25万人。在2011—2016年的扶贫攻坚阶段，各级累计投入财政扶贫资金3.86亿元，在484个村实施了片区开发、整村推进、易地搬迁、金融扶贫、光伏扶贫、企业扶贫、干部包村扶贫、中央彩票公益金扶贫等项目，到2016年末，全县农民年人均纯收入由2000年末的795元增加到4006元，增长4倍多；贫困人口由2001年初的22.73万人减少至4.62万人，累计减少18.11万人，减少79.67%。

2016年1月14日，全市召开脱贫攻坚大会，中共吕梁市委、市政府要求兴县在2019年完成贫困县摘帽任务。

6月，为了抓好精准扶贫，打赢打胜脱贫攻坚战，中共兴县县委、县人民政府联合印发《兴县千名干部挂牌包扶万户贫困户精准脱贫实施方案》。扶贫包扶人员来自中央、省、市驻村工作队、全县机关企事业单位和乡镇、支、村“两委”，共5000人，包扶建档立卡贫困户21811户61871人。包扶时间从2016年开始，至2019年全部脱贫。11月28日，中共兴县县委、县人民政府印发《精准扶贫精准脱贫的实施方案》，进一步充实扶贫工作领导力量，强化县乡村三支扶贫队伍的骨干作用，制作精准脱贫帮扶手册，精准安排帮扶项目和资金，落实金融扶贫工程，建立完善扶贫考核机制。精准实施的六大脱贫攻坚工程有10项产业扶贫工程、7项生态脱贫工程、2项易地扶贫搬迁工程、4项教育卫生扶贫工程、2项社会保障兜底工程、2项金融扶贫工程。从交通扶贫、水利扶贫、气化和电力扶贫、信息扶贫、以工代赈扶贫、科技扶贫、文化扶贫等7个方面提升全县基础设施和公共服务水平，为全县如期实现整体脱贫目标奠定了坚实基础。

加快企业产权制度改革

1994年3月10日，中共兴县县委、县人民政府召开联席会议，制定印发《关于工业企业产权制度改革实施意见》，提出产权制度改革的六种模式。根据“划小核算单位、灵活经营”的原则，对7户国有工业企业中可以独立核算的车间、班组进行了内部承包；对3户工业企业按照股份合作制进行规范。

财贸企业改革坚持以国有民营为主要形式，分流职工为重点，采取租赁承包、离店经营和自谋职业三种形式。

1996年10月，中共兴县县委、县人民政府为贯彻落实中央、省、地关于深化供销体制改革的精神，进一步加快兴县供销社改革，促进农村经济发展，特制定印发了《关于深化供销合作社改革的实施意见》，指出，“以农立社”是供销社的办社宗旨，继续建立和完善县、乡、村三级综合服务网络，搞好以化肥为主的农业生产资料经营服务；大力开展工农贸、产加销一体化经营服务，努力扩大经营范围和服务范围；组织制度实行社员代表会议制，领导成员通过民主选举产生；供销社依法享有独立进行经济、社会活动的自主权；保护供销社的合法权益，因地制宜、因势制宜，按照有利于“三农”（农村、农业、农民）、有利于发展和壮大供销社集体经济的原则，进一步完善各种形式的经营责任制；加快供销社企业内部管理，尽快解决供销社政策性亏损挂账问题，政策上给予供销社必要的倾斜和扶持。

1997年9月，中共兴县县委、县人民政府为了全面贯彻党的十五大精神，进一步深化企业改革,整体上搞好兴县工商企业和乡镇企业,制定印发了《关于加快企业产权制度改革的实施意见》，该意见结合兴县实际,明确企业改革的重要性、指导思想、遵循原则、改革的任务形式、方法步骤及配套政策，要求改革采取股份合作制、租赁经营制、先租后股制、兼并改组、出售转让、破产等形式。同年10月，县委、县政府制定印发了《关于进一步深化兴县供销合作社改革的意见》，提出深化供销合作社改革的基本思路是:以党的十五大精神为指针，以“三个有利于”（有利于发展社会主义社会生产力，有利于增强社会主义国家的综合实力，有利于提高人民的生活水平）为标准,在妥善解决经济包袱的前提下,加快以转换内在机制为核心的改革,实现资产重组和资本运营，把基层供销合作社真正办成农民自己的合作经济组织；县供销合作社要办成为基层服务、高效精干的行业管理部门，真正与农业产业化进程相配套，为农村经济发挥其应有的作用。

1998年，中共兴县县委抓住党的十五大提出的产权制度改革契机，积极推行以股份合作制为主要形式的产权制度改革，制定印发了《关于加快企业产权制度改革的实施意见》，提出改革的总体思路为：明确产权，资本重组，分类指导，整体推进，依靠群众，力求规范。县委、县政府统筹安排，严格把关、集中领导、集中时间、集中精力，以放活为核心，大打企业改革攻坚战。全县61户工商企业先后有17户实行股份合作制、31户实行租赁经营、3户实行公司化改组、1户实行资产经营责任制、1户成为破产后的托管企业、8户企业整体出售。改制后的企业及时健全和完善内部配套管理制度，率先建立优化组合、竞争上岗机制，调动了职工的生产积极性，企业经济效益明显提高。到1998末，全部企业实行新的运行机制，呈现出新的生机和活力。

优化投资环境，扩大招商引资

1992年初，邓小平发表南方谈话，中共中央、国务院适时作出加快改革开放和经济发展的一系列决定。10月，党的十四大召开，提出了经济体制改革的目标是建立社会主义市场经济体制，并确立了建设有中国特色社会主义理论在全党的指导地位。中共兴县县委认真贯彻落实邓小平南方谈话和党的十四大精神，制定印发了《关于进一步对外开放和加快经济开发的十五项优惠政策》，规定凡到兴县经商办企业者，均给予各方面的优惠和便利。之后，县委和县人民政府同北京科技大学签订了培养人才、科技咨询、技术合作等方面的合作协议，并先后在珠海、北京、天津、太原等地建立了办事处，作为兴县对外开放的窗口。

1997年12月，为进一步扩大对外开放，鼓励国内外客商到兴县投资兴办各类企业,加快资源开发，中共兴县县委、县人民政府制定印发了《关于进一步扩大对外开放若干优惠政策规定》，该规定提出10条优惠政策，其中包括：凡到兴县兴办企业的投资者不受地区、部门、行业、所有制的限制,可采取独资、合资、合作、补偿贸易、委托加工、产销联营、技术转让、引进设备、建立分厂等多种形式；对于合资、合作、独资在兴县兴办的各类企业,按照基建管理程序,在立项、计划审批、建厂选址、土地出让、基建施工、劳动用工等方面予以优先报批和优先安排；鼓励外商承租或承包开发土地,在兴县从事基础设施项目和其他生产建设项目的开发、利用、经营。土地使用期限最长可为70年,在使用年限内,对已开发的土地,可依法转让、出租抵押，并由土地管理部门办理手续；外商投资企业和外籍人员受中国法律的管辖和保护，在其合法权益受到侵犯时，有权向各级人民政府和有关部门申诉；金融部门应优先安排外商投资企业兴办基础设施和社会公益事业项目所需国内配套资金和生产流动资金；凡以补偿贸易的形式与本县合资、合作新办的企业，可用本企业产品直接补偿,也可用县内其他工业品、农副土特产品间接补偿,并从价格等方面给予优惠；凡高等院校、科研单位来兴独办或联办农林牧、养殖以及农副土特产品深加工，进行科研基地试验，将无偿提供试验场地和场所。

2002年11月，中共兴县县委、县人民政府为了进一步改善投资环境， 吸引国内外投资者来县投资兴办企业，参与兴县开发与建设，制定印发了《关于进一步改善投资环境，促进招商引资的若干规定》，在项目、土地、税费减免、政策奖励等10个方面提出了鼓励优惠政策，在兴县兴办的小流域“四荒”治理、生态建设、农副产品加工转化、饲料加工、种草舍饲养畜等农业产业化开发项目，既可享受扶贫贷款等优惠政策，还可得到县政府以奖代补方式的奖励。

在兴县敞开大门引资招商中，山西焦煤、中国铝业、中国华电、华润集团、冀中能源、山西国际电力、中联煤层气公司、中澳公司、豫能集团、联盛能源、华盛燃气公司等大型企业相继进驻兴县，实施大规模煤、铝、电开发。

促进个体私营经济发展

2001年10月，《中共兴县县委　兴县人民政府关于进一步促进个体私营经济快速健康发展的意见》印发全县，该意见鼓励和支持个体、私营企业收购、兼并国有集体企业；鼓励个体、私营企业以通过收购、控股、参股等参与国有、集体企业改制，并以多种形式吸收国有、集体企业下岗职工；鼓励和扶持个体、私营企业兴办农产品加工，培育特色经济。要求各乡（镇）、各主管部门对个体私营经济做到“六不限”，即不限发展比例、不限发展速度、不限经营方式、不限经营规模、不限经营范围、不限从业人员。在县委、县政府的号召和支持下，全县个体、私营经济得到较快发展，相继涌现出一批具有一定规模和效益的私营企业（包括民营股份制企业、合作社）和个体工商户，分布在农业、工业、商贸服务业、金融、文化各个方面。到2016年末，全县共有私营工业企业（中小民营企业）1325户、从业人员达1.65万人，总产值达11.62万元，销售（营业）收入达10.51亿元，缴税4670万元。

在这些民营工业企业中，有清泉醋业有限公司、山花烂漫农业综合开发有限公司、黄河农业综合开发有限公司、蔡家崖农业科技发展有限公司、亚龙农业科技发展有限公司、晋绥农林综合开发有限公司、三星油脂有限公司、白云圣宝食品有限公司、丰达源食品有限公司晋绥盛源枣业有限公司、华亿食用菌有限公司、万锦禽业专业合作社蛋鸡养殖场、兴茂种养殖专业合作社生猪养殖场、新大象农牧发展有限公司等17户大型种植、养殖、加工企业，2016年销售额达11.65亿元。有金龙工贸有限公司、鑫石源石材有限公司等建材加工销售企业62户，2016年销售收入5.12亿元，完成税收2413.6万元。有东鑫煤炭洗选有限公司的煤炭洗选企业25户，2016年洗选煤炭能力达4350万吨。

大力招商引资，推进新型工业快速发展

2003年7月，在中国共产党兴县第十三次代表大会上，李月勤书记代表县委提出“一产富民创特色，二产强县上规模，三产兴城抓市场，四面八方大招商，五位一体活机制，六个重点做保障”的发展战略。其中，“五位一体活机制”是指党、政、群团、事业、企业五　种类型的单位都要通过深化改革，激活机制，实现党政职能服务化、事业单位实体化、工商企业民营化。“六个重点做保障”是指抓好党建廉政、综治稳定、宣传文明、科教卫生、群团统战、社会保障等六件关乎全局的大事。

在这次大会上，县委确立了兴县五年发展的总体思路：坚持以发展为主题，以结构调整为主线，实施“煤铝强县、林牧富民”经济战略，实现稳定脱贫。在发展方面，提出“五大”赶超举措：思想大解放，坚决冲破一切妨碍发展的思想观念，在全县范围内响亮提出“谁发展谁是功臣，谁干扰谁是罪人”的口号；政策大开放，坚决改变一切束缚发展的做法和规定，以“三个代表”重要思想和“三个有利于”为标准，尊重群众的首创精神，把该用的政策用足，能用的政策用活；机制大转换，坚决革除束缚发展的体制机制弊端，建立全新的发展机制，增强发展活力；环境大创新，既要加大基础设施硬环境建设力度，增强经济发展后劲，又要不断创新软环境，营造鼓励人们干事业、支持人们干成事业的社会风气；民营大发展，要树立“民营富县”的观念，倡导民营资本进入竞争性产业、竞争性领域，真正把兴县的发展潜力变为发展优势，努力实现“三增三化”（增加农民收入，增加财政收入，增强县域经济活力；农业产业化、工业新型化、农村城镇化）发展目标。

2006年6月，在中国共产党兴县第十四次代表大会上，郭颖书记代表县委提出大力培育煤、电、铝、化、材五大主导产业，突出抓好大项目、大城建、大教育、大交通、大环境五大重点的“五五兴县”发展战略。

2008年3月27日，在国家发改委核准兴县氧化铝项目、山西省人民政府常务会议研究通过《山西兴县资源型经济综合开发示范基地规划》、吕梁市召开兴县循环经济综合开发示范基地暨氧化铝项目建设推进汇报会的背景下，中共兴县县委召开常委扩大会，研究讨论兴县资源型循环经济综合开发区示范基地建设。会议通报了兴县循环经济综合开发示范基地规划及大项目建设进展情况，研究确定兴县循环经济综合开发示范基地规划实施及大项目启动，是具有里程碑、战略性和划时代意义的会议。为确保兴县循环经济综合开发示范基地大项目顺利开工建设，县委于4月2号召开兴县循环经济综合开发示范基地建设动员大会，成立兴县循环经济综合开发示范基地建设信访稳定领导组、宣传教育领导组、督查检查组，调整充实新区建设开发领导组和基地建设指挥部，成立氧化铝项目协调领导组，加强了基地建设组织领导；在县城新区和项目集中的魏家滩镇、瓦塘镇新组建两个公安直属大队，专门服务新区开发和项目开工建设；加强魏家滩镇、瓦塘镇、蔡家崖乡3个乡（镇）领导班子建设，确保基地建设和大项目建设顺利进行。

2016年6月，在中国共产党兴县第十六次代表大会上，梁志锋书记代表县委提出兴县“十三五”时期的发展思路是：围绕全面建成小康社会总体目标，以脱贫攻坚为统领，以改革创新为动力，以转方式、调结构、惠民生为基点，突出项目、民生、脱贫“三大攻坚”，实现国土大县向产业强县、资源大县向经济强县、贫困大县向富裕县转变的“三大跨越”，努力建设富裕、和谐、绿色的新兴县。

到2016年末，全县累计完成工业项目投资450亿元，建成晋兴能源有限公司斜沟煤矿、华电锦兴能源有限公司肖家洼煤矿、金地煤业有限公司固贤南窑煤矿和华润联盛关家崖煤矿、华润联盛峁底煤矿、华润联盛车家庄煤矿6座煤矿，原煤年总产能达到2690万吨；建成年产300万吨氧化铝厂、150万吨电解铝厂、20万吨铝镁合金制品厂。全县工业总产值达到107.57亿元，规模以上工业增加值达到44.26亿元，年税收总额达到18.73亿元。

坚持城乡一体发展，创建省级卫生县城

1996年县城遭受“7·23”特大洪灾后，县四大班子联席会议于9月17日作出建设坝路一体工程的决定，目的是为县城固河堤、保安全，疏散车流、人流、物流。该工程西起西关大桥北端，东至郭家峁石拱桥西侧，线路走向于沿蔚汾河北岸，全长3600米。工程设计为路基宽12米，人行道用彩色混凝土预制块铺装，新筑2×20米石拱桥1座，并在路巷设置排洪、排污渠涵，临河一侧为防洪大坝。工程概算总投资1200万元。工程于1996年9月25日开工。县直机关干部发扬自力更生、艰苦奋斗精神，每人义务劳动2个月。1997年8月前完成2840米的河坝工程。2001年4月，县委、县政府两次召开联席会议，重新修订了《兴县城区坝路工程建设方案》，一度停工的坝路一体化工程复工，至2002年竣工，县城的整体环境面貌得到明显改观和改善。

启动新区建设。2007年，按照中共吕梁市委、市人民政府统筹城乡发展建设的总体思路和关于《兴县县域城镇体系规划（2006—2020）》的批复，县委、县人民政府确定兴县城镇体系规划，以县城为中心，由6个城镇构成近圆形分布带,以忻黑线、岢大线、裴家川口沿岢大线至魏家滩沿线、沿黄公路4线为发展轴，构建合理的城镇体系。规划将全县划分为优先发展区、控制开发区和严格保护区，与土地利用总体规划相衔接；与新农村建设规划、移民并村及村庄整治工作做到相互融合、统筹发展。同年春，县委、县人民政府召开联席会议，研究讨论了关于实施新区（胡家沟）开发及征地、拆迁补偿等问题，制定并印发《兴县县域蔡家崖新区开发建设用地和房屋拆迁、补偿及安置实施办法》，拉开新区建设序幕。到2016年末，新区相继建成友兰中学、120师学校、新区幼儿园，开工建设的还有政务大厅、老年大学、蔚汾公园、蔚汾河景观走廊、兴县人民医院、兴县政法大楼等。

推进旧城区改造。在县城旧区控制性详细规划和环卫专项规划的编制工作的基础上，累计投资14.26亿元，除完成“坝路一体”（环城公路）工程外，还相继完成了蔚汾大厦、中心广场、文化活动中心、东风购物大厦、供销商厦建设，实施了晋绥解放区烈士陵园改造、体育场与职工俱乐部改造、城区主街道改造、排洪排水系统改造、县城供水管网改造、县城至高速东口连接线拓宽改造和城区水冲公厕改造，完成了第二水厂，蔚汾河大桥，新区河坝，新区1#、2#大桥，河北片1#至8#道路工程，连城大道（长4.2千米、宽38米）、城区污水处理厂和垃圾无害化处理厂（一、二期）等建设工程，城区环境整体得到改善。

推进安居工程建设。1992—2016年，城区共建设经济适用房、廉租房、公租房、保障房、拆迁安置房、商品房7462套60.1万平方米，安置居民7384户。城镇居民人均居住面积达到31平方米。

实施城区集中供气和供热工程。2011年开始到2016年末，全县共建每门每小时6万立方米天然气液化供气站2座（瓦塘和县城各1座），铺设中低压管道60公里，燃气用户累计达2.88万户，其中学校、医院及工商业用户132户，居民天然气用户4500户，集中供热用户24162户（含机关、学校、医院、商业门店和居民住宅）。累计建成区域集中专用调压供热站21个，城区集中供热用户24162户，供热总面积达280.26万平方米。

加大新农村建设力度，按照中央关于新农村建设“20字”方针，全县新农村建设突出中心镇建设，规划在大项目集聚区瓦塘—魏家滩之间建设一个可容纳5万人，集居民住宅、职工生活区为一体的工业小镇；在蔡家崖、康宁、高家村、奥家湾、恶虎滩等乡（镇）建设5个可容纳1万~2万人的中心镇。已重点实施蔚汾镇东关村、高家村镇赵家川口村、奥家湾乡姚儿湾村、恶虎滩乡沟门前村等15个示范村和试点村建设工作。

2000—2016年，全县累计建设移民新村97个、移民安置房4434套（含购买562套），实施易地搬迁399个自然村5252户22458人（其中集中安置4434户

18665人），累计改造农村危旧房4170户（孔），一大批生活于偏僻、贫困、落后山村的农民居住条件、生活环境及出行条件得到根本性改善。

1989—2016年，在新农村基础设施建设方面，全县累计投资1.22亿元，建设农村饮水安全工程947处，惠及671个自然村26.33万人；通自来水村达到708个，自来水入户率达82%；累计投资2.61亿元，通过实施“以工代赈”“蔚汾河农田水利建设”“农田灌溉末级渠系配套建设”“黄河提水工程”“明通沟、天古崖水库除险加固”和水土流失治理等项目，建成河坝2.11万米、水保工程32处，建设中型坝、骨干坝25座，小型淤地坝1645座，新修水渠1.1万米，新增基本农田56.18万亩（其中水地达到6.06万亩、梯田40.53万亩、坝地滩地9.59万亩），基本农田总面积达到82.68万亩，占到总耕地面积126万亩的65.6%；对10个乡510个自然村农电网进行升级改造，惠及农户5.69万户；725个自然村实现村村通电。

至2016年末，全县有375个建制村安装程控电话，实现街巷硬化，327个建制村建成加工房、洗理室和便民连锁店，562个自然村安装路灯，375个建制村建立卫生室、诊所，530个自然村1.86万户安装网络，167个建制村建有文化科技活动室，372个建制村建起“农家书屋”，160个建制村建有体育健身活动场所，全县375个建制村、725个自然村2.6万户实现广播电视“村村通”覆盖。

整治环境卫生。2011年2月，县委书记郭颖和县长梁志锋率县四大班子领导、各乡镇党委书记和部分县直单位负责人等70余人，赴山西省长治市平顺县和武乡县学习考察创建国家卫生县城经验。3月，召开全县“三项整治”动员会，城区各单位实行挂牌清洁街巷路段市容卫生制度。4月，中共兴县县委、县人民政府印发《兴县创建省级卫生县城实施方案》，在全县开展以创建省级卫生县城为目标，以提高环境卫生治理水平为重点，以整治村庄环境卫生、公路环境卫生、城区环境卫生和完善县城基础设施为主要内容的环境卫生综合整治创建活动。全县累计出动人员2000余人次，清理居民区、小街小巷和城乡接合部卫生死角，共清倒垃圾1000余吨，清理小广告1000余条，清洗外墙576平方米，粉刷房屋183间，投放溴敌隆灭鼠剂等1.79万袋（瓶），有效杀灭了“四害”幼虫。各单位及城区整体环境面貌显著变亮、变净、变优。年底，经山西省爱卫会专家组验收，兴县获“省级卫生城市”荣誉称号。

2013年，县卫生局、爱卫会以巩固“省级卫生城市”创建成果为重点，组织全县各成员部门开展形式多样的爱国卫生活动，并将环境卫生整治工作延伸到农村，大力创建卫生乡（镇）、卫生村。12月，全县通过了山西省爱卫会专家组对兴县“省级卫生城市”的复审验收。

2015年5月，兴县第十五届人民代表大会常务委员会第20次会议审议通过《关于设立“全民清洁日”的决定（草案）》。县卫计局、爱卫会根据吕梁市爱卫办有关农村改厕工作要求和全国爱卫办推荐的双瓮漏斗式的无害化卫生厕所类型，累计在蔡家崖乡和康宁镇新建、改建户厕500座，带动了农村环境卫生综合治理。2016年底，全县17个乡（镇）累计完成户厕改造9087座。兴县被授予“2016—2018周期省级卫生县城”称号。

第十九编

地方政权

1989—2016年，兴县人民代表大会共召开八届34次全体会议。先后当选人大常务委员会主任的有郝保家、高秀中、阎润考、邱虎翼、史建春、白鹏昊；先后当选兴县人民政府县长的有苏高文、杜俊奇、郝百曜、郭亮泽、李海玉、刘泽峰、孙善文、梁志锋、刘世庆。

兴县人民代表大会常务委员会作为人民代表大会的常设机构，共召开常委会议198次，听取和审议“一府两院”（指县人民政府、县人民法院、县人民检察院）工作报告206个，转交政府办理人民代表议案及意见、建议1302件，作出决议、决定60项，任免国家机关工作人员986人；积极开展对法律、法规执行情况的检查监督，保证法律、法规的实施；组织人大代表对各职能部门进行了视察、考察及评议。

其间，兴县人民政府经历3次机构改革。2016年末，兴县人民政府共设有36个工作机构（23个科级行政机构，13个科级事业机构）。2001年，乡（镇）政府进行区域调整，由原来的7镇17乡调整为7镇10乡。

县、乡（镇）两级人民政府紧紧围绕稳定脱贫奔小康这个总目标，解放思想，大胆改革，通过实施国民经济和社会发展“七五”计划（1986年至1990年）、“八五”计划、“九五”计划、“十五”计划、“十一五”规划和2016年计划，建设一批社会基础设施项目和产业发展项目，国民经济和社会各项事业呈现快速发展态势。至2016年末，全县地区生产总值增至60.45亿元，财政总收入增至18.73亿元，一般预算收入增至7.12亿元，分别比1989年增长57.3倍、243.2倍和99.4倍；农民人均年纯收入增至4006元，城镇居民年人均可支配收入增至1.91万元，分别比1989年增长15.6倍和9.6倍。

第一章　权力机构

第一节　兴县人民代表大会

历届人大代表的选举

兴县第九届人民代表大会代表选举　1987年4月15日至6月30日，进行兴县第九届人民代表大会代表选举工作，代表选举日为6月20日。全县总人口216693人，选民123948人。共划分77个选区，参加投票的选民122290人，占选民总数的98.7%。全县共选出143名人大代表，其中，农村代表113人、城镇代表30人，分别占代表总数的79%和21%，按性别分，男性代表120人，占代表总数的83.9%；妇女代表23人，占代表总数的16.1%；按政治面貌分，党员代表106人，占代表总数的74.1%；非党员代表37人，占代表总数的25.9%。按职业分，农民代表59人，占代表总数的41.3%；工人代表6人，占代表总数的4.2%；干部代表28人，占代表总数的19.6%；知识分子代表40人，占代表总数的28%；军人代表1人，占代表总数的0.7%；其他代表9人，占代表总数的6.3%。代表中，45岁以下的中青年代表106人，占到代表总数的74.1%。

兴县第十届人民代表大会代表选举　1990年3月16日至5月30日，进行县第十届人民代表大会代表选举工作，代表选举日为5月20日。全县总人口229552人，选民133096人。共划分79个选区，参加投票的选民130300人，占选民总数的97.9%。全县共选出176名人大代表，其中，农村代表135人，城镇代表41人，分别占代表总数的76.7%和23.3%。按性别分，男性代表144人，占代表总数的81.8%；妇女代表32人，占代表总数的18.2%。按政治面貌分，党员代表133人，占代表总数的75.6%；非党员代表43人，占代表总数的24.4%。按职业分，农民代表49人，占代表总数的27.8%；工人代表3人，占代表总数的1.7%；党政领导干部代表12人，占代表总数的6.8%；科技人员代表3人，占代表总数的1.7%；知识分子（含教师代表）和其他代表109人，占代表总数的62%。按文化程度分，具有大专以上文化的代表26人，占代表总数的14.8%；高中、中专文化的代表132人，占代表总数的75%；小学文化的代表18人，占代表总数的10.2%。

兴县第十一届人民代表大会代表选举　1993年3月11日至5月30日，进行兴县第十一届人民代表大会代表选举工作，代表选举日为5月20日。全县总人口249358人，共登记选民选民138678人，其中，农村共登记选民125466人，占农村人口的55.3%，城镇共登记选民13212人，占城镇总人口的60.3%。全县共划分81个选区，共选出人大代表180名（十一届人大一次会议之前，1名代表调离兴县，实有代表179人）。其中农村代表139人，城镇代表41人；男性代表143人，占代表总数的79.4%；女性代表37人，占代表总数的20.6%；党员代表145人，占代表总数的80.6%；非党员代表35人，占代表总数的19.4%。按职业分，农民代表101人，占代表总数的56.1%；工人代表21人，占代表总数的11.7%；党政干部代表38人，占代表总数的21.1%；文教卫生科技军人代表20人，占代表总数的11.1%；按文化程度分，具有大专以上学历的39人，占代表总数的21.7%；高中、中专学历的代表62人，占代表总数的34.4%；初中、小学文化代表79人，占代表总数的43.9%。

兴县第十二届人民代表大会代表选举　1998年5月1日至7月10日，进行兴县第十二届人民代表大会代表选举工作，代表选举日为6月28日。全县总人口259732人，共登记选民135990人，划分83个选区，全县参加投票的选民133904人，占选民总数的98.5%。全县共选出人大代表172人（其中连任的38人）。按性别分，男性代表133人，占代表总数的77.3%；女性代表39人，占代表总数的22.7%。党员代表117人，占代表总数的68%；非党员代表55人，占代表总数的32%。按行业分，工人、农民代表76人，占代表总数的44.2%；党政干部代表78人，占代表总数的45.4%；其他代表18人，占代表总数的10.5%。按文化程度分，具有大专以上学历的代表46人，占代表总数的26.7%；高中、中专学历的代表60人，占代表总数的34.9%；初中及以下66人，占代表总数的38.4%。按年龄结构分，35岁以下的代表30人，占代表总数的17.4%；36~55岁的代表136人，占代表总数的79.1%；55岁以上的代表6人，占代表总数的3.5%。

兴县第十三届人民代表大会代表选举　2003年4月5日至5月25日，进行兴县第十三届人民代表大会代表选举工作，代表选举日为5月15日。全县总人口263821人，共有选民145722人，其中参加投票选举的选民140524人，参选率96.4%。共划分选区80个，全县共选出 172名人大代表（连任的38人），按性别分，其中男性代表130人，占代表总数的 75.6%；女性代表42人，占代表总数的24.4%。按政治面貌分，党员代表106人，占代表总数的61.6%；非党员代表66人，占代表总数的38.4%。按职业分，农民代表55人，占代表总数的32%；工人代表11人，占代表总数的6.4%；国家机关人员代表76人，占代表总数的44.2%；教育、科技、文化、卫生、商业、金融等方面代表和其他代表30人，占代表总数的17.4%。按文化程度分，大学以上学历的代表20人，占代表总数11.6%；大专及高职学历的代表66人，占代表总数的38.4%；中专、高中学历的代表47人，占代表总数的27.3%；初中以下学历的39人，占代表总数的22.7%。从年龄结构看，35岁以下的代表20人，占代表总数的11.6%；36~55岁的代表145人，占代表总数的84.3%；55岁以上的代表7人，占代表总数的4.1%。

兴县第十四届人民代表大会代表选举　2007年1月26日至4月30日，进行兴县十四届人民代表大会代表选举工作，代表选举日为4月20日。全县总人口269090人，选民155304人，共划分选区81个，全县参加投票的选民150490人，占选民总数的96.9%。全县共选出172名人大代表（连任的62人），按性别分，其中男性代表126人，占代表总数的73.3%；女性代表46人，占代表总数的26.7%。按政治面貌分，党员代表113人，占代表总数的65.7%；非党员代表59人，占代表总数的34.3%。按行业分，机关党群组织、企事业单位代表90人，占代表总数的52.3%；农民代表45人，占代表总数的26.2%；其他37人，占代表总数的21.5%。按文化程度分，大学以上学历的代表111人（含高职），占代表总数的64.5%；中专、高中学历的代表42人，占代表总数的24.4%；初中以下学历的代表19人，占代表总数的11.1%。

兴县第十五届人民代表大会代表选举　2011年5月3日至6月15日，进行县第十五届人民代表大会代表选举工作，代表选举日为6月5日。全县总人口315108人，选民181167人，共划分73个选区，全县共选出人大代表171名，人大一次会议召开前，3名代表因工作需要调离，实有代表为168名（连任代表70名）。按性别分，男性代表127名，妇女代表41名，分别占代表总数的75.6%和24.4%；按职业分，工人代表10名，占代表总数的6%；农民代表46名，占代表总数的27.4%；专业技术人员代表22名，占代表总数的13.1%；党政干部代表90名，占代表总数的53.6%。按政治面貌分，党员代表109名，占代表总数的64.9%；非党员代表59名，占代表总数的35.1%。按文化程度分，具有大学本科及其以上文化程度的54人，占代表总数的32.1%。

兴县第十六届人民代表大会代表选举　2016年3月31日至5月10日，进行兴县第十六届人民代表大会代表选举工作，代表选举日为4月29日。全县总人口284742人，18周岁以上人口225167人。全县共划分选区75个，选出县人大代表172名（连任代表64名）。按职业分，工人代表10名，占代表总数的5.8%；农民代表48名，占代表总数的27.9%；专业技术人员代表27名，占代表总数的15.7%；党政干部代表87名，占代表总数的50.6%。按政治面貌分，党员代表108名，占代表总数的62.8%；非党员代表64名，占代表总数的37.2%。按年龄结构分，35岁以下的代表20名，占代表总数的11.6%；36~40岁的代表28名，占代表总数的16.3%；41~55岁的中青年代表119名，占代表总数的69.2%；56岁以上的代表5名，占代表总数的2.9%。172名代表中，妇女代表48名，占代表总数的27.9%。具有本科及其以上文化程度的代表84名，占代表总数的48.8%。

历届县人民代表大会代表选举产生后，报县人大常委会进行资格审查和确认。

历届人民代表大会

兴县第九届人民代表大会（1987.8—1990.6）　1987年8月15—19日，兴县第九届人民代表大会第一次会议在县城举行，应到代表143人，实到142人。会议听取并审议了县长苏高文代表上届政府所作的《政府工作报告》、计委主任刘仪昌所作的《兴县1986年国民经济和社会发展计划执行情况与1987年国民经济和社会发展计划（草案）》的报告、财政局局长刘银厚所作的《兴县1986年财政决算和1987年财政预算及上半年财政执行情况》的报告、县人大常委会主任郝保家所作的县八届人大常委会工作报告、县人民法院院长宋贵桂和县人民检察院检察长刘维政所作的工作报告，并通过以上各项报告的决议。会议期间，全体代表按照《中华人民共和国地方各级人民代表大会和地方各级人民委员会组织法》的规定，采用差额选举、无记名投票的方式，选举郝保家为兴县人民代表大会常务委员会主任，韩子春、祁中兴、刘仪昌、武达权为兴县人民代表大会常务委员会副主任，委员8人；苏高文为兴县人民政府县长，郭亮泽、裴张拴、张帆尔、阎润考为兴县人民政府副县长；宋贵桂为兴县人民法院院长、刘维政为兴县人民检察院检察长。会议共收到代表建议、批评和意见147件。

1987年11月13日，兴县第九届人民代表大会第二次会议在县城举行。出席大会的代表142人（1名代表调离）。会议组织全体代表学习讨论中共十三大文件精神，选举出席山西省第七届人民代表大会代表4人。

1988年4月22—24日，兴县第九届人民代表大会第三次会议在县城举行。出席大会的代表142人。会议听取了全国七届人大代表李春林传达全国七届人大一次会议精神；听取并审议了县长苏高文所作的《政府工作报告》、计委副主任康荣惠所作的《关于1988年国民经济和社会发展计划》的报告、财政局副局长杜玉晶所作的《关于1987年财政决算和1988年财政预算》的报告、人大常委会副主任韩子春代表人大常委会所作的工作报告、人民法院和人民检察院工作报告，并通过以上各项报告的决议。本次会议共收到代表提出的建议、批评和意见15件。

1989年3月26—28日，兴县第九届人民代表大会第四次会议在县城举行。出席大会的代表142人。会议听取并审议了代县长杜俊奇所作的《政府工作报告》、计委主任高玉堂所作的《关于1989年国民经济和社会发展计划》的报告、财政局局长王贵荣所作的《关于1988年财政决算和1989年财政预算》的报告、人大常委会副主任武达权所作的兴县人大常委会工作报告、县人民法院院长宋贵桂和县人民检察院检察长刘维政所作的工作报告，并通过以上各项报告的决议。会议收到代表提出的建议、批评、意见48件。大会以等额选举、无记名投票的方式，补选杜俊奇为兴县人民政府县长。

兴县第十届人民代表大会（1990.6—1993.7）　1990年6月16—19日，兴县第十届人民代表大会第一次会议在县城举行。出席会议的代表176人。会议听取并审议了代县长郝百曜所作的《政府工作报告》、计委主任高玉堂所作的《关于兴县1990年国民经济和社会发展计划（草案）》的报告、财政局局长王贵荣所作的《关于兴县1989年财政决算和1990年财政预算情况》的报告、县人大常委会副主任韩子春所作的《第九届人大常委会工作报告》；县人民法院院长宋贵桂和县人民检察院检察长刘维政所作的工作报告，并通过以上各项报告的决议。会议还按照《中华人民共和国地方各级人民代表大会和地方各级人民政府组织法》（简称《地方组织法》）《中华人民共和国全国人民代表大会和地方各有人民代表大会选举法》（简称《地方选举法》）的规定，采用差额选举、无记名投票的方式，选举郝保家为县人大常委会主任，白勇、刘仪昌、祁中兴、韩子春为县人大常委会副主任，委员8人；郝百曜为兴县人民政府县长，李天定、张帆尔、陈绍歧、裴张拴为县人民政府副县长；宋贵桂为兴县人民法院院长、刘维政为兴县人民检察院检察长。会议收到代表提出的建议、意见和批评81件。

1991年4月18—20日，兴县第十届人民代表大会第二次会议在县城举行。出席大会应到代表176人，因2名代表逝世，实到代表174人。会议听取并审议了县长郝百曜所作的《兴县国民经济和社会发展第八个五年计划纲要（草案）》的报告、计委主任高玉堂所作的《兴县1990年国民经济和社会发展计划执行情况和1991年国民经济和社会发展计划（草案）》的报告、财政局局长王贵荣所作的《兴县1990年财政决算和1991年财政预算（草案）》的报告、人大常委会副主任白勇所作的兴县人大常委会工作报告、县人民法院院长宋贵桂和县人民检察院检察长刘维政所作的工作报告，并通过以上各项报告的决议。会议收到代表提出的建议、批评和意见36件。

1992年4月18—20日，兴县第十届人民代表大会第三次会议在县城举行。出席会议的代表172人。会议听取并审议了县长郝百曜所作的《政府工作报告》、计委主任康荣惠所作的《兴县1991年国民经济和社会发展计划执行情况与1992年国民经济和社会发展计划报告》、财政局局长王贵荣所作的《兴县1991年财政决算和1992年财政预算（草案）》的报告、县人大常委会副主任刘仪昌所作的兴县人大常委会工作报告、县人民法院院长宋贵桂和县人民检察院检察长刘维政所作的工作报告，并通过以上各项报告的决议。会议收到代表提出的建议、意见和批评79件。

1992年11月4日，兴县第十届人民代表大会第四次会议在县城举行。出席会议的代表172人。会议组织全体代表传达学习中共十四大文件；选举兴县出席山西省第八届人民代表大会代表4人。

兴县第十一届人民代表大会（1993.7—1998.7）　1993年7月3日—5日，兴县第十一届人民代表大会第一次会议在县城举行。出席会议的代表179人，会议听取并审议了代县长郭亮泽所作的《政府工作报告》、计委主任康荣惠所作的《兴县1992年国民经济和社会发展计划执行情况及1993年计划安排的报告》、县财政局局长王贵荣所作的《兴县1992年财政决算和1993年财政预算情况（草案）》的报告、县人大常委会副主任祁中兴所作的十届人大常委会工作报告、县人民法院院长宋贵桂和县人民检察院检察长刘维政所作的工作报告，并通过上述各项报告的决议。会议还按照《地方组织法》和《地方选举法》的规定，采用差额选举、无记名投票的方式，选举高秀中为兴县第十一届人民代表大会常务委员会主任，裴张拴、李天定、祁中兴、康挨勤为常务委员会副主任，委员12人；郭亮泽为兴县人民政府县长，白文毅、高玉堂、邱虎翼、贺继光、任世平、郭先治为县人民政府副县长，王志明为兴县人民法院院长、宋贵桂为兴县人民检察院检察长。会议共收到代表提出的建议、意见和批评32件。

1994年3月29—31日，兴县第十一届人民代表大会第二次会议在县城举行。出席大会的代表共179人。会议听取并审议了县长郭亮泽所作的《政府工作报告》、计委主任康荣惠所作的《关于1993年国民经济和社会发展计划执行情况与1994年国民经济和社会发展计划（草案）》的报告、财政局局长王贵荣所作的《关于1993年财政决算执行情况和1994年财政预算（草案）》的报告、县人大常委会副主任裴张拴所作的县人大常委会工作报告、县人民法院院长王志明和县人民检察院检察长宋贵桂所作的工作报告，并通过以上各项报告的决议。会议收到代表提出的建议、批评和意见31件。

1995年3月28—29日，兴县第十一届人民代表大会第三次会议在县城举行。出席大会的代表共178人。会议听取并审议了县长郭亮泽所作的《政府工作报告》、计委主任康荣惠所作的《兴县1994年国民经济和社会发展计划执行情况与1995年国民经济和社会发展计划（草案）》的报告、财政局局长王贵荣所作的《兴县1994年财政决算执行情况和1995年财政预算（草案）》的报告、县人大常委会副主任李天定所作的兴县人大常委会工作报告、县人民法院院长王志明和县人民检察院检察长宋贵桂所作的工作报告，并通过以上各项报告的决议。会议收到代表提出的建议、批评和意见22件。

1996年3月24—25日，兴县第十一届人民代表大会第四次会议在县城举行。出席大会的代表共178人。会议听取并审议了县长郭亮泽所作的《兴县国民经济和社会发展“九五”计划及2010年远景目标的建议》和《坚定脱贫信念，确立赶超意识，为实现“九五”计划及2010年远景目标而努力》报告、计委主任康荣惠所作的《关于1995年国民经济和社会发展计划执行情况与1996年国民经济和社会发展计划（草案）》的报告、财政局局长王贵荣所作的《关于1995年财政决算和1996年财政预算（草案）》的报告、县人大常委会副主任祁中兴所作的兴县人大常委会工作报告、县人民法院院长王志明和县人民检察院检察长宋贵桂所作的工作报告，并通过以上各项报告的决议。会议收到代表提出的建议、批评和意见43件。

1997年3月24—25日，兴县第十一届人民代表大会第五次会议在县城举行。出席大会的代表共178人。会议听取并审议了代县长李海玉代表政府所作的《同心同德，艰苦奋斗，为争取我县国民经济明显好转而努力》的工作报告、计委主任康荣惠所作的《关于1996年国民经济和社会发展计划执行情况与1997年国民经济和社会发展计划（草案）》的报告、县财政局局长王贵荣所作的《关于1996年财政决算和1997年财政预算（草案）》的报告、县人大常委会副主任李天定所作的兴县人大常委会工作报告、县人民法院院长王志明和县人民检察院检察长宋贵桂所作的工作报告，并通过以上各项报告的决议。会议收到代表提出的建议、批评和意见37件。会议根据《地方组织法》《地方选举法》《中华人民共和国全国人民代表大会和地方各级人民代表大会代表法》的有关规定，以等额选举、无记名投票的方式，补选李海玉为兴县人民政府县长。

1997年11月19—20日，兴县第十一届人民代表大会第六次会议在县城举行。出席大会的代表共146人。会议学习了中共十五大文件精神；选举兴县出席山西省第九届人民代表大会代表3名。

兴县第十二届人民代表大会（1998.7—2003.8）　1998年7月28—31日，兴县第十二届人民代表大会第一次会议在县城举行。出席会议的代表172人，会议听取并审议了县长李海玉所作的题为《坚持党的领导，努力开拓进取，把稳定脱贫的兴县带入二十一世纪》的政府工作报告、计委主任康荣惠所作的《关于兴县1997年国民经济和社会发展计划执行情况及1998年国民经济和社会发展计划（草案）》的报告、县财政局局长王贵荣所作的《关于兴县1997年财政预算执行情况和1998年财政预算（草案）》的报告、县人大常委会副主任康挨勤所作的兴县人大常委会工作报告、县人民法院院长吕春光和县人民检察院检察长薛晓云所作的工作报告，并通过以上各项报告的决议。会议还按照《地方组织法》《地方选举法》规定，以差额选举、无记名投票的方式，选举阎润考为兴县第十二届人大常委会主任，康挨勤、宋贵桂、闫巨德、王桂儿（女）为兴县第十二届人大常委会副主任，委员14人；李海玉为兴县人民政府县长，白文毅、任世平、吴晓东、白永厚、李勇（科技）、史瑞龙（挂职）为县人民政府副县长，吕春光为县人民法院院长、薛晓云为县人民检察院检察长。会议共收到代表提出的建议、意见和批评52件。

1999年4月26日—28日，兴县第十二届人民代表大会第二次会议在县城举行。出席会议的代表171名（1名病逝）。会议听取并审议县长李海玉所作的《政府工作报告》、县计委主任王处儿所作的《关于兴县1998年国民经济和社会发展计划执行情况与1999年国民经济和社会发展计划（草案）》报告、县财政局局长王贵荣所作的《兴县1998财政决算和1999年财政预算（草案）》

报告、县人大常委会主任阎润考所作的人大常委会工作报告、县人民法院院长吕春光和县人民检察院检察长薛晓云所作的工作报告，并通过以上各项报告的决议。会议补选贺挨厚为县人大常委会委员。会议共收到代表提出的建议、意见和批评14件。

2001年3月26—28日，兴县第十二届人民代表大会第三次会议在县城举行。出席会议的代表170人。大会听取并审议了代县长刘泽峰所作的《关于兴县国民经济和社会发展第十个五年计划纲要》的报告、县计委主任王处儿所作的《关于兴县2000年国民经济和社会发展计划执行情况与2001年国民经济和社会发展计划（草案）》报告、县财政局长白连厚所作的《兴县2000年财政决算和2001年财政预算（草案）》报告、县人大常委会副主任宋贵桂代表兴县第十二届人大常委会所作的工作报告、县人民法院院长吕春光和县人民检察院检察长薛晓云所作的工作报告，并通过以上各项报告的决议。会议补选刘泽峰为兴县人民政府县长。大会收到代表提出的建议、意见和批评61件。

2002年1月25—27日，兴县第十二届人民代表大会第四次会议在县城举行。出席会议的代表171人。会议听取并审议了县长刘泽峰所作的《政府工作报告》，县计委主任王处儿所作的《兴县2001年国民经济和社会发展计划执行情况与2002年国民经济和社会发展计划（草案）》的报告、县财政局长白连厚所作的《兴县2001年财政决算和2002年财政预算（草案）》的报告、县人大常委会副主任康挨勤代表兴县第十二届人大常委会所作的工作报告、县人民法院院长吕春光和县人民检察院检察长薛晓云所作的工作报告，并通过以上各项报告的决议。大会收到代表提出的建议、意见和批评34件。会议补选邱虎翼为兴县人民代表大会常务委员会主任，高俊增、高拖前为第十二届人民代表大会常务委员会副主任；贺毅、康旺举为兴县人民政府副县长。会议通过人大常委会2名副主任辞去职务的请求。

2002年11月20日—21日，兴县第十二届人民代表大会召开第五次会议，会议选举产生兴县出席山西省第十届人民代表大会代表3人。

兴县第十三届人民代表大会（2003.8—2007.5）　2003年8月16—19日，兴县第十三届人民代表大会第一次会议在县城举行。出席会议的代表172人，会议听取并审议了县长刘泽峰所作的题为《做好煤铝强县大文章，唱好林牧富民重头戏，全力实现扶贫开发与小康建设的新跨越》的政府工作报告，听取和审议了县发展计划局局长王处儿所作的《2002年国民经济和社会发展计划执行情况及2003年国民经济和社会发展计划（草案）》的报告，听取并审议了副县长、财政局局长白连厚所作的《兴县2002年财政预算执行情况和2003年财政预算（草案）》的报告、县人大会常委会主任邱虎翼所作的工作报告、县人民法院代院长梁明敏和县人民检察院代检察长王太明所作的工作报告，并通过以上各项报告的决议。会议还按照《地方组织法》《地方选举法》规定，以差额选举、无记名投票的方式，选举邱虎翼为兴县第十三届人大常委会主任，闫巨德、王桂儿、高俊增、高拖前、王处儿为兴县第十三届人大常委会副主任，委员13人；选举刘泽峰为兴县人民政府县长，吴晓东、白永厚、刘开门、贺毅、康旺举、白连厚为县政府副县长，梁明敏为县人民法院院长、王太明为县人民检察院检察长。会议共收到代表提出的建议、意见和批评71件。

2004年6月12—14日，兴县第十三届人民代表大会第二次会议在县城召开。出席会议的代表169人。会议听取并审议了县长刘泽峰所作的《政府工作报告》、县发展计划局局长尹亮旭所作的《兴县2003年国民经济和社会发展计划执行情况及2004年国民经济和社会发展计划（草案）》的报告、县财政局局长贾虎信所作的《兴县2003年财政预算执行情况和2004年财政预算（草案）》的报告、人大常委会主任邱虎翼所作的工作报告、县人民法院院长梁明敏和县人民检察院检察长王太明所作的工作报告，并通过以上各项报告的决议。第二次会议选举兴县出席吕梁市第一届人民代表大会代表26人。会议收到代表提出的建议、意见和批评29件。

2005年5月11—13日，兴县第十三届人民代表大会第三次会议在县城召开。出席会议的代表172人。会议听取并审议了县长刘泽峰所作的《政府工作报告》、县发展和改革局局长尹亮旭所作的《兴县2004年国民经济和社会发展计划执行情况及2005年国民经济和社会发展计划(草案)》的报告、县财政局局长贾虎信所作的《兴县2004年财政预算执行情况和2005年财政预算（草案）》的报告、人大常委会主任邱虎翼所作的工作报告、县人民法院院长梁明敏和县人民检察院检察长王太明所作的工作报告，并通过以上各项报告的决议。会议收到代表提出的建议、意见和批评51件。

2006年7月19—21日，兴县第十三届人民代表大会第四次会议在县城召开。出席会议的代表171人。会议听取并审议了代县长孙善文所作的《政府工作报告》、县发展和改革局局长尹亮旭所作的《兴县2005年国民经济和社会发展计划执行情况及2006年国民经济和社会发展计划(草案)》的报告、县财政局局长贾虎信所作的《关于兴县2005年财政预算执行情况和2006年财政预算（草案）》的报告、人大常委会主任邱虎翼所作的工作报告、县人民法院院长梁明敏和县人民检察院检察长王太明所作的工作报告，并通过以上各项报告的决议。本次会议收到代表提出的建议、意见和批评41件。第四次会议补选孙善文为县人民政府县长，增选张信为县人大常委会副主任，补选贾有明为县人大常委会委员。

兴县第十四届人民代表大会（2007.5—2011.6）　2007年5月16—18日，兴县第十四届人民代表大会第一次会议在县城举行。出席会议的代表172人，会议听取并审议了县长孙善文所作的《政府工作报告》、县发展和改革局局长王双平所作的关于《兴县2006年国民经济和社会发展计划执行情况及2007年国民经济和社会发展计划（草案）》的报告、县财政局局长高海清所作的《关于兴县2006年财政预算执行情况和2007年财政预算（草案）》的报告、县人大常委会副主任张信所作的工作报告、县人民法院代院长梁致敏和县人民检察院代检察长林毅所作的工作报告，并通过以上各项报告的决议。会议按照《地方组织法》《地方选举法》规定，以差额选举、无记名投票的方式，选举史建春为兴县第十四届县人大常委会主任，张信、王处儿、贾虎信、王左英为兴县第十四届人大常委会副主任，委员18人；选举孙善文为兴县人民政府县长，白永厚、刘开门、贺毅、康旺举、白连厚为兴县人民政府副县长，梁致敏为县人民法院院长，林毅为县人民检察院检察长。会议共收到代表提出的建议、意见和批评69件。

2008年5月26—27日，兴县第十四届人民代表大会第二次会议在县城召开。出席会议的代表172人。会议听取并审议了县《政府工作报告》、县发展和改革局局长王双平所作的关于《兴县2007年国民经济和社会发展计划执行情况与2008年国民经济和社会发展计划（草案）》的报告、县财政局局长高海清所作的关于《兴县2007年财政预算执行情况和2008年财政预算（草案）》的报告、县人大常委会主任史建春所作的工作报告、县人民法院院长梁致敏和县人民检察院检察长林毅所作的工作报告，并通过以上各项报告的决议。会议共收到代表建议、意见和批评52件。

2009年6月1—3日，兴县第十四届人民代表大会第三次会议在县城召开。出席会议的代表170人。会议听取并审议了县《政府工作报告》、县发展和改革局局长王双平所作的《关于兴县2008年国民经济和社会发展计划执行情况与2009年国民经济和社会发展计划（草案）》的报告、县财政局局长高海清所作的关于《兴县2008年财政预算执行情况和2009年财政预算（草案）》的报告、县人大常委会主任史建春所作的工作报告、县人民法院院长梁致敏和县人民检察院检察长林毅所作的工作报告，并通过以上各项报告的决议。会议共收到代表建议、意见和批评13件。第三次会议选举兴县出席吕梁市第二届人民代表大会代表26人。

2010年4月22—23日，兴县第十四届人民代表大会第四次会议在县城召开。出席会议的代表169人。会议听取并审议了代县长梁志锋所作的《政府工作报告》、县发展和改革局局长王双平所作的《关于兴县2009年国民经济和社会发展计划执行情况与2010年国民经济和社会发展计划（草案）》的报告、县财政局局长高海清所作的《关于兴县2009年财政预算执行情况和2010年财政预算（草案）》的报告、县人大常委会主任史建春所作的工作报告、县人民法院院长梁致敏和县人民检察院检察长林毅所作的工作报告，并通过以上各项报告的决议。第四次会议补选梁志锋为兴县人民政府县长。会议共收到代表建议、意见和批评18件。

兴县第十五届人民代表大会（2011.6—2016.6）　2011年6月22—24日，兴县第十五届人民代表大会第一次会议在县城举行。出席会议的代表168人。会议听取并审议了县长梁志锋所作的《政府工作报告》，审查了兴县国民经济和社会发展第十二个五年规划纲要；听取并审议了县发展和改革局局长王双平《关于2010年国民经济和社会发展计划执行情况及2011年国民经济和社会发展计划（草案）》的报告、县财政局局长高海清所作的《关于2010年财政预算执行情况和2011年财政预算（草案）》的报告、县人大常委会主任史建春所作的工作报告、县人民法院代院长杨文胜和县人民检察院代检察长白林平所作的工作报告，并通过以上各项报告的决议。会议还按照《地方组织法》《地方选举法》规定，以差额选举、无记名投票的方式，选举史建春为兴县第十五届人大常委会主任，白永厚、贺毅、王处儿、贾虎信、王左英为兴县第十五届人大常委会副主任，委员14人；选举梁志锋为兴县人民政府县长，白鹏昊、刘保平、高海清、史小军、王海涛为兴县人民政府副县长，杨文胜为县人民法院院长，白林平为人民检察院检察长。会议共收到代表建议、意见和批评44件。

2012年4月11—13日，兴县第十五届人民代表大会第二次会议在县城举行。出席会议的代表168人，会议听取并审议了县长梁志锋所作的《政府工作报告》、县发展和改革局局长王双平《关于2011年国民经济和社会发展计划执行情况及2012年国民经济和社会发展计划（草案）》的报告、县财政局局长宋兴丽所作的《关于2011年财政预算执行情况和2012年财政预算（草案）》的报告、县人大常委会主任史建春所作的工作报告、县人民法院院长杨文胜和县人民检察院检察长白林平所作的工作报告，并通过以上各项报告的决议。会议补选县人大常委会委员2人。会议共收到代表提出的建议、意见和批评28件。

2013年4月16—17日，兴县第十五届人民代表大会第三次会议在县城举行，出席会议的代表168人。会议听取并审议了县长梁志锋所作的《政府工作报告》、县发展和改革局局长王双平《关于2012年国民经济和社会发展计划执行情况与2013年国民经济和社会发展计划（草案）》的报告、县财政局局长宋兴丽所作的《关于2012年财政预算执行情况和2013年财政预算（草案）》的报告、县人大常委会主任史建春所作的工作报告、县人民法院院长杨文胜和县人民检察院检察长白林平所作的工作报告，并通过以上各项报告的决议。会议共收到代表提出的建议、意见和批评22件。

2014年6月5—6日，兴县第十五届人民代表大会第四次会议在县城举行。出席会议的代表168人，会议听取并审议了县长梁志锋所作的《政府工作报告》、县发展和改革局局长王双平《关于2013年国民经济和社会发展计划执行情况及2014年国民经济和社会发展计划（草案）》的报告、县财政局局长宋兴丽所作的《关于2013年财政预算执行情况和2014年财政预算（草案）》的报告、县人大常委会主任史建春所作的工作报告、县人民法院院长杨文胜和县人民检察院检察长白林平所作的工作报告，并通过以上各项报告的决议。会议共收到代表提出的建议、意见和批评34件。

2015年6月16—18日，兴县第十五届人民代表大会第五次会议在县城举行。出席会议的代表168人。会议听取并审议了代县长刘世庆所作的《政府工作报告》、县发展和改革局局长王双平《关于2014年国民经济和社会发展计划执行情况与2015年国民经济和社会发展计划（草案）》的报告、县财政局局长宋兴丽所作的《关于2014年财政预算执行情况和2015年财政预算（草案）》的报告、县人大常委会副主任白永厚所作的工作报告、县人民法院院长杨文胜和县人民检察院检察长白林平所作的工作报告，听取和审议了《兴县城镇容貌和环境卫生管理试行办法（草案）》，并通过以上各项报告的决议。第五次会议补选白鹏昊为县人大常委会主任，刘世庆为兴县人民政府县长，牛贵崇为县人大常委会委员。本次会议收到代表提出的建议、意见和批评46件。

2015年12月7—8日，兴县第十五届人民代表大会召开第六次会议，出席会议的代表167人，会议选举产生兴县出席吕梁市第三届人民代表大会代表26人。

兴县第十六届人民代表大会（2016.6—）　2016年6月18—20日，兴县第十六届人民代表大会第一次会议在县城举行。出席会议的代表172人，会议听取并审议了县长刘世庆所作的《政府工作报告》，审查了《兴县国民经济和社会发展第十三个五年规划纲要》；听取并审议了县发展和改革局局长王双平所作的《2015年国民经济和社会发展计划执行情况及2016年国民经济和社会发展计划（草案）》的报告、县财政局局长宋兴丽所作的《兴县2015年财政预算执行情况和2016年财政预算（草案）》的报告、人大常委会主任白鹏昊所作的工作报告、县人民法院代院长薛少烈和县人民检察院代检察长杨文胜所作的工作报告，并通过以上各项报告的决议。会议还按照《地方组织法》《地方选举法》规定，以差额选举、无记名投票的方式，选举白鹏昊为兴县第十六届县人大常委会主任，王左英、白连厚、白继红、李全权为兴县第十六届人大常委会副主任，委员24人；选举刘世庆为兴县人民政府县长，刘保平、杨红梅、李永胜、张新春、高海清、刘继锋（挂职）为县人民政府副县长，薛少烈为县人民法院院长，杨文胜为县人民检察院检察长。会议收到代表建议、意见和批评52件。

第二节　兴县人大常务委员会

历届人大常委会工作机构

兴县人民代表大会常务委员会（简称县人大常委会）为县人民代表大会的常设机构，内设中共兴县人大常委会党组。县人大常委会由主任、副主任若干人和委员若干人组成，常委会组成人员由本级人民代表大会从全县人民代表大会的代表中选举产生，对本级人民代表大会负责并报告工作。人大常委会委员每届任期同本级人民代表大会每届任期相同；任期内，讨论决定本行政区域内各方面工作的重大事项，监督本级人民政府、人民法院和人民检察院工作，依照法律规定的权限决定国家机关工作人员的任免，推进人民代表大会制度建设等。

兴县第九届人大常委会内设机构有办公室和政法、财经、农村、科教文卫工作委员会。第十届人大常委会增设人事任免、代表联络工作委员会2个机构。第十一届人大常委会内设机构未变。第十二届人大常委会1998年内设机构有办公室和政法、财经、农村、科教文卫、人事任免、代表联络工作委员会。2002年，机构改革中，人大常委会内设机构——人事任免和代表联络工作委员会撤并，设办公室和法制工作委员会、财经农村工作委员会、教科文卫工作委员会。第十三届人大常委会2003年内设机构有办公室和政法、财经、科教文卫工作委员会；2004年增设农村工作委员会。2007年5月，第十四届人大常委会内设机构——政法工作委员会更名为法制工作委员会。2011年6月，第十五届人大常委会增设城环工作委员会。2016年6月，第十六届人大常委会内设机构有办公室、信访室和法制、财经、农村、科教文卫、城环工作委员会。

兴县第九届—十六届人大常委会主任、副主任一览表

表19-1-2-1

届　别	职务	姓　名	性别	籍　贯	任职时间
第九届（1987.8—1990.6）	主任	郝保家	男	山西省兴县	1987.8—1990.6
	副主任	韩子春	男	山西省五台县	1987.8—1990.6
		祁中兴	男	山西省永济县	1987.8—1990.6
		刘仪昌	男	山西省兴县	1987.8—1990.6
		武达权	男	山西省兴县	1987.8—1990.6
第十届（1990.6—1993.7）	主任	郝保家	男	山西省兴县	1990.6—1993.7
	副主任	白　勇	男	山西省兴县	1990.6—1993.2（病故）
		刘仪昌	男	山西省兴县	1990.6—1993.7
		祁中兴	男	山西省永济县	1990.6—1993.7
		韩子春	男	山西省五台县	1990.6—1993.7
第十一届（1993.7—1998.7）	主任	高秀中	男	山西省兴县	1993.7—1998.7
	副主任	裴张拴	男	山西省兴县	1993.7—1998.7
		李天定	男	山西省沁水县	1993.7—1998.7
		祁中兴	男	山西省永济县	1993.7—1998.7
		康挨勤	男	山西省兴县	1993.7—1998.7
第十二届（1998.7—2003.8）	主任	阎润考	男	陕西省神木县	1998.7—2000.3（病故）
		邱虎翼	男	山西省兴县	2002.1—2003.8
	副主任	康挨勤	男	山西省兴县	1998.7—2002.1
		宋贵桂	男	山西省兴县	1998.7—2002.1
		闫巨德	男	山西省兴县	1998.7—2003.8
		王桂儿	女	山西省兴县	1998.7—2003.8
		高俊增	男	山西省兴县	2002.1—2003.8
		高拖前	男	山西省兴县	2002.1—2003.8
第十三届（2003.8—2007.5）	主任	邱虎翼	男	山西省兴县	2003.8—2007.5
	副主任	闫巨德	男	山西省兴县	2003.8—2007.5
		王桂儿	女	山西省兴县	2003.8—2007.5
		高俊增	男	山西省兴县	2003.8—2007.5
		高拖前	男	山西省兴县	2003.8—2007.5

续表19-1-2-1

届　别	职务	姓　名	性别	籍　贯	任职时间
第十三届（2003.8—2007.5）	副主任	王处儿	男	山西省兴县	2003.8—2007.5
		张　信	男	山西省兴县	2006.7—2007.5
第十四届（2007.5—2011.6）	主任	史建春	男	山西省兴县	2007.5—2011.6
	副主任	张　信	男	山西省兴县	2007.5—2011.6
		王处儿	男	山西省兴县	2007.5—2011.6
		贾虎信	男	山西省兴县	2007.5—2011.6
		王左英	女	山西省兴县	2007.5—2011.6
第十五届（2011.6—2016.6）	主任	史建春	男	山西省兴县	2011.6—2015.6
		白鹏昊	男	山西省兴县	2015.6—
	副主任	贾虎信	男	山西省兴县	2011.6—2016.6
		王处儿	男	山西省兴县	2011.6—2016.6
		王左英	女	山西省兴县	2011.6—2016.6
		白永厚	男	山西省兴县	2011.6—2016.6
		贺　毅	男	山西省兴县	2011.6—2016.6
第十六届（2016.6—）	主任	白鹏昊	男	山西省兴县	2016.6—
	副主任	白连厚	男	山西省兴县	2016.6—
		王左英	女	山西省兴县	2016.6—
		李全权	男	山西省兴县	2016.6—
		白继红	男	山西省兴县	2016.6—

历届人大常务委员会会议

第九届人大常务委员会会议　兴县第九届人大常务委员会共召开22次常委会会议。常委会听取和审议“一府两院”工作报告8个、执法情况报告11个，作出决议、决定和建议8个。

第十届人大常务委员会会议　兴县第十届人大常务委员会共召开21次常委会会议。常委会听取和审议“一府两院”工作报告38个。

第十一届人大常务委员会会议　兴县第十一届人大常务委员会共召开36次常委会会议。常委会听取和审议“一府两院”工作报告37个。

第十二届人大常务委员会会议　兴县第十二届人大常务委员会共召开30

次常委会会议。常委会听取和审议“一府两院”工作报告30个。

第十三届人大常务委员会会议　兴县第十三届人大常务委员会共召开28次常委会会议。常委会听取和审议“一府两院”工作报告22个，听取和审议并通过政府有关方面工作报告，作出决定6个 。

第十四届人大常务委员会会议　兴县第十四届人大常务委员会共召开21次常委会会议。常委会听取和审议“一府两院”工作报告14个，通过听取审议政府有关方面工作报告，作出决议、决定4个。

第十五届人大常务委员会会议　兴县第十五届人大常务委员会共召开34次常委会会议。常委会听取和审议“一府两院” 工作报告41个。通过听取审议政府有关方面工作报告，作出决议、决定42个。

第十六届人大常务委员会会议　2016年6—12月，兴县第十六届人大常务委员会共召开6次常委会会议。常委会听取和审议“一府两院”工作报告5个。

第三节　人大常委会工作

人事任免

第九届人大常委会共任免政府局长、委办主任61人，任命政府副县长4人、代县长2人，任命检察院副检察长2人。

第十届人大常委会共任免政府局长、委办主任82人，任命政府副县长、代县长7人，任命法检两院组成人员18人；决定免去局长、委办主任18人；任免人大常委会各专门机构负责人12人。

第十一届人大常委会共任免国家机关工作人员169人，任命政府代县长1人、副县长6人。

第十二届人大常委会任免国家机关工作人员187人，任命政府代县长1人、副县长5人；决定任命法院代院长、检察院代检察长各1人。

第十三届人大常委会任免国家机关工作人员134人，任命政府代县长1人、副县长1人；任命法院代院长、检察院代检察长各1人。

第十四届人大常委会任免国家机关工作人员107人次、代理县长1人、副县长1人。

第十五届人大常委会任免国家机关工作人员111人次，其中副县级以上干部14人次，人大常委会机关与政府组成部门和法、检两院工作人员97人次。补选市人大代表2名，暂停执行县人大代表职务1人。

十六届人大常委会依法审议表决“一府两院”提请的人事任免27人次，补选市人大代表1人次，审议表决“一府两院”提请的人事任免11批26人次。

监督工作

1989—2016年，共召开兴县人民代表大会34次，听取和审议批准“一府两院”的工作报告。县人民代表大会闭会期间，举行常务委员会会议198次，听取“一府两院”关于国民经济和社会事业发展等工作情况报告206个，做出相关决议、决定60项。

第九届人大常委会围绕全县政治、经济建设的大局开展监督工作。先后重点听取审议了县人民政府关于全县经济建设情况、工商企业承包情况、“三北”（指中国西北、华北、东北地区）防护林工程规划情况、全县农业生产发展规划情况、治理整顿情况、廉政建设情况和生产自救情况等方面的报告，并根据规划和发展情况，向政府及职能部门提出加强管理，提高效益，严格合同兑现，防止掠夺性经营等方面的具体建议和要求；坚持对农业问题、教育问题、人口问题、交通问题及土地管理问题的监督，提出要求和建议，并督促政府主管部门整改落实；通过执法检查、个案监督等形式，对全县有关部门执行《中华人民共和国统计法》《中华人民共和国档案法》《中华人民共和国土地管理法》《中华人民共和国环境保护法》等法律、法规情况进行了法律监督。

第十届人大常委会围绕全县政治、经济建设的大局开展监督工作。先后重点听取和审议了县人民政府关于国民经济和社会发展执行情况、关于财政预算执行情况和计划、关于教育集资办学情况、关于贯彻中央和省委加强农业和农村工作两个决定及1992年科技兴农计划、关于工商企业第二轮承包情况等工作报告，并根据报告内容与执行情况，向政府及职能部门提出具体建议和要求，并督促主管部门整改落实。通过执法检查、个案监督检查等形式，对全县有关部门执行《中华人民共和国土地管理法》《中华人民共和国环境保护法》1993年7月2日八届全国人大常委会通过《中华人民共和国农业技术推广法》等法律、法规情况进行了监督。

第十一届人大常委会围绕全县经济发展的新趋势开展监督工作。先后重点听取审议县财政预算执行情况和收支状况报告、县政府关于工业经济工作、煤炭工作及其12户企业生产经营情况、农业农村工作、药品管理工作等工作报告，并根据报告内容与执行情况向政府及职能部门提出进一步加大企业改革力度、扶贫攻坚力度、增加农业投入力度、整顿医药市场力度等方面的具体建议和要求，督促主管部门整改落实。加强对县政府、县检察院关于反腐败斗争和打击经济领域犯罪活动情况的监督。通过执法检查、个案监督等形式，对全县有关部门执行《中华人民共和国土地管理法》《中华人民共和国农业法》《中华人民共和国药品管理法》《中华人民共和国消费者权益保护法》等法律、法规情况进行了法律监督。

第十二届人大常委会围绕县委中心工作和经济建设大局，对“一府两院”的工作进行了经常性监督。先后重点听取审议了财政预算执行情况和计划、审计工作情况，县人民政府关于教育、交通、水利、计划生育工作情况，关于防治非典型肺炎和关于第六届村民委员会换届选举工作情况的报告，并根据报告与执行情况，向政府及职能部门提出具体建议和要求，督促政府主管部门整改落实。通过执法检查、个案监督等形式，对全县有关部门执行《中华人民共和国预算法》《中华人民共和国建筑法》《中华人民共和国劳动法》等53部法律、法规情况进行了法律监督。

第十三届人大常委会围绕全县财政、审计、计划生育、城区环境卫生等方面开展工作监督。先后重点听取和审议了县人民政府财政预算执行情况和计划、县政府审计工作情况报告，并根据报告及执行情况，向政府及职能部门提出具体建议和要求，督促政府主管部门整改落实。通过执法检查、个案监督等形式，对全县有关部门执行《中华人民共和国安全生产法》《中华人民共和国矿产资源法》《中华人民共和国动物防疫法》《中华人民共和国环境保护法》等24部法律、法规情况进行了法律监督。

第十四届人大常委会围绕全县工作大局，关系经济社会发展重大问题和人民群众最关心、最现实的利益问题进行开展监督工作。先后重点听取审议了县政府关于财政决算、预算执行情况和大项目建设、新农村建设、重点工程建设、民营经济发展、旅游开发等专项工作报告，向政府及职能部门提出具体建议和要求，并督促政府主管部门整改落实。通过执法检查、个案监督等形式，对全县有关部门执行《中华人民共和国义务教育法》《中华人民共和国工会法》《中华人民共和国职业病防治法》《中华人民共和国节约能源法》《中华人民共和国文物保护法》《山西省职工劳动权益保障条例》等10多部法律、法规情况进行了法律监督。

第十五届人大常委会围绕全县改革发展稳定大局，全面落实中共兴县县委各项决策部署进行监督工作。先后重点听取审议批准了县人民政府财政预算执行情况和计划、财政预算调整及煤炭可持续发展资金安排项目、利用银行贷款进行城市基础设施与棚户区改造等工作情况报告；听取和审议了兴县城乡大气环境专项整治实施办法、兴县县域城镇体系规划（规划调整）、设立“全民清洁日”、迁建兴县人民医院等4个专项工作报告，向政府及职能部门提出具体建议和要求，并督促政府主管部门整改落实。通过执法检查、个案监督等形式，对全县有关部门执行《中华人民共和国城乡规划法》《中华人民共和国道路交通安全法》《中华人民共和国种子法》《中华人民共和国会计法》《中华人民共和国保险法》等13部法律、法规情况进行了法律监督。

第十六届人大常委会围绕2016年全县工作中心，进行督促工作。先后重点听取和审议2016年1—8月计划和预算执行情况，全县义务教育工作情况以及近一年来省、市、县重点项目建设投资情况等工作报告，向政府及职能部门提出重要建议和要求，并督促政府主管部门整改落实。通过执法检查、个案监督等形式，对全县有关部门执行《中华人民共和国食品安全法》《中华人民共和国旅游法》《山西省旅游条例》等法律、法规情况进行了法律监督。

视察 调研 评议

第九届人大常委会组织代表深入罗峪口镇、贺家会乡、蔡家会镇、奥家湾乡、东会乡、关家崖乡、孟家坪乡、赵家坪乡，重点视察调研了计划生育、教育、粮油入库、土地承包、救灾、合同兑现等工作。

第十届人大常委会组织代表视察秋季农田基本建设和秋耕工作、教育工作（集资办学）、医疗卫生工作，并对全县工商企业承包经营情况、政法工作、计划生育工作、公安局、工商局、物价局、税务局工作及民办教师工资兑现情况进行专题调研。组织代表评议了蔡家会镇、贺家会乡、高家村镇、奥家湾乡、康宁镇、东会乡、瓦塘镇、魏家滩镇等8个乡（镇）政府和蔡家会派出所、高家村派出所 、康宁派出所 、高家村法庭的工作。

第十一届人大常委会组织人大代表先后深入6家企业，就工业企业生产经营情况进行调研；深入基层法庭和法院进行了调研；深入城乡中小学校，调研青少年学生犯罪情况。组织人大代表先后视察公路建设、农田水利建设、植树造林和农业执法等情况；组织人大代表深入12个乡镇、24个村委及县直各大口的一些单位视察、调研，对计划生育工作、政府县长与副县长工作、县人民法院工作、县公安机关、农业执法及道路交通等工作进行了重点评议。

第十二届人大常委会组织人大代表深入财政、税务、计生、教育等部门就1998年财政决算和预算外资金管理情况和教育工作等情况进行调研。组织人大代表先后视察了全县人畜吃水工程、交通工作、客运管理工作以及关木公路、交交公路、城区环城公路建设情况；重点评议了县人民检察院和公安局工作。

第十三届人大常委会组织人大代表重点视察了全县公路建设情况，调研了财政工作情况。

第十四届人大常委会组织人大代表，就县人民法院审判监督工作、县人民检察院反渎职侵权工作、广播电视工作、民营经济发展工作、全县城镇医疗保险制度运行情况、新型农村合作医疗工作进行了专题和专项调研，同时，配合吕梁市人大法工委对县公安局、人民法院、人民检察院刑事侦查工作、执行工作和民事行政检察工作进行了调研；组织省市人大代表和常委会全体人员先后视察了西川循环经济示范基地、斜沟煤矿、岢瓦铁路、恶虎滩昌盛镁厂、自来水厂、县医院门诊楼、蔡家崖新区、福临嘉苑小区等大项目建设和环境污染整治工作；组织省市人大代表和常委会全体人员对兴县落实山西省政府确定的“五个全覆盖”和“十件实事”情况进行了专项视察。

第十五届人大常委组织常委会成员和人大代表就晋绥森林公园建设进展、县城新区开发建设进展、旧城规划修编进展、县城集中供热供气工程建设进展、友兰中学建设进展及运行情况等6个方面进行了专项调研；组织常委会成员围绕全县农民增收、新兴产业培育、文化产业发展、扶贫开发、红色旅游开发、煤炭企业生产建设与发展规划，“大排查、大接访、大化解”活动开展情况进行了专题调研；组织市人大代表对全县重点工程建设、环境保护、社会保障、农业农村、文化教育、财政税收、城建交通、民营企业发展、扶贫开发等工作进行了专题调研；配合市人大常委会，对全县工业园区建设、新兴产业发展、幼儿园建设、食品药品安全监管、综改试验区建设、经济和社会发展、公共卫生服务体系建设、传染病防治等方面内容进行专题调研；围绕全县开展的反贪污贿赂及《山西省预防职务犯罪工作条例》实施情况、“六权治本”实施情况和《中共全国人大常委会党组关于加强县乡人大工作和建设的若干意见》贯彻落实情况进行了专题调研；组织省市人大代表、常委会成员和有关工委，重点视察了西纵高速兴县段、中南出海铁路兴县段、华兴铝业公司氧化铝项目、西川工业大道、锦兴能源公司肖家洼煤矿、沿黄公路、太兴铁路、蔚汾河清淤蓄水工程、县城新区道路工程建设、农业产业化（8+2）项目、经济发展方式转变和经济结构调整、生态环保、煤炭产业发展、文化产业发展、中小微企业发展、环境卫生治理、红色旅游发展等产业项目和落实全省农村公共事业新的“五个全覆盖”（2011年，山西省《政府工作报告》提出用两年时间推进全省农村公共事业新“五个全覆盖”工程：农村街巷硬化全覆盖工程，农村便民连锁店全覆盖工程，农村文化体育场所全覆盖工程，中等职业教育免费全覆盖工程，新型农村社会养老保险全覆盖工程）工程进展。

第十六届人大常委会组织人大代表开展了关于全县农业龙头企业扶持政策落实、基层卫生医疗机构服务能力建设、反贪污贿赂工作情况、重点项目进展、棚户区改造、扶贫攻坚及资金管理使用、县乡村教师支持计划实施、公共文化服务体系建设、深化司法改革、贯彻实施《事业单位人事管理条例》和环境保护等情况的专项视察、调研；配合市人大常委会开展了对《吕梁市扬尘污染防治条例》《吕梁市非物质文化遗产传承保护条例》《吕梁市城市中小学校幼儿园规划建设条例》等3部地方性法规的立法调研。

第四节　乡（镇）人民代表大会

1988年，根据吕梁地委安排，各乡（镇）在代表组的基础上设立了人大工作联络组，并由县委任命联络组组长。1990年6月，兴县24个乡（镇）人大联络组均改设为乡（镇）人民代表大会主席团，设主席团常务主席1名，由乡（镇）人代会推选，县委决定任命。同年，24个乡（镇）分别召开乡（镇）人民代表大会第一次会议，选举产生本乡（镇）人大主席团常务主席1人。1991年，各乡（镇）在设立专职常务主席的基础上配备兼职工作人员1—2人，建立起学习、视察、联系代表等活动制度。

1993年6月，各乡（镇）人民代表大会主席团常务主席、副主席由乡（镇）人民代表大会选举产生。同年，兴县乡（镇）十一届人民代表大会第一次会议依法选举产生24名常务主席。

2001年8月，撤并后的新建乡（镇）（蔚汾镇、魏家滩镇、瓦塘镇、蔡家崖乡、孟家坪乡）举行了首届人大、政府选举工作。5个新建乡（镇）总人口13.87万人，登记选民73494人，参加投票选民70554人，参选率达96%；应选代表293人，实际产生代表293人。5个新建乡（镇）通过召开本乡（镇）第一届人民代表大会第一次会议，审议通过各项工作报告和各项工作决议，依法选举产生乡（镇）人大主席5名、副主席1名；产生乡（镇）长5名、副乡（镇）长11名。

1989—2016年，各乡（镇）人民代表大会经历8届，共召开27次代表大会，分别选举产生了新一届乡（镇）领导人（1987—1998年，每届任期3年；1999—2016年，每届任期5年），每年依法召开一次人民代表大会，听取审议本乡（镇）人民政府工作报告和人大主席团工作报告，提出建设性意见和建议，督促政府部门进行整改；审议批准本乡（镇）财政预算；选举本乡

（镇）人民代表大会主席团及常务主席、人民政府乡（镇）长、副乡（镇）长。

1989—2016年，县人大常委会组织乡（镇）人大代表先后深入各职能部门，对《中华人民共和国土地管理法》《中华人民共和国农业法》《中华人民共和国义务教育法》等法律、法规执行情况和文化、医药、煤焦市场及环境治理等进行全面检查，同时组织乡（镇）人大代表对各职能部门工作进行了评议。

第二章　行政机构

第一节　组织机构

兴县人民政府

兴县人民政府由县长、副县长若干人组成，每届任期与本级人民代表大会每届任期相同。任期内，执行本级国家权力机关的决议和上级行政机关的决定命令；执行国民经济和社会发展计划及财政预算；管理本行政区域内的经济、教育、科学、文化、卫生、体育事业、城乡建设事业和财政、民政、公安、司法、监察、民族事务、人口等工作；依照法律规定任免、培训、考核和奖惩行政机关、事业单位工作人员；改变或者撤销所属工作部门和下级人民政府的不适当的决定和命令；依法保护和保障公共财产、私有财产，保障公民各方面权利；对本级人民代表大会和上级人民政府负责并报告工作，在本级人民代表大会闭会期间，对本级人大常委会负责并报告工作。

兴县第九届至十六届人民政府县长、副县长一览表

表19-2-1-1

届　别	职务	姓　名	性别	籍　贯	任职时间
第九届（1987.8—1990.6）	县长	苏高文	男	山西省平定县	1987.8—1988.11
		杜俊奇	男	山西省五台县	1989.3—1990.4
	副县长	郭亮泽	男	山西省岚县	1987.8—1990.6
		张帆尔	男	山西省兴县	1987.8—1990.6
		裴张拴	男	山西省兴县	1987.8—1990.6
		阎润考	男	陕西省神木县	1987.8—1990.6
		杜俊奇	男	山西省五台县	1988.12—1989.3（代理县长）
		李天定	男	山西省沁水县	1990.4—1990.6

续表19-2-1-1

届　别	职务	姓　名	性别	籍　贯	任职时间
第九届（1987.8—1990.6）	副县长	陈绍歧	男	山西省临县	1990.4—1990.6
		郝百曜	男	山西省临县	1990.4—1990.6（代理县长）
第十届（1990.6—1993.7）	县长	郝百曜	男	山西省临县	1990.6—1993.5
	副县长	李天定	男	山西省沁水县	1990.6—1993.7
		张帆尔	男	山西省兴县	1990.6—1991.7
		陈绍歧	男	山西省临县	1990.6—1993.7
		裴张拴	男	山西省兴县	1990.6—1993.7
		高玉堂	男	山西省兴县	1991.8—1993.7
		白文毅	男	山西省兴县	1991.12—1993.7
		郭先治	男	山西省定襄县	1992.2—1993.7（科技）
		郭亮泽	男	山西省岚县	1993.5—1993.7（代理县长）
		贺继光	男	山西省石楼县	1993.6—1993.7
第十一届（1993.7—1998.7）	县长	郭亮泽	男	山西省岚县	1993.7—1996.6
		李海玉	男	山西省方山县	1997.3—1998.7
	副县长	白文毅	男	山西省兴县	1993.7—1998.7
		高玉堂	男	山西省兴县	1993.7—1998.7
		邱虎翼	男	山西省兴县	1993.7—1998.7
		贺继光	男	山西省石楼县	1993.7—1998.7
		任世平	男	山西省岢岚县	1993.7—1998.7
		郭先治	男	山西省定襄县	1993.7—1995.7（科技）
		李海玉	男	山西省方山县	1996.6—1997.3（代理县长）
		李　勇	男	—	1996.1—1998.7（科技）
		刘开门	男	山西省柳林县	1998.6—1998.7
	县长助理	闫巨德	男	山西省兴县	1995.1—1998.7
		张寨迎	男	山西省兴县	1996.4—1998.7
第十二届（1998.7—2003.8）	县长	李海玉	男	山西省方山县	1998.7—2001.2
		刘泽峰	男	山西省临县	2001.3—2003.8
	副县长	白文毅	男	山西省兴县	1998.7—2001.12
		任世平	男	山西省岢岚县	1998.7—2001.12
		吴晓东	男	山西省保德县	1998.7—2003.8
		白永厚	男	山西省兴县	1998.7—2003.8

续表19-2-1-1

届　别	职务	姓　名	性别	籍　贯	任职时间
第十二届（1998.7—2003.8）	副县长	李　勇	男	—	1998.7—2001.8（科技）
		刘泽峰	男	山西省临县	2001.2—2001.3（代理县长）
		刘开门	男	山西省柳林县	2001.6—2003.8（非党员）
		贺　毅	男	山西省兴县	2001.12—2003.8
		康旺举	男	山西省兴县	2001.12—2003.8
		白连厚	男	山西省兴县	2003.6—2003.8
	县长助理	刘开门	男	山西省柳林县	1998.7—2001.6（副县级）
		张寨迎	男	山西省兴县	1998.7—1998.12
		吕兴泉	男	山西省兴县	1998.7—1998.12
		高掩前	男	山西省兴县	1998.12—2002.3
		尹亮旭	男	山西省兴县	1998.12—2002.3
		李　荣	男	山西省兴县	2000.11—2002.3
第十三届（2003.8—2007.5）	县长	刘泽峰	男	山西省临县	2003.8—2006.6
		孙善文	男	山西省临县	2006.7—2007.5
	副县长	吴晓东	男	山西省保德县	2003.8—2003.9
		白永厚	男	山西省兴县	2003.8—2007.5
		刘开门	男	山西省柳林县	2003.8—2007.5
		贺　毅	男	山西省兴县	2003.8—2007.5
		康旺举	男	山西省兴县	2003.8—2007.5
		白连厚	男	山西省兴县	2003.8—2007.5
		史建春	男	山西省兴县	2003.9—2006.6
		孙善文	男	山西省临县	2006.6—2006.7（代理县长）
	县长助理	康兴中	男	山西省兴县	2003.8—2004.3（专职煤炭）
		白寨迎	男	山西省兴县	2004.3—2005.8
		甄乃信	男	山西省兴县	2005.4—
		高荣兴	男	山西省兴县	2005.8—
		成　林	男	山西省离石市	2006.6—2007.5
		白鹏昊	男	山西省兴县	2006.7—
第十四届（2007.5—2011.6）	县长	孙善文	男	山西省临县	2007.5-2009.11
		梁志锋	男	山西省离石市	2010.4—2011.6

续表19-2-1-1

届　别	职务	姓　名	性别	籍　贯	任职时间
第十四届（2007.5—2011.6）	副县长	白永厚	男	山西省兴县	2007.5—2011.6
		贺　毅	男	山西省兴县	2007.5—2011.6
		白连厚	男	山西省兴县	2007.5—2011.6
		康旺举	男	山西省兴县	2007.5—2011.6
		刘开门	男	山西省柳林县	2007.5—2011.6
		梁志锋	男	山西省离石市	2009.11—2010.4（代理县长）
	县长助理	成　林	男	山西省离石市	2007.5—2011.6
		刘平则	男	山西省兴县	2008.3—2011.6
		李永胜	男	山西省芮城县	2009.1—2011.6
第十五届（2011.6—2016.6）	县长	梁志锋	男	山西省离石市	2011.6—2015.5
		刘世庆	男	山西省柳林县	2015.6—2016.6
	副县长	白鹏昊	男	山西省兴县	2011.6—2015.6
		刘保平	男	山西省岚县	2011.6—2016.6
		史小军	男	山西省兴县	2011.6—2016.6
		高海清	男	山西省兴县	2011.6—2016.6
		王海涛	女	山西省汾阳市	2011.6—2016.6
		刘世庆	男	山西省柳林县	2015.5—2015.6（代理县长）
	县长助理	刘平则	男	山西省兴县	2011.6—2014.4
		李永胜	男	山西省芮城县	2011.6—2016.5
第十六届（2016.6—）	县长	刘世庆	男	山西省柳林县	2016.6—
	副县长	张新春	男	山西省石楼县	2016.6—
		刘保平	男	山西省岚县	2016.6—
		高海清	男	山西省兴县	2016.6—
		杨红梅	女	山西省中阳县	2016.6—
		李永胜	男	山西省芮城县	2016.6—
		刘继锋	男	陕西省澄城县	2016.6—

兴县人民政府挂职干部一览表

续表19-2-1-2

姓　名	性别	所任职务	任职时间
邓俊峰	男	兴县人民政府副县长	1996.5—1997.9
史瑞龙	男	兴县人民政府副县长	1996.6—2001.9
杨　亮	男	兴县人民政府副县长	1998.2—1999.1
李彦杰	男	兴县人民政府副县长	1999.1—2000.5
闫柳松	男	兴县人民政府副县长	1999.12—2003.4
陶松岳	男	兴县人民政府副县长	2000.5—2003.4
薛艳明	男	兴县人民政府副县长	2016.10—2018.6

县人民政府办公室（简称县政府办）

为协助县人民政府领导处理县政府日常工作的综合性机构。1989年，政府办内设行政科、综合科，有行政人员17人。2002年，县直机关机构改革后，政府办内设机构有综合股、内务股、调研信息股、机要股，行政编制为14人。2008年，县政府网络中心成立，是政府网络信息综合管理的事业单位。2009年，兴县人民防空办公室成立。2010年，县人民政府法制办公室及县人民政府应急管理办公室成立。2012年，县人防指挥信息中心成立，是县人民政府负责人防指挥的事业单位。2015年，县人民政府应急管理办公室变为应急股。2016年，政府办内设内务股、综合资料股、机要股、信息股、应急股、兴县人民政府防空办公室、兴县人民政府法制办公室、兴县人民政府网络中心、兴县人防指挥信息中心。核定行政编制20人、全额事业编制3人，实有25人；领导职数核定正科级2人、副科级6人。

工作部门

政府工作机构　1989年，县人民政府共有工作部门55个，分别为县人民政府办公室、民政局、信访局、人事局、编制办、科干局、行政科、农业局、畜牧局、林业局、扶贫办、水利水保局、工业局、煤炭管理局、交通局、城乡建设局、环境保护局、财政局、商业局、粮食局、工商行政管理局、教育局、卫生局、文化局、统计局、劳动局、物资局、乡镇企业管理局、物价局、司法局、公安局、审计局、监察局、土地局、矿产资源管理局、体育运动委员会、计划生育委员会、爱国卫生运动委员会、科学技术委员会、计划委员会、经济委员会、财贸委员会、区划办公室、经济体制改革办公室、农业办公室、县志办公室、档案局、农经局、农机局、广播电视局、县供销合作社、二轻局、标准计量局、税务局、对外经济贸易局。

1990年，扶贫办改称为兴县经济开发办公室。同年，成立兴县经济技术协作办公室。1991年，晋绥边区革命纪念馆升格为正科级建制的事业单位。1992年，经济体制改革办公室改称经济体制改革委员会，矿产资源管理局更名为地质矿产管理局。1993年，撤销兴县监察局，兴县监察委员会成立，与中共兴县纪律检查委员会合署办公。1994年，兴县水土保持世界银行贷款项目办公室成立，为正科级建制事业单位。1995年，兴县世行贷款扶贫开发项目办公室成立，为正科级建制的事业单位。1996，兴县红十字会成立，为正科级全额事业单位，与卫生局合署办公。同年，兴县标准计量局更名为兴县技术监督局。1998年，农业区划委员会办公室更名为兴县农业综合开发局。

2002年，县直党政机构改革后，县政府职能部门合并缩减为23个：政府办公室（无线电管理办公室、县政府督查室并入政府办为内设机构，外事和政府法制职能划归政府办公室）、发展计划局（计划委员会更名为发展计划局，物价局、以工代赈办并入为发展计划局内设机构，原粮食局行政职能划归发展计划局）、经济贸易局（撤销经委、财委，组建经济贸易局，挂安全生产监督局的牌子，将原劳动局承担的安全生产监督职能划分经济贸易局，煤炭局、经济协作办公室并入经济贸易局为内设机构）、教育体育局（教育局与体委合并组建教育体育局，招生办并入为教育体育局为内设机构）、科学技术局（科学技术委员会更名为科学技术局）、监察委员会（与纪律检查委员会机关合署办公，列入政府机构序列，不计入政府机构个数）、民政局（双拥办并入民政局为内设机构）、财政局（世界银行项目办公室、预算外资金管理局、国有资产管理办公室、会计管理局并入财政局为内设机构）、人事局（科干局并入人事局为内设机构）、劳动和社会保障局（老龄办并入劳动和社会保障局为内设机构）、国土资源局（撤销土地局、地矿局，组建国土资源局）、城乡建设局（环境保护局与城乡建设局合署办公；原经济体制改革办公室房改职能划归城乡建设局）、农业局（农业综合开发局并入农业局为内设机构，原畜牧局、农机局、农经局的行政职能划归农业局）、卫生局（爱委会并入卫生局为内设机构）、计划生育局（计划生育委员会更名为计划生育局）、公安局、司法局、交通局、水利局、林业局、文化局、审计局、统计局。

成建制转为县政府直属事业单位9个：经济体制改革服务中心（由经济体制改革办公室更名），为县政府直属事业单位，行政职能划归政府办公室，其中房改职能划归城乡建设局；机关后勤服务中心（由机关事务管理局更名），为县政府直属事业单位；档案史志馆（撤销党史办、县志办、档案局，组建档案史志馆），为县政府直属事业单位；粮食管理服务中心（由粮食局更名），为县政府直属事业单位，行政职能划归发展计划局；广播电视服务中心（由广播电视局更名），为县政府直属事业单位；畜牧服务中心（由畜牧局更名），为县政府直属事业单位；农机服务中心（由农机局更名），为县政府直属事业单位；农村经营管理服务中心（由农经局更名），为县政府直属事业单位；煤炭服务中心。

2004年，兴县人民政府机构改革后，县政府设置28个工作部门：政府办公室；县发展和改革局（县发展计划局改组）,为县政府工作部门，正科级建制；县经济局（县经贸局改组，挂商务局的牌子,实行一个机构、两块牌子），为县政府工作部门,正科级建制，承担县属国有企业资产的管理职能；县人口与计划生育局（由县计划生育局更名）；环境保护局（改为单独设置，原城乡建设局环保股承担的环境保护职能划入新设置的环境保护局）,为县政府工作部门,正科级建制；安全生产监督局（改为单独设置，原经贸局承担的安全生产监督职能划归新设置的安全生产监督局）,为县政府工作部门,正科级建制；县煤炭服务中心,并挂煤炭工业局的牌子,实行一个机构、两块牌子,为县政府直属事业单位,正科级建制；县中小企业局（由县乡镇企业服务中心更名），为县政府直属事业单位,正科级建制,承接中小企业有关服务职能；科学技术局（地震办公室与其合署办公,实行一个机构、两块牌子）；监察委员会（纪律检查委员会机关与其合署办公，列入政府机构序列，不计入政府机构个数）；农业局（农村工作领导小组办公室与其一个机构、两块牌子）；民族宗教事务局（县统战部与其合署办公，列入县政府序列，不计入县政府机构个数）。未发生变化的县政府工作机构有教育体育局、公安局、民政局、司法局、财政局、人事局、劳动和社会保障局、国土资源局、城乡建设局、交通局、水利局、林业局、文化局、卫生局、审计局、统计局。

2005年，兴县文物旅游开发管理中心成立，属政府直属正科级事业单位。2007年3月，兴县“两区”开发暨“双百双千”项目办公室成立（2016年6月更名为兴县重点项目发展管理办公室）。2009年，兴县经济局更名为兴县经济和信息化局。2010年，兴县农业局和兴县畜牧局合并为兴县农业委员会；兴县城乡建设局更名为兴县住房保障和城乡建设管理局。2011年7月，兴县食品药品监督管理局单设，为政府直属正科级行政单位。2012年，兴县园林局成立，治理非法超限超载车辆工作领导组办公室成立。2015年，兴县卫生局与兴县人口和计划生育局合并为兴县卫生和计划生育局；兴县工商行政管理局与兴县质量技术监督局合并为兴县工商和质量监督管理局，为政府直属行政机构。2016年，兴县人事局与兴县劳动和社会保障局合并为兴县人力资源和社会保障局；兴县科学技术局和兴县教育体育局合并为兴县教育科技局；县综合检验检测中心成立，为政府直属事业单位。

至2016年末，县政府共有科级工作机构36个，其中科级行政机构23个，即政府办公室、水利局、林业局、农业委员会、工商和质量监督管理局、食品药品监督管理局、文化局、卫生和计划生育局、统计局、教育科技局、发展和改革局、环境保护局、审计局、安全生产监督管理局、经济和信息化局、国土资源局、民政局、住房保障和城乡建设局、公安局、司法局、财政局、人力资源和社会保障局、交通运输管理局。直属科级事业单位13个，即档案史志馆、供销合作社联合社、机关事务管理局、广播电视台、粮食管理服务中心、重点项目发展管理办公室、煤炭服务中心、政务服务中心、经济体制改革服务中心、文物旅游开发管理中心、综合检验检测中心、治理非法超限超载车辆工作领导组办公室、园林局。

基层政府　1989年，兴县人民政府设7个镇17个乡，即城关镇、魏家滩镇、瓦塘镇、高家村镇、罗峪口镇、蔡家会镇、康宁镇、蔡家崖乡、白家沟乡、杨家坡乡、木崖头乡、裴家川口乡、小善乡、贺家会乡、圪达（垯）上乡、赵家坪乡、孟家坪乡、固贤乡、东会乡、交楼申乡、恶虎滩乡、奥家湾乡、关家崖乡、肖家洼乡。各乡（镇）人民政府由乡（镇）长、副乡（镇）长组成领导集体，后配备科技副乡（镇）长、计划生育副乡（镇）长。各乡（镇）政府设有办公室，并配备有司法、民政、统计、土地、计划生育、农机、农技、水利、林业、财税、文化助理员或辅导员。1990年各乡（镇）增配农经员。24个乡（镇）辖467个村民委员会、1个居民委员会、822个自然村。

2001年，兴县撤并部分乡（镇）后，全县设7个镇10个乡，即蔚汾镇（原城关镇与关家崖乡、肖家洼乡合并组成）、魏家滩镇（原木崖头乡和白家沟乡并入该镇）、瓦塘镇（原裴家川口乡并入该镇）、高家村镇、罗峪口镇、蔡家会镇、康宁镇、蔡家崖乡（原杨家坡乡并入该乡）、奥家湾乡、恶虎滩乡、交楼申乡、东会乡、固贤乡、圪达（垯）上乡、贺家会乡、孟家坪乡（原小善乡并入该乡）、赵家坪乡。2002年，按照山西省人民政府“精简机构、完善综合服务功能和因地制宜、综合设置乡（镇）站所”的要求，各乡（镇）综合设置5个事业机构：农业综合服务中心，原农技站、农机站、畜牧兽医站、水利水保站、水产站、林业站、乡企办公室归并于农业综合服务中心，水利、林业、畜牧任务较重，经济所占份额较大的乡（镇），也可根据实际情况在机构限额内分设；文化服务中心，原有的文化站、广播站归并于文化服务中心；计划生育服务中心，原乡（镇）计生办、计划生育服务站归并于计划生育服务中心；财经服务中心，原乡（镇）财政所（会计核算中心）、农经站、统计站归并于财经服务中心；国土资源管理中心，由原乡（镇）土地管理所更名，维持原来的管理体制；在机构限额外保留乡（镇）教办和卫生院。全县17个乡（镇）划分为三个类型，一类乡（镇）为蔚汾镇；二类乡（镇）有魏家滩镇、康宁镇、瓦塘镇、奥家湾乡、蔡家崖乡；三类乡（镇）有高家村镇、罗峪口镇、蔡家会镇、交楼申乡、恶虎滩乡、东会乡、固贤乡、贺家会乡、孟家坪乡、赵家坪乡、圪达（垯）上乡。

2002—2016年，兴县乡（镇）建制及内设机构均未发生重大变化。

第二节 政府工作

国民经济和社会发展“五年计划”实施概况

“七五”（1986—1990年）主要经济计划目标完成概况 1990年末，全县地区生产总值完成18049万元，比“六五”末（1985年）增长111%；财政总收入完成864万元，比“六五”末增长113.3%；粮油总产量完成10441万千克，比“六五”末增长66.7%；工业总产值分别完成9019万元、农林牧副（渔）业总产值12030万元，分别比“六五”末增长252%和159.6%；乡镇企业总产值完成4704万元，比“六五”末增长20.6%；社会消费品零售总额完成6474万元，比“六五”末增长27.5%；农村经济总收入完成13337万元，比1986年增长88.5%；农民人均年纯收入达到 351元，比1985年增长51.3%。

“八五”（1991—1995年）主要经济计划目标完成概况 1995年末，全县地区生产总值完成32976万元，比“七五”末（1990年）增长82.7%；财政总收入完成2212万元，比“七五”末增长156%；一般预算收入完成1324万元，比“七五”末增长72.6%；工业总产值完成13860万元，比“七五”末增长53.7%；发电量8994万千瓦时，比“七五”末增长52.8%；农林牧副总产值完成11542万元，比“七五”末减少4.1%；乡镇企业总产值完成43667万元，比“七五”末增长8.3倍；社会消费品零售总额达到5789万元，比“七五”末下降10.6%；粮油总产量完成4742万千克，比“七五”末下降54.6%；大畜、羊、猪、鸡年存栏分别达到3.83万头、30.27万只、5.17万头、33.78万只，分别比“七五”末增长36.8%、44.3%、199%、7.1%；农民人均年纯收入增加到537元，比“七五”末增长53%；城镇居民人均可支配收入达到1755元，比“七五”末增长92.7%。

“九五”（1996—2000年）主要经济计划目标完成概况 2000年末，全县地区生产总值完成23750万元，比“八五”末（1995年）下降28%；财政总收入完成1796万元，比“八五”末减少18.8%；工业总产值完成6413万元，比“八五”末下降53.7%；乡镇企业总产值达到5.59亿元，比“八五”末增长28%；社会消费品零售总额7485万元，比“八五”末增长29.3%；农业取得较好成绩，粮油总产量9335万千克，比“八五”末增长96.9%；农林牧副（渔）业总产值达到26304万元，比“八五”末增长128%；农民人均年纯收入和城镇居民人均可支配收入分别达到795元和6765元，分别比“八五”末增长48%和2.9倍。

“十五”（2001—2005年）主要经济计划目标完成概况　2005年末，全县地区生产总值完成6.1亿元，比“九五”末（2000年）增长156.8%；财政总收入7586万元，比“九五”末增长322.4%；一般预算收入完成3024万元，比“九五”末增长163.4%；工业总产值完成12.83亿元，比“九五”末增长19倍；规模以上工业增加值实现2.88亿元；乡镇企业总产值达到16.2亿元，比“九五”末增长189.8%；社会消费品零售总额实现2.05亿元，比“九五”末增长173.9%；农民人均年纯收入和城镇居民人均可支配收入分别达到1050元和6713元，分别比“九五”末增长32.1%、减少0.8%；社会固定资产投资总额完成4.5亿元，比“九五”末增长14.8倍；农牧业方面，粮油总产量1.02亿千克，比“九五”末增长9.3%；大畜、羊、生猪、蛋鸡年末存栏分别达到3.98万头、34.78万只、3.9万头、46.66万羽，其中，大畜、羊、蛋鸡分别比“九五”末增长49.6%、0.8%、35%，生猪饲养量比“九五”末下降17.02%。

“十一五”（2006—2010年）主要经济计划目标完成概况　经济发展方面，2010年末，全县地区生产总值完成36.71亿元，较“十五”末（2005年）增长5倍；人均国内生产总值11743元，比“十五”末（人均国内生产总值2233元）增长4.3倍；财政总收入完成6.6亿元，比“十五”末增长7.7倍；一般预算收入完成1.81亿元，比“十五”末增长5倍；工业总产值和规模以上工业增加值分别完成52.22亿元和25.77亿元，分别比“十五”末增长3.3倍和8倍。粮油总产量1.14亿千克，农林牧副总产值达到5.98亿元，分别比“十五”末增长11.8%和157.8%；社会消费品零售总额达到80062万元，比“十五”末增长2.9倍；社会固定资产投资总额完成24.23亿元，比“十五”末增长4.4

倍。社会发展方面，2010年末，全县人口自然增长率为5.04‰；城镇化率增加到25%；城镇基本社会保障覆盖率达到83.3%，新型农村合作医疗覆盖率达到76%；电话（包括固定电话）拥有率达到28%，城乡居民网络用户达1.16万户，公共图书馆（室）藏书量达到53.2万册，平均170册/百人。人民生活方面，2010年末，全县农民人均年纯收入和城镇居民人均可支配收入分别达到2050元和11115元，分别比“十五”末增长95.2%和65.6%；农村居民和城镇居民人均住宅面积分别达到30平方米和23平方米。

“十二五”（2011—2015年）主要经济计划目标完成概况　经济发展方面，2015年末，全县地区生产总值达到58.72亿元，较“十一五”末（2010年）增长60%；财政总收入完成21.99亿元，比“十一五”末增长2.3倍；一般预算收入6.33亿元，较“十一五”末增长2.5倍；工业总产值完成101.19亿元，比“十一五”末增长93.8%，规模以上工业增加值完成41.77亿元，比“十一五”末增长62.1%。农业因遭灾，粮油总产量完成9770万千克，比“十一五”末减少14.3%；农林牧副总产值6.72亿元，比“十一五”末增长12.4%。社会消费品零售总额完成13.8亿元，比“十一五”末增长72.3%；社会固定资产投资完成82.87亿元，较“十一五”末增长2.4倍。2015年末，全县农民人均年纯收入和城镇居民人均可支配收入分别达到3982元和18067元，分别比“十一五”末增长94.2%和62.6%；农村危旧房屋改造累计完成3660套，城镇居民保障房累计建成6762套；城区新增供热站12座，供热总面积达137万平方米。2015年末，县财政共拨付教育经费45219万元，占当年财政总支出（20.98亿元）的21.6%，比“十一五”末拨付教育经费减少17.2%；城镇居民养老保险覆盖率达到98.6%，新型农村合作医疗参合率达到98%；城镇就业率达到60%。2015年末，全县煤矸石综合利用率达到71%，矿井水利用率达到96%；县城建成区森林覆盖率达到32.6%；城区污水集中处理达到100%，垃圾无害化处理率达到100%，全年二级以上质量天数达到340天以上。

2016年主要经济计划目标完成概况　2016年末，全县完成地区生产总值60.45亿元，同比增长3%；财政总收入18.73亿元，同比减少14.8%；一般预算收入完成7.12亿元，同比增长12.5%；社会固定资产投资完成65.99亿元，同比下降20.4%；社会消费品零售总额达到14.75亿元，同比增长6.9%；农民人均年纯收入4006元，同比增长0.6%；城镇居民人均可支配收入19061元，同比增长5.5%。农业农村方面，粮油总产量完成11592万千克，同比增长18.7%；农林牧副总产值达到6.19亿元，同比减少7.9%；新栽核桃经济林4.5万亩，发展食用菌500万棒；羊饲养量达到49.61万只，生猪饲养量达到7.96万头；新修饮水工程38处，完成农村危旧房改造400户；新建移民房962套（其中购买562套），移民安置1076户、4629人；农村光伏发电量达到1.15万千瓦/年，电子商务网上销售额达到1亿元；农村1.3万人退出贫困，完成全年脱贫计划。

社会基础设施建设概况

1989—2016年，全县累计完成投资709.03亿元，实施项目148个（已建成投运和基本完工的项目133个，在建项目15个）。其中，基础设施建设项目共114个，累计投资319.26亿元（不包括农村易地移民搬迁投资）；产业发展项目共34个，累计投资389.77亿元。

电力基础建设项目　共13个，累计投资80120万元。其中，1990年完成发电厂三期扩建工程（即6号机组扩建工程）。1998年完成与太原电网并网和部分农电网改造，新增通电村315个。2001年7月建成蔡家崖110千伏输变电工程，缓解全县用电紧张状况。2002年完成电冶集团公司一期技改和二期4×6兆瓦机组扩建项目，年增发电量1296万度。2004年完成农村电网低压整改，受益10个乡（镇）510个自然村37200户，全县所有村全部通电。2005年完成城关、二十里铺两个35千伏变电站增容改造项目。2008年建成斜沟矿区输变电工程项目。2010年建成瓦塘220千伏输变电站，成为全省首座数字化变电站；同年完成580千米农网改造项目，受益47个村844户。2013年建成康宁220千伏输变电站（线路全长4千米），完成农电网升级改造项目（改造45千伏变电站2座，建35千伏、10千伏线路754.5千米），受益18882户。2015年建成花子110千伏变电站。

农田水利和生态建设项目　共16个，累计投资31.58亿元。其中，1989年至2016年累计建设人畜饮水解困工程1333处，累计解决全县822个自然村（另有394个自然村饮水工程系修复、提质）的人畜饮水困难（参阅第十编《水利水保》第一章“水利建设”）。1990年至2016年新建、续建大中小型骨干坝、淤地坝421座,河坝9.13万米，谷坊1368个，新增基本农田56.2万亩（其中梯田46.6万亩、滩坝地9.6万亩），全县基本农田面积累计达到82.7万亩，占到全县总耕地面积（126.3万亩）的65.48%。1991年至2012年，完成阎老湾水库、明通沟水库和天古崖水库除险加固工程，3座水库防洪总库容达到4094万立方米；设计灌溉总面积7万亩。2012—2013年，投资8.98亿元，开工建设中部引黄工程兴县县域供水工程，年总供水量增加4630万立方米；1993—2016年，累计投资3406.52万元，打机井127眼，建泵站169处，完成农田灌溉末级渠系配套工程项目，建设末级渠系27.2千米，灌溉总面积达到14.84万亩。

1990年至2016年相继实施系列水保造林、蔚汾河流域水保综合治理工程、黄河水保生态项目、巩固退耕还林成果水保项目、小流域综合治理项目、湫水河流域水保综合治理项目、雁门关生态畜牧水利配套项目、坡耕地水土流失综合治理试点工程等项目，累计治理水土流失总面积413.84万亩，其中，完成水保造林177.05万亩（其中生态防护林及用材林100.63万亩，经济林76.42万亩），林木总面积达到287.81万亩（其中天然林面积110.76万亩），森林覆盖率达到60.57%；完成人工种草31.13万亩。

道路交通建设项目　共22个，累计投资250.08亿元。其中，1995年11月，完成店临线兴县段二级油路改建工程，修筑涵洞584米，72道，桥梁3座，拓宽改造21千米，其间，机关干部捐款30万元，干部群众义务投工2.92万个。“九五”期间完成岢大线（魏家滩至蔡家崖）20千米改造工程。2003年9月完成忻黑线兴县段（明通沟至黑峪口）41千米二级公路改造项目。2005年完成全长84千米的岢大线兴县段改造项目，进一步改善兴县交通出行条件。2007年完成55千米县道曹罗公路改造工程。2008年修通全长93千米的沿黄公路，改善6个乡（镇）55个建制村6万人口的出行条件；同年完成12条县乡公路（总长141千米）的通达工程，受益8个乡（镇）20个村委。2009年，完成岢瓦铁路一期（岢岚至魏家滩），年运量达到1900万吨；完成岢大线兴县段（蔡家崖至临县白文）40千米改造。2011年完成总长22千米安康（安家庄—康宁，肖家洼矿专线）公路、花固（花子—固贤，金地煤业南窑矿专线）公路改造工程；同年，建成兴县客运中心，客运汽车增至60辆，年旅客运量达到21.2万人次，货运量达到4252万吨。2014年，完成长64千米的岢临高速兴县段建设任务，成为境内第一条高速公路；同年完成长13.43千米的太兴铁路兴县段及配套车站（蔡家崖站）建设任务，成为兴县直达太原的首条客货两用铁路；同年完成长60.12千米的山西中南铁路（瓦塘至山东日照市）兴县段及配套装车点建设任务，兴县煤炭年外运（销）量提升到21900万吨；同年完成全长31.5千米的工业大道（瓦塘—蔡家崖，双向4车道）。2016年，开工建设河儿上—肖家洼及侯家沟—山头2条全长20.6千米乡村公路；开工实施全长180千米农村路网改造工程（当年完成40%工程量）；开工建设全长16.4千米北山过境公路。

教育基础设施建设项目　共11个，累计投资3.5亿元。其中，2007—2008年，新建农村寄宿制学校15所，维修校舍12所，149所中小学实现远程教育。2009年，新建新区中小学，38所中小学校班级实现多媒体教学。2010年完成友兰中学（原兴县中学新校址）一期工程，建成占地260亩、20轨制45个教学班，在校师生2770人。“十二五”期间，相继完成新区幼儿园（建筑面积7474平方米）、城区第二实验幼儿园改造、乡镇中心幼儿园建设工程（新建8所、改造1所）、120师学校及友兰中学二期续建工程。

医疗卫生基础建设项目　共3个，累计投资4.15亿元。其中，2007—2009年，完成县人民医院门诊楼工程和17个乡（镇）卫生院改扩建工程，并配套购置一批现代医疗器材。2016年开工建设县医院迁建项目，总建筑面积9.5万平方米。

文物旅游项目　共5个，累计投资2.19亿元。其中，2011年建成晋绥边区革命纪念馆新馆，并完成展陈布置，展陈面积达到6300平方米。2013年完成晋绥解放区烈士陵园新区（位于东会乡寨上村凤凰山麓）建设工程。2015年完成中共中央晋绥分局北坡旧址历史风貌修复工程，新建、修复总面积1.55万平方米。2011—2016年完成“四八”烈士纪念馆主馆、副馆建设及布展工程，展陈总面积达到12180平方米。开工建设全长28千米“四八”烈士纪念馆旅游专用公路，当年完成工程量80%。

城市基础设施建设项目　共33个，累计投资14.62亿元。其中，2002年完成坝路一体建设工程、县城二期供水工程。2001—2003年新建1000立方米蓄水池2座，进一步改善城区集中供水条件；新建蔚汾大厦、中心广场、文化活动中心大楼；完成南山生态公园一期绿化，完成晋绥解放区烈士陵园、环城公路（坝路一体工程）、体育场、职工俱乐部、城区三街、城区排洪排水系统、蔚汾河大桥建设等项目改造。2007—2008年，城区新建24座公厕，完成1000立方米水池建设、7千米供水管网建设和城区主街道改造，进一步改善城区居民供水状况和环境面貌。2009年完成总长2700米的新区河坝和1＃、2＃大桥建设工程。2010年完成蔚汾河北片道路建设工程，并完成污水处理厂一期工程，日处理污水量达到7500吨。2011—2015年，完成县城至高速东口连接线拓宽改造工程，栽植景观树45.4万株，绿化面积达78.8万平方米；完成长4.2千米、宽38米的连城大道（县城至蔡家崖）建设工程；完成蔚汾河城区段清淤蓄水工程，疏浚河道1.9千米、筑排污箱涵3.1千米、硬化蓄水区域10.2万平方米；城区新建59座水冲公厕，完成南山生态公园、晋绥森林公园二期绿化任务，绿化面积达到7100亩。“十二五”期间，在蔡家崖乡五龙堂村建成第二水厂，新建资源井1眼、蓄水池4个，总容量4000立方米，年供水量达70万吨，保障了城区供水；同时，新建供热站12座，居民供热普及率达到40%，燃气普及率达到64%；在蔡家崖乡北查沟新建垃圾无害化处理厂，一期库容110万立方米，二期可扩大到县城周边5个乡（镇）的生活垃圾处理。2016年完成总长14千米城区供水管网改造工程；完成西滩坪供热工程，新增供热面积45万平方米；开工建设蔚汾河河道景观工程（包括清淤蓄水东延工程）和蔚汾河湿地公园工程。

城乡安居工程项目：共11个，累计投资5.13亿元。1992—2016年，城区共建成廉租房、公租房、保障房、棚户区改造安置房与商品房7462套，面积60.1万平方米，累计安置居民7384户。2000—2016年末，全县实施农村移民搬迁安置工程，累计完成投资19155万元，新建移民村97个、移民安置房4434套（包括购置商品房562套）、18.51万平方米，实施易地搬迁399个村、5252户、22458人（注：易地搬迁项目及投资未计入重点项目内）。2006—2015

年，完成农村危旧房改造4170户，建成综合福利院（位于高家村镇西坪村）1个，安置21名无自理能力“五保”老人。

产业发展项目概况

工农商贸产业发展项目　共34个，累计投资389.77亿元。其中，2001年完成6户乡镇冶炼企业扩容改造项目，新增55立方米铁炉19座，总容积达到1698立方米，年总产能达到75.8万吨。2002年完成电冶集团公司1万千伏热硅铁炉改造，年增产硅铁4500吨；完成兴盛水泥公司技改项目，年增收330万元。2005年，完成晋兴公司一号矿井改造，原煤产能达到300万吨，当年新增税收981万元。“十五”时期，商贸业基础建设实现新突破，县城中心区新建供销商厦、蔚汾商厦、东风购物大厦，安置就业730人，年销售额达到1.43亿元（其中东风购物大厦商铺259个，从业600人，年销售额突破1亿元）。2006—2008年，完成昌盛镁业一期、二期建设项目，镁生产能力达到2亿吨/年，3年累计增加税收4100万元。2010年，晋兴公司斜沟1500万吨矿井及配套选煤厂建成投产，当年原煤产量达到1240万吨。2012年建成金龙工贸公司年产60万吨水泥生产线。2013年，建成华电锦兴肖家洼800万吨煤矿及配套选煤厂。2014年，建成冀中能源金地煤业固贤90万吨煤矿。2014—2015年7月，建成中铝年产230万吨氧化铝厂（一、二期）。

2015年完成黄河杂粮深加工项目，年加工杂粮达到3.76万吨；完成清泉醋业扩建项目，年产能增加到3.6万吨；完成三星油脂公司植物油深加工项目，年产能增加到3.01万吨（其中芥末油100万吨）；建成新大象6万头种猪养殖基地和蔡家崖北山采摘园（经济林基地，新栽核桃、梨、杏树763亩）。2016年，建成全长12千米的肖家洼煤矿铁路专用线，年运量达680万吨；完成瓦塘二期20万立方米煤层气液化调峰和日产30万立方米煤层气液化调峰及管线一期项目；完成全长160千米、用户6000户的兴县天然气利用项目（临兴区块煤层气连接线）；完成蔡家崖煤炭集运站项目；同年开工建设华电锦兴2×35万千瓦低热值煤自备电厂、中润公司2×66万千瓦自备电厂、中铝华润一期50万吨电解铝、豫能兴鹤物流园区及煤炭集运专线、3个液化天然气加注站（康宁、瓦塘、新城区）等项目。

机关事务管理

机构：机关事务管理局。1989年，机关事务管理局称行政科，科级建制行政单位，内设机构办公室、财务室、小车队、电工维修队、清洁队、事务室、锅炉室、保卫科，有行政人员8人，职工52人。2002年，县直机关机构改革，机关事务管理局更名为机关后勤服务中心，为县政府直属科级事业单位，内设车队、保卫科、财务室、办公室，核定全额编制50人。2008年12月，更名为兴县人民政府机关事务管理局，属正科级全额事业单位。2016年，内设办公室、财务室、配电修理室、保卫科。县委县政府接待办(副科级)、兴县晋绥宾馆为其下属单位。实有工作人员82人（含工资自理人员）。

兴县政务服务中心：原称兴县行政审批服务中心，成立于2003年，为县政府直属正科级事业单位，内设办公室、业务管理股、监督股，编制5人。2011年，核定财政拨款事业编制10名，其中管理人员编制5名，专业技术人员编制5名，同时设置办公室、内务股、督查股3个内设机构。2016年，更名为兴县政务服务中心，内设机构未变，实有人员9人。2005年12月，政府大院旧政府餐厅通过改造成为兴县首个行政审批大厅正式启动运行，大厅内设一厅、“三心”（行政审批中心，行政效能监察中心，行政事业性收费中心），驻厅窗口单位22个，派有工作人员34人，管理人员8人，进厅项目涉及工商企业登记、项目规划、证照申领颁发等198项，因个别单位业务性质的特殊性，厅外设有国税、地税、公安交警3个分中心。

重大接待活动：1993年7月3日至2011年4月3日，机关事务管理局先后参加了党和国家领导人温家宝（1993年7月，任中共中央政治局候补委员、中央书记处书记）、江泽民（1994年1月，任中共中央总书记、国家主席、中央军委主席）、胡锦涛（1999年10月，任中共中央政治局常委、中央书记处书记、中央军委副主席、国家副主席）、温家宝（2011年4月，任中共中央政治局常委、国务院总理）到兴县考察视察时的接待工作。

行政审批：2008年，兴县政务服务中心共办理办结各类行政审批事项4790件，其中即办件3350件，承诺件1300件，上报件140件，办结率达98%；实施集中收费8543万元。2009年，兴县政务服务中心共办理办结各类行政审批事项1598件，办结率98%。2010年，兴县政务服务中心共完成审批办件1407项，其中即办件382件，承诺件1025件，办结率98%，接待各类政策法规、信息咨询500余人次。2012年，兴县政务服务中心共受理并办结各类行政审批事项1669件，其中即办件90件，承诺件1579件，办结率100%；接待各类政策法规、信息咨询430余人次。2013年，兴县政务服务中心共受理并办结各类行政审批事项1684件，其中即办件1039件，承诺件645件，办结率98.5%；接待各类政策法规、信息咨询430余人次。

公车制度改革工作：2015年12月，兴县启动党政机关公务用车改革工作，对机要通信、应急用车辆，接待、调研车辆，特种专业技术用车辆，执法执勤用车辆进行了保留调配；对老旧、超标配备车辆进行了报废和公开拍卖。成立了车辆集中服务平台和综合执法用车服务平台，制定出台了《兴县公务用车管理办法》，对公务用车实行统一管理，圆满完成了兴县党政机关公务用车改革工作。

第三章　山西省人民政府及吕梁市人民政府驻设（兴县）机构

第一节　山西省人民政府驻设机构

国土资源局

1996年，全省土地系统实行垂直管理，全县土地系统140名干部职工（包括乡镇土地管理员）划归省政府土地厅管辖，兴县土地局成为省土地部门派出驻设机构。1997年，兴县土地局设局长1名、副局长4名（含纪检组长1人）。

2002年，兴县地质矿产局并入土地局，改名为兴县国土资源局，编制132人，实有117人。2003年，县国土资源局副科级以上干部由省国土资源厅任命（工资仍由兴县发）。

到2016年末，兴县国土资源局核定行政编制11人，全额事业编制32人，实有43人，设局长1名、副局长4名（含纪检组长）。

质量技术监督局

1998年，山西省省以下质量技术监督部门实行垂直管理。兴县质量技术监督局成为省政府质监部门派出驻兴机构，核定行政编制12人，实有干部职工31人。2014年5月，兴县质量技术监督局回归地方管理。

工商行政管理局

1998年，省以下工商系统实行垂直管理，兴县工商行政管理局变为省工商部门派出机构，有干部职工68人，其中正、副局长5人（含纪检组长）。2014年5月，兴县工商行政管理局回归地方管辖。

兴县电力公司—山西地方电力有限公司兴县分公司

1992年4月2日，经兴县人民政府批准，兴县供电公司成立，与兴县电业局并存，实为一个机构、两块牌子。

1997年12月，山西省人民政府下发文件，将兴县电业局划归山西省地方电力公司，隶属山西省地方电力公司吕梁分公司管辖，公司经理、副经理由吕梁分公司直接聘任。2001年3月16日，山西省地方电力公司发文，兴县电业局更名为兴县电力公司（同时撤销兴县供电公司），隶属山西省地方电力公司吕梁分公司管辖。2002年12月，兴县电力公司隶属于山西国际电力集团有限公司吕梁分公司管辖。

2008年8月，山西地方电力股份有限公司成立，系山西国际电力集团有限公司控股企业。兴县电力公司改属山西地方电力股份有限公司直接管辖。同年10月10日，兴县电力公司更名为山西地方电力股份有限公司兴县分公司，直属山西地方电力股份有限公司管辖，公司经理由山西国际电力集团有限公司聘任，副经理由山西地方电力股份有限公司聘任。2011年6月17日，山西地方电力股份有限公司成为山西省通宝能源股份有限公司的全资子公司，改称山西地方电力有限公司，兴县分公司仍直属山西地方电力有限公司管辖，改称山西地方电力有限公司兴县分公司。

至2016年末，山西地方电力有限公司兴县分公司内设机构有综合管理部、生产技术部、市场营销部、安全监察部、财务部、网改办、调度信息中心、数据采集中心、客户服务中心、培训中心，派出机构有19个，即城区供电所、蔚汾供电所、蔡家崖供电所、奥家湾供电所、康宁供电所、贺家会供电所、孟家坪供电所、蔡家会供电所、郑家塔供电所、蔡家崖110千伏变电站、奥家湾110千伏变电站、樊家湾110千伏变电站、东会35千伏变电站、郑家塔35千伏变电站、蔡家会35 千伏变电站、张家坪35 千伏变电站、计量修试室、线路抢修一班、线路抢修二班；下属单位有兴能电力实业有限公司。驻县机构有郑家塔220千伏变电站。

中国联通兴县分公司—中国联合网络通信有限公司兴县分公司

1999年兴县电信局分营，兴县移动营业部和兴县联通公司成立。2008年

10月，“中国联通有限公司”与“联通新世纪”合并，名称变更为“中国联合网络通信有限公司”。中国联合网络通信有限公司兴县分公司即在此时成立运营。其前身为中国联通有限公司吕梁分公司兴县营业部，位于县城新建西路48号，组建于2008年初，主要经营国际、国内长途通信业务、无线寻呼业务、互联网业务、IP电话业务，相关技术开发、服务培训、手机及配件销售维修等业务。

2016年，中国联合网络通信有限公司兴县分公司，有员工47人，年营业收入1938万元、利润1687万元、税金251万元；下设城南、东城、车家庄、新城、蔡家崖和康宁6个营业厅。

山西省移动通信公司吕梁分公司兴县营业部——中国移动通信集团公司山西省有限公司兴县分公司

1999年，兴县电信实行分营，成立兴县移动营业部，设于兴县南城街8号原兴县邮电局4楼，办公场所仅有554平方米，营业部人员共7人，其中经理1人、基站维护1人、核算员1人、市场人员2人、营业员2人。

2000年4月，兴县移动营业部成为中国移动通信集团公司的下属单位。2004年，中国移动通信集团山西有限公司兴县分公司(简称兴县移动分公司)正式成立。2006年，兴县移动分公司在蔚汾镇南沟门前新建一栋三层办公楼：一层为办公附属、二层为主营业厅，三层为办公区，主要经营移动语音、数据、宽带、IP电话和多媒体业务。公司内设综合办公室、市场中心、营业厅。年末，兴县移动分公司员工增加到32人，其中经理1人、综合办公室5人、市场中心8人、营业厅18人。

2013年，兴县移动分公司发展为4个部门（综合部、市场中心、集团客户中心、网络中心）、44个营业厅（自办营业厅2个、社会渠道营业厅42个），公司员工增加到60人，其中经理1人、副经理1人；综合部主任1人、员工4人；市场中心主任1人、员工10人；集团客户中心主任1人、员工9人；网络中心主任1人、员工7人；营业厅经理1人、副经理1人、值班经理4人、营业员19人。至2016年，机构和人员编制未变更。

中国电信集团公司兴县电信分公司

1999年，中国电信的寻呼、卫星和移动业务被拆分出去（此为中国电信第一次拆分，分成中国卫星通信、中国国信传呼，后并入中国联通、中国移动）。2000年，中国电信集团公司正式挂牌，中国电信集团公司兴县分公司成立，由兴县移动营业部和兴县联通公司两块组成。

2008年5月24日，中国电信收购中国联通CDMA网（包括资产和用户），中国卫星通信的基础电信业务并入中国电信。

2009年3月16日，新的中国电信集团公司（收购中国联通CDMA网，并入中国卫星通信的基础电信业务）兴县电信分公司成立，驻设于城区环城路锦绣苑一楼。至2016年末，中国电信集团公司兴县电信分公司设经理1人。

第二节　吕梁市人民政府驻设（兴县）机构

吕梁地区药品监督管理局兴县分局

2002年4月，吕梁地区药品监督管理局兴县分局组建成立，负责对本区域药品与医疗器械的研制、生产、流通和使用进行行政监督和技术监督，成为吕梁地区药品监督管理局派出驻兴机构。

吕梁市食药品监督管理局兴县分局

2005年初，吕梁市食品药品监督管理局兴县分局（简称吕梁食药监兴县分局）成立，其工作职能除履行对药品与医疗器械的监督管理职能外，新增加了对食品、保健品、化妆品安全管理的综合监督、组织协调和依法组织开展对相关重大事故查处的职能。该机构属吕梁市食品药品监督管理局派出驻兴机构，正科级建制，内设办公室、药品综合监管股和食品综合监管股。行政编制12人，事业编制105人，实有87人（行政6人，事业81人）。2010年1月，吕梁食药监兴县分局变为属地管理，并入兴县卫生局，在卫生局领导下行使食品药品监督管理职能。

兴县国家税务局

1994年5月5日，根据山西省政府关于组建国税、地税两套税务机构的通知，原兴县税务局拆分组建为兴县国家税务局和兴县地方税务局，其中国家税务局成为吕梁行署所属单位。同年8月1日，兴县国家税务局举行挂牌仪式，启用新印章，机构组建完毕。

1995年3月，兴县国家税务局内设机构共7个：办公室、人事教育股、监察室、税政股、征收管理股、计划会计股、所得税管理股；派驻机构1个，即兴县人民检察院驻兴县国家税务局检查室；派出机构8个：城镇税务所、城关税务所、集贸税务所、魏家滩税务所、康宁税务所、蔡家会税务所、车家庄税务所、瓦塘税务所。直属行政机构1个，即国税局稽查分局（副科级建制）。1996年4月25日，根据吕梁地区国家税务局文件批复，增设蔡家崖税务所。1997年5月21日，根据吕梁地区国家税务局文件精神，兴县国家税务局成立康宁中心税务所、魏家滩中心税务所、车家庄中心税务所、蔡家会中心税务所，原有税务所撤销。6月4日，根据吕梁地区国家税务局《关于兴县国家税务局征管改革有关机构设置、领导职数的批复》精神，设立兴县国家税务局征收分局，为副科建制，内设稽查所1个。

1998年6月，兴县国家税务局内设机构6个，即办公室、税收政策管理股、征收管理股、计划会计股、人教股、监察室；设国税分局2个，即国税征收分局、国税稽查分局，均为副科级建制。1999年12月7日，兴县国家税务局稽查分局更名为兴县国家税务局稽查局，职能同前，于2000年1月1日起正式挂牌。

2001年5月，兴县国家税务局内设行政机构有办公室、征管税收股、计划会计股、人事教育股、监察室；直属机构有稽查局（副科级建制）；内设机构有综合管理股、稽查股、审理执行股，均为正股级；有事业单位2个，即信息中心、票证管理所；设派出机构5个，即征收分局（副科级建制）、康宁中心税务所、魏家滩中心税务所、车家庄中心税务所、蔡家会中心税务所。2005年6月，兴县国家税务局内设行政机构7个、直属机构1个，事业单位1个。2008年12月9日，兴县国家税务局稽查局级别为副科级，内设机构为综合股、综合选案股、检查股、案件审理股、案件执行股，级别均为副股级。

2010年8月26日，根据吕梁国税局通知，兴县国家税务局设置9个内设机构、1个直属机构和1个事业单位。2015年10月，根据《吕梁市国家税务局系统规范稽查机构设置实施方案》的通知精神，兴县国家税务局稽查局保留建制，职能转换，负责实施所属辖区内纳税人的纳税评估工作。其原稽查职能由市局稽查机构统一负责。

兴县地方税务局

1999年，兴县地方税务局划归吕梁地区管辖。该年，地税征收分局成立，下设办税服务厅。

2001年12月，全省地税系统机构改革，兴县地税局内设机构4股2室（正股级建制，即人教股、征管股、计会股、税政股、办公室、监察室）、3个直属机构（即稽查局、征收分局和农业税征收管理分局，稽查局、征收分局均为副科级建制，农业税征收管理分局为股级建制）、8个派出机构（奥家湾税务所、魏家滩税务所、蔡家崖税务所、康宁税务所、罗峪口税务所、城关税务所、关家崖税务所、蔡家会税务所）。

2002年1月，地税征收管理职能分开，地税征收分局成为以征收为主的窗口单位，原城关税务所拆分为地税管理第一、二分局，分别负责城关范围内集体和个体税收的管理。

2005年3月，地税管理第一、二分局更名为第一、二税务所，管户实行分组管理。2006年，地税征收分局更名为地税局直属一分局，农业税征收管理分局更名为地税局直属二分局。2008年3月，第一税务所、第二税务所升格为副科级税务所。

2009年，地税直属二分局升格为副科级建制。2013年，设立纳税评估所。

企事业单位

1989年，吕梁行署派驻兴县企事业单位13个，即中国人民银行兴县支行、中国农业银行兴县支行、中国建设银行兴县支行、中国工商银行兴县支行、兴县信用合作社联合社、中国人民保险公司兴县支公司、气象局、兴县烟草专卖局、兴县邮电局、兴县石油公司、兴县新华书店、兴县公路段、兴县交通征费稽查所，均实行行业和地方双重领导。

1992年，煤运公司归属吕梁地区煤运公司管理。1996年，中国农业发展银行兴县支行设立。同年，中国人民保险公司兴县支公司分设为中国人民财产保险股份有限公司兴县支公司、中国人寿保险股份有限公司兴县支公司。

2000年，中国太平洋财产保险股份有限公司吕梁支公司兴县营销服务部、中国联合通信有限公司兴县营业厅、吕梁广播电视网络有限公司兴县分公司设立。2001年，中国太平洋人寿保险股份有限公司吕梁支公司兴县营销服务部设立。

2002年，兴县电信局划归吕梁地区管辖，更名为中国网通集团公司兴县通信分公司。2006年，中国网通集团公司兴县通信分公司更名为中国网通有限公司兴县分公司。2004年，中国银行业监督管理委员会吕梁监管分局兴县办事处设立。

第二十编

地方人民政治协商会议

中国人民政治协商会议兴县委员会（简称县政协）成立于1984年7月，按照《中国人民政治协商会议章程》规定，主要履行政治协商、民主监督、参政议政职能。政协兴县委员会的全体会议每年至少举行一次。1984年7月至2016年6月，县政协历经9届，其中第一届至第三届任期为3年；第四届、第五届任期为5年；第六届、第七届政协因特殊情况提前一年换届，任期为4年；第八届、第九届兴县政协任期均为5年。政协兴县常务委员会由主席、副主席、秘书长和常务委员组成，并在每届召开的政协兴县委员会第一次会议上选举产生。政协兴县委员会通过召开会议、委员提案、定期组织委员专题调研视察和反映社情民意等形式履行职能。第一届至第九届政协兴县委员会累计共收到委员提案1993件，内容涉及全县经济建设和城市、交通、教育、文化、卫生建设，社会治安与社会生活的各个方面，为党政决策的科学化、民主化提供了重要依据。

第一章　组织机构

第一节　政协兴县委员会

政协兴县第一届委员会

政协兴县第一届委员会第一次会议于1984年7月16日至20日在县城召开，首届委员会由12个党派、团体和界别58名委员组成。其中：中国共产党党员5名、无党派民主人士5名、共青团团员2名、县总工会2名、县妇联2名、文化艺术界5名、科学技术界7名、农林界7名、教育界7名、医药卫生界6名、少数民族1名，特邀9名。本次会议民主选出政协兴县首届常务委员18名，其中主席1名，副主席3名，秘书长1名。

本届委员会任期为1984年7月至1987年8月，政协兴县第一届常务委员会为常设机构。

政协兴县第二届委员会

政协兴县第二届委员会第一次委员会议于1987年8月13日至19日在县城召开，由11个党派、团体和界别的69名委员组成。其中中国共产党党员5名、无党派爱国人士5名、共青团团员2名、总工会2名、县妇联2名、文化艺术界4名、科学技术界12名、农林界9名、教育界9名、医卫界9名、特邀10名。本次会议听取和审议了首届委员会工作报告、关于提案工作情况报告和文史资料工作情况报告，通过了有关决议；民主选出政协兴县第二届委员会常务委员13名，其中主席1名、名誉主席1名、副主席4名、秘书长1名。

本届政协兴县委员会任期为1987年8月至1990年6月，政协兴县第二届常务委员会为常设机构。

政协兴县第三届委员会

政协兴县第三届委员会第一次会议于1990年6月13日至19日在县城召开，由15个党派、团体和界别79名委员组成。其中，中国共产党党员6名、无党派人士6名、共青团团员2名、总工会2名、县妇联2名、文艺界5名、科学技术界8名、农林界6名、农民11名、教育界8名、社会科学界6名、体育界1名、新闻界2名、医药卫生界7名、特邀7名。政协兴县第三届委员会第一次会议民主选出本届常务委员16名，其中主席1名、副主席4名、秘书长1名。

本届任期从1990年6月至1993年7月，政协兴县第三届常务委员会为常设机构。

政协兴县第四届委员会

政协兴县第四届委员会第一次会议于1993年7月1日至5日在县城召开，由17个党派、团体和界别84名委员组成。其中，中国共产党党员5名、无党派人士5名、共青团团员2名、总工会2名、县妇联2名、工商业联合会8名、科学技术协会4名、文化艺术界5名、科学技术界6名、社会科学界4名、经济界9名、农村界9名、教育界8名、体育界1名、新闻界2名、医药卫生界7名、特邀5名。政协兴县第四届第一次会议民主选出常务委员18名，其中，主席1名、副主席4名、名誉副主席1名、秘书长1名。

本届任期为1993年7月至1998年7月，政协兴县第四届常务委员会为常设机构。

政协兴县第五届委员会

政协兴县第五届委员会第一次会议于1998年7月25日至29日在县城召开，由17个党派、团体和界别89名委员组成。其中，中共党员5名、无党派人士3名、共青团团员2名、总工会2名、县妇联2名、工商业联合会11名、科技协会3名、文化艺术界4名、科学技术界4名、社会科学界4名、农林界11名、经济界12名、体育界1名、教育界8名、新闻界1名、医卫界8名、特邀人士8名。本次会议民主选出常务委员17名，其中主席1名、副主席4名、名誉副主席2名、秘书长1名。

政协兴县第五届委员会任期为1998年7月至2003年8月，政协兴县第五届常务委员会为常设机构。

政协兴县第六届委员会

政协兴县第六届委员会第一次会议于2003年8月14日至18日在县城召开，由21个党派、团体和界别150名委员组成。其中中共党员6名、无党派人士6名、共青团团员3名、总工会3名、县妇联2名、工商业联合会16名、科学技术协会4名、文化艺术界6名、科学技术界8名、社会科学界6名、农业界22名、经企界23名、体育界2名、教育界11名、新闻界3名、医卫界8名、特邀人士12名、少数民族2名、宗教2名、社会福利界3名、对外友好界2名。本次会议民主选出常务委员31名，其中主席1名、副主席3名、名誉副主席2名、秘书长1名。

本届委员会任期为2003年8月至2007年5月，政协兴县第六届常务委员会为常设机构。

政协兴县第七届委员会

政协兴县第七届委员会第一次会议于2007年5月14日至17日在县城召开，由17个党派、团体和界别的150名委员组成。其中，中国共产党党员5名、共青团3名、总工会3名、县妇联2名、新闻界3名、教育体育界13名、特邀14名、科技科协界12名、社会科学界6名、社会福利界3名、文艺界6名、医卫界8名、农业界24名、经济企业界23名、工商业联合会17名、无党派6名、对外友好2名。第一次会议选出常委29名，其中主席1名、副主席3名、名誉副主席2名、秘书长1名。

本届委员会任期为2007年5月至2011年6月，政协兴县第七届常务委员会为常设机构。

政协兴县第八届委员会

政协兴县第八届委员会第一次会议于2011年6月20日至23日在县城召开，由17个党派、团体和界别150名委员组成。其中中国共产党党员5名、共青团团员3名、工会3名、妇联2名、新闻界3名、特邀人士14名、科技科协界12名、社会科学界6名、文艺界6名、农业界24名、经济企业界23名、无党派6名、工商业联合会17名、医卫界8名、教育体育界13名、社会福利界3名、对外友好2名。第一次会议选出常委30名，其中主席1名、副主席4名、名誉副主席2名、秘书长1名。

本届委员会任期为2011年6月至2016年6月，政协兴县第八届常务委员会为常设机构。

政协兴县第九届委员会

政协兴县第九届委员会第一次会议于2016年6月16日至19日在县城召开，由18个党派、团体和界别150名委员组成。其中中国共产党党员5名、共青团团员3名、工会3名、妇联2名、新闻界3名、特邀人士13名、科技科协界12名、社会科学界6名、文艺界6名、农业界24名、经济企业界21名、无党派6名、工商业联合会18名、医卫界8名、教育体育界13名、社会福利界3名、对外友好2名、宗教2名。第一次会议民主选出常务委员30名，其中主席1名、副主席4名、秘书长1名。本届委员会任期为2016年6月至2021年6月，政协兴县第九届常务委员会为常设机构。

第二节　政协兴县常务委员会

政协兴县第一届常务委员会

1984年7月16—20日，政协兴县第一届委员会第一次会议在县城召开，选举产生政协兴县第一届常务委员会。常务委员共18人：刘继忠、李天定、艾象增、贾维桢、朱艺堂、王舟、王万象、王如星、刘幼怀、孙智敏、何倬、李金莲（女）、李景荣、张森、杨培芳（女）、郭未中、阎立琴（女）、寇希贤；刘继忠任常委会主席，李天定、艾象增、贾维桢3人任副主席，朱艺堂任秘书长。贺海宽任副秘书长。

工作机构有办公室，专门机构有3个专门委员会（提案工作委员会、学习委员会、文史资料委员会）和8个工作组（科技、工业工作组，农林工作组，财贸工作组，医药卫生工作组，教育工作组，妇女工作组，文艺工作组，信息工作组）。

政协兴县第二届常务委员会

1987年8月13—19日，政协兴县第二届委员会第一次会议在县政府五楼会议室召开，会议选举产生政协兴县第二届常务委员会。常务委员共13人：高秀中、刘银厚、贾维桢、方治安、张森、朱艺堂、王舟、刘幼怀、李金莲（女）、苏迎虎、寇希贤、郭未中、韩兑英（女）。高秀中任常委会主席，刘银厚、贾维桢、方治安、张森4人任副主席，朱艺堂任秘书长，贺海宽、王贵玺、高花处3人任副秘书长。

工作机构有办公室，专门机构有10个委员会：学习委员会、提案委员会、文史资料委员会、财经委员会、农业委员会、教育委员会、科学文化委员会、医卫委员会、法制委员会、妇女青年委员会。

政协兴县第三届常务委员会

1990年6月13—19日，政协兴县第三届委员会第一次会议在县政府会议室召开，会议选举产生政协兴县第三届常务委员会。常务委员共16人：高秀中、贾维桢、刘银厚、方治安、张森、刘幼怀、朱艺堂、王舟、王富松、苏迎虎、高崇云（女）、高照明、郭未中、崔宗极、韩兑英（女）、魏国梁。高秀中任常委会主席，贾维桢任名誉主席，刘银厚、方治安、张森、刘幼怀4人任副主席，朱艺堂任秘书长，王贵玺、高花处2人任副秘书长。

工作机构有办公室和学习委员会、提案委员会、文史资料委员会、财经委员会、农业委员会、教育文体委员会、科技委员会、医卫委员会、政法委员会、妇女青年委员会10个专门委员会。

政协兴县第四届常务委员会

1993年7月1—5日，政协兴县第四届委员会第一次会议在县政府五楼会议室召开，会议选举产生政协兴县第四届常务委员会。常务委员共18人：刘迎科、李秀枝（女）、方治安、张森、刘幼怀、张寨迎、尚永红、王舟、田玉梅（女）、孙智敏、李反林、赵明璋、高照明、郭未中、贾云、崔宗极、韩兑英（女）、魏国梁。刘迎科任常委会主席，李秀枝、方治安、张森、刘幼怀4人任副主席，张寨迎任名誉副主席，尚永红任秘书长，高花处、白斌瑜、王金平3人任副秘书长。

工作机构有办公室和学习委员会、提案委员会、文史资料委员会、财经委员会、农村委员会、工交委员会、科教委员会、文卫委员会、政法委员会、青妇委员会10个专门委员会。

政协兴县第五届常务委员会

1998年7月25日—29日，政协兴县第五届委员会第一次会议在县城职工俱乐部举行，会议选举产生政协兴县第五届常务委员会。常务委员共17人：邱虎翼、李秀枝（女）、康荣惠、孙明中、李反林、王永春、李信兴、尚永红、王玉堂 、王香旦、王国英（女） 、白连厚、李友梅（女）、张玉芳（女）、赵明璋、郭未中、高照明。邱虎翼任常委会主席，李秀枝、康荣惠、孙明中、李反林4人任副主席，王永春、李信兴2人任名誉副主席，尚永红任秘书长，白斌瑜、王金平2人任副秘书长。

工作机构有办公室和提案委员会、文史资料委员会、经济委员会、学习委员会、农业委员会、科教委员会、法制委员会、文卫委员会、青妇委员会9个专门委员会。

政协兴县第六届常务委员会

2003年8月14—18日，政协兴县第六届委员会第一次会议在县城职工俱乐部举行，会议选举产生政协兴县第六届常务委员会。常务委员共31人：白文毅、李秀枝（女）、康荣惠、孙明中、李反林、王永春、李信兴、尚永红、王小平、王国英（女）、王树文、王香旦、牛迎全、尹永珍、白建伟、刘小平、刘喜平、刘喜忠、孙挨全、苏乃林、李友梅（女）、何春光、张玉芳（女）、张继平、贾虎信、郭永厚、郭喜波、高照明、康喜平、裴会生、裴章生。白文毅任常委会主席，李秀枝、康荣惠、孙明中、李反林4人任副主席，王永春、李信兴2人任名誉副主席，尚永红任秘书长（王荣兴2004年5月至2005年3月任秘书长，李迎斌2005年3月至2007年5月任秘书长），王金平任副秘书长。

工作机构有办公室和提案委员会、经济和人口资源环境委员会、农村委员会、科教文卫体委员会、社会法制和民族宗教委员会、文史资料委员会、学习宣传委员会、港澳台侨和外事委员会8个专门委员会。

政协兴县第七届常务委员会

2007年5月14—17日，政协兴县第七届委员会第一次会议在宣传文化活动中心会议室举行，会议选举产生政协兴县第七届常务委员会。常委共29

人：刘五娥（女）、尹亮旭、张继伟、刘喜忠、王永春、李信兴、高东明、王琦、王小平、牛迎全、尹永珍、白永、白建伟、刘乃何、刘小平、刘继琴（女）、刘喜平、孙挨全、李素燕（女）、李喜勤、苏乃林、苏温州、郭永厚、高玉东、高晨茂、康喜平、甄继锋、裴章生、樊巧梅（女）；其中，刘五娥任常委会主席，尹亮旭、张继伟、刘喜忠3人任副主席，王永春、李信兴2人任名誉副主席，高东明任秘书长。

工作机构有办公室和提案委员会、经济委员会、农村委员会、科教文卫体委员会、社会法制和民族宗教委员会、文史资料委员会、学习宣传委员会、港澳台侨和外事委员会8个专门委员会。

政协兴县第八届常务委员会

2011年6月20—23日，政协兴县第八届委员会第一次会议在宣传文化活动中心三楼会议室举行，会议选举产生政协兴县第八届常务委员会。常务委员共30人：刘五娥（女）、尹亮旭、刘开门、张继伟、刘喜忠、王永春、李信兴、高东明、马辉、王敏（女）、王培军、牛迎全、尹永珍、尹军良、尹宝玉、田希科、任建峰、刘静（女）、刘小平、刘志成、刘淑连（女）、孙莉评、李素燕（女）、李喜勤、赵晓平、贺尔军、贺根平、贾林则、高新全、裴章生；其中，刘五娥任常务会主席，尹亮旭、刘开门、张继伟、刘喜忠4人任副主席，王永春、李信兴2人任名誉副主席，高东明任秘书长。

工作机构有办公室和提案委员会、文史资料委员会、经济委员会、农村委员会、科教文卫体委员会、社会法制委员会、学习宣传委员会7个专门委员会。

政协兴县第九届常务委员会

2016年6月16—19日，政协兴县第九届委员会第一次全体会议在县城召开，会议选举产生政协兴县第九届常务委员会。常务委员30人：史小军、刘开门、刘喜忠、白崇智、高卫东、李信兴、张景、马云、马辉、马瑞卿（女）、王敏（女）、尹军良、李喜勤、严亮、张莉（女）、张平则、张明明、张明提、陈瑞兰（女）、赵亚亚（女）、贾喜平、贾新民、高玉春、高新全、裴宝林、裴晓敏（女）、乔建华、刘小平、刘志成、孙莉评；其中史小军任常委会主席，刘开门、刘喜忠、白崇智、高卫东4人任副主席，张景任秘书长。

工作机构有办公室和提案委员会、文史资料委员会、经济委员会、农村委员会、科教文卫体委员会、社会法制委员会、学习宣传委员会7个专门委员会。

第三节　乡（镇）政协联络组

2005年2月28日，经县委常委会议讨论决定，在全县17个乡（镇）设立政协联络组，并通过政协联络组组长任命事项。政协联络组组长属正科级建制，乡（镇）统战员为政协联络组的联络员。

2011年1月，根据国家机构改革的新要求，全县统一由乡（镇）党委副书记兼任乡（镇）政协联络组长，工作也由专职转变为兼职。

2016年后乡（镇）不再设立政协联络机构。

第二章　重要会议

根据《中国人民政治协商会议章程》，政协兴县委员会的重要会议主要有政协兴县委员会全体会议和政协兴县常务委员会议。

第一节　政协兴县委员会全体会议

政协兴县第一届委员会全体会议

政协兴县第一届委员会全体会议共召开3次，第一次全体会议于1984年7月16日—20日在县城召开，会议主要学习了《中国人民政治协商会议章程》、全国人大六届二次会议及全国政协六届二次会议文件，听取了中共兴县县委政治报告及本次会议提案审查报告，作出相应决议；民主选举产生政协兴县第一届委员会常务委员会机构。

第二次全体会议于1985年5月28—31日在县城召开，出席会议的政协委员58名，列席55名。

第三次全体会议于1986年4月26—30日在县城召开，出席会议的政协委员63名，列席85名。

政协兴县第二届委员会全体会议

本届共召开3次全体会议。第一次全体会议于1987年8月13—19日在县政府五楼会议室召开。中共吕梁地委统战部部长张梦文到会祝贺并作重要讲话，中共兴县县委书记与会并讲话。会议听取并讨论刘继忠代表政协兴县第一届常委会所作的工作报告，朱艺堂的提案工作报告。全体列席县第九届第一次人民代表大会，听取和讨论县长苏高文作的《政府工作报告》和人代会其他报告。通过本届会议有关决议和提案审查报告。会议选举产生了政协兴县第二届常务委员会。

第二次全体会议于1988年4月20—24日在县城举行，出席会议的政协委员69名，列席102名。

第三次全体会议于1989年3月24—28日在县城举行，出席会议的政协委员69名，列席107名。

政协兴县第三届委员会全体会议

本届共召开3次全体会议。第一次全体会议于1990年6月13—19日在县政府五楼会议室召开。出席会议的政协委员79名，列席107名。中共吕梁地委统战部副部长程玉珍到会祝贺并讲话，中共兴县县委书记杜俊奇与会并讲话，县政协副主席方治安代表政协兴县第二届常委会作工作报告，副主席张森作提案报告，传达学习中共中央《关于坚持和完善中国共产党领导的多党合作和政治协商制度的意见》，全体列席县人大十届一次会议，听取和讨论代县长郝百曜《政府工作报告》及人代会其他报告。会议选举产生政协兴县第三届常务委员会。

第二次全体会议于1991年4月16—20日在县城举行，出席会议的政协委员79名，列席117名。

第三次全体会议于1992年4月15—19日在县城举行，出席会议的政协委员79名，列席121名。

政协兴县第四届委员会全体会议

本届共召开5次全体会议。第一次全体会议于1993年7月1—5日在县政府五楼会议室召开，出席会议的政协委员84名，列席129名。中共吕梁地委统战部部长张梦文到会祝贺并讲话，中共兴县县委书记杜俊奇与会并讲话，县政协副主席方治安代表政协兴县第三届常委会作工作报告，副主席张森作提案报告；全体列席县人大十一届一次会议，听取和讨论代县长郭亮泽作《政府工作报告》及人代会其他报告。会议选举产生政协兴县第四届常务委员会。

第二次全体会议于1994年3月27—30日在县城举行，出席会议的政协委员84名，列席129名。

第三次全体会议于1995年3月26—29日在县城举行，出席会议的政协委员84名，列席119名。

第四次全体会议于1996年3月22—24日在县城举行，出席会议的政协委员85名，列席123名。

第五次全体会议于1997年3月22—24日在县城举行，出席会议的政协委员75名，列席125名。

政协兴县第五届委员会全体会议

本届共召开5次全体会议。第一次全体会议于1998年7月25—29日在县城工会会场举行。出席会议的政协委员89名，列席139名。中共吕梁地委副书记李盘盛、政协吕梁地区工委副主席张弦到会，李盘盛代表中共吕梁地委、行署、地区政协工委向大会表示热烈的祝贺并致辞。中共兴县县委书记刘光彦与会并讲话，县政协副主席李秀枝代表政协兴县第四届常委会作工作报告，副主席孙明中作提案工作报告；全体列席县人大十二届一次会议，听取和讨论县长李海玉《政府工作报告》及人代会其他报告。会议选举产生政协兴县第五届常务委员会。

第二次全体会议于1999年4月24—27日在县城工会会场举行，出席会议的政协委员89名，列席136名。

第三次全体会议于2001年3月24—27日在县城工会会场举行，出席会议的政协委员89名，列席149名。

第四次全体会议于2002年1月23—26日在蔚汾镇会议室举行，出席会议的政协委员79名，列席155名。

第五次全体会议于2002年6月11—14日在县政府五楼会议室召开，出席会议的政协委员79名，列席132名。

政协兴县第六届委员会全体会议

本届共召开4次全体会议。第一次全体会议于2003年8月14—18日在县城工会会场举行。出席会议的政协委员150名，列席117名。政协吕梁地区工作委员会党组书记郝有亮到会祝贺并讲话。中共兴县县委书记李月勤与会并讲话，县政协副主席孙明中代表政协第五届常委会作工作报告，副主席李秀枝作提案工作报告；全体列席县人大十三届一次会议；会议选举产生政协兴县第六届常务委员会。

第二次全体会议于2004年6月10—13日在县城工会会场举行，出席会议的政协委员151名，列席118名。

第三次全体会议于2005年5月9—12日在县城宣传文化活动中心三楼会议室举行，出席会议的政协委员134名，列席118名。

第四次全体会议于2006年7月17—20日在宣传文化活动中心三楼会议室举行，出席会议的政协委员79名，列席155名。

政协兴县第七届委员会全体会议

本届共召4次全体会议。第一次全体会议于2007年5月14—17日在宣传文化活动中心三楼会议室举行。出席会议的政协委员148名，列席145名。政协吕梁市委员会副主席李俊平到会祝贺并讲话。中共兴县县委书记郭颖与会并讲话，县政协主席刘五娥代表政协第六届常委会作工作报告，副主席张继伟作提案工作报告；全体列席县人大十四届一次会议；会议选举产生政协兴县第七届常务委员会。

第二次全体会议于2008年5月24—27日在县城宣传文化活动中心三楼会议室举行，出席会议的政协委员148名，列席144名。

第三次全体会议于2009年5月30至6月2日在县城宣传文化活动中心三楼会议室举行，出席会议的政协委员134名，列席165名。

第四次全体会议于2010年4月20—23日在宣传文化活动中心三楼会议室举行，出席会议的政协委员147名，列席163名。

政协兴县第八届委员会全体会议

政协兴县第八届委员会共召开5次全体会议。第一次全体会议于2011年6月20—23日在宣传文化活动中心三楼会议室举行。出席会议的政协委员145名，列席173名。政协吕梁市委员会副主席梁来茂到会祝贺并讲话。中共兴县县委书记郭颖与会并讲话，县政协主席刘五娥代表政协第七届常委会作工作报告，副主席刘喜忠作提案工作报告；全体列席县人大十五届一次会议；会议选举产生了政协兴县第八届常务委员会。

第二次全体会议于2012年4月9—12日在县城宣传文化活动中心三楼会议室举行，出席会议的政协委员150名，列席158名。

第三次全体会议于2013年4月14—16日在县城宣传文化活动中心三楼会议室举行，出席会议的政协委员150名，列席168名。

第四次全体会议于2014年6月4—5日在宣传文化活动中心三楼会议室举行，出席会议的政协委员150名，列席176名。

第五次全体会议于2015年6月14—17日在宣传文化活动中心三楼会议室举行，出席会议的政协委员149名，列席179名。

政协兴县第九届委员会全体会议

政协兴县第九届委员会第一次全体会议于2016年6月16—19日召开，会议选举产生政协兴县第九届常务委员会。

第二节　政协兴县常务委员会议

第一届常务委员会议

从1987年7月21日至1987年8月3日，政协兴县第一届常务委员会共召开18次会议。会议讨论并通过副秘书长人选，通过首届政协机构设置和人员任命；传达了部分政协委员到山东烟台市、江苏无锡县、上海宝山钢铁厂等地参观学习的经验；研究政协第一届委员会第二次全体会议、第三次全体会议召开的时间、议程、参加人员以及会议准备工作；传达吕梁地区各界人士四化建设经验交流会议精神；讨论通过换届有关事宜，增补政协委员的决定。

第二届常务委员会议

第二届常务委员会共召开15次常委会会议。其中，第一次常委会议于1987年10月22日召开，会议确定了政协主席、副主席、秘书长及常委的分工；确定了各委员会的具体工作任务，审议通过了本届委员会工作要点；审议通过了提交全体委员会的常委工作报告及向县人大、县人民政府的建议案。第三次常委会于1988年4月8日召开，讨论通过了《政协兴县常委会议事规则》。第六次常委会于1988年5月21日召开，会议决定将专门委员会增为学习委员会、提案委员会、文史资料委员会、教育委员会、农林委员会、财经委员会、科技文化委员会、医卫委员会、法制委员会、妇女青年委员会10个，并决定各委员会负责人；决定将政协委员和各界人士整理撰写的一批兴县历史资料分册编印出版。

第三届常务委员会议

从1990年6月19日至1993年6月23日，政协兴县第三届常务委员会共召开8次会议。会议协商通过第三届委员会机构设置、各专门委员会、各工作组的任务职责，通过召开第三届委员会第二次全体会议、第三次全体会议有关事宜和关于换届工作有关事宜。

第四届常务委员会议

从1993年7月21日至1998年7月13日，政协兴县第四届常务委员会共召开19次会议，重点讨论确定政协例会召开事宜、人事任免、各年度工作总结、下一年工作要点以及对全县经济社会发展的意见、建议等，并学习了山西省政协会议精神。

第五届常务委员会议

从1998年8月26日至2003年8月2日，政协兴县第五届常务委员会共召开24次会议，重点讨论通过例会召开事宜、人事任免、本年度工作总结、下一年工作要点；重新修订《政协常委工作规则》和《办公室工作职责》；政协兴县常委会“三讲”教育活动整改方案；《政协兴县委员会2002年度岗位目标责任考核实施方案》；学习了江泽民在十一届三中全会召开二十周年纪念大会上的讲话；讨论通过了专题调研报告等。

第六届常务委员会议

从2003年10月21日至2007年5月12日，政协兴县第六届常务委员会共召开17次会议，重点讨论通过各年度工作总结，下一年工作要点，例会召开筹备、大会发言，讨论通过《关于表彰优秀政协委员的决定》、关于人事任免的决定和成立“文史资料编辑委员会”的决定等，宣布刘五娥任县政协党组书记。

第七届常务委员会议

从2007年11月2日至2011年6月13日，政协兴县第七届常务委员会共召开12次会议，重点讨论了《常委会工作规则》《委员考核管理办法》，例会召开相关事宜，各年工作总结，下一年工作要点，并进行了人事任免，传达学习了中共十七大报告及省市政协有关会议精神等。

第八届常务委员会议

从2011年6月25日至2016年6月16日，政协兴县第八届常务委员会共召开19次会议，重点讨论了政协主席、副主席、秘书长分工情况，人事任免，例会召开，各年工作总结，下一年工作要点和政协兴县换届等事项，传达学习了中共十八大有关文件精神和《关于进一步加强人民政协工作的意见》等。

第九届常务委员会议

从2016年6月至12月，政协兴县第九届常务委员会共召开3次常务委员会议，重点讨论通过政协兴县第九届委员会机构设置、各专门委员会工作职责、《委员考核管理办法》、人事任免和提案办理回复等事项，传达学习了《关于加强新时代人民政协党的建设工作实施意见》。

第三章　政协工作

政协兴县委员会和常务委员会履行政治协商、民主监督、参政议政职能，除了召开全体会议、常委会议或专题会议，还包括提案办理、调查研究、帮扶救助、征集文史资料等常规工作。

第一节　提案办理

政协兴县第二届委员会从1987年8月13日到1990年6月12日共征集到委员提案101件，提出提案的委员共174人次，经审查立案的提案有100件。其中乡镇企业方面2件，工业生产方面10件，农业林业方面20件，文化教育方面17件，医药卫生方面13件，城乡建设方面9件，科学技术方面7件，社会建设和其他方面23件，回应率100%，办理率90.2%。7件提案被评为优秀提案；王学保、张三铭等11名委员被评为优秀提案人；县教育局、县卫生局、县司法局、县扶贫办等5个单位被评为提案承办先进单位。

政协兴县第三届委员会从1990年6月13日到1993年6月30日共征集到委员提案139件，提出提案的委员共376人次，经审查立案的提案有119件。其中工业经济方面24件、农林牧业方面18件、宣传文化教育方面25件、医药卫生方面8件、交通建设方面4件、城乡建设环境保护方面23件、社会发展和其他方面17件，回应率100%，办理率77.9%。其中3件提案被评为优秀提案，薛志华、彭根生等19名委员被评为优秀提案人。

政协兴县第四届委员会从1993年7月1日到1998年7月24日共征集到委员提案169件，提出提案的委员共432人次，经审查立案的提案有137件。其中经济建设方面31件、农林牧副方面20件、文化教育方面22件、工商医药市场管理方面13件、县城建设与环保方面25件、交通建设方面7件、社会人事制度改革方面19件。提案回应率100%，办理率87.4%。

其中19件提案被评为优秀提案，魏国梁、王舟等37名委员被评为优秀提案人；县委组织部、县教育局、县环境保护局等12个单位被评为提案办理先进单位。

政协兴县第五届委员会从1998年7月25日到2003年8月13日共征集到委员提案191件，其中经济建设方面27件、农林牧副方面27件、科教文卫体方面27件、城建环保方面30件、交通方面8件、政务方面32件，党群、政法、劳动人事方面40件。提出提案的委员共482人次，经审查立案的提案有185件。提案回应率100%，办理率90.2%。其中17件提案被评为优秀提案，贾迎玉、孙明中、牛迎全等64名委员被评为优秀提案人；县委办公室、县政府办公室、县教育局、县乡镇局、县工商行政管理局、县水利水保局、县土地管理局被评为提案办理先进单位。

政协兴县第六届委员会从2003年8月14日到2007年5月13日共征集到委员提案335件，提出提案的委员共1304人次，经审查立案的提案有325件。其中经济建设方面30件、农林牧副方面39件、交通建设和管理方面18件、科教文体方面78件、城乡建设环境保护方面71件、政法方面18件、社会民生方面16件、党群政务和劳动人事方面51件、其他方面4件。提案回应率100%，办理率87.8%。其中15件提案被评为优秀提案，孙挨全、刘建平、王秀珍等42名委员被评为优秀提案人；县人民政府办公室、县水利水保局、县财政局、县农业局、县城乡建设局等13个单位被评为提案承办先进单位。

政协兴县第七届委员会从2007年5月14日到2011年6月19日共征集到委员提案286件。其中经济建设方面54件、农林牧副方面21件、科教文体方面72件，城乡建设、环境保护方面55件，交通管理方面26件，社会民生方面14件，政务方面22件，党群、政法、劳动、人事方面20件，其他方面2件。提出提案的委员共2084人次，经审查立案的提案有274件。提案回应率100%，办理率达97.5%。

其中5件提案被评为优秀提案，王迎科、陈瑞兰等33名委员被评为优秀提案人；县住房和城乡建设局、县农委被评为提案承办先进单位。

政协兴县第八届委员会从2011年6月20日到2016年6月15日共征集到委员提案303件，提出提案的委员共2207人次，已审查立案的295件，其中经济建设方面50件，“三农”建设方面17件，城乡建设、环境保护方面64件，科教文卫体方面64件，交通建设与管理方面30件，政务方面35件，党群、政务、劳动、人事方面30件，政法方面5件。提案回应率100%，办理率达86.1%。

其中27件提案被评为优秀提案，张华、康改兰、王会文等47名委员被评为优秀提案人；住房和城乡建设局、农业委员会、文化局、民政局、卫生局、教育体育局被评为提案承办先进单位。

2015年6月15日召开的政协兴县第八届委员会第五次会议上，中共兴县县委、县人民政府表彰了八届政协委员10件优秀提案和10个提案承办先进单位。

第二节　调查研究

视察 调研

政协兴县第一届委员会共组织委员深入农村、企业，分别就农村教育、医疗、人畜吃水、果园管理、公路建设、儿童健康普查等内容开展专题调研17次，专题视察8次，形成专题调研、视察报告25份，提出切实可行的意见、建议，发挥政协参政议政的职能作用。

政协兴县第二届委员会共组织委员调研视察9次。其中，深入部分乡（镇）推广科学种田经验，同时组织部分养殖专业户委员，3次外出考察山西省文水县、陕西省高陵县笼养鸡的经济效益，并在深入调研、分析论证的基础上，写出2份考察报告；经二届七次常委会讨论研究，形成关于发展兴县笼养鸡事业的建议案。这2份考察报告和1份建议案，受到县委和县人民政府和有关部门的重视和大力支持。

政协兴县第三届委员会共组织专题调研6次，开展考察视察活动4次。就教育改革、科技兴教以及推广科学种田经验等提出合理化建议，被县委、县政府采纳。

政协兴县第四届委员会共组织专题调研9次，重点对企业发展、农村经济、旅游资源、扶贫攻坚等内容展开；开展专项考察视察活动10次，涉及工业发展前景、幼教工作管理、粮食部门的经营管理、农村土地承包、公路建设等情况。所形成的调研考察报告，为县委、县政府科学决策提供了参考。

政协兴县第五届委员会共组织专题调研11次，重点对民营企业的经营状况、工业企业发展情况、红枣产业化经营现状、农业产业结构调整、乡（镇）近年来改革发展状况、非公有经济发展状况、公安机关执法情况、退耕还林、乡村发展养羊、水资源开发和移民并村等情况进行调研，形成专题调研报告16篇。开展专题视察8次，主要视察千城沟流域治理、北山生态农业综合治理工程，农村两处集中供水工程，恶虎滩乡牛家坪和蔡家崖乡宋家沟等农业开发示范工程，兴县第二高中、祥诞中学等6所民办学校办学情况。赴江、浙两省的义乌、温州、宜兴等地考察民营经济发展状况等，形成视察报告9篇，提出的意见、建议，被县委、县政府全部采用。

政协兴县第六届委员会共组织专题调研7次，重点围绕参保企业养老保险缴纳情况、全县用电供电情况、农村税费改革、新农村建设、核桃经济林建设、民生问题等课题进行调研，形成专题调研报告24篇。组织政协委员围绕城市建设和资金运作情况、农村经济发展情况、公路建设情况等进行专题视察3次，形成专题视察报告，为县委、县政府决策提供参考依据，发挥了政协的职能作用。

政协兴县第七届委员会共组织专题调研13次，重点围绕全县城乡医疗体系建设、第三产业经济发展、村矿矛盾、种草养羊、农业产业化、重点工程建设等内容展开，形成专题调研报告15篇。组织专题视察8次，重点视察了城镇建设、民营企业发展，大项目建设、蔬菜基地建设、大交通建设、环保工作等，形成专题视察报告10篇，为县委、县政府决策提供了参考。

政协兴县第八届委员会重点围绕铝工业发展、水利建设、农业园区建设、生态文明建设、城乡社会保障体系建设、文化产业发展等重大课题组织专题调研13次，形成专题调研报告13篇，提出相应的建议；组织专题视察4次，重点视察了山西中南铁路、岢临高速公路、连城大道、大项目通道等大交通建设成果，视察了肖家洼煤矿、华兴铝业氧化铝等重点工程项目，视察了蔡家崖乡、康宁镇、贺家会乡、蔡家会镇等农业产业化发展情况，城乡环境卫生整治情况，红色旅游开发情况，教育事业发展情况，蔡家崖乡“红色印象”农家乐和光伏扶贫项目建设等，形成视察报告，提出了具体的意见和建议。

大会发言

政协兴县第五届委员会第三次会议进行1次大会发言。会上政协委员田光信、白由平、康茂勇等10名委员就农业开发、法制建设、非公有经济、加快教育发展等议题作大会发言，提出他们的意见和建议，得到县委、县政府主要领导的充分肯定。

政协兴县六届委员会进行4次大会发言。王玉清、孟翠琴、刘喜忠、牛迎全等31名委员相继在县政协召开的四次开幕大会上作发言，内容涉及教育、医卫、社保、交通、基础设施、社会法制等涉及老百姓切身利益的热点焦点问题，受到与会领导的重视和有关部门的关注，收到很好的社会效果。

政协兴县第七届委员会进行3次大会发言。其中七届二次会议上有8名委员就软环境建设、定点屠宰、网吧管理等议题提出相应的对策和建议。七届三次会议上有6名委员就民营企业转型、农村合作医疗、大教育战略等进行建言献策。七届四次会议上有7名委员就非公经济发展、培育大环境、集中供热等群众关心的问题提出意见与建议。白文毅、刘喜忠、高东明、刘喜栋4名委员撰写的12篇社情民意信息被全国政协采用；刘五娥、韩翔宇等5名委员撰写的6篇社情民意信息被山西省政协采用；张继伟、王秀珍等15名委员撰写的33篇社情民意信息被市政协采用。

政协兴县第八届委员进行5次大会发言。其中八届一次全会上有李喜勤、刘润琴、温新民等6名委员就高中教育、企业应承担的社会责任、家庭牧场示范区、食品安全监管等群众关心的问题，提出对策和建议。八届二次全会上有李喜勤、张利琴、刘润勤、李玉平、张华等9名委员就促进教育发展、建立卫生管理长效机制、村企共建和谐、加快旧城改造等群众关心的问题，积极建言献策。八届三次全会上赵小平、李喜勤、牛迎全、尹军良4名委员就干部工作作风、红白事务、养老服务、打造“兴县一日游”等议题，提出对策和建议。八届四次全会上有县政协农村委员会、科技文卫委员会以及李喜勤等委员，分别就养羊增收、核桃林管护、新型农村合作医疗、建立定点红白事务场所等议题，提出意见和建议。八届五次全会上，张明提、刘润勤、贺尔军、任晓利、陈小龙等委员，分别就县城环境整治、村矿互建、农业产业化、城区供水保障扶持等议题提出建议。反映社情民意方面，李喜勤、李玉平撰写的4篇社情民意信息被山西省政协采用，李喜勤等5名委员撰写的13篇社情民意信息被吕梁市政协采用。

第三节　帮扶救助

1996年，兴县发生“7·23洪灾”，政协兴县第四届委员会领导和委员们积极投入抗洪救灾第一线，抢救伤病员、清除淤泥、捐款捐物、慰问受灾群众，并开展自救互助活动。1999年，县政协机关全体人员多次赴贺家会乡寨洼村开展帮扶活动，为该村输出劳力42人；举办养猪技术及红枣种植科技培训2期，参训人员260人次；筹资2000元，扶持5户贫困户发展快速养猪；在调查研究的基础上编制出《寨洼村红泥沟流域治理可行性报告》，报送有关部门争取立项。2001年，经县政协副主席康荣惠、孙明中协调，上海光兆植物速生有限公司同交楼申乡签订建设10万亩速生杨苗木基地的协议。当年就试验成功容器育苗5亩，开春扩大育苗800亩。2002年，遵照县委《关于在各级干部中广泛开展“进农家、访民意、办实事”活动的实施方案》精神，县政协机关8名科级干部深入扶贫点交楼申乡王家庄村帮助村民办实事，建成人畜饮水工程2处，购置课桌凳60套，改造旱地为水浇地300亩，被评为定点扶贫先进单位，受到县委表彰。

组织涉农单位和政协委员中的科技人员，以政协扶贫点交楼申乡郝家湾等3个村为示范，经过调研和筹集资金，形成集改河造地、种草养畜和旅游开发为一体的生态农业综合治理示范模式；号召委员和各界代表人士参与社会公益事业活动，累计集资400万元，为贫困村修路、架桥、解决人畜饮用水困难，赞助贫困大学生上学；2003年“非典”肆虐期间，政协委员们主动捐献价值4万元款物，有力支持了全县防“非典”工作。

2008—2016年，县政协争取吕梁市政协资金21万元，县内筹措资金4万元，资助兴县考入大学的70名贫困家庭学生顺利入学；组织政协委员为四川地震灾区捐款45万元。

第四节　文史资料征集

县政协一直注重树立文史精品意识，坚持广征博采、存真求实、精选慎编、积极出版的原则，向社会提供了一批健康有益的文史产品。其中，1985年，兴县政协文史资料研究委员会相继编辑出版《兴县文史资料》第一辑、第二辑、第三辑、第四辑。1992年5月至1995年9月，县政协文史资料委员会编辑、出版《兴县文史资料》第五辑、第六辑、第七辑（纪念抗战胜利50周年暨兴县中学建校70周年专辑）。1997年，兴县政协被省政协表彰为信息工作先进单位。2001年10月至2011年3月，县政协文史资料委员会编辑出版《晋绥爱国民主人士牛友兰》和《兴县文史资料》第八辑、第九辑（孙良臣纪念专辑）、第十辑。

2009年9月，在吕梁市政协举办的纪念人民政协成立60周年“我与人民政协”征文活动中，政协文史委原副主任贾银玉撰写的《我家祖孙三代的政协情缘》，第五届、六届政协副主席孙明中撰写的《十年政协“四首诗”》同获“我与人民政协”征文活动二等奖；第七届政协副主席刘喜忠撰写的《我与人民政协》和政协委员贾喜平撰写的《油煎面塑传人的政协缘》同获三等奖；第七届政协经济委员会副主任王秀珍撰写的《我与政协之缘》获该次征文活动优秀奖。

2012年，县政协文史资料委员会编写的《一次鲜为人知的文史资料大转移》《活跃在吕梁山区的七月剧社》，分别在山西省政协《文史月刊》第四期和《吕梁日报》“文史之窗”刊登。同年，县政协文史资料委员会为吕梁市政协编写《吕梁英雄谱》，征集晋绥边区第一届至第四届群英会名录，收集到文史资料16篇8万余字。2013年，县政协文史资料委员会为吕梁市政协编写《老一辈无产阶级革命家在吕梁》《吕梁回忆》《吕梁解放》3部书籍征集各类文史资料30余篇28万余字。2014年，县政协文史资料委员会征集文史资料《西进南下》《土地改革》15万字，收集晋绥边区革命纪念馆图片资料及部分老照片700余张，上报吕梁市政协文史委；同年9月，兴县政协第八届委员会7名委员撰写的7篇文章入选政协吕梁市委员会编印的《纪念人民政协成立65周年征文集》；兴县政协连续3年获吕梁市政协“文史工作先进集体”荣誉称号，受到表彰。

其间，县政协办公室和文史资料委员会与山西、河北、内蒙古、陕西、四川等省区的30多个县、市政协建立合作关系，共接待来访680余人次，调查走访460余人次，收到各类信函270余件，汇总反映各方面建议、意见180多条。

2016年6月，由原政协副主席康荣惠主编的《兴县政协志》出版发行。该书编纂历时近4年，共75万字、702幅照片，全面记录了兴县从民国31年（1942年）成立晋西北临时参议会，到1984年成立政协兴县第一届委员会和之后召开的政协兴县第二至第八届委员会，反映了兴县革命老区广大参议员、议员、各界代表、政协委员在中国共产党兴县县委领导下积极履行职责的成果，是兴县政协史上首本志书。

第二十一编

军　　事

1989 年后，驻兴县地方军事组织贯彻执行中共中央、中央军委关于国防建设的方针、政策和上级指示，加强对专武干部和民兵的政治思想教育，完成了军事知识、科技知识及军事技能的学习、训练任务。至 2011 年，全县民兵整组、军事训练、政治工作、“双拥”工作和机关正规化建设等工作先后 28 次受到北京军区、山西省军区及吕梁军分区表彰。同时，驻兴县地方军事组织从国防建设的战略需要出发，扎实开展民兵基层组织建设和人民防空工作，并以民兵和青年学生为重点，广泛开展全民国防教育、征兵动员和军事训练工作，至 2016 年末，全县累计有 8.1 万名中学生接受军训和国防教育。

1996 年，县人民武装部重新划归军队建制。至 2016 年，县人民武装部在开展机关正规化建设的基础上积极支援地方建设，大力开展扶贫工作，累计筹资 210.6 万元（其中捐资 20962 元），帮助 3 个村解决人畜饮水困难，帮助 3 个村创办“希望小学”，帮助 33 名贫困家庭学生完成学业，帮助 135 户军属、贫困户办理贷款，购买化肥、地膜等农资。县人民武装部先后获国务院、北京军区、山西省人民政府、山西省军区及吕梁军分区授予的“全国社会扶贫先进集体”等荣誉 132 次（项），荣立集体二等功 1 次、专武干部荣立个人三等功 4 次。

2011 年，解放军驻军撤离兴县。

第一章 机 构

第一节　人民武装委员会与国防动员委员会

20世纪50年代初，遵照中央指示精神，兴县成立人民武装委员会，由县委书记任人民武装委员会主任。其间，一度改为民兵工作组，后又复称人民武装委员会。“文化大革命”期间，县人民武装委员会被撤销，1978年恢复。1989年，兴县人民武装委员会设主任1人、副主任5人。主任由兴县县委书记担任，副主任分别由兴县人民政府县长、分管民兵工作的县委副书记、副县长和县人民武装部部长、政治委员担任；委员由人民武装部副部长及县计划委员会、县财政局、县公安局、县教育局、县民政局、共青团兴县县委、县妇联等单位负责人组成。

1996年7月，兴县国防动员委员会成立，兴县人民武装委员会同兴县国防动员委员会合为一个机构、两块牌子。根据山西省和吕梁地区有关县（市）成立国防动员委员会的精神，兴县国防动员委员会下设5个职能办公室，即县人民武装动员办公室（设在县人民武装部，办公室主任由县人民武装部政工科科长担任）、县经济动员办公室（设在县经贸局，办公室主任由经贸局局长担任）、县人民防空办公室（办公室主任由县政府办公室主任担任）、县交通战备办公室（设在交通局，办公室主任由交通局局长担任）、国防动员委员会办公室（设在县人民武装部军事科，办公室主任由人民武装部军事科科长担任），分别列入县人民政府、县人民武装部有关部门序列。

兴县国防动员委员会成立后，县人民政府所设的人民防空委员会、交通战备领导小组即自行撤销，其办事机构直接转为国防动员委员会的工作机构。

2005年8月，兴县国防动员委员会由原来的5个职能办公室调整为8个，增加的办公室分别是：县政治动员办公室（设在县委宣传部，办公室主任由县委宣传部副部长担任）、县科技动员办公室（设在县科技局，办公室主任由科技局局长担任）、县信息动员办公室（设在中国网通集团公司兴县通信分公司，办公室主任由兴县通信分公司经理担任）。

兴县国防动员委员会是在吕梁市国防动员委员会和中共兴县县委、兴县人民武装部领导下，主管全县国防动员工作的组织机构。县国防动员委员会贯彻上级指示精神，坚持人民战争思想，贯彻新时期军事战略方针和平战结合、军民结合、寓兵于民的方针，服从和服务于经济建设大局，适应国防和军队建设需要，以军事需求为引导，以保障“打赢”为目的，统筹规划，突出重点，注重质量，努力提高平战转换、快速动员和持续保障综合防护能力，并协调政府与军队、经济与军事、现役与预备役之间的关系，做到战时应战、平时应急。

兴县国防动员委员会一般每年召开一次全体委员大会，并根据需要不定期召开办公会议，协调国防动员工作，集中统一调动人力、物力、财力为战争和应急服务。

1987—2016年兴县人民武装部历任第一书记和国防动员委员会主任一览表

表21-1-1-1

第一书记	任职时间	县国防动员委员会主任	任职时间
苏高文	1988.11—1989.12	杜俊奇	1987.4—1990.4
杜俊奇	1990.4—1997.1	郝百曜	1990.6—1993.5
刘光彦	1998.7—2000.12	郭亮泽	1993.6—1996.5
李月勤	2000.12—2006.6	刘光彦	1997.1—1998.6
郭　颖	2006.6—2014.5	李海玉	1998.7—2001.2
梁志锋	2014.8—	刘泽峰	2001.3—2006.6
		孙善文	2006.6—2009.11
		梁志锋	2010.4—2015.5
		刘世庆	2015.6—

第二节　兴县国防教育委员会

1989年11月，兴县国防教育委员会及其办公室成立。至2016年，兴县国防教育委员会主任由县委书记担任，副主任由县委宣传部部长、县人武部政治委员、县人武部部长或副部长担任。

第三节　县、乡（镇）人民武装部

县人民武装部

兴县人民武装部（前身为兴县武委会，1952年撤销），成立于1952年。1986年，根据中央军委裁军决定，兴县人民武装部（简称人武部）划归地方建制，人武部干部不再保留军籍，但在业务上仍受山西省军区和吕梁军分区领导，县人武部领导由吕梁地委和吕梁军分区任命。

1996年4月，兴县人武部重新划归军队建制，机关设军事科、政工科、后勤科，设部长1人、政委1人、副部长2人。兴县人武部是中共兴县县委的军事机关，在上级军事机关和县委的双重领导下，负责全县军事工作和民兵工作，为促进社会主义建设和国防后备力量建设服务。

2001年6月，兴县人武部下辖基层武装部17个（5镇12乡）；2016年起下辖基层武装部20个（包括企业武装部3个）。

第二章　正规化建设

第一节　行政管理

1986年，县人武部划归地方时，人武部干部集体转业，大部分干部都是人武部移交地方前从外地调回的兴县籍干部。其间，按照管理权限，由县人武部党委同县委组织部门共同管理。人武部干部按照县委的统一安排，每年都要参加县里组织的政治学习和业务培训。人武部党委同县委组织部门每年年终对县人武部干部进行全面考察，对工作出色、完成任务好的干部评功奖励。

1996年4月，县人武部收归军队建制后，人武部部长、政委由北京军区任命；人武部副部长、科长由山西省军区任命；人武部副营级以下干部由吕梁军分区任命。1996年后，县人武部干部的交流相对频繁，对于年龄偏大、不适合从事武装工作的干部，均调出人武部；对本人愿意退休并符合退休条件的予以妥善安置。

第二节　学习培训

1989—1999年，县人武部政委、部长参加山西省军区培训，科长以下干部重点学习条令条例，学习新时期有关军事建设的理论和国防教育的有关知识。2000年开始，县人武部机关干部除参加吕梁军分区统一培训外，坚持自学现代科学技术、军事知识，学习计算机使用操作技术，实现了办公自动化、网络化。

2010—2016年，人武部干部职工坚持每周二、四早操和每天1个小时的队列、体能训练，并严格按照新大纲规定的内容和标准制定训练计划，科学合理施训，确保“人员、内容、时间、质量”四落实。现役干部突出一体化指挥平台操作、参谋“新六会”（会计算、会摄影照相、会战场外语对话、会航空照片判读、会使用通信器材、会驾驶车辆）和军事理论等课目的学习与训练；职工突出轻武器分解结合、队列基础动作和本职业务等课目的学习和训练；专武干部突出民兵组训、征兵业务和组织指挥等课目的学习和训练。

第三节　后勤工作

人武部后勤科承担后勤管理的职能，主要工作为战备训练、后勤管理、军需供给等。

战备训练

1996年7月以后，县人武部进行以维护天古崖水库安全为背景的应急演练。7月23日，兴县大部分地区降暴雨，为有效应对天古崖水库可能发生的决口危险，中共兴县县委、县人民政府、县人民武装部组织民兵抢险分队进行了针对性演练。1999年后，县人武部组织民兵专业分队两次开展战场救护保障演练。2008年3月、6月和8月，兴县民兵与公安干警、武警中队协同进行反恐怖联合军事战备演练、吕梁“闪电08”联合演习、“军警民反恐联合”演练，收到预期效果。

2012年12月24—27日，县人武部全体干部参加吕梁军分区组织的冬季适应性训练。训练内容围绕提高“走、打、吃、住、藏、管、通、保”能力等进行，特别是针对应急维稳、抢险救灾等重点课题进行了野战条件下的演练。

2015年10月19—21日，按照军分区演练计划安排，县人武部参加全省国防动员组织指挥研究性演练。演练采取上导下演、异地同步、网上交互的方法，分动员筹划、动员实施、复员三个阶段，完成9个内容的演练任务，提升军地联合行动能力，为国防动员实案化、常态化奠定了基础。

后勤管理

1996年4月，县人武部重新划归军队建制，设后勤科，有炊事员、通信员、司机等后勤工作人员若干名。后勤科负责车辆、油料、营房、财务管理等日常工作。

军需供给

1989—2016年，县人武部军需供给由军分区按军队标准下拨。随着国家经济建设的发展，县人武部干部和战士的工资、津贴、伙食费、服装费用逐年提高，各时期供给标准多次调整。

争先创优活动

1989—1996年，县人武部在机关正规化建设、政治教育、民兵建设等多项工作中争创先进，12人先后被评为“优秀参谋”“优秀教练员”“先进人武干部”；11项工作（民兵整组、军事训练、政治工作、双拥工作、机关正规化建设等）先后28次受到北京军区、山西省军区和吕梁军分区的表彰奖励。

第三章　兵 役

第一节　兵役制度

兴县在各个不同历史时期，执行不同的兵役制度。军队主要实行义务兵与志愿兵相结合的兵役制度。

1989年前，兴县实行第六届全国人民代表大会第一次会议通过的《中华人民共和国兵役法》，即“义务兵役制为主体的义务兵与志愿兵相结合、民兵与预备役相结合”的兵役制度。义务兵服役年限为：陆军（武装警察部队）3年，空军4年，海军4年，陆军可超期服役1～2年，海军、空军可超期服役1年。

1998年12月29日，第九届全国人民代表大会第六次会议通过的《中华人民共和国兵役法》开始实施，在8个方面作了调整：调整兵役制度，规定“中华人民共和国实行义务兵与志愿兵相结合、民兵与预备役相结合的兵役制度”；缩短义务兵服现役期限，陆、海、空军种和武装警察部队服役期限一律为2年，并取消义务兵超期服役的规定；改革志愿兵（士官）最短（3年）和最长（30年）服役期限；完善预备役制度；改进民兵、预备役人员参加军事训练误工补贴办法；强化义务兵优待的法律措施，拓宽退伍军人安置渠道，明确法律责任。

第二节　兵员征集

1989年开始，中共兴县县委、县人民政府成立征兵领导组及其办公室。

征兵领导组成员主要由县委、县人民政府主要领导，分管武装工作的领导，兵役机关及与地方征兵工作相关的宣传、公安、卫生、教育、交通、财政等部门的主要领导组成。征兵办公室设在县人武部，办公室下设：组织计划组、政治审查组、体格检查组、后勤保障组、宣传纪检组。2000年后，县征兵办公室调整为组织计划组、政审宣传组、体格检查和后勤保障组。

县征兵领导组组长一般由县长担任，第一副组长由常务副县长担任，副组长由县人民武装部部长和政委担任。根据领导人的变化，县征兵领导组和办公室每年都要进行调整充实。

乡（镇）及其他设立基层武装部的单位，均成立征兵领导组及办公室，成员由乡（镇）、单位主要领导，基层武装部和公安（保卫）、宣传、民政、司法、交通、共青团、妇联、工会等部门负责人组成，办公室设在基层人民武装部。

兵员征集包括兵役登记、宣传发动、体格检查、政治审查、审定新兵和交接起运6项工作。

第三节　预备役登记

预备役士兵登记

1989年，根据上级指示精神，对预备役登记工作进行改革，按照上级制定的《后备兵员合成储备》开展预备役登记工作，实现后备兵员“编组、装备、训练、征集、储备、动员”一体化配套，就是按照现有装备，落实1套装备对应1～2套人员；每个乡（镇）1种专业或1种专业技术分队，做到有利于成建制训练与储备，有利于战时兵员征集动员。

1990年后，预备役登记工作作为一种制度，纳入县人民武装部的例行工作，县人民武装部每年对复员退伍回乡的军人进行1次预备役登记；同时开展地方与军事专业对口技术人员的服预备役登记统计。两项预备役登记统计截至每年的6月30日，由县人民武装部编制报表，报吕梁军分区司令部备案。

2001年5月至2016年，兴县人民武装部依据《中华人民共和国国防法》、《

山西省国防教育条例》、《山西省民兵预备役工作条例》、《民兵基层规范化建设和组织服预备役退伍军人动员征召实施方案》及孝义市现场观摩会精神，加强退役士兵、士官的预备役登记统计工作。

预备役军官登记

1988年9月1日后，被授予中国人民解放军军官军衔的转业军官，符合下述年龄规定的属于预备役登记统计范围：排级职务35岁以下，连级职务40岁以下，营级职务45岁以下，团级职务50岁以下，师级职务55岁以下；初级专业技术职务45岁以下，中级专业技术职务55岁以下，高级专业技术职务60岁以下。对犯有政治性错误的、超过本级职务预备役登记年龄的、因健康原因不适合服预备役的、死亡和依照法律受刑事处罚的、出国定居以及其他原因不宜服预备役的转业军官，均不进行预备役登记，已登记的要及时消除登记。

1990年11月6日，中共中央组织部、人事部、总参谋部、总政治部《关于对转业军官进行预备役登记、统计的通知》指出：从1991年起逐步开展转业军官预备役登记统计工作，对登记、统计的范围、对象及担负该项工作的部门作了规定。

1992年5月，根据中央和山西省、吕梁地区关于转业干部预备役登记工作意见，兴县人民武装部设立转业军官预备役登记办公室。参加登记工作的人员在学习《中华人民共和国宪法》《中华人民共和国兵役法》及有关文件精神的基础上开始进行预备役登记。

1993—2016年，兴县人民武装部把转业军官预备役登记、统计工作作为一项例行工作。每年6月，对上年度转业安置在本区域的军官进行1次服预备役登记统计，每名服预备役军官填写1份《预备役军官数据采集表》，并把服预备役军官的相关信息输入预备役军官管理系统，实行数据库管理。转业军官预备役登记办公室对退出预备役，但符合继服条件的预备役军官，进行一类预备役转服二类预备役登记。

第四章　民　兵

第一节　组织建设

领导体制

1989年之前，县人武部建制归地方，工作人员改为地方干部，人武部性质、地位、作用和任务不变，由地方党委、军队双重领导。

1989—1996年，按照中央规定，县委书记兼任人民武装部党委第一书记。县人民武装部在机关设立第一书记办公室，建立第一书记到军事机关办公制度、第一书记参会制度和议军制度。县党委议军会每年一般不少于2次，乡（镇）党委每季1次，重要问题随时研究解决。随着地方机构的改革和党政部门的分开，又创建党政军联合办公制度，由县委书记、县人民政府县长，分管武装工作的副书记、副县长、人民武装部党委成员以及地方有关部门负责人参加的联合办公会，研究解决民兵工作中的重大问题，各级党委把武装工作列入目标管理责任制。

1997—2016年，县委贯彻吕梁地（市）委党管武装工作的指示精神，书记带头参加领导干部“军事日”活动，做到3个坚持：坚持到人民武装部参加党委会，同人武部党委成员共同研究民兵工作；坚持参加人武部重大军事活动，在全县带头营造崇军尚武的良好环境；在乡（镇）撤并过程中，坚持按照专武干部的选拔标准，通过考核审定，保留一批德才兼备的优秀的专武干部，重新任命一批专武干部。

编组调整与设施建设

乡（镇）武装部与民兵营（连）部　1989年，全县设24个乡（镇）武装部

（7镇17乡）、1个街道办武装部，村民委员会设民兵连部。2001年6月撤乡并镇后，全县划分为7个镇（蔚汾镇、魏家滩镇、瓦塘镇、高家村镇、康宁镇、罗峪口镇、蔡家会镇）、10个乡（蔡家崖乡、奥家湾乡、恶虎滩乡、交楼申乡、固县乡、孟家坪乡、赵家坪乡、贺家会乡、东会乡、圪垯上乡），设17个乡（镇）武装部，375个村民委员会均设民兵连部。

1993年前，全县乡（镇）武装部有“五册”（民兵排以上干部花名册、基干民兵花名册、普通民兵花名册、退伍军人花名册、与部队对口的地方技术人员花名册）、“三表”（民兵组织统计表、整组情况统计表、基干民兵编组序列表）、“两卡”（与部队对口的地方技术人员预备役登记卡、退伍军人预备役登记卡）、“一档”（兵员储备档案），共11种资料；民兵连队有“一表（民兵编组序列表）、一册（民兵花名册）”，共2种资料。

2004年，兴县人武部贯彻中央《民兵整组工作实施方案》《民兵整组工作验收标准》等文件精神，组织学习和执行。大部分乡（镇）在巩固成果基础上完善“三部”（基层武装部、民兵营部、民兵连部）规范化建设。全县90%以上的营（连）部达到有牌子、旗子、办公设施和装备器材，有“十种资料”（民兵整组、训练、教育、兵役登记、征兵工作、退伍军人、双拥维权、民兵参建、民兵活动、流动兵员资料），实现“六项”（营长、连长职责，指导员、教导员职责，五项制度，先进民兵评比条件，民兵守则，编组序列表）上墙的标准。通过整组，全县民兵应急分队、对口专业分队、专业技术分队实行单独编组，达到要求。

2009年2月至4月，县人武部党委重点加强交通沿线及社情复杂地域的民兵组织建设，全县各乡（镇）基层武装部组织民兵进行军事基础科目的训练。

2013年3月至5月，县人武部在蔚汾镇建立标准化基层营（连）部，规范软件资料，配备装备器材，为全县树立民兵营（连）部样板，并组织各乡（镇）分管领导和专武部部长进行现场观摩。

2015—2016年，县人武部投入资金，为乡（镇）武装部、1/3民兵营（连）购置工作电脑、器材架和反恐维稳装备，基层武装部和民兵营（连）部基础软件、硬件均达到上级规定的标准。

民兵专业技术分队　1989年，全县共编民兵专业技术分队4个，1990年，全县共组建民兵专业技术分队6种8个。到1997年，全县共有民兵专业技术分队6种8个。各单位把民兵专业技术分队与后备技术兵员储备区建设相结合，与保卫重要目标相结合，与专业技术对口部门相结合，提高专业技术分队的科学技术含量。1999年，全县民兵专业技术分队组建为两种类型。一种是按山西省军区下达的编制抓落实，根据民兵现有装备组建专业技术分队，共组建各类民兵专业技术分队6种8个。另一种是依据地方专业技术部门的技术，组建与军事专业技术对口的民兵分队。每个部门和企业组建1种或2种专业技术分队，全县共组建对口专业技术分队6种8个。2005年以后，全县共编有3种民兵专业技术分队（连）5个。

民兵应急分队　1990年，根据上级组建民兵应急分队的指示，县人武部在基干民兵中进行编组。全县编有民兵应急分队（连）1个，民兵应急分队（排）24个。1994年，县人武部向县人民政府申请专项经费，为民兵应急分队统一配发了服装，配备了应急器材。

1997—2004年，民兵应急分队建设采取以城市为重点、以城乡接合部为补充的办法组建。民兵应急分队队长，由县人武部军事科科长担任，连、排长由专武干部担任。其中，1999年组建民兵应急分队，并修改制定抗洪抢险、森林防火、战时兵员动员、反空袭、防暴乱等6种行动预案，配备警棍、头盔、盾牌等防暴器材。至2004年，全县民兵应急分队的组建规模基本保持不变，编组地域全部调整在县城附近或敏感地区的重要方向。

2005年，兴县组建中等民兵应急连1个，并按照大纲标准进行35天训练；各乡（镇）在驻地组建民兵应急排，并配备应急器材，进行必要的训练。

2009年2月至4月，县人武部在县交通局、城乡建设局、国土资源局、畜牧兽医局、环境保护局、林业局6个单位组建125人的县民兵应急分队；在交楼申乡、东会乡、恶虎滩乡分别组建一支民兵森林防火分队；在全县17个乡（镇）分别组建民兵应急排，并按军分区的要求配齐“双应”（应对多种安全威胁、应对多样化任务）装备器材，任命已建立民兵组织的7个部局党委（支部）书记为该民兵组织的第一部长。

2010年4月，全县3个企业的民兵应急分队、县交通战备专业分队、县人民防空专业分队等进行组织整顿，为3个分队购置器材架、柜各40个，购买发电机3个，为每乡（镇）及企业民兵应急分队购置配备了应急器材，基层阵地建设更加巩固。

2011年1月至5月，全县集中培训民兵干部7天，组织民兵应急分队和专业技术分队训练15天。

2013年2月15日至3月9日，县人武部在二十里铺民兵训练基地挑选民兵应急分队成员，通过集中体检、军事素质考核、组织审查等程序进行筛选，录取一批优秀民兵应急分队成员。

2014年，县人武部组建常备民兵应急分队，并投入20万元补充配备野战通信、野战食宿保障、发电、被装等装备器材。

到2016年，全县民兵营（连）部装备全部达标。

第二节　政治教育

1989—2016年，县人武部组织全县民兵主要开展了党的基本理论和路线、方针、政策教育，革命英雄主义精神教育和战备形势教育。

党的基本理论和路线、方针、政策教育

人武部划归地方建制期间，组织广大民兵学习马克思列宁主义、毛泽东思想基本理论，用马克思列宁主义、毛泽东思想、邓小平理论、“三个代表”重要思想和科学发展观武装民兵头脑，开展以坚定社会主义理想信念为重要内容的“四项基本原则”教育，保证民兵在政治上、思想上、行动上同党中央保持一致，为经济建设大局服务。教育的形式和方法主要包括利用报刊、广播电视等宣传工具进行教育，同时开展多种形式的文化教育活动。

革命英雄主义精神教育

1989—2016年，县人武部利用每年元旦、春节、清明节、八一建军节、烈士公祭日、国庆节重大节日，组织民兵瞻仰烈士纪念馆（地），缅怀革命先烈丰功伟绩；参观革命斗争展览，学习英雄模范人物事迹；请老党员、老民兵、老英雄讲革命斗争历史，进行革命传统教育，引导民兵树立崇高的理想信念和道德情操。其中，2011年开始，县人武部组织民兵应急分队配合县民政局和晋绥解放区烈士陵园，开展了晋绥边区散葬革命烈士遗骸收迁活动。2012年3月和2015年8月，人武部及民兵应急分队参加了在晋绥解放区烈士陵园新区举行的晋绥烈士遗骨安葬仪式。至2016年末，累计有595位晋绥边区革命烈士遗骸被收迁、安葬于凤凰岭烈士陵园新区，中央电视台、《解放军报》等数十家媒体进行了宣传报道。

战备形势教育

按照吕梁军分区党委和上级指示精神，县人武部每年向全县民兵传达国际国内形势，教育民兵旗帜鲜明地反对动乱，坚持同党中央保持一致，为全县社会稳定发挥积极作用。

第三节　军事训练

民兵训练

1989年后，根据中央军委关于质量建军的方针和吕梁军分区制定的《吕梁地区民兵规范化训练实施细则》，县人武部对全县民兵训练的组织领导、训练对象、训练内容、训练形式、训练时间、训练方法、训练保障、教员教学、任务落实、训练管理、政治工作、考评登记等均作了改革。

1992年4月，山西省民兵规范化训练现场观摩会议后，兴县成立以副县长为组长的民兵训练领导组，县人民政府发文下达了民兵训练指示。人武部成立了民兵集训队，部长和政委分别担任民兵集训队队长和教导员，军事科、政工科、后勤科分别组成教学训练组、政治工作组、后勤工作组，对民兵训练实施保障。训练形式采取分散与集中的办法，教员主要由人武干部、专武干部、民兵干部担任。经检查验收，参训人员全部达到训练要求。

1993年，按照山西省军区《民兵规范化训练实施细则》的要求，兴县成立民兵军事训练领导组。县长郝百曜任组长，副县长裴张拴和人武部政委、部长任副组长，领导完成民兵训练任务。

1999年，以配合兴县公安部门维护社会治安、完成急难险重任务需要为出发点，县人武部组织民兵应急分队进行15天强化训练，完成规定的训练科目，还开展了保卫重要目标综合演练。

2003年后，民兵应急分队主要围绕反恐维稳等内容展开训练，并参加了由兴县公安、武警等部门开展的综合演练。

2007年6月至8月1日，兴县人武部组织民兵应急分队参加了中共吕梁市委、市人民政府，吕梁军分区开展的“强武–07”比武演示活动，取得总评第8名、冲锋枪射击综合第2名、手榴弹投掷综合第2名的好成绩，魏家滩镇民兵张小军在比武演示中获手榴弹投掷第1名。

2008年3月，县民兵应急分队同县公安、武警共同进行反恐怖联合军事战备演练。6月，县民兵应急分队同县公安干警参加了吕梁“闪电–08”联合演习。8月初，县人武部抽调县民兵应急分队队员，会同县公安局、武警兴县中队和总参观测站，在综合训练场联合举行“军警民反恐联合”演练。

2010年4月14日，县人武部组织全县民兵应急分队队员，在兴县体育场进行民兵整组点验和军事训练科目检验性汇报演练。演练项目有队列、军体拳、森林防火技能等，兴县民兵整组和军事训练均被吕梁军分区评为一类先进单位。

2011年3月，县人武部在全县退伍军人中选拔组建兴县常备民兵应急分队。7月16日，人武部组织兴县常备民兵应急分队进驻离石区，为山西省军区举办军事演练活动构筑目标阵地，并展开实地训练。“八一”期间，山西省军区在吕梁市民兵综合训练基地举行“探索–2011”军事演练活动，县人武部率领兴县常备民兵应急分队队员参加了阅兵仪式。

2014年，兴县普通民兵结合整组和执行阶段性任务，累计完成10个以上训练日。2015年3月至5月，县人武部组织全体专武干部和重点民兵分队骨干，完成了以队列为主的基础科目、医疗救护和交通保障等项目的训练。

2016年3月，县人武部组织现役干部、职工和专武部部长进行3天集中培训，训练科目有职工医疗救护和防火等专业技术。

干部训练

1996—2011年，全县专武干部参加山西省军区和吕梁军分区专业集训12批，参加县级专武干部、民兵干部培训16批。

2012年6月，县人武部组织现役干部、专武干部、民兵连长、民兵骨干、军械保管员等开展比武竞赛活动。人武部后勤科长带领专武干部、职工、民兵5人参加了吕梁军分区举办的基础训练比武竞赛。

2013年5—12月，县人武部和企业专武干部参加了吕梁军分区民兵综合训练基地举办的4次集训，通过军事比武考核，军事科参谋获得地形分析第一名、作战计算第一名、卫星云图判读第三名的好成绩。同年，人武部一名副部长参加了石家庄陆军指挥学院“第四期人武团级指挥”学习培训。

2014年3月，人武部组织全县乡（镇）专武干部、企业及重点民兵应急分队骨干，在兴县二十里铺民兵训练基地进行6天理论集训。6月，人武部部长参加了山西省军区军事主官（参谋长）能力集训。

2015年冬季，兴县人武部部长、政委带领机关人员参加了吕梁军分区组织的历时4天、总行程400余千米的训练，完成军事训练、综合管理、政治工作、后勤保障4方面17项内容的训练任务。

第四节　参加抢险应急活动

维护社会治安

1989—1995年，根据吕梁军分区制定的《关于组织发动民兵维护社会治安的规划》，兴县建立民兵治安领导组，乡（镇）建立民兵治安领导小组，村级建立民兵治安分队，出动民兵协助完成维护社会治安、抢险救灾、执勤巡逻等任务，其中协助县公安机关破获各类案件16起，抓捕各类犯罪嫌疑人66人。

2010年10月1日，兴县恶虎滩乡康家沟村发生一起7人被杀的特大凶杀案，县人武部组织民兵应急分队，协助公安、武警战士在康家沟村周围500平方公里的范围内展开搜山行动，捉拿凶犯，受到山西省公安厅、吕梁市公安局和兴县县委、县人民政府领导赞扬。

抢险救灾

1990—2005年，兴县人武部组织民兵参加抗洪抢险、扑灭森林火灾以及抗击“非典”等重大事件。其中，1991年，各乡（镇）分别组建民兵应急抢险分队，参加了抢险救灾；1996年7月23日，兴县遭遇特大洪灾侵袭，城关镇民兵奋战3昼夜，筑起一道新的护城坝，保护了城区安全。2000年，县人武部重新修订各种抗洪抢险救灾应急预案，组建了民兵应急抢险分队，4月4日和4月20日，东会林场、贺家会林场相继发生火灾，县人武部部长、政委遵照县委、县人民政府指示，迅速组织民兵应急分队赶赴火场，终于扑灭大火，保护了人民群众生命财产安全。同年4月30日，交城县关帝山林场失火，县人武部遵照吕梁军分区指示，迅速组织兴县民兵应急分队若干人，在县委副书记郝继平、副县长贺毅以及人武部政委、人武部部长带领下，于当日下午赶赴交城县双家寨投入灭火战斗，至5月4日完成灭火任务，受到中共吕梁地委、行署和吕梁军分区的表彰。同年11月，兴县境内连降大雪，造成忻（州）黑（峪口）线恶虎滩段40多公里道路严重堵塞，大批车辆、人员滞留，县人武部根据上级要求，组织兴县民兵应急分队，配合公安交警部门铲冰除雪，为被困人员及时提供棉被、大衣（共200件）和医卫物品、饮食品，解除了被困人员受冻、挨饿之苦。2003年春季，“非典”疫情蔓延期间，兴县各民兵连（营）成立防治“非典”小分队，在县人武部统一领导下，配合地方相关部门开展宣传、警戒、治安巡逻等工作，境内没有发生“非典”疫情。

2012年7月27日，临县遭受特大暴雨袭击，13个乡（镇）严重受灾。当日19时，县人武部接到吕梁军分区跨县支援抢险救灾的命令后，立即启动应急预案，准备物资器材，迅速组织兴县民兵应急分队队员，出动指挥车2台、运输保障车3台，驱车150公里赶赴灾区。因中途道路冲毁，抢险队伍徒步15公里，第一时间到达重灾区克虎镇展开救援，帮助该镇50户村民转运价值约100万元的物资，清理院内淤泥3000余立方米；之后，根据抢险指挥部指示，又转移到后月镜村，帮助清理道路2000米、清理村民院落淤泥1500余立方米。

第五章 国防教育

第一节 教育内容

1989—2016年，按照山西省国防教育委员会的要求，在吕梁军分区领导协调下，由县国防教育委员会办公室组织实施。国防教育的内容以学习贯彻《中华人民共和国国防法》《中华人民共和国兵役法》等法规为主，结合进行国防理论、国防知识、国防时事和军事技能等教育。

第二节 教育形式

结合年度征兵工作开展宣传教育

在每年征兵期间，兴县国防教育委员会办公室利用广播、电视、墙报、黑板报、标语和印发宣传资料等形式，宣传《中华人民共和国兵役法》，宣传爱国主义和革命英雄主义，宣传人民解放军光荣革命传统，激发公民和适龄青年的爱国热情，增强国防观念。

结合训练开展教育活动

在农村，兴县国防教育委员会办公室以民兵之家、农民夜校、文化活动室为阵地，以《解放军报》《中国国防报》《中国民兵》《华北民兵》《山西民兵》等期刊为主要宣传资料，对广大青年民兵进行国防知识教育。

结合军训对学生进行教育

1989—2016年，全县每年秋季高一学生（包括部分初中学生）入学之初，县人武部、国防教育委员会办公室配合各中学，坚持对入学新生进行为期半个月的军训。训练的主要内容是中国人民解放军内务条令、纪律条令、队列条令以及单个军人队列动作、分队队列动作、军事体能、轻武器射击、战术、战场救护、军兵种知识、军事法规、人民解放军优良传统等。其间，还安排一定量的课堂教育内容，军事教官不仅讲授军事队列等要领，还讲授国防知识，强化学生国防意识。

同时，经常邀请老红军、老八路、老干部到学校讲革命传统，组织学生参观军营和革命纪念馆，增强师生的爱国热情和国防意识。至2016年末，全县普通高中和部分初中学校学生累计接受军训和国防教育达8.1万余人。

利用爱国主义和国防教育基地开展教育活动

兴县晋绥边区革命纪念馆、晋绥解放区烈士陵园（包括凤凰山新区）、“四八”烈士纪念馆都是山西省、吕梁地区（市）爱国主义教育和国防教育基地，至2016年，全县机关企事业单位干部职工、专武干部、青年民兵、学校师生等通过瞻仰烈士陵园、参观纪念馆等活动，接受爱国主义教育和国防教育累计数百万人次。

第六章　人民防空

第一节　专业队伍建设

1989年之前，人民防空委员会的主要领导人由县长和县人武部长担任。1997年4月，兴县国防动员委员会成立，内设人民防空办公室（简称兴县人防办），人防办主任由县人民政府办公室主任或副主任担任。

人民防空专业队伍的组建原则：依托民兵建制，注重专业对口，兼顾两防功能，实行“五个统一”（统一编组、统一训练、统一检查、统一指挥、统一使用）。城市平时按城区人口1%～3%的比例组建人民防空专业队伍，战时按人口的10%进行扩编。其编制序列：在城建、交通、公用、电力等部门组建抢险抢修队，在卫生、医药部门组建医疗救护队，在公安部门组建消防队、治安队，在卫生、化工、环保等部门组建防化防疫队，在电信部门组建通信队，在公交、运输部门组建运输队，在重要防护目标归属单位组建伪装防护队。

第二节　防空演练

1989—2016年，兴县军事训练中突出“三防”（防化学武器、防核武器、防生物武器）内容，利用就便器材进行演练；县人武部重点在城区民兵应急分队中开展一次帮助群众进行隐蔽和疏散的防空演练，经领导组检查验收，达到预期的目的。“三防”训练和演练也列入学生军训内容。

第三节　宣传教育

1989—2016年，全县防空宣传教育的内容一般是人民防空常识、人民防空政策法规、国际政治和军事形势教育。县人武部通过广播电视、张贴标语和印发宣传品广泛开展国际政治和军事形势教育，强化公民国防观念。每年9月18日前后，县人防办在城区中心、广场及部分学校开展人防宣传周活动，全体人防干部走上街头，通过展出宣传展板、发放宣传资料、发送手机短信及利用街头电子屏等形式宣传人防知识，收到良好效果。

第七章　地方武装

第一节　武警兴县中队

1989—2016年，武警兴县中队隶属于中国人民武装警察部队山西省总队吕梁地（市）支队，为连级建制，设中队长1人、指导员1人。主要担负党委、政府和上级部门交给的各项警卫任务，负责看守和押解罪犯、追捕在逃人员；负责公审警戒任务、处理遇到的各种紧急情况，配合公安机关作战，维护社会治安。

第二节　兴县消防大队

机构

兴县消防大队的前身是兴县公安局内设的消防股。1983年1月，消防部队纳入武警序列，消防干部转为现役，兴县公安局消防股人员随之转为现役军人。1989年10月，消防股升格为消防科，为正营级单位。1996年10月，公安体制和武警体制改革，兴县公安局消防科单设，改为兴县公安消防大队，隶属于公安部消防局山西总队吕梁支队。

1999年，兴县公安消防大队纳入武警序列，接受武警山西省总队吕梁支队和公安部消防局山西总队吕梁支队的双重领导。兴县公安消防大队成立之初，在城关派出所三楼办公至2016年。

消防管理

1989—1991年，兴县发生火灾35起，直接经济损失9.71万元，公安局消防股（含内保股）查处10起，罚款900元。1994—1996年，全县共发生火灾

35起，直接经济损失23.2万元。公安局消防股（含内保股）对全县126个单位的消防进行整顿和监督检查，发出监督意见书287份，重大火灾隐患通知书3份，停业整顿通知31份，避免1起较大事故的发生，避免经济损失9万余元。

1998—2008年，兴县连续10年未发生重特大火灾事故。

2010年，县公安局消防大队在全县易燃易爆炸化学危险品场所、建筑工地、高层建筑以及公众聚集场所开展消防安全专项整治，整改安全隐患60处；在城区网吧、娱乐场所、旅馆、大型商场、学校以及乡（镇）三级以上消防重点单位配备消防设施200余套、消防知识提示牌1100余块。2011年，县公安局消防大队开展消防专项整治工作，全县未发生重特大火灾事故。2012—2013年，全县共发生火灾事故35起，虽无人员伤亡，但造成烧毁建筑物380余平方米，直接经济损失981.86万元。县公安局消防大队联合县安全监察大队深入人员密集地、在建工地、“九小场所”进行地毯式排查，共检查单位423家（处），发现火灾隐患480处，整改火灾隐患477处，印发处罚决定书19份，罚款21万元，临时查封经营户2户。

2014年，全县共发生火灾29起，抢险救援9起，出动车辆73车次，抢救被困人员11人，挽回直接财产损失730余万元，保护国家和人民财产2000余万元。县公安局消防大队与全县40家重点单位签订安全责任书，共检查单位348户（次），发现火灾隐患474处，整改火灾隐患465处，印发行政处罚决定书6份，责令停业整顿5户，罚款11.5万元，临时查封12户。

2015年，县公安局消防大队共接火警19起，出动车辆39辆，抢救被困人员7人，抢救财产价值280万元。全年检查单位535户（次），发现火灾隐患671处，整改火灾隐患653处。2016年，县公安局消防大队全年检查单位944户，发现消防隐患856处，督促整改隐患842处，印发行政处罚决定书16份，临时查封8户，责令“消防三停”（停产停业、停止使用、停止施工）11户，罚款35.05万元，行政拘留6人，全年未发生火灾事故。

第八章　支援地方建设

1989—2016年，县人武部在完成好军事政治等工作的同时，积极组织专武干部与民兵参与全县扶贫帮困、捐资办学工作，为支援地方建设做出突出贡献，先后获国务院、北京军区、山西省人民政府、山西省军区等授予的“全国社会扶贫先进集体”等荣誉132次（项），荣立集体二等功1次，荣立个人三等功4次。

第一节　帮扶贫困村、贫困军属和贫困户

1990年，按照吕梁军分区在全区开展帮助人民群众脱贫致富活动的精神，县人武部在蔡家崖乡实行定点扶贫，重点帮助320户农民家庭脱贫致富。

1997年，县人武部响应山西省军区关于发动民兵开展扶助贫困军属脱贫致富奔小康的号召，成立扶贫领导组，由部长担任扶贫领导组组长，政委担任扶贫领导组指导员，扶贫领导组下设扶贫开发办公室，由政工科长担任办公室主任，军事科长、后勤科长担任办公室副主任。军事科、政工科、后勤科干部具体办理扶贫开发业务。为全县227户贫困军属制定三年扶贫规划，实行“四定”（定对象、定项目、定任务、定目标）责任制；为45户军属协调扶贫贷款5.8万元；人武部干部捐款6862元，为48户贫困军属购买地膜400千克、化肥3000千克；为包扶点蔡家崖乡池家梁村4户军属栽植枣树2000株；为全县38户军属找到打工渠道。2008年，由县人武部、水利局和自来水公司共同出资，帮助蔡家崖乡杨家坡村彻底解决了群众饮水困难问题。

2014—2016年，人武部协调山西省军区司令部，落实该单位给兴县罗峪口镇扶贫帮困资金80万元；筹措资金12万元，为蔡家崖乡池家梁村、罗峪口

镇张家坪村新建人畜饮水解困工程，解决两村1200口人和1000多头大畜的饮水困难；组织蔚汾镇东关村有驾驶经验的民兵，成立民兵运输专业队，参与兴县和陕西省神木县、内蒙古自治区公路和中卫铁路等重点建设工程，民兵运输专业队年纯收入80多万元。

第二节　筹资办学、捐资助学

2002—2016年，人武部筹资116.5万元（其中专武干部捐款1.41万元），新建罗峪口镇史家山村希望小学、恶虎滩乡阳会崖村“八一希望小学”、蔡家会镇蔡家会村小学，并配套购置课桌凳，安装取暖设施；为23名贫困家庭中小学生和10名大学生解决学费难题；为交楼申乡交楼申小学、罗峪口镇史家山小学购买教学设备和学习用品150份。

第二十二编

社会团体

1989—2016年，全县各社会团体在完善自身组织建设的同时，积极配合县委、县政府各个时期的中心工作，发挥了各自的职能作用。

县总工会突出履行维权职能，组织职工参与本单位民主选举、决策、管理和监督，调动和发挥广大职工的积极性、创造性；开展了劳动竞赛、维权活动、宣传教育、帮扶救助、下岗职工再就业和文化体育活动。

共青团兴县县委实施了希望工程，在团员青年中开展创建“青年文明号”，参与保护“母亲河”行动。至2016年，共青团兴县县委通过山西省青基会、山西省希望工程办公室、晋绥儿女等社会团体、企业和爱心人士，累计募集资金20余万元，救助贫困儿童180余人；累计资助全县150名贫困大学新生10万元，帮助他们圆了大学梦。

县妇女联合会开展“巾帼建功创业”、“双学双比”（学劳模精神、学高新技术，比奉献精神、比创新能力）、文化体育、文明创建竞赛活动，加强维护妇女儿童合法权益，开展家庭教育培训。

县科学技术协会开展科普宣传、创办农村科普协会，举办科技培训、咨询服务，培育科技示范基地。

县工商业联合会引导非公有制经济人士守信用、重信义、讲信誉，加快企业发展，投身光彩事业和社会公益事业。

县残疾人联合会开展残疾人教育培训就业、康复服务、扶贫济残活动；维护其合法权益，让残疾人充分参与社会生活、共享美好生活。

第一章　兴县总工会

第一节　组织机构

县总工会

1989年，兴县总工会(简称县工会）内设办公室、宣教部、生产部、财务部、职工俱乐部，编制6人。2002年，县级党政机构改革后，县工会内设机构有办公室、财务部、宣教部，行政编制4人。2003年，县工会增设困难职工帮扶中心。2014年，县工会内设机构有综合办公室、经费审查委员会办公室、财务部、组宣部、经济技术部、维权部、保障部、女工部、帮扶中心、集中支付中心、职工活动中心。2016年，县总工会内设机构有综合办公室、经费审查委员会办公室、组织民管部、法律维权保障部、女工部、劳动和经济工作部、财务资产部、困难职工服务中心、网络宣传中心、职工活动中心（自收自支事业单位），核定行政编制4人，实有11人（含事业人员8人，其中自理5人）；其中正科级1人、副科级2人。

基层工会组织

1990年，兴县有基层工会组织90个，会员7411人。其中系统工会委员会6个（教育系统、粮食局、煤炭局、二轻工业局、商业局、供销合作联合社，均于1989年前成立），系统工会都配备专职工会主席和工会专职干事。基层工会换届后改革委派制，由工会会员民主选举产生工会主席。

1992—1995年,新增卫生系统、经济系统和城建系统3个系统工会委员会；24个乡（镇）成立工会联合会，12个乡镇企业成立工会组织，其中城关镇东风冶金集团公司工会成为全县首家乡镇企业工会。

1998年，党群系统工会委员会、政府系统工会委员会、宣传系统工会委员会、农业系统工会委员会、计划系统工会委员会、政法系统工会委员会、工业局工会委员会、中小企业局工会委员会8个系统工会成立。

全县基层工会组织达到171个，工会会员达到9450人。

2001—2005年，系统工会增加林业系统工会委员会、文化系统工会委员会。由于撤并乡镇，全县乡（镇）工会联合会缩减为蔚汾镇、魏家滩镇、瓦塘镇、高家村镇、康宁镇、罗峪口镇、奥家湾乡、蔡家崖乡、东会乡、贺家会乡、恶虎滩乡、孟家坪乡、圪垯上乡、交楼申乡、蔡家会镇、固贤乡、赵家坪乡17个工会联合会。新建商业行业、餐饮行业、家电行业3个行业工会。

2006—2007年，17个乡镇工会联合会下成立农村工会委员会；企业、行业工会新增制砖行业工会和东风市场联合工会。

2008年，全县基层工会增至217个，会员17622人。2012年，新组建非公企业工会82个，基层工会增至370个，会员达到19538人。

2014年，组建锦兴能源有限公司工会和华润联盛峁底煤业有限公司工会，新增工会会员1564人。

至2016年末，全县基层工会发展到583个，会员达到34078人。其中，系统工会203个，会员16209人；乡镇工会联合会及机关工会和村级工会组织353个，会员14879人；企业、行业工会27个，会员2990人。全县法人单位建会率和职工入会率均为100%。

第二节　工会代表大会

兴县总工会第九次代表大会

1987年10月20—22日，兴县总工会第九次代表大会在县城召开。出席大会的代表147人。会议先后听取了杨培芳代表兴县总工会第八届委员会所作的题为《团结奋斗，深化改革，为开创工会工作新局面而努力奋斗》的工作报告和李鲜梅所作的《兴县总工会第八届经费审查委员会工作报告和财务工作报告》，审议并通过关于两个报告的决议。会议选举产生兴县总工会第九届委员会和经费审查委员会，杨培芳当选为兴县总工会第九届委员会主席，丁寨成当选为副主席；杨培芳等5人当选为兴县总工会第九届委员会常务委员，选举产生兴县总工会第九届经费审查委员会委员5人。

兴县总工会第十次代表大会

1993年4月6日至8日,兴县总工会第十次代表大会在县城召开。出席大会的代表148人。会议先后听取孙载世代表兴县总工会第九届委员会所作的题为《坚持党的基本路线，团结全县广大职工，为改革开放和经济迈上新台阶而努力奋斗》的工作报告和奥文禄所作的《兴县总工会第九届经费审查委员会工作报告和财务工作报告》，审议并通过关于两个报告的决议。会议选举产生兴县总工会第十届委员会和经费审查委员会，孙载世当选为兴县总工会第十届委员会主席，臧红浪、奥文禄当选为副主席；孙载世等5人当选为兴县总工会第十届委员会常务委员，选举经费审查委员会委员5人。

兴县总工会第十一次代表大会

1998年12月24日，兴县总工会第十一次代表大会在县城召开。出席大会的代表115人。会议先后听取孙载世代表兴县总工会第十届委员会所作的题为《高举邓小平理论伟大旗帜，团结动员广大职工积极投身全县改革和建设事业》的工作报告和马萍萍代表第十届经费审查委员会所作的《兴县总工会第十次代表大会财务工作报告》，审议并通过关于两个报告的决议。会议选举产生兴县总工会第十一届委员会和经费审查委员会，孙载世当选兴县总工会第十一届委员会主席，奥文禄、臧红浪、白少平当选副主席；孙载世等7人当选为兴县总工会第十一届委员会常务委员；王秀珍当选为经费审查委员会主任（经费审查委员会委员5人）。

兴县总工会第十二次代表大会

2010年9月17日，兴县总工会第十二次代表大会在县城召开，出席大会的代表109人。会议先后听取杨中荣代表兴县总工会第十一届委员会所作的题为《以科学发展观为统领，团结动员广大职工为实现兴县经济和社会又快又好发展积极贡献力量》的工作报告和马萍萍代表经费审查委员会所作的《兴县总工会第十一届代表大会财务工作报告》，审议并通过关于两个报告的决议。会议选举产生兴县总工会第十二届委员会和经费审查委员会委员，杨中荣当选为兴县总工会第十二届委员会主席，高海峰、白利珍当选为副主席，杨中荣等9人当选兴县总工会第十二届委员会常务委员，选举工会经费审查委员会委员5人。

第三节　主要活动

劳动竞赛

1989年，兴县总工会全面开展以“双增双节”（增产节约、增收节支）为主要内容的劳动竞赛活动，完成“双增双节”任务84万元，提出合理化建议1421条，被采纳612条，创造经济价值6.2万元；技术革新57项，创造价值3万元。同年，商业系统在职工俱乐部召开量布、点钞、数纸、珠算、一口清、包装、捆瓶、摸商品、一称准9个项目的技术比武活动。

1990年，县总工会继续开展以“双增双节”为主要内容的劳动竞赛活动。全年共实现增收节支115.47万元，提出合理化建议1684条，被采纳732条，创造经济价值10万元；建立技术小组43个，攻克技术难关46项；组织技术比武3次，1082人参加，共有4个集体、9名个人受到山西省和吕梁地区记功表彰。

1992年，县总工会与经委、财委协商，联合制订“当主人，献一计，创一流，比贡献”竞赛方案，开展合理化建议、技术比武以及岗位练兵活动，促进企业的技术进步和技术改造。商业系统在系统内开展赛销售、赛服务、赛“双增双节”竞赛活动。该年，全县“双增双节”价值达192.4万元，提合理化建议1246条，被采纳752条，创造经济价值18.9万元。

1993年，县总工会组织全县职工以经济建设为中心，开展劳动竞赛活动。在利税120万元以上的发电厂、水泥厂、县铁厂等企业开展“上台阶，创一流，做贡献”的竞赛；在企业厂长、经理中开展优秀企业家达标竞赛；在针织厂等国有亏损企业中开展扭亏增盈竞赛；在煤炭行业中围绕经济效益、加工转化、技术改造、安全生产等开展竞赛；在全县各类企业中开展以技术为主要内容的科技兴工竞赛和以目标、成本管理为主要内容的节能降耗“双增双节”竞赛。全县职工共提出合理化建议846条，被采纳532条。

1994年，县总工会组织职工开展“学双良，当主人，比贡献，创一流”劳动竞赛。全年职工提出合理化建议892条，被采纳851条，“双增双节”价值达181万元。

1995年，县总工会在发电厂、水泥厂、车家庄煤矿、斜沟煤矿、电业局、百货公司、华兴铁合金厂、煤运公司、外贸公司、生产公司10户工商企业开展争创“四好”企业竞赛活动。在金融、卫生、商业等行业，组织3800名职工开展珠算、点钞、分拣信件、医务知识等技术比武活动。全县在各种竞赛活动中创造价值266万元，提出合理化建议856条，被采纳125条。

1996—1998年，县总工会在发电厂、水泥厂、斜沟煤矿、电业局、煤运公司、华兴铁合金厂、电业局、煤运公司、邮电局、鑫盛水泥有限公司、电冶集团公司、外贸公司等企业开展争创“五好”企业和“双增双节”竞赛活动，共提出合理化建议3420条，被采纳1700余条，累计创造价值924.8万元。同时，连续3年组织工业、商业、金融、卫生等行业开展岗位练兵、技术比武竞赛活动，累计参加1.37万人（次）。

1999年，县总工会组织电冶集团、外贸公司参加了“五好”企业竞赛，在国有工业企业中开展班组升级竞赛活动，在其他行业组织开展技术比武活动，参加人数达到6000人次。

2000年，县总工会组织企业参加地区开展的“一增三优”（培育新经济增长点和优势产业、优势产品、优势企业）竞赛活动，组织各行业开展岗位练兵、技术比武竞赛活动，参加竞赛活动达3000余人次。

2001年，县总工会在全县职工中开展“学劳模精神、学高新技术、比奉献精神、比创新能力”的“双学双比”竞赛活动。

2006年，县总工会组织3户企业首次参加吕梁市总工会组织的“安康杯”竞赛活动，举办由198名教职工参加的兴县第三届“新华杯”班主任大赛和130名教职工技术能手大赛。2007年，县总工会组织职工开展主力军奉献“十一五”立功竞赛活动和“我为建设节约型社会做贡献”创新立功竞赛。

2009年，县总工会号召全县各工商企业以创建“工人先锋号”为载体，组织开展“同舟共济保增长、建功立业促发展”为主题的竞赛活动、“创建学习型组织、争当知识型职工”活动、各种技能比武和安全生产竞赛活动。

2011年，县总工会开展以“当好主力军，建功十二五”为主题的“转型跨越杯”劳动竞赛活动和“创建工人先锋号”活动。县劳动竞赛委员会授予华润联盛关家崖煤业有限公司等5个企业“转型跨越杯”先进企业称号，并颁发“五一劳动奖状”；授予兴县自来水公司等5个班组“转型跨越杯”标兵班组称号；授予兴县东鑫煤炭洗选有限公司总经理杨燕斌等21人“转型跨越杯”标兵个人称号，并颁发“五一劳动奖章”。在吕梁市“五一”表彰中，兴县有2个集体班组获“工人先锋号”称号、5名个人获“五一劳动奖章”受到记功表彰。在山西省“五一”表彰中，兴县有2名个人获“五一劳动奖章”；在山西省总工会组织开展的“谋跨越促转型”立功竞赛活动中，兴县有2个集体获“工人先锋号”称号、有5名个人获得“五一劳动奖章”。该年，全县各企事业单位工会共组织开展群众性技能比赛135次，参加比赛职工达3020人。各企业开展“提合理化建议”“为企业献计献策”活动，共收集合理化建议295条。

2013年，县总工会在全县教育系统举办“中国梦·我的梦”师德师风演讲比赛活动，22人参加演讲比赛；在兴县中学举办兴县初中学校联合体第一片区教学技能比赛活动。

2014年，县总工会组织全县职工开展“当好主力军，建功‘十二五’，共筑‘中国梦’竞赛活动”，引导和鼓励职工提高素质、岗位建功。各企事业单位共组织89场职业道德、岗位技能竞赛活动，参加职工3270余人次。2015年，县总工会带领兴县3名电力公司职工参加吕梁市总工会举办的法律知识竞赛，获“优秀组织奖”。

2016年，各级工会围绕全县开展的“五五兴县”战略，积极发动广大职工广泛开展“同舟共济保增长，建功立业促发展”劳动竞赛和“当好主力军，建功十三五”“转型跨越杯”劳动竞赛活动，参加职工3000余人。在山西省总工会组织的“谋跨越、促转型”立功竞赛活动中，全县有2个集体获“工人先锋号”荣誉称号，有5名职工获“五一劳动奖章”。

维权活动

1989年，县总工会就职工维权事宜，推行基层工会和企业行政集体签订合同制，全县15个企业单位与工会签订职工维权合同，兑现率为100%。1990年，各工商企业全面推行职工维权合同制度。

1991—1993年，县总工会继续抓基层工会和企业行政签订维权合同，并把纠正企业改革中损害职工利益的行为和妥善安置富余职工作为基层工会开展维权工作的重点，全县80%以上的基层工会与企业签订合同。

1994年，县总工会针对财贸企业部分职工反映的权益问题，督促企业完善改革方案，要求租赁承包以内部职工为主。当年全县有7个基层工会组织建立劳动争议调解委员会，劳动争议处理和调解工作初见成效。

1995年，县总工会以国有企业为重点，进行集体合同的试点推广，将条件较为成熟的发电厂、水泥厂、邮电局3户国有企业作为试点，帮助企业建立平等协商制度，签订集体合同。1996年，全县有53户企业建立平等协商制度，其中有38户企业签订集体合同，并聘请3名懂劳动人事法律法规、懂企业财务知识、有较强工作能力和工作经验的人员担任教师，培训企业职工协商代表110人。

1997年，全县53户企业建立平等协商制度。其中石油公司、粮食局、煤运公司3户公有制企业新签订集体合同。

1998年，为维护新形势下干部职工的合法权益，县总工会设立各系统工会，并按照有关精神配备了系统工会主席。

1999年，为建立劳动关系三方协调机制，形成规范化的协调制度，全县14户改制企业全部重建工会组织。

2005年，县总工会参加5户改制和破产企业的运作过程，组织职工代表讨论并以无记名表决通过方案，为129名职工缴纳142.6万元养老保险金，为17名下岗职工缴纳失业保险金。

2006年，四川省一位农民工在兴县打工受到不法伤害，县总工会派出熟悉法律工作的一名副主席为他免费起草法律文书，积极协调政法部门，最终落实对受害人的赔偿。

2007年，县总工会印发《关于继续开展“平等协商签订集体合同和工资集体协商月”活动的通知》，由劳动部门、经济系统、中小企业系统、企业劳资部门等熟悉国家有关劳动法律法规政策、乐于为职工服务的6名人员组成工资集体协商指导员队伍。同时，对基层工会落实劳模政策执行情况、工资支付和社会保险费缴纳情况、劳动保护和安全生产情况、工会信访工作情况进行大检查。县总工会派工作人员同县征费所协商解决本单位临时工工资低的问题。为麦地山煤矿一名职工落实工伤赔偿款2万元。

2009年，县总工会响应上级工会倡导的企业和职工开展“共同约定行动”，发放“共同约定行动”倡议书41份，帮助24户企业和职工签订“共同约定行动”协议书。其中，兴县制砖行业、商业行业、家电行业被选树为区域行业集体协商典型单位，参加全国总工会在吕梁市召开的区域行业集体合同工作现场推进会。兴县集体协商工作突出，县总工会被吕梁市总工会授予“签订区域性行业性工资集体协商工作先进单位”。

2010年，兴县蔚汾镇刘家梁煤矿在基建中拖欠农民工工资140万元，县总工会联系人力资源和社会保障局组成专案组，深入欠薪企业调查研究，为农民工索回全部工资。

2011年，县总工会倡导各企事业单位争创星级职代会，继续推进集体合同签订和工资集体协商工作，新签订集体合同13份，续签集体合同65份，覆盖职工2.87万人；签订行业性集体合同1份，覆盖职工1275人；签订女职工专项合同48份，覆盖职工842人；签订工资集体协商合同79份，集体合同、工资集体协商、女职工专项合同签订率均为100%。将价值10万元法律书籍和外出务工基本常识书籍赠送外出务工农民工，引导他们用法律武器来维护自己的合法权益；县总工会与县人大常委会、人力资源和社会保障局联合开展劳动执法大检查，对签订劳动合同不规范、技术工无等级证等企业下达限期整改通知书，并在年底回访，直至问题解决。

2012年，县总工会推荐东鑫煤炭洗选有限公司、聚鑫水泥有限公司、吕梁金龙工贸有限公司3户民营企业参加全省创建和谐劳动关系吕梁现场会，进一步推进全县平等协商集体合同工作。至年底，全县签订工资集体协商合同

78份，覆盖企业103户、职工8125人。县总工会被吕梁市总工会授予“推进工资集体协商建制扩面提质年活动先进单位”。

2014年，县总工会深入贯彻落实山西省委、山西省人民政府《关于深入推进企业工资集体协商促进劳动关系和谐稳定的指导意见的通知》和《吕梁市开展行业性工资集体协商工作的实施意见》精神，在工资集体协商活动月中，重点指导亚龙超市等3户企业工资集体协商工作，以点带面，扩大全县工资集体协商的覆盖面，提高协商质量。年底，全县正常生产经营企业的工资集体协商建制率达90%以上。

2015年，县总工会印发《关于开展“工资集体协商月”活动的通知》，督促各单位签订了工资集体合同。

2016年，县总工会成立农民工权益维护领导组，并设立农民工接待室，全县工资集体合同覆盖企业达90%以上，覆盖职工95%以上。有76户企业和企业化管理的事业单位建立劳动争议调解委员会和工会法律监督小组。

帮扶救助

1989年，县总工会为7名老职工子女安排就业。1992年，县总工会筹资，开展向贫困职工及子女“送温暖、献爱心”活动，共救助困难职工45人。1994年，县总工会对化肥厂、车家庄煤矿开展扶贫工作，帮助企业实现扭亏增盈。

1995年，县总工会采取“2+1”（基层工会、先进职工加特困职工）办法，帮助106名特困职工摆脱生活困境。1996年，县总工会在调查基础上制定措施，帮扶108户特困职工摆脱贫困。1997年，兴县县委成立帮扶特困职工领导组。县总工会印发《关于实施“送温暖工程”活动的实施方案》，成立“送温暖”基金会、职工消费合作社、职工消费合作协会，确定县药材公司帮扶100名贫特困户脱贫。

1998年，全县通过建立健全“困难企业申报制度”“特困职工救助金申报制度”“解困优惠政策实施办法”，形成对困难职工的动态管理救助机制。县委发动全县干部职工开展“献爱心”募捐活动，共筹集解困资金10万元，春节期间对370名困难职工实施生活救助，同时定点帮扶电冶集团公司和生产公司2户企业实现扭亏增盈。1999年，全县开展结对帮扶特困职工活动，县五套班子领导同贫困职工举行结对签字仪式。

2000年，确定80户帮扶对象，实行领导干部联系特困职工家庭制度，帮助困难家庭摆脱贫困。

2003年，兴县困难职工帮扶中心成立，拓宽困难职工救助覆盖面，全年救助困难职工200余人。2005年，兴县困难职工帮扶中心救济、救助特困职工423户，救助金额4.5万元。为贫困、特困职工提供法律咨询94人次，法律援助诉讼案件2件。

2006—2016年，县总工会困难职工帮扶中心累计慰问、救助困难职工4715人（户），发放救助金180.39万元；为大病医疗困难职工发放救助金115.7万元；实施“金秋助学”工程，累计救助困难职工子女817人（其中大学生405人），累计发放助学金104.5万元；夏季为一线工人、环卫工人和工程施工人员发放防暑物品总值14.05万元。

兴县总工会2006—2016年部分年份帮扶救助困难职工及子女统计表

表22-1-3-1

年份	救助困难职工		大病医疗救助		关爱职工活动	“金秋助学”活动	
	人数	金额（万元）	人数	金额（万元）		救助困难职工子女数（人）	发放助学金额（万元）
2006	—	—	—	—	—	423（其中大学生11人）	6.2（含困难职工）
2007（元旦春节）	424	6.3	—	—	—	—	—
2008	418	14.85	30	5.4	—	20（大学生）	4
2009	—	—	102	—	为150名农民工发防暑物品值1万元	30（大学生）	6
2010	—	—	—	—	为210名环卫工和企业职工发防暑品值1万元	28（大学生）	6
2011	668户	17.82	69户	18	为一线工人463人发防暑品值3万元	45（大学生）	9
2012	705	28.2	162户	45	为153名工人和工程施工员发防暑品值1.65万元	60（大学生）	12
2014	790户（人）	37.22	—	—	为340名环卫工、民营企业工人发防暑品值1.6万元	51（大学生）	10.2

续表22-1-3-1

年份	救助困难职工		大病医疗救助		关爱职工活动	“金秋助学”活动	
	人数	金额（万元）	人数	金额（万元）		救助困难职工子女数（人）	发放助学金额（万元）
2015	840	33	24	6.3	为400余名职工发防暑品值2.9万元	84（大学生）	20.7
2016	860	43	130户	41	为一线职工发防暑品值2.9万元	76（大学生）	30.4
合计	4715(人)	180.39	—	115.7	发放物品总值14.05万元	817	104.5

民主管理

1990年，兴县百人以上企业的民主管理工作基本上做到了制度化、规范化，建立了民主评议干部专门小组、工资奖金审查小组、劳保福利专门小组，坚持每月活动一次。50人以上企业工会和行政单位建立联席会议制度，并按规定召开会议。

1992—1993年，县总工会参与深化企业内部改革，参与全县企业转换经营机制方案的制定和实施，引导企业职工正确认识改革与工人阶级整体利益的关系，纠正改革中出现的错误倾向。全县百人以上企业在制定改革方案时，全部通过职代会审议。

1994年，县总工会加强对职代会和职工大会的检查，督促企业按时召开职代会和职工大会，加强职代会对企业干部的评议监督权。

1995年，县总工会向各基层工会提出建立职代会常设机构的要求，全县有38户企业建立职代会常务委员会，有35户企业建立了民主管理委员会，18户企业开展了民主评议干部工作。

1996年，县总工会与有关部门协商，形成国有企业招待费向职代会报告制度的实施意见。

1997年，县总工会帮助发电厂、水泥厂、化肥厂、耐火材料厂、华兴铁合金厂5个改制试点企业完成民主选举企业经营者工作。

1998年，县总工会印发《关于加强企业民主管理的实施意见》，全县有32户国有企业开展民主评议经营者活动，共评议领导106名；有76户企业定期召开职代会，有42个单位建立职代会常务委员会，有34个单位建立民主管理委员会，有32户国有企业建立经营者廉洁自律情况向职代会报告制度，有41户国有企业建立业务招待费向职代会报告制度。

1999年3月，县委常委会会议研究通过《关于全心全意依靠职工群众搞好企业的意见》和《关于推行“厂务公开、民主监督”的实施意见》，并发文执行。鑫盛水泥有限公司、电冶集团有限公司率先开展厂务公开试点工作。县委常委会议决定今后县委常委会，县委、县政府联席会，县长办公会研究涉及工会工作内容，要通知工会主席列席参加。

2000年，全县企业以厂务公开为重点，继续加强职代会制度建设。车家庄煤矿职代会对工作不力的矿长提出罢免意见。经县总工会向上级汇报，县委和主管部门支持该矿职代会决议，并通过民主选举方式改选矿长，当年任务圆满完成。

2002年，县委、县政府重视工会工作，聘请1名工会会员担任党风廉政建设特邀监督员，并颁发聘任书和监督证。

2010年，兴县厂务公开办公室印发《兴县厂务公开民主管理制度实施意见》和《兴县厂务公开民主管理考核标准》，要求凡是涉及企业改制、改革、改组和经营管理活动中的重大决策必须经企业职代会审议通过后方可实施。

2012年，县委、县政府高度重视企事业单位民主管理工作，县厂务公开协调小组办公室转发中纪委等6部委印发的《企业民主管理规定》和山西省委、省人民政府办公厅印发的《关于进一步深化创新厂务公开民主管理工作的意见》，县总工会培养选树一批民主管理先进典型，促进企事业单位民主管理工作迈上新台阶。

2014年，为推进企事业单位民主管理建设，切实建立健全职工代表大会制度和厂务公开民主管理制度，县总工会对兴县中学、车家庄煤业有限公司、金龙工贸公司的职代会内容、程序进行全面指导，推进企事业单位职代会的规范运行，保障了职工的知情权、参与权和决策权。年底，全县企事业单位职代会、厂务公开建制率达95%以上。

2016年底，全县有86个企事业单位建立职代会制度。其中，国有企事业单位职代会建制率达95%以上，非公企业职代会建制率达85%以上。同时，在全县开展争创星级职代会活动，有15户企事业单位达到省、市“四五星级职代会”标准。兴县煤运公司作为省级劳动关系和谐企业的典型单位，参加了全省劳动关系和谐企业现场交流会。

女职工工作

1994年，县总工会对基层24名女工干部就市场经济理论、市场经济体制下的工会工作和女职工工作进行系统培训。1995年，县总工会组织女职工开展“五个一”（帮好一户特困女职工、建立一户职工文明家庭、提一条合理化建议、双增双节一百元、储蓄存款一百元）竞赛活动。1996年，县总工会组织563名女职工为社会、单位做好事2830件，完成储蓄123万元；组织45名女职工干部就《女职工劳动保护条例》《中国妇女发展纲要》进行了培训考试。

1997年，县总工会建立33名女职工干部档案；对全县女职工下岗情况进行摸底调查，并上报地区工会；确定5名女职工干部与5名特困女职工进行姐妹结对帮扶；组织女职工1000人参加巾帼双奉献、岗位练兵和技术比武竞赛活动，完成爱国储蓄105万元。

1998年4月，召开全县第一次女职工代表会议，成立女职工委员会。全县共有女职工11852人，建立女职工委员会的基层工会有165个，设立女职工委员的工会组织有69个。组织广大女职工开展“爱岗敬业”、创建“文明家庭”和“巾帼双奉献”活动，全县参加岗位练兵、技术比武女职工1000人，有44名女职工受到山西省和吕梁市劳动竞赛委员会表彰，其中12名女职工被评选为山西省和吕梁市劳动模范。

1999年，县总工会组织全体女职工开展以“爱岗敬业、学习成才、姐妹互助、文明家庭”和帮扶下岗职工实现再就业为主要内容的“巾帼双奉献”活动。全县参加岗位练兵、技术比武1000人次，选树文明家庭8户、文明楼院3户，女职工干部结对帮扶特困户10对；为“双增双节”提合理化建议1000条，实现价值90万元。

2005年，县总工会为9名企业女职工落实了最低工资待遇。2006年，县总工会转发吕梁市总工会《关于推行女职工特殊权益保护专项集体合同的通知》，有2户女职工较多的企业签订了合同。2007年，电力公司为62名女职工办理特病保险合同和女职工特殊权益保护专项合同。

2011年，县总工会对全县69名特困女职工免费做妇检、乳腺检查，支出检查费1.16万元；资助9名困难女职工4.5万元；对2名患病妇女发放大病救助金1.8万元；签订女职工权益保护专项合同48份，覆盖女职工842人。2013年，“三八”国际劳动妇女节期间，县女工委和县妇联联合举办女职工广场舞、柔力球、健美操等活动；组织全县女职工参加《女职工劳动保护特别规定》知识竞赛活动；继续开展“关爱女工行动”，为50名单亲困难女职工、女农民工免费做“两癌”普查，并帮助2名女职工患者进行了后续治疗。

2014年，县女工委对24名单亲困难女职工免费做“两癌”检查，督促85%的企业落实了女职工“四期”（经期、孕期、产期、哺乳期）保护措施。2015年，“三八”国际劳动妇女节期间，县总工会开展“关爱女工”主题月宣传活动，表彰2个集体和3名个人；对3名患病女职工和10名生活困难女职工发放救助金1.5万元。2016年，县总工会开展“关爱女工”主题月宣传活动，表彰2个集体和3名个人；对3名患病女职工、10名生活困难女职工发放救助金1.5万元。

下岗职工再就业

1997年，县总工会举办下岗职工转业转岗培训4期，参训职工600余人，选树再就业明星10人；劳动部门安置下岗再就业女职工140人，组织劳务输出918人。

1998年，县总工会依托企业创办了一所职工培训学校，并与劳动局、扶贫办利用针织厂闲置厂房开办了汉宫地毯培训班，培训下岗女职工130人；在职业中学举办以果树栽培和养猪技术为主的下岗职工培训班，参加培训150人；培训散养蜗牛技术100人；劳动部门安置下岗再就业910人，组织城镇劳务输出6680人。

1999—2000年，县总工会选树下岗再就业典型5名，通过宣传他们的事迹，推动下岗职工自主就业；利用多种形式培训下岗职工750人次，其中300名受训职工实现了再就业；在职工俱乐部开展再就业集市活动，分流下岗人员50人；劳动部门安置下岗再就业188人，组织劳务输出315人。2001—2008年，劳动部门安置下岗再就业1083人，组织劳务输出2100人（含西山煤矿等1100人）。2009—2010年，县劳动保障局安置下岗再就业3252人，组织劳务输出5059人。2011年至2016年，县人力资源和社会保障局累计安置下岗再就业2.43万人。

宣传教育

1990年，县总工会围绕全县治理整顿和深化改革工作，在工商企业开展"比工作贡献、比服务质量、比劳动技术"的职业道德教育活动，努力培养职工的"四有"（有理想、有道德、有纪律、有文化）情操；各级工会组织开展"树新风、争先锋、做贡献、从我身上看形象"争先创优活动，以工会会员的模范行动，带动全县人民建功立业。

1991年，县总工会以当代吕梁英雄为榜样，开展以"学、讲、展、赛、树"为主要形式的"三热爱"（热爱企业、热爱本职、热爱劳动）教育活动。

1992—1995年，县总工会组织全县工会干部和职工掀起学习《中华人民共和国工会法》《中华人民共和国劳动法》热潮，举办基层工会干部和工会积极分子法律培训班，请司法局和律师事务所有关人员对学习两部法律作辅导讲解，然后组织宣讲团深入企业宣讲。

1996—1997年，县总工会对80多名基层工会主席进行社团法人资格认证培训，对180多名基层工会主席、女工主任、职工代表进行平等协商签订集体合同及劳动法律监督等内容的培训。

1999年，县总工会组织各系统基层工会学习邓小平理论，40名职工参加了山西省总工会组织的学习邓小平理论知识竞赛。

2001—2006年，县总工会组织各类培训5次，共培训320人。其中培训乡（镇）、系统工会主席3期、75人次，参加全总组织的培训12人次，选派8名女职工干部赴中国工运学院参加了培训。其间，制作《劳动者风采》专题栏目，在电视台播放。

2007—2009年，县总工会组织基层工会开展《山西省农民工权益保护条例》宣传活动，印发《中华人民共和国劳动合同法》单行本2.5万册、为各乡

（镇）农民工免费发放农民工法律维权、安全、就业基础知识等书籍2.65万册，发放《农民工有困难找工会》宣传资料3000余份、农民工维权扑克1.2万副；印发《关于2007年省、市劳模荣誉津贴的拨付通知》，要求各单位财务部门按月支付劳模津贴（山西省特级劳模每月100元、山西省劳模每月80元、吕梁市特级劳模每月60元、吕梁市劳模每月40元）；表彰奖励2004年以来在兴县改革开放和经济社会发展中做出贡献的15个集体和65名先进个人；开展《中华人民共和国劳动合同法》学习培训活动，共培训基层工会干部218人次，全县共有4662名职工签订了劳动合同，占到全县企业职工的98%；在县职业中学建立农民工培训基地，共投入培训费10万元，培训农民工278人（其中167名农民工经过培训取得了基本技能素质资格证书）；在县电视台开办《中华人民共和国劳动合同法》讲座，邀请法律专家举行维权知识讲座，邀请政治理论专家对中国工会十五大知识内容进行专题辅导，共播出4期8次；开展尊重劳模、学习劳模、争当劳模的活动，会同县电视台和《兴县报》编辑部，编制山西省、吕梁市劳动模范事迹，在“劳动者风采”“劳动榜样”等栏目广泛宣传。

2010—2013年，县总工会共组织培训128期次1.41万人次，其中举办职工技能培训89期次，累计受训5400人次；举办农民工就业安全知识、法律维权知识、专业技能知识培训2期，受训农民工885人次；为全县农民工免费发放了价值15.4万元维权知识书籍2万余册；举办工会干部培训2期、245人次；各企事业单位工会组织培训35次，培训职工7520人次。

2014年，县总工会与县电视台举办以社会主义核心价值观、法律、维权、生活百科、工会业务等知识为主要内容的“一站到底”知识竞赛活动，21名选手参赛，电视台连续播放，收到了良好教育效果。同年5月，县总工会开展“中国梦·劳动美”主题宣传活动，在县电视台开设《劳动者风采》专题栏目，为10名个人劳模、4个先进单位制作电视宣传专题片，展示了劳模风采。2015年，县总工会对基层工会干部进行《企业工资集体协商条例》培训，受训70余人。

职工文体活动

2005—2007年，县总工会会同各有关单位共同组织举办了系列文体比赛活动。其中，2005年5月1日，举办“劳动者之歌”文艺晚会；8月，举办了由全县10大系统17个乡（镇）1200多名职工参加的纪念抗战胜利暨反法西斯战争胜利60周年歌咏大赛；2006年，教育系统工会举办了教职工羽毛球比赛、篮球比赛和舞蹈比赛；2007年，县总工会会同宣传部、纪委、组织部联合举办庆祝中国共产党成立86周年歌咏大赛，1240名职工参加了比赛活动。2009年，县总工会投资36万元，建成600平方米乒乓球、羽毛球室内场馆，为城区职工开展体育活动创造了有利条件。2010年5月，县总工会举办晋秦蒙宁“煤销杯”首届职工乒乓球邀请赛，共有4省26支乒乓球队138人参加比赛。同年，县总工会与县煤炭工业局联合举办了兴县首届“煤炭杯”行业职工篮球比赛。

2012年5月，县总工会承办吕梁市第四届“锦兴杯”乒乓球赛，全市13个县和市直机关、汾酒集团公司的18支代表队汇聚兴县，参加了比赛。2013年，县总工会举办第四届“太平洋”杯职工乒乓球比赛，全县各乡（镇）、各系统、各大企业共18支代表队82名队员参加了比赛。

2015年，县总工会带领兴县7名基层工会职工参加吕梁市第三届太极拳交流大赛，兴县获集体太极拳第八名、集体太极剑第五名。

2016年4月，县总工会组织举办兴县职工象棋比赛，全县32家基层工会78人参加比赛，其中晋绥酒业工会获集体一等奖，金龙工贸、康宁镇工会获集体二等奖。6月，县总工会组织3家基层工会参加山西省和吕梁市“五小”（小发明、小创造、小革新、小设计、小建议）竞赛活动，报送西山晋兴能源有限责任公司斜沟煤矿、金地煤业有限公司和华兴铝业有限公司11个项目。7月，县总工会组织兴县参赛队参加吕梁市开展的首届护工（护理）行业职工技能大赛，分别获优秀奖、团体三等奖和优秀组织奖。12月，县总工会与县文化局共同组织举办了全县第五届职工乒乓球比赛。

第二章　共青团兴县委员会

第一节　组织机构

中国共产主义青年团兴县委员会

中国共产主义青年团兴县委员会（简称共青团兴县县委），是兴县共青团组织的领导机关。1986年7月至2016年7月，兴县共召开5次团员代表大会（共青团兴县第十三次至第十七次代表大会），选举产生了5届共青团兴县委员会。

共青团兴县第十三届委员会　常委7人，其中书记、副书记各1人，任期从1987年11月至1992年9月。

1989年，共青团兴县县委机关内设办公室、少工委、宣传部、组织部、青农部、青工部、学校部。1992年9月，少工委升格为副科级单位。

共青团兴县第十四届委员会　常委7人，其中书记、副书记各1人。任期从1992年9月至2007年10月。2002年，根据县委机构改革方案，共青团兴县县委内设机构只有少工委1个，行政编制4人，其中，书记1人、副书记2人。

共青团兴县第十五届委员会　常委7人，其中书记1人、副书记2人。任期从2007年10月至20010年10月。

共青团兴县第十六届委员会　常委7人，其中书记1人、副书记2人。任期从2010年10月至2013年10月。

共青团兴县第十七届委员会　常委7人，其中书记、副书记各1人。任期从2013年10月至2017年5月。至2016年，共青团兴县县委核定行政编制6人，实有4人；设正科级1人、副科级3人。

基层团组织

1989年，全县建有基层团委会27个，团总支17个，团支部611个，共有团员9231人（其中女团员2749人），占全县青年54816人的16.84%。

1990年，共青团兴县委员会下辖乡(镇)团委24个，基层支部453个，团员3600人，占到农村青年的8%。12月，中共兴县委员会批转《共青团兴县县委关于全面整顿农村团组织的意见》。农村团组织整顿为期半年,分调查摸底、思想整顿、组织整顿、检查验收四个阶段。通过整顿，各乡（镇）都严格按照县委要求，建立健全了团的基层组织；团员在3人以上的县直机关、企事业单位也都建立了团组织，严格明确各级党组织不得擅自撤销团组织、合并团组织或将其归属其他部门。同时落实了团支部书记补贴、团活动经费、活动阵地，建立健全了规章制度，规范了团员发展程序，全县共青团工作进一步规范化、制度化。

1998年，全县共有乡（镇）团委24个、农村团支部470个；系统直属团委9个，学校团委18个，团总支76个，全县团员人数6868人。各乡（镇）团委受团县委和所在乡(镇)党委的双重领导。各乡(镇)团委只设专职书记1人，团委书记由团县委直接任免。

至2016年，共青团兴县县委下辖乡（镇）团委17个、农村团支部25个；系统直属团委9个，学校团委12个，学校团支部 210 个，全县在编在册团员为5360人。

中国少年先锋队兴县工作委员会

中国少年先锋队兴县工作委员会(简称兴县少工委)，是共青团兴县县委的内设机构，成立于1985年9月。1992年9月，兴县少工委升格为副科级单位，少工委主任由团县委书记兼任，少工委与团县委合署办公。2007年11月，共青团兴县县委设置专职少工委主任，至2016年未变。

第二节　历届团员代表大会

共青团兴县第十三次代表大会

1987年11月19—21日,共青团兴县第十三次代表大会在县城召开。出席大会的正式代表200人，列席代表15人，特邀代表39人，代表全县8500多名共青团员。会议听取了曹小平代表共青团兴县第十二届委员会作的题为《团结奋斗、锐意改革、积极探索共青团工作的新路子》的报告。大会选举产生共青团兴县第十三届委员会委员21名、候补委员2名。第一次全委会选举第十三届委员会常务委员7人，曹小平当选为共青团兴县第十三届委员会书记，牛瑞平当选为副书记。1989年6月，曹小平调离，副书记牛瑞平主持工作；10月，县委任命牛瑞平为共青团兴县县委书记。1991年1月，县委任命贾沄、车建明任团县委副书记；8月，牛瑞平调离，副书记贾沄主持工作。1992年8月，县委任命贾沄为团县委书记，任命白卫利、闫巨连为团县委副书记（车建明调离）。

共青团兴县第十四次代表大会

1992年9月7—9日，共青团兴县第十四次代表大会在工会会场召开。出席大会的正式代表共184人，列席代表24人，特邀代表46人，代表7600多名共青团员。贾沄代表共青团兴县第十三届委员会作题为《顽强拼搏，冲在改革和建设前列；求实创新，为振兴兴县建功立业》的工作报告。大会选举产生共青团兴县第十四届委员会委员21名，候补委员3名。第一次全委会选举产生了共青团兴县第十四届委员会常务委员7人，贾沄当选为共青团兴县第十四届委员会书记，白卫利当选为副书记。1998年1月，县委任命刘淑连为团县委副书记；3月，贾沄调离，县委任命白卫利任团县委书记，任命白永明为副书记、牛利平为少工委主任。2002年11月，刘淑连任共青团兴县县委书记，2006年12月调离。

共青团兴县第十五次代表大会

2007年10月22—23日，共青团兴县第十五次代表大会在县城宣传文化活动中心召开，薛鹏华代表共青团兴县第十四届委员会向大会作工作报告。大会选举产生共青团兴县第十五届委员会委员25名、候补委员10名。第一次全委会选举产生共青团兴县第十五届委员会常务委员7人，薛鹏华当选为共青团兴县第十五届委员会书记，王改艳、孙鹏飞当选为副书记。

共青团兴县第十六次代表大会

2010年10月19—20日，共青团兴县第十六次代表大会在县城召开，薛鹏华代表共青团兴县第十五届委员会作题为《立足新起点，肩负新使命，团结带领全县团员青年为实现兴县跨越崛起贡献青春力量》的工作报告。大会选举产生共青团兴县第十六届委员会委员35人，候补委员10人。第一次全委会选举产生共青团兴县第十六届委员会常务委员7人，薛鹏华当选为共青团兴县第十六届委员会书记，王改艳、马世军当选为副书记。

共青团兴县第十七次代表大会

2013年10月20—21日，共青团兴县第十七次代表大会在县城召开，王利军代表共青团兴县第十六届委员会作工作报告。大会选举产生共青团兴县第十七届委员会，第一次全委会选举产生共青团兴县第十七届委员会常务委员7人，王利军当选为共青团兴县第十七届委员会书记，马世军当选为副书记。

第三节　主要工作

组织建设

1991年2月，共青团兴县县委根据中共兴县县委《关于加强村级组织建设的实施意见》，不断加强和完善农村团组织建设，村级团支部实现应建尽建，充分发挥了团组织在两个文明建设中的作用。共青团兴县县委8次深入乡（镇）农村督促检查指导工作，明确提出村团支部书记原则上要通过选举进入村“两委”班子，未进入的要列席支部会和村委会。8月30日，中共兴县县委印发了《关于加强共青团工作的实施意见》，要求充分认识共青团工作的重要意义，切实加强党对共青团工作的领导；加强共青团的干部队伍建设，健全组织，配齐干部，加强教育；加强基础建设，切实解决好共青团活动经费，建立阵地，健全规章制度；发挥共青团的先锋模范带头作用，广泛参与社会监督，维护青少年利益。

2002年，中共兴县县委、县人民政府聘请1名共青团工作者担任党风廉政建设特邀监督员，并颁发了聘任书和监督证。

2004年，共青团兴县县委联合县委组织部，配齐了基层团委书记；组织基层团干部进行了集中培训和调查研究，共撰写调研论文37篇。

宣传教育与文化娱乐活动

1989年“五一”“五四”期间，共青团兴县县委会同县委宣传部、县妇联、县文化局组织举办全县业余歌手大奖赛和青年歌咏大奖赛。其中11支歌咏队489名队员参加了“五四”青年歌咏比赛，两项比赛各评出一等奖1名、二等奖3名、三等奖7名。

1990年，共青团兴县县委按照中共兴县县委安排，在全县共青团组织中开展“学雷锋、学赖宁”“树新风、争先锋、做贡献、从我身上看形象”争先创优活动，以团员的模范带头作用带动全县人民建功立业。同时，在全县中小学校开展“创建文明学校、争当三好学生”主题活动，教育学生从小热爱祖国，勤奋学习，成为建设有中国特色的社会主义优秀接班人。兴县中学104班团支部、兴县发电厂团支部获得吕梁地区青少年学雷锋活动先进集体奖。1996年，共青团兴县县委在“五四”和“七一”期间，分别举办系列文化艺术活动，引导广大团员青年在活动中接受教育。

2016年，共青团兴县县委在全县开展“践行核心价值观，争做向上向善好青年”和“奋斗的青春最美丽”“红领巾相约中国梦”等一系列主题教育活动，4000多人参加。开展“法治进校园”活动，联合县人民检察院、县司法局等部门，深入中小学校举办法治专题讲座。加强未成年人保护和预防犯罪工作，组织志愿者与失足青少年结成174对，进行帮扶教育。共青团兴县县委还组织志愿者开展“联系贫困青少年，帮扶贫困学子”活动，先后促成爱心人士与100名贫困家庭学生结对帮扶，收到良好社会效果。

希望工程

希望工程是团中央、中国青少年基金会于1989年发起的以救助贫困地区失学少年儿童为目的的一项公益事业。1992年5月，兴县希望工程办公室成立，设在共青团兴县县委。

1996年，兴县“希望工程监察委员会”成立。在兴建“希望学校”工作中，各级团干部积极活动，督促有关部门配齐配强希望学校教师，全县“希望学校”全部列为农科教结合试点校，促进了“希望学校”的健康发展。

至2016年，共青团兴县县委通过山西省青基会、山西省希望工程办公室、晋绥儿女、加多宝等社会团体、企业和爱心人士，募集资金20余万元，累计救助贫困儿童180余人、贫困大学生新生150人。

“青年文明号”活动

2008年开始，共青团兴县县委组织全县青年参与山西省和吕梁市开展的“青年文明号”创建活动，涌现出一批优秀青年集体。其中，兴县电力公司城区营业厅、兴县石油公司城东加油站分别被命名为“2008年度市级青年文明号”；兴县东风商贸实业公司、兴县移动分公司广场营业厅分别被命名为“2009年度市级青年文明号”；山西地方电力有限公司兴县分公司城西营业厅、兴县国税局办税服务厅分别被命名为“2012年度市级青年文明号”；兴县预算外收费管理中心被命名为“2013年度市级青年文明号”；县国税局纳税服务股被命名为“2015年度市级青年文明号”，县国税局办税服务厅被命名为“2016年度省级青年文明号”。

青年就业创业活动

1992—1994年，共青团兴县县委把建功立业作为团的主要工作，组织各基层团委相继成立学习小组250个，举办学习讨论会250余次，并举办了农林知识竞赛和大型专题报告会。

1997年，共青团兴县县委筹集20万元资金，在3个乡（镇）8个村实施养牛项目，与71户青年农民签订股份制经营协议书，建立“共青团养牛项目扶贫工程服务奖励基金”，成立养牛协会。

1998年，共青团兴县县委坚持“突出重点，着力深化”的工作方针，开展“跨世纪青年文明工程”“跨世纪青年人才工程”和“服务万村行动”等活动，先后培养选树15名农村青年星火带头人，380户科学养殖、种植示范户；举办农村实用技术培训班180期，受训青年8000余人，为农村青年再就业奠定了良好基础。

2002年，各基层团组织带头创办一批青年科技示范园，成为农村青年学技术、学管理的基地。共青团兴县县委帮助青年在蔡家崖乡张家圪埚村创建反季节蔬菜种植园区；在高家村镇张家湾和碧村，扶持创建红枣栽培园区和红枣加工科技园区；建立和完善县、乡、村三级团组织青年服务网络，组织各类技术人员在蔡家崖乡、高家村镇等地进行实用技术培训，共培训青年农民730余人。

2008年，共青团兴县县委配合上级部门在兴县职业中学等机构开展“阳光工程”培训，为农村青年就业创业提供了帮助。

2016年，共青团兴县县委在全县举办创新创业大赛，推选10名电子商务、种植养殖优秀代表参加第二届“吕梁青年创新创业大赛”和山西青年创新创业专项比赛；联合县商务局开展创业青年电子商务培训，培训内容包括淘宝开店，互联网思维、运营、美工、客服等，帮助青年寻找创业商机；组织100余名社会青年参加“育婴师”“早教师”“吕梁山护理护工”等技能培训，为青年就业创业创造了有利条件。

保护“母亲河”行动

保护“母亲河”行动是团中央联合全国绿化委员会、全国人大环境与资源保护委员会、全国政协人口资源环境委员会、水利部、国家环保总局、国家林业局和中国青少年发展基金会共同实施的一项大型群众性生态公益事业，它以保护哺育中华民族的“母亲河”——黄河、长江及其他主要江河为主题，动员广大青少年，在大大小小的母亲河流域开展植树种草、治理水土流失、保护生态环境，在全社会倡导和树立绿色文明意识和可持续发展意识。兴县保护“母亲河”行动于1999年初启动。

2002年，共青团兴县县委组织全县青年参加“保护母亲河、绿化吕梁山”行动，春秋两季组织团员青年2000余人，共植树4万余株，种植柠条1000余亩。

2014年3月，共青团兴县县委在蔡家崖乡宋家沟村挂牌成立“兴县青年林基地”。5月4日，组织广大团干、青年志愿者100余人在兴县宋家沟小流域治理基地开展以“每人栽种一棵树，共建一片青年林”为主题的植树活动。至2016年，全县铺开青年绿化工程63处，开展“愚公杯”农田水利建设主题活动15次。此外，共青团兴县县委在每年春季，动员团员、青年走上街头，走进校园，发放宣传资料2万余份，为倡导参与保护“母亲河”行动，营造良好生态环境做出积极贡献。

第四节　少先队工作

1985年9月，兴县召开少先队员和辅导员代表会议，成立少先队工作委员会，指导全县少先队工作。

1989年，全县有少先队员39896人，占全县少年儿童总人数的84%；有少先队辅导员1036人，其中大队、中队辅导员402人。

1991年，共青团兴县县委和老干部局组织老干部对青少年开展革命传统教育。1996年和1997年，共青团兴县县委、少工委组织1000余名青少年在黑茶山下举行纪念“四八”烈士活动。

2002年，共青团兴县县委利用蔡家崖晋绥边区革命纪念馆和晋绥解放区烈士陵园等革命传统教育基地，组织开展爱国主义教育和革命传统教育活动，帮助青少年树立正确的人生观、世界观和价值观。

2004年3月，共青团兴县县委组织3500余名团员青年参观晋绥边区革命纪念馆，在晋绥解放区烈士陵园举行入团宣誓仪式和祭扫活动。

2005年，共青团兴县县委联合县综治委成立预防青少年违法犯罪专项工作领导组；联合司法等部门在学校开展《中华人民共和国未成年人保护法》和《中华人民共和国预防未成年人犯罪法》等宣传教育，在全县青少年中举办法律知识巡回讲座，受教育3000余人；在监所举办法制教育报告会，累计向失足青年写劝告信2000余封，捐赠书籍800余册。

2010年，共青团县兴县委组织社会公益力量，结对帮扶全县16所小学的500余名留守儿童，并在50人以上100人以下的教学点建立“留守儿童之家”，为留守儿童赠送学习和生活用品，鼓励他们好好学习，健康成长。

2014年8月，共青团兴县县委与兴县教育体育局组织开展“梦想新秀”青少年才艺（声乐、器乐、舞蹈、语音类、古诗文朗诵、课本剧等）比赛活动。通过比赛，评选出10名“兴县青少年才艺之星”。

2016年，共青团兴县县委会同各有关单位累计举办青少年法制教育讲座100余次，报告会、演讲会等法律宣传活动62次，受教育2万余人次。友兰中学，兴县中学、东关小学等学校聘请县公安局、县人民检察院、县人民法院的专业法律人员为学校的法律顾问兼法制副校长，对青少年学生进行常态化法制教育，以增强青少年的法律意识和自我保护意识。

同时，针对社会上存在的不良文化产品和黑网吧等问题，共青团兴县县委联合县文化局、公安局等相关部门定期对学校周边网吧、游戏厅等场所进行集中整治，通过改善校园周边环境，预防青少年发生违法犯罪现象。

第三章　兴县妇女联合会

第一节　组织机构

县妇女联合会

1989年，兴县妇女联合会（简称县妇联）内设办公室、维权部、少儿部。1992年，为认真贯彻落实《中华人民共和国妇女权益保障法》，加强全县妇女维权工作，兴县县委决定成立兴县妇女儿童工作组，由4人组成，设组长、副组长各1人，工作人员2人，办公室设在妇联。

1998年8月，县妇联机关实有行政人员6人，设主席1人，副主席2人。2002年，县直党政机构改革后，县妇联核定行政编制为4人，其中，主席1人，副主席2人。

2013年10月29日，召开兴县第七次妇女代表大会。吕梁市妇联副主席高凤参加大会，并作讲话，县四大班子领导出席大会。大会正式代表117人，实到111人；特邀列席人员23人。大会选举产生兴县妇女联合会第七届执行委员会委员27人；经第七届执委会第一次全体会议选举常委7人，刘淑连当选为县妇联主席，贾玲、郭永勤当选为副主席。第七届执委会任期3年。

2016年，县妇联核定行政编制4人、全额事业3人，实有4人。设正科级1人、副科级2人。

乡镇妇女联合会

1989年至2001年10月，兴县妇联下属24个乡(镇)妇联，其中7个镇妇联，17个乡妇联。各乡（镇）妇联受县妇联和所在乡（镇）党委的双重领导。24个乡（镇）妇联中，有21个乡（镇）妇联设主任（主席）1人，3个乡（镇）妇联设主任（主席）1人，副主任（主席）1人。各乡(镇)妇女干部中，有15名妇女干部是通过县委组织部统一考试后录用的，试用期满后招聘为正式专职妇女干部，其余均由县委组织部从大专、中专院校毕业的回乡青年中选拔，由县妇联直接任免。

至1998年8月，全县24个乡(镇)妇联共辖496个村级妇代会组织。

2001年10月底，乡(镇)机构改革，24个乡(镇)撤并为17个乡(镇)，乡(镇)妇女联合会也由24个相应变为17个。

基层妇女组织

1989年6月，为加强对城市妇女工作的领导，县直党政、宣传、财委、经委、计委、科教、文卫各大口都根据县委决定，建立妇女委员会，委员一般由5～7人组成。设主任1人，副主任、委员自定；县直单位凡女干部职工在20人以下的，均成立妇女工作领导组，20人以上的单位，均成立妇女委员会；县直各企业单位的基层工会组织均设女职工委员会。

1991年，兴县县委印发《关于加强妇女工作的意见》，强调进一步加强党对妇女工作的领导，把充分发挥妇联组织的作用作为坚持党的群众路线，密切党与人民群众血肉联系的重要内容；将妇女工作作为责任制考核的一项内容，年终进行统一考核；各乡（镇）党委要帮助妇联整顿妇代会班子，健全活动制度，落实报酬；各乡（镇）要根据村子大小，工作分量轻重，对妇代会主任的报酬实行基本工资加奖励，基本工资每月不少于8～15元，工作业绩突出的可适当奖励；党委的有关会议应吸收妇联主要负责人参加，有条件的可以进入党委或支部班子；各大口党政机关、科教、文卫系统都要建立妇委会；针对农村女党员人数比例偏低的问题，要重视和培养发展女党员。

2001年10月，全县农村妇代会由458个变为350个。

2009年，各乡（镇）整顿、健全村级妇代会组织，农村妇代会由350个变为368个。

第二节　妇女代表大会

1949—1988年，兴县妇联会共召开6次代表大会，每次代表大会选举新的妇联会领导，并制定今后的工作任务。

2013年10月29日，兴县召开第七次妇女代表大会。吕梁市妇联副主席高凤参加大会并作讲话，县四大班子领导出席大会。大会正式代表117人，实到111人；特邀列席人员23人。大会听取并表决刘淑连代表县妇联第六届执委会所作的《坚持科学发展，凝聚妇女力量，为建设美丽富裕和谐新兴县而努力奋斗》的工作报告。大会确定今后五年兴县妇女工作总体要求是，以“巾帼创新业、建功十二五”为主题，以建设“坚强阵地”和“温暖之家”为目标，大力实施巾帼创业、关爱帮扶、和谐创建、权益维护四大行动，推进强基固本工程，团结带领全县妇女在经济建设、社会和谐发展的实践中做出新贡献，实现妇女事业新发展。

大会采用无记名投票和差额预选、等额选举的办法，选举产生兴县妇女联合会第七届执行委员会委员27人；经第七届执委会第一次全体会议选举常委7人，刘淑连当选为县妇联主席，贾玲、郭永勤当选为副主席。该届执委会任期3年（贾玲于2016年1月调离）。

第三节　主要工作

巾帼创业建功

1992年，吕梁地区妇联深入开展“双学双比”（学劳模精神、学高新技术、比奉献精神、比创新能力）活动，在扶贫脱贫工作中，兴县妇联把2万元扶贫资金落实给18户贫困户，并包技术、包信息、包服务，收到良好效果。同时解放思想，创办幼儿园1所。

1995年，经县妇联推荐，县委组织部考察任用女干部康玉香担任康宁镇党委副书记。

1996年，全县16个乡（镇）妇联、305个村妇代会实施以快速养猪为主的连环脱贫项目工程，连续3年投入世行贷款122万元，资助、培养226户贫困户为养殖脱贫示范户。

1997年，县妇联在4个村260户建立脱贫协会4个，发展生猪养殖业，当年该4个村260户养殖户生猪出栏1360头。

1998年，县妇联组织固贤乡、康宁镇、孟家坪乡10个村的16名妇联干部和当地养殖示范户赴离石县苏家崖村实地学习取经。

2005—2009年，县妇联累计举办妇女农民技术培训53期，受训3993人，涌现出妇女种植、养殖、加工能手1410人。兴县妇联和山东等地建立了长期输出合作关系，积极向外输出妇女劳动力，县妇联主席刘频受到山西省妇联的表彰奖励。

2010年3月4日，县妇联举办全县妇女创业事迹报告会，会上有4名创业妇女作典型发言，激发了广大妇女求知、求发展的热情，营造了浓厚的创业氛围。

2013年，全县建立5个巾帼创业基地，并争取省级财政扶贫资金26万元，支持基地开展培训。其中有3个基地被列为省级巾帼创业基地。

2014年8月13日，县妇联举办吕梁市首届（兴县）妇女手工艺品展览展销活动，吕梁市妇联领导参加了开幕仪式，赞扬兴县妇联引深巾帼创业工作。展销活动现场销售兴县妇女手工制品、作品1万多元。

2015年10月29日，兴县电子商务服务中心正式启动，兴县妇女手工作品68件进入服务中心，通过网络全部销售，收入2.6万元。同年，县妇联通过各种渠道安置失业下岗女职工和富余女劳力570人；开展各类技术比武、岗位练兵活动36次，参加人员1420人，涌现出各类技术能手、岗位技术标兵104人。

2016年，县妇联与人力资源和社会保障局组织城镇失业妇女、进城务工妇女、农村富余女劳动力和建档立卡贫困妇女进行家政服务、手工编织、电商等方面的技能培训39期，培训手工技能18种，受训5400人，输送妇女劳动力县外就业2688人。

开展宣传文化体育活动，推进精神文明建设

1990年3月8日，县妇联组织县直机关妇女近300人，召开纪念“三八”国际劳动妇女节理论征文有奖竞赛颁奖大会，县委领导代表地区“双学双比”协调领导组为24名获奖者颁发荣誉证书和奖品。同年7月，县妇联举办女子健身操培训班，县直机关50余名健身操爱好者参加了培训。

1991年3月，县有线广播站开辟“巾帼事迹”宣传专栏，宣传了妇联推荐的6名妇女的模范事迹。

1992年3月，县妇联会同县司法局、县人民广播电台（92兆赫）举办一个月的《中华人民共和国妇女权益保障法》（简称《妇女权益保障法》）专题讲座，并将《妇女权益保障法》录音磁带下发各乡（镇），在全县设立50个社教和普法点，大力宣传《妇女权益保障法》。8月，县妇联组织全县500多名妇女参加计划生育优生、优育、优教知识竞赛活动，发放有关书籍100余册，收回试卷495份。同月，县妇联会同兴县人民广播电台（92兆赫）选树各行业10名杰出妇女，专题报道了她们的模范事迹。

1995—2000年，县妇联在"三八"国际劳动妇女节期间，先后举办"岗位做贡献主题演讲会""科技进万家读书活动""年轻妈妈读书评比活动""三优知识答题活动""爱我家园与环境知识竞赛活动""妇女模范事迹报告会""妇女知识培训""通向北京象征性长跑赛"等系列宣传教育活动，累计参加活动8000余人，发放书籍、宣传资料2000余份。

2001—2005年，县妇联在每年"三八"国际劳动妇女节期间分别举办庆"三八"文艺晚会、"喜迎十六大，巾帼创新业"主题文艺晚会、"创造新业绩、树立新风尚、争做时代新女性"大型主题文艺晚会和庆"三八"联谊晚会；组织妇女举办种植、养殖技术培训班9期，受训550人（覆盖17个乡镇），培训技术骨干100人，发放绿色证书200人；组队参加了全县公民道德演讲比赛（宣传部主办），3名妇女分别获得一、二、三等奖，尤其是以瓦塘镇妇女刘花婵舍己救人事迹为题材的演讲，深深感动了听众。2003年3月，县妇联干部在地区妇联组织的妇女先进事迹报告会上报告了刘花蝉舍身救人的感人事迹，在广大妇女中引起强烈反响。2004年6月，县妇联组队参加了全县"兴武杯"国防知识大赛，单位获组织奖，参赛个人获优秀奖。2004年8月，县妇联组队参加了"山西省首届全民健身运动展示大会健身秧歌大赛"，获一等奖；同年，会同县总工会、共青团兴县县委、县委宣传部、县教育体育局、县文联共同承办2004年迎国庆系列活动和迎国庆秧歌大赛，全县12支秧歌队、220名队员参加了比赛；组队参加了吕梁市体育协会组织的"柔力球比赛"；教育系统妇委会组织青年女教师参加了吕梁市健身秧歌大赛，获三等奖。

2006—2009年，县妇联先后举办“三八”国际劳动妇女节庆典晚会、“构建和谐社会，共建美好家园”主题的联谊晚会、“三八”节文艺晚会、“三八”节主题文艺晚会；2007年3月组织参加吕梁市妇女“知荣明辱，共创和谐”书画剪纸作品展，并获组织奖；组织开展“科学发展，节能减排，从我做起”万名家庭成员签字仪式；2008年12月，会同共青团兴县县委、县总工会、县科协、县工商联合会等群团组织举办科学发展促和谐活动，各单位领导与武警中队全体官兵、在押人员代表举行座谈；2009年5月13日，组织12名妇女参加山西省太谷县举行的全国“飞象杯”农民健身秧歌邀请赛，获得一等奖；同年9月28日，在中心广场举行迎国庆60周年“立新交电杯”全民健身第四届交谊舞表演赛。

2012年3月8日，县妇联与县门球协会联合举办纪念“三八”国际劳动妇女节102周年门球比赛；4月，吕梁市第二届女子门球赛在兴县举行，兴县队获亚军。3月至4月，县妇联组织30名妇女创作的30幅书法、绘画、摄影作品，参加了第二届中华女性书画摄影大赛。

2013年“三八”国际劳动妇女节期间，县妇联、县广场健身协会联合举办妇女健身活动表演赛，120名妇女为大家表演广场舞、秧歌、柔力球等18个项目。2014年3月7日，县妇联举办纪念“三八”国际劳动妇女节104周年文艺晚会；8月，县妇联在文泉小学举办兴县首届传统手工艺作品展览，共展出刺绣、编织、剪纸、布艺、雕塑、传统服装制作等6大类309件手工艺品。

2009—2016年，县妇联重点开展“最美家庭”创建活动，累计表彰“兴县首届最美家庭”48户、“最美孝心少年”16名；累计表彰“三八红旗单位”35个、“三八红旗标兵”73名、“三八红旗手”135名；以“文明、健康、和睦、教育、爱心”为主题，开展创建“平安家庭”活动，有5个家庭获得省级“平安示范家庭”称号，有3个家庭获得市级“平安家庭”称号，有185个家庭获得县级“平安家庭”称号。

关爱妇女儿童　维护妇儿合法权益

1990年3月6日，县妇联会同发电厂妇工委举办维护妇女合法权益知识竞赛，宣传了妇女维权知识和计划生育政策。

2005年9月，县妇联与司法局联合成立“法律援助中心”，为受害妇女提供法律咨询与法律援助服务。

2008年4月，县妇联组织全县妇女参加山西省妇女儿童工作委员会举办的妇女儿童法律、健康知识答题活动，共发放100份，收回86份，有2名妇女获奖，县妇联获组织奖。同年7月，县妇女儿童工作委员会办公室组织少儿创作书画作品80余幅，举办了少年儿童迎奥运书画展览。

2009—2016年，县妇联共接待妇女来信来访137件次；举办“三八”妇女维权周法律咨询活动，累计发放《中华人民共和国妇女权益保障法》《中华人民共和国反家庭暴力法》《中华人民共和国劳动法》《中华人民共和国婚姻法》等法律法规和妇幼保健知识等宣传材料3.6万余份；引导妇女参与禁赌、禁毒等社会治安综合治理专项斗争；县妇联2名干部被法院聘为特邀陪审员，为受害妇女儿童提供法律咨询、诉前调解23次，培训宣传骨干215人，发放宣传资料3000余份。

其间，县妇联工作人员深入乡（镇）、村，累计为8名“两癌”妇女争取救助款8万元，为10名特困妇女争取救助款1.85万元，为100名贫困妇女争取救助款1万元，为每户发放大米、白面各1袋，为1.5万名农村妇女免费体检，为2100名女干部、女职工进行健康检查。与省市慈善总会联合筹资44.6万元，为全县121名听障人员免费配发助听器；为1476名婴幼儿免费发放价值55万元的奶粉、营养包2.16万份；由县医院、妇幼保健院所等单位组成的巾帼志愿者在县城主街道搭建咨询台、义诊台，宣传保健知识。每年“六一”国际儿童节期间，县妇联工作人员深入农村各小学校、幼儿园，累计为626名贫困留守儿童购买学习用品，为22名“春蕾儿童”争取资助款5000元。

2016年，县妇联开展“幸福启航·三晋光明行”大型妇儿健康公益活动，检查妇女7904人，治疗490人；招募爱心妈妈146名，为张家圪埚幼儿园、高家沟小学、孟家坪小学的90名贫困孤残儿童捐赠编织毛衣；为贫困家庭捐赠棉衣100余件；与42名留守儿童进行结对帮扶。

举办妇女培训　提升妇女综合素质

2002年，兴县妇联以乡（镇）和各大口妇委会为单位，组织全县妇女在职干部参加自考和电大学习，其中专科以上学习人数达850人。

2011年，县妇联邀请北京心理教育专家毕遐明为兴县4所学校1000多人作家庭教育讲座，现场为家长们答疑解惑。2014年，组建3名家庭教育志愿者与教育体育局联合，在兴县电视台举办7期家庭教育讲座。

2015年，县妇联邀请4名家庭教育专家，分别到兴县城镇小学、兴县中学、东关中学、实验小学、文泉小学、张家圪埚幼儿园，围绕如何与孩子沟通、如何提高孩子素质等问题对家长进行了辅导。

2014—2015年，县妇联邀请山西省警校专家王艳红、山西省理工大学专家放改娥到兴县，举办现代女性心理、妇女参与社交礼仪及沟通艺术讲座、家庭教育讲座6期，受教育6000多人。2016年，县妇联邀请施柳贞教授为全县知识女性作家风、女德专题讲座，引导全县妇女学习优秀女性、争做优秀女性。

第四章　县科学技术协会

第一节　组织机构

1989年，兴县科学技术协会（简称县科协），为正科级机构，编制4人。内设机构有办公室、普及部。1991年，内设机构增设科技咨询服务部。1996年，内设机构增设维权部、青少部。至1998年8月，县科协内设机构有办公室、普及部、维权部、青少部、科技咨询服务部，实有行政人员8人，设主席1人，副主席1人；下辖专业技术协会12个，会员825人。2002年，县级机构改革后，县科协被确定为正科级群团组织，行政编制4人。2015年，县科协被定为正科级参照公务员管理单位，编制4人，其中主席1人、副主席2人、干事1人；下辖县林业学会、农业学会、牧业学会、卫生学会、会计学会、农机学会、计划生育学会、教育学会、医学会、质量技术监督学会、珠算学会、职工技术学会、水利学会13个学会，会员3564人。2016年，县科协核定行政编制4人，实有5人；其中正科级1人、副科级2人。

县科协领导干部由兴县县委直接任免。

第二节　主要工作

科普宣传、培训

2002年，县科协在蔡家崖乡成立山西省科学技术协会科普培训基地和山西省科学技术培训中心。到2004年,县科协共举办各类科技培训22期、2.36万人次；印发和制作各种科普宣传资料6000余份。

2005年8月，中共兴县县委、县人民政府联席会议研究通过《兴县“科普惠农行动工程”实施方案》，要求全县各级组织认真实施。科普惠农行动工程主要包括三方面内容：在各乡（镇）政府所在地、全县科普示范村、公路沿线、人口居住密集的村建起80个科普惠农服务站；每站建设一块科普惠农信息栏，每村确定1名科普惠农信息员；成立科普惠农行动工程领导组。当年10月完成建设任务，并进行检查验收。

2008年，全县17个乡（镇）75个村建立科普惠农信息栏75个、信息站17个，张贴科普宣传挂图2145幅。2016年，全县共组织科普宣传周活动32次，制作宣传版面156块，印发宣传资料45万余份，开展科技咨询32场次、流动科技巡回展8次；举办科技培训12期，累计培训干部、农民1.25万人次；县电视台累计播放“科普大篷车”节目300期700多小时，主要宣传生命科学、自然科学、食品安全和反对封建迷信等内容。

创办农村科普协会

1998年，全县农村组建果树、蔬菜、枣树等专业技术研究会6个，会员1362人。到2016年，全县共创办农村科普协会7个，均获得国家财政部科普惠农以奖代补奖励，会员发展到2776人。

食用菌协会　2003年成立，位于恶虎滩乡刘家湾村，2009年获得全国科普惠农兴村计划20万元奖励，2016年会员发展到420人。

红枣协会　2004年成立，位于高家村镇张家湾村，2010年获得全国科普惠农兴村计划20万元奖励，2016年，会员发展到355人。

养鸡协会　2008年成立，位于交楼申乡奥家滩村，2013年获得全国科普惠农兴村计划20万元奖励。2016年，会员发展到450人。

养猪协会　2009年成立，位于康宁镇刘家庄村，2014年获全国科普惠农兴村计划20万元奖励。2016年会员发展到362人。

亚龙蔬菜协会　2009年成立，位于蔚汾镇千城村，2016年获得全国科普惠农兴村计划20万元奖励，会员发展到386人。

盛源干果协会　2010年成立，位于罗峪口镇东豆宇村，2016年获得全国科普惠农兴村计划20万元奖励，会员发展到395人。

黑茶山林牧协会　2011年成立，位于东会乡鱼湾村，2014年获得全国科普惠农兴村计划20万元奖励。2016年，会员发展到408人。

第五章　兴县工商业联合会

第一节　组织机构

1991年12月，兴县工商业联合会（简称县工商联）工作机构恢复，作为党和政府联系非公有制经济界人士的桥梁和纽带，受中共兴县县委和吕梁地区工商业联合会的双重领导。1991年12月至1995年3月，县工商联领导称主任委员、副主任委员。1995年3月后，县工商联领导改称会长、副会长。2009年，县工商联领导改称主席、副主席，商会总领导称会长、副会长。2011年6月，有7名县工商业联合会会员被选为兴县第十五届人大代表，1名被选为兴县人大常委会委员；有25名县工商业联合会会员成为政协兴县第八届委员会委员，其中11人当选政协常委。

至2016年，兴县工商业联合会共召开4次会员代表大会，选举产生兴县第七届工商业联合委员会执行委员会至第十届工商业联合委员会执行委员会。工商联核定行政编制4人，实有人员7人，其中正科级、副科级各1人。县工商联领导成员由各届代表大会选举产生，闭会期间，由中共兴县县委直接任免。

第二节　历届工商业联合会会员代表大会

第七届工商业联合会会员代表大会及执行委员会

1991年12月25日，县工商业联合会第七次会员代表大会在县政府五楼会议室召开，参会代表50人。崔宗极在会上作《努力开创工商联工作新局面，为振兴兴县经济服务》的工作报告。会议选举产生兴县第七届工商业联合会执行委员会常务委员9人，其中主任委员1人，专职副主任委员1人，兼职副主任委员2人；崔宗极当选为兴县第七届工商联执行委员会主任委员，尹永前当选为副主任委员。本届任期自1991年12月至1995年3月。

第八届工商业联合会会员代表大会及执行委员会

1995年3月25日，兴县工商业联合会第八次会员代表大会在县财政局会议室召开，参会代表80人。尹永前代表第七届工商业联合会执行委员会作《努力开创工商联工作新局面，充分发挥民间商会积极作用》的工作报告。会议选举产生兴县工商业联合会第八届执行委员会常务委员11人，其中会长1人，专职副会长1人，兼职副会长2人。李信兴当选兴县工商业联合会第八届执行委员会会长，尹永前、白保明、严玉山当选副会长。本届任期自1995年3月至2005年10月。

第九届工商业联合会会员代表大会及执行委员会

2005年10月，兴县工商业联合会第九次会员代表大会在县城召开，会议选举产生兴县工商业联合会第九届执行委员会常务委员若干人，刘小平当选兴县工商业联合会第九届执行委员会会长，严玉山、贺玉平、白小春当选副会长。本届任期自2005年10月至2012年3月。

第十届工商业联合会会员代表大会及执行委员会

2012年3月16日，兴县工商业联合会第十次会员代表大会在县文化活动中心会议室召开，参会代表83人。会议听取并审议县工商业联合会第九届执行委员会工作报告，选举产生兴县工商业联合会（总商会）第十届执行委员会常务委员若干人，马亚军当选兴县工商业联合会（总商会）第十届执行委员会主席，刘小平当选兴县总商会会长。本届任期自2012年3月至2017年3月。

第三节　主要活动

1989—2000年，县工商联主要致力于组织非公经济人士为兴县经济社会事业发展贡献力量。工商联合会会员过多方努力，救活濒临倒闭的24座炼铁炉，创办木器加工、养殖和农副产品深加工等一批新项目。2008年后，随着产业结构调整，兴县兴建一批大型煤炭洗选企业，成为非公有制经济新增长点。2011年，县委统战部牵头组织全县16位民营企业家赴北京集中学习培训，并在安徽省、浙江省和福建省考察民营经济发展史，学习先进的管理模式。

2012年，兴县工商联制定印发《首届世界晋商大会兴县筹备工作方案》，组织有关人员赴陕西省榆林市、神木县，内蒙古自治区鄂尔多斯市、包头市，四川省成都市等地进行项目考察，招商邀商。至首届世界晋商大会召开，共引进项目5个，引进资金51.5亿元，邀请客商3人，圆满完成首届世界晋商大会吕梁组委会下达的招商邀商任务。

2013年7月—10月，县工商联分别组织立新交电、沐森源房地产、东鑫煤炭洗选、亚军能源有限公司等20余家企业负责人参加由吕梁市委统战部、市工商业联合会等部门举办的“山西省非公经济理想信念教育实践活动先进事迹报告会”“十八届三中全会专题讲座”和“山西省小微企业主创新能力提升”等培训。

2013—2014年，县工商联组织全县非公经济人士捐款23.2万元，资助贫困学子61人。

2014年初，兴县对外友好商贸协会注册登记，并组织开展商贸交流活动，同内蒙古自治区骆驼酒业股份有限公司进行业务洽谈，签订300余万元的购销合同。

2014—2015年，县工商联会同县委统战部，2次组织部分民营企业和政府有关部门负责人，赴清泉醋业有限公司、黄河农业综合开发有限公司、三星油脂有限公司、山花烂漫农业开发有限公司、亚龙乐生活“电商平台”等7家农业龙头企业观摩和调研，为推进兴县民营经济发展献计献策。

第六章　残疾人联合会

第一节　组织机构

兴县残疾人联合会

1989年5月，兴县残疾人联合会（以下简称县残联）成立，设理事长1人、副理事长2人，为县政府序列的正科级全额事业单位，业务由吕梁市残联指导。

1993年5月，县第二届残疾人联合会召开，选举产生专职理事长1人、副理事长1人。县残联行政事业编制8人。

1998年8月，县残联选举产生了残疾人理事会，选举产生专职理事会理事长1人、兼职副理事长2人。县残联机关实有行政事业人员8人，内设机构有残疾人服务社、办公室、康复办、宣教股。

2003年，兴县残疾人工作协调委员会成立，由分管残联工作的副县长任残联工作协调委员会主任，县残联理事长任办公室主任，办公室设在县残联，从组织上保证了残疾人工作的顺利开展。

2013年，县残联内设残疾人联合会办公室、残疾人联合会组联股、残疾人康复服务指导站，残疾人财务所4个机构；残疾人联合会办公室下设盲人协会、聋人协会，肢残人协会，智力残疾人及其亲友协会、精神残疾人及亲友协会等。

2016年12月，县残联内设机构有办公室、康复就业股、组联股、财务股。核定全额事业编制9人，其中正科级1人、副科级2人；实有事业人员9人。

基层残疾人协会组织

1989—2001年，撤并乡（镇）前，全县24个乡（镇）和街道办事处都建立残疾人联合会基层分会，并配备分会理事长，完善和健全了全县残联组织。

2002年11月，各乡（镇）残疾人联合会（以下简称乡镇残联）设立，全县有乡（镇）残联17个、村级残疾人协会和残疾人专职委员会375个 。

2003年，配齐乡（镇）残联专职理事长，并在全县17个乡（镇）建立残联联络站，由各乡（镇）残联理事长兼任站长，在各村委建立残疾人工作小组，推选有文化、残疾程度轻、愿意为大家服务的残疾人做联络员。

2012年，全县共建立基层残疾人协会386个。

2013年，县残疾人工作协调委员会及时联系县委组织部、乡（镇）党委， 对17个乡（镇）残联理事长重新进行调整。

第二节　历届残疾人代表大会

县残疾人联合会第一次代表大会

1989年5月16日，兴县残疾人联合会第一次代表大会在县城召开，参会残疾人代表31人，代表全县6210名残疾人。大会选举产生兴县第一届残疾人联合会理事会，理事会第一次会议选举李信堂为理事长，白应斌、吕亚东为副理事长。本届任期自1989年5月至1993年5月。

县残疾人联合会第二次代表大会

1993年5月5日，兴县残疾人联合会第二次代表大会在县城召开，参会残疾人代表36人，代表全县7000余名残疾人。李信堂在会上作题为《为振兴残疾人事业而奋斗》的报告。会议选举产生兴县第二届残疾人联合会理事会，理事会首次会议选举李信堂为理事长，吕亚东为副理事长。1996年6月，民政局副局长高志学主持县残联工作，为副理事长。1998年1月，县委任命刘喜明为县残联理事长。本届任期自1993年5月至1998年8月。

县残疾人联合会第三次代表大会

1998年8月21日，兴县残疾人联合会第三次代表大会在县城召开，参会代表共56人，代表全县7600名残疾人。刘喜明代表第二届理事会作题为《振奋精神，扎实苦干，努力开创残疾人工作新局面》的工作报告。会议讨论通过第二届理事会工作报告，选举产生兴县第三届残疾人联合会理事会，经理事会第一次会议选举，刘喜明为理事长。2002年5月由阎锦秀兼任理事长。本届任期自1998年8月至2003年5月。

县残疾人联合会第四次代表大会

2003年5月12日，兴县残疾人联合会第四次代表大会在县城召开，参会代表共58人，代表全县9500名残疾人。大会选举产生兴县第四届残疾人联合会理事会，经理事会第一次会议选举，阎锦秀为理事长。2004年4月，县委任命裴志东为县残联理事会理事长。2005年7月，杨喜迎、赵海泉任县残联理事会副理事长。2007年7月，白永胜担任县残联理事会理事长。本届任期自2003年5月至2008年3月。

县残疾人联合会第五次代表大会

2008年3月12日，兴县残疾人联合会第五次代表大会在县城召开，参会代表共68人，代表全县11250名残疾人。大会选举产生兴县第五届残疾人联合会理事会，经理事会第一次会议选举，杨喜迎任理事长。本届任期自2008年3月至2013年3月。

县残疾人联合会第六次代表大会

2013年3月21日，兴县残疾人联合会第六次代表大会在县城召开，参会代表80人，代表全县1.2万名残疾人。杨喜迎代表第五届残疾人联合会理事会作工作报告；会议选举产生兴县第六届残疾人联合会理事会，理事会第一次会议选出理事长1人、副理事长1人。

第三节　残疾人普查

根据对全县残疾人口普查登记，1996年，全县有残疾人8500人，占到总人口的3.28%。2016年末，残疾人人数增至12120人，占到总人口的4.71%，比1996年增长42.6%。2016年，全县共办理第一、二代重度残疾人证1222人。

1989—2016年兴县部分年份残疾人口情况统计表

表22-6-3-1

项目 年份	全县年末户籍人口（人）	其中残疾人口数（人）	占总人口比例（%）	残疾状况分类（人）					
				视力残疾	听力残疾	言语残疾	肢体残疾	神智残疾	多重残疾
1989	229552	6210	2.71	—	—	—	—	—	—
1993	253759	7000	2.76	—	—	—	—	—	—
1996	258942	8500	3.28	—	—	—	—	—	—
1998	260228	7600	2.92	—	—	—	—	—	—
2000	265760	10300	3.88	1650（含听力残疾）		2100	3200	3350	—
2003	271365	9500	3.5	1450	720	890	4150	2290	—
2006	271359	11250	4.15	1750	880	950	4350	2950	370
2009	278622	12000	4.31	1800	1150	1000	4650	3000	400
2016	257345	12120	4.71	1962	1012	1034	4656	3456	—

第四节　助残服务

扶残助学与扶残就业

扶持残疾儿童入学受教育　1989—2016年，兴县适龄残疾儿童累计有130人进入各种学校接受文化技能教育，其中，有119人受到小学教育，有10人受到中学教育，有1人达到大专文化学历。

1998—2003年，全县有48名儿童进入普通和特教学校接受文化技术教育，共享受减免学杂费1200元。

2009—2016年，县残联积极实施扶残助学工程，帮6位残疾学生申报省彩票公益金扶残助学项目和富士康科技集团助学项目，共资助4500元；救助23名小学至高中的贫困残疾学生及其残疾人子女就学，救助6500元；对兴县中学、第三中学、育才中学、实验中学、东关中学就读的12名残疾学生每人资助500元，共救助6000元；为吕梁残疾人职业技术学校输送残疾学生15人，为吕梁市聋哑学校输送学生26人；为全县82名贫困残疾儿童减免学杂费2.4万元。

扶持残疾人参加职业技能培训　1989—2016年，县残联运用社会化的工作方法，利用县科协、县妇联举办职业技能培训的机会培训残疾人，同时也独立举办残疾人农村实用技术培训班，请农业、畜牧专家和家庭手工业能手主讲，全县具有一定劳动能力的残疾人669人，其中参加过各种技能学习培训的有450人，实现就业的有300人。

助残康复服务

1990—1991年，吕梁地区残联聘请山西省康复中心医院专家为兴县儿麻后遗症患者进行康复治疗，受到群众欢迎。

1993年，吕梁地区残联聘请山西省康复中心潘智昌在兴县为儿麻患者进行手术治疗。2003年，县残联实施“爱心助残康复工程”，组织患者到山西省残联康复中心免费手术，其中完成白内障复明68例、低视力佩戴助视器6例、听力助残1例、假肢装配3例、训练肢体残疾人1例，供应用品用具120件，装配矫形器4例。

1990—2010年，县残联在扶持帮助残疾人康复中，共施行白内障手术571例、小儿麻痹矫治手术16人次、脊柱手术1例；为肢体残疾患者施行矫治手术、安装假肢、矫形器185例；施行儿童听力、低视力康复35例，完成低视力佩戴助视器67人；施行脑残儿童矫形手术18例，智残儿童训育37人；施行其他康复手术8例、功能恢复训练11例，并为残疾人患者减免治疗费用5万元（不包括医保报销部分）、免费发放轮椅、拐杖等辅助康复器械791辆（件），发放助听器30台，为全县特需人群补碘5万人。其间，还编印《兴县残疾人社区康复手册》6000册，分发到全县17个乡（镇）375个行政村残疾人。

2010年，根据山西省文件精神，全县按辖区人口每人每年不少于0.5元的标准落实残疾人康复经费。2012年，经多方努力，香港方树福堂、方润华基金捐赠本县100辆“助行轮椅”，兴县在全国助残日举行捐赠仪式。组织实施假肢装配3例，培训社区康复协调员25人，发放辅助器具140余件。2016年，县残联组织开展“七彩梦行动计划”“低视力残疾适配活动”和“假肢装配月活动”，为城乡贫困残疾人提供康复服务机会。其中，推送3名脑瘫儿童到吕梁市残联的田家会社区康复中心进行早期康复训练；免费为2名听力贫困残疾人安装助听器，安装小腿假肢2人，免费发放轮椅100辆；认真开展0~6周岁残疾儿童摸底筛查，选送3人到吕梁市人民医院进行肢体矫正手术。

扶贫济残

募捐救助　1992年，兴县人民政府通知全县各界人士为残疾人事业募捐，县级机关、厂矿、学校、企业164个单位7399人为残疾人捐款1.64万元，超额完成了省、地区下达任务。驻兴县某部广大指战员按山西省军区的安排，率先捐款1010元交给县残联。

1995年，中国残联、山西省残联在吕梁地区残联杨生俊理事长陪同下，到兴县慰问残疾人特困户，为残疾人特困户捐款，召开残疾人代表座谈会。2000年，县残联为15名城市残疾人发放每月90元的最低生活费，为300名残疾人发放救助款5万余元。

2003年，县残联根据山西省人民政府令，通过排查审定各单位的在职员工数和年平均工资，收取残疾人就业保障基金12万元。2007年5月，兴县“爱心助残”活动全面启动。县四大班子领导带头在募捐现场捐款2900元，单位捐款3.4万余元，社会各界捐款15778元，全县捐款总额达5万余元。5月17日，兴县启动“扶残安居工程”，首期扶持解决60户农村贫困残疾人住房。

2010年，兴县建立残疾人扶贫解困基金领导组，办公室设在县残联。全年共募集扶贫解困基金23万元，救助残疾人特困户450户，资助残疾人子女就学50人，为肢残患者捐献轮椅100辆。2011年5月，兴县开展“四助一救”（即补助贫困盲人进行白内障手术复明；补助贫困聋哑幼儿配戴助听器并接受听力语言康复训练；补助贫困肢体残疾者接受矫形康复治疗，假肢装配和轮椅助行；补助在校贫困残疾学生顺利完成学业；救助丧失劳动能力的特困残疾人家庭，保障其基本生活）爱心助残活动。

扶贫济残　1996—2010年，县残联争取山西省残联扶贫资金15万元，帮助残疾人发展家庭养殖业、种植业和个体经营。2003年，全县把160名丧失劳动能力的城镇残疾人纳入最低生活保障，给270名农村特困残疾人供应口粮，每人每月白面10斤、玉米20斤；救济200名残疾人防寒衣200套；运用解困基金对50名残疾人实施救助，各救助人民币300元；驻村扶贫单位和乡（镇）干部，每人帮扶一户残疾人家庭，使2400名残疾人实现温饱；全县纳入城市最低生活保障的残疾人有89人，纳入农村最低生活保障的残疾人有580人，他们均被列入城乡居民最低生活保障范畴。2012年，全县救助特困残疾人75人，扶持农村贫困残疾人480人，落实残疾人低保户130人，资助残疾大学生2人。2016年，县残联为全县1222名一、二度重度残疾人发放补贴73.32万元，为2034名残疾人发放生活补贴122万元，为3258名未脱贫残疾人发放重度残疾人护理补贴、特困生活补贴200万元。

维护残疾人合法权益

1996—2010年，县残联利用“全国助残日”“爱耳日”“爱眼日”，贯彻执行《中华人民共和国残疾人保障法》和上级有关部门对残疾人事业的各项规定，争取残疾人充分参与社会生活、共享社会物质文化成果；散发宣传资料6000份，印发《残疾人实用知识读本》《山西省残疾人保障条例》《山西省保障残疾人合法权益规定》等2.8万册。利用《山西残疾人》《吕梁日报》等媒体，宣传报道兴县残疾人事业发展45篇。

第二十三编

检察　审判

20 世纪 80 年代后，兴县人民检察院、兴县人民法院在依法治国思想的指导下，围绕改革、发展、稳定的主题，依法履职。

兴县人民检察院（简称县检察院）履行法律监督职能，依法对刑事犯罪案件审查批捕，提起公诉；对贪污贿赂犯罪、国家工作人员渎职犯罪进行侦查；受理公民控告、申诉和检举，办理刑事赔偿事项；对人民法院确有错误的判决和裁决，提起抗诉；开展预防职务犯罪、综合治理工作。

兴县人民法院（简称县法院）行使审判权，依法审理依照诉讼法管辖原则、审批程序、监督程序、特别程序等确定的刑事、民事、行政案件及发回重审和再审的各类案件；依照诉讼法的相关规定，执行刑事、民事、行政各类案件，执行上级法院指令执行的案件和其他法院委托执行的案件，依法行使司法执行权。同时，检、法两院开展检察、审判工作改革，加强队伍建设，完善司法责任制，规范司法行为。

进入 21 世纪，县检察院、县法院以维护群众利益为出发点，以确保社会稳定为着力点，以有效化解矛盾纠纷为切入点，坚持司法公正，公开检察、审判业务，全面提升司法能力，维护社会公平正义。随着业务的延伸，县检察院开展侦查监督、公诉、控告申诉、渎职侵权、民事行政、监所检察和反贪污贿赂工作；县法院开展刑事、民事、行政案件审判、监督审判和执行工作，向县人民代表大会及其常务委员会负责并报告工作，接受人民群众的监督。

第一章 检 察

第一节　组织机构

机构设置

1989年，县检察院内设机构有办公室、刑事侦查检察科、刑事审判检察科（由原刑事检察科分设）、经济检察科、法纪检察科、监所检察科6个。1994年6月，县检察院成立民事行政检察科。1996年3月，县检察院成立控告申诉检察科（举报中心）。1997年10月，刑事侦查检察科更名为审查批捕科，刑事审判检察科更名为审查起诉科。1999年12月，县检察院撤销经济检察科，成立反贪污贿赂局（正科建制）。2001年6月，法纪检察科更名为渎职侵权检察科。2003年10月，审查批捕科更名为公诉科，审查起诉科更名为侦查监督科。2006年5月，渎职侵权检察科又更名为反渎职侵权局，同时又成立职务犯罪预防科。2013年，监所检察科更名为监所监察科（刑事执行监察科）。

至2014年底，县检察院内设机构有办公室、政工科、侦查监督科、公诉科、反贪污贿赂局、反渎职侵权局、监所监察科、民事行政检察科、控告申诉检察科（举报中心）、职务犯罪预防科、法警大队11个。

2015年6月，县检察院内设机构整合为10个并升格：办公室更名为检察事务部（正科级），政工科更名为政治部（正科级），侦查监督科与监所监察科（刑事执行监察科）合并为侦查监督与刑事执行检察局（副科级），公诉科更名为公诉局（副科级），反贪污贿赂局、反渎职侵权局均升格为正科级，民事行政检察科更名为民事行政检察局（副科级），职务犯罪预防科更名为职务犯罪预防局（副科级），法警大队、控告申诉检察科均明确为副科级。至2016年机构设置未变。

队伍建设

组织建设　1990—2016年，县检察院干警队伍得到新的发展。2016年末，全院干警由1990年的27人增至46人。其间共新增干警27人（2005年新增2人，2011年招录19人，2016年招录6名公务员）。1994年，全院推荐7人任检察员、助理检察员（其中有4人被评为全区检察系统先进个人）。1996年，全院4人担任了中层领导干部。2011年，全院3人被任命为正科级检察官，3人被任命为副科级检察员。2016年底，全院有13人入额检察官。

思想作风建设　1989年，县检察院共有党员16人。1990年至2016年，检察院党组新发展党员 22 人，至2016年末，全院党员总数达到33人（不含离退休党员）。

1989—1991年，县检察院党组把思想政治教育和廉政建设作为队伍建设的重要内容，利用每周三、五下午集中学习时间，组织全体干警学习党的十三届三中、四中、五中全会文件和邓小平理论等，对党员干警进行党的宗旨教育、为政清廉教育；领导干部转变作风，率先垂范，4名正副检察长，1名常年下乡，3名亲自参加办理重大经济、法纪案件，参案率达60%。年终考核，全院评出先进科室4个，先进个人11名，其中全省检察系统先进个人1名，优秀公诉人1名、优秀侦查员3名、优秀信息员1名、优秀档案员1名。县检察院被命名为“地级文明单位”。

1993年，全院干警转变工作作风，深入农村、厂矿、企业宣传党的政策法律，走访群众，征求群众意见，发动群众寻找案件线索。1994年，全院组织干警学习《邓小平文选》（第三卷）、《中共中央关于加强党的建设几个重大问题的决定》和社会主义市场经济理论。1995年，全院组织干警学习孔繁森模范事迹，学习济南交警严格执法、执情服务的工作作风。根据《中华人民共和国检察官法》的要求制定六项措施，管理检察干警。1996年，全院全体干警重点学习邓小平建设有中国特色社会主义理论和党中央关于建立社会主义市场经济的各项方针政策，学习党章、党规、党史，学习领会《中共中央关于社会主义精神文明建设的决定》精神。制定和完善十五项规章制度，规范干警行为。年终考核，4个科室被评为先进集体（其中1个科室被县委、县政府评为“打团扫恶”第一战役先进集体），8人被评为先进工作者（其中2人被吕梁检察分院评为“打团扫恶”第一战役先进个人）。

1997—1998年，县检察院组织全体干警学习马克思列宁主义、毛泽东思想和邓小平理论，并结合实际开展全心全意为人民服务的宗旨教育、职业道德教育和学英雄见行动活动，通过召开座谈会、民主生活会和组织全体干警参加法庭审判、集体研究讨论案件等形式，提升干警的思想政治素质。全年干警拒收礼物13人次，拒吃请30余次；王晋利被评为全区“严打”先进工作者，并记三等功。

1999年，县检察院政工科牵头，组织全体干警开展政治理论和检察理论教育活动，学习了马克思列宁主义、毛泽东思想和邓小平理论，党的十五大精神和江泽民总书记的重要讲话精神。11月，王晋利被评选为“吕梁地区优秀青年卫士”。2000年，围绕强化干警的司法公正观和民主执法观，全院干警开展“三讲”教育活动。

2001年，全院干警努力学习实践“三个代表”重要思想，开展为期3个月的集中学习和半年教育整顿工作。3月，康亨被山西省检察院授予“五好”检察干警称号，兴县人民检察院获“五好检察院”（好班子、好队伍、好机制、好业绩、好形象）荣誉称号。

2003年，县检察院以“强化法律监督，维护公平正义”为主题，以规范和健全制度为基础，以查摆问题为突破口，加强干警队伍作风建设。先后召开党组民主生活会、党小组会、科室座谈会、中层干部讨论会，重点查摆履行法律监督不力、执法质量和执法水平不高，滥用职权和以权谋私等问题；先后制定党组会议制度、检察委员会制度、请销假制度以及车辆和办公用品管理使用、来客接待、赃款赃物移交管理等一系列制度。全院9个科室中有8个科室进入全区先进行列；副检察长郝继华被山西省检察院荣记三等功，并授予“巾帼建功”女标兵称号；康淑娅参加吕梁检察分院举办的“女检察官风采”演讲比赛，获一等奖。2004年，检察院党组坚持对干警进行理想信念教育，组织全院干警认真学习党的十六大、十六届三中全会精神，邓小平理论和“三个代表”重要思想，召开党组民主生活会，开展批评与自我批评，解决学习、生活、作风等方面存在的问题。

2005年，检察院开展保持共产党员先进性教育活动，全院干警学习了《江泽民论加强和改进党的建设》和胡锦涛总书记在新时期保持共产党员先进性教育专题报告会上的重要讲话，举办共党员先进性教育活动专栏，定期召开党组、党小组、党员民主生活会。该年，全院共编发《兴县检察信息》48条，其中被山西省检察院转发1条、吕梁市检察院采用14条、《吕梁日报》采用4条；检察院干警全年撰写检察理论和专题调研文章10篇；中共兴县县委作出向兴县人民检察院干警王采平学习的决定；检察院控申举报接待室被山西省人民检察院评为“文明接待室”；检察院反贪污贿赂局被吕梁市人民检察院评为“反贪工作先进单位”；县检察院被中共兴县县委评为保持共产党员先进性教育活动先进单位。

2013—2016年，县检察院利用机关学习、召开会议、看电教片等形式，组织全院干警学习党的十八大精神和习近平总书记重要讲话，每位干警坚持作读书笔记，写心得体会，并对照自己的思想和工作情况开展批评与自我批评；对领导班子成员进行廉政教育，做到警钟长鸣。

业务建设　县检察院既注重对干警的政治理论教育，也要求干警加强业务学习，提高综合素质。1989年，全院有8人参加全省举办的法律大专自学考试，有3人参加法律专业的学习，有18人参加县委宣传部举办的干部正规化教育，有4人参加现代经济法及文化补学。

1990—1993年，县检察院先后有38人参加法律自修大学和专业证书的学习，有8人取得专业证书（含毕业证）；有21人参加省地组织的短期业务培训。同时，全院在办案中选用典型案件，采用集体会诊、集体讨论的方法，引导干警从中学习和提高业务能力。

1996年，检察院领导带头学习修改后的《中华人民共和国刑事诉讼法》，并为各内设机关订阅《山西检察》36份、《检察日报》28份；组织全体干警学习保密法规3次。

1999—2003年，以提高干警业务素质为目标，检察院组织全院干警学习各种法律知识和检察业务知识。其中，2002年，全院干警参加全国检察系统组织的基本素质考试，合格率达100%；2003年，全院37名干警参加法律自学考试，其中25名干警取得专科毕业证书，有8名干警取得主诉检察官资格证书；2名院领导参加了山西省检察院组织的为期半年的续职培训。

2009年，县检察院制定业务培训规划和相关激励制度，鼓励干警参加全国司法考试，有3名同志通过国家司法考试。2010年，全院运用视频会议系统对公诉、侦查监督、监所等业务科室干警进行了业务培训，提高了干警的办案水平和业务能力。

2013—2016年，县检察院号召全院干警学习“阳光检察”的理论知识，树立阳光执法理念，多次组织干警学习“全国检察机关统一业务应用系统”的操作使用，促进了干警信息化技能水平的提升。

设施建设　1999年4月，县检察院开通传真，上下级机关传输文件更便捷；1999年末，县检察院在原二层办公楼上加盖一层，新增办公面积220平方米；购置警用车1辆，山西省检察院划拨1辆（均为普桑），工作条件更加优化；2005年，县检察院争取国债资金和地方配套资金，启动检察技术大楼建设工程，年底主体工程竣工验收；开通视频会议室和政治专线网，装备价值20余万元的先进侦查设备和多媒体示证系统。

2006年8月，县检察院由原文化街迁至大茔梁（晋绥东路），占地面积4.53亩，建筑面积2000平方米，在全市基层院中率先完成“两房”（办案用房和专业技术用房）建设任务。2008年，县检察院开通检察专线网，开始使用讯问职务犯罪嫌疑人同步录音录像系统；开通12309电话举报平台，建成驻看守所检察室远程提讯和监所监控系统，进一步提高信息化在检察工作中的应用水平。2009年，县检察院投入资金15万元，新购置电脑20台，开通检察办公办案网络系统，增设安全防控系统；新建乒乓球活动室和篮球场地。

2013年，县检察院以全省光纤接入的三级检察专网为依托，升级改造高清同步录音录像审讯系统；为每位干警配发台式电脑，为每个科室配发笔记本电脑；按山西省一级检察室标准，对监所检察室联网监控系统进行了超前改造。至2016年，县检察院基础设施更加完善，办案、办公条件达到现代化水平。

第二节　刑事检察

审查批捕和审查起诉

1989—1992年，县检察院把盗窃、抢劫、强奸、制造贩卖毒品、拐卖妇女儿童和车匪路霸等严重侵犯公民人身权利和扰乱社会秩序的犯罪作为打击重点，共批准逮捕各类犯罪嫌疑人（当时称被告人）295人，提起公诉361人。

1993—1997年，县检察院与兴县公安局、县法院协调配合，开展“打黄扫非”“打团扫恶”（打击犯罪团伙和扫除流氓恶势力）“三打三禁”（打击严重暴力犯罪、打击团伙犯罪和流氓恶势力、打击经济犯罪；禁黄禁赌禁毒）和打击“车匪路霸”等一系列专项斗争，批捕各类犯罪嫌疑人302人，提起公诉410人，依法惩处一批严重刑事犯罪分子。

1998—2002年，县检察院批准逮捕各类犯罪嫌疑人301人，提起公诉354人。2003—2007年，县检察院开展“打黑除恶”专项斗争，共批准逮捕各类刑事犯罪嫌疑人622人，提起公诉656人。2008—2012年，县检察院继续深化“打黑除恶”专项斗争，严厉打击“两抢一盗”（抢夺、抢劫、盗窃）等多发性侵财犯罪，共批准逮捕刑事犯罪嫌疑人860人，提起公诉894人。2013—2016年，县检察院批准逮捕犯罪嫌疑人651人，提起公诉859人。

侦查活动、公诉与审判监督

1996年，县检察院共办理3件刑事立案监督案件，其中1件为依法自行立案侦查、1件为工商执法人员伪造公文印章案，并撰写经验材料在全省推广。

2001—2002年，县检察院共监督公安机关刑事立案16件，发出“纠正违法通知书”30份，追捕漏犯17人。

2003—2007年，县检察院在依法严厉打击严重刑事犯罪的同时，贯彻宽严相济的刑事政策，对主观恶性不大、犯罪情节轻微的未成年人初犯、偶犯、过失犯依法从宽处理，对这类犯罪以无逮捕必要作出不批准逮捕共计24人；依法履行诉讼监督职责，共追捕漏犯26人；对侦查活动中的违法行为提出纠正意见和检察建议40余次；受理民事行政申诉案件16件，提请吕梁市检察院抗诉1件。

2008—2012年，县检察院加大诉讼监督工作力度，共监督公安机关立案26件26人，追捕追诉漏犯44人，追诉漏罪10起。

2013—2016年，县检察院监督公安机关立案46件，监督撤案25件，追捕追诉漏犯20人，提起刑事抗诉8件16人。

第三节　反贪污贿赂和反渎职侵权

1989—1992年，县检察院贯彻中央惩治腐败的方针，把查处贪污贿赂犯罪放在检察工作的首位。4年共立案查处贪污贿赂犯罪案件35案39人，其中查办重大责任事故、玩忽职守、非法拘禁、刑讯逼供、非法侵入他人住宅、盗伐林木等侵犯公民权利和渎职犯罪案件17件。1992年5月，县检察院与兴县税务机关配合，成立税务检察室，打击偷税、抗税犯罪活动。

1993—1997年，县检察院重点查办职务犯罪大案要案，共立案查处贪污贿赂案件35案36人，其中立案查处渎职、侵犯公民民主权利和人身权利犯罪案件25案28人。

1998—2007年，县检察院共立案侦查贪污贿赂和渎职犯罪案件49案49人。其中，严肃查处了电力系统在农用电网改造中挪用贪污一案，起到震慑作用。

2008—2012年，县检察院共查办各类职务犯罪案件40件，其中大要案5案5人（涉科级干部3案3人）。2013—2016年，县检察院共立案侦查职务犯罪案件34案54人。

第四节　刑事执行（监所）检察

1989—1992年，县检察院监所检察工作重点开展监所日常安全监督、接受在押人员申诉、维护在押人员合法权益、治理超期羁押、对监外执行罪犯专项检察、交付执行监督、查办监管人员等7项，累计纠正超期羁押20案31

人，纠正一般违法36件。

1993—1997年，县检察院对看守所监管活动中存在的违法行为提出纠正意见5次，纠正超期羁押2案8人。

1998—2002年，县检察院共纠正超期羁押3人，发出“纠正违法通知书”30份。

2003—2007年，县检察院对监外执行罪犯实行全覆盖考察，纠正一起保外就医期满后未及时收监的案件。其中，2003年8月，牵头召开公检法联席会议，解决了22人超期羁押问题。

2008—2012年，县检察院会同县公安机关开展“清查事故隐患，促进安全监管”和监外执行专项检查工作，重点检查了社会关注的“牢头狱霸”和监外执行罪犯脱漏管问题。

2013年，县检察院原监所检察科更名为监所监察科（刑事执行监察科）。2015年，县检察院侦查监督科与刑事执行监察科（监所监察科）2机构合并，除常规性监督工作外，财产刑执行监督及羁押必要性审查全面开展。其间，检察院共向法院发出财产执行监督意见85份，对无羁押必要的27人进行审查，建议办案部门变更强制措施。

第五节　民事行政检察

1994年6月，县检察院成立民事行政检察科，系统开展民事行政检察工作。2003—2007年，县检察院民事行政检察科共受理民事行政申诉案件16件，提请吕梁市检察院抗诉1件。2013—2016年，县检察院民事行政检察科共受理民事行政申诉案件641件，均以提请抗诉、支持起诉、再审建议等方式依法办理。

第六节　职务犯罪预防

2004年9月，县检察院选聘5名人民监督员，依法对职务犯罪“三类案件”（即犯罪嫌疑人不服逮捕决定案件、拟撤销案件、拟不起诉案件）的5种情形提出监督意见。2006年5月，经县编办批准，兴县职务犯罪预防科和反渎职侵权局分别成立。之后，县职务犯罪预防科人员深入企业、金融、国税等部门单位开展法制宣传和警示教育10余次，并开通行贿犯罪档案查询系统，拓宽检察机关预防职务犯罪的工作领域。2009年，全省检察机关预防职务犯罪工作会议后，县检察院成立预防职务犯罪办公室。同时，根据山西省检察院部署，县预防职务犯罪办公室开展了为期2个多月的“深入农村，深入企业，深入社区”实践活动，共进行职务犯罪预防调查30次。2011—2016年，县预防职务犯罪办公室进行职务犯罪预防调查54次、行贿犯罪档案查询2274次，举办警示教育和预防宣传80场。

第二章　审判

第一节　机构设置

机　构

1989—1997年，县法院内设工作机构有办公室、经济庭、刑事庭、民事庭、行政庭（1990年4月设）、执行庭（1990年8月设）、调研室（1995年4月设）、告申庭（1996年2月设）8个庭（室）。下辖奥家湾人民法庭、康宁人民法庭、瓦塘人民法庭、孟家坪人民法庭、蔡家会人民法庭（1981年5月设）、城关人民法庭（1990年4月设）6个基层法庭和服务经济专门法庭（1993年8月设）、计划生育巡回法庭（1993年10月设）、土地管理巡回法庭（1996年2月设）3个专门法庭。

1998—2000年，县法院内设工作机构撤销调研室、告申庭和经济庭。下辖工作机构撤销孟家坪人民法庭、服务经济专门法庭、计划生育巡回法庭和土地管理巡回法庭，另成立立案庭和审判监督庭。2001年5月，县法院内设工作机构增设司法警察大队。2002年，县法院经县编委审核内设10个职能部门。2003年，县法院撤销奥家湾人民法庭。2005年3月设立政治处和执行局，将原执行庭的全部职能和人员合并入执行局（包括执行一庭、执行二厅）；4月，成立民商事审判庭，将原民事法庭的全部职能及人员并入民商事审判庭（包含民事审判一庭和民事审判二庭）。

至2005年末，法院内设机构有办公室、政治处、立案庭、刑事审判庭、民商事审判一庭（包括民事审判二厅）、行政审判庭、审判监督庭、执行局（包括执行一庭、执行二庭）、司法警察大队；下辖城关、康宁、瓦塘、蔡家会4个基层人民法庭。

2007年，县法院内设办公室、政治处、刑事审判庭、民商事审判庭（包含民事审判一庭和民事审判二庭）、行政审判庭、立案庭、执行局（包含执行一庭、执行二庭）、少年审判庭（2006年设）、审判监督庭、司法警察大队和康宁人民法庭、瓦塘人民法庭、蔡家会人民法庭、蔚汾人民法庭（2006年6月由城关人民法庭改称）4个基层人民法庭，共14个办事机构。2008年，县法院成立信访接待办公室，由经验丰富的审判人员专人负责信访接待。2009年1月，县法院增设纪检监察室。

2014—2016年，县法院的行政诉讼案件统一移交临县人民法院审理，非诉行政申请执行案件由县法院执行局负责办理。

2016年12月，县法院内设10个庭（室）：办公室、政治处、纪检监察室、立案庭、审判监督庭、民商事审判庭、刑事审判庭、执行局、少年审判庭、司法警察大队；下辖蔚汾人民法庭、康宁人民法庭、瓦塘人民法庭和蔡家会人民法庭。

队 伍

1989年，县法院共有在职人员45人，设法院院长1名，副院长2名。1993年，县法院在职人员54人，调整审判人员23名，提请任命2名正科级审判员、4名庭长、3名副庭长、5名审判员。

1992—1996年，选调、学校分配等23人进入法院工作。1993—1996年间，县法院先后有8名干警受到省级以上记功、嘉奖，10名干警受到地级以上表彰，15名干警受到县级以上表彰。1994年度，县法院被评为“全省法院信息工作先进单位”。1995年，县法院共有在职人员70人，设法院院长1名，副院长4名。1998年，县法院核定编制82人，在原有政法专项编制43人的基础上增加地方编制39人，实有70人；其中院长1人，副院长5人，审判员20人。

2002年，县法院共有在职人员69人，其中政法专项编制39人，设院长1名、副院长3名、纪检组长1名。同年，县法院被山西省高级人民法院评为“人民满意的好法院”，荣立集体二等功。2007年，县法院全部在职人员72人，其中设院长1人、副院长3人，纪检组长、政治部主任各1人，庭长1人、副庭长13人，法警5人。

2012年，县法院共有在职人员88人。8月，吕梁市人力资源和社会保障局统一组织兴县政法系统事业编制考试，县法院在此次考试中招录12名大学生充实了队伍。2013年11月，县法院共有在职人员85人，其中审判员45人、书记员8人、法警5人，其他人员27人。同年，县法院被吕梁市委宣传部授予“2013年度吕梁市文明单位”称号。

2016年12月，县法院共有在职人员97人，其中政法专项编制44人，事业人员12人，工勤人员6人，劳务派遣人员12人，临时工23人。同年县法院首批（自司法责任制改革以来）遴选入额法官15人。

设施建设

兴县人民法院　县法院位于县城文化街15号。1995年10月，办公大楼及审判法庭建成投运，总建筑面积2600平方米。

2010年，县法院综合办公楼进行内外全面大维修和改造。同年，新审判综合大楼申报立项，纳入全省两庭建设规划。2013年，县法院开通法院网站和微博，拓宽审务公开渠道。

2015年，县法院完成法院官方网站、审判流程系统、远程提讯等系统建设。设立诉讼服务中心，推行预约立案、上门立案，为行动不方便的残疾人、老年人提供诉讼便利。

2016年，县法院新建数字化法庭，用科技法庭审理案件。开展诉讼档案数字化建设，将近50年的诉讼档案1.56万卷、2.42万册、104.92万页全部实现数字化。6月15日，县法院新审判综合大楼建设项目封顶，主体结构工程建设完毕。新建成的县法院审判综合大楼位于县城新区，占地面积1万平方米，建筑面积6000平方米，概算投资1500万元。

基层法庭　1994—1996年，县法院筹资建设奥家湾人民法庭、康宁人民法庭、瓦塘人民法庭、蔡家会人民法庭，4个法庭建筑面积均在100平方米以上，结束了过去各法庭租赁窑洞办公的落后历史。2006年9月，县法院利用国债资金55.84万元，建成占地1377平方米、建筑面积869平方米的蔚汾人民法庭。

2009年9月，县法院利用国债资金89.95万元建成康宁人民法庭（驻设康宁镇曹家坡村），建筑面积810平方米（两层）。2011年，县法院利用国债资金90万元，建成建筑总面积860平方米（两层）的蔡家会人民法庭。

第二节　审判制度

公开审判制度

人民法院审理案件，除法律规定的特别情况外，一律公开进行。

1991年，县法院公开法院办案制度，对刑事、民事案卷质量进行交叉检查，改变重实体轻程序的旧习惯。1993年，县法院组织召开6次集中宣判大会，宣判19案26人。1997年，县法院共宣判8案11人，起到震慑犯罪，教育群众的作用。

1998年，县法院加强公审力度，注重法制宣传，共宣判8案13人。1999年，县法院开展"审判质量年""审判执行年""争创人民满意的好法院、争当人民满意的好法官"3项活动，落实"六公开"（公开调查、公开陈述、公开举证、公开认证、公开辩论和公开审判）制度和"三分离"（立审分离、审执分离、审监分离）制度。

2003年，县法院召开审判会2次，宣判6案12人。

2014—2015年，县法院完成了兴县法院官方网站、审判流程系统、远程提讯等系统建设，相继建立完善了庭审直播、审判流程、执行信息、裁判文书上网等公开制度，做到案件应当公开审理的全部公开审理；诉讼过程全部录入管理系统，方便当事人查阅；生效裁判文书应当公开的全部在中国裁判文书网公开。

2015—2016年，县法院依照山西省高级人民法院《〈关于常见犯罪的量刑指导意见〉实施细则》，对交通肇事罪、故意伤害罪等15种判处有期徒刑的案件，实施量刑规范化工作，确保量刑公开、公正，解决了"同案不同判"的现象。

人民陪审及合议制

1991年，县法院根据山西省高级人民法院、山西省教育委员会、共青团山西省委员会、山西省总工会、山西省妇女联合会《关于审理少年刑事案件聘请特邀陪审员的联合通知》（晋法研字〔1991〕第28号文件）精神，成立少年刑事案件合议庭，聘请有社会经验、热爱少年工作者担任特邀陪审员，参加对少年犯罪案件的审理。

1993年，县法院充分发挥集体智慧，坚持对刑事案件和其他所有疑难案件集体讨论，仅该年下半年就召开审判委员会会议41次。

1994年，县法院在实行主审法官负责制的同时，强化合议庭和审判委员会的职能作用，对疑难案件实行集体会诊，共同研究定案，避免了错案的发生。

2004年，县法院在全县公开选任人民陪审员11名。

2005年5月，县法院根据全国人大常委会《关于完善人民陪审员制度的决定》和最高人民法院、司法部《关于人民陪审员选任、培训、考核工作的实施意见》，结合审判实际情况，采取公告、组织推荐、审查、审核、公示、培训及人大常委会任命等程序，共选任人民陪审员10人，任期5年。

2010年，县法院通过进行公告，组织推荐、审查、审核、公示、培训及县人大常委会任命等程序，共选任人民陪审员12人，任期为5年。人民陪审员中有党员5人、群众7人；职业分布为党政机关4人、基层组织4人、企事业单位3人、下岗职工1人；城镇人口9人，农村人口3人。人民陪审员全年参审刑事、民事等典型案件30件。

2013年，县法院适用普通程序审结案件340件，其中人民陪审员参审案件13件，陪审率3.8%。2014年，县法院适用普通程序审结案件421件，人民陪审员参审案件39件，陪审率9.3%。

2015—2016年，县法院根据吕梁市中级人民法院关于落实人民陪审员倍增（计划）工作的通知精神，依照选任条件、程序和要求，采用个人申请和组织推荐方式，共选任人民陪审员13人。2015—2016年，县法院适用普通程序审结案件1405件，人民陪审员参审案件217件，陪审率15.5%。

审判监督制

1989年，县法院制定干警岗位责任制，要求刑事案件审结率达100%、经济纠纷案件审结率达85%、民事案件审结率达90%，根据职责和完成任务情况进行奖惩。在民事审判中，要求办案人员严格把握好“五关（即立案审查关、调查取证关，分析研究关、适用法律政策关、调解判决关），提高办案质量，维护当事人和法人的合法权益。根据岗位责任制，对干警定期检查，严格考核。

1990年，县法院在刑事案件审理中做到“五认真”（认真复核证据、认真审讯被告、认真开庭审讯、认真制作法律文书、认真做好结案扫尾工作）、“三把关”（严把事实证据关、严把审讯关、严把定罪量刑关），使所办案件达到事实清楚、证据确凿、定性准确、量刑适当、程序合法、手续完备的目标。

1993年，县法院制定“办案质量跟踪监督卡”，将跟踪监督卡与立案通知、应诉通知一并送达诉讼当事人，听取意见，接受监督。同时制定“民事案件审结时限”“民事案件开庭程序”“民事案件正副卷装订顺序”等规定，对审判人员进行了业务培训。

1994年，县法院制实行分管副院长和民庭庭长每月到各法庭进行检查指导制度和由分管副院长逐案审核签发法律文书制度。

1995年，县法院实行党组决策、全院执行、纪检监察监督（各庭、室副职为监察员）三位一体的执法管理新机制。同时实行“案件审理时限检查卡”制度，解决了案件超时限审理却不能及时督查的问题。

1996年，县法院制定《兴县人民法院错案责任追究制》《兴县人民法院案件督查试行办法》《兴县人民法院案件审理逾期责任追究制》《兴县人民法院审理重大复杂疑难案件奖惩办法》《兴县人民法院民事案件繁简分流工作程序》《兴县人民法院岗位责任制考核办法》等一系列制度，与“三个分离”（立审分离、审执分离、审监分离）和“三卡”（监督卡、时限卡、回访卡）相配套实施。落实上述制度不仅有利于纠正刑事、民事、经济、行政、执行案件中存在问题，而且有利于促进各类案件的快审、快结、快执，提高办案质量。

1998年，县法院成立“法官违法违纪举报中心”，设立举报箱，公布举报电话，保证了外部监督渠道的畅通。

2000年，县法院成立纪检组、监察室，由各庭室负责人签订党风廉政建设责任状，做到外部监督有序，制约有力，有章可循。制定《兴县人民法院案件审理流程管理办法（试行）》，对案件立案、审理、结案、评查4方面作出具体规定。同时制定《关于选任审判长和独任审判员的实施意见》，根据公开竞选、择优录用、全面兼顾的原则，经过德、能、勤、绩的考核，确定独任审判员5名。

2001年，县法院印发《关于落实审判长、独立审判员职责的规定》，在把审判权真正落实到审判员的同时严格规定了违法办案的法律责任，使审判人员的权责统一起来。

2004年，县法院开展“公正执法树形象”活动，实行开门评警，共征得社会各界对法院工作的意见、建议65条。

2007年，县法院规范审判行为，在立案工作中实行首问责任制、承诺制、公开制，做到快审、快立案；制定《案件质量评查办法》《案件质量评查标准》等制度，在案件评查中，从法律适用到裁判文书标点都严格予以审核。

2010—2011年，县法院全面实行最高人民法院印发的《人民法院量刑指导意见(试行)》的有关规定，规范自由裁量权，增强量刑的公开性，实现量刑的均衡，维护司法权威和统一；简化立案环节，做到快审查、快立案，畅通百姓表达诉求的渠道；纪检监察组与各庭室签订党风廉政责任制，制定《法官差错案件责任追究办法》，加强审判监督。

2012年，县法院开展为期3个月的纪律作风整顿，出台实施方案，召开动员大会，查找干警在审判工作中存在的问题；同时，开展整治“吃、拿、卡、要”专项活动，设立举报箱，公布举报电话，主动征求社会各界对法院审判执行的意见和建议，通过扎扎实实的整改，进一步增强干警“为大局服务、为人民服务”的主动性。

2013—2016年，县法院围绕公正与效率的主题，不断加强干警思想政治建设、司法能力建设和工作作风建设，落实各方面责任制，不断提升司法公信力。

辩护与代理制

人民法院审理案件，当事人及被告人有权获得代理、辩护。

县法院制定了《诉讼当事人须知》，随案送达当事人，并进行细致耐心的讲解。在民事诉讼中，告知当事人可以委托诉讼代理人；在刑事诉讼中，被告人除自己行使辩护权外，还可以委托辩护人，被告人因经济困难或其他原因没有委托辩护人的，被告人是盲聋、哑人或者是尚未完全丧失辨认或者控制自己行为能力的精神病人没有委托辩护人的，都通过法律援助机构指派律师为其提供辩护。在1989年至2016年所审理的刑事案件中，县法院对所涉及的所有未成年被告人和符合法律援助情形的被告人，都指定了辩护人；对在民事诉讼、刑事诉讼、行政诉讼中所涉及的聋哑人和少数民族当事人均聘请了翻译人员，无代理人的指定了代理人。

调解制度

人民法院审理民事案件，坚持调解优先的原则，根据当事人自愿，在事实清楚的基础上进行调解。每年有大量民事案件经调解结案，达到了定分止争的目的。

1993年，县法院积极开展诉前调解，为企业收回贷款14.5万元。

2007—2010年，县法院共受理刑事附带民事案件63件，其中调解解决52件，调解率达82.5%。

2010年，县法院与县司法局联合印发《关于进一步加强人民调解和司法对接工作的实施意见》，形成审判人员、司法助理员、人民调解员多方合力共同化解社会矛盾的良好机制。

2011—2015年，县法院共受理刑事附带民事案119件，其中通过调解达成赔偿的98件，调解率82.4%。

第三节　刑事案件审判

1989年，县法院共受理各类刑事诉讼案件49件，涉及71人。依法审理49件71人（无罪释放1人）。其中，贪污、挪用公款案6件7人，强奸案5件5人，盗窃案24件39人，重婚案1件2人，伤害案6件7人，重大责任事故案1件2人，拐卖人口案1件2人，诈骗案2件2人，故意毁坏公私财物案1件2人。按犯罪年龄分，15到25岁的有34人，占全部犯罪人数的48.6%。按判刑时间分，判处10年以上有期徒刑1人，5年以上不满10年有期徒刑12人，判处5年以下有期徒刑39人，拘役1人、训诫1人、缓刑9人，其他（退卷补侦、驳回起诉等）7人。

1990年，县法院共受理各类刑事案件50件，涉及70人。审结49件，审结率98%。

1991年，县法院在开展刑事审判工作中，坚持依法从重从严从快的方针，严厉打击严重刑事犯罪活动。全年共受理各类刑事诉讼案件73件，涉及119人，全部审结，判处犯罪117人。其中贪污、挪用公款案2件2人，强奸案3件3人，盗窃案24件32人，重婚案4件11人，伤害案14件23人，拐卖人口案1件2人，诈骗勒索案7件10人，无罪释放2人。在判处的117名罪犯中，判处5年以上有期徒刑的13人，5年以下有期徒刑的58人，判处拘役1人、管制2人、缓刑7人，其他（退卷补侦、驳回起诉）36人。犯罪人数中16岁至25岁的青少年38人，占犯罪总人数的32.5%。

1992年，县法院共受理各类刑事诉讼案件58件，涉及82人。经依法审理，判处罪犯69人，结案率达100%。其中故意杀人案1件1人、强奸案1件1人、贪污挪用公款案3件3人、赌博案1件1人、盗窃案22件31人、虐待案1件3人、伤害案14件23人、拐卖人口案2件5人、诈骗案3件3人，非法拘禁案1件3人、破坏集体生产案1件1人、交通肇事案2件2人。在判处的69名罪犯中，处5年以上有期徒刑的12人、5年以下有期徒刑的22人、拘役8人，管制2人，缓刑19人，退卷补侦6人；犯罪人数中16岁至25岁青少年24人，占犯罪总人数的34.8%。

1993年，县法院共受理各类刑事诉讼案件59件，涉及80人。经审理，宣告无罪1人，判处79人。其中伤害案14件、盗窃案17件、敲诈勒索案4件、拐卖妇女案2件、贪污挪用公款案3件、偷税案1件。在被判决的79人中，判处10年以上有期徒刑3人、判处5到10年有期徒刑的10人、判处5年以下有期徒刑的51人，判处拘役、缓刑的13人，免于刑事处分的2人。共受理刑事自诉案件7件14人，全部审结。受理再审案件4件4人，全部审结。全年共补充侦查材料78份，对3案进行了退卷补侦，共有上诉案件12件，上诉率为22.3%。

1994年，县法院共受理各类刑事诉讼案件39件，涉及46人（含自诉案件4件4人），全部审结，宣告无罪2人。在判处的39件中，有故意杀人案1件1人、伤害案12件15人、盗窃案10件13人、诈骗案1件1人、抢劫案1件1人、流氓案2件2人、挪用公款案2件2人。在判决的44名罪犯中，判处10年以上有期徒刑1人、5至10年有期徒刑7人、5年以下有期徒刑22人、拘役5人、缓刑6人，免于刑事处罚3人。是年，县法院与县公安局、县检察院配合，开展“反盗窃反赌博”专项斗争，3次召开规模较大的宣判大会，宣判案件3件7人，旁听群众达4万余人。刑事案件较上年下降33.9%。

1995年，县法院共受理各类刑事诉讼案件59案95人（其中公诉案件56案89人、自诉案件3案6人），审结59案95人，宣告无罪2人，结案率100%。在所审结的59案中，有杀人案2件2人、伤害案19件24人、盗窃案16件34人、抢劫案2件6人、流氓案4件5人、敲诈勒索案1件2人、拐卖妇女案4件8人、容留妇女卖淫案1件1人、强奸案1件1人、投毒案1件人、妨害公务案1件1人、非法侵入他人住宅案2件3人、遗弃虐待案1件2人、贪污挪用公款案4件5人。在判处的93名人犯中，判处10年以上有期徒刑的11人、5至10年有期徒刑的7人、5年以下有期徒刑的49人，判处拘役4人、缓刑7人，其他（免于刑事处分、退卷补侦、驳回自诉、撤诉）15人。

1996年，县法院共受理各类刑事诉讼案件70案86人，全部审结，宣告无罪1人。在审结的70案中，有故意杀人案、过失杀人案3件3人，爆炸案1件1人，抢劫案4件6人，盗窃案21件31人，奸淫幼女案、强奸案4件4人，非法侵入他人住宅案2件2人，拐卖妇女案3件4人，非法拘禁案2件3人，销赃案2件2人，挪用公款案2件2人，贩运假币案3件3人，赌博案2件2人，敲诈勒索案1件1人，绑架儿童案2件2人，玩忽职守案1件1人，挪用公司资金案2件2人，诬告诽谤案1件2人，交通肇事案4件4人，拒不执行法院判决案1件1人。在判处的85名罪犯中，判处10年以上有期徒刑4人、5至10年有期徒刑6人、5年以下有期徒刑32人，拘役13人，缓刑8人，其他（免于刑事处罚、撤诉、退卷补侦）22人。在严打第一战役中被判处刑罚的罪犯25人，其中3人被判刑10—12年。全年共退卷补侦案件13件16人，自侦材料45份，发现漏犯1人，改变检察院起诉定性的3件3人，向吕梁中级人民法院报批适用缓刑8人，组建青少年犯罪合议庭审理青少年犯罪案件3件3人，全年办结的案件上诉6件，抗诉3件，维持原判的8件，改判的1件。

1997年，县法院共受理各类刑事诉讼案件44案53人（含自诉案2案2人），审结44案53人，结案率100%。在审结的44案53人中，有故意杀人1案1人、盗窃13案13人、伤害12案12人、抢劫4案4人、贪污挪用公款2案4人，妨害公务1案1人、非法侵入他人住宅1案1人、诈骗2案5人、违反危险物品1案2人、流氓、奸淫幼女、强奸3案3人、购买伪造货币1案4人、交通肇事1案1人。被判处的53名罪犯中，判处10年以上有期徒刑的2人、5至10年有期徒刑的3人、5年以下有期徒刑的28人，拘役9人，缓刑5人，其他（免于刑事处分、管制、剥夺政治权利、撤诉）6人。

1998年，县法院共受理各类刑事诉讼案件40案49人，审结40案49人，结案率100%。所审结案件中，有盗窃12案17人、伤害15案16人、故意杀人（未遂）2案2人、诈骗2案5人、拐卖妇女1案1人、生产责任事故2案2人、交通肇事3案3人、购买伪造假币1案1人、非法侵入他人住宅1案1人、非法种植毒品原植物1案1人。在所判处的49名罪犯中，判处5年以上有期徒刑的2人、5年以下有期徒刑的25人，拘役11人，缓刑4人，其他（单处、免处、撤诉）7人。1999年，县法院共受理各类刑事诉讼案件36件46人，全部审结。

2000年，县法院共受理各类刑事诉讼案件28件，涉及32人，全部审结。其中盗窃案12件15人，故意伤害案7件7人，诈骗案2件3人，奸淫幼女案1件1人，劫夺被押解人员案1件1人，诽谤案1件1人，购买假币案1件1人，非法侵入住宅案1件1人，非法出售、非法制造发票案1件1人。

2001年，县法院共受理各类刑事诉讼案件38件，涉及58人，全部审结。其中有盗窃案13件21人，故意伤害案8件8人，抢劫案1件7人，拐卖妇女案1件2人，贩卖毒品案1件1人，交通肇事案4件4人，其他案件10件15人。共判处58名罪犯，其中判处5年以上有期徒刑8人、3至5年有期徒刑3人、3年以下有期徒刑25人、其他刑罚22人。2002年，县法院共受理各类刑事诉讼案件42件49人，全部审结。

2003年，县法院共受理各类刑事诉讼案件42件53人，审结39件50人，宣告无罪1人，结案率92.9%。在受理的42件53人刑事案件中，有故意杀人2件2人、故意伤害10件12人、抢劫5件9人、盗窃8件13人、介绍容留卖淫1件1人、拐卖妇女1件1人、妨害公务1件1人、非法拘禁1件1人、非法侵入住宅案2件2人、挪用公款2件2人、非法采矿1件1人、交通肇事7件7人。所审结的39案中，判处罪犯49人，其中判处3年以上有期徒刑的12人、3年以下有期徒刑的18人，拘役管制缓刑19人。

2004年，县法院共受理各类刑事诉讼案件71件（含旧存案件3件），审结68件，结案率95.8%。在受理的71件案件中，有故意杀人2件2人、故意伤害23件25人、盗窃14件25人、抢劫6件13人、贪污、挪用公款7件7人、非法拘禁2件3人、非法侵入住宅案2件2人、诈骗1件1人、非法采矿1件1人、非法持有枪支1件1人、交通肇事11件11人。

2005年，县法院共受理各类刑事诉讼案件84件，涉及116人。审结83件，结案率98%。在所受理案件中，有盗窃案18件27人、伤害案11件11人、抢劫案9件21人、敲诈案2件2人、强奸案2件2人，贪污案4件4人、妨害公务案3件3人、非法拘禁案3件8人、非法侵入住宅案2件3人、非法采矿案2件3人、过失致人死亡案2件2人、寻衅滋事和聚众扰乱秩序案5件10人，窝藏赃物案、介绍卖淫案、诈骗案、盗窃尸体案、重大劳动事故案、重大安全事故案、重婚案、销售赃物案、挪用公款案9件9人，交通肇事案11件12人。

2006年，县法院共受理各类刑事诉讼案件118件，涉及202人，审结115件187人，审结率为97.5%。重点打击抢劫、伤害等严重暴力犯罪及盗窃等多发性侵财犯罪，公开严惩了一批在忻黑线上抢劫的严重刑事犯罪分子。全年共有7案11人被判处10年以上有期徒刑。

2007年，县法院共受理各类刑事诉讼案件126件，审结124件，审结率为98%。重点打击抢劫、伤害等严重暴力犯罪，公开严惩在忻黑线抢劫的严重犯罪分子，全年共有2案4人被判处10年以上有期徒刑。

2008年，县法院共受理各类刑事诉讼案件133件，审结132件，审限内结案率为99%。全年有3案10人被判处10年以上有期徒刑，有12案14人被判处3

年以上10年以下有期徒刑。

2009年，县法院共受理各类刑事诉讼案件95件，全部审结。在刑事审判中重点打击故意伤害、强奸、抢劫等严重暴力犯罪。全年有5案7人被判处10年以上有期徒刑，有36案43人被判处3年以上10年以内有期徒刑。全年受理刑事附带民事案19件，民事部分达成调解16件，占到85%。

2010年，县法院共受理各类刑事诉讼案件101件，审结99件，审结率98%。全年共有5案10人被判处10年以上有期徒刑，有23案39人被判处3年以上10年以内有期徒刑。受理刑事附带民事案件18件，调解12件，调解率为67%。

2011年，县法院共受理各类刑事诉讼案件111件，审结110件，审结率为99%。在审结的110件刑事诉讼案件中，有故意伤害案19件、盗窃案18件、抢劫案16件、招摇撞骗案5件、敲诈勒索案4件、交通肇事案20件、其他类型案件28件。全年判处10年以上有期徒刑3案4人、3年以上10年内有期徒刑20案43人，判处缓刑、管制28案42人。全年共受理刑事附带民事案件17件，民事部分达成调解14件，调解率82.4%。

2012年，县法院共受理各类刑事诉讼案件140件，全部审结。全年判处10年以上有期徒刑5案7人、3年以上10年以内有期徒刑21案25人。对于因民间纠纷发生的轻伤害、因交通肇事后能积极赔偿受害人经济损失的被告人以及未成年人犯罪案件适度从宽处理。全年判处缓刑、管制22案31人。全年受理刑事附带民事案件35件，民事部分达成调解32件，调解率达到91.4%。

2013年，县法院共受理各类刑事诉讼案件152件，审结149件223人，审结率98%。从严惩处抢劫、故意伤害等严重暴力犯罪以及多发的贩毒、盗窃犯罪分子，全年共审结此类案件82件117人。在判决生效的223名被告人中，被判处5年以上有期徒刑13人，占审结判处案犯总数的5.8%；被判处3年以下有期徒刑、拘役、缓刑共155人，占审结判处案犯总数的69.5%。

2014年，县法院共受理各类刑事诉讼案件173件，涉及217人，审结170件211人,审结率98%。全年判处10年以上有期徒刑9人，3年以上10年以内有期徒刑38人，合计占审结判处案犯总数的22.3%；全年判处3年以下有期徒刑、拘役、管制及其他刑法164人，其中缓刑49人；对未成年被告人进行教育、感化和挽救，依法判处未成年罪犯23人，其中判处缓刑、管制的有9人。全年受理刑事附带民事诉讼案件21件，调解处理17件，调解率81%，保护了被害人的合法权益。

2015年，县法院共受理各类刑事诉讼案件130件，审结127件，审结率97.7%。

2016年，县法院共受理各类刑事诉讼案件129件，审结112件，判处罪犯147人，审结率86.8%。全年审结抢劫暴力犯罪、黑恶势力犯罪、毒品犯罪等刑事犯罪案件21件，其中7人被判处5年以上有期徒刑；审结贪污、贿赂和玩忽职守等职务犯罪案件9件，判处9人；对67名被告人判处缓刑、拘役，对5名被告人免予刑事处罚。

第四节　民事商事审判

1989年，县法院共受理各类民事诉讼案件167件，审结150件，审结率达89.8%。在所受理民事诉讼案件中，有离婚案49件、债务纠纷案26件、宅基地纠纷案10件、房产纠纷案2件、继承纠纷案7件、损害赔偿案44件、追索劳动报酬案2件、财物纠纷和相邻纠纷案6件、其他民事诉讼案件21件。在所审结案件中，调解91件，判决54件，撤诉5件。全年共受理借款合同纠纷案、果园承包合同纠纷案、购销合同纠纷案、建筑承包纠纷案18件。审结17件，审结率达94.4%，诉讼标的为32.93万元。全部审结案件中，判决7件，调解9件，撤诉1件。处理简易经济纠纷案16件，争议标的达11万元。审理借款合同案7件，依法收回逾期贷款15万元。

1990年，县法院共受理各类民事诉讼案件188件，其中离婚58件、债务纠纷39件、财物纠纷12件、损害赔偿30件、继承纠纷6件、借贷纠纷5件、买卖纠纷8件、劳动报酬纠纷2件、宅基地纠纷12件、婚姻家庭纠纷3件、其他纠纷13件，审结170件，审结率达90.4%，此外处理各种简易纠纷215件。

1991年，县法院共受理各类民事诉讼案件202件，审结196件，结案率为97%。其中离婚案61件，债务纠纷案56件，宅基地纠纷案26件，房产纠纷案8

件，继承案3件，损害赔偿案34件，追索劳动报酬案5件，其他民事诉讼案件9件。另处理简易纠纷709件。

1992年，县法院共受理各类民事诉讼案件233件，审结226件，结案率为97%。在所审结226件案件中，有离婚案57件，债务案63件，宅基地纠纷案12件，房产纠纷案5件，继承案2件，损害赔偿案47件，其他民事诉讼案件40件；其中调解125件，判决68件，撤诉33件。另处理简易纠纷68件。

1993年，县法院共受理各类民事诉讼案件277件，审结276件，审结率为99.6%。其中审结离婚案63件、债务案76件、损害赔偿案58件、民事纠纷案19件，生效判决标的总额为4.25万元。同年8月，县法院报请兴县县委、县人大同意，成立服务基层经济专门法庭，专门办理信贷案件。至12月，经济专门法庭共受理信贷案件41件，全部审结，诉讼标的总金额105.1万元。向债务人发出支付令47份，为企业收回资金10.5万元，协同金融部门促收信贷资金320万元。

1994年，县法院共受理各类民事诉讼案件437件，全部审结。其中涉及婚姻及家庭的案件88件、房屋案19件、相邻关系案22件、损害赔偿案96件、债务案195件、名誉权案1件。

1995年，县法院共受理各类民事诉讼案件481件，收案数较上年上升10%。其中，婚姻家庭案件100件、房屋案件15件、相邻关系32件、损害赔偿118件、债务176件、继承10件、其他30件。审结481件，其中判决209件、调解231件，结案率91.5%，调解率48%。

1996年，县法院共受理各类民事诉讼案件567件，全部审结。较上年上升17.9%。其中婚姻案61件，非法同居案15件，房屋案11件，相邻权案10件，损害赔偿案89件，债务案353件，继承案4件，其他民事诉讼案件24件。所审结案件中，判决182件，调解364件，其他方式结案21件，分别占结案总数的32%、64%和4%。全年民事案件共上诉42件，维持原判16件，部分改判1件，改判5件，发还重审6件，其余二审未结。全院直接开庭审结案件482件，占结案总数的85%。所结案件中，一个月内审结的318件，占总数的56.1%。

全年共受理经济案件195件，其中购销合同纠纷29件，借款合同纠纷140

件，建筑工程承包纠纷2件，农村承包纠纷9件，企业承包、租赁合同纠纷11件，其他4件，全部审结。审结标的金额1282.9万元。所审结案件中，判决32件，调解132件，其他方式审结31件。其中重点审理了流通领域发生的借贷合同纠纷案件140件，审结标的金额175万元；购销合同纠纷案件29件，审结标的金额15.8万元。通过审理县糖酒公司、县国营铁厂两起案件，共为该2户企业收回资金26. 1万元。该年，县法院共出动干警540人次，发出催款函750份，依法采取强制措施7人次，收贷77万元，清欠15万元；为有关企业主动提供法律服务340人次，帮助修订、完善合同13件，提出合理化建议27条，被采纳22条。

1997年，县法院共受理各类民事诉讼案423件，其中离婚案75件、非法同居案20件、债务案211件、赔偿案80件、继承案3件、相邻纠纷案12件、房屋案10件、其他案12件。审结417件，结案率98.6%。在所审结案件中，判决169件，调解246件，其他方式结案2件，分别占结案总数的40%、59%、1%。

1998年，县法院共受理各类民事诉讼案件303件，其中离婚案57件、非法同居案27件、债务案103件、赔偿案69件、继承案5件、相邻纠纷案13件、房屋案1件、其他案28件，审结303件，结案率100%。在所有审结案件中，判决160件，调解128件，其他方式结案15件，分别占结案总数的52.4%、42.2%、3.4%。1999年，县法院共受理各类民事案件401件，经济案件44件，全部审结。

2000年，县法院共受理各类民事诉讼案件281件，其中债务案81件、离婚案56件、解除同居案27件、人身损害赔偿案58件、财产损害赔偿案20件、相邻纠纷案10件、抚养赡养案3件、宅基地纠纷案5件、其他民事诉讼案件21件。案件全部审结，其中民事庭及各人民法庭审结270件、立案庭审结6件、经济庭审结3件、刑事庭审结2件。全年共受理经济案件27件，全部审结。其中借款合同案19件、农村承包合同案5件、财产租赁合同案2件、财产保险合同案1件。

2001—2002年，县法院共受理各类民事案件590件，全部审结。2003年，县法院共受理各类民商事案件174件，审结155件，结案率达89%。

2004—2006年，县法院共受理民事诉讼、民商事案件426件（含旧存4

件），审结405件，审结率95.1%。

2007年，县法院共受理各类民商事案件198件，审结189件，审结率为95.5%。民商事案件的调解率、撤诉率比上年有所增长，其中民一庭80%的案件均已调解结案。

2008年，县法院共受理各类民商事案件247件，审结237件，审限内结案率为96%，调解结案156件，占结案数的66%，判决的案件中，上诉4件，上诉率为1.6%。2009年，兴县人民法院共受理各类民商事案件227件，审结221件，审结率为97.4%。全年受理的民商事案件中，调解、撤诉案150件。

2010年，县法院共受理各类民商事案件212件，审结197件，审结率为92.9%。全年受理的民商事案件中，调解撤诉116件，调解、撤诉率为58.9%，其中32件当庭履行。

2011年，县法院共受理各类民商事案件185件，审结181件，审结率97.8%。所受理民商事案件中，有人身损害赔偿40件、离婚26件、借贷合同纠纷21件、买卖合同纠纷12件、财产损害赔偿12件、民间借贷纠纷8件、相邻关系纠纷7件、其他类型案件59件。在审理民商事纠纷中，法庭坚持调解优先的原则，全年以调解、撤诉方式结案106件，调解、撤诉率达58.6%。

2012年，县法院共受理各类民商事案件231件，审结226件，审结率97.8%。全年审结的民商事案件中，以调解、撤诉方式结案103件，占结案总数的45.6%。

2013年，县法院依法审结各类民商事案件254件。全年以调解、撤诉方式结案165件，占到结案总数的65%。全年民事案件上诉8件，发还改判2件。2014年，县法院共受理各类民商事案件392件，较上年增长54.3%，审结384件，结案率为98%。全年审结民商事案件中，法庭以调解、撤诉方式结案236件，占结案总数的61.5%。全年共适用简易程序审理了116件案件。

2015年，县法院共受理各类民商事案件659件，较上年增长68%，审结638件，审结率96.8%。全年审结民商事案件中，法庭以调解、撤诉方式结案275件，占到结案总数的43%。对事实清楚、权利义务关系明确、争议不大的简单民事案件，积极适用简易程序，全年共适用简易程序审理民商事案件131件。

2016年，民间借贷纠纷增多，县法院全年受理各类民商事案件855件，审结685件，审结率80.1%。其中审结婚姻家庭、继承纠纷案件90件，买卖、借款等合同纠纷案件487件，权属、侵权等纠纷案件98件。全年以调解、撤诉方式结案308件，占到结案总数的45%。

第五节　行政案件审判

1989年，县法院共受理行政诉讼案件2件，审结2件。受理行政执行案件52件，全部执行。

1990年4月，县法院设立行政审判庭，依据《中华人民共和国行政诉讼法》（1990年10月1日起施行），负责行政诉讼案件的审判和非诉行政申请执行案件的执行。同年，县法院共受理行政诉讼案件11件，审结11件，结案率达100%，超额完成上级下达的任务。协助土地管理、乡（镇）、林业、矿产等部门执行行政案件300件。

1991—1992年，县法院受理行政诉讼案件18件，结案率达100%。执行土地管理、乡（镇）、林业、矿产资源、计划生育、乡镇等部门申请执行的行政案件650件。

1993年，县法院共受理行政诉讼案件3件，受理行政申请执行案件13件。

1994年，县法院共受理行政诉讼案件5件，全部审结。受理行政申请执行案件207件，审查执行207件，执行率达100%。其中审查执行税务机关的申请案133件，收回税款93万元；执行地质矿产局申请的非法开矿案66件，执行罚款3万元；执行交通运输管理站申请的案件4件；执行了土地管理局、城关镇人民政府申请的拆除非法修建案4起；协助地质矿产局、环境保护、防疫等部门查处执行一批案件；协助计划生育巡回法庭，向21个乡（镇）的231个自然村群众进行了计划生育法规的宣传，培训专职计划生育服务人员120人次。

1995年，县法院共受理行政案件14件（治安行政案件4件、土地行政案件10件），审结14件。所结案件中维持行政机关处理决定的5件，撤销6件，原告申请撤诉的3件。共受理行政申请执行案158件，审查执行158件。其中审查执行土地管理局申请案43件，拆除非法建筑960平方米，执行标的12.8万元；审查执行卫生防疫部门申请案14件，标的1.1万元；审查执行交通部门申请案30件，标的1.3万元；审查执行税务部门申请案2件，标的8万元；审查执行地质矿产局申请案11件，标的4.2万元；审查执行计划生育部门申请案50件，审查执行其他部门申请案8件。

1996年，县法院共受理行政诉讼案件11件，其中治安行政案件2件，土地行政案件6件，林业行政案件2件，其他1件。审结11件，结案率100%。其中维持行政裁决2件，撤销行政裁决4件，撤诉2件，其他方式审结的3件。受理申请执行行政案件402件（其中税务案13件，土地管理案217件，矿产管理案73件，涉交通、征费、运输管理案41件，涉防疫案15件，涉环境保护案9件、涉计划生育案25件、其他部门申请案9件），审查执行402件，执行标的166.59万元。

1997年，县法院受理行政诉讼案件5件（其中不服治安处罚案3件、不服税务处罚案2件），审结5件，结案率100%。其中维持行政裁决的1件，撤销行政裁决的1件，撤诉3件。受理申请执行行政案件197件（其中涉卫生防疫36件、矿产管理16件、交通17件、环境保护11件、水土保持30件、税务1件、技术监督2件、劳动保险2件、土地管理54件、计划生育28件），审查执行197件，执行率100%。执行标的43万元。

1998年，县法院受理行政诉讼案件9件，全部审结。其中判决维持行政裁决3件，判决撤销行政裁决3件，撤诉3件。

1999年，县法院受理行政诉讼案件7件。审结7件，结案率100%。其中判决1件、裁定6件。共收各类行政申请执行案件230件（其中涉计划生育43件、技术监督40件、土地管理34件、水土保持26件、矿产管理24件、环境保护20件、交通管理19件、乡统筹12件、卫生11件、劳动监察1件），全部执行，执行标的10万元。

2000—2002年，县法院受理行政诉讼案件22件，全部审结。2003年，县法院受理行政诉讼案件5件，除1件因故停止外，其余4件均判决撤销行政机关违法行政行为，保护了行政管理相对方的合法权益。受理行政申请执行案件275件，执结229件，结案率83.3%。

2004—2006年，县法院受理行政诉讼案件12件、非诉申请执行案90件，全部审结。针对行政非诉申请执行案件中发现的程序违法、事实不清和适用法律法规错误的情况，全年累计驳回行政非诉申请执行案件10余件。

2007年，县法院受理行政诉讼案件4件，全部审结；受理非诉行政申请案71件，执结70件，执结率为99%。其中对城区街道车辆随处停放、商贩门店外面任意堆放商品等交通和卫生专项治理申请执行予以重点支持。

2008—2010年，县法院受理行政诉讼案件17件，全部审结；受理非诉行政申请案149件，执结136件，执结率为91%。

2011年，县法院受理行政诉讼案件13件，全部审结。全年受理非诉行政执行案件18件，执结17件。

2012—2013年，县法院受理行政诉讼案件24件，全部审结。

2014年，县法院受理行政诉讼案件5件，全部审结。

2014年7月1日起，按照上级法院关于行政案件相对集中管辖的要求，兴县辖区行政诉讼案件由吕梁市临县人民法院管辖。2015年至2016年，县法院的行政诉讼案件统一移交临县人民法院审理，非诉行政案件由县法院执行局负责具体办理。

第六节　告诉申诉

1994年，告诉申诉案件由县法院民庭负责办理，全年受理告诉申诉案件12件，全部执结。其中调解2件，驳回再审申请7件，进入再审程序判决2件，检察院调卷审查1件。

1996年，县法院成立告诉申诉审判庭，实行立审分离办法，进一步规范立案、审判程序，全年受理再审案件14件，审结14件，其中调解1件，驳回再审申请10件，进入再审程序判决的3件。接受回复群众来信3件，接待来访776人次，10起案件当事人服判息诉，较好地疏导和调解了社会矛盾。

1998年，县法院进一步加强告诉申诉工作，建立院长接待日制度，严格执行立审分离制度。全年受理再审案2件，审结2件；受理申诉案件9件，审结9件。2000年，县法院撤销告诉申诉庭，成立立案庭、审判监督庭，分别履行统一立案、审判监督及办理信访案件职能。

2006年，县法院对信访案件实行领导包案、专项组审查制度，责任落实到人。2008年，县法院党组成员实行信访接待值班制度，设专人在信访接待室接待来访人员，逐一登记。

2010年，县法院严格按照《信访工作条例》规定登记立案，建立信访案件卷宗，专人解答，事事落实。2011年10月，兴县县委专门召开法院涉法涉诉信访案件化解工作扩大会议，形成化解信访积案的社会合力，全年解决信访积案48件，占到总数的80%。

2012年，县法院完善以“五项机制”（信访、法警人员联合巡查机制，领导接访机制，驻京接访与在县内处置信访联动机制、化解救助机制和应急处置机制）为中心的信访工作制度，取得明显成效，被山西省高级人民法院授予2012年度涉诉信访先进集体。2013年，县法院开展集中治理活动，一批信访案件处理在基层。

2015—2016年，县法院贯彻上级法院规定精神，全面实行立案登记制，做到有案必立，有诉必理；成立诉讼服务中心，在立案窗口设立导诉服务台，为诉讼当事人提供全方位服务。

第七节　执　行

县法院成立之初，未设专门执行机构。所审结的案件均由各庭自行执行，重大案件由全院负责执行。1990年8月，县法院成立执行庭，执行力量得到加强。

1989—1990年，县法院共收执行案374件，执行338件，执行率达90.4%。

1991—1993年，县法院共收执行案件443件（包括部分积案），执结410件，执行率92.6%。在执行工作中，工作人员坚持说服教育，督促自觉执行，对经说服教育仍拒不执行者，坚持依法强制执行。

1994年，县法院强制执行85次，其中依法逮捕1人、拘留4人、拘传15人，共查封扣押不动产13处，拍卖不动产11次，全年应执行537件，其中全部执行398件、部分执行50件，执行标的金额342.4万元，中止执行46件，终结执行6件，有力维护了法律的尊严，保障了当事人合法权益。

1995年，县法院受理各类执行案件492件，执行436件，执行率达88.6%。其中刑事附带民事案件执行12件，执行率100%；经济案件执行153件，执行率100%；民事案件执行271件，执行率83%。组织集中执行5次，执行案件58件，对有能力而拒不履行义务的、妨碍执行的、辱骂和殴打执行人员的当事人、义务人进行了严肃处理，采取强制执行措施，组织拍卖3次，价值24万元。

1996年，县法院共收执行案件577件，其中刑事附带民事案5件、经济案107件、民事案465件。所立执行案中全部执行493件，执行率85.4%；部分执行28件，执行标的343.7万元。

1997年，县法院共收执行案件210件，执行190件，执行率90.5%，执行标的181万元。

1998年，县法院共收立执行案件167件，全部执行56件，部分执行90件，全部和部分执行率87.4%。

2000年，县法院共收执行案226件，全部执行224件，部分执行2件，执行标的近10万元，全部和部分执行率100%。

2001年，县法院共收各类执行案件395件（其中旧存48件），执行316件，执行标的130万元，执行率80%。

2003—2004年，县法院共受理各类执行案件484件（其中民商执行案件76件，旧存案件50件），执行362件，执行率74.8%。其中执结各类诉讼执行案件128件，执行标的130万元。

2005年，县法院成立执行局，下设执行一庭、执行二庭；同时设立执行指挥中心，实行法官负责制，制定和完善各项规章制度，执行工作进一步规范化运行。全年共收各类执行案件271件，执结189件，执行率69.7%。

2006—2009年，县法院共收执行案件199件，执结140件，执行率70.4%；开展集中“清理执行结案”专项活动，执结50余件旧存案件，标的65万余元。

2010年，县法院共收各类执行案80件，执结41件，执行标的700万余元，执行结率51.3%；清理积案27件。

2011年，县法院共收执行案101件，执结71件，执行率70.3%；另执行旧存积案133件，有5案服刑的被执行人员履行了法律义务。

2012年，县法院推行“阳光执行”，从立案至执行程序、执行措施、执行动态、执行终结全部实行公开化。全年共收执行案123件（含旧存积案21件），执结94件（含旧存积案21件），执行率76.4%。

2013—2014年，县法院共收执行案件305件，执结241件，执行率79%；另集中清理旧积案89件。

2015年，县法院进一步加强案件执行指挥中心建设，全面协调执行工作，开展清理执行积案百日大会战，对拒不履行生效判决确定义务的被执行人，采取拘留或移送公安机关等措施强制执行。全年共收执行案件213件，执结171件，执行率80.3%。

2016年，县法院共收执行案件399件，执结285件，执行率71.4%；开展清理执行积案系列活动，对拒不履行生效判决裁定的被执行人强制执行，执行旧存积案89件，其中行政拘留5人，移送司法机关追究刑事责任2人。

第八节　司法救助

国家司法救助是国家向无法通过诉讼获得有效赔偿而生活面临急迫困难的当事人、证人（限于自然人）等支付救助金的善举，属辅助性救助。2001年，县法院遵照《最高人民法院关于对经济确有困难的当事人予以司法救助的规定》，对经济确有困难的老弱病残人员、下岗职工追索“三费两金”案件和交通事故等人身损害追索医疗费用案件，决定当事人缓交、减交、免交诉讼费共计51案7.55万元。

2002年，县法院对因交通事故、工伤事故，因追索养老金、社会保险金、赡养费、抚养费、抚恤金，因自然灾害或不可抗力造成生活特别困难的孤寡老人、孤儿、特困企业、破产企业等交纳诉讼费有困难的当事人实施缓交、减交、免交诉讼费共37案58319元。

2006年，县法院对困难群众提供司法救助，全年共批准缓交、减交、免交诉讼费用5万元。2008年，全院开展司法救助活动，批准经济确有困难的当事人依法缓交、减交、免交诉讼费用2万余元。

2009年，县法院在司法救助中，批准城市低保人员、农村“特困户”、没有生活来源的经济困难群众、刑事案件被害人及其他案件得不到执行而造成生活困难的当事人依法缓交、减交、免交诉讼费用共计4万余元。2010—2013年，兴县人民法院全年共批准经济困难当事人缓交、减交、免交诉讼费4万余元，对25名生活困难的申请执行人给予30万余元的司法救助。2014—2015年，县法院针对执行难的问题实施司法救助，为困难当事人免除诉讼费用5万余元，减少诉讼费用3万余元，为困难当事人发放救助金近7万元。

2016年，县法院对生活特别困难的执行申请人发放司法救助金17万元。

第二十四编

公安 司法行政

1989—2016年，兴县公安局围绕各个时期经济建设中心任务，侦破各种刑事案件，严厉打击各种刑事犯罪分子，依法从重从快铲除黑恶势力，打击车匪路霸；坚持不懈开展扫黄、禁赌、禁毒、打击拐卖妇女儿童犯罪等行动；强化社会治安管理，净化社会环境；加强户籍和人口管理、特种行业管理、危险物品管理、消防监督和内部安全保卫；维护交通秩序，消除火灾隐患，预防重大火灾事故发生，有力维护了人民群众生命和财产安全，促进了社会和谐稳定发展。

兴县司法局成立于1981年，以国家司法行政工作的方针、政策和法律法规为准则，编制全县司法行政工作发展规划并组织实施。在宣传法制、调解民事纠纷、举行公证事务、开展法律服务、维护公民合法权益、推进社会和谐稳定等方面发挥了积极作用，特别是通过“一五”普法（第一个五年法制宣传教育，以下类推）到“七五”普法活动，全县干部群众法制意识进一步增强，知法、用法、守法的自觉性进一步提高。

第一章　人民公安

第一节　机构设置

县公安局

1989年，县公安局内设机构有办公室、政保股、内保股、技术股、治安股、预审股、刑警队、看守所、政工科、户政股，并成立公安局指挥中心，建立110报警台。

1993年，县公安局交警队更名兴县公安局交警大队。1996年，县公安局刑警队更名兴县公安局刑警大队，下设刑警中队和刑技队。

1997—2013年，县公安局内设机构撤销预审股，增设督查室、警务大队、行政装备科、经侦科（2003年更名经侦大队）、禁毒科（2005年更名禁毒大队）、情报信息中心、信访科、行政审批中心。2005年法制股更名法制科，2013年，法制科更名为法制大队。

2016年，县公安局内设机构有办公室、信访科、政工监督室、警务保障室、情报信息中心、指挥中心、行政审批中心、禁毒大队、治安大队、刑侦大队、巡警大队、经侦大队、警务督察大队、法制大队、国内安全保卫大队、看守所、行政拘留所、网络安全监察大队、交通警察大队、消防大队，共20个。

基层派出所

1989年，县公安局下辖城关派出所、康宁派出所、魏家滩派出所、瓦塘派出所、蔡家会派出所、罗峪口派出所、高家村派出所、蔡家崖派出所、孟家坪派出所、杨家坡派出所、二十里铺派出所、东会派出所、沟门前派出所、东会林区公安派出所14个公安派出所。1990年，撤销杨家坡、东会、沟门前3个派出所。1996年，恢复杨家坡派出所。1998年，恢复东会派出所。2002年再次撤销杨家坡派出所。2003年，增设恶虎滩、交楼申、赵家坪、圪达上、固贤、贺家会6个基层派出所。2005年，原城关派出所更名蔚汾镇派出所。2009年，县东会林区公安派出所归黑茶山森林经营局直属管理。

2016年，县公安局下辖17个基层派出所：蔚汾镇派出所、康宁派出所、魏家滩派出所、瓦塘派出所、蔡家会派出所、罗峪口派出所、高家村派出所、蔡家崖派出所、孟家坪派出所、车家庄派出所、恶虎滩派出所、交楼申派出所、东会派出所、固贤派出所、圪达上派出所、贺家会派出所、兴县林业公安派出所。

第二节　设施建设

报警设施

1996年，县公安局建立报警服务系统。1997年，正式成立报警服务中心，与指挥中心合二为一。从此，110报警服务台、119报警台正式开通运行。1998年，县公安局联合电力、邮电、城乡建设、医院、水厂等20多家与群众生活密切相关行业，实行社会联动，共同组成110社会公共救援系统，添置报警服务车辆，增加人员，110报警服务中心迈上正规化建设轨道，实行24小时专人值班，达到能及时接警、快速出警目标。1999年，110报警服务中心改称110指挥中心，属公安局长、公安局政委直接领导；成立110指挥中心3个机动分队，由指挥中心直接指挥，并与119、122和7050金融报警防抢系统联网。

监控设施

2007—2008年，县公安局投资282万元，在党政机关、金融单位、广场、城区等重点单位、区域和路段安装30余个监控探头，在出入境公路口安装监控探头，在全县煤矿爆破品材料库房安装监控设备，并开通信息网页、视频会议系统。公安局基层所、队均接入公安信息网，实现110、122、119三台合一。监控系统由县公安局指挥中心负责监控运行。

2011年，县公安局全面启动高清治安卡口建设，城区安装的所有监控探头全部改造成红外线监控探头。2013年，县公安局对城区6个高清卡口及140个治安卡口监控系统进行升级、改造，提升了监控防范能力。

警务场所设施

从2000年开始，县公安局技术股刑事侦察辅助设施逐步完备，到2010年，公安局技术股配备法医4人、痕检员1人，并拥有现场勘查车1部、照像机4台、摄像机1台、显微镜2台、现场勘查箱1个、足迹提取箱1个、指纹提取箱1个、微量物质提取箱1个、法医活体检验箱1个、尸体解剖箱1个、毒物提取箱1个、物质保存柜1个、冰箱2台，满足了破案基本要求，为侦察破案提供了及时、优质、高效服务。

2008年，县公安局拥有计算机117台，基本实现网上办公。2009—2010年，县财政投资200万元，为县公安局安装视频指挥、内部执法监督两大系统，改装了红外线视频监控探头30余个，为刑侦、网监配置了计算机、照相机、执法记录仪、录音笔等装备；新购50台计算机，用于公安局民警的信息化建设培训和考核，并建立一个多功能会议室。

2011年，按照山西省公安机关执法场所分区设置、管理验收标准和候问室、讯问室、询问室、调解室、证据保管室、执法单位档案室、信息采集室设置、管理验收标准，县公安局对机关和9个中心派出所执法场所进行改造，推进互联网门户网站建设，实现网上执法办案，建立“平安兴县”公安官方微博。

2013年，县公安局建成40余个高标准社会警务室，并充实基层派出所警力；所有办案区实现视频覆盖，配置液晶时间显示屏，功能室实现同步录音录像，解决了办案监控图像显示时间模糊的问题；对所有刑事、治安案件实行网上流转，确保对执法活动实时、动态、全程监督；投资300万元，对局机关和基层所、队的办公场所进行全面改造，使之符合《（吕梁）全市公安机关内务设置规范》要求；投资40万元，购置一批执法取证仪，一线民警做到每人一台；配置远程管理系统，掌握一线民警的执法情况。

2014—2016年，县公安局增设蔚汾镇所在地进出口、县城区主要街道、重点部门、公共场所视频监控140个。

第三节　打击刑事犯罪

刑事案件侦破

1989—1990年，全县共发生各类刑事案件539件，破案325件，破案率为60.3%；所破获案件中，共抓获各类犯罪分子285人，其中，收审194人（转捕85人），刑事拘留70人，劳教21人。

1991年，全县共发生刑事案件356件（重大案件发案54件），破获288件（重大案件42件），破案率80.9%。其中破获现行案267件、重大隐积案21件。共抓获各类犯罪分子121人，其中收审97人（收审转捕43人），刑事拘留13人（全部转捕），直诉1人，直捕8人，劳教2人；追回赃物折款25万余元。

1992—1995年，全县发生刑事案件719件，全部破获；另破获隐积案114起。共抓获各类犯罪嫌疑人1090人。其中1994年破获各类刑事案件202件（其中现行案142件、隐积案60件），共收审125人，收审转捕20人，直捕2人，劳教14人，转治安处理63人；打掉犯罪团伙21个，缴获赃物赃款总价值26万元，13名案犯主动投案自首；抓在逃人员13人。1995年，开展“百日侦破大会战”专项战役，共破获各类刑事案件237件，其中现行案152件（含重特大案件72件），隐积案85件。共抓获各类违法犯罪分子359人，打掉各类团伙27个。另抓获各类在逃人员26人，其中批捕在逃人员6人，负案在逃人员20人。

1996年，全县共发生刑事案件76件（其中杀人、抢劫等5类案件共发生14件），县公安局破案66件（现行重特大案件28件），破案率为86.8%；另破获隐积案91件。共收审175人，其中刑拘61人，逮捕38人。全年共追捕在逃人员43人(在册在逃人员21人），是追逃数量最多的一年。

1997年，县公安局共破获各类刑事案件142件（其中破获爆炸等大要案件29件，大要案破案率100%），其中破获现行案件71件、隐积案件45件，协助外地破获重大案件26件。刑事拘留119人，刑拘转捕52人，直捕6人，劳教7人。打掉犯罪团伙14个、涉案成员56人；解救被拐卖妇女15人；追捕各类在逃人员23人。其中有6名犯罪分子慑于“严打”声威，投案自首。

1998年，县公安局破获各类刑事案件65件（含爆炸案等重特大案件28件），其中破获现行案件56件，破获隐积案件4件，协助外地破重大案件5件。判处各类违法犯罪分子803人，其中刑拘169人（转捕31人，直捕7人）、劳教13人、直诉10人。缴获各种赃款赃物总价值35万元，解救被拐卖妇女6人；打掉各类犯罪团伙8个27人。全年追捕各类在逃人员14人。

2000年，县公安局破获各类刑事案件106件（含破获命案、抢劫案3件，其他重大案件26件；11名违法犯罪分子投案自首），其中破获现行案件44件、隐积案件42件、协助外地破案20件。缴获赃款赃物总价值32万元，解救被拐妇女23人；刑事拘留案犯147人。中共兴县县委、兴县人民政府奖励了公安局参与侦破3件命案、抢劫案的工作人员。是年，县公安局共追捕各类在逃人员10人。

2001年，县公安局共破获各类刑事案件166件，其中破获现行案件63件、隐积案件97件，协助外地破获案件6件。刑事拘留230人，取保候审26人，直诉6人。缴获赃款赃物总价值50万元，解救被拐妇女13人。全年抓捕各类在逃人员15人。

2003年，县公安局共破获各类刑事案件135件（其中破获现行案件65件，隐积案70件），摧毁犯罪团伙2个，处理各种违法犯罪人员1082人，收缴赃款赃物总价值50余万元。抓捕各类在逃人员17人。

2005年，全县发生各类刑事案件287件，县公安局共破获刑事案件201件（其中命案4件、持枪抢劫案2件），破案率70%。刑事拘留147人，刑事逮捕142人，捣毁一处制枪窝点。

2006年，县公安局共立刑事案件244件，破获127件（4起命案全部告破），破案率52.1%。刑事拘留118人，逮捕83人，取保候审27人，抓在逃人员43人。

2008年，县公安局共立刑事案件274件，破获217件（4件命案全部告破），破案率79.2%。刑事拘留181人。其中打掉各类犯罪团伙10个，抓获涉案成员31人。另抓获各类网上在逃人员94人。

2010年，县公安局共立各类刑事案件535件，破获418件（其中6起命案全破），破案率78.1%。刑事拘留171人，批捕150人，取保候审52人；打掉诈骗团伙和拐卖妇女儿童团伙3个22人。另追捕各类网上在逃人员128人。

2011—2012年，县公安局共立刑事案件842件，破获522件（含2起命案），破案率62%。刑事拘留320人，批捕268人。另抓捕网上在逃人员203人。

2013年，县公安局共立刑事案件636件，破获398件（命案2件全破，另破获命案积案1件），破案率62.6%。刑事拘留178人，取保候审57人，批捕160人，逮捕154人。全年抓捕各类网上在逃人员58人。

2014年，县公安局共立各类刑事案件512件，破获297件，破案率58%。其中打掉故意伤害案和放火案等黑恶势力犯罪团伙3个、拐卖妇女犯罪团伙1个，抓获犯罪嫌疑人2人，解救被拐卖妇女1人；成功破获一起系列盗窃案，抓获犯罪嫌疑人2人。开展追逃行动，抓捕各类网上在逃人员71人。

2015年，县公安局共立刑事案件366件，破获227件，破案率62%。抓捕各类犯罪分子357人（其中批捕185人、刑事拘留126人、取保候审46人）。抓获各类网上在逃人员56人。

2016年，县公安局共立各类刑事案件558件，破获359件（命案5件全破，破获系列诈骗案183件），破案率64.3%。

刑事侦察辅助手段

1991年，县公安局技术股出现场55次，共拍照563张，提取各类痕迹物证57件，应用42件，检验尸体12具，采集刑技资料55份，出具鉴定书26份。

从21世纪开始，县公安局技术股刑事侦察辅助设施逐步完备，配备法医、痕检员，增加现场勘查、照相、摄像、显微镜以及足迹、指纹、微量物质、活体检验、尸体解剖、毒物提取、物质保存等专业箱柜设施，为侦察破案提供了更加及时、优质、高效的服务。2007年，县公安局刑技队共勘查各类案件现场76起，其中十类刑事案件现场21起，勘查率达100%，提取率达81%，书面分析率达100%，现场勘查记录制作率达100%，痕迹物证建档率100%,检验鉴定率68%，鉴定结论起关键认定作用率20%。全年共出具尸体检验鉴定报告36份，其中凶杀案件3份、交通事故33份；出具损伤检验鉴定56份、吸毒嫌疑人员尿检报告40份，采集刑事、行政拘留人员指纹119人。

2008年，县公安局刑技队共勘查各类案件现场81起，其中十类刑事案件现场25起，勘查率、提取率、书面分析率、现场勘验记录制作率、痕迹物证建档率均达100%，检验鉴定率为72%，鉴定结论起关键认定作用率28%。全年共出具尸体检验鉴定报告42份（其中凶杀案件5份、交通事故37份），出具损伤检验鉴定48份、吸毒嫌疑人员尿检报告70份，采集刑事拘留和行政拘留人员指纹350人，提取现场指纹31枚。

2010年，县公安局刑技队共出具活体损伤鉴定84份、尸体检验鉴定报告63份、评残报告1份。

2011—2015年，县公安局刑技队出现场568次，共出损伤鉴定535份、尸检鉴定210份、伤残等级评定15份，出庭做证2次。

2016年，县公安局刑技队共勘查各类有勘查条件的现场230起，其中，十类重点案件现场勘验信息系统录入率达100%，提取率达71%；十类重点案件现场勘验信息系统痕迹物证起作用率达60%。在指纹信息系统DNA数据库建设方面，刑疑人员十指指纹入库482人，采集率达100%；治安处罚人员十指指纹采集率为15%，现场指纹提取率达立案数的62%，刑疑人员全部进行了DNA数据入库。全年出具活体检验报告68份、尸检报告19份，为打击刑事犯罪提供了科学依据。

第四节　经济案件侦破

1994年，县公安局破获经济诈骗案件2件，为宏达铁厂和振兴铁厂从外地追回被骗款15万元，犯罪分子受到法律严惩。

2008年，县公安局经侦大队受理经济犯罪案件15件，立案12件，破获10件，刑事拘留2人，取保候审2人，挽回经济损失30余万元。

2009年，县公安局经侦大队受理经济案件7件，立案5件，破案4件，刑事拘留2人，取保候审1人，起诉2人，逮捕1人，挽回经济损失30万元。

2010年，县公安局经侦大队受理经济案件5件，破获5件，其中合同诈骗案1件、贩卖假币案件2件、非法经营案和票据诈骗案各1件，刑事拘留3人，批准逮捕1人，监视居住2人，为国家、集体和人民挽回经济损失212万余元。

2012—2013年，县公安局经侦大队在严厉打击经济犯罪中开展破案会战。两年共破获经济案件29件，涉案金额600余万元。抓获犯罪嫌疑人4人，挽回经济损失12万元。

2014年，县公安局经侦大队共受理经济案件16件，立案14件，破案14件，另破积案3件。刑事拘留3人，逮捕2人，起诉2人，挽回经济损失248万余元。

2015—2016年，县公安局经侦大队共受理经济案件37件，立案10件，破案4件，挽回经济损失41万余元。

第五节　专项斗争

禁毒 戒毒

1996年，县公安局查处吸毒案件20件36人，对涉毒人员实施强制戒毒。2000年，县公安局警务大队和禁毒科查处涉毒案件8件，刑拘4人。2005年，公安局警务大队和禁毒大队（由禁毒科更名）破获涉毒案件3件，抓获犯罪嫌疑人4名，缴获土制海洛因12.6克、咖啡因23.8克、阿普唑仑26片；查处涉毒人员64人。

2010年，县公安局开展“三晋黄河行”大型禁毒宣传活动，全年破获涉毒刑事案5件，收缴毒品海洛因14.43克、咖啡因31.25克、冰毒6.73克；刑事拘留5人，取保候审2人，移送起诉7人。查处涉毒治安案件77件，治安处罚12人。

2011年，县公安局禁毒大队共发放禁毒宣传资料2000份，受教育人3000余人。全年侦破涉毒刑事案件2件，处理涉毒人员70人。

2012年，县公安局共破获涉毒刑事案件14件，打击处理犯罪嫌疑人14人，缴获海洛因冰毒143.22克、其他毒品3克。共查处涉毒行政案件222件。

2013年，县公安局共破获涉毒刑事案件10件，打击处理犯罪嫌疑人14人，缴获海洛因405.13克、冰毒3.18克、咖啡因6.76克。共查处涉毒行政案件

269件，拘留242人。

2014年，县公安局开展禁毒大会战，共破获涉毒刑事案件16件，其中贩毒案件2件、非法持有毒品案件1件、容留他人吸毒案件2件；刑事拘留15人，逮捕15人，移送起诉15人，取保候审2人，在逃1人。共查获涉毒行政案件193件（其中有6件为非法持有毒品案），查获吸毒人员183人，缴获毒品422.84克，行政拘留177人。

2015年，县公安局共侦破毒品案件9件，刑事拘留12人，逮捕12人，移送审查起诉11人，取保候审2人。受理并查处涉毒行政案件167件，共缴获毒品694.8克，行政拘留117人。

2016年，公安局共破获涉毒刑事案件13件，刑事拘留16人，逮捕11人，移送起诉11人，取保候审1人。受理查处涉毒行政案件189件，共缴毒品57.5克；行政拘留179人。另抓涉毒在逃人员1人。

禁赌、扫黄

1989年，县公安局在全县范围内开展扫“六害”专项斗争，一批“六害”刑事犯罪分子得到严惩。

1991年，县公安局查封赌博114场，查处卖淫嫖娼案3件。1994年，县公安局集中开展“反盗禁赌”百日会战专项斗争，查赌32场，处罚参赌人员66人，罚没款16.1万元。

1995年，县公安局实施《关于查禁取缔卖淫嫖娼、强化社会治安的工作方案》，全年整顿治安情况复杂的公共娱乐场所55个，检查旅店26家，查处赌博185场，罚没款50余万元；查处卖淫嫖娼案件7件，下发隐患整改通知书15份；整顿歌舞厅、录像厅、游戏厅23个，查封取缔4个；对全县出租车实行统一管理，对48家拥有计算机、打字机的单位和个人进行了检查，并实行建档管理。

1996年，县公安局整顿歌舞厅、录像厅29个，查封取缔6个；取缔全县13个电子游戏娱乐场所，没收电路板36块；查处卖淫嫖娼案件8件16人，查处传播、观看淫秽录像案件3件，打掉传播淫秽录像窝点1个；查处赌博案77件，处罚参赌人员513人，收缴罚没款60万元。

2000年，县公安局查处赌博案件73件，处罚参赌人员823人，罚款60余万元；整顿歌舞厅15个，查封取缔1个；查处卖淫嫖娼案件28件56人，刑事拘留涉黄人员6人。

2004年，县公安局对4家歌厅、15家网吧进行停业整顿，彻底清查藏污纳垢场所，查处涉黄案件20起30人；责成旅馆等服务行业执行经营情况报送制度，强化监督力度，保证特种行业有序发展。

2005年，县公安局查处涉赌案件75件292人，摧毁赌博窝点18个，收缴赌资、罚款101万元，对2名充当赌博“保护伞”的党政干部给予党纪政纪处分；对6家涉嫌藏污纳垢、进行非法经营的业主予以治安处罚；对8户有违法行为的旅店、饭店、音像销售店进行了罚款处理或停业整顿，责令业主限期整改。

2010年，县公安局组织民警对全县旅馆、出租屋、网吧、娱乐场所、公共复杂场所进行5次集中清查行动，共盘查可疑人员30人，抓获嫌疑人20人；采取“整体排查，重点突出，点面结合”的方法，对辖区17家厂矿企业和5户要害单位进行重点排查，并分类登记造册；检查重点单位20处，发现治安隐患15处，下发整改通知书15份，与重点单位签订治安责任状17份。

2012年，县公安局对容易藏匿犯罪分子、滋生“黄赌毒”丑恶现象的“四类地区”（城乡接合部、城中村、工矿区、流动人口聚集地）和“九小场所”（小旅馆、小洗头房、小足疗室、小桑拿浴室、小酒吧、小网吧、小游戏厅、小废品收购场所、小棋牌室）开展社会治安重点整治，共排查368处，查处赌博案件41件，打击处理参赌人员229人次。

2014年，县公安局对宾馆、酒店、集贸市场、娱乐场所、桑拿洗浴室、网吧、台球厅、录像厅、美容美发厅、路边店等场所集中开展治安大清查行动，共排查148处，查处赌博案件8件，拘留4人，罚款16人；查处卖淫嫖娼案件4件，拘留4人，罚款5人。

2015年，县公安局各派出所和治安大队对各行业场所、“九小场所”开展日常监督检查，建立健全基础档案资料，与场所负责人签订治安责任状。全年查处涉黄案件24起、涉赌案件33件，行政拘留27人。

2016年，县公安局开展治安清查集中行动5次，检查宾馆酒店、洗浴桑拿室、足疗店、美容美发店、歌厅、棋牌馆等经营场所614家，整改治安隐患120处，停业整顿40家，取缔7家。

反盗窃

1991年，县公安局开展以反盗窃自行车为主的侦破行动，打掉盗窃自行车犯罪团伙2个，破获被盗自行车案件近百起，追回被盗自行车100余辆。同年8月，在全省开展的反盗窃工农业生产设施专项斗争中，县公安局针对全县砖厂、煤矿变压器铜芯连续被盗现象，开展侦破会战，打掉1个盗窃破坏电力设施犯罪团伙，破获变压器被盗案件19件。

1994年，县公安局集中开展“反盗禁赌”百日会战专项斗争，打掉盗窃团伙1个，破积案4件。1995年，县公安局在“百日侦破大会战”中追回被盗车辆13辆、耕牛20头、羊600余只，追缴赃物折款37.64万元。1996年，县公安局在“打团扫恶”专项斗争中，共破获盗窃案40余件，追回赃款30余万元。1999年，县公安局在专项打击行动中，破获抢劫、盗窃案10余件，挽回经济损失60余万元。

2005—2016年，县公安局开展打击“两抢一盗”为重点的专项行动，共破获“两抢一盗”（指抢劫、抢夺、盗窃这三类多发性侵财案件）案件1012件，打掉犯罪团伙40个，抓获犯罪嫌疑人682人，其中刑事拘留268人，提捕、逮捕162人，移送起诉81人，行政处罚171人；追缴赃款5万元，追回被盗汽车7辆。

打击拐卖人口

1991年初，县公安局在打击拐卖妇女儿童专项行动中，抓获拐卖人口犯罪分子23人，打掉拐卖人口犯罪团伙5个，破获重大拐卖人口案10件，解救被拐卖妇女18人。

1994年，县公安局抓获拐卖人口犯罪分子4人，解救被拐卖妇女40人。1995年，县公安局在“百日侦破大会战”中打掉拐卖妇女犯罪团伙5个，抓获拐卖人口犯罪分子17人，解救被拐卖妇女54人，完成山西省公安厅确定的打击拐卖人口犯罪目标。1997年，县公安局解救被拐卖妇女15人。2005—

2016年，县公安局解救被拐卖妇女13人。

“打团扫恶”与打击“车匪路霸”

1995年，县公安局开展“百日侦破大会战”专项战役，共打掉各类犯罪团伙27个，破获各类刑事案件237件（其中重特大案件72起），抓获各类违法犯罪分子359人。抓获各类在逃人员26人（其中批捕在逃人员6人、负案在逃人员20人）。

1997年，县公安局开展“三打三禁”（打击严重暴力犯罪，打击团伙犯罪和社会恶势力，打击经济犯罪；禁黄、禁赌、禁毒）专项斗争，共打掉犯罪团伙14个，抓获涉案成员56人。

2005—2016年，县公安局开展以打击“两抢一盗”和“车匪路霸”为重点的专项行动，共打击村霸、矿霸、街霸、市霸、路霸118人，处理涉案441人，其中刑事处理78人，行政处罚171人。

第六节　治安管理

治安整顿与案件查处

1989年，县政法委、公安局在全县范围内开展扫“六害”行动，对旅店、废旧物品收购点进行整顿，对符合经营条件的颁发特种行业许可证，对不符合经营条件的责令停业或予以取缔。全年共发生各类治安案件397件，全部破获，处理涉案人数926人，其中拘留76人、罚款785人、给予警告65人。

1990—1995年，县政法委、公安局全面推行岗位目标责任制，制定印发《关于治保会三年目标化管理方案》和《关于加强乡（镇）机关治安保卫工作实施意见》；贯彻落实《山西省社会治安防范管理暂行规定》《山西省机关、团体、企业、事业单位内部治安防范管理处罚规定》，坚持区域控制和重点防范相结合，在全县“五管”要害部位落实“三铁一器”（铁制防盗门、铁护栏、铁保险柜、防盗报警器）措施；组织警力和机关单位开展城区夜间巡逻6720人次，城区发案率较往年大幅下降；组建27个警区，加强社会治安维护；对全县公路沿线、集贸市场、学校周边、工矿区进行了集中整治；依法处理一批违法犯罪分子。

1997年，政法委在全县开展10户联防工作，按照自然居住区域和防范的需求，每个村划分为若干个联防片，治保人员任片长；每片分若干组；采取派出所管辖治保会、治保会管大片、片长管各组、组长管各户的方式，层层建立治安管理责任制。该年，吕梁地区政法委在兴县召开治安文明小区建设现场会，对兴县治安整治的做法给予充分肯定。

1998年，县政法委、公安局加强对涉恐、涉爆、涉毒、在逃嫌疑人、刑释解教人员、监外执行罪犯等和特定场所的管理，全县共排查出租房屋280余处、网吧10家、各类道路安全隐患13处、中小学幼儿园235所，首批派驻保安员36人。破获各类案件65起，处理各类违法犯罪人员690人。

1999年，县政法委、公安局组织开展追逃专项斗争、打击盗抢机动车辆专项斗争、冬季严打严防百日大会战和“两打一整治”（严厉打击黑恶霸痞势力，打击“盗抢骗”等多发性侵财犯罪，集中整治社会治安乱点）等严打行动，全年查处治安案件309起，破获刑事案件92起，处理违法犯罪人员1424人。

2000—2004年，政法委、公安局组织开展打黑除恶、扫黄打非、治爆缉枪、打击邪教和整顿经济秩序、交通秩序等专项行动，对废旧物品收购业、采石场、民爆物品使用、私挖滥采、出租房屋、交通秩序和学校周边秩序进行重点整治，召开综治委全委会议、综治专抓副职例会10次。2005—2008年，开展打击“车匪路霸”“两抢一盗”（抢劫、抢夺、盗窃）及非法贩运、制造、存储危险、爆炸物品等专项行动，整治重点村11个，检查涉枪单位4家、涉爆单位70家，排查小采矿29个、小冶炼厂6个、制砖厂11座、餐饮店14个，排查工人6316人，破获“两抢一盗”案件242起，捣毁非法贩运、存储爆炸物品窝点13个，打掉犯罪团伙7个。

2009—2010年，政法委、公安局在全县17个乡（镇）建立50个社区警务室，配备民警、协勤、治保人员50名，协助开展工作。在每个基层派出所设立说事接待室，建立台账，累计为基层群众提供信息咨询3000余人次，提供群众法律服务300余件，化解各类矛盾纠纷45件。

2011年，县政法委、公安局开展治安问题专项整治，排查整治工矿区、出租房屋、“九小”场所61处，排查整改交通安全隐患46处，检查危化品运输车240辆、客运车3000辆、货运车4.3万辆，查处危化品运输车不按规定时间、路段行驶16起，上报非法运输危化品（柴油）3起；破获涉路刑事案件23起，打掉跨越3省5市涉路抢劫犯罪团伙1个；配合全县开展的环境卫生、街道装饰、交通秩序“三项整治”活动，处罚乱贴小广告人员18人，查处阻碍工作人员执法案件2起；配合西关村委拆除各类私设乱搭的违章建筑50余处，拆除违建房屋800余平方米、违建围墙3000余米；清理整顿校园周边商业摊点、歌舞厅、录像厅、台球厅及网吧等影响学校治安和学生管理的经营场所8个，取缔了校园周边所有录像门店、卡拉0K、台球、计生保健用品等影响学生身心健康、危害治安的经营场所；充实120名民兵预备役人员，协助巡警、交警对主要街道、案件多发路段实行联合巡逻；推行警种之间联勤联动协作机制，与邻近县公安局开展跨区域警务协作。

2012年，县政法委、公安局开展了“大排查、大接访、大化解”矛盾调解化解活动。累计化解信访案件41件，化解矛盾纠纷78件。

2013—2014年，县政法委与公安局在全县开展社会治安整治集中行动，排查整治治安混乱工矿区、出租屋、“九小”场所61处、违规小旅馆和小废品收购场所14处，查处治安案件55起，查办干扰企业生产和重点工程建设的案件5起，处罚12人次。整治校园及周边治安环境，全县4所高中、14所初中、27所小学自聘配足保安人员；在实验小学、城镇中学分别设置执勤“护学岗”，安排民警、交警和学校保安，定人、定岗、定责、定时开展护学行动；整改存在安全隐患的中小学校9所。

成立兴县反恐怖工作领导小组，制定打击暴力恐怖事件实施方案，在城区开展全天候武装巡逻活动。

2015年，政法委、公安局集中整治城乡治安乱点，共清查整顿歌舞娱乐经营6户、旅馆等81户，查处涉赌案件5起；整顿45所中小学校园周边，排查涉爆企业18户、涉爆可疑场所31处、涉爆重点人员198人，发现和整改隐患7处，依法停供爆炸物品1户；排查整治寄递物流和公路货运企业31户。接待上访群众300余人次，受理信访案件27件，化解24件。

2016年，县政法委、公安局开展打黑除恶、铲除黄赌毒、推进治爆组枪“三大战役”，累计排查整治各类矛盾纠纷和风险隐患317起，打掉一批恶势力团伙、村霸、路霸、矿霸、市霸、街霸。服务管理好刑满释放人员、社区矫正对象、吸毒人员、外来人口、易肇事肇祸精神病人等人群，建立一人一档管理服务台账；累计接受社区矫正人员431人，安置帮教对象654人；巡警大队、反恐怖大队实行常态化武装巡逻机制，通过车巡与步巡、定点定时和不定点不定时巡查、错时段和分区域巡查等方式，全年开展巡逻31次，检查单位17家，核查出入境车辆670辆，核验身份证3357人次，处理违章车辆154车次，收缴管制刀具、管控物品13件。

安全保卫

1989年，县公安局加强机关和企事业单位内部安全保卫工作，完善和落实安全保卫条例及管理制度，排查和消除单位内部隐患21起。

1991年，县公安局在县化肥厂召开内部单位治安保卫工作现场会，党政机关和企事业单位内部安保工作实行单位“一把手”负责制，印发《一九九一年度内部单位治安保卫任务书》，对内部单位坚持“预防为主，确保重点，消除隐患，保障安全”的方针，全年进行安全检查11次，查处隐患漏洞52处，处罚责任人16人，罚款1045元；完善以治保会为中心的群众自防体系，充实调整180多个基层治保组织，治保人员由原来387人增加到461人。

1994年，县公安局内保股进行安全检查1512次，查出隐患58处，处罚责任人18人；查处内部治安案件21起，处罚24人，罚款7200元。

1995年，县公安局对全县126个机关企事业单位进行拉网式排查，与各单位签订责任状；对基层540个治保会进行整顿、调整，对全县保卫干部举行集中培训，淘汰、撤换10人，吸收年轻有为、素质较高的保卫干部9人。全年机关企事业单位发生治安案件42起，破案39起。

2012年，县公安局成立80余人的应急处突组，启动军、警、民联勤联动机制，实行领导带班和24小时值班制度，保证通信、交通、武器、警械等装备到位，并重点加强武器弹药管理和监所安全管理。

2014年，全县共有社区治保会人员45人、民调会人员80人，有农村治保会人员420人、民调会人员200人。建设程家沟村、下李家湾村、峁底村、蔡家崖村、九元坪村、鹿家岔村、刘家湾村、县城汽车站、张家圪埚村10个样本警务室，共建设44个社区（驻村）警务室，并配备了（驻村）民警。

2016年，县公安局组织交警、消防等单位会同派出所对人员密集场所、重点行业单位、主要交通要道集中开展治安、交通和消防大检查、巡查15次，发现隐患5处，下发整改通知书3份。

特种行业及物资管理

特种行业管理　1989年，县公安局协助全县各旅店、宾馆、铸刻、印刷门店、废旧物品收购网点等特种行业，制定相关管理制度，建立治安保卫组织，签订治安管理责任协议书。经批准开业的旅馆有48户（其中国有9户、集体6户、个体33户）、废品收购业45户（其中集体36户、个体9户）。

1990—1993年，县公安局配合县工商行政管理局联合进行检查、整顿，查封取缔无证经营的4个单位、15个摊点，责令停业整顿16家；举办培训班15期，培训旅店登记员、物品保管员、宾馆服务员等150余人；明确规定经营特种行业者必须持有许可证、营业执照、文化经营许可证；建立和完善旅店、宾馆、收购、印刷、复印、录像、照相、刻字、刻碑等行业的管理表册8种35册。

1994年，县公安局对全县所有废旧物品收购点逐一进行整顿，查出无证营业11户，查封2户，补办手续9户，处罚经营业主11人，查扣价值1.2万元的厂矿和农机原材料及成品铸铁2.1吨。

1995年，县公安局清查废旧金属收购站点2个，查出非法收购物品价值8000余元，查处违法人员21人，为企业挽回经济损失6600余元。

1996年，县公安局对全县72户特种行业进行全面整顿，其中要求汽车出租业务实行挂牌服务；娱乐从业人员实行持证上岗制（上岗前须经统一培训），并逐级签订治安安全责任书；清查废旧金属收购站点13个，捣毁取缔非法收购网点6个，处罚7人，没收非法所得4000余元，罚款5000余元，收缴非法收购物资8吨，价值1万余元；整顿歌厅、舞厅、录像厅29个，查封取缔6个；取缔13个电子游戏娱乐场所，全县特种行业管理走上规范化、有序化经营轨道。

1998年，县公安局加大特种行业管理力度，整顿歌舞厅66个，查封取缔

13个；整顿国营、私营旅店38个；整顿印刷、复印、刻字业11户；清查废旧金属收购点4个，打击处罚不法人员28人；娱乐从业人员经统一培训后持证上岗，做到身份证、上岗证、暂住证三证齐全；公安局和各业主签订“治安安全责任书”，年终考核兑现。

2000年，县公安局共整顿歌舞厅15个，查封取缔1个；查处卖淫嫖娼案件28件56人，刑事拘留涉黄人员6人；整顿国营、私营旅店42个，查处印刷、复印、刻字业11家，清查废旧金属收购点6个，共打击处理不法人员12人。

2004年，县公安局对全县特种行业进行2次清查整顿，查封有违法行为的个体旅店1户、废旧金属收购业1户；对19家歌厅、网吧进行停业整顿，并责成旅馆等服务行业执行经营情况报送制度。

2005年，县公安局对有违法行为的8户旅店、饭店、音像店进行罚款处理，并责令业主限期整改。

2006—2008年，县公安局建立特种行业档案38册，其中，登记印刷业18户、废旧金属收购业11户、洗浴中心19户、机动车修理业22户、娱乐场所2处，进一步规范了特种行业行为。

2009—2010年，县公安局加大对特种行业的检查和管理力度，实现了特种行业安全无事故和依法经营的目标。

2013年，县公安局针对特种行业情况，开展治安乱点、特种行业和校车整治，共整顿废旧金属收购点9处，检查旅店业16户，对未按规定登记住宿信息的旅馆下发了整改通知书。对法人、业主和从业人员进行培训，提高了其守法经营意识。

2014—2016年，县公安局加大旅馆业管理力度，对全县宾馆、旅店的前台登记人员进行培训，对旅店业采取不定时检查，规范旅店业运营管理模式。共取缔无证照家庭式旅馆17户，纠正3户宾馆旅社基本信息。同时，对辖区网吧采取定期与突击方式进行检查，查封黑网吧3户。

枪支弹药管理　1989年，县公安局开展全县枪支弹药安全大检查，对各种枪支进行摸底、编码、审验、换证；整顿非军事系统和个人枪支、社会猎枪，没收了非法制造、携带的枪支。

1990—1992年，县公安局对6个持枪单位进行检查，建立枪支管理三级（县公安局、派出所、单位或本人）审核制度。

1995年，县公安局完成军用枪支全国枪支信息网络化登记，责令无证猎枪、土枪持有人全部换证或补证。全年收缴各类枪支13支，打掉非法制售猎枪黑窝点1个，收缴手榴弹5枚、制枪用钢管30根、枪栓5枚。

1996年，县公安局宣传贯彻《中华人民共和国枪支管理法》，对所有涉枪单位的枪支进行了全面清理整顿，对县公安局干警持枪用枪制定了严格的审批程序。采取多种措施强化收缴工作，全县共收缴各类枪支325支、子弹40发、手榴弹1枚、各类管制刀具95件。1998年，县公安局治安股对全县所有涉枪单位的枪支进行了全面整顿，全年检查12次，收缴黑枪22支。

1999年，县公安局收缴黑枪7支，年内没有发生涉枪案件与事故。2000年，县公安局强化枪支管理，每月严格检查一次，共收缴黑枪4支。2001年，县公安局在治爆缉枪专项行动中清理整顿涉枪单位6户，收缴枪支67支。2003年，县公安局继续引深治爆缉枪专项行动，增强宣传力度，张贴标语200余条，并利用广播、电视、板报等媒体广泛宣传“私造爆炸物品违法，私藏枪支弹药犯罪”，与全县4家涉枪单位签订“安全无事故责任书”。

2006—2008年，县公安局整治和打击涉枪犯罪，在专项行动中收缴猎枪37支、子弹259发。

2010—2013年，县公安局加强对非法枪支弹药的清查，查破涉枪案件1起，共收缴枪支3支、子弹252发、管制刀具21件，抓获违法犯罪人员1人。

2015—2016年，县公安局检查收缴和群众主动上缴的火枪等各类枪支42支、子弹208发、炮弹1枚、管制刀具26把。

民爆物品管理　1989年，县公安局对易燃易爆物品的制作、使用、储藏单位和烟花爆竹厂进行不定期安全检查，发现漏洞均发出隐患通知书，责令限期整改。1990年，县公安局在采石场较多的奥家湾乡、交楼申乡成立爆破专业队，各基层派出所组织对全县生产、销售、使用民爆物品的单位进行安全检查，并逐户建立档案，完善各项规章制度，禁止自炒炸药、自制烟花爆竹等高危行为，消除了安全隐患。

1994年，县公安局召开全县民爆物品使用、储存、管理、销售部门负责人及安检员工作会议，印发《加强民爆物品管理实施细则》，制定购买、运输、储存、销售、领用民爆物品12条规定；组织专人对34座煤矿进行4次大检查，并建立了管理档案。

1995—1996年，县公安局进一步完善对民爆物品的管理办法和审批、购买程序，建立健全各项规章制度。在安全检查中共收缴炸药1312千克。

1998—2000年，县公安局在民爆物品管理中，累计收缴雷管2866枚、炸药6420千克、导火索573米，打击处理相关人员37人。

2001年，县公安局清理、整顿涉爆单位30家，采矿、采石场92户，下发隐患整改通知书27份。全年收缴炸药1341千克、雷管766枚、导火索320米；封存炸药2.83万千克、雷管72988枚，惩处相关人员23人。2003年，县公安局在深入宣传“私造爆炸物品违法”的基础上，与全县14家涉爆单位签订“安全无事故责任书”。

2006—2008年，县公安局开展严厉整治全县涉爆行为专项行动，层层签订民爆物品整治责任状。在行动中共侦破涉爆案件26起，打击处理违法涉爆37人，其中刑事拘留10人、逮捕4人、行政拘留15人、取保候审8人；捣毁非法贩运、存储爆炸物品窝点8个，非法贩运硝酸铵团伙5个，收缴炸药6780千克、雷管6146枚、导火索9685米、硝酸铵9760千克（制炸药原料），烟花爆竹7.8万响。

2009年，县公安局召开全县民爆物品整治暨三大员（爆破员、安全员、保管员）培训大会，推动全县治爆工作正常开展。

2010年，县公安局开展爆炸危险物品和易制毒化学品专项治理工作，打击非法生产、运输、销售、使用民爆物品活动。累计出警60余人次，整改安全隐患2处，收缴雷管11枚、导火索70米、炸药35千克。

2011—2012年，县公安局强化民用爆炸物品的安全管理工作，组织警力对涉爆重点人员、非法矿点、剧毒化学品进行摸底排查，所有从事涉爆企业单位和涉爆工程项目，均实行监管责任“三落实”（全县非煤矿山和涉爆项目部安全责任落实到公安机关主管领导、分管领导、具体责任民警）。

2013—2014年，县公安局开展一系列民爆物品安全整治专项行动，出动警力检查整改安全隐患18处，收缴雷管20枚、导火索49米、炸药10千克，查破涉爆案件1起，抓获违法犯罪人员2人。

2015年，县公安局对所有爆炸作业单位逐一进行安全大检查，排查辖区内监管企业安全隐患，审查爆炸作业人员背景、举行爆炸作业人员业务培训，并按企建档。全年未发生涉爆违法犯罪案件。

2016年，县公安局组织民警进矿区、进村庄，宣传非法持有爆炸物品的危害性和所承担的法律责任，提高群众法律意识；发动村委会治保会组织入户排查存在的爆炸物品隐患，共检查收缴（包括群众主动上缴）雷管3685枚、炸药3182千克、导火索10米。

户政管理

常住人口管理　1989年，全县户口按人口居住属地由乡（镇）人民政府代公安局管理，分农业户口和非农业户口。人口迁入、迁出凭批准的申请书、准迁证、迁移证办理。户口登记簿一式两份，村和乡（镇）人民政府各保存一簿，基本为一户一页，按姓名排列，项目主要有户主、与户主关系、姓名、性别、出生年月日、籍贯等。

1991年，各乡（镇）所代管的非农业户口由各辖区派出所接管。农业户籍以《常住人口登记表》按村按户每人一页进行登记。1992—1995年，全县实行人口分层管理。1996年，公安局各派出所对辖区农村户口全部按城镇户口管理办法接管，给每个家庭发放户口簿。

2001年，县公安局各派出所在办理当年的学生升学迁户中，身份证编码一律升为18位。同年5月，根据国家粮食局文件精神，城镇户口迁移、农转非入户申请时取消办理《市镇居民粮食供应转移证明》手续。

2005年7月，全国公安机关人口信息系统建设工程展开，进行人口信息清理、人像采集，纠正错误数据，要求人口信息管理系统中心总人口数与实际人口数的误差不超过万分之一；建立人口信息纠错联络员队伍，协调各村村长及户籍协管员层层把关、统一纠错原则，解决项目差错以户口核对为最基本的手段，以《常住人口登记表》为最原始的依据。至2007年底，县公安局完成采集人口照片189094张，占当年总人口的62.76%。

2012年，县公安局户政中队成立，开展户口清理整顿，全面复核2005年以来办理的外省迁入、补录和迁入后随即迁出的户口卷宗材料；核查纠正了存在疑问的户口问题；依法查处了违法违规办理的户口问题。

2014年初，县公安局创新户政服务模式，实行一站式窗口办理。1—10月共接待服务群众2.36万人次，审核新生婴儿落户手续3088人，审核补录户23人，审核变更项目494人，审核准迁手续4749人，审核毕业生入户手续210人。

2016年，县公安局整顿户口登记管理工作，基本解决公民身份证号码重号和重复户口等问题，建立健全公安机关内部户口身份证监管机制，实现了户口和公民身份证号码的准确性、唯一性和权威性。

流动人口管理　1996年，县公安局对全县流动人口和暂住人口实现统一的管理制度。城区的暂住人口登记率达100%，发证率达95%以上，发函调查率达100%；对城区出租房全部登记造册，实行统一管理；对出租人、承租人逐级签订治安责任书。

2001—2003年，县公安局户政工作人员逐门逐户排查登记出租房屋282间，对1200名暂住人口实行逐人登记，逐户建档。

2010年，县公安局为全县1837户暂住人口全部办理暂住证，并与户主签订治安责任书，并进行计算机录入。

2014年，县公安局管理流动人口2163人，全部录入计算机，发放暂住证2163本，发证率100%；登记出租房屋253户，签订治安责任保证书253份。

居民身份证管理　1989年9月，县公安局发出《关于做好居民身份证实施和检查工作的通知》，在全县范围展开居民身份证编码和照相工作。1991年，已完成填写常住人口登记表23万人，编码15万人，照身份证照片12万人，送山西省制作中心制作底卡12万个，发证12万个；制发临时身份证5000个，已发证数占应发证数的83.3%。基本完成集中发证任务，达到公安部要求。1994年，县公安局人口信息投入计算机管理系统，部分派出所完成人像管理系统扫描任务。1996—2001年，县公安局共为全县居民制发长期身份证17972个（其中换证1217个），发临时身份证4807张。

2006年6月初，县公安局和蔚汾派出所及时进行二代身份证制作设备及信息系统的安装调试，全面部署换发二代身份证工作。

2008年，县公安局筹资32万元购买9套二代身份证制作设备，加快全县换发第二代居民身份证进程。到2014年末，已换发第二代居民身份证94340人，占全县人口总数的 36.04%。

出入境管理

2008—2016年末，县公安局共为全县居民办理出国护照3442人，办理港、澳、台通行证（包括赴台签证）3931人。其中，2008年，县公安局开始为兴县居民办理出国护照和港、澳、台通行证，全年共为兴县居民办理出国护照56人、港澳通行证42人；2009年，共为兴县居民办理出国护照91人，办理港澳通行证和台湾通行证106人。

2010年，县公安局为全县居民办理出国护照163人，办理港澳通行证193人、台湾通行证18人。2011年，兴县公安局共为全县居民办理出国护照219人，办理港澳通行证258人、台湾通行证10人。

2012年，兴县公安局共为全县居民办理出国护照573人，办理港澳通行证676人、台湾通行证30人。2013年，兴县公安局共为全县居民办理出国护照494人，办理港澳通行证386人、台湾通行证120人。

2014年，县公安局为来往港、澳居民办理通行证577人，为出国居民办理护照551人，为赴台居民办理通行证84人。

2015年，县公安局共为全县居民办理出国护照269人，办理港澳通行证442人、台湾通行证70人。2016年，县公安局共为全县居民办理出国护照1026人，办理港澳通行证835人、台湾通行证84人。

第七节　监所管理

监所建设

1996—1997年，县公安局投资9万余元，购置监所（地址为城关镇石盘头村）监控设备，并装备现代化管理设施。2008年，县公安局筹资15万元，在监所安装24个视频监控设备，装备应急设备和通信设备；对监所外围整体加高加固，安全设施更加牢固，物防、技防水平进一步提高。2009年，县公安局投资400万元，新建看守所和治安拘留所（地址为高家村镇南西洼村）工程竣工投入使用。运行到2010年，连续四年安全无事故。

2016年，县公安局为监所增配一批事业编制民警；投资380万元，改造看守所双回路电源；投资680万元，对看守所的视频监控系统和警务督察系统进行改造，确保监所设施安全，人员监控落实到位。

监所看守

县公安局看守所对姓名及身份不明的涉嫌犯罪人员进行收容审查，时限最长3个月；对姓名和身份详实的涉嫌犯罪人员进行刑事拘留，时限最长7天；对犯罪事实基本清楚的收容审查及刑事拘留人员，由检察院批准逮捕；法院审判判决后，判处有期徒刑1年以下，余刑在1年以下的罪犯由看守所监管；余刑在1年以上的人员由看守所交山西省监狱、劳改队执行刑罚。

1989—1994年，县监所组织在押人员学习《中华人民共和国宪法》《中华人民共和国刑法》《中华人民共和国刑事诉讼法》《中华人民共和国治安管理处罚条例》等法律知识20余次，对在押人员个别谈话教育400人次，在押人员撰写学习心得200余篇，个人思想鉴定150份，在押人员悔过自新改造率达97%。

1991—1995年，县公安局看守所关押各类违法犯罪人员，通过对在押人员进行政策攻心和案例教育，吸收建议25条。

1996年，县公安局看守所坚持“教育、管理、感化、挽救”的方针，在监所开展安全无事故竞赛活动。1997年，看守所关押各类违法犯罪人员较多，全所强化管理，把防范、教育、改造融为一体，全年未生暴狱、自杀、自残等事故。

1999—2006年，县公安局执行监所管理制度，健全在押人员关押、提审、换审三大环节的制度化管理，强化对监所在押人员的教育、管理和改造，其间，为监所人员累计上法制宣讲课1021次，每日坚持查监1次，每周针对实际抽查谈话1次，实现监所无事故。同时编印普通法律常识小册子，发给在押人员学习，使其知法、守法。坚持每月一次安全大检查，每月不定日集中监所检查科、县武警中队和所内干警进行查监。投资3000余元，购置记述在押人员自觉守法、立功赎罪等典型案例的书籍，供在押人员阅读。

2006—2010年，县公安局看守所通过宣讲政策和法律，督促在押人员主动坦白或检举揭发犯罪线索，共深挖犯罪线索198条，查证落实141条，破获刑事案件126件。

2012年，县公安局看守所民警全年收集犯罪线索80余条，提供线索破获案件45起。2013年，县公安局看守所开展创建“安全、文明、开放”监所活动，民警做到依法严格管理、科学文明管理。

2014年，县公安局全面排查监所安全隐患，逐项整改存在问题。

2016年，县公安局看守所、拘留所严格落实监所“五化”（勤务模式科学化、执法行为规范化、管理方式精细化、监管手段信息化、设施保障标准化）建设要求，彻底铲除“牢头狱霸”，消除安全隐患。

第八节　交通管理

管理机构

县公安局交通警察队成立于1987年，副科级建制，业务上接受吕梁行署公安处交通警察支队领导。1989年，县公安局交通警察队内设办公室、秩序股、宣教股。1993年9月，县公安局交通警察队改为兴县公安局交通警察大队（简称公安交警大队），内设办公室、宣教股、秩序股、事故股、城区中队。1995年，县公安交警大队在全县建立7个基层交通安全委员会（简称交安委），分别是：西川片交安委、南川片交安委、县川片交安委、经委交安委、党政系统交安委、农林贸交安委、客运车辆交安委。

2016年，县公安交警大队内设办公室、宣教股、法制股、安全股、秩序股、车辆管理所、事故处理中心、办案中心、122指挥中心，下设城区一中队、城区二中队、康宁中队、蔡家崖中队、刘家湾中队、魏家滩中队、瓦塘中队、肖家洼中队、治超中队。此外，还设有胡家沟、黑峪口、固贤、曹家坡、杨家坡、高速东口等交通安全服务站；另有驾驶员培训学校2所。

车辆和驾驶员管理

1994年，县公安交警大队检验机动车辆677辆，审验驾驶员834人，培训农用三轮车驾驶员40人，培训事故、违章驾驶员43人。

2010年，县公安交警大队办理全县新注册登记机动车辆1308辆，其中大中型汽车（包括客车）474辆，家用小型汽车866辆，摩托车161辆，低速车14辆。

2013年，县公安交警大队办理全县机动车注册登记8986辆，其中大中型汽车（包括客车）1682辆、家用小汽车3415辆、摩托车3889辆，管理机动车驾驶员14331人。

2014年，大中型汽车（包括客车）798辆（交警大队审检客运车118辆、审检中型货车680辆）、家用小汽车3656辆（审检农村面包车656辆）。审检驾驶证10714本，审检率98.4%。

2016年，县公安交警大队办理全县机动车注册登记10637辆，其中大中型汽车（含客车）1671辆（全年审验大型车1671辆）、家用小型汽车5334辆、摩托车1075辆、低速车210辆。管理机动车驾驶员21042人，其中办理初次申领驾驶证236人，办理增驾业务122人，办理补换证业务3179人，驾驶证审验749人次，注销驾驶证10人。

交通秩序管理

1989—2016年，县交警大队共受理查处道路交通事故6725起，其中重大事故27起，事故死亡414人、受伤1903人，直接经济损失1785.5万元。查处各类道路交通违法案件34.72万余起，其中罚款处理3745人，行政、刑事拘留和批捕748人。在所查处的交通违法案件中，有酒驾、醉驾、毒驾、违规携运危化物品等危险驾驶案332起，有超员、超载122起，有无牌、无证、无照等违法交通行为4011起。

1989—2016年部分年份兴县公安交警大队处理交通事故及交通违法行为情况表

表24-1-8-1

项目 年份	事故处理（起）		事故伤亡数（人）及直接经济损失（万元）			查处交通违法行为（起）					行政刑事拘留及批捕拘捕数（人）
	总数	其中重事故	死亡人数	受伤人数	直接经济损失	总数	其中道路违章	超载超员	酒驾醉驾毒驾	无牌无证无照驾驶	
1989—1996	172	27	34	38	40.5	5190	—	—	—	—	—
2006	341	—	74	89	130	23	—	—	—	—	23
2009—2010	804	—	95	250	240	—	—	—	—	—	—
2011	527	—	54	145	80	—	—			140	—
2012	674	—	44	170	85	—	—	—	—	—	—
2013	616	—	22	130	60	28970	10429	13	7	30	31
2014	1231	—	23	405	400	56064	39894	26	45	712	228
2015	1250	—	40	466	450	76773	37706	83	93	1252	361
2016	1110	—	28	210	300	180044	89553	—	187	572	105

第九节　消防管理

1989—1991年，兴县发生火灾35起，直接经济损失9.71万元，公安局内保股、消防股查处10起，罚款900元。

1994—1996年，全县共发生火灾35起，直接经济损失23.2万元。公安局内保股、消防股对全县126个内保单位的治安、消防进行整顿和监督检查，发出监督意见书287份，重大火灾隐患通知书3份，停业整顿通知31份，有效避免1起较大事故的发生，避免经济损失9万余元。

2005年，兴县人民政府专职消防队成立，在蔚汾镇圪洞村租赁民宅改装成临时消防站，招聘12名退伍军人，购置2辆水罐消防车（其中二手车1辆），正式投入执勤。至2008年，兴县未发生重特大火灾事故。

2010—2011年，县公安局开展消防安全专项整治，整改安全隐患60处；在城区网吧、娱乐场所、旅馆、大型商场、学校以及乡（镇）三级以上消防重点单位配备消防设施200余套、消防知识提示牌1100余块，全县未发生重特大火灾事故。

2012—2013年，全县共发生火灾事故35起，虽无人员伤亡，但烧毁建筑物380余平方米，直接经济损失981.86万元。县公安局消防大队联合县安全监察大队深入全县人员密集地、在建工地、“九小场所”进行地毯式排查，共检查单位423家（处），发现火灾隐患480处，整改火灾隐患477处，印发处罚决定书19份，罚款21万元，查封经营户2户。

2014年，县公安局消防大队与40家重点单位签订责任书。共检查单位348户次，发现火灾隐患474处，整改火灾隐患465处，印发行政处罚决定书6份，责令停业整顿5户，罚款11.5万元，临时查封12户。全年共发生火灾29起，抢险救援9起，出动车辆73车次，投入人员456人次，抢救人员11人，挽回直接财产损失730余万元，保护国家和人民财产2000余万元。

2015年，公安局消防大队共接火警19起，出动车辆39辆，抢救被困人员7人，抢救财产价值280万元。全年检查单位535户次，发现火灾隐患671处，整改火灾隐患653处。

2016年，县公安局消防大队检查单位944户，发现消防隐患856处，督促整改隐患842处，印发行政处罚决定书16份，临时查封8户，责令停业11户，罚款35.05万元，行政拘留6人，当年未发生火灾事故。

第二章　司法行政

第一节　机构设置

司法局

为县人民政府系列正科级行政机关。1989年，兴县司法局内设办公室、宣教股、民调股、律师事务所、公证处，人员26人。

2002年，全县司法行政机构改革，司法局内设办公室、政工股、宣教股、基层股，政法专项编制34人，其中局机关13人、乡（镇）司法助理员17人（原下设的24个乡镇司法所随乡镇撤并为17个）。司法所为司法局派出机构，实行司法局、乡（镇）双重领导，以司法局管理为主的体制。全县司法行政系统人员34人。

2010年，吕梁市、兴县编制委员会办公室下达兴县司法局政法专项编制35人。

2013—2014年，兴县编制委员会根据吕梁市编制委员会办公室有关文件精神，为县司法局蔚汾司法所增加政法专项编制2人，县司法局政法专项编制累计为37人。

到2016年末，县司法局核定行政编制37人，实有在编人员36人，其中设正科级1人、副科级3人。

基层司法所

1989年，县司法局下设恶虎滩、交楼申、奥家湾、关家崖、城关、肖家洼、蔡家崖、高家村、木崖头、魏家滩、瓦塘、白家沟、杨家坡、裴家川口、康宁、东会、固贤、孟家坪、小善、赵家坪、贺家会、蔡家会、圪垯上、罗峪口24个乡（镇）司法所，并分别配备司法助理员1人。

2001年，根据山西省机构编制委员会办公室、山西省司法厅《关于县乡司法行政体制调整及有关问题的通知》精神，司法所为县司法局派出机构，司法助理员为县司法局派驻乡（镇）工作的人员，编制在司法局单列，工资由县司法局统一发放。司法所和司法助理员实行县司法局与乡（镇）双重领导、以司法局管理为主的体制。

2002年6月机构改革后，全县共设置恶虎滩乡、交楼申乡、奥家湾乡、蔚汾镇、蔡家崖乡、高家村镇、魏家滩镇、瓦塘镇、孟家坪乡、赵家坪乡、贺家会乡、蔡家会镇、圪达（垯）上乡、罗峪口镇、康宁镇、固贤乡、东会乡17个乡（镇）司法所。

2004年底开始，根据《司法部关于创建规范化司法所工作意见》以及山西省、吕梁市关于创建规范化司法所有关要求，兴县司法局积极争取中央国债资金，开展司法所规范化建设。至2007年，先后建成蔚汾镇司法所、魏家滩镇司法所、康宁镇司法所、恶虎滩乡司法所、贺家会乡司法所、固贤乡司法所、蔡家崖乡司法所7个司法所，各所建筑面积平均120平方米。

2008年，建成赵家坪乡司法所、瓦塘镇司法所、罗峪口镇司法所、高家村镇司法所、圪达（垯）上乡司法所、孟家坪乡司法所、交楼申乡司法所、东会乡司法所8个乡（镇）司法所，并向上级部门争取资金，共为8个乡（镇）司法所配备摩托车、电脑等设备。2012—2016年，县司法局通过多渠道筹资，为全县各基层司法所配备电脑、打印机、写字台、文件柜、指纹签到仪等设施设备，工作条件更加优良。

第二节　普法宣传教育

“一五”普法

1986—1990年为第一个五年法制宣传教育规划时期（简称“一五”普法，以下类推）。1989年，是实施“一五”普法规划的第四年，以“十法一条例”（即《中华人民共和国宪法》《中华人民共和国民族区域自治法》《中华人民共和国刑法》《中华人民共和国刑事诉讼法》《中华人民共和国民法通则》《中华人民共和国民事诉讼法〈试行〉》《中华人民共和国婚姻法》

《中华人民共和国继承法》《中华人民共和国经济合同法》《中华人民共和国兵役法》《中华人民共和国治安管理处罚条例》）为主要内容，以工人、农民、知识分子、干部、学生、军人为普及对象，通过举办法制培训班、法律知识竞赛、街头法律咨询和干部职工法律知识考试等形式，宣传、普及法律。其间，全县共组织开展法制讲座30多场，培训干部、职工、学生1.2万余人次，组织干部职工参加法律知识考试3500多人。

“二五”普法

1991—1995年为“二五”普法时期。“二五”普法以县、团级和党政机关领导干部，执法人员（包括司法人员、行政执法人员）和青少年学生，特别是高中学校在校学生为重点对象， 以宣传宪法为核心、以宣传专业法为重点内容。其间，县司法局组织全县科级干部中集中学习《中华人民共和国反不当竞争法》《中华人民共和国消费者权益保护法》《中华人民共和国公司法》等新颁布的法律法规，共举办法制讲座20多场，培训干部、职工、学生1.5万余人次，组织干部职工4000多人参加了法律知识考试。

“三五”普法

1996—2000年为“三五”普法时期。“三五”普法以学习邓小平关于社会主义民主与法制建设的理论，开展《中华人民共和国宪法》知识、基本法律知识、市场经济法律知识以及与维护社会稳定有关的法律知识教育为主要内容，以领导干部、司法和行政执法人员、企业经营管理人员、青少年为重点对象，建立领导干部学法“五项制度”（县委中心组定期学法制度，领导干部举办法制讲座制度，干部法律培训、轮训和定期旁听公开审判制度，领导干部向群众宣讲法律知识制度，干部法律知识考核制度）。县乡（镇）两级党委中心组每2个月集中学习1次法律知识；聘请专家举办领导干部法制报告2次，受教育800余人次；全县2203名党政机关干部参加“三五”普法考试，领取普法考试合格证；举办县乡（镇）机关党员干部和村级后备干部法律培训3期，受训1000余人；举办《中华人民共和国香港特别行政区基本法》《中华人民共和国国旗法》《中华人民共和国公司法》及交通安全法规知识竞赛活动；与县教育局组织青少年法制教育宣讲团，在全县中小学校进行巡回宣讲。

“四五”普法

2001—2005年为“四五”普法时期。“四五”普法以实现“两个转变，两个提高”（即努力实现提高全民法律意识向提高全民法律素质转变，实现由注重依靠行政手段管理向注重运用法律手段管理转变，全面提高全体公民特别是各级领导干部的法律素质，提高全社会法制化水平）为目标，以《干部法律知识读本》（上下册）为基本教材。2001年，司法部确定每年12月4日为全国法制宣传日。县司法局与县委宣传部、县政法委、县公安局、县人民法院、县人民检察院等单位组织举办全国第一个“法制宣传日”（2001年12月4日）活动，在县城主街道设立宣传咨询点，共发放法律宣传材料1万余份；会同县委组织部、人事局举办公务员法律知识培训班；以《中华人民共和国宪法》《中华人民共和国行政许可法》等法律知识为重点，培训全县党政领导干部3期500余人；在2003年抗击“非典”疫情期间，组织宣传《中华人民共和国传染病防治法》《突发公共卫生事件应急条例》等相关法律法规，印发宣传材料1.5万余份，在县电视台举办法制讲座半个月；连续5年组织全县四套班子领导、党政机关、企事业单位和省地驻兴单位干部职工参加法律知识考试，累计参考3000余人，参考率99.3%。

“五五”普法

2006—2010年为“五五”普法时期。“五五”普法将农民列入普法教育重点对象，县司法局开展“法律六进”（进机关、进乡村、进社区、进学校、进企业、进单位）系列宣传活动，培训新任大学生村官80人；组织全县机关、事业单位工作人员、企业经营管理人员和农村“两委”干部4533人进行法律知识考试，吕梁市、兴县领导组成巡视组，对法律知识考试进行了巡视检查。

“六五”普法

2011—2015年为“六五”普法时期。2011年是实施第六个五年法制宣传教育规划的第一年，中共兴县县委、县人民政府召开动员大会，印发实施意见。县委理论学习中心组成员全年集中学法2次以上。县司法局通过举办“妇女权益保障法律知识”讲座、“3·15消费与安全”主题法律宣传教育活动和开展“5·19”法律援助宣传日、“6·26”禁毒宣传日、“12·4”全国宪法宣传日等宣传活动，发放法律宣传资料6.8万份、宣传书籍10万册，现场解答法律咨询2450人次，累计受教育12万余人。县司法局组织全县“普法宣讲团”开展“送法进校”活动，为中小学校举办法制讲座21场，发放《青少年普法读本》等书刊1.9万余册。

“七五”普法

2016—2020年为“七五”普法时期。2016年，召开全县“七五”普法宣传启动大会，中共兴县县委、县人大常委会、县人民政府、县政协领导出席会议。兴县司法局制定印发《关于在全县开展法治宣传教育的第七个五年规划（2016—2020年）》和《兴县2016年普法依法治理工作要点》等有关文件，开展以学习宣传党的十八届四中、五中、六中全会精神和《中华人民共和国宪法》为重点的宣传教育活动。在“12·4”国家宪法日，县司法局组织全县33个执法涉法单位，在县城中心广场、体育场和主街道悬挂法律宣传标语条幅52条，展出法律宣传展版32块，发放法律宣传资料155种10万余份，提供法律咨询5000人次；组织开展中小学校法制讲座4次；组织普法工作者和优秀律师深入机关、乡村、社区、企业等单位开展形式多样的法律宣讲活动6次。

第三节　人民调解

机 构

1989年，县司法局整顿加强基层调解组织，完善乡（镇）调解组织8个，新建村级调解组织65个，更换调委会主任46人；人民调解委员会实现“四有四落实”（即有牌子、有印章、有办公场所、有相关制度和档案材料；组织落实、制度落实、工作落实、报酬落实）制度，县、乡、村人民调解工作贯彻“调防结合，以防为主，多种手段，协同作战”方针，以预防矛盾激化为重点，层层实行责任制管理。

2000年8月，全县24个乡（镇）全部建立司法调解中心。2001年，全县贯彻《中华人民共和国人民调解法》，共建立和完善人民调解组织170个。

2010年，兴县道路交通事故纠纷人民调解委员会成立。

2014年，县司法局学习推广“枫桥经验”，构建矛盾纠纷大调解工作体系：成立县级矛盾纠纷调解中心1个、乡（镇）级矛盾纠纷调解中心17个，在重点村委、社区和企业建立调委会、调解室50个；组建完善了征地拆迁、劳动争议、交通事故、村矿矛盾、医患关系、环境污染等六大领域的行政调解组织。

业 务

1989年，县司法局全年调解矛盾纠纷230件，调处成功150件，化解群体上访8件，预防民事案件转刑事案件15件。2000年，县乡（镇）司法调解中心共调解矛盾纠纷80件，调处成功78件。

2010年，县道路交通事故纠纷人民调解委员会成功调处道路交通事故纠纷29件。

2014年，县、乡（镇）矛盾纠纷调解中心共调解矛盾纠纷84件，成功46件，化解群体上访14件，预防民事案件转刑事案件8件。

2015年，县、乡（镇）司法矛盾纠纷调解中心共调解矛盾纠纷97件，成功56件，化解群体上访10件，预防民事案件转刑事案件6件。

2016年，县、乡（镇）司法矛盾纠纷调解中心共调解矛盾纠纷170件，成功68件，化解群体上访15件，预防民事转刑事3件。

第四节　律师事务

机构沿革

山西晋兴律师事务所前身为兴县法律顾问处，成立于1982年，为县司法局下属业务股室，有工作人员3人。1986年，兴县法律顾问处改名为兴县律师事务所，为全额事业单位，共有工作人员3人。

1990开始，县律师事务所为兴县司法局下属差额事业单位。

1998年1月，按照上级司法行政部门要求，县律师事务所变更为晋兴律师事务所。2002年，全县机构改革时，晋兴律师事务所被取消。

2004年，根据上级司法行政部门关于国家级贫困县应保留国办律师事务所开展法律援助业务的指示精神，晋兴律师事务所重新注册登记。2009年，兴县编制委员会办公室核定晋兴律师事务所仍为县司法局下属的差补事业单位，编制1人。2011年，兴县编制委员会办公室根据上级有关精神，核定晋兴律师事务所为股级建制，财政补助事业编制1人。

2012—2016年，晋兴律师事务共有注册律师7人，设主任1人；办公场所原位于县城人民西路，被拆除后借用原一项目办的1间办公室工作至2016年。该事务所成立以来，主要开展兴县范围内的法律援助、法律咨询、代写法律文书业务，并举办普法讲座，开展人民调解工作，同时参与县、乡有关部门召开的信访听证会，参与化解县委、县人民政府确定的一些重点涉法涉诉信访案件。

业 务

2004—2016年，晋兴律师事务所共办理各类案件100件，其中非诉讼业务66件，担任法律顾问服务单位6个，免费提供法律咨询和代写法律文书服务360人次，调解民间纠纷8起。

第五节　公证事务

机 构

1989年，县公证处为兴县司法局下设的股级行政机构，编制2人。

2002年，机构改革后，县公证处编制单列，核定编制4人。2011年12月，县编制委员会办公室重新核定公证处编制3人，其中管理人员编制1人、专业技术人员编制2人。至2016年，县公证处实有2人。

业 务

1989—1990年，县司法局公证处主要开展收养公证、协议书公证、财政支农周转金公证、计划生育协议书公证、经济合同和民事合同公证业务，共办理各类公证1467件，业务收入6637元。

1991—1992年，县司法局公证处学习发达地区经验，与县经委和农工部配合，共办理企业二轮承包，农村土地、小流域承包合同公证和银行借贷等合同公证2580件，业务收费8842元。

1996—2002年，县司法局公证处共办理计划生育协议书公证、农村土地及小流域承包、银行借贷、劳务合同、赔偿协议、工商服务业承包合同等公证1277件，业务收入48040元。

2003—2016年，县司法局公证处办理事故一次性赔偿协议、车辆买卖协议、财产分割协议书、委托书、声明书、房屋租赁、工商服务业承包、解除劳动合同协议、农村土地承包、继承权、现场监督等公证396件，业务收入2.35万元。

第六节　法律援助

机 构

1989—1997年，全县没有专门的法律援助机构，仅由律师和基层法律服务所人员提供咨询援助服务。

1998年，兴县法律援助中心成立，股级建制，全额事业单位，核定编制3人（人员由司法局内部解决）。1999年，县司法局法律援助中心机构、人员、办公场所、办公设备得到落实，有主任1人、工作人员1人，负责受理、审查法律援助申请，指派人员为公民提供法律援助。2009年，县编制委员会办公室重新核定县司法局法律援助中心为股级全额事业单位，编制4人。

2010年，县司法局法律援助中心在全县部分村委成立法律援助联络点。2014年，遵照山西省司法厅和吕梁市司法局关于实现法律援助覆盖全省的工作要求，县司法局法律援助中心于10月在县城租赁门面房，建成兴县法律援助便民服务大厅，拓宽法律援助范围，扩大受援覆盖面，解决了困难群众打官司难的问题。2015年，县司法局法律援助中心在县武警中队建立“兴县法律援助中心武警兴县中队工作站”。

业 务

1998—2016年，县司法局法律援助中心共办理法律服务与援助案件555件，其中民事援助案221件、刑事援助案28件，代理非诉讼107件、咨询99

件、其他100件；接待群众咨询法律1547人次，代写诉讼、协议等法律文书407份；接待信访60人次，为当事人挽回经济损失178万元；调解纠纷18件，维护了弱势群体的合法权益。

第七节　安置帮教

1998年，兴县刑释解教人员安置帮教工作领导组成立，办公室设在县司法局。1999年，县司法局安置帮教工作领导组建立安置帮教“四包两定一防”（即包扶持、包安置、包教育、包管理，定帮教人、定帮教对象，防止重新犯罪）工作站。县司法局联合县民政局、劳动局、总工会、团县委、县妇联、县残联等单位，共同帮助刑释解教人员顺利回归社会。2003年，司法局建立安置帮教信息查询系统。2004年，全县刑释解教人员帮教实行微机化管理，乡（镇）村两级建立释解人员台账。2009年，县司法局开展安置帮教“和谐回归”活动，构建教育改造、帮教安置一体化体系。各乡（镇）司法所全部安装安置帮教工作软件，实现刑释解教人员从司法部到山西省、吕梁市，到兴县各乡（镇）的全面对接。2010年，建立县司法局、乡（镇）司法所、公安派出所、村刑释解教人员安置帮教工作站衔接机制和“三帮一”（司法所长、村干部、家属共同帮教）措施。至2011年，全县有刑释解教人员730人，帮教率达100%，安置率达80%。2012—2016年，全县共有刑释解教人员602人，其中帮教494 人，帮教率达82.1%。

第八节　社区矫正

2010年，社区矫正工作由兴县公安系统移交县司法局和基层司法所接管。县司法局正式承担社区矫正工作，共接收县公安局移交社区矫正人员档案6册，社区服刑人员6人，全县基层司法所在原有职能的基础上新承担社区矫正日常工作，组织开展对社区服刑人员的教育矫正、监督管理和社会适应性帮扶。2011年，全县共有在册社区矫正人员33人。2012年，为了贯彻落实最高人民法院、最高人民检察院、公安部、司法部《社区矫正实施办法》和《山西省社区矫正实施细则》，县司法局结合“平安兴县”“法治兴县”建设，围绕“教育矫正、监督管理、社会适应性帮扶”三大任务，坚持“规范工作流程、突出重点环节、加强分类教育、注重矫正效果”的工作思路，按程序完成矫正对象的接收登记、档案管理、分类教育、个案矫正、信息上报工作。

2014年8月，县编制委员会办公室批准成立兴县社区矫正中心，为股级事业单位，核定编制2人，其中主任1人，专职干事1人。2015年7月，县司法局业务用房建设项目重新启动，地址位于县城新区（蔚汾南路张家圪埚村东北面100米），社区矫正中心新办公场所位于司法局大楼，面积约240平方米，集报到、档案管理、日常办公等功能于一体，配备有宣告室、档案室、训诫室、心理矫正室、集中学习教育室、审检警务室等矫正工作业务功能室。

2016年，按照山西省司法厅、吕梁市司法局的指示精神，兴县人民政府为社区矫正中心共配备电脑3台、打印机2台、警车1辆、照相机1台、指纹签到仪1台。司法所累计接收监管社区矫正人员456人，其中当年在册社区矫正人员178人，内含缓刑 177人、管制1人。

2010—2016年兴县司法局社区矫正情况统计表

表24-2-8-1　　单位：人

年份	当年接收社区矫正人员	本年度在册社区矫正人员	在矫人员类别			
			缓刑	假释	管制	暂予监外执行
2010	7	6	6	—	—	—
2011	26	33	33	—	—	—
2012	83	89	84	1	4	—
2013	86	139	131	3	4	1
2014	103	182	179	1	2	—
2015	68	171	169	1	—	1
2016	83	178	177	—	1	—
合计	456	798	779	6	11	2

第二十五编

民　政

1989—2016年，兴县民政局完成安置退役军人、发放就业（自创业）补偿；为优抚、定抚对象及复退军人发放救助金280.94万元；解决优抚对象的住房困难；对不享受公费医疗的烈军属、伤残军人、老复员军人等优抚对象减免住院医疗费4万元。

兴县民政局实施贫困群体救助，累计救济困难群众13.79万人次，发放救济金8643.06万元；实施自然灾害救助，累计为城乡1026个村、15.02万人次发放救灾款379万元，捐赠防寒衣1000套，其他衣服、鞋1.51万件，被褥310套，白面6万千克；为农村1754户困难户补修危房（窑洞）4055孔（间）。

努力实施城乡居民最低生活保障。其中，“五保”老人年供养人数由384人增至2121人，年支付供养总额（含集中供养和分散供养）由13.44万元增至615.09万元，增长44.8倍；享受城镇居民最低生活保障人数由1998年的47户79人增至6283人，年支付低保金额由1998年的5.69万元增至2789.65万元，分别增长78.5倍和489.3倍；农村居民最低生活保障标准不断提升，2016年末，3.03万名低保对象人均领取低保金1740元，年支付低保总额达到5034万元。

1989—2016年，全县共进行了9个届次的村民委员会换届选举，换届率达到100%。

撤乡并镇后，居委会并入蔚汾镇，成为蔚汾镇内设机构，承担原居委会（街道办事处）的工作。

第一章　拥军　优抚

第一节　拥 军

拥军活动

兴县驻军有解放军驻兴某部、武警兴县中队和人民武装部。每年八一建军节和元旦、春节，中共兴县县委、县人民政府领导都要走访慰问驻军单位，并召开军政座谈会、军民联欢会，畅谈工作；对随军家属子女上学、就医、住房用地都给予极大方便和优待。1996年，县人民政府筹集基金12万余元为解放军驻兴某部、驻兴武警中队和县人民武装部购置电视机、篮球、空调等，并为他们办起图书阅览室。

复退军人安置

1989—1995年，县民政局安置城镇退伍军人70人。其中按上级指标安置到位50人。

1996—1999年，县民政局共接收退伍军人130余人，配合劳动人事部门全部安置到位。1999—2010年，全面推行退役士兵安置就业与自谋职业相结合的安置政策，县民政局安置转业志愿兵、伤残军人和通过考试的城镇退役士兵20人，领取自谋职业补偿金50人。2011—2016年，县民政局完成接收退役士兵安置工作。

第二节　优待　优抚

1989—2016年，全县优抚工作实行政治优待和经济优抚相结合，群众优抚与国家补助相结合，坚持优待照顾烈属、军属及革命伤残军人，抚恤牺牲、病故军人及伤残军人家属，抚恤对象享受应有的荣誉和待遇，生活水平高于当地群众平均水平。

优待

1990—1995年，全县军属优待面一直保持100%，人均优待金450元；其他优抚对象人均优抚金80元。全县24个乡镇（后改为17个）制定出优抚规定。县财政下拨814万元给回乡复原军人（含带病回乡的退伍军人）每人每月增加10元补助。1996年，兴县制定印发《关于全县优抚对象优抚金社会统筹的实施办法》，共征收优待金7500元。

1999年，中共兴县县委、县人民政府组织“爱心献功臣”活动。由县民政局、县财政局、县卫生局等单位组成57人的调查组，逐户了解重点优抚对象的生活、住房、医疗等情况，切实掌握全县优抚优待人数、户数、困难情况和分布情况，并列表造册，逐户确定帮扶措施。通过调查，全县1673人（户）优抚对象中，有生活困难户456户、住房困难户354户、医疗困难户863人。兴县县委、县人民政府按照山西省民政厅、山西省财政厅有关文件精神，将县负担的抚恤经费全部列入预算，并于7月足额发放到优抚对象手中；将4名重点优抚对象列入城镇居民最低生活保障；为鳏寡孤独、无劳动能力的1560名优抚对象发放救济款13万元；由县人民政府资助解决305户重点优抚对象的住房困难（其中解决漏房94户、危房70户、无房141户）。2000年5月，兴县人民医院、城关卫生院开展送医送药下乡服务，其中，由财政拨款解决优抚对象的医药费；县、乡两级医疗单位免收优抚对象门诊费、挂号费和注射费；对不享受公费医疗的烈军属、伤残军人、失散老红军、老复员军人，减免50%的住院床位费、检查费、手术费；对不享受公费医疗待遇的烈士家属、牺牲和病故军人家属及带病回乡的复员退伍军人，减免其住院医疗费用的10%；为不享受公费医疗的优抚对象解决医疗费3.5万元；为施行白内障手术的优抚对象每人补助200元医疗费。2000年，全县农村共落实优待金20多万元，城镇烈军属优待面一直保持在70%以上；农村军烈属优待面保持100%。

2010年，县人民政府成立由副县长贺毅为组长的优抚对象医疗保障领导小组，印发《优抚对象医疗保障实施意见》，将兴县残废军人、复员军人、带病回乡退伍军人、参战参核退役军人、享受国家优待补助的革命烈士家属、因公牺牲军人家属及病故军人家属全部纳入保障范围，并区别情况给予门诊补助、住院补助、特别补助等不同方式的医疗保障；设立优抚对象门诊室、优抚病房等医疗优惠办法，确定定点医疗机构，确实解决他们看病难的问题。

2011—2015年，县民政局累计救助复退军人697人，救助金额22.56万元。2016年，兴县民政局救助优抚对象，发放优抚；为其他优抚对象发放救助金额107万元；对有工作能力的老红军子女全部安排工作，不能参加工作的转为城镇户口，享受市民低保；同等情况下，坚持优先录用老八路子女就业。

优抚（义务兵家庭优抚）定补

烈士家属定补　县人民政府对在乡复员军人、伤残军人、带病回乡的退伍军人和老红军、红军失散人员生活有困难的实行定期定量补助，简称“定补”。1989年，县民政局为全县定补对象4580人每人发放补助金109元，共发放49.92万元。2010年，县民政局优抚股详细调查全县烈士家属，确定定期抚恤烈士遗孀及子女（定补对象）214人，国家为每人每月发放生活补助130元，当年共为他们解决定补款33.38万元。2016年，全县烈士遗孀及子女定补抚恤对象197人，每人每月补贴340元，当年定额补贴共80.38万元；其他定补对象957人，发放定补总额15.37万元。

参核参战人员补助　2003年6月至2007年8月，国家对全县参核参战的退伍军人进行补贴。2016年，县民政局为参核参战的退伍军人每人每年补贴5520元（每人每月补贴增加到460元），全年发放定补总额99.36万元。

退伍军人生活定补　从2011年起，国家对退伍军人全部实施定期生活补贴，补贴金额按军龄每月补贴10元。县民政局全年为退伍军人发放生活补贴总额11.76万元。2015年，全县退伍军人月补贴款增加为20元。2016年，复退军人定补款为16.89万元。

优抚对象安葬　县内老红军、老八路、老解放、伤残军人去世后，安葬费和抚恤金执行当年标准，并增发一年的定补予以安抚。

第二章　救灾　救济

第一节　灾害救助

1994年，兴县遭遇旱灾、洪灾、雹灾和霜冻的袭击，受灾面积67.5万亩，成灾面积62.7万亩。其中16个乡（镇）的413个村遭受旱灾，受灾面积61万亩；5个乡（镇）的34个村遭受洪水、雹灾，受灾面积12万亩，绝收面积3.8万亩；5个乡（镇）的12个村委遭受霜冻灾害，受灾面积3.2万亩。全县灾情造成直接经济损失143万元，粮食减产1500万千克。县民政局向受灾地区发放救灾款24万元，救济受灾群众2.9万余人；县财政拨出1万元，为受灾人员每人每月增加救济10元。

1995年，兴县遭遇旱灾、雹灾、洪灾、涝灾、霜冻5大灾害。其中，因旱未播种面积52.6万亩，占全县总耕地面积82万亩的64.2%，受灾最严重的有西川和西南的12个乡（镇），全县198个村、6万多人口和1万余头大牲畜因旱灾造成饮水严重困难；固贤、奥家湾、贺家会、孟家坪等6个乡（镇）的56个自然村遭受雹灾，受灾面积13万亩；奥家湾乡、关家崖乡、康宁镇、城关镇等乡（镇）的局部地区遭受洪水袭击，倒塌、损毁房屋390孔（间）；秋后，全县又遭霜冻灾害，遭灾面积51万亩，其中恶虎滩乡、东会乡、交楼申乡、固贤乡、木崖头等乡农作物遭受毁灭性打击。县民政局共向灾区群众发放救灾款76万元、寒衣1000套，缓解了部分遭灾群众的生活困难。

1996年7月23日，兴县境内突降暴雨，导致山洪暴发，河水猛涨，县城及18个乡（镇）供电、供水、通信和广播电视设施严重损毁；县城8182间民房倒塌或裂缝，23人死亡，450户1350人无家可归；洪水冲毁农田1.5万亩，冲毁农村各种水利设施80套，损毁人畜吃水工程21处，有312个自然村、3.72万人受灾。灾情发生后，吕梁行署民政局领导亲临兴县查看灾情，指导抗洪救灾，并在资金上给予大力支持。驻兴某部及时调运挖掘机、拉水车、大卡车等机械，在一周内修筑护城坝500米；帮助灾民清理淤泥，定点拉水供水，捐献灾民白面1万千克、棉被100套、军鞋120双。灾后统计，全县共收到捐款84万元、被褥210套、衣物1.5万件、鞋120双、白面5万千克。其中太原市小店区91个单位1803人捐献衣物6000件、现金2.81万元。

1999年，兴县遭遇空前大旱灾，全县有43.5万亩耕地绝收，占总耕地面积120万亩的36.3%；有12万余人出现缺粮情况。山西省民政厅灾后为兴县下拨救灾款194万元，救助灾民1.19万户、2.42万人。

第二节　困难救济

1989—2016年，民政局共为1754户改造因洪涝灾害造成的危房4055间（包括泥补窑洞），改善了灾民居住条件。

1989—2002年，县民政局共联系输送全县30名唇腭裂患者到定点医院做矫治手术；联系、输送全县200名先天性心脏病儿童到定点医院进行免费手术治疗；联系并输送全县1000名白内障患者到指定医院免费治疗，使他们重见光明；为80名贫困大学生发放救助金32万元；对20世纪60年代初期压缩精减的99名老职工给予每人每月220元的社会救济；为在农田基本建设、扎沟坝地等农建工程中致残的25名农民工给予一定救济，最高救济金额1626元；对百岁老人每人每月给予360元的保健救济；为2408名生活困难群众发放救济金108.4万元；为全县特困职工和遭灾户2.41万人发放救助金1439万元。

2003—2005年，县民政局累计救助因灾因病返贫特困群众6.68万人、4183万元。

2012年，县民政局共救助流浪、乞讨人员80人、1.66万元。

2016年，县民政局共救助贫困群众8000余人、贫困学生1.48万人、孤儿141人、流浪乞讨人员190人，发放救助金额2911万元。

第三章　社会福利

第一节　五保供养

1989年，县民政局为符合“五保”供养条件的350户384人发放供养总额13.44万元。

2002—2005年，县民政局为全县五保供养对象361人（其中有140人属亲友和其他人供养，221人是集体分散供养），年发放供养总额增至36.1万元。2006年3月，《农村五保工作条例》（2006年1月11日国务院第121次常务会议通过，自2006年3月1日起施行）开始实施，全县五保供养对象增至1215人，五保供养金额由原来的每人每年1000元提高到1034元。县民政局共发放五保供养金额125.63万元。

2007—2012年，县民政局为全县五保供养对象1522人发放供养费146万元。

2013年，县民政局为全县五保供养对象1561人发放供养费280.98万元（人均1800元）。

2014年，全县五保供养人数增至1635人，县民政局共发放供养费376.05万元（人均供养费2300元）。

2016年，全县五保供养对象增至2121人（其中分散供养2082人、重点集中供养39人），县民政局共发放五保供养费625.62万元（其中分散供养人均2900元，集中供养人均5600元）。

第二节　城镇居民最低生活保障

1998年秋，县民政局制定《兴县城镇居民最低生活保障制度》，根据国家政策和兴县财力状况，确定保障标准为每人每月60元，并根据条件确定全县城市低保对象为47户79人，年保障金56880元。首批保障金于1999年1月分发到保障对象手中。

2002—2005年，全县城镇居民低保对象由6451人增至7470人，低保支付额由286万元增至430万元，县民政局累计支付低保金额1574.5万元。

2007—2011年，全县城镇居民年均领取低保人数9157人，兴县民政局年均发放低保金894.7万元。2012年，县民政局为城镇居民低保户共支付住房补贴2208万元。

2013—2015年，全县城镇低保户年人均保障金额由2820元增至4200元。2016年，县民政局为城镇低保户6283人发放保障金2789.65万元，人均4440元。

第三节　农村居民最低生活保障

2005年，全县农村居民纳入最低生活保障的有12.84万人，县民政局全年发放低保总额89万元。2006年，全县农村居民纳入最低生活保障人数为1.6万人，县民政局全年共发放低保总额88.7万元。2007年，全县农村居民纳入最低生活保障人数为8212户8885人，县民政局发放低保金330. 5万元。

2008年，全县农村居民纳入最低生活保障人数为1.16万人，县民政局发放低保金额145万元。2009年，全县农村居民纳入最低生活保障人数为1.63万人，县民政局共发放低保金286万元。

2010年，全县农村居民纳入最低生活保障人数为1.9万人，县民政局共发放低保金1550万元，人均815.8元。

2011年，全县农村居民纳入最低生活保障人数为2.14万人，县民政局共发放低保金额3216万元，人均1502.8元。

2013年开始，全县农村居民纳入最低生活保障人数不断增加。

2016年，全县农村居民纳入最低生活保障人数增至3.03万人，县民政局共放低保金额5034万元，人均1661元。

第四节　福利企业

社会福利厂

兴县社会福利厂是县民政局下属经营的自收自支事业单位，建于1981年，全厂有职工35人，其中管理人员4人，聋哑16人，肢残、智残4人，老红军、伤残军人子女5人。1989年，山西省、吕梁地区民政部门和兴县人民政府共同投资，建成三层高的民政大楼，1992年投入使用，为兴县社会福利厂与县民政局、县残联等单位共用。1993年，县民政局给兴县社会福利厂全体职工办理城镇户口和招工合同，为弱势群体享受低保、养老保险创造了条件。1994年，兴县社会福利厂因经营不利自行关闭，职工自谋职业。1996年，兴县社会福利厂复工，每年加工防寒棉衣2500套。

2012—2015年，兴县社会福利厂每年加工被褥3000床，职工每年能享受城镇居民低保，能领取加工工资，到退休年龄能办理退休，职工基本生活得到保障。

社会福利服务中心

2013年，山西省发展和改革委员会、山西省民政厅批准兴县社会福利服务中心建设项目，县民政局投资136万元（其中省投资100万元，县自筹36万元），在高家村镇原西坪中学校址改建社会福利服务中心。2014年，该福利服务中心一期工程投运，有床位102张。2016年，该福利服务中心有管理人员6人，共入住37人（其中优抚对象2人，“三无”人员2人，五保户33人）。该社会福利服务中心二期工程已建窑洞33孔，建成后总面积3000平方米，同时配套新建锅炉房、厨房、厕所、大门、围墙等设施，是一个多功能综合福利服务中心，可容102人入住。

兴县社会福利服务中心属县民政局下设的股级全额事业单位，是集敬老院、光荣院、福利院、救助工作站于一体的多功能福利机构，并有娱乐、医疗、健身等场所，有蔬菜基地3亩。

农村老年人日间照料中心

2014年，兴县争取资金，相继建成23所农村老年人照料中心，每所补助10万元。其中蔚汾镇建成东关村养老院、后发达村老年人日间照料中心、郭家峁村老年人日间照料中心、圪洞村老年人日间照料中心4所；蔡家崖乡建成张家岔村老年人日间照料中心、蔡家崖村老年人日间照料中心、北坡村老年人日间照料中心、杨家坡村老年人日间照料中心、木兰岗村老年人日间照料中心、池家梁村老年人日间照料中心、温家寨村老年人日间照料中心7所；东会乡建成寨上村老年人日间照料中心1所；瓦塘镇建成前彰和堨村老年人日间照料中心1所；罗峪口镇建成张家坪村老年人日间照料中心1所；高家村镇建成西坪村老年人日间照料中心、赵家川口村老年人日间照料中心2所；贺家会乡建成枣林坡村老年人日间照料中心1所；恶虎滩乡建成恶虎滩村老年人日间照料中心和沟门前村老年人日间照料中心2所；康宁镇建成花子村老年人日间照料中心和安家庄村老年人日间照料中心2所；孟家坪乡建成李家坪村老年人日间照料中心1所；蔡家会镇建成蔡家会村老年人日间照料中心1所。这批老年人日间照料中心解决了部分生活不能自理的孤寡老人集中养老困难问题。

第五节　医疗救助

1989年，县民政局健全并完善城乡医疗救助体系，制定出台《城乡大病医疗救助实施办法》，对大病医疗救助的对象、范围、申请、审批程序作了严格规定。至2016年，县民政局累计救助大病患者9012人，发放救助金3264万元，其中仅2016年，全县大病救助1438人，救助金额464万元。

第六节　募捐与慈善救助

有奖募捐和福利彩票销售

1989—1996年，兴县有奖募捐活动共募集资金151.32万元。其中1989—1992年募捐20万元，1994年募捐40万元，1996年募捐91.32万元。

兴县电脑投注型彩票销售从2000开始，至2016年，县民政局福彩体彩投注站累计销售福彩体彩3550万元。其中，2015年，县城设一个计算机福利彩票投注站，销售电脑福利彩票12万元；2016年，全县共设福彩体彩投注站23个（其中福彩站13个，体彩站10个），销售福利彩票额1750万元。

其他募捐活动

1999年，全县开展献爱心募捐活动，教育局为90名优抚对象贫困子女上学减免学杂费2300元；县民政局、县总工会、团县委为全县7名尿毒症、白血病等重大疾病患者募捐5万余元；县四大班子领导、县乡（镇）科级干部、各企事业单位负责人在宣传文化活动中心举行爱心捐助仪式，共募集捐款38.18万元。2008年10月11日，县民政局举行爱心募捐仪式，共募集捐款32万元。

慈善捐赠

2008年5月12日，四川省汶川地区发生特大地震，县民政局在全县范围内发起向灾区献爱心的捐赠活动，共募集捐款390余万元。

2010年4月14日，青海省玉树地区发生7.1级地震，县民政局通过募捐活动，共为玉树灾区募集捐款39万元，并对在玉树地震中受灾的兴县奥家湾乡二十里铺村某村民（4口人）发放救助金4000元。

1989—2016年，县民政局共接待各类特殊救助对象1350人，其中救助外省592人、山西省758人；救助健康1080人，救助患精神病、麻风病21人，救助智力残疾人士170人、肢体残疾人76人、弃婴2人；另安葬1人。

第四章　纪念设施

第一节　晋绥解放区烈士陵园

县城晋绥解放区烈士陵园

晋绥解放区烈士陵园分旧区和新区。旧区位于县城蔚汾镇玉京山下，建成于1952年3月，占地面积8000余平方米。1989年8月，晋绥解放区烈士陵园被国务院公布为“全国重点烈士纪念建筑物保护单位”；1995年，晋绥解放区烈士陵园被被中共吕梁地委、吕梁行署命名为“吕梁爱国主义教育基地”；2005年，晋绥解放区烈士陵园被中共山西省委，山西省人民政府命名为“山西省爱国主义教育示范基地”。

晋绥解放区烈士陵园依山而建，分上、中、下三个庭院，六层仿古结构。下院（第一层）有仿古大门，有雕梁画栋、气魄雄浑的悼念大厅和各级文物保护标志，整体坐东朝西。由下院东门进入中院（第二层），为花园正中为龙泉小石桥，桥下有泉池。两侧为花圃和海棠等树木。春天，海棠、榆梅竞相开放，鸟语花香。从中院东侧通过24级石台阶到达上院。上院正中矗立着晋绥解放区烈士纪念塔（坐北向南），塔基（座基）高2米，石雕围栏环塔而立；塔高11米，塔身正面刻有中央委员会主席、中华人民共和国中央人民政府主席毛泽东题词“晋绥解放区烈士塔”8个大字，塔身右侧、左侧、背面分别刻有原晋绥边区领导人题词。其中塔身右侧刻有中央人民政府委员、西南军政委员会副主席、西南军区司领员贺龙题词“吕梁苍苍，汾水洋洋；先烈伟绩，山高水长”。塔身左侧分别刻有东北局副书记林枫题词“革命烈士永垂不朽”；川西区党委第一书记、军区政委兼行署主任李井泉题词“为人民革命事业而光荣牺牲的烈士们永垂不朽”。塔身背面刻有政务院内务部副部长、党组副书记武新宇题词“晋绥革命根据地　坚持抗战树伟绩　无数先烈抛头颅 广大人民洒热血 壮志浩气丽山河 英雄业绩垂史册 继往开来作楷模 发扬光大在吾侪”。纪念塔前两侧分别建有六角亭，塔后一排5孔窑洞为晋绥烈士纪念室，有1600多位晋绥烈士（内含166位县团以上烈士）英名名录，并安放着原晋绥边区临参会副议长刘少白、原晋绥分局秘书长肖扬和原晋绥军区第一军分区司令员刘仲伍的遗骨。

从纪念塔后右侧沿100余级石阶向上通往玉京山顶，第4—5层依次为晋绥边区抗日战争和解放战争时期英雄烈士事迹展览厅；顶层（第六层）建有山门、题词碑、“四八”烈士和晋绥风云人物展厅。其正中为汉白玉题词碑，镌刻着1994年1月29日时任中共中央总书记江泽民视察兴县时为晋绥解放区烈士陵园题词“继承先烈遗志、弘扬英雄精神”。题词碑后面为晋绥人物展厅，分别陈列着“四八”烈士和600多位晋绥人物的事迹展览（包括图片）。

晋绥解放区烈士陵园，展陈英雄烈士人物众多，内容丰富，是了解晋绥边区革命斗争史、褒扬晋绥英雄烈士精神，进行爱国主义教育和革命传统教育的重要阵地。1989—2016年，晋绥解放区烈士陵园累计接待各地瞻仰、祭奠人士80万人次（包括寨上凤凰岭晋绥解放区烈士陵园新区）。

晋绥解放区烈士陵园新区

2011年，中共兴县县委、县人民政府在东会乡寨上村西凤凰岭下新建晋绥解放区烈士陵园新区，距县城60公里。陵园新区占地面积300余亩，坐北面南。自下而上，第一部分为“军号亭”，亭台之上陈放一支特大型铜质仿真军号；第二部分为高大巍峨的汉白玉牌坊，上有晋绥老干部段云横书“浩气长存”四个大字，两侧书“黑茶山永铸烈士丰碑，湫水河长歌英雄伟绩”；第三部分为陵园中心，建有纪念塔，塔身上面镌刻着毛泽东题写的“晋绥解放区烈士塔”，塔身右侧、左侧、背面分别刻有晋绥领导人贺龙、林枫、李井泉、武新宇的题词（位置同城区陵园纪念塔）。纪念塔北面为弧形烈士英名墙，黑色大理石建造，长达36米，镌刻着1949位晋绥烈士的姓名、籍贯、所在部队和牺牲时间，在烈士英名录间隙处镌刻着贺龙、关向应、李井泉、林枫、续范亭、周士第、武新宇、吕正操、廖汉生、段云、李立功、罗贵波、刘少白、王长江和晋绥边区各界抗日救国会缅怀烈士的题词；第四部分位于英烈墙上方的山坡台阶，为烈士公墓和汉白玉碑群，安葬着595位（其中有名烈士125位，无名烈士470位）晋绥烈士遗骨，并矗立着一排排烈士纪念碑和总长达40米的3组群雕。

陵园新区背依巍峨苍劲的黑茶山，面临波光潋滟的阳坡水库，四周松柏苍翠，风光秀丽独特。每年清明时节，山西省、吕梁市和中共兴县县委、县人民政府及有关部门在此举行纪念、祭奠活动，以告慰英灵，教育后人牢记历史，珍爱和平。

第二节　“四八”烈士殉难处和“四八”烈士纪念馆

“四八”烈士殉难处

“四八”烈士殉难处（飞机撞山处）
王奋勤摄于2010年4月

民国35年（1946）4月8日，王若飞（时任中共第七届中央委员、中共中央南方局副书记、政协会议中共代表）、秦邦宪（时任中共第七届中央委员，解放日报社社长、政协宪草审议委员会中共委员）、叶挺（原新四军军长，获释后受命参加国共整军谈判）、邓发（时任中共中央职工委员会书记、解放区职工代表，世界工联理事会理事、执委会候补执行委员，参加世界职工代表大会归来）、黄齐生（贵州教育家，爱国民主人士，代表延安各界慰问“较场口事件”受伤人士归来）等13人（中方人士），冒恶劣天气乘坐美军C-47飞机由重庆飞往延安，因天气恶劣，雨雾弥漫，飞机迷航，于当日午后2时许在兴县黑茶山南麓（庄上村北）山脊撞石坠落、焚毁，机上17人（含4名美国机组人员）不幸全部遇难，史称“四八”烈士。

“四八”烈士殉难处位于黑茶山西南侧飞机撞山处。飞机撞山处为南北走向的一道山脊，上有3块巨石。1946年11月，县民政部门在该处刻小石碑一块，上刻“一九四六年王秦叶邓黄诸烈士殉难处”。后在此处修建纪念亭。该殉难处是山西省人民政府于1965年5月24日公布的第一批“省级文物重点保护单位”。

“四八”烈士纪念馆

“四八”烈士纪念馆位于黑茶山南麓的东会乡庄上村北，距离兴县县城65公里，保护范围41.29万平方米。“四八”烈士纪念馆分旧馆和新馆两部分。

旧馆建于20世纪80年代初，为坐北朝南的砖木结构四合院仿古建筑，建筑面积300余平方米。正北5间房为展厅，设有王若飞等烈士灵位、遇难经过、烈士生平事迹简介及党和国家领导人题词、挽联。展厅两侧另有两块烈士遇难经历及烈士生平简介石碑（均为1946年县政府所刻制，原陈放于寨上村“四八”烈士祠）。

2010年10月，中共兴县县委、县人民政府完成总投资6260万元，建成“四八”烈士纪念馆新馆，并重新布置展陈。新馆包括主馆和副馆两大场馆，总展陈面积5780平方米。其中，主馆展陈面积3680平方米，由序厅、“四八”空难事件展厅以及烈士生平事迹展厅三部分构成。“四八”空难事件展厅主要展示“四八”空难发生的背景，空难发生后晋绥军民搜寻、抬运烈士遗体，举国祭奠英烈活动等内容；烈士生平事迹展厅主要展示王若飞、秦邦宪、叶挺、邓发、黄齐生5位烈士生前革命活动史料，记录革命先烈为争取民族解放、国家统一，为实现人民民主而顽强奋斗的历史。

“四八”烈士纪念馆副馆（飞机展馆）
牛亚平摄于2020年6月

副馆位于主馆和旧馆中间偏东侧，展陈面积2100平方米。主要展陈失事飞机C-47同类机型及航空航天科技知识。

景区还配套建设洗手间、停车场2处6000平方米、登山步行道5公里、旅游公路10公里，周边绿化2万平方米。

2005年，根据中共中央办公厅、国务院办公厅《2004—2010年全国红色旅游发展规划纲要》，兴县“四八”烈士纪念馆被列入全国一百个红色旅游经典景区。

2009年12月，该馆被山西省委、省政府命名为“山西省爱国主义教育示范基地”。2010—2012年，兴县“四八”烈士纪念馆被吕梁市评为“文明和谐单位”。2013年11月，兴县“四八”烈士纪念馆被中共吕梁市委命名为吕梁市“爱国主义教育基地”。

至2016年末，庄上村“四八”烈士纪念馆累计接待参观瞻仰和祭奠游客34.84万人。

第三节　战斗遗址纪念碑亭

为弘扬革命传统，褒扬烈士精神，2015年9月，兴县人民政府在当年红军东征渡河和部分抗日战场遗址建造9座纪念碑（亭）：分别是“红二十八军东征渡河纪念碑”“曹家坡战斗纪念碑”“南沟门前突围纪念碑”“二十里铺战斗纪念碑”“田家会大捷纪念碑”“小善畔战斗纪念碑”“甄家庄歼灭战纪念碑”“明通沟战斗主战场遗址纪念碑”“阳会崖战斗纪念碑”，亭内所立石碑铭刻着当年战斗的时间及简要情况。

第五章　基层政权建设

1989年，根据《中华人民共和国村民委员会组织法》《山西省村民委员会组织实施办法》等政策法规，兴县基层政权建设主要进行撤乡并镇和依法选举村民委员会、居民委员会组成人员，逐步形成村民委员会和居民委员会干部直接选举、民主议事决策、多种形式监督的基层民主自治体制。

2001年，党政机构改革中，全县24个乡（镇）并为17个，到2016年末，全县村民委员会为375个。

第一节　村民委员会

1989年，全县有建制村517个，村民小组822个。2001年合并部分乡（镇）后，全县建制村缩减为375个。到2016年末，村民委员会总数为375个，村民小组缩减为746个；村民委员会设主任1人，副主任1~2人，委员5~7人，活动经费从村提留中解决，属不脱产村干部。农村税费改革后，村干部工资补贴从上级财政转移支付中解决。为减轻群众负担，小村支书、村主任由一人兼任。

1989—2016年，全县共进行9个届次的村民委员会换届选举，换届率达到100%，整个农村干部趋于年轻化、知识化。

第十届村委换届选举时（2014年），中共兴县县委、县人民政府成立换届选举工作领导组，由县委书记梁志锋担任组长，民政局局长孙小健任领导组办公室主任，办公室下设工作小组、督查小组、综合小组，具体负责换届选举工作的实施；县四大班子包乡（镇）领导和驻村第一书记具体指导换届选举工作，制定具体工作方案，明确乡（镇）党委书记是换届选举的第一责任人。由于领导重视，措施得力，第十届村委换届选举工作圆满完成，达到预期目标。

第二节　居民委员会

1989—2001年，兴县在县城设有一个居民委员会，后又改为街道办事处，为正科级行政单位。居民委员会（街道办事处）下设6个段，对县城居民实行日常管理。居民委员会（街道办事处）的书记、副书记、主任、副主任均由县委任命，工作人员由县委组织部统一调派。该机构内设治安、调解、计划生育、妇女、卫生、民政、生产工作委员会。

2001年撤乡并镇后，原居民委员会并入蔚汾镇，属该镇内设机构，承担原居民委员会（街道办事处）的工作。

第三节　民主监督与管理

1989—2016年，全县以“依法选举、村民议事、村务公开、民主监督”为重点，成立村民代表议事会，制定议事制度，对涉及全村公益事业或公众利益的重大事项，议事会讨论决定后方可办理。之后，逐步推行“干部问事、群众说事、集中议事、及时办事、定期评事”的五项制度。全县实行村务公开制度，各村在人口集中或位置适宜的地方建立村务公开墙、公开栏，把全村主要事务、财务、政策落实、村民代表会议讨论决定事项、村级财务收支、各种税费的收缴提留及使用、政府补贴、社会救灾救济款物发放、集体经济发展、兴办公益事业、公共设施、村干部年度工作目标等重大事项全部予以公开，接受村民的监督查询。县级有关部门和乡（镇）政府对村务公开情况进行检查督办。

第六章　社会事务管理

第一节　婚姻登记

1989—2003年9月，兴县婚姻登记由县民政局统一管理，委托各乡（镇）政府办理。申请婚姻登记的男女双方向婚姻登记机关提交婚前医学检查证明或者医学鉴定证明以及所在单位、村委会或居委会出具的介绍信，审查合格后即可办理结婚登记。

2003年10月，新《婚姻登记条例》（2003年8月8日国务院令第387号公布,自2003年10月1日起施行）正式实施，规定办理婚姻登记，

不必进行婚前医学检查（采取自愿原则），不需要所在单位、村（居）委会出具证明，符合结婚条件的男女携带户口簿、身份证即可办理。

2004年，县民政局婚姻股成立，实行全县集中统一办理婚姻登记，电脑统一程序办理、统一打印婚姻证书。该年全县共办理结婚证907对、办理离婚证54对。2010年8月，县民政局婚姻股办理婚姻登记程序升级，实行全省联网。

2004—2016年兴县婚姻登记情况统计表

表25-6-1-1　　单位：对

年 份	结婚对数	离婚对数	年 份	结婚对数	离婚对数
2004	907	54	2011	3412	117
2005	987	31	2012	4023	176
2006	1046	33	2013	4221	219
2007	1502	53	2014	3451	247
2008	2588	69	2015	4050	321
2009	3160	73	2016	2924	347
2010	3737	88			

第二节　社会团体管理

兴县民政局设立社会团体股，依法履行管理社会团体职责。1994年10月，在县民政局指导下，兴县第一个社团组织——周易研究会成立。

1998年10月，国务院颁布《社会团体登记管理条例》（1998年10月25日国务院令第250号发布）。2007年，全县民间团体组织增至40个，其中社会团体7个，民办非企业33个。2012年，县民政局清理整顿全县各种社会团体和民办非企业，取缔不合格的社会团体3个、民办非企业1个，清理后，全县有社会团体44个、民办非企业 12个，实现了健康有序发展。至2016年，全县社会团体有46个，民办非企业12个。

第三节　地名边界管理

兴县境域毗邻山西省保德县、岢岚县、岚县、方山县、临县，与陕西省神木县隔河相望。1997年，吕梁地区勘界工作领导组下发《关于在全区开展县、乡两级行政区域界限勘定工作的通知》，全县成立领导小组并开展工作。1999年，勘定县级区域界限7条，设界桩15个，边界线总长375.7公里。至此，兴县行政区域界线全部勘定。2003年，开展县界联合检查，至2016年，县界双边均未发生争议。2014年12月，根据国家和山西省、吕梁市地名普查的文件精神，县民政局制定《兴县第二次全国地名普查实施方案》，召开全县各乡（镇）书记、乡（镇）长、民政助理员、县直有关单位负责人和业务骨干会议，进行培训。2016年，对全县17个乡（镇）、375个建制村、725个自然村、22个机关进行普查，采集总条数为3875条，录入3387条，整理完善2879条。普查数据显示，兴县境域东西距离55公里，南北最大距离75公里，总面积3168平方公里，人口密度为每平方公里81人（按年末户籍人口25.74万人计算）。同年，兴县新命名城区街、路、巷8条（南北为街，东西为路）。

第七章　老龄工作

第一节　工作机构

1989年，兴县老龄工作委员会（简称老龄委）成立，下设办公室，老龄委主任由一名副县长兼任，老龄办属县政府正科级行政单位，配备专职工作人员。2001年，兴县老龄委办公室挂靠兴县民政局。

第二节　维护老年人合法权益

2002年，兴县户籍总人口 265772 人，其中60岁以上老年人口28132 人，占总人口的10.59%。按照1982年世界大会确定的标准（60岁及以上人口占总人口比例大于10%），兴县已进入老年型社会。2016年，60岁以上老年人口占户籍总人口的14.42%。

兴县老龄委办公室贯彻落实《中华人民共和国老年人权益保障法》，共印发4000多册单行本进行宣传，引导老年人懂得保护自己，懂得保障自己的合法权益。当老年人合法权益受到侵犯时，老龄委办公室用法律进行调解，对严重违法的通过法律部门追究其刑事责任。

第三节　尊老敬老活动

2002—2016年，每年重阳节，县人民政府副县长（老龄委主任）都要发表电视讲话，或召开老年人座谈会；部分单位为老年人免费体检，走访和慰问老干部、老党员和特困老年对象，有的还为退休老人送上1000元慰问金；

县民政局老龄委组织全县老年人参加老年学会、老年体协、老年人才协会、老年大学等组织，开展各种健身、书画、音乐、写作、唱歌等健康养生活动。

第八章　管理机构

第一节　兴县民政局

兴县民政局是县人民政府主管社会、民政事务的科级职能部门。1989年，县民政局内设办公室、计财股、社会救灾救济股、优抚股。下设福利厂、晋绥解放区烈士陵园。

2002年机构改革，兴县“双拥”工作领导小组办公室（简称“双拥办”）并入民政局，成为内设机构。

2009年，县民政局为正科级建制，内设综合办公室、优抚股、社会股、基层政权股、社团管理办公室、兴县地名管理办公室、婚姻股7个职能股室。民政局行政编制10人。其中，设局长1名、副局长2名、纪检组长1名。

至2016年，县民政局核定行政编制10人、全额事业9人，实有干部职工55人（含部分自理人员）。设正科级1人（局长）、副科级3人（副局长2人、纪检组长1人）。内设办公室、计财股、社会救灾救济股、优抚股、基层政权建设股、婚姻登记股、区划地名股、社会团体管理股、军人安置办公室、市民低保管理办公室、兴县“双拥”工作领导小组办公室、老龄工作办公室12个机构，下设社会福利厂、社会福利中心、晋绥解放区烈士陵园（包括新区）、救灾物资储备库。

第二节　山西省晋绥文化教育发展基金会

2014年10月21日，在中共山西省委、山西省人民政府的建议和协调下，晋绥抗日根据地创始人贺龙、林枫后代林炎志、贺晓明等晋绥儿女与兴县人民政府共同发起成立“山西省晋绥文化教育发展基金会”，经兴县人民代表大会全体会议全票通过，山西省晋绥文化教育发展基金会在蔡家崖晋绥边区革命纪念馆注册成立。该基金会为公募基金，成员多为晋绥后代公益志愿者，是公益慈善组织。该基金会秉承回报老区的宗旨，致力于扶贫济困，捐资助学，传承红色文化，弘扬吕梁精神。

第二十六编

人力资源和社会保障

1989—2016年，全县人事工作以强化人事管理、退休管理和编制管理为主。1992年前，根据国家政策，全县累计分配、安排大中专毕业生219人，民办教师转正35人。1997年起，根据双向选择、择优录用的原则，招聘一批师范类毕业生充实农村中小学，招聘一批农业、理工、财经类专业毕业生到生产一线，部分被招录进兴县煤、铝等企业工作。

2002年，兴县开始推行公务员制度，对列入政府序列的行政机关和从事管理活动的工作人员（不包括公勤人员）进行考核过渡；通过竞争上岗的方法录用县直机关和乡（镇）机关事业单位257人；对全县干部坚持进行德、能、勤、绩考核，对专业技术干部依据科研项目及实绩考核情况进行续聘、解聘、晋升等工作。根据国家安置军转干部的政策，累计安置军转干部266人，有452人领取自主创业补偿金。

2005—2016年，兴县人才中心累计为全县机关、企事业单位引进和招录各类人才1387人；按照山西省有关文件精神，完成各类人员的工资改革、调资和增资任务；组织各种劳动技能培训2.53万人次，安置就业3266人；扶持下岗职工创业再就业2.63万人，组织劳务输出、转移和消化农村富余劳力4.33万人。至2016年末，全县失业率控制在4.2%以内。

社会保障方面，1986年启动全县失业保险，2016年参保职工1.64万人，当年支付2812人失业保险金219万元；1991年启动企业职工养老保险，2012—2016年，累计参保职工59456人，累计征缴养老基金2.54亿元，累计发放养老金4.3亿元；2011年实现城乡（镇）居民养老保险全覆盖，2016年末，全县城乡（镇）居民参加养老保险16.44万人，全年有4.26万人领取养老保险金4525万元；2007年启动城镇职工基本医疗保险，2016年末，实现全员覆盖；2008年启动新型农村合作医疗保险，2016年末，参加新型农村合作医疗缴费人数达22.16万人，参合率达99.9%，补偿28.57万人次，补偿医疗费总额1.04亿元；2009年启动机关事业单位养老保险，至2016年末，年均参保9726人，年均缴费7151万元。

第一章　人事

第一节　管理机构

人事局

兴县人事局是县人民政府综合管理全县干部职工人事行政工作、机构编制工作和人事制度改革工作的直属科级机构。1989年，县人事局与县机构编制委员会办公室（简称县编委办）合署办公，一直延续到2001年11月。其间，人事局内设机构有编制办公室、办公室、综合计划股、考核任免股、工资福利股、干部人事股。

2002年机构改革后，县编制办公室划归县委系统，科干局职能并入人事局，人事局内设机构调整为办公室、综合计划股、专业技术人员管理股、公务员管理股、工资福利与离退休股。

2005年，兴县人才交流服务中心成立，2007年更名为兴县人才服务中心，为事业性质副科级单位，分类管理人才信息，代理保管人事档案。

2011年机构改革中，县人事局与劳动和社会保障局合并成立人力资源和社会保障局，但一直实行一块牌子、两个单位。直到2016年，两个单位才正式合并。

编制委员会办公室

兴县机构编制委员会办公室（简称县编委办）成立于1983年2月，为正科级建制的行政单位，与人事局合署办公。2001年11月，县编委办与县人事局分设独立办公。2002年机构改革时，县编委办划归县委序列，为正科级单位。其主要职能是贯彻执行省、地有关行政管理体制，机构改革、机构编制管理体制和机构编制管理的政策、法规、办法、实施细则，负责县级党政机关、人大、政协、法院、检察机关及事业单位的机构编制管理工作；审核县直党政群机关单位和乡（镇）机关单位的机构改革方案、内设机构、人员编制和领导职数的调整；分配下达全县各级各类专项编制总额；向上级编制部门报批新组建的正科级行政事业单位；批准成立股级行政事业单位；负责全县各级党政机关、事业单位录用公务员，安置军转干部、复退军人，接收大中专毕业生，招聘干部等。

根据国家和山西省委、吕梁地委文件规定，县编委办对进入行政事业单位的财政人员实行严格的空编进人卡制度和县长（编委主任）一支笔审批制度。空编进人卡还对行政事业单位招工、乡（镇）机关工作人员进入县直机关等进行审批。

至2016年末，县编委办核定行政编制2人，实有2人。其中正科级1人（主任）、副科级1人（副主任）；有事业人员4人。

在基础设施建设方面，县编委办于2008年建立健全机构编制管理信息数据库，并在2016年实现省、市、县三级机构编制实名制管理系统互联互通。

人力资源和社会保障局

兴县人力资源和社会保障局前身是县人事局、县劳动局。2001年12月机构改革时，县劳动局更名为兴县劳动和社会保障局，属正科级行政事业单位。2009年12月机构改革时，兴县劳动和社会保障局与人事局合并，更名为兴县人力资源和社会保障局（简称县人社局），属正科级行政事业单位。

2016年，兴县新型农村合作医疗经办机构也转入县人社局。至2016年底，县人社局核定行政编制21人，全额事业98人，自理20人，实有干部职工共121人；设正科级（局长）1人，副科级4人（副局长3人、纪检组长1人）。内设机构有办公室、人事管理科、社会保险科（分设社会劳动保险事业所、医疗保险管理服务中心、失业保险管理服务中心、农村社会保险管理服务中心、机关事业养老保险管理服务中心、工伤保险管理服务中心、劳动保障监察执法大队、职业介绍服务中心、乡镇劳动保障所、培训中心、考试中心、劳动就业服务中心、人才交流服务中心、劳动人事争议仲裁院14个事业性质的保障服务型机构）、公务员管理科、工资福利科、就业促进与能力建设科。

第二节　人事管理

干部（公务员）任用

1989—2002年，县人民政府各职能局任免正副科级干部，经县委常委会议决定后，由县委组织部把任免函件送达人事局，人事局按法律程序和任免函，将被任免人的简历和任免呈报表准备就绪后，待县人民政府召开党组会议时，由人事局长（县政府党组成员）把人事任免情况提交会议讨论通过后，副科级干部由（人事局起草）县政府发文任免。县人民政府的委、局、办负责人按法律程序由人事局根据县人民政府党组的讨论意见，向县人民代表大会常务委员会呈报。经县人大常委会表决通过后由（人事局起草）县人民政府发文任免。根据任免文件，人事局为当事人办理工资晋级、工作调动，并将任免呈报表、工资变动表存入本人档案，档案转存于组织部保存。

在选拔领导干部中，组织部和人事局考察干部坚持德才兼备、任人唯贤的原则，实行群众民主推荐、组织人事部门确定选拔对象并实施考察、县委常委会议和县人大常委会决定等法律程序。

1989年，由县人民政府提名报经县人大常委会审议通过的30名干部，由人事局办理干部任免呈报手续。1992年，县人事局共办理科级任免呈报事项36件。

1994年，兴县人事局共调动干部95人，其中跨县调动51人、县内调整44人。另为企业招聘干部217人，办理科技干部农转非35人，选录聘干部农转非10人。

1995年，中共兴县县委、县人民政府根据《中共中央党政领导干部选拔任用工作条例》，印发《兴县关于选拔任用乡镇及县直单位领导干部的实施意见》，规定提拔乡（镇）副职年龄一般在40周岁以下，正职一般不超过45周岁，满50周岁的不再担任实职；担任县直单位副职年龄一般在40周岁以下，任正职的一般不超过45周岁，正职年满55周岁、副职年满54周岁的不再担任实职。选拔程序为：县委组织部在民主推荐的基础上，征求分管领导的意见，经书记碰头会同意后，由部务会议研究方可确定考察对象。考察对象由组织、人事部门全面、细致、认真、准确考察后报县委常委会讨论决定。

2002年开始，兴县推行公务员制度。根据吕梁地区《关于全区县市及乡镇政府机关现有工作人员过渡为国家公务员工作的安排意见》，建立推行国家公务员制度领导组，对全县列入政府序列的行政机关和其他行使国家行政职能从事管理活动的单位工作人员（除公勤人员）进行公务员过渡。该年通过竞争上岗的办法，县直机关录用一般公务员151人，乡（镇）机关录用公务员106人，乡（镇）事业单位确定占编335人。

2002年后，公务员的录用由上级组织部门和县委组织部牵头，人事局配合，分序列进行考核。人事局负责公务员的考核、奖惩工资兑现等，对过渡人员的资格审查、过渡考试、过渡考核、任职回避审查、职位选配、职位任命工作主要由县委组织部进行，人事局协助配合。

招聘干部

1991年，县委把康玉印、杨贵兵、白尚平、刘候油、牛广林、贺根平等优秀农村党支部书记、村委主任招聘为乡（镇）书记、乡（镇）长和乡镇副职，后过渡为国家公务员（仅此一批）。事业单位工作特别优秀的大学专科以上学历的职工，经市人才中心批准，吸收为招聘干部。

干部考核

1989年开始，兴县推行责任制考核。由县委组织部、责任制办公室和人事局组成考核组，乡（镇）考核总分100分，其中物质文明建设60分、精神文明建设40分；县直单位考核总分100分，其中专项考核项目60分、共同考核项目40分。对乡（镇）和县直单位领导干部的考核，主要从德、能、勤、绩四个方面进行（县委、县人大常委会、县人民政府、县政协四大班子领导干部由地区组织考核）。

1997年，考核内容调整，对乡（镇）和县直单位的考核，均分为三类项目进行，总分300分。其中乡（镇）一类考核项目总分160分，包括经济工作、党建工作、依法治乡（镇）、社会进步、财政收入、农业产业经营、乡镇企业综合考核；二类考核项目总分110分，包括经济工作（粮食生产、农业人均纯收入、养殖业）、农民人均年纯收入、社会稳定和进步方面；三类考核项目（阶段性工作考核项目）30分。

县直单位考核总分为200分，其中，一类考核项目120分，包括组织建设、党风廉政建设、计划生育、综合治理、社会综合治安管理、业务工作目标；二类考核项目35分，包括文明单位建设、爱国卫生、信访工作、情况通报和信息工作、工会工作、档案管理；三类考核项目45分。

同年，副科级以上领导干部考核总分为200分，其中工作表现100分，主要考核领导干部完成分管工作情况和德、能、勤、绩表现，县领导评价（主要考核领导交办工作完成情况）。

至2002年，全县责任制考核采取半年和年终各进行一次。经考核，全县有128个单位被县委、县人民政府评为先进单位受到表彰，2186人被评为责任制先进个人，为他们兑现了奖励工资。

对领导干部的年度考核从1996年开始。考核对象为全县党政机关中的科员、办事员、工作人员，县属事业单位各级各类职员、专业技术人员和工人。考核内容为德、能、勤、绩四个方面，重点考核执行党的基本路线表现和工作实绩。党政机关工作人员考核分优秀、合格、不合格3个档次。副科以上领导干部的年度考核等次参照单位年度岗位目标责任制考核结果确定。

1994—2000年，在责任制考核中，全县党政机关干部累计获“优秀”者1886人次、“合格”者3468人次、“不合格”者1人；事业单位中累计获“优秀”者2124人次、“合格”者5016人次、“不合格”者6人。

从2001年起，党政机关工作人员考核结果调整为优秀、称职、基本称职、不称职4个档次。事业单位工作人员的考核结果调整为优秀、合格、不合格3个档次。年度考核工作开始后，县委组织部和人事局联合印发《兴县党政群机关与事业单位工作人员的考核办法》（简称《考核办法》），重新明确考核程序，组织人事部门在考核中派人检查指导，督促各单位按县《考核办法》严格考核，采用民主测评与单位领导评议、平时工作考核与交办工作完成情况相结合的办法来确定单位优秀人员。

专业技术干部管理

1989年，全县专业技术干部由县科干局管理。1990年，国家相继出台《关于专业技术人员开展继续工程教育的安排意见》，兴县科干局采取自学与辅导相结合、走出去学习与请进来传授相结合、集中讲授与现场分析相结合的方法对专业技术干部进行继续教育，为全县副高职称人员办理享受山西省政府岗位津贴40元的待遇；对科技人员实行年度考核，把他们的科研项目作为续聘、缓聘、解聘、晋升的依据。

2000年后，县科干局职能划归县人事局。2016年底，全县专业技术人员总数4968人，其中高级职称172人、中级职称1876人。

军转干部安置

1989年，军队转业干部执行指令性分配。1992年，兴县安置全职军转干部1人。1995年，全县共安置复退军人100人（其中人事局安置50人，民政局另行安置50人）。1996—1999年，人事局接收复退军人134人，安置48人。

2002年，军队转业干部安置改为指令性分配与服役期间德才表现、贡献相挂钩，考核选调和考试考核双向选择相结合的方法安置。岗位安排以工作需要为主，兼顾本人意愿，确保军队转业干部人尽其才、各得其所。

大中专毕业生分配与录用

1989年，经中共兴县县委、县人民政府批准，县编委印发《关于对1989年大中专毕业生分配工作的意见》。县人事局按照政务公开的原则，共分配大中专毕业生116人，其中充实到基层生产第一线110名，占分配总数的94.8%。安置军转干部1人。经政审和考试，择优录取24人（各乡镇农业、农机、农经、畜牧技术人员）为国家招聘干部，充实了乡（镇）工作。

1992年，县人事局共接收大中专毕业生225人（其中本科9人、专科21人，中专、民办教师195人），其中机关事业单位占指标安排毕业生79人，教育卫生对口安排12人（占指标），安排到乡（镇）12人，其余122人全部安排到企业；为上年毕业的156名大中专毕业生办理转正定级手续；根据国家有关政策，为35名民办教师办理转正手续（转为公办教师），并确定工资。

1997—2002年，大中专毕业生就业由统一分配向双向选择、自主择业过渡，县人事局、编办以“控制总量、调整结构、择优录用、促进发展”为原则，采用考试录用、择优分配的过渡办法，通过考试，择优录取师范类大中专毕业生到农村中小学校任教；鼓励理科、农工类、财经类大学本科毕业生到边远地区和乡镇企业、集体民营企业就业，充实企业生产第一线。

2003—2016年，全县大中专毕业生分配过渡为登记制：学生毕业后携带报到证到兴县人才中心报名登记，档案由学校密封寄至县人才中心，或由本人自带到人才中心办理人事档案代理，然后通过人才市场、人才招聘进入国营、集体、民营企业。

工资福利管理

工资改革与调整　1989年，兴县人事局根据上级有关文件精神，主要解决111人的工资不合理问题，完成456人新增指标的调资任务，完成事业单位1067名专业技术人员的职称进档工作，为中小学教师和从事护理工作的人员提高10%的工资标准，为558人调整工资，共为373名三类人员增加工资。

1990—1992年，兴县人事局主要完成4项增资任务。第一项提升月奖励工资：根据上级有关文件及山西省人事厅和吕梁地委意见，全县行政机关和事业单位工作人员的月奖励工资由12.5元提升两次，达到25元。第二项调整全县国家机关事业单位工作人员的书报费标准。第三项落实人员增资，其中工人、初级职称和未评聘专业技术职务的人员每人每月增10元；科级干部、中级专业技术职务人员每人每月增12元；县（处）级干部、副高级专业技术人员，每人每月增15元；正高级专业技术人员每人每月增20元。第四项调整工龄津贴：根据《国务院关于适当调整机关、事业单位工作人员工龄津贴标准的通知》（国发〔1991〕74号）精神，对机关事业单位工作人员工龄津贴标准由现行的每年0.5元调整为1元，工龄津贴按本人实际工龄计发。

1993年，根据《山西省机关事业单位工人技术等级岗位考核办法》（晋人工字〔1992〕141号文件）精神，完成有关人员的增资审批工作。

1994年，根据《国务院关于机关和事业单位工作人员工资制度改革问题的通知》（国发〔1993〕79号）精神，完成全县工资改革。其中，机关工作人员工资实行由基础工资、职务工资、级别工资、工龄津贴4部分组成的结构工资制；机关技术工人实行岗位技术等级制，其工资由岗位工资、技术等级工资和奖金3部分组成；普通工人实行岗位工资制，由岗位工资和奖金2部分组成；事业单位专业技术人员实行职级工资制，分为专业技术职务工资和津贴2部分；事业单位的技术工人工资由技术等级工资和岗位津贴2部分组成；普通工人工资由等级工资和津贴2部分组成。全县参加这次工资改革的总人数为5683人，其中行政机关1553人，全额事业单位2383人，差额事业单位818人，自收自支事业单位252人，离退休人员677人。工资改革后，行政机关人均月增资72.6元，全额事业单位人均月增资71.2元，差额事业单位人均月增资为99.7元，自收自支事业单位人均月增资为134元，离退休人员人均月增资96.7元。

根据规定，在今后每两年进行的责任制考核中，获“优秀”“称职”档次的工作人员，可晋升一个工资档次；连续5年考核获“称职”档次或连续3年获“优秀”档次的工作人员，可在本职务对应的级别内晋升一个级别。

1997年7月至2001年10月，县人事局根据《人事部、财政部关于1997年调整机关、事业单位工作人员工资标准等问题的通知》（人发〔1997〕89号文件）、《国务院办公厅转发人事部财政部关于调整机关事业单位工作人员工资标准和增加离退休人员离退休费三个实施方案的通知》（国办发〔1999〕78号文件）、《国务院办公厅转发人事部、财政部关于调整机关事业单位工作人员工资和增加离退休人员离退休费四个实施方案的通知》（国办发〔2001〕14号）《国务院办公厅转发人事部、财政部关于从2001年10月1日起调整机关事业单位工作人员工资标准和增加离退休人员离退休费三个实施方案的通知》（国办发〔2001〕70号）文件精神，4次为全县机关事业单位工作人员调整工资，人均月增资累计220元。

2003年12月15日前，县人事局圆满完成在职7146人、离退休人员1730人的调资工作。2006—2009年，县人事局分别完成全县工资整改、工资正常晋级晋档工作。2010年，县人社局全面展开事业单位工作人员工资正常晋级和机关人员的工资晋档工作，新的工资制度顺利入轨运行。

2015年，县人社局根据山西省人力资源和社会保障厅(晋人社明电〔2015〕13号电)文件精神，从2014年10月1日起，改革机关事业单位工作人员养老保险制度，调整机关事业单位工作人员基本工资标准。即：对2014年10月1日前办理离退休手续的干部实行老人老办法，参加此次工资改革；2014年10月1日后办理离退休手续的工作人员参加养老保险和调整工资，退休后参加养老保险。全县参加这次工资改革的总人数为10511人，其中行政机关1432人、全额事业单位4617人、差额事业单位357人、自收自支795人、离退休3310人。

2016年，县人社局根据《山西省人民政府办公厅转发省人力资源和社会保障厅省财政厅关于调整机关事业单位工作人员基本工资标准和增加机关事业单位离休人员收费三个实施意见的通知》（晋政办发〔2016〕145号）精神，从2016年7月1日起，调整公务员基本工资标准，同时将部分规范津贴纳入基本工资。全县参加这次工资改革总人数为11001人，其中行政机关1381人、全额事业单位4979人、差额事业单位348人、自收自支单位795人、离退休3498人；人均月增资300元，离退休人均月增资200元。

福利待遇　根据劳动人事部、财政部有关文件精神，从1986年1月1日起，国家机关、党派、团体工作人员的福利费一律按每人每月215元领取。

1989—2001年，按行政编制支付工资的单位工作人员，福利费实行单位、人事局分别管理的办法，即财政局直接拨款给单位三分之二，主要用于慰问本单位的病休人员和救济因天灾人祸造成经济困难的工作人员，也可以用于集体福利设施的购置。财政局拨款给人事局三分之一，用于慰问病休干部和救济因天灾人祸造成特殊困难，经本单位救济后还需生活上给予帮助的个别工作人员。2002年机构改革取消这一福利。

1997—2016年，行政、事业单位在职人员，离退休人员福利费执行标准均为每人每月30元。

1989—2012年，兴县给干部职工每人每年发放一定的取暖补助，从31.5元增加到1400元。2013年，一般干部职工每人每年享受2400元的取暖补贴，科级干部每人每年享受2800元的取暖补贴，县（处）级干部每人每年享受3200元的取暖补贴。2016年，取暖费发放标准改为一般干部每人每年3360元，科级干部每人每年3920元，县（处）级干部每人每年4630元。

人才服务

2003年，全县大中专毕业生分配过渡为登记制：即学生毕业后携带报到证到县人才交流服务中心报名登记，档案由所在学校寄至兴县人才交流服务中心或由本人自带到县人才交流服务中心办理人事档案代理。之后通过考试进入国家机关、事业单位，或通过人才市场、人才招聘进入国营、集体、民营企业。

2005年7月，兴县人才交流服务中心和兴县人才市场正式成立，为股级事业单位。2007年，更名后的兴县人才服务中心被提升为副科级事业单位，人才服务中心和人才市场合署办公，是县人事局下属的副科级事业单位，是为各类人才和用人单位提供人才服务的专业机构。该中心内设机构有综合办公室、人事代理部、市场招聘部、档案室。从2005年7月成立至2016年，兴县人才服务中心共代理大中专毕业生档案4087人，累计为全县机关、企事业单位引进和招录各类人才1387人。

2006—2016年兴县人才服务中心人事代理与人才招录情况统计表

表26-1-2-1　　单位：人

年 份	人事代理	招聘单位或岗位	人 数
2008	152	公安协警、乡镇教师、县医院影像	126
2009	286	企事业单位见习生	29
2010	207	城建污水处理、见习生	66
		引进研究生	9
2011	239	聘用交通管理员	44
		环卫局	4
		见习生	50
2012	341	部分事业单位	99
		疾控中心	4
		见习生	114
		引进研究生	38
2013	493	乡镇卫生院	45
		见习生	155
		引进研究生	4
2014	623	药监局	32
		乡村幼儿教师	62
		就业见习生	32
2015	677	事业单位、县医院	58
		乡镇卫生院见习生	100

续表26-1-2-1

年 份	人事代理	招聘单位或岗位	人 数
2016	879	城建垃圾处理管理中心	7
		教育系统	60
		旅游景点	6
		见习生	143

抚恤金和丧葬费

1989—2005年，县级机关、事业单位工作人员及离退休人员亡故后，一次性抚恤金计发标准为本人生前10个月的基本工资或基本离退休费、丧葬费1000元。2006年工资制度改革后，行政机关、事业单位人员一次性抚恤金标准调整为本人生前20个月基本工资或基本离退休费、丧葬费1000元。2011年，丧葬费增加为4000元。同年8月1日开始，国家机关工作人员及离退休人员被追认烈士或因公牺牲的，一次性抚恤金计发标准调整为上一年度全国城镇居民人均可支配收入的20倍加本人生前40个月基本工资或基本离退休费；在企业和事业离退休后病故的干部，一次性抚恤金计发标准为上一年度全国城镇居民可支配收入的2倍加本人生前40个月基本工资或基本离退休费。

遗属补助

1989年，县人事局根据山西省人事厅、山西省财政厅《关于提高遗属补助标准的通知》（晋人工字〔1989〕14号）文件精神，机关、事业单位工作人员亡故后，其遗属居住在山西省辖市和吕梁行署所在地的每人每月补助35元；居住在其他城市的，每人每月补助30元；居住在乡（镇）及农村的，每人每月补助25元。若死者为建国前参加工作的，其遗属在当地补助标准上，每人每月增加5元。1990年对全县原享受遗属补助的207户遗属进行调查，共查出死亡后仍领取补助的11人，超龄不上学仍领补助的5人，对此16人撤销补助。同时为符合条件的210户共327人办理遗属补助审批手续，提高补助标准。

1992年，县人事局为20户办理遗属补助手续。1993年，县人事局根据上级有关文件精神核定遗属补助：机关事业单位工作人员亡故后，其遗属居住在山西省辖市和吕梁行署所在地区的，每人每月在原补助标准基础上增加20

元；居住在其他县城的，每人每月增加15元；居住在乡（镇）及农村的，每人每月增加10元；死者系建国前参加工作的，其遗属每人每月另加5元。

2002年，县人事局根据《山西省国家机关事业单位工作人员死亡之后遗属生活困难补助的规定》（晋人工字〔2002〕10号）等文件精神核定遗属补助标准：机关、事业单位工作人员亡故后，其遗属补助一般每人每月按当地社会最低生活保障金的80%领取，孤独遗属按每人每月90元领取。离休干部亡故后其配偶在县城居住的，按每人每月160元领取；在乡（镇）居住的，每人每月按150元领取。该年全县领取生活困难补助的对象共421人，其中离休干部遗属151人，退休干部遗属270人，均按新标准领取遗属补助。

第三节　离休退休管理

离休 退休

1989年，兴县有离休老干部354人。1989—2016年，县老干部局累计为1949年10月1日前参加工作的81名干部办理离休手续，累计为3456名到退休年龄的干部办理退休手续。

待 遇

政治待遇　1991年，县委根据中央、省地委的有关政策，基本落实老干部政治待遇和生活待遇。在财政极为困难的情况下，拨专款资助120余名老干部外出参观，并颁发荣誉证书，每人赠送100元的纪念品；先后为21名生活不能自理的老干部发放护理费；邀请部分离退休老干部参加兴县各届县党代会、人代会、政协会和其他重要会议；定期向老干部传达中央、山西省、吕梁地区和兴县县委、县人民政府重要文件精神；组织老干部视察观摩工农业生产和县内重点工程；为离休干部每人订阅1份《山西老年》，为退休干部每人订阅1份《老友报》。

1996年1月，兴县县委印发《关于进一步加强老干部工作的意见》，要求各级组织加强老干部队伍建设，从思想上、政治上关心爱护老干部；组织老干部学习《邓小平文选》一至三卷，学习党的十四届三中、四中、五中全会决定和有关文件，按规定组织老干部看文件、听重要报告；组织老干部参加一些重要会议和重要政治活动，帮助他们了解国内外大事和兴县经济与社会发展情况。

2000年起，县老干部局每年为退休老干部征订1份《老友报》，为离休干部和副县（处）级以上干部征订1份《山西日报》和《吕梁日报》；每逢重大节日，兴县县委、县人大、县人民政府、县政协四大班子领导亲自慰问、探访部分离退休老干部。

2002年，县委、县政府特聘6名离退休老干部担任兴县党风廉政特邀监督员，并颁发聘任书和监督证。

2010—2016年，县委表彰老干部“五好党支部”13个、优秀老党员21人；分批组织老干部423人参观了晋绥边区革命纪念馆、华兴铝厂、“四八”烈士纪念馆、吕梁飞机场、汾阳杏花村酒厂和延安革命根据地。

2012—2016年，县老干局每年组织离退休老干部进行健康检查，为他们提供老促会、老年协会、老年体协、老年人才协会、老年大学等活动场所，使老年人老有所乐。此外，还经常组织老干部参观兴县重点建设工程，感受兴县的发展变化。

生活待遇　1996年1月，中共兴县县委印发《关于进一步加强老干部工作的意见》，强调要落实好老干部生活待遇，保证老干部离退休费、特别是企业离休干部离休费的正常发放。县委还决定，凡在1945年9月2日前参加工作的企业离休老干部的离休费，从1996年1月1日起纳入财政预算，由老干局代发。为解决医疗制度改革中离休老干部药费包干标准偏低问题，县委决定从1996年1月1日起，离休干部的包干基数在原先的基础上，每人每年增加100元。1992年以后，从行政单位离休的9名老干部的2.8万元建房补助费在春节前一次性解决。1997年8月，根据县委常委会议关于解决老干部两费拖欠问题的决定，县财政局筹措40万元，一次性解决离休老干部理顺工资补发拖欠问题；同时拨款23万元，解决了上半年老干部包干医药费13万元，而且解决了离退休老干部的医药费拖欠问题；对1945年9月2日以前参加工作的62名企业离休干部的工资，由企业套改为行政工资；对1945年9月2日以后、1949年9月

30日以前参加工作的50名企业离休干部的工资，从1997年8月1日起全部转归县财政承担，原拖欠工资及待遇留原企业负责清理。

2000年6月，中共兴县县委常委会议决定：从该年1月起，离休干部的乘车费标准由5元、10元、20元分别提高到15元、20元、30元；从该年1月起，发给解放战争时期参加革命工作的离休干部护理费（标准为每人每月100元）；优先发放离休干部的工资；由老干局组织推选20名老干部代表，定期召开座谈会，征求意见。2002年4月，兴县县委专题会议研究决定：补发2001年离休老干部剩余25%的增资，开办老干部阅览室，定期走访、慰问老干部。

2010年，全县离休干部医疗费发放人均达到7000元以上。2011年12月，全县118名企业离休干部的离休费、医药费全部归县委老干局管理，由县财政支付。

2014年起，兴县老干局每年组织所有离退休人员体检一次；对遭遇天灾人祸、长期患病卧床、生活困难的老干部给予重点救助；重大节日期间，领导带头走访、探望老干部。

2016年，兴县离休干部总人数仅有45人，全部落实国家离休干部待遇规定：享受原工资待遇，继续参加在职人员的增资晋级；护理费增至每人每月1100元；离休干部生病住院医疗费实行实报实销。

第四节　编制管理

1989年，全县干部共计编制1125人，实有1239人，超编114人。

其中，县级机关总编制为678人，实有789人，超编111人（县委系统编制136人，实有122人；人大常委会编制16人，实有18人；政府部门编制425人，实有542人；县人民法院编制38人，实有44人；县人民检察院编制25人，实有25人；县政协编制12人，实有15人；人民团体编制26人，实有23人。余缺相抵，超编111人）。

乡（镇）机关总编制为447人，实有450人，超编3人。其中乡（镇）党委编制88人，实有83人；乡（镇）政府编制311人，实有322人；乡镇人民团体编制48人，实有45人。

1990年，全年共调整干部114人，从企事业单位调入行政单位10人，从行政单位调到企业6人；从兴县调出21人，从县外调入10人。

1992年，兴县严格实行控编进人卡制度和编委主任一支笔审批制度，全年行政机关压缩149人，超额完成地区编委下达的任务。

1994年，县编制办公室对全县县、乡（镇）两级5006名党政机关人员的政治面貌、年龄结构、文化程度、专业技术等个人信息进行排查，调查工作结束后，严格实行编委主任一支笔审批制度。一般人员交流（特殊技术人才除外）限进放出。该年调出干部39人，调进12人，进出逆差为27人。

2002年，全县进行机构改革，根据吕梁地委、行署指示，中共兴县县委制定印发《兴县县直党政机关机构改革“三定”工作实施方案》《乡镇机构改革实施方案》《兴县县直机关、乡镇人员分流实施意见》3个文件，全县“三定”工作有序展开。

机　构

机构改革前，县直单位共76个，根据县委、县政府《关于县直党政机构改革的实施意见》，改革后，县直单位共61个。其中县委机构8个、政府机构22个、人大、政协机关及群团组织9个、保持现状的事业单位12个、成建制转为事业性质的单位10个。另有成建制转为经济实体的5个。机构确定后，全部按一个机构、一个班子、一个印章、一个财务运行。机构改革前，全县共有24个乡镇（7个镇、17个乡）。改革后，乡镇撤并为17个（7个镇、10个乡）。

人员编制

通过竞争上岗的办法，采取考试录用县直机关一般公务员151人。录用乡（镇）机关公务员106人，乡（镇）事业单位确定占编人员335人。

至2016年末，全县总编制为2563人。其中，县直机关编制为2122人（其中行政编制为788人，全额事业编制1334人），实有8108人；乡（镇）机关编制441人（行政编制106人、全额事业编制为335人），实有441人。在全县总编制2563人中，行政编制894人（县直机关788人，乡镇机关106人），全额事业编制1669人（县直机关1334人，乡镇机关335人）。

在县直机关总编制中，县委系统（科级行政单位8个、全额事业单位4个）行政编制102人、全额事业编制87人，实有171人；人大机关行政编制18人，实有31人；政府部门（科级行政单位22个）行政编制544人，全额事业单位24个，全额事业编制1194人，实有7730人（含部分差额及工资自理人员）；县政协行政编制16人，实有20人；县人民法院行政编制45人，全额事业编制21人，实有64人；县人民检察院行政编制41人，全额事业20人，实有52人；人民团体（科级单位5个）行政编制22人，全额事业编制12人，实有40人。

第二章　劳　动

第一节　管理机构

劳动局

1989年至2001年11月，县劳动局内设办公室、调配股、财物股、工资股、劳动安全监督站5个股室；下设劳动保险事业所、劳动服务公司（副科级）2个事业单位，全局共有干部职工45人，其中设局长1人、副局长2人。

劳动和社会保障局

2002年至2009年11月，县劳动局更名为劳动和社会保障局。局机关内设办公室、就业股、财务股、工资股、劳动监察大队、劳动人事争议仲裁股6个股室；核定行政编制10人，全额事业编制45人，共有干部职工113人。下设劳动保险事业所、医保中心、农保中心、机保中心、失业保险中心、工伤保险中心、就业服务中心（副科级）、人才交流中心（副科级）8个机构。

人力资源和社会保障局

2009年12月，机构改革时，劳动和社会保障局与人事局合并，更名为人力资源和社会保障局（简称人社局），属科级行政事业单位。

2016年，新型农村合作医疗经办机构也转入人力资源和社会保障局。年末，人社局核定行政编制21人、全额98人、自理20人，实有干部职工共121人。其中设正科级（局长）1人，副科级4人（副局长3人、纪检组长1人）。内设机构有办公室、人事管理科、社会保险科（分设社会劳动保险事业所、医疗保险管理服务中心、失业保险管理服务中心、农村社会保险管理服务中心、机关事业养老保险管理服务中心、工伤保险管理服务中心、劳动保障监察执法大队、职业介绍服务中心、乡镇劳动保障所、培训中心、考试中心、劳动就业服务中心、人才交流服务中心、劳动人事争议仲裁院14个事业性质的保障服务型机构）、公务员管理科、工资福利科、就业促进与能力建设科。

第二节　劳动就业

1989年，随着计划经济向市场经济的过渡，劳动力就业方式发生很大转变，即实行高度集中统一管理向宏观化、市场化、公司化管理转变；以行政手段对劳动力进行统一调配、安置向通过市场调节促进劳动力合理流动转变；以劳动局办理调动向职工自主择业、创业转变；劳动管理由微观管理向宏观管理转变。

兴县就业安置的群体主要有三部分：第一部分是城镇下岗职工。20世纪90年代中后期开始，县内商业、供销等企业推行经营体制改革，一部分职工相继下岗失业；进入21世纪初，伴随着国家环保产业政策的全面实施，县内火电、化肥、纺织、冶炼、煤焦等传统企业相继停产关闭，下岗工人迅速增多。1998—2010年，全县下岗工人总数达到7366人。第二部分是城镇新增待业人员，2007—2016年，全县城镇累计新增待业人员2.12万人。第三部分是农村富余劳动力，由于农村生产经营模式的转变和农村人口的增加，1991—2007年，全县农村富余劳动力累计达8.46万人。

1991年，兴县安置就业领导组成立，由县人民政府分管副县长兼任组长，全面启动城乡劳动就业安置工作。县劳动局通过协调企业安置、扶持下岗工人创业带动就业、组织劳务输出、劳动力转移等多种渠道和形式，推动全县就业安置工作。1991—1997年，劳动部门累计安置职工1621人、鼓励和扶持下岗工人创业带动再就业1790人、累计组织劳务输出（县外）1624人，组织转移、消化农村富余劳动力6399人。

1998—2010年，全县城市下岗及新增待业1.2万人，参加职业技能培训1.29万人，安置就业900人，下岗创业带动再就业5433人；城镇劳务输出和农村劳动力转移累计达到2万人，其中城镇劳务输出累计1.42万人。

2011—2016年，全县城市下岗及新增待业1.66万人，参加职业技能培训

1.17万人；实现下岗创业再就业2.43万人，农村劳动力转移累计达到1.98万人。

附：1991—1992年，县劳动局共解决职工调配341人，其中跨县调出67人，调入40人，技术工人余缺调剂255人，促进了人才交流。

第三节　劳动工资

工资改革与调整

1989—2016年，劳动工资处在改革的非常时期，企业工资也从计划经济时期的统一工资结构、统一调资增资转向全员劳动合同制的岗位工资、技能工资、工资包干等。1990年，社会主义市场经济体制逐步建立起来，企业工资分配体制已经向“市场机制决定，企业自主分配，政府监督调控”时期过渡。1999年，山西省最后一次以国家指导性计划方式为企业职工调整工资。随着改革的进一步深入，企业进行工资分配的自主程度增强，企业工人再未进行国家政策性工资调整。县营煤矿工人普遍实行效益工资制，职工工资与企业经营效益直接挂钩，效益增减1%，工资总额相应增减0.5%～0.7%。

2006年，全县正常生产的13座国营煤矿井下工人年人均工资2万元，地面工人年人均工资1.6万元。同时，全县经过整合、重组，形成6座现代化新矿井，生产技术及规模全面提升，各企业严格按照国家与山西省、吕梁市关于劳动工资的政策规定，普遍实行集体协商工资制度、劳动力市场工资指导价位制度和工资保证金制度，企业工人工资随企业经营效益上下浮动。2010年，兴县新组建的6座煤矿工人工资由岗位工资（固定部分）、绩效工资（浮动部分）、安全工资和各类津贴、奖金组成。2016年，该6座煤矿井下工人月均工资7000～8000元。

企业工资制度

集体协商工资制度　集体协商谈判确定企业工资水平是指代表职工利益一方的企业工会或职工民主推荐的代表与企业所有者、经营者利益一方，根据国家有关法律、法规、政策，参照政府制定和发布的工资指导线及其他相关指标，就企业内部工资分配制度、分配形式、收入水平和工资增长幅度等事项进行平等协商，在协商一致的基础上签订工资协议。2000年11月，兴县各企业依据劳动和社会保障部发布的《工资集体协商试行办法》（劳动和社会保障部令第9号公布施行）进行工资集体协商，要求协商确定职工年度工资水平须符合国家有关工资分配的宏观调控政策；工资协议草案应提交职工代表大会或职工大会讨论、审议，协商双方达成一致意见后，经双方首席代表签字盖章后生效，并报送劳动保障行政部门审查；对已生效的工资协议，应向全体人员公布；工资集体协商一般每年进行一次。

企业欠薪报告制度　实行企业欠薪报告制度是进一步规范企业工资支付行为，维护劳动者取得劳动报酬的合法权利的一种新型工资支付管理制度。2009年，山西省人力资源和社会保障厅印发的《山西省关于进一步适应企业工资支付监控制度的通知》（晋劳社厅发〔2009〕2号），要求各级劳动保障行政部门监督企业普遍建立欠薪报告制度，要求企业因生产经营困难等需延期支付工资的，要在征得本企业工会或职工代表同意的基础上与职工代表签订偿还协议，并向劳动保障行政部门报告拖欠工资情况（包括拖欠原因、时间、金额和涉及职工人数）、同时报送偿还协议副本，劳动保障行政部门要督促企业按时偿还职工工资。

工资保证金制度　是指被重点监控的建筑施工企业和有过欠薪行为的企业要交纳一定数额的工资保证金，以保证农民工工资不因企业资金紧张而被拖欠。兴县于2008年转发了山西省劳动和社会保障厅、山西省建设厅、山西省工商管理局、中国人民银行太原中心支行、中国银行业监督管理委员会山西监管局联合发布的《山西省工资保证金管理暂行办法》（晋劳社厅发〔2007〕150号），在全县开始建立工资保证金制度。

劳保福利

2004年开始，根据修正后的《中华人民共和国公司法》规定，各企业（公司）工会代表职工就劳动报酬、工作时间、福利、保险和劳动安全卫生等事项依法与企业（公司）签订集体合同。兴县正常运行的国营企业福利内容主要为冬季取暖费、夏季防暑降温费、健康体检费、直系亲属生活困难补助费以及各种法定节假日、带薪年休假、女职工特殊保护期、婚丧假和服装、手套、洗衣粉、肥皂等劳保用品等。企业职工退休后由单位发给退休金转变为由养老保险机构发给退休金，并由养老保险机构根据国家政策增加退休费。企业单位一般在中秋节、春节期间慰问退休人员，并发放1000元慰问金；到医院探望病重的退休职工；职工去世后，养老保险机构（公司）按国家政策发给安葬费、抚恤金等。

第四节　劳动监察与争议仲裁

执法与安全生产监察

劳动执法检查　1995年，兴县劳动监察大队成立，配备专职监察人员，负责对用人单位贯彻《中华人民共和国劳动法》情况进行监察，同时配合山西省、吕梁地区检查组对全县用人单位进行大检查，对发现的违法和不正当行为予以及时纠正。1996年，兴县人民政府下发《关于开展劳动监察执法活动的通知》，县劳动局围绕流动人口管理、乡镇企业和私营个体企业用工、国有企业劳动标准执行等方面进行监督检查，对5起非法招工行为予以制止和处罚；责令曲家沟煤矿等3户企业招用外省民工补办手续；对6户私营个体企业违反《中华人民共和国劳动法》行为发出监察指令，限期整改。

1998年，县劳动局劳动监察大队开展全县企业执法大检查，对民工的职业技术培训、合同签订鉴证、履行社会保险基金的上缴与发放进行全面监察，对全县56户乡镇企业、私营个体企业进行劳动用工年检，并把检查结果纳入企业责任制的考评。1999年，全县工矿企业死亡事故下降到2起，死亡2人，分别比上年同期下降300%和350%。

2000年，县劳动局劳动监察大队监察用人单位36户，查处一批严重违反劳动法律法规案件，及时督促用人单位补签了劳动合同；开展“456”追缴社会保险费专项检查行动，共检查单位24户，涉及职工2406人，督促用人单位办理社保申报登记20户，收缴养老金13万元、失业保险金3.7万元，责令整改单位5户，申请县人民法院强制执行4户；对全县锅炉及压力容器进行全面检查，5人经培训后持证上岗。

2001年，县劳动局劳动监察大队对4户企业进行用工检查，对24户煤矿和3个建筑工地进行安全大检查，对正在运行的50台锅炉及全部压力容器进行年检，并验收5台新安装的锅炉；处理死亡事故2起，鉴定因公致残伤残等级2次共7人，全年接待职工来信来访65次。

2007年，根据山西省和吕梁市部署，县劳动和社会保障局、劳动监察大队开展整治非法劳动用工和打击黑砖窑专项行动。共排查大中小企业73户、职工4987人（其中外来务工人员1005人），为96名职工解决拖欠工资32万元，签订劳动合同282份，依法及时处理了劳动争议和信访案件101件。

2009—2016年，县劳动和社会保障局、劳动监察大队全面贯彻落实《中华人民共和国劳动合同法》、《中华人民共和国劳动合同法实施条例》《劳动保障监察条例》（2004年11月1日中华人民共和国国务院令第423号公布，自2004年12月1日起施行)，不断创新监察执法手段，提高依法行政、依法监管的能力和水平。对煤炭企业配备专人监管，做到矿矿有人管、次次有记录、人人有责任；采取到宿舍、食堂、井口分别点人数，然后与职工花名册、工资表、领灯记录、入井记录、劳动合同管理表、已签订的劳动合同、劳动用工备案表逐一核对，查清实际用工人数，做到不少一矿、不漏一人、人证相符、人险相符。查实人数后，督促各煤矿及时办理、签订劳动合同和工伤保险，并进行安全知识培训。

安全生产监察　1991年，县劳动局每年春秋两季均坚持开展安全生产大检查，重点是煤矿安全和锅炉安全。通过检查，共消除隐患500余起，复审矿长28人次，并发矿长安全资格证书。特别加强锅炉综合治理，召开全县锅炉用户参加的“锅炉安全管理验收表彰”大会，对上年验收合格的20个单位颁发证书，对评比出的6个锅炉房安全管理先进集体进行了表彰；到年底，全县有62.5%的锅炉房达到治理标准、40%的司炉工持证上岗、85%的水化验员持证上岗；对32个单位的43台锅炉进行安全检查，完善规章制度，制止个别违法修理锅炉的单位和个人，消除了事故隐患。在劳保监察方面。第一季度进行以特种作业人员持证上岗为重点的劳动安全大检查，对未培训的105人（其中电工82人、电焊工19人、厂内机动车辆驾驶员4人）进行培训；复审特种作业人员11人，增强特种作业人员的安全意识和法制观念，促进煤矿、锅炉、压力容器的安全生产，全年未发生事故。

1992年，根据县委、县人民政府指示，县劳动局与县公安局、县检察院、县法院、县司法局等单位共同行动，定检锅炉压力容器80台次、验收新安装锅炉3台、水质分析32台，培训特种作业人员85人，并颁发证书；炸封个体无证开采煤矿3个，发现事故隐患219起，停产整顿、整改矿区9个。

1993—2000年。县劳动局劳动监察大队共查处各类隐患事故540起，提出合理化建议468条，下达整改通知书288份。其中1997年完成16户锅炉年检任务，应检率达100%；整顿气瓶经销管理秩序，检查8户液化气经营店，氧气、乙炔气瓶经销点及工业企业，共检530只气瓶，查出400余只超期使用气瓶，59只到地区站受检，下达监察指令8份。

2001—2010年，县劳动和社会保障局、劳动监察大队共查处全县各类事故隐患255起，提出合理化建议286条，下达整改意见书326份。

2011—2016年，县人社局、劳动监察大队把劳动安全监察重点转向煤炭、矿山、天然气公司等单位，在防范设备安全的同时加强个人劳动保护工作，保证全县生产劳动环境安全稳定。

劳动争议仲裁

1991年，县劳动争议仲裁制度建立，当年完成合同鉴证1623人，占地区任务1000人的163%。1993年，兴县劳动争议仲裁委员会成立，当年鉴证合同860份，占地区任务1000的86%。1995年，兴县劳动仲裁庭成立，实行仲裁委员办案制度，全县所有全民、集体企业成立劳动争议调解委员会。1996年，调整充实县劳动争议仲裁委员会。县劳动局配合县总工会和企业主管部门在有工会的企业建立了劳动争议调解委员会。

1997年，完善劳动仲裁机制，建立健全53个基层劳动争议调解组织。实行信访信息卡制度，接待来信来访4起，妥善处理相关问题，特别协助县人民政府处理职工集体上访事件2起，化解矛盾。

1998—2010年，县劳动仲裁庭共接待来访698件次，受理劳动争议案35起，调解17起，裁决18起，结案率达100%。

2011年，经县编委批准，兴县劳动人事争议仲裁院组建成立，为兴县人社局下设股级全额拨款事业单位，内设职能科室有办公室、立案厅、调解仲裁庭，进一步理顺县劳动人事争议仲裁委员会办事机构的管理机制和工作体制，实现信访、农民工讨薪、职工维权、劳动人事争议调解、劳资纠纷、劳动人事争议仲裁“一站式”服务，及时就地处理解决了群众的合理诉求。至2016年，县劳动人事争议仲裁院共受理劳动争议案347件，裁决和调解300件，劳动人事争议仲裁结案率达86.5%。

第五节　劳动服务企业

劳动服务公司——劳动就业服务中心

兴县劳动就业服务中心是县政府设立的公共就业服务机构，其前身是就业安置办公室，1979年变更为劳动服务公司，系县劳动局下辖的副科级建制的事业单位。1998年6月，兴县再就业服务中心成立，与劳动服务公司合署办公，实行一套机构，两块牌子，主任由劳动服务公司经理兼任。2002年，劳动服务公司（包括再就业服务中心）更名为兴县就业局。2003年，兴县就业局更名为兴县劳动就业服务中心，为兴县人力资源和社会保障局所属副科级事业单位，经费形式为财政拨款类自收自支，内设办公室、职业介绍股、职业培训股、职业技能鉴定股、就业管理股、再就业管理办公室、财务室7个股室，2016年，劳动就业服务中心核定自理人数25人，实有干部职工28人，其中副科级1人。

1989—2016年，县劳动服务公司、劳动就业服务中心与北京、青岛、天津、苏州、昆山、鄂尔多斯等城市用人企业建立长期联系，并举办人才招聘会。至2016年，县劳动服务公司和劳动就业服务中心累计帮助全县2000余人实现就业。其中，为北京力彪伟业有限公司、天津长城精益汽车零部件有限公司、LG集团、喜星（烟台）电子有限公司、青岛友结意电子有限公司等71家省外用人单位提供免费职业指导7800余人次，签订招聘（兴县用工）合同562人。

公共实训基地

公共实训基地是由县人民政府建设的面向城乡各类劳动者提供职业技能训练的公共性、公益性、示范性、综合性实训场所。该实训基地建设项目位于县城新区，于2016年底获准开工建设。项目占地约2500平方米，为地下1层、地上5层框架式结构，可开展电工、焊接加工、叉车、汽修、计算机技能、办公设备维修维护、护理护工和家电维修等职业技能实训业务，投用后每年可提供各类技能实训3000多人次。

第三章 社会保障

第一节 管理机构

民政局

民政局是兴县人民政府主管社会、民政事务的科级职能部门。1989年，民政局内设办公室、计财股、社会救灾救济股、优抚股。下设福利厂、晋绥解放区烈士陵园。

2009年，民政局为正科级建制，是县人民政府管理全县民政工作的职能机构。内设综合办公室、优抚股、社会股、基层政权股、社团管理办公室、兴县地名管理办公室、婚姻股7个职能股室。民政局行政编制10人，其中设局长1人、副局长2人、纪检组长1人。2016年，县民政局核定行政编制10人、全额事业编制9人、自理46人，实有干部职工55人（含部分自理人员）。设正科级（局长）1人、副科级3人（副局长2人、纪检组长1人）。内设办公室、计财股、社会救灾救济股、优抚股、基层政权建设股、婚姻登记股、区划地名股、社会团体管理股、军人安置办公室、城镇居民低保管理办公室、兴县“双拥”工作领导小组办公室、老龄工作办公室（属县政府管理挂靠民政局的正科级行政单位）12个机构，下设社会福利厂、社会福利中心、晋绥解放区烈士陵园（包括东会乡寨上凤凰岭烈士陵园新区）、救灾物资储备库。

劳动和社会保障局

2001年12月，兴县劳动局更名兴县劳动和社会保障局，承担社保职能。局机关内设办公室、就业股、财务股、工资股、劳动监察大队、劳动争议仲裁股6个股室。下设劳动保险事业所、医疗保险管理服务中心、农村社会保险管理服务中心、机关事业养老保险管理服务中心、失业保险管理服务中心、工伤保险管理服务中心、劳动就业服务中心和人才交流服务中心8个机构。

卫生局（包括卫生与计划生育局）

1989年，兴县卫生局为正科级建制的行政单位。1993年4月，经县编办发文成立地方病防治办公室，为副科级建制的事业单位，由卫生局副局长兼任地方病防治办公室主任，与卫生局合署办公。

1997年开始，全县城镇职工基本医疗保险和新型农村合作医疗保险先后启动（试行），由县卫生局管理。2007年，城镇职工基本医疗保险正式启动、运行。2008年，全县新型农村合作医疗保险正式启动运行，这两大医疗保险成为全县涉及面最广、直接关系到广大干部职工与农民群众健康和利益的社会保障事业。

2015年12月，兴县卫生局与兴县人口和计划生育局合并，组成“兴县卫生和计划生育局”（简称“兴县卫计局”），为兴县人民政府行政职能局，承担全县卫生（含医保、新型农村合作医疗）及人口、计划生育服务等职责。

至2016年，县卫生和计划生育局核定行政编制20人，实有28人，设正科级（局长）1人、副科级5人（副局长4人，纪检组长1人）；下辖各级各类医疗卫生、计划生育和监督管理机构402个，其中属县人民政府举办医疗卫生机构24个（兴县人民医院、兴县中医院、兴县疾控中心、妇幼保健站、兴县卫生监督所、兴县食品药品监督局、合作医疗管理中心、17个乡镇卫生院）、民营医院2个、行政村卫生室375个。县卫计局内设综合办公室、医政监督法规股、公共卫生股、宣教法规股、县直机关计划生育办公室、流动人口计划生育办公室、行政审批股等机构。同年11月，县新型农村合作医疗管理中心整体移交县人力资源和社会保障局管理。

新型农村合作医疗管理中心

2007年10月19日,兴县新型农村合作医疗管理中心(简称县新农合管理中心)成立，隶属县卫生局，为股级全额事业单位，核定编制6人，办公地址借用原新华街妇幼保健院三楼卫生进修学校，主要负责对新型农村合作医疗基金和定点医疗机构实施监管，审核新型农村合作医疗报销凭据，接受和处理群众来信来访和投诉,参与查处新型农村合作医疗违规行为，负责对新型农村合作医疗有关人员进行培训和考核。

2011年11月24日,经吕梁市编办主任会议研究决定，兴县新型农村合作医疗管理中心升格为副科级，核定编制人数10人，核定副科级领导职数1人。

至2016年，县农村合作医管理中心核定全额事业编制6人，实有2人，其中副科（主任）1人；内设待遇保障、稽查监督、财务统计和综合服务4个股室。同年11月，该机构移交县人力资源和社会保障局管理。

人力资源和社会保障局

2009年12月，兴县人事局与劳动和社会保障局正式合并为兴县人力资源和社会保障局（简称兴县人社局），系政府直属正科级行政事业单位。2016年，新型农村合作医疗管理中心由卫生局转入人社局。至该年末，人社局核定行政编制21人、全额事业98人、自理20人，实有干部职工121人；其中正科级（局长）1人、副科级4人（副局长3人，纪检组长1人）。内设机构有办公室、人事管理科、社会保险科（分设社会劳动保险事业所、医疗保险管理服务中心、失业保险管理服务中心、农村社会保险管理服务中心、机关事业养老保险管理服务中心、工伤保险管理服务中心、劳动保障监察执法大队、职业介绍服务中心、乡镇劳动保障所、培训中心、考试中心、劳动就业服务中心、人才交流服务中心、劳动人事争议仲裁院14个事业性质的保障服务型机构）、公务员管理科、工资福利科、就业促进与能力建设科。

财政局

2008年1月，兴县财政局社会保障股成立，编制2人，负责劳动和社会保障等部门的财政财务以及社会保障基金管理工作，其职能从行财股分离，主要负责全县各项社会保险基金和各类社会保障、卫生、民政资金的收支、预决算编制和审核工作。

第二节　基本养老保险

机关事业单位养老保险

机关事业单位养老保险是国家统筹城乡机关干部职工的社会保障体系，

是改革机关事业单位工作人员退休保险制度，逐步建立和完善的独立于机关事业单位、资金来源多渠道、保障方式多层次、管理服务社会化的养老保险体系。

兴县机关事业单位养老保险从2009年开始。当时仅自收自支事业单位开展此项工作,该年缴费人数为521人，基金征缴250.14万元，基金支出590.64万元，财政补助220万元。2010年，缴费565人，基金征缴247.91万元，基金支出743.29万元、财政补助530万元。2011年，缴费561人，基金征缴249.7万元，基金支出777.17万元，财政补助550万元。

从2014年10月1日起，全县机关事业单位养老保险实行全覆盖。2014—2016年，各年参保人数均为9726人，3年参保总金额21452万元（2014年10月1日至2016年12月30日，办理退休手续的人员仍坚持改革前的退休制度，随后将转入养老保险制度；机关事业单位离休人员不纳入此次改革范围，继续发给离休费，并调整相关待遇，离休费仍按原渠道支付）。

企业职工养老保险

1991年，兴县在深化社会保险制度改革中，实行以县为单位的全民企业固定工退休费用社会统筹的办法。

至1997年，企业职工养老保险已覆盖城镇各类企业。1999年，争取上级保险机构调剂金71万元，全县1035名企业离退休人员按时足额领到养老金。

1991—2016年部分年份全县企业职工养老保险金征缴和发放情况表

表26-3-2-1

年 份	参保职工（人）	其中，离退休职工（人）	征缴养老基金		发放养老金	
			合计金额	占全年应征缴任务百分比	领取人数	金额
1991	—	—	24.7 万元（养老保险）+99.1万元（退休统筹费）	98%和91%	—	—
1992	—	—	129.5万元（养老保险）+91.26万元（退休统筹费）	83%和82%	—	—
1997	覆盖城镇各企业	1035	340万元	87	1035人	411万元
1998	—	1035	71万元（争取上级保险机构调剂金）	—	1035人	117
1999	—	—	220万元	52	—	388

续表26-3-2-1

年 份	参保职工（人）	其中，离退休职工（人）	征缴养老基金		发放养老金	
			合计金额	占全年应征缴任务百分比	领取人数	金额
2001		1226	246万元（清欠30万元）；争取上级调剂400万元	53	1226人	—
2002	—	1346	246万元	53	—	821万元
2003	—	1552	—	—	1552人	978万元
2004	—	1572	—	—	1572人	1022万元
2005	—	1664	640万元（国企职工）	—	1664人	1198万元
2006	6204	2226	1117.3万元	—	2226人	1748.4万元
2007	6233	2239	1298万元（清欠35万元）	118	2239人	1824万元
2008	6274	2448	1880万元	75.2	2448人	2844.2万元
2009	7662	2539	2085万元	102.5	2539人	3119万元
2010	7998	2545	2508.6万元	—	2545人	4020万元
2011	8349	2721	3430万元	—	2721人	4981万元
2012—2016	59456	—	25420万元	—	—	42980

城乡（镇）居民养老保险

全县城乡（镇）居民养老保险于1996年开始试行，主要动员农村党支部书记、村委主任等村干部带头缴费，当年共参投保5164人，征收养老基金46.7万元。2004年，该项工作由民政局划归劳动局管理。至2010年，全县城乡参保5170人，征收保险金15万元，清理欠缴209.6万元，发放农村居民（年满60岁）785人养老金6.85万元。

2011年10月，在前期调查摸底的基础上，制定《兴县新型农村社会养老保险试点实施办法》《兴县新型农村社会养老保险试点实施方案》，成立兴县新型农村社会养老保险工作领导组办公室（设在劳动和社会保障局），乡（镇）成立农保所，做到“机构、场所、人员、设施设备”四到位，各行政村配备农保代办员405人，负责新农保的登记、征缴、养老金发放等各项事宜，当年城乡（镇）居民养老保险实现全覆盖，参保总人数达到10.24万人，征缴新农保基金851.3万元，上级补助资金1036.2万元。全年为年满60岁及以上城乡居民2.81万人（其中城镇居民791人）发放养老金988.46万元。

2012年，全县城乡居民参加养老保险15.52万人（其中城镇居民参保3012人），累计有3.04万名城乡居民领取养老金2114.56万元（其中城镇居民908人，领取63.52万元）。

2016年，全县城乡居民参加养老保险16.44万人（含机关和企事业职工9013人），征缴金额5750万元；全年4.26万人领取养老保险金4525万元。

第三节　基本医疗保险

城镇职工基本医疗保险

兴县城镇职工基本医疗保险工作于1997年试行，当年医疗保险征缴1.53万元，占任务的45.5%。

2007年，县财政拨款800万元，全县城镇职工基本医疗保险正式启动运行。同年底，城镇职工基本医疗保险参保缴费人数达到8800人，医疗基金征缴561万元。县医保中心建立健全各项制度，加强管理、规范操作，做到征收完整、收入真实、支付合理，当年县医保中心累计支付门诊1.99万人次、费用78万元；为74名干部职工支付住院费34万元，共支付112万元。2008年，全县城镇职工基本医疗保险参保9059人，征缴1123.6万元，县医保中心支付医疗补偿金456.6万元。2009年，城镇职工基本医疗保险参保人数达到1.05万人，征缴医疗保险费1387万元，县医保中心医支付医疗费900.8万元。2010年，城镇职工基本医疗保险参保1.36万人，收缴基金2003.2万元，县医保中心支付医疗费1770.1万元。2011年，城镇职工基本医疗保险参保人数达1.95万人，收缴基金2593万元，县医保中心支付医疗费1733.7万元。

2016年，城镇基本医疗保险参保人数达3.08万人，征缴医疗保险费4700万元，超额完成全年任务。

新型农村合作医疗

新型农村合作医疗（简称新农合）是政府组织引导、支持农民自愿参加和建立的，以个人、集体和政府筹资为模式的农民医疗互助共济制度，是社会保障体系的一个组成部分。兴县新型农村合作医疗管理中心（简称县合作医疗管理中心）于2007年10月成立，隶属于县卫生局管理。2008年，全县新型农村合作医疗保险（简称县新农合医保）正式启动，由县卫生局管理，当年全县参加新型农村合作医疗保险达19.03万人，县合作医疗管理中心共补偿医疗费1522万元。

2009年，全县参加新农合医保农民18.45万人，参合率75%，县合作医疗管理中心共补偿4.91万人次医疗费1613.98万元，其中门诊补偿3.31万人次、96.74万元，大病统筹补偿1.6万人次、1517.24万元。在大病统筹补偿金额中，含慢性病门诊255人次，补偿28.39万元；住院分娩1098人次，补偿32.1万元；大病住院1.46万人次，补偿1456.75万元。参合农民受益面达26%。

2010年，全县参加新农合医保农民20.64万人，参合率达到96%；县合作医疗管理中心共补偿8.47万人医疗费2653.31万元（其中门诊补偿6.17万人次、补偿费302.6万元；大病统筹补偿2.3万人次、补偿费2350.71万元），参合农民受益面达到41%。该年提高了补偿比例，其中对符合政策的参合农民住院补偿比例提高到全省平均水平，最高支付限额提高到全县农民人均年纯收入的6倍。

2011年，全县参加新农合医保农民21.86万人，参合率97.6%，筹集新农合基金5038.98万元，县合作医疗管理中心共补偿7.14万人次的医疗费3155.89万元（其中门诊补偿2.56万人次、136.84万元；门诊统筹2.47万人次、补偿98.4万元；大病住院2.11万人次、补偿2920.65万元），参合农民受益面达32.7%。

2012年，全县参加新农合医保农民21.49万人，参合率98.1%，筹集新农合基金6281.92万元，县合作医疗管理中心共补偿17.94万人次医疗费5944.96万元（其中门诊补偿2603人次、18.58万元；门诊统筹补偿15.28万人次、537.47万元；大病住院补偿2.4万人次、5388.91万元），参合农民受益面达71.6%。该年实行了门诊加住院双统筹补偿模式，补偿封顶线由2011年的6万元提高到15万元；在县人民医院试行对30个病种按病种限额付费，对20种重大疾病试行按70%补偿；为25名14岁以下先天性心脏病患儿补偿60余万元。

2013年，全县参加新农合医保农民22.26万人，参合率99.3%，筹集新农合基金7638.24万元，县合作医疗管理中心共补偿21.89万人次医疗费7364.85万元，参合农民受益面达98.3%。该年，提高了参合农民住院补偿标准：乡级医院补偿85%、县级医院补偿75%、县外三级医院以下补偿65%、省外及三级医院补偿55%；大病统筹补偿封顶线提高到每人每年15万元；全面提高儿童先天性心脏病、白血病等20种重大疾病的医疗保障水平（按70%补偿）。2014—2015年，县合作医疗管理中心共补偿医疗费30944.48万元，年均补偿15472万元。

2016年，全县参加新农合医保农民22.16万人，参合率99.9%，筹集新农合基金12087.53万元，县合作医疗管理中心共补偿医疗费1.04亿元，其中普通门诊统筹补偿25.62万人次、892.16万元；慢性门诊补偿2034人次、404.11万元；大病住院补偿2.57万人次、8038.88万元；住院分娩补偿1729人、94.53万元；大病保险补偿983.39万元。该年提高了部分补偿比例，其中县内住院补偿比例达到75%，县外住院补偿比例达到55%，补偿封顶线提高到18万元；门诊补偿比例达到80%；对儿童先天性心脏病等24种重大疾病按70%出院直接补偿（不受封顶线限制）；启动大病医疗保险，参合农民当年住院补偿最高支付限额达到58万元。同年11月14日，县新农村合作医疗管理中心整体移交县人力资源和社会保障局管理。

第四节　失业保险

兴县失业保险从1986年开始启动，其缴纳标准为1986年至1995年9月，下岗职工按标准工资的1%缴纳；1995年10月至1998年6月，下岗职工按标准工资的1.5%缴纳；1998年7月以后下岗职工按标准工资的3%缴纳，其中单位缴纳2%，个人缴纳1%。2000年，全县参保职工4458人，全年征缴基金12.23万元；支付失业人员保险金439.5万元。

2016年末，全县参保职工1.64万人，当年支付2812人失业保险金219万元。

1997—2016年（部分年份）兴县失业保险基金征缴及失业保险支付情况统计表

表26-3-4-1

年份	参保职工（人）	征缴基金（万元）	占全年应征缴任务百分比（%）	财政补贴（万元）	支付失业人员保险金	
					人数（人）	金额（万元）
1997	—	9.94	68	—	—	—
1999	1871	16.9	105	—	—	—
2000	4458	12.23	82	—	—	439.5
2001	4672	11.4	71	—	—	—
2005	5023	13.78	—	—	349	26
2006	6770	27.61	—	19	477	35.53
2007	6770	216.57	—	—	1521	148.16
2008	7300	106.79	—	80	1251	144.34
2009	4700	242.7	347	46	1252	96.53
2010	3293	278.11	—	—	876	68.33
2011	3293	40.78	—	—	870	67.9
2016	16400	180	100	—	2812	219

第五节　工伤保险

工伤保险是国家以农民工较为集中的矿山、采煤、建筑等高风险企业为主要对象设立的险种。兴县工伤保险自1997年启动，当年征缴工伤保险金2.84万元，占任务的72.7%。2006年，全县工伤保险参保654人，征缴基金28.6万元。2007年，全县工伤保险参保928人，征缴基金9.7万元，为2人支付工伤保险金9.6万元。2008年，全县工伤保险参保1278人，征缴基金39.1万元，当年支付工伤保险待遇39.1万元。2009年，全县共有17户企业543人参加工伤保险，全年征收工伤保险费81.2万元，支付工伤保险待遇40.6万元。

2010年，全县工伤保险参保1318人，征缴基金41.4万元，当年支付工伤保险待遇41.4万元。2011年，全县工伤保险参保2745人，征缴基金42.7万元，当年支付工伤保险待遇42.7万元。2016年，全县工伤保险参保1.33万人，完成全任务的100%；征缴工伤保险费519万元，完成全年任务的102%。

第六节　生育保险

兴县生育保险从2015年正式启动。当年生育保险应参保人数为2.41万人，实际完成参保2.41万人，完成率100%。

2016年，全县生育保险应参保人数达2.41万人，实际参保2.41万人，完成全年任务的100%；征缴生育保险费178万元，完成全年任务121万元的147%。

第二十七编

教育 科技 体育

1989—2016年，县财政年拨付教育经费由549.86万元增长到4.7亿元，增长84.46倍。全县教育基础设施条件得到较大改善。

其间，全县普通教育结构不断优化，幼儿园总数由68所缩减为29所（乡镇中心幼儿园16所），6周岁幼儿入园率由16.2%提高到100%。小学缩减为59所（均为完全小学），在校生12391人，分别比1989年减少92.3%、62.6%，应届毕业生（小学升入初中）升学率99.1%。初高中学校调整为18所（其中2所为民办高中），在校生2.3万人。2016年，参加中考2393人，中专、幼师、高中、职业中学录取1527人；参加高考1751人，本科二批B类及以上院校达线数376人，比1989年大学本科达线数增加5.2倍。全县共有民办中小学13所，占总校数（77所）的16.9%；在校学生5338人，占在校生总数（25349人）的21%。

1989—2016年，全县有12名中小学教师获“全国优秀教师”荣誉称号；有62名教师（包括教育行政干部）获得山西省优秀教师、优秀班主任、优秀少先队辅导员、中小学教学能手、中小学现代远程教育工程先进工作者等荣誉称号和奖励；有136名中小学教师获得“晋绥儿女支持老区教育奖”。

1989—2016年，县职业中学举办戏剧、医护、师范、机电、计算机应用、汽车使用与维修等专业训练班46个，累计招收培训学员9233人。

全县累计有53项科研成果和科技发明获奖，累计举办和参加省、市举办的体育竞技比赛37次。全县建成一批城乡（镇）居民健身活动广场。

第一章　教　育

第一节　教育管理

管理机构

教育局　为县人民政府直属正科级建制行政单位。1989年，教育局内设机构有办公室、人事股、财务股，设局长1人，副局长3人。下属机构有教研室、进修校、机关幼儿园、实验小学、城镇中学、实验中学、兴县中学、广播电视大学、职业中学、招生办公室10个事业单位，1995年，教育局下属机构增加第二实验小学、祥诞中学。1998年，教育系统党委和教育系统工会成立，办公室均设在教育局。教育局设局长1人、副局长3人。内设机构有办公室、人事股、政教股、财务股。

教育体育局　2002年3月，县教育局与县体委合并，组成兴县教育体育局，下设教育局办公室、教育股、人事股、计财股、督导室、教研室、电教室、师训室、职教股、招生办公室、成人招考室、双勤股、体育股、幼教股。教育体育局直接管理全县幼儿园、小学、初中、高中、职业中学及各乡（镇）中心校的工作。

教育科技局　2016年，兴县体育与教育局分离，体育管理职能划归文化局。县科技局与教育局合并组成教育科技局。内设机构有办公室、人事股、教育股、计财股、民办教育中心、科技股、行政审批股、基建股、营养办、人才交流中心、资助中心、体卫股、安全股、监察股、幼教股、电教馆、装备股、政教股、考核办。下属单位有教师进修校、教研室、招生办、青少年活动中心。年底，兴县教育科技局核定行政编制13人，实有19人，领导职数设正科级（局长）1人、副科级4人（副局长3人、纪检书记1人）。

乡镇教育委员会　各乡（镇）党委、人民政府设教育委员会，责成一名副书记或副乡（镇）长分管文化、教育工作。

联合学区和乡镇中心学校　1989年以来，全县按乡（镇）设立联合学区（乡镇教办），设联合校长1人，副联合校长1人（也称业余辅导员）；2006年，撤销联合学区（乡镇教办），改设乡镇中心学校，设校长1人；各学校设校长、副校长；规模较大的学校设教导处、总务处，各设主任1人。

学校管理

1989年，县教育局制定办公、学习、会议、招生、财务、人事管理、廉政制度等机关工作制度，在招生、转正、评模、职称评定等方面严格实行“两公开一监督”，增加工作透明度。各联校也制定相应的制度，各中小学校都制定班主任工作制度、教学工作制度、学生管理制度，坚持从严治教；县、乡（镇）、村三级办学,县、乡（镇）两级管理体制得以健全，印发《关于进一步深化教育管理体制改革的暂行规定》，各乡（镇）都成立教育委员会，县、乡（镇）、村三级都明确履行各自的职责，三级办学两级管理的新体制在组织上得到落实；推行教育岗位目标责任制，严格考核、奖惩兑现；实行校长聘任制、教师招聘制，试行党委（支部）领导下的校长负责制，并将兴县中学、城镇中学作为试点，总结经验，向全县推广。

1994年，县教育局在学校管理方面重点落实《中华人民共和国义务教育法》《中华人民共和国教师法》《中华人民共和国未成年人保护法》，狠抓“一基两规三制”（基础教育，规范化管理、规范化教学，实行领导工作任期目标责任制、教师聘任制和工效挂钩制），落实“四项任务五件实事”（四项任务：标准化校舍建设、三配套、教育教学质量指标和重点初中建设；五件实事：农科教结合、两支队伍的建设、兴办寄宿制学校、“两取消”工作和民师工资兑现）。同年，吕梁行署教育局和县教育局相继出台了《关于加强中小学常规管理意见》《关于加强学校管理意见》，各教办严格按照这两个意见要求，抓管理，促教学，教学和管理日趋规范化、科学化。

1996年，县教育局加强教育内部管理，注重计划管理、目标管理、制度管理和情感管理。在计划管理中，按照教育工作总体安排，各校制定年度工作、阶段工作、逐月工作、教学教研教改工作、党团工作、德育工作和班主任工作等各项计划。在目标管理中，各校制定学校工作、教学工作、教学成绩、环境建设、班级工作总目标等，按照目标，分解任务，责任到人。在制度管理中，各校制定校长、教导主任、后勤主任、教师、后勤人员、班主任等各项工作制度，还有请假制度和卫生公约等24种制度。在情感管理中，校领导经常与教师谈心谈话，交流思想，帮助解决工作生活中的实际困难，设身处地替教师着想，达到落实工作、增强教师责任感的目的。由于强化内部管理，教育教学管理实现了规范化、程序化，教育教学质量得到明显提高。

2001年，县教育局在管理体制上推出三项新举措：公开选拔校长和实行校长竞争上岗，即坚持民主、公开、公正的原则，通过德、能、勤、绩等方面的考察和民主推荐、考试考核、答辩演讲、测评等多种形式，重新选拔使用一批思想过硬、作风正派、懂业务、善管理者担任校长；实行教师全员聘任，上半年完成全县中小学教师文化考试和业务考核及聘任工作，秋季开学后按新体制运行；实行校内结构工资制，各学校将工资总额的30%和学校各种补贴共同纳入学校工资，按教职工履行岗位职责的情况和工作实绩支付，多劳多得。同年，县教育局召开治理中小学乱收费工作会议，确定“一个重点，两项公开，四个统一”（“一个重点”就是把好春秋两季开学收费关；“两项公开”就是公开收费项目、标准、用途和公开举报投诉电话，接收群众监督;“四个统一”即统一收费项目、统一收费时间、统一收费程序、统一收费管理）的管理模式，以强化中小学收费管理。

2002年，县教育体育局坚持依法治教，把贯彻落实《公民道德建设实施纲要》（中共中央2001年9月20日印发、施行）、《中华人民共和国义务教育法》纳入教育事业法制化轨道，大力推进各学校普及九年制义务教育进程；建立健全监督机制，做到督政、督教、督学三结合，为全县教育的改革和发展铺平道路。

2003年，县教育体育局狠抓“三名工程”（名校、名校长、名教师）和“控辍保学”（控制学生辍学、流失,保证义务教育阶段学生入学就读,接受义务教育）工程,合理调整中小学布局,教学质量和办学条件有了新的提高,兴县中学被评为“山西省绿色学校”和“山西省文明学校”。

2004年，县教育体育局围绕普及九年制义务教育攻坚,重点抓“控辍保学”工作,全县小学阶段入学率、巩固率分别达到99.7%和99.3%,初中阶段达到95.9%和97.4%。高考达线人数160人,比上年增加46%。结合新课程改革,推进教师队伍建设，全县小学、初中、高中专任教师的合格率分别达到99%、70%和63%。

2007年，县教育体育局优化学校管理体制，依法聘用98名懂业务、善管理的正副校长和会计参与学校管理；推行“校财局管”体制，加强了中小学公用经费支出管理，乡（镇）中心校统一管理区域内中小学的财务活动，农村各学校只设报账员，报账员在校长的领导下管理学校的财务活动，在规定期限内统一向乡（镇）中心校财务机构报账；中心校财务机构直接接受教育行政主管部门的领导，乡（镇）中心校、县直各学校财会人员由教育行政主管部门会同县财政部门委派，并且实行二年轮换制；各学校的重大支出（一次性支出在1000元以上的）须经教体局审批后方可进行。同年，县教育体育局成立了教育人才管理中心，加强了对教育资源的科学合理配置。

2008年，县教育体育局针对制度建设、德育建设、师德建设、文明创建、安全稳定、教师队伍、文体活动、学籍管理、财务管理、后勤管理等内部管理，组织全县教育管理人员开展观摩活动。同年，县教育体育局出台相关规定，禁止公办中小学校教师在工作日时间外出兼课和兼职，进一步规范公办教师从教行为。

2011年，兴县教体局制定印发《中小学常规教学管理细则》和教育改革发展新方案，切实规范教学过程的各个环节，以促进城乡初中学校均衡发展为目标，继续实行优质高中学校定向指标分配到农村初中的政策；继续加快义务教育学校标准化建设，缩小城乡间、校际间办学水平差距，促进教育公平发展；发挥和利用优质教育资源，加大城乡学校挂钩力度，建立城乡教育交流机制；推进联片教研工作，实施县直学校与农村学校联合挂钩制度，发挥县直学校在学校管理及课程改革中的辐射、管理和示范作用；加强教育督导，由县教育督导室牵头，组织人员深入基层学校，深入课堂，把综合督导和专项督查有机结合，坚持监督与指导并重的原则，仔细查找学校管理和教学工作中存在问题，督促学校及时整改。

2014年，县教育体育局配齐配强了校长队伍，制定印发《校长目标任务书》《全员上岗承诺制度》《星级教师管理考核制度》《绩效考核办法》等制度，全县各中小学校长签订了《兴县中小学校长管理目标任务书》，明确具体的管理、考核措施，并逐月进行考核，同时将考核结果在全县通报，通过加强学校管理，促进了全县教育质量的全面提升。

第二节　教育经费与基础设施

教育经费

财政拨款　1989年，县财政拨付教育经费549.86万元，占全年财政总支出1858.3万元的29.6%。20世纪90年代，随着国家教育法律法规的颁布实施，全县教育经费的管理纳入法治轨道,兴县财政预算内教育事业费支出逐年稳定增长。1996年，县财政投放教育经费1160万元，占当年县财政总支出的23.3%。除财政主渠道投资外，全县多渠道筹措教育经费991.01万元，其中征收农村教育费附加182.81万元，城市教育费附加39万元。

1999年，兴县遭受百年不遇的大旱灾，但县财政基本保证各项教育经费的常规性支出，全年财政拨付教育经费1772万元，占当年财政总支出的25.4%；教育经费的“三个增长”（公共财政预算内教育经费增长高于财政经常性收入增长、生均公共财政预算教育事业费支出实现逐年增长、生均公共财政预算内公用经费支出实现逐年增长）率分别是80%、36.6%、11.1%；征收农村教育费附加费263.39万元，以乡（镇）征、县管、乡（镇）用的运行模式进行分级管理，专户储存，专款专用，主要用于民办教师、助教、代教工资的发放和弥补中小学公用经费的不足。

2002年，尽管县财政困难，但教育经费基本得到保障。国家财政性教育拨款4052万元，较上年增加1243万元。教育经费较上年增长44.3%，另按政策规定征收教育费附加210万元。

2007年，兴县人民政府印发《兴县农村义务教育经费保障机制改革实施方案》《兴县“两区”农村寄宿制建设工程实施方案》《兴县农村中小学校舍维修改造长效机制的实施方案》，成立兴县义务教育经费保障机制领导组，并设立办公室。转发了《山西省农村中小学公用经费支出管理暂行办法》和《农村中小学校舍维修改造专项资金管理暂行办法》。全年，县财政共拨付教育经费11134万元，占当年财政总支出的26.3%。

2016年，县财政拨付教育经费增至46989万元，占全年财政总支出的22.9%，比1989年教育经费增长近85倍。

1989—2016年兴县财政拨发教育经费简表

表27-1-2-1

年份	全县财政总支出（万元）	其中：教育经费		年份	全县财政总支出（万元）	其中：教育经费	
		金额（万元）	占当年财政总支出比例（%）			金额（万元）	占当年财政总支出比例（%）
1989	1858.3	549.86	29.6	2003	16900	4650	27.5
1990	2154	658.96	30.6	2004	21700	5459	25.2
1991	2329.9	786.88	33.8	2005	26200	7251	27.7
1992	2874.3	869.66	30.3	2006	35300	8395	23.8
1993	3333.6	779	23.4	2007	42300	11134	26.3
1994	3332.2	923	27.7	2008	56000	15107	27
1995	4151	1097	26.4	2009	73482	21510	29.3
1996	4990	1160	23.3	2010	94400	28321	30
1997	5624	1613	28.7	2011	161600	33722	20.9
1998	6918	1480	21.4	2012	170000	39565	23.3
1999	6982	1772	25.4	2013	208000	42942.5	20.7
2000	7931	1938	24.4	2014	184400	45219	24.5
2001	11900	2809	23.6	2015	209800	45219	21.6
2002	13600	4052	29.8	2016	205100	46989.2	22.9

2006—2007年，县财政共拨付教育经费19519万元。其中，用于教育基础设施建设2470.61万元，新建、扩建9所寄宿制初中学校和3所寄宿制小学，建筑总面积达2.17万平方米；购置了教学设施设备，建立了远程教育系统和

标准化考场。用于实施“两免一补”政策补助和免除中小学校学生学杂费1363.85万元，惠及全县小学生11.41万人次、初高中学生6.06万人次。用于全县中小学校公用经费和教师、校长培训、奖励费1058.6万元。用于2670名贫困家庭学生生活补助65万元。

2011年，县人民政府拨专款启动“一颗鸡蛋工程”，为全县1.07万名寄宿制学校学生每人每天提供一颗放心鸡蛋，以增加营养，促进青少年健康成长。

集资办学　兴县素有集资办学的优良传统。1990年全县集资捐款519.64万元改善办学条件，有61所学校达到简易“三配套”标准，有790所学校实现低标准的设施配套。1991年，全县集资总额达到265.93万元（乡镇、村委集资240.9万元，机关、厂矿集资13.78万元，个人捐资11.25万元），用于改善办学条件。其中，新建校舍60所，建筑面积9154平方米；扩建校舍22所，建筑面积1489平方米；维修学校135所1.53万平方米，购置课桌凳4490套。1993年，全县集资249万元（干部群众集资1万元，乡村集资238万元，勤工俭学投资10万元）用于改善办学条件。其中，新建标准化校舍20所，面积4394平方米；维修校舍3000平方米。1994年，全县集资586万元，用于新建、改建、维修校舍和购置教学设备。1995—1998年，全县乡村、社会各界及干部职工共集资、筹资2331.34万元，用于兴建校舍和改善办学条件。2000年后，县域经济持续发展，教育经费不断增长，集资办学逐渐消失。

教育设施设备

校舍建筑　1989年初，全县有小学校763所，占地面积813.4亩，校舍建筑面积14.57万平方米，其中，新建扩建学校206所，建筑总面积582平方米；维修校舍152所447间。有中学35所（含职业中学），占地337. 2亩，建筑面积4.8万平方米。

1990年，全县开始对校舍危房和土窑洞进行维修改造。1991年，全县新建扩建学校82所，建筑总面积1.06万平方米；维修校舍135所1.53万平方米，中小学校全部实现“两有”（校校有教室，班班有课桌凳）。

1994年，全县新建规范化学校42所、寄宿制学校10所，新建扩建校舍累计达219所，建筑总面积1.2万平方米；维修校舍620所，取消土窑洞教室

23孔，消除危房2161平方米；取消破烂桌凳3800套，新添标准课桌凳1.2万套。1995年，全县新建扩建校舍75所，建筑面积1.59万平方米；购置课桌凳4318套。

1996年，全县新建扩建校舍37所（新建小学29所，扩建初中校8所），建筑总面积1.44万平方米；维修校舍4034平方米，更新课桌凳3400套，达规范化标准的学校增至305所，取消土窑洞53孔。1998年，全县新建标准化校舍14所，取消土窑洞等危房面积500平方米；筹资维修课桌凳3000余套，新添置课桌凳3500余套。

2003年，教体局全面推进普及九年制义务教育二期工程,启动了六轨标准化东关中学建设,投资820万元对东会中学、交楼申中学、蔡家崖中学校实施“危改工程”，新建、扩建学校2所。

2004年，县财政投资453万元，新建扩建小学10所。2005年，全县中小学办学条件基本上实现了“一无两有三配套”（无危房；校校有教室，班班有课桌凳；学校教学仪器、图书资料和文体器材配套）目标,标准化校舍占到总校数的57.6%。

2007年，县财政投入333.93万元，新建、改扩建15所农村寄宿制小学和2所初中，建筑总面积1288平方米；安装魏家滩小学、瓦塘小学、交楼申小学、蔡家会小学供暖设备；完成4所初中和85所小学的撤并工作；启动兴县中学新校区（后定名友兰中学）筹建工作。

2008年，县教育体育局对20所中小学校进行了维修，新建、改扩建标准化中小学校6所；购置电脑桌椅680套、课桌凳5130套。

2009年，县财政投资1154万元，实施校舍安全工程和农村初中校舍改造工程，共新建、改扩建中小学校19所，改造危房面积7.48万平方米，实现全县中小学校舍无危房的目标。同时新购课桌凳2700套，高低床300套，2016年末，全县共有小学59所，有初中、高中18所，全部达到教育技术装备规范化标准。

1989—2016年兴县各乡（镇）小学校舍建设情况统计表

表27-1-2-2

校 名	面 积（平方米）	投 资（万元）	备 注	校 名	面 积（平方米）	投 资（万元）	备 注
乔家沟小学	100	7	改扩建	东会小学	315.25	30.59	改扩建
明通沟小学	120	6	维修改扩建	蔡家会小学	159	14.27	改扩建
高家村小学	920	58.65	改扩建	炭烟沟小学	100	0.5	维修
五龙堂小学	6335.97	467.39	改扩建	实验小学	2800	24.17	维修
北关小学	540	6.95	维修	东坡小学	2100	11.51	维修
新建小学	244.38	29.9	维修	恶虎滩小学	310	35	维修
赵家坪小学	1300	8.14	维修	育新小学	15000	0.53	维修
孟家坪小学	1200	18.38	维修	东关小学	720	64.9	改扩建
刘家庄小学	354.3	31.37	改扩建	康宁小学	1600	19.11	维修
张家湾小学	120.25	9.19	改扩建	魏家滩中学	700	5.6	维修
鹿家岔小学	700	14	改扩建	红旗中学	1100	4	维修
第二实验小学	394.97	47.39	维修	雅儿旺中学	120	7	改扩建
吴城小学	284.05	18.6	改扩建				

2004—2007年兴县农村寄宿制学校建设概况表

表27-1-2-3

校 名	建筑面积（平方米）	投 资（万元）	校 名	建筑面积（平方米）	投 资（万元）
孟家坪中学	2504.62	184.62	魏家滩小学	1913.3	171.85
贺家会中学	2574.62	207.56	车家庄中学	809.3	52.3
康宁中学	1765.18	142.1	蔡家会中学	1975.58	207.64
康宁小学	778.58	81.62	魏家滩中学	996.25	96.00
东关中学	5664.89	562.39	合计：（10所）	20400.21	1814.37
瓦塘中学	1417.89	108.29			

2004—2008年兴县明德小学建设概况表

表27-1-2-4

建设年份	校　名	建筑面积（平方米）	投资（万元）
2004	固贤乡吴城明德小学	823.67	65
	奥家湾乡车家庄明德小学	823.67	65
	恶虎滩明德小学	823.67	65
	南沟门前千城明德小学	823.67	65
	蔡家会镇明德小学	823.67	65
2005	康宁明德小学	946.6	80
	瓦塘明德小学	946.4	80
2006	魏家滩镇明德小学	1724.3	171.85
2008	蔡家崖乡胡家沟明德小学	1997.16	200
	魏家滩镇店湾明德小学	3493.16	300
合计	10所	13225.97	1156.85

2008年兴县中小学校舍安全工程统计表

表27-1-2-5

校　名	面　积（平方米）	投　资（万元）	校　名	面　积（平方米）	投　资（万元）
罗峪口镇张家坪小学	276	25	固贤乡王家沟小学	100	13
孟家坪小学	858	25	孟家坪中学	2811.05	56
魏家滩镇黄家沟小学	2608.77	192	蔚汾镇关家崖小学	1906.8	96
瓦塘镇刘家峁小学	864	78	奥家湾乡廿里铺小学	1370	86
蔚汾镇程家沟小学	2456.9	160	城镇中学	2161	53
实验小学		5	东会乡段家湾小学	770	66
交楼申小学	2493.39	118	贺家会小学	990	33
圪达上小学	2155.5	67	蔡家会明德小学	1366.55	58
罗峪口镇东豆宇小学	64	6	恶虎滩乡白崖沟小学	187.7	17

图书仪器与文体器材　1989年初，全县有145所中心小学设有图书室，占总校数的19%，藏书16.7万余册，校均1145册。54所中小学校配备仪器（累计总价值30余万元），占总校数的6.8%。兴县中学、实验小学的图书室藏书

和仪器配备均达国家标准要求。城内东关、西关、北关、新建4所小学配有数学、自然、常识教具箱，乡村各校均有师生自制的简易仪器和教具。

1992年，全县实现教学仪器、图书资料和文体器材“三配套”的中小学校已达240所，占学校总数的30%以上。

1993年，全县师生捐献图书8万册，自制教学仪器3.8万件，自制文体器材3.3万件。此外，各校自筹资金购进仪器24套、体育器材550件、图书2000册，总价3.9万元。全县790所学校完成“三配套”24所，累计达到262所，占到全县总校数的33.2%。

1994年，全县各学校师生及社会各界捐献图书10万余册，自制教具文体器材4.25万件，其中大型文体器材120件；购置简易类仪器200套、三类仪器6套，培训仪器管理人员一期50人，实现低标准“三配套”学校达到620所。

1995年，全县师生自制教具1.1万件、文体器材300件，捐献图书10万册，各学校自筹资金购置教学仪器232套、体育器材50件、图书2000册，累计完成“三配套”学校达657所，达教育技术装备规范化标准学校155所。

1996年，全县添置中、小学教学仪器46套（其中小学43套），文体器材1100件（其中自制1000件），图书资料4.5万册（其中捐献书2万册），完成“三配套”学校18所，装备规范化学校160所。

1998年，全县学校新建仪器室82个、实验室61个、配备教学仪器18套、购置实验台520支、仪器柜502支；新建图书室110个、阅览室47个、购置图书资料6.5万册、阅览台765支、图书柜325个、捐献图书18.5万册；新建器材室68个，购置文体器材2855件、器材柜128个；自制教具4.28万件，文体器材1.11万件，基本解决了全县中小学仪器、图书、文体器材短缺问题，662所学校达“三配套”标准，占全县总校数733所的90.3%。兴县中小学“三配套”工作通过省级达标验收。

2000年，全县666所中小学校开展实验教学，其中500所中小学达普及实验教学标准，占学校总数722所的69.3%。2002年11月，兴县通过山西省、吕梁地区普及实验教学乡（镇）的验收。

2005年，县财政拨专款购书9万余册，中华文学基金会捐书5.5万册，为兴县31所学校建立“育才图书室”。发动全县师生献书20余万册。全县中小学共拥有图书77.6万册，小学生均13.2册，初中生均19.4册。全县共装备初中二类以上教学仪器16套、小学三类以上仪器206套。初中仪器配备率达94.1%，小学仪器配备率达90.2%。图书资料、教学仪器、文体器材都已达到“普九”配备要求。

2008年，全县各学校购置文化器材7200件，全县仪器管理全部达到规范化标准。2009年，全县各学校购置价值160万元的教学仪器和30万元的文体器材，为农村中小学校装备了必需的实验仪器、文体器材。

2014—2016年，兴县中小学接受义务教育均衡发展验收，小学条件全部合格，其中图书和仪器配备完全达到国家级配备标准。

电化教学设施　1989年初，全县共有学校电教组30个，专职电教仪器管理员134人，电影、电视、录音、录像等电教手段已运用到各学科教学中。1992年，县教育局开始注重电教化实验学校的建设。至1999年，累计建设地级实验学校8所，电教设备配备达标学校有30所。

2000年，县教育局加大电教化设备配备达标校建设力度，全县各中学、乡（镇）所在地小学配备录音机，“两机一幕”（录音机、投影机、银幕）进课堂的学校达30所。多数学校能开展实验教学，实验仪器使用率达85%以上。

2001年，全县建设电教化示范校5所，开展电教学校35所，装备计算机学校12所（小学6所、初中4所、高中2所），培训信息技术师资26人。2003年，兴县中学、城镇中学、东关小学完成校园网络建设，建立起教育资源库，完成吕梁地区信息技术教育师资培训2期，受训300人。2004年，该3所学校购置电脑386台，装备微机室8个、语音室3个、多媒体教室1个。全县有25所中小学开设信息技术课，20所中小学建立远程教育网。

2007年，政府实施农村现代远程教育工程，至2008年4月底，总投资478.84万元的农村现代远程教育工程投入使用，覆盖全县155所学校，其中模式（一）43所、模式（二）94所、模式（三）17所。项目投入运营，全县3.32万名中小学生享受到优质教育资源。至年底，全县共装备微机室49个，装备微机l468台，有语音教学设备474座。18所小学、26所初中开设信息技术教育课，36所中小学开通远程教育课。

2009年，全县实施“大教育”战略，县财政投资1600万元实施校园网络建设工程。新增投影仪410台、电脑410台、电视机94台、教学仪器2400件，全县中小学基本实现班班进多媒体的目标。

2011年，县教育体育局全面落实农村现代远程教育工程的教学应用工作，共培训学校信息技术人员、科任教师500余人次，教师自制优秀课件1500余个，全县近2/3的教师能够使用多媒体授课，农村现代远程教育工程的教学应用效率明显增强。

2015年，县财政累计投资1490万元，建成教育资源中心和校园网，为学校配置电脑426台，完成“农村百人以下小学至少配备一套多媒体，规模以上学校班班进多媒体”的目标，为全县义务教育发展搭建起现代化信息交流平台。

2016年，县教育科技局利用薄弱学校改造计划项目资金306.2万元和县级拨款资金7673.6万元，为全县中小学配套图书27.82万册，初中数学、理化、生物、小学数学、科学实验仪器及音体美器材20.62万件（套），电子白板375套。

第三节　普通教育

学前教育

发展概况　1989年，全县共办幼儿园68所，其中新办13所，小学校均附设学前班。3至6周岁幼儿总数1.84万人，已入园（含入班）5681人，入园（入班）率30.9%。

2003年，全县加快乡（镇）中心幼儿园建设，每个乡（镇）都办有一所规模较大、质量较高的中心幼儿园。全县3~6周岁幼儿入园率比上年提高5个百分点，6周岁幼儿入园（班）率达100%。

2008年底，全县共有幼儿园21所，其中兴县实验幼儿园和魏家滩小学幼儿园为公办，小红星幼儿园和新苗幼儿园为民办，各乡（镇）均设中心幼儿园1所，共17所。

2011年后，县教育体育局在中国发展研究基金会的帮助下，陆续招募153名山村幼儿志愿者教师，分配到各公、民办幼儿园任教，充实了幼儿师资队伍。

2014年，上级安排资金350万元（中央资金100万元、省级40万元、市级35万元、县级175万元），为兴县建设省定村级幼儿园4所、标准化幼儿园2所。

在落实国家学前教育三年行动计划和山村幼儿园项目计划中，兴县共建有幼儿园66所，其中新建高标准幼儿园4所、改造乡村集体幼儿园32所、发展普惠制民办幼儿园30多所，学前适龄幼儿入园率达到了80%以上，初步解决了适龄幼儿入园难的问题，为兴县教育事业的全面振兴奠定了坚实基础。

2016年底，全县共有独立幼儿园29所，乡（镇）办中心幼儿园16所（赵家坪中心校附属幼儿园2015年停办）。

部分幼儿园简介　实验幼儿园：创办于l971年7月，直属县教育局领导，原名县级机关幼儿园，为事业单位。1989年1月，县级机关幼儿园更名为教育局实验幼儿园。2008年底，该幼儿园入园幼儿为10个班405人，其中半托幼儿400多人，每年离园升学100多人；教职工25人，有教室10个、舞蹈室1个、办公室3间、幼儿休息室1个、厨房1个，全部实现暖气供热；院内260多平方米用橡胶铺地，有大型玩具设备4台。2016年，该幼儿园入园幼儿为14个班340人，离园升学150人；共有教职工33人，有教室12个、舞蹈室1个、办公室2间、幼儿休息室1个、厨房1个，全部实现大暖供热；院内500多平方米的橡胶铺地，有大型玩具4台，园内整体环境优美。兴县实验幼儿园曾获“吕梁一类幼儿园”“山西省示范幼儿园”光荣匾，成为全县的样板幼儿园。

西关幼儿园：始建于2013年，是教育局批准组建的民办幼儿园。园址位于西关村委院内，占地1200平方米，建筑面积1340平方米，有教室16个、大型活动室4个，厨房、餐厅、水房、卫生间齐全，有幼儿450人，分大、中、小3个班，教职工35人，是一所标准化幼儿园。

120师幼儿园：创办于2014年9月，直属兴县教育体育局领导，园址位于蔡家崖乡五龙堂村。该幼儿园招收有3~6周岁幼儿140人，编为6个班，17名教职工。2014年开始，该幼儿园陆续增添各种设施，课程设置有语言、识字、计数、常识、儿歌、故事、游戏、音乐、体育、美术等，分别开设大、中、小3个班，有教室30个、舞蹈室3个，办公室10间，教职工68人。2015年，入园幼儿增至420人，有教职工58人。2016年底，幼儿园在园幼儿520人，其中半托幼儿 90多人，当年离园升学210多人。

小学教育

发展概况　党的十一届三中全会之后，兴县从提高山区教育质量的实际出发，采取五年制和六年制两种学制，完全小学复办。1989年，全县共办完全小学243所，占全县小学763所的31.8%。完全小学有在校生418班4735人，占全县小学生l242班3.31万人的14.3%；当年完全小学毕业37个班1470人，占全县毕业生3546人的41.5%；完全小学招生45班l824人，占全县小学招生8421人的21.7%。该年，全县学龄儿童22943人，已入学2.29万人，入学率达99.8%，巩固率达99.3%；应届毕业学生5591人，考试合格毕业生5559人，毕业率为99.4%；升入初中3548人，升学率为63.5%。1994年，全县适龄儿童入学率达到99.6%。

2000年，全县乡（镇）所在地小学改称中心小学。2005年,全县小学阶段入学率达99.7%，辍学率控制在0.36%，专任教师合格率达到98.9%。

2008年，全县有小学225所，其中民办小学8所（县城6所：文泉小学、少林武术小学、西城小学、城东小学、龙凤小学、育才小学；农村2所：蔡家崖乡晋绥小学、奥家湾乡车家庄村百城小学）；班级515个，在校学生30917人；当年毕业7500人，招生7186人。

至2016年底，全县小学校调整减少为59所，学龄儿童1.23万人，已入学1.23万人，入学率达100%，巩固率达100%；小学在校学生559个班、12391人；毕业班学生2237人，升入初中2200人，升学率为98.4%；招生2199人；有专任教师1135人。

1989—2016年兴县小学教育发展基本情况统计表

表27-1-3-1 单位：所、人、个

年份	学校数	在校学生		毕业生数	招生数	年份	学校数	在校学生		毕业生数	招生数
		人数	班数					人数	班数		
1989	763	33127	1242	3546	8421	2004	730	38289	638	7380	7450
1990	763	37443	1364	4949	8231	2005	680	37989	633	8468	8168
1991	763	32529	1234	9542	7648	2006	560	37943	632	8200	8154
1992	763	40853	1384	9851	7755	2007	303	37231	621	7580	6868
1993	763	35153	1238	8312	3612	2008	225	30917	515	7500	7186
1994	763	36132	1241	8312	9092	2009	120	13555	540	2290	2230
1995	763	42284	1409	7632	13784	2010	113	13125	549	2290	2250
1997	792	44810	1466	8419	7735	2011	83	13120	550	2290	2280
1998	792	43810	1446	9082	8082	2012	75	13000	552	2290	2285
1999	783	42030	700	9062	7282	2013	70	12544	552	2290	2285
2000	783	41530	700	9000	8500	2014	60	12445	551	2298	2285
2001	778	38849	647	10881	8200	2015	59	12411	550	2299	2289
2002	760	38699	645	7730	7580	2016	59	12391	559	2237	2199
2003	750	38119	635	8080	7500						

部分小学校简介　实验小学：创办于1985年，校址位于兴县城东水泉湾，占地面积8192平方米，建筑面积2431平方米；有三层教学大楼一栋，共21个教室（每3间一个教室）、9个办公室（每2间一个）、9个教师休息室。1989年，实验小学共有在校生16个教学班、650人，有教职工47人（其中学前班教师8人），毕业学生365人，升入初中340人，占毕业生人数的93%。2008年底，实验小学校建筑面积扩大为6000平方米，有教学班32个、在校生1840人，有在编教职工105人，学历合格率为100%。教师中有中级职称25人，有吕梁市级模范教师、教学能手、学科带头人、骨干教师、吕梁名师45人，有省级模范（优秀）教师、骨干教师、学科带头人、教学能手12人。学校有藏书3万册，一类仪器1套，电脑室1个，电脑47台；有音乐室1个，有彩电10台，投影仪28台，录音机、DVD30台，实现三机一幕进课堂，同时开通远程教育网，教育教学步入信息教育的快车道。2016年，实验小学有教

学班45个、学生2980人；在岗教职工203人，其中高级教师1人、中级职称以上46人、县级以上优秀教师47人，是一支相对稳定、业务素质较强的中青年教师团队；有实验室、图书室、信息技术室、音乐室、体育室等9个功能室，其中图书馆藏书3.2万多册；学校运动场地面积1500平方米，绿化50平方米。1989—2016年，实验小学校始终坚持德智体全面发展的办学理念，先后获得“山西省示范小学”“山西省义务教育示范学校”“山西省文明学校”“山西省教育系统先进集体”“山西省德育示范学校”“山西省小学特色学校实验基地”“吕梁名校”等荣誉称号。

东关小学：始建于1968年，改建于1989年，位于县城寺塔梁，占地面积5600平方米，建筑面积3170平方米，为四轨制小学校。1989年，学校有教学班24个、学生1480余人，在编教职工72人，其中大专以上学历的65人，合格率100%；教师中有省级模范、教学能手、学科带头人、骨干教师21人，地区级模范、教学能手、学科带头人54人。2016年，该校有教学班24个、学生1209人、教职工90人。

该学校创办以来，始终坚持“强素质，向未来，创特色，育全才”的办学宗旨，努力培养学生的创新精神和实践能力。为优化教学手段，学校先后筹款20余万元，装备了微机室，配备微机36台、29寸彩电2台、投影仪24台、录音机24台、教学光盘30套、VCD 2 台。师生自制教具学具1500余件，总价值18.4万余元。学校另配有二类仪器1套，价值3.1万余元；有图书14.5万余册，学生人均10册，价值3.1万余元；配置音体器材200余件，实现了“两机一幕”进课堂；开通了远程教育网络，教育教学进入信息教育的快车道。

1989—2016年，东关小学先后获得“吕梁地区文明学校”“素质教育示范学校”“教育工作先进单位”等荣誉称号。

第二实验小学：始建于1988年，总投资35.5万元，1989年9月竣工并投入使用。学校位于县城西郊，占地面积2400平方米，有教师办公室9个、教室12个、阅览室1个。办学初期，该校是集小学和初中于一体的学校。1996年因布局调整，该学校转为二轨制小学，有12个教学班、在校学生938人，教职工46人；学龄儿童入学率为100%，在校学生巩固率为100%，专任教师达标率为

100%。2007年，该校自筹资金14万元，购置电脑32台，配备有微机室、实验室、仪器室，拥有二类仪器一套1208件；另有图书室，藏书1.55万册。

2016年，该学校有教学班17个、学生930人、教职工62人。该学校自创建以来，先后获得“吕梁地区文明学校”“教育工作先进单位”“教育工作综合考核先进单位”“德育工作先进单位”“安全综治工作先进单位”“治理乱收费先进单位”“普及实验教学先进单位”“常规管理先进单位”等荣誉称号。

文泉小学：创办于2004年7月，位于蔚汾镇水泉湾村，学校占地面积4000平方米，是一所寄宿制民办小学。学校创办之初，有1~6年级24个班、学生1000余人，有教职工95人。2010年，该校投资400余万元进行改扩建，建筑面积达到2580平方米。有小学一至六年级18个班、学生890人。主要教学设施有200平方米的多功能教室1个，具有供教学使用的绘画、练琴、舞蹈排演等功能；有电子琴40台，播音室1个；每个教室配备多媒体教学设备，以完整而系统的音像资料有效地配合课堂教学，并可利用电脑、互联网进行现代化远程教育教学；有图书阅览室，藏书2万余册；学校还有独立的幼儿活动场地与彩棚浪船、蹦蹦床、转椅、滑梯等儿童户外活动设施。主要生活设施有厨房、餐厅，可容纳300人同时就餐。2016年，该小学共有教职工95人，其中专任教师77人（其中有特级教师1人、国家级模范教师1人、省级模范教师3人，市级优秀教师、优秀班主任、教学能手7人，县级优秀教师、教学能手10人）。

城镇小学：创建于2011年，位于原城镇中学（已迁）旧址，系上级投资新建的一所全日制完全小学（非寄宿制）。学校占地面积5000平方米，有教学班26个、学生1600余人、教职工89人。全校76名专任教师中有省级骨干教师、省级优秀班主任、省级教学能手、吕梁名师、学科带头人、县级优秀教学能手及星级教师35人，占全校教师人数的47%。学校自创办以来，秉承“培养学生良好习惯，奠基学生优良发展”的办学理念，坚持“安全为首、德育为基、以人为本、发展个性、培育英才”的办学目标，着力推动校园文化建设和特色教育，努力创建“书香校园、文明校园，和谐校园”。

魏家滩明德小学：2003年，由魏家滩镇政府、魏家滩村委及本村老前辈筹资100余万元，新建魏家滩小学校。2006年，台湾商人王永庆先生捐资新建魏家滩明德小学，魏家滩小学并入魏家滩明德小学，构成了全县标准化程度较高的农村寄宿制小学。该校占地5000多平方米，建筑面积1848平方米。分教学、生活、活动三个区域，有教室14个、教师办公室8个、师生宿舍20间，专用教室和辅助用房一应俱全。该校共有教学班11个、学生628人，其中寄宿生96人；有电脑20台，图书8000余册，二类教学仪器一套，文体器材653件；有教职工35人，其中专任教师30人，工勤人员5人，教师合格率100%。2003—2006年，该校适龄儿童入学率和巩固率均达100%。2006年11月，该校通过吕梁市“双百”示范校验收。2012年，该校改造了餐厅，改善了学生就餐条件。2013年，该校修建了周转房，解决了教职工的住宿问题。同时，硬化了校园场地，修建了篮球场，丰富了师生的课余生活。至2016年，该学校有9个教学班、在校生人数380人，其中寄宿生有45人；有教职工34人，其中专任教师30人（本科学历20人，专科学历10人），其中有市级模范教师2人、县级优秀教师5人，优质课教师3人。学校在办学过程中，坚持“让学生喜欢、让家长满意、让社会认可”的办学宗旨，先后获吕梁市“教育工作先进集体”“农村寄宿制示范小学”的称号。

初中教育

发展概况　1989年，全县初中调整为36所（其中县直初中有城镇中学、康宁中学、魏家滩中学、蔡家会中学4所），在校生1.06万人。

2007年，教育体育局对全县中学布局结构进行调整撤并，调整后全县共有初中27所，其中公办初中18所，有蔡家崖中学、贺家会中学、孟家坪中学、张家圪埚中学、车家庄中学、蔚汾中学、西坪中学、康宁中学、罗峪口中学、东会中学、瓦塘中学、实验中学、祥诞中学、魏家滩中学、红旗中学、城镇中学、东关中学、蔡家会中学；民办初中9所，有宏大学校、育才中学、刘家庄中学、刘家庄星星中学、圪洞西城中学、城东中学、晋绥中学、蔡家会华杰学校、少林武校。2016年末，全县初中学校缩减至15所，在校学生8600人，比1989年减少23.3%。1989—2016年，全县初中毕业生升学率由13.67%上升到63.81%。

1989—2016年部分年份兴县初中教育情况统计表

表27-1-3-2

年份	初中校数（所）	在校生数（人）	专任教师数（人）	毕业人数（人）	招生人数（人）	中考与升学情况			
						参考人数（人）	升学人数		
							中专、中幼师录取（人）	高中、职业中学录取（人）	升学率（%）
1989	36	10600	686	3020	2548	3013	112	300	13.67
1991	33	10800	892（含职工）	3320	3409	3316	122	450	17.25
1993	31	7205	1120（含职工）	1493		1493	74	333	27.26
1994	31	8760	1087（含职工）	1526		1525	371		24.33
1995	31	10436	1095（含职工）	2013	4500	2013	63	300	18.03
1998	28	12966	760	4500	1017	4462	87	300	8.67
1999	29	13186	763		6840	6597	836		12.67
2000	29	15343	768	1968	3868	2438	962		39.46
2001	29	14274	768	4800	3988	4756	2212		46.51
2002	29	15100	768	6840	7688	6780	3851		56.8
2003	29	16100	771	6840	7688	6812	3951		58.0
2004	29	16822	773	3988	4688	3972	643	1244	47.51
2005	29	17000	783	7688	7856	7673	1242	2401	47.48
2006	29	17300	803	4886	5226	4852	785	1518	47.47
2007	27	17800	813	4668	5116	4656	758	1457	47.57
2008	26	18800	839	7866	8831	7832	1269	2452	47.51
2009	25	14000	839	6400	6800	6387	1250		19.57
2010	24	13800	825	6000	6400	5930	1205		20.32
2011	19	12000	815	5800	6000	5780	1400		24.22
2012	19	9520	815	4100	4000	4063	1490		36.67
2013	18	9520	815	3600	6000	3586	1498		41.77
2014	17	9520	815	3600	6000	3592	1496		41.65
2015	15	8600	744	2300	2400	2296	1502		65.42
2016	15	8600	744	2300	2400	2393	1527		63.81

部分初中学校简介　城镇中学：创办于1968年秋，校址在县城原兴县一完小院内，初名兴县城关七年制学校。1975年，在县城南街新建城镇中学，占地面积7.7亩，建筑面积2434平方米；有教学楼2幢（2层）73间，平房37间，共110间，其中办公室13个，教室24个，其余均为图书室、仪器室、会议室和库房。1990年后，城镇中学秉承“科研兴校”“科研兴教”的办学理念，注重师资队伍建设，通过继续教育、业务培训、学历进修等方式培养出一批优秀教师，全校教师中大专学历的77人，达标率占69%；有名师8人、教学能手和学科带头人6人、高级教师6人、中教一级教师28人。2001—2003年，该校共为兴县中学（高中）输送优秀考生330人（均为首批录取），因此连续三年受到县教育体育局特别奖励。2010年，该校有教学班24个、学生1600余人、教职工112人。学校设有语音室、实验室、微机室、办公室，配备有投影仪、录音机、电视机、VCD、音像资料等，并率先安装了远程教育接收系统和空中课堂接收系统；仪器达到二类配套标准；图书室藏书2.25万册。2011年，城镇中学初一、初二年级学生全部并入兴县初级中学。城镇中学原校址改建为城镇小学。

东关中学：创建于1999年，校址位于蔚汾镇水磨滩段，是服务于城区东片的一所寄宿制初中学校。首届招收初一年级3个班、124人。2003年，县教育体育局投资600余万元对东关中学进行了扩建，占地面积达到9988平方米，建筑面积达到1.3万平方米。2004年秋，东关中学新建教学主楼投入使用。2007年，东关中学购置彩电12台、教学用VCD12台、投影仪4套，装备二类教学仪器1套、电脑50台，办学条件得到改善。2014年，东关中学将西楼维修改造为行政办公楼，内设图书阅览室、心理咨询室、留守儿童活动室、录播室等功能教室。为缓解城区小学就学压力，学校转型为九年一贯寄宿制学校。学校创新教学模式，试验并推广“导学案”教学模式，课前集体备课制度化，课中自主合作学习惯性化，收到良好效果。随着教育设施条件的不断改善和优化，东关中学办学规模和教育质量不断提升。到2016年末，教学班数由最初的9个增加到24个，在校学生由最初的508人增加到1300余人，教职工由最初的34人增加到145人。学校累计向高一级学校输送学生1563人。其中，2000—2005年，累计参加中考1293人，累计升学364人；2006—2010年，累计参加中考1800人，累计升学507人；2011—2016年，累计参加中考2456人，累计升学692人。

祥诞中学：创办于1995年9月，由城关镇西关村个人筹资建设，是全县第一所民办公助的初中学校，缓解了大量农村人口涌入县城后出现的中学生入学困难局面。学校占地面积3亩，建筑面积1500平方米。该年秋首届招收初一年级2个班、101人。1998年，该校首届毕业初中2个班、103人；教职工增至27人（专任教师25人）。1999年5月8日，该校董事长王香旦、校长吕双全赴北京出席了在人民大会堂举行的颁奖表彰大会，获全国百佳新闻人物铜牌奖。2000年，该校在校生增加到9个班、495人；当年毕业4个班、220人，半数以上毕业生升入高一年级。2002年，祥诞中学被授予“山西省优秀民办中学”光荣匾。至2009年，祥诞中学共培养初中毕业生7100多人。

实验中学：创建于1995年，位于城关镇圪洞村，是该村投资兴办的一所占地20余亩的民办初中学校。学校有教学楼一栋，配套建有教师办公室、学生多媒体教室、微机室、实验室、仪器室、图书室、餐厅（可容纳300人就餐）等设施，是一座功能齐全的九年制寄宿初级中学校。学校自创建以来，秉承“规范加特色，全面加特长”的办学理念，办学质量不断提高。1998—2006年，该校累计参加中考3890人，累计升学1095人。

2007年，该学校由县教育体育局租赁，成为一所行政业务完全归属于教育体育局管理的民办初级中学，有教学班17个、学生789人、教职工87人（其中专任教师60人）。2007—2016年，该校累计参加中考2282人，累计升学644人。

至2016年，该学校先后获得“吕梁市文明学校”“山西省文明学校”“兴县教研教改先进单位”等荣誉称号。

晋绥中学：2002年，由民营投资1800万元在蔡家崖村东建成。学校总占地面积70余亩，总建筑面积2.2万平方米，拥有规范标准的教学楼（教室18个）、理化实验楼、办公楼、学生公寓楼、教工宿舍楼5幢；配备标准的理化实验室、语音室、微机室、远程多媒体教室和图书阅览室；有面积达800平方米的多功能体育馆、300米跑道、大型操场及相关设施。学校实行董事长领导下的校长负责制。校园建有草坪、花园，环境优美，是全县规模、设施条件最好的一所六轨制寄宿民办初中学校。学校投用当年，首届招生6个班、270人。2008年，学校在校学生增至1010人，有教职员工75人。从2005年参加首届中考开始，至2008年，该校累计有468人升入兴县中学等重点高中。同年，晋绥中学被评为吕梁市优质民办学校。2009年，晋绥中学整体转为兴县公立中学。

城东中学：创建于2004年，位于城区东南的草架湾，占地面积1300平方米、建筑面积2600平方米，是一所全日制民办初中学校。至2007年，该校有教学班12个、学生768人，教职工42人；共毕业89人，其中76名升入高中，升学率达85.4%。2016年，城东中学参加中考，有6名考生成绩居全县前10名。

育才学校：创建于2005年，位于蔚汾镇东关村寺塔梁，占地面积1.6万平方米、建筑面积9000平方米，是一所经县教育体育局、吕梁市教育局批准的九年制义务教育民办学校。育才学校设有董事会和校委会，实行董事会领导下的校长负责制。2005年9月，该校初中招生10个班、学生518人；小学招生7个班、学生225人。总计17个班、743人。有教职工61人，其中专任教师52人。2006年起，该校初中由四轨改为六轨，小学两轨，共有教学班30个、学生1426人，其中初中20个班、学生1006人；有教职工102人，其中初中专任教师76人（大专以上学历的教师占专任教师数的95%，省、市教学能手、学科带头人占专任教师总数的60%）。学校还拥有高标准教学楼、多媒体教室和音乐、体育、美术活动场地，各班均实现“三机一幕”进课堂。

育才学校坚持“以人为本、以德治校、质量兴校”的办学理念，紧紧围绕“全面发展、争创一流”的奋斗目标，一手抓教师队伍建设，一手抓教学研究与教学质量，取得良好成效。2006年，该校中考有7个科目居全县第一，总分500分以上的考生占全县500分及以上考生总数的五分之一。2007年和2008年中考，该校500分以上考生占到全县500分及以上考生人数的四分之一，升学率达到88%。

2010年起，该校初中改为八轨，有教学班28个、学生1770人；教职工总数为138人，其中专任教师113人（有高级教师6人、中级教师35人、初级教师

48人；有省骨干教师、学科带头人4人，吕梁市教学能手12人，县教学能手21人）。至2014年，该校中考总分500分以上学生数连续居全县初中学校第一，多次被评为吕梁市、兴县教学工作先进单位。至2016年，该学校共有初中18个班790人；教职工138人（专任教师114人，含小学）。2005—2016年，育才学校累计参加中考5046人，累计升学1755人，升学率达到34.8%。

兴县初级中学：2011年9月，兴县中学（高中）迁入新校区，并改名“友兰中学”。在原址改建的“兴县中学”（初中）经县编制委员会办公室发文改名为“兴县初级中学”。

兴县初级中学占地面积1.7万平方米，总建筑面积1.26万平方米，建有教学楼、宿舍楼、学生餐厅和综合楼（集实验、仪器、图书、阅览、语音、微机、办公于一体）。学校内设校长室、教务处、工会等。该学校拥有实验室、微机室、语音室、图书馆、阅览室、美术培训室、音乐厅、健身厅、放映厅等现代化教育设施。

兴县初级中学校秉承“一切为学生健康发展奠基”的理念，坚持“德育为先、素质为重、教学为主、育人为本”的办学理念。2011年，新招收初一年级12个、补习班2个，初二年级12个班；初三年级4个班为原城镇中学学生，并入兴县初级中学。全校共有教学班30个、学生582人。2012年，该校招收初一年级12个班、学生642人。该年参加中考人数377人，其中达500分以上考生数17人。

2013年，该学校安装40套多媒体，装备电脑机房3个（每个机房62台电脑）；新装备物理、化学、生物实验室各3个，教学设施更加完善。同年，兴县初级中学核定招收轨制为12轨，学生678人。参加中考716人，其中500分以上考生数122人，占参考总人数的17%，位居全县公立中学第一。

2014年，兴县初级中学核定招生轨制为14轨，班容量控制在55人以内，招收学生728名。该年全校参加中考总人数832人，其中达500分以上考生数162人，占全校参加中考人数的19.5%。

2015年，兴县初级中学参加中考总人数892人，其中达500分以上考生数228人（600分以上10人），占该校参考总人数的25.6%。

2016年，兴县初级中学有教学班46个、学生2600余人；有教职工220余人，其中专任教师172人（含研究生学历5人、本科学历130人），内含中学高级教师17人、中学一级教师56人，山西省模范教师、山西省优秀教师、省级骨干教师、省级教学能手6人。该年，全校参加中考895人，其中500分以上286人，占全校参考人数的32%，获得吕梁市教育体育局授予的“平安和谐校园奖”。同年，兴县初级中学被确定为“北京师范大学社会实践基地”，全校300余名师生与北京师范大学一行21人举行了为期两周的夏令营活动。

一二〇师学校：创建于2015年8月，位于蔡家崖乡五龙堂村，占地总面积120亩，建筑面积6万平方米，总投资1.6亿元。校名是为缅怀贺龙、关向应率领的八路军120师在晋绥革命根据地征战十余年所建立的丰功伟绩而命名，由贺龙元帅夫人薛明亲笔题写。该校办学规模为八轨九年一贯制学校。

学校以培养德、智、体全面发展的优秀人才为目标，在完成教学任务的基础上，成立音乐、美术、体育等兴趣小组，每周开展书法、绘画、舞蹈、器乐、篮球、足球、健美操、乒乓球等特色项目的训练，促进学生身心健康发展。2015年，学校招收小学、初中学生1500余人。2016年，学校有教学班44个，专任教师147人，在校学生发展到2300余人。

高中教育

发展概况 1989年，兴县高中学校仅有兴县中学l所，教学班18个，在校生950人，有教职工125人，其中专任教师73人；毕业300人，参加高考990人，本科（二批B类及以上院校）达线人数61人；当年招新生320人。

1990—1995年，兴县中学年均教学班19个、在校学生1068人，年均教职工116人（其中专任教师84人）；累计毕业2010人、参加高考3002人，累计本科达线282人，累计本、专科院校录取808人；年均招生372人。其中，1994年，兴县中学高中会考成绩在吕梁地区排名明显提升：语文、物理均排第一名，历史排第二名，化学排第三名，数学、生物均排第五名，英语排第六名。

1996—1999年，兴县中学年均教学班21个、在校学生1278人，年均教职工133人（其中专任教师97人）；累计毕业1452人、参加高考3298人，累计本科达线243人，累计本、专科院校和中专录取2778人（缺1997年参考人数、本科达线人数和录取人数）；年均招生455人。

2000—2005年，全县增加高中学校3所（第二高中、第三高中、第四高中），年均教学班51个、在校生3169人；年均教职工324人，其中专任教师208人；累计毕业5320人，累计参加高考5978人，累计本科达线769人，累计本、专科院校和中专录取1685人（缺2004年录取数）；年均招生1302人。

2006年，全县4所高中，共有75个班、在校学生4502人；有教职员工321人，其中专任教师316人；毕业1388人，参加高考1435人，本科达线115人，本、专科院校和中专共录取306人。该年招生1780人。2007—2008年，兴县高中毕业生参加全省毕业统考，合格率在98%以上。

根据不完全统计，1989—2016年，全县累计参加高考29641人，累计本科达线3221人（缺1997年高考本科达线数），累计考取大学本、专科院校9368人（缺1997年、2004年、2009年、2010年高考大专录取数，部分年份大专录取与中专录取数混合）。

1989—2016年兴县高中教育发展基本情况简表

表27-1-3-3

年份	学校数（所）	在校学生		毕业生数（人）	教职工数（人）		参加高考及大专院校录取数（人）			招生数（人）
		人数（人）	班数（个）		总数	其中专任教师	参考数	二本B类及以上达线数	大专院校录取数	
1989	1	950	18	300	125	73	990	61		320
1990	1	1070	20	305	104	75	305	21	50	450
1991	1	1100	20	310	109	78	765	44	104	330
1992	1	1110	20	308	114	82	308	57	161	330
1993	1	1000	18	438	120	88	300	47	130	340
1994	1	1010	18	321	123	90	646	66	204	340
1995	1	1120	20	328	126	92	678	47	159	440
1996	1	1130	20	335	129	94	926	61	741（含中专录取人数）	350
1998	1	1280	21	443	132	96	2372	182	2037（含中专录取人数）	500
1999	1	1470	23	342	140	104				540
2000	2	2120	35	724	143	108	725	116	330	850
2001	2	2530	40	793	209	168	795	143	372	950

续表27-1-3-3

年份	学校数（所）	在校学生		毕业生数（人）	教职工数（人）		参加高考及大专院校录取数（人）			招生数（人）
		人数（人）	班数（个）		总数	其中专任教师	参考数	二本B类及以上达线数	大专院校录取数	
2002	3	2920	45	832	223	218	981	115	300	1730
2003	3	3385	54	875	223	218	1336	126	398	1340
2004	3	3847	61	898	225	220	898	160	—	1369
2005	4	4210	70	1198	320	315	1243	109	285	1570
2006	4	4502	75	1388	321	316	1435	115	306（含中专录取人数）	1780
2007	4	4842	80	1458	324	319	2447	133	268（含中专录取人数）	1798
2008	4	5088	86	1637	324	319	2608	116	326	1883
2009	4	3965	65	1230	250	234	—	84	—	1250
2010	4	4000	70	1200	280	264	—	102	—	1205
2011	4	4300	77	1398	280	265	1526	104	312	1400
2012	4	4355	82	1488	290	270	1542	41（友兰中学40人）	445（均为友兰中学考生）	1490
2013	3	4360	82	1469	309	289	1560	156（友兰中学139人）	569（均为友兰中学考生）	1498
2014	3	4366	80	1480	310	290	1750	343（友兰中学283人）	673（均为友兰中学考生，其中清华大学录取1人）	1496
2015	3	4367	80	11489	315	295	1754	296（友兰中学）	453（均为友兰中学考生）	1502
2016	3	4358	79	1500	318	299	1751	376（友兰中学365人）	745（均为友兰中学，其中清华录取1人）	1527

注：缺1997年有关数据

高中学校简介　兴县中学（高中）：兴县中学始建于民国14年（1925年），校址在县城东关寿圣寺，是兴县最早的一所中学，校长牛友兰。至民国25年

（1936年），兴县中学共招收初中班8个，培养学生300余名。1936年因经费困难停办。1954年兴县中学复立，校址在县城文化街（原师范学校内）。设有5个初中班，学生250人；附设4个师范班，学生200人。1958年，兴县中学招收高中2个班，招生100名，首创县内高中教育，成为一所完全中学。同时补招初中5个班、学生300名。1969年，兴县中学改称“五七大学”，1971年复称兴县中学，招收高中7个班（包括文艺班、医卫班）。1972年春，招收2个师范班共100人、4个高中班。1973年，兴县中学招收5个班（十四、十五、十六、十七、十八班）。1976年3月，兴县中学又改称“兴县五七大学”。1977年，兴县中学恢复名称，只招收高中班。1978年，兴县中学被确定为山西省重点中学，每年招收6个班。

1985年秋，兴县中学新建教学楼（3层）、办公楼（2层）和宿舍楼（2层）。全校分南、北、中3院，总占地面积8830平方米，建筑面积7920平方米。至1988年，兴县中学初中毕业50个班，学生2500人；高中毕业103个班，学生6070人。共附设专业班10个、520人，其中医卫班1个50人，文艺班2个120人，师范班6个300人。先后升入大专院校514人，中等专业学校1213人，其中有研究生13人，留学生10人。

1989年初，兴县中学有教学班25个，在校生1480人；有各类教学仪器1210套（件），图书3000册，各种体育器材150套（件）；有教职工143人，其中专职教师83人，大专以上学历占90%。1990年，兴县中学升格为正科级建制的事业单位，学校内设机构调整为“三处一科”（政教处、教导处、总务处、保卫科）。教师以年级编组办公，年级组负责人对所在年级组负有职、责、权，三处一科为年级组服务，校级领导分别包一个年级，保障年级组常规教学的正常进行。

1991年，兴县中学共有教学班22个，学生1057人（其中新招生300人）；高中专任教师93人。在教学方面，学校根据高考和会考的实际要求，在保证教学计划圆满完成的情况下，贯彻一点拨二侧重三归纳的复习课教学方法，加大了模拟练习强度，使学生在练中学、在学中练，养成动脑动手的好习惯。该年，全校765人参加高考，本科达线44人，大学本科院校录取41人，专科院校录取63人，共录取104人。

1992年，兴县中学高考达线57人，大学本、专科录取161人。

1998年，兴县中学领导设校长1人，副校长2人。学校内设机构有政教处、教导处、总务处、保卫科。全校共有4个年级组，28个教学班；有教师90人、学生1600人。

2000年，全校开展新课程改革实验，促进了教育教学质量的提高。该年全校参加高考725人，本科达线116人，大学本、专科院校及中专录取330人。2002年，兴县中学对校舍进行了改扩建，占地面积增至1.21万平方米，总建筑面积增至1.27万平方米。建有教学楼、学生餐厅、宿舍楼和集实验、仪器、语音、微机、图书阅览和办公于一体的综合楼，配备实验室、微机室、语音室、图书室、阅览室等教学设施，利用远程教育、多媒体教学设备和闭路电视系统教学，教学与管理步入现代化。

2006—2008年，兴县中学高考本科达线累计364人，教学质量受到社会各界好评，先后被评为“山西省文明学校”“山西省绿色学校”“山西省德育示范学校”“山西省优秀家长学校”“吕梁市模范单位”，成为全省的样板学校。

2010年，兴县中学有在校生42个班2340人，教职工196人，其中专任教师166人。在全校教师中，有全国优秀教师1人，省级学科带头人2人，省骨干教师3人，特级教师1人，中学高级教师38人、中学一级教师60人。

2011年，兴县中学迁址于蔡家崖乡张家圪埚村，改名“友兰中学”。

友兰中学：2011年，中共兴县县委、县人民政府为满足兴县学子享受优质高中教育的需要，投资3.1亿元（其中一期投资2亿元，二期投资1.1亿元），新建一所20轨制公立全日制普通高级中学（全额拨款事业单位）。学校位于蔡家崖乡张家圪埚村，占地面积260亩，建筑面积9.8万平方米。为纪念兴县中学创始人、晋绥解放区著名爱国民主人士牛友兰先生，学校更名为“友兰中学”。原兴县中学（高中）迁至新校区。

学校建有教学楼3栋，配有多媒体设备标准教室57个；有实验楼1栋，设有理、化、生物实验室各5个，有高标准探究室3个，按中学一类标准配置仪器；有微机楼1栋，微机近400台；有容纳120人的阶梯教室4个、容纳400人的阶梯教室1个；有历史、地理、生物专用教室3个、通用技术专用教室3个；有学生餐厅3个、教工餐厅1个；有400米标准跑道的操场1个。二期工程续建的还有学生公寓楼3栋、单身教师公寓1栋，餐厅、报告厅为一体的综合楼1栋，总建筑面积3万平方米。

友兰中学校以“着眼现代化，传承红色基因、培养红色后代、建设红色沃土”为己任，坚持以学生为本，多元发展的办学原则，狠抓教育与管理，在教学实践中积极构建适合的教学模式，各项工作有序推进。学校创建之初，有教学班45个，在校生2600人，在职教职工170人，其中有面向全国招聘的70余名优秀教师。任课教师中有特级教师2人、高级教师36人、中教一级教师42人。

王培军担任校长期间，十分注重对教师的业务培训，不仅常年聘请知名专家指导培训，还组织年轻教师到太原、北京等地观摩学习。2015年，裴章生担任校长后，采取“走出去，请进来”的方法，推送青年教师先后到山大附中，康杰中学、北京顺义中学等名校进班学习，并请这些学校名师来友兰中学听课指导。同时推选、印制一批内容包括历史名人、红色文化、名著导读、学科精要等校本教材，列入学生选修书单；设立“文化中心”科室，倡导学生课外学习书法、美术、音乐、舞蹈、乐器、创作等艺术，实现健康全面发展。

2016年，学校有教学班59个，在校生3358人；教职工318人，其中专任教师299人。全校分设高一、高二、高三年级组。内设机构有教务处、教育处、办公室、科研处、医务室、保卫科、文化中心、实验中心、阅览室、校团委、考试中心、电教中心12个。学校领导班子成员7人，其中，校长1人、党支部书记1人、副校长3人、校长助理2人。

友兰中学自创办五年来，取得良好成效：高考累计本科达线1123人，累计升入大专院校2885人（内含考取清华大学2人）。其中，2012年6月，参加高考1022人（培训中心185人），本科达线40人，本、专科院校录取445人；2013年，参加高考1089人（培训中心261人），本科达线人数139人，本、专科院校录取569人；2014年，参加高考1091人（培训中心275人），本科达线283人，文科最高595分，理科最高605分；本、专科院校录取673人，其中清华大学录取1人；2015年，参加高考804人（培训中心213人），本科达线296人，本、专科院校录取453人；2016年，参加高考1146人（培训中心318人），本科达线365人，本专科录取745人，其中清华大学录取1人。

第二高级中学：2000年，经山西省教育厅批准，兴县第二高级中学在城关镇圪洞村建成，学校占地面积20亩，建筑面积8000平方米，是一所民办公助的10轨制高级中学。当年，学校有高中教学班24个，在校学生1400多人，专任教师94人；学校配备有多媒体网络教室、语音教室，物理、化学和生物实验室，图书室；每个教室配备了数字电视、DVD、投影机等教学设施。2016年，学校有初、高中教学班10个，学生500人，教职工64人（其中专任教师50人）。

第三高级中学：创建于2002年，由个人股份制投资300万元所建。学校位于县城西关村，占地10598平方米，建筑面积2098平方米，是一所集高中、初中教育的六轨制民办中学，有教学班30个、学生1600余人，其中高中18个班1000余人，初中教学12个班600余人，并附设幼儿学前教育12个班300人。共有教职工120人，其中高中专任教师49人（其中高级教师15人、一级教师26人，均为师范院校毕业生，教师合格率100%）。到2011年，该校共毕业学生1800人，其中300多人考取本、专科院校。

第四高级中学：创建于2005年，位于蔚汾镇枣峁梁，占地面积1万平方米，拥有教学楼、学生公寓楼、多媒体教室、远程教育网、演播系统、电子备课室、微机室（配备100台电脑）、64座语音教室等现代化教学设施和大型餐厅。2008年，该校首届毕业生181人参加高考，有55人考取大专院校。2013年，该校停办。

第四节　教学研究与改革

教研活动

1989年，教育局坚持开展教学研究活动。小学中心校、多人学校均按校成立教研组，以中心校所属学校组成校际教研组；中学按年级成立备课组，按科目成立教研组；全县按地域划分县川、西川、南川、西南4片，分别成立中小学中心教研组。各教研组做到备课组每周一活动，校际教研组每月一活动，中心教研组每学期活动一次。全县开展优质课评选，农村小学以中心校为单位，乡办初中、县直中小学以教研组为单位，人人参赛，层层赛讲、层层选优、分级评定；初胜者参加复赛（联校级、县直学校级），选出优胜者报县教研室，县教育局组织复评验收组深入到联校和县直学校进行赛讲评选。全县通过评选优质课活动，共选拔出县级优质课教师177人，其中幼师7人，小学教师108人，中学教师62人；评选出县级教学能手42人，其中幼儿教师2人，小学教师37人，中学教师3人。

1991年，根据中共兴县县委、县人民政府决定，全县推广吕梁地区柳林县前元庄学校和方山县圪权嘴学校的办学经验，分期分批推广村校一体、三教一体、教科劳一体的吕梁山区办学模式，全县确定首批试点学校7所，分别是交楼申乡张家圪台小学、罗峪口镇王家山小学、杨家坡乡水江头小学、东会乡东会小学、蔡家会镇狮子洼小学、奥家湾乡奥家坪小学、恶虎滩乡恶虎滩小学。

1992年，教育局召开大型教研教改研讨会、现场会6次。其中，在第二实验中学召开全县中考复习研讨会，在奥家湾乡车家庄中学召开县川片教研教改观摩研讨会，在实验小学召开“三算”（口算、心算、笔算）研讨会，在县城召开全县小学复式教学研讨会，在恶虎滩、蔡家崖召开德育工作大型流动现场会。

1994年5月，教育局在木崖头中学召开教研教改现场会，推广田富全老师的教学经验，做到点上深化、面上推广。1995年，全县95%以上的学校普遍推广5个教改实验项目（JAP实验、三算、注读、目标和愉快教学法）和单元目标教学法，全县开展实验的学校达到123所，撰写和发表教学研究论文30余篇。

1998年，由教研室内部主办的教研刊物《教学新圃》，累计出刊70余期，刊登教师优秀论文60余篇。校际中心教研组也分别创办《紫金山教研》《岚漪教研》《茶山教研》《蔚汾河教研》《县城初中教研》《县城小学教研》《山丹教研》《乡村教研》等内部教研刊物。

1999年起，全县中小学开展“说课讲课评课”一条龙的教研活动。其中开展县级教研活动24次，乡（镇）级教研活动200余次。通过公开教学、示范教学、观摩课交流、优质课评选等形式，促进了课堂教学质量的普遍提高。

2000—2003年，全县召开县级教研教改研讨会、观摩会达30次，各乡（镇）教研组开展教研活动198次，开展校级教研活动124次。2004年至2005年，教育体育局领导和教研干部实行包片蹲点联校制，全年检查学校920所，听课600余节，查阅各种教案2000余本、学生作业2万余本，组织参与各种形式的教研活动50余次。

2006年，县教育体育局创办《兴县教研》杂志，成为全县教学研究和交流的主要载体。2007年，教育体育局组织教研室有关人员对全县农村初中进行全方位的督导检查，累计听课、评课362节。2009年，全县中小学开展“读写工程”，聘请专业教师，提高学生读书、写字和说话能力。

2011年，全县组建初中学区和小学联合体。学区分为两个，即一片区和二片区，每片区7所学校；小学联合体分为4个，即县川片联合体、西川片联合体、南川片联合体、西南片联合体，每个联合体有6~7个成员单位。各片区由城内一所优质学校担任牵头单位，负责每学期的联片教研工作。

2012年，县教研室创建并开通“兴县教研网”官方网站，组建网络学科教研中心组，学科教研员担任组长，引领全县教师开展网络教研活动。2013年，教育体育局引进大型网络视频终端，参加教学研讨人员每次可扩展到500人，各联合体可临时合并为一个大教研组，全县各学校教师在不同地点可同时观摩一节示范课。2014年，教育体育局在原有基础上充实了《兴县教育》

杂志编辑工作，加强教育信息宣传工作，为教师提供了展示交流平台。

2015—2016年，兴县教育体育局新建大型录播室，创建“兴县教育在线”微信交流平台，开展“一师一优课，一课一名师”活动，组织全县中小学教师进行网上晒课，各学校教师可通过办公室电脑、手机终端观看教师的授课视频。网络教研活动的开展，扩充了县域教研活动规模，提升了教研活动质量，推动了全县教学改革发展步伐。

课程与教学改革

课程改革　1997年，山西省普通高中试行《全日制普通高级中学新课程方案（试行）》（简称《新课程方案》），兴县于同年9月开始试行。《新课程方案》分为三类：一类是必修和限选课，包括思想政治、语文、数学、外语、物理、化学、生物、历史、地理、体育、艺术、劳动技术共12科。在每一科的每一年级段都规定了必修课时和限选课时。第二类为任意选修课，各年级必选课与任意选修课的活动总课时数都是33课时。第三类是社会实践活动课，包括“军训”（高一年级新生入学后进行一周），“重大节日纪念活动”，到农村、工厂参加生产劳动（二年级），社会调查和就业模拟训练（三年级），均为一学年30课时（约一周）。

2008年9月，山西省实行普通高中新课程改革，标志着基础教育从“应试教育”向“素质教育”转型、“精英教育”向“大众化教育”转型。新课程由学习领域、科目、模块三个层次构成。学习领域：高中课程设置语言与文学、数学、人文与社会、科学、技术、艺术、体育与健康和综合实践活动八个领域；科目包括语文、数学、外语（英语、日语、俄语）、思想政治、历史、地理、物理、化学、生物、艺术（或音乐、美术）、体育与健康、技术等12~13个；模块之间既相互独立，又反映学科内容的逻辑关系。课程由必修和选修两部分构成。

兴县（新课程改革）学生课程选修与必修学分表

表27-1-4-1

<table>
<tr><th>学习领域</th><th>科目</th><th>必修学分
（共计116学分）</th><th>选修学分Ⅰ</th><th>选修学分Ⅱ</th></tr>
<tr><td rowspan="2">语言与文学</td><td>语文</td><td>10</td><td rowspan="16">据社会对人才多样化的需求，适应学生不同潜能和发展的需要，在共同必修的基础上，各科课程标准分类别、分层次设置若干选修模块，供学生选择</td><td rowspan="16">学校根据当地社会、经济、科技文化发展的需要和学生的兴趣，开设若干选修模块，供学生选择</td></tr>
<tr><td>外语</td><td>10</td></tr>
<tr><td>数学</td><td>数学</td><td>10</td></tr>
<tr><td rowspan="2">人文与社会</td><td>思想政治</td><td>8</td></tr>
<tr><td>历史</td><td>6</td></tr>
<tr><td rowspan="4">科学</td><td>地理</td><td>6</td></tr>
<tr><td>物理</td><td>6</td></tr>
<tr><td>化学</td><td>6</td></tr>
<tr><td>生物</td><td>6</td></tr>
<tr><td>技术</td><td>技术（含信息技术和通用技术）</td><td>8</td></tr>
<tr><td>艺术</td><td>艺术或音乐、美术</td><td>6</td></tr>
<tr><td>体育与健康</td><td>体育与健康</td><td>11</td></tr>
<tr><td rowspan="3">综合实践活动</td><td>研究性学习活动</td><td>15</td></tr>
<tr><td>社区服务</td><td>2</td></tr>
<tr><td>社会实践</td><td>6</td></tr>
</table>

教学改革　小学教法改革。改革开放以来，全县小学教学方法的发展方向是形象化、多梯化、灵活化、科学化。课堂教学力求形象直观，利用教具幻灯授课，加深学生的理解和记忆。1989年，兴县实验小学的语文“注音识字提前读写”教改实验，蔡家崖小学、东关小学的目标教学实验均获得成功，为全县树立了榜样。全县在小学教法改革中通过开展优质课评选活动，共评选出县级优质课教师78人，成为全县教师学习的榜样。

1990年起，县教育局在教学方法上以推进“目标教学法”“愉快教学法”“情境教学法”为主，开展优质课和教学能手的评选活动，共评出县级优质课教师30人、县教学能手11人。

1994年，县教育局在全县广泛推广县实验小学“以读代写教学法”“系列设问教学法”“情境教学法”“快乐教学法”“看想说写算同步教学法”等新的教学方法。1995年，全县常规教学日趋规范和科学。实验小学开展“愉快教学”“尝试教学”“电化教学”和“注读”实验、“三算”实验等，出现向教研教改和规范化教学要质量的新局面。在教改教研中，县教育局对教学中的关键环节提出严格要求，印发备课规范要求、讲课规则、作业批改要求、简化考核细则、一日教学常规等，保证教育教学工作在改革中有条不紊地进行。

1996—1998年，县教育局全面推进素质教育。在实验小学召开一次全县德育工作现场会，10多个单位和个人交流了新形势下开展德育工作新经验，全县小学生做好人好事2.64万件。在魏家滩小学召开一次全县素质教育现场观摩研讨会，参会人员观摩了学校开展素质教育所取得的成果展示，交流了推进山区素质教育的新经验。孟家坪、贺家会、赵家坪、小善等西南4乡在孟家坪教办召开一次素质教育现场会，对素质教育起到促进作用。1998年，兴县被评为全区“素质教育先进县”。

2000年开始，全县在实施素质教育中进一步优化课堂教学结构，课堂教学向“活、轻、实、优”转变。各小学注重开展丰富多采的第二课堂活动，成立各种课外兴趣小组，举办校园“艺术节”“文化节”“体育节”活动，召开各种类型的运动会等，促进学生在德、智、体、美诸方面得到健康发展。

2011年，县教育体育局组织开展了12次联片教研活动，累计参与人数1000余人，调动了广大老师教研教改的积极性。

2016年，全县教研活动围绕“自主、合作、探究”的主题，积极探索更为具体化的教研课题。通过活动，启发教师制订更加精细化的教学目标，推进全县素质教育。

中学教法改革。从20世纪80年代开始，在邓小平“教育要面向现代化、面向世界、面向未来”题词精神的指引下，全县中学教研教改活动进入新阶段。“六课型单元教学法”“读、议、讲、练法”“发现法”“尝试教学法”“程序教学法”“导读法”和“启导法”等一系列新的教学方法开始在全县中学教学中推广。其中，兴县中学率先试验“尝试教学法”（尝试出试题、自学课文、尝试练习、学生讨论、教师讲解），整个教学活动以教师为主导、学生为主体、训练为主线，以开发学生智力、培养学生能力为主要目标。采用此新的教法，教师由讲变成“导”，学生由被动听讲变为思和行。

1991年，全县中学大面积推广目标教学法，初中重点推广数学、物理、英语三科的单元目标教学和形成性测试题。蔡家会中学在实验中使用单元测试题，取得明显效果，数学实验班比普通班均分提高28分，物理提高29.5分。为推进全县中学教法改革，县教育局组织一系列教师学习培训活动。其中，3月组织城镇中学、第二实验中学10名教师赴太原参观学习；暑期，特聘北京语文、数学、政治、物理、化学、英语等科的优秀教师为兴县中学、城镇中学教师进行一周的课改新教法讲学、培训；派遣15名干部、教师到太原进行专门培训；组织优秀教师在暑期深入基层学校进行巡回讲学和培训200余场次，播放教学录像120场；10月，组织24名中学校长、教导主任、骨干教师在山西省文水县城镇中学进行一周的教学观摩学习。

1993年，全县中学课堂教学普遍推广“快乐教学法”和“课前预习法”。其中，奥家湾乡车家庄中学初二数学采用“读议讲练”四步教学法；瓦塘中学使用“学导式”教学法进行教改示范，初二英语教学使用“六步听写”教学法取得良好效果；中学习作教学普遍使用“观察说话写话”三段式教学法、读写结合法、序列训练法、日记积累法、范文暗示法、自办小报等方法；各学校根据学生爱好、志趣，充分利用第二课堂，创办校园文学社、理化兴趣组、数学兴趣组、乐队、书法、绘画等组织，举办书画作品展、演讲比赛、歌咏比赛、舞蹈比赛、体育比赛等活动，引导学生在“第二课堂”活动中互相学习，增长才干，提高素质。

1998年初，中共兴县县委、县人民政府印发《关于在全县中小学全面实施素质教育的意见》，决定全县重点培养恶虎滩乡、杨家坡乡、贺家会乡3个素质教育示范乡、24所素质教育示范校。县职业中学为全县培训音乐、美术教师各100人，加强了薄弱学科的师资力量；教育局组织教师进行新教材培训100人次，大部分教师通过培训能够领会新大纲的指导思想、教学目标和要求，明确新教材的编排体系和教学重点、难点，掌握新教材的教学方法。

1999年，全县各中学继续开展教改课题实验。兴县中学开展的高中新课程实验、城镇中学开展的“JIP”实验以及各学校大面积推广的“单元目标教学法”“数学尝试教学法”“情境教学法”“愉快教学法”等，均收到了良好效果。

2001年，全县普通高中开展第二轮新课程改革实验，加强示范性高中建设。各学校普遍举办“校园艺术节”“校园文化节”“校园体育节”，组织学生开展书画、歌舞、演讲、知识竞赛、刺绣以及“小养殖、小种植、小制作、小发明、小论文”等活动，着力培养学生个性和特长，提高学生的创新能力和实践能力，促进学生的全面发展。

2004年，是全县新一轮基础教育课程改革的第一年，为引导全县教师明确课改背景、目标、方向，县教育体育局选送50余名专兼职教研员赴省城参加课改一级培训，为举办县级培训提供了师资保障。暑期，县教育体育局组织教师举行3期新课程集中培训，组织举办4次大型新课程观摩研讨活动，推动了全县教法改革的顺利进行。

2011—2014年，县教育体育局制定了学案课堂模式改革三年规划，启动了学案教学模式改革。县教研室确立了以“导、学、评、练”为教学模式的课改思路，在兴县初级中学和城镇小学分别进行试点工作。

至2016年底，通过教学方法改革，全县义务教育水平，中考、高考成绩和教师的管理水平都有新的提高。

第五节　职业技术教育

发展综述

1987年，全县有中级职业学校3所，其中示范职业高中1所，普通职业中学1所，戏剧职业学校1所。3所学校共建有标准教室7个，校址均在蔡家崖乡张家圪埚村。其中，张家圪埚示范职业高中共有4个教学班、学生202人（其中，学制3年的财会班2个，学生76人；学制3年的护士班1个，学生74人；学制1年的计划生育培训班1个，学生52人）；戏剧职业学校由杨向阳主办，并负责全面编导，招生1个班、92人；普通职业中学有3个教学班（学制3年的2

个班，学制1年的1个班）、学生148人，均开设果林专业课。

1988年，戏剧职业学校并入普通职业中学，全县职业学校缩减为2所，有7个教学班，在校生355人：其中示范职业高中1所，4个班，在校学生196人（学制3年的财会班2个、学生74人，护士班1个、学生72人，新招计划生育班1个、学生50人）；普通职业中学1所，3个班、在校学生159人（中医班1个、学生65人，学制3年；戏剧班2个、学生94人）。此外，魏家滩中学附设职业班1个、学生45人。

1989年后，兴县仅有示范职业高中（简称县职中）1所，是由县教育局直接管理的属正科级建制的事业单位。有教学班6个、在校学生268人，分别开设戏剧专业和医护专业。1990年，兴县职业技术教育中心成立，加强了对东会中学附设的两个初职班和张家圪埚中学附设的一个三加一实验班的领导。暑期，为了加强全县中小学劳动课和《我爱吕梁》乡土教材的教学，县职业技术教育中心对全县中小学教师进行了实用技术培训。1991—1992年，职业中学共向山西省艺术学校输送学生90人（均为本校戏剧专业学生）。

1996年，职业中学共开设职业高中、职业初中和职业短训各1个班，在校学生619人；建成职业学校实验实习基地4个，创收4万元，初步形成了初等、中等职业学校教育和各类职业培训共同发展的职业教育体系，改变了全县中等教育结构单一的局面。

1998年，职业中学继续开办戏剧、师范、保安、鼓乐和缝纫5个班，共有在校生270人。同年，东会、固贤、恶虎滩、奥家湾、关家崖等乡的初中均办起“三加一”初职班，实行初三后分流，开展了多种形式的渗透教育和分流改革实验，多数升学困难的初中毕业生接受了不同层次的职业技术教育。

2003—2010年，职业中学共举办普通高中和职业技术班20多个，累计招生1852人。全县农村中小学推广“校村一体”“三教统筹”“教科劳结合”的办学模式，培养村校结合、科教兴村的典型，其中，恶虎滩小学在深化农村教育综合改革、实行“村校一体”“三教统筹”“教科劳结合”等方面取得一定成效。

2012—2016年，职业中学共举办28个班，先后开设学前教育、计算机应用、机电一体化、医学、护理、矿井通风与安全、普通高中等7个专业（不包括与鄂尔多斯现代服务业管理学校合办的汽车使用与维修专业），累计招生682人。

2005—2016年，职业中学进一步拓宽办学渠道，先后与山东省、内蒙古自治区和天津市职业技术院校联合办学，取得良好成效。其中，2005至2006年，与山东外事翻译中专联合办学，共招收兴县学员570人，学生毕业后全部安排到山东和江苏等地就业；2012年，与内蒙古鄂尔多斯现代服务业管理学校联合办学，举办汽车使用与维修专业，第一年在职业中学学习理论课，第二年到鄂尔多斯服务业管理学校实践操作，共招收培养兴县学员11人，其中9人考取本、专科院校，2人就业；2013年，与天津国土资源和房屋职业学校联合办学，共招收培养兴县学员4人，全部就业；2016年，与内蒙古鄂尔多斯生态环境学院联合办学，共招收培养兴县学员9人，全部升入大专院校。

1989—2016年兴县职业技术教育情况统计表

表27-1-5-1

年 份	学校数（所）	教学班数（个）	在校学生（人）	专业设置与招生情况
1989	1	6	268	戏剧专业一、二、三年级共3个班，107人；医护专业一、二、三年级共3个班，161人
1990	1	6	387	开设戏剧、中医、护理、畜牧专业
1991	1	4	208	戏剧专业班输送山西省艺术学校60人
1992	1	1	178	医护专业班毕业，戏剧专业班输送山西省艺术学校30人
1993	1	4	420	戏剧专业招生1个班、25人；幼师专业招生1个班、45人；初级职业招生1个班、200人；职业技术短训招1个班、150人
1994	1	2	386	职业短训1个班、350人，高中1个班、36人
1995	1	5	754	戏剧、医卫、武术专业各1个班，共招154人；初级职业和职业训练各1个班，共招600人
1996	1	3	619	职业高中1个班、269人，职业初中1个班、300人，职业短训1个班、50人
1998	1	5	270	戏剧专业招1个班、80人，师范班招120人，保安班招22人，鼓乐班、缝纫班共招48人
1999	1	4	371	戏剧专业班12人，师范班及三年制综合班共43人，机械班8人，职业技术（缝纫、家电维修、电脑操作、果树管理、食用菌栽培）短训班308人
2000	1	2	1153	普通高中班招801人，职业技术班招352人
2001	1	2	1462	普通高中班招1012人，职业技术班招450人

续表27-1-5-1

年 份	学校数（所）	教学班数（个）	在校学生（人）	专业设置与招生情况
2002	1	2	506	职业技术班招306人，职业技术短训班招200人
2003—2005	1	6	392	普通高中班招102人，职业技术班招290人
2005—2006	1		570	与山东外事翻译中专联合办学，学生毕业后全部安排到山东和江苏等地就业
2006—2010	1	14	890	普通高中班招840人，职业技术班招50人
2012	1	3	115	普通高中班招93人，计算机应用专业招22人
			11	与鄂尔多斯现代服务业管理学校联合办学，举办汽车使用与维修专业，共培养11人，其中9人考取本、专科院校，2人就业
2013	1	5	254	学前教育专业招87人，计算机应用专业招41人，与天津国土资源和房屋职业学校联合办学，共培育4人，全部就业
2014	1	6	336	学前教育专业招25人，计算机应用专业招96人，机电班招13人，医学专业招11人
2015	1	8	310	计算机应用专业招86人，护理专业招18人，机电专业招10人，学前教育专业招26人
2016	1	6	228	矿井通风与安全专业招20人，计算机应用专业招39人，学前教育专业招84人。与鄂尔多斯生态环境学院联合办学，共培养9人，全部升入大专院校

对口升学

从2003年开始，职业中学开始参加对口升学考试，至2016年，全校累计参加对口升学考试1035人，其中本科达线（录取）41人，专科达线（录取）994人。

2003—2016年（部分年份）兴县职业中学对口升学考试及录取情况简表

表27-1-5-2　　单位：人

年 份	参加考试人数	本科达线人数	专科达线人数
2003	27	3	24
2004	43	4	39
2005	130	7	123
2006	230	8	222
2007	310	3	307
2008	35		35
2014	60	1	59

续表27-1-5-2

年 份	参加考试人数	本科达线人数	专科达线人数
2015	91	3	88
2016	109	12	97

第六节 民办教育

2016年，全县共有民办中小学、幼儿园13所（其中城区有幼儿园3所、小学2所、初中4所、高中2所），有在校学生108个班、5338人。其中，民办小学在校学生38个班、1680人，分别占全县小学班数（559个）和在校学生数（12391人）的6.8%和13.6%；民办初中在校学生50个班、2508人，分别占全县初中班数（120个）和在校学生数（8600人）的41.7%、29.2%；民办高中在校学生20个班、1150人，分别占全县高中班数（79个）和在校学生数（4358人）的25.3%、26.4%）；民办学校教职工459人，占全县中小学教职工总数（2426人）的18.92%（参见本章第三节“普通教育”部分）。

第七节 成人教育

干部函授教育

省委党校函授 1988年，由县委党校承办了山西省委党校大专学历函授（学制三年），开设18门课程，当年招收兴县学员75人，毕业58人。1989年招收兴县学员96人，毕业87人。1993年招收兴县本、专科学员205人。1994年招收兴县学员86人。1995年招收兴县学员78人。

2007—2008年，山西省委党校招收兴县大学专科（经济管理专业）、本科（行政管理专业）函授学员70多人。2年内开设19门课，均为考试课。第1~3学期每期5门，第四学期4门，每门40课时。教师配备、教学安排全由省委党校负责。学员修业期满经考试成绩合格准予毕业，授予山西省委党校毕业证书，同时享受国民教育学历有关待遇。

中央党校函授　1991—1994年，兴县县委党校承办了中央党校本、专科函授教育。其中，1991年招收兴县大学专科函授学员3人、本科函授学员8人。1993年，招收兴县本科函授学员12人。1994年，招收兴县本科函授学员47人。

1989—2008年，县委党校举办山西省委党校大专学历函授和中央党校大学本、专科学历函授，共招收和毕业兴县函授学员605人，其中参加中央党校大学本、专科函授毕业70人，参加省委党校大学本专科函授毕业535人。2008年后函授招生，统一到山西省委党校和吕梁市委党校报名。

电大教育

广播电视大学是伴随改革开放发展起来的一种教育方式。兴县广播电视大学（简称“兴县电大”）从1983年开始在城内办学，为县教育局主管的正科级全额事业单位。主要职责包括成人高等学历教育、非学历教育和继续教育。初始学习形式为全脱产，由2个专业、14名学员起步。到2016年，兴县电大历经成人脱产、成人业余、自考助学、远程开放教育等多种办学模式，累计培养大学本、专科学生2000多人。1989—2000年，兴县电大办学模式主要为成人业余，教学手段以自学为主，另辅以少量面授，毕业证由山西广播电视大学颁发。2001—2003年，兴县电大办学模式主要为自考助学，教学手段以自学为主，另辅以少量面授，毕业证由山西广播电视大学和山西省自考委员会联合颁发。

2004年，电大考点由离石转到兴县。兴县电大大力开展计算机、普通话培训测试等非学历培训，申请加入了中央电视大学远程开放教育。

从2006年秋季学期起，兴县电大教育模式转变为：学员登录电大教学平台，利用网上教学资源进行自学，形成性考核、终结性考核及综合实践环节相结合，网上作业、实训、模拟练习并举，形成多媒体综合应用、教学服务体系鼎力支撑的教学格局。远程开放教育毕业证由中央广播电视大学颁发。

2007年1月，兴县电大突破长期只搞专科教育的局面，首开本科学历教育。2009年，兴县电大办学场地迁入青少年活动中心，具备了独立的网络教室和图书室。

2011年，中央电大逐步向国家开放大学过渡，对教学和管理提出更高要求，学生毕业证书颁发单位名称从2003年起变更为国家开放大学。

2016年，兴县电大开设本科专业和专科专业各9个，在校学生311人（其中专科185人、本科126人），有教职员工23人。

1998—2016年末，兴县电大共毕业本、专科学生2275人。2006—2016年，兴县电大连续10年获得吕梁市电大“先进集体”荣誉，受到表彰。

1989—2016年部分年份兴县电视大学本专科毕业情况统计表

表27-1-7-1　　单位：人

年份	本专科毕业数	其中								
		政治思想教育、党政专业	财会专业	西医护理	汉语言文学	公共关系	行政管理	计算机科学技术、网络技术	法律专业	其他专业
1989	20	20	—	—	—	—	—	—	—	—
1992	31	—	—	—	6	—	25	—	—	—
1993	10	—	—	—	—	—	10	—	—	—
1996	7	—	—	—	—	—	7	—	—	—
1999	134	34	17	3	54	—	26	—	—	—
2000	27	—	27	—	—		—	—	—	—
2001	24	—	4	—	20	—	—	—	—	—
2002	121	—	20	—	27	41	1	—	—	小教专业32人
2003	177	27	15		106	—	18	—	—	高护专业11人
2004	309	—	23	2	—	211	—	—	—	小教专业73人
2005	226	—	55	2	8	65	61	—	1	文秘专业8人，小教专业26人
2006	37	—	—	—	27	—	—	—	10	—
2008	14	—	—	—	13	—	—	—	1	—
2009	91	—	4	—	39	—	36	—	12	—
2010	106	—	12	—	42	—	42	1	7	英语2人
2011	180	—	8	—	39	—	80	20	31	农业经济管理2人
2012	131	—	1	—	23	—	82	3	12	英语专业4人，机械设计制造及自动化1人，农业经济管理5人
2013	175	—	12	—	32	—	101	14	10	英语3人，土木工程1人，教育管理2人

续表27-1-7-1

年 份	本专科毕业数	其中								
		政治思想教育、党政专业	财会专业	西医护理	汉语言文学	公共关系	行政管理	计算机科学技术、网络技术	法律专业	其他专业
2014	167	—	9	—	17	—	123	4	8	教育管理1人，英语4人，土木工程1人
2015	157	—	31	—	8	—	96	4	10	土木工程1人，煤矿安全技术与管理7人
2016	131	—	15	—	4	—	80	5	17	英语1人，土木工程1人，煤矿安全技术与管理8人

扫盲教育

1989年，兴县扫盲教育坚持“一堵、二扫、三提高”（“堵”：抓好普及小学五年教育，解决好边远地区、山区、牧区和经济条件较差地区普及小学教育的实际问题，采取多种形式使学龄儿童和 15 岁以下超龄儿童达到小学毕业水平；“扫”：基本扫除12~45岁的文盲，使少年、青年、壮年中的非文盲人数达到85%以上；“提高”：对已脱盲者采取多种形式继续组织学习，进一步巩固和提高）的方针，创办乡（镇）农技校24所、村级农技校480所，扫除文盲720人，培训农业技术5000人次，完成全年计划任务。

1991年，全县建立成人教育领导机构，建立健全7种表册和档案，扫盲工作做到“六定”（定教师、定学员、定标准、定时间、定报酬、定奖惩），全县有兼职教师700人，专职教师3人。规定文盲无权承包高产田、各类果园、电机管理等，全县青壮年非文盲率达到85%的省定标准。1992年，全县有乡（镇）农民技术学校24所、村级农技校399所，完成扫盲和农技培训9.79万人次。

1993—1994年，全县有乡（镇）农民技术学校24所，其中达“六有”（有领导班子、有教师队伍、有固定校舍、有必要仪器设备、有实习实验基地、有稳定的经费来源）标准学校6所；有村级农技校330所，其中达“六有”标准学校20所；完成扫盲1039人，超过省定85%的标准；培训农业技术1.01万人次。

1995年，全县有乡（镇）农技校24所，其中达“六有”标准的乡（镇）

农技校7所；有村办农技校38所，开展扫盲的村委达204个；全年扫盲252人（全县有青壮年人口数8.93万人，其中非文盲人数8.71万人，占总数的97.5%，生理缺陷除外），扫盲巩固率达90%；乡、村两级组织果树栽培、大棚蔬菜种植、农药、化肥等20余种实用技术培训，共培训农民1.4万人次。

1996—1997年，全县乡（镇）农技校24所、村级农技校408所，其中达“六有”标准的村级农技校10所。全年以乡、村两级农技校为阵地，开展多层次、多渠道的农村实用技术培训，共培训1.35万人次。

1998年，新建国家级示范乡（镇）农技校1所（恶虎滩农技校），新建10所乡（镇）农技校；全县21所乡（镇）农技校（原有11所）全部达“六有”标准，有46所村级“六有”农技校；建立乡（镇）、村两级“六有”农技校档案，规范了农技校管理。全年扫除青壮年文盲950人，各乡（镇）都完成了当地剩余文盲的扫盲任务。

1999年，全县有乡（镇）“六有”标准农技校24所,其中达国家级示范农技校1所（恶虎滩农技校）；有村办“六有”标准农技校70所，扫除文盲1800人，培训农村实用技术1.27万人次。

2000年，建设地级示范乡（镇）农技校2所（交楼申乡农技校、东会乡农技校），有村办农技校240所，其中达“六有”标准的90所。全年完成扫除文盲620人和巩固提高扫盲550人的任务，举办农民实用技术培训达1.85万人次。2001年，全县达“六有”标准的村办农技校150所，组织农民进行实用技能培训1.59万人次，巩固提高脱盲人员500人。

2002—2003年，继续巩固提高国家级示范农技校（恶虎滩农技校）和地级示范农技校（增为3所：东会乡农技校、交楼申乡农技校、康宁镇农技校）的办学质量；继续巩固提高达“六有”标准的乡（镇）办农技校17所、村办农技校185所；扫除青壮年文盲76人，巩固提高扫盲500余人，并对近三年脱盲学员进行抽查考核；三教（普教、职教、成教）统筹迈出新步伐，恶虎滩小学走村校一体的路子，坚持开展“五个一”（抓一个基地、带一片生产、搞一项实验、育一批人才、富一方群众）活动，全村70%的村民接受实用技术培训，50%的农户掌握1至2项实用技术，涌现出30户科技示范户，经济呈现出快速增长趋势；积极开展“绿色证书”培训，组织农民实用技术培训3.34万人次，完成农村初、高中应届毕业生2600人的培训任务。

2004—2008年，蔡家崖、恶虎滩、高家村、孟家坪、东会、交楼申等乡（镇）开展了科教兴乡（镇）活动。恶虎滩小学继续开展“五个一”活动，全村90%的村民受到实用技术培训，涌现出50户科技示范户，成为全县科技兴农、科教兴乡的一面旗帜。

第八节　教师队伍

1989—2016年，由于全县人口出生率的明显下降和教育结构的调整，全县小学校由763所减少至59所，减少92.3%；小学在校学生人数由33127人减少至12391人，减少62.6%；小学专任教师由1443人减少至1135人，减少21.34%。

全县中学校数由1989年的37所（其中高中1所）减少至2016年的18所（初中15所，高中3所），减少51.4%；中学在校学生由1989年的1.16万人（其中高中950人）增至2016年的1.3万人（其中高中4358人），增长12.1%；专任教师由1989年的759人（其中高中73人）增加到2016年的1043人，增长37.4 %。

1989—2016年，全县共有12名教师获“全国优秀教师”“优秀辅导员”荣誉称号，其中，小学教师7名、中学教师5名；有62名教师（包括教育行政干部）分别获得“山西省优秀教师”“山西省模范教师”“山西省优秀班主任”“山西省精神文明建设先进个人”“山西省教科研优秀工作者”“山西省优秀德育工作者”“山西省优秀少先队辅导员”“山西省中小学教学能手”“中小学现代远程教育工程先进工作者”“山西省多媒体课件优秀奖”等荣誉称号和奖励，其中小学教师37名、中学教师25名；有136名中小学教师获得“支持老区教育奖”（详见第三十四编“人物”第二章第一节、二节、四节）。

1998年，全县教育系统开始评聘副高级专业技术职务，到2016年末，全县累计评聘副高级专业技术人员212人。

1989—2016年部分年份兴县小学、初中、高中专任教师情况简表

表27-1-8-1　　单位：所、人

年份	学校数（所）			专任教师数（人）			新增聘任副高级专业技术职务人数（人）	被授予省和省级以上荣誉人数（人）
	小学	初中	高中	小学	初中	高中		
1989	763	36	1	1443	686	73	—	全国优秀教师、教育工作者3人，省级模范教师4人
1991	763	33	1	1454	892	78	—	
1993	763	31	1	1484	1120	88	—	获全国中小学生作文竞赛育才奖1人
1994	763	31	1	1488	1087	90	—	
1995	763	31	1	1492	1095	92	—	全国优秀教师1人
1996	—	—	—	—	—	—	—	省级优秀班主任1人
1998	792	28	1	1682	760	96	仅1997年1人	省级优秀教育工作者3人
1999	783	29	1	1684	763	104	—	省级优秀班主任1人
2000	783	29	2	1694	768	108	12	全国优秀教师1人、省级先进个人1人
2001	778	29	2	1764	768	168	26	省级模范教师7人
2002	760	29	3	1758	768	218	—	省级模范1人
2003	750	29	3	1758	771	218	—	省级优秀教师2人
2004	730	29	3	1758	773	220	20	全国优秀教师、辅导员2人，省级优秀教师3人
2005	680	29	4	1758	783	315	—	省级优秀教师、优秀班主任、教学能手5人
2006	560	29	4	1758	803	316	28	省级先进工作者、优秀班主任4人
2007	303	27	4	1758	813	319	7	省级模范教师、先进个人4人
2008	225	26	4	1758	839	319	4	省级优秀班主任1人
2009	120	25	4	1267	839	234	38	省级优秀教师、先进工作者6人
2010	113	24	4	1262	825	264	—	省级先进工作者4人
2011	83	19	4	1260	815	265	—	省级模范教师、多媒体课件优秀奖人
2012	75	19	4	1255	815	270	7	全国优秀辅导员1人、省级优秀教师、优秀班主任、辅导员4人
2013	70	18	3	1248	815	289	27	中国计算机协会授予“全国优秀教师”称号1人
2014	60	17	3	1236	815	290	5	“全国优秀教师”2人，省级优秀教师5人

续表27-1-8-1

<table>
<tr><th rowspan="2">年份</th><th colspan="3">学校数（所）</th><th colspan="3">专任教师数（人）</th><th rowspan="2">新增聘任副高级专业技术职务人数（人）</th><th rowspan="2">被授予省和省级以上荣誉人数（人）</th></tr>
<tr><th>小学</th><th>初中</th><th>高中</th><th>小学</th><th>初中</th><th>高中</th></tr>
<tr><td>2015</td><td>59</td><td>15</td><td>3</td><td>1184</td><td>744</td><td>295</td><td></td><td>省级教学能手、优秀辅导员2人</td></tr>
<tr><td>2016</td><td>59</td><td>15</td><td>3</td><td>1135</td><td>744</td><td>299</td><td>37</td><td></td></tr>
</table>

第二章 科 技

第一节 机构设置

科学技术委员会

兴县科学技术委员会（简称县科委）是正科级建制的行政事业单位，内设有办公室、业务股、地震办公室、财务股、科技服务咨询站5个股（室）。下属机构有24个乡（镇）科技服务站。2002年3月机构改革，兴县科学技术委员会更名为科学技术局（简称县科技局），为正科级建制单位，是县人民政府主管科学技术工作的组成部门，设主任1人、副主任2人，有行政、事业人员18人；内设综合办公室，下设科技咨询服务站和地震办公室2个股级事业单位。2016年8月，兴县科学技术局和兴县教育局合并成兴县教育科技局。

科学技术协会

1989年，兴县科学技术协会（简称县科协）为正科级机构，受中共兴县县委和吕梁地区科学技术协会的双重领导。科协内设机构有办公室、普及部；1991年增设科技咨询服务部；1996年增设维权部、青少年部。1998年，县科协内设机构有办公室、普及部、维权部、青少年部、科技咨询服务部。实有行政人员8人，其中，主席1人、副主席1人。2015年，县科协确定为正科级参照公务员管理单位；2016年，科协核定行政编制4人，实有5人，其中正科（主席）1人、副科（副主席）2人。

基层科普组织、基地及科技队伍

1989年，全县24个乡（镇）和农、林、牧、水利、煤炭等6个系统共设科普协会30个，会员500余人。各乡（镇）相应成立了乡（镇）科委，并制定了乡（镇）科委工作职责和工作制度。各村委也都成立了科技领导组和农科队，形成了县、乡（镇）、村科技工作三级体制和县、乡（镇）、村、示范户四级情报网络。

1991年，全县新建科技示范乡2个、科技示范村21个。同时，原“兴县科技交流中心”变更为“兴县科技咨询服务站”。

1992年，全县有13个乡（镇）配备了科技副乡（镇）长；24个乡（镇）各组建了5～7人的农民科技服务组（共139人），各村委又配备了科技网络组成人员（共988人），县、乡（镇）、村形成完整的科技服务体系，按农事节令为农民提供各种服务。该年，全县共有高、中、初级科技人员185人，组建了12个科技兴农承包集团，投入科技兴农主战场。

1994年，全县新发展农科教结合示范乡（镇）3个，累计增加到6个；新增综合改革示范村、校5个，累计发展到48个；实验村校280个，累计发展到730个；全县共建有民间科普组织28个、专业协会18个，推广大型技术项目16个、重点开发项目26个；全县成立乡（镇）级农民技术经济组织24个，组织重点农户500余户；组建科技型企业19户，其中国有民营企业1户、集体企业12户、个体企业6户，拓宽了科技服务窗口，方便了群众。

1998年，全县共建立科技示范基地6个（裴家川口红枣基地、罗峪口红枣基地、东关村养猪基地、县科委食用菌栽培基地、蔡家崖乡日光节能示范基地、孟家坪乡有机旱作技术基地），创建科技示范乡（镇）6个（交楼申乡、城关镇、高家村镇、瓦塘镇、罗峪口镇、裴家川口乡）、科技示范村30个、科技示范户2000户，依靠这些科技示范典型，传授科技致富经验。

2004—2008年，县科技局开展了科技示范村、科技示范基地创建工作，进一步加快培育新农民、培植新产业的步伐，促进社会主义新农村建设。各乡（镇）成立了相应的组织机构，制定了切实可行的实施方案，全县建制村和农业企业严格按照科技示范村、示范基地的建设标准要求，落实创建工作。到2008年底，全县共创建科技示范村3个、科技示范基地6个。

2010年底，全县有国家级科普示范协会2个、科普带头人1名；有市级科普示范基地5个、科普带头人1名；有县级科普示范基地9个、科普示范协会12个、农村科技示范户1190户。

2016年，全县基层科普工作得到加强，共建立农村专业技术协会16个（比上年新增2个），其中：种植业5个、养殖业7个、加工业4个，有会员6521人（比上年新增235人）；建立科普服务站11个，举办科普宣传栏15个、科普画廊1个，发展科普义务宣传员20多人。

第二节　科技宣传与培训

科学技术的宣传、培训是推动科学技术普及和应用的关键环节。

1989年，县科委与科协共举办以红枣、果树、快速养猪为主的大型技术培训3次，参训人员200余人。10月，县科委与太原智力开发公司直接挂钩，邀请科技专家到兴县召开了科技信息发布会，为兴县提供了决策信息。

1991年，县科委组织专业技术人员编印了《科技兴农实用技术手册》5万余册、《科技简报》45期、《科技信息》30期，以阵地和流动相结合的形式开展科普宣传活动，共散发各类科技宣传资料6.5万余份。

1992年，县科委组织120余名各行业科技人员，举行了12项实用技术专题培训，全县受训人数达到5.3万人次。

1994年，县科委坚持开展年初集中培训和常年专题培训，提高科技骨干队伍的专业素质。其中，年初组织科技讲师团分6个小组深入到24个乡（镇）培训实用技术，参训人数5000余人，印发资料8000多份；先后举办红枣技术、食用菌技术、仁用杏技术和养猪技术专题培训12期，参训400多人。

1989—1995年，县科委和县科协在城镇古会期间，出动科普车深入城关、高家村、白家沟、杨家坡、肖家洼等乡（镇）进行科普宣传，并共放科技录像210场次（年均30场次），参加人员达14万人次；宣传、播放“科技致富100例”68场次，参加人员8万人次；举办“科普园地”宣传专版84期次；县乡（镇）两级科协组织举办农村实用技术培训，累计培训农民技术员4.24万人。

1996年，县科委和县科协根据实际，对全县24个乡（镇）党委书记、乡（镇）长、农业技术员、联合校长等200余人进行了为期一个月的种植、养殖技术培训，各乡（镇）也结合各自实际开展了种植、养殖、加工实用技术培训，县科委巡回参与了各乡（镇）以村为单位的科技实用技术培训活动，全县累计参训6万人次；县科委在县城主街道举办“科普园地”展览36期，重点宣传了农业科技、实用致富技术、林果栽培管理、家禽家畜防病治病知识和生活日用科学常识等内容；与县广播电视局联合开办了《科教兴农》电视专题节目，每周二、四晚播放30分钟，宣传了科技致富典型经验，播放了实用技术录像。

1998年，由中国科学技术协会扶贫团资助的《农村实用技术专刊》创刊，每月向兴县基层科技人员发放200册，将农村实用新技术传授给科技示范户。全县成立了科普组织领导机构，各乡（镇）配齐科技副乡镇长，村委办起农民技术夜校，农村科普宣传、科技培训走上制度化、经常化的轨道。县、乡（镇）利用各种会议，对参会干部进行指导性培训；乡、村两级干部深入田间、地头直接培训；遇到问题召开现场会，进行单项讲解、专题培训。同年，县科委组织有关人员先后到山西农科院蔬菜所、玉米所，山西农业大学和万荣、太谷等地进行考察学习，考察学习后编印种植、养殖和品种等各类科技信息资料，在全县散发500份，并在县广播电台、电视台开设专栏进行宣传。

1999—2005年，县科委和科协在每年的元宵节、农历三月三日黑峪口古会、农历七月十五日县城古会期间，分别开展大型科普宣传活动。县科协会员利用科普宣传车，广泛宣传党的科技政策、科技知识和农村实用技术，共免费发放科技图书1500余册，散发科技传单3万余份，放映科技知识录像64场（次），销售瓜菜优种200余袋、新农药120余千克，在街头举办《科普园地》宣传专栏12期，举办各类科技培训22期,累计培训2.36万人次。

2008年，兴县综合治理科技示范基地（蔡家崖乡宋家沟流域治理专业队）被吕梁电视台摄制成电视专题片《我为吕梁添绿色》，在吕梁和兴县电视台滚动播出。兴县生态园建设科技示范基地（兴县绿色产品开发有限公司）生产的“蔡家崖”牌小杂粮（主要包括莜面、豆面、小米）、绿壳鸡蛋、土鸡蛋等绿色农产品，通过宣传推荐，参加山西省委老干部局组织举办的“2008山西第二届老年服务用品博览会”。

2010年8月，县科协派人参加了由中国科协组织的西部地区科协主席培训班。通过听专家授课、现场教学、交流座谈、参观考察等方式，开阔了眼界、增长了知识。9月，县科协在全县开展“全国科普日”暨第九届中国科协吕梁市科普活动月活动。其间，山西省左权县核桃协会会长路三珠莅临兴县奥家湾乡举办优质核桃标准化栽培技术培训班，奥家湾乡、恶虎滩乡、蔡家崖乡80余名核桃示范户参加了培训；路三珠还深入奥家湾乡杏树塔村核桃种植基地，给示范户作了现场修剪指导；全县共举办科普报告（讲座）5场次，参与活动的领导干部、科技人员、科普志愿者和群众达5000人次。同年，县科协联合山西省青少年科技活动中心，在蔚汾镇后发达小学举办了以“求知映红笑脸”为主题的英特尔求知计划培训班，该校四五年级学生共30人参加了培训，学会了用鼠标画画、用键盘打字、在电脑上给图画填充不同颜色等技巧。县科技局、科协还与人力资源和社会保障局、农业委员会合作开展职业技能培训、劳动预备制培训、再就业培训、创业培训、农村进城务工人员技能提升培训和各类从业人员在岗培训，全面提升了城镇劳动者的科学素质。

2006—2010年，县科技局和县科协举办科普宣传周5次，举办科技、文化、卫生“三下乡”活动5次，累计受教育5万人次。

2011年，县科技局和科协制作科普展板115板次，发放科普资料和各种实用技术书籍3万余册，放映科普录像30场次，举办科普宣传栏、黑板报125期。各乡（镇）举办各类科技培训班60期1.32万人次，并为农民提供了农作物病虫害防治、畜禽疾病防治、良种栽培技术等科技咨询服务，及时指导了农业生产。

2016年，县科协以“全国科普日”“科技活动周”等活动为平台，举办科普讲座5场次，开展科技咨询6场次，办科普宣传专栏122期次，举办科普展览8场次，印发“日常生活健康小常识”等科普资料1万份，累计受教育人数达3.5万人次；与县食品药品监督管理局组织编印《健康家庭手册》5万册，免费发放全县4万多农户和居民；与县食品药品监督管理局共同举办“食品安全知识竞赛”活动，参与竞赛人数1800人；在全县6个乡（镇）15个村举办“特色精细蔬菜栽培技术”“玉米栽培管理技术”“谷子丰产栽培技术”“梨枣嫁接与栽植管理技术”等实用技术培训32场次，举办专题讲座46期次，张贴科普挂图350张次，印发科普技术资料4套1万份，累计培训农民工、再就业人员、在岗人员1.4万人次；各乡（镇）建立科普服务站11个，举办科普宣传栏、科普画廊15期，发展科普义务宣传员20多人。

第三节　科技推广应用与管理

随着农业科学技术的快速发展，广大人民群众学科学、用科学成为一种新的时代风尚。1989年，兴县成立了农业技术推广站（后改称农业技术推广中心），负责组织全县农业技术培训、试验、示范和推广。1987—1989年，县、乡两级红枣综合丰产技术领导组成立，负责落实政策措施，解决技术问题，为枣农排忧解难。县科委科技交流中心全年为全县各行业生产提供相关服务内容59项，其中包括提供农药0.4吨、猪饲料添加剂1吨，生长素、配套药物7000余件，配套机械20余件，优良品种48种；承担省、地、县三级科技星火项目11个，共完成产值1434.4万元、实现利税398.6万元。其中省级星火计划项目2个（瘦肉型猪草食快速饲养技术推广、瘦肉型猪草食快速育肥技术开发），地级星火计划项目5个（山区废水综合利用、彩色提花浴盆技术开发、瘦肉型猪草食快速饲养技术开发、XYG型气灰煤机焦冶炼技术开发、红枣系列综合丰产技术开发），县级星火项目4个（“一中分”玉米、日本大粒千斤黄豆、台湾双季绿豆、优良西瓜品种等大田农作物的丰产栽培技术开发）。1990年，全县推广脱毒种薯2万亩、地膜覆盖技术2.5万亩、配方施肥4万亩，微肥高粱、玉米拌种5万亩，还推广了果树早生丰产技术、修剪技术及病虫害防治技术，因此，全县在特大旱灾之年，粮油产量1.04亿千克，农林牧副业总产值达1.2亿元，农民温饱得到保障。

1992年，全县承担的19项省地星火项目、攻关项目和县级12个技术推广项目，全县341名科技人员（其中高级4人、中级27人、初级310人）组成了12个承包集团，对全县科技推广项目进行全程技术服务。全县农技推广面积达到71.3万亩，占当年农作物播种总面积80.78万亩的88.3%，其中，推广的地膜覆盖作物3.1万亩，平均增产25%以上；推广10万亩葵花套种大豆，平均增产30%以上；推广的红枣综合丰产技术使全县红枣总产量达到600万千克，比上年增产8%，经济效益提高10%。

1994年，交楼申乡、东会乡、恶虎滩乡通过推广实施地膜覆盖技术，创造了玉米亩产856千克、高粱亩产754千克、山药亩产1784千克的好收成。在无霜期较长的黄河沿岸乡（镇），通过推广科学轮作、套种技术，示范田的经济效益均好于往年。其中，魏家滩镇马蒲滩村开发的200亩晋谷21号“三种三收”模式，突破了亩产过吨大关，总产量达到21.8万千克。引进、推广的辽宁省朝阳市“888”黑木耳新品种、新技术—袋料大田栽培技术，亩产干木耳500千克以上，按每千克回收价40元算，每亩创产值2万元、纯收入1.5万元。

1996年，全县共引进新品种15个，试验、示范新技术5项，重点推广食用菌栽培技术开发，开发品种由过去单一小平菇发展到小平菇、香菇、木耳等多品种。地栽木耳面积三分，收获干木耳125千克，创产值7500元；推广两杂优种10万千克，推广总面积14万亩。其中，高粱4.3万亩，亩产256千克，总产1100万千克；玉米8.7万亩，亩产322千克，总产2800万千克；“晋谷21号”谷子0.8万亩，亩产331千克，总产265万千克。

1998年，县科协制定“考勤考绩制度”“岗位目标责任制”等制度，科技人员责任更加明确。全年科技人员因地制宜，重点推广配方施肥技术、优良品种模式化栽培技术、种子包衣技术、病虫害综合防治技术、旱作农业技术，红枣、核桃、仁用杏、苹果综合丰产技术，黄牛、绒山羊改良技术，食用菌栽培技术，青饲料青储氨化技术、快速养猪和笼养鸡等11项实用农业技术，收到良好效益。

1999年，在中国科协扶贫团指导下，县科协重点实施了高家村镇张家湾村中药材肉苁蓉、甘草示范基地，蔡家崖乡张家圪埚村、城关镇西关村蔬菜示范基地，城关镇后发达村的粮食示范基地，木崖头乡王家畔村和交楼申乡马家梁村优质牧草种植示范基地建设，并从中国农科院遗传所引进太空青椒、太空西红柿、太空黄瓜、碧丰830豆角、一串铃冬瓜、紫甘蓝等蔬菜新品种。经试种，太空青椒，单果重400克，每株结果18~20个，亩产达4000~5000

千克，且色泽鲜艳、皮薄肉嫩，每千克高于市场价2角，畅销全省；太空黄瓜，条长1米，单瓜重500克，亩产5000千克以上，是原栽品种产量的1.8倍；太空西红柿，具有不裂果、果形端正、高抗病、高产等优点；碧丰830豆角、一串铃冬瓜、紫甘蓝等均取得良好经济效益。引进的粮食作物科丰6号大豆、中糯1号玉米、美国地豆、美国红芸豆等优良品种，经试验种植，产量均优于本地品种。

21世纪初，兴县科委、科协主要引进“晋谷21号”“晋谷29号”谷子、“晋蓖麻3号”蓖麻、“中单2号”、“农大108”、“晋单35号”、玉米、“晋杂18号”高粱、“三道眉”、“星火大白”葵花、“晋龙一号”核桃和梨枣、骏枣、壶瓶枣、赞皇大枣、金丝小枣、波尔山羊、小尾寒羊、绿壳蛋鸡等农、林、牧新品种，重点推广节水灌溉技术、现代化集约化种养技术、测土配方施肥、西瓜嫁接、粮菜套种、林粮间作、旱作农业、香茹栽培、果树无公害生产、红枣综合丰产、枣树高接换优、抗旱造林、秸杆青贮氨化、黄牛改良、绒山羊改良等农、林、牧新技术。其中，2000年，全县完成科技项目18个，获经济效益1300万元；建立科技示范基地5个，重点推广地膜覆盖、红枣综合丰产、中药材种植等20余项农业实用技术，对促进各业的发展发挥了重要作用。

2001—2005年，县科委（科技局）、科协在瓦塘镇、高家村镇沿黄红枣主产区主要开展“红枣丰产技术”传授；在蔡家崖乡、蔚汾镇蔬菜种植区主要开展“蔬菜丰产技术”辅导，共接受群众科技咨询1800人次；引进、推广农作物、林果业、养殖业方面的新、优、特品种50余个，优种覆盖率达到80%以上；联合县教育体育局、卫生局、文化局、畜牧服务中心等部门开展科技“三下乡”“科技咨询周”“科普日”活动，共展出科技成就图片展板150余块，发放科技图书资料1.8万余册（份），接待科技咨询8000余人次。

2006—2010年，县科协创新科普工作机制，形成政府领导和科协牵头、全社会参与、市场推动的科普工作新格局。对10个主导品种、15项农业科技进行大规模推广应用，辐射100个示范村，带动农户2万余户。

2009年5月，国家知识产权局正式发文授予兴县干部尹军良发明的“十美书法格”外观设计专利权。之后，全县部分中小学推广应用“十美书法格”，取得显著成效。2011年，兴县十美书法示范校学生举行书法等级考试，全县5所示范校（实验小学、第二实验小学、东关小学、城镇中学、东关中学）的159名学生参加书画等级考试，合格人数为153人，合格率达96%。兴县获山西省县级书画教育成果第一名荣誉称号。

第四节　科研成果与科技发明

1989—2016年，兴县获奖的科研成果与科技发明共53项。其中1993年4月，山西省科学技术委员会授予兴县国土规划办公室康荣惠、刘继珍、裴惠兵、刘仪昌、苏高文“山西省兴县国土综合开发整治规划软科学二等奖”。获科技发明52项，其中国家级2项（2009年5月，国家知识产权局正式发文授予尹军良“十美书法格”外观设计专利权；2011年5月，国家知识产权局正式授予蔡家崖乡水江头村农民高升荣斗门水车实用新型专利权）。

2011年，县科技局、科协组织企业申报省级科技项目2个、市级科技项目11个，项目申报数量和质量均较往年有较大的突破。

2014年，县科技局、科协邀请山西省和吕梁市知识产权专家到兴县举办知识产权专题讲座，深入企业进行业务培训和现场指导，增强了广大干部群众的知识产权意识。该年全县共申报117件专利，县科协对企业和个人申请专利的费用予以全额资助，并根据专利申请的种类和数量给予奖励。

兴县民间科技发明成果汇总

表27-2-4-1

申请日	申请号	专利类型	专利名称	发明人
2013.4.25	201310147321.X	发明	一种公交位置指示及查询系统	贺伟择 雷照亮
2013.12.6	201310649437.3	发明	安全输液器	李明全
2013.12.9	201310653173.9	发明	自动面皮机	李明全
2013.12.10	201310663209.1	发明	一种废板回收装置	李明全
2013.12.10	201310663661.8	发明	一种板材加工流水线	李明全
2013.4.25	201320215360.4	实用新型	一种公交位置显示及查询系统	贺伟择 雷照亮

续表27-2-4-1

申请日	申请号	专利类型	专利名称	发明人
2013.12.5	201320790648.4	实用新型	水轮机	高生云
2013.12.6	201320794813.3	实用新型	安全输液器	李明全
2013.12.9	201320797512.6	实用新型	自动面皮机	
2013.12.10	201320806257.7	实用新型	一种废板回收装置	
	201320805837.4	实用新型	一种板材加工流水线	
2013.12.5	201330600647.4	外观设计	十全字帖（一）至（二十）	尹军良
	201330600646.X			
	201330600663.3			
	201330600648.9			
	201330600932.6			
	201330600660.X			
	201330600851.6			
	201330600659.7			
	201330600921.8			
	201330600936.4			
	201330600781.4			
	201330600780.X			
	201330600787.1			
	201330600802.2			
	201330600767.4			
	201330600766.x			
	201330600768.9			
	201330600769.3			
	201330600770.6			
	201330600771.0			
2014.12.23	201410807305.3 201420822316.4		一种枸杞采摘头	赵金鱼
	2014807357.0 201420822778.6		一种花椒采摘机	
	201420822658.6		一种广告清理器	
2014.12.22	201430544976.6	外观设计	字帖（1）至（14）	尹军良
	201430544977.0			
	201430545077.8			

续表27-2-4-1

申请日	申请号	专利类型	专利名称	发明人
2014.12.22	201430545046.2	外观设计	字帖（1）至（14）	尹军良
	201430545032.0			
	201430545102.2			
	201430545098.X			
	201430545097.5			
	201430545037.3			
	201430545053.2			
	201430545052.8			
	201430545036.9			
2012.4.20	2012101177423	发明	板材卸料装置	李明全
	2012101177141	发明	同步破碎石材切割废料方法	
	2012101177315	发明	板状物料落料装置	
2013.12.6	2013106494373	发明	安全输液器	李明全
2014.8.23	2014104171790	发明	无源型皮带清扫水煤分离器	李磊
2014.12.16	2014107816025	发明	多功能液体空泡分子膜气体滤清装置	吕梁市建鑫汽车贸易有限公司

附：兴县人参加县外科研成果选介

范志应，男，兴县人，大学本科毕业，中共党员，高级工程师。1982年8月，南京理工大学毕业后到国营三〇四厂从事科研工作，先后担任国营第三〇四厂第一研究所副所长、所长，第三〇四厂副总工程师、董事会董事。在国家某重点装备研制中曾任设计师、副总设计师、总设计师。后任山西北方惠丰博士后工作站企业导师，中北大学硕士研究生导师，南京理工大学兼职教授，任全国毫米波亚毫米波专业委员会副主任委员。至2016年累计获国家发明三等奖2项，国防科学技术进步一、二、三等奖11项，获得已授权实用新型专利等21项。

高利珍，男，兴县木崖头乡青草沟村（现属魏家滩镇）人。1982年9月至1986年7月，高利珍在山西大学化学系物理化学专业学习。1986年8月至1992年7月，他在中国科学院长春应用化学研究所多相催化专业攻读硕士、博士。其间，他撰写的论文《钙钛矿型复合氧化物的结构与催化性能》获全国化学类研究生优秀论文奖。他所研制的稀土非贵金属氨氧化制硝酸催化剂在陕西省兴平化肥厂通过中试，为硝酸的工业化生产取代贵金属铂网开辟了路径，被中科院遴选参加第六届全国发明展览会。1992年7月至1994年8月，高利珍在太原工业大学材料工程学院，先后担任讲师、副教授、《太原工业大学学报》副主编。1994年9月至1997年3月，他在厦门大学化学化工学院固体表面物理化学国家重点实验室任博士后（副教授），导师为蔡启瑞院士（著名化学家、中国催化学科奠基人）和万惠霖院士。

1997年3月至2014年12月，他先后任中国科学院成都有机化学研究所研究员、博士生导师、研究所学术委员会副主任、四川大学兼职教授、中国（绵阳）科技城工业技术研究院院长、（绵阳）科技城新能源与环保领域首席科学家等职。其间，他还兼任香港浸会大学（化学系）、日本筑波大学（物质工学系）、瑞士联邦理工学院（化学系）、新加坡国立大学（化工系）、西澳大利亚大学工学院客座教授、教授、高级研究员等职务。主要领导或参与催化化学与工艺、能源化学、纳米材料、生物医学材料，天然气、煤层气和生物材料催化转化等多项研究，与他人合作发表学术论文百多篇，与他人研究发明的“一种石墨化程度高的纳米碳材料制备法”“一种乙炔选择性加氢催化剂”“乙烷部分氧化直接制乙烯氢甲酰化原料气用催化剂及工艺”“一种制备纳米管的方法”“一种IMC氮化硅陶瓷基复合刹车片的制作方法”等项获中国发明专利。

高利珍领导（参与）的部分科研项目简表

表27-2-4-2

时　间	科研项目名称	本人承担职务	备　注
1995—1997	分子筛膜的界面合成及催化/分离一体化研究	第一负责人	国家博士后基金项目
1997—2000	天然气氧气部分氧化制合成气的放大实验	第二负责人	中国科学院攻关项目
1998—2000	锂离子二次电池正极材料LiMn204的	第二负责人	四川省科委项目
1998—2001	La2NiO4/分子筛膜的合成及其对CH4/CO2制合成气反应催化-分离一体化效果	第二负责人	香港政府基金（RGC）项目

续表27-2-4-2

时　间	科研项目名称	本人承担职务	备　注
1999—2001	碳纳米管的催化制备	第一负责人	中国科学院院长特别基金项目
	天然气优化利用的催化基础	第二负责人	国家重点基础研究（973）子课题
2000—2001	多壁碳纳米管的储氢研究	第二负责人	美国通用汽车公司项目
	锂离子二次电池正极材料LiMn2O4的千克级生产	第二负责人	日本大阪煤气公司项目
2000—2002	纳米管的修饰和储氢	第二负责人	日本丰田汽车公司项目
2000—2003	碳纳米管在锂离子二次电池电极材料及吸波材料中的应用	第一负责人	中国科学院知识创新项目
2001—2003	多壁碳纳米管的批量生产及其应用	第二负责人	中国科学院纳米技术专项项目

高利珍与他人合作发表的部分学术论文简表

表27-2-4-3

论文题目	刊载论文杂志名称	刊发年份及期号	合作人
《“主-客体化学”“超分子化学”与“多相催化”》	《化学教育》	1990年第1期	
《催化与环境保护》	《大自然探索》	1995年第2期	张伟德（厦门大学化学系副教授）、万惠霖（厦门大学化学系教授）、蔡启瑞（中科院院士、厦门大学化学系教授）
《治理空气污染所涉及的几个化学反应及二次能源的利用》	《环境工程》	1995年2月第1期	李庆生、梁翼红、康喜唐（均为太原工业大学材料工程学院）
《高活性Cu-Zn-Al甲醇合成催化剂的研究》	《天然气化工》	1997年第2期	李基涛、古萍英（厦门大学化学系物理化学研究所）
《膜反应器——化学化工材料科学发展中的机遇》	《科技导报》	1997年第3期	李基涛（厦门大学化学系物理化学研究所副教授）、万惠霖（厦门大学化学系教授）、蔡启瑞（厦门大学化学系教授、中科院院士）
《铜基甲醇合成催化剂Mn助催作用研究》	《科学通报》	1997年第6期	李基涛、张伟德等（厦门大学化学系物理化学研究所）
《乙烷脱氢制乙烯研究动向》	《石油与天然气化工》	1999年第3期	梁奇、李庆、于作龙（均为中国科学院成都有机化学所）
《关于锂离子二次电池正极材料LiMn2O4高温容量衰减研究》	《功能材料》增刊	2001年第10期	陈召勇、江奇、刘兴泉、于作龙（均为中国科学院成都有机化学研究所功能材料开发中心）
《碳纳米管的生产及其应用》	《科技导报》	2001年第6期	李贺、梁奇、陈召勇、于作龙（均为中国科学院成都有机化学研究所）
《高聚物/碳纳米管复合材料研究进展》	《合成化学》	2002年第3期	李贺、刘白玲、瞿美臻、于作龙（均为中国科学院成都有机化学研究所）

续表27-2-4-3

论文题目	刊载论文杂志名称	刊发年份及期号	合作人
《铝二次电池离子液体电解液添加剂研究》	《能源与节能》	2011年第2期	太原理工大学环境科学与工程学院：岳竞慧、岳秀萍；无锡欧力达新能源电力科技有限公司：赵宇光
《有机、无机及纳米复合荧光材料的研究进展》	《化学研究与应用》	2015年第6期	王美璐、李育珍、黄志慧（均为太原理工大学环境科学与工程学院）
《无机、有机及复合吸附材料处理有机污染的研究》	《化学研究与应用》	2016年第6期	黄志慧、李育珍、张宁、石建宽（均为太原理工大学环境科学与工程学院）

任贵兵，男，兴县高家村镇黑峪口村人，生于1972年1月。博士，中共党员，师职大校。曾任武警后勤学院、天津中医药大学硕士研究生导师。2016年在天津武警特色医学中心肿瘤科工作，任科主任、副主任医师兼副教授。2003年至2016年，他结合自己临床治疗肿瘤的实践与经验，与他人研究并发表医学论著数十篇，其中4篇获得武警部队科委和武警部队后勤部颁发的奖励。

任贵兵以第一作者发表的部分医学论著简表

表27-2-4-4

论著题目	刊载论著杂志名称、刊载时间及期号	其他合作人	获奖情况
《D-山梨醇清楚率法推测肝储备功能的临床应用研究》	《武警医学》2003年3月第3期	黎一鸣、杨文彬	
《注射疗法加肛门环缩术治疗直肠脱垂31例》	《中国肛肠病杂》2004年1月		
《步长胆石利通片治疗腹腔镜胆囊切除术后综合征的研究》	《腹腔镜外科杂》2004年12月第4期	黄汉涛、沈章义等	
《联合利用D-山梨醇清除率和超声多普勒评估肝储备功能初探》	《武警医学》2004年8月第8期	黎一鸣、冯小洲等	2005年9月获武警部队后勤部三等奖
《腹腔镜切除内脏全部反位型左位胆囊2例》	《腹腔镜外科杂》2004年6月第2期	黄汉涛、钱崇宽等	
《人工肛门袋改进探讨》	《中国肛肠病杂》2005年8月第8期	黄汉涛、钱崇宽等	
《非手术治疗脾脏损伤64例分析》	《武警医学院学报》2005年第5期	黄汉涛、沈章义等	
《胆总管探查术后T型管夹管探讨》	《中华现代外科学杂》2005年10月第19期	黄汉涛、钱崇宽等	2006年9月获武警部队后勤部三等奖
《缓释氟尿嘧啶局部化疗在腹腔镜意外胆囊癌中的应用》	《中华微创外科杂志》2005年第11期	黄汉涛、王志刚等	

续表27-2-4-4

论著题目	刊载论著杂志名称、刊载时间及期号	其他合作人	获奖情况
《腹腔镜胆囊切除术后腹腔引流管观察要点探讨》	《中华常见病临床研究》2005年12月第4期	白小东	
《普生克林霉素治疗皮肤软组织感染临床疗效观察》	《中华临床医药月刊》2006年7月第42期	黄汉涛、钱崇宽等	
《鼻胆管引流治疗T管拔除后胆漏8例》	《武警医学》2006年7月第7期	黄汉涛、钱崇宽等	2007年9月获武警部队后勤部三等奖
《高频电容场治疗仪经肛门电凝摘除直肠息肉35例》	《中国肛肠病杂》2007年2月第2期	钱崇宽、罗先文	
《粘停宁膜片预防阑尾切除术后粘连性肠梗阻》	《现代中西医结合杂志》2007年11月第31期	黄汉涛、赵端仪等	
《经腹腔镜胆囊切除术后放置粘停宁膜片预防粘连性肠梗阻探讨》	《中国自然医学杂志》2008年6月第3期	钱崇宽、赵端仪等	
《D—山梨醇清除率法补充吲哚氰绿潴留率和Child-Pugh分级评估肝储备功能》	《中国普外基础与临床杂志》2008年4月第4期	钱崇宽、赵端仪、罗先文	2009年3月获中国人民武警部队科学技术委员会三等奖
《15例造口旁疝无张力修补术总结》	《中华疝和腹壁外科杂志》（电子版）2008年11月第3期	钱崇宽、罗先文等	
《冠状动脉搭桥术后行腹腔镜胆总管切开取石T管引流术围手术期处理3例总结》	《中国医师进修杂志》2008年7月第7期（外科）	黄汉涛、王志刚等	
《腹腔镜胆总管切开取石T管引流术围手术期血液动力学变化》	《腹腔镜外科杂》2009年1月第1期	黄汉涛、王志刚、钱崇宽、赵端仪、袁建国、鲍升学、黄云峰	
《腹腔镜胆总管切开取石T管引流术围手术期呼吸力学参数变化观察》	《临床外科杂志》2009年1月第1期	赵端仪、钱崇宽等	
《糖尿病患者胃癌根治术后不同营养制剂与血糖及并发症的关系》	《中国普外基础与临床杂志》2010年4月第4期	王继亮、王国斌等	
《乙状结肠单腔造口术后蘑菇头引流管在人工肛门的应用》	《医疗卫生装备》2012年第4期	石娜、毛中鹏	
《永久性结肠造口术后人工肛门袋改进探讨》	《中华疝和腹壁外科杂志》（电子版）2012年5月第2期	毛中鹏、石娜	
《经T管窦道生物蛋白胶植入协助治疗拔T管后胆漏》	《肝胆胰外科杂志》（双月）2013年1月第1期	毛中鹏、吴凤云等	
《XNG-ZE肛肠多功能治疗仪门诊微创治疗直肠息肉应用》	《生物医学工程与临床》2013年1月第1期	毛中鹏、马熙	
《生物蛋白胶经T管窦道植入治疗T管拔除后胆汁渗漏的临床应用》	《华南国防医学杂志》2013年3月第3期	毛中鹏、吴凤云、张瑞奎、马熙	
《经腹腔镜直肠癌根治手术联合肝转移灶射频消融微创治疗疗效探讨》	《结直肠肛门外》2015年8月	毛中鹏、张瑞奎等	
《洛铂联合香菇多糖序贯性胸腔灌注治疗难治性恶性胸腔积液》	《肿瘤基础与临》2016年6月第3期	王磊、张府桓、孟小茹	

续表27-2-4-4

论著题目	刊载论著杂志名称、刊载时间及期号	其他合作人	获奖情况
《个性化营养指导在胃癌伴糖尿病术后的应用效果观察》	《人民军医》2016年第7期	毛中鹏、王磊、张府桓、孟小茹	
《喜树碱负载外泌体抗结肠癌作用》	《中华实用诊断与治疗杂志》2016年3月第3期	毛中鹏、王磊等	

第五节　防震减灾

1998年7月，兴县科委地震办公室成立，是科委下属的全额拨款股级事业单位。地震办公室核定编制5人，实有3人，兴县科学技术委员会主任同时兼任兴县科委地震办公室主任。

2005年，县科技局制定《兴县科技局地震办关于做好建设工程地震安全性评价和抗震设防要求管理的工作安排》、县人民政府办公室印发《关于加强建设工程地震安全性评价和抗震设防要求管理的规定》；对某学校因擅自确定抗震设防要求处以5000元罚款，这是地震办成立以来第一次对违反地震法规的建设单位作出的行政处罚。同时，对建设单位地税局、财政局新建办公楼、住宅楼建设工程项目的申请发文批复，标志着地震办的工作逐步走上程序化、规范化的道路。

2006年，县人民政府办公室印发关于开展防震减灾行政执法检查的通知，组织人员对全县范围内各类建设工程开展抗震设防要求专项大检查。至年底，共检查各类建设工程50余处，收缴罚款13万余元。

2007年，兴县科技局地震办公室对拒不履行地震行政处罚决定的某加油站移送县法院强制执行；编制《兴县地震应急预案》，以县人民政府文件印发实施。

2008年6月，兴县科技局地震办公室开展防震减灾“三网一员”建设工作，全县17个乡（镇）均确定1名防震减灾助理员和2个地震宏观信息点，每个建制村（包括居委会）均确定1名地震灾情速报员；开展防震减灾科普示范学校和农村民居地震安全工程示范点创建工作，确定东关中学为防震减灾科普示范学校，确定恶虎滩乡移民新村为农村民居地震安全工程示范点。同年11月，县科技局地震办协助山西省地震局地震工程勘察研究院为兴县瓦塘镇石门庄村的山西美锦公司甲醇化工厂进行场地地震安全性评价和实地勘察工作。

2010年，县技局地震办公室编制《兴县地震应急预案》，以县政府文件印发全县。2011年5月12日，县科技局地震办公室与县民政局共同举办大型防震减灾宣传活动，在县城主要街道悬挂宣传横幅标语3条，在县政府大门西侧设置2块宣传展板，同时设立宣传咨询点，现场接受群众咨询200余人次，为群众发放防震减灾宣传资料1万余份、地震防震科普书籍3000余册。

2014年，县地震办修订的《兴县地震应急预案》以县政府办公室文件印发各乡（镇）和各有关单位，地震办严格按照防震减灾法律法规的要求，认真审核各类新建、改建、扩建工程的抗震设防要求，全县新建、改建、扩建建设工程抗震设防要求审批率达到了100%。

2016年，县地震办利用大型广告媒体和电视开展防震减灾宣传教育活动，并于“5·12”和“7·28”在县老干局楼门前设立地震防震宣传咨询点，发放地震办编印的《农村如何建房才能防震》小册子6000余份、《地震科普知识宣传手册》4000余册，现场接受群众咨询近600人次；全县17个乡（镇）都明确1名防震减灾助理员和2名地震宏观信息员，每个建制村都确定1名地震灾情速报员；县财政局为科技局地震办购置地震应急用车1辆和无线短波电台1部，进一步加强了地震应急基础设施建设。

第三章 体 育

第一节　机 构

兴县体育运动委员会

兴县体育运动委员会（简称县体委），属正科级建制的行政事业单位，负责组织实施全县体育工作。1998年，实有行政事业人员10人，设主任1人、副主任1人。内设机构有办公室、财务室、群众组、竞赛组、场地管理组。至2002年末，县体育委员会共有干部职工6人，其中主任1人、副主任2人。

兴县教育体育局

2002年，机构改革中，县体委并入教育局，改称“兴县教育体育局”，责成一名副局长分管体育工作。

2016年，体育从教育分离出来，并入县文化局。

第二节　体育竞技比赛

1989年，县体委共组织举办4项体育竞技比赛活动，其中，元宵节期间，组织全县30名离退休老干部和棋牌爱好者举行了象棋、扑克比赛；“五一”期间，举办了为期8天的全县职工篮球比赛，机关、学校、驻兴部队、工商企业46个单位21支代表队（294名队员）参加了比赛活动；7月，由县级领导及7名科级领导干部组成兴县干部篮球代表队，赴离石参加全区干部篮球比赛，兴县干部篮球代表队获集体第二名；10月，组织举办全县八大口篮球比赛，县财委口获得比赛冠军。

1990年，县体委组织举办4项体育活动，其中4月，组织兴县青少年体育代表队，赴离石参加全区青少年田径运动会，兴县青少年体育代表队获得男子百米及铅球投掷项目2个冠军，男、女铅球投掷项目2个亚军，男子1500米4项目个并列第三名；“五一”期间，举办全县职工篮球比赛，共10个代表队参加比赛，经过6天29场分赛，县国营水泥厂代表队荣获冠军，物价局代表队获精神文明奖；7月，协助县商业局举办商业系统职工篮球友谊比赛；9月，组织全县3000余人在晋绥边区革命纪念馆举办“亚运之光”火炬接力传递活动。

1991年，县体委组织举办（包括参加）5次体育竞技比赛，其中4月，协助商业系统举办一次体育运动会，全系统7个单位代表队、500名职工参加了乒乓球、篮球、象棋和拔河等项目的比赛；“五一”期间，举办全县职工篮球比赛，12支代表队、140名队员参加比赛，华兴铁合金厂代表队获冠军；9月，选拔兴县2名残疾人选手赴太原参加山西省残疾人运动会，其中魏新凤获得女子1500米项目亚军；国庆节期间，举办全县篮球友谊比赛，县公安局、国营水泥厂、商业局和服务公司4个代表队参加了比赛；10月上旬，组织兴县代表队赴离石参加全区“石油杯”篮球邀请赛，兴县代表队获得第三名。

1993年8月，由吕梁行署体委主办，兴县体委承办的吕梁山第二届职工篮球赛在兴县开幕。参赛代表队共6支，分别为文水县东庄企业集团总公司代表队、吕梁地区工商局代表队、柳林县煤运车队代表队、柳林县工商局代表队、汾阳县代表队、兴县代表队，参加比赛的领队、教练、运动员共71人。

1999年5月4日，县体委组织城区各中学校青年教师和机关篮球爱好者在兴县中学体育场举办了篮球比赛。

2004年7月，兴县县委常委刘五娥率兴县健身秧歌队12人（中年队），参加山西省首届全民健身秧歌比赛，获得“中年组”第一名。

2005年，县教育体育局共组织参加吕梁市体育竞技比赛6次，其中组织兴县健身秧歌队参加吕梁市“金谷杯”健身秧歌比赛活动，获第三名；组织青少年篮球队参加吕梁市首届运动会，获篮球比赛第五名；组织县工商局篮球队参加吕梁市“工商杯”篮球比赛，获团体第六名；组织县财政局篮球队参加吕梁市篮球比赛，获团体第一名的优异成绩；组织全县20多名运动员参加吕梁市运动会，取得较好成绩，扭转了多年倒数第一的局面；组织兴县青少年参加吕梁市青少年田径运动会，裴旭东、刘瑞儿、白旭芳（女）3名运动员获“道德风尚奖”，王利军、贾全亮分别获“优秀教练员”奖和“优秀裁判员”奖。

同年10月20日，县教育体育局组织举办“庆国庆”职工篮球比赛，兴县中学教工和学生篮球队参加了比赛。

2006年4月下旬，宣传部组织举办全县科级干部乒乓球比赛，100多名干部组成的25支代表队参加了比赛。

2008年，县教育体育局共组织举办和参加了10次体育竞技比赛：其中1月，组织了教育系统师生拔河比赛；4月，组织全县乒乓球代表队赴临县参加了邀请赛；与团县委共同举办了全县羽毛球比赛；组织兴县乒乓球代表队赴离石参加了吕梁市“中钢杯”乒乓球比赛；6月，组织兴县3名象棋爱好者赴柳林县参加了象棋比赛；8月，组织兴县体育代表团参加了吕梁市第二届运动会；10月，组织举办兴县“庆国庆”篮球邀请比赛，邀请太原、离石、临县等地的134名队员参加了比赛；12月，组织举办了全县“迎新年职工乒乓球比赛”；举办了“健身生活杯”兴县乒乓球比赛；举办了兴县青年交谊舞比赛活动。

2009年9月，教育体育局在兴县李家湾村贺龙篮球场举行第一届“晋绥杯”篮球邀请赛，来自山西省、陕西省4市（吕梁市、忻州市、榆林市、鄂尔多斯市）的8支篮球代表队及县市裁判员140余人参加了这次邀请赛。

2010年5月，教育体育局与县总工会举办了秦、晋、蒙、宁“煤销杯”职工乒乓球邀请赛，4省26支乒乓球代表队在兴县参加了比赛。

2011年5月，教育体育局在兴县首次举办为期3天的全市中青年门球大赛，来自吕梁市的18个代表队260余名队员参加了门球比赛。

2012年5月，教育体育局在兴县组织举办了吕梁市第四届“锦兴杯”乒乓球邀请赛，全市13县和市直机关、汾酒集团等18支代表队142名选手参加了比赛，兴县代表队获得男子团体第二名。

2016年4月，教育体育局会同县总工会组织举办了全县职工象棋比赛，32支基层工会代表队、78名队员参加了比赛。晋绥酒业工会荣获集体一等奖，金龙工贸有限公司工会和康宁镇工会分别获集体二等奖。

第三节　群众性体育健身活动

2008年初，启动兴县全民健身周活动，成立领导组，召开近千人参加的启动仪式，在全县掀起群众性健身热潮。组织1000余人参加“迎奥运”登高健身活动；各学校开展“学生阳光体育健身运动”和多种形式的体育健身活动20余次。

县城体育场（大操场）是城区群众性健身活动的主要场所，每天从清晨到夜晚，都有众多居民坚持进行健身活动，形成一道独特的风景。

为鼓励城区及周边群众开展健身活动，县人民政府在新城区新建全民健身活动中心，有篮球场、足球场3个，室内、室外健身活动面积1万平方米；在蔚汾镇后发达村，奥家湾乡车家庄村、二十里铺村，恶虎滩乡沟门前村，康宁镇花子村和任家塔等村新建文化体育广场125处。

2012年，全县农村新增健身场所28处，累计达到153处。

至2013年末，全县375个建制村均建立群众健身广场。县政府投入200余万元，为农村健身广场配套购置、安装了健身器材。

2014年，全县新建8个乡（镇）和5个社区居民健身广场，配套安装健身设施，为群众体育健身活动的蓬勃开展提供便利。

附：兴县籍体坛人物选介

兴县蔚汾镇东关村人王海珍，男，1973年生，从小热爱篮球运动，初中毕业后赴省城太原打工，经过多年艰辛打拼，于2011年11月组建了山西兴瑞女篮——中国女子篮球联赛的一支劲旅。山西兴瑞女篮成立后，在2012年全国女篮乙级联赛中以全胜战绩冲甲成功，之后再接再厉，取得WCBA2012—2013、2013—2014年、2014—2015年三连冠赛季总冠军的优异成绩。

第二十八编

医疗 卫生

1989—2016年，兴县医疗卫生事业持续健康发展。

医疗卫生基础设施条件进一步改善。至2016年，全县共有各级各类医疗卫生机构和监督管理机构402个，其中政府举办医疗卫生机构24个、民营医院2个；医疗机构共有床位459张，其中政府举办的医疗机构床位419张；启动县人民医院迁建工程，为县医院和基层卫生院添置了螺旋CT、彩超等大型医疗设备。

医疗队伍不断壮大。2016年，全县共有专业医疗卫生人员734人（其中县级医疗卫生机构350人，乡镇中心医院、卫生院人员384人），其中执业医师318人、执业助理医师53人、注册护士208人、其他155人。多年来医疗卫生部门积极实施人才优先、科教兴医和健康扶贫战略，大力培训在职人员，努力提升医疗卫生水平；北京医科大学胸科医院、北京医科大学人民医院、山西省人民医院、吕梁市人民医院、汾阳医院先后在兴县开展送医下乡活动，有力推进了“健康兴县”建设。

医疗市场秩序逐步规范，食品药品安全得到切实保障。卫生防疫工作（特别是儿童计划免疫工作）、传染病防控工作和妇幼保健工作扎实推进，提升了全县人民健康水平。

城乡环境卫生综合整治取得显著成效，环境面貌不断优化，2011年全县获得“省级卫生县城”荣誉称号。

第一章　管理机构

第一节　县属管理机构

卫生局

1989年，兴县卫生局为正科级建制的行政单位。1993年4月，经县编委办公室发文成立地方病防治办公室，为副科级建制的事业单位，由卫生局副局长兼任地方病防治办公室主任，与卫生局合署办公。

1996年5月，经县编委办公室发文，成立兴县红十字会，为正科级建制的全额事业单位，红十字会会长由分管卫生的副县长担任，与卫生局合署办公。至1998年8月，县卫生局实有行政事业人员17人，设局长1人、副局长3人。内设机构有办公室、财务股、医政股、防护股、药政股、药品检验所、卫生进修校7个股级机构。下属单位有县人民医院、县中医院、县防疫站、县妇幼站、城镇卫生院、24个乡（镇）卫生院。

1989—2004年12月，兴县卫生局（包括人口和计划生育局）承担对全县食品、餐饮业的监督管理职能。

计划生育委员会

1989年，兴县计划生育委员会（简称县计生委），为正科级建制的行政事业单位。1995年始，县计生委有办公用房7间180平方米；主要设备有电脑2套、汽车2辆和录像机、摄像机、录音机、照相机等宣传设备，固定资产约30万元。1998年8月，县计生委实有行政人员15人、事业人员46人；设主任1人、副主任2人。内设机构有办公室、服务站、统计股、财务股、机关计划生育办公室、流动人口计划生育管理办公室、宣传股、技术股、药具站、法规股、计生三结合办公室、审计股等。下属机构有24个乡（镇）股级计划生育办公室和计划生育服务站。至2000年底，县计生委设主任1人、副主任2人、纪检组长1人、工会主席1人，人员增至63人（其中正式32人、临时工2人、合同制24人、聘用制5人）；内设办公室、统计股、宣教股、财务股、审计股、计生协会(三结合办)、流动人口计划生育管理办公室、机关计划生育办公室、信访法规股、技术股，办公室设正、副主任各1人，各股设股长1人。计生委办公用房增至20间600平方米，固定资产增至110万元。

2004年5月，县计生委名称变更为“兴县人口和计划生育局”。内设办公室、计财股、宣教法规股、县直机关计划生育办公室、流动人口计划生育管理办公室。

食品药品监督管理局

2010年1月，机构改革中，吕梁市食品药品监督管理局兴县分局由垂直管理变为属地管理，并入兴县卫生局，实行一个机构，两块牌子。在卫生局的组织、指导下开展工作。原来药监局人员并入卫生局。

2011年7月，兴县食品药品监督管理工作从卫生局分离出来，变为单设机构，名为兴县食品药品监督管理局，除原有职能外，增加餐饮、保健食品、化妆品监管职能。内设办公室、食品综合股、药品股，加挂食品安全委员会办公室牌子，人员编制9人，实有人员21人（其中局长1人、公务员4人、临时工2人、工勤人员1人。另包括划到卫生局的卫生监督所5人、教育系统借调的3人、担任大学生村官的5人）。2012年底，兴县食品药品监督管理局办公楼改迁至蔚汾大厦九楼，面积400平方米。

2014年4月，兴县食品药品监督管理局职能调整，县食品药品监督管理负责全县食品生产加工、流通、消费和保健食品、化妆品、药品、医疗器械监管职能，负责全县食品综合协调和查处重大食品安全事故职能。内设办公室（加挂行政审批科）、食品综合股、药品综合股、保健食品化妆品股。下属事业单位有药品不良反应监测中心（股级事业单位）、食品药品稽查大队（副科建制）、县综合检验检测中心（政府直属事业单位）和9个基层食品药品监督管理站（为食品药品监督管理局派出机构，同时加挂县食品安全委员会办公室牌子）。该年，县食品药品监督管理局核定行政编制12名、事业编制105名，工勤人员1名；实有人员87名，其中行政人员6名、基层站配置人员56人、稽查队13人、药品不良反应监测中心3人、食品综合检验检测中心8人、工勤人员1人。同年配置375个建制村食品药品协管员。2015年，县食品药品监督管理局在办公楼周围扩修加盖彩钢房，办公面积增加为800多平方米。

爱国卫生运动委员会

1989年，兴县爱国卫生运动委员会（简称县爱卫会），为正科级建制的事业单位。至1998年8月，爱卫会实有事业人员5人，设主任1人、副主任1人。

在政府机构改革中，爱卫会几经分合。其中，2002年，爱卫会被划分为卫生局下设的股室单位；2011年，兴县爱国卫生运动委员会成立，爱国卫生运动委员会办公室（简称爱卫办）为其常设机构，副科级建制的事业单位，归口兴县卫生局管理。2016年，核定爱卫办全额事业编制3人，实有4人，其中副科（主任）1人。

卫生监督所

兴县卫生监督所成立于2008年4月，核编职工22人，承担全县的食品、生活饮用水、公共场所、职业、放射、学校等卫生以及传染病防治、医疗服务市场监督执法任务。2011年6月，卫生监督所承担的食品安全监督任务及5名食品卫生监督员调整到兴县食品药品监督管理局，至2016年未变。

卫生和计划生育局

2015年12月，兴县卫生局与兴县人口和计划生育局合并，组成“兴县卫生和计划生育局”（简称“兴县卫计局”），为兴县人民政府行政职能局，承担全县卫生（包括城镇职工和农村合作医疗保险）及人口、计划生育服务等职责。

至2016年，县卫生和计划生育局核定行政编制20人，实有28人，设正科（局长）1人、副科5人（副局长4人，纪检组长1人）；下辖各级各类医疗卫生计生机构和监督管理机构402个，其中政府举办医疗卫生机构24个（兴县人民医院、兴县中医院、兴县疾控中心、兴县妇幼保健站、兴县卫生监督所、兴县食品药品监督管理局、农村合作医疗管理中心、17个乡镇卫生院）、民营医院2个、村卫生室375个。县卫计局内设综合办公室、医政监督法规股、公共卫生股、宣教法规股、县直机关计划生育办公室、流动人口计划生育办公室、行政审批股等机构。

2016年，县人民政府印发《兴县突发公共卫生事件应急预案》和《兴县突发公共卫生事件医疗救援应急预案》，成立兴县卫生应急领导小组和公共卫生应急队伍，为应对突发公共卫生事件提供了保障。

第二节　吕梁地区（市）派驻机构

吕梁地区药品监督管理局兴县分局

2002年4月，吕梁地区药品监督管理局兴县分局组建成立，为吕梁地区药品监督管理局派出驻兴县机构，负责对本区域药品与医疗器械的研制、生产、流通和使用进行行政监督和技术监督。

吕梁市食药品监督管理局兴县分局

2005年初，吕梁市食品药品监督管理局兴县分局（简称吕梁食药监兴县分局）成立，属吕梁市食品药品监督管理局派出驻兴县机构，正科级建制，其工作职能除履行对药品与医疗器械的监督管理职能外，新增加了对食品、保健品、化妆品安全管理的综合监督、组织协调和依法组织开展对相关重大事故查处的职能。内设办公室、药品综合监管股和食品综合监管股。行政编制12人，事业编制105人，实有87人（行政6人，事业81人）。2010年1月，吕梁食药监兴县分局变为属地管理，并入兴县卫生局，在卫生局领导下行使食品药品监督管理职能。

第二章　医疗服务

第一节　医疗机构与诊疗设施

兴县人民医院前身为白求恩国际和平医院第六分院。民国38年（1949年）春，驻设碧村的白求恩国际和平医院第六分院随军开赴西安市，所留兴县30余人，与从临县青塘民众医院调来的60余人组成国际和平医院第六分院疗养所（也称晋绥军区休养所），迁驻车家庄村（今属奥家湾乡）。同年，该疗养所大部分人员调往太原，所留40余人组建为兴县专署公立医院。1952年，兴县专署撤销，专署公立医院并入兴县卫生院（1948年10月由兴县民众医院改建），改建为晋西北人民医院。1957年，晋西北人民医院更名为忻县专区人民医院。1963年，忻县专区人民医院改称兴县人民医院。

1989年，兴县人民医院总建筑面积4173平方米，共有价值500元以上大型医疗器械65台件。

2000年，兴县人民医院占地面积增至9452平方米，建筑面积1.1万平方米，有病床200张，固定资产总值达到31.64万元，年业务总收入达到322.41万元；人员增至310人（其中行政50人、卫技人员260人；中级以上专业技术人员100人），科室由建院时的内、外、中医3个科室增至20个。2003年，兴县人民医院制作一批防护衣，订购防护眼镜、红外测温仪、呼吸机、心电监护、除颤监护等应急设备。

2007年，县人民政府将旧址3200余平方米土地无偿划拨给县医院，并多方筹资400多万元，新建3460平方米的门诊大楼一幢。至2008年，卫生部援助县人民医院巡回医疗车一辆（价值29万元），日本政府援建县人民医院制剂楼一幢，总投资66万元，面积870平方米；山西省人民政府援赠县人民医院20

余万元的医疗器械。

1989—2007年，县人民医院在诊治各类常见病、多发病中，可开展内窥镜检查、B超诊断、脑电图、心电图、脑血流图、心功能检查、胸外科、颅脑科、胆囊切除、脾切除、肝叶部分切除、病理切片、心电图监护等高难度手术。2010年5月，兴县人民医院信息化管理系统工程正式运行，信息技术在药剂、财务收费、住院部、农村合作医疗办公室及护理站全面实行。2011年起，县人民医院实现对锁骨骨折、单纯性阑尾炎、子宫肌瘤、白内障等30余种常见病的单病种付费，有效控制和降低了医疗费用，使群众“看病难、看病贵”的问题得到初步解决。同年，县人民医院共派出6名专业技术人员到省级以上医院学习深造，有26名医护人员参加了吕梁市医疗卫生部门举办的短期培训。

至2016年，县人民医院利用德国贷款项目和县财政投资款，总投资2000万元人民币、200万欧元，相继购置西门子螺旋CT机、C型臂X光机、多功能数字摄影X线机、彩超、脑超、数字式十二道心电图机、数字胃肠镜、腹腔镜、纤维及气管镜、关节镜、全自动生化分析仪、监护仪、多功能麻醉机等先进医疗设备285台（件），科室配置达到38个（其中临床科室12个、医技科室15个、职能科室11个），编制床位450支。诊疗条件在山西省二级医院中处于一流水平，居吕梁市县级医院领先水平。县人民医院各临床科室对常见病和多发病的诊断及临床治愈率均达到90%以上，对疑难病和危重病也有较强的诊治能力；肝胆手术、断损再植和人工晶体植入技术达到吕梁市先进水平。

该年，全院核定差额事业编制500人，实有职工445人，其中高级专业技术职务12人、中级专业技术职务102人、初级专业技术职务156人，医疗卫生专业技术人员占职工总数的61%；全年诊疗9.25万人次，比上年增加1.68万人次，其中住院治疗1.4万人次，比上年增加299人次；施行各类手术1352例，治愈好转率达到98%；传染病报告率100%，医疗废物处置率100%，二苗进院接种率98%，常规消毒灭菌合格率达100%。全年实现医疗业务收入（门诊收入和住院收入）6728万元。

县人民医院迁建项目：2016年4月15日，兴县发展和改革局批准《兴县人民医院迁址新建项目初步设计》，兴县人民医院迁建工程项目位于县城新区河北片核心区域。同年8月20日，该项目在蔡家崖乡胡家沟村开工建设。新建兴县人民医院设计标准为现代化二级综合医院，项目总占地面积4.49万平方米，总建筑面积8.82万平方米，概算投资4.1亿元。新建医院由门诊医技楼、住院楼、感染楼、办公楼4个单体建筑组成。设置总病床数600支，日门诊量可达2000人次。

兴县中医院

创建于1977年，原名兴县职工医院，院址在县城东水泉湾段，占地面积1800平方米，建筑面积1387平方米，共有职工73人，隶属工交政治部领导。1978年改为兴县中医院，直属县卫生局领导。1989年，兴县中医院设中医科、内科、外科、妇产科、儿科、针灸理疗科、放射科、检验科、功能检查室等9个科室，有病床30张。该年，兴县中医院被山西省卫生厅授予“文明中医院”称号。1991年，兴县中医院院址扩大，占地2257平方米，职工增至70人。2009年，县财政投资111万元为中医院（包括妇幼保健站）购置了一批先进设备，中医院达到乙等医院标准。2010年底，兴县中医院积工增至99人，拥有病床50支。至2016年，兴县中医院共有职工112人（包括临时工24人），该年县中医院实施中央财政补助建设项目，为科、室添置动态心电分析仪、X线机(DR)、尿液分析仪、全自动血液细胞分析仪、艾灸仪、微波治疗仪、高压脉冲治疗仪等总价值266万元的诊疗设备，同时加强人员培训和医院质量管理，中医特色科室建设实现新的发展，全年实现医疗收入744万元。

城镇卫生院

始建于1994年10月，院址在县城西大街（租赁司法局办公楼）。全院有职工19人（其中护士3人、司药4人、财务3人），均为聘医（离退休人员），设院长1人。该医院对国家人员实行工资全额补助，对集体人员补助工资的60%。2000年，城镇卫生院迁建县城新华街，占地200平方米，建筑面积653平方米。共有医务人员31人，内设办公室、院长室、治疗室、内科、外科、妇科、手术室、财务室；有病房5间、病床15张。至2016年，城镇卫生院在职人员共35人，内设科室有接种门诊、公卫科、护理、中西医科、西医等；有住院病房

4间，20个床位；主要医疗设备有B超、心电图机、检验设备、生化分析仪、手术床、无影灯、高压消毒器、紫外线灯、显微镜等20余台（套）；主要进行常见病和多发病诊疗，外伤清创、缝合，血尿粪便常规、血沉、乙肝两对半、血糖、肝肾功能和血脂生化化验检测等，全年实现医疗收入516万元。

利民医院

创建于2003年3月，是一家集内科、外科、妇科、儿科及理疗等辅助科室为一体的综合性民营医院。全院有员工35人，其中主任医师1人、副主任医师3人、主治医9人，床位30张。该院自创办以来，坚持“以病人为中心”的理念，以追求社会效益为第一宗旨，以良好的医德医风内强素质，外树形象，年均门诊1万余人次。2003—2010年，年均住院650人；2012—2016年，年均住院千余人；年均施行各类手术300余例。2012年被批准为“医保定点医院”之一。

仁爱医院

是一家科系齐全、设备先进、价格实惠的综合性民营医疗机构。该院秉承“仁德、仁爱”的宗旨，以内科、儿科、外科和中医科为基础，以妇科、男科为特色，配备各种先进医疗设备100余台（套），打造贴近百姓、服务百姓的专家医院。

乡（镇）、村医疗机构

1981年，全县恢复乡（镇）建制，设立乡（镇）中心卫生院和乡（镇）卫生院。2002年撤乡并镇后，全县乡（镇）卫生院缩为17所（其中中心卫生院6所），人员增至384人（其中卫生技术人员253人，行政人员131人）、病床150支。

2008—2009年，县财政投资160万元，完成了交楼申等6所乡（镇）卫生院改扩建任务（蔡家崖乡卫生院因新区建设而延期开工，至2016年投入使用）；新建92所村卫生室（40~60平方米的业务用房），填补了92个卫生室空白村，全县村卫生室覆盖率达到80%以上，村卫生室“五化”管理工作稳步推进。

2010年，全县完成11所乡（镇）卫生院和妇幼院业务用房的改造，配备了救护车；为17所乡（镇）卫生院配备B超、心电图机等14种医疗设备180台

（件）。2011年，全县新建2个乡（镇）中心卫生院、7所村卫生室，村卫生室累计达到375个，实现建制村全覆盖。县卫生局组织各乡（镇）卫生人员进行辅助检查等专题培训、转岗培训80余人次；各乡（镇）卫生院培训乡村医生880余人次。

2012—2016年，县财政相继投资完成了14个乡（镇）卫生院改扩建工程和212个村卫生室标准化建设工程，乡（镇）中心医院、卫生院共17所，有人员384人，乡（镇）村医疗卫生条件得到进一步改善；县卫生局组织乡（镇）卫生院院长及相关专业人员参加了山西省和吕梁市举办的医卫人员业务培训，组织17个乡(镇)卫生院医卫人员进行了为期70天的实际操作能力培训，培训医疗卫生人员80余人次；依托华医医学院“医学宝”组织乡（镇）卫生院对375名乡村医生进行了公共卫生知识等内容的培训。2013年，县卫生局对高家村镇、奥家湾乡、瓦塘镇、蔡家会镇、固贤乡等8个乡（镇）卫生院进行改扩建；组织乡(镇)卫生院院长及相关专业人员参加了山西省和吕梁市医疗业务培训；对17个乡(镇)卫生院管理人员、公卫人员、专业技术骨干及乡村医生进行以中医为主要内容的专业培训，累计受训1256人次。

2016年，县财政投入810万元为各基层卫生院购置了B超、X光机、心电图机、疫苗冷链设备等基本医疗设备；按每村5000元的标准为375个村卫生室配备基本常规医疗设备。各乡镇卫生院均设有中药房或中、西药房，开设有中医科；90%以上的村卫生室能提供简便的中医药服务。

第二节　医疗队伍与科研（著述）成果

医疗队伍

1989年底，兴县卫生系统有专业技术人员274人，其中，副高职称6人、中级职称123人、初级职称145人。企业单位有卫生专业技术人员10人，其中，中级职称2人，初级职称8人。

2000年底，全县卫生系统有专业技术人员791人，其中正高职称2人、副高职称13人、中级职称221人、初级职称387人。2010年，全县卫生系统专业技术人员增至800人，其中正高职称2人、副高职称16人、中级职称243人、初级职称412人。县直医疗卫生单位院（站）长6人、副院（站）长12人；乡镇卫生院院长17人，副院长12人。

2016年，全县共有专业医疗卫生人员734人（其中县级医疗卫生机构350人，17所乡镇中心医院、卫生院人员384人），其中执业医师318人、执业助理医师53人、注册护士208人、其他155人。按企业性质分，全县医疗卫生专业人员中有全民事业人员654人、集体所有制人员80人。在全县医疗卫生专业人员中，有主任医师1人、副主任医师66人、医师318人、医士53人，共438人。全县有乡村医生375人。

科研（论著）成果

1989—2016年，全县有29名医卫工作者，一面刻苦学习专业理论，一面结合自己的工作实践，钻研实际问题，总结经验，撰写并发表49篇（项）医学科研成果（论著），部分科研成果受到国家和省、地奖励，为提升医疗卫生服务水平做出了积极贡献。

1989—2016年兴县医疗卫生工作者部分科研（论著）成果简表

表28-2-2-1

科研成果（论著题目）	刊发期刊（书籍）名称与时间	作者及所在单位	备 注
中风预报方程的临床应用	1990年	李维、白光瑞、白清元，兴县人民医院	获山西省科学技术委员会科技研究三等奖
《成人胆管囊肿27例报告》	《陕西医学杂志》1990年第4期	王永春、高志清、付由池	此为王永春在第四军医大学西京医院进修时与他人合作所作
《全内脏反位患结石性胆囊炎一例》	《山西医药杂志》1990年第4期	王永春，兴县人民医院	
《注射引起坏死性筋膜炎》	《陕西医学杂志》1990年第10期		
《肝损伤25例手术治疗体会》	《山西医药杂志》1991年第5期		
《胆管及支气管瘘》	《腹部外科》1993年第1期		
《一个家族白霉素2例过敏反应》	《山西护理杂志》1991年第1期	康粉娥，兴县人民医院	

续表28-2-2-1

科研成果（论著题目）	刊发期刊（书籍）名称与时间	作者及所在单位	备 注
“阴炎康胶囊”治疗滴虫性阴道炎的临床研究		郭献珍、王掩兰、吕艮孩、马引牛、赵兰兰（均为兴县中医院）	1996年被吕梁行署科委授予“科技进步一等奖”，被山西省科技进步评奖委员会授予科技进步三等奖。1998年6月被中国民间中医、医药研究开发协会举办的学术成果推广交流大会评为优秀中医药学术论文，获优秀学术成果奖
《口服复方甘草片致过敏反应一例》	《山西护理杂志》1993年第1期	康粉娥，兴县人民医院	
《脐带先露的超声诊断》	《中国超声医学杂志》1994年第12期	杨兴平，兴县人民医院	
《无脑儿的两种间接征象》	《实用医技杂志》1995年第3期	杨兴平，兴县人民医院	
《小剂量酚妥拉明联用多巴胺、硫酸镁治疗顽固性心力衰竭16例临床观察》	《山西医科大学学报》1995年2月号	贾宝珠、张怀信、杨国闻、孙鸿雁，兴县人民医院	
《9例扩张型心肌病的超声心动图表现》	《实用医技杂志》1995年第6期	陶香莲、杨兴平，兴县人民医院	该论文于1996年9月在全国医技专业学术研讨会上宣读，并被评为优秀论文
中药治疗鼻窦炎方剂	1995年10月，吕梁制药厂根据郭献珍治疗鼻窦炎中药方剂，用现代先进技术精制成“鼻窦炎冲剂”	郭献珍，兴县卫生局	1997年12月，该制药厂取得批准文号，至1999年共生产三批产品，治愈率达95%
《甲硝唑致窦房结功能障碍一例》	《山西医药》1996年第2期	白光瑞、白衣成，兴县人民医院	
《经皮经肝穿刺胆道造影的护理配合》	《实用医技杂志》1996年第5期	康粉娥，兴县人民医院	
《自拟解毒逐瘀方治疗鼻窦炎306例》	《新中医》1996年第5期	郭献珍，兴县卫生局；贾宝珠，兴县人民医院	
《X综合症与劳力型心痛的临床对比分析》	《陕西医学》1996年第8期	贾宝珠，兴县人民医院	另有合作者:贺继平、陈士良
《浅谈心肺复苏的一些新观点》	《实用急救医学》1996年第5期	贾宝珠，兴县人民医院	
《依泡性眼炎发现肺结核2例》	《中国临床医学》1996年第12期	贾秀娥，兴县人民医院	
《蝮蛇抗栓酶对血流变学的影响》	《山西医学》1996年增刊	白光瑞、奥利荣，兴县人民医院	
《脾阳虚98例中药治疗的体会》	《中国现代实用医学—临床医学与实验诊断》（1996年）	奥秋成，兴县人民医院	

续表28-2-2-1

科研成果（论著题目）	刊发期刊（书籍）名称与时间	作者及所在单位	备注
《“解毒逐瘀汤”治鼻炎》	被收录入《中国中医药优秀学术成果文库·中国特色医疗新技术》一书	郭献珍，兴县卫生局	获优秀学术论文一等奖
《中西医结合治疗小儿厌食症30例》	《中国民间疗法》2009年第9期	贾宝珠，兴县人民医院	
《B超观察胆囊壁厚度对腹水性质的估价》	《实用医技杂志》1996年第6期	陶香莲，兴县人民医院	该论文于1996年9月在全国医技专业学术研讨会上宣读，并被评为优秀论文
《上消化道出血诱发急性心肌梗塞一例》	《山西医药杂志》1996年增刊	奥利荣，兴县人民医院	
《月月舒冲剂治疗痛经28例疗效观察》	《医学理论与实践》1996年第8期	白衣成，兴县人民医院	
《42例肺不张纤维支气管镜检查分析》	《山西医药杂志》1996年第5期	尹志彪，兴县人民医院	合作者郑春雪、郭春芽（太原结核病医院）
《幼年型类风湿关节炎98例临床分析》	《山西医药杂志》1996年第5期	尹志彪，兴县人民医院	合作者：阴怀清、马宏、李建仙（均为山西医学院第一附属医院）
《支气管类癌引起单侧肺野透光度增高》	《实用医技杂志》1996年第7期	张虎增，兴县人民医院	
《21例乙脑病例分析》	《山西预防医学》1996年第5期	任志喜，兴县人民医院	
《成人结核性脑膜炎的早期体征—感觉过敏》	《山西预防医学》1996年第2期	白衣成，李相平，兴县人民医院	
《蝮蛇抗栓酶治疗不稳定型心绞痛的疗效观察》《蝮蛇抗栓酶在肺心病急性加重期血液流度学的影响》	《临床医学探索与实践》（黑龙江科技出版社，1996.11）	奥利荣，兴县人民医院	
《B型超声对孕妇肾盂积水的观察分析》	《中国超声医学杂志》1997年第13卷第1期	陶香莲，兴县人民医院	
预防医学科学、流行病学与微生物学研究	1998年	白永胜，兴县人民医院	同年获卫生部科技进步二等奖
《小儿哭厥之初识》	1999年1月被收录《中国康复医学与临床》（中国医药科技出版社）一书	康信，固贤村卫生所	
《B超诊断绝经后葡萄胎伴宫腔积血一例》	《临床超声医学杂志》2003年2月第1期	杨兴平，兴县人民医院；孙秀平，某部队卫生队	
《复方丹参滴丸治疗冠心病心绞痛30例临床疗效观察》	《中华医学研究杂志》2005年第5期	贾宝珠、李相平，兴县人民医院	
《郭氏鼻窦炎颗粒治疗慢性鼻窦炎476例临床疗效观察》	《中华医学研究杂志》2007年第10期；《中国医药指南》2008年第24期	贾宝珠，兴县人民医院；郭献珍，兴县城镇卫生院	

续表28-2-2-1

科研成果（论著题目）	刊发期刊（书籍）名称与时间	作者及所在单位	备 注
《化痰汤加味治疗小儿咳嗽》	《山西中医》2007年第2期	康信，固贤乡卫生院；刘建荣，固贤村卫生所	
《中西医结合治疗结核性胸膜炎168例临床观察》	《中国医药指南》2008年第24期	贾宝珠，兴县人民医院	
《腹胀治验2例》	《山西中医》2009年	贾宝珠，兴县人民医院	
《中西医结合治疗小儿厌食症30例》	《中国民间疗法》2009年第9期	贾宝珠，兴县人民医院	
《注射用葛根素联合步长稳心颗粒治疗不稳定型心绞痛68例》	《中国民间疗法》2012年4月第20卷3期	奥利荣，兴县人民医院	
《脑心通胶囊治疗脑梗死32例》	《中国民间疗法》2012年4月第20卷第4期	奥利荣，兴县人民医院	
《慢性肾炎辨治体会》	《山西中医》2013年第2期	康信，固贤乡卫生院；康锋、刘建荣，固贤村卫生所	

第三节　医药卫生管理

医疗制度

实行国家基本药物制度　2009年4月，新华社授权发布了《中共中央国务院关于深化医药卫生体制改革的意见》，该《意见》强调，要“加快建立以国家基本药物制度为基础的药品供应保障体系，保障人民群众安全用药”。2010年，按照中央医改方案精神，兴县卫生局对全县公立医疗机构职工工资及工作运行经费等进行了合理测算，并及时上报县人民政府及财政局，为公立医院补偿机制改革和国家基本药物制度的实施做好充分准备。

兴县基本药物制度先由基层医疗机构开始执行。2011年3月26日，全县基层医疗机构开始实施国家基本药物制度（各村卫生室于9月份全部启动）。从4月1日起，全县基层医疗机构基本药物由省统一集中采购、统一配送。各基层医疗机构基本药物和省补充药品均以零差率销售。实行这一制度后，基本药物实际销售价格下降30%、门急诊次均费用同比下降20%、住院次均费用同比下降29%。乡（镇）、村两级卫生机构实行基本药物零差价销售后，县财政全部负担了人员工资和经费缺口，圆满完成了兴县医药卫生体制改革的年度任务。

2012年，各基层医疗机构在继续巩固实行国家基本药物制度的基础上，努力扩大药品购销的品种与数量，所需药品全部实行网上集中采购、统一配送、零差率销售，农民群众看病药品费用下降20%以上。县卫生局针对实际运行中出现的基本药物配送不及时、不到位等情况，召开座谈会，征求基层医疗机构意见，将基本药物目录药品集中到200多个品类，并要求集中点击时间，提高配送率。到该年11月，全县实行国家基本药物制度的改革延伸到公立医院。县人民医院和县中医院开始实施药品零差率销售，县财政不仅全额负担了该两院实行零差价销售所减少的收入，而且对人民医院人员工资拨款由60%提高到75%，对县中医院人员工资拨款由60%提高到90%。这样彻底打破过去“以药补医”机制，完成了公立医院年度改革任务。

2013年，县卫生局继续巩固和扩大国家基本药物制度成果，制定出台各项基本药物考核制度，将实施基本药物制度的组织领导、职能机构及人员落实、绩效考核情况、宣传培训情况、网采率及人均网采量情况、回款率与回款量情况、对村卫生室监管机制建设情况等全部纳入对基层医疗卫生单位的考核中，以此扩大基本药物在基层医疗卫生单位的使用率。根据年终考核结果，全县基层医疗卫生机构全年网采总量达1256万元，人均网采41.5元，回款率达84%；全县药品价格下降27.6%，门诊次均费用下降31.2%，住院次均费用下降19.8%，广大群众切实感受到实行国家基本药物制度带来的实惠。

2016年，全县公立医疗单位全部实行基本药物制度，农民群众看病药品费用下降28%，县财政为实行基本药物制度，共补贴县级医院1218万元。

县、乡（镇）医疗卫生一体化管理制度　2012年，县财政投资7000多万元，完善了县人民医院、中医院及17所乡（镇）医院的信息化设施，全县医疗卫生机构信息化水平显著提升，为实行县、乡（镇）医疗卫生一体化管理创造了有利条件。2016年，首先实现县、乡（镇）医疗卫生一体化管理：县人民医院对口支援6所乡（镇）中心卫生院，与蔡家崖卫生院、城镇卫生院、蔚汾镇卫生院肖家洼分院建立医疗协作关系；县卫计局对乡（镇）卫生院人员实行绩效考核，分基础性绩效工资和奖励性绩效工资两部分，基础性绩效工资占工资总额的70%，按月足额发放；奖励性绩效工资占工资总额的30%，根据考核结果发放。实行这一管理制度调动了乡（镇）卫生院工作人员积极性，提高了乡（镇）卫生院的服务质量和效率，降低了医疗服务费用，全县医疗机构年均门（急）诊、住院病人约33万人次，县、乡(镇)、村三级人均费用分别为3316元、51元、35元，与医改前相比均有不同程度下降。其次，推进乡（镇）、村医疗卫生一体化管理，各乡（镇）卫生院对各村卫生室执行“五统一”（统一行政管理、统一业务管理、统一财务管理、统一药品管理、统一服务价格）管理，为建立兴县医疗集团，实现全县县、乡（镇）、村医疗卫生一体化管理奠定了良好基础。

实行健康扶贫制度　2016年，兴县贯彻落实山西省卫计委健康扶贫实施意见和吕梁市卫计委、市财政局、市民政局、市扶贫办联合出台的《吕梁市进一步加大对贫困人口医疗救助脱贫的实施办法》，县财政为此投入资金1593万元，支持全县医疗单位开展5项“健康扶贫”工作：6月1日起，全部免除医疗保障扶贫对象在省内新农村合作医疗定点医院普通门诊挂号费；按照乡（镇）卫生院划片包村、乡村医生包户包人的办法，全县医疗单位与22460户、62316人贫困人口签订医疗、基本公共卫生、健康咨询、常见病上门随访等医疗服务契约；为全县城乡居民28.58万人建立健康档案；对全县建档立卡贫困户、农村“五保”供养人员、在乡重点优抚对象全额资助新农合参合费用（每人150元），对农村贫困对象每人资助105元；全县建档立卡贫困人口门诊统筹补偿封顶线提高到300元、普通门诊补偿比例达到60%以上。至2016年末，全县共补偿农村贫困患者10332人、资金42.56万元。此外，对212个村卫生室进行了改扩建。

在全县开展的健康扶贫活动中，北京医科大学胸科医院、北京医科大学人民医院、山西省人民医院、吕梁市人民医院、汾阳医院在兴县开展送医下乡、免费诊疗活动，山西医科大学第二附属医院、山西心脑血管病医院、吕梁市人民医院对兴县人民医院实行长期对口扶贫制度。

医药市场管理

药品批发与零售企业 药材公司和药业有限公司：1989年4月，由吕梁地区医药药材公司派人在兴县药材公司设立改制领导组，负责兴县药材公司改制工作。改制领导组与原公司签订财产租赁合同，同时确定租赁费和原公司留守人员(最多5人)；筹集新公司注册资本52万元，其中，吕梁地区医药药材公司持股42万元（药品），为国有股，依据《中华人民共和国公司法》规定承担有限责任；职工集资10万元,为职工个人股；新组建的股份制药材公司定名为兴县药业有限公司，公司法定代表人由国有持股人吕梁地区医药药材公司委派，机构完全按现代化企业分别设置股东、董事会、监事会机构。公司改制后，除离退休人员和留守人员,其余人员愿意上班者均可到改制后的公司优化组合：临时合同工愿意上班者须写出书面申请，交董事会研究批准后（根据《中华人民共和国劳动法》等规定）与兴县药业有限公司签订劳动合同手续，不愿签合同者变为自动下岗；入股职工作为公司的股东，享有股东在公司章程中规定的权利，不入股者为公司职工，享有职工权利。

1990年3月，吕梁地区医药药材公司任命兴县药材公司经理1人，公司人员增至53人，内设业务股、生产股、财会股、办公室，同时设3个药品零售门市部。1994年1月，药材公司增为4个药品零售门市部。

1999年，兴县药材公司改为兴县药业有限公司，与兴县医药管理局一套人员两个牌子，任命一名副经理(副局长)主持工作，另设副经理2人。

兴县药业有限公司是兴县唯一合法的专业药品批发企业，担负全县药品供应工作。该公司经营总面积715平方米，主营中药材、中成药、西药、医疗器械、保健药品五大类,共1200多个品种。其中批发部营业面积168平方米，仓库面积490平方米，阴凉库面积48平方米，危险品库面积9平方米；有冷藏柜1个,保证药品在不同储存条件下存放的特性；具备符合验收标准规定的化验设备,保证了药品检验工作的正常开展。主要仪器有酸度仪、电热恒温干燥箱、旋光仪、恒温水浴锅、片剂崩解仪、紫外灯、水份测定仪、万分之一天平、显微镜、澄明度检测仪。

2000年底,兴县药业有限公司职工增至70人（其中离退休17人,在职人员

53人），其中有主管药剂师1人、中药师1人、中药士4人、药工16人,专业技术人员占公司在职总人数的42%。完成销售总收入200余万元，上缴利税8万元。经营网点有批发部1个、零售门市4个。

康泰大药店：兴县康泰大药店成立于2003年，是兴县唯一的单体连锁药店，经营中药饮片、中成药、西药、保健品、医疗器械等3000余种。2004年，兴县康泰大药店一次性通过国家GSP认证（药品流通企业必须具备的资质和要求）。2007年4月，该店被县劳动和社会保障局确定为“医疗保险”定点药店；同年10月被县药品监督管理局授予“诚信药店”荣誉；2016年3月，该店被吕梁市食品药品监督管理局评为“诚信示范药店”。康泰大药店历经十多年的发展，到2016年末，共有12个经销分部，员工发展到80人，营业总面积达到1000余平方米，仓储面积达到200余平方米，年总营业额达到8400万元。

药品药械经营管理 1989年，县卫生局加强对县药材公司和个体药品经营户的管理，共查处个体药品经营5人，查获伪劣药品6种、标值3500元，没收非法收入1500余元；表彰了兴县人民医院等药品、药械经营先进单位。1990年，县卫生局对全县药品从业人员进行为期一周的培训，并参加了吕梁地区统一组织的命题、考试。全县药品从业人员61人（中药43人、西药6人、中西药12人）参与考试，参率100%；及格47人，及格率77.04%，凡及格者均发放了药工人员证。全年聘用乡（镇）药品检查员29人，对全县32个医疗单位进行3次大规模检查，查处伪劣药品5种、标值2580元。

1993—1995年，县卫生局会同工商管理、公安、检察、计量等有关部门开展整顿医药市场大检查，重点打击制售假药、无证经营、非法行医等违法活动，累计检查诊所、药店288个，查处伪劣药品306种、标值2.96万元，累计罚款8.36万元，取缔关闭违法经营诊所、药店15个；为合法经营单位统一颁发了《药品经营许可证》和《行医许可证》。

1996年，县医药卫生整顿办公室组织卫生局、公安局、工商行政管理局、县人民检察等部门联合检查城乡（镇）药品经营单位524户，查获各类违规药品190种、标值7776元（其中西药133种，价值5013元；中药57种83.61千克，价值2763元），共罚款2.91万元，取缔非法经营单位35户（其中自行取缔8户）。对符合规定的医疗单位统一进行了注册登记和发证工作。

1997年，兴县药品监督检查所成立，配备4名有专业知识和工作经验的人负责药品监督执法工作。各乡（镇）卫生院设立了专职药品检查员，负责所属范围内的药品监督检查，并在地处县境交通要道的奥家湾乡车家庄村、康宁镇康宁村、魏家滩镇魏家滩村设立了药品检查点，由所在乡（镇）卫生院负责对辖区流动药品的监督检查。全年共抽检城乡医药经营单位106户、中西药品122份，检验合格率达98%；共查处非法经营医药案件6起，没收伪劣中西药品109种、标值3.4万元，罚款4.2万元，取缔非法、无证经营73户；组织全县药工人员314人进行了业务知识考试，及格率达68%，为符合条件的182人颁发了药工证，完善了药工人员持证上岗制度。

1998—2000年，兴县药品监督检查所共抽检全县药品经营单位354户、中西药398份（种），抽检覆盖率达90.3%；查处非法医药案件13起，查处过期、伪劣中西药品324种、标值1.68万元，罚款1.14万元；取缔无证照或证照不全的药品批发零售企业165户，降低药品价格161种；组织全县县、乡（镇）、村三级医疗机构187名药工人员进行了业务知识考试，及格率达100%。

2003年，县卫生局和药品监督检查所以纠正医药购销不正之风为重点，监管县人民医院集中招标采购金额70万元（占总金额的95%），让利于患者4.1万元；查处无证经营药品和医疗器械等案件127起（其中万元以上的大案9起）。

2010年，县卫生局加大对医疗安全的监督检查力度，共检查医疗单位270户，查处无证诊所132个、非法行医人员15人、非法聘用卫技人员15人，警告122户，责令停业21户，取缔非法行医诊所13个，没收药品器械标值1万余元，罚款3万余元。

2011年，县卫生局以医德医风、院务公开、规范服务、合理用药、临床检验、传染病防控等为重点，开展2项活动：监督检查全县35户医疗机构（其中县直医院4户，民营医院2户，乡镇卫生院18户，个体诊所11户），并全部建立基础档案；开展打击非法行医及非法药店专项行动，先后出动执法人员117人次，取缔“黑药店”“黑诊所”4户，没收药品 6 件，查封牙科机和化验检验设备5台，罚款9500元。

2012年，县食品药品监督管理局（2011年7月与兴县卫生局分离单设）、县疾控中心以整顿医德医风、院务公开、规范服务、合理用药、临床检验、院内感染消毒、传染病防控等为重点，共出动执法人员125人次，监督检查全县35户医疗机构，对使用非卫生技术人员、消毒管理及医疗废物处理不规范的22个单位进行警告处理，取缔"黑诊所"4户，打击游医9次（件），没收药品9件。

中药材种植管理　兴县药材资源丰富,野生中药材主要分布于县境东山地区和西南乡（镇），有甘草、茵陈、大黄、艾叶、党参、黄芪、柴胡、黄芩、远志、猪苓、苍术、沙参、菊花、荆芥、防风、穿地龙等50多种；黄河沿崖盛产酸枣仁、全蝎,木崖头乡王家畔村东面盛产猪苓、苏子、甘草、夏枯草、茵陈、艾叶、远志、柴胡、黄精、黄芪、沙参、党参、苍术、知母、枸杞、冬花、牛蒡籽、车前籽、大黄等数十种。

20世纪60至70年代末，兴县部分乡村兴起种植中药材热潮。2000年,在全县实施"退耕还林（草）"工程中，县卫生局提出"退耕还药"、发展中药材产业的主张,得到县委、县政府重视与支持,成立了兴县中药材产业发展服务中心,负责指导全县中药材种植。同时充分发挥卫生单位的技术优势,以乡（镇）卫生院为中心建立了药材育苗基地和种植基地。该年全县共种植中药材500亩。

2016年，全县中药材种植最突出的是贺家会乡，全乡11个村委共种植中药材2360亩，其中柴胡180亩、苦参1290亩、知母250亩、皂角640亩，亩均年收益4000元，种植户户均年增收1927元。

第四节　医疗对口帮扶

2000年开始，国家医疗部门开展对口帮扶工作，该年，山西医科大学第二医院与兴县人民医院结对进行帮扶，不仅派出专家不定期来县人民医院坐诊、授课、带教，还免费接收县人民医院人员到该院进修学习。2011年，兴县人民医院巩固和深化同山医二院长期合作帮扶机制，安排3名县级医院骨干到山医二院进修学习；开展了5个病种的临床路径管理；聘请省级专家来县人民医院主刀外科手术200余例，另聘用5名硕士研究生充实了县人民医院医疗队伍。

2012年，山西医科大学第二医院、山西省心血管医院、山西省儿童医院、吕梁市人民医院对口帮扶支援兴县人民医院，各医院每季度派出5~8名专业人员驻兴县人民医院，开展下乡帮扶；其间，县人民医院每年选送10名以上专业人员到山西医科大学第二医院、山西省心血管医院、吕梁市人民医院免费进修学习3~6个月，紧缺专业学习一年，累计有35人（次）参加了进修学习，部分科主任、护士长、科室骨干医师在山西医科大学第二医院进行了1~3个月的轮训学习；山西医科大学第二医院派遣27名高资医师对口帮扶兴县9个乡（镇）中心卫生院；为兴县人民医院聘请骨科专家和心血管专家各2人、硕士研究生6人，在县人民医院常年坐诊，不仅提升了县人民医院医疗技术水平，而且每年减少兴县群众外出就医费用500多万元。

2014年10月，北京大学人民医院、中南大学湘雅医院结对帮扶兴县人民医院，两院都派出专家到兴县人民医院开展大型巡回义诊活动。其间，县人民医院派出妇科医师1名在北京大学人民医院免费进修学习6个月；派出2名儿科、耳鼻喉科医师在中南大学湘雅医院免费进修一年。

2016年，国家加大医疗对口帮扶支援力度，开始实施医疗精准扶贫。该年4月，山西省卫健委组队（山西医科大学第二医院5人、吕梁市人民医院2人）进驻兴县人民医院，在骨科、心血管内科、神经内科、影像科、护理等专业进行了为期一年的医疗精准帮扶工作（同年10月，该两院再次派出7人接替轮转）。

通过实施对口帮扶，兴县人民医院医疗管理和服务方面都得到提升。

第三章　防疫 保健

第一节　防疫保健机构

卫生防疫站—疾病预防控制中心

1990年，兴县卫生防疫站升格为正科级建制的事业单位。1998年8月,兴县卫生防疫站实有事业人员47人,设站长1人、副站长2人。内设机构有防疫科、办公室、食品科、环卫科、劳动科、地方病科、检验科。

2008年6月，撤销兴县卫生防疫站，改建为“兴县疾病预防控制中心”（简称县疾控中心）。至2010年底，县疾控中心新建四层办公楼，占地积2200平方米，建筑面积1458平方米；有人员44人（其中主治医师10人、主管检验师1人、医师13人、助理医师2人、医士8人、其他技术人员10人）。疾控中心还新增荧光光度计、电冰箱、冰柜、恒温箱、干燥箱、显微镜、粉尘采样仪、碘监测器等设备24台（件）。

至2016年12月，县疾控中心核定全额事业编制33人，实有事业人员32人,其中正科（主任）1人、副科（副主任）2人。

县妇幼保健站（院）

兴县妇幼保健站成立于1953年，妇幼保健站站长由县医院妇产科主任兼任。1987年，县妇幼保健站人员增至21人，其中行政2人、卫生技术15人、司药1人、后勤3人。至2010年底，全站有办公室、财务室、化验室、放射室、宣教室、儿保室、妇保室、女婚检室、男婚检室、会议室、妇科、心电图室、B超室等科室，人员增到56人，其中行政4人、卫生技术46人、财务后勤3人、其他人员3人。2011年，县妇幼保健站更名兴县妇幼保健院。2016年，妇幼保健院改造等项目竣工投运。

计划生育服务站

兴县计划生育服务站始建于1984年7月，初名计划生育指导站，设站长1人，有职工7人（其中正式2人、集体3人、聘用2人）。1990年，计划生育服务站购买大楼，投入使用，总面积800平方米；设有宣教组、避孕药具组、技术服务组、后勤财务组。

1995年，计划生育服务站职工增至30人（男5人、女25人），其中正式14人，集体5人，聘用制2人，合同制9人；设站长1人、副站长2人。

1997年，计划生育服务站设站长1人、副站长2人，有X光机1台、红外线治疗仪1台、B超机1台、麻醉机1台、万能手术床1张等治疗设备，还有照相机、录像机、电视机、发电机等全套宣传设施，固定资产13.3万元(不含住房)。

2000年，计划生育服务站人员增至36人，设办公室、药具站（1995年成立）、B超室、手术室、门诊、药房；新开设乳腺诊断、红外线治疗等业务。年底，全县24个乡（镇）均设计生服务所，设所长1人，计生办公室专职主任1人。各建制村均设计划生育服务室，并配备计划生育服务员（大村2人、小村1人）。

乡（镇）村防疫与妇幼保健机构

乡（镇）、村防疫机构　1989年，全县24个乡（镇）卫生院都建立2~3个卫生防疫组，责成一名副院长分管防疫工作。每个建制村卫生所有一名乡村医生专管或兼管防疫工作，形成了县、乡（镇）村三级卫生防疫网。至2016年，全县乡（镇）卫生防疫人员增至53人，村卫生防疫人员增至572人，每个村委有1人负责卫生防疫事宜。

乡（镇）、村妇幼机构　县妇幼保健站成立之后，各乡（镇）卫生院指定1~2名妇幼保健员负责妇幼保健工作。各建制村有专职妇幼保健员1~2人，接生员1人，共同负责本村妇幼保健工作。至2016年底，全县有乡（镇）保健员48人、村级保健员260人、接生员572人。

第二节　计划免疫

1989—2016年，计划免疫工作先后由县卫生防疫站和县疾病预防控制中心（2006年6月开始）负责实施。

1989年，全县“四苗”（麻疹疫苗、脊灰疫苗、百白破疫苗、卡介苗）接种率74.3%，其中“麻疹疫苗”接种率84.7%，“脊灰疫苗”接种率96.62%，“百白破疫苗”接种率95.6%，“卡介苗”接种率96.14%，接种建卡率100%，发证率98.66%。糖丸发放率96.62%,卡痕形成率达78.26%。

1990年，全县“四苗”接种率82.38%，其中“麻疹疫苗”接种率91.42%，“脊灰疫苗”接种率92.86%，“百白破疫苗”接种率86.67%，“卡介苗”接种率93.33%，接种建卡率98.1%，发证率94.7%。

1995年，农村“四苗”接种率95%，乙肝疫苗接种率90%。

1997年，全县“四苗”接种率95.6%，其中“麻疹疫苗”接种率95.6%，“脊灰疫苗”接种率95.5%，“百白破疫苗”接种率95.4%，“卡介苗”接种率95.8%，接种建卡率98.8%，发证率96.7%。

1999年,全县计划免疫“四苗”接种率继续保持在95%以上。第七次糖丸强化工作中,第一轮发放糖丸1500粒,服苗率达96%以上,达到了规定标准,进行了消毒效果监测,共采样218份,检验200份,合格167份,合格率达83.5%。

2002年，全县“四苗”接种率98.13%，其中“麻疹疫苗”接种率98%，“脊灰疫苗”接种率99.8%，“百白破疫苗”接种率98.3%，“卡介苗”接种率96.4%，接种建卡率99.5%，发证率96.6%。部分乡（镇）完成儿童接种乙肝疫苗任务。

2003年，乙肝疫苗接种纳入儿童计划免疫，在城区医疗单位产科设接种点3个、乡（镇）卫生院设免疫接种点14个、村级设免疫接种点129个，对全县所有新生儿实施乙肝疫苗全程免疫接种。

2009年,巩固和发展计划免疫成果,基础免疫“四苗”接种率均在95%以上，达到了规定标准。

2010年,继续巩固和发展计划免疫成果,各乡（镇）“五苗”接种率均保持在95%以上。

2011年，按常规免疫程序，实施扩大国家免疫规划。主要接种7种现行的免疫规划疫苗（乙肝疫苗、卡介苗、脊灰疫苗、百白破疫苗、白破、麻疹疫苗、乙脑疫苗）,按照免疫程序,所有达到应种月(年)龄的范围适龄儿童均为接种对象。甲肝疫苗、A群流脑疫苗、A+C群流脑疫苗、麻腮风疫苗等4种新纳入免疫规划疫苗。全县全年出生儿童3372人，儿童接种建卡数3372人。其中，卡介苗接种率为99.7%;乙肝疫苗首针接种率为99.7%，全程接种率为99%；脊灰疫苗接种率为99%;百白破疫苗接种率为98.9%，白破疫苗接种率99%;麻风疫苗接种率为98.9%，麻腮风疫苗接种率99%；甲肝疫苗接种率为98.5%；A群流脑疫苗接种率为98%；流脑A+C疫苗接种率为98%；乙脑疫苗接种率为95%。同时加强免疫规划管理，做到领发有登记、储运详细记录、使用必规范。

2012年，实施扩大国家免疫计划，以适龄儿童接种乙肝疫苗、卡介苗、脊髓灰质炎疫苗、百白破疫苗、白破疫苗、麻疹疫苗和乙脑疫苗等7种疫苗为主。9月，接种甲肝疫苗、A群流脑疫苗、A+C群流脑疫苗和麻腮风疫苗等4种疫苗也纳入儿童免疫计划之内。全年麻疹疫苗接种3.6万针（次），接种率99.26%（包括补种儿童864人）；脊灰疫苗接种：糖丸一剂100%,糖丸二剂99.45%，糖丸三剂99.92%；百白破疫苗接种：第一剂99.58%，第二、三剂均为100%；卡介苗接种率99.4%；乙肝疫苗查漏补接种1.16万人（次）。

2013年,县疾控中心成立疑似预防接种反应调查诊断组，完善制度，对疑似预防接种异常反应进行网络报告；对疫苗的使用、管理、损耗等均有处置制度，做到疫苗领发有记录、对疫苗分类储存、对疫苗库每日进行巡查，并有温度记录；对接受的每一批次的疫苗均有“生物制品批签发”。在冷链设备方面，各乡（镇）均配备冰箱、冷藏包。全县适龄儿童预防接种信息实现电子和纸质同步管理。全年，卡介苗应种3852人，实种3829人,接种率96.4%。脊灰糖丸第一剂应种3863人,实种3863人，接种率100%；第二剂应种3863人,实种3845人，接种率99.45%；第三剂应种3845人,实种3842人，接种率

99.92%，加强免疫应种3785人，实种3781人，接种率99.89%。百白破第一剂应种3861人，实种3845人，接种率99.58%；百白破第二剂、第三剂应种3845人，实种3845人，接种率均为100%；加强免疫应种3784人，实种3779人，接种率99.86%。麻疹疫苗应种3856人，实种3848人，接种率99.79%；加强免疫应接种3784人，实种3778人，接种率99.86%。乙肝疫苗第一针应种3852人，实种3829人，接种率99.40%；24小时首针及时接种3801人，首针及时接种率98.67%；第二针、第三针应种3829人，实种3828人，接种率99.97%。

同年10月，根据山西省和吕梁市《关于开展免疫规划督导评估工作的通知》精神，全县开展国家免疫规划疫苗接种率自查工作。全县每个乡（镇）调查2~3岁适龄儿童42名，总共调查546名儿童，其中百白破疫苗第4针未种者3人，乙肝疫苗第3针未接种者2人，乙脑疫苗第2针未接种1人，乙脑疫苗第2次未接种1人，甲肝疫苗未接种1人。全县全年保持无脊灰状态，未发现麻疹病例，新破呈0病例报告。

2014年，全年计划免疫“七苗”接种率均达到95%以上，其中，卡介苗应种人数3852人,实接种3829人,接种率99.40%。脊髓灰质炎疫苗,全程全量应接种3863人,实际接种3842人,接种率为99.45%。百白破三联混和制剂,全程全量应接种3861人,实际接种3845人,接种率99.58%。麻风疫苗应种3856人,实种3848人,接种率99.79%。对脊髓灰质炎、百白破三联制剂、百白破二联、麻腮风、乙肝加强免疫，乙肝疫苗24小时首针及时接种3801人,首针及时接种率98.67%。A群流感疫苗第一针应种3828人,实种3805人,接种率99.39%；第二针应种3805人,实种3796人,接种率99.76%；乙脑疫苗第一针应种3856人,实种3848人,接种率99.79%；第二针应种3848人,实种3823人,接种率99.35%。甲肝疫苗接种率98.54%。按照山西省卫生厅安排,11月2日—11日，在全县8月龄（出生8个月）~13周岁儿童中进行了麻风疫苗补充免疫查漏补种活动，加强了边远山区、厂矿工地、集贸市场、城乡接合部等流动人口聚集地,扩展了预防接种覆盖面。全县全年保持无脊灰状态,未发现麻疹病例。

2015年，兴县疾控中心扩大国家免疫规划疫苗接种率目标，其中，乙肝疫苗、卡介苗、脊髓灰质类疫苗、无细胞百白破疫苗、麻风疫苗、乙脑疫苗基础免疫12月龄合格接种率均保持在95%以上；新生儿首针乙肝疫苗24小时及时率保持在98%以上；A群流脑多糖疫苗18月龄内,甲肝疫苗24月龄内基础免疫合格率达95%以上；脊髓灰质炎疫苗、麻腮疫苗、麻腮风疫苗、无细胞百白破疫苗、乙脑疫苗加强免疫接种率均保持在95%以上；白破疫苗、A+C流脑多糖疫苗加强免疫接种率均保持在90%以上；疑似麻疹病例个案调查，血清标本采集及时送检率100%，并及时启动儿童预防接种信息管理系统。

2016年，强化对新生儿的预防接种。到10月，共报告出生儿童2553人，建卡2553人，其中，卡介苗疫苗应种2551人，实种2533人,接种率99.29%；脊灰疫苗第一剂应种2565人,实种2565人，接种率100%；脊灰疫苗第二剂应种2565人,实种2547人，接种率99.29%；脊灰疫苗三剂应种2547人,实种2543人，接种率99.84%；加强免疫应种3585人，实种3575人，接种率99.72%；百白破疫苗第一剂应种2563人，实种2547人，接种率99.37%；第二剂应种2547人，实种2544人，接种率99.99%；第三剂应种2544人，实种2541人，接种率99.89%；加强免疫应种2550人，实种2539人，接种率99.57%；白破疫苗应种3026人，实种2998人，接种率99.07%；含麻疫苗初种应种2556人，实种2550人，接种率99.76%；含麻疫苗加强应种2550人，实种2534人，接种率99.37%；乙肝疫苗第一针应种2554人，实种2531人，接种率99.09%；第二针应种2531人，实种2530人，接种率99.96%；第三针应种2530人，实种2526人，接种率99.84%。乙肝疫苗及时接种率为96.87%；A群流脑疫苗初种应种2530人，实种2507人，接种率99.09%；加强免疫应种2507，实种2506人，接种率99.96%；A+C群流脑初种应种2968，实种2959人，接种率99.69%；加强应种3023人，实种2966人，接种率98.11%；乙脑疫苗初种应种2556人，实种2548人，接种率99.68%；加强免疫应种2578人，实种2566人，接种率99.53%；甲肝疫苗应种2586，实种2531人，接种率97.87%。完成15岁以下乙肝个案调查6例。全县共报告疑似预防接种异常反应12例，均为一般反应，已按规范要求进行网络报告。

第三节　传染病防控

疫情（传染病）报告制度

1989年9月1日，《中华人民共和国传染病防治法》开始实施，将传染病种扩大为3类35种：甲类为鼠疫、霍乱；乙类为病毒性肝类、细菌性阿米巴性痢疾、伤寒和副伤寒、艾滋病、淋病、梅毒、脊髓灰质炎、麻疹、百日咳、白喉、流脑、猩红热、流行性出血热、狂犬病、钩端螺旋体病、布鲁氏菌病、炭疽病、流行性和地方性斑疹伤寒、乙脑、黑热病、疟疾、登革热；丙类为肺结核、血吸虫病、丝虫病，色虫病、麻风、流感、流行性肋膜炎以及除霍乱、痢疾、伤寒和副伤寒以外的感染性腹泻。兴县卫生防疫部门对传染病实行专人管理，由专人负责进行网络直报工作，并针对各种传染病突发事件，建立和完善应急处置预案，提高防治工作主动性。

2003年春，全国部分地区发现"非典型性肺炎"（简称"非典"）疫情。4月，全县总动员，开展全民防"非典"工作。兴县人民医院进入一级备战状态，制定《非典型性肺炎防治技术方案》，成立领导组、治疗组、专家组和后勤保障组等专门防治"非典"组织机构，划出隔离病区并进行必要的维修和改造，建成980平方米的传染病区。尽管兴县并未发生"非典"疫情，但此次防"非典"工作健全了全县传染病防疫体系，锻炼了防疫队伍，奠定了防疫工作基础。

2009年，全县无甲类传染病发生，报告乙类传染病167例。其中肺结核121例、乙肝28例、布病11例、梅毒1例、其他传染病6例，全部实行了网络直报。

2010年，传染病按要求进行网络直报，全县无甲类传染病发生，报告乙类传染病190例。

2011年，全县共网络报告传染病309例。其中梅毒31例、淋病1例、流行性腮腺炎6例、手足口病8例、细菌性痢疾3例、乙肝87例、丙肝3例、未分型肝炎1例、布病8例、肺结核160例（涂阴59例、涂阳93例、未查痰6例、结核性胸膜炎2例）、艾滋病毒感染者1例。

2012年，全县共网络报告传染病354例，全部为乙类传染病。

2013年12月15日，全县共网络报告传染病351例。其中隐性梅毒21例、淋病2例、尖锐湿疣3例、流行性感冒17例、流行性腮腺炎12例、手足口病11例、水痘1例、细菌性痢疾18例、乙肝133例、丙肝15例、风疹2例、布病8例、伤寒1例、肺结核101例（涂阴29例、涂阳63例、未查痰6例、结核性胸膜炎3例），其他疾病6例。全年未发生甲类传染病，乙丙类传染病也处于可控状态。

2016年，全县共网络报告传染病309例,传染病发病率比2013年末下降12%,。其中甲肝2例、乙肝188例、丙肝23例、戊肝3例、手足口病41例、布病22例、流行性感冒12例、流行性腮腺炎5例、百日咳4例、痢疾3例、其他感染性腹泻6例。

传染病防治

鼠疫监测　鼠疫是一种致死率极高的烈性传染病。兴县作为历史鼠疫自然疫源地，1964年即成为山西省鼠疫疫源地监测点，鼠疫监测工作在多个自然村展开，监测人员多达300多人次，监测面积累计1250平方公里。

2009年5月至2010年，县疾控中心防疫人员先后在历史疫源地蔡家会镇、孟家坪乡和高家村镇开展鼠疫监测工作，共捕鼠729只，检验有效血清706份，化验结果均为阴性。

2011年，县疾控中心防疫人员共捕获野鼠373只，检验353只，均为阴性。鼠密度调查，共抽取10块样地进行，共投放鼠夹1000夹次，捕获野鼠22只，全部为子午沙鼠，野鼠密度为2.2%。

2012年，县疾控中心防疫人员历时2月，共捕获野鼠377只，其中子午沙鼠为348只、长尾仓鼠23只、大仓鼠4只、小家鼠2只；检验野鼠353只，均为阴性。经调查，全县野鼠密度为2.2%。对媒介调查共检鼠206只，其中染蚤鼠52只，染蚤率为25.2%，共获蚤113匹，平均蚤指数为2.17匹/只，挖鼠巢10个，未检出鼠巢蚤。

2013年，县疾控中心防疫人员在高家村镇开展监测工作，历时2月，共捕获野鼠398只，检验野鼠396只，均为阴性；鼠密度调查，共抽取10块样地进行，共投放鼠夹1000夹次，捕获野鼠20只，野鼠密度为2.0%。媒介调查共检鼠206只，其中染蚤鼠0只，染蚤率为0%。挖鼠巢7个，未检出鼠巢蚤。

2014年，县疾控中心防疫人员在罗峪口镇南耳村开展鼠疫监测工作，历时2月，捕获野鼠344只，检验野鼠326只，均为阴性；野鼠密度调查共抽取10块样地进行，投放鼠夹1000夹次，捕获野鼠24只，野鼠密度为2.4%。媒介调查检鼠210只，检出染蚤鼠37只，检出鼠体蚤41匹，均为同型客蚤，染蚤率为17.6%，挖鼠巢10个，未检出鼠巢蚤。

2015年，县疾控中心防疫人员在瓦塘镇圪针仑村开展鼠疫监测工作，历时33天，捕获野鼠353只，检验野鼠344只，均为阴性；野鼠密度调查共抽取10块样地进行，投放鼠夹1000夹次，捕获野鼠32只，野鼠密度为3.2%；媒介调查检鼠206只，未检出鼠体蚤，挖鼠巢10个，未检出鼠巢蚤。

2016年，县疾控中心防疫人员在贺家会乡白家墕村开展鼠疫监测工作，历时44天，捕获野鼠388只，检验野鼠378只，均为阴性。野鼠密度调查共抽取10块样地进行，投放鼠夹1000夹次，捕获野鼠39只，野鼠密度为3.9%。媒介调查检鼠24只，检出染蚤鼠7只，获鼠体蚤31匹，挖鼠巢10个，未检出鼠巢蚤。

结核病防治　中共兴县县委、县人民政府历来高度重视结核病防治工作，县卫生防疫站设结核病防治科，配药品专柜，开展痰涂片等检测；对结核病人实行登记、诊治、追踪、归口管理和直接督导下的短程化疗；采用板式组合药治疗肺结核病；举办结核病防治知识讲座，引导人们正确认识结核病，一旦患病自觉到医院检查治疗，以利早日康复。

2001年，兴县人民政府制定结核病防治十年（2001—2011年）实施计划，全面推行现代结核病控制策略。2009年，全县共接诊病人432例，拍胸片检查病人391例，查痰354人，其中涂阳病人68人，占总任务的62%，复治涂阳病人7人，对他们均进行了全程督导管理。

2011年，全县共发现并治疗结核患者1755例，其中涂阳肺结核患者948例，避免1万健康人感染结核菌。

2010年，全县共登记、初诊结核病人694人，查痰645人，查痰率93%，初治涂阳病人80例，发现复治涂阳病人13例，重症涂阴病人2例，初治涂阴病人63例，涂阳病人3个月痰菌转阴率100%。

2011年，兴县全年共登记、初诊结核病人867人（医疗机构共报告结核病患者33例，转诊33例，其中重卡4例，转诊到位6例，追踪到位22例，总体到位率96.6%），查痰798人，查痰率92%。初治涂阳病人97例，发现复治涂阳病人9例，重症涂阴病人2例，初治涂阴病人61例，结核性胸膜炎3例，涂阳病人3个月痰菌转阴率100%。

为加强结核病的防治，兴县人民政府制定印发《兴县结核病防治规划（2011—2015）》，成立兴县结核病防治规划工作领导组，配备充足的结核病防治专业人员进行培训，并加强对所辖乡（镇）医院的督导工作。

2012年4月，县疾控中心在城区各中学校开展了肺结核病排查处置工作，共排查11所中学，开展PPD检测3772人（包括教职工294人），共确诊肺结核31例（其中1例为教师），另查出陈旧性肺结核3例（其中1例为教师）、疑似肺部感染9例、疑似纵隔占位性病变1例（教师）、"镜像人"1例（正常人体主要内脏心、脾、胃在左，肝、胆在右。镜像人心在右，肝在左，五脏六腑全"对调"，就像平面镜的成像原理一样，专家认为"镜像人"所有器官都长反的现象极为罕见，本例为学生），其余均排除肺部病变。对上述31名确诊病人按督导化疗方案进行治疗，由县疾控中心免费提供抗结核药物，并负责督导管理；对9例肺部感染病人建议进行抗炎治疗，并进行短期复查，由所在学校负责督导管理；对结核菌素试验呈强阳性者，由县财政拨款8万元购买微卡疫苗，统一免费进行预防治疗。该年，全县共登记初诊肺结核病人867人（医疗机构共报告结核病患者54例，转诊54例，其中重卡8例，结核性胸膜炎1例，转诊到位10例，未到位2例，追踪到位34例，总体到位率96.2%），其中，查痰824人，查痰率95%；初治涂阳病人76例，发现复治涂阳病人7例，重症涂阴病人2例，初治涂阴病人91例，涂阳病人3个月痰菌转阴率100%。同时，县疾控中心还制定结核药品管理制度，结核病药品实行专人专柜管理、出入库有记录、药品领发有签名。

2013年，全县共登记初诊结核病患者925人（医疗机构报告结核病患者42例，转诊42例，其中重卡4例，转诊到位10例，未到位1例，追踪到位27例，总体到位率97.4%），查痰894人，查痰率96.6%；初治涂阳病人82例，发现复治涂阳病人9例，初治涂阴病人95例，其中重症涂阴病人4例，涂阳病人3个月痰菌转阴率100%。

2014年春季，育才学校和友兰中学发生突发结核病疫情，中共兴县县委、县人民政府高度重视，立即启动一般突发公共卫生事件应急预案，成立了以县人民政府主要领导为指挥长的应急指挥部，积极处置突发事件。其中，县疾控中心于3月、4月、9月（秋季开学）对育才学校中小学师生6427人进行X线结核病筛查和结核菌素试验，共发现呈强阳性者301人，并对其中206人采取预防性服药治疗措施；对友兰中学（公立高级中学）师生6163人进行胸部X光透视、拍片检查和结核菌素筛查，共发现呈强阳性者508人，并对其中397人在知情同意的情况下采取预防性服药治疗措施。至10月26日，育才学校和友兰中学累计报告结核病例（包括疑似病例）114例，其中肺结核病例83例、结核性胸膜炎19例、疑似病例12例。

该年，兴县全面推进结核病“三位一体”（疾控中心负责协调，定点医院负责确诊收治，社区卫生院负责对患者的管理）防治模式，健全结核病防治服务体系，全县所有结核病人于8月10日转到县人民医院进行治疗。全年共登记初诊结核病病人350人，在初诊结核病人中查痰240人，查痰率68.6%；新涂阳病人8人，涂阳病人2个月痰菌转阴率25%；重症涂阴病人5例，初治涂阴病人39例；未查痰病人63例，结核病胸膜炎12例，其他肺外结核4例。

至2015年6月，兴县肺结核病可疑患者累计就诊3189人，初诊肺结核可疑者查痰人数2876人，发现活动性肺结核患者715例（其中新涂阳患者264例，复治涂阳患者26例），均进行了免费抗结核药物治疗；同期报告的肺结核患者735例，登记管理肺结核患者735例，登记管理率为100%。

2016年，兴县结核病定点医院共登记结核病人61例，其中新发涂阳患者5例，复治涂阳患者1例，涂阴患者42例，未查痰患者9例，结核性胸膜炎3例，肺外结核1例；上级定点医院诊断转回管理结核病人26例，其中新发涂阳患者3例，涂阴患者14例，未查痰患者4例，结核性胸膜炎5例，累计管理结核病例87例。初步形成了政府重视、各部门协作、全社会参与结核病控制的有效机制。

脊髓灰质炎防控　县疾控中心通过巩固和提高AFP监测质量，提高及时发现和处理输入野病毒和脊灰疫苗变异株功能，并通过定期到县直各医疗单位查阅门诊日志和病例等办法核实。2012年11月底，县疾控中心召开脊髓灰质炎防控工作会议，安排防控工作。至2016年，县内未发现脊髓灰质炎等急性弛缓性麻痹（AFP）病例。

麻疹预防　1989年开始，兴县每年都对适龄儿童进行含麻疫苗的强化免疫接种。2012年全县麻疹疫苗应补种儿童866人，实补种864人，接种率99.76%，麻疹查漏补种工作如期完成。2013年全县麻疹疫苗应补种儿童3856人，实补种3848人，接种率99.79%。

2016年春季，疾控中心在全县又进行了麻疹查漏补种工作，全县应补种儿童866人，实补种864人，接种率99.76%。其中流动儿童应补种55人，实补种54人，接种率98.18%；常住儿童应补种811人，实补种810人，接种率99.87%。夏季随着麻疹病例的发生，在全县进行全面摸底排查工作，由县人民政府拨款37.5万元，对未进行全程免疫接种者及免疫接种史不详的所有适龄儿童进行了含麻疫苗的强化免疫接种。

“非典”防治　2003年春季，全国非典型肺炎暴发流行，中共兴县县委、县人民政府按照山西省、吕梁地区防“非典”工作部署，成立兴县防“非典”应急处理机动队、后勤保障服务队，应急处理预备队，全天24小时安排专人值班；举办各类防“非典”培训班8期，培训600多人；印发防“非典”宣传品10多万份（册）；购买消毒药品器械600多套；共接处疫情报告80余起、900多人次，排查“非典”疑似人员及相关人员1300多人；严密追查可疑病人及其接触者，对接触者126人和相关人员550人开展流调、隔离或医学观察、消毒等工作；处置一起疑似“非典”病例，及时排查或医学观察5336名返乡人员；在各交通要口、宾馆、饭店、景点、商场、托幼机构、学校、发热门诊等场所落实测体温、消毒等防控措施；开通疫情网报系统和“非典”个案专报系统，多次组织大规模防“非典”模拟演练，并与周边县、市互通疫情信息，历时两月，境内未发生“非典”病例和疑似病例。

“禽流感”防治　2004年春季，全国局部地区人感染高致病性禽流感（简称“禽流感”）暴发流行。中共兴县县委、县人民政府成立防治应急处理机动队，配备消毒器械、消毒药品及卫生防护用品，“禽流感”被列入法定报告传染病，开通流感/人禽流感直报系统和“非典”个案专报系统，实行零报告和日报告制。

甲型H1NI流感防治　2009年，全国部分地区发生甲型HlNI流感，县疾控中心及时从网络下载有关技术资料，购置消毒药品、防护用品，并根据中共兴县县委、县人民政府的具体安排部署，成立全县疫情应急处理小组，制定处理预案；对各医疗机构医务人员进行了甲型HINI流感防治技术培训，使临床医生特别是乡（镇）卫生院医生、村医熟悉甲型HINI流感的诊疗技术，做到早发现、早诊断、早报告、早隔离、早治疗。同时，全面开展以学校为重点的流感疫苗接种工作，累计完成流感疫菌接种300人。

手足口病疫情防控和疟疾监测　2013年4月，根据山西省卫生厅《关于加强手足口病等传染病防治工的通知》，县疾控中心对全县各乡（镇）防疫人员进行了手足口病防治知识培训；与教育部门协作，组织专业人员对各托幼机构和小学进行专项督导检查和传染病报告、防控工作，指导各托幼机构和小学开展手足口病防治宣传教育、传染病疫情报告、晨检和因病缺勤监测工作，确保防控措施到位，全年发生的散发性轻病例均在发病门诊治愈。

“十二五”期间，兴县疾控中心对不明发热患者开展血涂片查疟原虫，未查到虫卵。全年监测150例，全部为阴性。

艾滋病防治　2009年，兴县加大重大传染病、职业病、艾滋病及性病防治的宣传教育力度，县疾控中心对县看守所在押人员进行了艾滋病初筛抽血，将113份血清送吕梁市疾控中心进行检验。

2013年，县疾控中心重点对高危人群开展干预工作，累计自愿咨询检测150人，对看守所被监管人员筛查181人；3月，县疾控中心联合公安、工商、卫生监督、电视台等相关部门，对城区娱乐、洗浴、KTV等公共场所从业人员118人进行了筛查，共发现梅毒患者9例，艾滋病毒抗体初筛阳性2例（后经省级艾滋病毒抗体实验室检验后排除），其余全部为阴性；开展健康知识宣传和安全套推广等工作，共印发宣传资料6000余份，发放安全套2400包，干预236人，进一步提高人们对艾滋病的认知率。

2014—2016年，县疾控中心累计发放艾滋病宣传资料1.6万余份、安全套1.73万只；累计干预2360人次，累计进行HIV（人类免疫缺陷病毒，即艾滋病毒）筛查、检测（包括自愿咨询检测和被监管人员检测）1.52万人（次）；共报告艾滋病毒感染者5人，累计管理艾滋病毒感染者11例、进行抗病毒治疗12例。

第四节　地方病与职业病防治

地方病防治

地方性甲状腺肿　甲状腺肿是一种因碘缺乏引起的地方性疾病（简称地甲病），俗称“粗脖子”病。碘缺乏的病源病因特征首先与地理环境有关，山区多于平川、丘陵，农村多于城镇。兴县地甲病发病率较高的是东会、交楼申、固贤3个乡。1989年，全县地甲病患者共有973人。1990年，县卫生部门在地甲病区的5个乡（镇）12个村委建立了地甲病监测点，发放长效碘油胶丸400余粒，供应碘盐200余吨，地甲病治愈率达96.7%，基本达到国家标准。

1994年，全县地方病普查，碘缺乏病分布在交楼申乡、东会乡、恶虎滩乡、奥家湾乡等5个乡（镇）88个建制村，受威胁3.06万人。

1996—1998年，县地方病办公室成员和专业防治人员深入5个碘缺乏病区乡（镇）的101个自然村，进行防治效果检查和查漏补缺工作，共普查91所学校5792名儿童（7~14岁），普查率达99.8%；监测居民食用盐4073份、食盐销售点28个，查出不合格盐420份，其中无碘盐179份；对漏服人群补服碘油胶丸1.8万余粒，3次强化补碘共发放碘油胶丸7万余粒。经过3年防治，全县地甲病患者由1989年的973人下降到396人，下降59.3%。碘盐食用率和合格率分别达到98%和99%，达到国家控制地方病标准。2000年，经吕梁行署地方病领导组考核评估，兴县地方病发病率为0.9%，控制在国家规定标准之内，达到了四年规划目标，通过了地方病领导组的考核验收。

2002年，兴县对碘缺乏病区重点人群采取常规补碘措施和碘盐监测，全部达到合格标准。2003年，县地病办公室对碘缺乏病乡（镇）进行了甲状腺肿大抽样调查，共抽样8~10岁儿童435人，其中甲状腺肿大的17人，肿大率为3.9%。碘缺乏病基本控制在国家规定标准之内。

2009年，在碘缺乏病防治工作中，县疾控中心地病办公室加大对防治碘缺乏病的宣传，同时对碘缺乏病区的供销点和居民食用盐进行了不定期的监测，共抽检9个乡（镇）288份碘盐，其中无碘盐和不合格碘盐4份，碘盐合格率达98.6%。

2010年，全县食用碘盐合格率达到95%以上，实现消除碘缺乏病阶段性目标；8~10岁儿童甲状腺肿大率为3.13%（控制在5%以下）。

2011—2016年，县疾控中心地病办公室对碘缺乏病区供销点、居民食用盐情况和病情进行不定期监测，累计抽检23个乡（镇）1482份碘盐，其中合格碘盐1431份，无碘及不合格碘盐51份，碘盐合格率达到了96.56%；两次抽检全县8~10岁儿童尿碘中位数平均为196.7ug/L（尿碘中位数居100~199ug/L为正常值）、孕妇尿碘中位数平均为205ug/L，未发现8~10岁儿童甲状腺肿大者。

饮水型地氟病　由于饮用高氟水而引起的慢性全身性氟中毒称为饮水型地氟病。该病发病初表现为牙齿的病变——氟斑牙，之后，随慢性蓄积性中毒面引发氟骨症，如不及时防治，终将导致肢体变形、腰弯背驼而终生残疾。

1994年，兴县人民政府召开县直各单位负责人、病区乡（镇）负责人，医院院长、防疫站站长和医生参加的防治地方病动员会，县、乡（镇）两级成立地方病防治领导组，制定了三年防治地方病规划和1994年防治地方病实施意见，县与乡（镇）、乡（镇）与村和卫生局、医院层层签订防治地方病责任状。卫生局抽调懂业务、技术精、责任心强的44名医务人员，组成地方病普查普治组，分赴病区（当时饮水型地方性氟中毒涉及沿黄一带6个乡（镇）38个建制村，受威胁人口1.52万人）进行全面普查普治，普查普治率达96%以上。县政府副县长、地方病防治领导组组长带领全体工作人员深入病区6个自然村的病人家中进行慰问，对经济困难的患者给予50~100元救济。

1999年，全县采取国家补助、乡（镇）自筹、村委投工等办法，在地氟病病区实施群众打井、引水降氟工程53处，使300余名地氟病患者吃上了安全的低氟水。

2002年，原氟病区患者减少到6%。2010年底，全县基本完成已知饮水型地方性氟中毒病区的饮水安全工程和改水工程建设。2011年开始，为贯彻落实《全国地方病防治“十二五”规划》，有效控制饮水型地方性氟中毒危害，兴县疾控中心强化已建改水工程的后期管理，做好改水设施的维护、维修，确保90%以上的改水工程保持良好运行状态，水质符合国家卫生标准。

2015年，兴县疾控中心对沿黄河5个乡（镇）32个村开展病区村改水情况以及在村居住的8~12岁儿童氟斑牙患病情况调查，结果表明：已实施改水的25个村，其中正常使用20个村；检查8~12岁儿童138人，未查出氟斑牙患者；辖区所涉病区村32个，均为轻病区，达到国家控制标准要求。

2016年，县疾控中心按照《2016年山西省饮用水水质卫生监测工作方案》要求，在城区设置10个监测点，其中包括2个水源水、1个出厂水、7个末梢水，监测点的设置覆盖城区全部的市政供水。在每个乡（镇）设置3~4个农村饮用水监测点，覆盖全县17个乡（镇）和4所“十二五”期间所建学校饮水安全工程。4月至9月，县疾控中心对10个城区水源监测点和17个乡（镇）的农村生活饮用水监测点分别进行现场采样，共采集城区枯水期水样70余份、农村生活饮用水丰水期水样70余份。监测结果显示：城区饮用水合格率为100%，农村饮用水合格率为63.3%。

职业病防治

尘肺病和中毒的防治　20世纪80年代末期，兴县工业生产以煤矿和水泥生产为主，并且由于基础设施和生产工艺普遍落后，特别是煤矿井下采掘、运输，机械化程度很低，基本依靠人工、人力；井下的安全设施除了梁柱支撑，就是靠瓦斯监测和通风、排水，尘肺病成为主要职业病（由于瓦斯气体含量普遍低，中毒情况很少发生）。1989年，县卫生防疫站、县人民医院、县中医院互相配合，对全县各厂矿（煤矿、水泥厂、陶瓷厂、内衣厂、机械厂）职业病和井下粉尘进行普查，共查出尘肺20人（比1987年28人减少8人），其中煤尘肺12人。兴县人民医院主要采用增加营养、预防感染、静脉注射枸橼酸钠、服用中草药等中西医结合措施，对尘肺病进行治疗，控制了病情的发展；特别是通过用活血化瘀、软坚化积、理气健脾、止咳化痰、通经活络、滋阴润肺、清热解毒、补肾纳气等中医方法治疗，尘肺患者症状改善，炎症消失，肺野变清，肺纹理减少，抗病力得到增强，全县查出的20名尘肺患者全部得到治愈。

20世纪90年代开始，全县工矿企业严格执行安全生产规程，控制和消除生产性毒物，采用无毒和低毒物质代替有害物质，限制化学原料和有毒物质的含量，并严格实行生产环境中的有害物监测，尘肺病再未发生。从21世纪初开始，全县新组建的现代化工矿企业普遍改革生产工艺流程，生产过程实现智能化、机械化、自动化和密闭化，废除过去的人工生产和手工操作；厂房建筑和井下生产过程要求全面加强通风排毒、排水，整体改善了工作环境条件。同时，各工矿企业加强对职工的职业卫生宣传教育，完善个人防护用具（如防毒面具、防护手套、防护围裙、防护服等），建立健全个人安全操作规程和卫生制度，普及职业病防治知识，从根本上消除了尘肺病、有害气体中毒等职业病的发生。2009—2010年，县卫生局、县疾控中心等对全县30户工矿企业职工体检，未发现疑似职业病。至2016年，全县各工矿企业均未发生尘肺病和有害物质中毒等职业病。

农药中毒防治　1989—2016年，随着农民文化程度的不断提高和农药管理制度的日趋规范，广大农民不仅改进喷药工具和喷药方法，而且严格执行国家制定的农药使用规定和使用范围，注重个人防护，农药中毒事件很少发生。即使偶然发现中毒，大都立即应用特效解毒药物对症处理。医疗单位对重度农药中毒患者，主要采用中医中药治疗，防治呼吸、循环衰竭，纠正脱水，抗感染；其中，对有机磷中毒应用中草药曼陀罗、天仙子煎服；对砷中毒用防风、甘草、绿豆煎剂等进行防治。

第五节　妇幼保健

1990年，全县新法接生率为96.53%，产妇死亡率仅为万分之三。由于普遍对幼儿进行“四苗”(卡介苗、麻疹疫苗、脊髓灰质炎疫苗、百白破三联疫苗)接种，全县城乡普遍实行围产期保健，对妇女子宫脱垂和尿瘘患者实行普查普治，妇女的健康得到保障。

1992年，全县推行儿童计划免疫保健和孕产妇保健服务(简称“双保健服务”)，县政府下达开展“双保健服务”的实施意见，要求县、乡(镇)、村妇幼保健机构或人员层层签订承包合同，年终按各项妇幼保健指标完成情况进行奖惩。这一措施促使妇女劳动保护工作深入每家每户。

1994年，对全县24个乡（镇）的妇幼保健员进行业务培训和考试，考试合格率为100%；对全县乡村的420名接生员进行了新法接生和妇幼知识培训，乡（镇）、村接生员的业务素质有了较大提高；各乡（镇）儿童“四苗”接种率达到85%以上，糖丸强化免疫按要求完成，未发生儿麻病例；县医院新生儿“三苗”（乙肝、卡介苗、脊髓灰质炎疫苗糖丸）接种率达99%。成人完成乙肝疫苗接种400人，填补了兴县新生儿和成人乙肝接种空白。

1995年5月，县妇幼保健站把宣传《中华人民共和国母婴保健法》作为全年妇幼工作的重点，制定了宣传贯彻的具体措施：和县医院密切配合创建爱婴医院；在县城主要街道举办2次宣传咨询活动，印发宣传资料1万余份，接受咨询6000余人，受教育5万余人；加强全县妇幼保健三级网络建设，各乡（镇）卫生院都配齐了专职妇幼保健员，全县482个村委都有了乡村医生或接生员，妇女、儿童管理率分别达到75.3%和55.2%，达到吕梁地区下达标准；县城居民新生儿乙肝疫苗接种率达90%以上，农村“四苗”接种率保持在95%以上。

1996年，县妇幼保健站组织学习贯彻《中华人民共和国母婴保健法》执法培训，全县24个乡（镇）卫生院54名妇幼保健员参加了培训。全县孕妇3247人，系统管理2441人，管理率达75.2%；0~7岁儿童31987人，系统管理17614人，管理率55.1%；全年出生总数3224人，住院分娩2124人，住院分娩率65.9%；新法接生3033人，新法接生率94.1%；婴儿死亡87人，死亡率达26.99‰；孕产妇死亡5人，死亡率1.55‰。县妇幼站全年接诊病人2456人，治愈率达98%；全年婚检346对，无任何医疗事故发生；会同教育局对托幼机构、学前班儿童开展健康管理，进行了健康指导和体格检查。其中，县城体检儿童1065人，查出患病103人，全部反馈患儿家长进行配合治疗，已大部分痊愈；派专人指导，帮助康宁镇、蔡家会镇创建爱婴医院，提供有关资料，帮助制定管理和教育制度，推动了乡（镇）爱婴医院的创建与发展。

1997年，县妇幼保健站围绕贯彻落实《中华人民共和国母婴保健法》，重点进行幼儿健康检查，共检查城区16家托幼机构儿童1243人，查出患儿97人，全部反馈患儿家长；组织医务人员深入县直单位，开展妇女病普查普治工作，共检查妇女214人，查出妇科病患者79人，并及时治愈；组织基层妇幼保健员进行有关知识培训。强化对全县孕妇产妇和幼儿的系统管理，全县有孕产妇3469人，其中，系统管理孕产妇2697人，占全县孕产妇总数的77.8%；系统管理0~7岁儿童1.56万人，占全县0~7岁儿童总数（2.68万人）的58.2%。

该年，县妇幼保健站非常重视创建爱婴县和爱婴医院工作，派出专人参观了外地创建爱婴县、爱婴医院的成果，借鉴外地经验，开展了兴县创建爱婴县、爱婴医院工作。成立了创建爱婴县、爱婴医院领导组，制定了创建爱婴县、爱婴医院实施方案，对照爱婴县和爱婴医院标准，逐项实施，并进行不定期的自查评估。7月，兴县人民医院经省、地检查合格，被评定为“兴县爱婴医院”。

1998年，组织了儿童健康检查，共检查全县17户托幼机构儿童1020人，查出患儿204人，将检查诊断结果全部反馈家长及时医治；开展妇女病检查和治疗工作，共检查妇女350人，查出妇科病200例，均予及时治疗；启动婚前医学检查，共检查165对；强化对全县孕产妇和幼儿的管理，其中，孕产妇管理率达到76%，0~7岁儿童系统管理率达到60%；狠抓爱婴医院创建工作，瓦塘镇、康宁镇、蔡家会镇、交楼申乡4个中心卫生院达到爱婴医院标准，经吕梁地区评审通过。

1999年，重点加强两个系统管理和实施“削峰工程”（据国家“七五”攻关课题《中国出生缺陷监测》显示：全国新生儿出生缺陷总发生率为99.62人／万人，其中神经管畸形发生率为23.96人／万人，位居世界第一，被称为世界出生缺陷的“珠穆朗玛”。山西省新生儿出生缺陷发生率却远远高出这个数字，位居全国之首，被称为珠峰的“峰顶”。1997年，山西省卫生厅制定了《山西省降低出生缺陷、实施“削峰”工程目标计划》，1999年，山西省“削峰”工程正式启动。副省长王昕亲自担任省“削峰”工程领导组组长，山西省财政厅每年拨专款50万元用于“削峰”工作，形成全社会努力降低出生缺陷发生率的局面）计划，全县共有孕产妇2253名，实行系统管理1866名，系统管理率达82.8%；有7岁以下儿童2.78万名，实行系统管理1.88万人，系统管理率达67.6%；全年出生2249人，住院分娩2044人，新法接生2044人，新法接生率达90.9%。两个系统管理水平的提高，促进了两个死亡率的下降，全年全县孕产妇死亡1人，死亡率0.5‰；婴儿死亡43人，死亡率达19.1‰。全年共对196对婚前男女青年进行健康和生理检查，并进行了优生优育知识教育。

2000年，县妇幼保健站组织开展了五项工作：体检妇女、儿童2738人，检查结果全部反馈本人或家长，对查出的200例妇科病，都予以治愈；为部分幼儿园配备专职医疗保健人员，对全县14所幼托机构儿童进行了卫生保健指导，儿童卫生保健覆盖全县24个乡（镇）；组织36名乡（镇）卫生院妇幼保健员举办了实施“削峰工程”内容培训；在3月8日和6月1日，组织开展2次“削峰工程”大型宣传活动，散发宣传资料2万份，利用广播、电视、版面开展专题宣传，促进全县“削峰工程”的实施；组织全县196对婚前男女青年进行了医学检查。

2002年，县妇幼保健站组织开展妇女健康检查，共查妇女435人，查出妇科病75例，全部予以治愈；严格实行母婴保健持证上岗制度，审核、换发母婴保健专项技术服务许可证28个，经考核发放母婴保健专项技术合格证100个；加强对孕产妇和儿童的系统管理，其中，孕产妇系统管理率89%，7岁以下儿童系统管理率达66.7%，各项指标均达到省级标准。2009年，县疾控中心和妇幼保健站对全县妇幼保健员和医院院长进行2次大型专业培训；加强对出生医学证明的管理，出台了管理补充规定。2010年，县疾控中心和妇幼保健站重点加强孕产妇系统管理和儿童保健系统管理，对全县妇幼保健员和医院院长进行3次大型专业培训。全年产妇住院分娩率96%，建卡率83%，系统管理率71%；3岁以下儿童系统管理率69%，5岁以下儿童死亡率4.12‰；到11

月，发放叶酸片8164瓶，补助农村孕产妇住院分娩1953人；妇女病发病率明显降低，治愈率由1989年的96.8%提高到100%。

2011年，县疾控中心和妇幼保健院继续实施“削峰工程”和“降消”（国家为了提高孕产妇住院分娩率、降低孕产妇死亡率、消除新生儿破伤风而实施的一个卫生项目）项目，重点加强孕产妇系统管理和儿童保健系统管理，全年农村孕产妇住院分娩率达98%，为农村孕产妇免费发放叶酸2268人次，口服叶酸率达98%；发放住院分娩补助2394人，发放救助资金71.82万元；对全县妇幼保健员和医院院长进行2次专业培训。

2012年，县疾控中心和妇幼保健院继续实施“削峰工程”和“降消”项目，重点加强孕产妇系统管理和儿童保健系统管理，该年，全县5岁儿童死亡率为3.25‰，新生儿死亡率为2.46‰；积极开展孕产妇艾滋病、乙肝病毒筛查，共检测2714人，检测率95.83%，其中查出感染乙肝37人；县疾控中心和妇幼保健院以深化医改为契机，大力推进重点公共卫生服务项目建设，组织指导基层医疗机构实施15岁以下儿童乙肝查漏补种1.16万人次，接种麻疹3.6万针次；指导基层医疗机构为农村孕产妇发放叶酸2215人（份）、1.33万瓶，孕产妇服用叶酸知晓率达80%，有效预防了新生儿出生缺陷的发生；全县孕产妇住院分娩活产数为2822人，住院分娩率99.3%；为农村孕产妇住院分娩（2520人）发放救助资金75.3万元，降低了家庭接生风险；为3000名农村妇女（35~64岁）免费筛查宫颈癌，筛查出4例宫颈癌患者，并进行了健康指导和就医咨询；对全县妇幼保健员和医疗机构院长进行了2次大型专业培训。

2013年，县疾控中心和妇幼保健院对8378名0~3岁以下儿童实行系统管理，系统管理率为83.21%；组织对2660名孕产妇进行产前检查，检查率93.6%，查出乙肝感染人数28人；对2535名产妇及其新生儿进行产后访视，访视率89.0%；对2512名孕产妇实行系统管理，系统管理率为88.42%；指导基层医疗机构为孕产妇女发放叶酸2250人份，孕产妇服用叶酸知晓率达80%，有效预防了新生儿出生缺陷的发生；全县孕产妇住院分娩率99.5%，住院分娩活产数为2900人。其中，农村高危孕产妇住院分娩率达100%，降低了家庭接生风险；全县5岁儿童死亡率为3.25‰，新生儿死亡率为2.46‰；组织3000

名农村妇女（35~64岁）免费筛查宫颈癌，筛查出宫颈癌患者6例，并进行了健康指导和就医咨询；继续实施“削峰工程”和“降消”项目培训，对全县妇幼保健员和医院院长进行2次大型专业培训；启动儿童营养干预工程，为全县1800名适龄儿童发放了营养包。2014年，县疾控中心和妇幼保健院对2700名农村孕产妇实行了住院分娩补助，为3000名妇女进行了免费宫颈癌筛查。

2016年，县卫生与计生局、妇幼机构组织专业技术队伍，开展孕前优生健康检查等19项免费检查服务，其中，完成免费孕前优生健康检查1214例；举办优生知识讲座培训、孕前优生系统评估、优生咨询指导等配套服务，有效防止了家族遗传等疾病的发生，减少了新生儿缺陷症发生率；孕产妇系统管理人数2512人，管理率增长到85.49%，孕产妇住院分娩率增长到99.94%（其中为2.06万名农村孕产妇落实了住院分娩补助），全年婴儿死亡率降低到 4.2‰；访视新生儿2492人，访视率86%。

第六节　城乡居民健康档案管理

2011年3月，县卫生局组织疾控中心、妇幼保健院对各乡（镇）卫生院上年度基本公共卫生项目进行了为期半个月的考核检查，对九类国家基本公共卫生服务项目中城镇居民、农村居民健康档案实行规范化建档管理，共建城乡居民健康电子档案17.37万份（其中城镇居民建档1.95万人，农村居民15.42万人），占到当年全县总人口（常住28.12万人）的61.8%。规范管理高血压、糖尿病等慢性病人1.19万人。

2012—2013年，县卫生局组织疾控中心、妇幼保健院、卫生监督所对各乡(镇)卫生院基本公共卫生服务项目进行了5次督导考核检查，并按照考核结果下拨了公共卫生服务经费，完成全县城乡居民健康档案规范化建档53.14万份，累计管理高血压、糖尿病患者、重性精神疾病患者、老年人保健9.57万人。

2016年，完成城乡居民健康档案规范化建档28.58万份（其中电子档案25.89万份），占当年全县总人口（常住人口28.95万人）的98.7%。累计管理高血压、糖尿病和严重精神障碍患者2.89万人。

第四章　公共卫生

第一节　爱国卫生运动与环境卫生

1989年4月，兴县开展了以清理环境卫生为重点的第一个“爱国卫生月”活动，城区共清除卫生死角480处，清倒垃圾785吨，新建垃圾池114个，整修街道6条，建设集贸市场4个，有56个单位进行了室内外粉刷美化。

1990年4月，全县开展了第二个“爱国卫生月”活动，县乡机关干部500多人参加了义务劳动，共清倒垃圾、淤泥100余吨，城乡环境卫生面貌得到改观。吴俊义、李子平被全国爱卫会授予从事爱国卫生30年荣誉证书及纪念章。

1991年4月，全县开展第三个“爱国卫生月”活动，县直机关干部参加义务劳动，清理街道环境卫生，全年共清倒垃圾500余吨。同时，县爱卫会整顿城区清洁卫生队，增加人员，添置了清运垃圾车辆、掏粪车辆和洒水车辆，配备了城市卫生监督人员。

1992年，全县开展第四个“爱国卫生月”活动，县直机关100多个单位进行了门前粉刷或油漆，更新宣传标语1000余条，共清理违章建筑30多处，投放消毒药品500多千克，降低了“四害”密度，改善了城区环境。

1993年4月，全县各单位总动员，投入第五个“爱国卫生月”活动。300多名机关干部、职工走上街头义务劳动，清理环境卫生，共清倒垃圾3500吨，硬化路面（紫沟、福胜沟口和中大街）3万平方米。卫生局按照治标与治本相结合原则，制定了建设文明县城规划，组建了城区卫生清洁队，坚持每天早晨清扫街道；在各居民区新筑一批垃圾池，沿街设置了一批垃圾、果皮箱；在人流集中区新建和维修了公共厕所20个；购置了一批垃圾清运车辆，每天清倒城区各点垃圾；组成环境卫生检查组，沿街挨门逐户检查督促。县财政拨专款新筑、维修街道、下水道，绿化、美化了街道环境。机关、商店各单位实行了门前“三包”（包卫生、包绿化、包秩序）挂牌制度。县工商行政管理局和沿街各单位及个体工商户签订了文明经营和环境质量监督管理协议；县城乡建设局拆除城区沿街乱搭乱建的棚户和简易商业服务摊点；公安局加强交通管理，限制货车进城、减少了车辆污染，县城卫生状况明显改观。

1994—1995年，全县开展了第六个、第七个“爱国卫生月”活动，县爱卫会累计印发宣传材料4000余份，悬挂大幅标语2000条，发放灭鼠药250千克，拆除城区违章建筑30多处，清理城区卫生死角60多处。

1996年，全县开展第八个“爱国卫生月”活动，特别是“7·23”洪灾后，爱卫会全体人员把“抗洪救灾、防疫灭病”当作头等任务，投入清淤防疫战斗第一线，协助城建、卫生部门圆满完成了上级下达任务，恢复了城区正常生活秩序。

1997年，全县开展以“文明之春”为主题的第九个爱国卫生运动，爱卫会共组织县直机关干部和城区群众2000多人，清理垃圾死角9处、清倒垃圾700余立方米；环保部门对后发达、关家崖等地的30余户土法炼焦等严重污染户进行了关停改造；城建部门疏通下水管道800余米，硬化人行街道3200平方米，清掏、维修城区所有公厕，拆除各种乱建乱搭3400平方米；工商部门与个体户签订了人走场清责任书。通过落实环境卫生综合整治措施，城区街道面貌焕然一新。

1998年，全县广泛开展第十个“爱国卫生月”活动。其中，城建、工商、卫生、防疫、爱卫会、市容办等单位以实现城区主街道硬化、净化、绿化、亮化、美化为目标，累计新植、补栽道旁树660株，增设霓虹灯具20组，硬化路面2500平方米；与城区80个单位、500户个体户签订了门前卫生清洁合同，主街道实现垃圾日产日清，全天保洁；组织近千名机关干部进行卫生大清理，清倒积雪、垃圾600余立方米；环保部门对机动车辆尾气、中小企业排污等影响公众健康的严重环境污染进行依法管理，罚款30户，取缔110户；教育局、卫生局在全县36所中学、30所医疗卫生院及100多个公共场开展戒烟活动，发放500个戒烟标志；兴县中学、城镇中学、实验小学等部分校园面貌发生明显变化。农业、林业、粮食等部门展开灭鼠除害工作，共灭杀老鼠150万只；农村各乡镇普遍推行改水改厕，全县建制村卫生水普及率达70%，公共厕所普及率达80%，居民卫生厕所普及率达45%以上。

1999年，全县开展了“九九文明之春”和“第十一个爱国卫生月活动”，其中，县爱卫会会同有关部门对城区46所公厕进行了泥墙、抹顶、粉刷、撒灰、清掏，改变了顶漏、坑烂、满溢的不卫生状况；整顿了62处文化娱乐、商场等公共场所卫生，树立了文明窗口新形象；改良城区户厕4000余户，城区环境优良率达45%。

2002年，县城坝路一体工程——环城路竣工，忻黑公路主体工程通车，来往货车全部撤出主城区，车辆尾气污染明显减少，城区环境优良率上升至80%。

2009年，县卫生局按照“突出主题，营造氛围，广泛动员、形成声势”的要求，充分利用宣传车、悬挂宣传横幅标语、编印宣传简报等多种形式，开展“城乡环境卫生清洁工程”宣传教育活动；与城乡建设等相关职能部门积极协作，开展以整治县城及城乡接合部“脏、乱、差”现象为重点的“城乡环境卫生清洁”工程，逐步将治理范围向各（乡）镇、村延伸；县爱卫会全面落实“门前三包”责任制，形成了主管部门、专业清扫队伍与沿街单位管理相结合的管理体制；规范马路市场，整治市场秩序，对城区的早夜市和瓜果摊点进行了统一规划,限定了经营范围和时间,制定了卫生保洁制度，做到游商归市、街商归店；加强对“六小”（小餐饮、小美发店、小旅店、小网吧、小歌厅、小洗浴）门店的管理，使各小门店基本达到行业卫生标准。

2010年，县政府从城建、公安、交警、卫生、工商、环保等相关部门抽调50人，组建城市管理综合执法大队，安排了办公场所，配备了执法交通工具，开展了全天执法巡查活动；购置垃圾清运车3辆、垃圾桶300个，完善了环卫设施；在城区主街道新建环保厕所10座，新增环卫工人40人、厕所管理员20人；落实道路清扫和垃圾、粪便清运责任制，全年清运垃圾200余吨；城区主干道实行全天保洁，每天洒水4次以上；小街小巷的垃圾实行集中堆放、日清日洁；集中清理城乡接合部垃圾，实行封闭清运；形成了主管部门、执法大队、专业清扫队伍与沿街单位管理相结合的管理体制，共发放督办通知卡373份，保证了“门前三包”责任制的落实；规范马路市场，整治市场秩序，对城区的早夜市和瓜果摊点进行了统一规划,限定了经营范围和时间,制定了卫生保洁制，做到游商归市，街商归店；加强对“六小门店”的管理，使小餐饮、小美发、小旅店、小网吧、小歌厅、小洗浴等小门店基本达到行业卫生标准；交警队整顿交通秩序，严厉打击无牌无照机动车辆上街行驶，对驶入城区的大货车、客运车、农用车等大型车辆实行限时管制，在城区主要入口处设置了隔离桩与限高杆，在城区中心广场、十字路口和益民桥交叉路口设置交通指挥岗；合理设置了停车区域和时段，设置停车标志河标线；清理沿街广告牌匾700余个，清除“牛皮癣”小广告432处，对沿街路灯进行全面改造维修，在南山公园、主街道和环城路两侧、庭院社区等进行了补栽绿化，推进了城区街道净化、绿化、亮化和美化。

2011年，县卫生局以创建省级卫生县城为目标，展开城乡环境卫生大整治。3月，召开全县创建省级卫生县城动员大会，制定出台了“三项整治”及创建卫生县城实施方案；成立了创建省级卫生县城领导组，明确了各单位、科股室及包干责任区责任人及具体任务；全县累计出动人员2000余人次，清理居民区、小街小巷和城乡接合部卫生死角，共清倒垃圾1000余吨，清理小广告1000余条，清洗外墙576平方米，粉刷房屋183间，投放溴敌隆灭鼠剂和杀蝇、杀虫饵剂等1.79万袋（瓶），有效杀灭了“四害”幼虫。通过近一年的环境卫生大整治，各单位及城区整体环境面貌明显变亮、变净、变优。年底，经山西省爱卫会专家组验收，兴县获“省级卫生城市”荣誉称号。

2013年，县卫生局、爱卫会以巩固“省级卫生城市”创建成果为重点，组织全县各成员部门开展形式多样的爱国卫生活动，并将环境卫生整治工作延伸到农村，大力创建卫生乡（镇）、卫生村，城乡环境卫生面貌发生了很大改观；通过落实群防群治和投放灭鼠剂和杀蝇、杀虫饵剂等杀虫剂，减少了鼠类及蟑螂、蚊蝇兹生。12月，全县通过了山西省爱卫会专家组对兴县“省级卫生城市”的复审验收。

2015年，县卫计局、爱卫会根据吕梁市爱卫办有关农村改厕工作要求和全国爱卫办推荐的双瓮漏斗式的无害化卫生厕所类型，累计在蔡家崖乡和康宁镇新建、改建户厕500座，改善了部分农村厕所卫生条件，带动了农村环境卫生综合治理。2016年4月，按照《兴县人民政府办公室关于印发2016年农村户厕改造工作的通知》，县卫计局、爱卫会大抓以改善人居环境为目标的农村改厕工作，至年底，全县17个乡（镇）累计完成户厕改造9087座（县“十三五”规划任务为每年改厕1万座）。兴县被授予“2016—2018周期省级卫生县城”称号。

第二节 饮水卫生

1990年，全县城乡饮用清洁自来水总人数仅占常住总人数的20%。1994年，全县城乡饮用清洁自来水总人数占常住总人数的33%。1999年，全县城乡饮用清洁自来水总人数占常住总人数比例上升至45%。2000年，全县城乡饮用清洁自来水总人数占常住总人数比例上升至60%。

至2016年，全县饮用水源共7种2564个（包括大口井、乔家沟深机井、手压机井、自来水、泉水、河水、水库水），其中饮用地下水人口占总人口数的92.3%（饮用深井水人口占总人口的15%、饮用浅井水人口占总人口的56.7%、饮用泉水人口占总人口的20.6%），饮用地面水（河水、水库水）的人口占总人口的7.7%。

城镇居民供水饮水

兴县城区水资源严重匮乏，在县城4.5平方公里的范围内，地表水为零，地下水质较好，长期以来地下水一直为县城居民的生活用水。1990年，兴县供水管理中心铺设管道2600米，发展自来水用户135户，全年完成供水26.94万吨。1992年，县城乡建设局争取到山西省和吕梁地区自来水工程投资145万元，完成泵房新建工程，铺设输水管道、DN300配水管、居民供水管道7400余米，砌筑阀门、消防井等10余座。全年总产水量达到40.1万吨，比上年增加10.1万吨。1994年，县城乡建设局在原有深井、输水管道铺设的基础上对水厂设施进行改造、配套、完善，全年供水总量达到52.8万吨。1995年，城区总供水量达到59.34万吨，比上年增加12.4%。1996年“7·23”洪灾后，县城供水系统遭受严重破坏，供水一度中断。县城乡建设局对乔家沟深井、输配水管网、水厂机电、水泵、蓄水池等设施进行抢修，10月底供水系统全部恢复。2000年，县城乡建设局开工建设城区二期供水工程，在城东大墕梁新建水厂，内设1000立方米清水池3座，日供水5500立方米；新铺设各类供水管道1.22万米，扩大自来水用户1680户。2001年，县供水管理中心完成集资改造城区中街管道、杨玉春沟管道500余米，年供水总量达63万吨，水质达到国家饮用水卫生二级标准，城镇供水普及率提高到65%。

2005—2012年，县财政总投资2400万元，在蔚汾镇五龙堂村新建第二水厂，建设4个蓄水池，总容积4000立方米，全年供水70万吨；完成县城供水管网改造13公里，整合水资源井1眼，实现城区自来水每日供水的目标。到2012年末，县供水管理中心水源井达到5口，均在县城以东约3公里的乔家沟、原家坪一带，井深分别在700至770米。水源井水通过深井潜水泵提升，由输水管网送入清水池，再通过重力流供水方式和加压泵送入高区配水管网方式直供城区。县城供水范围东至乔家沟村，西至蔡家崖村，南至南沟门前，北至紫沟梁，供水管网总计达45公里，供水面积15平方公里。

2016年，县财政总投资3960万元，实施县城供水改造工程，共更新改造旧供水主管网1.42万米，城区供水普及率达98%，覆盖率达90%，水质达标率99%。

乡村居民供水饮水

2000年开始，全县农村实施人畜饮水解困工程，至2002年，共投资1922.3万元，建设饮水工程148处，受益覆盖156个村（含自然村）、67712人。其中通自来水村累计达到134个（其中2000年通自来水村90个，2001年新增通自来水村16个，2002年新增通自来水村28个）。2003—2010年，水利部门共投资7066.7万元，建设饮水工程513处，受益覆盖519个村、192624人。其中新增通自来水村461个。2011—2016年，水利部门共投资3237万元，建设饮水解困工程304处，受益覆盖171个村、50664人。其中建成通自来水村171个，通自来水村累计达到766个。

第三节　食品 饮食卫生

1989年起，遵照山西省人大和省政府颁布的《山西省城乡集市贸易食品卫生管理规定》《山西省食品卫生监督行政处罚办法（试行）》和《山西省食品卫生监督员工作程序》3个地方法规，县人民政府责成卫生局牵头，会同商业局、二轻局、县供销、县工商局组成联合工作组，进行食品卫生监督管理。规定凡从业者必须领取食品卫生许可证；所经营食品，必须经卫生防疫部门审查合格方可销售；凡从事食品加工生产和销售的从业人员，每年必须进行两次体检，患有传染性疾病者不得从事食品生产经营；所有宾馆、饭店、食堂、个体餐饮摊点必须做到食品生熟隔离、餐具消毒、防蝇防尘、安全卫生。1997年，县卫生防疫站协同县人大进行了食品卫生执法大检查，共销毁过期食品160余千克，没收劣质罐头、饮料600多瓶。1998年，防疫部门卫生监督覆盖城区经销单位（户）达100%，没收销毁变质食品1360千克，处罚违反《中华人民共和国食品卫生法》经营户41户。

2000年，县卫生主管部门共对全县城乡297户食品经销单位进行了监督检查，对城区从事食品经销的537名从业人员进行了体检，对12户卫生不合格经营户分别给予警告和限期整改，共罚款1200元、没收超期变质食品150千克，重新核发卫生许可证297个、健康证537份。

2009年5月，兴县卫生监督所针对罗峪口镇29名民工因食用变质猪头肉发生食物中毒事件，对全县食品市场进行督查，共监测营业类公共场所6户，发放卫生许可证5户，体检从业人员35人，体检合格率为99%；对城区191名食品加工销售和餐饮从业人员进行了体检和卫生知识培训，完成办证218户，取缔门店38户；监督县自来水公司3次，培训、体检从业人员8人。

2010年，全县共有县级食品卫生监督机构6个，食品卫生监督员18人（其中专职6人、兼职12人）；有乡（镇）食品卫生监督机构25个，从事食品卫生监督人员50人（均为兼职）。全年共出动执法车辆70台次，执法人员420人次，对城区215户食品经销单位进行监督检查，其中，监测餐饮消毒2600份，下达监督意见书152份，发放卫生许可证196份；行政处罚（警告）20户，体检从业人员537人，核发健康证537份，培训从业人员3批401人；检查乡（镇）食品经销单位82户，发放卫生许可证82份，处罚卫生不合格经营户22户（其中警告15户，限期整改7户），罚款1200元，没收超期变质食品150千克；对全县143户餐饮单位和17户学校食堂实行了分级量化管理，并加强了实时实地监管。

2011年，县食品卫生监督机构开展食品安全专项整治行动，抽样检验了4户重点经营单位的挂面15个批次、乳制品21个批次；受理投诉举报2起，查处食品违法案件7起，罚款13.4万余元，责令企业停止使用2种备案信息不明的食品添加剂；打击私屠滥宰违法行为，共检查猪肉销售摊点200余户次，没收白条肉40千克；打击白酒制假售假违法行为，全面推行"酒类流通随附单"可溯源制度，没收各种假冒酒56箱，扣押无票酒品30箱；检查食品经营户1000余户次，取缔无照经营户61户，查处食品安全案件45件（案值2.25万元），查获各类假冒伪劣食品20余千克；整顿校园周边食品经营，督促9户餐饮经营者购置了电子消毒柜、2户餐饮经营者购置了自检设备、178户餐饮业主完善了"三防设施"、874名餐饮从业人员经体检办理了健康证明。

2012年，县纪检委成立了食品安全责任监督工作领导组，并下设食品安全责任监督办公室（简称县食安办），制定印发《兴县食品安全监督责任追究暂行办法》《关于开展食品安全责任监督工作的实施意见》等相关文件，明确了各相关部门及监管执法人员的责任。全年由县食安办牵头开展督查检查、联合检查8次，出动执法人员4987人次，检查食品生产经营单位1027户次、餐饮单位（包括学校、幼儿园食堂）658户次，共取缔无证经营91户（其中立案查处65户），规范办理证照35户，检查整改92户；对负有食品卫生监管责任的6个单位进行了责任倒查，其中10名工作人员受到了党纪政纪处分（其中行政警告1人、行政记过1人；党内警告7人、党内严重警告1人，涉及副科以上领导职务的6人）；建立了农村食品安全"一专三员"（在17个乡镇明确了17名食品安全专干，聘用了信息员、联络员、协管员1125人）监管队伍；开展食品安全宣传教育活动，举办法律法规及餐饮类从业人员食品安全专业知识培训3期，培训企业负责人和质量管理人员650余人次；牵头组织食安委各成员单位在县电视台开设食品安全宣传专栏（每月2期）；公布投诉举报电话，设立监督举报台，公示监管执法人员基本信息和电话号码，鼓励社会公众参与食品安全监督。

2013年，县食品药品监督管理局、食品安全责任监督办公室共出动执法车辆210辆次、执法人员1668人次，检查机关事业单位、学校食堂及托幼机构57户，餐饮服务单位360户，印发责令改正书110份、监督意见书180份，新办餐饮服务许可证60户；对9户学校食堂、11户餐饮企业建立电子监管系统，对1089名餐饮从业人员进行健康体检（对其中不符合上岗要求的7人，及时通知餐饮单位调离工作岗位）；与20家早夜市食品摊贩签订卫生安全承诺书。

2016年，县食品药品监督管理局、食品安全责任监督办公室共出动执法人员1376人次，开展县级农产品监督抽查240批次，其中畜禽类13批次、蛋类9批次、淀粉类13批次、蔬菜类165批次、豆类8批次、水果类30批次；开展食品生产、流通餐饮环节快速检验检测35批次（中高考期间食品安全快检17批次）；受理食品药品投诉举报5宗，查处各类违法案件7宗（食品6宗，药品1宗），结案6宗，涉案货值3.89万元，罚没金额2.1万元；发出责令整改通知书521份，核发食品流通许可421个、核发食品生产加工和餐饮服务小作坊许可证件246个。

第二十九编

文化 广播 影视

兴县文化底蕴深厚，有较多的文化基础设施和文艺团体。2016年末，全县17个乡（镇）均建立文化站，农村文化室、农家书屋发展到365个，中小学校共建有图书馆31个。

兴县民间文化内容丰富，别具特色。1990年6月出版的《中国民间歌曲集成》（山西卷）收录兴县民歌46首（篇）；2012年10月，原文化馆王付全主编的《晋西北优秀民间戏剧辑》出版问世。

1989—2016年，兴县文艺创作成果丰硕（包括兴县籍在县外工作人士创作），田东照创作的小说，田彩凤创作的散文，李三处、高若虹、白展云、刘喜栋创作的诗歌，贺彩屏创作的报告文学，牛国权、崔宗极、尹雁夫创作的戏剧和小品，高志鹏、康湘坪（平）、王瑛（英）创作的音乐作品获得吕梁、山西和全国多项奖励。任安谷、王付全、宫宪元、郭喜邦（波）、王利平、王玉堂（王钰棠）、王宁、野世捷、李毛提、徐秀珍、王会平、雷保儿、郭华琴创作的美术、书法、摄影、剪纸等作品，多次参加全国、全省和吕梁地区（市）展览，有的获多种荣誉和奖励。器乐演奏方面，裴毅、高志鹏的二胡演奏，刘旭明的唢呐演奏多次获得省、区和全国奖励。

戏剧表演方面，李万林、任建华演唱北路梆子，获全国和全省多项奖励。

1989—2016年，兴县广播电视基础设施建设不断加强，呈现蓬勃发展局面。其中，1992年，兴县人民广播电台（调频92兆赫，后变更为调频102兆赫）和兴县电视台成立；1995年10月，新建广播电视大楼投入使用，电台、电视台采编播条件得到充分改善；2003年9月开工实施电视网络光缆改造工程，电视节目由电缆传输变为先进的光缆传输；至2016年末，全县375个建制村、725个自然村完成了“广播电视村村通”工程，解决了2.6万余户偏远山区群众看电视难的问题。

戏剧创作和表演方面，县晋剧团排演的古装晋剧《无义塔》，于1988年1月参加吕梁地区首届“吕梁杯”戏剧大奖赛，分别获得综合效果奖、银杯奖、编剧二等奖、导演二等奖、音乐设计一等奖、舞美设计二等奖，演员一、二、三等，二胡独奏二等奖、乐队伴奏奖、优秀团长奖、县委县政府组织奖等十多项奖励。

第一章　文化设施

第一节　文化场馆

文化馆

创建于1944年，名为民众教育馆，位于县城南关，职员3人，由赵源任馆长。1949年，民众教育馆更名为兴县文化馆，馆址迁至东关大舞台西侧，有瓦房5间。1968年，县文化馆迁址于晋绥解放区烈士陵园前院，与该陵园合署办公。1984年5月，县文化大楼建成投运，文化馆迁于文化大楼，划归文化局管理。

1991年，文化馆编制17人，实有17人，设馆长、副馆长各1人。

2016年，文化馆编制9人，实有6人，设馆长、副馆长各1人。

人民大礼堂

兴县人民大礼堂（会场）始建于1964年，落成于1969年，有观众座位879个，主要设备有电唱机、收录机、扩大器、各种灯光安装设备和举行盛大集会时装饰主席台用的盆景等。该礼堂原属县级机关招待所管辖，1978年3月改属兴县文化局所辖事业单位，共有人员6人，其中经理1人。1989年以来，该大礼堂举办了多次戏曲、歌舞等演出和庆典礼仪活动。后因兴县新建一批文化活动场所，大礼堂场地闲置，于2004年改造为文化系统职工宿舍楼。原有人员按照“新人新办法，老人老办法”的原则，退休人员按事业人员退休办理，至2016年末，大礼堂原有人员全部办理退休。

文化活动中心

2004年10月建成投用，位于晋绥东路（原新建东路）南侧，体育场北侧，为县城中心地段。工程概算投资246万元，总建筑面积2773平方米；地上建筑3层，其中第三层系多功能厅，为会议室兼小型文艺演出场所，第二层为职工文化体育活动场所。

体育场及人民大舞台

体育场原为兴县中学体育场地，总面积4.6万平方米。2003年，进行体育场改造，全部硬化并铺设塑胶，设有200米环形跑道、篮球场、门球场。

在体育场南侧，建有人民大舞台。舞台东西长16.5米，南北宽12米，建筑面积近200平方米。在兴县中学迁建（改为友兰中学）后，该体育场及大舞台成为县城大型文艺演出、秧歌表演活动主要场地，也是城区居民开展群众文化和体育健身活动的中心场所。

第二节　图　书

机 构

兴县新华书店　1991年，兴县新华书店编制13人，其中经理1人、党支部书记兼副经理1人。2000年，新华书店有职工21人，其中男12人、女9人；文化程度：高中（含中专）19人，大专2人。

2013年3月，根据山西新华书店集团体制改革要求，吕梁市新华书店转制为国有独资企业，名称变为山西新华书店集团吕梁有限公司。兴县新华书店取消一级法人资格，变为山西新华书店集团吕梁有限公司兴县分公司（简称新华书店兴县分公司）。

2014年，新华书店兴县分公司在册职工17人，其中男15人、女2人。2016年，新华书店兴县分公司实有17人（其中高中文化11人、大专和本科学历6人）设经理1人，副经理2人 。

关向应图书馆　前身是1943年9月建立的晋绥图书馆。当时，该图书馆董事会由贺龙、林枫、续范亭、周士第、武新宇、张稼夫、张平化、周文、刘少白、牛荫冠、杜心源、孙良臣、廖井丹、阎秀峰、亚马等组成，馆址初选在陕北神府县杨家沟，由《晋绥大众报》社社长王修兼任馆长。1946年1月，该馆迁至兴县高家村，藏书4万余册。1948年后，晋绥解放区党政军机关和干部南下、西进，大量图书资料留在兴县。

1952年，兴县专署为纪念开创晋绥革命根据地主要领导人之一的关向应，将晋绥图书馆易名为“关向应图书馆”，馆址由高家村迁至晋绥解放区烈士陵园内，与烈士陵园合署办公，归民政局管理。

1980年1月，县文化馆图书室藏书合并于关向应图书馆，并定名为兴县关向应图书馆，划归兴县文化局管理。

自命名关向应图书馆以来，该馆积极开展阅览活动，产生广泛影响。1990年12月，关向应图书馆受到国家文化部表彰。1991年4月，关向应图书馆被山西省文化厅命名为“文明图书馆”。

1994年，山西省拨专款资助兴县文化基础建设，县人民政府在文化街新建占地面积350平方米、建筑面积1050平方米的关向应图书馆大楼，藏书和阅览条件得到充分改善。1994—1995年，在全国公共图书馆首次评估定级中，兴县关向应图书馆被文化部评定为三级图书馆，被山西省文化厅评定为二类图书馆。2016年末，该馆编制10人，在岗9人。

基层文化组织与图书馆（室）　乡镇文化中心：1986年前，全县共建有康宁镇、魏家滩镇、蔡家会镇3个文化中心，有专职文化站管理人员12名。2001—2016年，全县新建乡（镇）文化中心14个，乡（镇）文化中心累计达到17个。每个乡（镇）文化中心文化站活动面积300平方米以上。乡（镇）文化中心自创建以来，组织开展了多种形式的文化娱乐和体育活动，并组建了乡（镇）业余演出团体、电影放映队，为改善农村群众文化落后状况，指导和服务农村文化工作发挥了积极作用。

农村文化室、农家书屋：至2016年，全县共建成农村文化室、农（家）书屋365个，共藏书73.86万册。

学校图书馆：至2016年，全县学校共有图书馆（室）31个，总藏书80万册。

个体书店：2003年，兴县有个体书店7户，到2016年，全县个体书店缩减为4户，有职员8人。

图书发行与阅览

图书发行　1990—1999年，兴县新华书店年均发行图书60.84万册，发行总额55.9万元，其中，中小学课本发行占发行总量的40%，社会图书发行占发行总量的60%（含年画、挂图等）。2000—2016年，新华书店兴县分公司图书发行总额达到1.24亿元，年均发行355万册，年均发行额727万元，其中，中小学课本及教辅用书约占38%，社会图书约占60%，年画、挂图类占2%。

图书阅览 1991年，关向应图书馆藏书8.18万册，其中古籍善本5925册，普通图书、报刊3.15万册（包括报纸合订本），年接待读者1.69万人次。

1994年，关向应图书馆共有藏书13类、3.89万册，其中，善本3607册、非善本4487册、民国时期2655册、晋绥时期1.58万册（含复本9529册）、建国初期1.19万册（含复本5604册）、外文书刊397册。

2000年以后，农村中小学校相继创建一批图书室，图书购置量（包括捐赠）、储藏数量及阅览量逐年增加。至2016年，农村中小学校总藏书达到80万册，年阅读量达到23.65万册。2008年，关向应图书馆购置30台电脑，建成“全国文化资源信息共享工程兴县支中心”，开展全民免费阅览活动，每年免费阅览2.13万人次。

2016年，全县共有专业图书馆1个，农村文化室、农家书屋365个，中小学图书室31个，总藏书157.75万册（其中专业图书馆3.89万册，农村文化室、农家书屋73.86万册，学校80万册），年阅读量40.78万册，其中专业图书馆2.13万册，农村文化室、农家书屋15万册，学校23.65万册。

第二章　文艺创作

第一节　文艺创作刊物

《吕梁文学》从2004年起，不定期开辟“兴县专栏”，为兴县作者发表文艺作品提供了一方阵地。

第二节　文艺创作

小说、散文、诗歌、报告文学（含纪实文学）创作

小说创作　1989—2012年，兴县从事小说创作的人很少，在省、地（市）级文学期刊发表作品的主要是专业作家。其中，田东照相继创作发表中短篇小说和影视、纪实文学等作品50余部（篇）。

1989—2012年田东照部分文学作品创作年表

表29-2-2-1

时间	作品名称	登载作品刊物及获奖说明
1989	《短篇小说二题》（孤窑、古槐）	《火花》1989年第9期
	电视剧本《大地的沉思》	《火花》1989年第12期—1990年第1期
1990	短篇小说《故里人》（二妗、外公）	《山西文学》1990年第8期，其中《外公》获《山西文学》1989—1993年度优秀小说奖
1991	中篇小说《黄河在这儿转了个弯》（1985年发表于《中国》第2期）	1991年获山西省第二届文艺创作金牌奖
	中篇小说《河缘》	《黄河》1991年第1期
	长篇传记《骨痨大师》	北岳文艺出版社出版（2月）

续表29-2-2-1

时间	作品名称	登载作品刊物及获奖说明
1992	短篇小说《末班》	《晋阳文艺》第2期
	报告文学《困境中的三步棋》	《黄河》第4期
	报告文学《儒将之风》《转战深山十四年》	《煤海军魂》（解放军文艺出版社）第8期
	报告文学《对地球呼唤的回答》	《山西文学》报告文学增刊（5月）
	报告文学《疑难症的克星》	《作家与企业家纪实》第4期，《太原日报》8月12日
	散文《灯塔之光》	收入《群星璀璨话摇篮》（高校联合出版社）一书
1993	短篇小说《风水墙》	《人民文学》1993年第4期
	长篇报告文学《路漫漫兮》	山西人民出版社出版
1994	散文《黄河漫笔》《八十高龄志犹壮》	分别刊发于《山西文学》1994年第10期、《火花》1994年第5期
1996	短篇小说《秋天的故事》	《山西文学》第1期；被同年《乡土文学》第1期、《小说月报》第3期、《小说选刊》第4期转载。10月获恒泰杯乡土小说大奖赛短篇小说一等奖
	《异国情缘》（纪实文学）	《黄河》1996年第4期
1997	中篇小说《跑官》	《山西文学》第2期，被同年《小说月报》第4期、《新华文摘》第8期转载
	短篇小说《乡间传闻》	《山西文学》第8期
	短篇小说《老万成名》	《山西文学》第6期
	《李月生的大半辈子》（影视剧本）	1997年拍摄，1999年获山西省“五个一工程”奖
1998	中篇小说《跑官图》	《今古传奇》第6期，被同年《北岳风》第12期转载
	短篇小说《老友》	《山西文学》第11期，被《小说选刊》1999年第2期转载
1999	中篇小说《买官》	《山西文学》第3期。被同年《中篇小说选刊》第5期、《小说选刊》第6期转载。获1998—1999年度《中篇小说选刊》优秀小说奖
2000	中篇小说《卖官》	《中国作家》第8期发表。同年被《中篇小说选刊》第6期、《作品与争鸣》第12期转载。获2000—2001年度《中篇小说选刊》优秀小说奖
	中篇小说《骗官》	《今古传奇》第3期发表

续表29-2-2-1

时间	作品名称	登载作品刊物及获奖说明
2001	《黄河绝唱二题》（河利、村碑）	《北京文学》2001年第12期发表
	短篇小说《返乡》	《山西文学》2001年第1期发表
2002	中篇小说《啼笑皆非》	《中国作家》2002年第6期，入选湖南文艺出版社《幸福生活万年长》一书
	中篇小说《D城无雪》	《中国作家》第1期；同年《小说选刊》第3期、《中篇小说选刊》第2期转载，获2002年度中国作家大红鹰文学奖
2003	短篇小说《黄河绝唱二题》（潜水、河来）	《黄河》第2期发表，入选湖南文艺出版社《进步》一书
	中篇小说《恐炸症》	《中国作家》2003年第12期发表
2004	中篇小说《还乡，还乡》	《北京文学》第1期发表，同年《小说月报》第3期、《中篇小说选刊》增刊第1期转载
2012	“葫芦湾系列小说”《引子》《二丫》《东当西当》	《山西文学》2012年第1期
	“葫芦湾系列小说”《小河神》《三夫人》	《山西文学》2012年第2期
2012	“葫芦湾系列小说”《怪人康允义》《宋氏父子》《状元后》	《黄河》2012年第2期
	“葫芦湾系列小说”《败家子》《人与鬼》	《山西文学》2012年第4期
	《马知县断案》	《北京文学》2012年第6期
	“葫芦湾系列小说”《葫芦》《怪翁择婿》	《山西文学》第7期。9月，《葫芦湾传奇》被《2012年山西文学年度作品选—中短篇小说卷》收录
	“葫芦湾传奇”系列小说遗作——《环姐与燕妹》（中篇）	《山西文学》2012年第12期“纪念田东照专刊”

散文创作　1989—2007年，田彩凤先后在山西省内报刊发表散文十多篇，其中《那酸甜酸甜的杏子》（刊载于1989年8月24日《山西日报》），获黄河文学一等奖和山西青年散文大奖赛二等奖（颁奖单位：山西青年作家协会、铁道部第三工程局、评委会）；《半个月亮》（刊载于1993年10月26日《山西日报》）获全国“亲情友情爱情”文学作品大赛三等奖；《家住黄土高坡》（刊载于2000年9月6日《山西日报》）获山西省社会主义精神文明建设美文大赛三等奖；《红枣熟了》（刊载于2001年6月《农民日报》），获中宣部、团中央、文化部、中央人民广播电台、农民日报社和中国文化报社联合举办的“致富思源，富而思进”全国农民读书征文二等奖；其散文《故乡

行》《秋思》《心祭》《君子兰咏叹》《黄昏之约》《琵琶曲·十面埋伏》《丝竹乐·春江花月夜》分别刊载于《山西文学》1990年第3期、1992年第2期、1993年第10期、1995年第5期、2001年第4期、2006年第7期、2007年第11期；其散文《女儿睫毛上的泪珠》刊载于《晋阳文艺》1992年第6期。

2003—2016年，兴县农村作者刘振频先后发表散文多篇。其中，《戏迷人家》刊载于《黄河》2002年第5期；《黄河渡口》刊发于《火花》2002年第9期；《红色贺卡》刊载于《太原日报》2003年1月1日：《圐圙湾的唢呐》刊载于《大家赵树理》2009年第4期；《城市里的春天》《听雨》均刊载于《都市》杂志2010年第2期；《故里的婆姨》刊截于《山西日报》2015年5月20日副刊；《山乡的春天》刊载于《山西日报》2016年4月20日副刊；《打谷时节回故里》刊载于《昌平文艺》2016年第2期;《故里的婆姨》《山乡的春天》分别入选2015年和2016年《山西文学年度作品选》（散文卷）;《故乡的花馍》刊载于《西北文学》双月刊2016年第3期。

刘建镍（黑峪口村人，曾任职于西昌铁路分局、中铁成都局集团公司办公室，为四川省作家协会和中国铁路作家协会会员），2001年至2016年发表散文、散文诗多篇。其中，2010年7月10日在《人民日报》“大地”副刊发表散文《跨越四十年的奇迹》；2012年4月30人在《人民日报》“大地”副刊发表散文《守望铁道》，收入2012年度《人民日报》散文精选集《诗人江湖老》和《开卷有益》（2014年12月，浙江省委宣传部编，浙江人民出版社出版）。2015年4月23日在《人民铁道》报发表《铁路人素描》（节选）等；其散文《绽放在铁路线上的花束》刊载于《中国铁路文艺》2013年第4期。

康彦红在2014年9月30日《山西日报》发表散文《愿祖国昌盛百姓安康》。

诗歌楹联创作　获山西首届“德艺双馨”优秀文艺工作者称号、被中共吕梁地委和吕梁行署授予“吕梁人民作家”（1997年）的李三处，创作发表了部分诗歌作品，其诗歌《高粱红了》《黄河依恋的小镇》分别刊载于《山西日报》1989年10月1日和1990年1月；《秋天的日子》《谷垛》刊载于《山西文学》1990年第6期；《洗衣女》刊载于《山西文学》1990年第10期；《秋天的日子》和《开镰风》刊载于《人民文学》1994年第1期；《酒店》和《纤夫》刊载于《诗刊》1996年第1期；其组诗《春歌》刊载于《黄河》2002年第3期。

高若虹于1979—2016年先后发表诗作数十首。其中诗作《长夜，响起了马蹄声》《写给柳湾》刊发于《汾水》1979年第6期，获山西省十年优秀文学作品奖；《渴望阳光的三种姿势》和《一种生活方式》刊载于《山西文学》1990年第2期；《塬上的谣曲》刊载于《黄河文学》2007年第3期；《动和静的线条雕塑》刊载于《民族文学》2008年第9期；《故园》刊载于《诗刊》2008年11月号上半月刊；诗集《漫游的灯盏》获《诗刊文库》2007—2008年度优秀诗集奖；《荒原诗卷》刊载于《北大荒文学》2009年第5期；《长在土坷垃上的一棵小草》《黄土坡上的一只羊》刊载于《五台山》2009年第7期；诗作《沙坡头》《鸣翠湖》于2009年8月参加“塞上江南·神奇宁夏”旅游诗词全国大赛获二等奖；作品《蓝色的水立方》于2009年12月在北京市庆祝新中国成立六十周年文艺作品征集评奖中获佳作奖（颁奖单位：北京市文联、市文化局、市广播电影电视剧、市新闻出版局、北京日报报业集团、北京出版有限公司）；诗作《小平肖像三首》刊发于《中国铁路文艺》2011年第7期，在中国共产党成立九十周年系列纪念活动中获二等奖，并被编入大型系列文献《共和国建设档案》一书；诗作《太阳的颂词（辞）》刊载于《诗刊》2011年7月下半月刊，在中国共产党成立九十周年系列纪念活动中获全国征文评比诗歌类二等奖；其组诗《重提那个年月那些人》于2011年12月获《民族文学》庆祝中国共产党成立90周年“心连心”专辑征文一等奖；其诗作《黄河滩上的风》在2013黄河口金秋诗会征文大赛中获一等奖（颁奖单位：中国诗歌学会、山东省作家协会、中共东营市委宣传部等）；其诗作《记住一个人》于2014年10月参加四川省广安市作家协会、广安市诗词学会联合举办的“颂歌献小平，诗意赞广安”诗歌大赛获一等奖；其诗作《解说娄山关》在2015年纪念红军长征80周年“正辰杯”诗歌比赛中获一等奖；其组诗《黄河滩上》于2015年12月获第十届首都职工文化艺术节首都五一文学奖和文学作品征集一等奖；其组诗《去看一棵树》在天津市第25届“东丽杯”全国鲁藜诗歌评选中获单篇类一等奖（（2016年9月，颁奖单位：中国文化报社、天津市文化广播影视剧、天津市东丽区人民政府）；其组诗《黄河滩上》（含《黄河滩上的那些小》《坐在河沿上的人》《挖苦苦菜的二嫂》《运草的驴车》），于2017年10月参加由《诗探索》编辑部、山东省高密市人民政府联合主办的“中国红高粱诗歌”大赛，被授予“第七届中国红高粱诗歌奖”。

刘喜栋于2007年9月出版诗集《刘喜栋诗词选》（中国作家出版社）。2011年，其创作的楹联《赞毛主席晋绥讲话》，参加山西省纪念建党90周年楹联征稿活动，获二等奖励（奖金2000元）。

2015年5月21日至7月10日，为了纪念中国人民抗日战争暨国际反法斯战争胜利七十周年，山西省晋绥文化教育发展基金会与吕梁市文物旅游局、中共兴县县委、兴县人民政府联合主办了面向全国的“永远的晋绥”诗联大奖赛，该大奖赛活动共收到来自全国各地参赛作品2000多件。经过专家评审，共评出获奖诗一等奖3首（获奖者分别为河北省、上海市、河南省人）、二等奖7首（获奖者分别为安徽、江西、甘肃、江苏、吉林、黑龙江、湖南省人）、三等奖14首（作者有山西省1人）；评出获奖联一等奖3副（辽宁、河北、山西省各1副）、二等奖7副（广东省2副、甘肃省1副、河北省2副、山西省1副、江苏省1副）、三等奖14副（其中山西省2副）；兴县籍白展云及吕梁籍李凯恩、高富许等晋绥老干部与晋绥后人获得晋绥儿女特别荣誉奖。

大奖赛活动结束后，入围作品由中国诗词楹联出版社于同年10月集结出版——《纪念中国人民抗日战争暨世界反法西斯战争胜利70周年“永远的晋绥”诗联作品集》。兴县录入该诗联作品集的有白展云的《唯赖毛朱巧运筹》，刘喜栋的《题蔡家崖》《赞〈抗战日报〉》联、《咏贺龙》联，康彦红的《咏贺龙》联。

贾喜平创作的《南国行》等组诗7首，入录《第十二届“天籁杯”中华诗词大赛优秀作品集》。

报告文学（纪实文学）创作　刘迎华报告文学《绿色的梦》，刊发于《吕梁文学》1990年第4期。王宁报告文学《走向明天》《大雁的传说》分别刊载于《山西文学》1990年第10期、第11期（均署名“琴书”）。牛寨中报告文学

《东风荡起风帆》刊载于《山西文学》1990年第11期。刘迎华与牛贵怀、高中义创作的报告文学《走出低谷》刊载于《企业文化大观》1991年12月号。刘迎华报告文学《跨上新的高度》刊发于《山西文学》1992年第4期。1992年开始，王枫在《山西文学》《黄河》《晋阳文艺》《企业文化大观》等省、市文学期刊先后发表《黄土地上的丰碑》《扬起风帆破浪行》《中流砥柱》《剪接在一起的镜头》《轮飞万里》《扎根沃土写春秋》《太阳石之歌》《丹心谱写创业曲》《创业者之歌》《矿山骄子》等报告文学10多篇。孙明中、方苏楠（署名方芳）撰写的《苦乐岁月竞风流》刊发于《黄河》1992年等3期。尹雁夫、贺旭纪实文学《鸿雁传情》刊发于《山西文学》1992年第5期。王宁报告文学《脚印》《大山的儿子》分别刊载于《山西文学》1992年第9期、第12期（均署名“琴书”）。2003—2014年，牛寨中先后编著出版纪实作品《贡生·士绅·共产党人刘少白》《各领风骚——兴县名人风采录》《山西清代第一名臣——孙嘉淦》和《禹后治河又一人——康基田》；王波、李迎选编著出版了纪实作品《晋绥风云人物》第一、二、三卷；樊润德编著出版了《兴县老干部风云录》（内部资料）；王奋勤报告文学《走出山圪梁梁——兴县盲人高志鹏奋斗传奇》获《中国作家》第三届“金秋之旅”笔会二等奖；贺彩屏报告文学集《吕梁人在外地——走向国门》，2007年10月由山西人民出版社出版，并获吕梁市第二届“五个一工程”图书奖（2010年4月）。其纪实文学《外地人在吕梁：有多少回忆可以仰望》于2012年7月由三晋出版社出版。

戏剧、小品、曲艺创作

戏剧创作　1988年1月，牛国权、崔宗极编创的古装晋剧《无义塔》参加吕梁地区首届“吕梁杯”戏剧大奖赛获编剧二等奖；1990年由县晋剧团表演的小品《浪子回头》参加全区调演，尹雁夫获创作奖；1991年9月由县剧团表演小品《咱俩都是二十七》（尹雁夫创作），获优秀节目奖；1990年，牛国权、崔宗极与吕梁交城县陈瑛创作的现代戏《山野情》剧本，获全区剧本评奖二等奖（1993年5月下旬，该剧由柳林县晋剧团排演参加全省调演获得成功）。1991—1996年冬，尹雁夫创作了歌颂吕梁英雄燕居谦的小戏

《燕居谦之歌》和《走后山》。2012年，县文化馆退休干部王付全与王冰、王利兵创作了晋剧小戏《洞房》《王允赐环》和新编历史剧《嘉淦上疏》。

小品、曲艺创作　1990—2015年，尹雁夫先后创作小品、相声、快板书27件。其中，小品《浪子回头》于1990年获创作奖；小品《咱俩都是二十七》，于1991年秋获吕梁地区剧本二等奖；2002年，其创作的宣传科技兴农的小品《老庄户与女县长》，反映老年人退休后精神文化生活的小品《找配角》，分别获得吕梁地区2002年戏剧征文二等奖和三等奖；小品《老庄户与女县长》分别获得2003年吕梁地区农村文艺调演一等奖（由县剧团杜海香、李云表演）和2005年山西省戏剧征文一等奖；2011年，其创作的颂扬人民警察的小品《铁面柔情》获吕梁市建党90周年戏剧征文一等奖。此外，他还创作了颂扬人民警察的小品《追逃大王》《警民一家》《过年》，反映井下矿工生活的小品《请你放心》，赞扬夫妻拥军行动的小品《老传统》和歌颂改革开放以来人民生活发生崭新变化的相声《今非昔比》等作品。

音乐、歌曲与民歌创作

音乐创作　1953年，刘建昌调任山西省音乐工作组组长。1954年，他参与晋剧《一个志愿军的未婚妻》音乐设计，由华北晋剧团上演，获全省现代戏汇演一等奖。1956年，他与曹克、张沛合作编创《抗日民歌组曲》，参加北京“全国第一届音乐周”演出。1958年，他被选送中央音乐学院深造。1961年毕业后，他到山西省艺术院、山西大学工作，先后任山西大学艺术系音乐教研室主任、山西大学艺术系副主任、山西大学艺术系党支部书记等职。其间他参与了歌剧《焦裕禄》、表演唱《歌唱王杰》等艺术作品的创作。

1988年1月，任安谷（国）为晋剧《无义塔》创作的音乐参加首届“吕梁杯”戏剧大奖赛，获音乐设计一等奖。

1997年7月，王瑛（英）、刘芝林为小戏《吃派饭》创作的音乐，在山西省小戏、小品、小剧种调演中获音乐创作一等奖（颁奖单位：山西省文化厅）；同年12月，王瑛（英）与靳佩荣、原清祥、刘芝林创作的二人台小戏《吃派饭》在全国第七届群星奖评奖中获铜奖。

康湘坪与郭进普创作的戏剧《荒沟纪事》，与牛巧珍创作的晋剧《都市警官》，于1997年12月参加山西省现代戏交流评比演出，获优秀音乐设计奖，并于1998和2008年11月获山西省精神文明建设“五个一工程”（自1992年起由中宣部组织的精神文明建设“五个一工程”评选活动，评选上一年度各省、自治区、直辖市和中央部分部委，以及解放军总政治部等单位组织生产、推荐申报的精神产品中五个方面的精品佳作：一部好的戏剧作品，一部好的电视剧作品，一部好的电影作品，一部好的图书，一部好的理论文章）优秀作品奖。1999年10月，他创作的晋剧《枣儿红了》（署名康湘萍），参加山西省庆祝中华人民共和国成立50周年献礼演出，获优秀音乐设计奖。

歌曲创作　刘建昌创作的歌曲《情也深深爱也深深》（王颂作词）发表于《黄河之声》1994年第1期；歌曲《军旗，我青春的太阳》（刘志毅作词）发表于《黄河之声》2002年第1期。

李三处参与创作歌曲（均为作词）十多首，多次获奖。其中歌曲《黄河滩上唱支歌》在1987年全国《广播新歌》征集评奖中获创作奖。歌曲《黄土坡上的女人》于1988年7月获“虹雨杯”歌词大奖赛（文化部艺术局、中国音协、中央电视台等举办）三等奖。歌曲《深山人家》于1991年10月获《当代农民之歌》征歌（广播电影电视部、民政部、文化部、林业部、农业部、中国音协举办）活动创作奖；歌曲《好婆姨》获佳作奖。歌曲《追黄河》在1992年11月磁带歌曲华声杯“新作”“新人”金奖赛（中国音乐家音像出版社、珠海华声事业集团股份有限公司、香港HNH国际唱片优秀公司举办）中获优秀奖；在1999年11月全国第九届“群星奖”音乐比赛中获铜奖；1999.12月获山西省第三届精神文明建设“五个一工程” 优秀作品奖。歌曲《扳船的哥哥你慢些走》于1992年7月获全国第二届“虹雨杯”歌词大奖赛二等奖。歌曲《黄河唢呐黄河风》在第六届“九十年代之歌”征评活动（中国音协《歌曲》编辑部、湖北电视台、湖北省音乐家协会举办）中获三等奖。歌曲《我是高原的土我是黄河的浪》在1993年全国广播新歌“红塔杯”征集评奖（中央人民广播电台、中国音乐家协会举办）中获一等奖。歌曲《黄土地上闹元宵》《扳船的哥哥回来了》在1996年8月举行的世纪之声全国歌曲大赛（中国音乐家协会、音乐周报社、南京市文联举办）中均获三等奖。歌曲《扳船的哥哥你慢些走》于1997年11月获山西省第三届文学艺术创作铜牌奖（山西省文学艺术创作基金委员会颁奖）。歌曲《相依还是你和我》在山西省1997年优秀歌曲征歌（山西省委宣传部、山西省文联举办）活动中获二等奖。歌曲《黄河蛙声》在1998年12月山西省文化厅举办的山西省1998年歌舞比赛暨首届民歌大赛中获词作奖。歌曲《西北人》于2001年8月在河南省第八届歌曲创作评选（河南省文化厅、文联，河南人民广播电台举办）活动中获优秀奖。歌曲《纪检监察干部之歌》，于2005年6月在山西省“廉政之声”反腐倡廉歌曲创作大赛（山西省纪委、省委宣传部、省文化厅、省文联、省音乐家协会举办）活动中获三等奖。此外，其作词的歌曲《美丽的田野》《山乡好时光》《请到山边我的家》和《黄河岸边的古戏台》，分别刊载于《黄河之声》2006年第3期，《音乐生活》2008年第7期，《词刊》2009年第11期、2016年第1期。

1991年10月，王瑛（英）创作的歌曲《黄土坡上唱大戏》发表于《黄河之声》1991年11月。2016年，王瑛（英）作曲、李三处作词的《山西姑娘》在酷狗网发布，次年8月获全国群众创作歌曲展评金奖（中国社会音乐研究会颁奖）。

1994—2001年，盲人高志鹏创作歌曲、器乐曲多首，并获多种奖励。其中歌曲《心声》参加1994年山西人民广播电台“升华杯”新歌征集活动，获词曲创作一等奖；其歌曲《满天繁星属于你》（作词、作曲）和《梦思亲》于1997年10月参加“汇洋杯”第四届全国残疾人艺术会演，均获创作奖。2000年1月，其创作的歌曲《校长妈妈》（作词、作曲）在第三届全国盲、聋、培智学校学生艺术会演山西省选拔汇演中获创作一等奖。2001年3月，其创作的歌曲《我是炎黄人》（作词、作曲）获山西省第五届残疾人艺术会演创作奖。同年8月，其创作的歌曲《中国故事》（作词、作曲）参加“福彩杯”第五届全国残疾人艺术会演，获山东赛区创作奖。同年11月，其创作的歌曲《我是炎黄人》参加山西省第五届残疾人艺术会演，获创作奖。

康湘坪创作的歌曲《这个好地方叫山西》（张枚同词），参加山西人民广播电台和太原升华灯光音响影视器材总汇联合举办的96中国广播奖——广播新歌征集活动，获一等奖。2007年，康湘坪为电视剧《喜耕田的故事》片尾歌《好年头》作曲（李京利作词），并与吴新民承担电视剧音乐制作任务。《好年头》歌曲先后刊发于《北方音乐》《中国广播电视报》和《歌曲》等期刊，并随着电视剧的演播产生了广泛而良好的影响。2008年8月至2009年9月，这部由山西省文明办、山西电影制片厂、太原市委宣传部和中央电视台影视部联合出品的《喜耕田的故事》分别获得第24届中国电视“金鹰奖”最佳长篇电视剧奖和第27届中国电视“飞天奖”长篇电视剧一等奖。

民歌创作　1984年，县文化馆王付全、李桂香、裴毅、郭喜邦（波）、奥秀平、赵喜连、贾支迎、刘秋海等采访民间老艺人，挖掘、整理民歌100余首，汇聚成《兴县民歌集》。其中，传统民歌（包括爱情类）有《四姐挑菜》《穷人娶妻难》《看亲亲》《五哥放羊》《走西口》《哥妹情深》《盼五更》《打马芋芋》《阳洼洼的俊后生你过来》《怎的脸红心又跳》《送哥哥》《想亲人》《早就爱你不敢说》《哥哥进了太原城》《女孩儿挑水》《想起心上人》《有啥心事摆摆手》《串枣林》《心里爱你开不了口》《绣荷包》《掐蒜薹》等；反映革命历史题材的民歌有《送哥哥上前线》《妇女救亡歌》《小奴家放哨》《报名参军歌》《跑太原》《骂一声汉奸汪精卫》《人人都来上学校》《识字好》《英勇抗战的八路军》《送夫参军》《解放区到处是米粮川》《民兵参战歌》《妇女上冬学》《拜年》《大家互助来劳动》《变工互助》《春花花》等。

1990年6月出版的《中国民间歌曲集成》（山西卷）一书，收录兴县文化馆及其他文艺工作者收集、记录的民歌词曲46首（篇），其中有山歌类《朋友好为口难开》《叫一声哥哥早回心》《想亲亲》《看亲亲》《一队队鸳鸯一队队鹅》《娘老子主婚害煞人》《马莲开花可沟沟蓝》《妇女学纺织》《左樱》《照门门》等；套曲类有“兴县昆曲”《李逵磨斧》（13幕戏）、《莲花落》（7幕戏）等；小调类有《五哥放羊》《打酸枣》《走西口》《日本侵略者真可恨》《儿童放哨》《送夫参军》《哥哥参加了八路军》《劳军》《做军鞋》《送饭》《大闹生产年》《贺司令员好英雄》《贺司令员到我家》《共产党是咱救命人》等。

文化馆还收集整理民歌吹奏乐曲15首，编印成《兴县民歌器乐曲集成》，其中，《四海川》《许郎姻》《出鼓则》《哭皇天》《青天歌》等12首，于2007年6月被《吕梁民间器乐曲精选》选录。2008年以来，裴毅根据兴县民歌曲调，创作了歌曲《请到我们兴县来》和《兴县颂》，制成视频音乐片，在电视节目中播放，受到好评。

美术、书法、摄影创作

美术创作　1991年，任安谷为兴县晋剧团现代戏剧目《葡萄架下的梦》参加吕梁地区调演设计的舞台美术，获舞美设计一等奖。宫宪元创作的电影宣传画《恐怖笼罩城市》参加1990年7月中国美术家协会山西分会和山西省电影发行放映公司举办的电影宣传画展；1992年5月，宫宪元与杨建平创作的油画《烽火台》，分别入选《黄土地的昨天和今天——山西省美术作品展览》和吕梁地区第九届美术作品展览，获吕梁地区美术作品展二等奖，宫宪元获组织奖；宫宪元国画《蟹》参加吕梁地区纪念刘胡兰就义50周年（1997年2月）美术书法展，获荣誉奖。郭喜邦（波）创作的国画《枣乡秋韵》，于1998年赴北京参加中国美术馆展出；其国画《连年有余》于2004年9月参加山西省庆祝人民政协成立五十周年书画展，获优秀奖；2004年吕梁市第二届小戏小品调演中，其创作的舞台美术作品获舞台美术设计奖；2009年，其国画《枣乡秋韵》参加吕梁市离退休干部“祖国与我同行”艺术作品展中，获绘画类三等奖；国画《硕果》录入《庆祝中华人民共和国成立60周年“情系三晋”海内外山西儿女书画展作品集》。2011年，其创作的国画《晋绥春暖》参加了吕梁市庆祝建党90周年书法美术作品展；2014年9月，其创作的国画《希望在远方》参加“中国梦·厚土吕梁”美术作品展，获优秀奖；2015年，其创作的国画《老房东》参加了吕梁市纪念中国人民抗战胜利70周年暨“崇德尚廉”书画剪纸作品展。王利平创作的国画《秋色》，2003年元月在“首届中国书画小精品创作大奖赛”活动中获银奖；其作品《苍山叠翠》于2007年12月被“潞安环能杯”全国职工书法美术作品展组委会收藏；其国画《馨梦家园》于2006参加山西省美术家协会举办的山西省第二届山水画展，获优秀奖（唯一奖项）；2008年元月入选山西省“杏花奖”优秀作品展；其国画《秋山含万金》，于2011年2月参加山西省第二届山水画作品展，获优秀奖。其作品

《秋染阳和沟》于2014年10月在全省职工书画展中获三等奖。王玉堂创作的工笔画《春之曲》，于2002年11月入选山西省第六届工笔画作品展。

康之介，兴县城关镇人，男，原名康云贵。1975年，他即参加晋绥边区革命纪念馆“毛主席路居蔡家崖革命实践活动展室”布展，主要作品有水墨画《毛主席在晋绥边区题词》。1982年，他毕业于山西大学美术学院。在山西大学读书期间，他创作木刻石版画《上前线》、油画《金色的秋天》，参加山西省美术展并获奖。1985年，其国画《好大的风》和木刻《当我们在一起的时候》等，参加全国美术展览。1989年，他赴苏联莫斯科工艺美术学院学习，其间在莫斯科东方艺术博物馆和奥地利、维也纳等国家博物馆举办了个人画展 ；后任俄罗斯国际艺术协会会员和美国亚洲美术家协会常务理事等职。1994年，其应邀赴香港湾仔文物展览馆举办《古典人物画展》。2002年5月，他完成了《中国古代科学家、发明家、文化名人巨幅画卷》（宽1米，长138米）的创作，作品刻画了数百位中国古代科学家、发明家和文化名人，并应邀在山西大学百年校庆期间展出。同年11月6日和11日，其应邀先后在清华大学和北京大学举办了《中国古代科学家、发明家、文化名人巨幅画卷》画展。新华社、人民日报社、中央电视台、北京电视台、中新社、中央人民广播电台、中国国际广播电台、光明日报社、中国文化报社、中国书画报社、中国教育报社等数十家媒体出席了康之介清华大学画展开幕式。2003年2月，其在北京军事博物馆参加了中央电视台书画院画展。2004年3月，其在北京钓鱼台国宾馆向香港经贸商会赠送了一批水墨画作品。2005年9月，他与诗人汪国真在北京荣宝斋精品画廊举办了书画展。

野世捷（杰）国画《边区冬暖》入选《第二届全国青年美术作品展览》（由中华人民共和国文化部、中国共产主义青年团中央委员会和中国美术家协会于1980年12月至1981年1月在北京中国美术馆举行）；其作品《边区冬暖》《贺老总在晋绥》入选《山西省第二届青年美术作品展览》，《边区冬暖》获二等奖；国画《赶集归来》刊发于《山西日报》1987年9月17日；国画《碧塘》刊载于《黄河》1997年第4期封三；国画《硕果累累》获山西省商业书画展览一等奖；《映日荷花别样红》于2005年5月获山西证券书画比赛一等奖。

2003年至2015年，　武凌海创作的美术作品多次参加了全省和全国展览，其中2003年作品《寒春》入选第十四届山西省美术作品展；2008年9月，其作品《笨小孩》入选第十五届山西省美术作品展；2011年6月，其油画《中国铁路先驱—詹天佑和孙中山》入选广东省委宣传部、广东省文化厅、广东省文联、广东省美术家协会举办的“百年风云——广东近当代重大历史题材美术作品展览”；2012年6月，其作品《吴昌硕、黄宾虹、齐白石、潘天寿肖像》入选由国家文化部艺术司、中国美术馆、中国油画学会举办的“中国青年油画作品展”；同年8月，其油画《吕梁英雄》入选文化部、解放军总政治部、中国美术家　协会举办的“庆祝中国人民解放军建军八十五周年全国美术作品展暨第十二届　全军美术作品展”；2013年9月，其作品《开张2》入选第十六届山西省美术作品展；2014年5月，其油画《开张》入选“塞上明珠·美丽宁夏”第八届中国西部大地情中国画、油画作品展；2015年6月，其作品《老夫老妻》入选“最绘画——第二届中国青年油画作品展”。

兴县美术馆成立后，分别于2014年、2015年、2016年连续举办三届“文广新杯”迎新春美术作品创作展览评比活动，累计征集作品1640件。其中，获绘画类一等奖的有王玉堂的国画《孤帆远影碧空》、郭喜邦（波）的《希望在远方》、刘涌泉的《香飘四季》、康子萱的《金猴闹新春》（2016年获少儿绘画一等奖）；获绘画类二等奖的有刘涌泉的国画《竞游》和《新春》，郭喜邦的国画《春到吕梁》和《寒露过后满山金》，王玉堂的《鸣春》，任引明的《又是一年春草绿》，赵计云的《石楼山——象鼻山》，石景芯的《丰收啦》（少儿绘画二等奖），王瀚的《新年快乐》（少儿绘画二等奖），刘锦皓的《火车开到山里来》；获绘画类三等奖和优秀奖的有任引明的《剧团巡演到我村》、高茂林的《伟人油画》、郭伟的《仕女》、马德国的《红苹果》、雷婷的《涧底松声响暮秋》、张丽媛的《静物》，阮渊、武美霞分别创作的《山水》。

书法创作　1989—2016年，全县有部分书法作品分别获得不同荣誉奖励，其中，任安谷书法作品曾获“牧野杯”国际书画大赛（1989年）优秀作品奖、“西湖杯”海内外书画大赛（1990年）佳作奖、“黄河杯”中国书画大赛铜奖（1994年8月），1995年5月书法作品“世纪梦想成真，再铸世纪辉煌”被评为大型跨世纪丛书走向新世纪优秀书法作品征文一等奖（颁奖：国务院体改办改革出版社、中华全国农民报协会）并选录《中国世纪梦》下卷；2001年7月，作品参加庆祝建党80周年全国书画大奖赛获银奖；2005年12月，参加“华夏龙杯”全国书法篆刻大赛获银奖。李毛提书法作品曾获得“五台山杯”全国青少年书画大奖赛（1993年6月）二等奖和国际孔子文化节首届“孔圣杯”国际书画大赛（1993年9月）优秀奖；王玉堂书法作品曾参加《山西日报》创刊45周年书画大赛展览（1994年4月，被收藏）、山西文联大厦举办的书法作品展览（2002年10月），中共山西省委宣传部、山西省文联主办，山西省美协、书协、摄影家协会承办的庆祝中共十六大召开美术书法摄影作品系列展（2002年11月）；王宁书法《陆游词》刊发于《山西文学》2011年第3期，书法《陈毅诗》于2007年6月收录《“永远的纪念——抗战在山西”大型书画诗文展作品集》。

2014—2016年，县美术馆举办的三届迎新春美术作品展览评比活动中，获一等奖的有王荣厚的行楷《峨眉山月歌》、高茂荣的《杜牧山行》、刘志远的《松风阁》、吴之恒毛笔楷书和田家维的硬笔书法（均获2016年少儿书法一等奖）；获书法二等奖的有高茂荣楷书《沁园春·雪》和《习近平词》，高宝草书《咏蛙》《江南春》和《辛弃疾词》，刘志远小楷《宋词选抄》和《自强不息》，王志军的《饮酒》，刘晓荣的《兰亭集》，李瑞坚的《天行健》，刘晓蓉的《洛神赋》，高璇、刘官羽的毛笔书法作品和白宇、任杰、魏骁勇的硬笔书法作品；获优秀奖的有李根迎《精气神》、闫挨唐《惠丰和畅》、李毛提《弘扬东方艺术》、王志军《抱琴看鹤去》、任继军《书概一则》、白山《故人西辞黄鹤楼》、乔丰《绝句》《三行》、白寨成《宁静致远》、李忠勇《古诗词》、吴越《奉赠韦左丞丈二十二韵》、王荣厚《朱熹词》、李毛提《赤壁怀古》、高憨《孙子兵法》、吴海龙《敬业乐群》及贺亚威、樊宇杰、赵耀辉的硬笔书法作品。

摄影创作　1989—2005年，王付全创作多幅优秀摄影作品，其中《兴县大黄牛》入选山西省十年改革成就展览；《龙的故乡》入选太平洋历史学会和民间文化艺术分会举办的“东方龙杯”民间摄影赛展；其作品《热气腾腾》获吕梁地区1985—1989年文学艺术创作二等奖；其作品《牧归》刊发于1990年《光与影》，并参加杭州展出；2002年12月，其作品《黄土娃娃庆“入世”》，在全国第十二届“群星奖”山西选拔赛中获二等奖；2005年12月，其摄影作品分别获得“今日中国——全国摄影艺术家精品大典”比赛二等奖和“中国摄影艺术成就奖”。

2009—2016年，王会平先后创作优秀摄影作品多件，其中2009年11月，其摄影作品获山西省计生协会“共创和谐计生”人口文化作品优秀奖；摄影作品《唱国歌，升国旗》参加了光明日报社举办的“2012寻找最美乡村教师书画摄影展”，获优秀作品奖；2014年6月，其摄影作品《满园春色》《魏家滩工业园区》《枣乡人家》《古堡韵》4件作品参加了“中国梦・新吕梁”摄影大赛，《满园春色》获三等奖，其余3件获入围奖；摄影作品《喜事》参加了“中国梦・三晋魂”山西省摄影家协会2014年团体会员作品联展；2016年8月其摄影作品《土豆花》参加山西省摄影家协会、中共岚县县委宣传部举办的“昌恒杯”首届土豆花开了摄影大赛，获优秀奖。

雷保儿创作的摄影作品《蔡家崖丰碑》《昊日闵山》参加“中国梦・新吕梁”摄影大赛（2014年6月），均获入围奖；其作品《蒸糕》参加了“中国梦・三晋魂”山西省摄影家协会2014团体会员作品联展。

郭华琴创作的摄影作品《仙境》，在“晋善晋美”2015年《中国摄影报》走进山西吕梁读联赛活动中被评为优秀奖；其创作的摄影作品《极目三晋阔》，参加山西省摄影家协会、中共岚县县委宣传部举办的“昌恒杯”首届土豆花开了摄影大赛获优秀奖。

丁允衍是一位从兴县文化战线走出的摄影家，1981—2016年，他创作发表了一批摄影佳作和摄影论著。其中，摄影佳作创作方面：1997年其执编、摄制的财政部《会计基础工作规范培训教材》教学录像片，于1999年6月获第五届中国科教电影电视协会优秀作品二等奖。1999年其摄影作品《建设者》入选中央国家机关书画摄影艺术展，获优秀作品奖；2006年其摄影作品《长城小摊》入选中央国家机关中国侨联“情系中华”系列活动摄影艺术展，获三等奖；2012年其摄影作品《古城印象》《老伴·老姐》入选中央国家机关离退休干部喜迎十八大书画摄影展，《古城印象》获三等奖，《老伴·老姐》获优秀奖。摄影论著方面：1981年其论文《试论摄影艺术的形象思维》入选第二届全国摄影理论年会；1982年其论文《论照相失真》入选第三届全国摄影理论年会（1985年9月）；1983年其论文《新闻摄影的纪实美初探》入选《1983年全国新闻摄影理论年会文集》。1987年其论文《摄影记录论》入选第四届全国摄影理论年会；1988年其《新闻摄影的艺术扩张》获全国优秀论文二等奖。1991年其摄影论文《沙飞新闻摄影思想体系的形成和发展》入选《沙飞纪念集》（1996年8月由海天出版社、山西人民出版社出版）。1997年，其论文《复现意识·摄影·摄影文化——摄影本质探源》入选全国第五届摄影理论年会。1998年其《新闻摄影的纪实美初探》获改革开放20年中国新闻摄影优秀论文二等奖，并入编《1978—1998中国新闻摄影论文集——改革探索》（1998年8月由新华出版社出版）。2008年，其编写“摄影非常道系列”《行摄巴西》《行摄德国》《行摄巴基斯坦》（包括后“修订再版”）均由浙江摄影出版社出版。2010年其编写“摄影一点通系列”《拍荷》《拍水》《拍竹》由浙江摄影出版社出版。2012年其《摄影构图高级艺术教程——框里框外》由浙江摄影出版社出版，后被评为全国老年大学优秀教材。2013年至2016年，其《旅游摄影完全指南——边走边拍》《一学就会的旅游摄影》和《摄影视觉训练——裁出佳片》分别由中国轻工出版社和中国摄影出版社出版。

2014—2016年，兴县美术馆举办的“文广新杯”迎新春美术展览评比活动中，获一等奖的摄影作品有康旺举的《古渡罗峪口》、王会平的《春色满园》、高虎虎的《天下粮仓》、雷保儿的《晨练》；获二等奖的摄影作品有牛亚平的《牧归》和《晨曦》，王会平的《闺》，雷保儿的《秦晋之恋》《天路》，郝小平的《人生音符》，杨油油的《天堑通途》和《天路》，芮兵的《精挑细选》；获优秀奖的作品有张晋川的《守望》和《红湖之晨》，芮兵的《牧歌》和《不夜城》，王付全的《今日黄土娃》，马海龙的《黄河人家》，刘会平的《守望之二》，刘继云的《幸福人生》，郭华琴的《静静的港湾》，王永永的《俯瞰县城》，李连香的《农家乐》，冯昌辉的《深加工》，刘继荣的《碾》，任新生的《黄河岸边是我家》，李彦红的《孙嘉淦剧照》。

第三章　文艺表演与群众文化

第一节　器乐演奏

唢呐吹奏

唢呐吹奏是一种以大唢呐为主要乐器的民间传统吹打音乐形式。兴县大唢呐以其曲牌丰富，调式清晰，粗犷豪放等特点深得广大民众喜爱。刘旭明是一位热爱唢呐吹奏、造诣颇高的青年。他于1990年出生于魏家滩镇庙井村一户普通农家，2008年考入山西戏剧学院音乐系，师从著名青年唢呐演奏家郭杜老师。在校期间，他曾受到国家一级唢呐演奏家、作曲家王高林和著名唢呐演奏家梁福德、张能全三位老师的悉心指导，演奏技艺进一步提升，曾担任学院民族乐团唢呐首席，参加过大型民族交响乐《华夏之根》演出，参加过中央电视台音乐频道《风华国乐》栏目、山西卫视《走进大戏台》《中国风》等栏目的演出；在2009年第四届全国青少年艺术教育精品展演活动中获山西选区民乐组一等奖；2011年在太原成功举办个人唢呐毕业音乐会，获得媒体和大众的一致好评；在2012年“敦煌杯”第二届北京民族器乐大赛中获唢呐专业青年组铜奖；在同年举办的国际青少年文化艺术交流周中获唢呐吹奏优秀演员金奖。之后，刘旭明分别在山西省歌舞剧院民乐团和山西灵石石膏山艺术团担任唢呐声部首席。

2014年，他回乡成立刘旭明演出艺术团，开设唢呐、葫芦丝、陶笛、吉他及民间吹打乐培训。

二胡演奏

兴县二胡演奏技艺比较突出的有从事文艺工作多年的裴毅和高志鹏。裴毅毕业于兴县中学文艺班，专攻二胡。1978—1979年，他在兴县文艺轻骑队担任二胡伴奏。1988年1月，他为兴县晋剧团参加“吕梁杯”戏曲大奖赛剧目《无义塔》伴奏，获二胡独奏二等奖；1992年，他在全区优秀现代戏选调中获音乐伴奏（二胡伴奏）二等奖；同年，在吕梁地区音乐舞蹈大赛中，他获器乐（二胡）演奏一等奖；1999年，他在晋、陕、蒙三省、区八县民歌民乐大赛中获二胡独奏一等奖。

盲人高志鹏于1995年12月演奏《光明行》，获第二届全国盲聋校学生艺术会演表演优秀奖；2001年11月，其在第五届残疾人艺术会演中演奏自创的二胡协奏曲《黄土情怀》，获特别荣誉奖；2005年8月至10月，其参加山西省第六届残疾人艺术会演，二胡协奏曲《黄土情怀》获器乐类金奖；在第六届全国残疾人艺术会演中演奏二胡《黄土情怀》，获表演银奖。

第二节　戏 剧

表演团体

兴县晋剧团　1949年3月，兴县文工团成立，陶雨生任团长，张好岚任指导员，李捧芝任副指导员兼导演。全团共40多人。同年9月，晋绥人民剧社奉命南下，剧社二队划归中共兴县地委、兴县行署（同年同月成立）领导，并改称“兴县专区文工团”。同年10月2日，中共兴县县委、县人民政府在西关大操场开会庆祝中华人民共和国成立，当时在县城参加演出的文艺团体就有兴县专区文工团和兴县文工团。1950年夏季，在宣传抗美援朝、保家卫国活动中，也有兴县专区文工团和兴县文工团。1952年7月，山西省撤销兴县专署，兴县划归忻县地区管辖。1953年秋，兴县文工团（包括专区文工团）与定襄晋剧团合并成立晋忻晋剧团。1954年5月，阎克明、王巨臣（又名王臣臣）在兴县城关业余剧团的基础上重新组建了兴县晋剧团，全团演职人员70人。1958年秋，刘云担任县晋剧团长。1961年，兴县晋剧团排演晋剧《茶山牧歌》，参加山西省汇演，获优等奖。县晋剧团获得“排演现代戏优秀剧团”称号。

1967年4月起至1969年6月，兴县晋剧团宣布解散，廉价拍卖了戏剧服装、道具；有6人被分配到县广播站。1968年，兴县组建毛泽东思想文艺宣传队（插队青年居多），以演出《白毛女》《红灯记》《沙家浜》等样板戏为主，也演出《老两口学毛选》《朝阳沟》等剧目。

1972年6月，以毛泽东思想宣传队为基础，重新组建兴县晋剧团，刘云任团长，全团演职人员有50多人。1976年11月，兴县晋剧团开始排演文革后第一台古装戏《逼上梁山》。

1978年秋，以兴县中学文艺班毕业生为主组建了15人的文艺轻骑队。

1979年，文艺轻骑队更名"兴县青年晋剧团"，全团40余人，杨向阳担任团长兼导演。从1982年起，兴县青年晋剧团人员陆续并入县晋剧团，至1984年，青年晋剧团解体。

1988年1月，兴县晋剧团新排演晋剧《无义塔》参加吕梁地区戏曲大赛，夺得多项奖励。其中有综合效果奖、银杯奖，牛国权、崔宗极获编剧二等奖，康有生获导演二等奖，任安谷获音乐设 计一等奖，并与杨建平获舞美设计二等奖，李金莲、杜海香、杨油腾3人获演　员一等奖，栗爱春获演员二等奖，宋林娥、阎锦兰、胡挨旺3人获演员三等奖，乐队获伴奏奖，张提则（泽）获优秀团长奖，县委、县政府获组织奖。1991年，兴县晋剧团编排了现代戏《葡萄架下的梦》，由山西省戏曲研究所孙志勇作曲并亲自指挥，山西省话剧院著名导演谢亢执导，吕梁地区戏曲研究所马川编剧，兴县县长郝百曜亲自改编、策划，促成了这个剧目的完善。

1992年，山西省戏校毕业分配到晋剧团28人，剧团阵容扩大到74人，年均演出300余场，步入了良性发展轨道，成为一支活跃于山西省、陕西省和内蒙古自治区的戏剧团体。该年，兴县晋剧团《葡萄架下的梦》参加吕梁地区现代戏调演，获创作奖、导演奖、作曲奖、舞美设计奖、组织奖及演员奖等17项奖励。

从20世纪50年代中期重新组建兴县晋剧团至21世纪初，兴县晋剧团先后培养出李万林、任建华、王宁、田彩凤、李三处、康湘坪、杨森、魏建华等省内外著名戏剧演员和文艺工作者，也培养出李金莲（小旦）、乔彩霞（青衣）、白粉儿（须生）、张提泽、杜海香、宋林娥等优秀青年演员。2006

年，县晋剧团48名干部职工工资纳入财政预算，成为国有剧团。

2010年，晋剧团举办了“建团60周年纪念活动”，参加人员有李万林、任建华、康湘坪、魏建华等一批从县晋剧团走出去的知名演员和新老艺术家，山西省文化厅为此发来贺信，吕梁市文化局领导和兴县县级领导亲临现场祝贺。2011年9月，兴县晋剧团改组为兴县晋剧团有限公司，设经理1人，副经理2人，有演职人员42人。至2016年，全团共有演职人员42人（含临时工17人）。2016年冬，兴县晋剧团有限公司新编排六场晋剧《孙嘉淦》，次年参加首届山西艺术节，获得成功，标志着兴县晋剧团开启了崭新的发展里程。

狮子洼业余晋剧团　蔡家会镇狮子洼村人蔡海胜、蔡江青等在20世纪五六十年代，就在本村道情班基础上组建了狮子洼晋剧团。“文化大革命”结束后，大队筹资购买戏剧服装道具，组建了狮子洼业余晋剧团，并请临县名老艺人来村排练，百多人踊跃学戏。后来，还有蔡氏族人组建了戏剧班子，狮子洼业余晋剧团至今仍活跃在晋、陕、蒙等地。

戏剧演出

晋剧　1989年，县晋剧团下乡168天，演出298场。1990年，县晋剧团下乡演出354场。1991年，下乡演出395场。

2003年1月，县文化局组织25人的演出队,开展文化下乡活动,在17个乡（镇）进行了巡回演出。2005年，县广播电视服务中心举办“创为”晋剧演唱会三场；县委宣传部、县文化局组织文化下乡宣传活动，县晋剧团共为320个村委演出360场。

2016年冬，兴县晋剧团有限公司创作编排六场晋剧《孙嘉淦》，真实、生动演绎了一位朝廷要员——孙嘉淦忠诚为国、刚正不阿、直言敢谏、利民务实、操守清廉的形象（不久该剧目参加首届山西艺术节，在山西大剧院展演获得成功）。该年，县晋剧公司下乡共演出220场。

北路梆子　“文化大革命”中，因兴县剧团解散，原县剧团演员李万林和任建华夫妇受邀到忻县晋剧团从艺，于1970年调入忻县地区北路梆子剧团，从此开始了演唱北路梆子的艺术生涯。之后，李万林刻苦学习北路梆子，主攻须生、老生，艺术水平不断提升。1980年，他与人联袂演出的《金水桥》

（饰演剧中李世民），被中央新闻纪录电影制片厂摄制成彩色影片发行全国，获山西省彩色优秀影片“天龙”奖。1982年，其主演的《续范亭》参加山西省建国三十周年献礼演出，获优秀表演奖；其主演的《血手印·行路》获山西省中青年评比演出表演一等奖。1995年，其携剧目《血手印·行路》参加全国中老年戏曲汇演，获表演特别奖。2002年，其获全国老年文艺调演银奖。李万林作为国家一级演员和非物质文化遗产传承人，其艺术成就不仅丰富了北路梆子艺术宝库，而且为北路梆子艺术的传承与发展作出了卓越贡献，被评价为北路梆子承前启后的高峰。

其妻任建华，也为国家一级演员，主攻青衣，兼演小生，她凭借天然好嗓子，成为深受晋北人民喜欢的北路梆子表演艺术家。其代表剧目有《打金枝》《谢瑶环》《走雪山》《王宝钏》《五女拜寿》《五台县令》等。1982年至1995年，她先后获山西省优秀戏曲好唱段第一名、山西省振兴北路梆子调演金牌奖、山西省戏剧杏花奖唱腔设计奖和全国中老年戏曲汇演一等奖等荣誉。

第三节　道情剧　秧歌剧

道情剧、秧歌剧均富有浓郁的西北地方特色和生活气息，是晋西北地区深受群众喜爱、流传甚广的经典小剧目。李家湾道情是晋西北地区道情艺术的代表。它在明代由陕西传入，清代乾隆以后不断创新，同时吸收了当地民间歌曲、歌谣及秧歌舞步，原来宣传佛教、道教思想的道情剧因增加了不少反映民众生活的内容，更加丰富多彩，并且出现了登台表演的道情戏班，形成了一种具有特殊唱腔和表演形式的地方剧种。

根据山西大学音乐学院路畅教授（论文《山西兴县李家湾道情的现状与保护》刊载于《音乐研究》2013年9月第5期）和该院硕士研究生牛旭春（论文《兴县道情的历史沿革与现状调查》）调查，李家湾道情的基本内容源于道教、庙堂音乐，是明代由陕西传来的地方戏，清末民初在兴县甚为活跃。古调牌有50多种，鼓房沿用的有“皂落袍”“十字调”“苦腔生”“西江月”“梅花高调”“娃娃腔”“苦十字”“终南山”“一枝梅”等。据传说清代光绪年间，李家湾道情须生李果仙请来陕西省的两名道情师傅传艺，从此以后，原来的“景阳调”（C大调）变为“硬三眼本调”（F调），升高了三度，发声方法由原来的纯粹本嗓变为真假声结合，伴奏乐器也由笛子代替原来的管子，完全改变了以前压抑沉闷的风格，特别受人民大众的欢迎。后来，全县的各种道情班社渐渐改调，吸收了陕北、兴县、保德沿黄河一带的好多民间曲调，伴奏也更加丰富多彩，内容也增加了唱生活和历史故事；表演的场合也由此拓宽了很多，比如祝寿、过节、喜庆等都争先邀请助兴。

从清朝末年到民国年间，李家湾道情得到许多知名老艺人的保护和传承。其中有李二虎、李根儿、李狗旦、李丑作、白成安、白成会、李年孩、李坤岚、王怀安、王拉则、苏浪儿、李孝华、李迎命、李补堂、李唐油、李油旦、李茂堂、康老尚（蔚汾镇南通村）、李根迎、李寨喜、李红儿、白迎多、李寨娥（迁居呼和浩特市）、王香莲（迁驻太原市）、李建荣、李河秀（迁居山阴县）、李惠、白侯定（蔚汾镇南通村）、刘平英（蔚汾镇后发达村）、李兵兵、任永忠、李挨顺、李喜迎等。

李家湾道情音乐由锣鼓点、曲牌、唱腔三部分组成。

锣鼓点：道情音乐的锣鼓点打法和名称大致和晋剧的锣鼓点和打法相同。比如：“硬三锤”“七锤子”“四股头”“流水”“突辘子”“懒五锤”“滚器”“三翻腰”“急急风”等二十多个（郭士星《中国戏曲音乐集成·山西卷》）。

曲牌：道情曲牌，原来有“八板”“跌落金钱”“万年红”等。从其他剧种中吸取的有“急毛猴”“一句半”“南瓜蔓”等。丝弦曲牌有“柳青娘”“西江月”“满天星”“哭皇天”等；唢呐曲牌有“小三眼腔”“全尾声”“拜场”等。

唱腔部分：李家湾道情的唱腔，是由叫板、流板、唱腔、过门、转板、起板、绕弦等几部分组成，它们既能够独立存在，也可以灵活地进行转换。经常用到的有“七字调”“梦昏调”“哭板”“介板”“苦七字”“跌落金钱”“东石榴”“垛七字”“高挑一枝梅”“一枝梅”“十字调”“滚器”“浪淘沙”“苦十字”“西江月”“八句调”“流水”“反十字”等二十多种（郭士星《中国戏曲音乐集成·山西卷》）。

李家湾道情的剧目是老艺人一代一代流传下来的，它的主要内容和剧情都在随着时代的变迁有所增加也有所减少，但是原貌还是不变的。其中反映道教思想的一些戏有《高老庄》《五雷阵》《克家》《五福堂》《五龙台》《韩文公训子》《经堂会》等；宣扬仁义礼智信、道家、儒家思想的有《蛤蟆洼》《红罗衫》《玉凤配》《烙碗记》《夜宿花亭》《刘秀走南阳》《草场》《闹花园》《五玉带》《九件衣》《游花园》《三贤》《刘全敬瓜》等三十多本。除此之外还有很多具有特色的《小放牛》《霸王鞭》《刘三跑驴》《叫妹子》《换妻》《打樱桃》《八仙过海》《真武出山》《黄河曲》《李家湾道情剧音乐》等十几出民间歌舞秧歌剧。

李家湾道情的服装、道具均与晋剧古装戏相同，红、黑、生、旦、净、丑的衣冠都为配套。各种各样的兵器、道具是根据出场的人物来配备的。文场乐器由二胡、板胡、管子、扬琴、四胡、笙、梅笛、低胡、唢呐、三弦等乐器组成。武场由渔鼓、叉、锣、简板组合而成。民国初年的时候运用渔鼓和简板击打拍子，使其声势壮大，后来慢慢地用戏剧中的板鼓和小鼓来替代。关于文武场乐器，近几十年来，抛去了渔鼓、简板、笙，而以板鼓、棒子、扬琴和长笛所代替，使乐器更加丰富别有风味儿。

兴县从事群众文化工作数十年的王付全，退休后怀着对民间艺术的无限热爱，不辞辛劳走村串户，采访、整理民歌、戏曲。2011年6月，他创作的《兴县道情》被山西省人民政府、山西省文化厅公布为“省级非物质文化遗产”。2012年10月，他与其子王冰、王利兵编著出版的《晋西北优秀民间戏剧辑》中有传统道情剧（含神话道情剧）、秧歌剧10种。其中有反映封建社会男女婚姻不能自主而产生悲剧的11场道情剧《换妻》，有颂扬一对苦难夫妻不为权势所诱，追求真挚爱情的道情剧《夜宿花亭》，有反映农村青年追求爱情的秧歌剧《小放牛》和《唤妹子》。

第四节　霸王鞭

“霸王鞭”是流传在兴县的一种民间舞蹈艺术。霸王鞭多在春节闹秧歌时作为小场节目演出，也和秧歌一样具有祝愿风调雨顺、四季平安的含义。为抢救这项县域文化遗产，20世纪80年代，文化馆馆长、中国民间艺术家协会会员土付全经过采访、挖掘、整理，编排了“霸王鞭”。春节期间，由青年职工表演参赛。

兴县“霸王鞭”作为一种舞蹈艺术，表演时突出鞭的舞动和击打，常见的动作有“吸褪击鞭”“十字步击鞭”“蹲步击鞭”“背滚击鞭”“躺地击鞭”“击地鞭”“抡鞭”“击腰鞭”“击肩鞭”“脚踢鞭”等10多种。特别是“背滚击鞭”“躺地击鞭”，表演者躺在地上翻滚击鞭，鞭杆绕身飞舞，铜钱四下作响，让观众眼花缭乱，目不暇接，成为一种技艺绝招儿。因此，要求表演时必须具有击鞭不露点（即鞭鞭有响，不能击空）、步子要稳健（指“马步”“弓步”“转身步”每种姿态要做得稳）、步步有鞭花、抡鞭需成圆（即舞者向左、右、上、下、前、后抡鞭时，都要做到“六点三圆”）、滚翻有绝招（要求每个表演者跳、翻、滚、转、蹲、跪技艺高超），才能取得良好效果。

兴县“霸王鞭”以喜庆欢乐为主调，道具的装饰色彩与演员的服装色彩均以大红和金黄为主色调。“霸王鞭”多为男女集体表演方式。在表演中，男的手握鞭杆，穿传统戏曲中的短打武生服装；女的手拿彩扇，穿彩衣彩裤，扮成传统戏曲中的人物进行伴舞。表演时由秧歌队的唢呐和锣鼓伴奏烘托气氛。整个“霸王鞭”舞蹈表演节奏明快、粗犷豪放、高低错落、富于变化，呈现出一种欢庆、热烈、祥和的基调，抒发出浓厚的黄土高原文化气息，反映了劳动人民追求美好生活的精神风貌。

第五节 香坊戏及其传承与发展

香坊戏是清朝乾隆时期从太原北郊香坊（与油坊、粉坊、豆腐坊并称“四大坊”）走出来的一个戏种，民间叫作“炕头戏”（冬闲时，北郊农民文艺爱好者三五人聚集这家或那家，更多的是聚集光棍家或香坊，或高歌、或对唱，或击碗敲瓢以助兴，由此逐渐形成香坊戏）。道光二十五年（1845年），以演唱香坊戏为主的太原“四和班”班主阎俊生从太原出发，沿汾河、黄河、蔚汾河辗转演出，来到兴县蔚汾河畔的二十里铺村，在白爱民的祖上香坊做工期间，把香坊戏技艺传授给香坊主，自此，该戏种在兴县得以流传。香坊戏是民歌与道情相结合的产物，它以民歌为主体，接近二人台，但演出内容又接近道情剧。香坊戏唱法很特殊，是民歌与戏曲唱腔组合的，即用民歌的曲调和演唱方法演唱抒情的部分；用戏曲中花脸、须生的方法演唱慷慨激昂的部分。

1966年，10岁的白爱民因学校停课，与父亲在祖上香坊做香，其间，拜香坊师傅为徒，学习了香坊戏表演技艺。1995年，白爱民在任教期间组织学生排演香坊戏《西口泪》和《娘吃参》，获得奖励。

从1996年开始至2016年，为传承兴县香坊戏，白爱民努力做了几件事情：开办香坊戏培训班，义务传授香坊戏表演技艺；1999年，自行组建香坊戏剧团，在县内外演出，扩大影响；先后在吕梁岚县、太原市杏花岭区和万柏林区组建团队，传授香坊戏表演技艺；动员妻子和3个女儿学习和传承香坊戏表演技艺；搜集和整理出几个香坊戏剧本，为香坊戏的进一步发展创造了有利条件。

第六节 九曲黄河灯会

九曲黄河灯会，又叫“转九曲”“转灯灯”，这种民俗活动最早在黄河九道弯河岸边的村庄兴起，又因灯阵曲折绵延如黄河，故而得名“九曲黄河灯阵”，是一种古老而独特的民俗活动，也是兴县元宵节活动的精彩内容之一。

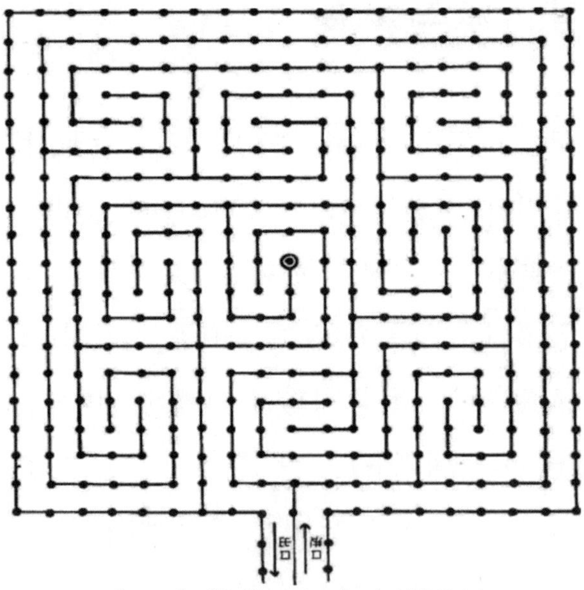

兴县九曲黄河灯会路线图示

刘慧摄于2023年2月

九曲黄河灯阵一般选在平坦开阔的场院或田地搭建灯阵，灯阵依据祖上流传下来的图谱搭建，整体为正方形，主要用高粱秆、玉米秆、葵花秆、木秆等围搭而成，每隔一段距离设一根灯秆，然后用两条红绳有机地串连起来，构成一条复杂的人行通道；在九曲灯阵的进、出大门上插红旗、松柏枝、黏吊子、贴对联、挂红灯笼，东、西、南、北、中贴五方贴；灯杆上装有用高粱秆和五色纸手工制作的形状如玉米、高粱状的花灯，俗称“高照灯”。入夜，皓月当空（多在元宵节期间举行），九曲黄河灯阵前人流如潮。届时，会主一声令下，高粱秆顶端搁着的367盏小灯笼同时点亮，灯皆由色纸围筒罩着，灯笼上均贴有大红喜字，夜幕下显得五光十色，万紫千红。转九曲起场后，在锣鼓家什伴奏下，秧歌队队员披红着绿，手舞红绸，首先进入灯场；接着，各种社火队伍以及村中男女老少，依序入阵进行游艺活动。多年来，九曲黄河灯会一直保持着传统习俗，无论是扎杆、捆架，还是糊灯、卷灯捻、搭门楼，无论是转九曲，还是“偷灯”、祈福，都传承着原生态的游艺习俗，寄托了人民群众祈求风调雨顺、安居乐业、举家健康、四季平安的美好愿望。蔡家会镇狮子洼村每年元宵节坚持举办“转九曲”活动，并把“转九曲”游览线路刻画在村中广场上，便于年年搭建设施举办活动。

第七节　剪纸与刺绣

剪　纸

改革开放以来，兴县涌现出两位出色的剪纸艺术爱好者。一位是康宁镇乔子头村民徐秀珍（曾用名徐秀枝），女，1960年出生，高中毕业，为山西省剪纸协会会员、山西省工艺美术协会农画艺术专业委员会委员、吕梁市剪纸协会理事、吕梁市级非遗剪纸传承人、吕梁市农民画组织发起人、吕梁市民间艺术协会会员。2005年9月，其剪纸作品《孔雀开屏》《学习“三个代表”》《打铁》等在“民间艺术进清华”系列活动中获特等奖；2010年3月，其作品《晋绥革命纪念馆》获吕梁首届年俗文化节·民间艺术作品展铜奖；2014年10月，其作品《爱》在山西省妇联、省广播电视台、省人力资源和社会保障厅、省城镇集体工业联合社举办的首届“三晋巧姐”手工艺品评选活动中获剪纸类优秀奖；2015年9月，其剪纸作品《八骏图》在山西省民间剪纸艺术家协会举办的第三届年会暨十年庆典剪纸展“神剪杯”评选中获银奖。其间，她还在吕梁市文化局展厅举办个人剪纸作品展，出版了剪纸作品集。

另一位剪纸艺术爱好者是瓦塘镇瓦塘村妇女李去平。她出生于1959年，自幼跟长辈学习民间剪纸。其剪纸题材源于生活，内容广泛，形式朴实优美。2010年以来，她主要创作了“十大元帅系列”等革命题材作品、“福喜寿系列”作品、十二生肖和花鸟鱼虫等民俗文化作品，部分作品选送参加了省市非遗作品展。她现为山西省民间剪纸艺术家协会会员、山西省工艺美术协会会员、吕梁市工艺美术协会会员、吕梁市非物质文化遗产协会会员、兴县实验小学剪纸特聘教师。

在2014—2016年举办的“文广新杯”迎新春美术展览评比活动中，薛平平剪纸作品《脸谱系列》获二等奖（2014年），徐秀珍剪纸作品《廉政孝道，传统美德》获一等奖（2016年）。

布艺、雕塑及刺绣

布艺、雕塑　兴县从事布艺、雕塑等美术创作者很少，近年有个别布艺和雕塑爱好者脱颖而出。其中，白丽萍布艺作品《十二生肖系列》在2014年“文广新杯”迎新春美术展览评比活动中获民间工艺品一等奖；王乃全根雕作品《百灵鸟》和《根雕组合系列》分别获2014年和2015年“文广新杯”迎新春美术展览评比民间工艺品二等奖；贾喜平雕塑作品《人物组合》在2015年“文广新杯”迎新春美术展览评比中获民间工艺类一等奖；郭伟雕塑作品《信天游》在2015年“文广新杯”迎新春美术展览评比中获民间工艺类二等奖。

刺绣　俗称“扎花子”，民间刺绣工艺保持和延续了“绣线套接不漏针迹、色线相配形象传神”的传统古法，大致可以分为服饰刺绣、生活用品刺绣、祭献物品刺绣三大类。

妇女服装刺绣：“上衣”绣花，多在胸口，常用图案有鱼戏莲花、牡丹花等；“腕袖”（上衣袖口）多绣含有平安、吉祥、如意的二方连续图案；“领口”刺绣大多是如意云，饰以花卉图案；“裙子”常嵌边、绣花，而颜色多为黑、蓝、红色；“鞋”帮上多绣以蝶恋花、蟾宫折桂等图案。

农村儿童的“兜肚”，多是红色镶边的绣花，一般饰有莲生贵子、富贵长春等寓意吉祥的图案，也有绣五毒虫，以取毒不近身的意思。

“童鞋”刺绣，男女有别。男孩多为老虎鞋，前为虎头，侧有虎足，后有虎尾，向上掀起；女孩鞋子造型与男孩子相同，只是鞋前绣花图案取吉祥、欢快之意，饰以含有美好寓意的花鸟图案。

生活用品刺绣：常见的有枕头花、虎枕头。虎枕头里又有双头虎、人面头虎、虎头鱼尾等，还有蛤蟆枕头。这些枕头缝制工艺精湛，纹饰、造型别致，既是幼儿枕头，又是儿童玩具。还有男女结婚时缝制的方形合枕，两头绣鱼采莲，象征恩爱。“鞋垫”常常作为未婚女青年赠送未婚对象的礼物，常绣有福海无边、事事如意、莲花童子等图案花纹。

祭献物品刺绣：用于举行祭祀礼仪的灵堂、殿宇中的供桌裙帏、神龛帷幔等，刺绣多为龙凤仙鹤、福禄寿禧、明暗八仙等精工绣物。还有的绣制“棺罩”和“寿衣”“寿裤”等，用料和绣工都甚为讲究。

第八节　综合文艺表演

文艺晚会、演唱会

1989年7月，文化局举办纪念中国共产党成立68周年文艺晚会；大礼堂接待外来文艺演出团体，共演出20场。1990年5月初，文化局会同商业局举办了“五一”文艺晚会；5月下旬，宣传部、文化局举办兴县首届八音擂台大奖赛，全县16个乡（镇）24支代表队218人参加了比赛；10月1日，宣传部、文化局举办全县首届家庭音乐会，有13个家庭的70名成员参加了演唱和伴奏，分别获得一、二、三等奖。1991年7月上旬，县委组织部、宣传部、直属党委和文化局联合举办纪念中国共产党成立70周年文艺晚会活动，共在县城公开演出4场。

2003年3月8日，县电视台与县妇联举办了“三八”妇女节文艺晚会。2005年7月28—29日，宣传部、文化局、广播电视服务中心组织全县19支合唱队700人举办了纪念抗日战争暨世界反法西斯战争胜利60周年大型文艺演唱会。2006年5月1日，广播电视服务中心与县总工会举办了“劳动者之歌”文艺晚会。2007年元旦，广播电视服务中心与关家崖煤矿举办了“煤海之歌”文艺晚会；同年9月，县电视台举办了兴县农村信用合作联社创立大会专场文艺晚会。2008年1月，县电视台举办了晋剧、二人台、民歌、歌曲演唱会；同年4月至12月，县电视台相继举办了“春到岚漪河”专场文艺晚会、“认识地球，和谐发展”地球年文艺晚会、“岚漪奔腾”迎新年文艺晚会（与魏家滩镇合办）。2009年2月，县电视台与公安局联合举办了“迎新春创和谐”警民联欢文艺晚会。

2010年元旦，兴县县委、县人民政府主办了“明天更美好”文艺晚会；4月，总工会、电视台承办了兴县五一劳动模范颁奖文艺晚会；6月，电视台举办了“纪念六五世界环境日”文艺晚会；10月，县广播电视台为保护盲人说唱这一非物质文化遗产，举办了盲人说唱专场演出。2012年3月，电视台举办了农村领头雁暨大学生村干部培训专场文艺晚会；5月1日，电视台与国税局举办了“国税之春”庆祝五一劳动节文艺晚会；6月，电视台举办了“环保之声”六五世界环境日专场文艺晚会。

2013年元旦，县广播电视台举办了“春之曲”2013年新年演唱会；4月30日，电视台举办了“劳动之歌”五一劳动模范表彰文艺晚会；5月，电视台分别举办了“兴县十大杰出青年”颁奖文艺晚会和庆祝兴县老干部演唱艺术团成立文艺晚会、扶残助残综合文艺晚会；8月，县电视台与吕梁电视台举办了“梦想舞台”才艺展示文艺晚会。2015年8月5日，省城老干部艺术团在晋绥边区革命纪念馆广场举行了慰问演出。

歌咏、歌手比赛，卡拉OK比赛

1989年5月1—4日，文化局分别举办全县歌咏大赛和业余歌手大奖赛活动，有11支歌咏队595人和106名歌手分别参加了比赛活动；同年7月至8月，文化局先后举办第二次歌咏比赛和全县党总支歌咏比赛3场，观众5万余人。1991年10月，文化局举办了“第二届青年业余歌手大奖赛”，全县30名歌手参加比赛，其中22人分均获奖。

2000年12月，广播电视局举办了全县“卡拉OK电视大赛”。2005年4月30日，县广电服务中心与劳动就业服务中心举办了“劳动就业杯”歌手大赛。2007年7月1日，广电服务中心举办了“新区杯”卡拉OK大赛。2013年1月，县广播电视台举办了“太平洋建设杯”签约歌手大赛。

秧歌表演

1989年2月，县委宣传部、文化局组织开展元宵节文娱活动，全县17支秧歌队750人在县城主街道表演4天。1990年2月，宣传部、文化局组织开展元宵节文娱活动，全县24个单位1270人组成彩车、秧歌队，在县城主街道进行表演活动。1991年2月，文化局组织兴县霸王鞭秧歌队90人赴吕梁地区参加全区民间街头艺术展演大赛，兴县秧歌队获优秀表演奖，县政府获组织奖。2005年2月，宣传部、文化局组织全县120个机关、26户企业、15所中小学校共3200人举办了元宵节彩车、秧歌街头表演活动。

参加各种文艺调演、汇演

1989年10月，文化局会同经委组织30人文艺宣传队，排演反映公交战线改革剧目，参加吕梁地区工业改革调演，获二等奖。1990年10月，县晋剧团排演小品《浪子回头》（尹雁夫编剧）参加吕梁地区调演，获创作奖。

1991年7月上旬，县剧团排演的剧目《绣红旗》参加了吕梁地区调演；同年9月，县剧团表演的剧目《咱俩都是二十七》（小品，尹雁夫编剧）参加吕梁地区调演，获优秀节目奖。同年，兴县晋剧团编排了现代戏《葡萄架下的梦》（由山西省戏曲研究所孙志勇作曲并亲自指挥，山西省话剧院著名导演谢亢执导），兴县县长郝百曜亲自改编、策划，促成了这个剧目的完善。

次年，此剧目参加吕梁地区现代戏调演，获二等奖、导演奖、作曲奖、创作奖、舞美奖、组织奖及演员奖等17项奖励。其中张提泽、李金莲获演员一等奖，张五迎、魏建琴获演员二等奖。

1993年5月，由牛国权、崔宗极与交城县陈瑛合作编创的现代戏《山野情》（由柳林县晋剧团排演）参加全省纪念毛泽东《在延安文艺座谈会上的讲话》发表51周年调演，获得好评。1997年7月，由任安谷导演、文化馆张四海、杜海香、李金莲表演的小戏《吃派饭》，参加山西省小戏、小品、小剧种调演（在太原工人文化宫演出）获得成功，王瑛（英）为该小品创作的音乐获音乐创作一等奖；同年12月，王瑛（英）与靳佩荣等创作的小戏《吃派饭》获全国第七届“群星奖”铜奖。2003年，在吕梁地区首届农村小戏小品调演中,尹雁夫创作小品《老庄户与女县长》（县剧团表演）获一等奖。

兴县盲人、优秀歌手高志鹏多次参加全省和全国残疾人艺术会演，获多种奖励。其中，在1995年12月第二届全国盲聋校学生艺术会演中，演唱自创歌曲《满天繁星属于你》（作词、作曲），获表演一等奖。2005年8月至11月，他在山西省第六届残疾人艺术会演、第六届全国残疾人艺术会演、全国首届盲人歌手大赛决赛中表演自创歌曲《走出圪梁梁》，分别获得声乐金奖（山西省）、表演金奖（全国）和民族唱法组二等奖（全国）。

第四章　文艺评论

第一节　音乐、舞蹈和戏曲评论

1975年，刘建昌调任山西省音乐舞蹈曲艺研究所所长，创办音乐舞蹈理论专刊《音乐舞蹈》，开展民族民间音乐和舞蹈理论研究，先后参与编纂《中国民间歌曲集成·山西卷》（任副主编、责任编辑）和《中国民族民间器乐曲集成·山西卷》（任主编），其中《中国民族民间器乐曲集成·山西卷》获文化部成果集体奖。他主持编辑出版《山西民歌300首》和《中国音乐简史讲稿》等，他还发表《社会主义歌唱运动的明天》（刊载于《人民音乐》1958年第9期）、《论山西三大梆子音乐的共性与个性》（载于《中国音乐》1999年第2期）等音乐论文。

1985—2016年，田彩凤（女）凭借自己扎实的音乐舞蹈理论功底和坚持不懈的学习，在音乐舞蹈评论方面撰写发表了一系列文章（包括专著），进一步丰富了全省音乐舞蹈理论成果。

田彩凤部分音乐舞蹈评论（专论）简表

表29-4-1-1

论文（专论、专著）名称	刊载期刊及日期	备注
《跑秧歌场图初探》	《音乐舞蹈》（1985年创刊号）	
《从反馈的角度看“伞头秧歌”》	《音乐舞蹈》1988年第1期	
《开掘与超越》——观民俗系列舞蹈《黄河一方土有感》	《音乐舞蹈》1989年第1期	
《中国民族民间舞蹈集成·山西卷》	1989年9月因编纂该志被评为先进工作者	1997年11月获文艺集成志书编纂成果二等奖（颁奖单位：全国艺术科学规划领导小组）
《舞蹈与道具》	《舞蹈艺术丛刊》1990年第2辑“民间舞蹈古今谈”	中国艺术研究院舞蹈研究所编辑

续表29-4-1-1

论文（专论、专著）名称	刊载期刊及日期	备注
《民间舞蹈道具趣谈》	《山西文化》1990年第1期	
《奔流到海不复回—思索于山西舞蹈崛起之时》	《山西文化》1991年第3期	
《锣鼓撼天地　艺苑展新姿》	《音乐舞蹈》1991年第4期	
《又是一片青翠葱茏—大赛舞蹈表演综述》	《山西文化》1991年第4期	
《深沉婉丽写英魂—观舞剧〈战鼓〉》	《山西文艺研究》1992年创刊号	
《灯彩婆娑舞翩跹》	《音乐舞蹈》1992年第2期	
《联袂并蒂姊妹花—戏曲舞蹈与古典舞的融合分离浅析》	《戏友》1998年第4期	
《山西民间舞蹈的诗境与情韵》	《山西文化》1999年第2期	
《鼓风·鼓语·鼓韵》	《舞蹈》1999年第2期	获2001年度山西文联文艺评论三等奖
《黄河歌舞艺术论》	2000年山西人民出版社出版	承担该书第二章“黄河歌舞作品品评”（共4节）的编撰工作
《山西民间舞蹈的地域文化特征》	《舞蹈》2000年第5期	2003年11月在山西省第三届文艺评论奖评选中获二等奖
文章合为时而著　歌诗合为世而作——诗人白居易	《山西文化》2002年第3期	
《云冈石窟造像中的乐舞艺术》	《舞蹈》2002年11期	
《山西舞蹈史话》（专著）	北岳文艺出版社2004年出版	
《有意味的舞蹈画面——山西民间舞蹈场图综述》	《山西文化》2006年第4期	
《山西民间舞蹈》（专著）	山西出版传媒集团、三晋出版社2010年出版	

在戏曲音乐评论方面，作为专业音乐戏曲工作者的康湘坪，在1996年以来相继发表部分评论。其中《对戏曲现状及生存发展的思考》一文入选1996年9月中国戏曲音乐学会第三届学术讨论会（宣读）；其评论《不成问题的“发声”问题》入录第四届中国戏曲音乐学会、上海年会暨学术研讨会论文《跨入新世纪的思考》一书；其评论《我们的队伍在“空编”——对山西音乐创作队伍现状的思考》刊发于《三晋戏剧》2004年第1期；评论《与时俱进，发展戏曲流派——对戏剧界拜师学艺现状的思考》，入录2004年10月召开的全国戏曲音乐学术探讨会暨中国戏曲音乐学会第五届年会交流（宣读），并入编《山西文艺评论获奖作品选》。

第二节 影视与摄影评论

影视评论

担任广播电影电视管理干部学院（太原）讲师的魏晓军（兴县奥家湾乡李家塔村人），2000—2015年相继发表影视评论20篇。

魏晓军影视评论简表

表29-4-2-1

论文名称	登载刊物名称	刊载年份及期数
《当前我国音乐教育中值得研讨的几个问题》	《中国音乐学》	2000年增刊
《用审美思维拾取声音——获奖电视电影〈马世清离婚〉同期录音创作谈》	《声屏世界》	2006年第8期
《影视剧创作中的声音构思初探》	《现代视听》	2007年第8期
《同期录音中话筒设置的方法与技巧》	《声屏世界》	2007年第8期
《谈电影中的音乐》	《电影评介》	2007年第19期
《纪录片创作中的声音误区》	《电影评介》	2007年第23期
《晋剧的拾音与录音》	《音响技术》	2008第4期
《在现实与电影想象之间游走——评科恩兄弟的电影〈老无所依〉》	《齐鲁艺苑》《山东艺术学院学报》	2010年第1期
《凝重凄婉的人性悲剧——张艺谋电影〈大红灯笼高高挂〉与〈满城尽带黄金甲〉的镜像同构》	《云南艺术学院学报》	2011年第4期
《数字电影放映中的声音制式》	《电影评介》	2011年第11期
《李安电影〈喜宴〉：中西文化的碰撞与交融》	《吉林艺术学院学报》	2012年第1期
《追寻视听空间的和美之境——谈电影〈约会阳光〉的声音创作》	《云南艺术学院学报》	2012年检第4期
《寻找另一种表达——土耳其电影〈三只猴子〉视听分析》	《齐鲁艺苑》	2012年第5期
《分离中的呐喊与思辨——解读伊朗电影〈纳德和西敏〉：一次别离》	《电影评介》	2012年第13期（7月上）
《电视剧声音制作的要点与技巧》	《音响技术》	2013年第3期
《电影现场录音的理念与方法》	《声屏世界》	2013年第6期
《电视剧数字环绕立体声的录音工艺探究》	《音响技术》	2012年第6期
《音乐艺术与声音构思》	《中国广播电视学刊》	2015年第3期
《万籁此俱寂但余钟磬音——电影音响意蕴探究》	《当代电影》	2015年4期
《简论广播剧声音创作的核心要素》	《现代传播》（中国传媒大学学报）	2015年12期

摄影评论

1991年，丁允衍编撰的《沙飞新闻摄影思想体系的形成和发展》一文，入录全国沙飞研究文集和《沙飞纪念文集》（1996年山西人民出版社）。其《复现意识、摄影、摄影文化—摄影本质探源》一文入选1997年全国第五届摄影理论年会。其《新闻摄影的纪实美初探》一文获中国改革开放20年（1998）新闻摄影优秀论文二等奖，入编《1978—1998中国新闻摄影论文集—改革探索》（新华出版社1998年8月版）。2010—2016年，他编著出版《摄影构图高级艺术教程—框里框外》（浙江摄影出版社）、《旅游摄影完全指南——边走边拍》中国轻工出版社出版）、《摄影视觉训练—裁出佳片》（中国摄影出版社）等摄影理论专著。

第五章　作品选录

第一节　散 文

蔡家崖的灯光

田东照

每到夜晚，到处都可以看到灯光，但蔡家崖的灯光在我心中却留下了不可磨灭的印象。

今天晚上，在县里汇报抗旱情况的时候，听说蔡家崖抗旱工作搞得好。散会以后，我和小李向蔡家崖走去。

出了南沟门，一道宽阔的大川横在我们脚下。站在路边，只见对岸村子里仍然灯火辉煌，宛如满天星斗撒落在山坡上。在一片灿烂的灯光中，有一盏灯分外光彩夺目，像是天上的北斗。它就是我最渴望见到的——毛主席革命实践活动纪念馆的灯光！望着这灯光，我仿佛看到：二十四年前，惊涛澎湃的黄河，用它那巨大的胸膛，托起千万张征帆；漫天红旗下，解放大军胜利进军的凯歌中，毛主席来到了晋绥革命根据地。从那天起，蔡家崖就亮起了永不熄灭的灯光！

这灯光，似火炬，照亮了千百万人民前进的道路；这灯光，如灯塔，指出了从胜利走向更大胜利的航向…… “老田，快走！”小李一声催促，打断了我的思路。我赶紧迈开大步，跟着他直向灯光熠熠的对岸走去。

刚跨进蔡家崖，一股沁人心脾的枣花幽香随风飘来。我抬头望去，郁郁葱葱的枣树边，一台大水泵正在欢快地飞转，白花花的水从胶皮管里喷吐出来，旁边电杆上的一盏电灯，在夜空里放射出耀眼的金光。不用问也知道，这里的社员又在连夜抽水抗旱哩！

我们正在赞叹这热火朝天的战斗，忽然，墙角传来洪亮的声音："谁？"

顺着声音向前看，只见一盏马灯由远而近，来到我们跟前。灯光里，显出一张刻满皱纹的脸，花白胡子倔强地翘着，眯起眼睛机警有神地对我们上下审视。当我们说明来意后，老伯眼神立刻变得柔和亲切起来，严肃的脸上露出了纯朴的微笑。

"大伯，这么晚了，还不歇着？"

"歇着？哈哈！"老人用手一指："全村都抗旱，和'老天爷'打仗，我正要去仓库、马棚、渠边看看……"老人的话激起了我深深的敬意。看着那盏马灯，我脱口说道："大伯，年纪大了，又经常巡夜，还是换个手电方便。"

老汉乐呵呵地说："同志，这盏马灯还是毛主席来我们蔡家崖那天，在警戒的时候，一个老红军战士送给我的。在风里雨里，它伴随着我24个年头了。用它照路，看得清，方向明，步子稳。每逢点亮这马灯，我心里就像燃着一团火，浑身有使不完的劲呐！"老汉边说边笑，提着马灯大步向前走去。

我和小李望着老人的背影，望着老人手中那盏闪闪放光的马灯……这可不是一盏普通的马灯啊！它是蔡家崖人民热爱党、热爱毛主席的历史见证，是蔡家崖人民在毛主席革命路线指引下，坚持继续革命的象征！

蔡家崖的山呦蔡家崖的水，
广阔天地展翅飞。
山丹丹开花红艳艳，
革命青春放光辉！
……

歌声由远及近，动听、感人。灯光下，水渠旁，一群男女民兵正在比赛挑水。我和小李刚走到他们身边，一个短辫子大眼睛的姑娘慌忙掩住嘴，又像忍不住似的"嘎嘎"地笑着，挑起水桶飞快地跑开了。显然，那支歌是她唱的。

我们上前想问一下这群年轻人，今晚抗旱的战绩怎样，一个小伙子突然一把抱住我。我怔住一看，哈，这不是去年我们从县里送来蔡家崖插队的学生陈刚吗？脸晒黑了，身体更结实了。我这才知道，今晚是全体民兵自动上地突击抗旱呢。我问了句：“是谁发动这次比赛的？”

小青年脸红起来，然后向姑娘们撇了撇嘴，说：“红色娘子军呀！

“带头的是谁？”

小青年更调皮了，指了一下唱歌的那位姑娘，故意提高嗓门说：“北京姑娘——女司令官——华英同志！”

年轻人“轰”的一声笑起来，姑娘们更是笑得前仰后合。唱歌的姑娘朝这里瞪了一下眼，不好意思地躲到人群后面去了。

我看出小伙子的心思来了，逗着他说：“怎么？不服气啦！”

“不，不，只要路线正，咱就跟着干！”小伙子这会儿认真地说。

“光跟着干，行吗？”我不放松地又将了他一军。

小伙子机灵，立刻改口说：“对啦，要领着干！”又是一场阵哄堂大笑，不过，这次姑娘们笑过后，急忙挑起水桶就跑。原来，他们都在比高低呐！

夜，更深了；灯光，也更高了。蔡家崖的夜啊，是沸腾的夜，欢乐的夜，战斗的夜！从纪念馆的灯光，到家家灯火，到满山坡的灯光，它们记录了蔡家崖人民的革命斗争实践。每一盏灯都是一首诗，每一个战斗场面都是一幅画，生活的脉搏不正是在那点点的灯光里强烈地跳动吗？

我喜爱灯光，无论是修坝工地繁星般的灯光，还是那抗旱战斗中流萤似的灯……然而，我更喜爱那八角楼的灯光，蔡家崖的灯光……现在，那灯光已不仅是在我眼前，而是点燃在我心中。那灯光的光环越来越大，光焰越来越强烈，终于变成一轮喷薄的红日，在东方的高山头，冉冉上升，把整个大地照得红光万道……

（田东照，兴县魏家滩镇西磁窑沟村人，中共党员，中国作家协会会员，文学创作一级，享受国务院政府特殊津贴。曾任兴县文化局局长、县委宣传部副部长，吕梁地区文联主席；山西省作家协会常务副主席，正厅级巡视员，山西文学院首任院长。本文原载1972年7月16日《山西日报》，署名红艺兵）

那酸甜酸甜的杏子

田彩凤

婆婆走了。一辆小面包车嘟嘟地叫着，卷起一股浑浊的黄尘，载走了我的婆婆。

那是一个炙热的三伏天的中午，火样的太阳直刺下来，烤的人烦躁不安。四周静静的，人们正在睡午觉。就在那个时候，婆婆要走了。两个孩子拽住婆婆的衣襟："奶奶，您别走。您别走呀！"婆婆的眼圈红了，颤巍巍的手摸了这个，又摸那个，泪珠在她那昏花的老眼里打转转。从襁褓摇篮到蹒跚迈步，从牙牙学语到琅琅读书，婆婆也舍不得离开小孙孙呀。"妈妈这么大年纪了，这次回去，也许今生再也……"丈夫沉沉地跟我说。"不会吧。"我平静地把婆婆的包裹放在车上。

我是一个感情丰富的人，然而那天，我却表现出少有的平静。我觉得没有哪个时刻比那一刻更平静的了。毕竟，婆婆不是生养自己的妈。

走的已经走了，在的依然还在。婆婆走了，但饭还要吃，生活还得照常进行。我自觉地拿起勺子舀米做饭。突然，从米里挖出几颗黄澄澄的杏子。"怎么米里埋几颗杏？"丈夫说，"前几天朋友送来一些大杏，橘黄橘黄的，你有公事外出，妈说你嘴馋，爱吃杏。"没想到，她悄悄地给我这个媳妇在米瓮里留了几颗……今天我回来了，她却默默地走了。默默地，我的心在颤抖，但不是因为冷。

我下意识地拿起杏子，慢慢咬了一下。"好酸！"赶紧用手捂住嘴。酸，是真够酸的，但有一股股诱人的清香，细细地嚼着嚼着，不由得又想起了婆婆。

婆婆是在我快生女儿时来家的，那时，她还不到60岁。硬朗朗的身板挺得直直的，走起路来，小脚跟踩得地板噔噔作响。刚来时，尽管婆婆针线、茶饭无可挑剔，可我心里总憋得慌。想吃的东西，当着婆婆的面，不好意思开口；小夫妻俩想说一句亲热的话，也不方便。

渐渐地，婆婆挑起了琐碎的家务。孩子哭闹，找婆婆；一日三餐，靠婆婆；缝缝补补，有婆婆。我非常感激婆婆，她为我解除了后顾之忧，我可以一心扑在事业上。然而，我又因一些小事怨恨婆婆：一次，我烫了头，正对着镜子美滋滋地欣赏自己那波浪起伏的秀发，婆婆冷不丁来了一句，“难看死了，和个卷毛羊羔子似的”。真让我扫兴。还有一次，搬了新居，兴冲冲地买了块席梦思床垫，婆婆却撇撇嘴说，“哪如咱老家那暖烘烘的大土炕”。儿子淘气，打了他几巴掌，婆婆伤心地搂着孙子，比打在她身上还痛。儿子偎依在奶奶怀里，把冷冷的目光射向我。唉，有了婆婆，当媳妇的呼吸也沉重。这个家，有婆婆似乎多余了，但没有婆婆还真不行。

在锅碗瓢勺的交响乐中，15年过去了。孩子一天天长大了，婆婆却一天天瘦小了。

有一天，婆婆说：“我老了，不中用了，孩子们也大了，我回老家去吧。”婆婆确实老了。满头银发替代了一缕缕青丝，走起路来晃晃悠悠。特别是她那张嘴，真让人心烦。早上起来，看看窗外，就独自念叨，今天天气好。隔一会儿又说，今天天气可真好啊。过了一阵子，又说，今天天气可真不赖啊。整天唠唠叨叨个不停。

婆婆老了，该歇息了。怀着一腔恋情，默默地走了。坐在空荡荡的房子里，我静静地品尝着婆婆留下的那几枚酸杏，心里隐隐作痛。我用牙齿咬住嘴唇，吞下那酸酸甜甜、酸中有甜的杏子。为了婆婆，也为了自己。

（田彩凤，女，兴县魏家滩人，早年在兴县晋剧团做编导工作，后调太原工作，曾任山西省音乐舞蹈曲艺研究所副研究员、山西省舞蹈家协会理事等职，为中国舞蹈家协会会员和山西省作家协会会员。本文刊载于1989年8月24日《山西日报》，分别获黄河文学一等奖和山西青年作家协会等单位举办的山西省青年散文大奖赛二等奖）

愿祖国昌盛　百姓安康

康彦红

又是一年国庆时。金秋时节，到处都是喧闹的人群和归家的游子。当我搀扶着九十二岁高龄的刘长顺老人从晋绥军区司令部的窑洞里走出来时，他指着司令部院里的那棵百年老柳树，用颤抖的声音跟我讲述着当年的往事："记得当时我才十九岁，我们警卫班驻地在胡家沟，离这里很近，有时我会来这里办事。那时候，这棵柳树还没这么粗……"刘长顺是临县人，八路军120师直属警卫连的一名战士，1941年，他被调派到晋绥军区司令部警卫连，在晋西北抗日根据地最艰苦的那几年，一待就是七年，后随部队南下入川。这次他是回来寻根的，儿子、女儿、儿媳、孙子、外孙子一大家子陪着他从遥远的四川，坐汽车、火车、再汽车，一路颠簸，回到这里的，他想在自己有生之年还能看一眼魂牵梦绕的地方——蔡家崖。所有的一切都还在：景物在，记忆在，遥远的歌声在。

在讲解员这个岗位干久了，总会有一种说不出的归属感，每次面对这些白发苍苍的从异乡归来的"亲人"，我的内心都不能平静。各种面容，期盼的，急切的，欣喜的，这些历经岁月的沧桑而不忘初心的人，让我真切地感受到这种纯朴情感背后的力量。

2011年，全国红色旅游如火如荼展开，免费开放后的晋绥边区革命纪念馆迎来了越来越多的游客。这一年，是我做讲解员的第七年，也是参加工作以来最为忙碌的一年。这一年，晋绥边区革命纪念馆新馆正式对外开放，旧址得到全面修缮，中共中央晋绥分局旧址历史风貌修复工程启动，牛家大院修复前期工程展开。每天一睁眼感觉都有很多东西要去学习、适应。记得新馆刚开放那段时间，好多设施还没有完善，全新布置的5000多平方米的展览，需要自己去查找资料，带着一个新来的讲解员加班至深夜，编写新的讲解词;许多图片需要自己去查证，资料基本都是枯燥的历史文献，而背诵三万余字的晋绥边区史料是一个解说员必须具备的基本功。那段时间，每天都有两三拨领导来视察新馆，检查工作。当时新旧馆之间衔接不畅，新的讲解员还在实习期，无法胜任大批量大规模的接待工作，顿时感觉压力巨大。没有节假日，每天面对潮涌而来的游客，想着就是如何打磨讲解词，有时甚至对自己能否胜任这份工作产生了怀疑。我和新来的同志一遍遍的穿梭在新馆和旧址之间，穿梭在曲折迂回的展厅里……一天下来,脚痛，嗓子沙哑，全身疲惫，却不敢有丝毫懈怠，每天都以良好的姿态、心态坚持着。

很多人不明白，问我整天重复同样的事，不累吗？可能他们不会懂得，当我们面对游客期盼的眼神，讲述刘胡兰的英勇、李林的悲壮、蒋三的机智时，心中亦是澎湃激荡的;当我们面对观众讲述牛友兰毁家纾难为抗战、续范亭飞马告急挽狂澜时，心中是崇敬而自豪的;当我们面对孩子们纯真的眼神，唱响那首欢快的《快缴公粮》时，心中是充满欢乐与希望的。这是一场逝者与生者的对话，虽然隔着时空，却仍清晰无比；这是对民族珍贵记忆的温习。在浩瀚的史料和寻找记忆的游客中间，我们的讲解，架起了沟通的桥梁，连接起昨天和今天，传承着伟大的民族精神，因而渐渐地习惯了这紧张、快速而又不断重复的节奏……

时间不知不觉滑到了2014年，新中国迎来了65华诞。

这个节日注定是热闹而隆重的，举国欢庆，万民景仰。节日的气氛渗透到每个角落，欢乐的人群肆意挥洒着来之不易的幸福，这个多难的民族正在崛起。许多的人在路上，他们从异乡到异乡，从家门到彼岸，或归来，或离去。这期间有几位讲解员已相继离开岗位，又有新的解说员进来，我还坚守着自己这个情有独钟的岗位。

当刘长顺老人和我告别时，他沧桑的脸上满是欣慰的表情，微笑着朝我挥手，祝福。

信念从未远去，理想仍在路上。风乍起，我听见远处景区一个实习的讲解员正在唱那首欢快的的歌曲：秋风凉又凉，谷子黄金黄，今年收成好呀，谷满仓，全凭那八路军呀，保住了家乡，全凭那八路军呀，保住了家乡，快缴公粮呀，快缴公粮，叫战士们吃好了好上战场……”

（康彦红，女，兴县魏家滩镇人，曾任晋绥边区革命纪念馆讲解员、宣教科长。本文原载2014年9月30日《山西日报》）

山乡的春天

刘振频

最后的雪还未消融，春的气息已经扑面而来。那些雪花掩映的风景，深沉着，快乐着，它们总是用自己的淳朴养育思想，也鲜亮一方水土。

俗话说：春不刮不开，冬不抽不冷。吕梁山春天的到来，总要刮几场天黄地暗的春风。春风是最早向人们报告季节的消息。“立春”过去了，天总是板着脸，昏沉沉的，像一件洗旧了的老蓝布衫。可每每午饭后，春风就像位仗剑走天涯的侠盗，从漠北塞外呼啸而来。它卷起万丈黄尘，袭击着每一座山头、每一块田野、每一条河流。眨眼间，春风如狂怒的猛兽一样向村里扑来了。院里的几棵高大的杨树，被刮得东倒西歪，那长长的风挂在树梢上，打着旋儿，发出尖啸的叫声。平日里，喜鹊总站在枝头“喳喳”地歌唱着，如今它早已躲入树杈上那黑乎乎的窝巢里。母鸡卧在筐里，歪着头，倾着耳，听着筐外呼呼的风声，静静地一动不动等待产蛋，生产后照样“咯咯”地大叫起来，但风声很快将它的声音淹没了。有户人家，爹娘催儿子去挑水。儿子挑水回来推着窑门，风一下子灌满了耳朵，灰尘打眯了双眼，桶被刮得掉了个儿，“咣当”一声，撞在门沿的石阶上，水倒了个净。儿子搁下担子，拾起桶，嘴里不停地骂起了风。爹娘亦开始数落起儿子，儿子不待听了。打上柴门，冲进风里去找同伴去了。

刮了好几天的春风，已近“惊蛰”时分，天气渐渐地暖和起来，春阳高高地挂在头顶上，洒下明媚的光线。土地开始苏醒了，田野里的麦苗从沉梦中睁开了绿茵茵的睡眼。小河里的冰块融化了，河水欢快地流去；蓝色的风携着泥土的芬芳，自田野向村子缓缓逼近，于是便有了春的色彩和滋味。人们心里打开了封闭的窗扇，渐渐地明朗起来了，脱掉冬天臃肿的衣服，换上色彩趋向明朗和清淡的衣裤。老人们纷纷走出家门，坐在窗前的阳光下，慵懒地晒着太阳，太阳一览无余地直射下来，暖融融的；后生们围桌一坐，打起了扑克；婆姨们坐在门前，燕子筑巢般精心地织编着毛衣，脚边放着小箩筐，线球在里边不停地滚动着，仿佛也把阳光织进去。一只花猫卧在脚边。院里几只母鸡踱着方步，走来走去，咕咕地轻叫着寻找食物。不经意间，阳光一点点地移动，有些人家烟囱中冒出淡淡的炊烟，喊叫孩子的声音此起彼伏。这时的阳光是一天中最温暖的，女人们把被褥晒了出来。院子里便洋溢着花花绿绿的生动色彩。晚上人们钻进被窝里睡觉，闻着太阳的味道，很快恬然入梦，好梦连连……

有谚语：七九河开八九雁来。这个时节，春的旋律已经悄然奏响！清风唤醒了松林，墨绿的松涛，仿佛天籁之声，春天的序曲缓缓上升。静谧的山谷，此刻正在上演着一场喜剧。冰雪融化，小草吐绿，把冬的冷漠遗忘在昨日的梦里。一溪清泉哗哗流淌。这澄澈的水流，闪烁着，宛如轻柔的圆舞曲，所有的音符都回荡着阳光的气息。山岩上一株株老榆树蓬勃着激情，它总是鞭策自己。满树的花蕾，热烈奔放，仿佛短暂的光阴，只有竭尽全力，才能赢得生命最后的灿烂。

有谚语说：春风麦入土。“春分”时节，该是春播的时候了。庄户人急需要下场好春雨。雷霆像泄了气的皮球，闷声闷气地响了几声，雨点依旧没有。农家窑洞上缕缕的炊烟，仍然是直不起腰来。倒是山间农家院落里的老黄牛很耐寂寞，狗却有点不自在，发现过路人便叫起来。“吱嘎”一声，紧闭的柴门打开了，一个砍了一冬柴的汉子从门里走出来，在阳光下修整他的犁耙。刮风了，那个勤快的妇人抬起头看看天空，而后依旧屏声静气地翻晒她簸箕里的种子。墙外树下蹲着一位老人，目光很难将他与泥土分开。他一边“吧嗒”着一锅兰花烟，一边胡想着年前的收成，满脸皱纹的笑脸，总是挂满了幸福，灿烂从内心深处升腾。

春天的雷声闷声闷气响过后，阳光真的暖和了。

农家院里热闹红火。公鸡高高的仰着头，漂亮潇洒，被所有的母鸡所爱，母鸡冠子红润，毛色皆发亮，围着公鸡团团转：狗儿不管大白天，不分场合地点，舌头垂得很长，另有一群公狗围着眼馋；猫儿日里老实，卧在暖炕上，呼噜呼噜睡得安然，夜里却不得安分，走出野外，嗷傲地叫唤着青春的伴侣，纷忙地寻找相好。母猪不吃不喝，叫圈撒欢，不得安生，夜间欲望升腾冲破栅栏，急急地找着伴儿。母羊舔着公羊，公羊追着母羊，咩咩地叫着，洒一路黑珍珠似的粪蛋蛋到处滚。动物们皆在发情，传递着它们对生命繁衍的欲望。猫三狗四猪五羊六，每个月份到期，都有红嫩嫩的小生命降临，五禽六畜都骚动着不尽的活力。

东方曙光微露，最后的夜幕被撕裂成碎片。我不知道，这样的时刻，斑驳红艳的天宇上，早霞温暖了多少爱情？而此刻，泥土的芬芳正与鸟声一起，成为我心中永远的记忆……

（刘振频，蔡家崖乡杨家坡村人，业余作者。本文原载《山西日报》2016年4月20日“黄河·笔会”，入录2016年《山西文学年度作品选》“散文卷”）

父亲远行了（节录）

田潇鸿

一

公元2013年10月5日，是个令我永远铭记的日子。从此，我这个所谓的预感家就只能夹起尾巴，再也无法狂妄了。

这天，睡了个大懒觉，感觉神清气爽，洗漱完后便翻箱倒柜试穿着准备次日出席酒宴的裙装。我的一位老年作者为他刚刚出版的自传《往旅寻踪》设宴庆贺，听说还有作协的两人被邀，我想到时肯定要提到父亲，我该怎么说？我还是释然的，父亲至少今年不会有什么大问题，这点可以肯定！前些时最终的检查结果证明没有新的发现和转移，而且化疗药物用了近一月也挺适应。我心坦然，想在这几天的假日里轻轻松松，过完节再去看他，交流交流他文集出版的某些个问题。下面是节前的一次通话，虽然父亲说话底气不足、语速迟缓，但思维清晰不打折，对30年前的创作竟记忆犹新，略加思索便能给出准确解答。这真是出乎我的意料——

“爸，您的《长虹》里出现了多处‘水力冲填’的用语，黑马校对时出现红色信号，建议改为‘水力充填’。我对黑马有疑虑，但又觉‘填’与‘冲’互为矛盾，究竟该用哪个呢？”

“这是当时农业学大寨山区农村的一种做法，就是将山坡上的泥土用水力冲到沟底，泥浆中的水分经一些时日后蒸发掉，就只剩下干泥，便可填平沟壑，变为良田。这就是‘冲填’。”

“噢，明白了！对了，爸，跟您商量一下，我在过黑马时发现书稿还是有不少问题，我想最好是我亲自再校读一遍，这样的话时间就得往后推，春节后再开印，您看……”

“不急，时间你掌握，我没问题。”

“爸，最近形势您知道吗？处理了不少公车……”

“知道，知道，你们一定多加小心！”

“所以，这几日就不回咱家了，而且南华门的路挖开还未修好，车开不进……”

窗外阳光明媚，难得的一个好天气！

半年心神焦炙，难得有一阵好心情！

我舒展双臂，面对窗外的阳光，痛痛快快做了个长呼吸。

突然，爱人的手机响起，妈在电话那头说爸的肚子胀得鼓鼓的一直疼，已经三天不大便了——之前是天天腹泻不止。

我催爱人快去，考虑到这又是手术后无数小波折中的一个，一切都会迎刃而解，心中的不快也就慢慢消失了。

一小时后爱人终于赶到南华门东四条。刚进家门，单位就来电催促他快去一趟，他今天带班，突然出了些意外。于是，爱人又火速赶往单位，刚到单位就接弟弟电话：医院抢救无效！爱人又急着往回赶并来电告我：你快穿些深色衣服，我一会儿接你同去医院。

“啊……一点希望也没有了吗？快告诉我！”

“你别问了，话都说到这份上了，赶紧准备吧！”

不！我不相信，我一定要把爸叫醒！你看电视剧里不是常有能叫回来的吗？我也一定能！

去医院少说又得一小时，爱人火急火燎开着车，一边无奈地骂娘。我对车窗外花花绿绿的人群视而不见，心底在诅咒这个狼藉遍野、支离破碎的城市。一年来交通的不畅拉长了我和父亲的距离，缩减了我们见面的次数，使我们天各一方地在同一个城市……

车行半道，有电话打过来说已给父亲穿戴好正往殡仪馆运送呢。我说不，不要，再等等我！我要赶往医院，我要在那里叫醒爸！

然而……

我们又改道殡仪馆。

殡仪馆院内好安静、好整洁、好肃穆！已是下午时分，只有一星半点人影，进了长长的楼道，更感空空，后背发凉。居然也要像去宾馆找人似的坐着电梯上到三层302房间。入内，见舅舅他们几个男人守在一口长形水晶棺旁，我挤上前去，便看见了直直地木木地躺在里面的父亲：头戴黑缎子瓜皮帽，绫罗绸缎绕其身——父亲一生何曾这样过？他崇尚简朴，吃饭总是抱个大海碗圪蹴到一边往嘴里扒拉；衣服不论好坏总能穿出前襟长后襟短的效果，有时还能让一个扣眼找不着伴或出现缺失……这些艺术效果的创造者总是父亲，这也成了我们调侃的靶标，话锋诙谐而乐在其中，浓情相拥见此一斑。而眼前的父亲何其疏离：双唇微闭，上下门牙紧咬；双目深锁，眼圈黑紫；面无生气，蜡白瘆人。我想扑下去摇晃推搡，但全身疲软，神经末梢指挥失灵，一动不动，呆若木鸡；我想大声地呼唤“爸——爸——爸爸爸”，无奈，嘴巴像被钳子夹住一样，开合不能自如。我只听得自己好像软弱无力地叫了声“爸”，没有任何回应。这时爱人手里拿着个铜钱，一边说着“爸，你张张嘴”，一边试图掰开嘴巴往里送，却就是不见响应。最终还是作协经验丰富的冯处长用什么技法才把铜钱塞进去。之后，我麻木地随着人们退出房间。这时，馆内的服务生把房门锁上，并将两盏挂于门框上方左右两侧的长圆形白色灯笼点亮，说是长明灯。

下到大厅，舅舅说你回车上等吧。我三步并作两步急急钻进车内，一把关上车门瘫倒在座上哇哇痛哭起来——我不记得自己一生中还曾有过这样的情形，因为我是一个感情不易外露的人，几十年来，无论多大的苦难或困境或折磨，都只会暗泣或饮泣，泣如雨注者常有。尽管如此，我依然认为自己是个坚强的人，一个几乎无人知晓内心在炼狱中支撑着的人。唉，大概过去的种种苦难都不抵眼下的遭际：事业、理想之坝一次次决堤，大不了回家种红薯，做一个依人的小女人；儿子患重病愁白了头，用信念迎来柳暗花明；被逼上绝境，求生不得求死无门，不也就是小命一条，想拿拿走。而如今，父亲是真真切切地走了，走了就永远回不来了，这是不可逆转的事实而不是幻想！这是近年来最担心有朝一日会发生却提前不打招呼已经发生了的铁的现实，是心上悬着的那颗炸弹终于引爆了，单片四溅，裹满了我的全身，我被炸得两眼模糊双耳发麻十指乱抓……

我恨自己无用！我哭自己无能！

我为什么像哑巴一样叫不出声来？为什么就不能将父亲叫醒拽回？我那敢作敢为的勇气哪里去了？我就这样听天由命不做争取眼巴巴地盯着死神从自己面前将父亲捆绑押走？现在，我和父亲真正的是近在咫尺，天各一方啊！

我哭够了，人们也终于跟着从馆内大厅出来，陆续上了车。殡仪馆的相关手续办妥了，接下来我们要打道回府。车发动的瞬间，我泪眼汪汪向窗外望去，院子极其清洁利落，参天绿树分外浓郁，大约是阴气缭绕之故也。较之外面熙攘的人流、肮脏的街面，这真是个不一样的地方啊！看来，死人比活人更喜安静、更具洁癖。

我一生中第一次来这种阴森恐怖的地方，我希望永远再别来！

二

……当我和舅舅他们离开殡仪馆，穿行在灰塌塌的街市，像霜打的茄子回到作协——这个父亲安居了25年的宅屋时，无须往常的敲门按铃：门虚掩着，漏条不小的缝。屋里已经站了几个亲戚，母亲被围在中间，在商议着什么。众人目光躲闪，表情迟滞，内心惴惴。我不敢直视还能站着的母亲，一路上我还以已度人地猜测母亲倒在卧床上痛哭流涕的情形，不知该如何面对，更不知一个人的离去留给亲人最当紧的不是眼泪，而是一环扣一环的后事料理，诸如列名单打电话通知亲朋，仪式日程安排，确定来客食宿等，诸多繁杂哪项都离不开与母亲商定。因为事情来得突兀，这些细碎责无旁贷地落在了近亲近朋身上，“狼剐柴，狗生火，猫儿上炕捏窝窝”，众人很快忙成一团，有进的有出的，跟母亲要这问那的。我插不上手，像个多余的人站在墙根木木地注视着纷乱的脚步，内心在问：这是真的吗？这是真的吗？从此我就没爹了吗？

作协的领导来了，省委宣传部的领导来了，生前的好友来了，同行同人来了。一群一群，一批一批，来了走了，来了走了。门从一条缝变成了大敞开，楼道里不停地传来沉闷的脚步声。客厅太挤就将茶几挪到一边——茶几已失去意义，摆在其上的烟呀水呀没人去动，因为人们不是来品烟品茶的，谁有心思呢？只是站上一阵或坐上一阵，听母亲不厌其烦地一遍遍絮叨父亲生前几天、几小时、几分钟的状况，有的就坐着不走，将他们的难舍情丝体现在一动不动的呆坐中，唯有这样才能表达其情谊之深厚。父亲的一位大学同室好友在老妻的陪同下拖着病体急急前来，记得彼此两月前还见过一面，几天前还通过电话呢。他被这消息击倒了，晕晕乎乎坐了一顿，放声哭着下楼离去……

离石的大姨、二舅率众子女、女婿先后赶到，每人进门先在设于客厅电视柜上的父亲灵位前上炷香、磕三头，然后进到卧室看望母亲。外甥女们拉着她们大姨的手摩挲着、摩挲着，同时用怜惜的目光轻扫其姨疲惫、无助的面容。母亲脸上的沟壑很深了，已成纵横之势，几日不见头发又白了一圈，俨然一老媪。母亲开朗好动，一年前的生动活络已经找不到了。父亲曾好几次带我们回望五十年前吕家湾村田埂上的一幕：母亲由外公带着正在地里做活儿，父亲由其姐夫领着千里迢迢上门提亲，直接找到地头。母亲忙放下手中的活，不自在地拍打双手，抬头瞅了一眼就羞答答低垂眼帘摆弄着衣襟。这一瞅就留住了父亲白白的衬衫扎在黑西裤里的小平头小眼睛的书生帅气；她那裤筒高挽朴实俊俏的劳动者的美丽也永远定格在父亲的脑海里。一顿拉面之后就返回去准备迎娶了。而今，这段美满的刚度过婚姻的金婚随着父亲的离去不复存在了，变成了永久的传说——“我的父亲母亲”。

晚上10点后亲戚们均去东华宾馆休息了，一下午的热闹总算平息。我们忙推着母亲脱衣睡觉，担心她血压飙升，又安排妹妹作陪；我和弟弟、弟媳遵从母嘱在灵位旁守夜续香。香火要一根接着一根，不能断开。我们坐在沙发上说一阵，哭一阵，续一根香；再说一阵，哭一阵，再续一根香。夜半时分，弟弟终于支撑不住倒在沙发上睡着了。看着他黑不溜秋的脸上胡子拉碴，心头涌上一丝怜惜和责任。内室里，累坏了的母亲也睡得正沉，我掖掖被角，而后轻轻走出，坐于沙发，盯着父亲的遗像与之进行一对一的交谈。

三

歇于宾馆的亲戚们早餐后三五成群归来，总管在书房召开第一次会议，领命后人们各奔东西。最迫在眉睫的一件事是墓地还未敲定，4 月份带父实地查看过，之后两周检查出病情，就忌讳再提此事。于是大女婿偕二女婿立马提款直奔乌金山；主卧的双人床上，堆着两摞白布，大姨小姨拉开阵线，裁剪缝制孝衣孝帽，在蜜蜂牌缝纫机的嗡嗡声中剪刀飞舞，咔嚓咔嚓；昔日父亲写作的书房大字台上摊着金色和银色电光纸，外甥女、侄女们在小舅妈的带领下，左折右叠几下就变出个金元宝或银元宝，小舅妈还负责在家食宿的十来个人的吃喝，因为她能干，做出的饭又美味；中午时分，终于来了份非我莫属的活儿——作协送来了父亲的生平介绍，我用编辑的职业眼光一瞅就发现有事可做了，便翻查资料，添补润色，尔后送去改稿。

时至下午，这个一百二十平米的家已是摩肩接踵，你想从这间挪到那间是件很不易的事，不停地有闻讯赶到的人。老家西磁窑沟的本家及外甥、外甥女带着黄土的味道结伴而来，那个叫公鸡的和叫俊英的是我儿时的熟识，得拉着他们土豆皮一样的手拉呱几句。本家嫂嫂（不知姓名）一见位子紧，就两腿一屈坐到地上并及时发表感言说不冰不冷正合适。

……靠东那个小卧室的床上紧紧偎在一起梳着一样样的剪发头齐刘海的三姐妹是大舅家的。大舅英年早逝，留下还未成年的三个姑娘和更小的儿子，妗子终于将他们拉扯到每人有了自己的孩子可以独自为生。现在，我才明白为什么她们总有一种战战兢兢的表情和无论冷暖总喜欢将两条胳膊交互伸进袖筒的习惯。这种没爹的孩子低人三分的感觉仅仅两天就让我备尝其味，看看弟弟妹妹缩脖子收腰好像矮了两公分，我才清楚昔日我们姐妹昂首挺胸原来全是因为有父亲罩着。父亲在撑着腰，我们个个才那么牛。

围在餐桌和厨房里的是两个姨姨和舅舅的女儿女婿（儿子们都帮忙在外跑事儿去了）。大姨家的四个姑娘和一个儿子全在吕梁工作，他们开两辆车来的；小姨家的两姑娘一儿子均是考学出来在太原就业的，每人都有车；二舅家的二女一儿也在吕梁，舅舅搭乘儿子的车，大女儿和女婿另驾车。我跟他们相处得很熟，这是因为，这些同辈有的连续在我家住过几年，或上幼儿园或打工；有的住过几月，或看病或待就业；有的每年来几次，有的几年来一次。三个舅舅两个姨姨和其儿女二十大几号人，加上几个姑姑和本家的儿女（5个姑姑全是农民，子女大多务农或从事体力劳动），足有四十来号人。每个人的面孔都刻写着不同的故事画面，画面里活跃着的总是我的父亲、母亲。这些画面或艰难曲折，或简易平实，一段段、一桩桩以蒙太奇的方式交错回演。父亲一生泽及众人，大到找工作、转户口、调动、提拔、考学，小至借点钱、打个电话、写个条子、起个名字。刚刚从我面前挤过去的是岚县大舅的儿子，名四小，他娶一聪明漂亮叫丽萍的女子为妻。十几年前的一个晚上，我就在场，父亲接到一个电话："姑父，丽萍生下一孩儿，让你给起个名儿……"（岚县话很调皮，不是吗？）几日后，四小儿子的官名正式诞生了。这来者众众，我想他们都是念着父亲为他们所做的一切身不由己啊！

对于死神过早地将魔爪伸向父亲，亲人们愤懑难抑，溢于言表。他们借酒浇愁后踏着月光摇摆着从饭店归来。酒力将大女婿的二杆子劲捺拨起来，只见他双膝跪地，大声哭诉着检讨着，光溜溜的脑袋往大理石地板上碰去；儿媳妇步其后，声音嘶哑、语调快捷地重复着同样的主题。我们全都跪在母亲、舅舅们的面前，赐求他们的训斥。父亲同父异母的弟弟，那个比我大不了多少的小叔叔霍地从沙发上站起来厉声道："痛啊！这回可是痛到骨头里啦！从今以后，我要把嫂嫂当成妈来孝敬！"二舅向来话少，但掷地有声，一句顶俩，俨然把我们当成罪犯审讯（他大半生在公安局、检察院工作）；小舅显得和善，但绕着弯儿长篇大论，显然当作给他矿上的矿工作报告，竟不察我们跪在光地板上膝盖的感受……说着说着就突然停了，脑袋后仰在沙发后背上。他一定是想到了自己父母去世前病床上的情景，想着就嘴软得不好意思说下去了。是啊，如果有谁说他对父母做得尽善尽美，毫无遗憾，那全是骗鬼的话！于我，如果能预卜父亲的忌辰，我会每天陪于左右，两个月，三个月，什么上班，什么孩子升学，比起父亲的命都将是浮云—相信弟弟、妹妹会和我一样。永远的遗憾！永远的痛！这种痛，无法表达，也不想表达。只有每晚守在父的灵前，我们姐弟分享着彼此的痛，痛其所痛，悲其所悲，同病相怜，惺惺相惜。这是不为他人所感知的。

而弟弟并不情愿领罪，脸红脖子粗地企图犟嘴。他任性惯了，不懂得这种时候只有低头认罪是唯一的出路。其实，那段时间弟弟的心理压力更大，付出的也挺多。他曾亲自从京城请来名医，并购置了一堆价值不菲的药材。为了让父亲坚定信念，配合治疗，我和父亲曾有过三次密谈，我说你的生命不仅是你自己的，我们都很在乎你，再难也要坚持啊！他说孩子们待我都没的说，小赖（晓宇小名）也不赖，儿媳女婿跟亲生的没两样。然后就是几声哽咽（我生平从未见他哭过）。我强忍着泪水，但听得出自己的声音是颤抖的。

为了抑制弟弟的气焰，控制住场面，我急中生智用两记并不响亮的耳光终于使他低下了头并保持缄默；然而，他的头狠狠地向下垂去，我警觉地去揽住那长着乱蓬蓬头发的脑袋，抚摩着让他慢慢平静下来。同时，我还得跪移着去揽起另外两个脑袋：大女婿那军人的毫不含糊的二杆子劲我当然是领教过的，弟媳连日来头磕得梆梆响也不能不让我担心。我紧张地周旋于三颗脑袋间……

四

已入冬季的比利时，街上，一个年轻男子独自徘徊。他在痛苦地回忆着，回忆着那年他和父亲在黄河拐弯的地方相会，回忆着父亲作为精神教父指引着他走上文学之道，继而踏入电影殿堂的一幕幕……他拨通太原友人的电话，委托送来偌大的花圈和万元礼金。

这个人叫贾樟柯。由于他从事着我百般追寻但未能遂愿的事业，我对他一贯怀着不一般的情感；由于他此刻也在痛着，痛我所痛，我就觉得我们息息相通了。

我对看重情感的人历来怀有深厚而崇高的情感。还有一位老阿姨，我抑制不住要提：她是父亲的同乡同龄人，与几位阿姨结伴而来，进门就扑过去帮着裁剪孝衣，干了好长时间，并言昨晚听到噩耗后心难受了一夜，边说边唉声叹气，直到同伴催促要走才放下手中的活。临行前双膝跪在父亲灵前深深叩头，哽咽得直不起腰来（我很后悔没有去扶她一把）。

这位阿姨是不是喜欢过父亲，我不知道，也没有听说过。父亲一生没有绯闻，这是因为一者认为自己找到了美丽、善良、勤劳的伴侣，找到了心目中满意的女性，因而心无旁骛；二者他视创作为生命，一生无他求，自然不会将时间浪费在女人之类的无聊事务上。除了上研究生的三年，我从未长时间离开过这个家，我是有充分的发言权的。

明天就要出殡，许多亲戚都争抢着去最后看上一眼，晚饭后借着去送饭，三辆车十多个人同时出发了。黑天黑地地去这种地方自然身上麻酥酥的，但迫切的心情战胜了恐惧，我们手挽着手大步前行。一进楼层，弟媳妇就忍不住哭出声来，我将她挽得更紧，以此作为对地的抚慰。工作人员打开那间房门，二舅抢先扑进，跪下说声“姐夫，兄弟来迟了”，就大哭起来。于是哭声四起，有叫姐夫的，有叫姨父的，有叫舅舅的……工作人员见状将人们拽扯开，导引着绕灵柩三圈后就要关门。这个时候，我彻底失望了！我原本还存有一星半点的希望，希冀父亲只是深睡了，睡几天说不定也能复苏。可是，面对这么多人的呼喊，他却纹丝不动，硬梆梆地躺着，脸色越发青黑。咳，真的没什么盼头啦！

守夜，最后一夜。远道赶来的一位兄长和我共同完成了这项使命，他要最后陪陪父亲，当然也在陪我。在这悲的气氛中，我总结出了对人生的最新定义：人生真是悲苦啊，不管你多幸运多顺利，最后还得以悲剧收场。所谓喜剧也是悲剧意义上的喜剧，喜剧是暂时的，悲剧是永恒的。父亲一生还算顺畅，也没有遭过什么罪，六十岁后却慢性病缠身，终日靠服药维持。刚步入晚年，大病就找上门来，在饱尝半年的疾病折磨后也终究未能幸存。

巧的是，我的结论吻合了这位兄长几年前的论调，他是位悲剧主义者，也是悲剧主义的实践者。他还说人生就是你眼巴巴地盯着你的亲人一个个离你而去的过程，最后，你也离去……

一炷香快燃尽了，兄长起身，跪拜续上。窗缝透进一丝淡淡的亮意，他去拉开窗帘。母亲地们窸窸窣容地穿衣起床，敲门声顿起，随即拥进十多个人。顷刻屋里热闹起来，在总管的吆喝声中大家紧张地准备着，约一刻钟就各司其职开始下楼。我是长女，怀抱父亲的遗像打头；儿子是第三代中唯一的男孩，他扛着柳条引魂幡居次。然后是弟弟，然后是妹妹。下到单元门口，总管叫声孝子下跪，我们就在垃圾堆旁跪下。随着口令，弟弟将砂盒举过头顶，用力摔出，终成碎片。起行的令下，我们排着长列行到小巷的尽头坐车出发。这时天还没有放亮。

到了殡仪馆，吊唁厅早已准备就绪，一幅幅白色挽联从二楼的栏杆披下来，正面大屏上滚动着父亲各个时期的肖像。两侧是作家张石山的哀思：“汾河秋水滞痛惜晋军失巨将，吕梁霜叶飞悲悼文坛陨大星。”我发现父亲原来是很帅的，而那张最年轻最帅的，就有亲戚说像极了我。厅的四周摆满了各方送来的花圈，单位的、个人的，很是壮观肃穆。七点半马上到了，人们很守时地陆续到来。可司仪迟迟未到，总管急得走来走去，过道里传来他愤怒的斥骂声——这骂声虽不文明，在我听来却也动人，饱含着对父亲的一片深情！

七点四十的时候，这个记错时间的女司仪风风火火来了，我们孝子随她上楼进行了一番悼祭后，将那装有父亲的水晶棺推下展厅。于是，告别仪式开始。

我们所有的家属、亲戚排成两行立于左侧，司仪动情地读着悼文，每一个字就像一把锥子扎在我们心头，我左手拉着弟媳，右手扯着妹妹，我们的泪水流在一起，使劲捏住对方的手，那种无助，那种悲戚，真的就想钻到地里，消失在众目睽睽下。各界人士慰唁家属，他们排着长队缓缓从我们面前移过，我没有勇气抬眼去与他们交流内心的这份悲伤。泪雾蒙住了双目，眼前的人流幻化成翻涌波动的黄河水，它缓缓流过，发出低沉的哽咽，如同一个母亲失去了宝贵的儿子……

我在不想记录接下去的那幕，父亲就要被推进永久的地狱之门，母亲撕心裂肺地被亲戚拽拉着，我们嗵地跪地前移，响亮地最后叫喊着爸，还有后面跪成一摊凄厉惨痛地叫姐夫叫姨父叫姑父叫舅舅的……

仪式结束后，人们退去，只留下亲戚及少部分执意坚持到最后的友人。10月9日的秋意已浓，凉飕飕地缩成一团站在院里等待着的我们已经心如死灰，老父正在熔炉里一点点化为灰烬……近一个小时，弟弟才领到那只雕着龙凤图案的紫檀方盒，里面盛放着我们父亲的骨灰。披麻戴孝的我们立马站成一列，我还是抱着父亲的遗像走在最前，身着军制服的管乐队迈着雄健的正步，奏着悲壮的曲调引领着我们走出殡仪馆的院子。钻进等候在外的灵车，我坐在了副驾驶的位上。父亲的遗像紧靠着我的胸口，我闭上眼睛轻轻地抚摩着，就像摸到父亲的病体，扶着他坐起、躺下、翻身，擦去额头的细汗，挽扶着到院里转圈、晒太阳，两腿颤巍巍只想往下坐，连哄带骗再转一圈。我下意识地将相框扶正，如同拉扯住父亲松软下坠的身子。山道弯弯，车子将我和相框同时颠起，又同时落下，我和父亲未曾有过如此的亲近，据他说我幼时人见人爱非常美丽，但他只抱过我两次；长大后我也没有扑到他怀里撒娇的习惯，连拉手都不记得有过。我们总是各干各的，促膝谈心也不常见。如同大多数中国家庭的模式，我们算不上知己，但彼此尊重，相互信任。如有来世，我愿走进他的内心，成为他的哥们。

车子拐了个大弯，驶进了乌金山森林公园地带，再往前就到了墓区。早已等在那里的吹鼓手见我们下车，就主动吹打起来，引着我们几十号人从一级级台阶下去，又从一级级台阶上来，三四十级台阶足足走了一刻钟。悲怆的唢呐调调拖沓着，人们的脚步也不由得踏上它的节拍延宕，女人们和着管乐的嚎哭声被山风吹起来，甩出去，飘落到两侧的清泉里。

这泉水实在是清逸可人，施华洛世奇水晶般的品质！

父亲就埋在这泓水的上方，再上方是高高的山脊和站在山脊上的如来大佛像。

这位置是俩女婿偕小赖前后四趟选中的，我很惊讶他们的眼力，同时感谢其专力的付出（大女婿曾为此事与山东籍墓园老总喝酒，喝到坐在小区单元门口的台阶上向前来寻找的妻子说，我不认识你，我要我老婆来接）。

准备返回时刚过十一点，我们赶在吉辰让父亲入土为安了。

五

五天的丧事结束了，我回到了自己的住区。我就像在时空隧道待了五十年又返回一样，感觉眼前的一切是那么陌生，那么不习惯。天是灰的，树是灰的，人的脸色是灰的，整个世界是灰的。我像戴上了滤色镜。我搞不清我和孩子的关系了，当我被叫作妈时好长时间反应不过来。

歇了一天，接着就是复三。复三和头七重合，这是父亲想让我们省却一趟麻烦而为，但也犯了民间的忌讳，需要进行一些补救，就做了许多小白旗，到时插到岔道口即可。11号这天凌晨四点我们就各自起床，摸黑出发了，在山脚的地方与母亲、妹妹的车会合。弟弟跳下车将一个小白旗插在路旁，三辆车便相跟着沿307国道爬去。山路上静静的，路旁那个镇子的村民们还在熟睡，几只野狗窜来窜去。每走一阵弟弟就下来插个旗，然后继续上路。我们跟在他和母亲的车后面慢行，互相也不说话，这情景活像当年的游击队秘密夜行。

约一个来小时，我们摸上了山头，到达墓园外围。天还黑，就停到路侧在车内等候。爱人下车点根烟抽，凑过去跟弟弟他们小声耳语。一只贼大的野猫噌地一下从面前的石牌楼窜下来，两颗圆眼珠发出蓝色的光，警觉地注视着我，然后又噌地消失在夜幕中。猫使夜色涂上了一层恐怖，给这个时辰的这种地方增添了不一般的氛围。

过了一阵，路边的树木和野草展露出了颜色，又过一阵，大地彻底撕去黑纱，露出本来面目。墓区所属地——寿阳县欢乐村的村民开始有了响动。我们要赶在太阳出山前把所有的程式办完，就急急下车敲开院门，做了登记后驱车直达墓地。弟弟将白旗又绕墓碑插了一圈，母亲将供品摆上，边哭边絮叨了一堆，我们扶她起来，每人祭奠了一番，洒了一些泪，然后下山。

爹安顿住了，接下来就是娘的事。我们商量好了，轮流请假陪母亲度过最初的几个月。头一个月要办的事情很多，比如丧葬费、一次性抚恤金、银行户头的过户，所有这些都得我们帮着协调，也就上不成什么班，几乎天天得往那儿跑。如我们料想的那样，母亲这才从那摊事中回过神来，才清醒了以后的日子全得她一个人过，她从几十年来伺候父亲饮食起居的紧张忙碌中解脱出来，却宣告失业了，每天就眼巴巴地盼着我们谁去。可是，我们能陪她多久，两个月？三个月？她又不想离开这所房子！每次去时都拉着我们的手，说着别的就说到父亲上面来了，就哭。她一直挂着父亲的遗像不摘，我们劝说多次无果。晚上弟弟不陪就睡不着，一直坐着发呆。家里的电视电源早已断开，不再有任何声音。好在有两个名字带花的女伴几乎每天下午都来陪她说话，并不时给她买点东西。父亲在时，她们怕打扰写作，一年仅来一两次，母亲因此和女友们的关系也疏远了。

日子不停地向前移，父亲的三七、五七也慢慢过完了。而我却停留在逝去的时光里。我发现，我连动物的基本功能睡觉也不会了。躺到床上几个小时都没有一丝睡意，或者半夜蓦然惊醒就再也无法入睡。总之，夜晚和清晨眼睛一闭一睁，脑海里就会出现这样的问答：爹哪去了？——他已经死了！真的吗？——是真的！于是，就有了一幕幕关于父亲的画面在脑海里盘旋放映，就有了一抹抹止不住的泪涕肆意横流。

我不会睡觉了，但我还会吃饭，但吃着吃着就有眼泪鼻涕流下来。我不知道我还会干什么。

那天，妹妹去临汾办事就把母亲带上，朋友们带母转悠时，她一个人待在新买的车上拨通了我的电话，好一阵子电话那头没有声音，随即说声“我想爸”，就蓦地大哭。我不知道我该说什么，就静静地听着她哭，我不想让她知道我也在垂泪。

小孙女问爷爷哪去了？我说爷爷远行了，去太空旅游了。

不知道父亲在那边过得怎样，也不曾托梦捎话。

突然想到，父亲一生很奇妙地与一个姓氏结下不解情缘：那个对父亲感恩戴德的国际级年轻导演，那个让父亲能够欣慰地闭眼的厅长，那个最后一夜守在父亲灵前跪拜点香的晚辈，他们都享有一个共同的姓。

三个月过去，就到了百天。太原的所有亲戚本家凑了几个车，八点三十分统一出发，到山顶会合。每次上了这条国道，都要涌出大堆回忆来，眼睛也就跟着湿润。正盯着车窗外的景物发呆，不觉就要爬上坡道，抬眼一望，惊呆了！太阳像只多圈的彩环，闪着五颜六色的光芒，升起在墓地的上空。别的车上的人也都看到了，大家说，这是父亲知道我们到来，灵光一现欢迎我们呢。

进入墓园大门要穿过两个石牌楼的长通道，通道两侧各有九位一模一样的石雕老寿星，他们身着彩衣，右手拄杖，左手托桃，长须拂面，情态逼真。靠里面的石牌楼左右两侧刻着“昔日寿星成仙地，今朝众生极乐天”。迎着大门的是块“佛国净土，儒孝家园”的石刻照壁。墓园名“寿仙施孝园”，是国家森林公园的一部分，一派好山好水好风光。绕过一条狭窄的山道土路，前面开阔的地方就是父亲墓地所在。首先映入眼帘的是那尊高高在上的铜铸如来佛像，威严挺拔，理当是这儿的首席执行官。这片净土跟阳宅一样，虽然环境绝佳，内部也分三六九等，犹如在纽约，有超豪华别墅、普通别墅、高层楼房、贫民窟。父亲是属普通别墅里位置最好的，背山面水格局。早晨太阳从东山升起，很快就会将它的光芒赐照过来；下午，太阳跳落到山泉里洗个澡，山泉顿时碧波荡漾，流转潆洄。还有不时从高空飞落的野鹊、山鸟，叽叽喳喳，给这寂寥的山野增添着氛围。说真的，父亲生前绝没有享受到这样的待遇。将一套百十平米的三层楼房住了二十年，住得不是鼻子不是眼了，他也离去了。

祭扫结束后，我们肃立碑前好一阵子。就在转身的瞬间，一股寒风袭来，直刺脑门，我打了个寒噤，不禁悲从心起，一阵小跑钻进车内。真的好想哭啊，就痛痛快快哭湿了一沓纸巾！

车驶入市区，我揩去满脸的泪痕，想起李奶奶跟铁梅说的，眼泪救不了你爹：坐在身旁的大姨也如是说。于是，我决定从此不再哭了，接过爹爹的“密电码”，勇往直前。

我们在酒店吃了一顿，大小二十几个人，小孩子们碰在一块就追着闹，很快乐的样子。他们以为天国是个不错的地方。

父亲已成永恒。

空气中流动着他的气息。

阳光里倾洒着他的热能。

花草间散发着他的芳香。

我像记流水账一样写下了以上的文字，希望对历史有功......

（田潇鸿，女，兴县魏家滩镇西瓷窑沟村人，曾任三晋出版社编审。本文刊载于《黄河》2014年第6期）

今日进德

张明提

盛夏时节，似火的骄阳照耀着合河南川大地。

怀着对家乡的深深眷念，我再次踏上这条熟识的山区小道。路途坎坷，只好推着车子蹒跚前行。只见，路下田里的玉米一个个直立起卷缩着叶子的身子，仿佛在向行人诉说着什么……

走着、走着，不觉已爬上寺坡底村后的那条大坝顶。抬头遥望，一个掩映在殷殷绿色中的山中小庄，即刻撞入眼帘：

进德，那不就是进德村吗？

——七十年代初，曾轰动全省，并广为宣传、学习的地方！

我，深情地吸上一口山风漫来的清新空气，耳边仿佛又响起了那首艰苦创业的壮歌……

一

让时钟倒转二十三个年头，再回到一九六八年的冬天。大地严寒料峭，连一根黄蒿都已摇不起来。刚刚送完征购粮、收拾了一年场伙的进德大队，忙里偷闲，响应上面的号召，掀起了一场轰轰烈烈、扎扎实实的农田基本建设大会战。全村男女老少，包括四、五年级的小学生，放假回乡的中学生，全都上了阵，在谷家坡塔上开始了大修梯田的紧张劳动。一出勤两送饭，早走晚归，腊月二十九才收兵回营、过年。进德的率先行动，引来了参加对照整风会的刘祖汉书记和他的全体部属们。

县里的肯定，领导的支持，给进德人以极大的鼓舞。于是，一个彻底改造山河面貌的战斗在第二年就迅速铺开。

也就在这年夏，一个最大的战役在这里打响。为了改河坝地造田，进德人民硬是把村对面的一座土石大山凿了个彻通，把过去流经村湾的河水引直而去，空出了百十亩的平滩。为了垫土造田，并保证不受山洪侵吞，公社党委书记高志映和县里下乡干部贾克书又统一组织曲亭、贾沟和进德三个村的青年男女，组成青年突击队、妇女突击队，与全村劳力一齐上阵，开始了修筑长三百多米的拦河大坝工程［可想而知,在当时那种政治背景下，其劳动是何等的紧张］！

……不讲条件，不发奖金；一块块长条巨石，不分男女老壮急急扛向大坝河堤。工程迅速地向目标延伸着，夜战、早战，与白天的连续战斗，真正构成了一轮又一轮的连轴转战役。勤劳、顺从的乡亲们，坚持着、坚持着，每个人的心里时时都在默念着：

“下定决心，不怕牺牲，排除万难，去争取更大的胜利！”

如此循环往复，如打一支支强心针，像喝一杯杯兴奋剂。张改秀，这个在此后曾被山西省革委、省军区作出决定，号召全省人民和民兵学习的女英雄，就是这样咬着牙关、扛着石头，默念着领袖的语录词，走完了她二十几岁人生的最后里程：

当病痛严重加剧的时候，她想请假；但看着姐妹们一个个挣扎着，她又强咬着发青的双唇，再次系上垫背毯儿，扛着一块、又一块的石头走向大坝。从清晨，直到黄昏，当收工的号角吹响了，她思想一松，终于瘫倒在了河滩的稀泥里。同伴们背着回了家，只见她脸色苍白如纸，头上淌汗如雨；医生的抢救，乡亲的呼喊，一切已无补于事。这个还没结婚的女青年，还是没能去参加当晚的又一个夜战……

她，死了；在人言的河塘中曾激起过层层涟漪。是不是英雄，已无问津之必要；但她的死，的确唤起了进德人民百倍的壮志、干劲和豪情。进德四面八方的大梁高峁，在不到两年的时间内全部高标准梯田化；粮食亩产达到1666.6斤，300口人的一个队一下子粮食年产28万斤，人均口粮八百多斤。当前前后后、左左右右村子的百姓无以下锅炊餐的时候，进德的一排排库房里却是粮满囤、谷满仓，并发扬共产主义风格，专人接待着长蛇阵般的借粮平车队……

硕果啊，您来自哪里?

赵保魁，县委书记，这个刚强、威严的军人，当惦着两穗沉甸甸的红高粱，却看到刚旱战归来的一个社员端着一碗炒面又贪梦地睡着的情景时，他，也淌下了刷刷泪珠……

天，真个旱得出奇！仿佛在向庄户人出着一道又一道的考题；题算难，但难倒进德人了吗?

大干苦干，抗旱保苗，一株株幼苗，全部从河滩地里移植而上；乡亲们争先恐后，硬是用自己的双肩把现在大约三台水泵才能保证的浇地用水，从河里挑上了山顶……

俗话说：“人不哄地皮、地不哄肚皮。”惊人的劳动，体现了“人定胜天”的灵验；换来了夏日的葱葱绿野，也迎来了秋天的累累硕果。且看那：常年不断的各地参观队伍，浩浩荡荡，头已在山顶献花圈、听报告，尾还在五里之外的寺坡底路道上踯躅渐行……

有道是：“为有牺牲多壮志，敢教日月换新天”哪！

历史，不是由人来写；但历史，终归还靠人来写。不管“左”的思潮、右的倾向，强加给这些朴实的劳动者什么样的色彩，他（她）们，总是在共和国的这一方热土上，奏响过一曲惊鬼神、动天地，艰苦奋斗的历史壮歌！

试想，如果没有那些年的挥汗奋战，甚至流血牺牲，哪有后来责任制所耕种的沃土良田！应该说，他们为我们今日的富裕、文明，叩响了时代的最强音。一个民族如此，一个国家如此，一个村又何曾不如此？

二

回到村里，已是午后时分。

不敢说是“少小离家老大回”，但村貌的巨大变化，却差点使我认不出这便是进德来：

原来的村子，大部分人家已从后沟中移出，当年算是村中好地的王坪塔上，庄稼早已让位于孔孔新窑。看上去宽敞大方、新鲜明亮，红、黄、绿颜色各异的油漆门窗，在阳光下正放射出熠熠光彩。而且，村中架上了高压线、安上了电灯和高音喇叭，三分之一的人家还有了黑白电视机；现在一个月吃的白面比过去一年吃得都多好多、好多……

无疑，党的富民政策，也使这里的农民生活发生了显著的变化！所震惊的是，这喜人的成就，竟如一颗明珠镶嵌在一种很不协调的氛围中：

当然，一九七一、二年那种红火热闹的场面、气氛没有了；村前曾停过五十八辆高中级汽车的河滩上，除嶙峋怪石外，已无法觅到一轮车辙。打谷场上，昔日县中队、人武部和“张改秀民兵班”雄浑的练兵声，也早已销声匿迹。只见，当年修起的集体十六孔一长溜“大寨窑”，除没能连地基移走外，泥皮剥落、门窗破坏，往日整洁干净的大院里，散落着沤浸如肥的柴草、脏土，阳光暴晒下正溢发出刺鼻的味儿。许多、许多的当年建筑、集体设施，被人撬走了石头、砖瓦，卸掉了椽子、大梁，其缕缕伤斑存在的竟是那么的妥帖、坦然；高灌工程上的橡胶大水管在空中斜吊着，那个“前房子”养畜场，当年父亲既当大队会计，又饲养三十几头黄牛，为省委书记韩英驻足颔首、连连称赞的所在，且不说再也找不到牛毫一根，就连二十几间瓦房也荡然无存。残垣断壁，七、八条喂牛大石槽和被顽童们“改造”过的两台柴油机，犹如一尊尊怪兽，龇牙咧嘴，半裸半陷于堆堆瓦砾之中。村中的几条主要路道，更是坎坎坷坷、七断八截，汽车能否进来，又着实使人担忧……

正走着，忽见一男孩牵牛迎我而来。仔细打量，原来是一个十岁左右的牧童正欲进山放牛。

“孩儿，没放假吧，怎去放牛？”我已不能认识这般大的小孩姓啥名谁、哪家子孙。

“可能没吧，管他着哩！”

我震惊，一个学龄少儿！见我困惑，他又补充道：“给你说吧，我早就不念了。”

哦，怪不得呢！

一位村干部告诉我，咱村现在集体只剩些残砖烂瓦了，集体穷、没办法，年初打算把自留地、承包地全部抽回拍卖，好变些钱，但社员会上没通过……

边看边谈，遇见几位老伯午休起来正在树下乘凉、聊天：“今年是灰事情，庄稼快全旱死了！”我不由得指着他身跟前的一台陈旧水泵，插了一句：

“为什不用它吸水浇地呢？”

我的话，没有引起大伙的多少注意，那位老伯淡淡地说：“咳，你这孩子，都什么时候了！”

这是啥话？我不解。向那位村干部投去求释的目光；只见他扭过去，委婉地避开了……

三

清晨起来，独自登上昔日的“大寨梁”，东方远处喷薄而出的一轮红日，正把道道光芒洒向大地人间；俯瞰山下，家家的烟囱上已吐出淡淡的炊烟。

肖大叔正和他的儿子给山药苗子施肥，苗不大、倒还齐整。见我过来，便搭讪起来："现在自由多了，各种的各锄，各打的各吃，没牵挂。只是心里总好像空空的，像缺少了些什么……"这是肖大叔的心里话，想当年他这个生产队长起早搭黑，耕地执犁、锄地开畔，汗水的确没少洒。

"咳，还说呢，可那是大伙推举了咱，责任大着哩！"

他的儿子是个初中毕业的回乡青年，在村代教："不像话现在，人多少没有点集体观念，你看天旱成什样，咱说组织一下，把那散落的水利机械重新利用起来，搞社会化服务，可谁听呢，再说也没钱搞；你再看这些梯田，包给个人，家家只管种田打粮，却不管修补平整，年长月久，也快溜踏成坡了……"他如数"家珍"一样地向我诉说着。

到吃饭时辰了，我们一同拾级而下。果然，差不多每块梯田上都出现了断壑，听姐姐他们讲，那时修梯田用锹拍了又拍、整了又整，真是辛苦。

四

早饭派我在李大娘家吃。山药旦稀饭、就苦菜，甚是可口。家乡人，没拘束，大娘向我拉呱的刻心打水：

"可怜老支书，一辈子像头牛给咱村里受，到死也没在大队陪人吃过一块白面。什么些的歪门邪道，他都管，那时村风好着哩。可好人气短，得了绝症全不说，赶死却看见了小儿子犯法被捉的情形……"她说的是进德原来的支部书记刘各耻，七十年代的县委委员，是绝对的老黄牛共产党员，真正的奉公廉洁。八二年身患绝症躺在炕上后，小儿子没学好，撬门入室盗走了人家钱物，被公安机关破获。他目睹了这个儿子被公安人员铐捕的场景……。崇高的境界、净洁的心灵，怎能接受了如此冷酷的现实，没几天，他便惜别了这一方自己曾诚实开垦的净土……

没说的，这进德历史上的第一个罪犯，实际上也就无情地为门不闭户、路不拾遗、文明相处、礼貌待人的当年"进德风采"，作了个痛苦淋漓的小结……

五

座谈会上，乡亲们对我的来访表现出一种新奇感。

提起进德的今昔，他们感奋不已：

“1980年说放一下子全放开了，调动了积极性，可也出现了问题，人心散了呀！”

“再说，人也总是要有股子精神的，虽说那时‘左’倾路线卡得过紧，但咱村粮食过‘黄河’，人人吃饱饭，高标准梯田千数亩，引水入溉大寨梁，可不简单呀！”

是啊，那毕竟是个火红的年代！锻造了整整几代人艰苦奋斗的创业根本，培养了多少颗火红的心。

我想，虽然，那块竖立村中心的“忠字台”是倒了，也应该倒；但那创业的根本，那奉献的精神，也能倒吗？！

好在，乡亲们已形成了共识……

我坚信，一切都会好起来！

（张明提，固贤乡进德村人，曾任兴县县委宣传部副部长、县文联主席等职。据兴县新闻网，本文写于1991年，刊载于《溪流》1992年第1期）

第二节　诗词 楹联

打　枣

李三处

是谁　举起长杆
把蓝天划破
漏了银河
落了星座
太阳　翻滚着跌落
天地间
骤然一场大火

山坡掩埋了孤独

草地涂去了绿色
沉甸甸的秋风
给人眼睛上
蒙上一块红布
把一个个豪爽的灵魂
醉倒在这个王国

也许　香甜
不是气味
而是一种颜色
丰收　不是来自土地
而是索取于
燃烧的云朵

八月
枣乡这块激动了的土地
人流着汗
山流着光
饱满的年代
举起赤色的长剑
在黄河两岸
又写下一首　新谱的歌

（李三处，蔡家崖乡石岭则村人，初在县晋剧团做编导工作，后调吕梁地区，曾任吕梁音乐家协会主席、山西省音乐家协会副主席、山西省作家协会会员、中国音乐家协会会员、中国音乐文学学会理事等职，获“吕梁人民作家”、山西省“德艺双馨”优秀文艺工作者荣誉称号。该诗为组诗《春歌》节录，原载《黄河》2002年第3期）。

《黄河滩上》（组诗）

高若虹

黄河滩上的那些小

小到一只又黑又瘦 勒着细腰的蚂蚁 举着一颗肥硕的蚁卵
在枯草的独木桥上跑得行色匆匆
小到一只七星瓢虫倚在打碗碗花蕾上一遍又一遍地喊开门
小到一片叶子跳到黄河里的扑通一声
小到一粒沙子左臂拥着右臂自己把自己抱紧
小到上坡的一条黄土路 风爬着爬着就游入草丛
小到一朵米粒大的枣花 努着黄黄的小嘴喝退大风
小到一只又蹦又跳的小羊羔 让整个黄河也跟着它低一下高一下地蹦
小到手指肚大的一个人 在黄河沿上顶着风左摇右摆地站着
站得令人不安和揪心
小到从拦河坝的石头缝里长出的筷子高的枣树 风一吹
就有两颗花生粒大的枣 脸红扑扑的 掀起妈妈的衣襟
我爱着这些小 爱着她们虽渺小
却从不小了自己的爱 小了劳碌 小了快乐和对活着的自信
我相信这些小 相信不论那一个小仓皇逃走
黄河滩就会轰隆一声塌陷出一个巨大的洞
只有我这根小小的酸枣刺
扎在故乡的身体里游走了几十年
可从没听见她喊一声疼

挖苦苦菜的二嫂

她瘦弱的蹲下的身影像不像苦苦菜
她关节粗大 手指变形 皮肤皴裂的手像不像苦苦菜
她被秋风揪住不放 蓬乱 花白 干燥的头发像不像苦苦菜
她低眉顺眼 灰头土脸 咬不动坚硬生活的牙床像不像苦苦菜

她朝着日子缓慢地打着问号的腰 摇曳在黄河滩上像不像苦苦菜
她黑甲虫似的 穿一身被汗水腌渍的旧棉袄颤巍巍地蠕动像不像苦苦菜
她低头怜爱地看苦苦菜的那一眼
和苦苦菜抬头看她的那一眼像不像
当我走过黄河滩　走过她们身边时　我喊了一声

到写这首诗时 还未分清是苦苦菜还是二嫂怯怯的答应

坐在河沿上的人

再一次写到那个人 写到那个
一动不动坐在河沿上的人
如果不是河套的风吹起他的衣襟
他就是一块石头散发着孤独的光
那个人　那个与牛羊枣树菜园子缺少联系的人
风吹过来时发出了呜呜的响声
他就是要在河滩让风含着哨子一样吹响
响着和谷垛 小路 玉米窑洞区别开来
这个时候河滩上有人走着 零散缓慢模糊弯曲
风举起背上的高粱叶子一下一下拍打着
提醒他们一步一步向炊烟靠拢
坐在河沿上的人不为所动
他固执地要和他们区别开来
这个过程会很痛苦漫长　漫长的要耗尽他的一生
有那么一阵我看着他就像看着自己
想逃离尘世却又被什么紧紧拽住　在走与不走之间苦苦地挣扎
令我不甘的是　他并没跟着黄河哗哗啦啦地走
而是趁暮色降临　起身跟在一只狗的后面
甲虫样钻进被晋陕峡谷挤黑挤扁的窑洞

运草的驴车

一头驴　一块会走的石头 在黄河滩上缓慢地移动
高过驴的一车草　像涌过来的一峰浪
时刻要将它拍倒 淹没
一个坎 又一个坎
驴车颠了又颠　赶车的人　赶紧把勒草的绳紧了紧
抬手把颠松的白羊肚手巾也勒勒　勒紧的还有手巾上厚厚的黄尘
驴淌过一个小水坑时　水坑像另一头打盹的驴睁开了眼睛
驴打了几个响鼻　呜哇呜哇叫了两声
惊得赶车人　像掉下来的一捆草
一头驴　一个人 一车草
在拐过一道湾时不见了　只丢下几声驴叫
一股发烫的烟尘 给黄河滩丢下多么大的空旷 孤独和寂静

（高若虹，兴县人，中共党员，曾任兴县文化局创作员，北京市昌平区文联《昌平文艺》主编、昌平区作协副主席等职，为中国作协会员。该组诗于2017年10月获中国第七届红高粱诗歌奖）

唯赖毛朱巧运筹

白展云

血雨腥风天地抖，神州命运急堪忧，
中华前景何方去？唯赖毛朱巧运筹。

（白展云，男，1943年在兴县参加革命工作，1949年随晋绥军区部队挺进大西南并南下解放四川，转业地方后曾任西南革命大学、西南财经大学系主任、四川省委机关部长等职，教授职称。本诗于2015年10月获“永远的晋绥”诗联大赛晋绥儿女特别荣誉奖，被收录于中国诗词楹联出版社出版的《永远的晋绥诗联作品集》）

题蔡家崖

刘喜栋

蔚水衡门映春晖，宝山结舍聚紫微。“六柳”葱郁扬彩絮，百花娇艳溢芳菲。领袖著文定天下，勋臣挥师挟风雷。辉煌历史誉华夏，媲美延安功永垂。

（刘喜栋，蔡家崖乡胡家沟村人，曾任县“三查”办公室副主任、县纪委审计中心主任等职，系三晋文化研究会理事、吕梁市楹联学会理事。《题蔡家崖》、赞《抗战日报》联和《咏贺龙》联均刊载于中国诗词楹联出版社2015年10月出版的《永远的晋绥诗联作品集》）

南国行

贾喜平

不远万里南国行，敢把浮躁弃云层。

心随银机高空飞，此生不虚脑海中。

（贾喜平，兴县人，曾任东方雕塑文化艺术有限公司经理，县书协会员等职。该诗为作者2013年赴东南亚考察期间所作,原载《第十二届“天籁杯”中华诗词大赛优秀作品集》）

青　春

梁桂连

她不是土，是一团火，
烧死陈旧、残枯，
给荒芜以绿色，
给冰冷以温暖。

她不是湖，是一条河，
总得奔涌腾翻
冲掉河床历代的污垢，
向死寂东西发出宣言。

她不是草，是一棵苗。
不仅接受大自然的恩赐。
还一片荣誉、一片赞扬

随时将硕果捧献。

啊，青春，多美的字眼！
火的赤红，水的澄清
苗的金黄，
组成一片五彩主线，
我愿按动心的快门，
摄下这生命的金色　尔后再兢兢业业地编织
编织属于我的青春。

（梁桂连，女，兴县高家村镇苏家塔村人，教师。原作刊载于1985年5月4日《山西青年报》，署名梁瑰联）

刘喜栋楹联

赞《抗战日报》

创刊于烽火岁月，为抗战而鼓，为抗战而歌，堪抗战号角；
扎根于劳苦大众，替人民抒情，替人民抒怀，真人民呼声！

咏晋绥边区首府

贺元帅黄河饮马，兵强将勇驱敌寇；
毛主席晋绥讲话，风正帆悬缚苍龙。

贾银玉楹联

大业辉煌黑水白山九龙共舞迎盛事；
小康锦绣老区新界双凤和鸾庆佳节。

（贾银玉，系县直机关退休干部，此联曾刊载于西南师范大学出版社1997年10月出版的《喜迎香港百年归》）

第三节　歌曲

山这一个好地方叫山西

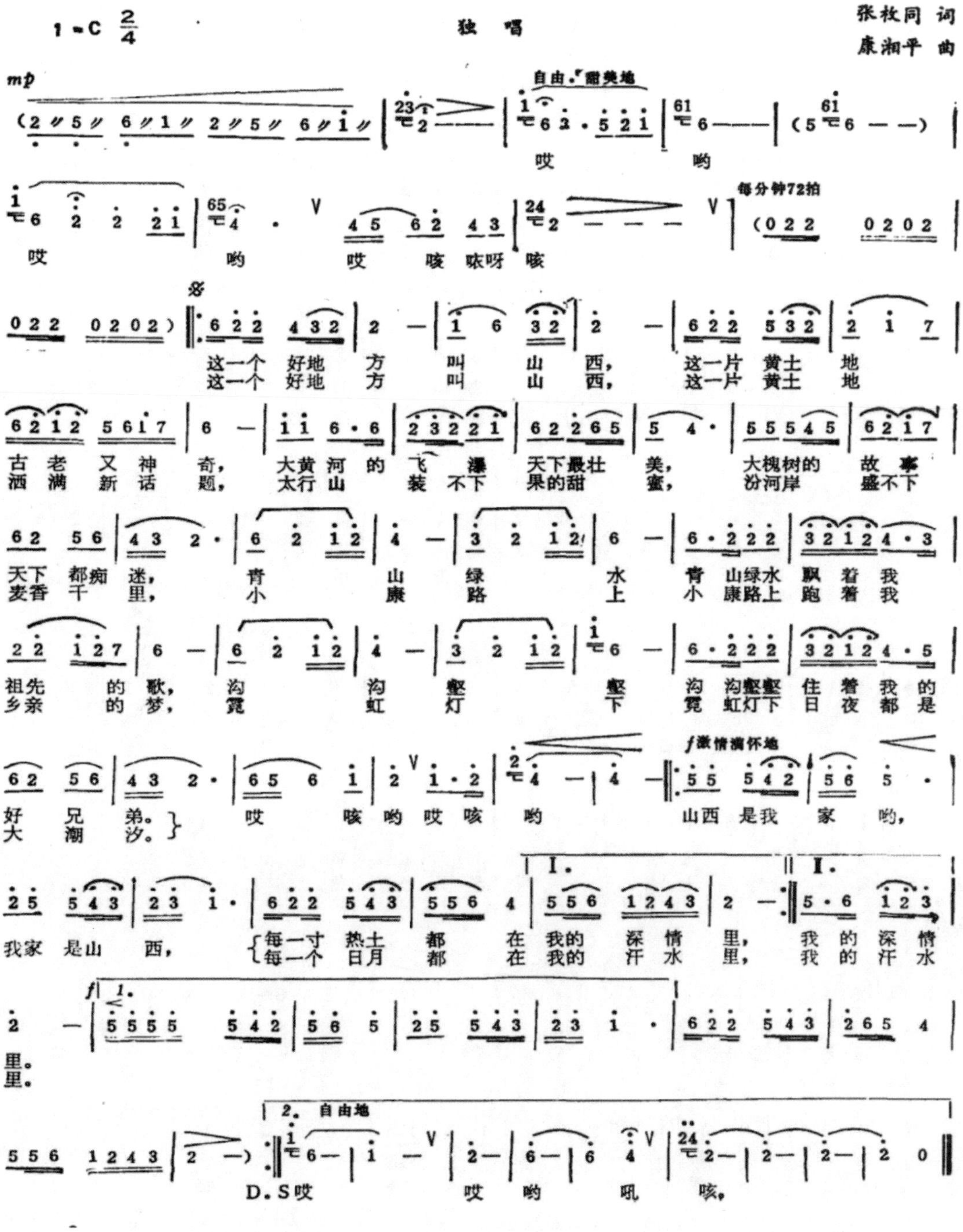

（康湘平，又名康湘坪，兴县人，曾在县晋剧团工作。此歌参加山西人民广播电台等单位联合举办的96中国广播奖——广播新歌征集活动，获一等奖，同获山西民歌舞蹈大赛作曲奖）

满天繁星属于你

词 曲　　高志鹏

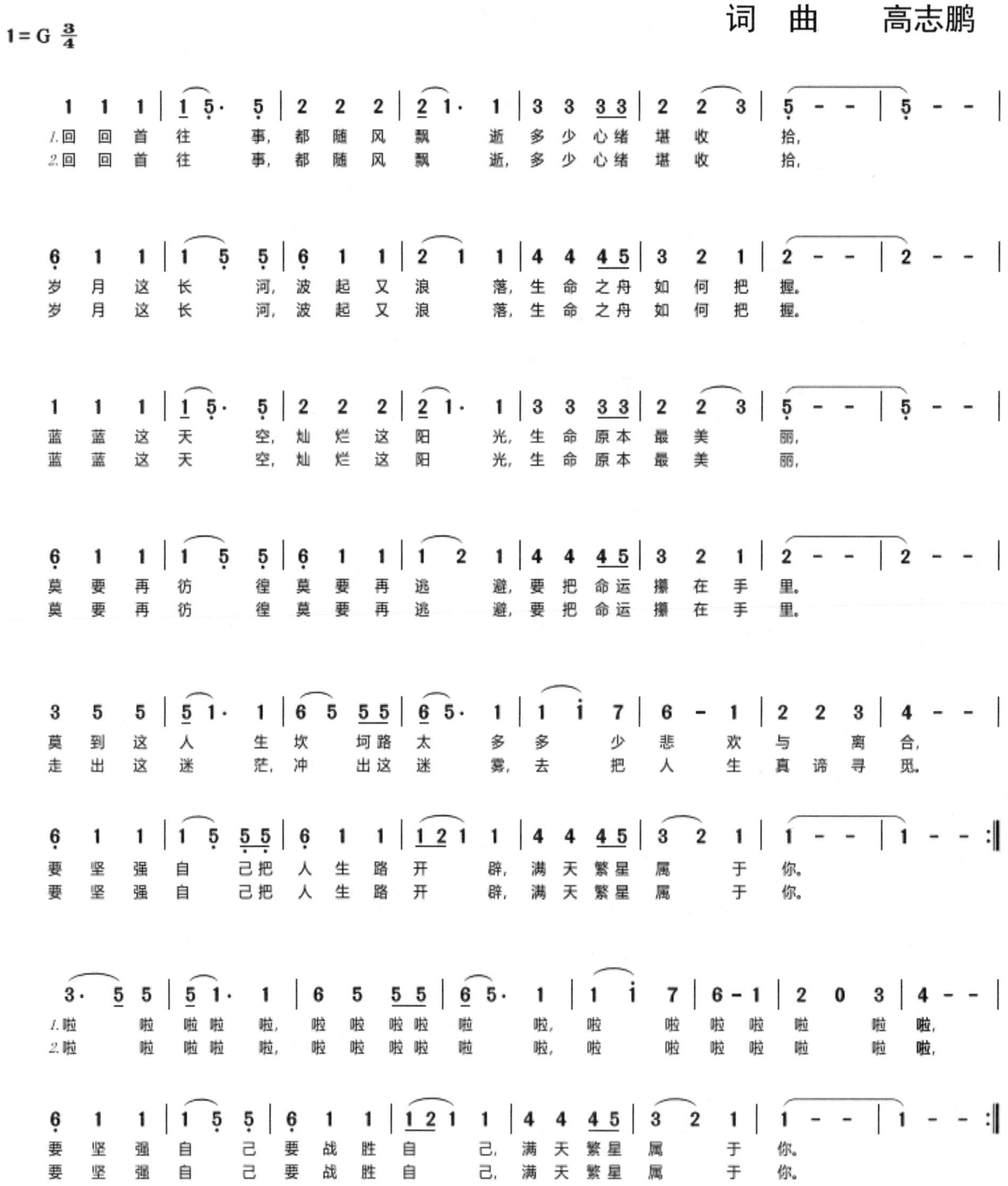

（高志鹏，瓦塘镇高家崖盲人，此曲作于1994年，1995年在第二届全国盲聋校学生艺术会演中获声乐一等奖，1997年在第四届全国残疾人艺术会演中获创作奖）

好 年 头

1=G $\frac{2}{4}$

热情、喜悦、真诚地

李京利　词
康湘坪　曲

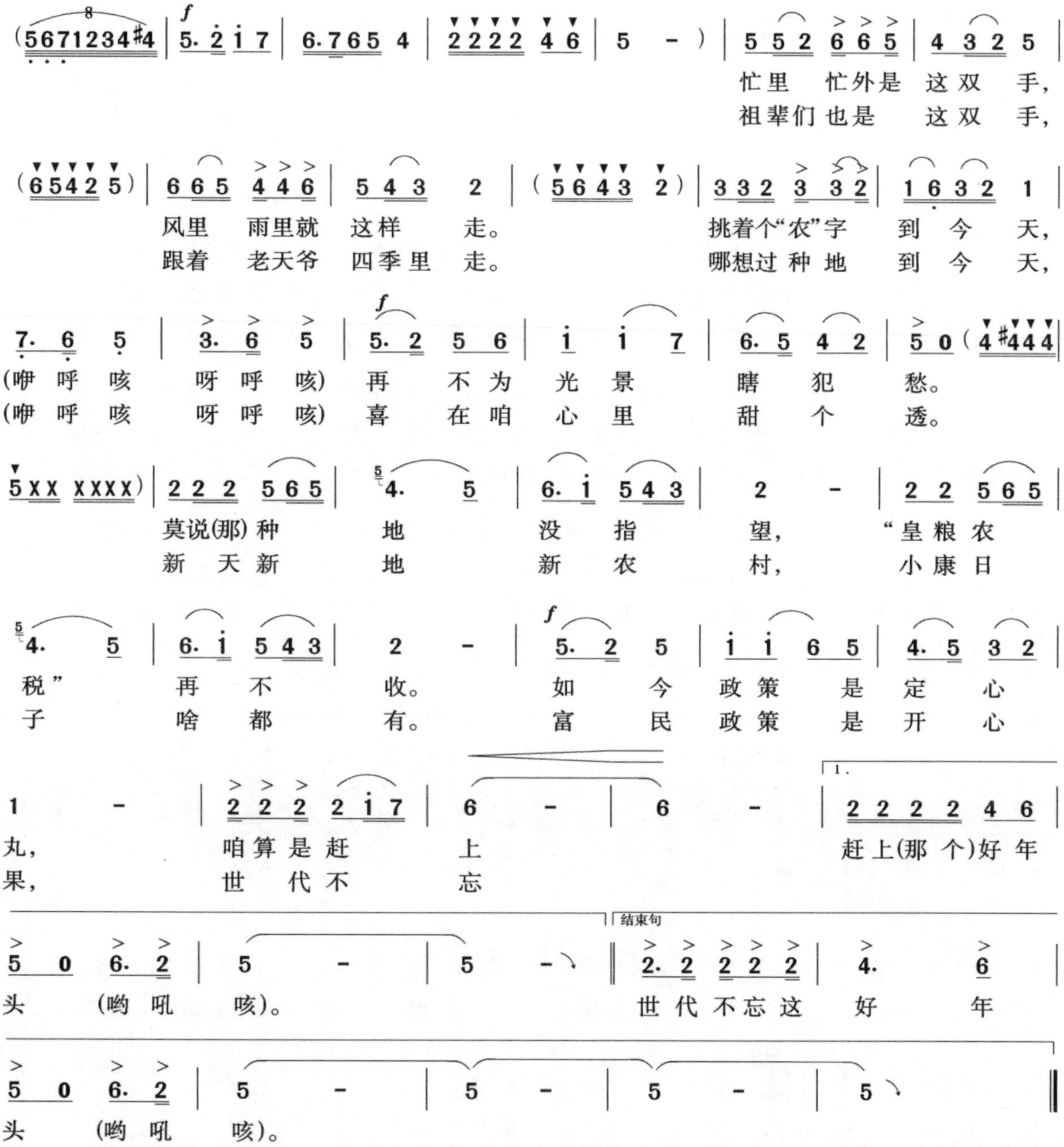

（此曲刊发于《黄河之声》2007年第2期。《喜耕田的故事》分别于2008年和2009年获第24届中国电视“金鹰奖”优秀电视剧奖、第27届中国电视“飞天奖”长篇电视剧一等奖）

山 西 姑 娘

1＝F $\frac{4}{4}$

中速　赞美地

李三处　词

王　瑛　曲

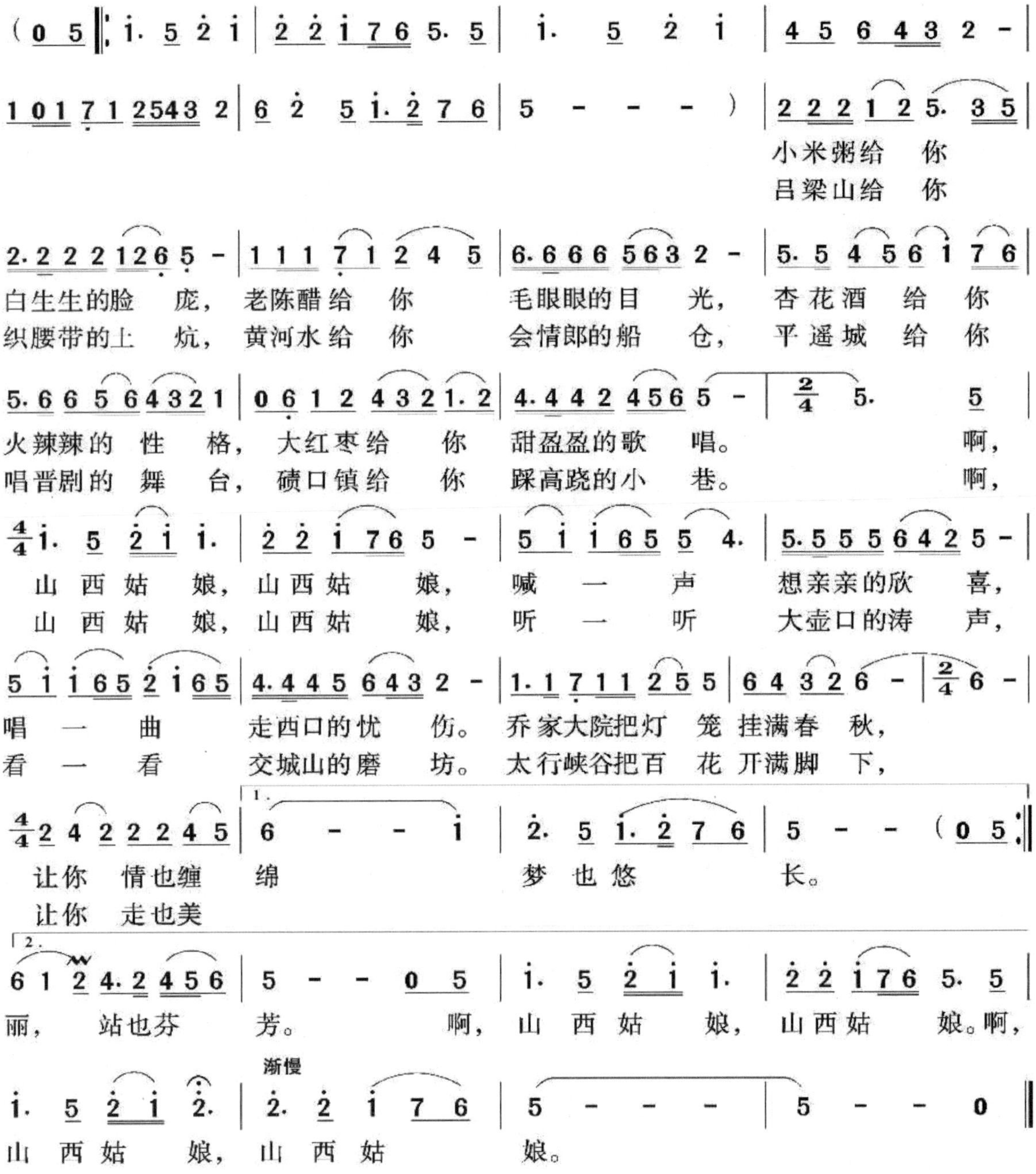

（王瑛，兴县人，曾任县文化局局长。此歌获2017年全国群众创作歌曲一等奖）

第四节　小　品

老庄户与女县长

尹雁夫

时间：现代，仲夏，上午。

地点：山脚下，大路边，红薯地里。

人物：牛种田，男，68岁，外号老庄户，简称田。

牛志农，女，38岁，某县科技副县长，简称农。

［幕启：田扛锄头、提粪篓上。

田：（风趣地）不用介绍，一看就是个种地的。（放下锄头、粪篓）现在种地难呐！你说要想富种果树，他说要想发种天麻；今儿说，要想富的快，多种大棚菜，明儿说，要想好赚钱，快种有色棉……个人推销的就更多啦：荷兰豆、佛手瓜、西芹、芦笋、西兰花，今年种，明年发，后年票子大把抓，抢银行还差不多？（提篓撒肥）

农：（挎包上，抒情地）真是山清水秀鸟语花香啊！到山区下乡，我还是大姑娘坐轿——头一回！（发现田）那边有个老大爷，先找他聊聊。（走过去，热情地）老大爷，干甚哪？

田：庄户人家不用问，人家做甚咱做甚。

农：噢，给红薯追肥呢。来，我帮你撒肥。（夺过粪篓）

田：啊呀！使不得！这鸡粪又脏又臭……

农：没关系。下乡嘛，就是要和群众同吃同住同劳动。（撒肥）

田：（旁白）下乡？下乡怎不坐小车？（问农）哎，你在哪上班？

农：县政府。

田：（旁白）县政府？牌子可不小！（问农）以前好像没见过……

农：我是才调来的。

田：（旁白）才调来的？这年头，冒牌货多啦。那年来个记者，说要编《中国劳模大典》，找我又座谈又拍照，可热情哩。完了要五百块钱，说是预定书，后来露馅了，是个骗子。对这号人，还是提防着点好。（对农）哎，同志你歇着，我撒。

农：不累。（亲热地）大爷，您贵姓?

田：姓牛，名种田，外号“老庄户”。

农：我也姓牛，咱是一家子呀!

田：（旁白）看！套近乎了不是?

农：大爷，您外号“老庄户”，一定是种地的好把式啦!

田：不行啦，现在讲科学种田，咱不懂科学。

农：不懂就学嘛。

田：老啦，脑子不中用了。

农：看您身子骨挺硬朗，多大年纪啦?

田：年龄68，农龄52。

农：农龄?

田：咱是农民，不能算工龄。

农：大爷说话挺幽默。

田：幽默谈不上，就爱实话实说。

农：实话实说好呀！农民的本质就是老实、厚道、善良。

田：（话里有话）所以最容易受骗上当。

农：大爷挺精明的，谁能骗得了您!

田：骗的就是咱这号“土豹子”。

农：大爷，您一点也不土，看您种的红薯，株距行距很规格，品种也是新培育出来的“新红宝”。

田：要想效益好，就种“新红宝”。

农：“新红宝”个大，口感好，是咱省推广的优良品种哪!

田：还有比这好的呢。

农：还有比这好的呢？啥品种?

田：多啦！“状元红”，娃娃越吃越聪明，考试回回第一名，大了都是研究生;“公主红”，女人越吃越水灵，皮细肉嫩长得俊，个个都是大明星;“

夕阳红”，老人越吃越年轻，身体强壮不生病，人人都是老寿星。

农：（大笑）大爷，您说笑话呢！

田：（一本正经）不是笑话。卖红薯苗的就是这么说的。还有……（指坡上）坡上那块谷子：“金龙8号”，亩产八百敢打保票。看长得面黄肌瘦，能产二百，就上天了。

农：这坡地，早该退耕了。

田：退耕？你消息真灵通！这些天，我们村的高音喇叭天天喊：“村民们！要想生态好，不种庄稼光种草……”

农：准确地说，叫退耕还林、还草。

田：光叫种树种草，让老百姓吃树皮草根呀？

农：大爷，我给您介绍一种草，种它，保证比种庄稼效益好。

田：（旁白）听，扯到正题上来了不是？（对农）呀！说了半天原来你是卖种子的！敢打保票吗？

农：敢呀！紫花苜蓿，产量大，营养价值高，既能做青饲料又能当菜炒。在大饭店，一盘苜蓿菜，能卖十几块钱呢！

田：你这苜蓿差远啦！去年有个卖种子的，人家那是外国苜蓿，不光产量大，营养好，还能预防癌症，治疗艾滋病呢！

农：大爷，您信吗？他骗人呢！

田：你不骗人？苜蓿是喂猪的，一盘卖十几块，鬼才信呢！

农：大爷，您看我像骗人的吗？

田：难说。谁见强盗脸上写着“强盗”二字？

农：是有人卖假种子，坑骗农民，但不能一概怀疑呀！

田：怀疑别人不要怀疑你？

农：（急了）大爷，不骗您！我以县政府的名义担保。

田：担保？前年科委刘主任来我村推广反季节土豆，说从中科院引进的“科星四号”，上市早，产量高。结果怎么样？产量低不说，还有一半烂地里。一年多了，找谁谁不管。

农：土豆烂地里，可能受病毒感染，大爷，科学种田没错！

田：可有人嘴里说科学种田，心里谋划着怎样坑人骗钱！

农：大爷，不是给您说了吗？我以县政府的名义……

田：（打断）谁的名义也不行！你快走吧！（推农快走）

农：……大爷！（无可奈何地下）

田：啊呀！这个女人真有本事！说她是下乡的，还打出县政府的牌子，一口一个老大爷，比亲闺女还亲。不就是为卖点苜蓿种子吗？可惜找错门了。我牛种田不是三岁小孩，能上你的当？（发现丢下包，捡起）生意没做成，包也给丢了（拉开包，掏出手机）呀！手机（手机铃响，接电话）喂！要谁呀？……牛县长？我不是牛县长，我是牛种田……

农：（返回）大爷，忘了拿包了。（见田打电话）有电话？

田：要牛县长。（将包和手机交农）见鬼，山沟野坡的哪有什么牛县长？

农：（接过包和手机，打电话）喂！小李呀！是我。……让我到后山村蹲点？太好了！……他呀，是我刚认识的一个老大爷。……好，再见！（关手机，放包里。）

田：（打量农）你是牛县长？

农：分管科技的副县长，刚上任。您就叫我志农吧。

田：（道歉）牛县长，我牛种田有眼不识泰山，错怪你了！

农：大爷别多心，不知者不为怪嘛！

田：牛县长，恕我直言。咱这儿是贫困山区，老百姓穷啊！担不起风险。种一亩地，得花多少钱？种子、化肥、承包费，提留、摊派、农业税，人工、牛工还除外。弄不好，受上一年还得倒贴。

农：（深有同感）农民种地是不容易。这样吧，明年，就在这块坡地里，种一亩紫花苜蓿搞试验。赚了，算您的，赔了，算我的。行吗？

田：牛县长，有你这话，赔，我也心甘情愿！

农：大爷，我就在你们村长期蹲点。虽说是农大毕业，又在农科院工作了十几年，种地还得拜您为师呢！

田：好！我也得拜你为师。学习科学种田！

农：（开玩笑）大爷老了，脑子不中用了！

田：咱姓牛的，生就的牛脾气，死不服输！外国有个牛顿，从小就有股牛劲，后来成了大科学家;清朝雍正、乾隆年间，咱县孙嘉淦弟兄，头悬梁，锥刺股，一门中了三进士;你年纪轻轻就当了县长，没有一股牛劲，能闯上来吗？我虽一介农民，可当过劳模进过京，是方圆几十里有名的“老庄户”！

农：大爷，我听出来了，您不光是种地的好把式，还是个有文化有知识的人呢！

田：和你比差远啦，你是大学生，我才高小毕业。

农：哪年毕业的？

田：四七年。

农：那时文化人才很缺，为啥不出去工作呢？

田：四八年南下，县里派人动员了好几回。

农：咋没走？

田：还不是舍不得那三十亩土地一头牛！

农：（大笑）哈哈哈！牛离不开地，地离不开牛。我也一样，在省城上学、工作了二十年，现在不是又到农村种地来了！

田：好样的！我代表全村人欢迎你！（紧紧握住农的手）

农：（激动地）谢谢老大爷！

田：以后甭叫老大爷。亲热不亲近！

农：那，您说咋称呼？

田：天下姓牛的是一家，你就叫我牛叔好了。

农：（甜甜地）牛叔！

田：（响亮地）哎！

农：咱继续干吧！（拿起粪篓撒肥）

田：今天高兴，不干了！闺女，走！（拿锄头）跟叔回家！

农：（热泪盈眶）回家！

［一个扛锄，一个提篓，并肩而下。

（尹雁夫，兴县魏家滩镇郝家沟村人，教师。该小品于2005年获山西省戏剧征文一等奖）

第六章　广播　影视

第一节　电视转播服务

差转服务

1989年，兴县广播电视局在南山建立卫星地面接收站，转发中央电视台信号，供城区及周边乡村群众收看中央台电视节目。1991年底，县广播电视局建成卫星地面接收站2座，使中央电视台1、2套节目覆盖率大大提高。

2003年6月，广播电视服务中心筹措资金4.5万元，架设广播电视中心到县政府大楼1170米的光缆。9月，广播电视服务中心全面开工建设电视网络光缆改造工程，改造后主干线为750MHZ的宽带网络，由电缆传输变为光缆传输。该年，卫星电视信号传输质量极大提高，转播电视节目由24套增加到33套，电视用户增加600余户，总数达到5200余户。

2004年，全县电视用户增至6400多户。2009年开始，全县实施"村村通"工程建设的技术模式，采用"直播卫星"（"一户一锅"）方式（1998年开始实施广播电视"村村通"工程，以小片网、无线发射的方式进行）。到2016年底，全县375个建制村、725自然村均完成了"广播电视村村通"工程，2.6万余户村民收看到信号稳定、画面清晰的卫星电视节目。20户以下的自然村也全部解决了看电视难的问题。

有线电视服务

1994年10月，兴县启动有线电视工程。实施这项工程的主旨是通过架设有线电视电缆到居民区，把县广电局接收到的电视信号传输到电视用户，服务用户收视，提高用户收视质量和效果。实施这项工程，主要聘请山西省广播电视厅428微波转播台技术人员为兴县设计安装，汾阳广电局的技术人员也参与了安装，县广电局同时派人参与，边安装边学习，逐步掌握了安装技术。

1995年6月，兴县有线电视台开始独立施工建设有线电视。

2005年，县广播电视服务中心针对线路传输长、信号衰减大、维护难度大的问题，对有线电视传输网络进行了大整改，新建70余公里光缆、60个光接点，其中城区24个、农村36个，电视传输网络向东延伸至恶虎滩乡恶虎滩村，向西延伸至高家村镇黑峪口村，覆盖了蔚汾河沿岸25个村庄，收视效果明显提升。当年底，全县有线电视用户达5000余户，比1995年末的500余户增长9倍。到2011年末，全县有线电视用户发展到8800多户。

第二节　广播电视节目与新闻宣传

节目设置

无线广播（调频广播）　1990年，兴县有线广播站开设专题节目8个，分别为《农业科技》《农村时事政策园地》《法律宣传》《计划生育》《人口普查》《风赞》《广告、信息》等。1991年，增设《建党七十周年专题》《卫生知识》《综合节目》《革命传统教育》《土地税法》等与县委中心工作紧密结合的栏目。

2008年8月，调频广播复播以来，开设节目有《兴县新闻》《评书联播》《曲艺荟萃》《文苑拾零》《流金岁月》《梨园情》等。2013年11月，兴县人民广播电台充实人员，除《兴县新闻》外，陆续推出《天天读报》《每天学点心理学》《音乐留声机》《叽咕叽咕乐》等群众喜闻乐见的广播节目。

兴县广播电视台作为全国百家电台合作媒体之一，常年与北京“大地评书”和“大韵天成”等影视媒体制作公司合作，该影视媒体制作公司常年为县台提供《评书连播》《音乐广播剧》《流金岁月》《明星访谈秀》等众多娱乐节目内容，保证了兴县节目的播出，黄金时间自办广播节目时间首次突破2小时，其中《文苑拾零》获山西省广播影视二等奖。

电视台节目　1989年以来，县办电视台除《兴县新闻》外，还开设《记者调查》《廉政经纬》《扶贫攻坚在兴县》等栏目。2003年，县电视台节目改为全天播放，早晨8时30分开始第一次播出；中午12时30分进行第二次播出；晚上20时30分和22时分别进行第三次和第四次播出。广告内容安排在新闻与专题播出之后播放。2004年，县电视台增设《质监视角》《劳动者风采》《周末新影院》《平安兴县》《交警与您同行》《人口与家庭》等栏目。

2013年，电视台文艺部推出《梦想舞台》才艺展示栏目；2014年，电视台文艺部推出大型益智类答题节目《一战到底》和兴县本土文化栏目《艺苑风情》《晋绥风云》等。2015年，在纪念抗日战争胜利70周年期间，县电视台推出访谈栏目《我的抗战》，受到观众好评，收视率直线上升。2016年8月，电视台推出《寻访》《我的战斗往事》等栏目，采访拍摄当年晋绥南下老干部口述历史，抢救了部分历史资料。

新闻宣传

2009—2010年，兴县广播电台（调频）共采播新闻1756条。1992年至2016年，电视台共采播兴县新闻1.3万条（内缺1999—2002年、2005年、2007年6个年度新闻采播数），其中被中央电视台采用9条、山西电视台采用114条、吕梁电视台采用1909条；采播电视专题片394部，其中被黄河电视台采用1部、吕梁电视台采用4部（参见第十八编第五章“宣传工作”部分）。

大型综合演播活动

2000—2016年，县电视台还举办各种文艺演出和比赛活动（参见本编第三章第八节“综合文艺表演”部分）。

第三节　电影 电视剧

影片放映

1989年,全县有城乡放映队32支，放映6455场，每队平均放映202场。1990年，全县有城乡放映队32支，放映6000场，每队平均放映188场；其中放映“反腐肃贪”教育影片10场，受教育5000余人。1991年，全县有城乡放映队37支，放映7300场，每队平均放映197场；其中7月举办纪念中国共产党成立70周年“电影周”活动，放映20场；放映《毛泽东和他的儿子》19

场，观众累计近万人。

2003年，全县启动农村电影“2131工程”（广电总局提出的农村电影放映“2131工 程”，即在21世纪初，基本实现全国农村一村一月放映 一场电影的目标）。

2004年，全县有城乡放映队21支，放映4500场，每队平均放映214场。2005年参加文化下乡，共放映160场。2007年，全县有城乡放映队11支，放映4650场，每队平均放映423场。

2008年，根据山西省人民政府办公厅出台的《关于做好全省农村电影放映工作的实施意见》精神，县文化局成立以局长为组长的农村公益电影工作领导组，印发《兴县农村公益电影放映工作管理办法》，农村公益电影放映坚持“企业经营、市场运作、政府买服务”的原则，实行政府公共财政补贴，服务目标是“每村每月放映一场电影”，由县农村公益电影放映领导组办公室负责具体实施。根据该管理办法，全县组建兴县农村公益电影放映队23支（每队放映员1名）。该办法实施以来，全年放映公益电影4562场，其中为农村376个建制村放映3010场；同时为全县25所寄宿制学校师生年均放映电影9场，超额完成了农村公益电影放映任务。

2009年至2014年，全县23支放映队累计放映电影2.87万场，其中农村放映2.6万场，年均放映4335场（含部分学校）。

2015年，全县17支放映队累计放映2.37万场，其中农村放映4343场（含学校）。2016年，全县24支放映队累计放映4355场，其中农村4135场。

电影、电视剧拍摄

在兴县拍摄的电影电视剧　1989—2016年，在县境拍摄的影视剧有5部。其中1993年2月17日，太原电视台在罗峪口拍摄电视连续剧《毛泽东—山西十八日行》，高增慧、刘晋丽、张四海、刘瑞平等扮演了剧中部分角色。

2003年12月19日，县委宣传部、县文化局配合山西省史志院和山西省电视台完成了《毛泽东在山西》电视纪录片在兴县的拍摄工作。

2013年8月16日，电影《密战黑茶山》剧组进驻兴县“四八”烈士纪念馆开机拍摄，于9月5日在北京杀青。该片除有内地众多实力派演员吴京安、何美钿、章婷婷、于又川、赵岩松、王宝光、司马云青、魏宗万等加盟出演外，吕梁、兴县不少本土演员也参与了拍摄。

电影《密战黑茶山》由中共兴县县委、县人民政府和吕梁市监察学会等联合摄制。该片以1946年4月8日发生在兴县黑茶山的“四八”空难事件为背景，以晋绥边区党政军民服从中央，不畏艰难，英勇搜寻遇难烈士遗体，保护党的秘密为主要内容编创的一部革命历史题材电影。影片通过宏大的气势、诗化的画面以及富有冲击力的视觉效果，营造出一幅幅波澜壮阔的历史画卷。全剧主题突出，立意鲜明，架构恢宏，脉络清晰，富有历史的沧桑感与凝重感。

2016年10月，由西安电影制片厂会同兴县文化局组织拍摄了电影《谷子熟了》（故事片）。电影《谷子熟了》以脱贫攻坚为线索，以谷子的种收为载体，通过讲述吕梁山兴县一个农村青年自己发家致富后带领乡亲们实现农业产业化、走上共同富裕道路的励志故事，真实描述了兴县农业产业发展历程，充分体现了中共兴县县委、县人民政府各项政策对带动农业产业发展、促进群众增收脱贫的重要性。影片融入兴县本土文化、红色文化，故事生动感人，是一部集思想性、艺术性、观赏性于一体的现实主义题材影视作品。影片时长100分钟。

2016年11月8日，电视连续剧《孙嘉淦》剧本论证会暨筹拍签约仪式在兴县观澜国际酒店举行。该仪式由吕梁市文化旅游局、中共兴县县委、兴县人民政府主办，出席该仪式的有最高人民检察院侦监厅副厅长刘雅清、中央电视台责任编辑洪亮、中国人民解放军总参谋部原军务装备局副局长张香明、中国 DMG 传媒集团制片人杨丽芳和中国著名制片主任孙林栓，山西省作家协会巡视员、著名评论家杨占平，山西省作家协会机关党委书记、资深制片人冯军，吕梁市人大常委会原副主任张国彪，吕梁市文化局局长王成军，吕梁市音乐家协会主席、国家一级编剧李三处，吕梁市文化局调研员张唐迎，离石区原副区长温挨提以及来自浙江省义乌市影视文化产业协会、内蒙古鄂尔多斯市山西商会、吕梁市嘉淦影业公司等单位负责人，省内外相关企业家及各级新闻媒体记者近百人。中共兴县县委书记梁志锋，县委副书记、县人民政府县长刘世庆，县人大常委会主任白鹏昊，县政协主席史小军，县委常委、宣传部部长刘平则，县人民政府副县长杨红梅，县政协副主席高卫东出席了论证会及签约仪式。

中共兴县县委书记梁志锋代表县四大班子致辞，县委副书记、县长刘世庆主持论证及签约仪式，他们在讲话中表示，革命老区兴县是具有悠久历史和灿烂文化的一方淳乡厚土，孙嘉淦作为经历康熙、雍正、乾隆的“三朝元老”，是这方沃土的杰出代表；各位领导、专家、学者会聚一堂，共话一代廉吏孙嘉淦，并举行《孙嘉淦》筹拍签约仪式，这是兴县和吕梁宣传文化领域一大喜事，对于落实党的十八届六中全会精神具有重要现实意义。中共兴县县委、兴县人民政府站在打造“兴县文化名片”、推进改革发展的高度，全力支持孙嘉淦剧本的论证、研讨及编创、拍摄工作，希望孙嘉淦这一历史人物通过各位专家、学者的再创作而再现异彩，希望这部立足史实、着眼现实、有益未来的廉政文化建设精品力作早日面世，让兴县伴随着电视连续剧《孙嘉淦》的热播早日走向全国！

在签约仪式上，《孙嘉淦》编剧张唐迎介绍了剧本的创作情况。杨占平、冯军、王成军、刘雅清、李三处等先后发言，就《孙嘉淦》剧本深度创作提出了许多建设性意见和建议。山西嘉淦影业有限公司总经理陈阳和浙江省义乌市影视文化产业协会会长贾机民签订了电视连续剧《孙嘉淦》联合出品合作书。拟摄制的电视连续剧《孙嘉淦》总长度约三十到四十集，总投资预计8000万元。

兴县籍影视剧制作人选介　　杨森：兴县杨家坡村人，曾为兴县晋剧团演员，1993年由山西省晋剧院调太原电视台工作，2015年被山西影视集团特聘为制片人。1995年至2016年，他参与多部影视剧的拍摄制作工作。其中，1995年他参与24集电视剧《狄仁杰断案传奇》（太原电视台）的拍摄，担任部分影视节目内容的摄像助理。1998年，他担任电视剧《一代廉吏于成龙》（中央纪委监察部电教中心与太原电视台联合摄制）剧务主任，该片播映后获第八届全国精神文明建设“五个一工程”优秀电视剧奖（2001年9月）、第19届中国电视剧金鹰奖长篇连续剧优秀奖

（2001年11月）、第21届全国电视剧“飞天奖”长篇电视剧二等奖（2002年5月）。2009年7月至2011年12月，杨森担任大型儒学文化系列片《演说论语》（由湖北省广播电视总台影视频道、中国光华科技基金会、中共济宁市委宣传部、山东省济宁市人民检察院、济宁市儒家文化与企业发展协会、曲阜东方圣城文化传播有限公司联合出品）制片主任，该片于2011年12月获得第十一届全国电视文艺“百家奖”电视专题类一等奖。2010年6月，他担任制片主任，参与完成了27集音乐电视连续剧《西口情》（由中共山西省委宣传部、山西省作家协会、中共河曲县委、县人民政府联合摄制，山西作家影视艺术制作有限公司出品）的拍摄，于2016年底播放。2014年，他担任导演、编剧之一，参与完成了20集电视剧《俺家住在黄华街》（中共晋城市委宣传部和晋城电视台摄制）的拍摄。2015年3月，他担任制片主任之一，参与完成了40集电视剧《于成龙》（由山西省纪委电教中心、山西天骄生物集团、山西电影制片厂、山西省电影公司、山西省广电影像出版有限公司、山西影视集团影视基地发展有限公司、榆次老城旅游景区等多家单位联合摄制）的拍摄，该电视剧播出后分别获得第十四届精神文明建设“五个一工程”优秀作品奖（2014—2017年）、第31届电视“飞天奖”历史题材优秀电视剧大奖。2016年9月，他担任电视剧《右玉和她的县委书记们》（由山西广电影视艺术传媒有限公司出品）制片主任之一，该剧播出后分别获第十五届精神文明“五个一工程”奖和第三十二届中国电视剧“飞天奖”优秀电视剧奖。其间，他还在电影《刘胡兰》、电视剧《赵树理》《铁肩担道义》《于成龙》中分别饰演了“日本小队长山田”“反派1号张富贵”“鲁迅”“大奸臣余国柱”等角色。

魏晓军：1996 年7月参加工作后，供职于广播电视干部管理学院 （2000年组建成立，前身为国家广电部管理干部学院） 和山西传媒学院（2013 年4月由广播电视干部管理学院组建），从事电视节目制作和电视制片管理工作，至2016 年，他先后参与数十部影视剧（包括纪录片）的编导、录音、录像、剪辑等制片工作，其中，在电影《海鲜》中担任副录音师，该片于 2001年获第 58 届意大利威尼斯国际电影节当代电影评审团特别奖和法国南特电影节、韩国釜山国际电影节“新浪潮”奖。在音乐类广播节目《花儿为什么这样红》，电影《天天有太阳》《城市牧歌》《百骏图》《永久凤凰》《女头人》《马世清离婚》《心灵的天空》《U57　次谜案》《情感对白》《约会阳光》和电视剧《别问我是谁》《非常女警》《西门豹》中担任录音师，其中《花儿为什么这样红》于2002年获山西省广播节目技术质量音乐类一等奖和国家广电总局广播节目技术质量三等奖；《马世清离婚》于2003年获第23届中国电影金鸡奖最佳电视电影奖，2004年获中国第四届电视电影百合奖一等奖和第 10届中国电影华表奖提名；《心灵的天空》于2006年12月获第13届中国人口文化奖电影类一等奖。

魏晓军担任导演拍摄的电影有《早安！小树》《米粒的夏天》和大型原创廉政话剧《杏花雨》，其中《早安！小树》于 2013年获首届中国西部国际电影节剧情类一等奖，2014年获第15届中国人口文化奖电影类三等奖，2015年分别获“首届深圳青年影像节颁奖盛典”剧情类评委会特别奖和第 15 届韩国光州国际电影节主竞赛单元“亚洲太平洋青年导演奖”；《米粒的夏天》于 2014年 10月获中国高校影视学会第六届“学院奖”剧情片一等奖，2015年获中国金鸡百花电影节学院奖观众最喜爱短片奖、首届万峰林国际微电影盛典剧情类等奖、中国四川“金熊猫”国际影视节最具创新视频提名奖、第三届深圳青年影像节最佳剧情片奖，2016年获天津滨海国际电影节最佳短片、最佳剪辑提名奖和第四届亚洲微电影节好作品奖。

康湘坪：又名康湘萍、康湘平，兴县人，曾先后在县晋剧团、吕梁地区晋剧团、太原市戏剧研究所（现更名为太原市艺术研究院）工作。从 1997年到 1999年，他以音乐创作参与了《荒沟纪事》《都市警官》和《枣儿红了》等戏剧片的创作，不仅两次获优秀音乐设计奖而且两次获山西省精神文明建设“五个一工程”优秀作品奖。2007年，他以为电视剧《喜耕田的故事》片尾歌《好年头》作曲，参与了电视剧《喜耕田的故事》（由山西省文明办、山西电影制片厂、太原市委宣传部和中央电视台影视部联合出品）创作，电视剧《喜耕田的故事》分别获得第24届中国电视“金鹰奖”最佳长篇电视剧奖，第27届中国电视“飞天奖”长篇电视剧一等奖和首届新农村电视艺术节“农村题材长篇电视剧”最佳作品奖。

高岚：曾在北京电影制片厂和嘉禾影业北京办事处就职，2001年7月至今在中央广播电视总台、文艺中心和戏曲音乐部工作，曾任《青春戏苑》栏目主编和《锦绣梨园》《戏曲采风》《梨园擂台》等栏目导演。主要作品有《人物志·马泰》（任执行导演）、《甬剧》，参与了《2006春节戏曲晚会》（任副导演）、《寻找七仙女·特辑（决赛）》（2011年7月，任编导），《越女争锋·全国青年越剧演员电视大奖赛》（2013年，任导演之一）等剧目的拍摄编制工作。

第七章　文化管理

第一节　机 构

县文化局

文化局为县政府直属正科级行政机构，承担全县文化管理职能，2002年，核定行政编制6人、全额事业编制18人、差额编制40人。

文化广电新闻出版局

2006年文化广播电视和新闻出版局成立（仅更换单位牌匾，文化与广播电视机构人员仍然独立办公）。

2010年1月，兴县文化广播电视和新闻出版局（版权局）正式成立，管理全县的文化、广播电视、新闻出版（版权局）三方面的行政职能，同时管理兴县广播电视台（2009年2月，县广播电视服务中心、县人民广播电台和县电视台人员合并为兴县广播电视台，为正科级事业单位）。

县文化局（县版权局）

2016年，体育职能从县教育体育局分离出来，划归县文广新局管辖，改革后更名为县文化局，管理全县的文化、广播电视、新闻出版版权、体育等四方面的行政职能，核定行政编制6人，全额事业编制18人，差额事业编制40人；实有53人（另有自理人员20人）；设正科（局长）1人、副科6人（副局长3人，文化市场执法队1人、副主任科员2人）。归口管理县广播电视台1个正科级事业单位；下设管理县文化市场行政综合执法队1个副科级事业单位；县文化馆、县关向应图书馆、县美术馆、县戏曲研究所、县歌舞影视研究所、县体育管理中心等6个股级事业单位；以及县晋剧团有限公司、县电影发行放映有限公司2个股级国有企业。

文学艺术工作者联合会及基层协会组织

文学艺术工作者联合会（简称兴县文联） 成立于1998年11月，时为挂靠县委宣传部内设正科级建制行政单位。2002年起独立运行，属县委宣传系统正科级参公事业单位，编制8人。至2016年末，核定全额事业编制5人，实有人员4人，其中正科级1人。县文联成立书法家协会、作家协会、美术家协会、音乐家协会、摄影家协会等，承担文联指派的工作，并参加吕梁市文联相关协会组织的创作、采风活动。

美术家协会 成立于2007年，由郭喜邦（波）任主席，王会平、任引明、贾喜平、雷婷任副主席，李晓杰任秘书长。共有会员30人。

音乐家协会 成立于2014年，侯海军任主席，马浩春、马玉平任副主席，刘林平任理事。共有会员34人。

摄影家协会 成立于2008年。第一届（2008—2015年）：康旺举任名誉主席，刘志文任主席，白旭平、王慧平、高兴云任副主席。第二届（2016年起）：康旺举、马云任名誉主席，王慧平任主席，雷保儿、高虎虎、王永永、郭华琴任副主席，李俊斌任秘书长，任新生、王亚勇任副秘书长。至2016年末，县摄影家协会共有会员78人，其中省级以上会员8人，市级以上会员37人。

作家协会 成立于2011年12月，张明提任主席。县作协初有会员30余人。至2016年末，会员发展到100余人。全部为县内外本县籍文学爱好者。

书法家协会 成立于2004年。第一届（2004.9—2005.9）：王荣厚任主席，闫挨唐、李毛提、王玉堂、尹有乐任副主席。第二届（2005.9—2012.9）：闫挨唐任主席，李瑞坚、高宝宝、贾晋文、白晨光任副主席。第三届（2012.9——）：李瑞坚任主席，高宝宝、崔小兵、贾喜平任副主席。至2016年，县书协共有会员48人，其中国家级会员2人、省级会员7人、市级会员5人。

广播电视台

兴县广播电视台 1956年7月，兴县有线广播站成立。1978年4月，县有线广播站更名为县广播事业局（局站合一）。1984年，县广播事业局改为兴县广播电视局。2002年3月，县广播电视局更名为兴县广播电视服务中心，为县政府直属全额事业单位。

2009年2月，县广播电视服务中心改建为兴县广播电视台（原广播电视服务中心人员、广播电台和兴县电视台3个机构、3套人员合并办公，统一管理）。兴县广播电视台，为县政府直属正科级事业单位，2016年核定全额编制62人，实有82人（含部分工资自理人员），设正科2人、副科2人。

兴县人民广播电台　兴县人民广播电台前身是兴县广播电视局所属县有线广播站。

1989—1990年初，县有线广播站进行设备更新，新增调频接收机2台、调频发射机1台、自制县城街头音箱20只，新增配套录音机1台、播音控制台1台、配套扩音机1台。这些设备均是山西省广播电视厅指定厂家供货，各项技术指标达到部颁乙级标准。1991年，县有线广播站共有各种型号的扩音设备12台、稳压器5台、调频器3台、增音机1台、录音机9台、各种测量仪器16部、扩大总功率为2200瓦。

1992年1月，经上级批准，兴县有线广播站改建为兴县人民广播电台，呼号为"兴县人民广播电台调频92兆赫"，为广播电视局所属股级机构；共有9人，设台长、副台长各1人。

2006年7月，兴县人民广播电台因设备故障停播。2008年8月，兴县人民广播电台重新添购设备，恢复播出，呼号更改为"兴县人民广播电台调频102兆赫"。全天播出15小时，其中，自办节目2小时。除自办节目外，其他时间转播中央人民广播电台"中国之声"。2010年2月，兴县广播电台、电视台与电视服务中心合并为兴县广播电视台，为县政府直属正科级事业单位。

兴县电视台　1992年，兴县电视台成立。广播电视局派出几名技术人员外出学习取经一周，即开始电视节目录制、编辑和播出工作。

电视台成立之初，设立总编室、新闻部、专题部、制作室、播音室、播出室。建台初期，只有摸拟摄像机3台，采访话筒2支；播音室摄像机不固定，有热光源钨灯、天幕、纸质背景；电视制作设备主要有IBMPC—386机2台、字幕制作机1台、打字机1台、6401—3彩色电视机字幕控制器1台、音视频特技切换（机）1台、视频特效编辑机3台。电视节目播出设备，初期用无线电视信号播放，每天将做好的大1/2录像带送到南山电视转播台，用放像机、调制器播放，切换到当时的教育频道转播。1994年5月，按照县委、县政府指示，县电视台进行播音员招聘工作，对所有报名人员进行文化考试和业务测试，通过初试、复试，录用王树英、王彦彦、栗爱春3人为县电视台播音员。

1995—2001年，县电视台购置一批新的电视节目采集制作设备，有模拟摄像机5台、采访话筒3支、数码JVCgz-900摄像机1台；电视制作设备有松下录放编辑机4台。

2001年9月后，随着县财政经济状况的好转，电视台更新采播设备，实现数码摄制、非线性编辑，自制节目图像更清晰，色彩更逼真、鲜艳。

2008年6月，县电视台办公条件、采编设备再次更新，播出更换为先进的方舟硬盘直播机（新闻综合频道）。

2010年2月，广播电台、电视台与广播电视服务中心合并为兴县广播电视台。

2011年10月，兴县广播电视台通过公开招标程序，选择内蒙古巴彦淖尔盟永乐科贸电子有限公司，参与兴县数字有线电视网改造项目，其投资公司与兴县广播电视台共同组建“兴县永兴数字电视网络有限公司”，县电视台占51%的股份，内蒙古巴彦淖尔盟永乐科贸电子有限公司占49%的股份。兴县广播电视台台长贺根平任董事长，内蒙古巴彦淖尔盟永乐科贸电子有限公司李永亮为网络公司总经理。同年12月，兴县数字网络电视正式投运，增设与数字电视系统前端相适配的50路字幕插播机，用于50个数字频道左飞字幕，提高了广告、通告的收视效果。

有线电视台　1994年10月，有线电视开始启动。实施这项工程的主旨是通过架设有线电视电缆到居民区，把县广播电视局接收到的电视信号传输到电视用户，服务用户收视，提高用户收视质量和效果。实施这项工程，主要聘请山西省广播电视厅428微波转播台技术人员为兴县设计安装，汾阳广播电视局技术人员也参与安装，县广播电视局同时派人参与，边安装边学习，逐步掌握了安装技术。1995年6月，兴县有线电视台开始独立施工建设有线电视。当时，有线电视台分为三部分，一部分负责机房机器运转；一部分为安装队，负责为新用户安装；还有一部分负责有线电视收费工作，共17人，部分工作由广电局行政人员兼任。

电影院

前身是兴县电影发行放映公司，创建于20世纪50年代中期，由原大礼堂改建而成。影院位于文化街北侧，纯木结构二层小楼，影院设在第一层，有折合座椅30排、座位780个。第二层楼是“凹”字形向台口延伸。楼梯、地板均属木质结构。1980年改扩建成电影院，内设座位920个，不设舞台，专供放映电影使用。

2011年7月，兴县电影公司按照山西省和吕梁市文化体制改革要求，进行转企改革，撤销兴县电影公司，成立企业性质的兴县电影发行放映有限公司，成为自收自支、自负盈亏的国有文化企业。人员按照“新人新办法，老人老办法”的原则，能退则退，退休人员按事业人员退休办理。按照规定，县电影公司于2013年3月至2015年9月相继办理退休10人，其余3人按自收自支事业人员身份安置于文化局歌舞影视研究所至2016年。

第二节　市场管理

2003年，县文化局成立文化市场管理中心，统一行使文化市场行政管理和监督检查职能。

2011年，该中心改为“文化市场行政综合执法队”，有人员3名。从文化市场管理中心到文化市场行政综合执法队，监督管理主要对象包括7个书店、2个网吧、4个KTV经营店。文化市场管理中心成立后，协调县公安、工商、电信、消防等部门，建立长期联席会议制度，采取日常巡查和突击检查的方式，对全县综合文化市场监管做到有报必查、无报常查、有查必果、有果必报。至2016年，文化行政综合执法队累计出动执法车辆35台次、执法人员180多人次，检查各类文化经营场所120多家次，查缴盗版出版物512册，促进了文化市场的健康有序发展。文化行政综合执法队也对文化市场安全生产进行检查，对锁闭消防安全通道、严重损毁消防器材、私拉乱接电线、消防安全疏散标识不清等行为进行了检查和整改，促进了乡（镇）综合文化站规范管理和服务能力提升。兴县文化局为每个乡（镇）文化站招聘1名文化工作志愿者，同时按照省、市要求，集中配送10个乡（镇）文化站价值达3万元设备器材。乡（镇）综合文化站发挥整体功能，开展了一系列文化活动，起到了丰富农村群众文化生活、繁荣农村文化事业的作用。

第三节　非物质文化遗产管护与传承

2011年，兴县文化局非物质文化遗产保护中心成立，制定了《兴县非物质文化遗产保护工作实施方案》。至2016年，全县有省级非物质文化遗产项目 2 个，传承人2名；有市级非物质文化遗产项目5 个，传承人8名；有县级非遗项目13个，均由县文化馆负责传承。

兴县非物质文化遗产保护和传承项目

表29-7-3-1

项目名称	项目级别	项目简介	传承人
兴县道情	省级非遗	2011年由山西省人民政府公布，由兴县文化馆负责传承和保护	王付全
兴县胡麻油	省级非遗	2013年由山西省人民政府公布，由兴县香缘粮油有限公司负责传承和保护	白海云
兴县李家湾道情	市级非遗	2009年由吕梁市政府公布，由兴县文化馆负责传承和保护	王冰冰
兴县民俗剪纸	市级非遗	2009年由吕梁市政府公布，由兴县文化馆负责传承和保护	徐秀珍
兴县魏家滩油煎面塑	市级非遗	2010年由吕梁市政府公布，由兴县文化馆负责传承和保护	贾喜平
兴县浆水豆腐	市级非遗	2011年由吕梁市政府公布，由兴县文化馆负责传承和保护	刘云堂、刘继堂
兴县峁底胡麻油	市级非遗	2012年由吕梁市政府公布，由兴县文化馆传承和保护	白贵平、白海云、马龙
兴县霸王鞭	县级非遗	2009年由县政府公布，由文化馆传承和保护	历任文化馆馆长
九曲黄河灯阵	县级非遗	2009年由县政府公布，由文化馆传承和保护	历任文化馆馆长
兴县羊杂碎	县级非遗	2010年由县政府公布，由文化馆传承和保护	历任文化馆馆长
兴县老陈醋	县级非遗	2010年由县政府公布，由文化馆负责传承保护	历任文化馆馆长
兴县根雕	县级非遗	2010年由县政府公布，由文化馆负责传承保护	历任文化馆馆长

续表29-7-3-1

项目名称	项目级别	项目简介	传承人
生金的传说	县级非遗	2010年由县政府公布，由文化馆负责传承保护	历任文化馆馆长
张旺传说	县级非遗	2010年由县政府公布，由文化馆负责传承保护	历任文化馆馆长
孙嘉淦传奇	县级非遗	2010年由县政府公布，由文化馆负责传承保护	历任文化馆馆长
康基田传奇	县级非遗	2010年由县政府公布，由文化馆负责传承保护	历任文化馆馆长
兴县八大碗	县级非遗	2010年由县政府公布，由文化馆传承和保护	历任文化馆馆长
兴县压头肉	县级非遗	2010年由县政府公布，由文化馆传承和保护	历任文化馆馆长
兴县扁食冒汤	县级非遗	2010年由县政府公布，由文化馆负责传承保护	历任文化馆馆长
兴县烙饼	县级非遗	2010年由县政府公布，由文化馆负责传承保护	历任文化馆馆长

第三十编

文物 旅游

兴县历史悠久，史迹丰富。境内有旧石器时代、新石器时代，春秋、战国时期（东周文化），汉代、南北朝时期，唐、宋、金、元、明、清时期遗址224处（不含古墓葬）。

抗日战争和解放战争时期，兴县是晋绥边区根据地首府，晋西区党委、中共中央晋绥分局，晋绥行政公署，晋绥军区司令部等党政军机关曾驻设于此，贺龙、关向应、林枫、吕正操、李井泉、续范亭、武新宇、周士第等边区党、政、军领导曾在兴县居住生活；中共中央领导人毛泽东、周恩来、朱德、刘少奇、任弼时曾路居此地，进行过重要革命实践活动。

至2016年末，兴县有全国重点文物保护单位1处，有全国重点烈士纪念建筑物保护单位1处，有全国红色旅游经典景区2处，被列入“第二批国家级抗战纪念设施、遗址名录”1处。有山西省文物保护单位6处。著名红色旅游景点除晋绥边区革命纪念馆（包括旧址）、晋绥解放区烈士陵园（包括新区）和“四八”烈士纪念馆景区景点外，还有中共中央晋绥分局北坡旧址、高家村《抗战日报》（后为《晋绥日报》）社旧址、杨家坡洪涛印刷厂（西北农民银行币印刷厂）旧址，碧村白求恩国际和平医院第六分院旧址和晋绥边区新民主主义教育实验学校旧址，马蒲滩晋绥军区后方医院旧址等数十处。

1989—2016年，兴县新建晋绥边区革命纪念馆和“四八”烈士纪念馆，并重新布置展陈；完成北坡村晋绥分局旧址风貌修复工程；在黑茶山西南凤凰山麓新建晋绥解放区烈士陵园新区；完成晋绥边区红色旅游AAAA级景区和黑茶山红色生态旅游AAAA级景区规划设计，推进以蔡家崖为中心，以晋绥边区革命纪念馆、晋绥解放区烈士陵园和“四八”烈士纪念馆为支撑，以众多晋绥边区历史旧址为补充的红色旅游业蓬勃发展。全县累计接待国内游客521.76万人（次）。

第一章　文物古迹

第一节　古遗址

经山西省文物考古部门考察确认，兴县境内的古遗址共114处（不含古墓葬、古寺庙），其中，旧石器时代、新石器时代遗址共42处；夏、商、西周、春秋、战国时期遗址13处；汉代遗址9处；南北朝时期遗址4处；宋、金、元、明时期遗址36处；清代遗址10处。

旧石器时代遗迹

1989—2016年，经山西省文物部门考察认定，兴县旧石器时代遗迹共有14处。

兴县旧石器时代（更新世）遗迹（化石出土点）简表

表30-1-1-1

化石出土点名称	分布面积（万平方米）	主要出土文物	备　注
白家沟化石出土点	0.5	红胶泥质，内含钙质结核种类有脊椎动物的角、牙等，种属不详	位于今魏家滩镇
孟家洼化石出土点	3.5	红胶泥质土壤中含钙质结核，出土的种类有脊椎动物的角、牙、骨骼等，种属不详	位于今魏家滩镇郝家沟村孟家洼自然村
西沟化石出土点	0.3	暴露有蕨类植物、树杆等化石，种属不详	位于今魏家滩镇
葛家里化石出土点	4	红胶泥质土壤含钙质结核，化石种类有脊椎动物的角、牙等，种属不详	位于今魏家滩镇，1994年被评为县级文物保护单位
饮马会化石出土点	5	红胶泥质土壤中含钙质结核，种类有脊椎动物的角、牙、骨骼等，种属有犀牛、马等	位于今蔚汾镇
双胜村化石出土点	0.15	红胶泥质中含钙质结核，种类有脊椎动物的牙、骨骼等，种属不详	位于今蔚汾镇
西吴家沟化石出土点	3	红胶泥质中含钙质结核，种类为脊椎动物的角、牙、骨骼等，种属为犀牛、马	位于今贺家会乡
刘家壕高本泉化石出土点	3	种类有脊椎动物的牙、骨骼等，种属不详	位于今蔡家崖乡刘家壕村高本泉自然村

续表30-1-1-1

化石出土点名称	分布面积（万平方米）	主要出土文物	备　注
胡家沟化石出土点	3	红胶泥质中含钙质结核，种类有脊椎动物角、牙、骨骼等，种属不详	位于今蔡家崖乡
胡家塔遗址		石片、石核（旧石器时代晚期）	位于今孟家坪乡
郑家塔遗址	1.7	石片、石核（旧石器时代晚期）	位于今瓦塘镇
石岭则遗址	1.9	地表采集有石片等石制品（旧石器时代晚期）	位于今蔡家崖乡
石楞则遗址		黄色粉沙中含有石片等石制品（旧石器时代晚期）	位于今蔡家崖乡
贺家会村化石出土点	1.4	鸵鸟蛋壳化石2枚	

新石器时代（仰韶文化和龙山文化）遗址

县境共有新石器时代遗址28处，其中仰韶文化遗址12处，龙山文化遗址15处。

仰韶文化遗址　高家村镇碧村古城遗址：包括寨梁上、小玉梁、殿乐梁、城墙圪垛4个台地，遗址面积75万平方米，发掘面积5205万平方米。2015年4月至7月，山西省考古研究所对碧村小玉梁和城墙圪垛遗址进行小规模发掘。共清理出龙山文化时期石砌房址4座、灰坑13座、一段石砌城墙。出土遗物以陶器为主，以夹砂灰陶居多，泥质灰陶和褐胎黑皮陶次之，器形有鬲、甗、敛口斝、管流盉、蛋形瓮、高领罐、大口尊等，出土的碧村玉器有玉璧、玉环、玉刀等数十件（民间收藏）。2015年9月13日，山西省考古研究所公布，“碧村遗址考古发掘取得重大成果，首次在晋西高原发现龙山时期石城及大型石砌房址，其中史前遗址12处，以仰韶文化中期、龙山文化时期为主”。

碧村西遗址：面积2万平方米，文化层中夹有陶器、砖瓦残片，有仰韶文化泥质夹砂陶片（尖底瓶、鬲、钵），另有石斧1件。还采集新石器时代晚期—龙山文化（公元前2500—公元前2000年，也称“黑陶文化”）时期的白燕类型的泥质、夹砂灰陶片，器形有鬲、罐、斝等。

蔡家崖村遗址：第一处，位于蔡家崖村北梁平台地上，面积2万平方米，地面暴露有红色彩陶、灰陶片，1964年，山西省文物部门考察认为该遗址属仰韶文化遗存。第二处，位于蔡家崖村南约500米，据《中国文物地图集·山西分册》载，该遗址“位于蔚汾河南岸台地上，残存面积约2500平方米，文化层厚度不详。地表采集有泥质红陶线纹尖底瓶及泥质灰陶黑彩宽带纹盆等残片，属新石器时代仰韶文化庙底沟类型遗存”。

张家崖遗址：位于康宁镇张家崖村，遗址面积6万平方米，断崖上暴露有灰坑多座，采集有仰韶文化庙底沟类型的泥质红陶素面磨光钵和夹砂灰陶弦纹罐，汉代的泥质灰陶齿轮印纹罐及外饰绳纹内饰布纹的板瓦等残片，属新石器时代仰韶文化和汉代文化遗存。

水磨滩遗址：位于蔚汾镇水磨滩村北、蔚汾河北岸台地上，面积6万平方米，文化层均厚0.35米，采集有仰韶文化庙底沟类型的泥质红陶素面磨光钵和夹砂红陶线纹罐，汉代的泥质灰陶暗弦纹及外饰绳纹内饰麻点纹的板瓦等残片，属新石器时代仰韶文化庙底沟类型文化和汉代文化遗存。

车家庄遗址：位于奥家湾乡车家庄村东、蔚汾河北岸台地上，遗址分布面积6万平方米，断崖上暴露遗迹灰坑数座，采集有仰韶文化义井类型的泥质红陶线纹尖底瓶和夹砂红陶黑彩网格纹盆，汉代的泥质灰陶绳纹罐及外饰绳纹内饰布纹的板瓦等残片，属新石器时代仰韶文化和汉代遗存。

石楞则古城岭遗址：位于石楞则村西古城梁顶，遗址面积4.5万平方米。1964年，山西省文物部门考察，在该遗址文化层采集到灰红色陶片、石斧、石锤、石刀、鬲、甑等，还采集到东周泥质灰陶绳纹罐、板瓦等，认为属仰韶文化、龙山文化时期遗存，立有省级文物保护单位标志。1994年该遗址被公布为县级重点文物保护单位。

乔家沟遗址：位于蔚汾镇乔家沟村，面积约12万平方米，遗址地表采集有新石器时代中期的仰韶文化(公元前5000—公元前3000年，属彩陶文化)义井类型泥质、夹砂红陶、灰陶片、钵、尖底瓶、瓮、盆、罐等。

瓦塘镇刘家峁遗址：面积1700平方米，2010年11月3日至12月20日，山西省考古研究所对该遗址进行考古发掘，出土器物主要为仰韶晚期生活用具陶制品，其中有侈口鼓腹罐（夹砂灰陶）、直腹罐（夹砂红陶）、矮领罐（夹砂灰陶）、夹砂灰陶直壁缸、瓮、仰韶陶尖底瓶、钵、石斧、仰韶陶纺轮等，并编撰《兴县刘家峁遗址发掘简报》，确认该遗址包含仰韶文化晚期和东周文化遗存。

固贤乡甄家庄南遗址：遗址面积约2万平方米，遗址南侧坡地上采集龙山文化白燕类型泥质、夹砂红陶片和灰陶片，纹饰有绳纹，器形有罐。

固贤乡甄家庄东遗址：遗址面积3500平方米，地表采集有仰韶文化义井类型泥质红陶片、夹砂灰陶片，器形有尖底瓶、钵、罐等。

康宁镇刘家庄遗址：遗址面积15万平方米，地表采集有仰韶文化时期泥质、夹砂红陶片和灰陶片，器形有罐、钵、盆等。

龙山文化遗址　白崖沟石城遗址：位于恶虎滩乡白崖沟村北、蔚汾河上游北岸的二级阶地上，总面积约120万平方米，该石城东、西、北三面主城，南面环河，城墙保存较为完整。2015年8月，山西省考古研究所对遗址进行调查。清理出石砌城墙、白灰面房址、护坡墙等；主要出土器物有石斧、陶器（鬲、筒腹罐、壶、折沿瓮、折肩罐等），后经复查确认，编撰《山西兴县白崖沟遗址调查简报》，认为该遗址年代为龙山文化前期（公元前2500年—公元前2300年）。

遗址概况。该遗址地处蔚汾河北岸的二级阶地上，范围东抵高崖沟，西至明通沟，南接蔚汾河,北达大梁顶、崖河顶，面积约120万平方米。遗址所在区域地形为三沟分两山，地势由南及北逐步抬升，海拔一般在1200～1300米，个别区域海拔达1450米。

遗迹。通过对其系统调查，在遗址东、西、北三面各发现有一段石砌城墙，城内冲沟两侧分布 有大量白灰面房址，此外，在老峪塄及明通沟附近发现一些护坡墙；除房址内发现一些陶片外，在遗址地表基本不见遗物。这里就该遗址相关发现作具体介绍。城墙—石砌城墙位于遗址东、西、北三面，地表可见其明确的延伸方向，墙体坍塌严重，但多可见其墙体原始立面。这些城墙均修筑于山脊上，方向随地形而走，城墙外侧多有深沟险壑，形成遗址边缘的防御体系。

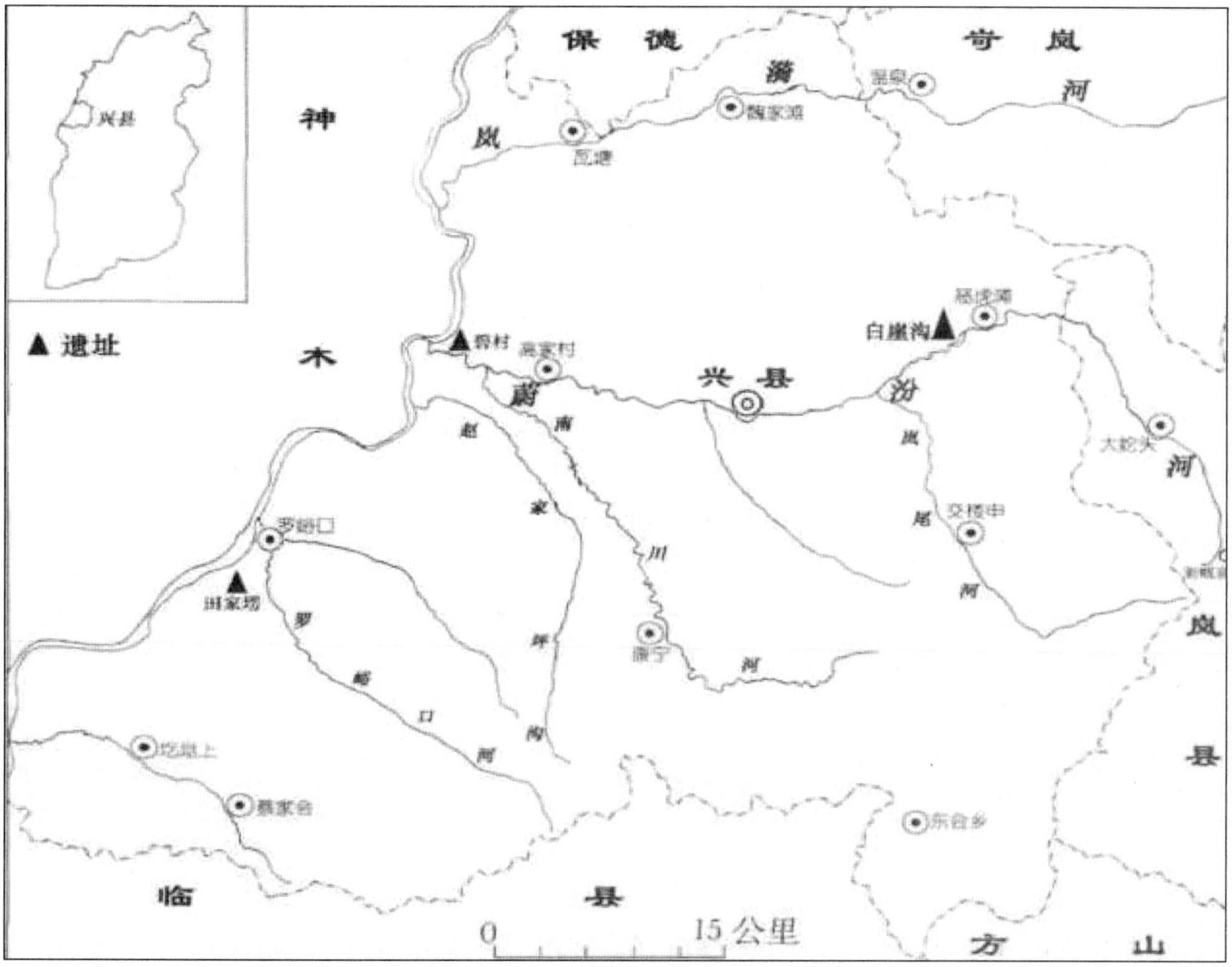

白崖沟遗址地理位置示意图

护坡墙。白崖沟遗址发现有护坡墙的地点共有3处，最为密集的是老峪墕。老峪墕是一高耸的缓台，位于白崖沟中部偏东位置，地处遗址中心地带。在缓台西侧的一些地坎上，发现了断断续续的护坡石墙，紧贴地坎砌筑，逐层向上，直达台地顶部，各级缓台间隔2～3米。

房址。白崖沟遗址集中发现房址的区域有白崖沟东西两侧、簸箕湾北侧、明通沟东侧等。部分房址可明确为窑洞，门道朝向河流沟谷方向，面积在6～12平方米。白灰铺地，墙壁呈弧形内收，墙裙有涂抹白灰的现象；除圆形地面灶外，还有壁灶，地面灶一般位于房址中央，灶址周围通常有黑色地画。

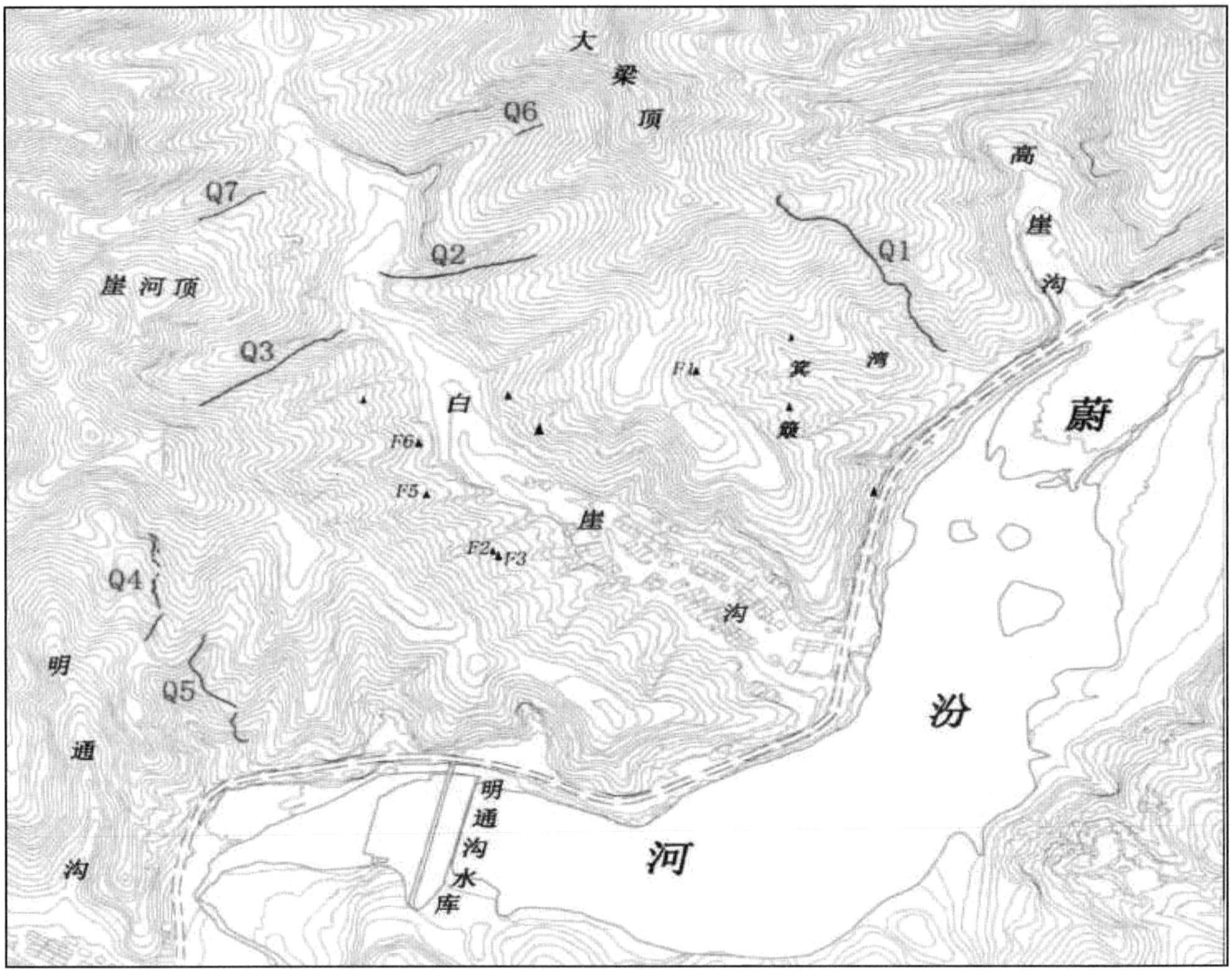

白崖沟遗址地形及遗迹分布图

遗物。该遗址地表遗物较少见，仅发现少量陶片。在房址内出土了少量陶器，包括鬲、筒腹罐、壶、折沿瓮、折肩罐等。

鬲，夹砂陶，袋足上部呈灰黑色，下部呈浅褐色。口部不明，宽裆，位于肩与裆交汇处置对称鋬手。通体饰绳纹。残高23厘米。

筒腹罐，泥质灰陶。方唇，敞口，平沿内倾，筒腹。颈肩交汇处有按压一周泥条，肩部置对称的舌状鋬手，腹部饰竖向粗深绳纹。口径15.5厘米、底径10厘米、通高17厘米。

壶，泥质灰黑陶。直口，鼓腹，小平底。口径7.2厘米、底径6厘米、通高6厘米。

折沿瓮，泥质灰陶。方唇，折沿，外倾，斜直腹。饰粗篮纹。口径42厘米、残高8 厘米。

折肩罐，泥质灰陶。仅存肩部，折肩，肩以下饰横篮纹。

石斧，青灰色砂岩，长条形。刃部与器身宽均为5.5厘米、残长11.3厘米。

白崖沟遗址是蔚汾河流域史前时期最大的一座石城，在整个晋西地区这类规模城址目前也仅发现这一例，这一发现对于认识区域社会的发展进程具有重要意义，而其年代也成为一个关键问题。白崖沟房址内出土的宽裆鬲、筒腹罐,与青石遗址龙山时代前期单位相近。在乔家湾遗址龙山前期遗存中也有此类器物发现。其他房址内出土的折沿瓮、小口壶也均为龙山文化前期遗物。同时，在遗址范围内并未发现龙山晚期遗存。根据以上情况来看，白崖沟遗址年代主要为龙山文化前期。该遗址与蔚汾河下游龙山文化晚期的碧村遗址相距约40公里，两者时代也存在一定差距,这为进一步认识蔚汾河流域区域社会的发展演变提供了有效路径。此外，从白崖沟遗址自身来说，在遗址周围发现的石砌城圈，沟谷两侧随阶地集中分布的窑洞式房址，粗线条地展现了其聚落内部的大体轮廓，也为分析该区域龙山文化时期石城的聚落结构提供了典型案例。部分房址内发现的地画内容丰富，在我国史前时期较为罕见，这为研究早期绘画史，探索北方古人类的信仰观念提供了珍贵的实物资料。

碧村北梁石城遗址：位于蔚汾河与黄河交汇处，该遗址包括城墙圪垛、殿乐梁、小玉梁、寨峁梁等4个台地，西至黄河，南达蔚汾河，北抵猫耳洞，东部横亘一道石城，形成一处相对封闭的地理单元，遗址现存面积约75万平方米。2014年10—11月，山西省考古研究所对碧村遗址首次进行调查。2015—2016年，经国家文物局批准，对碧村遗址开展持续性的考古发掘，确认其为龙山文化晚期的一座石城聚落，并在小玉梁地点发现台地中心的石砌排房及外围台地的围墙，碧村石城是北方地区龙山时期第二座石砌房址，为山西省政府2016年6月公布的第五批文物保护单位。

魏家滩镇石槽咀遗址：位于村东侧山坡，面积4.5万平方米，地面采集有大量夹砂灰陶绳纹鬲、夹砂灰陶篮纹罐、泥质灰陶绳纹罐等残片，属龙山文化遗存。

魏家滩镇石槽咀北遗址：位于西坡村石槽咀自然村西北约500米的岚漪河

北岸二级台地上，遗址面积约4.5万平方米，南北走向，地表采集有夹砂灰陶片等，器形有罐、鬲等。属龙山文化遗存。

康宁（苗圃）遗址：位于南川河西岸台地，遗址面积2万平方米，地表采集有夹砂灰陶绳纹蛋形瓮等残片，属新石器时代龙山文化白燕类型遗存。

天洼遗址：位于魏家滩镇天洼村，遗址面积1.5万平方米，地表采集有龙山文化白燕类型泥质、夹砂灰陶片、器形有罐盆、盆等。

麦地山遗址：位于蔚汾镇麦地山村，遗址面积1.2万平方米，地表采集有龙山文化白燕类型泥质、夹砂灰陶片，器形有鬲、罐、盆等，属夏、商、战国时期文化遗存。

北角上遗址：位于贺家会乡北角上村，遗址面积1万平方米，地表采集有龙山文化白燕类型泥质灰陶蓝纹罐、夹砂灰陶绳纹罐等残片，属新石器龙山文化时期遗存。

固贤遗址：位于固贤乡固贤村，遗址面积2万平方米，地表采集有龙山文化白燕类型泥质砂灰陶片，器形有罐、瓮、鬲等，属龙山文化时期白燕类型。

南瓦窑遗址：位于今蔚汾镇西关村，遗址面积1.5万平方米，暴露有灰坑数座，属龙山文化时期白燕类型遗存。

碾平会遗址：位于蔡家会镇沈家里村碾平会自然村，遗址面积约3万平方米，地表采集有龙山文化白燕类型泥质夹砂灰陶片，器形有瓮、罐、器盖、甑、鬲等，属新石器时代龙山文化白燕类型遗存。

大坪上洞穴遗址：位于交楼申乡大坪上村，面积约200平方米，该洞穴从东至西均为水冲漩涡自然石洞，洞内面宽2～5米，洞深2～6米，洞内淤积土石混杂物，采集有龙山文化时期白燕类型泥质、夹砂灰陶片，其纹饰有绳纹等，器形有钵、罐等。

康宁镇安家庄东、西遗址：共2处，遗址面积约4万平方米，地表采集有新石器时期庙底沟二期泥质、夹砂灰陶片等。

东会村遗址：位于东会乡东会村，遗址面积2万平方米，地表采集新石器时代龙山文化白燕类型泥质、夹砂灰陶片，器形有罐等。

夏、商、西周和春秋、战国时期（东周文化）遗址

关家崖遗址　位于蔚汾镇关家崖村，面积约2.6万平方米，地表采集有夏、商时期泥质、夹砂灰陶片，还采集到战国时期的泥质灰陶片，器形有罐、盆等。

上滩沟遗址　位于东会乡上滩沟村，遗址面积约5万平方米，断崖上暴露有灰坑数座，采集有泥质灰陶和夹砂灰陶片，饰纹有绳纹、瓦纹和暗弦纹，器形有盆、盘豆、罐、鬲等，属战国时期文化遗存。

武家峁堡址　位于赵家坪乡武家峁村，面积约6000平方米，地表采集到战国时期板瓦残片，属战国时代城堡遗址。

天洼东遗址　位于魏家滩镇天洼村，遗址面积约0.5万平方米，地表采集有商时期泥质灰陶绳纹罐、夹砂灰陶绳纹罐等。为商时期文化遗存。

魏家滩遗址　遗址面积约0.5万平方米，地表采集有东周时期的泥质灰陶片，纹饰有绳纹、弦纹，器形有豆、盆、器座等，还采集到板瓦、筒瓦等。

蔡家崖村南遗址　面积约0.5万平方米，文化层中夹有夏、汉时期灰陶片，属夏时文化遗存。

西会遗址　位于东会乡西会村、湫水河及其支流之间台地上，面积约2万平方米，地表采集有汉代泥质灰陶片和夹砂灰陶片，器形有绳纹瓮、鬲、钵、罐等，属夏商时期文化遗存。

贺家沟遗址　位于贺家会乡贺家沟村，面积约1万平方米，地表采集有泥质灰陶素面罐、夹砂灰陶绳纹鬲等残片，属东周文化遗存。

狮子洼遗址　位于蔡家会镇狮子洼村，遗址面积3万平方米，地表采集有泥质灰陶和夹砂灰陶残片，器形有绳纹鬲、罐等，属东周文化遗存。

甄家庄西遗址　位于固贤乡甄家庄村西、南川河北岸台地，遗址面积约2万平方米，地表采集有泥质灰陶素面罐和暗弦纹盆等残片，属战国时期文化遗存。

樊家湾遗址　位于康宁镇樊家湾村，面积约2万平方米，地表采集有战国泥质灰陶片，器形有绳纹和弦纹罐、盆等。

曹家坡遗址　位于康宁镇曹家坡村，面积约1万平方米，地表采集有战国时代泥质灰陶片，器形有豆、壶、熏炉等，还采集有板瓦残片。

魏家滩镇水油塔遗址　位于魏家滩村东、岚漪河二级台地，面积5万平方米，地表采集有东周泥质灰陶片，器形有鼎、豆、罐和外饰绳纹、内饰弦纹瓦筒等。

汉代遗址

寨上古城岭遗址　位于东会乡寨上村东北梁，面积约0.5万平方米，现存残城址平面呈方形，边长200米。现存南墙1段，残长约100米，基宽2米，顶宽1米，残高2.5～3米，墙体夯筑，采集有泥质灰陶锯齿纹罐及外饰绳纹内饰麻点纹的筒瓦、板瓦等残片，为汉代长城遗址。

段家湾遗址　位于东会乡段家湾村，面积约2万平方米，地表采集有汉代泥质灰陶片，器形有绳纹、弦纹盆和罐等。

弓家沟遗址、马家塌遗址　遗址2处，均位于固贤乡弓家沟村（马家塌为弓家沟自然村），遗址面积共8000平方米，地表采集有汉代泥质灰陶片，器形有豆、罐，饰纹有绳纹、弦纹、方格纹；还采集有筒瓦、板瓦等。

福亚遗址　位于罗峪口镇大坪塌村福亚自然村，遗址面积约1万平方米，地表采集有汉代泥质灰陶素面罐、泥质灰陶弦纹罐等残片。

武家峁遗址　位于赵家坪乡武家峁村东南黄河东岸二级台地，地表采集有汉代泥质灰陶暗纹罐、泥质灰陶弦纹罐、泥质灰陶素面罐等残片。

碧村寨子梁遗址　遗址面积0.5万平方米，地表散落汉代砖瓦残片，遗址东西两侧有墙基，南侧有石缸2口，直径2米，深2米，断崖上有建筑残基。

木崖头遗址　位于魏家滩镇木崖头村西、岚漪河南岸台地，遗址面积0.9万平方米，地表采集有汉代泥质绳纹灰陶罐、泥质绳纹、圆形麻点纹板瓦等残片。

魏家滩遗址　位于魏家滩镇魏家滩村、岚漪河南岸台地上，遗址面积约0.5万平方米，文化层厚0.5米，断层暴露灰坑1座，采集有汉代泥质灰陶素面盆和罐，有金、元时期的白釉印花瓷碗等残片，该遗址为汉、金、元时期遗存。

南北朝（东魏、北齐）时期遗址

碧村蔚汾古城　位于高家村镇碧村西约100米黄河与蔚汾河交汇处台地上。平面形状不详，现仅存南墙，残长约98米，基宽1～5米，残高约1.2米。

夯层中夹有新石器时期（龙山文化晚期）白燕类型的泥质灰陶篮纹残片及夹砂灰褐陶绳纹残片。该城始建于战国时期（前475—前221年），汉代为西河郡某一县县治所在地，确切名称不详（有专家考证，此县名千章县）。北齐天保七年（556），碧村为蔚汾县治所在，隋大业四年（608），蔚汾县更名为临泉县。唐贞观元年（627）临泉县改名为合河县。北宋元丰八年（1085），县治由该地迁往现址（《隋书·地理志》、《元和郡县志》和明洪武《太原志》均有记载，见《晋阳学刊》1994年1期），改名蔚汾。1994年，碧村古城遗址被兴县人民政府公布为县级文物保护单位。2016年6月，该遗址被公布为山西省文物保护单位（第五批）。

合河关遗址　位于瓦塘镇裴家川口村北大坪梁（亦称堡梁）上，遗址共两部分。一部分是夯土台基，在合河关西南墙角的外侧，略呈长方形；南北长13米，东西宽14米，残高7.2米，黄色细沙性土，平夯法筑成，夯土层明显，厚12～17厘米，夯土坚硬。另外，夯土层中出土了泥质灰陶罐口沿，素面无纹；还出土一块浅灰陶片，外表有较浅的拍印痕，厚1.3厘米，较均匀。从以上出土文物判断，夯土台基的建造年代略晚于魏、晋。另一部分是城墙遗址，平面略呈正方形，南北长约105米，东西约102米，面积约10710平方米。现存东、西、北三段残墙，东墙北端存长55米，东北角墙体已坍塌；西墙存长63.2米，与北墙弧形转圆角相接；北墙保存较完整，现存3.6米，设在距西墙44.6米的北墙偏东处，门东侧北墙现存27.2米，最东端有14米的墙体已坍塌。

根据合河关遗址采集到的宋、元、明时期的陶片、瓷片、板瓦、铁刀、残锄头、箭头等文物判断，宋元明时期（960—1644），这里仍为军队戍守的重要关隘。

《新唐书·地理志》岚州合河条下载“北有合河关”。《太平寰宇记》卷41“合河”条下载：“合河关在县北三十五里。”合河关遗址正好位于当时县城—碧村以北三、四十里。另有乾隆十八年（1753）编纂的裴家川口《裴氏族谱序》云：“忆自魏高欢创立合河关，其下有合河营，在岚漪水入河之处。”据此推断，堡梁古遗址即该时期所建合河关遗址。1994年，该堡梁合河关遗址被公布为县级文物保护单位。

裴家津城堡遗址　位于瓦塘镇裴家津村，属北齐（550—577）时期城堡遗址，面积约1000平方米，残高2～8米，残存墙体厚1～3米。

北齐长城遗址　北齐长城兴县段是北齐（550—577）长城的最西端，西距黄河约40公里。该长城修建于北齐天保六年（555），属幽州北夏口至恒州长城，西起兴县黄河东岸，向东经山西省岢岚县、五寨县、宁武县、原平县、代县、山阴县、应县、浑源县，至广灵县入河北省蔚县，为天保七年（556）西河总秦戍至海长城的一个组成部分。北齐长城兴县段保存较差，从魏家滩镇西坡村西南至阳木崖头村东约500米处，共残存4段，总长约2600米。最西的一段位于西坡村西南，现存长城长约2000米，残高约4米，底宽3.5米，顶宽0.6米；水库村东南长约80米，残高约2米，底宽约4米，顶宽约1.5米；石槽村东北残存长度约400米，高2～5米，底宽3～8米，顶宽1～2.5米。以上三段均为石土混筑；阳木崖头村东约500米处，长城残长100米，残高3～4米，底宽约7米，顶宽约1.5米，片石垒砌。长城南侧300米处存烽燧（烽火台）2座，位于阳木崖头村西南约200米处的山梁上，两座相距20米。两座烽燧台体均呈圆形，北侧一座高8米，底径约20米，南侧一座高约5米，底径约15米。据《北齐书·文宣帝纪》所载，该段应为天保七年（556）所筑的自西河总秦戍（今大同西北）至山海关海岸的长城遗迹。北齐长城（兴县）遗址为山西省文物保护单位。

宋、金、元、明时期遗址

奥家湾乡炭烟沟瓷窑遗址　2009年5月14日，奥家湾乡炭烟沟发现宋、金（960—1234）瓷窑遗址。该遗址分布面积300平方米，遗址文化层厚约1.5米，断面堆积大量瓷片，采集的瓷片有白胎、黄胎，釉色有青釉、黑釉、酱青釉，器形有盆、碗、碟、钵、缸等多种日常生活器具。其制作工艺精湛，胎质细腻，釉色圆润，为民窑精品。

魏家滩镇西瓷窑沟瓷窑遗址　面积约1000平方米。由地表遗物推断属宋、金（960—1234）时期瓷窑址，遗址南侧缓坡上暴露有残瓷窑1座，残高约3米，直径约4米，窑形为圆锥形。遗址北侧有作坊窑洞4孔，宽3米，进深8

米，高2米。地表采集有宋金时期瓷窑残片，器形有黑釉碗、豆青釉黑花碗、青釉黑花碗、黑釉钵等。

魏家滩镇范家疃瓷窑遗址　面积约1500平方米，为金、元（1127—1368）时期瓷窑遗址。地表暴露大量红色、青色炉窑焦土块，其中红色焦土厚约0.2米，青色焦土厚约0.5米。地表采集有白釉碗、青釉碗、黑釉碗、白釉钵等金、元时期瓷片，窑具有支钉、垫架等。

石槽咀陶瓷出土点　位于魏家滩镇石槽咀村，埋藏情况不详，1987年出土陶盘、陶壶各1件，白釉瓷碗2件，属元代文化遗存。

蔡家崖乡刘家壕高本泉遗址　位于刘家壕村高本泉自然村东约200米处的坡地上，面积1万平方米。为宋至元代（960—1368）文化遗址。西南田埂断面上暴露有白灰面房址3座、灰炕数座。地表散落有残缺石磨部件和宋、元时期瓮、碗、盆、碟等瓷片。

蔡家崖乡刘家壕村高本泉砖窑遗址　面积约60平方米，为两座专供墓室用砖烧制窑址，两窑相距约5米。现场采集的异形砖块和拓有手印的方砖，与20世纪农田基本建设时期发掘的多座墓葬用砖相吻合，从出土的墓志铭推断，该窑址为元代（1271—1368）墓砖专用烧制窑之一。

仙人洞遗址　位于交楼申乡新舍窠村西北桃花山腰，洞内为溶岩结构，面积约1万平方米。有僧侣坐化坑数十个，出土有宋代铜币和明、清瓷片等，推断该洞穴为宋、明、清时期遗址。

蔡家崖瓦窑遗址　位于蔡家崖乡蔡家崖村，遗址面积300平方米，地表散落明清时期瓦片，为明清时期瓦窑。

曲家沟瓷窑遗址　位于奥家湾乡曲家沟村，明清时期遗存。

罗峪口堡址　面积400平米，为明清时期遗址。

北角上堡址　位于贺家会乡北角上村，堡址内有残房基一段，长约5米，高3～4米，条石砌筑，风化破损严重；堡址面积2万平方米，地表散落有元、明时期砖瓦残件。

张家圪埚堡址　位于蔡家崖乡张家圪埚村，遗址面积1.5万平方米，地表散落有明代瓦片，属明代遗址。

峨眉山钟楼遗址　位于蔚汾镇紫沟梁，遗址面积600平方米。该钟楼建于明嘉靖三十四年（1555），内悬大铁钟1口，高1米，钟声可传7～8公里，战争时期曾用此钟发出警报，1958年被毁。

峨眉山堡址　位于蔚汾镇西关村峨眉山顶，面积1500平米，据《兴县志》记载，该堡始建于明景泰元年（1450），明嘉靖三十四年（1555）改用砖砌，嘉靖三十六年（1557）竣工。抗战中拆除。现存夯土筑残城墙一段，为东西走向南北长约30米。

交口寨子遗址　位于奥家湾乡交口村北，面积2500平方米，属明清时期军事设施。现存夯筑土寨墙一段，长30米，残高5米。

福亚堡址　位于罗峪口镇大坪墕村福亚自然村，堡址面积0.45万平方米，据《兴县志》记载，该堡属明代堡寨。现残存部分堡墙和石券拱形门洞1座。

胡家沟砖塔遗址　位于蔡家崖乡胡家沟村南约500米，占地面积约8.3平方米。为明代（1368—1644）五层八角楼阁式砖塔，砖塔塔座大部分被耕土掩埋，露出地面高约14米，自下而上有塔座、塔身、塔檐和塔刹。2004年6月被公布为山西省文物保护单位。

烽火台遗址　县境明代共有烽火台19座，遗址总面积2500平米，大多为方锥形，均为明代军事设施：马蒲滩烽火台（魏家滩镇）、下李家湾烽火台（蔚汾镇）、南瓦窑烽火台（蔚汾镇西关村）、阴家沟烽火台（孟家坪乡扒垵上村）、瓦塘烽火台（瓦塘镇）、裴家津烽火台（瓦塘镇）、甄家庄烽火台（固贤乡）、吴城烽火台（固贤乡）、团厂烽火台（蔡家会镇）、胡家塔烽火台（孟家坪乡）、刘家湾烽火台（恶虎滩乡）、沟门前烽火台（恶虎滩乡）、康宁烽火台（康宁镇）、石堂会烽火台（蔚汾镇）、关家崖烽火台（蔚汾镇）、高家村烽火台（高家村镇）、二十里铺烽火台（奥家湾乡）、石畔铺烽火台（奥家湾乡）、胡家沟烽火台（蔡家崖乡）。

清代遗址

文昌楼遗址　共1处，位于高家村镇黑峪口村东南山，面积200平方米，为土石混筑。

砖瓦窑遗址　共8处，有斜沟瓦窑（魏家滩镇）、裴家津瓦窑、瓦塘瓦窑

（均属瓦塘镇）、英雄坪瓦窑（贺家会乡枣林坡村）、麻墕条瓦窑（孟家坪乡）、小麻山瓦窑（蔡家会镇狮子洼村）、石岭则瓦窑（蔡家崖乡）、东豆宇瓦窑（罗峪口镇）。

烽火台遗址　共1处，魏家滩镇木崖头烽火台遗址，底边长约14米，宽约10米，面积140平方米，残高7米。

第二节　古墓葬

县境已发掘的古墓葬有25处，其中东周时期（即春秋、战国时期，前770—前221年）至明代（1368—1644）古墓葬（群）有8处、清代（1644—1911）古墓葬有17处 。尚未发掘的古墓葬有8处。

康宁墓群

位于康宁镇康宁村北山上，面积约1000平方米，属东周（前770—前221）时期墓群。地面暴露有土坑竖穴墓5座，墓室及其周边采集有泥质灰陶绳纹及罐、夹砂灰陶蓝纹罐等器物残片。

大坪墕墓地

位于罗峪口镇大坪墕村东台地上，面积100平方米，地面现存土坑竖穴墓室1座，内有陶片，属汉代（前206—220）墓。

高本泉墓群

位于蔡家崖乡高本泉村东台地上，面积约3万平方米，属宋代（960—1279）墓群。1987年该墓群曾出土大量宋元瓷器 ，保存于县公安局。

唐家庄墓群

位于贺家会乡东吴家沟村唐家庄自然村西山梁上，面积约600平方米，暴露墓葬2座，属宋代（960—1279）墓群。

蔡家崖墓群

位于蔡家崖乡蔡家崖村北，面积约200平方米，属宋代（960—1279）古墓。地表无封土堆，仅存墓室构件石雕7块。为县级文物保护单位。

郭家峁墓地

位于蔚汾镇郭家峁村西大墕梁上。坐北朝南，面积约200平方米，属元代（1271—1368）墓。地面现存砖室残墓穴1座，墓室壁残留直径2米、残高2米的壁画。

红月村北山梁壁画古墓

2008年4月5日，康宁镇红月村北山梁发现一座元代至大二年（1309）的壁画古墓。考古工作者于5月5日对其进行了抢救性清理和搬迁保护。该墓葬属元至大古墓，在国内尚属首例，它为元代壁画墓的断代提供了客观标准，众多壁画为研究当时社会历史状况提供了重要的史料。

麻子塔村明代古墓

2009年8月3日，康宁镇麻子塔村西北1000米的黄土梁上发现一座明代（1368—1644）古墓。该墓葬为石器单室八角形壁画墓，墓室平面接近正八边形，室内北部地面涂厚0.3厘米的石灰象征棺木。墓室壁为十六边形，每个壁由5块不规则石块砌成。

清代名吏孙嘉淦墓地

位于蔚汾镇乔家沟村西。坐北朝南，面积约6000平方米。孙嘉淦（1683—1753），字锡公，别号静轩，兴县人。康熙五十二年（1713）举进士，步入仕途。从雍正十二年（1734）至乾隆十七年（1752），孙嘉淦历任河东盐政、左都御史、刑部尚书、吏部尚书、直隶总督、湖广总督、福建巡抚、工部尚书兼翰林学院学士，协办大学士等职，卒于乾隆十八（1753）年十二月，谥文定，入祠乡贤及晋阳三立阁。该墓群原有牌楼、祭奠室、休息室、守墓人住所，四周土墙围护，墓冢高达2丈，碑文用满、汉两种文字并列精刻。现墓室尚存。

吕氏家族墓地

位于魏家滩镇马蒲滩村，面积约600平方米，吕氏为清嘉庆十七年（1812）进士，地面现存碑3通、封土堆6座。碑楼高约3米，是县境现存最大的清代碑楼。碑楼内嵌青石碑各1通，最早为清同治（1862—1874）年间。吕氏家族墓群出土墓志铭，碑文记录吕氏简历及家族发展状况。

蔡家崖温氏家族墓地

位于蔡家崖村北山上，面积1000平方米，石砌洞穴墓，墓地现存墓园门楼1座，封土堆7座，清嘉庆至光绪（1796—1908）年间的石碑13通。

王家里墓群

位于魏家滩镇白家沟村王家里自然村西，坐北朝南，面积约为420平方米，墓地现有封土堆3座，砂石雕墓碑楼2座，内嵌青石碑各1通。最早碑为清乾隆三十年（1765）所制。

胡家塔墓群

位于孟家坪乡胡家塔村西，面积约600平方米，地面现存碑楼2座、碑1通，碑文记述墓主姓胡名进福，字全五；碑楼为砂石砌筑，内嵌清乾隆三十九年（1774）青石碑1通。

马蒲滩田氏墓群

位于魏家滩镇马蒲滩村北山梁上，面积约600平方米。地面现存碑楼3座、封土堆5座。碑楼均为砂石砌筑，内嵌青石碑，最早碑为清嘉庆九年（1804）四月，碑楼上记载“皇清恩赐登仕郎”及“乾隆”字样。

固贤墓群

位于固贤乡固贤村西北，面积约100平方米。墓地封土堆无存，碑楼为砂石砌筑，内嵌青石碑各1通，记载刘氏卒于清光绪五年（1879），为清例授修职佐郎例贡生。

杨塔上刘氏墓地

位于孟家坪乡杨塔上村北，面积约600平方米，地面现存碑1通，内嵌清道光十三年（1833）三月青石碑，刻有“清故考唐孝府君暨恩妣王氏之墓”。

麻墕塔墓群

位于魏家滩镇麻墕塔村南台地上，面积450平方米，地面现存墓园门楼1座，清同治十年（1871）立赤身青碑1通，碑楼1座，封土堆8座。墓园门楼门额上题“王氏茔”三字。

赵国宝家族墓地

位于赵家坪乡贾家庄村东南，面积约1000平方米，地表现存墓园门楼1

座、碑楼1座、封土堆9座。碑楼内嵌青石碑，墓地最早碑为墓主赵国宝，清同治（1862—1874）年间立。北侧存清光绪（1875—1908）年所立青石碑1通。

白氏家族墓地

位于贺家会乡白家墕村东山梁上。面积约600平方米，地面现存碑楼1座、碑5通、门楼1座、封土堆8座，碑楼内嵌清光绪十九年（1893）青石碑1通，刻有“清显考白府君暨妣赵氏之墓”。

麦地山墓群

位于蔚汾镇麦地山村东楼子梁山坡上，面积约900平方米，地面现存封土堆22座，墓碑楼3座。碑楼均为砂石砌筑，内嵌青石碑3通。最早1通碑为清·光绪三十三年（1907）所立，碑文“清显考孙府君妣张氏之墓”，墓地有盗洞。

关家崖墓群

位于蔚汾镇关家崖村北，面积约600平方米，洞室墓，昭穆葬式排列。地面现存墓碑楼1座，封土堆5座，碑楼为砂石砌筑，内嵌青石碑1通，碑文为“清显考刘府君之墓”。

双胜墓群

位于蔚汾镇双胜村南台地上，面积约600平方米，地面现有封土堆2座，昭穆葬式排列，砖砌墓碑楼，墓碑上刻有“清处士显曾祖考康公技旺暨妣苏氏之墓”，民国19年（1930）7月立石；墓碑上刻有“清恩给九品銜耆民显考桐轩康府君暨妣康太君白氏之墓”。

马蒲滩西墓群

位于魏家滩镇马蒲滩村西山梁上，面积约600平方米，地面现存封土堆8座、墓碑1通。碑楼为砂石砌筑，内嵌清顺治（1644—1661）年间青石碑1通。

范家疃和尚墓

位于魏家滩镇范家疃村北，与范家疃龙泉寺相毗邻。面积约600平方米。地表现存封土堆2座，墓主分别为明、清时期龙泉寺和尚。

尚未发掘的墓葬有位于赵家坪乡贾家庄村东南的赵英家族墓地，面积约1000平方米，地表现存碑楼3座，封土堆12座，墓碑3通，最早碑为清乾隆十七年（1752）为墓主赵英而立；位于东会乡的西会墓群，面积750平方米，地表现存墓园门1座，石碑1通，封土堆3座，青石碑为清嘉庆二十四年（1819）所立，主碑正文“皇清例贺氏墓……”；位于蔡家崖乡的胡家山尹氏墓地，面积约600平方米，地表现存封土堆1座，碑楼为红砂石砌筑，内嵌道光年青石碑1通，为清道光十七年（1837）十月所立；位于蔡家崖乡的杨家坪墓群，面积约600平方米，地表现存砂石门楼1座，内嵌青石碑各1通，封土堆2座，最早碑为清道光二十年（1840）所立；位于蔡家崖乡蔡家崖村南墓群，面积约600平方米，地面现存碑楼2座，石碑3通，封土堆10座，碑文为“清显考胡府君妣刘氏之墓”，碑楼为砂石砌筑，最早碑为清光绪十七年（1891）三月所立；位于孟家坪乡的横城墓群，面积约600平方米，地表现存封土堆7座，昭穆葬式排列，封土堆前均立砂石雕墓碑楼，楼身镶嵌青石碑，其中M1为主墓，墓碑楼碑文楷书“皇清例授修职郎显考凤鸣暨德配王太君之墓”等字样，光绪二十三年（1897）立，墓群有墓碑7通；位于高家村镇的碧村墓群，面积约1500平方米，地面现存碑楼1座、碑1通、封土堆10座，碑楼为砂石砌筑，内嵌清宣统元年（1909）三月青石碑1通；位于蔡家崖乡的杨家坡墓群，面积约300平方米，地表现存石碑2通，碑楼2座，封土堆5座，碑楼为砂石砌筑，内嵌青石碑，为清宣统二年（1910）三月所立。

第三节　馆藏文物

兴县文物管理所和档案史志馆负责全县珍贵文物和历史档案保存管护工作。至2016年末，县文物管理所和档案史志馆收藏各种珍贵历史文物近40件、重要历史档案文献100多个卷宗1000余件。

战国时期文物

县文物管理所收藏战国安邑一釿、二釿方足铜质布币和战国时魏布币2种。

宋、金、元、明时期文物

县文物管理所收藏宋、金、元、明时期文物　32件。其中有宋代金酱釉盏，金代褐釉元宝瓷枕、铜鐎斗、带字红陶罐，正隆元年周旋买地券砖，元代白釉瓷盏、瓷碗，明代瓷瓶、瓷碗、瓷枕、瓷灯壶、花卉纹铜镜、阿难罗汉木雕立像、迦叶罗汉木雕立像、释迦牟尼铜像、观音铁佛像、莲花座铜佛像、铜佛坐像、药师佛铜坐像、寿星骑天鹿铜像、酱釉玉壶春瓷瓶、云水纹座赤脚铜观音像等。

清代文物

县文物管理所收藏清代文物4件，分别为汉白玉花卉砚、天青釉带款瓷碗、青花渔樵耕读图盘口瓶、青花缠枝花卉纹扁瓷壶。

民国时期文物

文物管理所收藏民国时期蟠龙绳枝牡丹汉白玉花瓶1件。

兴县档案史志馆馆存民国时期纸质档案文献资料100多个卷宗，1000余件，主要是民国26年（1937）至民国38年（1949）晋绥根据地党政军民文献档案资料。其中，抗日战争时期档案文献资料共150余件。

中共晋西区党委等发出的指示及县委工作总结　共29件：关于抗联问题的指示（1942年1月）、关于调查研究的指示（1942年1月）、关于收复敌占据点后的善后工作指示（1942年1月）、关于一九四二年春耕工作的指示（1942年1月）、关于进一步开展发行交通工作的指示（1942年1月）、对临时参议会问题的指示（1942年2月）、关于对敌斗争的指示（1942年3月）、关于敌人抽捕壮丁问题的指示（1942年4月）、为选举临参会参议员对晋西一级直属机关支部的指示（1942年4月）、关于开展对敌伪及敌占区人民宣传攻势的指示（1942年4月）、关于更进一步贯彻政权中三三制政策的指示（1942年5月）、关于反蚕食斗争的指示（1942年6月）、晋西区党委和晋西北军区司令部、政治部关于扩大民兵游击队的指示（1942年6月）、晋绥二地委为发动爱护党军的指示信（1943年4月）、对敌坚持政治、经济、文化斗争具体实施办法（1943年4月）、晋绥二地委关于反“扫荡”等指示（1943年9月）、1941年10月至1942年5月兴县发展党员的总结报告（1942年6月）、兴县县委工作总结与布置（1943年4月会议）、兴县县委抗战工作总结（民教科，1943年11月）、各级干部管理的组织系统与管理范围之规定（1941年）、各级干部登记与考核制度（1941年）、各级行政干部训练办法（1941年）、关于加紧审查干部与建立干部工作制度的指示（1942年2月）、关于1942年5月到1943年5

月在职干部教育的指示（1942年4月）、关于研究与讨论整顿三风文件的指示（1942年5月）、关于晋西北整顿三风的指示（1942年5月）、关于明确职责贯彻决议的决定（1942年）、关于加强调查研究深入检查的决定（1942年）、关于提高干部质量的决定（1942年）。

晋西北行署、晋绥边区行署发出的各种指示及抗战工作报告　共60余件：各级干部任免调动权限之规定（1941年）、关于第二次动员制军鞋事宜致各专员各县长电（1940年）、关于征收抗日救国公粮给各县长令（1940年7月）、关于征收抗日公粮宣传要点训令（1940年）、关于保证经费供给与彻底执行临参会预算之令（1943年1月）、关于募集巩固农币公债的指示（1943年）、关于缝制第二批军鞋致各专署及兴县、岚县、神府县长令（1943年5月）、关于缝制军鞋7500双致兴县县长令（1943年7月）、关于缝制军鞋致兴县县长令（1943年8月）、关于布置一九四四年军鞋任务致兴县县长令（1943年12月）、关于平稳市场物价的秘密指示信（1944年1月）、晋绥边区选举选举委员会关于选举宣传的通知（1945年5月）、关于干部情形的报告办法（1941年）、向晋西北临时参议会的工作报告（1942年5月）、1940至1942年8月民政工作总结报告（1942年10月）、晋绥边区村选总结要点（民政字第27号，1945年3月）、晋绥边区一分区专署关于突击秋收、节约备荒和加强抗战勤务等工作的紧急指示（1945年10月）、晋绥一分区专署关于两个半月来抗勤工作总结报告（1945年11月）、1940年至1941年晋西北抗日部队中的敌工情况（1942年）、兴县县政府冬季反扫荡战争总结报告（1941年）、兴县县政府一九四一年上半年战争动员总结（附兴县1941年1至6月份差务统计表、优抗成绩统计、兴县县政府1942年春季反扫荡总结、敌人占领临时据点搜索情况表、1942年2月兴县各区战争中损失统计表、1942年2月兴县各区被害及死伤人数统计表、1942年春季反扫荡中兴县光荣牺牲干部名录）、神木、府谷1942年抗战阵亡、病亡官兵登记表(1942年)、关于凤凰山伪军的反正材料（1942年4月）、晋绥二地委关于扩大游击队民兵的几点指示（1942年8月)、晋绥边区行署武装部一年来的工作总结报告（1942年10月）、晋绥二分区武委会路玉小枪雷炮弹结合（1942年）、晋绥二分区武委会关于河曲坪泉的石雷运动报告（1942年）、方（山）临（县）离（石）地区敌据点位置及指挥系统图（1943年）、晋绥军区政治部关于反对敌人抢粮斗争的指示（1943年2月）、晋绥行署某分区对敌伪工作的总结（1943年4月）、兴县反扫荡胜利总结（节录，1943年11月）、晋绥第二军分区36团牺牲人员名录（1944年）、晋绥二地委对反扫荡斗争的总结与检讨（1944年11月）、兴县武委会扩兵与练兵汇报记录整理（1945年）、晋绥军区政治部关于敌工组织及教育的指示和补充指示（1945年6月）、兴县武委会工作总结（1945年7月）、兴县一区奥家湾、交口、二十里铺抗勤与秋收调查，兴县胡家沟村关于日军摧残后的调查（1942年），兴县胡家沟村抗战以来人口及劳力等变化调查（1942年），晋绥边区抗战中被日军摧毁工矿厂、作坊统计（1946年3月统计）、兴县春耕总结（节录，1941年7月）、兴县年生产建设工作总结（建设科，1942年12月）、兴县支行局关于兴县七月骡马交易大会召开情形的报告（1943年8月）、晋绥行署贸易总局、银行总行关于学习兴县骡马大会期间查缉银洋，靠农币完成交易的经验致各分支局长、经协理、各办事处主任函（1943年9月）、兴县一九四三年农业生产总结（1943年）、晋绥行署抗联一九四四年关于秋收工作的紧急指示、西北农民银行关于更改“二千元票券正面底纹颜色”的通知（1944年6月）、兴县一九四四年上半年（因抗战）给机关部队调剂土地、籽种及农具表（1944年7月）、兴县1944年上半年优抗代耕统计材料（1944年7月）、兴县税务局机构及税收征管情况总结（1944年）、晋绥边区对敌经济斗争失败教训的检讨（1944年）、晋绥二分区抗联减租减息群众运动总结（1944年）、晋绥行署关于给兴县拨发一九四五年度发展工矿业贷粮的的通知（1945年2月）、关于一九四五年工业贷粮的指示（1945年3月）、兴县一九四五年（农历）二月初二骡马（交易）大会总结报告、兴县春耕生产总结（1945年7月）、兴县一九四五年上半年纺织总结（1945年7月）、晋绥边区第一分区一九四五年耕地面积与开荒面积统计表（1945年8月）、第一分区一九四五年种棉统计表（1945年8月）、晋绥边区一九四四年至一九四五年纺织业、工矿业统计表。

晋绥边区文化教育类文献　共7件：晋西北文化教育建设报告（1942年）、晋绥边区1943年前后的小学教育材料汇集（1944年印）、晋绥边区冬学公民课讲授用书（部分教材，1944年1月）、晋绥边区一九四四年10月“七七七”文艺奖金委员会征文获奖篇目、新型秧歌剧《大家好》（获戏剧类甲等奖）剧本（1944年10月）、话剧《甄家庄战斗》（获戏剧类乙等奖）剧本创作谈（1944年10月）、边区行署关于一九四五年冬学工作工作的指示信（1945年9月）。

农会、工会、青年团及基层群众工作文献　共12件：兴县青联青年合作社工作总结报告（1941年3月）、兴县农会工作总结（草稿，1941年）、晋西区党委关于青年工作三个问题的通知（1942年1月）、晋绥边区八年来工运工作总结（1945年12月）、晋西北群众工作（节录，1941年）、兴县官庄实验村一九四二年3月抗战工作总结材料、兴县一区水磨滩党支部在抗战中的作用（1942年3月）、兴县五区瓦塘党支部在抗战中的作用（1942年3月）、兴县五区瓦塘镇抗战前后社会调查材料（1942年12月）、兴县二区黑峪口行政村隐蔽工作总结（1943年4月）、兴县二区灾情统计及慰问团工作汇报（1944年11月）、兴县二区石楞则村、寨底村在敌寇“扫荡”中受损与救济情况（1944年11月）。

晋绥边区群英会文献资料　共4件：林枫、武新宇在晋绥边区第三届劳动英雄会上的讲话（1944年1月），晋绥边区第三届群英会劳动英雄温象栓（1944年1月），晋绥边区第三届劳动英雄大会关于拥军的决议（1944年1月）。

晋绥边区颁发的各种法规、条例和司法工作文献　共18件：征收救国公粮条例（草案，1940年7月)、晋西北行署保障人民权利暂行条例（1941年4月颁布）、空室清野暂行条例（1941年4月）、惩治贪污暂行条例（1941年9月）、晋西北修正扰乱金融惩治暂行条例（1941年11月）、晋西北禁烟治罪暂行条例（1941年11月）、晋绥边区煤矿开采暂行条例（1942年）、晋西北的司法工作报告（1942年）、晋西北行署奖励开荒暂行条例(1942年4月)、晋西北行署《减租减息暂行条例》（1942年）、晋绥行署抚恤阵亡将士遗族暂行条例（1942年）、社会教育组织暂行条例（1942年）、晋绥边区县议会选举条例（1944年3月）、晋绥边区参议会选举条例（1945年4月）、晋绥边区参选县选选举委员会组织办法（1945年4月）、晋绥边区货物税暂行条例及施行细则（1944年12月）、晋绥边区安置复员军人暂行办法（1945年12月）、晋绥边区抚恤优待荣誉军人暂行条例（1945年12月修正公布）。

第二章 现代史迹与建筑

第一节 第一次国内革命战争时期史迹

红军东征登岸处及战斗旧址

李家梁村红军东征渡河登岸处　位于罗峪口镇李家梁村西南黄河滩上，面积约2000平方米。民国25年（1936年）3月31日，陕北红军第28军（刘志丹任军长，宋任穷任政治委员）由陕西省神木县沙峁头向兴县进发，在驻神木县盘塘镇红三团的配合下，红28军突破黄河天险，顺利渡河，在罗峪口镇李家梁村登岸，一举拔掉敌人2个中心碉堡，夺取李家梁；一部向南进击罗峪口，击溃晋军河防部队216旅丁炳青部一个营，捣毁晋军指挥所，敌营长梁洪元当场毙命，余部缴械投降。一部向北进击，占领黑峪口。红军在罗峪口村和黑峪口村打开官盐库，给群众分盐，并开展宣传工作。

2015年9月，为纪念红二十八军东征渡河，兴县人民政府在登岸处建纪念碑1通。纪念碑坐西朝东，通高2.6米，占地面积10平方米，正面刻有“红二十八军东征渡河纪念碑”，背面碑文记述红军东渡的背景及渡河经过。

曹家坡村红军战斗旧址　民国25年（1936年）3月27日，经由太原、古交、娄烦、静乐等地转战的红15军团（徐海东任军团长、程子华任政委、周士第任参谋长、郭述申任政治部主任）到达岚县县城外围，得知晋军207旅温玉如部奉阎锡山之命由中阳、离石前来增援兴县河防，遂转向兴县进军，于30日到达兴县，前卫团到达兴县县城。3月31日上午9时，温玉如部600余人由南向北进至曹家坡至鹞子墕一带，进入红15军团前卫部伏击圈，经过激战，敌大部被歼，敌团长周森被活捉，敌迫击炮连长温玉玺（温玉如之弟）被击毙，旅长温玉如弃马化装逃跑，红军俘敌300余人，缴获骡马百余匹、手榴弹数百颗、迫击炮2门、轻重机枪10余挺、步枪200余枝。4月5日，红15军团与红28军在临县白文会师，次日进入方山县圪洞镇地区。

第二节　抗日战争与解放战争时期史迹

边区党政军及附属机关旧址

晋西北行政公署（晋绥边区行署）旧址　民国29年（1940年）2月，晋西北抗日民主新政权——晋西北行政公署在兴县成立（当时仍然沿用“山西省第二游击区行署”名称）。晋西北行署旧址位于位于蔡家崖村内，原为牛家宅院及花园。该旧址坐北朝南，东西并列四合院布局。晋西北行署在东院（宅院）办公，东南面为大门，北面拱券石窑洞3孔，暗窑1孔，分别是行署主任续范亭、副主任牛荫冠、晋西北新军政委罗贵波的旧居。民国30年（1941年）8月，晋西北行署迁至兴县碧村。民国32年（1943年）11月8日，晋西北行政公署改称晋绥边区行政公署（直至1949年2月取消建制），并迁驻兴县赵家川口村，借用村民窑洞10余孔办公。民国33年（1944年），边区行署财政处筹资新建16孔窑洞，占地面积2300平方米。抗战胜利后，晋绥边区行署迁驻李家湾村，后迁至县城内（原县人民法院）建筑面积约5000平方米。

120师师部、晋西北军区（晋绥军区）司令部所属机构旧址　晋西北军区司令部李家湾旧址：位于蔚汾镇下李家湾村北。民国29年（1940年）11月7日，晋西北军区在李家湾村成立，贺龙任司令员，关向应任政委，续范亭任副司令员，周士第任参谋长，甘泗淇任政治部主任。军区以下按行政区划设二、三、四、八4个军分区，次年3—5月，分别成立直属军分区和第五军分区，共6个军分区。晋西北军区司令部李家湾旧址分为南北两院，北院坐西朝东，占地面积900平方米，有南窑一座3孔，正窑一座3孔，房屋一栋；南院坐北朝南，占地面积600平方米，有正窑一座3孔，南窑一座2孔，西窑一座3孔，两院内均为青砖铺地。2006年7月，晋西北军区李家湾旧址被吕梁市人民政府公布为市级文物保护单位。

晋西北军区司令部小善村旧址　民国29年（1940年）冬，日军“扫荡”

时，晋西北军区司令部转移至小善、大善一带。民国30年（1941年）10月，晋西北军区司令部迁回李家湾村。

晋西北军区（晋绥军区）司令部蔡家崖旧址　民国31年（1942年）4月，晋西北军区司令部暨八路军120师师部迁驻蔡家崖村，进驻牛家宅院西院（花园院）。同年8月，晋西北军区改称晋绥军区。该旧址坐北朝南，东西长116米，南北宽28米，占地面积3248平方米。

中共中央领导人路居　民国36年（1947年）春，刘少奇、朱德从延安前往西柏坡途中在兴县短暂停留，路居于蔡家崖晋绥军区司令部驻地。民国37年（1948年）3月下旬，毛泽东、周恩来、任弼时率领中共中央机关去西柏坡路经兴县，在蔡家崖晋绥军区司令部大院（即西院）居住10日，并进行重要革命实践活动。西院旧址，建有石窑洞6孔，既是贺龙等晋绥主要领导人旧居，又是毛泽东、周恩来、任弼时等领导人路居处；军区司令部大院西北为当年自建的军区礼堂，是毛泽东主席在晋绥干部会议讲话旧址；西南面为毛泽东对《晋绥日报》编辑人员谈话旧址。

晋西北军区（晋绥军区）政治部、后勤部（供给部）旧址　民国29年（1940年）11月至民国38年（1949年）5月，晋西北军区（晋绥军区）政治部、后勤部在兴县驻设近8年，曾驻设过的地方有张家圪埚村（政治部）、胡家沟村（军区政治部）、大善村（军区政治部）、石岭则村（军区政治部）、石楞则村（借用民房20孔、间，建筑面积2400平方米）、五龙堂村（后勤部）等村。

民国29年（1940年）至民国37年（1948年）6月，晋西北军区（晋绥军区）后勤部（供给部、工业部）先后在陕北佳县及晋绥边区临县、兴县、离石、方山等地建有14个兵工厂，有力支援了本区和大西北区的抗日作战和解放战争。

晋西北军区（晋绥军区）卫生部旧址　民国29年（1940年）11月，晋西北军区成立，军区卫生部驻设于碧村，贺彪任部长，先后任副部长的有张汝光、祁开仁、周长庚，先后任政委的有刘运生、戴正华。该时期，晋西北军区卫生部根据抗战的迫切需要，在民国30年（1941年）初把中央军委卫生部支援晋西北的十多名技术水平较高、经验丰富的手术队员（戴正华、祁开仁等）与军区原有的中心医院合并成立手术医院（为避免日军“扫荡”，院址设于神府县贺家川村），由祁开仁（曾任延安国际和平医院副院长）担任院长，提高了晋西北军区的医疗水平；同年（1941年）4月，晋绥军区卫生部将医训队改建为晋西北军区卫生学校（校址设在神府县贺家川），先后担任卫校校长的有祁开仁（军区卫生部副部长）章德炎、张金（1945年接任）；担任卫校政委的有戴正华（军区卫生部政委）、刘庆珊（手术医院政委）。晋绥军区手术医院作为卫校附设医院；同时在黄河沿岸设立几个直属医疗所。民国33年（1944年），晋绥军区卫生部由碧村迁驻赵家川口村，占地面积1350平方米。民国35年（1946年）9月，军区卫生部直属医疗第3所（由手术医院改建）迁驻兴县碧村，先后改建为国际和平医院第六分院（也称和平医院）、白求恩国际和平医院第六分院（包括驻设马蒲滩村的晋绥军区后方医院），作为晋绥军区卫生学校教学医院。这些措施进一步改善了晋西北地区军队和群众的医疗条件。1949年10月，晋绥军区撤销，军区司令部所属各机关随军开赴新的征程。

中共晋西区委会旧址 中共晋西区委会（简称晋西区党委）于民国29年（1940年）2月7日在临县窑头村成立（晋西南区党委和晋西北区党委合并），领导晋西南、晋西北两个地区党的工作。林枫任区党委书记，赵林任区党委副书记，王达成任组织部长，张稼夫任宣传部长，龚逢春任武装部长，赵林兼任社会部长，罗贵波担任统战部长，刘俊秀担任民运部长兼妇委书记。同月，晋西区党委由临县移驻兴县北坡村、张家圪埚村（现均属蔡家崖乡）牛王庙和高家村，后移驻神府县盘塘村，兴县碧村、冯家庄村、北坡村、石岭则村、碧村、高家村等村。

中共中央晋绥分局北坡、碧村旧址 民国31年（1942年）5月20日，党中央发出了《关于成立晋绥分局的通知》，由晋绥分局代表中央统一领导晋西北、晋西南、绥远三个地区的党、政、军、民工作。8月，中共中央晋绥分局在兴县成立，关向应任书记，林枫任副书记（其时，关向应患病在延安疗养，由林枫代理书记），委员有关向应、贺龙、林枫、周士第、甘泗淇、王达成、龚逢春、赵林、吴亮平；以后增补了张稼夫（副书记）、罗贵波、吕正操、龚子荣、谭政文、武新宇、白如冰、高克林、李井泉（书记）、张邦英（副书记）、张子意（副书记）等。中共中央晋绥分局先后下辖中共晋西区委、中共晋西南工委、中共绥察区委（塞北工委）、中共绥蒙区委、中共雁门区委、中共吕梁区委、中共沿黄河工委、中共太原市工委、中共第一至第十一地委、中共绥西地委、中共绥中地委、中共绥南地委、中共晋西北中心地委及晋南中心地委。

中共中央晋绥分局成立时，原晋西区党委及领导人林枫等驻设于碧村。民国32年（1943年）春，晋绥分局由高家村移驻北坡村。

晋绥分局北坡村旧址共4院，均依山而建，占地面积3万平方米（其中包括1944年春晋绥边区行署筹资新建9孔窑洞）。2016年6月，晋绥分局北坡旧址被公布为山西省第五批文物保护单位。晋绥分局碧村旧址为四合院布局，正房有石窑洞11孔，东西侧有砖石窑洞5孔，大门为单檐硬山顶，板式门。晋绥分局领导林枫等曾在此办公。

晋西北临时参议会旧址　民国31年（1942年）10月24日，晋西北（晋绥边区）首届临时参议会在神府县胡（呼）家庄召开，参加会议的包括参议员及各界人士共400余人。大会历经18天，顺利完成各项议程，通过《晋西北行署工作报告》《巩固与建设晋西北施政纲领》《晋西北保障人权条例》《晋西北行政公署组织条例》《晋西北征收公粮条例》《晋西北减租交租条例》和《扩大民兵，加强地方武装以加强对敌斗争的决议》等文件；大会选举林枫为议长，刘少白、牛荫冠为副议长，阎秀峰等6人为晋西北临参会常驻议员；同时选举产生晋西北行政公署组成人员，续范亭为行署主任，武新宇为副主任，贺龙等19人为委员。民国34年（1945年）秋，晋绥边区各县召开选民代表大会，选出边区参议员和县议员。民国35年（1946年）春，晋绥边区部分县（兴县、静乐、清源、保德、河曲、临县、五寨、崞县等县）相继召开县参议会，选出了各县第一届议会议长、副议长，民主政府县长及委员。全面内战爆发后，晋绥边区参议会未能按期召开。民国38年（1949年）2月后，晋西北临时参议会宣告撤销。

晋西北临时参议会兴县旧址共2处，第一处为西坪村，系借用村民5孔窑洞办公，面积500余平方米；第二处为县城内（原药材公司院内）。

晋绥边区高等法院旧址　民国31年（1942年）11月15日，晋西北高等法院在兴县赵家川口村成立（此前由行署司法处行使司法权）。当时共占用民房12间（孔），建筑面积1300平方米。民国32年（1943年）11月，该法院改称晋绥边区高等法院，曾迁驻碧村。民国34年（1945年）8月后，晋绥边区高等法院迁至兴县城区（药材公司院内）办公。晋绥边区高等法院独立行使审判权，先后依法审理各种案件数千件。民国38年（1949年）2月，该院与边区行署等机构同时撤销。

晋绥边区公安总局旧址　民国29年（1940年）3月，晋西北公安总局在兴县成立.民国32年（1943年）11月，改名为晋绥边区公安总局。从民国29年（1940年）至民国34年（1945年），该局由兴县西关福胜沟康家大院移驻神府县王家庄村，兴县后木兰岗村、冯家庄村、碧村等村，抗战胜利后迁驻李家湾等村和县城。晋绥边区公安总局设社会治安科、政保科、侦察科、预审科、锄奸科、办公室等办事机构，下辖各专署公安处。其间，谭政文、陈养山先后担任公安总局局长，裴周玉、李甫山等曾任公安总局副局长。

中共晋绥第一地委旧址　民国32年（1943年）7月，中共中央晋绥分局为加强对直属县的领导，决定成立中共第一地委，辖兴县、岚县、神府县3个县委会。民国33年（1944年）8月精简机构时撤销中共晋绥第一地委，所属3个县委归晋绥分局直接领导。次年2月，晋绥分局再次组建中共第一地委，仍辖兴县、岚县、神府县3个县委会。至民国36年（1947年）12月，中共晋绥第一地委第二次被撤销。民国37年（1948年）5月，中共晋绥第一地委恢复，同年12月再被撤销。先后担任中共晋绥第一地委领导成员的有书记，吴亮平（1943.7—1944.1）、王一夫（1944.1—1944.8）、刘长亮（1945.9—1947.12；1948.5—1948.12）；副书记：王一夫、沈越、李昌；组织部部长：苗逢澍、褚凤岐、时青；宣传部部长：楼化篷、亚马、魏进德。

中共晋绥第一地委旧址位于城内刘砚畲旧宅（县药材公司院内），与中共兴县县委合署办公，一套人员，两块牌子；建筑面积5500平方米。

晋绥边区行署第一专署旧址　　民国32年（1943年）7月，晋绥边区行政公署组建第一专员公署，下辖兴县、岚县、神府县3个县政府。次年（1944

年）8月精简机构时撤销第一专署，原属兴县、岚县、神府县3个县政府变为晋绥边区行署直属县。民国34年（1945年）2月，第一专署恢复，至民国36年（1947年）12月，第一专署再次被撤销。次年5月，第一专员公署恢复，下辖兴县、岚县、神府县、神木县、府谷县5个县政府。民国37年（1948年）12月，第一专员公署被撤销，兴县、岚县直属晋绥边区行署领导；神府、神木、府谷3个县政府划归陕甘宁边区政府榆林专署管辖。担任第一专员公署的领导成员先后有专员—白认（1943.7—1944.8）、沈越（1945.2—1945.8）、乔钟灵（1945.9—1947.12；1948.5—1948.8）、白志明（1948.8—1948.12）；副专员—毛凤翔（1943.7—1944.8）、赵希贤（1948.8—1948.12）、刘献珺（1948.8—1948.12）。

晋绥边区行署第一专署设立期间与兴县抗日民主政府合署办公（一套人员，两块牌子），旧址位于兴县城内刘家大院（县药材公司院内），占地面积5000平方米。

晋绥军区第一军分区旧址　民国30年（1941年）3月，晋西北军区决定成立直属军分区，任命陈漫远为军分区司令员；直属军分区所属部队活动范围在兴县与黄河西岸的神府区（1941年5月划为晋西北行署直属县），担负着晋西北抗日根据地党、政、民领导机关和军区后方医院、工厂的安全保卫工作。民国32年（1943年）7月，直属军分区撤销。同时成立晋绥军区第一军分区，司令员为马仁兴（1943.7—1945.7），政委先后为王典隆、钟生溢、王一夫（兼）。抗战胜利后，晋绥军区第一军分区司令员先后为陈漫远（兼）、刘仲武，政委刘长亮，副司令员李夫克。第一军分区领导兴县、岚县、神府县的地方武装。民国36年（1947年）12月，晋绥军区第一军分区被撤销，次年5月，晋绥军区第一军分区恢复。民国37年（1948年）12月，晋绥军区第一军分区再次被撤销。

晋绥军区第一军分区旧址位于县城北关黄土梁（今兴县人民医院家属区），共14孔窑洞分上下两排，建筑面积5500平方米。

兴县农民银行币样币之一

兴县农民银行及西北农民银行旧址　全面抗战开始后，担任兴县战动分会经济部长的刘少白根据党的指示，决定筹建一座银行以支援和服务抗战。民国26年（1937年）12月，由牛友兰等100余富裕户筹资建立的、由刘少白担任经理的“兴县农民银行”正式开张营业。该银行设于兴县城孙家两进套院的后院，为两层砖木结构楼房，建筑面积1500平方米。银行设有总务、会计、出纳、保管、秘书等岗位和人员，兴县公安局长董一飞派出3名警员负责银行安全保卫工作。

兴县农民银行从开张到民国27年（1938年）夏，共印刷发行银行钞票17万元，其中80%用于120师和晋西北新军的军需，20%用于发放农业贷款，以推动农村经济的恢复和发展。其间，由于敌军“扫荡”，兴县农民银行曾转移财产到东山安沟村（现属交楼申乡）和陕西盘塘村，保证了资金安全。

民国29年（1940年）2月，晋西北行署第一次行政会议决定，以兴县农民银行为基础，以“四大动员”中献金（181万元）的40%为基金，建立西北农民银行，发行西北农民银行币，以统一货币，稳定金融市场，巩固与建设抗日根据地。经晋西区党委批准，晋西北行署任命刘少白担任西北农民银行经理。同年5月10日，西北农民银行宣告成立。原兴县农民银行所有股金11万元银币和粮食13万石造册登记，由西北农民银行承接，按原定标准入股，定期支付利息。

西北农民币样币之一

西北农民银行成立之初驻设于县城孙家大院，建筑面积3200平方米。民国29年（1940年）6月至民国31年（1942年），为避敌“扫荡”，西北农民银行先后迁驻于神府县路家南坬村、盘塘村（2次）和兴县黑峪口村“刘家大院”。抗战胜利后，西北农民银行迁回城内“孙家大院”（兴县中学南院）办公，仅在黑峪口村设一个代办所。民国37年（1948年）12月，西北农民银行和华北银行、北海银行合并组建为中国人民银行。

文化、教育、医疗卫生机构旧址

中共中央材料保管委员会旧址　民国36年（1947年）3月上旬，中央成立了材料保管委员会（由中共中央办公厅秘书处材料科、中共中央办公厅机要处和中共中央组织部资料科、中央军委一局、总政治部秘书处等单位抽调干部组成），由中共中央办公厅秘书处处长曾三率领中央材料保管委员会及携带的档案资料，撤出延安，转移至兴县刘家曲村（今属康宁镇曹家坡村行政村的一个自然村）。由于该村山高坡陡，易于隐蔽。中央材料保管委员会到此后，借用几孔民房对所携带材料进行分拣、整理，最后精简为64箱。其间，中央材料保管委员会人员在兴县参加了曹家坡、安家庄、刘家庄、刘家曲等村土改工作，曾三担任兴县三区土改工作团长。次年4月初，这部分档案材料装铁皮箱，运离刘家曲村，于5月到达河北省建屏县（1958年并入平山县）西柏坡。

晋绥图书馆旧址　民国32年（1943年）9月，晋绥边区各机关、团体联合建立晋绥图书馆，馆址设于神府县杨家沟村。民国35年（1946年）1月，晋绥图书馆迁驻兴县高家村。民国38年（1949年）2月，晋绥边区行署撤销时，该图书馆移交新设立的晋西北行署；9月山西省人民政府成立，晋绥图书馆图书、报刊及原边区机关所留文件移交兴县专署民政处管理。1952年，为纪念晋绥革命根据地创建人之一关向应，该图书馆易名为“关向应图书馆”，并迁驻晋绥解放区烈士陵园。1978年，根据山西省文化局指示，县文化图书室将900余册书刊合并于关向应图书馆，关向应图书馆成为县级图书馆。1984年，关向应图书馆迁入新建楼房（即现址），归县文化局管理。

洪涛印刷厂旧址　民国29年（1940年）5月，晋西北行署决定由行署财政处（汤平任处长）负责，迅速组建一个印钞工厂（此前，120师和新军在反顽作战中接收的晋兴出版社第二组的工人和印刷设备、器材已从吕梁印刷厂调到兴县石楞则村）。经过一个多月的筹建，洪涛印刷厂（为保密，印刷厂以雁北地区的洪涛山命名）在石楞则村正式投产。西北农民币辅币券伍角券钞票印刷投放市场。当时对内称“晋西北行署洪涛印刷厂”，对外称“山西省第二游击区行署洪涛印刷厂”。同年7月，日军对晋西北发动夏季大“扫荡”，为保证印刷厂安全生产，洪涛印刷厂奉晋西北行署命令，从兴县石楞则村迁驻陕西神府县路家南坬村（神府县划归晋西北管辖）；民国31年（1942年）4月，洪涛印刷厂又从路家南坬村迁驻神府县贾家沟村。洪涛印刷厂在贾家沟历时三年半，职工增加到近百人，小石印机达16台，铅印机达6台，月均印刷西北农民币726万元左右。民国31年（1942年）7月，西北农民银行与晋西北贸易总局合署办公，洪涛印刷厂因此划归晋西北贸易总局领导。同年10月，晋西北行署洪涛印刷厂更名为“晋绥边区洪涛印刷厂”，为团级建制。

民国34年（1945年）9月，洪涛印刷厂由陕西神府县贾家沟村迁至兴县二区杨家坡村（现属蔡家崖乡）。洪涛印刷厂杨家坡旧址，现存建筑为一座四合院，坐北朝南，占地面积1409平方米（当年占地面积2.5万平方米），中轴线上自南向北有倒座、正窑，东西两侧有东西窑，东南角有大门。该旧址被命名为吕梁市市级文物保护单位。

民国37年（1948年）4月，洪涛印刷厂迁至兴县程家沟底村，靠近后发达发电厂（时名晋绥军区工业部第六厂），照明和动力条件得到改善，凡能用电作动力的机器都安装了电动设备，大大提高了效率。年末，洪涛印刷厂职工达到500人，工厂的印刷设备达到48台，其中大石印机1台、小石印机37台、铅印机8台、裁纸机2台，月均印刷西北农民银行币约418.9亿元，为支援抗日战争和解放战争，稳定晋绥根据地金融，发展晋绥边区经济作出了卓著贡献。

民国38年（1949年）春，洪涛印刷厂奉命随军西迁至西安市，改建为西北印刷厂。

新西北报社旧址　前身是抗战初期第二战区战动总会在岢岚创办的进步报纸《西北战线》，民国28年（1939年）7月1日，在阎锡山下令取消战动总会时，中共晋西北区委决定以牺牲救国同盟会岢岚中心继续出版报纸，原《西北战线》改名为《新西北报》。月底，该报编辑部迁驻兴县城，先住兴县牺盟分会，后移驻东北角一处居民宅院。同年底，《新西北报》编辑部移驻方山县马坊村。民国29年（1940年）1月中旬，晋西北反顽斗争取得决定性胜利，《新西北报》编辑部由方山县迁回兴县李家湾村，后迁县城北关原址。同年9月18日，中共晋西区委机关报《抗战日报》创刊，《新西北报》终刊。

抗战日报、晋绥日报社旧址　民国29年（1940年）9月18日，晋西区党委机关报《抗战日报》在石楞则村创办。贺龙为《抗战日报》创刊题词："人民呼声。"反"扫荡"期间，报社曾迁驻神府县前杨家沟村。民国32年（1943年），报社移驻兴县高家村。廖井丹、周文、郝德清、常芝青先后任社长，赵石宾、常芝青、熊复等先后任总编辑、副总编辑。《抗战日报》初创时为周双刊，不久改为三日刊、隔日刊，民国33年（1944年）9月18日改为日报。民国35年（1946年）7月1日，《抗战日报》改为《晋绥日报》，作为中共中央晋绥分局机关报，进一步发挥了党的喉舌及党与群众联系的桥梁、纽带作用，成为边区党员领导干部和广大人民群众的良师益友。民国37年（1948年）4月2日，毛泽东主席在路经兴县活动期间接见了《晋绥日报》编辑人员，发表了《对〈晋绥日报〉编辑人员的谈话》，为《晋绥日报》题写了报头。

民国38年（1949年）5月1日，《晋绥日报》终刊。从《抗战日报》创刊，到《晋绥日报》终刊，历时8年多，共出刊2171期；期发份数由开始时的2000～3000份增加到10000～15000份。

报社初创之时，编辑部全部借用民房办公。民国32年（1943年）新建9孔窑洞，建筑面积3000多平方米。2016年6月，晋绥日报社高家村旧址被山西省人民政府公布为第五批文物保护单位。

晋西大众报、晋绥大众报社旧址　民国29年（1940年）10月26日，《晋西大众报》在兴县石岭则村创办。该报是《抗战日报》的姊妹篇，其办报方针是宣传党的路线、方针、政策，登载各地群众对敌斗争的消息和事迹，读者主要是区、村干部和小学教师，文字力求大众化、口语化，被贺龙称赞为“模范的通俗报纸”。民国34年（1945年）6月5日，《晋西大众报》改名为《晋绥大众报》。报社地址多次变更。民国29年（1940年）10月，报纸创办之初即迁驻河西神府县杨家沟村。次年秋，报社迁驻兴县任家湾村；冬季又迁至河西杨家沟村。民国34年（1945年）2月，报社迁驻兴县北坡村。民国35年（1946年）春，《晋绥大众报》迁驻高家村，与晋绥日报社同址办公。民国38年（1949年）5月，晋绥大众报社迁驻兴县程家沟底村，直至同年7月终刊。

新华社晋西北（晋绥）总分社旧址　民国26年（1937年）初，根据中央决定，红色中华通讯社在延安更名为新华通讯社（简称新华社）。民国31年（1942年）12月，新华社晋西北分社成立，曾驻高家村、西坪村，与抗战日报社住在一起。郁文（《抗战日报》采访通讯部主任）兼任新华社晋西北分社主任。民国34年（1945年）8月1日，新华社晋西北分社改名新华社晋绥总分社，常芝青任新华社晋绥总分社社长。高丽生、甘惜分分任晋绥总分社总编辑，纪希晨、方彦（又名康振仪）等任记者。抗战胜利后，新华社晋绥总分社在太原、绥远前线设立支社（分社）。

人民时代社、人民画报社旧址　《人民时代》的前身是晋绥边区文联于民国31年（1942年）创办的《祖国呼声》（半月刊），民国35年（1946年）1月1日，《祖国呼声》改名《人民时代》（半月刊），其刊头为毛泽东主席题字。

次年1月，《人民时代》终刊，共出刊25期。人民时代社在高家村办公，占地面积1200平方米。

《人民画报》是经中共中央晋绥分局批准于民国35年（1946年）1月创办的晋绥边区美术刊物，四开一张，单面印刷，木刻套色铅印（后改石印）。该画报创刊之初没有固定的主编、副主编，而是以李少言为组长的《晋绥日报》美术组的成员兼办的，因而，人民画报社与晋绥日报社址均在高家村。之后，中共中央晋绥分局组织部任命苏光担任人民画报社主编。民国36年（1947年）5月，由于画报社编辑与作家均到农村参加土地改革运动，《人民画报》停刊，共出版32期。

吕梁文化教育出版社（晋绥出版社）旧址　民国29年（1940年）9月，吕梁文化教育出版社在兴县高家村成立，这是中共晋西区委宣传部创办的通俗读物出版社。反“扫荡”期间，吕梁文化教育出版社曾迁驻神府县前杨家沟村。抗战胜利后，该出版社迁回兴县高家村，并新建6孔窑洞，建筑占地面积1000多平方米，作为印刷厂机房。民国37年（1948年）冬，吕梁文化教育出版社改称晋绥出版社。次年9月，晋绥出版社停办。其间共出版各种通俗读物125种、约185万册。

吕梁印刷厂旧址　民国29年（1940年）10月，吕梁印刷厂投运并定名。该印刷厂于年初筹建于兴县西坪村，因敌“扫荡”，将机器设备拆卸运往神府县前杨家沟村。抗战胜利后，吕梁印刷厂由前杨家沟迁驻兴县高家村。

晋西区委党校、晋绥分局党校旧址　民国29年（1940年）春，中共晋西区委党校成立，中共晋西区委书记林枫兼任校长，组织部长王达成兼任常务副校长，龚子荣担任教育长。同年7月1日，中共晋西区委党校在石楞则村举行了首期培训班开学典礼。民国31年（1942年）8月，中共晋西区委党校改称中共中央晋绥分局党校。其间，校址变更多次。曾驻设的村庄有石楞则村、孙家圪台村、石阴村、李家塔村、张家圪埚村、黑峪口村、木兰岗等村。民国32年（1943年）底精简机构时，中共中央晋绥分局党校停办；民国35年（1946年），中共中央晋绥分局党校恢复。民国37年（1948年），中共中央晋绥分局党校迁驻临汾。

抗大第七分校旧址　民国30年（1941年）7月26日，抗日军政大学第七分校在兴县李家湾村召开成立大会暨第一期开学典礼。周士第（120师参谋长）兼任校长，徐文烈任政委，喻楚杰任副校长，杨尚高任政治部主任。民国31年（1942年）3月，抗日军政大学第七分校迁驻郑家塔村（今属瓦塘镇），学员分别居住在瓦塘、高家崖、马蒲滩、九原坪等村（今均属魏家滩镇）民房。同时增设“陆军中学部”，驻魏家滩、马蒲滩村。民国32年（1943年）2月，抗大七分校师生在喻楚杰政委率领下挺进陕西绥德县，并入抗大总校。4月，陆军中学部迁至甘肃省合水县，与其他根据地迁来的抗大分校附属中学合并为抗大第七分校（分别编为第一大队、第二大队、第三大队），学员总数达4000余人。抗大总校副校长彭绍辉兼任抗大第七分校校长，张启龙任政委，喻楚杰、杨尚高分别任副校长、副政委，康永和任政治部主任。抗战胜利后，抗大第七分校返回晋绥边区，先后驻兴县、静乐县和岚县。民国36年（1947年）初，以抗大第七分校为基础组建的晋绥军区军政干部学校在岚县成立，后并入西北军事政治学院。

晋西抗战学院旧址　民国29年（1940年）3月，晋西北军政干部学校在兴县五龙堂村成立，学员150余人。同年5月，晋西北军政干部学校改称晋西抗战学院，驻设于县城西关郭家沟。续范亭兼任院长，牛荫冠兼任副院长，杜若牧任教育长，杨林任教务处长，石峰、贾公铎、黄仲英分别任政治处长、总务处长和供给股长。民国30年（1941年）春，晋西抗战学院迁驻高家村。同年9月，晋西抗战学院根据晋西北行署指令进行改组：原行政队、民运队分别组建为晋西北行政干部学校和晋西北民运干部学校，移驻木兰岗村和张家圪埚村。文化队、师范队和新文字队改组为晋西师范学校（迁驻杨家坡村）。民国31年（1942年）10月精兵简政时，晋西北行政干部学校、民运干部学校均并入晋西师范学校。

晋西师范学校旧址　民国30年（1941年）9月，为培养专职师资队伍和教育行政干部，晋西北行署通过改组晋西抗战学院，建立了晋西师范学校。民国

31年（1942年）春，晋西师范学校由杨家坡村迁驻姚家会村（今属瓦塘镇）。次年春，晋西师范学校在石门庄村（今属瓦塘镇）为第一专署（一分区）举办一期教员训练班，共培训兴县、岚县、神府县小学教师和完小校长400余人，对提高三县师资质量发挥了重要作用。年底，晋西师范学校改组为晋绥分局党校二部，移驻神府县阎家堡村。

晋绥边区新民主主义教育实验学校旧址　民国33年（1944年）5月1日，晋绥边区新民主主义教育实验学校在兴县碧村成立。该校直属晋绥边区行署民教处领导，阎秀峰任校长，卫一清、郑林、亚马任副校长，张凡任教务主任。该校办学方针是：坚持教育与社会相结合、教育与生产劳动相结合，努力做到教、学、做合一，德、智、体全面发展。学校的教学内容分设农艺、工艺、合作经济、文化教育四科，并开设政治理论课、文化课（占20%）、生产劳动作业课（占40%）、军事课、农村医药卫生课等。为便于学校的实验，晋绥边区行署将兴县高家村、黑峪口两个行政村划分为学校的实验区，将行署的工具修配厂和农业试验场作为学校的实验场所，将兴县第二完全小学作为实验学校的实验小学。该校自创办到民国35年（1946年）6月，共培养各种专业人才810人，学生毕业后大多成为晋绥边区各条战线的骨干。同年7月，该校迁驻岚县办学。

晋西抗日青年干部学校旧址　民国29年（1940年）5月，晋西抗日青年干部学校在兴县胡家沟村成立。后迁驻西关村和千城村。民国31年（1942年）5月，根据晋西区委决定，晋西青干校并入晋西北行政干部学校。民国35年（1946年）10月，中共中央晋绥分局重新组建晋绥边区青年干部学校，校址设于五龙堂村，晋绥分局宣传部长龚逢春兼任校长，史立言任副校长，该校首期招收学员200人，分为5个班，学制一年。民国37年（1948年）5月，该校迁驻临汾地区办学。

鲁艺晋西北分院旧址　鲁迅艺术学院是在毛泽东、周恩来、林伯渠、成仿吾、艾思奇、周扬倡议下，由中国共产党于民国27年（1938年）4月在延安创办的一所综合性艺术学校，简称“鲁艺”。民国31年（1942年）10月19日，鲁迅艺术学院晋西北分院（简称鲁艺晋西北分院）在兴县张家湾村（今属高家村镇）成立。董事长为贺龙，董事有林枫、甘泗淇、罗贵波、周文、杜心源、亚马等，院长为欧阳山尊。民国32年（1943年）秋冬，鲁艺晋西北分院师生参加了晋绥边区的整风运动。之后，该院并入延安大学，更名为“鲁迅文艺学院”。民国34年（1945年）冬，延安鲁迅文艺学院随部队开赴东北，改名为东北鲁迅文艺学院，成为1950年4月成立的中央戏剧学院的前身之一。

晋西文联（晋绥边区文联）旧址　民国29年（1940年）5月4日，晋西文化界抗日救国联合会（简称“晋西文联”）在兴县城内（天主教堂院内）举行成立大会，贺龙、关向应、甘泗淇、萧三（陕甘边区文化协会代表）先后在会上发表讲话。大会选举产生了晋西文联领导机构，建立了文学协会、戏剧协会、音乐协会、美术协会等分支机构。亚马当选晋西文联主任理事，卢梦当选驻会常委、文学协会主任；民国31年（1942年），晋西文联改名晋绥边区文联。民国32年（1943年）冬，晋绥边区文联与七月剧社、鲁艺晋西西北分院、大众剧社等迁驻神府县贾家沟进行整风。民国35年（1946年）夏，亚马调任晋绥边区第一地委宣传部长。晋绥分局宣传部调卢梦接任文联负责人，时移驻县城一教堂内。根据有关资料记载，曾在晋绥文联工作过的还有常苏民（音乐教师）、马烽（1944年初）、力群（1945年任晋绥文联美术部长）、孙谦（1945年任晋绥文联创作科长）、牛文（曾任晋绥文联秘书长、专职美术工作者）、叶石（曾任晋绥文联文学部副部长）、田家（曾任晋绥文联文协秘书）等。晋西文联（晋绥文联）机构曾驻设县城西关康家大院和苏家塔村、西坪、黑峪口（3村均属高家村镇）等村。

《西北文艺》杂志旧址　民国30年（1941年）7月5日，由晋西文联文协编辑的《西北文艺》在兴县创刊，卢梦任主编，田家任执行编委。该刊初为32开本、月刊；第二卷改为16开本、季刊。编辑部驻设苏家塔村。次年休刊，共出刊8期。

晋绥边区七月剧社旧址　晋西事变（1939年12月）后，晋西南“七月剧团”随中共晋西南区委转移到临县恢复建制。叶石任团长，杨林任指导员。民国29年（1940年）2月下旬，七月剧团移驻兴县石岭则村。4月中旬，决死四纵队前线剧社、塞北宣传队、民革剧社（原孝义战斗剧社）并入“七月剧团”。

民国31年（1942年）春，赴延安鲁迅艺术学院等单位学习结束的“七月剧团”返回兴县，驻任家湾村、碧村，并于同年冬更名为“七月剧社”，裴世昌接任七月剧社社长，袁光任指导员。民国33年（1944年）初，七月剧社进行整编，高禹任社长，亚马任指导员。剧社扩编为三个队：第一队由原七月剧社和大众剧社组成，主演晋剧；第二队由鲁艺晋西北分院剧社和大众剧社一部分合编而成，主演新歌剧、话剧、眉户剧、道情、民歌、秧歌等现代戏；第三队由文联、鲁艺晋西北分院剧社的创作干部合编而成，主要搞剧本、文学、音乐、美术创作。全社近300名演职人员，成为当时晋绥边区文化主力军。

民国33年（1944年），七月剧社移驻高家村。民国35年（1946年）初，七月剧社移驻西坪村。民国37年（1948年）9月，撤销“七月剧社”建制（一队北上绥远，二队留兴县）。晋绥分局宣传部决定筹建晋西北人民艺术学校。次年1月，“七月剧社”恢复建制。4月，“七月剧社”移驻胡家沟（今属蔡家崖乡）。不久，撤销七月剧社建制。

“七月剧社”在兴县期间还曾驻设裴家川口（今属瓦塘镇）、南通村（今属蔚汾镇）、李家塔（今属奥家湾乡）等村，民国38年（1949年）春，七月剧社及已组建的晋西北人民艺术学校（部分为七月剧社成员）奉命南下，踏上新征程。

战斗剧社旧址　民国30年（1941年）4月，以120师独立第一旅战斗剧社评剧队为基础，抽调全师所属各“战”字剧社（即战力剧社、战火剧社、战号剧社）组建的战斗剧社在兴县诞生，社长欧阳山尊，指导员成荫。同年“八一”节期间，战斗剧社等文艺团体会聚兴县大善村（时小善、大善村为军区司令部等机关驻地），举行了汇演。次年6月，剧社开赴绥德（陕西省）整训，11月在延安演出，获得成功，11月23日，毛泽东主席亲自致信欧阳山尊、朱丹、成荫：“你们的剧我认为是好的，延安及边区正需要反映敌后斗争生活的戏剧，希望多演一些这类好戏，敬礼。”民国32年（1943年）春节后，朱丹接任剧社社长。民国34年（1945年）秋，战斗剧社随军向绥远、察哈尔挺进。民国36年（1947年）初，战斗剧社作为土改工作队进驻文水县开栅镇活动，工作队队长董小吾、剧社成员魏风收集编写了五幕话剧剧本《刘胡兰》，在当地演出，引起轰动。民国37年（1948年）春，剧社转赴山西吉县，将话剧改为歌剧《刘胡兰》（刘莲池为执笔之一），分别在山西河津县和陕西境内演出，得到西北野战军总司令彭德怀的赞扬。

作为一个军队文艺团体，战斗剧社涌现出莫耶、陈靖、成荫、欧阳山尊、王炎、严寄洲、高保成、时乐蒙、安春振、罗忠贤、孟贵彬、李桐树等著名文艺工作者。战斗剧社在兴县不少村庄居住、演出，其中有城内康家祠堂、杨家塔村（今孟家坪乡）、石岭则村（今属蔡家崖乡）、李家湾村、河儿上（战斗儿童演剧队）、大坪头村（今蔡家崖乡）、西吉村（今属高家村镇）和木兰岗（今属蔡家崖乡）等村。1949年冬，战斗剧社随军南下四川。

晋绥边区人民剧社旧址　组建于民国37年（1948年）秋，由移驻兴县的绥蒙剧社、七月剧社留守处（大部分北上）和晋绥二中业余剧团兼并而成，张焕任社长。该社分2个队：一队主演传统历史剧，二队主演以歌剧为主的现代剧目。1948年元旦，为路经兴县的陈毅在军区司令部小礼堂举行演出。1948年4月3日，在北坡村为路经兴县的毛泽东等前委领导人及晋绥军民演出晋剧《打金枝》，受到领导们的赞扬。该剧社曾驻胡家沟、五龙堂、木兰岗等村，民国38年（1949年）夏，人民剧社随军南下。

晋绥军区平剧院旧址　民国36年（1947年）1月2日，由战力剧社改建的晋绥军区平剧（因北京当时名北平，平剧即京剧）院在兴县宣告成立，驻胡家沟村，并举行演出。高士一（晋绥军区后勤部长）兼任平剧院院长，张一然、王一达为副院长，解杰、孙震分别为政治协理员和副协理员，郭瑞、霍秉龄分别任演剧队队长、副队长。同年冬，该平剧院赴杨家沟（今属陕西省米脂县）演出，参加中央“十二月会议”的毛泽东、周恩来、任弼时、陆定一、习仲勋、彭德怀、贺龙、叶剑英、林伯渠、李井泉、张宗逊等首长观看了演出。民国37年（1948年）4月，晋绥军区平剧院为路经兴县的毛泽东等前委领导和晋绥军民表演了平剧。同年，晋绥平剧院先后调赴延安、西安、重庆、北京，由陕甘宁晋绥联防军平剧院发展为中国京剧团四团。

晋绥新华书店旧址　民国29年（1940年）3月，中共晋西北区党委在兴县创建“晋西北新华书店”（延安新华书店总店第一分店）。民国31年（1942年）10

月，该书店改称“晋绥新华书店”，受中共中央晋绥分局宣传部领导，并已在全边区36个县建立新华书店支店7个、分销处23个。同年11月，晋西北实行精兵简政，晋绥行署交通总局同晋绥新华书店合并，改称交通总站（晋绥新华书店成为交通总站的发行科，对外仍称晋绥新华书店）。同时，晋绥新华书店随交通总站由河西神木县盘塘村迁驻兴县赵家川口村。抗战胜利前夕，交通总站与晋绥新华书店机构分设，晋绥新华书店迁回兴县城北单独办公。民国38年（1949）6月，晋绥新华书店奉命结束工作。从晋西北新华书店创建至晋绥新华书店结束，累计发行各类图书、课本、教员集训教材和冬学扫盲读物236万余册，其中解放战争时期发行课本86万余册。晋绥新华书店结束使命后，书店资产移交中共晋西北地委，原晋绥新华书店所辖各支店划出，留下的人员改组为晋西北新华书店。同年9月，晋西北新华书店改称新华书店兴县支店，负责兴县、岚县、岢岚、保德4个县的图书发行工作。1952年，新华书店兴县支店更名为兴县新华书店。该店位于县城东关大舞台广场之北，共有平房22间（包括库房、售书门市和办公室），建筑面积528平方米。

晋西北军区卫生学校、晋绥军区卫生学校旧址　民国29年（1940年）4月，120师卫生部在兴县碧村组建了120师医训队，谭道先任队长，卢长岭任政治指导员。不久，该医训队迁驻神府县贺家川村。民国30年（1941年）4月，晋绥军区卫生部将医训队改建为晋西北军区卫生学校（校址设在神府县贺家川），先后担任卫校校长的有祁开仁（军区卫生部副部长）、章德炎、张金（1945年接任），先后担任卫校政委的有戴正华（军区卫生部政委）、刘庆珊（手术医院政委）。晋绥军区手术医院作为晋西北军区卫生学校附设医院，同时在黄河沿岸设立几个直属医疗所（其中在兴县马蒲滩村设立卫生部直属医疗第2所，也称晋绥军区后方医院）。民国31年（1942年）8月，晋西北军区卫生学校改称晋绥军区卫生学校。

民国35年（1946年）9月，参加绥远战役和南线反攻作战救治工作的晋绥军区卫校师生返回兴县，分住在碧村和任家湾村，借用民居97孔窑洞，占地面积约1370平方米。军区卫生部副部长史书翰兼任卫校校长，刘庆珊任卫校政委，马从昕任副政委，晋希哲任教务科长。全校师生自力更生，进行了校舍建设，相继修建了解剖、生理、病理、药理、微生物、寄生虫等实验室，整修了教室和图书室。

在此基础上，晋绥军区卫生学校恢复招生制度，建立了入学考试制度、升留级制度、毕业考试以及教学管理等制度，教学和管理实现规范化。晋西北军区和晋绥军区卫生学校先后招生350多人，共举办10个班（其中3个护士班），学生毕业后大都被分配到各部队从事战地医疗救治工作，为根据地抗战胜利作出了积极贡献。

民国37年（1948年）3月初，晋绥军区卫生学校移驻山西静乐县段家寨，5月，晋绥军区卫校迁驻晋南新绛县南古交村。同年12月，根据陕甘宁边区与晋绥军区首长决定，延安西北医专与晋绥军区卫校合并改建为“西北人民医药专门学校”，史书翰任校长，刘庆珊任政委。晋绥军区卫生学校克服种种困难，为部队培养训练卫生技术人员2000多人。

中华人民共和国成立后，西北人民医药专门学校迁驻西安市，先后更名为西北军区人民医学院、第一军医学院、人民解放军第四军医大学。

白求恩国际和平医院第六分院旧址　前身是位于陕西省神木县贺家川的晋西北军区手术医院，后改为晋绥军区卫生部直属医疗三所。民国35年（1946年）9月，晋绥军区卫生部直属医疗三所迁驻兴县碧村，先后改建为国际和平医院第六分院（也称和平医院）、白求恩国际和平医院第六分院（分别驻设碧村和马蒲滩村），作为晋绥军区卫生学校教学医院。该医院有医务人员300余人，分设内科、战外科、普外科、妇产科、放射科、门诊部、化验室、手术室、药房等科室，病房曾占用70孔石窑洞，拥有300多张床位。该医院旧址为四合院，东面的3孔窑洞为手术室，两侧石窑设为病房，西面窑洞是医务人员办公住址（已毁），其余窑洞现保存完好。民国38年（1949年）5月，驻设碧村的白求恩国际和平医院第六分院随部队西进西安市，后发展成为中国人民解放军第四军医大学第一附属医院。

国际和平医院第六分院疗养所—兴县专署公立医院旧址（包括后续沿革）　民国38年（1949年）5月，驻设碧村的白求恩国际和平医院第六分院撤走时留兴县30余人，与从临县青塘民众医院调来的60余人组成国际和平医院第六分院疗养所（也称晋绥军区休养所），从碧村迁至车家庄村（今属奥家湾乡）。同年，该疗养所大部分人员调往太原，所留40余人组建为兴县专署公立医院。地址位于紫沟口兴县人民医院旧址。

晋绥军区后方医院旧址　民国34年（1945年）秋，晋绥军区后方医院驻马蒲滩村（今属魏家滩镇）。抗战胜利后，驻设碧村的晋绥军区卫生部直属医疗三所与驻设于马蒲滩的晋绥军区后方医院改建为白求恩国际和平医院第六分院（分别驻碧村和马蒲滩村）。民国38年（1949年）春，驻设碧村的白求恩国际和平医院第六分院撤走，驻马蒲滩村的白求恩国际和平医院第六分院复称晋绥军区后方医院，并分设三个所：第一所驻马蒲滩村，主治外科；第二所驻高家崖，属轻外科；第三所驻西瓷窑沟，属普外科。同年冬，驻设马蒲滩村、高家崖村和西瓷窑沟的晋绥军区后方医院3个分所全部随军南下。

兴县第一完小旧址　兴县抗日民主政权成立后实行民主主义教育，民国29年（1940年）1月15日，兴县第一完小成立，校址位于蔚汾镇东关村文化街，坐北朝南，现存为砖木结构二层建筑。中华人民共和国成立后，教育部门对该校进行改造，在校学生达到4180人。1981年，第一完小撤并。

东关大舞台　位于蔚汾镇东关村，建于民国35年（1946年）8月。现存舞台坐南朝北，占地173平方米；面宽五间，进深六椽，七檩无廊式构架，灰板瓦屋面，卷棚硬山顶，柱础石上刻有“狮子滚绣球”图案。

兴县民众医院—兴县卫生院旧址　民国33年（1944年）4月，晋绥行署门诊部抽调中西医和司药共5人，连同部分设备、药品等，在县城东关（今东关大舞台东侧）开设兴县民众医院。次年，因行署门诊部调走4人，仅留一名西医师，民众医院聘请7名中医轮流来院坐诊，医院得以继续运营。民国37年（1948年），全院增至21人，分设内科、外科、中医科。同年10月，民众医院改称兴县卫生院。院址设于紫沟口（新建，后为兴县人民医院）。

名人旧居

贺龙旧居　位于蔡家崖乡木兰岗村，为坐东朝西石砌窑洞。2014—2015年，兴县人民政府投资150余万元（包括中共中央晋绥分局碧村旧址修缮工程投资）对该旧居进行了保护性修缮。

王光美旧居　民国36年（1947年）3月，在中共中央外事组工作的王光美随军委外事组人员撤离延安，东渡黄河，于4月被分配到兴县土改工作队（队长王炳南），在蔡家崖集训后到五区姚家会村参加土改。该年中秋节后又被分配到魏家滩参加土改。次年春，王光美结束土改工作，离开兴县赴西北坡。王光美魏家滩旧居坐北朝南，占地面积325平方米，现存窑洞1孔、房屋2栋、大门1座。

晋绥土改工作组旧址　位于蔡家崖乡木兰岗村内。抗战胜利后，贺龙夫人薛明、李井泉夫人肖里转到木兰岗村发动群众纺纱织布，支援前线。民国36年（1947年）3月，李培芝（王若飞烈士夫人）从延安到兴县，担任木兰岗土改工作组长，薛明、肖里任副组长，发动木兰岗群众开展土改运动。该驻地旧址坐北朝南，占地面积320平方米，现存窑洞3孔。

白家沟土地合作社旧址　位于魏家滩镇白家沟村内。民国33年（1944年），白家沟村党支部书记贾宝执率先组织8户农民创办土地运输合作社，劳力由合作社安排，耕地、牲畜、农具等归个人所有，集体付酬使用，收益按劳分红，促进了白家沟村的发展。该合作社旧址坐北朝南，占地面积160平方米，为2层砖石结构，其中第一层为4孔砖面石砌窑洞，第二层为砖木结构房屋。

军工生产单位旧址

民国33年（1944年）10月，晋绥军区后勤部工业部成立，至民国37年（1948年）6月，全军区先后修建兵工厂14个（资料来源：解放军档案馆24宗1947年28卷2号），其中在兴县境内修建或迁驻3个。

晋绥军区工业部第一厂旧址　前身为民国29年（1940年）5月在陕北葭县（今为佳县）组建的120师捊牛沟修械厂（为120师修械所与工卫旅修械所合并），杨开林任厂长，有职工约200人，工厂下设工程科、总务科。工程科分管机工股、铁工股、钳工股、木工股、材料股、炸弹股、检验股；总务科分管总务股、管理股、财务股和运输队。民国33年（1944年），牸牛沟修械厂改为晋绥工业部第一厂。民国35年（1946年）春，晋绥工业部第一厂迁驻兴县车家庄村。厂房全部借用民房，建筑面积5000平方米。民国38年（1949年）7月，晋绥工业部第一厂停产，大部分职工随军南下。

晋绥军区工业部第五厂旧址　民国35年（1946年）7月，晋绥军区工业部第五厂建于贺家圪台村（现属蔚汾镇），建筑面积5000多平方米。晋绥军区工业部第五厂主要生产50毫米掷弹筒弹、60毫米迫击炮弹、木柄手榴弹、手掷燃烧弹、60毫米炮射照明弹等。两种炮弹月产3000发左右，手榴弹月产1万发以上，燃烧弹、照明弹等产量不大，月产100～200发。所产生铁的数量，可以保证每月炮弹和手榴弹壳的铸造需要。民国38年（1949年）5月，晋绥工业部第五厂停产，近300名职工随军南下。原厂改造为兴县农具厂。

晋绥军区工业部第六厂旧址　创建于民国35年（1946年），厂址位于后发达村（现属蔚汾镇），该厂配套安装50千瓦（62.5千伏安）1号发电机和66千瓦（82.5千伏安）2号发电机，于次年7月1日正式发电。所发电力用以供应晋绥工业部第一厂、第五厂生产，同时供应晋绥军区司令部、政治部、后勤部和中共中央晋绥分局、晋绥边区行署、西北农民银行钞票厂（洪涛印刷厂）、《晋绥日报》等机关照明。民国37年（1948年），该厂又投入1台50千瓦日式机组，总装机120千瓦。民国38年（1949年）8月15日，该电厂正式移交兴县管辖。大部分职工到临县林家坪集训后随军西进。少部分职工连同一套发电机组移交兴县专署。该厂址建筑面积8000多平方米（其中厂房建筑占地7500平方米）。现存石窑洞3孔，窑额上刻有红五角星，北窑洞墙上有石碣1方，刻有“晋绥军区工业部第六厂”等字，时代特征鲜明。

晋绥边区纺织第一厂旧址　民国26年（1937年）11月，兴县开明士绅牛友兰在牛家商号“复庆永”基础上创办“兴县民众产销合作社”，该合作社下设的生产部，主要生产牙粉、肥皂、毛巾、袜子、绑腿带和土布。次年，为躲避敌机轰炸，该产销合作社及生产部迁驻孔家沟村（今属蔚汾镇），借用民房发展生产，建筑面积达到4500平方米，并通过招收学徒，增添设备，生产规模不断扩大。民国28年（1939年）秋，县政府将该产销合作社的生产部更名为“兴县纺织厂”，牛友兰任经理。次年春，兴县纺织厂扩建为“晋西北纺织第一厂”，归晋西北行署领导。同年秋，为防日军“扫荡”，晋西北纺织第一厂迁驻神府县阎家堡村。民国32年（1943年）后，该厂更名为“晋绥边区纺织第一厂”，划归晋绥军区后勤部领导。至民国33年（1944年）末，该纺织厂连续3年累计织布15.68万匹。民国34年（1945年）冬，晋绥边区纺织第一厂迁驻奥家湾村。民国37年（1948年），晋绥边区纺织第一厂奉命撤销，纺织第一厂机器和部分工人并入晋绥军区被服第一厂，部分职工随军奔赴新解放区。

晋绥军区被服第一厂旧址　前身是民国29年（1940年）在神府县王家沟村创建的晋西北军区第一被服厂，主要任务是制作服装与装备品，归军区后勤部留守处领导。民国35年（1946年）春，该被服厂迁驻兴县车家庄村，有职工近300人，全部借用民房，建筑面积3500平方米。民国38年（1949年）春，该被服厂奉命停产，部分员工并入晋绥军区工业部第一厂；多数职工由晋绥行署民政科安置于下属各县。

蔡家崖防空洞

位于蔡家崖村东部石崖上，人工开凿而成。民国29年（1940年），日军对晋西北根据地空袭频繁，为保证机关办公室和群众安全，由驻地军、政机关干部和群众共同在石崖上开凿弯曲形的石洞，高1.75米，宽1米，深200米。若遇日军飞机轰炸，军民立即转入洞内，确保安全。现存防空洞入洞口处位于一村民的窑洞内地下，另一入口悬挂半崖，离地2米余。1960年，该防空洞被兴县人民委员会公布为重点文物保护单位。

部分战斗遗址及烈士陵园、墓地

二十里铺战斗遗址　民国29年（1940年）6月28日，日伪军3000余人分四路进犯兴县，企图合击晋西北抗日根据地领导机关及主力部队。120师师长贺龙等师部领导判断敌扑空后将向岚县方向撤退，遂集中第358旅、独1旅、第3支队、第5支队等部，由358旅旅长张宗逊、政委李井泉统一指挥，在县城以东二十里铺地区伏击东退之敌。

7月4日上午11时，敌2000余人相继进入奥家坪至明通沟地区，预伏在南山的独1旅2团、715团与敌展开激战。至17时，358旅716团赶来增援，从敌侧后攻占奥家坪阵地。黄昏时，敌退至阳会崖、明通沟等村。当夜，358旅、独1旅冒雨出击，血战通宵。5日上午，因又有1200余敌增援参战，贺龙果断命令部队交替掩护，撤出战斗。此战，八路军共毙伤敌700余人，自身伤亡400余人。

二十里铺战斗纪念碑建于恶虎滩乡阳会崖村，2015年8月29日，晋绥儿女、120师官兵后代和兴县四大班子领导、县人武部、县民政局、奥家湾、恶虎滩乡部分党员干部、学生代表在阳会崖村参加了“二十里铺战斗纪念碑”揭碑仪式。

二十里铺战斗牺牲的17位烈士安葬于交楼申乡新舍窠村（后迁葬于晋绥解放区烈士陵园凤凰岭新区）。

田家会战斗遗址及烈士墓　民国31年（1942年）年5月14日，日军独立五十九旅团第八十五大队主力和一部伪军共700余人，在村川大佐指挥下，由岚县出发，再一次奔袭驻兴县晋西北党政军领导机关，遭沿途阻击。17日拂晓，敌扑向县城时，已是一座空城。又发现120师358旅716团跟进至二十里铺附近，顿觉情况不妙，慌忙向县城西南方向高地撤退。军区司令员贺龙令参谋长周士第迅速调集716团、工卫旅和兴县游击大队阻击包围敌人。358旅参谋长李夫克、政治部主任朱明随军指挥。经白家墕、二京山、龙尾峁、肖家洼等地连续打击，敌死伤惨重。19日，敌败退至田家会，固守南北高地，被军区参战各部四面包围。18时30分，军区参战部队发起总攻，激战两小时，击毙敌横尾大尉及据守田家会村残敌。此战，八路军参战部队共歼敌500余人，俘40余人，村川大佐也因伤重毙命。同时缴获敌马匹355匹、山炮1门，轻、重机枪8挺，长短枪57支，掷弹筒5个、掷弹筒子弹300发，战刀4把，夺回牲口155头。战斗中，军区侦察参谋汤佑甫、副政治指导员陈生财等40多人光荣牺牲，100余名指战员负伤。

田家会战斗遗址位于固贤乡田家会村西北架线梁顶部，面积约10万平方米。

田家会战斗烈士墓位于田家会村东。田家会战斗中牺牲的八路军战士埋葬于此。墓地坐北朝南，面积约100平方米。现墓地封土堆及烈士碑消失，村民以石块代替石碑，按次序排列，共12处。

甄家庄战斗遗址及烈士陵墓　民国32年（1943年）9月，日军以2个旅对晋西北抗日根据地进行“扫荡”。9月26日，日军第59旅团第85大队及伪军一部共800余人，分两路合击兴县晋绥军区等领导机关，扑空后，于10月初窜至赵家川口盘踞。

晋绥军区指挥部集中警卫营、特务团（团长杨嘉瑞，政委朱明亲）、17团（团长闵鸿友，政委孙鸿志）、21团（团长张新华）、26团、36团（团长高永祥，政委严尚林）等部，由晋绥军区副司令员兼参谋长周士第、358旅参谋长兼第三军分区参谋长李夫克、第八军分区政委罗贵波指挥，决心歼灭这股孤军深入之敌。

10月5日拂晓，敌由赵家川口东撤小善畔，被军区参战部队阻击包围。激战2日，敌死伤惨重。6日21时，敌向东南方向突围，在杨塔、曹家坡、刘家庄沿途不断遭我军区部队伏击。7日晨，敌逃至花子村，被军区部队阻击、追击，将敌二次包围。指战员们冒着敌机猛烈轰炸，发起总攻。敌不支，向东溃退。又被军区参战部队截击于甄家庄附近。敌进退无路，遂爬上甄家庄南山顽抗。8日夜，敌组织突击队，企图偷袭驻设在兴（新）庄的军区前进指挥所，被击退。9—10日，敌仍被困山上。敌机虽然从早到黄昏，不停轰炸，但军区部队不断进攻，敌死伤过半。10日夜，残敌百余人向东突围，在郑家岔又遭军区特务团伏击。随后追击部队和29团赶到，一起夹击，全歼残敌。11日拂晓，3架敌机前来掩护，仅有百余敌逃回岚县王狮据点。

此战，晋绥军区共歼灭日军700余人、伪军百余人，缴获轻重机枪17挺、长短枪数百支、子弹3万余发，创造了八路军用步枪歼灭陆空配合之敌的模范战例。

甄家庄战斗遗址位于固贤乡甄家庄村南山顶，遗址面积12万平方米。

1960年，甄家庄战斗遗址被兴县人民委员会公布为重点文物保护单位。2015年9月，兴县人民政府在甄家庄村口新建一座仿古碑亭：甄家庄战斗纪念碑。

段家湾烈士墓　位于东会乡段家湾村西，面积约400平方米。民国32年（1943年）9月，在甄家庄战斗中牺牲的17位烈士安葬于此。1957年设立烈士碑。墓地现封土堆无存，有青石碑2通，均为圆首石质碑。一通碑高2.1米，宽1米，厚0.25米，碑阳刻有“革命烈士永垂不朽”。

小善畔烈士墓　位于孟家坪乡小善畔村西南坡地上。民国32年（1943年）9月，日军第五十九旅团八十五大队偷袭兴县未果。10月向南川进发，在小善畔被八路军包围，双方展开战斗。在此战中牺牲的八路军烈士均安葬于此。墓区坐北朝南，面积约600平方米。现存封土堆46座，埋葬烈士人数不详。墓地南端有石砌碑1座，水泥抹面，以此作为墓地园门。

明通沟伏击战主战场遗址　甄家庄歼灭战后，日寇为挽回其失败的局面，又纠集驻守五寨和岚县的独立混成第三旅团和第八十五大队残部等日伪军共1000余人，分两路向兴县地区进行报复性的“扫荡”。民国32年（1943年）10月14日，晋绥军区指挥部命120师特务团即日赶到兴县城东15公里的阳会崖、明通沟一带设伏。军区特务团长杨嘉瑞率4个连先行打击东来之敌。16日上午10时，敌尖兵及前梯队进入阳会崖伏击地区时，营长刘凤洪一声令下，地雷枪弹齐鸣，火光起处，人仰马翻，血肉横飞，残敌仓皇逃窜，被预设的快火手榴弹炸得丢盔弃甲，龟缩沟内。连长胡俊源指挥机枪封锁沟口，以断援敌。日军后梯队不敢冒进，分兵退避明通沟村及村外土坎下。胡连长组织火力猛击坎下之敌，逼敌退入八路军另一埋伏地，复遭袭击。午时，3、5、7连奉命依次撤走，6连却遭敌机枪猛烈扫射和追击炮轰击，20余人受伤。胡俊源连长为减少伤亡，命排长王富有带队先撤，自己和机枪手康小栋殿后掩护。突然，康小栋负伤伏倒，胡连长端起机枪边扫射边指挥撤退，不幸头部中弹，壮烈牺牲。2排长和战士们抬着连长遗体和伤病迅速撤离。此战，八路军歼敌156人，自身牺牲1 8人。

明通沟伏击战主战场遗址位于恶虎滩乡明通沟村南、蔚汾河道及两侧山坡上，面积4万平方米。1999年7月，明通沟主战场遗址被兴县人民政府公布为重点文物保护单位，后建立明通沟主战场遗址纪念碑。

李家塔烈士陵园　位于奥家湾乡李家塔村东北。民国33年（1944年）秋，驻岚县东村和离石一带的日伪军3900多人进犯兴县，被八路军、游击队和民兵截击多次，敌遭惨重打击后退回据点。在此次秋季反“扫荡”战役中，八路军牺牲的42位烈士集中安葬于此。陵园坐北朝南，占地面积1050平方米。陵园内有烈士纪念碑1通，烈士墓及纪念小青石碑42座。四周土墙围护。1960年，李家塔烈士陵园被兴县人民委员会公布为第一批文物保护单位。

裴家川口烈士墓　位于瓦塘镇裴家川口村北山梁。墓地坐北朝南，面积约200平方米，现存封土堆有8个，有青石质纪念碑3通，石碑记述了民国34年（1945年）在晋绥边区战斗中牺牲的部分八路军战士姓名、出生地及所属部队。

“四八”烈士殉难处　位于东会乡庄上村北、黑茶山主峰西南侧。民国35年（1946年）4月8日，中共第七届中央委员王若飞、中共第七届中央委员秦邦宪、刚出狱的原新四军军长叶挺、参加世界职工大会归来的中共中央职工委员会书记邓发、贵州教育家黄齐生及有关随员共17人（含4名美国机组人员），由重庆飞往延安，因天气恶劣，飞机迷航，在黑茶山南侧撞山失事遇难（殉难处海拔约1960米）。为纪念“四八”烈士，县民政局在飞机撞山处立有“殉难处”石刻一方，并建六角形纪念亭。

“四八”烈士祠　位于东会乡寨上村西。民国35年（1946年）冬，为纪念黑茶山飞机失事殉难的“四八”烈士，兴县人民政府将寨上村西原观音庙改为“四八”烈士祠。烈士祠坐北朝南，有3孔石窑洞，占地面积625平方米。祠内设有王若飞诸烈士木刻灵牌13块，刻制石碑两通（均由观音庙石碑打磨刻制），分别记述“四八”烈士遇难纪事和王若飞诸烈士生平简历，碑高2.2米，宽0.90米，厚0.20米。院内栽植数株高大挺拔的松树，郁郁葱葱。1980年，祠内英烈位牌及2通石碑均移至庄上村新建“四八”烈士纪念馆。

孙良臣墓　位于固贤乡固贤村东南里脊梁山上，坐南朝北，面积约900平方米。墓碑高1.7米，宽0.7米，碑阳书“孙良臣墓”。孙良臣（1885—1947），晋绥边区著名开明士绅，曾任山西省平遥县县佐，阳曲、方山、山阴县区长，兴县防疫局长。民国26年（1937年），孙良臣主动接触八路军并捐款，协助刘少白开办兴县农民银行，协助牛友兰开办纺织厂，解决抗日军民穿衣问题。民国29年（1940年）春，他被聘为晋西北行政公署行政处副处长兼兴县产销合作社主任。民国31年（1942年）10月，他任晋绥边区高等法院院长。民国37年（1948年）1月1日，孙良臣去世，终年63岁。

店上烈士陵园　民国35年（1946），在晋绥军区后方医院（原址在马蒲滩村）医治无效亡故的47位烈士遗体安葬于晋绥军区后方医院附近。1959年，魏家滩镇人民政府在店上村新建“烈士陵园”，将47位烈士遗骨迁葬于陵园。陵园坐北朝南，占地面积570平方米，大门上有1颗红五角星，大门正北有圆首纪念碑1通。现残存东围墙约8米，烈士墓封土堆夷平，纪念碑尚存。

第三节　当代革命历史旧址与建筑

邮局旧址

位于蔚汾镇西关村文化街。始建于1951年。民国29年（1940年）兴县抗日民主政府成立，开设界河口、鹿家岔、林遮峪、黑峪口4个邮站和县城西关、东关、北关3个投递段。1950年初，因站与站相距较远，交通员常有变换。县政府决定撤销原站地，成立兴县邮局，并实行邮政、电信统一管理，负责全县的信函、包裹、汇兑、电话等业务。该旧址为二层的砖砌结构，正面为砖砌门窗，面宽3间，进深1间，建筑正中砖砌三角形楼顶，上有五星，匾题有“邮电”二字。

晋西北人民医院—忻县专区人民医院—兴县人民医院旧址

1952年，兴县专员公署撤销，兴县专署公立医院并入兴县卫生院（1948年10月由兴县民众医院改建，地址在东关大舞台东侧），全院有医务人员27人、病床位20张。同年10月，兴县卫生院改组为晋西北人民医院（地址移至县城玉京山西侧、紫沟口县人民医院旧址）。1957年，晋西北人民医院更名为忻县专区人民医院。1963年，忻县专区人民医院改称兴县人民医院。地址即兴县人民医院旧址（县人民医院搬迁至新区后，兴县中医院移驻该址）。

高如星旧居

位于蔚汾镇东关村东关段142号。旧居坐北朝南，占地面积220平方米。现存正窑和西窑。高如星（1929—1971），别名石眠，兴县人。民国36年（1947年）加入中国共产党。他聪颖好学，具有突出的音乐才能，曾为《盘龙山上锁盘龙》《江山多娇》《野火春风斗古城》《柳堡的故事》等20多部故事片作曲，创作《藏胞歌唱解放军》《海上南泥湾》《生产秧歌舞》《我们是人民的武装》《九九艳阳天》等深受群众喜爱的歌曲。其中《柳堡的故事》插曲《九九艳阳天》获全国优秀歌曲奖。高如星于1971年2月蒙冤去世。文化大革命结束后，武汉军区于1979年1月为其召开追悼会平反昭雪，宣布他为中国共产党优秀党员。

吕梁农业大学白家沟校区旧址

位于魏家滩镇白家沟村北。旧址坐北朝南，占地面积1082平方米。1958年，兴县创办半耕半读式“吕梁农业大学”（实为农业技术学校），共分15个校区，白家沟校区是其中之一。学校学制2年，课程有农业基础课、财会等。白家沟办学规模居全县之首，为当地培养了一批农林畜牧优秀人才，服务了农村经济建设。

樊如厚革命烈士纪念碑

位于瓦塘镇瓦塘村。1954年，为纪念在抗美援朝战争中牺牲的樊如厚，由其家人所立。碑立于木构碑亭内，占地面积16平方米。碑青石质，圆首，高1.2米，宽0.6米。碑阳题“革命烈士光荣纪念碑”。碑文记载：樊如厚（1927—1953），兴县沙沟庙村（今属瓦塘镇）人。民国33年（1944年）参军，1951年立功1次，随后参加中国人民志愿军，赴朝作战。1953年5月4日壮烈牺牲，时年27岁。

贾宝执烈士墓

位于兴县魏家滩镇白家沟村南。墓地坐东朝西，面积约500平方米。现存墓冢1座、墓碑1通、墓园门1座、围墙1处。墓碑为圆首石质碑。1974年，兴县革命委员会立此碑，上书“贾宝执烈士之墓”。贾宝执（1927—1973），兴县白家沟村人，民国28年（1939年）开始从事革命活动，民国29年（1940年）加入中国共产党。民国33年（1944年）带头响应毛泽东“组织起来”的号召，创办白家沟土地运输合作社，其办社经验载入《中国农村社会主义高潮》一书；贾宝执曾被评为“甲等土地运输合作社英雄”和“全国农业劳动模范”，7次受到党和国家领导人接见。1973年12月2日，贾宝执牺牲在农田基本建设工地上，山西省革命委员会授予其革命烈士光荣称号。

第三章　文物管理与保护

第一节　管理机构

晋绥边区革命纪念馆

1962年建馆，至1989年，为股级建制，后升格为副科级、科级建制。2006年4月，该馆划归吕梁市文物旅游局直管，为副处级建制。2011年12月，晋绥边区革命纪念馆升格为正处级建制，属吕梁市政府直属事业单位。至2016年，晋绥边区革命纪念馆核定编制19人，实有17人；设馆长1人、副馆长2人。

“四八”烈士纪念馆

1980年建馆，到2007年4月，为股级单位。2007年5月31日，“四八”烈士纪念馆升格为县政府直属正科级事业单位。2012年3月，山西省机构编制委员会办公室发文，将“四八”烈士纪念馆规格确定为副县级机构。至2016年，“四八”烈士纪念馆核定编制8人，其中设馆长1人，设副科级3人（副馆长1人）。

晋绥解放区烈士陵园管理中心

晋绥解放区烈士陵园管理中心为兴县民政局直属正科级事业单位，至2016年末，该管理中心核定全额编制8人，实有7人；设主任、副主任各1人。

兴县文物旅游开发管理中心

1994年，兴县文物管理所成立，为股级单位，隶属县文化局。2005年，兴县文物旅游开发管理中心（挂兴县文物旅游局的牌子）成立，为县政府直属正科级事业单位。文物管理所划归文物旅游开发管理中心管理。至2016年末，兴县文物旅游开发管理中心核定编制9人，实有8人；设主任、副主任各1人。

第二节　文物保护

文物普查

从中华人民共和国成立至1988年，兴县进行过两次文物普查，其中，第二次共普查出不可移动文物75处，含古遗址44处、古墓葬9处、古建筑5处、石窟寺及石刻3处、近现代重要史迹9处、其他文物古迹5处，普查成果被2006年《中国文物地图集·山西分册》收录。已公布的各级文物保护单位共20处，其中全国重点文物保护单位1处：晋绥边区政府及晋绥军区机关旧址（1996年11月第四批公布）；全国重点烈士纪念建筑物保护单位1处：晋绥解放区烈士陵园（1989年公布）。

省级文物保护单位共6处，其中“四八”烈士殉难处，1965年5月24日公布；胡家沟砖塔，2004年6月（第四批）公布；《晋绥日报》社旧址，2016年6月（第五批）公布；碧村遗址，2016年6月（第五批）公布；晋绥边区政府及军区机关旧址，2016年6月（第五批）公布；北坡中共中央晋绥分局旧址，2016年6月（第五批）公布。

市级文物保护单位3处，其中李家湾晋西北军区旧址，2006年7月公布；北坡中共中央晋绥分局旧址，2006年7月公布；石堠山道观，2006年7月公布。

县级文物保护单位共12处，其中有蔡家崖村防空洞（1960年公布）、田家会战斗遗址（1960年公布）、甄家庄战斗遗址（1960年公布）、李家塔烈士陵园（1960年公布）、碧村古城遗址（1994年公布）、裴家川口堡梁合河关遗址（1994年公布）、罗峪口镇东豆宇昊旻寺遗址（1994年公布）、蔡家会村关帝庙遗址（1994年公布）、蔡家崖村宋代墓群、石堂会村千佛洞（1994年公布）、魏家滩镇葛家里化石出土点、明通沟主战场遗址（1999年公布）。

2007年4月至2011年12月，全县共进行三次普查，共普查文物324处，其中新发现241处、复查83处；普查登记文物324处，其中，古遗址118处、古墓葬33处、古建筑96处、石窟及石刻10处、近现代重要史迹及代表性建筑50

处、其他类17处。

宣传保护

2006年6月10日，是中国第一个“文化遗产日”，县文物部门在街头举办以“保护文化遗产，守护精神家园”为主题的宣传活动，散发传单5000余份，在宣传现场设有咨询台、并展示宣传版画。

2008年，县文物旅游局对新受聘的50名义务文物保护员进行业务培训，并颁发“文物保护员证”，文物保护工作逐步纳入规范化管理的轨道。

修缮保护

胡家沟砖塔是县境保存最完整的一处古建筑，省级重点文物保护单位。2011年，县人民政府邀请山西省和吕梁市文物部门对塔进行先期地质勘探；2012年又委托山西省古建筑保护研究所完成《胡家沟砖塔保护修缮设计方案》；2013年2月，该方案获山西省文物局批复；同年6月，山西省古建工程有限公司中标，8月工程动工，于2015年底完成主体保护工程。2012年10月，兴县启动中共中央晋绥分局北坡旧址历史风貌修复工程。该工程由北京炎黄联合国际工程设计有限公司和山西省风景科学研究所共同设计，总投资8073万元。新建建筑、修缮建筑6800平方米（5个大院、12个小院），修缮村街步道1500平方米、环山路525平方米，广场、平台、院落4200平方米，2016年6月完工。

2014—2015年，县人民政府投资150余万元对贺龙木兰岗旧居和中共中央晋绥分局碧村旧址也进行了保护性修缮。

第四章 旅 游

第一节 旅游资源与开发建设

旅游资源

兴县幅员广阔，历史悠久，旅游资源较为丰富，主要包括自然景观和红色旅游两部分。

自然景观　黑茶山：古称合查山，位于兴县城东南60公里的东会乡与固贤乡交汇处，呈东北—西南走向，主峰海拔2203.8米。其山势雄奇峻伟，松柏苍翠，素以山高林密、气候变幻莫测而闻名。站在黑茶山顶，可观日出之美丽，看云海之壮观。向东看，山峦起伏，云烟氤氲，白云绕山；向西望去，沟壑纵横，广袤的黄土高原尽收眼底，气势磅礴，景观独特。春夏之季，这里常阴云遮蔽，迷雾笼罩；冬雪覆盖时，漫山银装素裹，分外妖娆。黑茶山植物层次较为明显，既有低山浅山区的灌木林带，也有中山区杨桦林带、落叶松林带，还有高海拔的云杉、红桦，以及亚高山草甸；林间常有褐马鸡、金钱豹、麝、山狍等珍贵动物出没。2004年，山西省人民政府批准建立黑茶山森林公园。2012年，黑茶山被国务院公布为“国家级自然保护区”。

石楼山：位于兴县恶虎滩乡，又名通天山。因其形似三层石楼而得名，海拔1774米，矗立于万山环抱之中，突起于群峰之上，远看像天外奇楼突兀而至。山间重峦叠嶂，林木葱郁，植被完好，景色宜人。据清修《兴县志》载：早在隋末唐初，这里即有僧道进行传教活动，并开始大兴土木，山中寺庙林立，房屋数百间，常住僧众200余人。如今古寺旧址依存。当红日西沉，晚霞辉映之时，此山完全溶于落日余晖，织成酷似莲花状的奇观，被称“石楼晚照”，为兴县著名景观之一。

石堠山：位于恶虎滩申乡，与石楼山隔河相望。石堠山（现地图标为石猴山）山势险峻、绵延，主峰海拔1657米，重峦叠嶂，翠柏森森。相传该山为古代佛教之地、屯兵之所。山腰间存有元大德（1297—1307）年间修建的道观遗址。庙里石碑镌刻有“大元国冀宁道岚州”等字样。石堠（猴）山峰顶的崖壁上，有两层石头修筑的房屋，为堠山寺遗迹。乾隆《兴县志》描述石堠山：“其顶怪石攒簇，曰莲花峰。峰西有石高数十丈，形如斥堠（斥堠，古代瞭望敌情的堡垒），曰石堠峰。”主峰南侧的山脚下，有一天然石洞，名曰黑龙潭，潭内有两泉，一为神泉，一称人泉，常年不枯不溢。山顶主峰巨石如莲花，因而被称“莲峰石堠”，亦为兴县知名景观之一。

大度山：位于县境西南的紫金山，主峰名大度山，海拔1822.7米。山顶建有大善寺，曾是佛教活动的道场。登上大度山顶极目远眺，重恋叠嶂，满目苍翠：山上有松、柏、山桃、山杏、白桦、蒙椴、辽东栎等30多种树种，森林覆盖率达72%；林间活跃着金雕黑鸡、黑鹳、褐马鸡、猫头鹰等20多种野生动物，其中黑鹳、褐马鸡为国家珍稀保护动物；坡洼崖头生长着黄精、穿地龙、知母、远志等多种中药材。1995年，民间对该山大雄宝殿、藏经楼、观音殿、真武殿等进行修缮、复建，多有陕北、晋西北游人慕名到此观光。

仙人洞：位于交楼申乡桃花山下仙洞口村，与石楼山、石堠山遥相呼应。仙人洞洞内似鬼斧神工所造，大小洞窟相连，曲径通幽。已探明溶洞总面积约1万平方米，其中面积100平方米以上大溶洞9个，最大溶洞面积1400余平方米；50平方米以上的中小溶洞10个，堪称“华北第一”。洞内岩溶发育良好，形如悬泉瀑布、飞禽走兽、寿星活佛，形态各异；洞壁、洞顶钟乳滴缀，琳琅满目，晶莹剔透，美如白玉。其中东南部一洞，人称“仙人阁”，阁室外有一股黑色水流环绕，深度和长度不可测，宽约2丈，人称“黑水涧”，其上有一独木桥，传说奇特。在洞内一个面积千余平方米的大溶洞内，还保存有50多个圆形小坑，每坑直径1米，深约一米。山西省地质勘探专家勘查后认为仙人洞下部及东南方向的后山，可找到更大的溶洞，极具开发潜力。

黄河风光：兴县地处秦晋黄河大峡谷中段，黄河属过境河。由北从兴县瓦塘镇入境，流经高家村、罗峪口、圪达上3个乡镇，至圪达上乡大峪口村出境，全长82公里。沿途不仅包含晋陕大峡谷独特的自然景观，而且散落着原始质朴的古村、古寨等人文景观，还有万亩连片、秋季层林尽染的红枣林区。

红色旅游资源　重要革命历史旧址：兴县红色旅游资源相当丰厚，境内有晋绥革命历史旧址60余处。著名的有毛泽东、周恩来、任弼时、刘少奇、朱德等老一辈革命家路居、毛泽东发表《在晋绥干部会议上的讲话》旧址、毛泽东《对〈晋绥日报〉编辑人员的谈话》旧址，中共中央晋绥分局旧址2处（北坡与碧村），晋西北军区（晋绥军区）司令部、晋西北行政公署（晋绥行政公署）旧址，在李家湾、蔡家崖、北坡、赵家川口、碧村、石岭则、木兰岗、小善等村有贺龙、关向应、林枫、续范亭、吕正操、李井泉、武新宇、牛荫冠、周士第等晋绥党政军领导人旧居，抗战日报（晋绥日报）社旧址、洪涛印刷厂旧址、晋绥军区卫生学校旧址、白求恩国际和平医院第六分院旧址等。

革命历史题材展馆：主要有晋绥边区革命纪念馆（含旧址）、晋绥解放区烈士陵园和“四八”烈士纪念馆3处，展陈总面积3.45万平方米，是发展红色旅游、开展爱国主义教育和革命优良传统教育的重要阵地。

开发建设

2004年底，中共中央办公厅、国务院办公厅颁发《2004—2010年全国红色旅游发展纲要》，山西省和吕梁市也相应出台一系列加快红色旅游业发展的意见。根据中央和省地关于发展红色旅游的指示，兴县县委、县政府积极编制晋绥边区革命纪念馆新馆建设和“四八”烈士纪念馆新馆建设方案，两个红色旅游景区建设项目得到上级批复，工程得以开展。2009—2016年，中共兴县县委、县人民政府累计投资1.63亿元，用于红色旅游景区景点开发建设。其中，新建晋绥边区革命纪念馆新馆并重新布展，对周边环境进行集中改造；完成“四八”烈士纪念馆主馆和副馆两大场馆建设，并重新布展，同时购置C-47同机型飞机1架，作为副馆展件；完成北坡中共中央晋绥分局旧址修复工程。其间，按照规划先行原则，相继完成《黑茶山旅游总体规划》《晋绥边区革命旧址蔡家崖风貌修复方案设计》及《晋绥革命根据地红色旅游规划（2013—2025）》编制工作；委托北京清华同衡规划设计研究院编制

《兴县红色旅游发展战略策划》《黑茶山—湫水河红色生态旅游区旅游策划》。

2016年，中共兴县县委、县人民政府完成晋绥边区红色旅游AAAA级景区和黑茶山红色生态旅游AAAA级景区的规划设计，着力打造以蔡家崖为中心，以晋绥边区革命纪念馆、晋绥解放区烈士陵园和“四八”烈士纪念馆为支撑，以晋绥革命旧址为补充的旅游发展战略，对景区资源进行整合、开发。通过宣传促销、旅游推介会、节庆活动等，不断扩大兴县红色旅游知名度，提升旅游市场竞争力。1989—2016年，全县各红色旅游景区景点累计接待游客533.42万人次，其中2016年接待国内游客48.55万人次，旅游综合收入达到5.7亿元。

第二节　景区 景点

红色旅游景区景点

晋绥边区革命纪念馆　晋绥边区革命纪念馆位于蔡家崖乡蔡家崖村，东距县城7.5公里，西临黄河15公里。该馆建馆于1962年。1996年11月，晋绥边区政府和晋绥军区司令部旧址被国务院公布为全国第四批重点文物保护单位。2004年12月，晋绥边区革命纪念馆（包括旧址）被列为全国红色旅游经典景区。2005年11月，晋绥边区革命纪念馆被中共中央宣传部（公布）全国第三批全国爱国主义教育示范基地。2015年8月，晋绥边区革命纪念馆（包括旧址）被列入国务院公布的“第二批国家级抗战纪念设施、遗址名录”。

晋绥边区革命纪念馆景区由旧址和新馆两部分组成。旧址即原晋绥边区政府和晋绥军区司令部旧址，为两个相通的套院，建筑面积7400余平方米，保护面积1.22万平方米。在抗日战争和解放战争时期，这里作为晋绥边区党政军首府，贺龙、续范亭、李井泉、吕正操、周士第、牛荫冠等在这里战斗和生活多年。民国36年（1947年），刘少奇、朱德路经兴县，在此居住。民国37年（1948年）春，毛泽东、周恩来、任弼时等中央领导人赴西柏坡时路经这里，进行了为期10天的重要革命实践活动。旧址区现存“领袖路居旧居”“晋绥干部会议会址（晋绥军区礼堂旧址）”“毛主席《对〈晋绥日报〉编辑人员谈话》旧址”“六柳亭”等。1995年，晋绥边区革命纪念馆（包括旧址）被山西省委、省政府公布为省级爱国主义教育基地。

晋绥边区革命纪念馆新馆于2011年落成开馆。新馆与旧馆隔路相连，总占地面积约1.67万平方米，其中展陈面积6300余平方米。新馆布展采用图片、图标、文献、实物、文字等平面陈列形式和雕塑、蜡像、场景复原、实物仿真、电脑显示、三维场景等声光电多媒体辅助陈列手段，生动地再现了晋绥边区军民11年的革命战斗史。

晋绥边区革命纪念馆建馆以来发挥资源优势，广泛开展爱国主义教育和革命传统教育活动，着力打造红色旅游精品景区。1989—2016年，该馆共接待游客400.58万人次。此外，该馆还协助完成《战斗年华》《密战黑茶山》《毛泽东过山西》及《铁血春秋》等有关晋绥革命历史题材的影视剧拍摄。

晋绥解放区烈士陵园（包括新区）　该陵园展陈英雄烈士人物众多，内容丰富，是了解晋绥边区革命斗争史、褒扬晋绥英雄烈士精神，进行革命传统教育和爱国主义教育的重要阵地。1989—2016年，晋绥解放区烈士陵园累计接待各地瞻仰、祭奠人士80万人次（参见第二十五编《民政》第四章“纪念设施”）。

“四八”烈士纪念馆　“四八”烈士纪念馆位于黑茶山南麓的东会乡庄上村，距离兴县城65公里。建筑面积2419平方米，保护范围41.29万平方米。“四八”烈士纪念馆景区分旧馆和新馆两部分。旧馆为砖木结构的四合院仿古建筑，坐北朝南，建筑面积300余平方米。

新馆包括主馆和副馆两大场馆。其中主馆位于旧馆正北面，建筑总面积2179平方米，展陈面积3680平方米。主馆展陈由序厅、“四八”空难事件展厅以及烈士生平事迹展厅三部分构成。副馆位于主馆和旧馆中间偏东侧，建筑面积5055平方米，展陈面积2100平方米。主要展陈失事飞机C—47同类机型及航空航天科技知识。景区还配套建设停车场2处6000多平方米、登山步行道5公里、旅游公路10公里，周边绿化2万平方米。

2004年12月，兴县“四八”烈士纪念馆被列入“全国红色旅游经典景区”。2009年12月，兴县“四八”烈士纪念馆被中共山西省委、山西省人民政府命名为“山西省爱国主义教育示范基地”。2013年11月，兴县“四八”

烈士纪念馆被中共吕梁市委命名为吕梁市“爱国主义教育基地”。2012年8月19日，以“四八”空难事件为题材、反映晋绥军民搜寻、抬运遇难烈士遗体、遗物，飞机残骸及机上重要资料等历史情节的电影《密战黑茶山》在“四八”烈士纪念馆开机拍摄。

1989—2016年，该景区累计接待游客34.84万人次。

中共中央晋绥分局（北坡）旧址　中共中央晋绥分局北坡旧址，位于蔡家崖乡北坡村。2012年12月，兴县人民政府投资8073万元，对旧址进行历史风貌修复，至2016年，共完成6800平方米主体新建和修缮工程，为兴县红色旅游增添了又一新景观。2013—2016年，该景点共接待游客6.34万人次。

自然风光与生态旅游景点

南山生态文化公园　南山生态文化公园位于县城南山顶，2001年建成。公园内有依山势而建的仿古亭台楼阁，有新落成的烽火台，台身及地面皆用古式大城砖按古代大型烽火台格局砌筑，四周为布局合理的瞭望台和垛堞，置身其上，蔚汾河川和新老城区的风光景象尽收眼底。夜幕降临时，各色彩灯组合成的图景像玉树琼花般闪烁绽放，流光溢彩、璀璨夺目，令人目不暇接。

公园内绿化面积3800余亩，主要为油松、侧柏、樟子松、五角枫、黄刺玫、沙地柏、紫穗槐。春季，这里百花竞放、姹紫嫣红，令人流连忘返。

园内配套设施齐全，山腰开阔地建有草坪健身广场。

烽火台往东，经过状元桥，便是普化寺、魁星庙。

蔡家崖民俗一条街　蔡家崖民俗一条街是依托村里厚重的历史文化遗存和丰富的红色旅游资源倾力打造出来的，包括民俗街和公园两部分。其中，民俗街街长500米，两旁轴线分明、隔路对称、错落有致、古色古香的商店铺面，清一色用桐油漆绘的廊柱、匾额和门窗，青砖灰瓦的起脊房和无根歇厦，折射出晋西北传统商业街和特色民居的神韵、风采；公园占地30余亩，集休闲、健身、踏青、观赏于一体，风格典雅高端，休憩亭阁通幽，配套设施齐全，一派古朴风貌。

蔡家崖民俗一条街

蔚汾公园　蔚汾公园是兴县最具规模的综合型公园，位于蔚汾河新区段张家圪埚1号桥上游300米至新区2号桥之间的黄金地带上，总面积31万平方米。该公园坚持环境效益、社会效益与经济效益协调统一的原则，在满足防洪要求的前提下，以综合园林技术融合独特的景观文化和民俗风情文化底蕴，打造成时尚健身区、亲水体验区、文化传承区、休闲游览区、林木康养区、湿地保育区6大功能区，既可供居民游憩、观赏，也利于开展各种群众文化娱乐活动。

第三节　旅游服务

旅行社

随着兴县旅游业的发展，专门从事旅游服务的各旅行社也应运而生。2015年9月10日，山西东方国际旅行社有限公司兴县广场营业部注册成立。2016年3月29日，山西春秋国际旅行社有限公司兴县新建西路营业部注册成立。2016

年7月19日，山西友谊国际旅行社有限公司兴县营业部注册成立。这些旅行社成立后，主要为全县人民提供国内旅游、出境旅游业务（包括咨询业务）。

宾馆、饭店

兴县可供旅客住宿、餐饮的宾馆和饭店分高、中、低不同档次。其中，中高档宾馆、酒店有太平洋酒店、商务宾馆、鑫裕宾馆、华宇宾馆、帝园酒店等，能够为顾客提供娱乐、保健、商务、购物、订票、租车等多种服务；餐饮方面，可为县外游客提供蒸莜面、金丝烙饼、羊杂碎、扁食冒汤、荞面碗托、水饺、豆面等可口的地方特色美食。

第三十一编

史志　档案

1989—2002 年，兴县档案局（馆）、党史办、县志办是 3 个独立的正科级行政（事业）单位，其中，县档案局（馆）于 1996 年新建三层独体办公楼，建筑面积 1000 平方米，结束了档案馆无馆库的历史。

2002 年县级机构改革，撤销党史办、县志办和档案局（馆），组建档案史志馆，为正科级建制事业单位。

档案史志馆组建以后，组织开展了晋绥老干部兴县活动资料收集工作，完成了《中国共产党兴县历史纪事（1925—2003）》、《中国共产党兴县组织史资料（1932—1987）》（第一卷）、《中国共产党兴县组织史资料（1987.10—1998.8）》（第二卷）、《中共共产党兴县县委、兴县人民政府组织机构沿革（1998.8—2006.12）》等书的编纂出版工作；举办了纪念中国共产党成立 90 周年《辉煌历史》大型图片展；完成了《兴县公仆事略》《兴县革命遗址总览》《抗日战争时期兴县人口伤亡和财产损失课题调研成果》等党史人物专著和历史旧址、资料的整理编纂工作；指导和参与编纂本县部门志、专业志 13 部；编纂出版《兴县年鉴（2016）》等地情资料；聘请山西大学、山西省社会科学院、吕梁学院等资深古汉语专家及教授对清光绪六年（1880）增修的《兴县志》进行了修正、补漏等完善工作，并再版印刷；整理影印了清代康基田编纂的《茂园自传年谱》《霞荫堂诗文集》和民国时期石荣暲编纂的《合河政纪》等古籍著作；完成了新旧档案的接收整理、安全体系建设、档案执法和档案编研、开发等工作。至 2016 年底，馆藏档案总量达到 44161 卷，比 1989 年馆藏档案卷数增加近 2 倍。其中，数字化扫描 15 万幅，实现了异质异地备份档案，并完成档案编研成果 8 部。

兴县籍专业党史工作者牛崇辉多年来参与晋绥革命根据地党史、吕梁革命斗争史、中共山西历史、山西抗战史和党史人物的的研究与编著工作，部分研究、编著成果获得山西省和全国优秀成果奖励。

第一章 机构

第一节　党史办公室

1989年，县党史办公室为正科级建制的行政事业单位。主要负责对全县的中共党史资料进行征集、研究、整理和编撰，完成上级党史部门下达的有关征集晋绥革命根据地史料的任务。至2001年12月，实有行政人员4人。

第二节　县志办公室

1989年，县志办公室为政府直属的正科级建制事业单位。主要负责整理旧志，征集编修县志、年鉴，组织辅导有关单位编修专业志等。至2001年12月，实有事业人员5人。

第三节　档案局（馆）

1989年，兴县档案局（馆）为正科级建制的行政事业单位，局馆合一，一套人员，两块牌子。负责对全县各建档机关的档案业务指导、执法检查，负责档案接收、保管和开发利用等工作。内设机构有办公室、档案业务指导股、档案管理股3个股（室），有工作人员8人。至2001年12月，实有行政人员8人，事业人员4人。

第四节　档案史志馆

2002年，县级党政机关机构改革，撤销党史办、县志办和档案局（馆）3个正科建制的行政事业单位，组建档案史志馆，为正科级建制事业单位，继续保留档案局牌子，负责全县的档案、党史和地方志工作。内设办公室、档案股、县志股、党史股，核定全额事业编制24人，实有22人；其中正科1人、副科2人。至2016年未变。

第二章　史志鉴编纂

第一节　党史工作

县域党史研究与编纂

编纂《中国共产党兴县组织史资料（1932—1987）》（第一卷）　1986年6月，中共兴县县委成立《中国共产党兴县组织史资料（1932—1987）》（第一卷）征编指导组，由中共兴县县委组织部长白双劳任组长（后由组织部长宋海耀继任），樊润德、张三留任主编，设有党的创建和大革命时期、土地革命时期、抗日战争时期、全国解放战争时期、基本完成社会主义改造和全面建设社会主义时期、“文化大革命”时期、社会主义现代化建设新时期，共6章；附录有兴县政权系统组织史资料、兴县地方军事系统组织史资料、兴县统一战线系统组织史资料、兴县群众团体系统组织史资料等。1992年10月，《中国共产党兴县组织史资料（1932—1987）》（第一卷）由山西人民出版社出版发行，全书39.5万字。

编纂《兴县革命史》　由樊润德、张艳奇、牛崇辉编著，1985年2月山西人民出版社出版，1994年7月获山西省首届党史优秀图书二等奖。

编纂《中国共产党兴县组织史资料（1987.10—1998.8）》（第二卷）　1998年9月，《中国共产党兴县组织史资料（1987.10—1998.8）》（第二卷）开始征编，由中共兴县县委常委、组织部长刘学良任主编，党史研究室主任刘频任执行主编；该书内容设有中共兴县地方组织、兴县政权组织、兴县地方军事组织、政协兴县委员会、兴县群众团体组织，共5编。2001年4月，《中国共产党兴县组织史资料（1987.10—1998.8）》（第二卷）由山西人民出版社出版发行，全书38.2万字。

编纂《中国共产党兴县历史纪事（1925—2003）》 2002年，县档案史志馆参加了“晋绥老干部兴县活动”的史料准备工作，负责收集整理18位晋绥老干部在兴县的活动情况资料。2003年，县档案史志馆开始《中国共产党兴县历史纪事（1925—2003）》一书的资料征集工作。《中国共产党兴县历史纪事（1925—2003）》内容包括中国共产党组织在兴县的创建、发展，中国共产党兴县委员会领导全县人民进行的革命斗争以及社会主义建设，包括全县改革开放发生的大事、要事。全书共收录大事条目1173条，67.3万字，由牛寨中主编，2005年3月，该书由中国广播电视出版社出版。同年，该书获山西省档案优秀成果二等奖。

编纂《中共兴县县委、兴县人民政府组织沿革（1998.8—2006.12）》 2007年，根据山西省、吕梁市档案局的安排和县档案馆升级创优的需要，县档案史志馆编写《中共兴县县委、兴县人民政府组织沿革（1998.8—2006.12）》，该书是继《中国共产党兴县组织史资料》第二卷后的续编，已作为内部资料保存。

编制《辉煌历史》展览 2011年，县档案史志馆会同县委组织部、宣传部，通过走访太原、北京等地曾在兴县生活、战斗过的老革命、老领导，征集到具有宝贵历史意义的党史老照片3000余张，筛选其中300余张珍贵历史图片，举办纪念建党90周年大型图片展，编制《辉煌历史》展览版面25块，突出展现了中国共产党兴县县委自1937年冬创建以来带领全县人民浴血奋战，完成解放大业，开创社会主义新时代，走上强县富民道路的辉煌历程。

晋绥根据地党史研究与编纂

牛崇辉，兴县罗峪口镇人，早年在兴县教育局、广播局、人事局、县委组织部、县委办公室工作，曾任兴县县委办公室副主任，1985年6月后调中共山西省委党史研究室工作，从事专业党史研究编纂工作。至2016年末，在晋绥根据地党史研究、编纂方面主要完成《晋绥革命根据地大事记》（1989年10月山西人民出版社出版）、《晋绥革命根据地研究》（1994年1月中国广播电视出版社出版）、《晋绥土地改革运动中的极“左”倾向》（1994年7月1日，牛崇辉撰写该文获山西省纪念山西建党70周年优秀论文一等奖），《晋绥革命根据地组织史资料》（山西省委党史研究室内部印刷）等书籍编著和晋绥边区革命纪念馆展陈大纲编写工作。

山西省和吕梁党史研究与编纂

1989—2016年，牛崇辉编纂或参与编纂了部分山西省和吕梁市（地）党史著作，其中《中国共产党与山西抗战》（担任副主编之一、撰稿人之一）一书于1997年9月由山西人民出版社出版，2001年月获中共山西省委颁发的山西省党史、组织史、当代史优秀成果（史著类）一等奖荣誉证书；《吕梁革命斗争史》（牛崇辉著，李秀峰任主编，薛保平、杨勇任副主编）一书于2001年4月由山西人民出版社出版，获2001年度山西省社会科学学会联合会“百部（篇）工程”一等奖，在2007年9月山西省第四届党史优秀成果评奖中获（史著类）一等奖（由中共山西省委办公厅颁奖）；《中国共产党山西历史（1949—1978）》（担任常务副主编之一）一书于2001年6月由中央文献出版社出版，同年8月，该书获中共山西省委颁发的山西省党史、组织史、当代史优秀成果（史著类）一等奖证书；《山西抗战史研究的现状及今后的走向》一文，于2007年11月获党的十六大以来全国党史部门党史优秀成果（论文类)二等奖(由中共中央党史研究室颁奖)；《山西解放战争图文史》（山西省史志研究院李茂盛、牛崇辉主编）一书于2009年1月由中共党史出版社出版；《当代山西发展纪实》一书在2007年9月山西省第四届党史优秀成果评奖中获（史著类）一等奖（由中共山西省委办公厅颁奖）；《见证山西》一书获2007年度山西省社会科学优秀成果“百部（篇）工程”一等奖。

党史著述

1989—2013年，兴县人士编撰一批党史论著，部分获得全国和省级党史优秀成果奖励。其中，曾任中央党史研究室科研管理部、第三研究部副主任和中共党史出版社社长的张琦女士参与了《中华民族抗日战争史》的撰写(1995年8月中共党史出版社出版），与他人共同主编了《红军长征纪实丛书》（1996年8月浙江人民出版社出版）、《军史辉煌丛书》（1997年上海人民出版社出版）等；1998年至2002年，她组织撰写和摄制的大型理论文献电视片《光辉历程——从一大到十五大》（任后期通稿之一和执行监制）、《光荣行—庆祝中国共产党成立80周年大型电视文献片解说词》（任总撰稿之一和执行总监制之一）以及大型理论文献电视片《走进新时代》（任总撰稿之一），先后获得中宣部精神文明建设“五个一工程”第七届、第八届、第九届优秀作品奖（理论文献电视片）；2005年，她担任总撰稿之一兼总导演摄制的的理论文献片《与时俱进新党章》（中共党史出版社出版），于2006年获首届“中华优秀出版物”音像奖。

1989—2016年兴县党史人物部分著述选录

表31-2-1-1

著述题目	编著人	发表或出版时间	备注
《刘亚雄纪念集》		1989年12月吉林人民出版社出版发行	
《略论张闻天在晋绥边区兴县的农村调查及贡献》	牛崇辉	载于《张闻天研究文集》	1994年9月在纪念山西建党70周年优秀党史论文评奖中获一等奖
《张闻天与调查研究》	牛崇辉（省委党史研究室）、郭翠香（太原市财贸学校）	《山西党史通讯》1990年第2期	1991年7月1日在中国中共党史学会举办的纪念中国共产党成立70周年党史优秀论文评奖活动中获二等奖
《张闻天调查研究思想》	牛崇辉、郭翠香	载于《毛泽东思想研究》1991年第1期	
《张闻天晋陕调查文集》	张闻天选集传记组、中共陕西省委党史研究室、中共山西省委党史研究室	1994年6月，中共党史出版社出版	山西省党史研究室牛崇辉参加了该书的资料搜集和编辑工作
《张闻天—中国杰出的马克思主义理论家》	山西省史志研究院牛崇辉	刊发于《聊城师范学院学报》1995年第4期	2002年1月30日获中国中共党史学会第二届党史优秀论文二等奖
《刘少白》	兴县人民政府、政协兴县委员会	1995年10月内部印刷	
《牛荫冠纪念集》	《牛荫冠纪念集》编写组	1996年1月中国商业出版社出版发行	
《张闻天对中国革命和建设的杰出贡献》	牛崇辉	载于《晋阳学刊》1996年第5期	
《历史选择—长征中的红军领袖》	张琦	1996年8月浙江人民出版社出版；2006年8月中共党史出版社再版	
《贡生·士绅·共产党人刘少白》	牛寨中	2003年9月由山西古籍出版社出版	
《与时俱进新党章》	张琦等	2005年3月中共党史出版社出版	2006年获首届“中华优秀出版物（音像）奖”

续表31-2-1-1

著述题目	编著人	发表或出版时间	备注
《各领风骚》（兴县名人风采录系列丛书）第一集	牛寨中	2006年5月由北京文化艺术出版社出版发行	
《雄才大略的统帅》	张琦	1997年上海人民出版社出版，2007年7月由中共党史出版社再版	
《兴县公仆事略》	刘支军	2009年以内部资料印刷	
《兴县老干部风云录》	樊润德	2013年以内部资料印刷	
《刘少奇与晋绥土地改革运动》	牛崇辉		2013年1月，该文获全国党史部门党史优秀成果（论文类）二等奖（由中共中央中央党史研究室颁发）
《刘少白传》	中共山西省委党史办公室	2014年5月，中共党史出版社出版	由曾任总后政治部宣传部副部长的刘欣执笔完成第三稿；在此基础上，由省委党史办公室主任张铁锁、副主任牛崇辉主持下，由郭秀翔进行2次修改、牛崇辉进行通稿，张铁锁最后审改定稿

第二节　地方志工作

县志编纂

《兴县志》编修工作于20世纪80年代初启动。1982年，《兴县志》编纂委员会成立。全体修志人员遵照“新观念、新方法、新资料、新体例”的原则，深入基层，调查研究，稽查考核，认真筛选资料，力求思想性、资料性、科学性的统一。该项工作历时13年，数易其稿，于1990年完成初稿。全书运用记、志、传、图、表、录等手法，设政区、地理、农业、工业、财贸、政治、军事、文化、社会、人物、大事记、附录等23编101章301节，80多万字，全面记述了兴县自北齐天保七年（556）置县（初名蔚汾县）至1988年境内自然、人文、政治、经济、文化等方面的发展变化。主编贾维桢、尚永红、孙海声。1991年，经县志编纂委员会审定后，召开评审会评审通过。1993年10月，《兴县志》由中国大百科全书出版社出版发行。1995年7月，《兴县志》被评为吕梁地区优秀志书特等奖。1996年11月，在山西省新编地方志成果评比中，《兴县志》获优秀志书一等奖。2014年，档案史志馆启动第二轮《兴县志（1989—2016）》的编纂工作，至2016年，已完成部分初稿编纂任务。

旧志整理

据史料记载，《兴县志》编修可追溯至明万历年间（1573—1620），几经增修；至清雍正六年（1728），兴邑（县）知县程云（贵阳人）受命汇修一统志，便将编修《兴县志》任务交付于兴县人孙鸿淦、孙嘉淦、孙扬淦兄弟（适逢孙氏弟兄父殁奔丧在家）。清雍正八年（1730），由孙氏三兄弟编纂成的《兴县志》付梓发行，这是保存最为完整的《兴县志》。乾隆二十八年（1763），兴县知县蓝山将该县志再版。清光绪六年（1880），有关人士对孙氏兄弟编纂的《兴县志》进行了增修。1993年，经县志办公室刘彦国、白唯民点校整理，清光绪六年（1880）增修的《兴县志》再次重版印发。2015年，县档案史志馆聘请山西大学、山西省社会科学院、吕梁学院资深古汉语专家及教授对《清光绪·兴县志》进行修正、补漏等完善工作后，再次重版印刷。2016年，档案史志馆整理影印了清代康基田编纂的《茂园自传年谱》《霞荫堂诗文集》和民国时期石荣暲编纂的《合河政纪》等古籍著作。

专业志、部门志编纂

1989—2016年，兴县编纂、出版专业志、部门志共13部。其中，由刘支军任主编，刘贵全、闫巨莲任副主编的《兴县乡镇志》，记述了兴县17个乡（镇）不同历史时期政治、经济、文化、社会等方面的发展变化，展示了兴县实行改革开放以来取得的主要成就，共38万字，于2014年内部出版印刷。

1989—2016年兴县编纂出版专业志、部门志统计表

表31-2-2-1

名　称	主　编	出版社及出版时间	备　注
《兴县教育志》	贾佩珍	山西人民出版社1991年7月	16开本31.3万字
《兴县文化志》	贾佩珍	山西人民出版社1993年9月	16开本39万字
《兴县税务志》	刘保全	山西经济出版社1995年5月	16开本27万字
《兴县财政志》	王贵荣 孙海声	山西经济出版社1997年12月	16开本50万字

续表31-2-2-1

名 称	主 编	出版社及出版时间	备 注
《兴县电力工业志》（一）	郭峰岚 主审贾佩珍	香港天马图书有限公司2001年9月	16开本43万字
《兴县卫生志》	贾佩珍 编审田光信	香港天马出版有限公司2001年12月	16开本48万字
《兴县教育志》（续）	贾佩珍 编审白海全	香港天马出版有限公司2009年5月	16开本52万字
《兴县军事志》	崔雷廷徐应军	2010年内部印刷	16开本39.9万字
《兴县电力工业志》（二）	冯德生	中华书局出版2014年12月	16开本69万字
《兴县广电志》	王俊杰	2014年内部印刷	16开本16.9万字
《兴县乡镇志》	刘支军	2014年内部印刷	16开本38万字
《兴县政协志》	康荣惠	2016年4月内部印刷	16开本75万字
《西关村志》	贾佩珍	三晋出版社出版2016年	16开本50万字

年 鉴

1989—2016年，县档案史志馆每年完成《山西省年鉴》和《吕梁年鉴》兴县部分的供稿任务，累计供稿80万字。其间，《兴县年鉴（2016）》，由刘支军任主编，计30万字。

第三章 档案工作

第一节 档案管理

馆库建设

1989年10月31日，兴县档案局（馆）库房出现严重潮湿现象，临时迁至兴县招待所六楼，占用馆库6间，约180平方米，库房潮湿拥挤的问题暂时得到解决。同时，筹集资金9万余元建设新馆。1996年，建筑面积1000平方米的档案馆三层独体楼新馆投入使用。

2007—2016年，县档案史志馆共购置多组档案密集架和电脑、档案专用管理软件，更换无酸纸优质档案盒，改善了档案存放条件，档案管理逐步实现现代化。

宣传执法

1989年，县档案局（馆）为宣传贯彻落实1987年颁布的《中华人民共和国档案法》（简称《档案法》），县档案局（馆）重新翻印《档案法》250册，分送兴县四大班子领导及县直各单位、各乡（镇）。6月，县档案局（馆）开展贯彻档案法宣传周活动，在县有线广播站播放一周。10月，山西省档案局局长赵巨华及山西省政法委员会、山西省人大常委会、吕梁地区人大常委会、吕梁地区档案局在兴县检查《档案法》宣传贯彻情况。1992年，在《档案法》颁布五周年之际，县档案局（馆）印发《档案法》700册，广为宣传，并组织订阅《山西档案》53份。

2000年，按照山西省人大常委会统一部署，吕梁地区人大常委会、吕梁地区民政局、吕梁地区档案局、兴县人大常委会对兴县联合进行档案执法检查。全县有10个乡（镇）10个村委成立了档案室。

2008年，吕梁市人大常委会、吕梁市档案局到兴县进行档案执法检查，先后抽查检查6个单位和4个乡（镇）。

2009年，县档案史志馆开展《档案法》宣传进校园、进社区、进企业、进乡村、进单位活动，先后在12所中小学校和3个社区举办《档案法》讲座12期。

2010—2015年，县档案史志馆利用宪法宣传日、国际档案日等法制宣传节点，开展多种形式的档案法律法规宣传教育活动，共举办《档案法》等宣传活动15场，悬挂主题宣传横幅22条，制作宣传展板32块，散发宣传资料3.4万余份、档案管理指南手册2310份，接受档案咨询服务2150余人次。

档案整理

馆藏档案整理　1989年，县档案馆共有馆藏档案31个卷宗、15021卷，资料5790册（件）。其中馆藏历史档案444卷、资料130册；年限最早为1939年，绝大部分是1940、1947、1948年度，主要包括晋绥边区党的建设、参军参战、支援前线、减租减息、工农业生产、文化教育、医疗卫生、财经贸易、青年妇女工作和治安保卫工作等。

1990—1992年，县档案馆馆藏档案达到19230余卷、资料达到6090册，案卷目录5本，全引目录166本。

1995年，县档案馆馆藏档案达到20404卷，资料达到6200册，案卷目录16本，全引目录175本，理顺了馆内30个全宗档案的档号。

至2001年，县档案馆集中力量整理、鉴定馆藏档案12078余卷，其中，完成171卷758条革命历史档案的著录标引工作。经吕梁地区验收，县档案馆达到省级管理水平。

2002年，县档案史志馆重点完成了444卷晋绥历史档案资料项目编制工作，复制、裱糊6.02万页；整理接收中共兴县县委组织部1949年10月后档案，形成永久卷410卷，长期卷420卷，全部进行归档。

2003—2005年，县档案史志馆接收中共兴县县委、县人民政府1992年后档案2500余卷、县人民检察院1949年10月以后档案500余卷进馆。

2007年，县档案史志馆聘用专业技术人员1名，录入文件目录3万条。

2009年，县档案史志馆整理中共兴县县委、县人民政府档案520卷，并组织全体档案管理人员摘抄《抗战日报》《晋绥日报》有关兴县内容的档案资料5万余字，进一步丰富了晋绥历史档案；通过多种形式，征集到1921—2000年兴县城镇沿革、重大事件、重要会议、重大活动、重大工程、历史建筑、民俗风情、社会生活、村容村貌、乡（镇）村企业、插队知青、各界标兵等老照片50余张。

2010—2012年，县档案史志馆对444卷晋绥历史档案和130卷晋绥档案资料进行数字化扫描、复印、录入，进行异质异地备份。

2013年，县档案史志馆接收、整理中共兴县县委、县人民政府等8个单位的档案6500余卷，对42个机关单位的档案进行了摸底排查和复查验收。

2014年，县档案史志馆接收、整理县兴县纪检委、地税局档案5000多卷。

2015年，为纪念中国人民抗日战争暨世界反法西斯战争胜利70周年，档案史志馆完成12个乡（镇）125名80岁以上历史见证人晋绥口述历史档案的征集采编工作。同年10月，县档案史志馆根据档案管理有关规定和接收档案的标准、程序，接收县人事局干部死亡档案320卷。

至2016年末，县档案史志馆馆藏档案达到44个全宗、 44161 卷，其中革命历史档案806卷、1949年10月后档案43355卷。

县直机关和乡镇档案整理　帮助和指导县直机关、企事业单位和乡（镇）规范整理档案，是县档案史志馆（包括合并前的档案馆）的一项重要职责。

1989—1991年，县档案局（馆）指导县农业局、县人民检察院、县纪委、县电业局、县工商行政管理局、县城乡建设局、县保险公司等10个县直机关和企事业单位完成了档案整理，该10个县直机关、企事业单位档案管理全部达标升级。

1993年，县人民政府办公室下发了《关于成立兴县乡镇农村档案工作领导组的通知》。1994年，县档案局（馆）分6个小组，深入乡（镇）村、企业，宣传《档案法》，帮助和指导基层档案室进行建档定级工作，为乡各（镇）免费印制发放档案卷皮和目录纸，指导97个村委、2个乡镇企业完成档案整理3300多卷。

1995年，县档案局（馆）指导县纪委、县财政局、农业银行兴县支行、县电业局、县石油公司、县税务局、人民银行兴县支行、县科干局、县人民法院、县公路段等20多个县直机关和企事业单位整理、鉴定档案1.47万卷。其中，农业银行兴县支行、县财政局、纪委档案管理达标升级，达到省二级管理水平。

1996—1998年，县档案局（馆）指导县公安局、县土地管理局、县交通征费稽查所、县地方税务局、县交通警察大队、县煤运公司、县新华书店、县烟草公司、县国家税务局、人民银行兴县支行、工商银行兴县支行等14个县直机关和企事业单位整理各类档案2300余卷，其中，人民银行兴县支行档案管理经验达省一级管理水平；交通征费稽查所、土地管理局、地税局档案管理达到省二级管理水平，公安局档案管理达到省三级管理水平。

1999—2001年，县档案局（馆）指导县城建局、县交通警察大队、县二项目办公室、县人民法院等30多个机关企事业单位整理各类档案4000余卷，其中有20多个县级机关单位档案管理达到省级管理水平。

2002年，县档案史志馆指导县委组织部、县国土资源局、农业银行兴县支行、县财政局、县交通警察大队、兴县财产保险公司完成档案整理，其中，县财产保险公司档案升级为“国家企业二级”标准单位，属兴县国家企业二级标准第一家。

2003年，县档案史志馆指导县卫生局整理“非典”档案150余卷。2004—2011年，县档案史志馆先后指导县人民检察院、县国家税务局、县电力公司、县食品药品监督管理分局、县地方税务局、县国土资源局、县人民政府办公室等机关企事业单位进行档案达标升级管理，累计整理档案8750卷（件）。

2014年，县档案史志馆指导中共兴县县委办公室、县人民政府办公室、关家崖煤矿整理档案8500余卷。2016年，县档案史志馆对瓦塘镇、蔚汾镇、蔡家崖乡、东会乡的新农村档案整理进行了业务培训，指导和帮助康宁镇镇政府完成2.3万条档案目录的数字化录入。

档案查阅服务　1989年，县档案馆开放建国前档案全宗1个，案卷444卷；开放建国后档案全宗2个，案卷116卷，开放目录1636条。全年共接待查阅利用档案449人次，其中重点接待兴县组织史资料征集、左云县和朔县资料征集相关人员。1990—2001年，档案馆共接待查阅利用档案资料2300余人次，提供查阅案卷5000余卷。

2005年，县档案史志馆为大型文献电视纪录片《中流砥柱八路军》的拍摄提供了大量珍贵档案资料，协同摄制组在李家湾、蔡家崖、石岭则、二十里铺等晋绥军区司令部和一二〇师曾经战斗过的地方进行拍摄采访，让抗战老八路讲述甄家庄战斗、田家会战斗、阳会崖战斗情形，保证了该片摄制工作的顺利完成（2005年8月，该纪录片在中央电视台播出）。同年，县档案史志馆还协助到兴县的晋绥老干部子女林耿耿（林枫女儿）等查阅了1941—1947年晋绥历史档案，为中央党史办提供了大量晋绥档案资料。

2011年，县档案史志馆共接待查阅档案135人次，查阅档案480多卷，复印档案资料125份。

2014年，县档案史志馆为中央文献研究室领导查阅有关毛泽东在山西的文献资料，提供珍贵档案资料12卷；协助中央电视台完成《晋绥遗魂》纪录片拍摄任务。全年共接待社会各界档案利用者262人次、查阅档案1620卷。

2015年，县档案史志馆协助忻州师范学院五寨分院查阅原晋绥二中有关档案资料，共查阅档案28卷，复印资料35页。9月，中央编制委员会办公室调研组到兴县进行晋绥抗日民主政权建设调研。档案史志馆为其提供晋绥抗日民主政权建设和行政管理制度，抗日民主政权产生的历史背景、性质、地位和作用，晋绥边区政府机构设置等方面档案资料28卷。

2016年，中国人民大学教授到兴县查阅晋绥边区革命历史资料，县档案史志馆为其提供案卷25卷，帮其顺利完成了查阅任务。同年，县档案史志馆还为中共兴县县委、县人民政府、县委组织部、县纪检和县信访局落实政策，为解决信访案件提供了档案依据；为县直各部门编史修志，为老同志撰写回忆录提供了历史档案资料，全年共接待查阅档案7400人次，利用档案资料3万余卷（册）。

第二节　档案开发利用

2002年，县档案史志馆组织召开知情人士座谈会，查阅馆藏档案，编撰了《贡生·士绅·共产党人刘少白》纪念文集，晋绥老领导、原中纪委常务副书记李正亭，原中共山西省委书记李立功，原中共山西省委统战部部长、山西省政协副主席吴锦文，时任中共吕梁地委书记郭海亮、政协吕梁工委主任李盘盛，中共吕梁地委委员、组织部长刘建明，中共兴县县委书记李月勤，县长刘泽峰分别为该书题词、作序。该纪念文集由牛寨中主编，共18万字，有珍贵历史照片20余张，于2003年刘少白诞辰120周年之际出版发行。

2004年，县档案史志馆利用馆藏历史档案资料，完成了晋绥解放区烈士陵园、晋绥边区革命纪念馆、“四八”烈士纪念馆、关向应图书馆、仙人洞等文物古迹、风景旅游景区景点的档案资料收集和景点介绍编写工作，并录入《吕梁山风景名胜志》一书。

2008年，县档案史志馆开展抗日时期兴县人口伤亡和财产损失课题调研，采访历史见证人及相关人员共8406人（其中采访80岁以上的历史见证人245人），取得证人证言1400余份，录制视频资料120小时。由刘支军主持编纂成35万字的《抗日战争时期兴县人口伤亡和财产损失课题调研成果》一书，以内部资料印刷装订。

2009年，县档案史志馆启动晋绥口述历史档案征集抢救工作，工作人员先后赴陕西、青海、四川、重庆、内蒙古、北京等地采访晋绥历史见证人，特别采访了在兴县工作生活过的历任县委书记、县长及其子女，收集33位领导干部（1937—1978年曾任中共兴县县委书记、县长职务）的清廉为民事迹。2014年，刘支军主编出版了32万字的《兴县公仆事略》，全书客观记述了中共兴县县委和县人民政府团结带领全县人民从新民主主义革命到社会主义革命和建设的奋斗历程。

2010年，县档案史志馆开展革命遗址普查工作，经过2年多时间的实地走访和资料查阅，编纂了《兴县革命遗址总览》一书，以内部书号出版印刷。

2013年，县档案史志馆在馆内布置40平方米展厅，制作了28块图文并茂的展板，展示了兴县党的建设和经济发展历程。同年11月27日，县档案史志馆被中共吕梁市委办公厅、吕梁市人民政府办公厅命名为“吕梁市爱国主义教育基地”。

2015年8月，县档案史志馆启动抗战口述历史采编活动。此次活动涉及12个乡（镇）100多个自然村，采访80岁以上老人125人，录制影像资料45小时，编纂出版《日军侵略兴县暴行录》一书。

第三节　队伍建设

1989年，县档案局（馆）印发《关于申报档案专业职务考试事项的通知》，开始档案专业职务职称评定工作。4月，县档案局（馆）派出部分业务员到吕梁地区档案局参加档案知识培训一个月。之后利用乡（镇）统计人员会议，对24名统计员进行了《档案法》宣讲培训。10月，组织6人到山西省档案局参观建国40周年档案展览。11月，举办了农业科技档案培训，参训29人。

1990年底，县档案局（馆）有工作人员8人（其中50岁以上5人），因老龄化严重，难以适应工作需要。县组织人事部门于1992年给档案局调配中专毕业生7人，并先后选送4人参加了山西省和吕梁地区档案业务培训。

1996年，康未生、张克会、刘利宁被吕梁地区档案局中级评审委员会评审通过为中级馆员。

1997年，县档案局（馆）先后派出3名档案业务人员到省地学习培训。1998年，县档案局（馆）邀请吕梁地区档案局王润英、张红卫科长到兴县举行档案业务知识培训，50余名县直机关档案员参加了培训。

2005年8月，县档案史志馆邀请山西省档案局2名专家到兴县，就档案政策法规、档案工作理论、档案操作技能、计算机基础知识等内容，对全县44名机关在岗档案管理人员进行持证上岗培训，并参加了全省统一考试，合格率达100%。

2006—2011年，县档案史志馆组织7名档案业务人员参加了山西省和吕梁市组织的档案业务培训；对部分在岗档案管理人员、乡（镇）档案管理员分别进行档案法律法规和档案业务培训。

2015年，县档案史志馆在县政府五楼会议室对全县17个乡（镇）分管土地确权登记工作的领导、具体经办人员进行了档案业务培训。

2016年8月，县档案史志馆在县医院会议室对全县机关、乡（镇）和企事业单位的122名档案管理员进行了业务知识培训，特邀吕梁市档案局3名科长做了业务知识讲座。

第三十二编

民俗　宗教

兴县地处山区，土地贫瘠，生产条件艰苦，人们自古养成吃苦耐劳品质。1990年前，老百姓大多穿戴朴素，吃食以粗粮为主，居住多为窑洞。跨入21世纪，人们的衣、食、住、行发生很大变化。其中，食物方面，以白面、大米等精细粮食和鸡蛋、牛奶、肉类为主的饮食逐步代替了过去以粗粮为主的饮食；服装则更注重品牌化、高档化；住的方面则由过去的单家独院转向高层住宅；人们的出行工具由20世纪80—90年代的自行车改为摩托车、电动车、出租车和公交车，也有相当多的居民家庭拥有了小汽车。

宗教方面，自隋唐以来，兴县部分民众信奉佛、道两教。据清光绪《兴县续志》和民国时的《合河政纪》记载，清末民国初，佛教在兴县依然盛行。基督教（耶稣教）和天主教分别于民国初年传入兴县。中华人民共和国成立后至今，县境内已无常住的僧尼、道士、牧师等传教人士（参见1993年出版《兴县志》）。

改革开放以来，兴县民族宗教事务局积极宣传落实党的民族宗教政策，对宗教场所和信教人员建立档案管理制度，推动了民族宗教工作的健康开展。

第一章　民 俗

第一节　生活习俗

饮食习俗

家庭日常饮食　进入20世纪80年代，白面、大米逐渐成为百姓家常饭食，一周可调剂吃1～2顿。蔬菜种植不多，冬春季农家多以土豆、白菜为主菜，习惯用苤蓝、茴子白腌制咸菜，或用蔓菁菜腌制酸菜，肉类稀少。20世纪90年代开始，白面、大米已成为大多数家庭每日主食，菜肴品种也逐渐增多，除了青菜，猪羊鸡肉、海鲜产品等也上了普通人家的餐桌。

进入21世纪以来，肉、蛋、奶逐步成为百姓家庭的家常饭食，而玉米面、高粱面、豆面等粗粮则成了人们调剂的食物，尤其是蔬菜、食用菌等，因为有大棚栽植，一年四季均有销售。

地方特色美食　主要有红烧肉、小炒肉、红烧肘子、过油肉、炖羊肉、压头肉、铜火锅、扁食冒汤、金丝烙饼、羊杂碎、莜面栲栳、油糕、豆面抿尖、啦叨叨、酒米等（参见第十四编第三章“饮食服务业”）。

服饰习俗

发型头饰　20世纪80年代后期至90年代：男子发型多为“大背头”“寸头”，戴鸭舌帽、太阳帽。女士戴毛线编织的各式各样“花式帽”，少女扎“圪刷子”，青年女子发型多为披肩式，中年女子发型多为烫发；女士喜戴金耳环、金戒指、金项链、金银手镯等。进入21世纪，帽子的面料、颜色、款式呈多样化，戴帽子的作用不再是保暖、防晒，而是时尚装饰。青年男子推崇“鸡冠头”，寸头短发；青年妇女以烫发、披肩发、“圪刷子”为主流，绝大部分中青年妇女将头发颜色染为棕色、亚麻色、酒红、栗色、紫色、金珊瑚色、浅梨木色等。

衣着　20世纪80年代开始，兴县居民服饰发生很大变化，农村和城市的差别日趋缩小。男子夏穿茄克服，拉链衫、冬穿毛呢大衣，西装革履风行一时，特别是男青年基本以西装为标准。女子夏穿筒裙、百褶裙，特别是踩蹬裤、健美裤、风衣等。20世纪90年代，县城成品衣店林立，城乡居民服饰已鲜有人自制、定制。皮衣、皮夹克、羊毛衫、羊绒衣、羽绒服、保暖内衣、西服、休闲服、迷彩裤、牛仔裤、人字呢大衣、风衣、编织毛衣、毛裤、围巾、帽子、连衣裙、一步裙、筒裤、甩裤、喇叭裤、踩蹬裤、健美裤等在城乡日渐流行。进入21世纪，服饰种类、样式呈多元化发展，各式套装、皮装、呢绒装、羊绒装、羽绒装、裘皮装、风衣等尽显生活的新变化。

鞋袜　20世纪80年代，妇女多以高跟鞋、黑色皮鞋、注塑布鞋、运动鞋为主流。至90年代，主要流行发泡性塑料底注塑布鞋、旅游鞋、胶粘老板鞋、硬面抛光皮鞋，颜色多为黑色、棕色、红色和白色。进入21世纪，鞋类主要有皮鞋、皮靴、运动鞋、布鞋等，特别是女性款式变化很快，有平跟、坡跟、半高跟、高跟，样式有尖头、方头、平头。

20世纪80年代，以尼龙袜、丝袜、线袜为主，到20世纪90年代，居民多穿弹力袜、羊毛袜等。2000年以后，城乡居民流行纯棉袜。

居住习俗

兴县民众历史上以居住土窑、石窑、砖窑洞为主，瓦房、楼院渐次。20世纪80年代，全县兴起水泥预制板砖混式楼房，以自建为主。进入21世纪，城镇居民住宅多以钢筋混凝土平房、框架式高层楼房（商品房）为主流；农村则以砖、石砌筑窑洞和水泥盖板房取代过去的土窑洞。

窑洞　分为土窑、石窑、砖窑、接口窑4种。土窑，进深不超7米，横跨3米左右，具有冬暖夏凉等优点，曾是山庄窝铺群众居住的首选，现多已闲置。石窑，是用块石和石灰泥砌垒，上部为圆拱形（当窑脚筑至平腿尺寸时，上置木窑楦模型，顺窑楦垒砌，直至合拢告成）。砖窑，用砖与沙灰泥砌筑而成，修建程序与石窑相同，不同的是砖窑用青红砖块、沙子和石灰泥（也有全部用沙和水泥）。接口子窑，是在土窑洞的面上，用青砖或打造平整的块石紧贴窑壁垒砌一层，外观是石窑或砖窑，里面还是土窑洞。

平板房　20世纪80年代开始，全县城乡普遍用水泥盖板房取代过去土窑、石窑和瓦房。面积加大并注重采光和通风，大多有卧室、客厅、厨房等多间，院筑围墙、大门；大部分还装有土暖设施，自行解决冬季供热取暖问题。

楼房　20世纪80年代后期，城区部分单位修建职工宿舍楼，面积80～100平方米，同时土暖气相继进入房间，解决了城区部分居民住房困难。20世纪90年代开始，人民银行兴县支行、工商银行兴县支行、兴县中学、县财政局、县税务局、县土地管理局、农业银行兴县支行、县邮政局、县电力公司、县人民医院等单位相继建成小高层职工宿舍楼，居住面积多在100平方米，楼房建设大多是砖混泥、钢混结构，人们居住更加舒适。进入21世纪，个人筹资建设开发的大型生活小区如福临嘉苑、龙兴花园、阳光上城、森源华府、太平洋·观澜国际、琳珑苑、紫琳苑、明珠广场、蔚汾新天地等高层商品住宅相继投入运营，大大改善了城乡居民住房条件。至2016年末，县城落成18层以上高层建筑20幢。

生活用品用具

家私　20世纪80年代，兴县不少家庭置办高低柜、电视柜、橱柜、餐桌、折叠椅、双人床、床头柜、大包沙发、茶几、单筒洗衣机、收录机、彩色电视机等物件。20世纪90年代，电冰箱、空调、双桶洗衣机、双卡收录机、电风扇、写字台、梳妆台、饮水机、组合柜、席梦思床等成为很多家庭居室陈设必选。

进入21世纪，随着家电产品的升级换代，超薄型彩电、全自动洗衣机、三开门冰箱和超薄型台式电脑，成为城乡众多家庭的首选配置；木制家具主要根据各自居室的条件，进行现场设计、定制；床上用品多是四件套或六件套、十件套地整套置买，其中蚕丝被、驼绒被、鸭绒被最受城乡中青年家庭青睐。

灶具　20世纪80年代开始，不锈钢菜刀、锅、盆、笊篱、铲匙等灶具，相继走进大众家庭的厨房。进入90年代，电磁炉、电饭煲、电饼铛等新型灶具日益普及，传统灶具发生颠覆性变化；平底不锈钢汤锅、平底不粘底炒锅和与其相配套的不锈钢蒸笼以及电饭煲成了新时期家庭灶具主要配置。

取 暖

20世纪80年代开始，城乡大部分家庭使用“土暖气”专用锅炉，自行供热取暖。20世纪90年代后，县直机关、学校、医院、宾馆及大型商店，基本实现集体供热取暖，新建的商品房都配套建有集体供热设施。此外，电褥子、电暖器、空调等用品也成为众多居民家庭取暖的辅助用品。

2011年月以后，兴县供热有限公司和兴县温欣热力有限公司相继成立，启动全县集中供热工程。至2016年末，共建成区域集中供热站21个，城区居民集中供热用户累计达到24162户，供热总面积达到280.26万平方米。

娱乐健身

20世纪90年代，音箱进入寻常百姓家庭，人们看录像，听卡拉OK，看电影成为时尚。进入21世纪，人们更加注重身心健康，广场舞、健身球等各种娱乐活动开始盛行，中老年女性参与者越来越多。2012—2016年，兴县相继成立太极、门球、篮球、乒乓球、羽毛球、交谊舞、广场舞、北京水兵舞、毽子、象棋、麻将、摄影、音乐等20多个文体协会，每年元宵节、“三八”国际劳动妇女节、“五一”国际劳动节、“七一”建党纪念日、“全民健身日”和“重阳节”等节日期间，县委宣传部、县文化局、县教育体育局、县总工会、县妇联、县老年体育协会等部门机构都举办各种文体表演和比赛活动，丰富了城乡人民精神文化生活。

交通出行

私人交通工具　自行车、摩托车、电动车：20世纪80年代至90年代，城乡居民短距离出行，基本靠自行车，平均每户拥有1辆；品牌有飞鸽、红旗、永久、凤凰等。干部职工上下班，中小学生上学，部分农民下地干活，都以自行车代步。到80年代末，摩托车逐渐兴起，部分农村青年用摩托车出行。进入21世纪，电动自行车以轻便、环保、便于操作掌握，样式新颖等特点，受到城乡中青年女士及城区中老年男士的青睐。至2016年，全县电动自行车拥有量突破1万辆，成为县城短途出行的主要代步工具。

私家小汽车：20世纪90年代后期，兴县私家小汽车逐渐增多，车主多为个体经营户。进入21世纪，私家车大量涌进百姓家庭，方便了出行。尤其在春节、“五一”、国庆节等黄金周时间，居民自驾私家车携带全家旅游成为一种新时尚。至2016年末，全县家用小汽车数量达到5334辆。

公共交通工具　20世纪90年代以后，全县大、小型客运车数量增多，人们出行较为方便。进入21世纪，通过实施“村村通”工程，全县375个建制村中通汽车建制村有306个，除各乡（镇）外，部分人口较多的建制村也都增加了公交客车，方便了群众出行。

2008年4月，兴县客运中心投运后，全县共有客运车108辆（其中大中型客车84辆），年发运旅客46.6万人次。2009—2015年，全县年均大中型客车133辆，年均发运旅客52.34万人次。

2016年，全县共有大中型客车139辆，每日发运旅客40个班次（其中发往北京2个班次、内蒙古自治区鄂尔多斯市2个班次、内蒙古自治区包头市和陕西省神木县大柳塔5个班次、太原市22个班次，发往大同市、原平市、保德县4个班次，发往离石5个班次），年运送旅客53.1万人次。

第二节　婚姻习俗

订亲

20世纪80年代，男女双方订立婚约时，男方一般需给女方家庭购买定亲礼物，主要为彩电、冰箱、洗衣机新3件。从20世纪90年代开始，男女双方订立婚约时，男方给女方的定亲礼物变为金戒指、金项链、金手镯。2000年以后，男女双方订婚时，男方需给女方添置衣物总价值万元以上；男方父母给女方的见面礼也由几百元增至数千元，男方经济条件好的喜欢给女方见面礼“一万零一元”，寓意“万里挑一”；少则给1001元，寓意“千里挑一”；也有给666元或888元的，图吉祥、顺利。订婚仪式也在酒店举办，部分亲朋好友也被邀请参加。

迎娶

20世纪80年代开始，城乡婚礼多用自行车迎娶新娘。县城及工矿区也有用工具车、甚至大卡车娶亲的，经济条件好一些的人家还雇佣鼓手班子，跟随伴奏。20世纪90年代后，城区及公路沿线的村庄，动用汽车结婚日趋普遍，鲜有用“小轿车”者，多数农村兴起摩托车队娶亲。

2000年后，城乡居民娶亲基本实现“小轿车化”，且在数量上由起初的2辆增至6辆、8辆，甚至10辆。车的颜色品牌由杂色杂牌向一种颜色、一个品牌靠近。不管女方以何种方式嫁到男方家，都要经过“递轿钱”“拖媳妇”“拜天地”“入洞房”等一系列礼俗。“递轿钱”一般由婆家的平辈嫂子将提前准备好的钱币递给新娘，然后将新娘接出，由新郎背着新娘至洞房门前举行“拜天地”仪式。“拜天地”的顺序是：第一拜天地，第二拜高祖爷爷、奶奶，第三拜父母亲，第四为夫妻互拜，第五是拜亲朋好友。拜毕，大家簇拥新郎新娘进入洞房。新娘入洞房后先要喝“儿女拌汤”（为白面拌疙瘩汤，寓意多生孩子），白面拌汤里面会被闹洞房者放进好多花椒、盐等调味品，“逗”新娘，增添喜气。

20世纪90年代末，县城居民举办婚礼，大多由家庭移至酒店。在大型酒店举行婚宴，场面比较隆重，需提前2天筹备宴席菜肴，酒水、糖果、瓜子等，安排席桌次序（席签）、位次。

婚宴之前，一般均举行婚礼仪式，新郎、新娘及双方父母亲均站上主持台，由专业人员主持，主要程序有介绍新郎、新娘，双方父母讲话，新人讲话，男方父母给新媳妇见面礼等；婚礼仪式完毕，婚宴开始。首先由新郎父母依桌次给亲朋好友敬酒，接着新郎、新娘端酒捧杯，按桌次，给祖辈、父辈、同事及亲朋好友敬酒致谢。

晚宴后，女方送戚要去看“洞房”，安慰新娘。“闹洞房”后，由母亲为儿子和儿媳妇撒红枣、花生、桂圆、瓜子等，祈愿早生贵子。

回 门

新娘出嫁后第一次回娘家，一般选在婚后第三日。是日，女方家大办宴席，邀请女婿及亲朋好友，新娘的父母、新娘、女婿要为来宾敬酒致谢。

做生日

新媳妇在婆家过第一个生日，娘家要来人为女儿“过生日”，婆家要备宴席酒菜，热情款待。

拜 年

婚后第一个春节，新婚夫妇要给双方长辈拜年。受拜的对象一般为：直系曾祖父母、曾外祖父母；祖父母、外祖父母；伯父、伯母、叔父、婶母，舅父、舅母，姑夫、姑母、姨夫、姨母；胞兄胞姐。受拜者以酒饭招待，并赠与两位新人“拜年钱”。如受拜者家中有未成年孩子时，拜年者要给小孩们“压岁钱”。

第三节　寿诞与喜庆习俗

生 育

婴儿降生后，于屋门或大门上贴子母葫芦红色剪纸。生育后第7日吃下奶面，婴儿“满月”“百岁”（出生第一百天）“周岁”（出生满一年）时都要举家设宴庆贺。

祝 寿

20世纪80年代后，随着生活水平的不断提高，兴县给老人“祝寿”的习俗逐渐复兴。家中老人年六旬、七旬、八旬（皆虚岁）生日时，富裕人家的子女均要为老人举行祝寿仪式，称为“庆六十”“庆七十”“庆八十”，其中“庆八十”者居多。祝寿仪式由晚辈向寿者行叩拜礼、读寿词，并向每位参加的亲友行礼致谢，礼毕宴客。寿宴上，参加者要向老人敬酒，祝愿老人身体健康、幸福长寿。

第四节　交往与称谓习俗

亲属称谓

兴县亲属称谓较为复杂，分为父系称谓和母系称谓。父系称谓即对父亲之上长辈、父亲同辈及晚辈亲戚的称谓，母系称谓即对母亲之上长辈、母亲同辈及晚辈亲戚的称谓。

兴县父系称谓简表

表32-1-4-1

关系	尊称	俗称
父亲的曾祖父 父亲的曾祖母	高祖父 高祖母	
父亲的祖父 父亲的祖母	曾祖父 曾祖母	老爷爷、老娘娘
父亲的父亲 父亲的母亲	祖父 祖母	爷爷 奶奶或娘娘
父亲的伯父 父亲的伯母	伯祖父 伯祖母	爷爷 奶奶或娘娘
父亲的叔父 父亲的叔母	叔祖父 叔祖母	爷爷、侯爷爷 奶奶、娘娘或侯奶奶、侯娘娘
父亲 母亲	爸爸妈妈	大大 妈妈
母亲改嫁之夫	继父	大大、叔叔、伯伯、爸爸
父亲续娶之妻	继母	姨姨、妈
父亲的哥哥 父亲的嫂嫂	伯父、大伯 伯母、大娘	大爹 大妈
父亲的弟弟 父亲的弟媳	叔父、叔叔 叔母、婶婶	侯大 侯妈
父亲的姐妹夫 父亲的姐妹	姑父 姑母	姑父 姑姑
父亲的兄弟之子 父亲的兄弟之女	堂兄弟 堂姐妹	叔伯之弟 叔伯姐妹
父亲的姐妹之子 父亲的姐妹之女	表兄弟 表兄妹	姑舅
兄 兄嫂 弟 弟媳	哥哥 胞兄 嫂嫂 弟弟、胞弟 弟媳	哥哥 嫂嫂 弟弟 兄弟媳妇
姐 姐夫	姐姐 姐夫	姐姐 姐夫
妹 妹夫	妹妹 妹夫	妹妹 妹夫
自己的子女	儿子、女儿	小子、汝子（女子）
哥哥、弟弟的子女	侄儿、侄女	侄儿、侄女
姐姐、妹妹的子女	外甥、外甥女	外甥、外甥女
儿子、侄儿的子女	孙子、孙女；侄孙、侄孙女	孙子、孙女
女儿的子女	外孙、外孙女	外甥、外甥女
儿子的孙子	曾孙	重孙

母系称谓简表

表32-1-4-2

关系	尊称	俗称
母亲的祖父 母亲的祖母	外曾祖父 外曾祖母	老毑爷 老毑婆
母亲的父亲 母亲的母亲	外祖父、外公、姥爷 外祖母、外婆、姥姥	毑爷 毑婆、婆婆
母亲的兄弟 母亲的兄弟之妻	舅父、舅舅 舅母、妗子	舅舅 妗子
母亲的姐妹 母亲的姐妹夫	姨母 姨夫	姨姨 姨夫
母亲的兄弟之子 母亲的兄弟之女	姑表兄弟 姑表姐妹	姑舅
母亲的姐妹之子 母亲的姐妹之女	姨表兄弟 姨表姐妹	两姨
妻子的祖父 妻子的祖母	祖父、爷爷 祖母、奶奶	爷爷 娘娘、奶奶
妻子的父亲 妻子的母亲	岳父、丈人、爸爸 岳母、丈母、妈妈	叔叔、爸爸、丈人 妈妈、丈母
妻子的继父 妻子的继母	继岳父 继岳母	丈人 丈母
妻子的哥哥 妻子的嫂嫂	内兄、哥哥 内嫂、嫂嫂	妻哥 妻嫂
妻子的弟弟 妻子的弟媳	内弟 内弟媳	小舅子 小舅媳妇
妻子的姐夫 妻子的姐姐	襟兄、姐夫 内姐	连襟、挑担（部分地方使用） 妻姐
妻子的妹夫 妻子的妹妹	襟弟、妹夫 内妹	连襟、挑担（部分地方使用） 小姨子
妻兄弟之子 妻兄弟之女	内侄 内侄女	侄儿 侄女
妻姐妹之子女	襟侄、侄女	外甥
兄嫂弟媳	互称为妯娌	

社交称谓

朋友间大都是直呼其名，也有称幼名的；同学之间称呼以姓名为主；学校教职工统称老师，锅炉工、厨师称师傅；同事之间以任职称呼，没有职位的，年长的，在姓氏前加一个老字；年轻的在姓氏前加一个小字来称呼，如老王、小王；对陌生人，多以“师傅”“老板”“老板娘”“领导”“老师”“某总”称呼；对街坊邻居的称呼，凡长者称大伯、大叔、阿姨、婶婶、大娘等；对年轻男士多称兄道弟，对女的称姐妹、美女。官场称呼，比较正规的是姓氏加职务，如赵书记、钱县长、孙局长、李部长等。

第五节　节日习俗

传统节日习俗

春节　兴县传统节日活动多以民间活动为主，春节则是民间传统最隆重的节日。20世纪80年代，每到腊月，居民就开始置办年货、添置新衣、打扫房间。除夕这天，居民最忙碌，做年饭，糊灯笼，打扫户外卫生。午饭后，房前屋后、院内外门两侧都贴对联，挂灯笼。晚上吃年夜饭，大部分人家院子用块炭垒火塔子并点燃，叫“旺火”。靠近煤窑的村，晚上点一个，初一早上点一个。80年代后期，观看电视台春节晚会成为家家户户年夜主要内容，入睡前，大人要给未成年的孩子枕下放核桃、红枣、糖果、压岁钱等。

初一早上，全家穿新衣，燃放“开门炮”，也有迎接喜神的。早饭后，晚辈出门给家里或本村本城居住的长辈拜年，长辈要给压岁钱。

初二开始走亲访友，老媳妇、小媳妇有回娘家的习俗，孩子们相随去给外公、外婆及舅舅家拜年。也有部分人家到坟地给祖先拜年。初一至初四一般不倒拉圾，等到初五，才全部倒掉垃圾，叫“送穷媳”。初六俗称“小年”，这天晚上，也垒火塔子，燃“旺火”，人们早早回家，禁止吵嚷哭闹。

元宵节　从农历正月十三日至正月十六日，全县城乡挂灯笼，扭秧歌、唱古戏、放焰火，欢度元宵佳节。县城元宵节活动，由县委宣传部、县文化局组织举行秧歌表演活动，部分乡（镇）村和机关单位也组织群众开展各种文化娱乐活动。

添仓节　农历正月二十五日，传说为仓官爷生日，这日晚上家家户户用软米做成油糕灯，摆盛户内外，企盼一年五谷丰登、年年有余。

二月二　农历二月初二日，俗称龙抬头日，是整个春节的尾声，家家户户早饭或午饭吃拉面，也称拉钱龙。男人讲究理发。

清明节　也叫“寒节”。节前三日内，传统习俗吃“吹窝窝”“扑火面”“压火糕”，清明吃“蛇馍”，还要给孩子们捏蒸面猪、面羊、寒羊儿串。上午，家家上坟扫墓，祭奠已故长辈、亲人。机关干部、学校师生一般组织去“烈士陵园”祭扫，缅怀先烈功绩，接受红色文化教育。

端午节　农历五月初五日，相传是为纪念楚国爱国诗人屈原而设的。旧时，清晨喝雄黄酒，儿童手脚和颈项要系彩线圈，身佩雄黄、艾叶小荷包，意在避邪、避疫、防蛇虫（现已无此讲究）；中午，吃糯米粽子。

七月十五　农历七月十五日，又称中元节，俗称鬼节，是上坟祭祖日。旧有捏面人的传统，邻里亲戚间互相馈赠，同时，城乡集镇普遍举办古会、进行物资交易，常有剧团、马戏团演出助兴。

中秋节　农历八月十五日，也称“团圆节”，是仅次于春节的隆重节日。每年刚跨入八月，民间就开始打月饼，并将月饼敬奉长辈，馈赠亲友。中秋节中午，大多吃羊肉饺子，晚上赏月吃西瓜。2008年，国家将中秋节列入法定节假日，不少外出人员也赶回家，享受举家团圆之欢。

重阳节　农历九月九日为重阳节。1989年，国家把每年的农历九月九日定为“老年节”。节日期间，相关部门为老年人举办各种文体活动，如演唱晋剧、举办象棋、麻将比赛和广场舞表演等活动。

冬至　二十四节气之一，俗称过冬，当天家家上坟祭祖，中午有吃饺子或吃油糕的习俗。

腊月初一　农历腊月初一日，有吃炒黄豆、炒瓜子的习俗，俗称“咬炒炒”，寓意免灾祛病。

腊月初八　称嘉平节，家家户户吃糯米、红枣等做成的酒米，以示庆贺。

公历节日

公历节日活动多以国家机关和企事业单位活动为主，庆祝活动较多的是“五一”国际劳动节、“六一”国际儿童节、“国庆节”和“元旦”这几个节日，或悬挂大幅标语，或张贴对联（元旦），或举行茶话会、座谈会，或组织举办文艺演出活动。庆祝“六一”国际儿童节活动，主要在城乡各小学、幼儿园举行。

第六节　丧葬习俗

入 殓

老人将亡时，儿女要为其剃头、洗脸、洗脚、剪指甲、穿寿衣。寿衣穿单不穿双，一般人家3件或5件，多至7件，穿戴就绪，脸盖麻纸，脚朝西向，随后将遗体放在七星板上用麻辫固定，放入棺材，给逝者口含一枚钱币，并把生前的必需品和心仪物品（如老花镜、手表、手饰等）置于枕边，最后盖棺。

送“倒头纸”

完成入殓后，家人需将逝者灵柩放置于院中“灵堂”（初期，灵堂大多设在自家院里；在举行祭奠活动时，也有部分设在酒店附近的空地，便于人们祭奠。灵柩前设有供桌，上置香炉、蜡烛、酒水、各色供品），儿女们身穿孝服，从家里走到到户外（十字路口），跪地“烧纸”、磕头、举哀。

安 葬

20世纪80年代后期，安葬逝者讲究较多。主要程序如下：

择日　选定出殡之日，通知亲友参加葬礼。

安排葬墓事宜　此项任务由孝子及家人负责实施，并按亲疏关系，穿戴“五服”。

举行集中祭奠　俗称“出纸”，即出殡前一日，孝子、孝女、侄子、侄女、儿媳全部戴号帽（曾孙戴红布帽子，身穿红布衣服），穿孝服，腰系麻辫，孝子穿白色鞋子，女子头系白布手巾，分两排相对伏跪于灵前，中间留出祭奠人上奠通道；被邀请参加葬礼的亲友、同事，是日或戴号帽，或挽黑纱，到灵前祭奠，由专职司仪主持，按祭奠人辈分大小，分批举行；有少数召开追悼会或举行遗体告别仪式的也在该日上午举行。祭奠之日，乐队在灵柩前吹奏。如逝在外地，或夫妇双方有一方先逝，午宴前，还要举行仪式。

午宴　参加集中祭奠的亲友均安排午宴。午宴菜肴、酒水标准同一般宴席。午宴开始前，孝子进宴席厅向参加祭奠的亲友磕头致谢；午宴开始后，孝子依次为亲友敬酒，表达谢意。

组织“迎饭”仪式　在集中祭奠之日下午，由鼓乐队、孝子孝女、亲戚朋友持花圈和祭品，在鼓乐吹奏中转街一圈。有些地方上午举行“出祭”仪式，晚饭后举行“收祭”仪式，仪式同前，只是晚上举行“收祭”时另加火盆、蘸油脂的纸祭品（元宝形金银折纸），点燃后摆放路旁（专人带铁锹防失火）。

送“三更纸”、伴灵守夜　集中祭奠日晚11时后，由孝子、孝女及鼓乐队给逝者送“三更纸”。完毕，孝子要打开棺木盖，给逝者揣“阴状”，送打狗鞭，然后上盖、封贴棺木缝隙，轮流伴灵守夜。

出殡　择定安葬日当天，天亮前由孝女举行“引明路”仪式（从家门口向葬墓方向，号哭3次，一次比一次远一些）；之后，将灵棺抬至大门外，亲友路祭，最后将灵棺抬运至墓地，下葬后，统一祭奠。

“复三”　即葬后第三日，由孝子辈分三批携带祭品及“串院”（即纸扎祭品）、花圈等上坟祭奠，整理坟头、墓地。

“过七”和“过百日”　从逝者亡故之日起，到第七日要过“头七”，第十四日要过第“二七”，以此类推，要过完第7个“七日”。人死后百天要过“百日”。“过七”与“过百日”都由孝子孝女及家人带祭品上坟祭奠。

“过周年”　老人下世后每隔一整年，家人分别要举办“头周年”“二周年”“三周年”祭奠，过“周年”时由孝子孝女及家人带祭品上坟祭奠。部分人家给已逝长辈过第三个周年时还请鼓乐队和亲友参加，并鸣放爆竹，比较隆重。

第七节　良风美德

20世纪90年代以来，伴随着社会主义精神文明建设的深入发展，民俗风尚也在发生新的变化，一些体现时代特色的文明新风尚在全县不断涌现。

献爱心　送温暖

1992年以来，兴县总工会开展“送温暖”活动。至2016年底，累计救助困难职工4500余人，救助金额达132万元。2010年兴县总工会开展职工大病救助工作，至2016年底，累计救助困难家庭576户，累计发放大病救助金154万余元，将党和政府的温暖送到困难职工家庭。

1996年7月23日，兴县发生百年罕见的洪涝灾害，全县机关干部深入抗洪救灾第一线，抢救伤病员、清除淤泥、捐款捐物，慰问受灾群众，并开展自救互助活动。2003年，全县非公经济人士为防治“非典”捐献价值4万元款物。

2008年5月12日，四川省汶川地区发生8.0级特大地震。中共兴县县委、县人民政府立即动员全县广大干部职工和社会各界人士开展募捐活动，累计捐款397.31万元，其中工商联非公经济人士、政协委员捐款120万元，全县6743名共产党员交纳特殊党费51.72万元。2010年4月14日，青海省玉树县发生7.2级地震，全县党员干部职工累计捐款42.38万元。2012年，县妇联开展对特困妇女儿童的关爱工作，共为22名“两癌”妇女争取救助款22万元；争取上级扶贫资金12万元，帮扶特困留守妇女110人；为2076名婴幼儿免费发放价值69万元的奶粉，为112名听障患者免费发放价值44.8万元的助听器；招募爱心妈妈116名，为100多名贫困孤残儿童编织爱心毛衣，捐赠书籍、衣服等。

2005—2016年，县总工会、县政协、团县委、县工商联、县扶贫办等开展“金秋助学”活动，为全县考入二本以上院校的贫困家庭子女804人捐资救助280.56万元，帮助他们顺利入学。其中县工会累计资助431人，发放资金133万元；县政协累计资助132人，发放资金39.33万元；团县委累计资助30人，扶助资金10万元；县工商联累计资助61人，捐助金额23.23万元；县扶贫办公室累计资助150人，资助金额达75万元。

见义勇为 舍己救人

2005年4月6日下午5时，罗峪口村委干部马玉明听到有人跳黄河的呼叫声，当即从路南6米高的陡坡冲下去奔向黄河，奋力救出距岸边5米远的落水者。

2014年10月2日，恶虎滩乡东沟村民白贵兵在该乡下会煤厂打工时，奋不顾身与持刀抢劫他人的歹徒搏斗，左手两根手指几乎被歹徒砍断，在血流如注、身受重伤的情况下，仍用砖头不断还击歹徒，迫使歹徒仓皇逃窜，保护了村民。而自己由于失血过多，最后晕倒在路边。后经人送至医院抢救脱离危险。医院诊断其左手被砍断肌腱21根，神经、动脉血管各1根。2014年，白贵兵被授予“文明兴县人”光荣称号。

安置下岗职工　扶持就业

2004年起，亚龙商贸有限公司经理刘志成创办“亚龙超市”一部、二部，安置员工160人，其中下岗员工140人，年纳税30余万元；在全县17个乡（镇）创办“亚龙便民店”160个，安置农村剩余劳动力320人，把党和政府对农民群众的关怀送到山庄窝铺、千家万户。刘志成坚守“诚实守信、信义立业”的经营理念，赢得顾客和社会信赖。2014年，他被评为吕梁市第三届道德模范人物。

积极参加青年志愿者活动

2012年以来，兴县公安局车家庄派出所所长李飞，发起“我奉献、我服务”的倡议，得到社会各界热心公益事业人士的积极响应。县委在兴县工作的10多名大学生通过团县委、县委宣传部、县财政局的支持，于2013年4月相继成立兴县志愿者协会、同城爱心协会、公益在线协会等。组成人员涵盖机关公务员、教师、新闻媒体、出租车司机、酒店厨师、金融业、电信业、个体户、高中学生等。至2016年底，全县志愿者会员已达1322人。协会秉承“奉献、友爱、互助、进步”的志愿者精神，开展关注孤寡老人、关爱留守儿童、帮扶困难学生、助力高考行动、心系环卫工人等活动。累计参加全县组织的清明祭祀烈士、义务植树、防空演练、环境整治等活动95次。

第二章　宗 教

第一节　机构与管理

民族宗教事务局

兴县民族宗教事务局成立于2000年3月24日，与县委统战部合署办公，人员与统战部同用，不另行安排，属县人民政府宗教管理机构，副科级行政单位，宗教局局长由县委统战部一名副部长兼任。

宗教事务管理

宣传党的宗教政策　兴县民族宗教事务局于2011—2016年编撰并印制《宗教政策法规及有关知识汇编》2000份，编撰印制《兴县道教建筑文化资料汇编》800份，举办宗教政策知识讲座8场次，培训300人次。

完善宗教管理网络　2013年，兴县民族宗教事务局加强县、乡、村三级宗教工作网络建设，明确全县宗教管理人员、村级宗教信息员责任，对宗教活动场所和信教人员进行认定和登记，并建立档案管理制度。同时，将宗教事务管理工作作为全县社会治安综合治理考核和创建文明村镇考核的内容之一，推动了全县民族宗教工作的顺利开展。

第二节　宗教设施与活动处所

兴县境内经政府批准的合法宗教活动处所共5处。其中，佛教活动处所4处、基督教活动处所1处。2012年，全县合法宗教活动处所有4处，均为佛教活动处所。

佛教设施与活动处所

紫沟活动处所　2012年5月批准建立。

南山极乐寺活动处所　2014年6月批准建立，位于蔚汾镇石堂会村，建筑面积为550平方米。

水磨滩活动处所　2015年12月批准建立，位于蔚汾镇东关村水磨滩，建筑面积为180平方米。同年，经县宗教局、县民政局批准，全体居士集资在东关村白新亮居士的房顶加层修建净心苑念佛堂，面积约130平方米，可容纳近百名居士进行佛事活动，是县城佛教信众学佛念佛的最大场所。该处所建立以来，经全体居士会议表决通过，正式成立兴县净心苑念佛堂管理小组，推举产生首任管理小组成员，并聘请五台山清凉寺主持仁增多吉主持念佛堂的佛教事宜，建立健全净心苑念佛堂宗教活动管理制度、组织人事管理制度、佛堂学习制度、财务管理制度、财产管理制度、安全消防制度和卫生防疫等7项制度。该活动处所先后举行较大佛事活动（如超度法会）4次，祈请仁增多吉法师宣讲《大佛顶首楞严经·大势至菩萨念佛圆通章》和《大佛顶如来密因修证了义诸菩萨万行首楞严经》卷第六，《大乘妙法莲华经》卷第一、卷第二，《西方发愿文》等经典60场。到2016年，该活动处所皈依三宝的居士已达50多人，坚持长期活动的居士30多人。

道教设施及民间活动场所

大峪口娘娘庙　位于圪达上乡大峪口村东南缓坡上，占地480平方米。大峪口娘娘庙又称三霄（即赵云霄、赵碧霄、赵琼霄）娘娘庙，始建于清乾隆十一年（1746年）。洞内三尊塑像于“文化大革命”期间被毁，2011年村民筹款重建此庙。庙内有正殿及围墙、山门，正殿为南北向石券窑洞一孔三门，内有三尊塑像，东西两侧墙上有孟子登科、莲生贵子、登坛拜将、一门五福等彩绘壁画，正殿门前右侧立石碑，该庙为县级文保单位。

段家湾真武庙　段家湾真武庙位于东会乡段家湾村北脑畔梁上，创建于清代，毁于60年代，现有正殿为1998年重建，占地600平方米。该庙坐北朝南，正殿东西5米、南北5米、面宽3间，进深三椽单檐硬山顶，灰板瓦屋面，四檩前出廊构架，庙内供奉有真武大帝塑像一尊。

种田堰村龙王庙　位于圪达上乡种田堰村前面的小山梁上，占地面积64平方米，建于清代早期。现存石券窖洞1孔，内有壁画，面积约12平方米，院内有石质香炉和香台各1座。

蔡家会村源瑞山娘娘庙　位于蔡家会镇蔡家会村，始建于清康熙三十四年（1695年）。2009年，蔡家会村民在原址上重修娘娘庙，并增加东配殿文财神，西配殿青龙王。该庙占地面积约500平方米，建筑面积约90平方米。正殿坐北朝南，面宽3间，殿内供奉有7尊塑像，东侧娘娘庙有石碑一块，正门照壁上绘有源瑞山全景图。

黑茶山褐鸡大王庙　位于固贤乡郑家岔村南2000米黑茶山北部陡坡上，占地面积600平方米。该庙又名广应大王神祠，据清雍正五年（1727年）重修大王庙碑记，该庙始建于明万历四年（1576年），民国11年（1922年）又重修，现在的庙宇为2010年原址重建，建筑面积75平方米，坐南朝北，雕梁斗拱，前檐带廊，单檐硬山顶，正殿内有水井1口，名饮马泉（传说尉迟恭在此饮马得名），正殿内供奉有褐鸡大王夫妇。正殿西侧有偏房3间，面积约30平方米。正殿后墙处有残石碑2块，上刻有兴县知县题记（年代不详），损毁严重，模糊不清。

大峪口无量庙　位于圪达上乡大峪口村东南山梁，占地面积160平方米，建于清嘉庆二十一年（1816年）。该庙为一进院布局，中轴线上自西向东有山门、正殿。山门为石券窖洞3孔，前檐带廊，硬山顶；明间与次间屋顶高低不一，外观呈凸字形，明间插廊高出次间屋顶约1米；山门正中为过道，山门门洞两侧次间各有小窑洞1孔。正殿为石券窑洞1孔，前檐带廊，单檐硬山顶。庙内存有建庙时铜钟1口。该庙建筑保存较为完好，正殿内供奉着无极真武之塑像，西侧墙上绘有彩画。

石堠山道观　位于恶虎滩乡明通沟村东南1000米的石堠山上，占地面积约2500平方米。该道观由宋代尼姑所建，现存建筑为南宋、金、元时期的建筑。正殿为片石砌筑石窰洞，重叠式，分上、中、下三层。距道观西南100米处有石砌筑方锥形祭祀台1座，长、宽均为6米，高7米。观内还保存有元代还愿碑1通、旱井1口、舂米臼2个。2006年7月，石堠山道观被列为吕梁市首

批市级文物保护单位。

基督教发展情况

据史料记载，民国2年（1913年），基督教传入兴县，在城内（现兴县中学）设讲书堂一所，当时有教徒45人。讲书堂分南北两院，南院有耶稣小学、教徒宿舍；北院是牧师、长老、传教士、执事等人的宿舍和厨房。第一个牧师名杨柏森。当时基督教在兴县开办学校、医院，并以所信仰的真理调解民事。到20世纪80年代后期，全县基督教信教群众有1000余人，人员多为农村中老年人。

2009年5月，蔚汾镇乔家沟村基督教活动点经申请被批准设立。该活动点租赁民居200平方米，每周三、五、日开展活动，参与活动人数10～20人，主要负责人属非正规教职人员，基于自身管理原因，该活动点于2012年申请撤销，至2016年，该基督教活动点一直处于停止状态，直至最后注销。

第三节　民间宗教信仰

兴县的民间宗教信仰多为佛教、道教信仰。比较有影响的民间信仰场所有蔚汾镇南山魁星庙、罗峪口镇东豆宇村昊旻寺、蔡家会源瑞山娘娘庙、赵家坪高神山庙、黑峪口村玄阳宫等，这些民间信仰场所每年在固定时间举办庙会，请戏班子唱戏。兴县有备案教职人员2人（均为佛教）。2016年8月10日，兴县佛教协会正式注册登记成立，团体主要负责人是经多数教徒认可后选举确定的。

第三十三编

方言　谣谚

根据《中国语言地图集》（1987），兴县方言属晋语吕梁片汾州小片。根据当地人的口音和方言认同，山西大学中文系教授史秀菊将兴县方言分为县川话（包括南川话和西川话）、蔡家会话和东会话（据实地调查，语音方面，西川话与县川话基本相同，其差异只存在于少数词汇方面；东会话与临县话相似但又有自己的特点）。县川话是当地方言的代表话，也称作城关话。东会乡口音属于东会话，蔡家会镇、罗峪口镇、贺家会乡、孟家坪乡、赵家坪乡、圪达上乡6乡（镇）的口音为蔡家会话，其余乡（镇）口音为县川话。

兴县方言的内部差异主要表现在地域差异和年龄差异两个方面，年龄差异主要表现在县川话新老派的发音上。

第一章　方　言

一、语音方面

1.声调方面。县川话共有5个单字调，蔡家会话和东会话均有6个单字调。蔡家会话和东会话的平声均分阴平和阳平，县川话古阳平独立为一类，古阴平与古上声的单字调合为阴平上声，但连读变调中又分化为两类。蔡家会话和东会话上声规律与普通话一致；三个方言点去声规律与普通话一致；入声均分阴阳，且阳入字少于阴入字。

2.声母方面。三个方言点声母相同，均为23个（含零声母），无唇齿音[f]，非敷奉母大都读[x]且多与合口呼相拼。蔡家会话和东会话有明显的翘舌音，县川话的翘舌音只保留在老派发音中，且[ʦ ʦʻ s][tʂ tʂʻ ʂ]与普通话中的平翘舌并不是一一对应的关系；日母的部分字“儿而二耳”等，县川话读[z]，蔡家会话和东会话均读[Ø]。影组字“荣融容蓉”等，县川话老派方言读零声母[Ø]，新派方言读为[z]。

3. 韵母方面。蔡家会话与县川话音类分合规律基本一致，不同之处是：蟹摄开口二等见组大部分字，县川话读[iai]，蔡家会话读[ai]。效摄开口一等见组（“考烤”除外）和影组字以及效摄开口三等知系字，县川话老派方言读[ɯu]，新派方言读[u]，例如：高袄赵烧绕；相对应的开口一等见组和影组字蔡家会话读[iɯu]，开口三等知系字蔡家会话读[u]。咸山摄开口一等见系大部分非入声字，县川话读[ẽn]，蔡家会话读[iẽn]。东会话则与县川话在音类分合和音值方面都存在较大差异。此外，蔡家会话和东会话均有儿化韵，县川话则没有。县川话入声单字调大部分已经舒化，舒化后不论原韵母是[aʔ]还是[əʔ]，韵尾一律变为[ʌ]；蔡家会话和东会话入声大部分都没有舒化，部分舒化的入声，韵腹也没有改变。

二、词汇方面

兴县方言内部，词汇方面的差别不大，但各片都有一些独特的说法，本节择取较为典型的词语比较如下：

普通话	县川话	蔡家会话	东会话
彩虹	虹冠子	七彩桥	虹
漂亮	国香	惹亲	俊
我们	弭些	我弭	
父亲	大	老子	大
打雷	响雷	吼雷	
过去	每番	以前	
女子			汝子

三、语法方面

主要对比兴县县川话，贺家会、蔡家会、东会几个方言点，主要差异体现在以下几方面：

1. 代词：

（1）人称代词

贺家会跟县川的差别不大，具体表现有，贺家会第一人称复数“我弭些”，第二人称复数“那家弭些”是县川话所没有的。第三人称两者之间差别不大，都具有丰富多样的表达形式。

蔡家会第一人称复数为“我弭”与县川话的“弭些”不同；第二人称相同；第三人称蔡家会的表达相对简单，尤其是复数表达只有“乃”“乃弭”。

东会与临县相接壤，在人称代词上与县川有所不同，具体表现：第一人称单数都是“我”，但读音有别，复数为“我弭”，与县川不同；第二人称单数同为“你”，复数不同，东会为“奈弭”。第三人称差别更大，东会第三人称单数为“乃”，复数为“茶那家家”“乃家”“那家”。

（2）指示代词

贺家会、蔡家会与县川的差别不大，有二分、三分、四分类别，并且是由“这/那”“这/兀”系统叠加互用形成的。东会与这三个点的差别比较大，它的指示代词属于二分系统，并且属于“这/兀”系统。

（3）疑问代词

县川与贺家会大体相同，蔡家会与东会相同点多。询问人的代词都有单复数和领属代词之分。问物的代词都是“甚”。问时间的代词都是“甚时候”“甚时”。不同的是问处所、指别的代词“哪”，这四个片区在读音上有差别，县川和贺家会读音为“[lᴀ]”，蔡家会和东会读音为“[ᴀ]”，辅音脱落。具体情况如下：

问人，贺家会与县川的用法完全相同（谁、谁们、谁家），蔡家会和东会在日常交际中，询问领属关系的“谁家”不合音，而是“谁家”。

问物，贺家会、蔡家会的用法与县川完全相同，东会也没有特殊用法。

问时间，贺家会除了使用县川话所用的疑问代词之外，还会使用“甚时”，意义与其他疑问代词相同；而蔡家会还会使用“哪一阵、哪一阵阵”，东会使用“甚会儿”，不用“甚时候、哪阵阵”。

问地点，县川用来询问限定内的小空间（抽屉、包包等）的疑问代词“哪些、甚些”，贺家会、蔡家会通常用“甚上”来代替，蔡家会不使用“哪里”这个疑问代词；东会没有“甚上”这一用法，询问限定内的小空间使用普通的疑问代词。

问原因，贺家会、蔡家会不用疑问代词“因为甚”，县川用的“咋家”在蔡家会读作[ʦuəʔ$^{\underline{55}}$ʨiəʔ$^{\underline{55}}$]，还使用“哪的”询问原因；东会也用“哪的”，与其他三个地方不同的是，它还使用“怎么”，这是比较新派的用法。

问方式，贺家会使用县川没有的“哪的”，不用“咋底家、咋底”；蔡家会也不用“咋底”，县川使用的“咋家”读作[ʦuᴀ^{324}ʨiᴀ$^{324\text{-}55}$]；东会询问方式的疑问代词只有“哪底个”。

问性状，贺家会与县川相同，都使用“咋的个”；蔡家会用“咋底的个”询问事物的性状，在东会用疑问代词“哪的个”。

问数量，贺家会和蔡家会不使用“多来”这一疑问代词；东会则不用“多大”。

指别，贺家会、蔡家会和东会都与县川话保持一致，使用“哪”这个疑问代词。

2. 补语：

（1）结果补语。贺家会与县川一致；蔡家会“V+着”，除了“吓着”外其他多为“V咧”，如：“跌咧、打咧、冻咧”；东会除了“吓着”，其他很少用“V＋着”结构，多用“V＋威了”或“V＋厉害咧”结构，如“打威咧/厉害咧”。

（2）程度补语。贺家会很少使用“V/A＋得＋可是呀”结构，其中一般是女性使用较多。总体来说，在表示程度深时，“V＋得＋可威嘞”使用频率比其他结构更高一些；蔡家会不用“V/A＋得＋可是呀”结构，很少使用“V/A＋得＋可伤嘞”结构，“A＋得＋要命嘞”“A＋得＋（说也）没法说”“A＋得＋没样样/没样子”“A＋得＋疼嘞”这些用法很少使用，甚至不用，绝大多数使用“V/A＋可威嘞”结构，或在“A”前加“可”表示程度深，如：“可滚嘞、可累嘞、可恶水嘞、可勤俭嘞”；东会不说“V/A＋可是呀”“V/A＋成这/茶/那/兀底底个”“A＋得＋（可）A”“A＋伤糊咧”“A＋可死也”“A＋（说也）没法说”“A＋没样子/没样样”，少用“V/A＋得＋要命嘞”，“A＋彻”一般说成“可＋A”，多使用“A＋（可）威嘞”或“A＋（可）厉害嘞”结构。

（3）趋向补语和数量补语。贺家会、蔡家会、东会均与县川一致。

（4）状态补语。贺家会和蔡家会与县川一致；东会不说“A＋得＋补语”。

（5）处所补语。县川使用“V＋给＋补语”结构多，而贺家会则多用“V＋在＋补语”，如“把这两张纸粘在一瘩”；县川使用“V＋给＋补语”结构多，而蔡家会则多用“V＋在＋补语”，如“脑头枕在枕头上”；县川使用“V＋给＋补语”结构多，而东会则多用“V＋在＋补语”，如“脑头枕在枕头上”；东会不用“V＋去[kəʔ]（趋向补语）＋处所补语”，如“你咋去去太原咧”说成“你怎么去了太原咧”。

3. 助词：

（1）结构助词。结构助词基本相同，只是贺家会无“的的”连用现象，蔡家会无“地的”连用现象。

（2）时体助词。实现体助词“了$_1$”，在县川话中读作[liɯu^{324}]，写作“了”；

在贺家会、蔡家会中读作[li324]，记作“哩”；在东会中读作[lɔu324]，记作“唠”。

（3）持续体助词“着”。在县川、贺家会、蔡家会中读作[təʔ55]记作“得”，在东会中动态持续用“得”，在其他情况中用“着”，与普通话相同。

（4）曾然态助词“来”。在县川话中为黏着语素“来咧”，在贺家会中是“来”，蔡家会和东会中还会出现“来嘅”。

（5）一些特殊的助词。“动”表示“……的时候”“……的话”，在县川话中多为“动了”；贺家会和蔡家会多为“动哩”或“动价”，但使用频率不如县川高；东会为“动唠”，使用范围较窄，且通常只表示“……时候”的意思。

（6）表示“如果……的话，就好了”的意思，县川话中常用“……来咧”或“……时地”，贺家会和蔡家会常用“……价”，例如：“这西瓜再红些价就好咧。”东会常用“……散”，如“你要是好地念字散，这阵就不应发愁咧”。

4. 语气词：

在估测性求证问中，县川话的标志性疑问语气词是“吧”，而贺家会是“哇”，其所承担的语法功能完全相同，都是用来向对方求证自己心中所揣测的答案是否正确或揣测的事情能否实现。如：

a.你没去学校哇？

b.你经常咳嗽嘞哇？

蔡家会与县川的语气词用法基本一致，区别是“嘅”的有无。“嘅”通常出现在表已然的时制助词“来”之后，表示对过去或已经发生的情况和动作的询问，也可省略，意义不变。试比较：

（1）a.你夜日后晌做甚去来嘅？

b.你夜日后晌做甚去来？

（2）a.那家妈去哪里去来嘅？

b.那家妈去哪里去来？

“咧”和“嘅”可以相互替换，也可以省略。如：

a.今日谁来来咧？

b.今日谁来来嘅？

c.今日谁来来？

东会使用的语气词与县川相比差别不大且与贺家会、蔡家会都有相一致的地方：在估测性求证问中，与贺家会相同，标志性语气词都是用“哇”；在特指问句中，与蔡家会相同，都有独特的疑问语气词“嘅”，且用法相同。其独特之处只有一点，就是在其他三个方言小片中使用的语气词“咧”，在东会弱化为“哩”，承担的语法意义与“咧”完全一致，即对过去发生或已经发生的情况或动作的询问，相当于普通话的“了$_2$”。如：

a.弭家村儿唱了几回戏哩？

b.你咋不去哩？

c.这阵阵啦怎么弭哥哥们还不来哩？

5.儿尾和儿化。县川话没有儿化只有儿尾，今读作[ləʔ^{55}]；蔡家会话和东会话均有儿化[ɚ]，如“花儿、猫儿、兔儿、手巾儿”等。

第一节　语音

一、声韵调

1.1声母

兴县县川话共23个声母（含零声母）。例字下加“_”表示白读，加“=”表示文读，表示文读，字右下方标1、2、3的是多音字。列举如下：

p帮布败不	p‘败普朋白	m马墓明梦		
t提肚担叠	t‘驼齐吐炭	n崖女年南	l离吕兰乱	
ts走钻脊炸$_1$	ts‘搓暑$_1$造沉		s司寻蒜术	z儿如锐软
tʂ知今阵值	tʂ‘潮持诚侄		ʂ尝声胜舌	ʐ扰认然若
tɕ鸡追剑虹	tɕ‘齐悄庆七		ɕ肥水孝咸	
k古贵耕割	k‘楷苦看去$_2$	ŋ我熬案恶	x下府咸喝	
ø而有言问				

声母说明：

县川话的新派方言只有[ʦ ʦ‘s z]，没有[tʂ tʂ‘ ʂ ʐ]。但老派方言仍保留着两者的区别：部分老派人舌尖前音和舌尖后音区别明显，另一部分老派人[tʂ tʂ‘ ʂ ʐ]的发音舌位很靠前，已经非常接近[ʦ ʦ‘s z]，但说话人自己能清楚地区分，二者不容相混。

1.2 韵母

兴县县川话共42个韵母。列举如下：

ɿ 子$_1$翅时耳			
ʅ 知池蒸剩	i避第井移	u布女蛆裤	y泪举兄围
ᴀ 怕冷沙下	iᴀ牙价卡下	uᴀ 爪$_1$卦话瓦	
ɤ傍党生讹	iɛ娘晾虹爷	uɤ 躲坐仿芒	yɛ撅瘸靴哕
i白奶赛儿	iai秸揩谐液	uai 歪摔怪怀	
ei 台来菜开		uei堆碎肥围	
ɔu跑老造毫	iɔu咬交巧孝		
ɯu招绍高澳	iɯu秒跳雀窑		
ou斗楼苏口	iou牛柳舅油		
æ̃扁担删咸	iæ̃ 眼捡嵌陷	uæ̃关涮环往	
ẽn 般战干寒	iẽn变连尖烟	uẽn联串欢丸	yẽn卷拳宣院
əŋ 碰疼蒸人	iəŋ平领信鹰	uəŋ 动从拱温	yəŋ拱穷训云
aʔ八鹿扎盒	iɛʔ 鸭夹恰辖	uaʔ 捉刮滑袜	yɛʔ 确
əʔ扑得$_1$涩各$_2$	iəʔ 北贴脊叶	uəʔ 夺凿国活	yəʔ 局曲俗月

韵母说明：

①[u]发音部位偏低，实际发音介于[u][ʊ]之间。

②老派方言读[ɯu]的字新派方言均读为[u]。

③[uᴀ] 的韵腹发音靠后，接近[ɑ]，因不区别意义，与[ᴀ]合并。

④[ɛ]只存在于[iɛ]、[yɛ]、[iɛʔ]、[yɛʔ]中。

⑤该地的入声单字调大部分已经舒化，但因在语流中，尤其是双音节词的前一音节，县川话入声字仍保留完整，所以音系中仍按入声记录。有个别舒声字，兴县县川话今读入声，如“五”。

1.3单字调

兴县县川话有5个单字调。列举如下：

阴平上	324	帮天马眼
阳平	55	婆红泉人
去声	53	步路戏证
阴入	<u>55</u>	八桌接吸
阳入	<u>312</u>	罚舌木月

声调说明：

①阴平和上声单字调合并，但在词语连读中仍能分开：阴平调值为[324]，趋升，快读时接近[24]；上声调值[312]，趋降，在词末时接近[31]。

②入声分为阴入和阳入，阴入字明显多于阳入字，部分阳入字今已读为阴入。

二、单字音表

下表是单字音表，本表限于基本韵母。同一横行的字声母相同，同一竖行的字韵母和声调相同，空格表示当地没有的读音。有音无字的，表中用序号①②③表示，并在表后加注，表中“黑体加粗”字也在表后加注。兴县方言阴平和上声的单字音合为一类，表中称为“阴上”。

兴县话单字音表1

表33-1-1-1

	ɿ	ʅ	i	u	y
	阴阳去 上平声	阴阳去 上平声	阴阳去 上平声	阴阳去 上平声	阴阳去 上平声
p p‘ mm			比哔病 披皮屁 米名命	补卟布 普葡瀑 亩谋墓	
t t‘ n l			底嘀地 体题替 你泥腻 里离丽	赌嘟度 土图兔 女	 女 吕驴类
ts ts‘ s z	紫吱自 此词翅 死时视 耳儿二			主 住 础厨处 所 树 乳如	
tʂ tʂ‘ ʂ		知 智 耻池秤 声绳世			
tɕ tɕ‘ ɕ			井叽记 起棋汽 喜肥戏		嘴①醉 取锤脆 水谁序
k k‘ x				孤咕鸪 苦 裤 虎葫妇	
ø			椅疑忆	午吴雾	雨鱼玉

注：女[nu³²⁴]：白读音，~子。

处[ts‘u⁵³]：多音字，到~。

鸪[ku⁵³]水~~：斑鸠。

女[ny³²⁴]：文读音，妇~。

①[tɕy⁵⁵]拟声词，形容飞得快，~的一下就飞上走咧。

兴县话单字音表2

表33-1-1-2

	A	iA	uA
	阴阳去 上平声	阴阳去 上平声	阴阳去 上平声
p p‘ m	靶 坝 爬怕 马麻骂	① ②	
t t‘ n l	打哒大 她 咑 拿娜 冷啦旯	 哑牙压 两	
ts ts‘ s z	闸喳炸 杈茶岔 傻 萨		爪 ④ ⑤ 耍 ⑥ 挼
tɕ tɕ‘ ɕ		贾 价 卡 ③ 虾降下	
k k‘ x	敢 尬 卡 咔 腌 下		寡 挂 垮 挎 花哗话
ø	啊	雅涯亚	瓦哇洼

注：大[tA^{53}]：多音字，老～。

敢[kA^{324}]～是：副词，表示应该做某事。

咔[k‘A^{53}]：拟声词，打得～～地。

降[ɕiA^{55}]～住：降服。

①[piA^{53}]：拟声词，用棍子打人或物的声音。

②[p‘iA^{53}]：拟声词，用棍子打人或物的声音。

③[tɕ‘iA^{53}]：拟声词，咳嗽得～～地。

④[ts‘uA^{324}]～起来：把单子揭开。

⑤[ts‘uA^{53}]一～：一件（一般指较破的东西）。

⑥[suA^{53}]拟声词，走得～～地。

兴县话单字音表3

表33-1-1-3

	ɤ	iɛ	uɤ	yɛ
	阴阳去 上平声	阴阳去 上平声	阴阳去 上平声	阴阳去 上平声
p	榜　播	①　别		
p‘	坡婆破	②③		
m	蟒忙糖	咩④篾		
t	党　荡	爹	躲　垛	
t‘	拖糖趟		椭埚唾	
n	挪	娘		
l	朗罗浪	裂粮亮	裸啰	⑤
ts	脏　匠		庄　坐	
ts‘	搓藏		闯床错	
s	嗓　绱		锁　硕	
tʂ	者　帐			
tʂ‘	扯常唱			
ʂ	裳蛇社			
ʐ	惹瓤让			
tɕ		姐　酱		撅　倔
tɕ‘		抢茄呛		瘸
ɕ		写协像		靴斜
k	哥岗杠		广　过	
k‘	康　炕		棵狂课	
ŋ	我鹅饿			
x	荷河巷		火房放	
ø		氧爷夜	网王卧	哕

注：藏[ts‘ɤ55]：动词，～东西。

荷[xɤ324]：多音字，这儿为动词。～上：拿上。

别[piɛ53]：多音字，～扭。

倔[tɕyɛ53]：脾气古怪，固执。

①[piɛ324]～了一搭：拍了一掌。

②[p‘iɛ324]～树枝：摘树枝。

③[p‘iɛ55]房～：房檐。

④[miɛ55]～住：愣住。

⑤[lyɛ324]骨～：卷成的捆子。

兴县话单字音表4

表33-1-1-4

	ai	iai	uai
	阴阳去 上平声	阴阳去 上平声	阴阳去 上平声
p	摆白拜		
p‘	①排败		
m	买埋卖		
t	贷		⑥
t‘	太		⑦
n	奶崖		
l	赖		
ts	宅 债		
ts‘	踩柴②		
s	筛③赛		
z	④ ⑤		
tɕ		街 届	
tɕ‘		揩	
ɕ		蟹	
k	钙		拐 怪
k‘	凯		傀 快
ŋ	癌		
x	鞋解		⑨怀坏
∅	尔而哎	液	歪⑩⑪

注：解[xai^{53}]姓

①[p‘ai^{324}]～腿子：腿长得不正。

②[ts‘ai^{53}]：拟声词，如：打得～～地。

③[sai^{55}]：动词“哭”，疼得～开咧。

④[zai^{324}]：扭屁股。

⑤[zai^{53}]：号得～～地：指小孩哭。

⑥[tuai^{53}]：指一个人说话啰唆。

⑦[t‘uai^{53}]：拟声词，指吐痰时的声音。

⑧[ts‘uai^{55}]：懦弱。

⑨[xuai^{324}]～人：骗。

⑩[uai^{55}]：瘫在地上。

⑪[uai^{53}]：踩。

兴县话单字音表5

表33-1-1-5

	ei	uei	ɔu	iɔu
	阴阳去 上平声	阴阳去 上平声	阴阳去 上平声	阴阳去 上平声
p	杯 贝		宝 豹	
p‘	拼赔配		跑袍炮	
m	美煤妹		卯毛帽	喵
t	逮 袋	堆 对	岛 稻	
t‘	胎台	腿 退	讨桃套	
n	耐	内	脑挠闹	鸟 ③
l	来	蕊雷擂	老牢骆	
tʂ	宰 在	最	早 灶	
tʂ‘	彩财菜	崔	草曹噪	
ʂ	腮 ①	② 碎	梢嫂哨	
ʐ		瑞		
ʂ			晌	
tɕ				搅 较
tɕ‘				巧 窍
ɕ				效
k	改 盖	鬼 贵		
k‘	开	葵 愧	考	
ŋ	爱		鏖	
x	海孩害	悔回肺	好毫号	
ø	诶	伟围外	哦	

注：诶[ei^{324}]：表疑问。

诶[ei^{53}]：向别人打招呼。

晌[ʂɔu^{324}]：～午。

好[xɔu^{324}]：多音字，～人。

鏖[ŋɔu^{324}]～住：固执地要干某事。

①[sei^{53}]～架：打架。

②[suei^{324}]：来回扭动，带有摩擦。

③[niɔu^{53}]～地：固执地认定。

兴县话单字音表6

表33-1-1-6

	ou	iou	ɯu	iɯu
	阴阳去 上平声	阴阳去 上平声	阴阳去 上平声	阴阳去 上平声
p				表
p‘				嫖瓢漂
m				秒苗庙
t	抖　豆	丢①		貂　钓
t‘	偷头透	②		挑条跳
n	努奴怒	扭牛		尿
l	鲁芦漏	柳流六		潦聊料
tʂ	走　就			
tʂ‘	瞅愁醋			
ʂ	苏嗖素			
tʂ	周轴咒		招　赵	
tʂ‘	丑绸臭		超潮	
ʂ	手　寿		烧　少	
ʐ	扔柔肉		扰饶绕	
tɕ		酒　救		娇嚼叫
tɕ‘		秋球		悄桥俏
ɕ		朽　秀		小③笑
k	狗　够		高　告	
k‘	口　扣		靠	
ŋ	偶　构		袄熬澳	
x	吼猴后			
ø	噢	友油又		舀摇耀

注：①[tiou⁵⁵]转得～～地：形容转得快。

②[t‘iou⁵³]滑的～～地：很滑。

③[ɕiɯu⁵⁵]～起来：稍微悬起来。

少[ʂɯu⁵³]：多音字，年～。

绕[ʐɯu⁵³]：多音字，～圈圈。

兴县话单字音表7

表33-1-1-7

	æ̃	iæ̃	uæ̃
	阴阳去 上平声	阴阳去 上平声	阴阳去 上平声
p	板　办		
p‘	攀　盼		
m	蛮慢		
t	胆铛蛋		
t‘	毯谈炭		
n	男难	眼颜酿	
l	懒兰烂		
ts	斩　站		
ts‘	产谗灿		①
s	伞删散		拴　涮
z			②
ʐ	嚷		
tɕ		碱　谏	
tɕ‘		铅　嵌	
ɕ		痃向	
k	敢		关　贯
x	喊咸馅		反环饭
∅	咹	晏	晚玩万

注：难[næ̃^{53}]：困～。

咹[æ̃^{324}]：表疑问。

①[ts‘uæ̃^{324}]～皮：给谷类去皮。

②[zuæ̃^{324}]：老太太吃东西时的动作。

兴县话单字音表8

表33-1-1-8

	ẽn	iẽn	uẽn	yẽn
	阴阳去 上平声	阴阳去 上平声	阴阳去 上平声	阴阳去 上平声
p	搬　半	贬　变		
p‘	蟠盘判	篇便片		
m	满瞒漫	勉棉面		
t		点　电	短　断	
t‘		天田	③团	
n		碾年念	暖	
l		脸连练	卵銮乱	④圇
ts			专　撰	
ts‘			喘船串	
s			酸　算	
z			软	
tʂ	展　战			
tʂ‘	①蝉			
ʂ	闪　善			
ʐ	染然碾			
tɕ		剪　见		捲捐圈
tɕ‘		浅前欠		犬全劝
ɕ		显嫌线		选悬镟
k	擀　干		管　灌	
k‘	砍　看		款	
ŋ	安②暗			
x	罕寒汉		欢　换	
ø		演言燕	碗完腕	远圆院

注：碾[ʐẽn^{53}]～塄：兴县地名。

干[kẽn^{53}]：多音字，～活。

看[k‘ẽn^{53}]：多音字，动词，～见。

圇[lyẽn^{53}]马圐～：兴县地名。

圈[tɕyẽn^{53}]：多音字，猪～。

便[p‘iẽn^{55}]：多音字，～宜。

①[tʂ‘ẽn^{324}]～打：生气地摔打。

②[ŋẽn^{55}]：没有缝隙。

③[t‘uẽn^{324}]～子：猪獾。

④[lyẽn^{55}]骨～：卷曲。

兴县话单字音表9

表33-1-1-9

	əŋ	iəŋ	uəŋ	yəŋ
	阴阳去 上平声	阴阳去 上平声	阴阳去 上平声	阴阳去 上平声
p	本①笨	饼　并		
p‘	捧盆碰	品苹聘		
m	猛门梦	敏民命		
t	等　邓	顶　定	懂咚吨	
t‘	吞疼②	挺亭听	筒同痛	
n	能③	银硬	农嫩	
l	冷笼愣	领邻令	咙轮论	
ts	甄　挣		总　众	
ts‘	撑沉蹭		蠢纯寸	
s	省寻渗		损　送	
z			绒润	
tʂ	诊　郑			
tʂ‘	逞成趁			
ʂ	婶神胜			
ʐ	忍人认			
tɕ		景　尽		均　俊
tɕ‘		请琴庆		穷
ɕ		醒形信		凶熊迅
k	跟　更		滚　共	
k‘	肯　④		啃　控	
ŋ	恩			
x	很痕恨		粉红奋	
ø	嗯　嗯	引迎应	稳文问	永云用

注：更[kəŋ^{53}]：多音字，～加。

嗯[əŋ^{53}]：表应答，读阴上时表疑问。

听[t‘iəŋ^{53}]～等：等。

①[pəŋ^{55}]：拟声词，敲得～～地。

②[t‘əŋ^{53}]～打：挑唆别人做一些不该做的事。

③[nəŋ^{53}]：宁愿。

④[k‘əŋ^{53}]受的～～地：指一个人很辛苦。

兴县话单字音表10

表33-1-1-10

	aʔ	iɛʔ	uaʔ	yɛʔ
	阴阳 入入	阴阳 入入	阴阳 入入	阴阳 入入
p p‘ m	八 琶拔 末抹			
t t‘ n l	答 塔踏 钠纳 拉辣	鸭		
ts ts‘ s	扎 擦宅 杀		桌 戳 刷	
tɕ tɕ‘ ɕ		夹 恰 辖		确
k k‘ x	瞎盒		刮 括 发罚	
ø			握袜	

兴县话单字音表11

表33-1-1-11

	əʔ	iəʔ	uəʔ	yəʔ
	阴阳 入入	阴阳 入入	阴阳 入入	阴阳 入入
p	不	笔		
p‘	泼脖	匹鼻		
m	目木	灭麦		
t	德	敌	读	
t‘	特趿	贴叠	脱哆	
n		逆捏	懦	
l	嘞	历力	律绿	
ts	作		族	
ts‘	册①		出凿	
s	色		说熟	
z			褥	
tʂ	哲			
tʂ‘	吃侄			
ʂ	食石			
ʐ	热日			
tɕ		激		橘
tɕ‘		七集		缺
ɕ		吸席		雪续
k	革圪		国	
k‘	壳去		哭圐	
ŋ	额			
x	黑合		忽服	
Ø		业钥	物五	阅月

注：去[k‘əʔ$^{\underline{312}}$]：~吧，此处为动词。

圐[k‘uəʔ$^{\underline{312}}$] 马~圙：兴县地名。

①[ts‘əʔ$^{\underline{312}}$]明光~烂：非常明亮。

三、文白异读

3.1声母的文白异读

1.文读声母为不送气塞音、塞擦音，白读声母为送气的塞音、塞擦音。例如：

例字	文读	白读
白	pai^{55}茴子～	p‘iəʔ$^{\underline{312}}$～苔
败	pai^{53}～家子	p‘ai^{53}打～仗
拔	paʔ$^{\underline{55}}$选～	p‘aʔ$^{\underline{312}}$～萝卜
达	taʔ$^{\underline{55}}$～到	t‘aʔ$^{\underline{55}}$ 后发～兴县地名
叠	tiəʔ$^{\underline{55}}$重～	t‘iəʔ$^{\underline{312}}$～被子
夺	tuəʔ$^{\underline{55}}$定～	t‘uəʔ$^{\underline{312}}$～下
集	tɕiəʔ$^{\underline{55}}$～体	tɕ‘iəʔ$^{\underline{312}}$赶～
捷	tɕiəʔ$^{\underline{55}}$～报	tɕ‘iəʔ$^{\underline{312}}$～径
截	tɕiəʔ$^{\underline{55}}$一圪～	tɕ‘iəʔ$^{\underline{312}}$～住
宅	tsai^{324}住～	ts‘aʔ$^{\underline{312}}$～鹿沟兴县地名
直	tʂəʔ$^{\underline{55}}$～接	tʂ‘əʔ$^{\underline{312}}$～脾气
值	tʂəʔ$^{\underline{55}}$价～	tʂ‘əʔ$^{\underline{312}}$～钱

2.文读为送气的塞擦音，白读为送气塞音。例如：

例字	文读	白读
齐	tɕ‘i^{55}整～	t‘i^{55}～圪整整
去	tɕ‘y^{53}～掉	k‘əʔ$^{\underline{312}}$～吧

3.文读声母为ɕ，白读声母为x。例如：

例字	文读	白读
下	ɕiᴀ^{53}读书音	xᴀ^{53}～雨
夏	ɕiᴀ^{53}立～	xᴀ^{53}～天
孝	ɕiɔu^{53}～子	xɔu^{53}～布
衔	ɕiæ̃^{55}～接	xæ̃^{55}～住
咸	ɕiæ̃^{55}～阳	xæ̃^{55}味道～

闲	ɕiæ̃^{55}休～	xæ̃^{55}～人
馅	ɕiæ̃^{53}～饼	xæ̃^{53}～子
陷	ɕiæ̃^{53}～阱	xæ̃^{53}～得可深了
学	ɕiəʔ$^{\underline{55}}$～习	xəʔ$^{\underline{312}}$～狗叫模仿狗叫

4.文读声母为x，白读声母为ɕ。例如：

例字	文读	白读
费	xuei^{53}学～	ɕi^{53}可～钱了
飞	xuei^{324}～机	ɕi^{324}～学老鸹飞禽
肥	xuei^{55} ～料	ɕi^{55}～猪

5.文读声母为k、x，白读声母为tɕ。例如：

例字	文读	白读
虹	xuəŋ^{55}彩～	tɕiɛ^{324}～冠子彩虹
拱	kuəŋ^{324}～形	tɕyəŋ^{324}猪～子
供	kuəŋ^{324}提～	tɕyəŋ^{324}～不起

6.文读声母为零声母，白读声母为鼻音n。例如：

例字	文读	白读
银	iəŋ^{55}～行	niəŋ^{55}～子
颜	iẽn^{55}容～	niæ̃^{55}～色
雁	iẽn^{53}大～	niæ̃^{53}～
压	iᴀ^{53}～力	niᴀ^{53}～住

3.2韵母的文白异读

1.文读为阳声韵，白读为阴声韵。具体如下：

（1）文读为əŋ韵母，白读为ʅ，例如：

例字	文读	白读
蒸	tʂəŋ^{324}～汽机	tʂʅ^{324}～馍馍
正	tʂəŋ^{53}～经	tʂʅ^{53}～好
郑	tʂəŋ^{53} 姓	tʂʅ^{53}～家岔兴县地名
称	tʂ‘əŋ^{324}～呼语	tʂ‘ʅ^{324}～给下称一下

秤	tʂ‘əŋ^{53}电子～	tʂ‘ʅ^{53}～锤
升	ʂəŋ^{324}～级	ʂʅ^{55}～起来
声	ʂəŋ^{324}～波	ʂʅ^{324}～音
剩	ʂəŋ^{53}～余	ʂʅ^{53}～下

（2）文读为iəŋ韵母，白读为i，例如：

例字	文读	白读
饼	piəŋ^{324}～干	pi^{324}山药～子
病	piəŋ^{53}～毒	pi^{53}得～
平	p‘iəŋ^{55}～安	p‘i^{55}～地
明	miəŋ^{55}～白	mi^{53}～日
名	miəŋ^{55}～声	mi^{55}～字
命	miəŋ^{53}～运	mi^{53}～根子
鸣	miəŋ^{55}雷～	mi^{55}公鸡叫～
钉	tiəŋ^{324}～子户	ti^{324}～子
叮	tiəŋ^{324}～嘱	ti^{324}～了一口
顶	tiəŋ^{324}房～	ti^{324}不～事
停	t‘iəŋ^{55}～电	t‘i^{324}～～地不要动
听	t‘iəŋ^{324}～力	t‘i^{324}～见
铃	liəŋ^{55}门～	li^{55}预～上课预备铃声
零	liəŋ^{55}一百～五	li^{55}～花钱
岭	liəŋ^{324}秦～	li^{324}～西兴县地名
翎	liəŋ^{55}～毛	li^{55}鸡～
领	liəŋ^{324}～导	li^{324}～口
令	liəŋ^{53}命～	li^{53}节～
另	liəŋ^{53}～外	li^{53}～开
经	tɕiəŋ^{324}～济	tɕi^{324}～由
菁	tɕiəŋ^{324}王～用于人名	tɕi^{324}蔓～
精	tɕiəŋ^{324}～神	tɕi^{324}～明

睛	tɕiəŋ^{324}画龙点～	tɕi^{324}～～眼眼形容一个人特别爱计较
井	tɕiəŋ^{324}坐～观天	tɕi^{324}～水
净	tɕiəŋ^{53}～化器	tɕi^{53}干～
镜	tɕiəŋ^{53}望远～	tɕi^{53}～子
晴	tɕʻiəŋ^{324}～朗	tɕʻi^{55}～旦旦地形容天气晴朗
清	tɕʻiəŋ^{324}～明	tɕʻi^{324}～汤
轻	tɕʻiəŋ^{324}年～	tɕʻi^{324}～皮活瞭非常轻
青	tɕʻiəŋ^{324}～年节	tɕʻi^{324}～草
腥	ɕiəŋ^{324}血～	ɕi^{324}猪～味
星	ɕiəŋ^{324}～期	ɕi^{324}～宿
醒	ɕiəŋ^{324}清～	ɕi^{324}～得懂得
赢	iəŋ^{55}～利	i^{55}输～
蝇	iəŋ^{55}苍～	i^{55}～子
影	iəŋ^{324}电～	i^{53}～虎子影子
缨	iəŋ^{324}红～枪	i^{53}萝卜～子
映	iəŋ^{53}放～	i^{53}～出
应	iəŋ^{53}～该	i^{324}吼不～叫不应

（3）文读为æ̃、ẽn、yẽn、əŋ、iəŋ、uəŋ、yəŋ等阳声韵，白读为u、y、ᴀ、ɤ、ei、iɛ等阴声韵，例如：

例字	文读	白读
兄	ɕyəŋ^{324}～长	ɕy^{324}弟～
冷	ləŋ^{324}～冻	lᴀ^{324}～咧
睁	tsəŋ^{324}读书音	tsɤ^{324}～开眼
生	səŋ^{324}学～	ʂɤ^{324}～熟
甥	səŋ^{324}读书音	ʂɤ^{324}外～
往	uæ̃^{324}来～	uɤ^{324}～回走
拼	pʻiəŋ^{324}～音	pʻei^{324}～起来
虹	xuəŋ^{55}彩～	tɕiɛ^{324}～冠子彩虹

2.文读为uei韵母，白读为y韵母，具体如下：

例字	文读	白读
围	uei^{55}周～	y^{55} ～住
喂	uei^{53}～养	y^{53}～猪
魏	uei^{53}～国	y^{53}～家塔兴县地名
苇	uei^{324}芦～	y^{324}～子沟兴县地名

3.文读为uei韵母，白读为i，例如：

例字	文读	白读
费	xuei^{53}学～	ɕi^{53}可～钱了
飞	xuei^{324}～机	ɕi^{324}～学老鸹飞禽
肥	xuei^{55} ～料	ɕi^{55}～猪
尾	uei^{324}末～	i^{324}～巴

4.文读为阴声韵，白读为入声韵。例如：

例字	文读	白读
白	pai^{55}～天	p‘iəʔ$^{\underline{312}}$～日
宅	tsai^{324}住～	ts‘aʔ$^{\underline{312}}$～鹿沟兴县地名
阔	k‘uɤ^{53}～气	k‘uəʔ$^{\underline{55}}$开～

3.3部分没有规律的文白异读

例字	文读	白读
吟	iəŋ^{55}呻～	zəŋ^{324}疼得～了
儿	ai^{55}～童	zɿ^{55}大～
惜	ɕiəʔ$^{\underline{55}}$珍～	tɕ‘iəʔ$^{\underline{55}}$可～
脊	tɕiəʔ$^{\underline{55}}$～梁	tsəʔ$^{\underline{55}}$～背
今	tɕiəŋ^{324}当～	tʂəŋ^{324}～日
抱	pɔu^{53}～负	pu^{53}～住
女	ny^{324}～的	nu^{324}～子
大	tᴀ^{53} 老～	tɤ^{53}～小
扁	piẽn^{324}～桃体	pæ̃^{324}～豆

四、合音与分音

4.1 合音

合音是两个或几个音合为一个音的语音现象。兴县县川话的合音词主要分布在地名中，表现为某个姓与“家”的合音，除地名外，还有一些词也有合音现象。具体情况如下：

合音前	合音后
媳妇[ɕiəʔ^{55} xu^{53}]子	媳妇[ɕiou^{55}]子
不要[pəʔ^{55} iɯu^{53}]	不要[piɯu^{53}]
谁家[ɕy^{55} tɕiA^{324}]	谁家[ɕyA^{53}]
不应[pəʔ^{55} iəŋ^{53}]	不应[piəŋ^{53}]
屈家[tɕʻyəʔ^{55} tɕiA^{324}]沟	屈家[tɕʻyA^{324}]沟
刘家[liou^{55} tɕiA^{324}]沟	刘家[liA^{53}]沟勒
刘家[liou^{55} tɕiA^{324}]庄	刘家[liɔu^{53}]庄
白家[pʻiəʔ^{312}tɕiA^{324}]寨	白家[pʻiA^{324}]寨
郝家[xəʔ^{55} tɕiA^{324}]湾	郝家[xA^{324}]湾勒
王家[uɤ^{55} tɕiA^{324}]会	王家[uA^{53}]会勒
郭家[kuəʔ^{55} tɕiA^{324}]圪台	郭家[kuA^{324}]圪台
杨家①[iɛ^{55} tɕiA^{324}]圪台	杨家[iA^{53}]圪台
乔家[tɕʻiɯu^{55} tɕiA^{324}]沟	乔家[tɕʻiɔu^{53}]沟勒
胡家[xu^{55} tɕiA^{324}]庄	胡家[xuA^{53}]庄勒
葛家[kɤ^{324} tɕiA^{324}]里	葛家[kA^{324}]里
蔡家[tsʻei^{53} tɕiA^{324}]崖	蔡家[tsʻA^{53}]崖底
穆家[məʔ^{55} tɕiA^{324}]塌	穆家[mA^{324}]塌勒
侯家[xou^{55} tɕiA^{324}]沟	侯家[xA^{53}]沟
史家[sɿ^{324} tɕiA^{324}]塌	史家[sA^{324}]塌勒
苏家[sou^{324} tɕiA^{324}]峁	苏家[sɔu^{324}]峁
薛家[ɕiəʔ^{55} tɕiA^{324}]梁	薛家[ɕiA^{324}]梁

① “杨家[iɛ^{55} tɕiA^{324}]”有的地方也读[iɛ^{55} iA^{0}]

4.2分音

双音节词	意义
圪榄[kəʔ$^{\underline{55\text{-}312}}$ læ̃^{324}]	杆[kẽn^{324}]
不浪[pəʔ$^{\underline{55}}$ lɤ^{53}]	棒[pɤ^{53}]
不烂[pəʔ$^{\underline{55}}$ læ̃^{53}]	绊[pæ̃^{53}]
箔箩[pəʔ$^{\underline{55}}$ lɤ$^{55\text{-}324}$]	筐[k‘uɤ^{324}]
不拉[pəʔ$^{\underline{55}}$ laʔ$^{\underline{55}}$]	拨[paʔ$^{\underline{55}}$]
特拉[t‘əʔ$^{\underline{55}}$ laʔ$^{\underline{55}}$]	拖[t‘ɤ^{324}]
骨拉[kuəʔ$^{\underline{55}}$ laʔ$^{\underline{55}}$]	刮[kuaʔ$^{\underline{55}}$]
出链[tʂ‘uəʔ$^{\underline{55\text{-}312}}$ liẽn^{53}]	串[tʂ‘uẽn^{53}]

第二节　词汇

凡 例

1.本表按意义分为27 类，收词条270条左右。

2.词表以县川话为主。

3.与普通话差别较大的词，在标音后作简单注释。

4.字下加“﹏”表示写的是同音字，无同音字可写的用“□”表示。

一、天文

阳婆 iɛ^{55} p‘ɤ^{0} 太阳

月明yəʔ$^{\underline{312}}$ mi^{55} 月亮

星宿ɕi^{324} ɕiou^{53} 星星

天河t‘iẽn^{324} xɤ^{55} 银河

云彩yəŋ^{55} ts‘ei^{324} 云

早烧tsɔu^{324} ʂɯu$^{324\text{-}53}$ 朝霞

夜烧iɛ$^{324\text{-}53}$ ʂɯu^{53} 晚霞

响雷 ɕiɛ$^{324\text{-}312}$ luei^{55} 打雷

冬冷tuəŋ^{324} lᴀ^{0} 冰

凌茬li^{55} ts‘A^{0}水面刚结的一层薄冰，呈透明色

虹冠子tɕiɛ^{324}-^{312} kuẽn^{53} tsəʔ$^{\underline{55}}$彩虹

踩阳婆ʦ‘ai^{324}-^{312}iɛ^{55}p‘ɤ^{0}日食

天狗吃月明t‘iẽn^{324} kou^{324}-^{312} tʂ‘əʔ$^{\underline{55}}$ yəʔ$^{\underline{312}}$ mi^{55}月食

二、地理

涝眼lɔu^{53} niæ̃^{324}-^{312}下雨时冲出来的坑

崖nai^{55}山崖

峰崖xuəŋ$^{324\text{-}55}$nai^{55}山崖

腔渠tɕ‘i ɛ ^{324} tɕ‘y^{55}无底洞

河槽勒xɤ^{55} ts‘ɔu^{55} ləʔ^{55}河谷

山水sæ̃^{324} ɕy^{324}-^{312}洪水

黄尘xuɤ^{55} tʂ‘əŋ^{55}飞扬的沙尘

三、时令、时间

年时niẽn^{55} sɿ^{0}去年

过年kuɤ^{53} niẽn^{55}明年、过春节

后年xou^{53} niẽn^{0}两年以后

未后年uei^{53} xou^{53} niẽn^{0}三年以后

老未后年lɔu^{324}-^{312} uei^{53} xou^{53} niẽn^{0}四年

以后

每番mei^{324}-^{312} xuæ̃^{0}以前

倒罢tɔu^{53} pA^{53} 以后、改天

今日tʂəŋ^{324} zʅəʔ^{0}今天

夜日i ɛ ^{53} zʅəʔ^{0}昨天

明日mi^{53} zʅəʔ^{0}明天

后日xou^{53} zʅəʔ^{0}后天

未后日uei^{53} xou^{53} zʅəʔ^{0}三天后的那一天

前晌tɕ‘iẽn^{55} ʂɤ^{324}-^{312}上午

后晌xou^{53} ʂɤ^{324}-^{312}下午

晌午ʂɔu^{324} uɤ^{324}中午

白日p‘iəʔ$^{\underline{312}}$ zə̧ʔ^{0}白天

黑夜xəʔ$^{\underline{55}}$ iɛ^{53}-^{324}晚上

天每日t‘iẽn^{324} mei^{324}-^{53} zə̧ʔ^{0}每天

临明liəŋ^{55} mi^{55}天快亮的时候

昏黄xuəŋ^{324} xuɤ^{55}黄昏

春起ʦ‘uəŋ^{324} ʨ‘i^{324}-^{312}春天

伏勒天xuəʔ$^{\underline{312}}$ ləʔ$^{\underline{55}}$ t‘iẽn^{324}伏天

阳历年iɛ^{55} liəʔ$^{\underline{55}}$ niẽn^{55}元旦

四、农事

庄稼ʦuɤ^{324} ʨiᴀ^{0}

庄户ʦuɤ^{324}xu^{53}庄稼

粮食liɛ^{55} ʂəʔ$_{55}$

场勒tʂ‘ɤ^{324}-^{55}ləʔ$^{\underline{55}}$秋天打粮食的场地

蒿杆xɔu^{53} kẽn^{324}-^{312}牛车上前面的两个杆

扬场iɛ^{55} tʂ‘ɤ^{324}-^{55}用扬的方式给粮食去杂质

收秋ʂou^{324} ʨ‘iou^{324}-^{55}收庄稼

间谷ʨiæ̃^{53} kuəʔ$^{\underline{55}}$使谷苗变得稀疏

搂谷lou^{55} kuəʔ$^{\underline{55}}$给谷苗施肥和填土

五、植物

荞麦ʨ‘iɯu^{55} miəʔ^{0}

莜麦iou^{55} miəʔ^{0}

黄芥xuɤ^{55} ʨiai^{53} 油菜，可榨油

糜子mi^{55} ʦəʔ$^{\underline{55}}$

黍子su^{324} ʦəʔ$^{\underline{55}}$

山药sæ̃^{324} iẽn^{324}-^{312}土豆

芹子ʨ‘iəŋ^{55} ʦəʔ$^{\underline{55}}$芹菜

芫荽iẽn^{55} ɕy^{324}-^{312}香菜

白苔p‘iəʔ$^{\underline{312}}$ t‘ei^{55}白菜

葵花k‘uei^{324} xuᴀ^{0}

醋溜溜ʦ‘ou^{53} liou^{55} liou^{0}沙棘

六 、动物

犍牛ʨiẽn^{324} niou^{55}阉割过的公牛

騇牛ʂɤ$^{324-312}$ niou^{55}母牛

羯羊ʨiəʔ$^{\underline{55}}$ iɛ^{55}阉割过的公羊

圪羝kəʔ$^{\underline{55}}$ ti^{324}绵羊的种公羊

臊户sɔu^{324} xu^{55}山羊的种公羊

公鸡kuəŋ^{324} ʨi^{0}

草鸡ʦ‘ɔu$^{324-312}$ ʨi^{324}母鸡

鸡儿子ʨi^{324} zɿ^{55} tsəʔ$^{\underline{55}}$小鸡

瞎姥xaʔ$^{\underline{55}}$ lɔu$^{324-312}$地鼠

鸱怪子ts‘ɿ^{324} kuai^{53} tsəʔ$^{\underline{55}}$猫头鹰

雀勒ʨ‘iɯu$^{324-312}$ ləʔ$^{\underline{55}}$麻雀

瞎老哇xaʔ$^{\underline{55}}$ lɔu$^{324-312}$ uᴀ^{324}乌鸦

野鹊子iɛ$^{324-312}$ ʨ‘iɛʔ$^{\underline{55}}$ tsəʔ$^{\underline{55}}$喜鹊

夜明明iɛ^{53} mi^{55} mi^{0}萤火虫

蚜蚍蜉勒niᴀ^{324} p‘iəʔ$^{\underline{312}}$ xu^{0} ləʔ$^{\underline{55}}$蚂蚁

蠓子məŋ$^{324-312}$ tsəʔ$^{\underline{55}}$蚊子

牛牛niou^{55} niou^{0}昆虫的统称

七、房屋、器具

居舍ʨy^{324} ʂɤ^{0}家里

廊门lɤ^{55} məŋ^{0}大门

茅子mɔu^{55} tsəʔ$^{\underline{55}}$厕所

天窗子t‘iẽn^{324} ts‘uɤ^{0} tsəʔ$^{\underline{55}}$装在窑洞最上边可以打开的窗户

过洞子kuɤ^{53} tuəŋ^{53} tsəʔ$^{\underline{55}}$门洞

□勒çyẽn^{53} ləʔ$^{\underline{55}}$脸盆

温壶uəŋ^{324} xu^{55}暖壶

浅盆tɕ‘iẽn$^{324\text{-}312}$p‘əŋ^{55}口大而浅的大瓷盆

猴床床xou^{55} ts‘uɤ^{55} ts‘uɤ^{0}小凳子

计箄tɕi^{53} p‘i^{0}箅子

取灯勒ts‘uəʔ$^{\underline{312}}$ təŋ^{324} ləʔ$^{\underline{55}}$火柴

八、称谓

小子ɕiɯu$^{324\text{-}312}$ tsəʔ$^{\underline{55}}$男孩子

女子nu$^{324\text{-}312}$tsəʔ$^{\underline{55}}$对未婚的女子的称呼

讨吃子t‘ɔu$^{324\text{-}312}$ tʂ‘əʔ$^{\underline{55}}$ tsəʔ$^{\underline{55}}$叫花子

爬场人p‘ᴀ^{55} tʂ‘ɤ$^{324\text{-}55}$ʐəŋ^{55}干什么事情都落后的人

尖扭勒tɕiẽn^{324}niou$^{324\text{-}312}$ləʔ$^{\underline{55}}$小偷

结圪子tɕiəʔ^{55} kəʔ$^{\underline{55}}$ tsəʔ$^{\underline{55}}$ 口吃的人

二流子zʅ^{53} liou^{55} tsəʔ$^{\underline{55}}$混混

九、亲属

大大tᴀ^{324} tᴀ^{0}父亲

妈妈mᴀ^{324}mᴀ ^{0}

爷爷iɛ^{55} iɛ^{0}

娘娘niɛ^{55} niɛ^{0}奶奶

间婆tɕiæ̃$^{324\text{-}312}$ p‘ɤ^{55}外婆

间爷tɕiæ̃$^{324\text{-}312}$ iɛ^{55}外公

婆p‘ɤ^{55}婆婆

公kuəŋ^{324}公公

孙子suəŋ^{324} tsəʔ$^{\underline{55}}$

外甥uei^{53} ʂɤ$^{324\text{-}312}$

儿zʅ^{55} 儿子

女nu^{324}女儿

舅舅tɕiou^{53} tɕiou^{0}

妗子tɕiəŋ^{53} tsəʔ$^{\underline{55}}$

姑姑ku^{324} ku^{0}

姑夫ku^{324} xu^{55}

姨姨i^{55} i^{0}

姨夫i^{55} xu^{0}

姑舅ku^{324} tɕiou^{53} 与父亲姐妹的子女或母亲兄弟的子女的关系

俩姨liᴀ$^{324-312}$i^{5}与母亲姐妹子女的关系

叔伯姊妹suəʔ$^{\underline{55}}$ piəʔ$^{\underline{55}}$ tsɿ$^{324-312}$ mei$^{53-55}$与父亲兄弟的子女的关系

姥姥lɔu^{324} lɔu^{0}对曾祖父母的称呼

兄弟ɕy^{324} ti^{53} 弟弟

哥哥kɤ^{324} kɤ^{0}

姐姐tɕiɛ$^{324-55}$ tɕiɛ^{0}

姊妹tsɿ$^{324-312}$ mei$^{53-55}$妹妹

十、身体

脑nɔu$^{324-55}$脑袋

眼仁子niæ̃$^{324-312}$ zəŋ^{55} tsəʔ$^{\underline{55}}$眼珠子

眉眼mi^{55} niæ̃$^{324-312}$脸

牙花勒niᴀ^{55} xuᴀ^{324} ləʔ$^{\underline{55}}$牙龈

圪□kəʔ$^{\underline{55}}$ i^{55} 下巴

胡采xu^{55} ts‘ei$^{324-312}$胡子

脚甲tɕiəʔ$^{\underline{55}}$ tɕ‘iɛʔ^{0} 指甲

圪扭去kəʔ$^{\underline{55}}$ niou$^{324-312}$ tɕ‘y^{53} 胳膊肘

圪都kəʔ$^{\underline{55}}$ tu^{324}拳头

脯子p‘u^{55} tsəʔ$^{\underline{55}}$胸脯

磕膝k‘əʔ$^{\underline{55}}$ ɕiəʔ$^{\underline{55}}$膝盖

划懒高xuᴀ^{55} læ̃$^{324-312}$ kɯu^{324}脚踝

十一、疾病、医疗

跑茅子p‘ɔu$^{324-312}$ mɔu^{55} tsəʔ$^{\underline{55}}$拉肚子

干肠kẽn^{324} tʂ‘ɤ^{55}便秘

烧人ʂɯu^{324} zə̡ŋ^{55}发烧

拍咧p‘iəʔ$^{\underline{55}}$ liɛ^{0}因着凉而生病

霍乱子xuəʔ$^{\underline{55}}$ luẽn^{53} tsəʔ$^{\underline{55}}$瘟疫

泻火ɕiɛ^{53} xuɤ^{324}下火

十二、衣服、穿戴

衣裳i^{324} ʂɤ^{0}

□袄勒tsuɤ^{53} ŋɯu$^{324\text{-}312}$ ləʔ$^{\underline{55}}$ 棉袄

夹衣赏tɕiɛʔ$^{\underline{55}}$ i^{324} ʂɤ^{0}单衣裳

斜腰子ɕy ɛ ^{55} iɯu^{324} tsəʔ$^{\underline{55}}$背心

坎肩肩k‘ẽn$^{324\text{-}312}$ tɕiẽn^{324} tɕiẽn^{0}坎肩

卡卡tɕ‘iA$^{324\text{-}312}$ tɕ‘iA^{324}发卡

十三、饮食

米饭mi$^{324\text{-}312}$ xuæ̃^{53}小米粥

莜面靠姥姥iou^{55} miẽn^{53} k‘ɯu^{53} lɔu$^{324\text{-}312}$ lɔu^{0}

起面tɕ‘i$^{324\text{-}312}$ miẽn^{53} 发酵了的面

羊杂碎 iɛ^{55} tsaʔ$^{\underline{55}}$ suei^{53} 羊杂割

黄勒xuɤ^{55} ləʔ$^{\underline{55}}$发糕

冒汤mɔu^{53} t‘ɤ^{324}兴县小吃，把煮熟的羊肉饺子混在粉汤内搭配而成的一种食物

粉汤xuəŋ$^{324\text{-}312}$ t‘ɤ^{324}粉条汤

十四、红白大事

说媳妇子suəʔ$^{\underline{55}}$ ɕiou^{55} tsəʔ$^{\underline{55}}$提亲

问女uəŋ^{53} nu^{324}嫁女儿

寻人家səŋ^{55} zə̡ŋ^{55} tɕiA^{0}给女儿找婆家

做事tsuəʔ55 sɿ^{53} 办酒席

混媳妇子xuəŋ^{53}ɕiou^{55}tsəʔ$^{\underline{55}}$闹洞房

埋人mai^{55} zə̡ŋ^{55}

送三更纸suəŋ^{53} sæ̃^{324} tɕiəŋ^{0} tsɿ^{324}

十五、迷信

神圣ʂəŋ^{55}ʂəŋ^{0}神仙

打卦tᴀ^{324}-^{312} kuᴀ^{53}

算命suẽn^{53} miəŋ^{53}

迷魂汤mi^{55} xuəŋ^{0} t'ɤ^{324}

凑七姓面ʦ'ou^{53}ʨ'iəʔ$^{\underline{55}}$ ɕiəŋ^{53} miẽn^{53}去七家姓氏不同的人家讨要面

礼旱牲li^{324}-^{312} xẽn^{53} səŋ^{324}杀猪以祈雨

十六、日常生活

洗眉眼ɕi^{324}-^{312} mi^{55} niæ̃^{324}-^{312}洗脸

梳脑su^{324} nɔu^{324}-^{55}梳头发

圪溜kəʔ$^{\underline{55}}$ liou^{53} 闲逛

营生iəŋ^{55} səŋ^{0}事情

点瞌睡tiẽn^{324}-^{312} k'əʔ$^{\underline{55}}$ ɕy^{53} 打瞌睡

打鼾水tᴀ^{324}-^{312}xẽn^{53} ɕy^{0}打呼噜

虚说ɕy^{324} suəʔ$^{\underline{55}}$说谎

十七、交际

戚人ʨ'iəʔ$^{\underline{55}}$ ʐəŋ^{55}客人

使唤sɿ^{324}-^{312} xuẽn^{53}

摆架子pai^{324}-^{312} ʨiᴀ^{53} ʦəʔ$^{\underline{55}}$

摆排场pai^{324}-^{312}p'ai^{55} tʂ'ɤ^{324}-^{312}摆阔气

出洋相ʦ'uəʔ$^{\underline{55}}$ iɛ^{55} ɕiɛ^{53} 丢人

有洋戏 iou^{324}-^{312} iɛ^{55} ɕi^{53} 有意思

十八、商业

做买卖ʦuəʔ$^{\underline{55}}$ mai^{324}-^{312} mai^{53}

掌柜的tʂɤ^{324}-^{312} kuei^{53} təʔ$^{\underline{55}}$

当铺tɤ^{53} p'u^{53}

十九、文化教育

教书的ʨiɔu^{324} su^{324}-^{55} təʔ$^{\underline{55}}$老师

学校ɕiəʔ$^{\underline{55}}$ ɕiɔu^{53}

别字p‘iəʔ$^{\underline{312}}$ tsɿ^{53}

二十、游戏

藏迷迷ts‘ɤ^{55} mei^{55} mei^{0}捉迷藏

打宝 tA^{324} pɔu^{324}

黄鼬吃鸡鸡xuɤ^{55} iou$^{324-312}$ tʂ‘əʔ$^{\underline{55}}$ tɕi^{324} tɕi^{0}类似老鹰抓小鸡的游戏

揣瞎界ts‘uai$^{324-312}$xaʔ$^{\underline{55}}$tɕiai^{53}捉迷藏

摆人家家pai$^{324-312}$zəŋ^{55}tɕiA^{0}tɕiA^{324}过家家

二十一、动作

沙扫sA^{324} sɔu^{0} 滚开

操会ts‘ɔu$^{324-55}$ xuei^{53}故意捣乱

戳火ts‘uaʔ$^{\underline{55}}$ xuɤ$^{324-312}$ 非常生气

策倒ts‘əʔ$^{\underline{55}}$ tɔu$^{324-312}$打得过

热喜zəʔ$^{\underline{55}}$ ɕi$^{324-312}$起哄

丟tuəʔ$^{\underline{55}}$ 用指头碰一下

出洗ts‘uəʔ$^{\underline{55}}$ ɕi$^{324-312}$打

接悸tɕiəʔ$^{\underline{55}}$ tɕi^{53} 盼望

料liɯu^{53} 用水洗菜

扎踏tsaʔ$^{\underline{55}}$ t‘aʔ$^{\underline{55}}$专门糟蹋

打摞tA$^{324-312}$ lɤ^{53} 准备拿的东西

戳浪ts‘uaʔ$^{\underline{55}}$ lɤ^{53} 打某人

拍打p‘iəʔ$^{\underline{55}}$ tA$^{324-312}$哄人

戳拐ts‘uaʔ$^{\underline{55}}$ kuai^{324}闯祸

扑搡p‘əʔ$^{\underline{55}}$ sɤ^{324}摸

打减tA^{324} tɕiæ̃$^{324-312}$节俭

二十二、方位词

胡起xu^{55} tɕ‘i$^{324-312}$ 上边

底里ti$^{324-312}$ li$^{324-55}$底下

前头tɕʻiẽn^{55} tʻou^{55}前面

头勒tʻou^{55} ləʔ$^{\underline{55}}$前面

后头xou^{53} tʻou^{55}后面

后背xou^{53} pei^{0}后面

东半切tuəŋ^{324}pẽn^{53} tɕʻiɛʔ$^{\underline{55}}$东半边

西半切ɕi^{324} pẽn^{53} tɕʻiɛʔ$^{\underline{55}}$西半边

二十三、代词

我ŋɤ^{324}

你ni^{324}

那家niɛ^{324}他

那nou^{53} 他

弭些mi^{324} ɕiɛ^{55}我们

你家弭niɛ^{324} mi$^{324-55}$你们

奈弭nai^{53} mi$^{324-55}$他们

这个tʂəʔ$^{\underline{55}}$ kuəʔ$^{\underline{55}}$这个

茶个niɛ^{324} kuəʔ$^{\underline{55}}$那个

那个nei^{53} kuəʔ$^{\underline{55}}$

那个nou^{53} kuəʔ$^{\underline{55}}$那个

这些tʂəʔ$^{\underline{55}}$ ɕiɛ^{324}

这些tsou^{324} ɕiɛ^{55}

兀些uəʔ$^{\underline{55}}$ ɕiɛ^{324}那些

那些nei^{53} ɕiɛ^{55}

那些nou^{53} ɕiɛ^{55}那些

茶些niɛ^{324} ɕiɛ^{55}那些

谁ɕy^{55}

哪lᴀ^{55}

二十四、形容词

国香kuəʔ$^{\underline{55}}$ ɕiɛ^{324}漂亮、好看

善己ʂẽn^{53} tɕi^{0}善良

受松sou^{53}suəŋ^{324}善良且懦弱

虚ɕy^{324}矫情

甜胆胆地t'iẽn^{55} tæ̃^{324}-^{312} tæ̃^{324} ti^{53}很甜

平胆胆地p'i^{55} tæ̃^{324}-^{312}tæ̃^{0}ti^{53}平坦

花嗖嗖地xuᴀ^{324} sou^{55} sou^{0} ti^{53} 花的好看

二十五、副词、连词、介词

将将地tɕiɛ^{324} tɕiɛ^{324}-^{55} ti^{53} 刚刚

海共xei^{324}-^{312} kuəŋ^{53} 从不

当现眼tɤ^{324}-^{312} ɕiẽn^{53} niæ̃^{0}当下、立刻、马上

普代理p'u^{324}-^{312} tai^{53} li^{324}-^{312}通常情况下

唤xuẽn^{53} 和

止终tsɿ^{324} tsuəŋ^{324}始终

一时iəʔ$^{\underline{55}}$ sɿ^{55}同时、一起

二十六、量词

根kəŋ^{324}一～棍子

张tʂɤ^{324}一～纸

苗miɯu^{55}一～树

挂kuᴀ^{53} 辆 一～车

眼niæ̃^{324}-^{312}一～窑

担tæ̃^{324}一～水

里li^{324}一～路

摞lɤ^{53}一～碗

溜liou^{53}一～西瓜

二十七、四字格举例

半生擢熟pẽn^{53} ʂɤ^{324} liɯu^{53} suəʔ$^{\underline{312}}$半生不熟

圪塌溜走kəʔ$^{\underline{55}}$ t'aʔ$^{\underline{55}}$ liou^{55}-^{53} tsou^{324}结结巴巴说不完整话

嚼舌练根tɕiɯu^{55} ʂəʔ$^{\underline{312}}$ liẽn^{53} kəŋ^{324}嚼舌根子

小气圪叨ɕiɯu$^{324-312}$ tɕʻi^{53} kəʔ$^{\underline{55}}$ tɔu^{0}非常小气

呲牙八怪tsʻɿ^{324} niᴀ^{55} paʔ$^{\underline{55}}$ kuai^{53} 形容一个人很讨厌

日娘捣怪ʐəʔ$^{\underline{312}}$ niɛ^{55} tɔu$^{324-312}$ kuai^{53} 乱说脏话

仁纲礼道ʐəŋ^{55} kɤ^{0} li$^{324-312}$ tɔu^{53} 指一个人很懂事

圆眉悻眼yẽn^{55} mi^{0} ɕiəŋ^{53} niæ̃$^{324-312}$指一个人脸圆圆的很招人喜爱

鬼眉怪眼kuei$^{324-312}$mi^{55}kuai^{53}niæ̃$^{324-312}$形容不合群的人

假眉三道tɕiᴀ$^{324-312}$mi^{55}sæ̃^{324} tɔu^{53}装模作样，做作

死眉洼眼sɿ$^{324-312}$mi^{55}uᴀ^{53} niæ̃$^{324-312}$形容某人不招人待见的样子

神蹄哆嗦ʂəŋ^{55}tʻi^{0}tʻuəʔ$^{\underline{312}}$sou^{324}左右上下乱蹦乱跳

第三节　语法特点

一、重叠

兴县方言的重叠可分为名词重叠、动词重叠、形容词重叠、量词重叠、副词重叠、拟声词重叠。

1.1 重叠式名词

1.1.1 构成形式

名词性词语重叠的形式主要有AA式、ABB式、AAB式、XAA式、AABB式和ABCC式等。

1.1.1.1 AA式

（1）单音节亲属称谓词的重叠

A.一般情况下，单音节亲属称谓词均可用重叠式。例如：

大大爸爸　妈妈　爷爷　娘娘奶奶　婆婆外婆　公公

B.有些称谓，普通话不用重叠，兴县话重叠。例如：

女女女孩　老爷爷曾祖父　老老对（外）曾祖父母及以上辈分长者的统称

（2）单音节普通名词的重叠

A.基式为名词，重叠后依然是名词

a.重叠后的词义与基式不同。例如：

棒棒　箭箭　锁锁　床床　牌牌

“棒棒”指高粱杆，“棒”指棍子；“箭箭”指高粱秆顶部一节除去穗的部分；“锁锁”指小孩脖子上挂的小锁，属于装饰品；“床床”指小马扎；“牌牌”指小孩的围嘴儿。

b.重叠后词义不变，多用来表示小称或专指。例如：

板板　刀刀　包包　点点　架架放物品的小框架

B.基式为动词，重叠后变为名词，具有小称特点。这些词都有相对应的“子”尾式，“子”尾相对于重叠来说，少了亲昵、可爱等小称的意味。例如：

铲铲——铲子　垫垫——垫子　盖盖——盖子

刷刷——刷子　夹夹——夹子　印印——印子

C.基式为形容词，重叠后变为名词。例如：

尖尖物体顶端尖而细那部分　黄黄蛋黄　弯弯拐弯处

D.基式是量词，重叠后变为名词。

片片片状物　口口小裂缝　颗颗颗粒状的东西

1.1.1.2 ABB式

A.“A+BB”式。A一般是名词性或形容词性语素，作修饰性成分，与BB构成偏正结构。例如：

瓷瓶瓶　毛眼眼　细根根　好女女　铁勺勺

B.“AB+B”式。根据AB成词与否可分为以下几种：

a.AB可单独成词。例如：

耳朵朵　尾巴巴　阳婆婆　拉锁锁　豆芽芽

AB单独成词，部分有对应的“子”尾，“ABB”和“AB”、“AB子”在表义方面基本没有区别，相对于“AB”和“AB子”来说，“ABB”增加了喜爱的感情色彩。试比较：

锅底——锅底底——锅底子　裤腿——裤腿腿——裤腿子

纱布——纱布布——纱布子　手腕——手腕腕——手腕子

线头——线头头——线头子　毛毯——毛毯毯——毛毯子

b.AB不成词，BB重叠才成词。例如：

出梨梨山梨

油皮皮一种灌木，开桃红色花果实可食

马鱼鱼一种灌木，开淡黄色花，果实可食

地盘盘野草莓

醋溜溜沙棘

刺梨梨灯笼果

椿枝枝松树枝

蛇美美一种灌木，果实酸甜可口

沙窝窝一种灌木，果实可食

丛皮皮一种灌木，果实呈小红色圆球，可食

以上这些多数为专有名词。

AB不成词，部分有对应的“勤”尾，“勤”附着于AB之后，不可省略。相对于“AB勤”来说，ABB增加了喜爱的感情色彩，表义上大多没有区别，“手巾巾”例外。试比较：

搓板板——搓板勤　　指头头——指头勤

套袖袖——套袖勤　　背锅锅——背锅勤

奶壶壶——奶壶勤　　手巾巾手绢——手巾勤洗脸毛巾

AB不成词，部分有对应的“子”尾，“子”附着于AB之后，不可省略。相对于“AB子”来说，ABB增加了亲昵和喜爱等感情色彩，表义上基本没有区别。例如：

柳枝枝——柳枝子　　雨点点——雨点子

树苗苗——树苗子　　鸡爪爪——鸡爪子

蒜瓣瓣——蒜瓣子　　花边边——花边子

胶布布——胶布子　　脸蛋蛋——脸蛋子

1.1.1.3 AAB式

这种形式只有一种偏正结构，AA为修饰限制成分，B是名词性中心语素，AA大多可单独使用。例如：

牛牛车　面面药　温温水　蛛蛛网　娘娘庙　婆婆嘴

1.1.1.4 XAA式

XAA式中的“X”一般为“圪”或“不”，“XA”可单独成词，可以是名词、量词、动词，重叠后都变成了名词。例如：

圪台台　圪梁梁　圪节节　圪洞洞　圪搓搓　圪袍袍小包

1.1.1.5 AABB式

AA和BB是并列关系，大部分可以单说，部分不可单说，部分AB也可成词。

蹄蹄爪爪　沟沟巷巷　花花草草　窟窟眼眼　眉眉眼眼

汤汤水水　瓶瓶罐罐　祖祖辈辈　里里外外　口口声声

以上AB可成词的有“花草、眉眼、汤水、事情”等。

1.1.1.6 ABCC式

这种形式中，AB和CC均可独立成词，AB为名词或动宾结构，对CC起修饰限定作用，重叠后变为名词，构成一种事物的名称。

塑料袋袋　鸡蛋皮皮　鸡蛋壳壳　花生仁仁　桔子瓣瓣

柳树毛毛　油笔道道　水笔帽帽　舀饭勺勺　放羊锹锹

1.2 重叠式动词

1.2.1 构成形式

兴县方言的重叠式动词主要有ABB式、AABB式等形式。

1.2.1.1 ABB式

A为述语，BB不成词。

藏迷迷　打梯梯滑冰　搲咬咬抓痒　顶拐拐　跳绳绳　烤火火

1.2.1.2 AABB式

敲敲打打　洗洗涮涮　疑疑惑惑　商商量量　跳跳打打

挑挑拣拣　抠抠掐掐　捣捣挖挖　来来回回　说说笑笑

1.3 重叠式形容词

1.3.1构成形式

1.3.1.1 AA地

这类重叠式的基式A一般都能独立成词，但重叠后AA不能独立运用，必须在其后黏着“地”才能独立运用。例如：

满满地　清清地　稠稠地　厚厚地　薄薄地　高高地

低低地　平平地　细细地　凉凉地　短短地　长长地

匀匀地　宽宽地　齐齐地　肥肥地　硬硬地　净净地

饱饱地　稳稳地　圆圆地　憋憋地　直直地　好好地

慢慢地　快快地　烧烧地　硬硬地　重重地　粗粗地

1.3.1.2 AABB式和ABAB式

A.AABB

基式AB大多数可独立成词。例如：

热热闹闹　大大方方　干干净净　简简单单

精精明明　洋洋气气　匀匀称称　多多少少

老老实实　平平常常　高高兴兴　安安稳稳

地地道道　年年轻轻　认认真真　安安静静

普普通通

B.ABAB

这类重叠式又分两种情况：

a.基式为AB，多数表颜色或亮度，一般能独立成词。例如：

黑灰黑灰　黑绿黑绿　黑红黑红　黑乌黑乌

黑油黑油　光明光明又光又亮　黄明黄明　绿黄绿黄

细长细长　白明白明　白黄白黄

以上重叠式大多是表颜色或亮度的，只有个别是描摹情状的，如“细长细长”。

b.以“圪、不、忽、得”开头的重叠式。例如：

不溜不溜形容物体滑或跑得快　忽拉忽拉闪电出现的样子

得溜得溜眼珠转的动作　圪讷圪讷动作不利索

忽绕忽绕脖子伸缩的动作

1.3.1.3 AXX地

以单音节性质形容词语素A为基式（A能独立成词），加上叠音后缀

XX，并黏着“地”构成重叠式形容词。例如：

a.表颜色的重叠式

白生生地　黄烂烂地　红丹丹地　白练练地
黑生生地　灰处处地　红丝丝地　黑洞洞地
灰沓沓地　白奶奶地　粉腾腾地　绿茵茵地
绿嗖嗖地

b.表触觉、感觉的重叠式

冷洼洼地　软喃喃地　干嗖嗖地　厚蹲蹲地
薄了了地　滚乎乎地　硬更更地　饱哼哼地
滚溜溜地　凉浸浸地　水拉拉地　沉蹲蹲地
光溜溜地　光蛋蛋地　黏洼洼地　棉蹲蹲地
憋及及地

c.表味觉的重叠式

咸嗖嗖地　酸溜溜地　酸歪歪地　甜胆胆地
麻嗖嗖地　脆铮铮地　辣嗖嗖地　寡啋啋地
酸汁汁地　油腻腻地　麻丝丝地

d.表嗅觉的重叠式

臭哄哄地　香喷喷地

e.描写人的表情或人物的情状的重叠式

凶更更地　恼凶凶地　圆蛋蛋地　光咩咩地
死息息地　平沓沓地　新丹丹地　晴湛湛地

1.3.1.4　ANXX式

这种形式实际上是在“AXX式”的基础上加中缀N进一步扩展而成。N一般为“不、圪、忽”。其中“不”大多出现在含贬义的形容词中，“圪”倾向于含褒义的形容词，含“忽”的较少，一般为中性。个别情况下，N为“得”，如：活得里里。具体情况如下：

平不沓沓　秃不处处　秃不悻悻　灰不处处　憋不及及
寡不啋啋　松不嗨嗨　闷不悻悻　麻不丝丝　晴圪湛湛

明圪焰焰　明圪纠纠　嫩圪茵茵　红圪丹丹　绿圪茵茵

硬圪铮铮　凉圪浸浸　沉圪蹲蹲　绵圪蹲蹲　甜圪胆胆

脆圪铮铮　油圪浸浸　净圪丹丹　麻圪嗖嗖　明圪胆胆

新圪丹丹　厚圪蹲蹲　轻忽瞭瞭　甜忽腻腻　活得里里

A了个A 式

红了个红　黑了个黑　烂了个烂　大了个大　猴了个猴小

瘦了个瘦　软了个软　硬了个硬　快了个快　慢了个慢

部分双音节性质的形容词也可以重叠，如：“小气了个小气、日脏了个日脏、便宜了个便宜”等。

1.3.1.5 ABB式。

这种重叠式中的AB一般可独立成词。

a.“AB+B”构成的重叠式，AB可以成词。例如：

酸甜甜　黑灰灰　绿黄黄　白嫩嫩　正好好

抹坡坡　实心心　弯弓弓　长条条　圆溜溜

天蓝蓝　山尖尖　枣红红　橘黄黄　方敦敦

b. “A+些些”，A可以成词，加叠音词缀“些些”义为“A一点儿”。例如：

酸些些　慢些些　高些些　大些些

1.3.1.6 “XBB”式

以“圪”“忽”“不”等前缀与叠音语素“BB”构成的重叠式。

a.以“圪”缀开头构成的重叠式。例如：

圪咽咽　圪嘣嘣　圪噌噌　圪讷讷　圪痛痛

b. 以“忽”“不”等前缀开头构成的重叠式。例如：

忽啦啦　忽瞭瞭　得溜溜　不溜溜　特拉拉　出拉拉

1.3.1.7. A里AB式

这种形式的重叠一般是由双音节形容词的第一个语素中间嵌入表音的“里”而构成。例如：

小里小气　慌里慌张　邋里邋遢　土里土气

1.3.1.8. XAXB式

AB为近义或反义语素，X一般为“圪、不、没”。例如：

圪颠圪倒　　没明没黑　　不干不湿　　不干不净

1.4重叠式量词

1.4.1构成形式

兴县方言的重叠式量词主要有AA式、XAA式、NXAA式、一A一A式、一A又一A 式、一AA一AA式和一AB一AB式。

1.4.1.1 AA式

“AA”式量词重叠还具有“每一”语法意义。例如：

年年　天天　月月　顿顿　家家　回回　句句

1.4.1.2 XAA式

a.X可以是实指的“一、二、三”等，或虚指的“几”，且这种重叠式基本上都有相对应的“子尾式”（“一洼洼”除外）。例如：

一匙匙——一匙子　　一勺勺——一勺子　　两袋袋——两袋子

三片片——三片子　　四把把——四把子　　几盅盅——几盅子

b.X只能是数词“一”，没有对应的子尾式。如：

一捻捻　　一口口　　一阵阵

一下下　　一丝丝　　一点点

1.4.1.3 NXAA式

N可以是实指的“一、二、三”或虚指的“几”，没有对应的子尾式。

a.N圪AA式。如：

一圪嘟嘟　　一圪瘩瘩　　两圪截截　　三圪卷卷

b.N不AA式，没有对应的子尾式。如：

一不滩滩　　一不浪浪　　一不篮篮　　一不溜溜

以上重叠式中“一”可以换成其他数字或“几”。部分可以说成“一XY”式并有相应的“子尾式”。

1.4.1.4 一A一A式。如：

一个一个　　一股一股　　一溜一溜　　一口一口

一阵一阵　　一捻一捻　　一絮一絮　　一棱一棱

这种重叠式中的“一”有时可以换成别的数字。

1.4.1.5 一A又一A 式。如：

一家又一家　　一碗又一碗　　一遍又一遍　　一趟又一趟

1.4.1.6 一AA一AA式，这种重叠式多由“一AA”式转化而来。如：

一匙匙一匙匙　　一勺勺一勺勺　　一盆盆一盆盆

一捆捆一捆捆　　一道道一道道　　一片片一片片

1.4.1.7 一AB一AB式：

a. AB成词且为临时量词。如：

一麻袋一麻袋　　一汽车一汽车　　一书包一书包

b. AB为“圪”字头或“不”字头。如：

一不滩一不滩　　一圪蛋一圪蛋　　一圪卷一圪卷

1.5重叠式副词

1.5.1 构成形式

兴县方言的重叠式副词主要有AA式、一AA式和AABB式。

1.5.1.1 AA式。基式为单音节副词，大部分可以单说。如：

偏偏　　将将　　光光　　白白　　常常

1.5.1.2 一AA式。均可换成“一A勦”的形式。如：

一搭搭——一搭勦　　一顺顺——一顺勦

1.5.1.3 AABB式

千千万万　　确确实实　　多多少少　　反反复复　　口口声声

1.6 重叠式拟声词

1.6.1 构成形式

兴县方言的重叠式拟声词主要有AA式、AABB式、XAXA式、ABAB式、XAA式、ABCABC式和AABAAB式。

1.6.1.1 AA式

嘶嘶　　吱吱　　呜呜　　咕咕　　噌噌　　嘣嘣

1.6.1.2 AABB式

嘻嘻哈哈笑声　　嗨嗨溜溜边说边笑的声音　　叮叮咚咚敲打声

嗃嗃嗵嗵敲打声　　叽叽咕咕笑声　　咿咿呜呜哭声

1.6.1.3 XAXA式

忽涕忽涕擤鼻涕声　　圪吱圪吱吱吱声　　圪噌圪噌咬菜声

圪嘚圪嘚气得哭的声音　　圪咕圪咕噎着的声音

ABAB式

涩唠涩唠炒豆子声　　啧唠啧唠唱歌声　　涩溜涩溜吃面条声

XAA式

则淋淋小雨声　　出啦啦大雨声　　不啦啦鞭炮声　　圪咪咪树木倒地声

圪嘚嘚笑声　　嘟赖赖连续的嘟囔声　　不哈哈大笑声　　圪嘣嘣咬硬物声

ABCABC式和AABAAB式

这两种形式的重叠式较少，目前收集到的只有以下两个：

趿拉呱趿拉呱趿拉着鞋走路的声音　　呱呱哟呱呱哟猫头鹰的叫声

二、前缀“圪”

2.1 构成名词

2.1.1 “圪”作词头构成双音节名词。这类词按词根能不能单说可以分为两类：

A.词根能够单说，但与“圪”结合后，改变词义，“圪”起构词作用。例如：

针缝衣针　　圪针树上的刺

梁房梁　　圪梁小的丘陵

蛋禽类的蛋　　圪蛋较小的球形物

洞较大的洞　　圪洞较小的洞

疤伤疤　　圪疤较小的疤

B.词根不能单说，只有与“圪”结合后，方可单说，“圪”具有成词作用。例如：

圪嘟拳头　　圪渣小渣子　　圪蚤　　圪瓶种绵羊

圪台台阶　　圪劳角落　　圪榄杆子　　圪扭勒蝌蚪

圪桃核桃　　圪榄杆　　圪虫虫子

2.1.2 与“圪”有关的三音节名词。分两种情况：

A.“圪”作词头构成的三音节名词。例如：

圪榄子杆　圪顶子　圪刷子　圪夹窝　圪扭去肘关节

圪膝盖　圪泊泊　圪洼洼　圪梁梁　圪台台

圪棱棱　圪折折　圪卷卷　圪扭扭　圪叉叉

B.“圪”作词头构成的双音节名词可以再加一个名词或形容词性语素构成三音节名词，“圪”前面的部分与后面的部分是一种修饰关系。例如：

水圪洞　土圪堆　花圪嘟花苞

被圪筒　肉圪蛋　树圪桩

2.2 构成动词

“圪”作词头构成双音节动词。这类词的词根不能单说的目前只发现一个，即“圪蹴蹲”，大多数词根都能单说。例如：

圪推　圪碰　圪转　圪筛　圪歇

圪捅　圪挤　圪晃　圪扭　圪搓

圪夹　圪钻　圪装　圪遛　圪缩

圪搅　圪捣　圪卷

以上这种类型，“圪”缀词含有“短暂”和“稍微”的附加意义。

2.3构成形容词

2.3.1 “圪”作词头构成双音节形容词

这种类型的词根一般为形容词或动词性语素。例如：

圪蹙不平整，有褶皱　圪弯　圪擞打哆嗦的样子　圪撩翘起来

2.3.2与“圪”有关的四音节形容词

这类形容词具有很强的描摹情状的作用，一般是一种固定的说法。分两种情况：

A.“圪”作为中缀的四音节形容词。例如：

白圪蹭蹭　齐圪整整　甜圪丹丹　绿圪油油

蓝圪茵茵　红圪丹丹　肉圪蹭蹭　圆圪蛋蛋

硬圪铮铮　脆圪酥酥

B.“圪”作vɛɪ^{53}为前缀的四音节形容词。例如：

圪堆麻墕形容非常满　　　　圪溜拐弯形容道路弯弯曲曲的样子

圪吱努呛形容用尽全力　　　　圪塌溜走结结巴巴说不完整话

这类词大多带有贬义色彩，一般可以作谓语，有时也可作状语、补语。例如：

（1）这路圪溜拐弯，海共一直不好走（作谓语）

（2）那个人圪吱努呛做不了，没办法！（作状语）

（3）那一 一圪其人那个人那话说得圪塌溜走，甚也没说下个甚。（作补语）

2.4 构成量词

“圪”缀量词一般是双音节。大部分词根可重叠，重叠后变为三音节。与双音节量词相比，三音节量词有小称作用，多表示“量少”“物小”的含义。试比较：

圪袍（一～药较多）——圪袍袍（一～药较少）

圪截（一～铅笔较长）——圪截截（一～铅笔较短）

圪瘩（一～面较大）——疙瘩瘩（一～面较小）

圪堆（一～炭较多）——圪堆堆（一～炭较少）

2.5 构成拟声词

“圪”作词头构成双音节拟声词，这种拟声词的词根大多可重叠，重叠后构成三音节或四音节拟声词。具体情况如下：

2.5.1“圪”作词头构成双音节拟声词

这种类型的词根本来就是拟声词，加上“圪”表示声音发出后在很短时间即中断。例如：

圪嘣咬硬物时发出的声音　　　　圪吱物体承重物时发出的声音

圪噌吃蔬菜、水果时发出的很脆的声音　　　　圪叽脆而不高的响声

圪啋硬物断裂声　　　　圪铮分开黏性物体时发出的声音

2.5.2“圪”作词头构成三音节拟声词，表示声音的延续性。例如：

圪嘣嘣　圪吱吱　圪噌噌　圪啋啋　圪叽叽　圪铮铮

2.5.3“圪”作词头构成四音节拟声词，表示声音的反复性。例如：

圪吱圪吱　圪噌圪噌　圪嘣圪嘣　圪叭圪叭

三、“勤”[ləʔ55]尾

兴县方言没有儿化韵，普通话靠儿化表示的小称意义，兴县方言用重叠式名词和“勤”尾词表示。“勤”单字音为[ləʔ55]，附着于名词或动词性语素后构成名词，一般不能省略；

“勤”尾词与“子”尾词的区别是：“勤”尾词具有小称意义，“子”尾词没有小称意义。

“勤”尾词与重叠式名词的异同是：二者都表示小称意义，但重叠式名词具有喜爱、亲切等感情色彩，“勤”尾词不具有这些语用色彩。

3.1“勤”尾的构成形式

3.1.1“勤”附着于单音节名词或语素后，起构词作用。如：

场勤　旋勤盆　杏勤　枣勤　名勤名字

梨勤　鱼勤　蛾勤　猫勤　雀勤麻雀

钱勤　鸡勤　鼓勤　桃勤　底勤鞋底

3.1.2“勤”附着于双音节名词性语素后，起构词作用。如：

母猫勤　秤锤勤　指头勤　手套勤

耳环勤　碗碟勤　草帽勤　毛裤勤

3.1.3“勤”附着于多音节名词性语素后，起构词作用。如：

洗眉眼旋勤洗脸盆　脚指头勤　有襟襟袄勤

3.1.4动词性语素加“勤”尾后转变为名词，这时“勤”尾有区别词性的作用，这类型动词比较少，目前只发现两例。如：

锁动——锁勤名　画动——画勤名

值得注意的是，兴县方言是通过重叠表达小称意义的，重叠词一般不能再加“勤”尾。如兴县方言“刷刷”不说“刷刷勤”，“圪枝枝”不能说“圪枝枝勤”。

四、代词

4.1兴县方言的人称代词

兴县方言第一、二人称代词相对比较简单，第三人称代词表现形式复杂。如下表：

第一二人称代词

表33-1-3-1

<table>
<tr><th rowspan="2"></th><th colspan="2">主宾语位置</th><th rowspan="2">领属位置</th></tr>
<tr><th>单数</th><th>复数</th></tr>
<tr><td>第一人称</td><td>我ŋɤ^{324}
咱tsʻᴀ^{55}</td><td>弭些mi^{324} ɕiɛ^{55}
咱弭tsʻᴀ^{55}mi^{44}
咱tsʻᴀ^{55}</td><td>亲属称谓：弭大 / 妈 / 舅舅 / 儿
普通称谓：弭些 / 家 / 弭家miᴀ^{324}-^{312}（的）老师 / 同学
处　所：弭村勬，弭些 / 家 / 弭家miᴀ^{324}-^{312}村勬，弭些/家 / 弭家miᴀ^{324}-^{312}兴县/学校/单位
普通名词：我的书包/书，弭些的书包/书</td></tr>
<tr><td>第二人称</td><td>你ni^{324}</td><td>你家弭niɛ^{324} mi^{324}-^{55}
你家弭家iɛ^{324}miᴀ^{324}-^{312}</td><td>亲属称谓：你家大 / 妈 / 舅舅
普通称谓：你家弭 / 弭家miᴀ^{324}-^{312}（的）老师/同学，你家家（的）老师/同学
处　所：你家村勬，你家弭 / 弭家miᴀ^{324}-^{312}村勬，你家家村勬/兴县/学校/单位
普通名词：你的书包/书，你家弭 / 弭家miᴀ^{324}-^{312}的书包/书</td></tr>
</table>

第三人称代词

表33-1-3-2

	主宾语位置				领属位置
	近指	较远指	更远指	最远指	
单数	这tsou^{324}	那家niɛ^{324}	那nou^{53}	娘	亲属称谓：这tsəʔ^{55}/那家niɛ^{324}-^{312}/那nou^{53}家爹//舅舅的 普通称谓：这/那家/那的老师/同学，那家乃/那家乃弭/乃/乃些/乃弭的老师/同学 处　所：这家/那家/那家村勤/单位/学校，那家乃村勤/单位/学校 普通名词：这/那家/那的书包/书，那家乃/那家乃弭/乃/乃些/乃弭的书包/东西/书
复数	这些 tsou^{324}ɕiɛ^{55} 这乃 tsou^{324}nai^{53} 这些乃 tsou^{324}ɕiɛ^{55}nai^{53} 这乃些 tsou^{324}nai^{53}ɕiɛ^{55} 这些弭 tsou^{324}ɕiɛ^{55}mi^{55} 这乃弭 tʂəʔ55nai^{53}mi^{55} 这些乃弭 tsou^{324}ɕiɛ^{55}nai^{53}mi^{55} 这乃些弭 tsou^{324}nai^{53}ɕiɛ^{55}mi^{55}	那家 niɛ^{324}ɕiɛ^{55} 那家 niɛ^{324}nai^{53} 那家些乃 niɛ^{324}ɕiɛ^{55} nai^{53} 那家乃些 niɛ^{324}nai^{53} ɕiɛ^{55} 那家些弭 niɛ^{324}ɕiɛ^{55} mi^{55} 那家乃弭 niɛ^{324} nai^{53}mi^{55} 那家些乃弭 niɛ^{324}ɕiɛ^{55}nai^{53}mi^{55} 那家乃些弭 niɛ^{324}nai^{53}ɕiɛ^{55}mi^{55}	那些 nou^{53}ɕiɛ^{55} 那乃 nou^{53}nai^{53} 那些乃 nou^{53}ɕiɛ^{55}nai^{53} 那乃些 nou^{53}nai^{53}ɕiɛ^{55} 那些弭 nou^{53} ɕiɛ^{55}mi^{55} 那乃弭 nou^{53} nai^{53}mi^{55} 那些乃弭 nou^{53}ɕiɛ^{55}nai^{53}mi^{55} 那乃些弭 nou^{53}nai^{53}ɕiɛ^{55}mi^{5}	乃nai^{53} 乃些 nai^{53}ɕiɛ^{55} 乃弭 nai^{53}mi^{55} 乃些弭 nai^{53}ɕiɛ^{55} mi^{55}	

4.2 兴县方言的指示代词

我们把兴县方言指示代词分为近指、较远指、更远指三大类，在更远指中又分为两类。如下表：

指示代词

表33-1-3-3

		近指	较远指	更远指	
指代人或物	A	这1tsou^{324}	茶niɛ^{324}	那nou^{53}	
	B	这$_2$个tʂəʔ^{55} kuəʔ^{55}	茶个niɛ^{324} kuəʔ^{55}	那个nou^{53} kuəʔ^{55}	那一个nei^{53} kuəʔ^{55}
	C	这$_1$些tsou^{324} ɕiɛ^{55}	茶些niɛ^{324} ɕiɛ^{55}	那些nou^{53} ɕiɛ^{55}	那一些nei^{53} ɕiɛ^{55}
	D	这$_2$圪嘟tʂəʔ^{55} kəʔ^{55} tu^{0}	茶圪嘟niɛ^{324} kəʔ^{55} tu^{0}	那圪嘟nou^{53} kəʔ^{55} tu^{0}	那一圪嘟nei^{53} kəʔ^{55} tu^{0}
	E	这$_2$圪其tʂəʔ^{55}kəʔ^{55}tɕ ‘i^{55}	茶圪其niɛ^{324}kəʔ^{55} tɕ ‘i^{55}	那圪其nou^{53} kəʔ^{55} tɕ ‘i^{55}	那一圪其nei^{53} kəʔ^{55} tɕ ‘i^{55}
	F	这$_3$一一号子tsei^{324} iəʔ^{55}xɔu^{53} tsA^{0}	茶一号子ni ɛ^{324} iəʔ^{55}xɔu^{53} tsA^{0}	那一一号子nei^{53} iəʔ^{55}xɔu^{53} tsA^{0}	那号子nou^{53} xɔu^{53} tsA^{0}
	G	这2呱（呱）tʂəʔ^{55} kuA^{55} kuA^{55}	茶呱（呱）ni ɛ^{324}kuA^{55} kuA^{55}	那呱（呱）nou^{53} kuA^{55} kuA^{55}	
	H	这$_2$（圪）□tʂəʔ^{55}（kəʔ^{55}）tɕ ‘iA^{0}	茶（圪）□ni ɛ^{324}（kəʔ^{55}）tɕ ‘iA^{0}	那（圪）□nou^{53}（kəʔ^{55}）tɕ ‘iA^{0}	
指代处所方位	A	这$_2$勒/啦tʂəʔ^{55} ləʔ^{55}/lA^{0}	茶勒/啦niɛ^{324} ləʔ^{55}/lA^{0}	兀勒/啦uəʔ^{55} ləʔ^{55}/lA^{0}	
	B	这$_2$勒弭家tʂəʔ^{55}ləʔ^{55}miA^{0}	茶勒弭家niɛ$^{324-312}$ ləʔ^{55}miA^{0}	兀勒弭家uəʔ^{55}ləʔ^{55} miA^{0}	
	C	这$_2$些弭家tʂəʔ^{55} ɕiɛ^{324}miA^{0}	茶些弭家niɛ$^{324-312}$ ɕiɛ^{324}miA^{0}	兀些弭家uəʔ^{55} ɕiɛ^{324}miA^{0}	
	D	这$_2$哒（哒）tʂəʔ^{55}tA^{55}	茶哒（哒）niɛ$^{324-312}$ tA^{55}	兀哒（哒）uəʔ^{55} tA^{55}	那个哒nou^{53} kuəʔ^{55} tA^{55}
	E	这$_2$个哒tʂəʔ^{55}kuəʔ^{55}tA^{55}	茶个哒niɛ^{324}kuəʔ^{55}tA^{55}	那个哒nou^{53} kuəʔ^{55} tA^{55}	那一个哒nei^{53} kuəʔ^{55} tA^{55}
	F	这$_3$一头tsei^{324}t ‘ou^{55}	茶一头niɛ^{324}iəʔ^{55}t ‘ou^{55}	那一头nei^{53} t ‘ou^{55}	
	G	这$_2$半□tʂəʔ^{55} pẽn^{53} tɕ ‘iA^{0}	茶半□niɛ^{324} pẽn^{53} tɕ ‘iA^{0}	那一半□nei^{53} pẽn^{53} tɕ ‘iA^{0}	
指代时间	A	这$_3$一一阵 tʂei^{324}iəʔ^{55}tʂəŋ^{53}	茶一阵niɛ^{324}iəʔ^{55}tʂəŋ^{53}	那一一阵nei^{53} iəʔ^{55} tʂəŋ^{53}	
	B	这$_2$阵阵tʂəʔ^{55}tʂəŋ^{53} tʂəŋ^{0}	茶阵阵niɛ^{324}tʂəŋ^{53} tʂəŋ^{0}	那一阵阵 nei^{53} tʂəŋ^{53} tʂəŋ^{0}	
	C	这$_2$阵啦tʂəʔ^{55}tʂəŋ^{53} lA^{0}	茶阵啦niɛ^{324}tʂəŋ^{53} lA^{0}	那一阵啦nei^{53} tʂəŋ^{53} lA^{0}	
	D	这$_2$阵/早番tʂəʔ^{55} tʂəŋ^{53} / tsɔu^{324} xuæ^{0}	茶阵/早番niɛ^{324}tʂəŋ^{53} / ɔu^{324}xuæ^{0}	那一阵/早番nei^{53} tʂəŋ^{53} / ɔu^{324}xuæ^{0}	

续表33-1-3-3

		近指	较远指	更远指	
指代方式	A	这$_2$底tʂəʔ^{55}ti^{324}	茶底niɛ^{324} ti^{324}	兀底uəʔ^{55} ti^{324}	
	B	这$_4$底家tiɛ^{324}ti^{324} tɕiA^{0}	茶底家niɛ^{324}ti^{324}tɕiA^{0}	兀底家uəʔ^{55} ti^{324} tɕiA^{55}	那底家nou^{53} ti^{324} tɕiA^{0}
	C	这$_2$／这$_4$底／这$_4$个 tʂəʔ^{55}／tiɛ^{324}ti^{0} ／tiɛ^{324}kuəʔ^{55}	茶底个niɛ^{324}ti^{55}kuəʔ^{55}	兀底个uəʔ^{55} ti^{55}kuəʔ^{55}	
指代性状	A	这$_2$来tʂəʔ^{55}lei$^{55-324}$	茶来niɛ$^{324-312}$lei$^{55-324}$	兀来uəʔ^{55}lei$^{55-324}$	
	B	这$_2$来兰tʂəʔ^{55}lei$^{55-324}$læ̃^{55}	茶来兰niɛ$^{324-312}$lei$^{55-324}$ læ̃^{0}	兀来兰uəʔ^{55}lei$^{55-324}$ læ̃^{55}	
	C	这$_2$来来tʂəʔ^{55} lei$^{55-324}$ lei^{0}	茶来来niɛ$^{324-312}$ lei$^{55-324}$ lei^{0}	兀来来uəʔ^{55} lei$^{55-324}$ lei^{0}	
	D	这$_2$些些tʂəʔ^{55}ɕiəʔ^{55} ɕiəʔ^{55}／ɕiA^{53}	茶些些ni ɛ$^{324-312}$ɕiəʔ^{55}ɕiəʔ^{55}/ɕiA^{53}	兀些些uəʔ^{55} ɕiəʔ^{55} ɕiəʔ^{55}／ɕiA^{53}	

4.3兴县方言疑问代词

兴县方言疑问代词包括询问人、物、处所、时间、方式、性状、原因、数量和指别等类别。这里只列表说明:

疑问代词

表33-1-3-4

问 人	单数：谁ɕy^{55} 复数：谁弭ɕy^{55} mi^{55} 领属：谁家ɕyA^{53}
问 物	甚ʂəŋ^{53}
问处所/方位	哪lA^{55}、哪勒lA^{55} ləʔ^{55}、哪哒lA^{55} tA^{55}、哪个哒lA^{55} kuəʔ^{55}tA^{55}、哪哒哒lA^{55} tA^{55} tA^{55}、哪些lA^{55} ɕiɛ^{55}ləʔ^{55}、甚些ʂəŋ^{53} ɕiɛ^{55} 、哪头lA^{55} t‘ou^{55}、哪面lA^{55}miẽn^{53}
问时间	甚时候ʂəŋ^{53} sɿ^{55} xou^{0}、甚早番ʂəŋ^{53} tsɔu^{324} xuæ̃^{0}、哪阵阵lA^{55} tʂəŋ^{53} tʂəŋ^{0}、哪阵lA^{55} tʂəŋ^{53}、甚时ʂəŋ^{53} sɿ^{55}、几时tɕi^{324} sɿ^{55}
问方式	咋tsuA^{324}、咋底tsuA^{324} ti^{55}、咋家tsuA^{324} tɕiA$^{324-55}$、咋底家tsuA^{324} ti^{55} tɕiA$^{324-55}$
问性状	咋底个tsuA^{324}ti^{55}kuəʔ^{55}
问原因	咋tsuA^{324}、咋家tsuA^{324} tɕiA$^{324-55}$、为甚uei^{53}ʂəŋ^{53}、因为甚iəŋ^{324} uei^{53}ʂəŋ^{53}
问数量	哪来lA$^{55-312}$ lei$^{55-324}$、多来tɤ^{324}lei^{55}、多少tɤ^{324}ʂɯu$^{324-312}$、多大tɤ^{324}tɤ^{53}、几tɕi^{324}
指 别	哪lA^{55}

五、“地的”连用和“的的”连用

5.1 “地的”连用

兴县方言中状态形容词多为重叠式，且后面必须加“地”，当构成“状态形容词+地+的”的格式时，状态形容词名词化，在句中作定语。例如：

（1）那家niɛ^{324}他今日穿的新胆胆地的崭新的一身衣裳。

（2）清悠悠地的清澈的水。

（3）白森森地的白白的衣裳，可好看嘞。

（4）那家niɛ^{324}她做了一床新胆胆地的崭新的被子。

（5）长长地的根绳子。

（6）绿嗖嗖地的叶子，红丹丹地的花。

（7）好好地的一碗面，你就倒咧？

由上述例子可以看出“状态形容词+地”变为“状态形容词+地+的”语义保持不变，只是由谓词性成分转化为名词性成分。

5.2 “的的”连用。例如：

（1）这是卖菜的的筐篮子篮子。

（2）赶车的的皮袄丢咧。

（3）这是剃脑头的的刀子。

（4）那个鞭子是那个放羊的的。

上例中“卖菜的”“赶车的”“剃头的”“放羊的”指的是从事某项职业的人，而“卖菜的的”“赶车的的”“剃头的的”“放羊的的”则指的是从属于某人的东西。

六、助词“去”和“时地 / 来咧”

6.1 去[k‘əʔ$_{55}$/ kəʔ$_{55}$]

“去”可以作谓语中心（读[k‘əʔ$_{55}$]）或趋向补语（读[kəʔ$_{55}$]）。例如：

（1）我去城勒城里转了一圈子。

（2）我去太原也，你去也啊iᴀ^{0} / iæ^{0}不？

（3）引上孩勒做甚去也带上孩子干什么去呀？

（4）你往哪勒哪儿去来咧？

——买菜去来咧。

比较特殊的是，“去”有时还充当助词。相当于“……时候”。例如：

（5）受去劳动的时候可威厉害嘞。

（6）打架去可威嘞。

（7）吃饭去可威嘞。

由上述例句可以看出，“去”在这里构成“动词+去+可威嘞”的句型，表示“做……的时候很厉害”。

除此之外，“去”作为助词还有以下一种表达方式。例如：

（8）吃去不吃，喝去不喝不吃也不喝。

（9）写去不写，背去不背不写也不背。

（10）凉去不凉，滚去不滚不凉也不热。

（11）酸去不酸，甜去不甜不酸也不甜。

这种说法一般只存在于“单音节动词/形容词+去+单音节动词/形容词”的结构中，“去”在动词后既可以理解为“……时候”，也可以理解为“了”或“也”，但当地人多理解为“也”，表示与心理预期相背离的一种状态；“去”在形容词之后则只能理解为“也”，是更加虚化的形式。

6.2 时地[sɿ^{55}ti^{0}] / 来咧

表示假设的“……时地”和“……来咧”，主要表示因曾经没有发生某事，而产生了一定的不良后果，因而带有“遗憾”“悔恨”“惋惜”的意味。举例说明：

（1）你茶阵那阵好地念书时地/来咧，这阵就不用务地种地咧。

（2）走得快些时地/来咧，敢就早去咧。

（3）你夜日黑夜多睡给阵阵时地/来咧，今日就不用点眉样瞌睡非常瞌睡的样子咧。

（4）你这病早看给两天时地/来咧，成不了这底个成不了这样。

（5）这西瓜再红些些时地/来咧就好咧。

（6）你有那家niɛ^{324}大高时地/来咧就好咧。

例（1）—（4）中是对过去发生的事件或存在的状态的一种否定，对现状的追悔，“如果当时……，就能……”。例（5）—（6）则是对现状的惋惜，没有追悔的意味。

七、表短时体的“给下／一下”。

兴县方言的短时体不通过动词的重叠形式，而是通过添加短时体标记“给下”“一下”来体现。即使用重叠式表示短时体，也要在动词前加“忽”构成“忽V忽V”的形式。

（1）坐给下　听给下　尝给下　洗涮给下　拾掇给下　走动给下

（2）吃了一下　坐了一下　走了一下　尝了一下

（3）忽扇忽扇　忽飒忽飒　忽移忽移　忽赖忽赖晃动貌

上例（1）（2）表示动作行为在相对较短的时间里进行并具有尝试意义；（3）表示动作在瞬间重复发生并可以持续，多做补语。

八、表将然态的“也[iɛ^{324}]”

“也”表示将然态通常出现在肯定句和疑问句中，不用于否定句。例如：

（1）我今日应承下唤和康老师去广场下棋去也。

（2）我正往回走着嘞，快回去也。

（3）你做甚去也？

——买菜去也。

（4）我去太原也，你去也啊iA^{0}不？

——去也/不去。

第二章 谣 谚

第一节　儿歌与民谣

1.噢噢噢，睡觉觉，老虎戴上皮帽帽；皮帽帽烂咧,谁谁谁大咧。

2. 揉揉散，气圪蛋,气得弭孩勤不吃饭。

3.核桃，你家爷爷没脑头。

4.拉锯，扯锯，扭油果子放大屁。

5.圪捣圪背，狼咬脊背。

6.奔罗奔罗转转，猫勤捣烂罐罐， 老鼠吃了面面。

7.一网不捞鱼，两网不捞 鱼，三网捞的个大金鱼。

8.圪咚圪咚摇铃铃，谁笑谁笑迷谁谁。

9.捞捞饭，煮公鸡，煮得公鸡圪蹴起。

10. 扯锯，刃笨，狗咬，吓得舅舅偷跑，一跑跑给野沟勤， 碰上一窝石猴勤，跑给石豁子，碰上一窝木鸽子，跑给曲家沟，碰上一窝花狗。

11.星宿星宿满天，王家院勤点灯，点上灯做甚嘞啊？擀毡嘞，谁擀嘞啊？王麻子。

12.狼剐柴，狗烧火，猫勤上炕捏窝窝，　　捏得窝窝圪揣咧,狼一搭打得猫勤上了树，树哪去咧？水推咧。水哪去咧？和了泥咧。泥哪去咧，□抹了墙崖咧。墙崖哪去咧？猪拱咧。猪哪去咧？杀得吃咧。猪皮哪去咧？漫了鼓勤咧。鼓勤哪去咧？烂咧。

13.鸡来穷，狗来富，猫勤来了开当铺。

14.拉锯、扯锯，扯得面长长地，切得面细细地，煮给锅里得溜溜转，捞给碗里摆丝线，吃给肚里一出链。

15.你是谁啦？我是王老弥，担的担担骑的驴。你下弭家行串来？我嫌你家家的狗狗咬嘞。你不荷上棍棍打嘞？我的棍棍挑皮袄着嘞。你不穿上嘞？我嫌虱子咬我嘞。你不叫你家老婆捉去嘞？弭老婆倒尿盆子狼吃咧。你不撵去嘞？半崖上撵的两个耳朵朵，回来熬的一锅锅，吃了一肚肚,屙往一裤裤，下去河勒洗裤裤，蛤蟆咬了腿肚肚。

16.四大红：火烧云、杀猪盆、猴子的屁股、庙上的门。

17.四大白：头场雪、精面粉、新摘的棉花、剥皮的葱。

18.四大苦：猪苦胆、黄连面、没娘的孩子、光棍汉。

19.四大喜：久旱遇甘霖，他乡遇故知，洞房花烛夜，金榜题名时。

20.四大美：连衣裙、体型裤、扭大秧歌、慢四步。

21.四大苦重：担水、和泥、拉大锯，气喘老汉掏荒地。

22.四大干：风沙滩、干饼干、穷汉的油壶、出窑的砖。

23.四大忙：狼叼猪，狗咬羊，小孩掉井，失了火。

24.四大长：长江水、大河套、万里长城、火车道。

第二节　民间谚语

气象谚语

1.早烧不出门，夜烧晒死人。

2.绕梁雾，又一股。

3.朝南上来疙瘩云，不出三日雨淋淋。

4.月背星，晒死人；月弯星，雨淋淋。

5.先秋风后社，死活就在昼夜；先社后秋风，磨镰就现成。

6.四月八，冻死黑豆荚。

7.春冻圪梁秋冻洼。

8.雨洒清明节，风刮一百天。

9.伏里没雨，谷里没米。

10.东虹谷雷西虹雨，南虹河勒发大水。

11.云往东，一场空；云往西，淋死鸡；云往北，稀泥至圪膝。

12.早看东南，晚看西北。

13.日耳单，不出三；日耳双，刮塌窗。

农业谚语

1.人勤不如地近，地近不如上粪。

2.庄稼一枝花全靠粪当家。

3.人是铁，饭是钢，庄稼无粪不生长。

4.种地不上粪，等于瞎胡混。

5.有福没福，豆茬种谷。

6.小满前后，掩瓜种豆。

7.五八月大尽，糜豆少种。

8.立夏芒种混种谷。

9.芒种糜子急种谷。

10.头伏荞麦二伏芥，三伏萝卜长成怪。

11.立夏种胡麻，九股八圪叉；小满种胡麻，到老一枝花；芒种种胡麻，永久不回家。

12.黄花黄，种谷忙。

13.重茬谷，守住哭。

14.暑退不出头，挽得喂了牛。

15.种在犁敞，收在锄枪。

16.伏勤划破皮，赛过春天耕一犁。

17.天旱不忘锄田，雨涝不忘浇园。

18.糜锄点，谷锄针。

19.干锄糜子湿锄豆，天阴下雨锄绿豆。

20.有钱难买五月旱，六月连阴吃饱饭。

21.麦望四月雨，不要误了二十几。

22.麦收八十，三场雨。

23.春旱不算旱，秋旱减一半。

24.捉苗一半收。

25.人哄地皮，地哄肚皮。

26.秋分糜子割不得，寒露谷子等不得。

27.小暑吃大麦，大暑吃小麦。

28.三年学个好匠人，十年学不好庄户人。

事理谚语

1.把戏是空的，本事是真的。

2.宝店不漏针。

3.笨鸟先飞。

4.不怕不识货，就怕货比货。

5.不怕慢，只怕站。

6.不听老人的话，手背朝了下。

7.买主没嘞卖主明。

8.磨刀不误砍柴工。

9.米面夫妻，酒肉朋友。

10.夫妻没有隔夜的仇。

11.两好隔一好。

12.锣鼓长了没好戏。

13.高梁不正低梁歪。

14.跟好人出好人，跟上师婆会跳神。

15.孤人难活，孤柴难着。

16.看天出凉粉。

17.靠山吃山，傍水吃水。

18.黑了做不多，明了睡不多。

19.黑了不睡是赖人，打早不起是懒人。

20.好男不看分家产，好女不看架上衣。

21.黄金盖起楼，不如艺术在手头。

22.娇来的孩勒没后程。

23.酒坏君子水坏路。

24.久走冰桥，总有一失。

25.穷不过讨吃，死不过咽气。

26.钱越攒越多，水越攒越深，苦水越攒越少。

27.小子不吃十年闲饭。

28.小孩勒勤，爱死人。

29.小着偷针，大了偷金。

30.走不走不要掏断路，死不死不要留言语。

31.做甚务甚，讨吃子熏棍。

32.吃一遍亏，得一遍伶俐。

33.吃了人家的嘴软，拿了人家的手软。

34.出门小三辈。

35.穿不穷，吃不穷，计划不到当日穷。

36.春一日不出去，秋一日不回来。

37.世上没嘞个好吃的大红果子。

38.世上不卖后悔药。

39.水瓮里抓不出火来。

40.艄公多了易翻船。

41.三口搭一饥。

42.三人斯靠，捣了锅要锅沿儿。

43.人笨街上磨。

44.人不觉人好活，牛不觉牛有力。

45.人不得十全，车不得圆。

46.人勤地生宝，人懒地长草。

47.饿了糠也甜，饱了肉也嫌。

48.一瓶子不响，半瓶子圪咚。

49.一分一分上万，一颗一颗上石。

50.一日不做手生，一顿不吃肚空。

51.一米渡三关。

52.一日夫妻百日恩。

53.有心拜年过了寒节也不迟。

54.眼过千遍不如手做一遍。

第三节　民间歇后语

1.包子没肉——蒜（算）上寻

2.半崖上掏窑——没院（怨）

3.半夜勤掐谷穗——有打两穗（岁）咧

4.马尾提豆腐——提打不起来

5.蚂蚱腿上害癞疮——脓水水不大

6.卖豆腐买下河湾地——井里来，河里去

7.门缝里看人——把人看扁咧

8.粪板牛哭娘——两眼墨黑

9.凤凰——无宝处不落

10.豆腐跌在灰堆上——打不能打，吹又吹不下

11.脑畔沿撬脚——踩不着深浅

12.腊月砍得卖镰把—— 堆下半年的节令嘞

13.老鼠刨香炉——自寻灰

14.老鼠拉木锨——粗头头在后头嘞

15.炉坑里栽葱——灰根子扎定咧

16.绺绺家的鬼——好请难发送

17.驴抵牛——脸扛嘞；驴顶架——眉眼顶

18.圪狸趴在土疙瘩上——假装它是个巡山虎

19.圪针窝里放驴——嘴也插不上

20.狗咬吕洞宾——不识好赖人

21.圪膝盖上钉掌勒——离蹄（题）太远
22.荷上金碗讨饭——活该
23.计算盖锅——不遮气
24.脚梁面上安的个眼——只看见自己高
25.韭菜倒成羊角葱——越倒越空
26.切草刀割莜麦——揽头太宽
27.雀勒脑摆碟子——尽圪嘟嘴
28.瞎老哇笑猪黑——它比猪还黑
29.瞎雀碰给谷罗 上——这一一下碰对咧
30.张东来捣自鸣钟——不要看人不起眼
31.张飞爷的卖刺梨圪都——人又刚强，货又扎手
32.正月初一推粗糠——穷凑忙
33.众人的口——没梁（量的斗）
34.蹩鼻子骡子卖了个驴价钱——贱给嘴上 咧
35.砂锅里捣蒜——一槌子的买卖
36.砂锅里煮羊脑——后脑奔子稀绵， 嘴头子生硬
37.闪电婆丢了鞋——不知是在云里还是在雾里
38.死孩勒打狼——遭是就是 这一圪堆
39.肉包子打狗——有去无来
40.一驮倒了个两头（筐）子——倒的个不顶功。（最后重量还是一样）
41. 油瓶里活了两天——没见过碟子大的个天
42. 王各爷的叫女——至尽这一回

第三十四编

人　物

从抗日战争开始至2016年末，兴县涌现出一批杰出人物，分布在祖国四面八方，为人民解放事业，为社会主义革命和建设事业做出了积极贡献。

列入“兴县人物传略”的共64人，1949年中华人民共和国成立前参军或参加革命工作的老英雄、老干部（含大校副师级及以上军衔军官，副处级以上党政干部）；1949年10月后参加工作的县处级及以上干部，全国人大代表；著名作家、艺术家，史志、科技和教育工作者。

列入“兴县人物名录”的共318人，其中包括：1989年至2016年出席全国党代会代表、全国人民代表大会代表，全国劳动模范和先进工作者荣誉名录；出席山西省党代会代表、山西省人民代表大会代表和山西省劳动模范、先进工作者名录；兴县籍正厅级及以上干部、大校及大校以上军官、正高职称专业技术人员名表；获“晋绥儿女支持老区教育奖”优秀教师。

第一章　兴县人物传略

第一节 1949 年中华人民共和国成立前参军或参加革命工作的老英雄、老干部（含大校副师级及以上军衔军官，副处级以上党政干部）

康长征（1927—1967）

魏家滩村人。民国 24 年（1935 年），康长征考入兴县第一高级小学。抗日战争全面爆发后，他辍学回乡，参加兴县牺盟分会主办的儿童团。民国 28 年（1939 年），他参加兴县牺盟游击队，后被保送到八路军 120 师随营学校学习。毕业后，在兴县第二区担任青救会秘书。“晋西事变”后，他先后调任临县牺盟中心区宣传干事、晋西北行政公署秘书科员。民国 34 年（1945 年）5 月加入中国共产党。曾任晋绥青年干部学校组织干事、青年纵队文书、青联文教部干事、兴县青联主席。

解放战争时期，他历任晋绥行署秘书处科员、秘书，土改工作团组长，晋绥青年干部学校秘书，洪涛印刷厂指导员，晋南行署干部科科员等职。民国 38 年（1949 年），康长征随军南下入川，先后担任川北行署办公厅秘书主任、人事科科长，川北区党委土改工作团团长、川北行署人事厅及财委会秘书主任等职。

1952 年 9 月，康长征调云南工作，曾任中共保山地委梁（河）、盈（江）、莲（山）工委副书记兼盈江县工委书记。1954 年 3 月后，他先后调任中共保山地委边工委秘书长，中共德宏州工委书记，中共德宏地委常委、副书记、书记处书记，中共保山地委副书记、德宏州工委书记等职。1964 年 12 月至 1965 年，他先后调任中共丽江地委副书记、丽江地委书记。1967 年 7 月逝世，年仅40岁。

1978年10月，中共云南省委在丽江地区大礼堂召开康长征追悼大会，高度赞扬了他为云南少数民族建设美丽富饶新家园做出的历史功绩和革命品德。

尹存唐（1918—1968）

魏家滩镇人，曾在本村私塾和洪福寺第四高等小学就读，民国22年（1933年），尹存唐考入牛友兰创办的兴县中学第四班，毕业后考入山西大学堂就读。抗战全面爆发后，尹存唐加入山西牺盟会，次年返兴县参加革命工作，并加入中国共产党。此后，他历任小学教员、兴县武委会副主任、兴县公安局办公室主任、公安局治安股长等职。

民国37年（1948年），由老领导杨在清、刘咸珠点将，尹存唐随军渡河西进，在陕北开展地方建设，先后任中共神木县委常委、统战部部长，陕西省公安厅党委委员兼办公室主任、省公安厅副厅长兼办公室主任等职。1954年，他当选中共陕西省省委委员，后被任命为陕西省劳改局局长。1965年，尹存唐任中共陕西省商洛地委常委兼公安处长。1968年离世，年仅50岁。

中共陕西省委、陕西省人民政府于1978年3月8日在商洛地区召开平反追悼大会，为尹存唐平反昭雪，并追认他为革命烈士、优秀共产党员和党的优秀干部。

王直（1915—1981）

交楼申乡安沟村人。民国12年（1923年）入学，王直在县城读高小到初中。民国25年（1936年）秋，他转学到太原高中就读。次年抗日战争全面爆发后，他离校返乡，参加牺盟会组织，担任兴县牺盟分会协助员和区牺盟会秘书，10月加入中国共产党，12月调任兴县第三区区长。其间，他深入发动群众开展减租减息，动员青年参军参战，组织地方游击队，积极支援抗日救亡斗争。民国28年（1939年）10月，他到秋林受训。“晋西事变”前，返回晋西北，被派到临县牺盟中心区担任协理员。民国29年（1940年）5月至民国38年（1949年）6月，王直历任方山县第三区区长、晋西北行署财政处工作团团长、晋绥第六专署和第二专署财政科副科长、晋绥行署派驻六分区督察处副处长、雁门行署财政处秘书主任、晋绥行署税务总局科长、晋绥第九专署税务局长、晋南专署财政科长等职。

1949 年 10 月，王直随军南下，历任四川省成都市军管会派驻伪国税局党代表（负责接管培训国民党旧属人员）、川西税务局副局长、四川省统计局局长兼党组书记等职。

1981 年 1 月 26 日，王直病逝于成都，享年 66 岁。

高崇林（1920—1988）

官庄村（今属固贤乡）人，15 岁起就给地主扛长工、打短工。民国 26 年（1937 年）抗战全面爆发后，高崇林参加兴县牺盟游击队。次年 10 月，加入中国共产党，历任冯家沟编村党支部书记、李家塔编村抗日自卫队军政教官兼党支部书记。“晋西事变”后，他调任兴县第四区牺盟会秘书、自卫队军政教官。民国 31 年（1942 年）5 月，他任兴县第四区组织、宣传委员，后担任中共兴县第四区区委书记。

民国 35 年（1946 年）4 月 8 日，“四八”空难发生后，他带领四区全体党政工作人员深入黑茶山飞机失事区域，做了大量艰苦细致的工作，完成了“四八”烈士遗体及机密文件的搜寻和善后工作，受到党中央和晋绥分局的通令嘉奖。

民国 36 年（1947 年）3 月，高崇林任中共兴县市委书记，后调任县公安局副局长。民国 37 年（1948 年）9 月，他随 120 师主力挥师北上，任绥蒙区党委随军工作团宣传部部长。不久调任绥蒙区清水河县公安局长。

1950 年秋至 1954 年 3 月，高崇林先后任归绥县公安局长、归绥县县长、中共兴和县县委书记、中共集宁地委组织科长、中共卓资山县委书记等职。1970 年 1 月恢复工作，先后担任中共乌蒙蒙委机关党委书记、内蒙古自治区农科院院长，直至 1984 年离休。

1988 年 12 月 4 日，高崇林病逝，享年 68 岁。

牛联棠（1914—1990）

又名牛治华，蔡家崖村人。晋绥著名开明士绅牛友兰侄孙，牛映台之子。民国 23 年（1934 年），牛联棠考入北平大学工学院，曾参与领导北平“一二·九”学生爱国运动。民国 25 年（1936 年）9 月，他加入中国共产党，从事党的地下工作。抗战全面爆发后，牛联棠弃学返乡，参加抗日救亡运动，在兴县牺盟分会从事宣传工作，主编《抗战报》。民国27年（1938年）底，牛联棠受中共晋西北区党委派遣，入延安抗日军政大学学习，毕业后分派到晋东南太行分校工作。民国29年（1940年）起，牛联棠从事军事工业生产领导工作，先后担任晋冀鲁豫星级军工部秘书、科长、厂长等职务。

中华人民共和国成立后，牛联棠历任太原机械厂军代表、厂长，一机部一局办公室主任、国务院三办机械组副组长、国家经委机械局副局长，云南省农业机械厅、重工业厅和机械工业厅副厅长等职，为高级工程师。在社会主义建设时期，他为发展农业机械化事业倾注了全部心血。他顾全大局，努力工作，直到病重期间，还念念不忘党的事业，关心国家四个现代化建设、改革开放及农业机械化的发展情况。在生命垂危之际，他反复嘱咐子女要奉公守法、勤政廉洁、全心全意为人民服务。

1990年5月，牛联棠在昆明病逝，享年76岁。

魏丙文（1913—1991）

交楼申乡马家窑村人。全面抗战爆发后，魏丙文参加了兴县牺盟会组织的抗日武装自卫队。民国27年（1938年）春，他调任兴县康家沟编村民兵自卫队队长。次年2月，他调任兴县一区农民救国会秘书。6月，调晋西北区党委党训班学习，并加入中国共产党。结业后被分派到兴县牺盟游击队担任政治工作员。“晋西事变”后，他调任中共兴县第一区委员会组织委员。民国32年（1943年）秋，他担任县级机关整风训练班小组长，参加整风学习。其后，他相继调任中共兴县第一区区委副书记兼组织委员、第二区区委书记等职。其间，发动群众开展民主建政工作，支援反“扫荡”“挤敌人”斗争，第一区委、第二区委成为全县的模范基层党组织。

民国37年（1948年），魏丙文随所在部队开赴青海，参与新解放区城市恢复发展工作。1951年5月，他从部队转业，先后任中共青海省兴海县委副书记、副县长，青海省海南藏族自治州副州长（党内任书记处书记），山西省成套局常务副局长等职务。“文化大革命”中，他被分派到兴县。1970年11月，被任命为兴县革命委员会副主任。1980年，担任《兴县革命史》

编写组长。

1991 年 4 月，魏丙文病逝，享年 78 岁。

李漫林（1916—1992）

城关镇人，曾用名马良。“七七事变”后，李漫林参加山西青年抗敌决死队，次年 5 月加入中国共产党，8 月在决死 4 纵队 35 团从事后勤工作。抗战期间，他先后任 4 纵队 35 团会计，供给处财务部长、供给处主任。解放战争时期，他历任晋绥军区第 7 旅供给部主任、第 3 师供给部主任等职，曾参加上党战役、解放太原战役和解放大西北等战役战斗。

民国 38 年（1949）初，为扩大骑兵部队，李漫林率队赴绥远地区买马。在陕西耀县遇到敌特抢劫，他在头部被刺数刀、鲜血模糊眼睛的情况下，与其他战友勇斗众敌，活捉敌特，保护了部队的军费和贵重物资。

中华人民共和国成立后，李漫林历任第一野战军步兵 3 师后勤处主任，青海省军区后勤部财务处副处长、处长，军区后勤部副部长、部长等职。参加革命几十年，李漫林一直从事人民军队的后勤工作。他以身作则、生活俭朴、公私分明，被誉为“好后勤”“红管家”。

1955 年，李漫林被授予三级独立自由勋章和三级解放勋章。1959 年，他为巩固民族团结，捍卫新生的红色政权做出了积极贡献。

1964 年，他晋升为上校军衔。1988 年，被授予二级红星勋章。1978 年离休，享受副军职待遇。

1992 年 4 月 4 日，李漫林病逝，享年 76 岁。

牛荫冠（1912—1992）

蔡家崖村人，晋绥边区著名开明士绅牛友兰之子。民国 20 年（1931 年），从兴县中学毕业的牛荫冠考入太原进山中学。民国 22 年（1933 年），他考入北平清华大学电机系（后转入经济系）就学。民国 24 年（1935 年），他加入中国共产党，任清华大学党支部书记，之后担任中共北平西郊区委组织部部长，发动和组织了北平“一二・九”学生爱国运动。

民国 25 年（1936 年），牛荫冠受中共中央北方局派遣，返晋从事山西省牺牲救国同盟会工作。“七七事变”后，他全权负责山西牺盟总会的工作，协助开办牺盟军政干部训练班、民训干部教练团，培养和输送4500多名抗日干部到山西各地开展抗日救亡运动；创办国民兵军官教导团，筹建山西工人武装自卫队（后改编为工卫旅），向阎锡山争取到步枪5000多支、机枪200挺，分发各县抗日武装自卫队；以山西牺盟总会名义，给全省各县派遣140多名牺盟特派员，60 ~ 70名共产党员县长，协助地方党组织开辟党的工作。

民国26年（1937）9月27日，他主持召开山西省第一次牺盟会员代表大会，请中共中央副主席周恩来作政治报告。太原失守后，他带领牺盟总会跟阎锡山进行了微妙的斗争。“晋西事变”中，牛荫冠领导牺盟会，把秋林工作的400多名地下共产党员和进步青年转移到延安和晋西北根据地，为党保存了大批干部。

民国29年（1940年）2月，牛荫冠被选为晋西北行政公署副主任兼党组书记。次年春，由于晋西北行政公署主任续范亭在延安养病。他独挑行署重担，统领晋西北各专区、县行政组织领导工作。

民国31年（1942年）10月，在晋西北临时参议会上，他当选为副议长兼晋绥贸易总局局长、西北农民银行经理等职。在其倡导下，晋绥边区机关、部队所有商店实行统一管理，在更大范围内调集资金、控制物价，促进了边区经济的稳定发展。

民国37年（1948年）8月，他调任晋中行署主任兼党组书记，发动群众支援晋中战役和解放太原战役。民国38年（1949年）3月，他调任江西省财委副主任兼财政厅厅长。

中华人民共和国成立后，牛荫冠任中共江西省委常委、江西省人民政府副主席。1954年，他被中共中央中南局书记李先念点将搞重点建设项目，任国防某厂厂长兼党委书记、湖南省委委员，倡导智力治厂、艰苦创业，在较短时间内研制成功中国第一台螺旋桨式飞机发动机，受到毛泽东主席的赞扬和嘉奖。1955年，他调任国防某厂厂长兼中共辽宁省委委员，又领导研制出中国第一架喷气式歼击机，填补了中国飞机工业空白，为中国航空事业作出卓越贡献。1958年2月23日，毛泽东主席亲临该厂视察。1962年起，牛荫冠先后调任国务院商业部副部长、党组成员，北京商学院院长（兼）、商业部领导（主持工作）。1975 年 8 月，恢复工作后的牛荫冠先后任中华全国供销合作总社常务副主任、主任兼党组书记，国务院经济领导小组成员，直至 1982 年离休。

1956 年 9 月至 1988 年 3 月，牛荫冠是中共第八次全国代表大会、中共第十二次全国代表大会代表，第六届全国人民代表大会常务委员会委员和财经委员会委员（兼任商业外贸小组委员会主席）。在近 60 年的革命生涯中，他虽数次经受不公正待遇，但无怨无悔、矢志不渝，全心全意地为党和人民工作，表现出坚定的理想信念和崇高的道德风范。

1992 年 5 月 10 日，牛荫冠在北京逝世，享年 80 岁。5 月 31 日，《人民日报》报道："第六届全国人大常委、财经委员会委员，原全国供销合作总社主任、党组书记牛荫冠同志因病于 5 月 10 日在北京逝世，终年 80 岁……牛荫冠为我国航空事业作出了卓越的贡献，曾得到毛泽东主席的高度评价和表彰……他坚决拥护党的十一届三中全会以来所制定的路线、方针和政策，坚持四项基本原则，反对资产阶级自由化，坚决拥护以江泽民同志为核心的党中央，在政治上、思想上始终与党中央保持一致。他的一生是革命的一生，战斗的一生。"

张庆云（1918—1992）

张庆云出身于交楼申乡冯家沟村一户贫苦农民家庭。13 岁时因家贫辍学到县城当店员。民国 27 年（1938 年）夏，在交口村参加兴县战动分会举办的抗日救亡积极分子培训班，结业后任奥家滩行政村自卫队指导员。同年秋，经中共兴县第一区区委书记王丕福介绍加入中国共产党。次年冬任中共兴县第四区区委书记。民国 29 年（1940 年）秋，他被调中共中央晋绥分局党校学习，翌年初党校学习结业后，先后任中共兴县第六区区委书记、中共兴县第四区区委书记。民国 33 年（1944 年），他任中共兴县县委委员兼党训班主任。次年春调任中共岚县县委组织部长，8 月担任中共兴县县委组织部长。民国 36 年（1947 年）秋，他任中共兴县县委副书记，次年冬带头参军，担任新兵团（在兴县和岚县组织成立）团政委，经过短期培训，从岚县开赴陕西白水县，编入西北野战军第一纵队。

民国38年（1949年）秋，西北野战军第一兵团成立，他任第一兵团政治部民运科长。同年8月初，他随部队由陕西省宝鸡出发，于1949年10月进入新疆乌鲁木齐市，担任刚刚组建的中共新疆分局组织部组织科长。

1956年8月起，张庆云历任新疆维吾尔自治区党委组织部副部长、中共新疆维吾尔自治区莎车县县委第一书记、新疆维吾尔自治区农业厅副厅长、党组副书记等职。“文化大革命”后。恢复工作后相继担任新疆维吾尔自治区农业厅厅长兼党组书记，中共新疆维吾尔自治区喀什地委书记，新疆维吾尔自治区党委农村工作部部长等职。其间，于1980年秋入中央党校学习，1982年9月结业。1987年，退居二线，任新疆维吾尔自治区顾问委员会常委。

1992年9月19日，张庆云在乌鲁木齐病逝，享年74岁。

杨树锦（1914—1992）

杨家坡村（今属蔡家崖乡）人，曾用名杨桂根。民国19年（1930年），考入兴县二年制师范学校，毕业后先后在兴县第一高级小学、魏家滩小学和小善小学任教。抗战全面爆发后，他担任兴县战动分会宣传干事、县政府科员，并参加牺盟会组织。民国28年（1939年），他随兴县县长高芸生调晋西南大宁县财政科工作，同年冬考入延安陕北公学。次年4月加入中国共产党，历任中央财政经济部粮食处科员，陕甘宁边区粮食局助理秘书、陕甘边区粮食调剂处秘书、陕甘边区行政学院粮食干部训练班主任、陕甘边区绥德粮食调剂处主任、陕甘边区粮食局运输大队政治指导员、陕甘边区粮食局秘书主任兼人事科长、陕甘边区粮食局副局长等职。

中华人民共和国成立后，杨树锦历任西北区粮食管理局副局长，西北区财政经济委员会党组成员、副秘书长，中国人民保险公司西北区分公司经理，中央西北地区工作部财商处处长，中共中央书记处第二办公室研究员等职。1957年3月，杨树锦主动向党组织申请到大西北地区支援新解放区开辟工作，历任甘肃省供销社第一副主任、党组书记，甘肃省商业厅常务副厅长、党组书记，甘肃省物价委员会主席兼省工商行政管理局局长，甘肃省财政厅副厅长、厅长兼党组书记。1973年恢复工作后，他历任甘肃省生产建设指挥部财产清理组组长、甘肃省人民银行行长兼党组书记、甘肃省顾问委员会委员等职。

1985 年 3 月，他离职休养，享受副省级待遇。

1992 年 10 月，杨树锦在兰州病逝，享年 78 岁。

刘献珺（1905—1993）

黑峪口村人。受本村刘少白、刘亚雄父女影响，刘献珺少年即苦心求学，树立进步思想。民国 13 年（1924 年），他毕业于太原师范学校，至民国 25 年（1936 年），一直从事教育工作，曾任兴县第三高级中学校长，兴县中学、兴县简师、兴县一高教师。

民国 26 年（1937 年）年 6 月，刘献珺怀着抗日救国的满腔热情，积极参加山西牺牲救国同盟会。次年 2 月，担任兴县二区区长；4 月，加入中国共产党。在中共兴县县委领导下，他整顿二区基层政权，在各村组建民兵自卫队，建立群众武装工作团，开展合法斗争；接着又大力开展减租减息和发展生产运动。为保证供给，采取按村分工合作、逐户落实的办法，具体确定给八路军、山西新军和牺盟会送粮的村民，从而保证革命队伍的后勤供应。为突破阎锡山反动政权的围困和封锁，他发动党员和自卫队员潜入邻近的国民党统治区，设法弄回不少布匹、药品等急需品，安排水性好的党员和自卫队员，在夜深人静时用“羊皮筏”抢渡黄河，把急需品送给河西的八路军，支援抗战。

民国 29 年（1940 年）1 月，刘献珺调任兴县抗日民主政府秘书、副县长。民国 34 年（1945 年）9 月至（1949 年）10 月间，他先后任兴县县长、晋绥第一专员公署副专员兼秘书长，晋绥行署建设处处长、秘书长，兴县专署专员等职。

1952—1967 年，刘献珺先后担任华北局办公室秘书处主任，中共中央办公厅秘书室秘书，山西省人委副秘书长、山西省纪律检查委员会专职常委，山西省人委办公厅主任、党组书记等职务。1970 年 7 月底，他到忻州农机厂当“画线工”。1972 年 9 月，恢复工作后，他先后任山西省图书馆革委会主任、山西省委统战部副部长等职。1984 年 6 月，刘献珺离休，享受副省级待遇。

1993 年 9 月 10 日，刘献珺在太原病逝，享年 88 岁。

李尚信（1916—1995）

民国5年（1916年），李尚信出生于任家坡村（今属固贤乡），因家境富裕，从小入学读书，高中文化程度。民国27年（1938年）7月加入中国共产党（介绍人魏进德）。民国28年（1939年）6月至12月，李尚信担任一区（驻交口村）代理区长。不久，入晋西抗战学院学习。民国29年（1940年）9月至民国31年（1942年）12月担任一区区长（区委书记为马柏树）。民国31年（1942年）12月至民国33年（1944年），他先后担任县政府建设科副科长（兼机关党支部书记），民政科科长兼司法科科长、晋绥第一专署（辖兴县、岚县、神府县）民政科科长兼一专署秘书、地委委员等职务。民国34年（1945年）8月至民国38年（1949年）3月，李尚信先后担任岚县副县长（兼机关党支部书记）、县长。民国38年（1949年）4月1日，中共晋绥边区第一地委（驻兴县）组建兴、岚干部大队，李尚信任兴岚干部大队长，鱼得江、魏进德分别担任干部大队政委、副政委。他们率队从兴县出发，经山西临汾、陕西省韩城县，到达西安市以东地区，李尚信被调任地区干部学校校长。同年7月至1950年1月，他先后调任陕西省宝鸡军管会秘书处处长、宝鸡分区行政督察专员公署政务秘书。

1951年3月至1960年6月，他先后担任宝鸡地委干校、党校校长，宝鸡地委纪律检查委员会书记，宝鸡地委委员、监委书记，宝鸡市委常委、监委书记等职。1960年6月至1961年11月，他担任宝鸡市人民委员会副市长。1961年9月至1963年5月，他担任中共宝鸡市委书记处书记兼副市长。1963年7月至1966年8月，他担任宝鸡专署视察专员。

1995年9月6日，李尚信逝世，享年79岁。

孙守谦（1916—1996）

民国5年（1916年），孙守谦出生于麦地山村（今属蔚汾镇）矿工家庭，民国21年（1932年）到煤窑当矿工。民国29年（1940年）夏，120师司令部派人到关家崖采矿，孙守谦被招聘为煤矿技术员。同年9月加入共产党，后任兴县矿区联合工会主席。民国34年（1945年）8月至民国37年（1948年）3月，历任东坡行政村村长，中共兴县一区区委组织委员、区委副书记、区委书记等职。

1953 年 7 月，他在山西省委党校文化补习班学习。1955 年结业后任兴县县委统战部长。其间，他贯彻执行党的统一战线政策，在“一化三改”（是中国共产党在 1953 年提出的过渡时期总路线的核心内容。“一化”就是逐步实现国家的社会主义工业化；“三改”即逐步实现国家对农业、手工业、资本主义工商业的社会主义改造）运动中，团结一批工商界人士实现公私合营。1958 年 9 月，他调任车家庄蔚汾煤铁厂党委书记，和工人一起进行技术革新，先后创建炼铁炉、翻砂厂、炼焦炉等，为发展兴县工业作出贡献。

1961 年 7 月，孙守谦担任兴县人民政府副县长，专管工业交通工作；后分管农田水利基本建设工作。1972 年起，他调任兴县革委会副主任、主任，分管和主持政府工作十余年。其间，他带领工程技术人员参加了明通沟水库、天古崖水库、阁老湾水库建设工程，为改善全县水利基础设施和农业生产条件做出了贡献。

1982 年 4 月，孙守谦任兴县人大常委会主任、党组书记。1986 年离休，享受副地师待遇。

1996 年 9 月，孙守谦病逝，享年 80 岁。

刘耀（1917—1997）

瓦塘镇前北会村人。民国 21 年（1932 年），刘耀任前北会村公所村警，从事党的地下工作，曾协助陕北游击队购买枪支弹药，掩护陕北红军开展地下工作。民国 26 年（1937 年）春，他参加牺盟会，任裴家川口编村自卫队指导员。次年加入中国共产党，任裴家川口编村党支部书记。民国 28 年（1939 年）7 月，他调任木崖头编村村长，兼任中共木崖头编村（地下）党支部书记；11 月，任兴县第五区区长。民国 30 年（1941 年）初，他被组织保送到晋西抗战学院（同年 9 月改为晋西师范学校）学习，毕业后任兴县县政府巡视员。民国 34 年（1945 年），他任晋绥边区第一军分区支前大队长，参与解放雁北和绥远等战斗。民国 36 年（1947 年）5 月，他任兴县民众医院院长等职。

1952 年 7 月，刘耀奉命南下，历任广东省化县县长、中共遂溪县委第一副书记兼县长、中共广东省湛江市委秘书长、湛江市政法部副部长，湛江市委委员、湛江市副市长，湛江市政协第三届、第四届常委会副主席等职。1971年恢复工作后，历任湛江市建委副主任、主任，湛江市革委会副主任兼基本建设委员会主任，湛江市人大常委会副主任等职。

1997年3月，刘耀病逝，享年80岁。

赵辉（1916—1997）

女，出身于黑龙江安宁县一个世代书香之家，其父赵雨琴是一位著名的爱国民主人士、学者、教育家。受家风熏陶，赵辉从小思想进步，刻苦攻读、孜孜以求。民国21年（1932年），她考入在北平设立的东北中山学校。民国24年（1935年），她考入在北平举办的东北大学，其间参加“一二·九”学生爱国运动。

民国26年（1937年）3月，共产党员徐正伦介绍她到太原参加抗日救亡运动。同年7月加入中国共产党。在此，她认识了山西牺盟总会领导人牛荫冠，先被组织派遣在运城牺盟中心区搞学运，随后调任安邑县牺盟特派员。民国27年（1938年）3月，日军侵占安邑城，赵辉带领安邑县抗日武装自卫队掩护群众转移。同时组织了一支抗日游击队，并担任游击队政治部主任。同年秋，赵辉得了重伤寒，组织上安排她到乡宁县牺盟中心担任组织部副部长兼妇救会主任。在这里，她主持举办四期妇女干部训练班，培养了一大批抗日干部。翌年10月，赵辉奉调山西牺盟总会筹备全省妇救会工作，不久与牛荫冠结为革命伴侣。晋西事变中，赵辉和楼化篷、姜宝箴、刘竹松等人在山西牺盟总会掩护下，安全转移到晋西北根据地。

民国29年（1940年）2月，晋西北行政公署成立，赵辉和姜宝箴等人筹建晋西北妇女抗日救国会，担任晋西北妇女抗日救国会副主任兼福利部部长，为晋绥根据地妇女工作的蓬勃发展做了大量工作。民国37年（1948年）7月，调任晋中行署妇委书记兼妇联主任。在解放太原战役期间，她日夜奔忙于基层，组织群众抬担架、运送伤员，给作战部队送粮、送水、送食品。同年秋，她出席中央妇委在河北阜平召开的解放区妇女工作会议。次年3月，赵辉随军南下，历任江西省妇联副主任、党组成员，江西省妇联主任、党组书记等职。

1954年，赵辉调任铁道部直属企业湖南铁路机车车辆厂党委书记。1955

年，她调任东北沈阳飞机制造厂党委副书记，分管政治思想工作，与厂班子成员密切协作，在较短时间内研制出中国第一架“56”式歼击机，随后又生产出中国自己设计的喷气式飞机，为航空事业做出贡献。

1962 年，赵辉调任粮食部人事司副司长。1972 年后，任国家粮食局副局长。1982 年离休，享受副部级待遇。

1997 年 11 月，赵辉病逝于北京，享年 81 岁。

牛载丰（1917—1998）

罗峪口镇韩家吉村人。其父牛大业是开明士绅， 红军东征期间，曾主动为红军战士医治创伤，受到红军指战员的赞扬。牛载丰 11 岁入黑峪口高小，13 岁考入兴县中学第四班，民国 22 年（1933 年）毕业。民国 26 年（1937 年）初，经牺盟会介绍，他参加国民军官教导团第 9 团。同年 10 月，国民军官教导团改编为山西青年抗敌决死第四纵队。牛载丰在决死 4 纵队随营学校学习 6 个月，被分派到晋西北地区开展抗日救亡斗争，任临县地方游击队政治指导员。民国 27 年（1938 年）初，他调八路军 120 师教导团。同年秋，他被分派到 120 师敌工部，随军转战冀中平原，任 3 支队政工干事。在固安、西曹庄据点争取 100 多名伪军反正起义，捣毁敌据点，将起义人员改编成八路军 120 师挺进支队，他被任命为 120 师挺进支队政治部主任。民国 28 年（1939 年）4 月，牛载丰加入中国共产党。晋西事变后，他随部队从冀中返回晋西北，先任 3 支队特务营教导员，后调任 358 旅 8 团 1 营教导员，同年秋参加百团大战，作战 60 余次。民国 32 年（1943 年）初，他调任离石四区武工队长，负责开辟离石第四区。抗战胜利后，他调任晋绥三分区供给处处长。民国 37 年（1948 年）秋，他调晋绥边区野战第十旅，先后任步兵 19 师供给部副部长、后勤部部长，随部队参加了解放晋中、太原和大西北战役。

1953 年 1 月，牛载丰赴朝鲜参战，任中国人民志愿军新建铁路指挥局后勤部副部长。1954 年 3 月回国后历任铁道兵 5 师后勤部副部长，铁道兵第 1 军后勤部副部长，北京铁道兵后勤部厂务处处长、材料供给处处长，西南建设工地指挥部副部长，中央军委铁道兵后勤部副部长等职，为祖国铁路建设事业做出较大贡献，曾获独立自由勋章、解放勋章、二级红星功勋荣誉章各

1 枚。1983 年部队整编，牛载丰离休。

1998 年 11 月 16 日，牛载丰病逝，享年 81 岁。

白尚武（1928—1999）

瓦塘镇郑家塔村人。民国 30 年（1941 年）12 月，白尚武参加革命。次年春节后，他先后入晋西抗日青年干部学校、晋西师范学校学习。民国 33 年（1944 年），晋西师范学校毕业后，他先后任晋绥实验第五剧团政治宣传员、雁门区党委雁门剧社宣传队员、五寨区委宣传干事，在此，他加入中国共产党，先后担任五寨区长、区委书记和中共五寨县委宣传部部长等职。

1949 年，白尚武南下入川，历任中共西康省康定地委宣传科科长，共青团甘孜州委书记，共青团西康省委副书记兼组织部长，西康省委青委副书记。1951 年，西康省和四川省合并，白尚武先后调任共青团四川省委副书记兼组织部长，四川省民政厅办公室主任，四川省政法党组办公室主任，四川省公安局政治处主任、四川省公安厅副厅长、党组书记兼政治部主任等职。

他认真贯彻执行党中央和中共四川省委、省人民政府有关政策，积极拨乱反正，为恢复公安工作的优良传统，加强公安队伍建设做了大量工作。

1980 年至 1988 年 4 月，白尚武先后任中共四川省委常委、政法委员会书记，四川省公安厅厅长、党组书记兼武警四川省总队第一政委、党委书记，四川省政法管理干部学院院长。

1988 年 1 月至 1993 年 2 月，白尚武任四川省第七届人大常委会副主任兼省人大政法委员会主任委员，四川省综合治理委员会副主任，公安部咨询委员，中共四川省政法委员会顾问，省综合治理委员会顾问。他在担任省委常委、兼任省委政法委和省公安厅主要领导期间，坚持党的十一届三中全会确定的路线、方针、政策，使政法公安工作服从和服务于改革开放和经济建设。

1993 年 3 月，白尚武被选为全国人大常委会委员。1998 年 3 月，他担任第九届全国人大农业与农村委员会委员等职。

1999 年 8 月，白尚武在成都病逝，享年 71 岁。

裴亚东（1919—2000）

又名裴绍晋，瓦塘镇人。民国 23 年（1934 年），裴亚东考入兴县中学。

民国 25 年（1936 年）夏，他转学到太原新民中学就读。抗战全面爆发后，他返乡参加了由兴县牺盟分会组织的战地服务团。民国 26 年（1937 年）9 月被调木崖头村公所担任文书兼动委会主任。民国 27 年（1938 年）初，经兴县牺盟分会介绍，裴亚东到临县随营干部学校第四分校学习，结业后被分派到决死 4 纵队 12 总队第 1 营第 3 连任政治指导员。民国 28 年（1939 年），经 120 师随营学校教官肖怀新动员、介绍，裴亚东入延安抗大第 9 大队第 11 中队学习，任班长，并加入中国共产党。同年 12 月，考入延安高级军事队学习。不久，组织安排他到八路军总政治部敌工训练队学习日语，民国 29 年（1940 年）5 月结业后被分配到八路军 120 师做敌工工作。民国 31 年（1942 年）秋，他深入静乐县下马城敌据点，争取一个伪军小队反正，并烧毁敌据点。在一次夜间遭遇战中，他跌落悬崖致右腿粉碎性骨折，次年伤愈归队，参加晋绥边区整风运动。民国 33 年（1944 年）秋，裴亚东因腿残被调晋绥边区行政公署民政处工作。民国 36 年（1947 年）9 月，中央军委指示晋绥边区动员军粮 2 万石、新兵 1 万人支援陕北战役，他积极发动群众筹粮、动员青年参军，如期完成任务。同年冬被调晋绥边区军法处，次年 9 月被调晋绥军区兵工部四厂任政治协理员。

中华人民共和国成立后，裴亚东任西安某厂筹委会主任。该厂后来改建为轻型坦克制造厂，拥有职工 7000 多人。1955 年 9 月，他被调哈尔滨某厂任副厂长。1957 年秋，他进北京工业学院导弹专业深造，毕业后到第三机械工业部担任地对地导弹处长。1964 年 2 月，他调任长春 228 厂厂长。该厂自行设计、生产的高速摄影机镜头，为中国第一颗原子弹爆炸做出贡献。1973 年，他奉调成都，任某厂（国家“一五” 国防重点建设项目）革委会主任、厂长、党委书记。1983 年，该厂面积扩展到 20.5 万平方米，除生产军工产品，还生产民用产品 1000 余部（件），支援朝鲜、越南、阿尔巴尼亚、罗马尼亚、巴基斯坦等国家。朱德、陈云、贺龙、聂荣臻等党和国家领导人先后到该厂视察，表扬他为国防事业做出的特殊贡献。1983 年，他离休，享受副军职待遇。他曾编著出版《晋绥兵工史》一书。

2000 年，裴亚东病逝，享年 81 岁。

王力波（1917—2000）

原名王茂森，祖籍河北武安县，因家贫流落晋西北，童年时即随家人定居在兴县魏家滩。民国20年（1931年），15岁的王力波考入兴县中学读书，曾参与声援北平“一二·九”爱国学生运动，是学生会领导人之一。民国25年（1936年）夏，考入太原新民中学，次年初加入牺盟会。

抗战全面爆发后，王力波返回兴县，加入共产党，任兴县牺盟分会协助员，并以兴县牺盟分会代表身份出席了在太原召开的第一次全省牺盟会代表大会。民国27年（1938年）1月，他调任岚县牺盟游击大队长，兼任岚县牺盟特派员。“晋西事变”后被调任临县四地委独立营参谋长兼连长。民国31年（1942年）6月，出席晋绥边区召开的第一次武装工作会议，并根据上级指示发动民兵扫硝土、烧木炭、做火药、造地雷，并在临南招贤镇建立地雷兵工厂，开展群众性的爆破斗争。

民国33年（1944年）春，他带领武装工作队，对盘踞在临南三交镇、石门场的日寇进行围困打击。次年8月，他被提升为三分区武委会主任。民国37年（1948年）7月，王力波奉命北上绥远，任兴县和岚县武委会组建的一分区民兵参战团团长，参加解放丰镇、集宁、卓资山战斗。因战功突出，兴县民兵远征参战团被评为“参战英雄”，受到中共中央晋绥分局、晋绥军区司令部和晋绥边区行政公署的通报表彰。民国38年（1949年）2月，王力波调任晋绥军区教导大队政委。同年5月，调任晋绥野战军第6军第18师54团（由雁南支队改编）政委。

1951年4月起，他历任某县公安4师12团政委、甘肃公安总队政委、天津总后勤部汽车修理部政委、总后勤部大同办事处政治部主任、太原办事处政治部主任等职。1997年离休，享受正军职待遇。

2000年，王力波病逝，享年83岁。

杨文廉（1923—2000）

城关人，又名杨文联，小商人家庭出身，高小毕业。“七七事变”后，他参加了兴县牺盟分会和动委会联合举办的军政干部训练班。民国27年（1938年）秋，他先后在康宁镇民族革命小学和魏家滩初级小学任教。“晋西事变”后，他担任兴县青年抗日救亡联合会少儿部部长，后任兴县第二区青联主席。其间，他出席了晋西区党委召开的第一届青年代表大会，并在晋西青年干部学校轮训半年。民国 30 年（1941 年）春至民国 37 年（1948 年）5 月，他历任兴县县政府教育科和民政科科员、晋绥一专署和兴县县政府（合署办公）民政科科长、兴县民政科副科长，民国 37 年（1948 年）7 月加入中国共产党。次年 3 月，他随调干大队到陕西省千阳县，担任县政府政务秘书兼民政科科长。1951 年起，他先后担任中共陕西省千阳县委宣传部部长兼团县委书记，千阳县人民医院院长，中共宝鸡地委政策研究室副主任、主任，中共宝鸡地委办公室副秘书长，宝鸡地区工业交通部副部长等职。

1956 年春，杨文廉先后任进藏干部党支部书记兼政治指导员，中共西藏工委拉萨市委委员兼秘书长，青藏公路交通运输管理局常委、办公室主任，西藏公路局局长、党委书记，川藏公路指挥部指挥长，西藏自治区工业交通处副处长、党委常委兼拉萨市大桥工程总指挥，西藏自治区交通厅副厅长、党委常委，当雄飞机场道路工程指挥长等职。在西藏工作的 20 多年间，他努力克服高原气候反常、地理地质条件特殊等难题，如期完成各项交通建设任务，受到西藏工委和政府的嘉奖。1978 年 9 月，他调任陕西省交通局副局长。1984 年离休。

2000 年 11 月，杨文廉病逝，享年 77 岁。

刘竞雄（1915—2001）

女，黑峪口村人，刘少白次女。从小受家庭影响，刘竞雄非常同情革命。民国 20 年（1931 年）4 月，因叛徒告密，中共河北省委遭到破坏，敌特、宪兵在刘少白家（河北省委的秘密联络点之一）周围设下埋伏，缉捕共产党员。在此险恶环境里，不满 16 岁的她机智巧妙地为地下党送信，发出警报，帮助几名同志脱离险境。民国 25 年（1936 年）秋，她在北平市委委员安子文领导下秘密为党工作。民国 26 年（1937 年）8 月起，刘竞雄先后在太原市牺盟会（任宣传干事）、临汾牺盟会妇女部、中共中央北方局、中共山西省委代办处工作，同年 12 月加入中国共产党。民国 28 年（1939）年至民国 29 年（1940 年），刘竞雄历任中共太岳区特委秘书科科长、晋东南妇救会总干事、中共太岳区党委秘书科科长、沁源县第一民族高等小学教务主任、太岳区党委秘书等职。民国31年（1942年）至民国32年（1943年），她在中央党校教务处和中央党校二部工作、学习。抗战胜利后，她负责部分机要工作。民国35年（1946年），任安子文机要秘书。同年冬，她随中央工委机关大队到达河北省建屏县（1958年建屏县并入平山县），从事机要和信访工作。1949年1—9月，她任中共中央组织部干部处干事。

1950年7月至1965年8月，她历任中央人民政府办公厅行政秘书、中央组织部办公厅工作人员，中央劳动部办公厅机要科科长、干部司副科长，中央国家机关党委监委办公室副主任、主任等职。无论在艰苦的对敌斗争中，还是在社会主义建设时期，刘竞雄坚持把党和人民的利益放在首位，全心全意为党和人民服务，展现了一个共产党人的崇高品质。1981年，刘竞雄恢复工作，任中组部组织局顾问，直至1982年12月离休（享受副部级待遇）。

2001年8月，刘竞雄病逝，享年86岁。

刘继忠（1923—2002）

蔡家崖乡胡家沟村人，高小文化。民国28年（1939年），刘继忠参加革命工作。民国32年（1943年）4月，他加入中国共产党，历任行政村民兵分队长、中队长、村主任、村长、区公所助理员等职。民国34年（1945年）8月，刘继忠参加第一批兴县民兵远征大队，跟随晋绥野战军北上绥远，参加了解放丰镇、集宁、卓资山等战斗。其间，他担任兴县第二区民兵参战连副连长，带领参战民兵完成了抢搭黑河渡桥、抬担架运送伤员、转运战备物资等任务。兴县参战民兵获得“参战先锋”锦旗1面、战马10匹、步枪30支，刘继忠获参战民兵英雄二等奖。民国36年（1947年）12月，刘继忠响应上级号召，二次报名参战，他带领兴县参战民兵给部队运送军粮军草和伤员，支援了西北野战军解放陕西省榆林的战斗。民国37年（1948年），他调任兴县第二区担任副区长，后调任兴县第一区区长。

1954年起，刘继忠先后担任兴县第五区区长、兴县水土保持科科长、畜牧局局长、农建局局长、水利局局长、兴县人民委员会办公室主任和明通沟水库、天古崖水库建设指挥部总指挥等职。1973年起，他任中共兴县县委常委、兴县革委会副主任兼计划办公室（委员会）主任。1981年至1987年9月，他先后担任中共兴县县委常委、兴县人民政府常务副县长，政协兴县第一届委员会主席、党组书记等职。1987年10月，刘继忠离职休养。

刘继忠出身于普通农家，学历不高，但对工作满腔热情，任劳任怨；其工作涉及全县工业、交通、农建、水利、计划经济、党务、政务等多个方面，其作风民主、朴实、廉洁，受到干部群众称赞。

2002年4月，刘继忠病逝，享年79岁。

裴璧（1919—2002）

裴家川口（今属瓦塘镇）人，裴璧出身于耕读之家，毕业于兴县中学。民国26年（1937年），他参加工作，任白家沟小学教师。抗战爆发后，他参加兴县军政干部训练班，结业后历任罗峪口、木崖头、宋家塔、魏家滩编村村长。民国29年（1940年）5月，他入延安抗日军政大学第三分校学习，次年秋结业后，被分配到军委第三局，担任通信秘书、局务处会计、生产科副科长。抗战胜利后，他任军直供给部驻张家口办事处营业科长、办事处负责人。民国36年（1947年）夏至次年2月，他先后调任河北省建屏县（后并入平山县）华北工委三科总务科长、军委三局材料厂管理股长。同年夏天，随军进入北平，历任军委电信总局修配厂总务科长，军委工程学校校务处副处长、供给处处长等职。

1952年，裴璧转业到工业部门工作，历任北京电信工业局（后改为一、二、三机部十局）财务处和计划处处长，第三机械工业部计划司副司长，第四机械工业部财务司副司长、经济计划局副局长等职。其间，他入中央党校学习，结业后参加了“四清”工作队。1979年恢复工作后，任电子工业部电子器材公司副经理，直至1982年离休。

1983—1987年，离休后的裴璧仍参加中央书记处组织的民航调研组和机构改革小组工作，中央整党指导委员会财贸口、中指办的整党工作，直至整党工作结束才离开岗位。

2002年7月，裴璧在北京病逝，享年83岁。

杨笃谦（1923—2002）

杨家坡村（今属蔡家崖乡）人。抗战爆发后，杨笃谦参加儿童团，协助群众维持社会秩序。民国28年（1939年），兴县牺盟分会保送杨笃谦到决死4纵队军干校学习，结业后被分配在兴县第一区青年抗日救国会任宣传队长，同年加入中国共产党。民国31年（1942年）至民国38年（1949年），杨笃谦先后任兴县第五区抗联青年部长、兴县第六区农民部长、兴县第六区抗联主任、兴县青救会部长、晋绥边区第一专署教育科长、陕西省神木县民政科长兼教育科长、榆林地委机关党支部书记等职。

新中国成立后至1964年，杨笃谦历任陕西省榆林干校班主任兼文工团团长、中共定边县委副书记兼宣传部长，中共陕西省委组织部支部工作处副处长、组织指导处处长、财经干部处处长、干部行政处处长，中共陕西省委审干办公室主任、陕西省重型机械厂党委副书记兼纪委书记、重型技工学校校长、大明宫公社第一书记、西安电缆厂代书记、陕西省邮电局政治部主任兼工会主席、机关党委书记等职。

1972年恢复工作后，杨笃谦先后任陕西省邮电局核心小组政治处主任、陕西省革委会文教领导组成员、陕西省体委副书记、陕西省政府直属机关党委书记等职，1986年离休。

2002年11月，杨笃谦病逝，享年79岁。

牛联棣（1919—2003）

蔡家崖村人，牛友兰侄孙。民国23年（1934年），牛联棣考入兴县中学第八班。民国25年（1936年）兴县中学停办，他转学到太原就读。抗战全面爆发后，牛联棣返回兴县参加抗日救亡工作。民国27年（1938年）加入中国共产党。民国28年（1939年）5月，中共晋西北区党委指派兴县牺盟特派员白认、牛联棣、杨在清、任昌等人到秋林参加阎锡山举办的“同志会”干部训练班。同年冬，“晋西事变”后，晋西北抗日民主新政府取消了以阎锡山名义组建起来的“同志会”“精建会”“突击团”等组织，牛联棣任兴县公安局政治指导员。民国29年（1940年）5月，晋西区党委保送牛联棣入延安毛泽东青年干部学校学习，后转入自然科学院医训班学习医务知识。民国 32 年（1943 年），牛联棣转到延安中国医科大学本科班第 18 期学习。后被调中央医院内科当实习医生。民国 35 年（1946 年）春，牛联棣调任西北医专教务科副主任。

牛联棣立志革命，早期即将家资全部无偿捐献给兴县抗日民主政府。民国 36 年（1947 年），晋绥边区实行土地制度改革时，他已一无所有，母亲、爱人携幼女随军转战陕北，后在中共中央直属机关合作社纺织厂当工人。解放战争时期，牛联棣先后担任解放军第一野战军第三后方医院医务主任、第一野战军第 4 纵队卫生部医政科长等职。

中华人民共和国成立后，牛联棣调任西安解放军第四军医大学教员、讲师和教授，先后担任医务股长、科长、训练部副部长、空军医学系主任等职务。

1955 年，牛联棣被授少校军衔，继而晋升为中校、上校，后为副军职待遇。牛联棣先后荣立三等功 2 次，荣获三级独立勋章、三级解放勋章、解放大西北纪念章、人民功臣奖章。

1983 年 12 月离休后，牛联棣开始编写《决死四纵队十八团始末》，真实地反映山西新军在晋西北坚持抗战的光辉业绩。此外，还著有《徐老赠我们五个字》《忆西北医专学校》《木炭》等革命回忆录。1984 年，他荣获第四军医大学在校工作 30 年荣誉证书。

2003 年 11 月，牛联棣病逝于西安，享年 84 岁。

杨有生（1926—2004）

杨家坡村（今属蔡家崖乡）人。民国 28 年（1939 年）“晋西事变”后，杨有生参加革命工作，先后任兴县游击大队战士、晋绥边区党校会计员、中共中央晋绥分局行政股长。民国 37 年（1948 年），杨有生参军，并参加了解放晋中战役。次年，他随军转战大西南，在四川省南充市中共川北区委办公厅行政处任审计科长。

1950 年 2 月，云南省解放。杨有生调任云南省德宏傣族、中共景颇族自治州瑞丽县委书记。当时的瑞丽县城是一座荒凉的草城，县内土司制度、山官制度依然存在，土司衙门还拥有军队和监狱。他根据党的政策，和土司等上层人士接触，首先解散了土司军队，收缴了武器。接着，领导当地群众陆续建立各级人民政权，组织农村互助组，发展生产，增加群众收入，改善民生条件，培养少数民族干部参加党团组织。1955年，瑞丽县废除封建剥削制度，实现耕者有其田，完成了少数民族地区和平协商解决土地问题的任务。

1964年，杨有生调任云南省德宏州工委秘书长。同年，党中央和国务院选派他到解放军总参二部驻老挝工作组，帮助老挝进行民族调查和民主改革工作，圆满完成任务，受到老挝人民党领导人凯山·丰威汉（1955年当选老挝人民党总书记，1964年任老挝爱国阵线中央委员会副主席）的表扬。

1968年，杨有生回国后就任云南省保山地区革委会常委、生产指挥组副组长。1971年，他受命组建云南省德宏州工委，并担任中共德宏州委副书记、革委会副主任兼云南省纪律检查委员会委员。1983年4月，他当选中共云南省德宏州委副书记、德宏州政协主席，直至1989年4月离休（享受副省级待遇）。

2004年2月，杨有生病逝，享年78岁。

康茂棣（1918—2005）

瓦塘镇人。抗战全面爆发后，康茂棣参加兴县牺盟分会，入民众训练班学习，结业后，在魏家滩、裴家川口一带发动群众开展抗日救亡斗争。民国27年（1938年）3月，他调兴县牺盟军政干部训练班学习，同年加入中国共产党，结业后任兴县一区助理员。民国29年（1940年）至民国34年（1945年）8月，康茂棣历任兴县二区区长、三区抗联主任、三区区长、一区区长、五区区长，岚县县政府建设科科长等职。民国37年（1948年）秋，兴县、岚县根据上级指示组织随军参战团，康茂棣报名参加了随军参战团，担任西北野战军第一纵队后勤部部长秘书，随部队转战大西北。青海解放后，他担任西北野战军第一兵团后勤部部长秘书。

1950年起，他先后担任新疆军区生产合作社伊犁分社政委、新疆军区后勤部军需处党委书记兼第一副处长、新疆军区后勤部办公室主任、新疆军区钢铁厂厂长兼党委书记、新疆军区后勤部营房部副部长等职，直至1982年离休。

2005年，康茂棣逝世，享年87岁。

魏进德（1917—2005）

魏家滩村人，民国25年（1936年）7月，魏进德从兴县中学毕业（经过宁武会考），初中文化程度。民国 26 年（1937 年）4 月起，他参加牺盟会，先后任魏家滩村牺盟会队长、魏家滩村动委会副主任、村自卫队中队长。同年 11 月，经王力波、汪春林（区委书记）介绍，他加入中国共产党。12 月，入兴县二区牺盟会训练班学习。民国 27 年（1938 年）1 月，他参加兴县动委会军政干部训练班，结业后任魏家滩党支部书记。4 月起，他先后任杨家坡行政村村长、党支部书记，魏家滩村长、党支部书记，特别党支部书记（分管魏家滩、杨家坡、白家沟、高家崖、木崖头 5 个边村党支部）。同年 9 月，他先后调任兴县动委会组织部干事、动委会训练班党支部书记、县青委书记。民国 28 年（1939 年）1 月，他调任兴县二区区委书记、县委委员、区牺盟会秘书、区动委会主任等职，负责全区组织建设和抗日工作。

民国 28 年（1939 年）12 月，魏进德到延安中央党校学习。民国 30 年（1941 年）7 月，中央党校结业后，他调任中共兴县县委组织部长兼中共兴县第五区区委书记。抗战胜利后，他调任中共兴县县委书记，组织干部群众贯彻落实中共“七大”精神，贯彻中共中央晋绥分局制定的一系列方针、政策，动员群众参军支前，扩大解放区。民国 35 年（1946 年）8 月，他调任晋绥第一地委，担任秘书长、地委委员、常委，协助一地委发动群众，开展土地改革运动。任一区土改工作队副队长，参加了后发达村土改工作。民国 37 年（1948 年）9 月，他调任中共晋绥第一地委宣传部部长兼分区干部学校（一地委党校）校长等职。民国 38 年（1949 年）年 3 月，他担任大西北支前工作队队长、党委书记。

1950 年 1 月至 1954 年末，魏进德先后调任中共陕西省宝鸡地委宣传部长、地委常委，宝鸡专署专员，中共青海省海北州州（不久改为海北藏族自治州）委书记，中共青海省委组织部副部长等职。

1955—1956 年，他在中央党校学习。1959 年 4 月，他当选青海省第三届党代会代表。1961 年 3 月，他兼任中共青海省民和县委书记。1963 年 12 月当选青海省第四次党代会代表、中共青海省委第四届候补委员。1964 年 4 月，他兼任青海省人事局局长、党组书记。

1966 年，魏进德到“五七”干校农场劳动。1973 年恢复工作后，他在中共青海省委组织部工作。1977 年 12 月，他当选青海省第五届人民代表大会代表。1979 年 8 月，他当选青海省第五届人大常委。1983 年 5 月，他当选青海省第六届人大常委会副主任。1991 年，任青海省关心下一代委员会主任，至 1993 年 5 月离休。

2005 年，魏进德病逝，享年 88 岁；中共中央组织部等单位致电唁，对其一生作了高度评价。

王万仁（1916—2006）

贺家会村人，又名李合，原籍陕西神木县王家沟村，为烈士王德金之子。民国 25 年（1936 年），王万仁父亲被国民党杀害，他立志报仇雪恨。民国 26 年（1937 年）10 月，他加入中国共产党，并在贺家会村建立党支部，担任党支部书记。次年 6 月，他调任兴县张家坪行政村自卫队大队长。民国 28 年（1939 年）7 月，他入晋西北党训班学习，结业后被分派到兴县第三区区委工作。次年 3 月，他调兴县第七区任新兵团七连连长。7 月，他调任兴县第三区区委组织委员，负责在农民中发展党员，建立和发展工、农、青、妇抗日救亡组织，开展反“扫荡”反“蚕食”斗争。民国 31 年（1942 年）5 月，“扫荡”兴县的日军被八路军包围在田家会村，他组织民兵抬担架、送伤员，发动群众为八路军将士送水、送饭，受到晋绥军区的嘉奖。

民国 32 年（1943 年）2 月，他入晋绥党校学习。毕业后历任晋绥一地委总务科科长、兴县第三区区长、晋南新绛专署乡宁县政府工商科科长。民国 38 年（1949 年）7 月，他随军西进，任甘肃省定西专署工商科长。

1951 年 1 月至 1966 年 2 月，王万仁先后任西北铁路局民工支队供销科长、青海省工业厅采矿大队长、青海省化工厂厂长、青海省工业厅轻工处处长、青海省轻工业局副局长、青海省总工会主席、青海省交通厅副厅长兼工会主席等职。1977 年离休。

2006 年 2 月，王万仁在西宁逝世，享年 90 岁。

任　昌（1920—2006）

黑峪口村人，出身于小商人家庭。民国 26 年（1937 年）7 月，任昌参加革命，次年 3 月加入中国共产党，7 月参加兴县军政干部训练班，曾任兴县牺盟分会协助员、秘书，兴县抗日游击队班长。民国 29 年（1940 年）3 月，他任保德县抗日救国联合会主任；民国 31 年（1942 年）2 月至 10 月，他在晋绥边区党校学习，结业后任保德县抗日救国联合会农民部部长。民国 34 年（1945 年）12 月，他任五寨县抗日救国联合会主任。民国 37 年（1948 年）2 月，任中共神池县委组织部部长；9 月任中共绥远省委支前工作团副团长。

民国 38 年（1949 年）2 月至 1953 年 3 月任，任昌先后任中共绥远省和林格尔县委书记、中共绥远省归绥县委书记、中共内蒙古自治区集宁地委组织部部长。1954 年 8 月至 1955 年 8 月，他在中央党校学习。1956 年 1 月，他任中共内蒙古自治区集宁地委纪律监察委员会书记。1957 年 6 月任中共内蒙古自治区集宁地委书记，1958 年 6 月任中共内蒙古自治区锡林郭勒盟委书记。

1964 年 8 月，他任中共西藏自治区党委统战部副部长兼自治区政协秘书长。1967 年 9 月起，他先后在中央毛泽东思想学习班和西藏自治区林芝地区毛泽东思想学习班学习。1970 年 9 月至 1975 年 8 月，他先后任中共西藏自治区拉萨市委书记兼市革委会副主任、西藏自治区政协副主席兼秘书长、第五届全国政协委员会委员（特邀）、中共西藏自治区党委委员、统战部部长等职。1980 年 7 月，他任陕西省人民政府直属机关党委书记。1982 年 12 月离休（2002 年享受省长级医疗待遇）。

2006 年 10 月 3 日，任昌病逝，享年 86 岁。

史立言（1921—2007）

史立言系兴县人，民国 10 年（1921 年）9 月出生，民国 26 年（1937 年）5 月参加革命工作，民国 27 年（1938 年）1 月加入中国共产党，历任兴县牺盟会协助员、青年部部长，雁北、晋西北分区青联秘书，延安大学党支部书记，陕甘宁边区政府财政厅研究员、特派员，建设厅研究员、陈列馆馆员，晋绥抗联执委、青联常委，吕梁抗联青年部长，中共离石第三地委青委书记，晋绥边区青年干部学校副校长，晋绥分局青委委员、党校第五部主任等职。新中国成立后，他历任中共川西区党委青委副书记、共青团成都市委副书记，中共夹江县委书记，中共四川省委办公厅秘书，四川省委农工部处长、办公室主任，西南局副秘书长，四川省乡镇企业管理局党组副书记、副局长、顾问，政协四川省委常委等职务，1994 年离职休养。

2007 年 7 月 28 日，史立言在成都逝世，享年 86 岁。

牛荫德（1926—2008）

蔡家崖村人，又名牛应德，牛友兰兄牛照藩之子。民国 28 年（1939 年）“晋西事变”后，牛荫德考入晋西北青干校学习。次年 4 月，经牛荫冠和中共晋西区党委书记林枫介绍，牛荫德赴延安自然科学院攻读 6 年。民国 34 年（1945 年），他加入中国共产党，同年 8 月，他随调干大队赴东北开辟新解放区，任黑龙江省依兰县土改工作队长、区长。民国 37 年（1948 年）秋，中共中央东北局抽调他到东北工业部沈阳实验厂从事工业建设工作。

1951 年 8 月，牛荫德到苏联留学，后到乌克兰捷尔任斯基钢铁公司实习，同时在附近的彼得罗夫冶金大学学习理论课，在钢铁厂担任原料准备、炼钢一助手、二助手，炼钢厂工长、厂长助理和副厂长等岗位上均进行过实地学习，较好地掌握了冶炼厂的操作程序和企业管理规则。

1953 年 11 月，牛荫德回国，任鞍山钢铁公司炼钢厂副厂长。其间，又在东北工学院学习 2 年。1960 年，他调任东北局经济建设委员会巡视员。“文化大革命”期间，他下放劳动。1971 年起，他先后被调任丹东市风城钢铁厂革委会主任、党委书记，丹东市冶金机械局局长，辽宁冶金工业厅副厅长兼总工程师，中华全国金属学会常务理事，辽宁省金属协会副理事长，辽宁省科协常务理事、教授级高级工程师。1987 年离休。

2008 年，牛荫德在沈阳病逝，享年 82 岁。

李 勇（1926—2008）

李家湾村人。民国 15 年（1926 年）8 月生于贫雇农家庭，原名李未儿，李位陞。他从小在村里念过私塾和初小。民国 27 年（1938 年），任村牺盟救国会主席，组织青年开展抗日救亡运动。民国 28 年（1939 年）4 月，他参加了县里举办的牺盟分会干部训练班，结业后继续担任村牺盟救国会主席，不久经村党支部书记介绍加入中国共产党。同年 11 月，他带领全村民兵加入游击队，并先后任第一区孙家庄行政村自卫团军政教官和第一区游击大队第一排排长。民国 29 年（1940 年）冬，他所在的游击队被编入晋绥军区部队，他因年龄小被留下来，担任第四区游击中队长兼四区牺盟会主席。民国 30 年（1941 年）8 月，他被推荐到晋西抗日青年干部学校学习，年底，随晋绥青年参观团赴延安参观学习半年，次年 6 月回到兴县，任晋绥青年文化工作团组织干事。

民国 31 年（1942 年）8 月 1 日，李勇被调晋绥军区司令部学习无线电报务，从此加入八路军，实现了自己梦寐以求的理想。入伍后，他刻苦学习收发报业务，于民国 34 年（1945）1 月被调任晋绥军区电台大队第二电台报务见习员。在抗日战争的艰难岁月里，他参加了晋西北反“扫荡”战斗，完成了上级交给的各项任务。

民国 34 年（1945 年）9 月 22 日，李勇随原中共中央晋绥分局副书记、代理书记，晋绥军区政委林枫率领的中央干部团从兴县出发，挺进东北，于 10 月 23 日到达沈阳，先后担任中共中央东北局第一电台报务员、辽西军区第一电台报务员、冀察热辽军区独立 30 旅报务员。

民国 35 年（1946 年）5 月 13 日，热河古山（位于今内蒙古自治区赤峰市东南）战斗打响。冀热辽军区独立第 1 旅（由冀热辽纵队独立 30 旅与冀热辽纵队第 22 旅、第 27 旅缩编组建）取得歼灭美式机械化装备的国民党第 13 军第 162 团 1100 多人的辉煌战果，打击了国民党军不可一世的气焰，稳住了热河，守卫了东北根据地，为东北解放战争的胜利奠定了基础。在 6 天 7 夜的激烈战斗中，李勇和另一名报务员夜以继日地坚守岗位，完成了繁重的收发报任务，受到上级嘉奖。

民国 36 年（1947 年）5 月，部队经过改编，李勇调任东北军区第 8 纵队第 24 师电台队长。在该年秋季攻势和冬季攻势作战中，他率 24 师电台队相继参加了隆化、凌源、九关台门、公主屯、新立屯等战斗。

民国 37 年（1948 年）4 月，李勇调任第 8 纵队第一电台队队长。9 月至 11 月，他率队参加了辽沈战役。在锦州会战和辽西围歼战中，圆满完成了上级交给的任务，为夺取战斗胜利做出了贡献。11 月，东北人民解放军第 8 纵队改称中国人民解放军第 45 军。李勇任第 45 军电台队长。11 月 29 日，平津战役打响。1949 年 1 月 14 日上午 10 时，解放军对天津发起总攻，第 45 军以勇猛动作插入天津市区，迅速突破国民党军防御工事，于1月15日临晨，攻占金汤桥，与其他部队胜利会师，将天津城的敌人分割成了南北两个独立部分，并开始分头歼击南北两边的敌人。到1月15日下午3时，天津胜利解放。

同年4月，第45军由天津出发，向华中、华南进军。李勇率队先后参加了围歼赣西国民党军战斗、湖南衡宝战役、广西战役、广西剿匪等。

1950年5月，李勇任第45军无线电连连长兼政治协理员。不久，朝鲜战争爆发。1952年10月，第45军与第44军在广东惠州整编为中国人民志愿军第54军。1953年初，第54军作为志愿军第三梯队奉命入朝作战，李勇任志愿军第54军130师司令部通信科科长。

1953年5月，志愿军第54军奉命开赴金城前线参战。6月25日，54军130师接替了199师的防务，于7月13日投入战斗，至7月27日结束战斗，共歼敌1142人。次年4月，第54军担负守卫朝鲜西海岸的任务。

1954年10月，李勇奉调回国，入张家口中国人民解放军通信学院速成系学习。1956年10月毕业后调任海南军区司令部通信兵处副处长。

1958年12月，他被调往新组建的导弹试验靶场，先后担任四部雷达处处长、测量部雷达处处长。

1965年5月，李勇调任第20训练基地新成立的设备研究所所长兼政委。他带领科技人员研制了各种测控通信设备，保证了各项试验数据的准确获取。为中国早期航天测控网建设奠定了坚实基础。1971年9月，他先后调任第20训练基地第七工区副主任、第27试验训练基地副司令员。1981年6月，他调任国防科工委第23试验训练基地副参谋长。从1958年12月至1984年，他一直在国防科研试验一线部队任职，是中国早期航天测控网建设的主要参与者之一，为全军武器装备进步和中国航天事业发展做出了积极贡献。1955年，他曾获“独立自由勋章”；1988年，他被中央军委授予“独立功勋荣誉章”；同年，被国防科工委授予“献身国防科技事业荣誉奖章”。

1985年2月，李勇在国防科工委无锡第二干休所离职休养（享受副军职待遇）。

2008年4月6日，李勇在无锡病逝，享年82岁。

刘炳正（1922—2008）

城关镇（今为蔚汾镇）人，高小毕业后考入太原阳兴中学。抗日战争爆发后，刘炳正弃学回乡参加兴县牺盟分会，10月加入中国共产党。民国27年（1938年）冬，他先后担任兴县第一区牺盟会秘书、第二区牺盟会秘书、第一区区委委员兼宣传委员。民国28年（1939年）5月，他入延安抗日军政大学第五期学习，毕业后在抗大二分校工作。民国30年（1941年）春，他被调晋察冀军区司令部，先后任无线电材料处党支部书记、警备连副政治指导员、独立营和独立团连队政治指导员，参加了历次反"扫荡"战斗及敌后小分队游击斗争活动。民国32年（1943年）春，晋察冀军区抽调6个团组成机动旅赴延安执行保卫任务，刘炳正任教导二旅骑兵团一连政治指导员。不久，其所在部队参加金盆湾大生产运动。

民国36年（1947年）3月，他所在部队编入西北野战兵团，先后参加了金盆湾抗击战和青化砭、羊马河、蟠龙镇3次战役。8月，西北野战军（由西北野战兵团改建）先后发起榆林、沙家店等战役，其间，他升任教导二旅二团二营副教导员。

民国37年（1948年）春，他所在部队进入关中，他调任西北野战军第六纵队教导二旅第二团政治处保卫股股长，兼管战俘工作。该年2月至10月，教导二旅第二团先后参加了宜川战役、瓦子街战役、西府战役和荔北战役，收复延安，解放了洛川、旬邑、彬县、扶风、凤翔、千阳等县城。

民国38年（1949年）2月，西北野战军改建为人民解放军第一野战军，辖第一军、第二军、第三军、第四军、第六军、第七军（分别由原各纵队改建）及骑兵第一师、第二师。刘炳正任第六军十六师四十七团保卫股长、十六师保卫科副科长。5月中旬，第一野战军发起陕中战役，第六军向西安挺进，至20日，第六军完全控制西安，22日，第一野战军举行了盛大入城式。至6月17日，陕中战役结束。接着，第一野战军于7月发起扶眉战役，完全解放关中，二次解放宝鸡及9个县城。

1949年冬，刘炳正随部队到新疆，先后担任人民解放军二十二兵团第二十六师七十八团政治处主任、政委，二十六师政治部主任。

1954年10月，驻新疆人民解放军第二军、第五军、第六军大部，第二十二兵团全部就地集体转业，组建“人民解放军新疆军区生产建设兵团”，刘炳正担任新疆军区生产建设兵团农建第十师副政委、农建第八师副政委、代政委等职。“文化大革命”后历任农建第八师副政委、新疆医学院党的核心组组长（1974年5月至1976年5月）、新疆农科院党委副书记。后刘炳正历任石河子地区革委会主任、中共石河子地委副书记，新疆农垦总局副局长、党委副书记，石河子农工商联合企业党委书记，中共石河子市党委书记，新疆军区生产建设兵团党委常委、副政委兼农建第八师和中共石河子市委书记，农建第八师政委，新疆生产建设兵团顾问等职。1994年3月离休，享受正军职待遇。

2008年9月，刘炳正在石河子市逝世，享年86岁。

刘克宽（1923—2008）

民国12年（1923年）农历二月，刘克宽出生于后北会村（今属瓦塘镇），民国26年（1937年）高小毕业。民国27年（1938年）2月，他参加了兴县牺盟分会创办的军政训练班，后被分配在第五工作团，在蔡家会一带宣传抗日救亡，发动群众组织农救会、妇救会和自卫队等；同年6月，他调兴县牺盟分会军政干部培训班，学习军事和政治课。8月结业后在兴县第三区牺盟分会工作。民国28年（1939年）春，他在全县青年代表会上当选为青救会常委、宣教部长。不久被选送到延安抗日军政大学第三分校政治队学习。民国29年（1940年）2月加入共产党。3月，刘克宽被分配到军委一局担任文书一职。民国36年（1947年）3月，党中央主动撤出延安，分三路转移，刘克宽随中央后委转移到临县三交镇双塔村，参加了土地改革运动和整风运动。次年春又转移至晋察冀边区的西柏坡，在中央军委作战室任参谋，兼作缮写工作。1949年秋，他随中央军委作战室搬驻北平中南海。

1950年9月，刘克宽作为中央军委直属队代表出席了全国战斗英雄劳动模范代表会议，被授予纪念章，并参加了国庆观礼。1952年，中央军委作战部同军务部分开办公，他先后任军务部秘书、参谋。1954年，他改任装备部参谋，协助掌管全军车辆调拨工作。1957年，他被授予“三级独立自由勋章”

和“三级解放勋章”。

1958 年 6 月，到河北省保定市农场劳动。1979 年，中国人民解放军总参谋部为其恢复党籍、军籍，补办转业手续，安排其任河北省保定市百货公司副经理，1983 年离休。

2008 年 10 月 22 日，刘克宽逝世，享年 85 岁。

朱智敏（1924—2008）

民国 13 年（1924 年）12 月出生，瓦塘镇姚家会村人，民国 33 年（1944 年），朱智敏参加革命，民国 34 年（1945 年）2 月入党。民国 37 年（1948 年）他任中国人民解放军连指导员，1949 年参加解放陕西省西安市战斗，西安解放后，朱智敏所在部队改编为西北公安部队 12 团，朱智敏任营教导员，驻防西安，后驻甘肃省平凉市。

1954 年，他调青海省军区政治部组织处工作。1955 年，他到吉林省长春市中国人民解放军政治学校学习，学习期间被授予大尉军衔，1960 年被授予少校军衔。1960 年，朱智敏被调任青海省玉树军分区政治部干部科科长。1962 年，他被调任青海省互助县武装部政委，1963 年上半年调任青海省同德县武装部政委至 1976 年，1969 年兼任同德县革委会副主任，1970 年兼任同德县县委书记，县革委会主任。1976 年 5 月，他从部队转业到山西省，任太原市第三建筑公司（后更名为太原市市政工程集团公司）党委副书记兼副总经理。1983 年，朱智敏离休，享受副厅级待遇（行政十四级）。

2008 年 6 月，朱智敏去世，享年 84 岁。

王正元（1916—2009）

碧村（今属高家村镇）人。民国 26 年（1937 年）5 月，王正元考入太原阳兴中学。后牛荫冠介绍他入山西牺盟会军政干部训练班 12 连学习，结业后任兴县牺盟分会协理员。7 月，经八路军 120 师民运部副部长刘亚峤和中共兴县第二区区委书记曾长久介绍，他加入中国共产党。同年秋，他奉命到兴县第二区发动青年入伍，不到半月就组织起 700 多人，经过短期训练，挑选 500 名优秀青年参加八路军，编成新兵营，输送给 120 师 358 旅和新军决死 4 纵队、工卫旅、暂 1 师，扩大了抗日武装力量。年底，王正元到决死 4 纵队随营学校学习抗日民族统一战线政策和八路军的游击战术。结业后任中共方山县委组织部部长。此后一年里，他发展近百名先进分子加入党的组织，并在峪口、圪洞、马坊等地建立党的支部，在全县组建3个中共区委会，受到中共晋西北区党委的表扬。后因身份暴露，他调任临县武装部部长。晋西事变后，临县特委改组为中共晋绥第三地委，他协助晋绥第三地委组建一个独立营，并担任独立营副政委，具体抓思想建设工作，这支队伍后来参加著名的百团大战，取得较好战绩，受到120师司令部的通报表扬。

民国30年（1941年）底，王正元被调中共晋绥第三地委统战部工作，次年调任离石县武委会主任。其间，他发动地方武装力量和日伪军作战10多次，缴获各种战利品500多件，推动了离石抗日救亡运动的深入发展。民国31年（1942年）秋，他调任兴县武委会主任，在曲家沟建立造雷厂，带领群众土法制造石雷、瓷雷、连环雷、子母雷，发动群众埋地雷、搞爆破，配合正规部队打击侵略者。

1949年10月，王正元随军南下，先后任西康省雅安县县长、西康省雅安专区第一行政长官。1979年，王正元离休（恢复地师级待遇）。

2009年2月，王正元病逝，享年93岁。

白怀忠（1917—2009）

民国6年（1917年）11月，白怀忠生于兴县乔子头村（今属康宁镇）。民国26年（1937年）参加工作，次年加入中国共产党。民国29年（1940年），他在晋绥公安总局第一专署公安处，负责保卫洪涛印刷厂。民国31年（1942年）在南线兵站从事保卫接待工作。民国35年（1946）年4月，他参加了黑茶山“四八”空难事故搜寻救援和保卫工作。民国37年（1948年），他北上绥蒙区集宁市，组建集宁市商业局。

1954年，他被调入内蒙古自治区呼和浩特市商业局工作。1959年，他任乌兰察布盟达茂联合旗委财贸部部长。1960年，他任中共乌兰察布盟达茂联合旗旗委副书记。1972年，他改任乌兰察布盟达茂联合旗革委会副主任。1981年，他调任乌兰察布盟顾问委员会顾问，1985年离休。

2009年5月，白怀忠在集宁市逝世，享年92岁，其灵柩安放于内蒙古自治区包头市达茂联合旗公墓（1996 年 5 月，达尔罕茂明安联合旗划归包头市管辖）。

贾建忠（1931—2009）

白家沟村（今属魏家滩镇）人，幼年在本村读书。民国 35 年（1946 年），贾建忠参军，在晋绥第一分区办事处军邮站担任通讯员。次年，他跟随晋绥第一军分区司令员刘仲伍、政委刘长亮西进，担任司令部警卫员，参加了保卫延安战斗。民国 38 年（1949 年）4 月，他随所在部队从陕西出发，经陇东、平梁、定西向兰州进发。兰州解放后，他随部队又向张掖、武威等地出击，打到酒泉，接管玉门油矿。

中华人民共和国成立后，贾建忠调任西北公安大队第一中队副队长，带领公安部队在敦煌等地执行剿匪任务。之后，他被调西北军区教导大队学习，并加入中国共产党。结业后赴朝鲜参战，任中国人民志愿军第 54 军通讯连政治指导员。1954 年回国后，他入第一步兵学校深造。毕业后任人民解放军第 54 军教导员。1959 年 2 月至 1965 年 7 月，人民解放军第 54 军三次奉命到西藏参加中印边境自卫反击战，贾建忠负责军部指挥所通讯联络工作，圆满完成任务。其间，他于 1963 年调沈阳通讯学院学习，毕业后任人民解放军第 54 军通讯营参谋长、副营长。之后，人民解放军第 54 军划归西藏军区，改为高炮团。1968—1980 年，贾建忠先后调任重庆警备区通讯科长、重庆电信局局长、南桐矿区人武部部长、重庆警备区副司令（正师职）等职，被授予大校军衔。转业后，他任重庆市中区人大常委兼重庆无线电管委会副主任、重庆市人防办副主任，直至 1986 年退居二线（任重庆警备区司令部顾问）。

2009 年 6 月，贾建忠在重庆病逝，享年 78 岁。

孟怀立（1923—2009）

刘家曲（今属康宁镇）人，又名孟处儿。民国 28 年（1939 年）12 月“晋西事变”后，孟怀立参加兴县牺盟游击小组。民国 33 年（1944 年），他加入中国共产党，担任曹家坡行政村民兵中队长。民国 36 年（1947 年），他参加土地改革工作团，后调任兴县第三区武装干事。民国 37 年（1948 年），他参加西进大队，任陕西省千阳县武装部部长。1954 年，他先后调任陕西省宝鸡虢镇区武装部部长、陕西省兴平县兵役局副局长。

1957 年秋，兰州军区从各省军区抽调一批年轻武装干部到青海支援工作。孟怀立被派往青海省最偏远的玉树藏族自治州，协助部队开展工作。1962 年，他担任玉树藏族自治州天河县人武部部长。

1966 年，他调任玉树藏族自治州称多县人武部部长，参加“三支两军”工作。1974 年，他调任青海省西宁市人武部部长，后任西宁市军分区顾问，直至 1982 年离休，被授大校军衔。1988 年，他荣获中央军委颁发的“独立功勋荣誉章”。

2009 年 8 月，孟怀立逝世，享年 86 岁。

李有年（1919—2010）

二十里铺村（今属奥家湾乡）人。民国 28 年（1939 年），李有年加入中国共产党。次年，他担任二十里铺行政村民兵中队长。民国 32 年（1943 年）春，在晋绥一区武委会的支持下，李有年创办了曲家沟造雷合作社（后改称军火生产合作社），造出合格的踏雷和手榴弹，还就地取材，研制成功拉雷、滚雷、子母雷、石雷、瓷雷、玻璃瓶子雷等，供全县和分区民兵使用。其后，他带领民兵建立联防线，大摆地雷阵，多次出色地完成了阻击日军等战勤任务。同年 7 月 20 日，驻岚县的日军企图偷袭兴县城。他率队配合一区武工队，在联防线上埋设数十颗地雷。敌人刚进入地雷区，就炸死一个士兵，日军指挥官慌忙命令伪军排雷，不料又踏响两颗，几个伪军被炸得血肉横飞，日军指挥官也被炸倒在地，敌人摸不清地雷阵的底细，只好狼狈撤回据点。民国 33 年（1944 年）10 月下旬，日伪军 4000 余人兵分三路进犯兴县，半月之内遭兴县军民 130 余次截击，死伤惨重。其中一个大队于 11 月 7 日晨退至二十里铺时，李有年指挥民兵拉响 7 颗连环雷，炸死敌人 16 人、炸伤 11 人，指挥官亦人伤马死。同年 12 月，李有年出席晋绥边区第四届群英会，被评为“民兵特等战斗英雄”。

民国 34 年（1945 年）8 月，兴县组织第一批民兵参战远征队，共 350 人，编为一个大队三个中队。其中，曹建昌任第一中队队长，李有年任第一中队指导员。8 月 25 日，兴县民兵参战远征队跟随贺龙指挥的晋绥野战军第 9 团、第27团（从陕甘宁晋绥联防军分出）北上绥远，收复归绥，解放绥远。9月中旬，根据中央军委指示，晋察冀军区和晋绥军区发起绥远战役。

11月1日，八里庄战斗打响。为了保证后续增援部队及时赶赴八里庄，兴县民兵参战队第一中队承担在200米宽的黑河迅速架设一座便桥的艰巨任务。曹建昌、李有年指挥民兵拉来数十辆大车，在黑河每隔几米放一辆作桥墩，然后把搬来的大量门板、木头固定在大车上作桥板。李有年带头跳进齐腰深的冰冷河水中奋战，在身体受伤出血的情况下，他仍然咬牙坚持。直至便桥建成，他被抬到卫生所包扎、输液。同年11月11日，晋绥野战军358旅和29团在火车站会合后攻打归绥西北城门，部队伤亡较大，临时搭建在火车站附近桥洞周围的战地医院，拥挤着400多名伤病员，急需转移。但当时没有运输车辆。李有年发现火车站有几节没有车头的车厢，于是组织参战民兵人力推着4节车厢，把400多名伤病员送往10公里外的目的地。

民国35年（1946年）12月至次年6月，李有年入西北党校学习。民国36年（1947年）12月，他担任兴县参战民兵大队长，率队参加了陕西榆林战役。民国37年（1948年）5月至9月，他任兴县武委会主任。民国38年（1949年）3月，李有年参加人民解放军，任新兵团副营长。同年4月至9月，他任第一军政治部担架队大队长。10月至次年4月，他改任青海省西宁被服皮革厂军事代表。

中华人民共和国成立后，李有年先后任青海省兴海县第四区党委书记、兴海县常务副县长。

1962年10月，他病休回到兴县。1971年，他任兴县陶瓷厂党支部书记兼厂长，至1980年离休。之后他仍坚持治理荒山荒沟，绿化家乡。《山西日报》曾以《昔日地雷大王，今日植树英雄》为题报道了他治山治水、绿化家乡的模范事迹。1990年9月，中共山西省委、山西省人民政府授予他“先进个人”称号。1995年，他作为特邀代表赴京参加了纪念抗日战争胜利50周年座谈会。2005年，中央军委为他颁发抗日战争胜利60周年纪念章。

2010年6月，李有年逝世，享年91岁。

张一林（1924—2011）

城关乔郭家沟（今属蔚汾镇）人，原名王贻慎，小手工业家庭出身。张一林从小勤于学习、高小毕业，爱好广泛，尤擅长文艺。民国26年（1937年）12月，他在兴县农民银行担任练习员。民国28年（1939年）夏，他参加兴县牺盟分会和动委会联合举办的军政训练班，同年7月加入中国共产党。“晋西事变”后，他调任兴县青救会少儿部长，负责编导话剧、秧歌剧，上街宣传抗日救亡。民国29年（1940年）2月，根据晋西北青委组建抗日纵队的决定，他参与组织兴县青年纵队第一连，并负责全连的教育、训练工作。当年5月，他被组织保送延安毛泽东青年干部学校学习。毕业后，先后在延安少年剧团、延安儿童艺术剧院（由延安少年剧团改编）、延安青年艺术剧院及陕甘宁边区联防军政治部文艺宣传队工作。

抗战胜利后，张一林随军开赴东北，历任东北民主联军文艺宣传队分队长、东北民主联军部队艺术学院研究员兼导演、东北民主联军政治部宣传部随军记者等职。在辽沈战役中，他冒着枪林弹雨，用手中的相机和笔，及时宣传报道前线部队英勇杀敌的事迹。平津战役期间，他奉命率队接收国民党失守的丰台仓库和国民党在天津的全部食品仓库，组织民工给参战部队运送弹药、给养，接收伤员，受到总部首长表彰。

民国38年（1949年）春，张一林随第四野战军南下，参加了解放全中国的战斗。其间，他历任第四野战军后勤部文工团团长、第四野战军政治部文化科科长，中南军区后勤部文化部部长、宣传处处长等职，当选为武汉音乐家协会执委、武汉市文化艺术联合会委员。

1961年至1965年，张一林先后担任广州军区政治部文工团政委、广州军区司令部办公室主任等职。其间，他被调北京参加了大型音乐舞蹈剧《音乐舞蹈史诗东方红》广州军区和广东省分场编导组，任组长兼总导演；“文化大革命”期间，他到五七干校参加劳动3年。1970年，张一林担任广西玉林军分区副政委。1978年，他被调任广州军区文化部部长、兼国际军事体育指导委员会广州军区军体会秘书长。他以其坚定的党性原则和实事求是、治病救人的处事风格，组织完成拨乱反正、重整重建工作，并按照上级部署，积极组织开展部队文化工作，军区文艺团体的剧目多次在全国、全军调演会演中获奖，军区杂技团被军委授予“艺坛楷模”荣誉称号。1979—1980年，张一林先后率中国军事体育代表团、中国杂技团，应邀访问了泰国、美国和加拿大。1982年，他当选广东省音乐家协会理事、广东省文联副主席。张一林曾获中国人民解放军独立功勋荣誉章、中华人民共和国独立自由勋章、中华人民共和国三级解放勋章、东北解放战役奖章、华中华南解放战役奖章、华北解放战役奖章、自卫反击战战役奖章。1983年离休，享受正军职待遇。

2011年12月，张一林在广州逝世，享年87岁。

高亚卿（1924—2012）

西坡村（今属魏家滩镇）人。民国28年（1939年），高亚卿担任行政村牺盟会秘书，曾两次参加县牺盟会举办的军政干部训练班，并加入中国共产党。训练班结束后，他回村担任小学教员，发动群众开展抗日救亡工作。抗日民主新政权成立后，他参加八路军战地服务团。民国35年（1946年）6月，他随军转战吕梁山，发动群众筹粮筹款、参军参战。临汾解放后，他调晋南行署秘书处工作。

1949年，高亚卿及晋南行署支前工作团随晋绥野战军开赴大西北，落脚甘肃省兰州市。兰州解放后，他参加征粮工作团，帮助驻军解决粮食不足问题。

1950年，高亚卿调任新疆省人民政府财政厅人事科科长。1954年，高亚卿入西北党校学习，结业后调任新疆省人民政府审干办公室主任、机关党委常委兼监委书记。1957年，高亚卿调任新疆维吾尔自治区纪律检查委员会检查处处长。“文化大革命”后，他调新疆维吾尔自治区党委组织部，从事落实政策工作。新疆维吾尔自治区纪委恢复后，他担任纪委常委、常委兼检查处处长等职。1994年1月离休。6月，在新疆维吾尔自治区党代会上，他当选为自治区顾问委员会委员，正厅级待遇。

2012年2月，高亚卿在乌鲁木齐市逝世，享年88岁。

吕诚华（1924—2012）

城关镇人，又名吕成华。抗战全面爆发后，吕诚华参加革命，在兴县牺盟分会任儿童团长。民国27年（1938年）年春，他参加八路军120师教导团，后转入民族革命小学读书。民国28年（1939年），他跟随兴县代县长高芸生到晋西南大宁县工作。“晋西事变”后，他跟随南汉宸到延安自然科学院学习，并于民国30年（1941年）3月加入中国共产党。翌年，他调任中央办公厅机要科机要员。

民国35年（1946年）初，吕诚华跟随叶剑英到北平军调处执行部任机要员。是年底，他随军调处返回延安，任中央机要处办公室秘书。民国36年（1947年），他被派往临县三交镇搞土改工作。同年秋，吕诚华调任中央前委机要秘书。民国37年（1948年）夏，他担任中央机要处机要股长。

1952年底，吕诚华赴朝鲜参战，担任中国人民志愿军司令部机要处办公室主任。

1958年初，担任志愿军第20兵团司令部防化处处长的吕诚华（中校）随20兵团副司令员孙继先（红军长征途中17勇士抢渡大渡河的直接指挥员）回国，在北京工作。

1963年3月至1965年5月，吕诚华先后任基地第一试验部副部长、部长。1970年5月至1975年10月，他先后调任国防训练某基地第五试验部部长、国防科委科技部副部长（军职），至1985年6月离休（享受正军职待遇）。

2012年7月，吕诚华在北京病逝，享年88岁。

刘振华（1925—2012）

蔡家崖乡胡家沟村人，曾用名刘亮珠。民国27年（1938年）春，刘振华入兴县城关民族革命小学读书。“晋西事变”后，他报考了晋西青年干部学校，被编入第一中队三分队，担任分队长。毕业后，他被分配到兴县第三区搞青救会工作。民国31年（1942年）夏，他被调到中共晋西区党委组织的抗日救亡宣传队工作。民国32年（1943年），他参加晋绥边区整风运动，后到蔡家会第四完小任教。民国33年（1944年）11月，他被中共中央晋绥分局保送到延安炮兵学校学习，同年加入中国共产党。

民国34年（1945年），抗战胜利后，他随延安炮校从延安出发，经晋西北过同蒲线，到张家口，转战承德。于9月底到达沈阳北郊马三家子车站。延安炮校到达东北后，立即开展搜集火炮和扩充部队的工作，于当年10月成立了东北人民自治军炮兵旅，刘振华任东北人民自治军炮兵旅排长，不久升任炮兵旅连长。

民国 35 年（1946 年）春，国民党发动内战，调大军攻占沈阳。民国 36 年（1947 年）冬，在收获四平战斗中，刘振华率炮兵第一师第八连向四平守敌发起攻击。他和战士们将大炮推进到距敌人仅几十米的城墙下，等到天刚亮，大炮齐发，一举摧毁敌人地堡火力点，掩护步兵顺利攻入城内，打了一个漂亮的歼灭战，他所在的炮兵第一师第八连荣记集体一等功。

民国 37 年（1948 年）秋，第四野战军发起辽沈战役。刘振华率领的炮一师第八连在攻克锦州战斗中战功突出，被荣记集体二等功。之后，刘振华率炮一师第八连参加了平津战役，配合解放军第八、九纵队围攻天津，经过激战，天津宣告解放。

平津战役结束后，刘振华调任炮一师第 26 团第 3 营参谋长，随炮一师参加了解放太原的战役。民国 38 年（1949 年）4 月 24 日，炮一师和第十八兵团共计 1300 门大炮在河西同时发起总攻，经过 20 多分钟激战，刘振华率领的炮一师第 26 团第 3 营在水西门东城墙轰开一道缺口，掩护步兵迅速攻入城内。太原城解放后，上级授予炮一师第 26 团第 3 营“太原建功”锦旗一面，给刘振华记二等功一次。之后，刘振华随炮一师转战华东和华南沿海地区，参加了解放福建、广东、海南岛等战斗，迎来了共和国的诞生。

1950 年 6 月，朝鲜战争爆发。当年 10 月，刘振华带领志愿军炮兵第一师第 26 团 3 营 8 连随炮兵团从北大荒转至丹东，随 13 兵团跨过鸭绿江，直接参与了第一至第五次战役。在抗美援朝四次战役中，刘振华带领志愿军炮兵第一师第 26 团 3 营 8 连坚守汉江桥阵地 36 昼夜，击退美军数次渡江，击毁敌坦克和指挥车各 1 辆，击伤敌坦克 2 辆，被炮一师党委授予“汉江逞雄”奖旗，第 26 团 3 营 8 连全连荣立集体一等功。在“三八线”正面防御战中，他以炮兵团代表身份参加步兵 113 师联合指挥所，10 多次支援步兵防御及夜间出击。在西海岸抗击美军登陆防御战中，他指挥炮 26 团 2 营支援步兵攻占 281.2 高地，全歼守敌。

1954 年 10 月，刘振华担任中国人民志愿军炮一师第 26 团 3 营营长，不久被任命为炮一师第26团副团长兼参谋长。

1957年，他到广东换防。1958年，他作为广州军区炮兵英模代表，赴北京出席了五一劳动节观礼活动，受到毛主席等党和国家及军队领导人的接见，并合影留念。1959年1月，党组织推荐刘振华入军委宣化炮兵学院基本系学习两年，毕业后调任广州军区炮一师第26团团长。1969年，广州军区组织生产建设兵团，刘振华任生产建设兵团第三师后勤部长。1971年，他被任第三师副师长。1974年，他被调任湖南省长沙警备区副司令员。在几十年军旅生涯中，刘振华多次立功受奖，获得独立自由勋章、解放战争纪念章、抗美援朝纪念章以及朝鲜民主共和国授予的三级国旗勋章。1986年，刘振华离休。2005年，享受副军职待遇。

2012年6月6日，刘振华在长沙病逝，享年87岁。

魏震东（1915—2014）

魏家滩村人，原名魏国兴、魏芝田。民国26年（1937年），魏震东参加兴县牺盟分会和动委会举办的军政干部训练班，结业后任兴县第二区战动分会主任。民国27年（1938年），任兴县第三区牺盟游击队政治指导员。同年7月，全县三大区牺盟游击队在蔡家崖集训，魏震东任代理大队长兼政治指导员。9月，兴县牺盟游击队改编为人民武装自卫队兴县大队，魏震东任兴县大队政治指导员。10月，他加入中国共产党。年底，县大队改编为决死四纵队独立游击第一支队，他任第一支队军事训练部指导员。民国28年（1939年）4月，他调任兴县公安局政治指导员。“晋西事变”后，他被党组织保送延安陕北公学58大队学习，结业后，他先后任陕甘宁边区银行光华印刷厂厂长秘书兼总务科长、边区银行总行总务科长。

民国34年（1945年）8月，他担任联防军司令部留守兵团后勤部秘书，同年10月，随联防军司令部直属机关开赴东北。担任大连财经分会财政科长。民国36年（1947年）1月，魏震东调任大连市政府财政局副局长，负责清理登记敌伪财产。同年5月，他调任同利公司（隶属东北财委和旅大市财委直属集团公司）副总经理。民国37年（1948年），党中央筹备召开全国政协会议，邀请暂住香港的民主人士尽快北上。遵照党组织决定，魏震东赴香港，以同利公司名义租用朝苏轮船公司船只，将李济深、张澜、沈钧如、郭沫若、沈雁冰等50余人接到东北解放区，顺利完成接待护送任务。

民国38年（1949年）初，根据上级决定，同利公司出资买船组建大连轮船公司，魏震东担任大连轮船公司副总经理。1950年5月，大连轮船公司划归东北航务总局领导，成立大连航务局，他担任大连航务局副局长。1951年初至1952年底，他先后任交通部北洋区海运管理局副局长、交通部上海海运管理局业务副局长。

1954—1964年，魏震东先后调任广州海运管理局局长，华南海运管理局副局长、局长，广东省航运厅厅长、党组书记，交通部广州海运管理局局长等职。1972—1973年，魏震东先后担任交通部广州海运局革委会主任兼党组书记、广东省航运厅厅长兼党组书记。1980年8月，他入中央党校学习。至1983年6月，他退居二线，仍担任广东省顾问委员会委员。

魏震东曾任广东省第二届政协委员，广东省人民代表大会第三、第五、第六届代表，中国航海协会第一、第二届常务理事，第一届顾问，中国交通运输协会第二届常务理事，1989年10月，交通部广东海运管理局庆祝成立40周年之际，授予他“海运功臣”荣誉称号，颁发金质奖章。

2014年2月，魏震东病逝，享年99岁。

杨在清（1918—2014）

恶虎滩村人。抗日战争全面爆发后，杨在清参加了兴县牺盟分会。民国27年（1938年）2月，他参加兴县牺盟干部军政训练班，结业后被分派到兴县第二区牺盟会工作。民国28年（1939年）5月，他加入中国共产党。“晋西事变”后，他先后任兴县第三区抗联主任、兴县第七区区长、兴县第六区区长、兴县财政科科长等职。

民国36年（1947年），杨在清跟随晋绥边区地方工作队西渡黄河，在陕西省神府县搞支前工作。1949年春至1962年2月，杨在清先后任榆林专署民政科长、榆林县长、中共榆林县委书记、中共榆林地委组织部部长、榆林地委副书记、榆林地区副专员、榆林专署专员等职。

1972年3月恢复工作和职务后，他被安置在榆林地区财办、计委工作。

1981年，他被调中央党校学习。1982年元月起，杨在清先后担任陕西省粮食局局长、党组书记兼省财委副书记、财办副主任，陕西省第六届人大常委会委员、财经委员会委员，直至1988年5月离休。

2014年2月，杨在清病逝，享年96岁。

刘城来（1923—2014）

城关水磨滩村（今属蔚汾镇）人，后迁居黑峪口村，又名刘承雷。抗战全面爆发后，刘城来担任儿童团团长，带领学生唱抗日救亡歌曲，宣传抗日救亡道理。民国27年（1938年）春，黑峪口学校成立学生自治会，他担任学生自治会大队长。同年夏，他考入第四民族革命中学，并加入中华民族解放先锋队，11月加入中国共产党，在晋西北青委工作。

“晋西事变”后，刘城来任晋西青干校中队长。民国29年（1940年）秋，他入延安泽东青年干部学校学习。次年9月，泽东青年干部学校、延安中国女子大学、陕北公学合并为延安大学，他被分到延安大学中学部学文化。民国31年（1942年），他参加延安中央医院护士训练班，毕业后担任延安中央医院手术室护士长。

民国37年（1948年），他随军参加了解放山西运城战斗和解放陕西宝鸡战斗，担任第一野战军卫生部战地医护长。次年8月，他担任接收兰州国民党军后方医院领导组军代表，后调兰州卫生实验院防疫处，任解放军代表。

1954年10月，他到高级炮校军械处工作。1956年，他被授大尉军衔。同年秋调任北京军区军械部第二靶场办事处所长。1965年，他调任总后机关门诊部主任。1975年10月，他任西安第四军医大学口腔医院副主任。1978年，他调北京后勤学院高级班学习，结业后任第四军医大附属医院副院长。

1982年，刘城来离休。1987年，他被授予独立功勋荣誉章，享受副军职待遇。

2014年，刘城来逝世，享年91岁。

王瑞昌（1923—2015）

程家沟底村（今属蔚汾镇）人。抗战全面爆发后，王瑞昌参加了兴县动委会，进入牺盟会主办的军政干部训练班，结业后，任兴县牺盟游击队政治工作员。民国 27 年（1938 年）4 月，他加入中国共产党。次年 7 月，调决死 4 纵队 203 旅 18 团，担任政治工作员。民国 29 年（1940 年），在反顽固斗争中，他率领一排战士突袭赵承绶部分残敌，缴获步枪 10 余支，受到部队首长的表扬。次年，他在决死 4 纵队 35 团 4 连担任政治指导员。该年，决死 4 纵队 35 团在忻县赵家庄歼灭日伪军一个大队，打死打伤日伪军 150 多人，而我军却无一人伤亡，晋绥军区司令部将这次战斗作为根据地“反扫荡”“挤敌人”的典型范例进行宣传推广。王瑞昌由于指挥得力，受到团部通令嘉奖。民国 33 年（1944 年），他以战斗英雄出席了晋绥边区召开的第四届群英会。民国 35 年（1946 年）7 月，他跟随部队转战同蒲线，参加了晋北战役，至 7 月中旬，连克代县、崞县、原平等城。同年冬，他调晋绥军区军事政治干部学校学习，毕业后到第一野战军第 3 纵队第 9 师 25 团 2 营担任教导员。

民国 37 年（1948 年），王瑞昌率部西渡黄河，参加了陕北宜川、瓦子街战役和荔北战斗，所部（第 9 师第 25 团第 2 营）涌现出爆破英雄王健明、登城英雄刘三愣，创造了攻坚战中的典范，受到师部的通报表扬。在解放兰州战役中，王瑞昌身先士卒，取得攻坚战前沿决定性胜利。在向甘肃武威进军途中，他率部昼夜疾行 100 多公里路，在拂晓前包围敌骑兵团，迫使敌人缴械投降，受到彭德怀副总司令嘉奖，并记大功一次，获银质纪念章一枚（编号 4089）和奖状奖品。

全国解放后，王瑞昌由营教导员提拔为 25 团政治部主任。并先后调坦克兵种部队、山东济南装甲兵部队担任政治管理干部。1968 年，王瑞昌出国担任坦桑尼亚军事组组长，1970 年 6 月回国，任济南军区装甲兵技术部政委。1980 年 12 月，王瑞昌离休，享受副军职待遇。

2015 年，王瑞昌在济南逝世，享年 92 岁。

胡初堂（1933—2016）

蔡家崖乡胡家沟村人。民国 36 年（1947 年）4 月，胡初堂在晋绥六分区参加人民解放军。民国 37 年（1948 年），他加入中国共产党，历任晋绥野战第 12 旅第 36 团、第 60 团和第 7 军 20 师司号员、宣传员、班长等职。

1952 年 12 月，胡初堂调任高炮第七训练基地（济南）第 65 师军乐队、文工队排长。1953 年 3 月，他到朝鲜参战，1955 年回国，调任高炮第 65 师第 625 团俱乐部主任、指导员。1965 年 7 月，他升任高炮第 65 师第 625 团一营教导员。1969 年 10 月至 1985 年末，他先后任高炮 67 师（1958 年 7 月高炮 65 师划归 67 师建制）第 625 团副政委、政委，北京解放军政治学院行政管理部和军需财务部协理员（副师职）、军需财务部副部长、校务部副主任等职，至 1987 年离休。

2016 年 5 月，胡初堂病逝于北京，享年 83 岁。

第二节　1949 年 10 月后参加工作的县处级及以上干部，全国人大代表

李春林（1954—1996）

女，蔡家崖乡旭谷村人。李春林出生在兴县大善村一户普通农民家庭。从小爱好学习，后通过自学取得山西农业大学函授专科学历。1985 年 7 月，她加入中国共产党组织，曾任村妇联主任、团支部书记、党支部委员等职。农村实行联产承包责任制后，她带头搞科学种田和畜禽养殖，成为全县最早的畜禽养殖专业户、科学种田重点户和勤劳致富典型，多次被上级授予“三八红旗手”、“巾帼创业标兵”和“劳动模范”等荣誉称号。1985 年被补选为第六届全国人民代表大会代表。1988 年，她当选第七届全国人民代表大会代表。1992 年，她被选聘为蔡家崖乡副乡长，由于工作认真、作风朴实，受到群众称赞。1996 年 1 月 13 日，她在下乡工作途中遭遇车祸去世，年仅 42 岁。

阎润考（1947—2000）

城关人，原籍陕西神木县。小学、初中、高中均在忻县就读。高中毕业后，他被分派到兴县后彰和墕村插队。其间，曾两次被评为出县劳模和知青代表。1973 年 1 月，阎润考加入中国共产党。因其爱好写作，不久调县总工会、中共兴县县委通讯组、兴县县委办公室从事文秘工作。1982 年，他任中共兴县县委办公室副主任。1983 年，他考入中共山西省委党校学习，毕业后任中共兴县县委政研室主任，并在《吕梁报》《农村经济》《山西日报》《光明日报》

等刊物发表多篇调查研究文章。

1987 年，他当选兴县人民政府副县长，分管文教卫生工作。1990 年，他调任中共岚县县委副书记，分管党群口工作。1998 年，他调回兴县，当选兴县人大常委会主任、山西省第九届人大代表。1999 年，他被查出患有严重胃病后仍坚持工作。

2000 年 3 月 2 日，阎润考病逝于工作岗位，终年 53 岁。

刘建明（1953—2004）

黑峪口村人，1953 年 9 月生，普通农民家庭出身。1970 年 8 月，刘建明在高家村公社参加工作。1973 年 8 月，他考入山西大学历史系学习，任班长、团支部书记，1976 年 8 月加入中国共产党。大学毕业后，他被分派到中共兴县县委宣传部任理论教师。1977 年 6 月，他任中共兴县县委、县革委办公室副主任。同年 10 月，他被调中共吕梁地委、地革委办公室工作。

1983 年 12 月起，他先后任吕梁行署办公室副主任、副秘书长。1987 年 9 月起，他先后任中共柳林县委副书记、柳林县县长、中共柳林县委书记。1995 年 6 月被中共中央组织部授予全国优秀县（市）委书记称号。同年 9 月至 1996 年 7 月入中央党校一年制中青年干部培训班学习。1996 年 11 月至 1997 年 4 月，他先后担任中共吕梁地委委员、宣传部部长。2000 年 9 月，他任中共吕梁地委委员、秘书长。2002 年 6 月任中共吕梁地委委员、组织部部长。2004 年 2 月任中共吕梁市委常委、组织部部长。2004 年 7 月任中共吕梁市委常委、市人民政府常务副市长。

刘建明在担任中共柳林县委副书记、县长和县委书记期间，提出“农业奠基，煤炭强县，红枣富民，科教兴农”的发展思路，因地制宜，分类指导，团结带领全县人民艰苦奋斗，为柳林大开发、大开放、大发展奠定了坚实基础。他组织开展以机修梯田为重点的大规模农田基本建设和三川河重点流域治理，建成 10 万亩生态农业工程，被誉为“黄土高原治理水土流失模式工程”。他重视党的基层组织建设，培育了刘家圪塔等全国红旗党支部，率先在全县 38 个民营企业中建立党的基层组织，为乡镇企业党建工作积累了宝贵经验。

刘建明在担任中共吕梁地委委员、宣传部部长期间，坚持用科学理论武装干部群众，推动县级广播电视“四台合一”的做法得到国家广电总局肯定。他在担任中共吕梁地委委员、秘书长期间，加强统筹协调，充分发挥了地委秘书处综合枢纽机关的参谋助手作用。在担任中共吕梁地委委员、组织部部长期间，他坚持党政干部、科技干部、企业管理干部“三支队伍”一起抓，在党的基层组织建设、干部教育培训、选拔任用和监督管理等方面积极探索和实践，为吕梁经济社会发展提供了坚强的组织保证。在担任中共吕梁市委常委、市人民政府常务副市长期间，他加强调查研究，深入全市公路建设和重点工程现场办公，推动解决工程建设重大问题和实际困难，直至生命的最后一刻。

2004年9月11日，刘建明在检查公路建设过程中遭遇车祸，不幸因公殉职，年仅51岁。

刘建明的一生，是全心全意为人民服务，为党的事业奉献的一生。他始终牢记党的宗旨，对党和人民无比忠诚，为吕梁的发展献出了宝贵生命；他心系群众，勤政为民，求真务实，扎实苦干；他光明磊落，公道正派，勤勤恳恳，任劳任怨；他严于律己，清正廉洁，淡泊名利，生活俭朴，始终保持共产党人的政治本色，赢得了群众的普遍赞誉。

邱虎翼（1946—2007）

邱虎翼，民国35年（1946年）生于康宁镇刘家庄村，农民家庭，兴县中学（高中）毕业。1968年9月，参加工作，于1975年12月加入中国共产党，历任初中教师、兴县教育局会计、县政府行政科副科长。1985—1993年，他任县外贸局局长。1991年6月，他被山西省指定赴美国考察，同年获山西省财委授予的“优秀企业家”称号。1993年7月至1998年7月，他担任县人民政府副县长、党组成员。1998年7月至2003年8月，他担任政协兴县第五届常委会主席、党组书记。2002年1月至2007年5月，他担任兴县第十二届、第十三届人大常委会主任兼党组书记。

2007年11月，邱虎翼病逝，享年61岁。

高秀中（1937—2014）

魏家滩镇吕家沟村人。1952年1月参加工作，任教师。1959年入党。

其间被组织保送到五寨师范学习，后考入晋北师范专科学校。1960年毕业后回到兴县，历任县委文教部、县委宣传部干事，裴家川口和瓦塘公社党委书记，县革委会政工组负责人，洪福寺干校校长，县委文教部长兼高家村公社党委第一书记，县政府副县长、党组成员，政协兴县第二、三届常委会主席兼党组书记（1987.8—1993.7），兴县第十一届人大常委会主任、党组书记（1993.7—1998.7）等职。1998年离休，享受副地师待遇。

2014年7月，高秀中病逝，享年77岁。

第三节　著名作家、艺术家，史志、科技和教育工作者

贾维桢（1909—1991）

王家里村（今属魏家滩镇）人。民国14年（1925年），贾维桢考入兴县中学，跟随校长牛友兰投入三民主义革命运动。民国18年（1929年）8月，他考入山西大学预科，两年后转入山西大学法学院法学系。民国24年（1935年）夏毕业，获法学学士衔。“九·一八”事变后，他在太原参加山西省学联和官办团体“中国青年救国团”，并担任团务委员，积极参加爱国学生运动。民国20年（1931年）12月，国民党山西党部开枪打死请愿学生穆光正，贾维桢以山西大学学生代表身份参加了驱逐省党部的运动，事后返回兴县，发动兴县中学学生召开追悼穆光正大会，并动议二次直封国民党兴县党部。其间，他多次接触续范亭、候外庐、戎子和、张隽轩、温健公等进步人士，由一名旧知识分子转化为激进的爱国主义者。民国22年（1933年），他开始在太原阳兴中学、太原女师兼课。

全面抗战开始后，贾维桢在岢岚参加战动总会，经续范亭、杨集贤推荐，他先后担任过忻县、朔县抗日民主县长，为支援八路军抗日斗争做了不少工作。“晋西事变”前夕，他因坚持给八路军发军饷而与阎锡山派系专员发生矛盾，愤然辞职归里。民国30年（1941年）至民国35年（1946年），他先后担任兴县公私合营商店经理、晋绥边区招待所总务、吕梁军区联络部总务科长等职。民国36年（1947年）后，他从事教育工作，先后担任小学、完小、

兴县专区工农干部速成学校、兴县师范、兴县中学、兴县教师进修学校教师。从教近40年，他任劳任怨，默默耕耘，无私奉献，为国家培养了大批人才。

1981年，贾维桢被选为兴县第七届人大常委会副主任。1984和1987年，他被选为政协兴县第一届常委会、第二届常委会副主席。1990年，81岁的贾维桢又当选为政协兴县第三届常委会名誉主席。

从1981年起，他兼任《兴县志》主编，在百忙中挤出时间指导《兴县志》编纂工作，并主持编著《兴县文史资料》1至4期，发表史志论文10余篇，多次被评为省、地、县修志先进工作者。1985年，他出席山西省各界人士为四化服务经验交流会，受到中共山西省委、省人民政府嘉奖。1988年，贾维桢出席吕梁地区方志学会成立大会，被选为副会长。同年，他被评为地方志副编审，其修志业绩被录入《当代山西社会科学人物综览》一书。1990年秋，他因年老体衰而患病。在病榻上，他非常关心《兴县志》的编纂工作，竟不顾医护人员和家人劝阻，带病写出“关于编写人物志的意见”，并列出立传人物名单，还撰写《牛照藻传略》。病情略有好转时，他便让家人搀扶到县志办公室询问《兴县志》编纂进展情况，审阅资料，提出指导意见。

1991年1月17日，贾维桢病逝，享年82岁。

何　倬（1924—1995）

辽宁省东沟县东尖山乡何家堡村人，贫苦农民家庭出身，满族。民国38年（1949年）8月，何倬毕业于华北人民革命大学，被分配至山西省岚县任教。1951年，他调至兴县，先后在兴县师范、兴县中学任教。1960年5月，他出席山西省文教群英会，受到山西省人民政府表彰。1979年至1984年9月，何倬任兴县中学校长、校党支部书记等职。他从教40余年，桃李芬芳。其中兴县中学42名教师均为他的学生。

1995年8月2日，何倬因病辞世，享年71岁。

阎　玉（1923—1998）

又名阎懿玉，姚家会村（今属瓦塘镇）人。民国28年（1939年）2月，他参加革命工作，曾任兴县五区青救会秘书、区抗联主任、县政府秘书科科长。民国37年（1948年）8月，他任《晋绥日报》记者、《晋绥大众报》编辑组长。

1949年10月，阎玉随军南下到达重庆，担任刚组建的《新华日报》农村编辑组组长。至1953年5月，他先后编辑发表新闻报道、调查研究报告和新闻评论文章113篇（件）。1953年6月，阎玉调任中共四川省长寿县委副书记兼宣传部部长。1953年9月，他考入中央高级党校新闻班进修学习。1956年8月，他调中央人民广播电台工作，先后任新闻部、对台广播部、理论部副主任、主任。到1981年10月，他在中央广播电台播出通俗理论讲座37次，约280万字，其中有27次理论讲座被多家出版社公开出版。同年11月，阎玉调任中国广播出版社社长、总编辑兼《中国广播电视》杂志主编。1983年以后，他主要从事广播电视研究工作，担任《当代中国广播电视》副主编兼编辑部主任，主编《中国广播电视学》（由中国广播电视出版社出版），参与编辑出版《中国广播电视史料选编》10集。1985年，广播电视部聘请他为广播电影电视部新闻高级专业技术职称评审委员会委员；1987年，他参加《当代中国的新闻事业》（1997年初由当代中国出版社出版）一书编写工作，被中宣部和新闻出版署聘为新闻卷编委会委员兼编辑部副主任。

1998年10月，阎玉病逝，享年75岁。

孙启昌（1917—2001）

固贤村人。民国20年（1931年），孙启昌随父亲孙良臣到方山县峪口镇上学，后转回兴县城关高级小学就读。民国26年（1937年），他参加兴县牺盟分会军政干部训练班，结业后到兴县农民银行工作，主要协助刘少白经营新运书社。次年8月，他考入延安抗日军政大学，编入抗大总校三分队。毕业后留校工作，任抗大二分校供给处合作社会计。民国29年（1940年）7月，他随抗大二分校转到晋察冀边区。民国32年（1943年）8月至民国38年（1949年）3月，他先后调任抗大二分校陆军中学四队司务长（排职）、晋察冀军区军政大学生产股长（营职）、晋察冀军区军政干部学校合作社经理、华北军政大学二大队供应股股长（营级）、华北军政大学二大队管理科科长等职。

中华人民共和国成立后，孙启昌先后任华北军政大学政治部总务科长，华北陆军军官学校筹建处审计科长，总参军训部供给科长、管理科长，沈阳军训器材厂厂长等。1954年2月，他转业到军队工厂工作。1957年，他被授予中华人民共和国三级独立自由勋章、三级解放勋章。1970 年，他先后调任总后某兵工厂厂长兼政委，河北省承德市 3615 厂第六职工医院党委书记，直至 1983 年离休，享受正师职待遇。

2001 年 3 月，孙启昌逝世，享年 84 岁。

郭景天（1922—2005）

前彰和墕村（今属瓦塘镇）人，原名郭佩岚。民国 21 年（1932 年）转入黑峪口第二高级小学。民国 26 年（1937 年）5 月考入太原成成中学。全面抗战爆发后，郭景天返乡担任兴县牺盟分会协助员，编印《公牺战旗》，宣传抗日救亡。民国 29 年（1940 年）5 月，他考入延安毛泽东青年干部学校。次年，青干校组成俄语学习班，经批准，破格参加俄语学习班。他认真苦读俄语，半年后试译苏联作家左琴科的短篇小说《列宁和哨兵》。后又翻译独幕剧《我们的姑娘》，并在《解放日报》副刊发表，受到延安各界好评。民国 31 年（1942 年），他转入延安大学俄语系学习。民国 34 年（1945 年）8 月，他从延安行政学院调晋绥日报社担任编辑，业余时间翻译《论俄托尔斯泰的战争与和平》《俄罗斯民间故事》，在《晋绥日报》文艺版发表；与马烽共同编写《晋西北民间故事》，并译成俄语版，在驻东北苏联红军中广为散发。民国 36 年（1947 年），他被调晋冀鲁豫边区北方大学任外语系教员。后调大连苏联红军司令部主办的实话报社工作。1949 年 8 月，旅大中苏友好协会出版郭景天编著的《俄华求解同义成语文法四用词典》。

郭景天是从吕梁山培养出的优秀学者，他一生著书立说，硕果累累，参与或主持编辑出版多部大型工具书，给后人留下宝贵的精神财富。其中，1950 年，郭景天编著出版《俄华辞典》（新中国首部俄华辞典）。1954 年仲夏，他从《大连日报》社调北京时代出版社从事编译工作，参与编译出版 700 多万字的大部头工具书《苏联百科辞典》。1955 年 11 月，时代出版社出版他编著的《俄语常用前置词的用法》。1957 年到北大荒参加劳动。1976 年后，郭景天恢复党籍和公职，调中国大百科全书出版社任高级编译，参与编译出版《中国百科知识荟萃》。1987 年 7 月，他与人编著出版《汉英法德俄日六国语常用词汇》，由知识出版社出版。

2005年11月，郭景天病逝，享年83岁。

刘建昌（1932—2008）

黑峪口村（今属高家村镇）人。民国34年（1945年）8月，刘建昌参加八路军，在八路军120师21团6连担任文书。同年10月，他调任晋绥第五军分区司令部宣传队宣传员。民国35年（1946年），他随晋绥野战军转战雁北，参加了解放大同、朔县、怀仁等战役。同年10月，他入晋绥军区军政干部学校学习，结业后在绥蒙剧社担任演员、演奏员（二胡、板胡、三弦、小提琴伴奏等）。1949年10月，他加入共产党。同时他随绥蒙剧社进入太原，调山西省总工会文工团工作。在完成演奏工作之外，刘建昌创作了歌曲《建设新山西》及歌剧《新村新歌》等作品。1953年，他调任山西省音乐工作组组长。1954年，他参与晋剧《一个志愿军的未婚妻》音乐设计，由华北晋剧团上演，获全省现代戏汇演一等奖。1956年，他与曹克、张沛合作编创《抗日民歌组曲》，参加北京“全国第一届音乐周”演出。同时还为山西省艺校讲授板胡课，编写《简易板胡教材》。1958年，他被选送中央音乐学院深造。1961年毕业后，他到山西省艺术院、山西大学工作，先后任山西大学艺术系音乐教研室主任、山西大学艺术系副主任、山西大学艺术系党支部书记等职。其间，他参与了歌剧《焦裕禄》、表演唱《歌唱王杰》等艺术作品的创作。

1975年，刘建昌调任山西省音乐舞蹈曲艺研究所所长，创办音乐舞蹈理论专刊《音乐舞蹈》，开展民族民间音乐和舞蹈理论研究，先后参与编纂《中国民间歌曲集成·山西卷》（任副主编、责任编辑）和《中国民族民间器乐曲集成·山西卷》（任主编），其中《中国民族民间器乐曲集成·山西卷》获文化部成果集体奖。他主持编辑出版《山西民歌300首》和《中国音乐简史讲稿》等，创作发表《情也深深爱也深深》（刊载于《黄河之声》1994年第1期；王颂词，刘建昌曲）、《军旗，我青春的太阳》（刊载于《黄河之声》2002年第1期；刘志毅词，刘建昌曲）等歌曲。他还发表《社会主义歌唱运动的明天》（刊载于《人民音乐》1958年第9期）、《论山西三大梆子音乐的共性与个性》（载于《中国音乐》1999年第2期）等音乐论文。刘建昌曾兼任中国音协民族音乐委员会委员、中国传统音乐学会理事、山西省音乐协会副主席、山西省文联委员等，其艺术业绩被收入山西社科系列《名人词典》和全国文艺界《名人词典》《中国音乐家辞典》《世界优秀专家人才名典》等。1993年12月，刘建昌离休。

2008年11月，刘建昌病逝，享年76岁。

康明玉（1916—2009）

民国5年（1916年）10月，康明玉出生于黄家沟村（今属魏家滩镇），又名镜如，系兴县开明士绅、民主副县长康联珠之子；14岁入兴县中学，18岁入山西大学附属高级中学，毕业后考入山西大学工学院机械系。民国27年（1938年）春，大学毕业的康明玉参加革命工作，同年加入中国共产党，先后任兴县战时动员第五工作团副团长、魏家滩民族革命学校校长、牺盟兴岚游击队营教导员、兴县城关民族革命学校政治主任等职。

民国29年（1940年），他任兴县抗日民主政府教育科长，后任兴县教育工作者协会主任、兴县城关完小校长。民国33年（1944年），他在中共晋绥第一地委资料室工作。次年上半年，调任晋绥第一专署教育科长兼兴县教育科科长。民国36年（1947年），他到晋绥党校接受"三查"审干学习。次年初夏，他被调到晋南临汾中学做教导工作。

1949年底，康明玉随军南下，先后任四川省成都市军管会文教接管委员会教育处军代表，成都市人民政府办公室主任，成都市文化局党组书记、副局长等职。至中共十一届三中全会后，组织恢复其级别和一切政治生活待遇。之后，他主持成都市文联组建工作，在四川省第一次文代会上当选为四川省文联委员、四川省民间文学研究会常务理事，成都市文联常务副主席、党组副书记。

1983年，康明玉离休，主要从事著书立说和学术研究工作。编著出版了《当代世界科技览要》（综合性科普读物，1994年成都出版）一书，先后撰写了《回顾战争年代兴县国民教育工作》（载《兴县老干部回忆录》）、《抗战前的兴县中学》（载《兴县老干部回忆录》）、《辛亥革命以到兴县知识阶层的历史演变及奉献》（载《兴县老干部回忆录》）、《战争年代在兴县工作过的百名外籍老同志》《我所了解的兴县一批工农出身的同志》（均载于《兴县老干部回忆录》）、《战争年代兴县国民教育的基本经验及特点》（载《山西革命根据地》第23辑）、《抗战期间兴县知识分子所起的作用》（载《兴县文史资料》第2辑）、《简论社会文化的历史演变和走势》（载《解放》1999年第1期）、《全面有批判地吸收和借鉴历史文化遗产》（载《成都艺术》1995年第3期）、《"双百"方针刍议》（载《戏剧家》1993年第4期）、《关于振兴传统戏曲几个问题的看法》（载《戏友》1998年第2期）、《观电视剧〈一代廉吏于成龙〉有感》（载《成都艺术》2001年第2期）等一批文章。

1985年，康明玉出席成都市老干部工作表彰大会，获文化局系统优秀共产党员称号；其书法作品曾参加四川省和成都市老干部书画展并获奖。1989年，成都市离退休科技工作者协会授予康明玉副研究员职称，同时聘他为《成都市文物胜迹志》《杜甫草堂志》编委会顾问。

从1991年起，康明玉组织兴县籍在蓉老干部编写出版《兴县老干部回忆录》（包括续集，共50余万字），为兴县编史修志提供了第一手珍贵资料。同时，他汇集自己一生编译成果，编成60多万字的《镜如文稿》，分3集出版。

2009年，康明玉在成都逝世，享年93岁。

田东照（1938—2013）

西磁窑沟（今属魏家滩镇）村人。1955年，田东照考入兴县中学，担任校刊《激流》主编，毕业前夕加入中国共产党。1961年，他考入山西大学中文系，1965年大学毕业，1970年调回兴县，历任县革委办事组秘书、宣传办干事、文化馆馆长兼创作组组长、文化局局长、县委宣传部副部长等。其间，他发表部分短篇小说，并投入长篇小说创作。1976年5月，他的首部长篇小说《长虹》由山西人民出版社出版发行。1978年11月，与罗贤保创作的长篇小说《龙山游击队》由山西人民出版社出版发行。1979年，创作的大型现代戏《十二月风雪》和方言小话剧《要彩礼》相继上演。1980年9月，创作的短篇小说《第28号人物》获《汾水》杂志社1980年优秀作品二等奖，1985年5月获山西省赵树理文学奖二等奖。

1982年，田东照加入中国作家协会。同年10月，调任吕梁地区文联副主席，次年任主席。1984年，山西省劳动竞赛委员会为他荣记二等功。1985年，他的中篇小说《黄河在这儿转了个弯》在《中国》1985年第2期发表。1986年，根据他的小说《黄河在这儿转了个弯》改编的同名电影在国内公映。1986—1988年，他先后创作短篇小说《野马》《农家》《黄河小镇》，分别刊发于《当代》1986年第1期、《山西文学》1987年第9期、《火花》1988年第5期。其中《农家》获《山西文学》1987年优秀作品奖。1988年4月，田东照以中国作家代表团成员身份出访民主德国。同年11月，他当选山西省作协副主席；12月，他被任命为山西省作协常务副主席、党组成员，山西省劳动竞赛委员会为他荣记一等功。1989年10月，他被评为国家一级作家。1990年，他兼任山西文学院院长。1992年10月，他被批准享受国务院颁发的政府特殊津贴，曾获山西省优秀专家、山西省优秀文艺工作者称号。1998年，他退居二线，当选省作协顾问，至2002年4月离休。

田东照一生创作作品400余万字，其中，1989—2012年创作发表中短篇小说和影视、纪实文学作品40余部。其中，中篇小说《黄河在这儿拐了个弯》于1991年获山西省第二届文艺创作金牌奖；短篇小说《外公》获《山西文学》1989—1993年度优秀小说奖；中篇小说《买官》《卖官》分别获《中篇小说选刊》1998—1999年度、2000—2001年度优秀小说奖；中篇小说《D城无雪》获2002年度中国作家大红鹰文学奖（中篇小说奖）。

2013年10月，田东照在太原病逝，享年75岁。

樊润德（1931—2013）

蔡家会镇毛儿会村人。民国37年（1948年）加入共青团，任本村冬学教员。次年，担任蔡家会镇团厂行政村团支书兼民兵中队指导员。1953年，他考入忻州地区行政干部学校，毕业后历任兴县人民法院书记员，县农建局、县工业局、县人委办秘书，《兴县小报》编辑，县农业局副局长，县政府办副主任，县党史办主任等。1972年，樊润德加入中国共产党。1973年，他任中共兴县县委、县革委通讯组长；1979年，任《兴县革命史》编写组办公室主任兼主编。其间，他北上南下采访老干部，完成编纂任务，于1985年由山西人民出版社正式出版发行。此后，他先后编著出版《兴县人物》《晋绥边区史话》《晋绥边区人物春秋》《兴县人物简谱》《奋斗者的足迹》《晋绥边区“四重”纪实》

等十多本地方史志读物，在报刊上发表160多篇文章，荣立山西省劳动竞赛委员会三等功3次，获“五一劳动奖章”1枚。1988年，他晋升为山西省社会科学系列副研究员，享受省政府“高级知识分子津贴”。1991年，他被评为全国自学成才优秀人物，由国家领导人授予颁发奖品和荣誉证书，同年被中国社会科学院历史研究所评为当代优秀历史学学者。1997年，樊润德退休，仍笔耕不辍。2009年，他在患病施行手术治疗后以顽强毅力克服病痛折磨，在谢世前终于完成《兴县老干部风云录》编审任务（全书40万字，2014年4月由兴县县委宣传部、县委老干部局以内部图书出版）。他是研究晋绥边区历史、兴县党史的领军人物，为政协兴县第一、二、三届委员，三晋文化研究会理事。一生著述580余万字，事迹分别载入《吕梁科技名人》《山西社会科学人物综览》《全国地方史志主编辞典》《全国自学成才人物荟萃》《中国当代历史学学者辞典》《中华人物辞典》等书籍。2013年12月9日，樊润德病逝，享年82岁。

第二章 兴县人物名录

第一节 1989年至2016年出席全国党代会代表、全国人民代表大会代表，全国劳动模范和先进工作者荣誉名录

表34-2-1-1

姓 名	性别	职 务	所获荣誉
吕增高	男	职业中学校长	1987—1989年被评为山西省“职业技术教育先进工作者”，受到表彰；1989年被评为“全国优秀教育工作者”，受到国家教委、劳动人事部等联合表彰
徐少侠	男	原籍辽宁省沈阳市，兴县中学教师	1989年获“全国优秀教师”称号
温巧婵	女	康宁镇联校教师	1989年获“全国优秀教师”称号，受到国家教委和劳动人事部等联合表彰
贾斌迎	男	县电影公司职员	1990年9月，科教片汇映受到国家计划生育委员会、卫生部、文化部等12部委表彰
刘迎科	男	兴县纪委书记	1990年11月，出席全国纪委系统表彰大会，受到表彰
郝玉兰	女	蔚汾镇中心校教师	1993年4月获全国中小学生作文竞赛育才奖
贾光留	男	兴县邮政局职工	1995年4月，出席全国劳动模范大会，获“全国劳动模范”称号
胡光兴	男	白家沟中学副校长兼语文教师	1995年获“全国优秀教师”荣誉称号
胡秀娥	女	城关联校教师	2000年获“全国优秀教师”称号
裴海昶	男	兴县中学校长	2004年9月获“全国优秀教师”称号
裴秀娟	女	实验小学教师	2004年9月被评为“全国优秀辅导员”，受到中国关心下一代工作委员会表彰
范志应	男	山西北方惠丰博士后工作站企业导师，中北大学硕士研究生导师	2005年1月获全国国防科技工业系统劳动模范荣誉称号，受到国务院政府特殊津贴奖励
杨博究	男	蔚汾镇东关村党支部书记	2007年10月当选出席中国共产党第十七次全国代表大会代表
袁瑞芳	女	第二实验学校	2012年7月被中国关心下一代工作委员会授予“全国优秀辅导员”荣誉称号
李美玲	女	蔚汾镇东关小学教师	2014年9月被中华人民共和国教育部授予“全国优秀教师”荣誉称号
王利芳	女	蔚汾镇中心校教师	2013年5月被中国计算机协会授予“全国优秀教师”荣誉称号
李孝江	男	友兰中学教师	2014年9月被中华人民共和国教育部授予“全国优秀教师”荣誉称号

第二节 出席山西省党代会代表、山西省人民代表大会代表和山西省劳动模范、先进工作者名录

表 34-2-2-1

姓 名	性别	职 务	所获荣誉
杜俊奇	男	中共兴县县委书记	1989 年当选出席山西省第二次党代会代表
贾油油	男	杨家坡乡水油塔村支书	1989 年当选出席山西省第二次党代会代表
张候鸡	男	魏家滩镇中学教师	1989 年被评为山西省劳动模范
王 瑛	男	城镇中学校长	1989 年获“山西省模范教师”称号
田云儿	女	魏家滩镇马蒲滩小学教师	1989 年被评为“山西省优秀教师”，受到山西省教育厅表彰
杨支便	女	教师	1989 年被评为“山西省模范班主任”，受到山西省人民政府表彰
贾斌迎	男	县电影公司职员	1990 年科教片汇映受到山西省文化厅、省计划生育委员会等 9 个厅局单位联合表彰
刘候油	男	城关镇东关村民营企业经理	1992 年被评为山西省劳动模范
高荣兴	男	劳动和社会保障局局长	1992 年被评为山西省劳动模范
张寨迎	男	县政府党组成员、发电厂厂长	1992 年被评为山西省劳动模范
康有全	男	瓦塘镇卫生院主治医师	1995 年被评为山西省劳动模范
张永前	男	东关中学教师	1995 年 9 月被山西省教育厅授予“优秀教育工作者”荣誉称号
白秀青	女	魏家滩中学校	1995 年 9 月获山西省优秀班主任荣誉称号
王爱琴	女	蔚汾镇东关小学教师	1996 年 9 月获“山西省优秀班主任”荣誉称号；2005 年 9 月，获“山西省第六届中小学教学能手”荣誉称号，受到山西省教育委员会表彰
弓寨明	男	中共兴县县委常委、宣传部长	1998 年 1 月，当选山西省第九届人代会代表
白喜平	男	蔚汾镇乔家沟村民营企业经理	1998 年 1 月，当选山西省第九届人民代表大会代表
贾泽平	女	兴县中学教师	1998 年 1 月当选出席山西省第九届人民代表大会代表
刘云虎	男	固贤村村民	1998 年被评为山西省劳动模范
裴继芳	女	实验小学教师	1998 年 12 月被评为“山西省教育系统精神文明建设先进个人”，受到省教育厅表彰
马卫琴	女	兴县初级中学教师	1999 年 9 月被山西省教育委员会授予“优秀班主任”荣誉称号；2011 年 9 月被山西省教育厅授予“中小学模范教师”荣誉称号
关俊英	女	蔚汾镇中心学校教师	2000 年 2 月被评为“山西省教育系统精神文明建设先进个人”，受到省教委表彰。2002 年 9 月，所代班级获“山西省先进班集体”荣誉称号，受到省教育厅表彰
陶秀清	女	兴县教育科技局事业发展中心	2001 年月被评为“山西省优秀班主任”，受到山西省主题教育活动组委会表彰。2009 年 9 月被评为山西省优秀教师，受到省教育厅表彰

续表 34-2-2-1

姓 名	性别	职 务	所获荣誉
马喜平	男	兴县教育科技局事业发展中心	2001 年 5 月被评为“山西省‘九五’教科研优秀工作者”，受到省教育厅表彰
裴海昶	男	兴县中学校长	2001 年 9 月获“山西省模范教师”称号；2006 年获“山西省优秀共产党员”称号
白卫安	男	实验小学校长	1998 年获“山西省教育系统精神文明建设先进个人”称号；2001 年获“山西省模范教师”称号
李喜勤	男	蔡家会中学校长	2001 年获“山西省模范教师”称号，受到省教育厅和人事厅联合表彰
李兴凤	女	蔚汾镇东关中学教师	2001 年 9 月被山西省教育厅授予“山西省优秀班主任”荣誉称号
李明则	男	兴县统计局	2003 年 1 月当选出席山西省第十届人民代表大会代表
刘平儿	男	蔚汾镇东关村民营企业经理	2003 年 1 月当选出席山西省第十届人民代表大会代表
杨花连	女	蔡家崖乡小学教师	2003 年 1 月当选出席山西省第十届人民代表大会代表
王志英	女	实验小学教师	2003 年 3 月被评为“山西省优秀教师”，受到省教育厅表彰
刘调英	女	新建小学教师	2003年6月被评为“山西省优秀少先队辅导员”，受到共青团山西省委、山西省少工委表彰
赵玉珍	女	实验小学教导主任	2004 年获“山西省先进教育工作者” 称号
刘会勤	男	实验小学教师	2004 年 9 月获“山西省模范教师”荣誉称号
尹喜全	男	康宁镇中心学校	2004 年 9 月获“山西省优秀教师”荣誉称号
乔丽花	女	兴县初级中学教师	2005 年 9 月被山西省教育厅授予“山西省优秀班主任”荣誉称号
张云香	女	蔚汾镇东关小学教师	2005 年 9 月获“山西省优秀班主任”荣誉称号
王乃利	男	兴县司法局法律援助中心主任	2005 年被山西省司法授予“全省法律援助先进个人”荣誉称号
郭　燕	女	兴县教研室	2005 年 12 月被山西省教育厅授予“山西省教学能手”荣誉称号 2011 年 3 月被山西省教育厅授予“山西省骨干教师”荣誉称号
乔　婧	女	第二实验小学教师	2006 年 1 月获“山西省优秀班主任”荣誉称号
卢玉珍	女	蔚汾镇东关中学教师	2006 年 3 月被山西省教育厅授予“普及实验教学先进工作者”荣誉称号 2012 年 11 月被山西省教育厅授予“山西省优秀班主任”荣誉称号
杨博究	男	蔚汾镇东关村党支部书记	2006 年 10 月当选中共山西省第九次党代会代表，2007 年获山西省“五一”劳动奖章
郭桂平	男	蔚汾镇中心学校教师	2006 年 10 月获“山西省初中化学优质课奖”，受到山西省教育学会表彰
田志勤	男	县国税局党组书记	2007 年被评为山西省劳动模范
贾有明	男	关家崖国营煤矿副矿长	2007 年被评为山西省劳动模范
郭卫平	女	阳光小学教师	2007 年 9 月被评为山西省模范教师，受到省教育厅表彰
李秋琼	女	兴县初级中学教师	2005 年 8 月被山西省教育委员会授予“山西省优秀教师”荣誉称号 2007 年 9 月被山西省民办教育协会授予“山西省优秀教师”荣誉称号

续表 34-2-2-1

姓 名	性别	职 务	所获荣誉
杨韶伟	男	兴县教研室	2007 年 9 月被山西省教育厅等部门授予“山西省育人杯先进个人”荣誉称号，2009 年 9 月被山西省教育厅、人社厅授予“山西省模范教师”荣誉称号
王新春	女	蔚汾镇东关小学教师	2007 年 12 月被评为山西省优秀班主任，受到山西省教育厅表彰
张瑞红	女	实验小学教师	2008 年 12 月被评为山西省优秀班主任，受到省教育厅表彰
王五良	男	阳光小学教师	2009 年 2 月被评为山西省中小学教师继续教育先进工作者，受到省教育厅表彰
尹淑红	女	蔚汾镇东关小学教师	2009 年 2 月被评为山西省中小学教师继续教育先进工作者，受到省教育厅表彰
乔彩霞	女	实验小学教师	2009 年 11 月被评为山西省优秀班主任，受到省教育厅表彰
张华青	女	实验中学教师	2009 年 12 月获“山西省多媒体课件优秀奖”，受到山西省中小学信息技术教育中心表彰
吕灵新	女	蔚汾镇中心学校	2010 年 1 月获“山西省第三届基础教育三优工程奖”，受到省教育厅表彰
李继娥	女	120 师学校教师	2010 年 1 月获山西省优秀（教学）案例一等奖，受到省教育厅表彰
樊少华	男	瓦塘镇中心学校	2010 年 4 月被评为山西省农村中小学现代远程教育工程先进工作者，受到省教育厅表彰
崔莲花	女	城镇中学教师	2010 年被评为山西省劳动模范
诸志忠	男	晋兴能源有限公司斜沟矿地采科科长	2010 年被评为山西省劳动模范
尹秀云	女	实验小学教师	2010 年 12 月被评为山西省优秀班主任，受到省教育厅表彰
李孝江	男	友兰中学教师	2010 年 12 月被山西省教育厅授予“山西省优秀班主任”荣誉称号
陈晋军	男	蔚汾镇东关小学教师	2010 年 12 月被评为山西省优秀教研员，受到山西省教研室表彰
高连平	男	蔚汾镇中心校教师	2011 年 1 月获山西省多媒体课件优秀奖，受到山西省中小学信息技术教育中心表彰
姚爱生	女	友兰中学教师	2011 年 4 月被河北省政府授予“特级教师”荣誉称号
曲晓霞	女	教师进修学校	2011 年 10 月在山西省“十一五”中小学教师培训工作中被评为“优秀教师”，受到山西省教育厅表彰
刘利红	女	阳光小学教师	2011 年 12 月获山西省多媒体课件优秀奖，受到山西中小学信息技术教育中心表彰
白巧连	女	阳光小学教师	2011 年 12 月被评为“山西省优秀班主任”，受到省教育厅表彰
张　燕	女	阳光小学教师	2011 年 12 月获山西省多媒体课件优秀奖，受到山西中小学信息技术教育中心表彰
梁俊文	女	兴县初级中学教师	2012 年 4 月被山西省“中华魂”主题教育活动组委会授予“山西省优秀辅导员”荣誉称号
王秀玲	女	城镇小学教师	2012 年 11 月被评为山西省优秀班主任，受到省教育厅表彰
史何瑜	女	城镇小学教师	2012 年 11 月被评为山西省优秀教师，受到省教育厅表彰
翟淑珍	女	县人民医院五官科医生	2013 年 1 月当选山西省第十二届人民代表大会代表

续表 34-2-2-1

姓 名	性别	职 务	所获荣誉
田乃翠	女	兴县中学教师	2013 年 1 月当选山西省第十二届人民代表大会代表
贺虎平	男	民营企业经理	2014 年和 2015 年被评为山西省劳动模范
刘平则	男	城乡建设局局长	2014 年被评为山西省劳动模范
靳小平	男	交楼申乡张家岔村民	2014 年被评为山西省劳动模范
安江平	男	金地煤业公司综采区长	2014 年被评为山西省劳动模范
康玉洁	女	城镇小学教师	2014 年 9 月被评为山西省优秀教师，受到省教育厅表彰
康云贵	男	高家村镇中心学校	2014 年 9 月被评为山西省优秀教育工作者、山西省中小学优秀德育工作者，受到省教育厅表彰
田颖颖	女	实验小学教师	2014 年 9 月被评为山西省模范教师，受到山西省人力资源和社会保障厅、山西省教育厅表彰
康利荣	男	兴县初级中学教师	2014 年 9 月被山西省教育厅授予“山西省优秀教师”和“山西省中小学优秀班主任”荣誉称号
郭 健	男	友兰中学教师	2014 年 9 月被山西省教育厅授予“山西省优秀教师”荣誉称号
孙静芳	女	蔚汾镇东关小学教师	2015 年 9 月被评为山西省第十一届中小学教学能手，受到省教育厅表彰
张 琼	女	新建小学教师	2015 年 10 月被山西省人力资源和社会保障厅、共青团山西省委、山西省教育厅、山西省少工委共同授予“山西省优秀少先队辅导员”荣誉称号

附前志补正：刘贵英，女，兴县水铁厂，1977 年 10 月被评为先进个人，出席了山西省水利系统学大庆学大寨经验交流会。

第三节　兴县籍正厅级及以上干部、大校及大校以上军官、正高职称专业技术人员名表

此表仅录 2016 年 12 月 31 日前担任过地厅级正职及以上干部、大校及以上军官和正高级专业技术人员，共 81 人；凡“人物传略”已录人士，此表不再重复（排列以出生时间为序）。

兴县正厅级干部及大校以上军官、正高职称专业技术人员名表

表 34-2-3-1

姓 名	曾用名	性别	籍贯或单位	出生年份	最高职务（军衔）、职称及荣誉
孙启晏		男	固贤村	1920	西北纺织学院副院长、代院长、研究生导师
牛旭光	牛荫东	男	蔡家崖村	1922	四川建筑工程学校副校长、史志专家、研究员
方 彦	康振仪	男	城关	1923	中国政法大学教授、研究生导师、行政法专家

续表 34-2-3-1

姓 名	曾用名	性别	籍贯或单位	出生年份	最高职务（军衔）、职称及荣誉
边子正	苗正宝	男	交楼申乡井沟渠村（祖籍陕西省横山县）	1923	1940 年参加八路军，曾任兴岚支队排长、晋绥第六军分区 22 团侦察参谋、西北野战军第 7 纵队第 12 旅 36 团侦察参谋等职，1950 年被评为全国特等战斗英雄，出席全国战斗英雄劳动模范代表会议。后转业到安徽省卫生厅和群众艺术馆工作，著有长篇小说和中短篇小说
牛新中	牛荫娟	女	蔡家崖村	1925	山东氧化铝研究所所长、教授级高级工程师
李象耕		男	城关镇	1925	解放军后勤学院研究员、四川省舞蹈学校校长
白 鹤		男	碧村	1926	解放军防化研究学院副政委，少将军衔
牛荫西		男	蔡家崖村	1928	总政治部老干部学院副院长兼教育长、研究员
任务之		男	中庄村	1929	国务院宗教事务管理局局长
吕新德		男	城关水泉湾	1929	中国矿业大学宣传部部长、研究生部党委书记
白展云		男	城关	1930	西南财经大学宣传部部长、资深教授
高志清		男	前石门庄	1930	第四军医大学教授、博士生导师、全国肝脏外科专家
刘易成		男	黑峪口村	1930	中科院物理所引力波实验室副主任、轨道专家
杨在泉		男	杨家坡村	1931	总后勤部军需财务处处长（正师职）、大校军衔
牛达生		男	蔡家崖村	1933	宁夏文物考古研究所西夏研究室主任、教授、研究员
刘纪原	陈纪原	男	黑峪口村	1933	2011 年 10 月获得国际宇航科学院授予的冯·卡门奖
奥秋成		男	斜沟村	1934	兴县人民医院党支部书记、放射科主任医师
李万林	李双迎	男	城关	1938	山西北路梆子剧团团长、著名表演艺术家、国家一级演员
贾佩珍	贾树奇	男	王家畔村	1938	《兴县文化志》《兴县教育志》主编、副编审
牛力生		男	蔡家崖村	1940	空军研究所高级工程师、大校军衔
邱虎明		男	刘家庄村	1941	山西省武警总队后勤部政委
牛志平		男	北坡村	1942	海南师大教授、博士生导师、中国隋唐史专家
白光瑞		男	郑家塔村	1943	兴县人民医院院长、内科主任医师
王玉堂	王钰棠	男	城关	1944	古建筑彩画设计工程师、国家一级画师
赵若江	牛小妮	女	蔡家崖村	1945	国家质量技术监督局计量司司长、计量测试专家
任建华		女	黑峪口村	1946	北路梆子著名表演艺术家、国家一级演员
牛西午		男	北坡村	1947	山西省农科院院长、研究员、博士生导师
李三处		男	石岭村	1947	山西省音乐家协会副主席、国家一级编剧、诗词作家
丁允衍		男	城关	1947	中国新闻摄影学会学术委员、编审
王 宁		男	交楼申村	1950	山西省作协巡视员、歌词作家、书法家
白炜明		男	蔡家会团厂村	1950	《忻州日报》总编辑、社长，忻州市广播电视局长、台长，太原文广集团（市广播电视总台）党委副书记，高级职称

续表 34-2-3-1

姓 名	曾用名	性别	籍贯或单位	出生年份	最高职务（军衔）、职称及荣誉
孙明旺		男	乔家沟村	1952	山西省邮政储蓄银行行长、省政协经济委副主任
贾坚毅		男	白家沟村	1953	山西省教育厅正厅级督学、省政协常委
刘念胜		男	赵家坪乡泥衣山村	1952	退休前曾任天津市西青区委常委、区人武部政委，大校军衔
白　路		男	瓦塘镇郑家塔村	1953	退休前曾任总参谋部军务部兵员局局长，大校军衔
贾兴泉		男	白家沟村	1953	解放军某部技术室主任、大校军衔
李东江		男	李家湾村	1953	总装备部政治部新闻电教室主任，大校军衔
刘务林		男	城关镇	1953	西藏自治区林业调查规划研究院党委书记
牛铁航		男	蔡家崖村	1954	当代著名金融学家、资深研究员、《全球化》主编
牛崇辉		男	韩家吉村	1954	山西省史志研究院党史研究二室主任、党史研究所所长（副厅级），中共山西省委党史办公室副主任，中共党史学会理事、山西省党史学会副会长兼秘书长
尹晋华		男	黄家沟村	1954	河南省委常委、纪委书记、中纪委委员
张香明		男	康宁村	1954	总参谋部军训部军务装备局副局长、大校军衔
奥雨迎		男	康宁镇红月村	1954	山西省水利厅纪检组长、巡视员
王九筛		男	魏家滩镇紫家塌村	1954	2002 年获高等学校教师资格，2011 年被评为忻州师范学院音乐系教授
牛喜平		男	石盘头村	1955	轻工业部司长、国际儒学联合会秘书长
田彩凤		女	魏家滩	1955	山西省舞蹈家协会理事、研究员
马提则		男	魏家岔	1955	美国国家专利局研究员、核物理博士
康　恩	云　珍	男	城关	1956	河南省机械设计研究院研究员
野世捷		男	城关	1956	山西省武术家书画协会副主席、晋绥书画院院长
刘新荣		男	城关	1957	兴县人民医院副院长、五官科主任医师
樊建川		男	交楼申乡马家梁	1957	宜宾市副市长、四川省政协常委、建川博物馆馆长
范志应		男	兴县	1958	曾任国营第 304 厂第一研究所所长，304 厂副总工程师、董事会董事；山西北方惠丰博士后工作站企业导师，中北大学硕士研究生导师
刘补明		男	魏家滩镇庙井村	1958	太原市外国语学校高中语文教师，山西省特级教师，2013 年被评为山西省中小学正高级教师
杨蓉娅		女	城关	1958	北京军区总医院副院长、第二、三军医大学教授、导师，八至十一届全国人大代表，少将军衔
李劲民		男	城关	1958	山西省发展研究中心主任、省政协法工委主任
吕志明		男	河子坪	1959	89711 部队驻太原军代处正师高级工程师、大校军衔

续表 34-2-3-1

姓 名	曾用名	性别	籍贯或单位	出生年份	最高职务（军衔）、职称及荣誉
杨益平		男	杨家坡村	1959	曾任南京空军某部业务处处长、总工程师，技术四级，文职二级，大校军衔
康湘坪	康湘平	男	安坪村	1959	山西省艺术研究创作中心研究员、作曲家
姚秀平		男	姚家沟	1960	海军安全委员会办公室常务副主任、大校军衔
王全珍		男	张家圪台	1960	美国国家专利局研究员、激光博士
王贵平		男	魏家岔	1960	山西水利厅副厅长、教授级高级工程师、省政协常委
刘贵年		男	石盘头	1960	总装备部工程兵装备试验研究所副所长、大校军衔
马临真	马林珍	男	康家庄	1961	华北电力大学（北京）教授、国学研究中心顾问
温国勇		男	曹家坡	1961	国土资源航空物探遥感中心党委书记、研究员
高 航		男	吕家沟	1961	山西省质监局副局长、省市场监督管理局巡视员
张贵平		男	峁底村	1961	中央军委装备发展部绵阳离职干部休养所所长
刘玉平		男	西坪村	1962	山西省晋中学院党委书记、教授
贾宝珠		男	城关	1962	兴县人民医院急诊科主任、主任医师
奥岩松		男	交楼申	1963	国家农业部 WTO 咨询专家、教授、博士生导师
马彦平		男	罗峪口村	1965	山西省大同市委副书记、市长
高利珍		男	兴县	1965	太原工业大学材料工程学院副教授，中国科学院成都有机化学研究所研究员、博士生导师，太原理工大学环境科学与工程学院教授、博士生导师，中国（绵阳）科技城工业技术研究院院长，1997 年获正高职称任职资格
白忠泉		男	兴县高家村	1965	高级工商管理硕士（清华大学工商管理专业），正高级工程师，党员。2012 年 3 月任中国钢研科技集团有限公司董事、公司总经理，党委副书记等职务。2009 年 11 月—2010 年 11 月，其参与创造的大型军工集团战略并购管理体系构建与实施（运用）分别获得 2009 年度和 2010 年度中国国防科技工业企业管理创新成果一等奖
田潇鸿		女	魏家滩镇西磁窑沟	1966	三晋出版社编审、古典文学硕士
胡继平		男	蔡家崖乡胡家沟村	1967	中国国际关系学院研究员、博士生导师、法学博士
苗润莲		女	固贤乡井沟渠村	1968	北京市科学技术情报研究所研究员、博士生导师
辛 鸣		男	城关镇	1969	中共中央党校教授、博士生导师、央视特约时政评论员
任贵兵	任贵贵	男	高家村镇黑峪口村	1972	师职大校，硕士研究生导师，副教授

续表 34-2-3-1

姓 名	曾用名	性别	籍贯或单位	出生年份	最高职务（军衔）、职称及荣誉
魏晓军		男	奥家湾乡李家塔村	1973	山西传媒学院教授、山西大学及云南艺术学院硕士生导师
白海青		男	赵家坪乡强家洼村	1975	厦门大学新闻传播学院教授、博士生导师
郭荣旺		男	孟家坪乡小善村人	1978	先后就读于长安大学土木工程学院、清华大学五道口金融学院，2000—2015 年在央企中建总公司总部（北京）和旗下中国海外集团（香港）担任城市公司总经理等职务。2015 年任碧桂园集团（西安）区域公司总裁，兼任旗下多家实业公司董事长、法人代表
王利军		男	魏家滩镇	1980	空军某部，大校军衔
成 瑾		女	交楼申乡马家窑村	1980	厦门大学管理学院教授、博士研究生导师

第四节　获“晋绥儿女支持老区教育奖”优秀教师名录

1996 年，原晋绥边区革命前辈及其后代缅怀前辈光辉业绩，不忘老区人民养育之恩，慷慨捐助资金，建立了“晋绥儿女支持老区教育奖励基金”，用于表彰奖励长期工作在原晋绥老区农村学校，不畏艰苦，不怕困难，爱岗敬业，辛勤耕耘，做出贡献的优秀教师。

1996 年至 2016 年，全县共有 136 名（次）优秀教师获“晋绥儿女支持老区教育奖”，名单如下（以乡镇联合学区或中心学校排列）。

表 34-2-4-1

乡镇及直属学校	人数	人物姓名
蔚汾镇	12	白彩平、刘迎春（肖家洼）、解海迎、乔改勤、孙俊利、康油平、王旺强、胡清兰、贺瑞连、王喜云、刘晓英、乔改琴
蔡家崖乡	12	王少元（杨家坡）、李迎香、赵银花、刘岳峰（杨家坡）、王喜红、吕虎平、杨建娥（杨家坡）、孙志明、白剑南、温二信、马来平、李淑伟
魏家滩镇	17	张掩维（木崖头）、康爱英（白家沟）、李爱儿、康香翠、田贵云、贾玉晶（白家沟）、田爱英、高栋（木崖头）、贾贵命、王厚玲（白家沟）、康兴山、尹会作、田彦华、贾喜平（白家沟）、刘兴平、李晓利、刘喜迎
罗峪口镇	8	马相红、高宇平、马毛玉、王兴兰、王宏、牛掩喜、李亚琴（2010、2016 年两次受奖）
瓦塘镇	3	任志敬、赵初生、白九维
康宁镇	7	王建平、温云虎、孙左彦、刘敬忠、郝玉兰、刘平务、白信兰

续表 34-2-4-1

乡镇及直属学校	人数	人物姓名
蔡家会镇	4	孙爱明、赵翠连、李左勤、马艳彦
高家村镇	5	白支明、张建平、裴志斌、赵兴连、侯娟敏
恶虎滩乡	5	陈二迎、李寨迎、孙改连、胡支迎、韩晓秋
奥家湾乡	6	白寨英、白玉香、康清维、陈五迎、张唤唤、张利敏
固贤乡	9	李清爱、邱连枝、刘平则、郝兴荣、裴娟娟、赵香信、张海寨 、白咏、关永平
孟家坪乡	9	闫乃堂（小善）、孙瑞兰（小善）、黄敬义、白绍春（小善）、赵九儿、郭建业（小善）、王香儿（小善）、白建华、白彩连
赵家坪乡	6	赵左梅、赵永平、牛志斌、孙彩凤、韩喜明、王春云
交楼申乡	7	奥左凤、赵爱云、温青兰、白改秀、韩晓芳、刘寨连、褚唤枝
圪垯上乡	6	白翠香、贺相梅、樊双生、李世平、孙继伟、高元环
贺家会乡	5	刘茹、牛雨花、高风云、王根娥、魏埃喜
东会乡	7	郭四迎、李继生、田利梅、兰林林、李连爱、张建玮、吴海龙
直属学校	8	吕虎平（职业技校）、李继娥（蔡家崖中学）、裴文成（蔡家崖中学）、孙玉萍（车家庄中学）、郭靖（孟家坪中学）、吕亚文（晋绥中学）、冯彦军（瓦塘中学）、谢俊青（魏家滩中学）

附 录

中共兴县县委 兴县人民政府
重要文件辑录

中共兴县委员会文件

兴发〔1990〕53号

关于深化农村改革的实施方案

十一届三中全会以来，我县广大农村普遍推行了以家庭联产承包责任制为特征的合作制度，这种宜统则统，宜分则分，统分结合、双层经营的新体制，适应农村生产力发展，符合农民的意愿，极大地调动了干部、群众的生产积极性，推动了农村经济的发展。为了坚定不移地把农村改革坚持下去，特提出以下稳定和完善农村各项经济政策的意见。

一、完善双层经营，壮大集体经济

农民家庭经营和集体统一经营是农村合作经济相辅相成、不可分割的两个经营层次。在稳定完善家庭承包经营的同时，必须毫不松懈地坚持和加强集体统一经营，大力发展多种形式的农村集体经济，这是带领农民共同致富的需要，也是广大农户的迫切要求。目前主要问题是，有不少地方忽视发挥集体统一经营的优越性，放松了集体经济的发展，集体经济组织缺乏统一服务的实力和活力。为此，必须把完善双层经营，壮大集体经济的工作摆在重要位置，采取有效措施，下决心抓紧、抓好，抓出成效来。

1.统分结合，双层经营，是我国农民在党的领导下，对社会主义合作制的自我完善。把集体经营和家庭经营结合起来，加快了农村经济的发展。邓小平同志曾指出：“我们总的方向是发展集体经济。只要生产发展了，农村的社会分工和商品经济发展了，低水平的集体化就会发展到高水平的集体化，集体经济不巩固的也会巩固起来。”

2.完善双层经营。当前的重点是加强和搞好社会性合作经济统一经营层次。这是坚持社会主义公有制，带领广大农民群众走社会主义共同富裕道路的基本保证，也是当前完善双层经营工作的主要任务。只有搞好集体统一经营层次，不断壮大集体经济实力，才能更好地为家庭经营提供服务；改善生产条件，提高家庭经营的水平，农村经济才能得到持续、稳定、协调的发展。

3.完善双层经营要以农民家庭经营为基础。因为，它符合农村现阶段生产力的发展水平，符合广大农民群众的意愿，应当继续实行并不断完善。今后凡适宜农民家庭的项目，应坚持由农户承包经营。农民家庭联产承包制是我们党的一项长期政策，必须坚持稳定不变，对此不能有任何怀疑和动摇。

4.完善双层经营必须坚持因地制宜的原则。集体经济能搞些什么项目，就搞些什么项目；能搞到什么程度，就搞到什么程度。村级合作经济组织是农民的集体经济组织，与村委会合立还是单立，办哪些经济实体，都应根据群众的意愿和生产发展需要，不能搞强迫命令，不能图形式，不能伤害农民的合法权益。

5.发展壮大集体经济实力，是当前完善双层经营，加强统一经营层次的一项迫切任务。各地要全面考察本地资源优势，积极发展多种经营。能办企业的办企业，不能办企业的可发展林果业及其他产业。对已有的集体果园，不论采取何种承包办法，都应保证果品收入的大头归集体；集体营造的成片用材林，必须坚持集体所有，不得随意拍卖和折价到户。

6.必须完善和落实提留制度。对土地的提留，一定要按合同办事，为了对社员进行有效的服务，可提倡在年初预交提留。对多年的欠交户一定要进行清理，促其补交，个别拒不上交者可收回承包土地或采取其他处罚措施。对集体承包的果园、林木、农机具等，其提留一定要合理确定，绝不允许拖欠。对损坏集体资源者要给予严肃处理。

7.认真搞好集体资产的清理工作。对实行责任制时农户拖欠集体耕畜、农具等财产的作价款，现在仍然没有收回的，一定要限期收回；当时没有作价的，要重新合理作价收回；个别作价平分了的，也要视其情况力争收回；对拒不交款者，要移交信用社或乡（镇）农经服务站转为贷款，按规定计息。

8.要认真做好特殊贫困村（一无所有）的扶持工作。有关部门要合理使用支援农村合作组织资金，保证这项资金的70%以上用于支持“特困”村发展集体经济，改变贫困落后面貌。金融、财税、工商等部门也要积极配合。

二、建立农业基金制度，增强农业发展后劲

各项经济工作都要贯彻以农业为基础的方针。全党全民动员起来，集中力量办好农业，切实加强农业的基础地位。千方百计，筹集农业发展基金是当前发展农业生产的重要任务，增加农业投入，增强农业发展后劲，县、乡、村三级具有重要地位。为了促进县一级资金使用方向向加强农业方面倾斜，为了管好用活农村原有和现有资金，并拓宽聚资渠道，充分发挥地方财力，社会财力的支农作用，增强集体经济组织统一服务的实力和活力，决定今年在全县各地积极建立和完善县级农业发展基金和乡村合作发展基金，逐步形成与农村“统分结合，双层经营”体制及农业发展要求相适应的国家、部门、集体，个人对农业投入的新机制。

（一）基金筹集

1.县农业发展基金：根据国务院〔1988〕30号文件规定，县政府去年已提出：农业发展基金的来源主要表现在以下五方面：一是以县财政按规定留用的“征集预算调节基金”收入中提取10%：二是乡镇企业税收的50%;三是向农村个体工商户和农村私营企业征收的税额比上年增加部分的50%;四是耕地占用税收入留成的全部；五是农村特产税收入的50%;除此之外，还可增加以下资金源：（1）县财政在保持原有支农投资的前提下，每年根据实际情况尽力增加农业投资，要求支农资金一般应不低于县当年可支配财力（含预算收入和预算内县支配的机动资金）的15%；（2）近年来上级财政下拨和县财政自拨的支农周转金，要认真回收和加强清理，纳入农业发展基金；（3）县留成的违法占地罚款的大部分；（4）县留成的乡镇企业管理费、土地管理费、农机管理费、水资源管理费、排污费的一部分。

2.乡村合作发展基金除属于原集体积累（包括存款，现金和各种应收回的超支欠款，变卖和处理集体财产所得收入）及当年公共积累和新吸收农民个人的股金外，还可以积极开辟以下来源：（1）乡、村集体企业提取上交利润的50%以上；（2）在乡村经营和私营企业和联办企业提取纯收入的5%作为贴农金；（3）对采矿、砖瓦、硅铁、炼铁、石、水泥等资源型、污染大和高耗能企业提取10%的资源补偿金或土地垦复金；（4）果园提取上交收入的50%，土地及其多种经营提取上交收入的一部分；（5）集体土地征用费的全部或绝大部分。

（二）基金使用

1.县农业发展基金和乡村合作发展基金，原则上用于改善农业生产和经营条件。根据我县实际，重点投向是：（1）农田水利建设；（2）中低产田改造，滩淤和盐碱地开发，山区小流域治理和建设基本农田；（3）更新和购买农业机械；（4）开发和推广新技术、新农艺、繁育推广优良品种，扶植各级农业技术服务机构的建立和发展；（5）扶植发展各类农业服务组织和直接为农业生产和流通服务的加工、用电、仓储、运输、道路等基础设施建设。

2.农村合作发展基金要按规定用途来安排使用。资金使用要坚持以农业建设为主，结合当地经济发展规划，有目的地促进形成自己的经济优势，做到集中使用，择优扶植，保证重点，兼顾经济和社会效益，有些基金的使用要同农户资金相互结合，配套使用，最大限度地提高资金的规模效益。

3.县发展基金和乡村合作发展基金的投放，实行有偿使用与无偿使用相结合，逐步达到以有偿使用为主，周转使用，滚动发展。无偿使用部分要坚持所有权与得益权相统一，保本使用，到期还本，任何单位和个人不得无偿占有或平调。基金使用要坚持统筹安排，量入为出、先提后用、略有节余，不得提前使用和赤字支付。

4.必须坚持专款专用的原则，任何地方不得在规定范围以外随意挤占和挪用农业发展基金和乡村合作发展基金，一经发现，要严肃纠正和查处。

（三）基金管理

1.县成立农业发展基金管理委员会，由县长或分管农业的副书记、副县长任主任，吸收农工、财政、税务、农牧、经济管理等部门参加，管委会可委托农村工作部门和财政组成办事机构，负责资金筹集、发放、回收、监督、管理等日常各项具体事宜。乡村合作发展基金会依托乡农经服务站建立，由农经服务站组织入会成员制定章程，选举理事会，建立制度，按照章程和理事会的意见，在乡（镇）党委、乡（镇）政府的领导下，代办好集资和具体管理、监督等业务，并定期报告工作，接受检查和审议，对村合作发展基金，除有条件可以自筹自管者外，一般要实行村有乡（镇）管，作为乡（镇）合作基金会集体会员，接受乡（镇）基全会的指导和监督。具体使用时由村基金委员会提出使用意见，经乡（镇）基金会审核同意后拨款，村里不得隐瞒筹集资金数目，私自开支。

2.县农业发展基金和乡村合作发展基金要单独建账，不得同其他经营合帐混用。乡村合作发展基金会要建立经济核算制度，严格财务会计管理，健全收支往来账目手续，完善内部核算程序，坚持勤俭办会。

3.建立严格的用款审批程序和制度，县和乡村基金会在征求和综合各方面意见的基础上，讨论制订出全年基金的使用方案及投放意见。在资金具体使用时，要坚持放前调查，放时审查，放后检查，严格申请、找保、审核、签约、批准、检查、审计、验收、回收等手续，确保资金营运安全。

4.建立合理的利益分配制度，县级发展基金中有偿使用

部分的利息收入，作为新的资金来源归入同级发展基金。乡村合作基金股金值收入，除去股息、费用后，取一定比例按股分红，留一定比例作为公积金、风险金以及适量的公益福利金。

5.加强乡村合作发展基金的民主管理和民主监督，提高透明度。乡村合作发展基金会的权力机构是会员（股东）大会或会员代表大会，由它选举产生的理事会为执行机构，设理事长、副理事长、理事若干人。理事长是合作发展基金的法人代表，定期向会员大会或会员代表大会报告工作，公布帐目，接受监督。县、乡（镇）合作发展基金实行预决算制度，报同级人民代表会议审议批准。全县每年对各级合作发展基金管理情况组织两次审计检查，发现问题及时纠正和处理。

三、完善土地承包，加强等级管理

土地是农村的主要生产资料，家庭联产承包责任制调动起农民生产积极性，首先表现在经营土地上。但近年来一些农民对种地的兴趣有所下降，投入减少，耕作粗放，地力下降。为了完善农村土地承包制度，提高土地利用率、产出率和经济效益，促进农业生产的发展，在稳定承包关系的基础上，必须完善土地承包制度，加强土地等级管理。

1.农村土地属于村农民集体所有，所有权的合法代表为农业合作经济组织，没有成立村农业合作经济组织的，由村民委员会代行。

2.农村土地实行双层经营体制。所有权与经营权分离，以家庭或专业组、专业队为承包经营单位。集体为承包者提供统一服务。

3.农村土地承包管理的目标，应在稳定家庭联产承包制的前提下，坚持土地的有偿使用，改善土地经营，防止土地继续过碎分割和土地经营分散化倾向;有条件的地方要不失时机地发展适度规模经营。

4.农村土地承包和管理的一切办法，都要坚持有利于生产发展和同群众商量办事的原则，对生产发展有利，多数社员同意办的事，要积极去办;多数社员不同意办的事，不得强迫推行。

5.集体对所属土地，依法行使所有权、管理权和调节权。农户对承包土地在承包合同规定期限和规定范围内，享有充分的经营自主权和合法收益权，在使用集体土地期间，承包者要注意养地，不断提高地力，对不认真种地，使地力下降或搁荒者，集体可按合同规定处以罚款，以至收回所经营的承包地。

6.农村耕地，凡适宜口粮和责任田分离的地方，可实行“两田”分离承包。在不具备条件的地方，可继续维持原承包办法，不要勉强去搞土地的集中。但不论哪种承包形式，凡承包经营集体土地者，都应向集体交纳承包金。

7.“两田制”的基本原则。对于口粮田主要体现社会保障职能，责任田主要体现商品生产职能。口粮田应以当地基本需要的平均口粮，按各农户承包时的在册人口计算，根据标准产量划给适宜的中等耕地。口粮田原则上只应负担农业税和适量留成，不负担定购任务。

8.口粮田在承包使用期满后，依据人口增减变化，可统一进行适当调整。但在承包使用期间内发生的人口增减变化，不宜搞逐年变动，新增人口所需口粮，可以选择下列办法解决：

（1）农户积极开展第二、三产业，解决剩余劳力；

（2）承包其他农户转包的口粮田；

（3）在承包户内调整口粮田与责任田，两田互补；

（4）从集体保留的机动田内调剂；

（5）集体有经济条件的可补给平议差价，对超计划生育的人口不能调整和补助。

9.责任田（包括机动田）应由务农为主业的劳力承包。长期从事非农产业、事业并有稳定收入的农村劳力，今后不再分给责任田；已承包的，应允许自愿退包或在承包期满后收回集体。在实行“两田制”的地方，国家定购任务一般应由承包责任田者负担。

10.在城市和一些产业结构、就业结构和收入结构已发生变化的村，集体已经拥有现代化技术装备农业的能力，应积极推行适度规模经营。经营规模应遵循与生产水平相适应的原则，不要搞人为的“垒大户”，土地规模经营的形式允许多种多样，可以是家庭经营的户办农场，可以是联户办的合作农场，也可以是专业承包的农业专业队（组）或集体农场，由农民自愿选择。

11.集体对土地使用方向应进行统一规划。在有条件的地方，可划定粮食作物区、经济作物区、林果生产区，实行定向承包；在水利排灌、机械作业条件好的地方，应提倡粮食作物的区域种植，以提高粮食生产的群体规模效益。

12.农村土地承包形式应由本村社员大会或社员代表大会讨论决定，可以选择租赁经营，抵押承包或其它承包经营形式。

13.租赁经营。租金应体现土地级差，体现口粮田与经济田经济收入的差别。租金的确定应考虑农民的承受能力，并通过民主的方式议定。所收租金应由集体专帐管理，使用方向应坚持“取之于地，用之于地”的原则，主要用于农田基本建设，增添农业机械设备，生产资料购置底垫以及承包者退田时的投资补偿。

14.抵押承包。应以促进农户珍惜土地，增加土地投入，提高土地质量为目标。可以全项抵押，也可以完成上交任务、投入农建、产量等指标为抵押项目。抵押金的确定，应以不超过亩土地收益的50%为宜。所收抵押金必须专帐管理，可作为农业生产垫支，作周转金使用。承包者完成抵押要求的，到期全数退还；无正当理由完不成抵押要求的，按规定扣罚。

15.抵押承包或租赁经营都应实行认标承包或投标承包。标底要合理，投标要公开。在实行招标办法的地方，要妥善安置好未中标农户的就业问题。

16.对荒山、荒沟、荒坡、荒滩、水面的开发，在不破坏水土流失和水资源的前提下由集体统一规划，二十五度以上的坡地应退耕还林还牧。凡集体开发的，一开始就应注意形成一定规模，实行投标承包经营。凡农户开发的，需经集体批准，谁开发，谁受益。边远地、瘠薄地、盐碱地也可以实行类似办法。

17.干、鲜果园要树、地经营一体化。

18.村合作经济组织有权对农户使用土地情况进行管理和监督。要建立土理管理制度，保障土地建设和土地的合理使用。

19.要普遍建立土地分等定级、升奖降罚的质量管理制度，对农户使用土地应提出保护、整修、深耕、培肥等基本要求，农户增加投入，提高地力的，要给予适当奖励；由于经营不善致使地力下降的，酌情罚以一定的土地赔偿费，造成荒芜弃耕的加收荒芜费；连续两年弃耕荒芜者，除罚款外，还要收回承包权。地力的升降标准评定，应由干部、农户代表共同组成的评估小组进行评议。要以户建立土地档案，做到奖罚有据。

20.在一个村范围内大规模的土地治理和农田水利建设，应由集体统一组织，并每年向全村劳力分摊15~20个劳动积累工，对不能出工者，允许以钱顶工。需要联村联乡治理的农田水利工程，可由乡（镇）或县人民府协调组织或成立土地开发公司，进行治理。对非受益村参与的投工，要付给合理报酬，不准平调。

21.为了促进土地合理流动，应根据不同情况，按下列原则办理：

（1）允许农户自行转让土地使用权，根据双方意愿，可以有偿，也可以无偿，但须通过集体办理转包手续，严禁土地非法买卖；

（2）在实行两田分离承包制的地方，退耕户的口粮田可以自行转让，责任田应由集体统一另行承包；

（3）农户把承包地退给集体，集体应设法安排就业。对自谋职业的，集体应给予一定的补偿费，作为对其非农就业的支持。对人少地多非农产业不发达的偏远山区村，退包地者应向集体上交一定数量的贴农金，以保护种粮农户发展农业生产的积极性；

（4）不论哪种转包，集体均应负责为其转包，按包户办理手续，并调节维护双方的合法权益。

22.承包农户均应按时完成国家规定的农业税和集体规定承包费或租金。无正当理由拒不完成者，集体有权收回其承包地。

23.不论口粮田、责任田，均不准随意挖土起坟，盖房和私自转为其它非农用途。除山区可实行粮果间作外，粮田一般不准任意栽树。违者，集体有权令其恢复耕地原貌，并处以相应罚款。

24.集体发包土地，应由干部和社员代表组成土地承包评议组确定，由法人代表同承包者签订承包合同，实行民主评议制。任何个人不得以权谋私，仗权承包，擅自签订承包合同，违者为无效合同，并要追究责任。

25.不论哪种承包经营方式，均应以书面形式签订承包合同。合同应明确发包方和承包方的责、权、利。双方认为有必要时，承包合同可经公证部门公证。

26.合同一经签订，就产生法律效力，双方均不得随意动，不得违约，农户使用土地未能履行合同条款或违反合同规定时，集体有权按合同给以必要的处罚，直至收回承包权。若因集体违约给农户造成了经济损失，应给以合理赔偿；情节严重的，要追究干部领导责任。

27.各级人民政府农村经济管理部门是农村土地承包合同管理机构。其主要职能是：宣传贯彻有关承包合同的法律、法规；指导承包合同的订立，办理示包合同鉴证；检查监督承包合同的履行；调解和仲裁承包合同纠纷：开展承包合同的咨询服务。

28.承包合同在履行中发生纠纷，应先在集体内部民主协商解决，或提交政府农村经济经营管理部门解决、仲裁。不服者可依法诉讼人民法院审理。

四、完善果园管理，发展林果生产

集体的果园林木是农村经济的组成部分。近年来，干鲜果和林木的产量收入大幅度增加，在农业的地位越来越重要。完善干鲜果树承包制，加强林木管理，已成为完善联产包制的重要内容。

（一）农村实行联产承包责任制以后，我县的果园、枣园已经实行了不同形式的承包制，经过几年的实践，效果十分显著。为了保护和促进干、鲜果的生产和发展，要求做到：

1.集体原有的成片干、鲜果园一般实行定产专业承包。为了避免市场变化的影响，可实行分阶段提留上交数量，逐年计算上交款的办法。

2.原在耕地内的少量干、鲜果树，树随地走，实行定产承包。

3.已折价归个人或由集体指定地方谁栽谁有的干、鲜果树，树权和收益归个人，不得随意变动。

4.承包期一般以十五至二十年为宜。

（二）完善承包合同是保证承包任务顺利实现、正确处理双方关系的基础。合同条款一般应包括年限、承包、提留、基建、生产投资、病虫防治、死亡、更新等指标，合理完备的合同一经签订必须严格执行，不合理不完备的合同要进行调整。

1.（凡）干部仗权承包或入“暗股”捞取好处（的合同），承包户私自转包、从中取利的（合同），承包户不按合同办事进行掠夺性生产（的合同），承包户只顾个人利盖、不履行上交任务的合同均可以解除，经营造成损失的可重新承包。

2.承包时缺乏经验，承包指标偏低的，经过协商，可适当提高承包基数。

3.由于市场变化影响，收入不平衡的，可根据当年当地市场价格，采取定产不定值的办法进行合理调整。

4.承包期满或因其它原因解除合同的应及时重新承包，履行合同又经营好的可优先续包。不管采取哪种办法，都要考虑到承包者投入劳动和物质的合理报酬和补偿。

（三）联产承包责任制是合作经济内部的一种责任制形式，集体不但同承包者一样有一般的权利义务，而且还有管理的职能。

1.集体要制定统一的技术管理标准，有组织地培训干、群果树技术人员，要对承包人的经营能力进行审查，以防止掠夺性经营。

2.要从有利于提高果树经济效益出发，采取相应的承包形式。小型果园可由专业户承包，大中型果园应由专业队联产承包折股到户，办合作果园。

3.管理要民主，产量指标要作出具体规定，专业承包一般采取投标的办法，主产区要注意到多数人的收入，处理好利益关系。

4.及时解决承包中出现的矛盾，处理好承包者、非承包者和集体的关系，避免哄抢、械斗事件发生。

（四）宜林荒山和已营造的林木也是集体经济的组成部分，它的特点是投资大，周期长，经济效益高，利益关系复杂。因此，荒山林木责任制也应适应生产的特点，本着有利于保护山林树木、扩大资源、兴林致富的原则，采取不同形式，予以管理。

1.自留山属于个体林业范畴，山权属集体所有；农民自己造的林木归个人所有，允许继承、允许折价转让，产品可以自由处理，自留山的政策要长期稳定。

2.责任山属于集体林业的范畴，山权属于集体所有，所造林木归集体所有，责任山要完善双层经营，加强集体对承包者的服务和管理，充分调动承包者的积极性，产品和收益由集体和个人按比例分成，宜林面积大或原有的成片林要建立专业队伍管理，制定具体任务，给予合理报酬。

3.在划分自留山、责任山和承包小流域中要合理规划，宜林则林，宜牧则牧，解决林牧矛盾，促进林牧共同发展。

4.对原承包的荒山和小流域，长期只包不治理的，集体可以收回，重新承包。对于有积极性的承包户要帮助承包者开展多种经营，以短养长，提倡林粮间作，收入归己。

5.集体原有的山林树木不准分林到户、归个人所有，可采取增值分成的承包办法管理；对于零星分散、集体不便于统一管理的树木，过去已经划分到户的如果群众没有意见要加强管理；群众有意见的，可以实行新的联合，完善管理办法。

6.农田林网、道路、渠道两旁的树木、树权归集体，由村民承包管理，作价保本，增值比例分成。

7.凡集体和个户所有的林木，采伐都应按森林法规定的采伐限额向县级林业部门申请许可证，按采伐规程采伐，并及时更新。

五、完善乡村企业经营，加强财务管理制度

乡村集体企业是农村经济的重要组成部分。集体企业的经营承包制是在借鉴土地联产承包制的基础上发展起来的，这种经营承包制简单套用了农田大包干的一套做法，忽视了企业的特点，对于调动劳动者的积极性和增强企业的活力，有不少制约因素，因此，完善集体企业的经营承包制是搞好集体企业的一个关键环节。

（一）乡村集体企业目前实行抵押承包、厂长经理负责委托承包股份经营、租赁经营以及不同形式的承包制，目的在于使集体的优越性和个人的积极性同时得到发挥，以利发展生产、扩大积累、增加收入。

（二）经营规模较大，固定资产较多的集体企业应实行职工集体承包，厂长（经理）负责，定额上交利润，超额比例分成的办法。厂长经理报酬从优，但不宜悬殊过大，全年收入不得超过职工平均收入的三倍。厂长活动经费不得超过千分之三。

（三）小型企业可实行租赁制和股份制，但要交租金或保证金。

（四）承包的集体企业应进行认真的测算，承包基数要合理，内容应完备，产值、收入、利润、提留、固定资产保值、设备完好、安全生产和环境保护等都要合理确定，并纳入合同内容，同时要经过公证，以保证合同兑现。

（五）集体企业的承包应公开招标，承包人应懂技术，善经营，不管本地或异地人都要实行抵押承包。

（六）乡级干部不能承包集体企业，村级主要干部也不宜直接承包集体企业，已承包的要辞去干部职务，不投入资金和劳动而入权力股的要坚决纠正，严肃处理。

（七）企业要建立完善的账簿，健全财务制度，加强财务管理，要发扬艰苦奋斗，勤俭办企业的优良传统。

（八）企业要有自主权，各级政府不应干涉正常的经济活动，不要乱安排人员、乱收费、乱摊派。

（九）完善经营者的奖惩办法，防止经营者不合理的过高收入。为此，需要坚持以下几项原则：一是经营者的收入必须先审计，后兑现;二是经营者的收入必须包括各种津贴、单项奖等全部收入；三是经营者收入最多不高于本企业职工平均收入的三倍，在此限度内，各地要制定具体条件和考核办法;四是经营者和承包领导班子其他成员的收入分配方案，必须经过职工代表大会讨论，报上级主管部门批准，增加透明度；五是取消对经营者收入实行超基数留成或分成的办法；六是现有承包企业中，经营者收入超过限额的，超过部分一律纳入生产发展基金建立企业风险基金。

（十）企业承包方案必须通过职工代表大会讨论，充分吸收广大职工的意见，并建立和健全民主监督制度，体现职工的主人翁地位，增强职工当家作主的责任感。

六、加强水利设施管理，完善劳动积累制度

提高水利设施的效益和大力开展农田基本建设是增强农业后劲的重要因素。实行联产承包责任制以来，对于这方面的工作还做的很不够。因此，农村要把水利设备的整顿、维修配套、管理以及农田基本建设当作一项长期的重要任务，成为进一步完善农村双层经营体制的重要组成部分。

（一）全面检查、维修整顿集体水利机械设备和水利设施工程，对于破坏水利设施的人和因不负责任造成损失的干部以及专管人员要追究责任，严肃处理。

（二）集体的机电设备要选择懂技术、讲信用的人员承包管理，同时要适应支持和鼓励专业户搞有偿服务。

（三）集体要统一规划范围，统一规定收费标准和服务质量。

（四）机电设备出现特殊情况，影响正常服务，要及时查明原因，妥善处理，尽快开展作业，不能久拖不决，更不能撒手不管。

（五）农田建设要统一规划，明确任务，规定标准质量，并用合同形式落实到户，长计划，短安排，常年搞和短期突击相结合。

（六）要建立农田建设义务工制度，每劳力每年不少于20个，一年一结，清工齐工，以款取齐。工值可根据当地实际情况具体确定，一般每工三至五元。

（七）大型水利和农田建设工程要建立专业队伍，实行专业承包。

（八）有条件的地方要提倡以工补农，进行农田基本建设。

（九）农民在集体统一规划下投工投资进行农田基本建设的，在转让或退包时，集体对所承包户要给予补偿。

（十）允许和鼓励农民在承包地内合作办小型水利，谁投资谁管理、谁受益，集体可不提留积累。

七、建立乡村合作经济组织，积极开展社会化服务

几年来农村实行的家庭联产承包责任制，把家庭经营引入合作经济，使农业生产得到了迅速的发展，是一项长期政策。但是同时也应看到分散经营的农户，由于种种制约因素的限制，其发展存在一定的局限性，有很多事情一家一户办不了，办不好。为了解决新形势下农村双层经营中出现的这一矛盾，必须建立健全乡村合作经济组织，组织农民走社会主义合作经济的道路。

（一）乡村合作经济组织是乡村集体经济的组织形式，担负着生产服务、协调管理、经营和积累的职能，各地要因地制宜地分类指导合作经济组织的建立和完善工作。对多数地区一般可实行村合作经济组织和村民委员会一套人马，两块牌子，承担村民自治和经济管理的双重任务：经济比较发达的地方，可以单独建立合作经济组织，独立行使自己的职能;居住分散、偏僻的地方，可以自然村分设合作经济组织。

（二）乡村合作经济组织要根据需要和条件，积极兴办各种经济服务实体。如农机、水电、植保、购销等，为农民家庭经营提供产前、产中、产后的有效服务。目前至少要做到统一组织机耕、机播、浇水、治虫，统一组织完成国家油粮定购任务、举办水利工程和基础实施，承担社会积累和“以工补农”。举办各种公共事业，要充分发挥集体力量的优势，利用公有生产资料，统筹安排人力、物力、财力的投向，合理开发利用当地自然资源；举办集体企业，扩大横向联合，要以增强为农业服务和发展基础设施的经济实力为目标。农村各项服务工作必须坚持低偿、优质、高效的原则，绝不允许以服务为名，向群众乱收费、乱摊派，加重农民负担。

（三）对农村出现的各种专业性服务组织，要加以正确引导，支持和鼓励他们开展农副产品加工和新技术开发，为千家万户提供生产服务，并要帮助他们端正经营方向，不断扩大业务范围。

（四）村级合作经济组织，要根据国家的有关法律及政策，民主讨论，因地制宜；合作社章程要明确规定办社的宗旨、原则、机构设置、职能、社员的权利、义务以及如何执行监督等，并根据社章制定出各项具体制度，不断提高管理水平，以目前情况看，村级合作经济组织应当普遍建立土地、财务、企业、合同、计划等项管理制度。这是检查和衡量一个合作经济组织是否健全和管理水平高低的重要标志，各地要切实抓好。

（五）村级合作经济组织的重要济经活动，都直接关系着村民的切身利益，一定要实行民主管理，加强民主监督。为此，各村级合作经济组织必须切实健全和坚持召开社员大会及社员代表大会制度。社章的制定和修改，社委会成员的选举和罢免，基建计划和财务收支计划的审查和批准等重大事务，都要由群众讨论决定。必须保证群众对集体财产和有关人员的监督权利。对群众提出的批评、咨询和建议，要认真研究，合理的要积极采纳，不准打击报复。

（六）要选择那些具有献身精神和开拓精神、办事公道、能带领群众致富的人担任合作经济组织领导。

一九九〇年十月十二日

中共兴县委员会文件

兴发〔1991〕4号

关于在全县农村逐步实行“两田制”的意见（试行稿）

根据外地经验和我县部分农村近几年的实践，按人分口粮田，按劳包责任田，人、劳变动时只动账不动地的两田制，基本符合我县生产力发展水平，具有多方面优点，符合农民的心愿，是对统分结合，双层经营具有较强适应性的一种土地制和具体的管理办法。

一、土地承包的现实状况与存在问题

当前我县农村土地的分配使用情况，基本分为三种类型：一是在特别贫困的边远山村，没有任何工副业，土地是唯一基本的生产资料的地区，一般都实行了均田到户，按人口均分，按土地摊派。即是所谓的“均田制”。这种村大概占全县自然村总数的10%。二是离城较远，但分布于沿公路干线、有一点工副业基础的地区，实行的是“两田制”，即把耕地划分为口粮田和责任田。有的村还留有少量机动田，称之为“三田制”。口粮田按人均分包，只承担农业税或少量承包费；责任田按劳力承包，全部或大部承担各项提留摊派和合同定购任务，留有机动田的。这类村大概占70%。三是在县城和大集镇周围，受城市经济辐射功能较强、工副业和农村商业较发达的地区。其口粮田人均在半亩左右，少数人连口粮田也不耕种，转包别人。而责任田由部分劳力承包，这样的村大概占20%。

从当前现状看，我县农村虽实行了不同形式的土地承包制度和管理办法。但由于土地的分配形式和使用情况不相一致，有的由于与当地情况不很适应。而显得不太合理，不可避免地暴露出以下一些问题：

（一）土地变动频繁，影响土地投入。有的村由于分配土地时，没有经过民主讨论，凭主观意志，土地分配明显不合理，不得不进行调整。有的为了给自已和亲友分好地，不该动的也要动;还有的由于人口增减，班子调整等多种原因，频繁地调整土地，使农民产生了“恐变心理”，导致了短期行为，搞掠夺性经营，影响了农民培肥地力的积极性，出现了水地变旱地，平地变坡地，肥地变瘦地，整块地变零碎地的不良发展趋势。

（二）各种提留困难，影响了干群关系。土地的不合理分配和不科学使用，造成了负担的不公平。农民以此为理由，对各种提留和摊派能抗就抗，能拖就拖，形成了对必要负担也搞硬性摊派，挨门逐户去要，闹的干群关系很紧张，不可避免地影响集体提留。长期下去，集体经济有名无实，想为农民提供服务也“心有余而力不足"，化肥、种子、农药等生产资料不能按时运到农民手里，集体管理成为只索取不给予的状况，更加剧了群众的怨气和逆反心理，给农村经济的发展带来很大的影响。

（三）无偿使用土地，没有经济责任。部分地区的均田制，实际上是土地使用上的大锅饭，无偿使用土地，农民没有风险感和责任感。有的既不积极耕种，又不出租转让，也不退给集体，而靠广种薄收，获取微薄的利益，使地力逐年退化，少数地方还出现了荒芜弃耕现象。

二、实行“两田制”的承包形式

基于上述情况，应本着“群众自愿，先点后面，逐步推行”的办法和“农者有其田，耕者有其田，强者多其田”的原则，实行两田制。在保证人人通过耕地获得基本口粮的同时，要使劳力承包的责任田做到有偿使用，提高土地效益，核心的问题是要合理划分两田比例，合理承担各种义务，正确处理好相对稳定和合理变动的关系。

1.承包方法。就是把全部耕地面积等级一次核准，划分为口粮田和责任田。口粮田要保证正常年景每人每年的基本口粮。凡是有农村户口的本村村民平均每人一份，责任田一般是按劳分配，凡有耕作能力的劳力每人一份。

工副业比较发达的地方，不想承包责任田的也可只承包口粮田。而经营能力强的劳力则可以多承包土地，做到强者多其田，这样，不愿多耕种土地的劳力可以放心经营其他副业。凡耕地较少，耕地主要是口粮田的村，其部分承包田由少数劳力承包者可实行招标承包的办法，但承包期不得少于三年，坚央杜绝一年一包的办法。

口粮田和劳力田比例因人均占有土地的数量和质量不同而应有所区别。

口粮田以正常年景保证基本口粮为基数，责任田以承包粮油合同订购任务和集体提留为基数。

2.承担义务。口粮田应交农业税和土地管理费等。责任田应承担承包费和粮油实物性的合同定购任务。每年的承包费应根据土地等级和集体提留，粮油负担基数而定，不得随意提高承包费。年初一次交清合同定购任务，在征购期间兑现，承包费和合同定购任务不能兑现者不得继续承包。

3.调整办法。实行两田制的一个重要原因，就是要在合理承包的基础上，保持土地承包的相对稳定。因此，因人口增减，土地确需调整时，也要大稳定小调整。至少每隔三至五年方可小调整一次，调整土地时实行“动帐不动地”的办法，人口增减由自家的责任田和口粮田内“两田互转”。增人则增口粮田，减劳力田。使一部分劳力田变为口粮田，劳力田的负担也相应地改为口粮田的负担。减人则减口粮田，增劳力田，使一部分口粮田变为劳力田，口粮田的负担也相应地改为劳力田的负担，两田的互转只是在帐面上调整和负担上改变。而经营权始终不能改变，两田互转制度调节了人口变动对土地再分配的压力，使农户的经营积极性不断提高。个人之间要互相调整兑换土地的，可以在自愿协商的基础上实行“明调”或“暗调”。明调即责任田相互转让的要经村委研究同意，并办理转让手续。“暗调”即互相转让口粮田，只要双方自愿，可以不必经村委批准。两田的转包或转让必须有利于集中、连片，提高土地利用率，以便逐步实行规模经营。

三、实行“两田制”的效益优势

“两田制”是群众在实践中创造的、优于均田制的、现阶段较为理想的一种经营形式，在实际中发挥了重要作用，好处至少有以下几点；

1.经营权长期不变，承包相对稳定，调动了农民培肥地力的积极性。实行“动账不动地”的“两田制”，农民对土地的经营权能够长期不变，给农民吃了“定心丸”，能够扭转短期行为，加强土地投入，促进生产发展。同时按人承包口粮田，使农民有了“吃饭田”，照顾了无劳少劳的困难户。按劳承包责任田或租赁经营，种田能手有了“致富田”，既稳定了人心，又体现了党的富民政策。

2.承包田的有偿使用，促进了土地的规模经营。过去一些地方的土地无偿使用，助长了一些人的不负责任行为，有的粗放经营，有的荒芜弃耕，实行两田制使无心种好地的农户有了责任感，有利于土地利用和增强地力。一些无力经营土地的人感到不合算，会自愿地将土地转包他人，促进了土地的集中连片，有利于规模经营。

3.合理承包土地时农户预付承包费，解决了提留难的问题。过去推行责任制时虽讲“交够国家的，留足集体的，剩下是自己的”，但由于土地承包的极不合理，和缺乏必要的科学管理，结果一方面农民不愿意上交承包费，另一方面对上交承包费失去行政和经济手段的约束，致使该提的提不上，该留的留不下，集体经济基础越来越薄弱，社会服务很难搞起来，增人要地，催粮催款成为农村干部最头疼的几大难题。实行“两田制”，土地承包合理了，农民心顺了，而且承包时预付承包费，这样既减轻了干部工作量，缓和了干群关系，又壮大了集体经济，增强了服务功能。

四、实行“两田制”必须解决好几个问题

1.搞好宣传教育，使农民明确几个关系。一是明确所有权和经营权的关系，要引导农民通过学习土地管理法规和党的农村经济政策，明确“两田制”的承包形式是所有权和经营权的科学分离，而不是改变所有权的性质。实行两田制决不是分田单干，任何人不得违反村委和合作经济组织安排的种植计划，不能私自在两田里盖房、修坟，更不能荒芜弃耕，甚至拍卖。二是明确合理负担和乱摊派的关系。农民经营“两田”，必须交纳农业税和承包费，完成定购任务，这既公平合理，又符合党的农村政策，和乱摊派有本质的不同，承包者不能视必要的负担为乱摊派而不交纳承包费和不完成定购任务。三是明确双方权利与义务的关系。享有权利必须承担义务，承担义务也同样享有权利。农村土地属集体所有，村委和合作组织享有对土地的划等承包，调整和提留的权利。对不能合理使用土地、不按时交纳承包费和不完成定购任务的农户，村委有权收回其承包的土地；村委和合作组织也同时承担向农民提供服务，逐步减轻农民负担的义务。农户享有要求搞好服务的权利，同时必须承担合理使用土地、交纳各项费用、完成定购任务的义务。

2.必须建立完备的土地台帐，搞好土地承包费的管理和使用。对每块耕地的地名、亩数、等级、整治规划、平均亩产、承包人、承包年限、上交承包费和土地培肥、改造、建设等，要年年登记造册作为土地管理的依据与凭证，村委和合作组织必须通过财务帐簿和土地台帐对土地的分配调整、各项提留、合同兑现作清楚的记录和换算。承包费必须专款专用，取之于地、用之于地，取之于民、用之于民。

3.实行土地等级管理，不断提高土地质量。对土地的定级管理必须实行“健全组织、评等划级、定期评定、升奖降罚"的土地等级管理制度。应成立由村干部、农技人员、村民代表组成的等级管理小组，对水、坝、滩、梯、坡等土地类别评等划级，以等折价三年一评，升奖降罚。每升一级可奖款5至10元，每降一级罚款5至10元，同时要制定耕作锄耙、施肥整修和产量的具体指标要求作为定期评定、实行升奖降罚的依据。

4.加强农田基本建设，增强发展后劲。实行“两田制”后，必须加强农田基本建设，对修整梯田、平田造地、水利建设等常规性的建设一般采取积累投工，以款顶工的形式，对较大的荒山、荒沟、水库河滩的开发项目可以由集体规划，统一组织，也可由家庭或个人招标承包。新开发的土地一般不应划入“两田”，而应采取谁造地、谁受益或租赁经营的形式，做到以地养地，流动发展。

5.建立土地监督制度，加强土地管理。“两田制”必须保持长期稳定，确需调整的，也要采取“动帐不动地”的办法，并尽量控制在最小范围，确实需作必要调整的村，必须由村委报告、乡（镇）研究、县政府审批，任何村不得擅自调整土地，一经发现，对主要负责人处以200元以上的罚款和党纪、政纪处分，以至撤销职务。

村委应实行公开办事，定期公布账目，对土地的承包方案、租赁条件，承包费用的收缴、使用，合同定购任务的完成情况，必须立榜公布，便于接受群众监督。

一九九一年一月廿九日

中共兴县委员会文件

兴发〔1992〕2号

中共兴县县委关于贯彻党的十三届八中全会和省委六届二次全体（扩大）会议精神进一步加强农业和农村工作的实施意见

（中共兴县第十届委员会第三次全体会议一九九二年一月十五日通过）

党的十三届八中全会审议通过的《中共中央关于进一步加强农业和农村工作的决定》（简称中央《决定》）和山西省委六届二次全体（扩大）会议作出的《中共山西省委关于贯彻党的十三届八中全会精神进一步加强农业和农村工作的决定》（简称省委《决定》），全面总结了我国和我省八十代农村改革和建设的巨大成就，继承和发展了党的十一届三中全会以来农村改革的基本政策，提出了九十年代农业和农村工作的主要任务、指导思想、基本原则和政策措施，充分体现了党中央和省委对农业和农村工作的高度重视，是当前和今后一个时期指导农业和农村工作的纲领性文件。全县各级党组织一定要认真学习、深刻领会，坚决贯彻中央和省委的两个《决定》，真正做到全党动员，全民动员，重视农业，加强农业和农村工作。为此提出如下实施意见。

一、统一思想，充分认识加强农业和农村工作的重要意义

中央《决定》指出："农业是经济发展、社会安定、国家自立的基础，农民和农村问题始终是中国革命和建设的根本问题。没有农村的稳定和全面进步，就不可能有整个社会的稳定和全面进步；没有农民的小康，就不可能有全国人民的小康；没有农业的现代化，就不可能有整个国民经济的现代化。"这是从经济、社会、政治的全局对农业和农村工作的高度概括和精辟论述，从而在更大的范围和更高的层次上确立了农业和农村工作的重要地位。县委要求，从现在起，全县各级党组织，特别是县乡（镇）两级党委要立即行动起来，组织县乡（镇）村三级干部，深入到全县农村家庭院落，利用名种形式，采取多种方法，大张旗鼓地、深入广泛地宣讲两个《决定》，并结合实际，开展讨论，组织座谈，积极引导全县广大干部群众明确认识到，搞好农业和农村工作，不仅是一个经济问题，而且也是一个政治问题；不仅关系到经济、社会、政治的稳定，而且是提高综合国力，抵御和平演变的需要。真正使全县各级干部和广大农民群众的思想统一到党的八中全会精神上来，做到安排各项工作、制定各项政策措施时都确保农业和农村工作的战略地位。

二、分析形势，明确“八五”期间全县农业和农村工作的指导思想和主要任务

八十年代，我县农村的改革和建设都取得了显著的成就，以家庭联产承包为主的责任制的普遍推行，统分结合双层经营体制的逐步健全，以集体经济为主体，以个体经济、私营经济为补充的多种经济成分的发展，以发展多渠道流通为主要内容的流通体制改革，为农村经济注入了活力。一九九〇年全县粮油产量、农业总产值和农民人均纯收入分别比一九八〇年增长了31.6%、28%和3.98倍。一九九一年，在遭受特大旱灾的情况下，除粮油产量、收入有所下降外，全县乡镇企业、林业、畜牧业和农田基本建设都比上年有新的发展，特别是经济林和农田基本建设，不仅数量是历史上最多的一年，而且质量效益也是我县历史上最好的一年，涌现出了一些靠农田建设、经济林发展、兴办乡村企业实现减产不减收的先进典型。全县村级组织建设，特别是后进村党支部整顿工作取得了初步成果，农村精神文明建设正在得到重视，农民的商品经济观念有所增强，干部群众精神振奋，情绪饱满，全县呈现出人心稳定、社会安定的可喜局面，这是我们继续前进的基础。但是，我们也必须清醒地看到我县农业和农村工作的不利因素：双层经营体制和社会化服务体系普遍不够建全，全县多数农村集体经济缺乏实力，不能发挥统一经营和服务的功能；农业生产随着年景的好坏，起伏不定，大起大落，粮油产量和经济收入很不稳定，充分暴露了抵御自然灾害的能力较差。突出表现是，基本农田在总耕地面积中所占比重小，质量标准低，增产效益差，特别是有一部分水地、滩地，由于水利设施毁坏严重，年久失修，渠系不配套等原因，有的不能保浇，有的已经变成了旱地，这是应该深刻汲取的沉痛教训；企业科技兴农技术综合配套和农业实用技术推广面积少、范围小，技术经济效益处于低层次状态，没有形成规模效益和现实的生产能力；农村产业结构不尽合理，以工补农，以工建农、以丰补欠的水平低，能力弱，一些地方搞工副业生产没条件，发展经济林不积极，单打一种地，而且还是传统的粗放耕作，广种薄收，这一方面经不起旱灾的考验（一遇灾年，粮食减产，收入就减少），另一方面，由于群众收入水平低，集体经济空虚，既没有足够的经济实力进行农业综合开发，又缺乏必要的资金投入当年生产，全县扶贫成果不稳定，初步解决温饱问题的贫困乡村和贫困户灾年返贫率很高：乡镇企业的管理水平、技术素质、经济效益很低，发展很不平衡，是全县农村经济的薄弱环节；农村基层组织建设，精神文明建设，民主和法制建设亟待加强，一些农村社会治安不好，不少封建陋习和社会丑恶现象亟待整治。诸如此类的问题既制约着农村经济的发展，又给农业和农村工作增加了难度。综观全县农村形势，可以说是发展与滞后同在，潜力与压力并存。对此，全县各级党组织和广大干部群众，既要对农业的发展满怀信心，又要有危机感和紧迫感，以高度的责任心切实搞好农业和农村工作。

从农业的地位和我县的农业形势出发，“八五”期间，全县农业和农村工作的指导思想是：真正把农业和农村工作摆在重要战略地位，坚持党的基本路线，贯彻中央和省委《决定》精神，以深化农村改革为动力，以科技教育兴农为先导，以农田基本建设为基础，建设生态农业，突出治旱兴农；深入开展社会主义思想教育，切实加强党对农业和农村工作的领导，发扬自力更生，艰苦奋斗的精神，实现稳定脱贫、整体脱贫的战略目标。

全县农业和农村工作的主要任务是：农业综合生产能力和效益要有新的提高，农林牧副各业和乡镇企业稳定发展，具体奋斗目标就是实现“222566”（即人均2亩基本农田、2亩草灌、2亩经济林、5亩用材林、600千克粮油、600元纯收入）。一九九二年，粮油总产正常年景保证达到1.1亿千克，其中粮食0.9亿千克，油料2000万千克。灾年粮食总产力争达到0.75亿千克，其中粮食0.6亿千克，油料1500万千克，农民人均纯收入正常年景保证达到400元，灾年力争达到300元；新建基本农田保证完成4万亩，新发展经济林保证8万亩，争取10万亩，加上现有经济林，人均达到一亩，努力把农村建设成基层组织坚强有力，经济繁荣兴旺，物质生活比较丰裕，精神生活比较充实，思想健康向上，治安状况良好的社会主义新农村。

三、立足县情，制定和采取加强农业和农村工作的具体措施

为了完成上述任务，实现上述奋斗目标，我们必须全面贯彻落实中央《决定》的四十条和省委《决定》的八条，特别是要根据我县的实际情况，重点抓好以下十个方面的工作。

（一）深化农村改革，稳定和完善党在农村的基本政策

农村经济发展的根本出路在于深化农村改革。我们要在落实中央《决定》中指出的九方面基本政策的前提下，围绕农村改革的稳定、完善、发展、壮大四个重点，认真落实县委、县政府已经出台的总体方案和配套实施意见，采取特殊措施，完善和落实优惠政策，保证深化农村改革有突破性进展。

在稳定家庭联产承包责任制方面，具体要做到四点：一是对已经形成的土地承包关系，群众基本满意的，就不作变动，保持稳定；二是对土地分割过碎、不便耕作、群众意见大并强烈要求调整土地的地方，可以通过试点，逐步实行“两田制”，进一步理顺和规范承包关系，合理确定责任田的土地承包费，解决无偿承包和不合理承包的问题，同时对其他各业承包合同也要进行整顿、完善，解决分配不合理的问题，承包关系一经确定，就要保持长期稳定；三是切实推行土地等级管理，鼓励农民增加投入，改善经营，培肥地力，进行农田基本建设；四是全面规划，合理调整农、林、牧用地比例，并保持相对稳定，做到综合开发，综合治理，提高土地的综合经济效益。

在完善双层经营体制上，要把重点放在加强集体统的功能上。各乡（镇）根据每一个村委的生产力发展水平和客观情况，确立“统”的内容、层次和重点，着重解决好生产发展急需、群众要求强烈而靠一家一户办不了、办不好的事情。要求多数村委至少做到生产资料供应、种植计划、农田建设、机耕浇水、防虫灭病“五统一”服务。有条件的地方，要逐步发展适度规模经

营。不论是什么情况，都要以服务为纽带，综合运用必要的经济、行政和法律手段，有效地克服分散经营中存在的缺陷，发挥统一经营的优越性。

在发展社会化服务体系上，县级要借鉴和推广祁县“小政府，大服务”的经验，发挥县级机关各类管理和科技人才较多的优势，积积转变政府部门的职能，特别是涉农部门的职能，围绕农村经济发展的主导产业，兴办各种服务性和开发性经济实体，为农村和农民提供各种服务。我县应围绕煤、铝、铁、粮、经（经济作物）、果、牧等七大主导产业，建立农业、农机、畜收、枣树、果树、农田建设等六个集生产、经营、服务于一体的综合服务中心，乡（镇）要以现有的站（所）和“几大员”为基础，成立经济联合社，并下设“一会六站”（即农业发展基金会、农果站、农机站、水利水保站、农经站、林业站、畜牧兽医站），对上承接县有关单位的业务指导，对下联结千家万户的经营，为农村提供系列化服务。村级要健全经济合作社，可以与村委分设，也可以是一个机构两种牌子，并根据实际需要，下设“一会三站”（即合作基金会、农果服务站、水机电服务站，农经服务站），为农民提供产前、产中和产后的系列服务，同时各乡（镇）、村委要根据其经济特点和主导产业，鼓励和支持兴办各种类型的民间服务性组织，开展农民联合服务和自我服务，逐步建立和发展以县级为中心、乡（镇）为骨干、村级为基础、民间为补充的多成份、多层次、多功能的社会化服务体系，对服务性、开发性实体实行优惠政策。一是可以实行有偿服务；二是允许开发荒山、荒坡、荒滩，建立自己的生产基地；三是可以承包工厂、农场、果园、作坊等；四是可以从事农副产品收购、调运、销售和批发业务；五是实行专帐管理，允许财务单列，允许自主经营、自负盈亏；六是对带头兴办农业实体的党政干部实行身份、待遇、级别“三不变”；七是在财政、信贷、税收等方面给予一定的优惠和必要的扶持，用政策鼓励和推动社会化服务体系的建立、完善和发展。

在壮大集体经济上，一是要把着眼点放在发展开发性生产上，即不能单纯在土地上打主意，做文章，无原则地提高土地承包费；不能加重农民负担，不能把农民已经得到的利益收回来，农民负担要严格控制在人均年收入的5%之内。二是要从实际出发，扬长避短，发挥优势，选择突破口。即县川、西川矿产资源丰富地方，以发展采掘、加工冶炼等村办工业企业为突破口；南川、西南矿产资源缺乏地区，地广人少的乡村，要以发展果园、枣园，建立“一村一园”、兴办“绿色企业”为突破口。三是以发展和兴办股份合作制企业为主要途径和形式，认真落实《县委、县政府关于深化农村改革的实施方案》中提出的发展股份合作制企业的十条优惠和鼓励政策，动员群众利用社会闲散资金，组合各种生产要素，兴办股份合作企业，发展壮大农村集体经济，为完善双层经营，强化服务功能奠定物质基础。

要把供销社改革作为深化农村改革的一项重要内容切实抓紧抓好，重点要落实供销社改革的总体方案和一系列配套实施意见，全面推行领导待岗、试岗、上岗和全员合同制、内部待业制、干部聘任制，实行工资奖金与经济效益挂钩，彻底打破“铁饭碗”“铁交椅”，真正体现按劳分配的原则。

（二）突出抓好治旱兴农，坚持开展农田基本建设

我县气候十年九旱，土地贫瘠，蓄水保墒能力差，都归结为一个“旱”字。干旱是贯穿我县农业发展的最大制约因素，因此，各级党委和政府要把治旱兴农放在突出的地位来抓，要把治旱兴农作为一个基本战略方针来实施。一是治旱要长期治，干旱年要治，风调雨顺年也要治，减产要治，增产也要治，既要治旱于旱年之中，更要治旱于未旱之前。二是治旱要全面治，要从农田水利建设、生态环境到作物品种、生产布局和改革耕作制度各个方面，形成和落实一整套综合配套措施。三是治旱要从改善农业生产条件入手，水当先，土为本，从根本上治。四是治旱要用科学技术治，要把我县农民多年来在同干旱斗争中总结出来的传统农业技术精华与现代适用技术有机地结合起来，为治旱兴农注入新的动力。

在具体措施上，就是要坚持水、旱并举，把改变农业生产基本条件作为治旱兴农的基础工程来抓。第一，要大力兴修水利，千方百计扩大灌溉面积。全县要重点抓好明通沟、阁老湾、天古崖三个水库的除险加固和渠系配套，配备和修复水利设施，尽快恢复以县川、南川、西川为主的五万多亩水地。与此同时，各乡（镇）和村委要积极创造条件，建设新的水源工程，进

一步开发和利用小泉小水，有选择地利用工业废水，千方百计扩大水浇地面积，这是丰年增产的主力，灾年生命的骨干，必须引起高度重视，切实抓紧抓好。第二，要振兴旱作农业。旱作农业的基础是土和肥，实质也是一个“水字。所以要下决心抓好土地深耕深翻，耙磨保墒，加深活土层，提高土地蓄水纳雨功能；要重视农家肥的沤制、管理和施用，大力推广磷肥，力争使全县磷肥施用量在两三年内达到8000吨至1万吨；重视抓好秸杆还田，并认真推广配方施肥技术，改变目前施肥单一、缺磷少氮的状况，逐步提高土壤的有机质含量；要继续推行机耕、机播、机挖丰产沟和机修高标准梯田，尽最大努力扩大农业机械作业面积。第三，坚持不懈地开展农田基本建设。要把农田基本建设作为我县稳定解决农民温饱问题的主要出路和治旱兴农的基础工程突出抓好，各乡（镇）要贯彻“全面规划，综合治理，因地制宜，重点突出，讲求实效，任务到村，责任到人，政策优惠，长期稳定”的36字方针，坚持“实事求是，量力而行，合理负担”的12字原则，切实抓好人修机修梯田、平田整地、筑坝造地、扎沟坝地为主的农田基本建设，保证每年新增基本农田4万亩，同时要抓好现有基本农田的加工、改造和提高，变小片为大片，改窄间为宽间，变旱坪地为水浇地，保证到“八五”末全县农村人均占有2亩高标准的稳产高产基本农田，并要切实加强基本农田的保护，从根本上提高全县抵御自然灾害的能力。要继续实行劳动积累工制度，严格执行男全劳30个，女全劳20个的规定，并做到乡有册、村有帐、户有卡，按时清工齐工，保证奖罚兑现。县委、县政府将制定和出台全县治旱兴农实施方案，各乡（镇）、县直各有关单位要认真组织实施。

（三）加强生态农业建设，搞好农业综合开发

我县沟壑纵横，植被带少，水土流失严重，加强生态农业建设既是农业自身发展的客观要求，更是彻底摆脱目前“越穷越垦，越垦越穷”的恶性循环，使全县人民尽快脱贫致富，步入“小康”的迫切需要。各级领导一定要统一思想，提高认识，强化生态建设意识。

生态农业建设必须坚持正确的指导方针，就是以小流域为基本生态单元，以科学技术为先导，以经济效益为中心，通过综合治理，优化开发，实

现生态与经济协调发展；通过农、林、牧产业的有机组合和合理配置，实现物质和能量的多次利用，循环转化；通过延伸加工业的生产链，实现商品增值与生产的良性循环，从而促进农业的综合开发，推进农村经济的全面发展。生态农业建设，必须因地制宜，抓好重点开发。

全县农业要建立“三条种植带”：即东部高寒地区为5万亩地膜覆盖和夏播小麦为主的高产开发种植带；县川、西川、南川为5万亩水地高效农田区域化立体种植带；西部坡耕地20万亩为旱作农业种植带。

林业要建成“三个基地”，即黄河沿岸30万亩红枣、仁用杏基地，中部地区15万亩干鲜水果基地，东山地区20万亩用材林基地。要建成4条草灌带（即县城至乌门，曹家坡至罗峪口，圪达上、蔡家崖至青草沟，县城至恶虎滩乡下会村4条干线公路两旁种植以柠条为主的草灌），建立8个万亩林业片，其中万亩经济林片5个，即圪达上万亩红枣林片，罗峪口、赵家坪万亩红枣林片，裴家川口大坪梁万亩红枣林片，杨家坡万亩核桃、果木、红枣林片，蔡家崖元宝山至奥家湾二十里铺万亩果树林片，发展经济林要坚持上山进沟，不占水地、好地；万亩用材林片3个，即交楼申安沟用材林片、双双山用材林片、团厂山用材林片。保证到“八五”末实现人均2亩经济林、5亩用材林的目标，同时要认真抓好育苗，坚持依法治林，严禁毁林毁草开荒，确保绿化成果。畜牧业集中建成三大基地，即全县2万只黄牛基地，东山地区为主的15万只绒山羊基地，中部沿川3万头草食养猪、10万只养兔基地。与此同时，要重点抓好以红枣、水果、葵花、豆类和畜产品为主的农副产品加工，逐步形成全县农林牧协调发展，种养加一条龙生产，经济效益和生态效益同步提高的农业综合开发体系。

生态农业建设，必须采取切实可行的鼓励措施和优惠改策。一是实行谁治理、谁受益，允许继承转让，长期不变；二是农民在小流城内新建的农田，新栽的经济林长期归农民使用，从受益年算起，20年内不提留，不征购，7年免交农业税和农林特产税；三是允许国家机关、企事业单位与农村和农民集资入股治理小流域，兴办果园、枣园等绿色企业；四是在按承包合同规定得到治理的前提下，允许农民在自己承包的小流城内建房。各乡（镇）

一定要结合实际，建立和完善与生态农业建设相适应的优惠政策和管理办法，通过实施行政的、经济的、法规性的鼓励或限制措施，形成有利于生态农业建设的行为规范、经营约束、利益调节、成果保障机制，促进全县生态农业健康发展。

（四）进一步解放思想，积极发展乡镇企业

发展乡镇企业是繁荣农村经济，增加农民收入，实现稳定脱贫的必由之路，要继续贯彻“积极扶持，合理规化，正确引导，加强管理”的方针，把乡镇企业作为农村经济的重要支柱，高度重视，加强领导，大力发展。首先对现有企业要深化内部改革，强化内部管理，搞好技术改造，提高产品质量和经济效益。对至今没有乡镇企业的空白村，要根据当地的资源优势，积极创造条件兴办，能办工业企业的办工业企业，没有条件办工业企业的可以办果园、枣园等绿色企业，也可以围绕主导产业，兴办农副产品加工业，力争到“八五”末全县每个乡（镇）有三至五个，每个村委有两至三个骨干企业。要鼓励城乡协作，优势互补，以城带乡，协调发展。要引导乡镇企业参加或组建企业集团，全县要尽快组建以东风铁厂为龙头的生铁生产销售企业集团，以倒烟窑为龙头的铝矾土采掘、加工、销售集团，以红枣加工为龙头的农副产品加工销售集团，提高规模经营效益，增强市场竞争能力。发展乡镇企业要十分注意环境保护，防止环境污染。今后县委将乡镇企业的发展作为考核乡镇工作实绩的重要指标，列入年度岗位目标责任制进行严格考核，奖惩兑现。县委要进一步加强对乡镇企业工作的领导，责成一名副书记专门负责乡镇企业的决策、立项、生产调度、产供销协调等方面的工作，工商、税务、物价、金融等有关部门要给予大力扶持，保证全县的乡镇企业在“八五”以至“九五”期间有一个大的发展。

（五）实施科技教育兴农战略，推动农业科技进步

振兴农村经济，最终取决于科学技术的进步和科技成果的广泛应用。各级领导一定要牢固树立科学技术是第一生产力的观点，把农业发展转移到依靠科技进步和提高劳动者素质的轨道上来。

实施科技教育兴农战略，必须围绕主导产业，抓住拳头项目，搞好科技

开发，扩大科技覆盖面，重点是加快常规农业技术和实用技术的推广应用。全县要大力推广夏插小麦、地膜覆盖、优种使用、配方施肥、区域化种植、机播谷子和高梁，苹果、红枣、核桃综合丰产技术，种子包衣、微肥、菌素使用，葵花、大豆套种，病虫害防治，快速养猪，笼养鸡等十二项实用技术，推广面积至少达到百分之九十以上；建立健全农作物监测保护、技术管理推广等服务体系，培养农民技术员和科技承包户，建立综合示范村、示范片，建立健全完整的科技兴农考核指标体系。科技干部和科技人员要实行科技承包，坚持科技成果与职称工资挂钩制度，完成承包项目，取得科技成果者保留职称工资，不承包科技项目或者完不成承包任务，没有科技成果者取消职称工资。要引进科技人才，引进科学技术，引进优良品种，并在试验示范取得成果后大面积推广，千方百计提高农业产量中的科技含量。

实施科技教育兴农战略，必须加快农村教育改革和发展。农村要努力普及义务教育，继续抓好扫盲工作，大力发展农业职业教育，普通中学将增设农业劳动技术课，全县农村要普遍创办农民夜校，对学员造册登记，建立学籍档案，定期学习农业技术；要大力开展对回乡知识青年的学历教育，鼓励其报考县农业广播学校开设的各种农村实用专业。要按照一村一业、一户一业和每十户有一名农民技术员，每户有一人掌握一至二门农业实用技术的要求，利用冬春时间，举办各种技术培训班，普遍培训农民和基层干部，多渠道、多形式、全方位提高劳动者的素质，推动农业科技进步。

（六）深化流通体制改革，促进农村商品经济发展

各级领导必须象重视生产那样重视流通。要坚持计划经济与市场调节相结合的原则，根据商品经济的一般规律和各类农产品的具体特点，积极稳妥地推进农副产品流通体制的改革。要进一步扩大市场调节范围，除国家控制的少数重要农产品和某些特殊产品，其余全部放开价格，散开经营，要打破垄断封锁，撤销一切非法关卡，逐步建立起开放、畅通、灵活、高效、可调控的农副产品流通体系，防止一放就乱，一管就死。要坚定不移地实行多渠道流通，供销社和商业要加快改革步伐，增强经营活力，真正发挥在农村商品流通中的主渠道作用。要进一步鼓励和引导农民进入流通领域，凡是放开

的农产品，集体或个体都可以收购、批发、加工、贩运，国营和集体商业企业，农产品加工企业，要同农民建立产供销农工商联合体，为农民提供稳定的产品销售渠道，为自己建立可靠的货源或原料基地。县里国绕全县的主导产业，将建立葵花、豆类、乌枣批发市场，积极培育市场体系，开拓流通渠道，促进农村商品经济的发展。

（七）切实加强扶贫工作，尽快实现稳定脱贫的目标

搞好扶贫工作，实现共同富裕，不仅有重要的经济意义，而且有重要的政治意义。根据中央和省委的要求，“八五”期间，贫困地区要实现“两个稳定”（稳定地解决群众的温饱问题，稳定地增加农民收入）。所以，扶贫工作一定要坚持以经济开发为主，特别是以农业资源的综合开发为主，全县的重点开发项目是：农田基本建设，经济林发展和乡镇企业，各乡（镇）脱贫攻坚要从实际出发，因地制宜地选准自己的开发项目，并全力组织实施。特别是要加强贫困乡村的水、电、路、通信等基础设施建设，为稳定脱贫创造条件。认真落实党和国家的扶贫政策，在税收、信贷、物资、财政补贴等方面给予优惠，要动员社会力量，扶持贫困乡、村和贫困户，采取传播经验、经济协作、互助互利的办法，开展先富带未富，富村帮穷村的活动。要切实管好用好扶贫资金，提高经济效益。要把治穷与治愚结合起来，加强贫困乡村的教育工作，提高群众的科学文化素质；要教育贫困户克服等靠要思想，立足于自力更生，广开生产门路，增强自我发展和自力致富的能力。

县委和各乡（镇）党委要切实加强对扶贫工作的领导，制定切实可行的扶贫规划，特别是各乡（镇）和村委要逐村逐户研究脱贫致富办法，责任到人，狠抓落实，县直有关单位要实行对口扶贫。扶贫工作要与计划生育结合起来，严格控制人口增长，改善生态环境，实现经济、人口、生态的协调发展。

（八）搞好社会主义思想教育，加强农村精神文明和民主法制建设

县乡（镇）两级党委要按照中央关于开展农村社会主义思想教育的要求和省、地委部署，加强领导，精心组织，用三年时间分期、分批地对全县农村集中进行社会主义思想教育，每一批农村社教工作组都要围绕社教工作的“三项任务”和“六条标准”，做好具体工作.，针对性地开展教育，使

农村社会主义思想教育坚持标准，保证质量，收到实效，防止走过场。县农村社教工作团办公室，要经常深入点上，定期检查督促，及时总结推广典型经验，随时发现和解决存在问题，要严格检查验收，对没有全面完成三项任务、没有达到六条标准的地方，要本着缺啥补啥的原则，重新补课。

通过社会主义思想教育，全面推动农村精神文明建设和民主法制建设。要通过集中教育和经常性教育，培养有理想、有道德、有文化、有纪律的新型农民。要教育农民自觉抵制封建主义残余和资产阶级腐朽思想侵蚀，破除迷信，革除陋习，树立社会主义新风。要加强文明村镇建设，开展评选“双文明户”和“五好家庭”等活动，要深入进行普法教育，增强法制观念，加强农村社会治安综合治理，打击犯罪活动，清除社会丑恶现象，各乡（镇）所在地和社会治安复杂的地方，要建立以民兵为主体的治安巡逻队。全县农村要发动群众、依靠群众，抓好民事调解。政法部门要严厉打击破坏农业生产的犯罪分子，确保农村稳定；要充分发挥审判职能，对农村的经济纠纷案件要优先立案，优先审理，优先执行；要加强行政审判，保证国家政策在农村的实施；要依法保护农村干部行使职权，对殴打、谩骂农村干部的不法行为要严厉打击；要搞好群治群防，消除不安定因素。全县农村要普遍建立和实行党员议事会和村民代表议事会制度，对农村工作实行民主管理，对农村干部进行民主监督，促进党群干群关系的改善。要积极探索和建立村级规范化管理制度，使农村工作逐步走上法制化、规范化管理轨道，把农村真正建设成为社会主义的坚强阵地。

（九）各行各业支援农业，动员全党全民大办农业

全县各单位、各部门，一定要充分认识农业的基础地位，在各项工作和经济建设中，真正把农业放在首位。各行各业要真正树立全心全意为农业服务的思想，搞好配套改革，不断强化服务功能。要以农业利益为重，把部门利益寓于为农业的服务之中，为农业提供全程、优质、高效的服务。特别是涉农部门要真正树立“农民致富我服务，农业发展我出力，我与农业共兴衰”的思想，结合自己的业务性质和特点，制定出为农业和农民服务的计划和具体措施，并认真付诸实施。各部门在农村的基层单位，办理涉及农民群

众切身利益的事，要公开办事制度和办事结果，接受群众监督，坚决纠正各种坑农、卡农、害农等行业不正之风，为加强农业和农村工作创造宽松的外部环境。

（十）改进工作作风，切实加强党对农业和农村工作的领导

县委要把工作重心和主要精力放在农村工作上，主要领导要亲自调查研究，安排部署，督促检查。县五套班子，要以县委为核心，统一意志，统一行动，明确责任，共同担负起农业和农村工作任务。要继续实行五套班子领导每人包一个乡（镇），联系一个村的制度，并要真正做到深入下去，协助基层工作，解决农业农村工作中的问题。

县直单位要逐步实行“三三分流制”，即三分之一的干部留守机关工作，三分之一的干部指导兴办经济实体，三分之一的干部深入基层，包村包点或者到后进村任职。

要保持乡（镇）领导班子的相对稳定，县委决定，今后乡（镇）领导班子，一般情况要稳定两届。即使调整，也是调两头，一头就是政绩突出的，提拔重用；另一头是工作不力的，免职或者调离，不搞异地做官。要加强乡（镇）党委和政府的建设，充分发挥乡（镇）党委的领导核心作用，要加强乡（镇）领导，充实乡（镇）人员，建全和强化乡（镇）政府的职能，使之成为有权威、有效能的基层党委和政权组织，县有关部门设在乡（镇）的机构，除少数不能下放的实行双重领导外，其他都要下放乡（镇）管理。实行双层领导时，其干部的调动、任免奖惩应征得乡（镇）党委的同意。乡（镇）党委和政府要加强对这些单位的领导，使之互相配合，形成合力，共同为农村的经济和社会发展服务。

要继续加强以党支部为核心的村级组织建设，采取重点整顿、培训学习、思想教育等综合措施，使全县多数农村有一个战斗力强的党支部，有一个能够贯彻法律、法规、政策，履行自治职能的村民委员会，有一个具备经济实力，能够较好地发挥统一经营职能的乡（镇）集体经济组织，有能够发挥作用的团支部、妇代会、民兵等群众组织，为落实党在农村的各项方针政策，推动农业和农村发展提供组织保证。

要建立健全乡村干部的选拔、培训、考核，使用、奖惩、监督等制度。村干部的报酬要同工作实绩挂钩，推行固定补贴加考核补贴的办法，有条件的地方对任职十五年以上的村主要干部可实行退休保险制度和给予适当补贴的办法，按中央《决定》精神，今后乡（镇）补充党政干部，应从农村主要领导干部中择优聘用和录用；乡（镇）领导干部，要注意从特别优秀的村干部和乡镇企业干部中选拔：县级领导干部，要注意从德才兼备，政绩突出的乡（镇）领导于部中选拔：县直属机关主要领导干部，一般应有几年乡（镇）工作的经历。选拔乡村两级干部，一定要坚持德才兼备的原则，注意思想素质和政治表现。

全县各级领导干部要真正树立为基层服务，为农民服务的思想，要改进工作方法和工作作风，县委、县政府及五套班子领导，每年至少有三分之一的时间深入基层，乡（镇）党委、政府领导，每年至少要有一半的时间深入农村。县委、县政府领导要继续坚持深入基层、分片定点接待群众来访制度，倾听干部群众的意见，及时发现和妥善解决农村出现的新问题，总结和推广行之有效的新经验，为加强农业和农村工作提供决策依据。

县委号召，全县各级党组织和广大党员、干部、群众要动员起来，深入学习，广泛宣传，坚决贯彻中央和省委的《决定》精神，重视农业，加强农业，各乡（镇）、各部门要结合实际，提出明确的目标，作出具体部署。各级领导干部要振奋精神，苦干实干，团结和带领广大农民群众，为开创全县农业和农村工作新局面而奋斗。

一九九二年一月二十一日

中共兴县委员会文件

兴发〔1993〕56号

中共兴县县委　兴县人民政府
关于农村实行土地租赁经营的实施意见

为了适应农村市场经济发展的需要，尽快把土地推向市场，进一步稳定土地使用权属，促进农村综合开发，最大限度地调动农民种地养地的积极性，推动全县农村经济登上新台阶，根据吕梁地委行署《关于农村实行土地租赁经营和土地使用权转让的暂行规定》精神，给合我县实际情况，特制定如下实施意见。

一、土地租赁经营的基本原则

1.以农村现有人口和土地承包关系为基础，对农村耕地实行集体所有，租赁经营。今后，农户增人不增地，减人不减地，通过调节来补平，五十年不变。

2.农民获得土地使用权后，对租赁承包的土地享有经营自主权、实际占有权、部分收益权、有限处置权和合法继承权。在不改变原承包合同的条件下，允许把承包土地转租他人，收取地租；允许通过交换和抵押等市场行为，把土地的使用权转让他人，并依据对土地的治理、培肥和栽种的地面附着物等情况，收取土地增值费。

3.土地的租赁与转让，只限于地表使用权。土地所有权和属于国家所有的地下各种自然资源矿藏及埋藏物等，不得租赁和进入市场流转。未经县人民政府土地管理部门批准，严禁土地转为非农用途。

4.农民对租赁承包的土地有开发治理、培肥地力的义务，不准荒芜弃耕，不准在承包土地内挖沙、取土、采矿、建坟和修建永久性设施。违者，处以土地租赁承包费三至五倍的罚款，并由集体强制收回，另行转包他人。

5.农村新开发的土地，属个户、联户投资治理的，谁治理、谁经营、谁受益。十年之内不提留、不计征，发给土地使用证，并允许继承和进入市场流转；对集体投资的土地，要突出土地用途，招标承包到户，经营一年后，可以流转。

6.对目前离土离乡从事第二、第三产业但有承包土地要求的农民，与本村村民一样对待，可积极引导他们出让土地使用权。

7.农民出租土地或转让其承包地的使用权，要将租赁、转出土地的名称、面积、位置、四至地类和转让地价等事项报所属村委登记备案，并要领取县人民政府统一印制和签发的土地使用证，作为使用者权益的合法依据，受法律保护。

8.村组织在下列情况下，可以终止和调整承包关系。

（1）国家和集体建设需要占地时；（2）根据统一规划连片开发需要占地时；（3）承包、受让人不按合同要求履行义务时；（4）承包、受让人因天灾人祸失去治理、管理土地能力或遇承包、受让人死亡而又无合法继承人时；（5）因自然灾害及其它原因而使土地失灭时；（6）有期限的土地使用权合同到期届满时；凡属不是继承人、受让人个人因素而终止承包、收回土地时，村委应按照有关规定给予合理补偿。

9.村委或村合作社负责土地流转的鉴证、登记、备案，土地价款和有关费用的征收、管理和使用。凡在土地上收取的各种款项和费用，都要专款专用，主要用于偿还集体贷款、支付集体每年的必要开支，为新增人口和离土农民创办就业场所等。农民有权对上缴的土地价款和有关费用的管理使用情况进行监督。县、乡农经部门每年应组织交叉财务审计，保证管好用好这笔资金。

10.租赁承包土地合同，均由农经部门负责鉴证和仲裁。合同双方都必须按规定和合同条款履行各自的权利和义务，违者，所造成的一切损失均由违约方承担。

二、土地租赁经营实施程序及办法

1.成立机构。各村委都要成立由村党支部、村委会、合作经济组织、村民代表、下乡干部联合组成的土地租赁承包委员会，下设宣传教育组、土地评估丈量组、合同财务管理组，全权负责本村委所属各自然村的土地租赁承包工作。

2.宣传教育。各乡（镇）、村在土地租赁承包实施之前，要开好村民议事会、村民代表会、全体村民会等，采取各种方式，大力宣传实行土地租赁经营的目的、意义和好处。教育广大干部群众正确认识实行租赁经营并不是打乱重分土地，更不是倒卖土地，而是在原承包关系的基础上进一步完善和稳定。其根本目的是为了保护农民的自身利益，使土地的使用权更加稳固、合法化，土地的管理更加规范化、科学化，给农民吃“定心丸”，增强农民对土地权属的稳定感，最大限度地调动农民种地养地的积极性，从而消除各种疑虑和误解，防止引起不必要的混乱。

3.土地划分。实行土地租赁经营，以自然村为单位，把全村现有土地和人口、劳力一次核准，并把全部耕地划分为口粮田、租赁田（包括林果地）、机动田。其划分比例由各村租赁承包委员会根据本村实际情况及土地质量、数量合理确定。一般要求：（1）口粮田。以地定产，保证正常年景人均基本口粮500斤。凡农村户口的本村村民每人留一份“口粮田”作为“永业田”，长期归农民使用。（2）机动田，为了解决今后基地、学校学农及因自然灾害灭失土地、补充用地等需要，各自然村可根据实际需要，留出适当数量的机动田。（3）租赁田，除口粮田、机动田外，所余耕地全部划分为租赁田，实行租赁经营。凡一九九三年本村劳力均有租赁权。租赁办法可实行以地定产，平均租种。为了鼓励发展经济林，现已栽种林果树的经济林地，不得划为机动田。不论是口粮，还是租赁田内的经济林地，属于集体营造、集体所有的幼树、幼林，可以实行树随地走、折价到户，归租种者所有、经营。属于农民自己投资发展起来的经济林，可实行地随树走，谁栽植、谁租种、谁所有、谁受益，任何单位、任何人不得侵犯所有者权益。

4.评估作价。在划分确定口粮田、租赁田、机动田的地块、面积的基础上，要逐地逐块进行评估定价，确定租赁价、承包价及各种费用。定价的基本原则是：既要考虑使用者的承受力，又要能调动用地者开发和整治土地的积极性。在未稳定脱贫的乡村，土地的承包价、租赁价可适当低于市场价，并实行渐进递增，滚动增值。土地使用增值费一般按土地使用权的流转价与承包价差额的10–15%提取，并要按有关规定，交纳税金和复垦基金。各村在具体出租和发包土地时，可对本村一年所需的开支和上缴的税费进行一次总体测评，确定本村年应收的租金和承包费总额，然后把土地分等划级，根据土地的质量等级逐地逐块确定租赁价和承包价标底，并公布于众，公开进行出租和发包。总的要求是：口粮田只负担农业税，租赁田交纳租赁费，机动田收取承包费，实行招标承包。在土地上收取的费用总额，扣除上缴的税费外，一般不得超过本村正常年人均纯收入的3%，除此以外，任何单位不得再以任何理由向农民进行摊派，加重农民负担。

5.出租发包。在评估定价的基础上，对土地进行公开出租发包。其具体形式和办法由各村自行选择。但总的要求是，要尊重大多数群众的意愿，以大多数群众满意为原则。因为实行土地租赁经营，并不是要求把集体土地全部收回来，重新出租。而是要求在原承包关系的基础上，进一步稳定使用权属，完善承包管理办法。所以在大多数群众没有要求打乱重分的情况下，一般不要打破原有格局，只进行小范围的调配，把着重点放在健全制度、完善手续、建档立案、加强管理方面。严防造成新的干群矛盾，引发一系列新的问题。

6.签定合同。土地租赁承包结束之后，村委要与土地使用者签定承包合同，合同应由乡（镇）统一印制；村委负责填写一式三份，村委、土地使用者，合同鉴证单位各执一份。合同中应写清地名、四至界限、面积，土地等级，并对双方权利、义务、合同标的、合同时效、违约责任等作出明确规定。由双方签名盖章后，方可生效。

7.鉴证、发证。合同签订完毕，各村委可向县乡农经部门申请鉴证。经农经部门鉴证以后，由县土地局代表县人民政府发放土地使用证。

三、加强领导，精心组织，协调配合，做好服务，确保租赁工作顺利进行。

实行土地租赁经营，涉及到千家万户，情况复杂，工作量大。因此县、乡（镇）、村三级必须加强对此项工作的领导。县计划、审计、农业、土地、林业、水利、工商、税务、银行、流通和政法部门，都要积极支持农村土地管理的改革，协调配合，主动搞好服务，切实保护农民的合法权，为土地资源进入市扬创造一个良好的社会环境。乡村两级在实施过程中，要精心组织，合理安排，搞好宣传发动和思想教育工作，组织力量，在充分调查研究的基础上，制定本乡（镇）、本村的实施方案，选择条件成熟的自然村先行试点，取得经验，指导全面，推行的时间和方法，要尊重群众意愿，坚持因地制宜、分类指导的原则，扎扎实实，卓有成效地抓好此项工作，把农村改革引向深入。总的时间要求是，从现在开始作为准备工作阶段，秋收结束之后全面铺开，春节前，各乡（镇）都要圆满完成此项工作。

本《实施意见》由县农经局负责解释，从正式发文之日起实施。

一九九三年九月二十五日

中共兴县委员会文件

兴发〔1997〕39号

中共兴县县委　兴县人民政府
关于加快企业产权制度改革的实施意见

为了全面贯彻党的十五大精神，进一步深化企业改革，从整体上搞好我县工商企业、乡镇企业。根据党的十五大精神和省委、省政府《关于进一步搞好国有企业的若干意见》（即“三十条”），结合我县实际，提出如下实施意见。

一、充分认识企业改革的迫切性和重要性

我县国有、集有工商企业是县域经济的重要组成部分，是县级财政收入的主要来源，曾经为兴县经济建设和社会发展作出过重要的贡献。但是近年来，由于主客观多方面的原因，全县工商企业普遍出现了效益滑坡、亏损增加，包袱沉重等诸多问题，不仅影响到企业的生存和发展，也严重影响着我县经济的发展和社会的稳定。造成企业生产经营困难的原因是多方面的，但主要原因是机制问题，企业资产名为国家所有，集体所有，实际处于无人负责的状况。政企不分、职责不明、管理落后，是当前企业存在诸多困难和问题的症结所在。乡镇企业是八十年代改革开放中发展起来的一支新的生力军，它曾以产权明晰，机制灵活等优点迅速发展壮大，异军突起。但近年来重蹈国有企业的复辙，效益逐步滑坡，影响到企业的发展。因此搞好我县企业的出路在改革，改革的重点和核心是产权制度的改革。

县委，县政府要求全县各级党政领导，企业干部职工必须正视现实，坚定信心，解放思想，转变观念，加大力度，加快步伐，打好企业产权制度改革攻坚战，从整体上搞活企业，促进全县经济的健康发展。

二、指导思想和遵循原则

1.指导思想。以党的十五大精神和省政府“三十条”为指针，以明晰产权关系、改革资产经营管理体制、进行产权制度改革为突破口，推行以股份

合作制、租赁经营为主的多种改制形式，把企业尽快推向市场，使其真正成为“自主经营、自负盈亏、自我约束、自我发展”的经济实体，从而实现两个根本转变。

2.遵循原则

（一）企业产权制度改革要坚持“三个有利于”的原则，大胆探索、勇于实践。

（二）坚持党的领导和全心全意依靠工人阶级的原则。

（三）坚持正确处理好改革、发展、稳定三者关系的原则。

（四）坚持“三放开”“三管住”的原则。“三放开”，即放开经营者任免方式、放开企业经营形式、放开产权制度改革的形式；“三管住”，即管住国有、集有资产不流失，并实现保值增值；管住银行债务不落空，并正确处理好国家、企业、职工三者利益关系；管住企业依法经营，照章纳税。

（五）坚持因企制宜、分类指导、一企一策的原则。

三、改革的任务和形式

根据省地安排部署，今年要完成全县国有、集有工商企业的产权制度改革（包括国营、二轻工业企业、商业、供销、粮食、外贸等商贸企业、计委和农口所属企业）。对乡办、村办集体企业则要通过清产核资，界定产权，如实确定企业性质，使其按新的机制规范运行。改制的形式，主要采取以下几种：

1.股份合作制。对目前生产经营比较正常，效益较好，有一定数量净资产的企业实行股份合作制改造。其基本做法是产权置换法，即将企业评估后的净资产折股出售和匹配给职工。针对不同类型企业大体分两种办法：①一次性置换。企业经济效益较好，净资产数额不大，且职工愿意的，可将净资产一次性出售给企业全体在册职工，成为全部由职工持股的股份合作制企业。②分期置换。企业规模较大，净资产数额也较大，职工一次性购股有困难的，可将企业净资产分为二部分，一部分出售给本企业职工，一部分在出售中按：购一赠一”的办法赠给本企业购股职工，改造为股份合作制企业。也可以根据情况设置国家股、职工集体股和岗位股。股份合作制企业职工入股后不得退股，职工离开企业时所持股份可以在本企业内部转让。股份合作制企业实行股东大会制度，股东大会选举产生董事会、监事会，通过和批准企业章程，通过和批准企业的重大决策。股份合作制企业实行按劳分配与按股分红相结合的分配方式。

2.租赁经营，先租后股。对债务包袱较大，生产经营困难，但扭亏有望的企业，可以先实行租赁经营，后进行股份合作制改造。具体做法是对企业进行产权界定，资产评估后，新老划段，固化债务，租赁经营，可以全部或部分租赁。可以由原企业职工全员租赁，也可以向社会招标租赁。个人、团伙、法人都可以竞标。在同等条件下优先本企业干部职工租赁。

企业实行租赁经营，要实行公开招标来选定经营者，体现平等、公开、竞争的原则。承租者要与出租方签订租赁合同，经有关部门批准，公证部门公证。

企业租赁经营后，重新注册登记，承租人具有企业法人代表资格，享有资产经营，人事任免，工资分配等自主权，并依法经营，照章纳税，按期交纳租金。

企业实行租赁经营后，要进一步进行股份制或股份合作制改造，完成产权制度的彻底改革。

3.兼并、改组。对一些困难企业可采取以优势企业兼并困难企业的办法达到壮大优势企业，盘活困难企业存量资产的目的。对产业链中联系比较紧密的一些企业也可通过联营兼并等方式，组建集团公司。具体兼并方式有以下五种：①承担债务式；②出资购买式；③参股控股式；④资产划转式；⑤分步兼并式。

4.出售、转让。对一些长期亏损的小企业，可以实行出售转让。就是将企业资产经评估后，通过市场确定售价，以协议或拍卖的方式进行有偿转让、出售。可以出售给企业干部职工，也可以出售给国有、集体企业、私营企业和个人，还可以出售给外商。出售给本企业干部职工的，价格可以优惠。

5.破产。对长期亏损、资不抵债、符合破产条件的企业，依照《破产法》规定实行破产。

四、方法、步骤和要求

企业产权制度改革，是一项政策性强、涉及面广、难度较大的工作。既要吃透政策、大胆探索，又要稳妥工作，按程序、按规范运行。要求在方法上严格按照下列步骤进行：

（一）搞好宣传发动和业务培训

搞好产权制度改革，群众是基础。要把党的改革开放的方针、政策，实施企业产权制度改革的做法、措施原原本本地交给群众，使广大干部职工理解改革，支持改革，积极参与改革。为此，要充分利用电视、广播等各种舆论工具对企业产权制度改革进行深入广泛地宣传报道。各级要层层召开改革动员会、改革方案讨论会，动员广大干部为职工企业改革出谋划策，集思广益。与此同时，要分层次地对县有关部门，企业干部和有关业务人员进行企业改制的业务培训，让他们把握好政策、掌握具体的操作方法，保证企业改革工作的顺利进行。

（二）制定和通过改制方案

经委、财委及有关委局要具体负责所属企业改制方案的制定。各口成立以一把手为组长，主管局局长、企业厂长、书记、工会主席为副组长的改制工作组。在县企业改革领导组统一领导下，按照县企业改革的实施意见原则，在对各企业生产经营和资产状况进行调查研究的基础上，制定出符合本企业实际的改制方案，其内容包括本企业改制模式、具体如何实施、改制后的效益预测、债务清偿计划等，然后召开职工代表大会或职工大会，通过本企业改制方案。

（三）组织实施

企业改制方案一律报县企业改革领导组，批准后由企业组织实施。为了加快企业改制步伐，全县企业改制工作在时间上提出如下要求：九月中旬至九月底，为宣传发动组织培训阶段。由县企业改革领导组负责进行电视、广播的宣传报道，召开全县企业改革动员大会，制定全县企业改革总体方案，并对有关人员进行业务培训。九月下旬至十月十日前为调查研究，制定方案阶段。各企业通过调查研究，召开各种会议，研究制定本企业改制方案，召开职工大会或职工代表大会，讨论通过方案。十月十日至十一月底为审批方案，组织实施阶段，在县企业改革领导组统一领导，改制工作组的具体指导下，进行改制的各项工作。要求到十一月底，全县至少有80%以上的企业完成产权制度改革，新机制投入运行。争取到年底所有企业全部完成。

五、配套政策

企业产权制度改革过程中，要注意用足、用活、用好中央和省地已出台的有关政策。有政策规定的坚决按政策执行，没有明确规定的参照有关政策套，套不上的向相关政策靠，靠不上的依照“三个有利于”的标准，研究确定。

（一）对企业原有的债权债务，仍留原企业，不得在改制中转移悬空。

（二）企业在出租或股份改造时，要在租金或收入中安排离退休职工的工资和银行借款利息的支付，并对银行借款和其它债务作出逐年清偿计划，要按照省政府“旧账缓还，新账不欠，作出计划，逐年偿还”的十六字方针，把盘活信贷资金建立在搞活企业的基础上，对改制后的企业，金融部门应当给予积极支持，重新合理投入，帮助企业启动，建立密切的银企合作关系。

（三）企业实行租赁经营或进行股份合作制改造，原企业的场地、厂房、办公设施等土地的使用权，原则上不作价出售，也不征收土地出让金。但应按规定缴纳土地使用税费。

（四）企业实行改制、改组，都要尽可能地安置企业职工就业。租赁企业安排原企业职工（正式职工）达到70%以上，在租赁条件上可以优惠。整体出售、转让的企业，要从出售转让金中拿出一部分资金一次性安置职工，或者由收购的企业安排职工，减少出售、转让金。改制后的企业必须按规定交纳职工养老金和待业保险金。

（五）妥善安排改制后企业富余人员。企业富余人员、下岗人员从事个体经营的，工商行政管理部门要在办理经营手续、规划经营场所等方面优先提供方便，并在一年内免收工商费。

（六）改制企业在3年以内、比改制前增加的上交部分可由财政部门适当返还，以支持企业的发展。

（七）减免企业改制中县级有关部门对验资评估、公证、登记、诉讼等方面的收费。

（八）企业实行改制后，隶属关系不变，职工原“档案身份“予以保留。

（九）企业职工出资置换国有资产，可实行购1配1，即出资购1股，再从国有资本中匹配等额的股本赠给职工，配股享有分红权，在3～5年内由职工逐年购买，全部成为职工股。

（十）打破行业界限、所有制界限、地域界限、身份界限，不拘形式搞活企业，不拘一格选用人才，乡企可以租赁国企，私营可以租赁国营，允许机关中的管理人才，技术人才离岗到企业，发挥他们的专业特长，鼓励有经营管理能力，有资金实力的“能人"领办、创办股份合作制企业，创造优秀企业家脱颖而出的用人机制。

六、统一思想，加强领导，确保企业改革的顺利进行

为了保证全县企业改革顺利进行，必须采取以下措施：

1.提高认识，加强领导。

搞好企业产权制度改革必须实行“一把手工程"，各级都要由“一把手“亲自抓。县委、县政府成立了以县长为组长，分管副职为副组长，各有关部门负责人组成的“兴具企业改革领导组"，负责领导、协调全县企业改革工作。经委、财委、乡镇局、农委、计委，按口必须第一把手牵头负责本系统所属企业的改制工作。为了推进企业产权制度改革，县企业改革领导组将从有关部门、企业中抽调得力的领导和业务人员，组成工作组，深入到企业，帮助指导企业的改制工作，集中时间.集中领导，集中精力，打好企业改革的攻坚战。同时还要组织督查组，对企业改制工作进行督查，发现问题，及时解决。

为了保证企业改制工作的规范化，经委、财委要分别成立国有资产经营监督管理组，吸收国资等部门参加，其主要职责是按有关法律、规定规范合同，代表国有资产所有者与承租方签订合同，收取租金、抵押金、有价证券，并妥善保存改制中的文件资料。对收取的租金实行专户储存，监督使用。

2.各部门协调配合，形成合力。

实施企业产权制度改革，是一次涉及面较广的新的利益调整，也是一项社会系统工程。县委、县政府要求所涉各部门，各单位一定要从工作的实际需要出发，从全县大局出发，面对现实，解决好出现的问题。有些具体政策性问题，一经县企业改革领导组研究决定，部门就必需落实，不需再行请示和研究。

3.严格执行纪律。

企业改革要在县委、县政府、县企业改革领导组的统一领导下进行。各级各部门各企业都要做到有令必行，有禁必止。改制期间，企业原领导班子必须保证生产经营活动的正常进行，不得借口搞改革使生产经营停顿。同时要积极领导和组织广大职工进行改革，不得以种种理由为借口消极应付，更不得为企业改革设置障碍。严禁一些人擅自出售、瓜分、处置和哄抢国有集有资产，此类问题一经发现，有关部门要立即制止，严肃处理，保证国有财产不受损失，保证企业改革顺利进行。

4.抓重点、抓试点，以点带面，推动全盘。

在工作方法上，要坚持抓重点、抓典型，重点突破、以点带面的原则。县企业改革领导组要统筹考虑，作出规划，成熟一批，搞好一批，总结经验，推动全盘。

5.相信群众，依靠群众。

搞好企业改革，要全心全意依靠企业的干部职工，要通过深入细致的宣传教育，思想发动，使企业广大干部职工认清形势，理解改革，积极参与改革。改制方案要经过企业干部职工反复酝酿讨论，并经职工（代表）大会讨论通过。在实施改制中，要认真解决好企业职工的就业、职工养老保险金、离退休职工的工资、医药费等具体问题，达到稳定职工队伍，稳定社会的目的。

一九九七年九月

中共兴县县委文件

兴发〔2001〕17号

中共兴县县委　兴县人民政府
关于进一步促进个体私营经济快速健康发展的意见

近年来，我县个体私营经济呈现出较快发展势头，已成为全县经济的重要组成部分和最具活力的经济形式。尽管我县个体私营经济有了一定的发展，但仍处于起步阶段，经济总量和质量、发展速度和经济效益都落后于全区的部分县市，更落后于发达地区。为了进一步促进我县个体私营经济快速健康发展，根据党的十五大和十五届五中全会精神，结合我县实际，提出如下意见：

一、更新思想观念，创新管理体制

（一）促进个体私营经济的发展，关键是要进一步解放思想，更新观念。要坚持发展是硬道理，克服长期以来形成的个体私营经济的思想偏见，牢固树立个体私营经济是整个国民经济重要组成部分的新观念。要对个体私营经济做到“六不限”，即不限发展比例，不限发展速度，不限经营方式，不限经营规模，不限经营范围，不限从业人员，真正做到思想放开，政策放宽，政府放手，干部放胆，群众放心，力争使我县个体私营经济在“十五”期间有一个较大的发展，成为全县经济发展的重要增长极。

二、放宽政策界限，创造宽松环境

（二）凡按照国家政策和县政府有关规定新建私营企业，各职能部门要简化审批程序，向业主提供服务和便利。在审批过程中，对情况特殊，来不及按程序逐级办理审批手续的，有关部门可准予先开工建设，后补办手续。任何部门不得在企业登记前设置任何前置审批条件。

（三）县政府将个体私营企业当年新增税收留地方部分的20%，收取排污费留地方部分的80%，重点乡镇企业铁厂超税任务的40%，统等建立“个体私营企业发展基金”。该基金的50%专门用于扶持个体私营企业扩大规模、技术改造和环保产业达标治理;剩余50%为个体私营经济重要项目、重点企业技术改造向银行贷款作担保。该基金将设立专户，择优投放，到期回收，周转使用。

（四）鼓励和支持个体、私营企业收购、兼并国有集体企业。个体私营企业通过收购、控股、参股等方式参与国有、集体企业改制的，享受国企改革政策待遇。鼓励个体、私营企业以多种形式吸收国有、集体企业下岗职工。新创办的个体私营企业安置下岗职工达到30%以上，并签订三年以上劳动合同的，三年内免征企业所得税；安置下岗职工达到20%、不达30%的，三年内减半征收企业所得税。

（五）大力扶持兴办农副产品加工业、第三产业和优势骨干企业。凡投资100万元以上创办农副产品加工和第三产业的个体、私营企业，三年内免征所得税；对投资在200万元以上并研制、开发、出产符合国家产业政策规定产品的私营企业，可获得“个体私营企业发展基金”的重点扶持。

（六）大力扶持、培育特色经济。对形成一定规模的特色经济区域，县政府要在项目安排、土地使用、资金支持和基础设施配套方面给予重点保障。鼓励和支持个体私营企业通过共同组建销售实体、服务型组织、新产品开发研制中心等途径实现品牌联合，发挥区域专业化优势。

（七）支持个体私营企业争创品牌。对获得省级、省级以上著名商标的产品，且纳税100万元以上的企业，县政府一次性给予10万元人民币的奖励。对获得全区公认品牌的产品，且纳税在50万元以上的企业，县政府一次性给予3万元人民币的奖励。

三、加强综合服务，优化发展环境

（八）县金融部门要大力支持和扶植个体私营经济，在筹资方面向个体私营企业倾斜。国有商业银行发放给个体私营企业的贷款额，要不低于当年新增贷款的30%，城市信用社和农村信用社要把个体私管企业作为主要服务对象，特别是对年纳税在30万元以上并能开发导向性产品的私营企业，给予优先和重点扶持。

（九）县土地部门对个体、私营企业经营性用地要与乡镇集体企业用地一视同仁，根据企业实际需要，可采取土地使用权出让，作价出资（入股）或租赁等多种形式。个体、私营企业土地使用权转让中的税费收取及产权登记发证，与国有、集体企业一视同仁。个体、私营企业投资种植、养殖业的，可拥有所开发面积30年的经营权；投资开发“四荒”资源的，可拥有所开发面积50年的经营权。个体私营企业占用未利用地，土地补偿费可适当降低。鼓励个体私营企业进入小城镇统一规划的工业或商贸小区。

（十）县政法部门要为个体私营企业的合法经营提供法律保障，坚决打击各种侵害个体私营企业正当权益和合法利益的不法行为。

（十一）凡引进有偿资金支持我县个体私营经济发展的单位和个人（不含争取到的各级政府和部门拨的专项资金），一年期限的按到位资金总额的2%，二年以上按3%进行奖励，奖励资金由用资方支付;凡引进无偿资金的单位和个人，一次性按引进资金总额的5%给予奖励，奖励资金由用资方支付。对于无偿资助我县个体私营经济发展的单位和个人，县政府将授予荣誉称号。

（十二）凡在我县范围内创办的私营企业，注册资金在50万元以上的，允许在企业名称前冠“兴县”字样，企业名称由县工商局核准，并注册登记。

（十三）凡县外投资者创办的私营企业，政府有关部门要优先提供场地，简化户口办理手续，帮助解决生活、子女入学、入托等实际问题。

（十四）要认真贯彻中共吕梁地委、吕梁行政公署《关于进一步促进个体私营经济快速健康发展的意见》即吕发（1998）18号文件，鼓励党政机关，事业单位的干部、职工、离退休人员和有一技之长的专业技术人员领办私营企业，其形式可离岗带薪和保留职级。鼓励引导大中专毕业生、复转军人到个体私营企业工作，其人事档案由县人才交流中心保管。

四、加强组织领导，注重教育管理

（十五）鼓励和促进个体私营企业健康发展是一项长期而艰巨的工作。各乡镇党委、政府，县直各部门要高度重视，加强组织领导，切实负起责任，做好组织发动、政策协调工作。县乡镇企业领导组要担负起对全县个体私营企业的管理引导职责，搞好全县个体私营经济发展的规划、指导、协调、监督和服务。

（十六）从有利于个体私营经济发展的实际出发，认真清理各种不利于个体私营企业发展的地方性政策规定。各行政执法机关要严格执行法律、法规和国家规定的收费标准，对应收费项目标准要向社会公开，接受社会监督。收费票据一律使用县财政局印制的统一专用收据。对非法收费、罚款、摊派、集资、吃、拿、卡、要的组织和个人要严厉查处，情节严重的要追究党纪政纪和法律责任。对敲诈勒索个体私营企业者，司法机关要坚决予以打击。要严格执行县企业封闭管理的规定，任何单位和个人未经县封闭办许可不得进入企业收费。

（十七）引导个体私营企业加强管理，积极创新管理模式，着力强化质量管理、财务管理、安全管理和人才管理。政府部门要有计划地对个体私营企业经营管理者和专业人员进行业务培训，充分发挥工商联、行业协会作用，加强行业自我管理。

（十八）加强思想政治教育。引导个体、私营企业和从业人员学习党的方针政策和国家法律法规，做到守法经营，照章纳税，大力倡导致富思进、奉献社会。积极开展评选优秀私营企业、优秀个体户活动，表彰先进模范人物。推选各类个体、私营企业中的先进代表人物担任人大代表、政协委员。

本意见自印发之日起执行。此前，县委、县政府制定的相关政策与此不相符合的，以此文件为准。

中共兴县委员会　兴县人民政府

2001年10月22日

2017—2019年兴县经济建设与社会发展主要成就

（一）主要经济指标平稳增长

2017年，全县完成地区生产总值85.89亿元，同比增长42.1%；规模以上工业增加值完成73.14亿元，增长65.3%；一般公共预算收入13.33亿元，增长87.3%；社会消费品零售总额达到15.79亿元，增长7.1%；城镇居民人均可支配收入20148元，比上年增长5.7%；农民年人均纯收入4471元，增长11.61%。

2018年，全县完成地区生产总值98亿元，同比增长14.5%，总量排名全市第四；固定资产投资完成32.6亿元，增长5.8%；一般公共预算收入15.1亿元，增长13.28%，总量排名全市第三；社会消费品零售总额17.2亿元，增长 8.93%；城镇居民人均可支配收入达到21558元，同比增长7%；农民年人均纯收入5039元，同比增长12.7%。

2019年，全县地区生产总值完成113.2亿元，同比增长15.51%，总量排序居全市第五名；固定资产投资完成36.3亿元，同比增长11.35%；一般公共预算收入17.7亿元，同比增长17.22%，总量和增幅均排全市第三名；社会消费品零售总额18.8亿元，同比增长9.3%；城镇居民人均可支配收入达到23218元，同比增长7.7%；农民年人均纯收入5785元，同比增长14.81%。

（二）重点项目建设进展顺利

2017年，主要项目建设成效：中润公司50万吨轻合金项目具备试生产条件，进厂道路路基全部完成，配套的50万吨合金铝项目前期工作基本结束；临兴区块煤层气连接线项目建成并投入使用，全县煤层气日产达到45万方；蔡家崖火车站全面建成，肖家洼煤矿专运线建成投运，豫能兴鹤煤炭集运站建设进展顺利；兴县旅游发展总体规划和蔡家崖、黑茶山两个4A级景区规划编制完成，晋绥边区革命纪念馆重新布展，建成了蔡家崖红色风情街，成功举办了首届“红色兴县”旅游文化季活动，全县旅游产业发展开启了新的篇章，特别是兴县经济技术开发区获得山西省人民政府批准，为全县经济发展插上了腾飞的翅膀。

2018年，主要项目建设成效：中铝华润有限公司一期50万吨电解铝项目投产，进厂道路全部完成；配套建设的50万吨合金化项目可研获得中国铝业股份有限公司批复；铸泰铝业20万吨铝材加工项目选址确定；石楼山一期50兆瓦风电项目开工建设；华盛燃气瓦塘煤层气液化调峰及管线项目建成，全县煤层气日产达到64万方；蔡家崖4A级景区总规和详规编制完成，红色一条街投入运营；赵家川口休闲农业及乡村旅游项目建成投运，“乘蔡家崖号列车·赏吕梁山风光”暨第二届“红色兴县”旅游季活动成功举办；豫能兴鹤煤炭集运站开通运营，“一煤独大”的产业格局正在逐步改变。

2019年，主要项目建设成效：中铝华润有限公司一期50万吨电解铝项目25万吨产能投产；吕梁局域电网二期工程（包括固贤变电站到红旭开关站220千伏线路工程和蔚汾变电站到红旭开关站220千伏线路工程）输变电线路加快建设；嘉德亿谱装备制造有限公司装备制造产业园项目开工建设，铝镁产业占工业经济比重达到10.8%；华盛燃气兴县东门站、瓦塘应急调峰站、康宁加注站建成投用；中联煤层气、中澳煤层气非常规油气勘探开发进展顺利，全县煤层气日产达到130万立方米；赵家塔铁路集运站及与之配套的晋陕蒙公铁海联运物流园项目开工建设，“五站一园”的大物流格局初具雏形；358旅旅部旧址修复布展全部完成，蔡家崖游客集散中心开工建设，第三届“红色兴县”旅游文化季活动顺利举办，旅游人数和旅游收入均保持了18%以上的增幅，红色文化旅游产业逐步成为全县经济的重要增长极。

（三）推进脱贫攻坚，改善人民生活

2017年，兴县脱贫攻坚突出抓了生态建设、易地搬迁、特色产业、光伏扶贫、转移就业五大重点，全年完成造林22.88万亩，搬迁贫困人口4290人（其中同步搬迁一般农户928人）；建设无公害杂粮基地12万亩、绿色杂粮基地

7万亩、有机谷子基地5000亩，绿色谷子种子基地1000亩；发展无公害马铃薯3万亩、绿色马铃薯2万亩；栽培食用菌400万棒；种植中药材1.3万亩；总规模11.5兆瓦的11个光伏电站建成并网；培训护理护工1700人，就业率达到60%；全面落实健康、教育、社保扶贫政策，46163名贫困人口享受健康扶贫政策，10994 人得到医疗救助，救助对象住院医疗费用报销比例达90%以上；投入教育扶贫资金1548万元，受益学生27842人次；2121名特困供养人员纳入保障范围，城乡特困家庭实现应保尽保；积极推动低保线和贫困线“两线合一”，将农村低保标准提高到每人每年3228元。全年实现55个贫困村摘帽、16050人脱贫，并顺利通过了脱贫工作省级验收和国务院组织的省际交叉检查。

2018年，按照“2345”的工作思路（着力构建产业、就业“两个支撑”，着力提升医疗、教育、住房“三个保障”，着力推进易地搬迁、生态脱贫、光伏扶贫、贫困村提升“四大工程”，着力完善组织引领、责任落实、工作推进、资金投入、社会帮扶“五项机制”），认证成功“兴县小米”地理标志产品，建设绿色谷子及有机旱作谷子基地12万亩、谷子种子繁育基地1000亩，全县小杂粮种植面积达到60万亩；栽植核桃、钙果、文冠果等特色经济林15万亩，经济林提质增效4万亩，全县经济林达58万亩；种植中药材8万亩，发展绿色马铃薯12万亩、食用菌200万棒；完成全民技能提升培训5241人，就业率达到67%，创建“铁服”“京东方员工”“蔡家崖管家”三个自主劳务品牌；易地搬迁安置点主体竣工6个（共7个），乔家沟安置点完成工程量的60%；整村拆除92个村，复垦42个村、1043亩，编制土地增减规划2387亩；全年完成退耕还林及荒山造林46.5万亩；总规模101.8兆瓦的光伏电站全部建成并网；健康、教育扶贫政策全面落实，住院贫困患者报销比例达到95.4%；教育扶贫受益学生18155人次；完成“四类”重点对象存量危房改造5037户，危险土窑洞改造1052户；建成“四好农村路”160公里；完成农村饮水安全巩固提升工程95处，解决了54017人的安全饮水问题；完成了235个村级卫生室的标准化建设；新建改扩建村文化室310个、文化广场260个；村级组织活动场所、村通互联网、行政村和具备条件的自然村通动力电实现全覆盖。全年退出贫困村82个、减贫16752人。

2019年，持续推进“222+N”（县委、县政府确定的农村产业发展思路，222即：农民人均2亩优质小杂粮、2亩经济林、2亩中药材；N：指马铃薯、食用菌、畜牧养殖、设施蔬菜等产业）产业培育，建成乡级园区3个、村级基地142个，培育绿色杂粮基地22万亩、有机旱作谷子基地2万亩，建设绿色优质马铃薯基地5.1万亩，发展食用菌181万棒，经济林、中药材种植面积分别达到58万亩和20万亩；成功举办第一届兴县特色农产品（太原）展销暨文旅推介会，特色农产品在全省的影响力进一步提升；建成扶贫车间3个，完成全民技能培训12172人，实现就业5521人；建成易地搬迁安置点19个，搬迁建档立卡贫困人口10572人（同步搬迁一般农户4247人）；101.8兆瓦光伏电站全部并网发电；农村危房全部“清零”；“两免一补”等教育扶贫政策全部落实到位；贫困人口新农合参保费用政府全额负担，省内住院个人自付费用比例严格控制在10%以内；农村路、水、电、网等基础设施和村级卫生室、文化室、文化广场全面达标，贫困群众“两不愁三保障”问题基本解决。全年退出102个村、减贫17487人，贫困发生率降至0.56%。

（四）社会事业取得长足发展

2017年，社会事业发展方面的成效是：120师学校改扩建工程、友兰中学教学楼续建工程、政务服务中心和老年大学主体工程等四大工程全面完工；改造薄弱学校55所，充实教师68名，全县义务教育均衡发展顺利通过国家验收；完成县医院迁建项目主体工程，改扩建乡镇卫生院2所，公开招聘卫生专业技术人才87名，挂牌成立兴县医疗集团，在县人民医院建成先诊疗后付费“一站式结算”系统，在县医保中心建立了“一站式”服务平台，建立家庭医生服务团队384个，服务覆盖11.4万人；建成省级卫生县城；完成县综合福利服务中心扩建工程，新建10个老年人日间照料中心、5个“农村留守儿童之家”；对6707户农村低保户、分散供养五保户、残疾人家庭及贫困户的危房和土窑洞进行了改造；新区湿地公园——蔚汾公园基本建成，南山生态公园完成绿化1.6万亩，园林景观工程开工建设；第二水厂和城区全天候供水管网改造工程全部完工，城市棚户区改造一期工程基本完成，新增集中供热面积44万平方米，煤改气7008户；全面加强环境治理，蔚汾河、岚漪河2个断面水质达到考核要求，全县饮用水源地保护区水质达标率100%，城区空气优良率达到71.2%；深入开展社会稳定风险隐患大排查大整治，深入排查治理安全隐患，对全县露天采石场进行集中整治，全县社会大局稳定；新建9个行政村文化服务中心；旅游体制机制改革、医药卫生体制改革、农信社改制、河长制等重点改革事项年度任务全面完成，进一步理顺了发展的机制和体制。

2018年，全县社会事业发展方面的成效是：义务教育均衡发展通过省级复查，中高考再创佳绩；友兰中学4号教学楼、图书艺术楼主体封顶，公共实训基地、老年大学、阳光上城小学进入装修阶段，120师学校续建工程投入使用；新区医院开始全面装修，新建13所农村老年人日间照料中心，城乡低保标准分别提高到每人每年5040元和3588元；工业大道全线贯通，北山公路征地基本完成，沿黄旅游公路全面开工，侯山线、河肖线公路改造工程全面完成；新增城市公交客运线路1条，建设公交候车亭（站）59个；建成蔡家崖站专用公路和站前广场，开通兴县至太原火车客运，人民群众出行条件更加优化；棚改一期工程临近收尾，棚改二期工程进展顺利；南山生态公园一期绿化工程全部完工，二期园林景观工程开工建设；蔚汾河清淤蓄水东延扩建工程基本建成，西延工程开工建设；完成“煤改气”5946户，新增集中供热面积83万平方米；农村生活垃圾治理项目全面开工，县城污水处理厂提标及扩容工程基本完成；全县文化旅游体制改革、河长制、供给侧结构性改革、电力体制改革、开发区改革创新稳步推进；农村经济发展合作总社在前期试点的基础上全面铺开，并先后受到人民日报、新华社、山西日报等主流媒体的宣传报道。

2019年，全县社会事业发展方面的成效是：阳光小学、公共实训基地、老年大学相继投入使用；千城明德小学等4所农村寄宿制学校改造完成，阳光幼儿园、魏家滩幼儿园、枣岇梁幼儿园改扩建工程全部完成，友兰中学图书艺术综合楼主体工程竣工，城南小学和县级职教中心开工建设；全县高考二本B类以上达线人数610人，创历史新高；全县农村完成360个文化室、361个文化广场达标建设；成功传递“二青会”火炬；电视剧《第一书记》和电影《谷子地》拍摄完成，兴县对外形象进一步提升；新区医院全面建成，改建3所乡（镇）卫生院，完成332个村级卫生室的标准化建设；建成老年公寓楼1座，新建农村老年人日间照料中心27个，农村低保、城市低保分别提标600元和1200元；深入开展扫黑除恶专项斗争，持续开展安全生产隐患大排查大整治，圆满完成新中国成立70周年大庆等重大安保任务，社会大局和谐稳定，人民群众安全感不断增强；深入开展违法排污大整治“百日清零”专项行动，大力实施清洁取暖改造工程，全年新增集中供热面积112万平方米，清洁取暖改造21984户，城区空气优良率达到64.7%，特别是PM2.5平均浓度降幅达到16.9%；持续推进水污染防治，岚漪河裴家川口和蔚汾河碧村断面均达到考核要求；完成生态修复15万亩，城区南北两山可视山体绿化有序推进；基本完成棚改一期工程，棚改二期工程进展顺利；工业大道全面竣工验收，瓦裴线具备通行条件；静兴高速、北山公路、黄河一号旅游公路项目加快推进；客运西站开工建设；新建“四好农村路”157公里；启动创建美丽宜居示范村6个，忻黑线、岢大线沿线人居环境综合治理工程全面完成，农村生活垃圾治理示范项目进展顺利。

（五）落实各项改革措施，不断推进民主法制和效能建设

2017年，全面推行法律顾问制度，聘请3家律师事务所为县委、县政府、县直各单位及各乡(镇）提供法律服务。自觉接受县人大的法律监督和县政协的民主监督，办理人大代表建议51件、政协委员提案128件，办复率100%。

全县开发区完成了“三制”（领导班子任期制、全员岗位聘任制、绩效工资制）改革。

全县不断推进农村“三变”（资源变资产、资金变股金、农民变股民）改革，形成 了党建加“三变”、加合作总社和农户，“三变”加土地股份、合作总社和农户，加滩涂荒地、合作总社、特色产业、合作总社和农户，“三变”加联合社、合作总社、企业和农户等多种模式融合发展的新格局，建立健全了新型农村合作经济组织和服务机制，改出了农村新气象。

2019年末，全县17个乡镇登记成立合作社383家（其中乡级联合社9家、村级合作社374家），入社社员总数4.92万人（其中贫困户1.94万人），累计业务总金额1.33亿元，利用土地4.28万亩（流转土地和托管土地），社员参加劳动获得报酬3482万元，人均增收708元（其中贫困户人均增收930元）。

全面推行“13710”工作督办制度（山西省政府建立“13710”工作督办制度，对省人民政府全体会议、常务会议、办公会议和专题会议的工作部署，以及省长、副省长布置的工作任务，实行“13710”电子台账管理。“1”即当天要研究部署；“3”即3天内要向省政府反馈办理情况；“7”即一般性问题原则上7天内要落实解决；“1”即重大问题包括一些复杂问题要在1个月内落实解决，确实解决不了的，要拿出解决的时间节点和方案；“0”即所有事项都要跟踪到底、销号清零，事事有着落，件件有结果），稳步推进“放管服效”改革（即简政放权、放管结合、优化服务、提升效能“四管齐下”、一体推进，是山西省改革的一大亮点），各类市场主体更具活力，全年新增企业510户（其中规模以上企业12户），新增农民专业合作社75户、个体工商户689户，特别是外贸进出口实现了零的突破。先后承接上级下放行政审批事项61项，取消62项，调整为服务类项目95项。

2018年，深化“13710”工作督办制度，推进“互联网+政务服务”改革，承接上级下放行政审批事项9项，取消3项，梳理出县级行政职权2359项、垂直管理部门行政职权142项，梳理出公共服务事项993项，编制完成行政审批事项服务指南清单，建成县级政务服务中心，极大地方便了人民群众办事。自觉接受县人大的法律监督和县政协的民主监督，办理人大代表建议43件、政协委员提案120件，做到“事事有落实，件件有回复”。

碑 文

重修烽火台记

2003年10月1日革石，现存于兴县城南山烽火台。形制为长方形，大理石质。碣长225、高90、厚8厘米。文楷书，计20行，满行45字，900余字。内容为重修烽火台纪事。保存完好。

碣文：烽火台，亦称烟台，为我古代边关重要军事通讯设施。

兴县史称合河，自古地处边防要塞，西北锁钥。起秦汉，迄明清，因岁有边患而战火不熄。据清人康基田所著《合河纪闻》载：“汉建武十一年（公元三十五年），朝廷迁徙定襄民于西河郡（合河南界）”，“遣杜茂将众郡驰前屯北边修烽燧”。修烽燧，即修烽火台；在高山峰巅砌一高台，并于其上置一木制机具（名曰“桔槔”），供上牵下引。桔槔头有兜零（笼筐类），以薪草或狼粪置其内，平常低而不举，若遇敌寇入侵，即举而燃之以相告。白天焚烟，曰燧；夜间点火，曰烽。只要一台燃起，邻台立即举火；一台传一台，很快传告全线戍兵，以作应战准备。

至“唐武后天授二年（公元六百九十一年），命天下置关，岚之合河、蔚汾、雁门并建”。本地合河关、蔚汾关并建。本地合河关、蔚汾关又与雁门关同列雄关险塞，常年重兵戍守。为强警情传报，在今南北山梁，按五里一台，十里一哨，依山傍势修筑若干烽火台。今此南山烽火台，雄居崇山峻岭、蔚汾关之中。其形别致，其势威伟，以一兜狼烟告百里战争，足见我先人之机智。

如今，虽高科技通讯迅猛发展，昔日烽火台早已退出历史舞台，而其遗迹仍不失为后人考证史实、凭吊古人、阅我千年沧桑之佳证。

公元二零零三年，县委、县政府实施林牧富民、煤铝强县，突出生态建设、文化旅游，倾力兴建南山生态园，着力修复南山烽火台。先后从本省代县购置古城砖九万九千八百八十八块，用片石、砂砾二千零三方，水泥百吨，重建此台。

新南山烽火台，平面呈椭圆状，占地三千一百六十平方米。包括一百八十六米古城墙，东、西、南、北四座瞭望台及一百五十个瞭望孔，东台、南台、西台为次台，总高各六米。上口四点五米见方，下底尺寸据自然地形各有不同。北台为主台，上口六米见方，下底十米见方。垂直高度八米，伫立其顶，县城风光尽收眼底，四面苍山碧野绵延无际。冥想中，却似晨钟暮鼓还回响，烽火燧烟依袅袅……好一幅千古长卷，励我后人。（2003.10）

编后记

《兴县志（1989—2016）》经过大家的共同努力，历时五年终于付梓出版印刷了。回顾全书编纂历程，我们主要作了以下几项工作。

一、广泛宣传动员，收集原始资料。

2016年下半年，续编《兴县志》工作正式启动，县委、县政府召开续编《兴县志》动员大会，安排各乡镇、县直各机关单位、各企业组织专人，收集、编撰1989—2016年相关资料。原档案史志馆全体人员在分头收集资料的基础上进行了初步梳理。

二、专人编纂，通过省级三审。

从2019年开始，我们约请专人，开始续编《兴县志》送审稿的编纂工作。这一阶段，主要是在熟悉、梳理原始稿件的基础上，搭建志书结构框架。经过一审、二审后的修改，志书结构框架趋于完善。在此基础上，我们重点对各部内容进行了调整、补充和完善，并按照专家要求，对文字表述作了进一步修改、润色;同时，约请专家、专人对“方言”“民俗”“人物”等部分无关联单位的内容进行了专业撰写，促进了志书整体内容的充实和完善，直至基本通过终审。

三、强化二次核审，确保内容准确。

2021年10月，我们在志书内容、结构基本确定的情况下，分部打印，与内容所涉单位（包括乡镇、县直机关单位、驻兴单位与企业）进行了对接，通过二次核审，确保了内容的准确性和完整性，部分单位正是利用这次机会，补充完善了原有资料;同时，在这次对接中，县委办、县人大办、县政府办、县政协办等领导机关除审核有关自身机关内容，还增加了对“综述”“大事记”“政区”“人物”“附录”等部分的审阅。

四、重视对县外人士资料的补充，通过多种途径和形式，进一步充实了志书相关内容。

五、聘请专人核校资料，确保志书内容真实、准确。在2022年秋冬，编委会特约田左玉、刘喜栋、张永前、王少先、樊秋平、高俊丽、弓芳芳、高虎虎、郭燕、王迎科10名资深文化、教育、科技和扶贫工作者，认真核校了志书稿件，对部分内容进行了补充和完善。

六、通过查阅相关资料，核实完善了部分内容。从2020年开始至志书付印前，编纂人员查验核审各种荣誉证书150多件，搜集购买各种图书和报刊资料60余种70多册，到山西省图书馆查阅《山西日报》《山西文学》《黄河》等报刊资料20多种（件、册），通过这些行之有效的办法，去粗取精，去伪存真，保证了志书内容及数据的真实性、完整性和准确性。

在此感谢所有关心、支持、帮助和参与本次志书编纂的各位领导、各级专家及各界人士！由于志书涉及内容点多面广，时间跨度较长，编纂时间和水平有限，疏漏、失误和不足在所难免，敬请领导和同志们提出批评指正，以资修史。

编者

2023年12月